中華大典

工業典

上海古籍出版社

《中華大典》工作委員會

中華人民共和國國務院批准的重大文化出版工程

國家文化發展綱要的重點出版工程項目

新聞出版總署列為「十一五」國家重大工程出版規劃之首

國家出版基金重點支持項目

《中華大典》工作委員會

主　任：柳斌傑

金人慶

副主任：李　彦　于永湛　鄔書林　張少春　李衛紅

周和平　陳金泉　李靜海

委　員：張小影　伍　傑　朱新均　吳尚之　孫　明

王家新　徐維凡　劉小琴　毛群安　遲　計

曹清堯　彭常新　王志勇　潘教峰　姜文明

王　正　石立英　安平秋　陳祖武　詹福瑞

戴龍基　宋煥起　孫　顒　陳　昕　魏同賢

王建輝　朱建綱　高紀言　莫世行　段志洪

李　維　何學惠　甄樹聲　馮俊科　譚　躍

羅小衛　王兆成

中華人民共和國國務院批准的重大文化出版工程

國家文化發展綱要的重點出版工程項目

新聞出版總署列為「十一五」國家重大工程出版規劃之首

國家出版基金重點支持項目

《中華大典》編纂委員會

總主編：任繼愈

副主編：席澤宗　程千帆　戴　逸　吴文俊　柯　俊

傅熹年

編　委：卞孝萱　任繼愈　李明富　余瀛鰲　林仲湘

郁賢皓　馬繼興　袁世碩　席澤宗　陳美東

黄永年　章培恒　張永言　張晉藩　葛劍雄

董治安　程千帆　傅世垣　曾棗莊　龐　樸

趙振鐸　劉家和　潘吉星　錢伯城　戴　逸

楊寄林　穆祥桐　吴文俊　金正耀　戴念祖

柯　俊　金維諾　白化文　汪子春　周少川

孫培青　朱祖延　傅熹年　李　申　郭書春

熊月之　柴劍虹　吴子勇　寧　可　江曉原

鄭國光　吴征鎰　尹偉倫　魏明孔

《中華大典》前言

《中華大典》是運用我國歷代漢文古籍編纂的一部大型工具書。其目的是爲學術界及願意瞭解中國古代珍貴文化典籍的人士提供準確詳實、便於檢索的漢文古籍分類資料。

中國是世界文明古國之一，幾千年來纂寫和聚集的文化典籍浩如烟海。我國歷代都有編纂類書的優良傳統，具有代表性的《永樂大典》等大多已佚失，現存《古今圖書集成》編就距今也已數百年。爲了適應今天和以後研究和檢索的需要，一九八八年海内外三百多位專家學者和各古籍出版社同仁倡議，在已有類書的基礎上，用現代科學方法編纂一部新的類書《中華大典》。

國務院在關於編纂《中華大典》問題的批覆中指出，編纂《中華大典》「是我國建國以來最大的一項文化出版工程」。本書所收漢文古籍上起先秦，下迄清末，約三萬種，達七億多字，分爲二十四個典，近百個分典，内容廣博，規模宏大，前所未有。

《中華大典》的編纂工作堅持科學態度和百花齊放、百家争鳴方針。儘量採用古精校精刻本，優先採用我國建國後文獻學和考古學的優秀成果。對傳統文化中重要的不同學派的資料，兼收并蓄。運用現代圖書分類的方法，對收集到的資料，精選、精編，力求便於檢索、準確可信。

這項工作從開始起就受到中共中央、國務院和有關部門的重視和支持。國家主席江澤民、國務院總理李鵬分别爲《中華大典》題詞。江澤民的題詞是：「同心同德群策群力認真編好中華大典爲建設有中國特色的社會主義服務」。李鵬的題詞是：「繼承和弘揚民族優秀傳統文化」。全國政協主席李瑞環、國務委員李鐵映也作了重要指示，要求抓緊辦理。一九九零年五月，國務院批准《中華大典》爲國家重點古籍

整理項目。一九九二年九月，正式成立了《中華大典》工作委員會和《中華大典》編纂委員會，召開了《中華大典》工作、編纂會議。自此，《中華大典》的編纂工作由試點轉入正式啓動，逐步鋪開。

編纂《中華大典》，學術性很强，工作量很大，工程十分艱巨，全賴廣大專家學者和全國各有關高等院校、科研院所、圖書館、出版單位的鼎力支持與積極參與。大家本着弘揚中華民族優秀文化的心願，發揚奉獻精神，克服各種困難，團結協作，給這部巨大類書的出版提供了根本保證。在此謹表示誠摯的謝意。

對本書的批評與建議，我們將十分歡迎。

《中華大典》編纂委員會

一九九七年四月

二〇〇六年十一月修訂

《中華大典》編纂通則

一、性質：《中華大典》(以下簡稱《大典》)是對漢文古籍(含已翻譯成漢文的少數民族古籍)進行全面的、系統的、科學的分類整理和匯編總結的新型類書，是在繼承歷代類書優良傳統、考慮漢文古籍固有特點的基礎上，借鑒和參照近代編纂百科全書的經驗和方法編纂而成。編纂《大典》的目的，是爲學術界及願意瞭解中國古代珍貴文化典籍的人士提供各種分門別類的，準確詳細的古代漢文專題資料。

二、規模和體例：《大典》所收古籍的時限，上自先秦，下迄辛亥革命。全書共收各類漢文古籍三萬餘種，七億多字。全書體例，着重汲取清代《古今圖書集成》所採用的經目和緯目相交織這一統一框架結構的模式，同時參照現代科學的學科、目録分類方法，并根據各類學科内容的實際情況，一般將每一大類學科輯爲一典，也有將幾個相關學科共輯爲一典的。對各典名稱，均以現代學科命名，對於所收入的各種古籍資料，亦儘可能納入現代科學分類體系之中。

三、經目：大典共分二十四個典，即哲學典、宗教典、政治典、軍事典、經濟典、法律典、教育典、語言文字典、文學典、藝術典、歷史典、歷史地理典、民俗典、數學典、物理化學典、天文典、地學典、生物學典、醫藥衛生典、農業典、林業典、工業典、交通運輸典、文獻目録典。典以下以分典、總部、部、分部分級，分部之下的標目根據各學科特點由各典自行擬定。

四、緯目：共設置九項緯目，用以包容各級經目的具體内容：

① 題解：對有關學科的名稱、概念、涵義、特點等作總體介紹的資料。

② 論説：有關理論部份的資料。

③ 綜述：有關學科或事物的系統性資料，凡有關學科或事物的性狀、制度、範疇、特點及學科地位、發展情況等具體内容均編入此緯目中。

④ 傳記：有關人物的傳記資料。

⑤ 紀事：有關學科或事物的具體活動或事例的資料。

⑥ 著録： 重要人物或文獻的有關著作資料，如專集介紹、序跋、藏書題記，以及有關著作的成書經過、版本源流等。

⑦ 藝文： 有關屬於文學欣賞性的散文或韵文。

⑧ 雜録： 凡未收入以上各緯目，而又有較高參考價值的資料，均入雜録。

⑨ 圖表： 根據有關經目的内容需要，圖與表附於相關專題之下，或集中匯總於某級經目之後。

《大典》以内容分類安排各級緯目，各級緯目的正文，一般以原書爲單位，按時代順序排列。每一條資料前標明出處，包括書名或作者名、篇名或卷次，以利讀者核對原書。

五、書目： 每分典後附有該分典所收書之書目，書目包括書名、作者、時(年)代、版本等内容。時代以成書時代爲準，成書時代不詳者，以作者主要活動時代爲準，并遵從歷史習慣。

六、版本： 《大典》在選用版本時儘量採用古人的精校精刻本，亦採用學術界通用的近、現代整理圈點本及現代學者校點整理本。

七、校點： 爲儘可能保存古籍原貌，《大典》祇對底本中明顯的脱、訛、衍、倒進行勘正。古本中的避諱字一般不作改動，祇對缺筆字補足筆畫。後人刻書時避當朝人諱而改動的字，據古本改回。《大典》採用新式標點法。

一九九六年八月

二〇〇六年十一月修訂

《中華大典·工業典》編纂委員會

主　編：魏明孔

編　委（以姓氏筆畫爲序）：

王興文　李紹强　范建鏋　林廣志

胡小鵬　高超群　郭遠英　陳文源

湯開建　趙利峰　趙連穩　蔡　鋒

鄧　堪　劉建麗　盧華語　魏正孔

《中華大典·工業典》序

《工業典》是《中華大典》的一個組成部分，系統地分類彙集上起先秦下迄清末有關中國工業的文獻資料。

中國傳統工業的歷史，可以説就是一部手工業的歷史。現代人類學研究中的一個主流觀點是，人類揖别猿類是從打製第一塊石質工具所體現的勞動開始的，而被打製出來的这第一塊石質工具就是人類的第一件手工業產品，手工業由此濫觴。因而，我們可以認爲，人類是與手工業同時步入歷史舞臺的，而且直到工業革命前，手工業一直是科技乃至生產力進步的主要推動者、承載者和傳播者，而科技和生產力進步對人類文明的綿延和提升的意義則是不言而喻的：農業生產的進步，商業活動半徑的擴大，交通運輸能力的提高，軍事實力的增强，文化内容的豐富，生活水平的提高，劳动强度的降低，居住环境的改善，等等，皆離不開手工業的發展。工業革命濫觴於英倫三島之前，中國之所以能成爲人類文明的主要輸出地之一，很大程度上與中國傳統手工業的領先地位密切相關。當然，當人類基本生產形態因工業革命而徹底換軌之後，雖然中國的手工業並未裹步不前，但是已經無力繼續承擔起助中華文明領先於世界文明之重任。

我國傳統社會的一個重要特點是耕織經濟發達，個體小生產農業及家庭副業手工業經濟構成了當時社會財富的基本來源，「男耕女織」或「晴耕雨織」是廣大農民的基本生產方式。另外一個特點是，官營手工業經濟一直比較活躍。上述特點，對中國傳統工業水準的提升、科學技術的進步乃至社會經濟的發展所造成的影響無疑是多方面的，但是，越到晚近，它的負面影響就越凸顯出來。這無疑決定了我國的國情，且影響深遠。

我國歷史上的手工業技術對於人類的影響是深刻的，「四大發明」對推動人類文明進步的作用是人人皆知的例子，而通過「絲綢之路」向中亞、西亞、歐洲乃至非洲輸送的由中國製造的絲綢、紙張等精美手工業品，更成爲中外文化交流的重要媒介。隨着海上絲綢之路的開通與延伸，我國輸出的手工業品的數量及品種在不斷增加，其中最重要的商品是瓷器，其對世界的影響巨大，以至於英語中「中國」（China）與「瓷器」是同一詞。當然，當時的手工業品的交流是雙向的，並非只是單一的輸出。

除此之外，我國歷史上的彩陶、採礦、冶金、鑄造、造船、漆器、紡織、印染等工藝，亦處於當時世界的領先水準，社會影響亦是具有國際性的。被譽爲古代建築「活化石」的唐代建築山西五臺山南禪寺、佛光寺、芮城廣仁王廟、平順天台庵等榫卯結構建築，經過千餘年的風雨滄桑，依然在向世人展示着中國古代工匠獨特的藝術神韻。《工業典》就是對包括上述內容在內的資料進行搜集和整理。

我國流傳至今的古籍可謂汗牛充棟，而在傳統的農本主義經濟形態下，在國家制度設計中，手工業作爲「末」而没有得到應有的重視，受此影響，史家對工業的記載或是只言片語，或是在記載其他內容時附帶提及。早在《史記・商君列傳》中就明確提出重本輕末的思想，唐代人司馬貞在《史記索隱》中指出，這里「『末』謂工商也」。一些時期甚至將手工業技術發明視作奇技淫巧而備受限制。正因爲如此，古籍中有關工業的記載非常零散，系統記載者可謂鳳毛麟角。受此影響，手工業方面的資料在後世缺乏必要的整理，即使今天，這種情況也並没有得到多大改觀。這無疑使《工業典》資料的搜集難度非常大，遠遠超過了我們的估計。當然，各種官修典籍和文獻對手工業的輕視，並不意味着手工業不重要。事實上，手工業生產從某種程度上早已成爲中國人文化因子的一部分。例如，中國古代的製陶和冶煉工藝曾被視爲最尖端的工藝，故而人們常用「陶冶情操」來形容提升思想、道德和情趣的艱難過程。另外，刻範是我國古代手工業生產活動中出現較早的工具，而且精準度和標準化應該達到了很高的水準，故而人們用「模範」一詞來指被大家廣泛認同的樣板。凡此種種，不勝枚舉。

《工業典》在編纂過程中，除了不遺餘力地利用傳世文獻外，對於新發現和整理的資料，也儘量給予關注，特別對最近發現和整理的資料費力較多，以體現編纂的時代特點。

《工業典》共計九個分典。根據現代工業主要行業且結合我國傳統手工業自身的特點，《工業典》設置了《陶瓷與其他燒製品工業分典》《金屬礦藏與冶煉工業分典》《製造工業分典》《造紙與印刷工業分典》《建築工業分典》《紡織與服裝工業分典》《食品工業分典》以及《綜合分典》。因爲傳統手工業發展到近代，在內外條件的變化下，出現了近代工業，這具有劃時代的意義。因此，在《中華大典》編委會領導的支持和上海古籍出版社專家的贊許下，《工業典》下設了《近代工業分典》。《近代工業分典》搜集材料時主要遵循兩個方面的原則：一是具有近代工業的生產形式，二是具有近代工業的管理與組織功能。這雖然與其他分典體例不盡一致，卻不失爲一種創新。這是需要説明的。

《工業典》的編纂，對瞭解中國傳統社會的工業佈局和經濟狀況，對發揚壯大手工業技術，對傳承和弘揚傳統文化，具有

重要的意義。特别在將實現工業化和推進城鎮化作爲國家戰略的今天，挖掘整理這份文化遺産，無疑具有不可替代的歷史鏡鑒價值。

參加《工業典》編纂的學者分别來自重慶、廣州、蘭州、曲阜和北京以及澳門等地，均是手工業經濟史方面的專家。《工業典》自二〇〇六年啓動以來，已逾九載。《工業典》的編纂工作，自始至終得到了《中華大典》工作委員會和編纂委員會的指導，特别是《中華大典》辦公室的領導和工作人員付出心血頗多，各編纂者所在單位給予諸多方便，上海古籍出版社領導及編輯先生費心良多，在此一併深表謝忱。

我們從事《工業典》的編纂工作，限於水準和時間，難免存在掛一漏萬的問題，特别是在選材、整理方面的錯誤，需要方家和廣大讀者的批評指正。

魏明孔

二〇一五年十月

中華大典·工業典

金屬礦藏與冶煉工業分典

主編：趙連穩　蔡鋒

《中華大典·工業典·金屬礦藏與冶煉工業分典》编纂説明

《中華大典·工業典·金屬礦藏與冶煉工業分典》（以下稱「本分典」），是《中華大典·工業典》的分典之一。本分典主要收録金、銀、銅、鐵、鉛、錫、汞等金屬礦藏及其冶煉的相關古籍資料。由於煤炭在古代已經作爲主要的金屬冶煉燃料，因而煤礦的相關資料也不能不納入本分典的收録範圍。另外，由於其他諸如硫磺、礬類、砒霜、火硝等礦物在古代道家及煉丹家們的理論與實踐中是不可或缺的物質，而且在礦藏冶煉中，這些礦物也常常被用作金屬冶煉的催化劑，因而也就盡可能地予以收録，以反映中國古代礦藏及其冶煉的總體面貌。

一、經目的設置

（一）本分典原則上采用《中華大典》規定之經目與緯目相交織的框架結構。

（二）根據中國古代金屬礦藏分佈、勘探、開採和冶煉的特點，本分典共分爲四個總部，即《金屬礦藏分佈總部》《金屬礦藏勘探總部》《金屬礦藏開採總部》和《金屬冶煉總部》。

（三）在四個總部下分別設置金礦、銀礦、銅礦、鐵礦、其他金屬、綜合金屬等三十六個部。

（四）由於少見鎳礦、錳礦、鎢礦、鉑礦等礦藏與冶煉資料，不能如金、銀、銅、鐵等金屬一樣分別設置爲部，遵循平衡架構、合理安排資料的原則，本分典將上述金屬歸入「其他金屬」，在分佈、勘探、開採和冶煉各總部下相應分設各部，以囊括這些礦藏與冶煉的資料。各總部下何者歸入其他金屬，視資料情況而定。

（五）古籍中多種金屬分佈地區、勘探、開採、冶煉及開採數量、課税多少等情況的記載常常混雜，例如，某地某山分佈有金、銀礦藏，或有金、銀、銅、鐵礦藏，某朝開採某地金、銀，或開採某地金、銀、銅、鐵等，某個朝代在某年收取數量不等的金、銀、銅、鐵、鉛等礦税，這些資料無法收録於單種金屬礦藏與冶煉的經目之中。有鑒於此，本分典把至少兩種以上混合在一

起的金屬稱作「綜合金屬」，相應設置各部。

（六）由於金礦中有沙金與礦金的類别，銅礦冶煉中有火銅與濕銅（膽銅）的類别，鐵礦冶煉時有鋼與鐵的類别，故在《金屬冶煉總部》中的《金冶煉部》下設置《沙金冶煉分部》與《礦金冶煉分部》，在《銅冶煉部》下設置《火銅冶煉分部》與《膽銅冶煉分部》，在《鐵冶煉部》下設置《鋼冶煉分部》與《鐵冶煉分部》，以便收録相應的資料。

二、緯目的設置

本分典在各部或分部下，一般設置題解、論説、綜述、傳記、紀事、著録、藝文、雜録等緯目。緯目設置不强求一律，設與不設依資料而定。

（一）題解。收録對金屬礦藏分佈、勘探、開採和冶煉名稱、概念、特點等作總體介紹的資料。所選資料要求文字概括精練，切忌冗濫。

（二）論説。收録有關金屬礦藏分佈、勘探、開採和冶煉的理論資料，盡可能全面收録相關論述，所收資料力求客觀公正。

（三）綜述。收録有關金屬礦藏分佈、勘探、開採和冶煉的性狀、範疇、規模、生産及發展過程的系統資料。

（四）傳記。收録金屬礦藏勘探、開採和冶煉中有關人物的傳記資料，包括負責金屬礦藏勘探、開採、冶煉管理部門官吏及從事金屬礦藏勘探、開採、冶煉的勞動者工作生活的資料。

（五）紀事。收録在金屬礦藏勘探、開採和冶煉中有關具體活動和事例的資料，須有具體的記載時間。

（六）著録。收録金屬礦藏分佈、勘探、開採和冶煉方面的有關著作及其成書過程、版本源流等資料。

（七）藝文。記載金屬礦藏分佈、勘探、開採和冶煉活動的散文、韻文等資料。

（八）雜録。凡未在以上緯目中收録的，而有較高史料價值的資料。

三、資料收録的幾點説明

（一）煤礦的地區分佈、勘探和開採的資料分别收録於《綜合金屬礦藏分佈部》《綜合金屬礦藏勘探部》和《綜合金屬礦

藏開採部》的雜録緯目中；凡是用於金屬冶煉的煤炭及其他燃料資料，收録於各金屬冶煉部的綜述緯目中。

（二）凡某山某地有某種或多種金屬礦藏，或某地産某種金屬或多種金屬的資料，均收録於各金屬礦藏分佈部的綜述緯目中；而對有具體時間記載的某州縣勘探、開採、冶煉金屬礦藏的資料則收録於各金屬礦藏的勘探、開採及冶煉各部的紀事緯目中。

（三）礬類包括白礬、青礬、膽礬等多個種類，盡管只有膽礬用作濕銅提煉的原料，但其他礬類也常被用作催化劑而見之於古籍及煉丹家黄白術的實踐中，爲統一收録起見，將礬類的資料收録于銅礦之中的分佈、勘探和開採的緯目中。

（四）黄銀，中國古代學者或指其爲鍮石，即鋅黄銅，或指鍮石煉成的黄銅，或説是丹砂煉成的假銀，究竟屬銅屬銀，尚無定論。但爲了收録資料，姑且將其歸於銅礦各部。

（五）砒霜雖爲砷氧化合物，古籍稱之爲「錫之苗」，多用於錫礦冶煉時的助催劑，故將砒霜資料收録於《金屬冶煉總部·錫冶煉部》的綜述緯目中。

（六）諸如硫磺、硝、密陀僧、硇砂等礦物，古籍記載其有化金、銀、銅、鐵的特性，也常被用作金屬冶煉的催化劑，因此將其相關資料收録於各金屬冶煉部的綜述緯目中。

（七）《礦物檔》一書幾乎彙輯了清代所有的金屬礦物勘探、開採、冶煉的文檔，爲了保持該文檔的完整性，故而分别將該文檔歸類收録在本分典的各部或分部中的雜録緯目下。

（八）古籍中有關設置金屬「場」「所」的資料，收録於各金屬開採部的綜述緯目中，而有關設廠、坑冶等資料則收録於各金屬冶煉部的綜述緯目中。

（九）金屬礦藏的貢、賦及課税的資料收録於各金屬開採部的離録緯目中，沙金的課税資料也入於此緯目中。各地的金屬貢賦、課税資料收録於各金屬冶煉部的雜録緯目中。

（十）凡是中國古籍中記載外國的金屬礦藏的相關資料，國内學者所著的遊覽外國的遊記、日記及方志中所記載與金屬礦藏有關的資料，國人著述的介紹國外金屬礦藏的勘探、開採及冶煉的資料，國人翻譯的國外金屬礦藏的勘探、開採及冶煉的資料，均收録於各金屬礦藏各部或分部的雜録緯目中。

本分典主編爲趙連稳、蔡鋒，編纂人員有王春福、宋正鑫、任燕、楊明明、董曉丹、韩修允、金雲萌、王義、李佳檜、許文雅、吴聰、楊雙榕、趙永康、馮婷婷、喬婷等。

《中華大典·工業典·金屬礦藏與冶煉工業分典》編纂委員會

二〇一五年十一月

總目

金屬礦藏分佈總部

《金屬礦藏分佈總部》提要

我國是一個金屬礦藏十分豐富的國家，並且分佈比較廣泛，華北、東北的鐵礦，山東、江西的金礦，江西、雲南、廣西、湖北、内蒙古、遼寧和甘肅的銀礦，江西、湖北、雲南和安徽的銅礦，雲南、廣東的鉛礦，雲南、湖南和兩廣的鋅礦，廣西、雲南的錫礦，貴州、陝西和四川的汞礦，都久負盛名。我國古代關于金屬礦藏方面的史料比較分散，本總部主要收録金屬礦藏分佈的記載。金屬礦藏分佈方面，收録記載金屬礦藏一般分佈的資料，多見於正史中的地理志或者地方志中。如反映跨省、跨州、跨縣金礦分佈比較綜合性的資料記載即可收入。

本總部包括九個部，即《金礦分佈部》《銀礦分佈部》《銅礦分佈部》《鐵礦分佈部》《鉛礦分佈部》《汞（水銀）礦分佈部》《錫礦分佈部》《其他金屬礦藏分佈部》和《綜合金屬礦藏分佈部》。在每个部下，視資料多寡的情況設置題解、論説、綜述、傳記、紀事、著録、藝文、雜録等緯目。題解是對金屬礦藏分佈、概念、特點等作總體介紹的資料；論説是收録有關金屬礦藏分佈理論陳述的資料；綜述收録記載金屬礦藏性狀、範疇、規模的系統資料；傳記收録負責金屬礦藏管理部門及其官吏的資料；紀事收録在金屬礦藏分佈中有關具體活動和事例的資料，活動和事例必須有具體的記載時間；著録收載有關金屬礦藏分佈的重要著作、序跋、藏書題記及著作成書過程、版本源流等的資料；藝文收録記載金屬礦藏分佈的散文、韻文資料；雜録收録上述緯目内未收的其他有價值的材料。

各部的雜録緯目下視情況收録四方面的内容：第一，煤礦，收録分佈在各地區的煤礦資料；第二，礦務檔，收録《礦務檔》一書中有關金屬礦藏分佈的資料；第三，國外資料，收録中國古籍中記載的國外金屬礦藏分佈的資料及國人翻譯的國外有關金屬礦藏分佈的資料；第四，其他資料，收録各分佈部中未收録的有關金屬礦藏分佈的其他有價值的資料。凡某山某地有某種或多種金屬礦藏，及某地産某種金屬或多種金屬的資料，均收録於各部的綜述緯目中。

目録

金礦分佈部

題解

段玉裁《説文解字注》第一四篇上《金部》 釘。,鍊鉼黄金也。《周禮·職金》:「旅於上帝,則共其金版,饗諸侯亦如之。」注曰:鉼金謂之版。此版所施未聞。按:今《爾雅》鉼金謂之鈑,鈑係版之譌,則鉼當是餅之譌也。凡物匾之曰餅,鍊餅,鍊而成之。从金,丁聲。當經切。十一部。今人用此字,則古鐕字之義也。

李昉等《太平御覽》卷八〇九《珍寶部八·金上》 《爾雅》曰:「黄金謂之璗,其美者謂之鏐。鉼金謂之鈑,絶澤謂之銑。美金最有光澤。西南之美者,有華山之金石焉。」

《南史》卷七八《夷貊傳上·林邑國》 諸農死,子陽邁立。陽邁初在孕,其母夢生兒,有人以金席藉之,其色光麗。夷人謂金之精者爲陽邁,若中國云紫磨者,因以爲名。

釋法雲《翻譯名義集》集三《七寶篇第三五》 蘇伐羅。或云修跋拏,此云金。《大論》云:「金出山石、沙、赤銅中。」許慎云:「金有五色,黄金爲長,久埋不變,百陶不輕。」《真諦》釋金四義:一色無變,二體無染,三轉作無礙,四令人富。以譬法身常浄,我樂四德耳。

《金史》卷二《太祖紀》 收國元年正月壬申朔,羣臣奉上尊號。是日,即皇帝位。上曰:「遼以賓鐵爲號,取其堅也。賓鐵雖堅,終亦變壞,惟金不變不壞。金之色白,完顔部色尚白。」於是國號大金,改元收國。

佚名《居家必用事類全集》戊集《寶貨辨疑古宋掌公帑者所箸》 馬蹄金、像馬蹄様,少有。沙金,乃麩金之屑如沙細者。橄欖金,出荆、湖、嶺南郡。茈子金、顆塊如茈子大。麩子金,碎屑如麩片,出湖南、高麗、蜀中。胯子金,像臈茶腰帶胯子,出湖南北郡。葉子金。雲南者爲道地各處鋪户拍造,杜葉亦淡,此爲罨金,再銷看顔色。

王三聘《事物考》卷三《金》 《格古要論》曰:「南番子金、麩皮金皆生金也。雲南葉子金、西番回回金皆熟金也。其性柔而重,其色七青八黄九紫十赤,以赤爲足色金也。」

陳耀文《天中記》卷五〇《閿世説·金》 華山金石。黄金謂之璗,其美者謂之鏐。鉼金謂之鈑,絶金謂之銑。西南之美者,有華山之金石焉。《爾雅》。【略】

制物。金,禁也。氣剛毅,能禁制物也。《釋名》。

李時珍《本草綱目》卷八《金石部·金》 釋名:黄牙、《鏡源》。太真。時珍曰:按:許慎《説文》云:「五金黄爲之長,久埋不生衣,百煉不輕,从革不違,生於土,故字左右注,象金在土中之形。」《爾雅》云:「黄金謂之璗,美者謂之鏐,鉼金謂之鈑,絶澤謂之銑。」獨孤滔云:「天生牙謂之黄牙。梵書謂之蘇伐羅。」弘景曰:「仙方名金爲太真。」【略】

金屑。氣味:辛,平,有毒。大明曰:無毒。珣曰:生者有毒,熟者無毒。宗奭曰:不曰金而更加屑字者,是已經磨屑可用之義,必須烹煉鍛屑爲箔,方可入藥。金箔亦同。生金有毒,能殺人,且難解。有中其毒者,惟鷓鴣肉可解之。若不經鍛,屑即不可用。金性惡錫,畏水銀,得餘甘子則體柔,亦相感耳。時珍曰:洗金以鹽。駱駝、驢、馬脂,皆能柔金。金遇鉛則碎,翡翠石能屑金,亦物性相制也。金蛇能解生金毒。晉賈后飲金屑酒而死,則生金有毒可知矣。凡用金箔,須辨出銅箔。

慎懋官《華夷花木鳥獸珍玩考》卷八《雄黄》 生武都山谷、燉煌山之陽,今階州山中有之。形塊如丹砂,明澈不挾石,其色如雞冠者爲真。有青黑色而堅者名熏黄。有形色似真而氣臭者名臭黄,並不入服食藥,只可療瘡疥耳。其臭以醋洗之便可斷,氣足以亂真,用之尤宜細辯。又階州接西戎界出一種水窟雄黄,生於山巖中,有水泉流處,其石名青煙石、白鮮石,雄黄出其中。其塊大者如胡桃,小者粟豆,上有孔竅,其色深紅而微紫,體極輕虛,而功用勝於常。雄黄,丹竈中尤所貴重。或云雄黄,金之苗也,故南方近金坑冶處,時或有之,但不及西來者真好耳。

唐慎微《證類本草》卷四《金屑》 《太清服鍊靈砂法》:「金所稟於中宮陰巳之魄,性本剛,服之傷損肌。」【略】

《丹房鏡源》:「楚金出漢江五溪,或如瓜子形,雜衆金,帶青色,若天生牙,亦曰黄牙。若制水銀朱砂,成器爲利術,不堪食,内有金氣毒也。」

《青霞子》:「金液還丹論:金末增年。又黄金破冷除風。」

谷泰《博物要覽》卷三《志金·生熟金性良惡》 《本草》陳藏器言,生金有大毒,能殺人,云不可入口,而《本草綱目》則云無毒。李時珍云生金與黄金一倖,而有生熟之分。嘗見人取金掘地,至深丈餘,至紛子石,石皆一頭黑焦,石下有金,大者如指,小者猶蘇豆。色如桑黄,咬時極軟,即是真金。工匠竊而吞者,不見有毒。其麩金出水沙中,氈上淘取,或鵝鴨腹中得之,即便鑄造打造器物,入藥煎取金汁,即堪鎮心。生金一種至毒者,出交廣山石内,赤而有大毒,能殺人,

須煉十餘次，毒乃已。

熟金至良者，有丹穴之還丹金焉。金出丹穴中，體含丹砂，色尤鮮赤，合丹砂服之，希世之寶也。

陳元龍《格致鏡原》卷二六《飲食類八・附藥餌》 《抱朴子》：「或問居山澤治蛇蝮之道，曰：『昔圓丘多大蛇，又生好藥，黄帝將登焉，廣成子教佩雄黄而蛇皆去。』今帶武都雄黄色如雞冠者五兩以入山林，則不畏蛇，蛇若中人，以少許雄黄末傅之瘡中立愈。餌服雄黄之法，或以蒸煮之，或以酒餌，或先以硝石化爲水乃凝之，或以銅，錫裹蒸之於赤土下，或以松脂和之，或以三物錬之，引之如布，白如冰，服之皆令長生。」《事物紺珠》：「雄黄産山之陽，故曰雄，塊如丹砂，明徹不挾石，色如雞冠者貴。青黑色而堅者名薫音訓。黄。形色佳而臭者名臭黄，以醋洗可斷其臭，皆不可服。雌黄産山之陰，山有金，金精熏則生，其色如金，甲錯層層又若雲母。」

又卷三四《珍寶類三・金・總論》 《逸雅》：「金，禁也。其氣剛嚴，能禁制也。」《白虎通》：「金者少陰，有中和之性。」《淮南子》：「正土之氣御乎埃天，埃天五百歲生黄埃，黄埃五百歲生黄澒，黄澒五百歲生黄金。」《周易參同契》：「黄土，金之父。」《天文訓》：「金生於巳，壯於酉，死於丑。」《廣雅》：「金神謂之清明。」《玄中記》：「金精爲車馬。」《抱朴子》：「亥日稱婦人者，金也。」「梁簡文論」：「凡雄雞戴燭而行，此金精也。」《地鏡圖》：「金寶化爲青虵。」《地鏡圖》：「黄金之氣赤，黄金千萬斤以上光大若鏡盤，金氣發本，上赤下青也。」《白澤圖》：「黄金之精名石唐，狀如豚，居人家使人不宜妻。白鼠以昏時見於丘陵之間，視所出入，中有金。」《白澤圖》：「絶水有金者精，名侯伯，狀如人，長五尺，綵衣。」

康敷鎔《青海志》卷二《礦産》 五色晶石：産於可可貝勒地，五色皆備。其緑者光瑩如水翠，質堅硬，不易琢磨。某貝勒曾携之入京以示玉人，據云質極寶貴，惟刻雕之工極昂。按：此亦金礦之苗，即磁石之類。

論説

《三國志》卷四《魏志・三少帝紀》 帝又問：「乾爲天，而復爲金，爲玉，爲老馬，與細物並邪？」俊對曰：「聖人取象，或遠或近，近取諸物，遠則天地。」

《宋書》卷三一《五行志》 晉懷帝永嘉元年，項縣有魏豫州刺史賈逵石碑，生金可采。此金不從革而爲變也。五月，汲桑作亂，羣寇飆起。

晉清河王覃爲世子時，所佩金鈴忽生起如粟者。康王母疑不祥，毁棄之。及後爲惠帝太子，不終于位，卒爲司馬越所殺。

晉元帝永昌元年，甘卓將襲王敦，既而中止。及還家，多變怪，照鏡不見其頭。此金失其性而爲妖也。尋爲敦所襲，遂夷滅。

石虎時，鄴城鳳陽門上金鳳皇二頭，飛入漳河。

徐堅《初學記》卷二七《金第一・叙事》 《爾雅》曰：「黄金謂之璗，其美者謂之鏐。餅金謂之鈑，絶澤謂之銑。西南之美者，有華山之金石焉。」璗，音蕩。鏐，林幽反。即紫磨金也。銑，最有光澤也。許慎《説文》曰：「金有五色，黄金爲長，久埋不生，百陶不輕，西方之行也。」《周易》曰：「乾爲金。」《尚書》曰：「金曰從革。」《周易參同契》曰：「黄土，金之父；流珠，水之母。」《後漢書》曰：「益州金銀之所出。」《華陽國志》曰：「廣漢涪水有金銀之礦。」王隱《晉書》曰：「鄱陽樂安出黄金。鑿土十餘丈，披沙之中，所得者大如豆，小如粟米。南郡、象林南有四國，皆稱漢人，貢金供税。」《後魏書》曰：「枝豆國出金銀，河鈎羌國出金珠。」《齊書》曰：「金車，王者至孝則出。金人，王者有盛德則游於後池。林邑有金山，汁流於浦。」葛洪《神仙傳》曰：「容成公服三黄得仙，所謂雄黄、雌黄、黄金。」《漢武内傳》曰：「西王母有九丹金液金漿。」《林邑記》曰：「上金爲紫磨金，又曰揚邁金。」《孟子》曰：「兼金，好金也。」《淮南子》曰：「玦五百歲生黄澒，五百歲生黄金，黄金千歲爲黄龍。玦，石也。中央數五，故五百歲一化。澒音胡貢反。澒，黄金，水銀也。秦以一鎰爲一金而重一斤，漢以一斤爲一金。」

周去非《嶺外代答》卷七《金石門・生金》 廣西所在産生金，融、宜、昭、藤江濱與夫山谷皆有之。邕州溪峒及安南境皆有金坑，其所産多於諸郡。邕、管、永安州與交阯一水之隔爾，鵝鴨之屬至交阯水濱遊食，而歸者遺糞類得金，在吾境水濱則無矣。凡金不自礦出，自然融結於沙土之中，小者如麥麩，大者如豆，更大如指面，皆謂之生金。昔江南遺趙韓王瓜子金即此物也。亦有大如雞子者，謂之金母，得是者富。固可知交阯金坑之利，遂買吾民爲奴。今峒官之家以大斛盛金鎮宅。博賽之戲，一擲以金一杓爲注，其豪侈如此，則其以金交結内外，何所不可爲矣？古人欲使黄金與土同價者，知本之言也。

曹昭《新增格古要論》卷六《珍寶論・金》　金出南蕃、雲南、西蕃、高麗等處沙中。

南蕃瓜子金、麩皮金，皆生金也。

雲南葉子金、西番回回金，此熟金也。其性柔而重，色赤，足色者面有椒花鳳尾及紫霞色，如和銀者性柔，石試則色青，火燒色不黑。

金性軟，插銅則硬，打則有路痕。

郎瑛《七修類藁・天地類・星石氣之母》　昔聞先輩云，金生水，五金豈能生水乎？蓋金即天星，凡見天星即晴，不見天星即雨，是以星應金，金生水也。余獨謂未盡。夫金生水者，金爲氣母，在天爲星，在地爲石，天垂象，地賦形，故石生雲，而星降雨，天地氣交。星者，氣之精；石者，氣之形，精形合而水生焉。又按：《天文志》以星動摇而爲風雨之候，石津潤而爲雨水之應，此非金生水，乃氣化之義歟？五行以氣爲主，是以五行之序以金爲首也。

李時珍《本草綱目》卷八《金石部・金》　集解：《别録》曰：金屑生益州，采無時。弘景曰：金之所生，處處皆有，梁、益、寧三州多有，出水沙中，作屑，謂之生金。建平、晉安亦有金沙，出石中，燒熔鼓鑄爲碢，雖被火亦未熟，猶須更煉。高麗、扶南及西域等地成器，皆煉熟可服。藏器曰：生金生嶺南夷獠峒穴山中，如赤黑碎石、金鐵屎之類。南人云：毒蛇齒落在石中。又云：蛇屎着石上，及鴆鳥屎着石上皆碎，取毒處爲生金，有大毒，殺人。《本草》言黄金有毒，誤矣。生金與黄金全别也。常見人取金，掘地深丈餘，至紛子石，石皆一頭黑焦，石下有金，大者如指，小者猶麻豆，色如桑黄，咬時極軟，即是真金。夫匠竊而吞者，不見有毒。其麩金出水沙中，氈上淘取，或鵝鴨腹中得之，即便打成器物，亦不重煉。煎取金汁，便堪鎮心。志曰：今醫家所用，皆煉熟金箔，及以水煮金器，取汁用之，則無毒矣。皇朝收復嶺表，詢訪彼人，並無蛇屎之説，藏器傳聞之言，非矣。頌曰：今饒、信、南劍、登州所出，采亦多端，或有若山石狀者，若米豆粒者，此類皆未經火，並爲生金。珣曰：《山海經》所説諸山出金極多，不能備録。《廣州記》云：大食國出金最多，貨易并用金錢。《异物志》云：金生麗水。又蔡州出瓜子金，雲南出顆塊金，在山石間採之。黔南、遂府、吉州水中，並產麩金。《嶺表録异》云：五嶺内富州、賓州、澄州、涪縣，江溪河皆產金。居人多養鵝鴨取屎，以淘金片，日得一兩或半兩，有經日不獲一星者。其金夜明。宗奭曰：顆塊金，即穴山至百十尺，見伴金石，定見金也。其石褐色，一頭如火燒黑之狀，其金色深赤黄。麩金，即在江沙水中淘汰而得，其色淺黄。皆是生金，得之皆當鑄煉。麩金耗多，入藥當用塊金，色既深，則金氣足餘。須防藥製成及點化者，此等焉得有造化之氣。如紫雪之類，用金煮汁，蓋假其自然之氣爾。又東南金色深，西南金色淡，亦土地所宜也。時珍曰：金有山金、沙金二種。其色七青、八黄、九紫、十赤，以赤爲足色。和銀者性柔，試石則色青；和銅者性硬，試石則有聲。《寶貨辨疑》云：馬蹄金象馬蹄，難得。橄欖金出荆湖嶺南。胯子金象帶胯，出湖南北。瓜子金大如瓜子，麩金如麩片，出湖南等地。沙金細如沙屑，出蜀中。葉子金出雲南。《地鏡圖》云：黄金之氣赤，夜有火光及白鼠。或云：山有薤，下有金。凡金曾在冢墓間及爲釵釧溲器者，陶隱居謂之辱金，不可合煉。《寶藏論》云：金有二十種。又外國五種。還丹金，出丹穴中，體含丹砂，色尤赤，合丹服之，希世之寶也。麩金出五溪、漢江，大者如瓜子，小者如麥，性平無毒。山金出交廣南韶諸山，銜石而生。馬蹄金乃最精者，二蹄一斤。毒金即生金，出交廣山石内，赤而有大毒，殺人，煉十餘次，毒乃已。此五種皆真金也。水銀金、丹砂金、雄黄金、雌黄金、硫黄金、曾青金、石緑金、石膽金、母砂金、白錫金、黑鉛金，并藥製成者。銅金、生鐵金、熟鐵金、鍮石金，並藥點成者。已上十五種，皆假金也，性頑滯有毒。外有五種，乃波斯紫磨金、東夷青金、林邑赤金、西戎金、占城金也。

方以智《物理小識》卷一　金：邵子舉水火土石，而不言金木。朱隱老曰：「木則後生於其陽，金則水火入土中，而成於其陰者也。金用而石隱矣。楞嚴四大，泰西四行皆後之，蓋有説焉。且問五行金生水，金何以生水乎？老生夙學不能答也。」虚舟子曰：「金石同體，五金八石互相爲用。鑛之在土，一石耳，石則生水矣。《本草》金石同科，石者氣之核，土之骨也。精爲金玉，毒爲礜砒，凝色而爲丹青，化液而爲礬汞。或自柔而爲剛，乳鹵成石是也。或自動而爲静草，木成石是也。含靈之爲石，自有情而之無情也。雷星之爲石，自無形而成有形也。愚者曰天地之堅氣爲金輪，而土中得之，凝爲金石，其生成也積久，其化物也峻厲，以其堅氣，遂爲殺氣，用者可不慎歟？」

屈大均《廣東新語》卷一五《貨語・金》　或謂黄本日精，白本月華，故近赤道之地多金。吾粤陽明之國，天地盛德，寄旺於火，火之英，丹砂之精，黄須父之，黄土母之，以故往往產金。

劉嶽雲《格物中法》卷五上《金部・金》　如灰中金而不若礦沙之金。破礦

得金，淘沙得金。《關尹子》。

含金之石謂之呆呫。《管子》。

金出于石，碎石而取者，色視沙金爲勝。《溪蠻叢笑》。

建平、晉安亦有金沙出石中。《名醫別録》。

生金生嶺南夷獠峒穴山中，如赤黑碎石、金鐵屎之類。《藏器本草》。

常見人取金，掘地深丈餘，至紛子石，石皆一頭黑焦，石下有金，大者如指，小者猶麻豆，色如桑黄，齩時極輭，即是真金。《藏器本草》。

今饒、信、南劍、澄州所出，采亦多端，或有若山石狀者，若米豆粒者。《蘇頌本草》。

蔡州出瓜子金。雲南出顆塊金，在山石間采之。《海藥本草》。

嶽雲謹案：此金之出於山者，大抵與石夾雜，其石皆石英類也。亦有在紅石之上下者，然必與石英並生。

十年而葛盧之山發而出水，金從之。《管子·修數篇》。

政和初，長沙益陽縣山谿流出生金，重十餘斤，後又出一塊，重至四十九斤。他多稱是。《鐵圍山叢談》。

嶽雲謹案：此金雖自水中流出，而實生於山者。

生金出西南州峒，生山谷田野沙土中，不由礦出也。峒民以淘沙爲生，壞土出之，自然融結成顆。大者麥粒，小者如麩片，便可煅作服用，但色差淡耳。欲令精好則重煉，取足色，耗出廿二三，既煉則是熟金。《桂海虞衡志》。

廣西所在産生金，融、宜、昭、藤江濱與山谷皆有之。凡金不自礦出，自然融結於沙土之中，小者如麥麩，大者如豆，更大者如指，皆謂之生金。亦有大如雞子者，謂之金母。《嶺外代答》。

廣西諸洞産生金，洞丁皆能淘取。其碎粒如蚯蚓泥，大者如甜瓜子，故世名瓜子金。其碎者如麥片，則名麩皮金，色深紫，比之尋常金，色復加二等，此金之絶品也。《癸辛雜識》。

嶽雲謹案：此雖沙金，而非自水中淘得。

麗水之中生金。《韓非子》。

五嶺内富州、賓州、澄州、涪縣江溪河皆産金。《嶺表録》。

其麩金出水沙中，氊上淘取。《藏器本草》。

黔南遂府、吉州水中並産麩金。《海藥本草》。

麩金即在江沙水中淘汰而得，其色淺黄。《本草衍義》。

麩金出五溪、漢江，大者如瓜子，小者如麥。《本草綱目》。

水金多者出雲南金沙江，此水源出吐蕃，遶流麗江府，至於北勝州，回環五百餘里，出金者有數截。《天工開物》。

嶽雲謹案：此金之出於水者，然雖自水中淘取，亦由附近山中有沙金爲水漱出故耳，非真生於水也。故尋金𧋄者，視水中有沙金，即可細審自何處山中漱出，而覓得其礦。

巧者以生銀熔化，提出所含之金。《滇南礦廠圖略》。

嶽雲謹案：金銀合生而銀質多者，常法恒不易取。

金銅相合之質自然生者，惟雲南有之，或云即風磨銅。《鄙事綴紀》。

嶽雲謹案：此金銅雜質礦也。

自然銅内有金。《鄙事綴紀》。

嶽雲謹案：此自然銅乃礦産純銅，非譯西書者所謂鐵硫質也。今雲南銅礦内往往得金。

金出丹穴中，體含丹砂，色尤赤。《本草綱目》。

嶽雲謹案：此金、汞相合也。惟論五金遞化之理，汞中生金尚應由鉛銀而轉，金得汞則化。宏景《別録》言水銀能消化金銀，使成泥是也。或係汞穴相近之金，爲汞所蝕者。

已上出産。

生金出金山及長傍諸山、藤充北金寶山。土人取法：春冬間先於山上掘坑，深丈餘，闊數十步，夏月水潦降時，添其泥土入坑。即於添土之所沙石中披揀，有得片塊，大者重一斤，或至二斤，小者三兩、五兩，價貴於麩金數。《蠻書》、《續博物志》。

綜述

《山海經第一·南山經》 南山之首曰䧿山。其首曰招摇之山，臨于西海之上，多桂，多金玉。**【略】**

又東三百里，曰堂庭之山，多棪木，多白猿，多水玉，多黄金。**【略】**

又東三百四十里，曰堯光之山，其陽多玉，其陰多金。【略】

又東三百七十里，曰瞿父之山，無草木，多金玉。

又東四百里，曰句餘之山，無草木，多金玉。【略】

又東五百里，曰成山，四方而三壇，其上多金玉，其下多青雘。閣水出焉，而南流注于虖勺，其中多黄金。

又東五百里，曰會稽之山，四方，其上多金玉，其下多砆石。【略】

又東五百里，曰僕勾之山，其上多金玉，其下多草木，無鳥獸，無水。

又東四百里，曰洵山，其陽多金，其陰多玉。【略】

又東五百里，曰鹿吴之山，上無草木，多金石。澤更之水出焉，而南流注于滂水。有獸焉，名曰蠱雕，其狀如雕而有角，其音如嬰兒之音，是食人。【略】

東五百里，曰禱過之山，其上多金玉，其下多犀兕，多象。

又東五百里，曰丹穴之山，其上多金玉。【略】

又東四百里，至于非山之首，其上多金玉，無水，其下多蝮虫。【略】

又東五百里，曰雞山，其上多金，其下多丹雘。【略】

又東三百七十里，曰侖者之山，其上多金玉，其下多青雘。【略】

又東五百八十里，曰南禺之山，其上多金玉，其下多水。

《山海經第二·西山經》　又西二百里曰翠山，其上多椶枏，其下多竹箭。其陽多黄金玉，其陰多旄牛、麢麝。【略】

又西四百里，曰薰吴之山，無草木，多金玉。【略】

又西二百五十里，曰衆獸之山，其上多㻬琈之玉，其下多檀楮，多黄金，其獸多犀兕。【略】

又西三百里，曰中皇之山，其上多黄金，其下多蕙棠。【略】

西水行百里，至于翼望之山，無草木，多金玉。【略】

又西四百八十里，曰軒轅之丘，無草木。洵水出焉，南流注于黑水，其中多丹粟，多青雄黄。【略】

又西二百里，曰符惕之山，其上多椶枏，下多金玉。神江疑居之。是山也，多怪雨，風雲之所出也。【略】

又西三百五十里，曰天山，多金玉，有青雄黄。英水出焉，而西南流注于湯谷。【略】

北百七十里，曰申山，其上多穀柞，其下多杻橿，其陽多金玉。【略】

又西三百里，曰中曲之山，其陽多玉，其陰多雄黄、白玉及金。【略】

又西三百五十里，曰英鞮之山，上多漆木，下多金玉，鳥獸盡白。

《山海經第三·北山經》　又北四百里，曰譙明之山。是山也，無草木，多青雄黄。【略】

又北三百五十里，曰梁渠之山，無草木，多金玉。【略】

又北水行五百里，流沙三百里，至於洹山，其上多金玉。三桑生之，其樹皆無枝，其高百仞。百果樹生之。其下多怪蛇。【略】

又北三百里，曰敦題之山，無草木，多金玉。【略】

北次三經之首，曰太行之山。其首曰歸山，其上有金玉，其下有碧。【略】

又東北二百里，曰龍侯之山，無草木，多金玉。【略】

又東北二百里，曰馬成之山，其上多文石，其陰多金玉。【略】

又東北三百里，曰教山，其上多玉而無石。教水出焉，西流注於河，是水冬幹而夏流，實惟幹河。其中有兩山。是山也，廣員三百步，其名曰發丸之山，其上有金玉。【略】

又東南三百二十里，曰孟門之山，其上多蒼玉，多金，其下多黄堊，多涅石。【略】

又東二百里，曰蟲尾之山，其上多金玉，其下多竹，多青碧。【略】

又東三百七十里，曰泰頭之山。共水出焉，南流注于池。其上多金玉，其下多竹箭。【略】

又北二百里，曰謁戾之山，其上多松柏，有金玉。沁水出焉，南流注於河。【略】

東三百里，曰沮洳之山，無草木，有金玉。濝水出焉，南流注於河。【略】

又北百二十里，曰敦與之山，其上無草木，有金玉。【略】

又北三百里，曰泰戲之山，無草木，多金玉。【略】

又北三百里，曰石山，多藏金玉。【略】

又北水行四百里，至於泰澤。其中有山焉，曰帝都之山，廣員百里，無草木，有金玉。

《山海經第四·東山經》　又南三百里，曰藟山，其上有玉，其下有金。【略】

又南三百里，曰栒狀之山，其上多金玉，其下多青碧石。【略】

又南四百里，曰高氏之山，其上多玉，其下多箴石。諸繩之水出焉，東流注

于澤，其多金玉。

又南三百里，曰嶽山，其上多桑，其下多樗。濼水出焉，東流注于澤，其中多金玉。【略】

又南三百里，曰獨山，其上多金玉，其下多美石。【略】

又南三百里，曰泰山，其上多玉，其下多金。【略】

又西南四百里，曰嶧臯之山，其上多金玉，其下多白堊。【略】

又南五百里，曰緱氏之山，無草木，多金玉。【略】

又南三百里，曰姑逢之山，無草木，多金玉。【略】

又南五百里，曰鳧麗之山，其上多金玉，其下多箴石。【略】

東次三山之首，曰尸胡之山，北望殍山，其上多金玉，其下多棘。【略】

又南水行九百里，曰踇隅之山，其上多草木，多金玉，多赭。【略】

又東南二百里，曰欽山，多金玉而無石。【略】

又東北二百里，曰剡山，多金玉。【略】

又東二百里，曰太山，上多金玉、楨木。

《山海經第五·中山經》 又西南二百里，曰發視之山，其上多金玉，其下多砥礪。

又西三百里，曰豪山，其上多金玉而無草木。

又西三百里，曰鮮山，多金玉，無草木。【略】

又西二百里，曰蔓渠之山，其上多金玉，其下多竹箭。伊水出焉，而東流注于洛。【略】

又東四十里，曰宜蘇之山，其上多金玉，其下多蔓居之木。【略】

中次四山釐山之首，曰鹿蹄之山，其上多玉，其下多金。【略】

又西二百里，曰白邊之山，其上多金玉，其下多青、雄黄。【略】

又東十二里，曰陽虚之山，多金。臨于玄扈之水。【略】

西十里，曰縞羝之山，無草木，多金玉。【略】

又西三十里，曰瞻諸之山，其陽多金，其陰多文石。【略】

又西三十里，曰婁涿之山，無草木，多金玉。【略】

又西百里，曰長石之山，無草木，多金玉。【略】

又東北百五十里，曰驕山，其上多金，其下多青雘。【略】

又東北二百里，曰宜諸之山，其上多金玉，其下多青雘。洈水出焉。【略】

又東北一百里，曰美山，其獸多兕牛，多閭麈，多豕鹿。其上多金，其下多青雘。【略】

又東北三百里，曰靈山，其上多金玉，其下多青雘。其木多桃、李、梅、杏。【略】

又東南七十里，曰石山，其上多金，其下多青雘。【略】

中次九經，岷山之首，曰女几之山，其上多石涅，其木多杻橿，其草多菊。洛水出焉，東注于江，其中多雄黄。【略】

又東北三百里，曰岷山，江水出焉，東北流注于海。其中多良龜，多鼉。其上多金玉，其下多白珉。【略】

又東北一百四十里，曰崍山，江水出焉，東流注大江。其陽多黄金，其陰多麋麈。【略】

又東四百里，曰蛇山，其上多黄金，其下多堊。【略】

又東五百里，曰鬲山，其陽多金，其陰多白珉。【略】

又東北三百里，曰隅陽之山，其上多金玉，其下多青雘。【略】

又東三百里，曰勾檷之山，其上多玉，其下多黄金。其木多櫟、柘，其草多芍藥。【略】

中次十山之首，曰首陽之山，其上多金玉，無草木。【略】

又西二十里，曰復州之山，其木多檀，其陽多黄金。【略】

又東南五十里，曰視山，其上多韭。有井焉，名曰天井，夏有水，冬竭。其上多桑，多美堊、金玉。

又東南二百里，曰前山，其木多櫧，多柏。其陽多金，其陰多赭。

又東南三百里，曰豐山，有獸焉。其狀如蝯。赤目，赤喙，黄身，名曰雍和，見則國有大恐。其上多金，其下多穀、柞、杻橿。【略】

又東南五十里，曰高前之山，其上有水焉，甚寒，而青帝臺之漿也，飲之者不心痛。其上有金，其下有赭。【略】

又東三十里，曰倚帝之山，其上多玉，其下多金。【略】

又東三十里，曰鯢山，鯢水出于其上，潛于其下。其中多美堊，其上多金，其下多青雘。【略】

又東七十里，曰嫗山，其上多美玉，其下多金。【略】

又東三十里，曰章山，其陽多金，其陰多美石。皐水出焉，東流注于澧水，其

中多脆石。

又東二十五里，曰大支之山，其陽多金。其木多穀、柞，無草木。【略】

又東百十里，曰杳山，其上多嘉榮草，多金玉。【略】

中次十二山洞庭山之首，曰篇遇之山，無草木，多黃金。

又東南五十里，曰雲山，無草木，有桂竹，甚毒，傷人必死。其上多黃金，其下多㻬琈之玉。

又東南一百三十里，曰龜山，其木多穀、柞、椆、椐。其上多黃金，其下多青雄黃，多扶竹。【略】

又東一百五十里，曰夫夫之山，其上多黃金，其下多青雄黃。其木多桑、楮，其草多竹雞。【略】

又東南二百里，曰即公之山，其上多黃金，其下多㻬琈之玉，其木多柳杻檀桑。【略】

又東南一百五十九里，曰堯山，其陰多黃堊，其陽多黃金，其木多荊、芑、柳、檀，其草多藷藇、茶。【略】

又東二百里，曰真陵之山，其上多黃金，其下多玉，其木多穀、柞、柳、杻，其草多榮草。

《管子校注》卷二三《地數第七七》 桓公問於管子曰：「今亦可以行此乎？」管子對曰：「可。夫楚有汝、漢之金，齊有渠展之鹽，燕有遼東之煮。此三者，亦可以當武王之數。」

又《揆度第七八》 桓公問於管子曰：「陰山之馬具駕者千乘。馬之平賈萬也，金之平賈萬也。吾有伏金千斤，爲此奈何？」管子對曰：「君請使與正籍者，皆以幣還於金，吾至四萬。此一爲四矣。吾非埏埴搖鑪橐而立黃金也，今黃金之重一爲四者，數也。珠起於赤野之末光，黃金起於汝、漢水之右衢，玉起於禺氏之邊山。此度去周七千八百里，其涂遠，其至阸，故先王度用其重而因之，珠玉爲上幣，黃金爲中幣，刀布爲下幣。先王高下中幣，利下上之用。」

徐堅《初學記》卷八《州郡部・劍南道第八》 敘事：劍南道者，《禹貢》梁州之域。梁州自劍閣而南分爲益州，是爲劍南道。梁州劍閣之東而分屬山南、隴右二道。【略】

事對：【略】銀水金山。《華陽國志》曰：「涪陵有孱山水，其源有金鑛。」

《後漢書・志第二一・郡國三》 山陽郡，故梁，景帝分置。雒陽東八百一十里。十城。【略】

瑕丘，金鄉，《晉地道記》曰：「縣多山，所治名金山。山北有鑿石爲冢，深十餘丈，隧長三十丈，傍却入爲堂三方，云得白兔不葬，更葬南山，鑿而得金，故舊金山。故冢今在。或云漢昌邑所作，或云秦時。」防東。

又《志第二二・郡國四》 會稽郡，秦置。本治吳，立郡吳，乃移山陰。雒陽東三千八百里。十四城，户十二萬三千九十，口四十八萬一千一百九十六。

山陰，會稽山在南，上有禹冢。《山海經》曰：「會稽之山四方，上多金玉，下多（玦）〔玞〕石。」郭璞曰有禹井。《越絶》曰有重山，句踐葬大夫種。有浙江，鄮，烏傷，諸暨，餘暨，太末，上虞，剡，餘姚，句章，《山海經》曰：「餘句之山，無草木，多金玉。」郭璞曰：「山在餘姚南，句章北，故二縣因以爲名。」句踐欲遷吳王於山東，韋昭曰縣東洲。鄞。章安。故（治）〔冶〕，閩越地，光武更名。永寧，永和三年以章安縣東甌鄉爲縣。東部，侯國。

酈道元撰朱謀𤘽注《水經注箋》卷八《濟水二》 〔濟水〕又東過方與縣北，爲荷水。

黃水又東徑咸亭北。《春秋・桓公七年經》書「焚咸丘」者也。水南有金鄉山。【略】戴延之《西征記》曰：「焦氏山北數里，有漢司隸校尉魯恭穿山得白蛇、白兔，不葬，更葬山南，鑿而得金，故曰金鄉山。」

又卷一九《渭水下》 〔渭水〕又東過霸陵縣北，霸水從縣西北流注之。【略】秦始皇大興厚葬，營建冢壙於麗戎之山，一名藍田。其陰多金，其陽多玉。

又卷三六《青衣水　桓水　若水　沬水　延江水　沅西水　存水　温水》 若水出蜀郡旄牛徼外，東南至古闕爲若水也。【略】又東北至犍爲縣西，爲瀘江水。【略】

博南，山名也，縣以氏之。【略】山高四十里，蘭倉水出金沙，越人收以爲黃金。又有光珠穴，穴出光珠。又有琥珀、珊瑚、黃白、青珠也。

李昉等《太平御覽》卷八一〇《珍寶部九・金中》 《韓子》曰：「荊南麗水之中生金。」【略】

〔《後漢書》〕又曰：「大秦國出金，織成帳也。」【略】

〔《王隱晉書》〕又曰：「鄱陽樂安出黃金，鑿土十餘丈，披沙之中，所得者大如豆，小者如粱米。南郡象林南有四國，皆稱漢人，貢金供稅。」【略】

《齊書》曰：「金車王者至孝則出金人王者有盛德，則游於後池。林邑有金

山，金汁流於浦。」【略】

《南史》曰：「林邑國有山皆赤色，其中生金，金夜則出飛，狀如螢火。」

《南史》卷七八《夷貊傳上·扶南國》 其南界三千餘里有頓遜國。【略】又有毗騫國，去扶南八千餘里。【略】有山出金，金露生石上，無央限也。

《北史》卷九七《西域傳·阿鉤羌國》 阿鉤羌國，在莎車西南，去代一萬三千里。國西有縣度山，其間四百里，中往往有棧道，下臨不測之深，人行以繩索相持而度，因以名之。土有五穀、諸果。市用錢爲貨。居止立宮室。有兵器。土出金珠。

波路國，在阿鉤羌西北，去代一萬三千九百里。其地濕熱，有蜀馬。土平，物産、國俗與阿鉤羌同類焉。

《新唐書》卷四〇《地理志四》 金州漢陰郡，上。【略】縣六。有府一，曰洪義。西城，上。本金川，義寧二年更名。有牛山。漢水有金。【略】漢陰，中下。本安康。武德元年以縣置西安州，并置寧都、廣德二縣。二年曰直州。貞觀元年州廢，省寧都，以廣德入安康，來屬。至德二載更名。西有方山關，貞觀十一年置。月川水有金。【略】

通州通川郡，上。土貢：紬、綿、蜜、蠟、麝香、楓香、白藥實。户四萬七百四十三，口十一萬八百四。縣九。【略】宣漢，中下。武德元年置南井州，并析置東關縣。貞觀元年州廢，省東關，以宣漢來屬。有鹽，有金。【略】

肅州酒泉郡，下。武德二年析甘州之福禄、瓜州之玉門置。【略】酒泉，中下。本福禄，唐初更名。西十五里有興聖皇帝陵，七十里有洞庭山，出金。

又卷四一《地理志五》 虔州南康郡，上。土貢：絲布、紵布、竹練、石蜜、梅、桂子、斑竹。户三萬七千六百四十七，口二十七萬五千四百一十。縣七。【略】雩都，上。有金。天佑元年置瑞金監。【略】

潭州長沙郡，中都督府。土貢：絲葛、絲布、木瓜。户三萬二千二百七十二，口十九萬二千六百五十七。縣六。有府一，曰長沙。有渌口、花石二戍。有橋口鎮兵。長沙，望。有金。

又卷四三上《地理志七上》 峰州承化郡，下。【略】户千九百二十。縣五。嘉寧，下。武德四年置新昌、安仁、竹格、石堤四縣，又領封溪縣。貞觀元年省石堤、封溪入嘉寧，後又省安仁。承化，下。新昌，下。貞觀元年省竹格縣入焉。高山，元和後置。珠緑。元和後置。

愛州九真郡，下。土貢：紗、絁、孔雀尾。户萬四千七百。縣六。【略】

驩州日南郡，下都督府。本南德州，武德八年曰德州，貞觀元年又更名。土貢：金、金薄、黄屑、象齒、犀角、沈香、班竹。户九千六百一十九，口五萬八百一十八。縣四。九德，

陳壽祺《左海文集》卷三《南詔德化碑考》 銘又曰：「觀兵尋傳，舉國來賓。□□□□，懷德歸仁。碧海効祉，金穴薦珍。人無常主，惟賢是親。」此謂閤羅鳳據清溪關以破越析梟于贈西，而降尋傳驃諸國之事。《通志》原文稱：「爰有尋傳，疇壤沃饒，耀以威武，喻以文辭。款降者撫慰安居，抵捍者繫頸盈貫。矜愚解縛，擇勝置城，裸形不召自來，祁鮮望風而至。」皆侈陳開闢之廣也。《新史》云：「尋傳蠻其西有裸蠻。」又云：「祁鮮山之西多瘴歊」，「祁鮮而西人不蠶」，是其地也。金穴者，《新史》云：「長川諸山往往有金，或披沙得之。麗水多金麩。」《通志》原文亦稱西開，尋傳，禄郫出麗水之金。《南詔野史》云：「天寶十四載，鳳築麗水金寶城」是也。

李昉等《太平御覽》卷第六五《地部三〇·孱山水》 又《郡國志》云：「漢有金山縣，縣東二里有一水瀨，有金碎珠隨波東注，傍水居人，採以爲業。」

又卷八一一《珍寶部一〇·金下》 《扶南傳》曰：「毗騫國，食器皆以金爲之。金如此間之石，露出山邊，無有限。」【略】

《秦州記》曰：「金城郡，應劭云：初築城得金，因名金城。」

《臨海記》曰：「白石山去縣邑三十里，望之如雪。上有淵，相傳云金鵝之所集。」

鄭緝之《東陳記》曰：「金豚山之康縣南三里，故老傳云：有人得金豚於此，故名山。」【略】

《錢塘記》曰：「縣東南有峴山，長老相傳，采金於此。」【略】

《林邑記》曰：「從林邑往金山，三十日至。遠望金山，嵯峨如赤城，照耀似天光。澗壑谷中亦有生金，形如蟲豸，細者似蒼蠅，大者若蜂蟬，夜行耀熠，光如螢火。」

佚名《梁公九諫·第三諫》 又一日，則天問狄相曰。【略】狄相奏曰：「【略】岱州進表，有八百里地方麥麩金。」

唐慎微《證類本草》卷四《金屑》 金屑，【略】生益州，採無時。陶隱居云：金之所生，處處皆有。梁、益、寧三州多有，出水沙中作屑，謂之生金，辟惡而有毒。不鍊，服之殺人。建平晉安亦有金砂出石中，燒鎔鼓鑄爲碣，雖被火亦未

熟，猶須更錬。高麗、扶南及西域外國成器，皆錬，熟可服。【略】

海藥云：按：《廣州記》云：「出大食國，彼方出金最多，凡是貨易並使金錢。性多寒，生者有毒，熟者無毒。」【略】《異志》云：「金生麗水。」《山海經》説諸山出金極多，不能備録。蔡州出瓜子金。雲南山出顆塊金，在山石間採之。黔南遂府吉州水中並産麩金。又《嶺表録》云：「廣州澮洭縣有金池，彼中居人忽有養鵝、鴨，常於屎中見麩金片。遂多養收屎，淘之日得一兩或半兩，因而至富矣。」《淮南子》：「陽燧見日，然而爲火。」許慎記云：陽遂，金也。取金杯無緣者熟摩，令熱，日中時，日下以艾承之，則然得火也。

葉廷珪《海録碎事》卷三上《地部上》 錕鋙，音昆吾，山名，出金，可作刀切玉。【略】

金岸。金岸瓊巘，岸之生金者七命。【略】

王象之《輿地紀勝》卷七《兩浙西路・鎮江府・景物上》 金山。在江中，去城七里，舊名浮玉，唐李錡鎮潤州，表名金山，因裴頭佗開山得金，故名。山前有三島，號石牌，稱郭璞墓。按：《唐書・韓滉傳》：建中之難，陳少游在揚州以甲士三千臨江大閱。滉亦総兵臨金山，與少游會。則是建中之時已有金山之名矣，非始於李錡也。

又卷八九《廣南東路・廣州・景物上》 金山。在新會縣西百五十里。唐《地理志》：山容焦赤。下有昔人所掘窟，深窅如井。俗云掘之愈深，有金沙如糠粃狀。

又卷一〇四《廣南西路・容州・景物上》 金溪。《寰宇記》云：在陸川縣，水中嘗出金。

祝穆《方輿勝覽》卷一三 金山。在上杭縣西十里。康定中産金，因名。

又卷三一 寶溪。在州城之東北，屬永平縣。大抵洞中諸溪皆産金。

又卷六二 潼川府路。【略】中江，一名綿水，經瀘川縣北三里，出麩金。

祝穆《方輿勝覽》卷六八 以其地出金，改爲金州。

王圻《續文獻通考》卷二三《征榷考・坑冶》 金之所産，在腹里曰益都、檀、景，遼陽省曰大寧、開元，江浙省曰饒、徽、池、信，江西省曰龍興、撫州，湖廣省曰岳、澧、沅、靖、辰、潭、武岡、寶慶，河南省曰江陵、襄陽，四川省曰成都、嘉定，雲南省曰威楚、麗江、大理、金齒、臨安、曲靖、元江、羅羅、會川、建昌、德昌、柏興、烏撒、東川、烏蒙。

佚名《群書通要・辛集・方輿勝覽上・州郡門》《濟寧路・金鄉郡》 景致：金鄉山。漢司隸校尉鑿山得金，謂金鄉山。

又《壬集・方輿勝覽中・州郡門》 中江。一名綿水，經瀘川縣，出麩金。

劉郁《西使記》 西有密乞兒國，尤富，地産金。

王惲《玉堂嘉話》卷一四《説選一四・西使記》 丁巳歲，取報達國，轄大城數十，其民富實。西有密奇爾國，尤富，地産金，人夜視有光。

《明史》卷四三《地理志四》 〔四川夔州府〕建始。府東南。元屬施州。洪武中來屬。西有石乳山，産麩金。【略】

〔江西撫州府〕金谿。府東南。東有金窟山，舊産金。

又卷四六《地理志七》 〔貴州〕省溪長官司。府西。元省溪壩場等處蠻夷長官司，屬思州安撫司。洪武初，改名，屬思南宣慰司。永樂十二年三月來屬。西有迶邏江，即省溪，産金。

王佐《新增格古要論》卷六《金》 金，出南蕃、雲南、西蕃、高麗等處沙中。南蕃瓜子金，麩皮金，皆生金也。

陸釴《〔嘉靖〕山東通志》卷八《物産》 麩金。出棲霞、萊陽、招遠及萊之膠州，棲霞縣有金山，《舊志》曰：「亦名岠嵎，以産金得名。」即《齊乘》云萊陽縣之黄銀坑也。隋開皇十八年，牟州刺史辛公義於此坑冶鑄得黄金，獻之。隋唐以來皆然，後編户置官，歲定金額而民不勝其擾，此制今革。

鄭曉《吾學編・皇明四夷考》卷上《女直》 産楛矢、石砮、赤玉、真珠、金、麻布、鹽、馬、黄猶虎。

又《安南》 産金、朱、珊瑚、玳瑁、丹珠、諸香、蘇合油、胡椒。

陸應陽《廣輿記》卷二二 山川：青石山。峭拔千仞，奇怪萬狀。麓川江、金沙江。産金。

陶承慶《文武諸司衙門官制》卷一《四夷・西北夷・赤斤蒙古》 土産麩金、鼓鼙、碙砂、肉蓯蓉、胡桐律、緊鞋草、栢脉根、沙棗、駝。

彭大翼《山堂肆考》卷一八四《珍寶・金・黔南産麩》 《山海經》：「黔南吉水中多産麩金。」

慎懋官《華夷草木鳥獸珍玩考》卷一一《金》 扶南有山出金，金露生石上，無所限也。見《梁書》。

謝肇淛《滇略》卷三 語云：金生麗水。今麗江其地也。其江曰金沙，源出吐蕃，經鐵橋、寶山、永寧、北勝以達東川。江滸沙泥、金麩雜之，貧民淘而煅焉，

日僅分文，售蜀估轉諸四方，其稅屬之土府，漢不得有也。朝廷歲責滇賦金五千，其直可四萬緡，皆蜀估有力者，先期受直於官，而走四遠，裒入之間有逃且死者，累及姻族，桁楊纍纍。至於黔巫瘴癘，十死一生，又不具論也。永平山中，間有金沙，色更赤，而利甚微。

麗江之金不止沙中，又有瓜子、羊頭等金，大或如指，産山谷中。先以牛犁之，俟雨後，即出土，夷人拾之，納於土官，然近亦絶無矣。【略】

《博物志補》云：「金一也，産於金沙江者，紫色光瑩。産於麗江者，色赤而沾垢膩。銀一也，産於梁王山者，白瑩而有茶花，黄點撲之，有聲琤琤然。産於細花明光諸者，微有鉛色，撲之，其聲黯麗。江府産金尤多，每雨後，其金散拾，如豆如棗，大者如拳，破之，中空有水。亦有包石子者。」【略】

催生石亦出西陲山下，色翠而間以白，作酒器飲之，云能治産難，然不甚驗。至于紫英、雲母、石青、深緑、石黄地所時有，不足珍也。其他如水精、緑玉、墨玉、碧瑱、古喇錦、西洋布、孩兒茶之屬，皆流商自猛密迤西數千里而至者，非滇産也，而爲滇病最甚。然《後漢書》已稱永昌出金、銀、光珠、琥珀、水晶、琉璃、軻蟲、蚌珠、孔雀、翡翠、犀、象、猩猩、貊獸，以今較之又不逮矣。

卷九　麗江於諸土酋中世最遠，自唐貞觀以來，譜系歷歷可考，其名如蒙段氏，以子上名接父下名也。洪武初首入貢，賜姓木，代有錫予，其地土廣大，産金，富厚不貲。酋死則以生。

猛密在騰越南千餘里，其地産寶井、金礦，估客雲集。山高田少，米穀騰貴，花、果、蔬與中國同，但多地羊鬼，爲行人祟。南距緬僅十程，常苦侵暴。土酋思姓後，以避緬，徙蠻莫。蠻莫舊猛密分地也，在騰越西蠻哈山下，山如象鼻，行者累足，風俗與猛密同。

章潢《圖書編》卷八九《各織省府縣土産・四川・保寧府》　麩金、劍、廣元、江油、巴。羚羊、角附子、天雄、江油。鹽、南部有井。茶、橙、蜜、巴。麝香。廣元、巴、戟、劍。

又《夔州府》　麩金、萬、建、始。木藥子。萬、建、始。

又《眉州》　麩金、州。硝、眉東館鄉鷂兒井。鹽、彭山、九井。寒水石、蓥頤出。史君子巴豆、州縣。海棠、斑竹、鸜鵒、水獺。州。

又《嘉定州》　麩金、麝香。本州。

又《雅州》　麩金、石菖、蒲州。蒙頂茶、沃陽。書化，受陽氣全，故芳香。　魶魚、滎、經。丙穴魚、城南。紫竹、蒙山。婆羅花。滎、經，崖屋山。

又《臨安府》　金。安南。

又《姚安軍民府》　金。大姚龍蛟江。

又《麗江軍民府》　金。金沙江。

又《金齒軍民指揮使司》　金。瀾滄江濱出金沙，洗取融爲金。

又《芒市長官司》　金、金沙江。香橙、橄欖、芋、蔗、藤。

又《銅仁府》　金。省溪、提溪。

顧炎武《肇域志》卷一六　棲霞縣。《齊乘》：金山在縣東北二十里，以産金得名，即《地記》萊陽縣之黄銀坑也。

顧炎武《天下郡國利病書・山東上》　文登縣。遮陽山南灘湯村泊金礦洞一處，在縣正南四十里；黄嵐金礦洞一處，在縣北二十五里。【略】

棲霞縣。艾山湯金礦洞一處，在縣北三十里。【略】

招遠縣。盧頭溝金礦洞一處，在縣正南四千里，嘉靖四十五年，奉旨差官採取一次。

顧祖禹《讀史方輿紀要》卷八六《江西四》　〔金谿縣〕金窟山，縣東五里，相傳前代採金處。

董斯張《廣博物志》卷三七　山多金玉者，招摇、堂庭、堯光、瞿父、句餘、僕勾，一作夕洵山。丹穴、禱過、侖者、南禺、皇人、薰吴、槐江、符惕、天山、翼望、涇谷、英鞮、中曲、敦頭、梁渠、洹山、敦題、大行、龍侯、馬成、陽山、發九、孟門、蟲尾、彭毗、泰頭、謁戾、沮洳、少山、敦與、柘山、維龍、泰戲、乾山、藟山、栒狀、獨山、泰山、嶧皋、姑逢、維氏、鳧麗、尸胡、跂隅、剡山、發視、豪山、鮮山、蔓渠、敖岸、宜蘇、鹿蹄、白邊、縞羝、婁涿、長石、槖山、陽華、大𦳊、宜諸、岐山、靈山、岷山、隅陽、勾檷、熊山、首陽、嬰山、倚帝、嫗山、沓山、雲山、風伯、暴山。即公真陵。《山海經》

山多金者，杻陽、雞山、皋塗、中皇、陽虚、瞻諸、末山、役山、鬲山、風雨、葛山、湧石、復州前山、瑶碧、堇理、高前、雅山、章山、大支、歷石、篇遇、夫夫、洞庭、堯山、仁舉。《山海經》

曹學佺《蜀中廣記》卷六七《方物記第九・五金》　漢宣帝遣王褒持節祀蜀碧鷄、金馬。顔師古注曰：金形似馬，碧形似鷄也。陶弘景《別録》云：「金屑生於益州。」《華陽國志》：「新都縣金堂山水通巴漢，出金砂。」《蜀記》曰：「金堂縣

古有金船沉江之東岸，往往有見者。」按：本志：「舊懷州前有潭，是名金淵，唐諱爲金水也。」《郡國志》云：「廣漢有金山縣，縣東一水瀨，時有金，碎珠隨波東注，傍水居人採以爲業。」李膺《益州記》云：「金山在涪縣東，長七八里，每夏，淹水有崩處，即金粟散出。【略】李膺記云：「走金山在導江縣，堯時洪水，民奔是山，而獲金，故名。」《宋史》：「慶曆中，或言彭之廣碃、麗水二峽出金，官者挾富人請置場募採。益州轉運使高覿以聚衆山谷間，與夷獠雜處，非地方之福，且得不償失，遂罷之。」《龍州志》云：「州産金砂，在西北九十里水進站界，亦隣于夷。」《山海經》：「峽山其陽多黃金。」《寰宇記》：「浮圖水在蘆山縣五里，從生羌界來，水中有孤崖，狀如浮圖，出貢金。」又云：「大渡河一名沫水，出麩金，所謂漢嘉金也。」《鹽井志》：「衛西三十里有廢金縣，元之金州也。界有斛柍和山，出金，故名。西北四百五十里刺紅瓦山下，有金縣五村香羅八瓦山寨，産金成粒，與雲南麗江府接界，土官刺馬仁所管。」

王之春《國朝柔遠記》卷二　〔庚戌，康熙九年〕金川土司嘉勒巴内附。

金川在四川松潘廳徼外，有二源，一出小阿樹土司，經黨壩入境，爲大金川。一源較近，爲小金川，皆以山産金礦得名。二水合流後爲大渡河，西南會打箭鑪河而南，又東至嘉定，會青衣水入岷江。

張英《淵鑒類函》卷二三八《邊塞部九・齊勤蒙古》　永樂二年，詔建齊勤古千户所，以塔爾尼爲千户，賜誥印。尋，陞衛，以塔爾尼爲指揮。塔爾尼卒，子且旺舒加襲。宣德以來，朝貢不絶。《續文獻通考》曰：「其産麩金、鼓礬、硇砂、肉蓯蓉、胡桐律、鞓草、柏脉根、沙駝。」

又卷三六一《珍寶部一・金一》　原：許慎《說文》曰：「金有五色，黃金爲長，久埋不生衣，百陶不輕，西方之行也。」增：《釋名》曰：「金，禁也。氣剛毅能禁制物也。」原：《周易》曰：「乾爲金。」增：又《上繫》曰：「二人同心，其利斷金。」原：《毛詩》曰：「大路南金，謂荆揚所貢。」增：「又曰如金如錫。」原：《尚書・洪範》「五行」曰：「四曰金，金曰從革，從革作辛。」孔安國：金可改更，辛，金氣也。增：又《說命》曰：「若金用汝作礪。」《周禮・考工記》曰：「攻金之工，築氏執下齊，冶氏執上齊，鳧氏爲聲，㮚氏爲量，段氏爲鎛器，桃氏爲刃。」又云：「凡鑄金之狀，金與錫，黑濁之氣竭，黃白次之，黃白之氣竭，青白次之，青白之氣竭，青氣次之，然後可鑄也。」氣次皆火。原：《爾雅》曰：「黃金謂之璗，音蕩。其美者謂之鏐。音留。餅金謂之鈑，絶澤謂之銑，西南之美者，有華山之金石焉。」鏐即紫磨金也。銑最有光澤也。《孝經援神契》曰：「石潤苞玉，丹精生金，翠羽揚也。」三物合和，氣故能變通，易色也。又曰：「四裔賓服，則金勝土。」《周易參同契》曰：「黃土，金之父，流水，珠之母。」《禮斗威儀》曰：「君乘金而王，其政平，則黃金見深山。」增：《廣雅》曰：「金神謂之清明。」原：《漢書》曰：「武帝行幸回中，詔曰：往者朕郊見上帝泰山，見黃金，又有白麟神馬之瑞。今更黃金爲麟趾褭蹄，以協瑞焉。」獲白麟有馬瑞，故鑄金如麟馬，以協嘉瑞也。古有駿馬名腰褭，赤喙黑身，日行萬五千里也。又《韋賢傳》曰：「鄒魯諺云：遺子黃金滿籯，不如教子一經。」又曰：「秦幣黃金方寸而重一斤，以鎰爲名。」《食貨志》曰：「黃金爲上，白金爲中，赤金爲下。」《後漢書》曰：「益州，金銀之所出。」《王隱晉書》曰：「鄱陽樂安出黃金，鑿土十餘丈，披沙之中所得者大如豆，小如粟米。南郡象林南有四國，皆稱漢人，貢金供稅。」《後魏書》曰：「枝豆國出金、銀、河鉤，羌國出金珠。」《齊書》曰：「金車王者至孝，則出金，人王者有厚德，則遊於後池。林邑有金山，汁流於浦。」增：《唐太宗紀》曰：「金在鑛，善冶鍛而爲器。」又德宗詔曰：「朕聞王者不貴遠物，所寶惟賢。朕仰企前王，思齊太素。邕州所奏金坑誠爲潤國語人於利，非朕素懷。方以不貪爲寶，惟德其物，豈尚茲難得之貨，生其可欲之心耶？其金坑任人折斷，官不得禁之。」宋《三朝聖政録》：「太宗問杜鎬曰：『西漢賜予悉用黃金，近代爲難得之貨，何也？』對曰：『西漢多金，由彼時佛事未興，金價甚賤也。』」原：《孟子》注：「兼金，好金也。」增：《莊子》曰：「今大冶鑄金，金踴躍曰：『我且必爲鏌鋣，大冶必以爲不祥之金。』」又曰：「至仁無親，至信辟金。」原：《列子》曰：「齊人有欲金者，清旦衣冠之市，適鬻金者之所，因攫其金而去。吏捕之，問曰：『人皆在焉，子攫人之金，何故？』對曰：『取金之時不見人，徒見金。』」《韓子》曰：「荆南麗水之中生金。」《淮南子》曰：「玦五百歲生黃澒，五百歲生黃金，黃金千歲爲黃龍。玦，石也。中央數五，故五百歲一化。澒，音湖貢反。澒，黃金水銀也。秦以一鎰爲一金，而重一斤，漢以一斤爲一金。」增：《傅子》曰：「懸千金於市，人不敢取者分定矣；委一錢於路，童子争者，分不定矣。」《風俗通》曰：「衆口鑠金，俗説有美金於此，衆人咸共詆訛，言其不純，賣金者欲其售，因取鍛燒以見真，此爲衆口鑠金。」《白虎通》曰：「金在西方，西方者陰，始起萬物，禁止，金之爲言禁也。」原：孫氏《瑞應圖》曰：「王者不藏金玉，則黃金見深山。」增：《白澤圖》曰：「黃金之精名石，狀如豚，居人家，使人不宜妻。白鼠以昏時見於丘陵之間，視所出入中有金。」原：《異物志》曰：「狼胱民與漢人交關，常夜

爲市，以鼻齅金，知其好惡。」《扶南傳》曰：「毗騫國食器皆以金爲之。」《幽明録》曰：「淮牛渚津水極深，無可算計，人見一金牛，形甚瑰壯，以金爲鏁絆。」又曰：「巴丘縣自金岡以上二十里名黄金潭，莫測其深，上有瀨，亦名黄金瀨，古有釣於此潭，獲一金鏁，引之遂滿一船，有金牛出，身奔狀，釣人被駭，牛因奮勇躍而還潭。鏁乃將盡，釣人以刀斫得數尺，潭瀨以此取名。」《華陽國志》曰：「廣漢涪水有金銀之礦。」《林邑記》曰：「上金爲紫磨金。」又曰：「揚邁金。」增：《唐六典》曰：「金十四種：曰銷金、曰拍金、曰鍍金、曰織金、曰研金、曰披金、曰泥金、曰鏤金、曰撚金、曰口金、曰圈金、曰貼金、曰嵌金、曰裹金。」宋蘇軾《物類相感志》曰：「金遇鉛則碎。」魯應龍《括異志》曰：「有人得青石，大如碑背，有鼻穿鐵索長數丈，循環無相斷處，海商見之，以數十千易之，云：此協金石，投於海之遂滿一船。經夕引出，上必有金。」《續文獻通考》曰：「元雲南省參政齊喇上言：『建都地多産金，可置冶，令旁近民煉以輸官。』從之。」又曰：「中統二十八年，罷淘金提舉司。」又曰：「明初取用諸課，皆因各處土産金，有常例。」

又《金三》 深赤。麩金即在江沙水中淘汏而得，其色淺黄，此等皆生金，得之皆當銷鍊，麩金耗折少，塊金銷折多。顆塊金即穴山或至百十尺見作金石，其色褐，一頭如火燒黑之狀，此定見金也，其金色深赤黄。

馮甦《滇考》卷上《楚莊蹻王滇》 牂牁地多雨潦，俗好巫鬼禁忌，寡畜生，又無蠶桑，故其民最貧。蹻引兵至滇池，池周迴三百里，源深廣而末更淺，狹有似倒流，故謂之滇。其旁地平敞，多出鸚鵡、孔雀，有鹽池田漁之饒，金銀畜産之富，可數千里。

又卷下《珍貢》 雲南，古不毛地也。且舟車不通，商賈罕至，人有百金之業，便爲素封。貧者至不保朝暮，即其土所産，或反不如他處易求者，而世多膠於金鏤作貢之説，動以滇爲金穴寶山，不肖有司，因而張威勢以索之。彝性輕生，每極於勢無復之輒起爲亂，後人不知其故，謂滇難治。嗟乎！豈滇真難治也？漢鄭純毫毛不染，而哀牢化；隋梁毗對餽金慟哭，而諸彝感悟，遂不相攻。元舒嚕杰不爲金婦所餌，而車里歎服。彼皆非三代以上之人，猶能以廉勵俗若此。奈何末世上作而下効之，明三百年，叛者十數起，推其由來，多因黷貨。予故於内外彝蠢動之後，復載珍貢一篇。夫亦曰，知所以亂之由，則知所以治之之道矣。語云金生麗水，今麗江其地也。

李衛《〔雍正〕畿輔通志》卷五七《土産・貨屬・金》 《金史・地理志》：「大興府産金、銀、銅、鐵。」《元史・食貨志》：「金之所在腹里曰檀州。」《永平府志》：「寬河川出。又盧龍陽山溪中所出色艷而小，如粟粒，淘之得不償工。」

又《石屬・金沙》 盤山地多金砂，雨後晶光耀目。

嚴長明《〔乾隆〕西安府志》卷一七《食貨志下・貨屬》 金：《水經註》：「麗戎之山一名藍田，其陰多金。」《關中三山記》：「終南多金。」《明一統志》：「金出終南山。」

王大海《海島逸志・闕名〈澳洲紀遊〉》 他所距其地九十里，有鑛産黄金，西人視爲奇貨，採掘之。人悉由其所雇募，他國人無得過而問焉。

王謨《江西考古録》卷七《物産・金》 按：《史記・貨殖傳》、《漢書・地理志》皆云豫章出黄金菫菫，物之所有，取之不足以更費。應劭曰：菫，少也。更，償也。言金少耳，取之不足用，故費用也。師古曰：此言所出之金既已少矣，自外諸物蓋亦不多，故總言取之不足以更費。又《漢書・地理志》曰鄱陽有黄金采。師古曰：采者謂采取金之處。《晉書地道記》曰：「鄱陽樂安出黄金，鑿土十餘丈，披沙之中所得者，大如豆，小如米粟。」《唐書・地理志》曰：「鄱陽郡土貢麩金。」是則《禹貢》揚州貢金特在豫章，而豫章出金又在鄱陽也。然《唐書・地理志》又云，信州上饒有金，撫州臨川有金，虔州雩都有金。天祐元年，置瑞金監，明不止於鄱陽矣。再考王孚《安成記》云：「郡渚江川源會于落亭，上有芝草，下有紫磨金。」《爾雅》：「黄金美者謂之鏐。」郭注：鏐即紫磨金。是吉安亦有金也。劉義慶《幽明録》曰：「巴邱縣自金岡以上十里名黄金潭，莫測其深，上有瀨，亦名黄金瀨，古于釣于此潭，獲二金鏁，引之遂滿一船。有金牛出，身奔狀，釣人被駭，牛因奮勇躍而還潭，鏁乃將盡，釣人以刀斫得數尺，潭瀨因此取名。」今峽江縣屬古巴邱，是臨江亦有金也。《史記正義》引《括地志》曰：江州尋陽縣有黄金山，山出金。今屬都昌縣，是南康亦有金也。《元史・食貨志》曰：「産金之所，江浙省曰饒、徽、池、信，江西省曰龍興、撫州。」宋升洪州爲隆興府，元改龍興，是南昌亦有金也。《通志》云，出豐城東八十里溪水沙中。在漢時皆屬豫章，故總言豫章出黄金矣。《通志》于南昌、撫州、饒州、贛州四府皆言舊産金，今無，抑以古今地氣不同耳。

鄭澐《〔乾隆〕杭州府志》卷五三《物産》 金。粟山西有金姥山，故老言古于此採金。《太平御覽》。

按：今杭地不出金，珠，所謂金姥山、明珠浦亦莫能實指其所。

洪亮吉《乾隆府廳州縣圖志》卷二二《興安府》 漢水自漢中府西鄉縣流入，逕縣南，又折而南逕漢陰舊縣及紫陽、安康、洵陽、白河諸縣，入湖廣鄖西縣界。李吉甫云：「水出麩金，其色稍白，不任貢獻。」

又卷二六《肅州》 又〔洞庭山〕在〔肅〕州西。李吉甫云：山中出金。

又《安西州》 南山在縣西南，一名雪山，一名祁連山，東西綿亘無際。〔金山〕在〔玉門〕縣赤金所東，出金。

又卷三二《施南府》 石乳山在〔建始〕縣西十五里，産麩金。

又卷三四《辰州府》 又〔溆浦〕縣東南十二里〔金井山〕舊有淘金坑。

又卷三八《瀘州》 資江，在〔瀘〕州北，即緜、湔洛、諸水下流，自敘州府富順縣流入。班固云：緜虒縣玉壘山，湔水所出，東南至江陽入江。李吉甫云：水出麩金。

又卷四〇《汀州府》 金山，在〔上杭〕縣北少西三十里。宋康定間嘗産金，故名。〔鐵嶂山〕，在〔上杭〕縣東南。産礦。

又卷四一《肇慶府》 金山在〔四會〕縣北。出金沙。

又卷四六《楚雄府》 〔鳫塔山〕，在〔楚雄〕縣城南門內，即古金礦山也。

又卷四六《永北廳》 舊猛密宣撫使司在司西南三十三程，有寶井出金礦。

又卷四八《銅仁府》 雲舍泉在〔銅仁〕縣西省溪司北七里，水産金。縣境省溪、提溪並産金。

張澍《蜀典》卷一上《堪輿類·崍山》 《中山經》云：「崍山，江水出焉。」注：邛崍山，今在漢嘉嚴道縣南，江水所自出也，東流注大江，其陽多黄金，其陰多麋麈。

又《江》 《説文》：「蜀郡江原地。」《集韻》：「水名，在蜀。」【略】《寰宇記》：「江，一名阜里水，出麩金。」

穆彰阿《清一統志》卷三一三《饒州府》 按：《舊志》載，《漢書·地理志》：鄱陽武陽右十餘里，有黄金采。《唐書·地理志》：饒州上貢麩金。

又卷三九三《順慶府》 金。《華陽國志》：晉壽縣有金銀礦。《唐書·地理志》：利州貢金，劍州巴州貢麩金。

又卷四二五《福州府》 金坑。在古田縣東北六十里。《九域志》：縣有金坑一。

《許文肅公遺稿》卷一二附録《譯英人楊哈思班游記》 八十九年，光緒十五年。爲考察乾竺特即坎巨提。情形，八月八日發於拉達克，地屬克什米爾，又名賴。往沙昔都拉，二百四十英里，此通葉爾羌商路適中地也。【略】

初七日，順河而行，山勢漸東，河窄如澗，南北頻渡，水没馬腹，忽覩高山，即前二年阻止之所，遂宿焉。平明，乘河水未澌夜冰未化。而行。明日，至喀喇什搭里穆。搭里穆者，耕種之義。喀喇什，回教名人。見廢屋廢冶，野有舊塍地，産銅鐵，石中又露金苗。入山即喇斯庫穆矣。喇斯庫穆者，大曠地也。

何秋濤《朔方備乘》卷二九考二三《北徼方物考敘·金類·黄金》 臣秋濤謹案：《志略》曰：「俄羅斯東界之山産金。」《備考》曰：「厄羅斯國産黄金。」慕維廉曰：「亞西亞多出金，西卑利爲最，烏拉嶺下亦甚富。」道光五年出精金，大塊重十七斤，四周之塊重二三斤不等。其東方之地大如佛郎西者，金藏於土，下層磐石藏更多。道光十三年，阿爾泰山有地，同於英國，産金之多，後十年中所産值洋銀二千萬圓。

張燮《東西洋考》卷一《西洋列國考》 物産：金。《爾雅》曰：「黄金謂之璗。」孔融曰：「金之優者謂之紫磨。」《一統志》謂太原、諒山、乂安等府所出也。

又卷三《西洋列國考·大泥吉蘭丹》 大泥，即古渤泥也。本闍婆屬國，今隸暹羅。其國以板爲城。

物産：金。《星槎勝覽》曰：「大金錢名儻伽，小金錢名吧喃。」

王韜《弢園文録外編》卷四《旺貿易不在增埠》 今所新闢者四處：一曰粤東之北海，一曰浙江之温州，一曰安徽之蕪湖，一曰湖北之宜昌。北海亦不過與瓊州等耳。瓊州礦産金而山蕴玉，久爲西人所豔羡，何以既闢之後，去考寥寥，已逾半年而絶少西商前往，識者逆料其一二年後勢將離之而自去。

葉圭綬《續山東考古録》卷一一《登州府上·棲霞縣》 〔棲霞縣〕齊乘金山，亦名岠嵎山，棲霞縣東北二十里，以産金得名，即《地記》萊陽縣之黄銀坑也。隋開皇十八年，牟州刺史辛公義於此坑冶鑄得黄銀，獻之山寺，有隋碑，淘金者所祖。按：《元和志》：萊陽縣黄銀坑在縣東百四十里，當是東北也。

劉坤一等《光緒江西通志》卷五〇《山川略·南昌府》 金山在進賢縣西南四十里。其下有淘金井。山與臨川接界。

曾國荃《光緒山西通志》卷三六《山川考六》 《元和志》：方山在壽陽縣北四十里，陽曲縣東六十里。案唐陽曲在今縣北三十里洛陰水南，《晉書》之陽曲川也。牢山一名看山，在太原縣東北四十五里。《後魏書》曰：劉聰遣子粲襲晉陽，猗盧救之，遂獵牢山陳閲皮肉，山爲之赤，其山出金鉚。

又卷六〇《食貨志六・物産一・長沙府》 長沙縣有金。《唐書・地理志》。益陽縣南十里有平岡，岡有金井數百，淺者四五尺，深者不測。俗傳云：有金人以杖撞地，輒成井。《荆州記》。資水南十里有井數百口，古老相傳，昔人以杖撞地成井，或云古人采金沙處。莫詳其實也。《水經注》。

陳澹然《權制》卷五《軍餉述鑛幣》《鑛務》 附鑛地。俄人著《東方財政書》言，黑龍江省呼爾哈河、池察特喀河、大別拉雅河，吉林寧古塔綏芬河、圖們江、松花江，長白山奉天省達窩給尼河、寬城子等處金鑛甚多，所由覬羨也。

袁大化等《〔宣統〕新疆圖志》卷六〇《山脉二》 又東北曰額布圖之嶺，其上多金，多硫磺。【略】

曰珠勒都斯山，其中多黄金。東西珠勒都斯之水出焉，是爲海都河之源。

《新疆圖説》：即土爾扈特部落一帶大山，在哈喇沙爾域北四百五十里。

【略】

乾隆五十四年封閉緑玉廠，禁止開採。天山北路採金之役，亦自瑪納斯始。

謹案：奇林圖魯，即奇喇圖魯。庫克河，一名寧家河。【略】

曰松山，呼圖壁河水出焉，北流入於羅克倫河，其中多黄金。

《西域水道記》：胡圖克拜河，即呼圖壁河。出城南八十里之松山，五源，並出源處亦置金廠。如羅克倫河，倒河北流出山，逕瑪納斯管、卡倫、獨山子沙磧東。凡北流二十五里爲渠，再北與羅克倫河會。

《呼圖壁鄉土志》：在治南三百餘里。

謹案：《新疆圖説》：呼圖壁河源出哈喇沙爾廳境，小朱勒都斯札哈蘇達坂東流一百里至紅札金廠，折而東北流二十里入呼疆壁境。此蓋就遠源言之。

又卷六二《山脉四》 又東曰克里雅之山，克里雅河水出焉。多金多鹽，多犂牛，多猞猁猻，多野牛、野馬。【略】

其支山曰喀喇塔什山，喀喇塔什之水出其北麓，産金。

紀事

《山海經廣注》卷一 其中多黄金。郭曰：今永昌郡水出金，如糠，在沙中。《尸子》曰：「清水出黄金、玉、英任。」臣案：《異物志》：「黔南遂府吉州水中並産麩金。」

李昉《太平廣記》卷二一《神仙二一・孫思邈》 及玄宗避羯胡之亂，西幸蜀，既至蜀，夢一叟鬚鬢盡白，衣黄襦，再拜于前。已而，奏曰：「臣，孫思邈也，廬於峨眉山有年矣。今聞鑾駕幸成都，臣故候謁。」玄宗曰：「我熟識先生名久矣，今先生不遠而至，亦將有所求乎？」思邈對曰：「臣隱居雲泉，好餌金石藥，聞此地出雄黄，願以八十兩爲賜脱遂，臣請幸降使賫至我峨眉山。」玄宗諾之。悸然而寤，即詔寺臣陳忠盛挈雄黄八十兩往峨眉宣賜思邈。忠盛既奉詔入峨眉，至屏風嶺見一叟，貌甚俊古，衣黄襦，立於嶺下，謂忠盛曰：「汝非天子使乎？我即孫思邈也。」忠盛曰：「上命以雄黄賜先生。」其叟僂而受，既而曰：「吾蒙天子賜雄黄，今有表謝。屬山居無翰墨，天使命筆札傳寫以進也。」忠盛即召吏執牘染翰，叟指一石曰：「表本在石上，君可録焉。」忠盛目其石，果有硃字百餘，實表本也，遂謄寫其字，寫畢，視其叟與石俱亡見矣。

周去非《嶺外代答》卷七《金石門・生金》 廣西所在産生金，融、宜、昭、藤江濱與夫山谷皆有之。邕州溪峒及安南境皆有金坑，其所産多於諸郡。邕管永安州與交阯一水之隔爾，鵝鴨之屬至交阯水濱，遊食而歸者遺糞，類得金，在吾境水濱則無矣。凡金不自礦出，自然融結於沙土之中，小者如麥麩，大者如豆，更大如指面，謂之生金。昔江南遺趙韓王瓜子金，即此物也。亦有大如雞子者，謂之金母，得是者富，固可知交阯金坑之利，遂買吾民爲奴。今峒官之家以大斛盛金鎮宅，博賽之戲一擲，以金一杓爲注，其豪侈如此。則其以金交結内外，何所不可爲矣？古人欲使黄金與土同價者，知本之言也。

《大學衍義補》卷一九 後漢明帝永平十一年，漅湖出黄金，廬江太守取以獻。

《續文獻通考》卷一三《田賦考・河渠下・瀘州》 綿水。江安縣治西，源自連天白，經廢綿水縣，舊産麩金。

又《嘉定州》 大渡河。源出嶲州界，流經舊羅目縣南，東入龍游縣，水出麩金。

顧祖禹《讀史方輿紀要》卷二八《江南一〇・寧國府・涇縣》 桑坑鎮。縣東北五里有桑坑山，元至巡司於此，尋改置於縣東三十里之巧坑。明洪武中改建茹麻嶺口巡司於茹麻嶺下。又縣北十里有僊石哨，臺縣東四十里有淘金坑。

又卷三六《山東七・登州府・棲霞縣》 岠嵎山。縣東北二十里。宋慶曆六年，山東地震，岠嵎山摧。嘉定六年，金益都賊楊安兒作亂，據登州，金將僕散安貞敗之。安兒乘

舟入海，欲走岠嵎山。舟人曲成擊殺之，即此。山産金，亦名金山。《地記》：「昌陽縣東百四十里有黃銀坑。」即此山也。《隋書》：辛公義爲牟州刺史，山出黃銀，獲之以獻。《宋史·志》：天聖中，登萊採金歲益數千兩。景祐中，登萊饑，詔弛金禁，聽民採取，俟歲豐復故。《元史》：「至元五年，令登州棲霞縣每户輸金，歲四錢。」《食貨志》：「棲霞、萊陽、招遠三縣俱産金」是也。

《招遠縣》 張畫山。縣北十五里。山高林茂，如張畫然。又羅山在縣東二十五里，唐置羅峯鎮，蓋以山名。雲屯山在縣東北二十五里，接棲霞縣，諸山綿亘百餘里。又齊山在縣西三十五里，宋、元時嘗置買金場於此。

又《萊陽縣》 五龍山。縣南二十里。山下有五水相合，流百里而入海，因名。倉山在縣東五十里，舊産鐵。又縣東七十里又有福阜山，宋、元時嘗置金場。又東十里曰林寺山，元亦置金場於此。

又卷三八《山東九·忠清道·公州城》 稷山。在忠州西，有稷山監。萬曆二十五年，倭陷全羅，引而北。麻貴發兵守稷山，以遏其鋒。又有青山，與稷山相近。《志》云：「稷山之南即天安郡城，南下全州之要道也。洪州山在忠州西南境海中。」《一統志》：「洪州建於山下，稍東有東源山，産金。」

又卷八一《湖廣七·辰州府·漵浦縣》 鄜梁山。在縣東。《漢志》：義陵縣有鄜梁山，序水所出，西入沅，即此山也。又金井山在縣東南十二里，舊有淘金坑，今廢。

又卷八二《湖廣八·靖州》 寶溪山。州東北五十里。林木繁鬱，下有溪，中産金，故名。

又《會同縣》 金龍山。縣東五十里。峯巒峻絶，狀若飛龍。【略】尖崖山在縣西十五里，尖峯如削。又旺溪山在縣西百六十里。四山相聯二十餘里，溪内嘗産金。宋時淘採，元廢。又崖屋山在縣西北二里，有石巖如屋。

又卷八四《江西二·南昌府·進賢縣》 港南山。縣南十里。其山平夷，旁即驛路，南接雲橋，北通羅溪。又鍾山在縣南五里臨水。昔嘗破裂爲二，得銅鍾十二於此。一名上下破山。縣西南三十里又有金山，亦曰金峰，地産金。有淘金井，界於臨川。

又卷一〇一《廣東二·廣東府·新會縣》 仙湧山。縣西北六十里。地名羅坑，本無山，一夕風雷震吼，湧出數峯。【略】金岡山在縣西八十里。《唐志》：岡州以金岡而名。其地産金，下有淘金坑，傍皆沃壤，延袤八十里，今皆爲民田，不復有金坑矣。

又卷一一六《雲南四·楚雄府·大姚縣》 龍蛟江。縣西北百二十里。源出鐵索箐，合姚州連場、香水二河，東北注於金沙江，俗名茸泡江，音譌也。水産金。

顧祖禹《讀史方輿紀要》卷一二二《貴州三·銅仁府·銅仁縣》 石子營府。【略】《通志》：府境有廢太平溪金場，永樂十三年置，宣德八年廢。

又《本溪長官司》 提溪。司西五里。源出濫泥山，引流而東，入於銅仁大江中，産砂金。

來集之《倘湖樵書》卷四《金玉銅錢能飛》 《南史》：「林邑國有山，皆赤色，其中生金。金夜則出飛，狀如螢火。」《林邑志》云：「從林邑至金山三十日至，遠望金山，嵯峨如赤城，照耀似火光。其壑谷中亦有生金，形如蟲豸。其細者如蒼蠅，大者若蜂蟬。夜行輝耀，光如螢火云。」《幽冥録》云：「海陵黃尋家先日貧困，忽大風雨散飛錢至其家，觸籬園誤落無數，隨處皆拾得。後富至數千萬，擅名江北。」

李衛《(雍正)畿輔通志》卷一七《山川·順天府》 金洞，密雲縣東八里，元時嘗採金於此。

又卷二一《川·永平府》 灤河又東，寬河自都山以西來入之。寬河水産金沙，一名豹河，流百里入灤都山，在遷安縣北百里，《元史》亦謂之烏都山也。【略】

淘金河在盧龍縣西南，源出筆架山東北諸山谷中，西流入灤河，其水産金，地名沙金廠。

李誠《萬山綱目》卷一二 沂水縣沂河東、莒州沭河西爲雪山。又西南爲湯山。湯山，在沂州府蘭山縣東北六十里，有温泉三穴，流爲湯河，旁有鑪山産黄金。

又西爲壇山。由壇山左岡嶺折西北爲榻山，其右爲九峰山，下平地，西北行里許爲采山，旁爲五山嶺而盡。

采山，在汶上縣東北三十五里，出砂金。

又卷二〇 又分一支南行，走馬札沖河以西爲玉案山，又南爲麻姑山。

麻姑山，在開化府南九十里，地産金。【略】

又南爲乾沙坡，南抵同車河，入盤龍河處而止。

乾沙坡，在開化府南一百里，其地産金。

沈聯芳《邦畿水利集説》卷四《淘金河》 在盧龍縣西南，源出筆架山東北諸山谷中，西流入灤河。其水産金，地名沙金廠。

歐樾華《(同治)韶州府志》卷一一《輿地畧·金屬》 金：英德浛洭有金池。又金山逕子貢嶺下各溪澗中綿産金砂，土人淘之，僅足日給。

藝文

《三國志》卷一三《魏志・王朗傳》 魏國初建，以軍祭酒領魏郡太守，遷少府奉常、大理。【略】《魏略》曰：【略】太祖以孫權稱臣遣貢詔朗，朗答曰：「孫權前牋，自詭躬討虜以補前愆，後疏稱臣，以明無二。牙獸屈膝，言鳥告歡，明珠、南金，遠珍必至。情見乎辭，效著乎功。三江五湖，爲沼於魏，西吴東越，化爲國民。鄢、郢既拔，荆門自開。席卷巴、蜀，形勢已成。重休累慶，雜沓相隨。承旨之日，撫掌擊節。情之畜者，辭不能宣。」

又卷二一《魏志・王粲傳》 瑒、楨各被太祖辟爲丞相掾屬。瑒轉爲平原侯庶子，後爲五官將文學。楨以不敬被刑，刑竟署吏。《典略》曰：文帝嘗賜楨廓落帶，其後師死，欲借取以爲像，因書嘲楨云：「夫物因人爲貴。故在賤者之手，不御至尊之側。今雖取之，勿嫌其不反也。」楨答曰：「楨聞荆山之璞，曜元后之寶；隨侯之珠，燭衆士之好；南垠之金，登窈窕之首；鼲貂之尾，綴侍臣之幘：此四寶者，伏朽石之下，潛汙泥之中，而揚光千載之上，發彩疇昔之外，亦皆未能初自接於至尊也。夫尊者所服，卑者所脩也；貴者所御，賤者所先也。故夏屋初成而大匠先立其下，嘉禾始熟而農夫先嘗其粒。恨楨所帶，無他妙飾，若實殊異，尚可納也。」咸著文賦數十篇。

又卷二五《魏志・高堂隆傳》 隆疾篤，口占上疏曰：「【略】臣常疾世主莫不思紹堯、舜、湯、武之治，而蹈踵桀、紂、幽、厲之跡，莫不蚩笑季世惑亂亡國之主，而不登踐虞、夏、殷、周之軌。悲夫！以若所爲，求若所致，猶緣木求魚，煎水作冰，其不可得，明矣。尋觀三代之有天下也，聖賢相承，歷載數百，尺土莫非其有，一民莫非其臣，萬國咸寧，九有有截；鹿臺之金，巨橋之粟，無所用之，仍舊南面，夫何爲哉！

李賀《李長吉歌詩彙解》外集 價重一篋香十株，赤金瓜子兼雜麩。五色絲封青玉鳧，阿侯此笑千萬餘。《癸辛雜識》：「廣西諸洞産生金，洞丁皆能淘取。其碎粒如蚯蚓泥，大者如甜瓜子，故世名瓜子金。其碎者如麩片，名麩皮金，金色深紫，比之尋常金色復加二等封緘也。」

真德秀《續文章正宗》卷一四晁無咎《金鄉張氏重修園亭記》 濟爲州治，鉅野下土，草木不殖。其西北無山，東南五十里乃有山。而金鄉其東南邑，故緡城地，云嘗鑿山得金，因爲金鄉縣。凡平土淺山無金，此山乃有金，知其地氣與並澤巽。凡九穀果蓏，土有宜有不宜，此咸宜，若松、檜、梅、櫾遷乎其地，而不能爲良者，植次皆亮，又不可知也。

汪霦《佩文齋咏物詩選》卷一五三《金類》 南楚標前貢，西秦識舊城。祭天封漢嶺，擲地警孫聲。向日披沙浄，含風振鐸鳴。方同楊伯起，獨有四知名。

樊增祥《樊山續集》卷一八《壬寅歲暮關中雜感九首》 左户飛書促算緡，封椿底處覓錢神。黄金已盡催填海，白璧何年再入秦。蒙漢新多熬鹻户，澄蒲漸少採硫人。製造局硝磺取之澄、蒲二縣，荒後硝户逃亡，日益不足。流亡未復瘡痍在，最念天寒白屋貧。【略】

地寶騰光照十洲，秦山苗脈待窮搜。銅官未鑿生金鑛，炭井誰煎猛火油。度嶺擬開盤馬路，時議開秦嶺。入關新置寄書郵。東南風氣來西北，橋上聞鵑不用愁。

雜録

《管子校注》卷五《八觀第一三》 故曰：時貨不遂，金玉雖多，時貨，謂穀帛畜産也。謂之貧國也。故曰：行其山澤，觀其桑麻，計其六畜之産，而貧富之國可知也。

又卷二三《輕重甲第八〇》 管子曰：「陰王之國有三，而齊與在焉。」桓公曰：「此若言可得聞乎？」管子對曰：「楚有汝、漢之黄金，而齊有渠展之鹽，燕有遼東之煮，此陰王之國也。且楚之有黄金，中齊有菑石也。王念孫云：「菑」亦當爲「菑」。「中」，當也。言楚之有黄金，當齊之有菑石也。【略】苟有操之不工，用之不善，天下倪而是耳。使夷吾得居楚之黄金，吾能令農毋耕而食，女毋織而衣。

黄暉《論衡校釋》卷一《命禄篇》 白圭子貢，轉貨致富，積累金玉；見《史記・貨殖傳》。人謂術善學明。〔非也〕。

又卷二《幸偶篇》 俱稟元氣，《楚詞》王逸《九思》注：「元氣，天氣也。」或獨爲人，或爲禽獸。並爲人，或貴或賤，或貧或富。富或累金，《說文》：「絫，增也。」絫積字當作「絫」，隸變作「累」。貧或乞食，貴至封侯，賤至奴僕：非天稟施有左右也；「稟施」疑當作「施氣」。人物受性有厚薄也。

又卷四《書虛篇》 傳書言：延陵季子出游，《韓詩外傳》十云：「游於齊。」《吴越春秋》云：「去徐而歸。」見路有遺金，當夏五月，有披裘而薪者。季子呼薪者曰：

「取彼地金來。」薪者投鎌於地。【略】。既不恥取金，何難使左右而煩披裘者？世稱柳下惠之行，言其能以幽冥自脩潔也。《荀子·大略篇》：「柳下惠與後門者同衣而不見疑。」《毛詩·巷伯》傳：「嫗不逮門之女，而國人不稱其亂。」賢者同操，故千歲交志。置季子於冥昧之中，尚不取金，況以白日，前後備具，取金於路，非季子之操也。

或時季子實見遺金，憐披裘薪者，欲以益之；《呂氏春秋·貴當篇》注：「益，富也。」或時言取彼地金，欲以予薪者，不自取也。世俗傳言，則言季子取遺金也。

又卷三〇《自紀篇》 大羹必有澹味，朱校元本作「淡味」。揚雄《解難》曰：「大味必淡。」師古曰：「淡謂無至味也。」至寶必有瑕穢，大簡必有大好，「大好」當作「不好」。良工必有不巧；然則冷辯必有所屈，通文猶有所黜。言金由貴家起，文糞自賤室出；《淮南》《呂氏》之（文）〔不〕無累害，劉先生曰：仲任此文正謂《淮南》《呂覽》亦不能無累害也。今作「淮南呂氏之無累害」，非其指矣。《御覽》六百二引此文作「淮南呂覽文不無累害」，當從之。今本「文」譌爲「之」，（草書「文」「之」二字，形近易譌）淺人不逮，又刪「不」字耳。所由出者，《御覽》引「由」作「以」。家富官貴也。夫貴故得懸於市，富故有千金副。觀讀之者，惶恐畏忌，雖見乖不合焉。

李昉等《太平御覽》卷八〇九《珍寶部八·金上》 《周易·噬嗑卦》曰：「六五噬乾肉，得黄金。」【略】

《莊子》又曰：至仁無親，至信辟金。金玉，小信之質耳，至信則隆。

又曰：金石有聲，不考不鳴也。

《左傳紀事本末》卷五一《句踐滅吴·補遺》 范蠡曰：「夫子故不一二見也。吾王今以丙午復初臨政，解救其本，是一宜；夫金制始，而火救其終，是二宜；蓄金之憂，轉而及水，是三宜；君臣有差，不失其理，是四宜；王相俱起，天下立矣，是五宜。臣願急升明堂臨政。」

《文獻通考》卷三〇〇《物異考六·金異》 周威烈王二十三年，九鼎震。顯王三年，雨金於櫟陽。【略】

漢武帝元鼎元年夏五月，得鼎汾水上。四年六月，得寶鼎。元封元年，詔曰：「朕禮首山，昆田出珍物，化或爲黄金。」應劭曰：昆田，首山之下田也。武帝祠首山，故神爲出珍物化爲黄金。

《漢書》卷二五上《郊祀志第五上》 後四十八年，周太史儋見秦獻公曰：「周始與秦國合而別，別五百載當復合，合七十年而伯王出焉。」儋見後七年，櫟陽雨金，獻公自以爲得金瑞，故作畦時櫟陽，而祀白帝。

李昉等《太平御覽》卷八〇九《珍寶部八·金上》 《史記·秦本紀》曰：「獻公十八年，雨金櫟陽，公自以得金瑞，故作鄜時於櫟陽，祀白帝。」

又曰：「秦始皇葬驪山，以黄金爲鳧鴈。」

又卷八一〇《珍寶部九·金中》 《列子》曰：夏革謂殷湯曰，渤海之東不知幾億萬里，有大壑，中有山，一曰岱輿，二曰方壺，三曰員嶠，四曰瀛洲，五曰蓬萊，其上高觀皆金闕。

又卷八一一《珍寶部一〇·金下》 東方朔《神異經》曰：北荒中有二金闕，高百丈；金銀槃，圍五十丈。又曰：西方白宮之外有金山。上有人，長五丈餘，名曰金犀守之。

《蜀王本紀》曰：秦王以金一笥遺蜀王，蜀以禮物答，而盡化爲土。秦王怒，君臣拜賀曰：「土者，地也，秦當是蜀矣！」

劉向《戰國策》卷一六《張儀之楚貧》 張子見楚王，楚王不説。張子曰：「王無所用臣，臣請北見晉君。」楚王曰：「諾。」張子曰：「王無求於晉國乎？」王曰：「黄金珠璣犀象出於楚，寡人無求於晉國。」張子曰：「王徒不好色耳？」王曰：「何也？」張子曰：「彼鄭、周之女，粉白墨黑，立於衢閭，非知而見之者，以爲神。」楚王曰：「楚，僻陋之國也，未嘗見中國之女如此其美也。寡人之獨何爲不好色也？」乃資之以珠玉。

《漢書》卷六《武帝紀第六》 三月，詔曰：「有司議曰，往者朕郊見上帝，西登隴首，獲白麟以饋宗廟，渥洼水出天馬，泰山見黄金，宜改故名。今更黄金爲麟趾褭蹏以協瑞焉。」應劭曰：「獲白麟，有馬瑞，故改鑄黄金如麟趾褭蹏以協嘉祉也。古有駿馬名要褭，赤喙黑身，一日行萬五千里也。」師古曰：「既云宜改故名，又曰更黄金爲麟趾褭蹏，是則舊金雖以斤兩爲名，而官有常形制，亦由今時吉字金挺之類矣。武帝欲表祥瑞，故普改鑄爲麟足馬蹏之形以易舊法耳。今人往往於地中得馬蹏金，金甚精好，而形製巧妙。褭音奴了反。」因以班賜諸侯王。

《鹽鐵論》卷一 大夫曰：「賢聖治家非一寶，富國非一道。昔管仲以權譎霸，而紀氏以强本亡。使治家養生必於農，則舜不甄陶而伊尹不爲庖。故善爲國者，天下之下我高，天下之輕我重。以末易其本，以虚蕩其實。今山澤之財，均輸之藏，所以御輕重而役諸侯也。汝、漢之金，纖微之貢，所以誘外國而釣胡、羌之寶也。夫中國一端之縵，得匈奴累金之物，而損敵國之用。是以贏驢馲駞，

衔尾入塞，驛騱驅馬，盡爲我畜，鼲貂狐貉，采旃文罽，充於内府，而璧玉珊瑚瑠璃，咸爲國之寶。是則外國之物内流，而利不外泄也。異物内流則國用饒，利不外泄則民用給矣。《詩》曰：『百室盈止，婦子寧止。』」

《後漢書》志二一《郡國志三》 山陽郡，故梁，景帝分置。雒陽東八百一十里。十城，户十萬九千八百九十八，口六十萬六千九十一。

昌邑刺史治。有梁丘城。有甲父亭。【略】瑕丘。金鄉。《晉地道記》曰：「縣多山，所治名金山。山北有鑿石爲冢，深十餘丈，隧長三十丈，傍却入爲堂三方，云得白兔不葬，更葬南山，鑿而得金，故曰金山。故冢今在。或云漢昌邑所作，或云秦時。」

《文獻通考》卷三〇〇《物異考六·金異》 後漢明帝永平六年二月，王雒山出寶鼎，廬江太守獻之。詔以初祭之日陳鼎於廟，以備器用，賜三公以下帛有差。十一年，漅湖出黄金，廬江太守以獻。湖在廬州合肥縣。【略】

〔晉懷帝〕永嘉元年，項縣有魏豫州刺史賈逵石碑生金可採，此金不從革，而爲變也。【略】程氏《演繁露》曰：《晉語》云：墓碑生金，庾氏大忌，初不曉生金爲何等語。按：吴淑《事類賦》引《魏志》曰：繁昌縣傳禪碑中生金，表送上，羣臣盡賀。《王隱晉書》曰：永嘉中，陳國項縣賈逵石碑中生金，人盜鑿取，以賣賣，已復生。此江東之瑞也。其曰瑞者，晉爲金行，故金生爲祥。元帝中興，其應也。據此而言，則碑中誠生黄金矣，亦異事哉！【略】

唐垂拱三年七月，【略】廣州雨金。金位正秋爲刑爲兵，占曰：人君多殺無辜，一年兵災於朝。

李昉等《太平御覽》卷八一一《珍寶部一〇·金下》 《樂説稽熠嘉》曰：君臣之義生於金。

葛洪《神仙傳》曰：容成公服三黄得仙，所謂雄黄、雌黄、黄金。【略】

《述異記》又曰：先儒説禹時天下雨金三日。古詩曰：安得天雨金，使金賤如土。周成王時，咸陽雨金。今咸陽有雨金原。秦二世元年，宫中雨金，既而化爲石。漢惠帝二年，宫中雨黄金、黑錫。又翁仲孺家貧，力作，居渭川。一旦，天雨金十斛於其家，由是與王侯争富。今秦中有雨金翁，世世富。【略】

《郡國志》曰：蘇秦宅在洛陽利仁里。後魏高顯業每夜見赤光，於光處掘得金百斤，銘曰：「蘇家金」。業爲之造寺。【略】

《羅浮山記》曰：州南十里有牛潭，漁人見金牛自水出。義熙中，縣民張安躡得金鎖，大如指，遂數十尋，尋尋不已。俄有物從水引之，掘不能禁。以刀斷，得數尺，安遂致富。其後義興周云甫掩此牛，掣斷其鎖，得二丈，遂以財雄。

《白虎通疏證》卷二《號》 故黄金棄于山，珠玉捐于淵，巖居穴處，衣皮毛，飲泉液，吮露英，虛無寥廓，與天地通靈也。《莊子·天地篇》云：「捐金于山，藏珠于淵。」《後漢書·班固傳·東京賦》：「捐金于山，沉珠于淵。」

《南史》卷七五《隱逸傳上·陶潛》 〔陶〕潛字敬微，一字茂深，家居江陵。少静退，不樂人間。歎曰：「家貧親老，不擇官而仕，先哲以爲美談，余竊有惑。誠不能潛感地金，冥致江鯉，但當用天之道，分地之利。孰能食人厚禄，憂人重事乎？」

陶弘景《真誥》卷一一《稽神樞第一》 句曲之山有名菌山，此山至佳，亦有金，乃可往採，入土不過三尺耳。吾昔臨去時，曾埋金於此，欲服金者可往取，但當不中，以營私累耳。今人不復識呼菌山者，尋此山形，當如菌孤立，亦或是困倉之困，形如困也。

《北史》卷三三《李孝伯傳》 時每有江南使至，多出藏内珍物，令都下富室好容服者貨之，令使任情交易。使至金玉肆問價，纘曰：「北方金玉大賤，當是山川所出？」安世曰：「聖朝不貴金玉，所以同於瓦礫；又皇上德通神明，山不愛寶，故川無金，山無玉。」纘初將大市，得安世言，慚而罷。遷主客給事中。

又卷四三《邢巒傳》 舊格制：生兩男者，賞羊五口，不然則絹十匹。僕射崔暹奏絶之。邵云：「此格不宜輒斷。句踐以區區之越，賞法：生三男者給乳母。況以天下之大而絶此條！舜藏金於山，不以爲乏，今藏之於民，復何所損。」

《宋書》卷七四《沈攸之傳》 〔沈攸之〕又曰：「下官位重分陝，富兼金穴，子弟勝衣，爵命已及，親黨辨菽，抽序便加，耳倦絃歌，口厭粱肉，布衣若此，復欲何求？」

《舊唐書》卷一三八《賈耽傳》 至十七年，又譔成《海内華夷圖》及《古今郡國縣道四夷述》四十卷，表獻之，曰：【略】然殷、周以降，封略益明，承曆數者八家，渾區宇者五姓，聲教所及，惟唐爲大。秦皇罷侯置守，長城起於臨洮；孝武却地開邊，障塞限於鷄鹿；東漢則哀牢請吏；西晉則裨離結轍；隋室列四郡於卑和海西，創三州於扶南江北，遼陽失律，因而棄之。高祖神堯皇帝誕膺天命，奄有四方。太宗繼明重熙，柔遠能邇，踰大磧通道，北至仙娥，於骨利幹置玄闕州。高宗嗣守丕績，克廣前烈，遺單車齎詔，西越葱山，於波刺斯立疾陵府。中宗復配天之業，不失舊物。睿宗含先

天之量，惟新永圖。玄宗以大孝清内，以無爲理外，大宛驥騄，歲充内廄，與貳師之窮兵黷武，豈同年哉！肅宗掃平氛祲，潤澤生人。代宗剗除殘孽，彝倫攸敘。伏惟皇帝陛下，以上聖之姿，當太平之運，敦信明義，履信包元，惠養黎蒸，懷柔遐裔。故瀘南貢麗水之金，漢北獻余吾之馬，玄化洋溢，率土霑濡。

雄黄亦有毒，生金皆同此，人中金藥毒者，用蛇解之。其候法在金蛇條中。本經云，黄金有毒，悮甚也，生金與彼黄金全別也。

阮閱《詩話總龜》後集卷三九　予兄子瞻嘗從事扶風，開元寺多古畫，而子瞻少好畫，往往匹馬入寺，循壁終日。有一老僧出，揖之曰：「小院在近，能一相訪否？」子瞻欣然從之。僧曰：「貧道平生好藥術，有一方，能以朱砂化淡金爲精金，老當傳人，而患無可傳者，知公可傳，故欲一見。」子瞻曰：「吾不好此術，雖得之，將不能爲。」僧曰：「此方知而不可爲，公若不爲，正當傳矣。」是時陳希亮少卿守扶風，而平生溺於黄白，嘗於此僧求方而僧不與。子瞻曰：「陳卿求而不與，吾不求而得，何也？」僧曰：「貧道非不悦陳卿，畏其得方不能不爲耳。貧道昔嘗以方授人矣，有爲之即死者，有遭喪者，有失官者，故不敢輕以授人。」即出一卷書，曰此中皆名方，其一則化金方也。公必不肯輕作，但勿輕以授人，如陳卿謹勿傳也。子瞻許諾。歸視其方，每淡金一兩，視其分數，不足一分，輒以丹砂一錢益之，雜諸藥入甘鍋中煅之，鎔即傾出，金砂俱不耗，但其色深淺斑斑相雜，當再烹之，色匀乃止。後偶見陳卿，語及此僧，遽應之曰，近得其方矣。陳卿驚曰：「君何由得之？」子瞻具道僧不欲輕傳人之意，不以方示之。陳固請不已，不得已與之。陳試之良驗。子瞻悔曰：「某不惜此方，惜負此僧耳，公謹爲之。」陳姑應曰：「諾！」未幾，坐受隣郡公使酒，以贓敗去。子瞻疑其以金，故深自悔恨。後謫居黄州，陳公子慥在。黄子瞻問曰：「少卿昔竟嘗爲此法否？」慥曰：「吾父既失官，至洛陽，無以買宅，遂大作此，然竟病指癰而没。」乃知僧言誠不妄也。後十年，余謫居筠州，有蜀僧儀介者，師文事禪師。文之所至，輒爲修造，所費不貲，而莫知錢所從來。介祕其術，問之不以告人。介以聰禪師善，密爲聰言，其方大類扶風開元寺僧所傳者。然介未嘗以一錢私自利，故能保其術而無患。《苕溪漁隱》曰：「《洞微志》載葉生者與前事相類，其以得乾銀術，妄費而受禍，故回仙謂沈東老云，聞公自能黄白之術，未嘗妄用，蓋嘉之也。此真可爲貪者之戒。」《龍川略志》。

曾慥《道樞》卷一七　金者位在西方庚辛，純行于陰道，其生自壬申，其卦主兑元，從土而得氣，故其象虎焉。其數七七氣足而生水，寄治于壬癸，其數一。其卦主坎，坎，陽也。其象玄武，二象亦一氣也。金爲主而水爲用也。士者能制四象之氣以爲寶，此亦何異於父母之所生者哉？

魏濬《西事珥》卷六《雄黄》　泗城州出雄黄，近貴州安南衛界，土人擕出市之。李僉憲文鳳謂其自滇歸，道經其地，親見有市雄黄屏風一、護衣十。屏風高尺五，闊幾二尺，護衣俱精緻。以道遠累行李，不能致。土人又云，其北有雄黄牀并卓面，亦有堅可擣衣者。聞宋時有得雄黄徑尺盤，以爲異。以此觀之，則亦彼中常有物也。

李時珍《本草綱目》卷八《金石部・金》　發明：弘景曰：生金辟惡而有毒，不煉服之殺人。仙經以醯、蜜及猪肪、牡荆、酒輩煉至柔軟，服之成仙，亦以合水銀作丹砂。醫方都無用者，當是慮其有毒爾。損之曰：生者殺人，百煉者乃堪服，水銀合膏飲即不煉。頌曰：金屑古方不見用者，惟作金箔，入藥甚便。又古方金石凌、紅雪、紫雪輩，皆取金銀煮汁，此通用經煉者，假其氣爾。時珍曰：金乃西方之行，性能制木，故療驚癇風熱肝膽之病，而古方罕用，惟服食家言之。淮南三十六水法，亦化爲漿服餌。葛洪《抱朴子》言：餌黄金不亞於金液。其法用豕負革肪、苦酒煉之百遍即柔，或以樗皮治之，或以牡荆酒、慈石消之爲水，或以雄黄、雌黄合餌，皆能地仙。又言丹砂化爲聖金，服之昇仙。《别録》、陳藏器亦言久服神仙。其説蓋自秦皇、漢武時方士傳流而來，豈知血肉之軀，水穀爲賴，可能堪此金石重墜之物久在腸胃乎？求生而喪生，可謂愚也矣。故《太清法》云：金稟中宫陰己之氣，性本剛，服之傷損肌肉。又《東觀祕記》云：亡人以黄金塞九竅，則尸不朽。此雖近於理，然亦誨盗矣，曷若速化歸虚之爲愈也哉。

陳絳《金罍子》下篇卷三　《戰國策》：「趙取周之祭地，周君患之。鄭朝曰：臣請以三十金復取之。」鮑注云：一斤爲一金。吴氏正曰：正義云：秦以一鎰爲一金。又《史記・平準書》：「米至石萬錢，馬至疋百金。」瓚注曰：秦以一鎰爲一金，漢以一斤爲一金。而孟康云二十四兩。《國語》注同。趙云：二十兩。按：《莊子・逍遥遊篇》：「我世世爲洴澼絖，不過數金，今一朝而鬻技百金。」注：李云金方寸重一斤，爲一金，百金，百斤也。與鮑注同，恐李鮑説爲長。《漢書・食貨志》：「金有三等，黄金爲上，白金爲中，赤金爲下。」而黄金者不多得，然漢時賞賜臣下數數用之，諸稱金者未知孰何？姑不著。如高祖時賜張良黄金百鎰。又用陳平言行反間，間項王君臣，乃出黄金四萬斤。武帝以東方朔諫引董君設飲宣室，賜黄金三十斤。又因諫止籍盩厔鄠杜田爲苑，賜黄金百斤。元帝時，丞相趙充國、大司馬史高、御史大夫薛廣德以歲惡民流乞骸骨，

各賜黄金六十斤。成帝時，黄門郎楊雄以上書諫請毋拒匈奴單于入朝，賜繒帛五十疋，黄金十斤。哀帝時，傅喜以忤傅太后意，以光禄大夫養病，賜黄金百斤。至宣帝時賞賜尤多，如疏廣受乞骸骨，加賜黄金二十斤，皇太子贈以五十斤。夏侯勝受詔論語説，賜黄金百斤。黄霸爲潁川太守有績效，下詔賜爵關内侯，黄金百斤。龔遂以渤海太守之任召對稱旨，加賜黄金贈遺之。杜延年爲北地太守，而郡中清净，居歲餘，使謁者賜璽書，黄金二十斤。朱邑爲大司農，卒以廉潔守節，詔賜邑子黄金百斤。尹翁歸以廉正治民異等而蚤夭，賜其子黄金百斤。如賞賜大將軍霍光前後黄金七千斤，其他散見紀傳，亡暇悉舉。蓋古人質儉，山海所産不糜耗於他用，郡國流佈，釜藏充溢，故天子得以爲恩澤，後世雖内府所積亦貧矣。又王莽末，天下旱蝗，黄金一斤易粟一斛，雖其粟貴，亦金多與。逮莽亡，省中黄金尚餘數十萬斤。

汪森《粤西叢載》卷二二《鴆》 山有鴆，草木不生，矢集於石，石亦裂。《爾雅》曰：「矢石即變爲雄黄。」今諸書云雄黄治蛇毒，信然。《南寧府志》。

金鉷《〔雍正〕廣西通志》卷三一《物産》 雄黄出果化土州定西山。

顧祖禹《讀史方輿紀要》卷五六《陝西五·漢中府·鳳縣》 武都山在縣南六十里，山有谷，産雄黄。

又卷七七《湖廣三·澧州·石門縣》 夾山，縣東南三十里，周迴三十里，高二百餘丈，兩峰並峙，故名。仙客山在縣北十五里，高巖陡峻，一徑縈紆。又黄石山在縣西北二百十里，有谿，出雄黄。

又卷一一八《雲南六·蒙化府》 石母山，城北七十里，出石黄及雄黄。有泉流爲賧中溪，南入羅盤江。

又卷一二一《貴州二·普安州》 得都山在州東南四百二十里，一名白崖，産雄黄，水銀，志云在州治東，亦誤。

《北史》卷九四《高麗傳》 自此，歲常貢獻。正始中，宣武於東堂引見其使芮悉弗，進曰：「高麗係誠天極，累葉純誠，地産土毛，無愆王貢。但黄金出夫餘，珂則涉羅所産。今夫餘爲勿吉所逐，涉羅爲百濟所并。國王臣雲惟繼絶之義，悉遷于境内。二品所以不登王府，實兩賊之爲。」宣武曰：「高麗世荷上將，專制海外，九夷黠虜，實得征之。昔方貢之愆，責在連率。宜宣朕旨於卿主，務盡威懷之略，使二邑還復舊墟，土毛無失常貢也。」

《北史》卷九五《林邑傳》 林邑，其先所出，事具《南史》。其國延袤數千里，土多香木、金寶，物産大抵與交阯同。【略】

又卷九七《西域傳·康國》 都於薩寶水上阿禄迪城。多人居，大臣三人，共掌國事。其王素冠七寶花，衣綾、羅、錦、繡、白疊。其妻有髮，幪以皂巾。丈夫翦髮，錦袍。名爲强國，西域諸國多歸之。米國、史國、曹國、何國、安國、小安國、那色波國、烏那曷國、穆國皆歸附之。有胡律，置於祆祠，將決罰，則取而斷之。重者族，次罪者死，賊盗截其足。人皆深目、高鼻、多髯。善商賈，諸夷交易，多湊其國。有大小鼓、琵琶、五絃、箜篌。婚姻喪制與突厥同。國立祖廟，以六月祭之，諸國皆助祭。奉佛，爲胡書。氣候温，宜五穀，勤修園蔬，樹木滋茂。出馬、駝、驢、犎牛、黄金、硇沙、䵷香、阿薩那香、瑟瑟、麞皮、氍毹、錦、疊。多蒲桃酒，富家或致千石，連年不敗。

《明宣宗章皇帝實録》卷七 〔洪熙元年，八月，辛未〕追封交阯左參政馮貴爲左布政(司)〔使〕。【略】上念方面之臣能捐軀效忠，故有是命。貴永樂中以兵科給事中奉命，從總兵官征交阯。貴還言其地富實，且産金珠，交阯賦金珠，蓋啓於貴。

羅日褧《咸賓録·南夷志》卷六《吕宋》 吕宋，小國也。其地産黄金，以故人亦富厚。俗朴耻訟。洪武永樂初，俱遣使朝貢。萬曆四年，助討逋賊有功來貢，貢道由福建入。於正賞外加賜，如朝鮮國。

茅瑞徵《皇明象胥録》五《吕宋》 吕宋小，以産黄金，故富厚。人勤朴，不喜爭訟，交易不立契書。

姚瑩《康輶紀行》卷一一 異域諸國産金銀者，班書言：罽賓國有金、銀、銅、錫，以金、銀爲錢，文爲騎馬，幕爲人面。烏弋山離國錢、貨、金、珠皆與罽賓同。其錢獨文爲人頭，幕爲騎馬。以金銀飾仗。安息國亦以銀爲錢，文獨爲王面，幕爲夫人面。王死輒更鑄錢。大月支國錢貨同安息。范書言：大秦國在海西，多金、銀奇寶，以金、銀爲錢，銀錢十當金錢一。與安息、天竺交市於海中，利有十倍。天竺國土出金、銀、銅、鐵、鉛、錫。趙汝适《諸蕃志》言：闍婆國領兵者歲給金二十兩，勝兵三萬，歲亦給金有差。婚無媒妁，但納黄金女家。罰罪者隨輕重罰金以贖。以銅、銀、錫雜鑄爲錢，錢六十準金一兩。蘇吉丹國民間貿易用雜白銀爲幣，狀如骰子，上鏤蕃官印記六十四隻，準金一兩，名曰闍婆金。大食國巨富金銀以量爲秤。層拔國産生金。蘆眉國金、銀爲錢。宴陀蠻國有大山，有井，每歲兩次水溢，流入於海，所過沙石經此水浸，皆成金。闍山人常祭井，如

銅、鐵、鉛、錫用火燒紅，取水沃之，輒變成金。《坤輿圖説》言：熱爾瑪尼亞之屬國波夜米亞生金塊有重十餘斤者，河底常有金如豆粒。諾而忽惹亞國，歐羅巴稱第一富庶，多五金財貨，貿易不以金、銀，以物相抵。莫諾木大彼亞國黄金最多，地無寸鐵，特貴重之。百爾西亞國一塔以黄金鑄成。亞喇比亞國土産金、銀。以西把尼亞圖産五金。有名城曰巴未利亞，近地中海，爲亞墨利加諸舶所聚，金、銀如土。歐羅巴州大小七十餘國出五金，以金、銀、銅鑄錢爲幣。伯西爾國有銀河，水味甘美，湧溢平地，水退布地皆銀沙、銀粒。金加西臘國地出金、銀，天下稱首。其鑛有四坑，深者二百丈，役者常三萬人，所得金、銀，國王什取其一。其山麓有城名曰銀城，百物俱貴，獨銀至賤。貿易用銀錢五等，大者八錢，小至五分。金錢四等，大者十兩，小者一兩。歐羅巴自通道以來，歲歲交易，獲金、銀甚多。白露大小數十國廣袤萬餘里，出金鑛，取時金土互溷，别之，金多於土，故金、銀甚多。國王宫殿皆黄金爲板飾之，獨不産鐵。兵器用燒木銛石，今漸知用鐵，然至貴。餘器物皆金、銀、銅三種爲之。右凡海外異域諸國産金、銀者，略見於此。以余所聞見，蜀、滇諸土司境内及打箭爐外，至前後藏及阿里，其産金之地尤多，而土司夷人皆愛惜之，甚恐漢人開採。大吏亦體盛代示禁之意，恐生邊釁，皆寘之，不復事採取，故邊境稍安。此豈外夷貪利所能仰企萬一者哉？

何秋濤《朔方備乘》卷二九《考二三・北徼方物考敘・金類・黄金》 臣秋濤謹案：《志略》曰：「俄羅斯東界之山産金。」《備考》曰：「厄羅斯國産黄金。」慕維廉曰：「亞西亞多出金，西卑利爲最，烏拉嶺下亦甚富。道光五年，出精金大塊重十七斤，四周之塊重二三斤不等。其東方之地大如佛郎西者，金藏於土下層，磐石藏更多。道光十三年，阿爾泰山有地同於英國，産金之多，後十年中所産值洋銀二千萬圓。」

代那撰瑪高温譯華蘅芳筆述《金石識别》卷八《黄金》 金之用處，人人知之，亦無不以爲貴重，因其韌而易打，見天空氣，其光不損。雖其價貴，而作器甚美觀。又能極薄，故可作箔以包裹各金之器。其箔計一粒重，能作五十六寸四分寸之三之平方，其薄二十八萬分寸之一。極純之金，西名謂之二十四開來脱，亦謂之細金。如内有二十二分金，二分銀，或一分銀，一分銅，謂之二十二開來脱。如内只有二十分純金者，謂之二十開來脱。欲仔細考究金之成色，每開來脱，分作四分之一、八分之一、十六分之一、三十二分之一。

花旗律例，金九百，銀銅一百，作金錢，每箇内有二百三十二粒細金。

金脱羅里恩，灰色或銀白色。

黄金生成自然者居多，或爲純質，或與銀及他金和合，亦有與脱羅里恩相連者。【略】

生金，其元爲一律式，結成正方形，不能剖析。亦有頁及塊，有時如毛，黄色有淺深。若銀多，則色白，最輭最韌。打之最能薄，引之最能長。硬二・五至三，重一二至二〇。其質常與銀和合，故金之多少無一定。最浄之生金出於俄羅斯，其合質：金九八・九六，銀〇・一六，銅〇・三五，鐵〇・〇五，其重一九・〇九九。有一處所出金礦，其合質：金七三・四，銀二六・四八，其重一二・六六六。凡金礦中之金，與銀和合之數，其比例或三與一，或三・五與一，或五與一、六與一、八與一，八與一者最多。亦屢有十二與一者。

金有與銅及鈀留底恩、日和地恩和合者。

有日和地恩金，重一五至一六・八，内有三十四至四十三分日和地恩。

生金礦與鐵倍來底斯、銅倍來底斯之别，因用刀切之，能成片，打之能扁，不碎爲粉。又倍來底斯熱之有硫磺氣，此無硫磺氣，且能鍊。

生金，大約於半結成之疊層石中遇之，凡半結成石中，科子脈多者，其科子中每有金。

如全結成石，合拉尼脱、尼斯枚格、泥石，此三種結成石，其脈常爲非而斯罷，或合拉尼脱，而科子脈少。

凡合拉尼脱脈，其中不恒有金。

半結成石，如客羅愛脱，及台而客，其中出金最多。

科子脈之透過石層，其形忽大忽小，亦有平鋪爲面與石層平行者。其科子常有中空，而内有結成之科子者。又科子中，每有倍來底斯及呆里那，其倍來底斯或化去，則科子中空，或有硫磺及鐵鏽。凡見如此形狀之科子，皆易得金。

倍來底斯，其硬如科子，其中亦每有金。惟其金須磨碎其石爲粉，以水銀收之方能得金。其法甚難，不如師造化之法，待其自變。法以倍來底斯堆爲小山，見空氣日久，則變爲硫酸鐵，再取其金。

如有金之處有呆里那者，其呆里那中亦有金。

有時疊層石之近科子者，其石亦有金，惟不如科子中金多耳。

金在科子中，其甚細之粒，目不能見。

產金之石，其中大約有白金衣日地恩、哈思彌恩、磁鐵、鐵倍來底斯、銅倍來底斯、呆里那、白倫脱、低脱來代每脱、入爾康盧代、爾重斯罷。亦有白羅蓋脱、莫奈是愛脱及炭剛。

杞廬主人《時務通考》卷一三《礦務一·辨質·金》 白然金：自然金顆粒爲正方形，亦有頁片及塊，有時如毛，色正黄，有深淺，質内每含銀或銅。遇之於河沙内，概爲細粒，或小片，間有大塊，重或十磅至二十餘磅。天下最大者，得之於舊金山，其塊重一百三十四磅，計合純金一百零九磅十一兩。又新金山得一大塊，長十一寸，最闊處五寸，共重二十七磅半。此外大者，尚未多見。自然金，其顆粒卿於石英之内，常有線形毛形，産新金山維多利亞地方。自然金之小鱗形片，或其細粒，爲淘河沙所得，謂之金麓。又在烏拉山得者，謂之洗金，謂必淘洗而得也。【略】

金之成色：極純之金，西名謂之二十四開來脱，亦謂之細金，如内有二十二分金，二分銀，或一分銀，一分銅，謂之二十二開來脱。如内只有二十分純金者，謂之二十開來脱。

又卷二四《化學六·原質下》 金之形性：金色正黄而面光，質性最韌，純者更輭，幾與鉛相若。打箔抽絲，此爲最易，箔之薄可至二萬分寸之一，絲之細可比秋豪之末。加熱至二千十六度而鎔，不可模鑄爲器，因冷縮甚多也。任熱至何度，不能直與養氣化合，各酸水、硫黄、輕硫皆不能侵，惟绿氣及溴能侵之，故凡雜質能放绿氣者，金遇之而消化。如硝强水一分，與鹽强水二分相合，名合强水是也。硒養則不與别配相合，亦能消化之也。

論黄金：在鑛産者多純金，不溷别質。賦形大小不等，間作珠形。美國之東，有得遇一團重二十一斤者。俄羅斯國有得遇一塊，重六十觔。舊金山有得遇一團，重逾百觔。邇來新産者，恒多溷銀於中。此等鑛亦或兼産鏂、銅、銻、磺、鐵、碌。有等金或自山脚沙間淘汰而得，或産山石之中，與石相函，亦或竟有露於山面者。採取多由水淘，或如採銀法以水銀提出。蓋禀賦多純，不須設法即可採取。其色黄面光，能鋪爲極薄片，張薄逾他金，寸方即可開爲二十萬寸方之片，即每片乃二十萬之一也。牽線亦能極細。金之純者，體軟如鉛，受熱至寒暑表一千一百零二分，則化液，鎔後復冷至硬，則略縮而小。不論寒暑燥濕，均不牽吸養氣而發銹。各種酸，自丙酸而外，皆不能食，硫磺及磺輕氣亦然，惟绿氣及溴可化耳。凡物可發绿氣者，皆能食金，常用者多由皇强水即硝、鹽二酸相和。化之。金産地中而無礦，常見獨成薄片，或顆粒，間有大塊，大半爲純金，或稍雜别質。其色正黄面光亮，性最韌。純者更輭，幾與鉛同。打箔抽絲，此爲最易，亦可作器皿錢鈔等用。鹽硝硫等强水，皆不能化，惟合强水可以化之。成金绿爲紅櫻色，照像用之。金之極純者，其價十五倍於銀。

又《化學三》 論金绿六：金绿六爲黄金雜質中最要之物，皇强酸化黄金所成，即金绿六。法以硝、鹽二酸和化黄金，則成珠，色黄。火酒伊打及水，均能鎔化。水化此珠，塗皮肉可成棕色。此金绿六水與錫绿鹽水相和。成棕色而艷甚。故泰西以金绿合錫绿鹽水化畫磁器，入玻料，作極艷之棕色。伊打酒化金绿六鹽，而以磨白鋼器或刀皿等。蘸之，可於鋼上鍍成黄金一層。蓋绿氣放鬆，黄金鍍於鋼上，使之不能生銹，不僅美觀已也。絲紬衣邊，若以酒化金鹽塗上，復以輕氣或磺輕氣過之，食出绿氣，即成金帶。水化金绿六鹽加入輕火水，則結黄黑珠，即金養輕淡，餘绿飛去也。此物性同銀砲散，或磨擦，或略煖之，即作響而爆。

論金绿五。其用幾專試錫，與别質一分劑化合者，所以不必多備。作水用定質一分，以水二十分消化。此物並珀绿，常買者爲流質。

又《化學九》 金绿：金與绿氣化合成金绿與金绿六。取金绿法，將金绿加熱至三百五十度則鎔，而绿氣二分劑化分成金绿，若再熱至四百度，則绿氣又化分而變爲金。取金绿法：將金置鹽强水四體積之内，再加硝强水一體積消化，用熱水熁鍋化散至稍稠，令而結成黄色方粒，是爲含輕绿之金绿，加熱幾及二百五十度，輕绿化散而質變紅櫻色，即金绿也。或水或醇或以脱，皆易消化，皆爲明黄色，拭於人膚，或生物，見光則變爲紫色。其質爲極細之金粉，遇各氣皆不變，故照像用之。淡錫绿水加以金绿水數滴，所結之質其色最佳名爲金紫色，用繪磁器之紫花或和玻璃作玫瑰色。金绿消化於以脱之中，而浸以磨光之鋼，則金绿之绿氣化分，而金結於鋼面。凡精緻之刀，用此法鍍金，鏽無由生。若浸以絲帶，而使見輕氣，或燐輕氣，則若金帶。又用淡金绿水加檸檬酸與淡輕水各少許，盛於玻璃瓶，而稍加熱，則若金瓶。金绿水加以淡輕水，所結之質爲黄櫻色，即淡輕金绿，或微加熱，或磨擦，爆裂甚猛。

銀礦分佈部

題解

彭大翼《山堂肆考》卷一八四《珍寶·銀》 《爾雅》:「白金謂之銀，其美者謂之鐐。」《雜俎》:「山上有薤下有金，山上有葱下有銀。」《白帖》:「銀山常出素霧。」

陳耀文《天中記》卷五〇《銀》 銀、鐐。白金謂之銀，其美者謂之鐐。《爾雅》。

多銀：杻陽之山，其陽多白銀，少陽之山，其下多赤銀。《山海經》。

歐陽詢《藝文類聚》卷八三《寶玉部上》 《爾雅》曰：「白金謂之銀，其美者謂之鐐。」

《史記·封禪書》曰：「殷得金德，銀自山溢。」

徐堅《初學記》卷二七《銀第二》〔敘事〕《爾雅》曰：「白金謂之銀，其美者謂之鐐。」遼。《説文》曰：「銀，白金也。」《漢書》曰：「朱提銀重八兩爲一流，直一千五百八十。他銀一流直。一千，是爲銀貨。」朱提，縣名，屬犍爲。《後魏書》曰：「銀出始興陽山縣，又出桂陽安縣。驢山，有銀礦，二石得銀七兩。白登山亦有銀礦，八石得銀七兩。」宣武帝詔並置銀官，每令採鑄。《後魏書》曰：「後魏孝明皇帝開恒州銀山之禁，與人共之。」《魏志》曰：「濊國男女繫銀，廣數寸以爲飾。」《廣州記》曰：「廣州市司用銀米。遂成縣任山有銀穴，有銀沙。」《瑞應圖》曰：「王者宴不及醉，刑罰中，人不爲非，則銀甕出。」

厲荃《事物異名録》卷二五《珍寶部·銀》 白金、鐐。《爾雅》:「白金謂之銀，其美者謂之鐐。」

李世熊《錢神志》卷一《靈産第一》 《山海經》云：東北樂平郡堂少山出銀甚多。黔中生銀，體硬，不堪入藥。

許慎《説文解字·金部》 銀，白金也，从金艮聲。語巾切。

釋慧琳《一切經音義》卷三九《不空羂索經卷一一》 銀礦。觥猛反。《説文》作磺。云銅鐵石也。從石，黄聲也。

梅彪《石藥爾雅》卷上《飛鍊要訣》 銀，一名山凝，一名白銀，一名女石下水，一名西北墮月。

高似孫《緯略》卷五《黃銀》 唐《日華子》論曰：「銀凡十七品，水銀銀、白錫銀、曾青銀、土碌銀、生鐵銀、生銅銀、硫黃銀、砒霜銀、雄黃銀、雌黃銀、鍮石銀，惟有至藥銀、山澤銀、草砂銀、丹砂銀、黑鉛銀五者爲真，餘則假也。」

唐慎微《證類本草》卷四《玉石部中品總八十七種》 生銀，【略】出饒州樂平諸坑生銀鑛中，狀如硬錫，文理麁錯，自然者真。

《寶藏論》云：夫銀有一十七件：真水銀銀、白錫銀、曾青銀、土碌銀、丹陽銀、生鐵銀、生銅銀、硫黃銀、砒霜銀、雄黃銀、雌黃銀、鍮石銀。惟有至藥銀、山澤銀、草砂銀、母砂銀、黑鉛銀五件是真外，餘則假。銀坑内石縫間有生銀迸出如布線，土人曰老翁鬚，是正生銀也。

張玉書《佩文韻府》卷一六之九《下平聲一·先韻九》 草節鉛。《寶藏論》：草節鉛出犍爲，銀之精也。銜銀鉛，銀坑中之精也，内含五色。

劉嶽雲《格物中法》卷五上《金部·銀》 銀具五色，皆自然生成。《寶藏論》。嶽雲謹案：《山海經》:「杻陽之山其陽多白銀，少陽之山其下多赤銀。」《桂陽記》曰：「臨賀山有黑銀。」《禮緯斗威儀》:「乘金而王，則黃銀見。」《癸辛雜識》:「銀至於青爲絶品也。」據諸書所言，是銀有五色矣。銀之有五色者，蓋指礦産而言，由與他種金類合生故也。赤銀，銀銅雜之礦。黑銀，銀硫雜之礦。青銀，銀鉛雜之礦。黃銀乃銀與一種土質合産者。其土質西人名埃阿顛。此種礦甚罕見，故以爲符瑞。白銀，銀本質，然純銀之礦亦不多也。

陸佃《爾雅新義》卷八《釋器》 白金謂之銀。正金也，爲止其所，土于此終，水於此始，故謂之垠。其美者謂之鐐。

銀止其所，以能有同爲美。

方勺《泊宅編》卷六 黃銀出蜀中，南人罕識。朝散郎顔經監在京抵當庫，有以十釵質錢者，其色重，與上金無異，上石則正白。

宋詡《宋氏家規部》卷四《金類》 銀。鑞可以混銀，銀之嘉者，面生金花，追工同金。鑞，音臘。

張廷玉《韻府拾遺》卷七《上平聲·七虞韻》 老翁鬚。《本草》：生銀生土石間，如絲髮狀，謂之老翁鬚。

又《韻府拾遺》卷一一《上平聲·一一真韻》 赤銀。《山海經注》：銀牙生

銀坑内石縫中，狀如亂絲紅色者，上赤銀也。

滕弘《神農本經會通》卷六《玉石部》 生銀出饒州、樂平諸坑，生銀鑛中狀如硬錫，文理粗錯，自然者真，味辛，氣寒，無毒。

劉嶽雲《格物中法》卷五上《金部・銀》 生銀則生銀礦中，狀如硬錫，其金坑中所得，乃在土石中滲漏成條，若絲髮狀，土人謂之老翁鬚，極難得。《蘇頌本草》。

生銀生石礦中，成片塊，大小不定，狀如硬錫母。《本草綱目》。

嶽雲謹案：純銀之礦，世間有之，特不可多得。

又《金總論》 凡石山洞中有礦沙，其上現磊然小石，微帶褐色者，分丫成徑路，采者穴土十丈或二十丈，工程不可日月計。尋見土中銀苗，然後得礁砂。所在成銀者曰礁，至碎者曰砂。《天工開物》。凡土内銀苗，或有黄色碎石，或土隙石縫有亂絲形狀，此即去礦不遠矣。《天工開物》。

趙台鼎《脉望》卷四 《抱一函三訣》：先天，一名空炁金胎，是謂神。此神屬陽，以法象言之謂之金，又名銀鑛。

陸佃撰牛衷增《增修埤雅廣要》卷三一《什物門・異珍類》 銀，語巾切。銀，從金銀聲，金之白者也。

李時珍《本草綱目》卷八《金石之一》銀別録中品 釋名：白金，《綱目》。鋈。時珍曰：《爾雅》：白金謂之銀，其美者曰鐐。《説文》云：鋈，白金也。梵書謂之阿路巴。

集解：《別録》曰：銀屑生永昌，采無時。弘景曰：銀之所出處，亦與金同，但是生土中也。煉餌法亦似金。永昌屬益州，今屬寧州。恭曰：銀與金，生不同處，所在皆有，而以虢州者爲勝，此外多鉛穢爲劣。高麗作帖者，云非銀礦所出，然色青不如虢州者。志曰：生銀出饒州樂平諸坑銀礦中，狀如硬錫，文理粗錯，自然者真。頌曰：銀在礦中與銅相雜，土人採得，以鉛再三煎煉方成，故爲熟銀。生銀則生銀礦中，狀如硬錫。其金坑中所得，乃在土石中滲漏成條，若絲髮狀，土人謂之老翁鬚，極難得。方書用生銀，必得此乃真。珣曰：按：《南越志》：波斯國有天生藥銀，用爲試藥指環。又燒朱粉甕下，多年沉積有銀，號杯鉛銀，光軟甚好，與波斯銀功力相似，只是難得。今時燒煉家，每一斤生鉛，只得一二銖。《山海經》云：東北樂平郡堂少山出銀甚多。黔中生銀體硬，不堪入藥。宗奭曰：銀出於礦，須煎煉成，故名熟銀。其生銀即不自礦中出而特然生者，又謂之老翁鬚，其入用不同。世之術士，以朱砂而成，以鉛汞而成，以焦銅而成者，既無造化之氣，豈可入藥，不可不別。時珍曰：閩、浙、荆、湖、饒、信、廣、滇、貴州諸處山中皆産銀，有礦中煉出者，有沙土中煉出者。其生銀，俗稱銀笋、銀牙者也，亦曰出山銀。獨孤滔《丹房鏡源》所謂鉛坑中出褐色石，形如笋，打破即白，名曰自然牙，曰自然鉛，亦曰生鉛，此有變化之道，不堪服食者是也。《管子》云：上有鉛，下有銀。《地鏡圖》云：山有葱，下有銀。銀之氣，入夜正白，流散在地，其精變爲白雄鷄。《寶藏論》云：銀有十七種。又外國四種。天生牙，生銀坑内石縫中，狀如亂絲，色紅者上，入火紫白如草根者次之，銜黑石者最奇，生樂平、鄱陽産鉛之山，一名龍牙，一名龍須，是正生銀無毒，爲至藥根本也。生銀生石礦中，成片塊，大小不定，狀如硬錫。母砂銀，生五溪丹砂穴中，色理紅光。黑鉛銀，得子母之氣。此四種爲真銀。有水銀銀、草砂銀、曾青銀、石綠銀、雄黄銀、雌黄銀、硫黄銀、膽礬銀、靈草銀，皆是以藥製成者；丹陽銀、銅銀、鐵銀、白錫銀，皆以藥點化者，十三種皆假銀也。外有四種：新羅銀、波斯銀、林邑銀、雲南銀，并精好。

生銀：氣味辛，寒，無毒。獨孤滔云：鉛内銀有毒。保昇曰：畏黄連、甘草、飛廉、石亭脂、砒石，惡羊血、馬目毒公。大明曰：冷，微毒。畏慈石，惡錫，忌生血。時珍曰：荷葉、蕈灰能粉銀。羚羊角、烏賊魚骨、鼠尾、龜殼、生姜、地黄、慈石，俱能瘦銀。羊脂、紫蘇子，皆能柔銀。

發明：好古曰：白銀屬肺。頌曰：銀屑，葛洪肘後方治癰腫五石湯中用之。宗奭曰：《本草》言銀屑有毒，生銀無毒，釋者略漏不言。蓋生銀已發於外，無蕴鬱之氣，故無毒；礦銀蕴於石中，鬱結之氣全未敷暢，故有毒也。時珍曰：此説非矣。生銀初煎出如縵理，乃其天真，故無毒。熔者投以少銅，則成絲文金花，銅多則反敗銀，去銅則復還銀，而初入少銅終不能出，作僞者又製以藥石鉛錫。且古法用水銀煎消，製銀箔成泥入藥，所以銀屑有毒。銀本無毒，其毒則諸物之毒也。今人用銀器飲食，遇毒則變黑；中毒死者，亦以銀物探試之，則銀之無毒可徵矣。其入藥，亦是平肝鎮怯之義。故《太清服煉書》言，銀稟西方辛陰之神，結精爲質，性剛戾，服之能傷肝是也。《抱朴子》言銀化水服，可成地仙者，亦方士謬言也，不足信。斅曰：凡使金、銀、銅、鐵，只可渾安在藥中，借氣生藥力而已，勿入藥服，能消人脂。

程明善《嘯餘譜・中州音韻・真文》 銀，白金。

谷泰《博物要覽》卷四《志銀・白銀所産狀貌顔色》 凡銀或生山中，或生石鉚内，然色要白不可帶青，青者，銀内有鉛也。

鄧志謨《古事苑定本》卷九《珍寶》 銀曰白鐐。朱提本縣名，又山名，出好銀，故稱銀爲朱提。提，音時。

張澍《續黔書》卷一《假銀》 銀有十七種，美者有黄銀，出蜀中，其天生牙狀如亂絲。生銀狀如硬錫，母砂銀色理赤光，黑鉛銀得子母之氣，咸真銀也。其假者有水銀、銀草、曾青、石綠、雄黄、雌黄、膽礬、靈草、丹陽銅、鐵、白錫諸名，皆以藥製成者。黔市通用銀名垂絲，甚潮低，而江西流民巧詐滋甚，日造僞者，非惟紿鄉愚，且用以欺官長，所謂爲盗不操矛戟者也。有得者以視余，瑩白精好，翦之則鉛實，僅面皮爲銀，然薄如蟬翼，真鬼工也，以較慕容超之鐵胎奚翅過之。

按：漢孝景時，律：造僞黄金與私鑄錢者同棄市。唐文宗太和三年，依中書門下奏，以鉛錫錢交易者，過十貫以上，所在集衆决殺。今假銀之罪不下於僞黄金，而重於以鉛錫錢交易，宜比前代之法，置之重典，庶可以革奸而返樸也。

論説

陳元龍《格致鏡原》卷三四《珍寶類三・銀・總論》 《爾雅》：「白金謂之銀，其美者謂之鐐。」《穆天子傳》：「天子之寶，璿珠銀燭。」郭璞注：銀有精光如燭也。《寶藏論》：「銀有十七種：天生牙出銀坑内石縫中，狀如亂絲，色紅者上，入火紫白如草根者次之。生樂平鄱陽産鉛之山，一名龍牙，一名龍須，生銀出石丌中，成片塊，大小不定，狀如錫。母砂銀生五溪丹砂穴中，色理赤光。黑鉛銀得子母之氣。此四種爲真。銀有水銀銀、草砂銀、曾青銀、石緑銀、雄黄銀、雌黄銀、硫黄銀、膽礬銀、靈草銀。藥製成者，丹陽銀。銅銀、鐵銀、白錫銀。藥點化者，皆假銀也。外國四種：新羅銀，波斯銀，林邑、雲南銀，並精好。《山海經》：少陽之山，赤銀酸水出焉。《本草》：陳藏器曰：「烏銀，今人用硫黄熏銀，再宿瀉之，則色黑，工人用爲，養生家以煮藥可辟惡。」《山海經》：「皐塗山多銀黄金。」《禮斗威儀》：「君乘金而王，則黄銀見。」《北史》：「隋辛公義爲并州刺史，山出黄銀，獲之以獻。」方勺《泊宅編》：「黄銀，蜀中人罕識。朝散郎顔京監在京抵當庫，有以十釵質銀者，其色與上金無異，試之則正白。」【略】《格古要論》：「金花銀第一，細花松紋第二，鼆絲松紋第三，兩頭絲曰鼆絲第四，細絲松紋臉白光第五。」《漢書》：「朱提銀重八兩爲一流，直一千五百八十。他銀一流直一千，是爲銀貨。」注：朱提，縣名，屬犍爲。王韶之《始興記》：「宋元嘉元年夏霖雨，小首山崩，自巔及麓崩處有光輝。居人往觀，皆是銀礫，鑄之成銀。」《廣州記》：「廣州市司用銀米。遂成縣任山銀穴有銀砂。」《長編》：「至道二年，有司言定州出銀鉟，請置官掌其事。上曰：『地不愛寶，當與衆庶共之。』不許。」《溪蠻叢笑》：「西溪接靖州境出鉛，鉛中有銀，銀體差黑，未經坯銷，名出山銀。」《博物要覽》：「官估十一等，有金漆花銀、濃稠花銀、茶花銀、大胡花銀、薄花銀、薄花細滲銀、紙花銀、細滲銀、兼滲銀、斷滲銀、無滲銀。【略】又假銀名一見九，紅銅煮就，出北直。頓罐銅，出南直。白攃雞、白銅及水銀點就，不可煉冶，出廣東。灰白眼，出山東。快活三，出河南。鋼猫銅，出湖南。飛天白、鵓鴿青、閩絲綽、邊油紋，皆方士爐火烹點銅鉛而成，出江西。荔子紅，出廣西。」《格古要論》：「銀出閩浙、兩廣、雲南、貴州、交阯等處山中。足色成錠者，面有金花，次者緑花，又次者黑花，故謂之花銀。蜂窩中有倒滴而光澤，火燒色不改者，又次之。松紋假金花，以蜜陀僧爲之。若面有黑斑而不光澤者，必有黑鉛在内，有八成色，謂之狗蚤斑。九成色者，火燒後死，白邊灰色，謂之吹松紋，雪白者有九六成色。僞銀有鼎銀，一燒則烟起，飛去水銀，卻有六分好銀。」《五代史》：「慕容彦超爲泰寧節度，性好聚斂，嘗得奸民爲僞銀者，寘之深室，使教十餘人爲之，皆鐵爲質，而包以銀，號『鐵胎銀』。」

綜述

《山海經第二・西山經》 又西二百里，曰鹿臺之山，其上多白玉，其下多銀，其獸多㸲牛、羬羊、白豪。【略】

又西五十五里，曰涇谷之山。涇水出焉，東南流注于渭，是多白金白玉。

《山海經第三・北山經》 又北二百五十里，曰少陽之山，其上多玉，其下多赤銀。

《山海經第五・中山經》 又西南二十里，曰勇石之山，無草木，多白金，多水。【略】

又東南一百里，曰江浮之山，其上多銀、砥礪，無草木，其獸多豕鹿。

《山海經傳・西山經第二》 華山之首曰錢來之山。【略】又西百八十里曰大時之山，上多穀、柞，柞，櫟，下多杻、橿，陰多銀，陽多白玉，涔水出焉，音潛。北流注于渭。清水出焉，南流注于漢水。今河内武縣縣北，黑山亦出清水。【略】

又西二百里曰鹿臺之山，今在上郡。其上多白玉，其下多銀。

又西百五十里曰高山，其上多銀，其下多青碧。【略】

又《中山經第五》 又東南一百里曰江浮之山，其上多銀、砥礪，無草木，其獸多豕、鹿。【略】

又南九十里曰柴桑之山，今在潯陽柴桑縣南，共廬山相連也。其上多銀，其下多碧，多泠石赭。

又《北山經第三》　又西二百五十里曰少陽之山，其上多玉，其下多赤銀，銀之精也。

歐陽詢《藝文類聚》卷八三《寶玉部上》　《漢書》曰：「益州監町山出銀，賁古亦出銀，又曰無雷國出銀。」又曰：「黄金一斤直錢萬。朱提銀八兩爲流，直一千五百八十，他銀一流直千，是爲銀貨二品。」東方朔《神異經》曰：「西南有銀山焉，長五十餘里，廣四五里，高萬餘丈，皆悉白金。」

王先謙《續古文辭類纂・地理志第八上三・漢書二八》　朱提山出銀。應劭曰：朱提山在西南。蘇林曰：朱音銖，提音時。北方人名匕曰匙。補注錢坫曰余得漢漢安洗，朱提字作㮛。案：《玉篇》㮛即匙字，是義與蘇林合。諸葛武侯云：漢嘉金、朱提銀，采之不足以自食，謂此。

王朋壽《類林雜説》卷一四《金銀篇第八九》　朱提。《漢書》：朱提縣屬犍爲郡，出銀，其價比他處出者增倍。

祝穆《方輿勝覽》卷六五《敘州》　朱提山，在故開邊縣界。《漢書》云：朱提山出銀。諸葛亮書：漢嘉金，朱提銀，採之不足以自食。韓退之《贈立之》詩：我有雙飲醆，其銀得朱提。

鄭若庸《類雋》卷二三《珍寶類・銀》　出産：《漢書》云：溢州監町山出銀，賁古亦出銀，又云無雷國出銀。銀山。東方朔《神異經》云：西南有銀山，長五十餘里，廣四五里，高萬餘丈，皆悉白金，不雜土山，不生草木。

梁章鉅《浪跡叢談》卷五《開礦議》　《漢書・地理志》言：朱提山、益州山皆出銀。後魏延昌中，有司奏長安驪山有銀礦，又恒州白登山有銀礦。

謝肇淛《滇略》卷三《産略》　《漢書・地理注》：銀出朱提，屬寧州部，其來久矣。

汪啓淑《水曹清暇録》卷一二　人多稱銀爲朱提，殊不知朱提見《漢書・地理志》蓋出銀之處，非銀號朱提也。蘇林《漢書音義》：朱音銖，師古注：提音匙。

韓道昭《五音集韻》卷一《脂第五獨用文之》　又朱提，縣名，在犍爲。《漢書・地理志》：地産銀。

李昉《太平御覽》卷八一二《珍寶部一一・黄銀》　《山海經》曰：「杻陽之山，其陽多白銀。郭璞曰：即銀也。少陽之山，其下多赤銀。銀之精者。」

東方朔《神異經》曰：「南方有銀山，長五十餘里，高百餘丈，皆悉白銀，不雜土石，不生草木。」

東方朔《十洲記》曰：「東方外有東明山，有宮焉，左右闕而立，其高百尺，建以五色門，有銀牓以青碧鏤，題曰天地長男之宮。南方有閶明山，有宮焉，有銀牓，題曰天地中女之宮。」

又《天部一五・霧》　《湘州記》曰：曲江縣有銀山，山常多素霧。

又卷八一二《珍寶部一一・銀》　《漢書》曰：「王莽時珠提銀重八兩，一流直千五百八十。張晏曰：珠提，縣名，屬揵爲，出銀。池銀一流直千，是爲銀貨。」

【略】《湘州記》曰：「曲江縣有銀山，山多素霧。」《廣州記》曰：「廣州市司用銀易米，遂成縣任山又有銀砂。」《桂陽記》曰：「臨賀山有黑銀。」

樂史《太平寰宇記》卷五〇《河東道一一・大通監》　交城縣，舊十二鄉，今管四鄉。【略】少陽山在縣西南九十五里。《山海經》云：「少陽之山，酸水出焉，其山多玉，其下多赤銀。」郭璞注云：銀之精者。

又卷一〇四《江南西道二・歙州》　歙州新安郡，今治歙縣。《禹貢》：揚州之域，春秋時，其地屬吴，後屬越，後越爲楚滅，即楚地，秦并天下，以此屬鄣郡之地，漢立丹陽郡。【略】土産：硾紙、茶、漆、蜜、墨、蠟、銀。

又卷一一二《江南西道一〇・鄂州》　土産：銀、苧麻、紵布、茶。

又卷一六三《嶺南道七・南儀州》　銀山出銀。《爾雅》云：「白金謂之銀，其美者謂之鐐。」

又卷一七〇《嶺南道一四・峯州》　土産：荳蔻。貢：蚺蛇膽、銀、大竹。

葉廷珪《海録碎事》卷三上《地部上・總載山門》　朱提山。《漢書》：朱提山出銀，在朱提縣西南，屬戎州。

又卷一五《商賈貨財部・金門》　朱提銀。朱提銀重八兩爲一流，直一千八百五十。它銀一流直千，是爲銀貨二品。注：朱提，縣名，屬犍爲，出善銀。諸葛書云：漢嘉金、朱提銀，采之不足以自食。《食貨志》。

又卷一五《商賈貨財部・銀門》　銀山。《神異經》曰：「西南有銀山焉，長五十餘里。」

張廷玉《韻府拾遺》卷一一《上平聲・一一真韻》　補藻：出銀。《後漢書・郡國志》：「益州郡雙柏出銀。」

顧微《廣州記》　廣州市司用銀米。遂成縣任山有銀穴，穴有銀砂。《瑞應圖》：王者，宴不及醉，刑罰得中，人不爲非，則銀甕出。

張英《淵鑒類函》卷三三五《州部二・劒南道二》　銀水、金山。《華陽國

志》曰：「涪陵有孱山水，其源有銀鑛。」

陳元龍《格致鏡原》卷三四《珍寶類三・銀・總論》 《後魏書》：「銀出始興陽山縣，又出桂陽安縣。驪山有銀礦，二石得銀七兩。自登山亦有銀礦，八石得銀七兩。」《周禮》：「荆州其利銀。」《漢書》：「益州監町山出銀，賁古羊山出銀，無雷國出銀。」《後魏書・孝明帝》：「恒州銀山之禁與人共之。」

嚴長明《〔乾隆〕西安府志》卷一七《食貨志下・貨屬》 銀。《魏・食貨志》：延昌三年春，有司奏長安驪山有銀鑛，二石得銀七兩。《關中三山記》：終南多銀。《明一統志》：銀出終南山。《府志》：山陽白雲洞出礦砂。

沈青峰《〔雍正〕陝西通志》卷四三《物産一》 銀。梁州貢。《禹貢》。大時之山陰多銀。數歷之山下多銀。《西山經》。北魏延昌三年春，有司奏長安驪山有銀鑛，二石得銀七兩。《魏書・食貨志》。終南多銀。《關中三山記》。銀出終南山。《明一統志》。雒南唐家坡有銀鑛。魏坡北産鑛。馬志。山陽白雲洞出礦砂。《西安府志》。猪牙口、南陽洞、小疊銀廠溝、蒲峪溝、古峰寺、琴池溝、渭坡、韓峪川、松橋子、南崖、白溝、砂仁溝、汪溝、南牧護、東牧護、秦嶺蒲岔溝、野猪坪、柘茨林、土門川、麻池溝、街阪溝、石道峪、狐洞、蔣家陰、黄柏岔、小寫川、李家溝、岔口鋪、東官道、一眼俱産銀。

《隋書》卷三一《志二六・地理下》 南海郡，舊置廣州，梁、陳並置都督府，平陳置總管府，仁壽元年置番州，大業初府廢。統縣十五，户三萬七千四百八十二。南海，舊置南海郡，平陳郡廢。又分置番禺縣，尋廢入焉，大業初置郡。曲江。舊置始興郡，平陳廢，十六年又廢，湞陽縣入焉，有玉山、銀山。

阮元《〔道光〕廣東通志》卷一〇二《山川畧三・韶州府》 〔曲江縣〕銀山。曲江縣有銀山。《隋書・地理志》。在縣西二十二里，出銀。《元和志》。《湘州記》曰：銀山常多素霧。《初學記》。

謹案：銀山即洹山，蓋因《水經注》中有銀餅之説，因以名之，非二山也。洹山見林水源下。

又卷一〇四《山川畧五・惠州府》 〔永安縣〕鶴子〔土盈〕在梁峒山南二十五里，亦名金船。《倦志》作金釵腦。俱同上，銀鑛生焉。《府志》。

又卷一〇六《山川畧七・潮州府》 〔豐順縣〕交椅山在縣東南百里九河社，舊傳産銀。《清一統志》。

又卷一〇七《山川畧八・肇慶府》 〔新興縣〕銀山出銀。

沈炳震《唐書合鈔》卷五七《志三三・地理二》 魯山，上。王世充置魯州，武德四年廢。俄以魯山、滍陽復置魯州，貞觀元年州廢。省滍陽，以魯山來屬。有堯山，有銀，有漢故關。

又卷五九《志三五・地理四》 兩當，中下。漢故道縣地，晉改，取水名。有銀。

隴城，下。漢隴縣，隋加城字。武德二年以縣置文州。八年州廢來屬，貞觀三年置長川縣，六年省入焉。有銀。清水，下。武德四年以縣置邽州，六年川廢來屬。又有秦嶺縣，貞觀十七年省，大中二年先收復權隸鳳翔府，三年來屬。東五十里有大震關，有銀。

又卷六〇《志三六・地理五》 西安，望。本信安，後漢新安縣，晉改。武德四年析置定陽縣，六年省。咸通中，更信安曰西安東五十五里有神塘，開元五年，因風雷摧山偃澗成塘，溉田二百頃。有銀。

松陽，上。後漢置，以縣東南大陽及松樹爲名。武德中，以縣置松州，八年州廢來屬。有銀，出馬鞍山。

寧國，緊。武德三年析宣城置，六年省，天寶三載，析宣城當塗復置。有銀。

弋陽，上。有銀。

玉山，上。證聖二年析常山須江及弋陽置。有銀。

又卷六二《志三八・地理七》 陽江，下。有銀。

宜州，舊書粤州。龍水郡，舊書屬安南都護府，下。唐開置，本粤州，舊書失起置年月，乾封中更名，天寶元年改爲龍水郡，乾元元年復爲粤州。有銀、丹沙，無兩京道理。

許容《〔乾隆〕甘肅通志》卷六《山川》 〔文縣〕銀峪在縣西北七十里，其山産銀。

許容《〔乾隆〕甘肅通志》卷二〇《物産》 〔平涼府〕銀。《唐志》：平涼縣出。〔秦州〕銀。《唐志》：清水、兩當俱有。

王應麟《玉海》卷一八〇《食貨・錢幣》 《地理志》：凡天下有銀者三十六縣，關内一，河南五，河東二，山南二，隴右三，江南十九，劍南一，嶺南三。

李世熊《錢神志》卷一《靈産》 《地理志》云：**【略】**犍爲朱提山出銀。**【略】**町山出銀。**【略】**西羊山出銀。**【略】**

景德元年正月，建州寶通山出銀，以圖來獻。

《新唐書》卷三八《志二八・地理志》 魯山，上。王世充置魯州，武德四年廢，俄以魯山、滍陽復置魯州。貞觀九年，州廢，省滍陽，以魯山來屬。有堯山，有銀，有漢故關。

《新唐書》卷四〇《志第三〇・地理四》 鳳州河池郡，下。土貢：布、蠟燭、麝香。户五千九百一十八，口二萬七千八百七十七。縣三。【略】兩當，中下。有銀。【略】

隴城，下。武德二年以縣置文州，八年，州廢來屬。貞觀三年，置長川縣，六年省入焉。有銀。清水，下。武德四年以縣置邽州，六年州廢來屬。又有秦嶺縣，貞觀十七年省。大中二年，先收復權棣鳳翔府，三年來屬。東五十里有大震關，有銀。

又卷四一《志第三一・地理五》 處州縉雲郡，上。本括州永嘉郡，天寶元年更郡名，大曆十四年更州名。土貢：綿、蠟、黃連。户四萬二千九百三十六，口二十五萬八千二百四十八。縣六。【略】松陽，上。武德中以縣置松州，八年州廢來屬。有銀，出馬鞍山。

楊守敬《隋書地理志考證》卷八 〔曲江〕銀山。《元和志》：在縣西二十二里，出銀。

李吉甫《元和郡縣志》卷一六《河南道三・太原府并州》 交城縣。【略】少陽山，在縣西南九十五里。其上多玉，其下多赤銀。高二百丈，周迴二十里。

又卷三二《劍南道三・雅州》 曲州。朱提，下。【略】本漢夜郎國地，武帝于此置朱提縣，屬犍爲郡。後立爲郡，在犍爲郡南一千八百里，後漢省郡。諸葛亮南征，復置朱提縣。自梁陳以來，不復賓服。隋開皇四年開置南中，立爲恭州，武德元年，改爲曲州。朱提，山名，出善銀。《食貨志》曰：「朱提銀重八兩，名爲一流」，因山名郡縣也。

又卷三五《嶺南道一・廣州》 曲江縣。上，郭下。本漢舊縣也，屬桂陽郡，江流曲因以爲名。吳置始興郡縣屬焉，隋置韶州縣屬不改，皇朝因之。銀山在縣西二十二里，出銀。

徐堅《初學記》卷二《天部下・霧第六》 銀山丹嶺。《湘州記》曰：「曲江縣有銀山，常多素霧。」

歐陽忞《輿地廣記》卷二四《江南東路》 德興縣，五代析樂平置，屬饒州，有銀山。

朱熹《通鑑綱目》卷一八 集覽：釗，之姚反，朱提郡名，屬益州。《正義》曰：音殊匙，即漢犍爲郡朱提縣也。今叙州有朱提山，地産銀。韓退之贈崔立之詩：「我有雙飲醆，其銀得朱提。」【略】質實：《一統志》云：王遜，魏興人。李釗，鄴人。朱提，郡名，未詳處所，唯叙州府城西五十二里，有朱提山，未審是其故址否，知者察之，其山出銀。漢諸葛亮書：漢嘉金、朱提銀，採之不足以自食。唐韓愈《贈崔立之》詩：我有雙飲醆，其銀得朱提。

李有棠《遼史紀事本末》卷六《西北部族屬國叛服》 党項。攷異：《册府元龜》云：党項種有巖昌白銀礦，東接臨洮，西距葉護，南北數千里，處山谷間。

劉嶽雲《格物中法》卷五上《金部・銀》 銀在礦中，與銅相雜，土人采得，以鉛再三煎煉方成，故爲熟銀。《蘇頌本草》。

凡銀礦内多含有銅，銅礦中亦多含有銀，俗謂之銀掣銅、銅掣銀。《鄗事綴紀》。

嶽雲謹案：此銀銅相雜之礦。

鉛中有銀，銀體差黑，未經坯銷，名出山銀。《溪蠻叢笑》。

砂銀生五溪丹砂穴中，色理紅文。《本草綱目》。

嶽雲謹案：此銀與汞相雜者。

銀具五色，皆自然生成。《寶藏論》。

《禮斗威儀》：君乘金而王，則黃銀見。《癸辛雜識》：銀至於青爲絶品也。據諸書所言，是銀有五色矣，銀之有五色者，蓋指礦産而言，由與他種金類合生故也。赤銀，銀銅雜之礦；黑銀，銀硫雜之礦；青銀，銀鉛雜之礦；黃銀，乃銀與一種土質合産者。其土質西人名埃阿顛，此種礦甚罕見，故以爲符瑞。白銀，銀本質，然純銀之礦，亦不多也。

已上出産。

銀之品有紋如羅甲者，有松紋者，有中窪而郭高者，皆爲精銀，其絶品則色青。《癸辛雜識》。

銀出閩、浙、兩廣、雲南、貴州、交阯等處山中，足色成錠者，面有金花，次者緑花，又次者黑花，故謂之花銀。蜂窩中有倒滴而光澤，火燒色不改者，又次之松紋假金花，以密陀僧爲之，若面有黑斑而不光澤者，必有黑鉛在内，有八成色謂之狗蚤斑，九成色者，火燒後死，白邊灰色，謂之吹松紋。雪白者有九六成色，僞銀有鼎銀，一燒則煙起飛去，水銀卻有六分好銀。《格古要論》。

吴卓信《漢書地理志補注》卷七二《遼史·國語解》：萬役陷河冶，地名。本漢土垠縣，有銀礦。太祖募民立寨以專採煉，故名陷河冶。《方輿紀要》：土垠廢縣在今薊州豐潤縣西北六十里。

談鑰《〔嘉泰〕吴興志》卷四《山·長興縣》 銀山，在縣南三十里，出銀。

《續文獻通考》卷二三《征榷考·坑冶》 銀之所産，在腹里曰大都、真定、保定、雲州、般陽、晉寧、懷孟、濟南、寧海；遼陽省曰大寧；江浙省曰處州、建寧、延平；江西省曰撫、瑞、韶；湖廣省曰興國、郴州；河南省曰汴梁、安豐、汝寧；陝西省曰商州；雲南省曰威楚、大理、金齒、臨安、元江。

羅濬《〔寶慶〕四明志》卷一二 銀山，縣西南四十五里，地名小溪，嘗産銀故名。

汪輝祖《元史本證》卷四《證誤四·武宗紀二》 別都魯思云：雲州、朝河等處産銀。案：朝當作潮。見《世祖紀》。

錢維喬《〔乾隆〕鄞縣志》卷三《山川》 銀山在縣西南四十五里，嘗産銀，故名。《寶慶志》。

錢維喬《〔乾隆〕鄞縣志》卷二八《物産》 銀山在縣西南四十五里，地名小溪，嘗産銀，故名。《延祐志》。

袁桷《〔延祐〕四明志》卷七《山川攷》 銀山，縣西南四十五里，地名小溪，嘗産銀，故名。

佚名《群書通要》癸集《方輿勝覽下·江西等處行中書省》 新州。〔縣名〕新興。【略】〔景致〕龍山州南錦山，州南金山，信安縣銀山，出白金。

《明史》卷四一《志第一七·地理二》 廣昌，州東南。元曰飛狐，洪武初更名。東南有白石山。東有雕窠崖，舊有洞，産銀。

又卷四四《志第二〇·地理五》 興國州，元興國路，屬湖廣行省。太祖甲辰年二月爲府，洪武九年四月降爲州，以州治永興縣省入來屬。北有銀山，西有黄姑山，舊俱産銀。

宣平，府北。本麗水縣之鮑村巡檢司。景泰三年改爲縣，而徙巡檢司於縣之後陶，仍故名，尋廢。西北有礜坑山，舊産銀。南有玉岩山，又有會高山，産礦。

又卷四五《志第二一·地理六》 南丹州，洪武七年七月置，二十八年廢，尋復置。西有孟英山，舊産銀。

又卷四六《志第二二·地理七》 蒙自。【略】宣德五年五月置臨安衛右千户所於此。又西南有西溪二，出銀礦。又南有蓮花灘，即瀾滄江下流，交阯洮江上流。西南有箐口關巡檢司。

納樓茶甸長官司，府西南。本納樓千户所。洪武十五年置，屬和泥府。十七年四月改置，北有羚羊洞，産銀礦。又有禄豐江，即禮社江下流，又東有倘甸。

廣通，府東。元屬南安州。洪武十五年因之，後改屬府。東北有盤龍山，亦曰九盤山。西有羅苴甸山。東有鹽倉山，舊産鹽。又有卧象山，東南有卧獅山，俱産銀礦。

南安州，東有健林蒼山。又西南有表羅山，産銀。

《文武諸司衙門官制》卷一《北直隸》 保安州。土産：銀、礦石、牡丹、芍藥、獨窠蒜、石灰。

又《公署》 寧國縣。**【略】**土産：銀。

又卷二《河南省》 盧氏縣。**【略】**土産：銀、麝香、鹿茸。

又《浙江省》 泰順縣。**【略】**土産：銀。

又《湖廣省》 興國州。**【略】**土産：銀、黄姑山出，舊有場，今廢。水晶、綿。

又卷四《福建省》 浦城縣。**【略】**土産：銀。

將樂縣。**【略】**土産：銀、白苧布。各縣俱出，此出尤佳。

泰寧縣。**【略】**土産：銀、茶。

建寧縣。**【略】**土産：銀。

龍巖縣。**【略】**土産：銀。

福寧州。**【略】**土産：銀。二縣俱出。

又卷四《廣東省》 東莞縣。**【略】**土産：銀。

番禺縣。**【略】**土産：銀、娑羅。南海廟前東西各二樹，結實大如瓠。

四會縣。**【略】**土産：銀。

電白縣。**【略】**土産：銀、蚺蛇膽。

信宜縣。**【略】**土産：銀、蚺蛇膽。

化州。**【略】**土産：銀、白香、高良薑。

石城縣。**【略】**土産：銀、孔雀、鸚鵡。

欽州。**【略】**土産：銀、高良薑、孔雀。

又《廣西省》 上林縣。**【略】**土産：銀。

南寧府。**【略】**土産：銀、象。近交趾山谷出。

李賢《明一統志》卷五《保安州》 土產：銀、礦石、獨窠蒜、牡丹、芍藥、粱米、榛、地椒、石炭。俱出本州。

又《萬全都指揮使司》 土產：銀。宣府城北一百二十里，牙恰村及雲州堡、馬峪、石垝，戹換成矢。峪俱出。

又卷一五《寧國府》 土產：銀。寧國縣出。

又卷一六《徽州府》 土產：銀。

又卷一九《太原府》 少陽山，在交城縣西北四十里，産銀精石。又縣正北四十里有馬鞍山。

又卷二九《河南府》 土產：銀。嵩、盧氏二縣出。

又卷四八《温州府》 銀。泰順縣出。

又卷五一《廣信府》 土產：銀。弋陽、玉山縣出，今無。

又卷五三《建昌府》 土產：銀。南城縣出，宋時有太平等場，今無。

又卷五七《瑞州府》 土產：銀。上高縣出，久無。

又卷五八《贛州府》 土產：【略】銀。贛縣及會昌瑞金縣出，舊有場，久廢。

又卷五九《武昌府》 土產：銀。興國州西黄姑山出，舊有銀場，今廢。

又卷六三《寶慶府》 土產：銀。府境出。

又卷六六《郴州》 土產：銀。本州及桂陽宜章縣出。

又卷六九《叙州府》 朱提山，在府城西五十里，山出銀。漢諸葛亮書：漢嘉金，朱提銀，採之不足以自食。唐韓愈《贈崔立之詩》：我有雙飲醆，其銀得朱提。

又卷七三《四川行都指揮使司》 密勒山，在會川衛城東二百里内，産銀礦。

又卷七六《建寧府》 土產：銀。浦城、政和、松溪三縣出。

又卷七七《汀州府》 銀。長汀、寧化出。

又《延平府》 銀。南平、將樂、尤溪、沙四縣出。

又卷七八《邵武府》 銀。光澤、泰寧、建寧三縣出，宋時有場，今廢。

又卷七八《漳州府》 土產：銀。龍巖縣出。

又卷七九《廣州府》 土產：銀。連州、番禺、清遠、東莞、陽山、連山縣出。

又《韶州府》 土產：銀。曲江、翁源、樂昌、英德縣出。

又卷八一《肇慶府》 土產：銀。四□、高要二縣出。

又《高州府》 鑑山，在寶山北，舊有銀坑。【略】土產：銀。化州、石城、電白、信宜縣出。

又《廉州府》 土產：銀。欽州出。

又卷八四《慶遠府》 土產：銀。孟英山出。

又卷八五《潯州府》 土產：銀。各縣出。

又《南寧府》 銀。府境出。

又卷八六《楚雄府》 表羅山，在南安州西南四十里，中産銀礦。

《明英宗睿皇帝實録》卷一二七 〔正統十年三月，辛丑〕户部右侍郎焦宏奏，浙江處州府松溪縣小蘇等七處銀坑，礦脉枯竭，坑首人等，遞年折納鈔貫艱難，乞與除豁爲便。從之。

黄潤玉《〔成化〕寧波府簡要志》卷一《山川志》 銀山縣西南六十里，昔産銀，今無。上有宋豊稷、范楷二墓在焉。

曹昭《新增格古要論》卷六《銀後增》 銀。出閩、浙、兩廣、雲南、貴州、交阯等處山中。

陳道、黄仲昭《〔弘治〕八閩通志》卷二五《食貨·土產》 〔延平府〕貨之屬：銀。南平、將樂、尤溪、沙四縣出，今無。

〔邵武府〕貨之屬：銀。出光澤、泰寧、建寧三縣，宋時有場，今廢。

又卷二六《食貨·物產》 〔漳州府〕銀。龍岩縣出。

〔汀州府〕銀。長汀、寧化二縣出。

〔延平府〕銀。南平、將樂、尤溪、沙四縣出，今無。

〔邵武府〕銀。出光澤、泰寧、建寧三縣，宋時有場，今廢。

〔福寧州〕銀。本州及寧德、福安二縣俱出。

鄭慶雲《〔嘉靖〕延平府志·食貨志》卷一《水利》 銀坑：長羊分段，在忠孝都。

陸釴《〔嘉靖〕山東通志》卷八《物產》 銀。出沂州，山鑛萊蕪、淄川亦有之。

馮惟訥《〔嘉靖〕青州府志》卷一一《兵防》 〔礦洞〕【略】水銀洞，在臨朐縣，去縣六十里。黑山銀洞，在臨朐縣，去縣七十里。【略】兩縣山銀洞，在蒙陰縣，去縣八十里。

顧炎武《肇域志》卷一八《山東五》 兩縣山在〔蒙陰〕縣西北六十里，一名龍亭洞。東南隸蒙陰，西北隸新泰，山頂有銀礦。嘉靖三十九年，新泰民褚進等糾合礦徒，開打争占，互相殺傷，官兵遂散，封閉防守。

又卷二四《山西三》 溫泉山礦洞在溫谷里,産銀礦。

又卷二九《河南三》 〔閿鄉縣〕閿峪洞在縣南六十里,産銀砂,今湮塞。

又卷三〇《河南四》 桐柏縣。【略】圍山在縣北四十里,四圍皆山,出銀礦。

又卷三二《湖廣二》 桂陽州。元桂陽路。本朝洪武元年,改爲桂陽府。九年,降爲州。府西南二百六十里,水路三百里,編户四十六里。大湊山在州西,舊出銀礦,今絶。

又卷四〇《陝西七》 〔文州〕西北七十里爲銀峪,舊出銀礦,今無。【略】〔兩當縣〕東北九十里曰申家山,山多銀鑛,舊有防守,今廢。

又卷四八《廣東二》 黄村營在〔東莞〕縣北二百里,流溪堡産銀礦,有盜,故設此守之。

章潢《圖書編》卷八九《各畿省府縣土産》 保安州:銀、礪石、牡丹、芍藥、石炭。【略】

福寧州:銀。州及二縣。【略】

高州府:銀。化州、石城、電白、信宜。【略】

廉州府:銀。欽州。翡翠、羽、玳瑁、人皮。瀕海縣。

張元忭《〔萬曆〕會稽縣志》卷三《地書三・物産》 銀、錫。銀出於銀山壖,錫出於銀。

張元忭《〔萬曆〕紹興府志》卷四《山川志一・山上》 銀山在府城東五十里横山東,無草木,産銀沙。舊有禁,毋得擅開。而居人往往,聚衆盜發之,不唯礦氣傷禾,且懼召亂,謂宜塞其路,散其黨,乃可耳。

又卷一一《物産志・貨》 銀、出銀山。舊有禁,毋得擅開。銅、錫。

談遷《國榷》卷八三 〔丁巳萬曆四十五年四月己亥〕又天橋哨南山産銀,爲夷所據,宜取充兵餉,章下所司。

谷泰《博物要覽》卷八《論銀産地》 一産永昌,生山石砂土中,皆成屑,須鑄冶方成。

一産虢州。銀産礦中,惟此爲勝,餘處多帶鉛脚,不佳。

一産高麗生礦中,乃銀鉳所出。國鑄冶作帖,色青,不〔如〕虢州者。

一産饒州樂安。産于坑銀鉳中,狀如硬錫,紋理粗錯,自然者真。土人鎔傾數次,方可用,乃生銀也。

一産黔南生礦中,自成片塊,色青如鉛錫狀。生者産石鉳中,與銅相雜。土人採取以鉛,再三煎煉,方成,故謂之熟銀也。

一産鄱陽,産山石礦中。如笋牙者色正白,名天生牙,爲銀中之最。今亦不産矣。

一産犍爲朱提縣。四川朱提銀重八兩爲一流,直一千五百八十。它銀一流一千,是爲銀貨。

一産浙江諸處。

一産閩中晉安。

一産湖廣荆州。

一産雲南。

一産貴州。

一産交趾國。

一産波斯國。

洪亮吉《乾隆府廳州縣圖志》卷二九 〔廣豐縣〕平洋山在縣東南六十里,舊有坑曰平洋坑,出銀礦。

〔德化縣〕〔柴桑山〕在縣西南九十里,漢以此名縣。《山海經》:柴桑之山,其上多銀,其下多碧多冷石赭。

又卷三四 〔桂陽州〕大湊山在州西半里,《舊經》云:出銀鑛。

又卷三六 〔宜賓縣〕朱提山在縣西南五十里。班固云:朱提縣山出銀。按:山去府太近。當非漢時故山。《土夷考》:烏撒府有銀鑛之饒,故山當在其境。

〔鹽源縣革石瓦山〕産銀礦。

〔會理州密勒山〕在州東二百里,産銀礦。

又卷四三 〔南丹土州〕孟英山在州西北三十五里,産銀砂。

吴任臣《山海經廣注》卷二《西山經》 又西百八十里曰大時之山,任臣案:上有時山,此名大時山,猶地志中射的山有大射的山,勞山有大勞山。上多榖柞。郭曰:柞櫟。任臣案:又鑿子木亦名柞,下多杻橿,陰多銀,陽多白玉,涔水出焉。【略】

又西百五十里曰高山,其上多銀,其下多青碧。郭曰:碧亦玉類也。今越巂會稽縣東山出碧。【略】

又西二百里曰鹿臺之山。郭曰:今在上郡。任臣案:今名麓臺山,在平遥

縣南四十七里，一名蒙山。其上多白玉，其下多銀。

又卷五《中山經》 又東南一百里曰江浮之山，其上多銀、砥礪無草木，其獸多豕鹿。【略】

又南九十里曰柴桑之山。郭曰：今在潯陽柴桑縣南，共廬山相連也。其上多銀，其下多碧，多冷石赭。任臣案：冷石，滑石類，見《别録》。

劉嶽雲《格物中法》卷五上《金部·銀》 凡銀中國所出，浙江、福建舊有坑場，國初或采或閉。江西饒、信、瑞三郡有坑，從未開。湖廣則出辰州，貴州則出銅仁，河南則宜陽趙保山、永寧秋樹坡、盧氏高嘴兒、嵩縣馬槽山，與四川會川密勒山、甘肅大黄山等皆稱美礦。燕、齊諸道，則地氣寒而石骨薄，不産金銀。然合八省所生，不敵雲南之半，故開礦煎洗，惟滇中可永行也。凡雲南銀礦，楚雄、永昌、大理爲最盛，曲靖、姚安次之，鎮沅又次之。《天工開物》。

嶽雲謹案：此亦言其大略耳。燕齊諸道，不産金銀，語尤誤，詳見余所著《礦政輯略》。【略】

嶽雲謹案：《山海經》：杻陽之山，其陽多白銀；少陽之山，其下多赤銀。《桂陽記》曰：臨賀山有黑銀。

《明史》卷八二《志五六·地理四》 弋陽，三國吴置葛陽縣，隋改今名。有葛溪驛，舊有丫巖寨巡檢司，革。南有寶豐廢縣。有軍陽山，舊産銀。北有石城巖。

永豐，唐置。有柘陽村巡檢司，西南有石城山，東北有雙門。山東南有平洋山，舊産銀礦。

雩都，漢縣故城，在今縣東，唐移今治。有平頭寨巡檢司，舊有青塘寨巡檢司，革。東北有高沙寶山，嘗産銀礦。

興國州，孫吴置陽新縣，隋改永興，唐移縣于深口，即此，屬鄂州。宋永興軍尋改興國軍元興國路。洪武初曰興國府，九年降爲州，以州治永興縣，省入。東有永興舊城，一名高陵城，有富池水驛及富池黄顙口二鎮巡檢司。西南有奉新廢縣，又有陽城廢縣，州北有安昌廢縣，東南有廢下雉縣，北有銀山，西有黄姑山，舊俱産銀。

宣平，景泰三年，析麗水縣地置，舊有鮑村巡檢司，革。西有温樣山，西北有礱坑，山舊産銀。

古田，唐置縣，有水口、黄田二驛，舊有杉洋巡檢司，革。東南有摸天嶺濱建江。又建江自南平縣流經縣南水口，江流至此，始出險就平。宋嘗遷縣于水口，尋復舊治。西北有洗馬池，東有杉洋鎮，出銀坑。

壽寧，景泰五年析，政和福安二縣地置，有漁溪巡檢司。東有官臺山，又有蟾溪即福寧州長溪上源也。南有大寶等坑，産銀。

又卷八三《志五七·地理五》 南丹州，宋置南丹州，元曰南丹安撫司，尋并入于慶遠府安撫司。洪武初爲南丹州，二十八年州廢，改爲南丹衛。正統七年徙衛治賓州，尋置州於此，衛仍治于賓州，屬慶遠府。東有發觀州，西有孟英山，舊産銀。

又卷八四《志五八·地理六》 納樓茶甸長官司，元置茶甸千户，洪武中改置今司。北有羚羊洞，産銀礦。

廣通，元縣隸南安州，洪武中改今，屬有路甸捨資二驛及洪矣捨資二巡檢司，又回蹬關二人正副巡檢司。東有高登山，亦名鹽倉山，舊有鹽井，元置鹽司於此。又東北有盤龍山，亦曰九盤山，上有關。又西有回蹬山，亦有回蹬關。又有翠屏山，有羅苴甸山。又東有卧象山，東南有卧獅山，俱産銀礦。

南安州，蠻名摩芻寨，元置摩芻千户所，尋曰南安州。洪武中因元東有健林蒼山，爲蠻酋據險處。又西南有表羅山，産銀。

曾廉《元書》卷一七《寰宇志第二上》 保定路，上。金保州，太宗十三年改順天路，至元十二年復改名。産銀。至正時，分省於此。

真定路，上。金真定府，隸河北西路，元爲真定路，燕南河北道肅政廉訪使置司。産銀。

懷慶路，下。金懷州，太宗七年設，行懷孟州事。憲宗立總管府，至元初，爲懷孟路置安撫司，四年司罷，存路。延祐五年，以爲潛邸改名，有司竹監，産銀。

濟南路，上。金府，元初爲路，山東東西道肅政廉訪使置司，産銀鐵。至正時分省於此，又添置兵馬司，又置寶泉提舉司，又立山東西宣慰司都元帥府。

般陽府路，下。金淄州，隸山東東路，至元元年爲淄州路，二年改淄萊路，二十四年，又改般陽府路。産銀。

寧海州，下。金隸山東東路，元初隸益都路，至元九年直隸省。産銀。

晉寧路，上。金河東南路平陽府，元初改府爲路，大德九年以地震改名。産銀。

汝寧府。金蔡州，隸南京路，元後隸汴梁路，至元三十年改爲汝寧府，直隸

行省。産銀。

安豐路，下。宋安豐軍，隸淮南西路，至元十四年改安豐路，十五年改散府，二十八年復爲路。産銀。

商州，下。元省上洛入州，鵑嶺關在南武關在東。産銀。

瑞州路，上。宋州，隸江南西路。至元中，爲路。産銀鐵。

興國路，下。宋軍，隸江南西路。至元十四年爲路，三十年來屬。産銀。

郴州路，下。宋州，隸荆湖南路。至元十三年，立安撫司，十四年改路。産銀。

張岱《夜航船》卷一二《寶玩部・珍寶》 朱提，縣名，屬犍爲，出好銀，即今四川嘉定州犍爲縣。

顧炎武《天下郡國利病書・湖廣下》 〔永州府〕永鎮堡在管家巖，其地産銀礦。先是爲藍山臨武之人盜發，往往争競殺人。萬曆十二年，奉文立堡。

又《陝西下・四川》 〔巴通〕蓋其地有塩池、銀礦之利，藏亡舍死率以爲常，勢不自弊不止也。故議者謂永寧參將施瀘二守備皆切要慎重之地，而敘瀘、重夔二兵備，其防尤不可緩焉。

又《廣東上》 〔翁源〕佛子隘距縣一百三十里抵長寧界，舊有東桃隘、銀場隘、梅花隘、畫眉隘。崇禎八年，割屬連平州。

流溪堡紙崗産有銀礦，其地山谿險阻，與龍門、英德、長寧接壤。

又《廣東下》 按《周官・土訓》：掌道地圖，以詔地事，道地慝以辨地物，而原其生以詔地求。謂昔有而今無，似利而實害者，皆爲地慝。惠之歸善、海豐，廣之從化、香山，皆有銀礦。

又《雲貴》 瓦店七亭而達黑張，自烏撒以西，山地瘠不宜稻，惟此地有稻田數百雙，烏撒瓦店皆仰食焉；有天生橋，産銀礦。

鄭元勳《媚幽閣文娱二集》卷四劉侗《帝京景物略》 天壽山東北六十里曰銀山，或曰望也，非金方鎔于冶，非月下之潮方至，非鑌甲練刃西來萬騎，而日方東山之光也，曰銀山矣，或曰礦焉。銀山近皇陵，故禁樵採。松不勝其柯而偃，栢拂地而已。

谷泰《博物要覽》卷四《志銀・白銀所産地》 一産雲南永昌府：生山石銀鉡中，乃生銀。

一産江西饒州樂平縣：産饒州樂平縣諸坑銀鉡中，狀如硬錫，文理粗錯自然者真。

一産山西虢州：銀與金生處不同，所在皆有，而以虢州者爲勝，此外多鉛穢爲劣。高麗作帖，云乃銀鉡所出，然色青不如虢州者。

一産朱提縣四川：朱提縣銀出礦中，朱提銀八兩爲一流，直一五百八十。

一産始安興山縣：始興安山縣出銀産鉡，有鉛穢，須煉浄方白，不煉色青。

一産桂陽州：陽安縣陽安産在陽礦中，浄好無鉛穢，不須煉冶，自然瑩白。

一産閩中：建平山中時産銀，浄好無鉛雜。

一産浙中：衢、温二郡山中，時有産者，多鉛雜。

一産荆州：産于荆州山礦中，有鉛雜不浄。

一産滇州即雲南：産雲南各郡金坑中，所得如亂絲者佳。

顧祖禹《讀史方輿紀要》卷一七《直隸八》 〔遷安縣〕尖山，縣西北五十里，羣峰攢列，頂有石砦，環以二泉，其南有赤嶺，有泉出焉。亦曰赤崖泉，即沙河之源也。又南爲血石嶺，石河出焉，經縣西三十里入於沙河。太平山，在縣西北六十里，有太平營，南北兩山，去營二里許，灤河迴繞，憑高可眺。又西北十里爲銀鑛山。

九山，縣西北百里。下有九泉，會流入於灤水。或曰以山有九疊，因名。旁有洞如團，蓋容數百人。又西數十里爲望龍岡，連嶂凡十餘里。又有黄崖，有鑛洞，産銀砂，下臨灤水。

都山，縣北百五十里。高三十里，周倍之。一名馬都山。唐開元二十一年，郭英傑與契丹戰於此，敗死。《志》云：山高寒聳秀，其水中分，東歸渝，西歸灤而入海，爲盧龍之鎮。山上多材木，採之可備器用。都山之西，峰巒相屬者，曰蕎麥山。勒馬山，在縣西北百七十里潵河之陰。萬曆中，帥臣戚繼光改名壽星山。東有五老臺、蓮花峯，西有平臺，昔人避兵寨。其南十五里爲六寶山，産銀礦，徒走集於此。【略】

〔撫寧縣〕角山在山海關北六里，有前後二山，相距二十里。其脈自居庸古北、喜峰諸山而東，綿亘千里。至此，聳峙如角，長城枕其上，爲薊遼二鎮邊界。山口有角山關，築城置戍處也。又兩山之間有三巒山，谿澗深阻。又西爲攔馬山，高聳壁立，馬不能前，有小徑，戍者多由此竄逸。《志》云：縣東北九十里，又有玉旺山，嘉靖三十六年産銀礦，命官採取，尋罷，亦名王旺峪。【略】

銀峒峪在縣西南四十里，舊出銀礦因名。

又卷三九《山西一》 南下二十里有白水池，與天井連，其水經繁峙縣峨谷

口入滹沱。其麓有七佛池，南又有飲牛池。東北有寶陀峯，又名寶山，產銀及石碌。

又卷五九《陝西八》 鸞鷟山，在縣東十五里。山峯高秀，洞壑迴環，下有分水溪。又申家山，在縣東北九十里，與鳳縣接境，舊產銀。

又卷七〇《四川五》 朱提山，府西五十里。連綿高聳，上侵雲霄，舊嘗產銀，諸葛武侯所謂漢嘉金、朱提銀也。或曰：故朱提縣以此名。

又卷七九《湖廣五》 〔棗陽縣〕武王山，在縣東五十里。世傳楚武王嘗獵此，一名霸山。又赤眉山，在縣東北八十里，相傳赤眉嘗軍此山下，地名北寨。《志》云：縣西南六十里有青山，有礦產銀。其相近者爲平頂山、黄土堰，亦產銀。

又卷八六《江西四》 金谿縣，府東南百十里。東北至廣信府貴溪縣百五十里，南至建昌府百十里。本唐臨川縣之上幕鎮，以山岡出銀礦，曾置監於此。

又卷八七《江西五》 〔臨江府〕銀嶂山，府北七十里。特立如障，周十餘里，多白石，色如銀。或曰：舊常產銀，官收其利，今否。

又卷八八《江西六》 〔雩都縣〕雩山，縣北三十五里。高聳干霄，盡古望祭之山也。雩水出其下，山因以名。又太平山，在縣西北八十里，瀑布幽蘭，人多遊賞，今有太平公館。相近者又有夜光山，本名峽山，唐天寶六載改今名。高沙寶山，在縣東北百二十里，兩峯壁立，勢如伯仲。宋時有樵者遇白兔，逐之入地，掘尺許，銀鑛溢出。《志》云：縣東二百六十里有珠玉山，山高峻，嘗產珠玉，本名官山，唐天寶六載改今名。

又卷九二《浙江四》 〔諸暨縣〕句乘山，縣南五十里。《國語》：勾踐之地，南至於句無。韋昭曰：諸暨有句無亭，《括地志》以爲句乘山也。山有九層，亦名九層山。又白巖山，在縣南六十五里，山與義烏縣接界，一名巢勾山。**【略】**又縣北三十里有銀冶山，相傳山有銀鑛。永樂、景泰間，或言其事，遣官勘驗，無實，抵罪。

又卷九四《浙江六》 〔松陽縣〕横山，縣南十里。高三百餘丈，如雲横空中，山頂寬平，可五百畝。大明山，在縣西三十五里，亦曰留明山。高經千仞，羣峯羅列，澗水環繞，石磴縈紆，稱爲峻險。又西五里曰長松山，吴越時，以此山名縣，俗名牛頭山。馬鞍山，在縣西四十八里，横絶松溪之口。唐時山產銀，採以充貢，尋罷。元末，趙普勝嘗立水寨於山下，山接遂昌縣界。

〔宣平縣〕台山，縣北二十里。層巒疊嶂，迴出諸山，前有松溪，後有桃溪，山界於中，二水繞而西，下入松陽縣境。又礱坑山，在台山西十里，舊產銀。

〔宣平縣〕玉巖山，縣南六十里。其東爲東巖，四面陡絶，惟有一徑捫蘿可入，一名赤石樓，稍西爲西巖，兩巖對峙，中有清風峽、桃花洞，唐袁晁陷郡，鄉民共避於此。黄巢亂，郡人俞强復率鄉民避焉。宋方臘亂，郡人梁孚復領義兵屯於此。正統中，葉宗留作亂，鄉民避入東巖。賊百計不能上，乃守其出入之徑以困之，遇火災死者甚衆。蓋自昔控扼處也。又有余高山，與玉巖山並峙，山產銀鑛，今塞。

又卷一一六《雲南四》 〔廣通縣〕翠屏山在縣西四十里，有湯團箐。相傳諸葛武侯出師時遺跡。又西十里爲羅苴甸山，一邑物產，此出大半。稍東爲卧象山，地名羅苴村。其東南又有卧獅山，相對拱峙，山麓俱產銀礦。

〔南安州〕表羅山，州西南四十里。中產銀礦，俗名老場，滇中銀場以此爲最。

又卷一一九《雲南七》 明朝洪武十五年，置芒施府。正統九年，改置芒市長官司，土司放氏。《通攷》：萬曆初，芒市土酋放福導緬入寇，討斬之。立舍木放緯領司事，轄於隴把。其地川原曠遠，田土肥美，又饒銀礦，最稱殷富。

陳壽祺《左海文集》卷三《南詔德化碑考》 碑又云：建都鎮塞銀生於墨觜之鄉，侯隟省方駕憩於洞庭之野，蓋由人傑地靈、物華氣秀者也。案：《南詔野史》：鄧川州東三十里，豪猪洞南山頂有石牆，下有龍潭。昔武侯擒孟獲於銀坑洞，即此。南詔八節度，一曰銀生，今景東廳及沅州是，大抵皆往日產銀之地，故以名之也。

張英《淵鑒類函》卷二六《地部四·穴四》 銀穴。沈懷遠《南越志》曰：「遂城縣夫人山之東北有銀穴，鳥銀沙自是出。」

許瓚曾《寶綸堂稿》卷一〇 楚雄府

五十里爲羅苴甸山，平原沃野，四山環峙。一縣物產公輸此出大半。其東有卧象山，形如象眠大地，銀丱出焉。

儲大文《存硯樓文集》卷七《三谷》 中家山在東北九十里，舊多銀鑛。

鄂爾泰《〔雍正〕雲南通志》卷一一《課程》 雙柏出銀。

金鉷《〔雍正〕廣西通志》卷一三《山川》 〔靈川縣〕香爐山，縣東北四十里，高千仞，旁分一小山，狀類香爐，故名。產銀，又名銀礦山。

又卷三一《物産》 〔桂林府〕銀。出臨桂水槽、野雞、義寧、牛路山。

〔平樂府〕銀。出賀縣蕉木山、尖山、荔浦、茶谿山。

〔梧州府〕銀。出懷集、鐵屎坪、將軍山、汶廣山。

〔慶遠府〕銀。出河池州蔡村、南丹土州掛紅山。

李衛《〔雍正〕畿輔通志》卷一七《山川》 銀冶山一名銀冶嶺，密雲縣南十五里，舊出銀鑛。

又卷一八《山川》 銀礦山，遷安縣西北六十五里太平營之西。

六寶山，遷安縣西北一百三十里，舊有銀礦，後塞。

雙頂山，撫寧縣西南四十里，其陰爲松流河之源，相近有銀洞峪，産銀礦。

又卷一九《山川》 銀洞山，靈壽縣西北一百三十里，舊時産礦處。

長銀洞，井陘縣東南四十里，相傳舊常産銀。

嵇曾筠《〔雍正〕浙江通志》卷一〇四《物産》 銀沙。《會稽縣志》：銀山無草木，産銀沙，舊有禁，恐礦氣攻田禾也。

又卷一六〇《物産》 銀。《赤城志》：出天台赤巖。

又卷一七〇《物産》 松陽縣産銀。

嚴長明《〔乾隆〕西安府志》卷一七《食貨志下・貨屬》 銀：《魏・食貨志》：「延昌三年春，有司奏長安驪山有銀鑛，二石得銀七兩。」《關中三山記》：「終南多銀。」《明一統志》：「銀出終南山。」《府志》：「山陽白雲洞出礦砂。」

洪亮吉《乾隆府廳州縣圖志》卷一 〔密雲縣〕銀冶山在縣南十五里，四稜山在縣東北百里舊産銀鑛。

又卷二 〔遷安縣〕六寶山在縣西北一百三十里，舊有銀礦。【略】

〔撫寧縣〕雙頂山在縣西南四十里，舊産銀礦。

又卷一〇 〔翼城縣〕小銀山，金大定時，曾出銀故名。

又卷一三 〔夏縣〕巫咸山在縣東。班固云：安邑縣無咸山在南。

又卷一五 〔臨朐縣〕逢山在縣西二十五里。殷諸侯逢伯陵之國。班固云：臨朐縣有逢山祠。神爵元年，祠逢山石社石鼓于臨朐。又嵩山在縣西南六十里，有署水洞出銀鑛。又出鉛、鐵、銅、錫、丹砂之類，其相連黑山亦有鑛。

又卷一九 〔澠池縣〕又抵塢洞在縣北二十里，産銀。

又卷二三 〔雒南縣〕縣北九十里有黄龍山並産銀礦。

又卷二六 〔兩當縣〕申家山在縣東北九十里，與陝西鳳縣接界，舊産銀礦。【略】〔文縣〕又銀峪在縣西北七十里，産銀。

又卷二七 〔長興縣〕又銀山在縣東南四十二里，舊嘗産銀。

又卷二九 柴桑山在〔德化〕縣西南九十里，漢以此名縣。《山海經》：柴桑之山，其上多銀，其下多碧，多冷石赭。【略】

又温泉山在〔夏〕縣東南一百里，中有礦洞出銀。【略】

圍山在〔桐栢〕縣北四十里，接泌陽界，舊出銀礦。

椿園《西域聞見録》卷一上《新疆紀略上・伊犁》 又東百八十里有山，曰哈什，迴環數百里。其上多銀、多野牲。將軍圍場在其中，有城焉，曰哈什回子之城。

李誠《萬山綱目》卷一六《東南大榦正支分走潞江以北瀾滄江以南者》 募迺山，在耿馬宣撫司東南境募迺寨，山出銀礦。募迺河出其東南麓，猛賓水亦出其東南麓，並東南流而合會送丙河，小猛朗河，爲漫路河。

謝啓昆《〔嘉慶〕廣西通志》卷九六《山川略三》 香爐山産銀，又名銀礦山。《金志》。縣東北三十里山高千仞，旁分一小山，形若香爐。《方輿紀要》。

穆彰阿《清一統志》卷七《順天府》 銀冶山在密雲縣南十里，一名銀冶嶺，舊産銀鑛。宋王曾上契丹事，順州東北遇白嶼河，望銀冶山，即此。

又卷一八《永平府》 太平山在遷安縣西北六十里，下有太平營，南北兩山去營二里許，河流回繞，憑高可眺。又西北十里有銀鑛山，其相接者曰鵰鷹崖，峰巒高峻，谷口僅容兩馬。又西北十餘里有小黑大黑諸山，參差林立。【略】

六寶山在遷安縣西北一百三十里，舊有銀礦，後塞。【略】

雙頂山在撫寧縣西南四十里，其陰爲松流河源，相近有銀峒峪，舊産銀礦。

【略】

玉旺峪在臨榆縣北二十里五泉山東北，明嘉靖中，嘗産銀礦，命官採取，尋罷。亦名玉王山，下有突泉爲沙河源。

又卷二七《正定府》 銀洞山在靈壽縣西北一百三十里，亦舊時産礦處。

長銀河在井陘縣東南四十里，相傳舊嘗産銀。【略】

又卷一三八《平陽府》 小銀山在翼城縣，北接浮山縣界，金大定時，舊出銀，故名。

又卷一五一《代州》 《五代史》：僧繼融於柏谷置銀洞，鑿礦取銀。《一統志》：代州鳳遊峪出銅。《代州志》：州有銀洞。《五臺縣志》：五臺山北臺有寶

山產銀。

又卷一七〇《青州府》 嵩山，在臨朐縣西南四十里，接沂州府沂水、蒙陰二縣界，有略水洞，出銀礦。

又卷一七七《沂州府》 兩縣山在蒙陰縣西北六十里。縣志一名龍亭洞，東南屬蒙陰，西北屬新泰，山頂有銀礦，明嘉靖中封閉。

又卷二〇九《河南府》 《明一統志》：銀。嵩、盧氏二縣出。今無開採者，附記於此。

又卷二一〇《南陽府》 圍山在桐柏縣北四十里，接泌陽縣界，四圍皆山，舊出銀礦。

又卷二七四《秦州直隸州》 中家山在兩當縣東北九十里，接鳳縣界，舊嘗產銀礦。

又卷二七五《秦州直隸州》 銀。《唐書·地理志》：兩當、成紀、隴城、清水有銀。《寰宇記》：兩當縣有銀冶。

又卷二七六《階州直隸州》 銀峪在文縣西北七十里，其下產銀。

又卷二八二《寧波府》 又銀山在縣西南六十里，舊產銀。

又卷二九四《紹興府》 銀山在會稽縣東五十里，無草木，產銀砂。

又卷三二三《撫州府》 又《唐書·地理志》：臨川有銀。《寰宇記》：金谿出銀礦。

又卷三二四《臨江府》 銀嶂山在清江縣北七十里，特立如嶂，周十里，上多白石，色爛如銀，或曰舊嘗產銀。

又卷三九五《敘州府》 朱提山，在宜賓縣西南。《漢書·地理志》：朱提縣山出銀。應劭曰：朱提山在西南。《明一統志》：在府西南五十里。按山去府太近，當非漢時故山，但取故縣爲名耳。《土夷考》：烏撒府有銀鑛之饒，故山當在其境。

又卷四〇一《寧遠府》 銀。會理州出。明時嘗置銀場。

又卷四〇七《潼川府》 銀。《寰宇記》：梓州產。

又卷四一五《茂州直隸州》 銀。《唐書·地理志》：巴西有銀。

又卷四三五《汀州府》 《唐書·地理志》：寧化有銀。《寰宇記》：汀州出銀。長汀縣、寧化縣有場，俱出銀。

又卷四四一《廣州府》 鳳凰山有三。一在龍門縣北五里，俗名丫髻山，又名幼女峰，雙巒並峙；一在增城縣城內南隅，《輿地紀勝》：本名春岡。宋熙寧七年，有鳳凰來集，因名。《縣志》：其東北曰龜峰，一名登高峰，爲縣後主山。稍西曰鶴峰，爲學宫主山；一在香山縣東南百里廣四十里，西爲金竹園，白域石諸峰，南有尖峰，石牛二嶺。又有風門、凹銀、滈角，皆有烽堠，下爲雞拍村，舊有銀礦。

又卷四四六《潮州府》 交椅山在豐順縣東南百里。九河社舊傳產銀。

又卷四七九《臨安府》 羚羊洞在納樓茶甸司北，中產鑛，可鍊銀，高處有羚羊，飛石崚嶒，人不可到，世傳有仙居之。

《林文忠公政書》雲貴奏稿卷九《查勘礦廠情形試行開採摺》 又離該山數里有名爲三股及小凹子二處，勘有草皮銀礦，微夾金砂，現亦有人偷挖，但未進山成硐等情。

臣等當即批准，將此三處試行開採。

史澄《〔光緒〕廣州府志》卷一二《輿地畧四·山川三》 風門凹嶺在鳳凰山南，舊有銀鑛，在雞拍山南六里設烽堠，今廢，前有將軍巖。據《張府志》、《香山志》參修。

又卷一一三《列傳二·宋》 〔丁璉，字玉甫，番禺人。〕陽山境有銀穴，流民匿其中，夜出劫掠，設計擒之。

陳澹然《權制》卷五《軍餉述·鑛幣鑛務礦學錢法銀錢玉幣銀行》 直隸遷安縣銀鑛山產銀，九山黄崖鑛洞產銀砂，六寶山產銀。井陘縣，雲鳳山長銀洞產銀。

〔安徽〕寧國縣銀山產銀。

定遠縣銀嶺產銀。

〔山西〕夏縣產銀，地未詳。

〔山東〕沂州產銀。沂水縣產銀。蒙陰縣產銀。臨朐縣產銀。費縣產銀。滕縣產銀。文登縣產銀地，皆未詳。

〔河南〕汝南山產銀，縣未詳。

〔陝西〕商縣鳳凰山產銀，坑八。隴州產銀。鳳縣產銀地，皆未詳。

〔甘肅〕秦州產銀，地未詳。

〔湖北〕興國州銀山產銀甚多，黄姑山產銀。【略】恩施縣銀鑛山產銀。

桂陽州九鼎山產銀，大奏山產銀。

〔四川〕宜賓縣朱提山産銀。【略】會理州密勒山産銀。

〔福建〕尤溪縣銀屏山産銀，明時銀冶二十四座。古田縣金坑、龍嶺坑、游聚坑、赤巖坑，皆産銀。長泰縣内方山産銀。詔安縣金谿山産銀。【略】松溪縣吴家山産銀。

壽寧縣大寶坑、少陽坑、雪山坑，皆産銀。政和縣少亭坑産銀。

〔雲南〕南安州表羅山産銀，爲滇最。【略】大理府産銀地，未詳。雲南産銀甚多，未盡攷。

〔貴州〕葛溪産銀，州縣皆未詳。

宣平縣金高山産銀。景寧縣産銀坑六。【略】麗水縣産銀。平陽縣産銀，地皆未詳。

廣豐縣平洋山産銀。【略】清江縣銀嶂山産銀。【略】建寧縣青女坑、蕉坑、龍門坑皆産銀。【略】埔城縣馬鞍坑産銀。

《清續文獻通考》卷三二五《輿地考二一・雲南省》 臣謹案：楚雄府於漢爲弄棟、青蛉二縣，南境仍由弄棟白蠻等雜居之。後有西爨之酋威楚築城峨碌山南，因名威楚。唐初内附，置傍望等羈縻州，别置姚州都督府。天寶之季，没於南詔，置銀生、弄棟二府。段氏大理國時，改威楚郡及姚州。元立威楚、姚安二路，明初改楚雄、姚安二府，國朝乾隆中降姚安爲姚州，并入楚雄。而府境彌廣，北指越巂，西瞰洱海，東向滇池，南拊哀牢，握全省之中權，當四達之衝要。况厥土肥沃，銀礦鹽井其利，又饒誠雄郡也。

又卷三八八《實業考一一・工務》 此外，銀礦則吉林府之柳樹河、呼隆川，延吉廳之天寶山，依蘭府之樺子山等處。【略】

〔吴佩孚調查臨江、長白等處各礦説帖〕第三條，銀礦。第一項，臨通長之銀礦。一、通化大哈泥河銀礦，在通化東方大哈泥河上游，新近發見。一、臨江石灰溝銀礦，在臨江西方石灰溝關門砬子以内發見。一、臨江葦沙河銀礦，在臨江西方四十里之葦沙河西嶺發見。一、臨江頭道溝銀礦，在臨江頭道溝内之報德泉下，其銀礦之綫，頭圓徑二尺餘，見被六道溝之銅礦把頭張得利掩匿。一、長白東西砬縫銀礦，在長白府西方十八道溝間東西砬縫之金廠衛。一、長白萬寶岡銀礦，在長白府迆西萬寶岡南端兩江口東側之石砬子。

卞寶第李鴻章《〔光緒〕湖南通志》卷六〇《食貨四・物産一・寶慶府》 邵州土貢銀。《唐書・地理志》。邵陽郡土貢銀二十兩。《通典》。邵陽郡土貢銀十兩。《九域志》。寶慶府境出銀。《明統志》。

又卷六一《食貨七・物産二》 西溪接靖州境出鉛，鉛中有銀，銀體差黑，未經坯銷，名出山銀。《溪蠻叢笑》。

産銀之所郴州。元天曆元年，歲課湖廣省銀二百三十六錠九兩。《元史・食貨志》。

平陽銀坑在縣南三十里，所出銀至精好，俗謂之偶子銀，别處莫及。《元和志》。

道州永明，郴州義章皆有銀。《唐書・地理志》。

邵陽郡歲貢銀二十四兩。《通典》。

唐貞元九年六月，敕五嶺以北銀坑依前令百姓開采。元和三年詔：天下有銀之山必有銅礦。銅者，可以資鼓鑄。其天下自五嶺以北見采銀坑，竝宜禁斷。《唐書・食貨志》。

郴州水土之所生白金。韓愈《送廖道士序》。

瀏陽有永興、焦溪二銀場。衡山有黄簳銀場。常寧有茭源銀場。寧遠有上、下槽銀場。郴有新塘、浦溪二銀坑。桂陽縣有延壽銀坑。平陽縣有大湊山、大板源、龍岡、毛壽、九鼎、小白、竹水頭、石筍、大富等九銀坑。桂陽監土貢銀五十兩。邵州土貢銀十兩。《九域志》。

銀場五十一，有道州之黄富。銀冶八十四，有郴衡桂陽監。宋開寶三年，減桂陽歲貢白金額。詔曰：「古者不貴難得之貨，後代賦及山澤，上加侵削，下益抗敝。每念兹事，深疚於懷。未能捐金於山，豈忍奪人之利。自今桂陽監歲輸課銀宜減三分之一。」

元豐間，聖節荆湖南路進奉銀九千三百兩，南郊荆湖南路進奉銀一千三百兩。《文獻通考》。

真宗時烹丁愈困，監判章佚代民作《烹丁歌》，上聞惻然，遂罷鑪鑄。《明統志》。

紹興三十二年，湖南、廣東、福建、浙東、廣西、江東西銀冶一百七十四，廢者八十四。《宋史・食貨志》。

淳熙中，桂陽歲貢銀二萬九千餘兩，而平陽當三分之一。汪綱爲平陽令，力請蠲損之。景定中，朝廷議開銀場於郴州之葛藤坪，奸民射利者羣聚煽亂。時王檽知郴州，上疏力陳利害，議遂寢。

興寧縣山谷壠、大脚嶺皆有銀礦。嘉慶二十四年，邑監生何添明等興控黄

任祥等招來郴桂匪民在彼處私行開挖。奉批嚴行封禁。道光四年八月，有陳斯園等赴州稟請開挖，經縣通稟，各上憲札飭封禁。咸豐三年二月，有張二古勾引郴桂民李大光、何華倫、鄧大安等聚黨私挖，搆成巨案。經縣通稟，奉札嚴行封禁。四年，鄧大安復勾集許光化、李六香等仍前竊挖，復奉大憲札飭封禁。八年又有郴民王永信、何文清、李隆錦等復行聚衆竊挖，經縣稟，本州札飭嚴捕匪徒，會同封禁。同治元年八月，有何道平等稟州，請試開採，經縣查報封禁。二年二月，何道平、羅國統等復又朦稟藩司，請試開採。經縣通稟，巡撫札藩司，頒發告示，永遠封禁。八月，藩司惲世臨升任巡撫，復函致前江蘇臬司、桂陽州人陳士杰派委該州舉人夏嵩往縣密勘，查得實在情形，大有礙於田園廬墓，萬不可開除。士杰函復外，并由縣剴切礦陳題稟在案。十二月，羅春湖及國統等再敢密赴撫轅，竊名捏稟，請試開採。三年正月，闔邑紳耆赴本州具稟駁陳一十六害，懇請禁止。當由本州稟請本道，轉稟巡撫在案。二月，復有邑紳何邦新等聯名三百餘人，迫赴撫轅，籲請封禁，情詞慘切。奉巡撫惲世臨批：山谷大脚嶺地方寶礙田園廬墓，萬不可開。昨據興寧縣查明稟復，已批飭嚴行封禁，永不准開。并查拏竊名捏稟之人，嚴行懲辦。仰即查照辦理，毋容隱縱。即當遵飭。

平陽銀坑，在平陽縣即今州地。南三十里，所出銀至精好，俗謂之偈子銀，別處莫及。《元和志》。平陽縣有大湊山、大板源、龍岡、毛壽、九鼎、小白、竹水頭、石筍、大官等九銀坑。桂陽監土貢銀五十兩。《九域志》。銀冶八十四，有桂陽監。宋開寶三年，詔減桂陽監額課銀三之一。《文獻通考》。淳熙中，桂陽歲貢銀二萬九千餘兩，而平陽當三分之二。汪綱爲令，力請蠲損之。《一統志》。桂陽州西有大湊山，南有晉嶺山，北有潭流嶺，舊皆産銀、鉛砂礦。《明史·地理志》。晉嶺山，在桂陽州南八十里，相傳此嶺晉時出銀、鉛砂礦，又桂陽州九坑，皆出銀。《明統志》。

桂陽州，綠紫坳石壁下等處，有銀礦。《省志》。

漢元狩四年，置銀官。凡四十，有桂陽郡。《文獻通考》。

桂陽州舊有銀坑，溪流自坑出者，名曰寶水。汲水於庖，以生魚割食一半，留其頭尾及半身，仍置水中，游泳自得。

李桂林《〔光緒〕吉林通志》卷三四《食貨志七·寶藏》 近天寶山所産銀苗甚旺。《盛京通志》。

劉坤一等《〔光緒〕江西通志》卷四九《輿地略·物産》 銀：金谿縣出，唐嘗置場，尋廢。【略】

銀，南城縣出。宋時有太平等坑。《元豐九域志》：南豐，宋置銀場四。今無。【略】

銀：弋陽、玉山二縣出。《元豐九域志》：弋陽九鄉，寶豐、鉛山七鄉，宋置銀場。今無。【略】

銀：德興縣銀山一名鄧公山，唐總章初置場。至宋天聖間，山穴傾摧，而銀課未除。范仲淹守郡，請罷於朝。因有詩云：三出專城鬢已霜，一封奏罷鄧公場。【略】

銀，上高縣出，久無。

紀事

沈青峰《〔雍正〕陝西通志》卷一二《山川五》 〔石泉縣〕銀洞山在縣南八里，奇峰突兀，高出雲表，有銀礦。明萬曆間，遣内使開採，旋以百姓不便，禁閉。《石泉縣志》。

穆彰阿《清一統志》卷三二四《臨江府》 湖九洞在新喻縣西北三十里，山産銀鑛。明萬曆中，遣内監開採。尋罷。

鄭珍《〔道光〕遵義府志》卷一九《阬冶》 康熙四十四年，川楚無業游民，復報遵義縣産砂之地與産銀礦之地，在北鄉者大籬壩，西鄉者小紅關，東鄉者曰對插埡。巡撫能□，提督岳鍾琪，各遣官來遵，協同地方文武踏驗，以無濟止，不開採。《遵郡紀事》。

著録

《禹貢錐指》卷七 《周禮》荆州曰「其利丹銀」，此白金也。《左傳》：鄭伯朝于楚，楚子賜之金，既而悔之曰：無以鑄兵。遂以鑄三鐘，此赤金也，三品荆皆有之。《楚語》王孫圉言：金生雲連徒洲之藪，而《周禮》獨言銀，則銀必多且美。按《後魏書》：銀出始興陽山縣，又出桂陽安縣。《元和志》：銀坑在郴州平陽

縣南三十里，所出銀至精，俗謂之子銀，别處莫及。《通典》：衡巫二州貢麩金，邵州貢銀，皆荆域也，而嶺南桂賀、昭潯、高廉、端柳等二十四州出銀作貢，並在荆之徼外，壤地密邇得之甚易，此《職方》所以獨稱銀與。

雜録

陳元龍《格致鏡原》卷三四《珍寶類三・銀・總論》 銀異。東方朔《神異經》：「西南有銀山，長五十餘里，廣四五里，高萬餘丈，皆悉白金，不雜土石，不生草木。」

《漢書》卷二五上《郊祀志第五上》 殷得金德，銀自山溢。蘇林曰：流出也。

又卷二八上《地理志第八上》 朱提山出銀。應劭曰：朱提山在西南。蘇林曰：朱，音銖，提，音時，北方人名匕曰匙。

《唐六典》卷二〇 右藏署，令二人，正八品上。【略】丞三人，正九品上。【略】監事四人，從九品下。右藏署令掌邦國寶貨之事，丞爲之貳。雜物：州土、安西、于闐之玉，饒、道、宣、永、安、南、邕等州之銀。

唐順之《荆川集・文集》卷八《與李兵備》 且使薊鎮有銀而無兵，山東出銀而缺兵，則兩鎮亦皆不宜，不若只照舊規，遇有聲息，徵兵入衛之爲便。

釋文瑩《玉壺清話》卷五 真宗車駕在澶淵，大將王超擁兵十萬屯真定，逗遛不進，馬太尉知節移書詬讓，復辭以中渡無橋，徒涉爲患。公命工庀材，一夕而就，始肎出兵。知節全義之子也，七歲父卒，太祖軫念曰：真羽林孤兒也。召入内，送國子學，列青衿胄子之間，御賜今名。後果有立，纔三十餘，爲樞密使。咸平初，帥秦號爲善政，秦質羌酋支屬二三十輩，殆二紀。公悉遣歸，諸番懷感，終其任不敢犯邊，水泉銀累歲不發。水泉一作永泉，一作小泉，義俱未詳，疑是汞泉。案：《宋史》云：「時州有銀礦。」

管律《〔嘉靖〕寧夏新志》卷一 赤木口平巒盤谷，無高岡壘嶂之險。虜寇銀礦、甘涼，出没取爲捷徑，數遺重患，居人不能安於牧藝。總制尚書劉天和會先任巡撫都御史吴鎧，疏請發内帑築關爲備。已而人畏其難。

劉庠《〔同治〕徐州府志》卷一一《山川考》 虎山南四里爲黑鳳山。【略】又南開嶂數里爲馬廠山。【略】由大山頭而南爲糠山，東相對爲簸箕山。【略】又東南爲旗山。【略】又西爲雲山。【略】又西南爲銀坑山，有前人開礦處，前有小坑，如銀錠，雨不留水，下空也。下有泉。

李昉《太平御覽》卷八一二《珍寶部一一・銀黄銀》 《異物志》曰：金鄰國去扶南二千餘里，土地出銀。【略】

《南越志》曰：遂成縣任山銀沙自出。

《外國事》曰：私呵調國王供養道人食，日銀三兩。

李時珍《本草綱目》卷八《金石部・錫吝脂》 集解：〔時珍曰〕此乃波斯國銀礦也。一作悉蔺脂。

代那撰瑪高温譯華蘅芳筆述《金石識别》卷八《銀》 銀之生成自然者，每與數種金和合。其變形者，或與硫礦，或與西里尼恩，或與砒，或與緑氣，或與孛羅名，或與愛阿靛，或與數種酸相連。

銀礦，吹火試之，易錬，易得銀。或能自錬得銀，或與素特同錬得銀。其錬得之珠，打之輭，刀能割之。

銀礦之重五・五至一〇・五。

生銀，其元爲一律式，結成者八面形，不能剖析。屢遇筋絲紋結成如毛如木，亦有成片頁者。色銀白而光，劃視之亦然。刀能割之，打之可扁。硬二・五至三，重一〇・三至一〇・五，其合質銀與銅，其銅多至十分。亦有與金和合者，已詳見金礦類。有一處銀礦，内有十六分别斯末斯。吹火試之，易錬得珠，其珠有稜角。入硝酸消化，以浄銅入其水，銅上有銀色。識别以輭而可打。與别斯末斯及他種白色生金之别，因吹火試之無煙，又入緑輕酸消化，見天空氣變黑。遇其生成之塊及條，或如針如線，走入結成石及疊層石中，每在相近脱拉潑巴弗里處。花旗銀礦，其銀有走入銅礦中者，其銀不與銅合，仍爲純銀。呆里那内，每有三分銀質。

生銀之大塊，曾有四百磅者，五百磅者，八百磅者。銀之用處，可作貨幣及器皿。花旗銀餅，銀一百銅十，製成後沸之於葡萄酸及食鹽水中，或以阿摩尼阿水摩之，則外面之銅化去，而面爲純銀，若打之仍比銀稍硬。銀亦可作箔，其箔不能薄於十六萬分寸之一。

銀之最純者，西人謂之十二潑尼威脱。若攙他金十二分之一，謂之十一潑尼威脱；攙十二分之二，謂之十箇潑尼威脱，此言其成色也。【略】

硫礦銀礦，亦謂之光銀礦。其元爲一律式，結成十二面形，如圖。其次形之變有多有少，如二圖、三圖。析之有時能與十二面平行。亦有結成合形，交結如網羅者，亦有搏結者。金光，黑鉛灰色，劃視之，亦黑鉛灰色而光。性脆，硬二至二·五，重七·一九至七·四。其淨者合質：銀八七·〇四，硫礦一二·九六。吹火試之，先發泡，出硫礦氣，後鍊得銀珠。入淡硝酸，能消化。與銅礦、鉛礦及他種銀礦之別，因火試有礦臭，及自鍊能得銀，又比諸銅礦，重而刀能刻之。

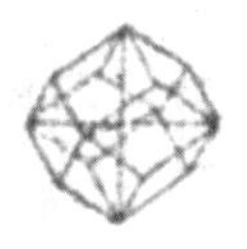

一

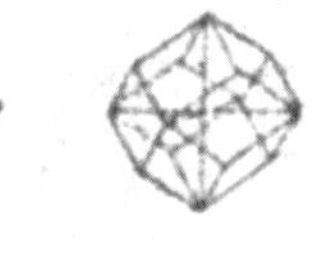

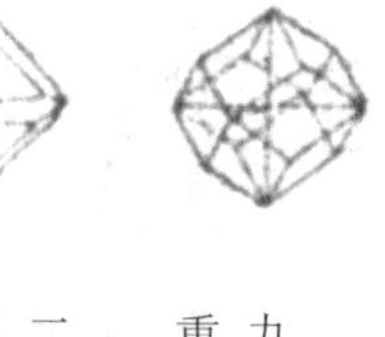

二

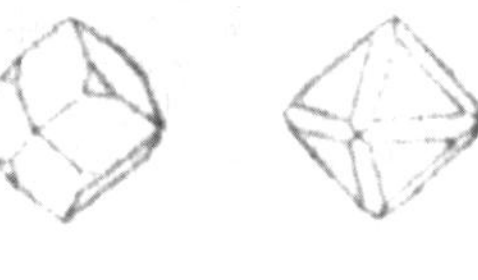

三

此礦最多，其銀亦最多。除此礦之外，又有硫鐵銀礦及硫銅銀礦。

昔脱盧彌愛脱，硫銅銀礦也。鋼灰色，重六·二六，內有五十二分銀。吹火試之，有硫礦氣，能鍊而不能得銀。欲得其銀，須置礶中與鉛同鍊之，方能得其銀。入硝酸消化，以鐵試之，鐵面有銅色；以銅試之，銅面有銀色。

昔脱倫白而其愛脱，硫鐵銀礦也。其片頁，析之分明，形如白倫倍果，劃於紙有黑色。其頁輭，以指甲砑之，能光。金光，色褐如假金，劃視之黑。內有三十三分銀，吹火試之，有硫礦臭，鍊得之珠，其外面爲銀。與硼砂同鍊，能得純銀。

脆銀礦，亦謂之黑銀礦，硫礦安的摩尼銀也。其元爲三律式，結成斜方底柱。目目面交角一百十五度三十九分，析之不甚分明，屢有合形及搏結者。金光，色鐵黑，劃視之亦鐵黑色。硬二至二·五，重六·二七。其合質：硫礦一六·四，安的摩尼一四·七，銀六八·五，銅〇·六。吹火試之，有硫礦臭，有安的摩尼煙，鍊成暗色珠。與素特同鍊得銀。入淡硝酸消化。以銅試之，有銀色。【略】

此礦得銀多。除此礦之外，另有安的摩尼銀、砒銀、西里尼恩銀。

安的摩尼銀，別名迭斯克里雖脱。色白如錫，重九·四至九·八。其合質：銀七七，安的摩尼二三。吹火試之，有灰色安的摩尼煙，鍊得銀珠。

拍里倍斯愛脱，其色、其重、其形俱與脆銀礦相似，惟其合質內，有砒及銅。其中有銀七五·二，結成六面鼓磴塊。【略】

每阿其兒愛脱，鐵黑色，劃視之櫻桃紅色。其合質：硫礦，安的摩尼，銀，其銀三六·五。吹火試之，有安的摩尼煙，硫礦臭，與素特同鍊得銀。

紅銀礦，其元爲二律式，結成長方底柱。其色有明暗二種，暗者其中有五十九分銀，其餘爲硫礦、安的摩尼，色自黑至鮮紅，金剛光，劃視之亦紅。硬二·五，重五·七至五·九。

明者有六十五分四銀，其餘爲砒硫礦。色鮮紅，劃視之，色亦鮮紅。硬二至二·五，重五·四至五·六。吹火試之，皆易鍊，有安的摩尼煙，或砒煙，能鍊得銀。此礦又謂之露佩銀礦，因其色似露佩也。

油開來脱，西里尼銅銀礦也。黑色，金光，面有緊膜。吹火試之，有西里尼恩臭。

又有西里尼恩銀礦，結成方形，其合質西里尼恩，銀，鉛。

脱羅里恩銀，鋼灰色，重八·三至八·八。其合質：銀六二·八，脱羅里恩三七·二。有一種內有金十八分。與素特同鍊得銀。

殘安可叿，色自暗紅至丁香褐，內有銀六六·二，其餘硫礦、砒。

角銀礦，綠氣銀也。其元爲一律式，結成方形，析之不分明。亦搏結，結成如柱形者少，恒爲他石之皮。灰色至綠藍色，視之如角亦如蠟，切之刻之亦如蠟。松香光至剛光，劃之光，明三至四。其淨者合質：銀七五·三，綠氣二四·七。燭火能鍊之，其氣刺喉棘鼻。吹之於木炭上，易得銀。磨於鐵上，有銀色。屢遇之與生銀在一處。

此礦可得銀。

愛阿靛銀，孛羅名銀，遇之甚少。其合質：銀與愛阿靛或孛羅名。

安蒲來脱，綠氣孛羅名銀也。形如角銀礦，色橄綠。內有綠氣銀五一，孛羅名銀四九。

凡現今所有之銀，大抵皆得之於生銀礦，及光銀礦、黑銀礦、紅銀礦、角銀礦。除此之外，又有得之於呆里那及數種銅礦。呆里那中若銀多，則專取其銀，去其鉛。

銀礦每遇之於尼斯及尼斯比連之石，如巴弗里、脱拉發、砂石、灰石、泥石。

杞廬主人《時務通考》卷三《礦務一·銀》 自然銀。自然銀顆粒爲八面形，常聚結成線形，或鋸形、片形、網形。塊色本銀白，有含類光，常見者生鏽，而色或櫻或黑，質內每稍含銅。其生成之大塊，有重四百至八百磅者。小者有塊有條，如針如線，製之純淨。其用甚多。又自然銀，顆粒列成毛形，線形，又常有與丐克司巴耳相合者，產挪而威國。

光色銀礦。光色銀礦，又名阿耳真台得，即銀硫礦。成十二面形顆粒，亦有合成塊者，或交結如線如網者，黑鉛灰色有含類光。性脆，刀能刻之。此礦產之多，含銀亦多，百分中有八十七分，恒用之取銀。

貝路阿兒奇來得。貝路阿兒奇來得，即銀硫合銻硫礦，爲深色者，成斜方底柱形顆粒，常聚合成片形塊，大半質密，亦有散形顆粒者，色鉛灰，明至暗，金類光，或含剛石光，百分中含銀六十八分，鍊之可得多銀。

淡紅色銀礦。淡紅色銀礦，西名布老司台得，即銀硫含鉮養礦。成長方底柱形顆粒，其色有明暗二種，明者色淡紅至鮮紅，暗者色鮮紅至灰黑，有金類光，百分中含銀略六十五分。

生成銀大塊。銀礦兼含銻或鉮或鐵，每百分有三分。甫米白軋生成之銀礦，每百分含銀九十七分一，至九十九分八，又常合於別種銀礦，間有合於灰色銅礦。舊金山所產者，常有金相合，又在大湖之畔，有生成之銅，其面上有生成之銀。亢司白軋地方之礦，每百分含銀九十分。丹國都城之博物院，藏礦一塊，重五百六十磅，嗣後又得二塊，一重二百三十八磅，一重四百三十六磅。秘魯國之銀礦，常有生成之浄者，如呼安大亞地方得一塊，重八百磅，又在沙奴拉地方，得一塊，重二千七百磅。西班牙國王聞此礦，意欲得之，因該國舊例，凡民間偶得奇物者，宜歸國家，如此大銀礦實屬奇物，然採礦者吝之，遂致争訟。

真銀各礦。銀汞礦，智利國常産含汞之礦，其分劑數各不等，如銀汞每百分含銀四十四分八，又銀汞每百分含銀五十一分九，又銀米每百分，含銀五十七分二。銀銻礦，歐洲安特里斯白軋地方，與杜非奈地方，南亞美里加，近於各更部地方，俱產此類之礦。一種爲銀銻每百分含銀八十四分，一種爲銀銻每百分含銀七十七分。銀銻雜礦，在德國哈次山之安特里斯白軋所產，每百分金銀十六分，鐵四十四分，鉮三十五分，銻四分。銀碲礦，每百分含銀六十一分，間有含金與鐵之微數，產於西處里阿邦。所有托克類之石，在鐵硫與鋅硫之間。已採得其大塊，略有一立方尺。銀硫礦，又名亮銀礦，每百分含銀八十七分，常產於德國之哈次山，並煞克斯尼邦，並蒲喜米阿邦，又英國哥奴滑勒，並美國數處。鉍礦，又名玻璃杯礦，又名亮黑礦，每百分含銀六十八分五，間含鐵、銅、鉮少許。米埃兒奇米得礦，每百分含銀三十六分九。淡紅銀礦，每百分含銀六十五分四，間有鉮硫若干分。以銻硫代之，此礦產直煞克斯尼邦，與蒲喜米阿邦，又西班牙之古阿特卡那拉等處。深紅銀礦，每百分含銀五十九分，間有銻硫之一分以鉮硫代之。此二種礦，產在甫米白軋，每百分含銀六十分七五，至六十二分五。暗白色銀礦，每百分含銀十八分至三十一分八，含銅十五分至二十六分。淡白色銀礦，產於甫米白軋，每百分含鉛三十八分，含銀五分七，並有銅之微數。亮銀銅礦，每百分含銀五十三分，含銅三十一分。銀綠礦，每百分含銀七十五分。二米加溴礦，此爲銀綠合銀溴異原同形之質，每百分含銀六十四分二。美克路溴礦，每百分含銀六十九分八。安步來得礦，每百分含銀六十六分九。銀溴礦，又名溴埃兒奇來得礦，每百分含銀五十八分。銀碘礦，每百分含銀四十六分。

別質含銀各礦。含銀之鉛礦，此爲鉛硫礦，所含之銀，每百分有〇分〇一〇至〇分〇三爲中數，間有〇分五者，罕見有一分者。德國來納河之相近處，所採之鉛硫礦，每百分含銀七分。歐洲所產之鉛硫礦，含銀最多者，每百分總不能過十分。又如德國苦拉妥勒地方相近處，所採之鉛硫礦，每百分含銀〇分〇九八。安特里斯白軋之礦，每百分含銀〇分三六。煞克斯尼邦之鉛硫礦，每百分含銀之中數，爲〇分〇二五至〇分八〇九。白鉛礦，即鉛養炭養礦，每百分含銀從微迹起至〇分〇〇二止。含銀之銅礦，虛礦所含之銀，每百分從微迹起，至三十一分止。銅硫礦，與雜色銅礦，與亮銅礦即銅硫礦，含銀常甚少。惟布而拿內得礦，所含之銀略多，含養之銅礦，含銀不過微迹，間有略多者。如法國布克地方之銅養炭含礦，亦有含銀稍多者，每擔含銀〇兩五二五，兼含銅〇兩〇〇三五。含銀之鋅礦，鋅硫礦，每百分含銀〇分八八。普老渾地方之鋅硫礦，每百分含銀〇分〇一九。呼威辣瓜脱地方者，含銀〇分〇〇八。布里西布辣末地方者，含銀〇分〇〇二七至〇分〇〇六七。發侖者，含銀〇分〇〇五。矖拉地方者，含銀〇分〇〇三三。妥奈白軋地方者，含銀〇分〇〇一。亨軋里與煞克斯尼與康斯白軋地方者，含銀不過微迹。鋅硫與鉛硫同產者，則間得鋅硫含銀稍多，間得鉛硫含銀稍多。布拉渾地方之鋅硫礦，每百分含銀〇分〇〇四，鉛硫礦之含銀〇分〇二五。呼威辣瓜脱地方之鉛硫礦，每百分含銀〇分一二五，鋅硫礦含銀〇分〇〇二，並〇分〇〇四。老屯他勒之浄鋅硫礦，每百分含銀〇分〇〇〇八。甫來白軋之浄鋅硫礦，每百分含銀〇分〇〇〇六，間有見鋅硫礦含銀較多者。如法國本比恩地方之鋅硫礦，每頓含銀三十五兩至五十二兩五，即比同產之鉛硫礦之銀多五倍至八倍，此礦運至英國叔渾西地方鎔鍊。哇勒吞白軋地方，所產之鋅養炭養礦，每百分含銀〇分〇〇〇一。含銀之鐵硫礦，每百分含銀從微數起，至〇分〇〇一五止，若與別種含硫之礦同產，則含銀尤少。含銀之鉮並銻

礦，上來納河之馬而客止地方，所産之鉀礦，每百分含銀〇分〇〇〇九二。哈次山之安脱里斯白軋之鉀礦，每百分含銀〇分〇〇五。來斯必克勒礦，每百分含銀〇分〇〇三八。生成之銻礦，在安脱里斯白軋所産者，每百分含銀一分。阿勒門脱所産者，每百分含銀〇分〇〇〇四。

花旗銀礦。花旗銀礦，美銀有走入銅礦中者，美銀不與銅合，仍爲純銀。呆里那内，每有三分銀質。

美里哥南銀礦。美里哥南所出之銀，大約從角銀礦、脆銀礦、光銀礦、生銀礦得之。此外又有石泐爲砂，砂土中有銀者。

墨息哥銀礦。墨息哥産銀之處，北極出地十八度至二十四度。其山名可地里來山，其銀脈在泥石緑石巴弗里石中，或在合里滑克，或在灰石。每年得銀二百萬元，有處有安的摩尼硫磺銀礦，半年得銀四十萬磅。

銀之成色。銀之最純者，西人謂之十二潑尼威脱。若攙他金十二分之一，謂之十一潑尼或脱。攙十二分之二，謂之十箇潑尼威脱，此言其成色也。

安德孫撰傅蘭雅潘松譯《求礦指南》卷五《銀礦》 凡含銀之礦易在吹火筒内鎔化，或先合於鈉養炭養，或不合於鈉養炭養俱可。所成之小珠，其色白，用刀割之可以成片，用錘能打薄。

如有疑含銀之礦，先磨成細粉，後在强水内消化而濾之，再於水内添食鹽水，或輕緑水，則結成白色之質。但因含鉛或汞之礦，亦能結成白質，所以另加淡輕養，如消化則知爲銀緑，如不變則知爲鉛緑，如發黑則知爲汞緑。又在其原水内將光亮紅銅一條插入水内，如含銀，則其銀必鍍在紅銅面。又如疑水含銅，可將磨光之刀刃插入水内，如有銅，亦必鍍在刀刃之上。

有數種含銀之礦，放於最熱之火内，則礦之外面生白色小點，爲銀質。如精銀遇見硫霧，極易生鏽，又合於含硫之質，如雞蛋黄，則其銀發黑。

天然銀。此種銀，其平時形狀，或成薄皮，或成細絲，或成樹木形之脈，或成八面形之顆粒等。其色與劃迹俱爲銀白。如成脈形，則面上平常生鏽。其體易爲刀所割，或爲錘所打薄。其硬率二・五至三，重率十・一至十一・一。

平常銀礦，含黄金、紅銅稍些，可用以前所説吹火筒與磺强水之法分别之。亦有在産鐵礦之石内及天生銅等礦内見之。

脆性銀礦，又名銀硫合銻硫礦。此礦常遇見大塊，其質密成斜方柱之顆粒等形。其光色如金類，其色與劃痕迹爲黑或鐵灰色。硬率二至二・五，重率六・二九。其精質每一百分含銀七十一分，其餘爲銻等質。如合於鈉養炭養，在吹火筒内加熱，則爆開，但易成銀珠。如在硝强水内消化之，將光紅銅片置於水内，則銅必結成銀皮一層。此礦之性甚脆，易與銀硫礦分别，蓋銀硫礦其質輭韌，即割之劈之，而亦不碎。

光面銀礦，又名銀硫。此爲要緊之銀硫，常遇見成大塊等形狀，其顆粒爲立方形或八面形等，其質剖面或成彎凹形或亂凹形。其色或黑或鉛灰色，如新開未遇日光者，則有光金類色，其痕迹，與本色相同而發亮。其質輭，亦易劈開。其硬率二至二・五，重率七・一至七・四。每百分含銀七十八分，其餘爲硫，平常合於銅硫，或鉛硫，或鐵流，或鋅硫，或銻硫，或鉀硫等礦，又合於鎳與鈷各礦。如合於鈉養炭養，在吹火筒内加熱，則成銀珠，可用平常之法，以强水試之。其形狀與數種銅礦、鉛礦相似，但用吹火筒能分辨之，用錘打薄，亦能分别，如平常火焰之熱度，足令其鎔化。

明角形銀礦，又名銀絲礦。此礦常遇見者，或大塊，或顆粒，多不透光，惟邊際稍能透光。其質之外形如蜜蠟，其折剖面爲彎凹形。其色爲緑白，或珠灰等，其劃痕迹爲光亮灰色。用刀割之，亦如蜜蠟。其精質每百分含銀七十五分。能在蠟燭火内鎔化，如用吹火筒加熱，則易化出銀質。倘將此礦置於乾浄鐵板面上，加水稍些磨擦之，則鐵面鍍銀一層。如南阿墨利加所産之銀，大半由此種礦所得者，土名爲擺哥司。又北阿墨利加、哥魯拉多所産之銀礦，亦屬此類。

明紅色銀礦，又名火色銀礦。此礦成大塊，或成小顆粒形，或成柱形之顆粒。其光色如金剛石，或分有金類光色。其色間有黑色，或紅黑色，或明紅色如呀嘣米，其劃痕迹爲佳大紅色。硬率二至二・五，重率五・四至五・六。每百分含銀畧六十分，其餘爲鉀等質。此礦常合於丐勒賽得，並加里那等礦。又有一種深紅色之銀礦，爲銀硫合銻硫，其淡紅色銀礦，含鉀代銻。

銅礦分佈部

題解

《山海經廣注》卷一《南山經》　又東三百七十里曰杻陽之山，郭曰：音紐，其陽多赤金，郭曰：銅也。任臣案：經中銅自名赤銅，赤金者紫磨金。《爾雅》謂之鏐也。寇宗奭云：顆塊金，其色深赤。又外國五種，波斯紫磨金、林邑赤金，後陶氏亦以赤金爲銅。蓋本郭之誤。

《漢書》卷二一上《律曆志第一上》　凡律度量衡用銅者，名自名也，所以同天下，齊風俗也。銅爲物之至精，不爲燥溼寒暑變其節，不爲風雨暴露改其形，介然有常，有似於士君子之行，是以用銅也。用竹爲引者，事之宜也。

王念孫《廣雅疏證》卷八上《釋器》　白銅謂之鋈。《秦風·小戎》篇：「陰靷鋈續。」毛傳云：鋈，白金也。鄭箋云：鋈續，白金飾續靳之環。正義云：金銀銅鐵，總名爲金。此設兵車之飾或是白銅白鐵，未必皆白銀也。

赤銅謂之錫。

《大雅·韓奕》篇：「鉤膺鏤錫。」毛傳云：鏤錫，有金鏤其錫也。鄭箋云：眉上曰錫，刻金飾之。今當盧也。案人眉上謂之揚，故刻金爲飾，當馬眉之上，謂之鏤錫。據傳云：有金鏤其錫，則錫非金名矣。此訓錫爲赤銅，與毛鄭異義，或本於三家與。錫，各本譌作錫。惟影宋本、皇甫本不譌。

朱駿聲《說文通訓定聲·豐部》　銅。，赤金也，从金，同聲。《漢書·貨殖傳》：章山之銅，所謂丹陽銅也。今世有白銅，蓋點化爲之，非其本質。

又《小部》　鋈。，白金也，从金，洪省聲。《廣雅·釋器》：白銅謂之鋈。《詩·小戎》「陰靷鋈續」，傳：白金也。又鋈以觼軜，《說文》車部引作沃。〔聲訓〕《釋名·釋車》：鋈，沃也。冶白金以鋈，灌靷環也。

段玉裁《說文解字注》第一四篇上《金部》　，赤金也。銅色本赤，今之白銅，點化爲之耳。《食貨志》曰：金有三等，黃金爲上，白金爲中，赤金爲下。孟康曰：赤金，丹陽銅也。按：丹陽銅即《吳王濞傳》章郡銅山，《貨殖傳》章山之銅也。从金，同聲。徒紅切。九部。，銅屬。應劭曰：鏈似銅，與許說合。从金，連聲。

魏伯陽《大丹記·真鉛真汞用藥鼎器肘後訣》　戊己不自專，却是由黃鉛。戊己即土龍之子，黃鉛即黃芽，爲外，色微黃也，故名黃芽，亦名黃銀。其功不可測，千變萬化，能制伏朱汞，能死八石五金，是大丹之祖也。

慧琳《一切經音義》卷六〇《概說一切有部毗奈耶律第二一卷》　鍮石。上，音偷。《埤蒼》云：「鍮石似金而非金，西戎蕃國藥鍊銅所成。有二種鍮石，善惡不等。惡者校白，名爲灰折。善者校黃，名爲金折。【略】亦名真鍮，俗云不博金是也。」

又卷一〇〇《具録西國浴像儀軌》　銅、鑞、鍮石。銅則赤銅、白銅。鑞，音拉，即白鑞、鉛、錫。鍮，音偷，石吹於金。皆充器。

孤剛子《黃帝九鼎神丹經訣》卷一五《明曾青入長生藥油致功力》　臣按：曾青亦仙藥方上品也，久服令人輕身不老，化銅、鐵、鉛作金也。

曾青主療。臣按：曾青味酸，小寒，無毒。主療目痛，止淚出、風痹，利關節九竅，破癥堅積聚，養肝膽，除寒熱，煞白蟲，療頭風腦寒，止煩滿，補不足陰氣。

明曾青出處。臣按：曾青出蜀山谷及越嶲，採無時。畏蟲絲，主療與空青亦相似。今同官便無曾青，惟出始興。今出蔚州、鄂州也。然蔚州者，勝於鄂州也，餘州皆惡。其形如蚯蚓糞，又如黃連者佳滑者好。色理小勝空青，難得而貴。仙經用之亦要，而陶隱居乃言少也。化金之法，事同空青也。

明空青功力。臣按：空青久服，輕身延年不老，老人不忘，志高神仙。又以合丹成，則化鉛爲金矣。《神農》云：「化銅鐵鉛作金也。」其主療亦同曾青相似，大同小異，今録如左。

空青出處。臣按：空青生益州山谷及越嶲，今出同官者色最鮮深，出始興者不如益州也。涼州西平有空青山亦甚多，但並圓實如鐵珠無空腹者，皆並鑿於土石中取之，採無時。今聖德多感，物無不至，故蔚州、簡州、宣州、梓州皆出，然宣州者最上，其蔚州者無孔，塊大色深也。

李昉《太平御覽》卷九八七《藥部四·石膽》　《本草經》曰：石膽一名畢石，一名君石，生秦州羌道山谷大石間，或出句青山。其爲石也，青色多白，文易破似空青，能化鐵爲銅，合成金銀，練餌食之不老。

《吳氏本草經》曰：石膽一名黑石，一名銅勒。神農：酸，小寒。季氏：大寒。桐君：辛有毒。扁鵲：苦無毒。生羌道或句青山，二月庚子辛丑採。

又卷九八八《藥部五·曾青》　《衡山記》曰：「衡山有曾青崗。曾青可合仙藥。」

《淮南萬畢術》曰：「取曾青十斤，燒之以水，灌其地，雲起，如山雲矣。曾青

爲藥令人不老。」

《本草經》曰：「曾青生蜀郡名山，其山有銅者，曾青出其陽。青者，銅之精，能化金、銅。」《江乘地記》曰：「樵採者嘗於山上得空青，此山三朝出雲必降，民以爲常占。」

又《空青》

《范子計然》曰：「空青，曾青出巴郡。白青又出巴郡。盧青出弘農、豫章。」

《本草經》曰：「空青味甘寒，生山谷，明目，久服輕身延年，能化銅鉛作金，生益州。」

《吴氏本草》曰：「空青，《神農甘一經》：酸，久服有神仙玉女來侍，使人志高。」

又《白青》　《本草經》曰：「白青味甘平，生山谷。明目，利九竅耳聾，殺諸毒之蟲。久服通神明，輕身延年，出豫章。」

《范子計然》曰：「白青出白郡。」

《吴氏本草》曰：「神農：甘平。雷公：鹹無毒，生豫章，可消爲銅。」

《淮南萬畢術》曰：「白青得鐵，即化爲銅。取石白青分等治鐵即成銅矣。」

陸佃《增修埤雅廣要》卷三一《什物門・空青》　形如鷄子，內含一塊似鷄黄，用黄連水化，點目，後頸俱涼。久服延年，更能點金。益州有，珍貴之。

謝深甫《慶元條法事類》外集卷六一《財貨門・銅》　山有薑。山上有薑，下有銅錫。《酉陽雜俎》。物至精。凡律度量衡用銅者，所以同天下，齊風俗也。銅爲物至精，不爲燥濕寒暑變其節，不爲風雨霜露改其形，有似乎士君子之行，是以用銅也。《漢書》。幣爲下銅。錢識曰半兩，重如其文，爲下幣。《史記・平準書》。荆州銅。荆州厥貢，惟金三品。注：金、銀、銅。又荆山其陽多赤金。《山海經》。丹陽銅。古者金有三品，赤金爲下。注：丹陽銅。《漢・食貨志》。若耶銅。若耶涸而出銅，歐冶因爲純鈎之體。《越絶書》銅。

唐慎微《證類本草》卷三《玉石部上》　石膽：味酸，辛寒，有毒。主明目，目痛，金瘡諸癇痙，臣郢切。女子陰蝕痛，石淋寒熱，崩中下血諸邪毒氣，令人有子，散癥積，欬逆上氣，及鼠瘻惡瘡。鍊餌服之，不老，久服增壽神仙。能化鐵爲銅，成金銀。一名畢石，一名黑石，一名碁石，一名銅勒，生羌道山谷、羌里句青山，二月庚子辛丑日採。【略】唐本注云：此物出銅處，有形似曾青，兼緑相間，味極酸苦。磨鐵作銅色，此是真者。陶云：色似瑠璃，此乃絳礬，比來亦用絳礬爲石膽，又以醋揉青礬爲之，並僞矣。真者出蒲州虞鄉縣東亭谷窟及薛集窟中，有塊如雞卵者爲真。

《圖經》曰：石膽生羌道山谷、羌里句青山。今惟信州鉛山縣有之，生於銅坑中，採得煎鍊而成。又有自然生者，尤爲珍貴。並深碧色，入吐風痰，藥用最快，二月庚子辛丑日採。蘇恭云：「真者出蒲州虞鄉縣東亭谷窟及薛集窟中，有塊如雞卵者爲真，今南方醫人多使之。」又著其説云：「石膽最上出蒲州，大者如拳，小者如桃栗，擊之縱横解，皆成疊文，色青，見風久則緑，擊破，其中亦青也；其次出上饒曲江銅坑間者，粒細，有廉稜，如釵股米粒。」《本草》注言：僞者以醋揉青礬爲之，今不然，但取麤惡石膽合消石銷溜而成。今塊大色淺，渾渾無脈理，擊之則碎，無廉稜者是也。亦有挾石者，乃削取石膽淋溜，造時投消汁中，及凝，則相著也。

空青：味甘，酸寒，大寒無毒。主青盲，耳聾明目，利九竅，通血脈，養精神，益肝氣，療目赤痛，去膚瞖，止淚出，利水道，下乳汁，通關節，破堅積。久服輕身，延年不老，令人不忘，志高神仙。能化銅、鐵、鉛作金，生益州山谷及越巂山有銅處，銅精熏則生空青。其腹中空，三月中旬採亦無時。陶隱居云：「越巂屬益州，今出銅官者色最鮮深，出始興者弗如。益州諸郡無復有，恐久不採之故也。涼州西平郡有空青山，亦甚多。今空青但圓實如鐵珠，無空腹者，皆鑿土石中取之。又以合丹，成則化鉛爲金矣。」【略】唐本注云：凡物出銅處有，乃兼諸青，但空青爲難得。今出蔚州、蘭州、宣州、梓州，宣州者最好，塊段細，時有腹中空者。蔚州、蘭州者片塊大，色極深，無空腹者。

《圖經》曰：空青生益州山谷及越巂山有銅處，銅精熏則生空青。今信州亦時有之，狀若楊梅，故別名楊梅青。其腹中空破之有漿者絶難得。亦有大者如雞子，小者如豆子，三月中旬，採亦無時。【略】又有白青出豫章山谷，亦似空青，圓如鐵珠，色白而腹不空，亦謂之碧青，以其研之色碧也。亦謂之魚目青，以其形似魚目也。無空青時亦可用，今不復見之。

曾青：味酸，小寒，無毒。主目痛，止淚，出風痺，利關節，通九竅，破癥堅積聚，養肝膽，除寒熱，殺白蟲，療頭風腦中寒，止煩渴，補不足，盛陰氣。久服輕身不老，能化金、銅，生蜀中山谷及越巂，採無時。【略】陶隱居云：「此與空青同山，療體亦相似，今銅官更無曾青，惟出始興。形累累如黄連相綴，色理小，類空青，甚難得而貴，仙經少用之，化金之法事同空青。」唐本注云：曾青出蔚州、鄂州，蔚州者好，其次鄂州，餘州並不任用。

緑青：味酸，寒，無毒。主益氣，療鼽音求。鼻，止痢。生山之陰穴中，色青白。陶隱居云：「此即用畫緑色者亦出空青中相帶挾，今畫工呼爲碧青，而呼空青作緑青，正反矣。」唐本注云，緑青即扁青也，畫工呼爲石緑。其碧青即白青也，不入畫用。

《圖經》曰：緑青今謂之石緑，舊不著所出州土，但云生山之陰穴中。本經次空青條上云，生益州山谷及越巂山有銅處，此物當是生其山之陰耳。今出韶州、信州。其色青白。即

畫工用畫緑色者。極有大塊，其中青白花文可愛。【略】又下條云：扁青生朱崖山谷及武都朱提，蘇恭云即緑青是也。海南來者形塊大如拳，其色又青，腹中亦時有空者，今未見此色。武昌、簡州、梓州亦有，今亦不用。

《衍義》曰：緑青即石碌是也，其石黑緑色者佳。大者刻爲物形，或作器用，又同硇砂，作吐風涎藥，驗則驗矣，亦損心。

諸金有毒，生金有大毒，藥人至死，生嶺南夷獠洞穴山中，如赤黑碎石。金鐵屎之類，南人云毒蛇齒脱在石中，又云蛇著石上，又鴆屎著石上，皆碎，取毒處爲生金，以此爲雌黄有毒，雄黄亦有毒，生金皆同此。

又卷五《玉石部下品總九十三種》 自然銅，【略】生邕州山巖中出銅處，於坑中及石間採得，方圓不定，其色青黄如銅，不從礦鍊，故號自然銅。

《圖經》曰：今信州出一種如亂銅絲狀，云在銅鑛中山氣熏蒸，自然流出，亦若生銀，如老翁鬚之，入藥最好。火山軍者顆塊如銅，而堅重如石，醫家謂之鉟石，用之力薄，採無時。今南方醫者説，自然銅有兩三體：一體大如麻，黍或多方解，纍纍相綴，至如斗大者，色煌煌明爛如黄金，鍮石最上。一體成塊，大小不定，亦光明而赤。一體如薑鐵矢之，又有如不治而成者，形大小不定，皆出銅坑中，擊之易碎，有黄赤，有青黑者，鍊之乃成銅也。據如此，雖分析頗精而未見似亂絲者耳。又云今市人多以鉟石爲自然銅，燒之皆成青焰如硫黄者是也。此亦有二三種：一種有殼，如禹餘糧，擊破，其中光明如鑒，色黄，鍮石也。一種青黄而有牆壁，或文如束針。一種碎理如團砂者，皆光明如銅色，多青白而赤少者，燒之皆成烟焰，頃刻都盡。今醫家多誤以此爲自然銅，市中所貨往往是此。自然銅用多須鍛，此乃畏火，不必形色，只此可辯也。

雷公云：石髓鉛即自然銅也。凡使勿用方金牙，其方金牙，真似石髓鉛，若誤餌，吐殺人。其石髓鉛色似乾銀，泥味微甘。【略】

《丹房鏡源》云：可食之。自然銅出信州鉛山縣銀場銅坑中，深處有銅鑛，多年鑛氣結成，似馬屁勃，色紫重，食之若澀，是真自然銅。今人只以大磈石爲自然銅，悮也。

釋贊寧《東坡先生物類相感志》卷一四《石部・空青》 《仙方》云：夫空青者，上品仙石也。虚曜而益真，增胃而明眼，强筋而補浪，增精而童顔。其物通感絶多，一名青要中女也。

又卷一八《金玉部・赤金》 〔赤金，〕銅也。五金中惟鳴響，鍊其爲器，人或吼叱，則隨能荅響，猶緊之也。

王闢之《澠水燕談録》卷八《事誌》 淄州淄川縣梓桐山石門澗有石曰青金，色青黑相雜，其文如銅屑。或云即自然銅也，理細密。范文正公早居長白山，往來于此，嘗見其石。皇祐末，公知青，遣石工取以爲硯，極發墨，頗類歙石。今東方人多用之，或曰范公石，然不耐久，久則不免斷裂。

寇宗奭《本草衍義》卷四 空青：【略】今信州空山而取，世謂之楊梅青，極難得。緑青：即石碌是也。其石黑緑色者佳，大者刻爲物形，或作器用。

吴曾《能改齋漫録》卷一五《方物・黄銀》 《唐〔書〕・杜如晦傳》：「太宗嘗賜房喬黄銀帶，曰：『如晦與公同輔朕，今獨見公。』泫然流涕曰：『世傳黄銀，鬼神畏之。』更取金帶送如晦家。」予按：唐慎微《證類本草》，載《青霞子》曰：「丹砂伏火，化爲黄銀。能重能輕，能神能靈。萬斤遇火，輕速上騰。鬼神尋求，莫知所在。」又按：唐日華《寶藏論》云：「銀有十六件：真水銀、白錫銀、曾青銀、土碌銀、丹陽生鐵銀、生銅銀、硫黄銀、砒霜銀、雄黄銀、雌黄銀、鍮石銀。惟有至藥銀、山澤銀、草砂銀、母砂銀、黑鉛銀伍件是真，餘則假。」《本草》正文：「丹砂、雄黄、雌黄，皆殺精魅、惡鬼、邪氣。」所謂黄銀者，非丹砂銀，則雌黄、雄黄銀也。太宗所賜黄銀帶者，以黄銀爲帶耳。時如晦已死矣，而丹砂、雄黄、雌黄銀皆殺鬼魅，所以太宗云：「黄銀，鬼神畏之也。」考唐顯慶中，監門衛長史蘇恭撰《唐本草》，其中一條稱：「黄銀作器辟惡，瑞物也。」《北史・辛公義傳》云：「公義遷并州刺史，山東出黄銀，獲之以獻。」

杜綰《雲林石譜》中卷《韶石》 又韶州石，緑色，出土中。一種色深緑，可鐫礱爲器；一種青緑相兼，磊磈或如山勢者；一種色稍次；一種細碎雜砂石，以水烹研作數品，入顔色用。大抵穴中，因銅苗氣薰蒸，即此石共産之也。

又下卷《石緑》 信州鉛山縣石緑産深穴中，一種融結爲山巖勢，不甚堅；一種稍堅於緑，文如刷絲，極深者鐫礱爲器，向明示之頗光燦閃色；又有一種淡緑或細碎者，入水烹研可裝飾。

范成大《桂海虞衡志・志金石》 銅，邕州右江州峒所出，掘地數尺即有礦，故蠻人好用銅器。緑，銅之苗也，亦出右江有銅處，生石中。質如石者，名石緑。又有一種脆爛如碎土者，名泥緑，品最下，價亦賤。

周去非《嶺外代答》卷七《金石門・銅緑》 緑所在有之，湖南之衡、永，廣東之韶，廣西之邕皆有之，蓋銅之苗裔也。有融結於山巖，翠緑可愛玩。質如石者名石緑，色鮮美淘，取英華以共畫繪，其次可飾棟宇。又一種脆爛如碎土者名泥緑，人不甚用。

趙希鵠《洞天清録・怪石辨》 英州出石如銅礦，聲亦如銅。倒懸生巖下，以鋸取之，故底有鋸痕。大者或長七八尺，起峯至二三寸，亦几桉奇玩，然色潤

者可愛，枯燥者不足貴也。

滕弘《神農本經會通》卷六《玉石部》 空青，君也。畏兔絲子。生有銅處，銅精熏則生空青，其腹中空，三月中旬採，亦無時。狀若楊梅，其腹中空破之有漿，絶難得。大者如鷄子，小者如豆子，信州生。益州山谷及越嶲山有銅處，銅精熏則生空青。今信州亦時有之，故别名楊梅青。【略】

石膽，即膽礬，君也。水英爲之使，畏牡、桂、菌、桂、芫、花、辛夷、白薇。此物出銅處，有形似曾青，兼緑相間，味極酸苦，磨鐵作銅色，此是真者。

戴冠《濯纓亭筆記》卷九 自然銅生山石間，其色青黄如銅，不從礦鍊，故有是名。善治禽獸翅足之損折者，與赤銅屑能銲人畜之骨功力相等。

曹學佺《蜀中廣記》卷六四《方物記第六・藥石》 《本草》：「扁青生朱提，繪畫家用之，青翠不渝。」《珙縣志》：「落幹里麻窖中出青大如筯，初掘其色淡，乘風始變青。所謂土青也。」《寰宇記》：「空青出銅山縣賴應山。」又云梓州貢空青、曾青、石碌也。

李時珍《本草綱目》卷八《金石部・赤銅》 釋名：紅銅、《綱目》。赤金。弘景。屑名銅落、銅末、銅花、銅粉、銅砂。時珍曰：銅與金同，故字从金、同也。

集解：弘景曰：「銅爲赤金，生熟皆赤，而本草無用。今銅青及大錢皆入方用，并是生銅，應在下品之例也。」時珍曰：「銅有赤銅、白銅、青銅。赤銅出川、廣、雲、貴渚處山中，土人穴山採礦煉取之。白銅出雲南，青銅出南番，惟赤銅爲用最多，且可入藥。人以爐甘石煉爲黄銅，其色如金。砒石煉爲白銅，雜錫煉爲響銅。」《山海經》言出銅之山四百六十七，今則不知其幾也。《寶藏論》云：「赤金一十種：丹陽銅、武昌白慢銅、一生銅、生銀銅，皆不出陶冶而生者，無毒，宜作鼎器。波斯青銅，可爲鏡。新羅銅，可作鐘。石緑、石青、白青等銅，并是藥製成。鐵銅以苦膽水浸至生赤，煤熬煉成而黑堅。錫坑銅大軟，可點化。」自然銅見本條。《鶴頂新書》云：「銅與金、銀同一根源也，得紫陽之氣而生緑，緑二百年而生石，銅始生於中，其氣禀陽，故質剛戾。」《管子》云：「上有陵石，下有赤銅。」《地鏡圖》云：「山有慈石，下有金若銅。草莖黄秀，下有銅器。銅器之精，爲馬爲僮。」《抱朴子》云：「銅有牝牡。在火中尚赤時，令童男、童女以水灌之，銅自分爲兩段，凸起者牡也，凹下者牝也。以牝爲雌劍，牡爲雄劍，帶之入江湖，則蛟龍水神皆畏避也。」

又《銅鑛石》 釋名：時珍曰：「鑛，粗惡也。五金皆有粗石銜之，故名。麥之粗者曰麫，犬之惡者亦曰獷。」

集解：恭曰：「銅礦石，狀如姜石而有銅星，熔之取銅也，出銅山中。」許慎《説文》云：「礦，銅鐵樸石也。」

又《銅青》 釋名：銅緑。

集解：藏器曰：「生熟銅皆有青，即是銅之精華，大者即空緑，以次空青也。銅青則是銅器上緑色者，淘洗用之。」時珍曰：「近時人以醋製銅生緑，取收曬乾貨之。」

又《自然銅》 釋名：石髓鉛。志曰：「其色青黄如銅，不從礦煉，故號自然銅。」

又卷一〇《金石之四石膽》 釋名：膽礬、《綱目》。黑石、本經。畢石、本經。君石、當之。銅勒、吴普。立制石。時珍曰：「膽以色味命名，俗因其似礬，呼爲膽礬。」

又《礜石》 釋名：白礜石、太白石、《别録》。立制石、本經。青介石、固羊石、本經。石鹽、《别録》。澤乳、吴普。鼠鄉。吴普。時珍曰：礜義不解，許氏《説文》云：「礜，毒石也。」《西山經》云：「臯塗之山有白石，其名曰礜，可以毒鼠。」郭璞注云：鼠食則死，蠶食而肥，則鼠鄉之意以此。《集解别録》曰：「礜石生漢中山谷及少室，采無時。」當之曰：「或生少室，或生魏興，十二月采。」弘景曰：「今蜀漢亦有，而好者出南康南野溪及彭城界中汶陽縣南塹。又湖東新寧及零陵皆有白礜石，能柔金，以黄泥包炭火燒之一日一夕，則解可用，丹房及黄白術多用之。」恭曰：「此石能拒火久燒，但解散不可脱其堅，今市人乃取潔白理石當之，燒即爲灰也。今漢川、武當西遼坂名礜石谷，即是真出處。少室有粒細理，不如漢中者。」頌曰：「今梁州、階州亦有之。」時珍曰，詳見特牛礜石下。

張自烈《正字通》卷一一《金部・銀》 又《黄銀》。《山海經》：「臯塗山多黄銀。」方勺《泊宅編》曰：「黄銀出蜀中，色如金無異，上石則色白。」又《寶藏論》曰：「銀有十七種，天生牙出銀坑内石縫中，狀如亂絲，色紅者上，入火紫白。如艸根者次之，生樂平鄱陽，産鉛山，一名龍牙，一名龍鬚生銀。出石丱中，成片塊，大小不定，肽如錫。母砂銀生五溪丹砂穴中，色理赤炎。黑鉛銀得子母之氣。此四種爲真銀。有銀、艸砂銀、曾青銀、不緑銀、雄黄銀、雌黄銀、硫黄銀、膽礬銀、靈艸銀；藥制成者，丹陽銀、銅銀、鐵銀、白錫銀。藥點化者，皆假銀也。外國四種，新羅銀、波斯銀、林邑雲南銀，精好。」又烏銀，《本艸》：陳藏器曰：「今人用硫黄熏銀再宿，瀉之則色黑，工人用爲器，養生家以器煮藥，可辟惡。」

傅梅《嵩書》卷一〇《物華篇・石部》 石膽。《玉洞要訣》云：「石膽，陽石也。出嵩嶽，稟靈石異氣，形如琴瑟。其性流通，精感八石，能化五金，變化無窮。」

慎懋官《華夷花木鳥獸珍玩考》卷八《珍玩考・金・緑》 銅之苗也，亦出右江有銅處，生石中，質如石者，名石緑。又有一種脆爛如碎土者，名泥緑，品最下，價亦賤。

李中梓《雷公炮製藥性解》卷一《金石部》 自然銅：味辛，性平，無毒。【略】按：自然銅，實銅坑中所産之石也，其色青黄如銅，不從礦煉，故名之。

李中梓《醫宗必讀》卷四《金石部》 自然銅：味辛平，無毒。續筋接骨，折傷者依然復舊，消瘀破滯，疼痛者倏爾消除。按：自然銅雖有神用，頗能損人，不可過用。

方以智《物理小識》卷七《金石類》 銅。銅有白、赤，加倭鉛與盧甘石者皆黃。以錫則響，以龍、汞而點白者，又非原白也。黃香不詳所出，飛煉爲霜，能令銅白如銀，銅夾爲線。若甘草煮銅則硬。【略】啞銅。欲使銅無聲者，以葱、蒜、韭實煅伏南番乳香成汁，合硼砂以淬銅，則啞。

方以智《通雅》卷四八《金石》 黃銀非一種。鍮石，石中之銅卝，似金也。唐太宗賜房玄齡黃銀帶，欲及杜如晦，爲巳設。帝曰：世傳黃銀，鬼神畏之。更取金帶。《春秋運斗經》曰：「人君秉金德而生，則黃銀見。」《山海經》：「皋塗山多銀黃。」其真黃銀乎？隋辛公義守并州，嘗大水流出黃銀，以上于朝。程大昌曰：「世言鍮石，太原所産爲最，而太原即并州，則公義所上其自然之鍮乎？」《元和志》曰：「大原出赤銅，大昌則竟以黃銀即鍮。而鬼畏鍮者，畏銅也。」方勺曰：「黃銀出蜀中，與金無異，但上石則白色。唐志章服有青鍮石帶，遼、元志載用鍮石處甚多。鍮音偷。自《吕覽》、《淮南》嘗言鍮石似金，而今《本草綱目》竟無鍮石條，惟言水銀在地，鍮石可引上。」《寶藏論》：「假金有鍮石金。」李時珍曰：「世人以黃銀爲鍮，非也。鍮即藥成黃銀也。」按：高似孫引丹砂伏火化爲黃銀。《日華子》載雄黃銀、雌黃銀，丹砂雄黃殺精魅，太宗賜如晦曰鬼畏者，若非丹砂銀，其雌雄黃銀乎？王元美亦不知丹砂雄黃銀。今《一統志》荅兒密古之丹眉流國産鍮石，咨于文定，不解爲石爲銅，宜其難識矣。蘇州開元寺《大佛三尊傳》言：海上浮來，乃鍮石所裝釙，夜嘗放光。後一商裝金，而光遂隱。《要論》：「鍮乃自然銅之精者也。」而盧甘石所煮鍊者乃假鍮也，遼、元之賤用鍮石皆指盧甘鍮耳。金闕頂用風磨銅，價貴于金。或曰黃銀乎？鍮又作鉭。《玉篇》並作鉭、鉐。《秦淮海録》：「劉壯愍公遺事：寇萊公表之，盜劫，倒藁得一碥石帶去。」則又從石作碥。紫釙乃真臘樹汁、蟲食汁結于樹上，染家取作胭脂，今刻《雜俎》，誤作紫鉡。【略】

膽礬，膽上石緑，皆銅英也。周輝曰：「信州鉛山，膽水自山下注，勢若瀑布，用以浸銅，鑄冶是賴，盛于春夏，微于秋冬。古傳一人至水賓，遺匙鑰，翼旦得之，已成銅矣。近年水流斷續浸銅費工。凡古坑有水處曰膽水，無水處曰膽土。膽水浸銅工省利多，膽土煎銅工費利薄。水有盡土無窮，今上林三官提封九路檢踏無遺矣。本經曰膽礬一曰畢石，當之曰君石。吳普曰銅勤，又曰立制石，出蒲州山穴鴨嘴色者爲上，出羌里者色少黑次之，信州又次之。」頌曰：「信州者煎煉而成其曰立制石，則礬石也。」《異苑》載：「王粲隨孟德討烏桓，掘一棺礜石，則山無草木。」按：曹討烏桓，粲尚在荆，此説非矣。《容齋》言劉表問粲。杜綰《雲林石譜》云：「信州鉛山産石緑，又一種融結如山，其石青則惟滇中者佳。貨石青者，有天青、大青、西域回回青、佛頭青，而回青尤貴。其如碧者曰碧青，謂之白青又曰目青，畫家不用。」計然曰：「白青出弘農豫章新淦，青色者善。」《淮南萬畢術法》云：「白青得鐵即化爲銅。」或曰：「石緑，銅之苗。大青，金之苗。」今之膽礬、死汞，大青煉之，則成鈎全，或亦一理也。

談遷《棗林雜俎》中集《器用・空青》 空青是黃石子，大如拳，諦視之，膚沉沉有青色，匠氏以金剛錐錐之，滴翠水如漿。平湖沈長水太史見之。

盧之頤《本草乘雅半偈》卷三 參曰：「空青，黃赤金礦之精粹也。蓋五行金位於西，黃爲五金土，赤爲五金火也。」《造化指南》云：「紫陽之氣生緑，青陽之氣生青。空青者，石緑之得道者也。」【略】

曾青：氣味酸，小寒無毒。主目痛，止淚出，風痺，利關節，通九竅，破癥堅積聚，久服輕身不老。

覈曰：「出蜀中及越巂、蔚州、鄂州諸山谷。其山有銅，曾青生其陽。曾青者，銅之精也。色理頗類空青，累累如黃連相綴，又如蚯蚓屎而方稜，色深如波斯青黛。層層而生，叩之作金聲者始真。」《造化指南》云：「空青多生金礦，曾青多生銅礦。乃石緑之得道者，禀東方之正色，修鍊點化，與三黃齊驅。」

劉獻廷《廣陽雜記》卷四 偶同紫庭考青緑出處。案：《本草》有空青、曾青、緑青、扁青、石膽五條，予以法製煉之，皆可成精銅，幾能亂金也。

空青，楊梅青也。《別録》云：「生益州山谷及越巂山有銅處，銅精薰則生空青，其腹中空，能化銅、鐵、鉛、錫作金。」弘景曰：「越巂屬益州，益州諸郡無復有，恐久不採之故也。今出銅官者色最鮮深，出始興者勿如。涼州西平郡有空青山，亦甚多。」恭曰：「出銅處兼有諸青，但空青爲難得，今出蔚州、蘭州、宣州、梓州。宣州者最好，塊段細，時有腹中空者。蔚州、蘭州者片塊大，色極深，無空腹者。」藏器曰：「銅之精華，大者即空緑，小者即空青也。」宗奭曰：「真宗嘗詔取空青中有水者，久而方得其楊梅青。信州穴山而取，極難得。」《庚辛玉册》云：「産上饒，似鍾乳者佳，大片，含紫色，有光彩。次出蜀嚴道及代北山生金坎

中，生生不已，爲青爲丹，有如拳大及卵形者，中空有水如油，治盲立效。出銅坑者亦佳，又有楊梅青、石青，皆是一體，而氣有精粗。」《造化指南》曰：「曾、空二青乃石緑之得道者，均謂之鑛。」李時珍曰：「方家以藥塗銅物生青，刮下僞作空青者，終是銅青，非石緑之得道者也。」劉繼莊曰：「余昔在杭遇一滿州老人，雙目皆矇，藥不能立時奏效。有貨空青者，索價頗高，甚言其効，滿州人信之，酬以重價，將用之矣。始問之予，予曰：『此物生銅坑中，必銅精也，銅性能伐肝有餘之症，目無不愈。今公年老而症俱虛，法當用温補之品，若用此恐無益有損。』聞余言，且信且疑，乃破青取水，先點右目，効則遂用之，一夜大痛，無目睛爆碎，始悔不用予言，而猶賴余獲全其左目也。後用養肝滋陰之劑，將及一載，左目復明。學者不可不知也。余有一法，曰假空青：用古鏡一圓，以硇沙、砒石等分爲末，水調塗鏡背上如錢，上以甆碗覆之，埋入土中尺許，必在人走路之下，月餘取起，則鏡蝕成一窩，中包青緑水少許，用之與空青無異，何必重價購求石中之水哉？余意此石以法製煉，得銅必多，然未之試也。」

曾青。《別録》曰：「生蜀中山谷及越巂。」普曰：「生蜀郡石山，其山有銅處，曾青出其陽，青者，銅之精。」弘景曰：「今銅官無曾青，惟出始興。」恭曰：「出蔚州者好，鄂州者次之。」時珍曰：「但出銅處，年古即生形如黄連相綴，又如蚯蚓屎，方棱色深，如波斯青黛，層層而生，打之如金聲者爲真。」《造化指南》云：「曾青生銅礦中，乃石緑之得道者。」劉繼莊曰：「此物予未之見，蓋亦石青類也。」《造化指南》以此等爲石緑之得道者，其言怪誕，殊可笑，見之令人噴飯，而時珍亦爲此言，何邪？

緑青，即石緑，亦曰大緑。《別録》曰：「生山之陰穴中。」頌曰：「本經次空青條上云，生益州山谷及越巂山有銅處，此物當是生箕山之陰爾，今出韶州、信州。」時珍曰：「石緑生銅坑中，乃銅之祖氣也，今人呼爲大緑。」范成大《桂海志》云：「石緑，銅之苗也，出廣西古江有銅處，生石中，質如石者，名石緑。一種脆爛如碎土，名泥緑，品最下。」劉繼莊曰：「石緑以法製煉，每兩得銅五錢如金，今丹家每以此誑人，不知此即取鑛法也。」【略】

石膽，即膽礬。《別録》云：「生秦州羌道山谷大石間，或羌里句青山。」恭曰：「此物出銅處有之，出蒲州虞鄉縣東亭谷窟及薛集窑中。」頌曰：「今惟信州鉛山縣有之，生于銅坑中，采得煎煉而成。又有自然生者，尤爲珍貴。」李時珍曰：「石膽出蒲州山穴中，鴨嘴色者爲上。出里者，色少黑，次之。信州又次之。」沈括《筆談》載：「鉛山有苦泉流爲澗，挹水熬之則成膽礬，所熬之釜久亦化爲銅也。」劉繼莊曰：「膽礬以水銀製之成精銅，與石緑中所分者無異，若以分石緑法分之亦得，但甚少。此理予尚未究其微也。」

張璐《本經逢原》卷一 石膽。俗名膽礬。酸，辛，寒，有毒。産秦州嵩岳及蒲州中條山，出銅處有之，能化五金，以之制汞，則與金無異。【略】

空青。【略】發明：空青感銅之精氣而結，故專入肝明目。【略】時珍曰：「空青與緑青皆生益州及越巂山有銅處，東方甲乙，是生肝膽，其氣之清者爲肝血，其精英爲膽汁，開竅於目血者，五藏之英，皆因而注之爲神。膽汁充則目明，減則目昏。銅亦青陽之氣所生，其氣之清者爲緑，猶肝血也。其精英爲空青之漿，猶膽汁也。【略】銅官、始興、涼州、高平、饒、信等處，亦皆有之，出銅坎者，銅質隱隱，内涵空緑。生金穴者，金星粲粲，内涵空青，總取得肝膽之精靈，通空竅之風氣也。予嘗以此驗之攷之。張果《玉洞要訣》云：「空青似楊梅，受赤金之精，甲乙陰靈之氣，近泉而生，故能含潤。然必新從坎中出者，則鑽破中有水，若出礦日久，則乾如珠矣。」安有藏久不乾之理？近世必以中空涵漿者爲真，若爾則當名空漿，不當名空青矣。但須驗其中空，内有青緑如珠者，即真空青，急不可得緑青，可以代用，活法在人，可執一乎？

曾青。曾，音層。其青層層而生，故石形如蚯蚓屎者真。酸，小寒，無毒。發明：曾青治目，義同空青，以其並出銅礦，與緑青同一根源。

汪森《粤西叢載》卷一九《石緑》 石緑，銅之苗也，出右江有銅處。生石中，質如石者名石緑。又有一種脆爛如碎土者，名泥緑，品最下，價亦賤。《虞衡志》。

謝旻《（康熙）江西通志》卷二七《土産·臨江府》 石青，一名石緑，畫工呼爲碧青。

陳元龍《格致鏡原》卷六《坤輿類·石上》 《相感志》：「上石膽出蒲州，又出年山，能化鐵爲銅。初取塊，出見風即破，其色黑，形如膠片，黄黑相間，如琉璃者最上。」

沈青峰《（雍正）陝西通志》卷四三 自然銅生曾青石緑穴中，狀如寒林草，根色紅膩，亦有牆壁。又一種似丹砂光明，堅硬有稜，中含銅脈尤佳。又一種似木根，不紅膩，隨手碎爲粉，至爲精明，近銅之山有之。《本草綱目》。出金州，《明一統志》出天橋崖。《府谷縣志》。【略】

石緑、石青、白青出弘農，青色者善。扁青生武都。《范子》。空青出銅官者，

色最鮮深。《名醫别録》。白青一名碧青，石青一名扁青，色深者爲石青，色淡者爲碧青也。《别録陶注》。出金州。《本草綱目》。出興安州。《明一統志》。雒南頁山舊産石青，《廣皇輿考》。昔云有之，《西安府志》。今無。《雒南縣志》。

石緑，陰石也，生銅坑中。《本草綱目》。出金州。《明一統志》。出興安州。《廣皇輿考》。

徐文靖《管城碩記》卷二八《楊升庵集》 《山海經》：「集獲之水，其陰多銀黄、金。」楊氏曰：銀黄即黄銀，漢代用以爲佩。

按：《春秋運斗樞》曰：「人君秉金德而王，則黄銀見。」任昉《齊明帝謚議》：「黄銀，紫玉之瑞。」庾信《羽調曲》：「地不愛於黄銀。」《北史・循吏傳》：「隋辛公義爲并州刺史，山出黄銀，獲之以獻。」《唐書》：太宗賜魏徵黄銀帶。此皆真黄銀也。《漢書・酷吏傳》：「楊僕封將，梁侯懷銀黄，垂三組。」注曰：銀，銀印，黄，金印。梁元帝《長安有夾邪行》：「大息鶱金勒，小息綰銀黄。」劉孝標《廣絶交論》：「近世有欒安、任昉，早綰銀黄。」皆謂銀印、金印耳，豈可謂漢代以黄銀爲佩乎？他如《西京雜記》：「黄銀樹十株。」古嵩子《真訣》：「將白銀化出砂，令伏火鼓之，乃成黄銀。」或製以美名，或成以藥力，皆非即黄銀也。《山海經》所云「銀黄金」者，當指銀與黄金耳。升菴據以爲銀黄，鑿矣。

王謨《江西考古録》卷七《物産・金》 空青、曾青。按：石青種類最多，有空青、曾青、緑青、白青諸目，江西皆有之。銅之精華爲空青。蘇頌《圖經》曰：「饒、信州有之，狀若楊梅，故名楊梅青。其中腹空破之有漿者絶難得。」寇宗奭曰：「真宗常詔取空青中有水者，久而方得。」其楊梅青，信州穴山而取，極難得，治醫極有功。《南康記》亦云：「崆峒山出空青，以其青層層而生，故曰曾青。」《范子計然》曰：「曾青出豫章。」緑青即石緑，《圖經》云：「出信州，其色青白，畫工用爲緑色者，極有大塊，其中青白花文可愛，信州人琢爲腰帶器物及婦人首飾。其入藥當用顆塊如乳香者。」佳白青即空青，圓如鐵珠，色白而腹不空者。《名醫别録》曰：「白青生豫章山谷，采無時，可消爲銅劍，辟五兵。」《范子計然》曰：「白青出豫章新淦，青色者善。」《通志》載瑞州臨江出石青，廣信出白青、石緑，而不及空青、曾青，今從《本草綱目》，次第採録。

鄭光祖《醒世一斑録》卷三《物理・金石》 銅有白銅、青銅、紫銅不一類，又有生熟之分，多産滇省，每年八運入京。各省所用多資滇産，江蘇銅商亦有領文憑往日本採買者。石緑即銅硔也。自然銅乃銅硔中揀出銅塊，不令鎔化，即以打造器皿，色最古，爲玩器殊佳。

厲荃《事物異名録・空青附石青》 青要女。《酉陽雜俎》：藥草異號：青要女，空青。

楊梅青。《本草綱目》：《别録》曰：「空青生山谷有銅處，銅精薰則生空青。」頌曰：「狀若楊梅，故名楊梅青，其腹中空。」

青油羽。《石藥爾雅》：「空青一名青油羽。」

扁青。《本草綱目》：「扁青一名大青，扁以形名，今之石青是矣。」石青。

又《銅》 赤金。《説文》：「銅，赤金也。」

黄鐵。《庶物異名疏》：《書》傳曰：『鍰，黄鐵也。』是今之銅，古人贖罪悉皆用銅。」

英精。《庶物異名疏》：「英精，銅也。見《淮南子》。」

畑陽珍、昆吾瑶。梁簡文帝《露盤啓》：「是稱畑陽之珍實，亦昆吾之瑶。」按：謂銅也。

和氣子。《格古論》：「和氣子者即紅銅，又名張公，又名身子。」

黄龍汋。《石藥爾雅》：「銅青一名黄龍汋。」

又《自然銅》 石髓鉛。《開寶本草》：「石髓鉛，其色青黄如銅，不從礦鍊，故號自然銅。」

金山力士。《清異録・侯寧極藥譜》：金山力士，自然銅也。

迮朗《繪事瑣言》卷七《論材》 緑松石。出滇南，爲銅之苗，堅而難刻。

緑礦石。亦滇南銅苗，作印蒼翠可愛，又易著刀。

陳克恕《篆刻針度》卷八《緑松石緑礦石》 緑松石堅而難刻，不若緑礦石，作印蒼翠可愛，又易着刀。石出滇南，爲銅之苗。

張澍《蜀典》卷八《黄銀》 《山海經》臯塗之山，郭注：黄銀出蜀中，與金無異，但上石則色白。《本草》：「蜀中出黄銀。」方勺《泊宅編》：「黄銀，蜀中人罕識。朝散郎顔京監在京抵當庫，有以十釵質銀者，其色與上金無異。試之，則正白。」《唐書・杜如晦傳》：黄銀，鬼神畏之。太宗賜房玄齡黄銀帶。

張澍《續黔書》卷一《假銀》 銀有十七種，美者有黄銀，出蜀中，其天生牙，狀如亂絲；生銀狀如硬錫；母砂銀色理赤光；黑鉛銀得子母之氣，咸真銀也。

徐養原《周官故書考》卷二《春官宗伯第三》 典同，掌六律六同之和。《故書》：「同，作銅。」鄭司農云：陽律以竹爲管，陰律以銅爲管。玄謂：律，述氣者

也。同，助陽宣氣與之同，皆以銅爲之。段氏曰：司農從故書作銅，則太師職亦必從故書作銅律。考《古文尚書・顧命》「同」訓酒杯。伏生《尚書》作銅，訓副璽。《列女傳》「食我以同魚」，其義訓銅，古字通用。養原按：六經無銅字，惟《尚書》今文及《周禮》古書有之。《説文・金部》：「銅，赤金也。古者黄金、赤金通謂之金。」《禹貢》：「惟金三品。」赤金亦在内。《考工》之金錫乃赤金也。《説文・曰部》：「同，合會也。」陰律與陽律合會，副璽與正璽合會，故謂之同。因以赤金爲之，故或益金作銅，銅本器物之名，非三品之目，後世始名赤金爲銅耳。《大戴禮・保傅篇》：「大師持銅而御户左。」銅，即銅律也。

杜文瀾《古謠諺》卷五四《人爲空青語》 《玉芝堂談薈》卷二九：「空青生銅山沙内，結塊如雞子色，象荔枝内涵，塊如雞黄，春夏成水，秋冬爲泥，以黄連水浸之，則化。語云：醫家有空青，天下無盲人。」

劉嶽雲《格物中法》卷五上《金部・金》 金銅相合之質，自然生者，惟雲南有之，或云即風磨銅。《鄙事綴紀》。

嶽雲謹案：此金銅雜質礦也。

自然銅内有金。《鄙事綴紀》。

嶽雲謹案：此自然銅乃礦産純銅，非譯西書者所謂鐵硫質也，今雲南銅礦内往往得金。

又卷五下《金部・銅》 凡銅供世用，出山與出爐，止有赤銅。《天工開物》。

嶽雲謹案：此爲銅之本質。

凡出銅山，夾土帶石，穴鑿數丈得之，仍有礦包其外，礦狀如薑石，而有銅星，亦名銅璞，煎煉仍有銅流出，不似銀礦之爲棄物。凡銅沙在礦内形狀不一，或大或小，或光或暗，或如鍮石，或如薑鐵，淘洗去土滓，然後入爐煎煉。《天工開物》。

嶽雲謹案：此爲銅雜質之礦。

礦之高下不等，色紫黑者謂之老鴉翎，有如火色而帶藍者爲最，每百斤可煎銅五十斤，間或最佳者可煎至七八十斤者，謂之黄金白，然而甚罕見。銅礦多含銀，銀礦亦多含銅。《滇南礦廠圖略》。

銅礦大半係緑色，亦有夾黄拌緑色者，又有色紫黑者，有色如火藥者，又有帶藍者爲最，極佳者名黄金白。若色爲紫金錫蠟則不貴。其黄拌緑之礦，每含穿花色之礦，提煉須用帶石。《鄙事綴紀》。

嶽雲謹案：帶石爲一種礦石，如西人所謂鈣弗之屬，凡有銅礦處多有之。其薰蒸者爲自然銅，亦曰石髓鉛。《天工開物》。【略】

嶽雲謹案：自然銅爲銅礦之佳者而難得。《蘇頌本草》云：「今南方醫者説自然銅有兩三體，一體大如麻黍，或多方解，纍纍相綴至如斗大者，色煌煌明爛如黄金、鍮石，入藥最上。一體成塊，大小不定，亦光明而赤。一體如薑鐵屎之類。又有如不治而成者，形大小不定，皆出銅坑中，擊之易碎，有黄赤，有青赤，煉之乃成銅也。」又云：「今市人多以鉐石爲自然銅，燒之成青焰如硫黄者是也，此亦有二三種：一種有殼如禹餘糧，擊破其中，光明如鑑，色黄類鍮石也。一種青黄而有牆壁，成文如束針。一種碎理如團砂者，皆光明如銅色，多青白而少赤者，燒之皆成煙焰，頃刻都盡。今醫家多誤，以此爲自然銅，市中所貨往往是此。而自然銅用須火煅，此乃畏火，不必形色，只此可辨也。」以上蘇説自然銅分別最爲明晰，今時譯西書者正認鉐石爲自然銅，故以爲鐵硫相合之質，不知煅之則硫去而鐵存，與蘇説適相符也。李時珍曰：「案：《寶藏論》云，自然銅生曾青、石緑穴中，狀如寒林草，根色紅膩，亦有牆壁。又一類似丹砂，光明堅硬有棱，中含銅脈尤佳。又一種似木根，不紅膩，隨手碎爲粉，至爲精明。近銅之山皆有之，今俗所用自然銅皆非也。」以上時珍言。可以砭今之譯書者矣。又案：自然銅内或含鉛，故亦名石髓鉛，亦間含鐵，純銅之礦名堂礦。

石緑，銅之苗也。亦出右江有銅處，生石中。質如石者名石緑。又有一種脆爛如碎土者，名泥緑，品最下，價亦賤。《桂海虞衡志》。

銅緑所在有之，湖南之衡永，廣東之韶，廣西之邕皆有之，蓋銅之苗裔也。有融結於山巖，翠緑可愛，玩質如石者，名石緑。又一種脆爛如碎土者，名泥緑。《嶺外代答》。

韶州石緑出土中，一種色深緑可鐫礲爲器，一種青緑相兼，磊塊或如山勢者，一種色稍次，一種細砂雜砂石，以水烹研作數品，入顔色用。大抵穴中因銅苗氣薰蒸，即此石共産之也。《雲林石譜》。

嶽雲謹案：銅青、銅緑銅質較多，石青、石緑銅質較少，空青、空緑乃石青、石緑之中包水漿者，皆係地産。其間空青治目，醫家所貴。扁青之色深者曰回青，陶家所貴。餘並供顔料之用，皆西人所謂銅養炭養之屬。【略】

（已上出産）

石膽能化鐵爲銅，合成金銀。《本草別録》。

石膽生銅坑中，采得煎煉而成。最上出蒲州，大者如拳，小者如桃、栗，擊之縱横，解皆成疊，文色青。見用久則緑，擊破其中亦青。《蘇頌本草》。

石膽出蒲州山穴中，鴨觜色者爲上，俗呼膽礬，塗於鐵及銅上，燒之紅者，真也。《本草綱目》。

石膽一名膽礬，亦出晉、隰等州，乃巖穴中自結成者，故緑色帶寶光。燒鐵器淬於膽礬水中，即成銅色。【略】

嶽雲謹案：西人言膽礬爲銅與硫强水相合之質，以鐵投之，因鐵與硫强水愛攝力大於銅與硫强水愛攝力，故硫强水舍銅而蝕鐵。西人窮思極慮，自謂刱獲，詎知中國宋時爲公私通行之法與！又《御覽》引《萬畢術》云，白青得鐵即化爲銅。又引葛洪云：曾青濡鐵，色赤如銅。蓋凡銅雜質見鐵皆然，不獨膽礬也。近藥市恒以緑礬僞充膽礬，然膽礬色藍，磨鐵則赤緑，色緑極易辨認，緑礬即皁礬提浄者，西人所謂鐵與硫强水相合之質也。《别録》所謂能合金銀，即西人所謂銀消化於硫强水中，以銅投之則分出其銀，而銅消化是也。

論説

《淮南萬畢術》 曾青爲藥，令人不老。《御覽》九百八十八。

取曾青十斤燒之，以水灌其地，雲起如山雲矣。《御覽》九百八十八。

案：《御覽》：「曾青爲藥令人不老」，屬此條下，似非一術，故分輯爲兩條，孫本依《御覽》原文録成，似欠審。

白青得鐵即化爲銅。《御覽》九百八十八。

朱翌《猗覺寮雜記》卷下 唐太宗賜房元齡黄銀帶，曰：「如晦與公司輔朕，今獨見公。」泣曰：「世傳黄銀，鬼神畏之。」更取金帶送其家。《唐本草》注云：有黄銀，本經不載，俗云爲器辟惡，乃爲瑞物，始知黄銀自一種銀，非金也。

程大昌《演繁露》卷七《黄銀》 唐太宗賜房元齡黄銀帶，欲及杜如晦，而如晦已不在。帝曰：「世傳黄銀，鬼神畏之。」更取金帶遣元齡送其家。夫不賜黄銀而别賜金帶，則改賜之帶必爲黄金無疑矣。然則先賜之帶命爲黄銀者，果何物也？世有鍮石者，質實爲銅，而色如黄金，特差淡耳。則太宗之謂黄銀者，其殆鍮石也矣。鍮，金屬也，而附石爲字者，爲其不皆天然自生，亦有用盧甘石煮鍊而成者，故兼舉兩物而合爲之名也。《説文》無鍮字，《玉篇》、《唐韻》、《集韻》遂皆有之，豈前乎漢者未知以石煮銅，故其名不附石也耶？諺言真鍮不博金，甚言其可貴也。夫天然自生者，既名真鍮，則盧甘石所煮者，決爲假鍮矣。《元和郡縣志》曰：「太原出赤銅。」夫不言出銅，而特言赤銅，似是鍮石矣。而史無明據，不敢堅斷。隋高祖時，辛公義守并州，州嘗大水，流出黄銀，以上于朝。此之黄銀，即太宗用以飾帶，而概賜房杜者矣。今世之言鍮石者，太原所産爲最，而太原即并州也，則公義并州所得，蓋自然之鍮，不經盧甘石煮鍊者也。故公義所上，不云赤銅，而云黄銀也。黄銀云者，其貴重可以比銀，而色又特黄也，是故兼銀黄兩名，而命其美也。且又有可驗者，鬼神畏銅，古有傳矣。佩玉之音，其中商律也，皆去之不用。而廟樂之聲爲商者，亦闕之不奏，即是太宗畏鬼之論所從出也。然則黄銀之不爲銀而爲銅，此尤可證也。

周去非《嶺外代答》卷七《金石門·銅》 今邕州有銅固無幾，而右江溪峒之外有一蠻峒，銅所自出也，掘地數尺即有礦，故蠻人多用銅器。嘗有獻説於朝，欲與博易事，下本路諸司，謂且生邊釁，奏罷之。

又《銅緑》 緑所在有之，湖南之衡永，廣東之韶，廣西之邕皆有之，蓋銅之苗裔也。有融結於山巖，翠緑可愛，玩質如石者，名石緑，色鮮美，淘取英華以共畫繪，其次可飾棟宇。又一種脆爛如碎土者，名泥緑，人不甚用。

徐應秋《玉芝堂談薈》卷二七《黄銀帶》 高似孫《緯略》曰：「太宗賜房玄齡黄銀帶，顧謂玄齡曰：『昔如晦與公同心輔政，今日所賜獨見公。』因泫然流涕曰：『世傳黄銀，鬼神畏之。』更取金帶送其家。」《程氏繁露》以爲黄銀者果何物，殆鍮石也。余攷之，若以鍮爲帶而賜大臣，何足貴者。按《禮斗威儀》曰：「君乘金而王，則黄銀見。」當是瑞物。《北史》辛公儀爲牟州刺史時，山崖黄銀，獲之以獻，益知其爲異物。又虞世南《書夫子廟堂碑》：「太宗賜之王羲之黄銀印。」黄銀爲鍮是恐不然。《唐書》：「高宗上元元年詔：九品服淺碧竝鍮石帶入胯。」唐固自有鍮帶也。又按：唐慎微《證類本草》載：「青霞子曰：丹砂伏火化爲黄銀，能重能輕，能神能靈。」唐日華子《寶藏論》曰：「銀凡十七品。水銀銀、白錫銀、曾青銀、土碌銀、生鐵銀、生銅銀、硫黄銀、砒霜銀、雄黄銀、雌黄銀、鍮石銀，惟有至藥銀、山澤銀、草砂銀、黑鉛銀五者爲真，餘則假也。」《本草》曰：「丹砂、雄黄、雌黄皆殺精魅。」所謂黄銀者，非丹砂銀，即雌黄、雄黄銀也。太宗賜帶之時，如晦已死，故帝曰：「黄銀鬼神畏之也。」顯慶中，監門衛長史蘇公撰《唐本

草》，其中稱：「黃銀作器辟惡。」益知黃銀爲瑞物。方勺《泊宅編》曰：「黃銀出蜀中，南人罕識。朝散郎顔京監在京抵當庫，有以黃銀釵質錢者，其色重，與上金無異，色則正白。」此説尤分明。庾信歌詞：「山無藏於紫玉，地不愛於黃銀。」《山海經》：「皐塗之山，其陰多銀黃。」

郎瑛《七修類藁·天地類·黃烏銀》 《猗覺寮》云：「漢《食貨志》：『金三品，黃金爲上，白金爲中，赤金爲下。』孟康注曰：白金，銀也。赤金，銅也。故今天下以白金爲銀。其後又云：『造銀錫白金。』夫既造銀，又造白金，疑非銀也，恐金之白色者。」殊不知孟康自是，而朱新仲不知銀、錫合造而爲白金之故，予已明前《事物類》矣。但《本草》有黃銀、烏銀，黃以爲瑞物，烏以爲養生者，造器以煮藥，俱曰辟邪之物，意其黃即金也，烏或近時藥燒之物歟？然皆無辟邪之説，疑荒唐也。後讀《唐史》，太宗嘗以黃銀帶賜玄齡，又自云：「世傳黃銀，鬼神畏之。」讀《孟郊集》有「贈炭價重雙烏銀」詩，則知唐時實有之物。後讀《演繁露》，方知黃銀乃赤銅，其貴比銀，特色黃耳，隋時有而流至唐初。「鬼神畏者」，即古云鬼神畏銅之故。烏銀，予恐即今之倭銀，蓋色如鉛之故，然亦恐蹈朱新仲之誤，書以俟博。

李時珍《本草綱目》卷八《金石部·自然銅》 集解：志曰：自然銅生邕州山巖間出銅處，於坑中及石間採得，方圓不定，其色青黃如銅。頌曰：今信州、火山軍銅坑中及石間皆有之。信州出一種如亂銅絲狀，云在銅礦中，山氣熏蒸，自然流出，亦若生銀老翁鬚之類，入藥最好。火山軍出者，顆塊如銅，而堅重如石，醫家謂之鍮石，用之力薄。采無時。今南方醫者説：自然銅有兩三體：一體大如麻黍，或多方解，累累相綴，至如斗大者，色煌煌明爛如黃金、鍮石，入藥最上。一體成塊，大小不定，亦光明而赤。一體如姜石、鐵屎之類。又有如不冶而成者，形大小不定，皆出銅坑中，擊之易碎，有黃赤，有青黑，煉之乃成銅也。其説分析頗精，而未嘗見似亂絲者。又云：今市人多以鍮石爲自然銅，燒之成青焰如硫黃者是也。此亦有二三種：一種有殼如禹餘糧，擊破其中光明如鑒，色黃類鍮石也。一種青黃而有墻壁，成文如束針。一種碎理如團砂者，皆光明如銅，色多青白而赤少者，燒之皆成煙焰，頃刻都盡。今醫家多誤以此爲自然銅，市中所貨往往是此，而自然銅用須火煅，此乃畏火，不必形色，只此可辨也。獨孤滔曰：自然銅出信州鉛山縣，銀場銅坑中深處有銅礦，多年礦氣結成，似馬屁勃也。色紫重，食之苦澀者是真。今人以大碢石爲自然銅，誤矣。承曰：今辰州川澤中，出一種自然銅，形圓似蛇含，大者如胡桃，小者如栗，外有皮，黑色光潤，破之與鍮石無別，但此鍮石不作臭氣耳，入藥用之殊驗。斅曰：石髓鉛即自然銅。勿用方金牙，真相似，若誤餌之，吐殺人。石髓鉛似乾銀泥，味微甘也。時珍曰：按《寶藏論》云：自然銅生曾青、石緑穴中，狀如寒林草根，色紅膩，亦有墻壁。又一類似丹砂，光明堅硬有稜，中含銅脈，尤佳。又一種似木根，不紅膩，隨手碎爲粉，至爲精明，近銅之山則有之。今俗中所用自然銅，皆非也。

又《銀》 附録黃銀。拾遺：「恭曰：黃銀本草不載，俗云爲器辟惡，乃爲瑞物。」藏器曰：「黃銀載在《瑞物圖經》，既堪爲器，明非瑞物。」時珍曰：按方勺《泊宅編》云：「黃銀出蜀中，色與金無異，但上石則白色。」熊太古《冀越集》云：「黃銀絶少，道家言鬼神畏之。」《六帖》載：「唐太宗賜房玄齡帶，云世傳黃銀鬼神畏之。」《春秋運斗樞》云：「人君秉金德而生，則黃銀見。」世人以鍮石爲黃銀，非也。鍮石即藥成黃銅也。

方以智《通雅》卷四八《金石》 黃銀非一種，鍮石，石中之銅卝，似金也。唐太宗賜房玄齡黃銀帶，欲及杜如晦，爲已設，帝曰：「世傳黃銀，鬼神畏之。」更取金帶。《春秋運斗經》曰：「人君秉金德而生，則黃銀見。」《山海經》：「皐塗山多銀黃。」其真黃銀乎？隋辛公義守并州，嘗大水流出黃銀，以上于朝。程大昌曰：「世言鍮石，太原所産爲最，而太原即并州，則公義所上，其自然之鍮乎？」《元和志》曰：「大原出赤銅。」大昌則竟以黃銀即鍮，而鬼畏鍮者，畏銅也。方勺曰：「黃銀出蜀中，與金無異。」

王夫之《詩經稗疏》卷一《秦風·鋈續》 毛傳曰：鋈，白金也。鄭箋云：白金飾續靷之環。其義甚明。《廣雅》：「白銅謂之鋈。」鋈乃白銅之名，從無沃灌之義。以鋈飾續環蓋，即今之嵌銅事件。作者必鑿鐵作竅，而以錬成銅片嵌入之，若以銅液傾沃，則生熟不相霑洽，其上之漫出者施以錯鑢必動摇而不固矣。《釋名》乃曰：「鋈，金塗沃也，冶白金以沃灌靷環也。」劉熙牽文附義，疎謬往往如此。集傳惑于其説，更云消白銅沃灌其環，又改劉熙冶字爲銷，則愈誤矣。世豈有已成之鐵，可用他金液灌而得相黏合者哉？

劉獻廷《廣陽雜記》卷四 扁青即石青，一曰大青。《別録》云：「生朱崖山谷武都、朱提。」弘景曰：「朱提音殊匙，在南海中。」普曰：「生蜀郡。」恭曰：「此即緑青也，朱崖以南及林邑扶南舶上來者，形塊如拳大；武昌者片塊小而色更佳；簡州、梓州者形扁作片而色淺。」時珍曰：「蘇恭言即緑青，非也，今之石青是矣，楚蜀諸處亦有之。而今貨石青者，有天青、大青、西夷回回青種種不同，而回青尤貴。本草所載扁青、曾青、碧青、白青皆其類耳。」劉繼莊曰：真老坑佛頭青以法製煉，每兩可得真赤金二三錢，然真者不易得也。【略】

空青，楊梅青也。《別録》云：「生益州山谷及越嶲山有銅處，銅精薰則生空

青。其腹中空，能化銅、鐵、鉛、錫作金。」弘景曰：「越嶲屬益州，益州諸郡無復有，恐久不採之故也。今出銅官者色最鮮深，出始興者勿如。涼州西平郡有空青山，亦甚多。」恭曰：「出銅處兼有諸青，但空青爲難得。今出蔚州、蘭州、宣州、梓州，宣州者最好，塊段細，時有腹中空者。蔚州、蘭州者片塊大，色極深，無空腹者。」藏器：「曰銅之精華大者，即空緑，小者即空青也。」

裘君弘《妙貫堂餘譚》卷六《雜談類・蜀中黄銀》 蜀中出黄銀，其色重與兼金無異，上石則正白，南人罕識者。唐太宗嘗以黄銀帶賜房、杜，時杜已死，乃曰鬼神畏黄銀，易以金帶。隋文帝時，并州出黄銀，刺史辛公義以獻。余因疑近世金鋌，除黄色極濃，俗呼火金外，餘者以製首飾，不煮礬水，色多澹白，恐皆是黄銀，非真金也。但不知蜀中今尚有此否？抑其值視銀何如？當遍覓蜀人問之，以補《五行志》之闕。

陳元龍《格致鏡原》卷三四《珍寶類三・銅》 《神異記》：「丹陽銅似金可鍛，以作錯塗之器，故《淮南子》有曰『餌丹陽之僞金』即此也。」《拾遺記》：「炎帝採峻鍰之銅以爲器。峻鍰，山名也。下有金井，白氣冠其上。人升於其間，雷霆之聲在於地下。井中之金，柔弱可以緘縢也。」《庶物異名疏》：「英青，銅也。見《淮南子》。」《南史》：「齊永明中，劉悛獻蒙山銅一片，又銅石一片。」《談苑》：「自然銅黄如金粉，價值於金。」《山海經》：橿谷山、昆吾山、蟲尾山、白馬山皆多赤銅。京山其陽有赤銅，其陰有玄礵。《方書》：「赤銅屑治接骨。」《格古要論》：「和氣子者即紅銅，又名張公，又名身子石，試有聲而落，屑色赤而性硬，火燒黑色，難打，又發裂。」《事物紺珠》：「倭銅出倭國，如黄金。白銅出滇南，如銀。馬蹄銅白如銀。黄銅入蘆甘石造。」《廣雅》：「白銅謂之鋈。」《稗史類編》：「世有鍮石者，質實爲銅，而色如黄金，特差淡耳。」《格古要論》：「鍮石，自然銅之精者也。」《潛確居類書》：「鍮鉐，黄銅似金者，我明皇極殿頂名是風磨銅，更貴於金，一云即鍮鉐也。」《事物紺珠》：「銅青，銅緑出右江有銅處，銅之苗也。」

陳元龍《歷代賦彙》卷九八《空青》 《本草經》：「空青生山谷，久服輕身延年，能化銅、鉛作金，生益州。」《范子計然》：「空青出巴郡。白青、曾青出弘農、豫章。白青出新淦，青色者善。」《本草綱目》：「空青味甘酸，氣寒，生益州深山産銅處，銅精熏則生空青。腹中空破之有漿水，大若雞卵，畏菟絲，治眼疾，去暗回明。腹無漿者，取全殼埋地三五夜，自然生汁。漿可點眼，殼可磨瞖。又曾青氣味似空青，形若聯珠，纍纍相綴，真者除目痛止淚。又緑青有青白花文，能吐風痰。畫家用之。又白青似魚目，青碧，治目疾，不入畫。又扁青治折傷金瘡。又緑膚青味辛鹹，治諸惡毒。久服令人瘦。空青一名楊梅青，空言質，青言色，楊梅言似也。曾青，其青層層而生，或云其生從實至空，從空至層也。緑青生山之陰穴中，色青白，有花文。扁青以形名也，即石青。大青，色青翠不變。」蘇恭：「合扁青緑青爲一物，非白青即石青之屬，亦名碧青。色緑者爲石青，淡者爲碧青。」《石藥爾雅》：「空青一名青油羽，曾青一名赤龍翹。」杜綰《雲林石譜》：「石青惟滇中者佳。貨石青者，有天青、大青、西夷回回青、佛頭青，而回回青尤貴。」《圖經》：「白青出豫章山谷，亦似空青，圓如鐵珠，色白而腹不空，亦謂之碧青，以其研之色碧也。亦謂之魚目青，以其形似魚目也。無空青時亦可用，今不復見之。」《淮南萬畢術》：「白青得鐵即化爲銅。」《庶物異名疏》：「空緑，銅之華，大者即空緑，以次空青也。」《南部新書》：「龍愛空青。」

梁履繩《左通補釋》補釋二六 〔閏月戊辰〕且言子石。解。子石，公孫青。正義。案：《世本》：「頃公生子夏勝，勝生子石青」是也。

頃公生五子，曰靈公，曰固，無後。曰鑄，無後。曰車，無後。曰勝。勝生青，《春秋分記世譜六》。青者石之類也。《周禮・秋官・職金》：「凡金玉、錫石、丹青之戒令。」鄭注云：「青，空青也。」《管子・小稱篇》：「丹青在山，民知而取之。」《揆度篇》：「秦明山之曾青。」《山海經・南山經》：「青丘之山，其陰多青雘。」《漢書・司馬相如傳・子虛賦》：「其土則丹青赭堊。」張揖注云：「青，青雘也。」顏師古注云：「青雘，今之空青也。」《神農本草》：「空青能化銅、鐵、鉛、錫作金，曾青能化金、銅。又有白青、扁青。」《名醫别録》云：「空青生益州山谷及越嶲山有銅處。銅精熏則生空青，其腹中空。」陶隱居云：「曾青形累累如黄連相綴，色理小，類空青。」《唐本草注》云：「白青圜如鐵珠，色白而腹不空，亦謂之碧青。扁青即緑青也。」陶隱居云：「緑青即用畫緑色者，亦出空青中相帶挾。」《太平御覽》引《范子計然》云：「空青出巴郡，白青亦出巴郡，層青層同曾。出弘農、豫章。」《周秦名字解故下》。

迮朗《繪事瑣言》卷三 石青一名扁青，朱崖已南及林邑、扶南舶上來者，形塊大如拳，其色又青，腹中亦時有空者。生于武昌者，片塊小而色更佳，蘭州、梓州者形扁作片，而色淺，汪時珍曰，人言即緑青者，非也。今俗呼爲大青，繪畫家用之，其色青翠不渝，楚蜀諸處亦有之。而今貨石青者，有天青、大青、回回青、

佛頭青，種種不同，而回青尤貴。外有曾青，曾，音層。其青層層而生，故名。或云其生從實至空，從空至層，故曰曾青。出蔚州者佳，鄂州者次之，餘州並任用。舊説與空青同山，但出銅處年古即生，形如黄連相綴，又如蚯蚓繭，方稜色深，如波斯青黛，乃石緑之得道者，肌膚得東方正色，可以入畫。張彦遠云，蔚之曾青是。

白青，一名碧青，一名魚目青，即所云空青，圓如鐵珠，色白而腹不空，研之色白如碧，亦石青之類。或曰不入畫用，無空青時亦用之，或曰色深者爲石青，淡者爲碧青，今繪采家亦用。范子《計然》曰：「白青出宏農豫章」。皆石青之類。以今考之，河南宛南，陝西安康，江西筠州，四川涇南，雲南鈎州、威州，産里，楚北漢川俱産石青，約有三種：一、箭頭青，懸崖峭壁之上，人不能取，以箭射之，箭頭著處，青隨箭落，故謂之箭青。一、梅花片形，似梅花，故名。此二種爲最。又有一種細如芥子，内多緑米，色不甚翠，細者每斤不過千文。片塊者或一金一兩，或二金一兩，總以色翠而鮮爲貴。【略】

空青，一名楊梅青，生益州山谷及越嶲山有銅處，銅精熏則生空青，其腹中空。今出銅官者色最鮮深，出始興者弗如。涼州高平郡有空青山，亦甚多。但圓實如鐵珠無空腹者，皆鑿土石中取之，而以合丹，成則化鉛爲金，亦充畫色。張果《玉洞要訣》云：「空青以楊梅受赤金之精，甲乙陰靈之氣，近泉而生，久而含潤，新從坎中出，鑽破，中有水，久即乾如珠，金星燦燦。」《庚辛玉册》云：「空青，陰石也。産上饒，似鐘乳者佳，大片，含紫色，有光采。次出蜀嚴道及北代山生金坎中，生生不已，故青爲之丹。有如拳大及卵形者，中空有水如油，治盲立效。出銅坑者亦佳，堪畫。又有楊梅青、石青，皆是一體，而氣有精粗。」《造化指南》云：「銅得紫陽之氣而生緑，緑二百年而生石緑，銅始生其中焉。曾、空二青則石緑之得道者，均謂之鑛。又二百年得青陽之氣，化爲鍮石。」觀此諸説，則空青有金坑、銅坑二種，或大如拳卵，小如豆粒，或成片塊，或若楊梅，雖有精粗之異，皆以有漿爲上，不空無漿者下也。方家以藥塗銅物生青，刮下僞作空青者，終是銅青，非石緑之得道者也。【略】

石緑生山之陰穴中，陰石也；亦生銅坑中，乃銅之祖氣也。銅得紫陽之氣而生緑，緑久則成石，謂之石緑，而銅生于中，與空青，曾青同一根源也。今人呼爲大緑，亦名緑青。《本草》曰：「此即用畫緑色者，亦出空青，中相挾帶，今畫工呼爲碧青，而呼空青作緑青正相反矣。又韶州、信州其色青白，極有大塊，其中青白花文可愛，信州人琢爲腰帶、器物及婦人服飾。」范成大《桂海志》云：「石緑，銅之苗也，出廣西古江有銅處。生石中，質如石者，名石緑。一種脆爛如碎土者名泥緑，品最下。」《明會典》云：「青緑石礦，淘浄緑一十一兩四錢。暗色緑，每礦一斤淘浄緑一十兩八錢。」以今考之，江西筠州，四川涇南，湖北漢川，陝西安康並産石緑，大者作假山以供雅玩，小者入畫，總以色嫩者爲佳。其形似蝦蟇背爲貴，其質堅過石青。先以鐵椎擊碎，然後入乳鉢細研，加膠撇標分作三層，頭緑、二緑、三緑是已。

謝啓昆《（嘉慶）廣西通志》卷九二《輿地一三·物産》 銅，邕州右江州峒所出，掘地數尺即有礦，故蠻人好用銅器。《虞衡志》。自然銅，即石髓鉛，出山之巖石間，方圓不定，其色青黄如銅。《金志》。

石緑，銅之苗也。亦出右江有銅處，生石中，質如石者名石緑。又有一種脆爛如碎土者名泥緑，品最下，價亦賤。《虞衡志》。銅緑所在有之。湖南之衡、永，廣東之韶，廣西之邕，皆有之，蓋銅之苗裔也。有融結於山巖，翠緑可愛，玩質如石者名石緑，色鮮美。淘取英華以供畫繪，其次可飾棟宇。又一種脆爛如碎土者名泥緑，人不甚用。《嶺外代答》。

王培荀《聽雨樓隨筆》卷六 世傳空青以爲至寶，能使瞽目復明，今越嶲多有之，而佳者難得。居人鑿石，石中有子狀如鷄卵而小，似蛹又差大，摇之似有水，清爲上，濁爲下。多未變成，或絶無，或僅得其半，皆未成者，破而視之，水見風即乾。其成與否，未易驗秤。其重輕非多試無可據，藥肆所鬻，難定美惡。土人持以贈客，佳者十不得一。吾鄉石工鑿石多年，或有遇者。一人得之，聞可治目，本無恙也，思洗之明必逾常，既而疼甚，竟至雙瞽。蓋目被脂膜而目睛未損，水能去膜翳，故復明，如無翳而試之，鮮不傷矣。古詩云「服食求神仙，多爲藥所誤」，殆此類歟。

劉嶽雲《格物中法》卷五上《金部·金總論》 銅得紫陽之氣而生緑，緑二百年而生石緑，銅始生其中焉。曾、空二青，則石緑之得道者，均謂之礦。又二百年得青陽之氣化爲鍮石。《造化指南》、《鶴頂新書》。

王有光《吴下諺聯》卷一《天下有空青》 空青本乾坤之靈氣，聚日月之精華，結成石膽中，涵天一之水，一塵不染，用以療目，能使痼疾頓開，非特治目之藥，乃治心之藥也。心清則目自明耳。當初瞽瞍雙目不明，舜使工垂鑿石取之，遍掘冀州不得。舜曰冀州雖無，天下自有。乃使禹隨山開取，涉歷九州得一空青，進之。舜乃獻於父前，親爲蘸點，目翳盡脱，睛珠生光，清氣直注靈臺，光明

發越，父乃大悦。底豫而天下化，空青之力也。不然，頑父一瞽到底，即夔夔齋栗，亦無從而見之，其又焉能允若乎？

綜述

《山海經第二・西山經》 西山華山之首，曰錢來之山，其上多松，其下多洗石。有獸焉，其狀如羊而馬尾，名曰羬羊。

又西四十五里，曰松果之山。濩水出焉，北流注于渭，其中多銅。【略】

又西六十里。曰石脆之山，其木多棕枏，其草多條，其狀如韭，而白華黑實，食之已疥。其陽多㻬琈之玉，其陰多銅。【略】

西次二山之首，曰鈐山，其上多銅，其下多玉，其木多杻橿。【略】

又西四百里，曰小次之山，其上多白玉，其下多赤銅。有獸焉，其狀如猿，而白首赤足名曰朱厭，見則大兵。

《山海經第三・北山經》 又北二百五十里，曰求如之山，其上多銅，其下多玉，無草木。【略】

又北五十里，曰縣雍之山，其上多玉，其下多銅，其獸多閭麋，其鳥多白翟白鵺。【略】

又北三百八十里，曰諸餘之山，其上多銅玉，其下多松柏。【略】

又北百八十里，曰渾夕之山，無草木，多銅玉。【略】

《山海經第五・中山經》 又東南一百二十里，曰陽帝之山，多美銅，其木多橿杻檿楮，其獸多麢麝。【略】

中次一十一山荆山之首，曰翼望之山。【略】其上多松柏，其下多漆梓，其陽多赤金，其陰多珉。

《山海經廣注》卷二《西山經》 又西八十里曰符禺之山。任臣案：《水經注》作觀愚之山，《緯略》引此作將遇之山，其陽多銅。

辛文《計然萬物録》 空青。空青出巴郡。《御覽》九百八十八，《藝文類聚》八十一。

白青。白青出巴郡。《御覽》九百八十八。白青出新淦，青色者善。《藝文類聚》八十一。

曾青。曾青出宏農、豫章。《類聚》八十。

盧青。案：《神農本草經》有膚青，無盧青。盧青出宏農豫章。《御覽》九百八十八。

扁青。扁青出宏農、豫章。《大觀本草》。

石膽。石膽出隴西羌道。《御覽》九百八十七。

李昉等《太平御覽》卷八一三《珍寶部一二・銅》 《山海經》曰：昆吾之山，其上多赤銅。此山出金，色赤如火，以切玉如泥。周穆王持西戎爲兵獻。汲冢中得銅金劍一枚，長三尺五寸，故通以錫雜爲兵器。【略】

又 《神異經》曰：「入金山下四丈得丹楊銅。張華曰：此銅與金相以。《典術》曰：陶丹銅以爲金也。」【略】

〔《漢書》〕又曰：「吴有豫章郡銅山，招致天下人民亡命者，盜鑄錢。」又曰「無雷國有銅。」

《史記》卷六〇《三王世家》 夫廣陵在吴越之地，其民精而輕，故誡之曰「江湖之間，其人輕心。楊州葆疆，三代之時，迫要使從中國俗服，不大及以政教，以意御之而已。無侗好佚，無邇宵人，維法是則。無長好佚樂馳騁弋獵淫康，而近小人。常念法度，則無羞辱矣。三江、五湖有魚鹽之利，銅山之富，天下所仰。故誡之曰「臣不作福」者，勿使行財幣，厚賞賜，以立聲譽，爲四方所歸也。又曰「臣不作威」者，勿使因輕以倍義也。

又卷一二九《貨殖列傳》 彭城以東，東海、吴、廣陵，此東楚也。其俗類徐、僮。朐、繒以北，俗則齊。浙江南則越。夫吴自闔廬、春申、王濞三人招致天下之喜游子弟，東有海鹽之饒，章山之銅，三江、五湖之利，亦江東一都會也。

酈道元《水經注》卷三六《沬水》 東南過旄牛縣北，又東至越嶲靈道縣，出蒙山南。

靈道縣，一名靈關道。漢制：夷狄曰道。縣有銅山。案：近刻重一山字。

王通《元經》卷八 經：元嘉十年，【略】冬，十一月，楊難當據梁州。【略】傳曰：〔元嘉十年〕十一月初，難當據梁州，亦號東益州。其城東連秦嶺，西接宕昌。言語與中國同，地植九穀，婚姻有六禮，知書數，出桑、蔴、銅，於本國自稱仇池王。

虞世南《北堂書鈔》卷一五七《地理部一・崗四》 曾青崗。《衡山記》云：「衡山有曾青崗出曾青，可以合仙藥。」

歐陽詢《藝文類聚》卷六《地部州部郡部》 《衡山記》曰：「衡山有曾青岡，

出曾青合仙藥。有靈壽岡，多靈壽木。」

《新唐書》卷三八《地理志二》 〔河南道〕宿州，上。元和四年析徐州之苻離、蘄，泗州之虹置。大和三年州廢，七年復置。初治虹，後徙治苻離。土貢：絹。縣四。【略】虹，中。本夏丘。武德四年以夏丘、穀陽置仁州，又析夏丘置虹及龍亢二縣。六年省夏丘。貞觀八年州廢，省龍亢，以虹隸泗州，穀陽隸北譙州。有銅。

又卷四一《地理志五》 〔淮南道〕滁州永陽郡，上。武德三年析揚州置。土貢：貲布、絲布、紵、練、麻。有銅坑二。【略】

廬州廬江郡，上。土貢：花紗、交梭絲布、茶、蠟、酥、鹿脯、生石斛。户四萬三千三百二十三，口二十萬五千三百九十六。縣五。【略】廬江，緊。有攜山、白茅山。有銅。【略】

〔江南道〕昇州江寧郡，至德二載以潤州之江寧縣置，上元二年廢，光啓三年復以上元、句容、溧水、溧陽四縣置。土貢：筆、甘棠。縣四。有江寧軍，乾元二年置。有石頭鎮兵。有下蜀、淮山二戍。上元，望。本江寧，隸潤州。武德三年以江寧、溧水二縣置揚州，析置丹楊、溧陽、安業三縣，更江寧曰歸化。七年平輔公祏，更名蔣州。八年，復爲揚州，又以延陵、句容隸之，省安業入歸化，更歸化曰金陵。九年州廢，都督徙治江都，更名金陵曰白下，以白下、延陵、句容隸潤州，丹楊、溧水、溧陽隸宣州。貞觀九年更白下曰江寧，肅宗上元二年又更名。有銅，有鐵。有蔣山。句容，望。武德三年以句容、延陵二縣置茅州，七年州廢，隸蔣州，九年隸潤州。乾元元年來屬。西南三十里有絳巖湖，麟德中，令楊延嘉因梁故隄置，後廢，大曆十二年，令王昕復置，周百里爲塘，立二斗門以節旱暵，開田萬頃。絳巖，故赤山，天寶中更名。有銅，有礬。溧水，上。乾元元年隸昇州，州廢，還隸宣州。有銅。【略】

蘇州吴郡，雄。土貢：絲葛、絲綿、八蠶絲、緋綾、布、白角簟、草席、鞵、大小香秔、柑、橘、藕、鯔皮、魬、鯖、鴨胞、肚魚、魚子、白石脂、蛇粟。户七萬六千四百二十一，口六十三萬二千六百五十。縣七。有長洲軍，乾元二年置，大曆十二年廢。吴，望。有包山。有銅。武康，上。李子通置安州，又曰武州。武德四年平子通，因之，七年州廢，縣隸湖州。有封山。有銅。長城，望。大業末沈法興置長州。武德四年更置綏州，因古綏安縣名之，又更名雉州，并置原鄉縣。七年州廢，省原鄉，以長城來屬。有西湖，溉田三千頃，其後堙廢，貞元十三年，刺史于頔復之，人賴其利。顧山有茶，以供貢。有銅。安吉，緊。義寧二年沈法興置。武德四年賊平，因之，以縣隸桃州。七年，省入長城。麟德元年復置。北三十里有邸閣池，北十七里有石鼓堰，引天目山水溉田百頃，皆聖曆初令鉗耳知命置。有銅，有錫。【略】

杭州餘杭郡，上。土貢：白編綾、緋綾、藤紙、木瓜、橘、蜜蕈、乾蕈、芑、牛膝。有臨平監、新亭監鹽官二。户八萬六千二百五十八，口五十八萬五千九百六十三。縣八。有餘杭軍，乾元二年置。有鎮海軍，建中二年置于潤州，元和六年廢，大和九年復置，景福二年徙屯。又有烏山戍。錢塘，望。南五里有沙河塘，咸通二年刺史崔彦曾開。有臯亭山。鹽官，緊。武德四年隸東武州，七年省入錢塘，貞觀四年復置。有鹽官。有捍海塘隄，長百二十四里，開元元年重築。餘杭，望。南五里有上湖，西二里有下湖，寶曆中，令歸珧因漢令陳渾故迹置。北三里有北湖，亦珧所開，溉田千餘頃。珧又築甬道，通西北大路，高廣徑直百餘里，行旅無山水之患。有銅。【略】

〔睦州新定郡〕建德，上。武德四年置，七年省入桐廬雉山。永淳二年復置。有銅。【略】遂安，上。石英山有白石英，以供貢。有銅。

又卷四二《地理志六》 〔劍南道雅州盧山郡〕儀鳳二年置大渡縣，長安二年省。有靈關。有鹽，有銅。

孫思邈《千金翼方》卷二《本草上》 緑青：【略】生山之陰穴中，色青白。

曾青：【略】能化金銅，生蜀中山谷及越嶲，採無時。

白青：【略】久服，通神明，輕身延年不老。可消爲銅劍，辟五兵。生豫章山谷，採無時。

扁青：【略】生朱崖山谷、武都、朱提，採無時。

石膽：【略】能化鐵爲銅，成金銀。一名畢石，一名黑石，一名碁石，一名銅勒。生羌道山谷羌里勾青山，二月庚子辛丑日採。

李吉甫《元和郡縣志》卷二《關内道二・京兆府・同官縣》 本漢祋祤縣地，屬左馮翊。晉屬頻陽。苻秦于祋祤城東北銅官川置銅官護軍，後魏太武帝改置銅官縣，屬北地郡。周朝除金，作此同字。屬宜州，大業二年省宜州縣，屬雍州。國朝因之。

又卷一四《河東道一・絳州・曲沃縣》 絳山在縣南十三里，出銅。

又卷一六《河東道三・太原府・晉陽縣》 懸甕山，一名龍山，在縣西南十二里。《山海經》曰：「懸甕之山，晉水出焉，其上多玉，其下多銅。」

又卷二九《江南道一・宣州・南陵縣》 銅井山在縣西南八十五里，出洞。利國山在縣西一百一十里，出銅，供梅根監。

又卷三四《劍南道三・梓州・飛烏縣》 上哥郎等八山並出銅。

李昉《太平御覽》卷九八七《藥部四・石膽》 王丹曰：虎珀又名爲石膽。

《十洲記》曰：滄浪海島上有石膽，服之成神仙。

《仇池記》曰：膽川平地出石膽。

《博物志》曰：皇初三年，武都西部都尉王褒獻石膽二十斤。

《范子計然》曰：石膽出隴西羌道。

樂史《太平寰宇記》卷二〇《河南道二〇・萊州》 按今縣兼有漢長廣、掖縣、觀陽、盧縣四縣之地，後唐莊宗同光元年避國諱，改爲萊陽縣。黄銀坑在縣東一百四十里，隋開皇十八年，牟州刺史辛公義于此坑冶，鑄得黄銀，獻之，大業末絶。

又卷一〇七《江南西道五・信州》 鉛山在縣西北七里，又名桂陽山。【略】建中元年封禁，貞元間，置永平監。其山又出銅及青碌。又有寶山，連桂陽山，出銅。

又卷一六四《嶺南道八・梧州》 又丹城縣西南有銅山，有銅湖，有硃砂銅。

王安石《王荆公文集》卷七《志銘・叔父臨川王君師錫墓志銘》 銅山之原。《儀徵縣志》：大銅山在儀徵縣西北廿五里，山之東麓有小銅山，皆産銅。

張君房《雲笈七籤》卷二六《十洲三島・聚窟洲》 滄海島在北海中，地方三千里，海四面繞島各五千里，水皆滄色，仙人謂之滄海者也。島上專是大山積石，有名石象。八石：石腦、石桂英、流月、黄子、石膽之輩百餘種，皆生於島，服之神仙。

吴廣成《西夏書事》卷二〇 〔嘉祐八年〕二月，〔西夏〕市銅于契丹，契丹不許。

靈夏産鐵少銅，諒祚遣人私與契丹民市易，契丹主下詔禁之。

王存《元豐九域志》卷六《江南路・上太平州軍事治當塗縣》 古跡：浮丘山、蒲山、金山有銅，與金相類。

唐慎微《證類本草》卷三《玉石部上品總七十三種》 空青：【略】能化銅、鐵、鉛、錫作金，生益州山谷及越嶲山有銅處，銅精熏則生空青。其腹中空，三月中旬採，亦無時。陶隱居云：越嶲屬益州，今出銅官者色最鮮深，出始興者弗如。益州諸郡無復有，恐久不採之故也。涼州西平郡有空青山，亦甚多。今空青但圓實如鐵珠無空腹者，皆鑿土石中取之，又以合丹，成則化鉛爲金矣。【略】唐本注云：凡物出銅處有，乃兼諸青，但空青爲難得。今出蔚州、蘭州、宣州、梓州，宣州者最好，塊段細，時有腹中空者。蔚州、蘭州者片塊大，色極深，無空腹者。今注：今出饒信等州者亦好。臣禹錫等謹按：《范子計然》云：「空青出巴郡，白青、曾青出新淦，青色者善。」【略】

《圖經》曰：空青生益州山谷及越嶲山有銅處，銅精熏則生空青，今信州亦時有之，狀若楊梅，故別名楊梅青。【略】

曾青：【略】能化金、銅，生蜀中山谷及越嶲，採無時。【略】陶隱居云：此與空青同山。療體亦相似。今銅官更無曾青，惟出始興，形累累如黄連相綴，色理小類空青，甚難得而貴，仙經少用之。化金之法事同空青。唐本注云：曾青出蔚州、鄂州，蔚州者好，其次鄂州，餘州並不任用。

《丹房鏡源》：曾青結汞，製丹砂，金氣之所生。

《寶藏論》：曾青若住火成膏者，可立制汞成銀，轉得八石。

白青：【略】可消爲銅劍，辟五兵，生豫章山谷，採無時。【略】

緑青：【略】生山之陰穴中，色青白。【略】唐本注云：緑青即扁青也，畫工呼爲石緑。其碧青即白青也，不入畫用。

《圖經》曰：緑青今謂之石緑，舊不著所出州土，但云生山之陰穴中。本經次空青條上云，生益州山谷及越嶲山有銅處，此物當是生其山之陰耳。今出韶州、信州，其色青白，即畫工用畫。緑色者極有大塊，其中青白花文可愛，信州人用琢爲青帶環及婦人服飾。【略】

扁青：【略】生朱崖山谷、武都、朱音殊。提，音時。採無時。陶隱居云：仙經俗方都無用者。朱崖郡先屬交州，在南海中，晉代省之。朱提郡，今屬寧州。唐本注云：此即前條陶謂緑青是也。朱崖、巴南及林邑、扶南舶上來者，形塊大如拳，其色又青，腹中亦時有空者。武昌者片塊小而色更佳，簡州、梓州者形扁作片，而色淺也。

又卷五《玉石部下品總九十三種》 自然銅：【略】生邕州山巖中出銅處，於坑中及石間採得，方圓不定，其色青黄如銅，不從礦鍊，故號自然銅。【略】

《圖經》曰：【略】今信州出一種，如亂銅絲狀，云在銅礦中山氣熏蒸，自然流出，亦若生銀，如老翁鬚之類，入藥最好。火山軍者，顆塊如銅，而堅重如石，醫家謂之銗石，用之力薄，採無時。今南方醫者，説自然銅有兩三體，一體大如麻黍，或多方解，纍纍相綴，至如斗大者，色煌煌明爛如黄金、鍮石，最上。一體成塊，大小不定，亦光明而赤。一體如薑鐵矢之類。又有如不治而成者，形大小不定，皆出銅坑中，擊之易碎，有黄赤，有青黑者，鍊之乃成銅也。據如此説，雖分

析頗精，而未見似亂絲者耳。又云：今市人多以鍮石爲自然銅，燒之皆成青焰，如硫黄者是也。此亦有二種：一種有殼如禹餘糧，擊破，其中光明如鑑，色黄，類鍮石也；一種青黄而有牆壁，或文如束針。一種碎理如砂者，皆光明如銅，色多青白而赤少者，燒之皆成煙焰，頃刻都盡，今醫家多誤以此爲自然銅。市中所貨，往往是此。自然銅用多須鍛，此乃畏火，不必形色，只此可辯也。

雷公云：石髓鉛即自然銅也。凡使勿用方金牙，其方金牙真似石髓鉛，若誤餌吐，煞人。其石髓鉛色似乾銀泥，味微甘。如採得，先搥碎，同甘草湯煮一伏時，至明漉出，攤令乾，入臼中搗了，重篩過，以醋浸一宿，至明用六一泥泥甆；合子約盛得二升已來，於文武火中養三日夜，才乾，便用蓋蓋了泥，用火煅兩伏時，去土抉蓋，研如粉用，若修事五兩，以醋兩鎰爲度。

《丹房鏡源》云：可食之。自然銅出信州鉛山縣銀場，銅坑中深處有銅鑛，多年鑛氣結成，似馬屁勃，色紫重，食之澀，是真自然銅。今人只以大䃅石爲自然銅，悮也。

《別録》云：謹按：今辰州川澤中出一種，形圓似蛇含，大者如胡桃，小者如栗，外有皮，黑色光潤。破之，與鍮石無別，但比鍮石不作臭氣爾，入藥用之殊驗。

李燾《續資治通鑑長編》卷一二〇《仁宗》〔景祐四年八月〕丙寅，三司言：「東頭供奉官錢遜奏，信州鉛山産石碌，可烹煉爲銅。」

陳公亮《〔淳熙〕嚴州圖經》卷一《物産》 貨：《唐志》：建德、遂安縣皆有銅，今無。絲、漆、茶、蜜。

王象之《輿地紀勝》卷八《虔州》 銅官山。在州西北八十里。新安記云：秦時於此置官採銅，因以名之。

又卷三四《江南西路・臨江軍・景物上》 銅山。在新喻縣西北二十里，唐大曆以後置官烹採。

又卷九八《廣南東路・南恩州・景物下》 石碌山。在陽春縣西南，出石碌，因名。

佚名《群書通要》癸集《方輿勝覽下》 《贛州路・會昌州》崆山在州南，山出空青，因名。

李賢《明一統志》卷一八《南京・滁州》 山川：銅井山。在全椒縣西七十里。一名銅官。上有銅井，舊嘗出銅。銅井。在全椒縣西北五十里，廣十餘丈，深不可測，舊于此採銅。有魚出其中，其色如金。

又卷二五《山東布政局・登州府》 昌陽城。在萊陽縣東七十里，漢置縣晉省。城東百四十里，有黄銀坑，唐貞觀初得之。

又卷二八《河南布政司・懷慶府》 土産：石緑。俱濟源縣出。【略】

又卷二八《彰德府》 山川：銅山。在府城西北四十里，山舊産銅。

又卷三〇《河南府》 土産：銅。鎮平縣騎立山出，有鑛。

又卷四二《浙江布政司・金華府》 山川：銅山。在府城南二十里。一名百沙山。此山出銅。【略】

土産：銅。金華縣銅山出。

又卷四四《處州府》 山川：孝義山。在龍泉縣西五十里。山舊出銅。【略】

又卷四六《寧波府》 土産：銅。奉化縣出。

又卷五〇《江西布政司・饒州府》 膽泉。在德興縣北銅山下。名銅泉，以泉浸鐵，數日輒類朽木，取以刮其屑，煅煉成銅。

土産：銅。德興縣出。【略】

又卷五一《廣信府》 土産：銅。弋陽、鉛山二縣出。

又《九江府》 土産：銅。【略】

又《林江府》 山川：銅山。在新喻縣西二十里。有銅鑛。唐大曆後置官場，宋初罷。

土産：銅。新喻縣出。

又卷六〇《湖廣布政司・承天府》 土産：石青、石緑。荆門州出。

又卷六二《岳州府》 土産：石青、石緑。慈利縣出。【略】

又卷七一《四川布政司・潼川州》 賴應山。在中江縣南九十五里，産銅及空青。

土産：【略】曾青、空青。潼川州出。

又卷七二《雅州》 徙陽城在州境，本漢蜀郡徙縣。徙，音斯。晉改徙陽，屬漢嘉郡。《華陽國志》云：「出丹砂、雄雌黄、空青、青碧。」

又《瀘州》 土産：麩金、石青、石緑。

又卷八六《雲南布政司・雲南府》 土産：石緑。禄豐、羅次二縣出。

胡謐《〔成化〕山西通志》卷二 澮高山在共城縣東南十五里，其形如鳥張冀，又名翔翔山，産銅、鐵。【略】折腰山在垣曲縣西北七十里劉張村，形勢中低

兩高，故名。相傳古有銅鑛，鑿久摧眷，故名。【略】湯山在聞縣東南七十里，上有廟，故名。其山產銅。

又卷六　銅，代州、鳳游、谷垣、曲縣北山俱出石。潞州臨興縣有爐。

陳道黄仲昭《〔弘治〕八閩通志》卷二六《食貨・物產》　〔延平府〕銅。尤溪沙二縣出。

〔邵武府〕銅出邵武縣，今無。

王鏊《〔正德〕姑蘇志》卷八《山上》　銅坑山在鄧尉山西南，一名銅井，晉宋間鑿坑，取沙土煎之，皆成銅，故名。

李日華《六研齋二筆》卷四　陽羨荆溪之南，有銅官山。記云東漢袁令玘有異政，殁葬此山，一夕雷雨，天下銅棺，改葬石冢。石壇儼如馬鬣，因名銅棺。溧陽亦有銅官山，張鉉《金陵志》稱：「山產銅，漢時設官冶鑄，因名。」今按：溧陽諸山，東連陽羡，當是一山而分屬耳，袁玘之説出於附會。

陸釴《〔嘉靖〕山東通志》卷五《山川上》　濟南府：陰凉山。在萊蕪縣北三十里，產銅鑛。

崔銑《〔嘉靖〕彰德府志》卷一《地理志第一之一》　銅山在〔武安〕縣西北四十里，山舊產銅。

李默《〔嘉靖〕寧國府志》卷五《表鎮紀》　連坑山、石女山、銅山。舊嘗冶銅于此。

鍾崇文《〔隆慶〕岳州府志》卷七　銅。州西南四十里相傳產銅，永樂間置冶，煉之不成。

《續文獻通考》卷二三《征榷考・坑冶》　銅之所產，在腹里曰益都，遼陽省曰大寧，雲南省曰大理、澂江。

《明一統文武諸司衙門官制》卷三《雲南省・潼川州》　土產：鹽、各縣亦出曾青、空青、桃竹。生江心。

陳耀文《天中記》卷五〇《金》　黄銀：辛公義爲并州刺史，山出黄銀，獲之以獻。詔水部郎婁則就公義禱焉，乃聞空中有金石絲竹之響。《北史・循吏》。

陳舜仁《〔萬曆〕應天府志》卷一五《山川志・溧陽》　銅官山，東南五十八里，山產銅，土中瑩然如麩狀。《唐書・地理志》云：溧陽縣有銅，即此。

又《溧水》　銅山，西南四十五里，山產銅，昔人嘗採之于此鑄冶。

又《江寧》　銅山在東南七十里，山產銅，故名。

孫瑴《古微書》卷一九《禮斗威儀》　按：《瑞應圖》：「舜時金車見帝庭。」又曰：「天金，銅之精，知吉凶存亡，不爨自沸，不汲自盈，不藏自藏，不遷自行，日移五步，郊鄏來日東南移，今不知所。」

又卷二七《孝經援神契》　伏羲氏畫地之制，凡天下山五千三百七十，居地五十六萬四千五十六里，出水者八千里，受水者八千里，出銅之山四百五十七，出鐵之山三千六百九。

曹學佺《蜀中廣記》卷三四《寧番衛》　《上南志》曰：「衛南五里曰南山，山勢屹然，子午針也，產白銅。」《華陽國志》：「邛都南山出銅」，即此。

又卷六四《方物記第六》　《范子計然》曰：「空青出於巴郡。」《本草》：「空青生益州山谷，久服輕身，能化銅、鉛作金。」又云：「蜀名山縣有銅處曾青出其陽，青者銅之精也。」又云：「空青生越嶲山有銅處，銅精熏則生空青，其腹中空。」梁江淹《空青賦》曰：「夫赤瓊以照燎爲光，碧石以葳蕤爲色，咸見珍於東國，並被貴於西極。況空青之麗寶，挺山海之不測。於是寫雲圖氣，學靈狀仙。寶波麗水，華峯豔山，暘谷之樹，崦嵫之泉，西海之草，炎州之煙。曲帳畫屏，素女綵扇，錦色霧鬱，綺質蔓延，點拂濃薄，如隱如見。山水萬象，丹青四變。咸百鎰而可珍，亦千金而不賤。故淹作《扇上彩畫賦》，有空青出峩眉之岨，雌黄出嶓冢之陰。」《華陽國志》：「越嶲會無縣山色青碧。」《蜀都賦》：「所稱碧砮出此。」《本草》：「扁青生朱提，繪畫家用之，青翠不渝。」《珙縣志》：「落榦里麻窖中出青，大如筯，初掘其色淡，乘風始變青，所謂土青也。」《寰宇記》：「空青出銅山縣賴應山。」又云：「梓州貢空青、曾青、石碌也。」《山海經》：「數歷之山楚水出焉，其中多白珠。」郭注云：「今蜀郡平澤出青珠。」按《寰宇記》：「蜀州晉原縣有豐平澤，青珠是出。」《本草》：「石闌干生蜀郡平澤，《蜀都賦》所稱青珠黄環者也。」注云：「黄環出蜀郡。」《華陽國志》：「會無縣其穴多碧珠，人不可取，取之不祥，或即青珠也。」【略】

《寰宇記》：渝、合二州出石膽。

章潢《圖書編》卷八九《各省府縣土產・浙江・嚴州府》　銅、建德。漆、淳安、遂安、壽昌。桐油、淳安、壽昌。紙。建德、淳安。

又《金華府》　銅。金華。

又《江西・饒州府》　銅、德興。瓷、浮梁，白者如玉。青花，描金極精。茶。各縣。

又《臨江府》　銅、新喻。紵布、葛布、柑、銀杏、各縣。

又《雲南·楚雄府》 石青、石碌。定遠。

又《徵江府》 銅。潞南。

陸應陽《廣輿記》卷七《南陽府》 土産：石青。南陽。

又卷八《西安府》 土産：石青。洛南出，有洞。

又卷一三《瑞州府》 土産：石青、石碌。上高。

又卷一四《襄陽府》 土産：石青、石碌。南漳。

又卷一五《岳州府》 土産：石青、石碌、慈利漆。澧州。

又卷一五《沅州府》 土産：石青、石碌。沅陵、蘆溪、麻陽出。

又卷一七《瀘州》 土産：石青、石碌。

又卷一七《四川行都司》 山川：葛砧山。産石青，有四色。

陸應陽《廣輿記》卷二一《楚雄府》 土産：翡翠、箭竹、石青、石碌、鹽。定遠、廣通二縣出。

又卷二四《浡泥國》 土産：石青。

滕弘《〔萬曆〕神農本經會通》卷六《玉石部》 石膽。即膽礬，君也，水英爲之使。畏牡桂、菌桂、芫花、辛夷、白薇，此物出銅處有，形似曾青，兼緑相間，味極酸苦，磨鐵作銅色，此是真者。信州生羌道山谷，羌里句青山，今惟信州鉛山縣有之。生於銅坑中，採得煎錬而成。又有自然生者，尤爲珍貴。陶云：色似瑠璃，此乃絳礬，比來亦用。又以醋揉青礬爲之。又取粗惡石膽，合消石銷溜而成，並僞戾真者。二月庚子辛丑日採。

慎懋官《華夷花木鳥獸珍玩考》卷八《黃銀》 出蜀中，南人罕識。朝散郎顔經監在京抵當庫，有以十釵質錢者，其色重與上金無異，上石則止白。昔唐太宗以黃銀帶賜房玄齡時，杜如晦已死，又欲賜之，乃曰：「鬼神畏黃銀易以金帶。」又隋文帝時，并州出黃銀，刺史辛公義嘗以獻上，前史唯載此二事。

又《緑》 銅之苗也，亦出右江有銅處。生石中，質如石者名石緑。又有一種脆爛如碎土者，名泥緑，品最下，價亦賤。

又《空青》 《圖經》曰：空青生益州山谷及越巂山有銅處，銅精熏則生空青。今信州亦時有之，狀若楊梅，故別名楊梅青。其腹中空，破之有漿者絶難得。亦有大者如雞子，小者如豆子。三月中旬，採亦無時。古方雖稀用，而今治眼翳障爲最要之物。又曾青所出與此同山。療體頗相似，而色理亦無異，但其形纍纍如連珠相綴，今極難得。又有白青出豫章山谷，亦似空青，圓如鐵珠，色白而腹不空，亦謂之碧青，以其研之色碧也。亦謂之魚目青，以其形似魚目也。無空青時，亦可用，今不復見之。

董斯張《廣博物志》卷五《地形一·山》 牟州有拒神山，在州東五里，始皇取石爲橋，此山拒而不去，因遂名焉。山南四里有黃銀穴。《續高僧傳》。

又卷三七《珍寶》 山多銅者，松果、潘侯、軒轅、橿谷、鼓磴、昆吾、蟲尾、玉山、陽帝、榮余。《山海經》。

《明史》卷四二《地理志三》 〔陝西西安府〕商州。洪武七年五月降爲縣。成化十三年三月仍爲州。東南有商洛山。西有熊耳山，伊水所出。南有丹崖山，舊産銅。【略】

〔河南南陽府〕鎮平府西。洪武十年五月省入南陽縣。十三年十一月復置。西北有五朵山，産銅。【略】

〔河南彰德府〕安陽。倚。永樂二年四月建趙王府。元末，縣廢。洪武元年九月復置。東北有韓陵山。西北有銅山，舊産銅。【略】

〔江西臨江府〕臨江府。元臨江路，屬江西行省。太祖癸卯年爲府。領縣四。東北距布政司二百七十里。【略】

又新喻。府西。元新喻州，洪武初，降爲縣。西有銅山，舊産銅。【略】

〔四川潼川州〕中江。州西。洪武十年五月省入州。十三年十一月復置。西南有可蒙山、銅官山，南有賴應山、私鎔山，俱産銅。【略】

〔江西撫州府〕撫州府。元撫州路，屬江西行省。【略】

臨川。倚。南有靈谷山。西有銅山，舊産銅。【略】

〔四川行都指揮使司〕寧番衛軍民指揮使司。元蘇州，屬建昌路。【略】

川都司。二十七年九月來屬。南有南山，産銅。【略】

又卷四四《地理志五》 〔浙江金華府〕金華。倚。北有金華山。南有銅山，舊産銅。【略】

蘭谿。府西。元蘭谿州。洪武三年三月降爲縣。東有銅山，舊産銅。【略】

永康。府東南。東南有銅山，舊産銅。

顧炎武《肇域志》卷一三 歸安銅山，一名銅峴山，在縣西南八十六里。《括地志》云吴宋鄣山之銅。于此西屬安吉南，屬武康。

又卷二二 曲沃縣府【略】紫金山在縣南一十三里，産銅。山半有泉，下注石崖，冬則凝而成冰，故名冰崖。【略】

聞喜縣州【略】湯寨山在縣東南七十。《府志》：四十里，上有湯王廟山，産銅。

又卷二三　聞喜縣【略】巫咸水又東十五里爲柳谷，唐陽城隱於此。又東二十里爲鳳凰山，其東爲湯山，上有湯廟，産銅。【略】

又卷二五　聞喜縣【略】湯山上有湯廟，其下有郭璞書堂，山亦産銅。大同府境，舊雲内州出銅。

又卷四四　本朝洪武十五年改澂江府，領州二，縣三，舊有邑市。縣革在路南州北八十里，屬臨沅道。羅藏山在府治西北，《東漢志》：裝山出銅。

又卷四五　河陽郡，刺史王遜分雲南置河陽縣，郡治在河中源州上也。梁水郡，刺史王遜分置，在興古之盤南梁水縣，郡治有振山，出銅。

又〔連州〕翁源縣北二十五里曰寶山，高千餘仞，周圍百餘里，即岑水界石山之巔，復戴一石。其下有池，環繞左右。東岩出泉，深不可測，池多蓮藕。《舊志》：山産銅礬。

顧炎武《天下郡國利病書》上饒知縣李鴻《封禁考畧・要害》　在昔寇亂，大抵由此釀釁，是以傳禁，不通人烟。入我明而始益嚴扃鑰，因以得名。其隸建寧者，姑未暇述。其在廣信者，實名銅塘，俗傳産銅，殊未可深曉。今《江西通志》及《郡志》皆云，此山在府南百里，險絶陡峻，稱爲一郡要害，山有九井，幽路偪側，須備歷險阻始達，餘則不可復入矣。

又《寧番衛》　《上南志》曰：「衛南五里曰南門山，山勢屹然，子午針也，産白銅。」《華陽國志》：「邛都南山出銅，即此。」

胡我琨《錢通》卷三《資採》　安陽縣西北有銅山，山多産銅。劄龍山在路南州東八十里，山下有小石可煉爲銅。《澂江志》。

蔣超《峨眉山志》卷六《附珍異》　《范子計然》曰：「空青出於巴郡。」《本草》：「空青生益州山谷，久服輕身，能化銅、鉛作金。」又云：「蜀名山縣有銅處，空青出其陽，青者，銅之精也。」又云：「空青生越嶲山有銅處，銅精薰則生空青。其腹中空。」

許瓚曾《寶綸堂稿》卷一〇　滇之銅鑛在在有之，惟楚雄之銅爲勝。

顧祖禹《讀史方輿紀要》卷一一〇《廣東二》　又〔陽山縣〕銅沙山在縣西南七十里，舊嘗産銅。

汪森《粤西叢載》卷一九《銅》　銅，邕州右江州峒所出，掘地數尺，即有礦，故蠻人好用銅器。《虞衡志》。

又《自然銅》　自然銅生邕州山嵓間出銅處，土坑中及石間采得，方圓不定，其色青黄如銅。《本草綱目》。

謝旻《〔康熙〕江西通志》卷一三《山川七・南安府》　壽龜池在南康縣治南街。白鶴池在縣西，今湮。又縣東有石緑池，宋開寶間偶出石緑，尋竭，而名不改。

又卷二七《土産・廣信府》　石膽，鉛山縣有之。白青，《本草》：「出信州，今不復見。」石緑。《圖經》：「出信州。」

又《土産・南安府》　石緑。宋時南康緑池産石緑，尋竭。

《程賦統會》卷四《瑞州府》　土産：布、石青、石緑。出上高。

又卷五《岳州府》　土産：石青、石緑。

又《衡州府》　土産：石緑。

又《常德府》　土産：金、石緑。

又《辰州府》　土産：麩金、水銀、丹砂、石青、石緑、銅、鐵。

又《永州府》　土産：石青、石緑。

又《襄陽府》　土産：石青、石緑。

又卷九《漢中府》　土産：石青、石緑。

又卷一〇《瀘州府》　土産：石青、石緑。

又卷一五《雲南府》　土産：石緑。

又《楚雄府》　土産：石青、石緑。

又卷二七《土産・瑞州府》：　石青、石緑、黄丹。俱上高縣出，久無。

又《臨州府》：　石青。一名石緑，畫工呼爲碧青。

又《廣信府》：　石膽、石青、石緑。

黄廷桂《〔雍正〕四川通志》卷二四《山川》　〔會理州〕分水嶺。在州北一百里，出紅銅，礦内夾銀星。《漢志》邛都縣南山出銅，即此。

嵇曾筠《〔雍正〕浙江通志》卷一〇六《物産》　銅。《衢州府志》：銅山在西安縣西。《舊經》云：是山出銅。【略】

《赤城志》：寧海縣龍鬚山産。

沈青峰《〔雍正〕陝西通志》卷四三《物産一》　銅：華山西四十五里曰松果之山，濩水出焉，北流注于渭，其中多銅。小華山西八十里符禺之山，其陽多

銅。又西六十里石脆之山，其陰多銅。瑜次之山，漆水出焉，其陰多赤銅。孟山，在榆林。其陽多銅。《西山經》。丹陽水逕冶東，俗謂之丹陽城，城之左右有遺銅。孟康曰：「赤銅，丹陽銅也。」《水經注》。藍田有川，方三十里，其水北流，出銅。《三秦記》。商州上洛郡、洛南有銅。《唐書・地理志》。終南多銅。《關中三山記》。西紅崖舊產銅，宋皮仲容議採雒南紅崖山銅，即此。《雒南縣志》。銅洞舊出銅。《山陽縣志》。【略】

石青、白青出弘農，青色者善。《范子》。扁青生武都。《名醫別録》。空青出銅官者色最鮮深。《別録》陶注。白青一名碧青，石青，一名扁青，色深者爲石青，色淡者爲碧青也。《本草綱目》。出金州，《明一統志》。出興安州。《廣皇輿考》。雒南頁山舊崖石青，《西安府志》。昔云有之，今無。《雒南縣志》。

膽礬，其色青緑，狀如琉璃，而有白文，易破折，梁州無復有，俗乃以青色礬當之。《別録》陶注。昔有今無。《雒南縣志》。

鄂爾泰《（雍正）雲南通志》卷二七《物產・食貨・麗江府》 自然銅。產無定在，亦不常有。

又《物產・食貨・蒙化府》 自然銅。有無不常。

嚴長明《（乾隆）西安府志》卷一七《食貨志下・貨屬》 銅：《三秦記》：「藍田有川方三十里，其水北流，出銅。」《關中三山記》：「終南多銅。」

王謨《江西考古録》卷七《物產・空青曾青》 按：石青種類最多，有空青、曾青、緑青、白青諸目，江西皆有之。銅之精華爲空青，蘇頌《圖經》曰：「饒、信州有之，狀楊梅，故名楊梅青。其中腹空破之有漿者絶難得。」寇宗奭曰：「真宗常詔取空青中有水者，久而方得。其楊梅青，信州穴山而取，極難得，治醫極有功。」《南康記》亦云：「崆峒山出空青，以其青層層而生，故曰曾青。」《范子計然》曰：「曾青出豫章，緑青即石緑。」《圖經》云：「出信州，其色青白，畫工用爲緑色者極有大塊，其中青白花文可愛，信州人琢爲腰帶、器物及婦人首飾。其入藥當用顆塊，如乳香者佳。白青即空青，圓如鐵珠，色白而腹不空者。」《名醫別録》曰：「白青生豫章山谷，采無時，可消爲銅劍，辟五兵。《范子計然》曰：「白青出豫章新淦，青色者善。」《通志》載瑞州臨江出石青，廣信出白青、石緑，而不及空青、曾青，今從《本草綱目》次第採録。」

又《銅》 《史記》吴有豫章郡銅山。吴王濞招致天下亡命者盜鑄錢，國則富饒。注家皆以「豫」爲衍字，云是秦鄣郡，漢丹陽也。按：《漢書・地理志》：「丹陽郡有銅官。」又云「吴有海鹽、章山之銅」，則注說近是。然考《史記・吴王本傳》下，言有詔削吴會稽郡、豫章郡，則「豫」字非衍文也。《豫章記》亦云「西山周回三百里，此山時有夜光，遠望如火氣。」《輿地志》曰：「此銅之精光也。」余靖《西山行程記》曰：「渡江北行有山，即吴王濞鑄錢之所。吴既得有豫章郡，豫章郡又實有銅山，則《史記》本無疑義，是皆說史者之過也。《唐書・地理志》亦云豫章鄱陽有銅坑，彭澤樂平上饒有銅，又有饒州永平監錢官，信州玉山監錢官。《文獻通考》云宋時天下鑄銅錢，凡有四監：饒州曰永平監，江州曰廣寧監，蓋自唐宋以後鼓鑄之利，猶莫盛于江西，益知《史記》所云豫章銅山爲有徵矣。」

洪亮吉《乾隆府廳州縣圖志》卷七《蘇州府》 又銅坑山亦在〔吴〕縣西南，左思《吴都賦》所謂采山鑄錢處也。

又卷八《太平府》 亦金山在〔當塗〕縣北十里，出好銅，與金類。淮南王書及班固所謂丹陽銅也。

又卷一九《河南布政使司・南陽府泌陽縣》 縣東六十里有銅山，爲大胡支山，舊產銅。

又卷二七《寧波府》 銅山在縣北十五里。《新唐書》：奉化縣有銅，疑出此。

又《紹興府》 銅山在〔上虞〕縣西南二十五里，舊產銅。

又《湖州府》 銅峴山在〔安吉〕縣東。《括地志》：吴采鄣山之銅。即此。

又卷二八《處州府》 〔松陽縣〕又有銅坑、鉛坑。【略】豫章山在〔龍泉〕縣南。《新唐書》：麗水縣有銅，出豫章、孝義二山。孝義山在縣西五十里。

又《金華府》 又銅山在〔金華〕縣南三十里，與蘭谿縣東銅山竝以產銅得名。

又卷二九《南昌府》 銅山在〔新建〕縣西北。樂史云：吴王濞鑄錢之山。

又卷三〇《撫州府》 銅山在〔臨州〕縣西，舊出銅，因名。《隋書》：臨川有銅山。

又卷三七《雅州府》 又銅山在〔榮經〕縣北，漢文帝賜鄧通蜀嚴道銅山，得自鑄錢，即此。李吉甫云今尚出銅礦。

又《嘉定府》 銅山在〔洪雅〕縣西南一百里，近榮經縣界，有銅礦。

又卷三九《興化府》 吴山在〔莆田〕縣東南六十里，海中相近有銅山，產自

然銅。

又卷四一《韶州府》 寶山在〔翁源〕縣北二十五里，舊産銅礬。

又卷四五《澂江府》 羅藏山在〔河陽〕縣北十里。《郡國志》俞元裝山出銅，即此。裝，後誤爲藏。

洪亮吉《曉讀書齋雜録》三録卷下《塞外録》卷三二 管縣五，州二。東湖，歸州，長陽，興山，巴東，鶴峯州，長樂。【略】巴東縣。衝難。東至府四百二十五里。有巡檢駐野三關。青銅山，在縣北二十里。産銅鑛。

又卷三六 管縣三，州一。西昌，冕寧，鹽源，會理州。會理州。【略】衝繁。北至府四百里，有巡檢二，駐苦竹垻、迷易所。海溪山，在州南一百二十里。産白銅。

又卷四二 管縣二。陽山，連山。陽山縣。難。西北至州二百里。有青龍一鎮，巡檢駐淇潭堡。銅沙山在縣西南七十里，産銅。

《續通典》卷一二八《州郡・廣南東路》 韶州，中。始興郡軍事。縣五：曲江，望。有【略】中子銅場。

穆彰阿《清一統志》卷九六《揚州府・山川》 銅山。在儀徵縣西北二十五里。《寰宇記》：銅山、小銅山並在永貞縣西北八十里。《舊志》：東麓有小銅山，皆産銅，宋時淮南鼓鑄莫盛於真州，舊有廣陵、丹陽二監，又置冶官於小銅山西北五里。按：《寰宇記》江都有大銅山在縣西七十二里，即《漢書》吴王濞即山鑄錢處，今志無。北山疑即儀徵之大小銅山，而互載也。

又卷一三〇《滁州直隸州・山川》 銅井山。在全椒縣西。《寰宇記》：銅井山在全椒縣西七十里，上有銅井。《州志》：廣袤數十丈，深不可測，舊傳於此採銅。《隋志》：全椒有銅官山，疑即此。【略】

銅井。在全椒縣西北五十里，廣十餘丈，深不可測。《明統志》舊於此採銅，有魚出其中，其色如金。

又卷一三六《太原府・山川》 銅洞。在嵐縣北十里，舊嘗採石煉銅，今名銅街堝。

又卷一三九《平陽府・土産》 棘。各縣俱出。按：《唐書・地理志》：絳州曲沃縣絳山有銅，今久不開採。

又卷一九六《彰德府・山川》 銅山。在安陽縣西北四十里，舊産銅，有冶久廢。

又卷三九九《寧遠府》 分水嶺。在會理州北一百里，出紅銅礦，内夾銀星。

又卷四〇〇《寧遠府・山川》 海溪山。在會理州南一百二十里附黎溪站，出白銅。【略】分水嶺。在會理州北一百里，出紅銅礦，内夾銀星。

李誠《萬山綱目》卷五 銅山，在安陽縣北四十里，舊産銅。

又卷一七 南龍大幹，走金沙江以南，瀾滄江以北，至五福山止。其正支自博南南行，起爲寶臺山。

寶臺山，在保山縣東北百八十里，今屬順寧府。山勢高峻，雄峙萬峰，中僧祖復建寺。其上爲西南名區，今爲寧臺廠，滇中銅廠之冠，左右鑪塘等山皆出銅礦。

又卷一九 南龍大幹，自五福山東南走金沙江以南，禮社江以東，普渡河以西，至椒山止。

雷馬山，在元謀縣西北六十里，産白銅。

鄭珍《〔道光〕遵義府志》卷四《山川・綏陽縣》 尖山在馬腦山東，高入雲天，障烟蔽景，必日將午，鄉人始見陽光。其上産銅，其陰多茅，其陽多甜蕨。山下二泉對出，冬温夏涼，大旱不絶。

又卷一七《物産・貨類》 銅：《揚雄蜀都賦》：「橘林銅陵。」按：綏陽瑪瑙山産銅。

魯曾煜《〔道光〕廣東通志》卷九四《輿地略一・物産一・玉石類》 鍮石，廣州志似金山、香山、赤坎村。黄志。

扁青即石青，生珠厓山谷中。郝志。

李鴻章等《〔光緒〕畿輔通志》卷六一《略一六・輿地一六・山川五・永平府・盧龍縣》 銅鑛山在縣東北十里。《縣志》。

謹案：《雍正志》、《一統志》：銅鼓山在城東二里。《府志》：銅鑛山在城東南四十里。昔於此掘得銅鼓，故又名鼓山。《縣志》：由孤峯東北渡溝五里爲銅鑛山。案：銅鑛當即銅鼓山。《南府志》言：東南四十里。與《雍正志》、《一統志》里數所差太遠，今據《縣志》改正。

曾國荃等《〔光緒〕山西通志》卷三一《山川考》 其盤折於涑水之陽，北抵澮水者爲絳山，亦曰紫金山，在絳縣北十五里。

《元和志》：絳山在曲沃縣南十三里，出銅鉟。

《方輿紀要》：紫金山在曲沃縣南十三里，産銅。【略】

《曲沃縣志》：紫金山在縣南十三里，西南接中條，王屋在其東南，産銅。

劉坤一等《〔光緒〕江西通志》卷四九《袁州府》 銅，西山出。唐時有坑，今無。

石青、石緑、黄丹俱出上高，久無。

又《吉安府》 銅，新喻舊産。

石青，一名石緑，畫工呼爲碧青。

又《建昌府》 銅，臨川出。宋嘗設監鑄錢，後廢。

又《廣信府》 銅，弋陽、鉛山二縣出，今悉罷。

自然銅，《圖經》：出信州。

白青，本草出信州，今不復見。

石緑，《圖經》出信州。

又《南康府》 銅，德興舊産。《元豐九域志》：宋置銅場。《明史・食貨志》：明初銅場惟德興、鉛山兩處，後始開四川、山西、陝西、雲南。

又《南安府》 石緑，宋時南康緑池産石緑尋竭。

又《贛州府》 銅，長寧銅坑嶂，相傳舊産銅，今無。

又《寧都州》 銅，《元豐九域志》：瑞金四鄉、九龍宋有銀銅場一。

《張文襄公奏議》卷二一《奏議二一》 惟昌化所屬大豔山銅鑛最旺，銅苗上洩，多産石緑，故亦名石緑山。

葛士濬《清經世文續編》卷一七〇《洋務七》 郭嵩燾《論俄羅斯條約疏》：伊犂一城尤爲饒沃，自伊犂河以南曰哈爾海圖，産銅。

曾國荃《(光緒)湖南通志》卷五八《食貨志四・礦廠・銅礦》 長沙縣有銅山。《隋書・地理志》。

郴州義章縣有銅。《唐書・地理志》。

郴州平陽縣出銅礦，供桂陽監鼓鑄。《元和志》。

唐元和三年，李巽上言：郴州平陽、高亭兩縣界有平陽冶及馬跡、曲木等古銅坑，約二百八十餘井。《唐會要》。

又卷六〇《衡州府》 衡陽常寧出石緑舊有坑，今廢。《明〔統〕志》。

又《永安府》 祁陽出石青、石緑。《明統志》。

又卷六一《食貨志五・常德府》 桃源出石緑。《明統志》。

又《沅州府》 麻陽出石青、石緑。《明統志》。

又《澧州》 慈利出石青、石緑。《明統志》。

又《永順府》 桑植縣水獺鋪有銅礦。《省志》。【略】

辰谿縣出銅。《明統志》。【略】

沅陵辰谿出石青，沅陵辰谿瀘溪出石緑。《明統志》。【略】

辰州川澤中出一種自然銅，大者如胡桃，小者如粟，外有皮黑色光潤，破之如鍮石。《陳承別説》。

陳澹然《權制》卷五《軍餉述・鑛幣》 涇縣、銅山産銅。【略】垣曲縣。三錐山産銅。【略】河南安陽縣、銅山産銅。濟陽縣、王屋山産銅。【略】泌陽縣。銅山産銅。【略】浙江武康縣、銅官山産銅。【略】金華縣、銅山産銅。【略】建德縣。銅官山産銅。【略】江西新建縣、銅山産銅。【略】臨川縣、銅山産銅。【略】澧州、浮山産銅。郴州。北湖銅坑泉産銅。【略】四川漢州、銅官山産銅。【略】滎經縣、銅山産銅。中江縣。銅官山、私鎔山、可蒙山皆産銅。

康敷鎔《青海志》卷二《礦産》 銅：距切吉迤西三十里之蒙岡山上有銅礦。又海北之完力麻地方乙開連腦有紅銅礦，現已開採。附近大通河距丹五六站。

《清續文獻通考》卷三一七《輿地考一三》 臣謹案：安陸府居荆襄之肘腋，扼漢沔之中權，郡城西北隅，故石城縣址，晉竟陵郡所治也，自古視爲險要。晉咸康初，庚亮欲經營河洛，請移鎮石城，惜格於蔡謨之議。西魏攻梁，進次石城，湘東王繹請和，盟曰：「魏以石城爲封，梁以安陸爲界。」近咸豐朝巨寇竄至，亦盤踞石城，洵巖邑也。物産以棉花爲大宗，而礦出石緑，足供畫家所用，惜近時不多得也。

紀事

樂史《太平寰宇記》卷三一《關西道七・耀州・同官縣》 同官縣，東北五十里。舊六鄉，今四鄉。本漢祋祤縣地，屬左馮翊。晉爲頻陽地，苻堅於祋祤城北置銅官護軍，屬北地郡。後周除「金」字，作此同字，屬宜州。

又卷五一《河東道一二・蔚州・飛狐縣》 三河沿舊置鑪鑄錢，唐至德已後廢。元和七年，宰臣李吉甫奏：「訪聞飛狐縣三河沿銅山約數十里，銅鑛至多，去飛錢坊二十五里。兩處同用拒馬河水，以水輪銷銅，北方諸處鑄錢人工絶省。所以平日三河沿置四十鑪鑄錢，舊跡猶存，事堪覆實。今但得錢本，令本道接應人夫，仍舊鼓鑄，則不三年已來，其事即立，救河東困竭之弊，成易定援接之形，置制一成，久長獲利。」詔從之。其年某月起，至十二月，置五鑪鑄錢，每歲一萬八千貫。時朝廷新收易定，河東久用鐵錢，人不堪弊，至是俱受利焉。

又卷七五《劒南西道四・邛州・臨邛縣》 臨邛縣，【略】銅官山，《史記》：「蜀卓氏之先，趙人。秦破趙，遷卓氏。夫妻推輦而行，曰：『吾聞岷山之下沃野，下有蹲鴟。』乃求遠遷，致之臨邛，即鐵山鑄錢。」即此山也。

又卷八二《劍南東道一・梓州》 土物：綾、綿、銀、空青、曾青、石碌、地黄、紅花、沙糖、甘橘、枇杷。

《十道記》云：「廣漢之地有塩井、銅山之富，本南夷，周末秦并爲郡，有蔬食果實之饒。」

銅山縣，西南一百二十里。舊七鄉，今三鄉。本蜀道銅山之治。昔漢文帝時鄧通鑄錢，即此也。唐貞觀二十三年，置監，上元元年，廢監爲縣，以銅山爲名。私鎔山在縣西二十四里，高一里，出銅。昔時任百姓採鑄，俗呼私鎔山。可蒙山在縣西北三十里，高一里，出銅。賴應山在縣北三十里，周迴二里，出銅及空青。出銅山甚多，此略書三所。郪江水源出元武縣，東南流入縣界。銅官山在縣西南五十八里，長二里。李膺《蜀記》云：「縣西南有銅官山，闊八丈，出衆峰，鄧通、卓王孫冶鑄之所也。」景龍二年，採銅利害，使西臺侍御史奏，稱梓州元武縣、簡州金水縣競銅官坑。按：兩縣圖經，其銅官山合屬元武縣，謂從銅官於山南二里。

又卷九一《江南東道三・蘇州》 風俗：《郡國志》云：「俗好用劍，輕死，蓋湛盧、屬鏤、干將、要離之遺風耳。東北有海鹽縣，復有章山之銅，三江五湖之利，亦江東一都會也。」

吴縣。銅坎：【略】《吴地記》云：「縣西十里有銅山，周迴六十里。有銅坎十餘，穴深者二十餘丈，淺者六七丈，所謂採山鑄錢之處。左太冲《吴都賦》云：『煑海爲鹽，採山鑄錢』是也。」

又卷九四《江南東道六・湖州》 武康縣。【略】武康山在縣西一十五里，名銅官山，唐天寶六年敕改焉。《輿地志》云：「銅官山下有兩坎，深數丈，方圓百丈，古採銅所。」

仙人渚在縣西四十里，昔沈羲得道之所。見《神仙傳》。今有石湖梯，登仙之處。上有石盤，見存銅官趙監廟。漢吴王濞鑿山採銅，銅監趙氏遇山崩壓，降靈於此，後人立廟。

安吉縣。【略】銅山高一千三百尺，在縣東三十里。《括地志》云：「吴採鄣山之銅，」即此也。

又卷一〇三《江南西道一・宣州》 土産：《職方氏》：「其利金、錫、竹、箭，畜宜鳥、獸，穀宜稻。」南陵利國山出銅，當塗縣界赤金山亦出好銅。【略】

南陵縣，西一百里。舊二十八鄉，今八鄉。本漢谷縣，屬丹陽郡。晉屬宣城郡，後省，併蕪湖縣，尋又屬繁昌。梁武帝置南陵縣，屬南陵郡。唐武德以來置縣在臨江，有城基見存。去今縣一百三十里，復於仁義鄉析置法門、石埭兩場，以別徵攝。自後法門〔入〕於義安縣，又廢義安入銅官冶，爲銅官場。今銅官爲銅陵縣，石埭爲繁昌縣，皆此邑之地也。

又卷一〇五《江南西道三・太平州》 當塗縣。【略】銅山，山在縣南，出好銅，古謂丹陽穴也。【略】金牛渚在縣西北十里。東方朔《神異記》云：「有銅，與金相似。」又云：「昔有金牛起於此山。」

又卷一一〇《江南西道八・撫州》 臨川縣。【略】峩峯山在縣西四十里，出銅，因號銅山。天寶六年，勅改爲峩峯山。

又卷一二三《淮南道一・揚州》 江都縣，舊二十鄉，今二十五鄉。本秦廣陵縣地，屬廣陵郡，漢景帝立江都國，遂因國以立縣焉。大銅山在縣西七十二里，即《漢書》稱吴王濞即山鑄錢，此其處也。

又卷一三〇《淮南道八・建安軍》 永鎮縣。【略】舊揚子鎮城，唐高宗廢鎮置縣，因鎮爲名。廣陵監、丹陽監並置在縣郭，每歲鹽鐵使鑄錢一萬一千餘貫。李昇僞命，改爲永貞縣。【略】銅山、小銅山並在縣西北八十里。

又卷一四二《山南東道一・鄧州》 南陽縣。【略】騎立山，出銅鑛，在縣東一百八十里。

又卷一五七《嶺南道一・廣州》 南海縣。【略】金山，一名，在四會縣北六十五里。《南嶽志》云：金沙自是出，採金人往往見金人形于山嶺，望金者以爲山之精。

信安縣，【略】又有金山，金人遊焉。又有銅石山，又有銀銅山，又有鉛穴山，出錫、鉛。《爾雅》云：「錫之善者，曰鉛。鉛，白錫也。」

又《嶺南道二・春州》 銅陵縣，東南六十里。二鄉。本漢允吾縣地，屬合浦郡。宋立龍潭縣，隋改爲銅陵縣，以界内有銅山。銅山，昔越王趙佗于此山鑄銅。

黎靖德《朱子語類》卷一三八《雜類》 問：廬山光怪，恐其下有實，故光氣發見如此。嘗見邵武張鑄説，曾官岳陽，見江上有光氣，其後漁人於其處網得銅

鐘一枚。又一小説云：某郡某處嘗有光處，令人掘得銅印一顆。先生又自云：向送葬開善望，見兩山之間有光如野燒，從地而發，高而復下，問云，其山舊有銅坑也。

張鉉《〔至大〕金陵新志》卷五上《山川志一》　銅山在〔江寧縣〕城東南七十里，周一十九里，高一百丈。昔人採銅於此山，故名。《慶元志》：山南名金牛坑。陳軒《金陵集》載鮑昭《過銅山掘黄精詩》云：「銅山晝深沉，乳竇夜涓滴。」即此。屬江寧縣。句容縣北、溧水州西亦各有銅山，皆舊採銅處。

銅山在〔句容〕縣北六十里，周迴二十里，高八十七丈。以舊出銅故名。

東破山在〔溧陽〕州東南五十五里，高二十三丈，周迴一十七里。梁大同二年採銅於此。

馬占山在〔溧陽〕州東南三十五里，高一十八丈，周迴一十三里。梁大同二年采銅於此。

蘆塘山在〔溧陽〕州東南二十三里，高一十五丈，周迴二十二里。梁大同二年嘗採銅、錫於此。

銅山在〔溧陽〕州西四十里，高二十四丈，周迴一十三里。舊經云：昔嘗採銅於此，今鑄冶舊址猶存。

銅官山在〔溧陽〕州東南五十八里，高十八丈，周十八里。昔嘗出銅，故名。《唐書·地理志》：「溧陽有銅。」今土中熒然有銅，如麩狀，然堇堇取之，不足償費。

李賢《明一統志》卷六《南京·應天府》　山川：銅山。在府東南七十里，昔人採銅於此，因名。劉宋鮑照詩：「銅山晝深沉，乳竇夜涓滴。」

唐時昇《三易集》卷一一記《遊玉女潭記》　欲且小酣，而客多引去，余亦不能留。僧云，澗中沙有黄金，掬而控之，赤星爛然。余謂果金也，宜有淘者。人言此地產銅，故有銅官，豈其遺種？

李衛《〔雍正〕畿輔通志》卷五七《土產·貨屬·銅》　《金史·地理志》：「正定府產銅。」《畿輔舊志》：「白溝河東北五里有銅礦山，今無採者。」

沈青峰《〔雍正〕陝西通志》卷一三《商州·洛南縣》　頁山在縣東南五十里故縣。川之水北流。經此西折入洛。其下有石青洞，今皆積水，下徹重泉，窅然不可復窺。《縣志》。石青洞亦名青緑洞。《西安府志》。

涂鴻儀《〔道光〕蘭州府志》卷一二《雜紀》　金城允吾之界有曠野焉，周圍約八百里，其名曰秦王川，川名不可考。或曰薛舉竊據時所名也，或曰秦王平仁杲後遣兵略地至此，故名之。川有洞，砑然窪然，內產石青，居人呼爲石青洞。川敞洞幽，時形靈怪，每清曉輒見城郭、樓臺、人馬、旌旗之狀，若海市然，土著者不以爲異也。

阮元《〔道光〕廣東通志》卷一〇七《山川略八·肇慶府·陽春縣》　石緑山在城西三十里，高數十丈，上有亂石，其色淡碧，每大雨過，山下常有石緑。《廣東輿圖》。

曾國荃《〔光緒〕湖南通志》卷六一《食貨志七·物產二》　宜章縣兕率巖溪水中出楊梅石，色灰而有刺，大小匀圓，形如楊梅。《本草》云：「空青一名楊梅青，言形似也，破之有漿，爲治目要藥。」余嘗得數枚，未及剖視，不知是此石否？《三長物齋長説》。

藝文

李昉等《太平御覽》卷八一三《珍寶部一二·銅》　賈誼《鵩鳥賦》曰：「陰陽爲炭，萬物爲銅。」

《吴志》：朱異口賦弩曰：「南岳之幹，鍾山之銅。應機命中，獲隼高墉。」

《鮑明遠集》卷一《蕪城賦登廣陵城作》　瀰池平原，南馳蒼梧，漲海北走，紫塞鴈門。拖以漕渠，軸以崑崗。重關複江之奥，四會五達之莊。當昔全盛之時，車挂轊，人駕肩。廛閈撲地，歌吹沸天。孳貨鹽田，鏟利銅山。才力雄富，士馬精妍。故能侈秦法，佚周令，劃崇墉，刳濬洫，圖修世以休命。是以板築雉堞之殷，井幹烽櫓之勤。格高五嶽，袤廣三墳，崪若斷岸，矗似長雲。製磁石以禦衝，糊頳壤以飛文。

《宋書》卷六七《謝靈運傳》　作《山居賦》并自注，以言其事。曰：昔仲長願言，流水高山；應璩作書，邙阜洛川。勢有偏側，地闕周員。銅陵之奥，卓氏充鈲摫之端；金谷之麗，石子致音徽之觀。徒形域之薈蔚，惜事異於棲盤。至若鳳、叢二臺，雲夢、青丘，漳渠、淇園，橘林、長洲，雖千乘之珍苑，孰嘉遁之所遊。且山川之未備，亦何議於兼求。仲長子云：「欲使居有良田廣宅，在高山流川之畔。溝池自環，竹木周布，場圃在前，果園在後。」應璩與程文信書云：「故求道田，在關之西，南臨洛水，北據邙山，託崇岫以爲宅，因茂林以爲蔭。」謂二家山居，不得周員之美。揚雄《蜀都賦》云：「銅陵衍。」卓王孫採山鑄銅，故《漢書·貨殖傳》云：「卓氏之臨邛，公擅山川。」揚雄《方

言》：「梁、益之間裁木爲器曰瓠，裂帛爲衣曰襬。」

《江文通集》卷一《賦・石劫賦并序》 海人有食石劫，一名紫蚌，蛤類也，春而發華，有足。異者戲書罵短賦：

我海之小臣，具品色於滄溟，既鑪天而銅物，亦嗡化而染靈。比文豹而無恤，方珠蛤而自寧。冀湖濤之蔽迹，願洲渚以淪形。故其所巡，左委羽右窮髮。日照水而東昇，山出波而隱没，光避伏而不耀，智埋冥而難發。何弱命之不禁，遂永至於天闕。已矣哉！請去海人之仄陋，充公子之嘉客。儻委身於玉盤，從風雨而可惜。

又卷二《賦・遷陽亭》 擥淚訪亭候，兹地乃閩城。萬古通漢使，千載連吴兵。瑶磵夐嶄崒，銅山鬱縱横。方水埋金䨼，圓岸伏丹瓊。下視雄虹照，俯看彩霞明。桂枝空命折，煙氣坐自驚。劒逕羞前檢，岷山慙舊名。伊我從霜露，僕御復孤征。楚客心命絶，一願聞越聲。

又《横吹賦》 〔堇〕山錫刃，耶溪銅鋒。皆陸斷犀象，水斬蛟龍。《越絶書》曰：「越王勾踐有寶劍五，聞於天下。客有能相劍者名薛燭，王召而問之，對曰：『當造此劍之時，赤堇之山破而出錫，若耶之溪涸而出銅，皆陸斷犀象，水斬蛟龍。』」

又《扇上綵書賦》 空青出峨嵋之阻，空青，青䨼也。峨嵋，蜀山，今屬眉州。雌黄出嶓冢之陰。雌黄，石黄也。嶓冢屬古秦州，今之鞏昌也。其産石青、石緑、石黄陰山背也。

又卷一〇《齊太祖高皇帝誄》 漢求金岫，《漢書》曰：「文帝使善於人相鄧通當貧餓死。上曰：『能富通在我。』於是賜蜀嚴道銅山，得自鑄錢布天下。」金岫即銅山也。吴寶銅塹。《史記》曰：「吴王濞者，高帝兄劉仲之子。乃立於沛，爲吴王，王三郡。吴有豫章郡銅山，濞則招天下亡命，益鑄錢，國用富饒。」

陳元龍《歷代賦彙》卷九八江淹《玉帛空青賦》 夫赤瓊以照燎爲光，碧石以葳蕤爲色。咸見珍於東國，竝被貴於西極。況空青之麗寶，挺山海之不測。其所處則峻巘層石，穴龍壁，素岸成雲，赬砂如磧。外隱青苔，丹草内伏。玉枝瑪瑙，銅鉛合生。砮碓堅英，自非索崄。覓危乘纍，履螭倦春，厭秋嶄異，鐫奇能得。則於軒宇，接君子之光儀。於是寫雲圖氣，學靈狀僊，寶波麗水，華豔山陽谷之樹，峗崴之泉，西海之草，炎州之煙，銀臺之鳥，穆王之馬，都廣之國，番禺之野。皆咫尺八極，鏡見四荒。雲煙始出，日月既張。若夫邃古之世，汗漫窈微，惟此青墨，所以造之。至乃翠燦軒室，蒽鬱臺殿，雜蛟龍之文章，發麟鹿之炳絢，騁神形於鐘簴，舒怪物與雷電。亦有曲帳畫屏，素女綵扇，錦色窈鬱，綺質曼衍，點拂濃薄，如隱如見。山水萬象，丹青曲變。咸百鎰之可珍，亦千金而不賤。雖楚之夏姬，越之西施，趙妃燕后，秦娥吴娃，溺愛靡意，魂飛心離。侯青翳爲藻飾，方絶紅華與素儀，冠衆寶而獨立，信求之而無虧。

倪璠注《庾子山集注》卷一三《温湯碑》 煙青於銅浦，色白於鉛溪。任豫《益州記》：「葭萌縣十里有刀鐶山，赤銅水出焉。」《地鏡圖》曰：「錢銅之氣，望之如青雲。」《吴越春秋》：「若耶之溪涸而出銅。」鉛溪未詳。

《李太白集》卷一七《答杜秀才五松見贈》五松山，南陵銅坑西五六里，宣城。 昔獻長楊賦，天開雲雨歡。當時待詔承明里，皆道揚雄才可觀。敕賜飛龍二天馬，黄金絡頭白玉鞍。浮雲蔽日去不返，總爲秋風摧紫蘭。角巾東出商山道，采秀行歌詠芝草。路逢園綺笑向人，兩君解來一何好。聞道金陵龍虎盤，還同謝脁望長安。千峰夾水向秋浦，五松名山當夏寒。銅井炎爐歊九天，赫如鑄鼎荆山前。陶公矍鑠呵赤電，回禄睢盱揚紫煙。此中豈是久留處，便欲燒丹從列仙。愛聽松風且高卧，颼颼吹盡炎氛過。登崖獨立望九州，陽春欲奏誰相和。聞君往年遊錦城，章仇尚書倒屣迎。飛箋絡繹奏明主，天書降問回恩榮。骯髒不能就珪組，至今空揚高蹈名。夫子工文絶世奇，五松新作天下推。吾非謝尚邀彦伯，異代風流各一時。一時相逢樂在今，袖拂白雲開素琴。彈爲三峽流泉音，從兹一别武陵去，去後桃花春水深。

又卷二四《求崔山人百丈崖瀑布圖》 百丈素崖裂，四山丹壁開。龍潭中噴射，晝夜生風雷。但見瀑泉落，如潨雲漢來。聞君寫真圖，島嶼備縈迴。石黛刷幽草，曾青澤古苔。幽緘儻相傳，何必向天台。《荀子・王制篇》：南海則有羽翮、齒革、曾青、丹干焉。楊倞注：曾青，形如珠者，其色極青，故謂之曾青。

葉廷珪《海録碎事》卷一三上《鬼神道釋部黄銀》 吕仙翁詩：「道成瓦礫是黄銀。」

楊萬里《誠齋集》卷一七《詩・過岑水》 石瘦銅苗緑，溪腥膽水黄。是間無馬跡，何處更羊腸。惡路今方始，平生夢未嘗。如何寒刮骨，行得汗如漿。

陳起《江湖小集》卷一二《浙江潮》 白鷳舊事隨波去，太極陰陽自吞吐。長虹夜貫黑頭船，四紀沙迎相公路。馮夷作劇真等閑，五都有客雄其間。上林三官浪憂國，千年海底生銅山。

邵亨貞《蟻術詩選》卷七《七言絶句》 從軍過太湖上，梅花正開，與顧允中、

趙君式登山，縱步和韻三首：銅坑山下野人家，信步看梅石逕斜。二月江南春寂寞，東風不管路傍花。

佚名《群書通要》癸集《方輿勝覽下·浙等處行中書省》　郡名：上饒。以其旁下饒州之地故名。【略】題詠：冰爲溪水玉爲山。戴叔倫《送人之廣信》詩。家在故林吴楚間，銅鈆滿穴山能富。盧綸詩。

烏斯道《春草齋集》卷二《空青歌爲臨江何九思賦》　九思得空青，以古錞釪盛水浸之，郡人彭聲之、僧文公首成短歌，予亦同賦。

噫吁戲！吾聞地不愛寶，胡爲乎空青土中少？五金生處方有之，鬼禁神呵閟深窅。水漿如汞石殼黄，殼如桃核含水漿。石團金氣瀝爲液，碧色湛湛冰雪涼。它器收藏即消散，以沙錐石竅取漿。取漿一滴療昏眚，白日食既還耿光。石孕精華幾千歲，白璧明珠豈爲貴？神農未必知有靈，誰啓玄關救人世。玉山峩峩雲樹深，何君得此良苦心。錞釪盛水浸寒玉，幾人欲售空持金。噫吁戲！世上之人云有目，白日猶如夜無燭。后土何不令空青出土泥沙然，大使何君療人雙目全。

焦竑《焦氏筆乘》《續集》卷七《金陵舊事上》　銅山在江寧縣東七十里。鮑照《過銅山掘黄精》詩云：「銅山晝深沈，乳竇夜涓滴，」即此。句容北、溧水西各有銅山，皆舊日采銅處。

栗祁《〔萬曆〕湖州府志》卷二《山川·附録》《銅官石燕》：銅礦開山腹，年年石燕生。拂雲朝有影，催雨夜無聲。飛避雕梁俗，巢憐玉洞清。烏衣在何處，春色滿餘英。

盧文弨《群書拾補·山海經圖讚·中山經·赤銅》　昆吾之山，名銅所在，切玉如泥，火炙有彩。尸子所歎，驗之汲宰。汲，一作彼。

陳仁錫《無夢園初集》駐集一《銅井山重建石橋記》　山以鑿坎得銅，有泉出焉。窪爲井，懸巨石如墜，入井呼則不得聲，固奥區。嘉靖間，郡有倭警，多居此，亦安壤也。范石湖先生記，凡遊吴中，不至石湖，不登行春，與未始遊吴無異。余曰：凡遊光福，不泛下崦，不登銅井，與未始遊光福無異。銅井之勝，以太湖帶下崦，以下崦帶上崦。志鄧尉而西之，則沈潤記玄墓。而竝青芝以左之，則袁胥臺瀕湖。諸山高出鄧尉，而以安山亞之則都。玄敬「天爲漁家開下崦，晚宜畫舫駐中流」，則吴文定。雖然，其勝也以橋，虎山橋在亂山中，文筆鋭而去湖遠。銅井橋峙亂水中，而挽數萬頃具區以運腕。又邇龍山，其竝雄也宜。考《郡志》，「紅闌三百九十橋」，樂天詩也。及宋，始甃以石。此橋昔木而敗，瀕危數人，今石而永，貽安百世，將後人之功倍於前人，故此日之費，亦侈於往日。有奮迅踴躍而出，即髮可捐，囊可破也。況兹山也，天雨玉耶，梅花三十里；天雨金耶，桂花千萬樹。其奚有於一橋？橋成之日，予將登焉，遥望山之半，石皆拔起，如張巨翅鳳凰也，高五百餘丈。岡隴抱巖岫，綴幽而曠，鄧尉也。山半湖，遠見法華如屏，浮于水面，奇石高松，谷嘯數里，玄墓也。緣溪一橋，如伸左臂。昔日養虎，今我秣馬，虎山也。自西崦湖闊十餘里，亂流而渡，檻與湖浮，青芝堤也。樹樹淩波，香雪撲人，霏桃間之，蟠螭朝士，西磧也。一望太湖極壯，烟霞亂抹，近者九龍，遠者苕霅也。

曹學佺《蜀中廣記》卷六四《范子計然》曰：「空青出於巴郡。」《本草》：「空青生益州山谷，久服輕身，能化銅、鉛作金。」又云：「蜀名山縣有銅處，曾青出其陽。青者，銅之精也。」又云：「空青生越嶲山有銅處，銅精熏則生空青，其腹中空。」梁江淹《空青賦》曰：「夫赤瓊以照燎爲光，碧石以葳蕤爲色，咸見珍於東國，並被貴於西極。況空青之麗寶，挺山海之不測。於是寫雲圖氣，學靈狀仙。寶波麗水，華峯豔山。暘谷之樹，崦嵫之泉，西海之草，炎州之煙。曲帳畫屏，素女綵扇；錦色雰鬱，綺質蔓延；點拂濃薄，如隱如見；山水萬象，丹青四變。咸百鎰而可珍，亦千金而不賤。故淹作《扇上彩畫賦》，有『空青出峩眉之岨，雌黄出嶓冢之陰。』」

《本草》：「扁青生朱提，繪畫家用之，青翠不渝。」《珙縣志》：「落幹里麻窖中出青，大如筯，初掘其色淡，乘風始變青，所謂土青也。」《寰宇記》：「空青出銅山縣賴應山。」又云：「梓州貢空青、曾青、石碌也。」

曹學佺《石倉歷代詩選》卷三〇七《明詩初集三七》解縉《北流勾漏洞》　北流縣下古銅州，平地山巖聳玉樓。誰爲丹砂赴勾漏，人傳青竹滿羅浮。楊妃井塌風烟古，葛令祠荒草樹秋。却憶故鄉山更好，錦袍歸去棹扁舟。

又卷三三〇《明詩初集五〇》朱經《玉盤驪珠》　玉盤驪珠何所名，琵琶斷出滇陽城。昆侖小鳳遏雲叫，鵾雞拔筋寒水精。千年紫檀作人語，霹靂輥堂驚破柱。黄河曲折走春冰，白日簷牙墜秋雨。老夫舊住西陵橋，聽此不覺神飄摇。初疑鶯語蘇堤柳，忽爾驟變錢唐潮。鴻門夜斗紛然碎，天遣鮫人泣清淚，玫瑰火齊響錝錚。跳入空明唾壺內。牂牁之山産白銅，此材此藝真良工。何當別作清廟器，明時進入蓬萊宮。

黃宗羲《明文海》卷一三七《問答丁叩隱朱長春》 今夫滇之空青，中土得之，千金櫝而藏之，以誡子孫。室之人患目者，白淚若泉，赤翳若燒，努張匡潰，不敢發。非寶之愛於目，一破而汁乾，恐後有喪明，無所復用空青焉。生之重也，詎一空青哉？

潘衍桐《兩浙輶軒續録》卷一九《紫雲洞》 空青孰擘碎，腹裂下疑井。峭聳驚鬼工，窅窱異人境。短笻力安恃，步蹋不敢猛。石縫陰飆吹，颼颼入肌冷。圓穴耿微光，一綫透巖頂。翻訝造化力，有意示奇警。虛房滴乳泉，佇聽心亦静。輾轉出幽竇，驚魂夢初醒。

雜録

《山海經箋疏・山海經第二》 又西二百五十里曰騩山，音巍。一音隗囂之隗。是錞于西海，【略】無草木，多玉，淒水出焉。或作「浽」。西流注于海，其中多采石、采石，石有采色者。今雌黃、空青綠碧之屬。 懿行案：《穆天子傳》云：「有采石之山。」郭注云：出文采之石也。 劉逵注《蜀都賦》云：「牂牁有白曹山，出丹青、曾青、空青也。」《藝文類聚》八十一卷引《范子計然》曰：「空青出巴郡。 白青、曾青出宏農、豫章。 白青出新淦，青色者善。」《本草經》曰：「空青能化銅、鐵、鉛、錫作金。」《別録》云：「生益州山谷及越嶲山有銅處，銅精熏則生空青。」又云：「雌黃生武都山谷，與雄黃同山生，其陰山有金，金精熏則生雌黃。」又云：「綠青生山之陰穴中，色青白。」陶注云： 此即用畫綠色者，亦出空青中。 蘇頌《圖經》云：「綠青，今謂之石綠是也。」黃金，多丹粟。

郭璞《葬書・内篇》 是以銅山西崩，靈鐘東應。

漢未央宮一日無故鐘自鳴，東方朔曰：「必主銅山崩。」應未幾，西蜀果奏銅山崩，以日揆之，正未央鐘鳴之日也。帝問朔何以知之？對曰：「銅出于山，氣相感應，猶人受體于父母也。」帝嘆曰：「物尚爾，況于人乎？」昔曾子養母至孝，子出，母欲其歸，則齧指而曾子心痛。人凡父母不安，而身離侍側，則亦心痛，特常人孝心薄而不自覺耳。故知山崩鐘應亦其理也。

劉敬叔《異苑》卷二 魏時，殿前大鐘無故大鳴，或作不扣自鳴。人皆異之，以問張華，華曰：「此蜀郡銅山崩，故鐘鳴應之耳。」尋蜀郡上其事，果如華言。

孤剛子《黃帝九鼎神丹經訣》卷一六《明鍊諸石由致皆由長生之用・礜石出處》 臣按：礜石生漢中山谷及少室，採無時。蜀漢亦有，而好者出南野及彭城界中。洛陽南垣鑿其少室，生礜石最熱。

釋道宣《續高僧傳》卷一〇 釋慧暢，姓許氏，萊州人也，偏學雜心，志存名實，拘滯疆界，局約文義。初不信大乘，以言無宗，當事同虛誕也。後聞遠公播迹洛陽，學聲遐討，門人山峙，時號通明。暢乃疑焉，試往尋造，觀其神略，乃見談述高邃，冒罔天地，返顧小道，狀等遊塵，便折挫形神，伏聽三載，達解涅槃，慨其晚悟。又至京邑，仍住淨影，陶思前經師任成業，仁壽置塔，勅送舍利於牟州拒神山寺，帝爲山出黃銀，別勅以塔鎮之，用酬恩惠。山在州東五里，昔始皇取石爲橋，此山拒而不去，因遂名焉。山南四里有黃銀穴，塔基之處名温公埠，傳云：昔高齊初有沙門僧温，行年七十，道行難測，遊化爲任，曾受梁高供養，一十二年後辭北還行，住此埠，創立寺宇。

馬總《意林》卷四《抱朴子四〇卷外篇二〇卷内篇二〇卷葛洪守稚川》 《老君玉策》曰：「松脂入地千年作茯苓，茯苓千年作琥珀，琥珀千年作石膽，石膽千年作威喜。」

羅隱《讒書》卷一《蒙叟遺意》 上帝既剖混沌氏，以支節爲山岳，以腸胃爲江河。一旦，慮其掀然而興，則下無生類矣。於是，孕銅於山岳，滓魚、鹽於江河，俾後人攻取之。

陳壽祺《左海文集》卷三《南詔德化碑考》 有謂之大總管者，有謂之軍將羣牧大使者，有謂之□□□兼知表諸者，有謂之大總管兼押衙者，有謂之詔親大軍將者，有謂之軍將傔人佐者，皆史所未及載也。有謂之大軍將大金告身賞錦袍金帶者，有謂之清平官小頗彌告身者，有謂之大軍將小金告身者，有謂之小銀告身者，有謂之小銅告身者，有謂之小鍮石告身者。《唐史・吐蕃傳》：「其官之章飾，最上瑟瑟，金，次之金塗銀，又次之銀，又次之最下至銅止，差大小綴臂前以辨貴賤。」《通志》原文云：「屬贊普仁明，重酬我勳効，遂命宰相倚祥葉樂持金冠、錦袍、金寶帶、金帳牀、安扛傘、鞍、銀獸及器皿、珂貝珠、毯、衣服、駝馬牛鞻等賜，爲兄弟之國，册詔爲贊普，鍾南國。大詔授長男鳳伽異大瑟瑟告身，都知兵馬大將。凡在官寮，寵倖咸被，此碑陰所臚諸銜名。」告身，服飾是也。頗彌疑即頗黎。鍮石則次於銅者也。大金告身者，舊史：貞元十二年，韋皋招收得投降蠻首領高萬唐、等兼，萬唐先受吐蕃金字告身五十片。其證也。瑟瑟者，《于闐傳》：德宗遣朱如玉求玉於于闐，得瑟瑟百斤。《康者傳》：「河東南有大山，生瑟瑟。」《南詔傳》：「貞元時，遣清平官尹輔酋等七人謝天子，獻生金、瑟瑟。」

其證也。

李昉等《太平御覽》卷八一三《珍寶部一二・銅》 《史記》曰：「秦使徐福入海，還。僞辭曰：臣見海中大神曰：汝秦王之神薄，得觀而不得取，即從臣往蓬萊山，見芝城宫闕，有使者銅色而龍形，光上照天。」

又曰：「上使善相相鄧通，當貧餓死。文帝於是賜通蜀嚴道銅山，得自鑄錢。景帝立，有告通盜出徼，鑄錢盡没入，一簪不得着身，寄死人家。」【略】

〔《後漢書》〕又曰：「崔烈納錢爲司徒，久之不自安，從容問其子鈞曰：吾居三公，於議者何如？鈞曰：大人少有英稱，歷位卿守，論者不謂當爲三公，而今登其位，天下失望。烈曰：何爲然也？鈞曰：論者嫌其銅臭。烈怒，舉杖擊之。」

《荆州記》曰：「衡陽重安縣有碚歷塘，故老相傳云，此塘中有銅神。今猶時聞銅聲，水轉變緑，魚爲之死。」

陸佃《增修埤雅廣要》卷三一《什物門・銅》 銅，赤金也，從金，同聲，金之一品也。漢《律曆志》：「凡律度量用銅者，取其爲物至精，不爲燥濕寒暑變節，不爲霜露風雨改形也。」《酉陽雜俎》云：「山上有薑，下有銅、鐵。」昔黄帝采首山之銅而鑄鼎昇去，武帝起拍梁臺而鑄仙掌承露，鄧通得自鑄錢而竟受其餓，崔烈入錢市官而人嫌其臭，伏波立標鑄銅而南人鎮服，麗儉鑿井得銅而買奴得翁，是皆物産之遇良，由人以致用也。又漢武時，未央殿鐘自鳴三日，詔問東方朔，朔曰，銅者，土之子。以類言之，子母感而相應，山恐有移奔者，故鐘先鳴三日。既而蜀郡太守上言山崩。《易》曰：本乎天者親上，本乎地者親下，則各從其類也，詎不信歟？

曹學佺《蜀中廣記》卷六七《方物記第九・五金》 方勺《泊宅編》云：「黄銀出蜀中，色與金無異，但上石則色白。」

陳耀文《天中記》卷五〇《黄銀》 黄銀見。君乘金而王，則黄銀見。《禮斗威儀》。

山出黄銀。辛公義爲牟州刺史時，山東霖雨，自陳汝至於滄海，皆苦水災，境内犬牙獨無所損，山出黄銀，獲之以獻。詔水部郎婁前就公義禱，乃聞空中有金石絲竹之響。《隋書》。

黄銀帶。太宗嘗賜房元齡黄銀帶。顧謂曰：「昔如晦與公同心輔朕，今日所賜唯獨見公，」因泣然流涕。《唐書》。

鬼畏黄金。如聞黄金多爲神鬼畏，命取黄金帶，遣玄齡親送于靈所也。《唐書》。

劉廷璣《在園雜志》卷四 余昔守括蒼，兼攝杭郡，于藩庫見一草楦麒麟皮，係牛，産于蕭山民家。首肖牛，小角嶄然，遍身鱗甲，鱗大於錢而色黑，及踵皆有尾，似紈扇而圓小，鱗甲砌滿。又大石塊分而爲二，中有穴，光潤滑澤，絶無斧鑿痕。吏人曰此空青殼也。其穴即盛空青者，俗云石有空青，人無瞽目，果其然乎？

張璐《本經逢原》卷一《石部》 本經：主目痛，止淚，出風痺，利關節，通九竅，破癥堅積聚，久服輕身不老。

發明：曾青，治目，義同空青，以其並出銅礦，與緑青同一根源。曾青則緑青之祖氣也。古方太乙神精丹用之。扁鵲治積聚留飲，有曾青丸。並見古今録驗方。曾空二青近世絶罕。《千金》云：「當取崑崙緑代之，即緑青也。緑青俗名石緑，微酸，小毒。」

扁青俗名石青，甘平無毒。

《本經》：「主目痛明目，折跌癰腫，金瘡不瘳。破積聚，解毒氣，利精神。」

《南史》卷七九《夷貊傳上・扶桑國》 扶桑國者，齊永元元年，其國有沙門慧深來至荆州，説云：「扶桑在大漢國東二萬餘里，其地無鐵有銅，不貴金銀。」

鄭仲夔《玉麈新譚》卷五《雋區・地雋》 緬國出赤銅，其價比金增倍，銅之寶色與日光争爍。

董越《朝鮮賦》 此則其種類不同，而爲用亦各有適也。五金莫究所産，最多者銅。地産銅最堅而赤，食器匙箸皆以此爲之，即華所謂高麗銅也。

何秋濤《朔方備乘》卷一八考一二《俄羅斯亞美里加屬地考・銅島》 臣秋濤謹案：銅島在亞美里加白令海中。《總記》曰：「銅島高千有三百丈，銅礦甚旺，至今無人開採，惟附近居民耕種，工作技藝日漸精巧。」

又卷二九考二三《北徼方物考敘・金類・緑石石緑附》 臣秋濤謹案：《坤輿圖説》云：「翁加里亞有一水，色沈緑，凍則便成緑石，永不化。」慕維廉曰：「西卑利産銅處有石緑。」

又《銅》 臣秋濤謹案：《志略》曰：「加匽五部産銅」。又曰：「俄羅斯東界之山産銅。」又曰：「俄羅斯物産之最多者曰銅、鐵。」《總記》言：「未壓加、巴母、新麥塞皆産銅。」慕維廉曰：「西卑利在産銅。」

又《礬》 臣秋濤謹案：《備考》曰：「厄羅斯國産礬，西卑里亞亦有之。」

代那撰瑪高温譯華蘅芳筆述《金石識别》卷七《銅》 銅之生成自然者多，有與硫磺及西里尼恩相連者，亦有與數種酸相連者。

凡銅礦重三・五至八・五，硬過於四者少。同硼砂在外火，色變緑者多。内火吹之，火色昏紅。同素特燒於木炭火，能鍊得銅珠。有時銅礦中，有别種金在内，則其鍊得銅珠，爲他金所包。不見銅，須用硼砂及錫箔點之，則銅見。其礦入硝酸能消者，以磨浄之鐵，入内試之，鐵上有銅色。入阿摩尼阿消化，水變藍色。

自然純銅，其元爲一律式，結成八面形，不能剖析，大如盃。其細筋如毛如花，紅銅色，打之能扁，引之能長。硬二・五至三，重八至五・八。其中微有銀，吹火試之，易鍊，冷則外面遇天空氣而黑。入硝酸消化。入阿摩尼阿水，消化成藍色。遇之每與銅礦相近，恒在石層之近結成石突出之處。有時遇大塊重數百噸。數年前，花旗遇一山，全是銅，因鑿之甚難，不如他礦之易取，故取之者少。有時其脈走入脱拉潑内之鴨捺而西姆，及潑里奈脱中，作結成。其中有銀者磨平之，可見其形，或如線，或如點，與巴弗里内之有非而斯罷之形相似。此種攙合之形，非人工所能爲，因人所攙者，皆點點相和，不能成紋理也。意其初時，必銅與銀俱鎔，因其減熱極遲，二物之凝度不同，必有一物先凝，一物後凝，故成此形。蓋脱拉潑面上，有火山石蓋之，故熱大而不易冷也。

玻璃銅礦，其元爲三律式，目目面交角一百十九度三十五分，析之與旁面平行不分明。亦有結成合形者，常摶結。黑鉛灰色，劃視之，亦黑鉛灰色。有時有金光，屢有失光成藍緑色者。硬二・五至三，重五・五至五・八。其合質：硫磺二〇・六，銅七七・二，鐵一・五。吹火試之，有硫磺煙，在外火發泡，易鍊得銅珠。入硝酸熱之，能消化，其硫磺沈於下。與玻璃銀礦之别，因碎之其面不如銀礦明，而火試亦異。又銅礦消化於硝酸，以鐵試之，鐵上有銅色。若銀礦消化於硝酸，以銅試之，銅上有銀色，故易辨。遇其礦於藏或脈。

藍銅礦，又名可弗林。摶結，昏藍黑色，重三・八，内有六十五分銅。

海里雖脱，亦玻璃銅礦也。惟其形爲八面形，想是從呆里那之形借來，是假式也。

銅倍來底斯，硫鐵銅礦也。其元爲二律式，結成四面形或八面形如圖，丁丁面交角一百〇九度五十三分，又一百〇八度四十分，析之分明，亦有假式數種。銅黄色，失光則爲深黄色，或青紅紫緑變色，劃視之，無金形，緑黑色，微明。硬三・五至四，重四・一三至四・一五。其合質：硫磺三四・九，銅四四・六，鐵三〇・五。吹火試之，鍊成之物，能吸鐵，因中有鐵故也。吹於木炭上，有硫磺煙。同硼砂鍊之，能得銅。入硝酸熱之能消化。與生金之别，因切之不能成片。與鐵倍來底斯之别，因黄色深，而刀能刻之。遇其脈於合拉尼脱合里滑克等結成石中，大約每與鐵倍來底斯、呆里那白倫脱、炭酸銅在一處。其礦亦有在尼斯内之色而并台能石中者。

辨此礦之法，色細黄而輭者，其中銅多，若色淡而硬者，鐵多銅少。此礦除得銅之外，每用以作硫酸銅。其法與以鐵倍來底斯作硫酸鐵之法同。

久倍能，其合質硫磺三九，鐵三八，銅一九・八，夕里開二・三。

以盧倍雖脱，亦名紋倍來底斯。其元爲一律式，結成者析之爲八面形，不能全。有結成方形及八面形者，亦有摶結者。色自銅紅至褐色，劃視之，淡灰黑色，其面微有光，遇電氣則失光。性脆，硬第三，重五。其合質：硫磺二五・七，銅六二・八，鐵一一・六。吹火試之，鍊成之物，吸鐵能引之。吹試於木炭上，有硫磺煙。入硝酸消化。與銅倍來底斯之别，因淡紅黄色。遇之與他種銅礦，同在合拉尼脱等結成石中，疊層中亦有之。

替脱來希奪來脱，結成鼈臑形，及其次形如圖，析之似有八面形。色在鋼灰鐵黑之間，劃視之亦然。性脆，硬三至四，重四・七五至五・一。其合質：硫磺二六・三，銅三八・六，安的摩尼一六・五，砒七・二，銀鐵白鉛一五。有時有三十分銀代其銅者，謂之銀灰銅礦，砒自無至十。有一種内有十分白金，又一種有水銀二・七。吹火試之，有砒安的摩尼煙。鍊得銅珠，研粉入硝酸消化，褐緑色。與灰銀礦之别，因火試酸試各異。此礦取之者因得銅，或因欲得其銀。

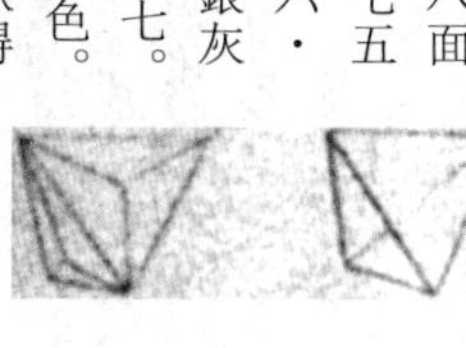

婆兒奴愛脱，結成扁方形，輳合如輪輻。鋼灰色，劃視之亦鋼灰色。硬二・五至三，重五・七六六。其合質硫磺二〇・三，安的摩尼二六・三，鉛四〇・八，銅一二・七。

安的摩尼銅，結成之紋理如線，暗鉛灰色，內有二十七分安的摩尼，又有內有砒者。

台難得愛脱，結成十二面形，暗鉛灰色，劃視之灰紅色，面光，內有銅、鐵、硫、砒。

馱彌蓋脱，砒銅。

西里尼恩銅，光色白如銀，內有六十四分銅。吹火試之，有西里尼恩氣味。

紅色銅礦，養氣銅也。其元爲一律式，結成常爲八面之次形，及十二面形，如圖。析之成八面形，有摶結及土形者。深紅色，劃視之褐紅色。剛光，及次金光，或土光，明二至四。性脆，硬三・五至四，重六。其合質：銅八八・八，養氣一一・二。吹火試之，於木炭上能得銅珠。入硝酸消化。與惜納拔之別，因火試不升。與紅色鐵礦之別，因火試、酸試有銅形。遇之與他種銅礦在一處。其八面形者，在麥來蓋脱中，所以其面每有緑色。

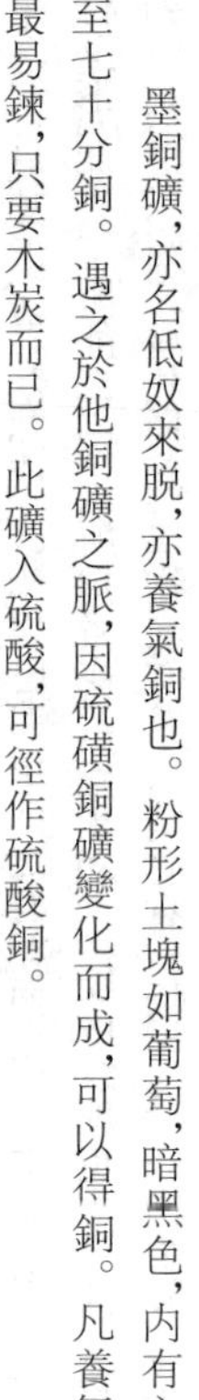

墨銅礦，亦名低奴來脱，亦養氣銅也。粉形土塊如葡萄，暗黑色，內有六十至七十分銅。遇之於他銅礦之脈，因硫磺銅礦變化而成，可以得銅。凡養氣銅最易錬，只要木炭而已。此礦入硫酸，可徑作硫酸銅。

硫酸銅，其元爲三斜式，結成柱形，亦有附於他石之上者。深明藍色，劃視之無色。明二至三，玻璃光，入水能消化，嘗之有金味令人吐。硬二至二・五，重二・二一。其合質：硫酸三二・一，銅三一・八，水三六・一。消化於水者，以鐵試之，有銅色。遇之於硫磺銅礦相近，是硫磺銅變化所成也。水自石隙中來，水中屢有消化之硫酸銅。

凡硫酸銅可用以染色印花，可使木不朽，可使肉不爛。

現今所用之硫酸銅，大抵皆做成者居多。法以銅屑入淡硫酸水熬之，則消化，冷而凝結即成。或以銅溼之以淡硫酸，置之熱處，乾則再溼之，久則消化，以水熬之，凝成塊。

水中若有硫酸銅多者，亦可熬得之。

流水中有硫酸銅，可以鐵換得之。其法於水之經過處，掘地作坎，坎中置鐵五百噸，一年之久，其鐵盡消化，變爲紅色之土。每噸鐵能得土一噸半或二噸，其每噸土內有一千六百磅净銅。有一處用鐵二十四萬磅，換得銅十八萬磅。

白羅蓋得愛脱，亦硫酸銅。結成長斜方底形，鼓磴塊。色緑如曷密來皃。水中不能消化，內有十七分半硫酸。吹火試之，變黑不錬。

客里蘇肥蓋脱、可泥蓋脱，亦硫酸銅之屬。

麥來蓋脱，炭酸銅也。其元爲一斜式，常附於石面，亦有摶結如葡萄鍾乳形。直破之無筋，横破之有筋，其筋絲光，亦有形如土者。色淡緑，劃視之，緑色更淡。摶結者不明，結成者明第三，剛光，微帶玻璃光，土形者無光。硬三・五至四，重四。其合質：炭酸二〇，養銅七一・九，水八・一。入硝酸消化如沸。吹火試之，有細細爆裂聲，變黑成硬灰。同硼砂錬成深緑色料油及細銅珠。識別以其銅緑色，及遇於銅礦中。與客里蘇各落之別，因入硝酸全消化，生氣速而色不帶藍。常遇之於銅礦之面爲皮，如厚者其色佳，惟結成完全者甚少。

夕里西炭酸銅，藍色，重三・六九至三・八七。其合質：銅三五・七，炭酸一〇，水一〇，鐵一五・七，養氣七，硫磺八，夕里西恩一三。

凡麥來蓋脱之礦不恒以之分得銅，因其銅易與炭酸升去故也。磨光之，可作器中鑲嵌，亦作桌面花瓶之類。作僞者以之假推而廓，惟不如推而廓之硬，故易別。

愛如來脱，藍色之炭酸銅也。其元爲一斜式，結成之形如圖。析之與邊平行，亦有摶結如土者。深天藍色，劃視之亦藍明或微明。玻璃光，微帶剛光。性脆，硬三・五至四・五，重三・五至三・八五。其合質：炭酸二五・六，養銅六九・二，水五・二。火試、酸試，皆如麥來蓋脱。遇之於銅礦中，結成者其色最佳，可作顏色。此石若多，是好礦也。

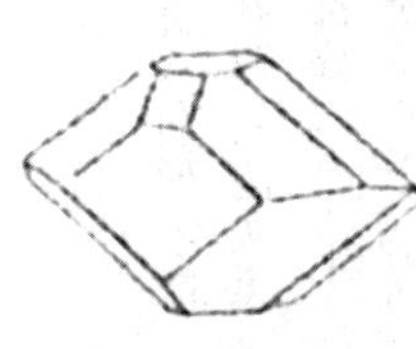

客里蘇各落，夕里開銅也。常於他礦爲皮，有摶結如土塊粒形者，亦有在石中如帶及點者。無結成，無金形，其面光平，明緑色及藍緑色，亦有土光者，明三至暗。硬二至三，重二至一・三。其合質：養銅四〇，夕里開三六・五，水二〇・二，炭酸二・一，養鐵一。其質係是和合，故各物有無多少，無一定。吹火試之，變黑不錬。硼砂點之，微錬。入硝酸不生氣，不能全消化。與麥來蓋脱之別，因入硝酸不生氣。遇之於銅礦中。其净者內有三十分銅，不净者十分銅。此石若多，亦爲好礦。

此礦用石灰作弗拉克斯，易錬。

台屋不對斯，亦夕里開銅也。結成六面形，夕夕面交角一百二十度二十四分。明緑色，玻璃光，劃視之亦緑。明或微明。硬五，重三二八。

以上各種，皆有大礦。以下均爲小屬。

油客羅愛脱，砒酸銅也。色如葛密來兒緑。內有多養砒三十三分，養銅四十八分，結成斜方底柱。硬三・七五，重三・四。

厄非尼雖脱，色自暗緑至暗藍。硬二・五至三，重四・一九。內有多養砒三十分，養銅五十四分。

以勒奈脱，結於他石之面如乳，色如葛密來兒緑。硬四・五至五，重四・〇四。其中有多養砒三三・八，養銅五九・四。

來客羅奈脱，結成如油客羅愛脱，有一寸大者。色自天藍至礬緑。硬二・五，重二・八至二・九。其中有多養砒一四，養銅四九。

屋劣物奈脱，結成三稜形，絨皮，橄緑色。硬三，重四・二。其中有多養砒三六・七，養銅五六・四。

銅枚格，頁形如枚格，色如葛密來兒緑，或草緑。硬二，重二・五五。其中有多養砒二一，養銅五八，水二一。

銅沫，淡果緑色或礬緑色，析之能全。其合質：多養砒二五，養銅四三・九，水一七・五，炭酸灰一三・六。

康駃來脱，色褐黑或藍。

以上皆砒酸銅之類。吹火試之，於木炭上，皆有砒臭。

燐酸銅，又名假麥來蓋脱。結成之角最鋭，亦附於他石之面。色如葛密來兒緑，或黑緑。硬四・五至五，重四・二。其中有養銅六十八分。

來別非奈脱，結成鋭三稜形，亦搏結，暗橄緑色。硬四，重三・六至三・八。其中有養銅六十四分。

弗倫蒲來脱，結成緑色，其中有養銅三十九分。

以上皆燐酸銅之類吹火試之無煙熱之有燐酸之形迹

緑氣銅，又名阿台開每脱。結成斜方底柱及八面形，有搏結者。色緑或黑緑，劃視之，果緑色。剛光至玻璃光，明三至四。其合質：養銅七六・六，緑氣酸一〇・六，水一二・八。吹火試之，有緑氣煙，能鍊得銅珠。

硫緑酸銅，結成如針，微有六面之像。

凡奈弟酸鉛銅，暗褐色或褐黑色，形如鐵土，遇之於銅鉛礦。

凡奈弟酸銅，結成有頁，其頁佛手黄，珠光，亦有粉形者。

掊利推脱，結成如亂針，色藍，其質爲水炭酸銅白鉛，想似屋來刻而斯愛脱。

絨銅礦，結於他石之面，細毛如絨，色藍。

以上皆銅礦之小屬也。

亞倫撰傳蘭雅應祖錫譯《銀礦指南》第三章《論礦中分銀新法》第二〇節《論銅緑》 以銅緑（代銅緑）亦可試驗銀礦。其造法以青礬二分，合鹽一分，於水內銷化之，惟所成之銅緑，易與水銀相化合，故用此粉必須謹慎。且其法亦與前法不同，必將礦漿預先加熱，合以零銅塊或銅球，置木桶內令旋轉數點鐘。必待銅緑之力量已散，然後可添入水銀。又倒出漿時，當留心使木桶內及紅銅塊上，不可粘有水銀，恐下次進銅漿時，遇此水銀，易致敗事。蓋每銀礦含銀之數，以配水銀一倍重爲最多之限，即每銀料合洋一百元者，其配水銀約三磅爲限。至木桶漿已化出銀質爲水銀所受之後，漿內能見粗灰色粉，或小粒。其分出此質之法，將漿倒於木盆內，另加水銀若干，以水沖薄調匀。又復倒出其漿，盆底應留有細粒水銀膏，再將其餘料倒於分銀器內，分出其紅銅與水銀。其分法於下數節詳之。

安德孫撰傳蘭雅潘松譯《求礦指南》卷五《銅》 如有礦脈疑含銅者，宜用吹火筒之法，或用化學材料之法試驗之。如將平常銅礦合於鈉養炭養，在木炭面上加熱，則放出其養氣，變成銅一小粒。又合於硼砂，或溺中鹽，在外層火加熱，則熱時成緑色珠，冷時變爲藍色。又含銅質之大半，在內層火加熱，則外層火得緑色。又含銅質之大半，能在硝强水內消化。若在消化之水內，將磨光之鐵片或小刀之尖浸之，則礦內如有銅質，其鐵面亦必有鍍銅薄層。又如含銅之酸性水，稍加以淡輕養則成緑色，如多加，則變藍色。設在山中不帶吹火筒，又不帶化學器具，倘見礦脈，欲查得其含銅與否，則便法有三：第一法，將礦在火內煅之，再預備牛油、羊油等，以此熱礦落到油內，後放於火焰中，如其含銅，則火變緑色。第二法將礦磨成細粉，合於油與鹽，放在火內燒之，則火變爲藍色或緑色，亦知其爲銅。第三法：將礦脈磨成細粉，合木炭稍些而煅之，畧有一點鐘時，將醋潑在其上，待一二日變藍色，後變緑色，亦爲含銅之憑據。凡含銅之礦脈，其面上石英之凹內，有黑色之銅養或紅色之銅養，或緑色之銅養炭養，易以目分辨之。

天然銅。此銅之形狀，或如樹枝排列，或如青苔形，或成線形，或八面顆粒形。或亂形顆粒等形是也。其色爲紅，引之能長，亦易打薄。其硬率二・五至三，重率八・五至八・九。可用吹火筒或化學藥料分別之，與別種銅礦相同，此

銅平常含銀若干。所産之處，如南北阿墨利加，及日本國，又中國之雲南，英國之哥奴瓦，與威勒士是也。

光色銅礦，又名玻瓈色銅礦。此礦之顆粒爲斜柱形，稍能分層。其色爲黑灰，生鏽則變藍色或緑色，劃成之痕迹爲黑灰，間有光亮。其硬率二・五至三，重率五・五至五・八。每一百分含硫二〇・六分，含銅七七・一分，含鐵一・五分。用吹火筒試之，則發硫臭之霧，在外層火内，易於鎔化而沸，餘有銅粒在燭火内能鎔化。初看之，如銀硫，但用吹火筒試驗所得之粒，顯出其非銀硫。如礦在硝强水消化之，將小刀尖浸入其内，如含銅，則刀之面鍍銅薄層。又將光面之紅銅浸入其水内，而鍍成銀薄層，則知其礦又含銀也。

銅硫礦。此礦所成之顆粒爲四面形，亦有成大塊者，此中之顆粒不能分別。其色如黄銅，間有生鏽而發文彩，其所劃之痕迹爲緑黑，而不顯金類光色。其硬率三・五至四，重率四・一五。每百分内含硫礦三十四九分，銅三十四六分，鐵三十五分。

用吹火筒試驗之後，則鎔成之圓粒，其性能吸鐵。如合硼砂而鎔化之，則成紅銅。若試以强水，則其變化與別種銅礦相同。常有淺見者，誤爲黄金，或鐵硫礦，或錫硫礦。以刀割之，脆而成粉。若黄金，則以刀割之，能成薄片。其顔色較鐵硫礦更深，又更易爲刀所割。又以火石擊之，不能如鐵硫礦而成火星者，又可用吹火筒法，與錫硫礦等法分別之，如礦硬而帶黄色，則知其含銅甚少。

如花點銅硫礦，每百分含銅六十分，而帶淡紅黄色。

灰色銅礦。此礦似含銀者，則名爲發勒士礦。其所成顆粒爲四面形，其質脆，其色並所劃之痕迹，在鋼灰色與鐵灰色之間，或亦帶櫻色。其硬率在三與四之中，其重率四・七五至五・一。每百分含銅三十八・六分，硫二十六・三分，另含銻與鉮，與鋅，與鐵，與銀等質。

此礦中含銀代銅若干分，間有每百分含銀三十分者。如將灰色銅礦先煅之，後用吹火筒成小球粒，則爲紅銅。或將礦磨成細粉，而以硝强水化之，則其水爲櫻緑色。此礦與各種銀礦分別之法，用吹火筒與藥水，其礦顔色愈深，則所含之鉮愈少。

紅色銅礦。此礦常遇見成塊，或含銅，或成小粒等形，所成之顆粒，或八面形，或十二面形。其質脆，其光色畧如金剛石，或畧帶金類色，或能半透光，或幾不通光。其顆粒從礦内分出，則如明紅司批内勒石，其色爲深紅，或有明紅寶石色，但間有面上帶鐵灰色，所劃之痕迹爲櫻紅色。其硬率三・五至四，重率爲六。每百分含銅八十八・七八分，其餘爲養氣。

如放在玻瓈試管内加熱，則色變深，如用吹火筒，則成紅銅圓粒。又在硝强水内，能使之消化也。

黑色之銅養。此礦近於地面常遇之，因有銅硫礦，或別種銅礦化分而成者。如在礦脈頂上遇見黑色銅養礦，則其下疑有別種銅礦。如將此礦粉以手指捻之，落在火内，則其火變成緑色。

銅養矽養礦。此礦平常在別種礦外成霜形，又有成塊者。其色光緑，或藍緑。其硬率二・三，重率二至二・二。每百分含銅養四十分至五十分。其色畧如銅養炭養礦，但在硝强水化之，則有結成之質，非若銅養炭養礦，爲全消者也。

瑪拉開得，又名銅養炭養礦。此礦所成之塊，或爲葡萄串形，或爲石鍾乳形塊，間有成霜形。其質内有絲紋，幾不通光。其色爲明緑，其劃痕迹較礦之原緑色更淡。其硬率三・五至四，其重率三・六至四。每百分含紅銅五十七分。

用吹火筒試之，則變黑色；用吹火筒合於硼砂，則成緑色之圓粒，久之則變成紅銅珠。若用硝强水，則全能消化。如此可與同形狀之礦分別之。

有一種爲藍色，其性與緑色者大同小異，但顆粒爲斜方柱形，所劃痕迹帶藍色。

杞廬主人《時務通考》卷二四《化學六・原質下》 銅之根源：銅古名赤金，得用於世最早。未有鐵之時，已先有之，自然獨成者爲小粒，多於自然獨成之鐵。美國北疆有山，大半爲純銅，智利國所産之銅沙，爲銅與鋅相合者，地産含別質之銅礦，亦不及鐵礦之多。

銅之形性：銅質堅緻而韌，可引之長而細，打之寬而薄，而結力不及鐵之大絲，徑十分寸之一，可任牽力三百八十五磅。鐵絲與此等徑，可任七百五十磅。金類惟銅與鍶爲紅色，鎔界一千九百九十度，再加大熱則化散，所發之霧燒而色緑。引電傳熱，金銀而下，以銅爲最。空氣乾而不太熱，以及純水之内，不甚生鏽，溼氣内亦不甚生鏽。惟久則成緑色之皮，其質大半爲銅養炭養。海水及含緑氣之質之水，亦易消化船外所包之銅皮，初時雖不改變，久亦成銅緑三銅養四輕養一層。色緑，其理因銅遇空氣而成銅養。又與水中鈉緑之緑氣化合，其質遂能消化於水也。既能消化，銅面必致毛糙，海苔海帶之類，易於粘附，少減船行之速。有人思免此弊，以銅内和鋅，及銅外加油，皆不效也。水激船首，所成

之水泡，與銅皮相遇之處，消化最速，船行大洋較泊於熱地之海口，或大江之口，銅皮之消化者少，因此水内常有生物質，將腐爛時，著其上而侵蝕也。凡侵蝕銅質，以硝强水爲最猛，數種植物之酸類次之，硫强水與鹽强水又次之，淡者幾不能侵銅。銅質略帶紅色，其用處甚多。有時得天生浄銅礦内，所出之生銅，每與他質相合，如銅與硫礦合成爲銅硫，所化合之銅硫，與礦出銅硫無異。銅有與他質參和用者，如黄銅孛郎吒士是也。銅在空氣中燒之，變色結有黑皮，即養氣與銅爲配之質，燒久養氣與銅之全體化合，即成爲黑銅養，所用之銅養是。銅養一名銅落。今又試之，以鏷成之銅片置於玻璃試管，滴數點硝强水，發有紅椶色烟。管内銅與硝强水養氣相合，成藍色之銅硝，即銅養淡養。若以試管盛滿水，取銅硝一細粒，置於水中，看不見有銅，略加阿摩尼阿，即淡輕養。仍顯出藍色，便知此水内有銅鹽類。所用之膽礬，即銅與硫强水合成之質。試以一二點膽礬化於水中，亦看不明，略加阿摩尼阿，即顯有藍色，知其中有銅也。有在鑛獨稟而成者，産於多處鑛，或銅磺銅養銅炭養。美國之北礦地不少，上古未諳用鐵，而先用銅，厥質色紅而不甚硬，可搥爲片，牽爲線，受熱至一千零八十八分能鎔，再加熱則火成緑色。傳電及熱最快。天氣若涸，銅未能化，若潮則發緑銹，即銅炭養也。清水不甚壞銅，鹹水則毁壞甚易。淡養食銅比别金尤快，淡磺養輕緑酸，則略食些須而已，植物之酸亦能食銅。

又《化學一二》 銅礦：銅礦有數種，此種含銅鐵硫矽養四質。礦石研爲細粉，以三十三釐三三盛於瓶内，加以濃硝强水，俟未化合之硫黄結成黄色小圓粒，再加清水，體積三四倍，濾出未化合之硫黄，與矽養用水洗浄至浄下之水無酸性，留後可用。

又《化學一三》 論銅礦。銅礦種類極多，形色各自不同。英國最佳之礦，色黄而先有似黄銅，其質爲銅鐵硫。此礦常與鐵硫鐵鉀礦、並錫養礦、或鈣弗礦，或石英、或生泥相間而同見。此種内又有一礦，其色花簇不一，西名紅礦，質爲銅鐵硫。又有一礦，質爲銅硫，色深灰，稍有金光。又一種色及之礦乃銅硫鐵硫銻硫鉮硫數質相合，又常微含銀、鉛、鋅、汞不一。又一種名銅養炭養礦，新金山與俄國東邊多産之，綵色者紋理甚美，磨光作寶石，其質爲銅養炭養銅養輕養。藍色者，質爲二銅養炭處銅養輕養。又有二種，一紅色，質爲銅養，一黑色，質爲銅養。

鐵礦分佈部

題解

釋慧琳《一切經音義》卷二《大般涅槃經三二卷》　磁石。徂茲反。《埤蒼》：磁石也，謂召鐵也。星衍曰：《呂氏春秋·精通篇》云：「慈石召鐵，作慈。」《説文》無磁字。

又卷三一《大興善寺三藏不空奉詔譯·新翻密嚴經三卷》　磁石。上字茲反。《呂氏春秋》云：磁石能台鐵是也。《古今正字》云：從石，慈聲。

又卷四八《玄應音·瑜伽師地論六〇卷》　磁石。自茲反。《埤蒼》：磁石，謂吸鐵者也。

又卷五一《大乘廣五蘊論》　磁石。上音慈。《呂氏春秋》云：磁石能召鐵。《本草》云：磁石，一名玄石，一名處石。若有孔，孔中赤色者，名慈石；無孔青黑色，名玄石。生慈州之山陰，能吸好者，虛三四針，能消毒。經意取吸爲也。

又卷七二《阿毗達磨顯宗論第五卷》　磁石。字資反。《埤蒼》云：磁亦石也。《古今正字》云：磁石，鐵石也，從石。慈聲也，又作礠。

張自烈《正字通》卷一一　鍒。舊註：音柔。鐵之輭者。音義與《説文》同。按：凡物之耎者，當即作柔，或謂之耎。《説文》：从金从柔，柔亦聲。不知柔爲耎之本義，非聲也。堅莫如鐵，雖治不失其性。鐵亦無耎理，謂軟鐵者，熟鐵也。加金作鍒，《集韻》或作鑐非，互詳後鑐注。

吴偉業《吴詩集覽》卷四下《七言古詩一》之下　《説文》：磁石，名，可以引針。《曹詩》：「磁石引鐵，於金不連」是也。

毛居正《增修互注禮部韻略》卷一　磁石。可引鐵。《漢·藝文志》作「慈」。

吴玉搢《別雅》卷一　慈石，磁石也。《漢書·藝文志》：猶慈石取鐵。【略】故虞翻云：琥珀不取腐芥，磁石不受曲鍼。此云慈石亦以同音，故借也。

李昉《太平御覽》卷七九〇《四夷部一一·南蠻六·句稚國》　《南州異物志》曰：「句稚，去典遊八百里，有江口，西南向。東北行，極大崎頭，出漲海中，淺而多磁石。」

又卷八一三《珍寶部一二·鐵》　《廣雅》曰：鐵朴謂之礦。

又卷九八八《藥部五·石藥下禽獸藥附·磁石》　《呂氏春秋》曰：「磁石，召鐵或引之也。」石，鐵之母也，石之不慈者，亦不能引之也。《本草經》曰：「磁石，一名玄石，味辛寒，生川谷。」《吴氏本草》曰：「磁石，一名磁君。」

孫思邈《千金翼方》卷二　磁石：【略】一名玄石，一名處石，生太山川谷及慈山山陰，有鐵處則生其陽，採無時。玄石：【略】一名玄水石，一名處石，生太山之陽，山陰有銅，銅者雌，玄者雄。

梅彪《石藥爾雅》卷上《飛錬要訣》　磁石。一名元石拾鍼，一名伏石母，一名元水石，一名元武石，一名處石不拾鍼者，一名緑秋，一名帝流漿，一名席流漿。

寇宗奭《本草衍義》卷五　磁石。色輕紫，石上皸澀，可吸連針鐵，俗謂之熁鐵石。【略】其玄石，即磁石之黑色者也。多滑淨，其治體大同小異，不可不分而爲二也。磨針鋒則能指南，然常偏東，不全南也。其法取新纊中獨縷，以半芥子許蠟綴于針腰，無風處垂之，則針常指南。以針横貫燈心，浮水上，亦指南，然常偏丙位。蓋丙爲大火，庚辛金受其制，故如是，物理相感耳。

《元史·食貨志二》　凡鐵之等不一，有生黄鐵，有生青鐵，有青瓜鐵，有簡鐵。

《漢書疏證》卷一七　《元史志》：凡鐵之等不一，有生黄鐵、生青鐵、青瓜鐵、簡鐵，每引二百斤。

滕弘《神農本經會通》卷六《玉石部》　柔鐵。再三銷拍，可以作鍱者爲鐵，亦謂之熟鐵。

慎懋官《華夷花木鳥獸珍玩考·珍玩考》卷八《鑌鐵》　鑌鐵有礦石，謂之喫鐵石，剖之得鑌鐵。結骨每雨鐵，收而用之，號曰迦沙，以爲刀劍，甚銛利。

宋詡《宋氏家規部》卷四《五金·鐵》　錠鐵。出甘肅，青黑色，堅能刻銅，有捲鐵爲刀劍，繞之則柔，而圓□之則勁而直。【略】鑌鐵。《哈密衛志》云：有礦石謂之喫鐵石，剖之得鑌鐵，今有旋螺花者，有芝麻雪花者，凡有刀劍之器，龔使明瑩用金絲礬礬之，其花則見，僞者則是黑花。

曹昭《新增格古要論》卷六《珍寶論·鑌鐵》　鑌鐵出西蕃，面上有旋螺花者，有芝蔴雪花者。凡刀劍器打磨光浄，用金絲礬礬之，其花則見。價值過銀。

又《錠鐵》　錠鐵出甘肅北方，青黑色，性最堅燥，北方多用此鐵作利刀，其價值低於鑌鐵多矣。閩、廣、衡鐵，廣東鐵高，衡州鐵無用易斷，閩鐵亦好。

陳道《(弘治)八閩通志》卷二五《食貨》　鐵。其品有三：曰生鐵、曰熟鐵、曰鋼

鐵,出閩清福清、古田二縣。

繆希雍《神農本草經疏》卷四《玉石部中品》 磁石生於有鐵處,得金水之氣以生。

朱國禎《湧幢小品》卷四 鐵。一名犂耳,蓋最堅且厚者。《晉書》稱秦行唐公洛曰:「力制奔牛,射洞犂耳。」

李時珍《本草綱目》卷八《金石部・鐵》 釋名:黑金,《說文》。烏金。時珍曰:鐵,截也,剛可截物也。於五金屬水,故曰黑金。

又《金石部・鋼鐵》 釋名:跳鐵。音條。

嵇曾筠《(雍正)浙江通志》卷一〇七《物産七・處州府》 磁石。《本草綱目》:括之藥屬於金石者,磁石,雲母石。

《禹貢錐指》卷九 凡鐵,柔曰鐵,剛曰鏤。

陳忠倚《清經世文三編》卷一二《學術一二》 一曰鐵,鐵礦之類約有十九等,經西人試驗而知適用者只有八等。一爲黑鐵礦,二爲紅鐵礦,三爲鏡面鐵礦,四爲棕色鐵礦,五爲炭養二鐵礦,六爲泥鐵礦,七爲黑層鐵礦,八爲硫鐵礦,嘗之皆微澀,嗅之皆微嗅。鎔度除鉑之外,以生鐵之度爲最多,蓋二千七百八十六度始鎔也,此可見鎔鐵之度也。

鄭光祖《一斑録》卷三《金石》 磁。名吸鐵石,生鐵之山,其背有之。每塊均有頭尾,頭則吸鐵,尾則驅鐵。

厲荃《事物異名録》卷二五《珍寶部》 鐵、黑金、元金、烏金。《說文》:鐵,黑金也。《淮南子》名元金。《本草綱目》又名烏金,又炭,亦名黑金。

辟涑。《說文》:辟涑,鐵也。

金錯。《廣雅》:金錯,鐵也。

犂耳。《庶物異名疏》、《藝海洄酌》云:秦行唐公洛,能制奔牛、射洞、犂耳。犂耳,鐵名。

石精。《雲笈七籤》:石精者,妙鐵也。

跳鐵。《本草綱目》:鋼鐵,一名跳鐵。

刀煙。《庶物異名疏》:刀烟,鐵屑也。【略】。

鐵震、鐵液。《本草綱目》:鐵落,一名鐵蛾,一名鐵液。

朱駿聲《說文通訓定聲・頤部第五》 磁。《北山經》:匠韓之冰,其中多磁石。注:磁石可以取鐵。

論說

《吕氏春秋》卷八《仲秋紀第八》 慈石召鐵,或引之也。石,鐵之母也,以有慈石,故能引其子,石之不慈者,亦不能引也。

《春秋繁露義證》卷一四 慈石取鐵。淩云:《漢書・藝文志》:慈石取鐵。《鬼谷子》:其察言也,如磁石之引鍼。《抱朴子》曰:五石者,丹砂、雄黃、白礬、石曾、磁也。《淮南萬畢術》:磁石,一名磁君。輿案:《吕覽・精通篇》:慈石召鐵,或引之也。《淮南・覽冥訓》:若以磁石之能連鐵也,而求其引瓦則難矣。又云:夫燧之取火於日,磁石之引鍼,蟹之敗漆,葵之鄉日,雖有智者,弗能然也。

陳元龍《格致鏡原》卷三四《珍寶類三・鐵》 總論:《說文》:「鐵,黑金也」。《淮南子》:「牝土之氣御於玄天,玄天六百歲生玄砥,玄砥六百歲生玄澒,玄澒六百歲生玄金。」《夏書》:「梁州厥貢銀鏤。」注:鏤,剛鐵也。【略】《寶藏論》:「鐵稟太陽之氣,始生時爲鹵石,積久成慈石,石成鐵,鐵成銅。今取慈石碎之,有鐵片可驗也。」【略】《溪蠻叢笑》:「鐵之精英在水數十年者,名水秀鐵。盧仝詩:我家有剪刀,人云鬼國鐵。」《格古論》:「廣東鐵高,衡州鐵無用易斷,閩鐵亦好。錠鐵出甘肅北方,青黑色,性最堅燥,北方多用此鐵作利刀,其價直低於鑌鐵多矣。」【略】

《夷門廣牘》:「鑌鐵出西蕃,面上有旋螺花者,有芝麻雪花者。凡刀劍器打磨光浄,用金絲礬礬之,其花則見,價值過於銀。古云『識鐵强如識銀。』假造者是黑花,宜細驗。」《事物紺珠》:「哈窑有礪石,名曰喫鐵石,剖之得鑌鐵。」

補充。《物理小識》寫道:「《哈密衛志》云:礪石謂之喫鐵石,剖之得鑌鐵。今有旋螺花者,有芝麻雪花者,凡刀劍礱明,以金絲礬礬之,其花即見,僞者則是黑花。」

孤剛子《黄帝九鼎神丹經訣》卷一六《明鍊諸石由致皆有長生之用・明磁石功力》 臣按:磁石,入五石之數,太陰之精。其味辛,鹹,寒,無毒。煞鐵毒,爲朱砂、水銀之所畏惡,仙丹方、黄白多用之。

又《磁石出處》 臣按:磁石,生泰山川谷中,及磁山山陰。有鐵者則生其

陽，採無時。其好者，能懸吸針，虚連三四爲佳，今最生相州也。

劉獻廷《廣陽雜記》卷一　磁石吸鐵，隔礙潛通。或問余曰：「磁石吸鐵，何物可以隔之？」猶子阿孺曰：「惟鐵可以隔耳。」其人去復來，曰：「試之果然。」余曰：「此何必試，自然之理也。」後見一書，曰：「蒜可以避磁石之吸鐵。」尚未之試。

阮元《〔道光〕廣東通志》卷九四《輿地略一二・玉石類》　磁石俗曰吸鐵石，粤南海中多磁石之山，海舟遇之，觸石立碎。故南海諸國，常制藤船，不用鐵釘，以避其吸。《瓊州府志》：肇慶陽江多有之。

劉嶽雲《格物中法》卷五下《金部・鐵》　西北甘肅、東南泉郡，皆錠鐵之藪也。燕京、遵化與山西平陽，則皆砂鐵之藪也。

凡鐵場所在有之，其質淺浮土面，不生深穴；繁生平陽岡埠，不生峻嶺高山。質有土錠、碎沙數種。

凡砂鐵，一抛土膜，即現其形，取來淘洗，入爐煎煉，鎔化之後，與錠鐵無二也。《天工開物》。

鐵皆取礦土炒成，秦、晉、淮、楚、湖南、閩、廣諸山中皆産鐵，以廣鐵爲良。甘肅土錠鐵色黑性堅，宜作刀劍。《本草綱目》。

嶽雲謹案：《天工開物》之砂鐵，西人所謂泥鐵礦也。錠鐵，西人所謂黑鐵礦也。凡土石之赭色、紅色、赭黄色者，大半皆含鐵質，故地面各質鐵爲最多。

山産土紅、土黄，供土木之用。《畿輔通志》。

嶽雲謹案：土紅即土硃，亦代赭之屬，皆爲煉鐵之良礦。今市人多以鉐石爲自然銅，燒之成青焰，如硫黄者是也。此亦有二三種。一種有殼如禹餘糧，擊破，其中光明如鑑，色黄類鍮石也。一種青黄而有牆壁，或文如束鍼。一種碎理如團砂者，皆光明如銅。色多青白而赤少者，燒之皆成煙焰，頃刻都盡。今醫家多誤以此爲自然銅，市中所貨往往是此。而自然銅用須火煅。此乃畏火，不必形色，只此可辨也。蘇頌《本草》。

嶽雲謹案：此西人所謂鐵硫相合之質也。

玄石，鐵液也。磁石中有細孔，孔中黄赤色，初破好者能拾鐵吸鍼。其無孔而光澤純黑者，玄石也，不能拾，療體亦劣於磁石。蘇頌《本草》。

嶽雲謹案：磁石之山有鐵，爲其相吸也。管子乃言有銅者。李時珍曰：「磁石生山之陰有鐵處；玄石生山之陽有銅處。雖形相似，性則不同，故玄石不能吸鐵。」語本《名醫别録》。蓋近銅礦者，玄石；近鐵礦者，磁石也。然所云玄石不能吸鐵，則非也。蓋二種皆含電氣，而有陰陽之分。譯西書者謂之正電氣、負電氣，一驅一吸，用各不同，故《本經》云：「磁石，一名玄石。」

磁石取鐵，如慈母之招子，故名。藏器《本草》。

今磁州、徐州及南海傍山中皆有之，磁州者歲貢最佳。能吸鐵虚連數十鐵，或一二斤刀，器回轉不落者尤良，采無時。其石中有孔，孔中有黄赤色，其上有細毛，功用更勝。蘇頌《本草》。

真磁石一片，四面吸鐵一斤者，此名延年沙；四面只吸鐵八兩者，名續采石；四面吸五兩者，名磁石。雷斅《炮炙論》。

磁石其毛輕紫，石上頗澀，可吸連鐵，俗謂之熁鐵石。其玄石即磁石之黑色者。磁磨鐵鋒，則能指南，然常偏東，不全南也。《本草衍義》。

又案：磁石礦爲最良之鐵礦，足供製煉。

代赭以酒醋煮之，插鐵釘於內，扇之成汁。《物類相感志》。

赭石處處山中有之，以西北出者爲良。宋時虔州歲貢萬斤。崔昉《外丹本草》云：「代赭，陽山石，與太一餘糧並生山峽中。研之作朱色，可點書，又可罨金益色赤。張華以赤土拭寶劍，倍益精明，即此也。」《本草綱目》。

嶽雲謹案：此即鐵養之生於地者，可以煉鐵，惟不如黑鐵礦、泥鐵礦之旺。

王仁俊《格致古微》卷四《鬼谷子》　反應若磁石之取鍼。案：化學中有鐵養爲吸鐵石，即中國磁石。又以電造磁鐵能吸放爲電報用。

鄭光祖《醒世一斑録》卷三《物理・金石》　磁石吸鐵石，生鐵之山，其背有之。每塊均有頭尾，頭則吸鐵，尾則驅鐵，指南鍼以此爲之。實指不正南在中國京師，則偏東五度也。或云南洋大浪山皆磁石，故指南鍼向之。不知洋中類有磁石，洋舶恐遭吸擱，釘用紫銅及竹木爲之。【略】

鐵産浙、閩、滇、黔、川、廣諸省，其類不一，各適所用。廠洞山土甚黄，鐵之本色也，故鐵之銹亦黄。然鐵器著於木則黑，故熱茶盌足即黑漆桌面成黄圈，以冷水貼鐵刀於其上，一夕而無。

綜述

《春秋釋例》卷六《哀公二年》　鐵。戚城南有鐵丘。

《山海經第二・西山經》又西五十二里，曰竹山，其上多喬木，其陰多鐵。【略】北二百里，曰鳥山，其上多桑，其下多楮，其陰多鐵，其陽多玉。辱水出焉，而東流注于河。

《山海經第三・北山經》又北三百八十里，曰虢山，其上多漆，其下多桐椐，其陽多玉，其陰多鐵。【略】

又北三百二十里，曰灌題之山，其上多樗柘，其下多流沙，多砥。匠韓之水出焉，而西流注于泑澤，其中多磁石。【略】

又北二百里，曰潘侯之山，其上多松柏，其下多榛楛，其陽多玉，其陰多鐵。

《山海經第五・中山經》又東五十里，曰少室之山，百草木成囷。其上有木焉，其名曰帝休，葉狀如楊，其枝五衢，黄華黑實，服者不怒。其上多玉，其下多鐵。【略】

又東南二百里，曰帝囷之山，其陽多㻬琈之玉，其陰多鐵。

《山海經廣注》卷二《西山經》又西八十里曰符禺之山。【略】其陰多鐵。任臣案：土宿本草云：鐵受太陽之氣，始生之初，鹵石產焉，一百五十年而成慈石，二百年孕而成鐵。管子云：上有赭，下有鐵。【略】

北二百里曰鳥山，其上多桑，其下多楮，其陰多鐵，其陽多玉。

又卷三《北山經》匠韓之水出焉，而西流注于泑澤，其中多磁石。郭曰：可以取鐵。《管子》曰：山上有磁石者，下必有銅，音慈。任臣案：董子曰，玆石取鐵，頸金取火。羅泌曰：玆石引針，琥珀拾芥。《淮南萬畢術》：磁石，一名磁。君圖贊曰：磁石吸鐵，琥珀拾芥，氣有潛感，數有冥會，物之相投，出乎意外。【略】

又北三百八十里曰虢山。【略】其陽多玉，其陰多鐵。【略】

又北二百里曰潘侯之山，其上多松柏，其下多榛楛，其陽多玉，其陰多鐵。

又卷五《甲山經》又東七十里曰泰威之山，其中有谷曰梟谷，其中多鐵。【略】

又西七十二里曰密山，郭曰：今滎陽密縣亦有密山，疑非也。其陽多玉，其陰多鐵。【略】

又西九十里曰夸父之山任臣案：《寰宇記》夸父山一名秦山，在閿鄉縣東南二十五里，諺云：秦爲頭，虢爲尾，與太華山相連。【略】其陽多玉，其陰多鐵。【略】

又東五十里曰少室之山，郭曰：今在河南陽城西，俗名泰室。【略】其上多玉，【略】其下多鐵。【略】

又東三十里曰大騩之山，郭曰：今滎陽密縣有大騩山，騩固溝水所出，音歸。任臣案：即具茨山也，在新鄭縣西南四十里。【略】其陰多鐵、美玉、青堊。【略】

又西二十里曰又原之山，其陽多青雘，其陰多鐵。【略】

又東北八百里曰女牀之山，其陽多鐵。【略】

又東南一百八十里曰暴山，【略】其上多黄金、玉，其下多文石、鐵。

《山海經箋疏・山海經第一》南山經。【略】又東三百四十里曰堯光之山，其陽多玉，其陰多金，懿行案：《太平御覽》八百十三卷引此經，作克光之山，其陰多鐵。

又《山海經第二》又西五十二里曰竹山，【略】其陰多鐵，有草焉。【略】

北二百里曰鳥山，懿行案：穆天子傳云有鳥之山疑即此，玉篇同鷵。其上多桑，其下多楮，其陰多鐵，其陽多玉，辱水出焉而東流注于河。

又《山海經第三》北山經。【略】又北三百八十里曰虢山懿，【略】其陽多玉，其陰多鐵，伊水出焉西流注于河，其獸多橐駝。【略】

又北二百里曰潘侯之山，其上多松柏，其下多榛楛，其陽多玉，其陰多鐵。【略】

又北百七十里曰柘山，其陽有金玉，其陰有鐵。【略】

又北四百里曰乾山，無草木，其陽有金玉，其陰有鐵而無水。

又《山海經第五》又東七十里曰泰威之山，其中有谷，曰梟谷或無谷字，其中多鐵。【略】

又西七十二里曰密山，【略】其陽多玉，其陰多鐵，豪水出焉而南流注于洛。【略】

又西五十里曰橐山，【略】其陰多鐵多蕭。蕭蒿見《爾雅》，懿行案：《爾雅》云蕭萩，郭注云即蒿也。【略】其陽多玉，其陰多鐵，其北有林焉名曰桃林。【略】

又東五十里曰少室之山，今在河南陽城西，俗名泰室。其下多鐵。休水出焉而北流注于洛。【略】

又東三十里曰大騩之山，今滎陽密縣有大騩山，騩固溝水所出，音歸。【略】其陰多鐵、美玉、青堊。懿行案：劉昭注《郡國志》引此經作多美堊。【略】

又西二十里曰又原之山，其陽多青雘，其陰多鐵。【略】

又東南五十里曰風伯之山，懿行案：《初學記》柳下引此經作鳳伯之山。其上多金玉，其下多痠石、文石，【略】多鐵。【略】

又東南二百里曰帝囷之山，【略】其陰多鐵。【略】

又東北八百里曰兔牀之山，其陽多鐵。【略】

又東南一百八十里曰暴山，【略】其上多黃金、玉，其下多文石、鐵。

傅梅《嵩書》卷一一《靈緒篇》 《山海經》云：少室之山，百草木成囷，其上有木焉，其名曰帝休，葉狀如楊，其枝五衢，黃華黑實，服者不怒。其上多玉。郭璞注云：北山巔有白玉膏，服之即得仙道。世人不能上也，時含神霧云。其下多鐵，休水出焉。

成瓘《〔道光〕濟南府志》卷五《長山縣》 團山，在長山縣西南三十二里，《縣志》云出磁石。

又卷七一 漢時，濟南爲産鐵之地。《後漢志》言：東平陵有鐵，歷城有鐵。又《韓稜傳》：肅宗賜陳寵寶劍曰：「濟南椎成。」注：椎，直追反。《漢官》作「鍛成」。是不惟産鐵，又出名劍。今府學之鐵牛，靈巖寺之鐵袈裟，皆鐵之精英，發見于地上者也。

《後漢書》卷一〇九《志第一九・郡國一》 安邑，《帝王世記》曰：「縣西有鳴條陌。湯伐桀，戰昆吾亭。《左傳》：「昆吾與桀同日亡。」《地道記》：「巫咸山在南。」有鐵有鹽池。《前志》曰：「池在縣西南。」《魏都賦》注曰：在猗氏六十四里。【略】平陽，侯國。有鐵。堯都此。

又卷一一〇《志第二〇・郡國二》 武安有鐵。即台孝威隱於縣山。都鄉侯國有鐵。南行唐有石臼穀。

又卷一一一《志第二一・郡國三》 東海郡，高帝置，雒陽東千五百里。十三城，户十四萬八千七百八十四，口七十萬六千四百一十六。郯，本國，刺史治。《博物記》曰：「有勇士亭，即勇士菑丘欣。」蘭陵，有次室亭。《地道記》曰：「故魯次室邑。」《列女傳》有漆室之女，或作「次室」。戚，朐，《山海經》曰：「都州在海中，一曰郁州。」郭璞曰：「在縣界。世俗傳此山在蒼梧徙來，上皆有南方樹木。」《博物記》：「縣東北海邊植石，秦所立之東門。」有鐵。【略】

莒，本國，故屬城陽。《左傳》成八年：申公巫臣會渠丘公。杜預曰：縣有蘧丘里。有鐵。【略】

彭城國，高祖置爲楚，章帝改。雒陽東千二百二十里。八城，户八萬六千一百七十，口四十九萬三千二十七。彭城，古大彭邑。《北征記》：城西二十里有山，山有楚元王墓。伏滔《北征記》曰：「城北六里有山，臨泗，有宋桓魋石槨，皆青石，隱起龜龍鱗鳳之象。」有鐵。【略】

堂邑，故屬臨淮，有鐵。【略】

下邳國，武帝置爲臨淮郡，永平十五年更爲下邳國。雒陽東千四百里。十七城，户十三萬六千三百八十九，口六十一萬一千八十三。下邳，本屬東海。戴延之《西征記》曰：「有沂水，自城西西南注泗，別下回城南，亦注泗。舊有橋處，張良與黃石公會此橋。」葛嶧山，本嶧陽山。山出名桐，伏滔《北征記》曰：「今檕根往往而存。」有鐵。

又卷一一二《志第二二・郡國四》 濟南國，故齊，文帝分。雒陽東千八百里。十城，户七萬八千五百四十四，口四十五萬三千三百八。東平陵，有鐵。有譚城。故譚國。有天山。著。於陵。杜預曰：縣西北有于亭。陳桓子以封齊公子周。臺。菅，有賴亭。《左傳》哀六年：公如賴。土鼓。梁鄒。鄒平。東朝陽。杜預曰：縣西有崔城。歷城，有鐵。【略】

廬江郡，文帝分淮南置。建武十三年省六安國，以其縣屬。雒陽東一千七百里。十四城，户十萬一千三百九十二，口四十二萬四千六百八十三。【略】晥，有鐵。【略】

桂陽郡，高帝置。上領山。在雒陽南三千九百里。十一城，户十三萬五千二十九，口五十萬一千四百三。【略】

耒陽，有鐵。

又卷一一三《志第二三・郡國五》 漢中郡，秦置。雒陽西千九百九十里。九城，户五萬七千三百四十四，口二十六萬七千四百二。【略】沔陽，有鐵。【略】

巴郡，秦置，雒陽西三千七百里。十四城，户三十一萬六百九十一，口百八萬六千四十九。【略】

宕渠，有鐵。【略】

越嶲郡，武帝置。雒陽西四千八百里。十四城，户十三萬一百二十，口六十二萬三千四百一十八。【略】臺登，出鐵。《華陽國志》曰：「有孫水，一曰白沙江。山有砮，火燒成鐵。」【略】會無，出鐵。【略】

益州郡，武帝置。故滇王國。雒陽西五千六百里。諸葛亮《表》有耽文山、澤山、司彌瘞山、婁山、辟龍山，此等并皆未詳所在縣。十七城，户二萬九千三十六口十一萬八百二。滇池，出鐵。有池澤。【略】

永昌郡，明帝永平十二年分益州置。雒陽西七千二百六十里。八城，户二十三萬一千八百九十七，口百八十九萬七千三百四十四。不韋，出鐵。【略】

北地郡，秦置。雒陽西千一百里。六城，户三千一百二十二，口萬八千六百三

十七。【略】弋居，有鐵。【略】

太原郡，秦置。十六城，户三萬九百二，口二十萬一百二十四。【略】大陵，有鐵。《史記》曰：趙肅侯游大陸，出於鹿門。即大陵。【略】

漁陽郡，秦置。雒陽東北二千里。九城，户六萬八千四百五十六，口四十三萬五千七百四十。漁陽，有鐵。【略】泉州，有鐵。【略】

遼東郡，秦置。雒陽東北三千六百里。案本紀，和帝永元十六年郡復置西部都尉官。十一城，户六萬四千一百五十八，口八萬一千七百一十四。【略】平郭，有鐵。

酈道元《水經注》卷三　曰：辱水出鳥山，其上多桑，其下多楮，陰多鐵，陽多玉，其水東流，注於河。俗謂之秀延水。東流得浣水口，傍溪西轉，窮溪便即浣水之源也。

又卷四　不言黄帝升龍也。《山海經》曰：「西九十里曰夸父之山，其木多椶、柟，多竹箭，其陽多玉，其陰多鐵。其北有林焉，名曰桃林，其中多馬。湖水出焉，北流注於河。」

蕭統《文選》卷四　左思《蜀都賦》：外負銅梁於宕徒浪渠，内函要害於膏腴。銅梁，山名。宕渠，縣名。銅梁在巴東，宕縣在巴西，出鐵。要害，地險隘也。膏腴，土地肥沃也。

《華陽國志》卷三　廣都縣郡西三十里。元朔二年置。有鹽井、漁田之饒。大豪馮氏有魚池鹽井。縣凡有小井十數所。及漁田之饒，江有魯漕，梁山有鐵鑛。

釋慧立等《三藏法師傳》卷二　又西南三百餘里至羯霜，去聲。那國。唐言史國。又西南二百里入山。山路深險，纔通人步，復無水草。山行三百餘里入鐵門，峯壁狹峭，而崖石多鐵礦，依之爲門扉。又鑄鐵爲鈴多懸於上，故以爲名，即突厥之關塞也。出鐵門至覩貨羅國。

李吉甫《元和郡縣志》卷一四《河東道一・絳州》　翼城縣，望。西南至州一百里。本漢絳縣地，屬河東郡。後魏明帝置北絳縣，隋開皇末改爲翼城縣，屬絳州，因縣東古翼城爲名也。武德元年于此置澮州，二年廢澮州，縣屬絳州。【略】

澮高山，在縣東南二十五里，澮水出焉。其山出鐵，隋于此置平泉冶。

又卷一九《河東道一・磁州滏陽上》　本漢魏郡武安縣之地，周武帝于此置滏陽縣及成安郡，隋開皇十年廢郡，于縣置磁州，以縣西九十里有磁山，出磁石，因取爲名。大業二年廢，以縣屬相州。皇朝永泰元年重置，以河東有慈州，故此加「石」也。

又《河東道六・邢州》　沙河縣，上。北至州三十五里。本漢襄國縣地，隋開皇九年改襄國爲龍岡縣，十六年分龍岡于此置沙河縣，以沙河在縣南五里，因以爲名【略】。黑山，在縣西四十里。出鐵。

又卷二〇《河北道一・相州》　林慮縣，上。東至州一百一十里。本漢舊縣，屬河内郡，以隆慮山在北，因爲名。後避殤帝諱，改曰林慮，屬朝歌郡。晉屬汲郡。後魏太武帝省入鄴縣，文帝立，復屬魏郡。周武帝置林慮郡，隋開皇三年罷郡，縣屬相州。武德二年又置巖州，五年廢縣，又屬相州。【略】林慮山在縣北二十里。山多鐵，縣有鐵官。南接太行，北連恒岳。

又卷二五《山南道三・興州》　鳴水縣，中下。東至州一百一十里。鳴水縣，本漢沮縣地也，後魏宣武帝於此置落叢郡，因落叢山爲名。又置鳴水縣，因谷爲名。隋開皇三年罷郡，縣屬興州。皇朝因之。【略】落叢山，縣西北十里。出鐵。

又卷三四《劍南道三・台州》　石鏡縣，上。郭下。本漢墊江縣，屬巴郡。後漢岑彭與臧宫伐公孫述，自江州從涪水上至墊江是也。宋文帝于此置東宕渠郡。石似鏡因以爲名。【略】

銅梁山，在縣南九里。《蜀都賦》曰「外負銅梁石渠」，是也。山出鐵及桃枝竹。

沈炳震《唐書合鈔》卷五六《志三二》　韓城，上。武德八年徙置西韓州，貞觀八年，州廢，以韓城、河西、郃陽來屬。天祐二年更名韓原。有鐵。【略】

汧源，上。垂拱二年更華亭曰華川。神龍元年復故名。元和三年，省入汧源，西有安戎關，在隴山，本大震關。大中六年，防禦使薛逵徙築更名。有鐵。

中部，上。本内部。武德二年更名，周天和中元皇帝爲敷州刺史，置馬坊，高祖因以名。州有鐵。

宜君，上。本隸宜州。有仁智宫。武德七年置，貞觀十七年，州廢，縣亦省。二十一年置玉華宫，復置縣，隸雍州宫。在北四里鳳皇谷，永徽二年廢宫爲玉華寺，縣又省。龍朔三年，析中部同官復置來屬，理古祋栩。城北有鐵。

又卷五七《志三三》　朱陽，上。龍朔元年隸商州，萬歲通天二年隸洛州，後來屬。有鐵。

舞陽，上。本北舞，隸道州。貞觀元年來屬，州廢。開元四年復置，更名。舊治所在古

城內，屬仙州。開元二十六年來屬。元和十三年移治于吴城鎮。有鐵。【略】

歷城，上。有華不注山。有鐵。

淄川。上。漢陽縣。武德元年析置長白縣，六年省。有鐵。

膠水，中。漢膠東國。隋置縣於古光州，因改名。貞觀元年，《舊書》武德六年省，膠東縣入焉。有鐵。

丞。上。本蘭陵，武德四年以縣置鄫州更名，別置蘭陵、鄫城二縣。貞觀元年州廢，省蘭陵、鄫城，以丞來屬。有鐵。

又卷五八《志三四》 河西，次。赤。開元八年析河東置，尋省。乾元三年置河中府，更同州之朝邑曰河西，來屬，以鹽城爲理所。大曆五年復還同州，析朝邑、河東別置。有蒲津關，一名蒲坂。開元十二年鑄八牛，牛有一人策之，牛下有山，皆鐵也。

岳陽，中。後魏安澤縣。隋改東有府。城關有鐵。

汾西，中。後漢汾西郡。隋廢爲縣，隋末陷賊。武德初，權於今城南五十里申村堡置，貞觀六年移於今所。有鐵。

絳，望。漢聞喜縣。後魏置。有鐵。

吉昌，中。有鐵。

昌寧，中。漢臨汾縣地。後魏分置大平縣，又分大平縣置。有鐵。

温泉，中。隋新城縣。武德三年置北温州，并置新城、高唐二縣，貞觀元年州廢，省新城、高唐，以温泉來屬。有鐵。【略】

交城，畿。隋分晉陽縣置，取縣西北古交城爲名，初置交山。天授元年移治却波村，先天二年析置靈川縣，開元二年省。有鐵。

元池，下。治州東六十里。有鐵。

綿上，中。隋分介休之南界置。有鐵。

秀容，上。漢汾陽縣地。隋自秀容故城移於此，因改名。貞觀五年以思結部落於縣境置懷化縣，隸順州，十二年以懷化隸代州，後省。有繫舟山，有鐵。

涉，中。有鐵。

鄴，緊。後魏相州，東魏改爲司州，周平齊復爲相州。大象二年，隋文輔政，相州刺史尉遲迥舉兵不順，楊堅令韋孝寬討迥平之，乃焚燒鄴城，徙其居人，南遷四十五里。以安陽城爲相州理所，仍爲鄴縣。煬帝初，於鄴故都大慈寺置鄴縣。貞觀八年始築今治所。小城南五里有金鳳渠，引天平渠下流溉田，咸亨三年開。有鐵。

林慮，上。漢隆慮縣。武德二年以縣置巖州，五年州廢來屬。有鐵。有林慮山。

沙河，上。隋分龍岡縣置。武德元年置温州，四年州廢來屬。有鐵。

內邱，上。漢中邱縣。隋改。武德四年隸趙州，五年來屬。有鐵。

昭義，上。本臨水。武德六年省。永泰元年復置，更名，治於滏口之右，故臨水縣城。有鐵。

井陘，中。義寧元年置井陘郡，又析置葦澤縣。武德元年曰并州，四年又領恒州之鹿泉及廢嶽州之房山蒲吾，五年又領恒州之靈壽。貞觀元年省蒲吾入房山鹿泉，葦澤入井陘，十七年州廢，縣皆來屬。有鐵。有離隔山。

平山，中。漢蒲吾縣。隋改房山，義寧元年置房山郡，又置蒲吾縣。武德元年曰嶽州，四年州廢縣，皆隸并州。天寶十五載更名。有鐵。有白馬關，有房山。

薊。望。古之燕國都。漢爲薊縣。晉置幽州。慕容儁稱燕，皆治於此。天寶元年析置廣寧縣，三載省。有鐵。

又卷五九《志三五》 巴東，中下。漢巫縣地。周置樂鄉縣，隋改爲巴東。有鹽，有鐵。

奉節，上。本人復。漢魚復縣，今縣北三里赤甲城是也。隋改爲人復。貞觀二十三年更名。有鐵，有永安井鹽官。

石門，中。有鐵。

南賓，中下。武德二年，析浦州之武寧置。有鐵。

綿谷，上。漢葭萌縣地。蜀爲漢壽。晉改晉壽，又分晉壽置興安。隋改興安爲綿谷。有鐵。

順政，中。漢沮縣地。晉置武興蕃以處互市，後魏改爲略陽，又改順政。有鐵。南有興城關。

長舉，中下。漢沮縣地。本治槃頭城，貞觀三年移於今所。元和中，節度使嚴礪自縣而西疏嘉陵江二百里，焚巨石，沃醯以碎之，通漕以饋成州戍兵。州又領鳴水縣，漢沮縣地，隋置舊治落蕃水南，永隆元年移治水北，長慶元年省入焉。有鐵。

溓山，中下。武德元年析溓水置，溓山在縣西四十里，重叠溓北爲名，以縣置溓州，并置鹽泉縣及渠州之溓水、墊江以隸之。三年以溓水來屬。八年州廢，以墊江隸忠州，溓山來屬。久視元年分蓬州之宕渠置大竹縣，隸蓬州。至德二載來屬。寶曆元年省溓水、大竹入溓山。有鐵。

又卷六〇《志三六》 廣濟，中。本永寧。武德四年析蘄春置，天寶元年更名。有鐵。

蘄水，上。本浠水。漢蘄春縣地。宋置浠水縣，武德四年更名蘭溪，省羅田縣入焉。天寶元年，又更名。有鐵。

會稽分理。八年省，垂拱二年復置。大曆二年省，七年復置。元和七年省，十年復置。

北三十里有越王山堰。貞元元年觀察使皇甫政鑿山以畜泄水利，又東北二十里作朱儲斗門，北五里有新河，西北十里有運道塘，皆元和十年觀察使孟簡開，西北四十六里有新逕斗門。大和七年，觀察使陸亘置。有鐵。

臨海，望。漢回浦縣，後漢改爲章安。吴分章安置臨海，武德四年析置章安縣，八年省。有鐵。

黄巖，上。本永寧，高宗上元二年析臨海置，天授元年更名。有鐵，有鹽。

寧海，上。武德四年，析臨海置，七年，省入章安，永昌元年，復置。有鐵，有鹽。

福唐，上。本萬安，聖曆二年，析長樂置，天寶元年，更名。有鐵。

南安，緊。武德五年，以縣置豐州，并析置莆田縣。貞觀元年州廢，二縣來屬。有鹽，有鐵。

江夏，望。漢沙羡縣地，晉改沙陽。江漢二水會於州西，春秋謂之夏汭，晉宋謂之夏口。有鐵。

巴陵，上。漢雋縣地，吴置巴陵縣。縣界有古巴邱。有鐵，有洞庭山，在洞庭湖中。

宜春，上。有宜春泉在州西，醖酒入貢。西南十里有李渠，引仰山水入城，刺史李將順鑿。有鐵。

祁陽，上。吴分泉陵縣於縣東北九十里置，隋省入零陵。武德四年，析零陵置移於今治。貞觀元年省，四年復置。石鷰岡在縣西北一百一十里，此岡穴出石鷰以充貢。湘水南自零陵來。有鐵。

延唐。上。漢泠道縣，古城在今縣東南四十里。隋廢入營道，仍於泠道廢城置營道縣。蕭銑析置，梁興，銑平，更名唐興。武德四年移營道於州郭，乃置於此。長壽二年曰武盛，神龍元年復曰唐興。天寶元年又更名泠水，在縣南六十里。有鐵。

又卷六一《志三七》 新津，望。漢武陽縣，後周改。西南二里有遠濟堰，分四筒穿渠溉眉州、通義、彭山之田。開元二十八年，採訪使章仇兼瓊開，有稠梗山、本竹山、天社山、主簿山，有鐵。【略】

平羌，中下。有鐵。有關。【略】

臨溪，中下。有鐵。

昆明，中。漢定莋縣，後周置定莋鎮。武德二年置，蓋南接池故也。有鹽，有鐵。

通泉，緊。漢廣漢縣地，隋置。大曆二年隸遂州，後復來屬。有鹽，有鐵。

昌明，緊。本昌隆，漢涪縣地。晉置漢昌縣，後魏改。武德三年，析置顯武、文義二縣，貞觀元年省文義。神龍元年，更顯武曰興聖，先天元年，更昌隆曰昌明，開元二年，省興聖入焉。尋又析巴西、涪城、萬安地復置。興聖二十七年，省地還故屬。有北芒山，有鹽，有鐵。

魏城，上。止五里，有洛水堰，貞觀六年引安西水入縣，民甚利之。有鐵，有鹽。

神泉上。漢涪城地，晉置西園縣，隋改以縣。西泉能愈疾故也，北二十里有折脚堰引水溉田，貞觀元年開，有鐵。

西昌，中。永淳元年，以隋益昌縣地置。有鐵。【略】

石鏡，上。漢墊江縣，宋置。有鐵。有銅梁山。

巴川，中。開元二十三年，析石鏡、銅梁置。有鐵。

始建，中下。舊治擁思水，聖曆二年移治榮祉山。有鐵。

資官，中下。漢南案縣地，晉置本隸嘉州。武德六年來屬。有鹽，有鐵。

永川。下。本渝州壁山縣地。有鐵。

又卷六二《志三八》 懷集，中，晉懷化縣，隋改，武德五年置威州，并析置興平、霍清、威成三縣，貞觀元年州廢，省興平、霍清、威成入懷集，開元二年省永固縣入焉，有驃山。有鐵。

湞陽，中，本真陽，貞觀元年更名湞山，在縣北三十里，有鐵，西南有湟浦故關。

桂嶺，下。漢臨賀縣地。朝岡、程岡皆有鐵。

陽山。中下。神龍元年，移治洭水，一名湟水。有鐵，有故秦湟溪關。

李昉《太平御覽》卷三九《地部四・嵩山》 《山海經》曰：少室之山有木焉，名曰帝休，葉狀如楊，枝五衢，黄華黑實，服者不怒。其上多玉，其下多鐵。

又《四夷部一七・莎車》 《漢書》曰：莎車王治莎車城，去長安九千九百五十里。有鐵山，出青玉。

又卷七九七《四夷部一八・山國》 《漢書》曰：山國，王治去長安七千一百七十里。出鐵。民山居，寄田糴穀於焉。

又卷八一三《珍寶部一二・鐵》 又曰：婼羌國有鐵，自化作兵。

《山海經》曰：克光之山，龍首之山，其陰多鐵。

《廣州記》曰：鄧平縣，有鐵石。

《南方草物狀》曰：鐵出耽蘭州，裨夷莊舡載鐵至扶南賣之。

《三國志注補》卷四三《後漢書・郡國志》 益州郡滇池出鐵，有池澤。補注曰：澤在縣西見。

又卷四四《後漢書・郡國志》 越巂郡定莋，注引《華陽國志》：「縣在郡西。度瀘水，賓岡徼白摩沙夷有鹽坑，積薪，以齊水灌而後焚之，成白鹽。漢末夷等皆錮之。」又臺登出鐵，注引《華陽國志》：有孫水，一曰白沙江，山有砮，火燒

成鐵。

又卷四七《河東道八・絳州》 翼城縣，東北一百里。舊十八鄉，今六鄉。本漢絳縣地，屬河東郡。自漢魏不改。後魏明帝置北絳縣於曲沃縣東，屬北絳郡。周、齊不改。隋開皇三年，罷郡，改屬晉州；十六年改爲翼城縣，屬絳州。因縣東古翼城爲名也。義寧元年，於此置郡城，縣屬焉。武德元年，廢郡置澮州；四年，廢澮州，縣屬絳州。澮高山，一名詳高，在縣東南二十五里。其山出鐵。

又卷五六《河北道五・磁州》 磁州，滏陽郡，今理滏陽縣。本漢魏郡，武安縣地。周武帝於此別置滏陽縣及成安郡。隋開皇十年，廢郡於縣置磁州。以昭義縣界有磁石山，出磁石，因取爲名。

又《磁州・磁石》 滏陽縣，舊六鄉，今五鄉。【略】《圖經》云：「滏口山，磁石山。」《本草》云：「磁石，鐵之碓，今有石鼓山出者。」

又卷七六《劍南西道五・資州》 盤石縣，元八鄉。本漢資中縣地，後周保定五年，於漢資中縣，故城置。盤石縣屬資中縣，兼移郡。就此理皇朝初下西蜀，併月山、丹山、銀山，三縣入焉。中江水自漢州金堂峽穿過懷安軍，經簡州至當縣入出，界至瀘州江口，合大江下江陵，石人山，在縣南十五里。隔中江，高八丈。鐵山，在縣南五十里。按：《地里志》云：其山出鐵。

又卷八五《劍南東道四・陵州》 始建縣，西北五十五里。元舊六鄉。本漢武陽縣地，隋開皇十年於此置，始建鎮。大業五年改鎮爲始建縣，舊治擁思茫水。唐聖曆二年移治榮祉山。鐵山，在縣東七十里。《周地圖》云：「蒲亭縣有鐵山，諸葛亮取爲刀器，因封宇文度爲鐵山侯。」

又卷八五《劍南東道四・榮州》 資官縣，西北九十里。元四鄉也。本漢南安縣地。晉義熙中，置資官縣，屬犍爲郡。唐武德初改郡爲縣，屬嘉州。貞觀六年，割屬榮州，舊名資宇，誤。鐵山，在州西北一百里，從資州月山縣西來，其山出鐵。

樂史《太平寰宇記》卷八九《江南東道一・昌州》 永州縣，東一百五十里。元管二鄉。本渝州，壁山在縣地，與州同置，枕侯溪水，山川闊遠，因名永川縣。鐵山，在縣南八十里。其山出鐵。

又卷一三五《山南西道三》 長舉縣，以長舉城爲名，屬盤頭郡。周武帝廢盤頭郡落叢郡，隋開皇三年罷郡縣，屬興州。【略】落叢山，在縣西北十四里，出鐵。

又卷一三六《山南西道四・合州》石鏡縣，依舊十鄉。本漢墊江縣，屬巴郡。宋改爲宕渠縣。後魏恭帝二年爲石鏡縣，邑有青石，如鏡可照，故以爲名。銅梁山，在縣南九里，左太沖《蜀都賦》云：「外負銅梁而宕渠。」注云：銅梁山也。按其山出鐵及桃竹枝。

又卷一三八《山南西道六・渠州》 鄰山縣，東南一百里。舊二鄉，今五鄉。【略】鄰山，在縣南西四十里，此山重疊，鄰比相次，爲名。南盡縣界，東入鄰山縣界，北通州三岡縣界北，山出鐵。

又卷一九八《四夷二七・北狄一〇・拔野古》 拔野古，亦鐵勒之別部也，在僕骨東境。勝兵萬餘，口六萬人。其地豐草，人皆殷富。其酋俟利發，屈利失貞觀二十一年舉其部來降。其地東北千餘里曰康干河，有松木入水，二年化爲石，其色青，國人有居住，其人謂之「康干石」。其松爲石以後，仍似松文。人皆能著木脚，水上逐鹿。以耕種射獵爲業。國多好馬。又出鐵。風俗與鐵勒仝，言語稍別。

王欽若《册府元龜》卷九六〇《外臣部》 婼羌國。隨畜牧逐水草，不田作仰鄯善。且末。穀賴以自給也。山有鐵，自作兵，兵有弓矛，服刀劍甲。服刀，柏髀也。柏音貊，髀音俾，又音陛。【略】

山國。其山出鐵，民山居，寄田糴穀於焉耆、危須。

《新唐書》卷三五《志第二五・五行志》 垂拱三年七月，魏州地出鐵，如船數十丈。

王士禎《居易録》卷二八 《太平寰宇記》云：商山有鐵鑛，亦出磁石。

蘇軾《補注東坡編年詩》卷二〇《古今體詩六〇首・曉至巴一本有河字口迎子由》 磁湖。《輿地廣記》：大冶縣有磁湖。《名勝志》：磁山，在縣東四十里磁湖側。磁湖者，以旁岸多磁石，故名。《欒城集》云：舟次磁湖，以風浪留二日。即此地也。

唐慎微《證類本草》卷四《玉石部中品總八十七種金銀鐵塩土等附》 磁石，一名玄石。《別録》：各一種。今按：其一名處石，既同，療體又相似，而寒温銅鐵及畏惡有異，俗方既不復用之，亦無識其形者，不知與磁石相類否？《唐本》注云：此物鐵液也，但不能拾針，療體如經劣於磁石。磁石中有細孔，孔中黃赤色，初破好者，能連十針，一斤鐵刀亦被回轉。其無孔。光澤純黑者，玄石也。不能懸針。【略】

《圖經》曰：磁石生泰山山谷及慈山山陰，有鐵處則生其陽。今慈州、徐州及南海傍山中皆有之。慈州者歲貢最佳，能吸鐵虛連十數針，或一二斤刀器回轉不落者尤真，採無時。其石中有孔，孔中黃赤色，其上有細毛，性溫，功用更勝。謹按：《南州異物志》云：漲海崎頭水淺而多磁石，徼外大舟以鐵鍱錮之者，至此多不得過，以此言之，海南所出尤多也。按：磁石一名玄石，而此下自有玄石條，云生泰山之陽，山陰有銅。銅者雌，鐵者雄。主療頗亦相近，而寒溫銅鐵畏惡乃別。蘇□以爲鐵液也，是磁石中無孔，光澤純黑者，其功劣於磁石，又不能懸針。今北蕃以磁石作禮物，其塊多光澤，又吸針無力，疑是此石，醫方罕用。

佚名《錦繡萬花谷續集》卷一一《成都府路》 剛鐵。井研縣之東北六十里，其山出鐵，諸葛亮取以爲兵器，其鐵剛利，堪充貢焉。

王象之《輿地紀勝》卷第一五七《潼川府路・資州》 鐵山。《寰宇記》云：「在盤石縣南五十里，其山出鐵。」

又卷一五九《潼川府路・合州》 銅梁山。《九域志》引《益部耆舊傳》云：「昔楚襄王滅巴子，封廢子於濮江之南，號銅梁侯。」《圖經》云：「銅梁山在石照縣南五里。」左思《蜀都賦》曰：「外負銅梁而宕渠」，即此山也。《寰宇記》云：「遠望諸山而此獨秀。」《圖經》又云：「山頂即宗子伯業之別業，有宿雲岩、方岩、松風閣、讀書堂、博古齋。晉雲馮時行嘗賦之『山有茶色白甘腴』。俗謂之水茶，甲於巴蜀。山之北趾即巴子故城，多玉蘂花。」《元和志》云：「出鐵及桃竹杖。」

又卷一六一《潼川府路・昌州》 鐵山。《寰宇記》云：在永川縣南八十里，高五里，其山舊出鐵。

又卷一八三《利州路・興元府》 鐵山。在西縣北五里，多鐵礦。隆興間，金人叛姚仲，置寨于此。

又卷一八四《利州》 穿山。《元和郡縣志》：「在綿谷縣，一名胡頭山，出鐵，舊置鐵官。」

陳耆卿《〔嘉定〕赤城志》卷三六《風土門一》 鐵出臨海、興國、仙居、安仁、天台、栖溪、寧海、東溪。

潘自牧《記纂淵海》卷二三《形勝》 走馬嶺，在高平縣西北十里，出鐵礦。**【略】**馬武山在靈川縣東五十里，漢馬武常屯兵于此。史山，在陽城縣東北三十里，產鐵。《輿地紀勝》

佚名《群書通要》辛集《方輿勝覽上・州郡門・磁州》 磁州。縣名：武安、滏陽、邯鄲。沿革：本漢魏郡武安縣地，隋開皇十年廢郡於縣置。磁州以縣西有磁石因名。東山武安縣。磁石岩，出磁石，能吸鉄不墜。

駱天驤《類編長安志》卷二 雲陽宮。《封禪書》所謂谷口是也。其山出鐵，有冶鑄之利，因以爲名。

王貴學《王氏蘭譜》 吴蘭，色深紫，向吾得於龍岩〔漳州縣名〕鐵礦山鐵叢。石心而婉媚，葉之修緑冠諸品，得所養則莛歧生有二寸餘萼。性頗受肥，亭亭特特，隱然君子立乎其前。

周應合《〔景定〕建康志》卷一九《山川志三》 鐵冶溝，在鍾山鄉馬鞍山之下，有地三畝餘，荆山皆鐵，近水垠，通小港，耆老皆呼爲鐵冶溝。

張鉉《至大金陵新志》卷五上《山川志一》 鐵冶山，一名鐵峴，在州西南七十里，高一百八十丈，周二十里。山謙之《丹陽記》云：「永世縣南百餘里鐵峴山出鐵，今揚州鼓鑄之。」《輿地志》：「前代鑄錢處。」**【略】**

鐵山，在州東南五十里，高六十丈，周二十八里。古嘗出鐵，今坑冶遺跡猶存。《唐書・地理志》：「溧陽有鐵。」此即其地。

《元史》卷九四《志四三・食貨二・歲課》 產鐵之所，在腹里曰河東、順德、檀、景、濟南，江浙省曰饒、徽、寧國、信、慶元、台、衢、處、建寧、興化、邵武、漳、福、泉，江西省曰龍興、吉安、撫、袁、瑞、贛、臨江、桂陽，湖廣省曰沅、潭、衡、武岡、寶慶、永、全、常寧、道州，陝西省曰興元，雲南省曰中慶、大理、金齒、臨安、曲靖、澄江、羅羅、建昌。

《文武諸司衙門官制》卷二 盂縣，在〔太原〕府東北二百四十里。編户二十三里。無丞。地僻民貧，頗有山鐵之利。土產：鐵。平定州，在府東二百六十里。編户二十三里。全設。地瘠俗嗇頗冲繁。土產：鐵。**【略】**

五臺縣，在〔代〕州南一百四十里。編户一十五里。裁減。近邊繁疲。**【略】**土產：鐵。**【略】**

孝義縣，在府南子十五里。編户十八里。全設。地僻民饒。土產：鐵，薛吉山出。**【略】**

城固縣，在城東七十里。編户二十三里。**【略】**土產：鐵。

宜陽縣，在〔河南〕府西南七十里，編户五十八里。全設。山邑糧重多逋。土產：鐵。

登封縣，在府東一百四十里，編户四十四里。無丞。山邑糧多逋欠。土

產：鐵。

新安縣，在府西七十，編户一十八里。裁減。地衝，民疲糧欠。土産：鐵、膽礬。【略】

禹州，在府西南二百二十里。編户六十四里。【略】土産：瓷器、鐵。【略】

寧遠縣，在〔鞏昌〕府東九十里。編户一十四里。無簿。衝繁民疲多盜。土産：鐵。

又卷三 永嘉縣，附郭。編户二百八十六里。全設。沿海繁刁，寇警時作，多强梗難治。土産：鐵。【略】

臨海縣，附郭。編户一百四十九里。全設。濱海阻山，民頑糧逋，寇警時作。土産：鐵。

仙居縣，在〔台州〕府西九十里。編户七十八里。全設。地僻民刁，訟多，糧欠多，豪右難治。土産：鐵。

寧海縣，在府東北一百八十里，編户一百四里。全設。土産：鐵。

黄巖縣，在〔紹興〕府東南六十里。編户七十九里。全設。地沃民饒，糧完訟簡，雖經倭患，未至殘破。土産：鹽、鐵。【略】

進賢縣，在〔南昌〕府東一百二十里。編户二百二十八里。全設。衝繁民疲。土産：鐵。

分宜縣，在〔廣信〕府東八十里。編户一百八里。全設。衝疲，頗刁繁難。土産：鐵、地黄。

貴溪縣，在府西一百九十里。編户八十四里。全設。衝疲，繁難，地簡，民間錢糧多欠。【略】土産：鐵。

蘄水縣，在〔德安〕府東南一百一十里。編户五十八里。全設。煩衝，民饒，俗刁。土産：鐵。

廣濟縣，在〔蘄〕州東六十里，編户三十里。全設。衝煩，民刁。土産：鐵。

黄梅縣，在州東一百七十里。編户四十二里。全設。與九江滑山接壤，衝煩易治。土産：鐵。

巴東縣，在〔歸〕州西九十里。編户九里。半無丞。【略】土産：鐵。

巴陵縣，附郭。編户五十七里。全設，臨江，煩衝民刁疲有水患。土産：鐵、鼈甲。

石門縣，在〔澧〕州西九十里。編户二十五里。無丞。【略】土産：鐵。

寧鄉縣，在〔長沙〕府西一百二十五里。編户二十一里。全設。地衝，俗奢民刁。土産：鐵。

瀏陽縣，在府東一百五十里，編户七十一里。二簿全設。衝疲，事煩，糧欠，民俗狡悍。土産：鐵。

茶陵州，在府西四百八十里。編户五十里。二判全設。地解，民富，事煩，俗狡。土産：鐵。

衡陽縣，〔衡州府〕附郭。編户五十二里。全設。【略】土産：鐵。

零陵縣，〔永州府〕附郭。編户二十八里。全設，衝頗民饒，萬曆七年裁革主簿。【略】土産：鐵。

祁陽縣，在〔永州〕府北一百里。編户一十三里。裁減，頗饒，民俗頗惡。【略】土産：鐵、石燕、青碌。

永明縣，在〔道〕州西七十里。編户十八里。裁減，僻，民淳。土産：鐵。

永興縣，在〔郴〕州西北八十五里。編户二十里。裁減。民淳。土産：鐵。

烏撒軍民府，限一百六十日。東至潘州宣慰司界二百五十里。西至烏家軍民府界一百九十里。南至雲南霑益州界九十五里。北至鎮雄府界二百一十里。自府治平南京六千三百一十里，至京師九千四百八十里。編户二里。土産：鐵。

射洪縣，在〔潼川〕州南六十里。編户四。無丞，山邑，僻簡，民淳。土産：鐵。

鹽亭縣，在〔潼川〕州東一百里。編户三里。無丞，衝刁。土産：鐵。

鹽井衛軍民指揮使司，在行都司城西三里。編户三十六里。土産：鐵。

又卷四 閩清縣，在〔福州〕府西北一百二十里。編户七里。裁減。邊江僻簡。土産：鐵，有冶。

德化縣，在〔泉州〕府西一百八十里。編户八里。裁減。山僻有盜。土産：鐵。

安溪縣，在府西一百五里。編户一十七里。裁減。山僻，民刁頑，有盜。土産：鐵。

永春縣，在府西北一百二十里。編户十四里。裁減。山僻，民淳，有盜。土産：鐵。

建安縣，〔建寧府〕附郭。編户一百三十六里。全設。衝煩，民饒。土

產：鐵。

甌寧縣，〔建寧府〕附郭。編户一百七十七里。全設。衝煩，民饒。土產：鐵。

邵武縣，〔邵武府〕附郭。編户一百七里。全設。僻煩民狡。土產：鐵。

龍溪縣，〔漳州府〕附郭。編户一百四十八里。全設。衝煩，民刁，多盜。土產：鐵。

仁化縣，在〔韶州〕府東北八十里。編户六里。無丞。僻簡，頗諳，有寇。土產：鐵。

昆明縣，〔雲南府〕附郭。編户二十七里。七主簿無簿。地衝事繁，供應頗疲。土產：鐵。

河西縣，在〔臨安〕府西北一百八十里。編户四里。裁減。僻小易治。土產：鐵。

嶍峨縣，在府西北二百六十里。編户七里。土官知縣主簿二員，流官、知縣、縣丞、典史三員，簡夷雜多盜。土產：鐵。

新興州，在〔澄江〕府西一百二十里。編户二里。裁減。地僻，夷雜，多盜。土產：鐵。

霑益州，在〔曲靖軍民〕府東二百五十里。編户二里。流官、知縣、典史、土官、縣丞。夷險有盜。土產：氊、鐵。

陸涼州，在府南一百二十里。編户六里。土官、知州一員。流官、知州、同知、吏目三員，分巡駐□，□夷□普陀驛。土產：氊、鐵。

銅仁縣〔銅仁府〕，附郭。編户里。裁減，新設。土產：鐵。

黎平府，限一百五日。東至湖廣靖州界二百四十里。西至鎮遠府邛水長官司界三百六十里。南至廣西柳州府羅次縣界五百里。北至湖廣辰州府沅州界四百里。自府治至京師六千二百里，至南京三千七百五十里。【略】土產：鐵。

滕弘《神農本經會通》卷六《玉石部》 磁石，柴胡爲之使，殺鐵毒，惡牡丹、莽草，畏黄石脂，懸吸針，虛連三四，爲佳。臣也，生太山山谷及慈山山陰有鐵處，則生其陽，今慈州、徐州及南海傍山中，皆有之。磁石有細孔，孔中黄赤色。一種玄石，是磁石中無孔，光澤純黑者，其功劣於磁石。生太山之陽，山陰有銅，銅者雌，玄者雄。

李賢《明一統志》卷五 磁石，宣府東龍門鎮進陽村出。

又卷一八 土產：鐵，盤馬山出，宋置利國監，以主鐵冶。文石碭山出。石炭，白土鎮出，蘇軾爲守，日以冶鐵作兵，犀利勝常。

又卷二〇 汾西山，在汾西縣西六十里。亦名青山，乃姑射之連阜，山產鐵。

絳山，在絳縣西北二十五里。俗名紫金山，產鐵。

又卷二一 土產：鐵。孝義縣薛頡山出。【略】

土產：鐵，高平、陽城二縣出。

又卷二二 大石山。在萊蕪縣東南一十三里，出鐵及大石。

又卷二五 登州府【略】龍山，在府城南四十里。上有龍洞，山產鐵，舊有場。北曲山，在棲霞縣西北三十里。產鐵。百澗山，在棲霞縣東五十里。山多水泉，故名，舊產鐵。倉山。在萊陽縣東五十里。山舊產鐵。

又卷二八 鐵、革、石緑。俱濟源縣出。【略】

磁山，在武安縣西南三十里，土產磁石，州名取此。

又卷二九 鐵。鞏、宜陽、登封、新安、嵩五縣出。

又卷三〇 鐵朵山。在南召縣西南八十里。世傳下產鐵石，古有鐵冶，故名。

又卷三五 土產：鐵。寧遠縣出。

又卷三七 土產：鐵。麥垛山出。

又卷四八 土產：鐵。永嘉縣出。

又卷五一 土產：鐵。玉山、貴溪、弋陽三縣俱出，有場，久罷，惟上饒縣永樂鄉場尚存。

又卷六一 鐵。廣濟、蘄水、黄梅縣出。

又卷六二 鐵。巴東縣出。

又卷六三 土產：鐵。瀏陽、攸、安化、茶陵、寧鄉、醴陵六縣出。

又卷六四 土產：【略】鐵。桂陽州、并衡陽、耒陽、常寧三縣出。

又卷六五 鐵。盧溪、辰溪、漵浦三縣出。【略】

又卷六七 鐵山。在井研縣東北六十里。出鐵，剛利。諸葛亮取爲兵器。

又卷六九 鐵、桃竹、牡丹。俱合州出。

又卷七一 鐵。鹽亭、射洪二縣出。

又卷七四 土產：鐵。閩清、福清二縣出。

又卷七五 土產：鐵。安溪、永春、德化縣出，舊有場。

又卷七六 鐵。建安、甌寧、政和、松溪四縣出。

又卷七七　鐵。長汀、上杭、寧化縣出。

又卷七八　土産：鐵。邵武、光澤二縣出。

鐵、鹽，俱龍溪縣出。

鐵，寧德縣出。

又卷七九　鐵、蕉布、竹布。俱仁化縣出。

又卷八〇　鐵。程鄉縣出。

磁石，陽江縣磁石山出。

又卷八一　鐵。高要、陽江二縣出。

又卷八六　土産：鐵。昆明縣出。

鐵，新興州出。

土産：鐵、石黃，石母山出。

又卷八八　貴陽府。東至龍里衛界九十里。西至安順州界七十里。南至廣西泗城州界九十里。北至舊程番府界四十里。自府治至南京四千三百九十里，至京師七千七百三十里。

土産：茶、鐵、馬、薑、蘭、菖蒲、刺竹、筋竹。俱府境及各長官司出。【略】思州府。東至湖廣辰州府沅州界九十里。西至鎮遠府界一百里。南至黎平府界。北至銅仁府界俱二百二十里。自府治至南京四千二百里，至京師七千七百二十里。

鐵、竹雞。俱府境及各長官司出。【略】

鐵。銅仁、省溪二長官司出。

鄭顒《〔景泰〕雲南圖經志書》卷三《建水州・土産》　鐵。出寶秀鄉。　紫石。其石紫色而温潤，可爲硯，出鍾秀山。

胡謐《〔成化〕山西通志》卷二　紫金山，有四：【略】一在曲沃縣南十三里，絳縣北二十里，聞喜縣東北六十里，高無水日出先照其色光絳，又名絳山，山半有泉下注石崖冬則凝而成冰，故名冰岩，下有龍底泉，其山産鐵。【略】

汾西山，在汾西縣西六十里，亦名青山，産鐵。乃姑射之連阜，有姑射真人祠。

走馬嶺，在高平縣西北十里，出鐵鑛。其西五里有金裹谷堆，堆下亦有鐵鑛。史山，在陽城縣東北三十里，産鐵。

陳道《〔弘治〕八閩通志》卷七《地理》　鐵鑛山，山産鐵鑛。

又卷八《地理》　鐵嶂山，在勝運里，石壁峭拔，勢若屏嶂，山之西産鐵鑛。

鐵石山，多石，堅黑如鐵，或云舊産鐵。

又卷九《地理》　鐵山嶺在二十九都山，産鐵礦。流溪巖在二十九都，高約百餘丈，其上不毛，其崖石皆鐵礦也，鑿之皆可煽鐵。

又卷一〇《地理》　大寶、小寶二山在十四都，産鐵鑛最佳，因名。鐵山嶺在四十二都，産鐵鑛，已上四嶺俱縣東。【略】寶山舊産鐵鑛。

又卷二五《食貨》　鐵。建安、甌寧、松溪、政和四縣出。【略】〔建寧府〕磁石，俗呼攝針石。按：《政和縣志》，出東衢里黃谷山。

又卷二六《食貨》　〔漳州府〕鐵龍溪、龍岩二縣出。

〔汀州府〕鐵。長汀、上杭、寧化三縣出。

〔延平府〕鐵。南平、尤溪二縣出。【略】

〔福寧州〕鐵。寧德縣出。

唐冑《〔正德〕瓊臺志》卷九《石之屬》　引針石。即磁石，出崖州、臨川港者佳。相地者用之引針，以定子午。

陸釴《〔嘉靖〕山東通志》卷六　北曲山。在棲霞縣西北三十里。産鐵。百澗山，在棲霞縣東五十里。山多水泉，舊産鐵。【略】

倉山，在萊陽縣東五十里。舊産鐵。

張岳《〔嘉靖〕惠安縣志》卷二《山川潮汐》　大帽山，在三髻山東北，雄峭盤鬱，至絶頂忽寬，平百餘丈，有泉一泓，方僅尺許。洞深莫測，相傳龍從此騰去，禱雨多應。山産磁石、黃精、萬年松。

鄭慶雲《〔嘉靖〕延平府志》卷二《地理志》　大寶、小寶，在四十都，産鐵鑛最佳，因名。

鐵山。在二十九都，山産鐵。

鐵山。在四十二都，産鐵鑛。已上四嶺俱縣東。

管律《〔嘉靖〕寧夏新志》卷一　物産：鐵。麥垛山出。

郭春震《〔嘉靖〕潮州府志》卷一《地理志》　〔大埔縣〕〔五房山〕多竹水，産鐵礦。【略】〔大埔縣〕〔香爐山〕在縣東南六十里，産鐵礦。〔洋子佃山〕在縣北一百里，産鐵礦。〔王壽山〕在縣東南一百三十里，相傳有王公岐者修煉於此，故名。上有仙牛跡，亦名仙牛嶺。産鐵礦。〔平頂山〕在縣東北一百里，亦産鐵礦。

余之禎《〔萬曆〕吉安府志》卷一二　蕉源山，在縣東四十里。山形尖峭，樹木蓊茂，山産鐵，一名東溪山。

章潢《圖書編》卷八九《各織省府縣土産》　漢中府：鐵。城固。【略】長沙府：鐵。瀏陽、攸、安化、茶陵、寧鄉、醴陵。

何喬遠《名山藏》卷四七《輿地記》　永平府，冀州域分野尾，黄帝逐葷粥，始爲華有。初虞分冀東，北爲營州，此其地商封墨台氏，爲孤竹國。周幽州，春秋肥子國，秦遼西右北平二郡地，漢末爲公孫度所據，魏改盧龍郡，北燕平州及樂浪郡，唐平州，國初屬北平布政司，永樂中直隸京師，領州一、縣五附郭。曰盧龍縣，漢肥如縣，其曰盧龍以鎮山如龍形，山曰陽山，有李廣射虎之石洞。山産鐵。

曹學佺《廣西名勝志》卷八　司中山，在縣西北五十里，産鐵，及樟楠諸大木。

又卷六七　《寰宇記》：宕渠郡之鐵官，永川縣之鐵山，鄰水縣之隣山，銅梁縣之綿谷，俱出鐵。

熊明遇《格致草·北辰吸磁石》　羅經鍼鋒指南，思之不得其故。一日閲西域書，云北辰有下吸磁石之能，以故羅經鍼必用磁石磨之，常與磁石同包，而後南北之指方定。竊謂磁石與鍼，金類也。北屬水，豈母必顧子與？然而羅經鍼鋒所指之南，非正午，常稍東，偏在丙午之介。問之浮海者，云其在西海，又常稍西，偏在午丁之介。若求真子午必立表取影者爲確。果爾，則堪輿家尚用羅經定方位者，不覺恍然如失矣。

慎懋官《華夷花木鳥獸珍玩考》卷八《鑌鐵》　鑌鐵有礪石，謂之喫鐵石，剖之得鑌鐵。

結骨每雨鐵，收而用之，號曰迦沙，以爲刀劍，甚銛利。

羅日褧《咸賓録·南夷志》卷七　曲靖，漢爲益州郡味縣地，後改置建寧郡。【略】其俗椎髻，皮服，力耕，好訟，喜戰鬬，少廉耻，産氊、鐵、石燕等物。

傅梅《嵩書》卷二《峙勝篇》　大熊山。在太室東南五十里，與小熊山相接，頂上寬平，四圍陡峻，昔人多避兵於此，其下多鐵，山民鼓鑄爲業。《漢書》云：陽城有鐵官，即指此也。

李世熊《錢神志》卷一《靈産》　《地理志》云：【略】常山蒲吾有鐵山。

朱鶴齡《禹貢長箋》卷八　厥貢璆、鐵。【略】

鐵先于銀者，鐵之利多于銀也。蜀卓氏、程氏以鐵冶富擬封君，則梁之利尤多于鐵。

徐廣曰：臨邛出鐵。《後漢·郡國志》：宕渠、臺登、會無、滇池、不韋諸縣皆出鐵。

鏤者，可以刻鏤剛鐵也。金剛切玉如泥。《寰宇記》：定筰縣有鐵石山，在今四川行都司。出砮石，火燒之成鐵，爲劍戟最利。《華陽國志》：作出臺登。《名勝志》云：鹽井衛，古定筰縣也，今山在衛西七十里，亦近臺登。臺登、定筰，漢志皆屬越嶲。

顧炎武《肇域志》卷五　鐵冶山，一名鐵峴山，在縣西南七十里，山謙之《丹陽記》云：「永世縣南鐵峴山出鐵。」

又卷一四　萊蕪縣，州東一百二十里，編户四十二里。山僻事簡有盗。【略】鑛山，在縣西北三里，古産鐵，今無。

又卷二二　汾西縣府西一百八十里，編户十五里裁減，漢彘縣。後漢永安縣，後魏置汾西郡，隋爲汾西縣。【略】汾西山在縣西六十里，亦名青山，産鐵。

又卷二二　絳州府，西南一百五十里，編户五十二里。全設。【略】絳山，在州西北二十五里。俗名紫金山，産鐵。

又卷二三　壺關縣，府東二十五里，編户九十六里。【略】太谷嶺，在縣西南三十里。上有鐵鑛。趙屋嶺，在縣南六十里。上有鐵鑛及産赤白石脂。【略】陽城縣，州西一百里。州志九十。編户九十四里，無丞，地僻頗俗儉。【略】史山在縣東北三十里，産鐵。其西五里有金裏谷堆，堆下亦有鐵鑛。

又卷二六　《金史·必蘭阿魯帶傳》：澤州舊隸昭義軍，近年改隸孟州。【略】寶山，在州西南五里。産鐵礦并炭。

又卷三〇　武安縣磁山，在縣西南三十里。府志南二十五，州志同。宋置滏陽。元以名州。産鐵。

又卷三九　會寧縣，【略】寶積山，在城北四百四十里，産石灰及鐵鑛。

又卷四七　程鄉縣，府西北三十里，編户二十一里，無丞。【略】王壽山，在縣東北一百四十里。府志東南一百三十里。産鐵礦。【略】平遠縣，府西北五百五十里。編户一十二里，裁減。【略】鐵礦山，在東石村，産鐵。

又卷四八　程鄉銅鼓山，在縣東南八十里。【略】平頂山，在縣東北二百里。産鐵礦。

《山東鹽法志》卷一二《古蹟》　倉山舊産鐵，在萊陽縣東五十里。

顧祖禹《讀史方輿紀要》卷三六　棲霞縣。〔登州〕府東南百五十里。西北至黄縣百二十里。漢腄縣地。唐爲蓬萊縣之楊疃鎮。宋因之。金天會中劉豫析置棲霞縣。今編户四十二里。

百澗山。縣東北七十里。山形透迤，澗水交錯，殆以百數，舊産鐵。又北曲山在縣西北三十里，舊亦産鐵。

又卷七九　上津縣。〔鄖陽〕府西北四百八十里，南至陝西白河縣百四十里，西至陝西洵陽縣二百十里，北至陝西山陽縣百五十里。【略】又礦山，在縣南百里。産鐵。

又卷八六　磁龜溪，府南七十里。有磁石如龜，伏溪中。溪流阨塞於巖竇間，衝嚙怒號，袤四里注而爲瀑，有聲如雷，凡十五六里而山開水平，又十里乃達於盱江。志云：磁龜溪去魚蝓山里許，遊覽絶勝處也。

又卷八七　萬安縣。〔吉安〕府南百三十里，東至贛州府興國縣二百三十里，南至贛州府二百三十五里，西南至南安府南康縣二百七十里，北至泰和縣百里。【略】又焦源山，在縣東四十里，山形尖峭，林木森茂，産鐵。一名東溪山。其相接者曰乾溪山，亦高峻，有百丈峯，峯下有潭。又職源山，亦與東溪山接，綿亘數百里，水流其下，産鐵。宋置爐冶冶納課，久廢。【略】

分宜縣。〔袁州府〕縣東八十里，東至臨江府新喻縣七十里，南至吉安府安福縣百里，北至瑞州府上高縣百四十里。【略】又貴山，在縣北四十里，地産鐵。《唐志》：宜春縣有鐵。宋雍熙初置貴山鐵務，蓋以此，後廢。

又卷九七　永安縣。〔延平〕府西南二百里，西至汀州府清流縣百四十里，南至漳州府寧洋縣百十里。【略】

黄田嶺。縣南六十里，接漳州府龍巖縣界。縣東百里又有鐵山嶺，産鐵鑛。【略】

大田縣。府西南四百里，東至尤溪縣百七十里，東南至泉州府德化縣二百里。【略】又大寶、小寶二山在縣西北五十里，接永安縣界，産鐵鑛，最佳。

又卷九八　上杭縣。〔汀州〕府南百九十里，東南至漳州府龍巖縣百五十里，南至永定縣百十五里，西南至廣東程鄉縣三百十里，西至武平縣百里。【略】鐵嶂山，在縣西，石壁峭拔，勢若屏嶂。山之西産鐵鑛。

又卷九九　安溪縣。〔泉州〕府西百五里，西南至漳州府二百三十里，西北至漳州府漳平縣二百四十里，東北至永春縣百里。【略】後洋山，在縣西北五十里，最高，下爲平疇。【略】又西北曰鐵鑛山，産鐵。

又卷一〇一　陽春縣。府西南三百四十里。東北至新興縣二百二十里，東南至陽江縣百四十里，西南至高州府二百里。漢合浦郡高涼縣地。梁始置陽春縣及陽春郡。隋平陳郡廢縣屬高州，唐武德四年乃置春州，天寶初曰南陵郡，乾元初復爲春州。宋熙寧六年州廢，縣屬恩州。元因之。明初，改今屬，城周三里有奇，編户二十四里。

磁石山，縣東南三里。一峯特起，四面平陂，産磁石。

又卷一一八　永平縣。〔永昌〕府東北百七十里，東至趙州界百七十里。【略】花橋山，《志》云：在縣西南二十五里。上有鐵礦。

又卷一三〇　揭陽縣。〔潮州〕府西南七十五里，西北至惠州府長樂縣二百八十里。【略】又五房山，在縣西北四十里。多竹木，産鐵鑛。【略】

程鄉縣。〔潮州〕府西北三百里，西至惠州府興寧縣百三十里，東北至福建上杭縣三百八十里。銅鼓山縣東南八十里。高千丈，周百里，山勢峻阻，盜賊多窟穴其中，亦曰銅鼓嶂。其相近者有陰那山，高百丈，周二百五十里，形如仙掌，下有湖。又南爲香爐山，高二百九十丈，周三十八里，以形似名。産鐵鑛。【略】又平頂山，在縣東北二百里，高二百餘丈，周七十二里，形如展蓋，而頂平。産鐵鑛。

《明史》卷四〇《志一六》　沙河。府南。弘治四年以沙壅還縣於西山小屯，十八年六月復還舊治。西南有磬口山，産鐵。南有沙河，亦名湡水。

徐州，元屬歸德府。洪武四年二月屬中都臨濠府。十四年十一月直隸京師。東南有雲龍山。天啓四年遷州治於雲龍山。東北有盤馬山，産鐵。

又卷四一《志一七》　登州府。元登州，屬般陽路。洪武元年屬萊州府。六年直隸山東行省。九年五月升爲府。領州一，縣七。西距布政司一千零五十里。

蓬萊。倚。洪武初廢。九年五月複置。北有丹崖山，臨大海。南有密神山，密水所出。西南有黑石山，黑水所出，經城南合流，北入於海。西有龍山，産鐵。【略】

汾西。府北，少西。西有青山，産鐵。東有汾水。【略】

絳。州東南。【略】絳山産鐵。

又卷四二《志一八》　禹州。元曰鈞州。洪武初，以州治陽翟縣省入。萬曆三年四月避諱改曰禹州。成化二年七月建徽王府。嘉靖三十五年除。北有禹山，又西北有鑛山，有鐵母山，舊俱産鐵。

鞏昌府。元屬鞏昌總帥府。【略】寧遠。府東。南有太陽山，舊産鐵。

又卷四三《志一九》　成都府。元成都路。【略】井研。府南。少東洪武六年十二月置。十年五月省入仁壽縣。十三年十一月復置。東北有鐵山，舊産鐵。南有鹽井。

廣安州。元廣安府，屬順慶路。

鄰水。州東少南。成化元年七月置。東南有鄰山，産鐵。

廣信府。元信州路，屬江浙行省。太祖庚子年五月爲廣信府。領縣七。西北距布政司六百三十里。【略】

吉安府。元吉安路，屬江西行省。

萬安。府南。東有蕉源山，産鐵。

又卷四四《志二〇》 蘄州。元蘄州路，屬河南江北行省。

黄梅。州東北。東南有礦山，舊産鐵。

寧波府。元慶元路，屬浙東道宣慰司。太祖吴元年十二月爲明州府。洪武十四年二月改寧波。領縣五西。北距布政司三百六十里。

鄞倚。【略】東有灌頂山，舊産鐵。

台州府。元台州路，屬浙東道宣慰司。

天台府西南。【略】又東有栖溪，産鐵。

又卷四五《志二一》 汀州府元汀州路，屬福建道宣慰司。【略】

清流。府東北。南有豐山，東南有鐵石山，南臨九龍溪，有鐵石磯頭巡檢司。

融。府西北。元融州，直隸廣西兩江道。洪武二年十月以州治融水縣省入，來屬。十年五月降爲縣。【略】又東有寶積山，産鐵。

又卷四六《志二二》 永昌軍民府。元永昌府，屬大理路。

水平。府東北。元屬永昌府。洪武二十三年屬金齒軍民司。嘉靖元年仍屬府。西南有博南山，一名金浪巔山，俗訛爲丁當丁山，上有關。又有花橋山，産鐵礦。

永和。州西。西濱大河。西北有永和關，有巡檢司。又有興德關。西南有鐵羅關。三關俱與陝西濱河爲界。

潞安。府元潞州，屬晉寧路。【略】壺關。府東南。南有趙屋嶺，西南有大峪嶺，俱産鐵。

又卷七九《志五三》 臨城。唐縣東南有鈞盤山，南有郭興山，西南有鐵山，西北有泜水。

沙河隋縣，南有沙河。因名。西南有磬口，山産鐵。

又卷八〇《志五四》 蓬萊。倚唐置縣。有楊家店、高山，二巡檢司。【略】西有龍山，舊産鐵。

棲霞。金置縣。東有岠嵎山。東北有百澗山，西北有北曲山，二山舊皆産鐵。

絳。漢縣。東南有故車箱城，又有曲陽城。東有太行山，東南有太陰山。又西北有絳山，産鐵。

壺關。舊城，後魏所置縣也。南有大王山，又有趙屋嶺。西南有大峪嶺，俱産鐵。

又卷八一《志五五》 井研。西魏置蒲亭縣，隋曰井研，洪武十年省，尋復置。東有始建廢縣，西有山廢縣。東北有鐵山，舊産鐵。

鄰水。蕭梁置縣，元省，成化二年復置。東有廢鄰山縣，旁有鄰山，産鐵。

又卷八二《志五六》 萬安，五代時淮南置萬安鎮，宋升爲縣。【略】東有蕉原山，産鐵，一名東溪山。

黄梅。東晉置永興縣，隋曰黄梅。有停前驛及新開口、清江觜二鎮巡檢司。【略】東南有礦山，舊産鐵。

鄞。倚。秦置鄮縣，在今縣東。唐移今治。五代時，吴越改曰鄞縣。有甬東巡檢司。【略】西南有灌頂山，舊産鐵。

天台，三國吴置南始平縣，晉曰始豐，唐曰唐興，五代時吴越改曰天台。【略】東有栖溪，産鐵。

又卷八三《志五七》 融。蕭齊置齊熙縣，隋爲融州治，改縣曰義熙，唐改縣，曰融水，仍爲融州治，洪武三年以州治融水縣省入。【略】又東有寶積山，産鐵。

又卷八四《志五八》 永平。蒙氏置勝鄉郡，元改爲永平千户所，尋復改爲縣，有永平驛。【略】西南有博南山，一名金浪巔山，俗訛爲丁當丁山，上有關，有鐵冶。又有花橋山，産鐵礦。

《唐書合鈔》卷五七《志三三・地理二》 彭城。望。漢彭城郡治。秋邱冶有鐵。

謝旻《〔康熙〕江西通志》卷八 九龍山在萬載縣西一百里，其山有九嵯峨秀麗，常有雲覆之。又西二十里爲鐵山，地界湖廣瀏陽縣，舊産鐵。

鄂爾泰《〔雍正〕雲南通志》卷一一《課程》 不韋出鐵。

金鉷《〔雍正〕廣西通志》卷一三 盧田山在城東〔臨桂縣〕六十里，衆山聯絡，産鐵礦。

王士俊《〔雍正〕河南通志》卷五 中宗嗣聖四年正月，魏州地出鐵，如船長十數丈。

黄廷桂《〔雍正〕四川通志》卷三八之六 保寧府，【略】鐵。《唐志》：綿谷縣有鐵。

順慶府，鐵。《後漢志》：巖縣有鐵。《唐志》：隣山縣有鐵。《寰宇記》：渠州出鐵器。

夔州府，鐵。《新志》：雲陽、巫山、建始三縣俱出。

龍安府，鐵。《唐志》：昌明出鐵。

寧遠府，鐵。《後漢志》：會無縣出。

直隸嘉定州，雍正十二年陞爲府，鐵。《九域志》：州有監，鑄鐵錢。

直隸邛州，鐵。《漢志》：臨邛縣有鐵官，蒲江縣亦出鐵。

直隸潼川州，雍正十二年陞爲府，鐵。《新唐志》：通泉縣有鐵。《九域志》：通泉、東關二縣出鐵冶。《明一統志》：鹽亭、射洪俱出鐵。

直隸綿州，鐵。《唐志》：魏城出鐵，梓潼縣雁門山出鐵。

直隸達州。鐵。《新志》：東鄉縣出。

衛既齊薛載德《貴州通志》卷一二《物産》　貴陽府，鐵。出新貴、修文二縣屬。

思南府，鐵。出安化，《禹貢》：梁州貢鏐鐵。

石阡府，鐵。出府屬長官司。

銅仁府，鐵。場久廢。

黎平府。鐵。出土司地。

許容《〔乾隆〕甘肅通志》卷五　寧遠縣太陽山，在縣南一百二十里。有隘可守，曰太陽山，口在禮縣界，産鐵，舊置鐵冶於此。

慶陽府安化縣。横嶺，在縣北十八里。産鐵，形如螃蟥，製爲小刀，極鋒利。

又卷六　寧夏府寧夏、寧朔二縣。麥垛山，在府東北二百里。其山出鐵。山勢高聳，如麥垛。

又卷二〇　秦州，鐵。《鞏昌志》：徽縣出。

李文藻《〔乾隆〕歷城縣志》卷五《地域考三》　歷城有鐵。《漢書·地理志》。

【略】

又有鐵母，城東九里高尺餘，峯壑俱備，皆磁石也。以上俱見舊志。【略】

漢時，濟南爲産鐵之地。《後漢志》言：東平陵有鐵，歷城有鐵。又《韓稜傳》：肅宗賜陳寵寶劍，曰濟南椎成。注：椎，直追反。韓官作鍛成，是不惟産鐵，又出名劍。今府學之鐵牛、靈巖寺之鐵袈裟，皆鐵之精英，發見於地上者也。顧炎武《山東考古録》。

嚴長明《〔乾隆〕西安府志》卷三《名山志》　《雲陽宫記》曰：冶谷去雲陽宫八十里，其山出鐵，有冶鑄之利，因以爲名。

又卷一七《食貨志下》　鐵。《漢地理志》：京兆有鐵官。《關中三山記》：終南多鐵。《圖書編》：鐵出終南山。

嵇曾筠《〔雍正〕浙江通志》卷一〇六《物産》　鐵。《赤城志》：寧海縣龍鬚山産。

鐵砂。崇禎《寧海縣志》：東溪出，冶者陶鍊成之。

又卷一〇七《物産》　宣平縣産鐵。

錢維喬《〔乾隆〕鄞縣志》卷三　灌頂山，在縣西南七十里。其山直上二十里方至頂，有普浄禪院，歲納學租。宋有採鐵於此者，後乃禁之。《寶慶志》灌頂山舊産鐵。

錢大昭《續漢書辨疑》卷六　耒山之陽有鐵。《衛颯傳》云：耒陽縣出鐵石，他郡民庶常因依聚會，私爲冶鑄，遂招來亡命，多致姦盜。颯乃上言置鐵官，罷斥私鑄。注引續志有鐵，下有官字。

洪亮吉《乾隆府廳州縣圖志》卷一一《汾州》　招賢山在縣東南八十里。出鐵。

又卷一三《絳州》　又備窮山在縣東北二十五里。出鐵鉚。

又卷一六《登州府》　又〔萊陽〕縣東四十里有倉山，舊産鐵。

又卷一七《開封府》　大騩山在〔禹〕州北，接密縣、新鄭縣界，亦曰具茨山。《國語》：史伯謂鄭桓公曰：主芣騩而食溱洧。注：芣騩，山名，即大騩也。《山海經》：「大騩之山，其陰多鐵、美玉、青堊。」班固云：密縣有大騩山。又荆山在州西北五十里。又十里有鐵母山，産鐵。

又卷三九《延平府》　沿流至侯官縣西，水路折流，至龍巖縣又流溪。巖在〔尤溪〕縣西南百二十里，厓石皆鐵鑛，鑿之可冶。

又卷四一《嘉應州》　西陽山在州東南。又州東北二百里平頂山産鐵礦。

又《湖州府》　揭陽縣，繁難東少。北至府八十里。有巡檢二，駐湖口北寨。漢舊縣。晉省入海陽。宋宣和三年，復析海陽置，宋紹興二年廢，八年復置。五房山，在縣西北四十里，周回七十里。産鐵礦。【略】

大埔縣，簡南少。西至府一百六十里。有三河，一鎮，巡檢二駐三河及大産里。【略】又大門嶺在縣南二十里。出鐵礦。

明嘉靖四十三年，分程鄉及惠州府興寧縣地置，屬潮州府。卓筆山，在縣東南三十里。下有鐵礦。又〔鐵礦山〕在縣東南四十里，亦産鐵，有鑪。

又《肇慶府》　陽春縣。衝難。東北至府三百二十里。有巡檢二，駐古良及黄泥灣。【略】又鐵坑山，在縣東二十里，産鐵。

洪亮吉《乾隆府廳州縣圖志》卷四二《永州府》　東安縣。難西少。南至州一百

二十里。有巡檢駐西山。

大臺山，在縣東北二十里。又五里有鐵山，產鐵礦。

又卷四八《思州府》 龍塘山在府城東六十里，產【略】鐵。

徐松《西域水道記》卷二 乾隆二十三年，恭贊永貴奏，侍衛圖倫楚冒雪踰孟克圖嶺，搜捕逸賊。二十七年，辦事大臣旌額理奏，昌吉河源產鐵，或言嶺或言河源，實則一也。河四源並發，滙而北流，至山外分爲渠，經昌吉縣治其城，曰寧邊，在鞏寧城西北九十里。

江藩《〔道光〕肇慶府志》卷二《輿地三·山川·陽春縣》 磁石山，在城南五里。高十餘丈，周五里，一峯突起，四面平坡，產吸鐵石。《吳志》。

又卷三《輿地一一·物產》 磁石，肇慶陽江多有之。《郝通志》。

磁石岡，在城南五里南廂都，高十餘丈，出磁石。《陽春志》。

周碩勳《〔乾隆〕潮州府志》卷一六 五房山，距〔揭陽縣〕城北四十里。藍田都高約四百丈，周圍七十里，爲縣治。後扆脈自揭陽嶺來，多竹木，產鐵，爲寇盜伏莽之地。

劉公坑產鐵，其陰爲龍井潭。

穆彰阿《清一統志》卷九六《揚州府·山川》 冶山。在儀徵縣西北四十里。林巒秀麗，山產磁石，色多青緑。

又卷一七三《登州府》 龍山。在蓬萊縣南四十里，上有龍洞、龍岡、龍王廟。《縣志》：舊置鐵場於此，今廢。其西北十里許爲影口山。

又卷二三八《漢中府》 鐵。城固縣出，有鐵冶。又略陽縣亦產生鐵。

又卷四六八《平樂府》 鐵。《元和志》：賀州桂嶺縣東南程崗、北朝崗並有鐵鉚。

又卷四八六《普洱府》 小江。在縣西一百二十里，發源鐵廠，入九龍江。

阮元《〔道光〕廣東通志》卷九四《輿地畧一二》 鐵。連州、桂陽有鐵，陽山有鐵，連山有鐵。《唐書·地理志》。

又卷一〇七《山川畧八·肇慶府山·陽春縣》 磁石山，在城南五里。廣東輿圖作東南三里。高十餘丈，周五里，一峯突起，四面平坡，產吸鐵石。《府志》。

又卷一一三《山川略一四》 鐵山，在縣東北二十五里。產鐵鑛，剖之皆有竹箭樹葉之形，舊常置爐於此。《大清一統志》。

又卷一一四《山川畧一五》 龍牙，蓋地名也。《方輿紀要》。

平頂山，在城東北二百里。形如展蓋而頂平，產鐵礦，同上。

卓筆山，在城東南三十里。高出群峯，下有鐵礦。《方輿紀要》。

沈欽韓《范石湖詩集注》卷一六 雲頭隤鐵山，日脚迸金瀑。 鄰山，在鄰水縣東四十里，《志》云：此山出鐵。

沈欽韓《漢書疏證》卷一八 所謂寒門者，谷口也。

《長安志·雲陽宫記》曰：冶谷去雲陽宫八十里，《封禪書》所謂谷口也。其山出鐵，有冶鑄之利。

《續文獻通考》卷二三《征榷考·坑冶》 鐵之所產，在腹里曰河東、順德、檀、景、濟南，江浙省曰饒、徽、寧國、信、慶元、台、衢、處、建寧、化、邵、武、漳、福、泉，江西省曰龍興、吉安、撫、袁、瑞、贛、臨江、桂陽，湖廣省曰沅、潭、衡、武岡、寶慶、永、全、常寧、道州，陝西省曰興元，雲南省曰中慶、大理、金齒、臨安、曲靖、澂江、羅羅、建昌。鐵之在各省者，獨江浙、江西、湖廣之課爲最多，凡鐵之等不一，有生黃鐵，有生青鐵，有青瓜鐵，有簡鐵，每引二百斤。

李誠《萬山綱目》卷四 姑射山，在汾西縣西六十里，一名青山，乃姑射之連阜。山產鐵，舊有藐姑仙人祠。

又卷五 太谷嶺，在壺關縣西南三十里。山有鐵礦，壺水出其東。【略】

礦山，在林縣東北三十五里。有青鐵礦。【略】

寶山，在鳳臺縣西南五里。山產鐵礦。【略】

絳山，在曲沃縣西南二十里，絳縣西北二十里，即紫金山，脊尾土色赤。產鐵，絳水出其南麓。

又卷一一 北曲山，在棲霞縣西十里。產鐵。

又卷一七 花橋山，在永平縣西南三十五里。高二十丈，上有鐵礦。花橋河經北麓東流入銀龍江。

穆彰阿《清一統志》卷七 鐵鑛山。在密雲縣東三十里，產鐵。《漢書·地理志》：漁陽有鐵官，蓋置於此。又《元史》：至元十三年，霧靈山伐木官言檀州、大谷、錐山出鐵鑛，有司覆視之，尋立四冶。

又卷三四 磁石。《唐書·地理志》：惠州貢磁石。《寰宇記》：磁州產磁毛石。

又卷九三 石鍾乳。俱金壇縣茅山出。【略】《唐志》：溧陽縣有鐵。

又卷一一八 鐵。《明統志》：南陵縣出。【略】

鐵船山，在銅陵縣南五里。《名勝志》：山首尾皆生鐵，其形如船。

又卷一二二 鐵。《新唐志》：當塗縣有鐵。

又卷一四〇　鐵。出臨汾、洪洞、汾西、鄉寧、吉州等處。《漢書・地理志》：平陽有鐵官。《唐書・地理志》：晉州、岳陽、翼城俱有鐵。

又卷一四二　趙屋嶺。在壺關縣南六十里。上有鐵鑛，及産赤白石脂。

大峪嶺。在壺關縣西南三十里，有鐵鑛。

又卷一四四　招賢山。在臨縣東南八十里。周二十一里，出炭及鐵。【略】

鐵，出孝義縣。《寰宇通志》：孝義縣薛頗山出鐵。

又卷一四五　寶山，在鳳臺縣西南五里。産鐵及炭。【略】

史山。在陽城縣東北三十里。《通志》：山南北相連，延亘數十里，産鐵。其西五里有金裏谷堆，下有鐵鑛。【略】

走馬嶺。在高平縣西北十五里，出鑛。

又卷一七三　磁山，在福山縣西北五十里。《縣志》：山産磁石。三峰聳拔，東峰石壁如削，懸崖瀑布，下爲石洞，深三丈許。【略】

百磵山。在棲霞縣東北七十里。《縣志》：山形逶迤，澗水百道交錯，舊産鐵，今無。【略】

倉山。在萊陽縣東四十里。《縣志》：舊産鐵。【略】

鐵。《漢書・地理志》：東牟注有鐵官。《明統志》：鐵，蓬萊、棲霞二縣出。

又卷一七九　大石山。在萊蕪縣東南十三里。《府志》：舊産鐵。【略】

鑛山。在萊蕪縣西北三里，高二里。《府志》：舊産鐵，今無。

又卷一八六　大騩山。在禹州北，亦曰具茨山。《國語》：史伯謂鄭桓公曰：主芣騩而食溱洧，注芣騩山名即大騩也。《山海經》：大騩之山，其陰多鐵、美玉。【略】

鐵母山。在禹州西北六十里，相近有鑛山，舊俱産鐵。

又卷一九六　隆慮山。在林縣西二十里，亦名林慮山。【略】《元和志》：山多鐵，南接太行，北連恒嶽。【略】

礦山。在林縣東北三十五里。有青鐵礦。又武安縣西北二十五里，亦有礦山。

又卷一九六　磁山，在武安縣西南三十里。一作慈石山。《隋書・地理志》：臨水有慈石山。《元和志》：磁州滏陽縣西九十里有磁山，出磁石，因名。【略】

鐵。各縣出。《漢書・地理志》：隆慮、武安有鐵官。《後漢書・郡國志》：武安有鐵。《唐書・地理志》：涉鄴、林慮有鐵。《元和志》：林慮縣林慮山有鐵，縣有鐵官。

又卷二一〇　鐵。《漢書・地理志》：宜陽有鐵官。《明統志》：鞏、宜陽、登封、新安、嵩五縣出。

又卷二二七　鐵。《漢書・地理志》：漆縣有鐵官。《唐書・地理志》：河源縣有鐵。《明統志》：鄠縣出鐵，宋里有鐵冶。

鐵山。在沔縣北。《漢書・地理志》：沔陽有鐵官。《輿地紀勝》：鐵山在西縣北五里，多鐵鑛，隆興間姚仲置砦於此，以禦金兵。

又卷三一六　鐵。《唐書・地理志》：上饒有鐵。《寰宇記》：上饒縣有鐵山。《通志》：玉山、貴溪、弋陽三縣皆有鐵，久罷。惟上饒永樂鄉場尚存。

又卷三二三　又《明統志》：臨川縣出鐵。《省志》：宋乾道間置東山鐵場。今並廢。謹附記。

又卷三二四　橫琴嶺。在新喻縣西三十里。舊常産鐵鑛。

又卷三二六　貴山。在分宜縣北四十里。地産鐵。《唐書・地理志》：宜春縣有鐵。《縣志》：宋雍熙初，置貴山鐵務，後廢。

九龍山。在萬載縣西一百里。山有九峰，又西二十里曰鐵山，地産鐵。與湖南瀏陽縣分界。

又卷三二七　鐵。《唐書・地理志》：宜春有鐵。《宋史・地理志》：分宜有貴山鐵務。《明統志》：分宜縣出。

蕉原山。在萬安縣東四十里。山形尖峭，林木森茂，産鐵。其相接者曰乾溪山，亦高峻，有百丈，峰下有潭。又職原山亦相接，連亘數百里，産鐵，宋設爐冶，久廢。

又卷三三〇　鐵山。有二：一在會昌縣西北，舊傳出鐵，久絶，紆迴清麗，爲縣勝地；一在安遠縣西北六十里，宋置鐵場，元廢。

又卷三三五　磁湖山，在大冶縣東北五十里。磁湖濱多産磁石。

磁湖，在大冶縣東北五十里。自勝陽港入江。《名勝志》：以岸旁多生磁石，故名。

又卷三三八　鐵。《唐書・地理志》：鄂州江夏有鐵，永興有鐵，武昌有鐵。《明統志》：大冶縣東圍爐山出，舊有鐵務，今廢。

又卷三五〇　鐵。瑞安、平陽、泰順三縣出。

又卷三五二　鐵山。在當陽縣西北。《輿地紀勝》：接遠安縣界，舊産鐵。

又卷三五四　露嶺。在茶陵州西北三十里。上産鐵。

又卷三六〇　鐵。龍泉出。

又卷三七〇　香鑪山。在祁陽縣東六十里。群峰黛列，中一峰如紫蓋亭，亭上有亭紫觀，相近爲秋塘山。産鐵砂。【略】

韓家山。在祁陽縣南十八里，産鐵砂。【略】

烏塘山。在祁陽縣西三十里，産鐵砂。

又卷三七二　卧雲界山。在桑植縣西二十里，産鐵。

又卷三七九　鐵。本州及宜章、永興、桂陽縣出，絹葛永興縣出。

又卷三八六　鐵。《唐書·地理志》：新津縣有鐵。

又卷三八七　鐵山。在永川縣東南八十里。《寰宇記》：其山出鐵。【略】

銅梁山。在合州南。左思《蜀都賦》：外負銅梁於宕渠。《元和志》：山在石鏡縣南九里，出鐵及桃枝竹。

又卷三九三　鐵。《唐書·地理志》：綿谷縣有鐵。

又卷三九五　鐵。《後漢書·郡國志》：宕渠有鐵。《唐書·地理志》：濟山縣有鐵。

又卷四二八　大帽山，在惠安縣西北四十里雲峰之北。屹立千仞，絶頂寬平，廣百餘丈，有泉一泓。其深莫測。山産磁石、黄精、萬年松。按：此與南安同安之大帽山，名同地異。【略】

鐵礦山。在安溪縣西北一百五十里，以産鐵名。

又卷四三〇　九龍嶺，在永安縣東六十里。又縣東百里有鐵山嶺，産鐵鑛，接大田縣界。

流溪巖。在尤溪縣西南一百二十里。《方輿勝覽》：高百餘丈，無草木，其崖石皆鐵鑛，鑿之可冶。

又卷四三二　寶山。在邵武縣東南一百六十里。舊産鐵鑛，相接者曰東山，高百餘丈，上有瀑泉。

又卷四三四　鐵嶂山。在上杭縣東，南接永定縣界，石壁峭拔，勢若屏障，山之西産鐵礦，故名。

松柏嶂。在永定縣南三十里。疊巘巍峨，林木蓊蔚。又桃坑嶂亦在縣南，山高林茂，産鐵。

又卷四三六　鐵。長汀、上杭、寧化俱出。《唐書地理志》：長汀有鐵，寧化有鐵。

又卷四三八　河澗山。在州西北五十里。盤迴起伏，有九十九峰，一名大池巖，相近有鐵礦山，産鐵。【略】

土産鐵。州及德化縣出。《九域志》：永春、德化有鐵場。

又卷四三九　鐵。州及德化縣出。《九域志》：永春、德化有鐵場。

又卷四四〇　鐵山。在榮縣北。山從資州仁壽縣來，横互井犍、榮威間數百里，産鐵。蜀漢諸葛武侯取鑄兵器。晉後爲獠所據。周陸騰平鐵山獠是也。《元和志》：在旭川縣北四十里。《寰宇記》：在榮州西北一百里資官縣界，從月山縣西來，其山出鐵。

又卷四四六　五房山。在揭陽縣西北四十里。周七十里。多竹木，産鐵礦。

天門嶺。在大埔縣南一百二十里。兩峰對峙，中一徑通福建平和縣，絶頂有泉不竭。其南曰銀瓶嘴挺然，尖峭而微斜。其麓一面曰劉公坑，出鐵礦，一面曰龍井潭。

又卷四四七　鐵坑山。在陽春縣東南二十里。山勢盤旋，古木森蔽，産鐵。【略】

高良山。在德慶州東七十里，上産鐵。【略】

磁石山。在陽春縣南五里。四面平陂，一峰特起，産吸鐵石。

又卷四四八　磁石，《明統志》：陽江縣磁石山出。

鐵，《明統志》：高要、陽江二縣出鐵。《府志》：陽江、梅峒山、陽春鐵坑山及東南芙蓉都諸山，皆出鐵。

又卷四五五　土産：【略】鐵。《唐書·地理志》：桂陽、陽山有鐵。《明統志》：連州出。

又卷四五六　鐵。《唐書·地理志》：桂陽、陽山有鐵。《明統志》：連州出。【略】

王壽山。在州東北一百二十里。接福建上杭界，高八百九十丈，周二百餘里。形如殿，閣上有仙牛嶺，山水幽奇。【略】又平頂山在州東北，接福建上杭縣界，形如展蓋而頂平，産鐵礦。

又卷四五八　鐵。《通志》：廣鐵出陽春、陽江及新興。今新興産鐵諸山割入東安，商販從羅定江運集佛山，以羅定爲良。

又卷四五九　鐵。《唐書·地理志》：連山有鐵。

又卷四六〇　鐵山溪。在府城東十里，舊産鐵，流入於清江。

又卷四七〇　鐵。《唐書·地理志》：通泉縣有鐵。《九域志》：通泉、東關二縣有鐵冶。《明統志》：鹽亭、射洪二縣出。

又卷四七七　鐵。出昆明、易門二縣，《後漢書·地理志》：滇池出鐵。

又卷四八七　花橋山。在永平縣西南三十五里，高二十里許。上有鐵礦。

又卷五四〇　鐵。《通志》：出安化。

鄭珍《〔道光〕遵義府志》卷一七《物産》　鐵。《通志》：鐵出府屬。

馮桂芬《〔同治〕蘇州府志》卷六《山一》　錦峰山，在陽山西南，産石紫赤色而秀潤，故名。又産磁石，出土中，能引針。宋兵部尚書鄭起潛居此，淳祐中理宗書「錦峰」二字賜之。其西北爲新豐山。

郭嵩燾《郭侍郎奏疏》卷一二《論俄事疏直隸總督肅毅伯李代進》　自伊犁

河，【略】其北山【略】曰索果，産鐵。

劉庠《〔同治〕徐州府志》卷一一《山川考》 府治銅山縣其境内山，則城南爲雲龍山。【略】

銅山東南二里爲鐵山。山多磁石，活者引針，頂有大坑，數十深，幾地平山無完膚，俗名亂汪。

曾國荃《〔光緒〕湖南通志》卷一八《地理志一八・東安縣》 紅鶩嶺，在縣北三十里。出鐵砂。《舊志》。

又《祁陽縣》 亭紫觀相近爲秋塘山，産鐵砂。《一統志》。

烏塘山。在縣西三十里。産鐵砂，旁有相思塘。《一統志》。

韓家山。在縣南十八里。産鐵砂。《一統志》。

又卷五八《食貨志四》 耒陽有鐵。《後漢書・郡國志》。 永州、祁陽、道州、延唐、江華、永明、岳州、巴陵、澧州、石門皆有鐵。《唐書・地理志》。【略】

澧道産鐵。《文獻通考》。

産鐵之所，桂陽、沅、潭、衡、武岡、寶慶、永、常、寧、道州。 元天曆元年，歲課湖廣省鐵二十八萬二千五百九十五斤。《元史・食貨志》。 鐵冶所，明洪武六年凡十三所，湖廣惟興國、黄梅，十四年益以茶陵。《明史・食貨志》。

巴陵、石門、瀏陽、攸、安化、茶陵、寧鄉、醴陵、衡陽、耒陽、常寧、桂陽州盧溪、辰溪、溆浦、零陵、祁陽、江華、永明、寧遠、郴州、宜章、永興、桂陽縣皆出鐵。《明統志》。

衡州府清泉縣鐵岡鋪，在縣南四十里，唐宋鐵礦在此，又名七里山。 又城西亦有七里山，産鐵。《清泉縣志》。

寶慶府、新寧、郴州、本州、宜章、永興、桂陽、靖州、綏寧皆出鐵。【略】

永順府保靖縣沙塘朧洞出鐵。 龍山縣舊有鐵礦八，因地屬苗疆，封禁。

又卷六〇《食貨志四・衡州府》 耒陽縣有鐵。《後漢書・郡國志》。

建武中，衛颯爲桂陽太守，耒陽縣出鐵石，他郡民庶常依因聚會，私爲冶鑄，遂招徠亡命，多致姦盜。颯乃上起鐵官，罷斥私鑄，歲所增入五萬餘兩。《後漢書・循吏傳》。 産鐵之所有衡州、常寧。《元史・食貨志》。 衡陽、耒陽、常寧三縣出鐵。《明統志》。 鐵岡鋪，在清泉縣南四十里，唐宋鐵礦在此，又名七里山。 又城西亦有七里山，産鐵。《府志》。

又卷六〇《食貨志四・寶慶府》 産鐵之所有武岡、寶慶。《元史・食貨志》。 新寧縣出鐵。《一統志》。 邵陽、武岡、新寧三州縣有鐵礦。《省志》。

又卷六一《食貨志七・物産二》 辰谿縣出鐵。《明統志》。 沅陵、辰谿、溆浦三縣，皆有鐵礦。《湖廣志》。

又《岳州府》 巴陵縣有鐵。《唐書・地理志》。

又《辰州府》 辰谿縣出鐵。《明統志》。

沅陵、辰谿、溆浦三縣皆有鐵礦。《湖廣志》。

又《沅州府》 芷江、黔陽二縣，唐屬溆州潭陽郡。 麻陽縣，唐屬錦州盧陽郡。

【略】

湖廣産鐵之處有沅州。《元史・食貨志》。 芷江縣有鐵礦。

又《靖州》 綏寧縣出鐵。《一統志》。

又《澧州》 石門縣有鐵。《唐書・地理志》。 澧州産鐵。《文獻通考》。 石門、慈利、永定安福皆出鐵礦。《省志》。

又《桂陽州唐曰桂陽監》 漢元狩四年，置鐵官凡四十，有桂陽郡。《文獻通考》。 桂陽州出鐵。《明統志》。 桂陽州及臨武縣皆有鐵礦。《省志》。

王棻《〔光緒〕永嘉縣志》卷二《輿地志二・山川・叙山》 東郭嶼，在四十二都，一名鳳嶼，出磁石。

又卷六《風土志・物産》 磁石。《東甌雜俎》：出枏溪四十二都之東家嶼，俗名吸石，重三五兩或兩許不等，大者絶少。

張之洞《〔光緒〕順天府志》卷二〇《地理志二》 密雲縣山。【略】城東七十里曰錐山，亦名大谷錐山。《漢志》謂之鐵鑛山，俗呼鎚山。《元・五行志》：至元十三年，官言：檀州大谷錐山出鐵鑛，有司覆視之，立四冶。《丁志》：錐山，縣東七十里，即鎚山，西北有大谷。《漢・地理志》：鐵鑛山即此。

楊守敬《隋書地理志考證》卷五《襄國郡》 龍岡，今邢臺縣西南。 有黑山。今内丘縣西二十里。《元和志》：在沙河縣西四十里，出鐵。

又卷六《北海郡》 下密，今濰縣東五十里。《寰宇記》作東下密云，廢縣在濰州東四十五里。 後魏曰膠東。《地形志》：屬北海郡。《寰宇記》：皇興二年置。 後齊廢。《寰宇記》：天保七年廢。 開皇六年復，《寰宇記》：開皇七年分下密東界爲膠東縣。 改爲濰水。 大業初改名焉。 有鐵山。《寰宇記》：在北海縣南五十八里，古老相傳其山出霹靂鐵。

又《東萊郡》 牟平。【略】龍山。《明一統志》：在登州府城西四十里。上有龍洞，山產鐵，舊有場。

王先謙《後漢書集解》第一九卷《郡國一》 河内郡，【略】故隆慮殤帝改。集解：先謙曰避帝諱改，有鐵。

安邑，【略】有鐵，有鹽池。

河東郡，【略】有鐵，堯都。此《晉地道記》曰有堯城。

河東郡，【略】有鐵，有冀亭。

雍，《左傳》郈穆公采邑。《史記》有鴻冢。【略】有鐵。

右扶風，【略】有鐵。

又第二〇卷《郡國二》 潁川郡，秦置，洛陽東南五百里。【略】潁水出。《晉地道記》曰：潁水出陽乾山，有鐵。有負黍聚。

西平，【略】有鐵、有柏亭故柏國【略】有鐵、有闕里，孔子所居。

武安，【略】有鐵。

都鄉侯國，【略】有鐵。

北平，【略】有鐵。

又第二一卷《郡國三》 泰山郡，高帝置，雒陽東千四百里。【略】有鐵山。

東海郡，高帝置，雒陽東千五百里。【略】有鐵。有伊盧鄉。

開陽，【略】故屬東海，建初五年屬。【略】東武，【略】有鐵。有峥嶸谷。

彭城，【略】有鐵。

廣陵郡，【略】輿侯國，故屬臨淮。【略】堂邑，【略】故屬臨淮，有鐵。春秋時曰堂。

下邳，【略】葛嶧山，本嶧陽山，【略】有鐵。

又第二二卷《郡國四》 濟南郡，【略】東平陵，【略】有鐵。有譚城。

濟南郡，【略】歷城，【略】有鐵，有巨里聚。

桂陽郡，【略】耒陽，【略】有鐵。

皖有鐵。

又第二三卷《郡國五》 沔陽有鐵。

宕渠，【略】有鐵。

臨邛，【略】有鐵。

武陽。集解惠棟曰：《華陽國志》云：有朱遵祠，馬與龍曰：朱遵未詳，岑彭子名遵朱或岑字之訛，然蜀人祠彭非祠遵也。山出鐵，前志有鐵官。

臺登，【略】出鐵。《華陽國志》曰：有孫水，一曰白沙江，山有砮，火燒成鐵。集解惠棟曰：今《華陽國志》曰：山有砮石，火燒成鐵，剛利。

會無出鐵。

滇池，【略】出鐵。有池澤。

不韋，【略】出鐵。

北地郡，【略】泥陽有五柞亭，【略】弋居有鐵。

漁陽有鐵。【略】泉州有鐵。

平郭有鐵。

《程賦統會》卷三《江南省》〔池州府〕土產：鐵。

又卷九《陝西省》〔寧夏衛〕土產：【略】鐵。

又卷一三《廣東省》〔廣州府〕土產：【略】鐵。陽山。

又卷一三《廣東省》〔韶州府〕土產：【略】鐵。仁化。

又卷一六《貴州省》〔思州府〕土產：【略】鐵。

曾廉《元書》卷一七 順德路。下。金邢州，隸河北西路。元初立元帥府，後改立安撫司。中統三年爲順德府，至元元年爲路，產鐵。

冀寧路。上。金河東北路太原府，太祖時改府爲路。大德九年，以地震改名河東山西道肅政廉訪使置司，產鐵、礬。至正時分省於此，又置寶泉提舉司。

興元路。下。宋興元府，隸利州路，元改興元路，產鐵。至正十五年置宣慰使司。

中慶路。上。漢益州郡，唐昆州，大理善闡府，亦曰押赤城。元初立萬户府，至元七年改爲路，十三年又改名中慶，立雲南行省。大德三年，雲南諸路道肅政廉訪使置司，產鐵。

澂江路。下。漢俞元縣，蠻羅伽部。元初立萬户，至元八年併入中路，十三年復爲澂江路，產鐵。

慶元路。上。宋慶元府，隸兩浙路，至元十四年改路，立浙東道宣慰司都元帥府，產鐵。

衢州路。上。宋州，隸兩浙路，至元十三年改路，產鐵。

寧國路。上。宋府，隸江南東路，至元十四年改路，江東建康道肅政廉訪使置司，產鐵。

徽州路。上。宋州，隸江南東路，至元十四年改路，產鐵。

福州路。上。宋福州，置福建路，至元十五年改福州路，十八年遷泉州福建行省於本路，十九年復還泉州，二十年仍治本路，二十二年併入杭州福建閩海道肅政廉訪使置司，並立

福建鹽課市舶都轉運司，大德元年立福建道宣慰司都元帥府，至正十六年府罷，置福建行省，二十五年又置江南御史分臺，二十六年又置福建、江西等處行省，並置行院，產鐵。

泉州路。上。宋州，隸福建路，至元十四年立福建行宣慰司兼行征南元帥府事並設市舶司，十五年以州爲路，罷宣慰司，改立行省，後省還福州，延祐元年設市舶提舉司，產鐵。

興化路。下。宋興化軍，隸福建路，至元十四年改路，產鐵。

吉安路。上。宋吉州，隸江南西路，至元中爲路，元貞元年改名，產鐵。

袁州路。上。宋州隸江南西路，至元十三年置安撫司，後爲路，產鐵。

贛州路。上。宋州，隸江南西路，至元中爲路，至正十六年設江西分省，產鐵。

廣州路。上。宋州，隸廣南東路，至元十五年爲路，立廣東道宣慰司都元帥府海北廣東道肅政廉訪使置司，二十三年立廣東鹽課市舶提舉司，延祐元年別立廣東市舶提舉司，產鐵。

道州路。下。宋州，隸荊湖南路，至元十三年置安撫司，十四年改路，產鐵。

永州路。下。宋州，隸荊湖南路，至元十三年立安撫司，十四年改路，產鐵。

全州路。下。宋州，隸荊湖南路，至元十三年立安撫司，十四年改路，產鐵。

常寧州。下。宋縣，隸衡州，至元十九年升州，產鐵。

陳澹然《權制》卷五《軍餉述・鑛幣鑛務鑛學錢法銀錢玉幣銀行》 宿松縣大爐山產鐵，有冶。**【略】**霍山縣爐冶山產鐵。**【略】**山東新城縣鐵山產鐵。**【略】**信陽州石城山產鐵。**【略】**陝西涇陽縣冶谷產鐵。**【略】**萬載縣鐵山產鐵。**【略】**富陽縣鐵山產鐵。**【略】**井洪縣鐵山產鐵，剛利。**【略】**永安縣鐵山嶺產鐵。

《清續文獻通考》卷三一七《輿地考・一三》 大冶縣之獅子山、紗帽翅山、鐵山等處所產煤、鐵甚富。爲漢冶萍公司所經營，足供漢陽鐵廠之用。自與日本訂借款合同以來，利權被攫，惜哉。

又卷三八八《實業考一一》吴佩孚《調查臨江、長白等處各礦説帖》 第一條，煤鐵礦。臨江長白之煤、鐵最爲富饒。雖撫順千金寨煤礦割讓日本，每年得百數十萬金進款，然就由奉天論，不過如全牛一尾。且通化臨江界内之煤，不惟其質優於唐山、撫順，且比唐山撫順之煤産爲尤富。據各國礦師云，若興大工，可製極精之煤油。臨長間之鋼鐵礦亦較湖北鐵礦爲富，故英法德美俄之人甚爲垂涎，假託游歷來調查者已非一次。日領韓士與臨長對岸，不時派員渡江詳查，蠢蠢欲動，爲我國人民所共覩。兹述煤鐵礦之地點及杜絶外人窺伺辦法條列如左：第一項：臨長間之煤礦。一、臨江三岔子煤礦在渾江正流上游，臨通交界地，其體積約二立方里，質性優於四道之煤，含極富之煤油質，土人限於財力，不能洩水，祇採其皮面上窩煤，不能採取其槽煤。一、臨江望江樓煤礦在臨江縣西方二十里，土人因煤礦内水旺不能開採。一、臨江頭道溝煤礦在頭道溝之上游報德泉，其四道陽岔附近，見亦有煤礦發見，均未開採。一、臨江四道溝煤礦在四道溝之大砬子溝及烟筩溝，質性等於通化四道江煤，見有工人開採。一、臨江五道溝煤礦在五道溝内大梨樹溝口附近，質性似與三岔子煤等，尚未開採。一、臨江六道溝煤礦在六道溝附近之夾皮溝。一、臨江八道溝煤礦在八道溝内蘆花蓋附近。一、臨長十六道溝煤礦在十六道溝山嶺發見，以上三處質性甚優，均未開採。一、長白萬寶岡煤礦在十八道溝萬寶岡南端兩江口附近，發見，尚未開採。第二項：臨長間之鐵礦。一、臨江大李子溝乾溝子鐵礦，由臨江縣西方五里乾溝子起至大李子溝西嶺止，横闊約三十里，深長十餘里。大李子溝無石非鐵，由土嶺内剖出之鐵礦，係一大白皮石蛋，圓徑一尺至四五尺不等，碎之即好鋼鐵，見有韓人開採。曾於鴨緑江冰結之後，由大李子溝内用車運江岸之碎石，每斤付制錢一文。載回韓境製造農器，無庸另外加鋼，異常鋒利。據土人云，其鋼鐵内含有銀質。一、臨江頭道溝鐵礦在頭道溝上游之報德泉附近，與大李子溝鐵礦係一脈，尚未開採。一、臨江四道溝鐵礦在四道溝内之大砬子溝。一、臨江五道溝鐵礦在五道溝内北岔子之小山。一、臨江六道溝鐵礦在六道溝附近之夾皮溝。以上兩礦質性甚優。一、臨江八道溝鐵礦在八道溝内之蘆花蓋。一、臨長十二道灣鐵礦在十二道溝東方之十二道灣。以上兩礦質性甚優，尚未開採。一、臨長半截溝鐵礦由田地内發見。一、臨長十八道溝鐵礦在十八道溝之東西山嶺内。以上兩鐵礦係一條綫脈，由水壺溝上崴子至萬寶岡，長約九十餘里，其礦苗沿途發見。第三項：臨江大李子溝鐵礦見在之辦法。該處鐵礦，日人屢擬干涉。因大李子溝鐵爐三盤、乾溝子鐵爐一盤俱係韓人開設，並無中國一人。奉省礦務局每年秋季派員查抽税金一次，計每爐生鐵抽洋百元，其實漏巵不少。故欲杜絶日人之窺伺，須由官備四萬金的款開辦大李子溝鐵礦。但韓人係用木柴、木炭製鐵，費工頗鉅。我若開辦鐵礦，須用四道溝之煤，該煤礦雖距大李子溝五十餘里，然冰結後備扒犂運煤，冰解後備小船筏順流運煤，亦甚便利。專製刀斧鋤鐮鋸鏟犂鍋洋火爐等器具，以供給中韓農工人之需，銷路亦暢。

史鳴皋《〔乾隆〕梧州府志》卷二《輿地志》 鐵馬山，在〔蒼梧〕縣西南九十

里，須羅鄉，山出鐵。

陳元龍《格致鏡原》卷三四《珍寶類》三　《名類廣志》：蓄磧之中有聖鐵焉，含之可以辟兵。《錦繡萬花谷》：隆州井研縣之東北六十里，其山出鐵，諸葛亮取以爲兵，其鐵剛利堪充貢焉。

卞寶第李鴻章《〔光緒〕湖南通志》卷六〇《食貨四·物産一·寶慶府》　産鐵之所有武岡、寶慶。《元史·食貨志》。新寧縣出鐵。《一統志》。邵陽、武岡、新寧三州縣有鐵礦。《省志》。

又卷六一《食貨七·物産二》　辰谿縣出鐵。《明統志》。沅陵、辰谿、溆浦三縣，皆有鐵礦。《湖廣志》。

張伯英《黑龍江志稿》卷一六《物産志·礦物》　鐵。女真舊無鐵，鄰國有以甲胄來鬻者，景祖厚價以與貿易。《金史》。鐵。現山有鐵鑛，在吉拉林之南山内。有俄人舊燒之石灰窑石中含有鐵質，知爲鐵鑛，因以名山東。《三省紀略》。鐵鑛。巴彦布特哈之卡瑪哈北山、巴彦州之尖山子均有鐵鑛。《黑龍江鄉土志》。鐵鑛。巴彦縣之江山子、克山縣之二十八溝、布西縣甘河右岸、可瑪河之北山、嫩江縣之北部四處。《北滿鑛産誌》。

藝文

尤珍《滄湄詩稿》卷一《咏史》　仲父治齊國，竭盡山海藏。身死竟無後，世祀終不長。弘羊算鹽鐵，心計窮豪芒。矜功坐怨望，家破族亦亡。造物忌牟利，鬼神降禍殃。所得漫云厚，所失乃不償。願告理財者，三復《大學》章。仲父無後，見《坡集》。

曹寅《楝亭詩鈔》卷六《六月十日大理南洲編修勿莽徵君過訪真州，寓樓有作》　君等信亡者，寸匕扶癃疲。精持《鹽鐵論》，磨厲瓊琚詞。

許志進《謹齋詩稿》丙申年稿上《鹽場》　奇貨居鹽筴，常年倚海王。淘波捲珠玉，括地傲農桑。國計操商賈，天心愛富强。蓬萊應水淺，滄海幾塵揚。大冶陰陽炭，炎蒸冰雪場。千羣争蟻垤，萬竈簇蜂房。地水看融結，滄瀛接混茫。經營雄楚豫，財賦擅淮揚。粒粒徒辛苦，堆堆補肉瘡。百年歸侈汰，幾輩恣披猖。此地初登壟，他時盡括囊。權謀嗤管仲，心計薄弘羊。捷徑趨津要，高貲踞廟廊。籌邊虛遠略，輸粟久荒唐。長算思前代，殊恩沛我皇。邇來三百萬，蠲貸豈相償。

雜録

祝以豳《詒美堂集》卷二四《開採移牒》　看得清遠縣鐵屎坪，相傳産鐵，不聞産銀，且在大羅山中，去縣四百里而遥，實傜民穴窟，萬山聯絡，與西粵衡楚豫章相通。嘉靖年間，亡命不逞之徒，鼓煽諸傜，幾釀危禍，至勤兩省大兵會剿始得安集，而地方創殘不忍言矣，此清遠縣礦山之實也。

《礦務檔·安徽礦務·池州煤鐵銅鉛礦》曾國荃《池州礦山探勘化驗開採精煉成本估計等情形》〔光緒十一年六月初五日〕論鐵一則：牛欄沖過山五里，即獅形洞之東，其山勢坐向，與獅形洞同爲一綫，可見得與牛欄沖礦脈相連。查正路礦脈必有苗引發露山面，名爲惡舌阿乎埃仁，皆由鐵磺礦所變而成。德國諺云，凡好礦脈必戴鐵冠。獅形洞寶藏於中，土厚不露於山面，下礦洞即見礦脈之頂蓋現出，察其礦質，與牛欄沖礦質相同。牛欄沖之礦，在獅形洞山之東，半山之上，見有大宗鐵礦，察其山石，皆係朝北而走。礦闊計四十尺，開挖淺洞三箇，挖出鐵礦堆積洞口五六百噸之多。此礦名爲廉文呢，即係紫色鐵礦，美國多有此等礦，係由鐵磺礦變成，因見其中雜有星點之故，以此鐵礦較之紅色謙麻低鐵礦爲遜多，然即就礦堆上揀選小塊，亦有謙麻低鐵礦。計礦百斤，得鐵三十五斤，若要提礦則難矣。即如極好鐵礦，其中有磺二分，於鐵最忌。有磺之鐵，必凍必短而且脆。以我所見牛欄沖之礦，再挖下十尺至十五尺，當見都係鐵磺礦矣。

顧炎武《肇域志》卷一四　反蹤城在般陽南，《輿地記》云：魏明帝景初三年，以遼東沓氏吏民渡海來歸，于此置新沓縣以居之。萊蕪城，在般陽縣東南六十里。齊靈公伐萊，萊人播遷于此。邑洛荒蕪，故稱萊蕪。邑西有韶山，出鐵，代置鐵官。

釋僧祐《弘明集》卷一《理惑論》　不知物類各自有性，猶磁石取鐵，不能移毫毛矣。

《北史》卷九七《列傳八五》　者至拔國，都者至拔城，在疏勒西，去代一萬一

千六百二十里。其國東有潘賀那山，出美鐵及師子。

代那撰瑪高溫口譯華衡芳筆述《金石識別》卷六 鐵礦除隕星石之外，亦罕遇其生成自然者。凡石中有自然之鐵者，其石皆非本地球之物。【略】

鐵之生成自然及與臬客爾相連者，惟於隕星石遇之。

鐵之最多者，養氣鐵礦及硫磺鐵礦。亦有與夕里開或炭酸等物相連者。

凡泥土之本色即是鐵，因有他石雜之，故或紅，或黄，或暗緑，或褐黑。

凡鐵礦重不過八，常用以得鐵之礦，重不過五。鐵礦不能錬者多，熱之有吸鐵性者亦多。

如鐵礦無他種金在内，吹以内火，點以硼砂，錬成緑料，如粗玻璃瓶之色。其有金光者，與銀礦、銅礦之别，因錬之難，而與硼砂能成料。

自然鐵。其元爲一律式，結成八面形，析之與面平行，屢有搏結者，其粒或粗或細，鐵灰色，劃視亦鐵灰色。碎之爲細粒口，打之輭，引之能長，硬四・五，重七・三至七・八。以攝鐵引之，能動。遇之於隕星石中，常有與臬客爾或他金相連者。

凡隕星石中，大抵皆有鐵，其鐵皆多。大約鐵九〇至九二，臬客爾八至一〇。

隕星石磨平之，以硝酸溼之，則可見其結成之紋理，或直或旋，或曲折，其顆粒或粗或細。

隕星石之最大者，得之美里哥南，重三萬磅。有一千六百磅者，其中有客里蘇兒來脱，百分中有二十分臬客爾，又有苦抱爾、錫、銅、孟葛尼斯，及塊粒之磁鐵，又有客羅而林。

又遇隕星石中，有燐與臬客爾相連之粒，或塊或片，其石爲鋼灰色。其合質燐一三・九，鐵五七・二，臬客爾二五・八，苦抱爾〇・三，夕里開一・六，哀盧彌那一・六，客羅而林〇・一。又有銅之迹、灰之迹。因本地球之物，衹有燐酸與金連，無燐與金直相連者，所以此爲外來之星。又此中養氣少，亦是外來之據。

隕星石中之鐵熱之可打，因中有臬客爾，故不甚脱皮。

鐵倍來底斯，即二股硫磺鐵。其元爲一律式，結成常有方面者如一圖。或爲次形，如二・三・四圖。其面常有横纹，如一圖。亦有搏結者。古銅色，劃視之黑色，結成者，金光。性脆，硬六至六・五，重四・八至五・一，與鋼相擊有火星。其合質，鐵四六・七，硫磺五三・三。吹火試之，有硫煙，錬成之物，吸鐵能引之。此礦中有些微黄金者謂之金倍來底斯。與銅倍來底斯之别，因刀不能刻而色較淡。與銀礦之别，因銀礦非古銅色及鋼灰色，劃之亦非黑色，且銀礦刀能刻，錬之易，故異。與黄金礦之别，因金礦用刀刻之能成片，火試無硫磺煙。遇之於古疊層石、火山石，此礦最多，其鐵亦最多，惟其中之硫磺不能十分去得浄，故鐵不甚佳而作硫酸鐵用之最廣。

圖一

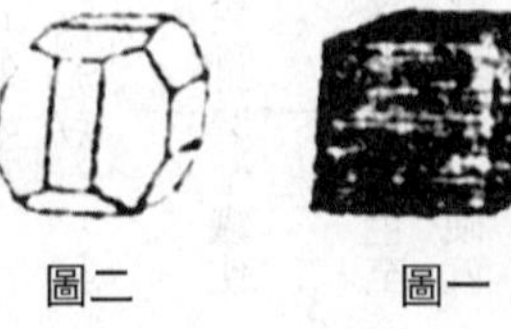
圖二

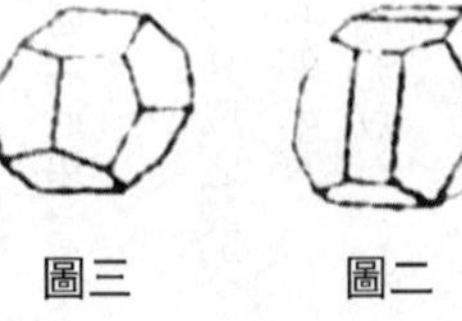
圖三

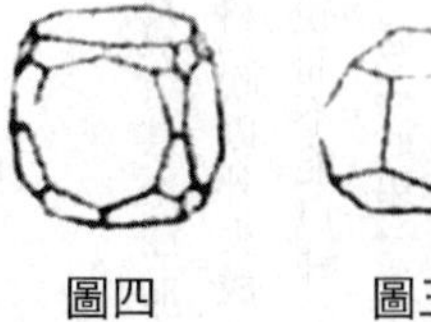
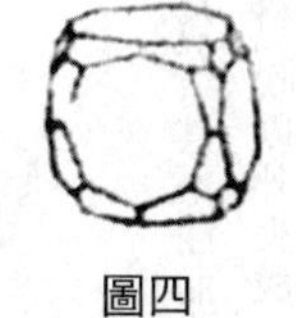

圖四

凡硫酸鐵礦，皆此礦變化而成。他金之有硫酸者，其硫酸亦從此礦變化而成，如硫酸哀盧彌那是也。

作硫酸鐵法：以鐵倍來底斯，碎之置礶中熱而升之，可得硫磺十七分。其已取過硫磺者，堆空地使見天空氣，待其發蒸，則其内未升盡之硫磺，變爲硫酸，而鐵變爲養鐵。入水熱之，俟水乾至一半，傾於盆，則結爲硫酸鐵。

或不升去磺，以此礦碎之，堆空地時溼之，待其發熱，日久亦變硫酸鐵。亦有用柴火燒之，以助其熱者。

以硫酸養鐵置礶中猛火燒之，則硫酸升去，而得紅色養氣鐵，名渴兒可撒，可磨鋼鐵使光。

凡二股硫磺鐵，皆能自變爲硫酸鐵。金石院中之鐵倍來底斯，每有見天空溼氣，日久變爲硫酸鐵者，因其内之硫磺，有一股化去，而空中之養氣換入也。

倍來底斯之名，其意謂硬如火石也。

白鐵倍來底斯，其合質與前同，惟結成之形井井。面交角一百三十六度，色淡於常倍來底斯，硬同，重四・六至四・八五，分錬之更易。

星倍來底斯，其筋紋如星光四出。

肝倍來底斯，因色如肝。

鷄冠倍來底斯，因形如鷄冠。

吸鐵倍來底斯，即一股硫磺鐵，結成六面短柱，搏結者多，色在古銅紅銅之間，劃視之暗灰黑色。性脆，硬三・五至四・五，重四・四至四・六五。吹以外

火，成紅養鐵，吹以內火，則鍊而光明，冷則色黑，能吸鐵，破而視之，色黃。與尋常之鐵倍來底斯之别，因稍輭，而吸鐵能引之。與銅倍來底斯之别，因色淡。與苦抱爾礦、臬客爾礦之别，因鍊之能成吸鐵。

密則別葛爾，即砒鐵倍來底斯。其元爲三律式，結成之形如圖，目目面交角一百十一度四十分至一百十二度，析之與目平行。其結成有横扁者，目目面交角一百度，亦有摶結者，色白如銀。劃視之，暗灰黑色，面光。性脆，硬五·五至六，重六·三。其合質鐵三四·四，砒四六，硫磺一九·六。其屬有四分至九分苦抱爾、代鐵者。

代奈愛脱，其合質鐵三二·九，砒四一·四，硫磺一七·八，苦抱爾六·五。

凡砒鐵倍來底斯，與鋼相擊，有火星，且有葱蒜氣。吹火試之，有砒煙，鍊成硫磺鐵，吸鐵能引之。與砒苦抱脱之别，因硬，以鋼擊之有火星。又鍊得之物，非深藍色料，而吸鐵能引之。遇之於最深之石層，每與銀、銅、鉛礦相近。

羅戈倍來脱，砒鐵之無磺者，即有亦甚微。結成如前圖，目目面交角一百二十二度二十六分。色與密斯別葛爾同而硬或稍遜，重則過之。硬五至五·五，重七·二至七·四。其合質鐵三二·四，砒六五·九，硫磺些微。

每格密得愛脱，即磁石礦。其元爲一律式，常遇其結成八面形或十二面形，如〔下二〕圖。析之均成八面形，有時能分明。有摶結粒形者。色鐵黑，劃視之亦黑。性脆，硬五·五至六·五，重五至五·一。以吸鐵引之，其來甚速。有時其自己亦有吸鐵極，能吸他鐵。其合質多養鐵六九，養鐵三一。或鐵七二·四，養氣二七·六。吹火試之，不鍊。吹以內火，點以硼砂，鍊成粗緑料。與希美台脱之别，因劃視之黑，而吸鐵引之速。遇其藏，或撒旱形，於合拉尼脱尼斯，枚格疊層，泥石層，雖約奈脱，霍恒白倫，客羅兒愛脱中，灰石中亦有之。其礦有吸鐵極者，謂之自然吸鐵，與做成之吸鐵無異。

此礦最多，得鐵亦多，其鐵亦最好。

分其呆吅之法：碎其礦爲細塊，以吸鐵引之。其不引者，棄之。用吸鐵分此礦，另有機器。

希美台脱，其名取光紅血色之意。其元爲六角式。

結成之形，有如鼓磴者，有扁而大者，如〔下二〕圖，析之不能分明。其夕夕面交角，約八十五度五十八分。常遇摶結有粒者，有片形如枚格者，有粉形如土者。暗鋼灰色，或鐵黑色。結成者，面有光。劃視之，櫻桃色，或紅褐色。硬五·五至六·五，重四·五至五·三。有吸鐵微能引之者。有一種名斯必葛爾，其面甚光明，故謂之金光鐵。

金光鐵石，又名斯必葛爾。其面光明，惟其變色處則爲土紅色，而絶無一點結成之狀貌，若研爲粉，則其色深紅，與結成處之色無異。

枚格鐵石，頁如枚格。

血紅鐵石，次金光，或無光，其色褐紅。

鴉葛爾，色紅，輭如土，其中屢有雜土。

紅茶兒刻，摶結比鴉葛爾緊，其粉細膩。

嚼斯不爾泥鐵，硬而不净，其中夾雜褐紅色泥，形如嚼斯不爾故名。

土鐵石，形亦如嚼斯不爾，而不及泥鐵之似。

泥豆石，色紅，其粒扁小如豆。

阿來及斯鐵石，合閑斯，六角鐵礦。

以上皆希美台脱之屬也。其光净者，有七十分鐵，三十分養氣。其不净而無光者，屢有雜質。吹火試之，不鍊。硼砂點之，吹以內火成緑料，吹以外火成黄料。與磁鐵石之别，因劃視其粉，色紅。與銀礦、銅礦之别，因硬而不能自鍊。遇之於結成之石中，及泥疊石新舊各層皆有之。其大礦之净者，遇之於第一迹層。形如土者，遇之於煤層、泥疊石。其結成者，遇之於火山石。

花旗有二鐵山，其山全是希美台脱。其塊之小者，大如鴿卵；其塊之最大者，高七十丈。此山之希美台脱，有結成者，有摶結者，有頁類者，有如土者。

又一處於堅砂石中，遇希美台脱礦，厚十二尺至二十尺，其塊爲泥豆石。其合質，養鐵五〇，炭酸二五，其餘爲美合尼西養。

此礦雖分之不如磁鐵礦之易，而亦爲最好之鐵礦。研碎爲粉，可磨金鐵使光。其紅茶而刻可作紅色鉛筆。

來脈奈脱，又名褐鐵礦，常摶結如葡萄鍾乳形，碎之中有筋及土，暗褐色至土黄色。劃視之黄褐色，或不净之黄色，次金光或無光，有碎之有絲光者。硬五至五·五，重三·六至四。

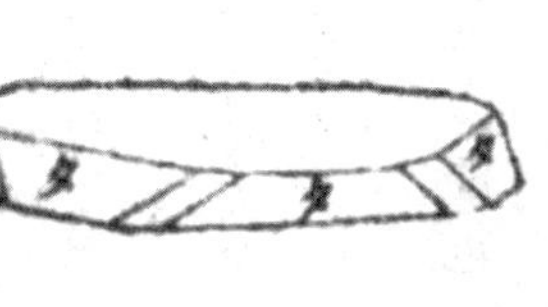

褐鐵土、黄鐵土，色褐或黄。

褐黄泥鐵石，硬而搏結，不浄之來脈奈脱也。

澤鐵土，如土而鬆，褐黑色，遇之於低溼之處。此皆來脈奈脱之屬也。其浄者，合質，多養鐵八五・六，水一四・四，故又名爲水多養鐵。其中浄鐵約有三分之二。吹火試之，色變黑，成吸鐵。硼砂點之，吹以内火，成緑料。與希美台脱之别，因輭而熱之有水氣。遇之於地中，各層皆有之，蓋因硫磺鐵礦變化而成。此亦得鐵之好礦也。研碎亦可磨金鐵使光。黄鐵土可作漆色。

合奪愛脱，水多養鐵也。其水比前少一半，結成者褐色，照之血紅色，半透明。劃視之，褐黄至土黄色。硬五，重四至四二。遇之於希美台脱。

弗蘭葛林奈脱，其元爲一律式，結成八面形如(下)圖。亦有結成十二面形者，有粗粒搏結者。鐵黑色，劃視之，紅褐色。性脆，硬五・五至六・五，重四・八五至五・一，吸鐵能引之。其合質，多養鐵六六，一股半養氣之孟葛尼斯一六，養白鉛一七。吹火試之，不鍊。極熱則升出，降於木炭上。研細和硼砂，吹以内火，於白金劼拈上，作紫色。若置木炭上，吹以内火，於炭上有緑色之鐵。與磁鐵礦之别，因面色較黑，劃視不黑，火試各異。有人欲得其白鉛，尚未有法。

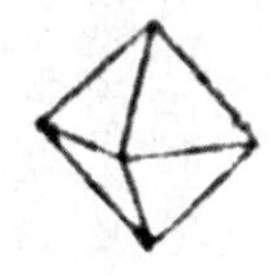

伊爾美奈脱，又名替脱尼鐵。結成略如希美台脱，夕夕面交角八十五度五十九分，屢有片及扁帶形，在科子中。有粒者，有結成大塊者。鐵黑色，劃之如金類，次金光。硬五至六，重四・五至五，能微引指南針。其合質，養鐵與替脱尼恩，或養鐵與替脱尼酸。吹火試之，不鍊。

克里脱奈脱，覓捺克奈脱，海斯低得愛脱，愛斯林，此皆替脱尼鐵也。遇之於替脱尼恩砂中，結成八面或正方形。與希美台脱之别，因面光稍次，劃視異。此礦尚未有用處。

客羅彌恩鐵礦，即客羅彌酸鐵。其元爲一律式，結成八面形，析之不分明，碎之面糙。色鐵黑或褐黑，劃視之暗灰色，微金光，幾無光。硬五・五，重四・三至四・五。其細塊，吸鐵能引之。其合質，爲緑色之養客羅彌恩六〇，養鐵二〇・一，哀盧彌那一一・八，美合尼西養七・五。其中之哀盧彌那美合尼西養數無一定。吹火試之，不鍊。硼砂點而久吹之，徐鍊成明緑料。遇之於色而并台能中，或爲塊，或爲脈客羅緑色也。因客羅彌恩，能以其色傳與他物，故客羅彌恩爲一種緑顔色之名。從客羅彌恩鐵，可取得客羅彌酸。客羅彌酸與他物相連，或爲紅，或爲黄，或爲緑，或爲紫，可作漆色、油色、染色、磁器色等用。

可倫倍脱，其元爲三律式，結成之形如(下)圖，析之與旁面平行，大略分明。亦有搏結者，常撒開於呆瓩中。色鐵黑，或褐黑，碎之面光，有變色如虹霓。劃視之，暗褐色，半金光，不明，性脆。硬五至六，重五・三至六・四。其合質，可倫皮酸七九・六，養鐵一六・四，養孟葛尼斯四・四，養錫〇・五，養銅養鉛〇・一。吹火試之，不鍊。研粉和硼砂吹之，徐鍊成暗緑料，其緑色因鐵。與他種礦之别，因其色及碎面之光色，與他礦異，而碎口之齒粒尖。遇之於合拉尼脱及非而斯麗鴨兒倍脱中。於此石中得新金，名可倫皮恩，又名奈阿皮恩。

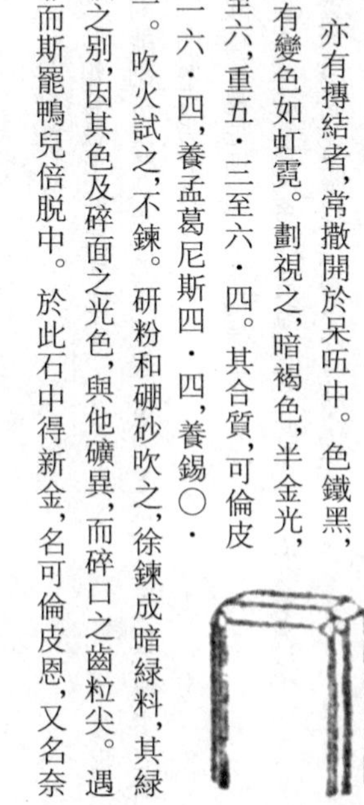

談台來脱，遇之與可倫倍脱相近。其合質爲談台來脱酸鐵。硬五至六，重七・二至八。有一塊其内有一分養錫，六分東斯天酸，重六・五。

胡兒夫蘭，即東斯天酸孟葛尼斯鐵也。其元爲三律式，結成者均爲次形。有時有假式、八面形，爲東斯天酸灰。暗灰黑色，劃視之紅褐色，半金光，明暗俱有。硬五至五・五，重七・一至七・九。其合質，東斯天酸七五・八九，養鐵一九・二四，養孟葛尼斯四・九七。吹火試之，難鍊。硼砂點之，成緑料。燐鹽點之，成深紅料。屢遇之於錫礦，有時在金礦。

夕里西恩鐵，有數種石爲夕里西恩養鐵，惟皆無用，如希頓白而其蓋脱，鴉呆脱之屬是也。

鐵客里蘇兒來脱，與尋常之客里蘇兒來脱異，因養鐵代其美合尼西養故也。

哀蘇倍耶，搏結無常形，形如黑玻璃。硬六至六・五，重二・九至三。其合質，夕里開四七・一，哀盧彌那一三・九，多養鐵二〇・一，灰一五・四，養銅一・九。

力無愛脱，結成斜方底柱形，析之高低如浪。黑色或褐黑色，次金光。劃視之，黑或緑及褐色。硬五・五至六，重三・八至四・一。内有五十至五十五分養鐵，十四分灰，二十九分夕里開。吹火試之，鍊成黑料。遇之於科子中。

以下水夕里開鐵石。

囊脱羅奈脱，平求奈脱，形如泥塊，黄緑色。

客羅羅倍爾，土塊形。有硬者，其硬三至四。其色緑而兼黄，或黄而兼緑。

合倫其自愛脱，素令蓋脱，納皮來脱，克爾孛來脱，皆大略相同。

綠土，有數種在哀彌奪羅愛脱中者，其形略近客羅愛脱。其合質夕里開，多養鐵，卜對斯，美合尼西養，水，及雜物。

綠砂，其合質：夕里開五一・五，哀盧彌那六・四，養鐵二四・三，卜對斯九・九六，水七・七。

翕信其來愛脱，克郎斯底台脱，安素須提來脱，卜里海奪愛脱，雖地落斯蓋蘇來脱，奢莫尼斯愛脱，斯底兒奴彌綸，才來脱，此皆暗黑色之水夕里開鐵石也。

客羅雖駄來脱，視之有筋，如哀斯倍斯得斯，亦謂之藍哀斯倍斯得斯。色藍或綠。其硬四，重三・二至三・三。

倍落素牟來脱，結成六面柱，析之與底平行，能完全。褐黑色，或灰或綠，珠光。硬四至四・五，重三・八。內有十四分客羅而林鐵。吹火試之，有輕綠酸煙。

鐵齊河來脱，於他石爲皮。其合質：水夕里開，養鐵，孟葛尼斯。

各別累斯，即硫酸鐵。其元爲一斜式，結成斜方底斜柱形。力力面交角八十二度二十一分，女力面交角八十度三十七分。析之與底平行，能全備，摶結如粉者多。色綠至白，玻璃光，明二至三，味澀甜。性脆，硬二，重一・八三。其合質：養鐵二五・四二，硫酸二九・〇一，水四五・五七。熱之能成吸鐵。吹火試之，鍊成綠料。與五倍子成黑色，遇天空氣變黃粉，此粉爲多養鐵。此礦因鐵倍來底斯見天空氣變溼而成。凡有鐵倍來底斯處，皆有之。可用以染黑色布及皮，因其見五倍子能黑故也。亦可作寫字黑水。與硝酸炭酸卜對斯，可作靛藍。

渴兒可撒，褐紅色養鐵也。以硫酸鐵燒之，即成。

可緊倍來脱，又名白別來斯，及黃各別來斯。此與渴兒可撒皆硫酸多養鐵。

必底自愛脱，非白羅肺兒愛脱，此二者與可緊倍來脱相近。

哀白底來脱，質同，惟內只有四分水。

伏兒對愛脱，結成八面如明礬，其合質爲二股硫磺之鐵，哀盧彌那，卜對斯，水。

斯罷鐵礦，即炭酸鐵也，又名開倍脱。結成長斜方六面形。夕夕面交角一百〇七度，其面屢有凹凸者如(下)圖。摶結者多，析之可成片其片亦彎如瓦。有時其中有圓粒如珠者。色自淡灰至褐，常遇者暗褐紅色，見天空氣略變黑。劃視之無色，珠光至玻璃光，明三至四，硬

三至四・五，重三・七至三・八五。其淨者，合質：養鐵六二・〇七，炭酸三七・九三，內屢有孟葛尼斯及美合尼西養，代其幾分養鐵者。吹火試之，變黑，成吸鐵，不鍊。硼砂點之，色變綠。入硝酸消化而不生氣，若研細入硝酸，亦生氣。其結成及頁者，名斯罷鐵，以其形似斯罷也。摶結者，遇之於哀彌奪羅愛脱，或火山石中，名爲維那雖地來脱。其塊如泥者，名泥鐵石，遇之於煤層。頁者，與丐而刻斯罷之別，因重及熱之能成吸鐵。

凡斯罷鐵，新舊諸石層中皆有之，常與數種鐵礦相連。最多之藏，遇之於尼斯及煤層。此礦得鐵多。

多每愛脱，炭酸鐵也。結成斜方柱，重三・一。

密雖頂斯罷，炭酸鐵孟葛尼斯，色黃。結成長斜方六面形，夕夕面交角一百〇七度十四分，硬四，重三・三至三・六。

阿利康斯罷，亦炭酸鐵孟葛尼斯。夕夕面交角一百〇七度〇三分，色黃或紅褐，重三・七五。

肥浮哀奈脱，其元爲一斜式，結成扁斜柱，析之其向一順能全備，亦有結如腰子塊而筋紋四出者，有如球者，亦於他石爲皮。色青藍至綠，其結成視其旁面色綠，對頂底視之色藍。劃視之色藍，珠光至玻璃光，明一至三，見天空氣變暗。切之能成片，其片能彎。硬一・五至二，重二・六六。其合質養鐵四二・四，燐酸二八・七，水二八・九。熱之有水氣，吹火試之，色失而變呆。研碎吹之，鍊成硬灰，能吸鐵。入硝酸能消化。識別之以其色及輭，與火試諸異。遇之於鐵銅錫等礦及澤鐵礦。

藍鐵土，內有三十分燐酸。

安葛利兒愛脱，形如藍鐵土，而燐酸微少。

鐵弗林，摶結而能剖析，綠灰色或藍，硬五，重三・六。其合質，無水之燐酸，養鐵，孟葛尼斯，內微有劣非養。

鐵潑來脱，燐酸鐵孟葛尼斯，褐色或褐黑色。

綠鐵石，哀盧哀得愛脱，枚闌客羅，皮羅肥脱，此數種皆燐酸多養鐵。

綠鐵石及哀盧哀得愛脱皆暗綠色，視之，有筋紋絲光。

枚闌客羅，色黑。

皮羅肥脱，玫瑰紅，其色遇電氣即暗。

科開信，摶結中有筋如毛，黃色或黃褐色。硬三至四，重三・三八。其合

質，燐酸，哀盧彌那。鐵與爲勿耳愛脱之别，因色黄。火試之，有鐵之迹。與茄孚兒來脱之别，因色深。遇之於褐鐵礦。

茄孚昔地來脱，亦黄色之燐酸鐵也。

砒酸鐵，結成四方塊，色自暗緑至褐及紅，次鋼光，劃視之緑褐色。硬二・五，重三。其合質，水砒酸，多養鐵，又有三十八分多養砒。

斯果羅台脱，結成斜方底柱，目目面交角一百二十度。色淡緑或黑，明一至四。硬三・五至四，重三・一至三・三。其合質，水砒酸，多養鐵，又有五十分多養砒。吹火試之，有葱蒜氣。

鐵新搭，形如海棉而不輭，色黄或褐。其合質，水砒酸，多養鐵，又有三十分多養砒。

砒息地來脱，筋類，内有三十四分多養砒。

新潑里雖脱，藍緑色，結成長斜方底直柱，析之完全。硬二・五，重二・六九。亦砒酸多養鐵。

馬莧酸鐵，輭如泥，土黄色，燭火上燒之變黑。乃馬齒莧腐爛入土，其酸遇鐵所成。

杞廬主人《時務通考》卷一三《礦務一》　鐵鋼，自然鐵。自然鐵，又名天降鐵，爲天空變成而隕至地者，間有隕，時極熱者面顯奇紋，或直或旋或曲折，西名維特曼司他德，花紋。地内所産各鐵礦，概不顯此紋。其顆粒爲八面形，鐵灰色，碎之面現細粒，打之軟，引之能長。其鐵隕處甚多，且有大者，如墨西哥南有大塊，重四萬磅。巴西國巴喜亞有一塊，重一萬四千磅。奥京維也納有各處會集之天降鐵，甚多而佳。美國礦學家謝拔德，亦有天下第二號者一副。聞中國濟南近處亦有數大塊，此種鐵質幾純浄，與人造之熟鐵相同，或每稍含鎳質。

吸鐵石。吸鐵石即磁石，又名八面形鐵礦。質爲鐵養，顆粒平滑，間有成條紋者，面生多細粒，常獨成而嵌於他石，亦有密結之塊。又在礫石或河沙内，遇其鬆者，性脆能吸鐵，體實不通光，色黑如鐵，有金類光剖面畧有凹凸，形如蚌殼。百分中含鐵七十二分爲貴鐵礦。磁石。磁石顆粒甚佳，多爲十二面形，産意大利國。

紅鐵石。紅鐵石，西名喜瑪台得，又名血色鐵礦。質爲鐵養，成六角形顆粒，結有如鼓磴者，或獨成顆，或聚結爲塊，有星形顯絲紋而質密者，有鱗片形紋，或粉形而含土者，不透明或極薄之邊微明，色紅黑或鐵黑有金類光，間有爲吸鐵微能吸之者，百分中含鐵七十分亦爲鐵之要礦，遇之於泥石及煤層中。

喜瑪台得。喜瑪台得即紅鐵石。平破之面有球形，同心絲紋如鱗如片。血色鐵礦。紅鐵石又名血色鐵礦，爲最長星形喜瑪台得之一種，可以爲錯攻磨他石。

櫻色鐵石。櫻色鐵石即鐵養蹬養礦。顆粒形如髮，成分指形，各頭平齊，常有成球形或腰子形、葡萄形、錘乳形，不明玻璃光至暗而無光，色櫻至黑不含泥則爲鐵佳礦。

櫻色鐵養，礦櫻色鐵養礦，西名里暮内得，又名櫻色鐵石，成塊有錘乳形。

里暮内得。里暮内得成錘乳形，或管形之塊。

豌豆形鐵石。豌豆形鐵石，西名比蘇來得，又名無名。異質實性堅，乃櫻色鐵石之含泥者，成球形顆粒，大如小豆，爲頗好之鐵礦。

鐵光石。鐵光石，亦名光色鐵礦，即鐵養炭養礦。顆粒爲長斜方六面形，或獨成或密聚成塊，質常含泥，與煤故，又名泥鐵石，一名球形鐵礦，能通光至暗，而不明，色櫻紅或灰色，光如玻璃，如玳瑁爲鐵中要礦，多遇之於乃斯石及煤層中。

鐵硫礦。鐵硫礦，西名貝里底司。爲正方柱形，顆粒常聚結成團塊，或腰子形塊，色櫻或黄灰有金類光，性脆，與鋼相擊每有火星，其礦最多可用之分出其硫，或造硫養，或造青礬，惟不合鍊鐵，因硫難去浄而鐵過脆也，其顆粒佳者，色若黄銅，彩如赤金。鐵硫礦爲石蛇形之動物，在地内漸變成鐵硫質，而仍存原形。鐵硫礦有多顆粒聚成反漏斗形，或階形塊尖伸似筍，光彩悦目。

鐵硫銅礦，【略】可用硝强水或鹽强水蝕之，將玻璃管直置石上，安一漏斗，令强水滴而下。

化分鐵含别質。昔人皆謂生鐵與熟鐵之别，爲生鐵含炭而熟鐵不含炭。但今化分各鐵，知尚多含他質，而常含錳，曾試鐵一塊，每百分含錳七分，而各鐵之中數，每百分含錳二分，鐵亦常含矽而數不定，中數略爲萬分之二十五分。又有數種生鐵，每千分含矽三十二分至五分，鐵亦常含鋁，但數更無定，或有百分之四分半，或不及五千分之一，中數略爲百分之二，鐵亦有時含鉬與鎂，其數常略爲百分之一，尼勒生所送來生鐵一塊，用鐵硫礦所鍊成者，内含硫微迹。

鐵含别質改變。鐵中含硫則易鎔，較之浄鐵更易生鏽。鐵含硫少許亦無妨，但鐵百分含硫多於一分，則冷時鐵性甚脆，生鐵所含之炭爲百分之二或至百

分之六，因能易鎔，含炭過多，則鐵變脆，含炭太少則硬而脆。凡極硬生鐵能磨光，如硬鋼鐵含燐冷時性脆，若鐵不和別質而含燐，其色光而白，甚硬，易生鏽。凡鐵二百分之内含燐一分，則鐵之性情大改，矽爲生鐵常含者熱風，鐵含矽多於冷風鐵鎔鐵所燒之煤，或鐵礦内有硫或燐，則熱風鐵含此二物，較之冷風鐵稍多。凡鐵含矽則硬而脆，其性情與含燐者同。鐵含鉀，其色白而質亦脆；鐵含鉻則其質之硬幾似金剛石，但令鐵與鉻相合非易事也。黄金與鐵化合最易，可爲玩弄小鐵器之銲金。鐵含銀少許則硬而脆又易生鏽，銅與鐵相合則熱時甚脆冷更堅結。但鐵含銅不可多於四百分之一，多則冷時亦脆。錫與鐵相合其質硬而最佳，如錫與鐵相和各半，其色最白，堅光如鋼。鉛與鐵相合其數不可多，則質輭而韌。

吸鐵石。吸鐵石即磁石，又名八面形鐵。礦質爲鐵養顆粒，平滑間有成條紋者，面生多細粒，常獨成而咿於他石，亦有密結之塊。又在礫石或河沙内，遇其鬆者，性脆能吸鐵，體實不通光，色黑如鐵，有金類光剖面，畧有凹凸，形如蚌殼，百分中含鐵七十二分爲貴鐵礦。

又卷二四《化學五》 賤金。賤金之類二十有二，鐵、錳、鉻、鈷、鎳、鋅、鎘、錮、鉛、鉑、錫、銅、鉍、鈾、釩、鎢、鉭、鐠、鉬、鈮、銻、鉀，與養氣之交力皆甚大，若加以熱則更大，故已與養氣化合者，雖加極大之熱，而養氣終不分出。

鐵。鐵爲金類中極有用不可少之物，若無鐵，則國之政教不能行，如汽車、機器、鎗礮、器具等皆無矣。上古之世無鐵，非無鐵也，以不知取鐵之方也。鐵非獨成其爲鐵，必與他物並生於土礦，苟無術以化分之，雖有鐵質，亦不適於用，是以野番至今無鐵之用也。古時器具，或以銅代鐵，未有銅之前，則以石爲之。銅亦不淨，每夾雜他金類，今猶有古銅之器。凡鐵礦内有與鐵結成各質代赭石，乃有用各質中之一物，是即鐵與養氣合而成者，惟燒之則養氣離鐵而合於炭，是爲熟鐵，用以製造，其性韌，數片可打成一片。又有一種生鐵，其質鬆，不能打，祇可鎔化於模以成其用，如火管、水管、燈柱、鐵欄、大輪、鐵架等類。鎔鑄之法，以鐵礦煤灰石置在冲天爐内，以風輪鼓養氣，令鎔化之。蓋生鐵不能打，打之易碎，如玻璃。生鐵從煤内得來，鐵中尚有炭質，化分之亦可作熱鐵用。更有一種鋼，用處甚多，鍾表、法條、剃刀等即是。其性質堅韌，然亦雜有炭質，或以生鐵，或以熟鐵煉成。鐵燒空氣内，或在養氣内合成，謂之鐵鑄，即鐵養合成之質。今試之以璃試管，置少許鐵屑，以淡硫强水滴之，則發氣，更以火燈燒之，氣出更多甚速，以火引之即燃，此氣即輕氣也。鐵於淡硫强水内化之，硫强水合於鐵，成一種鹽類，即青礬，如以水加入試管，以濾紙漏過，漏過之水無色，置璃盃内燒之，略似稠質，去火候冷，即結爲青礬顆粒。試以少許青礬，置於一湃呧脱水内，加數滴硝强水，又數點鉀衰鐵，青色變爲深藍，即顯明有鐵，否則無也。統金類以鐵爲最多，而爲用又最廣，出産則隨處皆有。金類中止此質入動物之體，各養氣金入生物身内，皆能害體。惟養鐵則非地産純鐵殊少，在礦亦然。天隕星石，乃鐵而兼鎘、鎬及別質少許，尋常所用鐵器皆非純質，或函炭精，或兼些須玻養、硫磺、燐，欲製極純者，用鐵養置筒中煅紅，使輕氣過之，食出養氣，則成純鐵。鐵與養氣相合，成雜質者三：鐵養、鐵養、鐵養酸。另有一種鐵養，即慈石。或云乃鐵養、鐵養二種攙和而成，或曰否。鐵養此物純者，非産地中，皆作底合酸成鹽味澀，即青礬。是鹽乃鐵養爲底，合磺養而成，以此青鹽可取鐵養。法用青礬以經沸冷水開化，加蛤利於中，使與磺養牽合，則鐵養成白散而墜底，第遇天氣，即先變棕，而後由棕轉紅，迨紅乃鐵養也。即鐵鏽。鐵養濕而藏之，能解誤服砒毒，即令鐵養與信養酸相合而化，使毒而歸於不毒也。鐵養此物多産地中，地之紅者，恒函是質，鐵礦産是，則爲礦之要物。西國有粉，用以擦玻璃鐵器者即此，取法由青礬燒煅而成。鐵養此物亦産地中，即石石也。打鐵時砧下鐵落亦即此物，第物不同耳。

驗鐵。含鐵之質加鐵養硫養，用硼砂珠粘在鉑絲鉤入吹火外層，則變黄椶色，冷而色退，若入内層則變暗緑色。

鐵之根源。鐵之化成本末，不能詳悉，蓋自古已有之矣，爲金類中最多而最有用之物，動物之有脊骨者，其血内必含之金類與養氣化合之質，而不害於動植物者。止有一鐵，其與鎳或鈷合成之質，地球上常見成塊者，與地球所有者大異，乃自天墜下，雖未目覩，亦知爲空中之流星散落也。有甚大者，重十五噸至二十噸。前二十六年，南阿墨利加有人親見墜下，體積二十七立方尺，初着地時，尚極熱而發光。又美國書院收藏一塊，重一千五百三十五磅，又一塊重五十二磅。凡自然純者，各處皆罕見，有時與白金礦一處，或鐵礦内偶見一小塊。常用之質，純者甚少，人所製鍊而最良者，尚含炭質，或含矽養及硫黄與燐。然化學家不得不有純者考驗，可將鐵養燒紅，用輕氣吹過而取之。

鐵之形性。鐵爲藍灰色之金，顆粒爲立方形，或方橄欖形，斷處有紋理，磨之能極光，以水較重，若一〇與七八。金類之中，結力最大，凡能打薄引長者亦

爲最，固易收吸鐵電氣。而純者則又易散。純者爲熟鐵，其性柔，含炭者爲銅，爲生鐵。其性堅，嘗之皆微澀。磨擦而嗅之，皆微臭。遇燥空氣不改變，遇溼空氣則與養氣化合成二鐵養三輕養，即針繡也。若兼遇炭養，生鏽更速，因鐵遇輕養與炭養，即與輕養之養氣化合成鐵養，再與炭養化合，成鐵養炭養。所餘之輕氣。遂與空氣所餘之淡氣化合，成淡輕氣散去。鐵養炭養再遇炭養，即消化成流質。此流質能速收空氣之養氣，又成二鐵養三輕養。凡打釘入新木，見有黑質自釘孔流出者，乃所成之鐵養炭養，遇樹酸而成也。溼布遇鐵良久變成紅黄色，任洗不能去，亦是鐵養炭養也。鐵若浸於鹻類水，或鹻類炭養水，或鹻土屬水，皆不生鏽。浸於極濃硫强水，或極濃硝强水，不甚熱者，皆不消化。若浸於淡者，消化甚速。濃硫强水之沸者，雖能消化而緩。浸於濃硝强水，久久取出而入淡硝强水，反不消化。取出擦淨而入淡硝强水，則又消化甚速，以鐵絲浸入一三五之硝强水，立即消化。若以金或鉑入此水內與鐵絲相切，則又不消，此理尚木知其所以然。

生鐵。鐵質每百分含炭二分至五分，則爲生鐵，然又常含別質。因冶爐內極能使各質放其養氣，而各質之養氣已去，則必與鐵相合。如矽養放其養氣而成矽，即入鐵內，故生鐵每百分，或含矽三分至四分，又常含硫與燐，但爲數甚微。此二質能減鐵之結力，故鍊鐵者亦設法以減之。然鎔鑄之時，微含燐者反有益，因含燐則易鎔，已鎔又易流也。鐵內之硫，大半得自煤內，故鎔鍊以木炭爲盡善。樹木暢茂之處，皆用木炭，所出之鐵最佳。其燐或礦內原有，或得自配合之質內，又或含錳一二分，亦得自礦內原有之錳養，間有含鈷、鉻者，其數亦甚微。

熟鐵。分出生鐵內之炭、矽等質，即成熟鐵。蓋生鐵與鐵養同煆至極熱，生鐵內之炭即與養氣化合爲炭養而散出，矽則與鐵養氣之半化合爲矽養，此矽養再與鐵養化合，成易鎔之滓，而與鐵分離。

精鐵。熟鐵之極精者，每十分必含炭一分至五分，微含矽、硫、燐等質。鐵若真純，其堅固反不及微含炭者，惟含硫與燐，必有二病，一名熱脆，因含硫也，硫有千分之三十三分，則不能粘合。一名冷脆，因含燐也，燐有千分之五分，熱時甚韌，冷則易斷。若論精粗，不特以所含炭、矽、硫、燐、錳之多少，尚依此各質之點，在鐵內排列之狀，及與鐵相切之疎密。熟鐵之條極精者，緩緩折斷，見其直順之紋理，蓋質點之排列平行也，故能牢固特甚。若粗鐵則見錯亂之顆粒，顆粒愈大，鐵愈不固。或言鐵內含燐顆粒必大，故冷脆之。鐵若常受振動，雖初造之時爲直紋，久亦變爲顆粒，如汽車鐵橋可見此據。

鎔熟鐵極難。熟鐵雖鎔之極難，然易於粘合。將鐵煆之極紅，撒沙或泥於其面，使所成之鐵養變成鐵滓，搥打而擠出之，即自粘合。若鐵久燒而熱過大，則不能粘合，且顆粒變爲甚大。

白色鐵。常法自深灰色至光白色，依次分爲八等。深灰色者，未化合之炭最多，而光白色者，無有未化合之炭矣。灰色與白色鎔鍊之人，大半可以王之。冶爐合法，所出恒爲灰鐵。冶爐不合法，或燒料不足，所出恒爲白鐵。然同爐所出者，亦有不同，則所出先後之別也。

花點鐵。花點鐵與各種相較，結力爲最大，所以鑄砲極佳。鎔鍊深灰鐵之燒料，比白鐵甚多，故價必貴。鎔鍊白鐵每百分約有五分隨滓而去，燒料少也。鎔鍊灰鐵每百分約僅二分隨滓而去，燒料多也。凡含錳之鐵礦常出白生鐵。

深灰鐵。深灰鐵重鎔之時，別未化合之炭，再爲鐵油化，而仍與鐵化合，故速傾於極冷之鐵模，而使速結，則外皮爲極白之色，因冷之急而不及分離也。各西國用此法鑄礮彈，使外灰堅如鋼，內質輭而仍爲灰色。

密鐵。質點勻密之鐵，名爲密鐵，實乃少含炭之細也。作法：將最好瑞顛鐵條，與含炭之質同鎔，質性甚韌，最可打薄，因已鎔過，致比掉鐵更勻也。

英國鍊泥鐵礦法。鎔鍊之先，必以鐵礦燒煆，去其水氣與炭氣，將煤之大塊者，平鋪一層，作長方形之基址，即以泥鐵礦與煤屑，層層相間，堆成錐形。若煤田所産之黑層鐵礦，則不必用煤相間矣。堆成之後，即在下層燃火數處，使煤漸燒至盡，礦乃鬆而易鎔。若礦內多含硫黄，亦已大半燒去。又法：用煤屑相間如前，置陶內與燒石灰略同，殊爲更精，然竟有不先煆而即鎔鍊者。礦已煆成，遂入冶爐鎔鍊。爐之直剖面，高五十尺至六十尺，徑稱之，外層磚石圍築，內層再砌火磚，近底作進風管，或三或四，用大力風車，鼓風熾火以生大熱。風之漲力，每平方寸須三磅至四磅。凡新造之爐，初發火時，不可驟熱，以致裂壞，須緩緩至一日夜而火始極熾，然後添料，日夜不熄，可數年之久，始重修也。已煆之礦，與煤炭同入爐，固屬易鎔，然與泥相合，雖鎔仍礦也，故必先使泥鎔，鐵自與泥相離。鐵既離泥，具鎔甚難，幸即與燒料內之炭質化合，方能易鎔。泥既離鐵，其鎔更難，故必先有一質與之化合，亦即易鎔，乃夾石之故也。凡鋁養、矽養即泥。與鈣養炭養即灰石。相合而遇大熱，則鈣養炭養放其炭養，與鋁養矽養化

合,而鎔成流質,冷則結爲黑玻璃,所謂鐵滓也。故欲礦内之泥與鐵分離,必與灰石和匀也。

又《化學九・雜質中》 鐵與養氣化合之質。鐵與養氣化合之質有三:一爲鐵二氧三,一爲鐵養二,一爲鐵養,又有一質爲鐵三養四,地殼常見,亦名黑鐵養,即吸鐵石,或以爲鐵與養氣化合之本質,或言鐵養與鐵養化合之質。

鐵養。 鐵養無獨成者,常與别質化合,其爲本之力最大,與配合戊之質,色緑味澀。如鐵養流養,又有與水合戊之質。將鐵養硫養與新沸之水消化,後添鹼類於水中,結成鐵養輕養之質,取出消化於水,服之能解砒毒。其質初或時色白,後收空氣中之養氣,而變櫻色,再後變成鐵養,而爲紅色。

鐵二養三。此物地產者甚多,恒用以取鐵。其色深紅,故名鐵紅散,即紅鐵鏽也。研之極細,可磨鈿鏡,及鍋鐵玻璃諸器,使發寶光。取法:將鐵養硫養三煅之即成。

鐵養二。鐵養二不能獨成,常化合於别質之内。取法:用鐵養一分、鉀養淡養四分,共盛於瓦罐,蓋密加熱至紅。歷一小時則所成者爲鉀養鐵養二,色櫻,浸於水内,則消化而水變茄花色。鐵養,鐵酸也,取法:以鐵養一分、火硝四分相和,火煅二時之久,至成紅色,則爲淡養鐵養三酸,置水中,令水成美色。

鐵三養四。此物地產者亦多,即尋常之吸鐵石也,其吸鐵之性得自地球。又打鐵時落下之衣,大半爲此物。

鐵硫。即自然銅。 此地產極多之物,昔時不用以取鐵,其顆粒成方形或爲十二面形,或爲大塊,紋理皆自中心引出,光彩如金,人常誤視爲金,故名惑人金。加熱則發硫臭,一嗅即知非金也。今有用以取硫者又有使成硫養氣以取硫强水者。

論鐵礦。 鐵礦色黑質脆,炭養之水能化,化時放出輕磺氣。取法用碎鐵四分、磺二分半,先以銀鍋下爐,煅至紅色,後將此物和匀,納之於中,略蓋之則成是物。或以鐵煅至由紅變白,而擦以硫磺,亦成是物。鐵磺地偶產此,然無採以冶鐵者。珠成立方形,一返光而色金黄,孩童恒認爲金,争相拾取,燃之發磺臭而可辨。

又《化學一三・雜録》 論鐵礦。 鐵礦之類各國無不有之,約共十九等,而適用者祇有八等。其一、黑鐵礦。質内幾全爲鐵三養四,色黑而光亮,在地中爲層累。又數處大山,全爲此礦,所含之鐵爲最多。用木炭鎔鍊者,每百分可得純鐵七十分。凡鐵以瑞顛與俄國所產者爲最良,即是黑礦取出也,鐵砂亦屬此等,惟多雜錯養耳。其二、紅鐵礦。質内大半爲鐵二養三,其色或櫻或紅,種類繁多。有時見圓塊,打碎視之,紋理成粒,此礦煅之見紅色,故與前礦易别。其質甚堅甚密,難以獨鎔,必與泥鐵礦相合同鎔。每百分中,有純鐵四十七分至六十九分。其三、鏡面鐵礦。質亦爲鐵二養三,與前者相同,而形則大異,面光如鏡,所出之鐵爲最良。因礦質甚净,且用木炭鎔鍊也。其四、櫻色鐵礦。質内半爲鐵二養三輕養,其形有如内腎者,有如豆粒累積者,有如鱗者,有如木片者,卑利智國與法國之鐵,大半以此礦取出。每百分中有純鐵至多爲六十三分,至少者止有十二分。有一種爲黄顔料之石,亦屬此等。其五、爲炭養鐵礦。質爲鐵養炭養二,與錳養炭養二,所以鍊出之鐵稍次。每百分中,有鐵至多五十分,至少十四分,日耳曼國雖格司地,產之甚多。其六、泥鐵礦質。内爲鐵養炭養三、生泥、石灰、鎂養、錳養等,英國產之甚多。此礦與大泥、灰石及煤同處,用之極便。每百分中有鐵至多四十九分,至少十七分,英國之鐵大半以此鍊取。其七、黑層鐵礦。質與前者略同,惟每百分含煤油二十分至三十分,故鎔取甚易。英國北鄙多產之,皆間於煤層之内。其八、硫鐵礦。質爲鐵硫,昔因難分其硫而不用,近時先以取硫,或硫强水,餘者置於大爐内,煅之久久,去盡其硫,可得最下之鐵。凡礦所雜之泥或石甚矣,而鐵不及十分之二者,不足鍊取。

又卷二五《電學五・吸鐵氣》 磁石。自古以來,各國皆知有一種礦石,内含奇性,與别礦迥不相同,蓋能吸鐵之小塊也。其礦初得自小亞西亞之馬格尼西亞鎮,希臘人稱之爲馬格尼西,英文藉之,改石馬格尼得。其性稱爲馬格尼得性,或曰馬格尼得氣。中國按性命名,謂之吸鐵石,又名磁石,或名靈石。依化學理言之,是有吸鐵性之鐵礦。每鐵三分含養氣四分,故謂之鐵養礦,色深櫻,或灰黑,形色重率,與平常鐵礦大同小異,挪威與瑞典處多產之。磁石是鐵礦之一種,質内有鐵與養氣化合者,居其大半,又另含矽養與鋁養等質。瑞(顛)與奴而韋開鐵之處常遇大塊者。又英國開鐵之處,亦間有之。

大力磁石。 磁石有含吸鐵力極大者。義大利國格致家有一塊,重六兩,能吸鐵十磅。英國奈端有一塊,重三釐,能吸鐵七百釐。

磁鐵。 磁石,有出於人力造成者,係以輭鐵,故名磁鐵。

磁石極點。 以平常磁石一塊,置鐵屑中,取出視之,所吸鐵屑,各處不勻有二處極多者,謂之極點。

磁石二極。將磁石一塊，無論何形，埋於鐵屑之内，而鐵屑即聚於兩相對之點，石爲二極。如將小鐵針之中，加於尖上，使能轉動，而移近磁石之某極，針即爲某極所引，反之，用磁石挂於極細之線，移近軟鐵，則磁石亦爲軟鐵所引。

磁石二極異同。二極之異同，與電氣無殊，異則相吸，同則相驅，以磁鐵一條，其一居中，懸之復以其一依近試之。如南極對北極，則吸之使轉，若南對南，北對北，則驅之轉也。又如北頭上加鐵屑，以南近之，則鐵屑吸過，此異則吸之理也。以北近之，則鐵屑落下，此同則驅之理也。若將磁鐵分爲細小之段，各有南北二極也。

磁石定向。磁石之分南北，以長式磁石浮之水面，兩頭自向南北，居中或以綫索懸之，或以鍼鋒托之，均如是也。中國謂指南，以其昉於指南車耳。西國謂指北，因航海每視北辰爲定向耳，似異而實同也。蓋鐵有兩端，一指南，一指北，苟各執一端而言，若風馬牛之不相及也。

磁石吸驅之力。磁石之吸驅，其說不一，或曰内有陰陽二氣，層層相間，如北頭第一層屬陰，則南頭末層爲陽，故吸驅不同也。或曰因有自然之電氣圍遶磁石，故能吸驅，如以銅絲爲電路，作螺絲圈懸之不第吸驅，若磁石亦自然指南指北，豈非磁石之上有自然之電氣運行與電路無異乎？

磁石順日運行。地球之大，非一大磁石也，地皮之上，有電氣圍繞他物不覺，惟磁石覺之。如輕物之被風吹，可知風之方向也，定北鍼若順放於電綫，則必易向而横。如以木爲地球之惑，按居中赤道以銅絲纏繞，放電過之，復以定北鍼順依其上，亦必易向而横，或曰磁氣之生於地球，因各處冷熱不同也。蓋地之旋轉，向日則熱背日則冷，故磁氣順日運行由東而西，令鐵鍼横指南北耳。

磁氣運行於地球。磁氣運行於地球之上，其說有三：一、以鐵條按南北方向，豈久自能吸鐵。或窗欞之鐵條，若係南北方向，日久亦有磁氣，正如鐵條被磁氣圍繞，即有吸力也。二、磁氣運行之路，考查可得而知也。三、每逢北方曉天開眼時，指南鍼必亂而有凝。

安德孫撰潘松傅蘭雅譯《求礦指南》卷五《鐵礦》　凡鐵礦用吹火筒加熱，則其大半不能消化，若本非吸鐵所能引者，其熱後亦有此性。如鐵礦内不含別種金類改變其性，可用鉑絲合於硼砂，在吹火筒内層火加熱，則成深緑色之玻璨珠，又在外層火加熱，則成深紅色之珠，待冷時則變淡紅色。

鐵硫礦又名們的礦。此礦平常成顆粒，爲立方形，間有成八面形者。其光色平常，有發亮之金類色，與黄金相似，昔人誤認爲黄金，所以名之曰欺人金。其色黄，或深或淡不定。其劃痕迹櫻黑色。其硬率六至六・五，其重率四・五至五。每百分大畧五十分爲鐵，五十分爲硫。如用鋼刀擊之，則能打火；又折斷之，則發奇臭。如用吹火筒加熱，則發硫磺霧，久之則得金類珠，爲吸鐵所能引。凡鐵硫礦粉，漸漸在硝强水内消化。此礦常含黄金多寡不等，而屢在産黄金等礦脈内遇之，蓋近於地面，所有礦脈内之石英變爲櫻色，則其鐵硫可於礦脈之深處顯出矣。

如疑此礦爲銅硫礦，或爲黄金，可以刀割之。如刀不能割，則知非黄金。如鐵硫礦雖不合鍊鐵所用，而爲做硫强水頗屬相宜。如西班牙國産此礦甚多，其色亦最佳，常運至英國銷售，但英國煤層，含此礦亦不少。

爲吸鐵所引之鐵硫礦。此礦成顆粒，爲六面柱等形。其色爲紅銅與黄之中，亦有稍似櫻色銅者。其劃痕迹爲灰黑色。其硬率三・五，其重率四・四至四・六。每百分含鐵畧六十分，其餘爲硫。

吹火筒外層火在木炭面加熱，則成紅色之珠，爲鐵養，如内層火鎔化成黑色之粒珠，打碎之，則其剖面爲黄色。此礦與前所説鐵硫礦其質更輭，稍能爲吸鐵所引。

含鉀之鐵硫礦，又名迷斯必格勒礦。此礦成顆粒，爲斜方柱形，而在各角上改變其形等法。其色白似銀。其劃痕迹爲灰黑色，其光色發亮。其硬率五・五至六，其重率六・三。每百分含鐵畧三十五分，其餘爲鉀與硫，此礦間有含鈷。如用吹火筒加熱，則成珠，有爲吸鐵所引之性。此礦産在英國哥奴瓦，及德國波希米兩處地方，又合於紅銅鐵等質。

鏡光面鐵礦，又名喜瑪台得礦。其顆粒爲斜方柱形，但間有所成顆粒，爲薄而六邊形之片，其邊之口爲斜形。其色爲深鋼灰，但間有含土之礦帶紅色。其劃痕迹，與其粉爲深櫻桃紅。其硬率五・五，其重率四・五至五・三。每百分含鐵七十分，其餘各質爲養氣。用吹火筒加熱，則不鎔化。如合於硼砂，在外層火内加熱，則成黄色之玻璨。如在内層火加熱，則成緑色之玻璨。此礦亦分數種，即如鏡光面者，其光色亮似鏡，又有紅喜瑪台得不透光，無金類色，其色或櫻或紅，其質紋如輪輻排列。又有一種爲紅土，或紅石粉，此質輭，内含泥或土若干。又有青碧形鐵礦，間有含泥者。又有雲母石鐵礦，其質分成小片，如魚鱗形，此種礦磨碎成光點之油色。

吸鐵礦，又名磁石。此礦色爲深藏灰色，而有金類光。其劃痕迹爲黑色。其質脃，其硬率五・五至六・五，其重率五至五・一。每百分含鐵養六十九分，鐵養三十一分。

以吹火筒加熱，則不鎔化，但合於硼砂，在内層火加熱，則成深緑色之玻瓈。又如磨成粉，用吸鐵器，則能吸出其鐵質而留其異質。又合於硝强水，則不變化，但磨成粉，則能在鹽强水内消化。如鏡光面鐵礦，與吸鐵礦容易相誤，但看所劃之痕迹，則不難分别。此爲歐羅巴北邊最要緊之鐵礦。

樱色鐵礦，又名來脈奈脱礦。此礦間有含土者，平常成塊形，其面平滑，或有葡萄串形，其質紋如絲。其色樱黄，或淡樱。其劃痕迹黄色，其光色或暗，或幾分有金類光。其硬率五至五・五，其重率三至四。每百分含鐵養八十五分，此八十五分内，每十分有七分爲精鐵。如用吹火筒加熱，則發黑色，而變爲吸鐵所能引者。如内層火合於硼砂，加熱則成深藍色之玻瓈。

此類鐵礦，分爲數種，如樱色喜瑪台得成葡萄串形，或上成石鍾乳形等。又有黄土或樱土内，常含土甚多。又有卑溼地鐵養礦，别名曰無名異，此礦質鬆而脃，常在卑溼之地遇見之，爲黑色或樱色之土，又有樱色或黄色之鐵石。其質硬而密。

福蘭格林愛得。此礦爲美國所産，其色甚黑。其劃痕迹爲深樱色。其質脃，每百分含鐵養六十六分，另含錳與鋅。此礦之形狀，與吸鐵礦相似，但其金類顔色更暗。

鐵養硫養礦，又名皂礬。此礦之色爲緑白，其光色畧發亮，而一半透光。其質脃，每百分含鐵養二十五分，又含礦與水。此礦由鐵養化分而成。

非非阿内得，又名藍色礦。此礦成顆粒爲斜柱形，其光色有真珠色，或發亮，其色深藍至緑。其劃痕迹藍色。其硬率一・五至二，其重率二・六。每百分含鐵養四十二分，另含燐養與水。用吹火筒加熱，則變爲不透明之質。

鐵養炭養，又名司巴的格鐵礦。此礦常遇見成大塊者，其質紋如顆粒，所成之顆粒爲六面柱形，或爲斜方面形等。其光色如玻瓈，或如真珠色，其色在黄灰及鐵鏽之間，久後如遇空氣，則變樱紅色至黑色。其劃痕迹無色。其硬率三至四・五，其重率三・七。每百分含鐵養六十二分，另含炭養氣等質。

此礦用吹火筒加熱，則發黑色，而變爲吸鐵所能引。如合於硼砂加熱，則變爲緑色。如合於硝强水，則消化。雖含炭養氣，亦不多發氣泡。如磨成粉，則發黑泡更多。如在試管内加熱，則常爆裂發小聲，而成細片。又發黑色，變爲吸鐵所能引者。

英國煤層内，有一層曰黑帶層，亦類乎以上之礦，又名爲泥鐵石。

以上爲鐵礦内之要緊者，而鐵合養氣、並鐵、合炭養爲首。而包諸礦之質，或爲灰石，或爲泥，或爲沙，或爲必刁門。即煤油類也。其價值大半恃所含别種金類，即如司巴的格礦内，泥鐵石等種，每百分含錳，或含炭質五分至十五分，則爲有益之事。又如數種鐵礦，含鐵硫，則有弊，其價值亦因此更廉。

花剛石，與乃斯石，與頁形石，與泥端石，與灰石内，俱有産吸鐵礦者。

鉛礦分佈部

題解

陸佃《增修埤雅廣要》卷三一《什物門・異珍類・鉛》 鉛，青金也，亦錫之類。蓋鉛爲五金之祖，錫爲五金之賊也。鉛生於蜀，錫生桂陽，有銀坑處有之。《書》曰：「鉛松怪石。」《本草》云：「殺蟲毒。」又鉛粉，胡粉也。又修真家所謂龍汞而虎鉛者，龍從火里出，虎向水中生也。

李時珍《本草綱目》卷八《金石部・鉛》 釋名：青金、《説文》。黑錫、金公、《綱目》。水中金。時珍曰：「鉛易沿流，故謂之鉛。錫爲白錫，故此爲黑錫。而神仙家拆其字爲金公，隱其名爲水中金。」

論説

李時珍《本草綱目》卷八《金石部・黑錫灰》 發明：好古曰：黑錫屬腎。時珍曰：「鉛稟北方癸水之氣，陰極之精，其體重實，其性濡滑，其色黑，内通於腎，故局方黑錫丹、宣明補真丹皆用之。」

又《鉛》 集解：頌曰：鉛生蜀郡平澤，今有銀坑處皆有之，燒礦而取。時珍曰：鉛生山穴石間，人挾油燈，入至數里，隨礦脈上下曲折斫取之。其氣毒人，若連月不出，則皮膚痿黄，腹脹不能食，多致疾而死。《地鏡圖》云：草青莖赤，其下多鉛。鉛錫之精爲老婦。獨孤滔云：嘉州、利州出草節鉛，生鉛未鍛者也。打破脆，燒之氣如硫黄。紫背鉛，即熟鉛，鉛之精華也，有變化，能碎金剛鑽。雅州出鈎脚鉛，形如皂子大，又如蝌蚪子，黑色，生山澗沙中，可乾汞。盧氏鉛粗惡力劣，信州鉛雜銅氣，陰平鉛出劍州，是銅鐵之苗，并不可用。《寶藏論》云：鉛有數種：波斯鉛，堅白爲天下第一。草節鉛，出犍爲，銀之精也。衔銀鉛，銀坑中之鉛也，内含五色。并妙。上饒樂平鉛，次於波斯、草節。負版鉛，鐵苗也，不可用。倭鉛，可勾金。《土宿真君本草》云：鉛乃五金之祖，故有五金狴犴、追魂使者之稱，言其能伏五金而死八石也。雌黄乃金之苗，而中有鉛氣，是黄金之祖矣。銀坑有鉛，是白金之祖矣。信鉛雜銅，是赤金之祖矣。與錫同氣，是青金之祖矣。朱砂伏於鉛而死於硫，硫戀於鉛而伏於硇，鐵戀於磁而死於鉛，雄戀於鉛而死於五加。故金公變化最多，一變而成胡粉，再變而成黄丹，三變而成密陀僧，四變而爲白霜。雷氏《炮炙論》云：令鉛住火，須仗修天；如要形堅，豈忘紫背。注云：修天，補天石也。紫背，天葵也。

綜述

《史記》卷一二九《貨殖列傳》 連，真鉛也。《貨殖傳》：「江南出枏、梓、薑、桂、金、錫、連。」徐廣曰：連，鉛之未煉者。今《本草綱目》不載連名，亦一缺也。《寶藏論》有流黄氣紫背，即熟鉛之精華也，能碎金剛鑽。其曰負版鉛，鐵苗也，不可用。雅州鈎脚鉛亦可乾汞。《土宿真言》曰：「鉛能伏五金，而死八石。波斯鉛第二。嘉州、利州出草節鉛。」何子元曰：「嵩陽産鉛，民業胡粉。其法：縣鉛塊于酒缸内，閉四十九日，則鉛化粉矣。不白者炒爲黄丹，其渣爲蜜陀僧。然鉛氣甚毒，枵腹入其中必死，今業久之家長幼多痿黄風攣。」

《漢書》卷九六下《龜兹國》 龜兹國，王治延城，去長安七千四百八十里。户六千九百七十，口八萬一千三百一十七，勝兵二萬一千七十六人。大都尉丞、輔國侯、安國侯、擊胡侯、卻胡都尉、擊車師都尉、左右將、左右都尉、左右騎君、左右力輔君各一人，東西南北部千長各二人，卻胡君三人，譯長四人。南與精絶，東南與且末，西南與杅彌，北與烏孫，西與姑墨接。師古曰：「杅音烏。」能鑄冶，有鉛。東至都護治所烏壘城三百五十里。

趙與泌《〔寶祐〕仙溪志》卷一《貨殖》 鉛粉。桃花、雪花二粉，縣市所造。

李世熊《錢神志》卷一《靈産一》 《溪蠻叢笑》云：西溪接靖州境，出鉛。鉛中有銀，銀體差黑，未經坯銷，名出山銀。

陳立《白虎通疏證》卷六《封禪》 德至山陵，則景雲出，芝實茂，陵出黑丹，阜出蓮莆，山出器車，澤出神鼎。《禮》疏引《援神契》云：「德至山陵，則景雲出。」《類聚》引《援神契》云：「善養老，則芝茂。」《文選》注引《援神契》云：「德至山陵，則出黑丹。」《御覽》引《援神契》云：「王者德至山陵，則澤阜出蓮莆。」《類聚》引《援神契》云：「德至山陵，則山出木。」

嚴長明《〔乾隆〕西安府志》卷一七《食貨志下・貨屬》 錫：《昭陵志》：「九嵕山前出黑錫，牧兒時有從土穴得之者。」

卞寶第李鴻章《(光緒)湖南通志》卷五八 桂陽州西有大湊山，南有晉嶺山，北有潭流嶺，舊皆産銀鉛砂礦。《明史・地理志》。

晉嶺山在桂陽州南八十里，相傳此嶺晉時出銀鉛砂礦。【略】《明統志》。

明嘉靖間徐兆先知桂陽縣，嘗辨礦砂之妄，禁止采冶。《一統志》。

國朝康熙五十二年題准，郴州黑鉛礦産有銀，毋除商人工本外抽税一半。

雍正四年覆准，郴州九架夾地方所出礦砂，黑白夾雜。准其黑白兼采。除白鉛照收外，其黑鉛内煎出銀兩，除工本外，一半抽收，所餘黑鉛仍按二八抽收。

乾隆八年題准，黑鉛内出銀無多，鑪户止肯鍊鉛，不肯提銀，毋庸抽收銀鋭。十八年覆準，黑鉛銀氣復旺，仍照例抽税。三十二年礦産漸衰，仍停止抽税。

又卷六一《食貨七・物産二》 宜章縣有鉛《唐書・地理志》。郴州之桃花壠、甑下壠、石仙嶺、白砂壠、東坑湖、金川塘、杉樹坑等處，皆有鉛礦，以楓山嶺所出爲最旺。省志。【略】

桂陽州大湊山、黄沙等處，産鉛。馬家嶺等處，亦有鉛廠。同上。

雜録

代那撰瑪高温譯華蘅芳筆述《金石識別》卷七《鉛》 待屋克西來脱，硫炭酸鉛也。結成者析之與底平行，白灰色，重六・二至六・五，内有七十一分炭酸鉛。

勒地來脱，硫礦多炭酸鉛也。白灰色，形如石膏，重六・八至七，内有四十七分炭酸鉛。

郤里駄奈脱，結成藍緑色，重六・四，其合質爲銅硫炭酸鉛。

倍路莫非脱，燐酸鉛也。結成六角柱形如圖，析之與旁面平行不分明，常摶結，或附於他石之面，如珠、如星。色明緑，或褐。有時與客羅彌恩酸相連，則橘黄色。劃視之白色，松香光，明一至四。性脆，硬三・五至四，重六・五至七・一。褐色者，其合質：養鉛七八・五八，緑輕酸一・六五，燐酸一九・七三。吹火試之，於木炭上能鍊，冷則結成，仍有稜角。吹以内火，有鉛煙，同硼砂酸及鐵鍊之，得燐酸鐵及鉛。與倍里爾鴨不對愛脱之别，因重而火試異。遇之於鉛礦處，其名取火形之意。

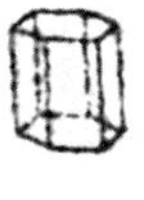

埋密低能，砒酸鉛也。形如倍路莫非脱，色淡黄至褐。硬三・七五至三・五，重六・四一。吹火試之，有砒臭。

喝地非恒，砒燐酸灰鉛也。内有二分緑氣，摶結無常形。色白，剛光。硬三・五至四，重四・五至五・五。

客羅科雖脱，客羅彌酸鉛也。結成斜柱形，亦摶結。明紅色，劃視之橘黄色，明第三。硬二・五至三，重六。其合質：客羅彌酸三一・八五，養鉛六八・一五。入硝酸消化成黄色。吹火試之，變黑，鍊成黑色料油，碎之，中有細細鉛珠。遇之於尼斯。

做成之客羅彌酸鉛，法以客羅彌卜對斯，消化於水，又以醋酸鉛或硝酸鉛，亦消化於水，并之，則客羅彌酸與鉛相連，可作漆畫之色。

彌蘭客羅愛脱，結成合形如網，暗紅色，劃視之土紅色。重五・七五，内有客羅彌酸二三・六四。

服客利奴愛脱，遇其小小結成，有摶結塊形者，亦附於他石如乳如粉，暗緑黑色。硬二・五至三，重五・五至五・八，内有客羅彌酸銅鉛。

免迭倍脱，色白黄紅，幾不明，珠光。重七至七・一。其合質：緑氣鉛三八・四，養鉛六一・六。

可多每脱，亦緑氣鉛也。色白，結成如針。在火山石中，内有七十四五分鉛。

角鉛，客羅彌酸炭酸鉛也。結成者白色剛光。重六至六・一。遇之於他鉛礦中。

目力别迭酸鉛，結成八面形，亦有摶結者。昏黄色，松香光。其合質：目力别迭酸三四・二五，養鉛六四・四二，遇之於鉛礦中。

西里尼酸鉛，結成細粒，硫黄色。吹火試之，有西里尼恩氣，鍊得鉛珠。

凡奈弟奈脱，即凡奈弟酸鉛。結成六面柱形，如倍路莫非脱，立於他石如植。黄色至紅褐色。硬二・七五，重六・六至七・三。

東斯天酸鉛，結成方八面柱形，色緑灰紅黑，松香光。硬二・五至三，重七・九至八・一。其合質：東斯天酸五一，鉛四九。

松香鉛，結成塊粒形，色黄紅褐，松香光。硬四至四・五，重六・三至六・四。其合質：養鉛四〇・一四，哀盧彌那三七，水一八・八。遇之於鉛礦中，與苦抱脱在一處。【略】

銅鉛石，呆里那之屬也，内有二十四分硫磺銅。凡砒鉛，及西里尼恩鉛與脫羅里恩鉛，此三種吹火試之，有煙能鍊得鉛珠，詳之如下：

苦抱爾鉛礦，亦砒鉛也。内微有一些苦抱爾，吹火試之有砒臭，重八・四四。

土弗里奴斯愛脫，砒硫磺鉛也。結成十二面形，暗鋼灰色。重五・五五。

客羅斯對來脫，亦名西里尼恩鉛。鉛灰色。碎之粒口，重七・一九。吹火試之，有西里尼恩氣。西里尼恩銅鉛石，共有三種，一種重五・六，一種重七，一種重七・四。吹火試之，皆有西里尼恩臭，又有銅之迹，鉛之迹。西里尼恩水銀鉛，結成圓粒，析之可成片，亦有搏結者，色自鉛灰鐵黑至藍。

脫羅里恩鉛，錫白，可剖析，重八・一六。

頁脫羅里恩鉛，頁形如白倫倍果，黑鉛灰色，劃視之亦黑鉛灰色。硬一至一・五，重七・〇八五。其合質：脫羅里恩三二・二，鉛五四，黃金九。其中屢有銀銅礦。

養氣鉛，又名密尼恩。粉形，明紅色，重四六。其合質：養氣一股半，鉛一股。吹以輕養火，能鍊得鉛。遇之常與呆里那在一處，有時炭酸鉛礦中亦有之。可作漆色。生成者不多，現今所用，大抵是做成者。法以鉛入倒焰爐中燒之，調之，得黃色養鉛。以黃色養鉛置鐵礶中，再入爐微烘之，即成紅色養鉛。以炭酸鉛作之更佳。

鉛土，粉形，色黃，一股養氣鉛也。置礶中熱之，冷則結緊而硬，有一半玻璃形，名立雖而其。

做成之黃色養鉛，更有一種名麥西各。法以鉛鎔之，掠其上面之灰，熱之，見天空氣，則變黃。

安合利雖脫，硫酸鉛也。其元爲一斜形，析之不能分明，力力面交角一百〇三度三十八分。屢有結成細長線形，一頭牢於石，如植者，亦有搏結乳形粒形者。色白或微灰，或微緑，剛光或帶松香玻璃光，明或不甚明。性脆，硬二・七五至三，重六・二五至六・三。其合質爲硫酸及鉛。其淨者約有七十三分養鉛。與炭酸素特同鍊，成料油及鉛。與齊河來脫，哀來果奈脫及他種土金類之別，因重而火試可得鉛。與炭酸鉛之別，因入硝酸不消化，不發泡。遇之常與呆里那連，即呆里那變成。

銅安合利雖脫，最少，析之只有兩方向。其交角一百〇二度四十五分。天藍色。重五・三至五・五。其合質：水、硫酸、銅、鉛。

西路雖脫，炭酸鉛也。其元爲三律，結成橫柱如圖。目目面交角一百十七度十三分，目子面交角一百二十一度二十四分，未未面交角一百四十度十五分。屢有合形，或有六面柱形。如哀來果奈脫。其合形有如十字者，如圖，亦有六出者，亦有搏結者，其筋類少。白灰色，明暗皆有，剛光。性脆，硬三至三・五，重六・四六至六・四八。其合質：養鉛八三・四六，炭酸一六・五四。吹火試之，有細裂聲，鍊得細鉛珠。入淡硝酸發泡。與安得里斯愛脫之別，因重而自能鍊得鉛，又入酸發泡，其玻璃光不甚明。遇之與呆里那及生銀礦燐酸鉛在一處。此礦若大可以取得鉛，其好者内有七十五分淨鉛。八酸鉛，可作漆中之白色，現今所用，大半是做成者。

杞廬主人《時務通考》卷一三《礦務一・辨質・鉛》　鉛光石

鉛光石，又名白色鉛礦，又名西魯司愛得，顆粒爲斜式類常結有十字形，或星芒形，或六出形，皆合形也。透明至通光，色白，光如金剛石。惟易變暗，常遇大塊，密而無色，成灰白色，爲鉛中要礦，遇與鉛硫礦等在一處。

鉛硫礦。鉛硫礦，西名加里那，結成正方形顆粒，或聚結成塊，易劈成立方粒。其質密性脆，鉛灰色，金類光，新剖面格外光明，百分中含鉛八十六分，爲鉛要礦。有顆粒極佳者，内常含銀，美德二國，多鍊之而取其銀。

筆鉛。筆鉛，西名古拉非得，爲顆粒形炭。賢常遇成鱗形片，或聚合密塊。亦有散碎者，摩之滑如油，遇紙或布，則留污痕。鐵黑色，金類光，不透明，可作鉛筆，或滑料或合泥作鎔金類之鍋。又可刷於鐵器之面，使黑亮而不鏽，遇之於花剛石粗砂石嫩端石中。

各國鉛硫礦石。鉛硫礦，此礦百分含鉛八十六分五七，硫十三分四三，兼含銀硫少許。此銀硫雖屬異質，仍爲同形，其銀數常爲千分之一至千分之三，間有千分之五至百分之一者。若有百分之一，則不與鉛硫同形，而散在鉛礦之内，可用材料分出其銀。因知銀硫與鉛硫，或爲化合，或爲和合，或爲散布。曾有人化分多種鉛硫，而得銀數，從微迹起至百分之七止。鉛硫之質，各國俱産，顆粒形之端石内，並不成層之石内，成脈者，在奈司石内，産於普國、法國。又在喜司得石内，産於蒲喜米阿與西班牙，與矖地尼阿邦。又在花鋼石内，産於普國、西班

牙國、阿爾蘭。又在石英端石内，産於亢司白軋。又在顆粒形之灰石内，産於普國。又在鎂養端石内，産於曬弟尼阿邦。又在拍弗里之内，産於法國之中。又在脱辣紀的克與拍弗里之内，産於瑞顛國。又在緑石内，産於普國。又在古留滑克與石英與緑石之内，産於布里齊布拉末。雲母喜司得石，産於上司客尼與發侖。平鑄層疊者，在雲母喜司得與顆粒形之灰石内，産於俄國。又在雲母喜司得並歲以奈得之内，産於俄國數處。又在花鋼石内，産於奴爾會。又在歲以奈得之内，産於奴爾會。又在雲母喜司得之内，産於土司客尼。散在别質内者，如顆粒形之灰石，産於曬拉地方。敢步里恩之泥端石内，成脈者産於英國威勒士地方。細路里恩端石内，成脈者，在泥端石内，産於普國與西班牙。平鋪層疊者，産於美國西邊之灰石内。此灰石屬於上細路里恩層，其下半含矽，上半含鎂養。弟甫尼恩端石，成脈者，在上層端石内，産於普國數處山中。産於中層端石内，成脈者，在普國。數處成層者，在普國、法國。成巢形者，亦在普國。成亂形塊者，在普國數處。上層端石内成脈者，在普國數處。産於含炭質之灰石内，成脈者，在普國。成斜層者，在英國。成亂形塊者，在普國數處。産於含煤釉之泥板石内，成脈者，在普國、法國、西班牙國。成亂形而各塊略相切者，在奴耳會。産於無煤之炭質層内，成脈者，在普國與法國。産於含煤之炭質層内，成脈者，在普國，又在奥大里國之産煤處。又在拍弗里之内，派米恩土石内，數處含銅之端石内有之，又普國含銅之泥板石内有之，又含煤油之鎂養石内有之，又普國别處有之。脱里阿細克層，産於法國伏司軋山砂石内，成脈者，在伏司軋山中。産於新紅砂石内，成脈者，成串形者，或成巢形者，俱在普國數處。産於殼類形之灰石内，成層疊者，在普國。産於别種土石内者，在俄國。成層疊者，在布蘭國。産於苟己石内，或成巢形，産於砂石内者，在普國之甫朱白軋地方。止拉細格土石内，成脈者，産於普國。合於别質内，或成層，或成疊，或合於鮮養灰石内，或在含鐵之泥内。銀産於西班牙。第三層土石内，或成巢形，或在泥質内，如布蘭國等處成脈之加里那，或合於泥質，如石英，或卡客司巴耳，或鈣弟礦，或鋇礦，或合於含金類之礦，如鋅硫與鐵硫與光點鐵礦，並含鉀與銻之各質。間有合於銅與鋅、銀、鈷、鎳各礦。有礦師馬拉古低，與多禄客在鉛脈内所見之鋅硫，含銀從微迹起，至〇・八八止。又凡所試之銀、銅與鉀，各含硫養之礦，亦有銀之微迹。又考得金類合硫之簡質，其含銀之數，多於合養之礦。又鐵硫礦合於鉛硫礦，有兼含金者，如亨軋里與甫朱白軋等處是也。平常之金類，如鐵、鉛、銅等，往往同産一處。

鉛養炭養礦。鉛養炭養礦，此礦百分含鉛七十七分五二。若合於泥或鐵養等，則謂之布宗爾等，卻含養氣之鉛。若合於煤，則謂之黑鉛礦。其含養之鉛礦内，平常爲鉛養炭養，常在鉛礦之頭上見之。變成之法，乃鉛硫見空氣而成者，如其鉛硫含銀者，則銀之微數，可以存於鉛養炭養之内，但其數不常多於百分之〇・一。此礦開有合於銅硫與鐵硫礦内，又合於數種含養，或含硫之金類内。此礦不常見大塊，平常和以鉛硫而鎔取其鉛，如邊於比利時之愛辣舍伯辣地方，有數處在弟甫尼恩石層内，見其巢形礦。又在産煤之石層内，合於煤油與石英與泥與鋅養炭養等。又在愛甫勒山得其礦，在新紅砂石之上。又有數處得其顆粒，而散在别質内，炭成層，或成塊，而合於泥。又在新紅砂石之泥喜司得石内，如瑞顛國。又在西班牙數處，如散達旦地方，合於鉛養炭養與泥，與灰石，與鎂養石。又在阿勒對山上之石英，得含銀之鉛礦，另有鉛養炭養與鐵養之泥質等礦。又加美國之米須須皮河，在右二岸，得鉛養炭養礦甚多。

鉛養硫養礦。鉛養硫養礦，此礦百分含鉛六十八分三。但此礦之塊小，而相距遠，故挖取鎔鉛難得利。如法國數處在鉛硫礦之上得之，而含銀甚少。又西班牙數處，合於鉛養燐養。又在新金山之礦内，每百分得鉛三十五分，又每一頓能得銀三十五兩，另有含少許，凡鉛養硫養礦所含之銀，較多於鉛硫礦。

緑色鉛礦。貝路莫非得，即緑色鉛礦，即鉛緑上三鉛養燐養矽養，每百分含鉛六十九分五至七十六分二，所含之銀祇微迹，有數炭。如法國比利時國，産此礦甚多，又西班牙之生馬丁地方，亦産之，其礦爲葡萄串形。

黄色鉛礦。黄色鉛礦，即鉛養銅養，每百分含鉛五十七分。此礦常見者，往往有鉛合硫，或合養之銅相雜，如普國數處有之。

英國鉛礦。英國鉛礦，在煤灰石層内採得。軋碎而去其異質，大半可爲浄礦，每百分含銀七十分至七十五分。又每礦一頓，含銀八兩至十兩。嵌部里恩泥端石所産鉛礦之脈，其礦含銀更多。哥奴滑勒之泥端石，並曼納海島等處俱有好鉛礦。本購鉛礦之外，另購别處運來之鉛礦，如曬弟尼阿與西班牙與阿美里加等，如礦含石英多盡則不購買。若含少許者，則和以無矽養之礦而鍊之，含銀少之礦，和以含銀多之礦而鍊之。惟其礦每百分含鉛七十分至七十五分，則不可用英國法鍊之。若含鈣養少許者，宜用英國法鍊之。

卡林弟阿鉛硫礦。卡林弟阿地方，布來白軋與來布勒所採之鉛硫礦，含銀

極少，在灰石層内得之。合於鉛硫與卡拉米尼，又有鐵硫與司巴耳形之灰石，與鈣弗，與鋇礦，另有數種不常見之金類，如鎢，並鉛養，並金釩之鉛礦，又有石英並矽養，微數數鋅硫礦所含之銀，多於鉛硫礦，須軋碎而篩之。其礦每百分，有鉛六十五分至七十二分，雜泥與石，不過八分至十分，此質之大半係鈣養炭養，並鋅硫，與銀礦少許，最好用振動之法。所得之細屑，若用漂淘之法所得者，含鉛較少。

鉛含雜質。鉛之雜質，其用甚廣，因各雜質硬於鉛之本質也。鉛加鉀少許，則難鎔而甚硬，可爲鳥槍之細彈子，細彈每鉛千磅，加鉀三磅，粗彈加鉀八磅，鉛五分，銻一分，和鎔可爲印書鉛字之料。有時少加，鋅與鉍在内，法國印書鉛字方，用鉛二分，銻一分，紅銅一分，平常印書鉛字方，用鉛八十分，銻二十分，更易化鎔者，用鉛七十七分，銻十五分，鉍八分，作鉛板，另加錫，又方用鉛九分，銻二分，鉍一分，其鎔鑄法。先法鉛鎔之。然後加其餘之金類。鉛之雜質，易化鎔者，有數種。其化鎔之熱度，有大小之别，即如熱至二百零三度，能鎔者，用鉛三十一分，錫十九分，鉍五十分。有熱至一百四十九度而鎔者，用鉛二八·五分，鉍四五·五分，錫十七分，汞九分。有一方加熱至二百十二度，即水沸之度。而鎔者，用鉍八分，鉛五分，錫三分。如鉛加鉍，而鉍之數，又過於鉛之數。則鉛爲之更硬。又鉛三分加鉍二分，則較之鉛之堅固勝十倍。又因鉍與鉛耐用略同。

又卷二四《化學六·原質下》 鉛之根源。鉛之獨自生成者甚少，與别物化合而爲礦者甚多，如鉛硫礦，其國産之極多，視之如純鉛，其顆粒爲正立方形，故易剖爲方粒。鉛硫礦之脈内，常見銅硫礦與鐵礦，脈旁常有石英、鋇養硫養、鈣弗礦。又鉛硫礦内常含銀硫，間含鉍、硫與銻硫。英國、日司班牙國有鉛養炭養礦，新金山多産鉛養硫養礦，運至英國取鉛。常用之鉛，大半自鉛硫礦取出，取法：先將礦搗碎，衝洗去其異質，即與鈣養和匀，置於倒焰爐内作凹形，加熱而任空氣透入，則礦之小半，漸與養氣化合成鉛養硫養與鉛養。歷二小時，加以前次所成之滓，再加大熱，屢次掉攪，使滓與鉛養盡遇未變之鉛，屢開爐門，使多遇空氣而皆化合，盡成鉛養硫養。熱再加大，其硫養又變硫養氣散去，而鉛盡分出，停於爐之凹處。其滓浮於鉛面。滓質大半爲鈣養、矽養並鉛養矽養。若初時多用鈣養，必多成鉛養入滓内。若鎔後再加鈣養與煤屑，滓反多，放鉛養再加大熱，將滓取出，開爐旁之孔，使鉛流出，以器受之。如含銀稍多，則取鉛之人，注意在銀，故至於純鉛所含之銀，以千分之三分六爲最多。

鉛之形性。鉛爲藍灰色之金，可作薄片，可抽長絲，質甚輭而結力甚小。熱至六百二十度而鎔，將冷而結成定質之時，縮小甚多，故不能模鑄爲器，熱至紅色稍能化氣。新割之面，光而且亮。遇空氣片時，生鏽一層，即是鉛養，能保全質不再鏽。空氣乾燥，亦不能鏽。或封於清水瓶内，而不遇空氣，永能光亮。若遇空氣而又兼清水，生鏽甚速。鉛質天然者尠，多繇採鑛煉成，鑛多鉛磺，中華所産甚盛。此等鑛常兼産銀。煉法以鑛泥研細，置倒燄爐中，傾銷而成，體柔而色藍白，可鑄成薄片，牽爲線。受熱至三百二十六分，即化液，迨復冷則縮而小，驟切殊光靚，少傾却發銹而蓋蔽，然止銹一面，如鉎不透，銹深入也。天氣若燥，鉛不少變。惟合天氣及汽濕，即能致壞。鉛雜質入身，或鼻或汗管皆然。毒極酷烈。厥毒漸積至十年或數十年乃發疾，劇者軟腹痛、軟風癱等症。凡鉛作、鉛丹粉等匠。油漆等匠，及藉鉛管透汲者，均應加倍留意，緣是查各水食鉛之道，爲世間要務，蓄水或食鉛或否也。净水或兼函淡養鹽或緑氣鹽，或植物渣滓，【略】凡此等水皆能化鉛，人若誤飲，定發鉛病。水若函磺養、燐養、炭養等鹽，止食鉛少許，炭養鹽反不食鉛。鈣養炭養在水，能令水不食鉛，故山水由鉛管取吸無礙，如香港之鉛鐵水喉是也。水之函磺養、炭養、燐養，若經鉛管，其始則各强食鉛，繼則所食之鉛，在管結積一層，封蓋鉛面，其後難再食鉛矣。鉛性重有藍色，易鎔易鑽，不與空氣中之養氣相合，故不生鏽，用處甚廣，自來火管、自來水管皆用之，可軋薄以蓋屋。鎔化自空中滴下，即成子彈。鉛礦甚多，每與硫黄合成鉛硫，化分之即得净鉛。鉛與他質相合，亦有數質，爲極有用，如白鉛粉。鉛與炭氣合，化學家名曰鉛養炭養、紅鉛粉。鉛與養氣合，化學家名曰鉛養、密陀僧。黄鉛與養氣合，化學家名曰黄鉛養鉛糖。西名舒而費幅來特。硬鉛與醋酸合，化學家名曰鉛養醋酸。克羅彌勒鉛與鉻合，化學家名曰鉛養鉻養。白鉛粉、紅鉛粉、克羅彌勒三者合用爲漆。至於黑鉛，乃是炭質，非鉛也。試以化於水之鉻與鉀，置於已化之鉛養醋酸玻璃盃内，成明黄色，鉻鉛洗下，此即鉛養鉛養也。其未合之前，鉻鉀與鉛糖本可調化於水，及至合成鉛養鉻養，即爲不能化之黄粉，而其鉀與醋酸相合，别爲一物，亦能化於水也。

驗鉛。含鉛之質，如鉛養與鈉養炭養調和，置於炭凹，入吹火内滑，即成小鉛粒。而外層火遇炭之四面，有黄色之皮，即養鉛取出小粒，用力壓之易扁，割之易開，畫於白紙有痕，即鉛也。

鹽水内函有鉛否。將其水加磺養數滴，若果函鉛，則磺養合鉛而成白粉墜底，此物即鉛磺養，水不能鎔，故墜也。以磺輕氣入水，若凝結黑散則鉛磺也。

水内若函鉛些須，亦可覈驗。以鉻養薩養成薩碘入水中，若有鉛則凝黃散。以光滑鋥片投水中，内若函鉛，則發電，而令鉛積鋥面合鑾養，作小鉛彈易製而硬。法以信石和鉛銷鎔，於絶高塔中篩之而下，令墜於水，即成小彈。裂略大者，須自十五丈墜之下水，彈乃可成，蓋鉛彈自高而下，至本體已冷，方投炭水，則稟賦堅而不爆。與別金相合，成要物數種，作字粒之鉛，以鉛三分、鑼一分和鑄至冷，則全體略大，是以字畫無微不顯。白鐵針乃鉛二分、錫一分相合者也。

安德孫撰傅蘭雅潘松譯《求礦指南》卷五《鉛礦》 凡含鉛之質，在木炭面合於鈉養炭養，用吹火筒加熱，則所成之質能打得薄，而炭之面成紅色皮一層，為鉛養。

如在硝强水内消化之，再添硫强水，則含鉛之質，能結成白色之鉛養硫養；或加鹽强水，則成鉛綠。因同時可有別種含綠氣之質沉下，所以必另加淡輕養水，如為鉛綠則不變。

鉛硫礦。此為産鉛礦内之最要緊者，其成顆粒為立方形，亦可劈開之成立方粒，間有得八面形者。其光色發亮如金類，但其外面間有暗者，其剖面為光亮，其色為灰如鉛。其劃痕迹亦為灰色如鉛。其硬率二·五，重率七·五。每百分含鉛八十六·六分，此為精礦之數，餘質為硫。如用吹火筒加熱，則其熱必漸漸加增，否則容易爆開，久之成鉛一圓粒。此礦能為硝强水所化分，又能與銀礦等礦分別之。或看其顆粒，成立方形，宜以吹火筒法，或用化學別法俱可。此礦平常含銀稍些，而分別銀之法，將其礦在硝强水消化之，再將光亮紅銅一條放在水内，則紅銅面成薄皮一層為銀。凡得鉛硫礦，應詳細化分，查其含銀與否，間有含銀不多，而煉出之銀，較煉出之鉛價更貴。又礦師云，鉛礦之細粒較麤粒者含銀更多，但此説甚謬，雖一處之礦如此，然他處則否。

鉛養炭養礦，又名白色鉛礦。此礦常成大塊，其質密，内含土或絲紋塊，其顆粒為柱等形。其質脆，其光色亮如玻璨，或如金剛石。其精質能透光，其色為白或灰，間有帶藍色，其劃痕迹無色。其硬率三至三·五，重率六·五。每百分含鉛七十五分，其餘為炭養氣等質。如用吹火筒試之，得鉛珠。如以硝强水消化之，再將乾净鋅片，放於水内，則鋅面結成鉛粒頗佳。凡鉛養炭養礦浸在强水或酸質内，則發氣泡甚多。

燐鉛礦，又名火變形石。此礦之色稍帶綠色，間有明綠色如青草。其顆粒為六面柱形。其面上與擦油顔色相似，間有帶黄色或櫻色，或暗茄花色。其劃痕迹為白色，或帶黄色，其光色如松香，平常為能透光。硬率三·五至四，重率六·五至七。每百分含鉛七十八分，另含燐若干等質。如用吹火筒在木炭上加熱，則成鉛珠，待冷時，此珠成顆粒形，而炭面生黄色皮一層為鉛養。

如合於鈉養炭養，在吹火筒内層火加熱，則成鉛珠。此礦能在硝强水内消化。

鉛養鉻養礦。此礦帶黄色，内含鉛養鉻養。吹火筒加熱，則發黑色，而渣内有光亮之鉛珠。如在硝强水内消化，則其水變為黄色。

鉛養硫養。此礦或白色，或灰色，或藍色，或透光，或不透光，而其光色如金剛石，内含鉛養與硫强水。此礦之形，與鉛養炭養礦相似，但其質更輭，在各强水或酸水，不發氣泡。

《礦務檔·安徽礦務·池州煤鐵銅鉛礦》曾國荃《池州礦山探勘化驗開採精煉成本估計等情形》〔光緒十一年六月初五日〕論桐子壠鉛礦一則：桐子壠距官山沖局之東南六十里，有一公所，自此以北九里山上，即桐子壠礦洞處。洞傍有小瀑布，高十尺，此乃正礦脈，闊有七尺，礦夾砂石向北而走，礦脈在四十五度之角，自東南透穿砂石，直往西北而行。其鉛礦脈係葛石，藏有四層鉛礦，英國名為架廉那。礦内有鐵拜律、銅拜律、信石拜律、星便連地。即窩澤。此鉛礦既有此數種參雜其間，鎔化必成硬鉛，不合市上銷售。如我所揀選之净礦樣，亦甚難得。此礦甚大，惟夾有雜質甚多，以現在所挖之洞淺小，尚離正礦脈四十尺。今將所挖出之礦，取礦五十磅化驗，計礦百斤，得鉛四十六斤七，每頓每一頓計二十磅。化驗得銀七箇安時八。第二號揀選鉛礦五十磅，計礦百斤，化驗得鉛五十斤三五，每頓化驗得銀九箇安時。凡係高净鉛礦，成數在八十斤以上。

論馬鞍嶺鉛礦：係灰石山，有舊洞深二十尺，得一層鉛礦厚三寸。取礦五十磅，計礦百斤，化驗得鉛六十斤二，每頓得銀二十七箇半安時。

畫眉壠及燕呢洞兩處，在流波磯之東四十五里，有兩小層鉛礦如紙薄，雖有礦而未曾化驗。

小坑鉛礦有舊洞數處，洞有一百尺深，其礦闊三尺至五尺，礦質成數甚好。就洞取得礦樣數塊化驗，計礦百斤得鉛七十二斤，每頓得銀二十一箇安時，其正礦脈大小未見。不能臆度。

劉家避、吴家墩兩處，有窩澤礦苗，零星散露山面，此等礦不甚值錢。

汞（水銀）礦分佈部

題解

李時珍《本草綱目》卷九《石部・丹砂》 釋名：朱砂。時珍曰：丹乃石名，其字從井中一點，象丹在井中之形，義出許慎《説文》。後人以丹爲朱色之名，故呼朱砂。

論説

李時珍《本草綱目》卷九《石部・丹砂》 發明：保昇曰：朱砂法火色赤而主心。杲曰：丹砂純陰，納浮溜之火而安神明，凡心熱者非此不能除。好古曰：乃心經血分主藥，主命門有餘。青霞子曰：丹砂外包八石，内含金精，禀氣於甲，受氣於丙，出胎見壬，結塊成庚，增光歸戊，陰陽升降，各本其原，自然不死。若以氣衰血敗，體竭骨枯，八石之功，稍能添益。若欲長生久視，保命安神，須餌丹砂。且八石見火，悉成灰燼；丹砂伏火，化爲黄銀。能重能輕，能神能靈，能黑能白，能暗能明。一斛人擎，力難升舉；萬斤遇火，輕速上騰。鬼神尋求，莫知所在。時珍曰：丹砂生於炎方，禀離火之氣而成，體陽而性陰，故外顯丹色而内含真汞。其氣不熱而寒，離中有陰也。其味不苦而甘，火中有土也。是以同遠志、龍骨之類，則養心氣；同當歸、丹參之類，則養心血；同枸杞、地黄之類，則養腎；同厚朴、川椒之類，則養脾；同南星、川烏之類，則祛風。可以明目，可以安胎，可以解毒，可以發汗，隨佐使而見功，無所往而不可。夏子益《奇疾方》云：凡人自覺本形作兩人，并行并卧，不辨真假者，離魂病也。用辰砂、人參、茯苓，濃煎日飲，真者氣爽，假者化也。《類編》云：錢丕少卿夜多惡夢，通宵不寐，自慮非吉。遇鄧州推官胡用之曰：昔常如此。有道士教戴辰砂如箭鏃者，涉旬即驗，四五年不復有夢。因解髻中一絳囊遺之。即夕無夢，神魂安静。道書謂丹砂辟惡安魂，觀此二事可徵矣。《抱朴子》曰：臨沅縣廖氏家，世世壽考。後徙去，子孫多夭折。他人居其故宅，復多壽考。疑其井水赤，乃掘之，得古人埋丹砂數十斛也。飲此水而得壽，況煉服者乎？頌曰：鄭康成注《周禮》，以丹砂、石膽、雄黄、礜石、慈石爲五毒。古人惟以攻瘡瘍，而本經以丹砂爲無毒，故多煉治服食，鮮有不爲藥患者，豈五毒之説勝乎？當以爲戒。宗奭曰：朱砂鎮養心神，但宜生使。若煉服，少有不作疾者。一醫疾，服伏火者數粒，一旦大熱，數夕而斃。沈存中云：表兄李善勝煉朱砂爲丹，歲餘，沐浴再入鼎，誤遺一塊。其徒丸服之，遂發懵冒，一夕而斃。夫生朱砂，初生小兒便可服；因火力所變，遂能殺人，不可不謹。陳文中曰：小兒初生，便服朱砂、輕粉、白蜜、黄連水，欲下胎毒。此皆傷脾敗陽之藥，輕粉下痰損心，朱砂下涎損神，兒實者服之軟弱，弱者服之易傷，變生諸病也。時珍曰：葉石林《避暑録》載：林彦振、謝任伯皆服伏火丹砂，俱病腦疽死。張杲《醫説》載：張慤服食丹砂，病中消數年，髮鬢疽而死。皆可爲服丹之戒。而周密《野語》載：臨川周推官平生孱弱，多服丹砂、烏、附藥，晚年發背疽。醫悉歸罪丹石，服解毒藥不效。瘍醫老祝《診脈》曰：此乃極陰證，正當多服伏火丹砂及三建湯。乃用小劑試之，復作大劑，三日後用膏敷貼，半月而瘡平，凡服三建湯一百五十服。此又與前諸説異。蓋人之臟腑禀受萬殊，在智者辨其陰陽脈證，不以先入爲主。非妙入精微者，不能企此。

又《水銀》 集解：《别録》曰：水銀生符陵平土，出於丹砂。弘景曰：今水銀有生熟。此云生符陵平土者，是出朱砂腹中，亦有别出沙地者，青白色最勝。出於丹砂者，是今燒粗末朱砂所得，色小白濁，不及生者。甚能消化金銀，使成泥，人以鍍物是也。燒時飛着釜上灰，名汞粉，俗呼爲水銀灰，最能去虱。恭曰：水銀出於朱砂，皆因熱氣，未聞朱砂腹中自出之者。火燒飛取，人皆解法。南人蒸取之，得水銀雖少，而朱砂不損，但色少變黑爾。頌曰：今出秦州、商州、道州、邵武軍，而秦州乃來自西羌界。經云：出於丹砂者，乃是山石中采粗次朱砂，作爐置砂於中，下承以水，上覆以盆，器外加火煅養，則煙飛於上，水銀溜於下，其色小白濁。陶氏言：别出沙地者青白色，今不聞有此。西羌人亦云如此燒取，但其山中所生極多，至於一山自拆裂，人採得砂石，皆大塊如升斗，碎之乃可燒煅，故西來水銀極多於南方者。又取草汞法：用細葉馬齒莧乾之，十斤得水銀八兩或十兩。先以槐木槌之，向日東作架曬之，三二日即乾。如經年，久燒存性，盛入瓦甕内，封口，埋土坑中四十九日，取出自成矣。時珍曰：汞出於砂爲真汞。雷斆言有草汞。陶弘景言有沙地汞。《淮南子》言：弱土之氣生白礜石，礜石生白澒。蘇頌言陶説者不聞有之。按：陳霆《墨談》云：拂林國當日没之處，地有水銀海，周圍四五十里。國人取之，近海十里許掘坑井數十，乃使健夫駿馬，皆貼金箔，行近海邊。日照金光晃耀，則水銀滚沸如潮而來，其勢若粘裹。其人即回馬疾馳，水銀隨趕。若行緩，則人馬俱撲滅也。人馬行速，則水銀勢遠力微，遇坑塹而溜積於中。然後取之，用香草同煎，則成花銀，此與中國所産不同。按：此説似與陶氏沙地所出相合，又與陳藏器言人服水銀病拘攣，但炙金物熨之，則水銀必出蝕金之説相符。蓋外番多丹砂，其液自流爲水銀，不獨煉砂取出，信矣。胡演《丹藥秘訣》云：取砂汞法：用瓷瓶盛朱砂，不拘多少，以紙封口，香湯煮一伏時，取入水火鼎内，炭塞口，鐵盤蓋定。鑿地一孔，放碗一個，盛水，連盤覆鼎於碗上，鹽泥固縫，周圍加火煅之，待冷取出，汞自流入碗矣。邕州溪峒燒取極易，以百兩爲一銚，銚之制似猪脬，外糊厚紙數重，貯之即不走漏。若撒失在地，但以川椒末或茶末收之，或以真金及鍮石引之即上。嘉謨曰：取去汞之砂殼，名天流，可點化。【略】

時珍曰：水銀乃至陰毒物，因火煅丹砂而出，加以鹽、礬煉而爲輕粉，加以硫黄升而爲銀

朱，輕飛靈變，化純陰爲燥烈。【略】

覩丹客升煉水銀輕粉，鼎器稍失固濟，鐵石撼透，況人之筋骨皮肉乎？

綜述

《山海經第三・北山經》 又北二百里，曰丹熏之山，其上多樗柏，其草多韭䪥，多丹雘。

李昉等《太平御覽》卷八一二《珍寶部一一・水銀》 《史記》曰：「秦始皇葬以水銀，爲百川江河大海，機轉相輪，終而復始。」

《皇覽》曰：「關東賊發始皇墓，中有水銀。」

《廣雅》曰：「水銀謂之澒。」

《吴越春秋》曰：「闔閭葬，墓中澒池廣六丈。」

《神仙傳》曰：「封君達，隴西人，服鍊水銀，年百餘，歲常騎青牛，世號青牛道士。」

《後漢書・郡國志五》 牂牁郡，武帝置。雒陽西五千七百里。十六城，户三萬一千五百二十三，口二十六萬七千二百五十三。

故且蘭，平夷，鄨，毋斂，談指，出丹。夜郎，出雄黄、雌黄。

李時珍《本草綱目》卷九《石部・丹砂》 集解：《别録》曰：丹砂生符陵山谷，採無時。光色如雲母可拆者良，作末名真朱。弘景曰：即今朱砂也。俗醫别取武都仇池雄黄夾雌黄者，名爲丹砂用之，謬矣。符陵是涪州接巴郡南，今無復採者。乃出武陵、西川諸蠻夷中，皆通屬巴地，故謂之巴砂。仙經亦用越砂，即出廣州臨漳者。此二處并好，惟須光明瑩澈爲佳。如雲母片者，謂之雲母砂。如樗蒲子、紫石英形者，謂之馬齒砂，亦好。如大小豆及大塊圓滑者，謂之豆砂。細末碎者，謂之末砂。此二種粗，不入藥用，但可畫用爾。採砂皆鑿坎入數丈許。雖同出一郡縣，亦有好惡。地有水井，勝火井也。仙方煉餌，最爲長生之寶。恭曰：丹砂大略二種，有土砂、石砂。其土砂，復有塊砂、末砂，體并重而色黄黑，不任畫，用療瘡疥亦好，但不入心腹之藥。然可燒之，出水銀乃多也。其石砂有十數品：最上者爲光明砂，云一顆别生一石龕內，大者如鷄卵，小者如棗栗，形似芙蓉，破之如雲母，光明照徹，在龕中石臺上生，得此者帶之辟惡，爲上。其次或出石中，或出水內，形塊大者如拇指，小者如杏仁，光明無雜，名馬牙砂，一名無重砂，入藥及畫俱善，俗間亦少有之。其磨嵯、新井、别井、水井、火井、芙蓉、石末、石堆、豆末等砂，形類頗相似。入藥及畫，當擇去其雜土石，便可用矣。别有越砂，大者如拳，小者如鷄鴨卵，形雖大，其雜土石，不如細而明淨者。經言末之名真朱者，謬矣，豈有一物以全末殊名乎？斅曰：砂凡百等，不可一一論。有妙硫砂，如拳許大，或重一鎰，有十四面，面如鏡，若遇陰沉天雨，即鏡面上有紅漿汁出。有梅柏砂，如梅子許大，夜有光生，照見一室。有白庭砂，如帝珠子許大，面上有小星現。有神座砂、金座砂、玉座砂，不經丹竈，服之而自延壽命。次有白金砂、澄水砂、陰成砂、辰錦砂、芙蓉砂、鏡面砂、箭鏃砂、曹末砂、土砂、金星砂、平面砂、神末砂等，不可一一細述也。頌曰：今出辰州、宜州、階州，而辰砂爲最。生深山石崖間，土人採之，穴地數十尺始見其苗，乃白石，謂之朱砂床。砂生石上，其大塊者如鷄子，小者如石榴子，狀若芙蓉頭、箭鏃，連床者紫黯若鐵色，而光明瑩澈，碎之嶄岩作墻壁，又似雲母片可拆者，真辰砂也，無石者彌佳。過此皆淘土石中得之，非生於石床者。宜砂絶有大塊者，碎之亦作墻壁，但罕有類物狀，而色亦深赤，爲用不及辰砂，蓋出土石間，非白石床所生也。然近宜州鄰地春州、融州皆有砂，故其水盡赤。每烟霧鬱蒸之氣，亦赤黄色，土人謂之朱砂氣，尤能作瘴癘爲人患也。階砂又次之，都不堪入藥，惟可畫色爾。凡砂之絶好者，爲光明砂，其次謂之顆塊，其次謂之鹿簌，其下謂之末砂。惟光明砂入藥，餘并不用。宗奭曰：丹砂今人謂之朱砂。辰州砂多出蠻峒錦州界狤獠峒老鴉井。其井深廣數十丈，先聚薪於井焚之。其青石壁迸裂處，即有小龕。龕中自有白石床，其石如玉。床上乃生砂，小者如箭鏃，大者如芙蓉，光明可鑒，研之鮮紅，砂洎床大者重七八兩至十兩。晃州所出形如箭鏃帶石者，得自土中，非此比也。承曰：金州、商州亦出一種砂，色微黄，作土氣，陝西、河東、河北、汴東、汴西并以入藥，長安、蜀州研以代銀朱作漆器。又信州近年出一種砂，極有大者，光芒墻壁，略類宜州所産。然有砒氣，破之多作生砒色。若入藥用，見火恐殺人。今浙中市肆往往貨之，不可不審。時珍曰：丹砂以辰、錦者爲最。麻陽即古錦州地。佳者爲箭鏃砂，結不實者爲肺砂，細者爲末砂。色紫不染紙者爲舊坑砂，爲上品；色鮮染紙者爲新坑砂，次之。蘇頌、陳承所謂階州、金、商州砂者，乃陶弘景所謂武都雄黄，非丹砂也。范成大《桂海志》云：《本草》以辰砂爲上，宜砂次之。然宜州出砂處，與湖北大牙山相連。北爲辰砂，南爲宜砂，地脈不殊，無甚分别，老者亦出白石床上。蘇頌乃云，宜砂出土石間，非石床所生，是未識此也。别有一種色紅質嫩者，名土坑砂，乃土石間者，不甚耐火。邕州亦有砂，大者數十、百兩，作塊黑暗，少墻壁，不堪入藥，惟以燒取水銀。頌云：融州亦有，今融州無砂，乃邕州之訛也。臞仙《庚辛玉册》云：丹砂石以五溪山峒中産者，得正南之氣爲上。麻陽諸山與五溪相接者，次之。雲南、波斯西胡砂，并光潔可用。柳州一種砂，全似辰砂，惟塊圓如皂角子，不入藥用。商州、黔州土丹砂，宣、信州砂，皆内含毒氣及金銀銅鉛氣，不可服。張果《丹砂要訣》云：丹砂者，萬靈之主，居之南方。或赤龍以建號，或朱鳥以爲名。上品生於辰、錦二州石穴，中品生於交、桂，下品生於衡、邵。名有數種，清濁體異，真僞不同。辰、錦上品砂，生白石床之上，十二枚爲一座，色如未開蓮花，光明耀日。亦有九枚爲一座。七枚、五枚者次之。每座中有大者爲主，四圍小者爲臣朝護，四面雜砂一二斗抱之。中有芙蓉頭成顆者，亦入上品。又有如馬牙光明者，爲上品；白光若雲母，爲中品。又有紫靈砂，圓長似筍而

紅紫，爲上品；石片稜角生青光，爲下品。交、桂所出，但是座上及打石得，形似芙蓉頭而光明者，亦入上品；顆粒而通明者，爲中品；片段不明澈者，爲下品。衡、邵所出，雖是紫砂，得之砂石中者，亦下品也。有溪砂，生溪州砂石之中；土砂，生土穴之中，土石相雜，故不入上品，不可服餌。唐李德裕《黄冶論》云：光明砂者，天地自然之寶，在石室之間，生雪床之上。如初生芙蓉，紅苞未拆。細者環拱，大者處中，有辰居之象，有君臣之位。光明外澈，採之者，尋石脈而求，此造化之所鑄也。土宿真君曰：丹砂受青陽之氣，始生礦石，二百年成丹砂而青女孕，又二百年而成鉛，又二百年成銀，又二百年復得太和之氣，化而爲金，故諸金皆不若丹砂金爲上也。

慎懋官《華夷花木鳥獸珍玩考》卷八《丹砂》 丹砂生符陵山谷，今出辰州、宜州、階州，而辰州者最勝，謂之辰砂。生深山石崖間上，人採之，穴地數十尺始見其苗，乃白石耳，謂之朱砂。牀砂生石上，其塊大者如雞子，小者如石榴子狀，若芙蓉頭箭簇連牀者，紫黯若鐵色，而光明瑩澈，碎之嶄巖作墻壁，又似雲母，片可析者真辰砂也。無石者彌佳，過此皆淘土石中得之，非生於石牀者。

冉家卭筰，冉氏之裔，今酋陽烏羅部落之長，多冉姓者。一日冉家蠻訴之曰：南客子其俗散處於沿河佑溪婺川之間，跋扈不聽，尚武而善獵，得獸必祭而後啗之。地有沙坑深者，十五六里，昏黑不辯咫尺，土人以皮帽懸燈而入，鑿崖石而採之。白石若礬，謂之砂床，其良者若芙蓉箭簇，簌簌迸落如榴房之解也。碎者末以燒汞爲朱，謂之新紅。民間貿易用之，比錢楮焉。坑中往往得敗船朽木，莫測所自。朱汞有毒，氣能殺人，採沙汞滿三年者多死。人言飲丹井者壽，又言術士能凝汞成銀，鍊沙成金服之可以飛昇，此皆幻妄。迺今採者纍纍横死無筭也，仙壽之説安所徵哉？

《續文獻通考》卷二三《征榷考·坑冶》 朱砂水銀之所産，在遼陽省曰北京，湖廣省曰沅、潭，四川省曰思州。

朱孟震《河上楮談·辰砂》 辰沙，産錦州萬山。麻陽，故錦州。先大夫尹麻時，值苗亂，萬山之砂遂塞，所出者砂皆各土司物也。邑人云砂在萬山坑中，其深不可測。砂有床，取砂者攜乾糧入，首掛一燈行，且鑿且行，有行數日不獲一床者。床在石中，色如白玉，砂如箭，出床上。有床寬尺許者，去其砂床，尚可值金十數兩。富人取爲屏，瑩潔可愛。砂所出處，紅白相錯，亦不易得云。砂上者，其價不貲。每過江湖，必裹以狗皮，藏之米中。不然，舟中光燁燁起，即風雲黯黑，蛟龍出波中來戲。知者必投砂水中，否則人船俱溺矣。

洪亮吉《乾隆府廳州縣圖志》卷二四《肇昌府》 岷山在〔岷〕州南。又研花山在州南。良恭山在州西南。李吉甫云：二山出硃砂、雄黄，人常採取之。

卞寶第李鴻章《〔光緒〕湖南通志》卷六一《食貨七·物産二》 丹砂，出辰州、宜州、階州，而辰砂爲最，生深山石崖間。土人采之，穴地數十丈，始見其苗，乃白石，謂之硃砂。牀生石上，其大塊者，如雞子，小者如石榴子，狀若芙蓉頭、箭鏃連牀者，紫黯若鐵色，而光明瑩徹。碎之，嶄岩作牆壁，又似雲母片，可折者，真辰砂也。無石者彌佳，過此皆淘土石中得之，非生於石牀者。《圖經本草》。丹砂上品生於辰、錦二州石穴中，白石牀之上，十二枚爲一座，色如未開蓮花，光明耀目。亦有九枚爲一座，七枚、五枚者次之。每座中有大者爲主，四面小者爲臣，朝護西面，雜砂一二斗抱之。中有芙蓉頭成顆者，又有如馬牙光明者，爲上品。白光若雲母者，爲中品。又有紫靈砂，圓長似筍而紅紫，爲上品。石稜角生青光，爲下品。《丹砂要訣》。《本草·金石部》以湖南辰州所産者爲佳，雖今世亦貴之。今辰砂乃出沅州，其色與廣西宜州所産相類。《嶺外代答》。沅陵出丹砂，砂品甚多，以出老鴉井者爲上。其大如栗，有芙蓉箭鏃，光色明徹者又爲鴉井之最。《明統志》。辰州之南江，乃古錦州，地産硃砂、水銀、金布、黄蠟。《東軒筆録》。府屬每年額解硃砂，沅陵縣三斤八兩，瀘谿縣一斤，辰谿、漵浦二縣各一斤五兩七錢。【略】

沅陵瀘溪出水銀。《明統志》。【略】

常德府。唐曰朗州，宋曰鼎州。丹砂出武陵、西川諸蠻夷中，須光明瑩徹爲佳。如雲母片者，謂之雲母砂。如樗蒲子、紫石英形者，謂之馬齒砂。如大小豆及大塊圓滑者，謂之豆砂。細末碎者，謂之末砂。陶宏景説。武陵丹砂井，在府治北。昔廖平以丹砂三十斛置所居，井中飲以延齡。《抱朴子》曰：余祖鴻臚爲臨沅令，有民家世壽考或百歲或八九十，後徙去。他人居其故宅，復奕世壽考，由是疑其宅井水殊甚。試掘之，得所埋丹砂數十斛，去井數尺，皆丹砂汁，是以飲其水而得壽。《武陵廖氏譜》。

紀事

曹學佺《蜀中廣記》卷六四 《史記》：「巴蜀寡婦清之先得丹穴，擅其利數世，家亦不貲。」《華陽國志》：「涪陵巴之南鄙出丹漆。」又云：「丹興縣出名丹。」

《蜀都賦》：「丹砂艷熾，出其坂。」注：丹興、漢葭二縣並出。《本草》：「丹砂生符陵山谷，光色如雲母。陶隱居云：「符陵是涪州。」《志林》云：「爾朱道士晚客於眉山，自言受記於師云：『汝後遇白石浮，當飛仙去。』爾朱雖以此語人，自亦莫識。所謂後客涪州，愛其地産丹砂，雖瑣細而皆矢鏃狀，瑩徹不雜土石，遂止鍊丹數年，竟於涪州白石仙去。長老道其事甚多，然不記名字，可恨。」《通考》云：「唐黔州黔中郡貢朱砂十斤。」《寰宇記》：「黔州出水銀。」《本草》言：「水銀生涪陵平土，而出於丹砂也。」

《華陽國志》：「梓潼郡涪縣有陽泉，出石丹。」

雜録

《管子校注》卷一二《侈靡第三五》「請問諸侯之化弊也。」弊，謂久行而無益者。「弊也者，家也。」【略】

丹沙之穴不塞，則商賈不處。趣丹穴而求利，故不處也。富者靡之，貧者爲之。

代那撰瑪高温譯華蘅芳筆述《金石識別》卷七《水銀》 有自然純質者，有與銀和合者，有與硫礦緑氣愛阿靛化合者。其礦除内有銀者，皆易升。

自然水銀，西名美客而林。其元爲一律式，結成八面形，流者如珠，散開於呆呸中，色錫白。重一三・六，冷至負三十九度成定質，打之輾。吹火試之，全升。入硝酸，易消化。遇之者不多，不過於他種水銀礦中時有些微。可用以分鍊金銀，作鏡，作表作藥。

銀汞礦，結成十二面形，色銀白，硬二至二・五，重一〇・五至一四。内有六十四至七十二分水銀，二十八至三十六分銀。

阿已來脱，亦銀與水銀和合，内只有十三分半銀，其外皆水銀。

惜納拔，硫礦水銀也。其元爲六角類，夕夕面交角，七十一度四十七分，析之與底平行能全備。屢有鼓磴塊及六面柱，亦搏結，有土形者。其光無金形，結成者剛光，昏暗者多。色自明紅至褐紅及褐黑，劃視之紅色，明二至四。硬二至二・五，刀能割之，重六・七至八・二。其浄者合質：水銀八六・二九，硫礦一三・七一。其中屢有雜質，若劃視之，色如肝者，内有泥炭雜質。浄者吹火試之，全升。與紅養鐵及客羅彌酸鉛之别，因火試升得水銀。與硫砒之别，因火試無葱臭。遇之於台而客泥石層，新舊各層皆有之。因水銀及硫礦見熱皆易升，故火山石中少，然合拉尼脱中，亦偶有之。

凡水銀，大抵得於此礦者居多。花旗金山之水銀礦，在近山頂處高一千二百尺。在緑色之台而客中，有一層黄土，厚四十二尺，其中有惜納拔計，一年可得二百萬磅。此礦除取其水銀之外，研細可作顔料。

角水銀，緑氣水銀也。結成方面或次形，其韌如角，淡黄灰色。剛光，明三至四，硬一至二，重六・四八，内有水銀八十五分。

愛阿靛水銀，紅褐色，此礦最少。

西里尼水銀，暗鋼灰色。吹火試之，有西里尼恩臭，全升。

杞廬主人《時務通考》卷一三《礦務一・辨質・汞》 汞礦。汞之要礦有三，其一、汞硫礦每百分含汞八十六分二，間有雜質，如銅、硫、鐵、養、鋁養與土質。此礦所産之汞，多於别礦。其二、生成純汞，間有含金或銀少許，産汞之别種礦中，亦含純汞。其三、賤汞礦即含汞少者，此礦之質略爲四，銅硫、鐵硫、鋅硫、汞硫、銻硫、鉀硫，每百分含汞二分至五分。

汞硫礦。惜納拔硫礦水銀也，屢有鼓磴塊及六面柱，亦搏結有土形者，其光無金形結成者剛光，昏暗者多，色自明紅至褐紅及褐黑，劃視之紅色。其浄者合質水銀八六・二九，硫礦一三・七一。其中屢有雜質，若劃視之，色如肝者，内有泥炭雜質。浄者吹火試之全升，與紅養鐵及客羅彌酸鉛之别。因火試，並得水銀與硫砒之别。因火試，無葱臭，遇之於台而客泥石層。

含煤油質汞礦。含煤油質之石中，所見之汞礦，分爲二類，一爲大塊或片，自葡萄大至一立方寸而止。二爲小塊，自葡萄大至細砂而止。其第一類再分爲三種，甲爲含金類之礦塊，含汞爲最少者，每百分含水一分。乙爲汞硫之大塊，此爲含汞最多者，但所得甚少。若揀其好者，每百分含汞八十分。丙爲零星之片，此因打碎或揀礦之時落下者，每百分含一分至四十分。

自然汞。自然汞西名美客而林，流者如珠，色白如銀，散開於呆呸中，采硫礦内，每遇其小滴。

銀汞礦。銀汞礦，色銀白，内有六十四至七十二分水銀，二十八至三十六分銀。阿已來脱亦銀與水銀和合，内有十三分半銀，其外皆水銀。

角水銀。角水銀，緑氣水銀也，其韌如角淡黄灰色，剛光内有水銀八十五分。

西里尼水銀。西里尼水銀，暗鋼灰色吹火試之，有西里尼恩臭金升。

愛阿靛水銀。愛阿靛水銀紅褐色，此礦最少。

杞廬主人《時務通考》卷二四《化學三》 論汞緑。用試錫及輕碘等配質，並數種生物質作水，用定質一分，以清水二十分消化。【略】

論水銀。各金品中，惟水銀於不加火平熱度時爲流質，緣此水銀之益於人者大矣。可以之造寒暑表，以測時令之寒暑多寡，亦可用以造風雨表，以測風氣之壓力奚若。格致質學玻蒙於此論之詳矣。而水銀更有一用，於玻璃鏡面塗敷一層，可使透光鏡，成爲迴照鏡。水銀之性，於風氣中不能生銹，惟至熱度大時，與養氣相合成爲紅色汞養。設於此益加大熱度，能將養氣散出，復成水銀。水銀可以火煮使沸，亦可用造燒酒法蒸之，使其變爲氣質，後復變爲液質。水銀爲屬於有毒之金品内者，其與他物所合成之各質有毒者亦不乏，惟毒較稍減，可充藥品。

安德孫撰傅蘭雅潘松譯《求礦指南》卷五《汞即水銀也》 將含汞之礦等質，合於鈉養炭養，在玻璨試管内加熱，如在試管内稍冷之處，必有凝結之質，爲水銀之小粒。

天生水銀。有數處産天生水銀，爲錫白色之微球形粒，重率一三・六，而爲流質。用吹火筒加熱，則能自散。又在硝强水内，容易消化。

銀硃即汞硫。平常所買之水銀，爲此礦所出。間有得大塊者，其質紋如顆粒形，或如大顆粒形，而顆粒爲最佳之紅色，能透光而發亮。此礦之顔色平常爲紅，間有光紅。又有椶色，或椶黑色，其劃痕迹爲紅色，其光色無金類光。其質紋平行排列，所以能劈開，又能成片。其硬率二至二・五，其重率六至八。每百分含汞八十六分，其餘爲硫磺。

此礦在吹火筒之火内自散，又能在合强水内消化，即輕緑水四分，硝强水一分，爲合宜者。如僅用硝强水，或僅用鹽强水，則不能消化。又如將此礦磨成細粉，合於石灰，在鐵盆内輕加熱，則在鍋底内必見圓粒。又如將磨粉之礦，放在能耐火之玻璨瓶内加熱，則其水銀在玻璨瓶口未受熱之處，能凝結成汞之粒子。又如泥等煙管鍋内裝此礦之細粉，將鍋口用泥封密之，再入火加熱，在鍋口安擺冷體，則在體上，見鍋所發霧之處，必有水銀凝結。如用金錢一枚，或乾净紅銅一片，放在霧内，不久即有水銀在其面上凝結。

汞緑，又名明角形水銀礦。此礦或成整顆粒者，或小顆粒而合成大塊者，其色帶暗白色，或灰色。其劃痕迹，畧爲黄色。硬率一至二，重率六・四八。

汞硒礦。此礦之色爲灰，如鋼與鉛，在墨西哥國内常遇之。

産銀硃之處甚多，將其地名及石層之大畧，開列如左：

舊金山，即加利福尼，在産白色粉之石層内能得之。

錫礦分佈部

題解

馮復京《六家詩名物疏》卷一六《國風・衛一・淇澳篇》 錫。《爾雅》云：「錫謂之鈏。疏云：錫，今白鑞也。」《周禮・職方》云：「揚州其利金、錫。㮚氏爲量，改煎金錫，則不耗。」《山海經》云：「龍山之下多赤錫，濯山多白錫。」

李昉等《太平御覽》卷八一二《珍寶部一一・錫》 《爾雅》曰：「錫謂之鈏。」

段玉裁《説文解字注》第一四篇上《金部》 錫，銀鉛之間也。《周禮・廾人》注曰：鈏也。《職方氏》曰：鑞也。鑞字，《説文》無，經典多假錫爲賜字，凡言錫予者，即賜之叚借也。从金，易聲。先擊切。十六部。鈏，錫也。見《釋器》。从金，引聲。羊晉切。十二部。

朱駿聲《説文通訓定聲・解部》 錫。錫，銀、鉛之間也，从金，易聲。《爾雅・釋器》：「錫謂之鈏」。《周禮・廾人》：「掌金玉錫石之地。」注：鈏也。《職方氏》：「其利金、錫、竹箭。」注：鑞也。《漢書・司馬相如傳》：「錫碧金銀。」注：青金也。《中山經》：「讙山之白錫。」叚借爲錫。《廣雅・釋器》：「赤銅謂之錫。」按：即《詩・韓奕》「鉤膺鏤錫」之錫字之誤也。

又《坤部》 鈏。鈏，錫也，从金，引聲。

陸佃《增修埤雅廣要》卷三一《什物門・異珍類・錫》 錫，從金，易聲，銀、鉛之間。徐曰：銀色而鉛質也。《禮》云：丱音慣。人掌金錫。注：錫，鈏。以忍切也。鈏，又《職方氏》「金錫」注：錫，鑞也。《本草》：「錫有黑有白。」又粉錫，胡粉也。

熊忠《古今韻會舉要》卷二九《入聲》 錫。先的切，音與悉同。《説文》：「銀、鉛之間，从金，易聲。徐曰銀色而鉛質也。」《禮・丱人》「掌金、錫」注：錫，鈏也。鈏，以忍切。又《職方氏》「金錫」注：錫，鑞也。《本草》：「錫有黑有白。又粉錫，胡粉也。」

李時珍《本草綱目》卷八《金石部・錫》 釋名：白鑞、音臘。鈏、音引。賀。時珍曰：《爾雅》：錫謂之鈏。郭璞注云：白鑞也。方術家謂之賀，蓋錫以臨賀出者爲美也。

顧起元《説略》卷二六《珍格》 《説文》：「鉛，青金也，錫之類，能殺蟲毒。錫，銀色而鉛質也。古稱鉛爲黑錫，今曰黑鉛是也。」《禮》金錫注：錫，鈏也，鑞也，今曰鑞錫是也。《本草》云：「錫有黑有白。錫粉，胡粉也。當云鉛粉，蓋鉛可燒粉，而錫不可燒。今之定粉，水粉是也。古稱鉛生蜀，錫生桂陽，今無錫縣有錫山，廣信府有鉛山。」又曰有銀坑處有之。

李時珍《本草綱目》卷八《錫拾遺》 許慎《説文》云：「錫者，銀、鉛之間也。」土宿《本草》云：「錫受太陰之氣而生，二百年不動成砒，砒二百年而錫始生，錫禀陰氣，故其質柔，二百年不動，遇太陽之氣乃成銀。」

張自烈《正字通》卷一一《金部》 錫。思積切，音昔。《説文》：「錫，銀鉛之間也。」徐曰：銀色而鉛質。慶遠臨賀縣産錫，方書因呼錫爲賀。南丹、河池二州獨盛，衡、永次之，慶遠爲最，俗謂門限錫，作片，聲如銅，器成日久則起橘皮紋。《星槎勝覽》言，滿剌加國山溪中陶沙取錫，不假煎煉，成塊曰斗錫。《本草綱目》：「錫有黑有白。」《爾雅》：「錫謂之鈏。」疏曰：「錫，白鑞也。又借爲錫予之錫，賜也。」

張璐《本經逢原》卷一金部 錫：辛寒，微毒。

發明：錫爲砒母，故新造錫器不可盛酒。越宿制瓶藏藥，須舊錫雜鉛乃佳。昔人過飲燒酒昏迷欲絶，或令以錫器貯沸湯，蓋取氣水飲之即甦，此與炊罩布治湯氣薰灼無異，同氣相感之力也。

厲荃《事物異名録》卷二五《布帛部・珍寶部・錫》 鈏。白鑞：《爾雅》：「錫謂之鈏。」注：白鑞也。

連：《前漢・食貨志》：「鑄作錢布，皆用銅，殽以連錫。」注：連，錫之別名。謂以連與錫雜銅而爲錢也。

賀：《庶物異名疏》：「賀，錫之美者，出臨賀，故名賀。」

論説

唐慎微《證類本草》卷五《玉石部下品總九十三種銅錫瓦塩水土灰等附》 《圖經》曰：「砒霜舊不著所出郡縣，今近銅山處亦有之，惟信州者佳。其塊甚有大者，色如鵞子黄，明澈不雜，此類本處自是難得之物，每一兩大塊真者人競珍之，市之不啻金價。」

李時珍《本草綱目》卷一〇 砒石。《宋開寶》。釋名：信石、人言。《綱目》。生者名砒黄，錬者名砒霜。時珍曰：「砒性猛如貔，故名，惟出信州，故人呼爲信石，而又

隱信字爲人言。」

集解：頌曰：「砒霜不著所出郡縣，今近銅山處亦有之，惟信州者佳，其塊有甚大者，色如鵝子黄，明徹不雜。此類本處自是難得之物，一兩大塊，真者，人兢珍之，不啻千金。」【略】承曰：「信州玉山有砒井，官中封禁甚嚴。生不夾石者，色赤甚于雄黄，以冷水磨解熱毒，近火即殺人，所謂不啻金價者，此也。今市貨者取山中夾砂石者燒烟飛作白霜，乃碎屑而芒刺，其傷火多者塊大而微黄，所謂如鵝子色明徹者，此也。」【略】宗奭曰：「今信鑿坑，井下取之，其坑常封鎖。坑中有濁緑水，先絞水盡，然後下鑿取。生砒謂之砒黄，色如牛肉，或有淡白路，謂石非石，謂土非土，磨酒飲，治積氣，有大便有毒，不可造次服也。取法將生砒就置火上以器覆之，令烟上飛，着器凝結，纍然下垂如乳尖者，入藥爲勝，平短者次之。大塊乃是下等，片如細屑者極下也。」時珍曰：「此乃錫之苗，故新錫器盛酒日久，能殺人者爲有砒毒也。生砒黄以赤色者爲良，熟砒霜以白色者爲良。」

方以智《物理小識》卷七《金石類・錫》 受太陰之氣而生，二百年成砒。砒二百年而錫始生陰氣，故柔。又二百年不動，遇大陽之氣，乃成銀、金。酒在錫器浸久，有殺人者，以有砒毒也。然錫又能解砒毒，從類化也。失其藥則爲五金之賊，得其藥則爲五金之媒。媒有鉛，則不必錫矣。慶遠賀縣、永州、興寧出錫，有馬蹄錫、蜈蚣錫、門限錫。作片有聲，如銅折之則響，若以青布煉之，作器用，久則起橘皮文，嘉興黄錫是也。《星槎勝覽》言，有不假煎煉之錫，曰斗錫。龍馬言曰，埋錫則白蟻食之。《博物志》：「積草三年後，燒之，津液下流，成鉛錫。」試之驗。

王謨《江西考古録》卷七《物産・金》 砒：《通志》載玉山有砒井，封禁甚嚴，本陳承别説也。按：蘇頌《本草圖經》，砒霜不著所出郡縣，惟信州者佳。其塊有甚大者，色如鵝子黄，明徹不雜，此類本處自是難得之物。真者人争求之，不啻于金。寇宗奭曰：「今信鑿坑井下取之，其坑常封禁。坑中有濁緑水，先絞水盡，然後下鑿，取生砒，謂之砒黄。」李時珍曰：「此乃錫之苗，性猛如貔，故名。惟出信州，故人呼爲信石，而又隱信字爲人言。」

又 錫：按：《史記・貨殖傳》云：「江南出金、錫。」下言豫章出黄金，長沙出連錫，則是金、錫實不同出也。然《唐書・地理志》云：「虔州、南康、大庾、安遠皆有錫。」《文獻通考》載宋世産錫九場，虔州、安遠與焉，則豫章亦兼出錫。

陳元龍《格致鏡原》卷三四《珍寶類三・錫附鉛》 《爾雅》：「錫謂之鈏。」郭注：「白鑞也。」《淮南子》：「偏土之氣御乎清天，清天八百歲生青曾，青曾八百歲生青澒，青澒八百歲生青金。」注：青金，錫也。《星槎勝覽》：「滿剌加國山梁中淘沙取錫，不假煎煉，成塊曰斗錫。」《管子》：「上有陵古者，下有鉛、錫。」《酉陽雜俎》：「山上有薑，下有錫。」《本草綱目》：「錫有黑有白。」《説文》：「錫，銀鉛之間也。」《格古要論》：「蒼錫出雲南，最軟，宜厢椀琖。花錫亦出雲南，大花者高，小花次之。衡州錫亦高。」《正字通》：「慶遠産錫爲最，俗謂門限錫，作片聲如銅成，日久則起橘皮紋。」《本草圖經》：臨賀出錫尤盛。《庶物異名疏》：「賀錫之美者，出臨賀，故名賀。」《丹房鏡源》云：「羊脂柔銀軟銅，羖羊角縮賀。」獨孤滔云：「羖羊角、五靈脂、伏龍肝、馬鞍草皆能縮賀。」《考工記》：「金有六齊，六分其金而錫居一謂之鍾鼎之齊，五分其金而錫居一謂之斧斤之齊，四分其金而錫居一謂之戈戟之齊，三分其金而錫居一謂之大刃之齊，五分其金而錫居二謂之削殺矢之齊，金錫半謂之鑒燧之齊。」注：多錫爲下齊，少錫爲上齊。鑒，鏡也。金多於錫，則刃白且明。《留青日札》：「錫，銀色而鉛質。古稱鉛爲黑錫。錫粉，胡粉也。當曰『鉛粉』，蓋鉛可燒粉，而錫不可燒。今之定粉，水粉是也。然錫爲五金之賊，或造化物理之相制也。」《本草綱目》：「砒性猛如，故名。惟出信州，故人呼爲信石，而又省信字爲人言。」又曰：「此乃錫之苗，故新錫器盛酒日久，能殺人者，爲有砒毒也。」

劉嶽雲《格物中法》卷五《金下・錫》 錫謂之鈏。《爾雅》。

錫者，銀、鉛之間也。《説文》。

錫出雲南衡州。《本草綱目》。

凡錫，中國偏出西南郡邑，東北寡生。古書名錫爲賀者，以臨賀郡産錫最盛而得名也。今衣被天下者，獨廣西南丹、河池二州，居其十八。衡、永則次之。大理、楚雄即産錫甚盛，道遠難致也。《天工開物》。

嶽雲謹案：鉛合醋則成鉛養醋酸之質，故得浄錫。凡銅上欲鍍錫一層，先將銅銼光，擦松香於上，以亂布蘸已鎔之錫擦之，自然相合。鐵上鍍錫並同上法。《鄙事綴紀》。

松脂釬錫。《丹房鑑源》。

嶽雲謹案：錫鉛相和以釬，錫用松脂者妨，錫之遇空氣生銹也。

已上煉治。

砒能硬錫。《丹房鑑源》。

羖羊角、五靈脂、伏龍肝皆能縮賀。巴豆、蓖麻、薑汁、地黄能制錫。《丹房

鑑源》。

汝人多病瘿，地饒風沙，沙入井中，飲其水，則生瘿。故金房間人家以錫爲井闌，皆夾錫錢鎮之，或沈錫井中乃免此患。《夷堅志》。

嶽雲謹案：飲山泉生瘿，見於《淮南子》等書，由水中含石灰質太多，西人所謂鈣養炭養或鈣養二炭養也，非由沙入井中。錫與厥質相居，則結成皮，故可無瘿患。水含鎂質，最易生瘿。

錫易生銹，更甚於銅，天氣潮溼更易。《鄙事綴紀》。

嶽雲謹案：錫器在乾空氣中不生銹。

其質初出潔白，然過剛，承錘即坼裂。《天工開物》。

當造此劍之時，赤堇之山破而出錫，若耶之溪涸而出銅。《越絶書》。

錫銅相和，得水澆之極，硬。《本草綱目》。

嶽雲謹案：錫銅相和各劑，詳見銅。

入鉛制柔，方充造器用。《天工開物》。

嶽雲謹案：今時所謂點銅錫者，多錫少鉛之劑，非真羼銅也，然亦有錫多分微入銅者。

已上形性功用。

綜述

董斯張《廣博物志》卷三七 山多錫者，嬰侯、服山。《山海經》。

《山海經第五·中山經》 又東三十五里，曰服山，其木多苴，其上多封石，其下多赤錫。

李昉等《太平御覽》卷八一二《珍寶部一一·錫》 《山海經》曰：「龍山之下多赤錫，濯山多白錫。」

《越絶書》曰：「赤堇山破而出錫。」

《春秋左傳·文公十一年》 十一年春，楚子伐麇。成大心敗麇師於防渚。潘崇復伐麇，至于錫穴。錫音羊。《釋文》云：「或作錫。」《校勘記》云：「《漢書·地理志》錫縣屬漢中郡，應劭曰：『音陽。』師古曰：『即《春秋》所謂錫穴。』」

林希逸《考工記解》卷上 燕之角，荆之幹，妢胡之笴，吴粵之金、錫，此材之美者也。

燕地耐寒，故出角。角，耐寒物也。荆之幹，幹，弓弩之材也。妢胡，胡子之國也。笴，箭幹也。吴粵出金、錫，皆材之美者，凡物隨土地所宜也。

《後漢書·郡國志四》 吴郡，順帝分會稽置。雒陽東三千二百里。十三城，户十六萬四千一百六十四，口七十萬七百八十二。

吴本國。震澤在西，後名具區澤。【略】無錫侯國。婁。

又《郡國志五》 〔巴郡〕江洲。杜預曰：巴國也，有塗山，禹娶塗山。《華陽國志》曰：「帝禹之廟銘存焉。有清水穴，巴人以此爲粉，則膏(暉)〔澤〕鮮芳。貢粉京師，因名粉水。」

沈炳震《唐書合鈔》卷六〇志三六《地理五》 山陰。百餘里以畜水溉田。開元十年，令李俊之增修。大曆十年，觀察使皇甫温。大和六年，令李左次又增修之。有錫。

李燾《續資治通鑑長編》卷九七《真宗》 〔天熙五年十二月〕産錫有九場，在河南之長水，及虔、南康、道、賀、潮、循等州、軍。《兩朝志》增商、虢二州，却無長水及南康軍。

歐陽忞《輿地廣記》卷八《京西南路·均州》 鄖鄉縣，本漢錫縣地，屬漢中郡，魏屬魏興郡。太康三年置鄖鄉縣，宋因之，隋屬淅陽郡，唐屬均州，有錫穴。《左傳·文十一年》「楚潘崇伐麇，至于錫穴」是也。

謝深甫《慶元條法事類》外集卷六一《財貨門·錫》 臨賀出。臨賀出錫尤盛。《本草圖經》。鄞山出。鄞山破而出錫，歐冶因爲純鈞之體。《越絶書》。丱人掌。丱人掌金玉錫石之地，而爲之厲禁以守之，若以時取之，則物其地圖而授之。

施宿《〔嘉泰〕會稽志》卷九《山》 〔會稽縣〕錫山在縣東五十里。舊經云：越王採錫於此。舊傳山出鉛、銀，或坯鑿取之，忽山嘯摧壓數十丈，今迹存焉。其後里人無敢採者。此山去寶山不遠，意寶山之名或取此。

王象之《輿地紀勝》卷第一一《兩浙東路·慶元府·景物上》 錫山。在鄞縣西南五十里，以嘗産錫。

袁桷《〔延祐〕四明志》卷七《山川考·慈溪縣》 句餘山在縣西南二十五里。句章，餘姚在此山之東西，蓋因山以名縣也。《山海經》云：「山出錫。」

佚名《〔洪武〕無錫縣志》卷一《邑里第一》 舊云當周、秦時，錫山常産錫。

又卷二《山川第二·總山二之一》 錫山去州西七里，開元鄉在惠山之東，

本惠山之脈也。惠山至是中斷，伏而爲山岡，缺半里許，復起爲錫山，至錫山而山脈始絶。唐陸鴻漸《惠山記》云：惠山東峯當周秦間大産鉛錫，所以謂之錫山。

曹昭《新增格古要論》卷六《錫》　蕃錫出雲南，最軟，宜鑲盌盞。花錫亦出雲南，大花者高，小花次之。衡州錫亦高。

《明史》卷四二《地理志三》〔河南河南府〕嵩。府西南。元嵩州，屬南陽府。洪武二年四月降爲縣，來屬。三塗山在西南。陸渾山在東北。又東有篩山，北有露寶山，西有大礦山，皆産錫。

佚名《〔洪武〕無錫縣志》卷四中《記述四之二上》陸羽《惠山寺記》　惠山，古華山也。顧歡《吴地記》云：華山在吴城西一百里。釋寶唱《名僧傳》云：沙門僧顯，宋元徽中過江，住京師彌陀寺，後入吴，憩華山精舍。華山有方池，池中生千葉蓮花，服之羽化。老子《枕中記》所謂吴西神山是也。山東峰當周秦間大産鉛，錫，至漢興，錫方殫，故創無錫縣，屬會稽。後漢有樵客於山下得銘云：「有錫兵，天下争。無錫寧，天下清。有錫沴，天下弊。無錫乂，天下濟。」自光武至孝順之世，錫果竭。順帝更爲無錫縣，屬吴郡。故東山謂之錫山，此則錫山之岑嶔也。

李賢《明一統志》卷三〇　土産：【略】錫。裕州出，有洞。

黄潤玉《〔成化〕寧波府簡要志》卷一《山川志・山》　錫山。〔鄞縣〕縣西南五十里，山脈比比。過崇法寺岡鎮明嶺，直抵定海縣招寶山。山嘗産錫，因名。

胡謐《〔成化〕山西通志》卷六　錫，交城、平陸、陽城俱出。

陳耀文《天中記》卷五一《錫》　釖。《爾雅》曰：「錫謂之釖。」

明鏡磨鍍。明鏡之始照，未見其容也，及扢之以錫，磨之以鍍，則鬚眉見。《淮南子》。

赤錫。龍山之下多赤錫，灌山多白錫。《山海經》。

赤堇出錫。赤堇山破而出錫。《越絶書》。

張元忭《〔萬曆〕紹興府志》卷四《山川志一・山上》　錫山在府城東五十里。《舊經》云：越王採錫於此。《嘉泰志》云：舊傳山出鉛、銀。或抔鑿取之，忽山嘯摧壓數十丈，今迹存焉。其後里人無敢採者。此山去寶山不遠，意寶山之名或取此。

彭大翼《山堂肆考》卷一八《地理・山・錫山》　錫山在常州府無錫縣西。唐陸羽云：「惠山之東峰當周秦間，嘗産鉛錫，漢興始乏，遂以名縣。」昔有樵者於山下得古銘云：「有錫兵，天下争。無錫寧，天下清。有錫沴，天下弊，無錫乂，天下濟。」自光武以後不復出。

又卷一八五《珍寶・錫》　臨賀産。《本草圖經》：臨賀産錫尤盛。

鄞山出。《越絶書》：「鄞山破而出錫，歐冶以爲純鈎之體。」

黑濁氣。凡鑄金之狀，金與錫黑濁之氣竭，黄白次之；黄白之氣竭，青白次之；青白之氣竭，青氣次之，然後可鑄之。

董斯張《廣博物志》卷三七　山多錫者，嬰侯、服山。

張懋修《墨卿談乘》卷八《雜俎・錫鎮沙土》　汝州井皆以夾錫錢十千鎮之，問之，土人曰，此邦多風，若河沙入井，飲之者每成瘿，夾錫所以鎮沙土也。因思無錫惠山泉清冽于二浙者，以下有錫也。

李時珍《本草綱目》卷八《金石部・錫》　集解：《别録》曰：錫生桂陽山谷。弘景曰：今出臨賀，猶是桂陽地界。鉛與錫相似，而入用大異。時珍曰：錫出雲南、衡州。許慎《説文》云：錫者，銀、鉛之間也。《土宿本草》云：錫受太陰之氣而生，二百年不動成砒，砒二百年而錫始生。錫稟陰氣，故其質柔。二百年不動，遇太陽之氣乃成銀。今人置酒於新錫器内，浸漬日久或殺人者，以砒能化錫，歲月尚近，便被採取，其中蘊毒故也。又曰：砒乃錫根。銀色而鉛質，五金之中獨錫易制，失其藥則爲五金之賊，得其藥則爲五金之媒。《星槎勝覽》言：滿刺加國，於山溪中淘沙取錫，不假煎煉成塊，名曰斗錫也。

正誤：恭曰：臨賀採者名鉛，一名白鑞，惟此一處資天下用。其錫，出銀處皆有之。體相似，而入用大異。時珍曰：蘇恭不識鉛、錫，以錫爲鉛，以鉛爲錫。其謂黄丹、胡粉爲炒錫，皆由其不識故也。今正之。

氣味：甘，寒，微毒。獨孤滔曰：羖羊角、五靈脂、伏龍肝、馬鞭草皆能縮賀。硇、砒能硬錫。巴豆、蓖麻、姜汁、地黄能制錫。松脂焊錫。錫礦縮銀。

曹學佺《蜀中廣記》卷六七《方物記第九・五金》　《寰宇記》：「羊角山出錫，在劍州南九十里，兩峰崛起如角然。」《地鏡圖》云：「草青莖赤，其下多鉛。鉛、錫之精爲老婦人。」

《文武諸司衙門官制》卷一《四夷・東夷・滿剌加》　土産：錫、布　蘇木胡椒、象牙、犀角、琉黄、玳瑁。

又《暹羅》　土産：羅斛香、味極清遠，亞於沉香。犀、象、翠羽、蘇木、花錫。

又卷二《河南省・武安縣》　土産：錫。

又《淇縣》　土産：錫，碾石、青瓷。

又《永寧縣》土産：錫。

又《靈寶縣》土産：錫。

又《汝州》土産：錫。有洞。

又卷三《江西・大庾縣》土産：箭竹、仙茅、錫。

又卷四《廣西省・富川縣》土産：錫、白蠟。

又《德慶州》土産：錫。

又《羅定州》土産：錫。

鄺露《赤雅》卷中《山川論略・桂林三嶠》萌渚，即桂嶺，在富春北，與楚江華爲界，水南北分流。其山産錫，又名錫方。在城中者，乃西清寶積山也，志載誤。

李世熊《錢神志》卷一《靈産》《地里志》云：【略】石空山出錫，【略】北采山出錫，【略】南烏山出錫。

章潢《圖書編》卷八九《各省府縣土産・廣東・廣州府》錫。新會。

又《雲南・木邦宣慰司》響錫、胡椒。

顧炎武《肇域志》卷九 無錫山，在縣西五里。慧山支隴也，山自閶江來止此。古時，山産錫。

顧祖禹《讀史方輿紀要》卷四八《河南三・嵩縣》露寶山。在縣北六十里。産錫礦。又篩山在縣東九十里，以多巖洞而名，與縣西大礦山皆産錫。

又卷九一《浙江三・安吉州》玉磬山，州東北十五里。唐開元中置縣處也。【略】白楊山在州東南二十二里。《括地志》：「山峻極，上有兩穴，舊嘗産錫。」此其採錫處也。

黄宗羲《四明山志》卷一《名勝》錫山，嘗産錫，故名。

汪森《粤西叢載》卷一九《錫》粤中多産錫，以賀出者爲最。按：《水經》：「馮水南出於萌渚之嶠，五嶺之第四嶠也，其山多錫，謂之錫方。」《嶠南瑣記》。

嵇曾筠《〔雍正〕浙江通志》卷一七〇《物産》松陽縣産【略】錫。

黄廷桂《〔雍正〕四川通志》卷三八之六《物産》〔龍安府〕錫。府治江油、石泉俱出。

彭遵泗《蜀故》卷一九 錫：粤中多産錫，以賀出者爲最。按：《水經》：「馮水南出於萌渚之嶠，五嶺之第四嶠也，其山多錫，謂之錫方。」《嶠南瑣記》。

錢維喬《〔乾隆〕鄞縣志》卷三《山川》錫山，縣西南五十里。嘗産錫，故名。《寶慶志》。

《十七史商榷》卷三三《後漢書五・郡國雜辨證》石室山出錫。

洪亮吉《乾隆府廳州縣圖志》卷二〇《汝州》又節子朵山在〔伊陽〕縣西七十里。産錫鑛。

洪亮吉《乾隆府廳州縣圖志》卷二二《興安府》白河縣，春秋時錫穴地，漢置錫縣，屬漢中郡。三國魏太和二年分置錫郡。

又卷三六《龍安府》又響厓山在〔平武〕縣東南一百里。李吉甫云：出錫。樂史云州南羊角山亦出錫。

又卷四一《惠州府》羅浮山在〔博羅〕縣後。劉昭云：「博羅縣有浮山，自會稽浮來，傅於羅山，故置傅羅縣。蓋二漢『博』皆作『傅』，晉《太康地志》始作博。」李吉甫云：「高三百六十丈，周三百二十七里，其陽産錫。」

又卷四二《嘉應州》錫坪山在〔長樂〕縣西南五十里南，近琴江口。産錫。

穆彰阿《清一統志》卷四四八《肇慶府・土産》《明統志》：德慶州及瀧水縣出錫。

何秋濤《朔方備乘》卷二九考二三《北徼方物考敘・金類・錫》臣秋濤謹案：《總記》曰：「都莫司部産錫。」《備考》曰：「達爾斯丹、西皐里亞、波羅尼亞皆産錫。」

卞寶第李鴻章《〔光緒〕湘南通志》卷五八《食貨四・礦廠・錫礦》長沙出連錫，然匱物之所有，取之不足以更費。《史記・貨殖傳》。

萌渚之嶠，在永州府江華縣。其山多錫，亦謂之錫方。《水經注》。

長沙縣有錫。《隋書・地理志》。

宜章縣有錫礦，江華縣有黄富錫場。《九域志》。

又卷六〇《食貨志六・物産一・永州府》萌渚之嶠其山多錫，亦謂之錫方。《水經注》。案萌渚。今江華縣地。江華縣有錫。《唐書・地理志》。江華縣有黄富錫場。《九域志》。江華縣出錫。《明統志》。

又卷六一《食貨志七・物産二・郴州》宜章縣有錫礦。《九域志》。郴州宜章皆出錫。《明統志》。郴州之柿竹園、葛藤坪、東衝、中興、野雞窩，宜章之旱窩嶺、貓兒坑、羊牯泡等處皆有錫礦。《省志》。

又《物産二・桂陽州》桂陽州萬景窩、右眼等處皆有錫礦。《省志》

紀事

《春秋分記》卷三一《書一三・疆理書第七・列國地總説・錫穴》 漢漢中郡錫縣，莽曰錫治，師古曰，即春秋所謂錫穴，今均州鄖鄉縣。

施宿《(嘉泰)會稽志》卷九《山・會稽縣》 寶山在縣東南三十里，一名上皋山，今櫕宫山也。東接紫雲山，昔有龍憩山上，紫雲乘之。旁聯錫山，産錫之所。

錫山在縣東五十里，舊經云越王採錫於此。舊傳山出鉛、銀，或坯鑿取之，忽山嘯摧壓數十丈，今迹存焉，其後里人無敢採者。此山去寶山不遠，意寶山之名或取此。

吳省欽《白華前稿》卷一九《書鄖陽院壁徐學謨詩後》 今鄖縣爲隋鄖鄉縣，隸鄖陽府。其得名則由鄖關。《正義》曰：地理志宛西通武關，而無鄖關。鄖當爲洵。洵水上有關，在金州洵陽縣。王伯厚既以漢中郡長利縣有鄖關證之，即秦始皇東出鄖關，亦當指此。《鄖陽志》既采鄖關，復言春秋爲錫穴，地産錫。志爲明徐叔明創。吳明卿有《送周象賢應徐開府聘修鄖志》詩，見《甔甀集》。而院壁叔明詩「老去旌旄開錫穴」，亦誤讀錫字，書錫地名楚錫穴。前漢《功臣表》有「無錫侯多軍」。按：《左傳・文十一年》潘崇伐麇至錫穴。杜氏注：錫，音陽。陸氏《釋文》：錫，音羊。《元和郡縣志》亦音羊。蓋防渚爲麇境，錫穴爲麇都，而宋鄭間亦有錫邑。《路史》商末錫疇子斯，其先爲御姓，鄭滅之，以處宋元公之孫，是爲錫邑。

藝文

田藝蘅《香宇集》續集卷一三《丁巳稿文・遊惠山記》 田了品第三泉之明日至無錫，因念惠山第二泉當又勝也，遂自迎潮館再易小舟遊工婆墩，溯清溪，可七里至。慧山寺，唐元徽間建，張祐、許渾皆有題詠。由白雲堂而上爲玉皇殿，稍下爲十賢堂。其右有石洞甚淺，水從中出，名陸子泉。掬而嘗之，蓋石乳也。迺汲斗許，解所攜天目山茶，命舟子煮之。舟子適素善煎茶者，甚精潔可喜，爲之滿腹，味較虎丘，頓覺天淵矣。夫虎丘雖佳，不無雨潦，所積茲泉，則發原石穴，塵垢不侵，固不在中泠下也。洞之南下作亭覆坎上，方圓各一，曰第二泉。亭其前曰漪瀾堂，堂之下爲金蓮池，疏龍首噴水，雖旱不竭，信靈源也，趙孟頫書「天下第二泉」于石。寺之北舊有唐李紳望湖閣及讀書臺，皆廢。出寺而東，引水九曲，可以流觴，梁建曲水亭于此。折而南爲錫山，即惠山東峰也，遊五岳樓。又南謁唐張中丞祠，有宋元及皇明敕《祀顯忠碑記》。麓有靈泉，能愈癎疾，故又名聖井云。周秦間，山産鉛錫，一樵夫得石銘云：「有錫兵，天下爭。無錫寧，天下清。有錫沴，天下弊。無錫乂，天下濟。」漢初錫殫，遂以無錫名縣。王莽曾改曰有錫，至今卒不復産焉。二山皆本于九龍山。九龍之脊有大茅峰，最高，俯瞰震澤，洞庭諸山，足稱大觀。近有結茅其巔者，日暮不及登眺，尚俟去試丹陽第四泉、楊子第一泉，回日再償此心願也。

聶厚載《常州無錫縣記》 無錫建邑始於前漢，案：陸羽《惠山寺記》云：山東峯當周、秦間大崖鉛、錫，至漢興，錫方殫，故創無錫縣。後漢有樵客於山下得銘云：「有錫兵，天下爭。無錫寧，天下清。有錫沴，天下弊。無錫乂，天下濟。」故順帝更爲無錫縣，又按：《圖經》：本隸會稽，王莽改爲有錫，至吳時改爲無錫。又《縣廳記》云：其有是邑，得名之始，興建廢置之由，陸鴻漸《惠山寺記》之備矣。然則《寺記》雖備，而與《圖經》互有得失，而不究其本矣。當周、秦間，大産鈆錫，乃六國時也。

廖志灝《燕日堂録七種》卷一《學吟草・白砒》 人住白砒鄉，不知砒醜好。但云能殺人，又道可鍊寶。彼固殺人爾未食，彼能寶兮幾膾炙。性善性惡莫浪猜，認取本來自相識。

雜録

馮復京《六家詩名物疏》卷二《國風・周南二・錫》 《爾雅》云：「錫謂之鈏。」疏云：錫，今白鑞也。《周禮・職方》云：「揚州其利金錫。」栗氏爲量，改煎金錫則不耗。」《山海經》云：「龍山之下多赤錫。灌山多白錫。」

馮夢龍《新列國志》第一八〇回《兼六國混一輿圖　號始皇建立郡縣》 遂率大軍南下，至於錫山，軍士埋鍋造飯，掘地得古碑，上刻有十二字云：「有錫兵，天下爭，無錫寧，天下清。」王翦召土人問之，言，此山乃慧山之東峯，自周平

王東遷於雒，此山遂産鉛、錫，因名錫山。四十年來，取用不竭，近日出産漸少，此碑亦不知何人所造。王翦嘆曰：「此碑出露，天下從此漸寧矣。豈非古人先窺其定數，故埋碑，以示後乎。今後當名此地爲無錫。」今無錫縣名實始於此。

朱熹《通鑑綱目》卷五四 〔天祐十六年〕秋七月，吴越攻吴常州，吴人與戰，破之。

質實：無錫，《一統志》云：漢之縣名，屬會稽郡。縣有山，舊産錫，至漢末錫殫，故縣以無錫名。新莽改曰有錫，東漢復舊，三國吴廢，晉復置，屬毘陵郡。

《明史》卷四四《地理志五》 〔浙江湖州府〕安吉州。元安吉縣。正德元年十一月升爲州。西南有故城。洪武徙於今治。東南有白陽山，舊産錫。西有苕溪。又有龍溪，即苕溪支流。東南有獨松關巡檢司，又有遞舖巡檢司，廢。東北距府二十里。領縣一。

王同軌《耳談類增》卷四〇《瑣言篇・産錫地不宜生植》 衡之常寧、耒陽産錫，其地人語予云：凡錫産處不宜生植，故人必貧，而必移徙。天地精華，此聚彼耗，物無兩大，事不雙美。茂樹之下，其艸不肥，理固然耳。白璧明珠必出山海，奇石珍木産自徼隅，靈各有專地也。

楊炳南《海録》 沙喇我國，在麻六呷西北，由麻六呷海道順東南風二三日，經紅毛淺，下有浮沙，其水不深，故曰淺。謂之紅毛，則不知其何取也？此國在紅毛淺東北岸，疆域數百里，民頗稠密，性情凶獷。後山與丁咖囉咕噸丹相連，山中土番名讀力麻切子，裸體跣足，鳩形鵠面，自爲一類，亦服國王管轄，但與無來由不相爲婚，嘗取密蠟、沙藤、沉香、速香、降香、犀角、山馬、鹿脯、虎皮等物，出與國人交易，閩粤人亦有到此者，其産錫、冰片、椰子、沙藤。

吉德國，在新埠西北，又名計噠，由新埠順東南風日餘可到。後山與宋卡相連，疆域風俗亦與宋卡略同。土曠民稀，米價平減，土産錫、胡椒、椰子。

《清通典》卷九八《邊防・舊港麻六甲附》 舊港即三佛齊國，在西南海中，舊爲巫來由種類，噶喇巴屬國也。地方袤廣數千里，國無城池，隨民居之所聚爲村落，傍山建王府，以磚瓦爲之。地氣多煖，土産有胡椒、沙藤、錫、棉花之屬，王姓名世系不可考。雍正七年，粤省商船載磁器、缸瓦、色紙、京菓諸物往彼互市。乾隆二十九年，准加市絲斤，至廣東計程一萬一千餘里。舊港西南有麻六甲，人性靈巧，善經商，風俗亞於噶喇巴，惟不燔炙。土産錫、莿藤、胡椒。雍正七年後，通市不絶，東北距厦門水程一百八十五更。

杞廬主人《時務通考》卷一三《礦務一・辨質・錫・錫礦》 錫礦又名錫石，質爲錫養。成扁柱，或八面形顆粒，常啣於別體，不甚顯露，又屢成雙合顆粒，而有彎折之形。有遇於河沙内者，謂之河底錫礦，形大如豆，乃從山水中流出也。又有木紋錫礦，遇其成葡萄形，或腰子形塊。微明至暗，光如金剛石，如定質油，色灰黄，或椶黑。净者百分中含錫七十九分，鍊之可得純錫。

又《産錫純次》 錫最純者，爲馬來所産。又彭加，又比里單，又英國，惟日耳曼者不純。彭加之錫爲極純，價亦最貴，英國人名之爲老錫。印度所産者謂之新錫。印度比賴地方所産者，雖不甚純，亦尚不壞。彭加錫成錠出售，其錠有大小二種。小者四十磅，大者一百二十磅。馬來錫次之，略與其國錫相等。其錠爲截方雜形，重半磅至一磅。英錫之錠長二尺，闊一尺，厚八寸，含鐵每百萬分衹有一分，並不含鉮、鉛、銅等。尋常之錫含鐵每有千分之二，又含銅百分之一。英錫之下等者，鑄成方條出售，謂之東洋錫。

比賴錫次於英産。比賴所産之錫，間有略等於英國者，然別種比賴所産者，含鐵、鉮、鉛等甚多，不含於平常之用。費里頗司有溼法，可以提純其錫。

安德孫撰傅蘭雅潘松譯《求礦指南》卷五《錫》 凡含錫之礦，合於鈉養炭養，在吹火筒内加熱，則成白色之錫。將此錫在鹽强水内消化，另加鋅，則其錫凝結成海絨形。如用吹火筒試之，其錫有餘下白色之皮質，無論内外層火，不能吹散。如合於鈷養淡養水令溼，則其質變爲藍緑色，以此法能與別種金類分別之。

錫礦之最要緊者，有四種，開列如左：

揩細德來得，又名錫礦，又名錫養礦，又名錫石。此礦有成大塊者，亦有成粒者，其顆粒之形狀爲方柱形，或爲八面形。其精質無色，或有明光，但平常帶椶色，或黑色，或灰色。其顆粒有光色，平常之礦塊，幾不透光，而其光色如松香，稍帶金類色，其劃痕迹爲椶色。其硬率六至七，重率六・五至七・一。此礦之硬與石英相似，能劃玻璨。其精質每百分含錫七十八分。僅用吹火筒法，則不鎔化，如合於鈉養炭養試之，則分出錫，如强水類，不能消化。

河底錫礦。如河底，或在低處麤沙内，遇見此礦，或小塊，或小片，其各角已磨鈍。

木紋錫礦。此礦不成顆粒形，而其質紋如乾木形。平常爲淡椶色，内有帶

黄色，或黑色之同心圈紋。間有得錫礦，其色如紅寶石，即加尼得石，又有如黑色鋅硫礦等。

鐘銅形錫礦，又名錫硫礦。此礦能得其大塊，又能得立方顆粒者，但爲罕見之礦。其色灰如鋼，其劃痕迹爲黑色。其質脆，硬率四，重率四·三至四·六。每百分含錫二十七分，又含銅與鐵，與硫，此礦可以合强水消化之。

其他金屬礦藏分佈部

題解

鋅礦

丁度《集韻》卷五　鋅，剛也，或作鋅。

李時珍《本草綱目》卷九　爐甘石。《綱目》釋名：爐先生。土宿真君曰：此物點化爲神藥絶妙，九天三清俱尊之曰爐先生，非小藥也。時珍曰：爐火所重，其味甘，故名。

集解：時珍曰：爐甘石所在，坑冶處皆有，川、蜀、湘東最多，而太原、澤州、陽城、高平、靈丘、融縣及雲南者爲勝，金、銀之苗也。其塊大小不一，狀似羊腦，鬆如石脂，亦粘舌。産于金坑者，其色微黄爲上，産于銀坑者，其色白或帶青，或帶緑，或粉紅，赤銅得之即變爲黄，今之黄銅皆此物點化也。《造化指南》云：「爐甘石受黄金、白銀之氣，熏陶三十年方能結成，以大藏浸及砒煮過，皆可點化，不減三黄。」崔昉《外丹本草》云：「用銅三斤，爐甘石一斤鍊之，即成鍮石一斤半，非石中物取出乎？真鍮石生波斯，如黄金，燒之赤而不黑修治。」時珍曰：凡用爐甘石，以炭火煅紅，童子小便淬七次，水洗浄研粉，水飛過曬用。

李世熊《錢神志》卷一《靈産》　倭鉛非鑛鉛也，乃爐甘石泥罐火煉而成者，無銅收伏，入火即成烟飛去。

劉嶽雲《格物中法》卷五下《金部》　嶽雲謹案：爐甘石即白鉛礦也。色黄者，西人所謂鋅養炭養。礦色紅者，西人所謂鋅養礦。色白或青或緑與鉛砒等相雜之礦，若與硫相合之礦色黑。

代那撰瑪高温口譯華蘅芳筆述《金石識别》卷六　有别種金，常見其變形，而罕見自然者。如白鉛是也。

安德孫撰傅蘭雅潘松譯《求礦指南》卷五《鋅》　凡欲試驗含鋅之礦，先合於鈉養炭養，在木炭上用吹火筒加熱，如木炭面生皮一層，加大熱，發光亮，熱時帶黄色，冷時帶白色，則爲含鋅之憑據。如炭面所成之皮，用鈷養淡養水做溼，再加熱，則發最佳之緑色。

卡拉迷尼礦，又名鋅養炭養。此爲鋅礦内之最要緊者，其質成大塊，間有成石鍾乳形，稍能透光。其清者色白，如真珠，但平常含鐵養等質，則爲樱色，間有帶緑色，劃痕迹帶白色。其光色如真珠，或如玻瓈。其質脆，硬率五，重率三・三至三・五。其精質每百分含鋅五十二分，其餘爲鐵養，或鈣養炭養，或鎂養炭養等質。如用吹火筒獨試之，則不能鎔化，如合於强水，或酸類質，則發氣泡。亦有得此礦之形狀，與丐克司巴耳相似。

鋅布侖得礦，又名鋅硫礦。此礦成大塊者，成絲紋形，其顆粒爲八面形，與十二面形。其色清者黄而透光，但平常帶樱紅色，或加尼得紅色，或黑色，而半透光。其劃痕迹爲白色或紅樱色，其光色畧似蜜蠟。硬率三・五至四，重率爲四。有數種能收發電氣。每百分含鋅六十七分，其餘爲硫磺等質。如用吹火筒加熱，則在邊上能鎔化此礦，可於硝强水内消化。如放於玻瓈管内加熱，則有硫幾分放出，其餘爲鋅養硫養。此礦常與鐵硫銅硫或與銀礦相合，能在鹽强水，或檸檬酸水内消化之。

鋅養矽養礦，又名光面鋅礦。此礦之色，或白或藍，或樱或緑，稍能透光。其劃迹帶白色，其光色如真珠，或如玻瓈。其硬率四・五至五，重率三・三至三・五。每百分含鋅五十三分，其餘爲矽養質。如用吹火筒試之，則發泡，又發光亮如燐。用吹火筒獨試之，則不鎔化。如合於硼砂，則成明珠。如在硫强水加熱則消化，而其水冷時有膠之形狀。又在檸檬酸水内加熱，亦能將此形狀顯出也。

紅色鋅礦。此礦或成大塊，或成顆粒，容易劈開分層。其質脆，畧如雲母石。其色光紅，其劃痕迹爲橘皮黄。其光色明亮，幾能全透光。硬率四至四・五，重率五・四至五・六。每百分含鋅八十分。用吹火筒獨試，則不鎔化。合硼砂試之，則成明黄色之玻瓈。如在硝强水，或檸檬水内沸之，則能消化。

凡鋅礦最要緊者，爲卡拉米尼，在代芬，或在産煤，或在魚子形各層石内成脈，或成層，或在凹中齊聚。如鋅布侖得，常在英國等處之灰石層内遇之，又常在礦之一脈内，有鋅與别種金類礦並見。如哥奴瓦地方，有俗語云：紅鋅礦騎好馬，其意義蓋謂礦脈上有紅鋅礦，則下疑有紅銅等礦也。

錳礦

劉嶽雲《格物中法》卷四《中土部・無名異》　生川廣深山中，而桂林極多。

一包數百枚小黑石子也。似蛇黄而色黑近處，山中亦時有之。《本草綱目》

嶽雲謹案：此西人所謂錳養，煅之則色櫻。

劉斯樞《程賦統會》卷五《湖廣省・襄陽府》 錳：通河縣察嶺河北岸有水錳礦，品質甚佳。《北滿鑛産誌》

杞廬主人《時務通考》卷一三《礦務一・辨質・錳》 錳養礦。火洗礦，西名貝路羅歲得，又名櫻色石，即錳養礦。顆粒爲小長方底柱形，間有針形，或戈頭形者。常遇於泥土内，成腰子或葡萄形之塊。内有同心圓形紋，或鱗形星形之紋。不通光，色黑，有金類光。百分中金錳六十三分，可作化學中取養氣之料、與玻璃色料及漂白料之用。

光滑黑錳礦：光滑黑錳礦，西名西路密拉尼，又名黑錳礦。或葡萄形，或球形，腰子形，鍾乳形。質密色黑，性脆面光。

安德孫撰傅蘭雅潘松譯《求礦指南》卷五《錳礦》 常見之錳礦，爲錳養，其色黑或灰色，又名火洗礦。此礦或成大塊，或成顆粒形，而面上之凹形，所有黑色之粉，能染指爲黑色，間有成小光亮之顆粒，如磨光之鋼色，或得葡萄串形之塊。其質有絲紋排列，其光色幾分似金類，其色與所劃痕迹，俱爲黑色。其硬率二至二・五，重率四・八至五。其原質每百分含錳六三・三分，其餘爲養氣。如合於硼砂，再用吹火筒加熱，則多發氣泡。又在白金絲上，合硼砂加熱，則成茄花色之珠，熱時變黑色，冷時變紅茄花色，此爲外層火内之變化。如在内層火加熱，則熱時無色，冷時玫瑰花色。

有一種錳養礦，另含水若干，即每一百分含水十分，又名華得，亦曰筆鉛形錳養礦。又有西路密尼錳養礦，間有一種另含鋇養等質，又名光滑黑錳礦。此礦合於硼砂加熱，則猛發氣泡。再有一種紅色之錳礦，内含矽養礦等。

地球有數處産錳養礦，似乎爲最古時之石層内，所含之錳與養氣化合而變成者。

硫磺

鄭光祖《一斑録》卷三《物理・金石》 硫黄生山下，其上出之，泉必温，邊省不一，其所甚者可以焊雞毛，熟雞子，掘出硫土以油煎煉，捨土取硫。不獨川滇諸省有之，臺灣之淡水、琉球之屬島所産極旺，商販者攜布與土人交易。其地皆熱不可耐，氣蒸如霧，蓋天地真陽之氣，上本乎日，下則藴於火井，發爲燄山，磅礴而生雷火，其結於土中，則成硫黄也。

《程賦統會》卷五《湖廣省・襄陽府》 硫黄：巴彦州連珠山佃民張廷柱地内，協領純德集股開辦，已而中止。清光緒三十三年，提學使張建勳化驗礦質鐵居百分之五十六硫黄居百分之三十二。《呼蘭府志》 硫黄：胡爾冬吉山舊火山地方、克山縣舊火山附近、嫩江縣科洛南山舊火山地方，共三處均有硫黄。《北滿鑛産誌》

康敷榮《青海誌》卷二《礦産》 硫磺産地同硝。〔台吉乃爾、可可子、科録古一帶〕

綜述

鎳礦

《清朝續文獻通考》卷三九〇《實業一三》 鎳。雲南及四川之西南部，向以産白銅稱。白銅係含鎳之合金，以作白色故名。雲南爲中國自古産鎳區，近來似已採掘垂盡。四川會理青礦山、橄欖岩之黄鐵礦，亦含鎳約百分之一至三。

杞廬主人《時務通考》卷一三《礦務一・辨質・鎳》 鎳礦。白色鎳硫礦，即白色鎳貝里底司，質含鎳鉀鐵鈷與硫。成長斜方六面形顆粒，或合成團塊，或頁形塊。色灰白，有金類光。百分中含鎳四十六分，可用之鍊取鎳。鎳鉀礦，西名可伯發臬，每百分含鎳四十三分五，間有含鈷、鐵、硫並銅、鉛者。鎳鉀礦，西名克羅安臺得，每百分含鎳二十七分八，間含鈷、鐵與鉍。鎳銻礦，西名臬司丕司古蘭司，每百分含鎳三十一分四，間含鐵、鉀、鉛、硫。鎳硫銻礦，即鎳硫合鎳鉀，西名臬古蘭司，每百分含鎳三十五分一。鎳硫合鎳銻，即弟臬古蘭司，每百分含鎳二十七分六。鎳紅土，鎳黄土，即三鎳養鉀養，内含鎳每百分有二十九分五。鎳硫礦，西名臬開司，每百分含鎳六十四分八。又有別種鎳礦，可與要礦相和而取鎳。此各礦産於亨軋里、與阿司伯格支、與土令弟阿、與來納河、與曼司彼得

地方，又須里須阿、又西班牙國、又奴爾會國本須乏尼阿邦等處。

英國鎳礦。阿那白軋脱，即鎳養鉮養，産於果奴阿拉者之虎愛辣，與本格里二處。又緑色鎳礦，産於英國北疆歲脱闌特諸島，名温司脱之素以納司地方。又有水勒來得，即鎳硫顛之礦，産於英國數處。又如受孫梟間司礦，即鐵硫與鎳硫合成者，此礦在阿軋辣公爵之産業中。

別質含鎳。有別種礦，如鐵銅磁含硫，並鉮合硫等礦，俱含錬少許，或散在其内，或因鐵之鹽類質内，可以鎳代之。如瑞顛國可來發地方，奴爾會與司乃路，又必得門脱之乏拉路地方俱産之。

鉬礦

《程賦統會》卷五《湖廣省・襄陽府》 鉬：布西縣諸敏河南二溝有鉬鑛，生於黄鐵長英岩内。《北滿鑛産誌》

杞廬主人《時務通考》卷一三《礦務一・辨質・鉬》 鉬硫礦。鉬硫礦成六面柱形顆粒，或聚合之塊，有頁形有散形。質脆易分，鉬灰色，金類光，用作化學之料。

鈷礦

《清朝續文獻通考》卷三九〇《實業一三》 鈷。吾國鈷礦僅有錳土，其成分爲氯化錳與氯化鈷。兹依産地分述之：

甲、雲南黎縣、阿迷縣、路南縣三處産錳土，含鈷百分之六至七，與銅礦相近。錳土銷售各省用作陶瓷顔料之碗青，近來出産頗稀。乙、福建福安、金門二縣俱産錳土。福安鈷礦在縣城東北四里至城東南六里一帶之山中，尤以甕磘山大溪邊爲最多，含鈷之土，土人稱爲土墨，採掘售與寧德縣三都碗廠，供畫磁用。金門縣之錳土産量極少。

安德孫撰傅蘭雅潘松譯《求礦指南》卷五《鈷》 凡含鈷之礦，用吹火筒在木炭面加熱，成白色之光點，有金類光色，能爲吸鐵所引。又將其光點在紙面上加硝强水以溼之，則水變紅色。再加以輕緑，則乾而變緑色之痕迹。如用硼砂在吹火筒内外兩層火加熱，則成深藍鉛色。但試驗之前須煅其礦，以去夫含而能散之質。

錫白鈷礦。此礦之顆粒爲八面形，或立方形，或十二面形等，折斷之剖面不平而顯顆粒形。其色錫白或灰，其劃色灰黑。硬率五・三，重率六・四至七・二。其原質爲鈷合鉮。以吹火筒試之，用硼砂或用他料，則變藍色；用硝强水則成桃紅色。

含土鈷養礦。此礦平常成大塊或成層，其色藍黑或黑。硬率一至一・五，重率二・二至二・六。其原質爲鈷與錳，各合養氣質。

紅鈷礦。此礦光色如珍珠，其顔色爲桃紅或大紅，或灰色，或帶緑色。其劃色更淡，其粉爲最淡之藍紅色。每一百分含鈷養三七・六分，其餘爲鉮與水。如加熱，則發鉮之臭。用吹火筒加熱，以硼砂等配質，其變色與別種鈷礦相同。英國所得之鈷礦，在成煤同時所成灰石層之凹内。如那威等國，在乃斯石與各原石内，亦得一種錫白色鈷礦。如德國含銅之端石層上所有之灰石内，亦有得鈷礦者。

杞廬主人《時務通考》卷一三《礦務一・辨質・鉮》 自然鉮。自然鉮俗名鈷礦，成腰子形，或球形塊，或成皮形鱗形片形塊。質不匀，色黑灰，不遇養氣則有金類光，而白如錫。性脆，作化學料，並色料之用。

又《辨質・鈷》 鈷硫礦。鈷硫礦，即鈷貝里底司，成方形顆粒，平滑美觀。或獨成唧於他石之上，或聚結以爲他石之衣，或聚合成大塊色淡紅，或鋼灰。有金類光，用作玻璃之藍色料。

白色鈷礦。白色鈷礦，西名司莫得以尼，又謂之含鉮鈷礦。顆粒爲八面、十二面形，唧於他石之上，或連結如網而爲他石之衣。質密或散，色白或淡鋼灰色，有金類光。亦用作玻璃藍色之料。

鈷花礦。鈷花礦即鈷養鉮養，常爲細粒，合聚成羣，附於他石之面，間有成片者質金土而不明，可作玻璃藍色料。

鈉礦

康敷鎔《青海誌》卷二《礦産》 硼砂。可可子、科録古台吉、乃爾等地皆産

之。木勒所屬之野牛溝尤盛。

雜録

鉑礦

代那撰瑪高温譯華蘅芳筆述《金石識别》卷八《礦金類・白金》 此類礦金亦謂之貴金類。撥拉低能，遇其生成自然者，扁粒有稜，搏結無常形，結成爲方面者最少。淡灰色或暗鋼灰色，劃視之，色同金光。打之能扁，硬四至四・五，重一・六八一九。常與衣日地恩，日和地恩，鈀留底恩，哈恩彌恩銅，鐵等金相和合，多少無一定，所以其色暗，而質比純者硬。俄羅斯出者，其合質：白金七八・九，衣日地恩五，哈思彌恩一・九，日和地恩〇・九，鈀留底恩〇・三，銅〇・七，鐵一一。入硝緑輕酸消化。吹火試之，最不能鍊，惟有些微吸鐵性，中有鐵者，吸力更多。識别之法，因其可打而不可鎔。

白金初得時，遇之於砂中，以爲銀。後又於土中及結成石中得之。約三千七百磅砂，得三磅白金。其粒小者居多。曾有大塊重一千〇八—八粒，與水重之比若一八・九四與一。又有一塊大二寸，計重一萬一千六百四十一粒。又俄羅斯曾得大塊者，一重十一磅半，一重二十一磅。俄羅斯每年所得白金約八千磅，比各處所出多十倍。花旗金礦中，亦有些微白金。白金之性，不鏽蝕，不易消鎔，故化學之器多用之。可作鍋以熬鍊硫酸，又可作礶作盃，爲火試、酸試等用。可作水電器，可作箔以包各金器，可與金鐵及鉛等金相攙。惟忌見輕酸卜對斯、及燐酸，及炭，見之則剥蝕，所以用白金器，須小心此三物。可畫磁器之邊，燒成色如鋼。可作極細之絲，細至二千分寸之一。俄羅斯以白金作貨幣。【略】

衣日地恩，日和地恩。

白金衣日地恩，粒形，其合質：日和地恩七六・八，白金一九・六四，又微有鈀留底恩及銅。緬甸近中國處有此礦。

又有一種，其合質：衣日地恩二七・八，白金五五・五，日和地恩六・九。

衣日地恩哈思彌恩礦，結成六面柱形，淡鋼灰色，常遇結成扁粒。硬六・七，重一九・五至二一・一，能打難扁。其合質無一定，有衣日地恩四六・八，哈思彌恩四九・三，日和地恩三二，鐵〇・七，又有衣日地恩二五・一，哈思彌恩七四・九，亦有衣日地恩二〇，哈思彌恩八〇。識别之法，因其粒硬於白金。入硝酸熱之，有哈思彌恩氣。遇其粒於花旗金礦中。金中有此者，則金色不佳，久鎔之，待其沈下，可去之。

衣日地恩之純質，重二一・八，最硬。

日和地恩之純質，重大於十一，硬不亞於衣日地恩。鋼内若有日和地恩，則更堅。

安德孫撰傅蘭雅潘松譯《求礦指南》卷五《鉑》 鉑不成鑛，常遇見者爲天生之形狀，或得其粒子，或得其塊其色爲白灰或深灰，其劃痕迹亦爲白灰，或深灰，其光色如金類。硬率四至四・五，重率十六至二十一。

常見之鉑，含銥或銖等金類，而鉑與銥銖，俱不能爲吹火筒所鎔化，衹能在合强水内消之。每鹽强水四分配硝强水一分，成此合强水消化之後，則成黄色水，内添錫緑，則發明紅色。

因鉑重率大，則産鉑麤細沙，或泥土，宜放於盆内，以水漂之，而鉑沈於盆底，可以分出，與分金沙法同。如將鉑在合强水内加熱而消化之，若水内添硇砂，則成光黄色，或紅黄色之顆粒質。此質加熱，則得鉑粉，鬆如海絨，所以謂之鉑絨。有數處産金類之脈内，能得鉑稍些，但平常所得之鉑，成扁形小粒，或在産黄金泥土内，疑其從石英等石内所出，而爲水衝下者。

杞廬主人《時務通考》卷一三《礦務一・辨質・鉑》 自然鉑。自然鉑成有稜扁粒，或鱗形片，或聚結無常形。遇於河沙内，色白如錫，或暗鋼灰色，有金類光，其質最固，且極難鎔，故作化學器及試驗猛烈物用之。前者俄國用之作錢，産烏拉山與舊金山，率皆細粒，最大之塊有重一二十磅者。自然鉑之亂形塊，計重二十二兩半，得於烏拉山。【略】

生鉑大塊。鉑之生成者，俱爲小粒而形略扁，且與金粒之形略同，又略同於鼇虱、胡麻之形而更小，間有大如火麻者，又有大如豆者，不能多見。格恒步得在秘魯之出科地方得鉑一塊，重九百八十二釐半，即二兩餘，送至普國京都博物院。西曆一千八百十四年，西班牙京都博物院在出科地方開金處得一塊，比鵝卵更大，其小徑二寸，長徑四寸，計重一萬一千六百四十一釐。又一千八百二十

七年，在俄國烏拉勒山，得鉑一塊，重十一磅五七，俱爲生成者，俱係含寶稱。後考天下所得最大之塊，在得米打弗博物院中，重二十一磅。

含鉑各質。鉑與鉻、鐵礦等往往同見，地學家以爲多生於色本弟尼石内，因合鉑之沙常有色本弟尼石之小粒，與哇盛得石。又因鉻、鐵礦内常見鉑，而鉑礦内常見鉻、鐵，又含鉑之沙，有石英之小塊，從此知其同見之金之來源。惟其金極少，每鉑百分或得金二三分，現在考知地學之理，凡水成之土質内，有吸鐵沙者亦必含金，然其土質内含色本弟尼石之小粒者，則其土質亦可含鉑。

白金衣日地恩礦。白金衣日地恩，粒形。其合質：日和地恩七六八；白金一九六四，又微有鈀留底恩及銅。緬甸近中國處有此礦。

衣日地恩哈思彌恩礦。衣日地恩哈思彌恩礦，扁粒，淡鋼灰色。其合質有衣日地恩四六八，哈思彌恩四九三，日和地恩三一，鐵〇七。又有衣日地恩二五一，哈思彌恩，七四九。亦有衣日地恩二〇，哈思彌恩，八〇。遇其粒於花旗金礦中。

又卷二四《化學三》 論鉑綠。其用專試鉀養與淡輕，將鉑片先入濃鹽强水，加熱沸。使之净後用合强水消化，將其水微微加熱，令稠如漿。再加以水，以傾入淡鉀綠水，或淡輕綠水内，能立成晶粒爲度。

又《化學九》 鉑之雜質。鉑與養氣化合，成鉑養與鉑養二，取法將鉑綠以多鉀養水交互化合，再加淡硫强水，則結黑質爲鉑養。將鉑綠水多加鉀養而加熱，俟初結成之質消化，再加醋酸，則結樱色之質爲鉑養二。加熱皆易化分也。與綠氣化合，成鉑綠與鉑綠二，取法，將鉑綠置熱沙盆加熱，俟不發綠氣之臭，則得鉑綠。用鉑屑一百釐，置於鹽强水量杯三兩之内，加硝强水量杯四分兩之三消化，加熱待稠如膠，再加淡鹽强水消化之，再加熱散去所餘之淡養。待冷，結成紅樱色之質，即鉑綠二也。或水或醇，皆易消化，亦爲紅樱色，化學家所必需者。蓋欲使鉀養結成，草物中無有别物，惟此傾入鉀養水内，鉀養變成鉀綠而即結。

何秋濤《朔方備乘》卷二九《考二三・北徼方物考敘・金類・白金》 臣秋濤謹案：俄羅斯有白金，形狀與中國之銀無異，惟以輕重爲别，白銀方寸重五兩，黄金方寸重十六兩，白金方寸重二十一兩。見漢黄德道、王壽同所記。按：《爾雅》：白金美者謂之鐐。《山海經》往往以銀與白金並舉，知銀之外，别有白金，正與此説相合。

銻礦

安德孫撰傅蘭雅潘松譯《求礦指南》卷五《銻》 平時所見之銻，合於硫，或鉀，或鉛等類，如遇礦質，疑其含銻，必用吹火筒之法試之。即置在木炭面上，合鈉養炭養，如含銻則在吹火筒之内層火，必成藍白色之皮，將此皮置於外層火，常散去不見，祇有内層火，而火變綠色所成之珠，爲白色。其性脆，如欲得其憑據，須刮棄其皮，置於白金片上，用輕綠水化之，再用鋅一片，浸於水内，與白金片相切，如白金片上成皮一薄層，則爲銻。又如含銻之礦，以小片放於鐵匙内，加熱必發白色之霧，即在匙邊凝結。又用吹火筒，在白金絲上，以硼砂成珠，浸於銻粉内，再加熱則在外層火無色，在内層火或無色，或帶灰色。又如所試之銻礦，含鉛，或鉍，或銅，必用他法試之。

凡礦脈内遇見金類，合於銻之質，則有不便之處，因所含之銻，有大礙於平常錬礦之功。

銻硫礦，又名灰色銻礦。平常出售之銻，爲灰色銻礦，所錬出其顆粒，爲正斜方底直柱形。其色爲鉛灰，其劃色爲鉛灰，畧帶黑色，其光色亮而有金類色。其質脆而爲薄層相合而成。其薄層稍能彎而不斷。其硬率爲二，重率四・五。【略】

能在燭火内鎔化，用吹火筒在木炭面加熱，發白色之霧，而有硫磺之臭。其精質能在鹽强水内消化。其形狀與錳礦相似。而分别之法，因容易鎔化，而劈開之面，爲斜形。灰色銻礦畧有十種，所劃之痕迹不同色。其各礦之質輭，能爲指甲所劃。如灰色之銻礦，常遇見在産銀、或鉛、或鋅、或鐵等礦之處，又常合於石英與銀礦，常遇在變形石，與火成石内。

杞廬主人《時務通考》卷一三《礦務一・辨質・銻》 銻礦。銻硫礦，又名司弟伯奈得。顆粒尖利，而形如針，成捆形，或串形，質密而重。鉛灰色，金類光。百分中含銻七十三分，可作化學料之用。凡近時所用之銻，皆從此礦錬得，而他銻礦不常取錬。光色銻礦，成分指形顆粒塊。灰色銻礦，即銻硫，每百分含銻七十一分四，大半在成顆粒之端石，並在火成石内，産於會司得發里阿之阿斯格白治、並阿次山、並安司白合山，又亨軋里、又布喜米雅、佛蘭西、西班牙都司恰尼蒲尼哇、南北阿美里加等處。此種銻礦之外，略無别種銻礦能鎔錬而得利者。

常出售之銻，大半藉此礦得之。現並英國銻礦，一百年前多開之。此礦亦含金之微迹。白替阿來得礦，即鐵硫銻硫，每百分含銻五十六分六七，閒有合於灰色銻礦，而能多得銻者。須那門臺得，即銻養，每百分含銻八十三分三七，法國屬地阿勒紀里阿之剛司旦臺娜地方多産此質，運至法國鎔鍊。紅色銻礦，即銻養二銻硫，每百分含銻七十五分〇五，得司恰尼地方多産之，合於灰色銻礦，在法國理修勒地方鎔鍊。又有銻合於數種鉛礦、銀礦、鎳礦等，間有鎔取鉛、銀、鎳而兼取之。

銻含別質。依里者得云：仆來司地方生銻不含鉛，而含鐵少許，所含之鉮比別處所産者更少。其生銻面上有半徑花紋者，每百分含鉮、硫爲〇分二五。若有顆粒之形，則含鉮硫每百分爲〇分〇四。西班牙所産之生銻，每百分含鉮硫〇分〇六三分。魯司奴者，有〇分一五。哈仔山者，〇分二三五。印度者，〇分四九。又有布闌特和仔者，每百分含鉮硫〇分一八五。卡司巴利所産之銻硫礦，絶無鉮質相雜。

鋁礦

康敷鎔《青海志》卷二《礦産》 皂礬：産於科録古及海南之大河巴。

安德孫撰傅蘭雅潘松譯《求礦指南》卷五《鋁》 此金類，天生者無有，而僅有他質化合者，如矽養，或養氣或弗氣等是也。

寶砂石，與撒非耳，與明紅寶石，俱爲鋁養質所成，而幾爲精質。如寶砂粉，含異質更多，又鋁養、合矽養爲常遇見之質。凡古石並所有各種泥質中俱含鋁養矽養。如將所試之礦，在吹火筒火内加熱，後浸在鈷養淡養水内，再加熱而變暗藍色，則爲含鋁養之憑據。以此法能分別礦内之鋁養與鎂養，見第三卷吹火筒各法内。

鋁養之要緊礦有兩種，一爲波格歲得；一爲雪形石，又名格來哇來得，此兩種礦畧而言之。

波格歲得。此質有各種色不定，間爲小粒相合而成，又有泥之形，如含鐵養，則泥有鐵鏽之顔色。其重率爲二·五五。此質每一百分含鋁養間有五十分者，即三分内一分爲鋁，其餘爲鐵養或矽養稍些與水。此質能在磺强水内消化。産在法國南邊阿爾勒近處，又於阿爾蘭地方，有一種泥，畧爲相似。

格來哇來得。此質爲半透光，其性脆，色爲白黄，或紅或黑。硬率爲二·五，重率爲三。其質爲鋁與鈉兩質，各於弗氣相合而成，每一百分含鋁十三分，在燭火内容易鎔化。産在哥連蘭之乃斯石内，又阿墨利加亦有之。

鋁爲白色之金類，較銀更白，容易磨光，亦易鎔化，倒入模内成各器，而爲金類最輕者。在空氣内不生鏽，所以功用綦宏。近來各西國謂鋁年盛一年，今復價廉，而合於銅或鋼等，甚有益處。

鉍礦

安德孫撰傅蘭雅潘松譯《求礦指南》卷五《鉍》 平常所得之鉍，爲天然而生者，亦間有合於硫礦，或養氣或碲或炭養等質。如在吹火筒外層火加熱，則成黄色之皮。如鉍合於養氣，或硫礦或鉮或銅或鉛等質，其色與硬率與重率各不同。如光色鉍礦，每一百分含鉍八十一分。其色爲鉛灰。如在玻璨試筒内加熱，則發出而凝結之質爲硫礦。又如木炭面上，用吹火筒加熱，則爆開成黄色之皮，而當中餘鉍一粒。

奥斯吞著舒高第鄭昌棪譯《鍊金新語》第二章《論金類性金類西名茂脱兒》 化學師二人，曰你斯，曰惲克爾曼，考究金類在鎔爲流質時結實數，另用一法，以砝碼置於各金類在鎔成流質内，視其浮沈若干，以測重數。又化學師黎特鏗，查得鉍在初成定質時爲最結實，與水性同，鉍既成定質後，體積加百分之三。

杞廬主人《時務通考》卷一三《礦務一·辨質·鉍》 鉍礦。鉍常有生成之純質，或在鉍養内得之。又有含鉍之土質，亦能取得少許。此各礦兼合於鎳礦並鈷礦，更有數種鎔成之質。如鎔化含銀之鈷礦，與含鎳之礦，其質内常含鉍。又如鎔化鉛礦、銅礦、銀礦，所得之質亦含鉍，俱可分取之。

自然鉍：自然鉍結成長斜方六面形顆粒，或頁形之小塊。有金類光，色紅，或銀白質紋。易劈。熱之易鎔，和於別金可鏽印字。常遇之於銀礦、鈷礦中，間遇之於鎢礦、鉛礦、鐵硫礦中。

鉍硫礦：鉍硫礦成柱形或針形顆粒，長細而尖，或聚結成塊，或連合成叢質匀易鍊淡鉛兼色，有金類光可用之鍊取其鉍。

鉻礦

安德孫撰傅蘭雅潘松譯《求礦指南》卷五《鉻》 鉻。合養氣之質，平常合鐵而爲鉻鐵礦。其色樱黑光色，畧帶金類色。其硬率五·五，重率四·五。吹火筒加熱，用硼砂之法，則得緑色之珠。又有鉛合鉻之礦，即鉛養鉻養礦，但此礦罕見。

鐠礦

杞廬主人《時務通考》卷一三《礦務一·辨質·鐠》 鐠養礦。安阿大西石，又名八面形粒礦，質爲鐠養。結成細長八面形，大半爲小顆粒，唧於別石，惟屬罕見之礦。明時皆有，光如金剛石，色藍樱黄、紅黑。百分中含鐠六十一分，可用作瓷器之色。

魯的里礦，質爲鐠養。成八面、十二面形，或多面柱形顆粒，又常有彎角形顆或針形粒。亦有髮形者，唧於他石，而爲常見之礦。透明至暗，光如金剛石，色血紅或黑樱，百分中含鐠六十一分。

鈀礦

代那撰瑪高温譯華蘅芳筆述《金石識别》卷《鈀留底恩》 鈀留底恩，常遇者結成八面形，亦有六面塊形者。結成細粒者多，其粒之紋，四出如星光。色自鋼灰至銀白。打之能扁，引之能長。硬大於四·五，重一一·八至一二·二。其質鈀留底恩，又微有白金及衣日地恩。吹火試之，不能自鍊，同硫礦能鍊。遇之於美里哥南金礦中。與白金之别，因其粒有星紋。磨之其光如鋼，久不暗，可作器皿。其硬如最好之鋼，可作刀不生鏽。可與黄金攙，黄金六分，鈀留底恩一分，攙和色白如銀，最精儀器之度分圈每用之。有時於金砂中得其大塊。現今所有之鈀留底恩，皆於鍊金銀時分得之。

綜合金屬礦藏分佈部

題解

胡渭《禹貢錐指》卷六　厥貢惟金三品。

傳曰：三品，金、銀、銅也。正義曰：金既總名，而云三品，黄金以下惟有銀與銅耳，故謂金銀銅也。渭按：《史記・平準書》：「虞夏之幣，金爲三品，或黄，或白，或赤。」《漢書・食貨志》：「古者金有三等，黄金爲上，白金爲中，赤金爲下。」黄、白、赤即金、銀、銅。鄭康成謂銅三色，非也。

《漢志》：豫章鄱陽縣武陽鄉右十餘里有黄金采。師古曰：「采者，謂采取金之處也。」《初學記》引王隱《晉書》云：鄱陽樂安出黄金，鑿土十餘丈披沙，沙中所得者大如豆，小如粟米。《山海經》曰：「會稽之山，其上多金玉。」又曰：「餘句之山多金玉。」《後漢書》：「永平十一年，漅湖出黄金，廬江太守取以獻。」《臨江府志》云：「金谿縣東有金窟山，相傳爲前代采金處。」是山陰餘姚巢縣金谿亦出黄金矣，然其著者在鄱陽。《通典》：「鄱陽郡貢麩金十兩。」陳藏器云：「麩金山水沙中，氊上淘取，或鵝鴨腹中得之。」猶易辨也。而馬端臨《土貢考》言：「遇聖節，天下進奉金一千三百兩，而江東路獨當一千，皆出自饒州。乾道間，洪文敏公洪邁謚。奏減七百兩，然視唐之數，且三十倍矣。」按：《史記・貨殖傳》云：「豫章出黄金，然厪物之所有，取之不足以更費更償也。」言其地雖名出金而不多，民採取之不足以償其功費也。近世黄金一直白金十，歲供千兩，其何以堪之？

《詩説解頤》字義卷三《秦風》　孔氏謂金、銀、銅、鐵，總名爲金，爲金兵車之飾，或是白銅、白鐵，未必皆白銀，而鋈亦非白金之名也。毛氏以鋈爲白金，誤矣。

又《毛詩注疏・附釋音》卷六　《釋器》云：「白金謂之銀，其美者謂之鐐。」然則白金不名鋈，言「鋈，白金」者，鋈非白金之名，謂銷此白金以沃灌靷環，非訓鋈爲白金也。金、銀、銅、鐵揔名爲金，此説兵車之飾，或是白銅、白鐵，未必皆白銀也。

王天與《尚書纂傳》卷四《禹貢第一・夏書》　漢孔氏曰：「璆，玉名。」曾氏曰：「蜀郡卓氏、程氏，皆以鐵冶富。擬封君，則梁州之利，尤在於鐵。」夏氏曰：「銀，白金也。」漢孔氏曰：「鏤，剛鐵。」唐孔氏曰：「鏤者，可以刻鏤器。」説見《荆州》。林氏曰：「徐貢浮磬，此貢石磬，豫又貢磬錯，則知當時樂器磬最爲重。」

阮元《尚書注疏》卷六《夏書》　厥貢惟金三品，金、銀、銅也。疏：傳：金、銀、銅也。正義曰：金既總名，而云三品，黄金以下惟有白銀與銅耳，故爲金、銀、銅也。《釋器》云：黄金謂之璗，其美者謂之鏐；白金謂之銀，其美者謂之鐐。郭璞曰：此皆道金銀之別名及其美者也。鏐即紫磨金也。鄭玄以爲金三品者，銅三色也。

劉逢禄《尚書今古文集解》卷三上　厥貢惟金三品。鄭曰：三品，銅三色也。王曰：三品，金、銀、銅也。孫云：《禹貢》鏐、鐵、錫、鉛、銀，各表其名而不言銅，故知鄭義爲的。

吴汝綸《尚書故》第一册　〔禹貢〕厥貢惟金三品。舊傳：金、銀、銅也。汝綸案：詩泮水疏引鄭注：金三品者，銅三色也，銅上脱「金銀」二字。《禮器疏》云：荆揚二州貢金三品者，《禹貢》文鄭注以爲金、銀、銅，三品者，三色也。近儒據誤本。詩疏以爲於銅之中又分三色，古不如是纖瑣也。《史記・平準書》：「有司言古者金有三等，黄金爲上，白金爲中，赤金爲下。」孟康云：赤金，今丹陽銅也。《平準書》又云：「虞夏之幣，金爲三品，或黄或白或赤」，正據此經爲文，舊傳説是。

又《荀子》卷五　曾青，銅之精，可繢畫及化黄金者，出蜀山越巂。丹干，丹砂也。

《廣雅》卷八　金、鍇，鐵也。白銅謂之鋈。沃。赤銅謂之錫。水銀謂之汞。乎孔。鐵朴謂之礦。正謂之口音雖無，疑即礦也。鈆礦謂之鏈。

徐鍇《説文解字繫傳・通釋卷一八・文二》　磺，銅、鐵朴石也。從石，黄聲，讀若穬。臣鍇曰：銅、鐵之生者多連石也。《周禮》作卝，古猛反，古文礦。《周禮》有卝人。

又《通釋卷二七・繫傳二七・九部・文三四一・重二四》　金，五色金也，黄爲之長。久薶不生衣，百鍊不輕，從革不違，西方之行。生於土，從土左右。注：象金在土中。今聲也，凡金之屬皆從金。臣鍇曰：黄、白、赤、青、黑也。金，掘地得黄金者，發土則色見，不爲土污也。通論詳矣。居斟反。

段玉裁《説文解字注》第一四篇上《金部》　金，五色金也，凡有五色，皆謂之

金也。下文白金、青金、赤金、黑金、合黄金爲五色。黄爲之長。故獨得金名。久薶不生衣，百鍊不輕，此二句言黄金之德。從革不韋，舊作違。今正。韋，背也。從革，見《鴻範》，謂順人之意以變更成器，雖屢改易而無傷也。五金皆然。西方之行，以五行言之爲西方之行。生於土，从土。𠂇又注：象金在土中形，謂土旁二筆也。今聲。下形上聲。居音切。七部。凡金之屬皆从金。金，古文金。象形而不諧聲。【略】

銑。銑，金之澤者。澤者，光潤也。《釋器》曰：絶澤謂之銑。《晉語》：玦之以金銑者，寒之甚矣。韋注：銑猶洒也。洒洒，寒皃。言於太子無温潤也。許言其光潤，韋言寒皃，皆謂金之精者耳，似異而非異也。从金，先聲。穌典切。古音在十三部。一曰小鑿。鑿所以穿木也。一曰鐘下兩角謂之銑。《考工記·鳧氏》曰：兩欒謂之銑。鄭注。銑，鐘口兩角。按：古鐘羡而不圜。故有兩角。【略】

鏐。鏐，金屬也。一曰剥也。剥者裂也。剥訓裂。知鏐與㔸義同音別。《方言》：蠡，分也。注：謂分割也，此即鏐之叚借。《方言》又曰：劙，解也。亦即此字。从金，黎聲。里西切。十五部。録，金色也。録與緑同音。金色在青黄之間也。叚借爲省録字。慮之叚借也。故録囚即慮囚。云庸録者，猶無慮也。言其緐猥。从金，录聲。力玉切。三部。【略】

鋌。鋌，銅鐵樸也。樸，木素也，因以爲凡素之偁。小徐作朴，非也。《石部》曰：磺，銅鐵樸。鋌與磺義同音別。亦謂之鋇。《淮南書》曰：苗山之鋌。从金，廷聲。徒鼎切。十一部。

席世昌《席氏讀説文記》《説文解字弟一四》 金，五色金也，黄爲之長。

《食貨志》：「金有三等，黄金爲上，白金爲中，赤金爲下。」孟康曰：白，銀也。赤者，丹陽銅也。

鏈，銅屬。

《食貨志》：「王莽鑄作錢布皆用銅，殽以連、錫。」孟康曰：連，錫之別名。李奇曰：鉛、錫璞名曰連。師古曰：孟、李二説皆非也。許慎云：鏈，銅屬也，然則以連及錫雜銅而爲錢也。下又云能采金、銀、銅、連、錫，益知連非錫矣。

桂馥《説文解字義證》卷二九 鉚，銅鐵樸石也。從石，黄聲，讀若穬。古猛切。《管子·地數篇》：「上有鉛者，其下有鉒銀；上有丹砂者，其下有鉉金；上有慈石者，其下有銅、金。此山之見榮者也。」《通雅》：「鉒金、鉒銀，皆卝也。」《漢書·地理志》：「豫章郡鄱陽縣下云武陽，右十餘里有黄金采。」顔云：采者，謂采取金之處，俗作礦。《華陽國志》：「廣漢涪水有金銀之礦。」《太康地志》：「梅根鐵冶出緣礬礦。」《寰宇記》：「龍焙監所出礦石曰白礦，曰黄礁礦，曰黑牙礦，曰松礦，曰水礦，曰黑牙礁礦，曰光牙礦，曰土卯白礦，曰馬肝礁礦，曰桐梅礁礦，曰紅礁夾生白礦，曰赤生銅礦。」《通鑑》：「雲南王異牟尋齎生金詣韋皋。」注云：金礦，未經鍛鍊者爲生金。又作鑛。《元和郡縣志》：「雅州榮經縣銅山在縣北三里，即文帝賜鄧通鑄錢之所，後以山假與卓王孫。其山今出銅鑛。邛州臨溪縣孤石山有鐵鑛，大如蒜子。」《魏書·食貨志》崔亮奏：「恒農郡銅青谷有銅鑛，計一斗得銅五兩四銖。葦池谷鑛，計一斗得銅五兩。鸞帳山鑛，計一斗得銅四兩。河内郡王屋山鑛，計一斗得銅八兩。南青州苑燭山、齊州商山並是，往昔銅官舊蹟見在。」又云：「延昌三年有司奏，長安驪山有銀鑛，二石得銀七兩。桓州又上言：白登山有銀鑛，八石得銀七兩、錫三百餘斤。詔並置銀官，常令采鑄。」又作鉚。《元和郡縣志》：「伊陽縣銀鉚窟在縣南五里，今每歲税銀一千兩。太原縣牢山出金鉚，萬泉縣絳山出銅鉚，交城縣狐突山出鐵鉚。」《隋書·食貨志》：「晉王廣聽於鄂州白紵山有銅鉚處錮銅鑄錢。」《鶴頂新書》：「丹砂始生鉚石，二百年成丹砂，三百年而成鉛，又二百年而成銀，又二百年化而爲金。」《本艸》：「錫，恡脂。李時珍曰：『此乃波斯國銀鉚也，銅、鐵樸石也者。』」《江賦》：「其下則金礦、丹礫。」李善引本書作「銅、鐵樸也」。《廣韻》：「礦，金璞也。」《廣雅》：「鐵朴謂之礦。」《四子講德論》：「精鍊藏於礦朴，庸人視之忽焉。巧冶鑄之，然後知其幹也。」《淮南子·修務訓》：「苗山之鋌。」許注：鋌，銅、鐵璞也。昭二十九年《左傳》：「遂賦晉國一鼓鐵，以鑄刑鼎。」杜注：「共鼓石爲鐵，計令一鼓而足。」《南齊書·劉悛傳》：「獻蒙山銅一斤，又銅石一斤。」

又卷四五 金，五色金也，黄爲之長。久薶不生衣，百鍊不輕，從革不違，西方之行。生於土，從土，左右注，象金在土中形，今聲。凡金之屬皆從金。居音切。《後漢書》：「益州，金、銀之所出。」【略】

《尚書正義》：古者，金、銀、銅、鐵總號爲金。胡渭曰：《管子》：「金起於汝、漢」。《韓子》：「荊南之地，麗水之中生金」，此黄金也。《周禮》：「荊州其利丹銀」，此白金也。【略】

鏈，銅屬，從金，連聲。力延切。銅屬者，《廣韻》：「鏈，鉛礦也。通作連。」《史記·貨殖〔列〕傳》：「江南出金、錫、連。」徐廣曰：連，鉛之未鍊者。《漢書·食貨志》：「鑄作錢布，皆用銅殽，以連、錫。」孟康曰：連，之別名也。李奇曰：鉛、錫璞，名曰連。應劭曰：連似銅。顔師古曰：孟、李二説皆非也。許慎云：

「鏈，銅屬也。然則以連及錫雜銅而爲錢也。」此下又云，能采金、銀、銅、連、錫。益知連非錫矣。

朱駿聲《說文通訓定聲·臨部》 金。，五色金也，黄爲之長。久薶不生衣，百鍊不輕，從革不違，西方之行，生于土，从土左右。注：象金在土中形，今聲，古文三。注：此字會意兼象形，諧聲。《爾雅·釋器》：黄金謂之璗，白金謂之銀，鉼金謂之鈑。《釋地》：西南之美者，有華山之金石焉。《水經·温水注》：華俗謂上金爲紫磨金，夷俗謂上金爲陽邁金。《易·姤》繫于金柅。虞注：乾爲金書。《禹貢》：惟金三品。注：銅三色也。揚州錫貢。鄭注：錫所以柔金也。《虞書》：金作贖刑，馬注：黄金也。《廣雅·釋器》：金，鐵也。〔轉注〕《公羊》隱五傳：百金之魚公張之。注：百金猶百萬也。古者以金重一斤，若今萬錢矣。《孟子》：王餽兼金一百。注：古者以一鎰爲一金。按：一百，今四千兩也。《齊策》：乃使人操十金。注：二十兩爲一金。《漢書·張良傳》：賜良金百金。注：秦以鎰名金，若漢之論斤。按：今俗稱一兩爲一金，古無是也。又《周禮·鍾師》：掌金奏。注：鍾及鎛。《鼓人》：以晉鼓鼓金奏。注：謂樂作擊編鍾。《吕覽》：求人功績，銘乎金石。注：鐘鼎也。又《楚語》：金足以禦兵亂。注：所以爲兵也。《周禮·瘍醫》金瘍注：創也。又《法言·孝至》帶我金犀注：金印也。《淮南·氾論》：盗管金。注：印封也。又《詩·車攻》：赤芾金舄。箋：黄朱色也。《廣雅·釋器》：鬱金綵也。

又《乾部》 鏈。，銅屬，从金，連聲。《廣雅·釋器》：鉛礦謂之鏈。《史記·貨殖〔列〕傳》：金錫連。集解：鉛之未錬者。《漢書·食貨志》：殽之連錫。應劭曰：連似銅。李奇曰：鉛錫璞。孟康曰：錫之別名，皆以連爲之。

又《屯部》 銑。，金之澤者，从金先聲。《爾雅·釋器》：絶澤謂之銑。注：即美金最有光澤也。《晉語》：而玦之金銑者寒甚矣。

郭璞《玄中記·補遺》 金精：金精爲車馬。《御覽》卷八八六。

銅精：銅之精爲僮奴。《御覽》八一三、八八六。

鉛精：鉛錫之精爲老婢。《御覽》八一二、八八六。《廣韻》二三錫注。

又：鉛錫之精爲狐狸。《御覽》九一二。

顧野王《玉篇》卷一八《金部》 金，居音切。《說文》曰：五色金也，黄爲之長，久薶不生衣，百鍊不輕，從革不違，西方之行，生於土。金，古文。銀，語巾切。《爾雅》云：白金謂之銀。鐐，力雕、力弔二切。《爾雅》云：銀美者謂之鐐。鋈，烏篤切。白金也。錫，思的切。鉛錫。又與也。釗，羊刃切。白錫也。《爾雅》曰：錫謂之釗。銅，徒東切。赤金也。鏈，力仙切。鉛礦也。鍇，器駭、古諧二切。《說文》云：九江謂鐵曰鍇。鐵，他結切。黑金也。鐵，俗。銕，古文。錬，力見切。冶金也。鋚，大幺切。鐵也。又轡首銅也。銑，先典切。金也。録，力玉切，貝文也。《說文》曰：金色也。鋻，古田、古甸二切。剛也。鏐，力脂切。金屬。鐅，同上。鑄，之樹切。鎔鑄也。銷，思樵切。鑠金也。鑠，式灼切。銷鑠也。【略】鋌，達鼎切。《說文》曰：銅鐵樸也。【略】鎔，弋鍾切。鎔鑄也。【略】鍜，下加切。鍜鍛也。釬，何旦切。《說文》曰：臂鎧也。銲，同上。又銲器也。【略】鍮，他侯切。鍮石，似金也。鉅，同上。鉐，音石。鍮鉐。【略】錀，力屯切。金。【略】鍗，徒奚切。金名。鑌，必申切。鑌鐵也。【略】鋼，古帛切。錬鐵也。【略】鉛，役川切。黑錫也。《說文》曰：青金也，亦作鈆。【略】鎏，力由切。美金。【略】鋅，同上。又金皃。鍈，知駭切。金也。【略】釥，七小切。美金也。【略】鉼，畢領切。《爾雅》曰：鉼金謂之鈑。【略】鈚，五罪切。金鈚也。鈀，夕以切。金子也。【略】鍍，音度。金鍍物也。【略】錊，子對切。錬。鑛，古猛切。鑛鐵也。【略】鋠，食振切。圓鐵。【略】鋀，音豆。鍮石似金。錭，人絹切。銀。鑽，章溢切。鐵鑽砧。鎓，渠驗切。金。釟，補戛切。冶金也。鈷，胡刻切。金。【略】鏁，思欲切。金。【略】鉑，蒲各切。金。【略】鑞，盧甲切，錫鑞也。【略】錯，七各切。鑪也，雜也。《說文》金涂也。又音厝。

《白虎通疏證》卷四《五行》 五行者，何謂也？謂金、木、水、火、土也。《淮南·原道訓》：「節四時而調五行」，注：「五行，金木水火土也。」《素問·藏氣法時論》：「五行者，金木水火土也。」言行者，欲言爲天行氣之義也。《書·洪範》：「初一曰五行。」《永樂大典·鑒字部》載鄭《書》注云：「行者，言順天行氣也。」《釋名·釋天》云：「五行者，五氣也。於其方各施氣也。」《漢書·藝文志》：「五行者，五常之形氣也。」「欲言」，《月令疏作「言欲」，盧云：「書內作『欲言』處甚多，今俱從舊本不改。《御覽》十七作『猶言』，欲與猶本可通用。」地之承天，猶妻之事夫，臣之事君也。其位卑，卑者親視事，故自同於一行尊於天也。《易·文言傳》：「《坤》道其順乎，承天而時行。」《大戴禮·三朝記誥志》曰：「天生物，地養物。」《管子·霸言篇》：「地大而不理，命曰土滿。」此明土亦在五行中義也。《繁露·五行之義篇》云：「是故木已生而火養之，金已死而水藏之。火樂木而養以陰，土之事天竭其忠。故五行者，乃孝子忠臣之行也。」《御覽》「妻」作「婦」，舊「其位」上有「謂」字，「親」下無「視」字，盧據《御覽》刪補。「同」舊作「周」，誤。《尚書》曰：「一曰水，二曰火，三曰木，四曰金，五曰土。」《書·洪範》文也。《史記集注》引鄭注云：「此數本諸陰陽所生之次也。」《易·繫辭上》曰：「天一地二，天三地四，天五地六，天七地八，天九地十。」《月令》疏引鄭注云：「天一生水於北，地二生火於南，天三生木於東，地四生金於西，天五生土於中。陽無偶，陰無配，未得相成。地六成水於北，與天爲偶，天七成火於南，與地爲配；地八成木於東，與天爲偶，天九成金於西，與地爲配，地十成土於中，與天爲偶也。」【略】金在西方。西方者，陰始起，萬物禁止。金之爲言禁也。《月令》疏引作「言秋時萬物陰氣所禁止」。《南齊〔書〕·五行志》引《五行傳》云：「金者，西方，萬物既成，殺氣之始也。」《論

衡・物勢篇》：「西方，金也。」《易・隨》云「王用享于西山」，虞注：「《兑》爲西。兑爲少陰之卦，故爲陰始起。」《釋名》云：「金，禁也。」《素問・天元紀大論注》：「金主收斂，應秋。」《説文・金部》：「金者，禁也。陰氣始起，萬物禁止。」「金」訓「禁」，見《釋名》。《説文・金部》：「金，五色金也。」此引《説文》有誤。【略】

五行之性，或上或下何？火者，陽也。尊，故上。《風俗通》引《書大傳》曰：「火者，太陽也。」《古微書・春秋感精符》云：「火者，陽之精也。」水者，陰也。卑，故下。《淮南・天文訓》：「陰氣爲水。」《論衡・順鼓篇》：「水，陰也。」木者少陽，《公羊》成十二年《經》「雨水冰」，注：「木者少陽。」《隋書・五行志》引劉向《洪範五行傳》云：「木者，少陽。」《易・繫辭下》「蓋取諸《豫》」，荀注：「《震》爲木。」《震》在東方，亦爲少陽之卦。金者少陰，《繁露・官制篇》云：「秋者，少陰之選也。」故金亦爲少陰。有中和之性，故可曲直從革。《書》疏引鄭《書》注云：「東宫於地爲木，木或曲或直，人所用爲器。西宫於地爲金，金性從形爲革，人所用爲器。」《史記》注引馬融《書》注云：「金之性從人而更，可銷鑠。」《素問・五常政大論》「火見燔焫，革金且耗」，注：「革謂皮革，亦謂革易也。」《説文・金部》：「金從革不違，西方之行。」然曲直似爲二義，則從革亦宜別解。孫氏星衍《尚書疏》云：「曲直者，言木可揉曲，亦可從繩至直。從革者，言金可從順，又可變革也。」是也。中謂金，和謂木，中爲陰，和爲陽，以對太陽太陰言，故云「中和之性」也。舊「曲」下衍一「可」字，盧刪。土者最大，苞含物將生者出，將歸者入，不嫌清濁爲萬物。《尚書》曰：「水曰潤下，火曰炎上，木曰曲直，金曰從革，土爰稼穡。」【略】五行所以二陽三陰何？尊者配天，金木水火，陰陽自偶。《易・繫辭》「兩儀生四象」，鄭注：「布六於北方以象水，布八於東方以象木，布九於西方以象金，布七於南方以象火。」虞注：「《乾》二五之《坤》成《坎》、《離》、《震》、《兑》，《震》春《兑》秋，《坎》冬《離》夏。」是即金木水火陰陽自偶之義。土者地，不居部職，故以配天也。二陽三陰：木水，陽；土金火，陰也。

金味所以辛何？西方煞傷成物，辛所以煞傷之也。猶五味得辛乃委煞也。《瘍醫》「以辛養筋」，注：「辛，金味，金之纏合異物似筋。」《説文》：「辛，秋時萬物成而熟，金剛味辛，辛痛即泣出。」《大義》云：「金味辛者，物得辛乃委殺也。亦云故新之辛也，故物皆盡，新物已成，故曰辛。」又引《元命苞》云：「陰害故辛，殺義，故辛刺陰氣使其然也。」

又卷四《五行》　五行所以更王何？以其轉相生，故有終始也。木生火，火生土，土生金，金生水，水生木。《釋名・釋天》：「五行者，五氣也。於其方各施行也。」董子《繁露・五行相生篇》云：「五行者，五官也。比相生而間相勝也。」《易・説卦傳》：「帝出乎《震》，齊乎《巽》，相見乎《離》，致役乎《坤》，説言乎《兑》，戰乎《乾》，勞乎《坎》，成言乎《艮》。」即五行相生之位也。《五行大義》引《白虎通》云：「木生火者，木性温煖，伏其中鑽灼而出，故生火。火生土者，火熱，故能焚木，木焚而成灰，灰即土也，故火生土。土生金者，金居石依山，津潤而生，聚土成山，山必生石，故土生金。金生水者，少陰之氣，温潤流澤，銷金亦爲水，所以山雲而從潤，故金生水。水生木者，因水潤而能生，故水生木。」又引《元命苞》云：「陽吐陰化，故水生木也。」是以木王，火相，土死，金囚，水休。王所勝者死，囚，故王者休。【略】《淮南・地形訓》：「木壯，水老，火生，金囚，土死。火壯，木老，土生，水囚，金死。土壯，火老，金生，木囚，水死。金壯，土老，水生，火囚，木死。水壯，金老，木生，土囚，火死。」《五行大義》云：「休王之義，凡有三種。第一論五行休王，第二論支干休王，第三論八卦休王。五行休王者，春則木王，火相，水休，金囚，土死。夏則火王，土相，木休，水囚，金死。六月則土王，金相，火休，木囚，水死。秋則金王，水相，土休，火囚，木死。冬則水王，木相，金休，土囚，火死。支干休王者，春則甲乙寅卯王，丙丁巳午相，壬癸亥子休，庚辛申酉囚，戊己辰戌丑未死。夏則丙丁巳午王，戊己辰戌丑未相，甲乙寅卯休，壬癸亥子囚，庚辛申酉死。六月則戊己辰戌丑未王，庚辛申酉相，丙丁巳午休，甲乙寅卯囚，壬癸亥子死。秋則庚辛申酉王，壬癸亥子相，戊己辰戌丑未休，丙丁巳午囚，甲乙寅卯死。冬則壬癸亥子王，甲乙寅卯相，庚辛申酉休，戊己辰戌丑未囚，丙丁巳午死。」又論八節八卦休王囚死之説，其意皆無異旨也。木王火相何以知爲臣？盧云：「『四』字上下有脱文。」案：此下蓋覆論火相、土死、金囚、水休之義也。《五行大義》云：「凡當王之時，皆以子爲相者，以其子方壯，能助治事也。父母爲休者，以其子當王，氣正盛，父母衰老，不能治事，如堯老委舜以國政也。所畏爲死者，以其身王能制殺之，所克者爲囚，以其子爲相，能囚仇敵也。」然則木王於春，木生火，火爲臣子助君父治事，故爲相也。土所以死者，子爲父報仇者也。此論土死之義也。木王則土死，木克土也。得有報仇義也。土克水，水生木，木爲水子，木又克土，是爲父報仇也。五行之子慎之物歸母，木王、火相、金成，其火燋金。此節上下文疑有訛脱，大旨論木王金囚之義，金能克木，木生火，火燋金，是亦有爲父報仇之義。《五行大義》云：「五行之道，子能極父之難，故金位克木，火復其仇。」《莊子・外物篇》：「木與木相摩則燃，金與火相守則流」，亦謂木生火，火燒金之義也。金生水，水滅火，報其理。火生土，土則害水，莫能而禦。《五行大義》云：「火既消金，水雪其恥。」此亦論水王火死之義。以火克金，金生水，水爲金子，爲金滅火也。土王水死者，亦以水克火，火生土，復害水，是皆爲父報仇者也。五行所以相害者，天地之性，衆勝寡，故水勝火也。精勝堅，故火勝金。剛勝柔，故金勝木。專勝散，故木勝土。實勝虚，故土勝水也。《漢書・藝文志》：「陰陽者，順時而發，推刑德，隨斗擊，因五勝，假鬼神而爲助者。」師古曰：「五勝，五行相勝也。」《淮南子・主術訓》：「夫火熯則水滅之，金堅則火消之。」義皆同。火陽，君之象也。水陰，臣之義也。臣所以勝其君何？此謂無道之君，故爲衆陰所害，猶紂王也。是使水得施行，金以蓋之，土以應之，欲温則温，欲寒則寒，亦何從得害火乎？《抱朴子・塞難篇》云：「案：《河》、《洛》之文，皆云『水火者，陰陽之餘氣也』。是火陽水陰也。」《魏書・房景先傳》載《五經

疑問》云：「問：『王者受命，木火相生。』曰：『五精代感，稟靈者興，相生之義，有允不違。至如湯武革命，殺伐是用，水火爲資。』」蓋即本此。《五行大義》引《白虎通》云：「陽爲君，陰爲臣，水以太陰之氣制太陽之火，金以少陰之氣制少陽之木，喻如失道之君，若殷湯放桀，武王伐紂，此皆誅有罪也。」較爲詳備。若水得施行，於火不害，蓋如君臣得所，如水不害火。《五行大義》二云：「當衰氣者，反而爲克者所制，如鼎鑊中水爲火所煎。」取義微異。曰：五行各自有陰陽。木生火，所以還燒其母何？曰：金勝木，火欲爲木害金，金者堅强難消，故母以遜體助火燒金，此自欲成子之義。又陽道不相離，故爲兩盛，火死，子乃繼之。《五行大義》二云：「木中有火，火還燒木，此是生火方盛，故能燒木。」取義亦微殊。木王所以七十二日何？土王四季各十八日，合九十日爲一時，王九十日。

【略】土所以王四季何？木非土不生，火非土不榮，金非土不成，水非土不高，土扶微助衰，曆成其道，故五行更王，亦須土也。王四季，居中央，不名時。小字本「榮」作「熒」，是也。《大義》引《五行傳》及《白虎通》云：「木非土不生，根柢茂榮；火非土不融，得木著形；金非土不成，入範成名；水非土不停，隄防禁盈；土扶微助衰，應成其道：故五行更互須土。土王四季，而居中央。」較此爲備，亦本《五行傳》義也。又引潁氏《春秋釋例》云：「五行生數，未能變化，各成其事。水凝而未能流行，火有形而未能炎光，木精破而體剛，金强而斫，土鹵而斥，於是天以五臨民，君化之。《傳》曰：『配以五成。』」案水數一，得土而成六；火數二，得土而成七；木數三，得土而成八；金數四，得土而成九。故《月令》四時皆言成數，言金木水火皆須土而成也。」《繁露・五行之義篇》：「土者，天之股肱也。其德茂美，不可名以一時之事，故五行而四時者，土之兼也。」五行何以知同時起丑訖義相生？《傳》曰：「五行並起，各以名別。」此文有譌，當云「五行何以知同時而起，託義相生。」《大義》二云：「五行同土而異時者，土離其親，有所配偶，譬如一生亦同元氣而生，各出一家，配爲夫妻，化生子息。夫五行皆資陰陽氣而生，故云濡氣生水，温氣生火，强氣生木，剛氣生金，和氣生土。故知五行得時而起，託義相生。《傳》曰『五行並起，各以名別』也。」亦較爲詳備。陽氣陰煞，火中無生物，水中反有生物何？生者以内，火陰在内，故不生也。《易》「《離》爲火」，《集解》引崔憬云：「取卦陽在外，象火之照也。」「《坎》爲水」，《集解》引宋衷云：「卦陽在中，内光明，有似於水。」是也。是即火陰在内，水陽在内之象也。故《大戴・天圓》云：「明者，吐氣者也，是故外景。幽者，含氣者也，是故内景。故火曰外景，而金水内景。」水火獨一種，金木多品何？以爲南北陰陽之極也，得其極，故一也。東西非其極也，故非一也。《淮南・天文訓》：「積陽之熱氣生火，積陰之寒氣爲水。」蓋南主夏，爲太陽，北主冬，爲太陰，故爲陰陽之極。東主春，爲少陽，西主秋，爲少陰，故非極也。《易》八卦，金木土皆有二卦，水火惟一卦，亦此義也。水木可食，金火土不可食何？木者陽，陽者施生，故可食。火者陰在内，金者陰嗇丞，故不可食。上云「五行所以二陽三陰何？二陽謂水木，陽生，故能食人。三陰謂火金土，陰殺，故不能食人」也。火水所以殺人何？水盛氣也，故入而殺人。火陰在内，故殺人壯於水也。金木微氣，故不能自殺人也。《論語・衛靈公》：「子曰：『水火吾見蹈而死者矣。』」《左傳》昭二十年：「鄭子産曰：『夫火烈，民望而畏之，故鮮死焉。水懦弱，民狎而玩之，則多死焉。』」是火殺人壯於水也。火可不入其中者，陰在内也。入則殺人矣。水土陽在内，故可入其中。金木微氣也，精密不可得入也。《釋名・釋天》：「火消化物也，亦言毁也。物入則皆毁壞也。」《大義》三云：「如火陰在内，無所堪容。」又云：「如水隄在内，堪能容納。」故火入乃殺人，水可入其中也。《淮南・天文訓》：「明者，吐氣者也。幽者，含氣者也。是故火曰外景，是故水曰内景。吐氣者施，含氣者化，是故陽施陰化。」水火不可加人功爲用，金木加人功。火者盛陽，水者盛陰者也。氣盛不變，故不可加人功爲人用，金木者不能自成，故須人加功以爲人用也。《御覽・天部》引《孫卿子》曰：「水火有氣而無生也。」五行之性，火熱水寒，有温水，無寒火何？明臣可爲君，君不可更爲臣。《五行大義》引《白虎通》云：「火熱水冷，有温水，無寒火何？明臣可爲君，君不可爲臣。火煎水爲湯者，不改其形，但變其名也。永滅火爲炭者，形名俱盡也。亦如君被廢而不存，臣有罪而退職也。」較詳。又云：「五行相克，木穿土不毁，火燒金不毁者，皆陽氣仁，好生故也。金伐木犯，水滅火犯者，陰氣貪，好殺故也。」《西京雜記》：「董仲舒曰：『葶藶死於盛夏，款冬華於嚴寒，水極陰而有温泉，火至陽而有涼焰，故知陰不得無陽，陽不容都無陰也。』」取義與此殊。五行常在，火乍亡何？水太陰也，刑者故常在。金少陰，木少陽，微氣無變，故亦常在。火太陽精微，人君之象，象尊常藏，猶天子居九重之内，臣下衛之也。藏於木者，依於仁也。《抱朴子》：「木行爲仁，爲青。」「依於仁」，《論語・述而》語。水自生金，須人取之乃成，陰卑不能自成也。《韓非子・内儲説上・七術篇》：「荆南之地，麗水之中生金。」《舊唐書・德宗紀》：「語：『邕州所奏金坑，誠爲潤國，語人以利，非朕素懷。其任人採砂，「其任人採砂」，《舊唐書・德宗紀》作「其坑任人開採」。官不得禁。』」是金須人取也。木所以浮，金所以沈何？子生於母之義。肝所以沈，肺所以浮何？有知者尊其母也。《素問・難經》三十三難云：「肝青象木，肺白象金，肝得水而沈，木得水而浮，肺得水而浮，金得水而沈，何也？肝者，非爲純木也，乙角也。庚之柔，釋其微陽而吸其微陰之氣，其意樂金。肺者，非純金，辛商也。丙之柔，釋其微陰，始而就火，其意樂火。」若然，肝本乙木與庚合，故從金，肺本辛金與丙合，故從火。脾本己土與甲合，故從木。義相兼矣。「尊其母」者，水生木，金生水，木爲水子，金爲水母，肝木爲水子，故沈。肺金爲水母，故浮。浮爲尊，沈爲卑也。一説木畏金，金之妻庚，受庚之化，木者法其本，柔可曲直，故浮也。肝法其化，直故沈。五行皆同義。盧云：「文有訛。」案《大義》三引《白虎通》云：「一説云：甲木畏金，以乙妻

庚，受庚之化，木法其本，直甲故浮。肝法其化，直乙故沈。庚金畏火，以辛妻丙，受丙之化，金法其本，直庚故沈。肺法其化，直辛故浮。」當據以補正。《大義》引《五行書》云「甲以女弟乙嫁庚爲妻，丙以女弟丁嫁壬爲妻，戊以女弟己嫁甲爲妻，庚以女弟辛嫁丙爲妻，壬以女弟癸嫁戊爲妻」，皆即五行相雜之義也。

又卷七《攷黜》 孝道純備，故内和外榮，玉以象德，金以配情，芬香條鬯，以通神靈。玉飾其本，君子之性，金飾其中，君子之道，君子有黄中通理之道美素德。金者精和之至也，玉者德美之至也，鬯者芬香之至也。君子有玉瓚秬鬯者，以配道德也。其至矣，合天下之極美，以通其志也，其唯玉瓚秬鬯乎。

史游撰顔師古注《急就篇》 鐵、鈇、鑽、錐、釜、鍑、鍪。因説金，銀，遂陳用器也。鐵鈇，以鐵爲莖刃也。一曰以鐵爲椹也。錐所以刺入也。鑽所以穿通也。釜所以炊煮也。大者曰釜，小者曰鍑，北燕朝鮮洌水之間謂之錪。鍪似釜而反脣，一曰鍪者小釜類，即今所謂鍋也。亦曰鏃、鑹。鍛、鑄、鉛、錫、鐙、錠、鐎。凡金鐵之屬椎打而成器者謂之鍛。銷冶而成者謂之鑄。鉛，青金也。錫，一名鈏，在銀、鉛之間，即今白鑞也。鐙所以盛膏夜，然燎者也。其形若杅，而中施釭，有柎者曰鐙，無柎者曰錠。柎，謂下施足也。鐎，謂鐎斗，温器也，似銚而無緣。

鈐、鐪、鉤、銍、斧、鑿、鉏。鈐鐪，大犁之鐵鉤，即鎌也。形曲如鉤，因以名云。亦謂之鍥。銍，刈黍短鎌也。斧，所以伐木也。鑿，所以穿木也。鉏，去草之具也。一名兹基。銅鍾、鼎、鋞、鋗、鉇、銚、銅鍾，以銅爲鍾。鍾，酒器也。鼎，三足兩耳，爨器也。鋞，温器，圓而直上也。鋞，字或作鈃，鈃似鍾而長頸也。鋗，亦温器也。鉇，系而提之銚。釭、鐧、鍵、鉆、冶、錮、鐈。釭，車轂中鐵也。鐧，軸上鐵也。施釭鐧者，所以護軸使不相摩壂也。鍵以鐵，有所豎關，若門牡之屬也。鉆以鐵，有所鑷取也。冶，銷金鐵之鑪也。錮者，鑄而補塞之，令其堅固也。鐈者以鐵，有所輔，若橋梁之形也。

蕭統《文選箋證》卷六 銅鍇之垠。注：劉逵曰：鍇，金屬。按本書《南都賦》注引《説文》曰：九江謂鐵爲鍇，此云金屬，鐵亦謂之金。《廣雅》：金、鍇，鐵也。《説文》：鐵，黑金也。《書・吕刑》疏云「古者金、銀、銅、鐵，總號爲金」是也。

李善注《文選》卷一二郭景純《江賦》 其下則金礦丹礫。歷雲精燭銀。《説文》曰：「礦，銅、鐵璞也。古猛切。」丹礫，丹砂也。《異物志》曰：「雲母一曰雲精，入地，萬歲不朽。」《穆天子傳》曰：「乃披圖視典曰，天子之寶，璇珠燭銀。」郭璞曰：銀有精光，如燭也。

蕭吉《五行大義》卷二《第四論相生》 柳世隆云：木，王時爲林、園、竹、樹，相時爲葦荻、草萊，休時爲椽柱、船車，囚時爲薪、榛梗，死時爲棺槨、杇柱。火，王時爲陶冶炎光，相時爲燈燭，休時爲煙氣，囚時爲炭燼，死時爲灰。土，王時爲國邑、山岳，相時爲城社、丘陵，休時爲田宅，囚時爲墻垣，死時爲糞壤。金，王時爲金、玉、寶器，相時爲銀、銅、利刃，休時爲鉛、錫、犂鋤，囚時爲焦器、釜鑊，死時爲沙礫、碎鐵。

孤剛子《黄帝九鼎神丹經訣》卷一〇 太陰者，鉛也；太陽者，丹砂也。

孫思邈《千金翼方》卷一《藥録纂要・藥名第二》 論曰：有天竺大醫耆婆云，天下物皆是靈藥，萬物之中無一物而非藥者。斯乃大醫也。故《神農本草》舉其大綱，未盡其理，亦猶咎繇創律，但述五刑，豈萃其事？且令後學者因事典法，觸類長之無窮竭，則神農之意從可知矣。所以述録藥名品，欲令學徒知無物之非藥耳。

【略】丹砂、空青、緑青、曾青、白青、扁青、石膽、雲母、朴消、消石、芒消、滑石、石鍾乳、紫石英、礬石、馬齒礬、絳礬、黄礬、青礬。白石英、五石脂、太一餘糧、紫禹餘糧、石中黄子、禹餘糧、黄禹餘糧、金屑、銀屑、水銀、汞粉。雄黄、雌黄、【略】石硫黄、熏黄、陽起石、【略】蜜陀僧、【略】銅礦石、銅青。

又卷二《本草上・玉石部上品》 空青：味甘，酸寒，大寒，無毒。主青盲，耳聾，明目。利九竅，通血脈，養精神，益肝氣。療目赤痛，去膚翳，止淚出，利水道，下乳汁，通關節，破堅積。久服輕身，延年不老，令人不忘，志高神仙。能化銅、鐵、鈆、錫作金。生益川山谷及越嶲山有銅處，銅精熏則生空青，其腹中空。三月中旬，採亦無時。

緑青：味酸寒，無毒。主益氣，療鼽鼻，止洩痢。生山之陰穴中，色青白。

曾青：味酸，小寒，無毒。主目痛，止淚。出風痹，利關節，通九竅，破癥堅積聚，養肝膽。除寒，殺白蟲，療頭風，腦中寒，止煩渴，補不足，盛陰氣。久服輕身不老，能化金、銅。生蜀中山谷及越嶲，採無時。

白青：味甘，酸，鹹，平，無毒。主明目。利九竅，耳聾，心下邪氣，令人吐，殺諸毒三蟲。久服通神明，輕身延年不老。可消爲銅劒，辟五兵，生豫章山谷，採無時。

扁青：味甘，平，無毒。主目痛，明目，折跌，癰腫，金瘡不瘳。破積聚，解毒氣，利精神，去寒風痺，及丈夫莖中百病，益精。久服，輕身不老。生朱崖山谷、武都、朱提，採無時。

石膽：味酸，辛，寒，有毒。主明目，目痛，金瘡諸癇痙，女子陰融痛，石淋寒，崩中下血，諸邪毒氣。令人有子。散癥積，欬逆上氣及鼠瘻、惡瘡。鍊餌服之，不老。久服增壽神仙。能化鐵爲銅，成金銀。一名畢石，一名黑石，一名碁

石，一名銅勒。生羌道山谷羌里勾青山，二月庚子辛丑日採。

礬石：味酸，寒，無毒。主寒洩痢，白沃，陰蝕，惡瘡目痛。堅骨齒，除固在骨髓，去鼻中息肉。鍊餌服之，輕身不老，增年。岐伯云久服，傷人骨。能使鐵爲銅。一名羽，一名羽澤。生河西山谷及隴西武都、石門，採無時。

水銀：味辛，寒，有毒。主疥瘻痂瘍，白禿。殺皮膚中蝨，墮胎除熱，以敷男子陰，陰消無氣。殺金、銀、銅、錫毒。鎔化還復爲丹，久服神仙不死。一名汞，生符陵平土，出於丹砂。

雄黃：味苦，甘，平，寒，大温有毒。【略】得銅可作金，一名黄食石，生武都山谷、燉煌山之陽，採無時。

雌黃：【略】生武都山谷，與雄黄同山生。其陰山有金，金精熏則生雌黄，採無時。

石硫黃：【略】能化金、銀、銅、鐵、奇物，生東海牧羊山谷中，及太山、河西山，礬石液也。

磁石：【略】生太山川谷，及慈山山陰，有鐵處則生其陽，採無時。

玄石：【略】一名玄水石，一名處石，生太山之陽。山陰有銅，銅者雌，玄者雄

釋慧琳《一切經音義》卷一〇《文殊師利所説摩訶般若波羅蜜多經》 金礦。下古猛反。《廣雅》云：「礦，强也。鐵璞謂之礦，鉛礦謂之鏈。鏈，音連。」《説文》：「銅、鐵等璞也，從石黄聲。或作磺，亦作鉗，並俗字也。」

又卷一八 鉛錫。上悦專反，下先歷反。《周禮·職方氏》：「楊州之利金錫。」鄭注云：錫，鑞也。《爾雅》：「錫，謂之鈏。」郭璞注云：今之白鑞也。案：鉛、錫與白鑞三物各别，其實不一。錫色青黑，鑞色最白，鉛色黄白，所用不等。故《説文》云：「鉛，青金也，錫，銀鉛之間。」足明别異也。

又卷三五 鉛錫。上音緣。《尚書·禹貢》：青州所貢。《説文》：青金也，從金㕣聲，㕣音，同上下音。昔鄭注《周禮》云：錫，鈏也。《説文》：銀、鉛之間有錫。《字典》云：錫似鑞，鑞黄白，錫青黑，從金易聲。

釋玄應《一切經音義》卷三《大乘大集地藏時論經》 鉛錫。上悦專反，下先歷反。《周禮·職方氏》：楊州之利金錫。鄭注云：錫，鑞也。《爾雅》：錫，謂之鈏。郭璞注云：今之白鑞也。案：鉛，錫與白鑞三物各别，其實不一。錫色青黑，鑞色最白，鉛色黄白，所用不等，故《説文》云：鉛，青金也。錫，銀之間，足明别異也。

又卷六《妙法蓮華經第一卷》 鉛錫。役川反。《説文》：青金生。《尚書》：青州貢鉛是也。錫，銀，鉛之間。

李昉等《太平御覽》卷八〇九《珍寶部八·金上》 《説文》曰：金，五色金也黄金爲之長。久埋不生衣，百淘不輕，從革不違，西方之行也。生於土，從土，左右注象金，在土中形。

《釋名》曰：「金，禁也，氣剛毅，能禁制物也。」

又《洪範》曰：「五行四曰金，從革作辛。」孔安國曰：金可以改更。

李燾《續資治通鑒長編》卷四二《太宗》 〔至道三年，十二月，戊午〕凡租税有穀、帛、金、鐵物産四類。【略】金鐵之品四：一曰金，二曰銀，三曰錫，鑞，四曰銅，鐵。

楊時《龜山集》卷七《辨二·王氏字説辨·金銅》 金，正西也，土於此終，水於此始。銅，赤金也，爲火所勝，而不自守，反同乎火。

《月令》於金、木、水、火皆以成數言之，惟土曰其數五而已。蓋五行皆主土而後成，故土主於四季，無終於正西之理。水土俱生於申，則正西亦非水土始終之所也。五金皆爲火所勝，而不能自守，反同於火，非特銅而已。然謂之銅者，蓋五金皆金，正謂黄金爲金，銅亦黄也，同於金而已。

李昭玘《太學新增合璧聯珠聲律萬卷菁華》前集卷一五《金》 金之性。内金示和也。注：金從革，性和。禮器入門而金作示情也。注：金情内明，象人情也。《仲尼燕居》。金之性沉，託之於舟則浮。《齊俗訓》。金者少陰，有中和之性。《白虎通》。體性堅剛，半陰半陽，五音爲商，五常爲義，五言爲事，非土不成。同上。金之氣：《劉向傳》説曰：金，西方方物既成，殺氣之始也。《前·五行志》。西方，金行之氣。《後·西羌》序。金之爲言禁也，言秋時萬物陰氣所禁止物也。同上。

王觀國《學林》卷一〇《卝》 許慎《説文》曰：磺，胡猛切，僕也。亦作「卝」，古文也。故《周禮》有「卝人掌金玉錫石之地」。鄭氏注曰：卝之言礦也。金石未成器曰礦。觀國案：磺亦作礦，卝亦作𠂢，則卝者，古文礦字也。《周禮釋音》：卝，音胡猛切。王荆公引詩「總角丱兮」，以釋卝人之義，取其有分别之義。若然，則丱兮音慣，而卝人亦音慣矣。若卝人音慣，則《字書》卝人之卝，當棄而不用也。故荆公《字説》收礦字，而不收卝字，恐卝字未可遽爾削去也。《禮記》曰：「天子之六府有司貨」，鄭氏注曰：司貨，卝人也。陸德明《音義》曰：「卝，胡猛切」，義甚明也。《廣韻·上聲》於礦字訓曰：「金，礦璞也。」於卝字訓曰：

「金、玉未成器也。」又二字分二切，則誤矣。《禮部韻略·上聲》：卝字，胡猛切，金玉未成器也。磺字，古猛切，銅鐵朴石也。亦誤矣，蓋卝、礦乃一字一義也。《廣韻·禮部韻略》皆分作二字二義，而所訓二義又同而無別，蓋《廣韻》唱其誤，而《禮部韻略》襲其誤也。

蔡沈《洪範皇極内外篇》卷二《皇極内篇下》 昔者，聖人之原數也，以決天下之疑，以成天下之務，以順性命之理，析事辨物，彰往察來，是故天數五，地數六。五六者，天地之中合也。五爲五行，六爲六氣，陽性陰質。五行之性曰木，曰火，曰土，曰金，曰水；六氣之質曰胎，曰生，曰壯，曰老，曰死，曰化。木之質也曰楊，柳，曰梅，李，曰松，栢，曰竹，葦，曰禾，麥，曰蕈；火之質也曰木火，曰石火，曰雷火，曰油火，曰蟲火，曰燐；土之質也曰砂，曰石，曰圡，曰土，曰壤，曰泥；金之質也曰汞，曰銀，曰金，曰銅，曰鐵，曰鉛。

吴萁《常談》 金有三等：黄金爲上，白金爲中，赤金爲下。孟康曰：「白金，銀也。赤金，丹陽銅也。」今不聞丹陽有銅。

潘自牧《記纂淵海》卷一《金》 傳記：衆口鑠金。《國語》。金有五色，西方之行也。《説文》。金者少陰，有中和之性。《白虎通》。體性堅剛，半陰半陽。五音爲商，五常爲義，五事爲言，非土不成。同上。衆口鑠金者，在五行二曰火，五事二曰言，言與火宜，故曰鑠金。《論衡》。延陵季子見遺金於路，呼牧者取之，牧者曰：「何子居之高而視之下也？類君子而言野也。有君不臣，有友不友，當暑衣裘，吾豈取金者乎？」《韓詩外傳》。

戴侗《六書故》卷四《地理一》 金，𨤾，居箴切。白金，銀；青金，鉛、錫；赤金，銅；黑金，鐵。黄金最貴，故獨稱金。金生於土，故從土，今聲，八象丱形。《説文》曰：「𨤾，古文。」【略】

銀，【略】白金也。

銅，【略】赤金也。

鉛，【略】青金也。

鐵，【略】黑金也。

鏐。【略】《爾雅》曰：「黄金之美者。」韋昭郭璞曰：紫磨金也。一曰弩眉。《説文》曰：「球或作璆。」《禹貢》：「梁州之貢璆、鐵、銀、鏤」，疑即鏐也。

錫。【略】銀、鉛之間者爲錫。《爾雅》曰：「錫謂之鈏。」疏曰：錫，白鑞也。【略】

鑞，【略】錫之堅白者也。

鐐。【略】《爾雅》曰：「白金之美者」。毛萇曰：大夫鐐琫。【略】

鏈，《説文》曰：銅屬。亦單作連。《史記》：「江南出金、錫、連。」徐廣曰：鉛之未錬者。今人以銀鐺之類相連屬者爲鏈，去聲。

鍇。【略】《説文》曰：「九江謂鐵曰鍇。」張衡賦曰「銅鐵錫鍇」。一曰白鐵也。《春秋傳》有「文之鍇」。

鍮，【略】以盧甘石鍊銅成鍮。又作鋀。《類篇》曰：「石名，似金，今人謂之鍮石，別有鉐文。」顧野王曰：「音石，鍮，鉐也。」

周密《癸辛雜識》續集卷下《張敬堂金紫銀青》 廣西諸洞産生金，洞丁皆能淘取。其碎粒如蚯蚓泥，大者如甜瓜子，故世名瓜子金。其碎者如麥片，則名麩皮金。金色深紫，比之尋常金，色復加二等，此金之絶品也。銀之品有紋如羅甲者，有松紋者，有中窪而郭高者，皆爲精銀。其絶品則色青，故官品有金紫銀青之目，蓋金至於紫，銀至於青爲絶品也。

許謙《詩集傳名物鈔》卷四《秦一之一一變九》 金銀銅鐵鉛，總謂之金，謂消白金，未必皆白銀也。

《宋史》卷一七四《食貨志上二》 金鐵之品四：一曰金，二曰銀，三曰鐵、鑞，四曰銅、鐵錢。

黄公紹熊忠《古今韻會舉要》卷六《平聲下一》 《説文》：鉛，青金也，錫之類。鉛生蜀，錫生桂陽，有銀坑處有之。

張志淳《南園漫録》卷一《鉛錫》 嘗見《本草》謂粉爲錫粉，又名定粉，即今婦女傅面之粉也，此粉燒鉛所成。錫爲五金之賊，只可爲器皿，不可爲粉，不知何以名錫粉。後見《周禮》金有六齊，以金六錫一爲鍾鼎之齊，以金錫半爲鑒燧之齊，注謂錫多則刃明，故諸齊皆以錫和之，故鑒燧金錫相半。今觀古鑒，多清白，信矣。然錫絶不可和金，亦不可爲粉，乃知古之錫，即今之鉛也。但錫山之名已久，何以不名爲鉛，而名錫。然江西有鉛山縣，又何以鉛名乎？誌謂周秦間曾産鉛錫，則鉛與錫固通名也。韻書亦稱鉛爲黑錫，則鉛爲錫明矣。然鍾、鼎、斧、斤、戈、戟、大刃、削、殺、矢、鑒、燧，皆和以鉛，則防其挫折易虧缺，用其堅韌不脆，用其照物明白，所謂金性堅剛，錫性柔，與金或赤黑，錫則青白也。然則古謂鉛爲錫，今則鉛自鉛，錫自錫耳。

郎瑛《七修類稿·天地類·黄烏銀》 《猗覺寮》云：《漢·食貨志》：金三品，黄金爲上，白金爲中，赤金爲下。孟康注曰：白金，銀也；赤金，銅也。故今

天下以白金爲銀。其後又云造銀錫白金。夫既造銀，又造白金，疑非銀也，恐金之白色者。殊不知孟康自是，而朱新仲不知銀錫合造而爲白金之故，予已明前《事物類》矣。但《本草》有黄銀、烏銀，黄以爲瑞物，烏以爲養生者，造器以煮藥，俱曰闢邪之物，意其黄即金也，烏或近時藥燒之物歟？然皆無闢邪之説，疑荒唐也。後讀《唐史》，太宗嘗以黄銀帶賜玄齡，又自云世傳黄銀鬼神畏之。讀《孟郊集》有「贈炭價重雙烏銀」詩，則知唐時實有之物。後讀《演繁露》，方知黄銀乃赤銅，其貴比銀，特色黄耳。隋時有而流至唐初，鬼神畏者，即古云鬼神畏銅之故。烏銀，予恐即今之倭銀，蓋色如鉛之故，然亦恐蹈朱新仲之誤，書以俟博。

鄭曉《古言》卷上　金作贖刑。漢孔氏注爲黄金，唐孔氏《吕刑》「罰鍰」傳爲黄鐵，與此不同。蓋古金、銀、銅、鐵皆號爲金，《釋器》：「黄金曰璗，其美者曰鏐，曰金，曰銀。其美者曰鐐，是金、銀皆名金也。」《考工記》攻金之工，築氏爲削，冶氏爲殺矢，鳧氏爲鍾，㮚氏爲量，段氏爲鎛，桃氏爲劒，有銅有鐵，皆名爲金鐵，亦包銅矣。此傳黄金，《吕刑》黄鐵皆銅也。古之贖罪者，皆用銅，漢始改用黄金，但少其斤兩，令與銅相敵，後魏以金難得，合金一兩，收絹十疋。

宋詡《宋氏家規部》卷四《金類·五金》　金曰黄金，銀曰白金，銅曰赤金，鉛曰青金。

銅加以倭鉛，以蘆甘石者皆黄，以錫則響，以鉛則雜，以砒汞而點白者，又非原白也。

陸楫《古今説海》卷九朱輔《溪蠻叢笑》　出山銀。西溪接靖州境，出鉛。鉛中有銀，銀體差黑。未經坯銷，名出山銀。

白玉蟾《金丹正理大全諸真玄奥集成》卷之六《紫清指玄篇·鈎鎖連環經》

太乙元君曰：金丹即是汞，汞即是鉛，鉛即銀，銀即砂，砂即金，金即錫，錫即水銀，水銀即青金，青金即白金，白金即黑金，黑金即黄金，黄金即紫金，紫金即河車。

馮復京《六家詩名物疏》卷二《國風·周南二·金》　《爾雅》云：「黄金謂之璗，其美者謂之鏐。白金謂之銀，其美者謂之鐐。鉼金謂之鈑。錫謂之鈏。純澤謂之銑。」《説文》云：「金，五色金也。黄爲之長。久薶不生衣，百鍊不輕，從革不違，西方之行。生于土，從土左右。注：象金在土中形。銅，赤金也。銀，白金也。鉛，青金也。鐵，黑金也。錫，銀、鉛之間也。」《釋名》云：「金，禁也，氣剛毅能禁制物也。」《易·説卦》曰：「乾爲金。」《尚書》云：「揚州厥貢，惟金三品。」注：金、銀、銅也。鄭云：「銅三色也。」又云：「荆州厥貢，惟金三品。」又云：「五行四曰金，金曰從革，從革作辛。」【略】《淮南子》云：「黄埃五百歲生黄澒，黄澒五百歲生黄金，黄金千歲生黄龍。」注：中央數五，故五百歲一化。澒。黄金、水銀也。《孝經援神契》曰：「石潤苞玉，丹精生金。」

卓明卿《卓氏藻林》卷四《珍寶類》　金礦、丹礫、雲精、燭銀、玏珋、璿瑰、水碧、潛瑎。礦，銅、鐵璞也。丹礫，丹砂也。雲精，雲母也，入地萬年不朽。燭銀，銀有精光如燭也。玏珋、璿瑰皆玉石名，水碧、潛瑎亦水玉名也。

陳絳《金罍子》下篇卷三　金有五：曰青金曰錫，曰赤金曰銅，曰黄金曰金，曰白金曰銀，曰黑金曰鐵。而黄擅金名，故經傳稱金者皆黄金也。銅以金命之，則遜黄曰赤，以鐵名之，則進赤曰黄，故唐孔氏《吕刑》「罰鍰」傳謂鍰是黄鐵爲銅。而《虞書》「金作贖刑」，漢孔氏注謂黄金。唐虞以黄金爲中幣，行使皆用黄金故耳，雖秦漢猶然，漢第少其斤兩，令與銅相值，至後魏始改用絹。近時澹老却以銅、鐵皆名金，鐵亦近銅，故兩傳注黄釜、黄鐵皆是銅，則别用鄭注。鄭注：《禹貢》金三品，曰銅三色也。

田藝蘅《留青日札》卷二三《鉛錫》　《説文》：「鉛，青金也。錫之類，能殺蟲毒。錫，銀色，而鉛質也。」古稱錫爲黑錫，今曰黑鉛是也。《禮》金錫注：錫，鈏也，鑞也。今曰鑞錫是也。《本草》云：「錫有黑有白，錫粉、胡粉也，當曰鉛粉，蓋鉛可燒粉而錫不可燒。今之定粉、水粉是也。」

彭大翼《山堂肆考》卷一八四《珍寶·金》　財貨源流：金者，金、銀、銅、鐵、鉛、錫之總名。按：五行地四，生金是也。《説文》：「金有五色，黄金爲長，久薶不生衣，百煉不輕。從革不違，西方之行也。」《周易參同契》：「黄土，金之父，流珠，水之母。」《爾雅》：「黄金謂之璗，其美者謂之鏐。鉼金謂之鈑，絶澤謂之銑。」璗鏐即紫磨金也，鈑即周禮祭五常供金鈑是也。銑最有光澤也。

彭大翼《山堂肆考》卷二二九《補遺》　琨瑶阜：産琨瑶之山也。又有銅錯垠，生銅錯之谷也。錯，金屬，一曰白鐵。

伍守陽《金丹要訣·言後天》　凡鉛水，凡銀金，凡砂火，凡汞木，凡土土，此有形之金木水火土也。凡鉛即黑錫也，凡銀即世寶也，凡砂即朱砂也，凡汞即水銀也，凡土即硫土也，實死砂也。蓋後天有形之物也。張虚靖云：後天形也。又云，以後天言，五者皆實，後天滯於有形故也。

《續文獻通考》卷二四一《仙釋考·道書名義》　鉛、汞。鉛取於銀，其體沉重而

喜墜，比腎水以潤下易漏。汞出於砂，其體輕飛而喜升，比心火以炎上易散。

李時珍《本草綱目》石部第九卷《爐甘石》　金、銀之苗也，其塊大小不一，狀似羊腦，鬆如石脂，亦粘舌。產於金坑者，其色微黄，爲上。產於銀坑者，其色白，或帶青，或帶緑，或粉紅。

又卷一〇《金石之四・石類下三九種・玄石別録中品》　釋名：玄水石，《別録》：處石。時珍曰：玄以色名。

集解：《別録》曰：玄石生太山之陽，山陰有銅，銅者雌，鐵者雄。弘景曰：本經慈石，一名玄石。《別録》又云玄石一名處石，名既同，療體又相似，而寒温銅鐵畏惡有異，俗方不用，亦無識者，不知與磁石相類否？恭曰：此物鐵液也，慈石中有細孔，孔中黄赤色。初破好者，能拾鐵吸鐵，其無孔而光澤純黑者，玄石也。不能拾療體，亦劣于慈石。頌曰：今北番以慈石作禮物，具塊多光澤，吸鐵無力，疑即此玄石也，醫方罕用。時珍曰：慈石生山之陰有鐵處，玄石生山之陽有銅處，雖形相似，性則不同，故玄石不能吸鐵。

高濂《遵生八牋》卷八《叚錦坐功圖・作用成丹第四》　鉛汞相投合而成丹，鉛汞二物同生于一，金生水，鉛生銀也；水生木，銀生砂也；木生火，砂生汞也。火不自生則歸之於木，木不自生則歸之於水，水不自生則歸之於金，運汞投鉛之秘旨，在於忘情，情忘則性復，性復則歸虚。

顧起元《金陵古今圖考説略》卷二六《珍格》　《説文》：「鉛，青金也。錫之類，能殺蟲毒。錫，銀色而鉛質也。」古稱鉛爲黑錫，今曰黑鉛是也。《禮》金錫注：錫，釼也，鑞也，今日鑞錫是也。《本草》云：「錫有黑有白。錫粉，胡粉也。當云鉛粉，蓋鉛可燒粉，而錫不可燒，今之定粉、水粉是也。古稱鉛生蜀，錫生桂陽，今無錫縣有錫山，廣信府有鉛山。」又曰：「有銀坑處有之。」

方以智《通雅》卷二七《貨賄》　《爾雅》：白金謂之銀，而漢白金以銀錫爲之。

又卷四八《金石》　銀生鑛中石縫，如亂絲色紅，有曰老翁鬚者，爲上有白如草根有銜黑石者，生樂平鄱陽產鉛之山。一名龍牙，一名龍鬚者，是正獨孤滔《丹房鏡源》所云銀笋，爲至藥根本也。波斯國銀鉡曰錫藺脂。魏繆襲注尤射一卷，乞膚金于我。注：即今銀也。【略】黄銀非一種鍮石，石中之銅汁似金也。

宫夢仁《讀書紀數略》卷三七《人部・空青》蔣超伯《南漘楛語》卷三《空青》　《黄庭經》：「惟待九轉八瓊丹。」注：八瓊者，朱砂、雄黄、空青、琉黄、雲母、戎鹽、硝石、雌黄。按：此八物中，空青最不易得。《本草》云：「空青其腹中空，能化銅、鐵、鉛、錫作金。」《庚辛玉册》云：「空青中空，有水如油，治盲立效。」曾青形如黄連。曾、空二青皆寶物也。又按：《淮南子・墬形訓》：「黄埃五百歲生黄澒，黄澒五百歲生黄金，青曾八百歲生青澒，青澒八百歲生青金。」曾青即青曾耶。

傅仁宇《審視瑶函》卷五《金鍼辨義》　古人云金鍼者，貴之也，金爲五金之總名，銅、鐵、銀、錫皆是也。

李世熊《錢神志》卷一　《財貨源流》云：「金者，金、銀、銅、鐵、鉛、錫之總名。按五行地四生金是也。」《説文》曰：「金有五色：白金銀，青金鉛、錫，赤金銅，黑金鐵，黄金。金爲之長。久埋不生衣。百陶不輕，從革不違，西方之行也，生於土，從土左右。注：象金在土中形。」

《漢武内傳》曰：「五百歲天下名山一開，開時金玉之精湧出。」

《物理小識》曰：「錫受太陰之氣而生，二百年成砒，砒二百年而錫始生，陰氣故柔。又二百年不動，遇太陽之氣乃成銀、金。鐵禀太陽之氣，始生爲鹵石，積久成磁石，磁石成鐵，鐵成銅，銅化白金，白金化黄金。鐵與金、銀同源，今取磁石碎之，内有鐵片可驗也。」

傅山《霜紅龕集》卷三八《雜記三》　《漢・貨殖志》：金、銀、銅、連、錫。李奇曰：連，錫別名也。師古曰：下句有錫矣，此「連」即《説文》「鏈」字，銅屬也。吾謂連音近鉛，恐黑錫之名耳。

周祈《名義考》卷一一《物部・五金一・金》　《説文》：金，五色金也。五金黄爲之長。師古曰：金有五色：黄金、白銀、赤銅、青鉛、黑鐵。《爾雅》：黄金謂之璗，其美者謂之鏐。絶澤謂之銑，白金謂之銀，其美者謂之鐐。徐曰：銀色而鉛質曰錫。又曰：釼又謂之鑞。鐵堅者曰鋼。古稱金印、金鋪、金馬、金人，皆銅也。漢律：三人以上無故羣飲酒，罰金四兩，亦銅也。《史・平準書》：秦以一鎰爲一金。《惠本紀》注：晉灼曰：凡言黄金，真金也，不言黄謂錢也。一斤直萬錢。秦一金得二十四兩。漢一斤得十六兩。萬錢以今估計之纔足十二兩，可見古今不甚相遠。今人謂一兩曰一金，一錢曰一文，不知何起也。

佚名《〔康熙〕太平府志》卷一三《物產》　緑石，土人亦有采用作顔色者，然不甚佳。膏風，繁昌土人掘灣下地得黑土，燥之可以炊，餤盛，而色緑。或疑劫灰，即此是山煤外又有此種也。

張英《淵鑒類函》卷三六一《珍寶部一・金一・銅一》 增：《爾雅》云：「白銅謂之鋈，赤銅謂之鈃。」

王鳴盛《蛾術編》卷三二《說字一八》卷一四上《考證》 金字部首注：五色金也。黄爲之長。居音切。銀字注：白金也。鉛字注：青金也。銅字注：赤金也。鐵字注：黑金也。《周禮・職金》疏：古言金有兩義，對言金、銀、銅、鐵爲異，散言總謂之金。《尚書・禹貢》「揚州貢金三品」，鄭注以爲銅三色，銅之爲用廣，故鄭指銅，言銅有赤白黄三色。《說文》專以銅爲赤金。漢《食貨志》云金有三等，黄金爲上，白金爲中，赤金爲下。孟康曰：白金，銀也。赤金，丹陽銅也。

吴儀洛《本草從新》卷一三《金石部・爐甘石燥溼治目疾》 受金銀之氣，【略】產金銀坑中，金銀之苗也，狀如羊腦，鬆似石脂，能點赤銅爲黄，今之黄銅，皆其所點，煅紅銅便淬七次。

《清會典》卷一七《户部・雜賦》 凡五金之產爲器用所必需，其藏於山巖土石之中者，曰礦。

褚廷璋《皇輿西域圖志》卷四三《土產一・回部》 回部所產五金，有黄金名阿勒屯，白金名庫穆什，紅銅名蜜斯，黄銅名圖特而無青銅，有鉛名庫爾阿遜，鐵名圖摩爾。錫不多產，名喀里葉。又有水銀，名斯瑪卜。

又《準噶爾部》 金名阿勒坦，銀名孟固，銅名化斯，鐵名特穆爾，錫名圖固勒噶，鉛名和爾郭勒津。五金之中，多銅、鐵、錫、鉛，少黄金、白銀，其鐵最良。

沈叔埏《頤綵堂文集》卷三《釋・削》【略】按：《本草》：「鉛謂之黑錫。」《寶藏論》：「東陽黑錫可以和銅。」則六齊之錫即鉛也。鉛、鑞通謂之錫。銅之初出於礦，色皆紅。

陳元龍《格致鏡原》卷三四《珍寶類三・五金總論》 財貨源流：金者，金、銀、銅、鐵、鉛、錫之總名。按：五行地四生金是也。《洪範》：金曰從革。注：金可以改更。《夏書》：揚州厥貢，惟金三品。注：三品，金、銀、銅也。《漢・食貨志》：古者金有三等，黄金爲上，白金爲中，赤金爲下。注：白金，銀也。赤金，銅也。《拾遺記》：少昊時，金鳴於山，銀涌於地。或如蛇之乍，如人鬼之形。《中記》：黄金之氣爲火，白金之氣爲雄雞。銅鐵爲胡人。銅器之精爲馬，金至百斤以上，其精爲羊。《寶藏志》：白狐、白鼠、白雀、白蛇皆金銀之精也。《地鏡圖》：凡觀金、玉、寶劍、銅、鐵，皆以辛之日，待雨止，明日平旦，或黄昏夜半觀之，所見光，白者玉也，赤者金，黄者銅，黑者鐵。《席上腐談》：三茅君以丹陽歲歉死者盈道，因取丹頭點銀爲金，化鐵爲銀，以救饑人。故後人以煅粉點銅者，名其法曰丹陽。死砒點銅者，名其法曰點茅。

夏味堂《拾雅》卷一七《拾遺釋七・釋器上》 兼金，好金也。白撰，白金也。陽燧，金也，或謂之鑒燧。鏤金，食器也。金銀，印也。金鋪、銀鋪，門以金銀爲鋪首也。

《孟子》：「王餽兼金一百而不受。」《漢書・食貨志》：「故白金三品，其文龍名，白撰直三千。」《淮南・天文訓》：「陽燧見日，則燃而爲火。」《周禮・考工記》：「攻金之工，鑒燧之齊。」《後漢書・張奂傳》：「又遺金鏤八枚。」《班超傳》：「帶金銀護西域。」《文選》左思《蜀都賦》：「金鋪交映。」何晏《景福殿賦》：「青鎖銀鋪。」

錫，鑞也。鉛，青金也。赤金曰銅。曾青，銅之精。形如珠者青，空青也。丹砂也，亦謂之丹矸，亦謂之丹雘。鉛華，粉也。

《周禮・職方氏》：「其利金、錫、竹箭。」《後漢書・隗囂傳》：「但觭馬鉛刀。」《漢書・食貨志》：「及金刀龜貝。」《荀子・正論篇》：「重之以曾青。」《周禮・職金》：「掌凡金、玉、錫、石、丹青之戒令。」《荀子・王制篇》：「南海則有羽翮、齒、革、曾青、丹干焉。」《正論篇》：「加之以丹矸。」《文選》郭璞《江賦》：「其下則金礦丹礫。」曹植《洛神賦》：「鉛華弗御。」

陳忠倚《清經世文三編》卷一二《學術一二》楊毓煇《中外化學名物異同考》

今夫化學之功用大矣哉！用之於組織，則可化朽腐爲神奇，用之於洗煉，則可化渣滓爲精華，用之於一切製造測量，則可化粗爲工良，並可化煩難爲平易，然則化學之功用不誠大矣哉！查泰西化學家共分物質爲二類，一曰原，一曰雜。當西曆一千八百年以前，所考得之原質不過二十有九，厥後續考得三十有五，共爲六十四原質，可知西國化學之精亦爲時未久也。其六十四中，又分二類，一爲非金類，一爲金類。何謂乎非金類？則曰養，曰輕，曰淡，曰弗，曰緑，曰炭，曰燐，曰碘，曰硫，曰溴，曰硼，曰矽，曰碲，曰硒，此十四種皆非金類也。何謂乎金類？則曰錴，曰鋤，曰鋰，曰鉀，曰鈉，曰鎂，曰鎴，曰鈣，曰鋇，曰鋁，曰鈦，曰鉺，曰鏑，曰鋃，曰錯，曰鉽，曰鉛，曰釷，曰鉿，曰鐵，曰錳，曰銅，曰錫，曰鉛，曰鋅，曰釩，曰鈾，曰鉍，曰鎳，曰鈷，曰鉻，曰鋼，曰鎘，曰鎢，曰鉑，曰銻，曰鐠，曰鈮，曰鉅，曰鉀，鉀亦有列於非金類者。曰鉬，曰金，曰銀，曰汞，曰鉑，曰鈀，曰銥，曰釕，曰銠，曰鋨，此五十種皆金類也。

一曰鎂之體用。鎂與鎴、鈣、鋇皆爲鹻土屬之金，其色如銀，而質極輭，可打爲箔，可製成絲，置於空氣中歷久而不生銹，其爲用亦甚廣。飛甘石即鎂與養相

合而成，鎂養與石灰相合者成鎂，石灰與矽養三相合者成石數種。其餘西國之煙火花駁亦多用鎂，航海夜行亦用鎂，以發火燄，此則鎂之體用可見者也。

一曰鍶之體用。鍶之色亦白，磺養之鍶產於硫磺礦中，炭養之鍶產於鉛錫礦中，凡鍶化成之質於火中燒之俱成猩紅色，惟無甚大用處。若以之製烟花尚佳，西國烟花即以鍶淡養等品合製而成也。此則鍶之體用可見者也。

一曰鈣之體用。鈣質極净，其色淡黄，可打成薄片如紙，加至紅色即化，再加則現亮白之光。如將鈣碘及鈉同鎔，即得净鈣。鈣爲地殼常有之質，其化合之用亦多如石灰，即鈣與養氣化合所成，石膏即鈣與硫養三化合所成，大理石、珊瑚以及白石粉、蛤螺類亦即鈣養炭養二化合所成。此則鈣之體用可見者也。

一曰鋇之體用。鋇之色白而易銷鎔，不須煆之紅色即化，故打爲箔片極易，然與别質化合，則又體重，西人故呼之曰巴哩菴，即重意也。其產於地面者，多在鉛礦、銅礦之間，若與綠氣化合，則成鋇綠化分物質常用之。若將鋇養炭養二入鈉養淡養五水銷化，即結成斜方粒，用作火藥，宜於礫石開山。此則鋇之體用可見者也。

一曰鋁之體用。鋁出於泥土，有幾許石俱涵之。其色白，其質堅，與銀無異，而價值則兩倍於銀，雖在空氣中亦不生銹。若打爲箔，抽爲絲，擊之，其聲甚大，與養氣化合則成鋁養，其餘化合之用亦多，故土屬之金有十，惟鋁爲最有用。餘如鈦、鉺、鏑、鋃、錯、鉞、鋯、釷、鉿，皆屬罕見，亦無大用也。此則鋁之體用可見者也。

一曰鈦之體用。鈦之礦不多，見產於瑞顛等國，與養氣合則成鈦養，色白而性與釷養同，與他質化合俱爲白色，惟無大用處。此則鈦之體用可見者也。

一曰鉺之體用。鉺亦產於瑞顛等國，與鈦同出一礦，與養氣化合則爲鉺養，性與鈦養之性同，惟鈦養色白，鉺養色黄耳，此質亦無大用。此則鉺之體用可見者也。

一曰鏑之體用。鏑無自然獨成者，多出於錯礦，與鋃之性相同，而形體迥别。合於養氣則成鏑養一物，其含水者現茄花色，其不含水者現棕色，而用極少耳。此則鏑之體用可見者也。

一曰鋃之體用。鋃亦無自然獨成者，大都出於錯礦，與養氣化合止有銀養一質，餘則不聞矣。此則鋃之體用可見者也。

一曰錯之體用。錯之礦亦鮮，與養氣化合則成錯養，其色白，錯養草酸亦可以作藥料，餘亦無大用。此則錯之體用可見者也。

一曰鉞之體用。鉞與鉺同而出於鈦礦，鉞養之性亦與鈦養相同，其所化成之質大都具玫瑰色，鮮豔異常，惟無大用耳。此則鉞之體用可見者也。

一曰鋯之體用。產鋯之礦有二，非特中國無之，即泰西各國亦罕有之。其形似錫而質稍有不同，若遇大熱反難鎔化，置沸水内能漸使輕、養二氣化分，此質亦無甚用。此則鋯之體用可見者也。

一曰釷之體用。釷之形體與鋁略同，亦爲地球中罕見之物，與養氣化合則成釷養，置釷養與鉀養水中，則消化甚難，置鉀養炭養水二中，則消化甚易，其質雖無大用，然化學家不可不知耳。此則釷之體用可見者也。

一曰鉿之體用。鉿之物，世不恒有，泰西化學家嘗化分寶石而得之，與養氣化合則成鉿養，與别質化合味甚甜。此則鉿之體用可見者也。

一曰鐵之體用。鐵與錳、銅、錫、鉛、鋅、釩、鈾、鉍、鎳、鈷、鉻、鈿、鎘、鎢、鉑、銻、鐠、鈮、鉭、鉮、鉬皆爲賤金之屬，而鐵之用爲最多。其形質爲藍灰色，顆粒爲立方形，斷處皆有紋理，磨之能光。其純者爲熟鐵，性甚柔，含灰者爲鋼鐵，性甚堅。惟生鐵之性甚鬆，不能碰打，打之易碎，祇可鎔化於模以成其用，如火管、水管、燈柱、鐵欄、火輪鐵架皆是也。西人嘗謂鐵與國政相關，若無鐵，則國之政令不能行，即滊車、火輪、機器、槍炮皆不能造矣，可見鐵之用爲最宏也。此則鐵之體用可見者也。

一曰錳之體用。錳色灰白，究如生鐵形，性亦與生鐵同，質脆而堅，鑽挫所不易入。其有角之粒可劃玻璃，若與别金化合，所用亦廣，惟提煉純質非易耳。至於錳養二，地產甚多，研爲粉可作玻璃及漂白粉，又與作質化合之物，其色皆如玫瑰，亦大有裨益化學之用。此則錳之體用可見者也。

一曰銅之體用。銅質略帶紅色而不合，而其爲用也尤廣，如炮銅，即净銅九十分、錫十分合成者也；黄銅，即紅銅六十六分、鋅三十四分合成者也；鐘銅，即銅一分、錫十分合成者也；宣爐銅，即銅九十一分、錫二分、鋅六分、鉛一分合成者也。此則銅之體用可見者也。

一曰錫之體用。產錫之地甚多，如英國、孟加拉、中國雲廣等處，以及麥西國、南亞美利加皆有所產。其質甚輭，而鎔化易，若屈曲之則有聲。常用者有二種：一爲紋錫，其質純；一爲塊錫，其質粗。但錫之爲物磺養，能食少許輕綠酸，由漸而食淡養則化之甚速，既化便成白散，即錫養也。以此白散煆至水盡，

以擦玻璃，殊覺光亮。若以錫鍍鐵，則可不生銹。又與銅、鐵合鎔，可作器皿，色白如銀，而輭過之。此則錫之體用可見者也。

一曰鉛之體用。鉛之天然獨成者極少，多與別質合礦。其顆粒爲正方立形，其形體爲藍灰間，色輭同於錫，可作薄片，可抽長條，若沾濕氣亦能生銹。其用處甚多，自來火管、自來水管俱用之，亦可軋薄以蓋屋。若與他質化合，亦極有用，如白鉛粉，即鉛與炭養二合成，紅鉛粉，即鉛與養氣四三合成。硬鉛與醋酸合則成鉛養醋酸，黃鉛與養氣合則成黃鉛養鉛養鉛糖。其他如白鐵釬，即鉛二分、錫一分所作合。字粒之鉛，即鉛三分、銻一分所作也。此則鉛之體用可見者也。

一曰鋅之體用。鋅爲灰白色之金，無獨成者，常見於鋅硫礦及鋅養炭養礦。其質亦脆，加熱即可摺疊搥打，若熱至紅色，則化氣遇空氣即燒焚而變成鋅養也。此質亦爲有用，鍍鋅於鐵皮，鐵即不銹。若與綠氣合成輕綠，則可收淡輕氣、輕硫氣以及朽腐臭惡之氣，並可使動植各物不至有朽腐之虞。此則鋅之體用可見者也。

一曰釩之體用。道光七年，西人始查出是質色白如銀，而硬過之，外觀其質是重，實則頗輕，可扯爲絲，可打成片，雖遇養氣亦不生銹。地球中有數種寶石俱涵釩養，又有釩綠三水，其色藍。又有釩養淡養五水，其色亦藍。此則釩之體用可見者也。

一曰鈾之體用。鈾之性與錳略同，而不常見，亦無大用，所成之質有鈾二養三，其色綠。又有二鈾養、鈾二養三，其色深黑，可爲玻璃、瓷器之黃色及黑色。此則鈾之體用可見者也。

一曰鉍之體用。鉍色紅白，質硬而脆，受熱至四百餘度即化，與別金相合則消化尤易，如以鉍八分、錫三分、鉛五分至水沸之度即可鎔化也。若論其用，則必與別金配合始有大用，如鑄精細鉛字及印圖之板俱用之。此則鉍之體用可見者也。

一曰鎳之體用。鎳產於礦，多與鉮、硫、鈷相合。其色白光，亮如銀，抽爲絲亦極易。其與各物配合之質，色多淺綠，化於水亦無異也。至其用處，可配合爲白銅製造各種具。凡易藏吸鐵電氣者，惟鐵與鎳而已。此則鎳之體用可見者也。

一曰鈷之體用。鈷本紅灰色，爲罕有之物，天隕星石及空中墜下之鐵始涵是質。與養氣合則成鈷養，用作玻璃之顔料，藍色極鮮。與綠氣合則成鈷綠，消化於水，濃則成藍色，淡則成紅色，若以淡者寫字，隱而不見，遇熱則即現深藍色，冷則仍隱，故西人謂之冷隱墨。此則鈷之體用可見者也。

一曰鉻之體用。鉻無獨成之質，各處所產者多與養氣化合。其色灰白似錳，顆粒爲方橄欖形，若與各質化合，色皆鮮豔無匹，故染布之顔料，繪畫之顔料，玻璃、瓷器之顔料，俱可用鉻製成也。此則鉻之體用可見者也。

一曰銦之體用。近人用光色分原之法，始考得銦之質色白而脆。可打成薄片，清水不易鎔化，若加以鹽强水，熱至紅色即燒化，見茄花色之光，惟其質亦無大用耳。此則銦之體用可見者也。

一曰鎘之體用。鎘常合於鋅礦內，其形似錫，其性如鋅，亦爲白色之金，鎔化較易於鐵。與碘化合成鎘碘，可爲照相之用。與硫化合成鎘硫。可作顔料之用。泰西各國亦有用以合成白銅，作各種具者，如洋白銅即鎘與銅鋅相合而成者也。此則鎘之體用可見者也。

一曰鎢之體用。鎢恒見於錫礦，顆粒大而長方，色棕而光體堅而脆，所化合之質亦不少。而最有用者，惟鈉養鎢養三，凡印染棉布，先浸布於此水染之，甚覺光潤，既乾後，火不易燒。此則鎢之體用可見者也。

一曰鉈之體用。鉈亦用光色分原法，考得其體質與鉛同，而易於生銹，既銹後，其味甚烈。凡與鉈化成之質，亦如之，惟亦無大用耳。此則鉈之體用可見者也。

一曰銻之體用。銻爲藍白色之金，內含珠形極脆，可研爲粉，常熱不能變，若加大熱則鎔發光，亦甚明亮。與養合，共分三級，若論其用，則獨自一質。其用甚少，必須與別金配合，如作鉛字及充銀等項是也。此則銻之體用可見者也。

一曰鍺之體用。鍺無獨成之質，恒見於鐵礦。其顆粒爲長方形，與銅相似，與養氣化合成鍺養二。其質白，可作瓷及僞牙，又與淡氣化合成鍺淡，爲茄花色之粉。此則鍺之體用可見者也。

一曰鈮之體用。鈮之顆粒極堅，而無獨成之礦，常與鈮養二、鐵養、錳養相合，然不常見，亦無大用，惟與養氣二合則成白粉，尚屬有用耳。此則鈮之體用可見者也。

一曰鉭之體用。鉭之爲用也不多見，形體與鈮略同，昔人故誤作鈮，後始知其爲鉭，現產於瑞顛國，惟無大用耳。此則鉭之體用可見者也。

一曰鉀之體用。鉀色如鋼而質極脆，可研爲細粉，恒見於銅、鐵、錫、鈷、鎳等礦。其純質極少，與別質化合之，用則甚多，如砒霜即信石，即鉀與養氣三化合所成，而性酷毒，若以之擦動物之身上，則可永不腐爛。又有銅養鉀養三可作綠顔料，鉀養鉀養三可爲藥材。若與硫化合，則成鉀硫三、鉀硫五，即雄黄、雌黄也。此則鉀之體用可見者也。

一曰鉬之體用。鉬之色白而質硬，最難消鎔，常合於硫礦内爲鉬硫，平狀如筆鉛。若以硫强水煮之，水即變棕藍色，此質之大用，惟合成之淡輕三鉬養三而已。此則鉬之體用可見者也。

一曰金之體用。金與銀、汞、鉑、鈀、銥、釕、銠、鋨皆爲貴重之品，其色極黄，其性極韌，可造成極薄之葉片，並可造作極長之細。質純者體輭如鉛如大即鎔，鎔後復硬，則略縮小，惟無論寒暑濕燥皆不發銹也。至其用處甚廣，以之作金錢、皿，須加銅十分之一始能耐久。又用以打成金箔可作包金之用，亦極玲瓏。若與養氣化合，則成金養，與綠氣化合則成金綠，照相亦用之。此則金之體用可見者也。

一曰銀之體用。銀之色最白，其體質硬於金而輭於銅，可抽爲極細之絲，可搥爲極薄之片。惟銀於礦中常與硫礦相合，或兼涵礦鉛、礦銅、醯鐵、礦銻等質。其所以貴於用者，以在空氣中不與養氣牽合，故雖歷久而不銹也。若以之造錢幣、器皿，亦須攙銅少許，始能堅久，故西國與製造銀餅入銅多少皆有定率，計英國銀餅每銀十一分、銅一分，美國銀餅銀十分、銅一分。又可鍍銀於銅、鐵、玻璃等器，亦頗雅觀。與他質配合之用，尤不可以更僕數。此則銀之體用可見者也。

一曰汞之體用。汞之色白而體重，獨成之汞間亦有之，然不如含硫者多，即汞硫礦也。由礦取出必加甑煉，始得純汞。凡遇空氣及溼氣俱不生銹。其質甚密，不冷不熱爲流質，冷至三十九度則凝結如鉛，可製中者俱用之。又有汞養，即三仙丹汞二綠，即輕粉，其用亦宏。此則汞之體用可見者也。

一曰鉑之體用。鉑即白金，其色如銀，微有灰色，常産於海濱沙坦之中，不與別金溷雜，常見者爲小扁粒，大塊極少。其體硬於銅而輭於鐵，可以打箔抽絲，惟電火及二氣火管始能鎔之，否則雖烈火亦不化也。若論其用，自銅鐵絲而外，以白金絲爲最韌，自金銀線而外，以白金線爲最良，且可以之作化學各器，化分一切猛烈之物，及熬煮濃厚之强水。其與別質化合，又有鉑養、鉑綠、鉑綠二與用可見者也。

一曰鈀之體用。鈀之色如鉑，而光亮過之，性亦堅固，質亦稍輕，可以引長，可以打箔，可以作精微之器，餘無所用，以其貴而希耳。此則鈀之體用可見者也。

一曰銥之體用。銥之色白而質脆，體比鉑重，鎔化亦比鉑難，用作鐵筆尖最爲上品，故洋鋼筆恒鑲金剛石或銥質，取其堅硬能耐久也。與養氣化合則成銥二養三，色黑可作磁器面之黑色。此則銥之體用可見者也。

一曰釕之體用。釕性甚硬，極難銷鎔，惟合强水鎔之尚易，常合於鉑礦中而不多見，亦無大用。此則釕之體用可見者也。

一曰銠之體用。銠之性脆，常見於鉑礦中，鎔界則較鉑更大，合强水亦不能銷化，與鉑相合而始鎔，其所配成之雜質大都爲紅色。此則銠之體用可見者也。

一曰鋨之體用。鋨無獨自生成者，每與鉑粒相間，其性頗硬，質亦較重於金，金類中以此爲難化。論其用處，泰西各國多有用以作鐵筆尖者，惟亦貴而希耳。此則鋨之體用可見者也。

以上皆六十四原質之體用大略也。竊謂西人之於化學精則精矣，備則備矣，顧何以伏煤瘴於礦内，究無以杜漸防微，是礦務之猶待化矣。何以駛輪船於海中，終不能有利無弊，是船務之猶待化矣。且何以機器之織綢華美而不耐久，機器之造布粗疏而不光華，是織造之猶待化矣。可知西人之於化學，雖係專門，亦必逐漸而精而不能毫髮無憾，然則化學之功用不誠大矣，然則化學之功用不誠大而難盡矣哉！

顧廣譽《學詩詳説》學詩正詁卷一《衛・淇奥》 《説文》：金，五色金也，黄爲之長。銀，白金也。銅，赤金也。鉛，青金也。錫，銀、鉛之間也。鐵，黑金也。《禹貢》：揚荆皆貢金三品。《周官・職方氏》：揚州其利金、錫，荆州其利丹、銀。《考工記》亦云吴粤之金、錫。胡氏渭謂，五金之名，起自秦漢以後，是也。銀，古稱白金，而錫直謂之錫。閻氏若璩謂，古者不分銀錫，而銀皆稱錫。如金如錫，金爲黄金，則錫非銀乎？不知金不必專謂黄金，故與錫對言，銀未嘗混稱錫也。

魏鼎《格致淺理・質點配成萬物説》 造地球者天，造人者天，造天者天。有地之天，有人之天，有天之天。天無薄，天之天尤無薄。然地天通，人天通，天天通。天無天，分寄于地球所有之質之點之謂天。天無質無點，分質點于地球所有之六十四元質，暨引線引面之無數點，而爲千萬億兆恒河天。物之身配於質，質之生起于點，點之微起于魂。魂乎質點之中者天，天乎質點之用者靈魂。

天有大靈魂，質點萬物，故萬物魂。人能天其靈魂，以用質點，故魂而靈。物能有其質點，而待配于天，待配于天之人，故魂而弗靈。天之大腦氣曰電，人之大腦氣曰靈魂。凡物罔弗具腦氣，具肺吸空養氣，而倒生者頑，横生者頑，塊然弗知覺運動者，頑之頑。故惟人天物、天人、天天。何者？格致家察天之萬物，爲六十四元質配成。元質者獨爲一質，一成不易，無他質羼，無他功用化。其中四十七爲金類，其餘爲非金類。六十四不恒用，恒用者十三，而動植諸物又祇用四質成之。四質者何？曰淡氣，曰濕氣，曰養氣，曰炭氣。凡植物若花若葉，動物若骨若肉，皆合此四質以生以長，有間用硫礦及燐二質者，偶然耳。夫動植物甚繁，而僅四質配成，不病雷同者，曰四質易位即易物。若血之位置爲濕炭淡養，肉之位置爲淡濕養炭，骨之位置爲濕養炭淡，乳之位置爲養濕淡炭，卵白之位置爲淡濕養炭，木之位置爲淡養濕炭。又有祇用三質者，如糖爲炭濕養配成。祇用二質者，如水爲輕養配成。此六十四元質配合成物，猶二十六字母配合成言，恒用者約六萬言，此外尚成六千萬餘言，輾轉孳乳，變化無窮。其字母能自行配合，自成語言否？吾知其不能。天予人以配之，爲世大用，乃知天有六十四元質配成世界萬物，而格致家之精化學者，復能配合各質以代天功。一。凡物有體質性情。一。凡物有愛力、吸力、攝力。一。凡物無一質能滅之使無，無一質能造之使有。一。凡物奇妙不可方物。一。知質可與言點。夫天之化成類若金木氣水，生長類若禽獸蟲豸，非生而大，生而高，生而堅實，胥以微點相攝結聚而成。故微點黏聯緊結者爲凝質，若金，若銀，若銅鐵，雖擲之地，其質點不睾裂。微點黏聯鬆脆者爲流質，若水，若油，若酒，苟潑之地，其質點立涣散。不獨物理然，人身成于精血，精血之點微其日積月累，結而成人。然身之微點，皆由原質各點牽合乃凝。設如人身重約一百五十四磅，依法化分而驗其體中原質，則有養氣一百十一磅，養氣體積有七百五十立方尺，輕氣體積有三十立方尺，淡氣體積有二十立方尺，此外則有矽一釐、鎂十釐、鐵一百釐、鉀一百五十釐、鈉一釐、鈣二磅、燐一磅十一兩、炭二十一磅，可知萬物微點皆合原質各點成，而原質合成微點又各有不易之率，乃銖兩悉稱。惟靈魂役罔弗如志，否則魂靈而形不全，若跛者、癱瘓者，或形全而魂不靈；若瞽者、瘖者、聾者，皆其微點不稱故。不獨人身然，物體亦然。西國有一種油母，微點爲炭輕所結，其中炭四分劑，輕四分劑。苟炭四分而輕三分，則不能以成。中國有一種寶砂，微點爲鋁養所結，其中鋁二分劑，養二分劑。苟鋁二分而養一分，則不能以成。物相配則能成，不相配則不能成。成物者天，天天者人。又觀鳥卵成于胎珠，胎珠者鳥之微點。其卵有黄有白，護黄之膜有一小珠，色極純，謂白胎珠。黄與白乃養珠胎料，由珠胎微點漸結漸成而鳥以形。又以雞論，覆卵數點鐘後，卵内胎珠即引長兩邊，發生血管，四分八裂，若幹生枝。以至精微鏡窺之，歷歷可辨。閲三日後，則血管佈如網形，中有跳動之物。網形者則結成肺，跳動者則結成心。六日後，翅喙俱現，居然雞形耳矣。至人之受胎之理，西國醫家言之詳，兹不縷述。要無不起點精血微點而成。

吴其濬《滇南礦廠圖畧》卷一《礦第四》 監町、蕒古，古銀藪也。朱提八兩爲流，直一千五百八十。他（銅）〔銀〕一流直千。《後魏書》：矖山有銀鑛，二石得銀七兩。白登山亦有銀鑛，八石得銀七兩。鑛之高下見矣。滇銅以溜稱，鑛一百觔得銅十觔爲一溜。不須煅者曰一火成銅。自一次以至八九次，曰幾冰幾罩。銀以胚子稱鑛，一觔得銀一分，爲一分胚子。即可入罩曰炸鑛，先入鑪並成鎌條，而後下罩曰大火鑛。罩之渣曰底母，捲而成塊曰鈾團。費之輕重，工之多寡，金之上下，皆視此。故記鑛。曰銅鑛，凡數十種，紫金爲上，加有紅暈者曰火里錟，兼有藍暈者曰老鴉翎，瞟分在五溜以上曰馬豆子，瞟分高可七八溜，而斷不成堂曰黄金箔，易有水。而最悠久曰生銅，即自然銅也，改煎攙入能長瞟分，大塊可作器皿。

曰銀鑛，凡數十種，墨碌爲上，鹽沙次之，有一兩至七八兩胚子。莜麫黄、火藥酥又次之，皆炸鑛也。

曰鎌鑛，即黑鉛也。曰明鑛，有大花、細花、劈柴之别，不過數分胚子。

曰銅蓋銀黑鑛，起鹽沙，或發亮，皆有銀。先入大鐵，煎出似鐵非鐵，次入推鑪即分，金鑛推去，鎌臊末入小鑪揭成銅，其鎌下罩出銀。

曰銅蓋銅鑛，色帶緑，或夾馬牙者皆有，銅罩中，撥出渣臊，入大鑪煎出鎌水，所剩之渣臊上窑煅煉幾次，入銅鑪成銅。

曰鉛，即白鉛也。用瓦礶煉成，聞其中亦有銀，交阯人知取之法，而内地不能也。

歐樾華《〔同治〕韶州府志》卷一一《輿地畧・物産・石屬》 盧甘石，出英德乾溪最良。

硫磺，出英德山中，或黄而青，或黄而淡，向來採辦磺礦，俱設廠開鑪，傾液成餅，解充軍用。

青礬，磺礦精液已瀉，渣滓堆積於野，雨淋日炙，年久杵碎，以水熬之成青礬。

膽礬，出翁源寶山，水流入曲江。明初貢生熟礬十二觔，後因難採，罷貢。

劉嶽雲《格物中法》卷四《中土部・砒石》　又案：有以含鐵與砒與硫之一種毒沙指爲礜石者，然其色黑，與各書言白色者不同。毒沙亦有白色者。而雞冠石即雄黃之紅者。即含砒與鐵，但色紅不似毒沙，研成灰黑色，含砒之金石礦甚多，鈷砒礦或紅或白，鈷多則紅，砒多則白。銅砒礦或黑或緑，亦雜於鎳礦、銀礦、銻礦、鉛礦、錫礦。率皆煉取其金屬。砒則從火飛散。惟砒、硫同産者，采供取砒之用，則礜石爲砒礦，砒爲提浄之質矣。有天生砒礦。

徐壽基桂琉《續廣博物志・五行》　《元理賦》：金能生水，水多金沉。水能生木，木盛水縮。木能生火，火多木焚。火能生土，土壓火息。一作土多火晦。土能生金，金多土變。此生中之剋也。水能剋火，火炎水熱。火能剋金，金多火熄。金能剋木，木堅金缺。木能剋土，土重木折。土能剋水，水多土決。此剋中之變也。

唐才常《覺類冥齋内言》卷四《礦學》　語類云：水火初是自生，木金則資於土，五金之屬皆從土中旋生出來。又云：形質屬陰，其氣屬陽。金銀坑有金礦、銀礦，其光氣爲陽。案此不及管子之詳，亦即辨認礦質之法，惜未抉其所以然耳。

俞樾《茶香室續鈔》卷一二《白金非銀》　宋朱翌《猗覺寮雜記》云：「《漢・食貨志》：金三品，黄金爲上，白金爲中，赤金爲下。」孟康注曰：白金，銀也。赤金，銅也。故天下皆曰白金爲銀，其後曰造銀錫白金，既造銀又造白金，則白金疑非銀，恐是金之白者。赤金亦金之赤者。金三等以色之淺深爲别。《漢武紀》收銀、錫造白金，則銀與白金昭然二物。按此，知《尚書》惟金三品，枚傳義不足據，當從鄭君舊説。然白金謂之銀，又《爾雅》明文，未可竟廢也。

論説

《山海經》卷五　禹曰：天下名山，經五千三百七十山，六萬四千五十六里，居地也。言其《五臧》，蓋其餘小山甚衆，不足記云。天地之東西二萬八千里，南北二萬六千里，出水者八千里，受水者八千里，出銅之山四百六十七，出鐵之山三千六百九十。此天地之所分壤樹穀也，戈矛之所發也，刀鎩之所起也。能者有餘，拙者不足，封于太山，禪于梁父，七十二家，得失之數，皆在此内，是謂國用。

《淮南鴻烈解》卷四《墬形訓》　正土之氣也御乎埃天，埃天五百歲生缺，缺五百歲生黄埃，黄埃五百歲生黄澒，黄澒五百歲生黄金，黄金，唯石名也，中央數五，故五百歲而一化。澒，水銀也。黄金千歲生黄龍，黄龍入藏生黄泉。黄泉之埃上爲黄雲，陰陽相薄爲雷，激揚爲電，上者就下，流水就通，而合于黄海。黄海，中央之海。偏土之氣御乎清天，清天八百歲生青曾，青曾八百歲生青澒，青澒八百歲生青金，青金八百歲生青龍，東方木，色青，其數八，故八百歲而一化也。青龍入藏生清泉。清泉之埃上爲青雲，陰陽相薄爲雲雷，激揚爲電，上者就下，流水就通，而合于青海。東方之海。牡土之氣御于赤天，赤天七百歲生赤丹，赤丹七百歲生赤澒，赤澒七百歲生赤金，南方火，其色赤，其數七，故七百歲而一化也。赤金千歲生赤龍，赤龍入藏生赤泉。赤泉之埃上爲赤雲，陰陽相薄爲雷，激揚爲電，上者就下，流水就通，而合于赤海。南方之海。弱土之氣御于白天，白天九百歲生白礜，白礜九百歲生白澒，白澒九百歲生白金，白金，白礜，礜石也。白澒，水銀也。西方金色白，其數九，故九百歲而一化者也。白金千歲生白龍，白龍入藏生白泉。白泉之埃上爲白雲，陰陽相薄爲雷，激揚爲電，上者就下，流水就通，而合于白海。西方之海。牝土之氣御于玄天，玄天六百歲生玄砥，玄砥，黑石。玄砥六百歲生玄澒，玄澒六百歲生玄金，北方水其色黑，其數六，故六百歲而一化也。玄金千歲生玄龍，玄龍入藏生玄泉。玄泉之埃上爲玄雲，陰陽相薄爲雷，激揚爲電，上者就下，流水就通，而合于玄海。北方之海，上者就下，天氣復從天流下也，其通流之水，皆入于海也。

杭世駿《道古堂文集》卷二三《志西漢鹽鐵》　《食貨志》不專言鹽、鐵事，以詳於地理也。大約産鹽者凡三十四處。【略】産鐵者凡四十七處。【略】而丹陽郡有銅官，越嶲郡邛都南山、益州郡來唯從陸山皆出銅。《管子》云：「凡天下名山五千二百七十，出銅之山四百六十七，出鐵之山三千六百有九。」而漢之所産之地止此，然則桑、孔之所辜榷，猶未盡利矣。

魏伯陽《大丹記》　龍者，汞也；虎者，銀也。汞於砂中而受炁，銀於鉛中而受炁，二炁各得天地之元炁也。論曰：金性冷，産南方水中，汞生於砂是也，故云陽中有陰之位也。石性熱，産北方黑基之中，銀生於鉛是也，故云陰中有陽之

位也。論曰：五金之主北方，坎卦之中，玄含黄芽。又曰：子藏母胎，母隱子胞，知白守黑神明。

吴仁傑《兩漢刊誤補遺》卷八《黄金》 「賣黄金采繒」：《漢紀》作黄鐵，二文不同。仁傑按：「賣金謂之黄金，銅亦謂之黄金」。晉灼曰：「諸賜言黄金，真金也。不言黄，謂錢也。」此以實金爲黄金。《舜典》「金作贖刑」，孔傳曰：黄金也。《吕刑》「其罰百鍰」，孔傳曰：鍰，黄鐵也。孔穎達謂：古者金、銀、銅、鐵總名爲金，黄金、黄鐵皆今之銅也。此以銅爲黄金。然則《西域傳》所云黄金，《漢紀》所云黄鐵，是皆指銅言之。微荀氏之書，讀者不以是爲實金者幾希。

歐陽詢《藝文類聚》卷七《山部上》 荆山。《山海經》曰：荆山，其陰多鐵，其陽多赤金。

白居易《白氏六帖事類集》卷二《荆山第一二》 地雌《河圖括地象》曰：荆山爲地雌，上爲軒轅星。多金鐵。《山海經》曰：荆山其陰多鐵，其陽多赤金。

張君房《雲笈七籤》卷六八《中三品陳五石之金品第四》 夫五石之金，各皆稟五神之陰精，合於山澤，異氣結而爲魄。

鐵，所稟南方丁陰之精，結而成形。鐵形堅，服之傷肺。

銅，所稟東方乙陰之精，炁結而成魄。銅性戾，服之傷腎。

銀，所稟西方辛陰之精，神炁而爲之質。銀性戾，服之傷肝。

鉛、錫，俱稟北方壬癸之氣，錫受壬精，鉛稟癸氣，陰終於癸，故鉛所稟於陰極之精也。鉛、錫性濡滯而多陰毒，服之傷心胃。

金，所稟於中宫陰已之魄，性本而剛，服之傷腸損肌。

右金之五性，例多陰毒，久服之即傷肌敗骨，促壽損命。凡世之士，本求長生，不明五金之性，擅意將其石之金轉轉修煉，且其石之金皆受五神陰濁之氣，結而成質，質體沈重，雖遇四黄能變易其體，陰毒之性終不輕飛，縱令鍊化爲丹，服之亦乃傷於五藏，乃其本性也。至理殊乖，欲服求仙，與道彌遠。

又《四黄制伏品第五》 四黄者，雄、雌、砒、硫，其質皆屬於中宫戊土之位，性各含陽火之毒，能敗五藏之金。若别制伏，去其火毒，則能成易，變轉五金之質。若能制伏，拒火色而不易本元，有汗流通，即其功能，變銅銀而化成黄金之質。若伏火色變白如輕粉，泮液流利者，化五金盡成白銀。而四黄功力，各稟本氣，變化其五金。雄黄功能變鐵，雌黄功能變錫，砒黄功能變銅，硫黄功能變銀化汞。且四黄功能，反鐵爲銅，反銅爲銀，反銀爲金，轉轉變化。其硫黄功力最高，能添陽益精，反濁歸清，此乃是七十二石之將也。其四黄遇於赤塩、大朋砂、石膽，則伏質歸本，不易其色；遇石塩、馬牙消、石膽，亦伏於火則變質，反而爲白色如輕粉。是以《大洞寶經·鄭君修真内傳》論其七十二石制伏訣，皆須含元胞胎，以黄土等分，和鉛粉及石腦，作鼎伏之，緣土與四黄類鉛，又能消火之毒，石腦伏石毒。其《修真傳》中，諸石變通之訣，文理稍煩，不能具載，且略陳四黄五金伏制之弘規，乃列之於品第耳。

又《修金合藥品第三》 北庭砂所稟陰石之氣，性含陽毒之精，功能消敗五石之金，各遣證於本性，能成能敗，力頗並於硫黄，去益陽其功甚著。本質亦作顆生而淺紅色，光明通透，爲上七篇中用之。爲使，使引其陽金之精，破敗陰魂，若合於大明砂、赤塩、硫黄用之，其變鍊功則高於造化。

麒麟碣出於西胡，稟之於熒惑之氣，生於陽石之陰，結而成質也。如紫鉚形，若爛石，其功亦能添益陽精，消陰滯氣，拘添其煉，亦有大功。真者於火中燒之，赤汁湧流，火不易本色者，是其色真也。

石膽所出於嵩嶽、蒲州，稟之靈石異氣，形如琵琶。本性流通，精感八石，液化五金，陽遇之清歸中宫。若欲識真，塗之銅、鐵，以火燒之，色似紅金，伏制變鍊，頗最有功。又以銅器盛水，投少許入其水中，水色青碧，數日不異者，是真也。

持明砂者，雖稟陽精，從陽所養，體如琥珀，質似桃膠。其性和而能銷漉陽金，革陰滯質。若合硫黄、赤塩變鍊，其陽精轉轉增光，七篇之中用。御正陽之炁，復歸真元，其功甚矣。

石硫黄，本出波斯南明之境，稟純陽火之精，精氣結而成質，質性通流，含其猛毒，藥品之中號爲將軍。功能破邪歸正，反濁還清，挺立陽精，消陰化魂，元真運轉，偏假其功，然金遇之，精消魄。色微稍青光者，力大；凝黄色者，力次；赤黄色者，力小。合和大丹，伏鍊消化，須其力大者用之。察元氣，辨其高下，然合七篇，化金生砂，砂漸澄清明威，乃證於九丹也。

曾慥《道樞》卷二九《金虎鉛汞篇》 物生穰穰，天地之精，因陽而結，資陰而生。

元君曰：「金虎鉛汞者，其不出于五行而已。萬物因陽而結，因陰而生。陰者，道之基陽者，一之始也。夫陰陽相奪，法象乃立，故坎一離二，從陰歸陽也；二火一水，從陽歸陰也；水二火一，前象後質也。然五行之象，人實備之，以心

爲火，藏在肺之下，其數一；腎爲水藏，雙居命門，其數二。是知火一水二，爲道之祖乎？內修得一者，陰丹也；外修得一者，陽丹也。還丹交合，不出五行，其要在乎識鉛汞之真而已。于是托大易之象，立三百八十有四銖，兼二十四氣；因日月二弦，上下對望，二八十六也，立十有六兩。以坎離爲藥，天地爲爐，乾坤震巽爲運。其白馬芽砂者，陰氣也。金砂者，陽氣也。萬物生死歸于土，土者，其主黃金者，其主白。試觀夫鷄子內黃外白，二氣相感而然者也。北方黑水，子也，是爲金之寄位，五行之始，道之基也。甲乙朱砂，其中自生芽焉。日月照曜，時足在砂中，性白伏火，是爲天生。鉛者也，出辰州錦溪。南方赤午之正數也，是爲火之寄位。朱砂者，汞之父母也。東方，青木，卯也，木道之本宗，陰陽之父母也。萬物各稟一氣，皆質于此焉。負陰而抱陽甲之精，日之魂，火之父母也。西方，白金，西也，是爲水之寄位，月之魄也。轉北成西，卯酉相望，金木相克，水火交運，以成大還之精者也。中央，土黃，戊己也，是爲華池之寄位。黃能制水，不流自死，故土者，還丹之父母。父母者，制伏萬物者也。是以金鼎，土也，三五與一而不差焉。日月，陽之精，其數有九，其中有九焉，其色黑，是爲北方。壬癸，水之象，其名曰陽，中陰精，陽含陰也，是以離之。丙丁，火宮，得九之名，結氣朱英，煉之固形，此參乎三五一者也。古之仙者，故煉日之精，而身歸純陽也。夫水銀者，水之類也。其性含陽，內陽而外陰，陽象黃，陰象白，是知外赤里黃者。水銀生于砂，汞生于鉛也，是爲陽中有陰，陰不孤，陽不寡也。月者，積陰之精，而成坎位，其數守一，陰陽含玄，魂魄相應焉。月之蟾兔者，陰陽也。其色白，有西方庚辛金之象，其名曰陰，中有陽，陰含陽也。然則坎之壬癸，水宮之得一者乎？月金陽性，外陰而內陽，陰象白，陽象黃，是知外白里黃者。白金生于河車也。河者，水也；車者，火也；赤者，砂也。故曰砂產于金，此陰之中，陽不孤者也。夫砂鉛入于爐，銷鑠以取精，添入于丹魂之中，是稱姹女。勾砂入姹女者，鉛也。砂者，白金也。訣曰：一者丹基，水也，鉛在內焉。二者火基，木也，符在內焉。三者土基，母也，金在內焉。是以還丹者不得節符火候，則何以立乎？彼世之五礬、八石之類，頑物也，非大丹之用也。大丹不用金、銀、銅、鐵、鉛、汞、錫、曾空、雌雄、硫黃、砒、朱砂、水銀、鍋煤、露水、桑霜、人中白等。砂之伏火，可以治疾，服之太多，反以夭年矣。汞者，水之精也。其飛起則爲流珠，其名曰流汞。震子繼父，流汞是也。故曰丹砂，流汞之父，戊己黃金之母焉。若夫凝爲白金，此從一中成形白者也。金水道并，所以金爲黑鉛，陰中陽生，反老爲少者也。何謂也？少陰之精，物極則反矣。是以水銀生于北方，來居于火位，相交以成大丹焉。彼不知者，用凡鉛，黑錫，水銀以爲河車，雄黃以爲土，金銀以爲母，此非藥之源也。凡汞有鉛，而銅亦有之，鐵亦有之，草亦有之，礦亦有之。所謂真鉛者，自然子母，同穴而天生者乎？其中有銀者，鉛爲大丹之根神，水爲金之母，子母自得，其情者也。金爲丹精，以處陽位，汞合離氣，以應陰爻，含天地之靈，孕日月之精，否極泰來，陰盡陽生，皆順天道而爲之者也。日者自朔旦受符六氣，從性成情，十有六日至于三十日畢矣。其氣從情以成性，月魄以生，此出没之象矣。金，婦也；木，夫也；震，長男也；兑，少女也。白者，歸一之名也；金者，得位之稱也；黑者，性合于金水也；鉛者，同金之類也。黃者，象乎土也；芽者，主乎生也；子者，運轉之謂也；河者，水之基也；車者，符育之功也。世不知，夫朱砂者，鉛之母，丹之父也。生因于土，死依于土，黃能制水，故土者母也。是知朱砂者，鉛之祖，還丹之基也。鉛生于砂，汞生于鉛，然莫有悟者焉。夫朱砂陰汞，天符運育，日月既足而出，其名曰陽汞，此乃陽爲君，陰爲臣，二汞一物，而非二者也。」

李綱《梁溪集》卷三《賦三・後乳泉賦并序》 客曰：「鹹者水之末，而非其死，則吾既得聞命矣。敢問泉源若一，而味有獨甘者，何哉？」李子曰：「五行相生，以金生水，物得所生，其出乃美，故甚甘之。泉洞穴之下，必有金、錫以養之，腐敗之井欲變其味，必資金、錫以鎮之，物理之自然也。」

鮑雲龍《天原發微》卷三 燕趙多豪傑，山之東西多將相，皆所以相與經緯乎中國也。禹承堯舜之盛，平治九州，玉帛萬國，定可墾之地九百一十萬八千二十四頃，出水者八千里，受水者八千里，名山五千三百五十，經六萬四千五十里。出銅之山四百六八十七，出鐵之山三千六百九。貨殖所負，男耕女織，不奪其時，以供財用，儉有餘，而奢不足。

張君房《雲笈七籤》卷七〇《政二四・象第四》 夫言鉛汞者，離流液爲汞，坎結白爲鉛。世人以黑鉛、鉚鉛、鉛夾生銀、蜜陀僧、街鉛、鉛黃花、黃丹等爲鉛，此大謬也。且鉛中有金，金中有還丹，是知黑水中生白金，白金變黃金，黃金變紫金，紫金含五色，名曰大還丹。豈不明乎？何得更將水銀汞以成質之物爲鉛。《經》云：「鳴鶴在陰，其子和之。」又云：「虎嘯龍吟，物類相感。」豈謬言哉？且汞爲情，鉛爲性，情性相合曰常道。道曰自然，誠非外物也。幸願精思其理，天不遺於志願也。

王應麟《困學紀聞》卷四《周禮》 水有疏導，火有出納，山林金錫之地，皆爲之厲禁，時而用之，先王財成輔相之妙也。《鹽鐵論》：「大夫曰：五行，東方木而丹章有金銅之山，南方火而交趾有大海之川，西方金而蜀隴有名材之林，北方水而幽都有積沙之地，此天地以均有無，通萬物也。」《管子》：「出銅之山四百六十七，出鐵之山三千六百九。」

蔣一彪《古文參同契集解》卷上《中篇》 金爲水母，至各守境隅。水生於金，金爲水母，謂金水生，而反隱形於水，乃隱子胎。水者，金子，子藏母胎者謂黑鉛，變質而寄位西方爲白虎金，胎水含金，而復藏質於金胞中，真水銀是也。

郎瑛《七修類稿·天地類·黄烏銀》 《猗覺寮》云：「漢《食貨志》金三品，黄金爲上，白金爲中，赤金爲下。」孟康注曰：白金，銀也；赤金，銅也。故今天下以白金爲銀。其後又云造銀、錫、白金。夫既造銀又造白金，疑非銀也，恐金之白色者。殊不知孟康自是，而朱新仲不知銀錫合造而爲白金之故，予已明前事物類矣。但《本草》有黄銀、烏銀，黄以爲瑞物，烏以爲養生者，造器以煮藥，俱曰辟邪之物，意其黄即金也，烏或近時藥燒之物歟？然皆無辟邪之説，疑荒唐也。後讀《唐史》，太宗嘗以黄銀帶賜玄齡。又白云：世傳黄銀，鬼神畏之。讀《孟郊集》，有「贈炭價重雙烏銀」詩，則知唐時實有之物。後讀《演繁露》，方知黄銀乃赤銅。其貴比銀，特色黄耳，隋時有而流至唐初。鬼神畏者，即古云鬼神畏銅之故。烏銀予恐即今之倭銀，蓋色如鉛之故。然亦恐蹈朱新仲之誤，書以俟博。

陳絳《金罍子》下篇卷三 《周禮·泉府》：凡民之貸者，與其有司辨而授之，以國服爲之息。盱江何氏集注：謂民有貸物於官者，與有司辨其物，定其價，以授之。還本之後，服役於國中，各有日數以爲息，所謂以國服爲息也。按：王充云，貧人官重責，貧無以償，則身爲官作責。畢竟是漢人之法，猶有《周官》泉府遺意耳。金有五：曰青金曰錫，曰赤金曰銅，曰黄金曰金，曰白金曰銀，曰黑金曰鐵，而黄擅金各，故經傳稱金者皆黄金也，銅以金命之則遜黄曰赤，以鐵名之則進赤曰黄，故唐孔氏「吕刑罰鍰」傳謂鍰是黄鐵爲銅。而《虞書》「金作贖刑」漢孔氏注謂：黄金，唐虞以黄金爲中幣，行使皆用黄金故耳，雖秦漢猶然。漢第少其斤兩，令與銅相值，至後魏始改用絹。近時澹老却以銅鐵皆名金鐵亦近銅，故兩傳注黄釜、黄鐵皆是銅，則別用鄭注。鄭注《禹貢》金三品曰銅三色也。《山海經》志海内諸名山，必曰其上多金玉，無草木，金玉與草木氣相刑，多金玉無草木矣，理也然。今海内諸名山歷歷故在，何上古金玉多耶？豈至治之代，地不愛寶與？或曰唐虞以珠玉爲上幣，黄金迺爲中幣。下至戰國秦漢，謀臣説士一言合主，輒賜黄金百鎰，白璧二雙，有賜金百鎰，珠二斗者。珠玉雜黄金行使耳，非以其多故，然與秦漢始以黄金爲上幣，已不同於古矣。然周以斤，秦以鎰，漢復用斤，而珠玉龜貝銀錫之屬止爲器飾寶藏不爲幣。珠玉不爲幣以爲寶藏，貴之也。銀錫不爲幣以爲器飾，賤之也。至漢武征伐四夷，虚耗海内，於是大司農藏告竭不足以給費，而少府多銀錫，始詔雜用以爲錢，而民終以賤不寶用，歲餘報罷。夫以漢武之威行於海，不能强民情所賤以爲貴，銀錫終廢不行，以賤故也。後世既乃以銀爲上幣，黄金爲寶藏，不復爲幣。民間又公雜鉛銅與銀用之而尚不給，不知其道曷由，有世道之責者其可不深長思哉？

馮復京《六家詩名物疏》卷二《國風·周南二·金》 《爾雅》云：「黄金謂之璗，其美者謂之鏐。白金謂之銀，其美者謂之鐐。鉼金謂之鈑。錫謂之釘，純澤謂之銑。」《説文》云：「金，五色金也，黄爲之長。久薶不生衣，百鍊不輕，從革不違，西方之行，生於土，從土左右。注：象金在土中形。」銅，赤金也。銀，白金也。鉛，青金也。鐵，黑金也。錫，銀、鉛之間也。《釋名》云：「金，禁也。氣剛毅能禁制物也。」《易·説卦》曰：「乾爲金。」《尚書》云：「揚州厥貢，惟金三品。」注：金、銀、銅也。鄭玄曰：銅三色也。又云：「荆州厥貢，惟金三品。」又云：「五行四曰金，金曰從革，從革作辛。」《周禮·玉府》職：「王之金玉玩好。」《職金》掌凡金錫之戒令。《考工記》云：「攻金之工，築氏執下齊，冶氏執上齊，鳧氏爲聲，栗氏爲量，段氏鑄器，桃氏爲刃。金有六齊。」《淮南子》云：「黄埃五百歲生黄澒，黄澒五百歲生黄金，黄金千歲生黄龍。」注：中央數五，故五百歲一化澒，黄金、水銀也。《孝經援神契》曰：「石潤苞玉，丹精生金。」《參同契》云：「黄土，金之父。流珠，水之母。」《地鏡圖》云：「黄金之氣赤黄，千萬斤以上光大若鏡盤。金氣發本，上赤下青。銀氣夜正白，撥之隨手散，復合。山有葱，下有銀，光隱隱正白。山有磁石，下有銅若金。」《管子》云：「山上有丹砂者，下有黄金；上有磁石者，下有銅金；上有緑石者，下有鉛、錫；上有赭，下有鐵。」《左傳》云：「夏方有德，貢金九牧。」

方以智《物理小識》卷一《天類》 金：邵子舉水火土石而不言金木。朱隱老曰：「木則後生於其陽，金則水火入土中而成於其陰者也，金用而石隱矣。楞

嚴四大、泰西四行皆後之，蓋有説焉。且問五行金生水，金何以生水乎？老生夙學不能答也。」虚舟子曰：「金石同體，五金八石互相爲用，鑛之在土，一石耳，石則生水矣。」《本草》：「金石同科，石者，氣之核，土之骨也。」精爲金玉，毒爲礜砒，凝色而爲丹青，化液而爲礬汞。或自柔而爲剛，乳鹵成石是也。或自動而爲静，草木成石是也。含靈之爲石，自有情而之無情也，雷星之爲石，自無形而成有形也。愚者曰，天地之堅氣爲金輪，而土中得之，凝爲金石。其生成也積久，其化物也峻厲，以其堅氣，遂爲殺氣，用者可不慎歟。

又卷七《金石類》 硼砂：生西南番。西者白如明礬，南者黄如桃膠，皆錬結成。同砒煅過，有變化，能制汞、啞銅，結砂子，銀工所必用也。

宋應星《天工開物》卷下《五金第一四卷》 宋子曰：人有十等，自王公至于輿臺，缺一焉而人紀不立矣。大地生五金，以利用天下與後世，其義亦猶是也。貴者千里一生，促亦五六百里而生，賤者舟車稍艱之國，其土必廣生焉。黄金美者，其值去黑鐵一萬六千倍。然使釜、鬵、斤、斧不呈效于日用之間，即得黄金直高，而無民耳。貿遷有無，貨居《周官》泉府，萬物司命繫焉。其分别美惡，而指點重輕，孰開其先？而使相須于不朽焉。

胡我琨《錢通》卷三《資採》 小次山，其上多白玉，其下多赤銅；盂山，其陰多鐵，其陽多銅；咸山，其上有玉，其下多銅；陽山，其上多玉，其下多金；淒山，其上多赤銅，其陰多鐵；橿谷之山，其中多赤銅；鼓鐙之山多赤銅；昆吾之山，其山多赤銅；此山出名銅，色赤如火。蟲尾之山多礪石、赤銅；柷陽之山，其陽多赤金，其陰多白金；松果之山，濩水出焉，北流注于渭，其中多銅；符禺之山，其陽多銅，其陰多鐵；瑀琈之山，其陰多銅；英山，其陰多鐵，其陽多赤金；竹山，其陰多鐵；瑜次之山，其陰多赤銅；二經之首曰鈐山，其上多銅；泰冒之山，其陽多金，其陰多鐵；龍首之山，其陽多黄金，其陰多鐵；西皇之山，其陽多金，其陰多鐵；烏山，其陰多鐵；求如之山，其上多銅；虢山，其陰多鐵；潘侯之山，其陰多鐵；渾夕之山無艸木，多銅玉；縣雍之山，其上多玉，其下多銅；諸餘之山，其上多銅、玉；鉤吾之山，其上多玉，其下多銅；京山，其陽有赤銅；軒轅之山，其上多銅；少山，其上有金、玉，其下有銅；柘山，其陽有金玉，其陰有鐵；維龍之山，其上有碧玉，其陽有金，其陰有鐵；白馬之山，其陽多玉，其陰多鐵，多赤銅；乾山無草木，其陽有金玉，其陰有鐵；柄山，其上多玉，其下多銅；密山，其陽多玉，其陰多鐵；槖山，其陽多金，其陰多鐵；夸父之山，其陽多玉，其陰多鐵；少室之山，其上多玉，其下多鐵；役山之上多白金，多鐵；荆山，其陰多鐵，其陽多赤金；岐山，其陽多赤金；銅山，其上多金、銀、鐵；玉山，其上多金玉，其下多碧鐵；仁舉之山，其陽多赤金；岐山，其上多白金，其下多鐵；玉山，其陽多銅，其陰多赤金；騩山，其陽多美玉、赤金，其陰多鐵；葛山，其上多赤金；虎尾之山，其陽多赤金，其陰多鐵；雅山，其下多赤金；丙山多黄金、銅、鐵，無木；洞庭之山，其上多黄金，其下多銀、鐵；陽帝之山多美銅；榮余之山，其下多銅，其下多銀。俱《山海經》。

屈大均《廣東新語》卷一五《貨語・連》 鉛一曰連。徐廣云：連，鉛之未煉者。昔王莽鑄作錢布皆用銅，殽以連錫。孟康云：連，錫之别名也。李奇云：鉛，錫之璞，名曰連。應劭云：連似銅。許慎云：鏈，銅屬也。連州有鉛錫冶，故以名州，然今廣東錫多從廣西賀縣而至。賀縣出錫，故名賀。賀，錫也。語云：羊脂耎銅，牡羊角縮賀。然廣東長樂、興寧、河源、永安皆産錫，堅白甲於洋錫，有馬蹄、蜈蚣、門限之名，貧民采者賴以生，天啓末年以來甚盛。又韶州産錫，余靖云：韶處嶺阨，雜産五金，四方之民，聚而游手，牒訴紛挐，常倍他郡，皆以争錫穴之故。則宋時韶實多錫矣。

王韜《弢園文録外編》卷二 中國煤礦遍處皆是，西人向者曾遣格致之士細行考察，知中國一省之所産，足以抵歐羅巴一洲而有餘。開礦出煤於中西皆有裨益，何則西國輪舶往來，中土其所用之煤，皆自遠運至，其費不貲。一旦設有不給，輪船即不可行，貽誤非輕，若中國有煤，則彼取資甚便。西人每請中國開煤礦，而不請中國開鐵礦，其深謀秘慮已可窺見其隱。英人本國雖僅屹然三島，而以煤鐵之利雄於歐洲，其煤鐵多販運於各國。中國既有煤鐵，則彼貿易，亦必稍減。且我有煤鐵，而出口之價稍昂，彼亦無如我何，而我得以獨收其利矣。一曰開五金之利。雲南産銅，山東、山西産金，而煙台一帶尤旺。粤東産水銀，四川産銀，此法人近日周歷其地而知之，曾已繪圖貼説郵寄其國。中國誠能亟爲開掘以足國課，而廣鑄金銀銅三品之錢，以便民用，俾易於流通，又何必全恃西國之銀圓歟？

劉嶽雲《格物中法》卷五上《金部》 鐵受太陽之氣，始生之初，鹵石産焉。一百五十年而成慈石，二百年孕而成鐵，又二百年不經采煉而成銅。《土宿本草》。

鐵稟太陽之氣，始生時爲鹵石，積久成慈石，石成鐵，鐵成銅，今取慈石碎之，有鐵片可驗也。《寶藏論》。

徐灝《通介堂經說》卷一六《周禮・地官・卝人》 《地官》序官《卝人》。錢氏大昕曰：卝人注：卝之言礦也。《說文・石部》：「磺，銅鐵樸石也，古文作卝。」《周禮》有卝人，康成讀卝爲礦，即磺字，與《說文》正合。卝、礦聲相近，故古文借作磺字。《禮記・内則》「濡魚卵醬實蓼」注：卵讀爲鯤，鯤，魚子，或作擱也。《内則》之卵，本是卝字，故又有鯤音。《詩》「其魚魴鰥」，康成訓「鰥」爲魚子，鰥、鯤、卝聲皆相近。卵从卝，聲關，擱又从丱，聲關，則漢時俗字與鰥亦同音。灝案：《說文》以「卝」爲「磺」之古文，則卝其本字，卝通借也。至若《内則》之卵醬，鄭注：卵讀爲鯤，自是聲相近通，而與銅鐵樸石之卝無涉。錢氏誤以卝爲礦之假借，輒謂《内則》之卵本是卝字，殊爲泛濫。卵从丱，聲乃關。《詩》「總角丱兮」之丱，非卝也，因《說文》失載「丱」字，而「丱」與「卝」又形聲皆近，遂致誤合爲一。自有錢說，段氏作《說文注》，乃直改許書，詳見《說文箋》。此不可不亟辨。近人講聲音文字之學，往往病於拘泥，而如錢氏者又失之過通也。

薛福成《出使日記續刻》卷四《光緒十八年壬辰〔五月〕十五日記》 天地間物不外凝、流二質，有若金、銀、銅、鐵、鉛、錫之屬，其體本可凝可流；有若瓦、甒、瓶、罍、罇、盎之屬，其體非凝，其用在凝；有若朱、丹、膠、漆采色之屬，其體非流，其用在流，此中西一也。西人精研物理，專立化學一門，變化物質大要有四：一曰性變。鐵可流而爲酒，煤可流而爲油，米漿可凝而爲器，油炭可凝而爲胰：剛柔燥溼之性可互變也。一曰色變。硫磺與水銀合流爲朱色，銅與硝强水合流爲藍色，海藍與黑鉛合流爲黃色，木炭與硫磺合流爲清水色，青黃赤白之色可疊變也。一曰味變。硫硝二氣凝時無味，流爲硝强水則味酸；木炭二質凝時無味，流爲紅白糖則味甜；海水流時味薄，凝鹹鹽則味厚；牛乳流時味膻，凝成精粉則味和甜：酸苦辣之味亦遞變也。一曰形變。五金之質本純，一經氣化則目不能覩其形；鹽氣之質本浮，一經水銀則轉足以堅其形；絮布煉之以爲紙，則厚薄之形異；毛羽織之以爲綢，則美惡之形異：虛實輕重之形且屢變也。若夫天地自然之忽凝忽流，則又皆空氣使然。雲之流行，空氣託之也；風之流動，空氣助之也；雨之流注，空氣因壓力而不勝也；露之流潤，空氣得陰寒而漸縮也，天之自然而流也有如此。雨凝爲雪，露凝爲霜，微雨半空驟凝爲霰，大雨半空驟凝爲雹，蓋以空氣得熱則漲而上融，得寒則縮而難融也，天之自然而凝也。

綜述

《山海經第二・西山經》 又西八十里，曰符禺之山，其陽多銅，其陰多鐵。【略】

又西七十里，曰英山，其上多杻橿，其陰多鐵，其陽多赤金。【略】

西二百里，曰泰冒之山，其陽多金，其陰多鐵。洛水出焉，東流注於河，其中多藻玉，多白蛇。【略】

又西一百七十里，曰數歷之山，其上多黃金，其下多銀，其木多杻橿，其鳥多鸚䳇。楚水出焉，而南流注于渭，其中多白珠。【略】

又西百五十里，曰高山，其上多銀，其下多青碧、雄黃，其木多椶，其草多竹。涇水出焉，而東流注于渭，其中多磬石、青碧。【略】

西南三百里，曰女牀之山，其陽多赤銅，其陰多石涅，其獸多虎豹犀兕。【略】

又西二百里，曰龍首之山，其陽多黃金，其陰多鐵。苕水出焉，東南流注于涇水，其中多美玉。【略】

西南二百里，曰鳥危之山，其陽多磬石，其陰多檀楮，其中多女牀。鳥危之水出焉，西流注于赤水，其中多丹粟。【略】

又西五百里，曰皇人之山，其上多金玉，其下多青、雄黃。皇水出焉，西流注于赤水，其中多丹粟。【略】

又西三百五十里，曰西皇之山，其陽多金，其陰多鐵，其獸多麋、鹿、㸲牛。【略】

又西三百二十里，曰槐江之山。丘時之水出焉，而北流注于泑水，其中多蠃母。其上多青、雄黃，多藏琅玕、黃金、玉，其陽多丹粟，其陰多采黃金、銀。【略】

又西三百五十里，曰天山，多金玉，有青、雄黃。【略】

又西二百九十里，曰泑山，神蓐收居之。其上多嬰脰之玉，其陽多瑾瑜之玉，其陰多青、雄黃。是山也，西望日之所入，其氣員，神紅光之所司也。【略】

又北二百二十里，曰盂山，其陰多鐵，其陽多銅，其獸多白狼白虎，其鳥多白雉翠。生水出焉，而東流注于河。

《山海經第三・北山經》 又北百七十里，曰柘山，其陽有金玉，其陰有鐵。歷聚之水出焉，而北流注于洧水。【略】

又北三百里，曰維龍之山，其上有碧玉，其陽有金，其陰有鐵。肥水出焉，而東流注于皋澤，其中多礨石。敞鐵之水出焉，而北流注于大澤。【略】

又北百八十里，曰白馬之山，其陽多石玉，其陰多鐵，多赤銅。木馬之水出焉，而東北流注于虖池。【略】

又北四百里，曰乾山，無草木，其陽有金玉，其陰有鐵而無水。

《山海經第五·中山經》 又東十五里，曰涹山，其上多赤銅，其陰多鐵。

【略】

又東七十里，曰泰威之山，其中有谷，曰梟谷，其中多鐵。【略】

又東十五里，曰橿谷之山，其中多赤銅。【略】

又西百二十里，曰葌山。葌水出焉，而北流注于伊水，其上多金玉，其下多青、雄黃。【略】

又西二百里，曰蔓渠之山，其上多金玉，其下多竹箭。【略】

中次三山萯山之首，曰敖岸之山，其陽多㻬琈之玉，其陰多赭、黃金。【略】

又東五百里，曰槐山，谷多金錫。【略】

又東南十里，曰蠱尾之山，多礪石、赤銅。【略】

又東南一百三十里，曰龜山，其木多穀柞椆椐，其上多黃金，其下多青、雄黃，多扶竹。【略】

又東七十里，曰丙山，多筀竹，多黃金銅鐵，無木。【略】

又東南五十里，曰風伯之山，其上多金玉，其下多痠石文石，多鐵，其木多柳杻檀楮。【略】

又東一百五十里，曰夫夫之山，其上多黃金，其下多青、雄黃，其木多桑楮，其草多竹、雞鼓。【略】

又東南一百二十里，曰洞庭之山，其上多黃金，其下多銀鐵，其木多柤棃橘櫾，其草多葌、蘪蕪、芍藥、芎藭。【略】

又南九十里，曰柴桑之山，其上多銀，其下多碧，多泠石、赭，其木多柳芑楮桑，其獸多麋鹿，多白蛇飛蛇。【略】

又東二百三十里，曰榮余之山，其上多銅，其下多銀，其木多柳芑，其蟲多怪蛇怪蟲。【略】

又西五十里，曰虎尾之山，其木多椒椐，多封石，其陽多赤金，其陰多鐵。

又西南五十里，曰繁繢之山，其木多楢杻，其草多枝勾。【略】

又西二十里，曰又原之山，其陽多青雘，其陰多鐵，其鳥多鸜鵒。

《山海經第八·海内經》 流沙之西，有鳥山者，三水出焉。爰有黃金、璿瑰、丹貨、銀、鐵，皆流于此中。又淮山，好水出焉。

《山海經廣注》卷一《南山經》 南山經之首曰䧿山。又東三百七十里曰杻陽之山，郭曰音紐。其陽多赤金，郭曰銅也。任臣案：經中銅自名赤銅。赤金者，紫磨金類，《爾雅》謂之鏐也。寇宗奭云：「顆塊金，其色深赤。又外國五種，波斯紫磨金，林邑赤金。」後陶氏亦以赤金爲銅，蓋本郭之誤。其陰多白金。郭曰銀也，見《爾雅》「山南爲陽，山北爲陰。」任臣案：《説文》：「鋈，白金也」，梵書謂之「阿路巴」。《管子》：「上有鉛，下有銀。」《地鏡圖》曰：「上有葱，下有銀。」《寶藏論》：「銀有十七種，又外國四種，其産銀谷者，稱銀笋銀牙。」

《山海經箋疏·山海經第二·西山經》 又西八十里曰符禺之山。懿行案：《水經》云：渭水又東過華陰縣，北注有符禺之山。《太平御覽》八七〇卷引此經，「禺」作「愚」。九二八卷又引作「遇」。其陽多銅，其陰多鐵。【略】

又西二百五十里曰騩山。音巍，一音隗嚚之隗。是錞于西海，錞，猶隄埻也。音章閏反。懿行案：《玉篇》引此經作「埻于西海」，又引郭注作「埻，猶隄也」。今本埻字疑衍，隄蓋埤障之義。《海内東經》有埻端國，郭注，埻，音敦。西海謂之青海，或謂之僊海，見《地理志》金城郡臨羌。又《思舊賦》舊注云：黄帝葬於西海橋山。亦即此。無草木，多玉，淒水出焉。或作浽。西流注于海，其中多采石。采石，石有采色者，今雌黃、空青、緑碧之屬。懿行案：《穆天子傳》云有采石之山。郭注云出文采之石也。劉逵注《蜀都賦》云：「牂牁有白曹山，出丹青，曾青、空青也。」《藝文類聚》八十一卷引《范子計然》曰：「空青出巴郡，白青、曾青出宏農、豫章，白青出新淦，青色者善。」《本草經》曰：「空青能化銅、鐵、鉛作金。」《别録》云：生益州山谷及越巂山有銅處，銅精熏則生空青。又云雌黃生武都山谷，與雄黃同山，生其陰。山有金，金精熏則生雌黃。又云緑青生山之陰穴中，色青白。陶注云：此即用畫緑色者，亦出空青中。蘇頌《圖經》云：緑青，今謂之石緑是也。

西次二經之首曰鈐山。音髡鉗之鉗，或作冷，又作塗。其上多銅，其下多玉，其木多杻、橿。

西南三百里曰女牀之山。懿行案：薛綜注《東京賦》云，女牀山在華陰西六百里。其陽多赤銅，其陰多石涅。

《管子校注》卷二三《地數第七七》 桓公曰：「地數可得聞乎？」管子對曰：「地之東西二萬八千里，南北二萬六千里。其出水者八千里，受水者八千里。出銅之山四百六十七山，出鐵之山三千六百九山。王念孫云：《史記·貨殖

傳》《正義》、《太平御覽・地部》一引此「出銅之山」上竝有「凡天下名山五千三百七十」一句，《中山經》亦有之，當據補。又引「出銅之山」二句作「出銅之山四百六十七，出鐵之山三千六百有九」，今本二句末皆衍「山」字，次句中又脱「有」字，亦當依二書訂正。張佩綸云：《玉海》十五引亦有「凡天下」句，黄丕烈謂伯厚所見本即此本，非也。又云：《中山經》「出鐵之山三千六百九」作「六百九十」，劉昭注《郡國志》引《帝王世紀》曰「《山海經》出鐵之山三千六百九」，足證今本《山海經》作「六百九十」爲誤。此之所以分壤樹穀也。戈矛之所發，刀幣之所起也。能者有餘，拙者不足。封於泰山，禪於梁父，封禪之王七十二家，得失之數皆在此内。是謂國用。」桓公曰：「何謂得失之數皆在此？」管子對曰：「昔者，桀霸有天下而用不足，湯有七十里之薄而用有餘。天非獨爲湯雨菽粟，而地非獨爲湯出財物也。伊尹善通移輕重、開闔、決塞，通於高下徐疾之筴，坐起之費，時也。」【略】

桓公問管子曰：「吾聞海内玉幣有七筴，可得而聞乎？」管子對曰：「陰山之礝碈，一筴也。燕之紫山白金，一筴也。張佩綸云：《水經・鮑邱水注》：「《地理志》灅水出俊靡縣，南至無終，東入庚，庚水世亦爲之柘水也，南逕燕山下。」《鮑邱水注》又云：「黄水又西南逕無終山，即帛仲理所合神丹處也。又於是山作金五千斤以救百姓。」帛仲理事本荒誕，然必無終山本産金，故有是言。疑「燕之紫山」即無終之燕山矣。發、朝鮮之文皮，一筴也。汝、漢水之右衢黄金，一筴也。江陽之珠，一筴也。秦明山之曾青，一筴也。禺氏邊山之玉，一筴也。此謂以寡爲多，以狹爲廣，天下之數盡於輕重矣。」

周聖楷《楚寶》卷二《大臣・哀牢國考》 出銅、鐵、鉛、錫、金、銀、光珠、虎魄、水精、瑠璃、軻蟲、蚌珠、孔雀、翡翠、犀、象、猩猩、貘獸。

何景明《雍大記》卷三〇《志貢》 秦之所以虜西戎，兼山東者也，其山出玉石、金、銀、銅、鐵、豫章、檀、柘，異類之物，不可勝原，此百工所取給，萬民所仰足也。

胡渭《禹貢錐指》卷一〇 荆岐既旅，終南惇物，至于鳥鼠。渭按：惇記作敦。【略】《漢書・東方朔傳》曰：「南山出玉石、金、銀、銅、鐵、良材，百工所取給，萬民所仰足也。又有秔稻、黎栗、桑、麻、竹箭之饒，土宜薑芋，水多䵷魚，貧者得以人給家足，無饑寒之憂。」

《廣雅》卷一〇《釋山》 凡天下名山五千二百七十。出銅之山四百六十有七，出鐵之山三千六百有九。

《毛詩注疏》卷一四《瞻彼洛矣》 君子萬年，保其家室。【略】《釋器》説弓之飾曰：「以蜃者謂之珧。」郭璞曰：「珧似蚌。」《説文》云：「珧，蜃甲所以飾物也。」《釋器》又云：「黄金謂之璗，其美者謂之鏐；白金謂之銀，其美者謂之鐐。」郭璞曰：此皆道金銀之别名，及其美者也。鏐即紫磨金也。《説文》云「公珕蜃」而不及於蜃，故天子用蜃，士用珕也。定本及《集注》皆以諸侯珌璆，字從玉，又以大夫鏐珌，恐非也。

又《毛詩注疏》卷二〇《有駜》 荆楊之州，於諸州最處南偏。又此二州出金，今云南金，故知南謂荆楊也。彼注云：三品者，銅三色也。王肅以爲三品金、銀、銅，鄭不然者，以梁州云厥貢鏐、鐵、銀、鏤。《爾雅・釋器》云：「黄金之美者謂之鏐，白金謂之銀。」貢金銀者，既以鏐銀爲名，則知金三品者，其中不得有金、銀也。又檢《禹貢》之文，厥貢鏐、鐵、錫、鈆，而獨無銅，故知金即銅也。僖十八年《左傳》曰：「鄭伯始朝于楚，楚子賜之金。既而悔之，與之盟曰：『無以鑄兵。』故以鑄三鍾。」《考工記》云：「六分其金，而錫居一，謂之鍾鼎之齊。」是謂銅爲金也。三色者，蓋青、白、赤也。

王應麟《玉海》卷一八〇《食貨・漢錢官・銅官》 《史記》：北軍有錢官。《地理志》：丹陽郡有銅官。錢官長丞五十有一，而專其官以主丹陽之銅。越巂卭都南山出銅，犍爲朱提山出銀，益州懷山出銅，石空山出錫，監町山出銀、鉛，采山出錫，羊山出銀、鉛，烏山出錫，從陸山出銅，常山蒲吾有鐵山，豫章鄱陽有黄金采。采取金之處。《鹽鐵論》：大夫曰：丹章有金銅之山。《史記》：章山之銅，吴有豫章郡銅山。《山海經》：禹曰：天下名山五千三百七十，出銅之山四百六十，出鐵之山三千六百九十。《管子》：地之東西二萬八千里，南北二萬六千里。其出水者八千里，受水者八千里。出銅之山四百六十七，出鐵之山三千六百九。

《史記》卷一一七《司馬相如列傳》 奏之天子，天子大説。其《子虚賦》辭曰【略】：雲夢者，方九百里，其中有山焉。其山則盤紆岪鬱，隆崇嵂崒；岑巖參差，日月蔽虧；交錯糾紛，上干青雲；罷池陂陁，下屬江河。其土則丹青赭堊，雌黄白坿，錫碧金銀，衆色炫燿，照爛龍鱗。其石則赤玉玫瑰，琳瑉琨珸，瑊玏玄厲，碝石武夫。

又卷一二九《貨殖列傳》 薑、桂、金、錫、連、集解：徐廣曰：「音蓮，鉛之未鍊者。」索隱：下音蓮。丹沙、犀、瑇瑁、珠璣、齒革；龍門、碣石北多馬、牛、羊、旃裘、筋角；銅、鐵則千里往往山出棊置：索隱：言如置棊子，往往有之。正義：言出銅鐵之山方千里，如圍棊之置也。《管子》云：「凡天下名山五千二百七十，出銅之山四百六十七，

出鐵之山三千六百有九。山上有赭，其下有鐵。山上有鉛，其下有銀。山上有銀，其下有丹。山上有磁石，其下有金也。」此其大較也。皆中國人民所喜好，謡俗被服飲食奉生送死之具也。故待農而食之，虞而出之，工而成之，商而通之。此寧有政教發徵期會哉？人各任其能，竭其力，以得所欲。故物賤之徵貴，貴之徵賤，各勸其業，樂其事，若水之趨下，日夜無休時，不召而自來，不求而民出之。豈非道之所符，而自然之驗邪？【略】

衡山、九江、江南、集解：徐廣曰：「高帝所置。江南者，丹陽也，秦置爲鄣郡，武帝改名丹陽。」正義：案：徐説非。秦置鄣郡在湖州長城縣西南八十里，鄣郡故城是也。漢改爲丹陽郡，徙郡宛陵，今宣州地也。上言吴有章山之銅，明是東楚之地。此言大江之南豫章長沙二郡，南楚之地耳。徐、裴以爲江南丹陽郡屬南楚，誤之甚矣。豫章、長沙，是南楚也，其俗大類西楚。郢之後徙壽春，亦一都會也。而合肥受南北潮，皮革、鮑、木輸會也。與閩中、干越雜俗，故南楚好辭，巧説少信。江南卑溼，丈夫早夭。多竹木。豫章出黄金，集解：徐廣曰：「鄱陽有之。」正義：《括地志》云：「江州潯陽縣有黄金山，山出金。」長沙出連、錫，然堇堇物之所有，取之不足以更費。集解：應劭曰：「堇，少也。更，償也。言金少少耳，取之不足用，顧費用也。」九疑、蒼梧以南至儋耳者，與江南大同俗，而楊越多焉。番禺亦其一都會也，珠璣、犀、瑇瑁、果、布之湊。

《漢書》卷二八上《地理志第八上》 東南曰揚州：其山曰會稽，藪曰具區，川曰三江，寖曰五湖；其利金、錫、竹箭；民二男五女；畜宜鳥獸，穀宜稻。

正南曰荆州：其山曰衡，藪曰雲夢，川曰江、漢，寖曰潁、湛；其利丹、銀、齒、革；民一男二女；畜及穀宜，與揚州同。【略】

益州郡。武帝元封二年開。莽曰就新。屬益州。【略】律高，西石空山出錫，東南監町山出銀、鉛。賁古。北采山出錫，西羊山出銀、鉛，南烏山出錫。

又卷二八下《地理志第八下》 處近海，多犀、象、毒冒、珠璣、銀、銅、果、布之湊，中國往商賈者多取富焉。番禺，其一都會也。

又卷六五《東方朔傳》 夫南山，天下之阻也，南有江淮，北有河渭，其地從汧隴以東，商雒以西，厥壤肥饒。漢興，去三河之地，止霸産以西，都涇渭之南，此所謂天下陸海之地，秦之所以虜西戎兼山東者也。其山出玉石，金、銀、銅、鐵，豫章、檀、柘，異類之物，不可勝原，此百工所取給，萬民所卬足也。又有秔稻梨栗桑麻竹箭之饒，土宜薑芋，水多䵷魚，貧者得以人給家足，無飢寒之憂。故酆鎬之間號爲土膏，其賈畝一金。今規以爲苑，絶陂池水澤之利，而取民膏腴之地，上乏國家之用，下奪農桑之業，棄成功，就敗事，損耗五穀，是其不可一也。

又卷九六下《姑墨國》 姑墨國，王治南城，去長安八千一百五十里。户三千五百，口二萬四千五百，勝兵四千五百人。姑墨侯、輔國侯、都尉、左右將、左右騎君各一人，譯長二人。東至都護治所(一)〔二〕千二十一里，南至(於)〔于〕闐馬行十五日，北與烏孫接。出銅、鐵、雌黄。東通龜兹六百七十里。王莽時，姑墨王丞殺温宿王，并其國。

又《渠犂》 自武帝初通西域，置校尉，屯田渠犂。是時軍旅連出，師行三十二年，海内虚耗。征和中，貳師將軍李廣利以軍降匈奴。上既悔遠征伐，而搜粟都尉桑弘羊與丞相御史奏言：「故輪臺(以)東捷枝、渠犂皆故國，地廣，饒水草，有溉田五千頃以上，處温和，田美，可益通溝渠，種五穀，與中國同時孰。其旁國少錐刀，貴黄金采繒，可以易穀食，宜給足不(可)乏。」

又《漢書地理志補注》卷四九《賁古》 《水經注》：葉榆水又逕賁古縣北，東與盤江合。朱之哀反，李恢追至盤江者也。師古曰：賁音奔。《大清一統志》：賁古廢縣在今臨安府建水縣東南，北采山出錫，西羊山出銀、鉛，南烏山出錫。《滇略》：錫則臨安者佳，最上者爲芭蕉葉，扣之聲如銅鐵，其白如銀，作器殊良。

《後漢書》卷八六《南蠻西南夷傳・哀牢》 哀牢人皆穿鼻儋耳，其渠帥自謂王者，耳皆下肩三寸，庶人則至肩而已。土地沃美，宜五穀、蠶桑。知染采文繡，罽毲帛疊，蘭干細布，織成文章如綾錦。有梧桐木華，績以爲布，幅廣五尺，絜白不受垢汙。先以覆亡人，然後服之。其竹節相去一丈，名曰濮竹。出銅、鐵、鉛、錫、金、銀、光珠、虎魄、水精、瑠璃、軻蟲、蚌珠、孔雀、翡翠、犀、象、猩猩、貊獸。雲南縣有神鹿兩頭，能食毒草。

又志第一九《郡國一》 《三秦記》曰：「有川，方三十里，其水北流。出玉、銅、鐵、石。」《地道記》有虎候山。

又志第二三《郡國五》 漢中郡。秦置。雒陽西千九百九十里。九城。【略】

南鄭，成固，媯墟在西北。西城。褒中。沔陽，有鐵。安陽。錫，有錫，春秋時曰錫穴。【略】

廣漢郡。高帝置。雒陽西三千里。十一城，户十三萬九千八百六十五，口五十萬九千四百三十八。

雒(州)刺史治。新都。緜竹。什邡。涪。梓潼。白水。葭萌。《華陽國

志》：「有水通于漢川，有金銀鑛，民洗取之。」【略】

牂牁郡。武帝置。雒陽西五千七百里。十六城，户三萬一千五百二十三，口二十六萬七千二百五十三。

故且蘭。平夷。鄨。毋斂。談指。出丹。夜郎，出雄黄、雌黄。【略】

越嶲郡。武帝置。雒陽西四千八百里。十四城。【略】

邛都，南山出銅。遂久。靈關道。《華陽國志》曰：「有銅山，又有利慈。」臺登，出鐵。《華陽國志》曰：「有孫水，一曰白沙江。山有砮，火燒成鐵。」【略】

益州郡。武帝置。故滇王國。雒陽西五千六百里。諸葛亮表有耽文山、澤山、司彌瘗山、婁山、辟龍山，此等並皆未詳所在縣。十七城，户二萬九千三十六，口十一萬八百二。

滇池，出鐵。有池澤。北有黑水祠。勝休。俞元，裝山出銅。律高，石室山出錫，監町山出銀、鉛。賁古，采山出銅、錫，羊山出銀、鉛。在縣西。《地道記》曰：「南烏山，出錫。」毋棳。建伶。穀昌。牧靡。味。昆澤。同瀨。同勞。雙柏，出銀。【略】

永昌郡。明帝永平(十)二年分益州置。雒陽西七千二百六十里。八城，户二十三萬一千八百九十七，口百八十九萬七千三百四十四。

不韋，出鐵。嶲唐。比蘇。楪榆。邪龍。雲南。哀牢，永平中置，故牢王國。博南，永平中置，南界出金。《華陽國志》曰：「西山高三十里，越(山)得蘭滄水，有金沙，洗取融爲金。有光珠穴。」《廣志》曰：「有虎魄生地中，其上及旁不生草，深者四五八九尺，大者如斛，削去外皮，中成虎魄如升，初如桃膠凝堅成也。」

廣漢屬國。(都尉)故北部都尉，屬(蜀)〔廣漢〕郡，安帝時以爲屬國都尉，別領三城。户三萬七千一百一十，口二十萬五千六百五十二。

陰平道。甸氐道。剛氐道。《華陽國志》曰：「涪水所出，有金銀鑛。」

蜀郡屬國。故屬西部都尉，延光二年以爲屬國都尉，別領四城。户十一萬一千五百六十八，口四十七萬五千六百二十九。

漢嘉，故青衣，陽嘉二年改，有蒙山。嚴道，有邛僰九折坂者，邛(刻)〔郵〕置。徙。《華陽國志》曰：「出丹砂、雄雌黄、空青、青碧。」旄牛。

犍爲屬國。【略】朱提，山出銀、銅。案《前書》，朱提銀重以八兩爲一流，直一千五百八十，他銀一流直一千。《南中志》曰：「舊有銀窟數處。」諸葛亮書云：「漢嘉金，朱提銀，採之不足以自食。」【略】

上黨郡。秦置。雒陽北千五百里。十三城。【略】沾。《山海經》曰：「有少山，其上有金玉，其下有銅。」郭璞云在沾。涅，有閼與聚。《史記》曰，趙奢破秦兵閼與。《山海經》云：「謁戾之山有金玉，沁水出焉，南流注于河。」郭璞曰在涅。【略】

太原郡。秦置。十六城。【略】陽曲。大陵，有鐵。

《帝王世紀》卷一〇　名山五千二百五十，經六萬四千五十六里，出銅之山四百六十七，出鐵之山三千六百九。

王先謙《後漢書集解》志一九《郡國一》　有岐山。《左傳》椒舉曰：成王有岐山之蒐。《山海經》曰：其上多白金，其下多鐵。城水出焉，東南流注于江。

又志二三《郡國五》　監町山出銀、鉛。集解：惠棟曰：監音呼鵙反，北宋本作町。《前志》、《華陽國志》皆云在縣東南。先謙曰：前漢縣，三國蜀因改屬興古郡。温水。注：温水，又東南逕律高縣南。劉禪建興三年，分牂柯置興古郡，治温縣。《晉書地道記》治此。謝云：酈注兩存其説，今據知縣屬興古也。《晉志》屬興古郡。謝云：故縣，今廣西州彌勒縣南，或謂在陸涼州者誤。【略】

羊山出銀、鉛。在縣西。《地道記》曰：南烏山出錫。集解：先謙曰：前漢縣，三國蜀因，改屬梁水郡，見常志「葉榆水」注：盤水出律高縣南監町山，東逕梁水郡北，賁古縣南。《晉志》改屬興古郡。《紀要》：故縣，今臨安府東南。《一統志》同。謝云：當在臨安府東。

惠棟《後漢書補注》卷二三《郡國五》　注：堂狼山，《華陽國志》作堂螂，云山出銀、鉛，白銅，雜藥，有堂螂，附子。

陳仁子《文選補遺》卷二六司馬遷《貨殖傳》　夫山西饒材、竹、穀、纑、旄、玉石；山東多魚、鹽、漆、絲、聲色；江南出枏、梓、姜、桂、金、錫、連、丹沙、犀、瑇瑁、珠璣、齒革；龍門、碣石龍門山，在徐州龍門縣。碣石山，在平州盧龍縣。北多馬、牛、羊、旃裘、筋角；銅、鐵則千里往往山出棊置。言出銅鐵之山方千里，如圍棊之置也。此其大較也。

《三國志》卷三〇《魏志・烏丸等傳》　評曰：《史》、《漢》著朝鮮、西越，東京撰録西羌。魏世匈奴遂衰，更有烏丸、鮮卑，爰及東夷，使譯使通，記述隨事，豈常也哉！【略】又今《西域舊圖》云罽賓、條支諸國出琦石，即次玉石也。大秦多金、銀、銅、鐵、鉛、錫、神龜、白馬、朱髦、駭雞犀、瑇瑁、玄熊、赤螭、辟毒鼠、大貝、車渠、瑪瑙、南金、翠爵、羽翮、象牙、符采玉、明月珠、夜光珠、真白珠、虎珀、珊瑚、赤白黑緑黄青紺縹紅紫十種流離、璆琳、琅玕、水精、玫瑰、雄黄、雌黄、碧、五

色玉。

《魏書》卷一〇一《吐谷渾傳》 高宗時，定陽侯曹安表拾寅今保白蘭，多有金銀牛馬，若擊之，可以大獲。議者咸以先帝忿拾寅兄弟不穆，使晉王伏羅、高涼王那再征之，竟不能克。【略】

吐谷渾嘗得波斯草馬，放入海，因生驄駒，能日行千里，世傳青海驄者是也。土出犛牛、馬，多鸚鵡，饒銅、鐵、朱沙。地兼鄯善、且末。

又卷一〇二《西域傳・龜兹國》 龜兹國，在尉犂西北，白山之南一百七十里，都延城，漢時舊國也。去代一萬二百八十里。其王姓白，即後涼呂光所立白震之後。其王頭繫綵帶，垂之於後，坐金師子牀。所居城方五六里。其刑法，殺人者死，劫賊則斷其一臂并刖一足。稅賦準地徵租，無田者則稅銀錢。風俗、婚姻、喪葬、物産與焉耆略同，唯氣候少温爲異。又出細氈，饒銅、鐵、鉛、麖皮、氍毹、鐃沙、鹽绿、雌黄、胡粉、安息香、良馬、犎牛等。

江淹《江文通集注》卷二 以紫山之金。《一統志》曰：南陽有紫金山，其産銅、鐵、鉛、錫、沙金之類。

酈道元《水經注》卷二 北河又東逕姑墨國南，入姑墨川水注之。水導姑墨西北赤沙山，東南流逕姑墨國西。治南城，南至於闐，馬行十五日，土出銅、鐵及雌黄。

《北史》卷五九《梁禦傳》 〔梁〕睿時威振西州，夷獠歸附，唯南寧首帥爨震恃遠不賓。睿上疏曰：「南寧州，漢牂柯之地。近代已來，分置興古、雲南、建寧、朱提四郡，户口殷衆，金寶富饒，二河有駿馬明珠，益、寧出鹽井犀角。晉泰始七年以益州曠遠，分置寧州。至僞梁，南寧州刺史徐文盛被湘東徵赴荆州。屬東夏尚阻，未遑遠略，土人爨瓚遂竊據一方。國家遥授刺史，其子震相承至今。而震臣禮多虧，貢賦不入。如聞彼人苦其苛政，思被皇風，幸因平蜀士衆，不煩重興師旅，押獠既訖，即請略定南寧。」文帝深納之，然以天下初定，恐人心不安，故未之許。後竟遣史萬歲討平之，並因睿之策也。

又卷九六《吐谷渾》 土出犛牛、馬、騾，多鸚鵡，饒銅、鐵、朱砂。地兼鄯善、且末。興和中，齊神武作相，招懷荒遠，蠕蠕既附於國，夸呂遣使致敬。神武喻以大義，徵其朝貢。

又《党項傳・附國》 附國者，蜀郡西北二千餘里，即漢之西南夷也。【略】其土高，氣候涼，多風少雨，宜小麥、青稞。山出金、銀、銅，多白雉。水有嘉魚，長四尺而鱗細。

又卷九七《西域傳・龜兹國》 龜兹國，在尉犂西北，白山之南一百七十里，都延城，漢時舊國也。去代一萬二百八十里。其王姓白，即後涼呂光所立白震之後。其王頭繫綵帶，垂之於後，坐金師子牀。所居城方五六里。其刑法，殺人者死，劫賊則斷其一臂，并刖一足。稅賦，準地徵租，無田者則稅銀。風俗、婚姻、喪葬、物産與焉耆略同，唯氣候少温爲異。又出細氊，饒銅、鐵、鉛、麖皮、氍毹、鐃沙、鹽绿、雌黄、胡粉、安息香、良馬、犎牛等。

又《疏勒國》 疏勒國，在姑默西，白山南百餘里，漢時舊國也。去代一萬一千二百五十里。文成末，其王遣使送釋迦牟尼佛袈裟一，長二丈餘。帝以審是佛衣，應有靈異，遂燒之以驗虚實，置於猛火之上，經日不然。觀者莫不悚駭，心形俱肅。其王戴金師子冠。土多稻、粟、麻、麥、銅、鐵、錫、雌黄，每歲常供送於突厥。

李清《南北史合注》卷一八六《列傳第八八・北史卷一〇〇・附國》 附國者，蜀郡西北二千餘里，即漢西南夷，有嘉良夷，即其部所居，種姓自相率領土俗與附國同，言語少殊，不相統一。【略】其土高，氣候涼，多風少雨，宜小麥青稞。山出金、銀、銅，多白雉，水有嘉魚，長四尺而鱗細。

陸德明《經典釋文》卷二九《音義中・釋山第十一》 《廣雅》云：「土高有石曰山。山，産也，能産萬物也。」《説文》云：「山，宣也，宣氣散，生萬物也。凡天下名山五千二百七十，出銅之山四百六十七，出鐵之山三千六百有九。」

歐陽詢《藝文類聚》卷七《山部上》 荆山。《山海經》曰：荆山，其陰多鐵，其陽多赤金。

《通典》卷一九二《邊防八》 姑墨，漢時通焉。王理南城，去長安八千一百里，户三千五百，東至都護理所二千里，南至于闐馬行十五日，北界接烏孫。出銅、鐵、雌黄。

難兜，漢時通焉。去長安萬一百里。户五千。東北至都護理所二千八百里，西南至罽賓三百里，南與婼羌、北與休循、西與大月氏接，種五穀、蒲陶諸果。有銀、銅、鐵，作兵與諸國同。

李吉甫《元和郡縣志》卷一六《河東道三・太原府》 白馬山，在縣東北六十里。《山海經》曰：「白馬之山，其陽多玉石，其陰多鐵及赤銅，木馬之水出焉。」山上有白馬關，後魏所置。原仇山，在縣北三十里。出人參、鐵鉚，縣取此山

爲名。

又卷二五《江南道一・宣州・當塗縣》 赤金山在縣北一十里，出好銅與金。《淮南子》、《食貨志》所謂丹陽銅也。

又卷三五《嶺南道》 鉛穴山在〔化蒙〕縣西六十里。出鉛、錫。

樊綽《蠻書》卷七 銀，會同川銀山出。錫，瑟瑟山中出，禁戢甚嚴。

《新唐書》卷三八《地理志二》 昌陽。上。貞觀元年，省盧鄉縣入焉，有銀，有鐵，東百四十里有黄銀坑，黄觀初得之。

愛卷四一《地理志五》 江都。望。東十一里有雷塘，貞觀十八年，長史李襲譽引渠，又築勾城塘，以溉田八百頃。有愛敬陂水門，貞元四年，節度使杜亞自江都西循蜀岡之右，引陂趨城隅以通漕，溉夾陂田。寶曆二年，漕渠淺，輸不及期，鹽鐵使王播自七里港引渠東注官河，以便漕運。有銅。江陽。望。貞觀十八年析江都置。有康令祠，咸通中大旱，令以身禱雨赴水死，天即大雨，民爲立祠。六合。緊。武德七年析置石梁縣，以石梁、六合二縣置方州。貞觀元年州廢，省石梁，以六合來屬。有銅，有鐵。【略】高郵。上。有隄塘，溉田數千頃，元和中，節度使李吉甫築。揚子，望。永淳元年析江都置。天長。望。本千秋，天寶元年析江都、六合、高郵置，七載更名。有銅。

又卷四二《地理志六》 昆明。中。武德二年置。有鹽，有鐵。

沈炳震《唐書合鈔》卷五六《志三二・地理一》 洛南。上。漢上洛縣地。晉分置拒陽縣。隋改拒陽爲洛南。舊治拒陽川，顯慶三年，移治清州。有金，有銅，有鐵。

平涼。上。治陽音川，開元五年移治古塞城，廣德元年没吐蕃，貞元四年復置，及爲行渭州，其民皆州自領之。西面隴山有六盤關。有銀，有銅，有鐵。

又卷五七《志三三・地理二》 〔河南府〕伊陽。畿。先天元年析陸渾置。有太和山，有銀銅錫，伊水有金。【略】

〔陝州〕平陸。望。本河北隸蒲州，貞觀元年來屬。天寶元年，太守李齊物開三門以利漕運，得古刃，有篆文曰平陸，因更名三門。西有鹽倉，東有集津倉，有瑟瑟穴，有銀穴三十四，銅穴四十八，在覆釜、三錐、五岡、分雲等山。

又卷五八《志三四・地理三》 〔絳州絳郡，雄。〕曲沃。望。漢絳縣地，後魏置。東北三十五里有新絳渠，永徽元年令崔翳引古堆水溉田百餘頃，南十三里山有銅。

翼城，望。義寧元年以翼城絳置翼城郡，并置小鄉縣。武德元年曰澮州，二年曰北澮州，四年州廢，縣皆來屬，九年省小鄉入翼城。天祐二年更曰澮川。有銅，源翔臯錢坊二，有澮高山，有銅，有鐵。

聞喜。望。漢縣，隋爲桐鄉縣。武德元年，置有銅冶。【略】

盂。畿。武德三年以盂受陽置受州，貞觀元年省并州之烏河縣入焉。有銅，有鐵，東北有白馬故關。【略】

五臺。中。漢慮虒縣。隋改栢谷。有銀，有銅，有鐵，有五臺山。【略】

陽城，中。本濩澤。天寶元年更名，天祐二年更曰濩澤。有銅，有錫，有鐵。

成紀。上。舊治小坑川，開元二十二年州移治敬親川，成紀亦徙新城。有銀有銅有鐵。

唐。上。舊治古公城。聖曆元年移於今所。有銅，有鐵。

又卷五九《志三五地理四》 成紀。上。舊治小坑川。開元二十二年，州移治敬親川，成紀亦徙新城。有銀，有銅，有鐵。【略】

西，次畿。武德三年，《舊書》二年，以縣置褒州，析利州之綿谷置金牛縣。漢葭萌縣地。八年州廢，二縣來屬。寶曆元年省金牛縣入焉。西南有百牢關。有錫，有鐵。【略】

梁泉。中下。漢故道縣地，後魏置。晉仇池所處地。武德元年析置黄花縣，寶曆元年省。有銀，有鐵。

又卷六〇《志三六・地理五》 〔昇州江寧郡〕句容。望。武德三年以句容、延陵二縣置茅州。七年，州廢，隸蔣州。九年，隸潤州。乾元元年，來屬上元，二年，州廢，屬潤州。【略】絳巖，故赤山，天寶中更名。有銅，有礬。溧水。上。漢溧陽縣地。武德三年屬揚州，九年屬宣州。乾元元年隸昇州，州廢還隸宣州，有銅。【略】

上元。望。本江寧，楚金陵邑，秦爲秣陵。吴名建業，宋爲建康。晉分秣陵置臨江縣，晉武改爲江寧，隸潤州。武德三年，以江寧、溧水二縣置揚州，仍置東南道行臺，析置丹陽、溧陽、安業三縣，更江寧曰歸化。六年輔公祏反，據其地，七年平輔公祏，置行臺尚書省，更名蔣州。八年罷行臺，復爲揚州，置揚州大都督府。又以延陵句容隸之，省安業入歸化，更歸化曰金陵。九年州廢，都督徙治江都，更名金陵，曰白下。以白下、延陵、句容隸潤州，丹陽、溧水、溧陽隸宣州。移白下治故白下城。貞觀七年，移於今所。九年更白下曰江寧，肅宗上元二年又更名。有銅，有鐵，有蔣山。

六合。緊。漢堂邑縣。北齊爲秦州，後周爲方州，隋改爲兖州。武德七年析置石梁縣，以石梁、六合二縣置方州。貞觀元年州廢，省石梁，以六合來屬。有銅，有鐵。

溧陽。緊。乾元元年，隸昇州，州廢還隸宣州。有湖山，有銅，有鐵。【略】

尤溪。中下。開元二十九年，開山洞置。有銀，有銅，有鐵。

邵武。來屬。貞觀三年復，省綏城縣入焉。有銅，有鐵。

將樂。中下。武德五年，析邵武置，隸撫州。七年省。垂拱四年，析邵武及故綏城縣地復置。元和三年省，五年復置金泉。有金，又有銀，有鐵。【略】

安吉。緊。【略】有銅，有錫。

信州。上。有玉山監錢官。有銅坑一，鉛坑一。

大庾。中。【略】有鉛、錫。

建安。上。漢治縣地，吴置，以建溪爲名。有銀，有銅。

秋浦。緊。漢石城縣，隋分南陵置，因水爲名，有烏石山。廣德初，盜陳莊方清所據。有銀，有銅。

青陽。上天寶元年析涇南陵秋浦置，治古臨城。有銅，有銀。

潯陽。緊。漢縣，隋改彭蠡，取州東南五十二里有彭蠡湖爲名。煬帝改湓城，取縣界湓水爲名。武德四年，復爲潯陽，潯水至此入江爲名。又别析置湓城縣，五年析湓城置楚城縣，八年省湓城，貞觀八年省楚城。南有甘棠湖，長慶二年刺史李渤築，立斗門以蓄洩水勢。東有秋水隄，大和三年刺史韋珩築。西有斷洪隄，會昌二年刺史張又新築，以窒水害。有銀，有銅。有廬山。有彭蠡湖，一名宫亭湖。

臨川。上。後漢臨汝縣，隋改。有金，有銀。

義章。中下。蕭銑析郴置，武德七年省，八年復置，長壽二年分置高平縣，開元二十三年廢，高平移義章治高平廢縣，有銀、有銅，有鉛。

長汀。中下。有銅，有鐵。

寧化。中下。本黄連，天寶元年更名。有銀，有鐵。

沙。中下。本隸建州，武德四年置，後省入建安。永徽六年復置，大曆十二年來屬。有銅，有鐵。【略】

當塗。緊。武德三年，以縣置南豫州，八年州廢來屬。貞觀元年，省丹陽縣入焉。乾元元年，隸昇州，上元二年復來屬。有神武山，有采石戍，牛渚山一名采石，在縣北四十五里。大江中有銅，有鐵。

南陵。望。漢春穀縣地，梁置。武德四年隸池州，州廢來屬。舊治赭圻城，長安四年移理青陽城。後析置義安縣，又廢義安爲銅官冶。利國山有銅，有鐵。【略】

永興。緊。吴分鄂縣置新陽縣，隋改。有銅，有鐵。北有長樂堰，貞元十三年築。

武昌。緊。漢鄂縣，吴晉爲重鎮，以名將爲鎮守。有樊山，有銀，有銅，有鐵。【略】

樂平。上。武德四年置，九年省，後復置。有金，有銀，有銅，有鐵。

安遠。中。貞元四年，析雩都置。有鐵，有錫。【略】

上饒。緊。武德四年，置隸饒州，七年省入弋陽。乾元元年，復置并置永豐縣。元和七年省永豐入焉。有金，有銅，有鐵，有鉛。【略】

湘源。上。漢零陵縣地，故城在今縣南七十八里。有金，有鐵。【略】

永明。中。本永陽，貞觀八年省入營道，天授二年復置，天寶元年更名。有銀，有鐵。

又卷六一《志三七・地理六》 峩眉。上。隋置，取西山名也。有金，有鐵。

臨邛。緊。漢縣。邛水出嚴道，邛來山入青衣江，故云臨邛。後魏自唐隆移縣治於漢臨邛縣西，隋又移於今治所。有銅，有鐵。【略】

巴西。望。漢涪縣，隋改。南六里有廣濟陂，引渠溉田百餘頃。垂拱四年，長史樊思孝令夏侯奭因故渠開。有富樂山。有金，有銀，有鐵，有鹽。【略】

又 夾江。上。隋分龍遊平羌於涇上置，今縣北八十里有夾江廢戍，即涇上也。舊治涇上，武德元年移於今治。有鐵。

又卷六二《志三八・地理八》 桂陽。上。有桂林山，本靈山。天寶八載，更名，有銀，有鐵。

連山。中。晉廣惠縣，隋改廣澤，又改。有金，有銅，有鐵。

《續通典》卷一二七《州郡・贛州》 夷陵郡，軍事。縣四：夷陵。中。有漢流、巴山、麻溪、魚陽、長樂、梅子六砦及鉛、錫。

吴任臣《十國春秋》卷一一一《十國地理表上》 〔吴、南唐〕信州。領縣五。上饒、舊縣。貴溪、舊縣。弋陽、舊縣。玉山、舊縣。鉛山。本唐撫、建二州之地，南唐始置縣。山産銅、鉛，故名。縣西南七里有鉛山，舊名桂陽山，又名楊梅山，南唐常置鉛場於此。

厲鶚《遼史拾遺》卷一七《表第一・部族表》 太祖元年，黑車子室韋八部降。【略】又曰：「一曰室韋，二曰黄頭室韋，三曰獸室韋。其地多銅、鐵、金、銀，其人工巧銅、鐵，諸器皆精好，善織毛錦。地尤寒，馬溺至地成冰堆。」

李有棠《遼史紀事本末》卷六《西北部族屬國叛服》 太祖即位之元年春二月，黑車子室韋八部降。攷異：《部族表》作正月。冬十月，討黑車子室韋，破之。攷異：《部族表》：【略】其地多銅、鐵、金、銀，人工巧，器皆精好，善織毛錦。地尤寒，馬溺至地成冰堆。在今黑龍江西北。《食貨志》云：「坑冶之制，自太祖併室韋，地産銅、鐵、金、銀，其人善作銅鐵器。」

樂史《太平寰宇記》卷八二劍南東道一《梓州・富順監》 土物：綾、綿、銀、空青、曾青、石碌、地黄、紅花、沙塘甘橘、枇杷。

又卷一〇二《江南東道一四・汀州》 《古圖經》云：進黄蠟燭紙，出銅并銀，長汀縣有黄焙場，安豐場，并寧化縣有龍門場，俱出銅、銀。

又卷一五八《嶺南道一・廣州》 信安縣。【略】又有銅石山，又有銀銅山，

又有鉛穴山，出錫、鉛。《爾雅》云：錫之善者曰鉛，鉛，白錫也。

又卷一六二《嶺南道六・桂州》 土産：朱砂、冷石、零陵香、桂心、銀、麖、簟、銅器、蚺蛇、蟾。

又卷一六七《嶺南道一一・容州》 陸川縣，【略】銅石山，上有銅湖，出硃砂、水銀。金溪水中常出金。

又卷一七九《四夷八・南蠻四・哀牢國》 有濮竹，其節相去二丈。地出銅、鐵、鉛、錫、金、銀、光珠、琥珀、水晶、琉璃、軻蟲、蚌珠、孔雀、翡翠、犀象、猩猩、貊獸。

李昉等《太平御覽》卷一七〇《州郡部一六・信州》 《圖經》曰：「唐上元元年正月，江淮轉運使元載以此邑川原敻遠，關防襟帶，宜置州制，可賜名信州，以信美所稱，爲郡之名。」《鄱陽記》曰：「界内之山，出銅及鉛、鐵者，有玉山。」

又卷八〇九《珍寶部八・金上》 又《禹貢》曰：淮海惟揚州，厥貢惟金三品。孔安國曰：金、銀、銅也。

《毛詩・魯頌・泮水》曰：「憬彼淮夷，來獻其琛。元龜象齒，大賂南金。」

又卷八一〇《珍寶部九・金中》 《後漢書》又曰：益州，金、銀之所出。

【略】

《後魏書》又曰：拔豆國出金、銀。河鉤羌國出金珠。

又卷八一二《珍寶部一一・錫》 《周禮・夏官中・職方》曰：「楊州其利金錫。」鄭玄曰：錫，鑞也。

又卷九八五《藥部二・丹》 又曰：「鄣平縣有石膏山望之若霜雪。又一嶺，東爲銀石，南是鐵石，西則丹沙，北乃銅石。」

丁度《集韻》卷一〇《入聲下》 監，山名。《漢書》：監町山出銀鉛，在益州郡。

王存《元豐九域志》卷六《江南東路上・太平州軍事》 古跡：浮丘山、蒲山、金山有銅與金。

歐陽修《歐陽文忠公集・河北奉使奏草》卷下《論河北財産上時相書》 自古財産之利必出山澤，故傳曰山海天地之藏也。自兩漢以來，擿山煮海之利必歸公上，而今天下諸路山澤悉已榷之，無遺利矣。獨河北一方兵民所聚最爲重地，而東負大海，西有高山，此財利之産，天地之藏，而主計之吏皆不得取焉。祖宗時，哀閔河北之民歲爲夷狄所困，盡以海鹽之利乞與疲民，此國家恩德在人已深，而不可奪者也。西山之長數百里，其産金、銀、銅、鐵、丹砂之類無所不有，至寶久伏於下，而光氣苗礦往往溢發而出地，官禁之不許取，故捨此惟有平地耳。

陸佃《增修埤雅廣要》卷三一《什物門・異珍類・寸金》 金者，銀、銅、鐵、鉛、錫，衆金之總名也。金有五色，惟黄者獨爲之長。久埋不生衣，百錬不輕，其産非一。蜀益州、永昌郡麗水有金如糖，浮出於水中，此金勝於他金。産於九牧諸蠻者，咸次之。周以黄金方寸而重一斤，故曰寸金。秦以方寸爲鎰。注云：二十四兩爲鎰，改周制也。

楊仲良《宋通鑑長編紀事本末》卷五〇《仁宗皇帝・廣源蠻叛》 皇祐元年九月乙巳，廣南西路轉運司言，廣源州蠻寇邕州。詔江南、福建等路發兵備之。廣源州在邕州西南鬱江之原，地峭絶深阻，産黄金、丹砂。

宋子安《東溪試茶録》 隄首七閩，山川特異，峻極迴環，勢絶如甌。其陽多銀、銅，其陰孕鉛、鐵。厥土赤墳，厥植惟茶。會建而上，羣峰益秀，迎抱相向，草木叢條，水多黄金，茶生其間，氣味殊美，豈非山川重複，土地秀粹之氣鍾於是，而物得以宜歟？

蘇轍《欒城集》卷四一《乞罷修河司劄子》 訪聞修河司妄舉大役，畧無所益，而費用錢糧，物料萬數不少。河北灾傷之後，極不易應副。縱是封樁錢物亦出自民力，深可痛惜。臣欲乞委河北提轉不干礙官具。前後所費用過數目結罪保明聞奏。所貴朝廷上下具知蠧害之實，今後慎於興作。北使還，論北邊事劄子五道：一論北朝所見於朝廷不便事。臣等竊見北界别無錢幣，公私交易，並使本朝銅錢。沿邊禁錢條法雖極深重，而利之所，在勢無由止。本朝每歲鑄錢以百萬計，而所在常患錢少，蓋散入四夷勢當爾也。謹案河北、河東、陝西三路土皆産鐵。

朱熹《通鑒綱目》卷一九 終南山崩。質實：《一統志》云：終南山在西安府城南五十里。一名南山，東西連亘藍田、咸寧、長安、盩厔四縣之境，産玉石、金、銀、銅、鐵及合離草、丹青樹。《禹貢》所謂終南即此。

又卷三二 質實：秦州，注見漢光武建武元年，天水高平鎮名，注同上六年。水洛城，按《一統志》，在平涼府静寧州西南一百里。其地川平土沃，又有水輪、銀、銅之利。宋招討使鄭戩遣劉滬築之，以捍西夏。

歐陽忞《輿地廣記》卷二九《成都府路上》 羅江縣，本漢涪縣地，後置潺亭縣，西魏改爲萬安，及置萬安郡，隋開皇郡廢，屬金山郡。唐屬綿州，天寶元年改爲羅江。按：《水經注》：「潺水出潺山，水源有金、銀，歷潺亭而下注。」

又《路史》卷一六後紀七《疏仡紀・小昊》 丕釐景命，放準循軌，是故天用大戒，久而不亂，人亡疵厲，鬼亡靈響，百工法而亡僞，而奇術怪行，亡敢煩言。孟行以過其情，遇其上者守，故常抱雌節，生而不有，爲而不恃，是以垂象，著瑞后土，錫符長庚，輝日五色，山金鳴，澤銅益，諸福之物必至。

又卷三二《發揮一・論幣所起》 傳曰：君有山，山有金，以金立幣，以幣準穀而受祿，而國穀斯在上矣。金、木、水、火、土，天之五財，與天俱生，與物偕行，民並用之，廢一不可。民知飲食、衣裳之用，而貨幣作。貨幣作而大下通，聖人守之，所以爲治也。則其勢之來，其當生民之物乎？昔商之民有無飦而僨子者，湯以莊山之金制幣贖之；夏之民有無飦而僨子者，禹以歷山之金制幣贖之。【略】伏羲氏盡地之制，凡天下山五千三百七十，居地五十六萬四千五十六里，出水者八千里，受水者八千里。出銅之山四百五十七，出鐵之山三千六百九所，以分壤植穀也，戈矛之所起也，刀幣之所起也。

江少虞《新雕皇朝類苑》卷七六《安邊禦寇・辰州蠻》 熙寧五年，辰州人張翹與流人李資詣闕獻書言：辰州之南江，乃古銀州也。接施黔牂牁，世爲蠻人，向氏、舒氏、田氏所據地，產朱砂、水銀、金、布、黃臘。

周去非《嶺外代答》卷一〇《蠻俗門・蠻俗》 蠻夷人物强悍，風俗荒怪，中國姑羈縻之而已。【略】土產生金、銅、鉛、緑、丹砂、翠羽、洞緂、練布、八角茴香、草果諸藥，各逐其利，不困乏。

葉廷珪《海録碎事》卷三上《地部上》 福禄嶺：在懷集縣，多產金、銀、鉛、銅。

朱熹《通鑑綱目》卷五七 楚地多產金銀，茶利尤厚。

談鑰《〔嘉泰〕吴興志》卷二〇《物產》 周《職方氏》：「揚州其利金、錫、竹箭，其畜宜鳥獸，其穀宜稻。」統言揚州所產也。《吴興記》云：「卞山有石似玉，謂之瑤琨。又有石穴生鍾乳，龍山有紫石英，封山有銅。」今四物皆無有。又頗述穀帛動植，視他書爲詳焉。竊詳本郡北距太湖，衆谿交流，地勢平下，素號澤國。西南則有岡嶺蔓延，林木蓊蔚，與毘陵、桐州、臨安諸山相接，故水陸之品麤備。比年又爲行都輔郡，五方雜處，户口繁庶，汙田日治，縉紳多居。苑圃花果視昔稍盛，而金石之華，第有其名。豈地氣土力固亦有限，則物產不能無消長耶。今志如後：【略】銀、烏牛山有古銀、鉛、硼三所，又安吉縣移風鄉銀坊，即古採銀之所。銅、【略】錫、鉛。《括地志》云：「白楊山上有兩穴，古採錫之所。烏牛山有阮鉛。」

韓道昭《五音集韻》卷一五《錫第五》 監。山名。《漢書》：監町山出銀、鉛。在益州郡。

陳耆卿《〔嘉定〕赤城志》卷二二《山水門四》 龍鬚山在〔寧海〕縣西北五十里。其岡四斷，恠石屹立，產銅、鐵及苓杞靈藥。

又卷三六《風土門一・土產》 貨之屬：銀，出天台、赤巖。鉛，出天台、赤巖、郭婆坑等處。銅，出仙居、天台等處。鐵。出臨海、興國、仙居、安仁、天台、楢溪、寧海、東溪。

章定《名賢氏族言行類稿》卷二〇《高》 湖南地多鉛、鐵，〔高〕郁請鑄鉛鐵爲錢，商旅出境無所用之，皆易他貨而去。故能以境內所餘之物易天下百貨，國以富饒。

王象之《輿地紀勝》卷一一《兩浙東路・慶元府》 銀山。在鄞縣西南四十五里，地名小溪，當產銀，故名。錫山。在鄞縣西南五十里，以嘗產錫，故名。

又卷一八《江南東路・太平州》 金山。在當塗縣北。《寰宇記》載：東方朔《神異記》云：「有銅類金。又云：昔有金牛起於此，入牛渚，坎穴猶存。」寶山。在繁昌縣後，西北臨大江。銅山。在繁昌縣東南五十里。出好銅，古所謂丹陽銅是也。《寰宇記》云在當塗縣，不同。

又卷二一《江南東路・信州》 鉛山。《寰宇記》云：「在縣西北七里，又名桂陽山。」按舊經云：山出鉛，先置信州之時，百姓採鉛什而稅一。建中時，封禁。正元年置永平監。其山又出銅及青緑，又有寶山相連，出銅。

又卷三五《建昌軍》 紅泉。麻源第三谷，謝靈運詩云：「石磴瀉紅泉。」張銑注云：「紅泉謂自砂中流出，故其色紅。又靈運《山居賦》云：「訊丹砂於紅泉。」知縣李杯題詩云：「一片寒泉下翠巒，彩虹飛出亂雲端。紅流傳是靈砂液，深處應歲九轉丹。」金藻。在廣昌縣東北四十里，幕源之北。銀嶺。在南城縣西二十里。山舊出銀，故名。

又卷三七《淮南東路》 禹貢淮海之域，職方東南之奧，產金三品，射利萬室。控荆衡以沿泛，通夷越之貨賄，四會五達，此爲咽頤。《權載之集》。

方仁榮《〔景定〕嚴州續志》卷五《建德縣・山》 萬歲山、明山、巖山在新亭鄉，巒秀環聳，爲佳山水處。五寶山在建德鄉並新安江西泝八十里。五山共一源曰金山，相傳石上有金牛足跡，因以爲名。曰銀山、銅山、緑山、鐵山，皆以地所產而得名。惟鐵山尚資冶課，餘皆礦竭坑存。

周應合《〔景定〕建康志》卷四二《風土志一・物產》 金之品：金，句曲山。銅、鐵，赤山。銅器。句容。

葉隆禮《契丹國志》卷二五　其國三面皆室韋：一曰室韋，二曰黃頭室韋，三曰獸室韋。其地多銅、鐵、金、銀，其人工巧，銅、鐵諸器皆精好。

王應麟《玉海》卷一八〇《食貨》　《會要》：有金之州十。有銀之州四十二。有銅之州十三：渭、饒、信、興國、南安、郴、興、建、南劍、汀、漳、邵武、英。有鐵之州三十六：西京至融水。有鉛之州十一。有錫之州十三。

《文獻通考》卷三三四《裔考七·西原蠻》　土産生金、銀、銅、鉛、緑、丹砂、翠羽、洞緂、練布、茴香、草果諸藥，各逐其利，不困乏。

又《交趾》　土産生金及銀、銅、朱砂、珠貝、犀、象、翠羽、車渠諸香，及鹽、漆、吉貝之屬。

柯維騏《宋史新編》卷二〇〇《廣源州蠻》　廣源州蠻，在邕州鬱江之源，地産黃金、丹砂，俗椎髻，左衽，輕死好亂。

《宋史》卷八七《地理志三》　陝西路蓋《禹貢》雍、梁、冀、豫四州之域，而雍州全得焉。當東井、輿鬼之分，西接羌戎，東界潼、陝，南抵蜀、漢，北際朔方。有銅、鹽、金、鐵之産，絲、枲、林木之饒，其民慕農桑，好稼穡。鄠、杜、南山，土地膏沃，二渠灌溉，兼有其利。大抵夸尚氣勢，多游俠輕薄之風，甚者好鬥輕死。蒲、解本隸河東，故其俗頗純厚。被邊之地，以鞍馬、射獵爲事，其人勁悍而質木。梁泉少桑麻之利，布泉、鹽酪資於他郡。上洛多淫祀，申以科禁，故其俗稍變。秦、隴、儀、渭、涇、原、邠、寧、鄜、延、環、慶等皆分兵屯守，以備不虞云。

又卷九〇《地理志六》　廣南東、西路，蓋《禹貢》荆、揚二州之域，當牽牛、婺女之分。南濱大海，西控夷洞，北限五嶺。有犀象、瑇瑁、珠璣、銀銅、果布之産。

又卷九六《鮮卑吐谷渾傳》　其國西有黃沙，南北一百二十里，東西七十里，不生草木，沙州因此爲號。屈真川有鹽池，甘谷嶺北有雀鼠同穴，或在山嶺，或在平地，雀色白，鼠色黃，地生黃紫花草，便有雀鼠穴。白蘭土出黃金、銅、鐵。其國雖隨水草，大抵治慕賀川。

《金史》卷二四《地理志上》　〔中都路〕大興府，上。晉幽州，遼會同元年陞爲南京，府曰幽都，仍號盧龍軍，開泰元年更爲永安析津府。天會七年析河北爲東、西路時屬河北東路，貞元元年更今名。户二十二萬五千五百九十二。大定四年十月，命都門外夾道重行植柳各百里。産金銀銅鐵。藥産滑石、半夏、蒼术、代赭石、白龍骨、薄荷、五味子、白牽牛。

又卷一二二《列傳六〇·奥屯醜和尚》　又曰：「平陸産銀、鐵，若以鹽易米，募工鍊冶，可以廣財用，備戎器，小民傭力爲食，可以息盜。」

佚名《群書通要》癸集《方輿勝覽下·信州路》　郡名：上饒，以其旁下饒州之地故名。廣信。風土：土瘠民貧。《郡志》。文風日盛，同上。似水晶，靈山似水晶。産銅、鉛、鐵。《鄱陽記》。題詠：冰爲溪水玉爲山。戴叔倫《送人之廣信》詩：「家在故林吴楚間，冰爲溪水玉爲山。」銅鉛滿穴山能富。盧綸詩。

陳大震《〔大德〕南海志》卷七《物産》　廣東南邊大海，控引諸番，西通牂牁，接連巴蜀，北限庾嶺，東界閩甌。或産于風土之宜，或來自異國之遠，皆聚于廣州。所以名花異果，珍禽奇獸，犀珠象貝，有中州所無者。《漢志》云：粤地處近海，多犀、象、珠璣、銀、銅、玳瑁之湊，謂其自遠方來也。

曾廉《元書》卷九《英宗本紀第九》　大寧路。上。金北京大定府，元初爲北京路，至元五年改爲大寧路。二十五年，又改武平路，後復爲大寧，山北遼東道廉訪使司。産金、銀、鐵，故臨潢府在西北。【略】

臨安路。下。漢鉤町國，元初立阿僰萬户，至元八年立爲南路，十三年又改臨安路，立臨安廣西元江等處宣慰司，兼管車萬户府，産金、銀、鐵。【略】

元江路。下。漢西隨縣，大理威遠睒蠻羅槃甸，至元十三年立元江萬户，二十五年改路，領蘿槃、馬籠、步日、思麼、羅丑、羅陀、步騰、步蹋、台威、台陽、設棲、你陀十二部，産金、銀。【略】

大理路。上。唐大蒙國，宋大理國。元初立上下二萬户，至元七年併爲大理路，置軍民總管府，並置大理金齒等處宣慰司都元帥府。城中有五花樓，南詔所建，世祖嘗重修之，賜之金。雞足山在東北，點蒼山在西，洱海在東，龍首關亦曰石門關在北，龍尾關在南，瀾滄江首受焉。斯藏南入徼里，産金、銀、鐵。【略】

處州路。上。宋州，隸兩浙路。至元十三年改路，産銀、鐵、鉛、錫。【略】

建寧路。下。宋府，隸福建路。至元二十六年爲路，産銀、鐵、鉛、錫。至正十八年設福建分省。【略】

延平路。下。宋南劍州，隸福建路。至元十五年改南劍路，大德六年改延平路。産銀、鉛、錫。【略】

撫州路。上。宋州，隸江南西路。至元中爲路。産金、銀、鐵。【略】

韶州路。下。宋州，隸廣南東路。至元十五年爲路。産銀、鉛、錫，有銅冶場。

程敏政《新安文獻志》卷七三劉岑《宋故中大夫龍圖閣待制致仕丹陽縣開國子食邑六百户贈光禄大夫少師洪公中孚神道碑》　又清河東戍卒，代蘭州坐團

者給鎧仗，使遇賊得自擊，置通川、通津二堡以扼其喉。七寶山産金、銀、銅、錫、雄黄等甚富，或勸興廢，以助國用。

胡謐《〔成化〕山西通志》卷二　澮高山，在翼城縣東南十五里，其形如鳥張翼，又名翔翱山，産銅、鐵。

游樸《諸夷考》卷三　土産：孟密東産寶石，産金，南産銀，北産鐵，西産催生文石。芒市亦産寶石，産銀。孟艮、孟璉亦産銀。迤西産琥珀，産金，産阿魏，産白玉、碧玉。

鄭顒《〔景泰〕雲南圖經志書》卷五《趙州・土産》　銅、錫、黑鉛。皆出趙州白盧。

柳瑛《〔成化〕中都志》卷一《土産》　金石類：銀冶在縣東四十里銀嶺山，今不知坑洞所在。

懷遠縣。金石類：煤炭。

天長縣。金石類：《唐書》：天長縣有銅坑。

李賢《明一統志》卷一五《南京・太平府》　山川：金山。在府城北一十里。山出銅與金類，古所謂丹陽銅是也。又繁昌縣西南五十里有銅山，亦出銅。【略】寶積山。在采石山北。山有古取銅坑一所，寶積之名取此。

又《寧國府》　土産：銀，寧國縣出。銅、鐵。南陵縣出。

又卷一六《池州府》　山川：銅官山。在銅陵縣南一十里。又名利國山。有泉源，冬夏不竭，可以浸鐵烹銅，舊嘗於此置銅官。李白詩：「我愛銅官樂，千年未擬還。」

土産：【略】銅、鉛、鐵、錫。俱銅陵縣出。

又卷一九《山西布政司・太原府》　土産：鐵，太原、榆次、交城、五臺縣及平定州出，俱有冶。煤炭，陽曲、太原、榆次、壽陽、清源、交城、静樂等縣出。礬，太原、交城及平定州出，皆有窑。【略】錫，交城縣出。銅，代州、鳳游谷出。【略】自然銅。

又卷二〇《平陽府》　山川：紫金山。在曲沃縣南一十三里。産銅。【略】澮高山。在翼城縣東南一十五里。其形如鳥張翼，又名翱翔山。山産銅、鐵。【略】山下有欒泉。

湯山。在聞喜縣東南三十里。上有殷湯廟，山産銅。

折腰山。在垣曲縣西北七十餘里。山有銅冶。

土産：鐵，吉州臨汾、鄉寧二縣出，舊有冶。錫，平陸縣箕山出。銅。垣曲縣北山出。

又卷二一《大同府》　土産：鐵、石膏，朔州懷仁縣出，有冶。青鑌鐵，廢雲内州出。

又《潞安府》　土産：【略】銅、鐵。

又卷二二《山東布政使・濟南府》　山川：陰涼山。在萊蕪縣北三十里。産銅礦。

土産：雲母石、【略】銅、鐵。俱萊蕪縣出，舊有冶，今廢。

又卷二八《河南布政司・彰德府》　土産：艾，湯陰縣扁鵲墓旁出。磁石、孩兒魚，俱磁州出。錫，武安縣出。鐵、自然銅。俱涉縣出。

又卷三〇《南陽府》　山川：銅山。在泌陽縣東四十里。其地有分水處，東流爲淮，西流爲泌，同源異流，相傳漢郡通鼓鑄其上。

土産：銅，鎮平縣騎立山出，有鑛。鐵，南陽、内鄉二縣俱有冶。錫，裕州出，有洞。【略】

石青。南陽縣鐵朵山出。

又卷三二《陝西布政司・西安府上》　山川：終南山。在府城南五十里。一名南山，東西連亘藍田、咸寧、長安、盩厔四縣之境，産玉石、金、銀、銅、鐵【略】

土産：金、銀、銅、鐵。【略】俱終南山出。

又卷四〇《浙江布政司・湖州府》　山川：銅山。在府城西南九十五里。一名銅峴山。《括地志》「吴采鄣山之銅」，即此。【略】

銅官山。在武康縣西北一十五里。唐改名武康山。世傳吴王濞采銅於此山，下有二坎，號銅井。

土産：銅，武康、安吉、長興縣出。錫，安吉州出。礦灰。俱長興縣出。

又卷四一《嚴州府》　山川：五寶山。在府城西八十里。其山有五：曰金、曰銀、曰銅、曰緑、曰鐵，皆以色相似，故名。銅官山。在府城西八十里，秦時於此置官採銅，今無。洪洞山。在遂安縣西南七十里，唐時置場於此採銅，久廢。

土産：銅。建德、遂安二縣出，唐時有坑。

又卷四五《紹興府》　赤堇山。在府城東三十里。一名鑄浦山。歐冶子爲越王鑄劍之地。《越絶書》：「赤堇山破而出錫，若耶溪涸而出銅。」

又卷四八《温州府》　土産：【略】銀、泰順縣出。鐵、永嘉縣出。銅、沙魚皮。俱平陽縣出。【略】

又卷四九《江西布政司・南昌府》　土産：金，豐城東八十里溪水沙中出，今無。銅、西山出。唐時有坑，今無。鐵。豐城、進賢二縣出，有冶。

又卷五一《廣信府》　鉛山縣。在府城南八十里。本唐撫、建二州地，後析上饒、弋

陽、五鄉置爲場。南唐始置鉛山縣，屬信州，以山産銅、鉛，故名。

山川：銅寶山。在鉛山縣治西南。石竅中湧泉，侵鐵可爲銅，天久晴，有礬可拾，一名七寶山。鉛山。在鉛山縣西南七里，舊名桂陽山，又名楊梅山。其山産銅、鉛，南唐嘗置鉛場於此。

土産：銀、弋陽玉山縣出，今無。銅、弋陽、鉛山二縣出。鉛、鉛山縣出。鐵。玉山、貴溪、弋陽三縣俱出，有場久罷，惟上饒縣永樂鄉場尚存。

名宦：董敦逸。知弋陽縣，寶豐銅冶役卒多困於誘，署有致死者，敦逸推見本末，縱還鄉者數百人。

又卷五九《湖廣布政司・武昌府》 樊山。在武昌縣西四里，與西山相連。劉宋謝朓詩「樊山開廣宴」，謂此。一名樊岡。下爲樊口，舊名袁山。《水經注》云「孫權徙鄂于袁山」，即此。又名壽昌山，産銀、銅、鐵及紫石。【略】

山川：白雉山。在大冶縣北六十里。山有芙蓉峰，前有獅子嶺，後有金鷄石南，出銅鑛。晉宋以來，置銅場錢監。錫山。在通城縣南七里，舊産銀，曰銀山，又産錫，故名。

土産：銀、興國州西黄姑山出。舊有銀場，今廢。鐵、大冶縣東團爐山出。舊有鐵務，今廢。【略】銅。大冶縣白雉山出。

又卷六四《衡州府》 晉嶺山。在桂陽州南八十里。相傳此嶺晉時出銀鉛、砂礦。

又卷六五《辰州府》 土産：麩金、沅州及沅陵、辰溪、溆浦、黔陽四縣出。水銀、沅陵、盧溪二縣出。銅、辰溪縣出。鐵、盧溪、辰溪、溆浦三縣出。丹砂、沅州及沅陵、麻陽三縣出。砂之品甚多，出老鵶井者爲上，其大如栗，有芙蓉箭簇，光色明徹者，又爲鵶井之最。石青、沅陵、辰溪、麻陽三縣出。石碌。沅陵、盧溪、辰溪、麻陽四縣出。

又卷六六《郴州》 土産：銀、本州及桂陽、宜章縣出。鐵、本州及宜章、永興、桂陽縣出。銅、錫。本州及宜章縣出。

又卷七〇《四川布政司・龍安府》 土産：金、水銀、錫、鐵。

又卷七一《潼川州》 山川：賴應山。在中江縣南九十五里。産銅及空青。銅官山。在中江縣西南九十八里。産銅，即卓王孫、鄧通治鐵之所。可蒙山。在中江縣西南三百二十里，産銅。唐貞觀末，於此置鑄錢官，調露初罷。私鎔山。在中江縣南一百三十里。産銅，廣人多採之者。

土産：【略】銅、中江縣銅山出。鐵、鹽亭、射洪二縣出。【略】曾青、空青。潼川州出。

又卷七二《東川軍民府》 土産：銅、鐵。

又卷七三《四川行都指揮使司》 山川：鐵石山。在鹽井衛城西北七十里。山有礬石，燒之成鐵，爲劍戟極鋼利。土臼山。在會川衛城東南三十里。上産石碌，有三色。葛砧山。在會川衛城東八里。上産石青，有四色。密勒山。在會川衛城東二百里。内産銀礦。南山。在寧番衛城南五里，山勢屹然向南。《漢志》：此山出銅。

土産：鐵、鹽、俱鹽井衛出。白銅、寧蕃衛出。石青、石碌、銀。俱會川衛出。

又卷七四《福建布政司・福州府》 金銀沙。在東山文殊般若院，出金沙，與普賢爲隣，出銀沙。

又卷七七《延平府》 土産：鐵、有冶，在南平縣者四，在尤溪縣者十七。銅、尤溪、沙二縣出。銀。南平、將樂、尤溪、沙四縣出。【略】

葛宫。知南劍州，遣沙縣尉許抗諭降叛賊。並溪山多産銅、銀，吏挾姦罔利，課歲不登，宫一變其法，歲羡餘六百萬。【略】

膽水池。在金山上，池有三。舊傳可浸鐵成銅，今不然。【略】

土産：銅、錫、長汀縣出。鐵、長汀、上杭、寧化縣出。銀、長汀、寧化出。金。上杭出。

又卷七八《邵武府》 土産：鐵、邵武、光澤二縣〔出〕。銅、邵武出。銀。光澤、泰寧、建寧三縣出。宋時有場，今廢。

又卷七九《廣東布政司・廣州府》 山川：銅沙山。在陽山縣西南七十里。山嘗産銅。

土産：銀、連州、番禺、清遠、東莞、陽山、連山縣出。水銀、丹砂、連州出。錫。新會縣出。

又《韶州府》 土産：銀、曲江、翁源、樂昌、英德縣出。銅、曲江、英德縣出。鉛、翁源、樂昌、仁化縣出。鐵、蕉布、竹布。俱仁化縣出。

又卷八三《廣西布政司・柳州府》 寶積山。在融縣東五十里。其山兩峰相連，産鐵及蘆甘石。

又卷八四《平樂府》 山川：橘山。在賀縣東二十五里。上有七十一峯，以其多橘，故名。唐時，此山有銅冶。

土産：銀、銅、賀縣出。錫。富川及廢馮乘縣出。

又卷八六《大理府》 山川：羅藏山。在府治西北。《東漢志》曰：裝山出銅。後訛曰藏。【略】

山川：劄龍山。在路南州東八十里。峯巒高聳，下有小石，可以鍊銅。

土産：銅、路南州出。鐵。新興州出。

又卷八七《雲南布政司・永寧府》 土產：金、銅、鹽。府境出。

又《永昌軍民府》 土產：金、瀾滄江濱出，有金沙，洗取融爲金。【略】鐵、銅。

又《車里軍民宣慰使司》 土產：鍮石、銅、木香、沉香。

又《木邦軍民宣慰使司》 土產：鐊錫、胡椒。

又卷八八《貴州布政司・銅仁府》 土產：硃砂、省溪、大萬山二長官司出。水銀、大萬山長官司出。金、省溪、提溪二長官司出。鐵。銅仁、省溪二長官司出。

又《思南府》 土產：水銀、鐵。

又《石阡府》 土產：鐵、苗民長官司出。水銀。石阡長官司出。

又《思州府》 土產：鉛、蠟、俱本府出。硃砂、水銀、俱施溪長官司出。鐵、竹雞。俱府境及各長官司出。

又《普安州》 土產：硃砂、水銀、鐵、雄黃。

《宋史》卷九〇 德慶府。望。本康州晉康郡，軍事。大觀升爲望。高宗以潛邸升府，後又置永慶軍節度。縣二：端溪，下，有錫場。瀧水。下。銀場二。貢：銀。【略】南恩州。下。恩平郡，軍事。慶曆加「南」字，舊陽春縣，置春州。熙寧六年廢，入南恩州。縣二：陽江，中。砦四。鉛場一。陽春。下。有鐵場。貢：銀。惠州。下，軍事。宣和名博羅郡。縣四：歸善，中。鹽場一，銀場二，錫場三，鐵場一。海豐，下。錫場三，鹽場二。河源，錫場三。博羅。中。有鐵場。

余承勛《〔嘉靖〕馬湖府志》卷四《食貨・物產》 銅、出蠻夷沐川。鉛、出沐川。鐵、出蠻夷。石炭。出泥溪。

唐順之《荊川稗編》卷一一《户八・元歲課》 《元志》：山林川澤之產，若金、銀、珠玉、銅、鐵、水銀、硃砂、碧甸子、鈆、錫、礬、硝、鹻、竹木之類，皆天地自然之利，有國者之所必資也，而或以病民者有之矣。元興，因土人呈獻而定其歲入之課，多者不盡收，少者不强取，非知理財之道者，能若是乎？產金之所在腹里曰益都、檀、景，遼陽省曰大寧、開元，江淛省曰饒、徽、池、信，江西省曰龍興、撫州，湖廣省曰岳、澧、沅、靖、辰、潭、武岡、寶慶，河南省曰江陵、襄陽，四川省曰成都、嘉定，雲南省曰威、楚、麗江、大理、金齒、臨安、曲靖、元江、羅羅、會川、建昌、德昌、柏興、烏撒、東川、烏蒙。【略】產銅之所在腹里曰益都，遼陽省曰大寧，雲南省曰大理、澂江。【略】產鈆、錫之所在江浙省曰鈆山、台、處、建寧、延平、邵武，江西省曰韶州、桂陽，湖廣省曰潭州。產礬之所在腹里曰廣平、冀、寧，江浙省曰鈆山、邵武，湖廣省曰潭州，河南省曰廬州。河南產硝鹻之所曰晉寧。若竹木之產所在有之，不可以所言也。

陳道《〔弘治〕八閩通志》卷二五《食貨・物產・建寧府》 貨之屬：銀、浦城、松溪、政和三縣出。銅、宋時出建安縣東蒖里。【略】鉛、宋時出建安縣大□場，久廢。鐵。建安、甌寧、松溪、政和四縣出。【略】

又卷二六《汀州府》 貨之屬：金、上杭縣出。銀、長汀、寧化二縣出。銅、俱長汀縣出。鐵。長汀、上杭、寧化三縣出。

又《延平府》 貨之屬：銀、南平、將樂、尤溪、沙四縣出，今無。銅、尤溪、沙二縣出。鐵。南平、尤溪二縣出。

又《邵武府》 貨之屬：銀、出光澤、泰寧、建寧三縣，宋時有場，今廢。銅、出邵武縣，今無。鐵。出邵武、光澤二縣場，今廢。

萬表《明經濟文録》卷二二徐恪《題爲建言地方重務事》 臣切見陝西漢中地方，背倚終南，面看巴荊。其山之厚類七八百里，皆草木茂密，人跡罕至，蓋寇賊之淵藪也。東南接湖廣之襄郧，河南之南陽，西南連四川之夔州保寧，山多地僻，川險林深，中間仍多平曠田地，可屋可佃。及產銀礦、沙金，可淘可採。

熊相《〔正德〕瑞州府志》卷一《山川》 多寶峯。在蒙山之下，宋慶元間，銀、鉛發泄，故名。

田藝蘅《留青日札》卷一三 古稱鉛生蜀，錫生桂陽，今無錫縣有錫山，廣信府有鉛山。又曰有銀坑處有之，然錫爲五金之賊，或造化物理之相制也。

高廷愉《〔嘉靖〕普安州志》卷二《食貨志・土產》 珠砂、係本省萬山出。本州原無水銀，見《一統志》。【略】雄黃。出本州鄰境廣西安洞。

董天錫《〔嘉靖〕贛州府志》卷四《物產》 貨：【略】金、雩都、瑞金產。銀、贛縣、雩都、會昌、瑞金產，舊有場。銅、虔產，舊有場。鐵、興國產。錫、安遠產，舊有場。鉛。寧都產，舊有場，今俱亡。

楊禮《〔嘉靖〕寧夏新志》卷一 物產：鉛、礬、俱賀蘭山出。鐵、麥垛山出。鹽、地生。麻、碧瑱、馬牙、鹻、紅花、藍靛、鍐鐵器物。

唐順之《文編》卷三 南山，天下之阻也。南有江淮，北有河渭。其地從汧隴以東，商雒以西，厥壤肥饒。漢興，去三河之地，止霸產。以西都涇渭之南，此所謂天下陸海之地，秦之所以虜西戎，兼山東者也。其山出玉石、金、銀、銅、鐵、豫章、檀柘，異類之物不可勝。

又卷二六 其地多銅、鐵、金、銀。其人工巧，銅鐵諸器皆精好，善織毛錦。

地尤寒。

崔銑《〔嘉靖〕彰德府志》卷二《地理志第一之二》 磁州，西阻太行，漳、滏在前，居燕趙相、衛之間，巖郡也，衝要視湯陰。田多沙鹻，罕收，民殊罷，然有陶冶之利，尚儉勤力。武安、涉皆並山作邑，民性健喜訟，以財自雄，服室相高。武安最多商賈，廂房村虚，罔不居貨，西據十八盤要害地也。東南北則沃衍，又座錫、煤及堊土，與涉田絶，宜木綿。涉則産鐵及自然銅，兩邑山多材木，俱尚鬼，禱賽淫祀，病惟事祈禳，死則舉尸室中，篤修佛事。磁自趙周，臣以文章爲金人師，至今多士也。

陳全之《蓬窗日録》卷二 後之邇於諒山、北江者，皆會矣。太平、海口之商通，而桄榔等縣，白藤、沿江等州，水陸咸會太平矣。互市開於蒙自，則歸化州、石康關，安丘、文盤、文振、水尾四縣，嘉興州，龍門、四忭三縣咸出蒙自矣。教化長官司之商通，則宣化府曠縣，當道、文安、平原、抵江、收物、太蠻、揚縣、乙縣及白鶴、海潮、扶了、快州諸處州鎮，咸赴教化矣。車里、老撾設互市，則安南之廣威等州，鎮寧等府，民夷致貨輻輳也。占城、新州置市舶，西域南海五十九國水商沓至，吾且未論。而南出横山，入河華，則乂安、清化兩府，日南、驩、愛、九真、清化等州，支羅、安寧、河華、東崖、安老、俄樂等三十四縣，金、銀、犀、象、椒、桂、香、蠟皆北踰横山，直來新州矣。由新州循海而東，歷廣南、升華、順化、新平四府，直至俄山，則升華、思義、順化、南堊、南布政等州，黎江、萬安、開平、義純、和調、蒲浪、福康、古鄧、左平等十三縣，南風起時，我可以往，北風起時，彼皆我來。其物産土貲，山藏海錯，吾皆得而兼有也。且吾豈專爲市舶之利而然也。慨念交阯一方，自梁貞明間專於土豪，曲承美前後篡據，窮兵凶於勝負，盡人命於鋒鏑，民無所愬久矣。吾欲多置務易，不惟取其土産，將以鈎彼虚實，機會有啓，絜其版圖。如未可乘，夏夷亦利。

馮惟訥《〔嘉靖〕青州府志》卷七《物産》 金石之品：有鐵，舊有冶，今廢。鉛、出沂水縣。黄丹、出益都顔神鎮，《本草》謂之鉛丹。丹砂、本出武陵、西川諸處，今蒙陰山谷間亦有，土人得之雖無墻壁，顆粒光瑩頗大。【略】礬。出顔神鎮，皆山石也。採而碎之，合石炭中黑石，名曰銅漬，入鑊煎煉乃成。有白礬、黑礬，又有礬精、礬胡蝶，皆煉白礬時候，汁極沸有濺溢狀，如物飛出，以鐵接之。作蟲形者，礬胡蝶也，但成塊光瑩如水晶者，礬精也。

陸釴《〔嘉靖〕山東通志》卷五《山川上》 寶山。在開州西南九十里。土有銀、鉛。又有擂鼓山、徐山，皆附之。

又卷八《物産》 《禹貢》：兖：厥草惟繇，厥木惟條，厥貢漆絲，厥篚織文青，厥貢鹽絺。海物惟錯，岱畎絲、枲、鉛、松、怪石。萊夷作牧，厥篚檿絲。《周禮》：青、兖，其利蒲、魚，青，其畜雞、狗，穀宜稻、麥。兖之畜宜六擾，而有馬、牛、羊、豕。其穀宜四種，而有黍、稷。今不大相殊焉，特載其所不見於昔，不同於四方者，以辨夫土之宜焉。

濟南府：沙金、出萊蕪。銅、出萊蕪山，舊有冶，今廢。玄石。出泰山。《别録》云：味鹹温，無毒，山陰有銅。

兖州府：鑛石、出沂州，萊蕪、淄川皆有之。銀。出沂州山鑛，萊蕪、淄川亦有之。

嚴從簡《殊域周咨録》卷一〇《西戎・吐蕃》 其産金、銀、銅、錫。

《續文獻通考》卷二三《征榷考・坑冶》 鉛錫之所産，在江浙省曰鉛山、台、處、建寧、延平、邵武，江西省曰韶州、桂陽，湖廣省曰潭州。

楊宗甫《〔嘉靖〕惠州府志》卷五《地理志》 昔班氏志漢地理，盛言粤多犀象、毒冒、珠璣、銀、銅、果布之湊，故廣東猶蒙故號，稱富饒云。

楊珮《〔嘉靖〕衡州府志》卷二《山川名勝》 潭流山。在〔桂陽〕州疆北一百九十里，接寧遠縣界。舊出銀、鉛砂鑛，今廢。下有溪極深，流合春水。

又卷四《金帛類》 麩金、銀、桂陽州出，舊有九坑。鐵、桂陽并衡陽、耒陽、常寧縣出。錫、耒陽、常寧、臨武三縣出，舊有坑。石緑、衡陽、常寧二縣出，舊有坑，今廢。苧蔴、葛麻、絲綿、木綿、綿布、葛布、絹。以上各州縣俱出。

《皇明疏鈔》卷四四《輿圖荒政》徐恪《建言陝西地方重務疏》 該巡按陝西監察御史李興題開：一、流民貧苦，本可矜憐，但久聚不散，或生他患，是滋蔓之勢，不可不早圖也。臣切見陝西漢中地方，背倚終南，面看巴荆，其山之厚，類七八里，皆草木茂密，人跡罕至，蓋寇賊之淵藪也。東南接湖廣之襄鄖，河南之南陽，西南連四川之夔州保寧，山多地僻，川險林深，中間仍多平曠田地，可屋可佃，及産銀礦、沙金，可淘可採。

朱謀㙔《駢雅訓纂》卷五下《訓饕一一》 平圃，𢆯圃也。《山海經・西山經》：「槐江之山，其陰多采黄金、銀，實惟帝之平圃。」注：即𢆯圃也。《穆天子傳》曰：「乃爲銘跡於𢆯圃之上。」謂刊石紀功德，如秦皇漢武之爲者也。箋疏：按：《穆天子傳》「𢆯圃」作「縣圃」，前鍾山注此，引作「𢆯圃」，蓋𢆯、縣聲同，古通用。

張元忭《〔萬曆〕會稽縣志》卷三《地書三・物産》 貨之屬：銀、錫。銀出於

銀山壩，錫出於銀。銅。

又卷四《山川志一》 赤堇山在府城東三十里會稽山南，《舊經》：歐冶子爲越王鑄劍之所，一名鑄浦山。《越絶書》：「赤堇之山破而出錫。」亦名錫浦。《國策》：破堇山而出錫。

錫山在府城東五十里。《舊經》云越王採錫於此。《嘉泰志》云：舊傳山出鉛，銀，或抔鑿取之，忽山嘯，摧壓數十丈，今迹存焉，其後里人無敢採者。此山去寶山不遠，意寶山之名或取此。

銅牛山在府城東南五十八里静林山西。《水經注》：「山有銅穴三十許丈，穴中有大樹，神廟山上有冶官，山北湖下有練塘里。」《吴越春秋》：「句踐鍊冶銅錫之處。」孔曄《會稽記》：「銅牛山舊傳常有一黄牛出山巖，食草，採伐人始見，猶謂是人所養。或有共驅蹙之，無及，輒失，然後知爲神異。」《舊經》又云：「牛見靈汜橋，人逐之，奔入此山，不見。掘地視之，有銅屑。」又姑中山，《越絶書》：越銅官之山也。越人謂之銅孤瀆。孤，一曰姑。長二百五十步。

王士性《五岳遊草》卷一二《雜志》 物産出于土，咸造化精英所孕。其氣聚多偏，如幽并、關陝寒，産牛、羊、馬、駝；閩廣熱，産荔枝；荆楚澤國，産魚；粤西瘴，産木；巴蜀多産奇物；滇雲又産珍物。蜀木有不灰，石有放光，又有空青，塩有塩井，油有油井，火有火井，咸水脈自成，而火出于水，尤爲奇恠。滇金、銀、銅、錫隨地而生。永騰外又産墨石、水晶、文犀、象齒、瑪瑙、琥珀、絳碧、寶石。惟東南吴越間，止生人不生物，人既繁且慧，亡論冠蓋文物，即百工技藝，心智咸儇巧異常。雖五商輳集，物産不稱乏，然非天産也，多人工所成，足奪造化。

王士性《廣志繹》卷一《方輿崖略》 東南饒魚鹽秔稻之利，中州楚地饒漁，西南饒金銀礦、寶石、文貝、琥珀、朱砂、水銀，南饒犀象、椒蘇，外國諸幣帛。

又卷五《西南諸省》 迤西土官，惟麗江最黠，其地山川險阻，五穀不産，惟産金、銀。

慎懋官《華夷花木鳥獸珍玩考・珍玩考》卷八《凝水石》 東寶山，山麓産銀、鉛。又有龍井洞。又一坑産寒水石。見《龍岩縣志》。

楊爾曾《海内奇觀》卷一〇《五臺山圖説》 東北有寶陀峰，又名寶山，産銀、石碌，又産天花菜。

章潢《圖書編》卷六二《三山終南大白太華》 終南山在西安府南五十里東。自藍田縣界西入咸寧縣界，石鰲谷以谷水出，與長安、咸寧二縣分界。【略】《東方朔傳》曰：終南山，天下之大阻也。其山多玉石、金、銀、銅、鐵、豫樟、檀柘異類之物。

又《五臺山》 東北有寶峯，又名寶山。産銀、石緑，又産天花菜。

又卷八九《各畿省府縣土産・廣東》 廣州府：銀，連、番禺、清遠、東莞、陽山、連山。丹砂，連。錫，新會。珠香、玳瑁、鐵。連、番禺、清遠、陽山、連山。

又《福建》 福州府：鐵，閩、福清。蕉布，各。荔枝，江家緑、十八娘紅、狀元紅、將車紅。【略】金銀沙。【略】

建寧府：銀，浦城、松溪、政和。鐵，建安、甌寧、政和、松溪。茶，龍鳳，武夷二山出佳。書籍。建陽書房。

漳州府：銀，龍岩。鐵，鹽。龍溪。

又《安徽》 萬全都司：銀、銅、水晶、磁石。【略】

寧國府：銀，寧國。銅、鐵。南陵。【略】

徽州府：銀、鉛，績溪。

温州府：金雀，鴈蕩。柑，温。銀，泰順。鐵，永嘉。銅。

又《山東・登州府》 金，棲霞、萊、昭陽、遠。鐵、滑石。

又《河南・河南府》 銀，嵩、盧氏。鐵，鞏、宜、登封、新、嵩、安。錫。永寧、嵩、靈寶。

又《南陽府》 銅，平鎮。鐵，南陽、内鄉。錫。裕汝。

又《陝西・西安府》 金、銀、銅、鐵。終南。

又《漢中府》 鐵，城固。金，西鄉、金州。石青、石碌、熊膽、石斛、天蔴、海金沙、仙靈脾、白膠香、自然銅、青箱子、枳實、金州。水銀、硃砂。洵陽。

又《浙江・湖州府》 銅，武康、安吉、長興。錫，安吉。鉗鍋、礦灰。長興。

又《處州府》 銀、鐵、鉛，各州。

又《江西・南昌府》 金，豐城、沙。銅，西山。鐵，豐城、進賢。茶，紫，清香，城。羅漢菜，西山，葉如豆苗。東湖魚，曲江魚，葛布，乳柑，各縣。苦參。南昌。

又《廣信府》 銀，弋陽、玉山。銅，弋陽、鉛山。鉛，鉛山。鐵，玉山、貴溪、弋陽。瓷器，弋陽。葛粉，南康府。石斛、葛布、蛤粉、茶、石耳、星子。

又《撫州府》 金，臨川。銀，金谿。銅，臨川。鐵，臨川。葛，竹箭、朱橘。各縣。

又《瑞州府》 銀、石青、石碌、黄丹。上高。

又《贛州府》 金，雩都。銀，贛、會昌、瑞金。鉛，寧都。鐵、錫，安遠。實竹、

斑竹。

又《湖廣・武昌府》 銀，興國。鐵，大冶。大紙，各縣。蘄竹，大冶。秀柑，各縣。茶，崇陽。嘉魚，溝圻魚，各縣。銅，大冶。水晶，興國。鱘鰉魚，大江。麂，獺。府境。

又《襄陽府》 沙金，南漳、宜城、穀城。蔗、柑、紫薑，襄陽。石青、石碌，南漳。山鷄、萬年松、騫林葉、靈壽杖、黄精、茅香，太和山。麝香、均鯿，漢江。土人以槎斷水，鯿多依槎，曰槎頭鯿。榔梅。太和、真武折梅挿榔結果立誓，今存。

又《長沙府》 鐵，瀏陽、攸、安化、茶陵、寧鄉、醴陵。硃砂、水銀，安化，出海沙。長沙、善化、攸、湘潭。鉛，醴陵。葛布、斑竹、玉面貍。茶陵。

又《寶慶府》 銀，府境。丹砂，武岡。黑鷳，新化。鷓鴣、鮓，府境。麝香、熊膽。各山。

又《衡州府》 銀，桂陽。鐵，桂陽、衡陽、耒陽、常寧。錫，耒陽、常寧。石碌，衡陽、常寧。山礬，各縣。蠟，桂陽、酃。萬年松、仙人絛、長草、龍鬚草，衡陽。紙。耒陽。

又《常德府》 金，武陵、桃源、龍陽縣。石碌，桃源。包茅、佛頭柑、霜柑。沅江。

又《辰州府》 麩金，沅陵、辰溪、溆浦、黔陽。水銀，沅陵、盧溪。銅，辰溪。鐵，盧溪、辰溪、溆。丹砂，沅陵、麻陽。老鴉井者上。石青，沅陵、辰溪、麻陽。石碌。沅陵、盧溪、辰溪、麻陽。

又《郴州》 銀，本州、桂陽、宜章。鐵，本州、宜章、永興、桂陽。銅、錫。本州、宜章。

又《岳州府》 石青、石碌，慈利。鐵。巴陵、石門。

又《四川・重慶府》 麩金，涪、合、忠、大足。丹砂，彭水。荔枝，涪。蜀中品，瀘、敘上，涪次，合又次。靈壽木，涪。花竹簟，江津。松屏，涪石山間出，自然成文。黄心樹，忠。蘇薰席，忠、墊江。色深碧，引藤，忠。大如指，可吸。苦藥子，忠。性寒，解諸毒。鹽，大足、榮昌。銅，梁忠、彭水、灃都、武隆。鐵、桃、竹、牡丹，合。茶，南川、黔江、彭水、武隆、酆都。大龜。涪。甲可卜，緣可義，世號靈義。

又《潼川州》 桃、竹、江心蟠石、蔗、霜，遂寧。銅，中江、銅山。鐵、鹽，亭、射洪、鹽州縣。柑、橘、天門冬，遂寧、安樂。曾青、空青。潼川。

又《瀘州》 麩金、石青、石碌、茶、荔枝，瀘。楠木、鯉魚。

章潢《圖書編》卷八九《東川府》 銅、鐵、氊、蜜、漆、木、松子、麻布、麂。

又《龍州宣撫司》 麩金、水銀、錫、鐵、酥、羚羊角、厚朴、葛粉、附子、天雄、烏頭、蕎麥。

又《四川行都司》 鐵、鹽，鹽井。白銅。寧番。石青、石碌、銀。會川。

又《福建・延平府》 鐵，南平、尤溪。銅，尤溪、沙縣。銀，南平、將樂、沙、尤溪。茴香、茶。南平。

又《汀州府》 銅、錫，長汀。鐵，長汀、上杭、寧化。銀，長汀、寧化。金。上杭。

又《邵武府》 鐵，邵武、光澤。銅，邵武。銀，光澤、泰寧、建寧。茶。泰寧。

又《廣東・韶州府》 銀，西汀、翁源、樂昌、英德。銅，曲江、英德。鉛。翁源、樂昌、仁化。

又《潮州府》 銀、錫，海陽、程鄉。鐵。程鄉。

又《肇慶府》 銀，四會、高要。錫，德慶、瀧水。鐵。高要、陽江。

又《廣西・柳州府》 鉛，上林。猪腰子，木生子形如之，能解毒藥。鐵、桂心。

又《慶遠府》 銀，南丹。錫，南丹、那地、阿池。豆蔻，府境。草果、馬、檳榔。

又《平樂府》 銀、銅，賀。錫。富川、廢馮乘。

又《梧州府》 硃砂，欝林、容、博白。鉛。藤。

又《潯州府》 銀，各縣。鉛。貴。

又《南寧府》 金，宣化。銀，府境。

又《雲南・永寧府》 金、銅、鹽。

又《貴州・普安州》 硃砂、水銀、鐵、雄黄、橙、榛、芭蕉。

又《思州府》 鉛、蠟，府。硃砂、水銀，施溪。鐵、竹鷄。府。

又《思南府》 水銀、鐵、竹鷄、白鷴、藺莒、蒲葛。

又《北直隸・永平府》 金，遷安。丹、錫，灤、遷安。鐵、塩、白芷。

又《南京・寧國府》 銀，寧國。銅、鐵，南陵。木、雪梨、栗。宣城。

又《池州府》 銅、鉛、鐵、錫。銅陵。

又《徽州府》 銀、鉛，績溪。硯，歙。黄連紙，有麥光白滑水翼凝霜。墨、茶。

又《山西・太原府》 鐵、煤炭、礬、鹽、瓷器、龍骨、錫、蘆甘石、銅、蟾酥、天花、地菜、自然銅、石燕子、麝、豹、長松子、甘草、人參。

又《平陽府》 鐵、錫、銅、瓷、礬、鹽、硝、椒、石炭、膽礬、芫花、蒲萄、龍骨、大同府。石碌、碾玉沙、碼瑙、雕羽、花斑石、熊皮、豹尾、松實、蘆甘石、白芥子、地蕈、黄鼠、香皮、黑礬、瓷器、鐵、石膏、青鑌鐵、不灰木、廣昌鹽。

又《潞州》 長理石、銅、鐵、人參、赤石脂、不灰木。

又《澤州》 鐵、石炭、人參、白石英、紫石英、禹餘粱、蘆甘石、茅香。

《文武諸司衙門官制》卷一《四夷・西夷・西番》 土産：金、銀、銅、錫。

又《北直隸・遷安縣》 土産：金、丹錫。

又《灤州》 土産：丹、錫、紙。

又《銅陵縣》 土産：薑、銅、鉛、鐵、錫。

又卷二《山東省・嶧縣》 土産：鐵、錫。

又《膠州》 土産：海藻、文蛤、海錯、金、錫。

又《山西省・交城縣》 土産：鐵、煤炭、錫、礬。

又《澤州》 土産：鐵、錫、石炭、人參、白石英、紫石英、禹餘糧、蘆甘石。陽城高平二縣俱出。

卷二《陝西省・西安府》 【略】土産：金、銀、銅、鐵。寧夏衛。【略】土産：鐵、麥朵山出。鉛、礬。賀蘭山出。

又《潞安府》 【略】土産：人參、銅、鐵。

又《西安府・洛南縣》 土産：石青，有洞。

又《漢中府・興安州》 土産：金、漆、蜜、蠟、降香、乳香、石青、石碌。

又《河南省・南陽府・南陽縣》 土産：鐵，有冶。石青。

陶承慶《文武諸司衙門官制》卷二《河南省》 嵩縣，在〔河南〕府南一百六十里。編户五十九里。全設。地礦僻饒，多礦徒，難治。土産：銀、鐵、錫。

涉縣，在〔磁〕州西二百里。編户一十八里。裁減。地僻民疲，時有山寇。土産：鐵，自然銅。

又《浙江省》 處州府。【略】山多田少，民俗刁梗，近有礦盜，然頗簡僻。土産：銀、鐵、鉛、黃連。

又卷三《安吉州》 土産：銅、錫。

又《陽江縣》 土産：鐵、錫、磁石。

又《廣西省・荔波縣》 土産：銀、錫。

又《江西省》 豐城縣，在〔南昌〕府南一百六十里。編户三百七十七里。全設。衝疲繁刁，糧欠，豪右多，難治。土産：金、沙中。鐵。

土産：銀。

又《安遠縣》 土産：鐵、錫。

又《常寧縣》 土産：鐵、錫、石緑。

又《宜章縣》 土産：銀、鐵、銅、錫。

又《四川省》 合州，在〔重慶〕府北一百五十里。編户四十二里。二判，全設。【略】土産：麩金、鐵。

龍安府。【略】編户一十二里。【略】土産：麩金、水銀、錫、鐵。

東川軍民府。【略】編户一里。土知府，無同推流官通判。土産：銅、鐵。

又《瀘州・李市鎮巡檢司》 土産：麩金、石青、石緑。

又《四川行都指揮使司・會川衛軍民指揮使司》 土産：銀、石青、石緑。

又《江西省》 南城縣，附郭。編户二百五十八里。全設。舊稱淳簡，近以兵荒之後復值水旱，訟繁差重，財匱民疲。土産：銀、□菜、麻姑酒、葛、金絲布、唐時貢。銀珠米。宋時獻。

上高縣，在府西南一百里。編户一百六十七里。一丞二簿，全設。地瘠差繁，民刁健訟，路衝供應煩難。儒學：離婁巡檢司、陰陽醫學、僧道會司。土産：銀、石青、石緑。

贛縣，附郭。編户一百一十里。二簿，全設。地衝事冗，役繁賦重，供應受累，民力稱疲。土産：銀。

會昌縣，在府東三百里。編户四里。裁減。賦簡民淳，有盜，地僻。儒學：昌聚倉、湘鄉寨巡檢司、承鄉巡檢司、河口巡檢司、陰陽醫學、僧道會司。土産：銀。

瑞金縣，在府東北三百六十里。編户八里。無丞。民淳事簡，地僻糧完。土産：銀。

玉山縣，在〔廣信〕府東一百里。編户五十九里。全設。地衝，刁疲，礦賊出没，事繁難治。土産：銀、鐵。

弋陽縣，在〔廣信〕府西一百二十里。編户五十二里半。全設。衝繁，民疲頑。土産：銀、銅、鐵。

安遠縣，在〔贛州〕府南三百四十里。編户三里。裁減。【略】土産：鐵、錫。

又《湖廣省》 攸縣，在府南三百六十里。編户四十五里。全設。地解而富，民最刁悍，時有土寇之擾。土産：銀。

寶慶府，限九十五日，東至衡州府衡陽縣界一百四十里，西至靖州綏寧縣界三百一十里，南至永州府東安縣界一百二十里，北至辰州府溆浦縣界三百八十里。自府治至南京三千七十五里，至京師五千三百九十五里。糧五萬五千石零，雖近夷方，地僻事簡。土産：銀、鷓鴣、鮓、麝香。【略】

桂陽州，在府東南二百里。編户六十三里。全設。地頗僻，民淳。土産：銀、鐵、蠟。

又《湖廣省》 大冶縣，在〔興國〕州西北一百二十里。編户二十三里。全設。僻繁，民刁野。土産：銅、蘄竹、鐵。

醴陵縣，在〔長沙〕府東一百八十里。編户二十八里。全設。稍衝，民淳。土産：鐵、鉛。

安化縣，在〔長沙〕府西三百六十里。編户一十九里。裁減。民淳。土産：鐵、硃砂、水銀。

耒陽縣，在〔衡州〕府東南一百三十里。編户三十八里。全設。僻繁，民淳。土産：鐵、錫。

常寧縣，在〔衡州〕府西南一百一十里。編户七里。裁剪。僻，頗刁。土産：鐵、錫、石緑。

桂陽州，在〔衡州〕府東南二百里。編户六十三里，全設，地頗僻，民淳。【略】土産：銀、鐵。

〔辰州府〕沅陵縣，附郭。編户五十八里。全設。衝煩民淳。土産：麩金、水銀、丹砂、石青。

盧溪縣，在〔辰州〕府西六十里。編户十二里。裁減。僻，民頗刁，苗夷雜處。土産：水銀、鐵、石緑。

辰溪縣，在〔辰州〕府西南一百二十里。編户八里。裁減。衝疲。土産：銅、鐵、石青、石緑。

溆浦縣，在〔辰州〕府南二百七十里。編户三十四里。全設。簡僻，地饒，民悍好訟，苗夷雜處。土産：麩金、鐵。

江華縣，在〔道〕州南七里。編户四里。裁減。僻，民淳，通兩廣苗夷。【略】土産：鐵、錫。

郴州。【略】編户一十四里。全設。地僻民饒，多盜。土産：銀、鐵、銅、錫。

宜章縣，在〔郴〕州南九十里。編户七里。裁減，僻淳。土産：銀、鐵、銅、錫。

又《湖廣省・襄陽府・南漳縣》 土産：沙金、石青、石緑。

又《岳州府・慈利縣》 土産：石青、石緑。

又《沅州・麻陽縣》 土産：石青、石緑。

又卷四《福建省・長汀縣》 土産：銀、銅、錫、鐵。

又《建寧府》 土産：銀、鐵、茶。

政和縣，在〔建寧〕府東二百四十里。編户五十五里，無簿。萬山之中，僻簡頗刁。土産：銀、鐵。

松溪縣，在〔建寧〕府東一百六十里。編户六十三里。全設。僻簡，民頗刁，近經倭患。土産：銀、鐵。

〔延平府〕南平縣，附郭。編户九十九里。全設。事煩民淳。【略】土産：鐵、銀。

尤溪縣，在〔延平〕府南一百五十里。編户六十九里。無簿。山邑僻。土産：鐵、銅、銀。

〔汀州府〕長汀縣，附郭。編户四十六里。全設。煩衝，山寇殘掠，民疲。土産：銀、銅、錫、鐵。

寧化縣，在〔汀州〕府東北一百八十里。編户六十里。全設。地僻，經流寇。土産：銀、鐵。

上杭縣，在〔汀州〕府南一百九十里。編户四十里。全設。兵備駐劄，差煩民疲。土産：金、鐵。

光澤縣，在〔邵武〕府西八十里。編户五十三里。全設。僻簡民淳，近江西東□城東。土産：鐵、銀。

又《廣東省》 滃遠縣，在〔廣州〕府北二百五十里。編户十里。無簿。僻簡，多山寇。土産：銀、鐵。

陽山縣，在〔連〕州東北二百里。編户七里。裁減。民□錯離，屢被浸蝌。土産：銀、鐵。

連山縣，在〔連〕州西二百九十里。編户四里。裁減。地僻民□，隸處縣治近虚設。土産：銀、鐵。

〔肇慶府〕高要縣，附郭。編户九十八里。全設。衝繁，民疲。土産：銀、鐵。

陽江縣，在〔肇慶〕府南三百四十里。編户二十九里。全設。衝簡，地饒。土産：鐵、錫、磁石。

又《海陽縣》 土産：銀、錫、荔枝。

又《廣西省》〔慶遠府〕茘波縣。【略】土産：銀、錫。

又《貴州省》 思州府。【略】土産：鈆、蠟、鐵、竹雞。

思南府。【略】土産：水銀、鐵。

省溪長官司，在〔銅仁〕府北一百里。編户二里。【略】土産：金、鐵、砆砂。

普安州。限一百三十日，東至安南衛界一百里，西至雲南霑益州界六十里，南至平夷衛界一百二十里，北至鎮寧州界一百里。自州治至京師八千四百里，至南京五千二百里。【略】土産：砆砂、水銀、鐵。

錢希言《劍筴》卷一《硎采篇・粟特劒》 粟特國在葱嶺之西，古之奄蔡，一名温那沙，居于大澤，在康居西北，去代一萬六千里。先是，匈奴殺其王，而有其國。至王忽倪已三世矣。其國商人先多詣涼土販貨，及克姑臧，悉見虜。高宗初，粟特王遣使請贖之，詔聽焉。自後無使朝獻。波斯國宿利城在忸密西，古條支國也，去代二萬四千二百二十八里。城方十里，户十餘萬，河經其城中南流，土地平正，出金、銀、鍮石、珊瑚、琥珀、車渠、瑪瑙，多大真珠、頗梨、琉璃、水精、瑟瑟、金剛、火齊、鑌鐵、銅、錫、朱砂、水銀、綾、錦、疊毦、氍毹、毾㲪、赤麞皮及薰陸、鬱金、蘇合、青木等香、胡椒、畢撥、石密、千年棗、香附子、訶黎勒、無食子、鹽緑、雌黄等物，氣候暑熱，家自藏冰，地多沙磧，引水溉灌。

陸應陽《廣輿記》卷二《江南池州府》 土産：茶，青陽、貴池、銅陵。鐵、鉛。

又卷三《常州府》 錫山。即慧山東峰也。周、秦間産鉛，錫。古銘云：「有錫兵，天下爭。無錫寧，天下清。」光武以後不復産錫。

又卷四《山西》 土産：豆豉，陽曲，愈久愈佳。瓷器、榆次、平定，天花、五臺山。人參、石花魚，保德地菜，五臺山出。自然銅。

又卷六《河南彰德府》土産：【略】磁石，武安磁山。自然銅。涉縣出。

又卷八《陝西漢中府》 土産：【略】砆砂、洵陽，海金沙、自然銅。

又卷九《陝西鞏昌府》 土産：麝，隴西。石膽，秦州出，其石青色，多白文，易破，鍊而食之益壽。雄黄、羚羊角。階州。

又《寧夏衛》 土産：枸杞、青木香、鐵、麥垛山出。鉛、礬。俱賀蘭山出。

又卷一二《江西廣信府》 鉛山。山産銅鉛，南唐嘗置鉛場於此。

又卷一四《湖廣武昌府》 土産：【略】銀、興國州西黄姑山出，舊有銀場，今廢。銅。大冶白雉山出。

又卷一五《辰州府》 土産：麩金，沅陵、辰溪、溆浦、黔陽出。水銀、沅陵、盧溪。丹砂、沅州。出老鴉井者爲上。石青，石緑。沅陵、盧溪、麻陽出。

又卷一七《潼川州》 銅官山中江産銅，相傳卓王孫、鄧通冶鑄之所。

〔東川軍民府〕土産：氊衫、松子、銅、鐵、漆。

又《外譯》 洪州山。在海中，洪州産金。【略】〔朝鮮國〕土産：人參、牡丹、金、銀、鐵、石燈盞，有紅白二色。水晶。【略】

〔日本國〕土産：金，東奥州出。銀，西別島出。銅、鐵、丹土、冬青木、杉木、水銀、硫黄。【略】

〔日本國〕土産：金、太原、諒山、乂安出。珠，靖安、雲屯海中出。中秋有月，則多珠。丹砂。出勾漏，晉葛洪欲鍊丹，求爲勾漏令。【略】

〔占城〕山川：金山山石皆赤色，其中産金，夜則飛出，狀似螢火。【略】

〔撒馬兒罕〕土産：珊瑚、琥珀、花蕋布、金、銀、玉、銅、鐵。【略】

〔哈烈〕土産：金、銀、水晶、琥珀、翡翠、黑白文獸、巴旦杏。【略】

〔于闐〕土産：胡錦、花蕋布、安息香、鷄舌香、玉、金、琥珀、珊瑚、翡翠、水銀、葡萄、獅子。【略】

〔赤斤蒙古衛〕土産：麩金、鼓礬、砂。【略】

〔拂菻〕土産：金、銀、珠、西錦、千年、馬、獨峯駝、巴攬。【略】

〔女直〕土産：赤玉、金、雙城出。海狗。【略】

查志隆《岱史》卷一二《物産志・五金》 出萊蕪之黄山，有黄白二石焦，二炭可塈可圬，炭石可薪，而焦良於冶，爲民利。又曰八寶山，爲岳東支麓。西麓曰桃花峪，人昔嘗採白金礦。《海經》云其下多金是也。云其上多玉，不可見。人云岳巔間嘗一炫光彩者，其玉韞之輝與？

董斯張《廣井博物志》 山多銅者，松果、潘侯、軒轅、檀谷、鼓磴、昆吾、蟲尾、玉山、陽帝、滎余。

山多銅、鐵者，符禺、英山、涹山、丙山。

山有銅玉者，鈐山、小次、求如、渾夕、縣雍、諸餘、鉤吾、咸山、白馬、柄山。

山多金、鐵者，龍首、泰冒、西皇、荆山、岐山、鮮山、求山。

山多鐵者，竹山、鳥山、盂山、虢山、泰威、夸父、又原、兔牀、風伯。《山海經》。

茅元儀《武備志》卷二二五《占度載度・四夷》 〔亦力把力〕其山，白山葱嶺

爲大。有熱海，然氣候常寒。産銅、鐵、鉛、雌黄、胡粉、馬、駝、犛牛、孔雀、氍毹。

王心一《蘭雪堂集》卷一《敬陳末議疏》 臣觀粤西，南連交趾，西接滇黔，阻山帶河，跨地千里，有土可耕以爲飽。有花蔴、鉛、錫諸産，可資爲富。

曹學佺《蜀中廣記》卷四七《宦游記第一》《川西道屬・秦》 李冰，史失其鄉，秦昭王時爲蜀郡守。蜀土雖産奇貨金、銀、銅、鐵，然五穀尚少。

方孔炤《全邊略記》卷九《海略》 物産：金、銀、琥珀、水晶、硫黄、水銀、銅錢、白珠、青玉、蘇木、胡椒、細花布、螺。

又卷一〇《遼東略山海關在内》 物産：金、銀、鐵、水晶、鹽。

劉文征《〔天啓〕滇志》卷三《物産・臨安府》 臨安又視大理之異同爲詳略，今詳其異者，金之屬惟錫而玄鉛附焉。

又《楚雄府》 楚雄所産，五金與鉛，而銅爲盛，堅錬密緻，鑄器無幾時，彗之日中即凝爲古色，士人呼爲栗色銅。又有石音、石碌、食鹽與瀁。

又《澂江府》 山海之利，食上之毛，在東郡中稻饒沃焉。金石之屬如銀，如銅、鐵，如青碌、熖硝，各因其土之宜。

又《蒙化府》 物質之鐵、石黄、雄黄、石青、紙、楮、安、絲、油皆小異於西，而大勝於東。

又《北勝州》 迤西諸郡皆近金沙江，惟是州湍流稍緩，可以淘金。

又《風俗・雲南府》 鹽池田漁之饒，金、銀畜産之富，俗奢豪，惟文齊、王阜、景毅相繼防檢，遂爲善。常璩《南中志》。人稟名山大澤之氣，子弟多顯秀，科第顯盛。《儒學碑》。民遵禮教，畏法度，士大夫多材能，尚節義，彬彬文獻，與中州埒。《舊志》。

張萱《疑耀》卷二《水銀・朱提銀》 今人多稱白金爲朱提，非是。蜀之叙州府，有朱提山出銀。諸葛孔明有言：「漢嘉金，朱提銀，採之不足以自食。」若以銀爲朱提，亦可以金爲漢嘉乎？」唐韓愈《贈崔立之》詩：「我有雙飲盞，其銀得朱提。」亦非以銀即爲朱提也。

《明史》卷四〇《地理志一》 〔南京〕溧陽。府東南。元溧陽州。洪武二年降爲縣。東南有鐵山、銅山。西南有鐵冶山。【略】

〔南京〕徐州元屬歸德府。洪武四年二月屬中都臨濠府。十四年十一月直隸京師。東南有雲龍山。天啓四年遷州治於雲龍山。東北有盤馬山，産鐵。又有銅山。

又卷四一《地理志二》 〔山東泰州〕萊蕪。州東。洪武初，改屬濟南府。二年仍來屬。東北有原山，其山陽汶水别源出焉。又西南有冠山。西北有韶山。諸山多産銅鐵錫。

又卷四三《地理志四》 〔四川〕邛州。元屬嘉定府路。洪武九年四月降爲縣，仍屬嘉定州。成化十九年二月復爲州，直隸布政司。西有古城山，産鐵。又東南有銅官山，産銅。【略】

敘州府，元敘州路，屬敘南等處蠻夷宣撫司。至元二十三年正月降爲縣，洪武六年六月，置府，領州一、縣九，北距布政司千二百里。宜賓，倚。弘治四年八月建申王府，未之國除。西有朱提山，舊産銀。

會川衛軍民指揮使司，本會川守禦千户所。洪武十五年置，屬建昌衛。二十五年六月升軍民千户所。十一月升會川衛軍民指揮使司，屬四川都司。二十七年九月來屬。東南有土田山，産石碌，有葛砧山，産石青。東有密勒山，産銀礦。

德興，府東。東有銀山，舊産銀。

弋陽，府西南。有軍陽山，舊産銀。

永豐，府南。東南有平洋山，舊産銀礦。

上饒。倚。西北有靈山，舊産水晶。南有丁溪山，産鐵。

又卷四五《地理志六》 〔福建延平府〕大田。府西南。嘉靖十五年二月以尤溪縣之大田置，析永安、漳平、德化三縣地益之。北有五臺山。南有大仙山。東有銀瓶山，産銀鐵。

又卷四六《地理志七》 〔雲南永昌軍民府〕騰越州。元騰衝府，屬大理路。洪武十五年三月屬布政司，尋廢。永樂元年九月置騰衝守禦千户所，屬金齒軍民司。宣德六年八月直隸都司。正統十年三月升所爲騰衝軍民指揮使司。嘉靖三年十月置騰越州，屬府。十年十二月罷司爲騰衝衛。東有球牟山。東南有羅生山。南有羅佐衝山，上有鎮夷關，有巡檢司。又東北有高黎共山，一名崑崙岡。西北有明光山，有銀礦銅礦。【略】

〔貴州〕銅仁府。本思州宣慰司地。永樂十一年二月置銅仁府。領縣一，長官司五。西南距布政司七百七十里。

銅仁，倚。元銅人大小江等處蠻夷軍民長官司，屬思州安撫司。洪武初，改置銅仁長官司，屬思南宣慰司。永樂十二年三月置府治於此。萬曆二十六年四月改爲縣。南有銅崖山。又有新坑山，産硃砂水銀。【略】

省溪長官司府西。元省溪壩場等處蠻夷長官司，屬思州安撫司。洪武初，改名，屬思

南宣慰司。永樂十二年三月來屬。西有迤邏江，即省溪，産金。

朱國楨《皇明大事記》卷一八《雲南府司沿革》 自酋長以下咸善酒，好鬥喜殺，故重佛。自思任發後益習其教，建寺莊嚴甚盛，凡事抱佛爲誓，必咨于僧而後決。其産琥珀、鍮石、金、響錫、銅、犀、象、碧填馬、敝小如騾。豪猪、竹鼱、大如兔肥可食。螻、如巨蟒，四足，膽可解毒。蟒膽、亦可解毒。各色香，樹頭酒。

曹學佺《廣西名勝志》卷五 寶積山，在縣東五十里，産鐵及盧甘石。

又卷三四《邊防記第四》 《華陽國志》：會無縣，山色青碧，故其東南葛砧蜜勒諸山，或産石碌，有三色；或産石青，有四色；或産鑛銀。

談遷《棗林雜俎》義集《物産》 五方之産，名山多金玉，嶺表多璣翠、玳瑁，豫章多漆，荆南多丹、銀、鹵、革。

傅維鱗《明書》卷一六七《列傳二一・四國傳三》 〔亦力把力〕産銅、鐵、鉛、雌黄。

吳暻《左司筆記》卷一《疆域》 〔銅仁府〕長官司四：省溪長官司。有硃砂、有鐵。

馬驌《繹史》卷一一《禹平水土》 鍾山之神名曰燭陰，視爲書，瞑爲夜，吹爲冬，呼爲夏，不飲，不食，不息，息爲風，身長千里。其爲物，人面蛇身，赤色，居鍾山下。槐江之山丘，時之水出焉，而北流注于泑水，其中多蠃母，其上多青雄黄，多藏琅玕、黄金、玉，其陽多丹粟，其陰多采黄金銀，實惟帝之平圃。

彭孫貽《靖海志》卷三 〔辛丑順治十八年〕正月，成功議取臺灣。臺灣者在東南海中，東倚山，西薄海，北界雞籠城，與福州相峙，南則河沙磯、小琉球近焉。周衰三千里，與土蕃雜處。萬山環抱，中有膏腴平地數百里。故無君長，饒布粟桑麻，百物互相貿易。山多金、銀，無所用。

顧炎武《肇域志》卷一三 若城有石門可入，俗號寨門，相傳人避巢賊時所設。泉山在縣東南一百里。《通典》云，衢州信安縣南建安郡北有山，名泉山，即此。銅山在縣西北百里，宋時山出銅、鉛、錫，今出礦。前此徽、處二州人群聚取礦。

又卷一八《山東五・莒州》 七寶山在州北一百里。出金、銀、銅、鐵、鉛、錫土。金銀非此土不液，故曰七寶。南十五里，有胡石港銀洞在焉。居民往年曾開之，遂致争鬭。後奉詔開採，費浮於獲，乃罷。

又卷二〇 〔臨朐縣〕界山出銀礦，其山下河水中亦時出礦及沙金，山間又出錫、鉛、銅、鐵，亦時有石碌、丹砂之類，招引礦徒及好利者開礦，爲邑中害，此即略水洞。

又卷二二 翼城縣府【略】澮高山在縣南一十五里，其形如鳥張翼，又名翺翔山，山産銅、鐵。前有欒將軍祠，北有千佛洞。

又卷二四 〔忻州〕白馬山在州西南六十里。北連大嶺山，西南界靜樂。《山海經》曰：白馬之山，牧馬水出焉。嶽按：《山海經》曰：山陽産玉石，陰産銅、鐵。

又卷二九《河南三・嵩縣》 露寶山在縣西北七十里。山産銀錫之礦。元末萬户李興曾於此立砦屯兵，今爲嵩與宜陽之界。大礦山在縣西北一百里，高都之水出焉。山産金、銀、錫三品，水中亦産黄金方，爲嵩與永寧之界。

又卷三〇 〔裕州〕火星山在州北四十里。其山有洞，出銀、銅、錫鑛。

又卷三三《湖廣三・邵陽府・新寧》 邵陽之士沃，勤與慵相間也，勇則似其天性焉。新化之用物博，出與植皆利也，訟則似其天性焉。郡邑産金、銀，禁開採。産硃砂、雄黄。産炭，炭有木有煤，人以煤代薪，其利及於隣邑。㙚石者，以火煉石爲灰，産靛可用以染。産葛苧麻，綿布極細，不亞他産。鐵産於新化者亦名鑛。麝香出熊膽山，茶出武岡、新化，有税。産蜜有黄白色，石出者最珍。産絹，有上紬，綿紬。産蠟有黄白。産皮有諸獸。

又卷三四 〔長武縣州〕在扶風、武功縣，則終南、太乙不得爲一山明矣。蓋終南，南山之總名，太乙山之别號耳。《關中記》曰：「終南山一名中南，言在天中，居都之南也。」又曰：「終南、太一，左右三十里内名福地。」《三秦記》曰：「太一在驪山，西去長安二百里，山之秀者也。一名地肺山。」《漢書・東方朔傳》：「終南，天下之大阻也。其山多玉石、金、銀、銅、鐵、豫章、檀、柘異類之物。」

又卷四五 郡屬縣八。〔寧州〕又有闒茈、帛叠、水精、瑠璃、軻蟲、蚌珠，宜五穀，出銅、錫。

又卷四七 〔陽春縣〕鉛坑岡在縣北一百二十里。周二十里，岡之西南出鉛、鐵砂礦。

顧炎武《天下郡國利病書・四川》 按：自嶲眉西去爲龍池，爲中鎮，爲獵狍，地多産銅、鉛、木板，亦有銀鑛，苦不可得。

又《鳳寧徽》 龍湫山，揚之水。惟績溪縣之高山東五里近，而尊曰石照山，陰崖翠壁，石壁明瑩，鑑人毛髮，有白水泉。東五十里曰績溪嶺，爲浙界。東六

十里曰大鄣山，一名鄣山，一名玉山，勢匹終南，雄配太白，爲邑鎮山，其中嘗產銀、鉛。今絶。

李世熊《錢神志》卷一 《山海經》云：「黔南吉水中多產麩金，又曰杻陽之山其陽多白銀，少陽之山其下多赤銀，又曰皋山多黄銀。」

《北史·循良傳》曰：「辛公義爲并州刺史，山出黄銀，獲之以獻。詔水部郎婁則就公義禱焉，乃聞空中有金石絲竹之響。」

顧祖禹《讀史方輿紀要》卷七六《湖廣二·武昌府》 武昌縣。府東北百八十里。東南至大冶縣七十里。西北渡江至黄州府十里。【略】樊山。在縣西三里。一名西山，一名樊岡，下爲樊口。舊名袁山。《水經注》：吴孫權徙鄂于袁山東是也。又名來山，吴孫皓都武昌，出登來山是也。又名壽昌山，產銀、銅、鐵。

又《通城縣》 幕阜山。縣東南五十里。周迴五百餘里，東跨江西寧州，南跨平江縣界，有水四出，東南入湘，西入洞庭，北入嶲吴，太史慈爲建昌都尉，拒劉表從子磐，于此置營幕，因名。錫山，在縣南七里。舊產銀，曰銀山，又產錫。志云：唐初置錫山鎮，後改爲通城云。

又卷九二《浙江四·紹興府》 亭山。府南十里。唐乾寧中錢鏐攻董昌，克其亭山寨。又明初胡大海攻郡城駐兵其上。【略】又有錫山，舊產錫；銀山，產銀。沙志云：皆在府東五十里。

又《寧波府》 天井山。府西南七十里。下瞰深淵，上有五井，峻險難陟。其相近者又有灌頂山，直上二十里，宋時曾採鐵於此，後罷。志云：「府西南五十里有錫山，葱蒨插天，綿亙紆遠，舊產錫。」並峙者曰建嶴山，矗立二十五峯，狀如列戟，鬱然深秀。又府西南六十里有木阜山，環列二十四峯，一名木坑，相接者曰清秀山，上有三十六峯。又有銀山，舊產銀，皆森秀。

又卷九八《福建四》 〔泰寧縣〕大杉嶺。縣西北二十里。路通江西建昌府，多產杉木。吴越時，遣兵屯戍於此。又九盤嶺，在縣西五十里，紆迴九曲。《志》云：縣西北六十里有茶花嶺，廣二十里。峨眉峯，在縣北五十里，周圍數十里，高數千丈，類蜀之峨眉。峯之左有三仙巖，泉石幽勝。巖前有三峯，狀如筆架，峯之西即建寧縣界。又七寶峯，在縣西六十餘里，高千丈。產金、銀、銅、錫、朱石、黄連、甘草之屬。世傳越王遊獵時憩此。

又卷一一五《雲南三》 〔蒙自縣〕長橋海。縣東二十里。構木爲梁，長十餘丈，西面皆水。又二十里爲矣波海，中多魚蝦海菜。《志》云：縣西南二十里之水曰西溪，有二所，一出銀礦，一出錫礦云。

又卷一一八《雲南六》 〔騰越州〕高黎共山。州東北百二十里。一名磨盤山，與保山縣接界。山高峻，華夷之限也。【略】明光山，在州西北一百二十里，上有銀礦、銅礦。

又卷一九〇 融縣。府〔柳州府〕西北二百五十里，東至桂林府永寧州二百八十里，東北至懷遠縣九十里。【略】寶積山。縣東五十里，產鐵及蘆甘石。

朱奇齡《續文獻通考補》卷三七《疆域補三·辰州府》 其物產：麩金、水銀、丹砂、石青、石緑。重岡複領，控扼溪峒險要，固塞之地也。

又《重慶府》 其物產：牡丹、竹簞、江。苦藥子、忠。荔枝、涪。丹砂、彭。麩金。合忠、大涪監。

萬斯同《明史》卷八一《志五五·地理三》 洪武十四年曰會川府，二十五年降爲守禦千户所，永樂初改置今衛。有搭甲渡巡檢司，舊有大龍、會川、巴松、黎谿各驛，萬曆二年革。南有廢武安州，東南有廢會理州，西有廢永昌州，西南有廢麻龍州，廢黎溪州，皆元置，洪武中廢。東南有土田，山產石碌，有葛砧山，產石青，東有密勒山，產銀礦。

宮夢仁《讀書紀數略》卷三七《人部·食貨類·玉幣七箓》 陰山之礝碈，燕之紫山白金，朝鮮之文皮，汝漢水右衢之黄金，江陽之珠，泰明山之曾青，禺氏邊山之玉。

汪森《粤西詩文載·文載》卷一四 寶積山，在縣東五十里，產鐵及盧甘石。

謝旻《〔康熙〕江西通志》卷一一 銅塘山在府城南百餘里，險塞危峻，中產銅、鐵。

又卷三四 封禁山。郡南百里，界接三省地，稱險絶。內有銅塘，多產銅、鐵，或誤傳產銀。奸人往往假此嘯聚，爲一郡要害，舊設快手三十六名，今裁。

吴士玉《駢字類編》卷七五《珍寶門一〇·銅》 銅、銀。《後漢書·公孫述傳》：蜀地沃野千里，土壤膏腴，果實所生，無穀而飽。又有魚鹽銅銀之利。注：蜀有鹽井，又有銅陵山，其朱提界出銀。《宋史·葛宮傳》：並溪山多產銅、銀，吏挾姦罔利，課歲不登，宮一變其法，歲羨餘六百萬。

葉澐《綱鑒會編》卷七〇《出帝》 目：楚地多產金、銀，茶利尤厚。

楊椿《孟鄰堂文鈔》卷一四《河源記》 河源在京師西南七千六百餘里，西寧

塞外一千四百五十五里。其地羣山環繞，山不甚峻而地勢甚高，土石黑色。蒙古槩爲枯爾坤，一作庫爾棍，饒水草，產金銀礦，疑即唐書之崑崙，吐蕃名悶摩黎，劉元鼎謂之紫山者也。

《程賦統會》卷五《湖廣省・襄陽府》 土產：【略】沙金、石青、石緑、麝、山雞、萬年松、蓊林葉。

又《常德府》 土產：金、石緑、包茅、霜柑、佛頭柑。

又《長沙府》 土產：【略】海金沙、【略】硃砂、水銀、金鐵。

又卷五《辰州府》 土產：麩金、水銀、丹砂、石青、石緑、銅、鐵。

又《嶽州府》 土產：【略】鐵、石青、石緑。

又《衡州府》 土產：山礬、鐵、石緑、錫、紙。

又《永州府》 土產：鐵、錫、石青、石緑。

又《郴州》 土產：銅、鐵、錫。

又卷六《山西省・太原府》 土產：【略】鹽、鐵、礬、【略】錫。

又《澤州》 土產：【略】爐甘石、紫石英、白石英、石炭。

又卷八《河南省》 土產：牛黃、林縣。孩兒魚、磁州。磁石、武安。自然銅。涉縣。

又卷九《陝西省・漢中府》 土產：【略】石青、石緑、海金沙、【略】自然銅。

又《鞏昌府》 土產：【略】雄黃。

又卷一〇《四川省・保寧府》 土產：井鹽、南部。麩金。廣元劍州。

又《重慶府》 土產：【略】麩金、涪州。丹砂。

又《龍安府》 土產：【略】錫、麩金、水銀、硃砂、鐵。

又《潼川府》土產：【略】空青、【略】銅、中江。鐵、射洪、鹽亭。氊、蜜、木瓜、漆。

又《嘉定州》 土產：【略】麩金、【略】山礬、木蓮。

又《瀘州》 土產：麩金、石青、石緑、荔枝、鰉魚、楠木、茶。

又《東川軍民府》 土產：銅、鐵。

又卷一三《廣東省・潮州府》 土產：鹽、錫。

又《韶州府》 土產：銅。曲江、芙德。

又《肇慶府》 土產：【略】錫。陽江、德慶。

劉斯樞《程賦統會》卷一四《廣西省・永昌府》 土產：金、銅、鐵。

又《平樂府》土產：鍾乳、【略】錫、白蠟。

又《泗城府》土產：【略】雄黃。

劉斯樞《程賦統會》卷一五《雲南・雲南府》 土產：【略】石緑、鹽。

又《楚雄府》 土產：【略】翡翠、【略】石青、石緑。

又《永昌府》 土產：琥珀、瑪瑙、【略】金、銅、鐵。

佚名《〔康熙〕太平府志》卷一三《物產》 土石品：有白土石炭，有寒水石，有石墨，有石碌，有膏風。白土出當塗、姑孰鄉、廣濟圩、白雲山。一曰白上山，取土白色，燒瓦堅白，又用以粉物。石炭即煤炭，出赭圻山。土人鑿山爲穴，横八十餘丈，用以鍛鍊鐵石。【略】石碌。《舊志》：唐開元中，於南陵仁義鄉置石碌場，因其地產，百姓因便輸納。今繁昌即南陵析五鄉置者舊采石碌處，今莫考焉。又采石望夫磯下尚有

王士俊《〔雍正〕河南通志》卷二九《物產・貨類》 銅，出鎮平騎立山。鐵，出禹州，其涉縣、鞏縣、宜陽、登封、嵩縣、新安、南陽、內鄉、汝州，所產尤多，舊俱有冶，後廢。錫，出嵩縣露寶山。又永寧、靈寶、盧氏、武安、裕州、汝州皆有之。鉛，出嵩縣，土人采之作黃丹、胡粉。黑鉛，亦嵩縣出。礦石，《山海經》云「永寧陽虛山多金」，即此。舊傳嵩縣、盧氏、靈寶及信陽、桐柏俱產此。自然銅，出涉縣、湯陰。《圖經》云：產銅坑中，石間亦有之。硝，各府州鹹濕之地多有之，惟產孟縣者佳。礬紅，出舞陽，又河內、武安皆有。膽礬，新安出。石青。出南陽鐵朵山，盧氏、濟源亦有之。

鄂爾泰《〔雍正〕雲南通志》卷一一《廠課》 漢：俞元懷山出銅，律高、西石、空山出錫，東南、監町山出銀、鉛，貢古、北采山出錫，西羊山出銀、鉛，南烏山出錫。《地理志》。

後漢：夜郎出雄黃、雌黃，談指出丹，臺登出鐵，滇地出鐵，雙柏出銀，不韋出鐵，博南、南界出金。《華陽國志》曰：「西山高三十里，越得蘭滄水有金沙，洗取融爲金，有光珠穴。」朱提出銀、銅，前漢《食貨志》：「朱提銀重以八兩爲一流，直錢一千五百八十。他銀一流直錢一千。」不韋出鐵，博南南界出金。

唐：姚州，雲南郡產麩金，昆明有鐵。見《地理志》。

元：定金、銀、銅、鐵等歲入之課。雲南省產金之所曰威楚、麗江、大理、金齒、臨安、曲靖、元江、羅羅、會川、建昌、德昌、柏興、烏撒、東川、烏蒙。產銀之所曰威楚、大理、金齒、臨安、元江。產銅之所曰中慶、大理、金齒、臨安、曲靖、澂江、羅羅、建昌。

又卷三〇《雜紀》 東南監町山出銀、鉛；弄棟縣東農山，母血水所出，北至三絳，南入繩行，五百一十里。貢古縣北采山出錫，西羊山出銀、鉛。

沈青峰《〔雍正〕陝西通志》卷四三《物産一》 夫商州地近三輔，産礦之名易著，自昔歲額之貢，率至逋負，所産微細，開則未見利，而爲害滋甚，《商州志》。白花嶺、和尚溝、階峪、寶山之陽俱産礦。《雒南縣志》。

又卷九四《藝文一〇》 宋興，金、銀、銅、鐵、鉛、錫之貨，凡諸産金地有五：曰商、饒、歙、撫、南安。

嵇曾筠《〔雍正〕浙江通志》卷一四〇《物産》 劉基出越城，至平水記赤堇之山，其東山曰日鑄，有鉛、錫。

李衛《〔雍正〕畿輔通志》卷五七《土産貨屬・錫》 《永平府志》：「遷安出丹、錫。」

黄廷桂《〔雍正〕四川通志》卷三八之六《物産》 百物之生，皆以利用。《記》曰：地不愛寶。又曰：物曲有利。《禹貢》載梁州之産璆、鐵、銀、鏤而外，繼以砮磬，織皮，凡以別方物，辨土宜也。

吴騫《桃溪客語》卷一 《風土記》：「陽羨縣西南有泉，常有紫黄色浮見水上，出金之地也。」又《義興記》云：「陽羨縣塘西瀆壤中有黄土色如精金者，舊名金泉，時獲真金也。」以上竝見《太平御覽》。按：今金泉區在邑西南七十里，與永豐區相連，即舊金泉鄉源出礦山。又小心、唐貢二山下俱出泉如金色。《禹貢》「揚州貢金三品」，傳謂金、銀、銅。陽羨既産金，漢時復設銅官，銅官山以此得名，蓋三品中所欠惟銀耳。

周碩勳《〔乾隆〕潮州府志》卷一六《山川》 大寶山在縣南循洋鄉，距城五十里。産鉛、銀。

仲坑山在下湯社，距城五十里。産鉛、銀。

鄭光祖《一斑録》卷三《物理・金石》 鉛錫多産黔省，類亦不一，每年京運四。

戴震《水地記》卷一 《禹貢》：織皮崐崘、析支、渠、搜，西戎即叙。崐崘，今西番名枯爾坤，譯言崐崘也。有三山：曰阿克塔沁，曰巴爾布哈，最西而大，曰巴顔哈喇，其色紫黑，産金、銀。

王太岳《四庫全書考證》卷七一《格致鏡原》 銀類。皐塗山多銀、黄金。原本銀、黄二字互倒脱，金字據《山海經》改增。

于敏中《日下舊聞考》卷一五〇 原：漁陽、泉州有鐵。《後漢書》。

原：檀州大峪錐山有鐵礦，至元十三年立四治，三十五年罷。檀州淘金户明時亦嘗開採，後封閉焉。《昌平山水記》。

吴卓信《漢書地理志補注》卷三九 屬揚州有銅官。本書《吴王濞傳》：「吴有鄣郡銅山，濞招致亡命者鑄錢。」又《食貨志》：「吴東有海鹽、章山之銅。」《鹽鐵論》：「丹鄣有金、銅之山。」《括地志》：「銅山，今宣州及潤州句容縣皆有之，並屬鄣也。」《元和志》：「赤金山在當塗縣北十里，出好銅，與金類。」《唐書・地理志》：「宣州貢銀銅器，有鉛坑。池州貢鐵，有鉛坑。」

《寰宇記》：「銅陵縣自漢以來皆烹銅、鐵。」《輿地紀勝》：「銅山在繁昌縣東南五十里，出好銅，古所謂丹陽銅是也。」《明統志》：「銅、鐵、鉛、錫皆銅陵縣出。」《方輿紀要》：「銅山在湖州府西南九十五里。銅峴山，古稱『吴采鄣山之銅』是也。又「銅官山在武康縣西北十五里，世傳吴王采銅于此山，下有二坑曰銅井。」《大清一統志》：「冶山在六合縣東北五十里，産銅、鐵。相傳吴王濞鑄錢于此，坑冶之跡尚存。」

劉統勳《皇輿西域圖志》卷四三《土産一・回部》 金石珍寶之屬：回部所産五金有黄金，名阿勒屯；白金，名庫穆什；紅銅，名蜜斯；黄銅，名圖特。而無青銅，有鉛，名庫爾阿遜；鐵，名圖摩爾；錫不多産，名喀里葉。【略】

《漢書・西域傳》：鄯善出玉；莎車有鐵，山出青玉；子合出玉石；于闐多玉石；姑墨出銅、鐵、雌黄；龜茲能鑄冶；有鉛山國，出鐵；難兜有銀、銅、鐵。

又《金石珍寶之屬》 金名阿勒坦，銀名孟固，銅名化斯，鐵名特穆爾，錫名圖固勒噶，鉛名和爾郭勒津。五金之中多銅、鐵、錫、鉛，少黄金、白銀，其鐵最良産。硫黄名庫爾，及芒硝名察罕碩壘。鹽名達布蘇，有赤白二種，大者如枕，堅者如石。石名赤堆，沙磧之中多産五色石子，大者如拳，小者如梧子，光瑩可愛。玉名哈斯，色多青碧，不如和闐遠甚，其餘珍奇之物亦罕聞焉。

《山海經・北山經》：「潘侯之山，其陽多玉，其陰多鐵。大咸之山，其下多玉。少咸之山多青碧。渾夕之山多銅玉。」

《北史・西域傳》：「悦般國南界有大山，山傍石皆燋鎔，流地數十里乃凝堅，人取以爲藥，即石硫黄也。」

《唐書・回鶻傳》：「堅昆國有金、鐵、錫，每雨，俗必得鐵，號迦沙，爲兵絶

犀利。」

按：古稱悦般國産石硫黄，回紇出碙砂，考字書無「碙」字，疑即硇砂，硇砂本出北庭山中，亦名北庭砂。《本草》又云：「石硫黄，一名黄砂。」《隋西域圖記》亦云白山出碙砂，則所謂碙砂者，或即今硫黄未可知也。至如史傳所載金玉、瑟瑟之屬，今之準部不少概見，惟多産鐵、錫，則古今地理衰旺有不可一概論者。

紀昀《河源紀略》卷三五《雜録四・庫庫淖爾境》 又青海周圍千餘里，海内有小山，每冬冰合後，以良牝馬置此山，至來春收之，馬皆有孕，所生之駒號爲龍種，必多駿異。吐谷渾嘗得波斯草馬放入海，因生驄駒，日行千里，世傳青海驄者是也。土出犛牛、馬，多鸚鵡，饒銅、鐵、硃砂。

邵晉涵《爾雅正義》卷一三《釋水第一二》 東距長安五千里，河源其間，流澄緩。東北直莫賀延磧尾，殆五百里，廣五十里，北自沙州西南入吐谷渾，寖狹，故號磧尾。隱測其地，蓋劍南之西。今西寧府界西南千四百餘里有大山，厥色紫黑，是産金、銀，唐人所謂紫山，稱斯名矣。

屠述濂《〔乾隆〕騰越州志》卷三《山水・土産》 前明盡，大金江内外三宣六慰皆受朝命，而騰越且兼戛鳩、蠻暮、猛拱、猛養而有之，皆寶藪也，若使盡郡縣其地，參用流官，以士大夫治之，可以漸興文教。顧設衛所專用武夫，刻薄摧殘，又遣閹豎刑餘爲之鎮守，外假監軍之名，内行盜夷之計，致民咸怨，畔釁聯延，入關之外，復成異域，緬酋逆命遂踞而有之，中國不敢過而問矣。蓋大金江内外萬寶鱗萃，真如《范史》所稱：哀牢土地沃美，宜五穀蠶桑，知染采。文繡罽㲲、蘭干細布，織成文章如綾錦。梧桐花布幅廣五尺，潔白不污。節寸濮竹。出銅、鐵、鉛、金、銀、光珠、琥魄、水精、琉璃、柯蟲、蚌珠、孔雀、翠羽、犀、象、猩、貊，無不具備。【略】而《吴志》所載食貨，惟取布，【略】金、銀、銅、鐵、錫。滇省五金之地，舊時明光、阿幸處皆開採，惟銀、銅有，金則無也。今阿幸等處尚有鐵廠，詳廠課。

李誠《萬山綱目》卷六 天和山，在五臺縣東四十里。有龍洞泉，出銅鐵礦及石炭。【略】

北條分榦，自管涔山分支，走桑乾河以南，滹沱河以北諸山。

〔五臺縣〕北臺，在中臺北高三十八里。頂平廣周三里，名掖斗峰。頂南畔有羅睺臺，頂有黑龍池，即天井。南下二十里有白水池，與天井連。北流逕繁峙縣峩谷口，北入滹沱，河麓有七佛池。南又有餘牛池，東北有寶陀峰。又有寶山。産銀、石碌、天花菜。

天和山，在五臺縣東四十里。有龍洞泉，出銅、鐵礦及石炭。

又卷二〇 南龍大榦自椒山起分，一榦走曲江以南、元江以東諸山。【略】

麒麟山，在蒙自縣西南三十里，出銅、鉛、銀、錫諸礦，自寶華至麒麟，其南則新山，個金、釵龍、樹諸廠悉在焉，南濱大江而止。

麒麟山，在蒙自縣西南三十里，出銅、鉛、銀、錫諸礦。自寶華至麒麟其南，則新山、箇舊、金釵、龍樹諸廠悉在焉，南濱大江而止。

洪亮吉《曉讀書齋雜録》三録卷下《塞外録》 伊犂南山著名者，一曰哈爾海圖，産銅；一曰沙拉搏和齊，産鉛，皆置廠採取。伊犂北山隨地著名，【略】一曰闢里箐，産金，封錮未開。

又四録卷上 《漢書・地理志》「京兆藍田」云山出美玉，然自漢以來，未聞在藍田採玉者。【略】即如東南産銅之山不下數十座，自吴王濞諸人後，豫章、鄣郡諸山，不聞更有産銅致富者。蓋地力有消旺，非産銅之山終古皆出銅不竭也。藍田之玉亦視此而已矣。余官滇、黔時，其地産金及産鉛、錫之山亦頗多，然力乏則須封閉，不能源源不竭也。合浦郡産珠亦然。官貪則珠移徙，即此道耳。孰云地不愛寶哉？

洪亮吉《乾隆府廳州縣圖志》卷二《永平府》 〔盧龍〕縣西十五里。山椒産金砂，山半産銀礦，下産鐵冶。

又卷五《江寧府》 銅冶山，在〔句容〕縣北六十五里。出銅、鉛，歷代采鑄，謂之銅山。【略】

冶山，在〔六合〕縣東北五十里。山産銅、鐵及磁石。

又卷七《常州府》 錫山，在〔陽湖〕縣西。周秦間山産鉛、錫，漢興始乏。古諺曰：有錫争，無錫寧。遂以名縣。

又《鎮江府》 《圖經》稱，《丹陽記》云：永世縣南鐵峴山出鐵，揚州鼓鑄之地。銅官山，在〔溧陽〕縣東南五十八里。《圖經》昔嘗出銅，故名。

又卷八《廬江府》 又銅坑山，在〔廬江〕縣東南十里。出銅。鉛山，在縣東北七十里，出鉛。礬山，在縣東南四十五里，與無爲州分界，出礬。

又卷一〇《太原府》 懸甕山，在〔太原〕縣西南十里。一名龍山。《山海經》：「懸甕之山其上多玉，其下多銅，其獸多閭麋，晉水出焉。」班固云：晉陽龍山在西北晉水所出，東入汾。今山麓有晉祠，祀唐叔虞，即水發源處。牢山，在

縣東北四十五里。前趙劉聰遣子粲襲晉陽，猗盧救之，遂獵牢山，陳閲皮肉，山爲之赤。一名看山，出金鉚。

又《平陽府》 又銀洞山，在〔浮山〕縣東南四十里。西北與龍角山相連，舊傳其下有金銀礦。

又卷一二《平定州》 原仇山，在〔盂〕縣東北七里。李吉甫云：「出人參、鐵鉚，原仇縣取此山爲名。」又縣東北八十里有白馬山，《山海經》：白馬之山，其陽多玉石，其陰多鐵及赤銅，木馬水出焉。上有白馬關。

又《青州府》 又嵩山，在〔臨朐〕縣西南六十里。有署水洞出銀鑛，又出鉛、鐵、銅、錫、丹砂之類。其相連黑山，亦有鑛。

又卷一五 〔臨朐縣〕逢山在縣西二十五里。殷諸侯逢伯陵之國。班固云：臨朐縣有逢山祠。神爵元年，祠逢山石社石鼓于臨朐。又嵩山在縣西南六十里。有署水洞出銀鑛。又出鉛、鐵、銅、錫、丹砂之類，其相連黑山亦有鑛。

又卷一六《山東布政使司沂州府莒州》 又州北一百里有七寶山，山出金、銀、銅、鐵、鉛、錫土。凡鍊銀，非此土不液，故名。又南十五里曰古石港，銀洞在焉，明萬曆中嘗開採。

又《山東布政使司沂州府蘭山縣》 又縣西南九十里有寶山，上有洞穴數區，產金、銀鑛石，元時開鑛處也。

又卷一九《河南府》 又抵塢洞，在〔澠池〕縣北二十里。產銀。西關洞，在縣北百里。產鉛。

又卷二〇《河南府》 大礦山，在〔嵩〕縣西北百里，接永寧界。產金、銀、錫三品。

又卷二一《西安府》 終南山，在府城南五十里。一名中南山，一名終隆山，一名太乙山，一名周南山，一名地肺山，一名秦山。《書·禹貢》：終南惇物。《左傳·昭公四年》：晉司馬侯曰：中南九州之險也。《漢書·東方朔》云：南山，天下之阻也。其山出玉石、金、銀、銅、鐵、豫章、檀、柘異類之物，不可勝紀，此百工所取給，萬民所仰足也。

又卷二一《陝西布政使司同州府華州》 符禺山，在州西南。《山海經》：少華山西八十里曰符禺之山，其陽多銅，其陰多鐵。

又卷二三《商州》 陽虛山，亦在〔雒南〕縣西。《山海經》：陽虛之山多金。又縣東北有陽華山，《山海經》：陽華之山，其陽多金玉，其陰多青雄黃。寶山，在縣東四十里，山陽產礦，故名。又縣西南九十里有松朵山，縣北九十里有黃龍山，並產銀礦。

又卷三〇《臨江府》 銅山，在〔新喻〕縣西北三十里。舊產銅、鐵。唐置官場，宋罷。又湖九洞產銀礦。橫琴嶺，在縣西三十里。舊產鐵礦。

又卷三一《武昌府》 錫山，在〔通城〕縣南五里。舊產銀，曰銀山，後又產錫，今俱無。

又《武昌府》 樊山，在〔武昌〕縣西五里，上有九曲嶺。酈道元云：今武昌郡治南有袁山，即樊山也。《圖經》：山產銀、銅、鐵。

又卷三二《宜昌府》 又鐵峯山，在〔巴東〕縣東八十里。《舊經》云：出鐵鑛。青銅山，在縣北二十里。產銅鑛。

又卷三六《寧遠府》 斛莢和山，在〔鹽源〕縣西三十里。產金。又縣境刺紅瓦山、刺雀瓦山，並產金。革石瓦山，產銀礦。【略】

葛砧山，在〔會理〕州東南八里。上產石青。班固云：會無縣東山出碧。即此。密勒山，在州東二百里，產銀礦。海溪山，在州南一百二十里。產白銅。

又卷四一《韶州府》 唐臨瀧廢縣在〔曲江〕縣南。宋建福廢縣在縣東南。本岸水埸地舊產銀、銅。

又《肇慶府》 鉛穴山，在〔廣寧〕縣西南。出錫、鉛。

又卷四二《嘉應州》 寶山，在〔興寧〕縣東北六十里。元末陳友定采鑛於此。

又《連州》 銅沙山，在〔陽山〕縣西南七十里。產銅。又縣東三十里有寶源山，產黑鉛。

又卷四五《臨安府》 貢古廢縣在〔建水〕縣東南。劉昭云：「貢古采山出銅、錫，羊山出銀、鉛。」

【略】

又卷四六《永昌府》 明光山，在〔騰越〕州北三百五十里。上有銀、銅礦。

博南山，在〔永平〕縣西南四十五里。又花橋山，亦在縣西南，上有鐵礦。蘭倉水今名瀾滄江，自大理府雲龍州界流入縣西及保山縣東，又東南流入順寧府界達車里入南海。《後漢書》：顯宗始通博南山，度蘭倉水。酈道元云：水出金沙，越人收以爲黃金。【略】

又〔廣通縣〕〔伏師山、臥象山〕並在縣東南。俱産銀礦。

〔騰越州〕明光山，在州北三百五十里。上有銀銅礦。

曹掄彬《〔乾隆〕雅州府志》卷五《雅州府・物産》 麩金、丹砂。

穆彰阿《清一統志》卷七三《江寧府・山川》 冶山。在六合縣東北五十里。産銅鐵及磁石。相傳吴王濞鑄錢於此，坑冶之跡尚存。

又卷一三六《太原府・山川》 煉銀山。在交城縣西北一百七十里。舊産銀鉛。

又卷二三三《西安府六・土産》 銅、鐵。《漢書・東方朔傳》：南山出金、銀、銅、鐵。《府志》：終南有銅鑛及鐵冶，金、銀則未聞。《宋史・食貨志》：鐵産耀州，有務。

又卷二九七《台州府一・山川》 龍鬚山。在寧海縣西北五十里。山岡四斷，怪石屹立，有三龍湫，舊産銅、鐵及苓杞等藥。

又卷三一四《廣信府・山川》 銅塘山。在上饒縣南一百里。險塞危峻，爲郡要害。廣長各三四百里。其南則屬福建浦城等縣，界中産銅、鐵。《縣志》：明景泰中，福建沙縣寇鄧茂七聚衆盜冶，永豐知縣鄧馬追捕遇害，後官軍討平之，隨嚴冶禁，設隘戍守，亦名封禁山。

又卷三九九《寧遠府》 剌紅瓦山。在鹽源縣西北一百五十里。下有金縣五村。又番羅入瓦山，與雲南麗江府接界，産金成粒。又剌雀瓦山産碎金、革石，瓦山産銀礦。

又卷四六〇《》 龍塘山。在府城東六十里。産鉛、鐵。

又卷四六三《廣州府》 積山。在融縣東五十里。産鐵及盧甘石。相近有浪溪山，浪溪江流經其下。

又卷五二四《庫車》 土産：【略】銅、鐵、《北史・西域傳》：龜茲出銅鐵。金、《唐書・西域傳》：龜茲出黄金。硫磺、硝。《西域圖誌》：庫車額賦硫磺、硝，紅銅。

又卷五一七《伊犁》 土産：禾、【略】金、鐵、錫、硫黄。《唐書・回鶻傳》：回鶻有金、鐵、錫。《北史・西域傳》：悦般國有火山，山旁石燋鎔，人取以爲藥，即石硫黄也。

又卷五二七《葉爾羌土産》 黍、麥、青稞、豆、蒲萄、石榴、蘋果、木瓜、【略】馬、橐駝、鐵、銀、銅、玉、《漢書・西域傳》：莎車有鐵山，出青玉。難兜有銀、銅、鐵。錫、雌黄。《北史・西域傳》：莎車多銅、鐵、錫、雌黄、金。《西域圖志》：葉爾羌所屬赫色勒河回民歲貢黄金。

又卷五二八《和闐》 土産：【略】馬、橐駝、鐵、銀、銅、玉。《漢書・西域傳》：莎車有鐵山，出青玉，難兜有銀、銅、鐵。

章學誠《〔嘉慶〕湖北通志檢存稿》卷一 銅、白銅、黄銅、紅銅、點銅、錫、鐵來自雲貴四川。硃沙、銀硃來自辰州。

錢坫《新斠注地理志》卷一一《錫》 今鄖陽府城。《太平寰宇記》：均州，鄖鄉縣也。《郡國志》：「春秋時曰錫穴。」《地記》：「漢中郡東界有錫縣，古之錫穴也。應劭音陽。」

莽曰錫治。

西石空山出錫。《郡國志》作石室山。

東南豔町山出銀、鉛。劉淵林作盤町山。

北采山出錫，西羊山出銀、鉛，南烏山出銀。

阮元《〔道光〕廣東通志》卷一〇六《山川畧七・湖州》 大寶山，在〔普寧〕縣西少南五十里，相傳産鉛、銀。又下湯社有仲坑山亦然。《清一統志》。

《郭侍郎奏疏》卷一二《論俄事疏》 三曰直截議駁《伊犁條約》，當暫聽從駐紮，其勢萬不能急速收還。臣查天山南北兩路所以號稱肥饒者，正以河道縱横灌輸之故，俄人所踞西伯利部一萬餘里，並屬荒寒之地，近年侵奪塔什干浩罕諸部，曲意經營。前歲見《俄國新報》，言其提督斯哲威爾探尋巴米爾朗格拉湖一帶，報稱喀拉庫拉湖至阿克蘇有通長不絶河源，深入俄國荒漠之地，爲歷年人跡所未到，舉國相爲慶幸，其睨視西域蓄謀已深。伊犂一城尤爲饒沃，自伊犂河以南曰哈爾海圖，産銅；曰沙拉搏和齊，産鉛；其北山曰空鄂爾峩博，産煤；曰闢里箐，産金；曰索果，産鐵。往時，河南設有銅廠、鉛廠，並近距特克斯河，而辦理不甚如法，山北煤、鐵各廠則尚未開採，西洋人羣視爲上腴之地。伊犂所屬九城專駐兵弁，其膏腴並在河南。山北西至霍果斯亦設有一城，距伊犂不逾百里，所設額爾格齊罕諸卡皆在五百里以外，今畫分霍爾果斯河屬之俄人，則伊犂一河亦截去四之三，而五百里之屯卡皆棄置之矣。畫分特克斯河屬之俄人，則舊設銅、鉛各廠，亦與俄人共之，而特克斯河横亘天山以北，其南直接庫車、拜城，聲氣皆致阻隔，所設屯卡直達特克斯河源，皆棄置之矣。

方濬頤《二知軒文存》卷二一《臺灣地勢番情紀畧》 臺灣南北徑二千五百里，東西或五百里，或二百里不等，其形橢似魚，連山若脊，以天象衡之，界赤道迆北，八卦則位於巽。四時皆春，無大寒燠。冬日南陸距臺近，故不寒。夏日北陸距臺遠，故不燠。民冬夏無異衣。土著者寥寥，潮嘉漳泉客民居之甚夥。人鮮白髮，亦鮮髭鬚。女則妍麗，以雙鐶綰於足，巽爲長女，理或然歟！風俗遊惰，田則膏腴，宜五穀，一歲三熟。無霜無冰雪，多颶颱，以地震卜豐稔。所産地瓜、甘蔗、落花生之屬，一種可穫數秋，此華彼實，終歲纍纍實碩。且甘草本與木相肖，弗枯弗凋，奇葩異卉不可名狀。山罕猛獸，猿羊獐鹿，千百爲羣。其地山川半之，

未墾之田三，已成阡陌者十之二。人跡不到之區，陰霾蔚薈，瘴癘尤烈，中土之民望而裹足，招徠匪易。煤、鐵、金、銀富哉。厥礦近則臺北、雞籠，已伐山取石炭矣。

顧國詔《〔光緒〕龍泉縣志》卷一一《物產・金石部》 雲母石、無名異、自然銅、磁石、黑鉛、石膏。

《丁文誠公奏稿》卷二六《西藏通商事多後慮摺光緒十一年十月二十六日》 且通商已展轉有年，而藏地率多瘠土，素無別項生產之物可供貿易，即有所產亦不過若金、銀之類，然此乃西藏自夸其地利，其實甚不可知，何有於通商。

張之洞《〔光緒〕順天府志》卷五〇《食貨志二・金屬珠附》 金：《金史・地理志》：「大興府產金、銀、銅、鐵。」《元史・食貨志》：「金之所在，腹里曰檀州。」又：「至元二十五年，罷檀州淘金户。」《昌平山水記》：「密雲東北冶山東有丱洞，昔人陶金址尚存。」【略】銅：《畿輔唐志》引舊志：「白溝河東北五里有銅礦山，今無采者。」按：昌平，《宋志》有自然銅，見藥屬。

曾國荃《〔光緒〕湖南通志》卷五八《食貨四・礦廠・總紀》 荆州厥貢，惟金三品。《禹貢》孔安國傳：金、銀、銅也。

洞庭之山，其上多黃金，其下多銀、鐵。《山海經》。

荆州其利丹、銀。《周禮・職方氏》。

江南出金、錫、連、丹。《史記・貨殖傳》徐廣注：連，鉛之未鍊者。

江南道厥貢金銀。《唐書・地理志》。

荆湖南北路有金、鐵之利。《宋史・地理志》。

又《銀礦》 西溪接靖州境，出鉛，鉛中有銀，銀體差黑，未經坯銷，名出山銀。《溪蠻叢笑》。

桂陽州西有大湊山，南有晉嶺山，北有潭流嶺，舊皆產銀鉛砂礦。《明史・地理志》。

晉嶺山在桂陽州南八十里，相傳此嶺昔時出銀鉛砂礦。寶慶府境郴州，本州桂陽、宜章，桂陽州九坑皆出銀。《明統志》。

明嘉靖間，徐兆先知桂陽縣，嘗辨礦砂之妄，禁止采冶。《一統志》。

又卷六〇《物產一》 衡州府。衡山有曾青岡，出曾青。《衡山記》。

衡州各縣出山礬。《明統志》。

衡陽、常寧出石綠，舊有坑，今廢。《明志》。

砒石出信州，衡州次之，錫之苗也。《本草集解》。

又《永州府》 延唐、永明二縣有鐵。《唐書・地理志》。江華縣有黃富鐵場，寧遠縣有上下槽銀場。《九域志》。產鐵之所，有永、道二州。《元史・食貨志》。零陵、祁陽、江華、永明、寧遠五縣出鐵。《明統志》。東安縣有鐵礦。《省志》。祁陽香鑪、烏塘、韓家等山皆產鐵砂。《一統志》。

李瀚章《〔光緒〕湖南通志》卷六一《食貨七・物產二・岳州府》 洞庭之山，其上多黃金，其下多銀鐵。《山海經》。

平江縣有土竈金場。《九域志》。產金之所有岳州。《元史・食貨志》。

又《物產二・郴州漢至唐皆曰桂陽郡》 郴州水土之所生，白金、水銀、丹砂、石英、鍾乳。橘柚之包，竹箭之美，千尋之名林。韓愈《送廖道士序》。【略】

又 西溪接靖州境，出鉛，鉛中有銀，銅，體差黑，未經坯銷，名出山銀。《溪蠻叢笑》。

綏寧縣有把衝銅坑。《湖廣志》。

綏寧縣出鐵。《一統志》。

曾國荃《〔光緒〕湖南通志》卷末四《雜志四・紀聞四》 熙寧五年，辰州人張翹與流人李資詣闕上書，言辰州之南江乃古錦州，地接施、黔、牂牁，世爲蠻人向氏、舒氏、田氏所據，地產硃砂、水銀、金、布、黃蠟，糧田數千萬頃，人路無山川之扼。若朝廷出偏師壓境上，臣二人説之，可使納地爲郡縣。《東華筆録》。

葛士濬《清經世文續編》卷一〇三《洋務三》 我朝會典所載，廣西、雲南、貴州產黃金、白金、赤金、錫、鉛、鐵、水銀、丹砂、雄黃。山西、四川、廣東產赤金、錫、鉛，湖廣產赤金、錫、鉛、鐵、水銀、丹砂、雄黃，皆召商試採，礦旺則開，竭則閉，貨不棄地，今古同。

曾國荃《〔光緒〕山西通志》卷三一《山川考一》 《唐書・地理志》：平陸有瑟瑟穴、銀穴三十四、銅穴四十八，在覆釜、三錐、五岡、分雲諸山。《寰宇記》：琴瑟窟在縣西北四十里。

又卷三二《山川考二》 《括地志》云：澮山也，在翼城縣。《紀勝》：山形如鳥翼，一名翔翱山，產銅及鐵，唐置錢坊所於此。

李桂林《〔光緒〕吉林通志》卷三四《食貨志七・寶藏》 女真其地多金銀，《契丹志二十五》。今麻衣河、古洞河及琿春寧古塔三姓等處，皆產。《採訪册》。

薛福成《出使日記續刻》卷一〇《〔光緒二十年二月〕二十六日記》 中國地博物阜，甲於五大洲，欲圖自治，先謀自強，欲謀自強，先求致富。致富之

術，莫如興利除弊。興利奈何？一曰煤鐵之利，每省能開一二佳礦，則船政、槍礮製造各局所需，無須購之外洋，可省無窮之費。一曰五金之利，雲南產銅，山東、吉林產金，廣東產水銀，四川產銀，誠能廣爲開采，妥爲經營，則貨不棄於地矣。

陳忠倚《清經世文三編》卷一九《治體七》黄潤章《辦理交涉以膽識才辯爲先論》 一曰礦務。中國爲財賦奧區，雲南產銅，山西產鐵，湖北、江西、湖南產錫，齊魯荆襄產鉛，臺灣產硝，以及伊犁淘金，和闐採玉，礦產之富，誠爲五大洲所未有。

又卷七三《洋務五·外洋國勢卮言》 法國駐中公使作東海之游，其武官巡歷滿洲，其書記官討尋蒙古南部。以俄公使去北京，次日束裝就道，經歷張家口、多倫諾爾、熱河等處。夫張家口，俄國租界所在之地，而爲蒙古一市場也。多倫諾爾爲喇嘛廟地，乃蒙古畜牲之市場也。熱河當東南鑛山之衝，爲中國皇帝之獵場也。此地鑛山頗夥，不勝枚舉，其最著者曰承德府之遍山綫窒溝等，皆爲銀鑛；平泉洲之錫、蠟、銀鑛；銀子園之銅鑛；豐寧縣牛圈子溝之銀鑛及鉛鑛；喀拉沁王旗土檀子羅圈溝之銀鑛，同中旗之金鑛；建寧縣之金廠溝；灤平縣之寬溝、豐寧縣之大營子等金鑛；翁牛特王旗之紅花溝、水泉子溝、拐棒溝等之金鑛；建昌縣之各里各寧建之雙山子、朝陽縣之五家子等之金鑛，皆其大者也。華人未知開掘以供國家之用，而棄在荒野。

陳澹然《權制》卷五《軍餉述·屯地》 東三省發祥之區，吉林尤爲廣博，始則春盡風霾，夏皆泥淖，八月大雪，十月地裂。今漢人日衆，百貨駢闐，遷客羈人絶無水土乖違之患。江水自長白山出，號人參水，嚴冬冷飲不至成災。其地珠璣蔓密，貂、鹿、東青、牛、馬、羊、駝利盡表海，尤以渥集爲致富大端。渥集者，老林也。自長白山亘混同江、寧古塔以達興京，樹海數千里，誠令廣集木工，製爲器用，則圖們、鴨緑指顧直東。攷內地江西、湖廣樹木殷繁，遂爲東南雄鎮，則吉林致富，其道可知。雖其地無稻米爲糧，而穀豆包菓皆宜耕種。韓顯忠以匹夫召集金匪數十萬，則產金必多。而黑龍江則沙漠之金，皆可以興大利。況乃呼蘭數百里，與奉天東邊千里可耕之地，尤爲廣漠無垠，押荒之銀，舉手可致百萬。雖二十年朝旨迭謀墾闢，而大利閟者尤多，必盡開郡縣，得漢人爲吏以治之，乃可利賴無窮耳。

新疆之地，【略】至塔爾巴哈台城金鑛，伊犁、特穆爾圖河之鐵，河周數百里，三面皆山，沿岸潮沙皆可熬鐵。葉爾羌、西南二百餘里密爾迪山，又二百餘里瑪爾瑚山。和闐、哈喇什河、玉隴哈河、琅圭塔克河之玉，阿克蘇温巴什地及鹽池溝、葉爾羌之銅，庫車城【略】之硇砂，其餘老林不可勝數。【略】北自花蓮港達新城約五六十里，皆宜稻宜蔗，山地宜廣種蔗，蔗利一稔，視稻三倍，窨爲糖霜。楓港、恒春諸山皆產五金礦砂，西人驗云，銅鉛十之八，銀十之一，金不及一分。雞籠諸山產煤，煤必有鐵。

又《附鑛地》 俄人著《東方財政書》言：黑龍江省呼爾哈河池、察特喀河、大別拉雅河、吉林寧古塔綏芬河、圖們江、松花江、長白山、奉天省達窩給尼河、寬城子等處金鑛甚多，所由覬羨也。直隸：遷安縣，銀鑛山產銀，九山黄崖鑛洞產銀砂，六寶山產銀。井陘縣，雲鳳山長銀洞產銀。清豐縣。硝河產硝。

江蘇：溧陽縣，鐵山產鐵，銅官山產銅，鐵冶山產鐵。儀徵縣。大銅山、小銅山皆產銅。

安徽：桐城縣，東鄉鐵門口產鐵，南鄉小龍灣產煤。宿松縣，大爐山產鐵，有冶。涇縣，銅山產銅。寧國縣，銀山產銀。銅陵縣，銅官山有泉，浸鐵成銅。貴池縣，潘家橋產金銀，銅官山產煤，饅頭山產煤。廬江縣，銅坑山產銅，鉛山產鉛，定遠縣，銀嶺產銀。霍山縣。爐冶山產鐵。

山西：太原縣，黑駝山產煤。垣曲縣，三錐山產銅。夏縣。產銀，地未詳。

山東：新城縣，鐵山產鐵。萊蕪縣，韶山產鐵，天石山產鐵，鑛山產鐵，陰山產銅。棲霞縣，岠嵎山產金。招遠縣，齊山產金。萊陽縣，倉山產鐵，福皐山產金，林寺山產金，沂州產銀。沂水縣，產銀。蒙陰縣，產銀。臨朐縣，產銀。費縣，產銀。滕縣，產銀。文登縣。產銀，地皆未詳。

陝西：涇陽縣，冶谷產鐵。商縣，鳳凰山產銀坑八。隴州，產銀。鳳縣。產銀，地皆未詳。

甘肅：文縣，麻倉谷金窟產金。甘州，八寶山產金。秦州。產銀，地未詳。

浙江：武康縣，銅官山產銅。鄞縣，灌頂山產鐵，錫山、銀山產錫。金華縣，銅山產銅。西安縣，銅山產銅、鉛、錫。建德縣，銅官山產銅。宣平縣，金高山產銀。景寧縣，產銀坑六。雲和縣，產銀坑四、鉛坑二。慶元縣，銀坑五，鉛坑一。龍泉縣，銀坑二十五，鉛坑二。麗水縣，產銀。平陽縣。產銀，地皆未詳。

江西：新建縣，銅山產銅。進賢縣，金山產金。德興縣，銀山產銀，銅山產銅，膽水浸鐵成銅，金場產金，銀場產銀。上饒縣，銅塘山產銅、鐵，銅孛山產銅，鐵山產鐵，鉛山縣銅

寶山膽水浸鐵成銅，鎖門山膽水化銅，溝七十二，膽土化銅，鉛山產鉛。廣豐縣，平洋山產銀。臨川縣，銅山產銅。金谿縣，金窟山產金，銀山產銀，白馬塢產銀。東鄉縣，七寶山產銀鉛。清江縣，銀嶂山產銀。上高縣，蒙山產銀、鉛。萬載縣。鐵山產鐵。

湖北：興國州，銀山產銀甚多，黄姑山產銀。大冶縣，鐵山產鐵，白雉山南產銅。恩施縣，銀礦山產銀。富陽縣。鐵山產鐵。

湖南：辰州，大油山產金。瀏陽縣，七寶山產鉛鐵。澧州，浮山產銅。郴州，北湖銅坑泉產銅。會同縣，溪山產金。桂陽州。九鼎山產銀，大奏山產銀。

四川：漢州，銅官山產銅。宜賓縣，朱提山產銀。冕寧縣。南山產白銅，沙沱關有銅槽鐵廠。鹽源縣，柏林山產金。會理州，密勒山產銀。榮經縣，銅山產銅。中江縣，銅官山、私鎔山，可蒙山皆產銅井。洪縣，鐵山產鐵剛。利卭州。古城山產銅、鐵，金川促浸水、攢拉水沿岸皆產金，馬湖、建昌蕃地皆產礦，未詳所在。

福建：尤溪縣，銀屏山產銀，明時銀冶二十四座。古田縣，金坑龍嶺坑、游聚坑、赤巖坑皆產銀。長泰縣，內方山產銀。詔安縣，金谿山產銀。永安縣，鐵山嶺產鐵。松溪縣，吴家山產銀。邵武縣，黄土鄭溪寺城銀坑三，龍須銅坑一，鐵場二。建寧縣，青女坑、蕉坑、龍門坑皆產銀。泰寧縣，梅口寨產金、銀，七寶峰產金、銀、銅、鐵、錫。連城縣，金雞山產銅鐵。壽寧縣，大寶坑少陽坑、雪山坑皆產銀。政和縣，少亭坑產銀。大田縣，銀瓶山產銀鐵。埔城縣。馬鞍坑產銀。

廣東：瓊州，銀礦挖沙百斤，煎銀六十兩，費僅八兩。陽江縣，銀坑山有十井產銀。嘉州，香爐山平頂山皆產銀。興寧縣，寶山產銀。英德縣，長岡嶺產銀銅，洪磜礦產銀。河源縣。產銅，地未詳。

廣西：賀縣，橘山產銀銅。黑松岡。產銀鑛七。

雲南：南安州，表羅山產銀，爲滇最。鶴慶州，半子山產鑛。大理府。產銀，地未詳。雲南產銀甚多，未盡攷。

貴州：太平溪，產金。葛溪。產銀。州縣皆未詳。

新疆：塔爾巴哈台城，達爾達木圖、烏蘭托羅輝山皆產金。回疆。產金，地未詳，產銅鐵見前。

臺灣：雞籠，諸山產煤，凡產煤處皆有鐵。楓港、恒春。諸山產五金。

又《礦學》 洋人礦學實爲專門，宜於招商局專開礦學，聘西師爲總教，擇子弟指授其間，礦師以得礦苗多寡爲賞罰。凡有開採，必令礦師勘明，具結存案，以備論功，不效者辭去，則不至有濫竽耗費之虞。二十一年上諭：准令各省開鑛，不准藉端阻撓。然鑛學不興，每至多耗而無實效，此其可歎耳。

張佩綸《澗于集·譯署函稿·復升竹珊參贊》 正月初三日接來函，具悉。去冬十月十五日抵伊垣任所，並順道自額敉河一帶歷查至喀拉達板各處，新立卡倫，具徵悉心擘畫，良深慰望。第本處前披閱寄來科塔各界圖説，科成牌博四處，喀巴河小牌博四處，塔城牌博二十二處，均由足下會同額錫兩君，妥爲經理。查圖內於山川脈絡、屯堡夷險、道里遠近、繚折形勢、四至八到未能周詳。至奎峒山北連阿爾泰山主峯，其間有呼園克圖棍噶札拉參舊駐之。承化寺頗得形勝，現在是否仍爲我有？阿爾泰山有鹽池之饒，及產金、鐵等處，遼金元人所謂西金山也。奎峒有險可扼，其境內屯堡爲中國先踞，利便情形宜如何詳測繢圖，反覆博考，即此一地，已虞原圖之疏漏。

姚明輝《〔光緒〕蒙古志》卷一《崑崙山脈》 崑崙山，蒙古語曰巴顔哈剌山，西自新疆入青海蒙古，蜿蜒東行，爲烏蘭木淪河與柴達木河之分盤線。【略】巴顔哈剌山脈，崑崙之中幹也，層峰疊嶂，高入雲霄，然水草極饒，畜類孳息，且多金銀鑛云。

又卷三《物產》 蒙古鑛產富饒，惜政府惟准採鐵，故未悉詳。今舉所已知者列如左：

金類有金、銀、銅、鐵、鉛，興安嶺山脈、阿爾泰山脈所產最多。唐努烏梁海庫蘇古爾泊附近山谷中，產沙金，俄國鑛師某曾發見庫蘇古爾泊之沙金，謂所產甚富。內蒙古喀喇沁部產鉛鑛，跨直隸平泉、建昌境，故政府定例，各得採掘，不准越界，鄂爾多斯部之麥垛山亦產鐵。

康敷榮《青海誌》卷二《礦產》 鉛、錫。產於青海王地、圖馬河及科录古台吉乃爾及海西北之烏龍溝，距丹五站許。

王韜《弢園文録外編》卷二《興利》 一曰開五金之利。雲南產銅，山東、山西產金，而烟臺一帶尤旺。粵東產水銀，四川產銀，此法人近日周歷其地而知之。曾已繪圖貼説，郵寄其國，中國誠能亟爲開掘，以足國課，而廣鑄金、銀、銅三品之錢，以便民用，俾易於流通。

《清朝續文獻通考》卷三一九《輿地考一四·湖南省》 西南深山中間有銀、鉛諸礦。

又卷三八八《實業一一》 吉林礦產區域：吉省礦產以東南兩方爲勝。所有產金之區，吉林府境則有三道、霍倫、八道河子、輝發河、古洞河、大沙河、二道

江、木奇河、華樹林、夾皮溝、南山、半拉山門、窩瓜地、當石河、樣子溝、扇車山、駝佛別牆縫等處。琿春延吉廳境則有東西三道溝、七八道溝、柳樹河、洒金溝、西北岔、汪青溝、蜂蜜溝等處。寧古塔綏芬廳境則有涼水泉、五虎林、黄泥河、萬鹿溝、小金山、馬家大營、牡丹江岸、小綏芬等處。依蘭府境則有三道溝子、楸皮溝、樺皮溝、太平溝、石門子、黑背、南淺毛、楊林岡等處。賓州廳境則有烏吉密、一面坡、黑龍宫等處。此外銀礦則吉林府之柳樹河、呼隆川，延吉廳之天寶山，依蘭府之樺子山等處。銅礦則磐石縣之富太湖、朝面山、石嘴等處。鐵礦則吉林府之牛頭山、大猪圈，磐石縣之映壁砬子，琿春之稽查處等處。鉛、銻、鉍礦則吉林之呼蘭川、濫泥溝、大尖山等處。水晶礦則吉林府之西石砬子、石道河子、帽兒山等處。煤礦則吉林府之柳樹河子、高家燒鍋、喇叭蛟河、半截河子、柔砬子、泥球溝子、濫泥溝子、鍋盔頂子、半拉窩、雞缸、窑口前、乃子山、杉松屯、長嶺子、台子溝、火石嶺、葦子溝、分水嶺、通氣溝、荒山子、石碑嶺，樺甸縣之二道河子、公郎頭、紘子溝，琿春延吉廳之老頭溝、頭道溝、涼水泉子、東關河、觜子稽查處，寧古塔綏芬廳之佛爺溝、滴道山、大烏燒溝、三姓，依蘭府之巴蘭州、湯旺河溝，賓州廳之西烏吉密、東烏吉密、高力帽山、大青山，五常廳之缸窑林子、水曲柳崗、太平溝、老山頭、雙陽山，長春府之陶家屯、小河台、大頂子、四道溝，伊通州之沙河子、放牛溝、四台子、四角山、磨蠣青、半拉山門、映壁砬子，磐石縣之呼蘭川等處。綜計金礦四十五，銀礦五，銅礦三，鐵礦五，鉛礦三，銻礦一，鉍礦一，水晶礦一，煤礦五十四，苗綫厚薄不一，分別詳列於篇。

夾皮溝礦産區域：吉林省夾皮溝爲金礦孕毓之區，雖發祥支脈，例應封禁，而區域幽邃，詰察難周，小民私採由來久矣。光緒三十三年，飭候選道王崇文前往調查，事竣歸報。其循途所經，由吉省循松花江行一百八十里，至大鷹溝，沿途山巒起伏，絶少平曠。再進爲韓登舉所營業地，由此至夾皮溝計程二百四十里，更南至長白山大沙河、古洞河等處，與高麗毗連。惟由大鷹溝行四十八里至木奇河，再進皆羊腸鳥道，林深菁密，非由登舉爲導，鮮有識途。登舉者，假練總而雄於一方，其祖父效忠初至夾皮溝，招集礦夫，盜採金礦，盤踞已久，聲氣自廣，積漸至今，韓邊外之名，洋溢於外人耳目矣。夫西人内治，首重殖民。其始也，亦聽一二小民之有識略者，自求隙地謀自殖。迨基礎已立，趨赴漸衆，國家乃從而卵翼之，捍衛之，部勒之，遂蔚然成一都會。是以國無不治之地，地無不殖之民。韓登舉殆亦具西人殖民之識略歟？東省疆宇遼闊，赤地千里，若能如登舉之於夾皮溝，則類乎夾皮溝者，皆可有爲私採礦産，誠足爲罪，然於外人垂涎之物，登舉力争先著，使之利不外溢，是登舉並有保全土地之功，國家亦何不可利用之哉？雖然，日俄交閧以後，俄人暫作退勢，日人逼處高麗，隱煽其民，從頭二道江一帶越境墾荒，負耒踵迹，是其包藏禍心，固瞭如指掌矣！且兩國之眈眈窺伺者，既不憚縋幽鑿險，隨地偵察，又不惜珍物厚幣，隱與登舉相饋遺。雖登舉之能否堅其心志，爲我利用，尚不可必，而爲今日計，欲固邊防，必先保全夾皮溝；欲衛礦産，必先拊循韓登舉。蓋夾皮溝一帶，地軸縱横，約二十餘萬方里，外人既垂涎於其礦，即不得不垂涎於其地。今宜亟就溝之上下游清理地面，區分經緯，設州縣治以相維繫，韓氏之田原財産、室家宜簿籍而保護之。至於該境之稽户口，裁練勇各事，均宜設官分治，一切苛細律令，悉爲捐除，俾相安於無事，則地利不致旁失，豪猾免爲虎倀，或亦籌邊之助歟！

又《吴佩孚調查臨江長白等處各礦説帖》 石白礬各礦第一項：硫磺晶石白礬之地點

一、臨江頭道溝白礬礦距臨江頭道溝口五里，在河西沿發見其白礬綫頭，圓徑約有二尺。第二項，預定硫磺、晶石、白礬各礦之辦法。此三種礦産勿庸另設專局，亦勿庸另外籌款，若已設局所，即令各局就近兼辦。若欲實行辦理臨長一帶之礦産，須用六道溝之銅礦把頭張得利方可找清各種綫産之頭緒。最可異者，我界内礦産如此其富，而彼江岸之韓界毫無礦苗可尋，見在日領韓土礦産則我有彼無，最易起國際上交渉。

又卷三八九《寶邊考一二·礦業調查記》 一、金礦。多出於直隸、山東、山西、東三省，至中原絶少，只於四川發見一二而已，若南方一帶，兩粤或有。一、銀礦。比金礦分佈極狹，除直隸、山東外，奉天、河南稍見，南方則寥若晨星矣。一、銅礦。分佈區域比銀尤狹，雲南出産最多，舉國全仰給於此。湖北、陝西、四川、貴州雖稍有採掘，而産額無多，北方則惟直隸略見耳。一、鐵礦。我國礦産鐵爲最富，各省幾無不有，見採有成效者，首推湖北，此外陝西、盛京、直隸、山東數省皆有採掘。一、硫磺爲我國之特産品，以兩湖品質爲最佳，他地所産不足與争衡。一、鉛錫。鉛以山東、湖北、廣西、奉天爲最富，廣東雖偶發見，然礦苗不旺。錫爲南方特産，品質以雲南爲最佳，廣東乃其次耳。一、石灰。産額最多者首推直隸，次爲山西、陝西、山東、河南，此外江西、盛京雖不甚豐饒，然品質之佳，無甚軒輊也。

礦山一覽表

	金礦	銀礦	銅礦	石炭	鐵礦	雜礦
直隸	三二	二	二	四七	一	一
安徽				八		
河南		一		二七		八
山東	一〇	一〇		二七	七	一六
江蘇				二		二
盛京	六	一	一	一〇	七	二
黑龍江	三			五		四
江西				一四		三
雲南			四四			二
貴州			二			
陝西			三	三四	九	三
湖南				三		七
四川	一		三	一		
湖北			七	一〇	二	三二
合計	五二	二四	六二	一八八	二六	七九

康敷鎔《青海志》卷二《礦產》 鉛、錫：產於青海王地圖馬河，及科录古、台吉乃爾，及海西北之烏龍溝，距丹五站許。

袁大化《〔宣統〕新疆圖志》卷二九《實業志二·礦》 中國礦產甲於五洲，其南北山脈千枝萬歧，皆導源於蔥嶺。新疆廣輪二萬餘里，實居葱嶺之麓，菁英蟠結，掘萬山之祖幹，爲天下奥區。《山海西經》言：峚山之陽，是生玉榮。按：峚山即密爾岱山。槐江之山，其上多雄黃，藏琅玕、黃金、白玉。酈元《水經注》：屈茨之山，按：屈茨即龜茲之轉音。產石炭，取以冶鐵，供三十六國之用。《漢書·西域傳》歷言龜茲出鉛，山國出鐵，姑墨出銅，難兜出銀，婼羌、莎車有鐵山，于闐子合多金、玉，若斯之類，山出碁置，不可殫紀。本朝綏服新疆，三品之貢納於京師，則有密爾岱山之玉，制作編磬，以諧樂章；《一統志》：密爾岱山在葉爾羌南，產玉石。《西域水道記》稱其玉色黝而質堅，聲清越以長。且歷考自乾隆二十七年八月迄五十五年，先後由葉爾羌辦事採進特磬七次，十二宫律吕咸備。其材之中玉寶主册者亦經採進一次，徐松《新疆賦》所謂「精鏐在府，樂石在縣」者也。喀喇沙爾之銅，《西域圖志·貢賦門》：喀喇沙爾之庫隴勒貢銅二百三十五觔，布告爾貢銅四百七十觔，乾隆四十年各增一百觔，共爲九百五觔，即今徵額。鑄騰格錢以供邊儲，乾隆時，將軍兆惠請加鑄年號通寶於見行騰格錢，以資輸納。詔命檢校大臣官兵駐防，歲給所需，取足供支而止。御製詩有「肉好頒型騰格錢，錢胥恰供戍新邊」之句。和闐、葉爾羌之金，范爲麟趾裹蹏，以紀其瑞。《乾隆御製詩》序云：回部貢金至，乃付冶工鑄麟趾裹蹏，以誌緣起，并製詩焉。佗若玉盤之謡，蓄劍之詩，煌煌天章，載在圖史。乾嘉之際，將軍明瑞、舒赫德等頗興山北礦利，金、銅、鉛、鐵、煤廠紛布林立。伊犁精河之間，皆置官興屯，制其課額，邊用饒裕。《新疆識畧·財賦篇》云：伊犁環境皆山，土地寬廣，有窑礦之富。乾隆三十一年，立鉛廠。三十六年，立金廠。三十八年，立鐵廠。四十一年，立銅廠。四十七年，立煤窑。逮更回亂，舊基瘝廢，而邊瘠之地，睢魯之民，大都茫昧不習礦學，民間鐵冶之器轉或仰給於外來，調查光緒三十二年俄國進口鐵器，運銷鎮迪一屬者，計值萬二千八百盧布，若合全省計之，數當更鉅。此與家有藏金，弗知啓櫝，而貸諸其鄰者，何以異？比歲以來，西人遊歷西域者踵趾相錯，歸而撰述圖記頗盛，言中國之礦產冠於全球，新疆之礦產又冠於全國。其所稱紀，蓋得躬歷探測爲多。光緒十五年，俄人康穆才甫斯基《遊記》云：「余順崑崙北坡東去，近和闐，聞俄國人畢甫察甫在泥雅，又有礦師在和闐。余即訪畢君於泥雅城，知其攜礦師者測礦苗，東至吐魯番等。」其所著書載產金、產銅之地不少。又近年俄總領事官署裒集各國調查新疆礦產筆記彙爲一册，俄、英、法、德文字外，兼列土耳其、蒙古纏回文，有圖有表，燦若列眉，卷帙極爲繁重。邇年，朝廷重視卝政，新疆大吏遣員分道勘察，徵之以耆獻，參之以載籍，於是南北疆礦產始豁然大半呈露。嘗考全疆山脈，自葱嶺而下，分三大支：南山一支，起於烏孜別里之山，緣山梁東趨，紛歧起伏，如牆如脊，至英吉沙爾崛起，爲阿合買提山，其下多鐵。詳見《山脈志》。又折而西南，宅於莎車、葉城之交者，爲密爾岱山。半嶺以上，純玉無石，是名玉山。詳見《山脈志》。其東曰英額齊盤山，玉山之支也。【略】又東迤於和闐，爲哈朗歸之山，一名呢蟒依山。傍山之麓，玉河出焉。【略】其支河有三：曰白玉、曰綠玉、曰烏玉，詳見《山脈志》。匯流入於塔里木河。呢蟒依之阿有大谷二，曰桑谷、曰樹雅，金玉雜出。其中二谷出水分流，回人統呼爲桑谷、樹雅，其中金玉皆產，每逢秋日，士人入山採取一次。有廢城，曰塔瓦克，地產銀礦。蕭雄《西江雜述》詩注：和闐舊稱六城，有小城名塔瓦克，出銀礦，故又稱七城，今廢。附玉河而南入洛

浦境，爲鐵蓋列克山。山之西北陬有沙灘焉，曰大胡麻地、小胡麻地，是生美玉。【略】再南迤於于闐，望之葱鬱，障列雲表者，礫子玉山也。【略】其間金脈隆起。發源於葉爾羌之伯得爾乾竺特色、呼庫勒諸處。而蔓延於于闐東南西南境者，曰蘇拉瓦克山、在縣東三百二十餘里，即大金廠。曰卡巴山、在縣東一千二百餘里，即小金廠。曰阿格塔克山、在縣東南二千五百餘里。曰宰列克山，在縣西南四百餘里。四金廠在焉，皆出大瓣金。蘇拉瓦克山面積二千四百方里，卡巴山面積三百方里，地勢高敞，硐深三四十丈，横穿數百丈。間有流水數處，淺溜迴環，不易登陟。金苗零星隱見，相隔十餘里，至數十里不等。土人當風揚沙，以取金，大者如豆，細者如粟。阿克塔克山面積一百八十方里，宰列克山面積三百方里，其地山水迴抱，金從溝中流出，硐深僅數尺至丈餘，掏取較易。惟兩廠皆在後山，面陰背陽，瘴氣瀰漫，雹雪時作，金夫四月入山，八月即出，不能多採。他若努拉山、普羅山等處，皆有小廠，金苗不旺，故不著名。又極南千餘里曰克里雅山，大谷深箐，瘴癘逼人，雖產金，少採取者。再南則毗連藏界矣。天山一支起於喀喇租庫之山，延袤而趨，當喀什噶爾之北，曰伊提約里、曰庫斯渾、曰坎素、曰阿依阿奇，是產銅礦及石煤、嵐炭、石油之屬，噴薄綿衍數百里不絶。伊提約里山在疏附城東二百十里，其脈自蘇渾山東北分支南下，至吐魯沙依一帶，綿亘不絶。山内銅皆石苗，開硐高尺餘，寬二尺，卧而鑿之。苗厚者一二寸，每坯百觔，提煉净銅四十餘觔。庫斯渾山東南距疏附城三百八十里，其脈自吐子阿蘇嶺分支東南行，繞葉雷河南尖起一峯，高十餘里。山多松柏，產嵐炭及石油。油或從石隙出流，出溢滿溪澗。又東南距城三百餘里爲坎素河，其源發自古立鐵梗。而其流則繞於康山之陽。古立鐵梗即倭宜塔哈，有炭礦二，各占面積千二百方里，炭質鬆脆易燃。康山以東有銅礦二，曰安鳩安、曰馬蘭干，面積二千五百方里，各有綫十二處，苗寬二三寸，厚數分。每坯百觔提煉净銅二十餘觔。阿依阿奇山在疏附西南三百四十里，一名額伊爾阿特山，石煤層疊，狀如甓積，東西徑百餘里，南北長五十里。自喀城折東北行，迤於烏什，多白鉛、水銀之礦，環城三面，障若列屏，皆鉛山也。烏什鉛礦最多，城之西北三百里曰烏城庫什山，即《新疆圖説》之戈什山也。其東南二百六十里曰庫魯克玉錚山，又西南三百餘里曰衣塔里山，皆產鉛。惟庫魯克最佳，礦脈自西而東迴環糾結，聚在一隅，有舊井一，深二丈三尺。前有津商和玉成設廠開採，嗣因别開新井四處，出鉛頓減，遂即停辦。衣塔里山礦脈自東而西有舊井四，深二三丈不等，鉛苗亦旺。惟烏什諸山石骨堅頑，水草距礦地遼遠，工費浩繁，官商承辦多折閲，近日但有土人在彼私挖零售。又烏什城西有山曰默爾徹爾，亦名馬赤山，城隅當山之隈，昔年築城於山下，掘獲水銀。今因巖石堅梗，尚無能採取者。折而東南，經柯坪入温宿境，多硝、磺、煤、鐵之山，紛拏糾互。柯坪之南有磺山，横亘七十餘里，磺質甚粹。温宿城東二百四十里曰伯什克拉克銅礦，其脈自北而南，有井二十處，深數尺或丈餘，即見銅苗。礦地西距札木台驛百里許，運道尚便，常有土人私聚開採。城之東北二百餘里曰他拉阿煤礦，分前後山兩處，煤質較遜。又他拉阿之東曰鐵木耳，其地煤、鐵並產。煤礦有二，東西相對，礦綫延長百里，苗寬三八至七八尺不等。井深丈許即見煤質。其西磺近爲積水所淹，東礦上層油氣枯澀，燃之易燼，必掘至深處乃佳。光緒十八年，有客民張得喜領款承辦，獲利頗豐。鐵礦在煤礦之左，相距僅半里許，有舊硐數處。鐵苗寬四五尺，入地不深，近有土民私採，有百觔能提净鐵二十觔。其起於拜城、庫車之間者，產銅之山十數，而却爾噶爲最大。却爾噶山即楚午哈之變音。案：今拜城銅礦五所，在城西南者，一曰雅哈阿里克廠，即上銅廠也。俗名滴水崖，亦曰察爾齊克廠。其山曰却爾噶山，距城百六十里。亦曰温巴什廠，即下銅廠也，亦名鄂依斯達克齊克廠，其山曰鹽池溝山，距城百二十里。一曰克塔銅廠，亦名托和旦廠，距城二百五十里。一曰鞏伯銅廠，亦名拱北廠，距滴水崖五里。在城東北者曰和色爾銅廠，距城百二十里。上下兩廠銅苗最旺，舊置游擊司之，全疆錢局取給於此。各廠因產銅較少停辦。產鐵之山亦十數，而明布拉克爲最大。拜城鐵礦四所：曰明布拉克山，在城東北二百三十里。曰塔爾齊山，在城西北百六十里。曰提札哈依胡山，曰呀巴里敏山，皆在城北百二十里。向係民間私採，惟明布拉克最旺，礦地占四方里，餘儘占一方里。却爾噶山者，上下銅廠發源處也。其質柔粹，爲全疆銅礦之冠。却爾噶山居兩銅廠之上游，西南距上銅廠六十里，距下銅廠約百里。礦脈自北而南，延長百數十里。銅色蒼翠，柔潤如脂，最稱上品。乾嘉以來，即徵收銅課，開辦至今，銅苗未竭。每歲出銅十二萬餘觔，若改用西法開採，其利未可量也。終拜城東北境曰額什巴克什山，庫車之北屏也。常有火，多琉黄、銅、鐵、硇砂。《水經》稱屈茨之北有山，夜則火光，晝則但煙。《隋書·西域傳》言：阿羯之山常有火及煙，上出硇砂者是也。《西域圖志》：額什克巴什鄂拉在汗騰格里鄂拉南二百里，當庫車之北，拜城之東北。交界處山形寬廣，石硐林立，硇砂結硐中，形如鍾乳。春夏秋三時，硐中皆火，望之如萬點星光，炎酷不可近。冬日極寒，大雪火熄，土人始入山鑿取。庫車城北爲蘇巴什銅廠。又北折東，銅山在焉，有大河瀠之，沿河東西岸兩山聳峙，其上多銅多石油。蘇巴什在庫車城北四十里，自蘇巴什北行二十里，爲老銅廠，再北行四十里，爲新銅廠。由廠西行十五里，進山口，循山口東行約十里，河流環之，銅山在焉。河之西岸曰恰克馬克，東岸曰巴西克七克，兩山相距約二十餘里。西岸之礦南向，東岸之礦北向，礦脈皆自西而東，硐深十五丈至二十丈，土石參雜，質輭色赤，銅坯百分中含净銅三四分至七八分不等。銅廠需用柴炭取諸百五十里外，山路崎嶇，不利車行，開礦者恒以爲病。自光緒十五年，即歸本地商民承辦，採煉銅觔由地方官發價收買，至今沿爲定例。又銅山之麓有石油硐數處，前數年曾有土民淘取，每人一日採油二三觔，惜提煉未得其法，不適於用，獲利甚微。又東北入焉耆境，有大嶺三：曰額布圖、額布圖舊作額爾圖，其脈自庫車東北來入焉耆境。山形東西横亘，分爲二支，一東行出吐魯番，一西北行，出庫爾喀喇烏蘇，

此其分脈處也。山高峻，產金，產硫磺，煙氣騰燄，苗質顯露。曰恰克圖，曰古爾班，濟爾噶朗河之上源也。其上多黃金。恰克圖、古爾班皆在額布圖之東北，並爲濟爾噶朗河發源處。《西域水道記》言：濟爾噶朗三源發南山，即指三嶺也。嶺上並產黃金，置濟爾噶朗金廠。乾隆間准屯戍兵丁淘挖，而征改其課。道咸之際，礦硐多至二十餘處，兵燹後，舊礦多爲山水湮漫，出金頓少，因免其納課，仍准民間採用。再東北曰額林哈畢爾噶之山，奎屯河水出其陰，山中金、銀、磺、鐵、煤炭、石油諸礦層見疊出。額林哈畢爾噶在古爾班嶺西北，庫爾喀喇烏蘇南百三十里，爲奎屯河上源，土爾扈特游牧地，山中銀、鐵、硫磺、煤炭、石油諸礦畢萃，而產金尤盛。金沙爲山水衝刷，自山之前後溝順流入奎屯河，色純赤，粒大如菽豆，故採金者多聚於前後溝。乾隆三十六年，置奎屯金廠。設局納課。回亂後，罷金課，聽民採取，由官督收而定其值。近年傭價日昂，礦夫多隱匿，相率停辦，金業漸衰。自此山逕東北行，蜿蜒庫爾喀喇烏蘇、綏來、昌吉、呼圖壁境者，則有羅克倫之金、庫爾喀喇烏蘇迤東產金之地，自濟爾噶朗、奎屯兩廠外，以昌吉之羅克倫河爲最盛。河在城西二十里，源出孟克圖嶺，乾隆四十七年，置金廠徵課，如奎屯例。又昌吉南山之煤窑溝，俗名金口河，亦產砂金。又綏來西南百二十里之龍骨河，即金溝河也，產粉片、豆瓣、石滾諸金。其地懸流絕壁，險峻異常，有閻王邊、鬼打球、雞冠巖、絕命巖等名，然土人往採者，淘沙錐石，未嘗憚其險阻。惟金苗散漫無定，忽隱忽見，故出金無多。清水河之玉、瑪納斯河源水清產玉，故名清水。河玉色黝碧，有文采，璞大者重數十觔。又北流百里入烏蘭烏蘇河，中多碧玉。清水河之西，烏蘭烏蘇之東，有庫克河，其源出奇喇圖魯山中，多綠玉，舊設綠玉廠，又綏來城西百餘里，曰後溝，曰大溝，皆產綠玉。墩木達之銀、墩木達，一名四顆樹，在庫爾喀喇烏蘇廳西南百三十里，土爾扈特蒙王插帳於此，地產銀礦。光緒三十三年，伊犁將軍籌款開辦。又廳治東南有圖山，其東曰月牙台，周三四十里，草木不生，掘地二丈許，得礦質燦白如銀，煅之不化。又南二百餘里曰鹽池河腦，俗名弔弔水，所產亦如之。土人莫識，疑即西人所謂鎳礦也。案：鎳質極堅，西人用電鍍法，加諸銅鐵器上，光潔可鑑，歷久不變，其用至廣。察汗烏蘇之鐵、察汗烏蘇鐵礦在庫爾喀喇烏蘇西南百四十里，係土爾扈特牧地。嶺分東西，中貫小河，面積共四千三百方里。西嶺鐵苗頗旺，色黑而赭，掘地數尺即得。昔年鑄造農器，皆取給於此，近爲洋鐵攙奪停閉。又綏來縣屬塔西溝鐵礦，向有土民開採。昌吉縣南孟克圖嶺北麓爲昌吉河發源處，亦產鐵，乾隆時置廠，歲出鐵五六萬觔，今皆停閉。獨山之石油、庫爾喀喇烏蘇廳城東南，奎屯河左岸戈壁中，一峯突起，名曰獨山子。周約百里，土石如赭，有石油泉二。一在南麓，一在西麓，其色深紫，浮於水面，夏盛冬涸。又廳治西南七十里之旗桿溝，九十里之將軍溝，正南九十里之四顆樹，又綏來西南百五十里之博羅通古、紅溝、卡子灣三處，昌吉城南七十里之頭屯河一處，皆產石油。光緒三十三年，商務總局派員採各處油質，攜赴俄國工廠考驗，惟獨山紅油質最良美，出產亦旺。博羅通古之油，係從磺炭礦中噴溢而出，其色或白或黑，白者質清，黑者質稠，若用機器提煉，亦堪適用。頭屯河之油色黑如漆，係從煤礦中流出，凝結成塊，油質不佳，未經開採。將軍溝之石蠟、石蠟產於巖石罅中，質凝結如茄，色微紅，亦有深黑者。著火即燃，以製洋燭，潔白光亮，勝牛羊油十倍。多與石油、磺同產，將軍溝、旗桿溝兩處最旺。塔西溝頭屯河之煤炭綏來縣南百三十里，塔西溝，石廠，甘溝三處皆石炭，其苗自上而下，層級如磴，然炭質鬆散，煙多燄微，開採者少。惟塔西溝煤、鐵兼產，土人以煅鐵，故亦間有採取者。昌吉縣南頭屯河產石煤，苗寬五六丈，透露巖壁間，煤含油頁，火力甚勁，爐白無烟，有煤窑三座，獲利頗厚。又頭屯河迤南二十里之硫磺溝產烟炭，口含鐵質，炭灰作紅色。又察汗烏蘇東西兩山，西山產鐵，東山產煤，礦脈自白楊溝逶迤而下，苗綫顯露，掘地丈許，即見煤質。煤有二種，質堅者灰作紅色，可以煅鐵；質鬆者或作白色，僅供炊爨。又月牙台之西地名煤窑溝，有煤礦一座，出產不旺，往年有土人開採，今已停止。諸礦出焉。其迤東南行，綿亘喀喇沙爾、輪臺、吐魯番、善鄯境者，則有珠勒都斯之金、珠勒都斯山在焉耆城北四百五十里，山中金苗層露，曰紅札，曰老鴉溝，曰阿烏塔哈，皆昔日金廠。珠勒都斯之水東流經紅札廠，折東北流入昌吉境，羅克倫河之金所導源也。惟荒山積雪，人跡罕至，回亂後金廠停閉。庫木什之銀、庫木什阿克瑪山在焉耆之東，吐魯番西南境，唐時稱爲銀山磧者是也。回語庫木什，謂銀也。阿克瑪者，積而不散之意。惟重崖絕巘，無人知銀苗所在，迄未開採。察罕通古之錫、察罕通古界在焉耆之東北，精河之東南，統名曰南山，屬蒙古牧地。礦當半山之間，苗極暢旺，色瑩白，燦燦有光。昔年土人開採，未諳提煉，虧折中止。光緒二十年，知縣張燧牛領款存辦，亦因製煉不精而罷。二十八年，商人羅姓、田姓復集資開採，旋亦中輟。據言，礦中銀、銅、鉛、錫諸質糅雜不能化分，莫辨其爲何種礦質云。案：近日礦學家攷研五金原質，分析極精，有鎂、鉛、銻、鎳、鈣、鉑諸名，此種礦質或當屬銻、鉛之類。近來奇臺、綏來等處發見不少，因無識者，遂以爲無用而廢置之，惜哉！庫爾岱之銅、勘礦公牘：庫爾岱山在焉耆東三百五十里，礦脈由西而東，銅苗浮現，上下寬三十丈，東西長一里許，入土一尺至四尺，即露銅坯，且土石不堅，不待開硐，易施工作。惟銅質不及拜城之柔輭，現歸本地回民承辦。又焉耆、庫隴布勒、告爾等處舊有銅礦，兵燹後停開。額格爾齊之鉛、額格爾齊山，《新疆圖説》作石大山，在焉耆東南四百二十里，其上多鉛，以山路崎嶇，無人開採。沙山之鐵、《西域圖志》：沙山在博斯淖爾南百二十里，爲焉耆之南屏，古山國地。《漢書・西域傳》：山國西至蔚犂危須，西北至焉耆東南，與鄯善且末接，其山多鐵。即指此。柯柯雅之煤、柯柯雅山在鄯善縣西北九十里，煤苗透露，面積五千方里，開窑五六座，漢、回、纏民皆有之。礦硐九處，深十四五丈不等，煤質鬆脆，中含硫磺。又西南七十里斯爾海浦溝，亦有煤礦，向有土民開採，出產無多，衹供本地之用。又吐魯番城南九十里曰煤窑溝，其西曰七昌河，迤東曰螳螂溝，皆產煤，地勢平坦，易於採取。煤窑溝煤質最佳，開硐十餘處。七昌河次之，開硐三處。螳螂溝較劣，開硐一處。又輪臺城東

百五十里，洋薩爾炭礦有纏民開採，其色黝而質堅，用以冶鐵最宜，銷運頗旺。喬爾塔什之水晶【略】諸礦出焉。其天山正幹崛起於迪化之東者，曰博克達山，北庭之鎮山也。突兀三峯，爲天山最高之嶺，孕育瓌奇，不可方物。循山脈而東，結爲金嶺，則有白楊河、大西溝等七金廠，舊迪化州治東南，吐魯番西北有金廠七處，皆發脈於金嶺，曰東溝、曰水西溝、曰白楊溝、曰銹沙溝、曰頭屯、曰駱駝脖，各占面積約百方里，綫道紛歧，衰旺不一。每廠金夫數十至百餘名，每名曰納金課三分。合七廠勻計，每月徵收課金多至五百兩有奇。回亂後，舊基盡圮，巡撫劉錦棠欲興復其利，以工費浩繁，不果。《高昌行記》所謂金嶺之寶貨所出是也。古之金嶺當在博克達山迤東、濟木薩東南一帶之山，正居白楊河等處上游。佗若柴俄之銅，迪化縣九十里柴俄山內舊有銅廠六處：曰石人子、曰白楊溝、曰甘溝、曰西河溝、曰東溝、曰西溝，各占面積約三百方里，翠色浮露，惟礦綫棼亂不定耳。齊克達巴罕之銀，齊克達巴罕即七箇達坂，在迪化東南百八十里，今謂之達坂城，西距喀喇巴爾噶遜三十里，蓋一山相連，隨地異名也。銀礦在山之陽，面積約百方里，昔有商民開採，今已廢。巴爾噶遜金、銅、鐵三者並產，銅礦地名三角山，舊有纏回三百人聚此淘挖，以不敷工本而止。鐵礦在東南二十里許，乾隆時設廠試鑄農具，近年俄鐵暢行，銷路壅滯，遂停辦。巴爾巴什之炭，巴爾巴什在迪化西北三十里，山內炭窑林立，俗呼爲西山炭。通古斯巴什之煤，通古斯巴什在巴爾巴什西二十里，其地曰頭屯，產石煤，質最佳，與甘肅鎮番、靈寶諸產無異。迪化城東之水磨溝，城南之蒼黃溝，皆與頭屯山脈相連，出產豐富，取運不竭，故省城煤價最廉。岡巒層疊，如屏如帶，地氣蟠積，久而未洩。自此而東阜康，則大小黃山負其郭，煤硐層層，萬年不竭。大黃山在阜康東南百五十里，山脈自南而北，所產煙炭百分中含硫質七八分，煅之則成嵐炭，燄烈無煙。掘地丈餘即見炭苗，有窑戶十餘家用土法開採。小黃山距縣東南八十里，所產之炭，灰燼作紅色，質少遜。孚遠則水西溝鐵礦，面積百方里，有璜山之炭，以供煅冶，鐵質純粹，他礦無匹者。水西溝鐵礦距孚遠西南七十里，色赭黑剛勁，可鑄寶刀。冶煉得法，遠過洋鐵。附近有璜山，迴環數百里，石骨皆煤，其下自焚，積年不熄，火光熊熊，照耀山谷。其焚而成性者爲自然嵐炭，火力久且無煙氣，爲煉鐵上品。又奇臺縣北二百七十里紅沙泉亦有煤礦，面積二十餘里，煤質中含鐵沙，火力甚微，現開礦硐三處。迤北而東至鎮西、哈密之間，則有烏兔水之金、鎮西廳西二百里曰烏兔水，亦名無渡溝，產金色赤，粒如細沙，昔年曾經開採，亂後荒廢，金苗時隱時見。羊圈灣之鉛、羊圈灣在鎮西廳城西北七百里，與蒙古札哈沁接壤。昔嘉慶二十年，札哈沁盟長獻其鉛地三百餘里。今羊圈灣礦綫自西而東，當係由札哈沁分脈而來。惟鉛苗隱約難辨，又地極窵遠，無人開採。大小港之煤窑，鎮西廳城西北二百餘里曰東窑，一名大港，產煤。曰西窑一名小港，產炭。東窑煤色黑而質堅，硐深十三四丈。西窑炭係褐色，質鬆脆，硐深十八九丈，運道平坦，供鎮西全城之用。哈密煤礦在廳城西南二百五十里之前後山，前山曰前窑，後山曰後窑，煤含油質，黝色有光，百分中兼含硫質二三分，現歸纏民承辦。嶒峻浮露，不勝僂指，雖天山之尾，間而富藏，固無盡焉。其北山一支，則自天山之額布圖嶺折北而西，其首曰哈喇古顏之山，哈什河源出焉，舊有哈什鉛、銅之廠。哈什河自出之山通呼爲哈什山，銅、鉛並產。乾隆三十一年，將軍明瑞奏准在哈什地方開採黑鉛，歲獲萬觔。五十六年，將軍保寧復設銅廠，歲獲七千餘觔。沿哈什河岸西行，屏蔽伊犂北境者曰塔勒奇嶺，踰嶺入綏定界，陂陁相屬，分爲南北山脈。屬北山一脈者，曰烘郭爾鄂博，山勢崇峻，煤、鐵並產。烘郭爾，一作崆郭羅，在惠遠城北三十里。乾隆四十七年，將軍伊勒圖奏准於烘郭爾鄂北一帶大山頭、石人子、甘溝三處開設煤窑二十四座，其後續開十座，恒供伊犂九城之用。又其地並多鐵礦，乾隆三十八年，曾撥綠營屯兵入山採挖。又寧遠縣北境老新甘溝、闢里沁溝、河里瑪圖溝等處，皆有煤礦，質堅燄烈，現有漢回商民開採，出產甚旺。其東南曰索爾果嶺，其陰產鐵。索爾果嶺，《西域水道記》稱爲莎嶺，在惠遠城東南二百十五里，乾隆三十八年，將軍舒赫德疏言，伊犂回民銷買舊鐵，製作耕具，數年以來收買殆盡，請於索果爾地方置鐵廠，調阿克蘇回民三十户採取。又西迤於寧遠城北曰闢里沁山，沁水出焉，其下多金。山在寧遠城北百餘里，沁水出其麓，產金。又城東北四十里，雅瑪圖山溝中亦產砂金。沁水東五十餘里濟爾噶朗溝、呼什爾大溝等處，皆產金。惟綫苗不定，無從探採。屬南山一脈者，則哈爾罕圖、華諾輝之銅山、哈爾罕圖，諺稱鳳凰山，在惠遠城南四百五十里，華諾輝水經其西。乾隆四十一年，將軍伊勒圖奏請於哈爾罕圖設立銅廠。五十六年，將軍保寧以哈爾罕圖銅礦不世，移於哈什，另開新廠。嘉慶六年，將軍松筠又由哈什移於巴彥岱呼巴海。案：華諾輝，《新疆圖説》作霍洛海。今皆謂之銅山，因係厄魯特牧地，無人往採。又綏定南百七十里烏宗島山亦有銅礦，綫苗顯露，地僻林深，故無採者。雅瑪圖、沙拉博霍齊之鉛山在焉。《新疆識畧》云：乾隆六十年，將軍保寧奏言：「向在雅瑪圖設廠採鉛，近因出鉛漸少，改在厄魯特察奇爾阿滿山内挖取。」《西域水道記》云：哈什河西南流經雅瑪圖嶺北，嶺西十餘里有舊鉛廠，嶺之東南爲沙拉博霍齊山，亦產鉛。又雅瑪圖山内特古斯塔柳官屯並有鐵礦，緣山谷深邃，水草缺乏，運道艱阻，未能採取。又寧遠城北四十里哈藏奇溝、哈巳八拉克溝俱有鉛礦，道咸間有人開採，嗣以地屬蒙部，恐滋紛擾，并封閉。又極西南境善塔斯嶺之西曰特穆爾淖爾，衆水所瀦，其周數百里，沿岸潮沙可熬鐵。特穆爾，譯言鐵也。特穆爾圖淖爾在伊犂西南、鄂爾果珠勒卡倫外四百里，三面皆山，萬流匯歸，瀦爲大澤，周廣六百餘里，即唐之碎葉川。蒙古謂鐵曰特穆爾，圖者有也。淖爾，水也，言此小產鐵也。北山之幹，復自喀喇古顏之西右轉而東，至塔爾巴哈臺城，城之北板廠溝一帶產煤。塔城北山五十里，地名板廠溝，

產石煤，質堅色褐。礦綫寬十餘丈，面積二百方里。迭經官商開採，運道尚便。

又卷六一《山脈三》 又東北曰喀喇巴爾噶遜之山，其上多金多銅多鐵。

傳記

韓愈《東雅堂昌黎集注》卷三四《碑誌・故幽州節度判官贈給事中清河張君墓誌銘》 張君，名徹，字某，以進士累官至范陽府監察御史。【略】君弟復亦進士，佐汴宋，得疾，變易喪心，驚惑不常。君得閒，即自視衣襟厚薄，節制其飲食，而而匕進養之。【略】禁其家無敢高語出聲。醫餌之藥，其物多空青、雄黄，諸奇怪物劑，錢至數千萬。營治勤劇，皆自君手，不假之人。空青，山出銅處，銅精熏則生。空青腹中空，如楊梅者勝。雄黄出武都山，塊方數寸，明徹如雞冠者。

毛憲《毗陵人品記》卷三《宋》 葛宫，字公雅，江陰人，舉進士，授中正軍掌書記。善屬文，上泰平雅頌十篇，真宗稱善，召試學士院，出知南充縣。東川饑，部使者檄守資昌兩州，以惠政聞。知南劍州，諭降土豪聚黨阻山澤者。山多銅、銀，吏挾姦罔利，歲課不登，宫變法裕國，歲羨餘六百萬。三司使以聞論賞，宫曰：「天地所産，吾顧盜之，又何以爲功乎？」累官工部侍郎，卒年八十一。宫性敦厚，恤宗黨，撫孤嫠，衆以長者見推。

章潢《〔萬曆〕新修南昌府志》卷一五《名宦傳》 張齊賢，字師亮，太平興國六年爲江南西路轉運副使，至官，詢知饒、信、虔州土産銅、鐵、鉛、錫之所，歲鑄五十萬貫。

紀事

樂史《太平寰宇記》 卷二〇《河南道二〇・登州》召石山，在〔文登〕縣東八十五里。 鐵官山在縣西百四十里。按：此山去牟平城百里，銅鐵之處猶存，漢置鐵官。

又卷二九《關西道五・華州・鄭縣》 聖山，在縣西南，去州二十五里。【略】竹山，在縣西南一百四十里，二千二百六十丈。《山海經》云：「竹山其上多喬木，其陰多鐵。」細腰原，在縣西南一十六里，原中狹，因名之。符愚山，在縣西南一百里，高一百丈。《山海經》云：「其陽多銅，其陰多鐵，符愚之水出焉，北注于渭。」

又卷四七《河東道七・絳州》 絳山，在曲沃縣南十三里。出銅、鐵。

又卷一〇一《江南東道一三・龍焙監》 龍焙監，建州建安縣南鄉秦溪里地。以本州地出銀礦，皇朝開寶八年置場收銅、銀，至太平興國三年，外爲龍焙監，凡管七場。【略】

所出礦石：白礦、黄礁礦、黑牙礦、松礦、黑牙礁礦、光牙礦、土卯白礦、桐梅礁礦、紅礁夾生白礦、赤生銅礦、水礦礦、馬肝礁礦。

永興場監，西北三百里，在建安府高陽里；永樂場，監北二百里，在建安縣安樂里；黄沙場，監北十里，在建安縣南鄉秦溪里；褶紙場，監西北二十里，在建安縣秦溪里；大梃場，監北七十里，在建安縣秦溪里；東平場，監東北三百五十里，在建安縣東平里；杉溪場，監東北三百里，在建安縣杉溪里。

又卷一〇二《江南東道一四・汀州》 古《圖經》云：「進黄蠟、蠲紙，出銅并銀。」長汀縣有黄焙場、安豐場，并寧化縣有龍門場，俱出銅、銀。

又卷一〇五《江南西道三・池州》 土産：銅、銀、鉛、鑛、茶、苧鐵、紙。【略】

銅陵縣，北一百里。元五鄉。本漢南陵縣，自齊、梁之代爲梅根冶，以烹銅、鐵。庚子山《枯樹賦》云：「東南以梅根作冶地，元管指法門、石埭兩所。」隋升法門爲義安縣，又廢入銅官冶，後改爲銅官縣，屬宣州，皇朝割屬池州。梅根山，《吴録》地理志云：「晉立梅塘冶。」今作鐵冶，出青鐵，其色特妙於廣州。縣南十里，山出銅以供梅根監。兼出銅礬礦，逐年取掘送納。□□，在縣西南即古監之所。

樂史《太平寰宇記》卷一〇七《江南西道五・饒州》 土産：麩金、銀、銅、茶、簟。

按：《郡國志》云：「鄱陽之上出金，披坡沙淘之，粒大者如豆，小者如麩。亦生銀苗於山中。

德興縣，東一百八十里。今三鄉。本饒州樂平之地。有銀山，出銀及銅。總章二年，鄧遠上列取銀之利。上元二年，因置場監，令百姓任便採取，官司什二税之。其場即以鄧公爲名，隸江西鹽鐵都院，至僞唐，昇爲德興，四面皆水。鄧公

山在縣北六里，本名銀山，因鄧遠爲鄧公場。儀鳳二年，祭山，山頽陷焉。按：《開元記》云：「總章二年，邑人鄧遠經刺史盧元儼陳開山之便，尋爲山陷，後人立鄧公廟。」永平監，本饒州鑄錢之所，僞唐立爲監，皇朝平江南，因之不改。

又《信州》 貢：金、銅、青碌、空青、礬、鉛、銀。【略】

上饒縣，十六鄉。本秦番縣界。兩漢爲鄱陽縣，《漢書・地理志》云屬豫章，建安中吴立爲鄱陽郡。隋開皇九年，罷郡置饒州。梁載言《十道志》云：「以其山鬱珍奇，故名也。」《漢書・地理志》云：「鍾陵出黄金。」又云：「鄱陽縣武陽鄉有黄金采。」顔師古曰：采者，採取金之處也。按：《鄱陽記》云：「界内之山出銅及鉛、鐵者，有玉山及懷玉山。」梁氏所謂山鬱奇珍，蓋此類也。今州古縣城跡，開皇中所廢上饒城也。所謂上饒者，以其旁下饒州之故也。乾元元年，始置縣。銅山在永豐故縣南四十五里。其舊銅山西連鶴山，下有天井，廣一丈餘。井有倒懸石，可四五丈，如蓮花覆蓋。其水碧色，莫測深淺，春夏不增減，天欲雨，即有白霧上騰，鄉人以爲驗。鐵山在縣東南七十里，又名丁溪山，先任百姓開採，官收什一之税，後屬永平監，今廢。

鉛山縣，西南一百三十里。今三鄉。按：《上饒記》云：「出銅、鉛、青碌」。本置鉛場，以收其利。舊在寶山，僞唐昇元二年，遷置鵞湖，山郭水西鄧田坂即廨署也。至四年，於上饒、弋陽二縣析以爲場，後升爲縣。皇朝平江南後，直屬朝廷。鉛山在縣西北七里，又名桂陽山，舊經云山出鉛。先置信州之時鑄錢，百姓開採，得鉛，什而税一。建中元年，封禁。貞元間，置永平監。其山又出銅及青碌。又有寶山，連桂陽山，出銅。

又卷一五九《嶺南道四・南雄州》 始興縣【略】鼻天子墓，相傳云，昔有人開之，見銅人數十，擁笏列侍，器悉是金、銀、寶石。俄聞塚内擊鼓大叫，震動山谷，竟無所取，懼而返。間日重往，已自復矣。地出鉛、銅，銅有毒，鉛可以爲藥。

《文獻通考》卷三〇〇物異考六 宋建隆二年七月，晉江神山縣北谷中有鐵隨水流出，方二丈三尺，其重七千斤。至道二年二月，桂陽監鎔銀自涌成山峯狀。咸平四年十二月，亳州大清宫鐘自鳴。大中祥符六年九月，臨江軍清江縣民李公邁至雲騰廟前過，遇小童贈塊土，還家剖之得天尊人主像五軀。慶曆四年五月乙亥，撫州金谿縣得生金山，重三百二十四兩。至和五年正月，湖南提舉常平劉欽言蘆荻衝出生金，重九斤八兩，狀類靈芝祥雲，又淘得碎金四百七兩有奇。十一月，越州言民户拾生金。湟州丁羊谷金坑僅於餘眼得鑛成金，共四等，計一百三十四兩有奇。崇寧四年三月，鑄九鼎，用金甚厚，取九州水土内鼎中，既奉安於九成宫，車駕臨幸徧禮焉，至北方之寶鼎忽漏水溢於外。

朱熹《通鑑綱目》卷三下 以張釋之爲廷尉。質實：《一統志》云：「【略】南山在西安府城南五十里，即終南山也。東西連亘藍田、咸寧、長安、盩厔四縣之境，産玉、石、金、銀、銅、鐵及合離草、丹青樹，《禹貢》所謂終南，即此。」長陵注見高帝十二年。

譚大初《〔嘉靖〕南雄府志》上卷 始興鼻天子陵。在縣南二十里，不知何代。相傳昔人掘之，見銅人數十，擁笏列侍。俄聞墓中擊鼓大呼，懼不敢取而返。間日重往，掩封如故。地出鉛、銅，銅有毒，鉛可爲藥。

陳甘雨《〔嘉靖〕萊蕪縣志》卷二《地理志・形勝》 鑛山在縣西北五里，古出鐵鑛，今無。

銅冶山在縣北三十里，古出銅鑛，今無。

胡我琨《錢通》卷三《資採》 明光山在騰越州西北一百二十里，上有銀鑛、銅鑛。《永昌府志勝》。

陽碧山，在陽山縣西南十里，高出衆山，日光先照，故名。兩峰上聳，狀如丫髻，亦名丫髻山。又南七十里産銅者，曰銅沙山；東三十里産黑鉛者，曰寶源山。《廣東名勝志》。

梁水郡置在盤江南，管二縣：曰梁水縣，有振山，出銅。曰賁古縣，有采山，出銀、鐵、銅、鉛。又興古有律高縣，縣西爲石空山，東南盤町山俱出錫。故《滇略》云：錫則臨安者佳，最上者爲芭蕉葉，扣之聲如銅鐵，其白如銀，作器殊良。《臨安府志勝》。

鉛山在鉛山縣西北七里，又名桂陽山，又名楊梅山。舊經云：山出鉛，先置信州之時鑄錢，百姓開採得鉛，什而税一。建中元年封禁，貞元年置永平監。其山亦出銅及青碌。又有寶山，連桂陽，出銅。又銅寶山在縣西南七里，一名七寶山。下有竹葉猊平坑，石竅中膽泉湧出，浸鐵成銅。天久晴，有礬可拾。建隆三年置銅場，今廢。其銅以土垢淋水浸鐵爲之。《廣信府志勝》。

曹學佺《蜀中廣記》卷六七《方物記第九・五金》 《華陽國志》云：「涪縣有孱水出孱山，其源有金、銀礦，洗取，火融合之爲金、銀。」按：涪縣孱亭，今之左綿及屬縣地。

《鹽井志》：「衛西三十里有廢金縣，元之金州也。界有斛㪷和山出金，故

名。西北四百五十里剌紅瓦山下有金縣五村、香羅八瓦山寨，産金成粒，與雲南麗江府接界，土官剌馬仁所管。又有剌雀瓦山産碎金，革石瓦山産銀礦。」《寧番志》：「瀘沽橋去衛南八十里，其水與長汀水交流，而下注金沙江，是滇蜀争界處。」

常璩曰：「晉壽縣本葭萌城，有金、銀礦，民今歲歲取洗之。」《梁州記》曰：「益昌縣東山西北有金銅谿，出金。」

謝旻《〔康熙〕江西通志》卷二七《瑞州・土産府》 石青、石緑、黄丹。俱上高縣出。

又《廣信府》 白青，《本草》曰：「出信州，今不復見。」石緑。《圖經》：「出信州。」

謝儼《〔康熙〕雲南府志》卷二 《易門縣》貨：鐵、銅鑛石、石青、石緑、有無不時。焇硝。

許容《〔乾隆〕甘肅通志》卷二〇《物産・肅州》 稻，高臺出者佳。麩金、《新唐志》：肅州貢。石青。《肅鎮志》：出肅州南山千人壩。

傅恒《平定準噶爾方略》續編卷一八 〔乾隆二十七年〕喀什噶爾與安集延接壤，彼處産銅、鐵、硝磺，以遊獵爲生。

藝文

《亢倉子》 勾粤之幹，鏃以精金，鶩隼爲之羽，以之棓箠，則其與槁樸也無擇。及夫蕩寇争衡，覿武決勝，加之駭弩之上，則三百步之外不立敵矣。蜚景之劍，威奪白日，氣盛紫蜺，以之刲穫，則其與剛刃也無擇。故憂國之主，務求理人之材。玉之所以難辨者，謂其有怪石也；金之所以難辨者，謂其有鍮石也。

《淮南鴻烈解》卷二三《載記》 蜀地沃野千里，土壤膏腴，果食所生，無穀而飽。女工之業，覆衣天下。名材竹幹，不可勝用。又有魚、鹽、銀、銅之利，浮水轉漕之便。

《神異經》 西方日宫之外有山焉，其長十餘里，廣二三里，高百餘丈，皆大黄之金，其色殊美，不雜土石，不生草木。上有金人高五丈餘，皆純金，名曰金犀。入山下一丈有銀，又入一丈有錫，又入一丈有鉛。又入一丈，有丹陽銅，似金，可鍛以作錯塗之器也。

《史記》卷一一七《司馬相如列傳・子虚賦》 僕對曰：「唯唯。臣聞楚有七澤，嘗見其一，未覩其餘也。臣之所見，蓋特其小小者耳，名曰雲夢。雲夢者，方九百里，其中有山焉。其山則盤紆岪鬱，隆崇嵂崒；岑巖參差，日月蔽虧。交錯糾紛，上干青雲；罷池陂陁，下屬江河。其土則丹青赭堊，雌黄《藥對》曰：「雌黄出武都山谷，與雄黄同山。」白坿，集解：徐廣曰：「音符。」駰案：《漢書音義》曰：「白坿，白石英也」。索隱：張揖曰：「白石英也，出魯陽山。」蘇林音附，郭璞音符也。錫碧正義：顔云：「錫，青金也。碧謂玉之青白色者也。」金銀，衆色炫燿，照爛龍鱗。其石則赤玉玫瑰，琳瑉琨珸，集解：《漢書音義》曰：「琳，球也。珉，石次玉者，琨珸，山名也，出善金。《尸子》曰『昆吾之金』者。」索隱：琨珸，司馬彪云「石之次玉者」。按：《河圖》云「流州多積石，名昆吾石，鍊之成鐵，以作劍，光明昭如水精」。案：字或作「昆吾」。瑊玏玄厲，碝石武夫。其東則有蕙圃衡蘭，芷若射干，穹窮昌蒲，江離麋蕪，諸蔗猼且。其南則有平原廣澤，登降陁靡，案衍壇曼，緣以大江，限以巫山。其高燥則生葴菥苞荔，薛莎青薠。其卑溼則生藏莨蒹葭，東薔雕胡，蓮藕菰蘆，菴蕳軒芋，衆物居之，不可勝圖。其西則有涌泉清池，激水推移；外發芙蓉菱華，内隱鉅石白沙。其中則有神龜蛟鼉，瑇瑁鼈黿。其北則有陰林巨樹，楩柟豫章，桂椒木蘭，蘗離朱楊，樝梨梬栗，橘柚芬芳。其上則有赤猨蠷蝚，鵷鶵孔鸞，騰遠射干。其下則有白虎玄豹，蟃蜒貙犴，兕象野犀，窮奇獌狿。」

《揚子雲集》卷六《青州牧箴》 茫茫青州，海岱是極。鹽鐵之地，鉛松恠石。羣水攸歸，萊夷作牧。

黄暉《論衡校釋》卷一三《超奇篇》 如與俗人相料，太山之巔墆，長狄之項跖，不足以喻。故夫丘山以土石爲體，其有銅、鐵，山之奇也；銅、鐵既奇，或出金玉：然鴻儒世之金玉也，奇而又奇矣。

費經虞《雅倫》卷五《格式三・張衡南都賦》 於顯樂都，既麗且康。陪京之南，居漢之陽。割周楚之豐壤，跨荆豫而爲疆。體爽塏以閑敞，紛郁郁其難詳。爾其地勢，則武曲關其西，桐柏揭其東。流滄浪而爲隍，廓方城而爲墉。湯谷涌其後，淯音育。水盪其胸。推淮引湍，三方是通。具寶利珍怪，則金彩玉璞，隋珠夜光。銅錫鉛錯，音楷。赭堊音惡。流黄。緑碧紫英，青雘丹粟。

《毛詩注疏》卷六 《釋器》云：「白金謂之銀，其美者謂之鐐。」然則白金不名鋈，言鋈白金者，鋈非白金之名。謂銷此白金以沃灌靷環，非訓鋈爲白金也。金、銀、銅、鐵揔名爲金，此説兵車之飾，或是白銅、白鐵，未必皆白銀也。

《江文通集》卷一《賦·待罪江南思北歸賦》 《子虛賦》曰：「其土則丹青赭堊，雌黄白坿，錫碧金銀。衆色炫耀，照爛龍鱗。」龍鱗注：丹，丹砂也。青，青雘也。金，赤鎾也。碧，青石也。一説雘，善丹也。有青色，有朱色。【略】自生死于半氣，惜百年于一光。故以鑄金爲器，丹砂爲漿。《史記》曰：「李少君言於上曰：『祠竈則致物，物而丹砂可化爲黄金。黄金成以鑄飲食器則益壽，益壽而海中蓬萊仙者可見。』」

又卷二《扇上綵畫賦》 臨淄之稚女，臨淄，古營丘北海郡，今之青州也。《淮南子》曰：「臨淄之女。」宋鄭之妙工。宋今屬歸德。鄭即鄭州。織素麗於日月，傳畫明於綵虹。洛陽之伎極，江南之巧窮。《淮南子》曰：夫宋畫、吴冶，刻形鏤法。蔡之幼女，衛之稚質，捆纂組，雜奇彩。故餙以赤野之玉，《管子》曰：金起於汝漢，珠起於赤野。文以紫山之金。《一統志》曰：南陽有紫金山，其産銅、鐵、鉛、錫、沙金之類。空青出峨嵋之阻，空青，青雘也。娥嵋，蜀山，今屬眉州。雌黄出嶓冢之陰。雌黄，石黄也。嶓冢，屬古秦州，今之鞏昌也。其産石青，石緑，石黄。陰，山背也。丹石發王屋之岫，丹石即紅石也。王屋山屬古河内郡。碧髓挺青岭之岑。碧髓，青白色石也。青岭，越嶲之邑也。粉則南陽鉛澤，《韻集》曰：燒鉛爲粉。《一統志》曰：古南陽郡，其屬韓楚之交。墨則上黨松心。

又卷五《拾遺·遂古篇》 未央鐘簴生花鮮兮，《東方朔傳》曰：漢武帝時，未央宫殿前鐘無故自鳴，三日三夜不止。上大怪之，召問東方朔，朔對曰：「臣聞銅者土之子，以陰陽氣類言之，子母相感，山恐有崩弛者，故鐘先鳴三日。」後南郡太守言山崩二十餘里。【略】人迹所極至大秦兮。珊瑚明珠銅金銀兮，琉璃瑪瑙來雜陳兮。硨磲水精莫非真兮，雄黄雌石出山垠兮。青白蓮花被水濱兮，宫殿樓觀並七珍兮。《後漢書》曰：大秦一名犂鞬，在西海之西，東西南北各數千里，有城四百餘所。土地産金銀奇寶，有夜光璧、明月珠、駭鶏、犀、火浣布、珊瑚、琥珀、琉璃、瑯玕、朱丹、青碧珍怪之物，率出大秦。

酈道元撰沈炳巽注《水經注集釋訂譌》卷三七《淹水葉榆水夷水油水澧水沅水浪水》 左思《蜀都賦》曰：漏江伏流潰其阿，汩若湯谷之揚濤，沛若濛汜之湧波。諸葛亮之平南中也，戰於是水之南。榆水又逕賁古縣北，東與盤江合。盤水出律高縣東南盤町山。盤町當作監町。《漢志》：律高縣下西石空山出錫，東南監町山出銀、鉛。師古曰：監音呼鵙反，町音挺。

蕭統《文選》卷四左思《蜀都賦》 其間則有虎珀丹青，江珠瑕英。金沙銀礫，曆。符采彪筆尤。炳。暉麗灼酌。爍，舒藥切。永昌博南縣出虎珀。牂牁有白曹山，出丹青、曾青、空青也。《本草經》云：皆出越嶲郡。瑕，玉屬也。楊雄《蜀都賦》云：瑕英江珠。永昌有水出金，如糠在沙中。興古盤町山出銀。

《毛詩正義》卷三《衛風·淇奥》 瞻彼淇奥，緑竹如簀。簀，積也。簀音責。有匪君子，如金如錫，如圭如璧。金錫，練而精，圭璧，性有質。箋云：圭璧亦琢磨，四者亦道其學而成也。寬兮綽兮，倚重較兮。寬能容衆。綽，緩也。重較，卿士之車。箋云：綽兮，謂仁於施舍。綽，昌若反。猗，於綺反，依也。重，直恭反，注同。較，古岳反，車兩傍上出軾也。施如字，又詩豉反，又式氏反。善戲謔兮，不爲虐兮。【略】傳「金錫」至「有質」。正義曰：此與首章互文。首章論其學問聽諫之時，言如器未成之初，須琢磨。此論道德既成之時，故言如圭璧已成之器。傳以金錫言其質，故釋之，言此已練而精，圭璧擧已成之器，故本之，言「性有質」，亦互文也。言金錫有其質，練之故益精。圭璧有其實，琢磨乃成器。

杜甫《分門集注杜工部詩》卷三《九日藍田崔氏莊》 藍水遠從千澗落，洙曰：「《三秦記》曰：『藍田有州，方三十里，其水北流，出銅鐵玉石。』」玉山高並兩峰寒。

徐堅《初學記》卷二七《金第一·讚》 晉郭璞《金銀讚》：惟金三品，揚越作貢。五材之珍，是謂國用。務經軍農，爰及雕弄。

董誥《全唐文》卷五五五韓愈《送廖道士序》 而郴之爲州，又當中州清淑之氣，蜿蟺扶輿，磅礴而鬱積。其水土之所生，神氣之所感，白金、水銀、丹砂、石英、鍾乳，橘柚之包，竹箭之美，千尋之名材，不能獨當也。

聶厚載《惠山泉記》 水之甘苦，猶人之賢愚。人生稟氣，清則賢，濁則愚。水流因地，潔則甘，穢則苦。石脈至潔，山泉悉甘，而斯泉勝諸泉者，以其感錫之氣也。苦井投黑錫於其中，久而則甘，查、梅、橙、李和鉛霜食之則美，蓋錫能變味致甘也。茲山當周秦間大産鉛、錫，豈非假其餘味乎？或云苟錫能致甘，則山下諸泉味當一矣，而獨美者何也？曰：山一而源異也。佗泉脈淺於山表，斯泉源深出於山骨，故積霖而不溢，久旱而不竭。承平之代，錫乃深藏，故源深而得其液焉。不然，則何以滑於衆泉，重於諸水。或云古時錫産東峰，非泉脈矣。惠山本也，東峯枝也，未有本亡而枝有者也。利物之外，尤資茗荈。陸先生嘗奇之，美名始振。

張金吾《金文最》卷三三張邦彦《增修金堆院碑皇統九年》 □□□□□之□百有餘里，縣曰福山，阜昌時所置。舊爲鎮，曰兩水。兩水源所從出，東西相望湛遠，因地就下，並流於縣之東北，距縣數里。土人目之曰東西河。涉西河並涯而南十五里，而近得山曰金堆。凡河濱之山類産鉛錫，則其巔必童焉。

章樵《古文苑》卷四揚雄《蜀都賦》 於近則有瑕英、菌芝、玉石、江珠，於遠則有銀、鉛、錫、碧、馬、犀、象、僰。《郡國志》：漢中郡錫縣有錫，益州律高石室山出錫，

鹽町山出銀、鈆。

又卷一四揚雄《青州牧箴》 茫茫青州，海岱是極。鹽鐵之地，鈆松怪石。群水攸歸，萊夷作牧。貢篚以時，莫怠莫違。《禹貢》：海岱惟青州，厥貢鹽、絺、鈆、松，怪石。萊夷作牧，厥篚檿絲。

潘自牧《記纂淵海》卷一《金》 惟金三品，揚越作貢。五材之珍，是謂國用。郭璞賦。沈其質兮，五材或厥。耀其光兮，六府以修。柳子厚賦。蓐收肅金氣。李白。爽氣金天豁。杜詩。大暑運金剛。同上。鏗如撞羣金。韓文。金神所司刑。同上

本朝金氣與高明。山谷。傾家取樂不論命，散盡黄金如轉燭。鄖里金多曷足憑。並同上。

陳耆卿《（嘉定）赤城志》卷二二《山水門四》 通馬墺三坑。龍鬚山，在縣西北五十里。其岡四斷，恠石屹立，産銅、鐵及苓杞靈藥，有龍湫三四，世傳鬼神出没其間云。

胡謐《（成化）山西通志》卷一二《集文》崔伯易《感山賦》 即以仰之，首名歸山。嶺營紆餘，巉巖孱顔。曳泉紳之飄颻，束雲夜之迴還。楨衆精於寶姥，黪靈氣於天丹。矗雰霞之朝覆，豁光怪之宵環。其金則鈑、盪、鏐、銑、鐐、鑗、鏋、鋄，其玉則瓊、玖、□、琄、璒、琪、瑌、璠。石黄緑而青碧，珠玫瑰而木難。餘糧石脂之磽，赭堊理長之爛。煸陰映宛，倚穹注蟠。聯絲絺氈，钃鉛鹽銅。備先賦之不名，距三方而祖繁。復有紫沙黄霧，神鋼是取。逗落液於庳澗，萃堅英於弱土。播蚩尤之遺勇，回歐冶之靈顧。下分檀乎百源，上夾輸於六務。此其山之琛賂也。

鮑雲龍《天原發微》卷三 燕趙多豪傑，山之東西多將相，皆所以相與經緯乎中國也。禹承堯舜之盛，平治九州，玉帛萬國，定可墾之地九百一十萬八千二十四頃，出水者八千里，受水者八千里，名山五千三百五十，經六萬四千五十里。出銅之山四百六十七，出鐵之山三千六百九。貨殖所負，男耕女織，不奪其時，以供財用，儉有餘，而奢不足。

林駉《源流至論》續集卷四《吴楚人才》 嘗聞班孟堅之志地理也，論吴嚴助、朱買臣之貴顯，則繼以章山之銅，豫章之金，則知吴之人才，其亦三吴之氣所鍾歟？漢《地理志》。又觀韓昌黎之送廖道士歸衡山也，謂白金、水銀、丹砂、石英等物皆不足當其奇意，必有忠信材德之民生於其間，則知楚之人材，其亦衡山之精所産歟。出韓文《送廖道士》。

陳思《寶刻叢編》卷一《石鼓文》 嗚呼！鼎鬲遠矣，世變風移。石鼓者，其立碑之漸與！然觀今中原人所得地中之物，多是盤、鼎、鐘、鬲。南粤人所得地中之物，多是銅鼓。其間有有文字者，有無文字者，然皆作鼓形，此由其風俗之所用也。南粤多銅、錫，故其鼓以銅；岐周多美石，故其鼓以石。此又由其土之所出也。或言楚蜀之地中，間亦有得銅鼓者，南粤與楚蜀北連岐雍，豈其所習尚者多同與？鄭樵《石鼓音序》。

陳思《兩宋名賢小集》卷二三五《安晚堂詩集・送王伯厚入廣》 五行在天地，惟水明且清。如何南中泉，乃獨以貪名。水號墨與弱，淖汨稱濁涇。彼皆有其實，所以得此聲。山川日秀發，九疑羅翠屏。扶輿産清淑，丹砂銀石英。有泉出其間，冷然堪濯纓。政坐貪夫累，土炭涴玉冰。桓山以魋故，至今人羞稱。柳子愚其溪，百世相因仍。有如此白水，好貪豈其情。我欲招夷齊，闕之南山汀。一洗萬古貪，涌雪歸東溟。夫君素潔己，贈以貪泉銘。

宋子安《東溪試茶録》 隄首七閩，山川特異，峻極廻環，勢絶如甌。其陽多銀、銅，其陰孕鉛、鐵。厥土赤墳，厥植惟茶。會建而上，羣峰益秀。迎抱相向，草木叢條。水多黄金，茶生其間。

周伯琦《近光集》卷三《寶應湖》 雙城湖上起，湖水四面流。昔時雙城號銅鐵，今日承平盡瘵撤。銅鐵不可保，天地同長久。國家德澤長如水，貫穿九州萬人喜。直沽穩運蘇州糧，京師飽喫高郵米。

劉基《誠意伯文集》卷七《醫説贈馬復》 聖人之道包天地，括萬物，一體而毫分焉，莫非道也。故天之大也，分而爲日月，爲星，爲雲，爲雨，爲雪，爲霜，爲露，莫非天也，而後各形其形焉。地之廣也，結而爲山，融而爲川，生而爲草，爲木，爲石，爲玉，爲金、銀、銅、鐵，爲五穀，莫非地也，而後各形其形焉。故見其形，而不知其出之原，非知道者也。

唐之淳《唐愚士詩》卷一《惠州》 雨出薊北門，已涉遼東境。驅馳未辭勞，遇勝輒神領。惠州古名邦，山水甚清緊。水無黿魚樂，山有金銀鑛。龍蛇畫塔廟，象貝充市井。一從桑海變，此地爲民梗。

吴訥《文章辨體》卷三一程以文《寶經堂記》 世以珠玉爲寶，以丹砂、空青、金膏、水碧爲物外之奇寶，未嘗以經爲寶也。聖人之大寶曰位，諸侯之寶曰土地、人民、政事。卜人寶龜，武夫寶刀劍，士有文房之寶。楚國之於善，晉公子之

於仁親，鄭子產之於不貪，皆以所貴重者寶之，亦未聞寶經者也。【略】世之人惟知珠玉、丹砂、空青、金膏、水碧之爲寶也，故寶之，不知聖人之經，故不知寶也。聖人之經有甚於珠玉、丹砂、空青、金膏、水碧之寶，苟知寶聖人之經，則世之寶不足寶矣。世之寶不足寶，而後聖人之經始寶於天下，吾自先世以來寶之。

秦夔《五峰遺稿》卷一五《壽丁公八十序》　龍峰西望不一里許，爲雙溪之滸，林木蒼蒼，居民成市。中有避世之翁二，皆蒼顔華髮。曰丁翁者，年八十，而周翁視丁加長焉。兩翁家世爲隣，相得驩甚。含冲保和，遺外聲利，類上世之有道德者。性雅愛山水，巾屨消揺，無日不在松風水石間。興至輒吹竹彈絲爲樂，尤善談玄理，有晉宋人風致。【略】史稱蜀青城山有老人村，溪多狗杞根，人飲其水故壽。豈雙溪之濱，亦有所謂狗杞，或丹砂空青之物，產於其陽，而致是歟？

《雜紀八條》。

莫旦《明一統賦》卷中　田原苑囿，山林川澤。高下肥瘠，利生種植。則有黍稷稻粱，果菜菽麥。鳥獸蟲魚，草木藥石。珍寶布帛，器用飲食。萬方雜貨，不能盡述。

珍寶：黃金、白銀、赤金、麩金、沙金、生金、生銀、花銀、赤銅、白銅、鑌鐵、丹錫、番錫、琥珀、生鐵、花錫、鉛錫、瑪瑙、驪珠、珍珠、黃銅。

張旭《梅巖小稿》卷二九《夏季考策題》　問：天下之事，皆窮居者所當憂也，而況父母之邦，可不知乎？試舉二端與諸士子言之。伊陽之爲縣，大率介乎山谷間，去縣而南三十里許，有特朝焉，名曰峴山。此山之西，奇峯疊嶂，起伏相連，南枕亂湯，西控散脚，横亘二百里，總名之曰青山。其精粹之氣，盡鍾於物，或爲銀礦，或爲錫砂，所以峪子溝、不救關之八處洞口開焉。

張瀚《張恭懿松窗夢語》卷二　登小金山，昔名靈州山。寺曰寶陀，有東坡遺像，前有超然臺。登山而望，四面皆水，若登金山觀大江，但廣狹不同耳。自此經官窑抵廣東之會城，爲古南越城，有七門。城東北隅有奥香山，西北有九眼池，爲一方勝概。天氣甚燠，乃陽洩陰盛之地，冬不雪，花不謝，草木不凋，民人多濕疾，亦風氣使然。其俗賤五穀而貴異物，然珠翠牙玳與五金諸香皆產自交南海島，非中國所有。

王世貞《弇州四部稿》卷六六《文部・瑶石山人詩稿序》　天地之靈秀迫於海，欲盡而乃爲嶺南。嶺南之東最爲饒奇宏麗，有羅浮、增江之勝，空青、丹砂、文犀、瓌象、沈水之香、媚川之璣雕飾天下。而於文詞，顧獨寥寥寡稱，何也？豈所謂靈秀者偏有所寄於物，而遂漓於人耶！

江用世《史評小品》卷二〇《宋上・李卓吾評司馬光》　李生曰：善哉！畢仲游之納忠於司馬也。唐肅宗之語房琯曰：「六軍之命方急，無財則散，卿惡第五琦可也，何所取財？」琯遂不能對。嗚呼！光爲安石不曉理財可也，而謂不加賦而用足，不過設法陰奪民利，其害甚於加賦。以此謂桑弘羊欺武帝之言，則可笑甚矣。夫武帝豈易欺者哉？且光既知財貨百物皆天地之所生矣，生則烏可已也，而可以數計耶！今夫山海之藏，麗水之金，崑山之璧，銅鉛銀錫五金百寶之產於地者，日入商賈之肆，時充貪墨之囊，不知凡幾也。所貴乎長國家者，因天地之利而生之有道耳。

歐大任《歐虞部集》卷一《南粵賦并引》　誦曰：「陸梁之地，秦守粵門。鐔城疑塞，南野餘干。海外有截，甲弩戍屯。實闢南武，夷貊通焉。渟皋彌望，綿亘百蠻。翡翠珠璣，象齒犀角。白雉紫貝，朱禽孔雀。琫琩珊瑚，琅玕琥珀。丹砂空青，神芝異藥。服食之屬，各以千百。」

陳仁錫《無夢園初集・海集一・紀名號決戰勝》　嘗聞一勝者王，再勝者霸，三勝者滅。今奴一勝而得河東，再勝而掠河西，三勝而躪薊門，是滅亡之會也。況得遼人十有其八，殺遼人十有其七，凡遼三尺遺子，誰不思雪恨報讎，惟在鼓舞振作，惠愛保恤，使三北之過，開一面之網。凡哀我鴻鴈，憫我杕杜，招集溪徠，最爲恢疆復土之要也。且廣寧復而右屯錦義，膏腴之區屯政可興；南衛復而銅鐵鉛銀，山澤之中礦利可得。餉費於目前者有數，賦增於日後者無窮，是不大費於今，必不大省於後也。較之株守寧錦一線之路，今日告餉乏，明日討軍實，悠悠無結局之期，勞與逸，省與費，萬相倍也。

張燮《七十二家集・郭弘農集》卷一《江賦》　咨五才之並用，寔水德之靈長。惟岷山之導江，初發源乎濫觴。聿經始於洛沫，攏萬川乎巴梁。衝巫峽以迅激，躋江津而起漲。極泓量而海運，狀滔天以淼茫。總括漢泗，兼包淮湘。并吞沅澧，汲引沮漳。【略】其下則有金礦丹礫，雲精燭銀。珕珋璿瑰，水碧潛琘。鳴石列於陽渚，浮磬肆乎陰濱。

又《楊侍郎集》卷一《蜀都賦》　蜀都之地，古曰梁州。禹治其江，渟皐彌望。鬱乎青葱，沃壄千里。上稽乾度，則井絡儲精；下按地紀，則巛宫奠位。東有巴賨，綿亘百濮，銅梁金堂，火井龍湫。其中則有玉石，嶜岑，丹青，玲瓏。邛節、桃枝，石鱒、水螭。南則有犍牂，潛夷，昆明，峩眉。絶限峨嵣，堪巖亶翔。靈山揭

其右，離碓被其東。於近則有瑕英、菌芝、玉石、江珠，於遠則有銀、鉛、錫、碧馬、犀、象、僰。西有鹽泉、鐵冶，橘林、銅陵。邛連盧池，澹漫波淪。其旁則有期牛、兕旄，金馬、碧鷄。

陳田《明詩紀事》庚籤卷二《區大相三十二首・序》 大相，字用儒，高明人，萬己丑進士。【略】有《太史集》二十七卷。

《静志居詩話》：【略】嶺南山川之秀，鍾此國琛，非特白金、水銀、丹砂、石英已也。

曹志遇《（萬曆）高州府志》卷六《貞烈》 論曰：史稱廣饒珍異，一篋之寶，可資數世，高涼濱海，廣之粤區也。今顧寥寥不稱，何哉？蓋華風未暢之時，山川清淑之氣寄于物，而或漓于人，故齒革、毒冒、紫貝、空青、媚川之璣、沉水之香萃焉。而趙佗謂陸賈粤中無足與語，生來聞所不聞，則其人概可知矣。及夫風氣日開，人才日盛，忠賢節孝相望後先。至於閨闈之秀亦以貞烈而垂聲。所謂山川之清淑，悉于人焉發之，而寄于物者或尠矣。《書》云惟善以爲寶，則今高涼之寶所得，孰與昔多乎？

王圻《王侍御類稿》卷四一《錫山行》 昔爲有錫縣，今爲無錫城。錫山不改色，邑名胡洊更。秦初産鉛錫，漢代錫不生。所以古石銘，無錫天下清。

佚名《性命圭旨・利集》 先天至理妙難窮，鉛産西方汞産東。水火二途分上下，玄關一竅在當中。此李清庵口訣也。

閻爾梅《白耷山人詩文集・詩集》卷六上《太行山》 山西圖志考茫茫，親褁乾餱陟太行。車馬斜穿雲舂去，樓臺倒落磵根藏。砂千層外銀苗秀，谷四圍中鐵礦香。欲訪前人兵戰壘，巴公原北是光狼。

孔貞瑄《聊園文集・滇程總論》 冬無嚴寒，夏無盛暑。風雨多，霜雪少。衣夾單，廢裘葛。井出鹽，水孕金。獸有豹，禽有雀，孔雀。介少蟹，蟲無蝎。樹之佳者，紫油木、交棱棉。卉之美者，茶花、芙蓉、桃，四季丁香。嶺則謂之坡，堡則謂之哨，湖則謂之海，河則謂之江，集市謂之街，火炬謂之明，鞋謂之孩，孩謂之鞋。硐産金、銀、銅三品。花木四時繁盛，正月盡，則桃李謝榮矣，亦可謂人間之福地也。

顧炎武《天下郡國利病書》顔真卿《鮮于氏離堆記》 按：自峩眉西去，爲龍池，爲中鎮，爲玀猓，地多産銅、鉛、木板，亦有銀鑛，苦不可得，椎埋爲姦，誘人入山，鬻與夷爲奴，獲牛馬厚利。鬻時鉗其首，塗以漆，令牧牛羊并六畜，每日以蕎麥餅充餐。

謝儼《（康熙）雲南府志》卷二《風俗》 （雲南府）鹽池田魚之饒，金銀畜産之富，俗尚奢豪，惟文齊、王阜、景毅相繼防檢，遂漸爲善。常璩《南中志》。

《繹史》卷一一《禹平水土》 鍾山之神，名曰燭陰，視爲晝，暝爲夜，吹爲冬，呼爲夏，不飲，不食，不息，息爲風。身長千里，其爲物，人面蛇身，赤色，居鍾山下。槐江之山丘時之水出焉，而北流注于泑水，其中多蠃母，其上多青雄黄，多藏琅玕黄金玉，其陽多丹粟，其陰多采黄金銀。

洞庭之山其上多黄金，其下多銀鐵，其木多柤梨橘櫾，其草多荔蘪蕪芍藥芎。

鄂爾泰《（雍正）雲南通志》卷二九之一二《考明》俞緯《滇南賦》 珍則有琥珀丹青，珠琄瑕英，金沙銀礦，川媚山靈。瑪瑙珊瑚，絶蘊寶井。錫鐵銅鉛，石緑碧瑱。

祝德麟《悦親樓詩集》卷一一《題王蘭洲孝廉見山樓圖二首》 抱膝方吟句，支頤忽見山。移居新栗里，宗老舊柴關。舊爲祝氏居。夜識金銀氣，潤州有金、銀二山。朝尋猨鶴顔。知君湖海客，百尺卧難攀。

蓮巢曾爲我，手寫振衣圖。對此蒼茫景，彌懷高隱徒。烟嵐侵郭窄，江月向人孤。昨歲扁舟佳，登臨惜未俱。

焦和生《連雲書屋存稿》卷四《自桂陽州赴新塘即景四絶》 面面群山列畫屏，家家流水護門庭。由來寶藏興騰地，州産銀、鉛、銅礦。一抹爐烟入眼青。

李元度《天岳山館文鈔》卷二五《湖南文徵序代》 大湖以南，地廣袤二千五百餘里，爲郡九，廳三，直隸州四，轄州縣六十有六。其星翼軫，其山衡嶽、九嶷，其嶺都龐、騎田、越城、萌渚，其水沅、湘、資、澧，納衆流以入洞庭。其物産白金、丹砂、水銀、石英、鍾。

又卷三三《劉蔭渠督部六十壽序》 南戒之山，莫峻於衡嶽。衡之脈來自岷山，繇蜀而黔而粤西，至騎田嶺入楚，逕邵州所屬新寧、城步諸縣，乃盤折爲衡山。韓子曰：衡山最遠而獨爲宗，其神最靈，其水土所生白金、

王臬《遲菴先生集》卷六《文集・送菲泉來君序》 余夙聞會稽禹穴之勝，限於行役，思一登而未遂也。今蒙恩移守明州，迺得道攜李，抵錢塘，度浙江，訪西興之館而卂焉。其間重江複湖，長谿衡貫，兩岸山夾列，乍起乍伏，或偃蹇紆徐，或嶄崿巀嵲，若怒而突。際海則折而右轉，蜿蟺扶輿，磅礴而鬱積。其氣之所感，宜孕而爲黄金，爲白玉，爲空青、丹砂。而今越中皆無見，將靈秀之氣獨鍾於人歟！

雜録

王聘珍《大戴禮記解詁》卷七《五帝德第六二》 〔黄帝〕【略】時播百穀草木，故教化淳鳥獸昆蟲，播，布也。時播者，以時布種也。草木，謂疏材之屬。淳，和也。昆者，衆也。《説文》云：「蟲，一名蝮，物之微細，或行，或毛，或蠃，或介，或鱗，以蟲爲象。」故此經曰昆蟲也。麻離日月星辰，極畋土石金玉，勞心力耳目，節用水火材物。《史記曆書索隱》云：「《系本》及《律麻志》，黄帝使羲和占日，常儀占月，臾區占星氣，伶倫造律吕，大橈作甲子，隸首作算數，容成綜此六術而著《調麻》也。」聘珍謂：離者，别其位次。極，致也。畋，取也。節，制也。《禮運》曰：「用水火金木，飲食必時。」《祭法》曰：「黄帝正名百物，以明民共財。」

王先謙《荀子集解》卷五《王制篇第九》 王者之等賦、政事，財萬物，所以養萬民也。【略】

北海則有走馬吠犬焉，然而中國得而畜使之；南海則有羽翮、齒革、曾青、丹干焉，然而中國得而財之；翮，大鳥羽。齒，象齒。革，犀兕之革。曾青，銅之精，可繢畫及化黄金者，出蜀山、越巂。丹干，丹砂也，蓋一名丹干。干，讀爲矸，胡旦反。或曰：丹，丹砂也。「干」，當爲「玕」。《尚書·禹貢》：「雍州，球、琳、琅玕」，孔云：「石而似玉者。」《爾雅》亦云：「西北方之美者，有球、琳、琅玕焉。」皆出西方，此云南方者，蓋南方亦有也。王念孫曰：楊前説以丹干爲丹砂，未知是否。後説以干爲琅玕，非也，琅玕不得但謂之玕。《正論篇》云「加之以丹矸，重之以曾青，犀象以爲樹，琅玕、龍茲、華覲以爲實」，「丹矸」即「丹干」也。既言「丹矸」，又言「琅玕」，則「丹干」之干非琅玕明矣。東海則有紫、紶、魚、鹽焉，然而中國得而衣食之；西海則有皮革、文旄焉，然而中國得而用之。故澤人足乎木，山人足乎魚，農夫不斲削，不陶冶而足械用，工賈不耕田而足菽粟。故虎豹爲猛矣，然君子剥而用之。故天之所覆，地之所載，莫不盡其美，致其用，上以飾賢良，下以養百姓而安樂之。夫是之謂大神。《詩》曰：「天作高山，大王荒之。彼作矣，文王康之。」此之謂也。

《管子》卷二二《山至數第七六管子輕重九》 桓公問於管子曰：「昔者周人有天下，諸侯賓服，名教通於天下，而奪於其下，何數也？」管子對曰：「君分壤而貢，入市朝同流，黄金一筴也，江陽之珠一筴也。秦之明山之曾青一筴也，此謂以寡爲多，以狹爲廣，軌出之屬也。」

《管子校注》卷二二《國蓄第七三》 國有十年之蓄，而民不足於食，皆以其技能望君之禄也。君有山海之金，而民不足於用，是皆以其事業交接於君上也。故人君挾其食，守其用，據有餘而制不足，故民無不累於上也。五穀食米，民之司命也。黄金刀幣，民之通施也。故善者執其通施，以御其司命，故民力可得而盡也。

《國語正義》卷一八《楚語下》 王孫圉聘於晉，定公饗之。趙簡子鳴玉以相，【略】問於王孫圉曰：「楚之白珩猶存乎？」對曰：「然。」簡子曰：「其爲寶也幾何矣？」曰：「未嘗爲寶。楚之所寶者曰觀射父，能作訓辭，以行事於諸侯，使無以寡君爲口實。又有左史倚相，能道訓典，以敘百物，以朝夕獻善敗於寡君，使寡君無忘先王之業，又能上下説乎鬼神，順道其欲惡，使神無有怨痛於楚國。又有藪曰雲連徒洲，金木竹箭之所生也。龜珠、齒角、皮革、羽毛所以備賦，用以戒不虞者也，所以共幣帛，以賓享於諸侯者也。若諸侯之好幣具，而導之以訓辭，有不虞之備而皇神相之，寡君其可以免罪於諸侯，而國民保焉。此楚國之寶也。若夫白珩，先王之玩也，何寶焉？圉聞國之寶六而已，聖能制議，百物以輔相國家，則寶之。玉足以庇蔭嘉穀，使無水旱之災，則寶之。龜足以憲臧否，則寶之。解：憲，法也，取善惡之法。珠足以禦火災，則寶之。解：珠，水精，故以禦火災。疏解「珠水」至「火災」：《説文》：珠，蚌之陰精。珠生於蚌，故曰陰精。金足以禦兵亂，則寶之。解：金所以爲兵也。疏「金足」至「寶之」：僖十八年《傳》：鄭伯朝楚，楚子賜之金。既而悔之，與之盟曰：無以鑄兵，故以鑄三鐘。楚金利，懼鄭鑄兵，故盟之。是金即鋼也。山林藪澤足以備財用，則寶之。若夫譁囂之美，以相楚雖蠻夷，不能寶也。」

《神異經》 西方日宫之外有山焉，其長十餘里，廣二三里，高百餘丈，皆大黄之金，其色殊美，不雜土石，不生草木。上有金人，高五丈餘，皆純金，名曰金犀。入山下一丈有銀，又入一丈有錫，又入一丈有鉛，又入一丈有丹陽銅，似金可鍛，以作錯塗之器也。《淮南子術》曰「餌丹陽之爲金」也。

《史記》卷一《五帝本紀》 東至於海，登丸山，及岱宗。西至於空桐，登雞頭。南至於江，登熊、湘。北逐葷粥，合符釜山，而邑於涿鹿之阿。【略】時播百穀草木，淳化鳥獸蟲蛾，旁羅日月星辰水波土石金玉，勞勤心力耳目，節用水火材物。有土德之瑞，故號黄帝。

《鹽鐵論》卷一《通有第三》 文學曰：「荆、揚南有桂林之饒，内有江、湖之利，左陵陽之金，右蜀、漢之材，伐木而樹穀，燔萊而播粟，火耕而水耨，地廣而饒

材；然民鮆窳偷生，好衣甘食，雖白屋草廬，歌謳鼓琴，日給月單，朝歌暮戚。趙、中山帶大河，纂四通神衢，當天下之蹊，商賈錯於路，諸侯交於道；然民淫好末，侈靡而不務本，田疇不脩，男女矜飾，家無斗筲，鳴琴在室。是以楚、趙之民，均貧而寡富。宋、衛、韓、梁，好本稼穡，編户齊民，無不家衍人給。故利在自惜，不在勢居街衢；富在儉力趣時，不在歲司羽鳩也。」

大夫曰：「五行：東方木，而丹、章有金銅之山；南方火，而交趾有大海之川；西方金，而蜀、隴有名材之林；北方水，而幽都有積沙之地。此天地所以均有無而通萬物也。今吴、越之竹，隋、唐之材，不可勝用，而曹、衛、梁、宋，采棺轉尸；江、湖之魚，萊、黄之鮐，不可勝食，而鄒、魯、周、韓，藜藿蔬食。天地之利無不贍，而山海之貨無不富也；然百姓匱乏，財用不足，多寡不調，而天下財不散也。」

文學曰：「古者，采椽不斲，茅茨不翦，衣布褐，飯土硎，鑄金爲鉏，埏埴爲器，工不造奇巧，世不寶不可衣食之物，各安其居，樂其俗，甘其食，便其器。是以遠方之物不交，而昆山之玉不至。今世俗壞而競於淫靡，女極纖微，工極技巧，雕素樸而尚珍怪，鑽山石而求金銀，没深淵求珠璣，設機陷求犀象，張網羅求翡翠，求蠻、貉之物以眩中國，徙卭筰之貨致之東海，交萬里之財，曠日費功，無益於用。是以褐夫匹婦，勞罷力屈，而衣食不足也。故王者禁溢利，節漏費。溢利禁則反本，漏費節則民用給。是以生無乏資，死無轉尸也。」

大夫曰：「古者，宫室有度，輿服以庸；采椽茅茨，非先生之制也。君子節奢刺儉，儉則固。昔孫叔敖相楚，妻不衣帛，馬不秣粟。孔子曰：『不可，大儉極下。』此《蟋蟀》所爲作也。《管子》曰：『不飾宫室，則材木不可勝用，不充庖厨，則禽獸不損其壽。無末利，則本業無所出，無黼黻，則女工不施。』故工商梓匠，邦國之用，器械之備也。自古有之，非獨於此。弦高販牛於周，五羖賃車入秦，公輸子以規矩，歐冶以鎔鑄。《語》曰：『百工居肆，以致其事。』農商交易，以利本末。山居澤處，蓬蒿墝埆，財物流通，有以均之。是以多者不獨衍，少者不獨饉。若各居其處，食其食，則是橘柚不鬻，朐鹵之鹽不出，旃罽不市，而吴、唐之材不用也。」

黄暉《論衡校釋》卷一四《狀留篇》　夫手指之物器也，此義不通。「指」疑爲「於」，形譌。「於」或作「扵」。又誤奪在「之」字上。度力不能舉，則不敢動。賢儒之道，非徒物器之重也。是故金鐵在地，猋風不能動；孫曰：「猋」當作「飆」，下同。暉按：《漢書·韓長孺傳》：「至如猋風。」注：「猋，疾風也。」猋飄字同。《爾雅》：「迴風爲飄。」《月令》「飄」作「猋」。猋，火華也。非其義。毛芥在其間，飛揚千里。揚，通津、天啓本从「木」，誤。今據宋殘卷、錢、黄、王、鄭本正。夫賢儒所懷，其猶水中大石，在地金鐵也，其進不若俗吏速者，長吏力劣，不能用也。毛芥在鐵石間也，一口之氣能吹；毛芥非必猋風。

又卷一八《齊世篇》　六畜長短，五穀大小，昆蟲草木，金石珠玉，蜎蜚蠕動，跂行喙息，無有異者，此形不異也。

張道陵《金液神丹經》卷下　奚自扶南，頓遜逮於林邑、杜薄、無倫五國之中，朱砂、琉黄、曾青、石精之所出，諸導仙服食之藥，長生所保之石實無求不有，不能復縷其別名也。稱丹砂如東漚之瓦石，履流丹若甄陶之灰壤，觸地比目，不可稱量。而此五國不見服用之方，莫知長延之道，貴無用以填宇內，遺靈石而不眄。競雕玩之貨，賤流丹之藥，錬餌不加，真質長隱耳，混雜無親，妙物不顯矣。

胡廣《性理大全書》卷二五《洪範皇極内篇二》　五行植物屬圖。

木：楊柳、梅李、松柏、竹葦、禾麥、葷。

火：木火、石火、雷火、油火、蟲火、粼。

土：砂、石、玉、土、壤、泥。

金：汞、銀、金、銅、鐵、鉛。

水：澗水、井水、雨水、溝渠、陂澤、湖海。

《三國志》卷六四《吴志·諸葛恪傳》　恪以丹陽山險，民多果勁，雖前發兵，徒得外縣平民而已，其餘深遠，莫能禽盡，屢自求乞爲官出之，三年可得甲士四萬。衆議咸以丹楊地勢險阻，與吴郡、會稽、新都、鄱陽四郡鄰接，周旋數千里，山谷萬重，其幽邃民人，未嘗入城邑，對長吏，皆仗兵野逸，白首於林莽。逋亡宿惡，咸共逃竄。山出銅鐵，自鑄甲兵。

王嘉《拾遺記》卷一《炎帝神農》　帝採峻鍰之銅以爲器。峻鍰，山名也。下有金井，白氣冠其上，人升於其間，雷霆之聲在於地下，井中之金柔弱可以緘縢也。

又卷三《周穆王》　岑華，山名也。澤出精銅，可爲鐘、鐸。

又《周靈王》　范蠡相越，日致千金，家僮閑筭術者萬人。收四海難得之貨，盈積於越都，以爲器。銅鐵之積如山阜，或藏之井塹，謂之寶井。奇容麗色溢於閨房，謂之遊宫，歷古以來未之有也。

又卷四《秦始皇》　始皇好神仙之事。有宛渠之民，乘螺舟而至。【略】與始

皇語：【略】「臣國去軒轅之丘十萬里。少典之子採首山之銅鑄爲大鼎。臣先望其國，其金火氣動，奔而往視之，三鼎已成。」

又《昆吾山》 昆吾山，其下多赤金，色如火。昔黄帝伐蚩尤，陳兵於此地，掘深百丈，猶未及泉，惟見火光如星。地中多丹，鍊石爲銅，銅色青而利。泉色赤，山草木皆勁利，土亦鋼而精。至越王句踐，使工人以白馬、白牛祠昆吾之神，採金鑄之，以成八劍之精：一名掩日，以之指日，則光晝暗。金，陰也，陰盛則陽滅。二名斷水，以之劃水，開即不合。三名轉魄，以之指月，蟾兔爲之倒轉。四名懸翦，飛鳥游過，觸其刃如斬截焉。五曰驚鯢，以之泛海，鯨鯢爲之深入。六曰滅魂，挾之夜行，不逢魑魅。七名卻邪，有妖魅者見之則伏。八名真剛，以之切玉斷金，如削土木矣。以應八方之氣，鑄之矣。其山有獸，大如兔，毛色如金，食土下之丹石，深穴地以爲窟，亦食銅鐵，膽腎皆如鐵。其雌者色白如銀，昔吴國武庫之中兵刃鐵器俱被食盡，而封署依然。王令檢其庫穴，獵得雙兔，一白一黄，殺之，開其腹而有鐵膽腎，方知兵刃之鐵而爲兔所食。王乃召其劍工，令鑄其膽腎以爲劍一雌一雄。號干將者，雄；號鏌鎁者，雌。其劍可以切玉斷犀，王深寶之，遂霸其國。後以石匣埋藏。

任昉《述異記》卷上 軒轅之初立也，有蚩尤氏兄弟七十二人，銅頭鐵額，食鐵石，軒轅誅之於涿鹿之野。蚩尤能作雲霧。涿鹿，今在冀州，有蚩尤神，俗云人身牛蹄，四目六手。今冀州人掘地得髑髏如銅鐵者，即蚩尤之骨也。

陶弘景《真誥》卷五《甄命授第一》 君曰：「大洞者，神州是也。神州別有三山，三山有七宫。七宫有七變，朝化爲金，日中化爲銀，暮化爲銅，夜化爲光，或化爲山，或化爲水，或化爲石，謂之七變。七變有七經，七經有二十一玉童隨此書，故曰《大洞真經》，讀之萬過便仙，此仙道之至經也。」

酈道元撰朱謀㙔注《水經注箋》卷四《河水四》 又南過河東北屈縣西。

【略】

風山西四十里，河南孟門山。《山海經》曰：「孟門之山，上多金玉，其下多黄堊、涅石。」

丹水西南出丹陽山，東北逕冶東。俗謂之丹陽城，城之左右猶有遺銅矣。《漢書·食貨志》注云：金有三品，丹陽銅爲赤金。《神異經》云：丹陽銅似金，可煅以作錯塗之器。其水東北會白水口水。

又卷二七《沔水上》 〔沔水〕又東過城固縣南，又東過魏興安陽縣南，涔水出自旱山，北注之。

漢水又東逕小大黄金南。山有黄金峭水，北對黄金谷，有黄金戍，傍山依峭嶮，險折七里。氐掠漢中，阻此爲戍，與鐵城相對。一城在山上容百餘人，一城在山下，可置百許人。言其嶮峻，故以金鐵制名矣。昔楊難當令魏興太守薛健據黄金，姜寶據鐵城。宋遣秦州刺史蕭思話，話令陰平太守蕭祖攻拔之，賊退西水矣。

楊衒之《洛陽伽藍記》卷四《洛城西》 〔皇女〕臺西有河陽縣，臺中有侍中侯剗宅。市西北有土山魚池，亦〔梁〕翼之所造，即《漢書》所謂「採土築山，十里九坂，以象二崤」者。市東有通商、達貨二里，里内之人盡皆工巧，屠販爲生，資財巨萬。有劉寶者，最爲富室。州郡都會之處皆立一宅，各養馬一疋，至於鹽粟貴賤，市價高下，所在一例，舟車所通，足跡所履，莫不商販焉。是以海内之貨，咸萃其庭，産匹銅山，家藏金穴。宅宇踰制，樓觀出雲，車馬服飾擬於王者。

《舊唐書》卷七八《于志寧傳》 承乾又令閹官多在左右，志寧上書諫曰：【略】鄧長顒位至付中，陳德信爵隆開府，外干朝政，内預宴私，宗枝藉其吹噓，重臣仰其鼻息。罪積山岳，靡挂於刑書；功無涓塵，已勒於鍾鼎。富踰金穴，財甚銅山。是以家起怨嗟，人懷憤歎。骨鯁之士，語不見聽；謇諤之臣，言必被斥。齊都顛覆，職此之由。向使任諒直之臣，退佞給之士，據趙、魏之地，擁漳、滏之兵，修德行仁，養政施化，何區區周室而敢窺覦者焉！

釋智周《成唯識論演秘》卷一 問：第三四，向亦有不定，何唯言二？答：據論所舉，略不言餘。

疏：崇聚、生因等者。崇聚即是積聚異名，是蘊義也。《俱舍頌》云：「聚生門種族，是蘊處界義。釋曰，一切諸色略爲一聚，説名色蘊由此聚義，蘊義得成，餘蘊亦爾，謂能生長，心心所法，故名爲處，是能生長。彼作用義，如一山中有多銅、鐵、金、銀等族，説名多界，如是一身有十八類諸法種族，名十八界，此中種族是生本義，如是眼等，誰之生本，謂同類因。

梅彪《石藥爾雅》卷上《飛鍊要訣釋·諸藥隱名》 元黄花。一名輕飛，一名火丹，一名鉛飛，一名良飛，一名飛流，一名紫粉。鉛黄花。一名黄丹，一名軍門，一名金柳，一名鉛華，一名華蓋，一名龍汁，一名九光丹。錫精。一名黄精，一名元黄，一名飛精，一名金公華，一名黄牙，一名伏丹，一名制丹，一名黄輕，一名黄轝，一名紫粉，一名黄華，一名黄龍，一名黄池，一名河車，一名太陰，一名金精，一名金公河車，一名素丹白豪，一名假公黄。鉛

精：一名金公，一名河車，一名水錫，一名太陰，一名素金，一名天元飛雄，一名□黄公，一名立制太陰，一名虎男，一名黑虎，一名元武，一名黄男，一名白虎，一名黑金，一名青金。水銀：一名汞，一名鉛精，一名神膠，一名姹女，一名元水，一名子明，一名流珠，一名元珠，一名太陰流珠，一名白虎腦，一名長生子，一名元明龍膏生，一名元女，一名陽明子，一名河上姹女，一名天生，一名青龍，一名神水，一名太陽，一名赤汞，一名沙汞。水銀霜。一名金液，一名吴沙汞金，一名白虎腦，一名金銀虎，一名赤帝體雪，越楚名水雲銀。丹砂。一名日精，一名真珠，一名仙砂，一名汞沙，一名赤帝，一名太陽，一名朱砂，一名朱鳥，一名降陵朱兒，一名絳宫朱兒，一名赤帝精，一名赤帝髓，一名朱雀。雄黄。一名朱雀筋，一名白陵，一名黄奴，一名男精，一名太旬首中石，一名天陽石，一名柔黄雄，一名石黄，一名丹山月魂，一名深黄期，一名帝男精，一名帝男血，一名迄利迦。雌黄：一名帝女血鍊者，一名元臺月半鍊者，一名黄龍血生，一名黄安鍊者，一名赤廚柔赤雌煉者，一名帝女迴，一名帝女署生，帝女血，黄安，赤廚柔雌。已上煉者，元臺丹半。石硫黄。一名黄英，一名煩硫，一名硫黄，一名石亭脂，一名九靈黄童，一名黄砂，一名山不住。硇砂：一名金賊，一名赤砂，一名猺砂，一名白海精，一名猺砂黄，一名黄砂，一名赤猺砂。曾青：一名樸青，一名青龍血，一名赤龍翹，一名黄雲英。

空青。一名青要中女，一名青油羽，一名青神羽磁石，一名元石拾鍼，一名伏石母，一名元水石，一名元武石，一名處石不拾鍼者，一名緑秋，一名帝流漿，一名席流漿。

又卷下《釋諸經記中所造藥物名目》 造紫河車爲轉寧王金苟子法、黄舉伏火法、五石蒲樞法、安静虚無法、造藥歸色法、令飛法、令飛者伏法、令飛者飛法、元女如意解五尸法、造通明金虎符法、造通明九流符法、造朱雀符法、造通明青龍符法、造通明元武符法、造黄龍表符法、造金經符法、造石精法、造乘龍符法、造五色鹽法、造五石銅法、造三精六液法、造五色金法、造三十六水法、造行廚招遠法、鍊雄黄法、造水法、鍊五礬法、太一禹餘糧法、鍊鍾乳法、鍊紫石法、【略】造金粉法、造銀粉法、造銅粉法、造鐵粉法、造金膏法、造銀膏法、水銀膏法、造柔赤期法、柔黄雌法、造白河車法、赤河車法、單青河車法、造黄華法、砒硝河車法、石亭脂河車法、赤河車法、單青河車法、造黄華法、砒硝河車法、石亭脂河車法、東野河車法、鑞河車法、紫河車法、造銅青法、【略】伏雄黄法、伏雌黄法、鍊礜石法、伏空青法。

《新五代史》卷七八 契丹五騎遇一韃劫子，則皆散走。其國三面皆室韋：一曰室韋，二曰黄頭室韋，三曰獸室韋。其地多銅、鐵、金、銀，其人工巧，銅鐵諸器皆精好。

樂史《太平寰宇記》卷一〇五《江南西道三・太平州》 繁昌縣，東北六百六十五里，元七鄉，本宣州南陵縣地，在南陵之西南大江西，對盧州江口，以地出石緑兼鐵，由是置治，自唐開元以來立爲石緑場。其地理枕江，舟航往來，實津要之地，以南陵地遠，民乞輸税於場。唐析南陵之五鄉立爲繁昌縣。

又卷二五《關西道一・雍州》 終南山在縣南五十里。《禹貢》：「終南惇物至於鳥鼠。」孔安國注：三山，言相望也。【略】漢《東方朔傳》：「夫南山，天下之阻也。其山出玉石、金、銀、銅、鐵、豫章、柘、檀，異類之物不可勝原。此百工所取給，萬民所仰足也。」

李昉《太平御覽》卷八〇九《珍寶部八・金上》 《尚書・舜典》曰：「金作贖刑。」孔安國曰：金，黄金。誤而入刑，出金以贖刑也。

《周禮・考工記》曰：攻金之工，築氏執下齊，冶氏執上齊，鳧氏爲聲，㮚氏爲量，段氏爲鑄器，桃氏爲刃。鄭玄注曰：多錫爲下齊，少錫爲上齊。金有六齊：六分其金而錫居一，謂之鍾鼎之齊。五分其金而錫居一，謂之斧斤之齊。四分其金而錫居一，謂之戈戟之齊。三分其金而錫居一，謂之大刃之齊。五分其金而錫居二，謂之制殺之齊。金錫半，謂之鑒燧之齊。鄭玄曰：鑒，鏡也。金多錫則刃白且明。

又《〔《周易》〕上繫》曰：「二人同心，其利斷金。」

又《説卦》曰：「乾爲金。」

又《鼎卦》曰：「六五鼎黄耳，金鉉利身。」

又卷八一一《珍寶部一〇・金下》 王子年《拾遺記》曰：「少昊時金鳴於山，銀涌於地，或如龜蛇之類，乍似人鬼之形。」

又卷八一二《珍寶部一一・銀・黄銀》 《管子》曰：「上有鉛者，下有銀。」

又卷八一三《珍寶部一二・銅》 《越絶書》曰：「赤堇之山，破而出錫。若耶之谷，涸而出銅，歐冶因爲純鈞之劒。」

張君房《雲笈七籤》卷六四從四《金華玉女説丹經》 《金經》云：一石之中分陰陽爲金玉，故謂一陰一陽之道。金之精生靈液，靈液之精生水銀，水銀之精生丹砂，丹砂之精生陽光，陽光之精生元炁，元炁之精生神明，神明爲真靈，真道其成矣。

又卷六八從八《中三品・陽金變通品第六》 陽金者，所稟陽之精，五神吐

符，會氣託形爲丹砂；丹砂而外包八石，内含金精；金精先稟氣於甲，受形爲丙，出胎見壬，結魄成庚，增光歸戊，陰陽昇降，各歸其類。且如礜石、五金俱受五神陰之炁結，亦分爲五類之形，形質頑狠，至性沉滯。汞則稟五神陽之靈精，會符合爲一體，故能輕飛玄化，感遇萬靈。汞本託胎於丹砂，位居南方，易胎乃爲壬水；水則見形於北方，降魄成庚；庚則西方白金鍊形來甲之。東方青金，精增於戊戌，則中宫黄金也。化質歸離，功成於九，以陽金還變，動用化機，運質易胎，合其五方之體，然後受天地，革陰陽，超於三元，脱質歸真，號之還丹。

《後漢書》志第二三《郡國五》 犍爲屬國。故郡南部都尉，永初元年以爲屬國都尉，別領二城。户七千九百三十八，口三萬七千一百八十七。

朱提，山出銀、銅。案《前書》，朱提銀重以八兩爲一流，直一千五百八十，他銀一流直一千。《南中志》曰：「舊有銀窟數處。」諸葛亮書云：「漢嘉金，朱提銀，採之不足以自食。」

漢陽。

王應麟《玉海》卷一九六《祥瑞》 殷山溢銀，漢昆田黄金，泰山黄金，麟趾褭蹏。《史記·封禪書》：殷得金德，銀自山溢流出也。《漢武紀》：元封六年三月詔：「朕禮首山，昆田出珍物，化或爲黄金。」太始二年三月詔：「有司議曰往者朕郊見上帝，西登隴首，獲白麟，以饋宗廟。渥洼水出天馬，泰山見黄金，宜改故名。今更黄金爲麟趾褭蹏，以協瑞焉。」因以班賜諸侯王。注：師古曰：金有常形，制欲表祥瑞，改鑄爲麟足馬蹏之形，以易舊法。今人於地中得馬蹏金，金甚精好，形製巧妙。

秦櫟陽雨金，作畦畤。【略】

漢瀙湖黄金。紀：永平十一年，瀙湖出黄金，廬江太守以獻。時麒麟、白雉、醴泉、嘉禾所在出焉。隨車表舜，還雨來秦。不愛其寶，厥貢惟金。櫟陽之雨，林邑之流，昆田之祥。【略】

慶曆四年五月乙亥，撫州金谿得生金山，重三百二十四兩。【略】

唐德宗大曆十四年七月庚午詔：「王者所寶維賢，邕州奏金坑任人開採。」

釋贊寧《東坡先生物類相感志》卷一〇《獸部下·貘獸》 生外國，獸形，似熊，小頭痺脚，異白駁，能食蛇、銅、鐵及竹骨。骨節强，中寔少髓，皮可以辟温。《爾雅》云：「貘，白豹。」注曰：豹，白色者，别名貘，溺能消鐵爲水，今以鐵致溺處，消也。束皙《發冢記》云：「貘獸啗鐵。」又《神異經》云：「南方有獸，齧鐵。大如水牛，色如漆，食鐵飲水。其糞可作兵器，其利如鋼，其溺可消銅鐵。昔閔氏悞吞針入腹，刺血盈盤，以貊溺服之，其針消矣。其屎作刀，可切玉石。」貊或作貘。

又《嗅金獸》 生瀛洲山谷，狀如麒磷，不食卉，不飲濁水，嗅石知有金玉，砍開則金砂玉璞，燦然可用也。

邵雍《夢林玄解》卷三《夢占》 地土：土地平曠，大吉。【略】地者，萬物之祖，元氣發生也。東至泰遠，西至邠國，南至濮鉛，北至祝栗。自混濛之氣重濁者，位下成質而地得以寧。燧人氏始仰觀斗極，而定東西南北之方。大禹使太章步東極至西極，二億三萬三千五百里七十五步；使豎亥步北極至南極，二億三萬三千五百里七十五步。名山五千三百七十，出水之山八千里，受水者八千里，出銅之山四百六十七，出鐵之山三千六百九十。

王道《古文龍虎經注疏》卷上《出陽入陰章第二》 所云鉛、汞二名者，古人説物象，後人不解其意，以朱砂便爲鉛，以水銀便爲汞。此乃以假物合爲真名，亂其根本，所以千舉萬敗，終無成理。前所論真鉛出産，並係依經節録，合於師旨，非敢臆説，以誤後學好道之士，幸留意焉。

又《神室設位章第八》 疏曰：大丹之道全在鉛銀與砂汞二物，砂汞乃日之精，鉛銀乃月之華，修金液之方，不出天地玄象之中。前篇所論亦甚曉，然猶恐學者不悟，所以時時比喻，如言下曉了，則砂汞不勞而可得也。且鉛之有砂汞，由人之有情性，情性發於中而應於外，非外來也。砂汞生於中而現於外，亦非外來也。情性二用，並在身中；砂汞二名，俱隱鉛内。人用情性則發於外，鉛有砂汞則瞀於内，然則機用雖別，其理同契。至人之意，分明指示，用日月至精合而成藥，不以雜他也。

曾慥《道樞》卷二一《金書玉鑒篇》 小人而内君子，其猶鉛錫乎？故於陰之中，其産白銀，於砂石之水中，其包赤金。金也，銀也，俱陰中之陽，所謂嬰兒者也。於是上與丹砂之中太陰之姹女合而爲夫婦，情類想戀，斯凝而爲砂矣。其猶山石，潛受陰陽升降之氣，化而爲金、爲銀、爲珠、爲玉、爲丹砂、爲銅、爲鐵者歟。

又卷二九《金虎鉛汞篇》 是以水銀生於北方，來居於火位，相交以成大丹焉。彼不知者用凡鉛、黑錫、水銀以爲河車，雄黄以爲土，金銀以爲母，此非藥之源也。凡汞有鉛，而銅亦有之，鐵亦有之，草亦有之，礦亦有之。所謂真鉛者，自然子母同穴而天生者乎？其中有銀者，鉛爲大丹之根，神水爲金之母，子母自得其情者也。金爲丹精，以處陽位，汞合離氣以應陰爻，含天地之靈，孕日月之精，否極泰來，陰盡陽生，皆順天道而爲之者也。日者自朔旦受符六氣，從性成情。

李燾《續資治通鑑長編》卷一四四《仁宗》〔慶曆三年，冬十月〕甲子，陝西四路經略安撫招討使鄭戩言：【略】西南去略陽二百里，中有城曰水洛，川平土沃，又有水輪銀銅之利。環城數萬帳，漢民之逋逃者歸之，教其百工商賈，自成完國。」

翁葆光《悟真篇注疏》卷二　夫五金、八石、朱砂、水銀、黑鉛、白錫、黄丹、雄黄、雌黄、砒霜、粉霜、曾青、膽礬、秋石、草木灰霜、水渣滓煮伏之類，以至自己津精氣血液等，此皆後天。是天地未分之前，混元真一之氣，謂之無中生有。聖人以法追攝於一箇時辰内，結成一粒，大如黍米，號曰金丹，又曰真鉛，又曰陽丹，又曰真一精，又曰真一水，又曰真水，又曰水虎，又曰太一含真氣。人得一粒餌之，立躋聖地，此乃天上之甲科，天仙之大道也。【略】

聖人恐泄天地之機，以真陰真陽取喻青龍、白虎也，以兩弦之氣取喻真鉛真汞也。今仙翁於詩曲中復以青龍之一物名曰赤龍，曰震龍，曰天魂，乾象、乾爐、玉鼎、玉液、扶桑、海龍、上弦、東陽、長男、赤汞、朱砂鼎、離日、赤鳳，已上無過比類青龍之一名也。又以白虎之一物名曰黑虎，曰兊虎，曰地魄，坤位，坤鼎，金鼎、金爐、華嶽、巖虎、下弦、西川、少女、黑鉛、偃月爐、坎月、黑龜，已上無過比類白虎一名也。又以龍之弦氣名曰真汞，曰姹女，曰木液，青娥，砂里汞，朱里汞，曰精，曰情，曰黄芽、流珠、青衣女子、金烏離女、牝龍、真火、二八姹女、玉液、玉芝之類，其實一也。又以虎弦氣名曰真鉛，曰金公，曰金精，水中金、水中銀，曰性，曰白雪、素練、郎君、玉兔、坎男、真水、九三郎君、刀圭之類，其實一也。此言二物會時情性合者，二物即龍虎也。青龍在東，東方屬木，木能生火，龍之弦氣爲火，曰情，屬南方，謂之朱雀也；白虎在西，西方屬金，金能生水，虎之弦氣爲水，曰性，屬北方，謂之玄武也。夫龍木、虎金、情水、性火，謂之四象。四象會合於中宫而成丹者，土也。此真五行也。

魏了翁《毛詩要義》卷六下《秦風車鄰至權輿》　釋「游環脅驅，陰靷鋈續」：

《釋器》云：白金謂之銀，其美者謂之鐐。然則白金不名鋈，言鋈白金者，鋈非白金之名，謂銷此白金以沃灌靷環，非訓鋈爲白金也。金、銀、銅、鐵總名爲金。此説兵車之飾，或是白銅、白鐵，未必皆白錫也。劉熙《釋名》云：游環在服馬背上，驂馬之外轡，貫之游移前，却無定處也。脅驅當服馬脅也。陰，蔭也，横側車前，所以蔭荃也。靷，所以引車也。鋈，沃也，冶白金以沃灌。靷，環也。續，續靷端也。

又卷二〇上《魯頌駉至閟宫》　「琛寶，總名。龜、象、南金，寶之别」：淮夷去魯既遥，故以憬爲遠行貌。琛寶，《釋言》文舍人曰：「美寶曰琛，來獻其琛，揔言獻寶，其龜、象、南金還是寶中之别，以其物貴，特舉而言其獻，非唯此等也。」《漢書·食貨志》云：「龜不盈尺，不得爲寶。」此言元龜，龜之大者，故云龜，尺二寸也。淮夷居在徐州，貨唯珠魚而已，其土不出龜、象，其國不屬荆揚，而得有龜、象、南金獻於魯者？《禹貢》所陳，謂常貢天子土地所出，此則僖公伐而克之，[illegible]以賂魯，其國先得此寶，以其國寶爲獻。《春秋襄二十五年》：「晉帥諸侯伐齊，齊人賂晉侯，自六正、五吏、三十師及處守者，皆有賂。」是及羣臣，故知廣賂者，君及卿大夫也。又申傳南荆揚之義，故云荆揚之州貢金三品。《禹貢》：「揚州厥貢，惟金三品」。荆州云「厥貢羽、毛、齒、革，惟金三品」。彼注云：三品者，銅三色也。王肅以爲三品金銀銅。鄭不然者。以梁州云「厥貢鏐、鐵、銀、鏤」，《爾雅·釋器》云：「黄金之美者，謂之鏐。白金謂之銀。」貢金銀者，既以鏐銀爲名，則知金三品者，其中不得有金、銀也。又檢《禹貢》之文，厥貢鏐、鐵、錫、鈆，而獨無銅，故知金即銅也。僖十八年《左傳》曰：「鄭伯始朝於楚，楚子賜之金，既而悔之，與之盟曰：『無以鑄兵。』故以鑄三鐘。」《考工記》云：「六分其金而錫居一，謂之鐘鼎之齊。」是謂銅爲金也。三色者，蓋青、白、赤也。

吴箕《常談》　金有三等：黄金爲上，白金爲中，赤金爲下。孟康曰：「白金，銀也。赤金，丹陽銅也。今不聞丹陽有銅。」

佚名《錦繡萬花谷》卷三〇《神仙名義》　《大洞真經》：「大洞者，神仙也。别有三山，三山有七宫，七宫有七變，朝化爲金，日中化爲銀，暮化爲銅，夜化爲光，或化爲山，爲水，爲石，謂之七變。」

潘自牧《記纂淵海》卷一《金》　經：二人同心，其利斷金。《易》。金作贖刑。厥貢惟金三品。若金，用汝作礪。並《書》。大賂南金。《泮水》。《職方氏》：東南曰揚州，其利金錫。《大司寇》：入鈞金束矢於朝，然後聽之。《職金》：入其金錫於兵器之府。《考工記》：吴粤之金、錫。鑠金以爲刃。攻金之工六：築、冶、鳧、㮚、段、桃。築氏執下齊，冶氏執上齊，鳧氏爲聲，㮚氏爲量，段氏爲鎛，桃氏爲刃。㮚氏改煎金錫則不耗。《周禮》。天子之六工曰金工。孟秋，盛德在金。内金示和也。並《記》。貢金九牧。《左傳》。

子：金聲而玉振之也。金聲也者，始條理也。《孟子》。湯以莊山之金，禹以

歷山之金，贖民之賣子者。《管子》。 葛盧山發而出金，蚩尤取之爲劍、鎧。雍狐山發而出金，蚩尤取以爲戟。 堯之治天下也，猶金之在鑪，恣冶者之所鑄。並同上。 齊人有欲金者，清旦適鬻金之所，因攫其金而去。吏捕得之，問曰：「人皆在焉，子攫人之金，何故？」對曰：「取金之時，不見人，惟見金。」《列子》。 大冶鑄金，金踴躍曰：「我且必爲鏌鋣，夫大冶必以爲不祥之金。」《莊子》。 金之性沈，託之於舟則浮。《淮南子》。 舜藏千金於嶄巖之山，所以塞貪鄙之心也。同上。 覲君子者，問鑄人，不問鑄金。《楊子》。 荆南麗水之中生金。《韓非子》。

史：虞夏之幣，金有三品，或白，或黄，或赤，或錢，或布，或刀，或龜貝。《平準書》。 武帝時，有司言金有三等。又造金錫爲白金。同上。 范蠡居家則致千金。《貨殖傳》。 少昊，黄帝之子。土生金故爲金德，號曰金天氏。《前・律歷志》。 顓帝五世生鯀，鯀生禹，舜嬗以天下。土生金，故爲金德。同上。 金，西方萬物既成，殺氣之始也。《五行志》。 文帝作露臺，召匠計之，直百金。上曰：「百金，中人十家之産也。」《本紀》。 少昊乘允執矩。《司秋》注云：金爲義，義者成，成者方，故爲矩。《魏相傳》。 好戰攻，輕百姓，飾城郭，侵邊城，則金不從革。出軍行師，把旄杖鉞，誓士衆，抗威武，動静應誼，説以犯難，民忘其死，如此，則金得其性矣。《後・五行志》。 金之爲言禁也，言秋時萬物陰氣所禁止物也。《後・西羌傳序》。 太宗謂魏徵曰：公獨不見金在鑛，何足貴耶！善冶鍛而爲器，人乃寶之。朕方自比於金，以卿爲良匠而加礪焉。《唐・魏徵傳》。

章如愚撰《山堂考索》別集卷二〇《財用門》 常有夷狄之憂。珠犀龜貝出乎海，竹木香茗出於山，黄金丹砂出於土，可耕之野萬餘里，鹽藉洒酤，舟車水陸之筭徧乎天下，而常有帑廩不足之患。

王象之《輿地紀勝》卷二三《江南東路・饒州》 〔風俗形勝〕舊以堯山爲文，以地饒衍，加食爲饒。徐湛《鄱陽記》云：饒州北有堯山，嘗以堯爲號，又以地饒衍，遂加食爲饒。 山川蘊物珍奇，故名曰饒。《郡國志》。 物産豐饒。《通典》曰：隋置饒州，以其物産豐饒。 瀕江之地饒，爲大履番君之故地，漸歐越之遺俗。 餘干有畝鍾之地，武林有千章之材。唐劉禹錫《荅元微之使君書》。 彭蠡既猪。《禹貢》揚州。 東匯澤爲彭蠡。《禹貢》揚州。 饒爲沃野，而鄱有鎔銀擷茗之利。唐元稹《齊照饒州刺史制》。 饒地沃土平，飲食豐賤，衆士來往湊聚。歐陽詢《法帖》。 人語有吴楚之音。王德建《鄱陽記》。 江之東西。 冠帶詩書甲於天下。江南既爲天下甲，而饒人喜事，又甲於江南。嘉祐中吴孝中作《餘干縣孝記》。 饒之爲州，壤土肥而養生之物多，其民家富而户羨，爲父兄者以其子弟之不文爲咎。吴孝中作《餘干縣孝記》。 鄱陽據大江上流，其地有金錫絲枲魚稻之饒，故其民不迫遽。其人喜儒，故其俗不鄙。彭汝礪《誌處士夏侯君墓》。 鄱陽山水，東湖良佳處。天祐五年毛滂《采芹亭記》。 俯仰几席間，無時不與山水接。同上。 東南諸郡，饒實繁盛。太平興國中范正辭對，事見《容齋四筆》。 方産白金時，邑無俊造之民。德興縣程迥撰《重建廳事記》曰：元祐四年銀場廢，以至於今。耆老云：方産白金時，邑無俊造之民。自後與計偕、登科級者，甲於饒之諸邑。名儒鉅公，相望而出矣。 有銀山，出銀及銅。《寰宇記》云在德興縣。唐總章二年，邑人鄧遠列上取銀之利，詳見德興縣沿革。

程鉅夫《雪樓集》卷九《大護國仁王寺恒産之碑》 至大元年，皇太后翼扶明聖，慨然思述祖宗之德，念昭睿順聖經始之仁，罷總管府，建會福院，以平章政事宣政院使按：巴哈瑪爾布哈。爲會福院使，綜核名實，遣官分道，約部使者，集郡縣吏，申畫疆埸，樹識封畛，歷四載始仍舊貫，視常歲之入相倍蓰焉。凡徑本院若大都等處者，得水地二萬八千六百六十三頃五十一畝有奇，陸地三萬四千四百一十四頃二十三畝有奇，山林、河泊、湖渡、陂塘、柴葦、魚竹等場二十九，玉石、銀、鐵、銅、鹽、硝鹻、白土、煤炭之地十有五。

《明史》卷四四《地理志五》 〔浙江紹興府〕會稽。倚。東南爲會稽山，其東接宛委、秦望、天柱諸山。又東有銀山、錫山，舊産銀砂及錫。【略】

衢州府元衢州路，屬浙東道宣慰司。太祖己亥年九月爲龍游府。丙午年爲衢州府。領縣五。【略】

西安倚。永樂二十二年建越王府，宣德二年除。西有巖山。南有爛柯山，又有爵豆山，舊出銀。又西北有銅山，舊出銅、錫、鉛。

又卷四六《地理志七》 〔貴州〕普安州。本貢寧安撫司。建文中置，屬普安軍民府。永樂元年正月改普安安撫司，屬四川布政司。十三年十二月改爲州，直隸貴州布政司。萬曆十四年二月徙治普安衛城。三十年九月屬府。普安衛舊在州南，洪武十五年正月置，屬雲南都司，後改屬貴州都司。二十二年三月升軍民指揮使司。萬曆十四年二月，州自衛北來同治。東有八部山，元普安路治山下，屬雲南行省，洪武十五年三月爲府，屬雲南布政司，尋升軍民府，二十七年四月改屬四川，永樂後廢。東北有格孤山。又西北有番納牟山，一名雲南坡。又東南有得都山，一名白崖，産雄黄水銀。

胡廣《性理大全書》卷一《太極圖》 陰陽二氣，更無停息。如金、木、水、火、土是五行分了，又三屬陽，二屬陰，然而各又有一陰一陽。如甲便是木之陽，乙

便是木之陰，丙便是火之陽，丁便是火之陰。只是這箇陰陽，更無休息。形質屬陰，其氣屬陽。金銀坑有金礦、銀礦，便是陰，其光氣爲陽。

莫旦《大明一統賦》卷中《珍寶》　黃金、白銀、赤金、麩金、沙金、生金、生銀、花銀、赤銅、白銅、鑌鐵、丹錫、番錫、琥珀、生鐵、花錫、鉛錫、瑪瑙、驪珠、珍珠、黃銅、白玉、玳瑁、車渠、火珠、赤玉、烏玉、青玉、琉璃、硇砂、緑玉、珊瑚、水晶、火齊、琴瑟、犀角、銅錢。

蔡清《四書蒙引》卷四　今夫天一條。芟二條，減四十八字。【略】寶藏興焉，貨財殖焉。還另説方盡如金生麗水，玉出崑岡。山或出銅，或出鐵，海或出珠，或出珊瑚之類，難以草木、鳥獸、黿鼉之類，爲盡山水之利。

費宏《費文憲公摘稿》卷九《送雲南按察司副使王君傅資序》　聖天子臨御既久，圖治益勤，中外大吏必擇才，且賢者用之，庶幾克稱任使，以輔成太平之化。邇者方岳群有司率職入覲吏部，奉詔考覈，有所黜焉，復薦廷臣之可用者往補其缺。於是王君某自監察御史擢提刑按察司副使，而其地則雲南也。雲南去京師萬餘里，古爲夷邦，至於今列郡，尚多瓣髮雕題之俗。其西南陲與吐蕃、交趾諸種落犬牙錯入，而北抵川貴，東接廣西，大抵皆蠻獠溪峒，喜人怒獸，叛，陽而服，不測頃年來輒以變告，故仕者未嘗肯擇是而往。矧其地黃金、白銀、江珠、井實、象齒、犀兕、馴禽、義雀、賓㠸、火毳、旄氈、班罽諸珍異之貨名於天下，在漢已有，居屬者富及累世之議，故好脩惡，浼者又不樂往焉。

郎瑛《七修類藁・天地類・山水名數》　《山海經》：「禹曰：『天下名山五千三百七十，居地六萬四千五十六里。出銅之山四百七十六，出鐵之山三千六百九十。』」與《管子》同。《管子・地數篇》：「地之東西二萬八千里，南北二萬六千里。其出水者八千里，受水者八千里。」予意移流開掘，古今因少更也，然而大略相去無何，非此則有望洋之嘆矣。故於諸書拈出之。

章潢《圖書編》卷六四《天目山》　天目之山，雄視兩浙，高可三千八百丈，橫亘八百餘里，故《洞玄集》第爲三十四洞天云。隆慶歲辛未三月，自餘杭啓行，行七十里，日暮，始宿大坂。厥明行三十里，至滿嶺，南北兩山皆盤旋曲折，似漸入佳境矣。再行三里許，山之北石骨林立中，忽開一洞。曾有道人經過，問之樵人曰：此洞高若干許？荅以高六尺有奇。道人以手杖度之，果符其數，當有金、銀二物以厭其勝。覽之數日，果得二山：一名金鰲塢，一名銀山。總督軍門立牌，嚴禁搜挖，有可稽者。

張瀚《松窗夢語》卷一　終南山，高大綿亘極遠，西連空峒、太白，東接太華、少華，南出爲嵩山，又南出爲衡山。其間故多礦洞，遇荒，飢民嘯聚，動至數千。時閿南、閿内兩道會議夾勦，兵糧已集，惟俟余示以進兵之期。余思此輩迫於飢窘，未有殺人攻劫之罪，情可原憫。即手書曰：民窮爲盗，原非本心。律有明條，許得自首。凡收執憲票者，聽復業生理，官司不得追究。命工匠刻刷三千餘張，用閿防印識，給以大字榜文，遣撫民同知李愚馳往諭以禍福，衆皆歡呼，投棄戈梃，羅拜於地，領票而去。時嘉靖丙寅三月也。

田藝蘅《留青日札》卷二三《金》　五金：黃金、白銀、赤銅、青鉛、黑鐵。《書》：「金作贖刑。」傳曰：黃金也。《吕刑》：「其罰百鍰。」傳曰：黃鐵也。漢賜有言黃金者，其不言黃而賜金者，凡一斤與萬錢。古六兩曰鍰，二鍰四兩曰斤，是十六兩也。二十四銖曰兩，二十四兩曰鎰。説文一兩曰一金。周制一斤曰一金。秦制一鎰曰一金。漢制一斤曰一金。若一斤爲萬錢，則萬錢止今之十兩也。董彦遠曰：漢一斤金四兩，直二千五百文。又漢一貫千錢也，王莽末年，省中尚有黃金六十餘萬斤。後世絶少，由所耗之途廣也。金一爲箔，無復再還元矣。《唐六典》有十四種：銷金、拍金、鍍金、織金、砑金、披金、泥金、鏤金、撚金、戧金、圈金、貼金、嵌金、裹金。古又有鈿金。

李豫亨《推篷寤語》卷一《測微篇上》　五行皆能生物，惟金不生，克木故也。凡山有金礦、銀礦與銅、鐵、錫諸礦，大抵皆是童山，不生草木。然五金出世久亦能化，仍歸於土，如銅之緑，鐵之屑，錫之灰是矣。非獨銅、鐵、錫也，銀見火則耗，金土則黃，皆化之漸也，久之亦能澌滅。道家謂金性不敗朽，故爲萬物寶，此比身中金剛不壞之體，非世金之論。

金遇木則鳴，木遇火則焚，水遇水則急，金遇土則凝，以其種類雖分，而其源同出於一炁故耳。然五行之炁，常不相離，一行之中又各具五行，如土之爲物，植之得木，淘之得金，穿之得水，土剛爲石，擊之得火是也。至如木之爲物，鑚之得火，擣之得水，灰之得土，草木火之得水銀即金。金之爲物，溶之得水，鑿之得火，淘之得土，金之所在則山童即木。以至萬物非水不生，木、金、土、火，孰非水之所生也？萬物非火不化，木、金、土、水，孰非火之所成也？要之，品類雖殊，其炁未嘗不流通，善觀物者能求之，無物之先則一元生，生之理在吾領會中矣。

方以智《物理小識》卷二《地類》　煖谷温泉，地中陽氣所結，分砂、硫、礬、礜，未确也。【略】暄曰：温泉療冷與硫同治，其不作硫氣者，有所隔別，如重湯煮物也。然

陽遇水而死爲硫，水遇陽而死爲礬，水火相切，互有所變，故礬可收硫毒。中通曰陽，氣聚而過，或出温泉，或結硫，或爲火井，非硫來温泉也。凡硫、礬礦皆陽氣爲濕閼於土者，礬、砒與銅礦相因，礦則最烈於爛物，惟硫專顯其熱耳。

劉文征《〔天啓〕滇志》卷三　聖人言賤貨，戒貨殖，舉聖王不殖貨利，今往往亟稱焉。客有難者曰：有是言也。不曰貨財，殖乎宜乎！前史有傳，而郡國有志。滇之産，或鑿竅於山，縱斧於石，或泅水而入龍蛇之幽宫，或跰足而走嵐瘴之鄉，冒虎狼之險。貿而得之皆長物也，滇人無所用之。五方良賈賤入而貴出，利之歸本土者十不一焉。銅以供天下貿易，近焉圜法之府，而本地又自以兼金易紫貝，其價日益月增，欲滇人無貧不可得也。又其半則四方行脚方士、釋子募緣者取給焉。曰宇内一切真人，一切出世佛皆繇滇出，欲滇人無好佛好玄不可得也。夫有是物而無所用，猶可言也。又有無是物而冒其名，如黄金者不可言也，所存乎志者，亦聊以見方物也乎？

宫夢仁《讀書紀數略》卷四五《物部・七寶佛書注》　金、銀、琉璃、車渠、碼碯、玻瓈、真珠。

釋大聞《釋鑒稽古略續集》集二《物産》　金、銀、琥珀、水精、琉黄、水銀、銅錢、白珠、青玉、蘇木、胡椒、細絹、花布、螺蜖、漆器、扇、犀、象、刀、劍、鎧甲、馬。交市華人，喜得童女綿綺，絲綿磁針，時入貢不誠。

涵蟾子《諸真玄奥集成》卷五《鉛汞法象鉛汞詩曰》　鉛出白金汞産砂。【略】世上狂妄邪師，因見《丹經》《紫書》以真鉛、真汞爲大丹藥，遂猜爲土石中出鉛，礦中所提白銀爲真鉛，朱砂中所抽水銀爲真汞，便將此訣寶秘，以爲大丹之基，誇獎誘惑盲瞽世人，自高自是以非賫金信質，誓不輕傳。世之愚夫見其高談闊論，覬覦世利，將謂點銅乾汞以濟身家，殊不知鉛銀砂汞，金石草木，乃後天地生，查滓有形之物，氣類不同焉。

劉智《天方典禮擇要解》卷一四《民常篇・總綱》　五鑛以用金、銀、銅、錫、鐵。

金、銀以通貿易，銅、鐵、錫以造器用，五鑛備而民利普矣。

袁枚《新齊諧》卷二四《金銀洞》　高峰崖在廣西思恩府城南百里，兩峰壁立，崖上大書十三字，云「金七里，銀七里，金銀只在七七里」。字畫遒勁，不知何年鐫鑿。崖下有土地祠，望氣者咸稱其地有金銀氣，百十年間土人多方搜求，一無所得。星士某至土地祠内，徘徊數日，攫神像去，土人追及，詢知像乃范金所爲。然亦不知「七七里」爲何義。崖中旁峰數十丈，上有銀洞，洞中白銀累累，大者重數十斤，土人架木而登拾之，即百計不能出。或向外擲之，著地即失。或牽犬入，將銀縛犬身，向外牽之，犬即狂吠。比出，而身亦無銀也。

翟灝《通俗編》卷二三《貨財》　金銀山。《神異經》：西方日宫之外有山焉，長十餘里，皆大黄之金，不雜土石。又南方有銀山，長五十里，悉是白銀。

孫志祖《讀書脞録》卷一《三品》　《詩》「大賂南金」。正義云：王肅以爲三品金、銀、銅，鄭不然者。以梁州云「厥貢鏐、偽孔傳本作「璆」，譌。鐵、銀、鏤」，《尒雅・釋器》云：「黄金之美者謂之鏐，白金謂之銀。」貢金銀者既以鏐、銀爲名，則知金三品者，其中不得有金、銀也。檢《禹貢》之文，厥貢鏐、鐵、錫、鉛、銀，獨無銅，故知金即銅也。僖十八年《左傳》曰：「鄭伯始朝於楚，楚子賜之金，既而悔之。與之盟曰：『無以鑄兵。』故以鑄三鐘。」《攷工記》云：「六分其金而錫居一，謂之鐘鼎之齊。」是謂銅爲金也。三色者，青、白、赤也。案：偽孔傳亦云金、銀、銅也，與王肅同。亦王注多類孔傳之一事，所以疑偽傳出於肅造也。

陶保廉《辛卯侍行記》卷二〔九月初二日〕　五里，柳子鋪東，有迎仙橋，下爲構峪河。出西南構嶺，嶺南下陽川産銅、錫。

又卷六〔臘月初五日〕　乾隆四十七年，築嘉德城。周三里。咸豐同治中陷於亂回。光緒三年春，大軍由北路進攻，以炸砲轟破，雉堞皆平，今駐噶遜營守備。【略】嘉德城四面皆山，有險可扼，惟地氣極寒。東北百餘里三角山有銅鑛，用纏回三百人淘挖。每銅一斤合銀二錢六分，仍不敷經費。城西南四十里有鐵鑛。新疆多用俄鐵，價廉質精，華人所冶，工本鉅銷路滯，苦於賠累，不敢開采。

初六日，晴，大風奇寒。卯刻自達坂城西北行，有草木。【略】八里，馬蘭灘草地一段。東北山内有乾溝、小銅溝、大銅溝，均産銅。

穆彰阿《清一統志》卷二七六《秦州直隸州二》　土産：銀、《唐書・地理志》：兩當、成紀、隴城、清水有銀。《寰宇記》：兩當縣有銀冶。銅、鐵。《唐書・地理志》：成紀縣有銅有鐵。《郡志》：徽州出鉛、鐵。

方旭《蟲薈》卷二《毛蟲・貘》　《正字通》：貘似熊而小，象鼻犀目，獅首豺髮，虎足，毛黑白駁，好食銅鐵及竹，溺能消銅鐵，爲水齒最堅。以鐵椎之，鐵皆碎落，火亦不能燒。人得之，僞充佛牙，惟以羚羊角擊之則碎。旭按：《神異經》云：南方有獸，角足大小如水牛，毛黑如漆，食鐵飲水，其糞可爲兵器，其利如剛，名齧鐵，或即此。

徐壽基《續廣博物志・五行》　金得伯勞之血則昏，鐵得鸊鵜之膏則瑩，石得鵲髓則化，銀得雉糞則枯，翡翠粉金蟾酥軟，五雷火所及金石銷，銷而漆器不壞。

又《續廣博物志・天地》　《述異記》：夏禹時天雨金。古詩云：安得天雨金，使金賤如土。又河間有雨鉛城，漢世天雨鉛錫於此。又王莽時雨五銖錢，既而至地，悉爲龜兒。

又《續廣博物志》卷一六《怪異》　《抱朴子》：山中夜見胡人者，銅鐵之精。見秦人者，百歲木之精，並不爲害。

袁大化等《〔宣統〕新疆圖志》卷二九《實業志二・礦》　蓋天下大利所在，非殫心壹志以圖之，則或作或輟，終無利之可言。竊以爲新疆一隅，五行百産之英駢羅充列席，此大有爲之資，宜傾全國財力以專注之。而其要則在築鐵路以便轉輸，立公司以厚資本，運機器以省人力，設專科以儲礦材。所以富新疆者，在此；所以富全國者亦在此。近日國家鐵路之議漸及西北矣，天地富媼之藏，或者將盡洩於天山南北之間，未可知也。

又卷六一《山脈三》　又北曰博克達之嶺，天山絶頂也。其上有雲五色，其下有龍湫。七箇達坂在其南，其陰多銅、鐵。

《漢書》卷九六上《難兜國》　難兜國，王治去長安萬一百五十里。户五千，口三萬一千，勝兵八千人。東北至都護治所二千八百五十里，西至無雷三百四十里，西南至罽賓三百三十里，南與婼羌、北與休循、西與大月氏接。種五穀、蒲陶諸果。有銀、銅、鐵，作兵與諸國同，屬罽賓。

又《罽賓國》　罽賓地平，温和，有目宿，雜草奇木，檀、櫰、梓、竹、漆。種五穀、蒲陶諸果，糞治園田。地下溼，生稻，冬食生菜。其民巧，雕文刻鏤，治宫室，織罽，刺文繡，好治食。有金、銀、銅、錫，以爲器。市列。以金銀爲錢，文爲騎馬，幕爲人面。出封牛、水牛、象、大狗、沐猴、孔爵、珠璣、珊瑚、虎魄、璧流離。它畜與諸國同。

《江文通集》卷五《遂古篇》　《漢書》曰：「大秦一名犂鞬，在西海之西，東西南北各數千里，有城四百餘所。土地産金銀奇寶，有夜光璧、明月珠、駭鷄犀、火浣布、珊瑚、琥珀、琉璃、琅玕、朱丹、青碧珍怪之物。」

《續後漢書》卷八〇下列傳第七七下《西戎六十國》　大月氏四國於晉則焉蓍、龜茲、大宛、康居、大秦五國，蓋其并滅者既不復見，附屬者不能自通中國也。其後五胡更盛，五凉限越，中州擾亂，西域不復通矣。《魏略》：燉煌，西域之南山，中從婼羌，西至葱嶺數千里，有月氏餘種葱茈羌，白馬、黄牛羌，各有酋豪，北與諸國接，不知其道里廣狹。【略】又今《西域舊圖》云：罽賓、條支諸國出琦石，即次玉石也。大秦多金、銀、銅、鐵、鉛、錫、神白馬、朱髦、駭雞犀、瑇瑁、熊、赤螭、辟毒鼠、大貝、車渠、瑪瑙、南金、翠爵、羽翮、象牙、符采玉、明月珠、夜光珠、真白珠。

《後漢書》卷八八《西域傳・天竺國》　天竺國一名身毒，在月氏之東南數千里。俗與月氏同，而卑溼暑熱。其國臨大水。乘象而戰。其人弱於月氏，脩浮圖道，不殺伐，遂以成俗。從月氏、高附國以西，南至西海，東至磐起國，皆身毒之地。身毒有别城數百，城置長。别國數十，國置王。雖各小異，而俱以身毒爲名，其時皆屬月氏。月氏殺其王而置將，令統其人。土出象、犀、瑇瑁、金、銀、銅、鐵、鉛、錫。西與大秦通，有大秦珍物。又有細布、好毾㲪、諸香、石蜜、胡椒、薑、黑鹽。

《魏書》卷一〇二《西域傳・疏勒國》　其王戴金師子冠。土多稻、粟、麻、麥、銅、鐵、錫、雌黄、錦、綿，每歲常供送於突厥。

又《悦般國》　悦般國，在烏孫西北，去代一萬九百三十里。其先，匈奴北單于之部落也。爲漢車騎將軍竇憲所逐，北單于度金微山，西走康居，其羸弱不能去者住龜茲北。地方數千里，衆可二十餘萬。凉州人猶謂之「單于王」。其風俗言語與高車同，而其人清潔於胡。俗剪髮齊眉，以醍醐塗之，昱昱然光澤，日三澡漱，然後飲食。其國南界有火山，山傍石皆燋鎔，流地數十里乃凝堅，人取爲藥，即石流黄也。

又《者至拔國》　者至拔國，都者至拔城，在疏勒西，去代一萬一千六百二十里。其國東有潘賀那山，出美鐵及師子。

又《迷密國》　迷密國，都迷密城，在者至拔西，去代一萬二千六百里。正平元年，遣使獻一峯黑槖駝。其國東有山，名郁悉滿，山出金玉，亦多鐵。

又《波斯國》　波斯國，都宿利城，在忸密西，古條支國也。去代二萬四千二百二十八里。城方十里，户十餘萬，河經其城中南流。土地平正，出金、銀、鍮石、珊瑚、琥珀、車渠、馬腦，多大真珠、頗梨、瑠璃、水精、瑟瑟、金剛、火齊、鑌鐵、銅、錫、朱砂、水銀、綾、錦、疊、毼、氍毹、毾㲪、赤麞皮，及薰陸、鬱金、蘇合、青木等香，胡椒、畢撥、石蜜、千年棗、香附子、訶梨勒、無食子、鹽緑、雌黄等物。

《三國志》卷三〇《魏志·倭國傳》 出真珠、青玉。其山有丹，其木有柟、杼、豫樟、楺櫪、投橿、烏號、楓香，其竹篠簳、桃支。有薑、橘、椒、蘘荷，不知以爲滋味。

《南史》卷七八《夷貊傳上·扶南國》 扶南國，在日南郡之南，海西大灣中，去日南可七千里。在林邑西南三千餘里。城去海五百里，有大江廣十里，從西流東入海。其國廣輪三千餘里，土地洿下而平博，氣候風俗大較與林邑同。出金、銀、銅、錫、沈木香、象、犀、孔翠、五色鸚鵡。

頓遜之外大海洲中，又有毗騫國，去扶南八千里。有山出金，金露生石上，無央限也。

又《中天竺國》 中天竺國，在大月支東南數千里，地方三萬里，一名身毒。漢世張騫使大夏，見邛竹杖、蜀布，國人云市之身毒，即天竺也。從月支、高附西，南至西海，東至盤越，列國數十，每國置王，其名雖異，皆身毒也。漢時羈屬月支。其俗土著與月支同，而卑濕暑熱，人畏戰，弱於月支。國臨大江，名新陶，源出崑崙。分爲五江，總名恒水。其水甘美，下有真鹽，色正白如水精。土出犀、象、貂鼠、瑇瑁、火齊、金銀銅鐵、金縷織成金罽、細靡白疊，好裘、氍毹。

又卷七九《夷貊傳下·文身國》 文身國在倭東北七千餘里，人體有文如獸，其額上有三文，文直者貴，文小者賤。土俗歡樂，物豐而賤，行客不齎糧。有屋宇，無城郭。國王所居，飾以金銀珍麗，繞屋爲塹，廣一丈，實以水銀，雨則流於水銀之上。市用珍寶。犯輕罪者則鞭杖，犯死罪則置猛獸食之，有枉則獸避而不食，經宿則赦之。

又《武興國》 其國東連秦嶺，西接宕昌。其大姓有苻氏、姜氏、梁氏。言語與中國同。著烏皁突騎帽，長身小袖袍，小口袴，皮鞾。地植九穀。婚姻備六禮。知書疏。種桑麻。出紬絹布漆蠟椒等，山出銅鐵。

《北史》卷九七《西域傳·波斯國》 波斯國，都宿利城，在忸密西，古條支國也。去代二萬四千二百二十八里。城方十里，户十餘萬，河經其城中南流。土地平正，出金、銀、鍮石、珊瑚、琥珀、車渠、馬腦，多大真珠、頗梨、瑠璃、水精、瑟瑟、金剛、火齊、鑌鐵、銅、錫、朱砂、水銀、綾、錦、疊、毼、氍毹、毾㲪、赤麞皮，及薰六、鬱金、蘇合、青木等香，胡椒、蓽撥、石蜜、千年棗、香附子、訶梨勒、無食子、鹽綠、雌黄等物。氣候暑熱，家自藏冰。地多沙磧，引水溉灌。其五穀及鳥獸等與中夏略同，唯無稻及黍、稷。土出名馬、大驢及駝，往往有一日能行七百里者，富室至有數千頭。又出白象、師子、大鳥卵。有鳥形如橐駝，有兩翼，飛而不能高，食草與肉，亦能噉火。

又《南天竺國》 南天竺國，去代三萬一千五百里。有伏醜城，周匝十里。城中出摩尼珠、珊瑚。城東三百里有拔賴城，城中出黄金、白真檀、石蜜、蒲桃，土宜五穀。

宣武時，其國王婆羅化遣使獻駿馬、金、銀。自此，每使朝貢。

又《拔豆國》 拔豆國，去代五萬一千里。東至多勿當國，西至旃那國，中間相去七百五十里；南至罽陵伽國，北至弗那伏且國，中間相去九百里。國中出金、銀、雜寶、白象、水牛、犛牛、蒲桃、五果，土宜五穀。

又《鏺汗國》 鏺汗國，都葱嶺之西五百餘里，古渠搜國也。王姓昭武，字阿利柒。都城方四里，勝兵數千人。王坐金羊牀，妻戴金花。俗多朱砂、金、鐵。東去疏勒千里，西去蘇對沙那國五百里，西北去石國五百里，東北去突厥可汗二千餘里，東去瓜州五千五百里。

隋大業中，遣使貢方物。

又《漕國》 漕國，在葱嶺之北，漢時罽賓國也。【略】其俗重淫祠，葱嶺山有順天神者，儀制極華，金銀鍱爲屋，以銀爲地，祠者日有千餘人。祠前有一魚脊骨，有孔，中通馬騎出入。國王戴金牛頭冠，坐金馬座。多稻、粟、豆、麥，饒象、馬、犎牛、金、銀、鑌鐵、氍㲣、朱沙、青黛、安息青木等香、石蜜、黑鹽、阿魏、没藥、白附子。北去帆延七百里，東去刦國六百里，東北去瓜州六千六百里。

大業中，遣使貢方物。

又《迷密國》 迷密國，都迷密城，在者至拔西，去代一萬二千一百里。正平元年，遣使獻一峯黑橐駝。其國東有山名郁悉滿山，出金、玉，亦多鐵。

又《罽賓國》 罽賓國，都善見城，在波路西南，去代一萬四千二百里。居在四山中，其地東西八百里，南北三百里。地平，温和，有苜蓿、雜草、奇木、檀、槐、梓、竹。種五穀，糞園。田地下濕，生稻。冬食生菜。其人工巧，雕文刻鏤，織罽。有金、銀、銅、錫，以爲器物。市用錢。他畜與諸國同。每使朝獻。

釋玄奘《大唐西域記》卷一 屈支國，東西千餘里，南北六百餘里，國大都城，周十七八里。宜糜麥，有粳稻，出蒲萄、石榴，多梨、柰、桃、杏。土産黄金、銅、鐵、鉛、錫。氣序和，風俗質。文字取則印度，粗有改變。管絃伎樂特善諸國，服飾錦褐，斷髮巾帽。貨用金銀錢、小銅錢。

又卷四　礫迦國，周萬餘里，東據毗播奢河，西臨信度河，國大都城，周二十餘里。宜粳稻，多宿麥，出金、銀、鍮石、銅、鐵。時暑熱，土多風飆，風俗暴急，言辭鄙褻，衣服鮮白。

樂史《太平寰宇記》卷一七四《四夷三・東夷三・倭國》　其國土俗宜禾、稻、麻、苧、蠶、桑，知機織爲縑布，出白珠、金、玉。其山出銅及丹土。

又卷一七五《四夷四・東夷四・扶桑國》　其地有銅無鐵，不貴金、銀，市無租估。

又卷一七七《四夷六・南蠻二・徼外南蠻多蔑國》　多蔑國，唐貞觀中始通焉。在南海邊，國界周迴，可一月行。南阻大海，西倶遊國，北波剌國，東真陀洹國。户口極多，置三十州，不役屬他國。有州郭，宮殿，樓櫓並用瓦木，以十二月爲歲首。其物産有金、銀、銅、鐵、象牙、犀角、朝霞朝雲等布。其交易並用金、銀，朝霞等衣服爲賈，百姓二十而税一，五穀、蔬菓與中國不殊。

又《多摩長國》　多摩長國居南海島中。【略】有銅、鐵、金、銀。

又卷一七九《四夷八・南蠻四・哀牢國》　地出銅、鐵、鉛、錫、金、銀、光珠、琥珀、水晶、琉璃、軻蟲、蚌珠、孔雀、翡翠、犀、象、猩猩、貊獸。

又卷一八一《四夷十・西戎二・龜茲國》　土多稻、粟、菽、麥，饒銅、鐵、硇砂、藍緑、雄黄、胡粉、安息香、良馬。

土俗物産：俗有城郭，能鑄冶，其刑賦風俗畧與焉耆同。惟氣候少温爲異，土多稻、粟、菽、麥，饒銅、鐵、硇砂、藍緑、雄黄、胡粉、安息香、良馬、細氊、氍毹、孔雀。

又《疎勒國》　土多稻、粟、甘蔗、麥，銅、鐵、綿、雌黄。

又卷一八二《四夷十一・西戎三・姑墨國》　姑墨國，漢時通焉。王理南城，【略】北界接烏孫。其地出銅、鐵、雌黄。

又《罽賓國》　土多稻、粟、豆、麥，饒象、馬、犎牛、金、銀、鐵、種穀、葡萄諸果，糞理園田，地下濕，生稻，至冬食生菜。其民巧雕文刻鏤、宮室，織罽刺繡，好治食，有金、銀、銅、錫以爲器。

又卷一八三《四夷一二・西戎四・天竺國》　後魏宣武時，南天竺國遣使獻駿馬，云其國出獅子、豹、貂、彈。【略】有金剛，似紫石英，百錬不銷，可以攻玉。出玳瑁、金、銅、鐵、鉛、錫。

又卷一八五《四夷一四・西戎六・波斯國》　土俗物産：又有大鳥卵、真珠、玻璃、珊瑚、琉璃、瑪瑙、水晶、瑟瑟、金、銀、瑜石、金剛、火齊、銅、錫、鑌鐵、硃砂、水銀。

王欽若《册府元龜》卷九六〇《外臣部》　姑墨國北與烏孫接，出銅、鐵、雄黄。

龜茲國，在白山之南，能鑄冶，有鈆。【略】土多稻粟、菽，麥，饒銅、鐵、鉛、安息香、葡萄酒，富室至數百石。

又卷九六一《外臣部》　武興國，本仇池。【略】出紬、絹、精紈、漆、蠟、椒等，山出銅、鐵。

西戎疎勒國，在姑墨西，白山之南百餘里。漢時舊國也。其王戴金獅子冠。土多稻、粟、麻、麥、銅、鐵、錦、綿。人手足皆六指，産子非六指者，即不育。俗事祆神，有胡書文字。

悉密國，在者至西，其國東有山，名郁悉滿。山出金、玉，多鐵。

歐陽修《五代史記注》卷七三《四夷附録第二》　東北至韈劫子，其國三面皆室韋：一曰室韋，二曰黄頭室韋，三曰獸室韋。其地多銅、鐵、金、銀。其人工巧，銅、鐵諸器皆精好。

趙汝适《諸蕃志》卷上《志國・交趾國》　土産沉香、蓬萊香、生金、銀、鐵、朱砂、珠貝、犀、象翠羽、車、渠鹽、漆、木綿、吉貝之屬，歲有進貢。其國不通商，以此首題，言自近者始也。舟行約十餘程，抵占城國。

又《天竺國》　隸大秦國，所立國主悉由大秦選擇。【略】云其國出獅子、貂、豹、橐、犀、象，瑇瑁、金、銅、鐵、鉛、錫、金。【略】有石如雲母而色紫，裂之則薄如蟬翼，積之則如紗縠。有金剛石，似紫石英，百錬不銷，可以切玉。又有旃檀等香，甘蔗，石蜜諸果。

又《白達國》　多寶物珍段，少米魚菜，人食餅肉、酥酪。産金、銀、碾花、上等琉璃。

又《吉慈尼國》　土産金、銀、越諾布、金絲綿、五色駞、毛段、碾花、琉璃、蘇合油、無名異、摩娑石。

又《海上雜國》　有井，每歲兩次水溢，流入於海，所過砂石經此水浸，皆成金。闔山人常祭此井，如銅、鉛、鐵、錫用火燒紅，取此水沃之，輒變成金。舊傳曾有商舶壞，船人扶竹木隨流飄至此山，知有聖水，潛以竹筒盛滿，乘木筏隨浪飄漾至南毗國，以水獻，南毗國王試之，果驗。南毗王遂興兵，謀奄有其山。船

未至，間遭惡風飄回，船人漂至山，盡爲山蠻所食，蓋此山有金床，異人密有神護，不令人近也。

又《記施國》 記施國在海嶼中，望見大食，半日可到，管州不多。王出入騎馬，張皂傘從者百餘人。土產真珠、好馬。大食歲遣駱駝負薔薇、水梔子花、水銀、白銅、生銀、朱砂、紫草、細布等下船，至本國販於他國。

汪大淵《島夷志略・琉球》 地產沙金、黃荳、麥子、硫黃、黃蠟、鹿豹麂皮，貿易之貨用土珠、瑪瑙、金珠、粗碗、處州磁器之屬，海外諸國蓋由此始。

又《交趾》 地產沙金、白銀、銅、錫、鉛、象牙、翠毛、肉桂、檳榔，貿易之貨用諸色綾羅、匹帛、青布、牙梳、紙紮、青銅、鐵之類，流通使用銅錢。

又《東沖古剌》 地產沙金、黃蠟、粗降真香、龜筒、沉香，貿易之貨用花銀、鹽、青白花碗、大小水埕、青緞、銅鼎之屬。

又《暹》 地產蘇木、花錫、大風子、象牙、翠羽，貿易之貨用硝、珠、水銀、青布、銅鐵之屬。

又《天竺》 地產沙金、駿馬，貿易之貨用銀、青白花器、斗錫、酒、色印布之屬。

又《無枝拔》 在闍麻羅華之東南，石山對峙，民墾闢山爲田鮮，食多種薯，氣候常熱，獨春有微寒。【略】產花、斗錫、鉛、綠毛狗，貿易之貨用西洋布、青白處州甆器、瓦罈、鐵鼎之屬。

又《交趾》 古爲交州之地，今爲安南大越國。【略】地產沙金、白銀、銅、錫、鉛、象牙、翠毛、肉桂、檳榔。

佚名《越史略》卷三《高宗》 〔戊午，天資嘉瑞十三年〕諒州產白錫、綠銅、大青。

黃省曾《西洋朝貢典録・琉球國第九》 洪武中，中山王遣子姪就業太學，其土物多沙金、黃蠟，有石液焉。

陳誠《西域番國志・哈烈》 地產銅鐵，製器堅利。造甆器几精，描以花草，施以五采，規制甚佳，但不及中國輕清潔瑩，擊之無聲，蓋其土性如此。【略】多有金銀、寶貝、珊瑚、琥珀、水晶、金剛、朱砂、刺石、珍珠、翡翠云，非其所產，悉來自他所，有不可知。

又《撒馬兒罕》 撒馬兒罕在哈烈之東北，東去陝西行都司肅州衛嘉峪關九千九百餘里，西南去哈烈二千八百餘里，地勢寬平，山川秀麗，土田地膏腴，有溪水北流。【略】人物秀美，工巧多能，有金、銀、銅、鐵、氊罽之產，多種白楊、榆、柳、桃、杏、梨、李、蒲萄、花紅，土宜五穀。民風土俗與哈烈同。

李賢《明一統志》卷八九《外夷・日本國》 土產：金，東奥州出。銀，西別島出。琥珀、水晶，有青、紅、白三色。硫黃、水銀、銅、鐵、丹土、白珠、青玉。

又《西蕃》 土產：金、銀、銅、錫。

又《伊坶巴爾》 山川：白山。山中常有火煙，蓋出砂之處，採硇砂者着木底鞵取之，皮者即焦。下有穴生青泥，出穴外，即變爲砂石，土人取以治皮。土產：銅、鐵、鉛、雌黃、胡粉、【略】硇砂。

又《賽瑪爾堪》 土產：金、銀、玉、銅、鐵、珊瑚、琥珀、琉璃。

又《哈里》 土產：【略】金、銀、銅、鐵、珊瑚、琥珀、珠、翡翠、水晶、金剛、朱砂。

鄭曉《吾學編・皇明四夷考》卷上《三佛齊》 產鶴、頂火鷄、神鹿、金、銀、水晶、珠、瑠璃、珊瑚、犀角、象牙、龍腦、諸香、猫睛。

又卷下《占城》 產金、銀、錫、鐵、獅、象、犀牛、瑇瑁、諸香、朝霞、大火珠、菩薩石。

又《真臘》 產銅、金、諸香、象、翠羽、嘉樹、異魚。

又《爪哇》 產金、珠、銀、犀角、象牙、玳瑁、青鹽、檳榔、椒、香蘇木、桄榔木、吉貝、倒掛鳥、綵鳩、綠鳩、紅綠、白鸚鵡、白鹿、白猿猴。

又《撒馬兒罕》 產金、銀、玉、銅、鐵、珊瑚、琥珀、琉璃、罽苾思檀、水晶鹽、花藥布、名馬、獨峯駝、大尾羊、狻猊。

又《天方》 產馬、金、琥珀、玉石、珊瑚，犀角，貢從嘉峪關入。

又《哈烈》 產巴旦杏、鎖伏花、毯、金、銀、銅、珊瑚、琥珀、水晶、珠翠、名馬、獅子、黑白文獸、白鹽。

又《亦力把力》 產銅、鐵、鉛、雌黃、胡粉、馬駝。

又《彭亨》 產片腦、諸香、花錫。

又《拂菻》 產金、銀、珠、西錦、千年棗、馬、獨峯駝、巴欖。

又《西蕃》 產金、銀、銅、錫。

薛俊《日本考略・土產略》 金，東畧出。銀，西別島出。琥珀、水晶，有青紅白三種。硫黃、水銀、銅、丹土、鐵、白珠、青玉。

陸應陽《廣輿記》卷二四《外譯・占城國》 土產：金、銀、錫。

鄭若曾《鄭開陽雜著》卷六《土産》　〔安南〕生金、銀、銅、丹砂、珠、玳瑁、珊瑚。

又《制限進貢方物》　〔安南〕産多生金、銀、銅、朱砂、珠貝、犀、象、翠羽、硨磲、諸香及鹽、漆、吉貝之屬。

嚴從簡《殊域周咨録》卷一五《哈烈》　金、銀、銅、鐵、珊瑚、琥珀、珠、翡翠、水晶、金剛、朱砂、名馬、獅子。其貢馬、玉石。

黄洪憲《朝鮮國紀》　先是朝鮮貢物有金、銀、龍頭盞之屬。上勑綯曰：金玉非爾國所産，措辦必艱，自今貢獻惟以土物效誠而已。

神嵩、北嶽海、鴨緑江爲大，産金、銀、銅、鐵、水晶、鹽、細苧布、細花布、龍文簾席、白硾紙、狼尾筆、紫花硯、果下馬、長尾雞、貂、豽、海豹皮、八稍魚、昆布、秔、黍、麻、榛、松、人參、茯苓、薏苡，其餘不能殫載云。

何喬遠《名山藏》卷一九〇《王享記五・撒馬兒罕》　今西至脱忽麻，北接瓦剌，東南抵於闐河端。于闐有河産玉，又有地名哈石，寶石、金、銀之所出。

李言恭郝杰《日本考》卷二《百工器械》　木、石、銅、銀、錫、鐵、綿花、織染、油漆、描金、車旋、泥水、裁縫、裱褙等匠俱有，止缺瓦匠。

又《土産》　金，陸奧州出。銀，出雲州。【略】硫黄，大隅州，海外出。水銀，丹波州出。銅，南海道河波州山出。丹土，丹後州山出。鐵，薩摩州沿海黑沙煎出。白珠，五島出。青玉，阿蘇山出。

王嗚鶴《登壇必究》卷二四《輯東倭説》　雲之西爲石見。出銀與銅。其畧爲南，爲番馬，爲番馬搭，爲哥，爲撮奴市，爲有奴子，北至海三十里。

張燮《東西洋考》卷二《西洋・列國考占城》　形勝名蹟：金山。在林邑故國。《梁書》曰：「石皆赤色，其中生金。金夜則出飛，狀如螢火。」

物産：金，即金山所出者。《南齊書》曰：「金汁流出於浦，事尼乾道鑄金銀人像，大十圍。」錫，見《吾學編》。鐵。見《宋史》。

又卷三《西洋列國考・下港加留》　下港，一名順塔，唐稱闍婆，在南海中者也。一名訶陵，亦曰社婆，元稱爪哇。《一統志》又名蒲家龍，甲兵爲諸番之雄。

物産：金、銀。《唐書》曰：「出黄、白金。」

又《舊港詹卑》　舊港，古三佛齊國也。初名於陀利，又名渤淋，在東南海中，本南蠻別種，居真臘、爪哇之間。王號詹卑，故今王所部號詹卑國，而故都爲爪哇所破，更名舊港。

物産：珠。《宋史》曰：「以珠獻宰臣秦檜，檜已死，詔賞直收之。」金、銀。宋時入貢。

又卷四《西洋列國考・思吉港》　思吉港者，蘇吉丹之訛也。爲爪哇屬國。

物産：金、銀、珠、犀角、象牙、玳瑁、沈香、檀香、錫。

又卷六《外紀考・日本》　物産：金、銀。僧脊然曰：「東奧州産黄金，西別島出白銀，以爲貢賦。」

又《紅毛番》　紅毛番自稱和蘭國，與佛郎機鄰壤，自古不通中華，其人深目長鼻，毛髮皆赤，故呼紅毛番。

物産：金、銀錢、琥珀、瑪瑙、玻瓈、天鵝絨、瑣服、哆囉嗹、刀。

陶承慶《文武諸司衙門官制》卷一《四夷・東夷・占城》　土産：金、【略】銀、錫、鐵。

茅瑞徵《明象胥録》卷一《朝鮮》　土産金、銀、銅、鐵、水晶、鹽、紬、苧、布、摺扇、龍文簾席、白硾紙、狼尾筆、紫花硯、果下馬、長尾雞、貂、豹、海豹皮、八稍魚、秔、黍、松、榛、薏苡、茯苓、人參。

又卷二《日本》　水土温燠，宜禾稻，産金、銀、琥珀、水晶、硫黄、水銀、銅、鐵、白珠、青玉、蘇木、胡椒、細絹、花布、螺鈿、灑金、漆器、扇、犀、象、刀、劒。互市華人，喜得錦綺絲綿、磁針。貢道故由寧波，今久絶，而通番人日衆。

又卷四《文郎馬神》　土産鶴，頂莉藤最多，入山深處，有村名烏龍里彈，其人盡生尾，逢人羞澀，掩面欲避。然地饒沙金。

又卷五《古麻剌》　或曰麻剌國有州百餘，佛宇至四千區，向未通中華。其南有層拔國，在大海中，西接大山。其人大食種，纏青布，躡皮鞋。地多巖谷，少寒，産象牙、生金。

又卷六《赤斤蒙古》　赤斤蒙古，周西戎，戰國月氏，秦漢屬匈奴，武帝取爲酒泉、燉煌二郡，晉屬郡曰晉昌，唐初屬瓜州，廣德後没於吐蕃，宋入西夏，元仍瓜州，屬沙州路。其地有白山，饒草木禽獸，産金、駝、馬、肉蓯容、胡桐律。

又卷七《哈烈》　産巴旦杏、鎖服花㲲、金、銀、銅、珊瑚、琥珀、珠翠、馬、獅、黑白文獸。白鹽堅潤如水晶，琢磨爲器，沃以水，和肉食。田美多穫。

又《茀林》　産金、銀、珠、西錦、千年棗、獨峰駝、巴欖，然自漢，侈言大秦，宫室皆以水精爲柱，珊瑚爲棁，琉璃爲墻。

傅維鱗《明書》卷一六六《列傳二一・四國傳二・真蠟》　洪武六年，國王忽兒那遣禁亦吉郎表獻方物，賜歷文綺，朝貢至明季不絶。【略】産銅、金、諸香、

象、翠羽、嘉樹、異魚。

又卷一六七《列傳二一・四國傳三・撒馬兒罕》 產金、銀、玉、銅錢、珊瑚、琥珀、琉璃、罽、苾思檀、水晶、鹽花、蘂布、名馬、獨峯駝、大尾羊、狻猊。

又卷一六七《列傳二一・四國傳三・哈烈》 人多善走，日行可三百里，氣候常煖，市中流水，四時不斷，多水磨、風磨，瓷器尤精巧。產巴旦杏、鎖伏花毯、金、銀、銅、珊瑚、琥珀、水晶、珠翠、名馬、獅子、黑白文獸。

又《亦力把力》 六月飛雪，俗獷戾，服用汚穢，上下無紀律。其山白山，葱嶺爲大。有熱海，然氣候常寒。產銅、鐵、鉛、雌黃、胡粉、馬蛇、犂牛、孔雀、氍毹、阿魏、白氎布。

利類思《西方要紀》《土產》 〔歐邏巴〕五穀六畜等無異，但日用以麥爲主，類中國之燕、魯、汴、梁。其五金、晶石、瓊瑶、玻璃尤多，用造宮室精器。

陳鼎《滇黔紀遊》 廣西府近安南有莫冶峰，高萬仞，終歲雲霧不開，在師宗彌勒之境。惟三月三日起至四月三日止，一月皎潔，遊人登其巔，望見安南宮室。山中多金銀礦，故民物富，雖十廣南府不及也。

官修《清職貢圖》卷一《大西洋翁加里亞國夷婦》 翁加里亞國在波斯泥亞國南，其人彷佛蒙古，衣服甚短，束縛袴襪有如行縢。極穎悟，尚禮貌，幼習馳馬，短頸善奔。常帶彎刀，長四尺，每在馬上舞試。婦人能通文字，刺繡工巧，出門必設紗綾蔽面。

《程賦統會》卷一八《朝鮮》 物產極豐，牛羊可供他州之用，金、銀、銅、鐵等物取之不竭。土產：【略】金、銀、石。

又《日本》 土產：【略】金：東奥州出。銀、西別島出。銅、鐵、丹土、水銀、硫黃。

又《安南》 土產：金。太原、諒山、義安出。

又《占城》 土產：金、銀、錫、鐵。

又《爪哇》 土產：金、銀。

又《暹羅》 土產：【略】花錫。

又《彭亨》 土產：【略】花錫。

又《三佛齊》 土產：【略】金、銀。

又《撒馬兒罕》 土產：【略】金、銀、玉、鐵、琉璃。

又《哈烈》 土產：金、銀、水晶、琥珀、翡翠、【略】銅。

又《于闐》 土產：【略】金。

又《赤斤蒙古衛》 土產：麩金、硇砂。

又《拂菻》 土產：金、銀、珠。

又《女直》 土產：【略】金。

又《亦力把力故名烈石里》 土產：銅、鐵、鉛、雌黃。

又《和蘭》 土產：金。

椿園《西域聞見録》卷四上《外藩列傳下附絶域諸國》 安他哈爾之城，看他哈爾之城，絶域部落也。多山，人以松子、核桃爲糧，打牲爲業。產白礬、鉛、鐵。

王大海《海島逸志》闕名《新金山記》 東南洋海中有大島曰澳大利亞，即粵人所呼爲新金山也，現屬英國。始載於《職方外紀》，謂之爲天下第五大洲，土地廣大，爲東南洋諸島之冠。數百年前爲人迹所不到，野番獸處，亘古昏蒙。明時西班牙王遣使臣墨瓦蘭環海探地，既得亞墨利加兩土，侈心不已，展轉西尋，忽見大地，以爲搜奇天外別一乾坤，不知地球圜轉已至亞西亞之東南洋矣。其地荒穢無人迹，入夜燐火亂飛，以是西班牙人雖得之，未嘗經營之也。後荷蘭人東來，即於海濱建設埔頭，名之曰澳大利亞，又稱新荷蘭，旋爲法蘭西所奪，尋以穹荒棄之，於是始爲英人屬土。因其土地之廣，堅意墾闢，流徙罪人於此，爲屯田計。貧民無業願往者，即載之來，他國之民願受一廛者亦聽之，久之遂成都會。【略】土產海參、袋鼠、金、鐵、銅、錫、鉛、煤、羊毛。氣候各地不同。【略】新金山產金之夥，生物之衆，貿易轉輸之廣，人民居住之繁，誠可稱一大都會。

又《牛西蘭島紀略》 牛西蘭島在東南太平洋中，與澳斯得拉利相去五千里，形式兩端寬闊，亦常目爲南北二島。居民八萬餘，地百有二萬頃。【略】城中屋舍俱以甎葺成，有匯兑銀洋行號，更有新聞紙局，耶穌教堂建樹多處。集股合夥公司甚多，有保水險者，保火險者，更有採取金、銀、銅、鐵、煤各等礦務者，諸般市肆交易懋遷悉聚其所，商定貨物價值，各種俱有，傳單、牌票爲貨價真實之據。

王大海《海島逸志》卷三《西北海島考略》 西壠，在西北海之隅，地極廣大，距葛留巴極遠，和蘭、紅毛佛蘭西、吕宋諸國錯處其間。產金、銀、寶石，五色俱備，光彩奪目。

姚瑩《康輶紀行》卷一一 異域諸國產金銀者，班書言罽賓國有金、銀、銅、錫，以金銀爲錢，文爲騎馬，幕爲人面。烏弋山離國錢貨金珠皆與罽賓同，其錢獨文爲人頭，幕爲騎馬，以金銀飾仗。安息國亦以銀爲錢，文獨爲王面，幕爲夫

人面，王死輒更鑄錢。大月支國錢貨同安息。范書言大秦國在海西，多金銀奇寶，以金銀爲錢，銀錢十當金錢一，與安息、天竺交市於海中，利有十倍。天竺國土出金、銀、銅、鐵、鉛、錫。趙汝适《諸蕃志》言闍婆國領兵者歲給金二十兩，勝兵三萬，歲亦給金有差。婚無媒妁，但納黄金。女家罰罪者，隨輕重罰金以贖。蘇吉丹國民間貿易用雜白銀爲幣，狀如骰子，上鏤蕃官印記，六十四隻準金一兩，名曰闍婆金。大食國巨富，金銀以量爲秤。層拔國産生金。蘆眉國金銀爲錢。宴陀蠻國有大山，有井，每歲兩次水溢流入於海，所過沙石經此水浸皆成金，合山人常祭井。如銅、鐵、鉛、錫，用火燒紅，取水沃之，輒變成金。《坤輿圖説》言熱爾瑪尼亞之屬國波夜米亞生金塊有重十餘斤者，河底常有金如豆粒。諾而忽惹亞國，歐羅巴稱第一富庶，多五金，則貨貿易不以金、銀，以物相抵。莫諾本大彼亞國黄金最多，地無寸鐵，特貴重之。百爾西亞國一塔以黄金鑄成。亞喇比亞國土産金、銀。以西把尼亞國産五金，有名城曰巴未利亞，近地中海，爲亞墨利加諸舶所聚，金銀如土。歐羅巴州大小七十餘國出五金，以金銀銅鑄錢爲幣。伯西爾國有銀河，水味甘美，湧溢平地，水退布地皆銀沙銀粒。金加西臘國地出金、銀，天下稱首。其鑛有四坑，深者二百丈，役者常三萬人，所得金、銀，國王什取其一。其山麓有城名曰銀城，廣袤萬餘里，出金鑛，取時金土互溷，别之金多於土，故金銀甚多。國王宫殿皆黄金爲板飾之，獨不産鐵，兵器用燒木銛石，今漸知用鐵，然至貴。餘器物皆金、銀，銅三種爲之。右凡海外異域諸國産金、銀者略見於此。以余所聞見，蜀滇諸土司境内及打箭爐外，至前後藏及阿里，其産金之地尤多，而土司夷人皆愛惜之，甚恐漢人開採，大吏亦體盛代示禁之意，恐生邊釁，皆寘之不復事採取，故邊境稍安，此豈外夷貪利所能仰企萬一者。右異域産金銀。

徐繼畬《瀛寰志略》卷二《南洋各島》 息力之南、噶羅巴之西有大島横亘西南，曰蘇門答臘，一稱亞齊。長約二千餘里。中有大山綿亘，曰萬古屢。迤東窪下海潮侵漲，林莽穢雜，道路難通，迤西平坦有大河縈帶。地産沙谷米、沙藤、胡椒、檳榔、血竭、冰片、安息香，山産黄金、銅、鐵、硫磺，河産金沙，海産龍涎香。獸多水馬，狒狒，熊，虎。木多椰子，處處成林。

又卷四《歐羅巴》 〔俄羅斯國〕加厦俄在大俄之東，本回部地，明嘉靖間俄攻得之，分爲五部，地腴坦宜稼，産穀甚豐，又産木材、銅鐵、番鹼。【略】

綜西伯利全土，東部所産惟皮貨，狐狸、兔、貂、鼠、獺之類皆備，專售中國。西部兼産金、銀、銅、鐵各礦。鐵尤多，每歲得百餘萬擔，泰西諸國皆仰給焉。地分八部：曰德波爾斯科，曰多木斯科，曰也尼塞斯科，曰慕斯科，曰義爾古德斯科，曰亞古德斯科，曰哥德斯科，曰岡札德加。德波爾斯科與海東部之亞爾幹、日爾薩勒、内白爾摩等部相連，以烏拉嶺爲界，地氣寒甚，産金、銀、銅、鐵礦。【略】義爾古德斯科，一作耳穀。在薩慕之東，地極廣大，出銀鉛礦，兼産皮貨，每年所得鉛與皮甚多，足助國用。其人多美丰姿，頗講文學。南境抵外興安嶺，與喀爾喀蒙古土謝圖汗、車臣汗兩部接壤。南界有甲他城，即内地所稱恰克圖，中國與俄人互市於此，庫倫辦事大臣司其事，彼以皮來，我以茶往。亞古德斯科，一作牙穀。在義爾古德之東南境，抵外興安嶺，與黑龍江接壤。

俄羅斯雖分四大部，則東西兩土。西伯利，其東地。波蘭二部，其西地。【略】西土三部，周迴萬餘里。【略】其民各分種族。【略】曰日耳曼人，墾種新地，曰猶太散民，務百工。地之所産者，五穀之外，麻與皮爲多，麻織帆布售於各國，皮轉售於中國。其木多椽、榆、松，由海道運於各國。南方多馬，北方多牛，牛之油與皮運出無窮。東界之山産金、銀、銅、鐵、金鋼石。其民衣長衫，冬著羊皮，食物最粗，以大麥粉爲湯粉，水爲飲。

又《瑞國》 瑞典本國氣候極寒，迤北沙磧低窪，皆不毛之土，南界土稍沃，而濱海多淖泥，農作甚艱，恒苦乏食。富者啗餅薯，貧者屑樹皮，雜醃魚噉之。所産者木料、銅、鐵，舉國以此爲生計，亦産銀、鉛、礬、磺、獸皮。

又卷五《奧地利亞國》 奧地利之日耳曼故土，在日耳曼列國之東南，山嶺重疊，産水銀、硃砂、鐵。草場豐廣，每歲所産牛馬羊以萬億計。有多惱大河可通舟楫。地分五部：【略】不威迷亞，一作伯閔，又作波希米。在下奧地利之北。【略】會城曰巴拉加，産五穀、牲畜、銅、鐵、麻，居民善造玻璃器，運行四方，獲利無算。地有書院，習文藝者八百餘人。【略】

奧地利之匈牙利地，一作翁給里亞，又作寒牙里，又作博厄美亞，又作班那里阿。在國之東界。古時匈奴有别部轉徙至此，攻獲那盧彌地，於趙宋咸平年間立國，稱雄一時，久而寖衰。明建文年間，女主伊利薩麻嗣位，配奧王阿爾麥爲夫婦。時匈牙利爲波蘭所攻，土耳其屢侵南境，皆賴奧地利兵力退敵保疆，遂挈國合於奧。其地幅員倍於奧本國，半山半土，多惱河横流其間，山出金、銀、銅礦，每歲

得金一千餘斤，銀四萬餘斤。

又《日耳曼列國》 日耳曼，阿勒曼、阿里曼、亞里曼、占曼尼、耶馬尼、熱爾麻尼、亞勒墨尼亞。歐羅巴古大國也。其地縱横皆數千里，北扼波羅的海，南踐地中海，爲歐羅巴之中原。【略】地氣北寒南暖，多腴壤，五穀百果皆宜，花卉亦繁，產金、銀、銅、鐵、錫、鉛、寶石、玉石、花石、赭石、滑石、磁石、陽起石、黑礬、白礬、硝磺、硇砂、磁粉。

薩克索尼亞，一作撒遜，又作撒孫。在巴威也拉之北，爲日爾曼適中之地，東西五百里，南北三百里，爵稱王，户口一百四十萬，公會應出兵一萬二千。國之南界有大山綿亘，與奧地利巴威也拉毗連，山產銀礦最王，開掘已五百年，尚未匱竭，昔時西國之銀多出於此。地乏五穀，居民夏則攻礦，冬則挾餘資遊四方，飲食宴樂，資盡而反。【略】

挨塞加塞爾，一作黑西加塞爾。與挨塞毗連，長四百里，廣二百五十里，爵如上公，户口五十九萬二千，公會應出兵五千六百七十，都城曰加塞爾。其制：幼主不得治事，母后或至戚居攝，俟年十八乃反政。地多山，產銀、銅、鐵礦。

又卷六《土耳其國》 波斯尼亞，一作不尼。在極西北，北距多惱河，草場豐廣，內有山，產鐵甚良，居民鑄爲刀劍。【略】

西威斯，一作西瓦。在加拉馬尼亞之東，南臨海，山出銅礦，居民善造銅器。

又卷七《西班牙國》 西班牙北境負比里牛斯大山，地氣頗寒，南境臨地中海，夏令酷熱，賴海風滌暑氣。中土距海面一百四十四丈，爲歐羅巴極高之地，四時多風，隆冬不煬火。河道之大者十二，尤著者曰米虐，曰門羅，曰德人，曰瓜達爾幾維爾，皆入大西洋。海曰厄波羅，入地中海。土多膏腴，五穀之種皆備。木多橡果，多葡萄。山產各礦，金、銀近已空竭，銅、錫、鉛尚有之，惟鐵與煤采之不竭，又產鑽石、寶石、五色玉、瑪瑙、水晶。【略】木爾西亞在瓦棱薩之西南，東南境臨地中海，縱約二百餘里，横約三百餘里，現分二部，曰木爾西亞，列中等，城建山谷中，户口三十六萬，地氣温厚，物產充盈，谷果麻酒皆豐。又產銅、錫、硫磺、白礬。有鹽池，產鹽極王。曰亞爾巴塞爾，列下等，產布匹、牲畜、鐵器。亞拉岡在舊加斯辣之東，縱約七百二十里，横約四百八十里，山嶺重疊，寒燠懸殊，產麥、麻、百果、酒、油、蜜蠟、牲畜，兼產銅、鐵、錫、礬、不灰木。【略】亞斯都里亞斯，在舊加斯、德辣良兩部之北，北境距大西洋海，縱約一百五十里，横約四百六十里，南境負大山，民居岩谷，農作甚勤，產栗子、佛手，山產銅、鐵、錫、鉛、白礬、水晶，又產駿馬，現仍爲一部，曰奧維夜多，列中等。

又《葡萄牙國》 葡萄牙壤地褊小，外臨大西洋海境，內萬山盤亙，平原甚少。大河三：曰米虐，曰門羅，曰德人，皆發源西班牙，由葡西境入海。西北氣候頗寒，東南則夏苦炎熱。穀以小麥爲主，大麥、油麥、高粱、粟米、粳稻、蠶荳、豌豆亦皆有之。【略】山產紅藍寶石、水晶、五金各礦，黑礬、硫磺、磁石。【略】亞利牙爾威，西南臨海，北界亞零德人，東界西班牙，縱約一百里，横約三百四十里。其民雄健好武，多以捕魚爲業，尤善駛船。舊本小國，葡滅回部，並兼其地。領小部三，會城曰發羅，平原饒沃，煙户輳密，人多習漁。曰達維拉，葡萄遍野，網罟蔽河，山產銀、銅。曰拉各斯，城建海隅，港口深闊，可泊大船，屬邑薩給勒斯。有書院，故王亞豐蘇英黎給所建也。

又《英吉利國》 阿爾蘭，一作耳蘭，又作壹爾蘭大。在英倫蘇格蘭之西海港。隔斷別爲一島，南北約七八百里，東西約四五百里，古時爲土番部落，英人於南宋時收服之，地多潴澤，河流甚短。土亦磽瘠，產石炭甚富，又產鉛、錫、銅、鐵。【略】

英吉利三島物產石炭之外，兼產銅、鐵、錫、鉛、窩宅、硇砂。馬牛羊最多，土宜二麥，收穫甚豐。

又《阿非利加南土》 加弗勒里亞，一作喀士列里。在東土莫三鼻給之南，東距印度海，西連桑丁多的亞，西南接加不，長約四千里，廣約一千里。迤西沙漠居多，水泉缺乏，東方巒嶂重疊，山谷中壤土腴厚，叢林茂密，獸多獅、象、熊、豹、羚羊、水牛，鳥多鷹鷲，海多鼉、鰐、海馬。黑番長大有力，惟務稼穡。部落甚多，在海濱者有古薩、不當給、忙不給等部，在內地者有比里加達爾、馬哈巴羅隆、馬盧的西、馬著、馬幾尼等部。土產金、銀、銅、鐵、珊瑚、琥珀。

又卷八《阿非利加北土》 的黎波里，的黎不里、特利破里、直波里。在麥西之西，土耳其屬國也。長四千里，廣二千五百里，夷坦無山，有大河曰的內，匝岸頗有腴壤，餘皆沙漠。沙中間有片土生茅草，回族遊牧其中，騎健駝四出剽掠，鄰境患之。國有王世繼，仍請命於土耳其，分四部：曰的黎波里，其都城也，建於海濱。曰巴爾加，曰非三，曰亞達美，地氣酷熱，晝暑夜寒，多歉歲，土產皮、羽、蠟、棉花、硫磺、滑石、丹參、金砂。

突尼斯，都尼斯、土匿。在的黎波里之西，亦土耳其屬國。地形北出，東北兩面皆臨地中海，長一千五百里，廣八百里，地勢平坦，沙磧居多。沿河之土極腴，

海濱鹵斥，乏淡水，户口三百餘萬，皆安居貿易，無劫盜之俗，稱回部善國。王不世及，由衆推舉，仍請命於土耳其。地分兩部，曰的里幾亞，曰達拉幾斯，都城建於波加斯湖濱高阜之上，與國同名。居民十萬，多以織布爲業，地氣濕熱，産穀、麥、橄欖油，兼産銀、銅、錫、蠟、水銀、硇砂，獸多獅、猴、獐、山狗。歐羅巴各國皆與通商。

公額，一作公我。在幾内亞之南，一名下幾内亞。西距大西洋海，南界星卑巴西亞，東抵日牙加，長約三千八百里，廣約一千四百里。東境山岡重疊，萬派發源，河之大者曰公額，因以爲部落之名。【略】土産銅、錫、甘蔗、胡椒、薯粉、象牙，西境有葡萄牙創辟之地，凡二部，北曰昂哥拉，南曰奔給拉，産五金各礦。其商船往來專以販賣黑口爲事。

又《阿非利加群島》 馬達加斯加爾大島，一作馬大押甲，又作墨勒阿士喀，又作聖老佐楞大島。在印度海東南方，與東土之莫三鼻給相近，長約二千八九百里，廣約七八百里。有高山綿亘如脊，萬笏紛排，瀑布飛流數百仞。峰之最高者，北曰維加哥拉，南曰昂巴的美内，山東西平原坦闊，溪澗交縈，田土肥沃，穀果豐碩。【略】土産絲、麻、蜜、蠟、竹、蘇木、甘蔗、樹膠、青黛、烟葉、白胡椒、沙穀米。山中銀、銅、鐵、錫、黑鉛、水銀各礦皆備，寶石、水晶亦所在多有，土番不解搜採，惟知攻鐵而已。

又卷九《亞墨利加》 亞墨利加，一作亞墨理駕。一土與三土不相連，地分南北兩土。北土形如飛魚，南土似人股之著肥褌中，有細腰相連。北距北冰海，南近南冰海，計長二萬八千餘里，東距大西洋海，與歐羅巴、阿非利加兩土相望，水程約萬里。【略】南亞墨利加西境有大山曰安達斯，綿亘如脊，由北而南，長一萬七千里。其山出銀礦，號爲金穴。【略】多松、柏、橡、栗、榆、椵、槐、楊，藥材、顔料、香料極多。五金之外，兼産鑽石、寶石、水銀，煤與鹽隨處有之。

又《北亞墨利加英吉利屬部》 北亞墨利加一土自米利堅以北，本皆佛郎西所墾闢，英吉利既得米利堅之地，以兵力争其北土，與佛交戰八年，佛棄其地，英人括而有之。乾隆末年，華盛頓據地起兵，米利堅諸部盡爲頓所割。惟北土用佛例，税額甚輕，其民未畔，故仍爲英轄。【略】英吉利三島之民，年年有西渡謀食者。地分六部：曰上加拿他，曰下加拿他，曰新不倫瑞克，曰新蘇格蘭，曰散約翰島，曰新著大島，六部總名新北勒達尼亞，附近小島皆屬焉。駐有大酋，總理六部之事。五穀皮張木料之外，兼産銅、鐵、鉛、煤、水銀、烟葉。其西北荒地，遼邈無垠，尚未墾闢。

新蘇格蘭在新不倫瑞克之南，三面懸海，僅一隅與新不倫瑞克相連，東西約一千里，南北約三百五十里。天氣嚴寒，自十月至三月積雪不消，産銅、鐵、煤。海中多魚，居民勤苦治生，最爲安分。會城曰哈勒法，係大埔頭，海濱大港尚多，因户口不繁，城邑未建，故商舶乏停泊者。

又《北亞墨利加米利堅合衆國》 米利堅，米，一作彌，即亞墨利加之轉音，或作美利哥。一稱亞墨理駕合衆國，又稱兼攝邦國，又稱聯邦國，西語名奈育士迭。亞墨利加，大國也，因其船挂花旗，故粤東呼爲花旗國。【略】

紐罕什爾國，一作紐韓詩爾，又作紐含社，又作新韓賽，又作新杭西勒。紐，即譯言新也。在緬國之西。北界英土。西界窪滿的，南界麻沙朱色士，幅員如緬三之一。境内峰巒叠聳，最高者曰白山，積雪不消。【略】地産大木，有高二十丈者。又産洋參、冰糖、銅、鐵、鉛。會城曰公哥突，有大書院，官制與緬略同，員數差少，居民二十八萬零。東南隅有波子某城，港口深穩，合衆國兵船皆泊於此。

洼滿的國，一作屋滿的，一作洼門，又作華滿，又作法爾滿，又作委爾蒙。在紐罕什爾之西北界，英土。西界紐約爾，南界麻沙朱色士，幅員與紐罕什爾相埒。境内有曼士非爾大山，高四百餘丈，山多杉木，冬夏常青，故名其地曰洼滿，譯言緑山也。又有大湖曰占勃連，萬曆元年，佛郎西人由加拿他轉徙至此，雍正二年英吉利人由麻沙朱色士漸拓其地，乾隆年間别立爲一部，乾隆五十六年，歸合衆國。産布匹、棉紗、粗呢、牲畜，兼産鉛、銅、鐵、錫，而鐵尤王，又産皂礬極多，會城曰滿比鰲阿。【略】

麻沙朱色士國，一作馬薩諸色士，又作馬沙米碩斯，又作馬沙諸些，又作馬撒主悉，又作馬薩諸塞。在紐罕什爾、洼滿的之南，西界紐約爾，南界干捏底吉、洛哀倫，東距大西洋海，幅員與洼滿的相埒。近海地勢稍平，迤西山嶺重叠，干捏底吉河由此發源，横貫國中。氣候温和，似中國之江北。明正德年間，英吉利尚天主教，國人尚耶蘇教者航海逃至此地，名曰新英吉利，開墾生聚，户口漸繁。康熙三十一年，復歸英轄。乾隆年間，歸合衆國。土産鉛、錫、白礬、煤炭、大呢布匹、魚油。

干捏底吉國，一作干尼底吉，又作哥内的吉，又作袞特底格，又作捏的格爾。在洛哀倫之西，北界麻沙朱色士，西界紐約爾，南距海港，幅員三倍洛哀倫。有大河曰干捏底吉，發源緬國，由此入海，故以水名爲國名。土壤中平，沿河腴沃，氣候温和，近年已興蠶桑之利。明崇禎六年，麻沙朱色士人始墾其地曰赤活，後有英吉

利人墾出港口之地曰紐倫敦。康熙元年，合爲干捏底吉部，歸英轄。嘉慶二十三年，歸合衆國。土産牛、馬、騾、羊、銅、鐵、棉、麻、布匹、大小呢、紙、鐵器。

紐約爾國。【略】紐約爾，外通海港，爲合衆國第一埔頭，産銅、鐵、鉛、鹽、牛、馬、羊、豕、棉花、嗶嘰、熟皮、白紙、玻璃。【略】

北喀爾勒那國，【略】乾隆五十五年歸合衆國，地産金，開礦淘沙者常二萬餘人。【略】

南喀爾勒那國，一作搜士喀爾勒那。搜士，譯言南也。餘與北國同。在北喀爾勒那之南，西南界若耳治，東南距海，幅員如北喀爾勒那三之二。境内墨魯山高四百餘丈，餘皆嶁，有泚底大河由西北而貫東南。海濱炎熱，有瘴氣，迤西適中。初與北喀爾勒那爲一部，後分兩部，與北部同時歸合衆國。土宜粟、稻，木多松、橙，産棉花、苧蔴、金、鐵。有鐵路通鄰封，會城曰個倫比亞，有大書院二。官制同北部，惟北部無副統領，南部有之。居民五十五萬三千零。

阿拉巴麻國。【略】産金、鐵、稻、穀、果實、甘蔗、烟葉、棉花、洋藍。

又卷一〇《北亞墨利加南境各國》 墨西哥。【略】明弘治初，西班牙遣可倫探尋新地，知墨西哥爲金穴，又稔其國無備。正德十四年，遣其將哥爾德斯率兵攻之，震以砲火，墨西哥潰敗，國遂爲西班牙所據。西人連袂西來，入山掘礦，流布雜居，户口日益繁盛，每歲得番銀一千數百萬圓，西班牙以此驟富。【略】

危地馬拉，【略】穀果豐碩，産金、銀、珍珠、琥珀、雲母、木料、顔料、香料、藥材、牛皮。

又《南亞墨利加各國》 可倫比亞。地産加非、白糖、烟葉、靛餅。山産銀、銅、銀，有四坑，取之不竭。河産金沙、珍珠、寶石。

秘魯，或作尼魯，一作孛露，又作伯路，又作北盧。南亞墨利加名國也。舊與玻利非亞合爲一國，今分。北界可侖比亞，東界巴西，南界玻利非亞，西距大洋海，長約五千三百里，廣約二千六百餘里。安達斯大山自西北來，環國之西界如帶，山以西浮沙浸海，斥磧不毛，山以東横嶺錯出，拓爲平原，或高於平地百餘丈。故山下炎蒸，而嶺上恒積冰雪，其間膏腴之土，蔬穀皆宜。因地産金、銀，舉國以攻礦爲業，農事全荒，恒苦饑饉。其地自古爲土番，建國風俗與墨西哥、可侖比亞同。西班牙既得可侖比亞，聞秘魯銀礦尤王，嘉靖三年，命比薩羅亞爾、馬哥羅等懸軍深入，軍士或顛墜層崖，或失路餓死，顧以大利所在，堅不肯舍。已而抵其國都，番王不識戰鬥，懾於砲火，竄伏不敢與争，國遂爲西班牙所據。西人群來攻礦，生聚日繁，鎮以大酋，歲收金銀益國用，所得多於墨西哥。嘉慶十三年，西班牙爲佛郎西所困，屬藩多畔，秘魯欲畔，而畏西班牙兵多，猶豫不決。道光元年，與智利合兵逐西班牙守者，遂自立爲國。推擇長官理事，不立國王。居民皆西人苗裔，善待遠客，温藹可親，惟好逸好賭，與可倫比亞同俗。貿易諸事，倩他國人爲之，土人爲西人所制，艱於衣食，能釀酒，終日沈醉。其物産金、銀之外，兼産鉛、銅、水銀、胡椒、甘蔗、棉花、藥材、樹膠、顔料、香料。【略】

按：孛露即秘魯，爲南亞墨利加著名之國，泰西人著書，早艷稱之，以其爲金穴也。其民謂地中有寶，不屑耕稼，故土壤鞠爲茂草，有懷金而啼饑者。米利堅産穀、棉而以富稱，秘魯諸國産金、銀而以貧聞，金玉非寶，稼穡維寶，古訓昭然，荒裔其能或异哉？

智利，一作濟利，又作治里。在玻利非亞之西南，東阻安達斯大山，鄰拉巴拉，西距大洋海，東南接巴他峨拿。地形狹長如帶，南北約四千五百里，東西約四百餘里，東面峻嶺横雲，高處常積冰雪，有火峰數處，多地震。海岸高下，時時易形。山産金、銀、銅礦，每歲得銀八十餘萬兩，得黄金值銀五十餘萬兩，紅銅尤多。山西沿海一帶土田肥沃，五穀蔬菜果實皆宜，其民雖多攻礦，而以農功爲重，故夙稱富庶，异於秘魯之荒本逐末。初，西班牙既獲秘魯，嘉靖十五年，命亞爾馬哥羅進攻智利，土人拒戰不肯降。越四載，複命瓦爾的維亞進攻，得地無幾。嘉靖三十年，瓦爾的維亞爲阿老干人所殺，西班牙以其所得之地附秘魯。阿老干者，智利别部之最强者也。乾隆三十八年，西班牙始滅智利，得其全土，而阿老干一部始終未附。智利幅員褊小，非秘魯諸國比，然土沃礦旺，西班牙獨珍視之。

巴西，【略】産棉花、白糖、菸葉、加非、可可、二物果名，可代茶飲。紅木、牛皮、藥材，又出金沙、金剛鑽各色寶。

又《南北亞墨利加海灣群島》 西班牙屬島曰古巴，在佛勒爾勒釐之南，地形狹長，東西二千七百里，南北約五百里。群島之最大者，岡陵重叠，土壤腴厚，物産豐盈。西人昔時不甚措意，近來藩國皆叛，僅餘此島，乃珍重培護，倚爲外府。居民七十萬内，黑奴二十八萬。産白糖、加非、酒、烟、金、銀、銅、鐵、水晶、吸鐵石。每年運出之貨值二千萬圓。

林則徐《俄國疆界風俗志》 〔悉畢鳌阿圖〕産米、穀、大麥、小麥、粗麥、石鹽、石髓石、奶油、野鴨鴈鵝、牲畜。器用有大呢、玻璃、金、銀、銅、鐵、鉛、紅寶

石、青金石、鑽石、水晶、緑晶。別有一種石刀，切成片可代玻璃。皮毳則灰鼠、貂鼠、白狐、黑狐、紅狐、海狐、海虎、海獺，壤沃厚，易播種。五金産自烏拉嶺及阿爾臺山，并有沙漠千有餘里，中亦産金。道光八年，原云千八百二十八年。三處産金五十三氈，銅三萬千五百氈，鐵六萬六千氈，銀三十二萬四千棒。近曰銀礦不旺，歲産不過四五六萬棒，採取五金約萬有三千餘人。皮貨俱運售，不過四五六萬棒。皮貨俱運售于都莫斯、雅古薩。東洋遥遠，北海阻冰，或行數日無人烟，河道紆曲荒遠，萑苻出没，貿易跋涉艱難無匹，徒以産豐利厚，故商旅不絶，冒險爭騖。甘查甲物産尤盛，運至雅古薩，征税甚輕，以貨易貨，大都烟酒刀劍玩物居多。中國恰克圖城爲俄羅斯與中國互市之所，以皮貨、呢絨、玻璃易中國茶葉、大黄、磁器、絲髮、棉花、烟葉、磁器，每年交易約值二三十萬棒。【略】

都莫斯部，東界雅古薩，南界韃韃里，西界歐羅巴、俄羅斯，北界海。領大小邑三十九。産金、銀、銅、鐵、錫、五穀、皮貨、馬酒、材、大脂膏。秋濤按：即《志略》多木斯科。

雅古薩部，即悉比釐阿首部。東界甘查甲，西界都莫斯，南界中國，北界海。領大小城五十有三，産銀、鉛、皮貨。秋濤按：即《志略》亞古德斯科，一作牙谷。

科利弗部，東界雅古薩，西界韃韃里，南界中國，北界都莫斯。領大小城十，産金、銀、銅、鐵、鉛。秋濤按：即《志略》痾慕斯科。

楊炳南《海録》　本底國，在越南西南，又名勘明疑，即占城也。國小而介於越南、暹羅二國之間，其人顔色較越南稍黑，語音亦微異。土産鉛、錫、象牙、孔雀、翡翠、箭翎、班魚脯。又順東北風西行，約五六日至暹羅港口。

暹羅國在本底西，縱横數千里，西北與緬甸接壤，國大而民富。【略】土産金、銀、鐵、錫、魚翅、海參、鰒魚、瑇瑁、白糖、落花生、檳榔、胡椒、油蔻、砂仁、木蘭、椰子、速香、沈香、降香、伽楠香、象牙、犀角、孔雀、翡翠、象、熊、鹿、水鹿、山馬。

麻六呷，在舊柔佛西少北，東北與邦項後山毗連，陸路通行由舊柔佛，水路順東南風半日過琴山徑口，又日餘到此，土番亦無來由種類。疆域數百里，崇山峻嶺，樹木叢雜，民情兇惡，風俗詭異，屬荷蘭管轄。初，小西洋各國番舶往來中國，經此必停泊採買貨物，本爲繁盛之區，自咭利開新州府，而此處浸衰息矣。土産錫、金、冰片、沙藤、胡椒、沙穀米、檳榔、燕窩、犀角、水鹿、瑇瑁、翡翠、降速、伽楠各香。閩粤人至此採錫及貿易者甚衆。【略】

大西洋國又名布路嘰士，氣候嚴寒，甚於閩粤，由散爹哩正北行約二旬可到國境。【略】土産金、銀、銅、鐵、白鐵、珊瑚、硇砂、鼻煙、柴魚、蒲桃、酒、番鹼、哆囉絨、羽紗、嗶嘰、鐘錶，民多種麥，無稻，耕犂俱用馬。

大吕宋國又名意細班惹呢，在西洋北少西，由大西洋西北行約八九日可到。海口向西，疆域較西洋稍寬。民情兇惡，亦奉天主教風俗，與西洋略同。土産金、銀、銅、鐵、哆囉絨、羽紗、嗶嘰、蒲桃、酒、玻璃、番鹼、鐘錶。凡中國所用番銀，俱吕宋所鑄，各國皆用之。

暎咭利國即紅毛番，在佛朗機西南對海，由散爹哩向北少西行經西洋吕宋、佛朗機各境，約二月方到，海中獨峙，周圍數千里，人民稀少，而多豪富。【略】土産金、銀、銅、錫、鉛、鐵、白鐵、藤、哆囉絨、嗶嘰、羽紗、鐘錶、玻璃、呀囒、米酒，而無虎、豹、麋、鹿。

咩哩干國在暎咭利西，由散爹哩西少北行約二月，由暎咭利西行約旬日可到，亦海中孤島也。疆域稍狹，原爲英咭利所分封，今自爲一國，風俗與暎咭利同，即來廣東之花旗也。土産金、銀、銅、鐵、鉛、錫、白鐵、玻璃、沙藤、洋參、鼻煙、呀囒、米洋酒、哆囉絨、羽紗、嗶嘰。【略】

亞咩哩隔國在峽山正西，由峽山西行約一月可到。土番爲順毛烏鬼，性情淳良，疆域極大，分國數十，各有土王，不相統屬，總名亞咩哩隔。天氣炎熱，與南洋諸國同。中有一山名沿你路，周圍較西洋國爲大。近年西洋王移都於此舊都，命太子監守。由沿你路西行十餘日至名埋衣哪，亦爲西洋所轄。又西行十餘日至彼咕嗟哩，則爲暎咭利所轄。其餘各國亦多爲荷蘭、吕宋、佛朗機所侵佔。至此者脚多生蟲，其形如蝨，須長，洗浴挑剔始已。土産五穀、鑽石、金、銅、蔗白糖。

黄汝成《日知録集釋》卷一一《銅》　《五代史》：「高麗地産銅、銀，周世宗時，遣尚書水部員外郎韓彦卿以帛數千匹，市銅於高麗以鑄錢。顯德六年，高麗王昭遣使者貢黄銅五萬斤。」

李善蘭《談天》卷一四《逐時經緯度之差》　全地球内質之疏密率若大於外殼之疏密率，則在石之内之攝力，或較全地攝力，不但不減少，反有加大者。地球外殼之疏密率，既已推測而得，則依次可得地球疏密率之中數矣。英國天文官愛里曾試此法數次，第一次在哥奴瓦銅錫礦内深一千二百尺，將鐘擺之器自下取上，至半途，而礦内自燃，因致礫開落下，未得試成。

蔡爾康《泰西新史攬要》卷九上《英國》　初，南美洲各部與俄羅斯國開採金銀，已敷公私之周轉，及至諸國通商貿易，日廣金銀之用，日繁遂不免左支右絀。

凡求多財善賈之流，無不罔蹙。不意人之所欲，天竟從之，忽得廣産金銀之地。一千八百四十八年，道光二十八年。美國初得嘉禮福尼亞省，望氣者知爲珍寶之所聚，華人名之曰舊金山。繼則得澳斯鐵里亞洲，華人名之曰新金山。最後知美洲之羅綺山脈絡相連，計長三千里，大半皆金銀凝結而成，竟有取之不竭之勢。蓋前後三十年中，五洲之金銀，前共歲值英金一千萬鎊者，後則歲值英金三千五百萬鎊，合共增華銀四千兆兩之多云。各國既成無數新式機器，以供織造諸事之用，需煤日鉅，不卜可知。於是衆皆知煤之一物，實大助工作之力，於國事亦大有關繫。然而採煤寖廣，深識之士皆謂以産煤之數，推用煤之數，不久煤苗枯竭，各種絶大貿易一旦必將敗壞，遂各引以爲憂。英廷乃遴派大臣四路查察，旋據報稱，各處煤礦富不可言，即歷數百年之久源源照採。

何秋濤《朔方備乘》卷一六考一〇《波羅的等路疆域考・喀山斯科》　喀山斯科，喀山路所屬五部中之首部也。《一統志・四裔考・異域録》所載同此名，《元史》作柯散，《南懷仁圖》作加撒納，《内府圖》作噶贊城，《總記志略》作加匽，《備考》作加三，《全志》作加森，皆一地也。轄小部落五，幅員二萬一千二百七十二方里，户口百有十三萬八千八百。先時街道咸鋪木板，嗣因不戒於火，改用磚石。地多樹本，産銅、鐵。

又《新比斯克》　新比斯克，喀山路所屬五部中之一部也。【略】出産銅、鐵、樹木。本蒙古地，明嘉靖三十九年始歸俄羅斯，爲十六道之一。

又《維得加》　維得加，喀山路所屬五部中之一部也。【略】産五穀，多運售於阿占牙爾，兼産銅及番鹼。本蒙古地，明嘉靖三十九年始歸俄羅斯，爲十六道之一。

又《白爾摩》　白爾摩，喀山路所屬五部中之一部也。【略】西隅之山産銅鐵尤旺。本蒙古地，明嘉靖三十九年始歸俄羅斯，爲十六道之一。

又《波蘭路總載》　波蘭國東界俄羅斯，南界歐塞特里，西北界寒牙里，幅員四萬八千六百五十五方里，户口三百七十萬，轄小部落四十有七，土人奉加特力教、由教、額利教，産銀、銅、鐵、錫、煤、白玉、紋石、硫黄、磁器、布呢、麥穀、樹木。

又卷一七考一一《錫伯利等路疆域考叙・托波爾》　托波爾轄大小邑三十有九，西境與大俄路之亞干日窩禄那及喀山路之白爾摩等部相連，以烏拉嶺爲界，地氣寒甚，産金、銀、銅、鐵、錫、五穀、皮貨、馬、酒、材木、脂膏。

又《托穆斯科》　今則地屬俄羅斯，與中國唐努山、烏梁海接壤，邊境之事，中國以科布多塔爾、巴哈台諸大臣莅治之。地在伊聶謝之西，《志略》云：「在也尼塞東」。誤也。轄大小城十，産金、銀、銅、鐵、鉛。

又卷二九考二三《北徼方物考叙・金類・白金》　臣秋濤謹案：俄羅斯有白金，形狀與中國之銀無異，惟以輕重爲别。白銀方寸重五兩，黄金方寸重十六兩，白金方寸重二十一兩，見漢黄德道、王壽同所記。按《爾雅》：白金美者謂之鐐。山海經往往以銀與白金並舉，知銀之外别有白金，正與此説相合。

又《金類・鐵》　臣秋濤謹案：《志略》曰：「都拉部其民冶鐵，鑄造各器。」又曰：「加匽五部産鐵。」又曰：「綜西伯利全土，西部兼産金、銀、銅、鐵各鑛，鐵尤多，每歲得百餘萬擔，泰西各國皆仰給焉。」又曰：「俄羅斯東界之山産鐵。」慕維廉云：「阿爾泰山、烏拉嶺鐵類甚多。」

又《金類・五金鑛》　臣秋濤謹案：《總記》曰：「俄羅斯産五金。」又曰：「悉比耋阿五金産自烏拉嶺及阿爾臺山，又有沙漠千餘里，中亦産金。道光八年，三處産金五十三蕫。」《志略》曰：「綜西伯利全土兼産金、銀、銅、鐵各鑛。」又曰：「德波爾斯科産金、銀、銅、鐵鑛。」又曰：「多木斯科，俄有大酋駐此，總理東方，兼督鑛務。」

又卷五一考訂諸書一一《考訂俄羅斯國總記叙・加匽俄羅斯五部》　加匽領大部落五，本韃韃里之地，至明世宗嘉靖三十九年，臣秋濤謹按：原作千五百五十年，今改正。始歸俄羅斯加匽部。【略】幅員二萬三千二百七十二方里，户百有十三萬八千八百口，領小部落五，先時街道咸鋪木板，嗣因不戒於火，改用磚石，地多樹木，産銅、鐵。土番普魯社種類，勤耕種，精焇皮製造。【略】

未壓加部，東界巴母，西界果斯多羅麻，南界加匽，北界窩鹿那。幅員四萬七千三百八十一方里，户百二十六萬九千五百口，領小部落十有二，土番普魯社種類。産五穀，多運售於阿占牙爾，兼産銅及番鹼。【略】

新麥塞部，東界荷林墨，西界冰耶，北界加匽，南界端戈沙斯。濱臨窩爾牙河，幅員二萬九千九百一十方里，户百有九萬五千一百四十口，領小部落七，土番普魯社種類，産銅、鐵、樹木。【略】

巴母部，東界阿細亞州、俄羅斯，西界未壓加，南界荷林墨，北界阿鹿那。幅員十二萬七千零一十七方里，户百二十三萬二千四百七十口，領小部落十有五，土番普魯社種類。西隅之山産銅、鐵尤旺。臣秋濤謹按：即本書白爾摩部。【略】

〔乾隆五十五年，悉畢盞阿〕創書館，儲史書，設梨園，大略與歐羅巴相等，敬賓客，耽麴蘗。居則板屋，食亦儉薄，無非蔥蒜、魚肉、牛馬乳，面多紫黃似蒙古，慷慨勇猛，非耕牧即射獵，極北嚴寒，多不出户。產米穀、大麥、小麥、䵃麥、石鹽、石髓、石油、野鴨、雁鵝、牲畜，器用有大呢、玻璃、金、銀、銅、鐵、鉛、紅寶石、青金石、鑽石、水晶、緑晶。別有一種石，刀切成片，可代玻璃。皮毳則灰鼠、貂鼠、白狐、黑狐、紅狐、海狐、海虎、海獺。壤沃厚，易播種。五金產自烏拉嶺及阿爾台山，並有沙漠千有餘里，中亦產金，道光八年，臣秋濤謹案：原云千八百二十八年，今改正。三處產金五十三甍，銅三萬一十五百甍，鐵六萬六千甍，銀三十二萬四千棒。近日銀礦不旺，生產不過四五六萬磅。採取金約萬有三千餘人。【略】

都莫斯部，東界雅古薩，南界韃韃里，西界歐羅巴州俄羅斯，北界海。領大小邑三十九，產金、銀、銅、鐵、錫、五穀、皮貨、馬酒、材木、脂膏。【略】

科利弗部，東界雅古薩，西界韃韃里，南界中國，北界都莫斯。領大小城十，產金、銀、銅、鐵、鉛。臣秋濤謹案：即本書托穆斯科，一作痾慕斯科。

又卷五九辨正諸書四《辨正瀛環志略敘・峩羅斯國志略》 〔波羅的海東部〕加匽峩在大峩之東，本回部地，明嘉靖間，峩攻得之，分爲五部。地腴坦，宜稼，產穀甚豐，又產木材、銅、鐵、番鹼。【略】

〔西伯利部〕所產惟皮，狐狸、兔、貂鼠、獺之類皆備，專售中國西部。兼產金、銀、銅、鐵各鑛，鐵尤多，每歲得百餘萬擔。臣秋濤謹案：《萬國地理全圖集》云：「西伯利所出銅五十一萬二千五百石，鐵九十九萬石，金銀百有餘萬兩。」【略】

〔猶太〕地之所產者，五穀之外，麻與皮爲多。麻織帆布售於各國，皮轉售於中國。其木多橡、榆、松，由海道運於各國。南方多馬，北方牛，牛之油與皮運出無窮。東界之山產金、銀、銅、鐵、金銅石。

薛福成《出使日記續刻》卷四《光緒十八年壬辰三月己未朔記》 波斯十一年前，民數約在七百六十五萬五千內外，幅員大於法蘭西三倍，而人民缺至五倍。或云波斯民數約得一千五百萬，或云五千萬，此甚不确。其地分四大省、六小省，設四總督、六巡撫治之。波斯王稱爲沙特，如猶太教中之總督。舊王係回教祖師謨罕默德弟子阿利之子孫，今王則土耳其國加乍爾之可汗，人奉之爲王者也。波斯向無國債，二十年前歲入之款約合四千七百五十萬佛郎，歲出之款約四千三百九十萬佛郎。又五六年前出口貨爲一萬零九百十五萬佛郎，進口貨爲一萬四千四百二十萬佛郎，礦產多金、銀、銅、鐵、鉛、煤，亦間有白玉及寶石之礦。

代那撰瑪高溫口譯華蘅芳筆述《金石識别》卷六 只有幾種金在石中遇其有生成自然者。其自然者，或爲純金或爲數金和合。假如黃金與銀和合爲一礦，則金銀皆爲自然。有時金與他物化合，不算自然。如砒或脱羅里恩與別金合，則不能謂之自然，因金已變形故也。然則所謂生成自然之金，無論一金或多金合，必仍爲金形，不改其情性狀貌者，方得謂之自然。

金之生成自然者，如黃金、白金、鈀留底恩、衣日地恩、日和地恩，此五種金，常遇其自然者，不恒見其變形者。尋常所用之別斯末斯，亦從生成自然之別斯末斯礦取得。

又如銀礦、水銀礦、銅礦，有時亦常遇其生成自然者，然取之不必專在自然之礦，因其非自然之礦亦可錬得故也。

又《論礦石之性情》 凡考究礦石之性情，必詳察其外形，及所顯之本性，即如成顆粒之狀，歸何種類；其硬輭如何，其重率之大小，并顏色如何；或在瓷面或石面所劃之痕迹如何；或加熱後或用各種藥試驗之時，看其變化如何。以諸法求之，自能詳知其性情焉。

山中查礦之人，必先考其顏色，與光色，并劃在白瓷面之痕迹，不盡可恃。即如錫礦，平常爲椶色，或黑色。亦間有灰色者。又劃在白瓷面之痕迹，平常爲椶色，間有得灰色等色。又汞硫礦，即硃砂，平常爲紅色，然間有椶色，或椶黑色者。

茲將金類化成之痕迹，與其顏色成表開列如左：

金類畫成痕迹表

黃金	本色黃	劃成色黃
銀	本色白易生鏽	劃在色白
銅	本色紅	劃成色紅
鉛	本色灰	劃成色灰
鉍	本色白如銀稍帶紅色易鏽	劃成銀白色

如汞、鈀、鉥、鉱、鉛、銻、碲等礦俱爲署白色，與銀署同。筆鉛有深灰光鋼色，而劃成痕迹爲黑光色。

今將各礦與金類料照其顏色開列成表：

黃色	銅硫礦	本色黃間有生鏽者	劃成色綠黑
黃色	鐵硫礦	本色黃	劃成色櫻黑
黃色	吸鐵硫礦	本色紅銅色黃色之間	劃成色灰黑
白色	含鉀鐵硫礦	本色銀白	劃成色灰黑
白色	鏡色鎳礦	本色銀白或鋼灰	劃成色灰黑有金類光
紅色	銅鎳礦	本色紅銅鏽則變爲黑色或灰色	劃成色淡紅
紅色	含鉀鎳礦	本色淡紅銅	劃成色淡櫻紅
櫻色	櫻鐵礦	本色櫻	劃成色櫻或黃
櫻色	含鉻鐵礦	本色櫻黑	劃成色深櫻
灰黑色	鏡光鐵礦	本色深鋼灰	劃成色深櫻桃紅
灰黑色	吸鐵礦	本色深鐵灰	劃成色黑
灰黑色	鉛硫礦	本色鉛灰	劃成色鉛灰有金類光色
灰黑色	銻硫礦	本色鉛灰	劃成色鉛灰或黑
灰黑色	灰銅礦	本色灰色與黑	劃成色鋼灰或黑或櫻有金類光色
灰黑色	鐘銅礦	本色鋼灰	劃成色帶黑
灰黑色	鏡色銅礦	本色黑灰	劃成色黑鉛灰有金類光色
灰黑色	鈷錫白礦	本色錫白灰	劃成色灰黑
灰黑色	福蘭格林愛得	本色深黑	劃成色深櫻
灰黑色	含土鈷礦	本色黑或藍黑	劃成無色
灰黑色	脆銀礦	本色黑或鐵灰	劃成色黑或鐵灰有金類光色
灰黑色	鏡色銀礦	本色黑或灰	劃成色黑或鐵灰有金類光色
灰黑色	錳養礦	本色鐵黑	劃成色黑

又《無金類光色之礦表》

黃櫻色	櫻色鐵礦	本色黃	劃成色帶黃
白色	鋅養矽養礦	本色白兼有別色	劃成色帶白
白色	鉛養炭養礦	本色白或帶藍	劃成無色
白色	明角形銀礦	本色綠白或珍珠灰	劃成灰色而有光
白色	汞綠礦	本色暗白或灰	劃成色帶黃
白色	鉛養硫養等質	亦有以上各色者	
紅色	汞硫礦即銀硃	本色紅	劃成色紅
紅色	紅色銀礦	本色呀嘯米紅	劃成色大紅
紅色	紅鋅礦	本色明紅	劃成橘皮黃色
紅色	紅鈷礦	本色桃花紅	劃成色帶藍淡紅
紅色	紅銅礦	本色紅間有面上帶鐵灰色	劃成色櫻紅
櫻色	鋅養炭養礦	本色櫻	劃成色署白
櫻色	錫礦	本色櫻	劃成色署櫻
櫻色	鋅礦	本色櫻紅或黑或署黑	劃成色署黑或紅櫻
櫻色	鐵養炭養	本色櫻紅	劃成無色
櫻色	櫻色鐵礦數種	本色署櫻色	劃成色署黃
櫻色	光點鐵礦數種	本色署櫻色	劃成色署紅
黑色	銅養黑礦	本色黑	劃成色黑
黑色	錳養黑礦稍有金類光色	本色黑	劃成色黑
黑色	紅色銀礦	本色紅黑	劃成色大紅
黑色	錫礦	本色黑	劃成櫻色
黑色	鋅硫礦	本色黑或署黑色	劃成各色
綠色	銅養炭養礦	本色明綠	劃成色帶綠
綠色	火變形石	本色署綠	劃成色白或黃
綠色	鎳與銅與鎂等合矽養礦亦有帶綠色者		
藍色	銅養炭養礦	本色藍	劃成色署藍

凡石之重率，可以簡法求之。如一手取若干大之塊，而一手取同體積平常所識之石，則兩物重輕大畧能分。但欲求礦之重率細數，必將一塊，先在空氣内細秤之後，在水内秤之，又在天平盆底下挂之，而浸入水内，再將空氣内之重數，與水内之重數相較，則得其本重率。其式爲：重率等於空氣内重加水内重除以空氣内重。

如礦之面用刀或銼挖之，則所挖之痕迹，顯出一定之色，礦學家觀其色，即可分其種類。但如礦質輭，可用毛面之瓷板，而劃在板上，惟礦面見有空氣之處，不可在此劃之，因其久已變化也。

查礦之輭硬亦爲要事。礦學家將各種礦與石分爲十等，第一等爲最輭者，第十等爲最硬者，所以從最硬之物起一一試之，得知其屬於何等。須預備材料十種，各種配硬輭之一等，其各等開列如左：

一等易爲指甲所劃，如肥皂石，以石脂爲模樣。

二等不易爲指甲所劃，而不能劃銅錢，如石膏與鋅等，以石鹽爲模樣。

李鳳苞《使德日記》（光緒四年十月二十九日）【略】莫能飛越，俄人得之，南可併喀什噶爾、葉爾羌，北可兼楚喀、查塔爾巴哈臺，是伊犂實爲南北之樞紐。以通商論之，伊犂土脈沃饒，爲中亞細亞之菁華，舍此而外，皆入不敷出矣。地鬆易耕，山深多礦，銅鐵尤多，煤炭最佳。

張德彝《四述奇》卷六　加拿他又名堪那大，爲北阿美里加之北半洲。【略】土産金、銀、銅、鐵、黑鉛、白鉛、煤灰、羊、馬、木料、皮毛、雞、牛、石板、金信石、紅粉石、雲母石等。【略】

澳大利亞洲爲天下至大之島，在亞細亞之東南，東臨太平洋，西倚印度洋赤道南十度至三十九度十分，北京東一分至三十九度六分，計二千八百六十三萬二千零九十六方里，居民二百七十五萬。内分五府：曰牛埽穗，曰威克兜立亞，曰坤似蘭，曰南澳，曰西澳。地面爲鹹海沙漠，惟四面臨海，地脈肥饒，土産金、銀、銅、鐵、黑鉛、白鉛、錫、煤、水銀、茶、菸、糖、堿、葡萄、黍、麥、牛、馬、雞、羊、棉花、皮革、牛角、羽毛等。【略】

格里夸蘭衛在古侯堡之北，赤道南二十七度四十分至二十九度三十五分，北京西九十一度三十五分至九十四度三十分，計十四萬九千六百七十方里，居民三萬五千名口。西曆一千八百七十一年，即同治十年，英得其地。土産銅、鐵與鉛，惟金剛石一種，較天下爲最盛。

溝勒扣斯特又名金堤，在阿斐里加正西迤北，赤道北五度三十分，北京西一百一十九度二十分至一百二十一度，計十四萬九千五百八十方里，居民五十二萬名口。原屬英、丹兩國，至西曆一千八百七十二年，即同治十一年。統歸於英，土産金、銅、象牙、松香、猴、皮樹、膠漆、油等。

崔國因《出使美日秘國日記》卷二（光緒十六年二月）十九日，晴，天氣暖。又照會容閎查詢前所留銀一萬餘圓。美國南方鐵廠鍊鐵爲鋼，他處所鍊之鋼無其美者，謂足與英鋼相埒云。因嘗聞美國議紳之言曰，人知美國之多金礦，而不知美國鐵礦亦多也。金礦以致富，鐵礦以致强。槍礮鐵艦，非鐵不能成焉。且鐵礦尚有勝於金礦者，何也？金礦有私藏偷漏之弊，鐵礦無之，此物此志也。

又卷三（光緒十六年四月）十九日，晴日。内因未見君后不能謁客，暇中，飭繙譯與洋員當面訪詢日國近日情勢。因查日國百年以前其君查理第五創霸歐洲，幾成混一之勢，英法各國受其控制，無敢抗者。【略】據洋員科敦言，日國疆宇東界地中海，西界大西洋及葡萄牙，北界法國之畢士基海灣及比里紐斯大山。【略】内地皆係平原，四面有山，環之河道六礦則銅、鐵與□。地土膏腴，植物宜葡萄、橄欖、檸檬、橙、橘、杏、棗、石榴，穀宜粟、麥、麻。西南省出車尼酒。入口貨物則羊皮、牛皮、棉花、木料、機器、鐵路料質、煤炭、麪粉、酒、魚、糖等。此種貨物凡由英、法、德、義等國入口者，納税視他國爲輕，因和約中有減税之章故也。出口貨物則銅、鐵礦原質及銅、酒、麥、橄欖、油、鹽、水銀、水果等，均不徵出口税。

薛福成《庸庵文外編》卷三《赤道下無人才説庚寅》　光緒庚寅，福成出使泰西，乘輪舶，駛大洋，越香港而西，歷觀西貢、新嘉坡、錫蘭諸巨鎮，知西人壆闢經營之效捷矣。然其土民蠢蠢，與鹿豕無異，仍有榛狉氣象。即所見越南、暹羅、緬甸諸國人，及印度、巫來由、阿喇伯諸種人，無不面目黝黑，形體短小，以視中國人民之文秀與歐洲各國人之白皙魁健者，相去何懸絶哉？余始悟南洋諸島國，皆在赤道下，自古未聞有傑出之人才。獨其物産豐饒，如再熟之嘉穀，千尋之名材，暨夫沉香、檀香、荔枝、荳蔻、肉桂，金、銀、鉛、錫、水銀、丹沙，明珠、美玉、寶石、珊瑚、琥珀、金剛鑽，馴象、文犀、孔雀、翡翠、錦雞、大貝、瑇瑁之族，往往挺秀孕珍，以供天下不竭之用。蓋其四時皆如盛夏，陽氣發生無窮，故育物爲最宏。然天地精英，只有此數，終歲舒而不斂，一洩無餘，所以人之筋力不能勤，神智不能生，頽散昏懦，末由自振。大抵造物之靈氣，鍾於物不鍾於人也，人才

既衰，雖有物産，不能自用，終古受制於人。今乃爲歐羅巴諸國所蠶食，無一島能自立者。

奥斯吞著舒高第鄭昌棪譯《鍊金新語》第二章《論金類性金類西名茂脱兒》

微細顆粒成物法：金類外貌，與他原質迥别，我儕不能不循照古法，以分别之。鋅、鉍二質初查出時，以爲半金類。汞質在一千七百五十九年前，以爲非金類。彼時有孛郎者，令汞質凍膠，居然金類也。大都原質皆由質點併成微細顆粒，而後結成之。金類亦然。若有法令微細顆粒内質點之排列，一更變後，則本金類性情大改。其實各金類常有之本性，與成色相關，其微細顆粒排列法各不同，亦未知排列之力能延久否，想其排列必不久延。以金類有化爲氣，即成質點，往往與緑及養氣容易相併。有多種浄原質如金、銀、銅、鐵微細顆粒，與質點同，不能分剖。此種顆粒排列法，每一律匀稱，所以一塊金類，不論大小，若係微細顆粒結成，則可作微顆粒觀。以其結法，猶之質點結成顆粒法也。兩種微細顆粒能併合，而結力減少，其料必不十分堅凝，以是有多種金類，夾雜微細他質，即料内顆粒排列大更變。其更變之法，全視所加他質之質點分劑而異。其詳見後。

結實：金類結實力，全在微細顆粒排列緊密，亦視其成顆粒法如何耳。又與鎔化熱度，並由熱而冷之緩急及製法，與原料成色皆相關。除鉍外，各金類在鎔化時，較定質時更輕。生鐵於將變定質而尚爲稠質時，其結實之力較在鎔化時及定質時更少。凡抽絲法、錘法及軋法，皆所以加堅緊之力，若僅牽拽，則堅緊力反減，以料質含有雜物牽拽出空處也。四周擠緊，即加結實力，如金錢有兩模錘成，結實數加○·九，澆白金圓片，結實數有二○一·二一。若用錘錘之，分外堅緊，結實數爲二一·四六。若經火則堅緊力減少，而復如未錘時矣。此即表明排列之力，不能久延其結實緣故，因微細空隙緊閉耳。史百齡細心試驗鉛、錫、鉍、銻、鎘、鋁、鋅，用二萬倍空氣壓力壓之，經多日之久，尚未盡泯其微隙。欲金類實在壓緊，令變異式之物，較舊時結實料，更加堅凝緊密。如金剛石本屬炭質，而堅緊之極，却變異式。各金類重率見後：鋰爲最輕之質，鉢爲最重之質，鋰爲○·六，鉢爲二二·三八。【略】

金類面牽力：一條十三開勒脱金條，真浄赤金以二十四開勒脱爲足色，此爲雜質金。百分料金居五四·一七，銅居三三·三三，銀居一二·五○。此金條與含鐵緑水相遇，或於含緑之水内一蘸後，數秒至數分時自斷折，其裂紋通上數寸，緑蓋直鑽而上，緑與雜金類化合，金類顆粒爲緑所離間，故易斷。愛孛爾試驗定質金類，一塊含多炭之鐵，壓緊於無炭之鐵，則多炭鐵之炭，能自走入無炭鐵内。炭之遷换地位，不過在尋常熱度，此非流行之明證乎？凡物皆有彼此牽引之性，古人於點金術，信之過深，今人於古術全不信，而此一説，足以爲今古承接之一證。

薛福成《出使日記續刻》卷四《光緒十八年壬辰〔七月〕二十二日記》 蘭邦在景邁東南四十四里，城跨湄濱江之湄光河兩岸，值赤道北十八度三十五分，京師西十七度二十九分，居民一萬二千人。此城爲宋徽宗建中靖國年間建，至今稱爲富庶之地，産稻米楢木。蘭貢在景邁東南一百六十里，【略】居民二萬五千人，産棉花、稻米、漆、楢木，有銅、鐵諸礦。

又卷七《〔光緒十九年癸巳二月〕十四日記》 英屬閧都拉斯，地七千五百六十二英方里，計之約爲方十七萬五千八百六十七英里。大江曰散助伐，湖曰利翁，曰尼喀拉瓜，多火山，爲民患。礦産鐃金、銀、銅、鋅，一名白鉛。亦産雲石、美木、棉花。

又卷九《〔光緒十九年癸巳十月〕十五日記》 利華羣島中有杜米尼卡島，其高甲於小安的列斯羣島，山多而景佳，第少可耕之地，土産以糖、加非、可可、棉花、煙葉、銅。【略】有排部大島在安地禺亞島之北，其屬也低平而肥，多樹木，人以牧爲業，有浮金，各島約小島百餘，半屬英，半屬丹馬。屬英者曰明禿來，其巨擘也；曰浮金告大，有銅礦；曰恩尼甘大，其地宜牧。以上皆利華羣島也，英設總督於安地禺亞島以統理之。

又卷一〇《〔光緒二十年二月〕初六日記》 自《滇緬條約》畫押後，余將英館公事摒擋了結，擬赴巴黎静候交卸，不復來英。午刻挈同眷屬並率隨員、翻譯、武弁等赴車棧，登火車馳至都甫海口，坐渡船渡海，抵加利海口，復登火車，戌刻至巴黎車棧，换馬車入使館。【略】格物爲大學之始基，不僅西人所尚也。物性有相感相制之理，如羊脂柔銀、黿溺入石、蟹性解漆、翡翠屑金、辰砂碎鐵、黿脂然鐵、五靈脂伏、龍肝能縮錫、鵲腦鶴糞能化石、鸛遺枯木、鵲梁蔽形、甘草硬角、木賊軟牙、銀得雉糞則枯、石得鵲髓則化、貂鼠之毛得風則暖、象牙之文應雷而生、羚羊角可碎、金剛鑽栗木爲門可遠盜。【略】以及淬鐵以膽則化爲銅，燒銀以硫磺則化爲鐵，塗錫以水銀則腐，成泥印毒，金鋼可以切玉，蓄漬聖鐵可以辟兵，此皆物理之難測者，於以知多識之未易言也。

鄭昌棪《列國歲計政要》卷八《歐羅巴大洲·西班牙國·班國商賈》 土肥饒，利於耕作，五金之礦又極多，前此未盡開者亦屬不少，近十年來頗能開挖，大

抵銅、錫居多。

又卷一二《阿非利加大洲　亞細亞大洲　澳大利亞大洲・紐薩威而士》　金礦甚多，西北南俱有，自以西爲最佳。西省諸礦出金三十萬七千二百六十七兩，值銀一百十九萬四千三百二十五磅。併南北西三省計之，共三十九萬二千一百八十六兩，值銀一百五十一萬三千一百八十六磅。又有銅礦，七十一年出銅六百六十七噸，值銀四萬四千一百二十三磅。又出火油及錫。

陳龍昌《中西兵略指掌》卷一三《軍防五》龔柴《暹羅考略》　其地東西有重岡疊嶺，中則平原坦闊，邱阜寥寥。【略】此外物産有金沙、銀、鉛、錫、鐵。

袁大化等《〔宣統〕西域圖志》卷六〇《山脈二》　曰額什克巴什山。是山也常有火，多硫磺、銅、鐵。鳥多孔雀，獸多麋，良馬、犎牛。【略】《西域圖志》：在汗騰格里鄂拉南二百里，山形寬廣，産硫磺。哈喇庫勒發源東南麓，赫色勒郭勒東一源出西南麓，又東一源出南麓。是山爲庫車北屏，距庫車城百里。山脈自木素爾鄂拉分支，東南行百餘里爲阿勒坦呼蘇鄂拉，至此北與汗騰格里鄂拉合。又東行一支接庫克納克達巴。《魏書・西域傳》：龜茲國西北大山中有如膏者，流出成川，行數里，入地如餅餬，甚臭，服之，髮齒已落者能令更生，病人服之皆愈。《隋・西域傳》：白山一名阿羯山，常有火及煙。即是出硇砂之處。《唐書・西域傳》：伊邏羅城北依阿羯田山，亦曰白山，常有火。案：今庫車，古龜茲地，伊邏羅城，唐龜茲國王居之。則今庫車城北之額什克巴什鄂拉，應即《唐書》龜茲國北之阿羯田山，《隋・西域傳》所稱阿羯山也。史稱阿羯田山出硇砂，今額什克巴什鄂拉産硫磺。《本草》：硫磺一名黄硇砂。而字書無硇字，疑硇砂即硇砂。若《魏書》所云膏流如川，能令齒髮更生愈病者，今不可考矣。

杞廬主人《時務通考》卷二四《化學六》　鉀。色白形狀如錫，性如鋰，産自鋰鑛。此質世間殊少，嘉慶二十二年，始查悉。易毹如水銀，提取比鋰尤易。

鈷。此質體輕色黄，如黄金與白銀相和之色。能鑄成片，薄等於紙，受熱至紅也，可成流質。尋常熱露放天氣中即發銹。牽合養氣也。此原質在地球中爲要物，而又賦成極多，即函在各種石及鈷養中也。

《清續文獻通考》卷三三三《四裔考三・色斐亞》　鑛産多煤、鐵、鉛、鋅、水銀、銻，惟開採未旺。

金屬礦藏勘探總部

《金屬礦藏勘探總部》提要

我國對金屬礦藏的勘探歷史悠久，主要是憑藉經驗和礦苗來判斷礦藏的種類，如上有鉛者，其下有銀；山上有蔥，下有銀；山上有薤，下有金；山上有薑，下有銅、錫；爐甘石，金銀之苗也。我們的祖先正是憑藉這些經驗，從事金屬礦藏的勘探。近代以後，隨著西方勘探技術的輸入，出現了礦師和儀器勘探技術。我國古代關於金屬礦藏方面的史料比較分散，本總部主要收録相關金屬礦藏勘探的記載。

本總部包括六個部，即《金礦勘探部》《銀礦勘探部》《銅礦勘探部》《鐵礦勘探部》《其他金屬礦藏勘探部》和《綜合金屬礦藏勘探部》。在每個部下，視情況設置論説、綜述、傳記、紀事、著録、藝文、雜録等緯目。論説收録金屬礦藏勘探中有關理論陳述的資料；綜述收録對金屬礦藏勘探的範疇、規模、生産及發展過程作系統記載的資料；傳記收録有關金屬礦藏勘探人物的傳記資料和負責金礦勘探管理的官吏及從事金礦勘探的勞動者情況的資料；紀事收録金礦勘探的具體活動和事例的史料；著録收録有關金屬礦藏勘探的著作、史籍、序跋、藏書題記及其成書過程、版本源流等的資料；藝文收録有關金屬礦藏勘探的散文、韻文；雜録收録有關金屬礦藏勘探擾民的資料和其他有價值的資料。

各部的綜述緯目下視情況收録三方面内容：第一，規模過程，收録概括性記載金屬礦藏勘探規模及相關勘探過程的資料（具體記載某地金屬礦藏勘探的資料放在紀事緯目中）；第二，工具與安全，收録有關金屬礦藏勘探工具設備及安全設施的資料；第三，技術，收録有關金屬礦藏勘探技術的資料。

各部的雜録緯目下視情況收録七方面内容：第一，詔令與制度，記載有關金屬礦藏勘探詔令與相關制度條例資料；第二，經費，收録有關金屬礦藏勘探經費使用及股本設置的資料；第三，擾民與奏疏，收録金屬礦藏勘探時擾民，及官員請求或反對金屬礦藏勘探的資料；第四，煤礦，收録煤礦勘探的資料；第五，礦務檔，收録《礦務檔》一書中有關金屬礦藏勘探的資料；第六，國外資料，收録中國古籍中記載國外金屬勘探的資料，及翻譯國外的有關金屬礦藏勘探的資料；第七，其他資料，收録其他金屬礦藏勘探方面有價值的資料。

目録

金礦勘探部

論説

李昉《太平御覽》卷八一一《珍寶部一〇·金下》《白澤圖》曰：黄金之精名石瑭，狀如豚。居人家，使人不宜妻。白鼠以昏時見，於丘陵之間，視所出入，中有金。

〔劉欣期《交州記》〕又曰：金有華，出珠崖，謂金華采者也。雪山，在新昌南。人曾於山中得金塊如升，迷失道。還置本處，乃得出。

《地鏡圖》曰：黄金之氣赤黄，千萬斤以上，光大如鏡槃。

卞寶第等修曾國荃等纂《〔光緒〕湖南通志》卷五八《食貨志四·礦廠·金礦》

金出於石，碎石而取者，色視沙金爲勝。金有苗路。夫匠識之，名絲金。《溪蠻叢書》

靖州金井，邪直深淺不等。寶之所生，皆有礑石以爲之牆壁，而礦在其中。善取者乃得真礦。辨礦之術，銅豆爲先，黄窠烏窠次之。若星見於石，則爲興廢之兆也。有鑪院，有水池，臨池作亭，乃監官閱視之所。《方輿勝覽》

宋賡平《礦學心要新編》卷上編上《礦學九章論法》第一章《論天地氣化方位》附《藏衛産金山川形勢》 按：藏衛之地據亞洲正西，唐三奘奉使西域，由青海越大雪山，遠出崐崘之後，《尚書》蔡傳引以爲導河之據。班禪之來歸我朝也，亦是由青海一路繞蒙古以達滿洲。惟天兵進勦準部之時，始由川達藏，厥後遂定爲欽差來往一定程途，始設塘站。雲南之達定日較川尚近，而非大道者，因欽差不能遠雲南數千里，而後到藏也。復查閲姚石甫乍了輿圖，自江卡由窩極入左貢道，至瓦合寨十四站，爲爐藏茶客行走小道。路無旅次，須裹糧而行。又由小路四五日可至察木多，兼無大山，惟小山三四。而塘站大道則自阿尼巴至瓦合寨十四站，由瓦合寨至察木多尚有十站，兼之無數大山，艱難萬狀，則當日設驛，豈故舍易而就難歟？抑故示艱難即限制中外之微意歟？又聞爐城茶賈云：由瓦合寨抵後藏，皆有捷徑，惟本地夷人可以行走，其餘貢差驛傳概不能行。凡有塘舖之所，其由小路而來者，無論夷漢皆嚴爲搜撿，事係呼徒主持。然後放行。究其所由，則其地到處皆金，兼産各寶，恐人盜取，故爲嚴防。由察木多至後藏，亦有捷徑，十日可到，道路平坦，與官道大異。後藏來華朝山喇嘛往往由之，或用夷人傳遞文件，取其迅速，間亦可行，漢人不能知也。余前在京師偶閲藏衛圖考，常疑天下道途之險，當以西藏爲第一。後晤雍和宫教習堪布達喇嘛，潘建侯爲西藏僧屬，在京當差，執圖相詢。伊展圖審視曰：圖中所記者程站大概也。若其種類之繁，物産之異，山形之奇，平原之濶，支路之多，豈一圖所能盡哉？余籍隸衛所，喇嘛係崇化人。生即事佛，凡進藏朝佛者四次，往來皆由大道，其餘支路足所未經，不敢以耳聞者據以爲實。惟塘站所經，歷歷可憶，請即山川之大概言之。由崇化東南斜行越大砲山抵爐城，僅二百餘里，必七八日始到。此係野宿。其山高聳，幾及百餘里，冬夏積雪，人行其上，似履冰玉，稍一轉睫，即覺神眩，蓋積雪之光兼五寶之氣使然也。由爐至東俄洛道尚平坦，沙磧之中恒多碎金。過俄松多橋，人烟漸稀，兩站至中渡，過雅龍江即裡塘，界江之兩岸，日出即有光射目，則金之雜於沙中愈衆。又七十里上大雪山，更無草木，一片空明間於岩上，見其石色迥異，然不可即，疑其爲寶氣所聚也。又六十里至西俄洛，地甚平坦，番漢雜居，但人漸覺身重，不思飲食。又五十里至咱嗎拉洞，過大雪山，由山而下，林谷深邃，内有夾壩，窄而甚長，少見日色，陰氣逼人。出壩西行稍覺寬敞，一百里至裡塘，夷漢雜處，氣亦温和。出裡塘一百一十里，由頭塘乾海子至喇嘛寺，忽然寒冽。夾山之中名虎溝，亦有夾壩山，石巉巖凜凜可畏。緣壩行過二郎灣至三壩塘，凡一百里，與巴塘交界。相傳夾壩谿谷之中廣産生金，往往見於沙泥之中，無人拾取。一百里至巴隆達河至大朔塘，九十里至崩察木，嶺高雪深，行者頗苦。下山四十里至小巴冲，五十里至巴塘，土地饒美，氣候温和，商賈市廛，與内地無異。但覺身體愈重，仰卧不可轉側，或謂水性使然，不可解也。此處北通青海，南走雲南，實藏地之要衝焉。從牛古越大山至竹巴籠達公拉。過金沙江，此江通雲南，相傳江底徧是金沙。江中之魚稟金精之氣，長養食之，可治肺痿聲嘶咳血勞傷等病，蓋以金補金，金能生水也。自此以往平路愈少，山勢愈奇。邦木則龍新山之積雪不消，古樹則山益深而烟瘴可畏，阿足塘則山高而人烟斷絶，阿足河則水急而舟楫難通，昂地噶噶則山水皆惡，行人易病。直至察木多，而水土始覺稍善焉。人亦清爽，並思飲食。由此二百里則牛糞溝，上瓦合山，千盤百折，上有海子，烟霧迷漫，不能遠視，立有望竿，大雪封山，藉此以爲鄉導。過此山者戒勿出聲，否則冰雹驟至。山中鳥獸不棲，百里之内無有炘烟，一登絶頂，儼如天上。相傳此山徧産金玉寶石，但行路辛苦，即在目前無顧之者。過此以往，小山重叠，約數十

處，沿途荒涼，客悲長路。歷七八程至察羅松多，過丹達，山高百餘里，如登雲路，冰堅泥滑，失足即墮岩壑。昔天兵進勦準部之時，有雲南委員解餉至此，墮入雪坑。後立廟祀之，行人往來，咸爲祈禱，靈應異常。聞之士人云，由邊壩直下，繞西而行有一捷徑，不過十日可達藏地，但須裹糧露宿，更有生番野獸傷人。乾隆初年，有一韓喇嘛走過，並能記其途程，亦無大山，惟四五小山而已。又云：經昌蒲山徑過，嶺皆不高，得膽數枚，破之，其中有水，用以點眼，可入地穿石，毫無阻礙。據伊所云，藏地到處金寶，皆有山靈護官，不可輕取也。石膽尚有二枚，在崇化喇嘛寺中，形如雞卵。余因查勘該處地方，曾親見之，動摇之，即有水響云。又四日至擦竹卡，山峭雪深，與丹達無異。由拉里至阿咱及灣塘卓剌山，皆雪山萬仞，人烟斷絶，直至凝多、始平、易安。行八九日，一到藏地，直是別有天日，山水清秀，人情渾樸，真樂國也。由前藏至後藏九百餘里，惟殺馬隴大山一處，路雖陡險，而少冰雪。其餘小山皆靈秀可玩，道途平坦，土地肥饒，居人稠密，寺宇雄麗。由巴塘至此，如登天上，中土之美，弗能及也。外此則前所過百里高之崆下山，以内有山，名大小金川，有河名金川大河，有渡名草鞋金渡，有岩名飛水金岩，有坪名曬金坪，有壩名廣金壩，有臺名滿金金臺。其餘喇嘛寺之金佛、大小像，不堪勝數，廟皆金頂鑄就，金塔内地，山山有金銀，嶺嶺有礦苗，金礦之透露，遍地皆金。中國出洋子江上游而外，並未見有言此金河、金江等名目者，但是山路崎嶇，頗不易行。如斑斕山，其山之氣一起，最鎮行人之心，人經嶺上過者，空手漫走，行不上十餘步，即要喘氣，似難耐勞。諺云金能震心，實不謬也。其斜旁之麗金，及最旺之馬牙等金，其頂啞口上，週年冰雪不止，如六七月正伏炎天，皆下大冰雹，否則便見暴風烈雨，起風土，人呼之爲浪子，甚凶險，不平静，人當尋窩崖躲避乃吉。後另詳有《金川七筆勾》，述其險患如此。據潘建侯又云：由爐至藏，凡絶大高山七十餘座，小山無數，大河十餘，溪流小水亦無數。山則冰凍，水則湍激。儻遇晴霽，登大山之頂，四山皆金碧萬色，識者知爲寶氣之不可掩也。據西人之理言之，金産石中，遇冰雪沍結，忽而凍裂，則金由水冲激，以入江河，此巴塘、裡塘以及三壩之所以多金也。竊謂藏者藏也，藏於萬山之中，與世隔絶，即金玉諸寶并藏其中，亦天地之所爲護惜也。衛者藩衛中國，亦即藩衛西藏也。三瞻五屯皆爲衛地，故其産金亦不亞藏内。特其道路險絶，與藏無異，故得寶藏埋光。即使夷人絶不護惜，亦豈取之能盡哉？藏衛之金亦如江河之水，有識者當不以爲妄語也。雲南素著産金，亦屬西藏之旁支。其金沙江即巴塘之餘派，其委如是，其源可知。又聞夷人語云，由巴塘至瞻對，有一捷徑，七日可達灌縣。其路由青城山後繞出，惟途無旅舍，預備行糧，賈人間有結隊同行者。此聞於巴塘旅舍中，未敢據以爲實。光緒二十三年，瞻對夷務，其緊急文件有由此出者，信非虚語矣。藏中程站備詳圖説，無煩贅述。謹將山川大概言之，亦可以備觀覽也。余初聞其説，并及已見，且爰筆而記之，方欲別繪一圖以究其詳，適伊因事出京，不果。己亥夏，余奉委勘山，到崇化詢之，則喇嘛已坐化矣。因即其所言以誌其大概云。現在此山竟託與廣法寺堪布大喇嘛貴榮饒塾作主，其潘建侯之父，宫保乃弟生貴均在屯所等候。客歲冬間，曾遣伍殿元執函到舍迎往，余皆以公事未確，兩次復信，暫且推之。故聖人有云，言忠信行篤敬，雖蠻貊之邦行矣。何以山川之險要爲哉！

余於光緒二十五年奉委查勘金川五屯礦務，於崇化都司張君卜臣署内抄得《夷俗七筆勾》，附録於左。

千里來遊，鳥道羊腸日日愁。纔見得江流，忽又上山頭。鳥度也含愁，懸岩絶陡，叫人怎走？因此上把坦道周行一筆勾。

說甚麽頭人寨首，皮帽皮巾兩岔口。騾繩麫包當胸透，起把褚靶披身後。鵞行鴨走，見人雙伸手。因此上把衣冠文物一筆勾。

慢道風流，耳墜銀環似鐲頭。毪毯橫肩扣，短衣長裙湊，黄毛辮盤首，週身汗垢，更比那牛頭馬面醜。因此上把玉兔嫦娥一筆勾。

說甚珍饈，不是羊來便是牛。生也要入口，熟也要入口，鹽梅何處有？酸湯淡酒，黑麪麩麩把灰抖。因此上把玉饌瓊筵一筆勾。

說甚田疇，多半山頭少半坵。三月春畊後，九月淨纔收，霜雪盡無休，圓根可口。因此上把五穀豐登一筆勾。

說甚華樓，盡是石頭，節節層層往上修，四方堅砌厚，一望世人愁，鎗眼暗中偷，預防征鬭，那曉得安身立命大原由。因此上把畫棟雕梁一筆勾。

氣候不侔，縱到春來亦是秋。朝夕汗浸透，總不脱羊裘。狂風暴且吼，陰晴難究，豈是藏龍卧虎坵？因此上把萬紫千紅一筆勾。

綜述

《許文肅公遺稿》卷二《奏疏二・謹陳洋人測探新疆和闐一帶金鑛情形摺》

奏爲新疆和闐一帶金鑛旺聚，謹陳游歷洋人測探情形恭摺仰祈聖鑒事。竊查甘肅新疆省南路以和闐州爲極邊，其地西南界印度，南通後藏，境内大山自葉爾羌分支東行，綿亘二千餘里，西洋人通稱爲崑崙山，即《漢書・西域傳》所稱南山也。漢時自玉門陽關，從鄯善傍南山北波河西行，至莎車，爲出西域之南道，自唐而後，鄯善以西諸國皆淪入沙磧，其道遂塞。今考輿圖，自克里雅回城以東，悉係大戈壁，《新疆識略》亦稱和闐以南，皆大山、沙磧，路不復通，故情形莫得而詳。光緒十年，俄國武員普舌瓦爾斯基始自羅布泊西南，沿河以達克里雅所屬之策爾滿地方，再循山之北麓，迤邐至於和闐，正與漢之南道相合。歸而作記，頗稱崑崙山金鑛之旺。十六年，俄國地理會復遣鑛學人博格達諾委翅前在該處詳測金鑛所在，留住幾及一歲，著有圖說，俄人重而秘之。經臣處洋譒繹官金楷理輾轉覓獲，將其要節譯述。據言，西起哈朗歸山，東抵羅布泊，産金之地，就所已悉者有十二處：計自和闐州至克里雅城得鑛三處：曰玉隴哈什河、曰策勒村、曰克里雅；自克里雅以東得鑛五處：曰索爾戞克、曰烏魯克河、曰闊帕、曰莫羅札河、曰池日干河，以上均在崑崙山北麓。逾山而南得鑛一處，曰坎波拉克。凡九處皆爲該俄人親歷。又極東在策爾滿一帶，未經赴探者得鑛三處：曰霍達列克、曰托爾肯散、曰阿克塔克。每一處之鑛又各析有數處、十餘處不等，其金砂或凝結巖壁，或隨山水衝注散在澗河之中，諸鑛皆經淘挖，無水之地則用風簸。其内索爾戞克、闊帕二處土民赴采者約及二千人，日可出金五十餘兩，其金往往售諸印度。若以洋法開採，出金尤必增多。此山内鑛地之大略情形也。該俄人書内又言，俄主大彼德時即聞其地産金，欲自中亞西亞通道，卒不能達，迨回酋阿古柏佔據喀什噶爾，令民所挖鑛金，官爲收買，税其十分之二，當時養兵之費，賴以取給。同治十二年，英使福舍至喀城，曾派人赴索爾戞克、闊帕等處查察金苗。光緒十一年，俄領事撤特羅夫曾將崑崙山産金情形密報外部，核其砂淨質重，實出烏拉嶺暨英美新舊金山之上，允爲五大洲之冠等情。伏查新疆邊外自俄人蠶食，回部藩籬久撤，莎車、和闐等處，復與英國屬地相接，故南路邊防在今日尤爲扼重。近歲俄兵入帕，益鶩南牧，與英争因都庫什之險，漸有通道西藏之志。和闐南山一帶地勢適介其衝，山中金穴尤動彼以可欲，其屢次遣員游歷，名爲考察方輿，實則覬圖利便。該處又與英界轇轕，未經勘定，英人心計絶精，亦未必無所垂涎。前黑龍江省之漠河金鑛與俄境隔江相望，經李鴻章招商開采，以杜窺伺，迄今已有成效。今和闐形勢更偪，鑛産更富，大山阻深，徒衆麕聚，官司稽察所不及，營汛巡歷所難周。若不早謀措置，難保不勾結他族滋生事端。遠慮近憂，皆不容忽，且控馭巖疆，兵力不能不厚。該省餉源動賴各省協濟，稍議增兵，輒苦餉絀。誠能就已開鑛地由官設廠經理，數年而後財用漸裕，尤可資塞上之飽騰，省中原之輸輓，籌邊之謀，莫利於此。惟籌辦開采，必以查勘鑛地爲先，務似應按照該俄人所述各鑛情形，覆加察看，庶於邊情地利得有確徵。可否，請旨飭下總理各國事務衙門，行商新疆巡撫飭查之處，伏候聖裁。除照譯俄人博格達諾委翅說略，并摹繪總分各圖咨送總理衙門備查外，謹繪圖貼説恭呈御覽。所有洋人測探和闐金鑛關係情形，理合恭摺具陳，伏乞皇上聖鑒。謹奏。光緒十九年十月二十六日具奏。

又卷八《函牘四・致總理衙門總辦函光緒十九年九月》 逕啟者：八月二十三日奉布使字五十七號函，計邀察入。弟前聞俄地理會屢次遣員至新疆探測金鑛，其事詭密，無由詳知。去冬洋員金楷理輾轉購致俄人博格達諾委翅游歷圖説，其書再購，迄不可得。始得和闐南山一帶洋人曰崑崙山。金鑛情形，事關外人偵探邊要地利，謹特具摺上陳，並將所摹總分各圖及譯説繕呈衙門備查。竊謂新疆形勢從前重在北路，今日則重在回疆，蓋伊犁邊外但與俄國接壤，南路則自統嶺至於雪山，俄窺於西，英峙於南，且葉爾羌、和闐又爲通後藏之捷徑，昔之窮巖深谷皆今之隘道衝途。崑崙山金鑛臨邊太近，非特俄族生心，在英人亦萌歆羡。向來封禁之説，現知無益時宜，計惟有自爲措置，示以先聲，杜利藪之覬覦，正以固邊防之筦鑰。昔漠河金鑛，俄人屢來探詢，迨經設廠開辦，彼即絶無一言，見於洪堂憲奏案可爲明證。此該處金鑛之關繫情形也。惟鑛學一事，西法別有專門，若派查之員非所素諳，雖履其地，必多隔膜。近來北洋、湖北等處勘視鑛産類，皆選募洋師以收長技之用。弟此次奏請，如奉旨准交衙門辦理，似商查之法，非佐以西洋鑛師不足以得要領。夫不查則人或以我爲不知，既查而以含糊一覆了事，則更貽笑外人，此又查勘該鑛之喫緊情形也。至經理之策，不外官辦、商辦二法，大抵開采五金，成本最重者爲煤、鐵，工費最簡者爲自然金砂。自然者金質已成，不必加煉，但慮辦理之不善，不患經費之難供。惟地太僻遠，則招商不易，由官開采則偷漏中飽，尤所宜防。故西國采金章程，往往聽民請照赴挖，繳官給值，而徵其税，則又於常例之外，別事變通。凡此情形應俟勘查具報後方能酌及，聊就大概附陳之。所譯圖説暨摺稿另附片稿附陳。俄鐵路情形隨函奉呈。因事件較密，故不另用咨牘。弟以月之二日暫來德館，稍理卷牘，十月

初間，當即回俄。

佚名《地鏡圖》 黄金之見爲火及白鼠。《藝文類聚》卷八〇、《太平御覽》卷九一一、《説郛·採爲》第三節。

欲觀金氣，以庚辛日，其氣象人。虞世南《北堂書鈔》卷一五〇。

黄金之氣赤黄，千萬斤以上光大如鏡盤，金氣發大，上赤下青也。《初學記》卷二七，《太平御覽》卷八一一引無下二句，《説郛·採爲》第一二節亦無下二句。

金百斤已上至三百斤，精如羊者。《藝文類聚》卷九四。

金寶化爲青蛇。《藝文類聚》卷九六。

曾慥《類説》卷一九《協金石》 有人得青石大如龜，背有鼻，穿鐵索數丈，循環無相接處。一日海賈見，以數十千易之，云：「此協金石，垂之海中經夕，引出，上必有金。」

慎懋官《華夷花木鳥獸珍玩考》卷八《金》 黄金之氣赤黄，千萬觔以上，光大者鏡盤。金氣發，本上赤下青也。少昊時金鳴於山，銀涌於地，或如龜蛇之類，乍似人鬼之形。上山有薤，下有金。《酉陽雜俎》。建平晉安有金沙出石中，燒鎔鼓鑄爲鍋，雖被火，猶須更煉。又陳藏器云：常見人取金，掘地深丈餘，至紛子石，石皆一頭黑焦，下有金，大者如指，小猶麻豆，色如桑黄，咬時極軟，即是真金，夫匠多竊而吞之。又饒、信、南劍、汀州出金處，採得金亦多品。或有若山石狀者，或有若米豆者，若此類未經火皆可爲生金。並《本草》。諸州出金極多品，蔡州出瓜子金，雲南出顆塊金，在山石間採之。黔南遂府吉州水中並產麩金。《山海經》。金之所生，處處皆有。梁、益、寧三州出水沙中，作屑，謂之生金。密乞兒國尤富，地產金。人夜視有光處，誌之以灰，翼日發之，有大如棗者。凡金有二十件：雄黄金、雌黄金、曾青金、硫黄金、土中金、生鐵金、生銅金、偷石金、砂子金、土碌砂子金、金母砂子金、白錫金、黑錫金、朱砂金，已上十五件，惟衹有還丹金、水中金、瓜子金、青麩金、草砂金等五件是真金，餘皆是假丹。嶺南人云：生金是毒蛇屎中採之。廣州洽崖縣有金池，彼中居人，忽有養鵝鴨，常於屎中見麩金片，遂多養收屎，淘之，日得一兩或半兩，因至富。張騫得飛石，破之得金印。

屈大均《廣東新語》卷一五《貨語·金》 或謂黄本日精，白本月華，故近赤道之地多金。吾粤陽明之國，天地盛德，寄旺於火。火之英，丹砂之精。黄湏父之，黄土母之，以故往往產金。金生於丹砂穴者爲上，其屑多在黑沙及逆流漩洑之所，没水取之。或掘地丈餘，見有磊砢粉子石，石褐色，一端黑焦，是爲伴金之石，必有馬蹄塊金。蓋丹砂之旁有水晶床，金之旁有粉子石，物不孤生，天地之道則爾。其粉子石所在，土色如血，或如熟杏，燒作脂蘇氣香。其沙甚重而苦，鵝鴨啖其沙者，從膍胵内淘之，亦有金屑。開建有金莊水焉，其源出金鷄涌，二百里間爲大瀧小瀧者二，皆有瓜子金、麩金。越一山有金縷水，流聲清激，亦産生金。土人淘其沙，日得麩金分許，不能多。或有得一金龜，則其地數日無金矣。崖州黎田，其水瀠洄清徹，浮光躍金。有商人以百金貿而淘之。陽江木萌白石山澗中，及廣寧溪峒，亦有金坑，而生金甚微，色亦低劣，民竭一日之力，僅足糊口。英德之金山逕溪東西田脚亦有金。河源之藍田瀨，蒸煮其沙，日得生銀錢許，若得三四錢，則三日不能復得。高明礦脈亦微，萬曆間，中使募民認税開採，尋以無利而寢。大抵晉康以掘鐵爲生，開建、河源以淘金銀爲業。一鐵爐可養千人，一金潭銀瀨可活數百室，皆天之所以惠貧民也。許渾詩云：「洞丁多斵石，蠻女半淘金。」若上官開采，則所得不足以償所失，未有不因而生亂者也。蓋嶺南雖有金而無金，其金皆自吴門買歸，□□者以銀易之，以便致遠，故賈人以金爲貨，利常數倍。民謡有云：「黄金自吴來，精者十三倒。□□争買時，白銀不言好。」

鄭光祖《醒世一斑録》卷三《物理·金石》 黄金產溪邊沙中者，淘而得之。生山中者，石内金苗一路如瓜之有藤，得一旁歧入尺許，得金一粒，重不過二三錢。

傳記

徐潤《徐愚齋自叙年譜》 光緒十八年壬辰，五十五歲。奉北洋大臣李札委會辦建平金鑛，五月開辦。

二月初八日出津。三月初二日午刻，景翁因有寒熱未能上院，余上院時見同鄉順德梁君炳南，曾在吉林鐵廠六年，上院遞節略，求事十一款。中堂原有允意，唯内中一款擬招粤人五六千來北辦理吉林各處金鑛者，因此遂置不問。二月二十八日盧藝蘭勘口外金礦，回隨帶五宗金沙，經黄芝堂化驗，一號龍頭山線尺餘每噸化金一兩二錢，二號龍頭山線六寸每噸化金一兩八錢，三號轉山子大線每噸化金十一兩五錢，四號霍家地綫二尺零每噸化金二兩左右，五

號青山子大綫每噸化金一兩五錢。查勘建昌平泉分界老河川、轉山子、二龍山、霍家地、青山子確係著名之所，週圍數十里日出斗金，並非虛假。舊洞每處均尚可靠。擬三月初四五日，再與紫兄同去豆爾丁、虎頭石、長條子溝、黃金岱川、金廠溝梁查驗。該處又一種木煤，化見亦佳，離礦六七里。後查所來之石樣，乃挑選之物，似靠不住，非土法能辦得益。三月初四日，上院請假，照准。

三月十二日，擬搭新豐輪船去申，上院稟呈辦金鑛稟並章程，並稟鐵鑛章程。中堂云：此稟就口外公事未合，似有壟斷之勢，詞意太硬，宜略圓通乃妙。動筆改去五則，內一則係直隸應得一分餘利，改歸熱河所得。又云地方鄉舍社友等宜籠絡乃妥爾。見人神色極好，仍有鄉人脾性，應易籠絡云云。及閱鐵礦章程，連答三聲：無錢而已。

三月十四日，上院稟辭。是日午後，上船與諸友話別。適商局總船主蔚霞同船，與論輪礦各事。十五日，抵煙台晤靄兄諸君並史晉生、毛戴陽，論松武兩軍用煤，並威海大連灣需輦兩軍煤。到盛杏翁處便飯。各友三點鐘到船答拜，暢談十六鋪地並利國鐵礦，開平擬辦鐵礦，三平輪船旗昌行價。李載之云：山東金礦，秋畦不理，月池出局，招遠機器擬拍賣。李肇初在申，靄兄此次來津，似未甚滿意云。晚八點鐘動輪。十七日午後兩點抵申。十九日，查鼎恒申莊並定造鼎恒錢票一、二、四、六、十吊各樣一張。晤鄭紀堂、香山橋頭人。黎視筠，錫安順德人。詳論美國所辦金礦，似有條理。

〔十一月〕初五日，早起動身，行五十里，午刻抵金廠溝梁分局，見鄭紀堂兄各位悉。吳述兄等昨日先到所開硐子，離局甚近。飯畢，即偕各友上山查勘硐工程。見＝偏山盡是老硐，不計其數。另有不知年之高麗硐。初六、七日兩天，查驗山上線道、安置提水機器一切工程，并查各把頭昔年辦理情形，另録一册。初八日早起，由金廠溝梁分局動身，行二十五里，在臧家店尖。又行十五里，過四家子，又行五十里至五家子，即上山驗線。舊硐無數，高麗硐亦有。晚往臧家店，查問山礦昔年如何情形，及各把頭來見，所稱各節另録一册。是日同述三、松喬、竹軒兄等去五家子驗金礦山，此去往東南走金廠溝頭起，至臧家店一帶二十里路，兩傍高山，其中溝道百數十丈，寬亦有五七十丈，無寸土平地。見山脚溝傍黃金土硐甚多，有人天天淘挖。平灘地方三五土房，貧民居之，或離隔一二里見二三家，或隔四五里見十數家。居此不毛之地，毫無寸土，生涯全恃淘金度日。若遇大雪天氣，連日不得出門，則一家無以果腹也。由四家子過去朝陽地面，見人烟較多，地土平坦，較建邑地面豐厚多矣。五家子金礦，盛恒山前年曾經開挖，帶去水泵，是用手摇，因水不足，抬回去。

初九日早起，又上山復驗線苗形勢。述三兄畫出圖樣。飯後，動身東南楊家灣、大線、一連三山，舊硐數百處。是晚回至四家子王家店住宿，行五十里。店主原籍山東，來此四代，人丁甚旺，自有地畝兩千頃，自種者多。每一人能種八十畝，闔里一人能種三十畝。初十日早起動身，行三十五里，回金廠溝梁局。今日天氣稍和暖，溝內河中淘沙金之人不少。

建平金礦，亦承德府屬，總局設建昌縣，地名金廠溝梁分局六所。其地皆朝廷分封蒙古王公、貝子、貝勒之采邑。光緒十七年冬，口外忽有金丹道匪，名曰學好。又有一種名曰在禮，勸人不嗜烟酒，其實惑人邪教，同時創亂殘殺，蒙古民人幾無噍類。事平後，大憲以口外建平朝赤各州縣慘遭兵燹，又以連年歉收，地素產金，隸閣爵督憲李暨熱河都憲奎因派潤等設局採金，以工代賑，現計總分各局約有四千餘人，藉此養生。前年採見金二千餘兩，至去年統計出金七千二百餘兩。每兩金進本十二三兩，金色七四五，照現價稍長，每兩可售銀二十四五兩，除去開銷無甚大好，惟工爐泵機器可以餘出。出數暢旺時去年九十月間，每日三五七十兩，至多一日見過一百零五兩，其餘每日十兩、二十兩不等。潤出省以來四十四年矣，歷事已不爲少，最難莫如辦礦。微末之事，色色須求於人。主其事者稍或猶豫膽怯，不能苦心忍耐即難辦礦，生平所到之處莫如此。此真所謂耳無聞目無見。初到時，居民祇十餘家，自設局後，始漸成村落，現有土室三百餘間。其地無山不產金，亦無溝不有金，但不甚旺。工人之苦，終日身蹈危險，井下工作一如食陽間飯辦陰間事，每工能得工資制錢一百文，欣幸已極。

光緒二十二年丙申，五十九歲。

奉北洋大臣王札委，辦理永平府屬雙山子、五道溝等處金礦。十二世懷仁祖墳前之田，土名烏洋坑，前經老四房典與紫峰族姪，計價洋千元。是年由余贖回，仍撥助懷仁祖賞項。

紀事

《林文忠公政書·雲貴奏稿》卷九《查勘礦廠情形試行開採摺》 况查滇省

課金，或以牀計，或以票計，例定課額甚微。其課銀章程，本係一五抽收，民間採得十萬兩之銀，納課者僅一萬五千兩，可謂斂從其薄，於民誠有大益，將此明白開導，似民間皆已踴躍倍常。當據委員會同臨安、普洱文武稟稱，查得他郎通判所轄坤勇箐地方，距城九十里，有土山數重，山頂全係碎砂，不能栽種，故無民居。前因土内産有金砂，遂有外來游民，私挖淘洗，致相争鬭。稟經前督臣委員會同他郎元江廳州，前往查逐，該游民各即逃散，遂將該山封閉。但金砂仍不時湧現，挖淘較易，難免游民旋復潛來。如蒙奏明開採，雖豐嗇難以遽定，究足以裨公課而杜私争。臣等隨復批飭各員，親詣該山，勘明實在情形。旋據稟覆，山頂寬平，周圍約七八里，掘土尺餘即見細碎金砂，閃爍耀目。官員到山，游民先已躲避，勘有私硐四口。詢訪附近邨人云：挖起金砂，取水屢淘，復以木板爲牀，竟日摇盪，一人之力，日可得金幾釐，多亦不出一分。

世續《清德宗景皇帝實録》卷二八七　〔光緒十六年庚寅秋七月庚辰〕吉林將軍長順奏：「勘明三姓金礦地方，並試窈得金情形。」下所司知之。

劉錦藻《清朝續文獻通考》卷三八九《實業一二》　又山東巡撫孫寶琦奏：沂水縣向有金礦，該處在德商原指五處礦務之内。上冬，臣將五礦收回，合同作廢，所有礦産自應擇要開辦，以闢利源。當飭勸業道派員履勘。查該縣小梁水、長莊、小安莊、葉落溝、紅石橋、石浪頭溝等處皆係産金區域，東西寬約二里，南北長約六里，沙河繚繞，土質含沙。窈井丈餘，金綫顯露，淘沙即可得金。試窈數井，淘得之金成色尚佳，工費亦省。見已派員前往妥辦。如有成效，所得餘利即以補助五礦償款，似於公家不無小補。

雜録

《清高宗純皇帝實録》卷九二三　〔乾隆三十七年壬辰十二月戊子〕又諭：「昨以蒙古阿拉善王游牧之哈布塔海、哈拉山等處地方有民人偷刨金砂、持械逞凶之事，曾傳諭勒爾謹將此等越境滋事奸徒嚴行究訊，從重治罪，不得稍存姑息。適阿拉善王羅布藏多爾濟因年班到京，以此詢及。據稱，此地因出産金砂，常有民人越界偷挖，屢次驅逐，不能止息。恐人衆滋事，今情願將此地交出，聽地方官永行封禁，庶不致再生事端等語。蒙古游牧山場因有出産金砂，奸民牟利競赴，什伯成群，甚至持械逞强，此風原不可長。但該處既有金礦發現，乃因此而遂荒棄其山，亦未免因噎廢食。即如各處産銅地面，一經開採，未嘗不聚多人，特因官爲經理，易於彈壓稽查，自可不致別生事釁。況金銀等礦乃地産精華，自無不行發露之理。開採一事原因天地自然之利，爲之加意節宣，特在人之善爲妥協辦理耳。已令羅布藏多爾濟於回伊游牧時，路過甘肅省城，將此情節面告勒爾謹，即會同羅布藏多爾濟前往查勘，詳細商酌。如該地出産金砂果屬盛旺，既可官爲募民開採，仍彼此妥議，立定規條。勒爾謹派出地方明幹大員一人，羅布藏多爾濟亦派出屬下之妥幹章京一人，在彼經理，仍照礦廠之例，官爲抽課。而所抽下之課項，並不妨照八溝之例，酌賞該王子三分之一。如此立法調劑，奸民既得饜其嗜利之心，攘竊競鬭之風，轉可不禁自止，於事頗爲兩便。如該地産砂本屬無多，不值開採，即可如羅布藏多爾濟所奏，聽其將山場交出，官爲永行封禁。勒爾謹務同該王子和衷確查，妥議具奏。此旨暫存，俟羅布藏多爾濟起程時，令其帶往面交勒爾謹閲看辦理。」

《清文宗顯皇帝實録》卷一五九　〔咸豐五年乙卯二月壬子〕諭軍機大臣等：「扎拉芬泰等奏尋獲金廠試行開採一摺。據稱喀爾喀三音諾顔部落、達拉圖噶順二處地方産有金苗，業經該將軍等派員查訪得實。惟礦苗是否豐旺，未能深知，現據盟長扎薩克多羅貝勒錦丕勒多爾濟詳稱，自願捐備蒙古夫役數百名，並辦供支一歲應需口糧氊帳以助開採。著扎拉芬泰等詳加體察，飭令該盟長隨同本處委員前往達拉圖等處覆勘明確，試行開採。如果礦苗豐旺，應如何嚴防偷漏，力除弊端，著俟奕興抵任後，會同妥議章程具奏。將此諭令知之。」

《許文肅公遺稿》卷二《奏疏二·謹陳洋人測探新疆和闐一帶金鑛情形摺》

奏爲新疆和闐一帶金鑛旺聚謹陳游歷洋人測探情形恭摺仰祈聖鑒事。竊查甘肅新疆省南路以和闐州爲極邊，其地西南界印度，南通後藏，境内大山自葉爾羌分支東行，綿亘二千餘里，西洋人通稱爲崑崙山，即《漢書·西域傳》所稱南山也。漢時自玉門陽關從鄯善傍南山北波河西行，至莎車，爲出西域之南道。自唐而後，鄯善以西諸國皆淪入沙磧，其道遂塞。今攷輿圖，自克里雅回城以東悉係大戈壁，《新疆識略》亦稱和闐以南，皆大山沙磧，路不復通，故情形莫得而詳。光緒十年，俄國武員普舌瓦爾斯基，始自羅布泊西南沿河以達克里雅所屬之策爾滿地方，再循山之北麓，迤邐至於和闐，正與漢之南道相合。歸而作記，頗稱

崑崙山金鑛之旺。十六年，俄國地理會復遣鑛學人博格達諾委翅前在該處詳測金鑛所在，留住幾及一歲，著有圖説，俄人重而秘之。經臣處洋譒繹官金楷理輾轉覓獲，將其要節譯述。據言西起哈朗歸山，東抵羅布泊，產金之地，就所已悉者有十二處。計自和闐州至克里雅城得鑛三處：曰玉隴哈什河，曰策勒村，曰克里雅；自克里雅以東得鑛五處：曰索爾戛克，曰烏魯克河，曰闊帕，曰莫羅札河，曰池日干河。以上均在崑崙山北麓。逾山而南得鑛一處，曰坎波拉克。凡九處皆爲該俄人親歷。又極東在策爾滿一帶，未經赴探者得鑛三處：曰霍達列克，曰托爾肯散，曰阿克塔克。每一處之鑛又各析有數處、十餘處不等。其金砂或凝結巖壁，或隨山水衝注，散在澗河之中。諸鑛皆經淘挖，無水之地則用風簸。其内索爾戛克、闊帕二處，土民赴采者約及二千人，日可出金五十餘兩，其金往往售諸印度。若以洋法開采，出金尤必增多。此山内鑛地之大略情形也。該俄人書内又言，俄主大彼德時即聞其地產金，欲自中亞西亞通道，卒不能達，迨回酋阿古柏佔據喀什噶爾，令民所挖鑛金，官爲收買，税其十分之二。當時養兵之費，賴以取給。同治十二年，英使福舍至喀城，曾派人赴索爾戛克、闊帕等處查察金苗。光緒十一年，俄領事撤特羅夫曾將崑崙山產金情形密報外部，核其砂浄質重，實出烏拉嶺暨英美新舊金山之上，允爲五大洲之冠等情。伏查新疆邊外，自俄人蠶食回部，藩籬久撤，涉車、和闐等處復與英國屬地相接，故南路邊防在今日尤爲扼重。近歲俄兵入帕，益鶩南牧，與英争因都庫什之險，漸有通道西藏之志。和闐南山一帶地勢適介其衝，山中金穴尤動彼以可欲。其屢次遣員游歷，名爲考察方輿，實則覬圖利便。該處又與英界轇轕，未經勘定，英人心計絶精，亦未必無所垂涎。前黑龍江省之漠河金鑛，與俄境隔江相望，經李鴻章招商開采，以杜窺伺，迄今已有成效。今和闐形勢更偪，鑛產更富，大山阻深，徒衆麕聚，官司稽察所不及，營汛巡歷所難周，若不早謀措置，難保不勾結他族滋生事端。遠慮近憂，皆不容忽，且控馭巖疆，兵力不能不厚。該省餉源動賴各省協濟，稍議增兵，輒苦餉絀。誠能就已開鑛地由官設廠經理，數年而後，財用漸裕，尤可資塞上之飽騰，省中原之輸輓，籌邊之謀，莫利於此。惟籌辦開采，必以查勘鑛地爲先務，似應按照該俄人所述各鑛情形，覆加察看，庶於邊情地利得有確徵。可否請旨飭下總理各國事務衙門，行商新疆巡撫飭查之處，伏候聖裁。除照譯俄人博格達諾委翅説略，并摹繪總分各圖咨送總理衙門備查外，謹繪圖貼説，恭呈御覽。所有洋人測探和闐金鑛關係情形，理合恭摺具陳，伏乞皇上聖鑒。謹奏。光緒十九年十月二十六日具奏。

《礦務檔》附録《大事年表》〔光緒十四年戊子〕六月初九日，命北洋大臣李鴻章，會同吉林將軍長順，遴委幹員，前往吉林省三姓地方，履勘金礦。【略】

〔光緒十五年己丑〕二月，美國金山僑商譚錦泉等查勘山東寧海招遠金礦。【略】

〔光緒三十年甲辰〕正月，法商大東公司礦師顧爾變勘定福建邵武金礦。

《礦務檔·吉林礦務·吉林中俄礦務交涉》外務部收吉林將軍長順文《請給俄人沙巴林開採琿塔金礦執照》 光緒二十八年十二月初三日，收吉林將軍長順文稱：竊照前據駐吉俄外部大臣劉巴商請中俄合辦礦務，議立草約等因，當經本將軍、副都統恭摺具奏，並抄粘咨呈鑒核各在案。現據該外部大臣照稱，俄礦師阿斯達碩夫之執事人沙巴林，在寧古塔之涼水泉子、琿春之四道溝各採妥金礦三處，請給執照，遵約納課，俾資開辦等情。本將軍、副都統查核前定草約，尚屬符合。並查大部光緒二十八年二月初八日奏定礦務章程，不能由吉省擅發執照，商請暫緩。並一面分咨琿、塔兩城副都統揀派要員，會同該俄礦師詳細踏勘，劃清界址，繪圖貼説。咨覆去後，茲據琿春副都統咨報，派員會同俄礦師查明琿屬之四道溝金廠：第一處相距四道溝河口俄九里，地名沙金溝，勘妥周圍計俄四里。由第一處至第二處，金廠地名小東溝，相距第一處約俄里三里，勘妥周圍計俄八里一處。由第二處至第三處，金廠地名沙松溝，相距第二處約俄二里，勘妥週圍計俄十二里一處。與之劃清界限，繪圖咨覆前來。旋據寧古塔副都統咨報，派員會同俄礦師查明塔屬涼水泉子金廠，第一處距涼水泉子河口十五里，由碾子溝起，勘妥一處，長一里，寬半里。第二處距涼水泉子河口十八里，地名大哈塘，勘妥一處，長里半，寬一里。第三處距涼水泉子河口三十五里，地名二哈塘，勘妥一處，長二里，寬二里。亦劃清界限，繪圖咨覆前來。惟查奏定章程第五條内載，或華人或洋人承辦，均無不可。又第一條内載，由督撫專咨到部，俟奉批准後，方爲准行之據。又第十二條内載，各礦需用地段，只准敷挖井蓋房各用，不得多佔等語。今該礦師等採妥琿、塔兩處各礦廠，界限稍大。惟各該處均係山僻荒陬，人跡罕到之區，似不妨寬以界限，俾資開濬利源。所有開辦後應須釐定股本，以及各項章程，再行隨時酌定，咨明辦理。合將查勘俄礦師阿斯達碩夫之執事人沙巴林採妥金廠，請給執照緣由，相應備文咨呈大部，謹請鑒核酌發執照施行。

《礦務檔・吉林礦務・吉林中俄礦務交涉》《俄人在吉林採礦應洋覆核辦》 光緒二十八年十二月十九日，行吉林將軍文稱：光緒二十八年十二月初三日，接准咨稱，前據駐吉俄外部大臣劉巴商請中俄合辦礦務，議立草約，當經恭摺具奏，並粘抄咨呈各在案。現據該外部大臣照稱，俄礦師在寧古塔之涼水泉子琿春之四道溝，各採妥金礦三處，請給執照，遵約納課，俾資開辦等情，核與前定草約尚屬符合。並查大部奏定礦務章程，不能由吉省擅發執照，商請暫緩，並一面分咨琿塔兩城副都統派員會同俄礦師詳細踏勘，劃清界址，繪圖貼說。咨復去後，茲據琿春副都統查報，琿屬之四道溝金廠，第一處相距四道溝河口俄九里，地名沙金溝，勘妥周圍計俄四里。由第一處至第二處，金廠地名小東溝，相距第一處約俄里三里，勘妥周圍計俄八里。由第二處至第三處，金廠地名沙松溝，相距第二處約俄二里，勘妥周圍計俄十二里一處，與之劃清界限，繪圖咨復。又據寧古塔副都統查報，塔屬涼水泉子金廠，第一處距涼水泉子河口十五里，由碾子溝起，勘妥一處，長一里，寬半里。第二處距涼水泉子河口十八里，地名大哈塘，勘妥一處，長里半，寬一里。第三處距涼水泉子河口三十五里，地名二哈塘，勘妥一處，長二里，寬二里，劃清界限，繪圖咨復。查該礦師等採妥琿塔兩處各礦廠，界限稍大，惟各該處均係山僻荒陬，人跡罕到之區，似不妨寬以界限，俾資開濬利源。所有開辦後應須釐定股本，以及各項章程，再行隨時酌定，咨明辦理。相應咨復核發執照等因前來。本部查中俄合辦吉省礦務草約，前經貴將軍奏明咨行到部，當經本部以此項草約尚有應行聲明之處，應與俄員切實磋商，再行妥議詳細章程等因。於本年四月間覆奏，奉硃批：「依議。欽此欽遵。」知照在案。究竟前訂草約曾否與俄員磋商改訂，迄今未據聲復，此次俄礦師所指琿、塔等處礦地，與從前吉省奏派道員宋春鰲自辦之礦，有無牽涉，該處礦地毗連，易滋轇轕。自應繪圖送部，以憑考核。至釐定股本及各項章程，亦應先與妥議，未便隨時酌定。所請給發執照之處，應俟聲復到日，再行酌辦，相應咨行貴將軍詳細聲復可也。

《礦務檔・吉林礦務・夾皮溝・金礦》外務部收俄使璞科第信《請飭吉林將軍准將夾皮溝公司採礦執照展長期限》 光緒三十一年十月十三日，收俄璞使信稱：茲准哈爾濱華俄道勝銀行之董事，並夾皮溝礦務公司執事嘎畢雷電稟，案查開採夾皮溝之礦，前發執照，於本月十九日限期將滿，而吉林將軍不願發給新執照，託言給發執照之權，竟歸商部、外務部兩衙門各情。惟因戰務之故，本公司未能查勘礦苗，而七箇月間，建造房屋，並覓養勘苗之人，所費各款，已有十萬盧布之譜等因稟報前來。查戰務實在延誤夾皮溝公司採苗，並非該公司之別故。且該公司不能推辭不便之故，並因此不能責成該公司之延誤。是以本大臣據此煩請貴王大臣，轉知吉林將軍，將該公司在夾皮溝開採礦苗之執照，限期推展。其限並按照因戰務不能開苗之月日，補展足期，即希見復爲荷。

又外務部發俄使璞科第信《夾皮溝公司採礦執照應予作廢》 光緒三十一年十月十七日，發俄璞使信稱：接准來函，以哈爾濱華俄道勝銀行董事，並夾皮溝礦務公司執事嘎畢雷電稟。案查開採夾皮溝之礦，前發執照，於本月十九日限期將滿，而吉林將軍不願發給新執照，託言給發執照之權，竟歸商部、外務部。惟因戰務之故，本公司未能查勘礦苗，而七箇月間，建造房屋，並覓養勘苗之人，所費各款，已有十萬盧布之譜等因。查戰務實在延誤夾皮溝公司採苗，不能責成該公司延誤，煩請轉知吉林將軍，將該公司在夾皮溝開採礦苗之執照，限期推展。其限並按照因戰務不能開苗之月日補足，即希見復等因前來。查俄商開採夾皮溝礦務，曾否訂立合同，於何時發給該公司勘苗執照，均未准吉林將軍咨報有案。即該省發給勘苗執照，現在已屆限滿，亦應作廢，本部礙難展限，相應函復貴大臣查照可也。

又璞科第《請發給夾皮溝公司採礦執照》 光緒三十二年正月二十一日，收俄國公使璞科第函稱：查展拓夾皮溝礦務公司探礦執照限期一節，節次致函，並上年十一月二十五日，本處函稱，除飭該公司將全案送交本處，並隨時可達貴部查核外，仍請貴部咨詢吉林將軍復知此案，以便持平了結在案。茲查該公司案卷，於光緒二十七年正月二十五日，本國外務部委員劉巴，與吉林將軍長順及副都統程，議定吉省金礦合同，並是年四月初七日，本國外務部委員溷特廓福，與該將軍副都統，商訂探開夾皮溝等處金礦合同。其後長將軍等處，旋按照光緒二十七年五月三十日，所經批准之是年正月二十五日合同，及所立是年四月初七日合同，於光緒二十九年六月二十一日，將在夾皮溝、寧古塔及渾春一帶探開金苗執照，發給本國金商阿思達舍夫，暨其代辦之人，照內註明礦師諾爾撇，前往夾皮溝等處，限一年之期，晒探金苗等字樣。限滿之後，該礦師應行詳細報明將軍，以便遵守所立各章，咨呈外務部發給開金礦執照。該礦師等於光緒二十九年六七月間，前往夾皮溝，於六個月內探礦，忽經是年臘月底，俄日失和，而該礦師等可惜不得不離夾皮溝，並雖費去多資，而探礦之工，未能告成。光緒三

十年十月間，經吉林將軍富查明以上各情，並望戰事速有結局，又發給新執照，限定一年，以便工師等將所開工程完竣，詳明稟報將軍，而彼時戰務未遽和息，其故不能前往探礦各等情。本大臣詳查以上各節，可知在將軍兩次展拓限期，其延誤探礦，並非該公司之過，係因戰時之情勢，該礦師等不能探竣，並報明將軍，惟礦師諾爾撤於夾皮溝居住六月之久，整理各事，所費不貲。可見該將軍自以其延誤之情，已認爲合理，故於再展執照之限期，並無阻礙。是以貴國將軍等已洞明戰務，必於探礦有礙，就其允准展限辦法，已可明見其意旨。況戰務延誤此項之事，寔無於理不合，並亦爲全球所共認。又查全案，知俄商統照所訂章程辦理，係以此章程爲合理施行其意無疑，是以不憚所費多資，以探礦苗也。近查新任將軍、前任將軍等所發執照，足見視爲具文。且貴部函稱，並不知此案等語，可徵貴王大臣與該將軍亦有同意。茲本大臣據前因，再行聲明，以此項意見所不爲然，並再行切請貴王大臣電咨吉林將軍，將新探礦執照，發給夾皮溝公司，否則該公司無辜受此甚大虧累。而該公司此項之虧，必於貴國是問。即希見復爲荷，專泐。順頌日祉。

又外務部收東三省總督署黑龍江巡撫文《俄商所領採苗執照應飭繳銷作廢》 又光緒三十三年九月初四日，收東三省總督黑龍江巡撫文稱：案查俄商耶米力羊諾夫請開金礦一事，本署部院前因該俄商如未開挖，何必僱用多人，且於其稟格外部官呈內，明明自認開工，是即違背原約之證據等情，特備三十五號公文，照覆在案。茲據漠河金廠道員劉烜，查得瑚馬爾河上游百餘里之膠克列協溝，有私金廠一處，又瑚馬爾河溝內七十里，亦有金溝一處，該二處均有俄人聚夥私挖，或二三百人，或一二百人不等。職道親赴黑河俄邊界廓米薩爾庫芝米爾面商辦法，據該俄官聲稱，二十七年，該俄商等曾蒙前署黑龍江將軍薩，發給採苗護照五張，將沿江分作五段，暫准採勘礦苗等語。伏查農工商部礦章內開，凡請領採苗執照，應以一年爲期，過期即當呈報開辦，如過期不報開辦，所領採苗執照，即作廢紙。查該俄商所領護照，雖無期限，至二十七年至今，已六年之久，如何辦理之處，自有定章。該俄人竟藉此爲護符，沿江一帶，隱欲據爲己有。合無仰懇憲恩，照會俄官，將前次所請採苗護照，查銷作廢，以便會同禁阻等情前來。查該俄商等，自領前將軍薩採苗執照後，並未將採得何處礦產苗線寔在情形，具報有案，乃數年之久，擅自招集多人，私行開挖。前猶巧飾，茲經劉道切寔查明，其違背原訂合同，難以再諱，除照會俄領事，迅將該俄商所領執照繳銷，並將金廠私挖丁夫，一律撤退外，理合具文咨呈大部，謹請鑒核施行。須至咨呈者。

又外務部收東三省總督奉天巡撫文《吉拉林等處礦務已派員前往詳查》 光緒三十三年九月初九日，收東三省總督、奉天巡撫文稱：本年八月二十一日，准大部咨開，本年八月初七日，准俄璞使來照，以華委員龔太山等，在吉拉利河開礦未見寔效，工已停止，華商雖經喫虧，俄商仍視爲有益，仍請准黑龍江上游俄國金礦公司，於各處已探之苗，仍行接辦等因。查俄金商前在江省領暫准探勘執照，亦已逾限，不能視爲允准開辦之據。業由本部於上年十一月，本年三月，迭次駁復俄使。本年三月接准尊處復文，詳陳俄商於額爾古訥河吉拉林等處礦產，有不合者四端，不能聽其爭競。是以本部於四月十一日，俄使照會雖曉嘵爭辯，即置未照復，現該使復申前請，並謂華商開未見效，俄公司願照中國各礦務章程辦理，與該省民人亦有生財之道云云。究竟俄使所指吉拉林等處礦產，華商是否開未收效，現在曾否停止，如已將礦井作廢，可否另商辦法，藉收已棄之利益，相應抄録俄使兩次來照，咨行貴撫，飭查明晰，酌核聲復，以便轉復可也等因。准此。查吉拉林金礦，前由千總龔太山稟請開辦情形，已於光緒三十二年八月間，咨明大部、前商部在案。嗣因該廠商本不敷，辦理爲難，一再稟請，曾發官款五千兩，以資接濟。現因該千總辦理未見成效，正擬變通辦法，或改歸官辦，或改歸官商合辦，已派留江補用知縣卞令調元前赴該處詳細查勘。除俟該員查覆到日，擬定辦法，再行咨報外，相應備文咨呈大部，謹請查核施行。須至咨呈者。

又外務部收東三省總督黑龍江巡撫文《抄呈俄金商耶米立羊掠夫稟》 光緒三十四年二月三十日，收黑龍江總督、巡撫文稱：光緒三十四年二月二十九日，准駐齊齊哈爾俄領事馬納金第二百五十四號照會，爲據俄業金人耶米立羊掠夫，具稟阿穆爾江右愛琿城至庫馬爾河一帶礦界之事。將原稟送上，即祈閱悉後，如何批復之處，示知爲要等因。准此。除照覆並分咨外，相應鈔粘咨呈大部，謹請鑒核施行。計鈔粘一紙，具稟人俄金商耶米立羊掠夫，爲所准於阿穆爾江右岸由愛琿城至庫瑪爾河一帶礦界之事，懇請駐黑龍江省貴俄領事大人，轉達於黑龍江巡撫查閱。竊商人前接一千九百零七年五月二十八日及九月二十九日貴領事第一百四十九號與第三百九十九號兩項來文，內附江省巡撫照覆俄領事之譯稿三件，一係光緒三十三年二月十二日第二十三號，一係三十三年七月三十日第三十五號，一係三十三年八月二十八日第四十五號。該三號之文，

皆爲回覆一千九百零七年二月十二日，商人所遞與江省俄外部官之禀，即外部官二百三十四號公文，轉送於黑龍江將軍者也。其原呈所載，中國北滿洲金礦公司，凡沿阿穆爾江右岸，由愛琿城至庫馬爾河一帶礦界内之一切佈置，乃遵前黑龍江將軍薩，與外部官克羅特夫，於光緒二十七年八月二十日之定約而行，不爲無理。況兼有二十七年九月初九日薩帥所發之採勘護照，及俄政府所頒主持此界之字據可憑。查閲程帥回復之文，核與此案前後公事，及關於本公司礦界權限之字據，所復不惟於理不合不公，且有欺侮商人之勢。其舉動寔與事初情形相反。並與一千九百零七年二月十二日，商人所具之禀，及一千九百零七年八月初三日，俄領事照會江省巡撫二百四十四號之文，其中所陳各節，亦均與之不符。兹將所查明不合之處，特此辨駁於下：據巡撫二十三號照會所稱，似商人已曾作金四五年餘，歷時既如此其久，却未指有何合理之憑，倘以不寔之傳聞而爲之據，是巡撫有屈於商人。今將其定不可移之情節，申訴於後，以明此屈。查於一千九百零四年，北京派來道台劉俊，帶同華員多名，於阿爾公河及阿穆爾江右岸一帶，查看俄金商開辦金廠之處。嗣經劉道等勘得於阿爾公河及阿穆爾江右面所開之中國金廠：一於阿爾公支流，阿思他舍夫礦界之内阿拉抗斯克金廠；二於阿穆爾江支流，若日土根斯克金廠，又名漠河金廠，在意格拉世亂站對面；三滿洲礦務公司界内之觀音山金廠，在爾那得節站以下。當劉道赴江省時，曾將俄金商所開辦之華金廠，照知外部官玻珀君，指稱背約者，爲阿思他舍夫及滿洲礦務公司，而派去之各華官，其間惟於商人礦界内，從未見有作金之廠。日者商人適客江垣，劉道曾向商人稱謝，並道其滿意於商人辨事克遵條例。此言當有代理外部官庫字明斯克，及領事署之通事，皆可以爲之証。若商人果曾開辦金廠，如照撫所謂業逾時四五年之久，無論如何，劉道亦必於一千九百零四年時，將此作金事，報知於俄領事署。然該署當不僅未見此信於劉道，即阿穆爾邊界俄官憲，與本公司亦均無信來署。由是而論，則屈指商人開辦金廠之事，寔屬無理而不確，此中尚有他情，商人分應再爲陳之。前於一千九百零七年四月三十日，適值商人在撫署禀見時，曾呈有阿穆爾邊界一帶地圖，内載礦廠所在之處，此經巡撫核閲後，當同外部官格夫特别爾君在座，曾親與商人言曰，伊所派往商人礦界之員回禀，其處毫無舉辦金廠之工程云云。計聞斯言者，除巡撫外，有格夫特别爾君，與撫院繙譯富錦，及領事署之通事，均可以爲之証。再於巡撫第二次之三十五號文内開，查耶米立羊掠夫前禀格外部官十一節内，所載開辦之處有數處，計用俄工及司事六十名，又有五年餘未嘗獲利之説，即此可爲該商開作金廠之證據。若彼僅爲採勘而設，祇用礦師一人足矣，何用人如此之多。是則已明自認作金，即不得謂爲嚴守定約等語，並於四十五號照會内，亦如此言之。略謂案查俄商耶米立羊掠夫請開金廠一事，本部院前已將該商如未開工作金，何必僱用多人，且於其禀外部官呈内，伊已明明自認開工，是即違背原約之證據等情。業已行文照知在案云云。據巡撫所謂曾閲商人之禀，其第十一節所載開工作金之處有數處，且用人六十名之數，是金廠作金之工程已開，乃爲商人所自認，因此商人似不無有違前約之咎。若果以之爲定論，則斯言誠誤矣。緣商人前禀請之禀，即巡撫所謂爲禀報之禀，内並未載有用工人司事六十名，開辦金廠之説。即五年餘毫無獲利之詞，亦確未曾如彼而書之。縱商人之禀，其間果載於金礦界内，所用工人司事衛兵，至有六十人之時，然此亦不得爲其處開辦金廠之證據。且巡撫尤不能以盡未呈報之語，而歸咎於商人之理。兹將一千九百零七年二月十二日，商人遞與格外部官之禀，第十一節後所擬之詞，妥寔照抄於下，用以申明來照不合之處。查其所禀，如彼自一千九百零二年至一千九百零六年，凡經本公司查訪幫所開金廠之處：一、尺海子河，二、滿洲爾克河，三、索日大特克河，四、發彼瑞河及其支流，五、木多尺河，六、換拉河，七、烏立基格池河，八、沿庫馬爾河右邊一帶，其處甚多。所有運赴金廠日用諸物，有數處能以車馱爬力轉運者，其費尚輕，然於多處所造之房屋，有爲住人者，有不爲住人者，值款皆巨。按此等所開之處，中有數處，計用俄工人司事衛兵，有至六十名之時，其於深林探訪所用者，尚在其外，凡派往本公司所領地界上之探訪幫採勘幫，並所採得之金廠，以及舉辦各項之預備工程，由是五年餘，費以巨款，未及挣金。因以上所指一千九百零一年九月十九日之約，俟北京批准，迄今該約不但於北京未經批准，且有不承認之事，況其採勘尚無盡期，而僅此空耗其款，亦未見爲可。如謂照例，則不能若是而行之。爲此懇祈貴大老爺，轉呈黑龍江將軍，速爲核奪此事。或准本公司仍照以上所指光緒二十七年八月二十日之約，及是年九月初九日將軍所發之照爲主，按此二紙同載有作金明諭；或向本公司照例一律辭退。其時本公司出於無法，將追尋所費之的款，及六載間所棄之工夫，當不爲無理矣。此即爲前禀所原載者也。據巡撫之歸咎商人，想係不知俄業金情節，亦或有之。因俄之業金人，總以詳細採訪産金處爲首務。其時恒經數年之久，並於覓獲之廠，舉辦精細採勘之工作，俟將其苗路詳細勘明，

二日，遞於格外部官之呈，並是年三月初一日，上江省將軍之禀，已概可見矣。其中商人曾請格外部官，與將軍注重於金匪，當以俄邊界官因匪於界外偷挖，不肯爲商人助，是以並乞給華兵五十名，以爲逐匪之助，然所請巡撫竟默無以對。按本公司所用之司事等，均於一千九百零七年三月底，業無一人留耳，當於本三月底，探悉北京將不能批准前約之信，隨飭立罷採勘之事，諸人速離滿洲而去。所有本公司停止採勘各節，並經呈報駐京俄公使，及駐江俄領事。再劉道之禀，似稱有金匪數百人，於庫馬爾河之上，所説者金匪，然非商人。彼金匪與商人所共者何，其又何事而干於商人。如金匪之私作，若有疑於商人，亦當有字據，隨禀交來。既無可証之字據，即無由而貶責，若是之緊要情節，不能不一指示。況劉道之禀，遞在一千九百零七年夏杪，而本公司各幫之人，業於一千九百零七年三月底至四月朔，一律撤盡，其時已無本公司之人。即商人本身非在俄京，則在哈爾濱。自一千九百零七年二月後，幾無時不在江省。又巡撫四十五號文覆稱，查農工商部礦章内開，凡請採勘執照，應以一年爲期，過期即當呈報開辦，如過期不報開辦，則所領採苗執照，即作廢紙。查該俄商所領護照，雖無期限，自二十七年，即俄曆一千九百零一年至今，已六年之久。如何辦理之處，自有定章。該俄人竟藉此護照，沿江一帶，隱欲據爲己有等語。據此，在巡撫之歸咎商人，以爲分所應得，因商人不遵部章之故，意在採勘護照，應屬作廢，然而巡撫卻忘商人爲外國人，並非華民所指之部章。又未曾宣示，商人亦不得而知。若以商人未將情節具報於將軍，其理最明。因於江省有領事爲俄之代表。礦界上應報之事務，業經禀報於該領事，且於合約及執照内，如何呈報之處，亦均未記載。似商人既爲外國人，被中國之部章，自與商人無涉，亦無限制商人行事之權，想巡撫此其寔係忘之乎。然所能限於商人者，惟中俄特約，與另外執照所載是憑。如以上商人所指之部章，竟於該二據中毫無提及，足見非商人所應遵辦者也。至於沿阿穆爾江右岸一帶，似爲商人隱欲遍據之情節，其中不無誤會之處。其故或由於華官憲計以爲五家之礦廠，似皆商人獨佔之，遂因此至將種種之違背，責之商人。又如巡撫照後所稱，爲此照會貴領事，請煩查照，迅令該俄商將所領執照繳銷，並將金匪一律逐散等因，商人當於此一爲秉公告之。以巡撫所定指本公司種種違背之情節，究屬無所因由，凡於此等有害之事，其中錯之大者，應華官憲自家爲首咎，緣華官不能不知中俄兩國所定於業金事務之約章。按該約原有二十七年，即一千九百零一年，議准俄人採勘金苗，以及作金之權，視爲何處應有利益，即當於其處專備作金一事，然預先尤宜考究淘金所必需之件，其名如淘金機器，及瀉水總溝，以流地水，再築堤儲水，以淘金沙。修水路，引堤中水，以灌機器；造廠棧，以儲糧草器具等件；建房屋，爲廠吏居住等項之用；修道路，以備行車之需。此外尤宜先行採取礦坯，備清金沙，將置於作金之廠，摘其土而淘其沙。凡諸於此類之工程，所需之工人司事衛兵，不僅十人而已，或數百人，或千人，皆不可定，以巡撫照覆俄領事之文，並載有整行無益之欺語。若巡撫於此照之前，要知本公司地界内，果否有淘金機器、溝堤、水路、廠棧，以及廠中住所等項房屋，再如所開挖之亂坑，及淘金機内所作之金沙，僅此亦即能以責商人違約之據，否則無之，是必不可以作金。且以上所開之件，又非意想所能去者，有當爲永存之據。按所占之地界，其爲採勘處者，共有五萬方俄里。所派往各處之探訪幫與採勘幫，計有八起。彼此所探之處，有數十俄里、百俄里不等。而諸幫所用之工人司事護衛，由四十人至六十人止，計於每幫祇得十人、八人而已。如巡撫謂此爲多，然則不能以爲多。因其中有三分之一，專由數十里及百里外之村鎮，解運糧草及日用等物，以供叢林人馬之需。按俄國業金之情節，即一不大之探訪幫及採勘幫至少司事一二人，工人由六名至十名，馬由六匹至十四，無可再減。餘則如轉運糧草器具等類，以及修築車馬爬力之道路，尚須應用人馬，其於滿州叢林之處，以十人爲一幫者，猶稱不足，並爲涉險。況本公司尚非只一幫，曾有數幫於其處。若此等寬濶礦界，計有俄里五萬方，如以之在俄境派往考查之工人司事，尚不僅六十名，當有六百餘名。查巡撫三十五號照稱，何用工人如此之多，在彼意有一工程司，即足以備採勘之用等語，以此巡撫似尚未盡知俄業金之情節，宜爲再次申之。如採勘產金處，應係用工程司之語，其不合處，必須言於巡撫。因於俄聘請工程司，僅在金廠採勘已妥，將備開廠作金時聘之。至於採勘一節，均歸司事之老練把頭爲之。又於巡撫四十五號文，覆據漠河金廠道員劉焌，查得庫馬爾河一帶，有俄金匪數百人，開挖金廠情節。在巡撫意爲商人之咎，竟以此種金匪工作，似爲商人所使，並應歸商人逐之。然所論如是，未免理之不合。因於阿穆爾右岸邊界一帶，未分俄公司礦界之前，已均有金匪私挖。且自一千九百零七年至今，無處無私挖者，尚不僅於本公司界内有之，並華官憲與俄邊界官長，以及本公司各執事，皆不能有辦彼之法，其情亦即與辦鬍匪等。以全政府無力可除之匪，而責之於商人，公平何在。且商人亦無不盡力驅匪，欲除此害者，已整五載。即於一千九百零七年二月十

於阿爾公河及阿穆爾江右岸邊界一帶。由是俄人隨之而應擲巨資，以其所費此資之原因，不僅求歸其原本而已。並欲於作金之廠，猶得收合式利益於將來。嗣華官既明知二十七年八月二十日，即一千九百零一年九月十九日之約，北京將不能批准，即應隨時將該約不准之信，由駐江領事預告合約及執照中所載之俄人，以備停罷採勘而止費資財。但此節隨時却未曾照辦，其咎自在華政府，嗣既已於五年零四月之後，商人姑尚未以一千九百零七年二月十二日之稟，提議其事，並未以不能僅採勘而獨耗其款之故，因向江省將軍請速示斷。或准與本公司作金，或照例一概駁盡等問題之時，華官依然如故。及至此後，始由江省巡撫以前約爲中政府批駁事，於三十三年二月十二日，備文照會駐江外部官耳。據以上所稱各節，擬爲按情對覆，以顧私益而全公義，商人是以特此再向江省巡撫一聲明之：

一、自一千九百零一年，得有所准之礦界，迄今爲時已五載有餘，然本公司於礦界之內，並無開作金廠。惟經採勘而已，若欲驗此，將可證明於礦界之上。

二、據以上所指之二十三號、三十五號、四十五號等照覆之文所載，商人曾於礦界內，開作金廠之事不寔。

三、私挖丁夫，不但商人本身所未遣，即本公司自始至今，亦均未有之耳。此節無乃誣枉過甚。今若其處或有偷挖之人，則伊等現有之自由，亦爲各處所素有者，商人既不議，而且不知。不僅毫無與之共夥之事，亦並不能有其事，商人今爲巡撫呈之。如與本公司或商人本身，有同金匪夥業作金之事，不惟卑賤之甚，兼還無益之極。

四、自一千九百零七年三月杪，凡本公司執事人等，無一留於礦界之內者，因商人適得礦界約北京不能批准之信，隨即傳飭停止採勘，並當令諸人立回俄境。此節均經稟報江省領事署，及北京俄欽使。據劉道所稟，庫馬爾河上之有金匪，其稟遞於一千九百零七年季夏之時，較於本公司各幫去後，計約尚遲半載。其金匪乃本公司所不應防守者，縱有防守之，若彼亦所不能服之耳。

五、如商人以上所呈之礦務部章，曾無宣示於商人，並於約章及執照中，亦所未載，而於中國之一面，竟以違照背約論，未免不公之太過。

六、驅逐阿穆爾左岸之金匪，非商人之分，乃華官之事，此節業於本呈第三段內詳示矣。

七、採勘執照，無人能令之繳還，或因華政府不留該礦界於本公司，或不償還本公司五年餘所費五十四萬多盧布之款，並計由金廠開工所應得之利益，則商人之有此照，將可以爲華政府及各官不公之證據。

八、本公司原未於所准礦界內曾開挖金廠，並只專以採勘，以待合約之批准。如有欲究其真僞之事，商人將請俄政府派員會同驗看其處，按此駁覆之稟，所爲議論本公司礦界之問題，頗關緊要。懇祈貴領事大人，務將該稟轉呈黑龍江巡撫鑒核可也。

耶米立羊掠夫具。

俄曆一千九百零八年二月二十二日。

照録覆俄領事官馬文，爲照覆事。案准貴領事第二百五十四號照送耶米立羊掠夫原稟一件等因，到本部堂院、准此，細譯原稟各情，與事體諸多不合，如去遵照薩將軍定約而行，不爲無理等語。查草約祇准暫先勘苗，候大清國家允准，方可開挖。乃該俄商於一千九百零三年三月初八日，致博外部官第一千一百十七號電云，庫瑪爾河附近支流五立計格池，開有金礦一處，現已採妥，並爲布置，擬於夏初即應獲金。此該俄商已自道出開辦之寔據，何得謂之遵約，何以爲之有理。況此案經外務部議奏謂，該將軍所給執照，據稱業與訂明，祇准採勘。不爲開辦之據，應俟將來勘竣後，請予開辦時，令其繪圖貼説，咨部酌核，再行請旨定奪等因，奉硃批：依議。光緒二十九年正月初七日，薩將軍將以上事理，照會伯外部官，請其轉飭領照各俄人，一體照辦在案。屈計薩將軍給照之日，至照會部議之期，已閱兩年，爲時不爲不久。該領照各俄商，未有一處遵照繪圖貼説送核者。原稟有云如歸咎商人不遵部章之故，却忘商人爲外國人等語。然該商却自忘所領係中國官之執照，所勘乃中國之礦産。若不遵中國原發執照章程，其誰適從。又云未將情節報於將軍，因江省領事爲俄之代表，礦界上應報之事務，業經報於該領事等語。殊不思在江省地方衙門領去執照，非俄代表自領之執照，亦非俄代表轉給該商之執照，即應將採勘情節稟報於原衙門，似非僅報於俄領事署所能了事，况領事亦並未將情節隨時轉行照會。此案去歲徐欽帥來江時，貴領事曾挈葉俄人謁見。當時即言明採苗執照五張，係同時發出，即應同時議結，萬無舍四段不提，單提一段之理。應先將其餘四段違約擅開之處，如何議罰，執照如何繳回，議有端倪，再議葉俄人之事。相應照覆貴領事，請煩查照，飭知施行。須至照會者。

左照會俄領事。

光緒三十四年四月二十一日。

《礦務檔》總署收黑龍江將軍恭鏜文附李鴻章咨等五件《馬建忠李宗岱・籌議漠河金廠章程》 光緒十三年驟三十六頭，其餘應運之器具尤多，若由内地出山海關至黑龍江，陸程遥遠，不特脚費不貲，即派人照料，亦多未便，此查明運道所以爲開礦起首之要事也。擬請咨商將軍衙門，飭員查明江省海口，如琿春等處之能通輪船者，以何處爲最便，並查明由海口循江至省城里數若干，又由省城至漠河里數若干，兩處水路能否用小火輪船拖帶民船，以爲將來轉運之用，又由漠河江口至各處金廠，各有旱路若干，途中有無崎嶇山路不通車馬之處，附近金廠約有村莊若干，車馬人夫是否易於僱覓，俟准咨覆。然後請飭委員礦師，由此路行走，以便一路體察情形，預爲將來開辦之地。

一、金線宜確勘也。嘗閲《北徼志畧》一書，言黑龍江與俄部接壤之地，名阿母河，有東金山、西金山，多産金礦。未知漠河是否即阿母河之轉音，然平度局有人在上海親見由黑龍江販來之金沙，值價十九换，參以古書，證以近事，江省之礦苗暢旺，必非虚語，第皆得自懸揣，仍當逐一確勘，方能實有把握。且沙金與礦金辦法不同，沙金多平鋪於沙河平原之地，開採者需本無多，獲利速而易盡，其探視之法，亦比礦金省工省時，如果試淘含金之沙，地寬且長，並察看附近，又有水道足供淘汰之用，即可購辦機器，克期見效矣。至礦金則深藏於堅石脈絡之中，開採者需本較鉅，獲利遲而難盡，其探視之法，以金線長而且多爲貴，並於金線之首尾中央，多開數井，就有金者，鑿深一二丈，時常取石碾細化驗，約每百觔有金若干，核其數足敷工本與否？在内地以機器人工皆速，每石百觔有金三分，即敷工本，惟江省地遠，人工物料俱貴，每百觔須多出金若干，方有餘利，必須另行確估。大約探礦一事，須費四五月之工，其後尚須籌料物以開井洞，修水道以淘礦沙，擇地勢以安機器，頭緒紛繁，比之開採沙金，其難不啻倍蓰。今漠河金廠，傳聞係屬沙金，然細譯江省原奏，則有金坑礦脈字樣，又疑其爲礦金。擬請咨查明確，庶委員於隨帶礦師、工匠、器具、川資各事，得有依據。

一、礦師宜慎擇也。向來開礦者，均以爲僱得泰西礦師，稍一流覽，即可知某山當出某礦，某礦可得礦金若干。及其延至，鮮不大失所望，蓋其尋覓礦線，亦須土人指引，其知礦金之成色，則必俟多化礦石，而後能知其大概，實無目力能洞燭山石者也。平度礦局所僱機器師美國人阿魯士威，人最老成，兼能耐苦，歷練礦務二十餘年，故能熟識苗線，兼通化學，而於安置機器，尤爲精詣。聞嘗與論探礦之法，據言：西國礦師，其學問多半由讀書而得，與親身閲歷者究屬有間，且又高自位置，多索薪金，暑雨祁寒，不肯耐苦，及至開辦之時，於井洞機器諸事，未能全曉，仍須另僱專門之人。與其延此虚名之礦師，似不如擇美國老於礦工之人，較有實際，蓋彼經歷二三十年，於苗線之斜正斷續，及成色之優劣，施工之難易，均洞悉無遺，且自幼習慣苦工，其不辭勞瘁，亦當遠勝於礦師云云。目今職道查開採金礦，以美國人最爲熟悉，今該機師所論，實係深於閲歷之言。既無可靠礦師可以舉薦，可否即令阿魯士威力保一探礦之人，隨同委員前赴江省，伏候卓裁。再，向來延僱礦師，除往返盤費外，另須每月給予辛工銀五六百兩，若在美國僱用探礦之工，則除往返盤費外，每月約給予辛工銀三百兩，即可敷用。合併聲明。

一、物料宜預籌也。探礦之初，所需器具物料無幾，除化學之藥料、瓦籠、瓦礶、骨灰礶，及分金天平測量器具等物，應由礦工隨帶外，其餘止須備帶炸礦之火藥藥引銅帽繩索滑卓，並酌帶洋鋼錘鏨鍬钁各數十件，便可敷用。惟開辦時，需用物料浩繁，且多爲江省所無之物，道里遥遠，採運艱難，若不預爲籌畫，恐將來有停工待料之虞，糜費轉大。查開礦作井，所用木料最多，而機器房所用木料尤鉅。又鍋爐每日夜燒煤三四千觔，如無煤，亦須以柴火代之。江省木料富有，想非所缺，惟未知漠河一帶，是否即附近産木之區，運送舟車，是否便利。又建造機器房化金房井上氣通鐵廠木廠，並存放硫磺鐵煤觔家具，與及住房水閘等所，用甎灰極多，如附近漠河無售賣窯户，即須預籌自行燒造。其餘江省不能購買之物，如修築水閘，及機器石基所用之紅毛泥，與機器時常所用之油，淘金所用之水銀，並洋鋼器具起重及鐵木作需用之一切緊要物件，均應寬爲購備，以免誤工。至於炸石所用之火藥銅帽藥引，在上海止有一家洋行發賣，尤應早爲定購。惟此項炸藥，輪船往往畏其冒險，不願運送，且事關軍火，必須先期移會關道，方准出進口岸，此係必需之物，應請飭知委員，預籌妥協，以免道遠難於照料。再江省運道遥遠，非有小輪船拖帶，則往來不能迅速，現在江中如尚無小輪船行走，擬請置備一兩號，以利運道。計每歲所費，不過三數千金，信息即可以常通，百貨亦因之周轉，無論爲礦務所必需，即邊防亦甚有裨益。如果可行，即請會飭委員，購帶前往。

一、工匠宜酌帶也。探礦之始，用人無多，止須酌帶能做井洞工人數名，鑿孔炸石工人數名，修理鐵器匠一二名，足敷使用。及機器購至，必須另由上海選

僱熟手之鐵匠、木匠各數名，管理機器人數名，泥瓦石作工頭各二三名，精於炸礦者三四十名，以爲領袖各工之用。其餘挖礦、運石、鋸木、修道與及泥瓦石作等一切小工，計多則用七八百人，少亦需五六百名，均擬隨時僱土人充當。蓋外路人工價水脚皆貴，人數太多，斷難全由外省招僱，若土人則不離鄉井，礦開則赴廠作工，礦停則仍歸原户，無慮易聚難散，遺患他日，且窮民可藉工價養贍，日久漸成富庶，於邊防不爲無益。此多用土人，誠爲開礦最善之法也。惟查黑龍江近城之處，煙户尚爲稠密，其稍僻之站，則數十人家已爲巨鎮，甚至有三兩家即爲村落者。今漠河地處極邊，誠恐村鎮稀疏，工人不敷僱用，且又未悉該處每日工價，需錢若干，更屬無從懸擬。應請咨商將軍衙門，飭查明確，俟派定委員時，飭令通盤籌算，似較周妥。

一、機器宜妥購也。泰西以機器開礦獲利，論者每詫爲神奇，其實不過能省工惜時，於快中取多，多中取利而已。內地開礦諸事遲慢，淘汰又不得法，石中之金，已隨水飄去三分之一，石中之硫磺鐵，含金尚多，又視爲無用之物而委棄之，是以歷來開礦者，多得不償失。勝朝礦税甚重，承辦者無以應命，於是一切器具取之民間，所僱礦工，亦不給價，以此民間視開礦爲虐政，到今二百餘年，猶有談礦色變者。若在當年有善法，如今日除公平發價之外，猶有餘利以供國課，則承辦者又何樂於掊克閭閻，而爲國斂怨哉？故在今日而論礦政，固不可與前朝同年而語矣。查金礦機器，以美國所製者爲最精，去夏礦師璧赤開呈之單，止言二十條，舂杵之機器，每晝夜能舂石約四萬觔，今平度購至之機器，則每晝夜實能舂石約八萬觔，其敏速竟至加倍，是近兩年精益求精之製，爲璧赤所未及見者也。職道於鍋爐輪軸安置妥協之後，曾經蒸氣試驗，其大輪每分時能轉八十八次，充其量可至一百零二次，可謂機器之至捷者矣。此機係在美國金山大年洋行定購，價二萬金，連井口戽水起重之機器，及錬化硫磺鐵之器具，其價亦不過二萬七八千金耳，將來江省礦務若成，似宜仍向該行定購，以圖穩當。惟此時江省尚未探明礦線，亦未擇定地基，則機器一層，似可俟井洞開深，約計每日出石將近可供機器之用，然後定購，亦未爲晚。計電寄金山成造，至運到上海，爲期不過五箇月，及運到山廠，安置齊備費時亦不過四五箇月，故此時於機器一節，尚毋庸汲汲也。

一、資本宜寬籌也。開礦所費，以工價爲大宗，物料次之，運費又次之。如果工作敏速，料物應時，運道無阻，則礦金有驗過之成色，機器有一定之課程，其獲利實可操劵而得，非姑妄嘗試，以圖徼倖者也。惟初辦三兩年間，修築運礦道路，蓄水石壩，機器房屋，在在草創需錢，加以所鑿井洞，非深至二十餘丈，則出礦不能供機器之用，尤爲費工費時。故必需寬籌資本，以供此三年之用，方能工成獲利，成一勞永逸之計。若中間資本斷缺，則遲作一月之工程，即多費一月之局用，晚收一月之餘利，甚非計也。今漠河既議開礦，自以寬籌資本爲先。惟近年上海錢莊倒帳太多，商情艱於周轉，內地開礦，已難集資，況江省遠在邊疆，商人已有鞭長莫及之慮，且又未悉礦苗優劣，尤恐未易招徠。職道籌思再三，竊謂此事酌分層次辦理，則較易就緒。刻下既未能招集商股，江省想亦無款墊支，則探礦川資，苦無所出。擬請先由津海、江海、東海三關，及招商總局平度礦局，共籌墊本銀一萬五千兩，以備委員礦師攜帶工匠器具，赴江省探道勘礦，一切薪工川資之用。俟勘驗明確，然後繪圖立議，稟請核飭，招商舉辦，如此則確有把握，集資必易爲功，即使商股不前，改爲籌借，亦不患歸還無著矣。如果可行，並請酌定由某關某局分籌銀數若干，飭知遵辦。此項墊款，俟將來開辦時，再由漠河礦局籌還，或願作爲股分者亦聽。至將來開辦漠河金廠，應需本銀若干，此時尚難預定，然約計江省運道遥遠，物料人工價昂，其比內地礦廠多費數萬金，實係意中之事，應由委員查勘明確，再行核議。

一、人才宜慎選也。礦務在三代時，有專門之學，《周官·丱人》之職，有「物其地圖而授之」之文，可爲確證也。漢時傳習未失，高祖予陳平黄金四萬觔，東平王蒼身後尚存黄金六十萬觔，黄金如此之多，則開採之得法可見。餘如鄧通得一銅山，則錢徧天下，卓王孫擅一鐵冶，則富埒王侯，礦務之興，於斯爲盛。自時厥後，漸次失傳，降至勝朝，隳壞極矣。國朝以明代爲前車之鑑，士大夫多諱言開礦，近年憲台力籌富强，主持礦務，縉紳中始稍稍有留心礦學者，然多涉獵藩籬，未能貫澈，求其有定識以圖於始，具毅力以持其終，足以綜持全局者，職道實未遇其人。況漠河離省窵遠，地處邊陲，辦理得人，則富强可以助致，措施失當，則遺患不可勝言，誠如鈞札所云，集資非易，得人尤難，已洞悉此中窾要矣。所有奉飭保薦熟悉礦務幹員，一時實難其選，容俟續有訪聞，再行稟報。至於曾辦礦務可充紳董之任者，現有安徽人都司薛正馨，廣東人同知銜盧炳炎、甘霖等，勤慎耐勞，可供驅策。甘霖並曾在美國辦礦二十餘年，尤爲熟悉，職道前曾函約來東，未知刻下已由美國起程否？俟其至時，詢悉情形，如能隨同委員赴江探礦，可期得力。至江省官紳，將來亦應酌派三兩員入局，以期呼應較靈。惟

礦局委員，以少爲貴，蓋人多不特糜費薪水，且啟互相推諉，各存意見之弊。此亦開礦應議之一端也。

以上數條，雖於開礦之事，未能詳盡，然已畧具規模，其零星器具名目，及各項工價錢數，事屬瑣屑，未便羅列，應俟委員赴江之時，再由局查照底帳，抄給清單，以備遺忘，則諸事齊備矣。所有遵議試辦漠河金礦章程，擬請先由關局籌款，以便飭派委員，赴江探礦各緣由，理合詳細密陳稟覆，是否可行？伏乞核咨，批示祇遵等情。到本閣爵大臣，據此，除批據稟均悉，該道以內地創辦礦務，已費經營，若黑龍江漠河一帶，運道既極紆遠，料物尤虞缺乏，驟議興辦，棘手甚多，擬先探明運道，然後派員帶同礦師，勘驗礦綫，及水道山場，何處修建水閘，安設機器，何處轉運料物，僱用工匠。如果確有把握，再議試辦。所論具有次第，足見於礦務閱歷頗深。惟第一條探明運道，查江省海口在海參崴之東北俄境，各國及中國輪船向未走過。前吳大臣曾與俄酋談及，似未允行，江路深淺不一，又未有測量圖據，兵商輪斷難深入，若將機器等項，由內地陸運，殊多不便，至附近金廠，多荒僻之地，車馬人夫，亦未必易於僱覓。第二條確勘金綫，該廠所出，究係沙金、礦金，江省似無熟悉人員，恐未能查確。第三條擬僱礦師，此間另覓有美國礦師，三月間可到，不必再令阿魯士威保薦。第四條預籌物料，一時無此經費，現亦無員可委。第五條酌帶工匠數十人，遠道前往，所費不貲。第六條妥購機器，誠如所擬，此時無庸亟亟。第七條擬籌資本，查各關局，均甚支絀，礙難強派探道勘礦，攜帶工匠器具之費，其開辦成本，必較內地爲多，招股亦無人承認。第八條慎選人才，查熟悉礦務，綜持全局之員，一時實難其人，紳董亦姑從緩議，昨招商局馬道，以集貲非易，得人尤難，擬就江省屯兵，試辦淘金，似爲因地制宜之策，已咨商恭將軍，核酌在案，候再將該道所議各節，咨請查核等因印發外，相應咨會貴將軍，請煩妥細查核，見覆施行。照録咨覆。

署理黑龍江將軍恭，齊齊哈爾副都統禄，爲咨覆事。爲照十三年三月初二日，准貴大臣咨抄招商局馬道建忠籌議漠河金廠章程。初三日，又准咨抄委辦山東礦務前濟東泰武臨道李道宗岱籌議章程八條等因。准此，本將軍細加參閱，馬道所議，簡而精，李道所議，詳而慎。一則欲因地以制宜，一則欲審工以集事，均於礦務閱歷甚深，當即博訪周諮，折衷一當。查馬道所議兵辦一層，立法甚捷，而於江省情形實有數難。請爲貴大臣詳陳之：江省除齊齊哈爾、黑龍江兩城，康熙間由寧古塔調設滿洲漢軍八旗，養育無多，其餘各城，皆係索倫、達呼爾、巴爾虎、鄂羅特、鄂倫春、畢喇爾等部落，或以打牲爲業，或仍游牧舊俗。二百餘年，習尚未改，其山居林處，遷徙靡定，既於工苦力作之事，素所未嫻，其混沌椎魯，狃於故常，即動之以利而不歆，或迫之以威而反怨，縱使勉爲驅遣，將來逃亡媮婧，勢須峻法嚴刑，難免不生他患。故國家撫馭部落，迥與內地兵制不同，本將軍前擬調鄂倫春千人，試辦金廠，嗣聞該旗鄂倫春人，春秋操練，尚難到齊，餘時皆居深山，不肯外出，此議亦遂中止。至呼倫貝爾布特哈各城，歷辦屯墾，尚難奏效，何況驅以不習之工，勢必不願，此部落之難強遣者一也。該道所議，相度舊設卡倫之所，察勘金坑最壯之區，選募兵勇，先撥三四營試辦。該道之意，似謂舊設卡倫之兵，即可撥爲辦礦之兵，查江省呼倫貝爾，西接車臣汗蒙古界，舊設卡倫現存四十三處，係爲庫倫恰克圖通商備俄而設，近年形勢雖趨重東北，俄人由尼布楚、恰克圖赴張家口者，仍由西路行走，往來均須照應，額爾古訥河東岸，越界偷盜馬牛，捕魚打牲，割草伐木之案，層見叠出，故呼倫貝爾以西卡倫，併難議減。前年奏設漠河二十處卡倫，自珠克特依舊卡倫起，直抵黑龍江之呼瑪爾卡倫止，係爲防範金廠而設，即今孽芽未清，亦難量減。卡倫爲邊徼大政，自阿爾泰肯特山之南，無崇山峻嶺，以爲限制，全恃於河干扼要之區，安設卡倫，以爲險隘，故伊犂至混同江口，延袤一萬餘里，卡接台連，而有呼吸貫通之勢，一旦抽撤，控馭皆疏。此卡倫之難分調者二也。江省皆係旗兵，並無客軍勇隊，查額設正兵一萬一千餘人，各城分布不過二三千人，除水手卡倫暨出差出防者，挑入齊字營外，各城存兵多者不過二千，少者不過一千餘人，呼蘭盜賊繁多，黑龍江呼倫貝爾等處，偪處俄境，防守尚虞不敷。東三省大臣練軍，係奉旨不准調動，本省練軍，皆係新練西丹，春秋操演，不能間斷，馬隊現駐呼蘭勦賊，各城步隊，皆不過數百人，各有操防，且多係部落之人，不習工作，礙難強驅。漠河駐防，向係八百人，每年更換，近因各城兵單減至五百人，駐防金廠週圍千餘里，山深箐密，口隘衆多，該防兵皆有巡徼稽查之責，更難兼以作工。即開辦金廠，此項兵丁，暫難遽撤，而各城亦並無可撥數營之兵，此額兵之難派辦者三也。該道所稱，其有偷挖金坑之人，亦招入伍，查漠河左右一二千里，並無居人，前次偷挖金坑之人，皆係俄人由他省僱募輪船，裝載而來，近日均散居江左，爲俄傭工，聞大半皆係山東奉天無業匪徒，俄人啖以重利，爲之驅使。若再由俄境招來，其中恐有勾結隱患，且恐俄人有所藉口，致啟爭端。江省奴犯無多，各城撥犯不過四五十名，礙難驅遣。蓋此輩凶頑狡悍，故性難移，若鳩集金廠，將來流弊不可勝

言。若徒恃兵辦，既不能如美之舊金山，他流傭皆聽往採，又不能如俄之悉畢爾，並發罪囚，勒令工作，抽調兵丁，勢胡爲繼。此兵犯之難兼資者四也。本將軍爲巖疆謀捍禦，爲荒漠籌利源，苟於勢之所能行，力之所能到，敢不躬任其難，無如兵辦礦務一層，於江省實多窒礙。即如該道所議，先調數營，徐徐試辦，將來奏效無期，仍須重議，招商募役，徒曠時日，耗費反滋。本將軍等率屬熟籌，與其徼倖速試，冀成難必之功，不若率循舊章，庶收漸闢之利。查李道所議探視運道，查勘礦脈兩層，誠爲今日辦礦先務。查轉運機器，若由海道駛江，直抵漠河對岸之依克那什俄站，最爲便捷，無如混同、圖們兩江海口礙難行走。若由山海關，紆道較遠，茲擬由上海運至營口，由營口水運至瀋陽，由瀋陽陸運八百里至吉林，由吉林水運入松花江，順水至伯都訥之三岔河，爲松花諾尼匯流處，順風可八九日程。由三岔河逆水至墨爾根城，順風可十二三日程。由墨爾根僱備車馬，陸運至黑龍江城，四百餘里。由黑龍江僱募輪船，至漠河對岸之依克那什俄卡，約一千三四百里，七八日可到。由江口運至漠河金廠。該處無車無駝，可用營馬馱載，約九十里，路甚平易。再由依克那什俄卡駛入額爾古訥河，至奇乾河口，約三四日可到。該廠距河三四十里，亦用官馬馱載，總計水陸換運，總須七八十日程途。至探礦人等來江，可由營口出法庫門，由草地行到江省，不過一月之程，較爲便捷。此運道之大概情形也。該廠金色之淺深，脈路之長短，究爲石質沙質，非探視固不得知。然查成副都統所稟，及訪詢金廠來人，查漠河山內金廠，自西北發源河溝一道，中間淘挖金地，寬八丈餘、長二十餘里，所挖金坑，均在河溝兩邊，上距河源空處十五里，東距烏木爾河空處二十餘里。自此河南北分流小岔兩股，亦有舊挖金坑數處，由彼繞越山河，馳抵阿爾罕、奇乾河兩處金廠，查勘阿爾罕河溝一道，自淘金地下距河源空處六里餘，所挖金坑，俱在兩邊，寬六丈餘、長六里餘。又奇乾河溝一道，自淘金地下距河源空處十餘里，所挖金坑，亦在兩邊，寬七丈餘、長八里餘。所挖金坑，向北順流歸入額爾古訥河三十餘里。查成副都統所言金坑，係指淘沙之坑而言，非係石坑。漠河距奇乾河週圍六七百里，中間尚有金坑數處，其金脈之長可知。查該道所稱沙金至十九換，其金色之貴可知。聞俄人前次淘挖，並無粗大機器，亦並未鑿石開礦，其爲沙質，而非石質，蓋又可知。該處衆河縈繞，水脈暴盛，林木甚多，燒窯亦易，傳聞十冬月前，猶能淘灑，此礦脈之大概情形也。李道所稱笨重機器，至需一百數十餘車輛，馱駝三十六頭之多，係爲石礦機器而言。此間多係沙質，似暫亦無需多備，俟探有石硐，再由美國購買新機，亦未爲晚。江內向無小輪船行走。將來如由吉林製造，由松花江入混同江，載在條約，許中俄兩國行走，俄人似可無辭。所擬隨時僱募土人，礦開則赴廠作工，礦停則仍歸原户，無慮易聚難散遺患，誠爲扼要之論。江省居民原少。然聞黑龍江、齊齊哈爾兩城，暨呼蘭、長春一帶，招工尚易，惟徼外工價較昂，每日每名約須京錢六七百文，人數若果不敷，再或由滿洲漢軍八旗西丹鄂倫春各項內之情願爲工者，量爲招募，以補不足，似尚不虞缺乏。至所籌勘礦經費，約需一萬五千金，請由江海津海各關籌墊，蒙批各關支絀，礙難强派，自是實情。事關杜患防邊，早辦一日，則紓宵旰一日之憂。江省雖拮据萬狀，不得不於無可措置之中。暫爲籌挪。擬請貴大臣查照該道所議，遴派妥員，帶同美國礦師，抑或攜同該局礦工，隨帶探礦機器人等來江。需費若干，請由貴大臣先爲墊發，或由江省丁亥年直隸應解旗租項下抵扣，俟江省請款後撥還，均請卓裁照辦。頃接吉林希將軍函稱，李守金鏞俟經手事件清理，四月可以抵江，本將軍擬俟該守到江，即候委員機器礦工，一併同往履勘，妥籌開辦。至該道所議礦局委員，以少爲貴，蓋人多不特糜費，且啟互相推諉，各存意見之虞等語。此次創辦礦工，關係綦重，擬李守到江，請由貴大臣加札會同天津委員辦理，以專責成，而無諉卸。再查金廠數處，以漠河、奇乾河爲綱領，該廠在内興安嶺之西麓，興安嶺起至大小肯特山，其外一支，即西人所謂之東金山。内一支爲内興安嶺，由呼倫貝爾入界，盤亙黑龍江、額爾古訥兩河之間。奇乾河係入額爾古訥河之水，漠河係入黑龍江之水，自阿爾罕奇乾河迤北而東，至黑龍江與額爾古訥河交會界牌之處，循而東數百里，始至漠河口，該山週圍約六七百里。馬道所稱迤西至黑龍江額爾古訥河交匯之處，似誤以奇乾河爲一處，李道所稱阿母河，係直對東岸雅克薩城之阿穆河，内府圖作額穆爾河，《一統志》作額木里河，距漠河尚二三百里。漠河一曰墨河，水道提綱一名謀河，皆譯音之轉也。馬道稱蘇克特地方，係額爾古訥河之西岸，與我東岸克普垓圖卡倫直對。西岸舊爲我蘇克特依卡倫，去漠河尚一千餘里，去奇乾河亦五六百里，俄人謂漠河曰日拉圖谷。其所稱粗魯海圖者，遍查羣書，中國無此地名，惟光緒七年，中俄改訂條約内載，俄國卡倫有期他羅粗魯海圖斯基，當即此地。該俄卡與中國所屬胡栢里志呼卡倫直對，在烏梁圖、毛葛子格、則林圖三卡倫之東。烏梁圖，即庫倫所屬之烏林圖，毛葛子格，即茂格集格，則林圖，即澤倫圖。胡栢里志呼，當即庫倫所屬極東之第一卡倫庫布勒哲庫無疑，東與黑龍江所屬額爾古訥河西

岸察罕鄂拉卡倫相望，察罕鄂拉之西，即我蘇克特依卡倫。俄人蓋於分界後，即因我蘇克特依地方，名之曰新蘇克特。所謂粗魯海圖者，蓋因彼舊卡倫之斯他羅粗魯海圖斯基地方，與我奇乾金廠山脉相連而言，中國未察，故合奇乾、漠河一帶言之，然其金脉之長，宜爲西人所艷稱，幾與索露之寶海金山並埒矣。馬道所稱如舊金山之撤拉門，約亞金兩河，形勢相似。興安嶺亦係沙石，與舊金山之石相似。金沙之富，或不少讓於美。細按中外輿圖，其論甚核。俄人自悉畢爾以東，皆以皮張爲税。悉畢爾以西，烏拉嶺以東，兼金銀銅鐵各礦，其國恃以爲富。尼布楚爲外興安嶺東金山之支麓，江右金礦正脉，則正在内興安嶺漠河一帶，金脉暴露，或亦天地自然之利，將大發洩。若辦理得人，地利漸闢，生聚日繁，足與尼布楚城相抗，並爲重鎮，誠如馬道所論，非虚言也。因關邊形地勢，合並咨聞，其餘事宜，除均俟李守到江，再行咨明外，相應咨復貴大臣，請煩查照，見復施行。

又總署收北洋大臣李鴻章文《咨報黑龍江觀音山金礦情形》〔光緒二十年〕正月初二日，北洋大臣李鴻章文稱：據督理黑龍江漠河等處礦務道員袁大化稟稱，竊於本年十一月初七日，接奉黑龍江將軍依札開堂户兵刑工五司會案呈，案准北洋大臣咨開，據督理黑龍江漠河等處礦務道員袁大化稟稱，竊於本年七月初一日，經愛局委員由俄電轉來憲諭，大略領悉。當即具電密覆，餘經聲明另稟。茲於十四日，接寄憲電原底内開，依帥電，統領富保及張仰賢稟，十九帶兵至觀音山，先出諭限三日，驅令金匪出溝，至二十一埽數净盡，富保留兵四十名看守。現擬先派委員魏鍾前往彈壓，暫行試辦，以俟文都護商同袁道，從長妥議。當復以觀音山金匪，驅逐净盡甚好。袁道前稟擬派員試辦，該道係奏辦金廠之員，祈屬文都護與同妥商云沁等因。奉此，復於二十一日，據前派員弁張仰賢等回漠面稱，驅逐金匪情形，大致與前電相同。惟稱每蒲仝沙，出金一打尼，係前電繙譯之誤。查俄國一蒲仝，係中國三十斤，一打尼係中國一釐一毫八忽。照此推算，每三千斤沙，衹出金一錢一分八釐，換銀不過二兩，至少須五人工。用機器開辦，不敷開銷。照四六分金，礦丁虧賠。且密邇三姓，愛琿既有妨於漠礦後路，尤易招徠三姓夙匪，辦理稍不得法，必致利少害多。故前電有金苗不旺，擬請轉咨暫行封禁，徐俟查明再議之稟。茲復細加查核，現在該處私挖之老溝，即上年張壽華查探嘉潤河之中流也，東北距口約長二百里，河寬十餘丈，兩面平甸約寬二三里。現在沿河西岸，搬幫開倩作出半里許，近河毛深二三尺，沙厚一二尺，以外毛皮漸厚，至厚無過七八尺，而沙仍不過二尺餘。河底撈沙淘金，每人日可得金七八分，是金脈之寬，從無過於此者。過河以下四五里東來，又溝毛深四尺餘，沙厚二尺餘，金脈亦寬。以上十數里老溝，正身毛深六尺餘，沙厚二三尺，金稍炸粒，統計三處，相去十四五里，寬約百十丈，每千斤沙，出金一錢有零。以下百四十里，距口六十里，爲暴米牙夫喀亦嘉潤河，正身毛深尺許，沙厚多半尺，每千斤沙，出金八分，是該處金苗雖不見旺，尚可勉强開辦。而金脈之長，較有成效者，計百五十餘里以上，尚有百餘里旁出。又溝六道，長皆數十里，溝勢甚好，未經查探明確。大抵産金之山，大溝精華，多聚於上掌，小溝恒在下口。老金夫視爲秘傳，職道亦屢試不爽。李故道在時，常謂俄人私談愛琿下游有一金溝，查出可作百十年，屢擬訪查，未得其處，或即指此而言。但老溝以下，計長百四五十里，脈絡寬長，金粒碎薄，機器大溜，恐均不宜。土人拉用小溜，兩面鑲板，底鋪毛沙，引水冲淘，鐵扒拉之，不至跑金。此法宜於夏，而不宜於冬。且毛淺沙薄，易開明硝，難用暗礶。該處山多荒草，不産樹木，冬來凍結冰凝，無木煏硝，燒石湯冰，人力幾無可施。以上十數里，兩山漸多小木，溝亦沙毛漸厚，冬令尚易施工。此溝作法，莫妙於夏，大開水道，借用水分，拋去浮毛，作長堰溜，用車馬拉沙，或可事省功倍。惟距三姓僅六百餘里，土人背負米糧，由唐王河入山，五日可達。駝馬重載，稍遲二日。中多打貂碓房。此間要口，爲鬍匪出没之區，必須安設重撥，嚴查匪類禁物。或借用打牲索倫，籠絡使助防查，庶可斷絶壞人來路。至於北面，距江一百七十里，對岸俄屯，爲阿拉地，有俄電報信局。漠觀相距三千里，須借此以通消息。日與俄人交涉，自與漠河無異。江右設立口局，接運糧貨，必須兼用通俄語識俄字之人，遇事方能靈通。由此進溝路遥，窮一日之力，不能到廠。並須設立腰站，藉息出入。溝里開廠，設局蓋房，勢所難免。日用廠務，理財用人，及一切交涉，相去既遠，皆須相機妥辦，非有住廠妥員專員，難期有濟。第一招徠礦丁，必使人有限制，或責成商人包辦，即取具該商保結，開名送廠，由局發給腰牌，糧貨亦由該商墊辦，礦局僅派查硝收金數人。商人有所希圖，或可踴躍從事。若無此者，一概不准進廠，匪類自難混迹，人亦不至太多。此商辦之可行者。惟遇出金稍減，商人一有虧折，勢必裹足不前。礦丁無人供給，廠亦作輟相循，難期持久。如此間洛新溝、窪希利等廠，卒莫能興，率由於此。至於按人税金，以多爲貴，俗稱爲便，必蹈三姓覆轍，事萬不可踵行。其次官備糧貨，供給礦丁，仍照漠乾舊章。但得金苗匀稱，

不至苦樂不均，似亦不患逋逃，惟彈壓稽查，在在需人。護礦營勇，祇能撥去一哨，餘須由鐵山堡撥兵二百名，分駐要口。聞毛哈達卡倫，本有防兵百名，再加百人，已可集事。此事須請憲台咨商依帥，轉飭照行。蓋該處私廠遠近皆知，不開則出沒竊挖，防不勝防，逐難盡逐，開之則密邇匪鄉，壞人混入，尤易滋事端，不得不通盤籌畫，使無百密一疏。屢與文都護函電交商，來書總以事遇關涉地方，無不極力維持，以保礦局。至於如何開辦，如何用人，悉推職道主議，不肯與聞，緣恐政令紛歧，彼此觀望，反與礦局有礙，是其堅不參預，已經明言。職道自難相强，似不能不妥議辦法，迅速上陳。現擬派員先招百餘人，於該處老溝上身十數里，毛深沙厚之處，試辦數月，以備封凍挖碃。分金仍照四六章程，其餘毛淺沙薄，統留夏月，開作水道，果堪稱作，即照現擬辦法，具稟詳辦。所有擬開觀音山金廠，並復派詳查試辦各情形，理合稟陳鑒察，訓示遵行等情，到本閣爵大臣。據此，除批據稟已悉；觀音山金匪，業經依將軍飭派統領富保，帶兵驅逐净盡。復經該道派員，查得該處河長沙厚，金脈甚寬，自應選派妥員，先招百餘人，於該處老溝開辦數月，小試其端，以觀成效。該道本係奏明辦理江省金礦之員，應認真籌辦，以興地利而免游匪偷挖生事。據稱護礦營勇，僅能撥去一哨，稽查彈壓，在在需人，須由鐵山堡撥兵二百名，分駐要口。聞毛哈達卡倫，本有防兵百名，再加百人，已可集事。候咨商依將軍，妥酌調派。至該處山河，綿亘數百里，逼近俄屯，須借俄人電報，以通消息。並須設立接運糧貨口局，溝内腰站，及建造廠局房屋，一切理財用人，均非易易。應俟機器停工時，該道親往該處一行，履勘切實情形，查明試辦是否得法。如其金苗果旺，自須化私爲官。倘能屯墾兼施，更可由庶致富。俟屆時擬具章程辦法，稟候核定會奏。至文副都統，既不願參預礦務，如有關涉地方事件，自應請其照料保護，期臻穩妥。仍將試辦各事，隨時併稟依將軍查核等因印發外，相應咨商貴將軍，請煩查核撥派，見覆施行等因前來。正在擬覆間，旋據五司協領凌善等稟稱，查觀音山，稱在愛琿轄境。職等檢閱黑龍江通省全圖，雖無觀音山之名，按以方向，究在青黑山左近。而青黑山則是内興安嶺一脈相連，山深林密，乃係葠山珠河。前經奏請開墾，試收木税，乃因邊圉牧場，恐礙生計，曾奉諭旨封禁在案。查布特哈興安城官弁兵衆，每年應輸貢貂，在是山捕打，該丁等向不務農，只賴山場游牧打牲爲業。今觀音山試開，與該丁生計攸關，且有妨葠珠牧場。職等公議在該道專理礦務，踴勘推廣，自屬應爲。在地方情形，原不能盡爲詳知。况金苗之盛衰，能否保其必然，亦屬確無把握。一經明爲開採，四方人衆，勢必接踵進山，人迹罕到之地，將爲烟火之區，山廠日漸空虛，該部落將何藉資爲生等情。據此，觀音山開辦金礦，本屬舉興地利，今該員等既稟有各節，自應據情咨商北洋大臣，查核辦理。除咨商北洋大臣外，合行札飭，爲此札仰督理黑龍江等處礦務袁道遵照等因。奉此，細查該協領凌善等所稱各節，中多南北牽混，不實不盡之處，不能不爲憲台質實陳之。江省諸山，本以内興安嶺爲祖脈，綿亘數千餘里，三姓距其東，卜奎興安城距其西，呼蘭巴彦蘇蘇北團林子距其南。而愛琿轄境之觀音山，則距其極北江邊，中皆層巒叠嶂，隔絶不通，水亦南北分流，絶不相混。鐵山堡兵扼駐青黑山口，謹防鬍匪出入，與通背荒場相近，皆在嶺之西南面。其産珠之河，則爲距三姓百里之唐王河；産葠之山，徧查江省，毫無一聞。即强指爲青黑山，亦在鐵山堡近之青黑二山，與觀音山勢隔遠絶，何得强指觀音山在青黑山左近。原觀音山所以得名，因矗立黑龍江邊，相傳昔年民船過此，遭風向山拜禱，求觀音保佑，嗣得無恙。後人遂以此山有神，置廟祀之，羣呼之爲觀音山云。是觀音山即在黑龍江邊，對岸即阿拉地俄屯，爲愛琿轄境。則於卜奎東面鐵山堡左近之青黑山，相距極遠，自無庸言。前讀黑龍江將軍札行兩次片奏，統領富保帶兵赴觀音山，驅逐金匪，由鐵山堡赴觀音山，山深樹雜，無徑可尋。據嚮導稱，觀音山地方，在鐵堡東北，黑龍江之西岸。由陸計程，十有餘里，山河險阻，無路可通。須由巴彦蘇蘇順江東下，再由黑龍江逆流而上，始可以抵觀音山。又云查觀音山在黑龍江之西岸，其對岸即爲俄人地界。又云富保事竣回時，使哨官帶領一百餘名兵，由三姓繞回，該統領自帶兵丹一百餘名，直奔山曲穿入，越山渡水，按段標記，計千餘里。行二十餘日，始抵鐵山堡防營，是觀音山在黑龍江岸，對岸即爲俄界。距鐵山堡尚千有餘里，其離青黑山勢極遠絶，已可想見。嗣接依軍憲批開，復有該處近接强鄰之語，其已言之鑿鑿，確知觀音山所在，毫無可疑。統領富保帶兵二百餘名。親履其地，山川形勢，目睹情形，自可一問而知，無須援圖立向。該處山多荒草，不産樹木，逼近强俄，又無居民，其非葠山珠河，並未經奏請開墾，試收木税，均可概見。徧查該處，祇有金匪竊挖碃眼，並無禽獸牧場所在，其無礙牧丁生計，並非奉旨封禁之區，亦無庸多言。至謂試開觀音山金廠，人衆接踵入山，與布特哈興安城官弁兵衆，游牧生計有礙。夫布特哈興安城，皆在興安嶺西面，與興安嶺東北江邊之觀音山，遠隔一二千里，近處深山層林，隨在皆可打牲，亦斷無遠越數千里，專擇一無草木禽獸之山，

打牲獵貂之理。且金廠由官開辦，人數有限制，出入有稽查，迥非金匪任意麕聚，散漫無紀者比。如漢、乾等廠，開辦五六載，多時亦有數千人，皆在附廠左近。以外無金之處，即十數里亦從無人迹，何至妨及游牧山場。必謂布特哈興安城部落生計專恃觀音山一溝，則官弁兵衆，約不在少，防護宜嚴，何至去年六月該處聚集金匪七百餘人，經職道禀請派兵永遠封禁；今夏五月，復聚集三千餘人，經職道請兵驅逐。蒙黑龍江將軍奏派統領富保，統兵遠驅，職道亦派有弁勇，往同會勦。兵回未及數月，該處老溝及班别夫，復聚集七百餘人，又經派去試辦委員，督同弁勇，商同愛琿旗營依哨官，於八月二十、九月二十等日，先後將兩處，驅逐净盡。去夏至今秋，金匪數千人，竊挖年餘。如妨牧丁生計，彼族將何以支從。未聞有布特哈興安城官弁兵衆，以爲有妨牧獵生計，同往逐勦者，是觀音山開廠與否，均無關於該丁生計，彰彰明矣。屢據試辦委員禀稱，該處礦丁，止招四百名，皆有切實妥保，並未濫收一人，阿拉地俄屯東北俄金廠，僱用華人，停工出境，迤邐而來者，約千有餘名，無保一概不准進溝。即以事理論之，以前四千餘名麕聚無紀之金匪，不足以妨牧場生計，而有限制有稽查，安分工作之四百人，反於牧場生計有礙，此尤反覆求之，而不得其解者也。至蔑則採之不見天日之山中，珠則求之深渺無際之河底，而金則挖之平溝，土内水旺，即無從措手。即使該處山有蔑，而河有珠，且可並行不悖，况並未聞此荒山淺水，產蔑出珠耶？若牧場則在嶺南平原，尤屬遠不相涉。依帥前欲委員魏鍾彈壓試辦，繼復批飭職道與文副都統商同舉辦，並未聞有蔑山珠河，牧場生計。茲以魏鍾未獲前往，文副都統又堅不與聞，仍令職道派員試辦，憲台咨商撥兵駐守，竟至有妨蔑山珠河，牧場生計。在該協領淩善等，生長江省，或尚不知屢見奏案之青黑山在何處，愛琿管轄之觀音山又在何處，宜其按圖懸擬，牽混南北也。職道遠寄絶塞，一日不去，礦務即係專責，不得不爲全局計。愛琿爲漢礦後路，觀音山又勢居下游，地近天暖，人所争趨。若仍虛予封禁，該礦遠近皆知，勢必出没竊挖，有較去夏今年二次麕集爲更甚者。流民既就近投入私廠，漢礦招丁，相率裹足，一成之局，隳於半途，其有關於邊礦大局者，良非淺鮮。即使勉强讓歸本省委員魏鍾試辦，事既分門别户，勢難痛癢相關，無論辦法不同，易爲人所争聚，即同一辦法，人無限制，而地近天暖，食物價廉，人情亦决不肯舍易而就難。其有妨於漢礦分廠，由漢派人，休戚相關，方無奪此益彼之虞。前與文副部統悉心籌商，往返九電四函，均以由漢派員爲是，故敢妥議辦法，復查試辦，迅速上陳。十月初八日，接奉憲台批准照辦，十月二十一日，又奉黑龍江將軍批飭，仍仰候北洋大臣核奪。均於十一月初三日，將前後接奉批示，並請核奪施行各緣由，具牘詳陳在案。茲復接奉黑龍江將軍札開前因，邊礦興廢有關，不得不將實在情形，切實詳陳，尚祈憲台曲賜鑒核，分别奏咨開辦，以固邊礦而維大局，實爲至幸等情。

又《都魯河金礦》總署收户部文《抄送黑龍江將軍恩澤等奏文》 光緒二十三年正月初九日，收户部文稱：内閣抄出黑龍江將軍恩〔澤〕等奏，覆陳江省現擬另開金礦，與舊日漢乾兩廠，分城畫界等因一摺，光緒二十二年十二月二十八日，奉硃批：該衙門議奏。欽此。又奏派員踹勘礦產，於呼蘭所屬都魯河地方，覓有金苗確深，詳議章程，擬即籌款開辦等因一摺，光緒二十二年十二月二十八日，奉硃批：該衙門議奏。單併發。欽此。又片奏委員躧勘愛琿城煤礦，並大漢河等處金礦等因附片一件，光緒二十二年十二月二十八日，奉硃批：該衙門議奏。欽此。又片奏呼蘭金廠所擬章程，照漢河新章，再提二分歸入軍餉等附片一件，光緒二十二年十二月二十八日，奉硃批：該衙門議奏。欽此。欽遵到部。查此原奏二件，清單一件，附片二件，均應由總理各國事務衙門主稿，會同本部辦理，相應抄録原奏清單，恭録硃批，片呈貴衙門查照可也。

照録抄單。

奴才恩澤、增祺跪奏，爲覆陳江省現擬另開金礦，與舊日漢、乾兩廠，分城畫界，絶無攙越恭摺具陳，仰祈聖鑒事。竊奴才等於光緒二十二年十二月初六日，承准軍機大臣字寄，十一月二十三日，奉上諭：王文韶奏，黑龍江漢河、觀音山各金廠，請與江省現辦各金廠，畫清界限一摺，據稱漢河金廠，業經知府周冕，與江省辦理呼蘭一帶金礦委員，約定以青山爲界，惟無業游民，常有冒充江省委員，越界私挖者，必須畫清界限，俾免滋事等因。原摺著抄給恩澤、增祺閲看。將此各諭令知之。欽此。遵旨寄信前來。奴才等伏查黑龍江一省地勢遼濶，各產金處所，本屬不少故自本年春間，遵奉上諭：著即廣開礦產，當咨札各城副都統，並兩廳官暨各局處委員人等，派人踹勘。如有金礦產，即爲禀報。復勘確寔，自當籌款開辦，去後。僅于十一月，據直隸州知州曹廷杰禀稱，派人踹躧勘得呼蘭屬境都魯河一礦，可以開辦。今始籌借銀兩，詳請擬定章程，奏請辦理。至與知府周冕所辦漢河、觀音山各礦，其所分界限，前摺並章程中已詳言之，毫無攙越。今閲王文韶所奏各情形，謹再爲我皇上一一陳之。如原奏内稱，前督臣李鴻章前奏，漢河金脉，長及五百里，觀音山係隨後添辦，不在此五百里以内。

今既畫分地段，自應按照現有各廠，週圍以五百里爲界一節，奴才等查光緒十三年，李金鏞原議開辦漠河金廠章程第三條內，原有據俄人云，此道金脈，自額爾古訥河西山起，經奇乾阿勒罕，直至阿木爾河下游，計長五百餘里者，或非無因各等語，稟經前督臣李鴻章奏明在案。但此係計漠河脈綫至長，非指週圍言也。今觀音山不在此五百里內，而王文韶據周冕所稟，即奏謂應按照現有各廠，週圍以五百里爲界。奴才等詳查若週圍五百里，以算法横徑論，只須一百六十六里又三分里之二，即足其數。今漠河老廠，至乾廠三百餘里，觀音山老廠，東南至鳳子廠二百餘里，西北至富金他拉河廠三百餘里，以週圍計之，均在千餘里外，已不止五百里。再查漠、觀二廠，均在黑龍江，沿其北東二面，勢必欲畫回俄界五百里，觀廠又須畫回吉林三姓地界二三百里，方足其數。必無此理，且亦不符周圍五百里之數。似應以奴才等現今陳請開辦呼蘭屬境之都魯河金礦摺內，總以各城分界爲理正，而且毫不攙越。前摺業經聲明，已飭周冕、曹廷杰，遵照分城辦理，各守地段，正如風馬牛毫不相及，毋庸再行派員勘界，徒滋紛擾。至於請由該廠兼辦屯墾，藉資安插，並請飭令地方文武，隨時保護漠河各節，奴才等查江省屯墾事，業經開辦，自宜漸次推廣，周冕早與奴才等論過，無庸贅復。保護金廠之稅，現在均用鎮邊軍兵隊哨，凡該廠運售金砂槍械等事，但據呈報者，亦隨時撥兵護送，即其漠觀兩廠中，至今尚有兵隊駐守。如此次之用剿辦鬍匪者，非鎮邊軍兵士耶。奴才等屢向周冕函電，函言今日新改章程之金廠，每年能報効軍餉，爲數甚鉅，與往日不同，軍將烏有不甘心聽其請用者，何用分別，未免客氣太甚。此後當再發飭地方文武，凡遇礦廠事件，愈加勤慎。總之，江省地面遼濶，礦廠愈出愈多，斷非周冕一人所能兼顧。奴才等受恩深重，具有天良，際此時勢艱難，隱應省釋，凡遇真心爲國之人，能作富强便民之事者，無不和衷共濟，以冀少分宵旰萬一之慮，豈得別具肺腸，稍涉欺蒙，有違公論。奴才等身縱至愚，斷不敢出此也。所有覆陳江省另開金礦，與舊有漠觀兩廠，分城畫界，絕無攙越，並保護漠觀兩廠已成之局緣由，恭摺據實覆奏，伏乞皇上聖鑒訓示。謹奏。

奴才恩澤、增祺跪奏，爲遵旨派員踮勘礦產，于呼蘭所屬都魯河地方，覓有金苗確綫，詳議章程，擬即籌款開辦，恭摺具陳，仰祈聖鑒事。竊奴才等於光緒二十二年二月十二日，承准軍機大臣字寄，正月三十日，奉上諭：內外臣工，條陳時務摺內，多以廣開礦產，爲方今濟急要圖。當通諭各直省將軍、督、撫，體察各省情形，酌度辦法具奏。吉林、黑龍江，現亦未據奏到。著即將籌辦情形，據寔迅速覆奏。各該將軍、都統、督、撫，受恩深重，具有天良，豈得膜視時艱，不思爲宵旰分憂耶？其各振刷精神，寔力奉行，毋畏難苟安，仍蹈從前錮習。將此由四百里各諭令知之等因。欽此。遵旨寄信前來。奴才等跪讀之下，憂懼惶愧，莫可名言。且身爲旗僕，世受皇恩，際此經費浩繁，舉凡可興之利，有裨國計無礙民生者，允宜設法籌辦，以期仰慰宸廑。伏查黑龍江省管轄齊齊哈爾、呼倫貝爾、墨爾根、布特哈、呼蘭、黑龍江，即愛琿六城地面，除愛琿境內之漠河、觀音山等處金產，已經開辦外，今因遵旨派員於齊齊哈爾、布特哈、墨爾根、呼倫貝爾、呼蘭五城境內，遂處查勘。適據奏派試辦呼蘭木稅總局委員山西補用知府候補、直隸州知州曹廷杰稟稱，奉飭兼查呼蘭屬境金銀各礦，奉札後因正辦理木稅，事經創始，未克分身，特轉派委員、把頭等，分途前往呼蘭屬境內，詳細踮查。據各先後報稱，湯旺河、雲頭硐子、梧桐河、三道濠、桶子溝、都魯河等處，均有金線。大硐子及湯旺河兩處，更有銀線。懇請轉報。卑職詳加考核，惟都魯河金線，出頭頗旺，其餘金銀各線，雖露礦苗，因水大人少，未能採出正頭。若各處同時開辦，費用不貲。擬將都魯河金廠，先行試辦。如該處開有成效，再行推廣，可省浪費。爲地處極邊，數百里內，並無居民，所有設局安站，買糧製器，招募護勇，墊買金砂等項，通盤核計，非有鉅款，不能舉事。可否懇請酌撥款項二萬兩，並准招集股分三萬兩，即此五萬兩，以便於冰凍未融之先，預爲經營。再都魯河本係呼蘭屬境極東邊界，卑職查驗呼蘭衙門地圖，與黑龍江城轄境。舊以青山爲界，自愛琿城西之青山脊，至黑河口地方，凡水之向西向南向東南流者，歸呼蘭城地界，凡水之向東北向東流者，歸愛琿城地界，前曾詳細稟明。茲聞總理漠河金廠知府周冕稟請畫界，亦以青山分水爲詞，擬請准照于都魯河、觀音山交界之青山脊處，凡水之南流入松花江者，歸呼蘭城，凡水之北流入黑龍江者，歸愛琿城。則兩城地段，確有界限。自無彼此侵越之嫌等情前來。奴才等竊思礦務爲天地自然之利，風會所趨，已有鬱久必發之勢，黑龍江一省地方，夙產金砂，未聞大加開鑿。前任將軍恭鏜，始將早經封禁之漠河金廠，奏明開辦，詎知初定章程，多有未善。經欽差大臣延茂來江查辦，會同奴才等，酌改新章，剔除積弊，自較從前之有名無寔者，判若天淵矣。所期接辦礦務之周冕，果能事事遵定新章辦理，不但每年報効軍餉，必有鉅數可觀，即廠中應辦各事，亦不致少形竭蹶。蓋貨利雜餘一款，概准由廠自理，不用開報故也。況江省所轄六城地面，極爲遼

潤，計其於愛琿所挖金礦，境土竟有綿亘一二十里，及千數百里之遥者。今各外城既出有礦産，如果勘寔確有把握，自應派員另爲開辦，以廣利源，不能責成漠河一處兼辦，致令顧此失彼。蓋觀音山金廠，去漠河已有二千餘里，前准部覆内稱，漠河去觀音山甚遠，督理一人，如何兼顧，應令查明聲覆。奴才等現據查礦委員陸續呈報，愛琿境内，附近漠河，未開金廠，尚有五處，附近觀音山，未開金廠，尚有四處，業已開單，飭令周冕查寔聲覆。奴才等現在又飭周冕，趕緊將呼倫貝爾境内産礦處所，查明呈報開辦，以期距漠河較近，是漠河金廠督理一人，于愛琿、呼倫貝爾兩城地方，並轂經營。此外另開礦廠，斷不致有牽動掣肘之虞。今閱曹廷杰所請開辦呼蘭屬境都魯河金廠，擬呈章程十一條，均屬周妥。且于周冕所辦礦廠，毫無攙越，是以傳集户司協領等，籌議擬暫由荒價請款中，借動銀二萬兩，發交曹廷杰領訖。至於不敷銀兩，僅准其就地招募商股三萬兩，作速開辦。謹將該員曹廷杰所議章程十一條，恭呈御覽，請旨飭下總理各國事衙門王大臣，會同户部、吏部，迅速核議，以期及早開辦，維持利源。再據曹廷杰面稱，公法最重商務，各國均有保護之權，不准擅行攬擾。此次准由江省户司籌撥銀二萬兩，招集商股銀三萬兩，均由該員承領收齊，作爲商股，除照章報充軍餉外，餘利亦按章均分。如有成數，即將户司之二萬兩，先行歸還，以防耗折虧累之弊。擬請頒發公司開防，以昭信守。奴才等查該員曹廷杰，辦事結寔，頗具血性，念時事之艱窘，即擬補救，期臻富强。此次委辦金廠，必不致稍涉弊混，擬即刊發奏派辦理呼蘭都魯河等處礦務公司木質関防一顆，以爲官督商辦之據。合併聲明。謹恭摺具奏。伏乞皇上聖鑒，訓示遵行。謹奏。

再，奴才等自奉上諭，廣勘礦産，當咨札各城廳，並各局處委員人等，派人蹤勘去後，間有禀報不能稱做者爲多。惟於十月内，據候補巡檢李席珍禀稱，現於愛琿城西數十里阿林別拉地方，蹤勘得煤礦一處，又於大莫河小東溝蹤得金礦二處。其煤礦之煤質尚好，刻已挖出多多，惟車輛不便，難以運省。人夫用多，食糧昂貴，擬請交商永辦，官中但就廠抽利，以省糜費。奴才等業經批准，飭其詳議章程，以使奏明辦理。惟至今尚未接據該員禀到，無從核辦。至於大莫河、小東溝金礦，據該員李席珍十月内來禀，業已到彼招集人夫，先爲就山伐木，搭蓋窩棚，以及購買油糧等事，先在省預支銀八百兩，急候諸事就緒，便探山試挖。現在是否業已開辦，亦尚未據禀報到來。是時周冕來省，奴才等即將如此情形告知，謂俟其採見金苗果可開辦，即交與周冕辦理。蓋此廠原在愛琿境内漠河、觀音山之間，原是順易之事，省得另起爐竈。非若知州曹廷杰所踏呼蘭屬境礦務地界，分別不能兼顧也。周冕已早領之，此外別無報礦産之人。而王文韶奏稱，惟無業游民，常冒充省委，越界私挖，不服盤查，誠恐匪徒混跡，復生事端等語。查此説周冕亦曾向奴才等面禀，當早斂跡，特周冕所恃電報通靈，以先奏爲得法，殊不知凡事皆有至理，不容蒙混。奴才等近在黑龍江一省，踏已開未開之處，早經俄人查明，兼聽並觀，似較遥聞爲準。查周冕自接辦礦務總理以來，一概未照延茂與奴才等會同奏定新章辦理，即登復部中。查詢各節，亦多不合。經奴才等飭令逐條另爲禀復，並已當面斥其辦事不誠，今忽作此説，是爲卸過地步耶！抑將牽扯他人，生事攪亂，内廠不能多出金砂耶！白日昭昭，衆目共覩。該道接辦金廠總理，業已經年，如果後日報効軍餉銀數，比二十、二十一兩年新定章程，太相懸遠，奴才等當據寔糾參，斷不敢以其剿辦鬍匪，保舉在先，少事迴護，自取咎戾。謹此附片具陳。伏乞聖鑒訓示。謹奏。

恩澤等片。

再，此次曹廷杰所擬章程，前一報充軍餉，查照漠河新章，於廠局應得之一錢六分金價内，再提二分，歸入軍餉，每售得金砂一兩，以六錢價歸礦丁，以一錢四分價，估爲股利局用，以二錢六分價，報充軍餉，較漠河加增二分。係由奴才等以該員所領股本止五萬兩，如出金果旺，應分股利無多，飭令體念時艱，酌加報効。該員核寔估計，加此二分，尚可辦理，毅然允從。每得金砂萬兩，尚可爲朝廷多增二百兩金價，合銀五六千兩之譜。得金愈多，報効之銀亦愈多，寔於軍餉不無少補。但此係因該廠股利無多，竭誠報効起見，若漠河金廠股本加此數倍，應分股利亦加數倍，不得責其照此辦理，致令股本減利。收還股本，有礙成局。理合附片據寔陳明，請旨飭下王大臣，會同核議，庶於軍餉廠務，兩有裨益。伏乞聖鑒。謹奏。

又總署奏片《議復黑龍江將軍恩澤等奏黑省新舊金廠分城劃界等情》〔光緒二十三年〕四月初四日，本衙門奏片稱：再光緒二十二年十二月十八日，黑龍江將軍恩澤等奏，江省另開金廠，與漠乾兩廠分城劃界，絶無攙越一摺，又委員李席珍於愛琿境内踏得煤金各礦，暨周冕接任以來，並未遵照新章辦理一片，又都魯河報效軍餉之數，漠河未能照辦一片，均於同日奉硃批：該衙門議奏。欽此。臣等查光緒十三年北洋大臣李，開辦漠河原奏所稱，金脉自額爾古訥河西山起，經奇乾河阿勒罕，直至阿木爾河下游，計長五百餘里，係指漠河一帶金脉

而言。所謂阿木爾河者，據光緒十三年將軍恭鏜咨報，即內府輿圖之額穆爾河，其地與俄之雅克薩城南北相直，非用俄語，似黑龍江爲阿穆爾河也。李金鏞之條議，恭鏜所查勘，或稱周圍五百餘里，或稱周圍七百餘里，均止此奇乾、阿木爾兩河界限之中，觀音山已在其外，又何有於呼蘭廠界與金脉不同，更不能藉彼以定此。該將軍所請以各城舊定分界爲止，尚爲公允，自應請旨飭下該將軍，仍照原議，依照各城原界，以分廠界。庶期彼此無爭，可收通力合作之效。所稱李席珍於愛琿境內踹得各礦，體察可開，應准其即交周冕兼辦，坿入漠乾兩廠，以專統轄。其漠河報效軍餉，不能照都魯之數，所陳係屬實情，亦應核准，以固廠本。理合坿片陳明，伏候聖鑒，謹奏。

光緒二十三年四月初四日奉硃批：依議。欽此。

以上統共收愛平銀一百九十萬六百五兩五錢二分三釐三毫三絲二忽五微。

共支愛平銀一百十一萬九千七百五十三兩五錢三分五釐三毫四絲六忽七微。

除支淨存愛平銀七十八萬八百五十一兩九錢八分七釐九毫八絲五忽八微。如數移交周守接收清楚。理合聲明。

又《·新疆礦務·籌辦新疆礦務》總署《遵議新疆南路金礦情形請旨飭陝督新撫詳查妥議》〔光緒十九年〕十一月十九日，本衙門奏摺稱：爲遵議新疆金鑛情形，請旨飭查，恭摺覆陳仰祈聖鑒事。竊臣衙門於光緒十九年十月二十六日，准軍機處鈔交出使大臣許景澄奏，新疆和闐一帶，金鑛旺聚，謹陳洋人游歷測探情形一摺，奉硃批：該衙門議奏。圖併發。欽此。查原奏內稱：俄人在新疆南路屢經游歷，詳測金鑛。其圖說內言，自和闐至克里雅城，得鑛三處，自克里雅以東，得鑛五處，均在崑崙山北麓。逾山而南，得鑛一處。又極東在策爾滿一帶，未經親歷者，得鑛三處。每一處之鑛，又各析有數處至十餘處不等。內索爾戛克及凋帕兩處，土人赴採者數千人。若以洋法開採，出金必多。其金質爲五大洲之冠等語。臣等竊維新疆南路西四城，歲有貢金，原是任土作貢之義。回部産金之區甚廣，而開採之多寡，向係聽民自便，是以莫得其詳。近日新疆測繪輿圖，於于闐縣境列有卡拔小金廠、梭爾瓦克大金廠之目。于闐縣即克里雅城，其卡拔小金廠即原奏所稱闊帕金鑛。梭爾瓦克大金廠即原奏所稱索爾戛克金鑛。既有金廠名目，自必開採已久，是和闐鑛金之盛可知。又原奏所稱策爾滿地方，即新疆所稱卡牆河，近年以來，俄國游歷人之經此出入者，不絶於途。地方官照料保護，隨時見於公牘。其於崑崙山産金處所，探訪頗詳，著爲圖說，不無歆羨之心。圖中産金之地，綿亘二千餘里，實襟帶回部藏番之天然要隘。克里雅城爲居中綰轂之區，其西界越薩雷闊勒，即屬帕米爾地。其西南徑接坎巨提條拜提部落。其南面爲藏邊之拉達克部落地方。英人近日於印度東北，經商闢路，日事開拓。加以藏地通商，異日南路邊疆，關繫綦重。綢繆未雨，宜在機先。西人於利源所在，雖越國過都，尚不憚煩勞，詳細探訪。中國於自有之利，若竟聽其貨棄於地，甚爲可惜。惟是造端圖始，事藉諏咨，規模務在宏遠，經畫必有實際。查近日邊疆鑛務，惟漠河金廠章程，備具成效可觀。良由北洋大臣、黑龍江將軍等籌議經年，而又經理得人，故諸事胥臻妥協。和闐所屬之地，不似漠河之山河遼隔，其金砂據圖說所稱，成色似亦較高，若使辦理得宜，自可濬利源於不竭。惟該處向來金廠一切情形，及現在應如何延請可靠之鑛師認真查察；官辦商辦，孰爲利便；中法西法，能否兼資；以及將來能否招商集股等情，臣衙門無從懸揣。應請旨飭下陝甘總督、新疆巡撫，按照原奏各節，逐一詳查妥議具奏。一面由臣衙門將原奏圖說，暨漠河金廠開辦成案，行知該督撫閱看，俟復奏到日，再行酌核定議。所有臣等遵議新疆金鑛情形，理合恭摺覆陳，伏乞皇上聖鑒訓示遵行。謹奏。

光緒十九年十一月十九日具奏。本日奉硃批：另有旨。欽此。

《礦務檔》總署行新疆巡撫文《籌辦新疆金礦事已咨北洋大臣迅揀礦務人員聽候委勘》〔光緒二十二年〕十一月初四日，行新疆巡撫文稱：光緒二十二年十月二十五日，接准咨稱，遵旨籌辦和闐金礦，請由天津調派專門礦務學徒，携帶小機器一具，出關查勘試辦等因。本衙門查來文所稱辦法，自係慎始圖終之意，已轉咨北洋大臣，迅揀熟諳礦務人員，酌帶機器剋期出關，聽候委勘。除侯北洋大臣揀派有人，咨覆到日，再行知照外，相應先行咨覆貴撫查照可也。

又總署行北洋大臣王文韶《籌辦新疆金礦請迅揀礦務人員前往查勘》〔光緒二十二年〕十一月初五日，行北洋大臣王文韶文稱：光緒二十二年十月二十五日，准新疆巡撫咨開，遵旨籌辦和闐金礦，請由天津調派專門礦務學徒，携帶小機器一具，出關查勘試辦。果有利益，不妨擴充。否則耗費無多，中外疑團亦可盡釋等因。本衙門查南疆金礦，中外羨稱，自應設法興辦，以廣利源。新疆巡撫咨請由津調派礦務學生，携帶機器前往試辦，自係慎始圖終之意，應准照辦。相應照録來文，咨行貴大臣查照迅揀熟諳礦務人員，酌帶機器，剋期前往聽候委

勘。仍一面咨覆本衙門可也。

又應祺文《籌議勘辦新疆金礦》 光緒二十二年遵旨寄信前來等因，到本署部院，承准此。查和闐等處金礦，前奉諭旨飭令設法開辦，以供國用，當經行司委員查勘在案。茲復奉特旨，應即轉行喀什噶爾道督同前往會查之，署和闐州劉牧嘉德按照指定地段，親往履查，就現時局勢，妥籌辦法詳覆，以憑奏明請旨辦理等因，由司移道轉行到州。奉此。卑職遵查新疆金礦，爲各國所艷稱，升任撫部院陶於光緒二十年，調派比國遊擊林輔臣，選委候補巡檢施再萌，携帶圖説，自羅布淖爾蒲昌海入山，歷卡墻至和闐、于闐各山内，攀幽涉險，查探經年，雖山水地名，與圖説所載不一。大要産金之處，仍在崑崙以北，和、于兩屬境内居多。各處金礦，數以千計，其効著者，實以闊帕與素爾戛克兩處爲最，即公牘中所稱大小金廠是也。卑職從前奉委隨同查勘，屢與林、施二委員晤談，詢及開辦能否獲利，該員等再三籌度，均以限於地勢人事，難必功効，一切難辦情形，已經縷細會禀。升任撫部院陶議覆之奏，所論各端，確係實情。茲欽奉諭旨，酌度官辦商辦，何者爲宜，卑職就平日見聞所及，悉心斟酌，由官開辦，既恐成本有虧，後難爲繼；由民開辦，按户納税，恐利源未興，而百姓先受其害。卑職於礦學素未講求，毫無把握，實不敢摻切將事，致廢半途。惟南疆金礦，從前各外洋肆逞其説，咸藉遊歷爲名，接踵而至，久之附會誇張，遂以崑崙北麓金質，爲五大洲之冠，羣生欣羡之心，互萌窺伺之意。若不設法試辦，勢必謂坐失美利，共爲非笑。卑職愚見，新疆苦無粗識礦學人員，查中國出洋學生，歷有年所，宜有專門之學，現在黑龍江金礦已著成効，其中亦自有諳練之人，擬請轉詳咨呈總理衙門，擇派一二人，由天津一帶，購帶小機器一具，出關查勘試辦。果有利益，不妨擴充，否則耗費無多。而中外疑團，亦可共釋矣。是否有當，理合禀請鑒核酌辦等情，由道咨司轉詳，到本署部院。據此，查新疆金礦，西人稱道欣羡，雖所述未必盡實，然金礦重叠，如非限於地勢人事，能運機器軋磨鎔練，未始不無利益。惜礦學無人，圖始維難，苦無良策。該州道所議各情，亦似不爲無見，可否請由天津調派專門礦務學徒，携帶小機器前來試辦，抑即延訪洋師分履查勘，妥籌辦法之處，相應咨呈。爲此咨呈貴衙門，謹請鑒照核辦施行。

《又于闐金礦》總署收署甘肅巡撫饒應祺文《咨送遵旨查明和闐一帶金礦摺硃批》〔光緒二十二年〕三月初七日，署甘肅巡撫饒文稱：竊照接管卷内，升任撫部院陶，於光緒二十一年十一月初六日，在新疆省城由驛具奏遵旨查明和闐一帶金礦，臚陳詳細情形一摺，前已抄録摺稿咨呈在案。茲於二十二年正月初五日，承准兵部火票，遞回原摺。奉硃批：該衙門知道。欽此。除欽遵咨行外，相應恭録咨呈，爲此咨呈貴衙門，謹請欽遵鑒照施行。

又總署行新疆巡撫陶模文《延聘洋員查勘新疆礦務請酌定薪費略數》〔光緒二十三年〕正月十三日，行新疆巡撫陶模文稱：光緒二十二年十月二十五日，接准文稱，遵旨籌辦和闐金礦，請由天津調派專門礦務學徒，携帶小機器一具，出關查勘試辦等因。本衙門當即行文北洋大臣，迅揀熟諳礦務人員，剋期前往聽候委勘。旋據北洋大臣復稱，武備學堂及大學堂中學堂肄業生徒，均無專習礦學之人，如欲延請洋員，則開平礦局所請洋員，薪費每年約六千餘兩之數，若聘往新疆，勢須加倍，川費往來亦鉅，礙難擅代延聘等因前來。查新疆開礦，事係創辦，自非延精於礦學之洋員，不足以資得力。惟每歲薪費若干，理合酌定約略之數，以便代爲延聘。相應咨行貴撫，即行核定，咨達本衙門，以憑辦理可也。

《庫倫礦務》外務部收軍機處交出德麟抄摺《查明庫倫礦務辦理情形》 光緒三十年正月二十九日，收軍機處交出德麟抄摺稱：奏爲查明庫倫礦務情形，據實密陳，請旨簡派專員，恭摺仰祈聖鑒事。竊奴才赴恰克圖後，順道踏勘礦所，並將起程日期，先後奏報在案。茲奴才由伊流河一帶礦廠，周歷踏勘，查明確實情形，謹以歷辦之章程，權以將來之利害。奴才有守土之責，寔不敢安於緘默，敬爲我皇太后、皇上密陳之。查庫倫礦務，連順原辦，實係爲拒阻俄人偷挖起見，既欲拒俄，即不應用俄商承辦，嗣經奉飭停辦。正可由此將俄商柯樂德妥爲資遣，以免利權外溢。乃數年以來，俄人之廠房，並未拆毁，礦工亦未遣散，名爲在彼守候，實則便於私挖。嗣因華工屢以私挖挾制，柯樂德始赴外務部呈請續辦。於二十九年五月間，經外務部據情奏請開辦，蒙飭豐陞阿會同連順妥訂詳細章程，具奏在案。礦章尚未奉復，而柯樂德先一面派人採辦，一面自行回國。此次經奴才突至該廠察視俄人帳簿，計上年一年，共私得金九蒲廬半，每蒲廬重華秤二十七斤，核計一年之外溢者，已屬不貲。連順原辦時，議定外廠洋人不得過二十名，其餘均用蒙古及内地民人，既不絶貧民生計，並可示以限制，自是切要之舉。奴才此次到廠查驗，俄工已有二百餘名，詢以何不遵守定章，則以蒙民不能得力藉口，並稱開工時，至少需用俄人一半。查閲續擬章程第三條内開，蒙古民人實不得力，准添洋人。業已復准添用，即難再與争執。查續辦章程内

開，內地人民俟地凍停工之期，必須遣離礦廠，勿得逗遛滋事，致擾地方等因。夫內地民人遠出數千里，來塞外工作，一屆冬令停工時，彼返往無力，豈能盡數而歸。即如現在地後一帶地方，每有礦丁惡化情事，業由奴才酌籌稽查綏輯之法，另摺陳請矣。又查原辦章程內柯樂德允由開辦之日起，每月撥銀一千五百兩，爲監察各員辛金之費。然礦廠五處，每處僅計三百兩，將敷各委員薪費之用。一俟開辦之時，大廠工人約在三千之多，小廠工人亦在千餘人，如無兵丁彈壓，勢必爲俄員藉詞派洋隊前來，自得按廠設兵，以阻外人而資彈壓。每廠約需二百名，計五處至少亦共需兵千名。此次並無的餉可籌，若由俄商報効款内開銷，則除此大宗所得報効之數，化爲烏有，是原辦時見利而未見害也。柯樂德承辦此礦，原稱招集商股，現經奴才暗密查訪，該股本計銀洋二兆零二萬五千元，商家安有如此鉅款，非俄帑而何？原辦稱購買機器，所費甚鉅。奴才此次到廠驗視，所用係屬木器，非若銅鐵輪機，必以重價始能購得。可見飾詞欺詐，希圖邀准。奴才到恰時，准該處廓米薩爾照會云，總管圖車兩盟金礦柯樂德之缺，改委土木營造公三蓋祿管理。當即接見三蓋祿，詢及按年解繳銀數。據稱以後報効，連蒙古所得，每年以十萬爲度等語，現該俄員定於正月底到庫倫設辦開工事宜。查連順前後辦理此礦，均係委任柯樂德，是能相符和辦理者。惟柯樂德一人，今遽易三蓋祿生手，意在於定章稍有不合。彼可以非原辦藉詞。且連順與柯樂德初議辦礦時，僅指鄂河五處爲界。兹查豐陞阿與連順續擬章程摺內，請將鄂河五處金礦名目，改爲辦理圖車兩盟金礦。夫圖車兩盟，已將庫倫全境包套在內，倘續有礦產，盡歸俄員開辦，是俄員僅以五處之報効，徧得兩盟之利益。幸外務部尚未將礦章議覆，應請仍照原章，指定鄂爾河五處礦所外，再有産金之地，由奴才自行派員開採，概不准俄商干預。如此庶可定彼限制，保我利權。總之，連順倡辦於前，豐陞阿附和於後，均屬失計。但一再議定，自可照辦，以取信於外人，且免得別生枝節。准奴才前於請訓時，面奉聖諭，務要設法開辦庫倫礦務。是以到任後，殫竭愚誠，認真確查，其中實在利弊，不敢不披瀝直陳。此後或歸連順自行辦理，抑或由奴才接辦之處，相應請旨簡派專員，責有攸歸，事無掣肘，免致區區一礦，十羊九牧，遇事多所推諉，反爲外人竊笑，實於礦務大有裨益。所有奴才查明庫倫礦務情形，請旨簡派專員各緣由，理合恭摺密陳，伏乞皇太后、皇上聖鑒訓示。謹奏。

光緒三十年正月二十九日，奉硃批：外務部議奏。片併發。欽此。

又延祉《咨送奏擬開辦哈拉格囊圖金礦暨踏勘鄂奴雷台諸處金苗片》　宣統元年十月十三日。收庫倫辦事大臣文。欽命頭品頂戴庫倫掌印辦事大臣延蒙古辦事大臣札薩克固山貝子綳爲咨呈事。印房案呈本處於本年九月三十日，附片具奏踏勘珠爾琥珠附近之哈拉格囊圖情形，擬於明年開辦，並踏勘鄂奴雷台沙雷畢利台等處金苗等因一片，相應粘鈔原片，咨呈貴部，請煩查照，須至咨呈者。

計粘鈔原片一紙。

宣統元年九月三十日。

再，據金廠總辦柯樂德報稱：珠爾琥珠附近之哈拉格囊圖地方，前於宣統元年二月間，呈報該處金苗暢旺，尚未查實。懇請發給踏勘執照，所有該處踏勘事宜，暫由珠爾琥珠金廠監辦官兼辦。嗣於本年夏間，出口人多，無可安置，遂就其地加工踏勘。所出金沙，尚堪敷作。並報有依流河之鄂奴雷台沙雷畢利台等處，堪以踏勘各等因呈報前來。除現報各處照章給票勘驗外，查哈拉格囊圖一處，截至本年八月底，所淘金砂，尚屬暢旺，擬於明年四月間設廠開辦。可否之處，理合附片具陳，伏乞聖鑒飭部核覆施行。謹奏。

宣統元年十月十九日。

收度支部片。

度支部爲片呈事。内閣鈔出庫倫辦事大臣延祉片奏，據金廠總辦柯樂德報稱：珠爾琥珠附近之哈拉格囊圖一處，所淘金砂，尚屬暢旺。擬於明年四月間設廠開辦一片。宣統元年十月十四日奉硃批：該部議奏。欽此。查此案應由貴部主稿，會同本部辦理具奏，相應片呈貴部查照見覆可也。須至片呈者。宣統元年十月十九日。

徐壽基《續廣博物志》卷一五《珍寶》　李玫《纂異紀》：協金石色青，以鏡索貫，其背垂於海中，經夕引出，上必有金。

張燮《東西洋考》卷五《西洋列國考·吕宋》　吕宋，在東海中，初爲小國，而後寖大。《吾學編》曰：「産黄金，以故亦富厚，人質樸，不喜争訟。」

檄兩廣督臣以禮遣僧歸國，置惟太等於理，潘和五竟留交夷不敢還。夷人故奴視華人，徵賦溢格，稍不得當，呵辱無已，時犯者即嚴置以法。自兹釁既結，疑貳日，深夷益虜使我矣。其後又有機易山之事。自採金中貴薑尾四出，妄一男子張嶷更爲新奇其説，上疏曰：「吕宋有機易山，其上金豆自生，遣人採取之，

可得巨萬無禁。」有詔下閩，廷臣力言其謬不報，閩當事持之。乃遣海澄丞王時和及百户干一成往勘其地。夷初聞使至，大駭。諸華人流寓者，見酋言華無他，特奸人横生事端，今遣使者來按茲土，使奸人自窮，便於還報耳。酋意稍解，令夷僧散花道旁，迎使者諸流寓，先結蓬席爲廠，如公署狀。酋盛陳兵衛，邀丞入，亦爲丞設食。然氣豪甚，問丞曰：「汝華言開山，山各有主，安得開也？且金豆是何樹生來？」丞無以對。數目嶷，嶷云：「此地皆金，不必問豆所自。」蓋嶷欲借朝命臨之，襲破其國耳。至是不敢顯言，夷人皆大笑。酋留嶷，欲兵之，諸流寓苦解，俾歸，爲戮於司寇，迺釋，令登舟。時三十年四月也。丞歸病。

物産：金。永樂時，充貢奸人所捉影，而唱金豆之説也。

澄《許文肅公遺稿》卷一二附録《譯俄人博格達諸委翅游記》 新疆地産多金，新疆未隸中國版圖之前，俄人稱爲小布哈爾。相傳已久。前二百年，俄主大彼德曾言，此地若歸俄屬，則金爲我有，國庫充盈，富强立致，惟當静以待時耳。康熙五十二年，西曆七百十三年。悉畢利總督噶噶林曾派托波爾斯克人曰托羅司尼廓夫往覓金山，至青海折回，見金砂甚夥，流布各河，取回呈驗。五十四年，十五年。大彼德興兵攻機窪而不克。五十九年，二十年。始取伊爾推什河一帶地。雍正十二年，三十四年。有華商自葉爾羌來，帶有金砂，並言其地納税，悉以此砂。當中國平定新疆時，有愛夫立木甫者往游其地，曾著游記，惟不言産金。後有阿爾美亞尼人曰阿塔那索甫，於乾隆五十六年，九十一年。從印度取道西藏，前往游歷，經過和闐，見金鑛之外，復有玉鑛。近年游歷人皆言金苗旺聚於崑崙山。駐喀什噶爾領事撇特羅夫司格於光緒十一年八百八十五年。將崑崙山産金情形著爲論説，陳報本國外部。且不特今人言之，唐時元奘經游其地，見廟中佛像有以金砂塑成者，亦謂是地多金，皆可爲崑崙産金之證。今測得是山高於海面，自七千五百尺至一萬五千尺不等，山之中段，西段産金之多，應爲五大洲之冠。西起哈朗歸山，東止羅布泊，約一千六百餘里，其間有匡格勒莫拉脱者極多。金砂産山中，隨山水衝注，復得地氣，凝緒成石，西語謂爲匡格勒莫拉脱。計産金之地十二處，均有人在山開采。予曾到九處，其他有金處我未之往。

一、和闐境内哈拉哈河中段，有金砂之處三：一在玉隴喀什平地；一在玉隴喀什河上流，有一支河向西南行，曰波賽脱河；一在玉隴喀什河，相距不遠之古瑪脱良戞爾。良戞爾，回語村也。村之左右産金最多，其相近處復有玉鑛，故在彼挖玉鑛之人，即兼采金砂。昔有人自印度來，言哈拉哈什河上流亦有金砂，事載八百六十三年印度西北界外通商書，但上流予未去過，予所見者但在中段也。

一、策勒河又名哈沙河，河之源爲南面山頂積雪所注，山多黑石，故土人稱爲喀拉塔什。沿河而南，爲赤格塔爾，再南，而西爲塔瑪阿格爾，其間有金鑛，土人時在彼采取。又於赤格塔爾與薩司干之間，見淡紅色小石極多，鮮潤可愛。薩司干在赤格塔爾東北，去哈沙河之東，與楚喀爾相近處有河南北行者曰干朱，其上流處從前亦有人在彼剜金，現已停止。或因金盡，未可知也。

一、克里雅地方亦多金鑛，是處甚高，距波魯祇一日程。

一、索爾戛克上流爲烏魯克河，下流爲尼雅河，其處初係匡格勒莫拉脱，當來水要道，日久相搏，洞穿成澗，然地處甚高，水難積聚。淘金之法不用水洗，承於器内向風簸之，以去沙滓。測得高於海面七千五百尺，有鑛十四處，面積計三十方阜斯特。約當中國百二十方里。其東之鑛曰愛他克，其間相近處又有四鑛：曰且其旦，曰庫爾土司，曰喀爾瑪克阿肯爾察普，曰玉隴工察普。察普者，回語枯澗也。其西又有二鑛：曰揚吉由倍脱，内有鑛三處。曰玉隴察普，此處從前多極大金砂。烏魯克河之右有二鑛：曰當庫察，曰蘇爾他納薩爾瑪，薩爾瑪，回語墓也。玉隴察普之上有鑛四：一曰條帖察普，二曰阿爾喀察普，三曰帖匹察普，四曰喀列克察普，其他或再有鑛，但予未之悉耳。

一、烏魯克河上流有東行支河曰什瑪爾列克河，在索爾戛克東南五十里。什瑪爾列克河西有鑛曰良戞爾鄂塔克，是處多金，予目覩之。聞之土人云，河畔尚有産金之地，曰土但伊肯脱，曰庫拉達司達，曰格倫基樸司德，曰薩狄克樸司德，曰保伐土，曰匡布陰，曰阿爾定企，曰什瑪爾列克。凡八處，地高於海面一萬尺。什瑪爾列克距良戞爾鄂塔克計程二日，此處多水，牛馬難行，兩岸又有栗色之匡格勒莫拉脱，錯雜堆積礙道，非左右互繞不易行過。惟上流之匡格勒莫拉脱變爲紅色，土人稱爲克昔爾託拍。回語，克昔爾，紅也。託拍，土也。

一、烏魯克河之東有並行兩河，一曰塔爾喀列克河，一曰池日干河。池河之南上流處有路北達尼雅，東抵闊帕，逾此而南有鑛曰依司婁克，北距良戞爾約二十餘里。再南曰沙散克普，曰阿拉耶喀克，曰托赫他的烏納，曰肯斯拉司。又塔河上流亦有金鑛一。崑崙山南坡有金鑛，在枯澗間者曰坎波拉克，在薩雷克吐斯河上流，踰山而北爲池日干河，中隔山巔遥遥相對，金砂自山順水南流下注於此。若向北流，即入於索爾戛克矣。地高於海計一萬四千尺，天氣寒甚，除夏

令三個月外，均係冰雪，無從畚插。鑛地距薩雷克吐斯河一里餘，汲引不便，土人每於傍晚乘山頂積雪爲日光融化流注，趕趁淘洗。一入昏夜，水即凝凍。論其地，從前居户生計尚足，今者不然，在此從事，日不過五十人而已。又克里雅河上流之東索爾菏耳湖西南，別有一鑛，在伊脱依扣山畔。初，土人覓得是鑛，視之甚秘，旋經華官聞知，臨驗其地，不知以後若何。此外又有三鑛：曰察阿列克，曰察扣爾喀，曰依收克窩爾肯，在塔什庫耳之西，亦崑崙南坡也。三鑛各距一日程，往游其地者，應從博斯旦托格喇克河上流之支河，名阿克河者順河而南，三日可達，昔時開採頗不乏人，現已停止。

一、莫羅札河上流之西有曰克昔爾耶伏因河，曰阿克波噶河，曰塔爾喀列克河，曰艮庭河，曰西爾滿拉耶河，凡五處水皆北流入莫羅札河。阿克波噶河之相近處有鑛曰吐昔克波拉克，本係山口名，鑛鄰山口，故以此名之。其鑛亦如索爾戛克，然左右多匡格勒莫拉脱。五河總匯之處曰莫格里庫倫，初係大湖，今已淤塞，幾如平地。地長二十二里至二十四里，闊自十二里至十六里不等，高九千尺，金砂攙和泥中，攢聚於此，愈積愈厚，約二三百尺。聞之土人在此掘劚，已數百年矣。叩以金之來源，則從未往覓，故茫然不知。予見多千層石，曾覓有一塊，其色黑，即泰西幼童用以臨字之石槅，□□之自然成片，故名曰千層石。上有裂縫，内含誇次，誇次，有與金砂石攙雜之稱。驗之果然。乃知砂藏山腹，上達石縫，乘隙而出。其南爲薩雷廓爾河，河畔之地高一萬尺。稍東爲企第列克庫倫河，兩河之畔，水草蕃茂，均可游牧，若就此處設局開採，一切均便。以視索爾戛克與闊帕，不止較勝一籌。此河西之情形也。至上流之東有鑛巨甚，鄰於河畔，曰廓克摩倫，再東之枯澗曰曼散列克，亦爲産金之區，從前畚掘有人，今者已無。此河東之情形也。予在廓克摩倫見千層石甚多，又在吐昔克波拉克，於千層石内覓有金砂一塊。若謂崑崙各鑛金苗之源，皆在千層石中，予不敢必；惟索爾戛克、什瑪爾列克池、日干河、坎坡拉克、莫羅札河、闊帕、阿克塔什山七鑛之金，悉産於千層石中。莫羅札河金砂細而薄如茶葉然，工作之人同於索爾戛克、闊帕兩處，終年不絶。

一、闊帕在莫羅札與米脱塔里耶兩河之間，多枯澗與水，故以風簸砂，較別處不同，有大如胡桃者。其地高八千五百尺，廣三十里，南距里許有庫摩塔克鑛，四周皆洞，必爲前此居民所挖。再南二里，有枯澗分而爲二，如叉形之處，有鑛二：東曰闊帕散，西曰鄂吐爾散，順澗而南，長各十二里，折而至東，有喀喇塔什散，句都格拉克察普，句阿爾喀散凡三鑛，鑛各有坑，自一薩生至十二薩生淺深不等。一薩生合六尺。阿爾喀散距米脱塔里耶河十有二里，并喫水而無之，惟闊帕并玉隴喀察普有水不多，僅足敷人馬之飲。

一、霍達列克散在阿斯敦塔克山北坡，策爾滿之東，策爾滿界圖作車爾成，新疆識界載，和闐東境至克里雅，所成之策爾滿地方距二千八百餘里，山□□有人户，方向道里畧合，當即車爾成之異譯。予未之往，聞係用水淘洗，工作宜夏，大半皆策爾滿居民。

一、托爾肯散距策爾滿居民所極往遠游牧地五日程，鑛臨平地，南北有山，山無名。昔時，普舌瓦爾斯基遊其地，稱鑛南之山曰莫斯科甫司勾，鑛北則曰科倫博，平地有河，距鑛不甚遠，山頂雪融流入此河，合河水北流，再入戛士河。地高於海一萬四千尺，相傳古時曾經挖過，予亦未至其地。

一、阿克塔克高於海面一萬五千餘尺，離人煙處約五六里，在冰雪之中，故多水，若掘井過深，水即外溢，居民如處澤國，度日維艱。若非地産多金，誰能耐此？距托爾肯散東北相近地方有産煤之處，去戛士河亦不甚遠，其間多畜牧之地，陸運至此不甚跋涉，運煤既便，煉金亦易。悉畢利諸鑛實遜於此。去托爾肯散，阿克塔克之東復有一鑛曰波喀列克，土人不憚數百里之遥，前往挖掘，惜在訓條以外，未克往遊。

以上爲予所知者，統計十有二處，此外或尚有金鑛予未之悉。其爲天然生成者，一曰沙阿脱墨山，在和闐、哈什兩河上流；一曰阿克塔克，爲索爾戛克、什瑪爾列克、池日干河、坎波拉克四處金砂來源之處，四處之金悉由山水冲下；一曰西爾滿拉耶山，爲莫羅札河、闊帕兩處之金所從來也。論各鑛出金之數，淘取既不一法，多寡自難詳悉，就予所見者索爾戛克并闊帕兩處，以七八人爲一班，日得金自一索洛特尼克又四分之一一索洛特尼克合中國一錢二分。至八索洛特尼克又四分之三不等，西製四格拉姆四分之一爲一索洛特尼克。計以俄權九十六索洛特尼克爲一烘篤。統而計之，有士一立方邁當可得金二索洛特尼克又二分之一，常川在彼工作者，自一千六百人至二千人之多，有時尚不止此數。原注：七十三年，英國遣使至阿古柏時，英使幅舍亦曾派人赴索爾戛克并闊帕兩處查考，見在彼工作者有六七千人。如以七八人爲一班，每班各得二索洛特尼克又二分之一，日得金五十三四兩，以半年計之，可得二十二鋪特。一鋪特約合中國三十斤。此以風簸砂之數也。烏魯克河畔亦有二處，日得金自一索洛特尼克至三索洛特尼克不等。其他什瑪爾列克、阿克塔克雖多於索爾戛克，而工作祇一二點鐘之久，故不能確知

其數。論金砂之大與質之浄者，首推闊帕，尋常各鑛之砂細者甚多，大者罕遇，惟闊帕有大似胡桃或如鴿蛋者，時或遇之。昔阿古柏時，曾在此處得金砂一塊，巨似馬首，爲罕睹之品。予亦攜回一塊，呈送户部，驗得百分中有浄金九十八分又六，與水比較，重十八倍半，其質之浄概可想見。試與他鑛最佳金砂比較，如烏拉嶺之砂百分中得金九十八分又十之九，重於水十九倍又十分之一，然不易多得。美國舊金山之砂重十六倍又三分之一，得金九十七分又四之一。其次之砂，烏拉嶺、舊金山與澳大利亞新金山得金均在八十九分又百之三十五或九十五分又百之四十八，重十五倍至十八倍之間。至悉畢利之最佳者自八十分至八十五分，次者祇五十與六十分而已，各鑛積土淺深不一，索爾戛克一帶已被挖過者計深一百薩仁，合中國六百尺。仍未見石。莫羅札河邊之土深亦如之。其闊帕、什瑪爾列克、阿克塔克三處積土則無如是之深聞。以上各處爲予所到者，除第一處外，均歸克里雅地方管轄，年納税金六十兩，合六千九百八十九羅布，約計千分中，官得十六分。若以金易物或售歸他國，售於印度，每一索洛持尼克得五羅布四十戈比。中國並不之禁。憶昔阿古柏曾立章程，凡民間所得之金，除百分中納税二十分外，餘均歸其收買，每兩給價一百二十推内克，百推内克合俄銀三十羅布。現在價值不止此數，每兩計一百六十一推内克至一百六十四推内克。水淘之法，其便有三：一土厚，可以長久挖掘。二多水，多水易於瀉取。三水力急。渣滓可冀順流遠去。若無水之處，應用美、澳兩處以風扇機之法，每點鐘可扇土三噸，機有扇輪，故簡便而又靈動，價不甚貴，或以人力，或以馬力，均可運用。中國果能仿而行之，將見出金之多，莫與匹敵矣。

代那撰瑪高温口譯華蘅芳筆述《金石識别》卷六　火山石中，屢見其有自然之金，其金爲撒星形。凡有金之石，其石西名謂之呆呸。呆呸者，專指石言之，亦專指有金之石言之。譬之於玉，則金爲玉，而呆呸爲其璞。譬之於瓜，則金爲子，而呆呸爲其瓤。譬之於身，則金爲血脈精液，而呆呸爲毛骨皮肉。故有有呆呸而無金之處，未有有金而無呆呸者也。

凡金在呆呸中，分出之，其呆呸多過於金。

金在呆呸中，或斷或續，如於呆呸中得金，踪迹之，忽無金而祇有呆呸，則過一段，可又有金。

石之爲呆呸者，如科子，丐而刻斯罷，合肥斯罷，此數種石，常爲礦金之呆呸。如夫羅而斯罷，亦間爲礦金之呆呸。

又卷八《黄金》　金脈及金之來源，人尚未能知其所以然，不過臆度之而已。凡石之有金脈者，每在半結成石中，夫石之結成，由於熱，如金亦因熱而成。何以全結成石，如尼斯枚格層中，其金少，而台而客泥疊石中，其金多。又科子之脈，有在石中者，有在石縫者。其石層有斷裂凹突者，意當時之熱，亦非極猛，所以其石不能全結成，而爲半結成，因結成而石中有空處。又科子脈非皆從下突起，有自旁平鋪者，有從上掛下者。意當時半結成石，必爲海底，海中有火山沸水，水中有消化之夕里開，走入石之空隙及夾縫中，結而滿其空，故或薄或厚。其金意亦與夕里開同來，故結於中。又地氣中或有金自下而上，遇夕里開而結於中，亦未可知。此皆臆度如此，其究竟如何，尚俟考究，將來當能明之。

有人謂金在科子脈中，上面金少，下面金多，然未有確據，此説不足信。

倍來底斯之於科子脈中，大約有金，因其結成之法，與金相同故也。

查金脈結成之時，大有早晚，如花旗金山之金脈其結成時在煤炭之後，以其淺於煤層也。

安德孫撰傅蘭雅、潘松譯《求礦指南》卷一《論查地面形勢求礦》　此書先將求黄金之法，約畧言之，以表明焉。凡河所衝下之沙，或見有金細粉在内，必循河而上，到山邊之處，見有金粉粒麤者，再往山内。能遇見小塊者，然後到河更上之處，能遇見大塊者。蓋金粉愈細，則河水之衝愈遠；愈粗，則所衝之路，必不甚遠。又如河有彎曲之處，或遇石厓必變其方向，則常見金粉，或金塊較他處更多。又如石崖以下，有稍斜之長面，則在此面上，可得重金類塊者頗多。又如河彎曲之處，有多石崖，令其河常變方向，則平常所見之金類塊，較直流之處更夥。又如一帶山，則山之兩端，能見金類塊較他處更多，可從山脚内挖取金粒。又如河底最深之處，兩邊有高崖，而河底遇見金粒，則上流之處，有麤沙，或礫石，或大石塊，畧與河底平行擺列。此種地方所聚土沙，宜詳細考覈。而其細者，用顯微鏡窺之，或在相近之水内，用盌漂之，即如下五卷，詳言此法。因帶黄金之沙土等質，必爲從前流水與冰所運來，而在相近處之原石，有黄金者頗多，亦未可知。又如所聚之土與沙，分爲數層，則最低之層平常含黄金者甚多。又如水内積成土沙質，爲沙粒之鬆而麤者所成，間有大小石塊，則其黄金粒，或別種重礦質，必在其麤料以下。或近於原石層，或合於泥，所以原石以上，及最低之泥土，應詳細查之，較他處更爲要緊。

如以上之泥，疑含黄金，則漂工宜格外謹慎。凡查河底之金，因水流過，有

凝工作者，必在河邊另開溝渠，俾水由河底流出，得以從事。先將大石塊棄之，旋將細沙漂於水内。又如在水内積成之泥土，遇見金粒，則相近之山，疑有金脈，亟宜周圍詳細查閲。如能得金脈，其獲利較河底所得之金粒，更爲源源不絶焉。

又卷五《黄金》 如石塊或巖細砂内，欲分别天然之黄金，先用目看之，如目不能分别，則窺以顯微境。如精明於看者，無論爲溼爲乾，俱能分别其天生黄金之微點，而不至誤以千層紙石，或鐵硫礦，或銅硫礦爲黄金。又真金無論從何方看之，其色相同，而查礦者以此爲可靠之憑據。又如從石塊，或從巖細砂子中分出金粒，可用錘打薄，或用刀切成薄片，但易誤爲金礦，以錘打之，則成粉。又如鐵硫礦硬，不能割之以刀，若銅硫礦研之則成緑色粉。又含硫之礦，加熱時則發硫礦臭。若干層紙石未變顔色時，易誤爲黄金，但不能割成薄片，而所劃之痕迹無色。又將黄金一小點，合於鹽强水一小滴，則其色與形不變，但石内所含之黄金甚少，然雖少亦能分出，大可得利。所以定其數目，衹有一法爲最準，即在鍋内鎔化之後，用骨灰杯分出黄金，惟在山中或鄉間等處不便用此細法，故查金礦者，必用更簡之法。又因所得之金類與他物不相合，而爲天然之黄金，故用此法，亦不至有大差。但常獲之黄金，亦有極細之粉者，非惟目所難分，即用顯微鏡亦不甚明。又黄金之粒，因遇硫礦或鉮，其面必生皮一層，則更難於分别，亦不能爲水銀所收，必預先煅之，或用别種工夫，然後方能合於水銀。凡含黄金之巖細砂，或磨碎成粉之石，洗去金之法，將其料放在平底盆内。而盆之徑畧爲一尺，其口較底寬二三寸。將礦倒入盆内，至滿四分之三，斜放入水中，或將水倒在其内，時常摇動，則料之輕者，必流出盆口之外，而重者如金，或鐵，或砂等質，沈於盆底。如有鐵砂，可用吸鐵器分之，或待乾時，可用風吹開，如巴西國常用之木器，土人名爲扒帝阿者，亦可作盆之用。

如黄金爲極細之粉，則能浮在水面，所以分出金之人，必在所浮之細粉上倒水，令其上面溼，亦有幾分可沉至盆底。又有一法，可以分出礦内之金，亦可以驗地面相近處之石英，或鐵，或硫等質，含金與否。其法將礦若干，合於水内磨成細粉之後，每礦八磅，再合水銀一兩，如能得鉀衰稍些，合在其内更佳。將此全料磨兩三點鐘時候，至黄金與水銀全行調匀，再添水若干，則金合水銀所成之膠沉於盆底，其輕者可以倒之。其盆内之膠，在麂皮袋内加壓力，將水銀幾分壓出，其餘者必用熱趕去。如另加鈉稍些，則令金與水銀容易合匀，又免其成粉之糜費。假如應得金一百分之礦，因此衹能得七十分，則有三十分糜費。

如泥土内分出金沙，其法之大者，則做槽通水，而其斜度每長十二尺，畧高八寸。其槽之做法，用木板釘連。其木板各長十尺至十二尺，高八寸至二尺，闊一尺至四尺。而各槽之底板，前後宜有寬窄之分。如每槽之底，前段比較後段窄四寸，則每節能套連，似此能合成最長之槽。其底板里面，亦釘木條，厚二寸，闊畧三寸，横擺列間有與槽邊成四十五度之角，而各相離不遠。將泥土倒入槽内，使所通之水，衝其料向下，則黄金在横條前面齊集。如泥土之輕者，自衝下去。間有用水銀在槽内，能在槽底横木條齊聚與黄金相合，用此法則黄金更易得之。

天然金，平時見有顆粒，或分層形，間有成線形，及成塊者。惟是天然金，每百分含銀若干分，即如舊金山，每百分含銀畧十分，間有含别種金類。

天然金，色黄，其硬率二·五至三，其重率十二至二十。如將天然金合於鈉養炭養，在木炭上用吹火筒之火，則成黄色圓粒，容易打薄。或以刀切成片，如礦粉，以合强水化之，即用鹽强水四分，硝强水一分，後添錫緑水，則結成紫色之質，頗覺悦目。或加以鐵養硫養水，即皂礬，則結成深櫻色之粉，爲精金粉。

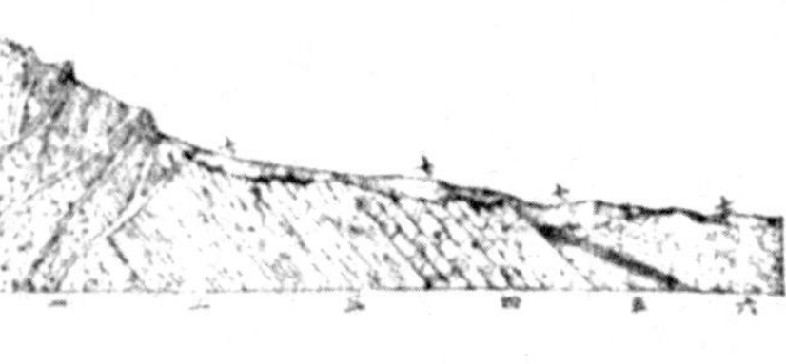

第二十六圖

如第二十六圖，爲平時查得金礦各種土石排列之要法。圖内一號爲花剛石與乃斯石，内常有極細點之金。二號爲干層紙石，或肥皂石，或含泥石，或端石，即羅侖紫石層與客薄利阿石層。以上兩層中間，有含黄金之石英脈。三號爲西魯利恩與代芬各層，四號爲産煤灰石與磨石，五號爲煤層，六號爲拍密恩等新石層。如七七七七各號，爲石層面成凹形，其凹中齊聚泥土，與巖細沙等，常遇見黄金粒子，而最多者在其凹底。地球中之陸地，其産黄金者甚多，大半從巖細沙，或泥，或所聚各材料，俱爲産黄金各層所衝下者。間有含金最多之料，内有櫻色質爲鐵鏽等類。又在最古石層内，如端石與變形石中間之石英脈而得之。又花剛石内，或有之，然亦甚少。大凡有顆粒形之石，則其中間可有此黄金。如第二十六圖，爲烏拉山之剖面式，而産黄金處之形狀，往往如此。又産金之脈，内常有别種金類，與之相合，如鐵硫、銅硫、吸鐵礦、鋅硫礦、鉛硫礦等。凡産黄金之處，常見鐵硫礦，内含黄金若干分。此等礦脈，或目能分别之金類小點，或窺以顯微境，在石英之櫻色凹内，較他處更多。

但在鐵硫礦最深之脈，苟無空氣變化之，則其金之小點，亦不顯出，衹能鍊其礦而得之耳。

雖黄金礦脈，照上所説之石層與形狀，可以得之，然常有意想不到，竟忽然而得者。即如水中結含鐵之石，並在麤毛面石，又在數種合子石等是也。平常在地面遇見金粒，疑其近處，亦有金脈，但不能因不見金礦，遽以爲此地不産金者。又不能因礦脈露出之處，不得黄金，遂以爲此脈不含黄金者。

此書不必論脈内黄金從何處而來，以何法而成，但泥土内所見之金粒，雖不顯出利角，要俱有磨鈍之形狀，又在數種合子石内。所見之金成薄片，以平常而言，産金粒之地，其泥土層之底，近於石層者，必較他處更多，而粒子更大。又有數處産合子石者，其黄金並不在石子中，卻在聯石子之灰内，如南阿非利加新開金礦等處是也。

歐羅巴各國，俱能産黄金，但所得者甚少，或在泥土内所聚之粒子，或在産煤層以下各石層内成脈，或在變形石内等。

杞廬主人《時務通考》卷一三《礦務一·辨質·金》 科子産金：生金，凡半結成石中。科子脈多者，其科子中每有金，半結成石。如客羅愛脱及台而客，其中出金最多。

各種石産金：産金之石，其中大約有白金衣日地恩、哈思彌恩、磁鐵、鐵倍來底斯、銅倍來底斯、呆里那、白倫脱、低脱來代每脱、入爾康、盧代爾、重斯罷，亦有白羅蓋脱、莫奈是愛脱及炭剛。

日和地恩金：日和地恩金重一五至一六八，内有三十四至四十三分日和地恩。

生金合別質：生成之金有含銀者，有含鐵、銅、汞、鈀、鉑、銥等質者。南阿其里加之金，每百分含銀十一分至三十五分，細皮里亞與脱闢司發尼亞之金，每百分含銀四分至三十八分，又含鐵與銅千分之一分至四分。考究礦學者，名恒里、與脱司克馬克、與哇司活特、與哈普門、與里武等。化分舊金山之金，每百分含銀三分半至六分九。又都麻與可辣化分新金山南邊之金，每百分含銀六分至十分。

生金大塊：天下大塊之金，每過於花旗金礦中所得之塊，其塊重一百三十四磅，計得純金一百零九磅十一兩。新荷蘭金山得一塊，計重二十七磅半，長十一寸，最濶處五寸。古時生成最大金塊，在秘魯國，重約二十六磅。後紀都地方所得金塊，約重一百磅。

銀礦勘探部

論説

歐陽詢《藝文類聚》卷八三《寶玉部上・銀》《地鏡圖》曰：「銀之氣，夜正白，流散在地，撥之隨手散復合，此是也。」山有葱，下有銀。

李世熊《錢神志》卷一《靈産第一》 段柯古曰：紅洙煉丹砂爲黄金，碎以染筆，入石中，削去愈明。方氏曰：凡礦砂山見磊砢小褐石，自有脉路，穴土十丈，或倍之，支洞尋苗，或黄碎石，或石縫亂絲，則鐎砂近矣。形如煤炭，下疊石不甚黑，出土以斗量，高者六七兩一斗，下者一二兩，其鐎砂放光，甚者精華洩漏，得銀偏少。

宋賡平《礦學心要新編》卷上《第四章論察考形色》 又有一種銀礦，其色金黄沉重，初看似有金銀，乃硫磺蛋子石也。如要考究，此礦用火筩吹之，有硫磺臭，即知其爲僞也。夫查銀礦之形，必見其山頂連峯，接有紋石，如黄木香，即是礦苗，其下必生佳礦，若不得礦，須尋對面山胍，其勢隱起如人兩手抱持之狀，則礦必在下，所謂一綫礦，能通萬山胍，尋之即得此等礦苗，最爲難認，須掛烟開去始得。【略】

又卷下《勘山識形分類辯略》 産銀之山，氣勢雄峻，岩頭挺露，形如虎頭，石多堅硬，接聯不斷，略無縫隙，其色彷彿雪青，又兼浸白，其泥細滑亦不乾枯，且石多泥，少以鼻嗅之，有銹辛之氣，砂亦沾聯不脱，有時礦與砂相併，有雪白色者銀爲白虎之精。如雲南白沙河産銀最旺，其水亦白。其穴道多在半山之間，或腰眼硤處，由此下手定得佳礦矣。此銀礦一定不易之形也。【略】石即礦，礦即石，與未分汁之礦無甚大别，滿山青石，形如臥牛，或三五接聯不斷，亦起台坪，横梗露面，突起窩宕，即現引脈，故鎌之中多有銀。

歐樾華《(同治)韶州府志》卷一一《輿地畧・物産》 銀山有銀鑛者，輒有白氣上升，或山石熱時，有銀汙白而味辛，其卯或紅如亂絲，或白如草根，或銜黑石，或有脈，謂之龍口鑛，以有大點銀星而柔者爲上，點小而堅者次之。

綜述

朱壽朋《東華續録光緒一三九》 又勘得懷仁縣屬之涼水泉子、老營溝、礦洞子等處，深林陡澗之中，銀沙顯露，苗質頗佳。夾道子、大東溝二處，現有銀綫亦頗暢旺。

紀事

李桂林《(光緒)吉林通志》卷四一《經制志六》 琿春城西北天寶山。光緒十七年奏請試辦銀礦，今存。

光緒十七年三月初九日，將軍長順奏，爲勘明琿春天寶山銀礦，現已派員試辦，將大概情形據實密陳事。竊臣恭承恩命，辦理邊務，深慮常年兵餉日久難繼，每就地擘畫，濬開利源，庶外省多籌一分之餉，即部庫少紓一分之力。自抵任後，周諮博訪，羣以三姓産金、琿春産銀爲美譚。

雜録

《清朝續文獻通考》卷四三《征榷考一五・坑冶》 道光六年，諭：「昨據户部奏，大興縣民陸有章、宛平縣民伍雲亭等呈請於宛平等五州縣開採銀礦，朕以地近京師，及易州一帶非他省可比，其於地脈風水有無妨礙，飭令那彦成、陸以莊等派委公正大員詳加查勘。」再降諭旨：「朕復思各省銀礦向俱封禁，況畿輔重地，且附近易州一帶詎可輕議開挖，著直隸總督、順天府停止委員履勘。」【略】

(咸豐四年)又諭：「易棠奏阿拉善蒙古地界産有銀礦，請旨開採一摺，甘肅寧夏迤西之哈勒津庫察山産有銀礦，既據查，係阿拉善蒙古地界，著理藩院行文阿拉善王貢桑珠爾默特查照，仍著易棠遴委道府大員，會同甘肅提督索文前往該處，帶同蒙古官員確切查勘。如果礦苗豐旺，諶資採鍊，即著酌定章程，派委

廉幹大員，會同該提督妥爲辦理。」

徐階《世經堂集》卷三《答取礦諭》 嘉靖四十五年三月二十日，伏蒙密諭：玉旺峪數年不曾取礦，今虜賊已無，可行得否。臣聞取礦，若以官府行之，則凡服役之人，開穵之夫，煎銷之匠，圍護之軍，皆月錢糧供給。一應器具，皆用錢糧置辦。其夫匠等又各百般侵盜，以所得與所費通融算計，爲利不多。若容民取之，而分其所得，則頗有利。然亦須撥軍圍護，以防搶奪鬬争，不但虜賊當避而已。且取礦必先察視礦脈，脈旺盛則銀多，脈微細則銀少。此峪雖數年不曾取礦，不知見今礦脈如何。此須得一的當人往看，并計所以取之之宜，及所費所得多寡之實，乃見可行與否。臣茲不能遥斷也。

高廷珍《東林書院志》卷七《列傳一》 〔邵寶〕與鎮守太監勘處州銀礦，寶曰：「費多獲少，勞民傷財，慮生他變。」卒奏寢其事。進湖廣布政使。

杞廬主人《時務通考》卷一三《礦務三・銀》 硝强水試銀礦法。礦師常用之法，每將礦少許，磨成細粉，置玻璃試管内，加以硝强水銷化之。再將所銷化之明水，和以浄鹽少許，如其礦含銀，必於水内現出白色，或礦含銀極少，則其明水但稍帶白色。如含乳汁少許者，此法雖亦靈便，然有二弊：一、因有數種含銀最多之礦，一遇硝强水，即不變化，若加以鹽，便毫不現出白色。二、因以此法試之鉛礦，亦能得其白色，含水銀之礦亦然。其所現白色，在老礦師見之，或能畧識其爲銀與否，而更以細法求其確據。且硝强水之爲物最險，易從瓶内流出，儻遇食物、衣服、鋪蓋，必被其毁壞，若於曠野及山中用之，尤爲不便。

鹽礬試銀礦兩法。先取本礦數兩，用平面石二塊，於中間夾磨之，令成細粉。每粉十分中，加食鹽一分，皁礬半分，三料合匀，放小鐵鍋内，或鐵鏇亦可。其鍋鏇之内面，必先用韌泥，或路上爛泥塗過。使乾，然後入以合料，於爐火上煅之。煅時用粗鐵絲一條調料，須加熱至不聞硫黄臭爲度。其所加之熱，又以能見礦料有暗紅色爲限。至硫黄氣不發之後，必更加熱，以礦料有明紅色爲度，又不可過熱。至鎔化其料，其鐵絲必連連調之，不可停止。此時所發之臭或如緑氣臭少帶辣氣，間有發新成乾草香者，皆與硫黄氣易於分别。此後其料必發脹，現出膠粘之性，或如羊毛形，加熱數分時後，其料煅成，可倒於平面石上待冷。再加鹽少許，又澆以水，使足成膏。乃以乾浄紅銅皮條插入膏内，待十分時後，將銅皮條取出，用浄水洗去條上所粘之膏，不可用手，須以器擦條上有膏處。如礦内含銀者，則銅皮條上必生白衣一層，是爲含銀之證。此外，不論含何種含類，俱不能成此白衣，所以一見此白衣，便知其礦内含銀。而其白衣愈厚，則礦含銀愈多，衣愈薄，則礦含銀愈少。如見其衣帶灰色，而皮面粗毛者，即知其礦含銀必多。又法，將礦料約重一兩者。磨成細粉，加含鹽青礬各少許，和匀入茶杯内，冲以沸水少許，令成膏，乃用磨光紅銅條插入膏内，其茶杯下必用火使熱，令其膏能得水之沸度，如紅銅條作白色者，即爲礦含銀之據。凡産銀礦之處，必不産含水銀之礦，儻疑其或含水銀，可將紅銅條放入爐内加熱，如條上白衣飛散，則知爲水銀礦，若白衣不變，則其爲含銀礦必矣。

應祖錫筆述《銀礦指南》第一章《論試礦分銀法》

第一節《論産銀礦之土石》：銀礦於何種土石内生成，並以何法能分别土石内，何處應有銀礦，皆有成書可考。然余以爲不必深究成書者，其故有三焉：礦學之書不一而足，論説紛紜，考不勝考，一也。即成於成書中專心致志，深明其理與法，亦未必即便於用。蓋人初臨礦地，其土石應在何層，應産何類，固不能一望而知，故礦學未精之人，每以所到之處，不必盡産金類，遂廢然舍去，殊不知此種地方，亦或有多産五金者。若深於礦學之人，自能一一分别，此書之不必究，二也。又況金類之書，不盡可憑，自來求礦之人，類能各抒己見，原未嘗專賴看書。故有由本人查驗而知之者，亦有因師友傳授而得之者，此書之不必究，三也。

余以爲凡查銀礦之人，所經山谷及平地，倘遇有銀礦之處，無論其實見爲銀礦，與猜疑其爲銀礦，皆須實力試驗，務究其實在爲銀礦與否。

余撰是書時，業已幾經遊覽，重費貲財，而急於求礦，是以專求簡便之法，不暇論格致家微細工夫，亦不暇論其成顆粒之形象，與夫所含之原質，與夫剖面之情形，與夫劃於石上之痕迹，與夫重率，與夫何種銀礦含銀之多，何種含銀之少。此等工夫在余不但不甚理會，且輕視之，以爲空談無當也。蓋余所考究者，不過欲求本礦含銀與否之一事，其事亦簡便易行，試詳其法如下。

第二節《論試礦含銀便法》：先取本礦數兩，用平面石二塊，於中間夾磨之，令成細粉。每粉十分中，加食鹽一分，皁礬半分，三料合匀，放小鐵鍋内，或鐵鏇亦可。其鍋鏇之内面，必先用韌泥或路上爛泥塗過使乾，然後入以合料，於爐火上煅之。煅時用粗鐵絲一條調料，須加熱至不聞硫黄臭爲度。其所加之熱，又以能見礦料有暗紅色爲限。至硫黄氣不發之後，必更加熱，以礦料有明紅色爲度，又不可過熱，至鎔化其料其鐵絲。必連連調之，不可停止。此時所發之臭，

或如緑氣臭，少帶辣氣，間有發新成乾草香者，皆與硫黄氣易於分别。此後其料必發脹，現出膠粘之性，或如羊毛形。加熱數分時後，其料煅成，可倒於平面石上。待冷，再加鹽少許，又澆以水，使足成膏。乃以乾净紅銅皮條插入膏内，待十分時後，將銅皮條取出，用净水洗去條上所粘之膏，不可用手，須以器擦條上有膏處。如礦内含銀者，則銅皮條上必生白衣一層，是爲含銀之證。此外不論含何種金類，俱不能成此白衣，所以一見此白衣，便知其礦内含銀。而其白衣愈厚，則礦含銀愈多，衣愈薄，則礦含銀愈少。如見其衣帶灰色而皮面粗毛者，則可知其礦含銀必多。

用此便法於山中試鍊銀礦所帶之物，止需五件，兹特開列如左：

一、食鹽。二、皁礬。三、小鐵鍋或小鐵鏟。四、粗鐵絲一條。五、紅銅皮一條，長六寸。

以上五件内，其鹽本須携帶若干，以便食用，原不必另備，且隨處可以購取。其小鐵鍋亦可作炊爨用。至鐵鏟，又可爲開礦之具。是此五者，既不費財，又輕便，易於携帶，其簡便實無過此者。

照以上之法，試驗含銀之礦，行之數次，自有把握，以後更無貽誤。

惟本礦含硫黄之雜質者，可以不用皁礬，但恐誤認其礦爲含硫黄，而其實未嘗有硫黄也。故試驗銀礦，每以用皁礬爲妥。

第三節《論試礦含銀更便法》：又有比前更便之法，亦能分别凡礦之含銀與否。其法將礦料約重一兩者，磨成細粉，加食鹽、青礬各少許，和匀入茶杯内，冲以沸水少許，令成膏，乃用磨光紅銅條插入膏内。其茶杯下必用火使熱，令其膏能得水之沸度。如紅銅條作白色者，即爲礦含銀之據。此法比前法尤便，故可先用此法，而後以第二節之法試之。凡産銀礦之處，必不産含水銀之礦，倘疑其或含水銀，可將紅銅條放入爐内加熱，如條上白衣飛散，則知爲水銀礦，若白衣不變，則其爲含銀礦必矣。故凡開銀礦之人，只要以手摸其銅條，便能分别其白衣爲銀礦所成，或爲水銀礦所成，更不必於爐内驗之也。

以上便法，其應備之物料止有四種，開列如左：

一、食鹽。二、青礬。三、紅銅條。四、茶杯。

或以茶杯置鍋内，而鍋内盛以沸水，使茶杯内之料能熱，則不必另用火。此法較便，余嘗屢試不誤，但恐不及第一法之妥耳。

第四節《論用熱與水試礦含銀法》：又有銀礦師用更便之法，取礦一小塊，加熱至紅，趁熱時將礦浸入冷水内，則易鎔化之金類，能於礦面上現成小圓滴之形，但此法不甚可靠，以鉛等金類亦能現此形。故無銀之礦可疑爲有銀，有銀之礦可疑爲無銀也。竊謂此法未免太略。

第五節《論用硝强水試礦含銀法》：礦師常用之法，每將礦少許磨成細粉，置玻璃試管内，加以硝强水銷化之，再將所銷化之明水和以净鹽少許，如其礦含銀，必於水内現出白色，如白雲之浮天際然。或礦含銀極少，則其明水但稍帶白色，如含乳汁少許者。此法雖亦靈便，然其中却有二弊：一、因有數種含銀最多之礦，一遇硝强水即不變化，若加以鹽，便毫不現出白色。二因以此法試之鉛礦，亦能得其白色，含水銀之礦亦然。其所現白色，在老礦師見之，或能畧識其爲銀與否，而更以細法求其確據。若尋常礦師，尚未考究化學精細工夫者，遂覺此法不便於用矣。且硝强水之爲物最險。易從瓶内流出，倘遇食物或衣服，或鋪蓋，必皆被其毁壞，若於曠野及山中用之，尤爲不便。

第六節《論用吹火箭分礦法》：化學家最講究之人，每於化學房内，用吹火箭逐漸練習，馴至手腕靈便時，此法最爲可靠。惟尋常礦師，長在山中開銀礦者，其人稍覺粗鈍。開礦時必以手操作，故手指粗大，骨節亦不靈動，每不喜用吹火箭之細法。凡分别含銀之乾法，亦必預備鑪鍋等全副器具，於山中搬運甚屬不便。山中所得之礦，最要者須知其實含銀與否，其次須知其礦之含銀多少。每礦一百分或一千分，含銀若干分數可於化學房内漸漸試驗。倘於山中遇有銀礦，以吹火箭試之，亦能别其含銀分數之大概。此爲開礦家可常用之便法，亦可知開鍊此礦之能合算與否。余曾用吹火箭法於山上礦洞内，代工人分礦。每次止須一刻至二十分時，取其工資洋半元。此事業已行過數年，故知其法爲甚便也。

又第二章《論試驗銀礦以何法爲便》第七節《論礦之多寡並含銀之多寡》

凡用前法，已探知其實有銀礦，則必前往該處查其情形，務知其礦究有多寡。可取其礦若干塊，送至化學家，詳細化分，以求其銀之分數。如礦果含銀較多，則搬運之費尚可合算。惟搬運銀礦之弊甚多，除去途中失耗，及經手人尅扣之數，其售出應得之價，已屬無幾。是以開礦者每不肯送礦至遠處出售，相隔愈遠，則愈不欲送矣。且上等銀礦不可多得，所開礦每百分内能得净礦少許，即爲上礦，至於劣礦，必於礦地相近處開鍊，或能獲利。然亦必開礦者自能經理，方爲妥善。

其開大廠鍊銀者，必其銀礦極多，則鍊銀之費可省。若無甚資本而自立一廠，則其廠既小，而鍊銀之費反大。是以中等銀礦，於小本之廠鍊之，尚可得利。若下等礦，非大廠斷難獲利。然無論其欲立之廠爲大爲小，必先知其礦應用何法施鍊。蓋銀礦之質不同，有徑以生礦鍊成者，有必先煅過或鎔化過，而後能鍊出銀者，故必預定其鍊法，乃能建造房屋，置辦器具。【略】

第八節《論鎔化銀礦法》：如燒料極多，其價又廉，而礦含鉛之分數亦多，則當用鎔化其礦之法。如礦每百分含鉛三十分者，則當先煅過。若其礦不必先煅者，又當預酌其應煅與否。此事亦有靈便之法，不必求化學精理自能明曉也。其法見下節。

第九節《論揀礦塊以爲樣法》：將其礦先看成色，而後揀出數塊，可置於最好最劣之中間，磨成極細之粉，以篩篩之。其篩必以金類絲織成之片爲之。其孔疏密，照每寸四十孔之式。倘所試礦塊尚大而多，必先軋成粗粉，於平地上調勻。取其半又軋成稍細之粉，再鋪平地上調勻，而取其半。如此類推，得所餘之礦約重六磅，更用極細之篩篩之，內分出五磅，用以試驗，其餘可留爲將來之用。

第十節《論試驗礦樣法》：將上節所備之礦樣細粉入鐵罐內，其罐須有磁里者，即常用盛水銀之罐是也。加水足成薄漿，又加鹽二兩，或稍多，將罐置爐上加熱令沸，用木條連調之不止，須令其礦粉不落罐底，致壞罐里之磁。漿熱時，再用濃青礬水少許，又約五寸方紅銅皮一塊，或數小塊亦可，又水銀約四兩，俱添入漿內，久加熱，其漿必漸熬漸濃。故須頻添沸水，又以木條頻頻調之也。

過五分至十分時，用磨光鐵條或長刀刃插入漿內，經數秒時，取出於淨水內洗之。不可以器磨擦，其鐵面上應現出紅銅色一層，否則可再添青礬水少許，照前法重試之必至鐵面生紅銅皮一層而止。此際若知所加之青礬水已足，必更加熱，用木條時時調漿，令罐底之紅銅皮常在漿內翻動。

其漿內所需含紅銅之鹽類水，必使足用，蓋恐礦內有數種質，皆能壞所用之青礬，故必用刀刃法試之一二次，或多次更妙，務使漿內能現出含紅銅變化之據。但調漿之器必用木條，斷不可用鐵器，並各金類器。法中用鐵刀者，不過欲知其漿之合法與否，若以鐵調之，必致誤事。

過若干時，其紅銅皮上必鍍水銀一層，而帶粗毛形。蓋有水銀合銀粘於其上，而融入紅銅皮內，久之，則能見其礦粉粘於紅銅皮與水銀料之面上，至此可知其試驗之法爲不誤。若停止不現此情形，即知其變化已成矣。

照以上之法做去，至用磨光紅銅條浸入熱漿內，待數分時後取出，以毫不生白色爲止。此中工夫，須三點鐘至十二點鐘不等。

第一一節《論用紅銅試驗之法》：前節所言用紅銅皮試驗之法，必先加沸水，令其漿稍薄，以便水銀沉落罐底，又須留心使紅銅皮與水銀兩不相遇，倘紅銅皮面上忽現出水銀點之痕迹，則必將銅皮置火內加熱，用細砂磨光，再照前法試之。又可於同時試以磨光刀刃之法，自能知其漿內所含之青礬水足用與否。間有用此法，初時其鐵面發黑色，而不現紅銅衣者，如此必停若干時，不加青礬水，而後以刀刃試之，便能得紅銅衣一層以爲據。

第一二節《論用青礬即銅養硫養試法》：以上工夫內，須先知其所用青礬之數，其始將青礬二兩，裝入玻璃瓶內，加水令全銷化，再添鹽一兩，將瓶水加滿。如試驗畢，其瓶內之水尚餘一半，即知所用青礬爲一兩。從此推之，無論餘水若干，皆可因其水數，以知其所用青礬之數，此事最爲緊要。蓋鍊礦之法，全憑所用青礬之數爲準也。至鍊礦應用青礬若干，亦最易推算。假如前各節內，用礦粉五磅，即八十兩，需用青礬半兩，則礦一頓，即二千磅，英國以二千二百四十磅爲一頓，美國以二千磅爲一頓。其需用青礬之數，若以八十兩與半兩之例推之，可得二千磅與十二磅半之比。然有數種礦，其需用青礬較多此數。又有數種礦，如剛司托克地方所產者，每礦一頓須配青礬四磅，方能足用。其所用鹽，每礦一頓須配五十磅，至百磅爲大概之數，而需用青礬，約在鹽數之半。

第一三節《論試驗銀礦需用器具材料》：照以上之法將漿加熱令沸，少頃後，見其紅銅條出入一無改變，乃用刀刃法，可知漿內所含青礬尚在足用，則可。知其水銀已經分出，可將紅銅皮取出，以兩手指刮去所粘之漿。又用杓取出鍋內之漿，將鍋底之水銀膏倒於麂皮上，或溼斜紋布亦可，提其四角而絞出水銀。至所得餘料一塊，其色白而脆者，另用布裹之，置鎔化金類鍋內，或能耐熱之器內，漸漸加熱至紅，則所含之餘水銀必全行飛散。其鍋中所存之料，即爲鬆銀質，狀如絨，此爲礦粉五磅內所含之銀質。但銀中亦有異質，故必詳細化分，求其精銀若干，將此數以四百乘之，可知礦每頓含銀之兩數。如所得爲精銀，則其價值亦可照當日之行市推算之。

試驗以上之事與所需器具開列如左：

杵臼一口；用平面石及大礫石各一塊代之亦可。金類絲篩一箇；每寸以四十孔

爲最大之限。鐵鍋一口，須以磁爲里者；銅皮一條並零銅皮數塊，或一大塊亦可；約五寸方。刀一把，；即隨身常用之小刀。水銀、鹽、青礬各若干；木條一支，須合於調漿之用者。除預備以上各器外，從事者尤當堅耐其心，不可躁急，是爲至要。

慣用以上之法者，能將礦一千釐，如法試之，不必用前所言五磅之料。其用一千釐者，將礦磨成細粉，置磁罐内，或玻璃罐内，加以青礬水，並鹽、紅銅、水銀各若干，加熱，照前法爲之。其所得之水銀膏，亦加熱，分出水銀，將其餘銀絨細秤其分兩，推算之，可知每礦一頓，含銀若干。又或以所餘礦粉於鍋内用乾法試之，將所得之數與前溼法所得之數相比，則兩數相加，以二約之，得其中數爲更妥。

安德孫撰傅蘭雅、潘松譯《求礦指南》卷五 《銅》凡銀礦平常在花剛石，與乃斯石，或泥板石，或雲母頁形石，或灰石等成脈形。又每合於鐵礦，或紅銅礦，或鉛礦，或鋅礦，或鉛硫礦，常含銀若干，其多寡不定。

如美國哥魯拉多邦之雷特非勒地方，遇見銀礦之處，其礦合於鉛養炭養，下有藍色灰石，上有白色之拍弗里石。【略】

如美國尼法達邦，有一處産銀礦甚多，即乾斯篤克地方，其礦内有石英，間有丏勒賽得，又有數種金類，合於硫磺，復有數種銀礦與天然銀，與黄金等。此礦脈上有歲以内得石，下有變形之端石。又如墨西哥國所産銀礦，合於灰石内，又在端石與拍弗里石之中間，又於火成石與變形石各層内。如智利國有銀緑，與天生銀，在花剛石以上成層，而産銀最多者，疑其爲成白石粉時所結。如秘魯國産銀礦之層，下有拍弗里石，而兩邊有灰石。如美國哥魯拉多等邦，在國之西邊，有産銀緑之地，所成銀脈，能於多處得之。如新金山、排里亞山開銀礦之處，在變形石内，大半爲雲母頁形石。又近於地面，其礦含鉛養炭養，並銅養炭養與銀緑等，但在更低之處，含銀硫等，含硫磺之礦，亦間有含錳者。

又卷九《用溼法試驗各礦》 試驗銀礦。將銀礦磨成細粉，在硝强水内消化之，再加以食鹽或鹽强水，令其銀變爲銀緑，而積成沉下。如積成者，合於淡輕養，則令銀緑消化，令汞緑發黑，但鉛緑不改變。如不合鉛緑，與汞緑，可倒出其净水。或濾之，將所得之銀緑，細稱之，得若干數，畧四分之三是爲净銀。又法將銀緑鎔化之後，分出其銀而權之。

銅礦勘探部

論説

陳元龍《格致鏡原》卷三四《珍寶類三·銅·總論》 《越絶書》:「若耶涸而出銅,歐冶因爲純鉤之體。」《管子》:「上有磁石者下有銅。」《世語》:「太康八年,淩雲臺上生銅。」《淮南子》:「壯士之氣御於赤天,赤天七百歲生赤丹,赤丹七百歲生赤澒,赤澒七百歲生赤金。」《漢書·食貨志》:「古者金有三品,赤金爲下。注。赤金,丹陽銅也。」《抱朴子》:「銅有牝牡,在火中尚赤時,令童男女以水灌銅,銅自分二段。凸起者,牡銅,凹陷者,牝銅也。」《庶物異名疏》:「《書》曰:『墨辟疑赦,其罰百鍰。』音還。傳:六兩曰鍰。鍰,黄鐵也。正義:《舜典》云『金作贖刑』,傳以金爲黄金,此言黄鐵者,古者金、銀、銅、鐵總號爲金,今别之以爲四名。此傳言黄鐵,《舜典》傳言黄金,皆是今之銅也。古人贖罪悉皆用銅,而傳或稱黄金,或言黄鐵,謂銅爲金爲鐵耳。」唐《食貨志》:「元和時,天下歲采銅二十六萬六千斤。及宣宗歲,率銅六十五萬六千斤。」《朝野雜記》:「宋朝銅坑冶,閩蜀湖廣江淮浙路皆有之。祖宗時,天下歲産銅七百五萬斤有奇。渡江後,其數日減。」《長編》:「靖國元年,宣德郎游經專切提舉措置江淮荆浙福建廣西銅事,自言嘗究講有膽水,可以浸鐵成銅者:韶州岑水,潭州瀏陽,信州鉛山,饒州德興,建州蔡池,婺州銅山,汀州赤水,邵武軍黄濟,漳州礬山,温州南漠,池州銅山,凡十一處。」崔鴻《北凉録》:「先酒泉南有銅鉇,出言,虜犯者,大雨雪。沮渠蒙遜遣工取之,得銅萬斤。」《西陽雜俎》:「衡陽唐安縣東有略塘,塘有銅神。往往銅聲激水,水爲變緑,作銅腥,魚盡死。」《玄中記》:「銅精爲童僕。」《本草》:「李時珍曰:『蒼术粉銅,巴豆軟銅,慈姑乳香啞銅,物性然也。』」《朝野僉載》:「定州人崔務墮馬折足,醫者令取銅末和酒服之,遂痊平。及亡後,十餘年改葬,視其脛骨折處,有銅束之。」

吴其濬《滇南礦廠圖略》卷一附《銅政全書·諮詢各廠對》 問:土爲金母,土氣不厚不能生金,滇産五金而銅闕。闕法,聞跴廠之人必相山勢,與堪輿家卜地相等,是形勢雖爲山之面貌,而實爲鑛之胚胎,其如何相度,如何攻採,而後可以獲堂鑛,逐一登覆,以備考察。

萬寶義都廠員署易門縣知縣吴大雅稟:凡五行之氣動則流走,聚則凝結,堪輿卜地察來龍求結穴,廠之來脈則喜層巒疊障,勢壯氣雄;凝聚則看重關緊鎖,堵塞堅牢,事雖各殊,理則一也。既得形勢,復觀鑛苗。就近居民或見物象出現,或見彩霞團結,所謂白虹輝而映地,熒光起而爛天,晦冥之中,光景動人。今稱鑛火者是。杜工部云:不貪夜,識金銀氣,寶藏之興,良有以也。

得勝廠員署龍陵同知史紹登稟:形勢最關緊要,誠似堪輿卜地法。詢之久經辦廠人,均以來脈綿遠,坐落主山高聳,兩山護衛,層疊緊密中,尤取其龍包虎者爲佳。出水之口貴曲忌直,朝對之山得與主山並高者,廠勢悠久。按:視廠直如視地,來脈水口龍虎朝對皆同,衹不用明堂耳,貴陰忌陽,貴藏忌露。

綜述

盛宣懷《愚齋存稿》卷六一《電報三八·寄端制台》 〔光緒二十九年〕七月十九日,竹山礦已飭關道照會德領事,由敝處商辦,並已飭禁,深爲感佩。周都司偕布礦師准二十三起程,先勘竹山宜佑先着,未便同勘。現值各洋商執契紛争,尤要在估定産礦地段,不爲所奪,方能會同尊處籌款議章,奏明開辦。周係繙譯,應請台端派定一員,俟周到稟謁,即請飭令鄂員同往勘地採樣,愈速愈妙。餘詳篠函。

又《武昌端制台來電》 〔光緒二十九年〕七月十七日,竹山礦現已飭禁,未接大函。前因法領事照會,有鄧家台一處,與竹山羅令稟汪炳宸請辦之地相同,曾委員往查,而法指之地,又有與禮和同者。昨德領事請派員同礦師往勘,已飭關道照會,將竹山應俟尊處商辦。南漳另有糾葛剔除,衹房保兩境五處委員同往監察,免其中途别往,另生枝節,並不購地立約,勘畢仍照章候部准駁再辦。禮和邀尊處同勘,如何回復,及周都司勘後如何擬奏各辦法,統望詳録章程見示。

又卷九七《補遺七四·寄西安升吉甫中丞》 〔光緒二十九年〕二月十六日,去年外務部復奏,奉旨設立勘礦總局,先派礦師勘查各省礦産,免爲外人攘奪。現據鄖陽勘礦委員湖北試用巡檢史悠政電稟,鄖陽交界之興安府洵陽縣屬有銅苗甚旺,已往採取彙解請電咨前來。查現今勘礦以銅爲最要,洵陽縣與鄂交界處所既見銅苗,已派人往取,乞飛飭該縣彈壓保護,實爲公便。

李昉《太平御覽》卷八一三《珍寶部一二·銅》 〔《抱朴子》〕又曰:「山中夜

見胡人，銅之精也。」《地鏡圖》曰：「草莖黄秀，下有銅器。」《玄中記》曰：「銅之精爲童奴。」

佚名《地理新書》卷二《形氣吉凶》　凡紫氣氛氳，上音分，下於云反。真白澤潤，皆大吉。青黑氣者，下有石青。白者，下有伏屍。赤黑氣，下有古窑冶。赤白氣，下有兵器或石及骨。又法：天雨初晴，旦令人着新净彩色衣裳，然後遠望，若有色轉鮮明者，大吉，若黄色暗鈍者，凶。

章如愚《山堂考索》後集卷六二《財用門・坑冶》　黄帝問於伯高曰：「吾欲陶天下而以爲一家，爲之有道乎？」伯高對曰：「上有丹砂者，下有金；上有磁石者，下有銅、金；上有陵石者，下有鉛、錫、赤銅；上有赭者，下有鐵。此山之見榮者也。」

孔平仲《談苑》卷一　韶州岑水場往歲銅發，掘地二十餘丈即見銅。今銅益少，掘地益深，至七八十丈。役夫云：「地中變怪至多，有冷烟氣，中人即死。」役夫掘地而入，必以長竹筒端置火先試之，如火焰青，即是冷烟氣也，急避之勿前乃免。有地火自地中出，一出數百丈，能燎人，役夫亟以面合地，令火自背而過，乃免。有臭氣至腥惡，人間所無者也。忽有異香芬馥，亦人間所無者也。地中所出沙土，運置之穴外，爲風所吹，即火起燁燁然。

又卷二　人有在韶州見自然銅，黄如金粉，價直於金。

劉嶽雲《格物中法》卷一《氣部・雜和合氣》　韶州岑水場往歲銅發，掘地二十餘丈即見銅，今銅益少，掘地益深，至七八十丈。役夫云，地中變怪至多，有冷烟氣，中人即死。役夫掘地而入，必以長竹筒端置火先試之，如火焰青，即是冷烟氣也，急避之勿前，乃免。《談苑》。

紀事

章如愚《山堂考索》後集卷六二《財用門・坑冶》　哲宗紹聖二年十一月，同管勾陝西路銀銅坑冶鑄錢許天啟言：「檢踏到銅苗興發，計六十餘處，內四處已置差人烹煉，外如銅苗興發在京西川路，亦乞計度前去檢踏。」從之。《長編》。

《金史》卷四八《食貨志三・錢幣》　〔大定〕十六年三月，遣使分路訪察銅礦苗脉。

徐潤《徐愚齋自叙年譜》　光緒十三年丁亥，五十歲。【略】秋間，唐景翁、劉吉翁與余從唐山出喜峯口，初至平泉銅鑛，後抵烟筒山住一禮拜，細探大概情形。

附記：與唐景翁論及烟筒山鑛景，翁常念當年巴爾礦師驗後之報章云。

雜録

《續文獻通考》卷二三《征榷考・坑冶》　〔金世宗大定〕十二年正月，以銅少，命尚書省遣使諸路，規措銅貨，能指坑冶得實者賞。

至十六年三月，又遣使分路訪察銅礦苗脉。

徐松《宋會要輯稿・食貨三四・坑冶雜録》　宣和二年二月十八日，朝散大夫李唐卿奏：「前任通判金州，伏見平利縣小嵐平有銅窟脉苗浩瀚，百姓賈真告發。伏望行下金州監，勒賈真于元告發處般取礦石，置爐燒試。」

《續文獻通考》卷二三《征榷考・坑冶》　〔元至元二十年〕六月，命福建根訪銅礦。中書省奏：「銅、鐵係國家必用之物，除鐵貨已煽鍊外，銅坑未曾經理，宜訪産銅之處，募人興鍊，禁止沮壞。」從之。

盛宣懷《愚齋存稿》卷六一《電報三八・寄武昌端制台》　〔光緒二十九年〕七月十五日，竹山鄧家台銅礦，前經敝處派員紳帶同山主勘採礦樣回滬。並據鄧家台山主鄧姓呈出地數畝歸公司開辦，業已給賞，并由縣出示封禁，不許他人私開。縣中有案。敝處勘辦在先，法領事照會如在今年，是已在後，應請先行駁覆。敝處仍飭查明確究係何人勾串，再與領事理論。私立合同，承尊處久已飭禁，感佩無似。以後如勘鄂礦，自當咨明，仍請尊處派員會同敝處員紳前往，免生枝節。餘詳函達。

又七月十五日頃，禮和洋行德商連納面稱，竹山銅礦可否請與該行合辦，詢其何因。據稱法商亨達利前以湖北、湖南、四川、貴州無數礦山抵借匯豐鉅款。亨達利洋人死後，匯豐將欵拍賣禮和，議定頂替竹山銅礦，亦在其內。今聞端制台云，本可即准洋人開辦，因盛大臣有咨會，故須商酌，特來請示。並稱德礦師已在漢口，或聽德礦師往勘，或聽我派礦師同勘等語。似此情形，中國若再不自行收買礦地，將盡爲外人所得，恐地利地權盡失矣。竹山銅礦極佳，惟有請尊處

據弟咨速飭地方官禁止勘挖，一面由敝處即派都司周獻琛等，帶同頭等礦師往勘。並請尊處速派幹員同往，去員職名乞電示，遲則德礦師先往，更難措手。

又《寄武昌岑方伯春蓂、漢口陳關道樹屏》〔光緒二十九年〕九月初一日，竹山採取銅礦極佳，因德法洋商意在争佔，只得速派總公司礦師布盧特馳往覆勘，迅將應用民地購定，免落後著。尤恐洋商慫恿，公使出頭干預，已函請外務部堅持駁阻。現在礦師已抵鄂，請即回明，兼院添派本省委員會同譯員周獻琛等尅日由宜昌赴竹，以速爲貴。所慮漢口洋人得知此信，將以游歷爲名，先往購地，轉致棘手。

又《寄武昌端制台》〔光緒二十九年〕八月十九日，黄道請派宜勇十六名，公又添撥鄖勇四十名，黄道同行，須令不離礦師，當可無慮。蓋籌至密，欽感莫名。鄧家台必有枝節，袁在滬將地租賣與洋行，訂有合同，其狡滑一望而知。祇因採送銅樣非常之好，乃不憚煩與外人争，然非公督鄂，亦不敢託。已電黄道等，如礦師看得何處脈旺，即將該地迅速購妥，立定界石，以杜洋行争買。竹山勘完便赴夔州，清帥已派員在夔接護，其恩施、興山等縣遵照緩勘。凡勘礦不過百中選一，蓋得一佳礦，利及百年。

《礦務檔》附録《大事年表》〔光緒十年甲申〕十月初十日，美礦師蘭多提出查勘池州礦山報告，認爲該處銅礦可採。

周篆《草亭先生集》文集卷二《空青説》 乙酉之亂，盗掠某巨室第，一蒼頭走匿於厠。頃之，群盗篋出，踞厠旁隙地，加去取焉。一盗於襲錦中得玉函，發之，凷然而出者石也，悵甚，棄之，手玉函以去。蒼頭以爲奇跡，得之，旋視無他異，撼則汩汩有聲，碎之，漿液出焉。識者曰：「嘻！此空青也，療瞽。」癸丑秋，余薄遊吴江之盛澤，有某姓者業醫，云：「祖父市藥，有一石，蓄且三世，小於雞卵而渾圓，色白而稍碧，相傳以爲空青，破之無漿，苦無所用之。」按《本艸》：「空青味甘酸，氣寒無毒，生益州深山，腹空有漿，枯則坎而藴之，可復也。」此其枯者，有疑爲禹餘糧及石中黄者，市而比之，非其倫也。周子曰：「空青雖一藥石，綦貴重矣，惟得者不識，識者弗得，入盗賊、奴隸之手，必棄且破，而後止求空青者，慎毋盗賊、奴隸然也。雖然，此無論矣，予獨有感於藏之三世，知爲空青，且自名爲醫，而其智乃與盗賊、奴隸相若也。」悲夫！治目者必曰空青，又曰世無空青，見之又疑，不無怪乎瞽者之不能愈也，豈真無空青哉？

安德孫撰傅蘭雅、潘松譯《求礦指南》卷五《銅》 産銅礦之處甚多，而其排列法各有不同，所以此書不必詳細言之。無論何時所成之土石，亦無論成脈或成層，俱有之。但平時成脈之銅礦爲銅硫礦，而近於地面之處，業已化分成黑色之銅養。如英國哥奴瓦地方，所開之銅脈，平常有東西排列。又在端石層内，較在花剛石層内者更多。如英國支斯德與舍勒蒲兩處，新紅砂石層内，有銅礦成層者，大半爲銅養炭養礦。又如舍勒蒲所有産煤之灰石層内，曾見此礦並銅硫礦。復于英國之北，所有緑色端石層，與拍弗里石層内，皆含銅硫礦之脈。又在北阿墨利加數層土石内，亦有含銅礦之脈。即如美國東邊新紅砂石内，並産煤之灰石層内，並西魯理恩層内，俱有銅礦。又於美國大湖相近處，不但有産銅礦之砂石與泥板石，與緑色石等層，另有産天然銅之處。又各種土石，盡有産銅之脈。又美國西邊阿里蘇那邦，在石英與河拏布侖得石、與灰石之中間，常遇見紅色銅礦。又若智利國之河拏布侖得與非勒斯巴爾，與石英各石内，嘗有成層或成脈者。更如新金山勃拉辣地方，産銅礦之洞夙有聲名，而所出之銅養炭養之大塊，送到各國博物院内，均推爲最。此洞内所有之灰石，與更硬之石内，有亂形銅礦極大之塊，或於泥土内亦能常見之。又在中國與日本國等處，所有頁形石與河拏布侖得石，與石英各石内，亦有銅礦成脈，或成層者。

又卷九《用溼法試驗各礦》 試驗紅銅礦。試驗紅銅礦内，所含之紅銅數。將其礦先用强水消化，嗣加淡輕養水，至始見藍色爲止，後用分度量杯，或量管倒進鉀衰鐵試水，至其本水變顔色爲度。再設比例，將量杯全分度數，與所餘之試水，分度數之比。若試水之濃數，與天之比，則所得之天數，爲所試之銅礦含紅銅之釐數。再將天以所試礦之重，約之將約得數以一百乘之，得礦每百分，所含紅銅之分數。

以上用量杯，或量管之法最宜謹慎，否則易誤，與乾法同。倘未考究其理，而妄於用法，則易致別種金類，雜在其内，爲銅所成之變化，所以其法，不必詳細言之，但如查礦者欲從簡便，可用下法爲妥。

將銅礦署二十五釐磨成細粉，在瓷鍋内加熱煅之，趕去硫礦等質。

煅後用硝强水加熱而化之，再添礦强水稍些，而熬乾，再加水消化之，復將此水倒入瓷鍋内，再將磨光鐵皮，或別種鐵料，放在其内，待一點鐘之久，則紅銅在其面上凝結，可用雞毛帚去其銅而稱之。

如欲免煅工之法，先將礦强水合於礦粉令溼，後加以硝强水，加熱約一點鐘，或更多時，屢次添硝强水，補其所化去者。再加以鹽强水趕去硝强水，而不

聞緑氣之臭，知已去盡，再以水冲淡之，而用鐵皮等鐵料收其紅銅，與前法同。如欲試其水内有無餘銅，可將刀刃放在水内，倘水尚有銅，必在刀面齊聚。再將所得紅銅數，以礦數約之，再以一百乘之，則得礦每百分内，含紅銅之數。

煅礦之法。如所試之礦粉，含硫礦最宜謹慎，煅之，方能使硫礦散去。其法將礦粉放在淺鍋内，可不必蓋之，待若干時，漸漸加熱度，必常進空氣，吹去硫氣。又必用鐵絲一條，將一端彎成角形，時常調其礦粉，或用他法調之，免其凝結成塊，而煅之，用大熱罨一刻之久，則霧不發，而礦已煅成矣。

杞廬主人《時務通考》卷一三《礦務一・辨質・銅》 銅養炭養礦：銅養炭養礦，西名瑪拉開得。顆粒爲斜柱形，常結聚成葡萄形，或含土之塊，顆粒形者不常見。光如緑，或如玻璃，色暗緑。

絲紋瑪拉開得：絲紋瑪拉開得，可鍊銅，别無他用。

淡藍色銅礦：淡藍色銅礦，質爲銅養炭養合銅養輕養。顆粒常密列或輪輻形，或葡萄形，能通光，間透明，色淡藍，光如玻璃。每與瑪拉開得同遇之，亦可鍊銅，多産法國。

紅色銅礦：紅色銅礦，西名故布來得，質爲銅養。成三角八面形，或十二面形顆粒，平滑光亮，又有成含土密塊者。光如銅，或如土，有卡耳迷尼紅色，或椶灰色。百分中含銅八十九分，故爲鍊銅要礦。

生成銅：生成銅顆粒爲八面形，聚結成叢樹形，面上常有銅養炭養結護之，或紅色銅礦爲其衣。不常遇其净純銅。其色紅，金類光。打之能扁，引之能長。美國蘇必力爾湖近處産之甚多，常遇有重數頓之大塊，歐洲則罕見之。

生成銅之顆粒：生成銅之顆粒，産德國與蘇必力爾湖。

灰色銅礦：灰色銅礦，爲銅、鐵、鋅、鉍、鉀、銻等含類，各與硫合而成者。顆粒似八面形，常聚合成塊而質密，服資在立王石内者色灰如銅，開取此礦，有鍊之欲得其銀者，有鍊之欲得其銅者。

銅硫礦：銅硫礦，又名銅貝里底司，質爲銅硫合鐵硫。顆粒爲四面或八面形，或獨成，或合成塊。質密微明，色緑或黄，有金類光，爲取銅要礦。銅硫礦色灰緑，産石英中，銅硫礦質密而塊小粒，成爲他石之表者，側視之有活色。光彩甚佳，可用之鍊取銅。銅硫礦含銅比銅貝里底司更少，因多含鐵也。顆粒有顆成者，唧於他石，亦有合或密塊者。銅灰色，金類光，亦爲取銅要礦。惟其色黑而質愈硬者，則含銅愈少。

各國産生成銅：生成之銅，如秘魯、智利二國俱成小粒。聞有百分而含銅七十分者，更有多至九十分者，謂之銅砂，概運至英法鎔鍊。化學家曾將可路可路所産銅砂化分之，得銅七十三分八一。將布拉西圖所産生成銅化分之，得銅九十九分五。北亞美利加大湖相近處亦産生成銅，布散石英之内，必軋碎石英而鍊取之。又細處里阿、亨軋里、瑞顛、英國、美國皆産生成之銅，鍊得純質甚貴。

生成銅大塊：各國採得生成銅，其塊最大者，在亞美利加大湖邊之礦洞内，有數塊重至一百五十頓。又有銅礦脈産於妥辣白石内者，如噴進之形，而成脈又常合於石英與可魯來得，與鈣養司帕耳，與以比度得，與普侖内得等礦。西曆一千八百五十四年，米尼所他地方覓得生成銅大塊，重約五百頓，用工匠四十名，歷十二月之久而鑿開之。化學家哇得富歐化分此銅，得銅六十九分二八。

各國銅含異質：弟格常售最好之銅，含銅養或别金類之小數。俄國特密他弗銅，含鉀、鎳、鐵、銻之微數。新金山白辣白辣銅含鐵之微迹，美國大湖邊銅含礦與銀之微數。上等英國銅含鐵、鎳、銻之微數。西班牙里和汀多銅，百分含鉀二分，又有鐵鎳鉛之微數。

别質含銅礦：含銅之礦。常産於各類土石之間，又在顆粒形者之端石内居多，或自新石層内接連至新紅砂石内間有更新之層亦産之，如亨軋里之脱里阿息土石。北亞美利加大湖邊之土質，亦俱産之。各處所産，或成脈，或成層，或合於别質，如石英、鋇礦、鈣弗礦、克路來得、安非多里、愛脱克西尼等石。又常與别種礦同産，大半合於鉛，或鋅，或銀，或鐵硫，或鈷、鎳、錫各礦。如曼司非特所産含銅之端石見各層爲極古，含銅之層有數種動物質之迹。此動物並無甲屬之形，其石成板形，而各層之間可拾得變石之魚甚多。其魚有全變爲銅硫者，瑞士國與日耳曼國有數處亦産此物。又有一種似蜥蜴之形，西名莫尼托，此處亦有産者。

常見銅礦七種：日耳曼富盧都軋最精礦學。美礦師各司克以辣，將常見之礦分爲七種：一爲光色銅礦，即銅硫，每百分含銅七十九分七。二爲銅硫合鐵硫，中百各含銅三十四分八。三爲雜色銅礦，即三銅硫、鐵硫，每百分含銅五十五分七。四爲發勒士礦，即四銅硫、鐵硫、鋅硫、銀硫、銻硫鉀硫，每百分含銅十四分至四十一分。五爲紅色銅礦，即銅養，每百分含銅八十八分五。六爲銅養炭養礦，即二銅養炭養合輕養，每百分含銅五十七分四。七爲阿蘇來得，即二銅

養炭養銅養輕養，每百分含銅五十五分三。

含養銅礦：紅色礦，每百分含銅八十八分八，此礦在新金山之南，常産大塊。其最大之洞名伯辣伯辣。又於西班牙與秘魯亦産之，又於意大里並美國、英國屬地中間之大湖等處俱産之。黑色礦，每百分含銅七十九分八，新金山伯辣伯辣洞内多産之。

含銻、鉀銅礦：發魯礦，含銻與鉀者，含銅之數爲百分之三十分至四十八分。所有含銀者，每百分含銀三十一分，含銅不過十五分。若爲雜銀之礦，含銅最多。此種礦在亨軋里與替路辣、與脱司克尼等處産者，每百分含汞分五二至十七分二七，間有分取其汞而得利者。布侖内得，每百分含銅十二分七，鉛四十一分七，或雜鐵少許。如英國哥奴滑勒，與得文並日耳曼之哈次山，並智利等處所産是也。依乃軋得，每百分含銅四十八分三，間含鋅硫、鐵硫、錫硫等質，秘魯之舍弟里拉山，産此甚多。

含鹽類銅礦：緑色馬拉開得，每百分含銅五十七分三，産於烏拉勒山，並南阿美里加，並新金山之南，並阿非里加海邊普都亞國之屬地。藍色馬拉開得，又名阿蘇來得，每百分含銅五十五分一，間有大塊，如法國之出西□方。又在蒲喜米阿邦，又在新金山南邊敢曼陀地方。又有棕色銅，合於馬拉開得，與紅色銅礦，乃印度所産，運至歐洲各國取銅。銅養硫養，即膽礬，此質含水五分劑，每百分含銅二十五分，係麥西哥與南阿美利加所産。又有浄質常在採銅洞内。如英國並亨軋里，並日耳曼之哈次山産之。弟哇布太斯，每百分含銅三十九分九，在烏拉勒山上，並南北亞美里加。銅絲礦，又名阿達恰美得，每百分含銅五十九分四，此礦從智利並南亞美里加之西邊所産甚多。銅養磷養，此礦含銅養輕養之數不等，每百分含銅約五十分至五十六分，智利國、布利非亞國、亨軋里國俱産之。銅養鉀養，此礦所含銅養輕養其數不等，每百分含銅三十分至三十五分，此礦並智利所採，運至英國之西南鎔鍊。

含硫銅礦：銅硫鐵硫礦，每百分含銅三十四分四，如奴爾回瑞顛弟侖白合等處，所産銅硫鐵硫礦鍊銅最佳。又如西彭白合與發侖所産此種礦，固有含金者，又有含銀者。英國鍊銅廠、北亞美利加東海岸之廠所用者皆此礦。銅硫礦，每百分含銅七十九分七，可奴滑勒採此礦，已得大利。又有美國數邦、並好望角，並新金山之南，並智利，並意大里等處，俱産銅硫礦。雜色銅礦，每百分含銅五十五分七，英國哥奴滑勒等處産此礦。靛色銅礦，每百分含銅六十六分五，智利國常得大塊者。含銀之光色銅礦，每百分含銀五十三分，銅三十一分，又含鐵若干，此礦産於西皮里阿，與智利、與秘魯各處，間有在阿里坐捺之銀礦内見之。

黄赤白銅：黄銅爲紅銅與鋅所合成，其方用紅銅二分，鋅一分，或紅銅六十三分半，鋅三十二・三分。其鋅含用黄銅二分，鋅一分，另加錫少許。赤銅，用紅銅八分至十分，鋅一分。日耳曼國之方用紅銅十一分，鋅二分。白銅，又名日耳曼銀，此爲銅雜質之最佳者，耐用如銀。日耳曼國白銅方：用紅銅六十分、鋅二十五分、鎳十五分。又方：用紅銅五十分、鋅二十五分、鎳二十五分。中國白銅化分而得其方：用紅銅五十五分、鋅十七分、鎳二十三分、鐵三分。又有一種白銅，其聲甚響，牽力亦大，能打能軋，其色如銀。其方用紅銅四・四分、鋅二五・四分、鎳三一・五分、鐵二・六分。又有一種白銅，最易用電氣鍍銀，可鍍銀百分之一至百分之二。其質密而堅，價亦甚廉。其方用紅銅六十二分、鋅十九分、鎳十三分、鈷與鐵四分至五分。又有一種能任極大牽力之白銅，用紅銅五七・四分、鋅二十五分、鎳十三分、鐵九分。此物可以代銅，銅易生鏽，而此銅不鏽。最細白銅，用紅銅八分、鎳四分、鋅三・五分。日耳曼國銀銲金，將其本質一分加鋅四分而搗成粗粉。

假金鍍金銅：假含銅顔色略如黄金，用紅銅九十・五分、錫六・五分、鋅三分。鍍金銅，用紅銅、錫、鋅、鉛，其方與造像者同。或用紅銅八二・二五分、鋅一七・四八分、錫二三分、鉛二分。凡鍍金銅，其質點須浄而密，否則黄金走入其中，而費料必多。

鐵礦勘探部

論説

毛居正《增修互注禮部韻略》卷一　《本草》：山之陽産鐵者，其陰必有磁石，是二物同氣也。

吴玉搢《别雅》卷一　按：《本草》：山之陽産鐵者，其陰必有磁石。

袁仁林《古文周易參同契注》卷六　磁石可引針。《本草》：山之陽有鐵者，陰必有磁石，蓋二物同氣也。

宋賡平《礦學心要新編》卷下《勘山識形分類辯略》　産鐵之山形多露面，絶少泥砂，其現出之礦與石無異，石有青紅二色，又有聯子、塊子二種。其未經化鍊時，堅硬非常，名爲石礦，乍見又覺磁細。其最旺者，此石生遍滿山，色兼鋟紅闇亮。惟此等山形多鄙陋，大與金銀礦山相别，其水亦相反照。開礴得礦，亦屬甚易。每得一聯，即一硬岩，縱横無定，進山之礦與煤無異。質既不貴，故山亦少尊嚴之象，此鐵礦一定不易之形也。

劉嶽雲《格物中法》卷五下《金部·鐵》　凡土錠鐵，土面浮出黑塊，形似秤錘，遥望宛然如鐵，撚之則碎土。若起冶煎煉，浮者拾之，又乘雨溼後牛耕起土，拾其數寸土内者。耕墾之後，其塊逐日生長，愈用不窮。

嶽雲謹案：此即西人所謂鐵養也，與鐵同體而能吸鐵，有吸鐵石之山，則四周必多鐵礦，而鐵礦之處，亦必有此石。

此圖摘於《天工開物》

綜述

金武祥《粟香二筆》卷七　王少芳曰：「嶺南産鐵，其採鐵之法，以山木爲驗。嶺南隆寒之時，木葉不落，惟産鐵之山，樹則早雕，其山亦時流黄水，以是求之，百不失一。蓋天下産鐵之區，莫良於粵，而冶鐵之工，莫良於佛山。鐵政歸鹽運司管理，兩廣鹽鐵並誌，蓋亦祖漢代《鹽鐵論》之遺意云。

歐樾華《〔同治〕韶州府志》卷一一《輿地畧》　凡産鐵之山，見黄水滲流則知有鐵，掘之得大鐵丱一枝，其狀若牛，則鐵牛也。循其脈路深入掘之，斯得多鐵矣。

盛宣懷《愚齋存稿》卷六二《電報三九·寄江寧魏制台黄藩台》〔光緒二十九年〕十二月十三日，吴守惇蔭已赴江寧，准咨全案。吴守接辦利國礦款未付清，所開煤礦，亦無成效，並未涉及鐵礦。外人現在覬覦鐵礦頗亟，惟有先將該處鐵礦收回。可否一面由敝處奏設之。勘礦總公司派員帶同礦師前往，查明鐵礦四址，或是官地，或是民地，再行咨商妥辦。乞示遵。

又《電報三九·江督魏午帥來電十二月十五日》　利國礦初辦，本煤鐵並採。據禀産鐵者曰鐵山、洞山、羊山、西盤馬山、南盤馬山、厲家灣山。【略】煉鐵需用石灰火石産自磨山、二郎山、邵家山，需用碎石産自鳳凰山、鼀山，均相距不越三五里。惟産鉛在鳳冠山，離利國稍遠。産鐵諸山鐵石遍布，俯拾即是，多雜磁石，先後經滬局、北洋試驗中，含浄鐵六七十分，當時曾據報用官地十三頃三十餘畝，歲繳租錢於道，買民地四頃五十餘畝，由縣税契存執。嗣因資本不集，先開煤礦，今併煤亦停採。有此地利，亟應自爲籌辦，以杜覬覦而免格閡。尊意擬先由勘礦公司派員帶礦師往查鐵礦四址，再商妥辦事，無不可。縱産鐵之地，該礦局有已購者，亦可彼此妥商。且煉鐵須煤，即該煤礦亦宜與吴守等商歸尊處併辦方妥。如吴守來見，當令趨商。台端至何時派勘，並望先期電示，以便派員同往，並約定會集之處，勘後仍望隨時將商籌情形見示爲盼。

又卷八六《電報六三·寄奉天趙次山制軍〔宣統三年〕八月十五日》　本溪湖鐵礦前任許彼開辦，實爲心腹之患。葉監督面談與官合辦不及與商合辦，但漢冶

萍心餘力絀，盡在洞鑒之中。今又有安東鐵礦發現，真防不勝防。仰承關顧，先發制人，尤深欽佩。容與李一琴等熟商，先派員往勘，再與我公妥籌辦法。

又卷九七《補遺七四·寄太原張撫帥曾敭》〔光緒三十年〕四月十六日，福公司堅持欲在晉省多設鐵廠，弟力拒之，而公使在外務部力請。我若代彼設廠，亦只能一處爲限制。鄙見鐵礦仍以華洋合辦爲是，尊意如何？目前以速勘鐵山歸華商出名購買，爲第一先着。尊處前商，商部無人，北洋有一好手，亦不能調。若用洋人，總係漏巵。弟處現有礦師閩人張金生，足堪勝任，擬即令來晉，薪水每月貳百兩，由弟代付。望將五屬産鐵礦處，趕緊查明地名。一俟張到太原，即請派一熟悉委員帶同勘驗，得一礦即經地方官定價購買。其地價弟所奏辦之户部勘礦公司，均可籌付，先行抵制洋人，免爲所佔，將來利益，勘礦公司當與晉省共之。志道到否，乞速復。

《清續文獻通考》卷三八九《實業考一二》〔光緒〕三十一年，德化縣賀令昌祺稱，奉兩江查礦局委員，偕洋礦師同勘得大城門、金龜嘴地方、滴水岩等山鐵礦，比經採獲礦石六十七箱，暫存縣署，聽候提化。三十二年，施令謙稱城外三山大勝門、小勝門等處均有鐵礦，坐落縣屬仙居鄉，其間山峰層疊，礦苗蔓延，經汪承豫備價丈購，歸湖北鐵廠開採。

又卷三九〇《實業考一三·吴承洛調查礦冶志略》　鐵礦之儲量。昔利希陀芬見山西省土法冶鐵鑪之多，遂謂我國爲世界鐵礦最多國家之一，而蕭克來等則與此相反。蓋均據一時觀察爲言，並未有實地之勘測也。農商部地質調查所於全國鐵礦曾費六載，調查國内鐵礦之儲量，可於此略窺梗概。兹列表如左：

礦地	鐵礦石儲量噸	所含之鐵量噸
直隸龍關	四九·二〇〇·〇〇〇	二六·六〇〇·〇〇〇
懷來	四·〇〇〇·〇〇〇	二·四〇〇·〇〇〇
灤縣	一一·一二九·〇〇〇	三·三三九·〇〇〇
宣化	二〇·〇〇〇·〇〇〇	九·六〇〇·〇〇〇
井陘	五·〇〇〇·〇〇〇	二·五〇〇·〇〇〇
臨榆	三五〇·〇〇〇	一七〇·〇〇〇
易縣等砂鐵	一·五〇〇·〇〇〇	六七五·〇〇〇
朝陽	三〇〇·〇〇〇	一五〇·〇〇〇
奉天復縣	五〇〇·〇〇〇	二五〇·〇〇〇
臨江	一·二〇〇·〇〇〇	六〇〇·〇〇〇
通化	一·二〇〇·〇〇〇	六〇〇·〇〇〇
本溪廟溝	八〇·〇〇〇·〇〇〇	二五·六〇〇·〇〇〇
遼陽弓長嶺等處	四四·四六〇·〇〇〇	一四·二二七·〇〇〇
遼陽安山站一帶	一五八·二二〇·〇〇〇	六三·二八八·〇〇〇
海城	二·〇〇〇·〇〇〇	六四〇·〇〇〇
山東費縣	八〇〇·〇〇〇	三〇〇·〇〇〇
益都金嶺鎮	二九·三二〇·〇〇〇	一三·八三八·〇〇〇
河南信陽一帶砂鐵	一·〇〇〇·〇〇〇	九〇〇·〇〇〇
武安	一·〇〇〇·〇〇〇	五六〇·〇〇〇
修武	四〇〇·〇〇〇	一八〇·〇〇〇
安徽當塗	一一·〇〇〇·〇〇〇	五·五〇〇·〇〇〇
六安等處砂鐵	五〇〇·〇〇〇	二二五·〇〇〇
銅陵	八·〇〇〇·〇〇〇	四·四〇〇·〇〇〇
繁昌	三〇·五〇〇·〇〇〇	一五·〇〇〇·〇〇〇
江西九江	六·〇〇〇·〇〇〇	二·四〇〇·〇〇〇
永新	九·〇六〇·〇〇〇	四·七一一·〇〇〇
萍鄉	三·〇〇〇·〇〇〇	一·五六〇·〇〇〇
湖北大冶	三五·〇〇〇·〇〇〇	二〇·〇〇〇·〇〇〇
鄂城	一七·六六〇·〇〇〇	九·七八〇·〇〇〇
江蘇銅山	五·〇〇〇·〇〇〇	二·五〇〇·〇〇〇
江寧	三〇·〇〇〇·〇〇〇	一五·〇〇〇·〇〇〇
福建安溪	五·〇〇〇·〇〇〇	二·五〇〇·〇〇〇

建甌等縣砂鐵	二·〇〇〇·〇〇〇	九〇〇·〇〇〇
莆田	五·〇〇·〇〇〇	二五〇·〇〇〇
浙江長興	三〇〇·〇〇〇	一五〇·〇〇〇
瑞安等縣砂鐵	二·〇〇〇·〇〇〇	九〇〇·〇〇〇
共計	五七七·八九九·〇〇〇噸	二五二·一九三·〇〇〇噸

此表均指國内已經勘測之鐵礦而言，於各礦此盈彼絀，互有出入，然統共計算，總不至失之過遠。此外，各省區尚有未經勘測或未發見之鐵礦甚多，故言全國之儲量，欲作一最低之估計，殊屬不易。惟以各礦所舉此種數字爲基礎，而以最小限度，再加二分之一，則合計亦有一千兆噸之多也。此數與世界儲鐵最多之國相較，約合美國四分之一，英十分之八，法、德三分之一。

紀事

傅梅《嵩書》卷一〇《物華篇·金部》 鐵。《山海經》云：少室之山，其下多鐵。今少室不見有鐵，而箕山之南馬峪有之，土人從事爐冶，頗享其利。

金武祥《粟香隨筆·粟香二筆》卷七 王少芳曰：「嶺南産鐵，其採鐵之法，以山木爲驗。嶺南隆寒之時，木葉不落。惟産鐵之山，樹則早雕，其山亦時流黄水。以是求之，百不失一。蓋天下産鐵之區，莫良於粤，而冶鐵之工，莫良於佛山。鐵政歸鹽運司管理。兩廣鹽鐵並誌，蓋亦祖漢代《鹽鐵論》之遺意云。」

王守基《鹽法議略》 其採鐵之法，以山木爲驗。嶺南隆寒之時木葉不落，惟産鐵之山樹則早凋。其山亦時流黄水，以是求之，百不失一。

盛宣懷《愚齋存稿》附録《行述》〔光緒二十四年〕十二月赴大冶查勘鐵鑛，歲杪返滬。

雜録

《礦務檔》附録《大事年表》〔光緒二十五年己亥〕三月，盛宣懷派大冶礦局總辦解茂承率德國礦師裴禮，赴江西德化探勘鐵礦。

又《浙江礦務·衢州嚴州温州煤鐵礦》外務部收護理浙江巡撫翁曾桂文《給發寶昌公司勘礦礦師護照》 光緒二十九年閏五月十五日，收護理浙江巡撫翁曾桂文稱：據浙省農工商礦總局詳稱，案據奏辦浙江礦務寶昌公司候選道高爾伊里稱，前奉照會内開，本年二月十八日，奉護撫憲誠案行光緒二十九年二月十四日准外務部咨開，光緒二十九年正月二十日，本部具奏議覆浙江巡撫奏紳士高爾伊承辦礦務改定章程一摺，本月奉硃批：依議。欽此。相應恭録諭旨，抄録原奏清單，咨行貴撫欽遵查照，並飭該紳按照本部奏定各節，與義商沙鏢納訂立合同，妥爲辦理，並將合同咨送本部備案可也等因，到院行局。奉此。合亟照會等因。奉此。伏讀大部覆奏，令專在衢、嚴、温、處肆府境内指明煤鐵礦山數處，先行試辦，謹當欽遵先派礦師勘明礦山，再立合同，庶爲周密。當即電聘美國頭等礦師詹美生，義國頭等礦師薛爾槐來華覆勘，已於前月下旬先後至滬。擬令隨帶繙譯一員，庖丁僕人肆名，由滬赴温，徧歷處州、衢州、嚴州各府詳細勘驗，仍由公司選舉員董呈請派充率同前往，以昭慎重。因請轉詳撫憲頒發護照，一面將礦師姓名，及由滬赴温起勘緣由，咨明外務部，以符定章；一面鈔録光緒二十八年二月初八日外務部奏定礦務專章，通飭衢嚴温處四府二十七廳縣，遵章實力保護。實爲公便。再所有各府縣之札飭，暨礦師之護照，即由派往之員紳領携前去，以免貽誤時日。合併聲明等情到局。據此，本司道查核該紳高爾伊呈稱偕同礦師，勘明衢嚴温處四府屬境内礦山，所請轉詳各節，核與外務部奏定第十一條章程内開各節，尚屬相符。自應准予詳請轉咨，並給發護照一道，及札飭各府縣文，一并發局，由局轉給該紳携帶前往各府縣，自行投遞，以免貽誤時日。是否有當，現合詳請察核等情，到本護院。據此，除給發護照，通行衢嚴温處四府所屬各廳縣，一體查驗放行，遵章保護。並將札飭各府縣印文，一併發局轉給帶往投遞外，相應咨呈，爲此咨呈貴部，謹請察照施行。

又外務部發浙江巡撫聶緝槼文《衢嚴温處四府礦務已否查勘明確》 光緒三十年二月初六日，發浙江巡撫聶緝槼文稱：案查浙江紳商高爾伊設立寶昌公司，與義商沙鏢納貸款，擬定章程，指辦浙江衢嚴温處道四府境内煤鐵礦數處，經本部於光緒二十九年正月間，奏奉諭旨允准，並咨行在案。查該章程第三款内載，查定章第二款礦路總局發出准行執照，方可開辦，照費視成本多寡，酌提百分之一繳局。公司遵議奉國家批准後，即稟明浙江巡撫派礦師履勘各府屬，

查明何處有礦可開，並估算每礦需本若干，按單呈報，以備隨時咨礦路總局查核，請發准行執照，按百分之一作爲照費，隨咨並繳。又第八款内載，查定章第七款自發給執照之日起，限十二箇月内開工，公司遵議決不逾限各等語。此項章程自奏准之日，迄今業已年餘，該公司曾否將礦産處所查勘明確，稟請咨領准行執照，相應咨行貴撫迅即查明聲復本部可也。

《山海經傳·北山經第三》 又西二百五十里曰少陽之山，【略】酸水出焉，而東流注于汾水，其中多美赭。《管子》曰：山上有赭者，其下有鐵。

夏樹芳《詞林海錯》卷一五《玄礵》 少陽之山，赤銀酸水出焉，而東流注於汾水，其中多美赭。《管子》曰：山上有赭者，其下有鐵。

《山海經廣注》卷三 其中多美赭。郭曰：《管子》曰：山上有赭者，其下有鐵。任臣案：赭，赤土。晉張華嘗以赤土拭寶劍。《本草別録》曰：出代郡者名代赭，出姑幕者名須九，一名血師。

《山海經箋疏·山海經第三》 又西二百五十里曰少陽之山，其上多玉，其下多赤銀酸水出焉，而東流注于汾水，其中多美赭。管子曰：山上有赭者，其下有鐵。懿行案：《説文》云：赭，赤土也。《本草》謂之代赭石。《别録》云：出代郡者，名代赭；出姑幕者，名須九，一名血師。郭引《管子》者《地數篇》文也。

盛宣懷《愚齋存稿》卷六三《電報四〇·寄川督錫清帥》 〔光緒三十年〕正月初五日。夔礦本飭礦師由鄂入川，嗣據電稟，至竹山縣患痢甚重，彼處醫藥均無，且竹礦情形亟須回滬面稟。又盧川中多雪，難以勘山。返滬後，正令速行，接魏午帥電：徐州利國鐵礦亟待往勘，勢須由近及遠。一時恐未能到夔，承尊處派員久待，甚歉。請飭先回，俟礦師能來，再電台端核派保護。

代那撰瑪高温譯華蘅芳筆述《金石識别》卷六《論五種鐵礵》 鐵礦之可以得鐵者，大約只有五種：一、炭酸鐵礦，如斯罷鐵之類。二、養氣鐵礦，如磁石礦之類。三、光紅鐵礦，如希美台脱之類。四、褐色鐵礦，如來脈奈脱之類。五、有水鐵礦，如肥浮哀奈脱之類。

凡各國所出之鐵，皆從此五種鐵礦中鍊出。英吉利所出之鐵，得之於泥鐵石，其礦爲炭酸鐵在煤層中。其泥石絶無一點鐵形，所可據者，惟重耳，其中能得二十至三十分浄鐵。褐色鐵礦，英吉利亦有之。瑞典之但尼摩兒，拿威之哀冷臺兒，此二出鐵之處，其礦爲磁石鐵礦，其中能得五十至六十分浄鐵。俄羅斯所出鐵，亦得之於磁石鐵礦。普魯斯有炭酸鐵礦及水鐵礦。花旗五種礦皆有之。五種礦所出之鐵，各有精粗多寡之不同。大約除水鐵礦以外，其鐵皆佳，惟因各處分鍊之法有異，故所出之鐵亦不同。水鐵礦因有腐爛之生物在内，其中每有燐，故其鐵脆。因分鍊之甚易，而價亦便宜，故粗用之生鐵器具，不任重力者，均用此鐵爲之。

論試礦之法：試鐵礦之法，每礦各異，其意不過分去其雜物，而知鐵之多少而已。

假如養氣鐵礦及炭酸鐵礦，其雜物少而浄者，不過碎之置礶中燒之，即可得鐵。若用炭酸灰或石灰，與泥或玻璃，或硼砂相和，作弗拉克斯更佳，一以助其變化，使雜物與弗拉克斯相連成料油，一以防鐵燒去，使鎔化時作蓋面也。

光紅鐵礦，每礦粉十分，用炭酸灰或石灰十分，碎玻璃六分至八分，加木炭粉二十分之一，或十分之一，作弗拉克斯。

磁石鐵礦，每礦粉十分，加碎玻璃十二分，茶而刻十二分，木炭粉一分，作弗拉克斯。或用三分石灰，二分煆過之泥，二分半木炭粉，相和作弗拉克斯。

褐色鐵礦，用十分石灰，十分泥灰，三分木炭粉，作弗拉克斯。

凡作弗拉克斯之劑，其各物之分數，原無十分一定，大約不離乎此率而已。總以得鐵之多少，及所成料油之形，色而增減其劑。

假如其料油明而無色，則其劑適得其平。如暗色則是其中尚有未分出之鐵，或因泥及玻璃太多。若暗如磁瓦形，則因石灰太多。

如泥石鐵礦，應先估量其礦中本自有多少灰，多少泥，應再加若干灰，若干玻璃，以配合之使成料油。

凡試礦先於礶之内面塗木炭粉一層，以礦打作細屑，其弗拉克斯亦作細屑，與礦拌匀，置礶中，礶口用火泥封蓋之。徐用慢火熱之，三刻以後，始用風箱燒至其礶白色後一刻，取出即得。

杞廬主人《時務通攷》卷二四《化學一二·測驗下》 試鐵法。設以少許鐵末，納入驗氣箭内，上注不多磺强水，即有氣由箭内徐徐發出。於驗氣箭下置一燈火，其氣發出益速，且可以火燃之於驗氣箭口。此氣即輕氣，其鐵末爲磺强水所消化，所成者有鐵磺强鹽。而磺强水中之輕氣即散發，倘於此用水注滿驗氣箭，將其箭内流質物，以滲溼紙淋過，所得者爲幾於無色之流質物，亦有定質鐵磺消化於内。嗣後火蒸之，使其定質内結成爲鐵磺銖，即所謂青礬，或謂爲鐵磺强鹽。以勺盛流質物於火上煆之，水氣上騰，存於勺者即青礬。更以法試之，視

其內有鐵與否。可將其流質少許滴硝强水數滴於内，復加一升清水，更用藥室内瓶上貼鉢。即木灰精。藍鐵之一種黄色物滴數滴於内，必見有深藍色顯出，可知其内有鐵也。

收取鐵銹法。原乎生鐵之製，即以鐵石與煤並灰石三種同置入煙筩絶高之大風罏内，加火燒煉之，即有生鐵成。煙筩高之故，即取其風力大，火力能大極幾倍也。第煉生鐵時，與燒熟鐵不同，熟鐵可以鎚擊，打成爲鐵桿式，或可碾軋成鐵片。生鐵不能以鎚擊打，冷定時性脆如玻璃，以鎚擊之，必破爲數段。生鐵與熟鐵性原不同，生鐵内有由煤中煉出之炭精，人欲生鐵或爲熟鐵，亦自有法。罏中生火，將其内含之炭精燒盡，餘者即爲熟鐵。復有一種鐵之嘉者，名之曰鋼鐵，用以造剃刀、造寶劍，匠人並用以造各種利刃兵器。蓋鋼鐵之爲物甚堅，於山石上摩礪，可成爲鋒刃極利之器。内所含者，亦微有炭精，與生鐵稍同。用熟鐵煉爲鋼，用生鐵煉爲鋼，均無不可。倘在風氣中用火燒鐵，可得鐵銹，或於養氣内以火燒鐵，亦可取得。更有一法可得鐵銹。將面光明亮鐵置雨中或下溼地，亦生銹，設潮溼之時日加長，全鐵可盡變銹時，而衣服既澣後，以鐵熨斗平熨，見其衣上有紅黄跡，即鐵銹印出者也。

別色麻空氣掉鐵法。掉鐵之法，覺有大弊多端，一爲多費人力；二爲爐熱甚大，工人受之生病，更兼光焰甚烈，傷目生翳；三因每日夜至多掉鐵十爐至十二爐，每爐不過五六百磅，故欲鍊盡一冶爐所出者，必有五六掉鐵爐方能敷用。且鐵屢出屢入，爐必易壞，須多備數座，以爲更番修理。近人設法，初用摇動之爐，可省人力。繼有别色麻者，竒想天開，不費人力，不藉摇動，不用煤炭，獨以空氣吹入鐵内，能成熟鐵堅鋼。初似駭人聽聞，實則盡物之性，窮理之奧也。爐式外殼生鐵鑄成二半，以螺釘連合，旁有樞可傾倒。内襯火泥，空氣自或孔吹入，每方寸必有抵力十五磅至二十磅。由旁樞轉達底孔，極大者可容生鐵十噸。用法：先將爐横仆，以爐内鎔出之生鐵，自爐口傾入，隨即鼓風，次將爐直立。因鐵已鎔，故一遇空氣，遂與養氣化合，而生熱甚烈，發光甚大，合成鐵養即鎔而散於鐵内，遇所含之炭與矽，又放其養氣，使炭變爲炭養，升至爐口而燒，使矽變爲矽養，而入於渾内。其滓爲風力所吹，而盛泡亦自爐口散出。鼓風一刻有半，爐口無焰，遂成熟鐵。此爐内之鐵質，極易流動，不如掉鐵爐之稠結如膏。蓋鐵遇猛風而燒，所生之熱，冶爐與掉鐵爐所不能及者也，成後傾出，受以範模，任鑄何物。每谿鐵一百分，可得熱鐵八十五分。又有軋器，乘其鎔時，輾成鐵板。

英國於鐵中取鋼有二法。首則以熟鐵加炭，將鐵條與木炭共置箱内，加以大熱數日。箱以火磚或石爲之，長十尺至十二尺，濶三尺，深三尺。以二箱同置一爐，爐形如覆碗，用磚砌成，熱度均匀，不減不增。其木炭打爲粗屑，以二分方孔之篩篩之。將此炭屑平鋪一層於箱底。次將上等鐵條横排一層，每條相離少許，亦間炭屑。如此層層相間，每箱盛鐵條五噸至六噸，面鋪溼泥或沙厚約六寸。箱端有孔，用一稍長之鐵條出於外，以便抽出察視。起火須緩，急則箱裂。熱至二千度，略如銅之鎔界恒不少減。歷時之多少，依鋼之優劣定之，平常不甚堅之鋼，六日至八日可成。若欲最堅之鋼，則加多二三日。已成之後，緩緩成火，再遇十日方冷，冷定而開箱取出，内質與外形盡皆改變。面生大泡，乃鐵内有氣質，散出之時所盛也。然難知其爲何氣，及自何而成，或言微含之硫變成炭硫氣，或言炭養氣入於鐵内，而成炭養氣。若將此條斷之，見極細之顆粒，與熟鐵之紋大異，化而分之，知鐵千分，故炭十五分。最奇者，不特遇炭之處改變，而内質亦皆改變也。依化學之理，或因炭與箱内之養氣化合成炭養，而盛收其炭養之半炭而變鋼，所餘之氣變爲炭養氣。此炭養氣再收炭一分劑，而又變爲炭養，而再放出與鐵，故内外均變也。或曾試熟鐵一立方寸，煅紅之時，能收炭養氣四立方寸一五，由是知炭入鐵之故。其炭養至冷，仍存成内而不去，惟加熱至盛鋼之熱度則變矣。

安德孫撰傅蘭雅、潘松譯《求礦指南》卷五銅　如煤層或乾波利阿層，與希魯利阿，並代芬各層石内，亦有得紅色喜瑪台得礦。又如岡比爾蘭，與北蘭加斯德，與威勒士等處，在山中灰石内，有南北排列之紅色喜瑪台得礦。又在英吉利與威勒士數處，產煤灰石與下煤層内，有椶色鐵礦，又産於利阿斯石並魚子石，與下緑砂石之中。如西班牙國，在白石粉層内，亦得之。又在産煤石層内，並在代芬及更古之石層内，能得鐵養炭養礦。又在煤層内泥板石與泥内能得泥鐵石，而利阿斯層内亦有之。

含鉻之鐵礦，間有成大塊者，但平常成黑色之沙，從周圍石内衝下。又數處如北阿墨利加，與牛西蘭等處，有産黄金者，但此種礦，因不易鎔化，頗難成鐵。其劃痕迹爲墨色，所以與鏡光面鐵礦容易分别之。

其他金屬礦藏勘探部

雜録

鉛礦

代那撰瑪高温口譯華蘅芳筆述《金石識别》卷六《鉛》 如丙而刻斯罷，爲花旗鉛礦之呆呸。又合肥斯罷，亦爲鉛礦之呆呸。英吉利鉛礦之呆呸，爲夫羅而斯罷。

呆里那，硫礦鉛也。其元爲一律式，結成如圖，析之易成方形能分明，亦有粗粒細粒者。筋類甚少，鉛灰色，劃視之亦鉛灰色，明金光。性脆，硬二·五，重七·五至七·七。其净者，合質鉛八六·五五，硫礦一三·四五。其中屢有硫礦銀，則謂之銀呆里那，有時中有硫礦白鉛。吹火試之，有細細裂聲，先出硫礦煙，後得鉛珠。與銀銅礦之别，因剖析之，成方及粒形，又因火試有硫煙，能得鉛。遇之於合拉尼脱尼斯、灰石、泥石、砂石中，屢與白鉛礦銀礦銅礦在一處。科子、重斯罷、炭酸灰爲其呆呸。有時其呆呸爲夫羅而斯罷。

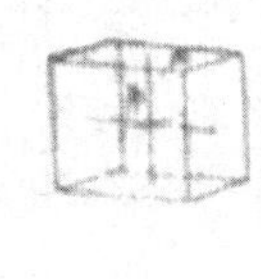

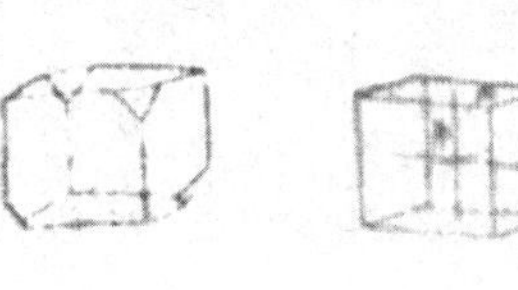
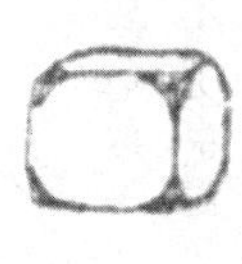
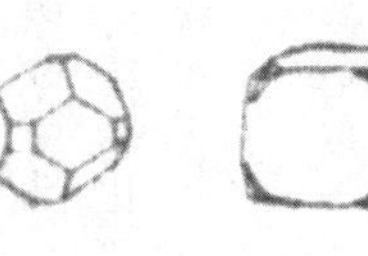

有處取呆里那，因欲得其中之銀，非專爲取鉛也。

花旗之呆里那鉛礦，遇之與泥鐵石、鐵倍來底斯、開來鑾白倫脱、炭酸鉛、硫酸鉛、銅苦抱爾礦在一處。花旗看鉛礦之法，其地見丙而刻斯罷少，其下當有鉛礦。如丙而刻斯罷多，其下鉛脈小，或但有灰石而無鉛。若見紅色鐵土，其中亦當有呆里那。若見美合尼西灰石中，或微有鉛，其下亦應有鉛脈。若於石面見青黑花形，及平地有一條隱隱隆起如山，或有一條凹下，或見其地有一種獨異之草木，自成一路，此皆有鉛之據，掘深三四十尺尋之。現今花旗所出之鉛，皆於呆里那得之。呆里那研碎和泥水，可作粗磁油色。

安德孫撰傅蘭雅潘松譯《求礦指南》卷五《鉛礦》 以上各種鉛礦，鍊成鉛最多者，爲鉛硫礦，亦爲常見者，又常含别種金類。有數處得礦，含銀者多，而不含銀者僅見。如各層土石内，或成脈，或在凹内齊聚，或成平層等俱有。英國産鉛礦，大半在産煤灰石，或在山灰石内。又在哥奴瓦地方代芬石層内，有一種石，名曰開拉斯，亦産鉛礦。英國等國，在下希魯利阿層之石，並花剛石與乃斯石等石内亦有之。

如美國哥魯拉多邦，有一處名雷特非勒，即鉛城之意義也。按此處所産鉛養炭養礦，含銀甚多，而夾在藍色灰石與拍弗里石之中，見第三十圖。

第三十圖

如鉛硫礦，平常合於石英，或鉛養炭養，或鈣弗石，間有合於鋇養，或銅硫礦，或鐵硫礦。如將鉛硫礦磨成細粉，放在鐵匙内，則能鍊成鉛。先漸漸加熱，至其礦不爆裂，後加熱至紅。

如查礦人在山中鍊鉛礦，欲用簡便之法，將石塊成方形之爐，在爐底擺大木塊，其上用劈開木塊再加敲碎之鉛礦，再上加木料。在爐之口點火，用鐵盆或瓷盆，以收所流出之鉛。

又卷九《用溼法試驗各礦》 試驗鉛礦。將礦磨成細粉，放在瓷鍋或别種簡便器具内，用濃硝强水加熱消化，至所得餘質幾爲白色。如紅霧不發出，再添礦强水數滴，而熬乾，再加以水濾之。又因餘質内，或含矽養，或數種硫養鹽類，必合於鈉養炭養，加熱沸之，畧四十分時爲限。再濾之，將其所濾得之質，即鉛養炭養等，以醋酸消化後，再加磺强水稍些，而濾之，或倒出其净水所得之餘質，爲鉛養硫養，每百分含鉛畧六十八分。

錫礦

代那撰瑪高温譯華蘅芳筆述《金石識别》卷六 試錫礦法：研碎，水洗之，火烘之，權其輕重，與木炭屑或煙煤拌匀置礶中。猛火燒之，至白色，則礶底有一滴錫。以錫重與礦重比，即知其礦有幾分錫。如其礦内有雜質者，則以素特

及硼砂，與木炭屑拌而燒之。凡錫，以打之不脆碎者爲佳，如脆碎者，必錫中尚有雜質未淨也。如欲得淨錫，以微火熱之，俟其半鎔半凝之時逼出之，其雜質均在未鎔之中。

最好之礦有六十五至七十分錫。

鋪錫於他金之面，如鐵片上鋪錫，先以淡酸水洗其鐵片，再以細滏砂磨之，使其面光亮，片片直立於猪油中，以大鐵器鎔錫，乃於油中取出鐵片，立於鎔化之錫中。一點半鐘取出，則鐵片上鋪滿錫。如錫太厚，則以未鍊之錫礦粉燒熱，以鋪錫之片入其內，則錫可薄。以輭礱糠擦之，即白而光亮。

杞廬主人《時務通考》卷一三《礦務一・辨質・錫》 錫養礦：錫養礦，爲錫礦之最要者，名卡西脱來得，凡鍊取錫質，全藉此礦，因別種礦所産無多，不足爲鍊取之用。錫礦每百分含錫七十八分六。常見産此礦之石，大半爲花鋼石，與内斯石，與泥端石，與克緑來脱，與千層端石。又在古河之底並地中之脈，與別種石層内，或爲亂形大塊，或在礫石之中。其礦間有木質之形，故謂之木錫。次等之礦合於鎢，或鉬，或含鉀之鐵，或銅硫，或磁石，或鋅硫，或光色銅礦，或生成之鈊，或銻礦，或石英，或鈣弗礦，或阿巴台得等礦。

錫含別質：含鐵之錫，如每百分只半分，其色與光已壞，如有一分，則失其軟性而變脆，並失平滑之性，而光變暗，色變深，久遇空氣，即有鐵銹之迹。有數種錫，如彭加等錫，用鹽强水消化，則餘下之質爲鐵、錫。其顆粒之形如細鍼。錫含銅之微數，尚不能變其性，若含百分之二以上，則變硬而難以引長，惟其光色仍不變。依司土勒雜勒之法，羼銅九分之一至四分之一，則錫質加硬三倍至五倍。若至過限，其色變壞。如做大鏡之箔，須加銅令其質硬，令易鋪在玻璃。用汞化之，亦不見太速。有人化分鏡背之錫，每千分含銅三分八至二分一六，又含鉛萬分之四分至八分四，又含鐵千分之一至一二。錫含鈊與銻，每百分有半分以内，則光色不減，惟引長之性減少於含鐵者。又有顆粒之形亦更顯。含鈊者易鎔化。含鉛少許，質更硬，如有百分之一，光色俱減且變緑色。若稍添以鎳，能復其光色。鉀亦能壞錫之光與色，並引長之力。雖每百分含鉀半分，即有此事，若多於一分，則錫之重率減小，而生白色之點，不其久而變暗。錫内有銻，更見白色，質硬而脆。多含鎢與鉬者，減其硬性與堅固，增其鎔界。含硫者其質變脆，倒焰爐内鎔鍊之錫，其煤多含鐵硫者，此病更重。

安德孫撰傅蘭雅潘松譯《求礦指南》卷五《錫》 如花剛石、乃斯石、雲母石、端石等層内，常遇錫礦之脈。如英國哥奴瓦地方，其脈有東西之排列，而其斜度中數爲七十度，間有横脈。又數處有胞性之花剛石，内有錫之小脈，亦有遇見大塊者。又或爲河底所得者，復於數種石層中間，有錫礦之脈，與石層平行排列。又花剛石與開拉斯石内，能得其真脈。如新金山昆斯蘭地方，其錫在凹處齊聚，亦能開採。又如達斯馬尼地方，亦有凹處齊聚之錫，並拍弗里石層内成脈，俱能得之。又如新南威勒士，有含石英之錫脈，通過花剛石。又如巫來由列海島所有泥土中齊聚之錫，大畧必爲花剛石化分，而從脈處衝下。又如緬甸所得泥土内之錫，亦必按次齊聚。又於美國代科塔邦黁花剛石内，有石英之脈。又在雲母頁形石中，亦有産錫者。

鎳礦

崔國因《出使美日秘國日記》卷七 〔光緒十七年〕四月初二日，晴，天氣轉暖。美國東北英國屬地坳淮史考謔之中近有一礦，盡是鎳質，勘礦之人已試驗，以便採取。按：鎳之爲物，其色如銀，多出於德國，故俗名爲德國銀。

代那撰瑪高温譯華蘅芳筆述《金石識别》卷七《白鉛》 白鉛無生成自然者。遇其礦，每與硫礦、養氣、灰酸、硫酸夕里開等物相連，亦有與哀盧彌那相連者，則爲斯比偶兒之屬。

凡白鉛之礦，吹火試之，不鍊，即鍊亦甚難。惟吹之於木炭上，則有養氣白鉛，如白煙升出。其礦重不過四五白倫脱。硫礦白鉛也，其元爲一律式，結成之形爲十二面，如圖，析之亦爲十二面。有摶結者，亦爲筋。蠟黄色，或褐黄至黑，間有紅緑色者。劃視之，白色至紅褐色。松香光及蠟光，析面光明，有時有次金光，明一至四。性脆，硬三・五至四，重四至四・一。有摩擦之有電氣者，有以毛摩之有黄光如燐者。其合質，白鉛六六・七二，硫礦三三・二八。其暗色者，内有硫礦鐵。又其内屢遇有數分硫礦開特彌恩，紅色者，開特彌恩多。吹火試之，不鍊。硼砂點之，亦不鍊。入硝酸能消化，有礦輕氣出。若用猛火燒之，則白鉛化煙而出。識別之法，因其蠟光，及結成之

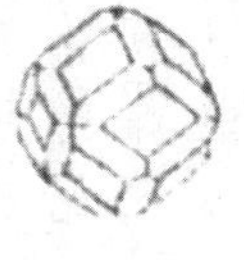
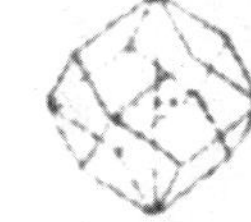

式，析之分明。又火試之，不鍊，皆與他礦異，故易辨。其暗色者，與錫礦之別，因不如錫礦硬。其結成明紅色者，與茄納之別，因可剖析，及無茄納之硬，而火試異。遇之於新舊各石層中，大約與鉛礦、銅礦、鐵礦、錫礦、銀礦相近。

此白鉛之好礦也。雖鍊之不如開來巒之易，而可如鐵倍來底斯之法，作硫白鉛。

尋克愛脱，又名紅養白鉛。其元爲三律式。結成塊形，或撒開在石中，析之如枚格，其頁脆，分之不甚易。深明紅色，劃視之，橘黄色。其薄頁照視之，深黄色，半剛光，明三至四。硬四至四·五，重五·四至五·五六。其合質，白鉛八〇·三，養氣一九·七。吹火試之，不能自鍊。同硼砂，成明黄料。入硝酸消化不生氣。與紅斯底兒倍脱之别，因不能獨鍊，及所在之處異。

此爲白鉛之好礦，如多，可用以取得白鉛。亦可用以作硫酸白鉛。

服爾斯愛脱，硫養白鉛也。遇其結成圓粒不浄之紅色，碎面珠光。

硫酸白鉛，其元爲三律式，結成斜方底形。目目面交角九十度四十二分，析之平行，全備。色白，玻璃光，入水易消。味澀有鉛腥，令人吐。性脆，硬二至二·五，重一·九至二·一。其合質養白鉛二八·〇九，硫酸二七·九七，水四三·九四。熱之木炭火中，有白煙降於炭。遇之於白倫脱，爲白倫脱所變成。可作藥材及染色。生成者不多，故有以白倫脱作之者，惟不能浄，不如以硫酸作之。法以水硫酸消化白鉛，時調之，使結成碎形，其名白微得利來脱。

炭酸白鉛，其元爲六角式。夕夕面交角一百〇七度四十分，析之全備。有搏結者，或於石面爲皮，或爲腰子塊及鍾乳形。其色白而不浄或緑褐，劃視之無色，玻璃光或珠光，明二至三。性脆，硬五，重四·三至四·四五。其合質，養白鉛六四·五四，内有五分之四浄白鉛，炭酸三五·四六，屢微有開特彌養。吹火試之，不鍊而能升。入硝酸，發泡消化。摩擦之，有非極電。與他種礦之别，因入酸發氣。與炭酸鉛及他種炭酸金之别，因較硬，且難鍊而能升。遇之與鉛礦及白倫脱，在灰石中。

白鉛花，土形之炭酸白鉛也。内有六十九分養白鉛，十五分水。

開來巒，夕里開白鉛也。其元爲三律，結成斜方底柱，柱之頂底、次面不同。目目面交角一百〇三度五十四分，析之，與目面平行，能完全。有搏結者，亦於他石之上結爲乳形帶形。色微白至白，或藍緑褐色，劃視之無色，明一至三，玻璃光，半珠光。性脆，硬四·五至五，重三·三五至三·四四九。熱之有電氣。其合質，夕里開二五·一，養白鉛六七·四，水七·五。吹火試之，徐起泡，有緑色燐光，不能自鍊，與硼砂能成明料。入硫酸熱之，消化，冷則成膏形。與炭酸灰哀來果奈脱之别，因其酸試異。與齊河來脱之别，因不能獨鍊。與開而西駃能之别，因此較輭，而入酸作膏。遇之於鉛礦中。

此礦大有用，可以得白鉛。

月里每脱，無水之夕里開白鉛也。遇其結成之頂底爲六角類，色黄或褐。硬五至五·五，重四至四·一。其合質夕里開二七·一五，養白鉛七二·八五。

阿白愛脱，此石最少，灰白色結成，亦有搏結者。遇之於開來巒，想是燐酸白鉛。

弗蘭葛林奈脱，已詳鐵類，其中有白鉛。

屋來刻而斯愛脱，小結成如針，礬緑色，其合質水炭酸白鉛、銅。

白鉛，西人俗名斯背而脱，西國古時不知用此，有從中國去者，始知其用。現今所有之白鉛，大約皆從炭酸白鉛礦、夕里開白鉛礦得之。

硫礦白鉛礦，往時不能得其白鉛。今英吉利已有新法。可以取出其白鉛。

花旗白鉛礦有開來巒及炭酸白鉛。

鋅礦

安德孫撰傅蘭雅潘松譯《求礦指南》卷五《鋅》 凡欲試驗含鋅之礦，先合於鈉養炭養，在木炭上用吹火筒加熱。如木炭面生皮一層，加大熱，發光亮，熱時帶黄色，冷時帶白色，則爲含鋅之憑據。如炭面所成之皮，用鈷養淡養水做溼，再加熱，則發最佳之緑色。

卡拉迷尼礦，又名鋅養炭養。此爲鋅礦内之最要緊者，其質成大塊，間有成石鍾乳形，稍能透光。其清者色白，如真珠。但平常含鐵養等質，則爲樱色，間有帶緑色，劃痕迹帶白色。其光色如真珠，或如玻瓈。其質脆，硬率五，重率三·三至三·五。其精質每百分含鋅五十二分，其餘爲鐵養或鈣養炭養，或鎂養炭養等質。如用吹火筒獨試之，則不能鎔化。如合於强水，或酸類質，則發氣

泡。亦有得此礦之形狀，與丐克司巴耳相似。

鋅布侖得礦，又名鋅硫礦。此礦成大塊者，成絲紋形。其顆粒爲八面形與十二面形。其色清者黄而透光，但平常帶樱紅色，或加尼得紅色，或黑色而半透光。其劃痕迹爲白色或紅樱色，其光色畧似蜜蠟。硬率三・五至四，重率爲四。有數種能收發電氣。每百分含鋅六十七分，其餘爲硫磺等質。如用吹火筒加熱，則在邊上能鎔化此礦。可於硝强水内消化。如放於玻璨管内加熱，則有硫幾分放出，其餘爲鋅養硫養。此礦常與鐵硫、銅硫或與銀礦相合，能在鹽强水或檸檬酸水内消化之。

鋅養矽養礦，又名光面鋅礦。此礦之色或白，或藍，或樱，或緑，稍能透光。其劃迹帶白色，其光色如真珠，或如玻璨。其硬率四・五至五，重率三・三至三・五。每百分含鋅五十三分，其餘爲矽養。質如用吹火筒試之，則發泡，又發光亮如燐。用吹火筒獨試之，則不鎔化。如合於硼砂，則成明珠。如在硫强水加熱則消化，而其水冷時有膠之形狀。又在檸檬酸水内加熱，亦能將此形狀顯出也。

紅色鋅礦。此礦或成大塊，或成顆粒，容易劈開分層。其質脆畧如雲母石。其色光紅。其劃痕迹爲橘皮黄，其光色明亮，幾能全透光。硬率四至四・五，重率五・四至五・六。每百分含鋅八十分。用吹火筒獨試，則不鎔化，合硼砂試之，則成明黄色之玻璨。如在硝强水或檸檬水内沸之，則能消化。

凡鋅礦最要緊者，爲卡拉米尼，在代芬，或在産煤，或在魚子形各層石内成脈，或成層，或在凹中齊聚，如鋅布侖得常在英國等處之灰石層内遇之。又常在礦之一脈内，有鋅與别種金類礦並見，如哥奴瓦地方，有俗語云：紅鋅礦，騎好馬。其意義蓋謂礦脈上有紅鋅礦，則下疑有紅銅等礦也。

杞廬主人《時務通考》卷一三《礦務一・辨質・鋅》 鋅光石：鋅光石，又名加勒迷礦，即鋅養炭養。顆粒爲六角式，小者居多，常遇大塊，與土結合。色黄或樱，因含鐵養輕養也。光如玻璃，如玳瑁，或暗而無光，爲鋅中要礦。遇之與鉛礦及鋅硫礦在灰石中。

鋅養矽養礦：鋅養矽養礦，又名卡拉迷尼礦。質爲矽養、鋅養與水。常成極小顆粒，形不甚顯，間成球形塊，或鍾乳形塊，或爲他石之衣。邊通光，或透明，光如玻璃或金剛石。色白或黄，或樱，性脆，熱之有電性。其礦大有用，可以鍊取鋅，誠鋅中要礦也。

鋅養炭養礦：鋅養炭養礦，西名卡拉米尼。此乃鋅養合於炭養，並矽養等各種礦之總名。其鋅養炭養，謂之成層卡拉米尼，又謂之貴卡拉米尼。净者每百分含鋅養六十五分二，炭養三十四分八，内有純鋅五十二分。惟其净質難得，常雜别含類合養之質或土質等，如鐵、錳、銅、鎘、鉛、鈣、鎂等合養氣之質，因此鍊得之鋅，每百分不過四十分，或更少。鋅養炭養産於灰石與端石之中，如畦敦勃合，又愛辣含貝辣，又哇肯拉得，又司拖勒勃含，又可發立，又恩紀司，又伯黑侖，又以色侖，産於煤灰石内者，如哇司那波路克之相近處，名呼苟勒。産於殼類灰石内者，如會司陸克與擺屯，與上西里須阿，與卡令替阿。産於鎂養炭養石内者，如西班牙之散灘達，並英國之叔米色脱與大别，與嵌步侖等處。有數種卡拉米尼，如會司陸克地方者，每百分含鎘二分。

含水鋅養炭養礦：含水鋅養炭養礦，其質爲鋅養炭養，二鋅養輕養，每百分含鋅五十七分一。此礦在西班牙之散灘達相達處，名古末拉司，合於鋅養炭養，内者有大塊，從此處販至比利時國鎔鍊之。

紅色鋅礦：紅色鋅礦，此礦爲鋅養，每百分含鋅八十分二，平常含於錳養，或多或少不定。另有一處採得者，其鋅有八十八分，錳養有十二分。拉末司勃軋云：福蘭克林愛得含四錳養、八鐵養、二十一鐵養、十五鋅養，此礦産於花旗之新而細地方，運至紐約地方鎔鍊，而得鋅養與鋅内含鉀少許。

鋅硫礦：鋅硫礦，此礦每百分含鋅六十六分九，間有鐵硫與鎘硫，與鉛硫並銻硫少許。其黑色鋅硫多含鐵硫，故謂之三鋅硫加鐵硫，每百分含鋅五十二分六。馬拉古替與陁路舍皆言鋅硫礦常含銀少許，至〇分八八爲率。此銀非因所含之鉛硫原生於鋅硫之内，故可將鋅硫取鋅後之餘質，分取其銀。如鉛硫與鋅硫同産者，則鉛硫含銀甚少於鋅硫，惟鋅與銀之愛力大於鉛與銀之愛力。布拉渾之鋅硫礦，其鋅硫所含之銀，比鉛硫所含者多二十倍，鉛硫常含金少許。又如百西部辣米所産，有半徑紋者含鎘甚多。英國與法國與比利時、與須里須，各鋅礦在兩種土石層内所産。第一種爲含炭之灰石或山灰石。其礦成脈，所有鉛硫之脈，兼有鋅硫與鋅養炭養之脈在其内，此脈暨通過灰石。然有數處鉛礦内不産鋅養炭養，又有數處專産鋅養炭養，而無鉛硫，如馬脱落克等處是也。英國所産含金類灰石，偏查考其鉛礦與鋅礦。如嵌步侖省之阿司得暮而地方，大而皮省之卡素呑，與馬脱落克等處，威勒士之甫令特省等處，其礦甚多。甫令特省之北邊，近於化里活勒，開採鉛硫礦甚多。所有礦脈俱向東西排列，總無南北者。

其鋅硫礦亦在此處甚多，並無一定之排列。第二種在鎂灰石内。其鋅養礦散在石内成小脈，周圍四出如網。其脈之厚常爲數寸，開有四尺者，此因有多礦相合也。從前英國之門弟白山，有人在鎂灰石内考得鋅養礦，開採之處在費派麥、與路蒲魯、與里克福特、與蒲落特非特等處挖得許多小井而取之。開採之人每年每名納税金錢一圓，將採得之礦與多鈣養炭養相加，以篩淘之，運至費派麥出售。此處現在不多採。英國所用之鋅養炭養礦，從西班牙並美國運回者。

鋅含別質改變：卡而司敦云：鋅内合鉛，其質不多改變。又退辣、與愛里哇脱、與司拖辣，化分數種鋅，而得硫之微數，大略爲鋅硫礦所取之鋅有此性。鋅内含硫若干分，則易與鐵化合。故鋅在鐵罐内鎔化，而歷時過久，或用鐵器掉撥，常有鋅合鐵之病。此種鋅作鋅白，必有玫瑰紅之點相雜，即鐵質。司殼弗勒云：鋅内含鉮，能令鋅質發脆。苦葛云：鋅内之鉮令其成顆粒更易，而銻亦有此性。鋅内不常含錫，如每百分含錫一分，即難打軋，必加更大之熱，方能軋之。又鋅百分含銅半分，則硬而難軋，所成之板亦甚脆。鋅若含鎘甚多，其質脆而顆粒極細。門次勒云：鋅百分含鎘五分至十五分，能軋成板厚一分而不裂，但此二種金最難分離，必屢次煏之，方能相離，而鎘乃先化散，以致耗靡甚多。勃肯軋額鋅廠内，將含鎘之鋅用溼法分去其鎘。如鋅百分，含鎘三分至八分，則化分甚易，因遇强水鋅先消化。又如消化之水内，有鎘與鉛，令鋅分出，再加以鈣養，即結成白色之鋅養。其餘質含鎘與鉛，可用甑煏之，而取得其鎘，餘者即爲鉛。鋅内常含鐵，依卡司敦之説，每千分含一分三至一分四，尚不變成色，如至二分，則其質硬，而軋時之熱度須稍大。若含鐵與鉛，則鉛之病更大。視鋅新劏之面，有灰色之點，即可知含鐵之徵。愛里哇脱與司拖辣，化分常出售之鋅，每千分得鐵五分至二分一。又卡司敦得鐵二分四。又鋪而西得十六分四。如將鋅以泥甑煏之，則能分出其鐵。含鉛之鋅常多於含鐵者，鋅既含鉛，其質更輭。卡司敦云：凡鋅必有鉛之微迹，每千分以三分至三十分爲常數。如千分之内有十五分，尚能打軋，惟其板太輭，如含更多者則易裂。將鉛與鋅和鎔，而待若干時，其鉛沉而鋅浮，然鋅常含鉛，而鉛常含鋅。馬替生與魯士云：鋅所含之鉛爲百分之一分二，鉛所含之鋅爲百分之一分六。鋅内含鉍，其性與鉛同。如將鉍、鋅和鎔，令其自分，則鉍百分含鋅九分至十四分，而鋅則含鉍二分四。

綜合金屬礦藏勘探部

論説

《管子校注》卷二三《地數第七七》 黄帝問於伯高曰注一：「吾欲陶天下而以爲一家，爲之有道乎？」伯高對曰：「請刈其莞而樹之，吾謹逃其蚤牙，則天下可陶而爲一家。」黄帝曰：「此若言可得聞乎？」伯高對曰：「上有丹砂者，下有黄金注二。上有慈石者，下有銅金注三。上有陵石者注四，下有鈆錫赤銅。上有赭者，下有鐵注五。此山之見榮者也。苟山之見其榮者注六，君謹封而祭之，距封十里而爲一壇。是則使乘者下行，行者趨。若犯令者，罪死不赦。然則與折取之遠矣注七。」脩教十年，而葛盧之山發而出水，金從之注八，蚩尤受而制之，以爲劍鎧矛戟注九。是歲相兼者諸侯九。雍狐之山發而出水，金從之，蚩尤受而制之，以爲雍狐之戟芮戈，是歲相兼者諸侯十二。故天下之君頓戟壹怒，伏屍滿野，此見戈之本也。

〔注一〕張佩綸云：《管》書不應雜入黄帝之問，且與上文語不相承，當在「請問天財所出，地利所在。管子對曰」之下。前節末句曰「上有赭者下有鐵」，後節起句云「上有赭者下有鐵」，前無銀，後無金銅錫，兩合之則五金俱全。乃悟此之末句，即彼之起句，轉寫複脱之迹顯然。《史記・貨殖傳》正義引《管子》「山上有赭，其下有鐵。山上有鉛，其下有銀。山上有銀，其下有丹。山上有磁石，其下有金也」，「銀」、「丹」句似互倒，然兩節之本屬一節，此其的證。【略】

〔注二〕戴望云：《路史》「沙」作「砂」，「金」作「銀」。尹桐陽云：凡黄金苗線多與痴人金相雜。痴人金黄色，在空氣中與養氣相合則變丹色。經雨水冲刷成爲碎粒，故曰「上有丹砂者下有黄金」。丹砂形如粟，故一名丹粟。郭璞《江賦》又謂之「丹礫」。《荀子》謂之「丹干」。《逸周書・王會》「卜人以丹砂」，《西山經》「皇人之山其上多金玉，其中多丹粟。峣山多采石黄金，多丹粟。槐江之山其上多藏黄金，其陽多丹粟」，均「丹沙」之稱也。

〔注三〕戴望云：「慈」即「磁」之假字。《路史》作「下有赤銅青金」。張佩綸云：「下有銅金」當作「下必有銅」。《北山經》「灌題之山，其中多磁石」，郭璞注：「可以取鐵。《管子》曰：上有磁石者下必有銅。」據此，知「金」字爲衍。《吕覽・精通篇》「慈石召鐵」，高注：「石，鐵之母也，以有慈石，故能引其子，石之不慈者，亦不能引也。」《淮南・説山訓》：「慈石能引鐵，及其於銅，則不行也。」《名醫別録》曰：「慈石，一名處石，生太山及慈山山陰，有鐵處則生其陽。」慈石引鐵，古書屢見。《淮南》明言於銅不行，似「上有慈石者下」當作「必有鐵」。而《爾雅注》作「銅」，《史記正義》又作「金」，《路史》作「下有赤銅青金」，無由折衷一是矣。尹桐陽云：「慈」之言孳也。「慈石」即長石。長石受水及空氣之變化，漸成爲土。復受植物酸化，消化其中雜質，即成爲浄磁土，多含銅鉛錫銀等礦。故曰「上有慈石者下有銅金」。非指性能吸鐵之慈石言也。性能吸鐵之慈石專産於鐵山。《寰宇記》「淄川縣，商山在縣北七十里，有鐵礦，古今鑄焉，亦出磁石」，《淮南・説山》「慈石能引鐵，及其於銅則不行」，均是。【略】

〔注四〕孫星衍云：《御覽》三十八引作「緑石」，八百十引作「陵石」，與今本同。張佩綸云：《本草》：「陵石生華山，其形薄澤。」【略】有較大孔雀石，重十八點八公斤，可以證實。緑石爲陵石別名，本作「陵」。

〔注五〕張佩綸云：《北山經》「少陽之山，其中多美赭」，注引《管子》曰：「山上有赭者，其下有鐵。」尹桐陽云：「赭」，赤土也，今稱土珠。鐵礦未與空氣相會，爲深藍色。其表面鐵礦與空中之養氣相配者，則爲赭色。故曰「上有赭者下有鐵」。《中山經》：「求山，求水中有美赭，陽多金，陰多鐵。」《北山經》「少陽之山下多赤銀，水中多美赭」，注引此作「山上有赭者其下有鐵」。翔鳳案：《説文》「赭」訓「赤土」。産鐵之山，土石並帶紫墨色，故混言上有「赭者」，不分別土石。桂氏《義證》引《范子計然》「石赭出齊郡，赤色者良」，則主要指石。尹説誤。

〔注六〕任林圃云：《淮南子・説林訓》：「銅英青，金英黄，玉英白」，「英」猶榮，皆以草木之華榮喻礦藏之鑛苗也。【略】

〔注七〕張佩綸云：「折取之遠矣」，「犯之遠矣」，言不敢折取之，不敢犯之也。《周禮・卝人》：「掌金玉錫石之地，而爲之厲禁以守之。若以時取之，則物其地，圖而授之，巡其禁令。」此與《周禮》義合。按上古卝人物地之法久廢，鄭氏《周禮注》：「物地，占其形色，知鹹淡也。」疏云：「鄭以當時有人采者，嘗知鹹淡，即知有金玉，故以時事言之。」是東漢時尚有能占形色者。

〔注八〕孫星衍云：《史記・五帝本紀》索隱引作「蚩尤受盧山之金而作五兵」，「盧」上無「葛」字。《藝文類聚》六十引

作「廢而出水」。「廢」、「發」古字通用。張佩綸云：「葛盧」，《續漢書・郡國志》「東萊郡葛盧有尤涉亭」，疑即葛盧山也。

〔注九〕張佩綸云：「蚩尤」，黄帝臣，詳《五行篇》。《御覽》八百三十三引《尸子》「造冶者蚩尤也」，《廣韻・三十五馬》作「蚩尤造九冶」。【略】

桓公問於管子曰：「請問天財所出，地利所在。」管子對曰：「山上有赭者其下有鐵，上有鉛者其下有銀。一曰：『上有鉛者其下有鉒銀注一，上有丹沙者其下有鉒金注二，上有慈石者其下有銅金注三。』此山之見榮者也。苟山之見榮者，謹封而爲禁。有動封山者，罪死而不赦。有犯令者，左足入，左足斷，右足入，右足斷。然則其與犯之遠矣。此天財地利之所在也。」桓公問於管子曰：「以天財地利立功成名於天下者誰子也？」管子對曰：「文、武是也。」桓公曰：「此若言何謂也？」管子對曰：「夫玉起於牛氏、邊山，金起於汝、漢之右洿注四，珠起於赤野之末光。此皆距周七千八百里，其涂遠而至難，故先王各用於其重，珠玉爲上幣，黄金爲中幣，刀布爲下幣。令疾則黄金重，令徐則黄金輕。先王權度其號令之徐疾，高下其中幣，而制下上之用，則文、武是也。」

〔注一〕【略】尹桐陽云：鉛礦均含有銀質，故鉛礦可名爲銀礦。今常寧縣北鄉水口山鉛礦，其一例也。【略】

〔注二〕俞樾云：《玉篇・金部》：「鉒，送死人具也。」然則「鉒銀」、「鉒金」殊不可通。疑「鉒」字之誤。《五音集韻》曰：「鉒，堅金也。」【略】

〔注三〕張佩綸云：「銅金」當作「鉒銅」，「鉒」與「注」通。《莊子・達生篇》「瓦注」，「金注」，《淮南・説林訓》均作「鉒」，是其證。《説文》：「注，灌也。」言金銀銅灌注其下。尹桐陽云：《北山經》「灌題之山中多磁石」，《注》：「可以取鐵。」《管子》曰：「山上有磁石者，下必有銅。」《史記・貨殖傳》正義引「山上有赭，其下有鐵。山上有鉛，其下有銀。山上有銀，其下有丹。山上有葱石，其下有金」，所引略與此殊。翔鳳案：「銅金」爲黄銅，見上。張誤。

〔注四〕孫星衍云：《揆度》、《輕重乙篇》「洿」皆作「衢」。張佩綸云：金起於汝、漢之右洿。《鹽鐵論》曰：「汝、漢之金鐵，誘外國，鈎羌、胡之寶也。」《韓子》：「荆南麗水之中生金。」

李昉《太平御覽》卷八一〇《珍寶部九・金中》 管子曰：玉起於禺氏山，金起於汝漢，珠起於赤野。此寶相去各七千里。湯以杜山之金，以贖民之賣子者，禹以歷山之金，贖賣子者。江陽之珠，天下一美。上有丹砂，下有黄金。上有慈石，下有銅金。上有陵石，下有鉛、錫。上有赭，下有鐵。葛盧山發而出金，蚩尤取以爲劍、鎧。雍狐山發而出金，蚩尤取以爲戟。楚有汝漢之黄金。

又卷八一二《珍寶部一一・銀》 《管子》曰：「上有鉛者，下有銀。」

釋贊寧《東坡先生物類相感志》卷一八《金玉部》 石汗：凡山石五六月盛時必汗，出赤黄香金汗，口嘗味臭，如牛溺氣，手擘如有金，初融似銀者，金也；白汗味辛者，銀；汗如雀毛色者，銅；如胡膠色者，鐵也；如白鐵色者，錫也。

砂重：凡有寶之沙甚重，極若土色，似熟杏，火燒，作脂蘇氣香者，又色似血，有金、銀。

朱勝非《紺珠集》卷六《酉陽雜俎・寶苗》 山上有葱，下必有銀。有薤，下必有金。有薑，下必有銅、錫。山下有玉者，木旁枝下垂，謂之寶苗。

彭大翼《山堂肆考》卷一八五《珍寶二・錫》 《酉陽雜俎》：「山上有薑，則下有銅、錫。」

又卷二三五《補遺・碧髓》 空青出峨眉之阻，雌黄出嶓冢之陰。丹石發王屋之岫，碧髓挺青蛉之岑。

李時珍《本草綱目》卷八《銀校正》 《管子》云：上有鉛，下有銀。《地鏡圖》云：山有葱，下有銀。

來集之《倘湖樵書》卷一《各物雌雄》 《本草》云：磁石生山之陰有鐵處，玄石生山之陽有銅處。

《别録》曰：玄石生泰山之陽。

李豫亨《推篷寤語》卷一《測微篇上・測形炁之微》 五行皆能生物，惟金不生，克木故也。凡山有金礦、銀礦與銅、鐵、錫諸礦，大抵皆是童山，不生草木。然五金出世久亦能化仍歸於土，如銅之緑，鐵之屑，錫之灰是矣。非獨銅、鐵、錫也，銀見火則耗，金土畜則黄，皆化之漸也，久之亦能澌滅。道家謂金性不敗朽，故爲萬物寶，此比身中金剛不壞之體，非世金之論。

陳元龍《格致鏡原》卷六《坤輿類・二石上》 《相感志》：「凡山石五六月盛時必汗出，赤黄者金汗，口嘗味臭，如牛溺氣，手擘如有金，初融似銀者，金也；白汗味辛者，銀；汗如雀毛色者，銅；如胡膠色者，鐵也；如白鐵色者，錫也。」

王念孫《讀書雜志・墨子卷四・耕柱》 折金，山川，陶鑄之。昔者夏后開使蜚廉折金於山川，而陶鑄之於昆吾，畢據《文選》注《七命》改折爲採。念孫案：畢改非也。折金者，擿金也。擿，音剔。《漢書・趙廣漢傳》：「其發姦擿伏如神。」

師古曰：擿，謂動發之也。《管子・地數篇》曰：「上有丹沙者，下有黃金；上有慈石者，下有銅金；上有陵石者，下有鉛、錫、有銅；上有赭者，下有鐵，君謹封而祭之。」然則與折取之遠矣。彼言折取之，此言折金，其義一也。《説文》曰：哲，上擿山巖，空青、珊瑚墮之。從石，折聲。哲與折亦聲近而義同。《後漢書・崔駰傳》注、《藝文類聚・雜器物部》、《初學記・鱗介部》、《太平御覽・珍寶部九》、《路史・疏仡紀》、《文川書跋》、《玉海・器用部》引此，竝作折金。《文選》注作採金者，後人不曉折字之義而妄改之，非李善原文也。

「折金於山川」，畢云：「《山海經》云，其中多金，或在山，或在水，諸書引多無川字非。」念孫案：山水中雖皆有金，然此自言使翁難乙折金於山，不兼川言之。《後漢書》注、《文選》注、《藝文類聚》、《初學記》、《太平御覽》引此皆無川字，則川字乃後人以意加之也。

「陶鑄之於昆吾」，本作鑄鼎於昆吾，此淺人不曉文義而改之也。金可言鑄不可言陶，上言折金，故此言鑄鼎，此言鑄鼎，故下言鼎成。若以陶鑄竝言，則與上下文皆不合矣。《後漢書》注、《文選》注、《藝文類聚》、《初學記》竝作「鑄鼎」，《太平御覽》作「鑄之」，《路史》作「鑄陶」，《玉海》作「陶鑄之」，則羅長源所見，本已有「陶」字，蓋唐宋間人改之也。

陳忠倚《清經世文三編》卷一九《治體七》黃潤章《辦理交涉以膽識才辯爲先論》 又次者，招股開礦往往誤僱礦師，虛縻歲月，礦未開而銀皆烏有，礦即開而潰敗半途，以致鉅富破家，錢莊閉市者，不可勝計。孰爲爲之？孰令致之？蓋辦理礦務人員，試問其錬礦石幾斤，出銅鐵幾斤，則貿然不知也。所謂辦理礦務人員者，未免有慚色矣。夫辦理洋務，不勝枚舉，擇其大者而言，不外富國強兵之計。一曰辦理鐵路。蓋鐵路以勘路爲第一，關鍵必須精於輿地之學，深諳測量之術，凡山川險易，道路平陂無不了然胸中，方能勘定合法之地。一切過山渡河，皆須測準而繪有平剖面圖，圖中註明每里高若干尺。地圖既明，則造路之全局在胸矣。又以估工估料，工則以築路、硪地、開山、砌洞、鋪軌爲大宗，而停車之廠、渡河之橋次之。料則以鐵軌墊木碎石爲大宗，而滊車、客車、貨車，又日用之煤，中途之棧次之。工程估定，則造路有把握矣，此爲辦理鐵路人員之稱職也。一曰礦務。中國爲財賦奧區，雲南產銅，山西產鐵，湖北、江西、湖南產錫，齊魯、荊襄產鉛，臺灣產硝，以及伊犂淘金，和闐採玉，礦產之富，誠爲五大洲所未有。凡查礦之法，以土色定層次，石質分原雜，既分之後，抑知何石含金，何石含銀，何石含銅含鐵，含鉛、硫、鋇、錫等質，成色分剖，絲毫不爽。且鑽深礦層，試其厚薄寬窄，依法推算而知礦藏幾何，以滊機之馬力若干者而合用，礦夫幾何，以每日出礦若干者而核計成本幾何。即使礦師謬指某處產金、銀，某處產煤、鐵，任意高談，聽之者無不受其愚，然有精於礦務人員者，往查其實，力辯其非，不至如前誤聽礦師，一敗塗地。此誠辦理礦務人員之稱職也。

王仁俊《格致古微》卷三《管子》 「上有丹沙，下有黃金。上有慈石，下有銅金。上有陵石，下有鉛、錫。上有赭，下有鐵。上有鉛者，下有銀。」一曰：「上有鉛者，下有鉒銀，此山之見榮也。」案：此礦學也。葉瀚曰：「《寶藏興焉・錬金篇》：『金生於鎔結石與變石，或爲變形之砂石與河底砂石中，其石皆爲石英。北亞美利加發納達山石英中金最多，石上常有紅土蓋之，丹砂、黃金即此。』上有慈石下有銅金者，《金石識別》有銅硫鐵礦，吹火試之，有吸鐵性。豈古言磁石引鍼，見含硫鐵之銅能吸鐵，故云磁石歟？上有陵石下有鉛錫赤銅者，陵石，言石隆起有陵。《金石識別》曰：『若見石面見青黑花形，及平地有一條隱隱隆起爲山，即有鉛。』又曰：『自然成銅礦，恒在石層之文結成石突出之處。』可證。上有赭石下有鐵者，此今紅鐵礦，西名希美台能，蓋地上泥土之色，即是鐵色。因有他石雜之，故成紅色。又鐵成時，或遇水注上面成鐵養，與土花合成赭，亦未可知。《寶藏興焉》言美國彼格蘭得等處多開得紅色鐵礦，即是。上有鉛下有銀者，《寶藏論》曰：『産鉛之山一名龍牙，一名龍鬚生。銀生石穴中，成片塊，大小不定，狀如硬銀絲。』《金石識別》及《寶藏興焉》亦言銀礦多與鉛合，信矣。『一曰』云云者，《淮南・説林》高注：鉒者提，則此金乃生成而爲塊者。西人有自然金、自然銀、自然銅各礦，則鉒金即生成自然之礦璞也。山之見榮者，即礦苗也。西人言含金之石謂之呆唔。」

「修數十年而葛盧之山發而出水，金從之，蚩尤受而制之以爲劍鎧矛戟。」又曰：「此見戈之本也。」案：此言開礦，乃可製造也。葉瀚曰：「金生山中，久經剝蝕，成沙與土，水從上過，帶金流去。礦學家亦言水底有金，此見戈之本，言五金可利製造。西國講地學者，以刀矛爲世次期，分之爲銅刀期、鐵刀期，與上古同。」

汪宗沂《雲氣占候》下篇 金銀之氣高出山巔。《天官書》。金礦色黃，氣若鏡圓，上赤下青。金氣最真，占以金日，其象猶人。《地鏡》。五金之礦生於高山重峯、疊嶂峻嶺之間。《唐語林》。銀礦白鋭，素霧彌天，流散在地，撥之宛然。氣似雄雞，白銀見焉。草青莖赤，其下有鉛。山有磁石，下有銅金。《地鏡》。錢銅

之氣青雲最深。《事類賦注》。丹砂木精得金乃升。《參同契》。丹砂之下，黄金瑩潔。《管子》。土爲金父，水爲金液，以藏生金，其氣不竭。丹砂和鐵，金乃可鍊。唐順之《武編》。鉛礦之下，得銀不絶。《管子》。金遇鉛碎，其理可説。《物類相感志》。水銀化金，性本純陰。在山即化，出山不成。純陽石氣，合化堪徵。《廣記》引《奇事記》。斷岡伏礦，行砂出金。《地鏡》。赭氣有鐵，赩氣有銅，紫氣上浮，玉在石中。邵諤《望氣經》。

劉嶽雲《格物中法》卷五上《金部》 凡有慈石之山，其相近必有鐵。開平礦工牛某言。

偏山赭色，或明或暗，經雨漱洗，流入澗中，水成鐵銹色，其山有鐵。若青色淘泥，此鉛、鐵之據。莒州礦工孟某言。

嶽雲謹案：時珍引《寶藏論》云：負版鉛，鐵苗也，是黑金之祖矣。

又卷五下《金部》 嶽雲謹案：《天工開物》之砂鐵，西人所謂泥鐵礦也。錠鐵，西人所謂黑鐵礦也。凡土石之赭色、紅色、椶黄色者，大半皆含鐵質，故地面各質鐵爲最多。

上有石者，下有銅。《管子》。

宋賡平《礦學心要新編》卷上·編上《礦學九章論法》第一章《論天地氣化方位》 天生五材，民並用之，廢一不可。然五行之氣運於天，而五材之用呈於地，天之運行於四時，地之運布於五方，書契以來，未之或異。而疏註之家、方術之士皆言在天之運，而遺在地之材。《職方》所載，亦有闕文。豈在天者可憑，而在地者反無憑耶？今即天地之理而互參之，知天之運有流行，而地之體有定位。北方爲水，於時爲冬；南方爲火，於時爲夏；東方爲木，於時爲春；西方爲金，於時爲秋；中央爲土，寄旺四季。配合之數，多寡均匀，無稍欠缺。食貨之經皆天地之義，何嘗有此贏彼絀之數哉？洎乎後世，五政不脩，民生日促，水火之用，人可自給，五金之用，稱爲貴品，豈用之數太廣，而生之果不足歟？非也。人非水火不生活，故掘井鑽燧，人人可爲。金錫之品，用可稍減。古有專官，人不得自取之也。即得自取，而其物生於地中，秋主收藏，故金亦爲藏蓄之物。不知其法，即取亦不能得。今欲言其法，非詳言天地之理而其義不明。欲究言其理，而其蘊又深而不可窮。惟即運行者，以觀其化，定其位，以驗其藏，庶幾理歸一，是不爲盧誕之詞所惑，而寶藏可興。故凡談礦務者，須知金玉諸寶，其秀天鍾，其質地蘊。厥形厥色，皆較然不可或掩。天氣清輕上浮，瑩然無滓。其氤氳磅礴之氣，由下應上，非天自有之，而自著者。即如金生於地，原具一種精彩，所以玉蘊山輝，珠懷川媚，内美既精，外觀有耀，甚至氣達霄漢。以一日之運行論，每早晚呈象於天，其見爲紅紫黄色，則礦産最旺之處，若天陰暗則不可見。以四時之運行論，春夏冬雖可考驗，而要莫如秋日。夫羲經之旨，兑爲正秋，天示恒象，西方七宿皆爲白虎，而且配以支干庚酉及辛，並爲金庫。歷考載籍，皆以金爲秋爲西，不可誣也，而均不悟者，憑於虚而未務夫實耳。術數之家皆以生尅爲用，豈知生尅之理，皆實事而非虚言。余前遊印度，道經西藏，由撻箭爐至靖西，大川凡七十餘處，小山無數。另有途程日記詳其名目。遥西望之，有光射目，使人不能正視。疑其山皆五寶結成，非土石比也。渝、夔、西、秀産礦一帶，亦早晚陰晴，時見各紅白氣，有目共賞。惜夷人蠢愚，守之若命，不肯開採。夷俗人死之後則天葬，則以食飛鳥，食盡則爲得福。火葬則用火焚化，地葬、水葬則棄之於野、沉之於水。夷謂其骨肉皆化爲金，故重金不採。惟德法言之則敢悦服不違。棄寶於地，爲可深惜。即平壤大地若巴塘、裡塘、大小溪流亦皆遍地金沙。《釋地》言舍衛國王於釋迦講經之處，以黄金布地，後世疑爲虚言。觀於此，則當日之黄金布地，又何難哉？或曰：《月令》一書，言天之氣，天下所同，春氣至則天下皆春，秋氣至則天下皆秋，固未嘗限以方隅。若子所言，則春之氣惟行於東，秋之氣惟行於西，是西方無木，東方無金，而後可也。何所言之拘而不合於大地之用乎！蓋東方生木，西方未必不生木。北方爲水，南方爲火。而以地勢言之，北方則沙漠則多山，南方則寰海而多水，此豈以方位定乎？余應之曰：西北地高，東南地卑，水爲流質，其性就下，故西北之水金能生水，亦爲水母，故江水發源於西。黄河源離省城三千餘里，亦傍西方，而瀉自北，之東入海。若雲南金沙江、麗江、怒江，皆由藏衛正西發源，可爲相生之證。注於東南，勢使然也。使水不生於壬癸，何以江河之流無已時，而滄海桑田代有變更乎？且水之氣寒，故北方多寒，火之氣熱，故南方多熱，亦明驗也。若謂東方生木，西方斷不生木；西方生金，他方斷不生金，此不通之論也。蓋木之氣始於東，而運行於西。金之氣始於西，而散布於各方，查其定位之精則不可移易也。何謂定位之精？東方主蒼龍之宿，震位東北爲雷爲龍。雷則無處不有，亦散布之氣也。龍則惟山東、江浙近海之人常見之，他處不能見也，則定位之物也。金爲白虎之精，秦昭王時蜀中出焉。他虎則各處皆有也，按白虎爲五靈之一，王者仁至之端，疑與此異，古未見其物。亦定位之明證也。則謂西方生金，他處必不生金，夫豈有是理乎哉？中國各省及關内外暨歐美各洲，生金之地不堪枚舉。然而衰旺之分，則不啻有

十百倍蓰之别也。或曰：如子之言，藏衛五屯金川者是已。蜀於中國，亦據庚辛正位，何以不聞良金倍出耶？應之曰：蜀固産金之府也，另詳《全川産礦圖誌》於下卷册中。特産金極旺之處多在荒徼之外，夷人護之，亦如藏衛地方牧守，或未善爲調停，故迄今尚棄地中。如富者之忍饑絶食，甘爲病卧，甚可怪也。若使蜀之礦山盡爲開辦，愚測繪全川産礦各圖，外連三瞻，對及綽斯甲格爾黑特，直達藏衛西南夷地，無不詳悉。語云：開了萬石坪，世上無窮人。此特就上下南中之一隅論，其餘可類推也。富强之效直指顧間耳，夫豈難哉？或又曰：五行之運，定位之理既知之矣，敢問金含藏地中，其氣之見於外者何如？應之曰：金，虎氣也。其氣肅殺，不生草木。如五屯寧雅産金之山皆少草木。秋高氣爽，黄紫之氣上燭霄漢，寶光騰射，不可掩閉。且金氣最旺之處，行路倍覺艱難，不過十餘步即爲氣喘。惟斑爛山空下及巴底巴旺、巴塘、裡塘，如久飲其水，能令人身沉重，夜卧不便轉側。此皆素所親歷，知金氣沉重無比也。或又曰：金在地中能生長乎？應之曰：能。天地之運不息，故物之生亦不息。河岸淘金，踰年復有，礦在山中亦然，但生機甚微，人不及見耳。又如銅鐵各礦，其未變成之氣□櫎影，即初生之礦，若歷年既久，則成佳礦矣。西人於不分質之礦堆積於地，空其中而露其外，使得天空氣，不過年餘，亦能分汁，謂之法造自然。則地中之生可知之矣。惟金則見天光，即不能生。以金爲純質，非若他礦之兼雜質也。如硫炭各養之類。或又曰：銅鉛各礦往往不能分質，何也？應之曰：天時地利，萬事之準則也。天時之寒暑不同，地勢之高下各異，故安爐置罩金門嘴子，亦因時變更，詳後用此鍊器具圖則一篇。稍不如法，即不分質。鐵爐亦然。夫天者萬物之始也，地者萬物之本也。《易》曰法象莫大乎天地，變通莫大乎四時，故余言礦學亦歸本於天，非故爲幽深之説，以炫人耳目。誠以天地自然之數，皆理之不可易者也。因發其微旨，以爲九章之首。

第二章《論進山考礦》 礦者，五金各寶之總名，天地生成之物，自然之利也。然非精於考查，即無由知其衰旺，故先觀其色，次辨其味，再驗其質。色有淺深，味有厚薄，質有輕重。淺薄而輕者則浮躁不實，深厚而重者則樸實堪嘉。三者皆得，可以確知其爲某礦，而非冒昧從事者比也。然於色味質三者之中，而味爲尤重。味即氣，氣即脈頭之確汁也，有酸甜苦辣辛焦之異，有鹽麻臭濁之分，濃淡之别，其味則種種不同，故厰客善礦者，食味可知某山某礦之分寸。或用幾煅，或不煅，當得幾何溜數，如百觔生礦，火煉得十觔浄質者，照稱如數，則爲一溜。以次照推，如不足十觔，則不成溜。先用水試以觀其鎔化，次用火試，以求其分質，則五金各礦皆無遁情矣。何謂水試？即如白鉛，取一塊入硝酸中，則能消化，有礦輕氣出。吹火試之，則不能鍊。用猛火燒之，則白鉛化煙而出。紅養白鉛亦然，惟入硝酸不生氣。又有炭酸白鉛，入硝酸，則消化而發泡，吹火試之能升，摩擦之，有非極電夕里開。白鉛入硝酸，熱之後化冷，則成膏。吹火試之，徐徐起泡，有緑色燐光。點以硼砂，吹之能成明料。鉛礦無生成自然者，每與他質相合，故不易鍊，惟吹之於木炭上，則有養氣白鉛如白烟升出，熱之多有電氣。鉛之脈見於外者，其石有青黑花形，平地一條隱隱隆起，或一條凹下，其地有一種獨異之草木，自成一路，皆爲有鉛之據。但其中有銀有銅，多寡不等，欲定其成分，非精化學者不能也。銅之生成自然者，多吹火試之，能鍊得銅珠有别，金在内則其珠爲他金所包，須用硼砂及錫箔點之，則銅自見。入硝酸能消化。以浄鐵試之，鐵上有銅色。其中有銀者，磨平之，其形或如線或如點，朗明可見。又有玻璃銅礦，吹火試之，内有火硫礦烟，外火則發泡。外火，天上一面也。内火，地下一面也。入硝酸，熱之能消化，硫磺沉於底。其與銀礦之别，以入酸消化，以鐵試之，鐵有銅色。若銀礦以銅試之，銅有銀色。又有硫鐵銅礦，其中有鐵。識别之法，色細黄而輭者，其中銅多，若色淡而硬者，鐵多銅少。又有紅色銅礦，火試皆得銅珠，酸試皆能消化，惟咫色不及自然銅礦。又有硫酸銅礦，可以染色印花，可使木不朽，肉不爛。凡硫酸銅礦，穴中有水流出，可以鐵换得之。其法於水之經過處掘地作坎，坎中置鐵五百噸，一年之久，其鐵消化變爲紅土，每一噸鐵得一噸半土，其每噸土内有一千六百磅浄銅。又有炭酸銅礦，吹火試之，有細細爆裂之聲，入硝酸消化如沸。我華鑄錢，大半此銅。曾擲鐵於硝酸中，見其有此狀，故知其爲炭酸銅無疑。又有夕里開銅礦，附於他礦之皮，亦有結成土塊之粒形者，吹火試之，變黑不鍊；硼砂點之，微鍊；入硝酸，不生氣，不能全消化。其浄者有三十分銅，不浄者十分銅。又有燐酸銅礦，亦附於他石之，而吹火試之不鍊，熱之有燐酸形迹。緑氣銅礦色緑或黑緑，吹火試之有緑氣烟，能鍊得銅珠。試銅之法，先以火試。置小塊於筩熱之，辨其氣味，知其中或有礦，有砒。如二者俱有，每礦粉一觔和木屑半觔，以油溼之，置筩中熱之，以出其砒烟。研碎之，置淺鐨中，燒紅而調攪之，則礦及炭燒矣。又研碎之，每一觔加半斤鍛過之硼砂，又加一二分之一烟煤，和而溼之，作團實於罐中，封固之，入風箱之爐燒之，至罐通紅到十二分，取出冷之，碎其罐得銅。如尚未浄，加硼砂再鍊之，至輭而能撻，則浄矣。此法第一次去砒，第二次去礦，若本無砒礦，則可省一二次工夫矣。酸

試之法，以磺入重硝酸中，則硫磺、硫酸銅、鐵、鉛、銅皆能消化。若其中本有輕綠銀氣，則降於底爲乳皮色。若無綠輕氣而有銀者，則微加綠輕酸，其銀自降。如不降者，無銀者，若其中無鉛及砒，與他金之遇磺輕氣能降者，在内則以磺輕氣放入，其銅變爲硫磺銅而降。其色黑，濾出洗過，再入硝綠輕酸水消化之，以輕酸卜帶斯降之，得黑養銅。又濾出燥之，稱其輕重，即可算得礦中有銅若干分。白金雜見於沙土中，人不能識，前臺灣金礦中每有之，因不能識，不能鍊，棄之。皆以爲銀，所異者不易消化，惟硝綠輕酸可以消化。又以綠養酸，阿摩尼阿降之，成橘黄色粉，爲二倍綠氣阿摩尼阿，熱之至紅，即得細粉黑色。又熱之至紅，以鋼板重壓之，則并成餅。再燒而撻之，可以成塊。此物不鏽蝕，可以作化學水電諸器，又可作鍋熬鍊硫酸，可作杯罐爲火試、酸試等用，惟忌輕酸卜對斯及燐酸、炭酸，三種見之，則剝蝕。凡用白金器者慎之。黄金多生成自然者，亦有與銀及他金合者。純金則其色黄，有銀則其色微白。凡生金之礦與他金之别，以刀截之能成薄片，撻之能扁不致碎裂。大約葺金居多，産於沙中，可以淘洗得之。至於粒金，或如豆瓣，或如蠅頭，或如海椒米，必見元石烏沙，方能得之。又有馬牙金産於馬牙石中，必碎石爲粉，用水淘之，後用水銀團裹，方得净金。銀礦少生成自然者，每與他金和合。吹火試之易鍊，得銀成珠而有角，入硝酸中消化，以净銅入其水，銅上有銀色。其硫磺銀礦吹火試之，有硫氣能鍊而不能得銀，必與鉛同鍊，方能得銀。入硝酸消化，以鐵試之，鐵而有銅色；以銅試之，銅面有銀色。又與硼砂同鍊，能得純銀。又有黑銀礦，吹火試之，有硫磺氣，成暗黑珠，再與素特同鍊得銀。又有紅銀礦，亦名佩霞銀礦，吹火試之有砒烟，能鍊得銀。又有角銀礦，其色灰黑或綠藍色，視之如角亦如蠟。吹火試之，易得銀鐵礦一類，西人謂其石皆從天降，語甚奇怪。而泰西鐵礦果皆取此種石鍊之，易得鋼鐵，我華則仍入山取鐵，與煤相近，間亦有山上黑石、紅石能鍊成鐵者，特我華未知取耳。但所産既多，質亦不貴，只須爐火鍛鍊，自得純鐵。放未深考。然辨礦者，若將礦考不確，意圖僥幸，差之毫釐，失之千里，故歷舉水試、火試，已極西法考礦之詳。然則進山識礦，更有一淺見之法，不用硝酸等强，只用一清涼潔净之水，將礦置水盤内，頃刻提起，用口急吹，礦之形色立判，更覺減捷了當。加以食嘗礦味，然後下手，自有一定着落。苟於諸法未諳，而輒行辨礦，以致識礦不真，見礦不確，十廠九空，皆由此致。故言礦者，必先分别礦味礦色，礦質一層，尋櫝步脉二層，探苗識引三層。世之談礦務者，不特不諳諸法，且未親歷礦地，故作大言欺人，輒以礦樣爲憑，使可知山之衰旺，礦之多寡，不意竟爲庸人信也。然以礦樣定山，其法固有，必雖親歷礦地，確查此礦實自此山所出，方可爲憑。無論中西法皆職此理。不然，則礦質雖佳，而斷非此山所出，即使當面化鍊，均可滲汁、溜汁，種種弊端，難以枚舉。若蹈此弊，鮮不以虚爲實，畧有爲無，有礦之山反停放不辨，世有妄擬大猷頭礦山五百年後必成滄海，竟不知此何説乎。無礦之山認爲佳穴，且謂甚於滇黔，費款耗辨。推原其故，皆由識礦不真，見礦不確，前款以費，後效難期，已無能已，不得不暫求苟安，希圖漁利，支吾搪塞，以誤當局，即被劣名而不顧也。至於煤鐵等礦，中人多棄之，以爲至賤之礦，不肯認真開辦，所貪辦者，惟金銀二礦而已。試鍊諸法平昔又未講求，所以屢辦屢滯，迄無成效，故辨礦者必先得考礦試礦之法。可見西書不可不讀，而中法尤不可不知也。

又第三章《論各種苗引》 引者，導也，如人之有鄉導也。礦在山中深不可測，必藉鄉導而後能至其處也。苗者，枝葉也。如草木之實結於下，而枝葉挺其秀也。言礦者尋脈跟踪，探苗步引，確知其實，究於何處下手。引苗所在有形有迹，必常經見過，方指示親切。苗引之外又有櫝口爲之包護，櫝口其形如氣口，比之苗引更細。層層相接，遠近不等，影響之間，未易辨識也。夫天地無終秘之理，而萬物無不發之光。試以苗論，山上有葱者，下有銀。山上有磁石者，下有銅。至於鍊鉛各礦，莫不有獨異之草木，以呈露於外，則苗引之説，何可忽哉？苗有頭有尾，有向上向下衰旺之分。且一種之礦有數種之苗，而各種之礦又有相似之苗。藉非深於考查者，未易分門别類，各得其是也。如憨苗色枯而汁輕，無礦者也。有竪生之苗直掛無枝，亦非佳礦也。有磨盤苗盤旋曲繞，引多趨下，數年之後，必有水患，未可輕辨者也。有掛刀苗斜跨進山，忽斷忽續，一得此苗，蓬座分明，小則成刷，大則成堂。其苗寬厚尺餘，横長數丈，石硤堅硬，馬牙相錯，一時不能得礦，既得之後，必有連堂，兼能悠久。此各礦引苗之大概情形也。而分别言之，則有五花引，五色參差，含有金、銀、銅、鉛。鹽砂引、碧綠引，皆銅礦也。樹心引、塊子引、連子引，皆銻礦也。白綫引，銀礦也。青口引、滿天星引，銅兼鉛礦也。銅砂引、大小方磴引、紫金錫蠟引，皆銅礦也。半邊紅口引，即漢菜紅。亦銅礦也。鐵砂引，鉛礦也。乾口引、溼口引，銅礦也。一綫引、半綫引，皆鉛礦也。玻璃引，錫礦也。迴頭引、斷頭引，皆銅鉛礦也。糢糊引、捲頭引、扁擔引、綠泡引、净銅礦也。元石引、片石引，鐵礦也。綠金引，銻礦也。白鱔引、黑鱔引，均銻礦也。黄水引，銅礦也。赤金引，金礦也。麩金引、泡黑石中現金點，此不成器之金礦也。穿花

引，鉛礦也。有大花、小花之別。草皮引，不成器之銀銅礦，務詳細辨明。夾砂引，銀礦也。黃拌緑引、黑拌緑引，銅鉛相兼之礦也。火藥引，銅礦也。雞窩引，不成器之銅礦也。硃砂引、汞引，水銀礦也。馬尾引、鬚子引，銀礦也。黑綫引、緑綫引、藍綫引，銅兼鉛礦也。炭砂引，紅銅礦也。藍砂引，青銅礦也。黑泥引、黄泥引，鉛礦也。窩堂引、照檣引，銅礦也。雞爪引、通風引、樹心立插引、開口引、閉口引、馬牙引，皆銅礦之類，兼有數種之異質也。星宿引、拋後引、尖拳引、粗花引、細花引，皆鉛礦也。黃金箔引，銅礦也。赭藍石引，銀礦也。葱花引、黄木香引、黄木香一引，凡各礦皆有此種。自然銅鉛引、紅錫蠟引，銀鉛礦也。白錫蠟引、油錫蠟引，鉛礦也。黃錫蠟引、礬焦明引，銅礦也。黃泥泡引、劈柴引、蜂窩引、石黛引，此則似礦非礦，時見時無，如草皮鋪、山雞窩、滿天星引等均非正苗，惟引之外又見櫃口，櫃口者，烟子是也，須詳審。方爲正引。認引之法，有進山出山之別，有明，有暗，有横，有順，有直，有斜。礦有數十餘種，五金之類已具數十種，如鉍、鉑、鋁、鈷、硝礦、銻、砒、鈔，均五金之引。正綫之外亦有一百八十餘種，如以上所言皆常見者。兼有礦無引，有引無礦。如有礦無引者，礦必稀少；有引無礦者，引必糢糊。一山有礦，千山有引。若不平日講求，臨事焉有把握？除苗引之外，又有認石之法。凡産礦之山多出子母石，此石堅硬異常，色帶雪青，其内銜有黑有白，並藍赤紅不等。然無識者勘山查礦，只知外面土色石質，憑意懸揣，豈知山川性情有剛有柔，有陰有陽，先天中復有先天，後天中復有後天，非閲歷精深，苦心格致，其奥妙未易窺也。更有隨引撻礦，引完則束手無策，亦與不識礦者等也。如拋梭引須隔山尋脈方能得礦。如硃砂崖壁之礦亦間有之。又曰綫引竪插土中，又樹心礦，其引苗亦無定在。善開礦者必照海螺形圓轉往下旋開，方獲全礦，但必慮及將來，開至數十丈深，其礦不盡，必有水患，須預備吸水之具，其法詳水廠水機類。方爲盡善。夫山者，氣之所聚也。引者，礦之所流也。氣聚則礦旺，礦旺則苗生。蓋乾元坤貞，天地自然之利，一往而不可止者，故脈有遠近之分，幹有老嫩之别，以及一綫兩綫數十綫之不可同，遠透大江大澤大湖，或穿大峽大沙大漠，奔騰逸肆千里萬里不絶，更由海中挺生以成大島。其來脈皆從中土之山伏入水中，突然透出水面，故其氣最旺，非自懸生孤立，各成一格也。蓋其氣勢綿長，有起有伏，脈愈遠而力愈大也。惟西人論山與吾華迥别，謂今日之大山皆昔日之海底，今日之海底又將爲後日之大山。山石之類皆海中動植之物自生自死，骨質委棄堆積，既久復雜泥沙，受積壓之力，擠而爲石，更指生植之迹以爲證驗。故西人言礦謂某層爲某物所變，因地之深淺，分時之先後。其於礦學多辨石色，五金各礦皆由石中分鍊而成。其於山川脈絡概不講求，化學雖精，而開辨之始究多茫然，十廠九空，有由來矣。我華之言山，則尋其脈絡，分其枝幹，譬之於龍，其蜿蜒恣肆，曲折往復，皆具至理。蓋有先天之氣鼓盪其中，其靈秀者鍾於人物，其粗頑者結爲金石，明眼視之，一目了然。特非參造化之源，究陰陽之理，不能知也。中西之學，其所以互異者，半由於此。留心礦學者能識乾父坤母，先天之氣，坤地艮山，後天之脈，引導之功思過半矣。

又第四章《論察考形色》 天下有形色之物，皆可識别者也。但以不識者而强之識，亦終茫無所見耳。亦經有識者視之，觀其形即可以知其爲何物，辨其色即可以定其爲何質，真僞虚實，無不洞悉。識之既真，取之自易，天下安有難爲之事哉？夫認礦之貴有識，誰不知之，而不識者多自以爲識，能識者人或以爲不識，此辨礦之所以難也。余於試驗諸法言之綫詳，如第二章所言皆是。第恐專靠試驗，則藥物各品所費良多，故更即其形色以爲識别之法，眼洗雲水，物無遁情，亦辨礦者之一助也。金礦除馬牙之外，多是純質，無煩贅論。銀礦多雜他質，最不易辨，無論其或生山中，或生石内，皆以純白爲上。不宜帶青，青則有鉛生銀之礦，裝如硬錫。若生金線礦中及在土上，又或石内，滲漏成條若絲髮狀，土人謂之老翁鬚，極爲難得。餘則皆非純質，必經煅煉方成熟銀，難易之分各從其類。惟千層礦其質最難分出，多用黛石以配煉之。此石汁稠，多産銀廠側近之處，或加鉛以誘本質，或用清海石、硝鹽、硼砂等物，皆能出銀味也。又有柳條礦，能透出石峽，除石峽外便是浄銀。石中起白銀細絲即是。又有緑白泡銀礦，其色淡緑而白，亦屬上等，然煅製之法，必須捶碎，舂成細末，用鍋炒乾，加水銀提浄。再加黛石配合以煉之，如柔黏不硬，又加銅砂，即能發亮。再入大爐煎成似鐵非鐵之狀，次入分金爐推去鍊朦。末入小爐提成寶鍊，再下罩子，始成熟銀。爐罩置法詳見後章。所剩之渣朦，其中尚可提銀珠等物。又有一種銅，蓋銀之礦，其色淡白。製法分爲兩樣：其一照銅礦下爐，入罩鍛鍊；其一照銀礦入窑，上蒸甑鍛鍊。惟銅蓋金者其製法稍異，茲名金砂養礦，銅色必然鮮亮。必鍛至三五次後，捶碎篩過，淘洗浄盡，煎鍊煨蒸，方能出汁。外加水銀，内置灰池，法詳後章《器具篇》内。銀墜灰下，俟冷撥取。如銀墜入鍊中者，名曰寶鍊，其色白如稻米。寶鍊二十兩可提浄銀七八錢。又於爐底可得硃砂兩許。又有一種銀礦名蒼蠅翅，其色白亮，光華外露，色氣極好，究爲下品，所謂浮而不實，如人之外清内濁。此礦見火即飛，取

汁最難。凡礦之氣皮，五金之苗蒿，大率類此。開廠如遇此礦，切不可辨，費盡功夫，徒勞無益。又有一種銀礦，其色金黃沉重，初看似有金銀，乃硫磺蛋子石也。如要考究此礦，用火筩吹之，有硫磺臭，即知其爲僞也。夫查銀礦之形，必見其山頂連峯接有紋石，如黃木香即是礦苗，其下必生佳礦。若不得礦，須尋對面山脈，其勢隱起，如人兩手抱持之狀，則礦必在下，所謂一綫礦能通萬山脈。尋之即得。此等礦苗最爲難認，須掛烱開去始得。又有一種，其色紅，其質堅，非用巨火煅煉，外加硝鹽、硼砂配製，令其轉色，不能鎔化成汁，名曰硃砂銀礦。無論本山對面皆要尋着脈頭，掛烱開進，方爲不虛。凡銀礦多雜白鉛、紅銅之質，苟如法鍊之，而成板錠，去疵僞而造精純。鍛鍊之時，用硝稍許，則銅鉛盡滯鍋底，名曰銀鏽。若用罩取銀，灰池中敲落者名曰爐底。合此二者同入分金爐內，先化其鉛，次化其銅，始得净銀。銀礦之爲純質者，惟有大歇頭山一處，每十兩中加銅砂二兩，尚能成十二兩净銀。他礦十兩能得净銀一二三兩者，已稱絶頂，似此真奇特罕見者也。鉛礦有白鉛，有黑鉛，其中形色俱見星宿點內。起菊花心者，佳礦也。黑色者爲鎌，與鉛相近，但較輭而微黑質白者，銀衛必重；灌之天寶廠所産鎌礦，其色銀白，與猪油無異，此爲上品。色黑者，銀衛必輕。然無光及無蜂窩眼者，皆無銀衛。鉛之種類，有波斯鉛，質色堅白者，爲第一。又有草節鉛，出犍爲縣。銀之母也。衛銀鉛、負板鉛，俗謂鐵苗也。出雅州。鈎腳鉛形如草筴，大如蝌蚪子，其色黑，生砂中。又有筆鉛，色黑而質輭，外洋用以作筆。皆含銀質。除提銀之外，鍊可升提硃砂，新紅鉛可作細粉。鉛粉即此也。銅礦亦有數十餘種，或墜底，或竪立，名樹心礦。或開口，或起坪。名瓜藤礦，又名連倉礦。有擺塘礦，又名曰徹礦，如黑綠紫金等色是也。又有豆青礦、穿花綠綫礦、大亞子礦。其硤狹深籠不露者，名曰倉田礦。或上下狹，左右逼，如馬牙相錯者，名曰馬牙礦。若外露不收，並不開山，亦不開洞，揭草即是者，名曰草皮礦。又有黃赤發亮，見火即成黃銅者，名賽金銅礦。又有藍、綠、黃各砂礦，鍛鍊後可成青銅。又翠碧礦化鍊成紅銅。又豈綠礦化鍊成雞血銅。又白銅礦性極脆，須用黛石、龍骨、海石相合鍛鍊，成自然銅。惟此礦最劣，非十數次鍛之，不能成功見銅。又黑水銅礦、串絲礦、綠泡礦、雞窩礦，惟雞窩礦銅汁甚佳。其山峯連起尖頂，各自争雄，偶爾一窩，多在山腰，最難尋得。又有須開數十丈深，到山腹始出礦者，名曰進山礦。又開山至幾十丈，得礦大如斗或如囤子者，曰磨盤礦，其質頗佳。鐵礦有青、紅二色。川東一帶鐵礦頗多，青色一種性尤和平。其佳者能抽絲、開皮。鑄鹽鍋，造兵器，鍊蘇鋼等事，無論青紅，皆以潔净爲上。如白蠟桿最重者，爲美中不足，形象似塊子、個子及雞蛋殼者爲佳，一擊即碎。又紅泥鐵礦，外面與黃泥無異，見火即溜汁，鑄成鉎版可以鍊鋼。以上各礦，試驗之法備詳二章。茲復辨其形色者，必見此等形色，而後可試驗，若形色太差，即可不必試驗也。蓋無真識即試驗，益滋疑竇，而藥物之費又成虛糜，則查形色，亦辨礦之要事哉。

又第五章《論破硤開倉要訣》 山之來脈，其長或數百里，及千里，數千萬里不等，而産礦之處或在乎一節，或在乎一枝，考礦者不能枝枝節節而求之，亦即其過峽之處觀之而已。横梗大叠大過。何謂峽？來氣之頸頭是也。山之有峽，猶人之有骨節。人無骨節則四肢不靈，而成廢人矣，何能適用，故有過峽。如脱換變化，細緊微顯，則爲真風脈。若礦脈，則直率横硬，冥頑粗笨也。無峽則無氣，何能産礦。故善勘山者，觀其峽即可知脈之所自來，並可知氣之所欲往，跟踪步跡，一路追尋。若見苗引外露，又必觀其左右之山意，皆迴還來去，水口、照牆、扈從、座屏、拱壁，一切合法，始爲確實。苟一處未妥，則似是而非，礦皆虛無矣。此認外面之法，當如是也。至於開進之後，將近倉堂，則有門硤，如富貴之家，內美中藏，外必高其閈閎，厚其垣牆，使人不得升堂入室，一覽無餘。言礦者至此，畏其艱難，從旁開去，幸冀一獲。豈知毫釐之差，千里之謬。舍正路而不由，即牆無得礦候矣。精於此道者，一見門硤，便不住手，一往直前，不遺餘力，得尺則尺，得寸則寸，胸有卓見，決無游移，督率衆工，中堅直擣，譬之於戰勝負之分争於頃刻，斬關奪隘，指日成功。若冒昧從事者，一見短綫斷引，短頭閉口，旁走横流，墜脈偷截，鋪山零星，皆謂與礦相近。及到門礦，攻之不克，鑽之不入，强水炸藥，概無可施，硐內多水，强水之力爲之盡滅。硐內陰溼，炸藥之性至此頓異。謂此等堅石，斷無佳礦矣。不知硤愈堅者礦愈旺，硤益厚者礦益豐。斯時誠知礦在其中，萃力於此，需以時日，鋭意椎鑿，時日既久，豁然而解，則天生至寶取之不盡，用之不竭矣。或者又以硤即爲礦，用火鍛鍊，毫不分化，遂謂礦質不佳，停工不辦，九仞之功，虧於一簣，其可惜莫此爲甚。蓋硤本與礦近，其體質較礦更爲可觀，惟不分汁，可無奈何。如白水硤一種，其質沉重，或一綫掛綠，映於硤中，但觀其色，真不易辨。更有氣皮鬆蒿，形亦似礦，與硤相近，水鎔火鍊，概不如法，幾疑此山真無佳礦矣。詎知一間未達，隔若天淵。欲破此關，非留心認硤，未見其有心得也。蓋硤非一種，辨之宜真。其最堅者莫過青銅硤，其色黑亮油潤，又極細膩，最難攻治。又有一種攔門硤，又曰綿崖硤，亦不易開。儼如門限，高大而

厚。又有黑石硤，竪硬異常，中産上上佳礦。又黄蠟硤，石黄而潤。與黄蠟相似。又白鱔硤，石白而亮。又紅緑絲硤，或一綫二綫，甚爲可觀。又檳榔硤，石皆檳榔文。又開口硤，上下左右或有微隙。又閉口硤，層層緊閉，毫無縫隙。又橙崖硤，石多方橙，或數尺，長短不等。以上各硤俱極堅厚，凡遇此硤，即有佳礦，天然關鍵，切不可畏難自阻也。而硤亦有稍輭者，如緑荳硤、黄香硤、油泥硤、雪紅硤、黑砂硤、粉黛硤、硫磺硤、倉殼硤、片片膏硤，以上各類皆以形似言之。皆稍鬆輭，但石散而碎，質輕而薄，礦亦平常，然易於用力，究勝於無硤者也。至各樣之沙，其名曰荒，不得謂之硤。上覆下載，天棚底板，均不得謂之硤。硤也者，有一定之形，不得以意揣也。必見與相類之石，層層相輔，隱隱相抱，從中阻塞，乃得謂之硤。嘗見有由牆壁破進，則尋捷徑者，雖能得礦，必不暢旺。何則？四旁之礦，皆其餘波枝葉，而非正礦也。即以丈尺計之，山之大凡若千里，此處移一尺，則彼處去數丈矣。況舍硤又不止移尺也，其不得礦又奚足怪？夫硐中所見或大石，或碎石，或斜掛刀，或平環，或圍屏，皆近於硤而非真硤。蓋礦以硤照爲内含，無硤必無礦，有硤準有礦，舍硤則不得礦，破硤必能得礦。此考查一定之理也。若自露於外，如鋪出零星等，均不得謂之真礦矣。總之，有櫳口即有苗引，有苗引即有門硤，尋著脈頭，由硤攻入，始得倉得堂，一拳之多，寶藏興焉，其硤之謂乎？【略】

又第八章《論新法礦山測繪》 夫以蠡測海，以管窺天，皆古人之所非笑，謂其必無所得也。然天誠不易窺而可窺，海誠不易測而可測，特不可以管蠡之見參之耳。彼礦山之高大，亦不易測者也。使因其不易測，而遂置之不測，則山於我何尤，而有求於此山者，則不能聽其不測也。能測之，則礦在目前，不能測之，則礦在鏡中。又必按地成圖瞭如指掌，披覽之間，即知某山産某礦，某山近何處，其來脈爲何所，其引綫、座屏、圍牆、照壁、水口、門户皆欲活見紙上，方爲有益。其高下大小、遠近，毫髮不移，然後照圖錯置，諸事裕如。譬之行軍，算多者勝。道里熟習，自無敗北。彼不知測繪者，聽其所言，處處皆礦，及與之登山，張目瞠然，不知所爲，足繭荒山，目隔重霧，巨石危岩，戰競恐懼，安知所謂礦哉？夫礦在山中，必平日玩之紙上，如數家珍，始知某處林材可以取用，某處塲鎮可以貿貨，某處險要可以防守，備盜賊也。某處溪流大河能否漏水。入礌利害既明，自舉事無失，固非冒昧者所得知也。西人之言測繪，但講山川形勢，經綫度數，道里遠近，其於礦山，則測其某山有礦，大畧可知而已。豈知産礦之山高大，或百餘里，非加細密，究於何處下手？故予特變一法，名曰礦山測繪，計尺加算，遵中線尺，以人迹，不以鳥迹，分毫不爽，即腹中所有，皆可按圖而索。事雖艱難，實爲言礦者必由之徑。初學之士白日登山，留心觀玩，夜間用沙拾數斛，將所見者排於木板之上。古人聚米爲山，迺即用此法。稍若有差誤，掃去另排，務使城郭市鎮、穿落傳變、星體方位，如其所見，然後爲是推之他處，莫不皆然。二三年後，則用黄坭以水潤之，即所見之山，尖圓方直，横竪大小，高下疎密，長短寬厚，居然方位，細細揣摩，捏成各形，一一排列，東西南北，毫無錯亂。再用沙點作界，四致分明，不溢不漏，星體變化，皆可識别，方爲得手。如此之後，又一二年始可加算開方。開方者，叠算也。兩層爲歸除算，三層爲開方算，在法爲一乘方，四層爲二乘方，五層爲三乘方，以至六七八九乘方、千乘方、萬乘方，皆由類推。明得此訣，則習天元之法，以貫地元、人元、物元，測繪勾股，舉可以四元括之。其用之小者，則權衡尺度，一見了然。其用之大者，則天星曆數、江河海洋，皆無遺失。若遇山谷險峻，大江隔絶，則用勾股，以表竿測之，西人所謂測海島法是也。其法：前用一表竿，其長若干，後用一表干，其短若干，記其地之步數，遠前表竿幾許，以目斜視之，以前表竿之凖率爲憑。後再用一表竿，又短幾許，以勾股法算之。山之高矮，脈之起伏，四方之界綫，無一不合。然後將沙泥排入圖綫方内，竪看倒看，絲絲入扣。學者到此境界，猶不可放鬆學力，更加精進，於山之奇峰怪形無所眩惑。三五載後，足徧天下，見多識廣，方舍去泥沙，用鉛筆成圖。亦是以杠|作江河溪溝，以□○△回作城郭、碼頭、市鎮。惟山水之異，千迴百折，其精微奥妙，非熟精此道者，即覽圖亦莫能道其詳。又非若丹青圖畫，用筆點綴，求其古老生動而已。即照扣留影之法，亦祇能照其一面，斷不能四面前後收入紙上，顧此失彼，施之於用，概不可行。蓋測繪所重者，在識其遠近，而最微妙者，則脈絡之貫穿，非明眼不能見，非高手不能繪。何謂穿山川之脈絡？真氣由此山穿過彼山，續斷起伏，奔騰數千萬里，大江大湖大洋大海起落不常，隱顯不測是也。識得此理，落筆萬狀，神妙莫測矣。變者何，脱胎之謂也。祖孫父子另起星峰，節節駁换，五行錯雜，非深明五行生剋之理，不能確有定見，落筆書紙，烏有把握？若能者任他變，任他换，任他奔騰，下筆有神，自開生面，展圖查閲，一目千里，分寸不失，即中外輿地之學，亦何嘗如此精詳哉？予之所以精求此事者，亦謂地學一家非此不能審穴，礦學一家非此不能定倉，即引綫已見，明知有礦，而山之周圍，上下直徑若干尺寸，何由而知？取礦之地，運貨之

路，何由而達？故言礦者，引綫猶次，而測繪則其尤要者也。西人之聘礦師，先入山中考驗，試其眼力，知非紙上空談，然後以測繪試之，以素所測之山，並今日所勘之地，一並繪出，詳加評覽。至再至三，乃憑本國之領事官三面簽字訂請，領事官亦親自考試，將自檢之圖式，請礦師圈出經緯度數界綫，當面指陳，不差分毫。繪圖必用鉛筆。然後領事官一同簽字定案，出具福頭，乃如中國之印信關防。結實保單，保得某公司之商人果有實在本貲，某礦師果有實在本事，皆屬不虛，始作定奪。一訂便是六十年，簽字合同有草有正。其蓋福頭者，乃是正合同，永遠遵守無悔。如礦師不能測繪，萬不能以口説手指爲據，繪成之圖，其如雲朵者，皆爲遠山；起團團小雲者，爲平山；起層層者，爲高山。如圖中能點脈頭引綫者，乃爲上上之圖式，素所罕見，不能輕以視人也。況密採之礦山，費盡心力，若使人知得，不懼其捷足先登耶！而人之深於測繪者，見有好圖，十分珍重，必令其謹慎收藏，勿輕示人，自有精圖亦然。予繪有礦山圖二十幅，長江圖十幅，濱海南北要隘全圖二十五幅，皆用最小手摺置之懷袖，毫不著迹。富美基安迪二君一見稱善，欲以千金易去。英之來川之金砂兵船管駕兵頭磯畢納來樓覽子圖，欲以行程照圖至貴之機器，並各大小玻片，請易是圖。又德國查勘江船之總經理克乃波，亦以洋銀千元易是圖，予均未允許。予思賣圖即是賣地，若坊間售賣各圖，其名開方，實無可用，西人不以此爲貴。即萬金亦不能動予之心哉。今是書既成，欲刻數幅，以公同好，撿閲數次，仍守初衷。若博雅君子不棄鄙陋，索圖以觀，則不敢吝也。識者諒之。

又卷中編下《認礦必先考石説》 石即礦也，礦即石也，石之類不一，而産礦之石自別，故欲辨礦，先辨石。礦生於内而石則呈於外，必外有是石而内乃有是礦，一定不易之理也。石有似黄木香者，有一種黄泡石即系卝也，與此黄木香石稍異。其形與一切石迥異，色黄而礁赤，如木之朽壞，凡石之見朽者，非真朽也，内含有五金之氣朽，即銹也。何以銹，金氣潮蒸。其實非朽壞也，且與他石倍覺堅硬，如有此石，遍山必起光燄。查其色之淺深，質之厚薄，即知礦之成器與否。此等石質或與馬牙石並生，初認礦之皮膚，見有此二者，即可知其産礦不虛也。然産粒金之坪台，又當別論。其坪台之上必見烏沙與元石，如升斗許大，俗名猪耳巴石，其色微黑，與沙並生。此底板之間必産最上佳礦，即粒金也，或粟大與荳大不等。與綫金之引苗又自不同。綫金者，馬牙金也。内有馬牙金，外必有馬牙石。形似馬牙，當以意會。其形色不等，有白馬牙，有緑馬牙，銅礦之中多帶緑色。有黑馬牙，有花樣馬牙，有淡黄馬牙，有如玉之馬牙，有堅硬之馬牙，有不堅硬之馬牙。攷礦者以白、黄、烏三者爲上，兼且成團，接連不斷，其微凹之處即是引穴。否則馬牙石生青石間，或偶爾一綫兩綫，或長而石之間者，皆難成器。惟馬牙之中，似蟲齧濫之形，又有烏黑而不明亮者，乃正路之引苗，産最佳之綫金也。愚初出外洋，見綫金之馬牙如此，及回華見潘陽之夾山，其綫金之馬牙亦如此，近年見吾蜀之冕寗金廠，其綫金之馬牙亦如此，始知五洲之内，天地之生物，莫不相同。惟産粒金之坪台，所産之馬牙不同，或露馬牙於外，而正産金之處，又不見馬牙。然烏沙之中，必以元石代馬牙，俗呼爲牛子，即猪耳巴石是也。此石油滑潤澤，其黑如漆，銀號市面用以攷金之成色。然偶有一二攷礦者，亦不能，遂以爲産粒金之實據。故愚辯以爲礦石相類，辯礦先識石也。夫五行之氣，運行不息，山川之靈，變化不測，天地之大，無物不生，惟金最貴。推原其始，氣本無形，而天生水，上古之世有謂以蘆灰止水，而凝爲土者。土生沙，沙生石，石生金，此天地自然之生成後，人因水土沙石而尋金。土驗緊鬆，可嘗氣味，辯其顔色，聞其臭辛。沙認粗細，有光無光；石分輕重，或軟或硬。胸有著見，得竅自能尋礦。蓋石爲金之母，即母以作苗，迥與凡石異，故看有金無金，先看有金石無金石。至於石灰亦礦之列也，其石必於晨早見石生露珠成顆者，即可燒作石灰，以石得火金之氣而生，故其氣熱。其色兼代金星氣，故其灰白，然亦有不生露，而能煅灰者更妙。

又《石質附考》 西人言礦，原本化學，幾於無地非石，無石非礦。辯其何質，如含硫養鈣養之類，並其原質爲何。測其顆粒，如正方、長方、斜柱、直柱，鈍鋭多少等類。識其形色，如明、暗、紅、白、黑、黄、緑、藍、椶、灰等類。別其門類，曰金類，曰非金類，曰石類，曰礦石類，詳專門地質之學。或可謂顔料，如石黄、赭石、青礬膽礬之類。或可飾牆壁，或可糞田疇，如石灰、石膏之類。或以爲珍佩，如紅藍寶石之類。或以爲格致化學器皿，如月色石、硫礦、火洗礦之類。或以爲治病藥物，如石膏、龍骨、硃砂之類。不可勝計。至於苗引之顯露開採之法竅，概不道及。其法西人亦甚祕，惜不輕傳。觀者茫然，謂其瑣細而不切於實用。西人礦書如《金石識別》、《礦學須知》、《礦石圖説》、《礦學大全》諸書，皆原本化學、地質學、算學各家，一以貫之，其言精細，非明諸學不足愚以言礦學也。雖不病其繁，而言之確鑿可考者，即以之作類書觀可也。愚嘗以此言質之西人礦師，皆以愚言爲不謬。而愚之所謂礦學，則專言開採五金之要法，於各種石類頗多缺畧，有遺憾焉。欲悉數之，則拾人牙慧，爲可恥。然而人礦書皆言歐美之石，而愚之著書，不可不言中國之石，故亦就其石之可貴者言之，而

質粗性劣者，則概不登諸記載焉。【略】

一曰磁石，俗名攝鐵石，鐵廠之内往往有之，亦可入藥。研成細末，附於銅鐵器上，如猬毛，然指南針亦以此石鍊之。若江中有此石，船入其中，無故自壞，以其能攝鐵釘，使自落也。然此石之下必獲絶佳絶大鐵廠，以其理之，能聚鐵於一隅，是又言礦者不可不知也。【略】

一曰風磨銅石，産西藏。色與金同，價高金百倍。風能磨其塵垢，愈久愈明，藏内浮圖寶頂多用此。

一曰烏金石，亦産雲南。黄金器物以烏金作字，甚見珍品。其價每高黄金倍數，以出産甚稀故也。【略】

以上石類四十品，或中外皆有，或中華有而外洋未有，或外洋有而中華未有，名目互異，參看外洋礦書自知其詳。我華人不知採取，故並所有者而棄之，不甚愛惜。若能精益求精，力争上乘，不使貨棄於地，豈但華人寶之，西人亦將珍之。兹特攝其大概，其餘不甚珍貴者概不採録，願以告世之言礦者，又不可不辨石，而借資一臂之助，互相砥礪於時務之世焉。

又《課虚無以責有論》 天下有形之物，皆有象可名者也。有象可名，皆有義可釋者也。義之既著，則其名遂定，不啻其物之自爲名也。故前日無是物而今日忽有，則因物以命共名，而名可長存。今日有是物而後日偶無，則因名以求其物，而物無可遁。夫天下之物皆生於無也久矣，當其始有之時，或其物之自然呈露，聖人取之以供生民之用，其後用益廣而物亦漸竭，則因自然者以求其確然。老子曰：混沌之中，必有物；渺冥之内，必有精。言自無而之有也。列子曰：石藴玉而山煇，水懷珠而川媚，言有諸内者，必形諸外也。珠玉如是，礦亦何獨不然哉？礦之名，前古所無；而五金之用，上世已興，聖人蓋取其自然者而用之耳。後世用之漸廣，因金不足，始求之於礦。故禹定賦貢金，九牧有金之名，而無礦之名。及周公定太平之業，始以丱人命官。許氏説文：丱，古礦字，又作礦。《玉篇》：又從金從廣，皆以取金於石爲義。由黄廣得聲，故從黄從廣也。《管子》：上有赭者，下有銅。後世之言引線者，實始於此。惟無專書，法因不備，而其事更有先於此者。勘山之初，勘其山之虚實有無，固不必尋其引而定其爲何物何處也。其事至切，其理至妙，不必求其實也，亦驗之於虚無而已矣。先觀其氣，夫山有大小，氣有厚薄，鬱勃輪囷，踪跡變態，如龍夭矯不可方物，其氣盛也。月夜觀之，白氣如絮狀，類鳥獸者，金寶氣也。於日出入之際望其山頭，閃灼有光，亦金寶光也。將雨初晴，天之雲氣下映山頭，青緑紫黄，此皆由下映上，不知者視之，恍若由上映下耳。亦金寶光也。産礦之山少有雜木，遍長白茅，形似枯焦，其實油潤。陰雨綿綿，別有一種光亮遠映四山，近則不覺，遠而愈顯。衆人所忽談礦者，不可不留心於此也。此望氣而知其爲有礦之證也。山之應聲亦屬常事，然尋常應聲，是由此山傳彼山，乃傳聲也，非應聲也。如人細語於夾牆之中，聲爲牆隔，牆外之人不能聽也。順牆而行，雖數百步外，聽之朗然。斯時若置甕於側，則聲在甕中。更於順牆適中之地樹立一屏，則聲祇傳於甕，而不能傳於牆外矣。此山有礦，亦猶置甕於側也。外而作聲，其中響應，呼之欲出，問之山靈，毫無掩飾，特躁心人不能解耳。且有礦之山亦或自能作聲，須細審之。其中如羣蜂鬧衙，由淺而深者，礦大旺也；由内而外者，礦已盡也。甚至如殷雷之響，時而鼓動，如腹之鳴，往來不窮，皆有礦之確證。此聞聲可以驗其有礦也。至於山之氣眼，俗名古洞，其深不測，徑至洞門，或風自内出，颼颼寒冽；或水自内出，涓涓不竭；流出沙泥，氣多臭腥。人每視爲龍蛇之窟，識者則以爲寶藏之府，蓋有此風洞，無論何處開廠，此風可以流通不滯，礦家之至要也。見有此洞，則礦不在遠，豐旺可預卜矣。夫五金之各礦，皆天地所生，既生之，則非死物。嘗見開廠之處，初甚暢旺，忽而衰竭。問其所由，則曰某日聞得山中作吼，或夜間有星火飛散，山因以枯。此皆其人福薄，或心地太壞，爲撒膽作弄，詎得以虚無之説爲不足信哉？夫所謂虚無者，山猪、野猪，白馬、金牛，强水、機器之類耳。愚人無識，往往如是，而察於聲色之微，又非慧眼慧心不能解，則礦之説不幾難哉！抑又聞之，礦爲天地之寶，有礦必有鎮山之物，或爲精靈，或爲蛟螭，或爲猛獸瘴毒，使人不得輕取，取則有災。昔人有入山樵採，偶得一珠，其紅如火，大如雞卵，以手握之，熱如烈燄，失手而墮，隨即不見。後以述於人，有識者曰，此聚寶珠也，有此則礦聚，無則礦散。山之有光作響，皆此物爲之也。靈妙不測，游行土石之中，毫無阻滯，非聚寶瓶不能盛。天下之人安有此福命哉？天下之理有能化無，無能生有，有無相生，而生生之道，乃因以不窮。故予之言礦，亦課虚責有，以爲按圖索驥者更進一解云。

又《論礦山與風水山迥别》 天下事相似而不同者，蓋不少矣。而竟有以相似之事混而爲一，牢不可破，往往因噎廢食，積久成患。更有以彼此淆雜，牽制莫别，以至見利而不敢爲，見害而莫知避，首鼠兩端，莫知適從，豈非大惑之甚哉！如五金之用，民生利賴，無識者皆以爲有傷風脈，護之若命，遂使國計民

生，交受其困。以天地無窮之利錮閉窖中，譬猶富貴之家，秉性慳吝，自守困倉，忍飢絶食，一旦禍發，束手莫救，則近日之時局是也。推原其故，則皆以開卝註：卝，即，古礦字，本《周禮·卝人職》。一事大傷風脈，余初信之，久而疑之。及嚴慈謝世，遍閲地學各書，進質高明，因未獲吉地，即附葬於祖塋之側。後益殫心力學，遍訪師友，始得吉穴，問心可信，即將先祖考妣及先考妣遷葬一處。因思地理書中所言來龍、過峽、堂局等類，偶與卝學書中所言相似，究多懷疑，不能自決。及長從事戎行，遍覽天下名山大川，凡有名墳無不登眺，及各省五金諸廠無不臨穴審視，於心自維，似覺風脈與卝若不相侔，意之所在，未便輕以告人也。繼後因遊出洋，遍歷歐美名邦，見其山形與華迥別，而開卝之處，無地不有，並無風水之説，亦誠少脱秀之山，可言風脈也。予少習地理，兼好卝書，心知其異，未暇詳言。及今閲歷中外幾三十年，而於此理始大明於心，不得不宣之於口，以解一世之惑，並以救西學之過。夫所謂風脈者，龍穴砂水也。其太祖、少祖必成星體，其迎送過峽，或蛛絲馬跡，或草蛇灰線，或蜂腰鶴膝，俱甚隱微。其來龍之長遠，則千里百里，近亦數十里，然後到頭結穴或帳角。落脈外有羅城，内有明堂，官鬼禽曜無一不備，方爲穴。真穴場之内，又必有鰕鬚、蟹眼、牛角、砂金、魚水等類，方爲確鑿。而穴之名則有窩鉗乳突。穴之外必有幹門水口。開穴視之，必有五色暈土。以此卜葬，故能安魂定魄，筋骨不壞，得氣而生，子孫貴顯，此風脈之一定不易者也。若有損傷，必主破敗，護之惜之，理固然矣。若夫卝山，則一派蒼茫横亘而來，不成星體，頑而不化，粗而不靈，水勢冲激，石骨暴露，四山紛繞，逼迫無情。所現綫道縱横無定，以視風脈之脈絡，分明相去天遠矣。近世形家專以呼形愚弄世人錢財，或呼爲龍鳳，或呼爲獅象，或呼爲龜，或呼爲蟹，或呼爲真武仗劍，或呼爲貴人騎馬，甚有謂蜘蛛抱蛋，黄蛇聽漏，獅了滚球，美女曬羞，燕窩壁燈之類，皆係後人意造，細玩其形，毫不相肖。其實《葬經》所言，並無此等煩亂，遂使後人疑惑於風脈之事，全無著落。不知者即謂處處皆關風脈，而言卝者處處礙手矣。即世之言卝者，亦有呼白馬、金牛、山猪、野猪等形，其誤亦與風脈相等，何也？風水家所説，言其近似，而卝師所説，意似指實。試思山既結卝，必是頑梗，焉有靈活之氣。有象可名，而山不能言，亦聽其名之而已，一經深識者視之，乃確别之曰，此真風脈山，此真卝脈山。其要不過曰此靈秀彼頑硬耳。夫風脈之山必節節靈秀，卝脈之山必節節粗硬，此又分之又分，萬不可合之理也。且風脈之山草木必皆葱翠，卝脈之山草木必多枯蒿，兼有色可辨，詳見《卝取備要書》中。即草木亦可知其不同矣。昔人夜半觀氣，如龍樓鳳閣，或紫氣成華蓋者，真佳穴也。白氣而成禽獸狀者，見《史記·日者傳》。又蜀漢時陸遜見夷陵之山白馬由山穴出，以爲銅精。藏金寶也，即氣亦有别也。《葬經》云：氣行於土，惟土山可以覓穴，卝則爲石兼多雜沙，此地理所最忌，觀各種葬書自知。豈有石而可以葬人者乎？以此言之，直涇渭之别也，抑又奚疑？今必指定卝山，皆關風脈。即以其近而論之，蜀中卝山多近夷地，而向未開挖，何以邊遠之地絶無人才出乎其間也，此人事之大可見者也。且必膠執一説，何以從古及今，無人將其先人之骨葬於銅廠、鐵廠、煤礌之中者乎？即葬之，又問其能安否乎？安得不認真講求而爲之力辨其真僞耶？余因葬親，講求地學，知風脈之有真，因遊歷講求卝學，知卝脈之有真，皆毫不可紊者也。然余之言卝，又與西人稍異。夫卝之生於地中，亦因五行制化，確有自然之理，其説詳見《測繪圖説》一卷，兹止言其大概。如産五金之卝多是童山。如小兒之首不生草木，地理家所大忌。金能生水，四週必多溼氣。産煤之山，多是火峯孤露，四面無情，周身破碎似火之形，而無光燄。其氣閉塞，形類焦灼，故煤礌之中多有硫礦、硝鹽等質附入，蓋有火之質，故成火之形也。若西人所言，隨處可開，以煤爲上古樹木倒塌地中，因積壓之力所結而成。其説太實，與五行相生之理不合，即與化學亦似有礙，須知地非死物。其遠近厚薄，分數十層，其説亦未免無稽。余親歷其地，見其所開卝廠，亦有經數年不成者，非卝學之不精，先由地學之全不講也。自中外通商以來，以漸講葬埋，但不擇地，隨處可葬。今上海租界皆有各國墓地，後將益加講求，未可知也。吾華人則專信風水，將有卝之山概行封錮，後世子孫信以爲實，不惟無福而且有禍。蓋雷從地出，五金之類皆含電氣，積之既久，欲發不能，欲洩不得，陰陽不和，時而崩裂震動。兼有地中煤礦之氣凝結渾鎔，無路自出，發爲火山，此南洋各島常見於近年者也。同治十二年間，海船常見之。則開卝之説，不惟無損，亦且調和陰陽之一端矣。夫天地外而之氣，與地内含藏之氣，多少相埒，譬如少壯之人，身體强健，全不發洩，久即成病，卝山亦然。所以久雨淋漓，則崩頽之形見矣。如近年滎陽之山無故自崩，傷人無數，川爲之壅，令人可危。或久旱不雨，而地氣不升，則凶荒之象彰矣。又見日本廣開礦務，國以富强。嘗聞其土人云，二十年前，每多地動，且有山崩之患，今則無矣。可知地脈一通，人氣自正，外國之不講風脈，固非中國之專講風脈，而以似亂真尤非也。余於卝學粗知大概，驗苗探穴，確有把握，尚未知於西人卝學得近似否？去歲客渝，遇有英領事富美基者，縱談五洲大局，未經許可，言及卝

學，則以手稱巨擘，他人問之，亦皆如是。於是渝城諸友寇君筱園、羅君衡樞、蔡君玉珊、楊君建屏、王君俊臣、楊君俊卿、駱君荷青、劉君席之、吳君慎齋等。從而和之，創設卝務學堂，余訂堂規十六條，已經梓行。延余主講。開堂之後，常有法國商人礦師總辦俞得樂者往來論學，談言微中，云已傾服，即代福成公司聘余開辦蜀中卝務。並請法國領事名安迪者，出立切實通關字據，交余收藏，此字走遍國地面，凡有法人之處皆可通用，甚爲不易。及至冬間，大英普濟礦務公司領東立君德樂延聘測繪沿江一帶各商埠輪船灣安公司碼頭，同行至滬，已近年底，今年春初一切事竣。余思蜀中之事恐不易行，因將由滬便輪遊法，赴福成公司之約。旋奉川督奎樂帥電致，囑余回川辦事。繼又接卝務總局陳京卿紫筠、汪部郎朗齋兩君函，致意皆甚殷。余始買舟西上，今又四越月矣。余恐如從前之礙於風水，衆論沸騰，因憶在渝講學之日，曾語及此，故更詳爲説之，將以解吾蜀人之惑，並以補西人之所不及也。謂余好辯，則余豈敢？

又《勘山識形分類辯略》 竊觀互市以來，各國之所以富强者，工藝也，船械也。中國事事倣效，事事虧折，叩其所由，則以中國之機器皆購自外洋也，中國之船礮皆包訂外洋也。事事仰人鼻息，惟恐稍失其意，則人不我與也。問其何以如是，則曰機器船械皆需煤鐵，外洋礦産甚旺，事得自由，中國所以必待人而後行也。乃者庫帑支拙，始議開礦，籌集巨款，張大其事，聘請洋匠，購買機器，本有限而利則難期。購器浮報，開支冒濫，成敗之效，皆所不問。洋匠應聘而來，每月薪水必在千元以上，且簽字先立合同，定以年限，或給三年五年不等。及無成效，脱然而去，其來華礦師並非高等，我以名求，彼以名應故也。我之所失，動以數十萬計。如雲、貴、山、浙、四川冕寧等處礦務。礦未見而本先折，遂羣藉口於礦之不可開矣。後有再議開礦者，言之而齒爲冷，人且目之而笑，譏其不知前鑒也。嗚呼！我華之人不如外洋，我華之山亦不如外洋耶！是亦大可哀之甚矣。後之議者，又以事無專責，故少成效，復於各省創設經營，招商承辦。若果實事求是，誠知中國果欲富强，舍開礦一法，絶無上策。愚因憂時念切，不揣冒昧，於己亥年赴京上書，《礦學心要新編》並各圖記皆已蒙内廷存記。蒙恩預備召見。庚子春初，在渝創開礦務學堂，專講勘山騐苗、探穴分化等學。外人亦幸見許。謂俞安富立諸公，愚見《風脈卝脈論》。恐天下之終不識礦，甘讓外洋以獨步也，不得不條分縷析，即五金之礦，分門別類，詳其形勢，爲天下正告之。大凡産銅之山，氣勢豐隆，左右圍帳，層層遮護，頂多起凸，下有坐屏，前有朝對，開礦緊嚴，不開陽面。沙多紅子，色起火燄。於此尋苗，必見煙子，即引苗是也。由此開挖，即見脈頭，即卝子也。後見倉塘，方是正礦。其餘分脈則不成器之旁枝也。或隱或現，根踪無究，所謂一山有卝，山山有影也。影即苗也，即煙子也，最宜詳細分辨。對面之水，亦隨山勢曲折而來，四面纏繞，若不具此形格，縱或見礦，皆是他山之脈頭穿來，不成倉塘也。此銅礦一定不易之形也。産金之山，氣勢綿長，堅硬富厚，水有迴瀾，山有坪台，多碎石子，俗名鈴鏨子石，石有潤色。此石密者，金亦旺。此石稀者，金亦稀。坭細如綢，俗名猪耳巴坭。沙帶烏色，黑而且亮，既細而潤，用手捏之，錚錚有聲。其開坪之處必先見棗子石。石以沉重者爲佳。若東三省産金之山，則與川省稍異，彼則纏護之中起一大坪，土厚生金之明證也。此則層層起坪，金亦稍遜，不但分多少，即成色亦低。則地氣有厚薄之殊也。至於大江環繞其畔岸，亦産沙金，然其坪台多不分明，故産金亦更微細，土人淘金，日得分釐，俗名養身礎子。則産金之山，又必以坪台爲準的矣。此金礦一定不易之形也。産銀之山，氣勢雄峻，岩頭挺露，形如虎頭。石多堅硬，接聯不斷，略無縫隙；其色彷彿雪青，又兼浸白。其泥細滑，亦不乾枯。且石多泥少，以鼻嗅之，有銹辛之氣，砂亦沾聯不脱。有時礦與砂相併，有雪白色者。銀爲白虎之精，如雲南白沙河産銀最旺，其水亦白。其穴道多在半山之間，或腰眼硤處，由此下手，定得佳礦矣。此銀礦一定不易之形也。鎌鉛之礦，與産銀之山大致相似，但氣勢魄力微覺不同，貴賤之分要在神會。其沙與泥與石與銀亦相近似，大約石即礦，礦即石，與未分汁之礦無甚大別。滿山青石形如臥牛，或三五接聯不斷，亦起台坪，横梗露面，突起窩宕，即現引脈，故鎌之中多有銀銜，特多寡殊耳。此鎌鉛一定不易之形也。産鐵之山形多露面，絶少泥砂，其現出之礦與石無異。石有青紅二色，又有聯子、塊子二種，其未經化鍊時，堅硬非常，名爲石礦，乍見又覺磁細，其最旺者，此石生遍滿山，色兼鋟紅閶亮。惟此等山形多鄙陋，大與金銀礦山相別。其水亦相反照，開礌得礦，亦屬甚易。每得一聯，即一硬岩，縱横無定。進山之礦，與煤無異，質既不貴，故山亦少尊嚴之象，此鐵礦一定不易之形也。産煤之山體亦豐隆，草木茂密，亦有泥沙，但少寶色。石多硬岩，其引苗亦由石硤縫處漏綫，多白而帶黑色。其勢不分遠近，衹分厚薄。陽山之煤多係塊子，即無煙炭也，有硫磺等質附入，而煤油亦絶少，以陽氣太重故也。陰山之煤多係煙煤，亦有塊子，但渣子居多，亦少硫磺等質。洞内多有水濕之氣。凡開煤礦者，以深穿透遠爲貴，一層進一層，能向下墜底者尤佳。其開之之法，初用土法，得倉之後，易用西法，益能經久。此煤礦之一定不易者也。産硃砂之

山，其形似甑，節節增高，氣勢雄大，擁腫不堪，四圍陡絶，石垷牛餤，而其引綫率在岩下。如最旺之山，晚間用火燃眉間，面山而立，山之上下，皆有火光。凡開廠者於將成未成之際，即洞内以火燭之，外有燭影，内亦以火應，一氣相感，必然之理也。水銀廠亦然，以水銀即硃砂所升也。茲不贅。此硃砂礦之一定不易情形也。以上各礦，勘□辨苗之法初備於此，其稍微處另詳於《心要》前編。各省皆有西人羨之，故皆以華爲寶山，於光緒十年前後，疊遣礦師來華勘驗。其登諸報紙者，湖南之産礦者有六萬方里，山西九萬方里，直隸、山東、滿洲有二十五萬二千方里，廣西三萬九千方里，廣東六萬九千方里，湖北一萬五千方里，福建七萬五千方里，江蘇四萬二千方里，浙江一萬八千方里，江西十萬五千方里，安徽一萬二千方里，雲南六萬方里，四川二十一萬方里，陝西七萬五千方里，甘肅六萬方里，河南三萬方里，貴州四萬二千方里，總而計之得一百二十五萬七千方里。西人謂湖南省已可敵歐西全洲，其垂涎之意不問可知。然西人勘礦失之太寬，稍有苗引，無不聞挖。所謂十山有引皆以爲礦也。今更以嚴核之，其産佳礦之山亦得過半之數。以無限之寶閉藏窖中，無人識得，即有識者，又苦於封禁，遂使我華負累洋債，日積愈重，以金易鎊，以銀易元，復以元鎊購人破濫船械機器，川流海溢，狂瀾莫挽，憂時者付之浩歎，而終無如之何。於是西人言礦者紛然而俱至，我華之人不能不拱手授之矣。慨自商權失利，地上之財既已無餘，今則地底之財已在人籠罩之中，敲骨吸髓，行將就斃，即無兵釁，我華之人亦將無以爲生也，而况四方多事也。然羊雖已亡，牢尚可補，財即竭於地上，而地中之礦依然無恙也。誠急將礦學各書檢其要者，刻成公板，頒發各州縣，給予鄉紳，量彼之力，依法開採。辦有成效，飭州縣督令納課，所出金銀等類照市價全歸公買。以金鑄鎊，以銀鑄元，既便流通，以還洋債，可免折算之害。以煤鐵製造船械，事得自由，民亦樂從，安知反弱爲强，濟貧使富，不在開礦一事耶？愚雖不敏，謬爲衆論推許，以爲總辦礦師，其有造就精深者，可應四方之求，其不能遍及者，即以此説求之，亦未爲不可也。此愚憂世之苦心，不能已於言者也。

綜述

《清朝續文獻通考》卷三八七《實業考一〇工務・礦産》　又陝西巡撫曹鴻勛奏：「陝西籌辦礦務業有端倪，約分三端：一查礦産，一禁私售，一集股本。三者次第，以查礦産、禁私售爲先務，而以集股開辦爲指歸。陝西礦藏饒富，外人久已垂涎。前撫臣有鑒於此，於二十九年通飭各屬，查明何處有礦，礦有何質，一一樹石爲標，嚴禁私售，固已防微杜漸。惟土法勘驗粗而不精，集股興工亦難猝辦。臣到任後，先後考驗礦質，估計工程，除延長石油業已試辦奏報外，查南山洵陽、白河兩縣五金礦苗最爲繁盛。該處界連鄂省，臣與湖廣督臣張之洞往復電商，議定兩省合辦委員會勘。由鄂員揀攜礦質多種回鄂試鍊，俟礦師偕來即可刻期開採。彼時擬借該礦師之便，將興漢一帶之礦山逐加採驗，即擇一二質産較旺，工費較省之處，先從此起。或官督商辦，或官商各辦。有洵陽、白河之成事以爲觀感，庶招集股本不甚爲難。至其餘産礦區之著名者，如韓城之鐵，鎮安之銅，神木之煤，白水、澄城、韓城、同官、宜君、邠州、隴州、淳化等州縣之煤，向用土法採鍊，收利不宏，非一律改良不可。其未著名者，五金、油、煤之屬，深山窮谷往往有之，一或遺忽，人將窺伺，非一律清查不可。必須有專聘之礦師，方能次第圖功。查有陝省委員楊宜瀚等，見赴日本考察工藝，已飭該員就便於礦學會中遴訂一二人承乏，俟到陝後，以次搜考。先將全省礦産查確，然後集股興工，逐漸推廣。仍一面重申前禁，毋使有暗中私售之弊，以重商務而保利權。」【略】

臣謹案：中國地大物博，礦産無窮，習爲恒言。甚有謂山西一省煤礦可供全世界二千年用者，未免無稽。近據專家調查，稱中國煤礦儲量衹及美百分之十五，德三分之一，比俄、英、法相差更遠。鐵礦及美四分之一，英十分之八，德、法三分之一。斯亦未敢盡信，姑存一説。俾知物並不博，慎毋自大而輕易讓人焉。

又卷三九〇《實業考一三・工務・礦産・吴承洛調查礦冶誌略》　同治九年，德人利希陀芬調查山西全省煤産爲一百八十九萬兆噸，致惹起世界各國之注視，實則不能全引爲據。茲將美人德拉克所估計各省煤之儲量列表如左：

省名	煤之儲量	省名	煤之儲量
山西	七一四・三四〇・〇〇〇・〇〇〇噸	湖南	九〇・〇〇〇・〇〇〇・〇〇〇噸
四川	八〇・五〇〇・〇〇〇・〇〇〇噸	雲南	三〇・一〇〇・〇〇〇・〇〇〇
貴州	三〇・〇〇〇・〇〇〇・〇〇〇噸	直隸	二三・六六八・〇〇〇・〇〇〇

省份	煤量	省份	煤量
河南	九·二七五·〇〇〇·〇〇〇噸	山東	七·〇八三·〇〇〇·〇〇〇
甘肅	五·三九·〇〇〇·〇〇〇噸	江西	三·三九五·〇〇〇·〇〇〇
蒙古	一·二〇〇·〇〇〇·〇〇〇噸	陝西	一·〇九〇·〇〇〇·〇〇〇
廣東	一·一〇九·〇〇〇·〇〇〇噸	廣西	五〇〇·〇〇〇·〇〇〇
安徽	一八七·〇〇〇·〇〇〇噸	湖北	二七·〇〇〇·〇〇〇
福建	一五·〇〇〇·〇〇〇噸	浙江	二四·七〇〇·〇〇〇
江蘇	一·〇〇〇·〇〇〇噸		
合計	九九六·六一二·七〇〇·〇〇〇噸		

在本表中，東三省、新疆、青海、西藏等處之煤量均未列入。如并計之，其全數至少可稱爲一百十萬兆噸。

李昉《太平御覽》卷三八《地部三・叙山》 《管子》曰：凡天下名山五千三百七十，出鐵之山三千六百有九。上有丹砂者，下有黄金。上有磁石者，下有銅金。上有緑石者，下有鈆錫。上有赭，下有鐵。

又卷八一〇《珍寶部九・金中》 《管子》曰：玉起於禺氏山，金起於汝、漢，珠起於赤野，此寶相去各七千里。湯以杜山之金以贖民之賣子者，禹以歷山之金贖賣子者。江陽之珠，天下一美。上有丹砂，下有黄金。上有慈石，下有銅金。上有陵石，下有鈆錫。上有赭，下有鐵。葛盧山發而出金，蚩尤取以爲劍、鎧。雍狐山發而出金，蚩尤取以爲戟。

《宋書》卷二九《符瑞志下》 黄銀紫玉，王者不藏金玉，則黄銀紫玉光見深山。

佚名《地鏡圖》 白銀見爲雄雞。《藝文類聚》卷八三、《太平御覽》卷八一二引作「銀精變白雄雞」。

銀之氣夜正白，流散在地，撥之隨手散，復合。此是也。山有葱，下有銀，光隱隱正白；山有磁石，下有銅若金。《藝文類聚》卷八三、《太平御覽》卷八一二引上三句作「隨手合」，依《御覽》、《説郛・採爲》第十三節。

行砂出金。《説郛》第八節。

凡觀金、玉、寶劍、銅、鐵，皆以辛之日，待雨止。明日平旦及黄昏夜半觀之，所見光白者，玉也；赤者，金；黄者，銅；黑者，鐵。《藝文類聚》卷八三。

段成式《酉陽雜俎・前集》卷一六《廣動植第一》 山上有葱，下有銀。山上有薤，下有金。山上有薑，下有銅、錫。山有寶玉，木旁枝皆下垂。

馮贄《雲仙雜記》卷九《寶苗》 山中有葱，下必有銀。有薤，下必有金。有薑，下必有銅、錫。山中有玉者，木旁枝下垂，謂之寶苗。

佚名《地理新書》卷二《形氣吉凶》 凡氣色與本姓，音和協，潤澤相生，吉。去三里二里看之，氣鬱鬱，上下團團，乃大吉。青氣爲印綬，爲文官；白氣爲兵戈，爲武官；黑氣爲典吏；黄氣爲封侯，枯燥多疾病；濁氣多滛邪，剋姓，爲破散相生，爲榮華。氣如雨露，如山泉之湧，如霜雪，下有珠玉；沈沈見風不動，下有金；無光澤，爲枯骸；煌煌而潤澤，下有黄金；皎皎鮮明，下有白金；青氣團團，下有石；黑氣無光澤，爲鐵、錫；氣如白雲，下有江河；鬱鬱金光，侯伯相；森森如林，下有寶物；白氣不斷，下有刀兵。【略】凡氣如雨露，下有泉右；地多霧，起如霜雪，下不停，下有珠玉；青而澤風不動，下有銅錢；無澤者，下有伏屍；黄而光澤者，下有金；白而光澤者，下有銀；無澤，則石也；上大下小，吉；黑而光澤者，下有鉛。

又卷四《衢巷道路吉凶》 凡草木鬱鬱光潤者，吉。若根不深尺，大凶。下有金、銅、鉛，其上草木多焦枯，枝葉萎垂，不自勝舉。下有玉石，草木不盛。凡黄草白莠，下有金；白莖黄莠，下有銀；青莖黑莠，下有鉛鐵。

釋贊寧《東坡先生物類相感志》卷一一《草部上・葱》 葱下有銀，銀光隱正白。山葱，石下有銅，若金銀也，有能軟桂也。

又卷一四《木部》 草木毛：凡草木之下生毛，至地可削，其色青白者，玉；若赤黄者，下有金，黑色者，鐵也。

葉廷珪《海録碎事》卷一五《商賈貨財部・寶苗》 山上有蔥，下必有銀。有薤，下必有金。有薑，下必有銅、錫。有玉者，木傍枝下垂，謂之寶苗。《酉陽雜俎》。

《路史》卷一四《疏仡紀・黄帝紀上》 〔黄帝〕問于柏高曰：「吾欲陶天下爲一家，有道乎？」對曰：「請艾其莧而時之，吾謹逃其爪牙則可矣。」【略】曰：「若言可得聞乎？」曰：「上有丹矸者，下有黄銀。上有慈石者，下有銅金。上有陵石，下有赤銅、青金。上有代赭，下有鹽鐵。上有葱，下有銀沙。此山之見榮者也。」至於艾而時之，則貨幣於是乎成。

呂祖謙《歷代制度詳説》 黄帝問於伯高曰：「吾欲陶天下而爲一家，爲之

有道乎？」伯高對曰：「上有丹沙者，下有金。上有慈石者，下有銅、金。上有陵石者，下有鉛、錫、赤銅。上有赭者，下有鐵。此山之見榮者也。」《管子》。

王應麟《玉海》卷一〇一《郊祀・祠壇・黄帝封祭壇》 《管子・地數篇》：「黄帝問於伯高曰：『吾欲陶天下以爲一家，爲之有道乎？』伯高對曰：『上有丹沙者，下有黄金。上有慈石者，下有銅金。上有陵石者，下有鉛、錫、赤銅。上有赭者，下有鐵。此山之見榮者也。』」

又卷一八六《食貨・理財・湯輕重筴・地數》 昔者桀霸有天下而用不足，湯有七十里之薄而用有餘。天非獨爲湯雨菽粟，而地非獨爲湯出財物也。伊尹善通移輕重、開闔、決塞，通於高下徐疾之筴，坐起之費時也。公曰：請問天財所出，地利所在。曰：山上有赭者，其下有鐵。上有鉛者，其下有銀。一曰：上有鉛者，其下有鉒銀。上有丹沙者，其下有鉒金。上有慈石者，其下有銅金。此山之見榮者也。

梁寅《策要》卷四《坑冶》 《管子》曰：「上有丹砂者，下有金。上有鎡石者，下有銅、金。上有陵石者，下有鉛、錫。上有赭，下有鐵。此山之見榮者也。」

陸容《菽園雜記》卷一四 五金之礦，生於山川重複高峰峻嶺之間。其發之初，唯於頑石中隱見礦脈，微如毫髮。有識礦者得之，鑿取烹試。其礦色樣不同，精粗亦異。礦中得銀，多少不定，或一籮重二十五斤，得銀多至二三兩，少或三四錢。礦脈深淺不可測，有地面方發而遽絶者，有深入數丈而絶者，有甚微久而方闊者，有礦脈中絶而鑿取不已復見興盛者，此名爲過壁。有方采於此，忽然不現，而復發於尋丈之間者，謂之蝦蟆跳。大率坑匠採礦，如蟲蠹木，或深數丈，或數十丈，或數百丈。隨其淺深，斷絶方止。舊取礦攜尖鐵及鐵錘，竭力擊之，凡數十下僅得一片。今不用錘尖，惟燒爆得礦。礦石不拘多少，采入碓坊，舂碓極細，是謂礦末。次以大桶盛水，投礦末於中，攪數百次，謂之攪粘。凡桶中之粘，分三等，浮於面者謂之細粘，桶中者謂之梅沙，沉於底者謂之精礦肉。若細粘與梅沙，用尖底淘盆浮于淘池中，且淘且汰，泛揚去粗，留取其精英者。其粗礦肉，則用一木盆如小舟然，淘汰亦如前法。大率欲淘去石末，存其真礦，以桶盛貯，璀璨星星可觀，是謂礦肉。次用米糊搜拌，圓如拳大，排於炭上，更以炭一尺許覆之。自旦發火，至申時住火候冷，名窖團。次用火平銀爐熾炭，投鉛於爐中，候化，即投窖團入爐，用鞴鼓扇不停手，蓋鉛性能收銀盡歸爐底，獨有滓浮於面。凡數次，爐㸑出熾火，掠出爐面滓。烹煉既熟，良久，以水滅火，則銀鉛爲一，是謂鉛駝。次就地用上等爐灰，視鉛駝大小作一淺灰窠，置鉛駝於灰窠内，用炭圍疊側，扇火不住手。初鉛銀混，泓然於灰窠之内，望泓面有煙雲之氣，飛走不定，久之稍散，則雪花騰湧。雪花既盡，湛然澄澈。又少頃，其色自一邊先變渾色，是謂窠翻。煙雲雪花，乃鉛氣未盡之狀。鉛性畏灰，故用灰以捕鉛。鉛既入灰，唯銀獨存。自辰至午，方見盡銀。鉛入於灰坯，乃生藥中蜜陀僧也。

顧炎武《天下郡國利病書・四川・會川衛》 《華陽國志》：會無縣山色青碧，故其東南葛砧、蜜勒諸山或産石碌，有三色，或産石青，有四色，或産礦銀。

張英《淵鑒類函》卷一九四《文學部三・藏書五》 嗟夫！山之爲石者，有銀之礦，而緑生焉。有鐵之礦，而朱生焉。然則家之有書，而後嗣之能學，亦理之然也。

王立道《具茨集》文集卷六《泉釋》 大夫曰：「夫上池之水，其源莫測，清明淳和，挹而不竭。爾乃參以岐黄之秘，綜以倉扁之術，察陰陽，診虚實，審四時五色，輕重剛柔，齊和不忒。可以濯胸中之淫邪，滌腠理之癥結，溉五内之沉痾，浣膏肓之錮疾，功在一勺。渾渾冥冥，浸淫大宅，起廢持傾。巧奪俞跗，效擬巫彭。大旱爍金而不爲加少，百川灌河而不爲加盈。其山則雄黄、空青、丹砂、礬礜、石英，五金百材之所生也。」

慎懋官《華夷花木鳥獸珍玩考》卷五《寶苗》 山上有葱，下必有銀。有薑，下必有銅、錫。山下有玉者，木旁枝下垂，謂之寶苗。

董斯張《廣博物志》卷三七 山下有銀，土必産蔥。下有黄金，上必産薤。下有銅錫，上必産薑。草莖黄秀，下有藏銅。山有積銀，上多素霧。《玄覽》。

黄金之精名石塘，狀如豚，居人家，使人不宜妻。白鼠以昏時見於丘陵之間，視所出入中有金。《白澤圖》。

絶水有金者，精名侯伯，狀如人，長五尺五，綵衣。《白澤圖》。

陳耀文《天中記》卷七《山》 名山。凡天下名山五千三百七十，出鐵之山三千六百有九。上有丹砂者，下有黄金。上有磁石者，下有銅、金。上有緑石者，下有鉛、錫。上有赭下有鐵。《管子》。山上有葱，下有銀；山上有薤，下有金；山上有薑，下有銅、錫。山有寶玉，木旁枝皆下垂。《酉陽雜俎》。

郭良翰《問奇類林》卷二八《博物下》 山中有葱，下必有銀。有薤，下必有金。有薑，下必有銅、錫。山中有玉者，木旁枝下垂，謂之寶苗。

趙獻可《醫貫》卷一《玄元膚論》 凡山中有金銀之礦，或五金埋瘗之處，夜必有火光。此金鬱土中而不得越，故有光耀發見於外。

曹學佺《蜀中廣記》卷六七《方物記第九・五金》 《寰宇記》：「羊角山出錫，在劍州南九十里，兩峰崛起如角然。」《地鏡圖》云：「草青莖赤，其下多鉛。鉛錫之精爲老婦人。」

徐應秋《玉芝堂談薈》卷二二《太平太蒙》 山上有茝，下必有銀。有薤，必有金。有薑，下必有銅錫。【略】又山上有丹砂者，下有黄金。上有瑙石者，下有銅。上有陵石者，下有鉛錫。上有赭，下有鐵。五百歲天下名山一開，開則金玉之精涌出。丹丘千年一燒，黄河千年一清。

胡我琨《錢通》卷三 山上有葱，下有緑。山上有薤，下有金。山上有薑，下有銅錫。山有寶玉，木旁枝皆下垂。《酉陽雜俎》。

來集之《倘湖樵書》卷一 《本草》云：磁石生山之陰，有鐵處。玄石生山之陽，有銅處。《別録》曰：玄石生泰山之陽，山有銅；銅者雌，鐵者雄。李時珍曰：雄黄生山之陽，故曰雄；雌黄生山之陰，故曰雌。

又卷五《草之有寶者》 《庚辛玉册》曰：透山根似蔓菁而紫，含金氣。石楊柳含銀氣。馬齒莧含汞氣。艾蒿、粟、麥含鉛、錫之氣。酸牙、三葉酸含銅氣。《雲仙雜記》云：山上有葱，下必有銀。有薤，下必有金。有薑，下必有銅錫。山中有玉者，木旁枝下垂，謂之寶苗。儲泳《祛疑》云：荷葉有水銀。《酉陽雜俎》云：椒可以來水銀，故曰椒。曰可以來澒。

徐大椿《醫貫砭》卷上《五行論》 金中火者，凡山中有金、銀之礦，或五金埋瘗之處，夜必有火光。此金氣非火光也。此金鬱土中而不得越。

周南《安居金鏡》卷一《相宅全書・基徵》 岡生野葱，下有銀叢。若生野韭，金據其中。野姜生處，厥土多銅。中埋玉石，草木不萃。黄草白莠，下有金守；黄莠白莖，銀之所有。大樹忽死，或偏而枯，隨枝所指，寶藏之區。草莖蒼赤，短短而踈，掘下十尺，瓦石與俱。草枯而黑，下通泉脉，若有鉛、銅，焦萎無澤。基之所藏，何物乃祥？珠玉爲上，生物亦强。魚龍之骨，九卿之鄉。生龜下守，公侯之藏。古印劍器，五品官方，如其他物，不如無良。

李世熊《錢神志》卷一《靈産》 《管子》曰：「上有丹砂者，下有黄金。上有鉛者，其下有銀。上有磁石者，下有銅、金。上有陵石者，下有鉛、錫、赤銅。上有赭者，下有鐵。此山之見榮者也。」又曰：「上有鉛者，其下有鉒銀。上有丹砂者，其下有鉒金。」

《通雅》曰：「鉒金，銀皆非也。」

《雜俎》云：「山上有葱，下有銀。上有薑，下有銅、錫。」

《地鏡圖》云：「黄金之氣赤黄，千萬斤以上光大若鑑盤，金氣發火，上赤下青也。銀之氣夜正白，流散在地，撥之，隨手散復合是也。山有葱，下有銀光隱隱。正白山有磁石，下有銅若金。」又曰：「銅錢之氣望之如青雲。」又曰：「凡物金玉、寶劍、銅鐵皆以辛之日待雨止，明日平旦及黄昏夜半占之所見，光白者玉也，赤者金，黄者銅，黑者鐵。」又曰：「白銀精變爲雄雞，黄金之見爲火及白鼠。」

《白澤圖》云：「白鼠以昏時見邱陵間，視所出入，中有金。」

《梁簡文論》云：「見夜如棗核飛散者，金精也。」

《白帖》云：「銀山常出素霧。」

《西使記》云：「元始通密乞兒國，地産金。夜視有光處誌之以灰。翌日發之，有大如棗者。」

《函史》云：「凡金生處，穴室百十尺，見伴金石，定見金也。其石褐色，一頭如燒黑狀，其金色深赤黄。麥麩金，即在江沙水中淘汰而得，其色淺黄，皆生金也。或云金生水沙者，鵝鴨啖沙，從膍胵内淘之，有金屑。東南金色深，西南金色淺，亦土地所定也。」

陳忠倚《清經世文三編》卷二六《户政三》許克勤《管子・地數篇》 桓公曰：「地數可得聞乎？」管子對曰：「地之東西二萬八千里，南北二萬六千里，其出水者八千里，受水者八千里，出銅之山四百六十七，又出鐵之山三千六百九山，此之所以分壤樹穀也，戈矛之所發，刀幣之所起也。能者有餘，拙者不足。封於泰山，禪於梁父，封禪之王七十二家，得失之數皆在此内，是謂國用。」桓公曰：「何謂得失之數皆在此？」管子對曰：「昔者桀霸有天下，而用不足，湯有七十里之薄，而用有餘。天非獨爲湯雨菽粟，而地非獨爲湯出財物也。伊尹善通移輕重，開闔決塞，通於高下疾徐之筴，坐起之費，時也。」黄帝問於伯高曰：「吾欲陶天下，而以爲一家，爲之有道乎？」伯高對曰：「請刈其莞而樹之，吾謹逃其蚤牙，則天下可陶而爲一家。」黄帝曰：「此若言可得聞乎？」伯高對曰：「上有丹砂者，下有黄金；上有慈石者，下有銅、金；上有陵石者，下有鉛、錫、赤銅；上有赭者，下有鐵。此山之見榮者也。苟山之見其榮者，君謹封而祭之。距封十里而爲一壇，是則使乘者下行，行者趨，若犯令者罪死不赦，然則與折取之遠

矣。修教十年而葛盧之山發而出水，金從之，蚩尤受而制之以爲劍、鎧、矛、戟，是歲相兼者諸侯九。雍狐之山發而出水，金從之，蚩尤受而制之以爲雍狐之戟、芮戈，是歲相兼者諸侯十二。故天下之君，頓戟一怒，伏屍滿野，此見戈之本也。」按東西二萬八千里，南北二萬六千里者，本書《輕重乙》、《呂氏·有始覽》、《淮南·地形訓》、《廣雅·釋地》並同。《地形訓》高誘注云：子午爲經，東西爲緯，四海之内緯長經短，是其義也。蓋以周圍九萬里地球之徑言之也，東西較南北少二千里者。出水八千里，受水八千里者，本《山海經·中山經》文也。《廣雅·釋地》呂氏有當據改，蓋證以下文出銅之山、出鐵之山，《有始覽》、《淮南·地形訓》並同。惟《中山經》作出水之山八千里，受水者八千里，則此處正當作出水之山也。「出銅之山四百六十七山，出鐵之山三千六百九山」，據《中山經》作「出銅之山四百六十七，出鐵之山三千六百九十」。按：劉昭注《郡國志》：出銅之山四百六十七，出鐵之山三千六百九，與《管子》同，《史記·貨殖傳》亦同，則《中山經》作「三千六百九十」者蓋誤，《管子》不誤也。「此之所以分壤樹穀」者，《中山經》作「此天地同，所以分壤樹穀也」，是也。「戈矛之所發，刀幣之所起」，《中山經》「幣」字作「鍛」，刀鍛與戈矛同類，不應複言，當以《管子》爲是。「能者有餘，拙者不足」，劉昭注《郡國志》云，儉則有餘，奢則不足，是其義也。【略】「通移輕重，開闔洪塞」者，下文令疾則黄金重，令徐則黄金輕，先王權度其號令之疾徐高下，其中幣而制上下之用，是其義也。故又繼之曰「通於高下疾徐之筴，坐起之費，時也」，筴策通，猶等也。【略】「上有丹砂，下有黄金」者，《路史》作「上有丹矸」。又按：《荀子·正論篇》「加之以丹矸」，楊倞注云丹砂也，是矸、丹砂亦同也。「上有慈石，下有銅金」者，此與下文「上有赭者，下有鐵」當互誤。按：磁石可以引鍼，《本草》云：「山之陽産鐵者，其陰必有磁石。」則《管子》當言「上有磁石者，下有鐵；上有赭者，下有銅金」，今本上下文有互誤也。「上有陵石，下有鉛、錫、赤銅者」，《御覽·地部三》引「陵石」作「緑石」，良是。又《地部三·珠寶部九》引「下有鉛錫」，並無「赤銅」二字，則非。按：范成大《桂海志》云：「石緑，銅之苗也。出廣西古江有銅處，生石中，質如石，亦名緑石。」又李時珍《本草綱目》曰：「銅得紫陽之氣而生緑，緑久則成石。」然則古本當作「上有緑石者，下有鉛、錫、赤銅耳，所謂山之見榮者也」。與折取之遠者，言山不封禁，則聽民折取，今封禁其山，則内守國財與聽民折取相去遠矣。「葛盧之山」當作盧山，《史記·五帝紀》索隱引作「蚩尤受盧山之金而作五兵」，是也。「發者」謂蚩尤發其山也，見《路史·後紀·蚩尤紀》。「雍狐之戟、芮戈」者，當作雍狐之戟、狐父之戈。【略】

桓公問於管子曰：「請問天財所出，地利所在？」管子對曰：「山上有赭者，其下有鐵。上有鉛者，其下有銀。一曰上有鉛者，其下有鉒銀。上有丹砂者，其下有鉒金。上有慈石者，其下有銅金。此山之見榮者也。苟山之見榮者謹封而爲禁，有動封山者罪死而不赦，有犯令者，左足入左足斷，右足入右足斷，然則其與犯之遠矣，此天財地利之所在也。」桓公問於管子曰：「以天財地利立功成名於天下者，誰子也？」管子對曰：「文、武是也。」桓公曰：「此若言何謂也？」管子對曰：「夫玉起於牛氏邊山，金起於汝漢之右洿，珠起於赤野之末光，此皆距周七千八百里，其涂遠而至難，故先王各用於其重，珠玉爲上幣，黄金爲中幣，刀布爲下幣。令疾則黄金重，令徐則黄金輕，先王權度其號令之徐疾，高下其中幣，而制上下之用，則文、武是也。」按：此言「山上有赭者，其下有鐵；上有慈石者，其下有銅金」亦當互易，蓋涉上文而誤也。一本無「以下」十一字，宋氏云皆校者之詞而誤入正文者是也。「上有丹砂，下有鉒金」者，俞氏《平議》云，「《玉篇》：鉒，送死人具也。然則鉒、金義不可通，疑當爲銍。《五音集韻》曰，銍，堅金也。」其説是也。「與犯之遠矣」者，猶上言與折取之遠矣也。「玉起於牛氏邊山」者，王氏云牛氏當作禺氏，見《國蓄》、《揆度》、《輕重甲》、《輕重乙》四篇。竊按《揆度篇》北用禺氏之玉，房注云：禺氏，西北戎名，玉之所出是也。「金起於汝漢之右洿，珠起於赤野之末光」者，金、珠二字當互易。據《揆度篇》曰「南貴江漢之珠」，此珠起於汝漢之證。《揆度篇》又曰：「珠起於赤野之末光，黄金起於汝漢水之右衢，玉起於禺氏之邊山。」亦涉此篇而誤也。赤野者，當即赤城。《會稽記》曰：赤城，山名，色皆赤。《天台圖》曰：「赤城山，天台山之南門也。」疑即此蓋所謂「上有丹砂者下有黄金」也。

吴其濬《滇南礦廠圖略》卷一《引第一》 山有葱，下有銀。山有磁石，下有銅。若金有開，必先機之洩也。礦藏於内，苗見於外，是曰欔引。諺曰：「一山有礦，千山有引。」譬之於瓜欔者，蔓也；散礦者葉也；堂礦者，瓜也。子欔之礦薄，老欔之礦進山，唯老走廠者能辨之，故記引。

曰憨欔，色枯而質輕，無礦也。

曰鋪山欔，散漫無根，雖有所得，不過草皮微礦。

曰竪生欔，直掛無枝，其勢太獨，亦不成大事。

曰磨盤櫝，盤旋曲繞，勢多趨下，數年之後，必致水患。

曰跨刀櫝，斜掛進山，忽斷忽續，一得篷座分明，小則成刷，大望成堂。

曰大櫝，寬厚尺餘，櫝長數丈，石硤堅硬，馬牙間錯，一時不能得鑛，既得之後，必有連堂，兼能悠久。

卞寶第等修曾國荃等纂《〔光緒〕湖南通志》卷六一《食貨志七・物産二・靖州》 靖州金井邪直深淺不等，實之所生，皆有礦石以爲之牆壁，而礦在其中，善取者乃得真礦。辨礦之術，銅豆爲先，黄窠、烏窠次之。若星見於石，則興廢之兆也。《方輿勝覽》

徐壽基《續廣博物志》卷一五《珍寶》 水藏珠而圓折，山藴玉而騰輝。艸木未秋而黄，不能作實者，下有伏藏。太古傳有照寶方：以硃砂、水銀、輕粉和牛羊脂作炬燃之，可知地下寶物。其光散而青者，錢也。白而如虹者，金、銀也。成五色者，玉也。赤而有聲者，神龍也。黑而燄者，伏屍也。青而光騰者，寶劍也。

《元中記》：黄金之氣爲火，白金之氣爲雄雞，銅、鐵爲胡人，銅器之精爲馬，美玉之氣爲美女。載燭金至百斤以上，其精爲羊。

《元中記》：玉精爲白虎，金精爲車馬，銅精爲僮奴，鉛精爲老婦。

《地鏡圖》：夫寶物在城郭丘墻之中，樹木爲之變。視柯邊有折枝，是其候也。視折枝所向，寶在其方。凡有金寶，常變作積虵。見此輩，便脱隻履若屐以擲之，若溺之即得。凡藏寶忘不知處，以大銅槃盛水，著所疑地行照之，見人影者，物在下也。

《地鏡圖》：視屋上瓦獨無霜，其下有寶藏。

《元覽》：山下有銀，上必産葱。下有黄金，上必産薤。下有銅、錫，上必産薑。草莖黄秀，下有藏銅。山有積銀，上多素霧。

《白澤圖》：黄金之精名石塘，狀如豚，居人家，使人不宜妻。白鼠以昏時見於丘陵之間，視所出入，中有金。

《白澤圖》：絶水有金者，精名侯伯，狀如人，長五尺五，彩衣。

《宋書》：金勝圖。平盜賊，四夷賓服則出。

《宋書》：金人。王者有盛德，則游後池。

《齊書》：金車。王者至孝，則出。

孫氏《瑞應圖》：金牛，瑞器也。王者土地開闢，則至。

《史・封禪書》：殷得金德，銀自山溢。

《禮斗威儀》：君乘金而黄，則黄銀見。

《瑞應圖》：王者宴不及醉，刑罰中人，不爲非，則銀甕出。

孔融《聖人優劣論》：金之儀者名曰紫磨，猶人之有聖也。

《梁書》：林邑國有山，赤色，其中生金，夜則出飛，狀如螢火。

《符瑞志》：王者不藏金玉，則黄銀、紫玉見。

《雒書》：王者不藏金，則紫玉見之深山。服飾不踰祭服，則玉英出。

《地鏡圖》：視有白鼠夜行者，其下有藏金。

王仁俊《格致古微》卷四《關尹子》 「四符譬如金之爲物，可合異金而鎔之爲一金。」案：此化學也。西人每升煉銅錫，使爲精金，殆其法乎？

「六匕如灰中金，而不若礦沙之金。破礦得金，淘河得金。」案：此礦學也。

《清朝續文獻通考》卷三八七《實業考一〇工務・礦産》 臣謹案：近時謀利之臣，競言開礦，而不預研察礦之法。無論遇氣、遇沙、遇水火，後來井下之險，無從補救。即眼前綫之遠近曲直，槽之寬窄厚薄，地中物質變化無窮，問有人能深明其底藴，預決採若干，年出若干，利用成本若干，爲他日之左券否？此所以開者衆，而成者尠。其甚者舞弊營私，盡擲黄金於虚牝。商人視爲畏途，有以也夫。

紀事

徐潤《徐愚齋自叙年譜》 光緒十七年，辛卯，五十四歲。奉北洋大臣劄委，復回開平局，會辦礦務。【略】記天一墾務公司始末〔宣統元年己酉〕：光緒十七年，歲辛卯，余倡辦建平金礦，偕孫君慎欽等出塞察勘，道經錦州之大凌河牧場，曠渺無限。

盛宣懷《愚齋存稿》卷一二《奏疏一二・密陳裁撤勘鑛公司撥款專辦晉鑛摺》光緒三十二年三月 光緒二十八年十一月初一日，奉硃批：「依議。欽此。」欽遵在案。其時，出使大臣張德彝已將羅豐禄代聘之英國頭等鑛師布魯特咨送到滬，當即派赴湖南勘查各鑛。經前撫臣俞廉三派員引導，勘得臨湘縣、常寧縣鉛鑛。又函商前署湖廣督臣端方派員領勘竹山縣銅鑛。又電商前陝西撫臣升

允派員往勘洵陽縣銅鑛，陝省地方官不以爲然。

朱壽朋《東華續録（光緒朝）》光緒一三九 〔光緒二十三年二月己酉〕依克唐阿奏：「據翰林院編修貴鐸、散館分部呈改知縣繆潤紱等會銜呈稱，竊維利國首在富强，而富强以開採爲急務。奉天礦産饒裕甲天下，如岫巖、寛甸、懷仁、通化一州三縣礦山林立，五金並産。貴鐸等祖居奉天，曾眼同礦師詳勘，得邊外寛甸縣屬之小荒溝、小湯石、北弔幌子一帶山勢蟬聯十數餘里，鉛苗顯露，膚面皆是。又勘得懷仁縣屬之涼水泉子、老營溝礦洞子等處深林陡澗之中，銀沙顯露，苗質頗佳。夾道子、大東溝二處現有銀綫亦頗暢旺。又勘得通化縣屬之大小廟兒溝至大小羅圈溝其間數十百里，金、銀、鉛、鐵各礦苗質頗旺。又勘得邊里岫巖州屬之黑島斜長二十餘里，橫亘十餘里，鉛綫銅苗漫山遍地，木耳山南尖頭一帶砟鐵並生。統計各地勢，均與禁山相距遥遠，或三四百里至八九百里不等，實與永陵龍脈無關，且係僻壤荒山，與民間廬墓田園全無妨礙，若得及時興辦，不惟有裨奉天一省，而軍餉之供，度支之裕，可以計時而待。貴鐸等前曾將銀鉛砂石逐細鎔鍊，每鉛砂百斤出净鉛十餘斤、銀砂千斤，傾出足色紋銀十五兩，是功效既不難求，而需款尚非甚鉅。今擬自寛懷所屬之小湯石等八處爲始先辦銀、鉛兩項，暫依土法開採，其餘勘定未開各礦廠應俟試辦得手逐漸擴充。惟通盤核算，將來買山置廠，建屋修路，砌蓋鑪座，購備柴炭，延請礦師，僱覓夫匠以及薪工膏火各項用費，約估本銀須二十萬兩，方可集事。貴鐸等現已招集商本二千股，每股百兩，共計銀二十萬兩整，業經寄存殷實鋪户，以備臨時提用。請自開工之日起，予限半年，試辦有效，隨時報聞等情，並詳擬章程繪具圖説呈請具奏前來。奴才伏查奉天礦務自弛禁開採以來，商股零星散布，並無提綱挈領之人，以致辦理半年，迄無成效。又以銀、鉛各礦工本太鉅，集資非易，置爲緩圖。奴才曾於上年九月間奏報試辦金礦期滿未能暢旺情形，欽奉諭旨。仍著督飭承辦各員招集股商多籌經費，另立妥善辦法，務期成效克臻，將金、銀、煤、鐵各礦逐漸推廣，不得畏難苟安等因，當經欽遵行知承辦各員，妥議章程，至今無進一善策者，想見辦礦不獨集資爲難，即得人亦爲難。貴鐸等集資二十萬金，呈請試辦銀、鉛各礦，俟得手後漸事擴充，亦是先難後易之意。所議章程各條尚覺切實，不事鋪張，但能經理有人，或不至於虛糜工本。查貴鐸才長心細，堅定有爲，前年軍興，奉旨發交奴才軍營差遣，曾派充幫辦全營翼長，代籌布置頗合機宜，以之督理礦務，斷不至一無展布有初鮮終。合無仰懇天恩，准調翰林院編修貴鐸來奉省辦東邊銀、鉛礦務，以廣利源。惟事關奏調京員，且核閲所議辦法尚未詳盡，謹將遞到章程二十二條繕具清單，恭呈御覽，仍請旨飭下總理各國事務衙門、王大臣，以昭鄭重。」得旨：「該衙門議奏。」

著録

宋賡平《礦學心要新編》卷上上 礦之類至繁至賾，礦之學至精至奧，其事非一言所能窮其理，非一端所能喻。遍察古書代少專籍，因即素所閲歷者雜載一編，數次翻閲，苦無眉目。辛丑冬，家居無事，擇其尤要者，分爲門類，其得九種，綴辭成篇，名之曰《九章要法》，尚多遺漏，疑者闕之。其未經親歷者不敢以訛傳訛也。其法詳列如前。

藝文

鄧顯鶴《沅湘耆舊集》卷二〇〇《礦徒謡・金三厢銀九場》 鉛廠、鐵廠鏟偏土壤，金礦、銀礦委諸草莽。莫聽誑，但看旺不旺。莫問財，但看開不開。

柏葰《薜箖吟館鈔存》卷七《探礦行》 礦字或作鑛，又作丱。《周禮・地官》有丱人。

不識金銀氣，强覓金銀源。冰山與雪地，到處恣討論。昔讀《寶藏論》，十七種銀繁。紅赤如亂絲，紫白如草根。或以藥點化，一流直千緡。新羅或林邑，朱提乃爲真。採法未之及，近聽商人云：其要在尋釁，商人謂之釁道，當是此釁字。一氣相引援。釁得始有苗，苗生乃有跟。直下如掘井，旁鑿似闢門。砂綫貴寛長，匠石首選掄。砂名不一致，粉頭鐵最純。粉頭鐵，一兩可得銀五錢。不易得，亦不宜見，見則線閉矣。次者五花頭，雞血紅如璊。鋼査亦足取，鍊餅多留痕。大小花明外，磨石無可存。大花明、小花明、磨石頭每斤止三錢上下耳。最下錫蠟片，頑鉛雜膽礬。春夏悶燈時，氣鬱能殺人。又防雨浸注，積水如亶爰。隧道撐以木，足踏手亦捫。惟銀礦如此，金銅迥不倫。線金爲上等，水中珠顆珍。水中金砂自然如珠。山砂止煎洗，一變即成金。山金之砂以火炒乾，再以水淘，即可煉成。若銅煉更

易，蝌殼一火炊。銅砂一煉，即成蝌殼。兹銀功則倍，爆爐兑爐分。五火至熬包，灰底鉛乃沈。銀砂經五火，鉛始沈入灰中。翻花如煉汞，凝結爲高銀。更聞其人説，線皆朝崑崙。東北自艮起，西北乾上尋。北口外礦苗自艮向坤，伊犁一帶即自乾向巽，皆朝崑崙，是乃正脉，否則枝葉而已，或有倏無。我觀六七處，其線果向坤。有蓋兼有幫，石勢立嶙峋。如天造地設，寶貨何其神？媿我讀書少，此論殊未聞。乃知格物者，不廢芻蕘言。

雜録

鄭觀應《羅浮偫鶴山人詩》卷一《贈日本神保小虎高壯吉兩礦師》 東海多佳士，欣逢兩礦師。同遊烏石嶺，談笑出瑰奇。挾技游俄德，探驪繪有圖。豈惟知礦産，形勢見工夫。中日關唇齒，如何據地争。善哉興亞會，合從保昇平。螳黠笑蟬痴，俄吞黄雀口。那知報應速，獵士尾其後。

《清朝續文獻通考》卷四三《征榷考一五》 〔咸豐三年〕又諭：「扎拉芬泰等奏請派員查驗礦苗等語，據稱接到部咨奏准，於新疆地方招商開採金銀礦沙，當經行知烏嚕木齊都統轉飭詳查。旋據該都統覆稱，並無認視礦苗之人。著易棠揀派熟悉礦苗人員，前往烏里雅蘇台産金處所詳細履勘，有無可採，據實覆奏。」

【略】

〔咸豐四年〕又諭：「前因扎拉芬泰等奏，稱採獲似銀等礦苗，請飭部試煉辨認，當交户部驗明具奏。兹據該部詳細驗明，遵旨覆奏。見在銅鐵兼資鼓鑄，需用浩繁，必須廣爲採辦，以裕度支。著札拉芬泰等體察情形，一俟安肅道和祥到日，即飭該員帶同熟悉礦苗煎鍊之人，詳細查勘，設法開採，如辦有成效，即酌量分鑄銅鐵各錢，以資兵餉，並著派員徧歷所屬地方，將産銅綫道多開礶硐，以冀採獲正礦。如查有金銀各礦，即速行籌議開採，酌定章程，據實具奏。」

又卷三八七《實業考一〇》 又商部覆奏：「兩江總督周馥奏，查明三省礦産所在，擬招商試辦，並出示禁止私售。略稱，兩江督臣首先遵旨派員將江寧、江蘇、江西、安徽等省礦産之區勘明，招商試辦，洵屬有裨要政。餘省不乏著名礦産，自應一律照辦。請旨通飭各將軍、督撫迅即籌設礦政調查局，專選諳練廉正之員，咨由臣部加札，作爲礦務議員，令其酌帶礦師周歷各府廳州縣，詳爲探勘。凡礦地坐落界址，礦質苗綫，一一記載，明晰報部。並由部刊各省礦産表，令按表填送，與臣部前飭各省填送已開各礦之礦務總表相輔而行，庶各省寶藏瞭然心目，而每歲辦礦情形有無起色，即可藉以稽核。擬請由臣部咨行各將軍、督撫，嚴飭所屬，除將已開各礦，照前給表式填送外，其未開之礦，即按兩江辦法迅速籌辦。」奉諭：「中國礦産之富，甲於全球。祇以研究無人，遂致利源未闢。又或奸徒句結，設謀售賣，輾轉影射，流弊滋多。亟應澈底清釐，認真整頓。周馥所陳各節，有裨要政，著各省將軍、督撫即行遴派諳練廉正之員，酌帶工師周歷各屬，切實探勘。按照商部所發表式，將已開未開各礦，逐一詳晰註明，隨時咨報。並按照兩江辦法，迅即籌辦，毋稍延緩。其各省所派專員，均准作爲商部礦務議員，並由該部悉心稽察，嚴定考成，隨時請旨辦理，以示勸懲，總期權自我操，利不外溢，是爲至要。」

又卷三八九《實業考一二》 〔宣統元年〕又農工商部奏定《化分礦質局簡明章程十一條》：第一條　化分礦質局應於各省勸業道署或礦政總局内附設。第二條　化分礦質局以辨別礦質，化驗成分，考求優劣，俾請辦者確有把握，藉收提倡礦務之實際爲宗旨。第三條　化分礦質局不任開採礦産，暨調查礦山區域并關於礦務准駁一切事宜，以清權限。第四條　化分礦質局得附設礦質研究所暨礦質陳列館，以廣礦學之造就，而謀礦業之發達。第五條　職員局長一員，掌理局中一切事宜，以勸業道或礦政總局總辦兼充；經理一員，專任化分礦質事宜；技師一二員，幫同經理化分礦質，均以精於礦學者充之；書記一二員，辦理一切文牘事務。第六條　化分礦質局内，凡化驗礦質一切分析新法，所需各種器具、藥料、鑪室等均應組織完備。第七條　責任　甲、承辦化分本省調查員履勘、未經開採或停辦各礦之礦質；乙、承辦化分商人請求化驗之礦質；丙、承辦編訂本省各礦礦質化驗詳細表，每届六個月印發公布一次；丁、每届年終，應將本年内所有化驗之礦石隨同化驗詳表呈部備查。第八條　凡礦商來局請求化分礦質，應自礦質到局之日起，儘十五日化分完竣，繕具説明書，發給承願。第九條　凡礦商請求化分礦質，一切藥料應按礦質化驗之難易，以定收費之多寡，至多不得過十元。第十條　各省設立化分礦質局，准其因地制宜，酌定辦事細則，稟部核奪。惟不得與部章觸背。第十一條　章程有應行增損之處，由部體察情形酌核辦理。

《清光緒新法令》第一〇類《右一五條爲辦事章程》　第十六條，凡勘鑛時，

先須取具該廳州縣地圖，查明礦山距離城邑及附近之鎮市各若干里，礦界所占之地爲若干方里，其中官荒若干，民業若干，民間有無影射侵佔情事。如係民業，應會同地方官驗明圖契糧串，以徵信實，更應分別記註，繪圖貼説，存案備查。

第十七條，凡勘礦時，須分別高山平壤，地基高過水面若干尺，地内附近苗脈之處有無泉水，挖至若干尺，方見泉水，泉水出有多少，勘畢均應詳載報部。

第十八條，凡勘礦時，須詳細審察苗脈入地深淺，係何種類，或團脈，或聚脈，或絡脈，或散苗，更須驗明其苗脈來自何方，去向何處，苗脈共有若干條，各條相距若干尺寸，或遠或近，或深或淺，及其長寬厚各若干尺寸，均應詳細記載報部。

第十九條，凡苗脈有入地淺者，有入地深者，有鑽過數層山石始發見者，均應審察苗脈之上下，係何種礦石，何種山石土石，分若干層，每種每層有若干尺寸，均須按其層次繪圖備載報部。儻礦石名目爲中國文字所無，准以外國文字記寫。

第二十條，凡勘礦時，採得礦苗礦石，仍須詳細化驗，分别其實質，有百分中之若干分，若含有雜質，其種類若干，每種爲百分中之幾分，均應詳細記載報部。

第二十一條，凡礦務發達，全恃運道通暢，故勘礦時，凡水路運道，皆應詳查。旱路之道，或平坦或崎嶇，水路或上水或下水，其距銷售處所各若干里，運費各約需若干，附近有無大江大河，應否修築小枝鐵路，以資轉運，或預備小輪，均須通盤核計，詳細備載報部。

第二十二條，凡勘礦時，應分别上中下三等。如脈旺質佳，運道近便，銷售暢旺，提鍊所用之煤，或柴炭，易於購辦，並可在山場設立鍋鑪，就近提鍊者，爲上等；運道不便，煤炭難購者，次之；苗脈不旺，入地太深，雜質太多者，又次之。並須估計某礦，需款較鉅，某礦需款較廉，其應需資本，各約若干，均應詳核備載，並於圖説内載明，某礦應速辦，某礦暫應緩辦，一併呈報商部，由部核定，分別次第飭開。

第二十三條，凡勘礦時，應分別查明某礦只需土法，某礦宜用機器。其用土法者，必苗脈不深，山石不堅，地中泉水不多，土工不貴，資本不大，礦沙易於淘洗，鑛苗無甚雜質。其宜用機器者，必鑛苗太深，山石堅硬，非鑽過數層硬石不能得鑛苗之所，儻開至深處，非用懸機不便上下，非用機器不得空氣呼吸，地中泉水太多，非用機器車未能抽盡，鑛苗雜質太多，非用機器鍋鑪不能提鍊成質，皆應詳細審查備載報部。

第二十四條，凡勘礦時，遇有民間業經私挖之鑛，及曾經開採中止之鑛，應詳查舊峒，共有若干處，每峒有若干深，是否因泉水過多，或資本不足，或因别生事端，或因辦不得法，以致中止，均應考察情形，查取案據繪圖貼説詳細記載報部。

以上各條，係斟酌大概情形訂定，應由各省將軍、督撫，轉飭各該局員及地方官，一體遵照辦理。如有未盡事宜，仍應查照本部奏定鑛務章程辦理。

《宋會要輯稿・職官四三・提點坑冶鑄錢司》〔政和五年〕八月二十八日，江淮荆浙福建廣南路提點坑冶鑄錢饒州置司奏：「承尚書省措置東南坑冶事件，内虔、潭兩司各差置檢踏官三員，并許于承務郎以上或選人大小使臣内踏逐諳曉坑冶、有心力人充，仍具奏差，二年一替。契勘本司所管路分廣闊，若候奏辟官到司，差發前去檢踏，竊慮後時。今欲從本司一面于見任或得替待闕京朝官、大小使臣及選人内踏逐，權行依額選差，分頭前去。其所差權官合破請給人從、券馬等，并乞依政和二年十二月十七日朝旨施行，候奏辟到正官日住罷。」詔依，權官令本司具名，申尚書省差。【略】

〔宣和元年〕二月十五日，新差提舉東南九路檢踏坑冶鄧紹密奏：「前官徐禋被差之初，有申請到畫一朝旨，已經勘當，今來復置，合行照用，欲乞先次并依徐禋已得指揮施行。」詔序位、請給、支賜、人吏、人從、舟船、遞馬、驛券、薦舉、按察、公使錢等，并依江淮等路提點坑冶鑄錢司條例施行。

〔宣和六年〕五月九日，新差權提舉京西南路常平等事雷勉狀奏：「窺利之輩所奏苗脉不實，唯在借請官錢，遂成失陷。欲望下諸路，委漕臣與提點官公共講究革弊之術。如有告發坑冶，委提點坑冶官選委能吏，同州縣當職官躬親詣地頭監轄取打礦石烹試，如委實有寶，即計其所出，有補于官，許依條借請官錢。仍令作料次，隨其所出之寶量多寡借請。及乞令召第三等以上税户保借，無容似前泛濫借請，枉致失陷。仍乞提點坑冶司關報漕臣，公共點檢覺察。」詔令諸路提點坑冶官并兼領官條畫措置，申尚書省。

〔孝宗乾道六年〕七月十六日，工、吏部狀：「准都省批下許子中申，勘會舒州同安監鼓鑄鐵錢，所用鐵炭浩瀚，乞置官兩員，專一往來尋踏苗脉興發及檢點起置事件。今勘當，欲依所乞差置一員，從本所踏逐文武官員内辟差。」從之。

盛宣懷《愚齋存稿》卷八・奏疏八《請撥陝捐餘款作勘礦總公司第一次官股片光緒二十八年九月》 再，臣擬設勘礦總公司，目前以驗礦購地爲要義，將來即以礦地作股本爲指歸。臣之愚見，若能仿照阿非利加，將産礦之地悉歸諸官，再由官出租發給牌照，准令中外商人遵照例章註册領地開辦，實足爲朝廷籌鉅餉，不特保主權已也。本年三月，臣電商外務部，將來承辦洋人到部遞稟時，能否將該商買地仍歸中國官買，或租給若干年，或以地作股。當接部電：官爲買地，川省有此辦法，各省能否多籌官款，以備購地之需，俟隨時釐訂礦章，再行詳酌等語。臣以爲購地不難，而難在勘礦，如勘度非人，必至劣者爲我所取，美者爲人所得。是以選擇礦師，調度勘驗，均關緊要。現在上海擬設勘礦總公司並化驗司、鑽地司、繪畫司，至少先集股本銀一百萬兩，每股銀一百兩，共成一萬股。每股每次收銀二十兩，分作五次收齊，若全歸官股，恐如外務部所言，各省能否多籌官款，尚無把握，倘再牽掣耽延，勢必盡落後著，並恐歸官之後，仍難免爲外人藉端力索。若全歸商股，其權操自朝廷，其利亦不致外溢。英、法、德、美藏富於商，皆是此意。惟國家現以籌款爲急務，似此振興美利之舉，應爲上下相共之謀。泰西路礦大舉，有國者每多入股，既可爲臣民之倡，亦足厚宫府之需，中國欲圖富强，似不可不破除迂拘之見。臣再四籌維，該公司股分莫善於官商各認其半，譬如官股五十萬兩，應認五千股，第一次每股付銀二十兩，計銀十萬兩。如蒙俯采芻蕘，准如所請，臣查代辦陝西義振獎款除遵旨撥濟各省振濟外，尚存銀十萬兩，可否仰懇俞允，即以此項捐獎餘款撥作勘礦總公司官股第一次本項，較爲迅速。俟刊印票式恭呈御覽，嗣後應付第二、第三、第四、第五次股銀各十萬兩，隨時容臣接續奏請，或由部撥，或由各省分籌。萬一試辦無效，臣當責成該公司華商賠繳銀十萬兩，毋庸續領，以重公款。臣爲保守礦地，推廣籌餉起見，是否有當，謹附片密陳，伏乞聖鑒訓示。謹奏。本月二十五日奉硃批：「外務部、户部議奏。欽此。」

又卷一二・奏疏一二《密陳裁撤勘鑛公司撥款專辦晉鑛摺》 光緒三十二年三月，奏爲各省鑛務現經自辦，請裁撤勘鑛總公司，撥款專辦晉鑛，以赴事機，恭摺密陳仰祈聖鑒事。竊臣前在會辦商務大臣任内，奏請設立勘鑛總公司，藉保主權而收鑛利各摺片，光緒二十八年九月二十五日奉硃批：外務部、户部議奏。欽此。經部奏，覆勘鑛總公司現在上海擬設，自須酌發官款，以爲商民之倡。該大臣代辦陝西義振，既稱尚存餘款十萬兩，應准其全數撥給該公司作爲官發股本，將來如試辦無效，即責成該公司如數賠交，以重公款等因。光緒二十八年十一月初一日，奉硃批：依議。欽此。欽遵在案。其時出使大臣張德彝，已將羅豐禄代聘之英國頭等鑛師布魯特咨送到滬，當即派赴湖南勘查各鑛，經前撫臣俞廉三派員引導，勘得臨湘縣、常寧縣鉛鑛。又函商前署湖廣督臣端方派員領勘竹山縣銅鑛。又電商前陝西撫臣升允派員往勘洵陽縣銅鑛，陝省地方官不以爲然，該鑛師折回，即調赴直隸，與督臣袁世凱商派委員，領勘臨城縣煤鑛、磁州煤鐵鑛。二十九年五月，該鑛師陡患病症，即不能出門勘鑛。時因張之洞奉命擬議鑛務新章，臣查英美商約内皆載明，鑛務新章頒行後，如准開鑛者，均須照新章辦理等語，關係甚重，似非熟習各國現行鑛務章程者不足以資考究。特令布魯特購辦書籍，撰成鑛律五十九款，又補遺三款；鑛章九十一條，又補遺一條，於三十一年三月編輯完竣。第念布魯特深諳鑛學，而於中國情勢尚恐未甚明晰，當將華洋譯本咨送張之洞，並令該鑛師赴鄂以備諮詢。此臣延聘頭等鑛師到華先後勘鑛，及撰擬鑛律、鑛章備酌之情形也。伏查勘鑛之舉，原議重在收買鑛地，免爲外人佔奪，實賴各省地方官聯絡一氣，方能辦理。臣奉准設立勘鑛總公司後，即撤銷商務大臣差使，勢難以上海一隅之局，參頂各省之事況。近年風氣大開，各省多已次第設局開辦，自應將總公司即行裁撤，所延英鑛師布魯特以及副鑛師李御三年合同期滿，已撤回國。惟查山西煤、鐵鑛甲於天下，前經山西商務局與英商福公司議定開鑛製鐵以及轉運鑛産合同，將盂縣、平定、潞安、澤州暨平陽府屬煤鐵鑛轉與福公司辦理。光緒二十八年拳亂後，外務部因英使又向理論，飭臣與福公司議訂澤道鐵路條款。該英商堅持晉鑛合同標題載明開鑛製鐵以及轉運各色鑛産，執定欲在鐵路合同載明准其運鐵，意在就鑛設爐製鐵運售。臣乃秉承外務部就原訂合同内，以上盂平等五處鐵鑛及化鐵需用之煤，與鍊焦鑪應由中國合股開辦。國家自設鎔化廠，凡各鑛所出鐵砂，均須官廠鍊成鐵磚，方准由火車裝運，所指各處煤鑛如亦願意合辦，由山西商務局與福公司再行商議。並聲明原合同所載各節，除經以上四款所更改，並將來另訂詳細合同外，餘均照舊辦理等情，經外務部磋議就緒，謹繕清單，恭呈御覽。光緒三十一年三月十九日，奉旨：依議。欽此。遵行。又查盂、平、潞、澤煤鐵鑛若照原合同，已全讓福公司辦理，争持三載，始允晉省與福公司合辦。除鎔化鐵廠全歸中國自辦外，開鑛則未能全行争回。臣尤慮西人辦事著著争先，若鑛地爲彼先佔，則中外合辦，亦非實籌的款不能踐約，莫如按照勘鑛公司辦法，先將該

處煤鐵產鑛之地速由晉省籌款收買，將來可將鑛地作我股分，援照臨城煤鑛成案與彼合股，既可守地主之權，又可分鑛中之利。臣即函電，咨商撫臣張曾敭遴派鑛務學生張金生先赴澤潞一帶勘買鑛地。據張金生齎送澤州煤樣驗看，質美產良，實堪與英國頂上白煤比賽，確勝開平、萍鄉等煤，但張曾敭來電以晉省紳商難籌鉅款。臣去年赴天津，與北洋大臣袁世凱熟商，以晉鑛必須通力合作，不分畛域，迅速購地，遲則必盡爲外人所佔，決非空言所能爭執。袁世凱意見相同，當與張曾敭往返電商。一面由北洋派委山西紳士道員董崇仁會同鑛務學生道員鄺榮光馳赴平定州，隨勘隨購。又因鄺榮光總辦臨城煤鑛，不能久在晉省，仍派張金生赴晉接續幫辦。近接董崇仁等文電辦理尚稱得手。所設同濟礦務公司，臣等公商，必應先籌購地資本三十萬兩，擬請將臣所勸捐義振餘款前准撥給勘鑛總公司之股本銀十萬兩，移撥同濟公司，並由北洋大臣籌銀十萬兩，山西巡撫籌銀十萬兩，作爲該公司資本。蓋以之辦鑛則不足，以之購地則有餘，但期產鑛之地能先爲我得，以後開鑛之本自無待他求，是補救山西一省之鑛務，而暗中挽回之利權，實不止山西一省已也。臣再三籌度，擬將上海勘鑛公司歷年支用鑛師薪水、川資，以及購辦書籍器具各處勘鑛費用銀六萬三千五百餘兩，悉由臣設法自籌賠補，不動撥款。所存原銀十萬兩，因山西同濟公司急於待用，已會商北洋山西各撥給銀二萬兩。尚存勘鑛公款庫平銀八萬兩，除已如數派員解交商部收存，並咨明查核外，應請飭下商部，隨時會商北洋大臣、山西巡撫查照督飭該公司紳董認真辦理，以赴事機，而免中輟。所有擬請裁撤勘鑛總公司撥款，專辦晉鑛緣由，理合具摺密陳，是否有當，伏乞皇太后、皇上聖鑒訓示。謹奏。本月二十九日奉硃批：「外務部、商部知道。欽此。」

盛宣懷《愚齋存稿》卷五七《電報三四·成都奎樂帥來電》 四月二十日，查現准路礦總局奏定新章，凡擬開辦礦務者，或華或洋，均先稟明外務部，如以爲可行，知照總局發出執照，此照奉到，方可開辦。又礦師赴各處勘礦應呈報外務部，咨明該省督撫，札飭地方官保護各等語。又川省礦產前因英、法兩國互訂合同既不指定地段年限，又復久遠，各有爭先擇肥之意，屢經駁辯，大費脣舌，奉外務部電嗣後，無論何國，請辦川礦，切勿輕許等因。法領哈士爲法比公司古叶爾再三請辦川礦，迭經力拒在案。公擬勘川礦，如有洋股，彼必藉口現英公司合同，由外務部在京定議，尚未咨川擬請尊處暫緩派員，俟英約定案後，再請查照新章辦理。

《李文忠公奏稿》卷二四《籌議海防摺同治十三年十一月初二日》 西士治地質學者，視山之土石即知其中有何礦，竊以爲宜聘此輩數人，分往徧察，記其所產，擇其利厚者，次第開挖。一切仿西法行之，或由官籌借資本，或勸遠近富商湊股合立公司，開得若干，酌提一二分歸官，其收效當在十年以後。

《清朝續文獻通考》卷四三《征榷考一五》 又護理雲貴總督沈秉堃奏：「滇省禁煙少稅，以入計出，不敷甚鉅，因思滇省產礦五品俱備，見已招有股實商陳泰等，遣派礦師雷燦光集股來滇，擬懇飭部選派精通礦學之人來滇勘辦，一面提撥鉅貲，俟得佳礦迅速開採，所獲之利敢信其確能抵補。」下部議，尋由農工商部覆奏，由部中考驗調用外洋卒業人員學習礦業專門者，遣派赴滇。此次雲貴督臣招致股實商人集股來滇，既得公司承辦，可無庸公家撥款。

又卷三八七《實業考一〇》 又商部奏：「查各省調查礦產風氣較開之省，其程度尚與歐洲各國懸殊。若不妥定專章，遴選礦師，則各省委辦之員勢必茫無措手，所勘礦質不過憑土人舊說，於礦政安有裨益？臣等熟思，此項勘礦章程，必須迅速訂行，庶足以一事權而開風氣。謹擬章程二十四條，分別辦法十五條，勘法九條，苟能循章妥辦，似尚足資實驗。」

又卷三八八《實業考一一》 光緒三十二年，盛宣懷奏：「臣前請設立勘礦總公司，奉硃批：外務部、户部議奏。當經部議，以勘礦總公司擬設上海，須發官款，爲商民之倡。該大臣代辦陝西義賑既稱尚存餘款銀十萬兩，應准其全數撥給該公司，作爲官股。將來試辦無效，即責成如數賠交。奉旨：依議在案。其時出使大臣張德彝，已將英國頭等礦師布魯特咨送到滬，當即派赴湖南勘查各礦。經前撫臣俞廉三派員引導，勘得臨湘縣、常寧縣鉛礦。又函商前署湖廣督臣端方派員領勘竹山縣銅礦，電商前陝西撫臣升允派員往勘洵陽縣銅鑛，陝省地方官不以爲然。該礦師折回，即調赴直隸，與督臣袁世凱商派委員領勘臨城縣煤礦、磁州煤、鐵鑛。時因張之洞奉命擬礦務新章，臣查英美商約皆載明，開礦者須照新章辦理等語，關繫甚重。特令布魯特編成礦律五十九款，補遺三款，礦章九十一條，補遺一條，當將華洋譯本咨送張之洞，並令該礦師赴鄂以備諮詢。惟勘礦之舉，重在收買礦地，免爲外人佔奪，實賴地方官聯絡一氣，方能辦理。臣奏設勘礦總公司後，即撤銷商務大臣差使，勢難以上海一隅之局，參頂各省之事。近年風氣大開，各省次第設局開辦，自應將總公司即行裁撤，所延英礦師布魯特以及副礦師李御三年合同期滿，已撤回國。第山西煤、鐵礦甲於天

下，前經山西商務局與英商福公司議定合同，將盂縣、平定、潞安、澤州暨平陽府屬煤、鐵礦全讓與福公司辦理。拳匪亂後，外務部因英使又向理論，飭臣與福公司議訂澤道鐵路條款。該英商堅持晉礦合同標題載明開礦、製鐵以及轉運礦産，執定欲在鐵路合同載明准其運鐵，其意在就礦設爐製鐵運銷。臣就原訂合同內以盂平等五處鐵礦及化鐵需用之煤，與錬焦鑪應由中國合股開辦，國家自設鎔化廠，各礦所出鐵砂，均須官廠錬成鐵磚，方准由火車裝運。所指各處煤礦如亦願意合辦，由山西商務局與福公司再行商議等情，經外務部具奏。奉旨：依議遵行。見在鎔鐵廠全歸中國自辦，開礦則未能全行争回。臣慮礦地爲彼先占，則中外合辦，非實籌的款不能踐約。莫如按照勘礦公司辦法，先將該處煤、鐵礦産之地速由晉省收買，將來可以礦地作我股分，援照臨城煤礦與彼合股，既可守地主之權，又可分礦中之利。函商撫臣張曾敭遴派礦務學生張金生，先赴澤潞一帶勘買礦地。據張金生賫送澤州煤樣驗看，堪與英國頂上白煤比賽，確勝開萍鄉等煤。但張曾敭來電，以晉省難籌鉅款。臣與北洋大臣袁世凱熟商，通力合作，迅速購地，遲則必爲外人所占。一面由北洋派委山西紳士董崇仁會同張金生總辦臨城煤礦，鄭榮光馳赴平定州隨勘隨購。所設同濟礦務公司必應先籌購地資本三十萬兩，擬請將臣所勸義賑餘款，前准撥給勘礦總公司之股本銀十萬兩，移撥同濟公司，並由北洋、山西各籌銀十萬兩爲該公司資本。補救山西一省之礦務，即所以挽回天下之利權。擬將上海勘礦公司歷年支用礦師薪水等銀六萬三千五百餘兩，悉由臣設法賠補，不動撥款，所存原銀十萬兩因同濟公司急於待用，已會商北洋、山西各撥給銀二萬兩。尚存勘礦公款庫平銀八萬兩，如數派員解交商部收存，請飭商部督飭該公司紳董，認真辦理，以赴事機，而免中輟。」

又卷三八九《實業考一二》 又雲貴總督李經羲奏：「實邊聚人之計莫如興實業，以實業救滇，治病之本也。實業注重礦産，尤本中之本也。查滇中礦産已採者什一，未採者什九，既已棄貨於地，非大力包舉，末由冀風氣之開，惟有廣集鉅資，先營礦業。自内政言之可以結人心，練人才，濬財源。至論外交之政策，我能自辦，則疆圻以内我保我之權利，條約以外彼守彼之範圍，否則人心外嚮，人才外散，財源外耗，更無交涉之可言矣。臣不敢謂礦一開而滇即不亡，而確知礦不開而滇且必亡，籲懇撥借部款二三百萬兩以爲開辦基本。至辦礦之法，一爲培養人才，一爲分期勘辦。培養人才，不外設立礦業學堂，選派礦學生二事。分期勘辦之法，則以調集各廳州縣所産砂樣爲第一期，以延聘礦師、化分砂樣，逐地查勘爲第二期，然後就全省各礦分別種類之貴賤、砂質之美惡、出額之多寡、運道之難易、銷路之廣狹，列爲等次，而擇其最優者，指礦招股，實行開辦爲第三期。通計各事速或年餘，遲或二三年，即可收效。查滇越鐵路告成，隆興公司洋董已至蒙自密切計議，恃有合同，必將發難，而滇則寶藏深扃，民貧如洗，困於商者，道險而塞；拙於工者，民惰而愚。限於農者山童，而峻非實業，無以救滇民垂死之貧，更無以奪外人垂得之利。」

《礦務檔・一般礦政》外務部聶緝槼文《咨送江蘇省礦務案件》〔光緒二十七年〕奏爲籌辦江寧等處礦務，謹將大略情形，恭摺具陳，仰祈聖鑒事。竊查光緒二十二年二月初九日，欽奉諭旨：據御史陳其璋奏，鎮江之東南山煤鐵五金，皆有可採。著派熟習礦務辦事實心之員，按照所指地名，認真履勘，擬定辦法具奏等因。欽此。臣等伏查目下時局日難，財用日匱，非廣興礦産，不足以資利用。年來風氣漸開，雖商民亦知開礦之利，特以辦理未能得法，以致有名無實。現擬開礦，必須先行由官勘驗確實，然後再分官商辦法，步步從實，庶免復蹈故轍。當經臣等分委江寧塩巡道胡家楨，常鎮通海道呂海寰，招延礦師，各就轄境，分投履勘。又以沿江一帶，前因羣情疑阻，曾禁開挖。復將辦法，示諭居民，俾知此事爲利國便民之舉。

嗣據呂海寰勘得鎮江丹徒縣屬西面曹王山中段，山名中德古，有石如鉛，似炭質與鐵所成。鎔去炭質，而見鐵渣，其質似佳。又離江十餘里，山名西德古，有千層紙石，其色黄，土民誤以爲金，並有鐵石露出。又毗連曹王山之光頭山，有吸鐵石露出，約含鐵六七分，可錬精鐵。試挖察看，似産鐵較厚。惟須附近覓有礦煤，方便鎔化，現在委勘，尚未覓到煤礦。又據胡家楨勘得句容縣屬之龍潭上元縣屬之棲霞山、林山、祠山、胡山、青龍山、馬扒井、石瀾山等處，均有煤苗。當飭設局，派員僱夫，分別試挖，雖煤層厚薄不等，煤質優劣互異，然均係可採之礦。惟龍潭一處，試開兩井，煤層忽有忽無，斷續無定，尚須另行探驗，現就各礦酌定官商辦法。查清龍、石瀾兩山，驗係烟煤，煤質有油，火力亦足，堪供輪船機器廠之用。南洋廠船用煤，多資洋産，該兩處現定酌撥經費，由官開採。將來煤層果能寬厚，即可供廠船之用。其餘各礦，或産柴煤，或係鐵煤，種類不一，定爲商辦。現已由紳民分請承領，飭令驗資接辦，仍由官局隨時稽察。將來各礦出煤，應完税釐，按照利國、貴池各礦定章，分別征收。據各該道等將籌辦情形，詳

請核奏前來。

查煤礦之利，雖不若金銀諸礦之優，近來商務盛興，機廠林立，需煤至鉅，苟能廣爲開採，亦屬收回權利要圖。惟南方地勢低窪，土脈薄弱，濱江之處，開採尤易見水。現飭酌購應用機具，妥定章程，實力籌辦。俟有頭緒，再赴各屬次第履勘，如有可開之礦，仍當接續酌辦。鐵礦需費較鉅，且必有地產有合用之煤，方便取以鎔鍊。仍飭俟覓有煤礦，即行鎔化試驗，分別稟辦。除咨部查照外，謹合詞恭摺具陳。

《山西礦務》外務部收英使薩道義函《福公司另委礦師赴晉商辦礦務》 光緒三十一年六月二十七日，收英國公使薩道義函稱：福公司總董哲美森遣派礦師蕭密德、利德二名，前往山西平定州盂縣一帶查勘礦產，曾於本年三月十三日函請咨行在案。茲復據哲美森函稱，礦師利德現須暫赴河南，另委薩福禮前往代理，與晉撫所派委員商辦一切礦務等因。本大臣據此，合即函請貴部轉咨該省查照可也。照新訂合同，由商務局與福公司商議。該礦師本無權商辦。此次福公司派礦師赴平定州盂縣。僅係查勘礦產。所言商辦一切礦務，自是指商辦查勘礦事而言，似可無庸先到省城。至英使來函所謂新訂合同，既未言及煤礦等語，殆係未與福公司議定，故不肯遽認合辦。業經本部函復聲明在案，相應抄録復函，咨行貴撫查照。即希派員與礦師薩福禮等，將勘礦事宜妥爲商辦可也。

又外務部收北洋大臣袁世凱山西巡撫鐵路大臣等文《晉紳公立同濟公司勘定平定州礦地並擬修運礦鐵路》 光緒三十一年九月初六日，收山西巡撫、北洋大臣、鐵路大臣袁世凱等文稱：前據山西紳商直隸補用道董崇仁，軍機章京吏部郎中孫笥經，刑部郎中段振基，户部主事李慎修，翰林院庶吉士梁善濟等聯名稟稱，竊職道等於本年正月間，集成鉅款，公立同濟公司，擬開辦本省礦務，請咨明商部立案，外務部查核等情，業蒙批准在案。今同濟公司勘定平定州河北礦地界，由前莊廟至虎尾溝馬頭摇二里，馬頭摇至水泉溝姚家窑一里半，姚家窑至河沙堰廟三里，河沙堰廟至石圪疊一里七，石圪疊至漢河溝祥瑞窑一里半，祥瑞窑至山神廟三里，山神廟至馬王溝何家窑一里七，何家窑至魏家溝任家窑二里半，任家窑至西北大山三里，至劉備山廟四里，劉備山廟至前莊廟七里八，前莊廟至小南溝楊家窑三里，前莊廟至賽魚四里，賽魚至辛興灘八里，另由河沙堰廟至甘河溝土窑二里半，土窑至桃林溝史家窑二里。河南礦地界，由賽魚至小陽泉十里，小陽泉至神峪溝四里，神峪溝往西南一帶至西大山十六里，擬設總局在河北石岩溝。河北擬造運煤鐵路，由總局至隆鳳溝，隆鳳溝至紅城河，紅城河至平潭堖，平潭堖至上五渡，上五渡至下五渡火車站。河南擬造運煤鐵路，由神峪溝至老窑，老窑至沙墁口火車站。畫定界綫，測繪成圖，爲此稟呈圖説三幅，懇請俯准備案，并乞送圖説咨明商部立案，外務部查核，寔爲公便等情，到本大臣。據此，除批示外，相應咨呈貴部，謹請查核。

又外務部收河南巡撫錫良文附奏摺《咨送遴員接辦豫豐公司暨查明脩武礦地形一摺》 奴才奏：查光緒二十七年十一月初二日，據修武縣詳稱：轉據福公司總工師柯瑞，豫豐公司幫董方鏡函稱：勘明修武縣境之老流河左右礦產，並擬修造轉運支路，由該礦地起，經修武、獲嘉、新鄉至衛輝之道口鎮止。擬定今春開辦，並將稟圖一併申送前來，前撫臣松未及核准，移交奴才。查與此次奉旨開辦礦務，係屬一事，恐出兩歧，又兼豫省素乏熟悉礦務之員，即於十一月二十八日電達軍機處代奏，請旨飭下前撫臣松與辦理路礦大臣張，就近酌商辦法，以期周妥。准軍機處電傳，奉旨照辦。欽此。嗣於本年正月二十日，據福公司總辦哲美森來電，以修武老流河礦産請發憑單，復准外務部電，轉據英使照稱，福公司工程師柯瑞勘明修武縣屬之老流河左右礦産，請發憑單，應飭查地方情形，果無窒礙，即行給單開辦，並酌派員紳照料各等因。奴才查前撫臣松等雖未議覆辦法，未便遷延滋誤，因即委派豫豐公司幫董方鏡，妥爲照料。一面飭查老流河左右地方有無窒礙，尚未復到，旋於二月二十四日，准署兵部左侍郎松等咨稱，河南礦務已奏准由奴才妥辦，並聲明原辦紳商吴式釗撤退，一時接辦無人，應行遴選官紳妥爲接辦。奴才當督交涉局司道等詳加遴選，惟查有候補道韓國鈞，才長心細，通達時務，堪膺斯任，即行派充豫豐公司總辦，懷慶左右黄河以北諸山各礦，奏准有案。應飭屬查明果於地方情形無礙，即行給發憑單，以符原議。所稱由修武縣至道口鎮修造支路轉運礦産一節，應察看地方情形，另行核議。奴才伏思福公司迭次請發憑單，自以查明果於地方情形無礙，爲合同第一款内緊要關鍵，飭催該道府等迅速查復。茲據署懷慶府知府傅櫄稟稱：查得老流河左右，煤窑鱗次，小民自行開採，藉謀營生，若礦務一開，必致有妨民業。雖礦丁多用豫人，而計工授食，究不若自行開採，足贍身家，且附近祠墓甚多，不無窒礙等情。除由奴才再飭該屬體察情形，詳細查復，並剴切示諭，但於地方無礙，即行給發憑單外，所有委派豫豐公司總辦，並酌派員紳暨督飭復查各緣由，謹恭摺具陳，伏乞皇太后、皇上聖鑒。謹奏。

又《江蘇礦務・籌辦江蘇礦務》外務部收軍機處交出兩江總督周馥等抄摺《請派員督辦蘇皖贛三省查礦事宜》 光緒三十一年八月十九日，收軍機處交出周馥等抄摺稱：奏爲三省查礦事宜，關係重大，擬請特簡大員，督率查驗，陸續招商試採，以保利源而規久遠，恭摺仰祈聖鑒事。竊查中國礦産之富，甲於五洲，前德國學士麗士陀芬等著有説略，久已風傳中外。各國游歷人等來華查驗者，肩背相望，不絶於途。乃歷年華商辦理，未見明效，固由我商務之未興，礦學之未講，亦因查礦未確，地方官紳未能切實辦理，間有牟利之徒，假開礦爲名，乾没股分，是以商民一聞辦理，率皆觀望不前。查各國富强，首在地利，而地利有地上地中之分，地上之農田，歸民執業，地中之礦産，國家主之。中國向無此項章程，各處礦産非官山即民地，類皆視爲荒蔽，價值極賤。近年頗有奸民覬覦，私買私賣者，若不早爲圖之，流弊滋大。又各國辦礦，向分兩項，首重查礦，次重採礦。查礦之權，操之國家，其費出自公款，或准商人墊用，皆由採礦公司歸還，未有不先行查實，而貿然下手者。聞之外洋礦學家勘驗百處，試採或不及半，其辦有成効，能獲大利者，不過有四五，然非勘驗不能得也。臣見近日談礦務者，或謂茫然捕風，或謂利可操券，要皆臆度之談，將來辦理無効，輾轉售賣，影射侵奪，恐大利寢失，而言且隨之。臣等擬仿照各國辦法，先延查礦明師，將江蘇、安徽、江西三省礦産，逐一查驗。凡有礦處，先勘地面礦苗如何，如果苗旺質佳，再行鑽穴探驗地下礦層如何；礦層如厚，再驗來脈遠近，鋪地寬狹，運道難易，一一詳查估算，分别上中下三等，列表繕册，通報户部商部等衙門存案。凡官山自應申禁，不准私賣，如係民産，彼此轉售，亦應稟官查明買主確是土著，方准對割。並曉諭地方官紳，先將近礦山場田地，設法購買若干，以爲基礎。本年春間，臣馥已會商各撫臣委派熟諳礦學委員學生，隨同所延日本礦師二人，分赴各省查勘。先擇徐州、贛州等處銅鐵煤礦，酌購小機試採，如果確有利益，再行招商集股。此項查礦經費，現因庫款難籌，經臣馥飭由寧蘇西皖四藩司各於銅元餘利項下，暫撥銀貳萬五千兩。察看情形，礦多路遠斷非一年所能竣事，而事關遠圖，勢宜速辦。擬於三年之内，將三省有名礦産，查辦就緒，經費仍由四藩司在銅元餘利湊撥。現在各省俱買外用之銅，内地間銷外國之煤，貨棄于地，利源外溢，殊爲可惜。迭據紳商稟請辦礦，臣等何敢置爲緩圖，惟兹事體大，三省幅員遼闊，臣等身任地方，各有職守，不能躬親其事。察從前四川礦務，曾奉諭旨，派三品京堂李徵庸辦理有案。三江礦務更重，擬請復照前案，欽派大員督辦三省查辦事宜，遇有要事，會同督撫商辦，庶事有歸宿，成功可期，商董皆有所稟承。將來招商集股，不至如瞽索塗，虚擲股本。地中出一分之礦，即地上多一分之財，此爲國家久遠計，非規規於目前也。至三年查礦期内，必有陸續試辦者，無論官股商股，概照公司章程辦理，無庸由官經手。惟禁止阻撓，彈壓争競，考驗成效，訂收税項，及籌畫水路運道、輪船鐵路等事，仍藉官力爲之維持。所有詳細章程，届時察看情形，再行會奏，請旨辦理。惟臣等竊有請者，華商風氣未開，招股不易。從前招商輪船局、中國電報局，皆先借撥官款，以爲之倡，民始肯信從。今日議者皆謂，宜提銅元餘利二三成，早開銅礦，以固根本。惟現在各省銅元局提款太多，所墊購機建廠經費，尚未歸清，殊難多撥。應俟隨後體察會商，酌提餘利，附光股本。如能内外一心，堅持不懈，數年之内，决無不見明效之理。臣等爲保護自有利源，預杜後來紛擾起見，是否有當，理合會同恭摺具陳，伏乞皇太后、皇上聖鑒訓示。謹奏。光緒三十一年八月十二日奉硃批：該部議奏。欽此。

光緒三十一年八月十九日，發商部文稱：光緒三十一年八月十七日，接准咨稱：八月十二日，准軍機處抄交兩江總督周具奏三省查礦事宜，擬請簡員督查，並招商試採一摺。奉硃批：該部議奏。欽此。欽遵。抄摺到部。此摺是否應由貴部主稿，會同本部辦理，抑或由本部主稿，會同貴部辦理之處，希即查照見後等因前來。查此摺係屬商務，應由貴部主稿，會同本部辦理，相應咨復貴部查照可也。

又《安徽礦務・籌辦安徽礦務》外務部發英使薩道義函《英商原訂皖礦草約已逾期作廢》 光緒二十九年十二月三十日，發英國公使薩道義函稱：逕復者：接准來函，以凱約翰與皖撫訂立合同一事，前曾函請電催皖撫，速將所立合同咨報，現逾數日，該省回電若何，請即示悉等因前來。查此事前准貴大臣來函，當經本部電詢安徽巡撫去後，兹准電稱，上年四月，凱約翰所訂勘驗草約，嗣因限期屆滿，凱約翰未及勘定，復與商務局於本年三月間訂約展限，扣至十一月二十一日爲止。並請除去潛山，改勘積溪，聲明不再請展。此次凱約翰先期來皖，願將原訂之歙縣、大通、寧國、廣德、績溪五處除去，請在銅陵縣之銅官山一處開辦，索地三十八萬四千畝。商務局以畝數太多，且爲礦章所未載，於地方亦多窒礙，須委員履勘明確，方能定奪，詎凱約翰執勘驗之約以争。正在往返函商，忽又遠去，此次並未訂立合同。惟業經遴員赴銅官山周歷查勘，詳細繪圖，

應俟勘明如何，再行咨達等語，相應函達貴大臣查照可也。此復。順頌日祉。

又外務部收安徽巡撫誠勳文附商務部與英義商人所訂勘驗礦産約《皖省與洋商所訂礦務合同均屬勘驗草約》 光緒三十年三月初一日，收安徽巡撫誠文稱：案准貴部咨，光緒二十九年九月十七日，准咨復稱，日商佛郎希斯、高戞爾利來斯曾與華人寧清洪設立公司，請開懷寧、太湖、宿松三縣集賢保等地方煤礦一案，飭據商務總局呈報，前與英商伊德訂立合同，准其鑽驗，並載明不得另許他商，或别公司開辦礦務，及勘驗權利。本年閏五月間，准日國駐滬領事閭照會，以日商曹福米昔思葛開與華商徐安瀾訂立合同，擬往安慶、池州二府勘礦，當經聶前部院據實駁後，七月間又准閭領事照會，以曹福米昔思葛開已租定宿松縣之赤同莊村内商家窪、傅家壠兩處礦地，擬集資興辦，聶前部院亦據實駁復各在案。至懷寧、太湖二縣礦産，日領事先後來文，並未提及，亦無另有信函。本部院覆查懷寧、宿松、太湖三縣礦務，既經商務總局與英商伊德訂立合同，聲明不得另許他商開採，自應循照辦理等因。本部查皖省商務總局與英商伊德訂立礦務合同，並未報部核准立案。惟本年二月間，聶前撫函送全皖礦務總公司及與英商合辦大畧章程，函内聲明事關重大，未便率行奏咨，先録擬章程，呈候裁復，當經本部將擬章指駁肆條，飭將前約商明作廢，另議妥章，咨部再行核辦，於三月初六日，函復在案。嗣後曾否另議，未准貴撫咨復到部。何以商務總局逕與英商訂立合同，並載明不得另許他商，或别公司開辦礦務。核與本部前駁四條内，以全省礦産不應令一國商人包佔之意，顯有不符。此項合同如已簽押，未經本部核准，亦不能作據。相應咨行，切實查明聲復，並將所訂合同，一併咨送備查爲安等因，到本部院。承准此，查商務局與英商伊德所訂合同，僅祇准其勘驗，如勘明擬開某處之礦，尚須另訂詳細合同，咨請貴部及路礦總局核定，給予執照，方能開辦。此爲原議所有，惟彼時曾否報部，查無案據。而前項往來函件，亦未發房備案，當經咨准聶前部院復稱，皖省諸紳前擬設立全省礦務總公司，原因本非訂定之案，事在兩可，是以當時僅祇函請核示，續奉貴部指駁，遂作罷議，故未存案。至商務局與伊德所訂懷寧等七處勘驗合同，本係兩案，各不相涉，且亦祇准勘驗，倘逾十四個月限期，即作廢紙。如果勘有礦質，尚須另訂合同章程，咨部核示，奉准給照，始能開辦。是以未經報部等因，當以不得另許他商開採一節，未經叙及，復飭商務總局查覆去後，茲據該局以光緒二十九年三月間，奉飭與英商伊德訂立約據，准勘驗懷寧、宿松、太湖、東流、繁昌、婺源、涇縣七處礦産，聲明以十四個月爲率，過期作廢。如限内勘明礦質，尚須另訂詳細合同，咨部核准給照，始能開辦。又於閏五月間，奉飭與義公司代表人錫尼都訂立勘驗壽州、鳳台、定遠、巢縣四處合同，亦以十四個月爲限，聲明限滿勘驗未竣，即作爲廢紙。未經限滿之先勘明，應另訂詳細合同，詳咨給照，始能開辦。其伊德約内所載，不得另許他商勘驗者，爲防爭擾生事起見，至部駁四條，未奉行知。現在伊德與錫尼都，均未派人赴各處勘驗，即使限内來皖勘明，亦須另换合同，詳請咨部核定，頒給執照，方准購地開採。斷不敢稍涉遷就，致有窒礙等情，詳復前來。本部院覆加查核，皖省紳商前擬設立全皖礦務總公司，旋奉貴部指駁，遂作罷議，係屬實情。其伊德合同所載，不得許他商開辦字樣，商務總局謂係防紛擾起見，以原議條參觀互証，亦尚可信。總之，一經限滿，原約作廢。即使先期勘明，亦須俟咨部奉准給照，方許購地開辦，爲將來歸束第一要義。惟上年續准貴部咨，嗣後無論華洋商人訂立合同，請辦礦産，須先咨明本部，暨商部詳細核議等因，自應照辦。除咨商部外，合將查明緣由，照録原訂合同二紙，備文咨呈。爲此咨呈貴部，請煩查核見復施行。

今將商務局與英商伊德所訂勘驗約據，照抄清摺，咨呈查核。

安徽商務總局布政使聯，與英商伊德互相商妥，定立條約如下，彼此不得異議。

一、自訂此約後，准伊德遣派礦師，前往安慶府屬之懷寧縣、宿松縣、太湖縣，池州府屬之東流縣，太平府屬之繁昌縣，徽州府屬之婺源縣，寧國府屬之涇縣等縣鑽驗。驗畢伊德即將各縣分别留用或調换情形陳明後，商務總局核定，即與伊德另换詳細合同，由商務總局詳請安徽巡撫部院，咨請外務部及路礦總局核定，給照開辦。所有納税報効買地各節，均照部章辦理。

一、伊德所派礦師，及勘驗打鑽等費，均歸伊德自認，設所勘地方不合開採，一切費用，概與商務總局無涉。

一、此約定後，所有勘驗時限，以拾肆個月爲率。商務總局於此限内，不得在以上指明各縣，另許他商，或别公司開辦礦務，及勘驗權利，以免轇轕。設在此勘驗限内，遇地方有不靖事宜，礦師因而停勘，事平後，商務總局應准伊德另議展限，倘地方並無不靖之事，伊德並未派礦師前往勘驗，是爲自誤，過期不得藉詞各處勘驗用去資本，未能獲利，續請展限，此約應作廢紙。

一、礦師前往各屬勘驗，遇有打鑽之處，所需地畝，或官或民，均宜按照定

例，與地方官或地主議定租買價值，和平妥商，不准稍涉勉强，以免釁端。

一、此係准伊德勘驗以上七縣之約，如准伊德開辦，另換詳細合同，不得執此約爲據。

一、此約計華文兩份，英文兩份，商務總局及伊德處，各存華文一份，英文一份，設或講解有異，以英文爲準。此約再與伊德另換詳細合同，所有納税報効租地，及一切事宜，均遵照目前部章，暨他日續改章程辦理。合同訂後，商務總局詳請安徽巡撫部院，咨請外務部、路礦總局核定，給予執照。伊德奉照後，即可開辦。

安徽商務總局布政使聯，英國商董伊德，大清光緒貳拾玖年叁月拾柒日，西曆壹千玖百零叁年肆月號。今將商務局與義商錫尼都所訂勘驗合同，照抄清摺，咨呈查核。

總辦安徽商務總局署布政使毓，奉安徽撫提部院聶委派，與義公司代表人錫尼都，於壹千玖百零叁年柒月初叁日，即光緒貳拾玖年閏伍月初玖日，訂立勘驗合同，開列於後：

一、自訂此約後，准義公司遣派礦師，前往鳳陽府屬之壽州、鳳台縣、定遠縣，廬州府屬之巢縣，試行鑽驗。

一、義公司派礦師前往以上所指肆處勘驗，應先陳明商務總局，以便商務總局飭知該處地方官，妥爲保護。

一、義公司所需試行鑽驗地畝，或官或民，均以按照定例，與地方官或地主議定租買價值，和平妥商，不得稍涉勉强，以免釁端。

一、此約定後，所有勘驗時限，以拾肆個月爲率，倘限滿勘驗未竣，則此約即作爲廢紙，惟因地方軍務致有躭延，不在此例。

一、限期未滿之先，義公司應將勘驗各縣分别留用，陳明商務總局，經商務總局核定，再與該公司訂立詳細合同。

一、如在限期以内義公司願報開辦，商務總局應與該公司另立詳細合同，由商務總局詳請安徽巡撫部院，咨請外務部、路礦總局給予執照，始能開辦。所有一切事宜，均遵照中國現行礦務章程辦理。以上所訂各款，如英文、華文講解有差，應以英文爲準。

一、此約計華文兩份，英文兩份，商務總局及義公司各存華文一份，英文一份。

安徽商務總局署布政使毓。義公司代表人錫尼都。光緒貳拾玖年閏伍月拾壹日，西曆壹千玖百零叁年柒月。

又外務部《商務局與英商伊德所訂勘驗皖礦合同礙難允准》 光緒三十年三月初六日，行安徽巡撫文稱：光緒三十年三月初一日，接准來咨，據商務總局查復，光緒二十九年三月間，奉飭與英商伊德訂立約據，准勘驗懷寧、宿松、太湖、東流、繁昌、婺源、涇縣七處礦産，聲明以十四箇月爲率，過期作廢。如限内勘明礦質，尚須另訂詳細合同，咨部核准給照，始能開辦。又於閏五月間，奉飭與義公司代表人錫尼都訂立勘驗壽州、鳳台、定遠、巢縣四處合同，亦以十四個月爲限，聲明限滿勘驗未竣，即作爲廢紙。未經限滿之先勘明，應另訂詳細合同，詳咨給照，始能開辦。現在伊德與錫尼都，均未派人赴各處勘驗，一經限滿，原約作廢。即使先期勘明，亦須俟部准給照，方許購地開辦等因前來。查華洋商人請辦礦産，照章應先行咨部核議，不得遽訂合同。上年伊德等請勘驗懷寧等處礦産，商務局輒與該洋商等訂立合同，准其勘驗，核與定章不符，所訂雖係勘驗合同，既未先行咨部核議，本部自不能作據，相應咨行貴撫查照可也。

又外務部行商部文《商務局與英商伊德所訂勘驗皖礦合同礙難照准》 光緒三十年三月二十日，行商部文稱：昨准來咨，以日商佛郎希斯、高戛爾利來斯曾與華人寗清洪設立公司，請開懷寧、太湖、宿松三縣集賢保等處煤礦一案，暨皖省商務局與英義等商所訂合項勘驗合同，均由貴部核覆，請將咨覆情形咨明備案等因。查此案上年經本部咨令皖撫查覆，旋准復稱，懷寧等三縣礦務，業經商務局與英商伊德訂立合同。所有日商佛郎斯所請，礙難再允等語。復經本部以英商訂立合同，該省未經咨報有案，駁覆去後，兹准皖撫咨稱：查明全省礦務公司，已作罷論，伊德合同限滿作廢。即先期勘明，亦須咨部給照，方許開辦等語。本部覆以華洋商人請辦礦産，照章應先行咨部核議，不得遽訂合同。上年伊德等請勘驗懷寧等處礦産，商務局輒與訂立合同，准其勘驗，核與定章不符。雖係勘驗合同，既未先行咨部核議，本部自不能作據等因。相應咨行貴部查照備案可也。

又《池州煤鐵銅鉛礦》曾國荃《池州礦山探勘化驗開採精煉成本估計等情形》附池州老局礦山圖礦山查勘報章 光緒十一年六月初五日，南洋大臣曾國荃文稱：據安徽池州礦務總局蕪湖關道梁欽辰禀稱，竊奉憲台札，准總理衙門咨，以中國礦務推行日廣，不患礦産之不多，而患煉法之未精。池局現既兼採

銅、鉛，務宜審别尋求，講求西洋煉法，期收實效，咨行轉飭，將煤、鐵銅、鉛各種質理精粗，礦産衰旺，分别詳報。又奉憲札，准户部咨行，飭將試辦情形，據實詳明奏明辦理各等因到局。奉此，遵經先後轉飭各商董，迅將現辦各礦情形，具實稟復，以憑轉報去後。茲據礦務老局商董楊德覆稱：職董於光緒八年春，聘延德國礦師法朗真、洋匠浩律時等，議立辛工做法年限合同，稟奉前南洋大臣左發給護照，由職董帶同入山，周歷各處，審察礦脉，隨購山地，逐一鑽探。至光緒九年冬，職董以法朗真等探驗既實，而鎔鍊尤爲開礦第一要義，乃法朗真等僅能鑽探鎔驗，未得大宗鎔化之法。誠如總署所云，不患礦産之不多，而患煉法之未精，關係至重，勢不得不竭力圖維。因即電託西友，許用重價訪延上等礦師。隨據代聘美國著名礦師蘭多，議定盤川供給之外，每月辛銀三千，訂立合同，於去年六月到滬，當經稟奉南洋大臣曾發給護照，仍由職董同至各山，逐一詳加覆探。並親督工匠，在於各礦鑿取礦石，分用乾濕藥鹽各項西法鎔化，察看成色，加意講求。據該礦師云，所看池局各山諸礦，雖銅、鉛、煤、鐵、磺諸質都有，而要惟獅形洞銅礦，脉最深厚，成色最高，即較之英美德瑞等處現開之礦，尚爲差勝。今就現已開挖之處，測量計算，尚不足敷三年採煉之用，必須就洞再行開鑿，深下百尺到底之後，東西分鑿各一百尺，察看礦質上下一律，並無變壞，即可照購機器，依法採煉。俟産旺銷暢之後，再行逐漸推廣，次第興辦。如此則不致有礦竭停工，虚擲貲本之累。各處效慕風行，實於中國礦務，大有裨益。當即繪具各礦總圖，並獅形洞斜順礦脉開深圖式二張，又將池局各處山礦情形，並英美德瑞各國辦礦利弊，及獅形洞次第開辦之法，書立英文報單五十三紙，交付收存，以爲開辦之證。切囑照單挨次辦理，期收利益，勿圖速效等語。職董因思與之共事數月，每將各山礦石先予審視，論定後再鎔驗較對成色，一切均能相符。是其所學，實屬確有把握，且議論極爲精細，辦事步步踏實。茲譯其訂立報單所論各節，及再行鑿探，倘得寬深一律，即可以西法照購機器，大宗鎔化，從此精益求精，即不難敵洋産而塞漏卮矣。茲謹將該礦師訂立報單，照譯漢文，並照繪圖式，繕具清摺，稟呈電鑒，伏乞俯賜轉稟核咨總理衙門查考等情。除仍督飭如法妥爲辦理，如有成效，即當隨時察看，稟請奏明辦理外，理合據情轉稟，並將商董楊德譯呈礦師蘭多擬訂各條，照録清摺圖式，一併稟呈鈞鑒，伏祈俯賜察核，分别咨復總理衙門暨户部查考，實爲公便等情。並摺，到本爵大臣。據此，除批據稟並摺均悉，查核礦師蘭多試驗各礦情形，分門别類，逐層比較，甚爲精細，即詳論探驗採鍊，以至用人做工，亦均確有見地，事事能求實在。所云創始必要格外慎重，按法而行，步步見效，方可大興工作，尤爲近今開礦切要之論。既經該礦師驗得獅形洞礦脉，最爲深厚，礦質成色亦高，該董等現擬如法鑿探，得能上下礦質一律，即可購辦機器，次第採鍊，逐漸推廣，不患礦利不興。第當此創始之初，一切總須督飭詳慎妥辦，但期步步踏實，循序漸進，勿圖速效，勿事鋪張，庶幾工無曠誤，費不虚糜，是爲至要。仰候先行據情咨明總理衙門、户部備查，俟有成效，再行察酌奏明辦理繳印發外，所有清摺，相應咨送。爲此咨呈貴總理衙門，謹請查照施行。

又總署收南洋大臣曾國荃文《池州礦山探勘化驗開採精煉成本估計等情形》附池州老局礦山查勘報章

〔光緒十一年六月初五日〕謹將池州礦務老局商董楊德稟呈照譯美國蘭多礦師報章，照録清摺，呈送憲鑒。

茲承委查勘池州礦務老局礦山，今勘得産礦之山，坐落在大通、安慶之間，大通西距蕪湖，輪船行走計六點鐘水程；西距江寧，計十點鐘水程。所有各礦山，係在大通環繞至安慶楊子江之南，計方約二十五英里。自大通泝江而上，至江口四十五里，江口之流波磯之内河五里，老局設立在此，河水甚深。

論山水之形勢與所産各礦：揚子江入内地幾里平波，常有水浸，流波磯之河，係由揚子江分流而入，河闊水深，大船可到馬頭。流波磯至池州府十里，向西南至殷家匯，轉東遶入内河。而池州府往殷家匯之上流，則河闊而水淺，常爲沙灘擱淺所阻，裝載一百擔小船可到殷家匯。池州府之東，名爲池州河，遶入東南，河路七八十里，此

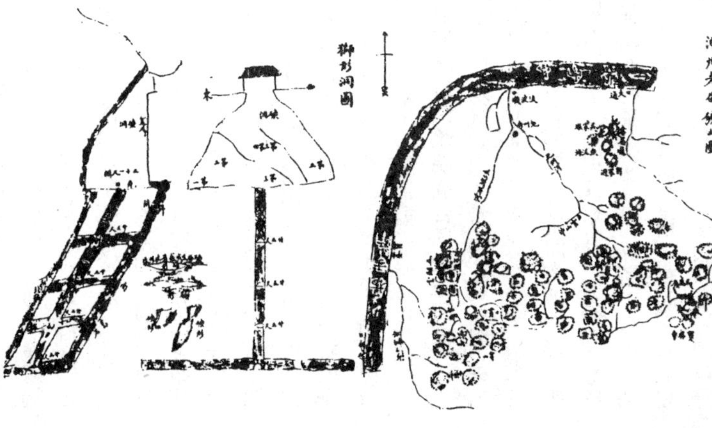

河水淺，不能行船。現所踏勘各礦山，其産煤之山，多在殷家匯之南，向西陸路出揚子江邊二十五里。其産銅、鉛、鐵礦之山，多在池州府之東南，江南山多，亦有五百尺之高山，人民稀少，樹木疎散，大木亦少。惟各處遍有煤苗礦質，固見灰石黑夾石沙石雜亂重叠。朝北而走，所見沙石黑夾石多在灰石之上，其灰石常有鉛質，其黑夾石常有煤苗，惟未見金銀之苗。

論獅形洞銅礦山一則：官山冲係在山内，距流波磯六十里，距獅形洞礦山六里。此礦洞向係土人挖礦，化礦局中受買此地時，查得洞深約三十五尺，今已挖深有四十二尺。其洞口寬大而不整，係在大石岩脚挖下，其洞形同三角，上窄而底闊。其洞底礦長七十尺，高二十五尺至三十尺。土人向係用錘鑿取礦，不用炸藥轟礦，察其由來，至今挖礦用工不少，而出礦不多。其銅礦夾在灰石葛石之中，灰石在上，葛石在下。其礦脉自東而西，與底面夾石之紋横直同行。有一種礦石，英國名爲渣鳌高拜律，化驗得銅與磺；又有一種礦石，英國名爲拜律，化驗得鐵與磺；又一種礦石，化驗得鉛與磺。惟此銅礦雖經前後開挖，仍未得知該礦深淺、厚薄、大小，但以挖見至闊之處，横寬二十一尺，其形勢可知此礦脉甚爲厚大。曾經在二十一尺之處，逐度挖出之礦，已化驗矣。但現在量得至闊之處二十一尺，此係斜量，若正量約在十六尺。礦北已露灰石，或止於此，南邊二十五尺高堅硬礦壁未曾到邊，將來用機器炸藥轟開，或過於二十五尺未可定。其南面礦壁，層層全係向西斜走，其中一層係黄拜律礦，自東而西，高二十五尺，闊十尺，長四十七尺。黄拜律礦之上，即淡黄礦。西邊之淡藍礦，礦中有鉛。此三種礦，互有參雜，礦圖上已有繪明。惟二十尺至二十五尺高之礦壁，此乃堅硬净黄礦，毫無山石參雜。兹將各礦化驗成色列左：

第一號：取東邊六尺闊底礦五十磅，計礦百斤，化驗得銅十四斤八，微有金質。計礦二千磅，化驗得銀七箇安時。每一箇安時約銀八錢。此號礦質甚净，可以無庸揀剔。

第二號：取南邊靠東二十五尺高之礦五十磅，計礦百斤，化驗得銅十斤二，微有金質。計礦二千磅，化驗得銀七箇安時。此號礦有些礦皮參雜，尚非一律净礦，如稍爲揀剔，每百斤礦能得銅十五斤。

第三號：取南邊八尺闊之灰色礦五十磅，計礦百斤，化驗得銅七斤，計礦二千磅，化驗得金五份一之安時，約值洋四元，化驗得銀十箇半安時。此礦稍爲剔去礦皮，銅之成數較多。

第四號礦與第三號礦相彷彿，緣因所取之礦樣相離左右，礦質亦相同。計礦百斤，化驗得銅六斤四，微有金質。計礦二千磅，化驗得銀七箇安時，剔去礦皮成數同上。

第五號：取藍礦五十磅，計礦百斤，化驗得銅一斤八，得鉛四斤。計礦二千磅，化驗得銀七箇半安時，微有金質。

第六號礦樣，係在底礦横闊二十一尺之處。逐度取礦五十磅，計礦百斤，化驗得銅五斤二六，若稍加剔選，便可得銅十斤至十五斤，與第三、第四號礦質相同。以上六種礦質，逐一用幾種化法試驗濕化、乾化，成色相符。至於此礦論其可否興辦之處，另篇詳述。此礦脉或爲江得呫，江得呫者，即如在兩别礦相接之中生成。猶如美國遇鏵鳌多省之列威鳌礦山一樣礦脉，或如企槽欖形分枝，如美國之佐治省北加羅連拏省并華氈彌也省之金礦脉一樣，俱與夾礦石同走。所以開礦者不能以此靠實。亦有礦深而且長，年久挖取不盡，竟無分枝者有之。大凡正路礦脉礦角上生成，必是透穿層礦，了然可辨。現挖出之礦，約有五百噸未曾分提，另有五十噸分提化驗，每百斤得銅十斤至十五斤。官山冲及流波磯兩處存礦，有七十五噸未有分提，礦質與五百噸礦相同。

又總署收南洋大臣曾國荃《池州礦山探勘化驗開採精煉成本估計等情形》

附池州老局礦山查勘報章 〔光緒十一年六月初五日〕論煤礦山一則：此局煤山皆在殷家匯左右。其山面地勢形像係黑夾石，紐紋雜亂參差，四面走向，自北而起，朝南而去。其一洗馬坡，其二五顯堂，其三王家嶺，其四穿山，其五水龍冲等處，多有舊洞。洗馬坡在殷家匯東北十八里，距流波磯西南四十二里，所引看之洞，前經挖下四十尺深，得層煤厚四尺，其煤層夾在黑夾石向南而走。就洞取得煤一塊，煤質鬆軟，察係半白煤，驗得化去濕氣十一分，炭質八十分，灰九分，此煤家用甚好，但不能燒焦炭。

五顯堂距殷家匯西南三里，在山之東，黑夾石向東而走，測其石紋四十五度，此處舊洞甚多。四年前，該局曾經開採，深下四十尺，得第一層煤，厚十八寸，第二層十二寸，第三層十寸，第四層六寸，下至九十尺得第五層，煤厚六尺，已挖出煤二千噸，俱係運上海蘇州銷售。此處曾經巴力礦師在山下平波處鑽探，下至二百尺深，尚未鑽到有煤之處，此係鑽錯地位。即就該處撿煤數塊，驗得化去濕氣十三分，炭四十七分半，灰三十九分半，此係半白煤。其黑夾石向東而走，在河之對面四里之遥，轉向西走，觀於洗馬波黑夾石乃向南而走，於此看

來，其間必有煤田。

王家嶺在五顯堂南三里，山面有小煤層向北而走，此煤軟而有土參雜，穿山距貫口南十八里，距殷家匯南三十五里，橫在山上。四年前，該局曾經開採，其洞有一百尺深，此煤層現出山面見煤厚有六尺，係細硬半白煤，已挖出二萬五千噸，運申銷售，每噸價值約五兩七錢。其煤層在黑夾石內，向北而走四十五度。此煤驗得化去濕氣十三分，炭七十三分，灰十四分，甚合内地銷場，惟不能燒焦炭。

水龍冲在穿山南去二里，橫過兩箇山頭，離湖田埔十五里，離揚子江二十五里，一路平坡。此煤層産在山之南，二三處煤苗露出山面，向北而走，此煤係軟半白煤。驗得化去濕氣十三分零五，炭七十三分三三，灰十三分二。

近菽山距獅形洞不過八里，礦脈寬闊，向北而走。其煤驗得化去濕氣十六分五，炭七十二分五，灰十一分。

以上數處，煤質不相上下，如再開採下去，必定容易得更好之煤。此煤甚合鎔化各礦之用。

又總署收南洋大臣曾國荃文《池州礦山探勘化驗開採精煉成本估計等情形》附池州老局礦山查勘報章 〔光緒十一年六月初五日〕至於所有試驗各礦，曾已縷陳。如所驗過不值錢之礦，毋庸開報，惟所有管見，如不再爲細陳，恐閲者尚有未明，故將各事再爲逐一詳述於後。論銅礦脈一則：獅形洞礦脈，按其形勢而論，顯係大礦脈，但不能決定如此，閲圖便知。開井各節，惟此礦脈有三件容有之事。其一，挖深下去，或橫或直，氣雄勢大者有之。其二，礦脈或如欖形，或橫或直，漸少而止者有之。其三，礦脈或如欖形，或橫或直，由大漸少，少而復大，又復漸少者亦有之。以目下所見之礦脈，不能定其將來實在如何形像。因此礦脈由東至西，與夾石同向，係下山而走少有木足之處。所以興工用本開辦一事，不可草草，方爲正辦。查此礦全係銅磺礦質、鐵磺礦質，微有鉛質參雜。南邊礦壁盡是礦，未曾探到邊，究竟未知其礦實在幾闊，惟見二十一尺礦闊之處。以理測之，此礦脈甚大。所有化驗各礦，係按法逐度慎重取樣，然後分別傾化。今驗得每礦百斤，得銅十四斤八，係在六尺闊礦底鑿出；又一樣得銅十斤二，係在二十五尺高礦壁處鑿出；其餘皮面青藍各礦，得銅七斤、二斤八、六斤四、五斤二六不等，其後五斤二六之礦，係在二十一尺闊處，連礦皮一起通扯傾驗。西國礦廠甚是認真，尚時即在洞内除去礦皮，然後出洞。如有礦皮參雜，成數自然必低，礦浄成色可以加倍於此數。細審礦脈與及各礦，以現在所取出之礦，剔除藍礦一種，其餘每礦百斤得銅必在十二斤至十五斤。至於青藍礦百斤，亦可得銅四斤至六斤。請閲此圖〔即三二五頁池州老局礦山圖〕便知。此礦皆有銅，惟成色高低有間耳。譬如同是一樣礦，試樣之法，考其真實。如驗礦一噸，則較驗五十磅爲得真實，如驗礦十噸，則較一噸者，更得真實。大概如此。但我之小樣試驗，係按法謹慎小心化驗，比之一噸、十噸化驗者亦同。以上所試驗之礦樣，皆係我親自携燭火照明直線，督令工人逐寸鑿取，好歹一起鑿下，並無剔除。

《礦務檔》曾國荃《池州礦山探勘化驗開採精煉成本估計等情形》 〔光緒十一年六月初五日〕取樣之法，須要一線真落，按法取樣，不可大意。自上而下，至二十五尺分橫而取。若礦有變異，其監工切要記明如何更變取樣六種之法。其一二三四等樣，在井傍之上七尺橫取分堆，其取樣每處要五十斤之間，用錘鑿，逐寸鑿下，其五六兩樣在東西兩面鑿取。又礦底礦面四邊，各取一樣，每下二十五尺，照上辦法，一直至底爲止。凡取得各樣與及礦中變異之處，監工統要載明，將樣打碎，大小一式攪勻，分爲A、B兩堆。將A一堆再行打碎，用一寸四眼之篩篩下，再攪勻分爲四堆，取樣一堆，三堆不要。再將打碎，用一寸二十眼之篩篩下，又攪勻分爲四堆，每堆取一份，分裝兩玻璃瓶，其瓶要闊口，能裝八箇安時之重。再將此兩瓶礦研爲極細末，能過一寸八十眼之銅篩，即以入瓶，書明A字之礦。其B字之礦樣，將無銅之礦剔出，祇要浄礦，如上做法，仍裝兩瓶，書明B字。其A、B兩種礦樣，係取攪勻之大樣，以爲化驗，成數可定也。各國取樣必如是，無如美國之小心。譬如美國賣礦一事，礦户如法取樣，發與各鎔廠，以一瓶與買家，一瓶存賣家，一瓶留爲比對。如無作弊，礦與樣必對，倘礦不對樣，即爲鎔廠經手是問。但係不對樣者甚少。今我所試驗之礦樣，皆係按此法取樣試驗，不得差錯也。

所擬開井探礦一節，計要得礦二萬方尺，又可知此礦脈實有幾闊，復將各礦再行化驗，全數皆知。如此做法，其礦可見可量，亦可在下取三面礦樣試化，最爲穩當。獅形洞開爐鎔銅，至少要見足有三年可做之礦，愈多愈好。即如一年要五千噸礦，必先要見有一萬五千噸，方可開爐。未曾打爐，即要預有三年之礦。倘或一年要做一萬噸，即要預足三萬噸。以獅形洞礦一尺闊一百尺深，計礦二千噸，如十尺闊即二萬噸，二十尺闊即四萬噸，現在已見之底礦，平量二十

一尺闊有餘，此礦皆可分提化銅，倘或探挖下去，礦盡不多，只好停辦。而此試探取出之礦，不拘多少，不至虛費，將礦運出外洋，亦可銷售。以目下所得見之礦，不足開爐之數。事無一定，凡事總要圖其穩，不可冒其險，只管照我所擬試探下去。萬一未到一百尺深，而礦已盡，仍要再直探下去，如探下而礦脉復續如前。此乃常有之事，所謂斷而復續者也。倘探足一百尺，仍不復見礦苗者，則宜停之矣。

《福建礦務・邵武建寧江州各礦》外務部發閩浙總督文《邵武等屬礦産法商有無勘定》 光緒三十年二月初六日，發閩浙總督文稱：案查閩省招致華裕、大東兩公司，訂立合同，開採建寧、汀州、邵武三府地方礦産。經本部於光緒二十八年九月間，奏奉諭旨允准，並咨行在案。查該合同第一款内載，大東公司專司開採，限三年内，准在以上所列三府屬内覓礦，無論覓得幾處，皆准開採。又第三款内載，大東公司准於批准之後，未開辦之先，派外國總監工或礦師前往尋覓試驗。又第四款内載，大東公司查看試驗之後，要開何礦，須明白指出，繪圖註説，由華裕公司呈交官局詳奏准行各等語。此項合同，自奏准之日迄今，業已年餘，大東公司曾否派人赴該三府地方尋覓試驗，有無指定礦産處所，繪圖註説，由華裕公司呈請開辦之處，相應咨行貴督，迅即查明聲復本部可也。

又《安溪各礦》外務部收英使薩道義函《英商請領安溪等處礦務勘採准據》 〔光緒二十八年〕八月初九日，英國公使薩道義函稱：逕啟者：英商法樂與閩民鄭立勳定立合同，在安溪縣開辦礦務一事。本年二月間，承貴部電詢閩督。旋准復電，以此事並未立案，無從辦理等因各在案。當經飭行去後，該商即行回閩，茲又來京，持有閩督咨貴部公文一角，據禀及據本國福州領事詳稱，閩督已准其在安溪縣尖峯山地方開採礦産。現懇爲其介紹，以便將閩督咨文親交貴部，請領開採准據，並准其在安溪、漳平、龍岩各州縣，隨時踏勘礦苗各等情前來。本大臣查此事乃係香港富商數名聘請該商代辦，合行函請早日定期，以便該商向貴部投遞公文，並向參議將詳細情形面述也。此頌鈞祺。

又外務部致英使薩道義函《函送專勘安溪夫峰山礦務護照》 〔光緒二十八年〕八月十六日，致英國公使薩道義函稱：逕啟者：接准函稱，英國法樂與閩民鄭立勳定立合同，在安溪縣開辦礦務一事。現該商來京，持有閩督咨文，據禀及本國福州領事詳稱，閩督已准其在安溪縣尖峰山地方開採礦産，懇將洋文親交貴部請領准據，並准其在漳平、龍岩各州縣踏勘礦苗等因前來。查法樂承辦安溪縣屬之尖峯山礦務，既據閩督來咨，自應照咨辦理。至附近之漳平、龍岩等處，閩督文内並未叙明，未便准令往勘。日前貴館繙譯偕該商來署面談時，已與聲明此節，照内無庸提及。茲由本部繕就護照一紙，載明專勘安溪縣屬之尖峯山礦産，以清界限。除咨行該省地方妥爲保護外，相應將護照一紙，函送貴大臣查收轉給可也，此復。順頌時祉。

又外務部收李興鋭文《安溪礦務擬自行勘辦英商所請應毋置議》 光緒三十年正月二十八日，收署閩浙總督李文稱：據福建洋務商政兩局詳稱：案奉札准英國駐福州雷領事照會，接准照復，以現在議定福建通省礦務，均歸本地總公司承辦，英礦師法樂所請在安溪承租已定之礦，及或推廣至龍巖一帶開採之事，均著勿庸再議等因。查法樂代英公司業於去年八月間，由外務部發給護照，勘辦安溪礦山在案，應爲貴署部堂之所盡知。茲除抄録照復詳報本國駐京欽差大臣核奪外，現未奉到札復。再應奉告一言，據觀所定章程，似與礦務總局章程大致不符，併與去年上海中英所訂商約，亦不甚合。茲抄外務部發給法樂護照一紙，照送查照核辦等由前來。查前承准外務部咨，日本商人愛久澤直哉請辦龍巖礦務，當經本署部堂咨復，應毋庸置議，並抄稿行局在案。茲接前由，飭局會核詳辦等因。奉此，遵查此案前奉札准雷領事照稱：英公司之代理人礦師法樂請辦安溪龍巖礦地，商諸洋務局，計時已久。不料厦門華人亦欲創辦，應請將洋人在中國開礦一節，如何主見，畧先説明，是否允准法樂承辦，或應合厦公司同辦，或應與其他蒙准之華公司合辦，希核復等由前來。查中國振興商務，以開礦爲最要之圖，本署部堂到任伊始，即經督同司道籌商，現在福建設立商政局，通省礦務均歸統轄，業經通飭各縣詳細查明境内有無礦産，分别已辦未辦呈報該局。一面督飭商會紳董，糾合殷富先行議立總公司，分廠承辦。或用土法，或用機器，以資本之多寡爲衡。嗣後無論何人，凡有在籍在京，呈請來閩勘辦礦務，均應由商政局督飭商會詳加查核，分别准駁，未便紛紛輕許。所有安溪龍巖州礦産，自應照案由商政局趕緊勘明，自設公司開辦，英礦師法樂所請，可毋庸議等因，行局遵照辦理在案。茲奉前因，伏查礦務爲中國近今要政，勢非亟籌開辦，無以自保利權。按照外務部新定章程，雖華洋均可承辦，而究之具禀領照，中國有任便准駁之權，斷不得因一經勘查，便作爲認准開採之據。今英礦師法樂來閩請辦礦務，展轉經年，不特龍巖礦山甫由該礦師自請詣勘，毫無成議。即安溪一帶礦産，前奉外務部給照准勘，僅備沿途保護之用，並非核准開辦之憑。

原照具存，何容藉口。現在福建全省礦務，已蒙奏明自設公司，分廠開辦。前此日商愛久澤直哉請辦龍巖礦務，甫奉咨駁不行。所有英礦師原勘礦山，核之部章，概未領有准照。即《中英商約》第九款所載□礦辦法。亦必以於中國主權毫無妨礙，於中國利權有益無損爲斷。是証諸商約，亦屬未便准行，應請毋庸置議。唯彼既上瀆，難免不藉口争求。相應詳請專咨外務部察照辦埋，以資辯論等情，到本署部堂。據此，除詳批示外，相應咨呈貴部，謹請察照辦理施行。

又外務部發閩浙總督文《安溪尖峰山礦地業准英商勘辦難作罷論》 光緒三十年二月初四日，發閩浙總督文稱：光緒三十年正月二十八日准咨稱：據福建洋務商務兩局詳稱：現在議定福建通省礦務，均歸本地總公司承辦。英礦師來閩請辦礦務，展轉經年，不特龍巖礦山，甫由該礦師自請詣勘，毫無成議。即安溪一帶礦產，前奉外務部給照准勘，僅備沿途保護之用，並非核准開辦之憑，應詳請專咨外務部察照辦理等情，到本署部堂。據此，除批示外，相應咨請察照施行等因，同日又據英薩使照稱，光緒二十八年八月十六日接准來函，以英商法樂在福建開礦一事，可照閩督咨文，准其在安溪縣尖峯山地方開採礦產，由本部繕就護照，送交轉給等因。當將護照轉給，並以若欲在他處勘礦，先須向本省制軍議立合同等語，飭知法樂。迨法樂回閩後，與地方官議論辦法，致延多日。經領事官向洋務局孫道會議，該道方謂將創辦中國公司之華人，與法樂相會，擬商會辦之局，雖經如此，而始終未果照辦。領事官等候月餘，備文照會閩督。嗣接復文内開，所有安溪縣龍巖州礦產，自應照案内商政局趕緊勘明，自設公司開辦，英礦師法樂所請，可毋庸議等語。查八月十六日貴部送到之護照内，准閩浙總督咨稱，案據英商法樂承辦安溪縣屬之尖峯山礦務，與業主議妥承租，自可准令開辦云云。則與閩督所謂英礦師法樂所請，可毋庸議之語相左，或係閩督到任不久，詳細情形有所未悉。合請再咨閩督，飭行地方官暨商政局，務遵護照内所允各節辦理，並應與法樂商一妥善辦法等因前來。查光緒二十八年八月間，准前督咨稱，據英礦師法樂與華人鄭立勳夥辦安溪礦務，租定珍地鄉五閬山暨湖上鄉尖峯山兩處礦地，當飭洋務局委員勘明所租五閬山地址，係屬影射冒賣，不能爲憑，尖峯山詢明業主，均願出租，原約尚可爲據。法樂既願遵照部章，自可准令勘辦，請給照飭遵等語。本部以尖峯山礦地，既經許前督查明該英商與業主議妥，准令開辦，當即繕給護照，並函復英薩使在案。茲貴署督設立本省總公司，欲將從前已准之案，遽行作罷，英商斷難允從，惟須於勘辦之時，祇准其專指尖峯山一處，不得牽涉他礦，俾清界限，而免轇轕。至英使所稱洋務局孫道有商令合辦之説，究竟有無其事，並是否專指尖峯山一處而言，相應咨行貴署督查核見覆，以便轉達英使可也。

又外務部收署閩浙總督李興鋭文《英商勘辦安溪礦務准專在尖峰山一處》 光緒三十年四月十五日，收署閩浙總督李文稱：案准貴部咨准現在議定福建通省礦務，均歸本地總公司承辦。英礦師來閩請辦各礦，毫無成效，即安溪一帶礦產，前奉給照准勘，僅備沿途保護之用，並非核准開辦之憑，咨請查照等因。同日又據英薩使照稱，英商法樂承辦安溪縣屬之尖峯山礦務，與業主議妥承租，自可准令開辦，請再咨閩遵照護照内所允各節辦法等因前來。查光緒二十九年八月間，唯許前督咨據英礦師法樂與華人鄭立勳夥伴安溪礦務，租定珍地鄉五閬山及湖上鄉尖峯山兩處礦産。當飭委員所租五閬山係屬影射冒賣，不能爲憑，尖峯山詢明業主均願出租，原約尚可爲據，既願遵照部章，自可准令開辦等語。本部當即給照，並函復薩使在案。茲設立總公司，從前之案遽行作罷，斷難允從。惟勘辦之時，准其專指尖峯山一處，不得牽涉他礦，至英使所稱孫道有商令合辦之意，有無其事，並是否專指一處，咨行查核見復等因。當經飭局會同查核詳咨去後，茲據福建洋務商政兩局詳稱，遵查英礦師法樂請勘安溪縣屬之尖峯山礦務，前奉外務部給予查勘執照後，該商欲於龍巖附近礦山，先請舉辦，經英領事照奉崇前署憲飭行汀漳龍道委員查勘。其時英領事曾有將來法樂所請開辦各礦，擬照閩省華裕公司章程，由華洋商人合辦等語，向職道傳兖晤談，其實並無成議。嗣因礦務併歸商政，議由官設全省礦務總公司，自行籌款開採，除奏明暫歸華裕公司定限覓地之建、汀、邵三府礦地，另行核辦外，所有各處礦地，應由總公司經理主持，以保利權，而杜侵越。誠以礦地乃中國自有物産，而准辦又係我自有主權，昨奉商部奏定礦務新章，凡有禀請礦務，應領探礦及開礦執照，方准舉辦。又凡請領探礦執照，領照後，非遽准其開採，但許在照内所指之地，就其浮面探驗苗綫等語，是法樂前請安溪尖峯山勘礦執照，按照新章僅只准其探驗，並未准其開採，前此請照探礦，不能作爲核准開礦之憑據。現在外務部所准該礦師法樂專辦尖峯山一處礦地，係在新章未定之前，似應遵照辦理。將來勘辦之時，自當查照原議，祇准專在尖峯山一處指定段落，繪具圖説，呈送本省礦務總公司轉詳立案，不得牽涉他礦，以清界限，而免糾葛。此外尚有應領開礦執照，以及開採一切辦法，應飭悉遵商部新定章程，不得少有違背，以昭劃一，

奉行前因，理合查核會同詳復查核。俯賜咨復查照辦理等情，到本署部堂。據此，除詳批示外，相應咨呈。爲此咨呈貴部，謹請查照辦理施行。

又外務部發薩道義函《英商勘辦安溪礦務專指尖峯山一處》 光緒三十年四月二十日，發英國公使薩道義照會稱：……【略】本部查該礦師法樂前請專辦尖峯山一處礦産，自可照准。惟須遵照原議，祇准專指尖峯山一處，劃明界限，繪圖貼説，并訂立合同，由閩省商政局查酌，再送本部相定。相應照復貴大臣轉飭遵照可也。

又外務部收閩浙總督文《胡國廉等請辦泉州安溪縣屬礦務》 光緒三十四年二月初十日，收閩督文稱：據福建洋務局會同農工商局詳稱：案奉札准農工商部咨，據商人胡國廉、吴梓才稟請集股開採泉州府安溪縣屬之珍地鄉等處煤、鐵、鋁各礦，飭屬保護一案。内有該職商等擬開所指各礦山，内有占峯山一處，是否即係尖峯山，爲山主蘇姓之業。札局轉飭安溪縣查詢明確，據實稟復。一面即飭妥爲保護等因，奉經農工商局先後札飭安溪縣確查速復，並妥爲保護去後，旋據代理安溪縣田令捷棨申復，查明占峯山即係尖峯山，爲山主蘇姓之業等由前來，又經農工商局具文詳復各在案。兹奉批卷查尖峯山礦務，前據英商法樂與業主議妥，經前督部堂咨准外務部給發護照往勘，嗣因閩省設立商政局，各屬礦産勘明後，自設公司勘辦。英礦司法樂所請，可毋庸議，由局詳咨外務部核復，以設立本省總公司，欲將從前已准之案，遽行作罷。英商斷難允從，惟須於勘辦之時，祇准其專指尖峯山一處，不得牽涉他礦，俾清界限等因，咨行查照各在案。兹據詳查明職商胡國廉等擬開所指各礦山，内有占峯山一處，即係尖峯山，爲山主蘇姓之業。但英商法樂自光緒二十八年至今，未據前往勘辦，當時亦未立有合同，似難認作已定之礦。現查職商胡國廉等集股稟奉農工商部給發開礦執照，係爲振興地利。篤念桑梓起見，凡我政界向應力與維持保護，以贊其成。惟此礦其間既有此層情節，自應查案先爲聲明，咨商外務部立案，未便稍涉含胡，致使英商藉口，另起交涉。仰福建洋務局會同農工商局迅速查案妥議詳復核辦，毋得刻延，切切繳等因。奉此，遵查安溪縣屬之尖峯山一處礦産。前於光緒二十八年間，據英礦師法樂請准勘辦，當經許前憲台咨由外務部給發護照往勘。嗣因閩省設立商政局，總攬全省礦務，議設公司自行開辦，該礦師法樂原勘礦山，係未領有准照，所請應無庸議，經奉飭局會議詳咨，旋奉外務部核復，以係從前已准之案，遽行作罷。英商斷難允從，唯須於勘辦之時，祇准專指尖峯山一處，不能牽涉他礦，俾清界限等因，咨行到局。又經會議詳咨，屈計該礦師自領護照之日起，迄今已歷五載有餘，始終未據勘定礦産，稟請開辦，亦未據報轉交何人承接。查該礦師從前請辦之時，曾據聲明一切悉遵外務部礦務章程辦理。按外務部礦章，各公司承辦礦務，自發執照之日起，限十二個月内開工，如逾期不開，執照作廢，該礦即由總局另行招商承辦。又開辦之人，必須係原稟領照之人，自行舉辦，不得私將執照轉售他人。倘欲售賣，或在開辦以前，或在已辦之後，須由原辦之人會同接辦之人，照上兩條復行稟請立案領據，方可轉交接辦等語。無論該礦師前領護照，係爲沿途保護之用，並非准辦執照之憑，且事越數年之久，照章業已逾限，已應作廢，聽由礦局另行招商承辦。現在既有職商胡國廉等集股稟奉農工商部發給執照，前往勘辦。誠如憲批，自應力與維持，以贊其成。況該礦師法樂昨經洋務局訪聞已故，函詢英國佩領事，亦稱病故是寔等語，是該礦師既已物故，則從前所請尖峯山礦務，應無庸議。奉飭前因，合將職商胡國廉所指之占峯山，即係法樂探勘之尖峯山，應請聲明咨部立案緣由，理合遵批會同查案核議，具文詳復察核，俯賜咨明立案等情，到本部堂。據此，除詳批示外，相應咨呈，爲此咨呈貴部，謹請察照立案施行。

又《黑龍江礦務・中俄合辦愛琿煤金各礦》外務部收署黑龍江將軍薩保抄摺《俄員催辦黑省礦務並與暫訂採苗草約》附俄員照會礦約 光緒二十七年十月二十五日，收軍機處交薩保抄摺，奴才薩保跪奏，爲俄員催辦江省礦務，勉訂採苗草約，請旨辦理，恭摺密陳，仰祈聖鑒事。竊查黑龍江省，本多礦産，自辦金廠後，出金最旺之區，多與俄境隔江相望，久爲彼中所歆羨，故自擾亂以來，俄員屢以採礦見商，均經奴才據理婉覆，業於本年三月十二日，附片陳明在案。旋據俄國辦理吉江兩省交涉官劉巴，及科洛特科福，先後送到吉林辦礦止續章程，未幾科洛特科福來此，又以吉林已奉旨俞允，另擬江省章程，屢催照辦。竊維當此商疲財竭，苟能借俄人之資力，擴極塞之舊政，而復權不旁落，未始非興利睦鄰之道，要亦不能不通盤籌畫，免爲江省後日之累。因即派員會商，奴才復力與磋磨，權議草約，由該俄員於照會内，首先聲明，此約不過令礦師採勘而已，辦礦章程，應俟國家允准俄人在江開辦，方能議訂。兹將勉力因應情形，謹爲我皇太后、皇上陳之。當科洛特科福之來也，有本地人員極意逢迎，別圖希冀，故該俄員起手即從事於要挾恐(喝)〔吓〕之途，奴才悉以意決詞婉處之，待其技盡，始與定議。其初意股分一事，不特不准他國預聞，並不願華人搭附，亦知華股現不易

集，然竟任具明言硬霸，竊慮滋各國藉口之端，所關甚大，況近來鐵道已有專用俄工者矣。江省礦廠，多與俄界逼近，若不慎之於始，恐有聞風麕集，更啟得寸思尺之謀。故奴才於争論華人應有入股之權外，并將農工商各營業，不嫌瑣碎，亦略議及。計較一月有餘，該俄員始允將以上各節，詳列照會之内，是否別有包藏，尚難預測。至草約十二條，除與吉林所議不甚懸遠各條外，如第四條不能保護一説，因江省現尚兵械兩窮，不能從直聲明，免生枝節。第六條地價一節，彼初議以官地不能給價，奴才詢諸本地，則謂除各廟衙署外，均屬八旗公地，一有開礦，勢必人烟湊聚，數十百里間，便已圍獵無資，関係大衆久遠生計，即使優給價值，亦孰願輕許耶？奴才因議令將來提餘利百分之五，作賃地之貲，該俄員允先列公平給價一語，以俟奉准開辦再議爲辭。然爲江省計，似以賃給爲准，或以礦地充作股本，均先妥立章程，或可稍有限制，蓋此中情形，不可與鐵路需地同日語也。第八條報効之數，雖遠遜從前漠河、觀音山各廠，而與寬河定章尚屬相符。第十條所指准給採苗執照各處，係在省城以北，與東路松花江下游一帶，因已辦之金礦，爲漠河、奇乾河、觀音山、都魯河、寬河等處，雖都、寬兩廠尚未著效，然究奏明招股開辦有案。若漠、乾、觀三廠，早經北洋大臣派員招股，主辦多年，報効軍餉甚鉅。並經前將軍恩澤，於光緒二十二年，奏奉旨飭議准，凡呼倫貝爾城與愛琿，即黑龍江城各轄界，統歸漠河金廠採辦，且據前督理委員周冕，於二十三年稟明，分段設局採勘在案。茲聞其間頗有華俄金匪私挖之處，緣該兩城地處省城西北，其大小河流之匯入額爾古訥河，與黑龍江者，悉其轄境，要不外循興安嶺爲界，雄厚綿鬱，宜其金穴之多也。此外尚有雅魯河、綽爾河等處，查該兩河發源於興安嶺，東南匯入省城之嫩江，近年亦見金苗。經恩澤於二十五年冬，准令商人領照試採，現亦聞有金匪聚挖。以上各處，或係已成之局，或屬粗有眉目，均未便遽讓外人。而俄員科洛特科福之注意漠河、觀音山等處，屢經商議，尤屬情見乎詞。奴才始終以該各礦屬在愛琿界内，照案呼倫貝爾與愛琿，即黑龍江兩城境内礦務，應由北洋大臣主持，不敢越權擅議辭之，所以有另議各該礦條呈，咨送礦務總局核奪之説也。相應請旨飭下議和全權大臣，及礦務總局速議核覆，俾有遵循。嗣後如有另議漠河等礦條呈送到，當再奏請諭旨遵行。謹先將該俄員科洛特科福照會，並草約十二條，敬繕清單，恭呈御覽。除咨明全權王大臣並礦務總局查照，並將往來信函一併録送備查外，理合恭摺密陳，伏乞皇太后、皇上聖鑒訓示。謹奏。光緒二十七年九月二十九日奉硃批：外務部議奏。單併發。欽此。

謹將俄國外部委員科洛特福擬訂採勘礦苗照會，并草約十二條，一併敬繕清單，恭呈御覽。

計開：

一，俄員科洛特科福照會一件。爲照會事。茲送上俄人採辦黑龍江省金、鐵、煤各新礦草約二分，請貴將軍畫押蓋印。查此約所載辦礦各節，不過大略，一經畫押，可令礦師前往採勘而已。至於辦礦詳細約章，總須候中國國家允准俄人在江省採辦礦産之後，方能議訂。至此草約，貴將軍畫押後，望即發予本官員所薦礦師執照，准其採勘，幸勿延擱。候該礦師等奉到在江省辦礦明文，請貴將軍遴派熟悉礦務，通曉俄文或他國語言文字，聲名素著官員，到廠監察所出金數，并管束華人。如果貴國家允准俄人在江省開辦金礦後，本官員必設法令辦礦人多用華工，從優看顧。所有礦内商農生業，均歸華人營幹，仍聽俄人就地販運，不得把持。每次設立股分，開辦新礦華人應有入股之權。其詳細章程，嗣後再定。惟無論勘礦辦礦，凡經犯案華人，一概不准延僱。至華俄文草約，本官員均已詳閲無訛，畫押加蓋印記。相應將草約二分，照會貴將軍查照，畫押蓋印，一留貴處，一請擲還本官員收執可也。須至照會者。

一、草約十二條：

一、此約一經畫押後，即准俄人在江省地界内，採辦金、鐵、煤各礦苗。

二、俄人既可採勘金、鐵、煤各礦苗，即由將軍發給專照。

三、以上所云執照，祇可發給俄國派駐黑龍江省外部官員所舉薦著名身家殷實，力能多出本錢，并用上等銅鐵極大機器辦金礦之人。

四、採勘金、鐵、煤各礦苗之人，凡遇地方一切危險意外之事，中國地方官現在不能保護，伊等須自行防備抵禦。

五、採勘金礦之人，宜分定界限，以免彼此相争。此節須確切註明在第二條所云執照内。

六、禁止勘採礦苗之人，騷擾百姓，并有意毀壞廟宇、穿入墳穴等事。犯者照律重辦。如旗民因採勘礦苗吃虧者，酌量賠償。如在旗民産業公地之上採得礦苗，并非官地者，須公平給價。

七、採勘礦苗俄人，每次查出新礦，應呈報外部官員，即由外部官員轉達將軍。其出金所在方向地名，及段落界限一切情形，并如何開挖，均須確切報明。

再到報查出礦苗之後，可由將軍給以執照，准其即在所指地方開辦。

八、採勘金礦俄人，屆時開辦，每出金百兩，須報効中國國家十五兩。其餘各礦開挖時，應如何報効，日後再定。每廠由將軍派一委員監察所挖金數，并管束華人。

九、採勘礦苗時，非但刻下地方尚未盡平，日後亦恐偶有阻礙。及一切意外之變故，所指採勘地方，應予以兩年爲限。再採勘之人，雖在所指地界尋出一處金子，報到後准其仍在界内再行量力查勘。如二年限内，并不報到查出礦苗，即將所指准勘地界，另給他人。

十、此約專指俄人採辦新礦而言。議定自齊齊哈爾往上，凡兩岸大小河流匯入嫩江者，各至源頭及嫩江源爲止，及呼蘭河口以下與都魯河口以上，凡大小河流匯入松花江者，各至河源爲止。對岸吉林界不在内。均可由將軍發給採苗執照。俟將軍與外部官員此約畫押後，另擬漠河、觀音山二礦，及都魯河、寬河各商辦金礦條呈，咨送北京礦務總局查核定奪。

十一、西勘金礦人，凡有與將軍往來事件，須由外部官員轉達。

十二、此約應寫兩分，華俄合璧，由將軍同外部官員畫押。

光緒二十七年九月二十九日奉硃批：覽。欽此。

六月十五日，黑龍江將軍文稱：案查承准大部咨行奏准開礦通行章程第十九條内開：此次新章未定以前，凡已開辦各礦，及曾經議定之處，除出井稅課合同内聲明，按照奏定專章者，應照此次所訂第六條辦理外，其餘仍照合同核辦，以示大信。嗣後華洋各商欲承辦礦務者，均照此章辦理。此外未盡事宜，應俟隨時增損，以期盡善等因。查江省前有俄員科落特科福，議訂金礦草約合同，三次均經奏奉硃批：外務部議奏，欽此。又東省鐵路公司總監工茹格維志鐵路兩旁煤礦合同，亦奏奉硃批：外務部路礦大臣議奏，欽此。欽遵各在案。查現在既奉大部奏准通行章程，所有前項金礦煤礦各草約合同，是否遵照新章第十九條所開辦理，合亟備文請示。爲此咨呈大部鑒核，謹請迅賜見覆，以便遵行。

又附録《大事年表》〔光緒八年壬午〕春，華商楊德聘德礦師法朗真、浩律時抵安徽池州勘礦。

〔光緒十年甲申〕六月，池州礦局聘美人蘭多勘礦。

〔光緒二十二年丙申〕二月二十一日，山西巡撫胡聘之奏，擬即選調礦師來晉勘礦，並擬以機器開採。

〔光緒二十二年丙申〕五月，廣西巡撫史念祖奏明委員勘查桂境各礦。

〔光緒二十五年己亥二月〕英人請在廣西境内勘礦，桂撫拒之。

〔光緒二十六年庚子〕春，英商會同公司摩賡派礦師介克、威和博抵四川勘礦。

〔光緒二十七年辛丑〕五月十九日，法使鮑渥請准法商勘尋礦山公司古爾孌在四川勘礦。

〔光緒二十七年辛丑〕秋，李鴻章電山西巡撫，福公司擬請赴晉勘辦礦務。

〔光緒二十八年壬寅〕四月初四日，皖省商務總局與倫華公司代表英商凱約翰訂立歙縣、銅陵、大通、甯國、廣德、潛山等六處勘礦合同。

〔光緒二十八年壬寅〕八月十六日，外務部發給英商法樂勘查福建安溪縣尖峯山礦務護照。

〔光緒二十八年壬寅〕九月，盛宣懷奏請設立上海勘礦總公司。

〔光緒二十九年癸卯〕五月，寶昌公司派礦師詹美生等勘查浙江衢嚴温處等府礦産。

〔光緒二十九年癸卯〕閏五月十一日，安徽商務總局與義商錫尼都訂立勘驗壽州、鳳台、定遠、巢縣四處礦産合同。

〔光緒二十九年癸卯〕十二月十五日，德使穆默請准華德礦務公司查勘龍巖附近礦産，外務部拒之。

〔光緒三十年甲辰〕二月二十五日，寶昌公司高爾伊請發英礦師竇鋭克護照，前赴衢嚴温處四府勘礦。

〔光緒三十一年乙巳〕二月，英礦師經斯密抵四川江北聽勘礦。

〔光緒三十二年丙午〕三月十七日，盛宣懷奏撤上海勘礦總公司，撥餘款十萬兩，專購晉省礦地。

〔光緒三十四年，戊申〕三月二十二日，德駐濟南領事請准德商赴大汶口勘礦，山東勸業道拒之。

杞廬主人《時務通攷》卷一三《礦務一・辨質・煤》 藥水試煤：辨煤之法，有堅硬如石者，有柔軟不凝者，皆似煤非煤。惟黑色深楔色兩種，得之即可入爐生火，是爲真煤。又有三種藥水，一名依特，一名松油，一名邊瑣利油。取煤入内試之，真者不化。

黑色硬煤。至堅之煤，深黑色，有黑紋。與水等體相較，煤重於水，若一百

分與一百三十分之比，至一百分與一百七十五分之比。每百分内，有九十分至九十五分爲炭質，其餘養氣輕氣淡氣，分數不一。

幹煤：幹煤黑色深淺不同，紋帶黑灰色。與水等體相較，煤重於水，若一百分與一百二十五分之比，至一百分與一百四十分之比。每百分内，有七十三分至九十分爲炭質，有八分至二十二分，爲養氣輕氣淡氣，餘爲土質。成塊者，可煅作枯煤，成末者，每百斤内，入柏油八斤至十斤，搏之成塊，發火亦旺。

餅煤。餅煤，入火融化成餅，發煤氣煙燄頗多，以火熄後灰少者爲佳。若於煤末之下，置柴引火，即融結爲枯煤，便於運動汽機，鎔化銅鐵。

干泥利煤：干泥利煤，著火易燃，火燄上升如燭，其色黑，或椶色而無光，恒用作煤氣燈，每噸得煤氣八千立方尺至一萬立方尺。

多巴乃得。多巴乃得，其色如椶，其性最韌。每百分内，有九分炭質，有六十分至六十九分，能化而爲氣之體，餘爲土質。一可蒸取煤油，一可燒煤氣以生光，每噸可得煤氣約一萬五十四百立方尺。

椶色煤。椶色煤，又曰木煤。與水等體相較，煤重於水，若一百分與五十分之比，至一百分與一百五十之比不等。每百分内，有五十分至七十分爲炭質。惟養氣較多於幹煤，輕氣淡氣與幹煤略等，體内恒含水質。此類計有多種，有松油煤，端石煤，紙煤，釬煤，土煤等名。又椶色煤，常爲密塊，木紋不甚顯，色椶至黑，面光如油，在地内成層，亦爲貴燒料，其内常含動植各物，體雖變煤，形跡仍顯。

土性椶色煤。土性椶色煤，成大塊，易打碎，含土甚多。色椶至黄，面暗無光，可作色料與肥田等用。

土煤。土煤西名比得，成塊質密，色椶或黑，大塊中間有未變煤之植物跡，以其成煤之時最後也，故又謂之新煤。近今卑溼之處，草木腐爛，亦有變成此煤者。雖亦可爲燒料，然不如白煤煙煤之佳，蓋白煤煙煤成時爲最古也。

白煤。白煤又名硬煤，爲地産之煤極密而浄者，面平滑，質堅硬，油光至金類光，色黑，燒之難，不發煙，爲美國常用之燒料。

泥板形煙煤。泥板形煙煤，又名軟煤。遇於砂石與泥板石之間，其層厚薄不等，自數寸起，至五十尺止，間有寬數百平方里者。内常含動植物跡，間有全樹枝葉，俱變爲此煤者，其隙内間有含鈣養之金類礦與貝里底司礦。此煤色黑，間有彩色者，油光質，爲要而益用之燒料，産處甚多。

鎔結煤。鎔結煤，其色灰黑，性脆易碎，産處層面，不及煙煤之貴，常有因無甚值，而不開取者。

干利司特。有遇煤下土質，堅結如石，厚至二十寸者，石紋有草木根形迹，西名干利司特。

煤層薄處成凹形。英國得必時阿顛必地方，所鑿煤井内，有一深層堅煤，中段如河渠凹形，凹處寬約九百六十尺，長約二千六百四十尺。又英國西登的臘非力地方，有一層煤，凹處長約三千尺，寬約三百六十尺，厚約六尺至七尺，兩旁向上斜之處，厚約二尺半。

煤層厚薄不等。英國顛樹林内所鑿煤井，有煤一層，以厚薄相補計之，約厚四尺半，漸遠而薄者一尺，又忽厚至九尺以及十一尺。

煤層植物形迹。有一樹類形迹，名西及類利耶。印痕之意。如樹身與樹皮横卧煤内，恒有上面土石重力壓平之狀，樹身長約三十尺至六十尺，徑約三尺至五尺，皮紋如魚鱗然。又嘗遇此樹數百段，長約數尺，疎密相間，攢立煤中。又一植物，名司底格馬利耶。有梗植物也。嘗於各煤層下濃泥中見之，發出大梗最密，又自大梗發出小梗至數丈遠，而各節又發無數小根，其各節相生處，狀如人臂筋骨相連。又一樹類，名類皮都顛得倫。鱗類也。此類約有四十餘種，皮紋類乎卷柏，果實略如松子，常於煤層内錢石中遇之。又一草類，名家拉買提司。萑葦之類。有節如竹，其下直紋不平。又云類乎一種草，西名馬尾。今又云爲無花植物，究之迄無定論，恒遇此類直文煤中。又有植物，名啞司的六非離地等，西名取意以葉向外叢生，如星光芒外射之狀。此種可總括多類，或云係水中所生之植物。又有松類，常遇於砂石内者，以顯微鏡視之，知與前數種相等。又有草類，名非利賽的士。即背陰草。此草形迹，常見於蓋面煤層下，或現於蓋面石内，剖石視之，亦甚分明。又有一種，西名彼各波得利司。粘連之意。如葉連幹而無小梗。嘗見此種葉背，多生黑點，疑即結子之處。又有數種，略同背陰草類，其一葉如心形，有筋絡細紋從中線兩分。其一葉兩邊有缺口，並有筋絡自葉莖分出，形如牙齒，亦有如戈者。

海草迹。海草迹，在端石内，遇之於如拉錫層。又海草迹，即海藻之類，在砂石内，最北亞美利加，遇之於昔慮里安層，海草全迹，亦在砂石中得之。

鳳尾葉迹。鳳尾葉迹，即背陰草之類，在端石内，遇之於西勒西亞煤層。

樹木枝葉迹。樹木枝葉迹，在端石内，遇之於盧耳煤層。

分水蝦迹。分水蝦迹，乃甲節類，在蘇侖河分泥板石内，遇之於如拉錫層。

翅魚迹：翅魚迹，爲釉鱗魚類，其鱗片甚大，蓋身如甲，而面光硬如瓷。遇之於地夫尼安層，即舊紅砂層。

正尾魚迹。正尾魚迹，畧似今時之魚，在蘇侖河分泥板石内，遇之於如拉錫層。

魚形鼉骨迹。魚形鼉骨迹，狀似鱷魚而甚大。首尾通長，有三十尺。乃古昔海中之巨物，今已絶種，遇之於如拉錫層。

蛇形鼉骨迹。蛇形鼉骨迹，頭小頸長，身尾畧短，通長有三十七尺，遇之於英國如拉錫層。

飛鼉骨迹。飛鼉骨迹，形似蝙蝠，大若鴻鵠，其翅展開寬有二丈。動物學家以此物爲昆蟲與飛鳥間之物。遇之於如拉錫層。

阿爾蘭大麋骨迹：阿爾蘭大麋骨迹，遇之於阿爾蘭産土煤之溼地，角寬十二尺，爲新時所殭之物。美國伊利那倚邦瓦記艮近處，亦遇有與此相似之大麋角，惟與阿爾蘭者有不同處。

古大象骨迹。古大象骨迹，比今之極大者畧加一倍。西比里亞北部，周年常冰處遇有此物，其皮與肉，冰凍堅結，歷千萬年尚未腐敗，其牙與骨，又有在美國遇之者，亦爲新時殭物。

産煤地昔爲海底。各煤層最下之灰石層，見有珊瑚等類形迹，此灰石殭生海底。統計煤與土石，有厚五百尺而至二千尺者，以理揆之，必係海底漸沉，始殭成深層灰石。

草木積久成煤。查美國米司斯坡河内，常有樹木斜横水面，遇水流樹木，擁聚日久，遂成煤層。後見煤下土内，常現樹根形迹，於上層煤内，即有樹身。

煤内兼刺動植物：古時地面，草木甚繁，其枝葉散落，與樹身枯倒厚積地面。尚軟而漲，不知幾歷變遷，曾爲江河，又爲滄海，後復淤漲成地。凡埋没動植之物，久變爲煤，即樹中空處，偶有鱗介藏於内者，亦合變爲煤質。

成煤之料。英國西陲愛而蘭地方，有極廣積濕軟陷之地，約深三十尺至四十尺，此殆大初之世植物繁多經久積濕者。人誤踐之，必漸致陷下，凡動植物陷於内者，又皆變黑而硬如煤。有取此軟濕之質，擠水曝乾，其色或黑或樱，可代煤用。

地面測煤。北亞美利加沿海有懸崖，高約數千尺，曾依所露形迹繪圖，逐層

松實迹。松實迹，在煙煤含灰之端石内，遇之於代亞司層。

印樹身迹。印樹身迹，西名西及類利，即樹身。在砂石内，美國紐卡斯地方，此樹並他樹數種，原爲成煤要料，常遇其樹直立者，獨生煤層之内。

大葦迹。大葦迹，西名家拉買提司，遇於煤層，此其一段。

羅而烏樹葉迹。羅而烏樹葉迹，遇於樱色煤層。

二子葉樹葉之迹：二子葉樹葉之迹，在特拉弗的尼石内，此石爲近來變成含鈣養之石。

煤層動物形迹。八非利耶地方，於煤内見動物形迹，類如蛤蚧。又有各種魚類形迹，爲魚牙、魚鱗、魚脊等形，西博士於煤中辨明魚類一百五十四種。英國最下煤層内，多見海中所生殼類，並於黑堅壤内，見如梳形如螺絲形者，甚多。又煤與土石層内，見淡菜類形迹最多者，有一層厚數寸之土，盡係此形迹，覆於煤面之上。又有硬殼動物類，能穴泥而入者，曾於英國司他福時阿，煤層之錢石内多見之。又常見極小殼蟲，素爲海中所生者，恒坿别種動物形迹之上，或函藏石中。亦有如蟹類，并蟋蟀與别種甲蟲等類。

海絨迹。海絨迹，爲太古小蟲所成，遇之於如拉錫層。

珊瑚迹。珊瑚迹，爲珊瑚蟲所成之窠殼，遇之於蘇阿比亞如拉錫層，珊瑚灰石内。

蓮形蟲迹。蓮形蟲迹，亦名海蓮迹，爲蓮形之動物所變成者，在殼灰石内，遇之於得來斯蓋層。

海蛸迹。海蛸迹，亦名海膽，俗名海鍋，遇之於如拉錫層。

石蛇迹。石蛇迹，爲頭行螺類所變成者，遇之於英國白石粉層。

箭形墨魚迹：箭形墨魚迹，其形如指如箭，亦爲頭行之類，與今之墨魚畧相似，遇之於如拉錫層。

彎形蛤迹。彎形蛤迹，屢遇之於如拉錫層。

扇面蛤迹。扇面蛤迹，俗名石燕，爲翅行類，遇之於代亞司層。

蚌殼迹。蚌殼迹，在殼灰石内，遇之於得來斯蓋層。

淡菜蛤迹。淡菜蛤迹，在殼灰石内，遇之於得來斯蓋層。

腹行蛤迹。腹行蛤迹，遇之於得來斯蓋層，又遇之於如拉錫層。

蝸牛迹。蝸牛迹，在海邊成之灰石内，遇之於美恩司河凹内。

三瓣鱉迹。三瓣鱉迹，遇之於甘比里安層，及昔慮里安層。

分明。英國亦有數處，依所露形迹繪圖，能測得煤層之下層土石應厚若干。

地面形迹。或見地面有濃泥，或一邊有灰石或周圍遇鐵石，亦未足定爲有煤確據。因別層內當有此等泥石。又如遇水源濁流於渟潴之處，見有紅黃色者，知爲鐵銹成是。水之發源有鐵硫相合而生之石，恒於煤層露迹處多見之，但此石除煤層外，跡所常有。又若遇各層煤下濕泥中有植物根之形迹，其下猶有煤層無疑矣。然有求之竟不得煤者，或地面所生草木之料甚少，不足成煤，或是成煤而煤尚未變結成形，或煤已成而爲水衝去。

推算各西國産煤數。有人推算英國産煙煤之地，有八千一百三十九方英里，産硬煤之地，有三十七百二十方英里，即略爲全地面之十分之一。法國産煤之地，有一千七百十九方英里，即全地面一百十八分之一。西班牙國産煤之地，有三千四百零八方英里，即全地面五十二分之一。卑利智國産煤之地，五百十八方英里，即全地面二十二分之一。阿美利加産煤之地極多，如英國屬地有一萬八千方英里，即全地面九分之二，美國産煤之地，有十三萬三千一百三十二方英里，即全地面十七分之一。本司非民亞産白煤之地，一萬五十四百三十七方英里，即全地面三分之一。

《礦務檔·山東礦務·中德膠濟路暨山東五處礦務交涉》總署收德使海靖照會《濰縣試開煤井毋庸攔阻》〔光緒二十四年〕十月初五日，德國公使海靖照會稱：德商禮和洋行在山東濰縣境內鑽取煤土式樣一節，前於九月二十八日接准照稱：即希轉飭該洋商暫停工作等因。本大臣查每擬開礦，須先鑽取煤土式樣，方知某礦是否得利，俟已驗試煤質，查知煤質果佳後，即行開挖。又查專條內所提《礦務章程》應早議定。惟詳商此章，難免遲延時日，萬不克於一時即行議妥。若俟《礦務章程》議定，始行舉辦鑽取式樣，未免耽延開礦之利益。又查禮和洋行現擬招華商合股，招定之先，以鑽取式樣驗明煤質果佳，可以面許股友，必克得利。此係保華商無所虧損之法。如此情形，仍望貴署轉飭該縣無庸攔阻德商鑽取式樣爲感。本大臣一面飭該洋行嗣後須隨事小心，以免再有架倒傷人之事。爲此照會，即希示復爲盼。

又總署給德使海靖照會《德商試開濰縣煤井已飭毋庸攔阻惟礦章當速定議》十月初九日，給德國公使海靖照會稱：光緒二十四年十月初五日接准照稱：德商禮和洋行在山東濰縣境內鑽取煤土式樣一節，前准照稱希轉飭該洋商暫停工作等因。查每擬開礦，須先鑽取煤土式樣，俟驗煤質果佳，即行開挖。又查專條內所提《礦務章程》應早議定，惟詳商此章，難免遲延。若俟議定，始行舉辦鑽取式樣，未免耽延。又查禮和洋行現擬招華商合股，招定之先，以鑽取式樣驗明煤質果佳，可以面許股友，必克得利。此係保華商無所虧損之法，仍望轉飭該縣無庸攔阻德商鑽取式樣。本大臣一面飭該洋行嗣後須隨事小心，以免再有架倒傷人之事，即希示復等因。查開礦必先鑽取式樣，自屬實情。惟豎立木架，竟致架倒壓傷多人，未免可惜。既據貴大臣飭令該洋行嗣後隨事小心，以免再有架倒傷人之事，足見慎重人命之意。況據該洋行擬招華商合股，亦與約章相符。本衙門現已據來照所稱各節，電致山東巡撫轉飭該縣遵照。如德商但祇鑽取煤土式樣，尚可無庸攔阻。至此項章程，應如何另訂之處，仍望照復，以便趕緊議定合股開辦。是爲切盼。相應照復貴大臣查照可也。

又《德員勘察路礦務先知會地方官》〔光緒二十四年〕十一月十五日，給德國公使海靖照會稱：光緒二十四年十一月十三日，准山東巡撫電稱：前因德兵赴濰縣勘路被毆一案，當經分飭省東州縣確查去後，茲據膠州知州電稱：本月初七日，有德員顧乃斯，自諸城縣至膠，云在諸城境被搶，經該州派人送回青島等語。未知德國駐京大臣所指，是否即係此案，已飛飭諸城縣查覆核辦。查租界內德人，近因勘路查礦，四出游歷，並不先期知會地方官，遇有中途失事，該處州縣無從保護，事後枝節橫生，辦理諸多棘手。應請照會德國駐京大臣，嗣後凡有德人因公出界，務令知會地方官，俾得加意保護，以免疏虞等因。查山東巡撫電稱各節，係爲保護德人防範未然起見，相應照會貴大臣查照，即希轉飭駐紮青島德員，嗣後如有德人前往沂州及濟南應修鐵路各處，勘路查礦，務令先期知照該處地方官，以便加意保護，免生意外之事。

又《嶧縣煤礦》外務部收德使穆默函《比工程司查勘嶧縣煤礦有違德國利權》〔光緒二十八年〕三月初一日，德國公使穆默函稱：本大臣聞得現有比國工程司數人，受嶧縣煤礦華地主內有張侍郎翼之意，前往山東查勘該處煤礦，並預備一切，以便比國公司將煤礦購買。倘此信果實，則本大臣不能不嚴行辦駁。查照光緒二十四年二月十四日所定專約，在山東各處如有開辦製造礦務等事，常須先問德國願否承辦，此早在貴王大臣洞鑒之中。如未先問德商願否承辦，竟貿然籌及合比國商人赴嶧縣採買煤礦，則與德國在山東所得利權，顯然相背。應請貴王大臣將德國照約所得之權，剖明與該礦主等悉知，以免違背而符約章，並請示復爲荷。此布。順頌日祉。

三月初四日，致德國公使穆默函稱：逕復者：昨准函稱，本大臣聞得現有比國工程司數人，受嶧縣煤礦華地主內有張侍郎翼之意，前往山東查勘該處煤礦。並預備一切，以便比國公司將該煤礦購買。倘此信果實，則不能不嚴行辦駁。查光緒二十四年二月十四日所定專約，山東各處如有開辦礦務等事，須先問德商願否承辦。如未先問願否承辦，令比國商人赴嶧縣採買煤礦，與德國在山東所得利權，顯然相背。應請將德國所得之權，剖明與該礦主等悉知，以免違背而符約章等因前來。查此事本部並無所聞，除已咨行山東巡撫並張大臣查明聲復，俟復到再行函達外，相應先行函復貴大臣查照可也。此復。順頌日祉。

三月初六日，行山東巡撫文稱：光緒二十八年三月初一日接准德穆使函稱：聞比工程司數人，受嶧縣煤礦華地主內有張侍郎之意，前往山東查勘該處煤礦，預備一切，以便比國公司將該煤礦購買。倘此信果實，則不能不嚴行辦駁。查照光緒二十四年二月十四日所定專約，在山東各處如有開辦製造礦務等事，須先問德商願否承辦。如未先問德商，竟貿然籌及合比國商人赴嶧縣採買煤礦，則與德國在山東利權，顯然相背。應請將德國照約所得之權，剖明與該礦主等悉知，以符約章等因前來。查東省礦務，自應照約辦理。今德使所稱比國公司赴嶧縣查勘煤礦，究竟有無其事，相應咨行貴撫查覆可也。

同日行總辦路礦大臣張。

又外務部收張翼文《查明嶧縣煤礦辦理情形比工程司未往查勘》〔光緒二十八年〕三月二十二日，總辦鐵路大臣張文稱：光緒二十八年三月初六日准貴部咨開：接准德穆使函稱：聞比工程司數人受嶧縣煤礦華地主內有張侍郎之意，前往山東查勘該處煤礦，並預備一切以便比國公司將該煤礦購買。倘此信果實，則不能不嚴爲辦駁。函由貴部以德使所稱比國公司赴嶧縣查勘煤礦，究竟有無其事，咨行查復等因，到本大臣。准此，當經札飭張道蓮芬、德稅司璀琳，查明有無比人往勘情事，據實禀復。茲據禀稱：比人往勘之説，查明並無其事。本大臣查山東嶧縣煤礦前於光緒六七年間，經前北洋大臣李奏准設立中興煤礦局，派米令協麟、戴令華藻等，先用土法開採，旋由張道蓮芬、賈故鎮起勝、戴故道宗騫等集湊股本，購置機器開採。復因資本未足，由張道蓮芬與德人德璀琳議定章程，招華股十分之六、洋股十分之四，設立山東嶧縣華德中興煤礦公司，禀由本大臣遵照路礦總局奏定章程，准其華洋合辦，以期擴允。當即派張道蓮芬爲華總辦，德璀琳爲洋總辦，均經本大臣會同前北洋大臣裕奏明立案，奉旨允准，並咨明總理衙門、路礦總司、山東巡撫各在案。德璀琳回國招股，曾約某爵公司入股，并帶同德礦司福利克等逐細查勘，嗣因某爵公司復改前約，不願入股，乃由德璀琳另行招股，並與本大臣籌墊股本十餘萬兩，勘礦經費，均由華德中興公司支付。該處煤礦自開辦以來，已二十餘年之久，先後動用股本已數十萬之處，歷年開採之煤，運往各處銷售，由山東巡撫派員抽收釐稅。前二年本欲派西礦司前往擴充辦理，適因匪亂未派西人，現在正籌畫擴充辦理之事。接准咨詢，不勝詫異。該礦既經奏明立案，并有新舊股東，且係與德璀琳合辦之礦，焉能賣與人？德使函稱比工程司受本大臣之意，前往查勘預備購買一節，不知其何所聞據？至於比工程司查勘之説，已據張道蓮芬、德稅司璀琳查明并無其事。相應咨呈貴部，請煩查照轉復德使可也。

又外務部收張人駿文《比工程司並未勘購嶧縣煤礦》〔光緒二十八年〕五月初八日，山東巡撫張文稱：案據嶧縣知縣王令貽哲禀稱：敬禀者：案蒙憲臺札開承准外務部咨，光緒二十八年三月初一日接准德穆使函稱：聞比工程師數人，受嶧縣煤礦華地主內有張侍郎之意，前往山東查勘該處煤礦，以便購買。究竟有無其事，飭即查明禀復等因；旋奉洋務局札同前由各到縣。蒙此，伏查卑職到任以來，實未有比國工程師查勘煤礦情事。猶恐該工程師到嶧，未必告知縣署，卑縣境內現有煤窑二處：一在棗莊，即張侍郎奏請開採之官窑；一在小屯村，即崔廣澍具禀商務局准與試採之民窑。當即抄札分查二處，先後均據聲復，并未有比國工程師來此查勘購買煤礦。卑職復又詳加查訪，除已開之官窑二處外，凡有境內産煤之處，徧訪附近居民有無比國工程師來此查勘等情，亦據禀稱并無其事，所有卑職遵劄查明緣由，理合禀復鑒核等情，到本部院。據此，除禀批示外，相應咨呈大部，謹請查照施行。

又外務部收德使穆默照會《辦理嶧縣煤礦不得有違中德山東礦務章程》〔光緒二十八年〕五月二十三日，德國公使穆默照會稱：照得本年三月初一日，本大臣以聞得有比國工程司數人，前往山東查勘嶧縣煤礦一節，函致貴部。嗣於三月二十六日接准復函，內稱比工程司查勘之説，據張道蓮芬、德稅司璀琳查明並無其事各等因在案。本大臣拜悉一切，復函內有云張道蓮芬與德璀琳設立山東嶧縣華德中興煤礦公司一節，查因該中興公司向未在德員處報明，應僅視爲華公司。本大臣再特爲提明，光緒二十六年春間，彼此議定之山東礦務公司章程德文第十七款內載明，山東鐵路兩旁三十里內，凡經華人已開之礦，僅准按

照向來辦礦之法，仍行續辦，亦不能礙難山東礦務公司所辦之礦務。此意在該款德文內言明，而本大臣僅視德文爲主。又本大臣有向貴親王應提明者：光緒二十五年四月初二日，總理衙門照會原任欽差克大臣文內，載明德國照專約所得之商務權利。如鐵路附近相距三十里內開辦礦務各節，自應照光緒二十四年二月十四日定立條約，認真辦理，盡力保護等因。查《膠州專約》所准沂州府至濟南府之鐵路，已改津鎮鐵路，現嶧縣煤礦居在將造之津鎮鐵路相距三十里內，是以倘辦理嶧縣煤礦過於定立山東礦務公司章程時日辦法之外，則顯與此章程不符。蓋此礦務章程亦係膠約所出，總理衙門光緒二十五年四月初二日來文內所允准者，係中國國家因在津鎮鐵路一役，顧全睦誼，體查情形，和衷辦理。中國願答以感謝之心，應請貴親王將前因轉知中興公司，以免後生枝節爲荷。爲此照會。

又外務部給德使穆默照會《嶧縣煤礦華德合辦在先與山東礦務章程並無不符》〔光緒二十八年〕五月二十八日，給德國公使穆默照會稱：光緒二十八年五月二十三日接准照稱：前准復函內，有云張道蓮芬與德璀琳設立山東嶧縣華德中興煤礦公司一節，查因該中興公司向未在德員處報明，應僅視爲華公司。本大臣再特爲提明，光緒二十六年春間，彼此議定之山東礦務公司章程德文第十七款內載明，山東鐵路兩旁三十里內，凡經華人已開之礦，僅准按照向來辦礦之法，仍行續辦，亦不能礙難山東礦務公司所辦之礦務。此意在該款德文內言明，本大臣僅視德文爲主。又光緒二十五年四月初二日，總理衙門照會原任欽差克大臣文內，載明德國照專約所得之商務權利，如鐵路附近三十里內開辦礦務各節，自應照光緒二十四年二月十四日定立條約，認真辦理，盡力保護等因。查《膠州專約》所准沂州府至濟南府之鐵路，已改津鎮鐵路，現嶧縣煤礦居在將造之津鎮鐵路相距三十里內，是以倘辦理嶧縣煤礦，過於定立山東礦務公司章程時日辦法之外，則顯與此章程不符。蓋此礦務章程亦係膠約所出，總理衙門光緒二十五年四月初二日來文內所允准者，係中國國家因德在津鎮鐵路一役，顧全睦誼，體查情形，和衷辦理。中國願答以感謝之心，應請將前因轉知中興公司，以免後生枝節等因前來。查山東嶧縣煤礦前於光緒六七年間，經北洋大臣奏准設立煤礦局，派員開採，嗣因貲本不敷，由張道蓮芬與德璀琳集股合辦，於二十五年冬間，復經奏准有案。至《山東礦務公司章程》，係在二十六年春間議定，該章程第十七款載有凡經華人已開之礦，准其辦理等語。嶧縣煤礦設立華德公司，時日尚在礦務公司訂章以前，核與礦務公司章程第十七款所載，並無不符，應仍准其辦理。相應照復貴大臣查照可也。

五月二十九日，德國繙譯夏禮輔函稱：張蓮芬與德璀琳設立山東嶧縣中興煤礦公司一節，經本署穆大臣於本月二十三日照會貴部。查文內有光緒二十五年四月初二日總理衙門照會原任欽差克大臣文內載明等語，原係前任海大臣，一時筆誤書寫原任克大臣，合行更正。即請貴丞將原任改爲前任，克大臣改爲海大臣，並祈轉禀貴堂是荷。費神容謝，此懇。順頌日祉。

六月初一日，行路礦總局文稱：光緒二十八年五月二十三日，准德國穆使照稱山東嶧縣煤礦一事，業經本部照復在案。相應抄録來往照會，咨行貴局查照可也。

又附録《大事年表》〔光緒二十八年壬寅〕四月初六日，路礦大臣張翼札飭張鳳起，延師前往井陘縣横西村，查勘煤礦。

〔宣統元年己酉〕三月，華商探勘山東寧陽縣東西瓷窑煤礦。

〔宣統三年辛亥〕五月，法商高路沙禀請東督錫良、吉撫陳昭常，給發前往吉林蜂蜜山探勘煤礦執照。

又《奉天礦務·奉天中俄礦務交涉》外務部收增祺、玉恒信《道勝銀行請辦懿路煤礦已從權派員與該行礦師先行踏勘》光緒二十九年三月初七日，收盛京將軍增祺、奉天府尹玉恒信稱：中堂王爺大人鈞鑒：敬肅者：查前年鐵路公司總辦吉利時滿，曾以吉林開辦煤礦草合同，請爲仿辦，因其堅迫異常，不得已奏奉諭旨，飭由貴部覆議。尚未接奉議覆間，又准鐵路公司全權代辦達聶爾送來黑龍江所訂現時合同一件，嗣奉貴部將仿照吉林草合同議駁。因思達聶爾續送黑龍江合同，與吉林事同一律，未便再行咨請。然彼族終不釋然，自是之後，屢以他處爲請情形，皆經隨時奏咨在案。去年十一月及今年正月，迭准駐奉辦理交涉事務俄員先後照會，據華俄銀行執事馬磨諾夫禀開懿路煤礦，請派員帶同銀行礦師，前往該處查驗，并請轉咨中國政府允將該處煤礦歸該銀行承辦。聲明該銀行開辦煤礦，允照中國政府所訂章程辦理。正在查核間，茲又准達聶爾函稱：瓦房甸、煙台兩處煤礦，煤質不佳，請開懿路煤礦，以應鐵路要需。並會同道勝銀行馬磨諾夫照會請將懿路地方採勘煤苗，開挖煤礦，允准道勝銀行前往辦理。作出之煤，專供東省鐵路之用各等因。查煤爲鐵路要需，所請核與鐵路章程原有准公司開採煤觔，及前次貴部議覆俄監工請訂煤礦各摺內，飭令

酌照德國在山東造路章程，開採煤礦，以附近三十里爲限，事類相同。而懿路地方又距鐵路不過十里，當此撤兵之際，未便概行禁阻，致生枝節。且彼既聲明允照中國礦章辦理，將來一切稽徵課稅等事，較之專歸鐵路，輕重尚有區別，是以不能不從權派員同該銀行礦師前往先行踊勘，惟必須與龍脈無礙，方能開採，以昭慎重。一俟指定處所，並照礦章妥擬到日，再行咨請核覆，以便遵辦。除分別照覆並咨呈外，肅此縷陳，敬請鈞安，諸維重鑒。增祺、玉恒謹肅。

光緒三十一年八月二十日，收英國公使薩文稱：接准福公司總董哲美森稟稱：晉省平定州平潭地方，距州城西北二十華里左右，有孫汝陽暨正太鐵路朱委員並該處不知姓名紳士等現開煤礦。煤井已挖深四丈，工作正殷。此事有違本公司合同明文，請爲核辦前來。本大臣查按照光緒二十四年四月初二日畫定之合同章程，第一條允福公司專辦平定等府煤礦；而十六條所准，惟指當時民人已開之礦而已。是以孫汝陽暨朱委員等所爲，明與該合同相悖。合請貴政府轉咨晉撫，飭即停工，並將此等違背合同之舉，一律禁止。是爲切要。

《山西礦務・福公司山西礦務案》外務部收英使薩道義函《福公司礦師赴晉查勘煤礦無庸前往省城》 光緒三十一年八月二十一日，收英國公使薩道義函稱：福公司派礦師前往山西開礦一事，本月十一日接准來函，以准晉撫復稱，該礦師等僅執游歷護照，並未接有查勘礦務專函，福公司新訂合同，山西既有合辦之議，自應先到省城，安商辦法等因。本大臣查僅執游歷護照一節，該礦師等此次前往晉省之意，曾於本年三月十三日函內叙及，是月十五日貴部復函，亦將此意認明。故所執護照如何，論具文雖屬要事，而論寔在似無關係。至合辦一節，正於鐵礦而已。該礦師等此次僅查煤礦，本照晉省合同第一款，將所擬開礦之處繪圖，以便呈請撫憲發照開工。新訂合同合辦之舉，既未言及煤礦，該礦師等即可無庸前往省城。嗣後該公司於承辦鐵礦之時，必當遵照新訂合同辦理。此復。

《史記》卷二七《天官書》 故北夷之氣如羣畜穹閭，南夷之氣類舟船幡旗。大小處，敗軍場，破國之虛，下有積錢，金寶之上，皆有氣，不可不察。海旁蜄氣象樓臺；廣野氣成宮闕然。雲氣各象其山川人民所聚積。

《南史》卷六六《周文育傳》 初文育之據三陂，有流星墜地，其聲如雷，地陷方一丈，中有碎炭數斗。又軍市中忽聞小兒啼，一市並驚，聽之在土下，軍人掘焉，得棺，長三尺，文育惡之。俄而迪敗，文育見殺。天嘉二年，有詔配享武帝廟庭。子寶安嗣。

蘇軾《東坡志林》卷六 不生草木者，多產金、錫、珠貝，亦此理也。

王應麟《玉海》卷一八六 伊尹善通移輕重、開闔決塞、通於高下徐疾之筴，坐起之費時也。公曰：「請問天財所出，地利所在？」曰：「山上有赭者，其下有鐵。上有鉛者，其下有銀。」一曰：「上有鉛者，其下有鉒銀。上有丹沙者，其下有鉒金。上有慈石者，其下有銅、金，此山之見榮者也。」

盛宣懷《愚齋存稿》卷五八《電報三五・寄長沙俞廉帥》 〔光緒二十八年〕九月初五日，艷電示賀已懲辦，可謂神速，徧告中外，無不欽佩。前案弟本密託馬凱致意英廷，今亦函告，使其折服，則諸事易辦，蔣少穆持示湘礦奏稟，藉杜覬覦。近見亨達利等開設武昌礦務公司股章内稱，承辦湖南及鄰近各省之礦共七十一處，均由湖南官長批准等語，似與尊疏不符。弟想開礦資本急則難籌，緩則不及，當以勘礦爲先。現已自聘英國頭等地學礦師擬訪擇佳礦，帶領勘度，繪圖立說，先將礦地購買歸入中國公司，權力方能自我而操。蔣道面呈長、岳兩屬礦地清單，擬飭該礦師就赴萍鄉之便，往勘購地歸公，以争先著。如公以爲然，乞電示，再與蔣道商辦。

又《俞中丞來電》 九月初七日，日前礦局得蔣少穆儉電，知承公商請，英國礦師來湘便道勘長、岳兩屬礦山，甚荷。已檄飭保護，並派員導引矣。購地歸公，最爲要著。正擬徧勘，擇尤辦理。卓見既屬相同，祈與蔣道先行酌商，俟其回湘再與諸紳會議妥辦。至亨達利一節，該行承銷湘省礦砂已歷數年，噸數均有限制，並無許其辦礦之事。所稱批准承辦，或有華商朦稟，意存影射，亦未可知，尚當設法挽救，藎慮所及，仍乞以時惠示爲盼。

又《周玉帥來電》 九月十五日，勘礦事早應辦，公創此舉，願力甚宏，感佩，謹遵命附末，望寄章程。山東礦產除德人佔煙台、諸城、沂州、沂水、濰縣五處外，可採處尚多，附鐵路旁半里，華人仍可開採。現擬派羅惺臣等通查，酌買地段，擇要試採，恨力薄難大舉。淄川鉛苗不旺，且在路旁半里外。

又《寄周玉帥》 九月十七日，德華礦股權已旁落，華商略附無甚益處，趕緊自購礦地，保守主權，誠如公論，早定爲妙。容將奏稟咨商，請先密飭各屬，查明產礦之地登記，如須公司派礦師來勘，請先開單密示地名，再容會商派員導引。傳聞淄川、博山各礦德人已用華人名買地不少，祈再密查。

又《俞中丞來電》 九月十七日，據總辦湘礦局司道呈，湘省商辦各礦一經

稟定，照章應給局帖，別無執照。惟領帖之後三箇月未經開辦，除將局帖追還外，仍查訊原稟商人有無藉帖誆騙情事，分別究辦。條載帖内，近數年來各處商民稟領局帖有三十餘起，概因逾限未經開辦，已由礦局飭縣追繳，如未繳到，一律作廢，通行在案。近據阜湘、沅豐兩公司紳董疊次函電，聞有等奸商執持廢帖前往滬漢一帶任意誆騙，若不剴切示諭，必有中外商人被其欺哄。相應咨請出示曉諭，並照會各國領事，如有内地商人持湘省礦局廢帖欺騙洋商，即時斥退並告知中國地方官拏獲，照例嚴究。現在湘省礦山奏定設立阜湘、沅豐兩總公司，公舉紳董承辦，頗有關防。全省礦産凡屬未經開採者，概歸兩總公司經理，如有各省官商願附股分，務須認明，以昭慎重，並請聲明，庶免外商誤受欺騙。盼切施行。

《許文肅公遺稿》卷一二附録《譯俄人康穆才甫斯基游記》〔一千八百〕八十九年，光緒十五年。奉地理會之命，由鄂什取道帕米爾，訪察喀費爾依斯坦，阿富汗屬地。如不果，則訪察喇斯庫穆葉爾羌南境地。及西藏一帶。

代那撰瑪高温口譯華蘅芳筆述《金石識别》卷六《礦金類·總論》 金有生成自然者，有與他物相連者。尋常之礦金，每與養氣合，或與硫磺合，或與砒合，或與炭酸合，或與夕里開合。假如養氣鐵礦、炭酸鐵礦，此兩種礦，可鍊得鐵。硫磺鉛礦，可鍊得鉛。砒酸苦抱爾礦，可鍊得苦抱爾及砒霜。

只有幾種金在石中遇其有生成自然者。其自然者，或爲純金，或爲數金和合。假如黄金與銀和合爲一礦，則金、銀皆爲自然。有時金與他物化合，不算自然。如砒或脱羅里恩與别金合，則不能謂之自然，因金已變形故也。然則所謂生成自然之金，無論一金或多金合，必仍爲金形，不改其情性狀貌者，方得謂之自然。

金之生成自然者，如黄金、白金、鈀留底恩、衣日地恩、日和地恩，此五種金，常遇其自然者，不恒見其變形者。尋常所用之别斯末斯，亦從生成自然之别斯末斯礦取得。

又如銀礦、水銀礦、銅礦有時亦常遇其生成自然者，然取之不必專在自然之礦，因其非自然之礦，亦可鍊得故也。有别種金，常見其變形，而罕見自然者，如白鉛是也。鐵礦除隕星石之外，亦罕遇其生成自然者。凡石中有自然之鐵者，其石皆非本地球之物。

礦金屢有變形者，或本金與他金化合，或金與土石化合，假如鐵每與土相連，或與夕里開相連，人不看慣不知其是鐵礦。有時礦内有燐，或砒，或硫磺與鐵相連，則分鍊之難净，有不屑取者。

有時礦中有數種礦未曾十分相連，則於石中各成塊，取時可分别之。如白鉛礦與鉛礦每每如此。又苦抱爾與臬客爾，鐵與孟葛尼斯，銀與鉛與銅，苦抱爾與安的摩尼，白金與衣日地恩、鈀留底恩、日和地恩亦然。

凡礦金之形有四種：

一、藏及疊層恒在兩石層之夾縫間，如數種鐵礦。

二、撒星形或細粒，或粗顆，或結成大塊，散開在石中，不相連屬，如硫磺、鐵礦、硃砂、水銀礦及數種泥鐵礦。

三、筋脈交錯，如錫鉛、銅礦，及各金之礦，皆有此形。

四、賽真脈，於他石之相近巴弗里脱拉潑處，如花旗之銅礦是也。

火山石中，屢見其有自然之金，其金爲撒星形。

凡有金之石，其石西名謂之呆吒。呆吒者，專指石言之，亦專指有金之石言之。譬之於玉，則金爲玉，而呆吒爲其璞。譬之於瓜，則金爲子，而呆吒爲其瓤。譬之於身，則金爲血脈精液，而呆吒爲毛骨皮肉。故有有呆吒而無金之處，未有有金而無呆吒者也。

凡金在呆吒中，分出之，其呆吒多過於金。

金在呆吒中，或斷或續，如於呆吒中得金，踪迹之，忽無金而祗有呆吒，則過一段，可又有金。

石之爲呆吒者，如科子、丐而刻斯罷、合肥斯罷，此數種石常爲礦金之呆吒。如夫羅而斯罷，亦間爲礦金之呆吒。

如丐而刻斯罷，爲花旗鉛礦之呆吒。又合肥斯罷，亦爲鉛礦之呆吒。英吉利鉛礦之呆吒，爲夫羅而斯罷。

又卷八《論用溼法試驗礦石》 凡用溼法試驗礦石，先磨成細粉，後用流質消化之。其流質平常用一種强水，或數種强水消化之，後另加一種試藥，看其如何變化，從此可知其含一種，抑含數種金類。設疑其礦含硫或鉮，或容易化散之質，即如鐵硫礦、銅硫礦、鉛硫礦等。最好之法，將其料先磨成細粉，後來煆之，燒去其硫磺等質，則所餘下之金類，合養氣質，更易查驗。但有數種礦，不能在强水内消化者，如筆鉛，或銀珠，或含養氣，或绿色，或磺强水，或矽養之質皆是。可於每一分中，配鈉養炭養四分，放在鍋等器具内消化之，則所餘下之質爲金

類，能爲鹽强水所消化。但以上所説之法，惟考究詳細者能用之。

礦師大半以吹火筒之法，分別金類礦，此法已於第三卷内詳細言之，但另欲考究用藥水等溼法，分辨其礦，所含之質。如化分金類平常之礦，所需之器具無多，大畧預備鹽强水、硝强水、礦强水三種，並鉀養、與淡輕養、與錫緑、試驗黄金所用。與紅銅、與鋅、與玻璨試管、與瓷鍋等，間有預備檸檬酸並鐵養硫養。但用溼法試驗，頗多不便之處，因各種强水艱於運動，如必欲運之，則可預備堅固玻璨瓶，而瓶口又須用最準之玻璨塞，將其瓶裝在堅固木箱内，則可以運諸遠處，不致損壞。

其礦先磨成細粉，用鹽强水消化之，如含硫礦，或鉮，或産金類，則用硝强水消化之，可免煅工。其粉已消化之後，則應加相宜之試水。

其法將此細粉稍些，放在試管内，或別種器具，如瓷盆等，先加水稍些，後倒硝强水於上，用酒燈火加熱片刻。

其明水謂之原水，如試管底有未消化之質，須濾出其定質，或將其明水倒入別種試管内。

試驗明水之法，先加鹽强水稍些，如有質結成，則必爲鉛緑，或銀緑，或汞緑，必將其流質倒出，又於定質上倒以淡輕養水，而摇動其試管。平時變化之法有三：第一，如全消化，則疑爲銀緑，另用法作爲憑據。其法在原水内加以鉀養，則結成棕色質爲憑據。第二，如變黑色，則疑爲汞緑，可另用法作爲憑據。其法在原水内加以鉀養，則結成黑色質爲憑據。又如將乾净紅銅，放在水内，則變爲白色如銀。第三，如不改變，疑爲鉛緑，可另用法爲憑據。其法在原水内加以硫養水調之，如結成白色之質，則爲鉛養硫養，沉於管底爲憑據。

假如原水内添以鹽强水，而無結成，則必另用他法。即如通以輕硫氣，苟有結成質者，必細觀其顔色，如爲黑色，則疑含汞，或鉛，或鉍，或鉑，或錫，或黄金，或紅銅；如爲黄色，則疑含錫，或銻，或鉮，或鎘。設無結成質者，則必加以他種試藥，分別其含鐵，或鋅，或錳，或紅銅，或鎳，或鈷等。又有法將其礦粉合於鈉養硫養而鎔化之後，其質變黑色，則知其含鉍，或鈷，或紅銅，或金，或鐵，或鉛，或汞，或鎳，或鉑，或銀，或鈾；又如變白色，則含鋅；如變紅色，則含銻；如變緑色，則含鎘或錳，又如變棕色，則含錫，或鉬。

凡礦師最簡便之法，以其原水分若干分，將各分逐一試之如下：

將原水各分合於下表内所定之試藥，但如含銻，則原水内加輕緑稍些，再將鋅一條，放在其内，則結成黑色之質如炱，爲含銻之證。

如欲試驗礦内含黄金與否，其礦粉必先用合强水消化之，而配合强水之法，用鹽强水四分，硝强水一分，再加錫緑水。即如含黄金微迹，必結成紫色之質爲憑據。如其水變爲光紅色，則含鉑。又在原水内添以鐵養硫養，代錫緑，則其黄金結成棕色之粉。

以常法而言，則試驗礦内所含之金類，用吹火筒爲最簡便之法，間有用之，而不便者，即如含數種金類，則吹火筒難以分別，所以用溼法添各種試水，爲最便當。

常有礦類遇見强水，則其變化顯出，含矽養，或炭養等質，如或含矽養，則發膠形之稠質；如含炭養，則成氣泡發滾；如放淡養等霧，則疑含紅銅，或銅硫，或別種金類質，而不含合養氣質。【略】

將磨光之刀刃放入水内，而水已加以輕緑至有餘。則刀刃面鍍銅一層，爲含銅之憑據。如結成白色質，則知其含鉍，或汞。如加以淡輕緑，令其結成質消化，再將磨光紅銅一塊，放入其内加熱令沸，在紅銅面鍍成一層白色之質如銀，則爲含汞之憑據，如結成紅棕色質，則知其含鐵養。

第三，加以鉀養水，至有餘，如結成藍色質，則爲含鈷之憑據。如結成淡緑色質，則爲含鎳之證。如結成白色質，在空氣内摇動之，即變爲棕色，則必含錳。如結成棕色，或緑色質，而緑色質遇見空氣即變棕色，則含鐵。又如結成白色質，則爲含鋅之證。又如結成黄色質，則爲含汞之證。【略】

試驗黄金。將礦半兩磨合成細粉，鹽强水四分，硝强水一分，共二兩，倒入化盆等器内，消化之後，倒出清水，而熬干之。當熬之時，屢次添鹽强水少些，再將鐵養硫養水添入。前金水兩種，水必先加熱，而後相合，則黄金成棕色之粉。令其水濾清，即將其定質烘乾而稱之。

又《用機器試驗礦法》 其法先將礦軋碎，再用水冲之，所有冲法，令其水在斜擺之大木槽内流下，而礦粉放在槽之上端，隨水流下。遇見槽底所釘之小横板一副，則礦粉之重粒落在横板上，可以取出。又可用牛馬等毛皮，釘在槽之上端，收其礦粉最重之礦點。近來用此法試驗其鐵礦另有更妙之法，令其礦粉行過大吸鐵器之面，則礦粉内之鐵質爲吸鐵器所收，而其泥土與磨粉之石散去。如黄金礦用水盆分出其黄金之法，已於第五卷内詳細言之。

又《原水内加試水表》 第一，加以淡礦强水，如結成白色質則爲含鉛之

憑據。

第二，加以淡輕養，至有餘，如顯出藍色，則知其含銅，或鎳養，與紅銅極細之點。此法係舊金山試驗礦學家夕司各得者告余，已不知其果好與否，且其料價值極貴。余想若用紅銅合青礬等料成膏，亦當同工，其價可比前法較廉。

又卷九《論用溼法試驗礦石》 做骨灰鍋之法。所用骨灰，如能得羊骨，或馬骨最佳。不可磨過細之粉，又不可成過麤之屑。每骨灰一磅，合於水一兩，調和成膠，則壓之能黏連，但以手磨之，不可黏於手指上。將金類圓板，如錢枚等物，放在模底，再加以骨灰鋪滿模子，後將其特設之凸面錘子，放在其上。另用木錘或别種錘重擊一次，後將手指通入模底，空處舉起，則其鍋能推出模外。

又《論試驗礦含金類數目之法》 凡欲求礦含金類之數，其法有二：

其一，謂之乾法，將其磨粉之礦，或合於配料鎔化之，或亦可獨自鎔化也。

其二，謂之溼法，即用流質消化其礦。

所有溼法中要緊者，將其礦在强水内消化，再加以試藥，令其結而成質，可從所結成之質，能辨其含何種金類。

用溼法試驗銅、鐵、鋅、銀等於原水内，所添之試藥，其濃淡有一定者。又從量杯倒出，看其顏色，已竟變成，則量杯中倒出，試水若干，能推算其礦含金類若干，此謂細法。如礦師不便用細法，可擇其簡者用之，雖所得之數，或未能全然作爲平常化分礦求數之用。

又有簡法，如分黄金所用者，即將含黄金之土，或磨碎之石，放於大盆内，久冲水洗去其泥土等質，如有黄金，必沉至盆底，可用目分别其黄色之光點。此爲開黄金處常用之麤法。見第五卷内詳細言之。

凡用乾法，必預備瓷鍋，或瓦鍋，能耐大熱者，不至有壞。其礦磨成粉，合於配料，或不合於配料，置於鍋内，放在爐中加熱，其熱度必配礦之性情。

所有常用之配料各種，開列如左：

鈉養炭養，或鉀養炭養，此質可與矽養等質相合，能成鎔化之質。

硼砂與石灰，或鐵養等質相合，能成鎔化之質。

玻璨與矽養與鈣弗石，與蜜陀僧等。

收養氣之質，如木炭粉與鉀衰等。

放養氣之質，如空氣在煅工内，能去硫磺等質；又硝，能多放養氣，又蜜陀僧與食鹽等。

類及黄金、錫等，從更輕之料，用水漂之，則不必磨成極細之粉。如無篩子，可用平常之細羅，將磨粉之礦放在羅面，弔其四角，輕輕摇動。待細粉過羅之後，仍放在杵鉢内，調數次，令其輕重各點調匀，後將其鉢忽然顛倒，在光滑紙面，用鋼刀或象牙刀輕調之。如料太多，可分爲若干份，取一份或數份作化分求數之用。再將其礦用細天平，稱其分量，一一記録，以便預備煅鍊。如欲分出金或銀，則所得金、銀之粒最小者，必用極細天平稱之。宜先仔細推算，應用礦若干，照此數預備其礦粉。迨分出金類小粒之後，詳細權其分量，則能推算其礦，每一噸能出金類若干。如平常之金類，或鉛等，將所得小粒之重，以礦之重約之，再以一百乘之，則得其礦每百分含金類之數。

如英國稱金、銀、鉑等，則用特設之寶物權，至若賤金類，則用平常市權。如法國所用之碼子，最爲便當，因以十進位，此法見於附卷各表中。

凡稱寶貝金類小粒，尤宜謹慎，斷不可用此細天平。稱其麤料及配料與礦等，因各麤料，應用更麤之天平，而細天平必先學其法，方可用之。此細天平，存在玻璨箱内，不用之時，其玻璨門必關閉，斷不可有强水等霧，通入其内，否則易壞。最好之法，用噸之小分數稱礦，嗣用法國稱法，容易知每礦一噸，所含寶貝金類之兩數。

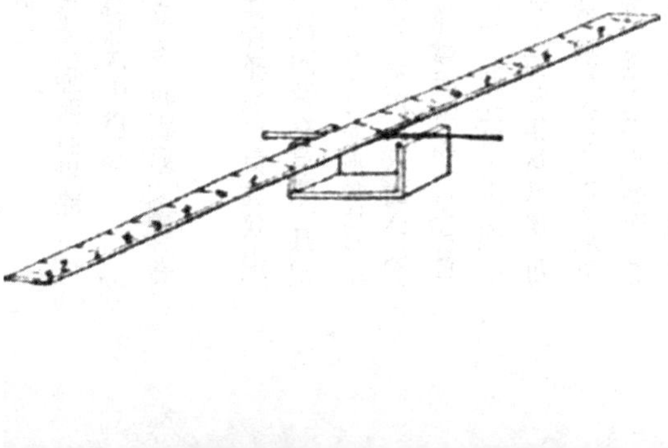

如試驗金類所用之噸，小分數不過重二九・一六六六格，即二九一六六六千分格。

如試驗礦之一噸，得寶貝金類一千分格，則每礦一噸含寶物稱之重一兩。又試驗寶礦所用之噸數十分之一，爲最便當之數目，因所得之寶金類一粒，重得天干分格，則每礦一噸含寶金粒重十天兩。

假如礦師無合式之天平，則有簡法代之。如第四十二圖，以松木條長一尺，至十五寸，寬三分寸之一，用火漆在木條之中間，橫連細鍼，如天平之刀。再用馬口鐵或銅皮一條長一寸，寬半寸，兩端爲摺邊，各高四分寸之一，如本圖。再將其木條置在摺邊上，如本圖。倘

第四十二圖

兩邊不平，則從重邊，以刀刮去木料稍些，至兩邊相平爲止。再將木條面分爲二十等分，即左右各十分，而以一二三等數目記之，令其兩箇一近於當中，兩箇十近於兩端。用此簡便天平之法，其碼有三，開列如下：

第一碼，爲一釐重。創此碼之法，可先將一細天平用小銅絲割去一小塊，而稱之，得一釐正。爲將來作木條簡便天平之用。有此一小碼，則其餘兩小碼，可任意爲之。

第二碼，爲十分釐之一。其法將一釐之碼，放在木條天平之第一分上，再將更小之銅絲一小塊，兩端彎之，置於木條對邊之十分數處，而漸漸割去若干，至天平兩邊相平爲止。則所餘銅絲條，爲重十分釐之一。

第三碼，爲一百分釐之一。其法將以上所成十分釐之一碼子，放於木條之一分上，再將細棉線等最輕之物，置諸相對之十分數處。將其棉線等料漸漸收小，至兩邊相平爲止。則所餘棉線，爲重一百分釐之一。

用以上木條天平，稱寶金類一小粒。其法將小粒放在十分數處，以一粒之碼子放在相對十分數處。如兩邊相平，則其粒重一釐，但如銅絲碼子太重，必移動向桿之中一分，或若干分。至少輕於寶金類之粒爲止。再將十分釐之一碼子，置在桿之端，漸漸向中而移動之。至少輕於寶金類之粒爲止，再用百分釐之一碼子，以同法爲之。

假如一釐碼子，在八分處，而十分釐之碼，在七分處，而百分釐之碼，在三分處，則知寶金類粒，重八七三釐，即十分釐之八而有餘。所以用比例之法容易推算其礦每重一噸，含寶金類若干。

假如礦若干重，産黄金十分釐之八，欲求其礦一噸含金若干釐，必以前法推算，然後知其礦重一噸，所有寶貝，稱之得三萬二千六百六十六兩。凡測礦者，從此可以推類。

用乾法試驗礦内含金與銀之數目：

凡用乾法試驗金、銀，則必先用煅法，或在鍋内鎔化之後，令其與鉛相合，再將所成之鉛塊，在燒殼内分出其金與銀。其燒殼内所用之鍋，以骨灰爲之，則其鉛必變爲鉛養，即行散開，而鍋内所成之金、銀，爲光亮球形之粒。

如乾法煉金類之全具，可向專售化學器店内購之，故此書不必詳述。惟移動之鍋爐，用燒殼與骨灰鍋，有特設之法，便於山中查金類礦之用。最要緊之器具材料，開列如左：

天平，碼子，全副，係稱礦與金類之小粒。燒殼，兩三箇。瓷鍋，瓦鍋，骨灰鍋，模子，係瓷瓦骨灰三鍋所用者。鉗子，亦係瓷瓦骨灰等鍋需用。鐵桿，係挑火所用者。刮器。鐵杵鉢，或用鐵板與研器代之。篩子，每長一寸有八十孔。鋼刀，錘，骨灰，係用以成鍋者。密陀僧，硼砂，鈉養，炭養，鐵釘，硝，枯煤，木炭，玻瓈試管，各種强水，毛刷。用以拭光金銀之小粒者。

爐子生火之法，先將乾小樹枝與紙或木花，及小木柴，置於爐内，其上放最大之木塊，圍住燒殼之外面，再放木炭或枯煤，或白煤塊子，大如雞蛋，關閉燒殼門，與爐子門，如用瓦鍋法，待若干時，得極大之熱度。

如金、銀各礦，含金、銀少者，用瓷鍋甚便，因其所能裝之礦，較瓦鍋更多，然平常之礦，常用瓦鍋之法。

用瓦鍋試驗金銀之礦。將礦之細粉五十釐，成粒之鉛五百釐至一千釐，硼砂五釐爲一服，先將鉛粒之一半，合於礦粉，放在瓦鍋内，再將其餘一半匀鋪於上，再鋪硼砂在外面，放在燒殼内，關閉其門。待全鎔化後，開門幾分，而加熱，至面上有密陀僧顯出，約費時刻半點鐘後，用鉗子取出其鍋，將鍋内之料，倒入鐵杯，或模子中。待冷時，將其鉛粒從渣滓分出，再用錘敲去其異質，後打成立方形，則預備用骨灰鍋之法。

用瓷鍋鎔化之法。如用瓷鍋之法，則配料之方，最便當者如下：

如其礦大半爲石質，將一百釐至五百釐，磨成細粉，再加紅鉛粉五百釐，木炭粉二十釐至二十五釐，鈉養炭養、合硼砂五百釐，各料合匀。如礦含石英甚旺，則配鈉養炭養愈多。又如含鐵等金類多者，則配硼砂亦重。其合料先放在鍋内，將硼砂稍些放於面上，其鍋必在爐内，漸漸加大熱，至其料全鎔化，共費二十分時刻。後用鉗子取出，倒入鐵模内，待冷時，將鉛粒與渣滓分出，敲去其異質，打成立方形，則預備用骨灰鍋之法。

如礦内含銅，或含硫礦多者，必將礦若干分，詳細稱其分量而煅之。再配礦一百釐至五百釐，紅鉛粉一千釐，木炭粉三十五釐，鈉養炭養二百釐至三千釐，硼砂一百五十釐至三百釐，各料合匀，照前法爲之。

以上瓦鍋之法，所用之鉛料，宜先試驗含銀與否，因平常之鉛含銀若干分，其多寡不等。所用鉛粒之分數，必依礦性配之，如欲得畧净之鉛，將密陀僧或紅鉛粉二十分，合於木炭一分，加熱，但此法所得之净鉛，亦應試驗其含銀與否。其平常配鉛粒如下：

含石英之礦，配鉛粒八分，硼砂四分分之一至一分。

含鉛硫之礦，配鉛粒六分，硼砂七分分之一。

含鉀或銻或鐵或銅合硫之礦，配鉛粒十分至十六分，硼砂十分分之一至五分分之一。

用骨灰鍋之法。其燒殼加熱時，將空骨灰鍋，放在其內。此鍋之做法，下有一款特言之。至於爐子所需之熱度，待顯櫻桃紅色，則用鉗子輕將所成之鉛粒，放在骨灰鍋之凹內，以燒殼門關閉。至鎔化鉛料之熱度，與燒殼之熱度相同，燒殼門邊，或有裂縫，便於看見燒殼內之鍋與料。如熱度太小，則所發之霧，起至燒殼之頂上。如過於熱，則其霧幾不上升，而鍋之形難於分辨。如見燒殼內之熱度太小，必將木炭一塊，放在燒殼內，加其熱度，而爐火應挑之至鍋，得所需之熱度，則骨灰鍋所發之霧，應高至燒殼之半，而骨灰鍋應爲紅色。即鍋內之金類亦發大亮，鎔化之質，應有四面運動之形。又看鎔化金類之面，漸漸變爲凸形，至末不過有金類一小點發光如鏡，或爲金，或爲銀，或爲金銀，兩者相合。嗣後用鉗子將骨灰鍋輕移至燒殼之門，以免金類自行噴出，如骨灰鍋忽然遇見冷氣，則往往有此弊病。所得之小粒，應爲圓形，其下稍有成顆粒之狀，容易從骨灰鍋分出其小粒，先用刷子擦净，後用硝强水試之。如含銀，必爲硝强水消化，所餘之黑色粉，即黄金粉。再稱其黄金粉，與金粒之重數相較，所得之餘數爲銀數。分出銀之法。將所得金類小粒，置於玻璨試管內，每重一分，配淡硝强水十分，加熱令沸，畧一刻之久，則銀全行消化，而所餘者爲黄金。將其流質倒出，再以净硝强水稍些，倒在金粉上，如有未消化之餘銀，必全行消化。此流質亦倒出之後，將黄金洗净烘乾，看其粒子成色，如含黄金甚多，則先加銀稍些，與其本質相合，後用硝强水，可全消化其銀，因銀數不到金數三倍之重，則其分銀之功不全。

如骨灰鍋有染各顔色之痕迹，必詳細分驗之，能知爲何種金類之憑據。

如含銻，則骨灰之顔色淡黄，或櫻紅，間有令骨灰鍋破裂。

如含鉀，則得白色或淡黄色之痕迹。

如含鈷，則骨灰之顔色甚緑，而染緑色之痕迹。

如含紅銅，得顔色或緑，或灰，或深紅，或櫻。

如含鐵，得顔色爲深紅櫻。

如含鉛，得顔色如稻草色，或橘皮色。

如含錳，則染痕迹爲深藍黑。

如含鎳，則痕迹帶緑色，或深緑色。

如含鈀與鉑，則染緑色痕迹，所得之粒子多顯出顆粒形。

如含錫，則得灰色，而燒殼內得霧上升，至燒殼之頂上。

如含鋅，則骨灰鍋變黄色，而爲鋅所鏽。

做骨灰鍋之法。所用骨灰，如能得羊骨或馬骨最佳，不可磨過細之粉，又不可成過麤之屑。每骨灰一磅，合於水一兩，調和成膠，則壓之能黏連，但以手磨之，不可黏於手指上。將金類圓板，如錢枚等物，放在模底，再加以骨灰鋪滿模子，後將其特設之凸面錘子，放在其上。另用木錘或別種錘重擊一次，後將手指通入模底空處舉起，則其鍋能推出模外。

試驗別種金類。在金銀之外，平常鉛礦爲鉛硫，如欲求鉛數，其法將礦磨成細粉，每礦一分配鈉養炭養重兩三倍，放於鍋內，再將中等鐵釘三條置於料之面上，或欲收硫礦，再用鹽或硼砂一層蓋在其上。

可用燒鍋，或用燒殼爐，或用別種爐燒之。

其鍋盛礦與配料畧滿三分之二，先加熱至紅，後漸漸加熱，畧二十分至二十五分，即至燒成爲度。

將鍋內之料倒入模內，待冷時，將鉛粒與渣滓分出。再將鉛粒之重，與所試礦之重約之，將約得數以一百乘之，則所得者，爲礦一百分所含金類之分數。

鉛硫礦，常含銀稍些，其多寡不等。故所得之鉛粒，應用骨灰鍋試其含銀若干。但骨灰鍋所能收之鉛，與其鍋之本重畧相等，所以鉛粒欲分兩分或多分，而各分另配骨灰鍋試之。

試驗鉛硫含鉛之麤法，將其礦磨成粉，不合配料，置於鐵盆內，用鐵匠之爐加熱，則鉛能化出。

試驗銅礦。用鍋試驗銅礦提净在後，必操練已久，方能得法。所以銅礦用溼法，試其所含之紅銅爲最佳。

試驗錫礦。如錫礦含錫少者，須用法令其爲濃，即礦內必分出所含之土石等異質。內含鐵硫或銅硫礦，則必煅之，或用强水分出之。如英國哥奴瓦地方所用之法，將礦五分，合於白煤或木炭一分，在鍋內加大熱。畧二十分時候，再將其鍋內鎔化之質，倒入鐵模子內敲碎，去其渣滓，試其含錫粒與否，將所得之錫粒，與化成之錫塊相合而稱之。

又法，將礦一百釐合於鉀衰六百釐，加大熱，畧二十分時候，待至冷時，敲

碎，去其渣滓，而取其各錫粒權之。

試驗汞礦。見第五卷所載錬汞礦各法。

試驗銻礦。凡礦含銻硫，並礦脈各種異質，其法將礦重畧二千釐，放在鍋內，將鍋底鑽孔，其孔大半用木炭小塊塞之。將此鍋之底通入第二鍋口內，畧有二分之一，用泥封其兩鍋相接之處。又鍋之蓋子，用火泥與沙封密，或用磨碎火甎合於新鮮火泥封之亦可。將下鍋置於爐册之下，而上鍋必出在爐册之上，則加熱若干時，其銻硫熱至紅，必鎔化而在下鍋齊聚，其石英等土石質必存在上鍋以上全功，不過費時刻，約一點鐘半之久。

凡淨銻硫，每百分含銻七十分，稍有餘。

安德孫撰傅蘭雅、潘松譯《求礦指南》卷一《論查地面形勢求礦》 凡遇新地面，欲考其産礦與否，則必恪遵成法，詳細查河底之沙石，並舊河所留之凹處，或山谷之底面。又在海邊等處，推原其形狀，及擺列之故，因流水與流冰，能消磨大小石塊，衝至低窪之處。又因海邊常遇潮水，亦能消磨各種土石，成屑成粉。所有極重之礦，即含金類者，亦照一定之法而鋪列，如舊金山、阿里顔、牛西蘭等處是也。又求礦之人，亦應查山坡或石厓等處，及相近地面之石塊。如值河水漲大之時，所有旋渦之處，因水内所帶之重料，必於此沉下。洎水落之後，所呈凹形處，必留若干質，内亦含礦粉。又河水流過之石面，如有凹處，亦宜詳察，因間有爲水衝來之礦粉。又如積成之土質，無論爲變化而成者，或爲銷磨而後衝來者，俱可顯出其各種土石之形。所以求礦者，即在各地面上，先行諦視。

以上爲求各種礦之總説，如欲求重金類礦，亦宜用斯法。【略】

如石層中有變成金類之脈，其成法與夫根源，礦師家之意見，時有不同之處，而闡發之理已多，此書不必詳述。因一處之脈，未必與别處相同，但不無相類之處。如有地方産礦之各大脈，其方向畧相似者，即於平面以指南鍼試之。其方向畧同者，各脈亦必平行排列，雖相距頗遠，仍有平行之排列。又有開礦數處，其脈分爲原與次兩種，而兩種彼此有正角之方向。果遇此事，則兩脈之礦，或一爲上等礦，一爲下等礦，有不同類者。又凡遇真礦脈，疑其非獨成者，而在相近處，或有更好，或有更歹之礦。設有礦脈俱在一處者，則謂之礦帶。【略】

如求金者，不在水中所成之土石，可向山中之原石求之。近來所變成之石層，或在火成之石内，俱不必查考。雖有近來變成之層内，時或可以得金，抑又新金山、舊金山火成石内，有查得黄金之處。然地所産之寳金類，俱在古時之石層内，亦即在産煤之石層以下。惟有數處産鐵礦與銅礦，能在新石層内得之，則不在常法之内。【略】

凡查礦脈之人，應詳度地面之形勢，及熟悉各層土石之理。如有露出數層土石之處，或開路處，或有高厓處，或山邊有泥土落下處，或山谷邊，或沙河邊高岸，或前有河而現涸之處，或山峡等處，或爲水流，或爲大風雨所成者。所以河底與山谷内，遇見石塊，如疑原處有礦，則可以上河或上山谷求之，及未見此種石塊之處，後來直上山查其石塊從何處石層内而出，但常見山脚有泥土甚多，爲山邊所衝下。如查更高之處，則有零星大小石塊，在原石層面上蓋之，其石層並不露出也。

查礦之人詳揆地面之形勢，所有高低之處，如有零星石塊聚於此者，可以棄之不問。但如在山峡，或在深河底，或在山頂上，見有露出之石層，如不見此種憑據，再向山之高巔而走。如所見之石塊甚少，則礦之有無，易於查驗。其身邊帶月牙鏟，不必即刻動手，開地面碎石之厚層，假如厚十尺至二十尺之處，但必詳查山邊所有之碎石。因碎石爲礦邊所出，可爲憑據，以顯明地内之有礦。又在山邊所見之碎石塊，散在地面，爲風雨變化，其大而少者，爲近於礦脈，小而少者，離礦脈較遠。又必查碎石在山邊，到何處爲止，則以上自然無此礦石。所以已得憑據之後，可開十尺深之井，求其礦脈，或在山邊，平開一洞而求之。但開井或開洞以前，必詳細考核，所遇碎石塊，擺列地面之斜度，乃知原石或在脚下，或在右邊，或在左邊，如此大可省力。常有造次求礦，不明此理，以爲地面所有零碎石塊之處，則礦脈必在其下，其實必離此數十尺，或在相近處之山峯。

查地面所有零碎之石塊，在熟手者，必能揣測地下礦脈之性。因礦石塊從原處落下之時，其面上顯出金類色，但久受風雨冷熱之變化，遽改其形狀。彼粗疎者，決不能分析。所以求礦之人，上山時必周圍詳視，如見憑據，得知山中有含礦之石層，則必詳細查礦脈之痕迹。其常含礦脈之石，爲石英與鈣弗石，與鈣克司巴耳等石，但最多者爲石英，見第七卷。

鈣弗石，平常含鉛與銅脈。鈣克司巴耳石，含鉛與銀脈。但石英爲産金類礦最多之石，所以求礦之人，遇見石英宜格外詳細查之。因常見石英塊，都從本脈碎下，而有礦之痕迹。或石英塊之面，有蜂窠形者，因其金類散去之故。如石塊在山邊，久受空氣燥溼冷熱之變化，則凹中之金類質銷化，或化分而不見，蓋礦脈近於地面之處，常有此種變化之事。而石英面之蜂窠各孔，從前有金類，現

在僅留其痕迹。此説不過爲能自化分之金類，但如含金與銀，則不易化分，雖多年露出，亦不辨其顔色。其凹中有黄色斑點，可知從前有鐵，或鐵硫與黄金相合，而已經銷去，所存者爲黄金點。又各金類，與硫磺合成之脈，露出地面，歷久則變爲黑或紅，或緑，或椶色，或灰色不等，而精者能分別之。即如地面見有蜂窠形之石，其色如椶，因有鐵鏽，則疑其下有礦可開，藉得其利。若法德英等國，開礦地方，俗語有鐵帽之礦脈，爲最佳者也。【略】

如在某處遇見礦脈，報於本處之官，准其一人開採，則周圍各地方，所有大小礦脈，宜先行詳閲，恐所查者，非本處最好之脈。即多費資本而開之，其所得者，亦屬有限。而後人來此得其妙旨，就相近處開礦，反能大獲其利。【略】

礦脈内含金，或銀，或別種寶貝，未可遽視爲寶貝之礦，因常有黄金礦内，其金散成極細之粉，不能以目分別之。而面上有皮一薄層，或爲含硫磺，或含鉮等質，或爲銅養硫養，合鐵養硫養，即如牛西蘭等處所得者是也。因此故，雖化分礦時，得寶金類多，但用水銀分出，殊不合算，因水銀應該成膠而反成粉，所以其實金類不能分也。如能分者，其難處亦夥。又礦類雖含寶貝金類，但因合於他質，則其價值，亦視其錬礦之時，分出異質易難。即如礦内含銻或含鉮，則錬其礦，分出別種金類之工最難，幾致不能得利。所以開井取礦以前，宜詳細化分所得之礦樣，而成此事者，係精明化學家，必用鍋錬之。又必用骨灰杯之法，分別每礦一噸，含金或含銀若干，而不必詳細化分各金類。祇要看骨灰杯内所有之顔色，或痕迹，即知含銅，或鐵，或鉛，或銻，或鋅等質之分數。而動工之前，託化學家詳細化分其礦爲最妥。但空山曠野，或無化學家可託，即送之遠處，稍延時日，亦不妨礙。又因化分礦之事，非專門人不可，而專門人必多年學其理法，再操練數年，始充此職，所以僅閲化學書者，以爲即能做工，必有人誤。無論用鍋鎔化，或用骨灰杯等法試驗銀礦或金礦，或用藥水與分度杯化分銅、鐵、鋅等礦，必預在化學家房内爲學生，考究其各工，否則化分雖得數無差，亦不能必其礦之合錬與否。但有數種簡便之法，在洞達者，可以閲書而知。其礦中所含金類質之大畧，並其分數之多寡，亦能查而得之。如開礦之處，無論大小各事，必徧訪遠處化學家，商量其礦可開與否，大爲不便。且常有化學家，有名無實，甚至向人索賄，而貽誤不淺。又如開礦工人，常説此種礦從未見過，必定不含寶貝金類，而無庸開等語。但開礦工人，在他處雖能分別，若在新開礦之處未必遽能分之。又如專門看礦人用顯微鏡等法畧窺之，言定有否金類，亦未必可靠，因不但開礦工人易誤灰色銅礦，或光色銀礦，或粗細粒鉛硫礦等，即最精明之礦師，亦不能一望而決其含金銀若干。因金銀兩種礦常遇見之地方，難於揣測，即如墨西哥等礦是也。所以常有人將礦一看，則去之不問，後有人詳細化分，得知含金銀甚夥。反而言之，有礦師甫視礦之外形，遂定其内含金銀頗多，迨化分之，始見所含者極少，錬之亦不合算。又如含矽養，或含炭養，或含緑氣之礦質，内含別種金類者，則其價值易於誤估。【略】

即如美國哥羅拉多邦産銀緑礦不少，無人能識，後有人試驗之，大得其利。又有一處産鉛養炭養礦甚多，雖本處人亦未理會，忽有人疑此礦含鉛。化分之，則知其實在，即鉛内亦含銀若干，所以此處開礦，大有興旺。凡山中之空地，五年以内，處此者有三十餘萬人，名爲鉛鎮。又如新金山北面新加里度尼所開之鎳礦含鎳若干，或鉛錫礦含銀若干，或銅硫礦、或鐵硫礦含金若干，何能一望而知。務必詳細考究，大半恃自己之意見，而不可全憑衆説焉。【略】

如查地質之性情，或易開，或難開，因有數處泥土，軟者每開深一度，費英國金錢兩元。若極硬之處，每開深一度，費金錢二十元。或所開之礦，難於鎔化，則揀出其好質，而歹者棄之，後送至錬金類廠，或送至軋碎金類礦廠，或用水銀法之廠。又必先查錬礦之費，並各套人工，與運礦配料之費等事；并查需用之燒料，與水離本處若干遠，並其運費與所能得之數目，若干爲足用與否。如阿里蘇那邦，與新墨西哥數處，開礦脈或泥土内散開之礦粒，因爲無水，其事難成。或者尚未起開，又如礦脈，每開一噸所能錬出金類，值洋二十元，而數十里之遠，有礦脈每噸錬出金類，值洋二百元，但因運動之難處，則所開之賤礦較開貴礦更爲合算。如一處産銀礦多，而價值賤，他處有礦脈，薄如刀刃，而爲浄銀者，則賤礦頗能得利，而所開浄銀不免虧本。

又卷五《論含金類之礦》 前卷説求礦之人，半係觀其顔色光色，或劃成之痕迹，幾分能定礦之性情，分其種類，然猶有疑惑之處，必再考究。如試驗輭硬之等次，或求其重率，亦可當爲憑據，但粒小之礦，則難於求重率。所以最美善之法，用吹火筒，或用化學材料。今將要緊之礦開列如左，内言明用吹火筒，並數種藥料試驗，所顯出之性情與變化。又指明此種礦，在何地方，於何種石層内能得之。

平時言求礦之人重在求寶貝金類，如能遇見金或銀礦，則獲利最大。但求鉛礦及銅礦，不必常在河底，或在山中。求錫礦間有遇見金類，合矽養及含炭

養，與含緑氣等礦。或因分量輕，或因分量重，或因不似含金類者，一看即棄之；或因内有鐵養，致成鐵礦之形狀，亦一看即棄之，以爲甚麤之鐵礦，其實含金銀等寶。可見所遇之金類，俱欲詳細考驗，不致有誤。

此卷曾言明各種金類，與含金類礦之質，但求礦者應分别各種金類，含養氣之質爲要。又畧知含炭養氣，並含緑氣各種質，因礦脈或礦層之下，常有含硫礦在上面，已竟放硫礦而收養氣。即如深數丈之處，有銅養硫養與鐵養硫養，則地面所露出者，有鐵鏽之色，因成鐵養；又變黑色或紅色，因爲銅養；如變緑色，或藍色之痕迹，因成銅養炭養。故求礦之人，無論所見之礦爲金，合養氣質，或炭養，氣質，或含硫礦質，或含金類，用以下之法分别，則能定何礦可作何用。

金屬礦藏開採總部

《金屬礦藏開採總部》提要

史前時期，我國就有金屬礦藏的開採，經過長期的發展，到明清時期，金屬礦藏開採達到鼎盛時期。但我國古代關於金屬礦藏方面的史料比較分散，本總部即主要彙輯收録這些分散的記載，以期裨益於相關研究。

本總部包括十一個部，即《金礦開採部》《銀礦開採部》《銅礦開採部》《鐵礦開採部》《鉛礦開採部》《汞（水銀）礦開採部》《錫礦開採部》《鋅礦開採部》《銻礦開採部》《其他金屬礦藏開採部》和《綜合金屬礦藏開採部》。在每个部下，視資料多寡設置題解、論説、綜述、傳記、紀事、著録、藝文、雜録等緯目。題解收録有關金屬礦藏開採概念、特點的整体性解釋的資料；論説收録有關金屬礦藏開採理論陳述的資料；綜述收録有關金屬礦藏開採的範疇、規模、工具、設備及發展過程的資料；傳記收録金屬礦藏開採中有關機構與人物的傳記資料，包括金屬礦藏開採管理部門及其官吏與從事金屬礦藏開採的勞動者（包括礦盜）的工作生活資料；記事收録在金屬礦藏開採中有關具體活動和事例的資料，活動或事例必須有具體的記載時間；著録記載金屬礦藏開採方面的有關著作（史籍、序跋、藏書題記）及其成書過程、版本源流等的資料；藝文收載描述金屬礦藏開採的散文、韻文；雜録收録上述緯目内未收的其他有價值的材料。

各部的綜述緯目下視情況收録四方面内容。第一，描述。記載金屬礦藏開採的資料，如金屬礦藏開採規模（包括產量）、開採場所、開採過程的資料（收録記載綜合性的資料，而具體記載有關某一地區金屬開採事例的資料放在紀事緯目中）。第二，技術。記載金屬礦藏開採技術的資料（如露天鑿土法、露天攫取法、地下鑿坑法、錘擊法、燒爆法、支柱法、支柱填充法、房柱法等）。第三，設備。記載通風、運輸、排水方面的資料和井巷支護用的木槌、欄門、箱斧等方面的資料。第四，工具。記載金屬礦藏開採工具（銅工具、鐵器、火藥及開採機械）的資料。

各部的雜録緯目下視情況收録九方面内容：第一，詔令與制度，收録有關金屬礦藏開採詔令與相關制度條例（包括金屬礦藏、金屬的買賣）的資料；第二，礦場與官員管理，收録有關金屬礦藏開採管理及有關官員的任命、提拔及獎懲資料；第三，經費，收録開採金屬礦藏經費使用及股本的設置分配資料；第四，礦税管理，收録礦税繳納與減免資料；第五，擾民

與奏疏，收録有關開採金屬礦藏擾民、官吏和庶民請求開採或者封閉金屬礦藏的奏章及資料；第六，運輸與採辦，收録有關金屬礦藏的運輸和採辦的資料；第七，礦務檔，收録《礦務檔》一書中有關金屬礦藏開採的資料；第八，國外資料，收録中國古籍中記載國外金屬開採的資料及翻譯國外的有關金屬礦藏開採的資料；第九，其他資料，收録其他有關金屬礦藏開採有一定史料價值的資料。

目録

金礦開採部

論説

慎懋官《華夷花木鳥獸珍玩考》卷八《珍玩考・金》 建平晉安有金沙出石中，燒鎔鼓鑄爲鍋，雖被火猶須更煉。又陳藏器云，常見人取金掘地深丈餘，至紛子石，石皆一頭黑焦，下有金，大者如指，小猶麻豆，色如桑黄，咬時極軟，即是真金，夫匠多竊而吞之。又饒、信、南劍、汀州出金處，採得金亦多品，或有若山石狀者，或有若米豆者，若此類未經火，皆可爲生金。並《本草》諸州出金極多品，蔡州出瓜子金，雲南出顆塊金，在山石間採之。黔南遂府吉州水中並産麩金。《山海經》金之所生，處處皆有，梁、益、寧三州出水沙中作屑，謂之生金。密乞兒國尤富，地産金。人夜視有光處，誌之以灰，翼日發之，有大如棗者。凡金有二十件：雄黄金、雌黄金、曾青金、硫黄金、土中金、生鐵金、生銅金、鍮石金、砂子金、土碌砂子金、金母砂子金、白錫金、黑錫金、朱砂金，已上十五件，惟衹有還丹金、水中金、瓜子金、青麩金、草砂金等五件是真金，餘皆是假丹。嶺南人云生金是毒蛇屎中採之。廣州浛崖縣有金池，彼中居人忽有養鵝鴨，常於屎中見麩金片，遂多養，收屎淘之，日得一兩或半兩，因至富。張顥得飛石，破之得金印。

鄭光祖《一斑録》卷三《物理・金石》 黄金産溪邊沙中者，淘而得之。生山中者，石内金苗一路如瓜之有藤，得一旁歧，入尺許，得金一粒，重不過二三錢。

陳忠倚《清經世文三編》卷三七《户政一六・榷酤》楊毓輝《節餉減釐議》 今臺灣又有金礦，曾經撫臣邵友濂派委員前往看驗，意欲開採。據云臺、疆金礦，較印度金砂化煉更易數倍，此又一裕國之地也。方今西法盛行，當局諸公動以富强謀國，若更知人善任，推廣章程，則獲益自可操券矣。

袁大化等《新疆圖志・實業志二・礦》 東北曰喀圖山，金廠列其山陽。兩山拱峙，若衡宇之相望。 金苗皆自西而東縱横糾互銜結於重巖泐石之中。 舊時礦工錐鑿膚末，至於幽深邃密，精光寶氣之所函蓋，亘古以來未嘗一洩焉。 喀圖山即布圖山，在塔城東南五百餘里，與齋爾山對峙。 礦綫縱横百里，金苗顯伏聚散，廣狹淺深，漫無一定，皆銜結於堅硬石層之中，故名石金。 近日西人遊歷探礦者，謂足與南美洲杜蘭斯陛金礦相埒，誠西北之寶藏也。若夫出塔城東北，峃崒鬱律，偉博無倫，横絶科布多境者，是爲阿爾泰山。阿爾泰者，譯言金也。阿爾泰，舊作阿勒坦，即唐史所謂金山。其脈東趨喀爾喀西北，則延袤於烏拉嶺之東界。俄人之採金者，每指阿爾泰爲其上源，蓋葱嶺主峯爲南北天山之祖幹，而阿爾泰山又漠北諸山之祖幹也。阿爾泰山綿亘二千餘里，形勢巋然，爲漠北大防。魏源謂爲西北諸山之祖者，蓋信。 夫新疆面積四百餘萬方里，深山大谷，寶藏之富，若此而公私之間凋敝皆窳貧瘠，至爲天下最，其故何哉？曩者文武大吏經營礦利，垂二百餘年，官本商資竭力興作，然或始盛而終衰，或旋舉而輒廢，艱難叢脞之故。大抵礦産所在，巖壑崄巇，風日癘毒，水草所生遠出百里，或數百里，路政不修，薪芻粮粻不以時至，輓輸之費，已不可支。其間上重役苦，招募礦丁非數倍傭值，莫肯受僱。又董其事者，闇於礦學苗脈不斷，縋深鑿險，惟尚土法，畚鍤之器，朽鈍而不可用。水湮谷圮之患，時有所聞。一廠之内，食夫千指，廢時曠日，取之盡錙銖，用之若泥沙，一試不利，則資本匱竭而無以持乎。其後歷年以來，迭起更仆，如出一轍。其受弊尤甚者，則官吏胥保藉徵課爲名，侵漁朘奪，恣爲奸蠹，公私上下咸疾首蹙頞，視開礦如陷阱。在上之人因民之不堪命，則又懲羹吹虀，遽行罷止。於楚言礦利者，經屢挫之餘，氣餒智困，亦箝口結舌，而不敢輕於嘗試，殊可歎也！

綜述

《後漢書・郡國志四》 長沙郡，秦置。雒陽南二千八百里。十三城，户二十五萬五千八百五十里，口百五萬九千三百七十二。

臨湘，攸，茶陵，安城，酃，湘南，侯國。衡山在東南。連道，昭陵，益陽，《荆州記》曰：「縣南十里有平岡，岡有金井數百，淺者四五尺，深者不測。俗傳云有金人以杖撞地，輒便成井。」下雋，羅，醴陵，《荆州記》曰：「縣東四十里有大山，山有三石室，室中有石牀石臼。父老相傳，昔有道士學仙此室，即合金沙之臼。」容陵。

又《志第二三・郡國五》 九真郡，武帝置。雒陽南萬一千五百八十里。五城，户四萬六千五百一十三，口二十萬九千八百九十四。

胥浦，居風，《交州記》曰：「有山出金牛，往往夜見，光曜十里。山有風門，常有風。」咸驩，無功，無編。

日南郡秦象郡，武帝更名。雒陽南萬三千四百里。五城，户萬八千二百六十三，口十萬六百七十六。

西卷，朱吾，盧容，《交州記》曰：「有採金浦。」象林，比景。

卞寶第等修曾國荃等纂《光緒湖南通志》卷六〇《食貨志六・物産一・長沙府》 永嘉二年益陽山溪浮出生金數百斤。五年，湖南提舉常平劉欽言：益陽蘆荻衝出生金，重九斤八兩，狀類靈芝祥雲。《宋史・五行志》。政和中，益陽蓮荷場掘得金四塊，總計一千七百八兩。《清波雜志》。政和中，益陽山溪流出生金數百斤，其間大者一塊至重四十九斤。《齊東野語》。湖南漕司言益陽縣近發金苗，賦榷入宮，請修立私出禁地之制。從之。《文獻通考》。

又《寶慶府》 産金之所，有武岡寶慶。《元史・食貨志》。寶慶府武岡州淘金場凡十處。《明統志》。

又卷六一《食貨志七・物産二・常德府》 産金之所有鼎州。《宋史・食貨志》。武陵、桃源、龍陽三縣出金。武陵縣霞山、塔山皆有淘金場。《明統志》。唐劉禹錫《武陵書懷》詩：「披沙金粟見。」

又《辰州府》 湖廣産金之處有辰州。《宋史・食貨志》。沅陵、辰谿、漵浦三縣皆出麩金。《明統志》。

又《靖州》 崇寧四年置旺溪金場。《文獻通考》案：旺溪在會同縣。湖南産金之處有靖州。《宋史・食貨志》。【略】靖州州縣皆出金，寶溪山在州城東北山下有溪，大抵洞中諸溪多産金，故以寶名。《明統志》。食同縣墓坪山産金砂。《湖廣志》。

酈道元撰朱謀瑋注《水經注箋》卷三八《資水　漣水　湘水　灕水　溱水》

資水出零陵郡梁縣路山，【略】又東北過益陽縣北。【略】

【略】茱萸江又東徑益陽縣北，又謂之資水。應劭曰：縣在益水之陽。今無益水，亦或資水之目矣。然此縣之左右處處有深潭，漁者咸輕舟委浪，謡詠相和，羅君章所謂「其聲綿邈」者也。水南十里有井數百口，淺者四五尺或三五丈，深者亦不測其深。古老相傳，昔人以杖撞地，輒便成井。或云古人采金沙處，莫詳其實也。

又卷三九《贛水》 贛水出豫章南野縣西，北過贛縣東。【略】

贛水又北徑鄡陽縣，王莽之豫章縣也。余水注之。水東出余漢縣，王莽名之曰治干也。餘水北至鄡陽縣，注贛水。贛水又與鄱水合，水出鄱陽縣東西，逕其縣南武陽鄉也。地有黄金可採，王莽改曰鄉亭。

又卷四〇《漸江水　斤江水》 漸江水出三天子都，北過餘杭，東入於海。

【略】又有會稽之山，古防山也，亦謂之爲茅山，又曰棟山。《越絶》云：「棟猶鎮也。」《周禮》所謂揚州之鎮矣。山形四方，上多金玉，下多玞石。《山海經》曰：「夕水出焉，南流注於湖。」《南山經》云：「會稽之山四方，其上多金玉，其下多玞石。勺水出焉，南流注於湨。」

樊綽《蠻書校注》卷七《雲南管内物産》 生金，出金山及長傍諸山，藤充北金寶山。土人取法，春冬間先於山上掘坑，深丈餘，闊數十步。夏月水潦降時，添其泥土入坑，即於添土之所達案：所，《文津本》誤作「沙」。沙石中披揀。有得片塊，大者重一觔達案：觔，《文津本》作「斤」。或至二觔，小者三兩五兩，價貴於麩金數倍。數以蠻法嚴峻，納官十分之七八，其餘許歸私。如不輸官，許遞相告。麩金出麗水，盛沙淘汰取之。沙賧法，男女犯罪，多送麗水淘金。長傍川界三面山並出金，部落百姓悉納金，無別税役徵徭。

達案：《續漢書・郡國志》：益州永昌郡博南，永平中置。南界出金。劉昭注引《華陽國志》曰：「西山高三十里，越得蘭滄水，有金沙，洗取融爲金。」云云。此見今本《華陽國志》卷四永昌郡博南縣條，而文多訛脱，應以劉昭注引爲是。《新唐書》卷二百二十二上《南詔傳》云：「長川諸山往往有金，或披沙得之。麗水多金麩。」此所云長川諸山，即本書之長傍川三面山，《新書》誤脱「傍」字耳。《續博物志》卷七：「生金出長傍諸山。取法以春或冬先於山腹掘坑，方夏水潦蕩沙，泥土注之坑，秋始披而揀之。有得片塊，大者重一斤或二斤，小者不下三四兩。先納官十分之八，餘許歸私。仍累勞效免征賦。麩金出麗水河賧川，有罪送淘金所，最爲重役。」《續博物志》文即出此書，惟「沙賧」作「河賧川」爲異。

李燾《續資治通鑑長編》卷一四九《仁宗》 慶曆四年〔五月甲戌〕撫州上金谿縣所得生金山，重三百二十四兩。上初令送左藏庫，而三司言瑞物宜留禁中。乃藏於龍圖閣瑞物庫。

周密《癸辛雜識》續集卷下張敬堂《金紫銀青》 廣西諸洞産生金，洞丁皆能淘取。其碎粒如蚯蚓泥，大者如甜瓜子，故世名瓜子金。其碎者如麥片，則名麩皮金，金色深紫，比之尋常金色復加二等，此金之絶品也。

《續文獻通考》卷二三《征榷考・坑冶》 〔元至元〕十六年二月，撥民萬户隸明里淘金。二十年三月，罷淮安等處淘金官，惟計户取金。七月，罷淮南淘金司。至二十八年正月，罷江淮淘金提舉司。七月，又罷淘金提舉司。

〔元至元二十年〕八月，立懷來淘金所。

《文獻通考》卷三〇〇《物異考六》 宋建隆二年七月，晉江神山縣北谷中有鐵隨水流出，方二丈三尺，其重七千斤。至道二年二月，桂陽監鎔銀，自涌成山峯狀。咸平四年十二月，亳州大清宮鐘自鳴。大中祥符六年九月，臨江軍清江縣民李公邁至雲騰廟前過，遇小童贈塊土，還家剖之，得天尊人主像五軀。慶曆四年五月乙亥，撫州金谿縣得生金山，重三百二十四兩。至和五年正月，湖南提舉常平劉欽言盧荻衝出生金，重九斤八兩，狀類靈芝祥雲；又淘得碎金四百七兩有奇。十一月，越州言民户拾生金。湟州丁羊谷金坑僅於餘眼得鑛，成金共四等，計一百三十四兩有奇。崇寧四年三月，鑄九鼎，用金甚厚，取九州水土内鼎中，既奉安於九成宮，車駕臨幸徧禮焉。至北方之寶鼎，忽漏水，溢於外。

王象之《輿地紀勝》卷一一九《廣南西路・欽州・景物下》 林治山。在州東北八十里，古金坑之所。前輩詩云："天涯亭下有龍窟，□□頭出碎金。"

《元史》卷一三《世祖紀一〇》 〔至元二十一年六月〕甲子，命也速帶兒所部軍六十人淘金雙城。

《明史》卷一〇四《志》七八《食貨一〇》 湖廣舊有金場，時仍命陶煎，武陵等寸二縣開二十一塲，歲役民夫五十五萬有奇，民之傷於虎豹、死於水者無算，得金僅三十五兩。

傅維鱗《明書》卷八二《志二〇・食貨志二》 〔成化十年〕於是役民夫五十五萬有奇，而民之傷於蛇虎、死於大水者無算，僅得金三十五兩。撫按奏止，命以贓罰銀，易金以充上供。

葛士濬《清經世文續編》卷一〇二《洋務二》王先謙《條陳洋務事宜疏》 成化十年，採金於湖廣寶慶等郡，歲役五十五萬人，死者無算。而得金三十餘兩，官吏欺謾，適成笑柄，此明事歷歷可指者。

《憲宗成化實録》卷一三六 〔成化〕十年十二月己丑 罷湖廣寶慶等府縣淘金。時内費日侈，帑金漸乏，乃命湖廣寶慶等府武陵等縣開原額金場淘煎以進。巡撫等官命所屬十二縣開二十一場，歲役民夫五十五萬有奇。而武陵之民傷於蛇虎、死於大水者無算，僅得金三十五兩而已。巡撫等官乃奏工多金少，徒害生民，請仍閉金場，第令有司取贓罰及設法以銀易金一千兩應用。從之。

查繼佐《罪惟録》卷一〇《貢賦志總論・金場》 成化以前，凡金塲，寶慶府武陵縣共二十有一，役民夫五十五萬有奇，額金一十五萬兩。時夫之傷於蛇虎、大水者無計，僅淂金三十五兩。成化十年，罷湖廣及遼東黑山淘金，旋盡閉金塲，命有司取贓罰銀易金應用。雲南額金五千兩，泰昌中奏免二千兩。

陳忠倚《清經世文三編》卷六八《工政八・礦務》彭玉麟《興礦利》 成化間，採金於湖廣等郡，役五十五萬人，用費無算，僅得金三千餘兩。前事如此，宜後之開辦者之掣肘也，不知明之所採者，金銀礦也。

洪亮吉《乾隆府廳州縣圖志》卷一三《山西布政使司・忻州》 又州北四十里有程侯山。酈道元云：沂水東歷程侯山，其下舊有採金處。

又卷一六《登州府》 岠嵎山在〔棲霞〕縣東二十里。岠嵎水出焉。李吉甫云："萊陽縣有黄銀坑。"《圖説》："岠嵎山一名金山，即黄銀坑也。"隋唐以來，守土官採金充貢，後編户置官，歲定金額有增無減，户漸逃亡。明洪武中，始禁開採。

又卷三一《黄州府》 張家山在〔黄安〕縣東北，接麻城縣界。嘗産金，明萬曆二十六年開採。

齊山在〔招遠〕〔縣〕南三十里。金元時嘗置金場於此。

又卷三三《岳州府》 金場在〔平江〕縣境。王存云：平江縣有土竈一金場。

又卷三四《辰州府》 淘金塲在〔沅陵〕縣西北。《圖經》：沅陵等縣出麩金。

《清宣宗成皇帝實録》卷一三八 〔道光八年，戊子，秋七月，庚戌〕又諭："楊遇春奏請減金廠人夫一摺。甘肅敦煌縣沙州金廠開於乾隆年間，廠夫定額二千名，嗣於嘉慶年間，因廠金微細，奏準減夫六百名，留夫一千四百名，採挖抽課。兹據該督奏稱，自減夫以後，迄今又將二十年，礦老金微，情形更非昔比。本年開廠，商夫畏累不前，招募不能足額，懇請再行覈減。著照所請，準其再減夫四百名，以一千名定爲正額。該督即飭該縣會同廠員趕緊募夫，督率開採，務期課項覈實，毋許稍有短絀。"該部知道。

阮元陳昌齊《〔道光〕廣東通志》卷一〇〇《山川略一》 金山在〔新會縣〕城西一百五十里。《廣東輿圖》。《唐志》：岡州以金岡而名，其地産金。下有澗，金坑旁皆沃壤，延袤八十里，今皆爲民田，不復有金坑矣。西北有石洞，曰金山巖，深廣皆二丈。巖頂瀑布其白如練，有盤石，可坐數十人，舊爲獅人遊賞之處，今爲盜藪，俗呼鬼子窟。《方輿紀要》。

劉坤一等《〔光緒〕江西通志》卷四九《輿地略五・物産・南昌府》 金。《漢書・地理志》：豫章出黄金。舊志：豐城縣東溪水沙中出金，今無。元危素《富州蠲金記事》：至元十四年，分寧縣人商瓊者，謀獻利覓官，迺誘湖南淘金工易彬等三十餘人至

豐城縣之長寧鄉留臺居焉。又募其鄉人傳壽等穴山谿，畚沙石，習淘金爲業，歲責輸浮辦金四兩重，請行省署淘金場，縣中領之。而瓊、泊阮祥者，實司其職。然豐城之金，僅僅取之不足以更費。於時雖竭力淘採，地道空虛，不克供一歲之入。瓊稍患苦之，適使人走他州購金以實其數。久之，懼其妄覺，又誣富民地有金，掘其壟舍冢墓，劫取貨賄，蘄增廣歲賦人以塞其事，於是盡力掊克，請增輸金至二十五兩九錢，重以爲己功。鄉民甚惡之，而亡賴者景從日衆，至三百三人焉。瓊又爲之請於有司，歲復其役。豐城既無金屋，轉走饒、信、徽、衢、婺、江南康蘄黃歲掠以進瓊，瓊輸官而攘其贏，由是致富。會張國紀守撫好言利，二十四年，行省用其言，置金銀場於樂安縣之小曹溪，課富民淘金，輸官程所入多寡而免其賦。於是，盡檄取豐城淘金工往教習焉。瓊益以聚斂爲功，復請增金三兩一錢九分六釐重，總之爲二十九兩九分六釐重矣。瓊因求遷小曹場官，兼賦豐城金，而豐城淘金場遂革。是時豐城升爲富州，官復煩淘金，家以它役，始不勝其苦。而汪壽、李仲、何文明等百餘人走光州不返，餘徙業者相繼。瓊亦去爲鹽場官，而富州金遂無所從出矣。小曹官屬懼其久而累己也，募其邑人口德詔言於行省，謂龍興路貢賦議屬興聖宮，則富州金不宜附隸撫州，盍從富州輸之龍興路爲便。行省用其言，下其數於富州征之。延祐四年九月也，瓊始征金，時至是四十餘年矣。即復求三十餘人者多閭閻細民，死徙亡後者焉，有後而乞丐者又有焉，根連其宗族，蔓延其淵黨，亦有窘乏至殺子女以拒胥徒之隳突者，乃抑令五鄉二十七都之役，於官者代輸之。凡金一兩重，費至元鈔多至百廿貫。總之爲鈔三千六百貫矣，因之破家者又比比有焉。於是民之荼毒有不可勝言者矣。州人思脱其禍，若王季常、王元實等逌逌間陳於有司，有司稍集父老議，雖悉其弊，然莫肯固請於上，蓋自富州再征金。至是，又十有七年，乃始得揭車之言行焉。始車嘗言於奉使宣撫，又言於監察御史，號咷頓首，乞去民害。觸御史怒，幾得罪。賴龍興推官李崇德、莫維崇力爭御史前，得免。至是乃言於張公榮章及全公岳柱。而二公深哀其言，於是其事乃得竟聞，而州人數十年剝膚椎髓之害，始一旦脱然矣。噫！商瓊不足議矣，彼天子之命吏牧此民者，視其困苦，漠然不以爲意獨何與，誠使士之居於鄉，立於朝，皆若揭車及授經公侯，斯其人豈有知而不言者哉？風紀之司，蒲轉之宰，皆張公、全公其人，豈有聞而不行者哉？今富之人感二公之德，而壯車言之力，相與刻石，以垂永久。素於是重有感焉，述文以慰州人之心，而學士大夫播之咏歌，以通諷諭，以示勸懲，未必無小補也。全公，回紇人，後終河南行省平章。張公，河間人，後終司丞。揭公，今爲翰林待制。車，其從孫云。

銅，西山出，唐時有坑，今無。

《清朝續文獻通考》卷四三《征榷考一五·坑冶》〔嘉慶〕七年，諭甘省扎馬圖金廠開採年久，金苗微弱，額設廠夫四百名，見因不敷課本，多有逃散。既經該督委員勘明該廠實在情形，自應將廠夫酌減，以歸核實。著照所請，減夫二百名，仍留二百名。

又卷三八八《實業考一一》 愛琿礦產。愛琿羣山環列，五金之礦隨處皆有，如漠河，如庫瑪爾河，皆一脈所延。漠河金礦爲江省第一處所，開辦迄今三十年，資本虧耗，固由土法開採，亦由隔省遥制稽查未周故也。庫瑪爾河出金甚旺，見在所開之溝有四：曰安娘娘溝，曰窪希利溝，曰布拉各利溝，曰交布利溝。而庫瑪爾河金爲最旺。其法别拉、松樹溝等處煤質不如墨爾根所産，愛琿境内金溝、煤石等礦不一而足，應照部章稍事變通，願採勘者給予護照，准其試辦，暫不先收地租。照費開採有效，或承領礦地，或以礦地作官本，視其所出以徵税，則熟悉本處山場之稍有力者，皆可招工試辦。中國關内人民赴江左俄廠傭工者，歲以二三萬計，果能税輕於彼，則華工之歸本國，不招而至。此亦實邊之要也。

又卷三九〇《實業一三》 黑龍江漠河金礦。位於江省之西北隅，以黑龍江與額爾克納河交滙處爲中心。東西長百四里，南北廣二百餘里，漠河、神洞河、奇乾河均在此區域内。礦於同治二年爲鄂魯春人發見，後華俄蝟集，私掘者萬餘人。光緒十五年，李鴻章合官商股本發起漠河採金公司，旋中止，入俄人手。後二十七年，復由我國贖回，歸北洋大臣管理。卒以虧累，宣統三年收歸省有，設總局於漠河。於興華溝、馬扎拉溝、小北溝、洛古河、漠口、二道盤查等要隘設分局、分卡，以資管理。凡進溝採金者，按名月徵金砂一早尼克，合江平一錢一分八釐。得金由公司收買。各商販運按價值百抽五，每收正款一元，雜款收一角。近年概算年收金一萬餘個早尼克，值銀五萬餘元。礦地均在黑龍江右岸，以漠河、呼瑪爾河、太平溝觀音山。三處爲最要，吉拉林、奇乾河等處次之，悉屬官有。奇乾河屬漠河礦局，太平溝屬觀都礦局，呼瑪爾河屬庫瑪礦局。

黑龍江觀都金礦。爲觀音山、都魯河兩礦合併。觀音山礦在黑龍江西岸，庚子後爲俄佔據，續辦歸北洋管理，宣統三年，畫歸省。都魯河礦在湯源縣北四百餘里，二十九年開辦，漸無利益，至宣統元年，在東廠神樹河下忽産出新苗甚旺。經省委調查，始知都魯河礦東西三百餘里，南北百餘里，可採之溝尚多。即神樹河新苗未挖者，亦尚有二十餘里，故遂設廠開採。兩礦合併後，改觀音山爲總局，立四分廠曰樺皮溝、西都、老嘉、木頭垛。於泰興溝、樺樹溝、南小溝、馬林站、河西溝各設經理處，於都魯河、河繞營、嘉蔭河、上糧台、班必富泰、平川、大度川、新河口、安興溝等處置分局，並設南中、北中、太平、廟嶺、大川等五分卡，辦法悉與漠廠同。金税據算年收江平金一千三百餘兩，值銀五萬五千餘兩。

黑龍江庫瑪河金礦。在黑龍江右岸，與俄疆對峙，距呼瑪縣六十五里。先有俄人私採，光緒三十四年收回自辦。宣統初，興江溝、興龍溝發見旺苗，金夫

日多，興隆溝事繁，將原駐安娘娘溝總局移興龍。於江口置稅局，於北習力支溝、興江溝、得勝溝、全勝溝、吉龍溝、吉龍支溝、金龍溝、西烏勒溝、博西里溝、二道盤查、三道盤查等處各設分局。又於都渥喜、喜宜納二溝要處設局名都納分局，並設分所於都渥喜溝、庫瑪，金稅年收二萬四千餘旱尼克，值銀十一萬八千餘元，辦法與漠廠同。

黑龍江餘慶溝及奇乾河金礦。在黑龍江右岸呼瑪縣西南，官商合辦。宣統三年，於本溝設總局，設分局於上溝、古龍幹河、龍幹河支溝、古瑪拉江口四處，收買官金，售賣糧貨，以五成利歸公，辦法一如漠廠。近年，年收金稅一萬五千餘旱尼克，值銀七萬三千餘元。奇乾河金礦位於江省西北，在黑江右岸，與俄疆對峙。向隸北洋，歸漠河礦局管轄，宣統三年，歸省辦。嗣後將該局畫分獨立，設總局於奇乾河，於東口、西口、腰口、暴頭溝、乾老廠、八寶溝、乾北溝、小西溝、吉興溝等九處設分局，設分卡於阿拉雅，辦法與漠廠同。近年年收金稅一萬三千餘旱尼克，值銀六萬四千餘元。

山東金礦。產金之地甚廣，儲量不多，較重要者爲招遠、平度、沂水、文登、牟平等礦。招遠金礦在縣城東北，礦苗以玲瓏山、羅山等山爲最旺。玲瓏尤要，礦石大部分爲黃鐵，小部分爲黃銅、銀及方鉛，方鋅亦偶有之。礦爲李文忠創辦，光緒十六年改歸棗園金礦公司。聘有美工程司，產量以二十三、四年爲最旺時每日可得金五六十兩。平度金礦在縣城西南之紅石橋，本爲中德合資公司，收歸省有。每年產金約二千七百兩。文登金礦在威海衛東南即狼虎山及庶山二金礦。二十六年，由英人組織威海衛礦務公司，未能獲利，三十二年中止。牟平金礦。一、桂山在縣城西南四十里，一、金牛山在縣城南六十里，俱於光緒二十年間開採，見俱中止。

甘、新二省金礦。甘肅、燉煌、酒泉、古浪及西寧各縣均產砂金，產量尚盛。新疆金礦分山金、砂金二種。山金礦在塔城、哈圖山，道咸間開採最盛，頗獲利，礦工多至數萬人，經回亂，礦工四散。光緒間，中俄合辦，糜款十七萬餘兩，復經官商自辦，亦無效，蓋舊坯採盡，新硐又不得佳礦也。砂金分布極廣，北部多在阿爾泰及俄屬中央亞細亞之邊境，迪化之綏來屬境，南部多在于闐、且末二縣境內，產量南部較北部爲旺，尤以于闐、且末爲重要，有官派、鄉約包採之廠五，每年共繳金三千五百七十兩。于闐境内未開採之砂金礦尚多。

湖南金礦。分布於平江、會同、桃源等處。平江金礦在縣城東之黃金洞山坳中，面積約四十八萬畝，但礦質不佳，迄未發達。見雖略用新機，以時受水患，新式唧機未置，收效無多，平均日產金三兩五錢。鍊純金約得百分之八九，每月可出純金九十餘兩。會同金礦在距縣城九十里之漠濱，月可採金二十兩至六十兩。桃源金礦在縣城西北之潦葉溪，每日平均可採金三兩五錢。三礦均湘省礦務局經營，除會同外，均有虧無盈。

四川金礦。分山金、砂金。自天全至冕寧、會理一帶之鴉礱江岸旁，凡著名各山金礦，均在此處。砂金礦在岷江、鴉礱江等流域均有之。以鴉礱江各礦爲較富。最著名產區爲冕寧、鹽源二縣，山金、砂金俱富。冕寧重要山金礦曰麻哈，曰紫古，重要砂金礦曰雅沽臺子。鹽源重要山金礦曰田坪，重要砂金礦曰窪里，曰湮房。麻哈在冕寧西南二百里，初官辦，歸商辦後，又停頓。產金盛時，年達五千兩。紫古在冕寧西北，雅沽臺子在冕寧西南，今俱停頓。田坪、窪里均在鹽源縣北，田坪礦曾有官局商鎚開採，傳聞每年採金不下萬兩。窪里地屬瓜別土司，漢人得自由開採，年產金萬餘兩，少亦數千，官局給照，收定課金，宣統末年停頓。湮房在窪里對面隔一水，礦爲細粒砂金，成分極富，因水勢之移轉，大粒多積於窪里，細則下沈於此。他若懋功之山金礦，松潘、漳臘、越嶲之砂金礦，均礦苗甚旺，尚未開採。

熱河金礦。產金地甚多，如承德、灤平、平泉、凌源、朝陽、阜新、建平、綏東、赤峰、豐寧、圍場等縣。承德金礦在駱駝橋、碾子溝廠、子溝、獅子河、鐘鼓、老樓、疙疸山等地。碾子溝金礦係官營業。廠子溝嘗與美商合辦，不久作廢。各金礦現均以經營不善停採。灤平有八道溝礦，曾歸泰豐公司經營，今停頓。平泉密雲鄉礦本官辦，後改商亦停頓。平泉王家村礦與建平霍家地城子山礦，宣統間爲中英平遠公司經營，資本各四十萬，以歐戰停輟。

外蒙金礦。以庫倫烏里雅蘇臺、阿爾泰一帶產量爲夥。庫倫多砂金。庫倫之北，恰克圖之南額爾尼王與馬貝子兩旗地方，即有金礦二十一處，已開採者十五：一、古德拉又名卜彩街。二、招莫多。三、托羅蓋圖。四、茂垓。五、那林哈拉干。六、布克里兒。七、固蘇里。八、寶棍臺。九、義拉布。十、伊勒溝。十一、義肯。十二、老東溝。十三、原闕。十四、科爾僧。十五、焉林堆。其未開採者六：一、希巴爾圖。二、烏蘇奇。三、察罕奇魯圖。四、額羅圖。五、依克哈爾干。六、西金溝。此外，如梧桐溝金礦亦頗重要，而扎薩克圖旗之野馬、吐陶來克等山及達爾罕旗西北等山，亦皆有金出產云。十五處金礦均爲俄人柯

樂德蒙古公司經營，採得金除開支外，報效百分之十五。奉旨允准。

直隸金礦。在昌平、密雲、臨榆、遷安、遵化等縣。昌平金礦在分水嶺、黑水寨等地。分水嶺礦宣統三年歸華源公司經營。密雲金礦在北京東北之桃園，初官辦後歸華源。臨榆金礦在大山洞子溝、扁石等處大山，又名山海關金山，由關越長城北行有村名龍頭礦，即在附近。遵安金礦在柳樹行、興龍溝、拉馬溝等處，自京奉綫灤州驛北行至灤口關門，折而西南至分嶺高處，即栁樹行，由此溯灤河而上，爲拉馬溝，再上溯爲興龍溝。見柳樹行等金礦均歸興華公司經營。遵化金礦在縣城西北四十里，如草廠溝、瑞豐塔、峪萬樹、率三道、八子溝、牛家、王子等地，均以產金稱。

奉天金礦。分山金、砂金。山金礦首推海龍縣之香爐子，通化縣報馬川次之，遼西縣夾山又次之。砂金礦首推鐵嶺縣之柴河，海龍縣二八旦、三八旦次之，通化、懷仁二縣又次之。香爐碗子金礦，道光間發見。宣統元年有唐德元者，呈請中英美合辦，不果。見土著在附近採取砂金。報馬川礦，發見在光緒間，今尚未開採。夾山金礦，同治間發見，近日人曾有開採者。柴河金礦，見開採頗盛，礦工多，時達四千餘人，每日約獲金四十餘兩。二八旦、三八旦金礦，其初頗盛，旋因濫掘致荒棄。通化、懷仁位於鴨綠江畔，農人往往於附近砂礫掘取砂金。

山東金礦。玲瓏山、羅山等山爲最旺，玲瓏尤要。礦石大部分爲黃鐵，小部分爲黃銅銀及方鉛，方鋅亦偶有之，礦爲李文忠創辦，光緒十六年改歸棗園金礦公司，聘有美工程司。

徐宗亮《黑龍江述略》卷四　黑龍江省礦務肇於光緒十年，成於光緒十四年。其地在江右漠河與額爾古訥河相近對岸俄境，即雅克薩故城。漠河一名墨河，源出内興安支嶺，北流入江，距齊齊哈爾、黑龍江兩城各千六百餘里，其上下左右金坑甚多。惟漠河以中俄盗採著名，今奏派吉林候補道李金鏞設總局於此，辦理黑龍江省礦務，由黑龍江將軍會同北洋大臣督治其事。

按：中俄分江而後，大黑河屯爲通商口岸，俄商則以金砂爲大宗，中商則以菜牛爲大宗，往來交易，獲利均鉅。初不知金砂出何礦也，近十年來，泰西諸國率用金磅，金價因之日昂，探視金苗者無地不搜。俄人習於礦務，在黑龍江左岸開采有年，因勾結華民越江盗採，如漠河以東阿爾罕河、奇乾河等處，縱横二三百里，輒有坑穴，亦不知起自何時矣。

《約章成案匯覽》乙篇卷三八下《成案・礦務門・總署等奏請飭月報礦金收數片光緒二十五年》　產金之礦與煤鐵各礦不同，漠河金礦辦理最著成效，該金礦局員每日將收取金砂數目明列手摺，每月呈報一次，頗爲核實認真。應請旨飭下各該金礦局員，除每年年終填送表譜外，一體仿照漠河辦法，將每日所收金砂數目明列手摺，按月呈送總局備查。如蒙俞允，即由臣局通飭遵照。所有金礦應按月呈報收金數目緣由，理合附片具陳，伏乞聖鑒訓示。謹奏。

唐慎微《證類本草》卷四《玉石部中品總八十七種・金屑》《圖經》曰：金屑生益州，銀屑生永昌。陶隱居注云：金之所生，處處皆有。梁、益、寧三州多有出水沙中，作屑，謂之生金。而銀所出處，亦以金同，但皆生石中耳。蘇恭以爲銀之與金生不同處，金又出水中。陳藏器云：生金是毒蛇屎，嘗見人取金掘地深文餘，至紛子石，石皆一頭黑，焦石下有金。大者如指，小猶若麻豆，色如桑黃，咬時極軟，即是真金。麩金出水沙中，氈上淘取，或鵝鴨腹中得之。今注以陳説爲非是。然今饒、信、南劍、登州出金處，採得金亦多端，或有若山石狀者，或有若米豆粒者，若此類不經火皆可爲生金。

張伯英《黑龍江志稿》卷一六《物産志・礦物・金》　夫餘以金飾腰。《晉書》。高句麗金則出自夫餘。《魏書》。唐天寶七載，黑水靺鞨獻金銀。《册府元龜》。女真其地多金銀。《契丹志》。江省境内素以金礦著名，漠河一礦號稱金穴，此外著名之礦區甚多，記其梗概如左：漠河金礦，在愛琿西北千餘里額爾古訥河口之東，背嶺面山，金脈極富。清光緒十二年，將軍恭鏜奏請開辦漠河金礦，得旨允行。其辦法系招集商股，官爲監督，礦隷江省而金廠内用人行政一切章程款項，則由北洋大臣主其事。所轄之金廠，曰漠河，曰觀音山，曰奇乾河，曰烏瑪河，統曰漠河金廠者，從總廠所在名之也。漠廠以外，附近之金礦凡五處，曰金龍溝，曰小河溝，曰華興溝，曰巴戈卡溝，曰盤古溝，均已開辦。曰呼瑪爾河金

礦。在愛琿上游龍江右岸支流之最巨者，清光緒三十四年，與漠河同時奏設廳治，金礦距呼瑪爾河口約百五十里，近年所産金額實駕華俄各廠之上，計已發現之金溝五處，一、高墊子。二、南娘娘溝。三、瓦西利溝。四、興隆溝；五、交利布亞溝。五處産金額年得二萬餘兩。其附近呼瑪爾河者，有高升溝、得勝溝，全勝溝三處，亦均開辦。曰觀音山金礦。此礦向統於漠河總金廠，庚子之變，爲俄佔據，光緒三十二年索還。廠在嘉蔭河源。曰觀音山金礦者，以資糧屯積處名之也。曰太平溝金礦。此礦隸於觀音山廠，距蘿北縣治六十五里，距觀音山一百四五十里。現已開者凡八處，中有六處尚佳，每月約得金二百兩上下。曰都魯河金礦。礦在湯原縣境內，與觀音山僅隔一嶺，廠在都魯河上游，礦碃深七八尺，或丈餘不等，金沙薄者一二尺，厚者三四尺，設管廠委員主其事。曰奇乾河金礦。礦脈長四十餘里，寬約三里，歸漠河金廠管理。此廠昔日産金甚旺，每人每日所得之金有至十數兩者。曰吉拉林金礦。此礦開辦最早，庚子之變，爲俄佔領，收回後由商人承辦，光緒三十四年廠始歸官。廠地名小溝子，距設治局約八里。嗣因庫倫獨立影響，該礦爲蒙旗佔據，以致停辦。《東三省志略》。江省已辦之金礦約有五處，曰庫瑪爾河金礦，曰觀都金礦，曰漠河金礦，曰奇乾河金礦，曰餘慶溝金礦。庫瑪爾、餘慶溝兩礦屬於呼瑪縣，每年産金數量約俄權四十五萬二千九百八十三早尼克。俄權一早尼克折合江平一錢一分八釐，合銀二百另八萬一千六百另七元。觀都金礦屬於蘿北縣，每年産金數量約俄權五萬五千另八十四早尼克，合銀二十五萬八千八百九十五元。漠河金礦屬於漠河設治局，每年産金數量約俄權七萬另四百三十七早尼克，合銀三十二萬四千另十元。惟奇乾河一處尚未設治，其地面暫由黑河道直接管轄，每年産金數量約俄權十四萬五千六百三十七早尼克，合銀六十六萬九千九百三十元。《黑龍江統計報告書》。《地質專報》譯俄人阿耳特著之《礦産》云：金礦分布於北滿者，以下述各地最爲發育。布西縣之諾敏河右岸，室韋縣之根河上游及哈烏勒河、烏蘭河之間，哈拉爾河平地，眉華噶河、他布爾流域、珠爾干河，奇乾河，共二十一處。又，漠河縣阿穆爾河流域，胡瑪爾河上游，馬扎爾河及小溝，扎爾圖葛河平地小北溝、漠河老溝等，共五處。又，呼瑪縣呼瑪爾河之娘娘溝、庫瑪金龍溝、西烏勒溝、博西力溝、喜宜納溝，都渥喜克克河流域吉龍溝、金勝溝、吉支溝，克克勒河興隆溝、餘慶溝、上溝、大山子支喜溝，古龍干河流域古龍干支溝、古龍干腰溝、古龍干大溝等，共二十三處。又，黑河縣吉拉屯、滿洲屯之間及達彥河流域、法別列河，共三處。又，嫩江縣之泥鰍河及甘河上游、阿倫河上游、綽勒河上游等，共五處。又，布西縣甘河、諾敏河流域之腦河、阿二蘇河、諾敏河南部五里黑河、畢拉河上游等共三處。又，小安嶺之遜河平地及附近小河内佛山鎮之伊察河、烏河流域，蘿北縣之太平溝，又都魯河、梧桐河上中遊，湯原且之湯旺河等十二處。《北滿礦産志》。黑龍江産金聞天下，沿江數千里，幾無處不有金苗，其已著成效者在黑河道，管轄五處，每年産額爲江省收入巨款，行政、養兵胥以是賴，惟開採，淘取土法諸多，未能十分發達也。

傳記

徐潤《徐愚齋自叙年譜》 光緒十八年壬辰，五十五歲。

奉北洋大臣李札委，會辦建平金鑛，五月開辦。

二月初八日出津，三月初二日午刻，景翁因有寒熱未能上院。余上院時，見同鄉順德梁君炳南曾在吉林鐵廠六年，上院遞節，略求事十一款，中堂原有允意，唯内中一款擬招粵人五六千來北辦理吉林各處金鑛者，因此遂置不問。

二月二十八日，盧藝蘭勘口外金礦回，隨帶五宗金沙，經黄芝堂化驗：一號龍頭山綫尺餘，每噸化金一兩二錢；二號龍頭山線六寸，每噸化金一兩八錢；三號轉山子大線，每噸化金十一兩五錢；四號霍家地綫二尺零，每噸化金二兩左右；五號青山子大綫，每噸化金一兩五錢。查勘建昌平泉分界老河川、轉山子、二龍山、霍家地、青山子確係著名之所，週圍數十里，日出斗金，並非虚假。舊洞每處均尚可靠，擬三月初四、五日再與紫兄同去豆爾丁、虎頭石、長條子溝、黄金岱川、金廠溝梁查驗。該處又一種木煤化石見亦佳，離礦六七里。後查所來之石樣乃挑選之物，似靠不住，非土法能辦得益。三月初四日上院請假，照准。

三月十二日，擬搭新豐輪船去申，上院禀呈辦金鑛禀並章程，並禀鐵鑛章程。中堂云：「此禀就口外公事未合，似有壟斷之勢，詞意太硬，宜略圓通乃妙。」動筆改去五則，内一則係直隸應得一分餘利，改歸熱河所得。又云，地方鄉舍社友等宜籠絡乃妥爾。見人神色極好，仍有鄉人脾性，應易籠絡云云。及閲《鐵礦章程》，連答三聲，無錢而已。

三月十四日，上院稟辭，是日午後上船，與諸友話别，適商局總船主蔚霞同船，與論輪礦各事。十五日抵烟臺，晤靄兄諸君，並史晉生、毛戴陽，論松武兩軍用煤，並威海大連灣需鞏兩軍煤。到盛杏翁處便飯。各友三點鐘到船答拜，暢談十六鋪地並利國鐵礦、開平擬辦鐵礦、三平輪船、旗昌行價。李載之云：「山東金礦秋畦不理，月池出局。招遠機器擬拍賣，李肇初在申，靄兄此次來津，似未甚滿意。」云：「晚八點鐘動輪。」十七日午後兩點抵申。十九日查鼎恒申莊，並定造鼎恒錢票一、二、四六十吊，各樣一張。晤鄭紀堂，香山橋頭人。黎視筠，錫安順德人。詳論美國所辦金礦，似有條理。

四月十二三日，連接津電催去，想必金礦有成，因於十四日晚坐海晏船去津。松中丞全眷同船，談十年前事，頗以爲然，極蒙獎譽。十七日午刻抵塘沽，六點至津，晤景翁，神色均好。十八日上院，在簽押房謁見，詢問申地生意，商局、織布局、匯豐金磅、香港市面，逐一照回。隨後，杏翁進謁，論新撫台並鐵路、接通俄電綫、法公使挖泥船各事。【略】

五月初四日，接貴陽電云：「唐景翁、徐雨翁觀察别後爲念。二月奉書以點礦可圖。請派藝蘭偕令坦來勘，不識已商派定否？如蒙允商，兩君何日啓程，請電復，以便派員往曹家溪引導。敬請台安。」德榜即復電云：「貴陽王藩台電敬悉。藝蘭等蒙中堂派熱河金礦，未能前來。廷樞。」【略】

冬，十月初九日，與邵松喬自唐山出關，驗承德府所屬平泉、建昌、朝陽、赤峯各金銀礦山。平泉銅礦殘破不堪矣。

與邵松喬兄出關勘驗承德府所屬金銀礦苗，周歷各處日記：

【略】十一月初一日在建昌縣宿，早起飯畢，出門拜訪營官曾蘭生，稅官承楓庭，旗人。午後均來回拜。【略】初五日早起動身，行五十里，午刻抵金廠溝梁分局，見鄭紀堂兄各位悉。吳述：「兄等昨日先到，所開硐子離局甚近。」飯畢即偕各友上山查勘。硐工程見偏山盡是，老硐不計其數，另有不知年之高麗硐。初六七日兩天，查驗山上線道，安置提水機器一切工程，并查各把頭昔年辦理情形。另録一册。

初八日早起，由金廠溝梁分局動身，行二十五里，在臧家店尖。又行十五里，過四家子。又行五十里，至五家子。即上山驗線舊硐無數，高麗硐亦有。晚往臧家店，查問山礦昔年如何情形，及各把頭來見。所稱各節另録一册。是日同述三、松喬、竹軒兄等去五家子驗金礦山。此去往東南走金廠溝頭，起至臧家店一帶二十里路，兩傍高山，其中溝道百數十丈寬，亦有五、七、十丈，無寸土平地。見山脚溝傍黄金土硐甚多，有人天天淘挖。平灘地方三五土房，貧民居之，或離隔一二里見二三家，或隔四五里見十數家，居此不毛之地毫無寸土，生涯全恃淘金度日。若遇大雪天氣，連日不得出門，則一家無以果腹也。由四家子過去朝陽地面，見人烟較多，地土平坦，較建邑地面豐厚多矣。五家子金礦，盛恒山前年曾經開挖，帶去水泵，是用手摇，因水不足治，回去。

初九日早起，又上山復驗線苗形勢，述三兄畫出圖樣。飯後動身。東南楊家灣，大線一連三山，舊硐數百處。是晚回至四家子王家店住宿，行五十里。店主原籍山東，來此四代，人丁甚旺，自有地畝兩千頃，自種者多，每一人能種八十畝，關里一人能種三十畝。

初十日早起，動身行三十五里回金廠溝梁局。今日天氣稍和暖，溝内河中淘沙金之人不少。

十一日，與紀堂、述三兩兄及諸友復上山驗看，發施棉衣十餘件。畫出礦圖。過樑至東溝雜貨店，路小山出。迎祥談本山昔年情形。

十二日午前，由局動身，行四十五里，抵貝子府，仍偕松喬、述三兩兄同行，住陳姓店。路過道匪頭楊月春家，現已抄毁。【略】再由金廠溝梁行至二十五里，楊家杖子傍有猞猁虎村子，中乃楊家灣，南山有金礦。即偕述三兄上山，查舊硐有數百個，咸豐初年有人做過，已挖至三十丈之多，溝平水湧，無法施治，此三十餘年前之事。經述兄畫出圖樣另録。且又有銀硐，成色甚高，俗名之爲斤八兩。到貝子府時，有于都司派營兵來接，是晚在貝子府宿。

十三日，行八十里至各力格分局。早起動身，正遇大風，寒冷異當，車馬難前，隨從各役而凍膚裂。坐卧駝轎中甚覺不安，路上之人其寒冷更可知，兼之道路難行，迫上坡岡，冷苦益甚。查口里口外冷度迥異，此地勢之愈高，天氣愈冷。聞土人云，金廠溝梁地方比刀兒磴高二百數十丈，各力格比金廠溝梁又高一百數十丈，其冷可知。午前行五十里，到皇古蘇台燒當雜貨大店尖，店東係下窪五百萬。此時苦寒，各役甚欲止宿，余意店中不便住宿，仍冒寒而行，道路凹凸，非溝即嶺，傍晚始抵各力格局。繆樹、侯王哨官帶隊二十名，在腦包營子溝下迎接，各把頭帶各小工送傘匾牌來，並見各友經過溝中，層冰凝結，駕轎之騾亦疲不能前。駝夫稍不留心，將轎滑跌兩次，頗險。松兄、述兄兩駝轎騾子亦滑跌一次。李馬兵面皮、耳朵業已凍破，又被馬滑跌，幸不甚礙。其餘各友來接者，或

馬行，或步行，到溝中冰滑處，有被大風吹倒者。一路行來，看貝子以北之村子更加窮苦，不禁暗暗生憐，而余咳之症益深矣。

十四日，又大風，冷甚，在房屋中不覺，一到院外，殊覺風如刀割，鬍鬚堅冰，吐痰能碎。早起風大，不能舉步出門。查問開礦情形悉，當初向有人私挖，今年聶統領曾來封禁。七八月間，經本地土民求懇，傳弼翁方開。屢禁屢開，實爲地方苦民養生之源，其勢不能久禁。九月間，經繆樹侯兄查到，此間即歸建局開辦，包出外工，按三七抽分。各把頭所述情形。

十五日風稍定，仍冷甚，早起即偕吴述兄到山上驗礦。余將大襖脱去下井勘驗各線。查此硐由南入北，如牛飲水，灣曲折下，行二十餘丈，又直入二十丈，足有五十多丈到底。舉其硐口，僅容一身，又須曲背而進，處處危險異常。除小工把頭之外，未有到硐底。上次傅弼翁、沈海翁欲下去，未到半硐即回轉矣。余到局中聞局友都未去看過，究竟綫之寬窄，硐深若干尺，不得不親身下去一驗，各把頭甚以爲異。其硐口祇有三尺餘寬，灣曲而下約二十丈深之後，直硐到底，總有三十餘丈，共計五十餘丈，土法硐以此爲最深。余下去時，停歇四次，述三兄停歇一次，到底年輕。見小工提水取沙兩，在硐内上上下下，實不容易。每柳斗水三四十斤，每簸蘿砂重四五十斤，頂載上行，送出硐口，亦生涯之至苦者也。

十六日，又大風，冷甚。洪哨官號國軒，下午同成全五兄來見。此人口外財東，年約四十餘歲，頗精明。晚間囑松兄盤查各力格帳房經手人各帳目，重定新章，以後即照章辦理。又聞下窪尚有一位第一財東，名王百萬，未曾見面，年約三十餘歲。又春玉和號向供把頭，叨光不少。

十七日風定，復驗山看硐子無數，均由東而西，照綫挖硐，直至黑山處，共六段舊硐，約十里路。又驗一線，招外把做。十八日，本欲動身，因候銀兩久未解到，收金之價積欠不少，所帶盤費銀一百數十兩暫時挪用，幾有走不動之勢，既可急又可笑。十九日晨起，吩咐各人辦理諸事，囑繆樹侯兄往貝子府、王子廟、東井子查綫，聯絡王府等事，又囑鄭偉如同赴各處。飯後即動身，道路難行，溝中冰滑，牲口不前，望西北迎去，迎風而上更覺苦寒。行抵去都營子，住李保隆家，從役人等另住别店。夜下大雪五寸，承洪國軒兄派馬隊兩名前程引導。

二十日早起，雪晴動身，道路更難走，山坡山溝上下尤滑，至北塔楊家店尖，行四十里，半道見打獵之人，二三人一處，三四人一處，均乘大雪尋獸迹而行，所獲野兔甚多，亦間有貛狼。詢店東：「今日經過一帶何以未見牲口？」則慨然答曰：「即我一家而論，當初亦有牲口十六七頭，無端禍起，痛遭紅帽擄掠一空，賊來如掃，兵來如水，今始知之。刻下只有小驢四頭，種地不及三十分之一。本來有子四人，其三帶眷逃往關東，其一在家，今年物故。老夫婦年近七旬，覩此寡媳幼孫，時抱桑榆之痛。雖長孫年過二十可助持家，而小孫兩人，孫女兩人，共八口之家，兼顧三四親眷，一門十數口，終日待哺嗷嗷。兵變餘生，誠不知何以卒歲？」言之凄楚，聞之酸心矣。【略】

二十三日早起，動身行三十里至舉家杖子。謝月樵兄來迎，風猛寒極，到局見盧藝蘭諸友。畢家杖子至霍家地局十里，偕月樵、藝蘭往西大綫查勘礦苗，見滿山皆舊硐，不勝其數。又至橋頭廟時已傍晚，山頂風更大，此身頗覺不支，大影壁山、城子山亦望見，然不能再去矣，即回局安卧。是夜未食，覺有疾，竭力支持，亦未聲言。夜間仍傳各把頭問話，囑人録出。

二十四日早起，再論霍家地諸事，傳把頭詳加考察，遂囑月樵兄妥爲經理其事，有願包外工者准其包辦。聞專山子綫道甚好，匆匆即走，未及一勘。月樵兄送行四十里，至黑水，宿住春生雜貨店。遣回馬兵二名，致函謝洪國翁，並攜去各力格信。

二十五日，行九十里至頭道營子宿，早行四十里到大德泉燒鍋打尖。此店係李蓉軒兄所開。中途見有兩婦，年約四五旬，於道傍推碾，身尚單袷，瑟縮可憐。自霍家地一帶，至此地方情形益苦，土人半於山腰穴居。又行五十里，時已初更，王問渠兄來接，至頭道營子宿蒙古人家，皋局現下暫居此房。途中又見有年青婦女轉碾，且行且泣，情殊可憫。自霍家地至此，沿途民情益苦，道路益難，此處離硐口尚有十數里，往來不便，擬撤去。晚間陳達三兄來晤談各事，另録。查此間一帶營子，蒙古人有九，漢民祇一成。

二十六日晨，早飯畢起行，過大樑一道，統計十里到長皋分局。該處草棚一連十間，茶叙，即上山驗線。到蕎麥地，土毛山厚有數丈，硐不少。土人云，前時山腰中有一綫寬三尺多，中間夾有明砂黄金一條，三日間挖見黄金六千兩，大有名氣。本想到鷄冠山碾子溝，因風大不能去，午後回來，約七八里地。該處有公主陵，即偕各人往遊，見碑注係康熙五十一年七月和碩端靖公主陵。聞看陵頭二等護衛云，現在後代即色公爺、克二爺、花三爺四季來陵致祭。其陵前松柏丸丸，數棵以外，盡是冬青樹，有數千株。觀畢即回，時已晚。接金廠溝梁局來信，晚間即復。又致總局各信。並問各把頭言詞，另録。江貞，萊州府人，前在鷄冠

山陽坡挖過墨晶寶石，每塊一尺多長。又有一塊，方員一尺。又小塊三四寸，至京城可得價數百金。不好者每斤只數十金。由此去哈噠七十五里。是晚仍宿頭道營子。

二十七日，早飯後動身過樑二道，至二道營子永興德舊燒鍋。蒙古人金聲年八十歲，幾不肯留宿。因馬兵二名帽有紅巾，不敢留宿，疑爲上年紅帽子賊，至今心猶懍懍。店中房子已被紅帽子燬去大半，到晚間與談甚洽，送以廣東丸藥、陳皮並廣東新鑄小洋，得之甚歡。彼亦送我錦州蝦瓜醬菜等。此處一帶蒙古人最多，由此去二十餘里，財東老劉家頗富，肯做好事施米等。

二十八日，行至三座店宿。辰起動身，所過均係蒙古營子，未被上年之亂。所經大城子府、小城子府、喇嘛廟等處雖未遭亂地而亦苦。行四十里。一點鐘到南瓦房源昌燒當，山西王姓人所開，當家係玉田縣人劉祥，年六十餘歲。又行三十里至三座店，入三義成雜貨店止宿。當手甚講交情，因知我辦唐山礦務局。

二十九日晨起行，未尖，行六十里，兩點鐘到熱水分局。飯後即上山，先到火家溝驗，興隆嶂甚好，水勢果大進。朝陽溝四指線有明金山，溝内土人淘河金有三五十人，每日得幾釐金，亦有二三分金。稍有所得，即可養生有飯吃。惜乎土毛太厚，水亦過大，一人挖砂，二人幫水，合之不見多，分之益見少矣。到爛板磴驗舊硐數百個，到老牛槽、六批頭一帶。回到熱水湯，適見土人在此搊猪。其可知泉有五畝地大，有六小池，五六尺長，沐浴處有兩間，男女分別。看過回局，各把頭來見，另録。松喬、偉如及各役人等，皆在舊燒鍋店内住，此店中不甚潔净，多年未有人住，有車夫等睡覺，之後頗不安静。

三十日覆驗各線硐，到火家溝、興隆嶂看安摇水泵機器。回局早飯，午後至熱水湯沐浴，極爽快，能治病無疑。松偉等亦去沐浴，亦多知其好處。

十二月初一日，清晨，走五十里，兩點鐘到武梁蘇王家店尖。又行三十里，五點鐘到大營子劉家店宿。店主甚遷就，將眷搬出火炕，讓我們安睡。是日復大冷，行路又難，此去又非嶺即溝，溝寬田少，咸豐九年大雨所冲，土民因此大苦。

初二日，晨早行不數里，過小梁，又過大嶺，足有十里，連過高低小嶺三處。近承平局二三里路，見婦女往來，有數十人均有棉衣，始知承平局中已將棉衣施散矣。到山口，黎哨官竹南帶隊十數人來迎。到局門口，把頭來迎接，甚爲熱鬧。至宅門，見芝堂兄各人入帳房安歇，即述三兄住所。午飯飯後，始知鐵匠房、木匠房均遷至大井口一帶。棧房之内，劈柴地、砂院地較去年已寬闊五倍之大。觀廠内情形，響聲較之去年已勤，而工人比去年有三五倍之多。溝邊房子亦多出不少，老君廟前兩段大空地設了爆砂爐，熬鐵爐有二百多座，碾子四盤。

初三日住局，諭各事，舊把頭均來見。午後上山，復驗過帳房。是晚仍宿局。初四日清晨，由小道二十四里上駱駝脖長，七八里至大烟筒山之溝底。查山房王太、張文姜、余德金來見。身上較去年甚光鮮，均稱去年至今蒙局中提拔，頗有生機，所用炸藥亦十分得手。同到李滄橋所做之嶂。又蒙古嶂有上條陳擬山，山脚溝邊打扒硐約一千丈，可碰大小線五道，能設錘鍋一二百，可望多出銀子。上山腰查山房到張禄茂之嶂，本年出過銀子六七千兩。陳茂亭同往，過大嶺即陰坡之下洪字號，舊大井有四五十人打水，已費錢六七百吊，指日可以望好。直到西大井，統山老把兒頭三十七人、工人千數來接，歡聲雷動。驗井後回局中，時已三點半鐘。志儒、月波諸君來見。由孤山子大道過烟筒山五六十里路，是晚西局宿。

初五日早間，各把頭來見，長談統山情形。後與陳茂庭、唐志儒並余三人到大井，落井到三百尺井底，驗後上二百尺，到一百尺，東西横硐統統驗明，由礶道上落。早一點鐘驗線，把頭張四得年六十餘歲，自不小心，由井口跌至平板，大約性命難保。冰甚滑，回局午飯，述三、芝堂亦到。約驗各處，另録一册。是晚仍住西局。

初六日，早飯後起身，半途中下雪。四點鐘行抵頭溝六十五里王姓店宿。晚間，徐仲三由八溝來信云：向平泉張明府名繼良，號仲房。要告示，不允。

初七日，早行四十里至黄土坎北店尖，此處鄉人較之霍家地、長皋克民人絶然兩樣，街中居然有物可買，面上均無菜色。又行四十里，四點鐘到熱河寶源店宿。

初八日，兩點鐘進見都憲，上手本稟安。稟見劉巡捕面述，都憲連日氣喘，未曾會客，並問從何而來？答以十月間出關驗礦，從建昌、朝陽、赤峯交界來此，擬將驗礦大致情形面稟，帶有石金、沙金並各石苗，各處山圖，請爲代稟。復傳留下石樣、金樣圖樣，要看看後交還。並問有圖有説否？答有日記數張。並囑留下，抄出一分，明日還。拜熱河道、承德府，因雪大未會。

初九日拜訪何子寬、楚立亭、林一臣並電報局南邊友，是日送各處禮。晚間，至何子翁公館酒敘，座中道、府兩署幕友均是浙籍，兩孫姓、一馬一沈、都憲

奎斌、欒山。道台廷雍，邵民。上年見過府崇祥。雲生。

初十日，都憲差帖拜府，告病假。差帖拜廷邵翁，親拜長談，論地方各樣事談談。【略】

十一日清晨，由熱河動身出虎頭山、僧冠帽溝，過梁大小三道，約二十里到天然椅山脚，而風景頗好。再行三十里，老爺廟陳姓店尖。行四十里到六溝，過大小梁三四道，五點住萬陞店。此店甚不妥當，無物不貴。

十二日清晨，走四十里至七溝打尖，過兩道大梁，又行五十里到平泉州大有店宿。四點鐘即拜訪張明府，未會。稍有寒熱，承其派當差三人來招呼送菜。【略】

十三日清晨，向東北行走四里，路冰河，過梁兩道，十一點鐘到銅硐子。張錦堂來見，即到西廠，又到各硐驗看，殘破不堪。兩點半鐘回局，午飯後，原路回八溝，來回行八十八里。

十四日清晨，張仲翁來答拜，談許久，又送菜。午後，往拜汪鑑堂參將，本人又送菜。收到總局內來往霍家地山分已定四十兩，長皋、榆樹溝五十兩，每年兩次，分交妥當之至。

十五日清晨，八溝起行，五十里至楊樹梁、午尖梁。上有舊煤硐，由山頂挖下去，所開數十年未曾見水。又行二十里至石灰窑，時不過三點鐘，自出門以來，今日第一次如此之早歇。

十六日晨起，走四十里，三十家子李姓店尖。又行三十五里，過空山，走月兒磴。又十里，四點鐘抵柏杖子總局。由熱河到此，總未走著平道，非山即溝，艱難之至，口外崇山高嶺。余出關，此次走二千八百來里，見長城一帶均園山頂，最高是獨山，其外面各山最高是烟筒山。由長城出去一千餘里，見各山樹木稀少，有新出小株，均作柴炭，故山上無大株樹木，惟山上黄草最盛，牛羊食之易肥大，沿路各山牛羊最多。

十七日至二十一日，在柏杖子總局擬改土法等事以備會商。燕翁斟酌辦理新正開工，候唐山來信照行。鄭陟翁已卧床四十餘天，祇好慰勸伊進關到津調理。二十二日，動身進關，行七十里到馬圈子宿。是晚六點鐘，接述三兄十八日專馬隊帶來各信，並金子兩件。又化見藝兄寄到霍家地青山子砂石小包重四錢，合每噸得净金一百零四兩，從未見如此之高云云。又山圖三張，即晚復信，交馬隊帶去。

二十三日行一百十五里，建城營宿。

二十四日，清晨五點鐘起行，過遷安縣，行五十五里至棗村徐家店尖隆發字號。所過各地方似乎比別處較好。行五十五里，由下凉汀山頂過梁入鐵路公司，晤李少卿觀察。到車站晤詹、楊、鄭、項諸君。到灤河邊見工程已做不少考究確認真，至工程師郭士家茶坐，有西友三位同談。七點鐘，請晚飯，七客亦是八大八小，談至十一點鐘而散。昌黎小火車可到該處，宜設買煤廠，聞銷場甚廣，董雲閣代爲經買煤炭，每斛京錢八百六十文。查林西七百丈，較之上半年市價便宜三百多，目下凍河銷場亦甚好，該處往後生意必大興旺。

二十五日，火車七點三刻開車，過菜莊三十里到古冶，六十里，下車到林西礦務局見倪耘翁談局事。鄺鏡河從三號井直到四號井，驗原水泵已備好，大井水尚有一丈未提乾，大飛輪已換過，放大加寬。余聞將來恐難持久，因機力不匀之故。新鐵匠頭梁和來見，香山人，年四十六歲。伊自開過鐵廠，議論極穩。燕翁囑伊將各機器等件改修妥當，所指毛病亦近理，約費三千金，果能如願，可省一二萬兩。連換機器及整理各件，時候耽擱亦非淺也。兩點三刻至唐山車站，陳靄翁及諸公到站來見，同到西廠。

紀事

《論衡校釋》卷一九《驗符篇》 夏之方盛，遠方圖物，貢金九牧；禹謂之瑞，鑄以爲鼎。周之九鼎，遠方之金也。《儒增篇》云：「周鼎之金，遠方所貢，禹得鑄以爲鼎也。」人來貢之，自出於淵者，其實一也，皆起盛德，爲聖王瑞。《禮斗威儀》曰：「君乘金而王，其政平，則黄金見深山。」孫氏《瑞應圖》曰：「王者不藏金玉，則黄金見深山。」金玉之世，故有金玉之應。文帝之時，玉棓見。金之與玉，瑞之最也。金聲玉色，人之奇也。永昌郡中亦有金焉，纖靡大如黍粟，在水涯沙中。《後漢書・郡國志》：「永昌郡博南縣南界出金。」《華陽國志》：「西山高三十里，越得蘭滄水，有金沙，洗取融爲金。」亦見《水經》「若水」注。纖靡如黍粟，正金沙狀也。民採得，日重五銖之金，一色正黄。土生金，土色黄；漢土德也，故金化出。金有三品，《禹貢》：「揚州厥貢，惟金三品。」疏引鄭曰：「三品者，銅三色也。」王肅、僞孔并云：「金、銀、銅也。」陳喬樅曰：「鄭以金三品爲銅色，當是今文家說。三色者，蓋青白赤也。」《漢書・食貨志》曰：「金有三等：黄金爲上，白金爲中，赤金爲下。」注孟康曰：「白金，銀也，赤金，丹陽銅也。」黄比見者，黄爲

瑞也。

永平十一年，廬江皖侯國園際有湖。皖民小男，曰陳爵、陳挺，年皆十歲以上，相與釣於湖涯；挺先釣，爵後往。爵問挺曰：「釣寧得乎？」挺曰：「得！」爵即歸取竿綸。去挺四十步所，見湖涯有酒罇，色正黄，没水中，爵以爲銅也，涉水取之，滑重不能舉。挺望見，號曰：「何取？」爵曰：「是有銅，不能舉也。」挺往助之，涉水未持，罇頓衍更爲盟盤，動行入深淵中，復不見。挺、爵留顧，見如錢等，正黄，數百千枝。孫曰：錢不得言枝，枝當作「枚」，形近之誤。《事類賦》九、《太平廣記》引，并作「枚」。即共掇擁，孫曰：《事類賦》、《太平廣記》引，並作「掇摭」，是也。當據正。各得滿手，走歸示其家。爵父國，故免吏，字君賢，驚曰：「安所得此？」爵言其狀。君賢曰：「此黄金也！」即馳與爵俱往；到金處，水中尚多。賢自涉水掇取。爵、挺鄰伍並聞，俱競採之，合得十餘斤。賢自言於相，相言太守，太守遣吏收取。遣門下掾程躬奉獻，孫曰：《太平廣記》作「裕躬」。具言得金狀。孫曰：《後漢書・明帝紀》：「永平十一年漅湖出黄金，廬江太守以獻。」即此事也。詔書曰：「如章則可；不如章，有正法。」躬奉詔書，歸示太守。太守以下，思省詔書，以爲疑隱，言之不實，苟飾美也；即復因却上得黄金實狀如前章，事寢。十二年，賢等上書曰：「賢等得金湖水中，郡牧獻，訖今不得直。」吴曰：「今」當作「金」。詔書下廬江，上不畀賢等金直狀。郡上「賢等所採金，自官湖水，非賢等私瀆，故不與直。」十二年，詔書曰：「視時金價畀賢等金直。」漢瑞非一，金出奇怪，故獨紀之。金玉神寶，故出詭異。金物色□，先爲酒罇，後爲盟盤，動行入淵，豈不怪哉？

李昉等《太平御覽》卷八一一《珍寶部一〇・金下》 《搜神記》曰：魏郡張巨責宅與程應，應舉家疾，賣何文。文獨持大刀，暮入北堂梁上。一更中，有人丈餘，高冠赤幘，呼曰：細腰應諾，何以有人氣，答曰：無。文問曰：高冠者誰？答曰：金也，在西屋壁下。文掘得金三百斤。

《異苑》又曰：「新野黄舒義熙中耕田，得一船金。卜者云：三年勿用，長守富也。舒不能從，遂成土壤。」

又曰：「永康王曠井上有一洗浣石，時見赤氣。後有胡人寄宿，忽求買之。曠恠所以求，及度錢，子婦孫氏覩二黄鳥鬭於浣石上，疾往掩取，變成黄金。胡人不知，索市逾急。既得撞破，石内正有二鳥處。」

又曰：「即墨有古冢，發之有金牛，塞埏門不動，犯之則大禍。」

《述異記》曰：「南康雩都縣沿江西出，去縣二里，名夢口穴，狀如石室。舊傳常有神鷄，色如好金，出此穴中，奮翼廻翔，長鳴響徹，見人輒飛入穴，因號此石爲鷄石。昔有人耕此山側，望見鷄出遊戲。有一長人操彈彈之，鷄遥見，便飛入穴。彈丸正着穴上，丸徑六尺許，下垂蔽穴，猶有門隙，不復容人。又有人乘船從下流還縣，未至此崖數里，一人通身黄衣，檐兩籠黄紙，求寄載，因載之。黄衣人乞食，船主與之。食訖，船適至崖下，船主乞瓜，此人不與，仍唾盤上，徑下崖，直入石中。船主初甚忿之，見其入石，始知神異。取食器視之，見盤上唾悉是黄金。【略】

《幽明録》曰：淮牛渚津，水深無可筭計，人見一金牛，形甚魁壯，以金鏁絆也。

又曰：巴丘縣百金崗以上二十里，名黄金潭，上有瀨，亦名黄金瀨。古有釣於此潭，獲一金鏁，引之，遂滿一船，而有金牛出，聲貌奔壯。釣人波駭，牛因奮躍還潭。

《異物志》又云：晋南頓王平新營一宅，始移，夢見一人云，平與令黄欲以一器金賂暴勝之，爲暴所戮，埋金在吾上。見鎮迮甚，若君復築室，無復入金。明旦，即鑿壁下，入五尺，果得金。

又曰：譙縣城東，因城爲臺，方二十丈，高八尺，一曰古之家也。魏武帝即築以爲臺，東面墻崩，金玉流出，取者多死，因築復之。

又曰：海中有金臺，臺内有金幾。《玄記》紀金之精爲牛。

《嶺表異録》曰：五嶺内富州、賓州、澄州、江溪間皆産金。側近居人以木箕陶金爲業，自旦至暮有不獲一星者。鄭圮《傷淘者》詩云：「披沙辛苦見傷懷，往往分毫望亦乖。力盡半年深水里，難全爲一鳳凰釵。」就中澄州者，最爲良金。余頃年使於上國，親友，不欲書其姓字。附澄州金二十兩與當時權臣，余訝其單鮮，友人曰：金雖少，貴其夜明有異於常金耳。遂留宿驗之，信然也。

方濬師《蕉軒隨録》卷四 掘得金山。乾隆丙戌，甘肅高臺縣民胡媛、楊洪得等於武威縣山中，掘得金山一座，經山西民任天喜引驗繳官。

陳耀文《天中記》卷五〇《金》 夜明。五嶺内富州、濱州、澄州、江漢間皆産金，側近居人以木箕陶金爲業，自旦及暮，有不獲一星者。鄭圮《傷陶者詩》云：「披沙辛苦見傷懷，往往分毫望亦乖。力盡半年深水裡，得金爲一鳳凰釵。」就中澄州者最爲良金。余頃年使於上國親友，不欲書其姓字。附澄州金二十兩與當灼權臣，余訝其單鮮，友人曰：金雖少，貴其夜明，有異於常金耳。遂留宿驗之，信然也。《嶺

表録異》。

郝懿行《曬書堂集》文集卷一〇《記・岠嵎山記》 余嘗以秋冬過金山邨，見沿河居民有聚於水者，詢其事，曰淘金。後又以事適他邨，所見亦多此類。蓋金之利不獨兹山有，而兹獨以得名者，其來必有自及。讀《郡邑志》，其地即古所謂岠嵎。按：岠嵎，書名嵎夷，史名郁夷，或名禺鐵。要之，其地皆不殊。其以金得名，則始於隋開皇中，牟州刺史辛公義於此坑冶，得黄銀獻之，而土俗訛傳出黄金九屋，俗儒便紀之於石，其後遂置金户，以充貢。歷唐、宋、金、元，民不勝苦。善乎！宋王旦之言曰：「採金多則背本趨末者衆，不宜誘之。」且余嘗聞夫淘金之説矣，金在沙際不可見，必汰蠱而後金出，其細小可知。王充《論衡・驗符篇》説廬江於湖際採得金十餘斤，獻之。詔畀金直。又説永昌郡中亦有金焉，纖靡大如黍粟，在水涯沙中，民採得日重五銖之金，一色正黄。《華陽國志》亦云：「蘭滄水有金沙，洗取融爲金。」此皆纖小不足充貢，聽民自採，從其便焉。秋冬無事，相聚游閒，得少錙銖，以供朝夕，本非金穴，那覓金苗。而朝廷歲歲所徵，著有定額汰之不得，户盡逃亡，而官民交受其累甚矣。俗儒之爲禍也，筆墨之事可不慎哉！山崩於宋慶曆中，徹海底有聲。又《金史》楊安兒將由海走此山，則山疑在海濱，今距海尚百餘里，寧有兩岠嵎耶？按：《澠水燕談五》云：「慶曆中，海上岠嵎山地震，逾年不止，然則山在海上，因震而崩矣。」《金史》所稱，豈前時耶？俟考。《齊乘》云：「嵎夷，海岸名山也。」或云山在今寧海州，其説是矣。今其山不可得，獨有所謂金山寺者，巋然猶存。余過其地，訪其遺蹟，僅於荒榛斷梗中得殘碑，摩挲讀之，蓋即辛公所立者。余謂此碑可毁，而今猶在，何山則崩，石不泐也。夫山水固多不遇，至幸一遇焉，又或無利於人，而有害，則其遇反爲不幸，而不如埋没之爲愈。嗚呼！豈獨兹山也乎哉！

徐宗亮《黑龍江述略》卷四《貢賦》 黑龍江省礦務，肇於光緒十年，成於光緒十四年。其地在江右漠河，與額爾古訥河相近，對岸俄境即雅克薩故城。漠河一名墨河，源出内興安支嶺，北流入江，距齊齊哈爾、黑龍江兩城，各千六百餘里，其上下左右金坑甚多，惟漠河以中俄盜采著名。今奏派吉林候補道李金鏞，設總局於此，辦理黑龍江省礦務，由黑龍江將軍會同北洋大臣督治其事。

按：中俄分江而後，大黑河屯爲通商口岸，俄商則以金砂爲大宗，中商則以菜牛爲大宗，往來交易，獲利均巨。初不知金砂出何礦也。近十年來，泰西諸國率用金磅，金價因之日昂，探視金苗者，無地不搜。俄人習於礦務，在黑龍江左岸開採有年，因勾結華民越江盜采，如漠河以東阿爾罕河、奇乾河等處，縱横二三百里，輒有坑穴，亦不知起自何時矣。舊例齊齊哈爾、墨爾根、黑龍江三城，各派協領，至額爾古訥河一帶巡江，以防俄人越界。分江之後，等諸具文，并協領等官，亦不親往，於是俄人益無忌憚。至光緒十年，俄人在漠河山内，招集中俄四千餘人，大事工作，造屋七百餘間，立窑五百餘所，風聲四播，遠邇悉聞。將軍文緒公乃奏參黑龍江副都統以下官，各予處分。一面由總理各國事務衙門，照會俄國駐京公使，轉飭海蘭泡城固畢爾那托爾，將漠河俄人勒限收回，以符界約。一面籌派兵勇，分道前往漠河，將漠河華民概行驅逐，以申禁令。展轉數月，事始粗定。乃復奏善後事宜，其略曰：「咸豐十年，中俄重定界約以來，將逾二紀，黑龍江地方，無所容其侵占者，實以大江界限昭著，遇事可以理辯，爲曲直之定衡。自盜采漠河金坑，俄官佯爲不知，暗予主持，揆厥情形，未嘗不圖越過大江，乘時附勢，以爲得寸進尺之計。其智甚深，其謀更狡，若不嚴於防範，不特黑龍江藩籬浸撤，即盛京、吉林，亦恐無以自安。而漠河一帶，深山荒阻，四無居人，遠距各城，均在一二千里。此次懸軍深入，轉運極艱，面面俄屯，終恐利念不息，一逐之後，再圖越犯，既不能違約立辦，駢首示警，即按名擒送俄官，亦且任意釋放，主客勞逸之勢，重困於中，自非常駐重兵，轉運不匱，斷難杜其窺伺。應請歲派練兵四百名，作爲漠河防軍，歸協領一員統領，黑龍江副都統節制。其練兵由齊齊哈爾、布特哈、墨爾根、黑龍江四城酌調，歲以二月十五日更番代戍，每兵月加餉銀一兩，别設轉運局，於大黑河屯，籌辦糧食鹽菜，以資供給，均由洋藥税銀項下，核實支銷。」云云。詔均如所請行。而大黑河屯，西至呼倫貝爾轄境，增改新舊卡倫二十餘處，派總管官一員會同統領稽查，一應事宜，部署粗有緒矣。先是出使英俄大臣曾公紀澤咨稱：「俄人薩比湯，欲在中國黑龍江之粗魯圖海卡内，約租地段，設立公司，開採金石各礦，遞有説帖，應請總理各國事務衙門，設法阻止。」其説帖曰：「在中俄邊界，正對粗魯圖海界卡，有中國境地一所，計自阿爾坤河起，及一帶之港汊澗谷，至阿爾巴西嘎河口，至黑龍江會處爲止。現有俄人公司，欲在該地開採金石等礦，本公司不在地方安集居民，亦不建造房屋，將來租約期滿，仍將地段所建一切工程，俱讓還中國，毋須償價，如飭令平毁，亦無不可。查該地方俱系曠土，毫無居民，亦無賦税，中國如允所請，將來征收租價，可成巨款，并可爲國家的確進項。中國酌定章程，飭令輸納，但事屬試行，租期至少以十年爲期，公司如於期内確守定章，期滿仍可照舊按租。」云云。

已而出使英俄大臣劉公瑞芬，又咨稱：「俄國官紳，有思集股，采取粗魯圖海卡界金廠之議，中國若不先事籌辦，始而租賃，繼而圖占，皆在意計之中，貽害甚巨。」云云。時值將軍恭鏜公蒞任，請訓之際，奉諭旨，以開辦漠河礦務爲首。於是道出天津，會商北洋大臣李公鴻章，奏調李金鏞，由吉林先往漠河，履勘大概情形，十四年十月始行開局。考俄人薩比湯説帖所稱，粗魯圖海卡界，即額爾古訥河東至漠河之境，阿爾坤河疑即鄂爾多昆河，與漠河對岸相直。阿爾巴西嘎河口，黑龍江會處，似即今諾尼、松花二江，會黑龍江之黑河口。其規取右岸東西各境，以爲礦地，舉凡内興安嶺陰之一帶山河，包括無遺，謀慮亦狡矣哉！然自中西通商以來，開礦之舉，歲不絶書，能收效獲利者十不及一，稠人廣坐之間，議及開礦，大率掩耳而走。漠河開局，實賴北洋大臣主持，籌銀十一萬兩，黑龍江省亦籌銀三萬兩，以資經始，擴而充之，殆非旦夕之所可期，而沿江礦地，幾及三千餘里之遥，次第開採，固不患無利之可圖也。東三省金礦之興，始自吉林，同治、光緒之間，見於奏報者，即有金匪名目。蓋深山大澤，綿延數千里，其氣磅礴，鬱積亘古而未一泄，參珠五金，隨地而出，實天壤自然之利，以濟國用、民生之窮。禁網未開，奸民之雄，冒死殉財，往往以徒手而致巨富，雖封禁緝捕，嚴立科條，亦不過爲庸劣將弁樹一陋規而已。今漠河金礦自出中旨，視内省招商集股，較爲固實，然慮有難焉者，礦地所在，與俄境僅隔一江。自齊齊哈爾轉運百物，以至黑龍江城，而後水舟陸車，悉資於俄，計程一千六百餘里，賃租價值，已屬不貲，設及利旺之時，不免意外要索，滋起釁端。周旋於平時，懾服於先事，既賴專精洋務之材，尤必有良將勁兵鎮撫其地，庶足内戢群聚之游手，外杜强鄰之生心。且百物資於他城，糧石尤爲大宗，運糧一石，費至四石以外，礦苗若旺，工食尤多，一有不濟，立致内嘩，勢非就地開屯，不足以維永久。而自漠河以達黑龍江城，沿江右岸，終古未闢，無復人行足踪，地氣荒寒，即屯種收分，亦難預計，非如呼蘭三城，一紙開招，萬衆立至。當履勘情形時，原有開道[illegible]議，由布特哈、墨爾根城兩境之中，鑿山而進，以抵漠河，較北轉孔道，至黑龍江城，而西徑至千五百里，顧非積衆三千，期以二年，未易開達。蓋叢山曲澗，間以窩集，即哈湯。別無蹊徑可尋，大木環蔽天日，號稱「樹海」，力伐亦無出路，兼系諸部落采捕游獵之場，烈而焚之，勢多窒礙。其後總理各國事務衙門據以入奏。奉旨飭撥齊字營練軍二三千人，從事開道。而練兵不嫻工作，大臣將軍議寢不行。考泰西各國，首重礦政，設立公司，君民共之。開辦之初，實亦利害參半，積以歲月，始專其利，其要在積本之厚，任人之篤。新舊金山，合中外之力，成富强之功，固非一蹴而幸致者。漠河礦務以十四萬金之本，臨三千餘里之地，精神運量，誠不見其有餘，當事者其毋以欲速見小爲心，庶乎可已。礦務章程，經北洋大臣奏奉諭旨，飭下總理各國事務衙門議復施行，世多有之，今不具。

馬炳乾《〔宣統〕高要縣志》卷一一《食貨篇二・物産礦物》 金。第三區下楊梅時，距村四百步許山坑中，有金礦。鄉人曾集貲開採，金色甚佳，惟金苗未見，輒以事止。

著録

《清朝續文獻通考》卷三八八《實業一一》 黑龍江礦政。江省爲中國邊外貧瘠之區，而實亞洲上腴之地。其山之自北而南者以十數，與安嶺爲最大；自東而西者亦以十數，伊勒呼里爲最大。二山縱横綿亘千百里，而黑龍江環其東北，嫩江曲貫其南，與松花江合仍東匯於黑龍江，萃數十百小山。水爲一二大山巨浸，蜿蟺逶迤，交流屈注，往往精光寶氣隨地湧出，則有若漠河、奇乾河、庫瑪爾河、都魯河、吉拉林河。若觀音山、鏵子山、九峰山、托羅山、平山、景星山，以及安達金牛山、懷歡洞、馬鞍山、朝陽坡、大砬子、張天柱窩棚諸處，大抵五金礦、煤礦、水晶、翡翠、鹽鹻五色土之屬，無所不有，而金礦爲尤多。夫江省乃塞外數千年來蒼莽狉榛之塊土耳，今乃光怪發見，藻野縟川，幾乎黄金遍地，匪惟内地所不及知，即向之宦遊斯土與夫滿蒙漢之士著者，又豈知其藴藏之如此宏富哉？惟辦理不得其人，開採不得其法，則大利所在，常至於糜款項、廢時日，而迄無成功。曩者奇乾河、都魯河等處，亦嘗設官立廠，鳩工集資，而公家終受賠累者，其弊大都如此。世昌莅東後，遴派妥員將吉拉林、庫瑪爾、都魯諸河及甘河開辦金、煤各礦利弊情形，認真考察，酌訂章程，業於去年奏明咨部各在案。綜覈其始終之故，一由於税捐稍重，一由於機器不備，一由於保衛難周，而實則由於財政不足。財政不足，進無後效可圖，退則前功盡棄，此礦業所以終難發達也。米利堅造國之初，頗患貧困，旋於其加利佛尼亞省得舊金山一島，招工開採，不數年遂躋富强，至今金幣流通，幾於全球金融均受其進退。方今舉行新政，動需鉅款圜法，尤擬酌用金幣以爲抵制。邇年考察研求，不遺餘力，而終以

帑金缺乏，迄無定議。竊謂江省一隅，與舊金山緯度相近，舊金山能致美富，則江省金礦致中國於富，揆之天時、地利、人事，均若有不相謀而適相值者。所賴商力以開其基，官力以厚其勢，更以國力濟官力、商力之窮。至辦理之法，則即照部定新章，斟酌變通，以求合乎邊地適宜之勢。財政裕而礦政舉，礦政舉而財政益裕矣。【略】

《三省礦務交涉》。東三省物産富饒，礦區尤甚。自長白山蜿蜒起伏亘數千里，其礦質若堿、若翠、若瑪瑙、若水晶，所在多有，而五金煤石之屬，尤爲無盡之藏。二百年來，悉令封禁。寡識之士，以爲發祥之地，不欲洩其菁華，而不知當時府庫充盈，承平無事，有不必竭地力而殖貨財。乾嘉而後，土著窑商多已請領部票，鳩工搜採，如奉省遼陽州之大榆溝至磨箕山，復州之五湖嘴，吉省之石碑嶺等處，或則畫畛分承，或則世傳其業，徒以工師不習器械，未精成效，卒難遽覩。方此之時，或禁或開，忽作忽輟，皆商民自役，無所謂交涉也。自中俄合辦鐵路之約成，始連及礦務。光緒二十二年，東省鐵路合同第六款有「開出礦苗處所，另議辦法」之語。二十四年，續訂南滿洲支路合同第四款，有「此支路經過一帶地方開採煤礦」之語。於是俄人覬覦礦産之心始勃然不可遏抑，洎乎庚子之役，乘中國内患未平，要索前將軍薩保訂立採勘五段金礦草約凡十有二條，部議駁之，而俄人仍設廠私挖。又攘據北洋大臣所開之漠河、觀音山等金礦。沿江省數千里，始於西北迄於東南，凡金苗薈萃之區，俄人固已視爲囊中物矣。前署黑龍江將軍程德全先將都魯河金廠收回，以爲索回漠河、觀音山之預備，繼復開辦吉拉林金礦，以爲挽回五段廢約之權輿。江省交涉稍有轉機，而日人當戰時建設奉天安東軍用鐵道，沿路礦山恣意採用。復乘軍隊未撤之際，於牛心臺煤礦，則句結屯民私立券約；於接梨樹銅礦，則逼脅華商强訂合同。俄人之交涉未終，日人之交涉又起。前盛京將軍趙爾巽堅拒力争，迄未定議。竊日人之心，固將盡長春以南，東盡延吉，南極旅順，胥入其掌握之中，予取予求，莫之瑕疵而後快。世昌督東以來，偕奉天巡撫唐紹怡，與日總領事會議安奉鐵路、礦産問題，而日人乃援日俄條約第六條「鐵路及沿路利益移讓日本」之文，堅謂撫順、烟臺、長春三處煤礦均得之俄人之手，未允歸還。我則執中日條約會議録第十節載明附屬鐵路之礦産，無論已開未開，均應妥訂公允詳章，彼此遵守，自不能私相授受，任意自專。往復辯争，相持未下。彼雖故爲延宕，我仍駁詰不休。卒之接梨樹、白龍駒諸礦則嚴加封堵，絶其窺伺之思。牛心臺、夾皮溝諸礦，則竭力保存，不爲危詞所動。其他若撫順一區，若煙臺十區，若搭連嘴子三區，則咨請外務部與日使併案提案，按約磋商，以期内外同心，始終不易。此與日人交涉之大略也。三十二年九月，俄人始歸我漠河、觀音山兩廠。世昌以爲，若不及時策畫，終難絶他族要求。乃咨商北洋大臣通力合籌，亟謀興作。復遣道員宋春鰲、杜學瀛與東清鐵路公司磋商煤礦合同。如原約路綫兩旁三十華里以内，鐵路有勘挖煤礦之專權，至是改中國人民亦可享在該路兩旁三十里内挖採煤斤之利益。原約路綫兩旁三十華里以外之煤礦，公司有儘先開辦之權，如有别項公司開辦者，應先與鐵路公司商議。至是改爲路綫三十華里以外，無論華洋人等，勘挖煤礦准駁，均由華官自主，與公司無涉。以每煤千斤完税銀八分之太輕也，則改爲一錢二分。以在廠工人易滋事端，而出煤斤數或多弊混也，則設駐廠委員以彈壓而稽查之。至於五湖嘴之煤礦，則許以完納課税，改訂章程。依勒嘎之石山則給以開鑿條規，使有限制。凡三省礦區，前此之爲俄據者，占地數十處，閲時近十年，今始大致議結。此與俄人交涉之大略也。夫以兩强介居之地，商戰日烈之時，非慎守礦權，何以保領土？非廣開礦産，何以濬利源？顧當帑藏空虚，民智固塞，尤宜速籌鉅款，官爲之倡，庶足以遏强鄰而振商業。世昌綢繆兩載，擘畫多方，或略訂規模而未臻完備，或甫經籌議而未及施行，賡續而廓張之，是所望於後之君子矣！

《張文襄公全集》卷二二一《書札八·致農工商部》 頃承電索敝處所譯各國鑛章稿本。查各國鑛章前經委派洋員購取洋文，分派譯員摘譯，計譯成《英國煤鑛定律》一册，《英國鑛務册記》一册，《英屬圭備格鑛務章程》一册，《法國鑛務章程》一册，《美國鑛務章程》一册，《德國鑛務章程譯略》一册，《奥國鑛務章程譯略》一册，《比國鑛務章程譯略》一册，《日斯巴尼亞鑛務章程譯略》一册，又英使馬凱交來《中國鑛務章程草議》一册，又《印度鑛例》一册，共十二册，彙裝一函，兹特固封，交郵局寄呈台覽。其中所黏各籤乃初交發交委員閲勘所黏者，頗爲簡略，嗣經删改，鈔寫成册。復另派委員細勘一次，又經洞親自覆勘，將總綱大例及字句文義細加推求，另行編訂繕清，復屢加斟酌修改，共已四易其稿，始敢作爲定本。此册内各籤已是筌蹄，無關要指，不過姑存卷内，以存最初之面目耳。查鑛務爲今日理財要政，近來中外商人亟盼《中國鑛務新章》及早頒行，俾可遵章稟辦，務望貴部從速參考核定，早日奏覆，請旨施行，曷勝翹盼。再，敝處奏進鑛務章程摺内有兼采日本鑛章一語，係當時詢據日本法政員稱述，並派譯

員就《日本法規大全》内所載《鑛務條例》詳加參校而得者，並未譯有專書，併以附陳。光緒三十二年十一月十九日。

吴其濬《滇南礦廠圖略》卷一《滇礦圖略》　金銀之氣先於山，故首之以引。有引而後可鑿，故硐次之。硐無器不可以攻，故礦器次之。有器則礦出焉，故鑛次之。鑛得火而後知銀、銅、鎌、鉛焉，故爐次之。爐成而器具，故爐器次之。煉銀者必以罩，故罩次之。物備而無財不可以聚人，故用次之。有用此有人，故丁次之。募丁者以役，故役次之。役者奉法者也，故規次之。規成而或踰則禁之，故禁次之。法立令行必救災而捍患，故患次之。患或生於無所忌，而忌莫先於言語，故語忌次之。忌之而不免焉，則爲異，故物異次之。何以異惟神之故，故以祭終焉。

又卷二《滇礦圖略下》　有山川然後有形勢，有形勢然後寶藏興焉。滇之寶銅爲巨，故首銅礦。銅之課以數百萬計，銀之課以數萬計，故銀礦次之。若金若錫若鉛若鐵皆有課，故金、錫、鉛、鐵礦次之。銀以下皆挾貲者採鑿之，銅之工資於帑，故帑次之。帑由官而賦於民，防其上侵而下漁也。畀以俸糈逮及胥史，惠莫大焉，故惠次之。惠至矣而工有良窳，吏有賢不肖，非嚴其考，無以集事，故考次之。恩均法立，地寶溢而轉運上京，則□法右不竭之府矣，故運次之。運必計其程，故程次之。程自滇而瀘，舍負馱而資舟，故舟次之。舟車久則必耗，故耗次之。物不可終耗，必受之以節，故節次之。能節者必贏，贏之夥者，莫如鑄，故滇鑄次之。鑄之列於鄰封者，皆滇礦所生也，故以採買終焉。

宋賡平《礦學心要新編・序》　丱學一家由來尚矣，而世罕傳人，竟同陽春白雪，響歇音沉。壬寅之夏，蜀西宋子賡平著《丱學心要一書》。底稿初成，幸得借觀，見其窮源竟委，巨細靡遺，暨一時巨公名手章奏，叙説均能闡發高深，益臻美備，亦既畢其能事。余復何贅？獨念宋子辛苦半生，由閱歷有得而作新書，較世之事過輒忘優不驚心者，雲壤相隔，何能啓迪後進，使寶藏興焉也乎！自此書行世，而談丱務者矣不樂其大闢法界，療貧有術，則西人以此道震耀於瀛島者，吾人亦以此道砥柱於中流也。興言及此，意致盎然，竟忘老態，掀髯欲舞，爰綴數語，用冠簡端，以爲立言不朽者之慶幸焉云爾。

光緒二十八年富順八十五歲老人羅心垣麗生氏謹序

余志學之年雖不敏攷工格致，每憶人生非五行不足以資生。五行之中惟蚩尤不可缺。蚩有五等均藏於土，胥謂之丱，必鍊始適用，世多忽之，誠爲可惜。且中國迺五大洲之冠，地大物博，孰在人口滋生日繁，衆有四百兆之多，若不開天地自然之利，寔無以富强。自然之利何？丱也。非其人不能任其事，故談者衆，能者寡。今有余友宋子賡平留心丱學，非一朝一夕，得其精蕴最深，出《丱學新編》一書，屬序於余，披讀之下，名稱其寔，却非託諸空言者比。誠使丱務一開，舉天下之入皆得樂享自然之大利，以符余私心，豈不懿與？是不惴固陋而爲之序，但筆墨塵埋，難免貽譏耳。楚北吕明鍾拜撰，大清光緒二十八年歲次壬寅四月穀旦。

又《礦學心要新編序》　夫黄帝采首山，禹開歷山，湯鑄莊山，丱之時義，由來遠矣。若迺授圖占形，具載《周官》之典；象氣知鉒，備陳《管子》之書。是以國有取資，民無遺利，天不愛道，地必呈祥。自古聖帝明王，何嘗以捐金沉寶自示無爲哉？昔卓氏鑄山於漢代，兼金擅卭僰之饒；崔亮啟秘於魏朝，計鑛多鸞帳之蓄。前史所記，先後同揆。故孳財篤生之計，殆未有踰乎開礦也。近代以還，銀官失職，礦人無師，遂使泉壑錮華，砂鉛歇美，而一二拘墟者流，又復安於故常，狃於習見，輒相諱於妨民，而未折衷於至當。是猶燕雀翔於竹木，不知天地之高；蛙黽處於井坎，不量天地之大也。故董斯役者，要在主幹得人耳。若憚採苗探窟，謗苡讒金，必致黄礁隱秘，寶藏埋光，棄財於地，不誠爲可惜乎？宋君賡平者，與潛素相友善。少負不羈之才，有俶儻之志，壯歲身親戎馬，屢立勳績。猶復留心時務，博通十化之學，風舶火輪，足迹幾遍天下，閱歷山海，考究源流，已數十年於兹矣。及觀是書，旨意燦然，誠裕國足民之要術也。至於分鑪設冶，别鋌化砂，治之以工，輸之以商，化之以賈。然後灌江注河，膏土脈而潤千里；星羅棋錯，鬱奄藹而茂八區。有心國是者，誠能詳稽此册，則主取主藏，分職各配，孰多孰少，按籍可稽。無論青須赤丹，水礦畢輸其朗採；白埃黑砥，川澤更耀其光華。方今海禁大開，需才孔急，參考中西之法，亟圖富强之計，審地脈察天時，繪輿圖，望氣候，鈎深索隱，省費惜力，其簡當也。如此其精深也，如彼固行之而無弊者也。欲展遠謨，先求近略，自足發金穴之輝光，增王制之食貨，如使遷拘守舊，有不貧窶自傷者乎？且西人之新法，即中國之古法，著於史册，及散見於諸子者，曷勝備述？而迷昧者往往揚外抑中，豈非以中土之菁華，自封其見聞也哉？况泰西以此致富，而吾華錮蔽自安，在當軸諸公早已洞悉。大此矣，我國家地大物博，毓秀鍾奇，有人若此，何事杞梓梗楠而晉用也。倘量能授任，因材器使，在朝收得人之慶，在野享樂利之遺，如得發金穴於井絡，砂礫

且化爲珍珠；開鐵礦於臨溪，瓦石盡變爲和璧。世之不識時宜者，毋徒執已陳之芻狗，而妄事奮舌也。潛反覆是篇，因綴數語，以與天下有心人共證云爾。時光緒二十五年歲次己亥桂月，成都程潛亦昭氏識於錦江石室之西軒。

又《礦學心要新編原敘》 嘗考《周禮》有卝人掌金玉錫石之地。「卝」本古「礦」字，蓋金玉含於石謂之礦，礦左從石，《語》云「石藴玉而山輝」，即其證也。右從廣，廣下從黄，得中央之正氣，五金咸萃焉。五金以黄爲上，白次之，黑斯下矣。凡此皆就「礦」之字義言之，非盡出於附會也。然而求其留心礦學、精熟礦務者，於世恒不多見焉。余同譜弟宋君賡平者，幼而岐嶷，自負不俗，棄帖括業，流覽於時務諸書，奉調從鮑忠壯公軍營，與公談論愜洽，禮爲上賓，邀往越南。賡平以公幕府素多名流，專長難擅，因堅辭不行，遂別公御輪臺灣，登基隆島，遨遊印度，得交中西人傑，講習討論，禮貌優遊，漸漬款洽。其學愈進，其志愈大，遂手著《礦學心要新編》一書，前繪礦山輿圖、鑪罩器具，格式中列開礦程式九章，後臚廠法揭要，及各條議數十則，理法井井，朗若列眉，真人世所罕見。披覽之餘，如行山陰道，令人應接不暇。使得竟其志，收其效，開天地自然之利，其於民生國計大有裨益。行見財足而國富，國富而兵强，又何外患之足慮哉？是編之成，余不忍没其苦心孤詣，緣敘顛末，弁諸簡端。時光緒十九年，歲次癸巳嘉平月穀旦。成都馮照藺畹香謹識

又《卝學心要新編自序》 昔《周官》列卝人之職，《管子》著官山之書，卝之有學，不自今日始也。然其書僅存，其法不備，未見其可行也。後人即因其書，以悟其法，大致以心立法，所以漢唐迄今，五金不缺，則礦亦安得有定法哉？夫礦無定法，要必有定理，理之所在，又安可以無學？愚之礦學非學於古也，亦非學於人也，即平日之閲歷以爲學，更即閲歷之所得以爲法，必法無不備，而學乃無不全。今之言礦學者，皆自謂精能矣，而知苗引者，或不知探穴，知探穴者，或不知化鍊。即皆知之，而於山之高下厚薄，腹中之多寡衰旺，淺深高下，未必能毫釐不爽。此之謂知學而未能得心，知法而未能得要，及施之於用，故成效莫必多經歲月，心志茫然，再叩其所長，不能不遜謝不敏矣。夫所謂得心而有要者，測量繪圖是也。四山之形，取之於指掌間，然後再加籌算，量其工程，計日可期，撕口過脈，皆在洞鑒。然後其學爲實學，其法爲妙法，而心得之要在是矣。愚不忍私其所得，著之於篇，質於世之言礦者，以爲何如也？時光緒二十八年壬寅花朝之葤二日，賡平氏自記於廣石山房之西窗。

又《礦學心要新編凡例》 一、礦學一門，中國未有專書。近時繙譯西書數種，如《金石識别》、《寶藏興焉》、《礦學大成》、《金石圖説》、《礦砂化驗》等，皆格致化學精義，其言深博，其費浩大，非精心大力者不能爲，故書傳多年而礦務無成。今特自出新法，使人易行，亦振興礦務之一助也。

一、是書前已進呈，尚未問世，近因風氣大開，不敢自私，用災棗梨，以公同志。

一、是書概用土法，不須機器，故所費小而見效速。惟試礦一門參用西法，閲者須知其仍與中法相合。勿過爲求深則得矣。

一、土法試辨不須大本，誠能得法，自可獲利，况西人辨礦亦多，由小本做起。總之以能獲利爲是，不論中法而法也，有志礦務者當辨之。

一、是書係歷年輯輳而成，除篇目之外，前後語意間有犯複，不能再易，恐割裂太多，轉傷遺漏，故仍舊。

一、礦學最重測繪，書中凡言圖説諸編，皆有圖式，兹初刻難工，故暫爲闕署，俟後另用細刻，再爲發售。

一、是書概言實事，其有粗俗俚語，不能以文言代者，恐近雅則事反不明，閲者無以辭害意可也。

一、上編所載圖記諸篇，皆友人因圖贈答，未免溢美，然皆有裨礦務，不忍舍去，故首録之。

一、是書所録吴侍御奏牘及張觀察書函，並各京官信函，與自上各大憲書，概用原文，並未增減一字。

一、是書所言祇及五金，其餘金類、石類尚有數十餘種，概不攔入，誠以博而不精，反無實用。深於格致者，必欲兼通各類，則更閲西書可也。

一、五金之礦，惟金、銀二廠最不易辨，因其品甚貴，在内則多偷漏，在外則招風聲，其利雖大，其弊難免，故鮮有成者。莫若銅、鐵、鍊、鉛，本少利薄，若爐火順暢，利亦自倍。編中詳言金礦處，正以見其不易辨處，閲者尚其無忽此意。

一、是書所言山川形勢、引綫脈絡，皆確鑿不易之事，西書各種專言化鍊機器，而下手工夫全未道及，執事求之，亦可以補西書之缺。

一、開礦本以求利，而編中歷言其害，非阻人之開利也，必明於利害，而後可以言礦務，未可冒昧以從事也。

一、凡已開之礦，或未能獲利，或已經停工，按法求之，皆可暢旺，若自無把握，信達渝城礦務學堂，並可派高等學生到廠幫辨，不致有誤。

又《礦學心要新編目録》卷之上

勘山識形分類辯畧

廠工利弊説

礌內水患形情須知

初進山採驗布置工匠法

預防四患説

試辨各礦不必概用西法説

中外公司異情説

渝城礦務學堂小引內附條章

訓課瑣言

又《蜀都礦山圖説總論》 五行惟土爲中，土性生金，南洋、印渡、漠河黑龍江處曾經開辦者不可枚舉，蓋天地磅礴之氣凝結滙萃，以濟國用、供民生者也，然產金則蜀爲最。蜀稱天險，劍門之雄傑，夔巫之峭拔，夫人而知之。至於雪山、瓦山、峨眉諸名勝，東極衡襄，西接藏衛，南通緬甸，北逮褒斜，峥嶸嶕嶢，延亘萬里。其山則五金咸備，其土則五色俱呈，較之他省抑自懸絶。且蜀據正而屬庚辛，良金產焉。即外洋產礦之阿富汗、中國伊犁，均屬亞細亞之西界，故五行生克，二曜精英妙合而凝也。兹山據飛水崖墨爾都山，皮船渡人，上自天全，遠連巴底巴旺，下則川東夔、巫，諸山皆崛奇險峻，名難筆狀。昔人遊劍閣歎蜀道難，比經巴底巴旺，直難於上青天矣。巑岏梗塞，壁立峭崪，一由彰古屯跋崖越水而進，一由馬來林卡而進。山腰則釘椿蓋板，欲過者攀藤扶壁，飛鳥莫渡。險灣矗起，碉樓斜傍山扁，礮箭無所用，一夫當關，萬夫莫開，直可移詠。昔岳威信公征金川，費帑數百萬不能下，後繞萬里，曲達敵樓。土人日久怠玩，出其不意，樓始攻破，視之僅十餘人，即其地也。往來行旅，土人恐其盜金，出必檢閲。若不容人，則一步不能進。水名大金江，奔流貫注，上爐定橋如虹盤遶，千餘里而入大渡河之南。此則吾蜀礦山之形勢也。大抵認礦測繪之法，脈絡第一，地土物產次之，倘脈絡不真，雖著屐日遊，五金衰旺亦不能辨。泰西礦師最精巧者，不越此法。方今歐羅强盛，英美諸國皆講求礦學，故能製造機器，由富而强。獨中朝辦礦一事，其法未詳，往往集貲開採，礦又不豐，其實認礦諸法，由未得當故也。是編脈絡諸法悉備，輝藺友宋君賡平遊歷外洋有年，精習礦務，遍歷諸山。凡其開方計里，以中線尺有一方作五里或三四里者，路有由崖壁過嶺斜道入山者，則計尺加算，如冕寧之馬頭山、嘛哈山，發脈處距省一千四百餘里，大穴頭山距省五百里，飛水崖、草鞋渡距省約千里，懋功河或夾山而來，崇化營或斜隔絶。何地皮船渡人，何嶺飛泉暴布，何水透崖穿峽，何山屬漢屬夷，以及夔門諸峯，並各處場市塔廟，人烟稀密，數千里迤邐而來，皆得玩於指掌間。至若各山性情，製礦法則，廠工利弊，罔不釐然，井井朗若列星，俾辦礦者得其指歸，庶不巨款虛糜。斯中華有無窮之利源，而凡强富之道，可以次第舉行，則蜀山之礦，或有裨於大局，而爲有心時事一賞鑒。夫時光緒二十一年，歲次乙未仲冬月，漢安謝聯輝霧昭氏識於京師城南集鳳齋。

又《脈絡開方礦山圖説》 中外自然之利，其足以供一代不時之需，而取之不竭，用之不窮者，計莫如開礦一法，而人謂出礦之多寡，可以定一國之盛衰，非虛語也。中邦礦產之饒甲於五洲，乃猶國瘠民貧，朝野交困，危於累卵，岌岌乎有不可終日之勢。非以財源未闢，人事未盡，而地利之不興歟！居今日西策富强，則開礦爲中國之大宗，且尤爲中國之急務。年來稟請開辦者頗不乏人，然除漠河之金、開平之煤，著有成效外，若滇黔各省開辦有年，究係盈絀無憑，迄少把握，則以承辦之未盡，得人採取之未盡得法也。歷考泰西諸國，其取以裕國用，阜民財，廣工功，厚商力，雄視海甸，角勝山河，而無貧寡之患者，無非獲此開礦之利，有以基其强盛耳。吾友宋君賡平夙具通材，沉觀世變，深知中原之積弱，由於礦利之未興，故不惜挾厚貲涉重洋，以遊歷歐美諸大國，而觀其君相經營、工藝製造、商賈居奇，以及學校民生，要皆藉資於礦者居多。故益肆力於礦學，日與賢士大夫遊，切磋互證，而盡得其辦礦之奧。凡辨山色、辨草木、辨石紋及分別礦脈礦苗、礦引、礦欖，以取礦子而驗成色，隨地考核，累黍無差，蓋積閲寒暑者十有八年。迨其返棹回川，登峰造極，東至夔、巫，南通瀘、叙，北逮褒斜，步履所經，瞭若觀掌。而礦山之旺，尤以川西藏衛爲最，如界連崇化之巴底巴旺，中爲金河，河之西絨布寨屬焉，河以東兒依坪屬焉。坪由番禺發脈，與南幹分穿草地至空卡嶺，出翁古山，蓋蜿蜒數千里，落結於兹。赤金紅，銅山輝，川媚，即中外五洲產礦之山，何以加此。若硿堆之金、倉塘之銅，與建南一帶麻哈馬頭諸山所產之金礦，勿論西法、土法，一律開辦，均可刻日成功，如操左券。或謂中國辦法，辨蒽薤，識器物，未可據以爲常，當選聘西國礦師，方保無誤，不知宋君在西國礦師中，久經推許。至謂開礦有凝風水，宋君《礦學新編》辨之詳矣。其辦之之法，統以人迹，開方測量，推算步脈。探苗則有礦山各圖説在，兹不復贅。夫中朝地大物博，五金之鬱積，百産之菁華，其藴蓄抱璞於深山窮谷者，難更僕

數，如臺灣，如東三省，礦産盈饒，素稱力厚氣旺。今則一讓於倭，再踞於俄，倘蜀礦仍不急開，或因循而阻撓焉，漫藏晦盜，恐又有先我而着鞭者。嗟夫！利權久失，誰是經文緯武之奇才；寶藏能興，或有富國强兵之一日。留心時事者，其有志於斯乎？吾將投筆而爲之起舞矣。光緒廿八年壬寅歲春三月，寧州王焕廷駿章序於蓉城洗墨池吟香閣。

又《懋功崇化屯巴底礦山圖説》 謹按此山，夷漢之交，名巴底巴旺，産金、銅最旺，蜀中著名之礦山也。是地東西南北界連崇化營等處，皆係該營。借安塘步地西絨布寨屬河西，兒依坪屬河東，其山計高二十餘里，廠地週圍壹佰餘里，由崑侖藏之草地發脈而來，蜿蜒數千里。至空卡嶺斜出二百里之約咱古山，穿傳落結於頭二兒依坪，龍旺氣厚，四面諸峰羅列若圍屏，然内堂挺起三臺三坪，臺下産最佳之紅銅赤金礦。其對岸之白送塘山，朝拜拱護，層層不窮，低昂裹聯，勢長豐擁，左右之纏山侍立。金崖等山一名飛水崖，關鍵於下，一名白馬猴子，收氣於上夾，本身兩水而歸於河，是爲金川大河，環繞其間，山輝水映，真寶藏天成。不特蜀中不可多得之山，即中外五洲産礦之山，亦無以復加於此矣。盡坪坮，砼堆所産之雞血銅礦，倉塘所産之赤色麗金，如法開辦，指顧成功。據宋君賡平以中西步脈探苗之法測量，推步以中線尺，係人迹，開方壹方作叁里估定功程叠算，除去硤石蒿荒而外，蓬底壁塘應擬獲貳坪之浄礦叁千餘碼有奇。以伍佰工連班開之，雖百餘年取之不盡，用之不竭，實銅蓋金。而金砂又養礦，不須化煉，自然顆粒，最有力量之寶山也。查勘此山産礦之處，並無與田園廬墓風水相涉，距省壹仟零貳拾里，距懋功協廳叁佰餘里，距阜和爐廳伍佰餘里。翻佰餘里高之大砲山，野宿伍、陸、柒日，始能到阜，距崇化營屯柒拾餘里。巴底壹帶係屬崇化之下游，較諸就近，其地勢形情如此。如欲辦理者務如法開辦，虚心物色妥貼之人可也。時光緒貳拾伍年歲次己亥陸月廿捌日，蜀北遂寧張遇枚卜臣謹貼説。

茲於是年端節後壹日，奉委到屯查勘後，即會同屯政都司聯銜敬禀署理提憲夏批准，移咨督憲奎飭知礦務總局外，寄呈礦砂並開方圖，又附此圖説，漢夷悦服甘結拾貳張。

於客歲仲夏，汪朗齋陳紫筠奉奎帥諭函電，招愚回省。愚得函電，又致電奎帥，覆電以礦務需員，望速來省。愚回首面謁，當道具禀縷陳前事，當批飭礦務總局妥議，以憑核奪。局乃與愚移文。愚又覆禀催辦，現在提憲閃則以留心時事，洵屬可嘉。批示後移咨督院，今已將一載，竟留中不發，愚惟聽之。惟餘各電函移文，空存愚手焉已耳。

又《雅州府屬天蘆交界之大歇頭礦山圖説》 天地有自然之利，（面）〔而〕不開則利必棄；國家有無窮之利，（面）〔而〕不取則利必滅。今之持籌世局者，莫不以開利源爲急務。然利源之説人人能言之，卻未必人人能辦之。何也？蓋必合中，而礦學，而一貫之始，足以覓利源而開之耳。邇來礦學之精，羣重而人，而藐華人。孔子曰十室之邑，必有忠信。豈我華地大物博，絶無精礦學之人哉？芬自光緒初年，夥佃穆坪土司馬蝗溝金銀礦，得勝溝鉛礦。繼又佃隴東若筆等溝銅礦，均辦有成效，因得悉認礦煎煉之法，各礦引遇之源，嗣因夷匪阻擾中止。芬雖折本數千金，而於南路一帶地方進出十數年，凡産礦之山無不遍歷，半生精力盡消磨於冰山雪窖之中。清夜自思於礦務，不無一知半解，而究不識果有合西人之礦學否？迄聞宋君賡平，應奎帥函電召回，受西人厚聘晋省勷辦礦務。芬聞而詫，詫而喜，喜而悟者久之。凡今之言礦學者，鼎重西人，蔑視華人矣。宋君，華士也，而反受西人之聘，知必具出世之才，略合中西之學而一貫之，夫然後奎帥始肯召也，而人始肯聘也。嗣得晤於蓉舍，因叩其平生之所習，凡泰西各學靡不探其源而窺其奧，至於礦學，尤金中之鐐、玉中之璧者。出其所繪礦山各圖，凡我蜀所産五金之地，罔不躬視閲歷，一一詳細繪之。大歇頭之礦山圖，乃其一也。此山在天蘆之交界，産銀、銅等礦。芬昔年辦廠時，曾歷其地，兩峽兩崖相挺立，一名魯班崖，一名金雞崖，距府一百十餘里，礦苗豐旺。芬有意開採未果，後吴侍御及方給諫奏辦亦不舉行，此固芬終身一恨事，亦全蜀之一大恨事也。前得宋君偕前建南道張觀察藹卿同勘此山，宋君又詳繪成圖，礦苗之淺深、厚薄，披閲之餘，一目了然，欽佩無暨。方今迭奉綸音，開辦礦務，果授宋君以（枘）〔柄〕，暢其才用，行見竟未然之事，了將成之功。芬知其克日可期矣。從此天地自然之寶，國家無窮之利，安見不如恒河之沙，源源滚滚也哉。時光緒二十八年歲次壬寅孟春月元宵後二日，蜀郡柳芬紹韓氏謹識於蓉城潛溪書屋之西軒。

又《建南麻哈馬頭礦山圖説》 傳曰：天不愛道，地不愛寶，理有固然，何今日竟大有不然者？陽今每見世之取財於地，除開平煤、漠河金外，均皆辦不得法，賠累折本，不下數十萬金，竟使自然之利隱秘埋光，羣推諉於氣運使然。嗚呼！何其迂也！第不知辦礦一事，每在乎人謀之不臧，何怪乎礦山之不確？陽

素淺見，少遊歷，憶從先師星潭羅公遊，得聞建南麻哈馬頭山爲冕寧金廠發脈祖地，高數十里，枝脚纏繞二百餘里，直與打箭鑪底塘一脈貫注。其中五金並産，幾於無地無之。後遵皮師母命，辦灌邑粒金廠，得晤先師舊好宋君賡平先生，朝夕過從，辯疑問難，更以向所聞此山之礦詰之。宋君喟然曰：此山余嘗道及。余昔與鍾君子淵查，勘此山距省一千四百餘里，産馬牙金礦，不拘西法土法，得人辦理，必收成效，斷不致礦産不真，以致賠累並貽他人笑也。且余頗艱辛周歷此山，並溯國朝雍正間，年將軍羹堯曾開福興洞獲利甚鉅，故迹猶存，向曾繪圖貼説寄京，吴公聚垣奏請開辦，圖存篋間，出以示陽。且能詳指其脈，從某起(派)〔脉〕，從某分益，信前聞之不謬也。因顛末而爲之説，有識者尚其鑒諸。光緒二十八年三月上澣，華陽後學彭炳陽顯廷拜識。

又《越嶲廳礦産圖記》 越嶲廳治東八十餘里有碧雞山焉，堪輿家謂由葱嶺發脈而來。其勢巍然雄踞諸峯，而面廻合，常有寶氣蒸騰，融爲白光，亘矗雲漢，如俗所謂「峩峯佛光」者，均金銀氣也。其迤北二寶山，一金盔，一銀鼎，迤東則遍野金沙，直連萬石坪焉。細查該山，夷漢之交，錯雜而處，横亘數百里，皆産礦區。近數十年，礦苗暴露，層巒叠嶂，間奔墜礦石，揀而煉之，輒一火成銅。乾隆間嘗有人結隊開採，砂丁增至數千，廠旺人衆，約束不嚴，致誘奸夷婦，夷人譁譟，盡逐砂丁，塞井夷竈。而後已是不得歸罪於廠之不可開，特謂辦廠之非其人耳。因噎廢食，古今同慨矣！余向不敏，素不諳此，特寄籍該廳，歷三世，猶子玉龍又現任該處王家屯汛，親身查勘，礦旺屬實，嘗繪圖説前來。且該夷聞係天朝開採，均願獻納，希冀爵賞等語。今春與宋君賡平興言及此。宋君，愚總角交也，曾遊歷歐洲各洋，歷辦奉天、陝省礦務事宜，精於此道，久爲西人所欽仰。聞余言，亟索圖一觀，甫寓目便道，得未曾有堅囑，余强記一説於圖端。余方恐佳礦之湮没不傳也，而勉以應命，若是以謂之文焉，則余豈敢？光緒廿八年壬寅春三月，成都李鼎銘鶴軒氏識於怡情軒氏。

又《嘉陽朝天馬礦山圖説》 林之茂者，奇鳥必集；澤之深者，奇鱗必藏；山之險者，奇珍必毓。蜀稱鳥道蠶叢，崎嶇險峻，産礦之山，殆指不勝屈。嘉陽距省東南三百餘里，山峻不複，雄壯莫名，雅河、府河、銅河皆由此滙。而其山則絶壁徒崖，蜿蜒曲折，層層關鎖，峻若門牆。其中竹樹不榮，草木枯槁，殆所謂産奇珍而毓異寶者非耶。世伯宋公賡平先生專精礦學，幾廿餘年，凡所經歷之山，靡不批卻，導窾探苗，步脈見諸眼中，繪於筆底。而其朝天馬礦山，産黄赤金銅，各礦高十餘里，深長四百餘里，溯自草地發脈而來，開採百年不盡。宋公反復遊覽，測繪成圖，脈絡分明，瞭如指掌。棟捧閲之下，每嘆其學，於平昔著述中已極詳矣。夫豈天之故練其才，而使世無知音者哉？方今聖明振作，礦禁大開，近十年間，綸音屢下。特怪當道者不能進用其材，致奇珍斂彩，寶藏埋光，可勝慨也！然而宋公徧歷寰海，學貫中西，固不患用之無人，特患用人者之不識其人耳。苟識其人，將見奇珍不隱於山林，異寶自呈於當代，富國强兵之略胥於是乎在矣。因援筆而爲之説。歲在光緒壬寅二十八紀莫春月，廣都世愚姪張朝棟仲梁氏識於吹篪草堂自唫自詠之軒。

又《奉省鐵嶺縣向陽山牧羊鎮等處礦山圖序》 天地自然之利，五金爲最相度，開採卒尠成效者，由所指礦山未得其地，抑辦法未得其人故也。余不敏，讀書弗治生業，居常鬱鬱，雅不合流俗。甲午中倭一役，有懷投筆，航海而東，兩渡關門，書生戎馬，因得遨遊。奉省龍興故地，往還萬里。周知西蜀山形，以雄傑勝；南中山勢，以秀麗勝。若遼瀋各名區，則以蒼古勝。而其間鐵嶺縣向陽山牧羊鎮，氣脈尤爲豐旺。信夫！懷珠川媚，藴玉山輝。如西法測驗，其地實産赤色麗金礦。觀其路轉峰回，水環如帶，較吾蜀雷馬峩三邊廠地，蓋有過之無不及者。旋以中東和好，同鄉宋君賡平與德帥曉峰會辦查勘廠務，出關晤余，旅次談及其地産礦，與余所見同。宋君進溯礦脈，直與國朝啟運山風脈去百餘里，向有禁步，兩不相妨。若得其人如法開辦，詢有裨於國計民生。若竟棄財於地，則誠大可惜也。嗣即後先返蜀，幾更裘葛，再晤於渝中，轉以該處礦山各圖記見示。余素不文，愧無以發高深。因憶關外晤談，言猶在耳。今復按圖稽考，急泐數行，用登簡末，藉資臂助，亦雪泥鴻爪之意云爾。時光緒貳拾柒年，歲官辛丑春王正月上元日，富順古江陽郡衡樞羅璋謹識。

又《瀋陽寧遠州夾山馬牙金礦圖説書後》 山距京華一千二百餘里，高九層，每層叠嶂迴巒，峻險異常。一望蒼茫，桓亘無極。及到堂卻分内外，外山緾結甚爲緊密，水之堂局遠蔭，隔海百里餘，礦脈深藏三五丈不等。披關展閲，知此山之金線與圖之熱河金線相似，其氣脈亦相通。此關外之最可靠，得之馬牙金礦也。且後山尤有烏砂金脈，更宜開採。吾友宋君賡平於昔年關外會同前江西巡撫德曉峯中丞，查勘該地之礦，且入前開辦之洞尋脈攬線，確係硬崖，上有天棚底板，不至爲無金之説。查此山結連九杠，現尋三杠，將及其四，約有五六百工，自外開入，西線開盡。有離六七尺地面即開一洞，特所開之處並無工程之

學，且零星亂掘，工作散漫。不獨無綱目頭緒，而溜溏碾磨另設別所，此商董之辦不得法，隨便安置。一切運銷翻山度嶺，車路難行，諸般滯礙。不知此廠提礶開洞，搬砂運荒等件，均宜用機器搭配土法，所有山形廠務，宋君曾繪具圖説，瞭如指掌，交當軸奏陳。後之開是山者，按圖求實，庶不迷於向往云。時光緒紀年二十有八壬寅歲上巳辰後三日，成都王秉經捷三氏拜題。

又《陝西鎮安縣二臺子暨山後東西乾溝礦山圖説》 謹按：此山名銅硐梁山，又名二台子，東南西北俱鎮安縣屬，距城五十五里。計高十有餘里，廠地週圍八十餘里，由秦嶺發脈而來，龍旺氣厚，四面諸峰羅列，若圍屏然。其下有古運糧河環繞，山輝水映，真寶藏天成。查此山連結三頂，面山照牆三座，正合礦有三台者，亦分三色。一碧緑，一藍砂，一黄泡。緑爲上，藍次之，黄又次之。頭台倉礦已經前人開洞取盡，現在三台新開兩洞，得礦亦夥。惟二台全礦尚存，並據友人宋君賡平，以中西之法推測，内確有礦寬厚三千餘碼，以十層乘叠分算，實有淨礦三萬餘兆。苟能得人得法，迎面掘開頭層底板約二十餘丈，即可見倉塘。除此礦山外，東爲東乾溝，西爲西乾溝，均以溝西命名，俱屬鎮安，距城七十五里。其脈亦由秦嶺蜿蜒數百里，傍附終南，下瞷運河，雙峯對峙，爲二台子之靠山，精華分聚於此。其礦色亦分三品。而東乾溝之緑礦較多，可練紅銅，餘亦可練青銅。惟是荒土硬硤，務開辦如法，可竟全功。據宋君推測，高足十八里，週圍一百零二里。似此寶山，秦中不可多得，而幽光之發能無冀望於當軸者哉？時光緒十九年，歲次癸巳孟秋月，中州劉鵬翔九謹識於西安會館之叢花園。

又卷中《礦學心要新編題後》 四川爲天下奧區，五金之礦在雲南之上，因出産過多，五金遂爲別項所掩。謹讀所勘之大穴頭山、巴底巴旺、飛水崖、木里光光等山，大約未經前代開採，故元氣渾淪可愛，乃爾然不得正法眼藏，無過問者，意天不愛道，地不愛寶，遇合亦會有時耶！午遊蜀叁拾年，所在留心，然往往不憂不得礦，憂得礦而不得分質。一官匏繫，無緣與泰西人見。雖曾省覽同文館格致新篇，化學、汽學、力學等書，然無口授，終成隔膜。上年曾蒙丁文誠委勘峩邊之萬石坪，其鉛礦之飽有，山已崩而礦見於外者，遠而望之，閃灼不能正視。其前代開採未見之處，所在有之，黑骨夷人猶能逐處指引，莫不願獻於當今大皇帝。惜乎！前將軍恒過於謹慎，惟恐開邊釁，午徒費賞耗柒捌百金，事竟中輟。嗟乎！非常之事，必待非常之人。此等開採重務，固非碌碌者所能夢見也。説者曰，四川遊民甚多，明明有此可以養數千萬人之事，而坐聽其貨之棄於地，此又豈天生五材之本意哉！午既前勞無功，今聞諸君子有爲此舉，則成蜀都之幸矣。故綴數語，爲宋君賡平勸。真可謂識時務者爲俊傑，惟恐終爲庸人所格，此蓋存乎天意矣。陳子昂言，四川爲國家寶庫，誠然。尤其可笑者，以四川之大寶，川局乃至不能開卯，真令旁觀者笑欲死。亦無怪西人之遊歷四川者，薄四川之無人也。嗚呼！豈真無人也乎哉吁？則學齋介卿午讀題後

又卷下《序》 今將孳財篤生利民裕國，使公家無仰屋之嗟，丁黎有康阜之樂，則必鍤山鑿谷，啟丱鑄金。庶乎脈厚而精播，源深而流注，苟言興利，舍此奚恃焉？夫民生有欲，終古所同。胚奇必洩，兩間不惜，粤稽古事，君皆神靈，臣亦良弼。曾不曰藏富於山，亦知坤靈封積靡窮也。今之人不侵蝕之戒，而惟思褰閟，不朘削是禁，而惟慮澹民公利而私室，生物而死窔，噫！謀國者其慎乎？況乎世當火迪，地際金躔，唐賢有云，西蜀爲國家寶庫，其有擅崔亮之術，繼卓氏而興者乎？宋子賡平，振奇人也，精卝學。舉凡卝産所在，跋涉山川，蒙犯霜露，無不心識而手摹。摹學既成，洒遠涉重洋，與他國之精於卝者較，皆頞手孫謝。歸而學益精，茲且舉所心得筆於書，將以問世。予曰：子不嘗儆説西諸侯虜？且抱璞以退也。雖然，終爲子昜冀，尋一當以爲國計民生亞一籌也。夫天不愛道，地不愛瑤，苟當聖明之世，詎有沈閟之憂，儻使閉絶丹穴，禁錮朱巖，是守園待饑，窒井已渴也。若夫授圖，覘形望氣，知鉒闓鑪授冶，朝鍊夕鎔，赤丹青湏呈其美，白埃黑坻發其華。寔效既臻，虚牝非擲，則測續採鍊之功也。至於天生美質，不惜投荒。菁硐茲深，林巒回耳。彝人有懷寶之心，邊疆啓兵戎之釁。茲則習其所樂，導其所信，袒彼可市，順彼貪情，將見歃血輸誠，傾心顧效，又何至伐山興戎，採珠招釁也哉！又況支那之富甲於五洲，各國艷羡，慢藏有悔。一旦利權自握，杜覬覦之謀，圖富强之業，以言治内，則百姓澹而民用足，民用足而禮斆成。以言經外，則製器艏物，無事借材，商通工成，各呈其效，亦何鵜震疊殊方，偶雄彼族也。是書也行，將見卝政大開，日新富有，此則開其先而迪其檪也。如其不也，請藏弆青城之山，吾見榮光燭天，寶氣貫乎井鬼之域也。光緒龍飛二十有八年，歲在元默攝提格，宗月大梁王光圻仲郊譔並書

又《題廣石山房全蜀礦山圖記》 嘗讀太史公《貨殖傳》，天於王侯，莫不患貧，後儒或議其重貨財而輕道德，以有所激而爲過當之言。及今思之，誠古今之通病，今更有甚於古者，而救貧之術，則爲江南之金、錫，山東之魚鹽，山西之玉石，從古著名。吾蜀荒遠，不得列中原物産之後。至漢文帝以蜀之銅山賜鄧通，

鄧氏錢遂遍天下。武帝之世，卓、鄭之富皆可敵國，則蜀中之所産亦大可知矣。然此第言銅、鐵之富，而未及乎金、銀也。此第言内地之産，而未及乎邊徼也。夫蜀古稱天府，東極衡襄，南界滇黔，北連褒斜，西接藏衛，綿亘萬里。其土則五色皆備，其山則五金咸産，特其峯嶺峻絶，嶙峋異常，雪窖冰崖，人跡罕到，遂使無窮至寶，終古秘藏，誠可惜也！辛丑秋，於蜀都得晤宋君賡平者，閔時之艱，救貧有術，半生奔走，不辭勞瘁，五大部洲閲歷幾徧。於戊戌命駕旋里，遍勘蜀中礦山，内外職方，登諸筆記，兼及測繪。旋又奉檄查勘懋功、五屯、巴底巴旺，得見飛水崖、燈盞窩、孔玉、三道橋、木里光光山等處。所産金礦，尤爲佳品。誠發其所藏，可以富國，可以强兵，朝廷歷年償款，不難於數年之内，一洗而清。宋君至屯，偕崇化營都司張君卜臣，召諸夷酋，開以誠信，諭以時勢，亦皆袒服取具，漢夷頭目悦服甘結。京都百花園雍和宫教習堪布達喇嘛潘山主總結，並蠻屯官結三張，共計一十二張，外金砂礦苗一包。於是，會同屯政營官繪圖貼説，聯名覆稟。其跋涉往返，均自備貲斧，即各夷目賞需，概自行措辦。豈期財力兩竭，備嘗辛苦，迄今依然擱放，因何中止，則不可知。惟搔首以問之天，而天心殊夢夢矣。僅餘公事，概存四川總礦務局矣。然究其夷目之甘爲鄉導，與夫宋君之秘繪小本，歸以示文，文見而異之曰：千里金穴，聚於寸楮，比希世之珍，幸一見以豁胸臆，令人如玉山上行。其開方計里，以中線尺爲准，有一方作五里或三四里者，有路由崖壁過嶺斜道入山者，計尺加算，無不精核。千山萬水，怪狀奇形，活現毫端，了然一目，誠産金之富冠絶中西也。蓋蜀中天險，伊古無人看破，而五屯尤甚，此金川軍務所以多費兵力，久而克捷。今觀其圖，直如數掌上之紋，始信聚米可以爲山也。不惟言礦者愛不釋手，即談兵者亦當拱璧視之矣。時光緒二十七年，歲次辛丑仲冬月，古梓蕭允文仲實氏謹識於錦江石室之西窗。

又《訓課瑣言》 愚於礦學未知果精細否，及晤英、法、日、奥各公，如安君迪、俞君得樂、富君美基、立君德樂、成田君安輝、戴君瑪德，均同聲優奬，始自信其學之可以語人也。竊思礦務之學，近來外國所精。愚嘗觀其書，如《金石識别》、《寶藏興焉》、《礦務叢鈔》，白爾捺秘本《金石圖説》等書，皆有可觀，而以愚之所學質之安、俞、富、立、成、戴等君，始知華學亦具根底。要在吾華人之自立恒性，力造其極，而後可以動外人之觀聽耳。夫我華之言礦務者，亦經有年，祗聞聘請外人包辦，並無華人承手，又安望外人聘請華人之事哉？如安、俞諸公。又外人之好學者也，一旦晤面，遂深相投契，争爲聘請，雖屬近日之奇事，愚甚自愧。愚轉思半百之年，兩鬢將絲，深恐一事無成，爲鄉黨笑。故聖人云：四十五十無聞者不足畏。又曰：君子疾殁世而名不稱。愚何敢付大雅之林，猶幸强學力有年，今尚未收其效，未竟其功。風雨數椽，優遊自適。既叨見許於人，尤望同志名公進而教之。庶乎學問一道不日退便日進，果有所得，豈不教學相長而益，可以砥礪後來者與！如謂即此可以自豪，遂自封其見聞，則愚豈敢？愚故爲瑣言以自警，用是惓惓不忘云。

藝文

汪霦《佩文齋咏物詩選》卷一五三《金類》唐李嶠《金》 南楚標前貢，西秦識舊城。祭天封漢嶺，擲地警孫聲。向日披沙净，含風振鐸鳴。方同楊伯起，獨有四知名。

吴曾《能改齋漫録》卷一五《方物・端州石》 端州石，唐世已知名。許渾《歲暮自廣江至新興》詩云：「洞丁多斵石，蠻女半淘金。」自注云：「端州斵石。」李賀《紫石硯歌》云：「端州石工巧如神，踏天磨刀割紫雲。」

查禮《銅鼓書堂遺稿》卷二四 金沙之江金所生，川北川南並有名。江水盈時沙岸崩，水落石出窮民争。沙岸坼處，則下流有金，淘者視此爲準。木版金牀齒如鋸，汲水揚沙費經營。積少成多自毫釐，商賈容易操餘贏。

王培荀《聽雨樓隨筆》卷六 江水兩岸積沙，沙中有麩金，居民無業者淘金鬻之。掘沙成堆，或連日不得一星，但希冀萬一，終歲所獲僅足謀食，無以此致富者。作《淘金行》：洪鑪鑄財作名臣，郭家金穴勢絶倫。世人皆慕黄金貴，誰識淘金最苦辛。朝在沙灘，暮在水濱，衣不掩骭，頭不冠巾。水落天寒風凄緊，赤脚踏石肉盡皴。竹篩篩沙沙成嶺，點金不見愁眉顰。家口嗷嗷久待哺，望眼欲穿祈鬼神。嗟嗟爾：不敢白晝攫市上，又不能昏夜乞貴人。業此賤役勞且苦，安貧食力真良民。豪家一釵值百萬，縷金作裙照眼新。造物豈不仁，夙生諒有因。安得東海盡揚塵，沙礫變金鋪地匀。四民歡樂無吟呻，共祝吾皇千萬春。

雜録

《韓非子》卷九　荆南之地，麗水之中生金，人多竊採金。採金之禁，得而輒辜磔於市，甚衆，壅離其水也；而人竊金不止。夫罪莫重辜磔於市，猶不止者，不必得也。言犯罪者不必一一皆得，而有免脱者，則人幸其免脱，而輕犯重罪。故今有於此曰：予汝天下而殺汝身，庸人不爲也。夫有天下，大利也，猶不爲者，知必死，故不必得也。則雖辜磔，竊金不止；知必死，則天下不爲也。

《漢書》卷五《景帝紀第五》　三年春正月，詔曰：「農，天下之本也。黄金珠玉，飢不可食，寒不可衣，以爲幣用，不識其終始。間歲或不登，意爲末者衆，農民寡也。其令郡國務勸農桑，益種樹，可得衣食物。吏發民若取庸採黄金珠玉者，坐臧爲盗。二千石聽者，與同罪。」

王欽若《册府元龜》卷四九三《邦計部・山澤》　德宗以大曆十四年五月即位。七月，庚午，詔曰：「朕聞王者不貴遠物，所寶惟賢。故堯設茅茨，禹卑宫室，光武捨去寶劍，順帝封還大珠。朕仰止前王思齊大素邕州所奏，金坑誠爲潤國，語人於利，非朕素懷。方以不貪爲寶，惟德其物，豈尚此難得之貨，生可欲之心耶？其金坑任人開採，官不得占。」

《舊唐書》卷一二《德宗紀上》〔大曆十四年秋七月〕庚午，詔：邕州所奏金坑，誠爲潤國，語人以利，非朕素懷。其坑任人開採，官不得禁。【略】

《宋史》卷一八〇五《食貨志下七》　景祐中，登、萊饑，詔弛金禁，聽民採取，俟歲豐復故。然是時海内承平已久，民間習俗日漸侈靡，糜金以飾服器者不可勝數，重禁莫能止焉。景祐、慶曆中，屢下詔申敕之，語在《輿服志》。大率山澤之利有限，或暴發輒竭，或採取歲久，所得不償其費，而歲課不足，有司必責主者取盈。仁宗、英宗每降赦書，輒委所在視冶之不發者，或廢之，或蠲主者所負歲課，率以爲常；而有司有請，亦輒從之，無所吝。故冶之興廢不常，而歲課增損隨之。

李燾《續資治通鑑長編》卷一〇六《仁宗》〔天聖六年二月〕戊寅，上謂輔臣曰：「登州採金，歲益數千兩，其官吏宜降詔褒諭。」王曾對曰：「採金既多，則農民皆廢業而趨利，不當更誘之。」上曰：「誠如所言。然官吏勤事，亦不可不勸也。」

《宋會要輯稿・食貨三四・坑冶雜録》〔至道〕二年，陝西轉運使言：「成州界金坑兩處，先是州遣吏掌之，歲課不能充。望遣使按行，更立新制。」詔曰：「捐金於山，前聖之盛德；所寶惟谷，舊史之格言。朕緬慕太古之風，「太」原作「大」，據《宋大詔令集》卷一八三改。不責難得之貨，何必言利，徒以勤民？其成州金坑兩處，並宜停廢。」

三年，詔：「比者三司奏請東、西兩川掌關征榷酤□醝之利者，半輸銀帛外，其半以二分准市價入金。近聞州郡非産金處頗爲不便，其入二分金宜即停罷，如願入聽。」

四年，四年：按至道無四年，此「四年」前當脱年號。京東轉運副使上官佖言：「奉詔相度登州蓬萊縣界淘金利害。今檢視淘金處，各是山澗河道，及連畔地土閑處有沙石泉水，方可淘取得碎小片金。仍定下項條例：凡上等，每兩支錢五千，次等四千五百，俱於在城商税務内置場收買，差職官勾當。産地主占護，即委知州差人淘沙得金，不計多少，立納官，更不支錢。監官招誘收買數多，即與酬獎。地主及賃地人不得私賣，及將出州界，許人告捉，一兩已下笞四十，已上笞五十，四兩已上杖六十，七兩以上杖七十，十兩以上杖八十，十五兩以上杖九十，二十兩已上杖一百；買者減一等。告人據捉到金色號，全與價錢充賞，至百千止。應自前淘買到者，即限一月赴官中賣，限滿不首，許人告捉，并依前項施行。應出金地主或諸色人，如自立法後一年内，淘取得金二百兩已上中賣入官，與免户下三年差徭及科配，如并五次淘得各及兩數，即永免差役科征，只納二税。應地主如少人工淘取，許私下商量地步斷，賃與人淘沙得金，令赴官場中賣。」從之。

〔至道〕八年，詔彭州九隴縣産金貨，命差官採淘。八年，詔彭州九隴縣産金貨，命差官採淘。此條原抄於天頭，今移置於此。

紹聖三年，湖南轉運司言：「潭州益陽縣金苗發泄，已差官檢視置場。今體訪得先碎礦石方淘净金，抽分權買入官，竊恐坑户及夫匠等私出地理，合禁止。乞修立條制。」從之。

淳熙四年三月十九日，詔停閉藤州平羅古社金坑，以諸司言歲收净利一十一兩四錢，所入微細故也。

〔淳熙〕十年六月十二日，詔廢罷昭州管下金坑五處，以廣西運司言歲納金

一十四兩，錢五十餘貫，所入不多故也。

《元史》卷一五《世祖紀一二》〔至元二十六年十一月〕丁卯，詔山東路毋得沮洳金。

《清高宗純皇帝實録》卷一四七八〔乾隆六十年，乙卯，五月〕甲寅，諭：「本日據軍機大臣等議駁伍彌烏遜等奏，塔爾巴哈台所屬達爾達木圖等處開挖金廠一案，請仍交該大臣會同伊犁將軍再行查覈具奏等語。達爾達木圖等處究屬新疆，如令開挖金廠，糾聚多人，未免滋生事端，且所得有限，於事無益，著交明亮、宜綿等。嗣後達爾達木圖等處嚴禁開挖金廠，仍令各派妥幹官兵不時稽查，如有不肖之徒妄行偷挖，著照例從重究辦，以示懲戒。」

《清仁宗睿皇帝實録》卷三〇五〔嘉慶二十年，乙亥，夏四月〕己未，諭內閣：「長齡等奏，籌議烏嚕木齊經費各款一摺。緑營糧折銀兩改支一半本色，於兵丁生計無益，呼圖斯一帶開採金廠，稽察難周，蘆灘荒地給營開墾，轉滋糜費，均著無庸辦理。」

《清宣宗成皇帝實録》卷五〇〔道光三年，癸未，三月〕庚午朔，諭軍機大臣等：「那彥成等奏，請定商民與蒙古貿易章程，並封閉邊外金廠。西寧、凉州等處向來商民攜帶貨物，由西寧辦事大臣衙門給票出口，徑赴蒙古遊牧貿易，既不指定地方去來，亦無期限，以致漢奸混雜，並夾帶違禁器物，於邊陲大有關繫。惟念蒙古以遊牧爲業，若將羊客禁絶，誠恐生計日艱，如漫無稽察，又復諸弊叢生。該督等請嚴立章程，明定地界，自應如此覈實辦理，嗣後毋論何州縣羊客與河北蒙古及河南蒙古番子交易，即以現定地界爲限，不許徑赴蒙番遊牧處所收買。至甘、凉、肅州羊客準由野馬川沿邊一帶行走，先行報明西寧辦事大臣衙門，分別發給大票小票，逐一註明，嚴定期限，由西寧府知會各提鎮飭知守卡弁兵，據實查驗，無許浮冒。其蒙古羊隻每年定以四月至九月按照指定處所售賣，事竣不準逗留，以杜弊端。至河南番族出售羊隻，並飭循、貴兩廳於貿易時照給票之例辦理。此外甘州之野牛溝、肅州之赤金湖等處向有漢奸偷挖金砂，現經該督等嚴拏查禁，惟大通縣屬之札馬圖官金廠，該匪徒等難保不乘間潛往開採，著即嚴行封閉，所有應納正撒課金二十八兩零即停其交納。此項人夫糾聚已久，該督等務須妥爲安插，無致流而爲匪。儻經理不善，仍有匪徒溷跡偷挖，致生事端，惟該督等是問。將此諭令知之。」

《清朝續文獻通考》卷四三《征榷考一五・坑冶》〔乾隆六十年〕又諭：本日據軍機大臣等議駁，伍彌烏遜等奏塔爾巴哈台所屬達爾達木圖等處開挖金廠一案，請仍交該大臣會同伊犂將軍再行查核具奏等語。達爾達木圖等處究屬新疆，如令開挖金廠，糾聚多人，未免滋生事端，且所得有限，於事無益，著交明亮、宜綿等。嗣後達爾達木圖等處嚴禁開挖金廠，仍令各派勤幹官兵不時稽查，如有不肖之徒，妄行偷挖，著照例從重辦理，以示懲戒。

又諭：據伍彌烏遜奏，派委侍衛官員等前赴塔爾巴哈台所屬之達爾達木圖烏蘭托羅輝等處禁山巡查，適有偷挖金兩之人甚衆，獻出金沙六十餘兩。見在先派官一員率兵往拏，伊隨後即赴彼確查等語。嚴察新疆産金之地，特恐匪徒聚衆妄滋事端，今派委往查，衆人知懼，獻出金沙，尚屬遵法。此時伍彌烏遜如已親往辦理，自必妥善。倘派兵往拏，設偷金之人恃衆拒捕，轉不成事。嗣後惟於此等處所增設卡座，嚴行查禁，務使不致聚集多人，與哈薩克布嚕特等交結，方爲妥善。倘有一二流離貧民，偷挖金兩，斷不可照此辦理，致滋事端。著傳諭伊犂將軍烏嚕木齊都統等一體遵照。

〔嘉慶十三年〕又諭：松筠等奏，查禁達爾達木圖金廠酌定章程，永杜私採一摺，達爾達木圖金廠例禁民人私採，此次查獲奸民龐順偷挖金砂一案，業經照例懲辦。該將軍等派員赴山河巡查，出示曉諭，將私採民人驅逐浄盡，妥爲安插。並酌議章程，於通山路徑安設卡倫，撥派弁兵防守稽察，嚴申禁令，俱著照所請辦理。惟所請令塔爾巴哈台庫、爾喀喇烏蘇兩處領隊大臣，每年冬夏，輪替帶兵巡查一次之處，仍未周密。著定爲每年四季巡查四次，不必拘定月日，使守卡弁兵得以先期預備，總須出其不意。前往實力查察，如有私挖金砂者，隨時緝拏懲辦，自不致日久聚集多人。倘守卡弁兵有私行賣放情弊，查出時尤應據實嚴參重懲。該將軍職屬總統，不時留心訪察，庶克永革弊端，以綏邊境。

又卷二〇《錢幣二》〔咸豐五年〕又，署陝西巡撫載齡奏請以黄金定價抵銀行使，命軍機大臣會同户部妥議。尋奏：該撫通籌全局，爲裕國便民起見，應如所請試行，並酌擬章程十二條。一産金省分宜令試行開採。

又卷三八七《實業考一〇・礦産》〔光緒二十四年〕又連順奏：查庫倫西北至恰克圖一帶毗連俄境，土脈豐腴，頻年内地人民出塞謀食者，率以租地墾荒爲名，偷挖金砂；附近之俄人亦多越邊潛採，官難查禁。歷經派員履勘，疊據稟稱：蒙古圖什業圖汗、車臣汗各旗界内，據庫倫東北六臺地約合三百四十餘里，西自鄂爾河、哈拉河至額能河，共有金礦三處。又西北九臺地約合五百三十餘

里，北自色埒河至伊魯河，共有金礦二處。周圍約二百餘里，金苗甚旺，其間以伊魯河所産爲最佳，其餘成色或八九分不等。惟均産自河内，水勢頗深，人力掬取所得有限，必用西法以機器汲水，僱工開挖，其利方厚。第濱臨沙漠，人煙較稀，購食招工，均自内地。若僅採一處，則曠日持久，徒糜薪工。似宜招集鉅款，同時並舉，於居中扼要之處設一總廠，以資兼顧。綜計約須銀三百萬兩。復據天津税務司俄人柯樂德、利庫西稱：蒙古金礦各苗，中國集款興辦，俄人情願附股，仍可代爲招集，悉遵中國章程辦理，如用俄人，應聽中國官員約束等情。利之所在，端賴人謀，果能開拓利源，實與蒙旗有益。開礦一事，既無礙於蒙旗，且爲開無窮之利，惟是資本過重，若用土法開挖，驟難著效，自當招商集股。俄人既願附股，不若因勢利導，轉可就我範圍所有。蒙古圖什業圖汗等五處金礦，由中國自辦，准附俄股，儻股款不足應請協撥官款，查照礦章，按年付息。所用工匠，除礦師及管理機器等可聘用洋人外，其餘淘沙工人悉用蒙衆及内地民人，不得雇用俄人，免妨中國窮民衣食之計。但恐一經開辦，他商見利争趨，未免侵礙礦本，宜先議年限。所辦各礦概歸該廠經理，他人毋得攙奪。將來開成後，除去付還股分本息，暨各廠一切薪工經費，所得礦利應分十成，以四成報效國家，以一成津貼蒙古王公，五成分歸股東，俾得利益均沾。惟地隸蒙古邊要，事關中外交涉，與别省情形不同，必須官督商辦。請簡大員專司督率，擇廉幹委員駐廠監查，每年將各廠採金實數、收支款目造册呈核，仍咨報京都礦務總局稽考，以杜弊端而垂久遠。其烏里雅蘇臺所屬唐努烏梁海各界内金礦，如能一律開採，俟奴才抵任後，再當察看情形，奏請定奪。得旨：「著總理衙門會同礦務大臣妥議具奏。」又總理各國事務衙門奏：准軍機處片交奉。【略】

又諭：伊克唐阿奏：奉天金礦試辦期滿，未見暢旺，見已分别停留一摺，奉省礦務，該將軍抵任之初，即奏明金礦耗省利厚，擬延礦師購機器以速功效，萬不至以籌措之艱，置爲罷論。兹據奏稱，開礦之難，或限於地利資本，並及開採人之難。此次採金數十處，賠銀數千兩，並將金州、岫巖、蓋平、海城等處金礦先行停止等語。何從前任事之勇，後來措手之難？如是所有金州等處金礦姑准暫行停止。此外，鳳凰、安東、遼東三處暨通化、寬甸、懷仁、鐵嶺、開原、海龍城六處産金之區，仍著督飭承辦各員，招集股商，多籌經費，另定妥善辦法，務期成效，克臻將金、銀、煤、鐵各礦逐漸推廣，不得畏難苟安，一奏塞責，置前言於不顧。目下帑項支絀，非講求礦産，無以廣興利源。該將軍尤當體念時艱，力圖報稱於辦礦一事，在奉天能開風氣之先，方爲不負委任。

《清德宗景皇帝實録》卷二一二〔光緒十一年，乙酉，七月，丁巳〕又諭：「現聞越界挖金之俄人，業經該國出示收回，所有漠河山金廠偷挖華民，自應一律嚴禁。著文緒等督飭卡倫官兵隨時認真巡查，毋任再有偷越情事。將此由四百里各諭令知之。」

又卷三三〇〔光緒十九年，癸巳，十一月〕丁酉，諭軍機大臣等：「前據許景澄奏，新疆和闐一帶金礦叿聚，並詳述遊歷洋人測探情形，當令總理各國事務衙門議奏。兹據該衙門奏稱，和闐産金之盛，據許景澄原奏圖説，覈以近日新疆測繪輿圖，大致相同。克里雅城毗連帕米爾諸處，邊疆重地，綢繆未雨，宜在機先。若照漠河金廠章程辦理得宜，自可濬利源於不竭，請飭妥議辦理等語。著楊昌濬、陶模按照所奏各節會商辦法妥議具奏。總理各國事務衙門摺均著鈔給閲看，將此各諭令知之。」

又卷三七七〔光緒二十一年，乙未，冬十月，己巳〕又諭：「王文韶奏擬派員查勘吉林三姓金礦妥議開辦章程一摺。吉林三姓一帶金礦久經籌議，迄未舉辦，現據王文韶歷陳，實邊裕餉之利，且關繫通商邊防大局，該處礦務實爲今日切要之圖，亟應及時開辦，以濬利源。即著飭派道員宋春鼇前往詳細查勘，妥爲辦理。並令津海關道盛宣懷協同籌畫，一切章程即仿照漠河辦礦成案。俟三年後，著有成效，準其擇尤請奬。總期於興利實邊，兩有裨益。將此諭令知之。」

又卷三九七〔光緒二十二年，丙申，十一月，甲寅〕又諭：「王文韶奏黑龍江漠河、觀音山各金廠，請與江省現辦各金廠礦畫清界限一摺。據稱漠河金廠業經知府周冕與江省辦理呼蘭一帶金礦委員約定，以青山爲界，惟無業遊民常有冒稱江省委員越界私挖等情，必須畫清界限，方免滋事。並查李鴻章前奏漠河廠金脈長及五百里，飭令委員就地開採，觀音山係隨後添辦，不在此五百里以内。今既畫分地段，自應按照現有各廠周圍以五百里爲界等語。漠河一帶各金廠業經北洋派員創辦有效，亟應力籌保護。呼蘭一帶該省現亦派員開辦金礦，務須詳細畫清界限，各專責成，庶不至宵小生心，滋生事端。即著恩澤、增祺派員前往各處，會同周冕，三面勘明立界，毋得彼此侵越。並著飭令地方文武將漠河一帶各金廠隨時保護，以濬利源。王文韶摺著鈔給恩澤、增祺閲看，將此各諭令知之。」

又卷四〇八〔光緒二十三年，丁酉，八月，庚午〕諭軍機大臣等：「壽蔭奏，

查明雙山子金礦情形並酌擬章程一摺。雙山子等處金礦，現據熱河道湍多布查明，金苗可期豐旺，並擬定章程條款。經該都統考覈，諸臻妥善，即著揀委妥員，認真採辦，定期升科，務當確切查覈，以裕鑛項。至溝梁、土槽子、偏山線、寬溝等處金廠，據奏，辦有端倪，各屬煤礦，亦著成效，即著趕緊查明，具奏辦理。將此諭令知之。」

又卷四四一〔光緒二十五年，己亥，三月〕辛未，諭軍機大臣等：「總理各國事務衙門奏遵議開辦蒙古鄂爾河等五處金礦一摺，著即派連順會同興廉督率辦理。」

又卷四四五〔光緒二十五年，己亥，五月，丁卯〕諭軍機大臣等：「理藩院奏開辦礦務大臣與蒙古所報情形牴牾一摺。據稱蒙古鄂爾河等五處開採金礦一事，據庫倫大臣轉，據圖什業圖汗、車臣汗兩部落盟長，以開挖礦產有礙蒙古生計，瀝陳情形，懇請停辦，覈與連順原奏所稱，詢問蒙古王公，均稱開拓利源，實於蒙旗有益無礙兩相牴牾，請飭體察辦理等語。鄂爾河等處開採金礦，前據連順詢問蒙古王公均無異議，何以該盟長等復以有礙生計爲詞，瀝請停辦？現在連順業經前往集股開辦，著理藩院查照總理衙門原奏，轉行各該旗盟長曉諭盟衆，俾知此事。原委並著連順、豐陞阿體察情形，會同圖、車兩盟盟長詳籌利弊，妥定章程，務期於邊務蒙衆兩有裨益，方可次第舉辦，毋得率從事，致滋流弊。將此各諭令知之。」

又卷四八四〔光緒二十七年，辛丑，六月，壬子〕諭軍機大臣等：「薩保奏漠河觀音山等處金廠因亂歇閉，請飭派員籌款接辦。又俄商屢請開採滿洲金礦，恐其侵佔漠河等廠，請飭商阻，以杜覬覦。並需款甚殷，俟綽哈布到任商辦各等語。礦務一事，著北洋大臣李鴻章酌覈辦理。黑龍江經費前已撥款三十萬。並著飭催綽哈布迅速赴任，原摺片著鈔給閱看。將此諭令知之。」

又卷五七二〔光緒三十三年，丁未，夏四月，癸亥〕庫倫辦事大臣延祉奏：「遵旨督辦金礦擬定權限章程十四條。」下所司議。摺包須發試辦庫倫金礦總辦官暨金廠監辦官鈐記。從庫倫辦事大臣延祉請也。

《約章成案匯覽》乙篇卷三八上《章程·礦務門·奉天將軍增奏義勝鑫公司承辦遼陽等處礦務擬定甘結章程摺光緒二十九年 附章程》 奏爲華洋合辦礦務，請旨飭部立案，以昭慎重，恭摺具陳仰乞聖鑒事。竊於光緒二十八年八月十九日，據商人梁顯誠、梁芳雄稟，奉省各礦富於他省，現由商等集得南省股實富商股本銀二十萬兩，復集入奉天華俄道勝銀行股本銀十五萬兩，作爲試辦各礦之用。並擬請撥給官款銀若干兩，在瀋先立一礦務總公司，名曰義勝鑫礦務總公司，所有開採支給各項事宜，均由公司經理官衹督查，保護稽征稅課。茲採得遼陽州等屬共計礦區四十五處，應請查照新章，先行咨請外務部核議，俟奉準之後，即當次第興辦。至一切辦理及納課章程，悉遵奏定新章，決不敢稍有違礙，將來部章如有更定，仍隨時遵照勿違。所有股票不準售與外人，除現在華俄款項外，並未入他款，即將來尚須擴充添款，亦衹準現在各股友添入。謹出具甘結二紙，請咨行存案。至一切詳細章程辦法，俟奉準後，再由公司分晰繕單，呈候鈞定，並應繳股本抽款，亦俟核準後呈繳等情，當以礦務新章。凡開採各礦，均須咨行外務部核議，始準開辦，曾經咨行外務部核覆，以華洋合股辦礦，自應先定章程，聲明權限，以杜轇轕。該商所稟並未擬定合股辦法，無憑核準，其單開礦地四十五處，包佔太多，亦難照準。嗣據該商等遵駁，於原報四十五處之中，減去三十五處，續添二處，共報十二處，並擬章程十條，稟請核辦。復經奴才等一面分飭地方官，查明所報礦產十二處有無窒礙實在情形，並飭取該商等所報礦產，將來經地方官查出，如有窒礙，遵飭封禁。限定華人股票，衹準售與在股華人，不得售與外人，亦不得售與在股俄人，俄人股票亦不得售與外人，惟在股華人可以承買，所有華股均係華人，並無洋人影射各項甘結，一面派署驛巡道景賢分別提驗華洋股本，取具道勝銀行存銀單據暨籌撥官款五萬兩以爲稽查地步，先後咨請外務部核議在案。茲準覆稱，既據該商梁顯誠等出具切實甘結，並經飭道提驗股本，暨撥官款五萬兩以資稽查，自可準行。惟事關華洋合辦礦務，應奏明辦理，以昭慎重，未經奏準以前，仍不得作爲允準之據等因，咨行前來。查商人梁顯誠等此次所辦礦務，係屬華洋合辦，既經外務部核準，咨令奏明辦理，自爲慎重起見，相應將華洋合辦情形詳細奏聞，並將該商等所呈條款甘結，及開辦礦產處所，照繕清單恭呈御覽。可否飭部立案之處，伏候聖裁。除分咨查照外，謹合詞恭摺具陳，伏乞皇太后、皇上聖鑒。謹奏。

附録：《奉天義勝鑫公司承辦遼陽等處礦務章程》

一、商人梁顯誠梁芳雄前經集妥股本銀二十萬兩，稟請在奉省設立義勝鑫礦務公司，並添招華俄道勝銀行股本銀一十五萬兩，又懇請盛京軍督部堂飭撥官款若干兩合爲開辦。現將股本已如數妥備存儲，聽候呈驗，俟蒙外務部核準各礦區，再行次第舉辦。

一、本公司開辦各礦及納課一切章程，悉遵外務部奏定新章辦理。將來部章如有更定，仍隨時遵照，毋敢稍違。

一、本公司所有礦廠司事人役均用華人，但礦師、機器師等，現或華人未能充當，亦可選用洋人，惟須商妥各股友允肯，方能録用。

一、保護礦廠及護送車輛，由本公司招募中國洋槍巡勇，或禀請盛京軍督部堂飭撥兵隊，所需餉糈均由本公司供給。

一、本公司所有用款開辦各礦購買機器、起造房屋、僱用司役等項，務須會同各股友商議妥協，始準照辦。

一、商議各事務要和衷共濟，不得自逞私見，但議事以股本多者爲主，定入股各款，均按股發給股票。

一、所有股票均限定不準售與外人。惟現在公司内之股友，可以承買，亦不得以股票抵押銀款，以杜轇轕。

一、本公司賬目以每年結一總算，倘有餘利，除股本週息七釐，及司事花紅併報效國家各款外，其餘溢利或按股均分，或留添置機器等件，均須會同各股友妥商辦理。

一、蒙準各礦區仍求軍督部堂劄飭該地方官實力保護，如廠内人役遇有口角忿争，小則由公司秉公處置，大則送官究治。然地方官務一秉大公，持平辦理，庶足以維商務而免争端。

一、以上各條乃屬合股開辦章程，如有未能盡善者，仍隨時酌量損益，禀請盛京軍督部堂轉咨外務部查核。

茲將《辦礦甘結》及開礦處所列左：

《辦礦甘結》商人梁顯誠、梁芳雄，華俄道勝銀行爲出具切結事前商等請辦弓長嶺等十二處各項礦産，茲奉劄飭，以外務部查訊各節除另禀聲明外，所有承辦弓長嶺各處礦産於地方情形並無窒礙，並於陵寢風脉無關。倘有關礙等情將來查明，情願遵飭封禁，不敢抗違。至入股華俄應領股票，凡華人股票衹準售與在股華人，不得售與外人，亦不得售與在股俄人。俄人股票係華俄道勝銀行入股，亦不得售與外人。惟在股華人可以承買，其所有華股均係真正華人所入股本，並無洋人影射冒名等弊，倘有各情，一經查明，甘願認咎，聽候核辦。所具簡明，公結是實。

遼陽州界屬：弓長嶺、金礦。石河寨、金礦。商家臺、金礦。雞頭峪、金銀礦。韓盤嶺。煤礦。

鳳凰廳界屬：

弟兄山、金礦。白水寺。金礦。

興京界屬：

灣甸子、金礦。肥牛、金礦。西大林子、金礦。灘州堡子、金礦。

蓋平縣界屬：

神樹山。金銀礦。

《後漢書·郡國志四》 豫章郡，高帝置。雒陽南二千七百里。二十一城，【略】鄱陽。有鄱水。黄金采。

《宋史》一八〇五《食貨志下七》 天聖中，登、萊採金，歲益數千兩。仁宗命獎勸官吏，宰相王曾曰：「採金多則背本趨末者衆，不宜誘之。」

魏泰《東軒筆録》卷八 尚書郎李覯自言爲進士時，往遊南嶽，通過潭州聖旗亭，賣酒。忽有一人荷畚，持釘校之具，徑至問覯曰：「吾將之南嶽，頗識養素先生藍方否？」【略】蕭注：在仁宗時以閤門使知邕州幾十年，屢獻取交趾之謀，朝廷不從。末年，交趾寇左右江，殺巡檢左明。宋士堯等注：坐備禦無狀，降爲荆南鈐轄。是時李師中爲廣西提刑獄。又言注：在邕州擅發洞丁採金鑛，無文歷，鈎考，遂下注桂州獄。及獄具，貶秦州團練副使、洪州節度副使。

李燾《續資治通鑒長編》卷一百一四《仁宗》〔景祐元年二月〕權弛登、萊採金之禁，以歲饑，民不能自給故也。

《宋會要輯稿補編·金》 天聖六年，三司使危雍言：恩州陽江縣出産金貨，慮不切盡公收買，已牒本路轉運司選差職往彼監當。詔令三司鈐轄，不得搔擾。【略】八年，詔：彭州九隴縣産金貨，命差官採淘。元豐四年，知沅州謝麟言：溪江産麩金，欲乞募人淘採中賣。從之。

又《職官七二》〔淳熙四年九月〕十五日，新知賓州石良弼、新知雷州黄萬頃，各别與差遣。以知静江府張栻言，良弼頃知邕州，昏謬，闒茸溪讎殺，不敢禁戢，一州財賦謾不知省。萬頃昨爲邕州通判，溪洞多産生金，萬頃托官典，賤價以買，將往右江販賣。又將平人爲劫賊，故有是命。

《宋史》卷一八五《食貨志下七》 政和元年，張商英言：「湖北産金，非止辰、沅、靖溪峒，其峽州夷陵、宜都縣，荆南府枝江、江陵縣赤湖城至鼎州，皆商人淘採之地。漕司既乏本錢，提舉司買止千兩，且無專司定額。請置專切提舉買

金司，有金苗無官監者，許遣部内州縣官及使臣掌幹。」詔提舉官措畫以聞，仍於荆南置司。廣東漕司復奏：「端州高明、惠州信上立溪場皆宜停閉；韶州曹峒場、英州銀岡場，皆併入英之清溪場，惟黄阮場欲權存，俟歲終會所入别奏；惠州楊梅東阬、康州雲烈、潮州豐政、連州元魚銅阬、黄田白寶、廣州大利、宜禄、韶州伍注岑、水銅岡、循州大佐、羅翊、英州鍾峒凡十六場，請並如舊；循之夜明、英之竹溪、韶之思溪、連之同安，請更遣攝官。」從之。

張鉉《至大金陵新志》卷六上《官守志一・本朝統屬官制》 淘金提舉司，五品衙門，有印。至元十九年，梁提舉建言，於上元縣花林市創立淘金總管府，管提領所八處，各有官典人吏。二十三年，改立提舉司。二十九年，併入金銀銅冶轉運司管領。大德二年，宣慰使朱清言其擾民，革罷。

《明史》卷一五九《彭誼傳》 成化四年，遼東巡撫張岐得罪，吏部舉代者。帝曰：「遼東自王翱後，屢更巡撫，多不稱，可於大臣中求之。」乃改誼右副都御史以往。鎮守中官横徵諸屬衛。誼下令，凡文牒不經巡撫審定者，所司毋輒行，虐焰爲息。十年冬，户部檄所司開黑山金場。誼奏永樂中太監王彦等開是山，督夫六千人，三閲月止得金八兩，請罷之。遂止。

卞寶第等修曾國荃等纂《〔光緒〕湖南通志》卷五八《食貨志四・礦廠・金礦》 宣德中，辰州沅陵等縣開礦採金，民以爲苦，監礦御史薛瑄奏罷之。嘉靖二十六年，仍行採取，參政游震得復奏免。辰州府志。

國朝雍正六年，題準靖州會同縣墓坪山産有金砂，聽山主開採。每金一兩抽課四錢，又抽五分爲官役養廉工食等費。後因開挖甚艱，獲砂有限，不敷工本，題準封禁。

嘉慶十六年，辰州府沅陵縣大油溪内之觀音山、大茶園、神仙莊嵒、灣子水、秧池、來屋潭等處産有金砂，居民私行開挖。巡撫景安以該處逼近苗疆，奏明封禁。是年沅陵縣大晏溪内之何家灘、杉樹觜，溪下之梅子溪，及葡萄溪内之仙人山、丁家溪，纜子灣内之簡家溪、闞家山、椒樹面、牯牛背等處，亦私開金礦，同知張映蛟、王顯文等會同辰州府知府顧振勘明詳報，一體封禁，並將辰州營原撥駐山營弁一員、兵十名移駐大油溪口，以資巡緝。

《明史》卷一五四《馮貴傳》 馮貴，武陵人。舉進士，爲兵科給事中。從張輔征交阯，督兵餉。累遷左參政。【略】仁宗時，尚書黄福言狀，贈貴左布政使，保右布政使。然貴嘗言交阯産金，遂命以參議提督金場，時論非之。

又卷一〇《英宗前紀》 正統元年春正月丙戌，罷銅仁金場。

又卷一三《憲宗紀一》 〔成化十年〕十二月己丑，罷寶慶諸府採金。

洪亮吉乾隆《府廳州縣圖志》卷四一《廣東布政司・肇慶府》 金場在〔四會縣〕縣西一百里。昔劉氏置場採金於此。

《清會典則例》卷四九《户部・雜賦上》 又廣西蒼梧縣金盤嶺金礦砂薄，不敷商本，均準封閉。

《清通典》卷八《食貨・賦税下》 〔乾隆五年〕廣西蒼梧縣金盤嶺金礦砂薄，【略】均行封閉。

《清高宗純皇帝實録》卷一二八 〔乾隆五年，庚申，冬十月，己酉〕户部議覆：「原署廣西巡撫安圖疏稱，蒼梧縣金盤嶺金礦近年出砂甚少，商本不敷，官課無出，應準暫行封閉。」從之。

又卷二六二 〔乾隆十一年，丙寅，閏三月，庚子〕户部議覆：「貴州總督兼管巡撫張廣泗疏報，天柱縣屬相公塘東海洞金廠自乾隆八年開採，至十年以後，礦砂淡薄，廠民工本虧折，日漸散去，相應取結，保題封閉，應如所請。」從之。

又卷一二三五 〔乾隆五十年，乙巳，七月，癸酉〕又諭：「據德文奏，色黑斯烏察克地方拿獲崔學莫一名，訊係皋蘭縣人，在口外佣工，上年五月回家，路遇凉州人王發，告知沙州有金廠兩座，囑其前往幫同偷採。後聞和闐所産金沙較好，欲往和闐，被獲。並據崔學莫供，止到過沙州小金廠，見廠内有二百人，聞大廠内有三百人，現將該犯解送陝甘總督查辦等語。内地民人私往口外，聚集多人，偷採金沙，久經查禁。乃沙州地方崔學莫供有偷採金廠兩座，是否竟係奸民私開金廠，抑或本係官厰，該犯等潛赴偷採，均須逐一查明。該處係肅州與鎮迪道所屬交界地方，本應陝甘總督會同烏嚕木齊都統彼此設法稽查，方不至復有透漏。但奎林現赴伊犁，永鐸甫經前往署事，恐其辦理未能妥協，或致滋擾。鎮迪所屬地方亦係總督管轄，呼應較靈，此事著交福康安督飭該處員弁嚴密訪緝，如果有聚衆偷採情事，即行查拏懲治，勿任滋生事端。所有崔學莫一犯，並著嚴切審明，定擬具奏，或有當與永鐸商辦之處，亦可咨會辦理。」

又卷一二五一 〔乾隆五十一年，丙午，三月，癸酉〕軍機大臣等議覆：「陝甘總督福康安奏，甘肅敦煌縣沙州地産金砂，前經獲辦偷挖各犯，並聲明詳勘後官爲開採。兹查沙州南北兩山土雜金砂，雖節年封禁，貧民趨利如鶩，難免偷挖。不若官明立廠募夫，照烏嚕木齊金廠例，夫五十，設夫頭一名，給票入山試

採,儘收儘報,並派文武員弁彈壓。應如所請,並令試採兩三月後統覈得金多少,再酌定規條奏辦。」從之。

又卷一二五三〔乾隆五十一年,丙午,四月,戊戌〕軍機大臣議準:「陝甘總督福康安疏稱,敦煌縣沙州南北二山深崖邃壑,每有金沙攙雜土內,無業貧民潛往偷挖,誠恐日久滋釁。請明立官廠,令地方官出示招募人夫,俟春夏之交給票入山,按烏嚕木齊開設金廠例,每五十名設夫頭一名,遴派文武員弁彈壓,將採出金砂儘數儘報,俟兩三月後,統覈成效,酌定條規,奏明辦理。」從之。

《清仁宗睿皇帝實録》卷二〇一〔嘉慶十三年,戊辰,九月,乙酉〕又諭:「松筠等奏查禁達爾達木圖金廠酌定章程,永杜私採一摺。達爾達木圖金廠例禁民人私採,此次查獲奸民龐順偷挖金砂一案,業經照例懲辦。該將軍等派員赴山內巡查,出示曉諭,將私採民人驅逐淨盡,妥爲安插。並酌議章程,於通山路徑安設卡倫,撥派弁兵防守稽察,申嚴禁令,俱著照所奏辦理。惟所請令塔爾巴哈台、庫爾喀喇烏蘇兩處領隊大臣,每年冬夏輪替帶兵巡查一次之處,仍未周密。著定爲每年四季巡查四次,不必拘定月日,使守卡弁兵得以先期豫備,總須出其不意,前往實力查察。如有私挖金砂者,隨時緝拏懲辦,自不致日久聚集多人。儻守卡弁兵有私行賣放情弊,查出時,尤應據實嚴參重懲。該將軍責屬總統不時留心訪察,毋令久而生懈,庶克永革弊端,以綏邊境。」

徐松《西域水道記》卷四 又西流過瑚圖斯拉境北。布拉干河既會察罕河水,復東南流三十餘里,乃折而西流四五十里,逕阿爾噶靈圖境南,瑚圖斯拉境北。瑚圖斯拉地產金,《舍稜傳》云:乾隆四十九年,有內地奸民劉通等集衆千餘,赴瑚圖斯拉私開金礦,且賂舍稜屬額爾齊斯、雅拉拜等,給駝馬爲助。烏魯木齊都統海禄聞之,以兵往擒,所部助弋奸民悉就擒,以瑚圖斯拉逼舍稜牧,封禁,永爲令。

《清文宗顯皇帝實録》卷三〇二〔咸豐九年,己未,十二月,己亥〕又諭:「户部奏征收課金,疊報減少,請飭查辦等語。熱河熱水塘金礦征收課金,自八年開採以來,各季征報之數有減無增,恐該商等有挖多報少情弊,或係廠員未能督飭商人實力開採,以致課額愈形短絀。著常清即揀派妥員認真督辦,以資整頓,而裕經費。」

又卷三五六〔咸豐十一年,辛酉,秋七月,丙申〕又諭:「有人奏,山東平度州舊店地方向有金礦,前經封禁,近聞該處聚集匪徒三四千人,搭蓋棚廠,肆行開採,地方官不能禁止。每遇械鬭,互相殺傷,地方官不敢過問,以致附近地方道路梗阻,請飭山東巡撫查明封禁等語。現在山東賊匪尚未剿捕淨盡,若任令匪徒開採封禁金,衆聚從滋鬧,必致釀成巨患。著譚廷襄迅派妥員前往該處確切查明,如有匪徒聚集滋擾,即嚴拏懲辦,將私挖之礦立時封禁,以遏亂萌。另片奏萊州府知府王鴻烈性耽麴糵,置買城內王延禧房屋,藏垢納汙。其子捐納知縣王祥麟包攬公事,窩娼宿妓,每出嬉遊,紅轍大轎隨從,與該府無異。幕友沈元禮與門丁王四狼狽爲奸,遇委缺委差以及詞訟等事,率以賄成。平度州舊店地方匪徒私挖金礦,該府不加禁止,且暗使人購買生金,傾鎔取利。本年二月,捻匪撲擾濰縣,該府置若罔聞,仍在署演戲等語。地方官貪酷殃民,大干法紀,著譚廷襄按照所參各節,查明嚴參懲辦,以儆官邪,毋稍徇隱。原摺片著鈔給閱看,將此諭令知之。」

魏源《古微堂集・外集》卷八《軍儲篇二》 甘肅甘州八寶山之金礦,湖南辰州大汕山之金礦,提督派兵守之,乘夜偷挖,至今爲兩提標之優差。伊犂塔爾巴哈台之金礦,將軍派兵守之,客民串謀潛挖,至今爲駐防之利藪。

《清德宗景皇帝實録》卷二一二〔光緒十一年,乙酉,七月〕丁巳,諭內閣:「前因黑龍江將軍文緒、副都統成慶因邊民偷挖金沙一案,互相參奏,當派寶森前往查辦。茲據查明覆奏,此案文緒雖查,無奏報蒙蔽移禍揑參等情,惟於奏參成慶摺內,未將該副都統查出金廠,及商辦各節詳晰聲敘,咎實難辭。成慶具摺剖辯,於失察屬員縱釋金匪各情,概置不論,亦屬非是。文緒、成慶均著交部議處。」

又卷二三七〔光緒十二年,丙戌,十二月,乙酉〕諭軍機大臣等:「恭鏜等奏漠河金廠亟應舉辦一摺。黑龍江漠河山地方上年曾有中俄匪徒過江偷挖金礦,雖經派兵驅除,孽芽未淨,自應及時開採,以杜外人覬覦。著李鴻章遴派熟悉礦務幹員,飭令選帶礦化各工,攜帶機器迅往黑龍江,隨同恭鏜認真勘辦。如津滬殷實各商有情願承辦之人,並著飭令同往,俾可圖成。另片奏,吉林候補知府李金鏞熟悉礦務,請飭派往會辦等語。即著希元轉飭該員赴黑龍江會辦。原摺片均著鈔給閱看,將此由四百里各密諭知之。」

又卷三八五〔光緒二十二年,丙申,二月,庚辰〕又諭:「延茂等奏委員藉差挾金潛逃請革拏審訊一摺。據稱上月十八日截獲漠河金車四輛。據解金委員從九品袁如蘭、把總王箴等先後供稱,係金廠督辦道員袁大化,札委伊等解金

赴瀋陽售賣。袁大化胞弟、觀音山金廠委員、知縣袁大傑藉差回家，幫同管解。袁大傑因聞截拏之信，乘夜挾金潛逃等語。覽奏情節支離，殊深詫異。袁大傑之挾金潛逃，由於袁大化之札委幫解，其爲知情故縱無疑。候選知縣袁大傑，著即行革職。該員籍隸安徽渦陽縣，在天津王慶坨置有房産，難保不潛行回籍，或私赴天津。著王文韶、福潤通飭所屬，一體嚴拏，務獲歸案，毋令倖免。督辦漠河金廠選用道袁大化，著一併革職，歸案訊辦。另片奏，據司事張德奎供稱，袁大傑在愛琿轉運局買金存金等語。委員遊擊歐陽錦爵、把總曹景懷即曹國琛顯係扶同舞弊，均著先行解任，歸案審訊。漠河金廠開辦已久，總未積成鉅款，一濟急需。覽奏督辦及委員司事人等果有通同舞弊情事，若不徹底根究，必致任意乾没。著延茂、恩澤、增祺督飭接辦之員，將漠河金廠嚴定章程，認真經理，務使積弊一空，礦務日有起色，方爲不負委任。原摺片著鈔給王文韶、福潤閲看，將此各諭令知之。」

又卷三九三〔光緒二十二年，丙申，秋七月〕丁未，諭軍機大臣等：「恩澤奏，金廠附近竄來賊匪，撥隊防剿情形一摺。漠河金廠附近觀音山地方，近有竄匪二百餘名，挾持快槍戰礮，意在搶劫金廠，並有搶劫中俄商船，占踞卡倫，採勘金苗之人，亦有被傷情事。該將軍等已派提督吴金魁步隊一營，雇覓俄輪前往剿捕，並派中路、右路步隊分路搜剿，所籌尚妥。金廠重地，豈容匪徒窺伺？即著飭令該提督迅速撲滅，毋留餘孽。現在中俄邦交正睦，該國商船既有被劫情事，沿江一帶尤應實力搜查，毋任再有劫掠。觀音山路徑紛歧，西南兩面俱可竄擾，即著派出馬步各隊嚴密防範，毋稍疏虞。將此諭令知之。」

又卷三九六〔光緒二十二年，丙申，冬十月，丁卯〕諭軍機大臣等：「延茂奏三姓東溝金廠被賊竄擾，現籌剿辦情形一摺。鬍匪竄回三姓，前恩澤曾經奏及。兹覽所奏，該匪在東溝金廠一帶膽敢抗拒官兵，並堵截進山糧道。現在該匪四處分布，誠虞勾結礦丁，勢成滋蔓，亟宜及早撲滅。即著該署將軍，嚴飭派出之統領全榮等，督率官兵實力剿捕，並分咨三姓副都統富順阿勒楚喀、副都統噶嚕岱分撥練隊，合力兜剿，務期殲除浄盡，毋留餘孽。另片奏，遵查礦務情形等語。三姓金礦，著責成宋春鼇實力開採，認真經理。其琿春銀礦及寧古塔等處有無礦苗可採，俟查勘明確，即行酌擬章程，奏明辦理。」

又卷四一三〔光緒二十三年，丁酉，十二月〕己巳，諭軍機大臣等：「有人奏漠河金廠總辦向駐漠河，自湖南候補道周冕接辦，移總局於愛琿，諸務悉置不問，挪匯鉅款於上海，另開買賣，以致金廠日壞。又以鬍匪爲山賊，蒙稟調兵，並寃殺流民多名，意在開支兵費等語。著王文韶按照所參各節，確切查明，據實具奏，毋稍徇隱。」

《清朝續文獻通考》四三《征榷考一五·坑冶》〔咸豐三年〕又諭：「彭藴章奏，江西高安縣古樓岡、鄧姓荒山、五嶺，産有金礦，道光元年，經前護理巡撫邱樹棠查奏，入官封禁，見值軍需緊急，不必因封禁在前，仍事拘泥等語。著張芾按照所陳，遴委賢員即行查勘開採，毋得畏難苟安，聽信胥吏，飾詞欺隱，一奏了事。至於商辦民辦，應如何稽查彈壓，妥議章程，並著該撫悉心籌辦，據實奏聞。」

〔咸豐〕五年，諭：「扎拉芬泰等奏尋獲金廠，試行開採一摺。據稱，喀爾喀三音諾顔部落達拉圖、噶順二處地方産有金苗，業經派員查訪得實，惟是否豐旺，未能深知。見據盟長扎薩克多羅貝勒錦丕勒多爾濟詳稱，自願捐備蒙古夫役數百名，並辦供支一歲應需口糧、氈帳，以助開採。著扎拉芬泰等詳細體察，飭令該盟長隨同本處委員，前往達拉圖等處覆勘，明確試行開採。如果礦苗豐旺，應如何嚴防偷漏，力除弊端。著俟奕興抵任後，會議章程具奏。」

〔咸豐六年〕又諭：軍機大臣議駁保寧等奏請開採金砂一摺，所駁甚是。塔爾巴哈台所屬各處金礦，乾隆年間曾經伍彌烏遜等奏請採挖，欽奉皇考諭旨，令將達爾達木圖等處刨挖金砂之處，嚴行禁止，即實力遵行，尚恐不免有偷挖之弊。今若官爲開採，勢必招集多人，奸良莫辨，並恐内地甘涼一帶遊民紛紛踵至。此等無籍之徒，聚之甚易，散之則難，於邊地殊有關係。此事本係保寧令貢楚克扎布、松筠前往察看奏請開採，而主見必係松筠所出。伊前此再三懇弛私糶私鑄，其事斷不可行。經朕降旨嚴飭，今採金之議仍然膠執前見，沾沾目前小利，並不計及久遠。保寧等輒附和其言，聯銜具奏，均屬非是。保寧、貢楚克扎布、松筠俱著傳旨申飭。仍著保寧等將産金處所嚴行封禁，勿令偷挖滋事。

又卷三八九《實業考一二·礦産》〔宣統〕三年，湖南巡撫楊文鼎奏：「會同縣漠濱金礦因奸商争訟封禁，於貧民生計有礙，應歸官辦，以闢利源而杜訟蔓，擬定章程，設法開採。」

盛宣懷《愚齋存稿》卷五七《電報三四·寄京王中堂》〔光緒二十八年〕二月二十日聞俄約將成，東三省電線能否收回？漠河觀音山金礦及宋春鼇所辦吉林三姓金礦，能否仍歸華商自辦？宋道在滬，擬與德國商人合辦吉林金礦，恐與

俄約不符。乞詳示。

《京王中堂來電》二月二十一日　俄約定後，三省電線自應收回。吉江金礦，華商自辦，當無異説。此次約内並未言及礦務，現外務部奏定章程，凡擬辦礦，須先由部核准。宋道所擬合辦一節，此時應毋庸議，免生枝節。

《清德宗景皇帝實録》卷二八八　〔光緒十六年，庚寅，八月〕甲寅，吉林將軍長順等奏：「琿春礮臺改修完竣，安齊礮位。」報聞。《摺包》又奏：「三姓試採金礦經費實用實銷，應請免其造報。」下所司知之。

又卷四三〇　〔光緒二十四年，戊戌，九月，乙亥〕黑龍江將軍恩澤等奏：「開辦都魯河金礦，日有起色，原籌股款請提呼蘭賑餘款項接濟。」如所請行。

又卷五一四　〔光緒二十九年，癸卯，夏四月，甲午，熱河都統錫良〕又奏：「熱河平泉州密雲鄉金礦，籌發官本銀三千兩，每月可出金一百數十兩。又承德府屬頭溝等處金礦，亦已發款試辦。」得旨：「著松壽認真經理。」

《清朝續文獻通考》卷三八七《實業考》一〇　〔光緒二十五年〕又四川總督奎俊奏：「前督臣鹿傳霖開辦冕寧金礦，委道員賴鶴年總司其事。原計官商合辦本三十萬兩，前已用去七萬九千餘兩，本年又請撥官款添購電氣鑽機，不得已在土蠻項下，暫撥官本銀二萬兩。惟查賴鶴年等先後稟詳，皆稱辦有成效，而採取之金，僅二百二十餘兩。奴才密詢道員徐穗，前奉飭往勘，礦質甚佳，川紳亦僉稱此礦實爲得地。何以數年來，未見礦利？是否用人得當，事事核實，尚難盡信。見委藩司王之春督辦，澈底清釐有無弊混，再行詳奏。」得旨：「著確切查明有無弊混，詳悉具奏。」

又卷三八九《實業考一二》　〔宣統元年〕又東三省總督錫良奏：「上海職商唐元湛等聯合中英美商人組織公司，擬辦海龍府内金礦。經勸業道與該商代表人商訂合同，議明中英美三國公司出資一百萬兩，中國資本至少居三分之一。指定海龍府境内香爐盤海仁社地方爲金礦有限總公司，業經批飭，會同簽押。復按照合同辦法，飭令取具上海匯豐銀行證書，證明資本確有把握。查部章規定：華洋合股開礦，以股本各占一半爲度。該公司華商資本有三分之一，似尚未合。惟我既收平分之利，復有監督之權，即與華洋各半無異。況奉省時局已在日人範圍之中，非招徠歐美人多投資本，不足以牽制勢力。該商等請辦海龍金礦，地處奉、吉之間，我先開採，足以扼其要領。而日俄南北勢力平均，或因在此稍有顧忌。下部議，尋外務部奏：東省礦産殷富，日俄兩國乘間覬覦，不免有侵我利權之處。該督撫等以海龍府屬金礦足資開採，令華商聯合英、美商人組織公司，就地勘辦，自是開闢利源之要義。見在礦務新章尚待更改，所訂合同既於監督權限、平分利益無所損失，且復縮短期限，更較加密，應即照此訂定，以赴事機而興礦業。」

又，黑龍江巡撫周樹模奏：「籌備墨爾根屬嫩江上游甘河地方煤礦，見擬修路購輪，以便運銷，并預籌擴充辦法。」

〔宣統三年〕又，東三省總督趙爾巽等奏：「江省沿邊一帶金礦林立，以愛琿、黑屬各河爲最。見在黑河府設立愛黑礦務官商會辦公司，指定府屬餘慶溝一處先從採苗入手，官商各半認股，飭由廣信公司墊撥俄幣兩萬盧布作爲官本，其商股亦經繳足。開辦以來，礦丁麕集，出金甚多，抽收金税日有起色，將來出産愈旺，再當隨時籌集，以期擴充。」

歐家廉《清宣統政紀》卷四九　〔宣統三年，辛亥，二月，丙子〕責湘省：「官礦仍歸該道經管，以免紛歧。商辦之公司應準公舉總理辦理。又所擬刊發股票先招股本一千萬兩，指定水口山礦及平江金礦所出爲保息之用。惟湖南辦理公債票，曾指定水口山礦餘利提撥二十萬兩作爲息款。兹據稱，該礦每年可出三十萬餘兩，是否債票保息不在此數？又平江金礦每年可出金二千餘兩，是否可靠，未敢憑虛覈斷，應請飭湖南巡撫體察情形，妥籌酌辦，以昭詳慎。」

又卷六六　〔宣統三年，辛亥，十月，丙辰，東三省總督趙爾巽〕又奏：「江省沿邊一帶金礦林立，以愛琿、黑河各屬爲最。現在黑河府設立愛黑礦務官商會辦公司，指定府屬餘慶溝一處，先從採苗入手，官商各半認股，飭由廣信公司墊撥俄幣兩萬盧布作爲官本，其商股亦經繳足。現計開辦以來，礦丁麕集，出金甚多，抽收金税日有起色，將來出産愈旺，再當隨時籌集，以期擴充。」又奏：「江省附近東清鐵路一帶煤礦甚多，亟應及時開採。查有省西太平山煤礦一處，距東清鐵路車站約十七里，經前署布特哈總管純德等集資開辦，設立隆平煤礦有限公司，嗣因商股迄未集有成數，飭司先行墊銀二萬圓，廣信公司官銀號各墊銀一萬圓，俟辦有成效，再行續撥。又臚濱府屬察漢敖拉卡倫原有煤礦一處，距東清鐵路十八里，曾經商民集股開採，嗣以財力竭蹶中止。現由臚濱府請發官股，提倡以便招集商股接續開辦，定名曰察漢敖拉煤礦有限公司，飭司撥發銀一萬二千兩、羌帖三萬圓俾資應用。查以上兩處煤礦均在東清鐵路附近，主權利權關繫均極重要，無論庫款如何支絀，自應興辦。」均下部知之。

吴曾《能改齋漫録》卷一五《方物·登萊州産金》 登萊州産金，自太宗時已有之，然尚少。至皇祐中，始大發，四方遊民廢農桑來掘地採之，有重二十餘兩爲塊者，取之不竭，縣官買，歲課三千兩。

魏源《元史新編》卷八八《食貨中》 金課之興，自世祖始。其在益都者，至元中以漏籍民户四千於登州棲霞縣淘焉，又以淘金户二千僉軍者付益都、淄、萊等路淘金總管府，而輸其課於太府。監在遼陽者，至元中聽民於龍山縣胡碧峪淘採，每歲納課金三兩。又於遼東雙城及和州等處採焉。在江浙者，至元中設建康等處淘金夫七千三百六十五户，立提舉司領之，所轄金場凡七十餘所。未幾，以建康無金罷之。其徽、饒、池、信之課皆歸之有司。在江西者，至元中，撫州樂安縣民歲辦金百兩。在湖廣者，至元中撥常德澧、辰、沅、靖民萬户付金場，轄運司淘焉。在四川者，元貞初，以其病民，罷之。在雲南者，至元中，諸路總納金百有五錠。此金課之興革可攷者。

歲課之數：天曆元年。

金課。腹里，四十錠四十七兩三錢。江浙省，百八十錠十五兩一錢。江西省，二錠四十兩五錢。湖廣省，八十錠二十兩一錢。河南省，三十八兩六錢。四川省，麸金七兩二錢。雲南省，百八十四錠一兩九錢。

《續文獻通考》卷二三《征榷考·坑冶》 （元）至元二年二月，令各路民户從實淘金辦課，毋得科斷鈔數。

先是，行省從長辦課，未經定額，許令樁配，百姓包納，每金一錢，折價一十五兩至十八兩。至是，江南新附，因科金課，甚覺擾民。御史臺以爲言，乃革淘金總督府，併入宣慰司，令民從實採辦。

金在益都者，至元五年閏正月，命于從剛、高興宗以漏籍民户四千，淘於登州棲霞縣，每户歲輸金四錢。十五年，又以淘金户二千僉軍者付益都、淄、萊等路淘金總管府，依舊淘金。其課於太府監輸納。二十年十月，遣官檢覈益都淘金欺弊。二十六年十一月，詔：「山東東路毋得沮淘金。」二十八年十一月，禁沮擾益都淘金。至成宗大德八年十二月，復立益都淘金總管府。文宗至順三年五月，置山東益都等處金銀銅鐵提舉司。

在遼陽者，至元十年，聽李德仁於龍山縣胡碧峪淘採，每歲納課金三兩。十三年，又於遼東雙城及和州等處採之。二十一年六月，命伊蘇岱爾所部軍六十人淘金雙城。仁宗延祐三年五月，置遼陽金銀鐵冶提舉司。七年，英宗即位，七月，以遼陽金銀鐵冶歸中政院。

在江浙者，至元十九年十二月，以建康淘金總管府隸建康路。二十四年，立提舉司，以建康等處淘金夫凡七千三百六十五户隸之，所轄金場凡七十餘所。未幾，以建康無金，革提舉司，罷淘金户。其徽、饒、池、信之課皆歸之有司。成宗元貞元年十一月，立江浙金銀銅冶轉運司。大德二年二月，罷轉運司，以淘金户還元籍，歲辦金悉責有司。

在江西者，至元二十三年撫州樂安縣小曹周歲辦金一百兩。順帝元統元年十一月，罷富州金課。

在湖廣者，至元二十年，撥常德、澧、辰、沅、靖民萬户，付金場轉運司淘焉。

在四川者，元貞元年九月，以其病民，罷其淘金户四千還元籍，罪初獻言者。

在雲南者，至元十四年，諸路總納金一百五錠。二十八年，從參政齊喇言：「建都地多産金，可置冶，令旁近民鍊，以輸官。」從之。

《刑法志》曰：「諸産金之地，有司歲征金課，正官監視人户，自執權衡，兩平收受。其有巧立名色，廣取用錢及多秤金數，克除火耗，爲民害者，從監察御史廉訪使糾之。

《元史》卷六《世祖紀六》 （至元五年）閏月戊午，以陳、亳、潁、蔡等處屯田户充軍。令益都漏籍户四千淘金登州棲霞縣，每户輸金歲四錢。

馮蘇《滇考》卷下《珍貢》 雲南，古不毛地也，且舟車不通，商賈罕至，人有百金之業，便爲素封，貧者至不保朝暮。即其土所産，或反不如他處易求者，而世多膠於金鏤作貢之説，動以滇爲金穴寶山，不肖有司因而張威勢以索之。彝性輕生，每極於勢無復之，輒起爲亂，後人不知其故，謂滇難治，嗟乎！豈滇真難治也？漢鄭純毫毛不染，而哀牢化；隋梁毗對餽金慟哭，而諸彝感悟，遂不相攻；元舒嚕杰不爲金婦所餌，而車里嘆服。彼皆非三代以上之人，猶能以廉勵俗若此，奈何末世上作而下效之。明三百年，叛者十數起，推其由來，多因黷貨，予故於内外彝蠢動之後，復載《珍貢》一篇，夫亦曰知所以亂之由，則知所以治之之道矣。語云：金生麗水，今麗江其地也。江滸沙泥，金麸雜之，貧民淘而煅焉，日僅分文，售蜀估轉諸四方。永平山中亦有金沙，色赤而利更微。明初歲貢金二千兩，官償價銀一萬一千四百有奇，皆蜀賈有力者，先期受值走四遠哀入之，然金少價高，率賠其三之一。間有窮極而逃者，因舉殷實土著，以當金户，寶石、琥珀等珍，皆責其供辦，産盡則更舉一家。萬曆十八年，又增金三千，歲共貢

五千兩，公私益困，末年始減二千。天啓水烏之亂，奉旨暫停，事平再進。

金鉷《〔雍正〕廣西通志》卷二八《榷税》 南寧府：果化土州定西山雄黄礦廠，其礦衰旺不常，課額難以預定，惟視所採數，隨徵隨解。

《清高宗純皇帝實録》卷八二 〔乾隆三年，戊午，十二月，癸未，户部〕又議：「陞任廣西巡撫楊超曾疏言，粤西蒼梧縣屬之金盤嶺金礦，即係雍正九年封閉之芋莢山傍壠。乾隆二年準令商人試採，八日得毛金六十九兩有奇，應令開採，並照從前芋莢商辦之例，每金一兩抽課金二錢外，抽撒散三分，爲管廠官役盤費工食及部中飯食等用。查金盤嶺金礦既稱試採有驗，自應準其開採，但稱二八抽税，與原任巡撫金鉷原奏三分納税不符，即援芋莢之例，亦因壠空砂薄，工本不敷，後始暫議二八抽收，並非成例。金盤嶺金礦甫經開採，不宜遽爲此請，且從前亦未報有抽收撒散，俱應令該撫詳悉聲明，以憑核議。」從之。

《清朝文獻通考》卷四〇《國用二》 金礦：雲南永北府額課金七兩一錢六分，遇閏，加徵一兩一錢一分。永昌府額課金二十五兩一錢六分。開化府額課金三十四兩，遇閏加金二兩四錢。貴州思南府每兩收課金三錢三分。

《清朝續文獻通考》卷四三《征榷考一五·坑冶》 乾隆五十一年，奏准甘肅敦煌縣、沙州南北兩山出産金砂，採金人夫以二千名爲率。如有多帶，照例治罪。每五十名設夫頭一名，夫頭給與照票，散夫給與腰牌。照票由安西州填號鈐印，送廠員給發。腰牌即由廠員製造。逐日課金，責成夫頭收繳，按夫抽取。每夫交納課金三分，於正課之外，另抽撒散金三釐。即有風雪，不能採挖之日，亦不准扣除所收課金。逐月交貯安西州庫統，俟秋杪停廠傾鎔成錠，遇有便員，解交内務部查收。【略】

〔咸豐九年〕又諭：「户部奏征收課金疊報減少，請飭查辦等語。熱河熱水塘徵收課金，自八年開採以來，各季增報之數有減無增，恐該商等有挖多報少情弊，或係廠員未能督飭商人實力開採，以致額課愈形短絀。著常清即揀派妥員，認真督辦。」

〔咸豐八年〕又，開採和闐金砂六處，每年交課銀二百兩。産金之噶爾等六處，每年交課金三百兩。遇閏不加，抵作和闐經費。其新場每金百兩抽撒散金三兩，作修補卡房、書吏工食費用。

又卷四四《征榷考一六·坑冶》 〔光緒〕十六年，長順奏：「三姓礦務，前經將委員勘明礦苗，及予限暫時試採情形奏明，接奉廷寄：著李鴻章會同長順、委員往勘，議章覆奏。當飭督辦漠河礦務候補道李金鏞，派員往勘。兹據試採三姓金礦委員恩齡等禀稱，試採限期届滿，所有金夫遣散已盡，有業歸業，無業者回籍，仍嚴行封禁，俾免偷挖等情，並據將所抽課金自行解交。奴才查此次採礦兩月有餘，共抽課金六百四十四兩八錢二分五釐，除解呈海軍衙門五十兩，北洋大臣十兩，考驗並開支經費銀一千七百六十七兩二錢六分六釐，核計用金一百二十九兩八錢二分四釐，外實存金四百五十五兩零一釐，以備將來開採經費。」

又卷四五《征榷考一七·坑冶·東三省政略紀·清釐礦税》 三姓金礦係派員設局，招丁開採，從前舊章按三七收金，每出金一兩，收金三錢，以六成解省，四成作爲局用。近年苗綫衰薄，局用不敷，光緒三十四年改爲五成解省，五成作爲局用。是年净收五成官金二百二十兩零四錢九分九釐六毫，見在招集資本，擬按官商合股試辦，俟有成效，再行照章辦理。五虎林、凉水泉、萬鹿溝、黄泥河四處，是年四月設局招募礦丁，每丁一名，按月收官金四分，局中所需經費由度支部籌撥，年底結算，共收官金四十二兩四錢六分。宣統元年改由礦政調查總局派員經理，仍領原有薪水，不另開支經費，暫擬每年收金以四十兩爲正額，如有盈餘，酌提二成爲在事員司津貼。煤礦均係舊有民窑，並無商辦，經前將軍奏准，按百分之十五收税。每賣煤價錢一吊，税錢一百五十文，其由奉天地界運入吉省，業經納税有票據者，按百分之五收税，每賣價錢一吊，收税錢五十文，見由度支、司税務處經征歸入九釐等捐案内報銷。三十三年，共收煤税錢三萬一千三百三十六吊零。三十四年，共收二萬三百零八吊三百文。此項税款撥充兵餉，收數未能悉照部章。見計謀窑十餘座出産，土煤窑工作輒無常，且多轇轕，設法清理。限一年内報明，實在可採礦區填給部照。再數年，租及出井税。石礦向係石工私採，民人冒認官山爲己産，收取山分錢文，頗多流弊。

劉錦藻《清朝續文獻通考》卷三八八《實業一一·礦産》 呼倫貝爾礦務。呼倫貝爾礦産有二：曰金礦，曰煤礦。額爾古訥河右岸各山，吉拉林以東至河口多産金，吉拉林以西至察罕敖拉山多産煤，此其大較也。其已經開辦而利權外溢者，曰扎賚諾爾煤礦，從前租歸東清鐵路公司開採。光緒三十二年，宋小濂總理哈爾濱鐵路交涉局，與公司議訂合同，每煤千斤收税銀一錢二分，設中國煤税局一處。光緒三十四年，出煤二萬萬斤，收税銀二萬餘兩。其採有礦苗而正擬開辦者，曰察罕敖拉煤礦，其礦在察罕敖拉卡倫東數里，見由華商試採。其有商辦無效，收歸官辦已經改良辦法者，曰吉拉林金礦。庚子變後，此礦經俄人竊

採，經署將軍程德全收回，由商承辦。光緒三十四年，改歸官辦。又以探苗一事，官出資本，供給礦丁食用。其金廠在設治局西八里，作工者約百五十人，每人每月交官金一錢一分八釐，除官金外，每人每日勻算所得之金，尚值俄盧布三四元或一二元，由官收買，不準私行外賣。計自改良後，礦務漸有起色。其有昔時開採，而今已廢棄或成弩末者，曰吉林子河金礦，曰阿木毗河金礦，曰烏瑪河金礦，曰奇乾河金礦。奇乾河金礦歸漠河金廠管理，昔甚著名，今歸商包辦，作工者僅七十餘人。大額爾古訥河右岸各山，連峰疊嶂，蘊蓄富厚，其金礦之未經發見者不知凡幾。署副都統宋小濂曾擬試採金礦簡章五條，果能招丁採苗，予以利益或歸官辦，或由商辦，或但用人工，或兼用機器，逐漸振興，地無棄利，且可藉以招民實塞，裨益邊局豈淺鮮哉？

《清文宗顯皇帝實録》卷一八四 〔咸豐五年乙卯十一月〕辛巳，軍機大臣等會同户部議準，熱河都統柏葰奏報，蒙古開採紅花溝等五處金礦，征課每金一兩作十成計算，五成歸商人工本，以三成六分爲正課，三分爲耗金，一分爲解費，餘一成爲阿拉巴圖當差之資。

薛福成《出使日記續刻》卷一《光緒十七年四月》十二日記 臺灣基隆金礦每年出口，過關之金，約值英金一萬五千三百三十餘鎊。英領事向巡撫言，出口漸多，應定收税章程，前議洗金之人不必納税；上山開金之人，必須收税。今思最好之法，莫若視出金多少，照數抽税，並照洗金之人數而收之。

《宋會要輯稿・食貨三四・坑冶雜録》 至道元年，福建轉運使牛冕言：「邵武軍歸化縣金場虚有名額，并無坑井，專副人匠千一百餘人配買金六百餘兩，百姓送納不逮，以至棄命自刎。其場今請停廢。」從之。自今永不得興置，工匠悉放歸農。

十年〔疑爲神宗熙寧十年〕，廣南西路經略安撫司言：「伏見廣、源州等處内有金坑并慎乃金坑，已委提點刑獄專管勾。勘會慎乃金坑自興置，博買金寶變轉迴易，收趁利息，以助經撫蠻夷。乞令本司興置，及依舊迴易。」從之。

四年〔注：文前未標紀年〕，河東都轉運使陳安石言：「豐、絳州、曲沃金坑，今已措置就緒。」詔官吏減磨勘、循資有差。又知沂州謝麟言：「溪江産麩金，欲乞募人淘採中賣。」從之。

顧炎武《肇域志》卷一八《山東五・莒州》 《元史・蓋苗傳》：「爲山東廉訪副使：益都淄萊地舊稱産金，朝廷建一府六所綜其事。民歲買金以輸官，至是六十年矣。民有忤其官長意，輒謂所居地有金礦，掘地及泉而後止，猾吏爲奸利，莫敢誰何？苗建言罷之。」

卞寶第等修曾國荃等纂《〔光緒〕湖南通志》卷六一《食貨志七・物産二・辰州府》 明宣德中詔沅陵等縣開礦採金，民以爲苦，監礦御史薛瑄奏罷之。嘉靖間復，采參政遊震得奏免。《省志》元蔡明《漵浦淘金歌》：淘金户淘金大江側，水深沙淺淘不得。夜聞追呼來打門，官司追課如追魂。終日淘金如米粒，囊中祇有分毫積。課多金少輸不及，里胥怒鞭遭拘繫。賣金賣寬限，金盡限轉急。往來坐牀頭，妻子相對泣。相對泣，徒爲輸官難再遲。南莊有田尚可鬻，莫教過限遭鞭笞。獨不見西家賣金仍賣屋，户户逋金猶不足。

《明會要》卷五七《食貨五・坑冶》 〔成化〕十年，户部檄所司開黑山金場。遼東巡撫彭誼奏：「永樂中，太監王彦等開是山，督夫六千人，三閲月，止得金八兩。請罷之。」遂止。《彭誼傳》。時命湖廣、寶慶等郡採金，歲役五十五萬人，死者無算，僅得金三十餘兩。撫臣劉敷奏請已之。《三編》。

《明史》卷二二六《吕坤傳》 〔萬曆〕二十五年五月，書疏陳天下安危，其略曰：

以採礦言之。南陽諸府，比歲饑荒。生氣方蘇，菜色未變。自責報殷户，而半已驚逃。自供應礦夫工食、官兵口糧，而多至累死。自都御史李盛春嚴旨切責，而撫按畏罪不敢言。今礦沙無利，責民納銀，而奸人仲春復爲攘奪侵漁之計。朝廷得一金，郡縣費千倍。誠敕戒使者，毋散砂責銀，有侵奪小民若仲春者，誅無赦，而四方之人心收矣。

官店租銀收解，自趙承勛造四千之説，而皇店開。自朝廷有内官之遣，而事權重。大市井之地，貧民求升合絲毫以活身家者也，陛下享萬方之富，何賴於彼？且馮保八店，爲屋幾何，而歲有四千金之課。課既四千，征收何止數倍。不奪市民，將安取之？今豪家遣仆設肆，居民尚受其殃，況特遣中貴，賜之敕書，以壓卵之威，行竭澤之計，民困豈顧問哉。陛下撤還内臣，責有司輸課，而畿甸之人心收矣。

張燮《東西洋考》卷一一《藝文考・吕宋・折吕宋採金議》 明高克正，邑人，翰林院檢討。 蕞爾敝邑，介在海濱，頻年驛騷，民困日甚。邇採金使者又見告矣，澄民習夷，什家而七，問機易山，未有能舉其處者。有金與否，果可望氣而知乎？自卯使四出，所得金幾何，可按籍計也。輒云海上開採歲輸精金十萬，白金

三十萬，將取之寄，抑輸之神乎？夷德亡厭，好利更甚，安有瓦礫黃白，坐錮以待我者取之。能，必夷之不攘臂争乎？能，必我之取不爲大盗積乎？明命已頒，奸商已揚揚乘隙而來，要若曹亦未知澄事耳。採金海上，非餘皇十餘艘，卒徒千餘人不可行。而是十餘艘、千餘人者，非可空手而具，亡米而炊也。誰爲備之？而誰爲給之？至計窮而欲奪商船，以應上命，斂民財以應上供，則土崩之形成，而脱巾之勢見，吾所慮者不在風濤之外也。桑梓之地，疾痛與俱，惟台臺爲萬姓請命，以杜亂萌，澄邑幸甚。第二議。有問不佞者曰：「奸商以採金爲名，力能勾引富民，以與夷市，前哨探一開，應者如響，往事可鏡。愚以今日之事與哨探不同。哨探公行，藉此闌出私貨，通番獲利，細載而歸，盡入私橐，而官弗問也。採金則歸必輸金於朝，罄敝邑，富民家藏，與每年通夷所入，不足當黃金十萬、白金三十萬之數，其誰肯以身委風波，而金輸朝廷？故斷謂敝邑商人不敢與奸商比，而爲此也。第三議。大約奸民之雄，其能出貲以通番句夷，而構釁者必大力量者也。張嶷，幺小人，未必辨此，不過以虚辭，厚利聳動土心，幸得一聽，必遣貂璫貴青臣，與之共事，蹊此恣睢道路，騷擾地方。既至，則以利啖愚民，以勢抗官府，惟所欲爲。或可如意，賴主上明見，萬里内使不遣責，其自備船隻、工本，毋致煩擾，則張嶷之膽寒矣。奉命置郵，迅速可至。且疏云，以十、十一月往，以四五月歸，則造船備貨，當在數月之前。乃今遲遲其行，姑待來年，則伎倆亦自可見矣。今兩臺章疏已上，倘張嶷至省，嚴加約束，以待明旨，一精嚴有司足制死命，於戲投珠，抵璧之風，既難望於叔季，轉圜投水之喻又難必於朝廷，以　包瓜，令其自潰，至計無所施，金無所出，朝廷責以欺罔之罪，始見封疆之臣爲國計誠忠，而羣小果不足信也。

《朱太復乙集》卷一九《代浙西守道張朝瑞上諫止開採疏》　憲宗停陶金於寶慶，孝宗罷採珠於廉川，世宗開河南盧氏裕葉之礦，未幾停止。我皇上初覽易州民人劉儒之奏，抑置不問，豈不以地寶有限，或暴發隨竭，或採後不生，况一施争奪，蔓延蜂起，卒不可救，事勢固然，而不欲自開厲階乎。國家二百餘年，天保孔固，雖其膏澤紀綱維治者久長，亦其深慮防危開亂者無自也。頃因兩宮大功採金佐費，以天地自然之利，給公家緩急之用，似亦理財一策，屢奉聖諭，丁寧不許支費錢糧，動衆騷擾。大哉王言，恤民虞患，既白於天下矣。

但礦利甚微，諸費甚廣，官帑既虚，不免責成諸大户領管。大户賠累艱苦，千岐萬狀，道路傳言，公私所費者，十礦之所得僅一，公私所費者百礦之所得僅十。且産礦諸山，其中礦賊向多，潛伏潛挖，官不能盡禁，盗視爲食土，扼而奪之，勢不生活，竊發閧越初報，房山横嶺二三百人，近河南葉縣圪當店六七百人，燒燬棚廠，扎傷官兵，亂萌已見矣。幸其禍速，徒黨未繁，四方木響應，官兵得壓。卯制之積久利，多勾扇四集，遠近並起，或至數千萬兵力，豈能在在勝之耶。此其危機立至，不待數年矣。然開採猶在直隸、中州、山陝地方，未及江南也。

沈德符《萬曆野獲編》卷二《礦害》　堂堂天朝，安用此刀錐之利，然皆守令爲政，閭閻受害猶淺。今日則敲朴善良必足其數，發塚夷山以爲脅取之術矣。宋仁宗皇祐中金脈大發於登萊州，其民掘地採取，至有一塊重二十觔者，取之不竭，是時爲宋盛世，豈真地不愛寶耶？

《清高宗純皇帝實録》卷一三六二〔乾隆五十五年，庚戌，九月，癸未，烏魯木齊都統尚安〕又奏：「從前昌吉縣南山金廠産金較少，經臣奏明，移於北山試採。自募夫立廠以來，每月産金數目較南山稍多，但該處與從前封閉古城瑚圖斯山毗連，恐夫役越境偷採，難以巡查，請將北山金廠封閉，新募夫役全行徹去，以靖地方。」得旨允行。

《那文毅公奏議》卷五七《三任陝甘總督奏議・平番全策》　道光三年二月七日，會同西寧辦事大臣武公隆阿奏，爲商民與蒙古貿易，應請訂立章程，指明地界，並請封閉邊外金廠，以杜漢奸潛匿事。【略】此外尚有甘州之野牛溝、肅州之赤金湖等處素産金砂，爲漢奸盤踞之所，以挖金砂爲名，乘隙搶劫。先經臣等檄飭，該管文武將野牛溝、赤金湖地方嚴行封禁，並將偷挖金砂之漢奸按名拏究，現在該二處並無奸民潛匿。惟查此等匪徒散漫無依，難保不三五成羣，潛赴大通縣屬之扎馬圖官金廠偷挖金砂，且恐扎馬圖官廠人夫藉端影射，復至野牛溝一帶偷挖，日久聚衆滋事，又成巨案。伏查扎馬圖官金廠地處邊外，自乾隆三十九年招商開採以來，迄今四十餘載，歷年久遠，金砂日形短絀，每年止納正撒課金二十八兩九錢零，爲數甚微，殊於國課，無甚裨益，而藏匿奸宄，爲害甚大。權衡輕重，自應一體封禁，相應請旨將扎馬圖金廠嚴行封閉，俾沿邊一帶地方不使有一漢奸潛踪溷迹，庶邊界可期肅清，永臻綏靖。謹奏。

道光三年三月初一日奉上諭：「那彦成奏請定商民與蒙古貿易章程並封閉邊外金廠一摺。西寧凉州等處，向來商民携帶貨物，由西寧辦事大臣衙門給票出口，徑赴蒙古游牧貿易，既不指定地方去來，亦無期限，以致漢奸混雜，並夾帶違禁器物，於邊陲大有關係。惟念蒙古以游牧爲業，若將羊客禁絶，誠恐生計日艱，如漫無稽察，又復諸叢生。該督等請嚴立章程，明定地界，自應如此核實辦理。嗣後毋論何州縣羊客，與河北、蒙古及河南蒙古番子交易，即以現定地界爲限，不許徑赴蒙番游牧處所收買。至甘、凉、肅州羊客，准由野馬川沿邊一帶行

走，先行報明西寧辦事大臣衙門，分別發給大票、小票，逐一註明，嚴定期限，由西寧府知會各提鎮，飭知守卡弁兵據實查驗，毋許浮冒。其蒙古羊隻每年定以四月至九月，按照指定處所售賣，事竣不准逗遛，以杜弊端。至河南番族出售羊隻，並飭循、貴兩縣於貿易時照給票之例辦理。此外甘州之野牛溝、肅州之赤金湖等處，向有漢奸偷挖金砂，現經該督等嚴拏查禁，惟大通縣屬之扎馬圖官金廠，該匪徒等難保不乘間潛往開採，著即嚴行封閉，所有應納正撒課金二十八兩零即停其交納。此項人夫糾聚已久，該督等務須妥爲安插，毋致流而爲匪。倘經理不善，仍有匪徒溷迹偷挖，致生事端，惟該督等是問。」

《西藏奏疏》卷一　道光二十一年九月二十五日，奏爲噶布倫等探明夷賊滋事情形，相機攻剿，恭摺奏聞仰祈聖鑒事。竊臣等前因拉夷森番佔據唐古特地方，曾將添兵剿捕，並籌辦口糧各緣由，於本年八月初六日奏，聖鑒在案。兹據噶布倫策墊奪結等稟稱，該噶布倫於八月十八日始抵卓許地方，詳細探明該夷賊滋事情由緣。拉達克部落從前與唐古特原相和好通商，因拉達克頭人等希圖唐古特所屬之堆噶爾本等處地方出産褐子，並有金廠，隨勾結森巴番衆，以朝雪山爲名，闌入唐古特邊界，肆行搶劫，侵佔營官寨五處。該夷賊仍恃强前進，經戴琫比喜帶領土兵竭力抵敵。兩相接仗，殺斃夷賊二十餘名，賊目二名，唐古特陣亡番官冲然巴一名，土兵十五名。該賊始行稍退。現在該夷賊帶有三千餘人，佔據補仁地方，其餘占去之營官寨四處，均有賊兵據守，各有三五百名不等，防守甚爲牢固。該夷賊知噶布倫到彼，即遞有夷信，願與説和，但令唐古特許給銀兩，方將賊衆撤回等語。噶布倫現在帶兵堵禦，不致再令侵佔。惟此時風雪日甚，漸有大雪，封山之處，恐一時進兵，致被雪阻應，如何辦理，稟請查核等情。前來臣等查，該夷賊因希圖金廠，侵佔地方，現值噶布倫等帶兵查辦，尚敢聚衆備敵，復稱令唐古特給與銀兩，方肯退回。番衆如此肆無忌憚，實屬可惡。若各部落依此傚尤，何所底止？自當示以兵威，痛加懲創，方可絶其貪鄙。惟據噶布倫稟稱，此時玉納山附近，現在漸有大雪，封山之處，兵難輕進，自屬實在情形，但恐耽延日久，賊勢愈狂，將來剿辦，未免費手。臣等會同噶勒丹錫呼圖薩瑪第巴克什再四籌商，並詳審地勢，其茫玉納山原爲進兵正路，既恐雪阻，應一面於要隘處所分兵堵禦，設法攻剿；一面由麻參地方繞道徑趨茹妥，前後攻擊，可挫賊鋒。彼時該夷賊如果知畏求和，再爲酌量情形，稟請辦理，斷不可許給銀兩了事，有乖體制。經臣等以此兩次嚴飭，該噶布倫等遵照辦理，臣等仍隨時籌酌催辦，以期迅速蕆事，爲此謹奏。於十二月初十日，承準軍機大臣字寄。道光二十一年十一月初二日奉上諭：「孟保等奏『探明夷賊滋事情形，相機攻剿』一摺，覽奏均悉。該夷賊因希圖唐古特金廠，勾結森巴生番侵佔地方，經噶布倫等帶兵查辦，尚敢聚衆據守，復稱令唐古特給與銀兩，方肯撤回，實屬肆無忌憚。現據該大臣等詳審地勢，一面於要隘處所分兵堵禦，一面由麻參地方繞道徑趨茹妥，前後攻擊。著照所議辦理。並著該大臣飭令噶布倫察看情形，如該夷賊仍負固不服，即行進兵攻剿，痛加懲創，不得任意耽延，致將來辦理費手。如果有求和之意，亦斷不准令唐古特給予銀兩，將就了事，致啓各部落傚尤之漸。該大臣惟當加意防範，相機籌辦，以期迅速蕆事，勿致蔓延，是爲至要。將此諭令知之。欽此。」遵旨寄信前來。

《清穆宗毅皇帝實録》卷三八　〔同治元年，壬戌，八月，癸酉〕山東巡撫譚廷襄奏：「遵查平度州私挖金礦，照舊封禁。」報聞。

《〔同治〕籌辦夷務始末》卷五八　同治七年，戊辰，三月，庚戌，總理各國事務恭親王等奏：同治四年十二月十二日，據庫倫辦事大臣咨稱，前准住庫倫俄羅斯領事官什什瑪里布來衙門面稱，俄人由明基卡倫、相近阿魯哈當蘇、烏魯里中間，在該國遊牧地方挖金，被蒙古卡倫官兵攔阻，請飭禁止。又據總管恰克圖池東邊喀爾喀圖什業汗、車臣汗、兩蒙卡倫公齊莫特多爾濟呈報，俄人陸續來烏雅拉噶卡倫遊牧、恰克圖等處挖金，隨將伊等勸阻。伊云兩國交界，由阿魯哈當鄂博起，順伯里業山梁，定爲兩國交界地方。前因泥水甚多，往返差使難行，曾經言定由俄國遊牧走差，約有四十年。此係俄國地方，不可驅逐挖金之人等語，呈請指示。當因與外國交界相關要事，不敢含混，必須兩處派員確實查看，並應暫行停止挖金。咨行俄領事去後，旋據覆稱，此事已報過東固畢爾那托爾，至今未接回覆。你們不可攔阻挖金之人，且稱該處係俄國之地，無庸派員查看等因。復查俄領事所稱，由阿魯哈當鄂博起，至烏魯里鄂博，順伯里業山梁爲界，及借道走差之事，並無憑據，礙難含混辦理。相應聲明情由，請示遵辦。並將雍正五年與俄國定界册檔，及嘉慶年間辦過成案之件、地圖一張，咨送前來。臣等以原存圖册，與該領事所言，是否相符，且圖件糾紛，非身親其地不能定斷，咨行該大臣切實詳查，持平妥辦。九月間，復據咨稱，俄人挖金之地，係在地圖綫紅色内哈勒圖等處，係在楚庫河南。再三曉諭，俄領事竟含混固執，不以爲然。請查覈前來，當經臣等據咨函致俄使倭良嘎哩，令其將挖金人衆撤回。旋據函復，已飭

行庫倫領事官秉公詳查，並咨行西悉畢爾總督，遇有查覈册檔，發給該員考證等語。當即知照庫倫大臣覈實查辦，不可稍涉含混。六年三月間，復經臣等咨催，四月二十三日，據庫倫大臣復稱，俄領事尚未接該國東悉畢爾總督復文，不肯會辦。又經臣等據咨照會議使，嗣後復經疊次照會催辦，本年正月二十九日，准倭使照覆，内稱接到庫倫領事官稟報，庫倫大臣所派委員，不與該領事所派之員同路查勘，顯見庫倫大臣之意，來出真實。俄官遂循山嶺舊路，於舊記之下，左右另標新記，以爲證據。查該雍正年間條約，自第一鄂博起，順山爲界，至嘉慶年間成案，係彼此便行暫擬之舉，不能因有此案，即將御批和約作爲無用。該處明係俄國地方，勿得再相攔阻等因。臣等查俄人挖金地方，是否在中國界内，雖前經庫倫大臣照繪地圖，咨送考覈，惟圖中山河糾紛，不甚詳晰。且方向遠近，無從揣測，遽難斷定。至俄使所稱第十鄂博，靠山近，離水遠，應順山爲界等語，是否屬實，非詳查舊檔圖册，並現在俄使來文，再行認真平心細勘，殊難覈定。相應請旨飭下庫倫大臣，按照臣衙門指陳各情，再行確切履勘。該俄人挖金地方，如在俄國界内，即可無庸攔阻；若在中國界内，亦不得任其侵越。即由該大臣詳查案卷，指出確據，咨行該領事官，將挖金人衆收回，總期速爲了結，不致釀成釁端，方爲妥善。

諭軍機大臣等：總理各國事務衙門奏俄人挖金地方，是否越界，請飭覈實勘辦一摺。據稱接庫倫辦事大臣咨稱，俄人挖金一案，疊經與俄國領事官往返查覆，其挖金地方，是否在中國界内，雖前經庫倫大臣照繪地圖，咨送考覈，而圖中山河糾紛，方向遠近，無從揣測，遽難定斷。至俄使所稱第十鄂博，靠山近，離水遠，應順山爲界之處，非詳查舊檔圖册，並現在俄使來文，認真細勘，殊難覈定，請飭庫倫大臣再行確切履勘等語。此事轇轕數年，迄無定議，俄人心存叵測，輒思藉端牽混，非切實勘定，不足以正疆界而息争端。著張廷岳、阿爾塔什達，按照總理各國事務衙門指陳各情，平心細勘，倘俄人挖金地方，果在俄國界内，固可無庸攔阻；若在中國界内，斷不得任其侵越。即著該大臣等詳查案卷，指出確據，咨行該領事官，將挖金人衆收回，總期速爲了結，以弭釁端。總理各國事務衙門摺一件，單七件，均著鈔給閱看。

《給俄國倭良嘎哩信函》前據庫倫辦事大臣咨報，有並無執照俄人，陸續來烏雅拉噶卡倫等處，標記挖金，當經勸阻。據領事官云：兩國交界地方，泥水甚多，往返差使難行，前經言定由俄國遊牧走差，此係俄國地方，不可攔阻挖金之人等語。當經本衙門咨覆庫倫辦事大臣，詳細查明，有無借道走差案卷，並兩國分界確據，切實根究，毋許含混，務期持平妥辦去。後旋據復稱，詳查舊存册檔，並無借道走差案據，惟查出雍正五年，中國大臣會同貴國公使，詳勘兩國遊牧疆界，設立鄂博卡倫，議定恰克圖迤東，循布爾固特依山梁，自齊蘭卡倫、齊克太、阿魯齊都勒、阿魯哈當蘇此四卡倫鄂博之間，以楚庫河爲界，其楚庫河南岸，不准俄人前往等因。又查出嘉慶二十三年，有俄人建房打牲争界等事，復經兩國大臣會辦，由俄國立定手具。其手具内所繪地圖，墨色、紅色者係中國之地，白色、緑色、黄色者係俄國之地。現在俄人挖金之處，皆在所繪地圖紅色界内，又到哈勒圖等處，係在楚庫河以南，已屢次聲明緣由，行知領事官，屬將挖金之人收回。乃俄官以兩國會辦案件，不足爲憑，亦未能交出借道走差確據，及咨今派員會同查辦，暫停挖金。又以毋庸查辦爲詞，顯係執意入境，不容攔阻等語。查俄人越界來烏雅拉噶等處挖金，貴國領事官既以爲俄國之地，自應將切實憑據交出，方昭覈實。既經庫倫大臣詳細查明，有雍正五年定界舊案，更有嘉慶二十三年兩國大臣會辦所繪地圖界址，查明挖金之處，在紅色界内。而領事官猶謂不足爲憑，殊不足以昭公允。事關復域界限，未便稍涉含混，即希貴大臣轉飭貴國領事官，查照歷年定界舊案，飭令前來烏雅拉噶卡倫挖金人衆，全數撤回，以安邊域，是所至幸。

《俄國倭良嘎哩來函》接到貴王大臣來函，以烏雅拉噶卡倫兩國交界一事，請飭本國領事官詳查歷年定界舊案等情。此事本大臣亦願認真辦妥，旋即飭行庫倫領事官秉公詳查。一面咨行西悉畢爾總督，遇有查覈册檔等事，發給該員考證，並請若勢須派官前往邊界就近查勘，亦即派往。惟望庫倫辦事大臣，亦必切實從公會辦，以符瑶函之意。是所切禱。

《給俄國照會》爲照會事。據庫倫辦事大臣覆稱，俄人越界挖金一案，已遵照來咨，將陳案鈔録。劄飭庫倫領事官，適因庫倫領事官現回本國，未據聲覆。復經行催，始據復稱，此案西悉畢爾總督並未將兩國陳案圖册咨送，俟接到後，迅速咨覆。現夏季將近，不久俄人在哈當蘇河挖金，飭蒙古人等不可攔阻等語。查烏雅拉噶卡倫挖金之處，既在從前分界舊圖紅色之内，其爲實係中國之地無疑，而庫倫領事官竟執爲俄國遊牧之地，又不將確據指出，請示遵辦前來。本王大臣查烏雅拉噶卡倫，係以前兩國大臣會勘已定之界，並非甫經查勘可比，相應照會貴大臣，希即行文貴國西悉畢爾總督及庫倫領事官，按照定界册檔，秉公查

勘，將越界挖金俄人飭回本境，以重邊疆而敦和睦，是爲至要。

《俄國照會》爲照會事。接准貴王大臣照會，隨即劄行本國庫倫領事官，向其查詢，並按前番劄飭，令將所存兩國定界各陳案，會同庫倫辦事大臣詳查辦理。此事據本大臣之見，該領事想係尚未接到東悉畢爾總督發交所需各案，然本國前往挖金衆工，誠恐於交界地方，藉端生事，即請該處大臣示諭，無庸禁阻，因此事不久即定局矣。相應先行照覆貴王大臣查照施行，俟該領事復文到日，立行奉復可也。

《給俄國照會》爲照會事。本衙門復准庫倫大臣轉據管理恰克圖迤東十四卡倫扎薩克車林敦多布呈報，俄羅斯男女二百餘人，來烏雅拉噶卡倫遊牧之察克圖、莫和盃等處，建蓋房屋，有挖金之意，與兩國和好道理不符等因前來。本王大臣查烏雅拉噶卡倫，係在從前分界舊圖紅色之内，其爲中國之地無疑，該領事以未接東悉畢爾總督發交陳案圖册，藉詞推諉，並稱夏季將近，俄人不久在哈當蘇河挖金，劄飭蒙古人等不可欺壓，殊與貴大臣前次照會所云不日自可定局之意不符。今既據庫倫大臣復行咨報，相應照會貴大臣查照，行文貴國東悉畢爾總督及庫倫領事官，按照定界册檔，秉公辦理，迅將越界俄人飭回本境，勿令在烏雅拉噶卡倫等處建屋挖金，是爲至要。

《給俄國照會》爲照會事。准庫倫辦事大臣咨稱，俄人越界在哈當蘇河挖金一案，於本年八月間，派筆帖式熙謙等會同俄官瑪兩爾鄂魯羅福查看地界，並未由舊路行走，秉公商辦，任意漸入我國遊牧，砍樹標記，將原定交界地方，專意另行更改，本處將此案究應如何辦理完結之處，咨覆覈辦，飭行住紮庫倫俄羅斯領事什什瑪里布，請將此案會同商辦。於九月十一日，親身帶領該瑪兩爾鄂魯羅福通事等來本衙門，面會本大臣，將嘉慶二十三年兩國會辦之案，俄羅斯換給手字地圖閱看。伊言此案乃俄羅斯廓米薩 爾察楚淩並未斷辦完結，且報固畢爾那托爾，亦未准行，什什瑪里布不能憑此手字地圖辦理。惟有雍正五年分界界内之第三條，内載至第十鄂博以楚庫河爲界，由第十鄂博起，至索倫巴爾虎之察汗烏拉，隨山爲界，現在由第十鄂博至十一鄂博，應順山梁爲界等語。本大臣詳覈原案，嘉慶二十三年兩國會同辦理此案，若謂未曾斷辦完結，焉能互換手字地圖。如固畢爾那托爾若未准行，至今五十年來，亦何不行文庫倫大臣？且雍正五年分界案内第三條，所言以山河爲界者，但就兩鄂博中間之山河形勢爲界，且阿魯哈當蘇河，原係有名之大河，此第十阿魯哈當蘇之鄂博，係在哈當蘇河之末，楚庫河南涯。第十一烏魯里鄂博，則仍在哈當蘇河源之北，烏魯里河滙之處。兩國卡倫官兵，遵照原定之例，至今以哈當蘇河爲界。嘉慶二十三年，因俄羅斯人等越界蓋房捕牲挖孔，緣此兩國派委公巴勒多爾濟、廓米薩爾察楚淩等，會同查辦，亦係遵照雍正五年分界之案辦理。今因俄羅斯人等仍行越界，在此挖金，會同查辦，不遵已先屢次所辦成案辦理，將已定交界，另行更改，實屬不合。此案務須遵照成案辦理，再三向伊開導。伊一味固執，以辦理此事之瑪爾、爾察楚淩、公巴勒多爾濟等，所換手字地圖，尚未完結等因。查熙謙等所呈地圖，阿魯哈當蘇河，係由東南向西北而流，與楚庫河會。嘉慶二十三年所換俄羅斯地圖内，第十鄂博名爲阿魯哈達鄂博。雍正五年分界之案，及邊界圖内第十鄂博，俱稱阿魯哈當蘇卡倫鄂博者，均以阿魯哈當蘇河爲名，此久以此河爲邊界之實在憑據也。今俄羅斯挖金所記之哈拉圖、吉迷格爾、莫霍拜、奴和圖、伯里業、他他古爾諾爾等處，俱在阿魯哈當蘇河西南，總是我國遊牧地方。若將此等地方爲俄羅斯之遊牧，則哈當蘇河入於彼國遊牧，不惟與舊案地圖竟不相符，誠恐日後俄羅斯等據此爲由，致起相争各邊界地方。並去年據總管卡倫公齊莫特多爾濟呈報，俄羅斯人衆紛紛越界，在第十阿魯哈當蘇、第十一烏魯里兩鄂博中間之地丈量，樹上捆草，砍爲標記，今俄羅斯瑪兩爾鄂魯羅福並不與本處所派官員由舊界路行走。查看俄羅斯等有意佔據挖金之地。徑由上年伊國砍木標記之地而行，又任意入我伯里業山梁砍樹標記，堆木立鄂博，實屬不合。俄羅斯領事官什什瑪里布不遵已前所辦舊案辦理，仍懷偏私，執意以此出金之地，作爲俄國遊牧，斷難扭從。今將雍正五年初定分案設立鄂博案内之第三條文一件，嘉慶二十三年所辦案内俄羅斯換給地圖一張，手據一件，全行鈔録，將地圖内粘漢簽，以備查閲等因前來。本王大臣查此案久經懸宕，本年五月間，接準庫倫大臣來文，當即照會貴大臣劄飭領事官，速爲查辦。旋准貴大臣照覆，已劄行庫倫領事，將所存兩國定陳案，會同庫倫大臣洋查辦理，此事不久自當定局等因。今復准庫倫大臣來文，業與領事官會同查辦，並將雍正五年定界舊案，及嘉慶二十三年兩國所繪地圖界址詳細查明，所有哈當蘇河等處地方，實係中國遊牧，而領事官等竟以兩國互換字據爲不足憑信，於會同查勘時，又不從舊路行走，任意越入中國遊牧，砍樹標記。而於前次挖金人衆，並不按約收回，相應照會貴大臣顧念兩國和好之誼，秉公覈辦，勿任領事官等膠執偏見。是爲至要。

《俄國照覆》爲照覆事。哈當蘇河相争地址一節，准貴王大臣照會，經庫倫

大臣派筆帖式熙謙等，會同俄國領事官所派俄官瑪兩爾鄂啓羅福，前往會勘地界等因前來。本大臣接到庫倫領事官稟報，其情與此差異。如稱本領事會同庫倫大臣等，遵奉京師咨飭，各派員弁前往邊界，按照歷年和約，就近查勘相争地址，一俟回歸，會商擬結。該員等同往哈當蘇河，將查之時，中國官員不欲同順山梁昔日小路，即本國所稱當年舊界會勘。均言奉庫倫辦事大臣之令，止應循卡兵常行巡察之道。即本國按照雍正九年和約所稱，非係原界，經俄官向其開導不允，仍由巡察素識差道分手而去，似專爲查此一道而來，別無所勘等情。查若僅爲查此一路，何必另行派官，貴王大臣亦自明曉。凡相争之事，必有兩面之情，若力駁乎彼，專據乎此，其心若非偏斷不公，必係明知其情無理。今熙謙等於相争之要道，推辭不勘，顯見庫倫大臣之意，未出真實。又梢相勸未允，俄官無奈，另帶嚮導循山嶺上小路而去，其嚮導中尚有極老卡兵。嘉慶二十三年廓米薩爾察楚淩尚未會勘之先，時從此路巡察邊界行此小路，該瑪雨爾愈向前行，舊日蹤跡猶在，地硬處益顯，並路旁樹上各處，皆有舊存標記。因恐中國官員嗣後辨無是道路標記，或再派查閲，應有實據，可以爲證。該瑪雨爾即於舊記之下，左右又另標記，以免迷惑，步步查看，直抵第十一鄂博等因。查照會所稱，凡路標記始於上年俄官所作，令人不能相信，舊路標記與新路標記，無難分辨，且中國所派各官，又未目覩，遽以爲俄官所作，更不足爲憑。又查恰見圖迤東定界之事，於一千七百二十八年，即雍正五年，原約並載。從此迤東循布爾固特依山梁至奇喇卡倫，自奇喇卡倫至齊泰、阿嚕奇都埒、阿嚕哈當蘇，此四卡倫鄂博之基，以此一路之楚庫河爲邊界，自阿嚕哈當蘇至額伯爾哈當蘇卡倫鄂博，自額伯爾哈當蘇至察罕敖拉蒙古卡倫，乃係俄羅斯屬下所占之地，與中國蒙古卡倫之鄂博，將此兩間之空地，照恰克圖地方，分中劃界。近俄羅斯屬下人所占之地，如有山河臺噶，以山河臺噶爲界，近蒙古卡倫鄂博。如有山河臺噶，以山河臺噶爲界，如無山河之平明地面，自正中分中設立鄂博爲界等文。今查覈地勢，第十鄂博係在楚庫河南岸，正業山脚，而哈當蘇河口，離此鄂博，順楚庫河下流，約有五里之遥。考和約之意，兩國交界，即由此鄂博爲起，而離河稍遠，自應順山爲界。否則在和約必有自第十鄂博二國交界，亦順楚庫河直抵哈當蘇河會處，由此順哈當蘇河爲界云云。且此鄂博亦必在此河口而立，足見第十一鄂博中間之地，原定並非哈當蘇河爲界也。至若辦事大臣所派各員，呈報前此甫定和約之時，兩國交界，從第十鄂博順山嶺而立，此後改爲哈當蘇河等語，更爲難信。緣該瑪雨爾行查舊路，係從第十鄂博起，中國派員亦經親見。從此至第十一鄂博，蟬聯不絶，路旁皆有舊存標記，且在最高山頂。山陽一切大小河名，皆蒙古語，山陰一切大小河名，皆俄國語，更見領事官之言，尤爲有據。復據東悉畢爾省城衙門冊檔庫房舊案内，查得當立約之年，本國將相争之地，給與哈拉芬特部落土民，係從額尼斯省遷移於此居住。該土司夙知越界之禁，於此建造禦冬房屋打牲爲業，授因本國卡兵巡查邊界，經行伯里業山路，嫌其難走，疊向界官呈訴，前復奉禁。該土司在離界三十里以内蓋房，但准仍前在此一帶打獸，並因疊訴山道難行，該管邊界官准其另選他路巡界，從此以後，卡兵自第十鄂博先循山嶺小路，次由莫霍窪涯河下行，直抵哈當蘇河，順河至第十一鄂博行走。惟俄兵一行改路，貴國蒙古兵亦跟隨趨便，從此路行走。本國官弁以二國和好，不向攔阻。然人畜越界，蹤跡仍舊在伯里業山梁原路，知會如此改道。該土司所占之地，俱出新路以外，是否時有誤越原路正界，卡兵難以巡查，實有不便。併他項事故，邊界官定欲將該土司移於他處居住，禁其越此新路方妥。直至嘉慶二十三年，東悉畢爾大員，以此事互訟不絶，飭邊界廓米薩爾察楚淩，以應如何設法整頓。該廓米薩爾因顧新路以外之地，不便人居，僅於土司有益，而土司素住新路以外，因而卡倫邊兵冲煩過甚，即與庫倫辦事大臣所派公巴勒多爾濟及吐蘇拉克□根敦章會商，擬將巡查新路爲界，時爲禁阻土司此後越過。其牲畜越界蹤跡，亦改在此路，知會似此議定。該土司雖甚不悦，無奈遵照，旋即移向他處。界官亦禁越此新路，廓米薩爾所定一切，彼此遵行。（里）〔至〕同治四年，若無别故，以後何年不一樣遵行。乃近因本國挖礦數商，前往該處試挖，即至京呈報，求懇該部詳查檔案，咨飭各處查明先後。查得廓米薩爾察楚淩所立字約，雖當時邊疆大吏，亦爲允准，然不過二國邊疆大吏，彼此便行暫擬之舉，他時他處，亦或有之，但不能因有此案，即將俄國御批、大清國御批和約作爲無用。現在卡兵巡查差路，或爲彼此方便，嗣後兩界官員會商，仍由此路行走亦可。然此路以外，交界以内之地，已經按約歸屬俄國爲主，不能因有此路，變易其正。此事理極明，勿庸多贅。諒平心而論，必以我國爲然，自不復辨。茲時照會貴王大臣，轉致庫倫大臣，飭屬蒙古卡倫弁兵，嗣後如有俄人在此，明係我國地方挖金，勿得再相攔阻，抑以上情由，本大臣欲更陳之。嘉慶二十三年，二國官員會辦一案，係因巡查邊界山路難行，彼此趨於簡便而定，益見當時邊界官彼此和睦，現在亦所切望，本大臣於此豈有相駁。然據此案絶不能復易其原主，諒貴王大臣亦無不謂

然也。

又卷六三 恭親王等奏：昨准軍機處鈔交三口通商大臣、兵部侍郎崇厚，山東巡撫丁寶楨奏，會議揀調登州鎮標官兵操練洋槍礮隊，並建營房以資官兵棲止，並丁寶楨奏現在海口情形各一摺。九月十五等日，奉旨：該衙門知道。欽此。伏查山東平度等處，華洋匪徒散處各村莊，開挖金(壙)〔礦〕已非一日，並未據該省撫臣咨報。臣衙門本年五月間，英國使臣阿禮國遣雅妥瑪來署面稱，山東海口有産金處所，恐流氓勾結私挖，地方官不能驅逐，釀生事端，已派兵船前往彈壓等語。當經飛咨山東巡撫臣丁寶楨嚴飭地方官查辦。旋據咨覆平度、寧海、福山等州縣，實有洋人、廣東人在彼開挖，並有執持槍械，支架帳棚，私設旗幟等事。臣等一面照會各國，飭領事官嚴禁。後恐該匪行蹤詭秘，恐愈聚愈多，肆行不法之事，是以於八月間奏明。飭令崇厚於天津礮隊内撥去一營，前赴煙臺駐紮。並令丁寶楨於登州鎮標水陸各營内揀選精壯兵丁五六百名，會同操演，現據崇厚、丁寶楨奏稱：道永鎮總兵春霖統帶礮隊，候補知府焦仲良管帶鎮標兵先後到防。並據英、法、俄、美、布等國住京使臣照會，已飭該處領事官禁止開挖。如有洋人不遵約束，即會同中國官兵彈壓驅逐等語。該使臣知開(壙)〔礦〕非條約准行之事，亦知中國例禁綦嚴。是以各飭領事官禁止無異詞。惟洋人桀驁性成，挖金多係匪衆，此次設兵巡防，固不可過於憤激，亦不可純用優柔。惟在當事各員寬猛交濟，斟酌妥辦。丁寶楨有地方之責，應如何操縱合宜之處，臨機審決，須有權衡，總期設法嚴防，不使洋匪潛留，方爲妥善。惟天津客兵不便久駐，將來登州標兵練成，津隊即可撤回，務當督飭該道及帶兵官實力操防，即無挖金之事，而通商口岸得此項勁旅彈壓，亦可潛消諸患。御批：知道了。

《約章成案匯覽》乙篇卷三八下《成案・礦務門・總署等奏漠河金礦應準減輕報效摺光緒二十五年》 奏爲遵旨議覆恭摺仰祈聖鑒事。光緒二十五年正月二十二日，准軍機處抄交北洋大臣裕禄《奏漠河礦局新章提餉過多入不敷出請酌量變通以維大局》一摺，奉硃批：「該衙門議奏。欽此。」臣等查原奏内稱，漠河開礦之始，原定章程先將局廠各項費用開銷所得餘利作爲二十成，以六成報充軍餉，以四成分給員司花紅，以十成派給股商利息。嗣於光緒二十二年間，經查辦事件大臣延茂改定新章，漠河金廠所得金砂餘利先提六成作爲軍餉，下餘四成作爲局用股利；觀音山金廠所得金沙餘利先提八成作爲軍餉，下餘二成作爲局用，奏明在案。茲據督辦漠河等處礦務道員徐傑稟稱，漠河孤懸絶塞，百物騰貴。初開辦時，每年用款十三四萬兩，嗣因續開觀音山廠，增至十五六萬兩，二十一、二、三等年漸增至三十餘萬兩。現經極力裁汰，統計一切局用每年實約需銀十七八萬兩，無可再省，若再加裁減，不惟無以安任事者之心，而食用各項亦恐傀焉難繼。至入款全賴金沙，金苗之旺衰無常，即入款之盈絀難定。自光緒十五年至二十年，每年得金均不過貳萬餘兩或壹萬餘兩。十九年尚不及一萬兩。惟二十一年得金五萬兩零，然亦僅此一年。迨二十二年，仍僅貳萬餘兩。至二十四年，尤爲減色，以入款與出款相衡不敷顯然。查二十一年以前，每年均能結有餘利者，實緣舊定章程先除各項開銷，然後將餘利作爲二十成，内提充軍餉六成，股商餘利十成，員司花紅四成，彼時糧貨價值亦尚平賤，故能不形支絀，無如已開各廠漸次消乏，急切難得斯苗。加以年來各處歉收，食物昂貴，出款必不可少，入款難望其增，侵尋虧耗，拮据萬分。推原其故，當奏改新章時，但見二十一年出金之旺，餘利之多，以爲必不至於虧累，殊不知淘沙取金多寡原無一定。況漠礦之開，兼爲防邊，非盡言利，前人幾費經營，幸著成效，中國言礦務者首屈一指。自改新章，國家得餉稍多，亦僅一時之利，而非久遠之謀，此後局用愈窘，措手愈難，既不能枵腹從公，又不能點金爲用，智窮力竭，勢必停辦而後已，礦務停則軍餉無所出，邊防亦覺空虛。漠礦本係招集商股而辦礦，尤資人力，必有股利花紅，始足振興商務，驅策群力。斯章專以漠廠糧貨餘利作爲股利花紅，無論貨利未必可靠，即使有利，而局用尚難彌補，更何〔況〕股利花紅之有無股利，則股商觖望，商務有礙，無花紅則人心解體，誰共圖存？體察情形，實於礦務盛衰大有關繫。擬請將新章酌量變通，每年所得餘利，除開銷一切局用外，結存若干，再按十成計算，觀音山仍以八成充餉，漠河仍以六成充餉，下餘觀廠二成，漠廠四成作爲股商餘利、員司花紅。似此辦法較之現行斯章軍餉少得有限，而視舊章仍不啻加倍，且局用股利花紅均有所出，礦務賴以維持，不至終於墮廢等情前來。查漠河金礦開辦至今，興利實邊，業經著有成效，亟應加意維持，俾免墮廢新章。以最旺之年爲衡，提餉過多，入不敷出，虧累勢所必然。該道擬改章程，係爲因時補救起見，與其因循墮壞軍餉無著，何如酌量變通，可期經久，仰懇恩準，照擬辦理等語。臣等查漠河金礦爲中國礦務發軔之初，興利實邊閲十餘年，經營匪易。現以新章提餉過多，以致入不敷出，難乎爲繼，自應極力維持，以期經久。現經北洋大臣裕禄揆時度勢，請予變通，自應請旨，准如所擬辦理，以保國課，而恤商艱。所有臣等遵旨議覆緣由，理合恭摺具陳，伏乞皇

太后、皇上聖鑒訓示。再，此摺係總理衙門主稿，會同户部暨礦路總局辦理，合併聲明。謹奏。光緒二十五年二月十二日具奏。奉硃批：「依議。欽此。」

又《外務部奏蒙古鄂爾河等五處續議開辦金礦摺光緒二十九年》 奏爲蒙古鄂爾河等五處金礦擬請續議開辦，以濬利源，恭摺仰祈聖鑒事。竊查蒙古地方土脈雄厚，礦産富饒，久爲外人所歆羨。其在圖什業圖汗、車臣汗各旗界内，西自鄂爾河、哈拉河至額能河北，自色埒河至伊魯河，共有金礦五處，苗綫尤旺。前經升任定邊左副將軍、庫倫辦事大臣連順擬請招集商股，購運機器相地開採。並據前天津税務司柯樂德禀請，代招俄股遵章妥辦，當於光緒二十四年十一月間奏，奉硃批：「著總理各國事務衙門會同礦務大臣妥議具奏。欽此。」適侍講學士貽穀以連順所請招商開採蒙古金礦有害無利等語入奏，奉旨：「著歸入連順前摺，一併核議等因。欽此。」旋經總理衙門會同路礦總局復奏，請特派大臣督辦，並附片聲明，先由圖什業圖汗界内設廠興辦。奉旨：「著即派連順會同興廉督率辦理，餘依議。欽此。」欽遵咨行在案。二十五年四月間，復經連順奏明籌敷礦務情形，並派柯樂德購定機器，延聘礦師，招集洋股，以便招工開採。嗣於二十六年間，因蒙古該旗盟長呈報有礙風水遊牧，經理藩院奏，奉諭旨派大學士崑岡馳往查辦，奏請停止。奉旨：「飭下連順將柯樂德妥爲散遣，並著豐陞阿將礦地封禁」等因，即經總理衙門咨行該將軍等欽遵辦理各在案。本年二月間，據總税務司函稱，柯樂德前辦庫倫、圖車兩盟金礦，辦理年餘，忽又奉飭停辦，該員所置機器、礦師、工匠人等，仍在彼守候，甚望轉圜，俾得兩益。並將柯樂德所具説帖呈請核辦前來，當經臣部咨行庫倫辦事大臣暨定邊左副將軍查復去後。兹據該大臣豐陞阿咨稱，該員柯樂德雖經奉飭遣散回國，而以前辦理年餘賠有鉅款，迄未離開，機器房屋依然尚在，礦師人等留未資遣，事關洋員，各處又均有合股辦礦之舉，此則獨禁而强令任賠中止，誠恐别生枝節。查外務部議復熱河都統錫良摺内，請將蒙古各旗礦産設法開採。又政務處議復山西巡撫趙爾巽摺内，亦有内外蒙古礦産甚繁，興利實邊，當務之急各等語，均經奉旨允准咨行到庫，劄飭各盟一體遵照，該盟長等已知開礦興利之意。現柯樂德請仍續辦礦務，亦應各無異言等因，並准該將軍連順將該處開礦並無窒礙情形聲復到部。臣等伏查，蒙古圖什業圖汗、車臣汗兩盟界内礦地逼近俄疆，久爲彼國遊民私自偷挖，防維杜絶，智力俱窮，是以前出使大臣洪鈞曾有自行設廠挖金，以防俄人越取之奏。即連順原議亦無非爲興利防害起見，祇因蒙人賦性多愚，不免惑於風水之説。其實俄人越境私挖仍難禁阻，設因驅遣之故，由其公使領事向我請辦，則事關交涉，准駁均屬爲難。不如先自開採，准令俄人附股，猶得稍保利礦。況近來風氣既開，送奉諭旨興辦礦務，彼蒙民僻在邊隅，亦漸知礦産之利，既據該大臣等查明確情，均無異議，應請仍照原案辦理。如蒙俞允，請飭下庫倫辦事大臣豐陞阿會商定邊左副將軍連順，妥訂詳細章程，奏明辦理。并照總理衙門原奏，先就圖什業圖汗界内開採，徐圖推廣，以裕利源。所有蒙古鄂爾河等五處金礦續議開辦緣由，理合恭摺具陳，伏乞皇太后、皇上聖鑒訓示。謹奏。光緒二十九年五月二十三日具奏，奉硃批：「依議。欽此。」

又《外務部等奏蒙古喀拉沁王請與荷商合辦金礦摺光緒三十年》 奏爲遵旨會議具奏恭摺仰祈聖鑒事。光緒三十年七月初九日，准軍機處抄交熱河都統松壽奏，喀拉沁王請在該旗右翼巴達爾胡川地方，華洋合股開辦金礦一片。奉硃批：「該部議奏。欽此。」欽遵抄出到部。查原奏内稱，據喀拉沁札薩克多羅都楞郡王貢桑諾爾布呈稱，本旗前以邊地荒凉，蒙民困苦，請將本旗礦産自行次第開採，兩次奏奉，恩准在案，嗣因資本難籌，未經試辦。兹有荷蘭國商人白克耳願爲本旗承辦機器，雇用洋匠，擬在右翼地方先開巴達爾胡川金礦一處，作爲華洋合辦，股本各居其半，一切遵章辦理，議訂草合同呈送核辦等情。當查所訂合同與熱河及商部礦章間有未符，已飭令更正，並查明礦區係該旗藩地，並無居民廬墓關礙，一切均與定章相符。惟該王兩次奏准原案均以自行開採爲請，此次係屬華洋合辦，雖爲礦章所准行，該王前既奏准有案，應否准其照擬辦理之處，請敕部核覆施行等因，並准熱河都統將該旗前次奏准原案及此次擬訂合同一併抄送前來。臣等伏查華洋合股承辦礦務，原爲奏定礦務章程所准行，所訂合同間有與部章未符之處，已准該都統來文聲明，悉聽改定，自屬可行。惟查光緒二十八年間，喀拉沁王與逸信公司華商孫樹勳、德商俾爾福訂立合同開辦喀拉沁右翼全旗五金各礦，前熱河都統錫良以全旗字樣有違定章，奏請飭部核議。經外務部議覆，行令熱河都統轉飭該旗，所指礦地劃清界限，不得包佔全旗。嗣准熱河都統咨覆，轉據該王旗呈稱，此案既須指明地段，逸信公司商人現雖並未來旗，請預行備定一處地名，雞冠山周圍二十里，請飭該商來旗試辦等語。該商迄未來部呈請，前往勘辦合同亦尚未訂定，案懸莫結。臣等綜核前後情節，喀拉沁王原將右翼全旗指給逸信公司開辦五金各礦，經外務部飭令劃清界限，不得包佔全旗，嗣雖預指鷄冠山一處，僅出自喀拉沁王一面之意，逸信公司是否允願，

尚難預定。若遽允荷蘭商人白克耳在該旗右翼之巴達爾胡川地方開辦金礦，將來難保不滋轇轕，事關華洋合辦礦務，不得不慎之於始。所有臣等遵旨會議熱河都統所奏喀拉沁王請與荷商合辦礦務一節，擬請暫緩置議。緣由理合繕摺覆陳，伏乞皇太后、皇上聖鑒。再，此摺係商部主稿，會同外務部辦理，合併聲明。謹奏。光緒三十年　月　日奉旨：「依議。欽此。」

又《新撫饒〔應祺〕奏塔城金礦辦有成效並開辦東新興礦務摺光緒二十七年》

奏爲夥辦塔城金礦已見成效，謹將先後撥發經費並來年應攤廠費、加購機器開辦東新興工礦務情形恭摺具陳仰祈聖鑒事。竊臣上年議與俄商墨斯克温夥辦塔城金礦，各先出成本銀三萬兩，業經奏明，允准在案。當委候補知府桂榮與俄商帶同工匠人等，至喀圖山内新興工設廠修屋，開路採礦，挖煤購糧，運機安槽，至年底始具規模，粗有頭緒，而用費已不資矣。至本年正月下旬，甫行開機試輾，每日輾舊挖砂石一千或數百蒲箭，計重二三萬斤，得净金一、二、三、四兩不等。據署布政使潘效蘇、署鎮迪道兼按察使銜李滋森申據，俄商請加發銀二萬兩，核與原議初、二兩年各攤五萬兩數目相符，准其照數撥解。嗣據金廠委員桂榮申稱，購買新機，添蓋房屋，俄商已多出銀四萬餘兩，懇請補發二萬餘兩。臣因礦務漸見興旺，核與原議第十五條加發成本之約相符，亦飭司妥議撥發，催令加工輾洗。據廠員按月申報，自正月二十六日起，至閏八月底止，共洗得净金五百數十兩，業經臣附奏在案。旋因大輾槽先未安設堅穩，漸輾漸塌，乃停機拆發重安，刮去金盤積金十二兩。安妥後，於十月初一日開機輾洗，晝夜未許稍停，仍飭按旬申報，俟年底結算，再行據實陳報。兹據桂榮申稱，俄商墨斯克温函稱，估攤二十七年礦費，並擬添設輾槽，加購各項機器，應攤六萬六千一百三十八兩。又稱現廠之東新、興工、尼格徠地方礦汛暢旺，爲喀圖山各礦之最，擬令礦師督率匠規先就該處上面礦坯採取，即在底廠試行輾洗。現止輾槽一具，合計一應花費尚屬無利有虧，必須多添輾槽，可望獲利。在原採礦汛之俄五里内，添三輾大槽二具。明春在該處掘井，如果暢旺，即在該處安設四槽，否則底廠四里内加設輾槽二分，估計運脚、修房等費，各應攤銀四萬二千八百二十四兩。如此辦理，方有利益等情，轉請核示前來。臣查該商所議共應攤銀十萬八千九百餘兩，爲數過鉅，批飭布政使文光兼按察使銜李滋森妥議去後。兹據該司等詳稱，開辦金廠現經兩年，已有端緒，雖所獲之金未能驟償成本，而事屬創始，尚冀收效將來，若不准所請，則俄商從前虧累，勢必藉口求償於新，不如即如所請，將光緒二十七年應攤礦費，及開辦尼格徠新礦應攤各費銀兩，一併照數籌解交庫爾喀喇烏蘇廳存儲，由該廠取用具報等情詳覆前來。臣維金礦爲利源所在，試辦既有成效，若因攤費甚鉅，因而中止，則新疆自有之地利此後無由開辦，而兩年已費之功程廢棄，亦殊可惜。查外洋開利之事，每不惜千數百萬金，世攻其業，即漠河金廠亦創費數十萬，始收其利，兹費纔數萬已收效十分之一，無論將來利益正未有窮，即就目前而論，新疆金礦爲各國所艷稱，外人尚不惜重資以圖後效，若不圖自强，半途而廢，徒爲有識竊笑。且慮彼欲獨專其利，更難拒其所求，計惟有堅忍圖功，勉盡人事，以冀天不愛道，地不愛寶，開窮荒未興之民利，以裕邊陲自有之餉源，已飭該司等仍由軍需項下騰挪支撥解用，並飭廠員會同俄商妥爲辦理。所有先後撥發塔城金礦經費，及明年應攤各費并擬開尼格徠礦務攤費各緣由是否有當，謹據實陳奏，伏乞皇太后、皇上聖鑒訓示。謹奏。

又《外務部照復華裕大東兩公司開辦邵武金礦應遵照合同奏章辦理文光緒三十年》

爲照復事。光緒三十年四月十二日准照稱，閩省邵武金礦一事，昨據本國駐福州領事官詳報，得知聘委古爾燮代理之。法公司近與閩督出有齟齬，該公司遣派礦師前往勘探，照章呈請發給開採邵武礦山准單，詎料閩督以後定礦務章程藉口，欲令該公司先付一萬二千元。本大臣查，礦務章程第一條内載，以前已辦各礦及業經議定之處仍照原定合同辦理等語。華裕公司商定合同第五條既將應納各項税則晰指明定，萬無再行加徵之理，爲此照會轉諭該督，勿再作難，有違定章等因。本部正核辦間，適接閩督來咨内稱，據福建商務局詳稱，據華裕公司稟稱，前與大東公司擬辦邵武金礦原訂合同明載，所有華裕公司與地方官訂立合同條款，大東公司均應一體遵守。合同條款内明言，悉願遵守北京現定新章辦理，該公司遵守合同，自應遵守部章，乃該公司甫請領照，即不遵守部章繳納照費等情前來。查華裕、大東兩公司合同係光緒二十八年九月經本部奏準，現請開辦。邵武金礦據報成本係一百二十萬元，其應繳照費係按照光緒二十八年二月本部奏定礦章第二款所載，視成本之多寡酌提百分之一，並非後定礦章，始有此款華裕、大東兩公司合同第十四、第二十一等款，業經聲明，悉願遵守中國奏定新章辦理，則此項一萬二千元照費，該公司自應照章如數繳納。相應照復貴大臣，轉飭該公司遵照原定合同並奏定章程辦理可也。須至照會者。

《清德宗景皇帝實録》卷四〇一〔光緒二十三年，丁酉，二月〕癸酉，黑龍江

將軍恩澤奏：「派員管帶兵弁前往都魯河金廠西南一帶，扼要分紮，專緝盜匪，遥護金廠。」報聞。

〔光緒二十三年，丁酉，二月，丁丑〕熱河都統壽蔭奏：「派熱河道湍多布查勘，雙山子金礦認真開採，以收實效，而利饟源。」報聞。

又卷四一六〔光緒二十四年，戊戌，三月，戊申〕以創辦金廠有裨邊防，予故吉林補用道李金鏞在黑龍江漠河建立專祠。均從直隸總督王文韶請也。

又卷四三〇〔光緒二十四年，戊戌，九月，丁卯〕盛京將軍依克唐阿奏：「通化、懷仁兩縣開採金礦，著有成效，請飭覈定章程。」下所司知之。

又卷四五三〔光緒二十五年，己亥，十月，辛丑〕四川總督奎俊奏：「川省礦務總局設立公司，招集華洋商人合辦天全、懋功兩處金礦，並議訂章程十條。」下所司知之。

又卷四五六〔光緒二十五年，己亥，十二月，乙亥〕〔吉林將軍長順〕又奏：「吉林開採金礦三姓業著成效，請將通省礦務歸併三姓礦員宋春鼇辦理。」得旨：「著準其歸併宋春鼇辦理，如果辦有實在成效，再行奏明請旨。」

又卷四八七〔光緒二十七年，辛丑，九月，壬辰〕〔盛京將軍增祺〕又奏：「試辦寧遠州屬一帶金礦，以擴利源。」下部知之。

又卷五一八〔光緒二十九年，癸卯，六月，庚辰〕甘肅新疆巡撫潘效蘇奏：「新疆與俄商夥辦金礦，虧折過多，現已折夥停辦。」下部知之。

又卷五二〇〔光緒二十九年，癸卯，八月，辛酉〕熱河都統松壽奏：「承德府屬之駱駝梁、赤峰縣屬之紅花溝兩處金礦請歸官試辦。」下部知之。

又卷五二一〔光緒二十九年，癸卯，九月〕戊子，烏里雅蘇台將軍連順等奏：「庫倫圖車兩盟金礦續議開辦，參酌外藩情形，詳訂章程十條，妥籌布置，請準派前稅務司洋員柯樂德爲總辦，並簡派大員專司督率。」下部議。

又卷五三三〔光緒三十年，甲辰，秋七月，乙酉〕熱河都統松壽奏：「喀拉沁札薩克多羅都楞郡王貢桑諾爾布呈請，將本旗巴達爾胡川金礦，與荷蘭商人白克耳集貲開採，以裕蒙藩生計。」下部議。尋奏：「以該郡王原將右翼全旗指給逸信公司開辦，金礦經部飭，劃清界限，不得包括全旗。嗣雖據指雞冠山一處，僅出自該郡王一面之意，逸信公司是否允願，尚難豫定。若遽允荷蘭商人白克耳在該旗巴達爾胡川開辦金礦，將來難保不滋轇轕，擬請暫緩置議。」從之。

又卷五四七〔光緒三十一年，乙巳，秋七月，己卯〕〔湖南巡撫、端方〕又奏：「湘省礦產富饒，久爲外人垂涎，現擬先將平江金礦改用西法自行開採，以保利權，百杜隱患。」下外務部、商部知之。

又卷五六〇〔光緒三十二年，丙午，五月，壬寅〕熱河都統廷杰奏：「覈明華洋合辦霍家地等處金礦，原訂合同已飭另議，附約三條以發明原訂合同所未備，謹繕呈進。」下部議。尋奏：「附約第三條與原案不符，應仍照原案準辦。原合同應改照商部奏定礦務章程辦理。」依議行。

又卷五六七〔光緒三十二年，丙午，十一月，丁巳〕庫倫辦事大臣延祉奏：「庫倫金廠擬暫行試辦，藉收權利。」下外務部議。尋奏：「查覈所擬各節尚屬可行，應請照準，仍俟通行礦章訂定後，再行酌照辦理。」從之。

又卷五六八〔光緒三十二年，丙午，十二月，己巳〕庫倫辦事大臣延祉等奏：「籌議庫倫屯墾情形，該地北境鄰俄，荒沙綿亘，南境水草不生，均難種植，中段稍形膏腴，又礙牧場。計惟速修鐵路，開採金礦、煤礦，較爲利多弊少。」下部議。

《清朝續文獻通考》卷二一《錢幣考三》〔光緒〕二十三年，通政使參議楊宜治奏，查江海關道劉麒祥來電稱，本日英金磅價規平銀一兩合二先令四本士。次日傳詢總税務司赫德聲稱，近來磅價自七兩漲至八兩有奇，月内尚須續漲，不知所止各等語。磅價愈漲，則中國征收所入，使費所出，無一不加倍喫虧。借款一項喫虧尤鉅，商民交困，其患俱在有形，獨此磅價遞昂，耗物力於無形之中，日加一日，誠爲奇厄，莫可挽救，元氣就竭，伊胡底止。【略】考中國周、秦、漢之世，貨布泉刀率皆以銅，而金銀亦不甚貴。漢賜臣工動曰黄金數十斤。《漢書》謂外域以銀爲錢，錢如其王面。維時中國銅山甚富，外域銀礦産初開，故各尚有土，宜以一國家之圜法。迄今數千年以來，外域銀礦充塞，轉而重金，中國黄金已耗降而重銀。【略】擬請旨准予變通，先按先令分兩成色式樣鑄造銀錢。務令京師直省一律通用。專聘英國匠師，購運英國機器，在京滬地方審定一處開鑄，俾與畫一，嚴禁僞造。並請降旨飭各省將軍督撫速採金礦，聘匠開挖，將來再仿照英鎊式樣，鑄造金錢。並嚴禁內地黄金出洋，以杜漏溢。聞漠河一處，每歲採金不下數萬兩，皆運上海銷售。【略】

又卷四三《征榷考一五·坑冶》 又奏准開採雲南騰越州屬冷水箐、黄草壩、金龍箐、魁甸等金廠，見未定年額准其儘收儘解。

又奏准烏魯木齊條金溝金廠開採無效，准其封閉。

〔乾隆〕五十五年奏准烏嚕木齊條金溝地方金砂礦廠准其開採。

又卷三八七《實業考一〇工務・礦産》 〔光緒〕三十一年，閩浙總督魏光燾奏：「閩省礦産前經設立礦務局，將汀州、建寧、邵武三府屬地方，與華商華裕及法商大東兩公司訂立合同，三年内在指定地方覓地開採。嗣由大東公司派來礦師，法人顧爾變勘定邵武金礦，請照開採。前署督臣李興鋭遵照部章，飭繳照費。該公司抗不遵辦，乃竟請彼駐使向外務部索償巨款。經臣照會駐福州法領事，據理剖説，旋准照覆，已能稍就範圍，正在派員與商，適該領事請假回國，以致尚未成議。又前設立官腦局，用日本人愛久澤直哉爲製腦技師，由該技師保借日商三五公司洋銀二十萬元作爲官局存本。乃開辦以後，該技師不遵合同，糜費鉅款。又復擅派日人往内地各處緝私，致將英商領單採辦之腦攔截多起，英使屢向外務部索賠商虧。前署督臣李興鋭飭將扣腦發還内地，日人撤退。該技師均不遵辦，李興鋭即飭辭退停辦官局。該技師悍然不顧，仍前把持，更肆要求。疊經外務部與日使辯論，迄無端倪。臣莅任後，細核檔卷，電知外務部，轉商日使，彼此另議辦法，總以無礙中國主權，不背各國條約爲宗。旨見准部覆認，允派駐廈日本領事上野專一前來會議，刻該領事尚未到省。揣度情形，將來當可和平了結。」

又奏：據總税務司函稱，柯樂德前辦庫倫、圖車兩盟金礦，辦理年餘，奉飭停辦。該員所置機器、礦師、工匠人等，仍在彼守候，甚望轉圜，俾得兩益，並將所具説帖呈請核辦。當經臣部咨行庫倫辦事大臣查覆。兹據豐陞阿咨稱，該員雖經奉飭遣散回國，而以賠有鉅款，迄未離開。事關洋員，各處又均有合股辦礦之舉，此則獨禁而强令任賠中止，誠恐别生枝節。查臣部議覆熱河都統錫良摺内，請將蒙古各旗礦産設法開採。又政務處議覆晉撫趙爾巽摺内，亦有内外蒙古礦産甚繁，興利實邊，當務之急等語，均奉准咨庫飭各盟遵照，該盟長等已知興利開礦之意見。柯樂德請仍續辦礦務，亦應各無異言，並准該將軍連順將開礦並無窒礙情形聲覆到部。查蒙古圖什業圖汗、車臣汗兩盟界内礦地逼近俄疆，久爲彼國遊民私自偷挖，防杜俱窮。是以前出使大臣洪鈞曾有自行設廠挖金，以防越取之奏。即連順原議亦無非爲興利防害起見，祇因蒙人賦性多愚，不免惑於風水。其實俄人越境私挖，仍難禁阻，設因驅遣之故，由其領事向我請辦，事關交涉，准駁均屬爲難。不如先自開採，准令俄人附股，猶得稍保利源。應請仍照原案辦理。

又卷三八九《實業考一二・工務・礦産》 〔宣統三年〕又熱河都統誠勳奏：承德府屬西碾子溝，前有鄉民私挖金礦，經臣委員勘得沙綫透露，金質頗佳。當就該處設局，先用土法試採，業經陳奏在案。查該礦自上年經始修蓋局房，購置碾具，以及招募把工各事，布置已有頭緒，果能辦理得宜，可期日有起色。惟事屬草創，聚數十人於空山之中，食用居處動須運自數十里之遥，以致勞費倍蓰。臣於閑款項下撥銀五千兩，發交具領，責令認真開採，一俟成效大著，再加推廣。

又 又庫倫辦事大臣延祉奏：「哈拉格囊圖地方金沙暢旺，擬設廠開辦。」部議覈：「與成案相符，應准按章開辦。」

馬建忠《適可齋記言》卷四《上李伯相論漠河開礦事宜稟》 丁亥春（一八八七年） 漠河各處金礦偪近俄疆，出産旺盛，久爲外人覬覦，自應迅圖舉辦。原奏所稱招募商人醵股約帶礦化各工攜帶機器前往承辦等語，籌辦之法與中外各礦局相同。唯該金廠地距江省二千數百餘里，在愛琿上流又數百里，輪舟所不能達。開礦機器類多粗笨重大，搬運維艱，費用尤巨。比年滬市蕭條，殷實之商半遭折閲。且惕於數年前股分之虧，語以招股醵資，百無一應。就令展轉勸諭，以利歆之，亦恐徒曠歲時，難以湊成巨款。憲諭所謂集貲非易，得人尤難，洵扼要之論也。唯漠河各處金廠乃邊防最爲喫緊之區，亦江省亟應籌辦之務。嘗博考輿圖，參以聞見，竊謂宜仿古屯田之法試辦。謹以所見言之。案漢以黄金爲幣，上下通行，而開採之法書缺有間。

《清宣統政紀》卷四八 〔宣統三年，辛亥，春正月，丙午〕湖南巡撫楊文鼎奏：「會同縣漠濱金礦因奸商争訟封禁，於貧民生計有礙，自應提歸官辦，以闢利源，而杜訟蔓。現派員擬定章程，設法開採。」下部知之。

王欽若《册府元龜》卷四九三《邦計部・山澤・蠲復第四》 〔延昌三年〕又漢中舊有金户千餘家，常於溪水沙金，年終總輸。後臨淮王彧爲州刺史，奏罷之。

《魏書》卷一〇〇《高句麗傳》 正始中，世宗於東堂引見其使芮悉弗，悉弗進曰：「高麗係誠天極，累葉純誠，地産土毛，無愆王貢。但黄金出自夫餘，珂則涉羅所産。今夫餘爲勿吉所逐，涉羅爲百濟所併，國王臣雲惟繼絶之義，悉遷於境内。二品所以不登王府，實兩賊是爲。」世宗曰：「高麗世荷上將，專制海外，九夷黠虜，實得征之。瓶罄罍耻，誰之咎也？昔方貢之愆，責在連率。卿宜宣朕旨於卿主，務盡威懷之略，揃披害羣，輯寧東裔，使二邑還復舊墟，土毛無失常

貢也。」

《礦務檔·一般礦政》外務部收豐陞阿等文《抄送庫倫礦務檔案》 附件一：查辦事件大臣《抄送查辦鄂爾河等五處金礦摺暨硃批》〔光緒二十七年七月十五日〕欽差庫倫等處查辦事件大臣管理理藩院光禄寺事務大學士宗室崑爲咨行事。本閣奉命赴庫查辦礦務，據實覆陳一摺，並附陳整頓卡倫一片，於光緒二十六年五月初五日，准兵部火牌遞回原摺。奉硃批：另有旨，欽此。並准軍機處字寄。光緒二十六年五月初二日，奉上諭，崑岡奏查明庫倫礦務，據實覆陳一摺。開礦本爲興利，仍須利害兼權。地屬蒙疆，尤應慎之又慎。既據崑岡詳晰查明，所有鄂爾河五處金礦，即著停止開辦。協理台吉蘇隆果爾固齊，於重要事務，未報盟長，輒具甘結，實屬輕率，罔識大體，著交理藩院議處。已革盟長密什克多爾濟，前副盟長現任正盟長棟多布札拉布帕拉木多爾濟，平日未能查察，亦屬疏忽，均著交理藩院分别察議。烏里雅蘇台將軍連順，先事未經詳細推求，驟商集股，實屬粗疏冒昧，連順著交部議處，並著將俄人柯樂德妥爲遣散。庫倫大臣統轄前境，即著豐陞阿會圖車兩盟長。永遠將礦地封禁，不准民人私挖。倘洋人亦有偷挖之處，並著連順設法驅遣。若仍有越境覬覦情事，惟該大臣是問。又片奏卡倫廢弛太甚，請飭申明舊章等語，著豐陞阿查明同章，詳明曉示，務清邊界而昭嚴肅，原摺片著分别抄給閱看。將此諭知理藩院，並由四百里諭令崑岡連順豐陞阿知之。欽此。遵旨寄信前來，相應恭録諭旨，並抄録摺片，咨行貴大臣，即行譯寫蒙文，轉飭四部落盟長及商卓特巴遵照可也。須至咨者。

計粘鈔原奏摺片一紙。光緒二十六年五月初八日。

右咨，庫倫辦事大臣。

附件二：庫倫查辦事件大臣《查明鄂爾河等五處金礦實情》奏爲遵旨查辦事件，據實覆陳，恭摺仰祈聖鑒事。竊奴才奉命馳赴庫倫，查辦礦務。於正月二十九日跪請聖訓，皇太后諭令，須斟酌利害，不可勉强，亦不可失蒙衆之心。奴才當即面奏，必善爲開導，倘蒙衆仍或執意，不願作何辦法，皇太后遂有即行停辦之諭。遵即起程，行抵庫倫。當時到庫日期，由驛馳陳。後又將辦理大概情形馳奏。四月初九日十八日，兩次准兵部火牌遞回原摺，均奉硃批：知道了。欽此。

奴才於抵庫封門後，即嚴密關防。遴派司員，往查礦地。飭傳蒙古，詢問情形，咨取各處公文要件。一切料理就緒後，司員旋即查回蒙古，亦皆具禀。各處文件，亦陸續送齊。奴才調閱前後案卷，參以履勘禀覆，及蒙古王公等呈訴各詞。是開礦一事，連順所辦，有未盡實者三。蒙古各盟長等，所呈有可慮者五，利害相權，有不可者四，敬爲我皇太后、皇上縷晰陳之：

查連順稱平日接見蒙古王公，詳詢開礦有無窒礙，僉稱開拓利源，實與蒙旗有益。及奴才傳集四部落盟長王公哲布尊丹馬呼圖克圖之商卓特巴喇嘛等，詢以蒙地開辦金礦，係屬人事，將軍必向爾等諮詢明確，方能興辦。爾等既有不願之心，何不早説，皆云此事將軍從未問過，並未會商。傳示上諭，始知情由。後亦禀訴下情，將軍置之不理等語。復經奴才督飭司員詢問，又面爲婉轉開導。並宣布聖慈，酌加成數，僉云世受厚恩，毫無報稱，原議二成，已屬破格。再蒙加給，感激涕零。惟籲懇停辦，實因畏懼俄人。後患難防，深恐毁及黄教。且遊牧失所，生計全無，並非計較多寡。仍懇據情轉奏停止。並各具不願開辦，決無返悔，亦無私挖，切實印甘各結。咨查連順，據稱前詢蒙古王公喇嘛等，無不樂從。且有指天爲誓之語，奈口語風過即息，現既不認，已無證柄。詳譯其詞，該將軍於此事並無把握，此未盡實者一。

連順又稱，金礦共有五處，東北六台三處，西北九台二處。均屬荒遠，無礙遊牧。兹據遴派分往東西兩路查看之司員聯綬謝汝賡，並庫倫大臣豐陞阿所派之總兵周文光、參將王得貴回庫禀稱，會同各該盟長，前赴各産礦地方，臨近踏勘。今已查明六台九台，均隸圖盟。原爲庫倫恰克圖兩處通遞公事，於乾隆二十三年奏明請旨，設立駐劄有餉之台。其遊牧即在哈拉、伊魯兩河之間，若開挖兩河，修建礦廠，聚集人煙，轉運物料，駝馬馱載，恐侵要台。地界必至漸失舊基，遊牧亦因之有礙。其車盟察汗畢勒齊爾特爾吉河二處，附近有蒙古居住，因畏洋人，移住遠方，至水草豐茂，頓有馬牛羊隻成羣。其鄂能河一區，准庫倫辦事大臣咨稱，積雪甚厚，非夏秋不能前往。詢之該盟長，則云道路因屬崎嶇，若以其地水草而言，該蒙衆赴彼處牧放牲畜者，亦復不少等語。足見原呈謂礦地有礙遊牧，尚屬實情。今圖車兩盟各旗札薩克，具有切結存案。圖車兩盟長具有印結，當另行録呈覽。各司員等亦按地段具禀，繪圖貼説，是窒礙遊牧，已有確據。該將軍謂爲荒遠，此未盡實者二。總理衙門議覆摺内稱，連順派員查礦，行知該汗王旗，派委札蘭台吉會勘，已取有該札蘭遵依甘結存卷有案。奴才行查圖車兩盟長據報印結，係圖盟署印協理台吉蘇隆果爾固齊所具，並非札蘭台吉，當即傳該協理到案研訊，供稱光緒二十四年，庫倫大臣查辦金礦，飭取本

旗甘結，我以爲開辦無疑，一時糊塗，遂具甘結，未經呈報盟長，後知各旗均説有礙，是我甘結誤具。質之該盟長，據稱蘇隆果爾固齊，並未報過我們，而且我們先本不知開礦之事，後亦均不願開，所以聯名具呈報等語。查該將軍開辦礦務，當取盟長情願甘結，方爲確實，今僅憑協理甘結，即思興辦，已少酌核。然既有此結，奴才亦可從此追究。隨令庫倫大臣，將該協理原結咨送前來，以憑問斷。該大臣覆稱，並未存有此結。旋據連順文稱，原有圖盟札薗甘結，奈在庫倫印房遺失，鐵案全無等語。該將軍何以不於遺失之時，即行檢舉，直至咨查，始行聲敘。且又語多牽混，此未盡實者三。至於金礦未必即在水草之處，似與牧廠無關。然蒙古王公等稟稱，産礦之地，在山在水，皆礙遊牧。四項牲畜，夏秋依水，冬春依山，無處不可藉資養畜等語。今聞局設廠，必在平地，用人既夥，佔地必寬。向來牧放之區，定爲室廬所礙，可慮一。佛教之設，洋人不信，而蒙人則信之甚篤。據蒙古王公等稱，喀爾喀人等，於康熙年間，隨哲布尊丹巴呼圖克圖歸附以來，二百餘年，共沐深仁，振興黄教，恪遵教法，諷誦經卷，供應念經道場，及一切貢獻要差，全仗孳養牲畜等語。今開礦深入其地，於孳養必有損傷，致蒙衆有所藉口。可慮二。圖車盟長等稱，向來庫倫大臣一切用度，例由圖車兩盟沙畢等供給等語。是蒙人平日已多有支應。今創開礦廠，督辦有大臣，常川住局者，何止十數委員。供億之資，難保不取諸台吉，再遇督辦到局，驗工驗礦，輿徒騶從，絡繹道途，蒙人未見銖黍之金，先負如山之累。可慮三。盟長等又稱，向恃牧養，安安静静，得遂生活等語。今礦局一開，凡淘沙煎煉等事，蒙古不習，勢必召募內地之人，其來赴工作者，非向時金匪，即無業遊民也。此等人約束極難，騷擾最易，掠人芻牧而乏償，侮人婦孺而爭訟，皆意中事。可慮四。俄本强鄰，蒙所疑忌，今使俄闌入蒙地，置他人於卧榻，引敵國爲同舟，未來已伏，爭心既見，豈能相下？輕則鬪毆，重則殺傷，紛爭日見於邊庭，口舌交騰於澤署。可慮五。夫以未盡實之言，行可慮之事，無論智愚，皆知不可，而連順意在必行者，欲爲國家興利耳。當此時艱餉絀，奴才亦願克成此事，有益度支。然熟權利害，比較重輕，如果利七害三，猶可使之試辦，無如揆時度勢，未見其可。查連順原奏，金廠開辦有效，所得餘利，以四成歸公，自是酌盈劑虚之策。惟恐此礦一開，拂蒙情，連外患，伏內潰，墮邊防，是爲利少而害多。凡礦師相度之始，必曰礦苗甚旺，確有可憑。及經開辦，有採鍊多年，虧折鉅萬，而毫無成效者。即使此礦有利，收效總在數年之後，而目前之種種可慮，蒙人已實受之，而況現患不勝防，後效未可必乎？是爲利遠而害近。官辦礦務，所恃惟商，集股無多，商爲借款，即以礦質之。及本息無償，則竟以礦與之，今圖車開礦，設附股不足，必謀借款，而質礦亦必欲行。異日各商向官索礦，與則礦不能保，不與則款不能清，一經調處，必歸爲商礦而後已，豈非商得金而我失地乎？是爲利在商，而害在官。大凡引外人辦礦者，雖未必賣盧龍以自利，而其中必皆有所圖。訂購機器，經手人有利矣。修造房屋，監工者有利矣。及至開辦，無論金苗衰旺，而委員司事，薪水必豐，加以局用浮銷，工資剋克，在事者無不飽其慾壑。萬一俄蒙商搆怨，邊釁聞於北徼，責言起於西陲，總署憂危，朝廷廑系。彼廠員者，已獲利而去矣。是爲利在臣下，而害在國家。

奴才伏查雍正初年，喀爾喀失地來奔，我世宗憲皇帝曲予保全，議擇地以處之，後卒還其故居。而夫失地之蒙古，尚思撥地安插。今乃入蒙地以取利，甚非綏輯外藩之意也。奴才詳查此事，連順當創辦之初，未經取有各盟長喇嘛等情願甘結，以致覆文內有現既不認，已無證柄等詞。圖盟雖有署印協理台吉之結，今又報稱遺失。派員查明，各游牧有礙，又與所稱荒遠迥殊。彼之依據皆無。奴才不能別求確切根究之法。現經奴才屢次開導，蒙古盟長王公喇嘛等，亦均有感激之語，然仍執前説，終無回轉。稍涉强求，又恐違慈訓殷拳不可勉强、不可失蒙衆之心之諭。數日以來，奴才反覆籌思，此係喀爾喀八十六旗大局所關，何敢瞻徇目前，貽憂日後？已將利害輕重，詳晰陳明。其四部落盟長喇嘛等，合詞籲請停止。情辭又復迫切，並取有不願開辦，決無反悔，並無私挖切實印甘各結。且圖盟六台九台，係乾隆年間奏明設立要台，不可侵佔，並於牧養有傷。車盟三處，查明實係有礙遊牧。所有鄂爾河五處金礦，奴才謹擬遵旨停辦。則四部落盟長王公哲布尊丹巴呼圖克圖之商卓特巴等，當益感聖慈於無既極矣。

惟圖什業圖汗部落署印協理台吉蘇隆果爾固齊，於重要事務，未報盟長，輒具甘結，實屬輕率，罔識大體。已革盟長密什克多爾濟，前副盟長、現任工盟長棟多布札拉布帕拉木多爾濟，未能巡察，亦屬疏忽。請旨將協理台吉蘇隆果爾固齊交理藩院議處，將札薩克輔國公密什克多爾濟公銜札薩克頭等台吉棟多布札拉布帕拉木多爾濟，均交理藩院分別察議。至連順舉辦情殷，係爲開闢利源起見，總理衙門允連順之請，亦以蒙情既順，何妨按照施行，用意均非不美。惟連順先事未能詳細推求，遽聘礦師，驟商集股，既辦則僅憑口語，復失印結，粗疏之咎，誠所難辭。相應請旨，將烏里雅蘇台將軍連順，交部議處。俄人柯樂德，

係連順招集之人，今既謹遵慈訓停辦，應請旨令連順將柯樂德妥爲遣散。在俄人現敦交誼，本懷無虞無詐之誠。在連順既握重權，自有能發能收之術。以保藩封，以固吾圉，全在乎此。奴才復傳圖車兩盟長，示以爾等既不願官辦，即亦不准或有私挖。則僉稱願具永遠封禁甘結，遂即取具存案。因思庫倫大臣統轄全境，擬咨令豐陞阿會同圖車兩盟長，封禁礦地。該大臣尤當隨時稽察，如有蒙人私挖者，惟該盟長是問。設民人偷挖，亦准該盟長呈報到官嚴辦。俄人今亦有偷挖之處，請飭下該將軍連順設法驅遣，不得以官難查禁爲詞，驅遣後即知照庫倫大臣，再行會同該盟長，將礦地封禁。至庫倫地方，以後民人洋人，若仍有越境覬覦情事，該大臣亦不能辭其責，倘有推諉，不但無以示懷柔，恐亦負朝廷命官之義矣。茲將圖車兩盟長印結，並四部落王公喇嘛等總結，另繕三單，司員圖說二張，一併敬謹呈覽。所有查辦鄂爾河五處金礦確實情形，謹擬遵旨停辦緣由，恭摺覆陳，伏乞皇太后、皇上聖鑒，訓示遵行。再奴才拜摺後，即日率隨帶司員回京。合併聲明。謹奏。

附件三：庫倫查辦事件大臣《請飭庫倫大臣嚴防俄人越境挖金》 再，卡倫之設，所以慎固邊疆。連順原奏內稱，頻年以來，內地民人，出塞謀食者，率以租地墾荒爲名，偷挖金砂，附近之俄羅斯人，亦多越境潛採等語。可見卡倫廢弛太甚。查雍正五年，定喀爾喀邊界後，即在恰克圖東西兩邊，設立卜倫。其恰克圖迤東二十八卡倫，圖車兩部，各設十四。每部派有專管卡倫之札薩克各一員，又派有總管兩部卡倫之札薩克各一員。其恰克圖迤西十九卡倫，二音落彥部所設者十二。又西之七座，係札薩克圖汗部分設。其所派專管總管之札薩克，一如東兩部庫倫大臣，統理其事。當時之法。極爲周密，不必另議更張。相應請旨飭下庫倫大臣，申明舊章，嚴飭東西四部落各管卡倫之札薩克等，認真防守，勿稍疏懈。倘有誤拏私放，及阻遏需索各情弊，一經查出，按律懲治。又查嘉慶八年定例，每十年令庫倫大臣輪流稽察一次。往察之時，豫將清邊界驗鄂博緣由，詳明曉示俄羅斯人等知悉。令應一律遵辦，以昭嚴肅。至俄領事官等往反京國，有台站照例供應，不必慮及。若往他處公幹，須走卡倫者，照會庫倫大臣，即便放行，不准阻止。如此辦理，庶邊防可期鞏固，而邦交益見綏龢矣。奴才爲整頓卡倫，保衛邊疆起見，理合附片具陳。伏乞聖鑒訓示。謹奏。

附件四：總署《抄送議辦蒙古鄂爾河等五處金礦摺片暨硃批》 欽命總理各國事務衙門，爲咨行事。光緒二十五年三月二十四日，本衙門會同鐵路礦務總局具奏，遵議開辦蒙古鄂爾河等五處金礦一摺，本日奉旨：著即派連順會同興廉督率辦理。餘依議。欽此。又同日附奏庫倫礦務先就圖旗界內興辦一片，奉硃批：知道了。欽此。相應恭録諭旨，并鈔録原奏摺片，暨連將軍原奏，咨行貴大臣欽遵辦理可也。須至咨者。附鈔件。

右 咨庫倫辦事大臣，光緒二十五年三月二十九日鈔奏。

附件五：總署《議覆請開蒙古鄂爾河等五處金礦》 謹奏：爲遵旨議奏事，准軍機處鈔交烏里雅蘇台將軍連順，前在庫倫辦事大臣任內，奏請開辦蒙古鄂爾河等五處金礦一摺。光緒二十四年十一月二十一日，奉硃批：著總理各國事務衙門會同礦務大臣妥議具奏，欽此。查原奏內稱，庫倫西北至恰克圖一事，毘連俄境，頻年內地民人，出塞謀食，偷挖金砂，俄人亦多潛採，官難查禁。前經遴調精曉礦務之員，來庫會同蒙旗履勘。疊據禀稱，蒙古圖什業圖汗車臣汗各旗界內，距庫倫東北六台地，共有金礦三處。又西北九台地，共金礦二處。周圍約二百餘里，金苗甚旺。惟必用西法，以機器汲水，其利方厚。宜於居中折要之處，設一總廠，同時並舉，綜計成本約需銀二百萬兩。

各該處均隸荒遠，無礙蒙旗遊牧。繪具圖說，呈送金砂前來。又據三品銜前稅務司俄人柯樂德到庫面稱，蒙古金礦，如由中國集款興辦，俄人情願附股，仍可代爲招集，悉遵中國所定章程辦理。如用俄人，應聽中國官員約束各等情。奴才覆查蒙旗産金之處，偪近俄疆，久爲俄人所豔羡，若拒閉太深，轉恐啓攘争之漸。何若豫爲之地，猶得操縱自如。平時接見蒙古王公，詳詢開辦有無窒礙，僉稱蒙人生齒日繁，生計日蹙，果能開拓利源，實與蒙古有益。惟資本過重，擬請招商集股開採。並附招俄股，仍按中國所定章程辦理，以免事權旁落。倘股款不足，或協撥官款，照章按年付息。廠中所用工匠，除礦師及管理機器聘用洋人外，其餘淘砂工人，悉募蒙衆及內地民人，不得僱募俄人，免妨中國窮民衣食。但一經開辦，恐他商見利争趨，未免侵礙礦本。宜先議定年限，將來開成之後，除去付還股分本息，暨各廠一切經費，所得礦利應分十成。以四成報效國家，以一成津貼蒙古王公，以五成歸股東。惟地隸蒙古邊要，必須官督商辦。應請旨簡派大員，專司督率，擇廉幹委員，駐廠監察。如蒙俞(諭)允，再行妥擬詳細章程，分繪界圖，奏咨立案。一面集股購買機器，設廠興辦等語。臣等正在核議間。又於十二月初六日，准軍機處鈔交軍機大臣面奉諭旨，侍講學士貽穀奏，連順請招商開採蒙古金礦，有害無利等語，著總理衙門暨礦務大臣，歸入連順前

摺，一併核議具奏。欽此。查貽穀原奏稱，以形勢論，西自伊犁，東迄渾春，盡與俄界毘連。俄之都城在極西，而其重鎮在極東。欲由西而達東，英捷於舍外而走内。故其經營東三省，於西北一帶，未嘗一日忘情，每欲假道以通之。若招俄開採蒙古金礦，是惟恐虎不能奮，附之翼而速甚噬。俄人志不在礦，不過於内地一插足以後，往來無忌。道路潛通，天限一開，處處爲敵人所制。所謂操縱自如者，恐在人而不在我等語，臣等以貽穀所奏，與連順原奏情形，顯係兩歧。適該將軍陛見來京，咨令按照貽穀所奏各節，切實詳細聲覆去後。兹據連順覆稱，中國邊界與俄國毘連之處，東爲黑龍江，西爲伊犁，北則恰克圖，相去各數千里，難於徑越。故俄人接修東三省鐵路，由彼國接至額爾固斯克城，東南越呼倫貝爾界，以至伯都納，均在中國邊境之東，與北邊毫不相涉。若俄人由西達東，祗沿彼國邊地行走，毋庸經行蒙古地面。防陸之要，似在東而不在北。況開礦本係商務，與邊防判然兩途。該學士所奏各節，自可毋庸過慮。

產金之處，與俄境相連。該國無業遊民，越境偷挖，年多一年。若認真驅逐，即恐激成事端。倘置之不問，則俄人愈聚愈多，必至如唐努烏梁海界内俄人，造屋採金。日久盤踞，將來圖車兩旗北道，將有意外之虞。嗣經派員會勘，適前税司柯樂德自俄到庫，願代招集俄股，當飭轉諭偷採之人，不應違約侵佔。俄人知彼國商富亦在附股，頗肯聽從散歸。若從此設廠開辦，則杜絶俄人攘爭，可期確有把握。若此議停罷，利之所在，難保不另由該國公使領事向我請辦。拒之則彼益縱令無業俄人，越界滋事，與我爲難。允之則礦權全落俄手，甚至名爲商辦，實則彼國國家主持。欲再如現議辦法，恐不可得，此真如該學士所奏，速虎之噬，有害無利。又據稱，連順前次接見蒙古王公，詢以此事，僉稱均願附股。及派員履勘，又經行知該汗王旗，派委台吉札蘭會勘，已取有該台吉等遵依甘結存卷。有案如果開辦，斷不致有礙遊牧，及阻撓之事等語：臣等竊維貽穀所奏，

原爲慎固邊防起見，惟邊順請開各礦地段，均在庫倫北邊，山川僻阻，向無台站。而附近俄境之内，已有鐵路，自其國都通連。果使俄人注意東陲，亦決不舍易就難，跋涉於荒寒之境。至俄人越境偷挖，溯查光緒十六年，曾准出使大臣洪鈞奏稱，圖什業圖汗部與俄接壤。東西數百里，到處產金。俄人挖金，往往侵入華界。荒山曠野，勢不能多駐兵役。晝夜梭巡，防維杜絶，智力爲窮。惟有我先設廠挖金，則彼自無從越取等語，覈與連順所奏情事相同。現距洪鈞前奏，爲時既久，情形自必更甚。若不設法興辦，連順所慮俄人愈聚愈多，圖車兩盟北邊，勢成盤踞。又謂難保不另由公使領向我請辦，礦權全落俄手等節，後患均不可不防。現在直省内地，業經奏定開礦章程。准附洋股，招商開礦。新疆塔城廳、烏蘇廳等處，亦准令與俄商合股試辦，庫倫事同一律。既據連順奏稱，詢蒙古王公，開採有益，自應准如所請。設廠自行開採，以保蒙旗利權。並准附招洋股，以杜俄人攘爭。

前税務司俄人柯樂德，久在中國當差。據總税務司赫德來函稱，其謹慎練達，委令辦理礦務，可稱得人等語，連順業與言定，悉遵中國章程。既礦師及管理機器等事，聘用洋人外，其餘淘砂工人，不得僱募俄人。所籌均尚妥洽，該總廠所領各礦，恐爲他商攙奪。所請定議年限，應照新疆奏案，定限二十五年。將來辦有成效，再議奏明展續。又所得礦利，請以四成解交户部，一成津貼蒙古王公，以五成歸股東，查礦務局奏定章程内開。盈餘歸公之款，應按十成之二五提出繳部，該旗礦地，皆係蒙古王公世產，與直省情形有異，應請提餘利二成，津貼該王公，以示體恤。以三成繳部歸公，覈與章程仍有盈無絀。又所請協撥官款，按年付息之處，現在庫款支絀，能否撥款生息，應由臣等隨時咨商户部，酌覈辦理。又原奏稱地隸邊要，事關中外交涉，請簡大臣督率，揀擇廉幹委員，駐廠監察。查該蒙旗與内地隔遠，所有調度一切，及彈壓保護等事，均須統籌兼顧，應如所請。特派熟悉邊務之大臣督辦。抑或即派烏里雅蘇台將軍連順，會同庫倫辦事大臣督率辦理之處，伏候聖裁。其駐廠監察委員，應由派出大臣，認真遴選。常川駐廠，會同前税務司柯樂德，妥慎辦理，以重責成。每年將各廠採金實數收支數目，分晰册報臣衙門並户部，以備稽覈。如蒙俞允，即由臣等行知欽派大臣，妥擬章程奏咨，一面集股購器，先行試辦。至原奏稱烏里雅蘇台屬境唐努烏梁海各界内，亦多金礦，應俟庫倫辦有成效，再由該將軍察看情形，另行奏明覈辦。所有遵議緣由，理合恭摺具陳，伏乞皇太后、皇上聖鑒，訓示遵行。再此摺係總理衙門主稿，會同礦務鐵路總局辦理。因輾轉咨商，詳求利病，是以覆奏稍遲，合併聲明。謹奏。

附件六：總署《請先辦庫倫圖旗内金礦》再，本年二月間，准庫倫辦事大臣興廉等咨稱，車盟長呈報，該旗那旺昔庫爾地方，產有金礦，去秋有俄羅斯人，持有前任大臣連順驛票，開試礦苗，蒙衆均不悅服，當飭司員查案。僅稱前大臣連順於起程時云，此案業由電局知照總署，相應咨呈。希即將前後奏咨各緣由，

迅速見覆等因。臣衙門復又咨詢連順，旋據鈔送上年十一月庫倫印房翻譯官羅布森車林駐劄恰克圖理藩院主事文齡呈文內稱，奉札會同札薩克等，履勘五旗地面礦苗之處，詳詢蒙旗，均願開採，取其遵依甘結，並知照圖車盟長總管卡倫公等，一體呈覆等語。並鈔送圖什業圖汗札薩台吉等印結等件。連順又稱，車臣汗旗産金處所，多在邊界，大半已爲俄人偷挖。應俟奉准開辦，設法遣散。再行取結各等情，臣衙門酌核情形，擬請一併飭下派出之大臣，先就圖旗內金礦地段，設廠興辦。其車旗産金處所，仍俟取有該札薩等遵依甘結，再行次第分採，庶幾礦務蒙情兩無窒礙。除由臣衙門將奏咨各案咨覆庫倫辦事大臣外，理合附片陳明。伏乞聖鑒。謹奏。

附件七：連順《請招商開採蒙古金礦》　奴才連順跪奏：爲蒙古地方金苗暢旺，亟宜招商開採，以裕財源，恭摺仰祈聖鑒事：竊維五金之産，本天地自有菁華，極邊之區，尤實藏之所蓄積。疊次恭奉諭旨，飭令各省籌辦礦務。復蒙簡派礦務大臣，於京城設立總局，專理其事。凡所以盡地利而厚民生者，莫不上廑宵旰勤勞，內外臣工，均應仰體聖懷，力擔艱鉅。伏查庫倫西北至恰克圖一帶，毘連俄境，土脈豐腴。頻年以來，內地民人，出塞謀食者，率以租地墾荒爲名，偷挖金砂，分運銷售，護利倍蓰。附近之俄羅斯國人，亦多越邊潛採。近已實繁有徒，每滋事端，官難查禁。而地方遼闊，即嚴予驅逐，終屬具文。歷經奴才分派妥員，並遴調精曉礦務之員，來庫會同蒙旗履勘。究竟金礦若干，開採有無弊竇，是否可用土法，抑須機器，成本約需若干，飭令詳細查覆。

迭據稟稱，蒙古圖什業圖汗車臣汗各旗界內，距庫倫東北六台地，約合三百四十餘里。西自鄂爾河哈拉河至額能河，共有金礦三處。又西北九台地，約合五百三十餘里。北自色埒河至伊魯河，共有金礦二處。周圍約二百餘里，金苗甚旺。其間以伊魯河所産爲最佳，金質實駕漠河金廠之上。其餘成色，或八分九分不等。惟均産自沙內，水勢頗深。人力淘取，所得有限。必用西法，以機器汲水，僱工開挖，其利方厚。第濱臨沙漠，人烟較稀，購食招工，均須藉資內地。若僅採一處，徐圖擴充，則曠日持久，徒糜薪工。似宜招集鉅款，延聘礦師，購運機器，相地開採，同時舉辦。於居扼要之處，設一總廠，以期兼顧。綜計成本約須銀二百萬兩。各該處均隸荒遠，匪特無礙於蒙旗遊牧，且係有利無弊，確有把握之事。並繪具圖說，檢取銀砂呈送。復據三品銜前天津稅務司俄人柯樂德到庫面稱，蒙古金礦，如由中國集股興辦，俄人情願附股，仍可代爲招集，悉遵中國所定章程辦理。如用俄人，應聽中國官員約束各等情。前來奴才履查泰西富强之由，大率經營礦務。蒙旗産金之處，偪近俄疆，久爲俄人所豔羨。防維杜絶，智力俱窮。若拒閉太深，轉恐啓攘爭之漸。何若預爲之地，猶得操縱自如。前次烏里雅蘇台屬境唐努烏梁海各界內，俄人造屋挖金，盤踞多年，反客爲主。事經查辦，禁絶仍難。前鑒匪遥，尤當預籌至計。奴才每於接見蒙古王公，詳詢開礦有無窒礙，僉稱蒙古生齒日繁，生計日慼。近來祗恃洋商販運羊毛駝絨，裝載磚茶出境，歲獲數百萬金，可資挹注。始知利之所在，端賴人謀。果能開拓利源，實與蒙旗有益，蒙旗亦必有附股之人。奴才參以時勢，證以蒙情，是蒙古開礦一事，既無礙於蒙旗遊牧，且爲蒙旗興無窮之利，似屬難緩之圖。惟是資本過重，斷非一人之力所能成。若僅用土法開挖，實慮驟難著效。自當招商集股，始可收衆擎易舉之功。現在中國商情籌款不易，然既有此自然之利，不應棄之於地。徒令兩國無業遊民，私挖械鬥，或釀釁端。邊庭利害所關，良非淺鮮。俄人既願附股，不若因勢利導，轉可就我範圍，未始非固全邦交之一助。

奴才通盤籌畫，所有蒙古圖什業圖汗車臣汗各旗界內鄂爾河等五處金礦，擬請招商集款，公力開採，由中國自行舉辦。有礦三處，均近俄界，並准附招俄股，仍按中國所定章程辦理，以免事權旁落。倘股款不足，應請協撥官款。查照礦務向章，按年付息。廠中所用工匠，除礦師及管理機器等事聘用洋人外，其餘淘砂工人，悉募蒙衆及內地民人，不得僱募俄人，免妨中國窮民衣食之計。但一經開辦，誠恐他商見利争趨，未免侵礙礦本。宜先議定年限，所領各礦，概歸該廠經理，他人毋得攙奪。將來開成之後，除去付還股本定息，暨各廠一切薪工經費，所得礦利，應分十成。以四成報效國家，解交户部，以一成津貼蒙古王公，以五成分歸股東，俾得利益均霑。惟地隸蒙古邊要，事關中外交涉，與别省情形不同，必須官督商辦。應請旨簡派大臣，專司督率。一切事宜，悉歸統轄。揀擇廉幹委員，駐廠監查。每年將各廠採金實數、收支數目，造具清册。呈送查覈。仍咨報京都礦務總局稽考，以杜弊端而垂久遠。如蒙恩准開採，似與邊務大有裨益。不僅推廣財源已也，合無仰懇天恩，敕下總理各國事務王大臣，覈覆具奏。俟奉俞允，再行妥擬詳細章程，分繪四至界圖，奏咨立案。一面招商集股，購買機器，設廠興辦。其烏里雅蘇台所屬唐努烏梁海各界內金礦，如能一律開採，俟奴才抵任後，再當察看情形，奏明請旨定奪。奴才愚昧之見，是否有當，理合恭摺具陳。伏乞皇太后、皇上聖鑒，飭議施行。謹奏。

光緒二十四年十一月二十一日。奉硃批：著總理各國事務衙門會同礦務大臣，妥議具奏。欽此。【略】

附件一九：路礦總司《抄送請旨飭催填送路礦表譜等摺片暨硃批》　欽命統轄礦務鐵路總局。爲咨行事，光緒二十五年九月十八日，本總局會同總理衙門，奏催填送礦路表譜，并各金礦按月呈報收數各摺片，本日奉硃批：依議，欽此。相應恭録諭旨，并鈔録原摺片，咨行貴大臣欽遵辦理。并轉飭承辦各局員，趕緊造送本總局，以憑稽核，毋再遲延可也。須至咨者，粘鈔。右咨庫倫辦事大臣。光緒二十五年九月二十五日。

附件二〇：路礦總局《請旨飭各金礦局員按月呈報收金數目》　再，産金之礦，與煤鐵各礦不同。漠河金礦，辦理最著成效。該金礦局員，每日將收取金砂數目，明列手摺，每月呈報一次，頗爲核實認真。應請旨飭下各該金礦局員，除每年年終填送表譜外，一體仿照漠河辦法，每日所收金砂數目，明列手摺，按月呈送總局備查。如蒙俞允，即由臣局通飭遵照。所有金礦應按月呈報收金數目緣由，理合附片具陳。伏乞聖鑒訓示，謹奏。

光緒二十七年六月日　補送。

附件二一：路礦總局《請旨飭各金礦局員按月呈報收金數目》　再，産金之礦，與煤鐵各礦不同。漠河金礦，辦理最著成效。該金礦局員，每日將收取金砂數目，明列手摺，每月呈報一次，頗爲核實認真。應請旨飭下各該金礦局員，除每年年終填送表譜外，一體仿照漠河辦法，將每日所收金砂數目，明列手摺，按月呈送總局備查。如蒙俞允，即由臣局通飭遵照。所有金礦應按月呈報收金數目緣由，理合附片具陳。伏乞聖鑒訓示。謹奏。

又外務部收薩保文《黑省路礦案件應由交涉處咨呈》〔光緒二十七年〕九月初五日，黑龍江將軍薩保文稱：户部司案呈，光緒二十七年五月二十九日，接准全權大臣便宜行事兼總理各國事務衙門和碩慶王咨開：京城自上年猝遭兵燹，所有鐵路礦務局檔案，全行遺失。遇應辦事件，無從稽核。相應咨行貴將軍，將有關鐵路礦務來往奏咨文件，以及表譜合同，一律補送，以憑核辦。務於文到兩個月內，迅速咨送本衙門可也等因。咨到本署將軍，札飭到司遵查。光緒二十六年八月間，俄隊晋省。俄負督兵遂意在於各官所搜取案卷册檔大概情形，先經奏明。續於光緒二十七年二月十四日報部在案，嗣於光緒二十七年三月初五日，准户部山東司案呈。咨令將光緒二十六年七月二十日以前黑龍江省造報題奏咨文册結，造録一分送司，同日又准户部廣西案呈。咨令將錢法銀圖章程奏咨各案，抄録送部各等因前來，當即詳查户司自設立以至於今，所有各項案件卷宗，及金、煤礦務奏咨行來往文稿案牘，被俄硬行搜羅裝箱，用車載運之情形，於光緒二十七年三月二十二日咨復户部亦在案。茲奉前因，除交涉來往奏咨案件合同表譜，現在交涉處有無存案抄送。應由該處呈請咨呈外，理合請礦務局一切案件卷宗，被俄硬行拉取情形咨呈等情。據此，相應咨呈。爲此咨呈全權大臣便宜行事兼總理各國事務衙門和碩慶親王鑒核施行。

又《山東礦務・平度金礦》總署收崇厚文《美人私開平度金礦請照會美使嚴禁》　欽命總理各國事務衙門清檔，禁止美人私開山礦。同治六年十一月初一日，三口通商大臣崇厚文稱：本年十月二十七日，據山東代理平度州陳〔陳昆蘭〕守禀稱，竊查私開金礦，大干例禁，茲經卑職訪聞東北鄉地方，有洋人潛來糾約窮民私開金礦情事。正在差查間，即於九月二十九日，有洋人德愛禮、花馬太二名來署面禀，該洋人等向在烟臺，現領執照前來遊歷，路過州屬廟東澗地方，詢悉該處出産金砂，是以僱募百餘人暫爲試挖等語。並據呈閱執照，内載《天津和約》第九條，准令美國民人前往内地各處遊歷，茲有困先生按照前條，聽往遊歷，不得留難等情。核與該洋人等花名人數均不相符。伏查卑州東北鄉距城九十里，與掖萊接壤之三座山廟東澗地方，向傳出産金砂，惟屢次開採滋事，併蒙委員會勘，實係利少弊多，得不償失，禀蒙前撫憲先後奏奉諭旨封禁。嗣於同治元年間，有海陽縣人薛普私行偷挖，經卑前署州舒牧訪聞拏辦，數年來尚稱安謐。乃該洋人等並不安分行商之所，輒來私開金礦，任意滋擾，實屬有違和約。況目下多事之秋，捻逆未遠，民心未定，全仗地方安謐，庶免別生事端，但該洋人等既不歸地方官約束，又不能遽行拏辦，藉此妄爲，勢必各處匪徒乘隙麕聚。愚民漁利争挖，捻逆聞風復來，必致釀成大患，恐登、萊、青三府似無安枕之日矣。事關大局，卑職未敢擅便，除飭令該洋人將僱募之人速爲遣散，並選差前往妥爲彈壓外，理合抄録執照，馳禀查核，俯賜批示，以便遵辦。併請知會美國領事官飭令該洋人德愛禮等迅回烟臺，毋令再出滋端，實爲恩公兩便。正在發禀間，據城鄉紳民紛紛呈請封禁到案，待命之至，不勝盼切。計呈抄照一紙等情。據此，查平度州三座山廟東澗出差金砂之處，既係先後奏明封禁，不准開挖，乃美國人德愛禮、花馬太二名，以困先生遊歷執照前往，僱募多人私開金礦，實爲有違條約。自應即行禁止，以免滋事端。除禀批示外，理合咨呈，爲此咨呈王大臣請煩

查照，祈即迅賜照會美國公使轉飭嚴禁，以靖地方，並將德愛禮等二人因何違約之處，究懲照覆，望速施行。

照録執照一紙：

大合衆國欽命駐劄芝罘管理本國事務領事官山福爾爲給發執照事。案據天津定約第九款內載：美國民人准聽持照前往內地各處遊歷等因。現有美國人困先生，素稱妥練，稟欲前赴萊州府山，本總領事官惟禁不許前往逆匪所佔城鎮，自當遵行，應給執照，定以一年爲限。合請大清文武員弁見此執照，務准該困先生按照前條聽便遊歷，不得留難攔阻。如遇事故，並望隨時保護幫助可也。須至執照者。右行執照。丁卯年九月初十日。第十三號執照，給與美國人困先生前往萊州府山平度縣。大清欽命分守登萊青整飭海防兼管水利兵備道潘。

加印照行。

又總署收崇厚文《美人擅添執照私開平度金礦請照會美使究辦》〔同治六年〕十一月初一日，三口通商大臣崇厚文稱：同治六年十月二十八日，據山東東海關監督登萊青潘道稟稱，據代理平度州知州陳令以訪聞洋人德愛禮等私開該州東澗地方金礦，請示祇遵，並請知會美國領事官速飭該洋人回烟，毋令在外滋端，並照抄遊歷執照等情到關。卷查本年九月初十日，據美國領事山福爾照會云，欲赴北京濟南府等處，往返需時，所有應行商辦事件，已託花馬太代理，請給發路票等情。當查花馬太係清美洋行商人，何得代理領事，又何得與監督商辦公事，顯與條約不符，未便給發路票等語照覆。旋又據照會內稱，如有應行商辦事件，已全託瑞點瑙威副領事威雅森代理等情。同日又據函稱，美國人海先生欲赴北京濟南府遊歷，困先生、花馬太欲赴萊州府遊歷，送到執照三紙，請蓋印等情。當經分别給發路票，並將執照蓋用印信，先後申報憲鑒在案。查該領事請領遊歷執照，並無德愛禮之名，又無「平度縣」字樣，顯係擅自添註。伏思中國各海口與各國通商，誠恐外國人作奸犯科，中國官員不能管束禁止，議定條款有領事官之設。今山福爾名爲領事，實與花馬太夥開清美洋行，商人核與條款，本不相符，乃敢以遊歷執照，請用印信，並令未領執照之人，擅自添寫「平度縣」字樣，潛入相距烟臺海口五六百里之外，糾募窮人百餘名，私開疊經稟請奏奉諭旨封禁金礦，違約妄爲，莫此爲甚。若不嚴行究辦，恐相率傚尤，尚復成何事體。現查山福爾尚未回烟，是否捏名德愛禮同花馬太在彼私開金礦，亦未可知。除批行平度州速令德愛禮等即行回烟，毋任逗遛，並飭將僱募開礦之人，全行遣散，並派差前往妥爲彈壓外，擬合抄録該州原稟，呈請察核，咨明總理各國事務衙門行知該國駐京公使嚴行究辦，並請迅飭示遵，實爲公便。再遊歷執照准蓋地方官印信，載明英國條約第九款，今持執照入内地糾邀多人，違禁漁利，關係甚大，將來遊歷執照請蓋印信，應如何防微杜漸，妥議章程之處，務祈鈞裁，合併聲明。計抄呈平度州原稟，並遊歷執照清摺二扣等情。據此，本大臣查此案已據山東代理平度州陳令稟同前事，咨呈總理衙門查照，請賜照會美國公使轉飭嚴禁，並行東海關監督飭禁各在案。茲又據東海關監督稟請示遵，除稟批示並將送到清摺存留一分備案外，理合咨呈。爲此咨呈王大臣請煩查照，仍祈迅飭照會美國公使照案究辦。嗣後執照如有私改頂替等事，應如何整理之處，並請核示，以便飭遵。望速施行。

照録平度州稟，並抄呈遊歷執照。詳前文内。

又總署給美國照會《美人擅添執照私開平度金礦請嚴予懲處》〔同治六年〕十一月初八日，給美國照會稱，同治六年十一月初一日，准三口通商大臣崇咨稱，據東海關監督稟，據代理平度州知州稟稱，訪聞東北鄉地方有洋人潛來糾約窮民私開金礦情事，正在差查間。即於九月二十九日有洋人德愛禮、花馬太二名來署面稱，該洋人等向在烟臺，現領執照前來遊歷，路過州屬東澗地方，詢悉該處出產金砂，是以僱募百餘人暫爲試挖等語。並據呈閱執照内，載有困先生遊歷字樣，核與該洋人等花名人數，均不相符。伏查卑州東澗地方，向傳出產金砂，於同治元年間，有海陽縣人薛普私行偷挖，業經拏辦，奏奉諭旨封禁，況目下多事之秋，民心未定，倘捻匪聞風前來，必致釀成大患。請即照會美國公使迅速轉飭嚴禁，以靖地方等因，並將德愛禮等所執困先生之執照抄録呈送前來。本爵查私挖山礦，例禁綦嚴，今該洋人德愛禮等帶領百餘人之多，在該處私自開挖，於地脈風水，大有關礙。況該處相離捻逆未遠，倘各處逆匪乘隙麕聚，所關實非淺鮮，自應即行禁止，以免别滋事端。至設立執照，原爲洋人執持前往各處遊歷憑據，而地方官亦可便於稽查保護，故必須由領事官發給，蓋用地方官印信，以防有冒充滋事等弊。今德愛禮等不但用困先生之執照，假冒前往私挖金礦，並且將執照内私自添註「平度縣」字樣，實屬任性妄爲。領事官山福爾濫給執照，約束不嚴，亦屬非是。相應照會貴大臣查照，立即嚴飭該領事迅將該洋人德愛禮、花馬太等飭回烟臺，並究其因何違約，擅自挖礦私改執照之處，嚴加懲處，毋令再滋事端，是爲至要。希即迅爲照覆可也。

又總署行崇原文《美人擅添執照私開平度金礦已照會美使嚴究》〔同治六年〕十一月初八日。行三口通商大臣文稱：同治六年十一月初一日准貴大臣咨，據東海關監督暨代理平度州知州禀稱，洋人德愛理、花馬太等在州屬廟東澗地方私開金礦，並該洋人等以囦先生遊歷執照執持前往，將執照私自添寫「平度縣」字樣。請即照會美國公使究辦各等因，並將執照一紙照録前來。本衙門查私挖山礦，例禁綦嚴，今該洋人擅自率領多人，私自開挖，實屬任性妄爲，設有匪徒乘隙麕聚，關係匪輕，亟應嚴行禁止，以免別滋事端。現業經貴大臣轉飭嚴禁，並飭將雇募之人全行遣散，辦理甚爲妥協。除已由本衙門據咨照會美國公使迅將該洋人德愛禮、花馬太等飭回烟臺，并嚴究擅自挖礦及私改執照等情，一俟美國公使照覆到日，再行知照外，相應先行抄録給美國照會一件，一併咨覆貴大臣查照可也。

又總署收美使衛廉士函《美人私開平度金礦可按約懲辦》十一月十一日，美國公使衛廉士函稱：本月初八日准照會内開，平度州有洋人德愛禮、花馬太等率土人百餘名私挖金礦。冒持囦先生執照，私自改註。請嚴加懲辦等因前來。本大臣因思該洋人等如果是美國人，該州何不照和約將其送交烟臺山領事懲辦？況該洋人所持囦先生執照，並非該領事所濫出，現已飭詢山領事，俟有回音，再行照覆，先函佈達。順頌日祉。

又總署行崇厚文《美人私開平度金礦可按約懲辦》十一月十六日，行三口通商大臣文稱：前於本年十一月初一日准貴大臣咨稱，洋人德愛禮在平度州私挖金礦，並私改執照，請照會美國公使迅速轉飭嚴禁，以靖地方等因，本衙門當即照會美國公使查辦在案。茲據函稱，該洋人等如果是美國人，該州何不照和約將其送交烟臺山領事懲辦，況該洋人所持囦先生執照，並非該領事所濫出，現已飭詢山領事，俟有回音，再行照覆等因前來。除俟照覆到日，再行知照外，相應抄録來函，先行咨覆貴大臣查照可也。

又總署收山東巡撫丁寶楨文《美人私開平度金礦已飭令彈壓遣散》十一月二十日，山東巡撫丁寶楨文稱：同治六年十月十九日，據代理平度州知州陳昆蘭禀稱，竊查私開金礦，大干例禁，茲經卑職訪聞東北鄉地方，有洋人潛來糾約窮民私開金礦情事，正在差查間，即於九月二十九日有洋人德愛禮、花馬太二名來署面禀，該洋人等向在烟臺現領執照前來遊歷，路過州屬廟東澗地方，詢悉該處出産金砂，是以僱募百餘人暫爲試挖等語。並據呈閱執照，内載《天津和約》第九條，準令美國民人前往内地各處遊歷，茲有囦先生按照前條聽往遊歷，不得留難等情，核與該洋人等花名人數，均不相符。伏查卑州東北鄉距城九十里，與掖萊接壤之三座山廟東澗地方，向傳出産金礦砂，惟屢次開採滋事，併蒙委員會勘，實係利少弊多，得不償失，禀蒙前撫先後奏奉諭旨封禁。嗣於同治元年間，有海陽縣人薛普私行偷挖，經卑前署州舒牧訪聞拏辦，數年來尚稱安謐。乃該洋人等並不安分行商之所，輒來私開金礦，任意滋擾，實屬有違和約。況目下多事之秋，捻逆未遠，民心未定，全仗地方安謐，庶免別生事端，但該洋人等既不歸地方約束，又不能遽行拏辦，藉此妄爲，勢必各處匪徒乘隙麕聚，愚民漁利争挖，捻逆聞風復來，必致釀成大患，恐登、萊、青三府似無安枕之日矣。事關大局，卑職未敢擅便，除飭令該洋人將僱募之人速爲遣散，並選差前往妥爲彈壓外，理合抄録執照馳禀查核，俯賜批示，以便遵辦。並請知會美國領事官飭令該洋人德愛禮迅回烟臺，毋令再出滋端，實爲恩公兩便。正在發禀間，據城鄉紳民紛紛呈請封禁到案，待命之至，不勝盼切等情，到本部院。據此，查該洋人前來遊歷，輒敢糾約鄉民私開金礦，殊干例禁，除禀批飭東海關監督即行該州迅將雇募之人趕緊遣散，妥爲彈壓。一面照會美國領事官飭令該洋人德愛禮等迅回烟臺，毋令再出滋事外，相應咨明。爲此合咨貴衙門，謹請查照施行。

又總署收美國照會《試挖平度金礦美人已返烟臺未生事端》〔同治六年〕十二月初一日，美國照會稱：本年十一月初八日來文内開，據平度州知州申詳，東北鄉地方有洋人德愛禮、花馬太二名，僱募土人百餘名，在該處試挖金礦，并假借囦先生遊歷執照字樣，請飭嚴禁等因前來，當經本大臣行詢烟臺山領事，茲據詳覆，秋季有姓德、姓花之美國人二名，往登州萊州府一帶地方遊歷，至平度州見野地寬闊，意欲尋覓煤窑，適有土人言此處無窑可開，素傳出産金砂，該洋人等欲試採虛實，於是僱募土人十數名開掘，誰知費用許多工銀，未見多金，遂回烟臺云云。本大臣因思此事該平度州知州并未攔阻，土人樂於傭工，洋人見無金，旋即寢息，亦未別生事端，但該州莫如彼時先行知會該領事官較妥，爲此照覆。

又總署行丁寶楨文《美人私開平度金礦可按約懲辦》〔同治六年〕十二月初一日，行山東巡撫文稱：昨准貴撫文稱，據代理平度州知州陳昆蘭禀稱，洋人德愛禮等在該州屬東澗地方私開金礦，殊干例禁等因前來。查此案前准三口大臣咨報，當經本衙門照會美國公使飭將該洋人擅自挖礦及私改執照之處，嚴加

懲處去後。嗣據美國公使函覆，內稱該洋人等如果是美國人，該州何不照和約將其送交烟臺山領事懲辦，現已詢飭山領事，俟有回音，再行照覆等語。除已由本衙門行知三口大臣外，相應抄録給美國照會一件，及該公使覆函，一併咨覆貴撫查照可也。

又總署給美國照會《美人挖開平度金礦請量予示懲》〔同治六年〕十二月十一日，給美國照會稱：所有德愛禮等在平度州地方挖礦一案，前由本衙門將三口通商大臣咨報各情，照會貴大臣查照。昨准貴大臣照會内開，據山領事詳覆，秋季有美國人二名往登萊地方遊歷，至平度州尋覓煤窑，土人言無窑可開，此處素産金砂，於是雇募土人開挖，見無金旋即寢息，亦未別生事端等因前來。本爵查德愛禮等前經發給遊歷執照，原爲經過之處，地方官憑照保護，故將執照内填寫姓名，並註明遊歷處所。德愛禮等自當遵照遊歷，何得平空意欲尋覓煤窑，又輕信土人之言，因無窑可開，遂即雇募多人試採金砂，雖事已寢息，惟假借遊歷執照無故生事，究有不合，除咨行該省大吏飭屬查明所顧土人，是否解散，有無滋事，另行辦理外，相應照覆貴大臣查照。其如何將此次擅行挖礦之德愛禮等示懲之處，應由貴大臣自行辦理，并望貴大臣曉諭各洋人嗣後携帶遊歷執照，務當按約遵行，毋得於遊歷之外，私挖煤窑金砂，以符條約可也。爲此照覆。

十二月十一日，行三口通商大臣文稱：所有洋人挖礦一案，前經本衙門抄録照會及該公使覆函，行知貴大臣在案。兹復准美國照會稱：洋人德愛禮等在平度州尋覓煤窑，土人言無窑可開，素傳出産金砂。該洋人於是雇募土人開掘，知州並未攔阻等語。本衙門於接到美國照會後，復經據理辯駁，責以洋人私行開挖，與遊歷執照不符，應將洋人示懲。並申明嗣後洋人遊歷執照務當守約，毋得私自挖採煤窑、金砂。惟查該公使來文，此事係土人告知素産金砂，始行開掘，顯係懲恿希圖漁利。該管知州聞知此事，即當照會山領事飭禁，况執照内既無准其開採字樣，更應知會該處領事官，方爲正辦。何以並不攔阻，亦有不合。相應抄録往來照會，一併咨行貴大臣查照轉飭該處地方官將土人懲辦。並飭知各地方官，此後洋人再有此等情事，務當立即知會領事官禁阻可也。

又總署收三口通商大臣崇厚文《私開平度金礦洋人已經遣散》〔同治六年〕十二月十七日，三口通商大臣崇厚文稱，同治六年十二月十二日，據山東平度州稟稱，竊蒙山東撫院檄飭以據卑前代理州陳令稟報，訪聞洋人德愛禮等在州境廟東澗地方私挖金礦請示緣由一案，當經批飭速令該洋人回烟，毋任逗留滋事在案。迄今該洋人是否回烟，餘人已未遣散，令即據寔稟覆等因。查此案前經陳令具稟後，隨即飭令該洋人德愛禮等已回烟台，其餘傭募之人，亦已全數遣散，並無滋生事端。陳令未及稟覆，旋即卸事，兹卑職蒞任，接奉前因，除將出礦之所，隨時飭差往查，遇有前項不法之徒違禁私挖，立予嚴拿稟辦外，所有遣散洋人並未滋事緣由，合肅稟報查核等情。據此，除稟批示仍隨時飭差往查，毋稍疏懈，以免不法之徒違禁私挖外，理合咨呈。爲此咨呈王大臣，請煩查照施行。

又總署收丁寶楨文《美人擅添執照私開平度金礦已飭妥爲遣散》〔同治六年〕十二月二十二日，山東巡撫丁寶楨文稱：同治六年十一月十六日，據東海關監督登萊青道潘霨稟稱，本月十六日，據代理平度州知州陳令，以訪聞洋人德愛禮等私開該州廟東澗地方金礦，請示祗遵，並請知會美國領事官速飭該洋人回烟，毋令在外滋端，並照抄遊歷執照等情到關。卷查本年九月初十日，據美國領事山福爾照會云，欲赴北京濟南府等處，往返需時，所有應行商辦事件，已托花馬太代理，請給發路票等情。當查花馬太係清美洋行商人，何得代理領事，又何得與監督商辦公事？顯與條約不符，未便給發路票等語照覆。旋又據照會内稱，如有應行商辦事件，已全托瑞典瑙威副領事威雅森代理等情。同日又據函稱，美國人海先生欲赴北京濟南府遊歷，困先生、花馬太欲赴萊州府遊歷，送到執照三紙請蓋印等情，當經分別給發路票，並將執照蓋用印信先後申報憲鑒在案。查該領事請領遊歷執照，並無德愛禮之名，又無「平度縣」字樣，顯係擅自添註。伏思中國各海口與各國通商，誠恐外國人作奸犯科，中國官員不能管束禁止，議定條款有領事官之設。今山福爾名爲領事，實與花馬太夥開清美洋行商人，核與條款本不相符，乃敢以遊歷執照請用印信，並令未領執照之人，擅自添寫「平度縣」字樣，潛入相距烟臺海口五六百里之外，糾募窮人百餘名私開，疊經稟請，奏奉諭旨：封禁金礦，違約妄爲，莫此爲甚！若不嚴行究辦，恐相率傚尤，尚復成何事體？現查山福爾尚未回烟，是否捏名德愛禮，同花馬太在彼私開金礦，亦未可知。除批行平度州速令德愛禮等即行回烟，毋任逗遛，並飭將雇募開礦之人，全行遣散，並派差前往妥爲彈壓外，擬合抄録該州原稟，呈請察核，咨明總理各國事務衙門行知該國駐京公使嚴行究辦。並請迅賜示遵，實爲公便。再，遊歷執照准蓋地方官印信，載明英國條約第九款，今持執照入内地糾邀多人違禁漁利，關繫甚大。將來遊歷執照請蓋印信。應如何防微杜漸、妥議章程之

外，務乞鈞裁。合并聲明。除稟請通商大臣核咨外，肅此具稟等情，到本部院。據此，查此案前據萊州府暨平度州具稟，業經咨明貴衙門查照在案，據稟前情，除批令該監督轉飭平度州速令德愛禮等即回烟臺，並將雇募開礦之人合行遣散外，所有遊歷執照地方官蓋用印信之後，或轉給他人，或擅自添註，其弊滋多，自應妥定章程，以昭信守，擬合咨呈。爲此合咨貴衙門，謹即查照核定章程覆東，以便轉飭遵照，望速施行。

又《寧海金礦》總署收本衙門章京陳欽呈《請查禁烟臺開礦》 欽命總理各國事務衙門清檔：禁止美人私開金礦。同治七年五月十五日，本衙門章京陳欽呈稱：竊欽昨閱上海譯出新聞紙內載，烟臺鑛苗甚旺，現有廣東人及洋人在彼挖金等語。既據言之甚詳，自必確有其事。查向來紳商呈請開鑛輸課，多不准行，匪但恐傷地脈，實慮藉滋事端，緣此輩强半匪徒，聚集愈多，把持愈甚，久必釀成巨患，不可不嚴行禁止也。夙聞盛京地方，偶忘地名。有數千挖金之人，屯聚山中，情同化外，鎗砲排列谷口，官吏莫敢誰何。當苗旺之時，有利可圖，尚不致四出滋擾，設苗衰之後，無計謀生，難保不羣起爲盜，蓋此輩聚之甚易，散之甚難，事有必至，患當預防。況現在洋人到處察看礦苗，蓄意開採已久，倘此端一開，後必難再禁，較之准其挖煤，爲患更鉅，此尤不可不杜漸防微也。烟臺開鑛未久，人數不多，驅逐尚易，可否行文三口通商大臣並山東巡撫，轉飭該地方官確切查明該處鑛苗成色，並人數多寡，及有無洋人在內，是否由官準行，一面速爲稟覆，一面嚴行封禁，切勿因小利而釀大患，急近效而昧遠圖也。或曰貨惡棄地，開礦輸課，既於民生有益，復於國計有裨，其聽之便。不知民生自有本務，官課半歸私囊，究亦無甚裨益，徒滋紛擾耳。況洋人虎視眈眈，更將何策以禁之乎？或又曰：明示中外本地生產，只准本地人開挖，即客民亦不准闌入，則外國自無可藉口，加之嚴定章程，限以人數，自不慮愈聚愈多，致生意外之虞，復揀派公正委員，認真稽查，專司徵收，則課歸實用，更無慮其侵蝕矣。以上數節，若果能經理盡善，似尚可試辦。倘有一未妥，固不若速行查禁之爲愈也。是否有當，伏候鈞裁。

又總署行三□通商大臣崇厚文《請查明華洋人等私挖烟臺金礦事》〔同治七年〕五月二十日，行三口通商大臣文稱：本衙門現查上海譯出新聞紙內載，烟臺礦苗甚旺，現有廣東人及洋人在彼挖金等語。查向來私挖山礦，例禁綦嚴，非特恐傷地脈，且因此輩挖金人必無善類，匪徒麕聚，易滋事端，每致釀成巨患。而外國人私挖礦金，其害尤甚，不可不嚴行禁止。上年十一月間，貴大臣咨報美國人德愛理、花馬太等在山東平度州東潤地方，僱募多人私開金礦，經本衙門照會美國公使嚴禁懲辦在案。茲查新聞紙所載係廣東人及洋人在彼私挖，其説雖係傳聞，難保不實有此事，不可不預爲防範，相應咨行貴大臣轉飭該地方官確切查明。該處究竟有無私挖，現在聚集人數若干？果否有洋人在內，如果實有其事，無論華人、洋人，均即一體嚴禁，併迅速聲覆本衙門核辦可也。同日行山東巡撫文同前。

又總署給英國照會《請禁阻洋人私往烟臺挖金》 同治七年五月二十六日，給英國照會稱：風聞山東烟臺等處逼近海濱，自中外通商以來，華洋互處，人數衆多，竟有內地奸民與外國無業流氓，欲私行開挖金礦、淘金漁利之事。查開挖金礦，中國例禁綦嚴，設有私行開挖者，不特有礙民間風水，且恐易滋嫌釁，關繫匪輕，已由本衙門咨行三口通商大臣崇、山東巡撫丁，轉飭各處地方官查明素產金沙之區，無論華洋商民，一律嚴行飭禁。相應照請貴大臣飭令各駐紮烟臺領事官，一併曉諭各國人，勿得私自前往，並由中國官會同各領事官，隨時立爲阻止遣散，俾免滋事而昭和誼。若能於上海遇有此項人等登岸，即由上海領事官預爲曉諭阻止，尤爲妥便。爲此照會貴大臣查照辦理可也。

又總署行三口通商大臣崇厚文《請查明各海口產金之區嚴禁華洋商人私挖》〔同治七年〕五月二十六日，行三口通商大臣文稱：照得挖礦一事，中國例禁綦嚴，向不准商民挖採，現在烟臺等處，逼近海濱，自中外通商以來，華洋雜處，人數衆多，倘有內地奸民與外國無業遊氓，私自挖採漁利，不特有礙民間風水，且恐易滋嫌釁，關係匪輕。除由本衙門通行照會各國駐京公使，轉飭各處領事官遵照嚴禁洋人前往，并咨上海通商大臣飭令上海道於洋人進口時，細加稽察。或查有冒領執照，或并無執照，私行北往，該道即會同上海領事隨時斥阻外，相應咨行貴大臣查照，轉飭各海口地方官查明素產金砂之區，無論華洋商民，一律嚴行飭禁。如查有中國奸民偷行挖採者，即按中國律例懲辦。如係洋人，即飭該地方官會同該國駐紮烟臺之領事官，立行阻止。總期勿違條約，即可永免事端，爲此咨行貴大臣轉飭遵照可也。

又總署行曾國藩文《請稽查上海洋人私往烟臺挖金》〔同治七年〕五月二十六日，行上海通商大臣文稱：照得挖礦一事，中國例禁綦嚴，向不准商民挖採，現在烟臺等處，逼近海濱，自中外通商以來，華洋雜處，人數衆多，倘有內地

奸民與外國遊氓私自挖採漁利，不特有礙民間風水，且恐易滋嫌釁，關繫匪輕。除由本衙門通行照會各國駐京公使，轉飭各處領事官遵照嚴禁洋人前往，並咨三口大臣、山東巡撫，轉飭各海口地方官查明素産金砂之區，無論華洋商民，一律嚴行飭禁。如查有中國奸民偷行挖採者，即按中國律例懲辦。如係洋人，即飭該地方官會同該國領事官，立行阻止。至上海爲洋人進口總路，亦當細加稽察。或查有冒領執照，或並無執照，私行北往，該上海道即會同上海領事官隨時理諭斥阻。總期先行防範，即可永免事端。相應咨行貴大臣查照轉飭遵照可也。

又總署收法國照會《禁往烟臺挖金事已飭各領事遵辦》　五月二十七日，法國照會稱：照得本大臣昨准貴親王來文内開，風聞山東烟臺等處逼近海濱，該處華洋互處之人因爲數衆多，竟有内地奸民勾結外國流氓欲私行開挖金礦，淘金漁利，且恐易滋嫌釁。關繫匪輕等情。本大臣均已閱悉，隨即按照來文所言，轉飭該處領事官一體遵照辦理。以副貴親王防奸篤誼之至意。爲此照覆。

又總署收俄國照會《禁往烟臺挖金事已飭各領事遵辦》　六月初三日，俄國照會稱：本年五月二十六日，准貴大臣照會，風聞山東烟臺等處逼近海濱，自中外通商以來，華洋互處，人數衆多等語前來。本大臣當即抄録本國各口領事，一律遵行。相應照覆，希貴大臣查照可也。

六月初七日。布國照會稱：本年五月二十六日接准貴王大臣照會内開，山東烟臺等處逼近海濱，現有内地奸民與外國無業流氓，欲私行開挖金礦。請爲轉飭本國領事官一律禁止等因前來。本大臣現已札知烟臺本國領事官，在中國私自開挖金礦，大干例禁。即飭該員，如有本國人欲私行前往爲此等禁止之事者，皆一概嚴行禁止。相應照覆貴王大臣查照可也。

又總署收美國照《建議中國自開金礦》　〔同治七年〕六月十一日，美國照會稱：准貴親王來文内開：山東烟臺等處，有内地奸民與外國無業流氓，私行挖礦淘金漁利之事，恐礙民間風水，且易滋嫌釁，關繫匪輕，請飭烟臺領事官阻止遣散，免滋事端，以昭和睦等因前來。本大臣亦風聞山東烟臺等處，有礦可開，恐利之所在，衆所共趨，各國無業之民，將蜂擁而來，即争端所伏。本大臣爲貴國思維，莫如早立一最好則例，舉行挖礦之事，則獲利良殷，諒天下各國地土，俱産寶物，造物主創造，原爲與人利用，天與之，人取之，順情合理。即如我國於挖礦一節，前二十年始有，忽來數千人開挖金銀，彼時立有律例，至今未曾滋事，亦未開傷壞風水。查風水一事，内外萬國總歸一理，貴國既有金銀礦，宜派聰明之官，在烟臺等處，視何地可開金礦，相商試挖，則與民有益，與官有益，與國亦有益。舉行後，則他國人民自當遵照規矩，庶無擅自開挖，如不舉行，則他國之人入内地私自開礦，中國未能禁止，即外國官亦礙難遣散，相應提醒貴親王商議舉行挖礦，以防後虞，則嫌釁不彌自消。但來文所説設法，現已行知該處領事，勿許洋人私自前往開礦，俾免滋事。

又總署收丁寶楨文《烟臺洋人私挖金礦事已飭登萊道查明嚴禁》　〔同治七年〕六月十三日，山東巡撫文稱：昨准貴衙門咨，現在查上海譯出新開紙内載，烟臺礦苗甚旺，現有廣東人及洋人在彼挖金等語。查向來私挖山礦，例禁綦嚴，非特恐傷地脈，且因此輩挖金人必無善類，匪徒麕聚，易滋事端，每致釀成巨患。而外國人私挖礦金，其害尤甚，不可不嚴行禁止。上年十一月間貴撫咨，美國人德愛理、花馬太等在山東平度州東澗地方僱募多人，私開金礦，經本衙門照會美國公使嚴禁懲辦在案。兹查新聞紙所載，係廣東人及洋人在彼私挖，其説雖係傳聞，難保不實有此事，不可不豫爲防範。相應咨行貴撫轉飭該地方官確切查明等因，到本部院。准此。查上年十一月内，據平度州稟稱，有美國人德愛理、花馬太等，在該州屬東澗地方，邀人私開金礦，當飭該州立時封禁。旋據稟稱，業已禁止，并將挖礦之人概行遣散無事，均經咨呈在案。兹准前因，是否傳聞之悮，抑係實有偷挖金礦情事，亟應確查辦理。除飛咨登萊道查明該處究竟有無私挖金礦情事，現在聚集人數若干，果否有洋人在内，如果查明實有其事，無論華民洋人，均即一律嚴禁，限五日内迅速查明稟復。除俟該道稟復到日，再行咨呈覈辦外，相應先行咨覆。爲此合咨貴衙門，謹請查照施行。

六月十三日。山東巡撫函稱：再正擬肅函間。復奉大咨，以上海譯出新聞紙，以烟臺地方礦苗甚旺，有廣東人及洋人在彼私行開挖情事。行令轉飭登萊道查禁等因。查上年平度州東澗地方，有美國人德愛理、花馬太，邀人在該處私挖金礦。曾經咨呈尊處，一面即飭平度州嚴行查禁。旋經該州據稟即時封禁，并將開挖之人，妥爲遣散。亦經咨復。此後并不聞該處復有私行挖礦之事。至烟臺各處屢接登萊道稟函，亦從未提及該處有私挖金礦各情。此或係傳聞之悮，抑係該處多産金礦，恐有外來之人於僻静處所，潛行偷挖？均未可知。亟應明查稽防，速爲辦理，以遏未萌。當於奉札後，飛飭登萊道轉飭各屬，一體確查嚴禁。如有潛行偷挖之人，亦即嚴密查拏，照例嚴懲，不准稍涉大意。除將轉行

飭查各情先行咨呈外，應俟該道查明禀復到日，再將實在情形詳細呈復，以憑覈辦。

又總署收崇厚文《查禁寧海州洋人挖金案辦理情形》(附上海新聞一則)

〔同治七年〕六月十四日，三口大臣崇厚文稱：同治七年五月二十一日，准總理各國事務衙門咨開：現查上海新聞紙内載，烟臺礦苗甚旺，現有廣東人及洋人在彼挖金等語，其説雖係傳聞，難保不實有此事。咨行本大臣轉飭地方官確切查明有無私挖金礦等事，如果實有其事，無論華民洋人，均即一體嚴禁，並聲覆本衙門覈辦。嗣於五月二十八日，又准總理各國事務衙門咨開前事各等因。准此，當經本大臣兩次札行出海，東海各關監督，查明嚴禁在案。兹於六月初十日據東海關監督禀稱，本月初一日亥刻，蒙山東巡撫六百里札開，五月二十四日准總理衙門咨，現查上海譯出新聞紙内載，烟臺礦苗甚旺，現有廣東人及洋人在彼挖金等語。查私挖山礦，例禁綦嚴，非特恐傷地脈，且因此輩挖金之人，必無善類，匪徒麕聚，易滋事端，每致釀成巨患。而外國人私挖金礦，其害尤甚，不可不嚴行禁止。上年十一月間，貴撫咨報美國人德愛禮、花馬太等，在平度州東澗地方，僱覓多人，私開金礦，經本衙門照會美國公使嚴禁懲辦在案。兹查新聞紙所載，係廣東人及洋人在彼私挖，其説雖係傳聞，難保不實有此事，不可不豫爲防範，相應咨行貴撫轉飭地方官確查等因，行令查明該處究竟有無私挖金礦情事，現在聚集人數若干，果否有洋人在内。如果實有其事，無論華人洋人，均即一體嚴禁，限三日内迅即查明禀覆，以便移咨覈辦等因。遵查東三府沿海諸山，徧是金礦，備載顧亭林《天下利病通書》。職道承之斯土，平時查訪情形，知平度、寧海、棲霞等處，礦苗尤旺，向有本地民人在平度開採滋事，禀請奏准封禁，嚴拏懲辦，久無違禁開採之事。而本地無業小民往往於大雨之後，淘砂取金，易錢糊口，地不愛寶，瞻養窮黎，原爲例所不禁。職道履東以來，亦不聞有聚衆私開情事，上年十月間，美國人德愛禮、花馬太等在平度東澗地方，僱覓多人私挖金礦一案，當經禀請諭飭禁止寢事，嗣經訪聞德愛禮並無其人，實係美國領事山福爾捏名前往。其勾結洋人之本地民人，盡是喫教匪徒，隱姓更名，往來無定，且恃洋人爲護符，地方官亦無法可治。本年四月間，職道風聞寧海州地方有勾結開礦情事，密飭寧海州孫牧確查禀辦。旋據禀稱，經該州親履距州城三十里之溝頭店及金山寺等處，見有廣東人徐姓、包姓，及不知姓名三人，並本地人數名，在該處試挖金砂，並無洋人在内。即經該州申明例禁，飭將開挖之處一律填平，一面飭傳地主姜魁等到案，明白開導，嚴飭勿得違例開採，當將即行遣散情形禀報。又據該州來關面禀云，訪聞三月中旬有洋人至該州境之姜家峪等處遊歷，即回烟臺，因該處離城窵遠，當日並未聞知，不及禀報。五月初四日聞又有洋人偕廣東人至姜家溝頭，傳説係觀看礦苗而來。該州馳往該處，諭以利害，並告以平度開礦滋事，已奉各大憲嚴飭諭禁。奈洋人言語不通，詢據廣東人包姓稱，該洋人名未士威，係瑞利斯國人，爲遊歷到此，别無他意，旋即回烟，並無逗遛等情。當經職道諭飭隨時稽查，妥爲禁止，如果確有開挖實據，即行飛禀，以憑轉禀辦理在案。兹奉山東撫臺檄飭前因，查烟臺向無開採金礦，外國新聞紙所稱烟臺，恐係即相距烟臺四十五里寧海州所管之金山寺等處，一面飛飭寧海州確查禀覆，一面遴委妥員前往密查。即據該州覆稱，自五月間洋人未士威至姜家溝頭遊歷之後，委無另有洋人抵境。現因連朝大雨，間有求乞窮民四五人，手持口袋，在該處揀取金砂，又無私挖金礦及聚集多人各情事。唯該處偪近烟臺，洋人至此遊歷，按照條約，百里之内，不請執照，難保無假遊歷之名，潛來窺探，及本地匪徒勾結開採各情弊，自應隨時嚴密稽查。倘有洋人及廣東人前來，再行飛禀等情，並據該委員密查情形，亦復相同。伏查此案英國領事啊喳哩在烟臺之時，常與美國領事山福爾，及清美商人花馬太、滋大商人發達生以遊玩爲名，終日乘馬徧行寧福諸邑山徑，有當日即回者，有數日不歸者，以條約内有地在百里，期在三五日内，毋庸請照之語，且係該國領事，無從禁止。啊喳哩與職道因公晤面，每稱東三府各山皆有至寶，何弗禀請上憲雇工開採，與中國餉需大有裨益等語。當以開採金礦，例禁甚嚴作答，初不會意。迨啊喳哩於五月中交卸領事，將欲南行之際，曾云，現有美國能識寶物之人，徧遊中國山東，山中有此至寶，外國人以爲祥瑞，各國商人聞信，皆要到烟臺觀看等語。今查新聞紙與啊喳哩所言，若相吻合，特未説出烟臺耳。其爲串通已經交卸回國之美領事山福爾，及清美商人花馬太，滋大商人發達生，函致上海美商字林洋行，編入新聞紙，希圖煽惑人心，招引各商人聞風偕來，已屬顯然。總之，物先腐而後蟲生，沿海各山皆有金礦，若非内地嗜利匪徒指引，洋人何由而知？奈東三府所屬，無論窮鄉僻壤，冷落村墟，偶有不讀書之人，斷無不吸食洋藥、不喫天主教之人。凡利之所在，法所當禁之事，勾引洋人出頭，無所不爲，世道人心，隱憂方大。職道唯有督同地方州縣開導紳耆人等，並嚴禁本地匪徒不使勾結爲患，以清其源。洋人遠道而來，亦難施其技倆，若廣東人爲洋人之奴，設法驅除，較易措手。一面照

會各國領事，如有進口洋人稽查嚴禁，一面會飭所屬一體查照遵辦，並由職道親詣金山寺等處查勘情形，再行稟報。所有現在確查並無洋人及廣東人開挖金礦，暨設法查辦緣由，擬合稟請察覈，俯賜咨明總理衙門查考，實爲公便。除稟覆山東撫臺外，肅此具稟。計稟呈抄録上海新聞紙清摺二件等情。據此。除稟批示該道督飭所屬各州縣隨時嚴密查禁，毋稍疏懈，並將送到鈔録上海新聞紙清摺存留一分備查外，擬合將送到清摺一分，備文咨送。爲此咨呈王大臣，請煩查照施行。

照録《清摺》：美國山中地下有許多奇貨，皆有用之物，識者挖取而不能盡，且英、法、美等國，常有人經行不識土中之貨周遊國度，觀其地下之所有。美國已有三兩人遊徧中國十八省地方山境，而地內之奇貨，與美國無異，惜乎指以取之，而終不欲得其所有。如各處之煤，業已明驗；而金、銀、銅、鐵、鉛等，無物不有。加之，近來鎮江中得其一塊黑鉛，是最有用之物。此物甚少，英國有一處開井挖之，每年只准六個禮拜。而挖出之黑鉛，售價二十萬洋。又南亞美理駕巴黎西勒國，亦有一處得其黑鉛，甚爲發財。初掘之時，工人了工回家，常常袖取若干，貪其利息。嗣後管工者知其弊，即使掘鉛者於井口換衣入內，既出，仍換其原穿之衣而回，此弊乃杜絶矣。且觀中國閑人不少，有力者亦不少，自長髮亂後，現在眼見捻匪不日肅清，散兵散勇雖經助資，各回原籍，而終屬無事無業，況久遊手好閑，何業可以入彀，惟有合巧之開礦開廠開窑諸色工作。各省分用其人掘煤，得其金、銀等物，派給工價，以養活其家，最有大益，免致此等有力閑人以及散兵散勇爲盜爲匪之亂矣。若行此舉，民安國富，無不盡善盡美。而吾等外國人不過能識地中所有，引領中國採取，並不自取自做，而奪中國之財。且見中國日漸富强，相和各國皆爲之喜悦，所貪圖惟通商而已。各種貨色，易於互換，别無所欲，幸勿見疑。

又總署收丁寶楨函《函覆查禁洋人挖金辦法》 六月十九日，山東巡撫函稱：頃奉鈞函及抄録照會信件，謹悉英國阿公使遣雅妥瑪來尊處面稱，山東福山平度州等處，有內地民人私挖金礦之事，恐外國無業流氓亦欲到彼挖取，地方官不能驅逐，滋生事端。英國已派兵船二隻前赴烟臺彈壓，倘别國有人前往，須中國自行設法攔阻等語。查此事前於五月二十一日奉到諭函，并行大牘，即經飛飭登萊青道及登、萊、青各府派員確查，並嚴飭各該地方州縣認真查訪，如有民間私挖金礦之事，即行嚴拏懲辦。設遇有外國人勾結本地愚民在該處私挖者，亦即一面設法妥爲諭禁，不准稍涉疏忽，致釀事端。業將飭查辦理各情，咨呈冰案，並肅箋奉復在案。兹奉鈞諭，復經飛行登萊青道趕緊查辦，稟候咨復。並由營專委妥員前往福山平度一帶，及凡有產金之處，一律密行查禁，務期防患未萌，俾中外可日久相安。至承諭外國人向由太平洋進口抵上海，由上海赴烟臺各處，是上海爲洋人進口總路，尊處已咨明滌生中堂，飭令上海道派員於進口時逐加詳查，防範之法，密益加密，無任佩仰。現在外國洋人借遊歷爲名，私入中國探採地方情形者，間亦有之，必如此層層稽考，庶可以杜私歷之弊。設遇有假冒，而所到之處，地方官以理詰禁，該國必無所藉口，尤爲息爭之善策。餘俟登萊青道查明稟到，再行咨呈覈辦外，合先肅復，以慰藎廑。

又總署發美國照會《駁拒中國自辦金礦建議》 六月二十日，給美國照會稱：昨准貴大臣照覆文稱，山東烟臺等處，有礦可開。恐利之所在，衆所共趨，各國無業之民，將蜂擁而來，即爭端所伏。爲貴國思維，莫如早立一最好則例，舉行挖礦之事，則獲利良殷，相應商議舉行挖礦，以防後虞，現已行知該處領事，勿許洋人私自前往開礦等因前來。查烟臺挖礦一事，誠以人數麕聚，易滋事端，既承貴大臣行知該處領事，勿許洋人私自開礦，足徵貴大臣敦睦友誼。至挖礦一節，中國例禁極嚴，匪人易聚而難散，且復時起爭端，於本處良民大有妨礙。向來中國辦理各事，必於民情皆無窒礙，始行舉辦，若稍有不宜，斷不能率爾舉行。非止金礦一項，亦不獨烟臺一處，今開礦一事，中國既例禁綦嚴，自應仍照前禁止也。相應照覆貴大臣查照。

又總署行崇厚文《查禁洋人挖金事請嚴拏違禁粤人並飭東海關道認真辦理》 六月二十日，行三口大臣文稱：同治七年六月十四日，准貴大臣來咨，以本衙門行查廣東人暨洋人在烟臺挖金一事，現據東海關道查明，並無其事。唯據寧海州孫牧稟報，本年四月，距州三十里之溝頭店及金山寺等處，見有廣東人徐姓、包姓及不知姓名三人，並本地人數名，在該處試挖金砂，並無洋人在內，業經禁止。又稟報，五月間，有洋人偕廣東人至姜家溝頭，傳説係觀看礦苗而來，該州馳往該處，諭以利害，告以各大憲嚴飭禁止，奈洋人言語不通。詢據廣東人包姓稱，該洋人名未士威，係瑞利斯國人，遊歷到此，别無他意，旋即回烟，並無逗遛等情。據此咨覆前來。查此事廣東人包姓既在寧海州溝頭店、金山寺等處地方試挖金砂，又勾結洋人未士威，以遊歷爲名，赴該州姜家溝地方觀看礦苗，其素非安分，屢屢希圖開礦漁利，已可概見。該人既籍隸廣東，何由屢在寧海州

窺伺開礦，是否係外國人僱覓服役之人，應知行貴大臣轉飭詳細查明。如係廣東遊匪，並非外國服役之人，即飭地方官嚴拏務獲，從重懲辦，以警將來。至挖金一事，關礙甚大，升任潘道即日離任，將來新任關道到任，務令該升道於交代時，必須將此案前後奉到各件，另行提出面交新任，囑令接任後，不時親往封禁産礦處所查看，勿得視爲具文。仍將查看情形，隨時稟報貴大臣，轉咨本處，以憑查覈。

又總署致丁寶楨函《查禁洋人挖金事請嚴拿違禁粵人并妥速辦結》〔同治七年〕六月二十二日，致山東巡撫函稱：昨接來函，備悉一是。山東福山平度州挖金一案，已飛飭登萊青道趕緊查辦，並由誉專委妥員前往該處，凡有産金之處，一律密行封禁，具見藎猷周密，防患未萌，曷勝佩慰。本處叠接各國照覆，均已嚴飭各口領事官一體遵照，勿許洋人私自開礦，諒可一律禁止，不致滋生事端。所慮内地奸民勾結外國流氓，希圖從中漁利，仍有私行開挖之事。昨接崇地山來文，有廣東人包姓在寧海州溝頭店金山寺等處地方，試挖金砂，又勾結洋人未士威以遊歷爲名，赴該州姜家溝地方觀看礦苗，包姓籍隸廣東，何由屢至寧海州窺伺開礦，是否係外國僱覓服役之人，即望閣下轉飭詳細查明，如係廣東遊匪，並非外國服役之人，即飭地方官嚴拏務獲，從重懲辦，以儆將來。現在福山平度寧海等州縣挖金之案，層見迭出，均未完結，升任潘道即日將赴運司本任，務飭於交代時，將此案前後奉到各件，另行提出，面交新任劉道接收。仍囑該道不時親往封禁産礦處所查看，勿得視爲具文，所有現查各案，如有議結之處，仍希閣下督飭該道趕緊辦理，務期妥爲解散。俾中外相安，不致另生枝節，是爲至要。奉此布復，順頌能祉。

又總署收法國照會《查楝烟臺挖金事已順發護照》 六月二十三日，法國照會稱：前准貴親王來文，所開金礦之事，當已行知上海總領事官妥善籌畫。兹接該總領事來稟，言及現有正與各國領事官商酌，事期妥善，人取馴良，方可有濟。是以嗣後遇有請護照之人，必須查其情形，分別優劣。而給至烟臺之請，倍宜詳慎，庶能獲贓其事。

又總署收崇厚文《寧海州洋人挖礦案辦理情形請照會各使認真查禁》附東海關道致各國領事照會暨各國領事照復 六月二十五日，三口大臣崇厚文稱：本年六月二十二日，據山東東海關監督登萊青潘道稟稱，新聞紙譯出廣東人及洋人私挖金砂一案，已於本月初六日將確查緣由，稟請憲臺覈咨在案。發稟後，一面照會各國領事囑其稽查阻止，一面帶同在關當差之候補運判徐照，並候補把總張椿弼，於初一日早，策騎前赴金山寺等處查勘。適寧海州孫牧已先期抵該處稽查，即據面稟，初四、五等日，有洋人二名。到距金山寺十二里之林家溝頭，借住觀音閣内。其帶來苦力人七八名，曾在西崗民地内刨挖，計長六七尺，寬三四尺，深二三尺不等，見有黑石如煤，是否即係礦苗，無從辨識。其帶來苦力人已於昨日回烟等語。當即飭員到觀音閣與洋人相見，驗明執照，一係同治七年閏四月，丹國駐劄天津領事密給該國人甘美倫赴北京、保定府等處遊歷執照，蓋用天津府印信。一係同治七年六月初三日，英國駐劄烟臺領事馬給該國人德肋刻赴山東省各地方遊歷執照，蓋用職道印信。該洋人在觀音閣借住，尚爲安分，並無滋擾情事。復督帶該員弁等至西崗地方查勘，確有刨挖形跡，並無另有廣東人及苦力人在彼逗遛。詢諸該處鄉民，既係完糧之産，因何任其開挖？僉稱該洋人各帶洋槍利刃，伊等畏懼，不敢與争等語。正在查勘間，適當大雨驟至，遂撿取黑石數塊，冒雨遄歸，濕透衣履。抵烟臺時，已將四鼓，次日又照會英、丹兩國領事，囑其飭令德肋刻、甘美倫等，即日回烟，不得有違條約。並密諭寧海州認真設法查辦，如係洋人至彼，即行驗明執照，抄録飛送。若廣東人及所雇苦力之人，按名嚴拏，解送來關，其本地就雇匪徒，即由該州提案懲辦等情分行去後。兹據英、法、丹、布、美、荷蘭、瑞瑙等國各領事先後照覆到關，或稱按約禁止，含糊答應；或稱地在百里，期在三五日内，任其遊玩，載明條約，若無開礦實據，仍是遊玩，不宜格外苛責等語。其意總以外國開礦，事所常有，中國通商海口，任其往來，尤屬不能禁止，情殊狡詭。本日丑刻，接據寧海州專馬飛稟，據州役報稱，十二日晚，有曾在姜家溝頭遊歷已回烟臺之洋人一名，佔住姜姓閑房。十三日晚，又來洋人六名及跟隨華民二名，均入此房佔住。院内竪立大旗一杆，白旗紅邊，不知何意等語。除批飭確查該洋人有無遊歷執照，是何姓名，並有無開挖金砂情事。申覆到日，再行照會該國領事覈辦外，所有職道帶同員弁親履金山寺等處查勘，又照會各國領事禁止，並飭州設法查辦各緣由，擬合抄録照會照覆等件，暨撿取黑石式樣，一併呈送查覈。並咨明總理衙門迅賜行知駐京各國公使轉飭認真禁止。免滋事端，實爲公便。計稟稱鈔録照會各國領事暨各領事照覆，共清摺玖件，兩分計十八件，黑石塊兩包等情。據此，除稟批示並將送到照會等件，存留一分備查外，理合咨呈。爲此咨呈王大臣，請煩查照迅賜照會駐京公使轉飭認真禁止，仍祈見覆施行。

照録《照會》：爲照會事。同治七年六月初五日，奉總理各國事務衙門札開，照得挖礦一事，中國例禁綦嚴，向不准商民挖採。現有烟臺等處，逼近海濱，自中外通商以來，華洋雜處，人數衆多，倘有内地奸民與外國無業遊民，私自挖採漁利，不特有礙民間風水，且恐易滋嫌釁，關係匪輕。除由本衙門通行照會各國駐京公使轉飭各處領事官遵照嚴禁洋人前往，并咨上海道於洋人進口時，細加稽察，或查有冒領執照，或并無執照，私行北往，該道即會同上海領事隨時斥阻外，相應札行該監督轉飭各海口地方官查明素産金砂之區，無論華洋商民，一律嚴行飭禁。如查有中國奸民偷行挖採者，即按中國律例懲辦。如係洋人，即飭該地方官會同該國駐紮烟臺之領事，立行阻止。總期勿違條約，即可永免事端，行令遵照辦理等因。蒙此。查寧海州所管之金山寺等處，向産金砂，相距烟臺僅四十五里，近聞有洋人及廣東人前往窺探情事，除飭該州嚴行禁止稟請辦理外，擬合照會。爲此照會貴領事，如有洋人進口，務須細加稽察，倘有冒領執照或並無執照之人，潛往金山寺等處窺探情事，即行阻止，免滋事端，以符條約，並望見覆施行。

照會英、法國領事馬、布國領事嚴、丹國領事瓦、荷蘭國領事顧、瑞瑙國領事威、美國領事花，照録照覆：大英欽命駐劄山東補授登州烟臺口領事馬，爲照覆事。本月初八日接准貴監督照會内開，寧海州地方開挖金礦一案，經貴監督帶同員弁前往林家溝頭查看，確有開挖礦砂形跡。兹有外國人一名，在觀音閣廟内借住，當飭查驗執照。一係英國人，名德肋刻；一係丹國人，名甘美倫。今潛來山東，其爲被廣東人招引開礦而來，已可概見。至德肋刻雖無隨同開礦實據，然與甘美倫同住，形跡不無可疑，務望即行飭差前往林家溝頭，飭令德肋刻即回烟臺，勿違條約，並望將德肋刻回烟緣由照覆等因。准此。查德肋刻之事，據監督來文。不過在可疑之間，並無實據可指，此何足爲憑？本領事礙難飭令【略】德肋刻回烟也。相應照覆貴監督，請煩查照施行。

大布欽命駐劄山東登州烟臺口辦理本國通商事務副領事官嚴，爲照覆事。本年六月初六日，准貴監督照會内開，同治七年六月初五日，奉總理各國事務衙門札開，照得挖礦一事，中國例禁綦嚴，向不准商民挖採。現在烟臺等處，逼近海濱，自中外通商以來，華洋雜處，人數衆多，倘有内地奸民與外國無業遊民私自挖採漁利。不特有礙民間風水，且恐易滋嫌釁，關係匪輕。除由本衙門通行照會各國駐京公使轉飭各處領事官遵照禁止洋人前往，並咨上海通商大臣飭令上海道於洋人進口時，細加稽查，或查有冒領執照，或無執照，私行北往，該道即會同上海領事隨時斥阻外，相應札行該監督轉飭各海口地方官查明素産金砂之區，無論華洋商民，一律嚴行飭禁。如查有中國奸民偷行挖採者，即按中國律例懲辦，如係洋人，即飭該地方官會同該國駐紮烟臺之領事，立行阻止。總期勿違條約，即可永免事端，行令遵照辦理等因。蒙此。查寧海州所管之金山寺等處，向産金砂，相距烟臺僅四十五里，近聞有洋人及中國人前往窺探情事。除飭該州嚴行禁止稟請辦理外，擬合照會。爲此照會貴領事，如有洋人進口，務須細加稽查，倘有冒領執照或並無執照之人，潛往金山寺等處窺探情事，即行阻止，免致滋事，以符條約。並望見覆施行等因。准此。除由本領事先行嚴查禁止，並俟接奉本國欽差大臣行知應如何遵照辦理，再行移咨外，合先照覆。爲此照會貴監督，請煩查照。嗣後如再聞有本國商民人等私自前往金山寺等處，開採金砂情事，希即先爲移知，以便嚴拏，稟請本國各上憲嚴飭辦理可也。

大丹欽命駐劄山東登州烟臺口辦理本國通商事務副領事官瓦，爲照覆事。【略】准此。查貴國挖採金礦之事，例禁既嚴，自應遵照辦理。除由本衙門細加稽查，嚴行禁止，凡有本國商民人等不准前往寧海州所轄之金山寺等處，私行開挖金砂，以滋事端而違條約外，合行照覆。爲此照覆貴監督，請煩查照施行。

大荷蘭國欽命駐劄烟臺管理通商事務領事顧，爲照覆事。今蒙貴監督照會本領事稽查外國人進本處海口，有冒領執照或並無執照者，阻其前往内地。查中外和約條款，外國人來通商各海口，除船上水手人等外，凡有出外遊玩者，地在百里，期在三五日，均無庸請照。現據金山寺等處相距烟臺僅四十五里，有無執照，外國人均可隨便往來。至於窺探金礦情事，倘有荷蘭國人業經偷行挖採，請貴監督飭令該地方官細查本人面貌姓名，具實報明，本領事自應按照訊究。倘荷蘭國人未經偷行挖採，縱云有前往窺探情事，恐屬無憑，是仍遊玩者也，不在請照之例，本領事不宜格外苛責，致違條約，用滋事端。爲此照覆。

大瑞瑙國欽命駐劄烟臺管理通商事務領事官威，爲照覆事。照得瑞瑙國法有一定例禁，百姓不爲人奴，除犯法違禁而外，本領事不能指令左右强以率從。倘有瑞瑙國無業遊民，在中國某地違犯律例，該本處地方官即行稽查本人面貌姓名，具實報明，本領事自應按律懲辦。惟是現産金砂金山寺等處，相距烟臺僅四十五里，無論何國商民，無有執照，均可隨便往來。因和約載有明文，除船上水手人等，所有各外國人離通商海口，地在百里，期在三五日内，概不用執照。

兹奉貴監督照會本領事細加稽查阻止前往。是令本領事先行不遵條約而違國法矣，事關王章，未容默息。爲此照覆。

大美欽命駐劄山東登州烟台口辦理本國通商事務副領事官花，爲照覆事。【略】准此。查貴國挖礦之事，既爲例所嚴禁，相應遵照辦理。當經飭查，本國來往商民人等，並無潛往寧海州所管之金山寺等處窺探情事。除由本領事詳加稽察，如有本國商民，或冒領執照，或并無執照之人，潛往該處開採金礦情事，定即嚴行禁止，以符條約而免事端外，爲此照覆貴監督，請煩查照施行。

爲照會事。寧海州金山寺等處，向產金砂，洋人及廣東人潛往窺探。恐滋事端，現蒙總理各國事務衙門飭令嚴行禁止，業經照會貴領事如有洋人進口查明阻止在案。昨經本監督親自帶同員弁，督飭寧海州前往林家溝頭查看，確有開挖礦砂形跡，唯廣東人及若力數人躲避無踪，獨有洋人二名，在觀音閣廟内借住，當即飭員查驗執照，一係英國人德肋刻，領有英領事馬執照；一係貴國人甘美倫，領有天津府用印，往北京、保定府等處遊歷執照。今潛來山東，並非執照所開遊歷之處，其爲被廣東人招引開礦而來，亦屬顯然。唯違禁開採，中國例禁甚嚴，務望貴領事即行飭差前往林家溝頭觀音閣，令甘美倫即刻回烟，不得有違條約。爲此照會貴領事煩爲查照辦理，並望將甘美倫回烟緣由照覆，望切施行。

右照會丹領事瓦。

又總署收崇厚函《密陳洋人聚衆擬往烟臺挖金》〔同治七年〕六月二十五日，三口大臣函稱：本月二十二日，接據升任山東運司登萊青潘道稟稱：親詣金山寺等處履勘，並呈金沙黑石塊等件。查廣東人及洋人私挖金沙一案，前據該道將確查緣由稟報後，現經該道帶同員弁親赴金山寺等處查勘續稟前來，兹將該道來稟各件，備文咨呈鈞鑒。惟私挖金沙一事，現據新聞傳布，有該處遍地黄金，各國前來開挖之語，昨日牛莊税司馬福臣、牛莊領事鼐得二人，由京回營口，路過津門來謁。據該税司領事等向崇厚述及，外國現用夾板船裝載南洋之人，赴烟臺開挖，不出一兩月之後，必有外國多人欲到烟臺，各國公使亦難禁止，並據法領事德微理亞、丹領事密妥士亦云，現在美國已有兵船駛赴烟臺。爲彈壓開金沙之人起見，并云挖金係英、美二國之人居多等語，崇厚伏查開挖金礦，例禁綦嚴，乃該各國竟欲聚集多人，來中國私開金廠，必須妥籌禁止，以免滋事。惟開各國公使雖面允禁阻，究其實又不肯盡力，訪聞係滋大洋行商人暗中主事。謹密奉聞。

又總署收應寶時函《稽查洋人私往烟臺事辦理情形》〔同治七年〕七月初五日，上海道應寶時函稱：敬覆者：昨奉惠函，蒙將東省民人私挖金礦一案，詳示端委，并承抄示各件。以上海爲洋人進口總路，此項人等或有冒領遊歷執照，或并無執照，私行潛往，命即派員於洋人進口時，細加稽察，問明因何事至何地方，發給執照，填寫明晰，方准遊歷。若無照而私行北來，即會同上海領事官斥阻等因，具徵臺端正本清源，陰消默戢之至意，自當曲體尊懷，以期事有實濟。現已照會各國領事隨時斥禁，并經專委幹員及本關税司，遇有前赴烟臺等口船隻，無論中外民人，務須逐一確查，毋任溷跡遄行，俾免潛伏滋事。一面札行本管廳縣及會捕局一體照辦。惟此中曲折情形，尚有不能不爲執事豫陳一一者。查洋人進口之始，輪船夾板附載而來，該國領事或有單照可查，而中國官向不過問，即本關税司亦止按章税貨，不能查點人數。此次照會領事派員同查，其勢未必遽允，且上海進口洋船，一日之内，不止一船，一船之人，數十及數百，均未可定。若必逐人盤問，無論領事不允，即允亦未必一一服查，應俟領事復到，再行與之議論。至於洋人坐洋船至通商口岸，向無給照之例，敝署所發遊歷執照，皆係赴内地遊歷，其中每有借名密偵中國形勢土産，然一年不過數人，均由領事照請領照，後來或改或添，皆難保其必無。第人數不多，從無成羣結隊領照入内地遊歷者，若私行北來，其由内地行走者，自可不發印照，而由洋船赴通商各口者，不但敝署不知，即各領事亦未必全知也。惟有嚴禁内地人民，如有應洋人之募，前往各處開礦者，置以重典，當尚有所畏懼。然洋人不但能雇中國人民，即外國人或中國之寄居外國者，一遇有利可圖，彼亦能呼引而至。此等大衆人來，形跡顯然，祇須該領事答應阻斥，事即可行，無須逐船逐人時時派人查驗，未知臺端以爲如何？刻下趕緊函致司税，札諭委員責令設法稽查，逐細盤詰，以期勉副尊意。本月十八日，丁中丞派換義國和約，其時法領事在座，寶時當即告知此事，託其嚴查力禁，隨後備文奉致。彼亦無所可否，但云美領事相約於三五日内晤商此事，蓋近來英美領事不甚相和，是以法美互商，或彼國公使已令其查復情形，亦未可知，初八日新聞紙有干涉此事之語，先録呈電，至於洋人之帖服與否，事理之可行與否，容再察看情形，隨時布達。專肅奉覆，敬請勛安，統惟亮照。

翻譯新聞紙，初八日。

有友人將各通商口，爲換和約洋商所具禀帖，彙齊成本。交本館發售。但各口禀稿，本館前經陸續印出，今再細閲，畧爲批評，上海洋商請另派一位辦事

有擔當的公使。【略】又請開火車路、開金礦，此事看來，於中國律例及和約條款，以及中國道理均無所礙，但須請到允准。惟就刻下情形看來，任是力請，亦不答應，除非强開之一法。查中國各礦産距通商口。不過幾里路，我洋人先就其沿海邊之礦開挖，倘地方阻止，即與他鬧，惟是地先須用錢買定，并查規納租，如此不由不答應。中國人舉事，如小孩洗澡一般，初不敢下水，及乳母抱而洗之，非但得意，且不肯起。就洋船進内地，亦當如此。權在我手，要做就做，誰能阻止？惟此事當另設章程，及請君主答應，無須中國官作主。又請海關當設妥當章程，此事和約未换，北京已先料理，本館亦有提及。只有要罰洋商一款，若領事不答應，斷不能辦。此等語當添入章程内。

又總署收應寶時函《稽查洋人赴烟臺挖金事辦理情形》附各國領事照會告示函件等　七月初五日，上海道應寶時函稱：敬肅者：前以稽察洋人潛赴北口挖金一案，肅復寸緘，此中委曲緣由，度已仰邀藻鑑。寶時奉飭以來，籌所以消患未萌之策，頗難出於萬全。現經遴派妥員，會同新關税司，凡遇洋人船隻赴烟臺、天津等口者，嚴密盤詰，俾免溷跡。並出示諭禁華民毋得聽從勾結，有能據實首告者，從優賞給。似此脅之以威，而動之以利，或能收萬一之效。近日英、法、俄西洋等國均已接有照復，其詞氣之間，尚能幫同查禁。而美領事西華、布領事德登貢來文，則支離蔓衍，似欲立異。蓋開礦一事，中國以爲顯於例禁，外國方謂利出自然。聞美國之舊金山地方，現在華民往彼開採者，約八九萬人，而他國之人，爲數更多。該國設官取税，恬不爲怪，故深以查禁爲不然，所以照送洋文告示譯係七國領事列銜，則美布兩國現在亦不致即有異議。寶時亦惟盡其思慮所能及，事力所能行，督率各員認真察訪，不敢稍形懈忽。仍於面晤各領事時，諄切開導，使之實力禁約，以冀杜絶覬覦。所有辦理情形，知關藎廑，用敢縷陳。各國領事照會及翻譯洋人示稿一紙，録呈青察。肅此。敬請勛安，惟希鈞鑒。應寶時謹肅。

再啓者：寶時日來訪有阿里曼國，查阿里曼即日耳曼，爲美國所屬。人名肯得，現往美國金山地方，擬招集一二千人至烟臺一帶開礦採金情事，當經函致美領事西華令其認真查辦去後。頃接復函，以(掯)〔肯〕得家在美國金山地方，每懷歸志。至招人挖金一事，未必確實。函致該國駐紮金山地方之員，囑令出示曉諭該處之人，勿爲浮言已所惑，且以爲寶時誤信新聞紙之言，再三申説。其實，寶時得自訪聞，新聞紙中尚未載有此事，惟該領事果能悉如來函所云辦理，似尚明白可嘉。姑無論(掯)〔肯〕得之安分與否，而挖金一事，此時必可阻止矣。肅載奉聞，衹頌均祺不宣，寶時謹又啓。

照録照會及譯出洋文示稿。英國領事麥華陀照會。爲照復事。准六月初九日照會。以中國挖礦一事，例禁綦嚴，請即諭飭洋人切勿擅往烟臺等處挖金，恐滋生事端等因，當經本領事於本月十二日，會同有約各國之領事數員，商酌文内所開各情，即經共議示諭一道，業已刊發，兹將原稿照送貴道查閲。但此項告示，乃係勸諭各該國洋人均勿擅往内地私行採挖，且俟將來改章或開禁之日，再作道理。爲特照復貴道，請煩查照施行。須至照復者。附送洋文示稿一紙，《各國領事禁止洋人挖金礦告示稿》譯出：我本領事等屢見新報聳動洋人進内地開挖山東金礦，甚不合式。現地方官奉總理衙門來札，照會我各國領事等，嚴禁洋人，毋許擅進内地開挖，今特出示嚴禁，須俟將來駐京大憲開禁，方准挖取，專此諭飭各國洋人等知悉。本領事等特爲幫助中國官守此和約。洋一千八百六十八年八月初一日，駐上海各國領事公示。計開：法總領事白來尼、美國總領事西華、布國領事德登貢、俄國領事德臣、大西洋領事晏、生、即葡萄牙國。瑞典國領事福四德、即瑞威敦國。並未换約。英領事麥華陀、法國領事白來尼照會。

爲照復事。准六月初九日文開，以烟臺挖金一事，在貴道云，中國禁止現在烟臺地方中外國人挖採，又囑阻禁美國人前往該處，恐礙民間風水之意。因貴國欲禁此事，本總領事不得不照此情節，慮立防備方法，且未便獨行，故此於本月十二日會同各國領事商定，再爲照會可也。但雖本總領事想未經立有條款，管理挖礦之事，外國人不該自至内地行此。又想恐係總理衙門誤聽人言，以致禁阻再三。雖禁外國人挖金，何以禁其華人，應准自己百姓挖金爲是。且貴國有許多人至别國挖礦，縱將河水徹底决乾，多金儘得，或使山嶺深窟傾翻，獲利無窮，肥其自體，回歸故國，而外國之河水山峯，更加茂盛矣。數年之前，本國金山，即加利福呢亞地方，又英屬之奥斯地利亞並有各處，皆係荒野不堪，無人居住，無物可生，近因挖礦緣故，化成富貴鬧熱之場，大爲興旺，克不知民間風水爲何物？但聞風水係虚浮無據，包括地球難捉摸之事，可以害人，可以利人，倘有此物，實係罕奇，又如何可以禁阻挖採地中利益？若是挖採，又何能壞其風水？倘美國有如此風水，亦未害人，而挖金亦不致害風水。若在中國烟臺地方，不懼害其風水，准使挖金，則烟臺亦似加利福泥亞地方，興旺必有日也。請問風水一事，何人可以明言。且除中國外，别國還有風水乎？中國地方山林城市，賢良居

多，而外國賢良亦復不少，照外國之意，凡天所生之物，係賜於民，任民前往採取，得利受福。未解中國遇有此事，常常阻滯不行。本總領事想貴道儘可放心，外國人不在山東行甚大事，途路不能擔負何物，挖金淘洗亦不能做，因中國人比外國人用項減省之故。在美國中之本國人，尚難比中國人挖採之勤勞，在中國如何能做矣。茲准前因，相應照復貴道，請煩查照施行。須至照復者。

布國領事德登貢照會。

爲照復事。本月初十日准貴道照會内開，烟臺所有金礦等因。准此。查金礦若是官産，一時中國不准開挖，即並全行理阻洋人同作得分，本總領事原亦同此意見，然仍望北京各大憲會同議論，以後能挖礦或撈金沙，立定管理此事章程。貴道提及風水之故，本總領事自已所竊知者，想必不足有長久之效，敵住天下各國長進嫻雅之事之所必需。本總領事如蒙貴道將此風水并大清國似乎所最重者風水之權，究講明晰，曷勝感荷，暫且免滋一切事端。業經會同駐滬各總領事，示戒各本國人矣。須至照會者。

又總署收潘霨因函《籌禁洋人挖礦請於换約時酌示限制》附稟三件　七月初七日，潘霨致總辦函稱：日昨接奉公函，並鈔件，謹悉一是。備承周詳指示，感篆靡涯，伏諗勛福，並隆爲祝。私挖金砂一事，前蒙通商大臣、山東撫院轉准貴衙門行查檄飭遵辦，業將奉飭查辦緣由，兩次稟陳核咨，現當匪氛不靖，自東至直驛遞，須設法繞道，恐有稽遲，致勞各大憲遠廑用。特將兩次稟件謹録原稿，由輪船遞津送呈鈞鑒，并祈陳明邸堂各位大人察核訓示，是爲至禱。新任劉觀察抵東在邇，交卸匪遥，所有此間應辦中外一切事宜，新任到時，弟當知無不言，言無不盡，以期公事有益，而仰慰各大憲慎重海疆之至意。再，各國换約，度有規模，承示阿公使等，恐外國遊民亦欲到彼開挖，已派兵船前赴烟臺彈壓等因。可否趁此機會，將條約内租地一條，註明不准開採各礦；遊歷執照一條，註明赴某省某府，不准以此省執照擅赴彼省。切實聲敘，以示限制之處，務乞鴻裁酌定。手肅布覆，敬請勛安，諸惟涵照，附呈鈔摺三件，並乞鑒察不備。

照録：敬再稟者：新聞紙譯出烟臺開礦一事，洋人究竟如何措詞，當與英國領事馬安，暨税務司雷德、並通曉官話之洋人，悉心採訪。據云，此説實由駐紮烟臺之洋人，通信到外國，編入新聞紙，堅不肯吐露名姓，復詢其新聞紙内如何聲敘。據述大略云：登州初開口岸，皆云烟臺有礦，人都不信。又因中國不准開礦，即與地方官商量，亦不濟事，迄今七八年，遊歷之人，皆知山東地方之好，沿海各島皆有寶氣，或鉛或銅，或銀或煤，或金砂，處處都有，且採得礦苗式樣。山東若准開礦，十年之内，中國必成大富。近聞曾大人奏明大皇帝，準在鎮江開挖煤礦，則金、銀、銅、鐵、鉛等礦，自然皆准開挖。如願開礦，來者一定獲利萬倍。如再不信，到烟臺詢明各國，便知詳細等語。又據馬領事稱，外國産金之區，均來開採，不能攔阻，如英國所屬之澳大利亞産金甚多，内有土人及中國各國人，均准其在彼開挖。又美國之加利福尼，亦有金山，任人開採，與英國相同。且稱現在金山寺等處，檢得礦苗，内係十分鉛、三分銀，其金砂尚未淘出，不知是何成色？外國另有各種機器，可以分金，較中國人工可省數十倍。又稱，距烟臺六十里之福山境内有煤礦，崆峒島内有銅礦，中國有如此善地，何以不準開採，不解其故。如能看定礦苗，分出界限，派員經管，每段令外國人任課開採，每年交銀若干於國家，最爲有益，毫無所損。若一味攔阻，不准開採，恐將來必生釁端。又云，遊歷之人，均係照約辦理，不能阻止。即伊國駐京公使亦不能違約禁止。現在各國人來烟者，人尚無多。領事官可以阻止，不令開採。若實來洋人數百數千，領事官亦無法可施各等語。職道熟揣該領事與各洋人所稱各情，是欲假遊歷之名，窺伺中土員幅，不信風水禁忌，但知竭澤而漁。現在江干海口之利，均爲洋人所得。其所不能得者，腹地之利耳。乃創開礦之議，煽惑各國航海而來，率衆要挾，顯有不遂其欲不止情事。唯查各國條約，均有準其租房租地及請領遊歷執照之條，洋人居心陰險，倘竟勾通内地習教匪徒，將出礦山地租給洋人，聚衆開採，固屬違禁，而租地則載明條約，執恃兩可，地方官必形掣肘。茲當换約之際，應請於各國條款，賃屋買屋租地一條，駐明不准開礦字樣。其遊歷執照，亦須駐明赴某省某府，不准以此省執照擅赴彼省。似此明定限制，洋人果就範圍，地方官辦公，不致竟無把握。一得之愚，可否一併咨明總理衙門核辦，悉出鈞裁。肅再具稟。六月十五日發。

又總署收山東巡撫丁寶楨函《籌議防範洋人挖礦辦法》　七月十一日，山東巡撫丁函稱，昨肅呈一械，計邀鈞覽。寧海州礦苗一事，現據登萊道查勘，實有洋人在彼意圖開挖情事，當經照會查禁，乃各領事照覆。多以條約不禁遊歷，未便禁止爲詞，而於中國例禁之事，是否應爲，不復言及。且據該道另稟，詢據馬領事云稱，外國有礦，不禁人取，如英、美兩國，均有其他，任各國人開採，若似此一味攔阻，恐將來必生釁端。現在各國來烟者無多，可以阻止，若突來洋人數百數千，領事官亦無法可施等語。是其窺伺利藪，用意甚深，將來恐有要挾，而求

不遂其欲不止之勢，現雖飭地方官妥爲查禁，如遇有洋人在內，務須設法遣散，毋令滋事，第恐洋人蓄意已久，設與內地教民暗相勾結，將礦苗地段租得，一旦公然開挖，即執條約內準其租地爲詞，辦理亦爲棘手，此時似應先爲防範，豫行照會駐京公使，設法覊縻，若能於換約時，將礦地不准私租一節，明載條約，庶可杜詭謀而消隱患，是否可行，尚祈酌奪辦理，不勝禱幸。

又總署致山東巡撫丁寶楨函《撥派勁旅阻禁洋人挖礦》〔同治七年〕七月十七日，致山東巡撫函稱：六月二十四日及七月十一日，接到大咨並先後來函，具悉種切。挖金一事，現雖飭地方官嚴行禁止，領事官不識中國例禁，仍有人多不能攔阻之語。是其窺伺利藪，蓄謀甚深，竟有牢不可破之勢。閣下所慮內地教民與洋人暗相勾結，將礦苗地段租得，公然開挖等情。本處近閱上海新聞紙，亦有先從邊界地方硬開，不許地方官作主之語。此層尤不可不先事豫籌，密爲防範。因思刻下捻匪業已肅清，東省官兵行將裁撤，不如挑選素有紀律之勁旅，酌留五六百名，派得力將官統帶，並飭東海關道會同勤加操練，外以保護海口爲名，實則暗查開礦挖金等事。設有洋人麕聚，便可知照領事官相機彈壓，彼見我豫爲防備，即無從以人多不能阻止爲詞，藉端推諉，一切租地陰謀，亦可弭患未萌，不敢妄生覬覦。較之出示曉諭，官役巡邏，益爲嚴密，應如何辦理之處，即希酌定示復，是爲至要。專此密啟，順候勛祉。

又總署收崇厚文《咨送東海關道稟呈查禁挖礦各件》附東海關道示禁稿暨外國新聞紙一則　七月十九日，三口大臣崇厚文稱：同治七年七月十八日。據山東東海關監督登萊潘道稟稱，寧海州金山寺等處廣東人、洋人私挖金砂一案，現查並無聚衆開採情事，擬合稟請察覈，咨明總理衙門查考，實爲公便。計抄呈示稿、新聞紙、外國旗式清摺貳分等情。據此。除稟批示外，理合照録原稟同送到清摺，備文咨送。爲此咨呈王大臣，請煩查照施行。

照録禁稿暨新聞紙。爲會商諭禁事。照得私挖礦砂，大干例禁，前奉總理各國事務衙門札開，上海譯出新聞紙內載，烟臺礦苗甚旺，已有廣東人及洋人在彼挖金等語，行令禁止等因。當查相距烟臺四十餘里寧海州所轄之金山寺、姜家溝、林家溝等處，時有廣東人及苦力人，並外國遊歷之人，在該處試挖金砂情事，業經本監督札飭寧海州嚴行禁止，並照會各國領事府一體阻止在案。兹查廣東人及苦力人潛至該處窺探者，尚不乏人，而洋人因新聞紙到此遊歷者，亦復不少，自應設法分別諭禁，免致滋生事端。兹由本監督一面會商各國領事府，凡有外國商人照約遊歷，該處鄉民一體保護。如有開挖金砂犯罪情事，即據實稟報，以憑會同領事官究辦。一面檄飭寧海州派撥妥役在該處梭織巡查，如有廣東人及苦力人隨帶笆箕鐵鍬等具，希圖開挖金砂，即行按名嚴拏，該處鄉民不准賣給食物，如敢故違，一併嚴辦。除行該州遵照妥辦外，合亟出示明白曉諭。爲此示仰該處鄉民人等知悉，各宜懔遵毋違。特示。

外國新報中有因烟臺挖金一事，總理衙門行知各口道臺，照會各口、各國領事文書內有礙民間風水等情字樣，而「風水」二字屢屢言之，我等外國人不識「風水」二字爲何意，況外國人常於新報刊録水氣、火氣、力學等等，但未知風水之學。我等外國人講求學問，豈敢自足，如「風水」二字，實有明證，務請中國名臣博學賢士大人，將「風水」二字分剖明白，指以實實真據，我等外國人斷無不佩服者。若以虛假之辭，欺惑於人，休怪我等外國人非但無所佩服，且覺偌大文禮之邦，貽笑於海外也。外國人所云各學，如中國人不信，外國人可指真真憑據，請爲明證。現今各國公使，各口領事，並外國博學等人，「風水」二字聞之厭煩。倘中國人能以「風水」二字實據指明，外國人亦當洗耳領教，而外國人不恥下問，幸中國高明指教。況此新報傳聞中國諸省，以一月爲期，無論各處講書明函寄本館中，或由各領事衙門寄答。如一月以後，中國人切勿再言「風水」二字矣。

按：烟臺地方本係荒野之處耳，自成西人到彼通商，因成一貿易之所，較之當年漁船來去時，不啻天淵之別矣。今復探實該處有金可掘，國家縱不讓我西人掘之，亦當准本國民人採之，一可以充軍餉，二可以濟民艱，三可以免驅民爲匪。有此諸大益處，未審棄之如遺，是何意見。若云聽民間自掘，而於國家無益，何妨彰明較著，大張號令，以所挖之金，幾成歸國，幾成歸民，上下皆益，何利如之？即如花旗西邊有三大省城，一金山省，一窩利根省，一華盛頓省。此三處在一千八百四十七年前，尚屬荒郊野藪。自有花旗人我尋至此，見有金子水銀鉛等物，可以生財，於是接踵而去者，實繁有徒矣。且不但爲挖金去也，人烟有少自多，實必有需房屋，故瓦水諸匠因此而去者甚多。辦理食物，由花旗東邊販往該處出售者，亦甚夥。耒耜而往該處耕種者更不少。不數年間，士農工商，四民俱備。至一千八百五十二年，五年之中，就金山一省而論，除帆船不計外，所有大洋輪船四十隻。每一禮拜互相來去，其輪船自載九百噸者不等。此五年中，進口之貨，值銀四百六十四萬八千五百八十七兩，出口金子七千萬兩，他物不在內也。此五年中所收稅銀共二百五十八萬一千七百九十五兩，其民人有二十六

萬四千四百三十五人，內有挖金者十四萬人。以現在而論，二十一年來，諸色人等無所不有，諸等工作無所不興，居然一成熟地方，較之花旗東邊熱鬧處無異矣。是以皇家與民間商辦火輪車路一萬里之遥，自東徂西，無往不利。皇家發出帑銀五千萬兩，以助民間。其挖金華人，已有七萬之數，其所住各國人亦復多多矣。有由各國領事官約束者，有願領花旗憑據爲該國人者。又有一處名澳大利亞，係大英屬國也，地方之廣，對方九百萬里。在一千八百五十一年前，一片荒野，獸蹄鳥跡居多，人烟稀少。縱有居住者，亦不過該處野人而已，并無客商來去。自初行採金一法之後，一年之中，所得金洋發出口外者，一千七百三十萬元，第二年發出口外金洋有七千萬元，所得銀、銅、錫亦甚多。是金山省由一千八百四十七年起，澳大利亞由一千八百五十一年起，俱係因採金而興者。近來兩處生意茂盛，士農工賈羣聚於斯，而華人去住者亦多，況此處所出之煤甚夥，來上海者居多，所得稅銀一千三百三十萬四千七百二十七元。此地與金山，皆非藏金勿採，所以成此大區處。乃中國如此固執，我西國有一比語，特爲録出，以博一粲。大荒山外，狗坐青草中，見牛來欲嚙其草，其狗守而吠之，至有欲咬之狀。其牛嘆曰：汝非要食此草，何妨讓我食之。若遇兩皆要食之物，豈肯讓哉？如世之守財奴，弗利於己，無益於人，甚可鄙也。

又總署收丁寶楨函《論查禁洋人挖礦暨撥派洋槍隊彈壓事》 八月初四日，山東巡撫丁寶楨函稱：七月二十日接奉鈞函，謹悉六七月先後肅呈各件，均邀賜覽。東府地方挖金之事，現據潘道及各府縣稟報，現在並無私挖情事，足慰藎懷。惟利之所在，人爭趨之。況此事內而奸民動念，外而夷人垂涎，此時查禁綦嚴，在內奸固不敢遽起貪心，即夷人亦不敢顯違條令。其所慮者，誠恐其乘我不及覺察，暗中勾結，或藉遊玩爲名，潛行窺伺，或借租地爲名，隨意開挖。防範稍疏，即授以柄，將來由漸而著，我雖極力相爭，彼則有詞可託。楨細審其歷次新聞紙所傳，該夷人深謀秘計，實不出此，萬不可以稍中其奸。楨現已嚴飭各該州縣，於凡產金之處，密布耳目，一有風聞，如係內奸，即行拏辦，若牽涉夷人，立即稟知監督會商領事，立即飭拏。其與夷人辦理之法，有條約可指者，執條約以折之，無條約可指者，執例禁以爭之。示之以信，處之以和，不爲調停兩可之言，使彼得所藉口，但使我預密其防閑，彼庶可以戢其妄念。至承諭挑選素有紀律官兵五六百名，派得力將官統帶，並飭海關監督會同勤操，外以保衛海口爲詞，實則暗查開礦等事。此實先聲奪人之舉，仰見運籌周密，佩服難名。楨本擬俟各路官軍撤盡後，即派黄副將兆昇帶勇五百名，前往擇要駐紮，飭其加意訓練，嚴束勇丁，外作巡洋，內嚴稽查。如有挖金情事，即知會地方官妥商籌辦。適據地山侍郎來函，以奉尊署函諭，令於津郡洋鎗隊中挑選得力員弁赴烟臺教習酌留之兵等因。地山意以東軍各隊，若强其學習洋鎗，恐情形不能融洽，而派往之員，隔省亦難呼應，似不如由津郡揀派熟練鎗隊數百名前往駐紮，其月餉由海關籌撥，以歸簡便等語。查東軍向練陣法，鎗礮刀矛相間互用，并不專習洋鎗，玆若於烟臺地方駐兵鎮壓，該處多係夷人，以洋鎗隊駐防，較爲便習。且用此以控制夷人，津郡鎗隊與洋人熟悉，亦可相安。地山來函擬由津郡撥隊前來，似亦可行，已函復其照辦，俟其到烟後，再行隨時查看情形辦理也。第此事雖借重兵力，而其中辦理之輕重權衡，則尤在地方官之實力查禁。蓋地方官於民人有相臨之分，於境土有管轄之責，但使先事預知，無論與之言理言情，夷人亦不能以相屈。且一州一縣之間，好人多而奸人少。即使夷人稍桀驁，而地方官聯絡公正紳民，亦可設法以民力與爭。夷人敢於抗官，怯於傲衆。如此辦理，似覺不至啓爭，而夷人知官民相親，亦可絶其覬覦之見。愚昧之見，是否有當？伏祈裁示，不勝感禱。

又總署收山東巡撫丁寶楨文《議就禁止開礦章程咨送備案》附禁止開礦章程 〔同治七年〕八月十二日，山東巡撫丁寶楨文稱：據登萊道遵飭詳議《禁止開礦章程》，並呈清摺等情，到本部院。據此。查此案前准貴衙門咨查，節經據稟咨呈在案。東府出產礦苗，爲洋人所注意，必與內地奸民勾結，希冀開挖，亟應妥定章程，嚴爲防範。至洋人准在內地遊歷，條約內雖無不准開礦明文，然犯法一語所包者廣，豈必一一載明？開礦爲中國所嚴禁，若顯違中國之禁，即是犯法，儘可照約拘禁，送交領事官懲辦。惟慮該地方官辦理未能合宜，則彼有所藉口，或啟釁端。此時惟以立法嚴查內奸，斷其勾結之源，最爲要義。本部院就該道所擬章程，悉心體察，或增或減，定爲六條，責成道府州縣認真照辦，並出示曉諭民間，使曉然於利害。此事關係中外大局，務須實力遵辦，不得視爲具文。且須持以恒心，隨時加意，如各州縣並不認真辦理，以及藉端擾害，該管道府不能訪查，或意存徇隱，均即一併參處，以儆玩泄。除行登萊道轉飭各屬遵辦外，合將擬定章程咨呈備案。爲此咨呈貴衙門，敬請查照施行。

照録粘單。

一、凡各州縣地方，無論荒山熟地，凡有礦苗之處，即責成該處公正紳耆，

將某鄉某村，距城若干里，業户某名，或無業荒地，所産何項礦砂，計有若干處，一一查明，通知鄉地據實報明。該地方官親勘確實，詳細造册通報立案。如紳耆徇隱不報，別經訪聞，一併究懲。或鄉地得賄包庇及指勒索費，指無作有，意圖訛詐等事，許該紳耆指明呈控，該地方官均即時拘訊嚴懲。如官不覺察縱容，一併究參。

一、凡查有礦苗報明註册之地，該州縣應即遴派老成安静差役，不時前往巡查有無開採情事。每年終之際，或到任之初，務將境内有礦處所，親歷查勘一次。若因公下鄉，亦於附近有礦之處，便爲稽查。礦差役務，由本署酌量發給飯食，不准擾民間一茶一飯，違則重辦。至該牧令因查礦下鄉，亦當輕車減從，不准絲毫煩擾鄉民，毋使民間因舉報礦地，反致受累，則事簡而人易從矣。

一、凡查有礦苗之地，不准私行租賃與人，如實係生計艱難，不能自守本業者，許由鄉地紳耆禀知該地方官查照地段，分別荒熟，按地秉公酌給租價，當堂交領，不經書差之手，以杜需索掯勒之弊。給價之後，作爲官荒註册詳報立案。倘或意圖漁利，私租與外來人，無論開挖金礦與否，該處鄉地紳耆即禀知地方官拘拿，照例嚴辦。如鄉地紳耆容隱不報，別經發覺，一併究治。其租出之地，仍勒令業主退還原價，將地呈繳入官。至官中租地所用租價，由該州縣報明，籌款給發。

一、通商條約有洋人准入内地傳教遊歷，如有犯法，送交領事官懲辦各條。地方官平時均應加意講求，遇有中外交涉事件，辦理庶有把握。凡洋人入内地遊歷，如距烟臺海口百里之外，務須查驗執照，抄録備案，並通報查考。如遊歷在百里之内者，須執照者，亦應將該洋人來自何國，是何姓名，年貌，寄居何處，同伴幾人，詳細問明，隨時禀報海關監督查考。

一、凡産礦之地，如洋人因遊歷前來在彼居住者，該處鄉地即時報知地方官。該地方官接據鄉地禀報，即親至該處妥爲保護，毋令其與居民因細故或有争端，俟洋人三五日起身，再行回城。如洋人帶用外省苦力人及雇用本地人在該處有挖礦之事，該地方官即告以中國例禁，據理明言，妥爲勸阻。倘該洋人不聽阻止，則是非所應爲之事，任意妄爲，按諸條約，即爲犯法。該地方官先將内地民人拏獲，照例嚴辦。並將洋人照約妥爲拘禁。一面將問明係某國人，是何姓名，年貌，同伴幾人，飛報海關監督查照咨會領事官查辦。一面選派老成差役，妥爲解送海關，交監督移知各國領事官會同辦理。至解送之人，務令守法，沿途不准稍有凌虐，以全和義。

一、道府州縣如能將私聚挖礦匪徒訪查捕獲，略無漏網，及遇有外來人試挖，立時妥爲解散，不致生事。綏靖地方者，應俟查明酌奬，如各州縣接奉此次查辦，畏難苟安，粉飾了事，狃於安逸，不肯親自下鄉，或但任信差役，聽其包庇滋擾。甚至私受陋規，設致釀成事端，定將該州縣照貽誤大局嚴參治罪。該管道府於此等要事，不能覺察揭參，及有心徇庇者，一經訪聞，併予參處。

又總署收崇厚文《寧海州洋人挖礦滋事請行知各使嚴禁》附寧海州禀暨新聞紙譯件 八月十七日，三口通商大臣崇厚文稱：同治七年八九初八日，據調補山東運司東海關監督登萊青潘道禀稱：寧海州等處時有洋人借遊歷爲名，挖取金砂一案，業將查辦緣由，三次禀報憲鑒，並請覈咨。嗣奉總理衙門專札查問，已於第三次禀内，詳敘大概情形在案。兹復據寧海州孫牧禀報：並由職道隨時派員前往確探，均稱有男女洋人在該處絛往絛來，難稽確數，都在曠野無人之境，支架帳棚，竪立紅白色方旗，上有「法金匠公司」五字。並隨帶食物，掘地爲竈。村犬見洋人狂吠，即開鎗擊斃。另有洋人七八名至摩山等處，亦係自帶帳棚食物，並隨帶白旗及藍心小黄旗，在該灘肆處尋覓。又在相近李姓塋地刨挖，經地主李福呈報州案。其缺乏柴火，向村人價買，該村人不允，洋人遂砍伐樹株爲薪。村人不得已，有賣給柴火情事。查訊所雇做飯之華民，稱係法美兩國人各等語。職道查該洋人假遊歷爲名，潛入寧海境内之荆山、摩山等處，來往無常，形同鬼蜮。雖有擊斃村犬，確伐樹株，並在相近墳塋地方試挖金砂各情。究在相距烟臺海口一百里之内，如欲按約拘禁，自應商同領事官辦理，免致藉口。第烟臺真正領事唯英國馬安一名，其餘如美國之花撒由，布國之嚴森，丹國之瓦得門，荷蘭國之顧拿壁，瑞瑙國之威吏臣，均係商人兼充，不能管事。現經職道屢次與英領事馬安相晤面商，據稱該處遊歷試挖金砂，均係法美等國無賴之人，伊亦有所聞，並無英國人在内。前領事官李韙良曾奉駐京公使派爲兼辦法國領事，今伊到任，並無奉有兼理法國明文，法國之人伊未便管理。且稱鎮江、汕頭、厦門等口，均間有華民與洋人鬧事，各國洋人照約遊歷，故爲酷求，恐不免滋生事端等語。揆核馬領事所稱各情，意存觀望，且存挾制，似未可稍涉鹵莽，致誤事機。伏念國家定制，凡作奸犯科，治之以法，莫敢或踰。私開礦廠，例有專條。然可以治内地民人，不能治外國洋人。以各國條約並未載明，故洋人敢於恃遊歷之名，巧爲嘗試。今洋人不分男女，結伴成群潛入該處，並無本地人

及廣東人在内，疊經職道飭員密訪，復飭寧海州嚴查，確有十分把握。唯潛入該處之洋人，均無遊歷執照，既不知其來自何國，是何姓名，隨帶鐵鍬就地試挖，又不得謂之開礦，雖日與領事官争辯，仍屬模棱兩可，未得要領。除仍飭寧海州加意稽查彈壓本地人人處以鎮静，不使生釁，並將查辦情形按日稟報外，唯有仰祈俯賜咨明總理衙門，行知駐京各國公使。凡外國兵船駛入烟臺海口停泊，嚴飭帶兵官不准兵丁水手上岸，潛入寧海州等處挖砂。並飭在烟各國領事官禁止外國無賴之徒，携帶帳棚、旗號、洋槍，前往挖砂滋事。以此内用補托，外用拔毒，藥力能施，雖患癰疽，可使暗消，不致潰裂。愚昧之見，是否有當，擬合抄録寧海州原稟，暨外國新聞紙。陳請鈞核。計抄呈寧海州原稟二件、新聞紙一件等情。據此。除稟批示外，理合咨呈。爲此咨呈王大臣，請煩查照酌核辦理，望切施行。

照録原稟。敬稟者：竊卑境荆山寺一帶。有洋人時來遊歷，藉圖挖覓金砂，疊將隨時情形稟報憲臺在案。緣卑境西南荆山之麓，舊有荆巖古寺，爲金元時遺刹，土人呼爲金山寺，並無别有所謂金山者。其地邃曲窈深，樹林陰翳，洋人間來遊歷，既未逗留，亦無滋擾。自本年上海洋人新聞紙出，而洋人來者漸衆，以荆山爲金山，轉相煽惑，視爲利藪，然至者猶復條來條往。經卑職時加防查，嚴禁華民不使勾結干預，尚無滋事。乃前月以來，迄今月餘，車馬闐溢，紛至沓來。每逢七日禮拜之期，遊者益衆。間挈洋婦來此。昨有英國、美國人於樹林中支立帳棚二座，上竪花旗，久住不行，曾繪式具稟在案。近又有法國人復於寺北更支帳棚，竪紅白二色長方旗一面，上有漢書「法金匠公司」五字。旗式繪樣呈覽。各於帳棚中掘地爲竈，伐寺間樹木爲薪，並時向民地掘取地瓜爲食，酒瓶紛裂地上，歡呼聚飲。輒携洋槍利刃，向山村遊弈，任意所之，逐人爲戲，將民間車駕疃車姓守户之犬擊斃四隻，荆巖寺東禪院之犬擊斃一隻，郝家莊郝姓之犬擊斃一隻。此去而彼復來，昨行而今又至。間復携帶鍁钁，向山麓河灘尋覓金砂，自行開挖，或無所見而止，或見水出而止。附近居民僉守中國法度，閉門不出，有携妻女遠避者，實無民人勾結情弊。卑職除隨時往查外，現派幹練差役及穩妥家人，會同鄉地，逐日梭巡。令其將洋人來去數目，每日情形，設立册簿，開載明晰，以備查考，限二日飛報一次。卑職按五日稟報一次，藉紓憲廑。伏查洋人向由烟臺來卑境遊歷，恃在百里内無須執照，現在常川住此，任意遊遨，且有乘醉擊斃民間犬隻等事，誠恐日久不無滋生事端，致啓嫌釁。中外語言不通，無從知其名字。間有携帶執炊華民，多係烟臺暫時雇覓，僅可藉問洋人國號，案關中外交涉，未敢稍涉含糊。相應稟報大人查覈，俯賜再行照會各該國領事官嚴行禁止，以銷患萌而敦和誼，實爲公便。再，卑職正在具稟間，即據善山社鄉保稟稱：又有洋人八名前往該處，携有鍁钁，不知何意等情。除由卑職飛往查明另稟外，肅此具稟。

照録稟報。敬稟者：竊卑職昨於二十一日將洋人在荆山寺現在情形，稟報憲鑒。正在具稟間，接據善山社鄉保稟稱：二十日有洋人八名，帶執炊華民一名，來至該社，將牲口脚夫撥回，留驢三頭，在摩山西北山楊樹嵐内存歇，自帶飲食鍁钁等物等語。當經飭令趕緊折回，細心查看。卑職一面乘馬馳至該處，查得洋人共八名，有二名係由烟臺徑行來此。其六名係於十八日四更時，由烟臺至荆山，復由荆山前往該處。所帶華民一名，程姓，登州府人，携有帳房一架，在山下平坡楊樹林下支設。白旗一桿，藍心小黄旗一桿，中青十字。在樹上懸布吊舖四個，餘在地下歇宿。有鍁二張、钁二把，並酒食等物。於二十日辰刻，洋人七名赴摩山八里之謝家疃河灘，尋取金砂無獲，失意而回，是晚仍住摩山。據程姓云稱：並不知洋人姓名，係屬法國、美國之人，中外言語不通，無從問訊。二十三日，復據荆山家人等稟稱：二十日哈利商人携帶洋婦來至荆山，已於二十一日回烟臺。二十二日辰刻，洋人復來，在山北帳棚存住。其山南帳棚之洋人六名，跋扈踞傲，不許一人近前，均於是日至菴裏村東南李姓塋旁掘挖，約長三尺許，寬二尺許，深五六尺，距塋堡四五尺遠近。塋主爲萊山西街李福等語。並據李福呈明前來，卑職復行馳往該處查看。該洋人在李家塋開挖，因無所得，已回帳棚，仍在該山四面尋覓，毫無定見。伏思洋人結伴來此，雖爲數僅在二十名以内，然相率遊嬉，任意開挖民地，誠恐日久滋生事端。况摩山距荆山四十餘里，該洋人分歷兩處，更難保不更向他處遊歷。卑職奔馳旁察，不敢憚勞。然雖經查看，若阻止稍形顔色，勢必有所藉口，别尋釁端。卑職現已嚴禁本地民人不致稍有干預，庶猛虎無倀，其威稍殺矣。僅將洋人在荆山及摩山兩處情形，據實稟報大人查考。伏祈據情轉稟，並照會各國領事辦理，實爲恩公兩便。

照録新聞紙：烟臺來信云：自該處禁止挖金之後，乃西國有二十三人依然竭力挖取無忌。始則百姓不敢與挖金之外國人共買賣，而外國人自用騾子往他處買辦食物等件，現在百姓亦漸與交易，官府莫之禁也。蓋不禁則安然無事，禁則變生不測耳。難矣哉！

又總署致英使阿禮國照會《撥派槍砲隊彈壓挖金請嚴飭洋人勿再私往》

八月二十九日，致英國公使阿禮國照會稱：同治七年八月十七日，據三口大臣咨稱：轉據東海關監督潘道禀報：東省寧海州境內荆山、摩山等處。時有洋人携帶帳棚食物，並隨帶白旗及藍心小黄旗、洋鎗等件，在該處李姓塋地刨挖金砂，詢係法、美兩國人。請照會各國駐京公使，凡外國兵船駛入烟臺海口停泊，嚴飭帶兵官不准兵丁水手上岸，潛入寧海州等處挖砂。並請飭在烟各國領事官禁止外國流氓携帶帳棚、旗號、洋鎗前往挖砂滋事等因。查山東烟臺等處，各國無業流氓私行開挖金礦一案，前據貴大臣已飭烟臺領事官勿許洋人私往各處開挖，並經本衙門嚴飭該道督率地方官禁止内地奸民潛行勾結在案。今寧海州屬荆山等處，復有男女洋人結伴成群，藉遊歷爲名，潛往該處開挖。荆山等處既非通商口岸，不得恃遊歷爲護符，亂行不法之事；且插旗聚衆，携帶洋鎗，顯有恃强抗拒之意。若不再行嚴禁，難保不滋生事端。本衙門現已奏明，由天津派撥槍礮隊前往登州，會同鎮標官兵巡防彈壓，遇有洋人聚衆挖金，即由東海關道會同領事官先行諭令該洋人出境。如有不遵約束，恃强藐視，即派兵彈壓驅逐，以盡中國自有之權。相應預行照會貴大臣知照，即日行文嚴飭烟臺等處領事官，禁止各洋人不得藉遊歷爲名，支架帳棚，私設旗幟，前往各州縣境内開挖金砂，並將旗械立即撤去。務期設法弭患未萌，由大化小，由小化無，乃爲妥善。

又總署收丁寶楨文《洋人違約挖礦請照會各使認真查禁》 九月初三日。

山東巡撫丁寶楨文稱：【略】據此。查此案前據該道節次禀覆，並由本部院酌定查禁告示章程，飭發照辦，均經先後咨呈在案。前該道查勘林家溝頭地内，刨有土坑，並見美國人甘美倫、英國人德肋刻借住觀音閣内，當經照會各領事囑令唤回烟臺，當以並無開挖實所照覆。今忽探有男女洋人在該處條來條往，支架帳棚，竪立旗號。并有洋人七八成群携帶帳棚器具，在摩山等處四處尋覓，并在相近李姓塋地刨挖，經地主李福呈報到州。且有擊斃民犬、砍伐樹株情事，是其任意妄爲，已可概見。查洋人惟欲借遊歷之名，爲挖金之計。如向各領事查禁，必要其人年貌姓名。如向該洋人查詢，則佯爲不解，無從究詰。此其意在遷延，日久即爲已成之局，難於復禁，不思中國嚴禁之事。洋人違約妄爲，是不遵中國之法，既經中國照會領事官出示禁止，仍復肆行不顧，是又不聽本國之令，無情無理，自問將爲何等之人！且洋人入内遊歷，必須地方官力爲保護者，原恐本地民人或有欺侮，致傷和誼。今洋人恃有保護之説，又恃有百里内遊歷不用執照之語，公然三五成群，竪立旗幟，殊不雅觀！且隨意刨挖，傷人墳塋，伐人樹株，斃人畜物，是肆意擾害閭閻，和誼安在？中國民人深知奉上守法，現尚不敢妄爲，然不甘被擾之情，人所共有。若該洋人既自以保護無虞爲得計，而各領事又不切實查禁，或以人多難禁爲詞，設中國民人不堪其擾，致有意外之虞，則中國人亦未始不多，地方官又豈能人人禁止！况洋人帳棚旗幟，文書「法金匠公司」字樣，是某處地方爲某國某人在彼插旗，各領事亦不得諉爲不知。如實不知其人，但須切實照覆，中國自可設法辦理。此事實辦業經數月，如果各求息事，自能彼此相安。惟似此情形，究屬陽奉陰違，終恐難於妥協。本部院思維再四，不得不明白揭出，以免含混延宕，貽誤事機。除札飭登萊道遵照指出各情，切實照會各領事妥速商辦外，擬合據實咨明。爲此咨呈貴衙門，謹請查照敝咨，照會各國駐京公使務須姑念大局：凡外國兵船駛入烟臺海口停泊，嚴飭帶兵官不准兵丁水手上岸，並速飭各領事官嚴禁外國無賴之徒，携帶帳棚旗號洋鎗，前往挖砂滋事。務須認真查禁，毋再推諉遷延，以符條約而全交誼。望切施行。

又總署收法使蘭盟照會《寧海州挖金事已申明嚴禁》 九月初四日，法國蘭盟照會稱：【略】本大臣閱視之後，隨即行文嚴飭烟領事官，飭其申明該法國人按照和約，並遵循中國律例，不許刨挖金砂，令其躲開該處。至如貴親王所請兵船嚴飭帶兵官不准該船兵丁水手上岸，潛入寧海州地方挖砂，查本國在烟臺海口，並無兵船停泊，萬不能有水手潛往挖金之事。嗣後縱有停泊之船，本國船主向來約束兵丁水手最嚴，決無上岸挖砂之舉。設此挖砂之人，不遵領事官之命，持强抗拒，本大臣尚冀貴國兵丁彈壓驅逐，然亦不可過於殘暴。爲此照會。

又總署收丁寶楨文《寧海州洋人挖礦暨英領事探勘平度金礦事》附寧海州禀 九月初六日，山東巡撫丁寶楨文稱：現據寧海州知州孫愷元禀：摩山挖砂洋人現復移往崮頭。又據平度州知州海澄禀：英國領事馬安邀同水師帶兵官達姓，執持護照來遊金山各等情。查洋人挖金一案，節據該地方官禀覆及隨時辦理情形，均經咨呈貴衙門查照在案。今摩山挖砂之洋人，復又移往崮頭，距該州城已一百餘里，且距烟臺亦不止百里以内。且同伴至十人，比從前三五成群，數亦增多。至馬安身爲領事，曾經登萊道照會囑其出示諭禁洋氓，今復自來察看金苗之處，已非條約内所應爲，何以自稱金苗之有無，以回奏該國王等語，殊不可解。况洋人持約遊歷，凡兵船水手不在此例，何以復帶水師帶兵官同來，似此種種行爲，均屬違約，當嚴飭該州等認真妥爲防範，仍嚴禁内地民人亦不准勾

結；並札飭登萊道照會該領事迅速回烟，毋任逗留；並將辦理情形，隨時妥籌稟報核辦外，相應抄稟咨明。爲此咨呈貴衙門，謹請查照施行。

照録原稟。登州府寧海州知州孫愷元謹稟：宫保大人麾下：敬稟者：七月二十八日，接據李守行抵卑境，以奉憲札委查登萊所屬産金處所，如有華洋商民勾結開礦，飭即查明妥爲封禁等因。遵即隨同李守親往查勘明確，由李守徑行稟聞在案。查卑境寧海州西南荆山之麓，舊有荆巖古寺，距烟臺僅四十餘里，洋人以條約内載有百里内，無須執照，時來遊歷，向不能禁，倏來倏往，並未逗留。本年上海譯出新聞紙，有烟臺金山出礦甚旺，洋人、廣東人現往採開之語，而洋人自此來者漸衆，聲言開礦，顧覓民夫。經卑職聞信親往查勘，並嚴禁華民勾結干預，歷將辦理情形稟報關道轉稟在案。乃迄今數月，洋人嗜利之心，未肯中止，今日去而明日復來，此國行而彼國又至。因居民不爲傭工，輒自行携帶鋤钁，任意所之，混行掘挖。東北無獲，更復棄而西南。山谷既窮，又復尋諸川澤。工既或作而或輟，人亦忽少而忽多。此自四月以來之情形也。近因卑職嚴禁居民，並遍諭各鄉父老，我華民恪遵中國法度，閉門不出，罔敢勾結。有携眷屬遠避者，民間均不賣給飲食，並不賃給室廬，洋人計無可施，於荆巖寺南寺北之林中，各支帳棚以居。昨又於摩山村西北楊樹嵐内，别來洋人八名，支立帳棚，自携食物，在河灘掘挖，現無所得，仍住該處。所有疊次開挖情形，均經卑職隨時具稟關道，並請照會各國領事辦理各在案。初一日，李守旋省，卑職正在具稟間，接據摩山村鄉保稟稱：該村楊樹嵐洋人於是夜三鼓，携帶帳棚等件，齊向南行，不知何往。卑職因洋人南採，距城漸遠，恐有他故，當即乘馬馳往踪查。中途復據崮頭村鄉保稟稱：初一日辰刻，有洋人至該村後河崖沙灘駐紮，携有帳棚、鍬钁等物，村民驚詫等語。當即諭令折回，安緝民人，毋許干預。一面馳至該處，勘得洋人十名，距河岸滕姓窑房三丈許，支立帳棚。内有鍬、钁各一把、鐵鍬一具、行李飲食等物。旋即親往問訊，言語不通，莫能悉其名字。卑職未敢鹵莽驅逐，恐啟嫌釁。當即傳諭鄉民，如洋人有挖金情事，即不許賣給食物。該村向有五日一集，飭令暫停，免滋事故。初四日午後，卑職留家人在彼住守，始行回城。伏念卑境爲濱海之區，雖産金砂，實無金礦。訪諸父老，據云四五十年前，間有披砂而揀者，不過農隙餘間，藉圖微息。窮一年之力，所得金至多不過一兩四五錢許，或有得不及一兩者。不敷糊口，是以無人爲此。洋人貪利性成，勢不能滿其所欲，必將意阻而反。第目前彼族麕聚，視爲利藪，斷不肯戛然而止。荆山距州城四十里内，猶易訪查。摩山距城已八十里，今移往崮頭，距城計一百餘里，誠恐鞭長莫及，防察難周。卑職責任綦重，且有日行公事，勢不能駐彼常守。前於六月間，因洋人漸多，曾經稟明關道遵照保甲規條，令各社長及鄉保具立該社並無民人交通洋人挖金甘結，並由卑職選派家人及妥練差役常川住彼，晝夜梭巡，逐日稟報。將洋人名數，來往日期，設巡環二簿，開載明晰。卑職按五日具稟關道一次，如有要事仍當隨時飛稟。惟是洋人犬羊成性，鬼蜮居心，與彼領事官表里爲奸，恃非中國之法所能制，任意妄爲，肆無忌憚。惟有卑職嚴防華民不使勾結，至處彼洋人之法，先之以禮，喻之以害，申明以例禁，庶人衆難以傭雇而脅，釁端無可藉口而開。久無所獲，有損無益，將不驅而自行矣。除卑職仍隨時實力巡查外，相應將現在卑境洋人借遊歷爲名，潛圖挖金，實無華民干預情事，稟報宫保大人察核。

又總署行丁寶楨文《槍砲隊彈壓挖金洋人當寬猛兼施勿稍遷就》 九月十一日，行山東巡撫文稱：前因東省平度寧海等州屬，有各國洋人私赴各處開礦挖金，並插旗聚衆，携帶洋鎗肆行不法之事，當經本衙門奏明於天津礮臺五營内，撥出一營駐紮烟臺地方，巡防彈壓。並照會各國駐京公使，即日行文嚴飭烟臺等處領事官，禁止各國洋人不得藉遊歷爲名，支架帳棚，私設旗幟，前往各州縣境内開挖砂礦。如有洋人聚衆挖金，即由東海關道會同領事官先行諭令洋人出境，如不遵約束，恃强藐玩，即派兵驅逐等因。兹據英國阿使、法國藟使、布國李使，先後照覆，已飭領事官嚴查：如有在各處開挖者，立即諭令停止，即刻出境。並允將不行遵照之洋人，由地方官自行拿獲，交領事官嚴辦，并由本處兵丁彈壓驅逐各等因前來。查英、法、布三國照覆，深知開挖金礦非條約應准之事，亦知中國例禁綦嚴，萬難寬縱，是以各飭領事官嚴禁，並無異詞。現在三口大臣所派礮隊，計已由春鎮統帶到防，前往烟臺駐紮。如有洋人三五成群，私往各州縣境内挖金，即由該地方官諭令出境。倘敢不遵約束，仍在境内逗留，即由東海關道會同各國領事官帶兵前往彈壓驅逐。先以理諭，繼以勢禁，總期寬猛兼施，使挖金洋匪不敢再行入境，切勿稍存遷就。相應抄録來往照會，咨行貴撫查照。仍將辦理情形隨時咨覆，是爲至要。同日行三口大臣文。同上。

又總署行崇厚函《槍砲隊彈壓挖金洋人當寬嚴並濟》 九月十一日，致三口通商大臣函稱：洋人前在寧海州金山寺等處插旗聚衆挖金一案，前經本衙門於八月初五日奏調天津槍隊及登州協鎮兵，前赴烟臺駐紮，當即抄録原摺，咨達氷

案。並將籌辦情形，暨飭令升任潘道妥爲防籌之處，詳細函布。八月杪將調兵赴防一節，由本處照會各國。兹據英、法、布三國照覆，英則允由地方官查拏，交領事官嚴行懲辦。法則允由中國兵丁彈壓驅逐，不可過於殘暴。是該公使等亦知聚衆挖金，顯干例禁，中國應盡有自主之權。兹先將三國照覆及本處照會，先行繕咨抄寄。復查春鎮督帶槍隊五百名，前赴烟臺駐紮。昨經閣下咨報業於八月十七日起程，目下諒抵防所。其登州鎮標兵已否由稚璜中丞揀選赴防，與槍隊合練之處，現尚未據咨報。惟洋人桀驁性成，挖金多係匪衆，春鎮初赴烟臺，或恐示之以弱，則洋匪勾結，更不可解。爲此合知閣下即飭登萊青道會同春鎮，不時親赴該處認真彈壓。倘該洋匪等仍復結黨成群，肆行開挖，先將所竪旗幟帳棚等件，概行撤去，立即驅逐出口。倘敢恃强抗拒，即督率兵隊，將該匪等扭獲，由道就近分别交領事官懲辦。此等外洋匪徒，本伊國所不齒，中國爲防範地方起見，雖不可過爲殘暴，亦不可純用優柔，惟在當事各員斟酌情形，寬嚴並濟。新任劉道已否報到，潘道已否交卸，倘恐交替之際，辦理半係生手，或由閣下處揀派熟悉洋務兼明軍旅之員，幫同春鎮等妥辦。潘道久在煙臺，情形較熟，能俟此案辦有頭緒，再赴運使新任，最爲妥善。一切仍希閣下酌裁，稚璜中丞處業將來往照會咨行。閣下接此函後，仍望詳細會商，俾臻妥協，并將一切辦法函達丁稚璜爲要。其俄、美、日國如有照覆，當再續咨。此布。即頌勛祉。

又總署收山東巡撫丁寶楨文《英領事違約探勘平度金礦》（同治七年）九月十一日，山東巡撫丁寶楨文稱：現據平度州知州海澄稟稱：敬飛稟者：昨奉本道升任都轉鹽運使潘運司函諭：現有英國領事夷官馬安等，特來卑州遊歷，囑爲查照等因。奉此，當將到州日期馳稟在案，該夷官馬安托羅、愛文知併夷商愛别知、醫生騰四鑑等五人，跟隨内地民人三名，馬夫四名，騾夫六名，於二十二日由州起程，傍晚行抵州屬東北鄉舊店住歇。當將卑職傳諭本地居民，如敢接濟外夷米糧柴草，及受雇挖礦者，從嚴懲辦。併在旁觀望之閑人，均止金坑半里之外，如違究治。曉諭去後，二十三日清晨，馬安等各帶洋槍洋礮，沿山試放示威，并携洋鍬夷钁，前往相拒舊店五里之金坑崖上，四處遊歷，隨於去秋洋人德愛禮開採處所，拾石撤土，彼此傳觀。馬安微晲，愛别知哂笑，口譚夷語，不知何詞。察其意似以礦苗不旺，不足開採，而愛别知頗有窘色。緣愛别知即去秋來州開採之德愛禮，州民之中尚有認識該夷之面目者。愛别知囑令通事向護送之州差等言説，不惜重價欲倩代募百人，啟土試看。該差漫應之下，旋即以本地居民視開礦爲畏途，以順募催若湯火，無論工價多寡，無人應募，婉言回復。愛别知隨又以五十人、三十人、二十人、五人迭次降減，娓娓懇催，均經該差逐層謝絶。迨後愛别知甚屬焦急。伺查該夷似以誆賺馬安爲慊，必須掘土顯露金苗，急欲見白。卑職第念該夷犬羊之性，惟恐急則反噬猖獗，或致決裂，轉失柔遠之道。乃密諭撥給民夫五名，言明暫行借用，併非受雇，愛别知授以鍬钁，囑於坑内挑挖。該民夫遂於素知絶無金處，啟動二三寸許，撮土一握，授與夷人傳觀。察馬安頗有嗔責愛别知之意，愛别知似甚惶愧。大抵此來必愛别知改冒德愛禮名姓，僞稱客商，引誘馬安等前來者也。卑職當以本處實無金礦，往有無業窮民私淘澗内金砂，其利甚微，不足糊口。果因爲利開採，定必不付工本。況外國來此不易，必須金多利厚，方不虚費輕勞，更或設因開礦失和，豈不枉花銀錢，徒傷和誼，在領事諒不爲此無益之舉也。該領事馬安似亦頷領，頗有即此終止神色。卑職隨即率同本地居民人等，均各走散，仍密派鄉約一旁瞭望窺伺動止。午後該夷等遊至澗東山下，距金坑二里之金山河，見有捉漁沙壠，疑係淘金沙溝，遂將放牛民人周令、望坊之姜本升、行丐林小保三人强行邀截，迫至河干，脅以洋槍，授以斗酒淘盆，囑令淘汰。約一時許，僅得自然銅錢一小包，其餘毫無所獲。卑職聞信，復經前往阻止，該民周令乘便脱逃。馬安因無所迫脅，淘沙無獲，頗形咆哮，意甚猖獗。言及上年毛捻竄擾烟臺，該夷借兵保衛，不無微勞，現在僅向卑職借役百人，併不供應，中華之官不講情義，莫若卑職爲最。卑職當向反復開陳，伸明大義，尺地一民，物各有主，外夷豈得違約擅動逼脅居民，無故放砲震驚百姓，是則過在領事，不在中華也。誚責之下，經通事勸散，彼此均回舊店住歇。該夷於次早不辭而去，潛察行踪，係往棲霞進發。密訊該通事供稱，棲霞亦有金礦，該夷便道，一路窺伺，未知所供真僞。理合將洋人挑挖淘汰毫無所獲各情形，及出境日期，馳稟查核等情到本部院。據此，查昨據該州稟報，該領事馬安邀同水師帶兵官達姓等五人前來該州欲挖金苗等情，當經咨明在案。兹復據稟前情，除批飭該州以後如有洋人前來雇夫挖金，不准應給一名，並曉諭居民嚴禁接濟外，相應咨明。爲此咨呈貴衙門，謹請查照辦理施行。

又總署收崇厚函《彈壓挖金洋人暨登州標兵教練洋槍事辦理情形》九月十四日，三口通商大臣崇厚函稱：敬肅者：十二日接奉津字三百九十五號鈞函，并准大咨，録示照會及各國照覆等件，祗悉種切。洋人在寧海州金山寺等處插旗聚衆挖金，經貴處將調兵赴防一節，照會各國。兹據英、法、布三國照覆，均

知聚衆挖金，顯干例禁，已行知各領事官嚴懲驅逐。惟洋人桀驁性成，挖金多係洋匪，各國既有照覆，自當遵照來示，轉飭登萊青道會同春鎮親赴該處認真彈壓。倘該匪仍復結黨成群，肆行開挖，立即驅逐出口。倘敢恃强抗拒，即督兵隊將該匪拏獲，由道就近交領事官懲辦，以靖地方。春鎮現已抵烟臺，聞得該處流氓均已斂跡。至揀調登州鎮標兵丁操練槍隊一節，迭接丁穉璜來函并公文，以揀練緑營兵丁教練槍隊。東省事屬創始，所有抽撥管帶駐紮教練調遣以及賞罰餉項事宜，必須通盤籌畫，核議妥協。酌議章程相商，當經崇厚查明津郡操練洋槍礮隊奏定月支薪水餉乾銀兩，並出師出防加支款目，開單咨送。並以必須營官得人，方能有濟，號令副令帶隊等官，非老成曉暢、熟於槍隊者，不能充教習之任。其帶隊分帶各員，以五百人計，須用三十員之多。亦必得深明一隊步伐止齊，方能聽總令指揮。擬於現派之通永槍隊内，派出大教習二員，小教習十六員；天津礮隊内，大教習一員，小教習四員，專管教隊，函致丁穉璜查核辦理。並據潘運司、劉道等稟稱：以烟臺民居稠密，地方窄小，現爲安頓津郡槍隊，不惜重貲暫賃民房七處。若登鎮標兵五百名同時到烟，雖有重貲，亦無民房可賃。擬在石圍之内，建立營房一百四十間，並帶兵官公所。應需銀兩，即在東海關常洋兩税項下動用，當飭該司道遵照辦理。并據丁穉璜來信，已派留東候補知府焦仲良充正營官，再於參遊各員内，遴選老成諳練者，作爲幫帶。至總令幫帶隊分隊等官，由崇厚轉飭春鎮，俟隊伍教成後，於習練最爲熟習拔補派充。以上各節，與丁穉璜往返相商，意見相同。當即據情會銜繕摺具奏，除將奏稿備文咨達鼎案，先此奉聞。再春鎮統帶槍隊，乘坐布國、法國夾板船三隻出口後，在洋面猝遭大風，危險異常。該鎮座船擱淺觸礁，趕緊救護。官兵上岸，均無損傷，於八月三十及九月初二、初四等日，先後到烟。並以附及。

又總署收美國照會《開礦有益中國已飭美人勿往烟臺私挖》 九月十四日，美國照會稱：八月二十九日，准貴親王來文内開：東省寧海州境内荆山、摩山等處，時有洋人在該處李姓塋地刨挖金砂，詢係美、法兩國人，請飭烟臺領事禁止，並將旗械撤去等因。前本大臣查烟臺挖礦一事，前經署任衛大臣已行知烟臺美領事，不給本國人遊歷執照在該處往來等情在案。本大臣前在烟臺經過，聞該處領事説，該處無多金礦，惟山谷中間有金砂，有二三十洋人散開淘揀，未有擾害農田，傷損墳墓，且内中並無美國人。大約自始至今，共計不滿二百人，現在不過十數人揀取金砂。只因金砂甚少，兼之天氣漸冷，自行散去。不患愈引愈多，似無庸率兵彈壓。兹據本大臣意見，奉勸貴親王舉行開五金礦、煤窑，則閑人不致無業，國課亦有贏餘，與民有利，與國有益。前衛大臣已詳述大意，若能照辦，誠爲美舉。夫開礦遇地中有水，須用水機將水泄出，遇有大石，須用大機轟石取金。若不設水火機，如遇水石只得罷工。今挖礦未蒙允准，富饒體面之洋人，誰肯私自佔挖，致違和約。且東省地面金砂不多，人見無利而自停止。現本大臣擬行知舊金山宣布勿庸前往烟臺等處挖礦，以符中外和約而敦友誼。

又總署收曾國藩文《録呈美國農政大臣開礦妨農示諭》附美國農政大臣示喻 十月初九日，兩江總督曾國藩文稱：據蘇松太道應寶時稟稱：九月初五日，據機器製造局雇用翻書洋人瑪高温稟稱：美國開山採金之處，附近田地盡被礦砂填廢，現有該國農政大臣《示諭》一條，利害直陳，可絶洋人覬覦中國金山之意；翻譯呈覽等情。核其所譯《示諭》，雖無作何禁止明文，而所言利弊尚爲切實。歷觀新聞紙載煙臺採金之事，洋人終未絶跡，得此亦可備持論之一端。用特照録清摺，恭呈鑒核等情，到本署大臣。據此，相應抄粘咨會。爲此合咨貴總理衙門，請煩查照施行。

照録瑪高温譯送《示諭》。爲開山採礦有妨田圃大礙農政事。查金山一省，附近開礦之處，無論原隰之田，坪阪之圃，現在盡被礦砂湧至填厚，廢棄無用，砂厚二寸至十寸。以一邑計之，被廢之田，約八千畝，合中國數計四十八千畝之多。其田價每畝值洋一百元至一百五十元，今賣三元之洋，亦無人接手。且鄰邑有已廢之者，有始及之者，並築成場圃無用者，實難枚舉。向者該處烟景滿野，今則永爲荒白之區。由此觀之，開山取金，不過一時之利，妨農害政，遺患無窮等示。

又總署崇厚函《登萊道籌議遣散挖礦洋人頗合竅要》附登萊青道稟 十月初十日，三口通商大臣崇厚函稱：頃接登萊青劉道來稟，以寧海荆山寺等處，仍有洋人往來，行踪無定，經該道不時遣差前往密查，該洋人三五成羣，携帶帳棚，在該處試挖金砂，借名遊歷，尚無滋生事端。並該道擬俟英領事馬安回烟後，即約同前往荆山寺等處，向該處洋人明白曉諭，設法遣散等情。查閲來稟所云，頗合竅要，果能辦理咸宜，自不難潛消默化。兹將該道原件照抄呈閲。肅此。

附呈照録劉道原稟一件。敬稟者：竊職道承乏之罘，幸依仁宇，疊荷誨言下賁，備蒙指示周詳。感激私衷，名言莫罄。祇以材輇任重，叢脞時虞。幸步偉

如都轉後塵。有軌可尋，藉藏鳩拙。練兵事宜前經遵諭會商籌辦，擬就條款，稟請鈞示，計達憲聰。寧海荆山寺等處仍有洋人往來，行踪無定，經職道不時遣差前往密查，該洋人三五成羣，携帶帳棚，在該處試挖金砂，借名遊歷，尚無滋生事端。現奉憲檄轉准總理衙門照會各國駐京公使，嚴飭駐紮煙臺各領事一併禁止等因。自應遵照先行照會各國領事，一體曉諭。倘有不遵約束，由職道會同各國領事帶兵前往彈壓驅逐，斷不敢稍存遷就。查挖金一事，當以禁止內地奸民不使勾結爲第一要義。洋人潛踪而入，人數究屬無多，決不致開廠聚衆。昨與税務司雷德面晤，據稱有法國人在該處試挖金砂，一無所獲，求借洋銀五圓，作盤費回滬等因。洋人無利可圖，行將不禁自絶。現在英領事馬安因公赴滬，望日前後，當可回煙。職道擬俟建蓋營房工竣，即約馬領事前往荆山寺等處，向該洋人明白曉諭，勸令悉數回煙。如有實在苦累洋人，商同馬領事捐給盤費，限令附載洋船出境，不使逗遛。似此設法遣散，或可免再生覬覦。唯查洋人執拗任性，概難理喻，勢難遷就，固足養癰，鹵莽亦足僨事。職道唯有恪遵鈞諭，寛猛兼施，總期默化潛消，不使釁端自我而開，以冀仰副憲臺慎重海疆綏靖中外之至意。再，此間一切關務及練兵事宜，非面聆訓示，無所稟承。奈自抵任以來，適當春鎮軍統帶官兵，暨奉調登州鎮教練標兵，先後到煙，日事薪勞，倍形竭蹷。轉瞬封河期邇，乏術分身，依戀之私，無時或釋。統俟來歲春融，束裝航海，趨叩鈐轅，敬聆榘誨。所有欽感下忱，合先陳請宮保大人察核。手肅具稟，叩請勛安，伏乞慈鑒。職道達善謹稟。

又總署收丁寶楨函《籌議禁阻洋人挖礦》 十一月初七日，山東巡撫丁寶楨函稱：本月十七日接奉鈞函，以貴衙門章京陳部郎欽請假回籍起服，現在修約各事宜，均係該員經手，須於年前趕回，方可無誤。恐起服文件一切不能迅速，囑令屆時妥爲速辦。俾得年前趕回等因。應即遵照辦理，以免耽延，乞釋厪注。東省洋人挖礦一事，昨據寧海州孫牧愷元具稟：該洋人復於姜家溝頭地方，約十餘人，私行掘取，得有黑塊甚喜。該州前往多方諭禁，訊知多係美國之人。并據其手書二紙相付，莫能識其字跡。現在該處居民均經勸諭，實無隨同勾結買地，及賣給該夷飯食之人等因。當經飭令該州，並行知關道照會領事，將該洋人調回。其所挖之坎，亦經飭令照會該領事填平，以免再挖。並咨呈冰案查照，想邀鈞覽。惟洋人挖金之念，至今未死，防閑不可稍疏。寶楨現惟諄飭關道及各屬時時密禁內地民人串同干預，並私行賣給地畝，以殺其勢。刻下地已結凍，當不至再有他事。惟恐春融凍解時，仍復復行挖掘，擬俟來春二月再行飭委妥員前往妥爲查禁。固不可失之鹵莽，亦不容稍涉松懈，致誤事機。再，挖金之事，前奉大咨，並轉行各國公使照會。英、法等國均願自行禁止，並許中國自行拏辦。惟查照會僅係英、法等國，美國獨無。現在挖金者查明多係美國，是此事明係美國一國私意。鄙見以英、法等國既有照會自行查禁，並許中國拏辦之說，是挖礦一事，必非其本心。而美國志在貪利，一意試挖，將來修約必議及此。彼時或先與英、法等國議禁此條，想各該國既肯照會，必不致遽行翻議。但得英、法等國議定，美國自亦不能孤行己意。此亦釜底抽薪之一法。是否可行，謹乞裁酌。敬再啓者：正肅泐間，接登萊青劉道來稟，該道昨與税務司雷德面晤。據稱前有法國人在金山等處試挖金沙，一無所獲，求借洋銀五圓作盤費回滬。洋人無利可圖，行將自行絶跡等語。查洋人前在上海、烟臺等處挖金得利，編入新聞紙，希冀煽動多人，前來開挖。人多勢衆，自難禁阻，居心極譎。現在無所得利，將來回滬，彼此喧傳，來者自少。挖金之事，或可就此禁絶，亦未可知。謹此奉聞。

又總署收丁寶楨文《寧海州稟呈洋人挖礦案辦理情形已再飭查禁》 十一月初十日，山東巡撫丁寶楨文稱：照得同治七年十月十九日，據寧海州孫牧稟稱：竊卑境荆山附近廟地及姜家溝頭二處，尚有洋人佔居情形，昨已稟報憲鑒。並卑職不時往查情形，隨時稟請關道轉稟各在案。卑職因洋人多麕聚於姜家溝頭，恐有他故，時至該處察看，實無華民勾結干預。惟洋人十餘人倏來倏往，因在各山谷河灘試挖無獲，復向前次所掘之姜家溝頭村外山地內舊處淘挖。卑職日向查詢，既理喻之不能，復勢禁之不可。見其所掘之處，約深七八尺許，挖有黑塊，與夏間所挖之石塊同，並無金礦形跡，而洋人仍挖不已。其下有石橫阻，輒以洋藥轟裂，復於石下橫掘一坎，石縫中現有白星黑黄色石塊一道，似石非石，洋人得之甚喜，歡呼得寶。卑職甚爲驚疑，親至該坎中撿取細視，亦莫能辨。持問該處耆老，僉云耕地常見有此，并無揀之者，聞鍊之可以得鉛少許。復覓本處銀工看視，多不能識。惟一年老錫匠言其幼年曾見有取此鍛鍊者，須盡取白星鍊之可以有鉛，若合土與石鍊之，則並鉛亦無矣。彼時因本山所出白星者甚多，有取之者，緣不敷工本，是以無人肯爲。嗣後所出之土塊白星甚少，不能復鍊。現洋人所取者，縱能加工將白星取出鍛鍊，不過僅能有鉛，其中或可得錫少許，並無金銀。卑職向洋人將此事反覆告之，言語雖不能通，而手摹目擬，畧可

解識，堅不肯信。卑職既未敢將其遽行填平，恐啟他釁，而理喻再三，復搖頭不顧。詢其何國，係美國之人。再四問其名字，始據其手書二紙相付，莫能識其字跡。卑職參以訪察，知其同事者十八人，或去或來，現在民間無賣給飲食者，均係彼自由烟臺携來，惟强伐山中樹木爲薪。該民人俱經卑職勸諭，不敢與較，或不致別有事故。即居民亦經卑職嚴禁密查，絶無通同勾結並賣給地土之人。除卑職隨時隨處勤加查視，已將石塊並洋人字迹照録呈送關道轉稟外，理合將現在洋人在姜家溝頭情形稟報鑒。並將所挖白星黑色石塊，及洋人原書字跡二紙呈驗等情，到本部院。據此，除批飭該州並爲禁阻嚴禁内地民人勾結，並札飭登萊青劉道查照前次貴衙門來文，知照該國領事速即禁止，並將洋人迅速調回。所挖之坎，即行填平，毋任再行開挖外，擬合咨會。爲此合咨貴衙門，煩請查照施行。

又總署收丁寶楨文《挖礦洋人分别遣散并籌議禁其復來》〔同治七年〕十二月初七日，山東巡撫丁寶楨文稱：同治七年十一月二十七日，據登萊道劉達善稟稱：洋人潛入寧海州荆山寺等處挖砂一案，前月初旬，業將籌辦大概情形夾單稟報。旋奉撫院函諭，備蒙蓋慮周詳，瞭如指掌，欽感莫名。職道於英領事來回烟臺之前，節次派委妥員，選派丁役，並能通曉外國口音之在關巡役胡正華，按日前赴該處，約會寧海州梭織稽查，妥爲遣散。當據先後稟報，該洋人在荆山寺姜家溝兩處，或七八人，或十餘人，在曠野無人之境，支立帳棚，刨挖深坑，有刨至二三尺即見水者，有刨至四五尺即見石者，偶有所得，皆係鉛砂，實無金銀等礦，又無内地民人在内。該巡役胡正華詢其來自何國，據各該洋人所稱，除英、法、美三國之外，又有向未换約之意大利、卜羅士等國人。復傳諭開挖金砂，大干中國例禁，况此地既無金砂，何弗安分回去。又據該洋人稱：伊等來此挖砂，係前英國領事啊喳哩招之使來，現在挖不出金，已虧本洋銀一二千圓，啊領事既招他來，亦不能教他虧本回去，尚要相法發財等語。復密訪該洋人在該處挖砂，初時有滋大、清美、哈唎、和記四家洋行，暗中運送食物，嗣因挖不見金，遂不接濟。又值大雪連朝，朔風凛冽，該處洋人已成涸轍之鮒。正在相機辦理間，據英領事馬安於前月二十六日，自滬返烟，職道即與其面商，約令帶兵同往驅逐，馬領事甚有難色。據稱伊奉文但令出示禁止，並無會同中國官兵驅逐之語。且稱挖砂洋人，皆係各國流氓，又係無賴之尤，倘或抗不遵辦，伊係領事，如何落場，非會同各國領事一體禁止，斷難驅逐出境等語。又商諸税務司雷德。據稱：資助洋人出境，原屬中國盛舉，洋人此番虧本，確係實情，若將允給盤費之語，先爲説明，該洋人利欲薰心，非特争多論少，且恐編入新聞紙內，謂挖金無獲，均有厚贈，是貽洋人以需索之柄，將來設再有風聞結伴而來，其將何以辦理，尚須斟酌盡善各等語。職道伏查現在來往洋人，統計不過二三十名，只須隨帶槍隊官兵百餘名前往，不難全數拘獲，送交領事官辦理。第洋人各帶洋槍利刃，均係亡命之徒，萬一不遜，傷我官兵，勢不能袖手閑觀，聽其跋扈。倘或彼此互有所傷，釁端立啓，斯時即責職道以辦理不善，亦屬咎無可辭，然與大局殊有關繫。計不如飭取各國領事外國文字禁止告示到齊，派員賫帶前往，剴切開導，諭令回烟。倘仍冥頑不靈，即難理喻，必以勢驅，然後加之以兵，已屬萬不得已之下策。一面與馬領事議定，凡英國民人由該領事給資，其餘各國悉由商人兼充，無力捐資，應由職道酌結船價，遣令出口。旋據英、法、布、丹各領事將外國文字告示，先後照覆到關，獨美國遲遲不至，節次催取，始於本月十一日移送到關，即派候補從九彭鐄南帶同巡役胡正華等，賫帶告示前赴寧海州，會同孫牧，至挖砂各處向洋人妥爲勸諭，勒令起身去後。玆據馬領事面稱：十五、六、七等日，英國人陸續回烟，共有八名，均已收禁在監，專俟船到給資遣去，尚有各國洋人二十餘名，勢難久留，應俟悉數來烟，由職道會商各國領事分别酌給船價，催令出口，不使逗遛滋事，以期仰副撫院綏靖海疆默化潛消之至意。職道再有請者，寧海挖砂洋人，寔爲前英領事啊喳哩招之使來，經前道潘升司訪查明確，節次稟報撫部院有案。此番該洋人雖盡歇手，半由挖無金礦，半由迫於飢寒，尚有虧本甚鉅，想法發財之語。則洋人窺伺之心，究未死也。來歲春融，外國商船連檣北上，倘仍有無賴洋人結黨成群而至，執有路在百里以內毋庸領照遊歷之條，若責以挖砂犯禁，彼仍恃不載條約，且稱有從前領事官招來之語，反唇相譏，似此混狡横行，若不思患豫防，設法禁止，將來伊於胡底。因思洋人遠來中國，香港、上海皆爲總滙之區，其買賣傳教洋人，來往自由，向無執照，獨遊歷應請執照。揆核立約之意，深恐有不法洋人潛入爲匪，故用執照以示稽考，立法不爲不周，今以百里之内不用執照，且以挖砂爲不載條約，恃以無恐。領事官陽奉陰違，是其故智，地方官多方辯論，把握毫無，恐非久遠相妥之道。擬請嗣後凡各國洋人，自香港、上海附搭洋船北來者，無論買賣、傳教、遊歷，由税務司責成該船主，將所載洋人現赴某口，共計若干名，用總單一紙分别註明，呈由税務司轉送該關監督蓋印，一到北口，令該船主呈送。該口税務司飭令扦子手查點明確，如查有單

內無名及形跡可疑之人，即由稅務司報明該關監督會同領事官查辦。似此設法嚴查，有所稽考，核與各國條約均無違礙，庶挖金之徒，不致再生覬覦，潛踪而入，欲遏其流，先清其源，與禁止挖砂事宜，似有裨益。愚昧之見，是否有當，唯有仰祈俯賜咨明總理各國事務衙門；行知駐京各國公使，並總稅務司赫德會商辦理，迅賜示遵，寔爲公便。除逕稟通商大臣外等情。據此，洋人潛入荊山等處挖砂，節次設法嚴密查禁，雖無內地民人勾結，而洋人利心不止，仍旋去旋來。茲據該道與各國領事相商，已將各洋人曉諭回烟，內英國人八名，由該國領事馬安給資遣去。其各國洋人二十餘名，因各該國領事悉由商人兼充，無力捐資，已由該道酌給盤費，催令出口，此乃中國顧全大局，爲一時權宜之計，辦理尚爲妥協。惟洋人違禁挖砂，致多虧本，若概由關道給與盤費，將來該洋人等得此便宜，難免不妄生希冀無饜之求，必須預防。已飭登萊道妥爲籌辦，須於寬厚之中，絕其覬覦之念。至外國洋人遊歷各處，近日多有不能稽查者，誠恐習以爲常，愈來愈衆，擬請嗣後凡各國洋人香港、上海附船北來者，無論買賣、傳教、遊歷，責成船主用總單分別註明，以便到北口時查點核辦，係爲設法嚴查消患無形起見，與條約自無違礙，自屬可行。應請照會各國，暨上海、香港各關道會同各領事照辦。至洋人既以條約是循，何以向不換約之意大利、卜羅士等國人，亦得混迹潛入內地，而啊喳哩身爲領事，遽以潛謀挖砂，暗中招集遊氓，致令虧本，不能中止，有礙查禁，此非中國有違條約之事。其應如何辦理，似應查照條約，分別核辦。據稟前情，擬合咨明。爲此咨呈貴衙門，謹請查照辦理施行。

又總署收丁寶楨文《福山縣洋賊傷人暨挖礦洋人欲赴烟臺搶劫事已飭查禁嚴辦》附福山縣稟、登萊青道稟 〔同治七年〕十二月初七日，山東巡撫丁寶楨文稱：據登萊道劉達善稟稱：據英國領事官馬安函稱：聞有在荊山寺等處遊歷洋人多名，欲乘黑夜糾衆來烟搶劫，請飭嚴加防範。又據署福山縣知縣趙敏功稟稱：本年十一月初八日，事主張錫田書房，被賊撥門進院，拒傷工人周克鑑等；勘驗稟請通緝各等情到院。據此，查洋人在荊山寺、姜家溝等處挖砂，迭經飭令該處地方官嚴密查禁，內地民人幸無勾結。惟該洋人利心未泯，仍復往來無定，今忽聚集多人，有欲赴烟搶劫之信。事主張姓亦有賊拒傷工人之案。是該洋人明知挖砂無利，計無可施，窮而思逞，殊出情理之外。但其中恐或有本地匪徒勾結之事，亟應上緊查拏嚴辦。除行該道移知各國領事一體查緝，並飭該縣勒限嚴緝外，相應咨明。爲此咨呈貴衙門，謹請查照施行。

照録原稟。同知銜署理登州府福山縣知縣趙敏功謹稟宫保大人閣下：敬稟者：同治七年十一月初九日，據縣屬奇山所保長劉慎修稟稱：奇山所外有張錫田閑院一所，向作書房，本月初八日三更時分，被洋人撥門進院，入室將看守房屋工人周克鑑、周開祥、周開吉，廚夫徐德福拒傷，向東逃逸；並無失物等情。並據事主呈同前由各到縣，據經卑職會同營汛督同巡檢親詣勘明，該處距縣城三十里，距烟臺一里餘，距奇山所半里許，不近大道，並無墩防。奇山所西有張錫田閑房一所，孤懸曠野，四無鄰右，大門向南開設。進內南屋七間，東屋三間，東門房一間，西門房一間，內有土坑一座。據事主張錫田供稱：此屋向作書房，不住家眷。是日教讀先生回家過節，只留看房工人周克鑑等均在土坑上睡宿，燈尚未熄，見賊進內，驚覺起身。進屋六人，俱係洋人衣服面貌，內有用網幪面一人，亦是洋人打扮，向周克鑑等作索物狀。周克鑑等不懂言語，即行聲張，被賊用木柄鐵斧拒傷等語。後院北屋三間，東廂三間，南屋三間，西屋一間，屋內書籍有翻動形跡。查驗門户，並無撞毁痕，及賊遺油捻器械。勘畢，驗得周克鑑偏左刃傷一處；周開祥左額角鐵器傷一處，青腫；周開吉偏右刃傷一處，徐德福偏右刃傷一處，右眉左耳輪各鐵器傷一處，俱青腫；左腮頰刃劃傷一處，左肩甲左手腕，各木器傷一處，俱紅腫；脊背刃劃傷一處，脊膂右後肋右臂各鐵器傷一處，俱青腫。分別開單飭醫，集訊保長事主受傷人等，供與呈同。查烟臺海口交涉中外，各國洋人羈寓於此，賊人俱係洋人打扮，是否即係洋人，當即稟蒙本道移會各國領事官嚴拏。並卑職懸賞勒緝，移會營汛鄰封一體協拏外，誠恐日久遠颺，合先將勘驗大概情形，稟請大人查核。俯賜飭屬一體嚴拏，務獲究辦，實爲公便。肅此具稟。敬稟者：前月二十七日，據英國領事官馬安函稱：頃聞有在荊山寺等處外國遊歷洋人多名，意欲乘黑夜糾衆來烟搶劫。並有外國人二名，潛來窺探路徑，形跡甚爲可疑，請查照迅飭稅務司轉諭扦子手嚴加防範，以備不虞。又稱獲到竊案內洋人二名：一係英國人，一係意大利國人，均已訊明管押，俟有船到，將該本國人送回上海領事飭解回國。唯意大利國之洋人，烟臺既無領事，又非本國所管，今雖暫押本署，未能解送回國，請監督賞給川資移交過署，以便將該意大利國洋人送交上海，由該管領事押解回國，免得逗遛中國，再生事端等語。即經籌給盤川銀十兩，函致馬領事飭將該意大利國人迅速遣回在案。唯查挖砂洋人，飢寒交迫，窮極思逞，固在意計之中。當即會商通永春鎮暨候補府焦守，派撥弁兵，並派在關當差妥員，帶同巡役嚴密稽查。又諭飭各鋪

商設立窩棚，一體支更，互相防範。正在辦理間，本月初八日夜，奇山所外張姓閑房有被賊撥門進院拒傷工人並無失物一案。查失事之所，距烟臺一里餘，距奇山所半里許，新建瓦房一所，孤懸曠地，四無鄰居，爲張姓家子弟習静課讀之所，不住家眷。室内除書籍器具而外，一無所有。此職道下車之始，曾借此房爲更衣之所，是以知之甚悉。現查此案已報由署福山縣趙令勘訊。據供該賊均穿外國衣服，索贓不遂，致將工人拒傷。揆核案情，其爲外來洋人不知虚實，但知僻在曠野房屋高敞，疑是富户，以致摸空而去無疑。當據該縣趙令禀報：分致各國領事官一體訪拏，唯一無贓物，無從破案。現聞受傷工人本不甚重，已漸平復。趙令比捕懸賞勒緝，尚知認真。所有此案實在情形，擬合禀請大人查考。肅此具禀。

十二月初十日，三口通商大臣函稱：頃據登萊青劉道禀稱，以荆山寺等處挖金洋人一案，與英領事馬安相商。飭取各國領事外國文字禁止告示，派員賫往剴切開導，諭令回烟。凡英國人由該領事給資，其餘各國領事悉由商人兼充。無力捐資，由該道酌給船價，遣令出口。現在英國人陸續回烟，共有八名。尚有各國洋人二十餘名，勢難久留。由該道會商各領事分别酌給船價，催令出口等情。劉道到任以來，辦理挖金一事，頗知輕重。現將各國洋人設法解散，資遣出境，尚屬默化潛消之意。至所稱嗣後各國洋人自香港、上海搭船北來者，無論買賣、遊歷、傳教，由税務司責成該船主，將所載洋人共計若干名，用總單一紙，即由税務司報明該關監督會同領事官查辦等語。該道所陳，係爲設法嚴查外洋無籍之徒，以弭事端。所見尚合機宜，伏乞鈞裁，轉行照辦。除備文咨呈鼎案外，敬請勛安。以該夷等私挖金礦，已屬背約，驅之出境，彼亦無辭。若以其虧本資給川貲，將來視爲利藪，羣聚而來，勢將不繼，但大局所關，中國似不能不稍從寛厚，是以函致登萊青劉道，令其不可輕許給貲。若懇求再三，始准酌給，亦須言定後不得以爲例，以杜覬覦。現在該夷人等均於二十二三四等日，全行回烟，寧海各處並無一名逗遛，間有所挖之洞，亦已一律填平，其所搭窩鋪，均行折毁。查該夷人等圖利挖礦，聚處日久，幸未滋事，兹以内地無人附和，而所挖又不得地，以致虧本甚多，幾欲自相攻伐，現已全數回烟，稍給川資，即可出境。想該夷經此折磨，明年挖礦之心，或能中絶，即他人煽惑，聽者必少，東境或可稍安，知關藎廑，敬用附聞。

又總署收山東巡撫丁寶楨文《寧海州挖礦洋人遣送出境》〔同治七年〕十二月二十八日，山東巡撫丁寶楨文稱：據寧海州知州孫愷元禀稱：竊卑境荆山一帶洋人試挖金砂隨時情形，叠經禀報在案。該洋人在此逗遛，已逾數月，日久無獲，勢甚窘急。卑職恐其借端生事，令該處民人不准稍有干預，晝夜嚴守門户，既防其無賴詐騙，亦防其恃强霸奪。雖山中樹木，勢難禁其剪伐，而此外尚無别滋事故。嗣奉關道委員賫發各國領事告示前來，卑職給該洋人徧行閲看後，親駐該處，設法日向催逐，該洋人始猶飾詞强辯，繼見勢難復留，遂於本月二十日，英國洋人李文和略解漢語，面見卑職，據稱在此日久，賠累過重，現在領首之人已不供給食用，如回烟臺，裝載行裝帳房器具以及騎坐必須牲口數十匹，無力能備，必得緩期。卑職恐其用語支吾，日久更變，當即允爲代雇騾匹。又慮其遺留行囊在此，恐滋後患，遺害民間，催令全運回，並當面將該洋人所搭窩鋪齊爲拆去，免伊日後藉口。所伐民間樹木，燒用劈碎所餘無多，除分令民人收回，仍由卑職酌量籌給錢文，以恤窮黎。至此次洋人所用騾匹雇價，亦由卑職按照時價籌備發給。該英法美三國洋人，均於本月二十二、三等日，陸續全行回烟，卑境並無一名逗遛。所挖之處，均經卑職一律填平。查洋人在卑境數月，並未得有金砂。仰承憲札訓示，敬謹辦理，尚未致有洋人在本境别滋事故，足以上慰憲廑。所有洋人全行出境日期情形，理合禀報查考等情到院。據此，查前據登萊道禀，曉諭各國洋人悉數回烟，分别資遣出口，並請飭嗣後洋人行抵北口，設法嚴查，當經咨呈在案。兹據前情，除批飭隨時嚴密防範，毋得以洋人業經出境，遽涉疏懈，并飭將所刨之處認真填平，毋令奸民借口窺伺外，擬合咨明。爲此合咨貴衙門，謹請查照施行。

又總署收崇厚文《挖礦洋人業經遣散洋賊搶劫案當照約拏辦》同治八年正月十五日，三口通商大臣崇厚文稱：同治八年正月初四日，據總統洋槍砲隊署理通永春鎮東海關監督、登萊青劉道禀稱：荆山寺等處挖砂洋人，業經職道於前月二十一日將設法驅令出境緣由，禀奉憲批，並蒙咨明總理各國事務衙門查照在案。嗣據寧海州孫牧報稱：前月二十二至二十四等日，據該洋人陸續全行回烟，復經職道派員前往該處確查，核與該州所禀情形相同，節次與英領事馬安暨税務司雷德面商驅遣之法。據稱英國民人在中國犯法，解送回國，所需盤費，准在英國公費項下開支。挖砂之人，照外國例，不得謂之犯法，若率行解回，所用盤費不得開支公費，應由領事官認賠。且稱：現在外國商船已鮮北來，尚有極壞洋人數名，狡猾異常，不辨其爲何國民人，無法驅遣，若逗遛在此，難保無

別滋事端；應嚴加防範等語。查烟臺交涉中外，前聞有不法洋人潛入爲患，已於十一月朔日，經職道會同本職督飭委員帶同弁兵，西至石圍，東至東莊，南至奇山所等處，分段撤夜巡邏。復嚴飭福山縣諭令轉飭各商鋪户懸立門牌，輪流支更。並禁止洋人不准黄夜混入街市，商民一律敉安，堪以上紓憲廑。茲據馬大利國人二名，請由職道捐給盤費銀三十兩，於本月十一日附外國輪船出口。現查在烟挖砂洋人尚有十一名，或在各洋行留住，或係待充洋船水手，年内若有船到，總可善遣出口各等情。除面囑雷稅務司，一俟有外國商船到烟，分別給資，務令全數出口，不使一名逗遛外，所有荆山寺等處挖砂洋人回烟遣令出口各緣由，擬合禀請查核。又據劉道另單禀稱：敬再禀者：前月二十九日夜，聞有外國人五名在烟臺山後，用滋大洋行杉木板船駛至之罘島，潛登俄國夾板船，乘該船水手均在頭艙睡歇，堵住艙門，復闖入中艙，將船主捆縛威嚇，被劫香港洋錢一百餘元，金鋼鑽三塊，值價洋錢一千餘元各情事。職道因公與英領事馬安相晤，該領事秘而不宣，不解其故。復與雷稅務司相見，訊知確有其事。並稱是夜行劫之外國人，據該船主稱，聽明口音，各國之人都有。旋經查獲形跡可疑之外國人數名，查訊一無賍證，且非伊國所管民人。又無外國兵船在口彈壓，雖領事官亦屬無可如何，唯有嚴行防範，以禁暴客，斷不能妄拏滋事，致各國人有所藉口等語。職道查在烟無賴洋人，爲數不過二十名，是時已無外國商船來往，可無慮一名脱逃。若以中國之法，按名傳案，隔别研鞫，正賊真賍，不難悉數弋獲。茲查外國民人在烟，獨英國有真正領事，其餘均係商人兼充。俄國向無領事。英國條約第十六款内載：英國犯事皆由英國懲辦。俄國商船停泊之罘島被劫，英國領事尚不能管，則中國地方官更不得過問。倘外國無賴流氓，或有行劫内地商船及内地鋪户，外國領事必稱爲不知何國民人，不能捕拏。中國官員即明知賊人踪跡，亦不能擅行捕拏。是開挖金礦，尚得照外國例，以並不犯法争之。而糾衆爲盗，明知犯法，復以非伊國所管之人諉之。烟臺一口已屬不勝其擾，倘各海口洋人相率傚尤，爲害可所底止。職道爲維持大局起見，冒昧直陳，是否有當，唯有仰祈查核；咨明總理各國事務衙門行知各國駐京公使設法嚴禁等情。據此。查條約第九款内載：外國民人前往内地各處遊歷，如有不法情事，就近送交領事官懲辦；沿途止可拘禁，不可凌虐等語。是外國無賴民人來至内地遊歷，如有不法情事，内地各海口地方官應有嚴拿之責。惟拿獲後，只可拘禁，不可凌虐。原不應聽其妄爲，致令中外商民不得安業。况内地各海口通商以來，各國有設有領事官者，有並無領事官者，情形不一。其有領事官之國，亦只能約束本國之人，遇有他國之人，即不能管。倘遇外國無賴流氓人數較多，該管領事並無兵權，亦難捕拿。其本無領事官之國，此等匪徒更可肆無忌憚，是所在地方官遇有此等匪徒隨時嚴拿，照章懲辦，與中外商民均屬有益，惟從前並未分晰議明，地方官不便妄拿滋事。茲烟臺山後之罘島，有外國五人於夜間潛登俄國船隻，捆縛船主，搶劫洋錢等物，領事官秘而不宣。稅務司以口音各國人都有，恐妄拏滋事，致外國人有所藉口。此外國人搶劫外國人尚且如是，倘外國人行劫内地商船鋪户，領事官又以不知何國人爲詞。此風一開，爲害伊於胡底？本大臣酌核應請嗣後各口，如有外國無賴流氓在内地無論搶劫中外民人客商銀錢貨物，即由所在地方官派兵捕拿，送交就近各國領事官，會同審明語音，照約懲辦。倘不法洋人持械拒捕，准由捕拿之人，用兵器格鬥，殺傷勿論。如不法洋人已被拏獲，只准拘禁，不得凌虐，以符條約。是否可行，除禀批示外，理合咨呈。爲此咨呈王大臣，請煩查照核奪。並祈照會各國駐京公使商定後，迅即賜覆，以便轉飭遵辦。望速施行。

又《中德膠濟路暨山東五處礦務交涉》外務部收袁樹勛電《籌議收回寧海州茅山金礦》 宣統元年三月二十八日，收山東巡撫電稱：辰密。昨接駐濟德領照會，奉駐京德使札，准德外務部命，華德探礦公司擬將所探東省寧海州屬茅山金礦售與中國，索價德幣二百二十五萬馬克，請派專門家前往查勘估算。如嫌價昂，可由中國政府擬價，轉知該公司酌議，並希照復等因語。查此事去臘據勸業道蕭道應椿，以風聞密禀，樹勛當以該公司經營礦業，已逾十年，一旦放棄，必其礦質不佳，意將頻年折閲之費，取償於我。且合同探礦期限，本年七月即滿，與其以重價而獲石田，不若俟其逾限不開，全行收回之爲愈。故電請鈞部，力持不可輕購之議。今德領既奉其外部命令，以此照商購否，當一言取決。事關地方公益，又非個人智慮之所能周，連日與官紳集議，主收回者居其多數。其收回之款，有議官紳各半認籌者，有議紳商倡設公司招股者。論東省目下庫儲如洗，官款固不易籌，即紳商創設公司，其購回之款，與事後開辦之費，均非咄嗟可辦。惟礦地本東省所固有主權，在所必争，必待有款而後議收，恐終無收回之日。况合同内，明明有首儘華人，次儘德人之語。萬一他國生心，從而影射，勢必枝節横生，別滋交涉，而紳商轉得以議其後矣。且風聞該公司此次出售，因恐一經逾

限，無所取償，亦由各股東頻年虧折太鉅，不願添資所致。茅山一處，尚無力開採，他處恐驟難兼營。若來勢磋商，或有五處一律收回之望，是目下情勢，既與去臘風聞不同，自應移步换形，還我固有。但須扼定與該公司原訂合同，兩年開辦之限。限滿不開，即由我全行收回，不得藉商購耽延，希圖展限。如鈞部亦以收回爲是，即請電復，由樹勛復德領，延訂礦師，先赴茅山，將該礦詳細查勘，核實估算，力與磋商。一面重集官紳，確議籌款辦法，再請核示，以昭審慎。樹勛肅。徑。

宣統元年四月初一日。發山東巡撫電稱：徑電悉。茅山金礦能否收回自辦，即希體察地方情形，酌量辦理。外。東。

外務部收署山東巡撫文《華德採礦公司呈擬開辦寧海州茅山等金礦三處請領開礦執照》附礦地清册

宣統元年七月初二日，收署理山東巡撫文稱：案據勸業道蕭道應椿詳稱：竊照華德採礦公司於光緒三十二年七月十四日，訂立合同，業經前升院楊奏明，并咨外務、農工商部核准頒行各在案。查合同第二條載，准此項合同簽押之日起，再酌予加展採礦期限兩年。又第三條載，兩年探礦期限内，准該公司於原指探礦地段，共擇定開礦地畝七塊，依限呈請開辦，每塊礦地界限，不得逾三十方華里。其地須彼此連屬，長處不得逾闊處四倍。該公司於呈請開辦之時，須繪具礦地詳細圖説，候礦政局派員會同地方官查明，果無違礙情形，再行詳請撫院，轉咨農工商部核發開礦執照。又第六條載，該公司凡領開礦執照，在十方華里以内者，須繳照費庫平銀一百兩；如在十方華里以外，則每多一方里，加費十兩，以三十方里爲限各等語。該公司原指五處礦地，其沂州、沂水、諸城、濰縣四處，在未訂合同之先，均已停工。近年但在第五處界内，寧海州屬之茅山、金牛山、哈狗山、銅錫山一帶，查探金礦，自光緒三十三年七月十四日合同簽押之日起，至宣統元年七月十三日止，兩年探礦限滿。本年三月初一日，據該公司總辦德國人石謐德呈請發執照，開採寧海州境内金礦三塊，每塊三十方華里等情。節經職道函飭，按照合同所載領開礦照辦法辦理。旋據呈送開礦照費銀九百兩，地圖保單各三紙，隨委派候補同知馮丞慶恩，會同代理寧海州知州屠牧丙勳查勘去後。兹據稟稱：遵即同往該處，勘得茅山在州境東南，距城七十里，與金牛山相毘連。該公司建廠基於茅山之麓迤南里許，介兩山之間。據該公司執事傅玉律指礦地一塊，並相連東北十二里爲哈狗山。指礦地一塊，又從茅山迤南三十餘里，爲銅錫山。指礦地一塊，督飭工書眼同尺量。三塊礦地，均各三十方里。四至界限，及各地名，均與圖相符。其間山荒林叢多，於田疇、廟社、墳廬尚無妨礙。公司租用民地四段：一在茅山，即礦師所住之新屋處，計地十三畝五分三釐；一在茅山西北，計地二十一畝；一在哈狗山西北，計地二十五畝；一在銅錫山以西，附連水溝處，計地三十一畝，均按年付給地租。查驗合同屬實，并無價買之地，亦無佔用官地。其餘未用之地，俟開辦之後，如須擴充，再由州查明民地、官地，按照合同，妥慎辦理，隨時具報等情，稟復前來。職道查該公司原案，以尋常商務，牽入交涉，公使、領事要挾多年。自訂立合同後，漸就範圍，操縱在我。轉瞬七月中旬，兩年限滿，不但五處中之四處，可以還我固有，即七塊中之四塊，亦不能再續開一塊。況聞該公司貲本支絀，株守此三小塊，亦恐不能大辦，祇以一經逾限，即無開採之權，所以依限呈請開辦。兹查該公司所占礦地，及繳納照費，核與光緒三十三年頒行《礦務正章》第三十款，及附章第五十六條之第一節，未能盡合。惟查光緒三十四年四月間，奉前撫院吴札，准農工商部咨：轉准外務部咨開：華德公司請辦之五處礦務合同，既於中國主權，尚無侵奪妨損，所有地段年限各節，自應仍照合同辦理。現在東省聿洋各礦，如章程合同均係奏准之案，自可照舊等因。是該公司開辦礦務，礦界方里，及照費銀兩，仍應遵照合同所載辦理，俾與原案相符。兹既據該印委查明地方并無窒礙。方里、礦界均無不合，按照合同，似應准其開辦。除將照費銀九百兩，由職道滙呈農工商部兑收外，謹呈德文保單三紙、地圖三分、公司辦事員履歷册三分、礦地四至清册二分，伏乞咨請農工商部查核。填給開礦執照三張發下，以憑轉給收執，并乞分咨外務部查考。所有華德採礦公司擬在原指第五處礦界内茅山、銅錫山一帶開礦，請領執照一案緣由，理合詳請鑒核。批示祇遵，實爲公便。再該公司於本年三月初一日，呈請開辦，係在兩年限内，職道屢次駁查，是以出詳稍遲。該公司礦地三塊，故呈保單三紙，應請咨送農工商部備案，合併聲明等情，到本署部院。據此。除詳批示並分咨外，相應咨呈鈞部，謹請查照施行。計咨呈地圖三件，清册二本山東勸業道爲造送事。今將華德採礦公司，呈請在山東寧海州屬茅山、哈狗山、銅錫山。開礦三塊，礦界四至里數，造具清册。呈請查核施行。須至册者。

計開：第一塊礦地，在茅山相連之哈狗山，寬三里，長十里，共三十方華里。東界至蕭家莊、桑行埠。南界至玉皇頂、鄧家莊。西界至鄧家莊山上、李家村、桑行埠村。北界至桑行埠。

第二塊礦地，在茅山。寬三里，長十里，共三十方華里。東界至東道山、榛子堐、蕭家莊、岔河村。南界至岔河村、吴山。西界至棘子埠、羅家村、榛子堐。北界至水道榛子堐、雞頭山。

第三塊礦塊，在銅錫山。東界至壘塚前、辛家疃、史家疃。西界至日照莊、酸山箥箕掌村、馬臺石村。南界至下初村。北界至馬臺石、村路頭。

勸業道爲造送事：今將華德採礦公司經理各員，姓名履歷，造具清册，呈請查核施行。須至册者。

計開：甲、先名爲採礦製造公司，現改名採礦公司，柏林、青島均有經理公所。柏林總經理男爵瓦拉，住在威拉馬司多夫。一千九百零八年九月三十號，經總議會始認定爲經理員。

一、經理員税恩官律師及總審判員，現已去官，住沙羅滕布耳哥。

二、經理員哈斯滕的葛都司，現已去官。

三、經理員活夫滿官工程師，現已去官，住沙羅滕布耳哥。

四、經理員爾那司，住在柏林。

五、經理員克塞爾西歷威次，煤油公司總經理，住哈諾威爾。

六、經理員爾榻，製造廠執事員，住魁爾思。

七、經理員真各爾，製造廠執事，住税内北科。

乙、公司股本，共計一百六十九萬五千馬克，每馬克合洋銀六角，共出股息五十四萬二千一百五十馬克。開礦之法：鑿井下挖，井内下開地道。所開係金礦。

丙、請開礦地三塊，已照礦章丈量，如圖所著。按一千九百零七年合同第三條第二節。

宣統元年九月初五日，發山東巡撫電稱：卯山事，函電均悉。此與銅官案情不同，應否贖回，有無窒礙，礦苗優劣，本部均無從遥斷，仍希詳察地方情形，相機辦理。外。

又外務部收孫寶琦函《磋議價贖卯山金礦暨預籌興修膠沂路事》 宣統元年九月初九日，收署山東巡撫信稱：敬肅者：日前謹上寸函，諒蒙鈞鑒。昨奉八月二十四日諭函，并抄摺一件：東省路礦，蒙鼎力維持，權衡至當，祗聆之下，欽佩莫名。華德採礦公司於本年七月十三日，探礦限滿，五處之名，業已消滅。除已請開辦之卯山三塊礦地外，其餘各處，自應停其探礦開礦之權，決不使稍有牽混。惟該公司於七月初十日，又請領照開辦沂水、諸城，及卯山左近，共礦地三塊。每塊十方華里。默揣其意，殆以議賣不成，即再占此三塊，明示要挾，暗作埋伏。當因其來呈過遲，限内不及查勘，飭勸業道蕭應椿致函駁阻，並將礦圖照費發還。至收買卯山一事，迭經磋商，扣留部照，陰與延宕。而德領事聲稱：此事係奉德政府命令，故公司不得不遵。若不能決定辦法，公司只得領照開辦等語。現在償款讓至三十四萬兩，分三年交清。寶琦意在分五年，稍紓財力，尚未定議。大約不久可以合攏。但前奉賜函，以銅官山案，已許償款五萬鎊。若此案議結，英人不至藉端要挾否？另電奉達，候示遵行。

膠沂路事。細繹雷使照會：如期内不克造成，彼不讓還，已在言外，鈞部俯允如期造成，自係爲收回路權起見。但此路須由沂州以西加展二百里，至嶧縣，與津浦幹路銜接，方能利便交通。且沂州以東，叢山複嶺，工艱資鉅，約需一千萬兩。津浦路款，恐難兼顧。年限已迫，似應預爲綢繆。擬仿照直隸成案，籌借公債，由官與興築，現付諮議局提議，倘議員均表同情，擬即一面勘路，一面奏明辦理發售公債票。若不限定本國人，則集款較易，而與借洋款之利害，迥相懸殊。寶琦目擊時艱，難安緘默。是否有當，伏乞示遵。東省路礦交涉，一二明白紳士，尚無異言，其持異議者，或身在局外，有事太易，或茫無所見，隨聲附和。寶琦唯有遇事剴切諄囑。肅此密陳，恭請崇安，伏惟垂照。孫寶琦謹肅。

《招遠金礦》路礦總局收裕禄文《李家愷接辦平度招遠莒州等處金煤礦務現下情形》 光緒二十四年十二月十九日，路礦總局收直隸總督裕禄文稱：據委辦山東莒州招遠礦務李令家愷稟稱：竊卑職於十一月初五日接奉憲台札開：准欽命統轄礦務鐵路總局咨，山東平度州礦務，向由道員李宗岱承辦，自李道故後，復歸其子接辦，現在情形若何？又磁州煤礦由知府陳忠儼等承辦，現在究竟有無起色，相應一併咨行貴大臣迅飭詳細查明，聲復本總局可也等因，到本大臣。准此。除分行外，合行札飭札到該局，即便遵照查明具復核咨等因。蒙此。伏查平度礦務係於光緒十一年開辦，一切仿照西法，費資本數十萬金，井峒已深至四十餘丈。嗣於十四年秋，因出金不旺，稟報停工，實以礦線漸深，漸變爲硫磺鐵石，中國無能鎔化。今春曾將舊存礦石，由前天津税務司德璀琳寄往德國化驗，據稱含金甚多，開採足可獲利。該前税司兼允招集巨資，合股夥辦，擬明春先派礦師前來勘驗。能否有成，一俟該礦師查驗後，再當妥議章程，稟候示遵。至卑職奉委接辦職父承辦各礦，現辦者，惟招遠、莒州二處。查招遠係屬金

鑛，於二十三年四月初一日開工，局中雖置有機器，衹以該鑛處萬山之中，道路崎嶇，運用煤炭，尚不如人工合算，故多參用土法，規模較小。苗線雖尚寬長，然或好或歹，優劣不等，出金亦未能一律，且每年冬、臘、正二等月，冰凍在地，難於工作。計去年自四月開工起，至十月停工止，共赢餘漕平化寶銀一千三百餘兩，本年出金數目，截長補短，亦與上年相仿。惟夏間山水爲災，鑛砂、屋宇多被冲刷，不免減色。出入款目，均經按季造具清册，稟報准軍銀錢所東海關道轉詳各在案。至莒州係屬煤鑛，亦因多年停廢，積水甚深，現已招集商股萬金，先行試探，擬於年内動工。如果煤質堅實，煤層深厚，能合火輪、舟車之用，當再多集貲本，添置機器，以爲推行盡利之計。當此時勢艱難，自以開濬利源爲要務，卑職毫無知識，仰蒙逾格栽培，飭委接辦鑛務，冰淵滋懼，兢惕彌深，惟有實力實心，矢勤矢慎，務期漸臻成效，以冀仰答高厚鴻慈於萬一。所有卑職接辦鑛務稟復察核等情，到本大臣。據此。除批示外，相應咨會貴局，請煩查照。

又商部致駐美大使梁誠函《旅美華商譚錦泉等請續辦招遠金礦請確查該商是否殷實》 光緒三十一年十月十八日，商部致駐美梁使函稱：震東星使閣下，逕啓者：本部接據旅美華商譚錦泉、劉銮泉等來稟，以前在山東集股議立開源礦務公司，承辦招遠縣玲瓏山金礦，稟經前北洋大臣等批定，探驗礦苗，儘有把握，衹以未用外國機器，辦無成效。嗣經前山東巡撫李，因有日兵在境，恐礦丁與有齟齬，奏請止辦，現又集資二十萬金，購辦機器，前來興復，請給札照等情。本部查山東招遠金礦，據該商等所稟情形，若用機器開採，必可獲利，誠宜及時開辦，以濬利源。該商等前既稟經批准有案，現在復請續辦，如無轇轕違礙之事，自可照准。惟據稱前已糜費鉅金，資本罄盡，未知該商等前集股本，共銀若干？是否全係華商股分？有無影射虧欠之事？現又續集資本二十萬金，是否的係華股？該商譚錦泉、劉銮泉等，是否殷實可靠，自宜詳晰查明，再行核辦。現在興辦礦務，最關緊要，如果有外洋華商集資歸來辦礦，似宜維持體恤，力贊其成。除由本部咨行山東巡撫詳查外，兹特照録原稟，寄送臺端，即希審察情形，查訪明確，迅速見復，是爲至要。專此。敬請臺安。

又外務部收商部文《譚錦泉等請續辦招遠金礦請將該礦案據查明咨部》附譚錦泉等稟 光緒三十一年十月十九日，收商部文稱：據旅美華商譚錦泉、劉銮泉等來稟，以前在山東集股議立開源礦務公司，承辦招遠縣玲瓏山金礦，稟經前北洋李批定探驗礦苗，儘有把握，衹以未用外國機器，辦無成效。嗣經前山東巡撫李因有日兵在境，恐礦丁與有齟齬，奏請止辦，現又集資二拾萬金，購辦機器，前來興復，請給札照等因前來。本部查該商等前辦招遠金礦，據稱已經稟准有案，本部無憑查悉，現據稟請續辦，如果切實可靠，實與東省礦務，不無裨益。除函詢梁大臣詳細查明外，相應鈔録原稟，咨呈貴部，即將該商等前辦招遠金礦案據，及一切辦理情形，查明咨送本部，以憑核辦。至該商停辦後，該礦有無另請開辦之人，希一併詳查，見復可也。

照録鈔件。照録山東招遠等處金礦金山華商譚錦泉、劉銮泉等稟稱：爲興復礦務乞恩准興地利而免遺憾事。竊商等向在金山貿易，光緒十四年春，前出使美國大臣張函諭謂，前山東濟東泰武臨李道招商開礦，着商等先集小股來東探礦，以備將來開礦等因。商等於光緒十五年二月派譚錦泉等前往山東查勘情形。是年冬月，譚錦泉等遄返金山，再行集股議立開源公司，承辦山東寧海礦務，旋於十六年閏二月再派李贊芬、譚錦泉等往上海，與陳徐馬兩股訂立合同，妥議章程，各經簽押，彼此立定條款舉辦。以金山股友先回美國購辦機器，而陳徐馬兩股即允預在寧海養馬島建築碼頭，開修車路等要幹，及訂明此次定購機器價銀若干，係合三股分攤交付，當時以爲開誠布公。商等在美即依前議定造機器，陸續運寄上海，該機器價銀，金山一股應攤交者，已在美交妥。乃陳徐馬兩股，不獨無銀交付，即養馬島之碼頭、車路等要幹，亦全未舉辦。至是年臘月間，馬道建忠猶復電稱：李中堂轉電駐美前出使大臣催立即行文到金山大埠總領事署，勒令查封金山股銀，滙華交馬道收用。金山股友即大爲詫駭，是以各股友所報之股分，其未交銀者，固畏葸不肯樂付，既付者，亦向經手之人索回。此因馬道之所誤者一也。十七年五月間奉接李道函諭，謂山東礦務大有可商量之處，於是商等再行集議，復派李贊芬、譚錦泉等前來上海。斯時錦泉因老母違和，回家侍慰。迨後李贊芬即於七月底與徐丞麟光赴津晉京，謁見李道商同改辦招遠礦務，嗣十一月議定章程，會稟李中堂批定。而譚錦泉立即於是月復到招遠辦理礦務，當即陸續僱用工匠，開做礦洞。至十八年春，已挖出招遠之玲瓏山金線，復添工匠。是年六月間，窺視其礦苗儘有把握，復請美國礦師各挖慎探驗，甚爲贊頌此礦之益美，錦泉當即商議再向金山另行定造椿杵機器，趕緊興辦，以期收效。詎料李贊芬堅執己見，遂自置鐵碾等贅笨無用之物，訖無一效，而已糜費鉅金。此又李贊芬辦事荒謬之所誤者又一也。斯時資本罄盡，不得即用土法，以石磨取石粉淘金，年餘之久，尚獲净金二千四五百兩，倘若用外國機

器，其獲利爲何如也。及光緒二十一年十月間，蒙劉、李兩道會銜查核李贊芬辦事荒謬各實情，稟復北洋大臣王批准，該礦仍由商等再行集資購辦機器前來接辦在案。其時因有日本兵守威海衛，前山東撫憲李秉衡誠恐礦丁與日兵有齟齬，致起交涉，遂奏請止辦，殊深可惜。今適值皇上鋭意維新，志在富國，商等雖於此礦氣窮力竭，然事爲利權所繫，血本所靠，何敢以一蹶不振，貽功敗垂成之憾，但振興之權，自上人操之。商等自承辦招遠金礦以來，多有素積告罄，淹留美國，欲覓川資旋里而不得者，此境此情，當亦共見。伏乞商務部大臣體恤商銀，復興玲瓏山之礦務，使金山集股諸人，不至一敗塗地。竊思玲瓏山之金礦，前經譚錦泉等業已經營備至，現又有劉燮泉之子劉軾倫，往年在美國學習礦務卒業，諸事諳練，外洋礦師無庸復僱。今日再興，需費不必如前之鉅，料必事半功倍。伏懇準情給發札照，俾商等再集資本二十萬金，購辦機器前來興復，以期收效。商等自當勤慎效力，冀答再造之恩。抑商等尤有所慮，山東一省礦務，聞業已有旨允德人擇辦，倘被德人察覺玲瓏山金礦之利，定被霸佔，商等不趕緊續辦，後累恐不堪設想。如蒙俞允，即懇批示付至金山總領事署，商等自當一體遵行。此事爲興地利而免遺憾起見，商等市井鄙夫，罔識忌諱，罪干冒瀆，不勝待命之至。祇此稟叩振貝子爵前恩准施行，並冀原宥。再前後繕具兩稟，一往郵寄投遞，一托商約處委員五品銜候選縣丞陽輔民面呈。又稟。

又外務部收商部文《招遠金礦案卷舊檔中只存一件》 光緒三十一年十月二十五日，發商部文稱：光緒三十一年十月十九日准咨，據旅美華商譚錦泉等來稟：以前在山東集股議立開源礦務公司，承辦招遠縣玲瓏山金礦，稟經前北洋大臣李批定探驗礦苗，祇以未用外國機器，辦無成效，現又集貲購辦機器前來興復，請給札照等因。本部查該商等所稱稟准有案，本部無從查悉，應咨呈貴部即將該商等前辦招遠金礦案據，及一切辦理情形，查明咨送本部，以憑核辦。至該商停辦後，該礦有無另請開辦之人，希一併詳查見復等因前來。本部查礦路總局舊檔，祇有前北洋大臣裕咨文一件，内開委員辦理莒州、招遠等處礦務等因。相應照抄原文，咨送貴部查照可也。

又商部收駐美大使梁誠函《查明譚錦泉等集資續辦招遠金礦確系華股》附駐金山鍾總領事稟 光緒三十二年三月十四日，商部收駐美梁大臣致丞參堂函。敬啟者：上年十二月初十日祇奉堂函，以旅美華商譚錦泉、劉燮泉等稟請仍集資本重辦山東招遠金礦，飭將該商等原有股本若干，是否全係華股，有無影射虧欠，現集股本，是否的係華股，該商等是否股實可靠各情，查訪明確，迅速聲復。竊查該華商譚錦泉等集資開採招遠金礦，事在光緒十四、十五年間，其時誠供差美館，知之最詳。嗣後該商等以料理礦事，往來津魯，所辦之事，尤爲共見共聞。當時經理失宜，開採尚無成效，論者惜之。是該金礦之有利可圖，該商等原集股本之可靠，已無疑義。惟事隔多年，有無别故，未由深悉。該商等在金山埠貿易，亦難面訊，特札飭駐金領事，遵照堂函事理，確查稟復。兹據復稱：該商等原集股本，確係華款，並無影射虧欠情事，現擬集貲二十萬，雖非確有現款，而一經准辦，則鉅款不難立措等語。經誠詳審復核，所稟尚屬實情，應否明定限期，另立規則，准令該商等趕速集足資本，前往續辦，以收固有之利權，而勸海外之商旅，謹請代回貝子爺、列堂督核施行。所有該領事稟復一件，照録附呈，用備省覽。專肅。敬請均安。梁誠頓首，正月十七日。

附抄件一扣。照録駐金山鍾總領事稟復稿。光緒三十二年正月初四日。

卑府一面博訪周諮，一面傳集譚錦泉、劉燮泉等，詳加察問，並飭該商等開其光緒十四、十五兩年，金山開源公司招集承辦招遠鑛務股份人名銀數清單，旋據呈送前來。查譚錦泉前招華股，共美銀一萬八千七百元；劉燮泉前招集華股，共一萬六千五百五十元；林道琚前招集華股，共一萬五千九百五十元；李韶初前招集華股，共美銀一萬一千九百元；劉儒性前招集華股，共美銀五千二百二十五元；甄崧生前招集華股，共美銀一萬七千七百五十元；司徒玉田前招集華股，共美銀六千五百五十元；黄福田前招集華股，共美銀五千七百五十元；李福利前招集華銀股，共美銀五千七百五十元；鄺捷三招集華股，共美銀六千元；譚開守前招集華股，共美銀五千四百元；黄瑶石前招集華股，共美銀五千元。以上十一名華商，所招華股美銀一十二萬零六百二十五元。按照當日金價，每百元美銀，計合上海規平銀九十兩。又日本横濱埠華商陳坤田，前招集華股規平銀一萬六千一百兩；上海香港華商霍緝之譚傳裀，前招集華股規平銀一萬五千六百兩。所有收支細數，據譚錦泉聲稱：業於光緒二十一年五月，稟請前東海道劉呈報前北洋大臣李在案。是從前招集股本，全係華商，尚無影射虧欠之事。原稟續集資本二十萬金一節，查金山華商每論招遠金鑛，山形豐厚，地脈堅結，金苗旺盛，鑛引透露，果能經理得人，開採得法，實勝美國金鑛。況利源既有把握，股東咸思接續，如蒙地方官吏保護，或蒙商部批准，旅美華僑必知率作興事，感奮爭先，朋集鳩資，人人有所希冀，二十萬金不難籌措，而現在是虛懸

擬議之數。譚錦泉在金山開設錦隆中日雜貨店，佔有股本，劉桼泉在金山開設中日雜貨店，占股甚多。該商等雖非著名殷實，亦非絶無憑藉，且平日任事篤實，衆望甚孚，若辦興復鑛務事宜，必能認真經理，不負初心。應如何調護贊成之處，上臺自有權衡。謹將遵札訪明確各緣由，詳細據實稟復，祈察核施行。

商部致山東巡撫電《譚錦泉等請續辦招遠金礦案即希電復》 光緒三十二年三月十四日，商部致山東巡撫電，洪密。前據旅美華商譚錦泉、劉桼泉等稟請續辦招遠金鑛一案，上年十月間，咨請飭查，未准咨復。兹准梁星使函復，查明該商等所集均係華款，續辦不難措手，尚屬實情，自應照准，以擴礦利。希查照前咨，先行電復核辦。商部。願。

又商部收山東巡撫電《譚錦泉等請續辦招遠金礦案須與現辦李道家愷妥議》 光緒三十二年三月十五日，商部收山東巡撫電，商部鈞鑒：洪願電敬悉。前奉鈞部咨查招遠金礦，現據議員朱道鍾琪面稱：日内始據該縣稟復具詳。惟查該處金鑛，係光緒十七年經北洋主政，由李故道宗岱承辦，並領北洋官款二十五萬。二十年，李故道曾將金山華商代表李贊芬稟撤有案，其股東即有譚錦泉在内。現其子李道家愷接手，以土法開採，獲利甚微，公私股款積欠數十萬，正在爲難。倘譚商來招續辦，原無不可，但須與李道議定，方免糾葛。似應飭令來東，或飭李家愷赴京妥議辦法，再呈請鈞部批准等情，伏乞鑒核飭遵。驤。咸。

又商部收山東巡撫文《查明招遠金礦現辦情形譚錦泉等稟請續辦請飭其與李道家愷妥議》附招遠玲瓏山金礦案據四件 光緒三十二年四月初九日，商部收山東巡撫文。爲咨呈事。【略】承准此。合行札飭札到該局，即便遵照文内事理，迅即轉飭招遠縣逐一查明，詳細稟復，詳請核咨毋違。切速特札。計粘草一紙等因，到局。奉此。遵即札飭招遠縣查復去後，久未復到。又經札催，兹於本年三月初九日據該縣高令步衢稟稱：遵查卑境東北鄉玲瓏山金礦，曾於光緒十三年間，經前濟東道李道宗岱招股試辦，迄今仍舊開採，現聞獲利不及從前。至於該商前辦金礦案據，卑職一再檢查，並無大宗檔册，實因從前遇有礦務文件，均由該礦局逕稟北洋大臣核辦，以致卑縣前項案據，不甚齊全。除抄呈憲案外，所有查明卑縣玲瓏山礦務情形，理合稟復鑒核等情，並抄案一宗稟復前來，據此，職道等查招遠金礦，係光緒十七年經前北洋大臣李批准，派李故道宗岱爲督辦，金山華商李贊勳爲總辦，並領有北洋官款二十五萬兩。至二十年，李故道又以金山華商李贊芬任意妄爲，種種荒謬，稟請拿辦各在案。蓋招遠金礦原有金山華商股份，譚錦泉即在股東之内，李贊芬當係李贊勳弟兄，亦即金山代表，現在此礦仍歸李故道之子候選道李家愷接辦，以土法開採，獲利甚微，公私股款積欠至數十萬金。倘譚商抹煞前案，逕行來招續辦，必多糾葛，似應飭令譚錦泉先行來東妥議辦法，或飭李道家愷到京議定，再行照准，方免歧異。除稟批示外，所有飭查旅美華商譚錦泉等稟請續辦招遠縣玲瓏山金礦，並抄呈案據緣由，理合詳請撫院鑒核，俯賜轉咨，實爲公便等情，到本署部院。據此。除批示外，所有抄呈該礦案據清册，相應咨送。爲此咨呈鈞部，謹請查照核辦施行。須至咨呈者。

計咨呈清册一本。照録《山東招遠縣玲瓏山金礦案清册》。山東礦政調查局爲造送事。今將查明旅美華商譚錦泉等稟請續辦招遠玲瓏山金礦一案，照録案據，繕册呈請。

計開：光緒十七年十一月二十日招遠礦務公司照會。爲照會事。案查光緒十七年十一月初四日，本道等會稟批議合股承辦招遠平度礦務章程緣由，於本月初六日奉北洋大臣直隸閣爵督部堂李批：據稟并章程均悉。該道前辦山東寧海平度礦務，因馬道建忠自願退股不辦，現擬由金山華商李贊勳等，及陳道世昌、同知徐麟光另行合招股銀六十萬兩，開辦招遠縣屬之玲瓏山紅石崖金礦，兼接辦平度金礦，作爲招遠礦務公司，歸商辦理。查核所議章程二十條，大致均尚周妥。内第一條，擬收前辦寧海平度之合同，作爲罷論，視同廢紙，新舊各股如何會同秉公核算清楚，俟劃清界限結明，稟報候核，俾免轇轕。第五條，李道願讓平度舊礦暨已經租買招遠屬之玲瓏山紅石崖金礦，與新公司開採，必須豎立界石爲據，不得稍有爭執。第七條，招遠公司既經接辦開採，所有平度舊股本銀四十五萬兩，應歸該公司籌。内除借用滙豐洋行銀十八萬兩，應令該公司獲有餘利，照議先爲陸續交還。次則淮軍銀錢所官款銀六萬兩，一半繳還現銀，並准一半呈繳股票。其餘欠款二十一萬兩，概行折作五成，發給新公司股票。新舊各股，盈虧一律均沾，以示大公。第十四條，新公司開辦後，擬除開銷公費之外，餘利以七成先還匯豐借款，三成分給各股官利。第十五條，擬先試辦五年，如期内匯豐借款可以還清，各股有利可領，仍以餘利每百兩提銀六兩，報效山東公用税餉，餘歸各股均分。第十七條，擬公舉李道宗岱爲督辦，陳道世昌、李贊勳爲總辦，徐丞爲會辦，巡檢李錫功爲總董事。應將督辦會辦四員，由本大臣各給札諭一件，總董事准以李錫功承充。嗣後即由該公司具稟請派，毋庸發給飭

知。第十八條，該公司既爲商辦，所有總辦以次升調出缺，自應由該公司舉在股幹練之人，稟候本大臣暨山東撫院批准接辦，務須破除情面，勿染官場習氣，不得濫派及擅用親故私人，并准免派委員入廠，以一事權而顧成本。第十九條，招遠、平度各屬礦地，已經礦局買有地段，應由新公司隨時採採，不准他人租買，以杜爭端。均即照准，該員等必應脚踏實地，和衷商辦，事事認真經理，毋再鋪排場面，虛擲成本，濫用非人，又蹈覆轍。所借匯豐洋行及銀錢所款項，該公司既已承認歸還，應即責成該道等應照稟定章程，分別先後清償具報，不得屆時推諉失信，貽人口實。其餘未盡事宜，并即切實會商籌議，隨時稟候核示辦理，候咨山東撫院并行東海關盛道知照繳等因。并於十九日又奉山東巡撫部院福批：據稟已悉。細閱所擬章程，均甚周妥，應准立案。仰即會同妥爲辦理，仍候北洋大臣批示繳摺存各等因。奉此。計粘抄原稟章程一紙，擬令移會。爲此令移貴縣，請煩查照施行。

《章程二十條》一、上年馬道建忠與陳道世昌、徐丞麟光及金山華商李贊勳等訂立合同，共合股銀九十萬兩，承辦寧海州金礦，並兼辦李道宗岱原開之平度州舊礦，當經稟蒙批准在案。今因馬道自退寧海、平度礦股，而陳道徐丞與金山華商李贊勳等，另議開辦新礦，所有上年訂立之承辦寧海、平度礦務合同，相應作爲罷論，視同廢紙。惟是各股曾因寧海、平度礦務用過銀兩，其中有應撥入新股者，有應核實删除者，有應歸入李道積欠，俟獲利陸續分還者，亟應由各股支會同秉公核算清楚，劃清界限，以免轇轕。此款算明後，再行稟請批示遵行。

二、馬道建忠前助李道宗岱辦理平度，支過各項銀兩，應馬道與李道自行科理，與招遠新礦無涉。

三、陳道世昌、徐丞麟光集本銀三十萬兩爲一股，金山華商李贊勳等集本銀三十萬兩爲一股，合辦山東招遠縣屬之玲瓏山紅石崖金礦，兼承李道所辦之平度金礦，作爲招遠礦務公司，現在三股暫時變爲兩股，所支之銀，應分兩股交出，自後盈虧，兩股苦樂均沾。

四、招遠礦線既佳，股分定然踴躍，如有續來之股，隨時隨收，後日盈虧，均照所收銀數分派。

五、李道自願讓出平度舊礦，及業經租買招遠縣屬之玲瓏山紅石崖金礦，與招遠公司開採，竪立石界爲據。惟兩山中間係來往大路，言明無論何人行走，該公司不得攔阻，其中民地多未租買，且於礦線無礙，該公司亦不得向李道索取未經租買之地，以免爭執。

六、玲瓏山紅石崖礦線，係經美國著名礦師滑慎官音或譯爲瓦遵。兩次復勘，定爲招遠礦地第一，始創開採，最爲穩妥云云。此礦係明線，出地甚高，祇須開鑿横洞，可省挖井鉅費，已數數十年開採之用，是以李道讓與該公司開採，以期公務日興，國沾利益。倘此後查出此線尚有好礦，爲已經租買，續議興辦者，應由地主先儘該公司之股友附股，然後再招外股，以敦友誼。如該公司不願附股，則任招外股，以免礦地廢棄。該公司不得於此線未經租買停妥之地，及他處礦線，强索開採，以昭公允。

七、本公司承辦平度之金礦，並所存之機器廠兩座，及井洞、鐵路一切開礦傢具，並硫磺鐵一千墩。計應籌還平度舊股本銀四十五萬兩內，除滙豐銀行借款銀一十八萬兩，應由招遠公司辦有成效陸續交還現銀，次還官款銀六萬兩內，一半交還現銀，一半呈繳股票。倘招遠雖竭力偏採，不能見效，祇可各安天命，不得索科填補。其餘欠款二十一萬兩，該作爲五成，發給招遠公司股票，以後本公司盈虧，新舊股票一律均沾。

八、平度寧海礦務，前經稟奉中堂暨山東撫院批准，改爲官督商辦，事與開平煤礦一例。今招遠礦務公司理應援照辦理，均由紳商集資入股合辦，股分盈虧，與公家無涉。

九、本公司招股以上海規平銀一十兩爲一股，其銀隨收隨付銀行，各取收條爲據，然後由本公司換給股票息摺，自奉批准之日爲始，其應息銀，各按交銀先後，仍給原股。

十、前由金山購來之六十餘舂杆機器及木料等，最爲精美，共值銀十三萬七千餘兩，陳徐及金山股友，均允將此項機器木料，移至招遠礦廠應用。其中支過價銀，應由兩股清算明白，或有與已退之股轇轕者，亦會同划算清楚，此項機器木料，實與已退之股無涉，相應聲明存案。

十一、廠中工錢，每一禮拜開支，薪水每月十六日支付，不得過支掛借。如有此弊，惟司帳是問。司帳之人，最宜公正，故須公薦。一切授受銀錢，必以經其事者簽名爲據。往來各信件，俱須存根，以期慎重。賬目每日一結，每月一小結，每年一大結，刊示同人。凡出五千股者，准派一人到局查看賬目，非由本公司派事者，但隨衆伙食，不支薪水，倘性情乖張，咨由該股東另議妥人。

十二、本公司每年大結賬，除開銷外，其本銀六十萬兩，應按月以一分計

息，歸各股東，謂之官利，此外有盈餘，謂之餘利。再、平度礦線本佳，且係現成之局，需本無幾，亟應撥款接辦，獲有餘利，即歸入招遠總賬内計算，一體照章匀派。

十三、招遠平度礦務所獲餘利，匀作十三分，以二分劃歸李道宗岱，以酬其歷年創始勞費之工；以一分爲在事者花紅，以獎勤勞；其餘十分，盡派爲股東餘利。

十四、招遠開礦果有成效，除開銷工費外，獲有餘利，則將七成先還滙豐借款，其餘三分給各股官利。

十五、招遠公司先試辦五年，如五年内可以還清滙豐借款，並各股有利可領，則於餘利内每百兩撥銀六兩，歸山東公用，以作税餉，其餘盡歸各股均分。

十六、李道宗岱前曾另集資本，在招遠等處租購礦地，自後本公司如開採其礦，即以集資之數計算，於十分内，撥歸李道紅股一分，以酬出地之費。

十七、招遠公司衆議公舉前山東濟東泰武臨道李宗岱爲督辦，候選道陳世昌，中書科中書銜李贊勳爲總辦，知府銜候選同知徐麟光爲會辦，分發江蘇候補巡檢李錫功爲總董事，擬請中堂酌核札飭遵照，其餘俟奉准後，察看股分較多及得力之人，再行稟請札派。

十八、本公司既歸商辦，遇有總辦會辦董事計調缺出，例由本公司會議公舉在股幹練之員，稟請中堂咨山東撫院批准接手，不得濫請并無股分及未經辦礦之員充當，并請永遠免派委員入廠，以一事權，而重血本。至廠中延聘之人，各宜破除情面，及官場習氣，不得任用親私，款留閑人，致招物議。

十九、山東招遠平度寧海掖縣棲霞萊陽所需礦地，曾經探礦，買有地段，應請盡歸招遠公司酌量採採，他人不得於該處租買礦地，以杜争端。

二十、本公司所需工匠，先用本地附近鄉民，如人不敷用，以次遞雇遠鄉鄰縣之人。若本地人不能熟悉之工，方准用外路人充當，并禁外來遊手，不得混入礦廠，以資約束。以上各條，均請核定，批明立案。其餘未盡事宜，感俟奉到批准後，再行集議妥協，稟明辦理，以資遵守。

光緒二十年，前濟東道李及登萊青道札文，招遠縣知悉。照得本道現因辦理招遠礦務公司，金山華商李贊芬任情浪費，信用非人，種種謬妄，貽誤鑛務，稟請將該商撤出招局一案。茲於光緒二十年九月初二日，奉北洋大臣直隸閣爵督部堂李批開：據稟並清摺均悉。前因李贊芬辦理招遠礦務，久未稟報情形，飭據東海關劉道稟復，當以該道不知現往何處，亦久無稟報，批飭將招礦一切事宜，暫行責成劉道就近督飭妥辦，認真查察。并將李贊芬接辦後經手賬目核明，共有餘利及舊欠各若干，先行分提繳還公款在案。李贊芬原係該道具稟力保，其人行爲如何，自必深知。今據稟稱：李贊芬任意妄爲，種種荒謬，實由該道遠避京城，并未親往查察一次，致使三年之中，爲所欲爲，毫無忌憚，均堪痛恨。該道亦豈能辭咎，候飭東海關劉道轉飭地方官速將李贊芬撤出招局，拿解到道，會同該道澈底查辦，據實具復，毋稍徇縱。該道應即迅赴烟臺，會同劉道認真查辦，毋再遠颺避匿。至金山股分擬與譚錦泉核算，給與招遠礦務股分，交譚錦泉在局經理，以免向隅之處，應准照辦。仰即督飭核實經理，隨時據實具報查攷，勿稍徇飾干咎，繳摺存發等因。奉此。查李贊芬既經奉飭撤出招局，所有該公司從前借用平度礦局一切物料，自應派員查明，照數收回。如有遺失損壞，亦應責令李贊芬賠補，以重公款。至李贊芬自行購置各物，查係合於金礦之用者，核明實在價值，方准留局作爲金山股分銀兩。其餘如火油燈、車頭、藥、碾子、打�大錘，一切浪費無用之物，應即責成李贊芬自行搬運出局，不得作爲金山股分。至李贊芬在寧海礦局，運來宋姓等合股所置之機器頭及一切物件，乃係李贊芬强取他人之物，以爲己有，更應責成李贊芬逐一運回寧海礦局，交還看守之人，飭取該看守人收字存案，以免將來數目轇轕。除遵批移會東海關道，轉飭地方官將李贊芬拏解究辦，並札委總董事李巡檢錫功馳赴招局點收物料科外，合行札知札到該縣，即便前往礦局，查照札内事理，監同交收，以重公款，而斷葛藤。仍將辦理情形，具報東海關道查攷。毋違。此札。

爲札飭事。照得招遠縣屬玲瓏山紅石崖礦局，經前濟東道李稟派粤商李贊芬總辦，現因李贊芬金山股賬不清，稟請上憲札交本監督押追其賬，無干在事他人之事。本監督因聞該處正在開採得手，誠恐在局之人，聞風停歇，又踏平度之覆轍，不惟事主喫虧，且於公款亦甚有累，故特發諭單，飭在工之李炳垣，照常帶領在局之人辦事，勿許停歇。並飭順泰洋行粤商擇派妥實夥友李光華，前赴該局會同李炳垣監視一切，以維大局，而免紛擾。爲此札行該縣，如在事董事以及地棍工頭，膽敢在局藉端滋擾，仰即拏送來轅，訊明嚴辦。合行札飭札到，立即遵照。切切。此札。

又農工商部收職商劉鍙泉等稟《開辦招遠金礦事原委請准接續承辦或由李家愷償付墊款》 光緒三十四年十月二十二日，農工商部收職商劉鍙泉等稟：

敬稟者：竊商等於光緒三十二年三月二十日，奉到鈞電内開，照得詳示，招遠鑛舊欠甚鉅，續辦原可，須與李道議等語。今日並接李家愷電稱：譚錦泉等稟原辦寧海，與招遠何涉，有李文忠、劉含芳訊案批牘可據。先君辦礦，虧百萬，以二十萬何濟，蒙稟殊謬云云。據李家愷電文所稱，實其自謬，反責人之荒謬。然辦寧海礦務之由，係其先君李道於光緒十四年間，函寄商等前往山東探辦礦務，商等招集小股，於光緒十五年春間，前往山東棲霞、寧海、招遠等處探礦，隨與李道商量，以官商合辦寧海礦務，内分三大股，官股即馬道、陳道、徐丞麟光等，占兩大股，金山商等占一大股。光緒十六年春間訂立合同，妥議章程，各經簽押，彼此斟酌分條舉辦。以金山股友先向美國購辦機器，而陳徐馬兩股，即允預在寧海養馬島建築碼頭開修車路等件，及定明此次定購機器價銀若干，分三大股分攤交付。當時以開誠本公，各依前議，遂在美國定造機器，陸續運寄上海，該機器價銀，金山一股應攤交者，已在金山給付。陳徐馬兩股，不獨應交之機器銀不付，即養馬島之碼頭車路等件，全未舉辦。不料是年臘月間，馬道即電稟李中堂轉電駐美前出使大臣崔，立即行文到金山大畢總領事署，勒令查封金山股銀，滙華交馬道收用，金山股友大爲詫駭。是以各股友所報之股分，其未交銀者，固畏葸不肯樂付，既付者亦問經手人索回；此因馬道之所誤者，一也。十七年五月間，奉接李道函諭撫慰等情，並囑商等即回山東，商量另辦別處，於是商等仍以裕國利民爲懷，再行集議，復派李贊芬、譚錦泉、劉鋈泉等前往上海，與李道商量，於光緒十七年冬間，妥訂合同，改辦招遠金礦，錦泉即偕同劉鋈泉赴往招遠，即雇工人遍處挖礦，隨次創造房屋，乃於十八年二月間，在招遠玲瓏山挖出寬大之礦綫，斯時李贊芬獨居上海，錦泉當即函商李贊芬，擬聯函即寄金山，另購十杵機器付來應用，以漸而推廣。詎贊芬自執己見，聽李乾元之朦混，即在上海私置鐵碾等笈籌無用之物，不能勝用，多費時候。若用機器，大開工程，至今大有成效。及二十一年冬，前山東巡撫李秉衡，因有日兵駐守威海衛，乃防其相隔二百餘里之礦丁，與日兵稍有齟齬，至起交涉，遂奏請止辦。自封礦不滿兩旬，而李道督辦隨而終世，商等遄回金山，顧持生理。其李家愷始到招遠，藉此盤居，迄今十有餘載。查其向用土法淘金，所獲不少，况該金綫延長寬大，若非機器開辦，終難期大效，商等在招遠開礦，經營五載，勞瘁備嘗，奚忍竟棄而弗顧。所以商等集議，欲再集貲本，購辦機器，前往續辦，以期收效於將來，且望一處成效，各處繼興，從此礦務鐵路盛行，誠我祖國富强之基礎，可副朝廷鋭意維新、利國利民之至意也。李家愷竟出强硬手段，謀奪招遠礦務，視爲己有，商等勢難甘讓，可否乞鈞部飭李家愷將金山前用去十三萬餘之貲本，如數交還，由商等另行開辦別處，均無不可。倘李家愷自行卸去，商等自行續辦，所有事宜，均照與其先君會議改辦招遠之章程，斷不肯虧員其先君招商開礦之美意。李家愷電稱，其先君辦礦，虧百萬，乃言過其實。曾有光緒十七年十一月改辦招遠之合同可據，原其先君前辦平度礦務，所虧四十五萬，俟招遠礦務成效，代還公款洋債二十四萬，其餘二十五萬，折作五成，撥入招遠礦股分，與商等合辦招遠礦務實在之情形。再，自光緒三十一年三月二十二日奉到鈞電，商等當即檢查承辦山東礦務諸來歷憑據，按條分晰恭抄擬即上呈鈞核，詎出自一時，而慘遭地震火劫之禍，久而未便具詞稟叩，迄聞李家愷欲將招遠玲瓏山之礦業，訂價轉售洋人開辦，商等惟恐所費血汗之貲本無着，故不揣冒昧，縷陳叩瀆。伏乞鈞部俯念商等數載奔馳，徒耗鉅資，其中如何挽回，何如裁決之處，出自鈞部逾格扶持。如蒙批示，乞付至金山總領事署，商等不勝待命之至，謹此，叩請計安，伏祈。涵照不莊。

光緒三十四年九月十八日，職商劉鋈泉、黄日如、譚錦泉、司徒球等謹稟。

附《辦理山東省招遠平度礦務合同》附該礦房産機器　立此合同因辦山東省招遠平度礦務事宜。此項合同，即訂立於西曆一千九百零七年五月十六號，在天津中國地方，立合同人，開闢公司、李道元。李道元爲李君翰、李宜萊、李宜光等公舉代表之人，以下祇稱「礦主」。開闢公司係有限公司，按照美國克納克省公司律法訂立，以下祇稱「開闢公司」。玆查礦主現有開採山東招遠平度等處金礦，金礦處所均於附篇内詳細載明，其附篇應隨合同粘連，亦應標明爲各處礦産附篇，惟礦主現擬添購機器，擴充該礦，然須措借資本充足，始能舉辦，而開闢公司亦情願借與款項。此係互相商酌允協，自應將彼此允諾各款，開列於左。

第一款，礦主奉到中國政府批准借款合辦之時，即應設立一有限公司，名曰招平礦務公司，按照中國律例設立，應稟明北京農工商部註册立案。一俟辦竣，礦主即將附篇所載各處礦地産業及辦礦權柄，均割交與招平礦務公司。惟割交之權柄，礦主固不得違背合同内開應允各款。該礦所有從前欠人款項，皆由礦主自行清理，與新公司無涉。借款合辦以後，所有應分給借款公司或開闢公司利息餘利，再不得用還各礦以先欠債並他項欠債，僅照合同内所載辦理。

第二款，俟礦主奉到中國政府允准借款合辦之後，開闢公司應允迅即設立

一有限公司，名曰借款公司；按照美國省公司律法訂立，迨借款公司接到開闢公司於合同內所允各款，則兩公司須彼此互商遵照合同內所允各節辦理。

第三款，除第六款所訂辦法之外，開闢公司允爲預備資本，以作借款，出給實銀，並無折扣。惟借款數目足敷合同內詳載用項所需，直至二十萬英金鎊爲止。到三十年後，須將此二十萬金鎊還清。自訂立合同之日算起，其押款即以附篇所載各處礦產，並招平公司日後所得之產業，且不但附篇所載各處礦產，尚有各礦建造之房屋，購辦之機器，以及與各礦有關之產業，並有關之權利。舉凡礦地、產業、房屋、材料雜項，連同各礦所採取者，除以下指明各項物件外，暨於借款年月內置購之產業，均押與開闢公司，作爲擔保借款證據，是借款公司，即爲招平礦務公司第一次借款之人。

第四款，此項借款，議定按年利七釐行息。用金付給，或按應還日期之金滙兑金款市價付給。每届六個月，付給一次，一在西正月一號，一在西七月一號。惟至付給利息時，應當清核借款若干，但無論所借之款，或作資本，或作利息，或作股利，均應遵照合同所訂條款辦理。

第五款，一俟合同簽立妥協，礦主即應鈔録一份，禀呈北洋大臣、山東撫院批核。俟北洋大臣、山東撫院批准該合同時，應即禀請上憲奏明中國政府，恭候准駁，如一年內或經中國政府批駁不准，此合同即作廢紙。惟於未經批駁之先，礦主不得向他人另立合同，訂借款項，以作開採此項礦產，並不得要求將合同作廢。再，合同簽字後，倘於一年內，確經批駁，而期限未滿，遂於所餘之限內，礦主與開闢公司又籌有善策，約可復蒙中國政府批准，礦主應先儘開闢公司商借款項，以爲開採礦產需用。

第六款，俟合同奉中國政府批准後，開闢公司或借款公司，即於八個月內，第一次支借與礦主天津行平銀三十萬兩，礦主不必將此三十萬兩用項，報知開闢公司。

第七款，除以先已用花費暨合同內載應用各款外，礦主允許不得指礦產爲名，再有别項開銷，或以礦產作爲他項抵押。

第八款，八個月限期，係從礦主以合同批准知照開闢公司或在中國代表人之日起算，倘開闢公司於限內，未照合同上允許預備款項，即應交出銀二萬五千兩與礦主，作爲罰款。此二萬五千兩之數，應將開闢公司已墊之款，核算在內，合同即便作廢，由招平公司另向他人議借款項。

第九款，以上所云之三十萬兩一項，均經付清之後，開闢公司即可向招平公司索取以前墊給款項若干之借款憑票，此款即歸借款二十萬金鎊項下，登入借貲本帳內。

第十款，此三十二萬五千兩交付之後，開闢公司或借款公司，仍應將下餘借款預備停妥，以便隨時按照招平公司所開各賬開付，如勘驗開採賬資本賬息利賬股利賬，照數開付。其開付之法，應照第十三款所載辦理，且經彼此議定。除以上三十二萬五千兩連照第十三款應付息利股利兩賬外，該借款不能移作别用，祇可爲勘驗各礦，購辦礦產傢具，以及開採所需，直至各礦培植成立，獲有出產，足敷自費之時。

第十一款，先用花費，即係開闢公司代表人薪金並使費。其薪金使費，自與礦主開議合同至奉到批准之日所開付者，以及律師費並勘探該礦各費。所有花費，固由開闢公司墊付，亦應由第一次所借三十二萬五千兩外，首先提還開闢公司。惟開闢公司應備具切實賬目，並考驗憑據，一俟礦主索看，即行交給閱看，然不得過五萬兩。

第十二款，招平礦務公司資本，得有天津行平銀八十萬兩，即提出七十萬兩股份，並無虚折交與礦主，或礦主指交之人，蓋因礦主已將礦地產業，辦礦權柄，及各項產業，轉交與招平公司。其餘十萬兩股份，並無虚折交與開闢公司，以作酬勞，係因公司付借各款係實銀，並無扣用，且無偏向；於開闢公司多受辛勞暨擔險之處，惟此十萬兩股份票上須註册，俟一切借款還清即作廢紙字樣。

第十三款，開採利益分别於下，按下列次序開銷：

甲，付開採礦產經費，即包括日用修理保險國課各費等項在內。

乙，付借款利息，按照第四款所載辦理。

丙，招平公司所出股票。通按常年七釐核算，每年付給兩次，與借款利息之期相同。

丁，除甲、乙、丙三款應付開銷外，凡有餘利，每年終提出十成之二，作爲招平公司公積，但應於該礦獲利足敷以上三款開銷後，再有餘利之日爲起首。

戊，若有下剩餘利，即應均分與招平公司、開闢公司。

第十四款，如第十三款內載公積，此公積款或購他公司股票或借款票、公債票等，或久存於妥實銀行，以圖生息。惟擬購之票，暨擬存之銀行，雖由招平公司總辦經理，然亦須商妥開闢公司或借款公司辦理礦務代表之人方可，俟得有

利息，每年仍按照本條辦法辦理。

第十五款，第十三款公積用法，擬以一半，常存生息，以備屆十五年後，償還借款之用，其一半留備二十萬鎊，不敷開銷時，尚需若干，由此一半内提取應用。如二十萬鎊業已敷用，此一半亦留備將來償還借款之需。若公積項下，將借款還清之後，尚有餘剩，不與開灤公司相干。

第十六款，開灤此項礦産，建造新式機器，約用二年工夫，採出之産，均變換銀兩，入在出産賬内，即用出産賬内之款，按照第十三款所載，還給息利股利。如此二年左右採出之産，不足還給兩項利息，即於借款資本内，提撥補償。惟所抽之利息，應按招平公司已借款多寡核算。至招平公司與開灤公司所有之八十萬兩股份，應抽七釐股利，亦應按借款原本分數核給。譬如第一年終之時，所借之款係十萬金鎊，即爲原本一半，其股份於此一年終應得之利，即係七釐之應作三釐五。如在二年之外，兩公司股份，仍按七釐利息算。

第十七款，嗣後倘看出以上所定二十萬金鎊，不足爲開採礦産到極處之需，開灤公司即應預備願否預備接續應用借款。續借辦法，須照合同所載，一律無異，但開灤公司願否續借，限以九十日爲期，自辦理礦産代表人轉知開灤公司或借款公司之日算起。

第十八款，此項借款，由中國政府批准之日起，以三十年爲期。前十五年按借款交到實數，照第四款付息。自第十六年起，分年還本借款實數，每年付還全本十五份之一，應付之七釐借息，隨本遞減。暨第十三款「戊」字項下借款，公司應得之一半餘利，自第十六年至二十年，其所餘之款，仍按第十三款「戊」字項下，均分一半。二十一年至三十年，借款公司僅得餘利四成，則第十三款「戊」字項内載，餘利不得按照該款均分之法分派，是招平公司應得六成，開灤公司應得四成也。至三十年本利全清後，所有招平公司利益産業，即與借款公司開灤公司無涉，此項合同，即行作廢。

第十九款，借款至十五年之後，招平公司可以將此合同停辦。惟招平公司欲將此合同停辦之時，須在一年之前，先行通知借款公司，屆期由招平公司將借款全數付足。並利息於作廢之日算清外，復應付給借款公司一項銀兩，即所借各款之酬勞金。該酬勞金即按第十三款「戊」字項下，最近五年借款公司所得餘利總共之數，按五份均分後，將一份加足十五倍計算，至此項應得之十五倍一年之利益，按全數借款不得過九成之多，方能照給。如過九成之外，亦照九成付給。

第二十款，在此合同存執之日，及未經停辦以前，礦主與招平公司，未經借款公司允准，不得擅與他人另立合同。議借款項。倘至第十五年之時，招平公司欲借洋債，照十九款以還借款公司全數借款，其時招平公司欲給他人利息若干，須照擬給他人之章程，先讓借款公司承辦。如借款公司不願承辦，方能另讓他人，此係指擬借洋債而言。至或十五年後，中國官商自行籌款接辦，則照第十九款清還欠款後，借款公司只可退出，不得異言。至借款公司未經招平公司允准，亦不得將其合同利權，並借款公司所得招平公司股份，轉讓他人承辦。

第二十一款，合同存執之時，在中國或開灤公司或借款公司，所應管理各礦辦事及執事人員，均須籍隸中、美兩國者，且須華洋兩總辦彼此會商妥洽，方可委派。

第二十二款，合同存執之時，辦理招平公司事宜如左：

招平公司與借款公司，彼此商酌允許，聘請中國擔任辦事之人，言明設華總辦暨華工程司各一員，亦可一人兼任，並各華員。借款公司與招平公司，彼此商酌允許，聘請西國辦事之人，言明設西總辦暨西工程司各一員，亦可一人兼任，並各西員。嗣後各種勘採礦産方針，及購買機器、添置材料、開銷賬目，每事均應聽憑兩位總辦核奪。所有各樣憑據，須經兩位總辦簽字，方可作准。遇有應行公事，亦須由華洋總辦商定後，用招平公司出名，而辦理各事，公同樹押。

第二十三款，彼此商明允許，若是合同内所言借款資本，到應還日期，招平公司未經歸還，此日期即合同内載之期，至此日期再過三十日，仍不歸還，借款公司即可於此三十日後，知照招平公司，將所有各礦，暫歸借款公司獨自開辦。其所以獨自開辦之故，係爲急速還清借款並利息之故。倘真如此辦理之時，則招平公司股份應得餘利，即停止不付，以待將借款公司資本利息還資，及至清還之後，借款公司、開灤公司照合同與各礦所有關係之處，亦即作廢。並將所執各礦之産及辦理之權，均歸還於招平公司，以及付給借款公司之股份，作爲廢紙。但是借款公司獨自開辦之時，每年須給礦主日用花費銀二萬兩，礦主仍有隨時查核出入賬目之權。

第二十四款，彼此商明允許，借款公司既以招平公司所押之産業，作爲保證，倘該産業照中國律法，由伊售净，仍不足償還各借款，不得向招平公司股東索補虧短，亦不得向中國國家，或北京或在省城或在本地各官員，索要虧短

之款。

第二十五款，招平公司應交中國國家礦産國課，均宜遵照礦章核算，但是招平公司交納國課數目，不得較在中國他處金礦重多，至各礦之出産，亦不得完納本地釐金，並他項税課。

第二十六款，各機器材料，及應用各件礦地往來，除不應納税之外，所有應行納税者，僅交海關税，不得抽收别項税課。

第二十七款，招平公司所有地産，應完地租錢糧，按照地畝坐落何處規則完交。

第二十八款，或兩公司或轉收之人，與合同内各款講解，意見不合，或合同存執之時，兩總辦按章辦理招平公司各事，意見不合，即照公正之法辦理。須由兩公司各舉公正一人，再由此二公正人，舉出一人，公同核斷，惟二人相同者是從。

第二十九款，合同内載各礦一切事宜，均須由歷任之北洋大臣、山東巡撫保護，自應歸北洋大臣、山東巡撫節制。倘北洋大臣、山東巡撫有何飭知，如果與各礦利益實無妨礙者，招平公司暨借款公司華洋兩總辦，自應遵辦。每年終之時，應將該年各礦所辦之事，連來年擬辦各事宜，均禀候北洋大臣、山東巡撫批示，核與金礦規則，是否相宜。

立此合同爲據，繕具華、英文各六份，彼此核對，均屬相符，華、英文皆爲準則。

第三十款，招平公司收到借款公司款項後，應隨時繕給借款憑票，每票填發數目若干，由借款公司臨時酌定，招平公司照辦。

光緒三十三年四月初五日立。

李道元，見證人林文德、吴其藻。

今將中國山東省准歸公司開挖招遠平度礦地金石，所有該礦房産、機器生財，詳列於左。

招遠礦局：地約四十二畝。山場約七十一處。鐵瓦房三百五十間。各廠棚厦子五十間。各草房三十二間。

礦線已租之處，約歷四山，長約七八里。另紅石崖礦線一處，歷二山，約長一里。

存安好小鐵道長二百六十丈。存運石鐵車八輛。存峒内現用錘、鏩、鍬钁等俱全。存峒内起水提石各項轆轤及土法砸砂淘金各器物俱全。

平度礦局：地約三十二畝。山場約二十四處。洋樓一座。大機房一座。起重機器全副。冷氣機器一副。六號水龍四架。雙管大水龍一架。氣鏨八副。二十條春杵廢機器一副。大車牀一副。鏨牀一副。瓦房四十三間。草房三十五間。炒硫磺鐵大爐一座，房屋一座，内炒硫磺鐵器具皆全。□硫磺鐵器物俱全。礦線已租之處約十餘里。

又《威海衛金礦》外務發德使葛爾士照會《英商無請辦威海衛租界外金礦事》 正月二十八日。給德國公使葛照會稱：光緒二十九年正月二十三日接准照稱：本署大臣在中國英文報内，閲有威海衛金礦公司告白，内開該公司擬在威海衛租界以外，離海邊十五英里地方開採金礦，已請中國國家允許開辦等語。查英國公司所請，與德國五處開礦之權顯然相背，本署大臣不能不代該山東礦務製造公司，力爲辯駁等因，前來查英國公司現無請辦威海衛租界外金礦之事，相應照復貴署大臣查照可也。

又外務部收山東巡撫周馥函草合同暨照會電文等《咨送英人請辦威海衛狼虎山金礦案來往文電請主持議商》附狼虎山金礦 光緒二十九年五月十二日，收山東巡撫周馥函稱：竊查英人擬在威海衛附近狼虎山勘辦金礦一事，先無所聞。迨上年冬間，馥查閲海口，道出威海，往拜英國駐紮威海租界大臣駱任廷即駱璧理，談及此事。當答以租地照章祇租地面，地面下之礦，仍歸本國管理，該處礦苗是否暢旺，如何集股試辦，應由京都礦務總局主持各等語。曾經於查勘海口密疏内具奏在案。嗣派委員往勘，始知狼虎山在烟臺之東一百四十里，威海之西四十里，係在英國租界之外，其地有已廢金礦，英人於光緒二十四年，私向民人買地數十畝，以此山無糧，至今並來報官税契。駱大臣必求山東允准招集華商合辦，遂擬就合同草稿，交委員帶回候商，並未簽字許定。嗣經馥查明德人所設華德採礦貿易公司指勘五處礦務，其第五處即係以烟臺周圍二百五十里爲界，狼虎山距烟臺既祇一百四十里，即在華德公司勘礦界中，恐以後致滋轇轕，遂屬委員回復，未即允許。今年二三月，駱大臣兩次來電，一次來文，催詢此事，俱經回卻。四月駱來濟南答拜，遊讌數日，未談公事，歸途派員伴送。馥又飭委員在途中順便探詢，據駱口氣，以狼虎山金礦在英國管守界中，已設在上海招齊商股，萬無停止之理。且商股十成，中華股佔至三成，即謂之華英合股亦可，如巡撫以爲必先咨商外務部及路礦總局，即請從速咨商，本大臣專候復文，

再行開辦等語。意似無可遊移，覆查該公司在上海招股章程，曾經載之日報內中，並有蔗山、興林等處名目，不止狼虎山一處，駱大臣謂已招齊商股，不爲無因，惟此事山東始終並未允許。聞英使薩道義亦未赴大部説明，何以該公司遽然購地招股，事在必行，殊與奏定礦章不符。惟查光緒二十四年議租威海專條中載明，所租之地，係劉公島，並在威海灣之羣島，及海金灣沿岸以內之十英里地方，專歸英國管轄，以外在格林尼（址）［治］英國天文臺名。東經一百二十一度四十分之東沿海，暨（付）［附］近沿海地方，均可擇地建築砲臺，駐紮兵丁，或另設應行防護之法。又該界內均可以公平價值擇用地段，鑿井開泉，修築道路，建設醫院，以期適用各等語。查東經一百二十一度四十分之東，考其地界，係在寧海州迤南至成山頭一帶沿海地方，既准英人設防，則狼虎山雖在租界以外，實在守界之中，惟其地仍歸我轄，並無准其辦礦明文，究不能擅自開礦。然德人如援五處礦章在彼辦礦，英必不允，且於德亦多不便，況威海界約在先，德人議礦在後。且五處礦章，至今尚未簽押，似德不便與英爭。前月德員梁凱詢及此事，覆告以狼虎山英已買地在先，德不能奪，從前貴國葛大臣曾云，華德公司在山東辦礦五處，內有一處指定烟臺周圍二百五十里，凡給予他國之地，均不計算在內。又領事連梓來電亦云，第五處在烟臺周圍二百五十里，如中國已允他國承辦之處，自應在外各等因。是彼此可以妥商通融辦理。且此五處勘礦之界甚大，多或二百餘里，少亦數十里，安必無他國人已租已買之地，將來五處礦章如定，應將此層敘明。狼虎山既經英商買地在先，即歸英商辦礦，似與華德公司無礙，否則由英商、德商與華商合辦亦可。惟毋論何國商人承辦，總須按照奏定礦章，由外務部暨路礦總局核准，咨行到東，始能開辦。蓋此係商務，固與交涉無干也。梁凱當時聞此語，亦未深辯。逾日梁凱將葛大臣寄來與大部來往照會送閱，乃知大部已復葛大臣未允他人開礦之權，是與山東現未允許英人合立公司之議，正相符合。惟英人既不肯以防界內已買礦地，讓與德人，而德人亦不便以後議五處礦界，反向英人索地，將來必有一番議論，准駁之權，仍應操之地主。覆前答駱大臣以租界地面不與地下礦產相干之語，意在收取租界內礦税，此節未必辦到。聞威海租界内礦質不佳，非併狼虎山在內則無利，非由我允許則無權。若我不詢商於德，而逕許英，則我必遭德怨，或俟英使來詢，屬其轉商於德，大部再爲調停。因與英訂明出井出口等税，爲將來五處礦税地步，未始非計；駱大臣將來必請英使向大部商議此事，届時務請大部與路礦總局會核，主持定議，俾有遵循。山東不便與英德領事商定此事，徒滋爭辯，兹時將與駱大臣，來往電報照會，並另繪威海衛租界地圖，一併鈔摹，附呈鈞案，以備將來與英德商議章本。覆現已密飭文登縣傳諭居民勿再將狼虎山等處餘地私賣，須俟公司大局議定，再招華商附股，訂明擴充廠地辦法，再行酌辦，專肅。祇請鈞安，伏維垂鑒。

附呈新繪租界地圖一件。此圖未送駱大臣閱過，係山東撫署屬測量委員按《威海條約》繪成。

來往電報底稿一件。來往共計四次。

來往照會底稿各一件。

駱任廷交委員帶回擬就合同草稿一件。

敬再肅者：現呈威海租界圖，係由測繪之員按照《威海條約》所載繪成，其約內所載格林尼址東經一百二十一度四十分之東沿海地方，是否與圖相符，現無別圖校對。查二十四年議此租約時，大部必有此項地圖存案備查，請檢出核對，或屬英使檢圖一對亦可，請酌奪施行。

照録合同。威海駱大臣商擬威海狼虎山金礦合同。欽命山東巡撫：各爲中國英國國家起見，訂立合同如下：
英國駐紮威海辦事大臣。

一、威海衛金礦公司前在狼虎山所購地畝，以爲開礦之用者，準將該地畝作爲該公司掌業。

二、如該公司於狼虎山附近，尚須地畝以爲開礦之用者，准其陸續購用。

三、該公司續購地畝，應由駐紮威海辦事大臣商請地方官准其購用。其價值一切，即由辦事大臣與附近之地方官商酌辦理。

四、狼虎山金礦之章程條例，應由山東巡撫與威海辦事大臣公同商定。定妥之後，無論地在華界，或在英界，均應遵照所定章程條例辦理。

五、該公司報效銀兩，應遵章程條例所定數目，一一輸納。此項款目，中國、英國國家平分各半。所入中國者，歸山東巡撫輪庫；所入英國者，即歸威海辦事大臣輪庫。

六、該公司所有簿書及一切賬目，凡有關於狼虎山礦務者，均應遵照條例一一呈驗，隨時由山東巡撫與威海辦事大臣各派委員，認真稽核。

七、狼虎山金礦地面，各應懸掛國旗，其屬中國者，懸掛中國國旗，應隨山

東巡撫之便；其屬英國者，懸掛英國國旗，應隨辦事大臣之便。

查狼虎山在烟臺之東，威海之西，文登縣之西北，去烟一百四十里，距威四十里，距縣六十里。山上舊峒數十處，皆歷年附近農民於荒年失業之時，藉此金糊口。光緒二十四年英國租界未經畫定之時，威海礦務公司知金脈起自狼虎山，趨向威海，因將山上舊峒全數購買，每畝地出洋二十元，共計五十畝出洋一千元。以爲畫界之後，狼虎山必在界内，原不料其適在界外也。卑職等於閲看回威後，與辦事駱大臣會面四次，駱擬合同七款，另譯呈覽，伏乞鈞覽。

來往電報。

濟南府部院周：狼虎山礦務，何時可以定奪，祈示復。大英威海大臣駱任廷印。二十九年二月二十三日到。

威海駱大臣：電悉。礦事華商意不定，難遽定奪。周馥。三月二十三日復。

濟南撫部院周：礦事前蒙當面許妥，貴委員亦已勘妥。公司股份，早已招妥，祈候佳音耳。既非官辦者，利，兩國受益，如無利，公司自承認，無傷國帑也。來電云「華商未定」四字，似乎與招定股份之公司無涉也。如何祈復，大英威海大臣駱任廷印。二月二十五日到。

威海大臣駱：復電領悉。華商以威租界外之地，我外部於光緒二十五年曾許德人覓礦，恐夥辦致後争論，是以驟難招股，官未便力勸，或者後來附股，亦未可定。但多少股分不能知，請公自酌。馥。二月二十六日。

英欽命駐紮威海衛劉公島等處辦事大臣駱，爲照會事。照得開辦威海狼虎山礦務一事，經前面商妥協，當由貴部院派委羅、池二委員來威勘明，本大臣即將所擬開辦章程，交由貴委員帶呈察閲。旋接羅委員函稱：所擬規條，已邀察核，其中情形，尚無不合，不過稍待參酌，便即切實回復等由。當下一面由礦務公司招備股分，静候貴部院定奪在案。昨因公司股分招妥，電請定奪，旋接回電，有「華商意不定，遽難定奪」九字。接讀之下，似乎答非所問。復於二月二十三日再發一電，解明礦務已有公司，股分已經招足，不必再招别公司等意。解明既非官辦，無傷國帑，有利兩國受益，無利公司承認云云。諒貴部院當已明白也。惟復接來電，仍有謂難以招股，官未便力勸，或者後來附股，但不知多少等文，更爲誤會。查此事既已面商妥當，查勘妥當，所擬章程亦妥當，公司股分更業已招集齊備，則不必别家再行招股也明矣。設若諉諸外人，則狼虎山係在英界，外人何能干預，且此中情形，前於會晤時，曾與貴部院商量允協，不必再疑者矣。夫開礦爲方今急務，孺婦皆知。際兹時勢孔艱，憂國憂民者，自當毅然爲國家收天地自然之利，未便稍事因循也。本大臣忝膺疆寄，凡有利國利民者，任勞任怨，不容稍涉遲疑。想貴部院體國爲懷，盡心民事，則事同一律，願留意焉。至公司股分，係由商人經招足，静待貴部院定期開辦而已。此事本大臣堅意舉行，斷不肯失信國人者也。爲此照會貴部院，請煩查照，早日見復施行。爲此照會，順候時祉。須至照會者。右照會大清山東巡撫部院。周。

光緒二十九年二月二十七日。山東撫提部院周照覆事。光緒二十九年三月初九日，接准貴大臣照會内開：威海狼虎山礦務前經委員勘明，本大臣將所擬開辦章程，交呈察閲。狼虎山係在英界，外人不能干預，請即定期開辦等因。准此。查本部院前到威海，曾准貴大臣面稱威海狼虎山辦礦之事，并囑招集華商，合股開辦，此係開擴利源，本部院極願幫助，當派羅、池二委員前赴威海詳細勘明。旋據禀稱：狼虎山在烟臺之東一百四十里，威海之西四十里，係在貴國租界之外。本部院查光緒二十五年間，經總理衙門允准華德公司在山東地方開礦五處，其中一處，係在烟臺週圍二百五十里以内，現在狼虎山既非在威海租界之内，又距烟臺僅一百四十里，核與來文「係在英界」之語，不甚相符。華商集股一節，意即不定，本部院尤未便在此另招公司開辦礦務。當以此情電達貴大臣在案。至威海以内之礦務，誠如來文外人不能干預，如貴大臣立意開辦，請函復本部院，以便咨請京都路礦總局大臣核復。至華商自應聽其附股幫助辦理，惟附股多少不能預定耳。相應照復貴大臣請煩查照。須至照會者。右照會大英駐紮威海等處辦事大臣駱。光緒二十九年三月十九日。

又外務部收鐵路總局文《英人請辦威海衛狼虎山金礦》 光緒二十九年閏五月初三日，收路礦總局文稱：光緒二十九年五月十四日，接准山東巡撫函稱，英國駐紮威海租界辦事大臣駱任廷商請勘辦威海衛附近狼虎山等處金礦一事，馥以狼虎山雖在英國防守界中，究在威海租界之外，且與已許德人五處勘礦地址，有所牽礙，英商先未呈請山東，亦未奉有貴總局暨外務部准其勘辦明文，馥是以屢駁未允，然駱大臣勢在必辦，公司已經招股，現將前後商辦一切情形，函達外務部，請由外務部商同貴總局主持核議。兹特將敝處致外務部函稿，暨各鈔件，一併彙録寄呈，恭備鑒核施行等因。准此。除各鈔件業經山東巡撫函呈貴部，不再，鈔録咨送外，相應咨呈貴部，請煩查照施行。

又外務部收德署使葛爾士照會《英人承辦狼虎山金礦有違德商利益》〔光緒三十年〕正月二十七日，德國署公使葛照會稱：山東礦務製造公司在山東開礦一事，迭經照會貴親王在案。光緒二十五年間，中國國家與該公司在山東省詳細指定五處開礦專權，於指定五處内之一處，係在烟臺週圍二百五十里内，除前已給與他國開礦之地外，其餘均歸德國礦務製造公司開辦。光緒二十四年八月二十日中國與英國所訂條約内，中國國家將威海衛海口周圍英國里十里，約中國里三十里一帶地方，租與英國國家。本署大臣查此一帶地方，山東礦務製造公司無開礦之權。其海口周圍在英國里十里外地方均歸該公司，得有在五處開礦之權。本署大臣在中國英文報内閲有威海衛金礦公司告白，内開該公司擬於威海衛租界以外，離海邊十五英里地方開採金礦，已請中國國家允許開辦等語。查英國公司所請，與德國五處開礦之權，顯然相背，因此本署大臣不能不代該山東礦務製造公司力爲辯駁者也。時此照會貴親王查照，并請照復是荷。須至照會者。

又《浙江礦務・諸暨金礦》外務部收浙江巡撫聶緝椝文《詹紹周請辦諸暨金礦可否允准》附章程租定礦地清單暨承辦職商銜名　光緒三十年正月初三日，收浙江巡撫聶緝椝文稱：竊照紹興府屬諸暨縣洞巖山礦産，疊據諸暨縣稟，據職商詹紹周等稟稱，聘請廣東礦師馬瑞初到山勘驗得苗質純良，每砂百斤可煉足赤金一錢，其餘尚可提煉銅、鉛等質。其地高居山阜，四無居民，亦無廬墓關礙。自行招集股本規銀二萬兩，租定山場四畝一分零，擬設公興礦務公司，用土法開採提煉，不招洋股，亦不聘請洋人，俟有成效，逐漸擴充，如果虧折，由該公司自理。呈驗股本，並百分之一照費銀二百兩，開摺繪圖，由縣稟請給照等情。當經前部院以股本規銀二萬兩能否敷用，章程與部章間有未符，先後批飭查議去後。兹據改訂章程，詳由商礦總局復稱，該公司貲本雖微，土法採揀，成本亦輕，實已有盈無絀，改訂章程與部章相符，詳請察核前來。查近來各商呈請開礦，動輒誇言多集華洋貲本，卒至毫無成效者，比比皆是。該公司貲本雖微，純用土法試辦，亦無洋股在内，一切似較有把握。資本既經驗明，辦理又悉遵定章，可否准予給照試辦，自應咨請核示，以便轉飭遵辦。除咨商部外，理合照録來摺三種，暨將送到繪圖，一併咨請。爲此咨呈貴部，謹請查照核復飭遵施行。

照録粘抄。

《章程》

計開：

一、查定章第一條，凡擬開辦礦務者，或集華股，或借洋款，均須先行稟明外務部，其稟或自行投到，或由該省州縣詳請督撫專咨到部，俟奉批准後，方可爲准行之據；未奉批准以前，不得開辦，公司專集華股，不借洋款，稟縣詳請轉咨辦理。

一、查定章第二條，此項稟部核奪以爲可行。即知局，詢以此事可否批准，俟接到可准之復文後，即由外務部知照總局發出准行執照，此照奉到，方可開辦。其照費視成本多寡，酌提百分之一繳局，以資辦公。公司遵俟批准後，按本遵繳。

一、查定章第三條，開辦之人，必須係原稟領照之人，自行舉辦，不得私將執照轉賣他人。倘欲售賣，或在開辦已前，或在已辦之後，須由原辦之人會同接辦之人，照上兩條復行稟請立案領據，方可轉交接辦，公司領照之人即開辦之人，並無輾轉售賣情事。

一、查定章第四條，該處地主原有不從之權，須由原稟之人，向其先行説明，商定價銀，報明立案，不得私行交易。倘該地有關係，國家必須開辦之故，其地主雖有不從之權，亦應聽順國家之意，由官公平發給地價，任憑開辦。公司向山主租定礦山，均已報明立案，並不私行交易。

一、查定章第五條，遞稟開辦者，或華人自辦，或洋人承辦，或華洋人合辦，均無不可。惟地係中國之地，舉辦係由中國准行，無論何人承辦，均應遵守中國定章，倘出有事端，應中國按照自主之權自定。公司均係華人，並無洋人合辦。

一、查定章第六條，礦産出井視品類之貴賤，以别税則之重輕。現酌定煤、鐵、銻砂、石礬、硼砂等類，值百抽五；煤油、銅、鉛、錫、硫磺、硃砂等類，值百抽十；金、銀、白鉛、水銀等類，值百抽十五；鑽石、水晶等類，值百抽二十五，均作爲落地税。其有税則未載之礦質，應視物類之相近者，比照抽收。其出口税仍應照章在税關完納，自應出口税以後，内地釐金，概不重征。此項出口礦税，爲新增之款，在税關另存儲聽候撥用，公司謹遵按則納税。

一、查定章第七條，各公司承辦礦務，自發給執照之日起，限十二個月内開工，如逾期不開，執照作廢，該礦即由總局另行招商承辦，並中外各報聲明某省某礦現因逾期執照作廢。公司俟奉准給照後，即行迅速開辦，決不逾限。

一、查定章第八條，礦山准造枝路，以便轉達礦產，惟只准造至最近水口，如與幹路相近，即准接連幹路爲止。公司開礦處所，離最近水，不過五里，肩駝搬運，本稱便捷，毋籌造枝路。

一、查定章第九條，附近開礦處所，應設礦務學堂，爲儲才之地。該學堂一切薪水經費，均由該公司自行籌給，公司議俟開有成效，即行謹遵籌辦，另案禀報。

一、查定章第十條，凡開辦所需機器材料等件，除運自外洋，照章歸海關收税外，内地釐金概不重征。如在内地採買材料，經過關卡查明實係運往開礦處所，准給執照免釐放行，惟不准夾帶別貨，違者照章罰辦。公司所需機器材料，均由内地採買，不敢夾帶別貨。

一、查定章第十一條，公司僱用礦師赴各處勘礦，應呈報外務部咨明各該省督撫札飭地方官實力保護，如有意外之事，惟該地方官是問。至購地開辦，如遇百姓阻撓及工匠滋事，由公司呈報地方官，即應隨時曉落彈壓，尤應嚴禁胥吏需索。倘有前項情事，一經查出，或枝控有技，嚴參不貸。公司所請礦師馬瑞初，係廣東人，業已到山察查禀縣保護在案，毋庸再勘。

一、查定章第十二條，礦産地畝，民地則照市價購買，官地則令備價承租。惟民地雖購買過户執業，仍須照中國原定田則完納錢糧，以符賦。至各礦所用地段，只准足敷挖井、蓋廠各用爲限，不得多佔。公司所用山畝，均係民山，各山主均願出賃，不願主契售賣，其應納錢糧，仍存各原户，歸山主輸將，原額並無短缺。

一、查定章第十三條，公司購用地畝，自應公平給價，不得續佔抑勒；地主亦不得抬價居奇，並不准以有礙風水，藉詞阻撓。如該地主不願領價，願入股分，即按照原值給予股票爲憑。公司租用山畝，其租價與各山主妥商允給，主有租並無抑勒抬價情弊。

一、定章第十四條，採驗礦苗，應須打鑽掘井，遇有田舍墳墓所在，務設法繞越，如實在無法繞越，商明業主，由公司優給資費，以便遷移。公司掘井挖苗之處，均係巉岩峻嶺，絶無廬墓。

一、查定章第十五條，礦廠如須派設巡兵護廠，專用華人，所需經費口糧，均由該公司自行籌備；廠内除營理機器，經理賬目，必須聘用洋人外，其一切執事工作人等，均應多用華人，該公司從優給予工價。如礦峒有壓斃人口等事，亦應由公司優卹。公司係土法開採提鍊，是以廠内應用人等，均用華人承辦，其派設護廠以及有壓斃人口等事，謹遵籌給。

一、查定章第十六條，華人在外洋礦務學堂卒業學生，願回華充當礦師，及外洋各埠華商願回華開礦者，准其赴外務部呈明。如該生等勘礦確有見地，資本實在充裕，俟辦有成效後，由外務部奏請給奬，以示鼓勵，似與公司無涉。

一、查定章第十七條，各公司承辦某礦，所有華洋股東，國家但任保護，如或虧折成本，國家不認賠償。倘有資本不敷，借用洋款，亦應商借商還，與國家無涉。公司全係華股，並不借用洋款，設有虧折，均由公司自理。

一、查定章十八條，開採以後，每年結賬，除提還本息外，如有盈餘，以十成之二五報效國家。公司俟有盈餘，謹遵納繳。

一、查定章第十九條，此次新章未定以前，凡已開辦各礦，及曾經議定之處，除出井税課合同内聲明按照奏定專章者，應照此次所訂第六條辦理外，其餘仍照合同核辦，以示大信。嗣後華洋各商欲承辦礦務者，均照此章辦理，此外未盡事宜，應候隨時增損，以期盡善。公司俟奉准開辦後，續奉新章，一體謹遵。

租定山場字號畝分。

計開：

一、租吾家塢莊周紹德山三處生禹字三百七十三號，計山一分。

一、又生禹字三百七十七號山五釐。

一、又坐禹字三百七十三號山一分一釐一毫。

以上五處，共山二分六釐一毫，糧存周鶴户。

一、租周紹昌坐跡字三百六十六號山三分三釐三毫，糧存周聚賢户。

一、租周洪坐禹字三百七十三號山一分三釐八毫，糧存周永興户。

一、租黄氏三百七十三號山六釐二毫。糧存周黄英户。

一、租周嶠星、周士才、周姜信、岳坐禹字山四處，共三分，糧存□周孫氏户。

一、租周泉清坐禹字三百七十六號山五釐，糧存周彦户。

一、租周斷棠坐禹字山一分四釐六毫，糧存周永裕户。

一、租周賢均坐禹字三百六十五號山八釐四毫，糧存周裕户。

一、租周大法三百七十七號山一分，糧周又昌户。

一、租周紹金坐禹字山二分一釐，糧存札户。

一、租周景煌坐禹字三百六十九號山三分，糧存周紞户。
一、租周延湧坐禹字山五分，糧存周猷户。
一、租周佳瑞山屯釐五毫，糧存周魁户。
一、租周延均坐禹字三百七十號山四分三釐四毫，又同號山一處，又周夢熊同號山一處，并二分七釐五毫，糧周裕户。
一、租周湧坐禹字三百七十號山三處并二釐，糧存周治户。
一、租周茂海坐禹字山二釐，糧存周濬户。
一、租周浩坐禹字三百七十三號山一分五釐，糧存周永茂户。
一、租周繼唐坐禹字三百七十三號山二分三釐四毫，糧存周永裕户。
一、租周河清坐禹字三百七十六號山二釐五毫，糧存周魁一户。
一、租周泰坐禹字山一分二釐，糧存周永盛户。
一、租周奎坐禹字山一分四釐一毫，糧存周泮户。
一、租周維翰坐禹字三百七十號山三釐，糧存周咸豐户。
一、租耀中禹字山一分，糧存周吴氏一户。

以上共山四畝一分八毫，年完額銀一分四釐八毫，各存原户輸將，理合登明。

承辦職商銜名籍貫。

計開：

一、詹紹周，浙江仁和縣附生。
一、唐綺華，廣東香山縣監生。
一、黄其本，諸暨本籍廩貢生。
一、徐毓莘，諸暨本籍廩生。
一、徐時勉，請暨本籍世襲雲騎尉。

又外務部收商部文《諸暨金礦准予開採》〔光緒三十年〕正月十八日，收商部文稱：光緒三十年正月初九日，接准咨稱，光緒三十年正月初三日，准浙江巡撫咨稱，紹興府屬諸暨縣洞岩山礦産，疊據諸暨縣稟稱，職商詹紹周等稟稱擬設公興礦務公司，自行集股，用土法開採，不招洋股，亦不聘請洋人。該公司貲本雖微，純用土法試辦，亦無洋人在内，貲本既經驗明，又悉遵定章，可否准予給照試辦，咨請覈覆飭遵等因前來。查浙省洞岩山礦産，係由本地紳商自辦，並不招集洋股，既據浙撫分咨貴部，應由貴部酌覈辦理，俟覈定後，仍咨覆本部備案等因。查此案係本地紳商自辦，不招洋股，亦不聘請洋人，既由浙撫驗明貲本，又悉遵定章，尚屬可行，業由本部咨行浙撫准其開採。相應鈔録原咨，咨呈貴部查照備案可也。

又《湖南礦務·籌辦湖南礦務》端方《岳州府平江金礦改用西法開採》〔光緒三十一年〕七月初八日，軍機處交出湖南巡撫端方奏摺稱：奏爲籌辦湘省礦務，擬先將平江金礦改用西法，自行開採，以保利權而杜隱患，恭摺密陳，仰祈聖鑒事。竊查湘省礦産饒富，環球豔稱，久爲外人所涎羨。近年以來，疊由前撫臣設法保護，設立礦務總局及礦務總公司，並更定總公司詳細章程，均經奏奉諭旨允准在案。奴才到任後，訪知湘省礦痞素多，往往勾串外商，私立合同，朦售礦産。又經將著名痞徒，嚴密查拿，量予懲處，近雖稍知斂迹，然大利所在，人必争趨，抑且牽及外人，動相挾制。若不急籌妥策，必至防不勝防，毫無實際。現與該局司道熟商辦法，惟有擇礦産之尤著者，自辦一二處，俟其成效大著，樹之風聲，則足以堅紳民愛護之心，即隱以消異族覬覦之志。兹查有岳州府屬平江縣黄金洞金礦，礦質最佳，去歲夏秋之間，奥商璞來克、英商挨士、美商薩達理，三次入山窺探，並有痞棍勾引希圖購地之案。該礦本由礦務局用土法開辦，所獲不敷成本，亦經延聘外國礦師，衹以技藝不精，機器又不合用，幾同虚置。當飭該局遴聘德國著名礦師柯和，驗有該國大學堂卒業文憑，與之詳立合同，嚴定權限，務期周妥，一無流弊。又經派員偕往勘驗，取苗化鍊，見有含金甚富，不致虧折，然後令其購買新機，仍兼用舊存機件，開窿試辦。局本不足，或挪借官款，或招集商股，總期竭力辦成，自保地利。一俟辦有眉目，再行詳晰奏聞。蓋湘省今日此舉，雖不免露肘決踵之情形，而實爲技本塞源之至計，事關中國利權命脈，斷不敢稍滋疑阻，貽誤將來。除分咨外，理合恭摺密陳，伏祈皇太后、皇上聖鑒。再，此摺牽涉外交，是以承謹密陳，應請毋庸發鈔。合併聲明。謹奏。

光緒三十一年七月初八日，奉硃批：外務部商部知道。欽此。

又《四川礦務·籌辦四川礦務》總署收四川總督咨《冕寧麻哈金廠填報礦務表譜》〔光緒二十六年〕正月二十六日，收四川總督咨總理各國事務衙門咨稱：據四川冕寧金礦局布政使周馥、補用道賴鶴年詳案：查前奉本督部堂札開：准統轄礦務鐵路總局咨：光緒二十四年十月初六日，本總局奏定礦路章程二十二條，業經通行知照在案。查該章内載，局中另繕表譜格式，分行各省，所有公司辦理礦路情形，應於每年年終，如式填寫，送總局查核等因。兹本總局業

將礦路表譜格式，刊印成册，相應咨送查收照繕，分交各廠局司一體遵照辦理等因。札局遵照。併將發下礦務鐵路總表，按照格式紙樣尺寸，照繕彙訂成册，轉行遵辦等因。奉此。本司道查川省尚未開辦鐵路，遵即照繕礦務總表式樣，轉飭該礦廠遵式填送，以憑詳咨去後。兹據總辦寧屬冕寧麻哈總廠候選知府徐麟光，礦師兼提調候選同知唐星球，委員候補通判李恒忠會稟，遵奉札飭將頒發表譜應行填註各條，敬謹照式填註，賫呈譥核。俯賜轉詳示遵。並聲明此項表譜，該廠係於光緒二十三年十月建廠開辦起，至二十四年十二月底止，遵示逐一填註。其二十五年分應行填送之表，一俟年底，即行遵式趕於來歲正月内填賫，不敢延誤，合併聲明等情到局。據此。本司道覆核無異，並遵飭由局繕具隨表附送奏准案據，及原定章程股票式樣，並所産礦質各三分，具文詳請仰祈譥核，咨送總理衙門暨礦務鐵路總局查核等情。據此。除分咨外，相應咨呈。爲此咨呈貴衙門，謹請查核施行。須至咨呈者。

又《英商辦礦交涉》外務部收奎俊電《唐星球私訂麻哈金廠合辦合同萬難承認》〔光緒二十七年〕十一月十九日，四川總督奎俊電稱：外務部鈞鑒：佳文電謹悉。英議煤油等礦草約，係初一咨呈，並另函請駁各條，如别有應改之處，求於咨函到時，核奪議駁，賜電遵辦。至麻哈金廠係鹿前督奏定官商合辦，不集洋股，派賴道鶴年督辦。賴薦候選知府徐麟光爲商股總辦，候選同知唐星球爲礦師。自二十二年開辦，耗折官本，經俊澈查整頓，改派藩司督同辦理，亦無成效。去年李大臣派唐星球伴送甲開勘礦，唐妄稱李大臣予伊全權，竟將麻哈廠與甲開在冕寧私立合同，華洋合辦。俊詢據李大臣咨覆：並無予唐全權之語，經俊嚴行駁斥，咨明李大臣，將擅立私約，作爲廢紙，由礦局電知甲開在案。遂飭將麻哈廠暫停，再啚後舉。查私約只唐一人具禀，未言徐已有押，業已批銷年餘，故前電並未提及。今徐、唐均捐分省道，由滬來川，代英索辦麻哈等礦。唐並自認奉李大臣面諭，相機妥辦。因甲開在冕寧急欲回國，從權私訂，不及請示。而英領則堅稱：據甲開言，李大臣實有許唐全權之語，執定私約爲據。實有萬不能許者三端：查二十五年李大臣在京與摩根議辦川礦章程，經總署與路礦總局會核奏准。其第四條載明：會同公司指出礦産，查係現無官紳商民開辦者，乃准購地基；如係民産公産，租賣附股聽便，不得稍有抑勒强估等語。是紳民已開礦産，尚應聽便，豈官商合辦之礦，反可强佔乎？前電云：有礙礦章，即係指此，略一鬆口，則定章均不足據，嗣後遇事要求，無可抵制。此萬不能許者一也。向來議立合同，必在省城，由局員會同領事，及華洋商人，當面畫押，候呈鈞處核改覆准，方爲允辦之據。唐星球，華礦師也。甲開，英礦師也。冕寧，省外礦廠也。李大臣派唐引路，專爲查勘一事，既非應議合同之人，更非應議合同之地，乃以私相訂約，早經批駁之案，即執爲强索之據，則中國奸人甚多，將來無論何地，皆可私予外人，爲害不堪設想。此萬不能許者二也。查麻哈爲四川第一佳礦，各國垂涎，現哈領見英强索，忽謂二十五年唐有請伊借款助辦麻哈礦之説，亦藉口款已有著，應分辦等語。無據之言，固不足信。而既有索佔之意，予英必啟争端。此萬不能許者三也。有此三端，所以與英辯駁，未敢稍涉遷就。除照鈔私立合同另文呈核外，特先密陳，究應如何辦理，乞鈞裁電示遵行。奎俊謹肅。諫。

又外務部給薩道義照會《唐星球等私訂麻哈金廠合辦合同無允辦之據》

〔光緒二十七年〕十一月二十二日，給英國公使薩道義照會稱：前准照稱：上年春間，英商摩賡，並代辦蜀江公司立德，派礦師介克、威和博，赴川勘礦，指定開採之地。當時有四川官商合辦公司開辦麻哈金礦，於介礦師抵川時，即由李大臣擬定官商公司與英國兩公司商併利益，以免争端。於六月二十四日，立有合同十七條，經總辦徐麟光、唐星球，及介克、威兩礦師，均行畫押，值拳匪開衅，未經批准。昨據領事來電，謂法領事從中梗阻，川督未肯將合同批准。查此合同由華英公司互相商妥，法領何能干涉，請電川督從速批准等因，當經本部電咨川督查復去後。兹准復稱：麻哈金廠係鹿前督奏定，官商合辦，不集洋股，派賴道鶴年督辦，以候選知府徐麟光爲商股總辦。候選同知唐星球爲礦師，旋復改派藩司督同辦理。去年李大臣派唐星球伴送甲開勘礦，唐妄稱：李大臣予伊全權，竟將麻哈廠與甲開在冕寧私立合同，華洋合辦。旋由本處詢據李大臣咨復，並無予唐全權之語，經本處嚴行駁斥，咨明李大臣，將擅立私約，作爲廢紙，由礦局電知甲開在案。遂飭將麻哈廠暫停，再圖後舉。當時私約只唐一人具禀，未言徐亦有押。查二十五年李大臣在京與摩根議辦川礦章程，經總署與路礦總局會核奏准。其第四條載明：會同公司指出礦産，查係現無官紳商民開辦者，乃准購地基；如係民産公産，租賣附股聽便，不得稍有抑勒强估等語。是已經開辦之礦，未便任令指辦。至向來議立合同，必在省城，由局員會同領事，及華洋商人，當面畫押，候呈總署核改覆准，方爲允辦之據。李大臣派唐引路，專爲查勘一事，既非應議合同之人，更非應議合同之地，其私訂之約，早經批駁，豈可執

以爲據等因前來。本部查麻哈金廠，係中國官商合辦已開之礦，按照李大臣與摩根所定章程，本不應指辦。來文所稱合同十七條，兹既查明係唐星球一人與甲開私相訂立，早經川督駁斥作廢，自不得援爲元辦之據。相應照復貴大臣查照可也。

又外務部行奎俊文《間議麻哈金礦及寧雅等礦》〔光緒二十七年〕十二月十二日。行四川總督文稱：案查麻哈金礦合同一事，前准貴督諫電，當即照會英使去後。兹據照復，查據蜀江公司總董哲美森詳陳，該公司與唐星球商訂合同原委，仍請轉咨批准。如麻哈廠實無合辦之法，除該廠已開各礦外，或即將寧遠、雅州境內，及打箭爐毘連之處礦産，專歸兩英公司創辦，准其六年勘測，不准他公司境内勘採礦産。且將來該省欲借洋款，充辦麻哈礦産，必先儘向該公司商酌等因前來。查麻哈金礦合同，先據李大臣電復，上年派唐星球伴送英商甲開往勘麻哈礦産，議訂合同，曾與川督往返電商，並非私自訂約等情。核與此次英使來照，尚屬相符。其合同能否作廢，英使之意，尚非固執，惟欲以寧、雅兩處及打箭爐毘連之處礦産。歸英公司商辦。爲抵換之計，兩處相較，其利害孰輕孰重，應由貴督體察地方情形，分别核覆。英索十四處礦産，甫經在川議訂合同。又因麻哈改議，另索寧、雅等處礦産，似此任意求增，勢難徧給。且英法均有成約，英沾利益，法更藉此傚尤，不知就已經開議之處，妥與磋商，勿任再增，以示限制。除電達外，相應抄録英使照會，咨行貴督酌核辦理可也。

又外務部收英繙譯哲美森函《請辦富順煤油暨專勘寧雅五金各礦合辦麻哈金廠事》〔光緒二十八年〕五月初十日，英國翻譯哲美森函稱：接准函復。【略】查蜀江會同兩英公司，曾經訂立合同，合辦四川麻哈，以及寧遠、雅州兩府金礦，旋經川督駁以麻哈金廠係爲官辦之礦，礙難准辦。嗣英公使復請除麻哈金礦已經開辦外，所有寧遠、雅州兩府，以及打箭鑪各礦，統歸該兩英公司承辦等情，想此亦必爲貴部所深悉也。今擬懇請准將寧、遠兩府，專歸該兩英公司前往查勘五金各礦，期以六年爲限。限内由該兩英公司擇定六州縣，以便報明專歸承辦，同時他項公司，概不得前往查勘。再，麻哈金廠現既統歸華商辦理，應請先儘該兩英公司與之商訂借款，或與訂立合辦合同，均聽彼此商酌辦理。以上所請之處，如蒙俯察可行，並即咨行川督查照辦理。普濟公司當即通知駐川經理立德樂，不必仍以富順瀆請，作爲所指八州縣之一也。順頌日祉。

又《福建礦務·邵武建寧汀州各礦》外務部收閩浙總督文《法商開辦邵武金礦應遵部章繳納照費》附節略等〔光緒三十一年〕正月初五日，收閩浙總督文稱：准咨開：光緒三十年十一月初八日，准法吕使照稱，西曆八月二十五日，業經知照貴爵，閩省有司與礦務公司大有損礙，迄今數日，仍未稍更，是以將邵武金礦公司經理人顧爾燮呈請賠償禀呈，照請貴爵查閱等因前來。查此事前於七月抄録本部與法使來往照會，咨行閩省按照合同，並奏定章程，妥爲核辦在案，迄今數月，尚未接覆。兹准法使照稱前因，相應抄録古爾燮禀稿，咨行查照前咨，迅即核辦，到本部堂。查此案於十一月十一、十二月初二日，先後接准駐福州法領高樂待照會，並附節略。當經札行商政局，兹據該局逐條議覆，請轉咨前來。查開辦礦務，實爲興利之舉，閩省合辦建、汀、邵礦産，但使恪遵合同，兩有利益，斷無疑阻之理。按：合同末條聲明，如有疑惑，以華文爲憑，則各條意義，自應照華文譯解。該合同第十四條内載，所有公司承辦各礦，應完一切課税銀數，應聲明志願遵照中國外務部及路礦局奏定章程辦理。又二十一條内載，凡礦務總局現定章程條例，華裕、大東兩公司均應遵守各等語。是該公司於合同載明應繳各項課税之外，所有中國奏定礦務章程載列課税條例，均願完全遵守，意義極明。光緒二十八年，貴部奏定礦務章程，即係訂立合同前之奏定新章，亦即彼時之所謂現定章程，請領開礦執照，視成本之多寡，酌提百分之一繳納照費，乃新章内載明之款，該公司理應遵辦，本無可疑。建、汀、邵三屬礦産，該公司先既遲遲探驗，迨後勘定邵武金礦，尚堪開採，又因不繳照費，以致延擱，該公司自以爲受損，而中國實又損更甚。本部堂細察法領照會節畧語意，似恐照費如果照繳，以後中國續定礦章，或加多税課，亦必令其繳納，商力難支。此層雖過慮，而公司合股，事事須求著實。尚屬恒情。本部堂擬以光緒二十八年貴部奏定之礦務新章爲定准，與合同兩相比較，凡該章程所載各項課税，合同内有可相抵者，即不必重納。如合同第五條華裕公司將大東公司所送每百張抽五張股票之半數，轉送官局。又大東公司將紅利股票，每百張抽八張，呈繳官局。第六條華裕公司將大東公司所得之紅利股票，每百張抽二十五張，報效中國國家，與礦務章程第六條之礦産出井税，第十八條淨盈餘之二成五報效，似差可相抵。其礦産貨物出口暨開礦所用物件，均照納關税，以及租買礦地，完納礦地租税。爲章程所有者，合同亦俱載明。獨應繳百分抽一之照費，載於章程第二條，而合同則以一切課税銀數，悉願遵照奏定新章辦理一語核之，未經分别。該公司照

繳照費，及合同所列各款之外，尚無應徵之別項規則例，此項照費，各省承辦礦務之華洋商人，均須照繳，該公司自不能獨異。本年四月。貴部與英商凱約翰改訂之皖礦合同，尤近事之可徵也。至將來續定礦章，如有增加課税規例之事，自可與該公司無涉，是否允當，抑或另有辦法，相應咨呈貴部察奪，迅賜會商商部，從速核定，即照會法使轉飭該公司遵辦，並請商部頒發開礦執照來閩，以憑轉發給領，早日開辦。該公司自吝照費，致延時日，應自任其咎，現猶妄稟索償，實屬無理取鬧，應請貴部照復法使轉行駁斥，並令以後務須恪守合同。是爲至要。

二品頂戴總辦福建省會商改總局鹽法道、會辦福建省會商改總局候補道，謹將奉發法國高領事所論大東公司争執礦務合同事略各節，照録清摺，呈送憲鑒。

一、福建勘驗公司總辦古阿西冶，於西曆壹千玖百零叁年在邵武府屬尋覓礦地，尋得該處金礦甚旺，非若南非洲之金，産於堅石之中，須用重機捶研。該處之金，祇須淘淨泥沙，用水銀分取，工費輕省，古阿西冶於數時之内，得金甚多。

二、古阿西冶回省，遵照所訂合約，設立開採公司，號爲邵武金礦公司。股票尚未開售，已爲人定購過半矣。

三、古阿西冶當即函請礦務局給發執照，據復按照所訂合約，非僅遵照約中章程辦理，並須遵照西曆壹千玖百零貳年所定礦務章程，以及嗣後續出各章程，且謂此項新章，無論本約百無明文，均應確實遵守。

前督部堂李深以此答復爲然，且照此意自作答覆。

四、兹特別明此種意見，直使勘驗公司所有成議，廢而無用。其説有三：一、政府或欲令該公司遵守以後續出一切章程。二、或只責令該公司遵照西曆壹千玖百零貳年之定章辦理。此條却有兩端，其一取有壹千玖百零貳年定章，與所訂合同各章，悉令該公司一體全行遵守，其二隨意在各條款中，擇其一二款，如須購買執照等類，加諸合同各款之上。

五、第一説之意。最爲無當，可先置於不議。然前部堂及礦務局，且反覆申明其意，毫無異議。礦務一事，乃政府與勘驗公司立約之事也，此約何能聽一邊任意更改新章、增益規例乎。

六、若於合約之外，更責其全遵壹千玖百貳年章程，其爲難情形，亦約畧相似。果爾則必於此項税課之外，復加以彼項税課，又必勘驗。公司自忖曰，現在中國政府更立新章，預定西國公司應完課税額數，我今節節允從，無庸請示公使，然未足也，我之課税，猶嫌其輕，尚須加增別項課税，我當求見地方官，請勿拘於公例相待，非謂勿拘公例以益我，實請勿拘公例以損我也。此種擬度之辭，豈非謬妄。附呈清單壹紙，自知新章合約，並行勘驗公司應先課税之數目。

七、政府或在章程中擇取數款，加諸合同之上，試問此等條款，憑何選擇，何以獨取此幾款，而不取彼幾款，是不過任意行爲已耳。

八、敝領事已爲礦務局不應偏執意見之理三端，剖説明白矣。古阿西冶亦累次函詢礦務局云，每遇剖訴爲難情形，貴局輒囫圇答覆，須遵照第貳拾壹款辦理。然此種答復未能明白，請將新章合約應行遵守條款，詳細指示，乃礦務局從無的實答復，蓋合約新章甚難並行而不相背也。

九、第貳拾壹款意義，祇應作如是解法。曰以後如有續出章程，關涉抽費各等事，如於該公司所訂之合同，無所違背，不增税課，不傷兩造者，該公司自應照辦，若此則簡明而易曉矣。

十、敝領事不知中國固執意見，以致事無調處，到底有何利益。福建之礦開，於該公司或有所取利，而於福建省則斷無不利也，閩省不費分文，享埋没不識之財産，化無爲有，又何樂不彼此和衷，將合同未明之處商明而更訂之乎。

十一、此外更有一事，因此合約之故，以致法國人遭受毁辱詈駡。中國官並不懲辦，且不查究，實不解何故。人皆造言，法人欲將勘驗公司開採地方，强行佔據，此種謡言，愚而且謬，訂立此等合約，政府於此事未費壹文，而公司則縻費數萬，且將邵武産金可以開採之事，告知閩省，豈非厚惠。

十二、各股友樂購股票者，皆因貴省政府阻撓，裹足不前，致不能收成事之利益，勘驗公司實受其害。

十三、貴省政府如慮敝國政府有覬覦之意，且悔將此種利權給與敝國之人，則福建勘驗公司情願聲明中止此事。該公司□欲彼此通商，收應得體面之利益，倘欲收回礦務利權，只須給以他項相當利益。現省中甚窘，亟須籌款興利，建造鐵路等事，可向勘驗公司商議，該公司股分均係殷富銀行，商訂合宜章程，籌借款項，較諸別人甚爲易也。

遵照壹千玖百貳年叁月拾柒日礦務章程情形，假令遵完壹千玖百貳年叁月拾柒日礦務章程所定課税，加以壹千玖百貳年拾貳月貳拾肆日合約原定之課，所有應繳部庫省庫款項如下：

一、按照成本全數，值百抽壹。無論已未售票。

二、按照成本，值百抽伍。

三、按照礦産估抽，金礦抽法，雖未議定，然銀值百抽拾伍，則金礦課稅，自不在百抽貳拾之下。

四、按照實在紅利，除股息公積本銀外，值百抽貳拾伍。於所餘紅利，值百抽叁拾叁。

今特取譬一事，以發明以上所列情形。

譬如動成本壹百萬元，每年每百元可得利貳拾伍元，於事不爲不美。然除繳礦照部費，及值百抽伍成本外，則起事之始，已將本銀減削爲玖拾肆萬元。照所擬得利例，年可得利貳拾叁萬伍千元。欲求每年得利貳拾叁萬伍千元，須所採之金，至少倍蓰其數，即肆拾柒萬元。第二項按照礦産估抽項下，姑擬作值百抽貳拾算，即應繳部庫玖萬肆千元，則所謂肆拾柒萬元者，減却玖萬肆千元，祇剩叁拾柒萬陸千元。在此叁拾柒萬陸千元中，尚須開銷一切費用，則紅利自不能作折半估計，極多只剩叁分之壹，即拾貳萬陸千元。更有開除項下：

第一，開支值百抽柒股息柒萬元。拾貳萬陸千元減却柒萬元，只剩伍萬陸千元。

第二，提取值百抽拾收回股票項下，計伍千陸百元。伍萬陸千元減卸伍千陸百元，只剩伍萬肆百元。

第三，提取公積本銀項下，值百抽拾，即伍千肆拾元，則所剩祇肆萬伍千叁百陸拾元。

第四，按照礦章第拾捌款提繳課税項下，值百抽貳拾伍算，即壹萬壹仟叁百肆拾元。肆萬伍千叁百陸拾元減却壹萬壹千叁百肆拾元，祇餘叁萬肆千貳拾元，作爲開採公司紅利。

第五，此項紅利之中。尚須提取百抽肆拾，交與華裕公司，即壹萬叁千伍百貳元，其中有壹萬壹千貳百貳拾陸元，應由華裕自行提斂官庫。

所餘百抽陸拾之紅利，即貳萬肆百拾貳元，係創辦各東及各股友利益，不過每百元每年獲息貳元。總而計之，國家應得利益項下，起事之始，首先提取值百抽壹股本壹萬元，洋文數目係捌萬玖千玖百玖拾玖元，恐係字機錯誤，今改作壹萬元，無怨數陸萬元方符合也。

再提值百抽伍股本伍萬元，共陸萬元。

每年抽取項下：

一、按照礦産抽取項下，至少伍百抽貳拾，即玖萬肆千元。

二、按照條約拾捌項下，壹萬壹千叁百肆拾元。

三、紅利項下，值百抽叁拾叁，壹萬壹千貳百貳拾陸元。

共壹拾壹萬陸千伍百陸拾元。尚有華裕應得項下，除提繳官課外，尚應得利貳千叁百捌拾貳元。總計國家於始事時，提以陸萬元，每年提取壹拾壹萬陸千伍百陸拾元。

華裕項下，每年應得利貳千叁百捌拾貳元。

創辦股東及各股友項下，貳千肆百壹拾貳元。

光緒叁拾年拾貳月初貳日，補用道聶元龍、鹽法道鹿學良、候補道蔡光弼。

一、照後大法欽命駐劄福州管理台廈各口通商事務領事官高。

二品頂戴辦理福建省會商改總局總辦補用道、總辦福建省會商改總局益法道、會辦福建省會商改總局候補道。

爲詳請核咨事。案奉憲台札開：接法國高領事照會内開，前謁貴部堂面談，未盡欲言，兹再將華官與勘驗公司争執情形，開具節略，送請察閲，深願得藉大憲之力，將此意轉達政府，定必仰邀聽信。附送虚名揭帖一紙。此種揭帖，爲數甚夥，多處傳布，經今數月，敝領事曾已照會訴説在案也等由，暨附送節略兩件前來。查閩省華洋合辦建、汀、邵叁屬礦産合同第拾肆條内載，所有公司承辦各礦，應完一切課税銀數，悉願遵照中國外務部及路礦局奏定新章辦理等語。凡承辦礦務，僅奉批准之後，須領准行執照，方可開辦。其照費視成本多寡，酌提百分之壹，即係載明光緒貳拾捌年貳月，即西曆壹千玖百貳年叁月外務部會同礦路總局奏定新章之内。該公司如不遵繳此項照費，則所謂遵照奏定新章一語，豈非虚設？除照復法領事，轉飭該公司將照費一項，遵章呈繳外，所有原摺略兩件，應即抄發該局，迅將其餘所論各節，詳晰核明，呈候咨請外務、商部核示辦理。合行飭局即便遵照迅速妥核詳咨，並移洋務局查照毋違，計粘抄等因。奉此。遵查閩省前設礦務官局，於光緒貳拾捌年招致華裕、大東兩公司，在閩訂立合同，承攬建、汀、邵叁府屬礦産，各集華洋商股，限三年内，歸兩公司覓地開採。上年由大東公司派來法國礦師古阿西冶，勘定邵武金礦，甫經請領開礦執照，即不遵守部章，繳納照費，當經職局叠次諭飭遵辦。詎該公司始終堅執，逞辯飾非。察看情形，勢必赴京稟由彼國駐使，照會外務部嘵瀆商辦。當時先後辦理情形，照録清摺，詳奉前憲台李咨明外務、商部立案辦理。旋奉前兼署督憲

宗宣崇札，准外務部咨，前准法國呂使照稱，法公司呈請發給開採邵武礦山准單，閩督以後定礦章，欲令該公司先付壹萬貳千元等因，當經本部按照來咨駁復在案。茲復准該使照稱，遣派本國礦師顧爾變赴閩代爲勘辦公司各事，受閩省種種作難，如顧爾變籌措自來水時，已被中止。又如該礦師擬照所定承辦邵武等處礦務合同，施行開辦時，多方阻礙。緣閩省與該公司刁難之意，自初顯於該督往來文牘明著。即如以早定合同，視爲具文，竟欲肆力條規，勉勒該公司照辦。且該督徑於奏明該省礦務摺内，明直發顯，一讀便悉。不啻如此，甚至逼挾附股華商，令伊等撤退。復有通飭該省地方官，勿認法國公司早定合同之文，未久該省各處徧傳惡讒公司謗書，而地方官非特縱容不理，亦未復領事。本大臣查此等行爲，未免與該公司大有損傷等因。除由本部照復法呂使外，相應抄録兩次來往照會，咨行按照合同並奏定章程，妥爲核辦咨復，奉飭會同洋務局核辦詳咨等因。復經職局會同洋務局查明，法使所稱閩省與該公司刁難，並逼挾附股華商，令伊等撤退，復通飭地方官勿認法國公司早定合同之文等語，不特毫無其事。即前憲台李奏設礦務總公司摺内，亦曾聲明建汀邵三府礦産，另歸該公司承辦，何當有刁難阻礙？至云顧爾變籌措自來水時，已被中止一節，查上年夏間，法礦師古阿西冶即顧爾變到閩之時，曾與周藩司談及熟悉自來水工程，情願效勞□估，旋因估價甚鉅，後恐難繼，蒙前憲台先後照復高領事，作爲罷論。此事因偶與該礦師談論，並無成約，何得謂爲作難中止？又云各處徧傳謗書一節，查本年六月間，奉前憲臺李札，准法領事以居民佈滿匿名揭帖，係載大東礦務公所立合同之事，照請查辦，奉飭酌核辦理等因。遵經洋務局會同職局移行府廳縣，派差將前項揭帖揭除浄盡，一面查拏造作之人，按例懲辦，並由洋務局照復法領事查照有案。現在前項揭帖，已經揭除，造作之人，尚在拏辦。該公司按照合同，於三年限内，儘可於承攬之地，覓礦開採，地方官自當照約保護，斷無刁難阻礙之理。至請開邵武金礦照費，既奉外務部照請法使，飭令照繳，應請再由外務部照催法使，飭令該公司遵章繳費，領照開採，庶免延誤限期。隨將顧爾變籌辦自來水，及前有匿名揭帖兩案辦理情形，照録清摺，詳奉憲臺咨復外務部察照在案。茲奉前因，查法領事照送摺，畧如第壹、第貳兩條，論邵武金礦甚旺，工輕費省，並股票尚未開售，已爲人定購過半等語。此乃據礦師一人之言，是否屬實，姑不具論。第三條所稱礦師古阿西冶函請礦務局給發執照，據覆按照所訂合同，非僅遵照約中章程辦理，並須遵照西曆一千九百二年所定礦務章程，以及嗣後續出各章程，無論本約有無明文，均應遵守。前憲臺李札以此答復爲然，且照此意自作答復等語。查前據勘驗公司古阿西冶擬辦邵武金礦，請給准照，經職局查照部章，轉飭遵辦。旋據該公司以不遵部章等情，照會華裕公司，轉稟到局，復經職局搜據合同，並照抄商部現定新章，諭飭轉違遵辦。嗣奉前憲台李札，准法國高領事照會，以勘驗公司請給照開辦邵武金礦，經商政局飭由華裕公司轉復，除合同所載税費外，另須增繳部章所定各種税費。勘驗公司不允遴辦，並非無説，照請核明是否勘驗公司於合同之外，仍須遵照各國公使所駁一千九百二年奏定章程辦理等由，飭局查復。又經職局查得中國礦務新章，兩公司均應遵守。合同第十四款、第二十一款内，早已載有明文。職局迭次飭遵部章，正係按照合同辦理，並未於合同所載之外，別增税費，別有苛求。今高領事亦以部章不必遵守爲言，獨不思當日議立合同之時，曾奉外務部於原議合同第十四款所載海關課税之下，飭添「出井税銀」字樣，當經洋務局照准高領事於西曆一千九百二年七月初八日照復。特爲聲明，公司應完税課，情願照北京現定礦務新章辦理，補載合同，始蒙部准，又奉外務部於原議合同第二款所載華裕公司附招洋股辦法，飭照四川章程改定，復經洋務局照准高領事於西曆一千九百二年八月十四日照復。據照部定新章特准洋人辦礦之條，請照原議辦理，始蒙部准。案卷具在，應無異言。高領事本係預議合同之人，所有當日改定情形，諒能記憶，何得謂新章未經遵認，更何得謂公司應允税費之可以不遵部章，殊不可解。至所稱光緒二十八年奏定新章被駁一節，查中國係自主之國，當理本國礦務，儘可任便自定章程，本非他國所應議駁。姑無論閩省前奉外務部抄行申明礦章原奏，並無各國不願承認之言。就使各國意見不同，而該公司請辦國礦之先，既已尊敬中國主權，迭次引據新章，明載合同，豈有事後可以任意翻異之理？惟礦務章程又奉商部奏明修改，業已由局抄發華裕公司，轉達古阿西冶，查照合同第十四款、第二十一款辦法，确切遵行，應請核明照復等情，回奉前憲台李以職局送飭遵守部章辦理，确係按照合同，別無苛責之處。現在商部修改新章，既經由局照抄諭發，亟應轉飭遵守，以符合同。照復高領事核明華裕合同第十四款、第二十一款所載明文，並參之當日迭次改訂情形，切實解説，轉飭勘驗公司遵照辦理在案。是職局之迭飭該公司照章遵行，與夫李前憲之照復領事，均係按照合同辦理，別無苛求。今高領事以此答復爲不然，殊屬背謬。第四條所稱，茲特剖明此種意見，直使勘驗公司所有成議，廢而無用。其説有三：一、政府或欲令該

公司遵守以後續出一切章程。二、或只責令遵照西曆一千九百二年之定章辦理。此條却有兩端，其一，取有一千九百二年定章，與所訂合同各章，悉令該公司一體遵守。其二，隨意在各款中擇一二款，如購買執照等類，加諸合同各款之上。第五條所稱第一説之意，最爲無當，可置不議。礦務一事，乃政府與勘驗公司立約之事，此約何能聽一邊任意更改新章，增益規例等語。查原訂合同既經載明遵守部章辦理，是凡奉部奏定章程，均應與合同相輔而行，即隨時續定章程，該公司亦應遵照，不能任意翻異。高領事何得謂可置不議？至請領開礦執照，應繳照費，係按照光緒二十八年二月，即西曆一千九百二年三月，外務部奏定礦章辦理，尚在訂立合同之先，豈得謂更改新章，增益規例乎？第六條所稱，若於合約之外，更責其全遵一千九百二年章程，則必於此項税課之外，復加以彼項税課，附呈清單一紙，自知新章合約，並行勘驗公司應完課税之數目。第七條所稱，政府或在章程中擇取數款，加諸合同之上，試問此等條款，憑何選擇。何以獨取此幾款，而不取彼幾款，是不過任意行爲各等語。查部章與合約，原係並行，不得謂於合約之外，責令具再遵章程。高領事附送清單内所列款目，皆係按約應繳，不能翻異者。至外務部奏定礦章無論華洋各商，均應一體遵辦，載明章程，無所謂取此舍彼，任意行爲也。第八、第九兩條所稱，古阿西治累次函詢礦務局，反剖訴爲難情形，局中輒囫圇答復，須遵照第二十一款辦理，從無的實答復。第二十一款意義，祗應作如是解法。曰以後如有續出章程，關涉抽費各等事，如於該公司所訂之合同，無所違背，不增税課，不傷兩造者，該公司自應照辦，則簡明易曉。第十條所稱，中國固執意見，以致事無調處，何不彼此和衷，將合同未明之處商明，而更訂之各等語。查古阿西治從無與職局徑通信函，其請領開礦執照，辯論一切，皆由局中諭令華裕公司轉飭遵照，古阿西治係照會華裕公司轉禀到局。高領事所稱古阿西治累次函詢云云，諒係錯誤。所解第貳拾壹款合同，全憑聽斷，絶不顧合同内有顧逋部章之説，已屬自相矛盾。且既訂合同，彼此均應遵守，何能任意更訂，尤爲不合公理。第拾壹條所稱，因此合約之故，致法國人遭受毁辱詈駡，中國官並不懲辦，且不查究，實不解何故等語。查此條即指前有匿名揭帖之事，當時業經飭由地方官派差揭除，並查拏造作之人懲辦，並非置諸不問，何得以此藉口。第拾貳條所稱，股友樂購股票，因政府阻撓，裹足不前，致勘驗公司受害。第拾叁條所稱，政府如應該國政府有覬覦之意，且悔將此種權利，給與該國人，則勘驗公司情願中止，惟須給他項相當利益，如籌款興利、建造鐵路等事，可向勘驗公司商議各等語。查此事因該公司不遵合同，致延時日，應惟該公司獨任其咎，何能諉爲本國政府阻撓？本國政府既與立約，將建、汀、邵三府屬礦地，歸該公司尋覓開採，豈有疑慮後悔？現在該公司不遵合同辦理，先則請由彼國駐使向外務部多方嘵瀆，兹復由高領事出爲飾辦，甚欲圖廢合同，要求别項利益，實爲無理取鬧。況查核本年肆月間，外務部與英商凱爵約翰訂立《安徽銅陵縣屬銅官山開礦合同》内第伍條載明，自奏准簽字後，即由商部發給開礦執照，凱爵約翰接到執照，即將報效銀兩，限壹禮拜内照數交付現銀。此報效銀兩，照目下已糾集之資本英金壹萬貳千鎊百分之壹計算，俟此本隨後增加，則隨時仍按所加之數，呈繳報效銀百分之壹等語。是此條即係遵照光緒貳拾捌年貳月，即西曆一千九百二年三月，外務部會同礦路總局奏定新章，收取照費辦法。無論華洋商人承辦礦務，均須照繳之明證。又第陸條載明，該處礦質，一經出洞，按賣價照章抽落地税，如將來改訂新章有增減之處，地處公司均照新章完納，該公司亦一律照辦等語。是應完課税，不特應照現在部章辦理，且將來如有改訂新章，亦須一律照辦，更可爲洋商辦礦應遵政府隨時定章之明證。又第拾條載明，該公司開辦後，每年除支銷各項費用，並納完租税外，所獲淨利，照公司成本實數，先提出股利壹成，即值百抽拾，除外仍有餘利，再以二成五報效中國國家等語。核之大東公司應繳官局，每百張抽三十三張之紅利股票，尚有過之，是大東公司已得便宜。又第捌款載明，附近開礦處應設礦務學堂，一切薪水經費，均由公司籌給。第拾捌條載明，該公司承辦礦務，總期與居民利便，願報效現銀一萬元，交地方官作爲本地善舉義舉之用，以便愜洽輿情。又第二十條載明，該公司所獲利益，願以除去股息並報效國家二成五外之餘利，每年酌助該處學堂積穀經費，由地方官轉給，以聯情誼各等語。查此三款費用，均爲大東公司合同之所無，相形之下，是大東公司更佔便宜不少。又第十七條載明，此合同訂立，係遵照光緒二十八年二月初八日，即西曆一千九百零二年三月十七號，外務部奏奉旨批准礦務新章酌定，倘有未盡事宜，合同内未及備載者，亦均遵此項奏定礦務章程辦理等語。是洋商辦礦，非僅按照合同，兼須遵守部章，尤爲昭著明晰也。伏查該英商凱爵約翰，與古阿西治，同屬洋商，其攬辦礦務情形，亦屬相同。凱爵約翰既能遵照部章辦理，則古阿西治豈能獨異？況原訂合同，本有遵守部章明文，更不容任其肆意圖翻，安生希冀。現在該公司應繳照費，已奉憲臺照復高領事轉飭遵照。其餘所論各節，率皆無理强辯，

不守合同，應即分別核明，詳候憲臺咨請外務、商部核示，以便飭令遵辦。除移洋局查照外，緣奉前因，合將高領事附送摺略，照録清摺。具文詳請憲臺察核，俯賜咨請外務商部核示辦理，實爲公便。爲此備由呈乞照詳施行。須至正詳者。計呈送清摺二扣。

又外務部發呂班照會《開辦邵武金礦應繳照費》〔光緒三十一年〕正月初十日，發法呂使照復稱：閩省大東、華裕兩公司開辦邵武府金礦一案，上年十一月，准貴大臣以該省有司舉動與礦務公司大有損礙，是以將經理人古爾變呈請賠償詳細稟呈，照送查閱等因照會前來，當經本部咨行閩浙總督飭局詳細查復。茲准復稱，開辦礦務，實爲中國興利之舉，閩省華洋合辦建、邵、汀三屬礦產，但徒恪遵合同，彼此兩有利益，斷無疑阻之理。按合同第十四條內載，所有公司承辦各礦，應完一切課税銀兩，應聲明悉願遵照中國外務部及路礦局奏定新章辦理。又二十一條內載，凡礦務總局現定章程條例，華裕、大東兩公司均應遵守各等語。光緒二十八年二月貴部奏定礦務章程，即係訂立合同前之奏定新章，亦即彼時之所謂現定新章，請領開礦執照，視成本之多寡，酌提百分之一繳納照費。乃該新章內載明之款，該公司理應遵守辦。且此項照費，各省承辦礦務之華洋商人，均須照繳，該公司何能獨異？至續定礦章如有增加課税規例之事，自可與該公司無涉，應請照會法國駐京大臣轉飭該公司遵辦。並請商部頒發開礦執照來閩，以憑轉發給領，早日開辦。若該公司自吝照費，致延時日，彼此各有損傷，該公司應任其咎等因前來。本部查照費一項，載在光緒二十八年二月奏定礦章，係在該公司合同未定以前。該合同業經聲明悉願遵照現定新章辦理，則此項照費本係該公司應繳之款，相應照會貴大臣轉飭經理人早日照章呈繳，以便咨行商部繕發執照寄閩，轉給該公司遵領，俾得早日開辦。至此外續定礦章，在該公司訂立合同以後，並未强令該公司遵照，并希轉行飭知經理人無庸過慮。爲此照復。

又外務部收閩浙總督文《法商開辦邵武金礦應繳照費暨顧爾燮籌辦自來水與福州匿名揭帖兩案辦理情形》附匿名揭帖〔光緒三十一年〕正月十一日，收閩浙總督文稱：承准咨開：法國礦師顧爾燮承辦邵武等處礦務，咨行按照合同並奏定章程，妥爲核辦。仍即咨復等因，當由崇前署部堂札飭核辦去後。茲據該局會詳，遵查閩省前設礦務官局，於光緒二十八年，招致華裕、大東兩公司在閩定立合同，承攬建、汀、邵三府屬礦產，各集華洋商股，限三年內歸兩公司覓地開採。上年由大東公司派來法國礦師古阿西冶即顧爾燮，勘定邵武金礦。甫經請領執照，即不遵守部章繳納照費，當經商政局叠次飭遵，詎該公司始終堅執，逞辯飾非。察看情形，勢必赴京稟由彼國駐使照會外務部曉瀆商辦，隨將先後辦理情形，照録清摺，詳奉前署督李咨明外務部立案辦理。今法使果以前情照會外務部，已蒙據情照復，飭令照章繳納照費。乃法使復以閩省與該公司刁難逼挾等情，多方藉口，其實所稱迫挾附股華商，令伊等撤退，復通飭該省地方官勿認法國公司早定合同之文等語。不特毫無其事，即前署督李奏設礦務總公司摺內，亦曾聲明建、汀、邵三府礦產，另歸該公司承辦，何嘗有刁難阻礙？【略】又云各處徧傳謗書一節，查本年六月間，奉前憲李札准法領事以居民佈滿匿名揭帖，係載大東礦務公司所立合同之事，照請查辦，奉飭酌核辦理等因。遵經洋務局會同商政局移行府廳縣派差將前項揭帖揭除，一面查拏造作之人，按例懲辦，並由洋務局照復法領查照有案。茲查前項揭帖，已經揭除浄盡。該公司按照合同，於三年限內，儘可於承攬之地覓礦開採，地方官自當保護，斷無刁難之理。至請開邵武金礦照費，既奉外務部照請法使飭令照繳，應請再由外務部照會法使飭令該公司遵章繳費，領照開採，庶免延誤限期。緣奉前因，合將顧爾燮籌辦自來水及前匿名或揭帖兩案辦理情形，照録清摺，詳請咨復到本部堂。據此，將局送清摺，咨呈外務部察照辦理。【略】

西一千九百三年十二月十一日，洋務局會同商政局詳復移行揭除揭帖。

爲移知，詳復，飭遵事。光緒三十年六月二十二日，奉憲、署理總督部堂李台札開：本年六月十七日，接法國駐福州高領事洋文照會譯開，照得居民任意滿佈白帖，數日以來，地方官竟不查究，茲特附呈一紙，請煩查照。查該白帖所載，均係大東礦務公司與貴當道所立合同之事，並涉及有某華官贊成其事等因。其間專駁貴政府不如此違理從事，似與本領事並無干涉。然事關大東公司，本領事亦不能置之不問。該白帖內所云搶奪福建全省利權，霸佔地產，以及侵動伊等祖墳種種不經之談，專爲激動地方，與我法人爲難。現在法人顧爾錫譯音因見該白帖已出八日之久，並無地方官查辦此事，故已將以上情形，稟控駐京法國公使。本領事今特知照貴部堂，敢請出示曉諭無知愚民，切勿輕聽亂言，爲彼愚弄。並請將失察各地方官及出帖人等，分別從重究辦，先爲公便。至於該白帖爲何人主使，並其命意所在，本領事亦畧知大概。且悉貴政府既已深知伊等舉動，恐不久即當追辦矣。計送告白一張等由，到本署部堂。准此。合行飭局

即便酌核辦理具復。計粘抄告白一張等因。奉此。查匿名揭帖，本干例禁，乃無知之徒，竟敢造作謠言，散佈揭帖，殊屬不法。應即移警務局，並行府廳縣派差，將前項揭帖悉數揭除淨盡。一面查拏造作之人，按例懲辦，以儆傚尤。【略】除詳復督憲，並分行府廳縣遵辦移知警務局外，合就移知，飭行。爲此備移貴札仰該某請煩查，即速派差揭除拏辦，照施行具報，毋稍違延。切切。

粘抄告白。

爲閩人林蕃盜賣三府礦産事，敬告全閩紳民設法收回緊要之公啟。

鄉長大人閣下：啟者：吾閩不肖子林蕃，協同龔銘義，引導法商魏池，承辦福建省上游三府礦務，雖托名官局所辦，實在法人勢力圈之内。若林蕃者，貪近利而迷遠害；若官吏者，受小利而忘鉅害；若吾閩之紳民，則利無一毫，而害有萬端。推原禍始，則林蕃一人實當之矣。何以言其然也？凡外人深計鷙謀，得寸進尺，比年以來，彰彰可見。而其所掌有土地之權，莫如圍佔礦權爲最捷最便之起點。是有國民之思想者，無不洞見其癥結也。吾閩業少人窮，所恃者礦産最饒，足爲異時救貧之計，縱使蓋藏無用，終有開採之時。今林蕃必引導他人，而全界以占據之權，是不啻舉吾閩之土地，而授之他人也。夫林蕃原無授人土地之權力，然而燎原之焰，起於一星。林蕃則潛乎躡足，爲放火之賊徒。驟潰之河，壞於一隙。林蕃則引類呼羣，爲穴堤之么蟻。噫！林審者，馬江出洋學生也。龔銘義者，紈袴子弟，福建南路之鹽商也。銘義視林蕃若靈蓍，奉之而屍其祝。林蕃視銘義爲大家，縛之而吮其膏。顧其猥瑣齷齪，無害於人，亦誰過問其短長。而林蕃私心不足，又顧之他，於是而肆其鬼蜮之殷謀，於是而逞其蜂蠆之惡毒，于是而搡無形之斧鉞，暗裏傷人；於是而作粮心之賊徒，公然賣國。嗟乎！礫公子之肉，何補於韓；剖叔孫之心，無加於魯。吾輩懷桑梓之鄉，守祖宗之土，鸛鵲必逐，毋姑息以養文奸；狼虎在山，則蔡藿必爲不採。所願我鄉長大人協力同志，設法繞其禍本。楚弓必歸楚得，人謀不若己謀。滅星火以免燎原之災，塞蟻穴以固障河之力。是今日之事歟，是今日之事歟！如不然者，外人深計鷙謀，進寸得尺，以五十年久假之期，從容布置，可以無微不至。以五大洲諸强之力，沓來繼至，可以寸土無餘。吾恐我福建人無家可歸，無祖宗墳土可歸，無養子孫長田園之根本地。如咽喉之受扼，如手足之受縛，百萬生靈，糜爛於漢奸之手，那時飲泣籲天，噬臍莫及矣。然則協志同心，設法絕其禍本，誠今日之事也。

謹將具訂立合同之謬妄，條列如左。合同所載，其可爲售礦與外人之明證者，毫無疑義，請切視之。共合同二十三款，於寅壬年十一月念三日，經閩前督許應騤簽押，限期五十年。按：日本礦律不許外國人干涉，而所定法律數百條，至爲詳密。試辦之年限，不過一年，未聞有三四年之久也。區域之界限，以六十萬坪合中國六分里爲最多，未聞其至三府之廣也。今我與法人定約，又值彼强我弱、彼明我闇之時，而以區區二十餘條之約章盡之，則後來交涉之支節，更不知所託極矣。其患一。

龔某所設華裕公司，先備資八萬元，爲購地之用。華人主之。大東公司先備資七百四十萬元，爲開採之用，法人主之。雖名爲華洋合股，而初着手時，比較兩公司之資本，華股僅得九十分之一，是明明資本出自華人也，其事權之孰輕孰重、孰大孰小，不言可知。吾閩人豈不從此窮乎？其患二。

本約開書特書曰礦務官局，曰派員督辦，而購地之權，則屬之華裕，開採之植，則屬之大東，是所謂官局者，主蓋印於條約，以礦産授外人而已。主强奪民業，助外人之魚肉吾人而已，他更何事。華裕公司坐得大東公司所送每百抽五張股票，應即半數轉送官局。又大東公司所得紅利項下，每百抽八之紅利票，呈繳官局。又華裕公司將大東公司所得紅利項下，每百抽二十五張紅利票，報效中國國家云云。是國家所得者，祇此零分之紅利票，而龔某所私肥者，亦祇此零分之紅利票，而莫大之權利，皆歸外人矣。其患三。

雖云華人股票可以購至過半，應享權利，華洋一律。試問主其事者華人乎，洋人乎？向來華洋合辦之事，權利果相等乎？掩耳盜鈴之説，不足以欺三尺之童。主是約者，豈瞶瞶而不之知？抑別有他故，知之而故縱之耶！大東公司實打鑽掘井，及開辦勘驗各工程，又查勘試之後，要開何礦，須明白指出，繪圖詳説，由華裕公司呈交官局。如礦地係民業，或公産如祠廟墳地等類，或買或租，華裕公司須向業主商議，倘有不合，無論官業私業，均可由官局員勘估，酌給公道數目，業主不得居奇，官局亦不得抑勒云云。觀此則平民不願售地者，法人可藉官權，遏抑平民，而酌給以公道數目矣。所謂公道數目者，倘能照地皮薄價，已大幸事。遑問地皮以下無數層之至寶産物乎？且業主不得居奇一語，可撰無數深文，可加無數罪案，謂不抑勒，吾不敢信。其患四。

洋人侵漁吾閩，藉官吏爲間接，固慣用之伎倆。特吾官吏輒樂爲之用而不辭，則甚不可解者也。夫租買民地，本與官無涉，乃議價不諧，則必由官局酌定

公道數目。今日官吏慎重邦交，往往遷就外人，則所謂公道數目，可想而知。是將以奪吾礦產者，盡奪吾民地，亦何不可？尤奇者，華商已開之礦，亦欲該公司妥議接辦，是不論三府之礦，已開未開，皆該公司之私產，可以任便取携。吾不知主是約者，何以必奪吾明已成之生業，以畀之洋人也。此例一開，吾人自開之礦，皆將不可保，又誰肯崎嶇險阻，枉費勞力，拋資本從事礦業，以待外人之攘奪。是不啻謂中國礦產，非洋人不得開採，其所害者，豈獨三府已耶！

大東公司可於礦井處所，通河道，以便行駛，修造小支鐵道，至最近水口，爲通達礦廠逢棧屯棧消息，須設電綫德律風云云。是法人可藉修濬，漸取逢河權，可藉修造支路，漸取路權，并採有設電綫德律風之權。加之五十年之久□，則法人之經營閩省，綽有餘裕，則謂閩省亡於壬寅十一月念三日閩督簽押之日，非過言也。其患五。

凡礦務辦事人員，以及礦工之器具物件，該管地方官當極力妥爲保護，勿使稍有驚擾云云。查法人所用司事，皆係上海徐家滙教會中人，而工則用土人。更內地風氣未開，購地一節，勢必阻撓，況合同中有云，墳地廟宇可以遷移者，公司與其家屬或地方官議妥辦理，倘有不合，再由官局派員估價償還。如再不願，官局亦當極力設法，方便開採等語。則官吏受外人之責問，勢必遏抑平民，而平民迷信風水，牢不可破，倘受壓力過甚，援出意外，設或殃及教民，彼時法人正可藉保護之名，或關教之名，兵□□至，福豈忍言？其患六。

遵照與印度銀行既立成約，凡有舉事，皆應商之此項銀行云云。俄人以道勝銀行經營東三省，今日之法人，師其故智，是閩省蹈其覆轍矣。其患七。

礦務，商業也。公司，商人也。乃隨其所至，特派委員兵勇巡視保護，勿使稍有驚擾，其保商可謂至矣。吾不知時於本國商人，則任意魚肉之，於外國商人，則極力尊崇之，果何所據而出此。且委員兵勇，追隨洋人，爲之保護，損失國威，莫此爲甚。若藉此勢力，以魚肉薌愚，又何施而不可。該公司既爲商務起見，果其公平交易？何至重結怨於人，而必藉員役之保護，無亦明知其所行，不免强奪民業，將啟釁端，非預爲之計，未可知也。

閩省地瘠民貧，產穀之數，每年中不能供其一二成，所缺八成之糧食，皆仰給於外省。且生活之道，曩昔衹賴茶業，近今茶業失敗，較之往昔，茶之出口，衹有十分之一。昔年出口之茶，值八千萬，迄今衹有八百萬。是閩人所藉以爲生者，惟礦產足以濟其窮，今竟舉礦產賣之外人，閩人將窮矣。其患八。

三府之地，幅員如是其廣，礦產如是其多，必非一公司之力，所得兼及。一概舉而授之於華裕、大東，覓礦之期，限以三年，開工之期，限以一年，是此三府人之礦，當悉封閉，任該公司擇肥而噬。雖有本國本省本府之欲從事於是者，必待之四年，而後可食該公司之唾餘也。雖有營業之地主，四年之中，亦不得於己地自闢其利源也。天下寧有是理？且條約中明言四年後尚未開工，方許他項公司開辦。所謂「開工」二字，並未詳言辦法如何，成效如何，始得謂之開工。設該公司將三府礦地，一一指定，各處畧行採掘，即謂之開工，則吾閩人從此不得染指。是彼以一紙指定空文，三府礦產盡爲壟斷，名爲開採，無異閉塞。其患九。

自建寧、邵武、汀州三府歸於法人之後，龍巖之礦屬日本，安溪之礦，英日爭辯，古田之礦，傳聞某某將售之外人。是林龔盜賣三府礦產後，不肖之徒，可將以殘餘之礦，淨售於人，其害伊於胡底。其患十。

以上十患，姑舉大端，未能盡縷。總而言之，則龔、林兩家之小利，而我福建全省之大害。謹查外國礦律，接辦一年，不能開採，其條約即作廢。華裕合同約乃以三年爲限，其與各國礦律不合者，多矣。然三年之後，亦當作廢。今已年餘，尚未開採，傳聞該公司因紅股太多，尚有許多轇葛，倘再年餘，則據約收回，易易事也。然此爲平和辦理，若欲即時破壞其約，亦非難事。我國河南、山西各礦合同，簽字以後，言官奏參，亦將原約改正，是中國與外人訂約，亦有改毀之例。昔日本則明治初年國勢孱弱，外情未通，英國與日政府密訂合約，貸款製造由橫濱至東京之鐵道，簽約以後，士民大譁，力逼政府毀約，一面自集資本。今我福建急宜倣此而行，一人之力不勝，必合衆之力以勝之。衆人之力，未易即合，則將參酌今日之情形，與後來之事變，必有痛心疾首於兩賊之所爲，而持堅心出定力以求勝之者，我福建之幸，而非獨我福建之幸也。

福建人啟。

又外務部發商部文《勘辦邵武金礦呈繳照費事尚未定議閩督核議辦法與奏定礦章無礙》〔光緒三十一年〕二月十三日，發商部咨文稱：光緒三十一年正月十一日准來咨，以閩督咨法人勘辦邵武金礦一事，係屬洋商承辦，自應由貴部核奪。惟來文所稱將來續定礦章，如有增加課税規例，自可與該公司無涉等語。核與向來辦礦合同未符，亦與本部上年奏定礦章有礙。其餘所擬辦法，是否允當，應請貴部查奪辦理。如應給照，即咨由本部填發，並將如何辦理之處，隨時知照。二月初八日，復准來咨，以閩督咨華洋合辦建、邵、汀三屬礦產一案，抄録

照會等件，咨請核定。應咨呈貴部查照來咨，核定辦法，逕復該督，以允轉折。即將如何核復，並應否即由本部填給礦照之處，迅賜見復各等因前來。查此案迭經本部照會法使轉飭該公司照章呈繳照費，現在尚未定議。應先將往來照會抄咨備查，一俟議定，即由本部咨行貴部填給執照。至來咨所稱閩督來文將來續定礦章，如有增加課税規例，自可與該公司無涉，核與向來辦礦合同未符，亦與本部上年奏定礦章有礙一節。查貴部上年奏定礦章第一條内載，以前已辦各礦，及甫經議定之處，仍照原定合同辦理等語。建、邵、汀三屬礦務，係貴部未經定章以前之案，閩督責令該公司遵照原定合同辦理，核查貴部定章，尚無違礙。相應咨行查照可也。

又外務部發吕班照會《照准邵武金礦納税辦法並允展限開辦》〔光緒三十一年〕五月初十日，發法吕使照會稱：准照稱，查勘福建礦務公司請開邵武府金礦一事，前因該公司於請領執照時，地方官爭執施行章程，縱有誤會，致未能開辦。現本大臣與貴部彼此議定，該公司應允按照光緒二十八年二月，即西曆一千九百零二年三四月間外務部定章，付給照費。並言明除照費以及合同内詳載各税外，不付他項税款。至按照合同，期限將滿，中國政府格外體恤，准予展限二十四個月，如再逾限，將此合同作廢。凡以前至相爭執，概置不論。並該公司請給賠款一節，亦作罷論等因。查此事該公司因請執照，與地方官爭執章程，不無誤會，現既議明將從前誤會之處，概置不論。該公司亦無索賠之説，並允照光緒二十八年二月奏定章程繳納照費。其一切税項，悉照合同各款所載辦理。本部亦允不於二十八年二月定章以外，再令該公司加增税項。兹因開辦期迫，准予展限二十四個月，以示格外體恤。如再逾限，將合同作爲廢紙，不得再請展限。相應照復貴大臣查照，飭知該公司勿再誤會定章可也。

又《廣東礦務・瓊州銅金錫礦》總署收盛宣懷文《張振勛請辦瓊州金礦》〔光緒二十三年〕二月二十六日，太常寺少卿盛宣懷文稱：光緒二十三年二月初六日，據署理新嘉坡兼轄海門等處總領事候選道張振勳禀稱，竊聞裕國足民，莫如開礦。中國自百十年來，外患内憂，層見叠出，金幣四溢，帑藏日空，當事百計貸捐，已有羅掘俱窮之勢。況經創鉅痛深之餘，力圖振作，如修鐵路、鑄鈔幣、造機器、製槍砲、購戰艦、立學堂、整練海陸各軍，在在皆需鉅款。朝廷因時制宜，以中國五金礦產，所在多有，爲天地自然之利，急須採取，以足財源。特頒諭旨，飭產礦地方設法開採，仰見聖謨宏遠，積習胥蠲。又封疆大吏，示諭煌煌，謂如能通曉礦務，確知某處有礦可採，實係有利無弊，准其呈報，候查勘明確，給予執照承辦，足徵各大憲實力講求，期副朝廷圖自强弭禍患之至意。故近來除興辦開平煤礦、漠河金礦已著成效外，若豫章湖廣之煤鐵、奉天、川蜀之金銀、徐州之鐵、寧波之銅煤等礦，莫不各集公司，次第舉辦，闢自有之利源，濟國家之困乏，將見風氣大開，菁華日出，中國之富强，即可於開礦操其左券。較之開捐增税、貸商款、借洋債，其得失豈可同日語哉！職道食毛踐土，受國厚恩，當此時事艱難，安敢不勉竭愚誠，冀報萬一，藉慰聖主宵旰之憂，特遣精通礦務之人，到處採訪。兹查得瓊州府屬瓊山縣内山，土名粒里元門洞、羅相村及紅毛洞等處，金苗極形暢旺，且悉皆荒地，並無礙居民田園廬墓，開採甚爲利便。惟該處密邇越南，輪船往來，朝發夕至，聞洋人時往窺探，並著人入山私挖，彼則在外購買，得金頗多。又聞國家已准泰西各國至中國開礦，難保洋人不乘間覬覦，若不及早招商，自行開採，深恐强鄰生心，轉貽地方意外之患。職道等思患預防，爲保守桑梓起見，擬集公司，廣招商股，遵照礦政章程，前赴興辦。所有應抽税則，按照定章加一呈繳，理合據情禀請恩准立案，給照承辦。並移知兩廣總督部堂，暨廣東巡撫部院，轉飭瓊州府道縣示諭地方，准公司前往設法開辦，以充餉需，而杜外患，裕國足民之謀，無有善於此者。是否有當，恭候批示祗遵等情前來。據此。查瓊州孤峙南海，密邇七洲洋，爲兩粤外洋之屏蔽，即越南東道之咽喉。其地内黎外海，山谷阻深，百產菁華，鬱積未發。法人眈眈逐逐，覬覦良深。將欲先事而折其機牙，恐非官力之所能控禦。横覽環瀛各國，强弱興廢之故，皆視商務之盛衰得失爲轉移。英人之得印度也，商會爲之，未嘗藉國家一夫之力，彼合商人之羣策，能越重溟而奪取他部之地。我以中國之全力，不能庇宇下而息窺伺之謀。鏡往知來，灼然可覩，要害如瓊島，似非用商會之法，無以爲保守之方。今據張振勳查明該處内山，多有金苗，請集公司，前往開採，以爲思患預防之計，頗能見及遠大。粤人素宏遠圖，勇於公義，若能維持鼓舞，使得合其財力，盡其智能，不令官吏拘牽文法以束縛之，假以商權，經營巖嶠，於商守商戰之義，必有合者。至鑛利既興，收其報效，可助度支，衡量重輕，雖爲後義，似於國計，亦不無裨益。據禀前情，相應咨呈貴衙門，謹請察核，可否轉奏飭准辦理施行。

又總署行盛宣懷文《張振勛請辦瓊州金礦應飭逐細禀陳》〔光緒二十三年〕三月初二日，行督辦鐵路總公司大臣盛宣懷文稱：光緒二十三年二月二十六日准咨稱，據署新嘉坡等處總領事候選道張振勳禀稱，查得瓊州府屬瓊山縣

内山名粒里元門洞、羅相村及紅毛等處，金苗極形暢旺，且悉皆荒地，並無礙居民田園廬墓，開採甚爲便利。擬集公司，廣招商股，遵照礦政章程，前赴興辦。所有應抽稅則，按照定章加一呈繳，稟請立案，給照承辦等因前來。本衙門查瓊山縣内山金礦，如果産金暢旺，自應設法開採。惟該處係沙金，抑係石金，既經遣人採訪，何以未確指明晰。該領事招股集貲，究有實銀若干，其延聘匠師、購置機器、租買地段各節，及一切詳細章程，均未切實轉陳，礙難核辦。相應咨行貴大臣，轉飭該領事，據實逐細稟覆，再行酌核可也。

又《雲南礦務・籌辦雲南礦務》總署收南洋大臣劉坤一函《請開滇礦并陳滇金廠情形》〔光緒二十二年〕八月初十日，南洋大臣劉坤一函稱：前奉寄諭，飭令各省開辦礦務等因。當此時局日艱，財用日匱，疆吏受恩深重，具有天良，敢不殫竭愚誠，切實舉辦，以收天地自然之利，以立中國富强之基。蘇省濱海沿江，號稱澤國，山勢薄弱，礦産不若他省之多，業飭鹽巡道胡家楨、常鎮道吕海寰，各就所屬地方，周歷查勘。現已指定數處，煤質尚佳，即當酌定官商辦法，以期早日集事。容俟規模畧備，再行具摺奏陳。昨據貴州古州鎮丁槐面稱：滇省山脈盤鬱，礦苗最旺，金沙江一帶，産金尤多。若能官民合辦，財源日開，裨益度支不少。並呈手摺一扣，詳加察閲，所言似不爲無見。伏查雲南礦務之盛，久載《通志》，前閲邸鈔，該省督撫，業已遵旨興辦。即以本處之人工，參用外洋之機器，認真開採，必當日起有功。惟念丁鎮籍隸滇南，所言情形較確，既有所見，不敢不據以轉呈。伏祈俯賜察核，可否咨行該省查酌辦理之處，並候鈞裁。專肅。敬請崇安。

照録清摺。謹將遵查雲南金廠大畧情形，開呈鈞覽。查雲南山勢盤鬱，廣産五金，如永昌、順寧、東川各府，暨永北廳等屬金、銀、銅廠，昔年開辦，著有成效，抽收課稅，亦有定額，今皆歇閉。姑就所知者言之，則以麗江府屬之中甸維西，産金最多，内中哪吧廠、寶興廠、麻姑廠、格咱廠，所出者皆沙金，一曰蘇糖金。安南廠之金，形如瓜子，産銀亦旺。惟天生橋一處之金，大而成形，每件重或二三十兩、四五十兩不等，其地在兩山之中，積水甚深，最難採取，土人間有得之。以上各廠，在金沙江岸，現雖有人採辦，均未大開。考金沙江之源，實濫觴於青海，即古麗水，沿岸土人，多穴地取沙以淘金，因之得名。逆江而上，入土司界，産金尤多，然向未有人能往採者。其達入四川省屬，如鹽源縣之梅哩土司，及附於梅哩之木哩地方，産金最多，而入地不深，取之最易，但恃有入貢額數，不許外人往採。該土司每年只採三日，採時亦不過百數十人，決不多採，蓋泥於風水之説。夫地不愛寶，秘久必宣，原屬自然之理，惟開辦礦務，貲本甚鉅，利之所在，人輒争趨。向來辦廠之人，虧折者付之九，獲利者付之一，廠而不旺，原無論已。即使暢旺，往往爲人挾制，盡棄前功，所以富商大賈、殷實良善者，恒皆裹足。況辦廠之丁，動輒盈千累萬，類皆强悍不馴。又有燒香結盟之習，滇諺有曰「無香不成廠」，其分也争相雄長，其合也併力把持。故有廠之地，不獨官懼考成，並紳士居民，亦皆凛然防範。欲興利必先除害，即係官辦，亦必有兵彈壓，尤不若官民合一，較易見功。蓋辦某地之廠，必參用某地之人，取其孰悉地理、通曉礦苗，更得外洋機器，以洩積水，則功程不至虛糜，而課稅自無短絀。查光緒二三年間，雲南金價不過十三四换，近因西人收買，價值日昂，自應及時開辦。況美之舊金山、英之新金山、俄之悉畢爾，皆以淘挖金礦，爲富强之計。雲南五金俱旺，即産金之地，原不止此數處，果其辦理得法，有利無弊，漸推漸廣，則財源日開，人民日富，國用日充，自强之基，將於是乎在矣！所有遵查情形，謹據所知，縷晰上陳，伏乞察核。

又《奉天礦務・華商稟辦奉天各礦》總署收依克唐阿文《奉天金礦試辦期滿分别停留》〔光緒二十二年〕十月初十日，盛京將軍依克唐阿文稱：於光緒二十二年九月十六日具奏，爲奉天金礦試辦期滿，未見暢旺，現已分别停留，以節虛糜等因一摺，除俟奉到硃批，再行恭録咨呈外，相應抄奏咨呈。爲此咨呈貴衙門，請煩查照施行。

照録奏底。奏爲奉天金礦試辦期滿，未見暢旺，現已分别停留，以節虛糜，恭摺仰祈聖鑒事。竊奴才前因叠奉諭旨，飭辦礦務，當經查明奉境金、銀各礦苗線，招商於通化、海城、鐵嶺等縣。

無礙三陵龍脈之處，分頭開辦。一面於本年四月初一日，電達總署督辦軍務處、户部，俟試辦三個月後，能否著有成效，再行妥定章程，抽收金課，奏咨立案。嗣據麻黄旗漢軍副都統榮和，以奉天礦産素多，所部敵愾各營，均係吉林獵户，夙諳淘金，請由奉省墊款試辦等情，稟經督辦軍務王大臣代奏，奉旨：著依確切查明，如無窒礙，即由該省墊款二萬兩，發交榮和統率所部獵户，分段開採，劃清界限。其一切章程，詳細覈定具奏等因。欽此。奴才因念兵開礦，多費開銷，招商抽金，不致虧累。且榮和所部部營，業於營口遣散完竣，隨與榮和面商，將鳳凰、安東、遼陽等處，劃歸該副都統，督同前派各員，一體招商試採。並暫由

鹽釐項下，墊給該副都統銀五千兩，俾資開辦，當經辦理情形覆奏。本年五月初十日奉硃批：著照所請，該衙門知道。欽此。欽遵在案。旋復查明懷仁、寬甸、開原、岫巖、蓋平各州縣，並金州廳、每龍廳等處，均有礦産，迭據各商民呈請，自備資本，分段試採，均經批准。並出示曉諭，開礦以金、銀爲先務，如有願採銅、鉛、煤、鐵者，亦聽其便。仍分路派員前往監視，金州一路，兼歸副都統壽長督辦。一面粗立章程，每商領票，准佔一處；所帶礦丁，至多以五百人爲限。所得礦金，四成歸公，六成歸商。其查辦礦務員司、書役、薪工，暫由鹽釐挪墊，俟收礦課撥還，通行各處，一體照辦。自派員後，甫經月餘，即據辦理海城礦務委員稟報，每丁每日僅得礦金數釐，不敷食用，力請停採。奴才以開採伊始，未可遽輟，批飭刻意講求，期收實效。遲之數月，復據各處先後報明辦礦情形，有言礦苗似旺，而出金實少者；有言伏雨連旬，山水驟發，淹及碃眼，致耗工本者；甚有謂商人資本虧盡，自願繳票停工者。其詞各異，而礦之未能暢旺則一，呈驗砂質雖美，而成塊者絶少，其爲出産微細可知。查奉天礦産素多，而金砂尤爲易取，此次採金數十處，賠銀數千兩，所得償所失，非真辦理未能得法。推原其故，實有數難：他省採金，深山幽谷，可以任意相度。奉天凡有凝三陵龍脉風水，及在百里以内，皆禁採取。其平原人烟稠密，則又有民田廬墓之禁。間有金旺地方，毫無關礙，業經私採百餘年，碃眼密如蜂房，至今形迹尚存，以致現在開礦，徒勞鮮獲。此限於地利之難也。近來開礦，如漠河、開平等處，招商集股，輒盈鉅萬，官督商辦，易於爲力。奉天自兵燹後，地方凋敝，領票各商，貌似殷實，而均係勉湊微資，希冀倖獲。一經賠累，即求歇手，遂致廢於半塗。此限於資本之難也。産金各處，自未弛禁，以前民間偷挖，所得多寡，本無一定，然皆自食其力，盈絀在所不計。一經招商試採，即須通盤核算，計工給食，則商有虧累之虞。按人抽釐，則丁有菀枯之别。故此次不特礦商以力薄願停，即礦丁亦以利少願去。此又開採用人之難也。限於資本，猶可從緩寬籌；限於地利，自宜亟思變計。已飭將金州、岫岩、蓋平、海城等處金礦，先行停止，以節糜費。所有金州礦局虧款銀一千餘兩，已據副都統壽長捐廉賠補。其岫、蓋等處虧款，不及千金，從前由鹽釐項下提用，自應另行籌款歸還。他如鳳凰、安東、遼陽三處，甫經開辦，成敗尚難逆覩。現僅通化、寬甸、懷仁、鐵嶺、開原、海龍城六處，出金雖少，而産金之區尚多，業令承辦各員招集股商，多籌經費，寬予試採限期，酌減歸公成數，另定妥善辦法，務期成效克臻，不致虚此一舉。倘果本重利微，難規久遠，亦惟有先行停採，據實奏聞。至銀礦及銅、鉛、煤、鐵，現雖招商攻採，一時難得端倪，應俟金礦開成，再事遂漸推廣。奴才素昧理財，於礦務尤鮮閲歷，但值此帑項支絀，非辦礦莫濟艱難，惟有勉竭愚誠，剔弊興利，期仰紓宵旰憂勤於萬一。除咨呈總理衙門督辦軍務處，並咨户部查照外，所有奉天金礦，未能暢旺，分别停留緣由，理恭摺具陳，伏乞皇上聖鑒。謹奏。

又路礦總局收程建勳呈《請開錦州全府金礦》〔光緒二十五年〕四月十五日，收工部屯田司員外郎三等男程建勳呈稱：爲援案請開奉天錦州全府金礦，以維利權而增國課事。竊維理財裕國之道。莫大於開源，泰西諸邦所以號稱富强者，礦利盛興而已，我中國五金徧地，百倍窮荒，久爲外人所涎視。近來疊奉上諭，准商民集股開採，而承辦者良莠雜糅，往往半途而蹶，非囿於資本之不厚，即迫於異族之紛擾。近年奉省境内，各國礦師，踵趾相接，尤注意於錦州。伏查奉省礦産甲天下，其錦州一帶，萬山環列，五礦兼有，若不及早開辦，不惟天珍地寶，終古沈埋；亦恐强敵生心，藉端弋取。司員世受國恩，慨念時局，亟思奏微勞於萬一。歷年於役天津，留心礦學，屢遣熟悉礦務之人，協同著名礦師，赴奉省一帶尋覓礦苗，如錦縣之五道嶺，寧遠州之圍屏山、夾山、灑金溝，義州之高麗、井樹溝，廣寧之石門等處，金錢甚多，已有土人開挖。曾取有金沙化驗，成色極佳，且詢之居民，皆願得華商早爲開辦，其貧者以土法挖取，獲利極微，若就此傭工，可贍生計；其富者苦於鬍匪之擾，未得安業，若因此招練護勇，可衛閭閻。他省辦礦，利未一見，害已百出，司員姑不言利，請決其無害。所謂害者，集股不實也，外人插手也，風水啟争也。司員素有熟識商人奚國安、吴紹清等，經商滬瀆多年，家資皆著名殷實，願出自有之資，合夥興辦，已備有大宗的款五十萬兩，既不用絲毫洋款，亦非零星碎股，並照章除延礦師勘驗外，一切工程，均就地雇用土人，並照章設立礦務學堂，以儲礦才。至若風水之説，奉省素不之信，且其地重山複嶺，於廬墓亦無妨礙。凡此數端，管見所及，實有利而無害，惟是開辦之道，試以土法，本小而利遂微，運以機器，本鉅而利始厚。據礦師云，錦州金礦，若用機器開採，較之土法，獲利不止倍蓰。照章納課，每年爲國家增稅，當必不少。現已將五十萬兩，全數備齊，擬用機器先從寧遠州之圍屏山、夾山、灑金溝辦起。該處距鐵路僅四十里，轉運機器，極爲便利，俟礦師將全府金綫勘實，再爲逐漸推廣，總期日起有功，以乘久遠。司員等爲裕國足民起見，經營伊始，不得不事慎重，期無流弊之滋。如蒙俯允，應即遵照憲局定章，盈餘項下，以二

成五報部。所有一切情形，暨賬目等事，恭聽隨時調查。又伏讀憲局章程，無論獨辦集股，均准專利等因，所有錦州全府金礦，應由憲局立定年限，不准他人攙越，並請咨照奉天軍督部堂，飭地方官隨時保護。茲將的款五十萬兩，存儲銀號，仰乞憲局俯賜提驗，附呈全圖共三紙，伏候鈞批，訓示遵行，實爲德便。

又路礦總局發程建勳批《錦州全府金礦緩議開辦》〔光緒二十五年〕四月十六日，路礦局給工部員外郎程建勳批稱：據呈併圖均悉，該員請辦錦州府圍屏山等處礦務，備有的款五十萬兩，存儲銀號，聽候提驗，並經聲明不用絲毫洋款，除礦師外，一切工程，均用土人，且其地重山複嶺，無礙民間廬墓，本可准行。惟奉省一帶，近因英俄商人攬辦礦務，正在設法駁論，若一經允准華商開辦，勢必藉端疑揣，於交涉事件更生轇轕。該員所呈各節，應姑從緩議。圖存。此批。

又外務部收盛京將軍增祺文《吳慶第請開鐵嶺開原境内木牙正等處金礦》〔光緒二十七年〕九月二十五日，收盛京將軍增祺文稱：案照本軍督部堂會同奉天撫尹堂，於光緒二十七年九月初九日附奏，爲商人請開鐵嶺開原境内木牙正等處金礦，現已派員催查，如於風脈無礙，准先開辦等因一片，除俟奉到硃批，再行恭録咨呈外，相應鈔奏咨呈貴外務部，謹請鑒核施行。

照録粘單。再，據商人吳慶第禀稱：現籌集股本銀十萬兩，並報效銀四萬五千兩，請開鐵嶺開原境内之木牙正、平石門、猴兒石、五溝頭、廟兒嶺、一面城、柴河堡等處金礦。其報效之款，先繳到期票銀一萬五千兩，一俟奏准開辦，即行呈交其餘銀三萬兩，統於開工時，如數繳足各等情，請核辦前來。查木牙正等處，本爲從前封禁之地，然歷年以來，時有金匪麕聚私挖，逐不勝逐，防不勝防。近年依克唐阿、德馨貴鐸，亦曾於此處派人試辦，非止一次。該處礦苗既爲人所共羨，奴才等公同商酌，與其貨棄於地，任人攘取，何如量予變通，鞭爭先著。現一面批准，以便該商等即往踮跕，仍一面派員確查，是否有關陵寢風脈，如果於風脈有礙者，仍即封禁，以昭慎重，其無礙之處，即准開辦。謹先附片陳明，伏乞聖鑒。謹奏。

又外務部收盛京將軍增祺等文《于金波等請辦石廟子溝金礦》〔光緒二十八年〕五月二十二日，盛京將軍增祺等文稱：案據礦商候選從九于金波、儘先千總李蘭生、候選巡檢趙國恩、監生畢文奎禀稱：竊職商等前往開採石廟子溝金礦，蒙飭派委員確查，批准試辦，嗣因資本不敷，情願與商人吳廷英合夥，業經禀明各在案。現在商等公司前往該處查看，其金苗甚旺，頗堪開採，共集得股本瀋市平銀六萬兩，所有納課一切，自應查照外務部奏定章程辦理。惟查章程第十九條開載：此次新章未定以前，凡以開辦各礦及曾經議定之處，除出井税課合同内聲明按照奏定專章，均應照此次所訂第六條辦理外，其餘仍照合同核辦，以示大信各等語。職商等請辦之石廟子溝金礦，係於上年奉准試辦，自在新章未定以前，雖未開辦，確係議定，並奉准試辦。現股本已齊，存之道勝銀行，擬請驗明後，一面賞給札諭，俾得迅往試辦，一面咨行外務部備案。至出井税課，仍照章程第六條辦理，決不敢稍有抗違。前請報效銀一萬兩，查新章雖無報效專條，惟職商等請報效款項，係在未奉部章之先，現在帑項支絀，辦理善後一切，需款孔亟，職商等具有天良，但使力所能爲，仍應照前輸將，聊效涓埃之助，茲仍於股本内提出銀一萬兩，作爲報效奉天大學堂經費，伏乞賞收。如蒙允准，俟批下之日，即行呈繳。抑職商等更有請者。現在盜賊充斥，凡諸伏莽，大半皆無業而爲饑寒所迫者，茲當和約已定，此輩自宜急謀安插，俾免勾結蔓延，貽害地方，倘蒙帥恩准其查照前批，即往開辦。則廠中開踮，自可招納數千人或萬人，寛其交納，令之各有盈餘，則一切匪徒，自必聞風趨附，以工代撫，似亦戢盗之一法。惟彈壓礦廠，自須隊兵，擬俟奉准札諭後，再行禀請撥給，所有餉糈，由廠供給，決不上煩帥廑。合併陳明。謹備具圖説，專肅寸禀，恭候示遵等情。據此。除批示並分行外，相應抄粘附禀，並批連圖説，備文咨呈貴部，謹請查照，分別備案核覆。

照録函底。敬再禀者：職商等現又在石廟子溝東南五里雲頭背山之大東溝，採得銀礦一處，鐵礦一處，又小東溝煤礦一處，礦質均經查驗，尚堪開採。以上三處，係現在採得，應請查照外務部奏定新章，由我帥咨明，聽俟核准，再行開辦。計銀礦股本銀二萬兩，鐵礦股本銀一萬兩，煤礦股本銀一萬兩，此係按照新章辦法，與石廟子溝禀准在先者不同，擬請免交報效銀兩，應納各項，俟部局核准開辦後，即照章完納。茲繪具圖説，籲懇憲恩迅賜咨行，俾得早日開辦，實爲德便。專肅，再請鈞安。職商金波等再禀。

據禀石廟子溝金礦，前經批准試辦，援照外務部新章第十九條，曾經議定之處，仍照合同核辦，報效銀一萬兩，充奉天大學堂經費，請即往開辦各等情。准如所請，仰即將報效銀兩呈繳，該商等即一面前往妥爲試辦，應需彈壓礦廠隊兵若干，即體察情形，禀覆候奪。所有餉糈，據稱由該廠供給，並如所請辦理。惟開辦納課，一切務須遵照新定章程，不得稍有抗違，候咨行外務部查照備案，並

咨與京副都統，暨飭興京廳知照。另稟請開辦大東溝、小東溝銀、鐵、煤三礦，現在請開之礦，自與批准在先者不同，應即查照奏定新章，先行咨請外務部核議，一俟部覆到日，再行飭遵可也。繳圖存送。

又外務部行盛京將軍文《准于金波等開採石廟子溝等處金銀鐵煤等礦》〔光緒二十八年〕六月初一日，行盛京將軍文稱：【略】查該商等請辦石廟子溝金礦，係曾經奏准議定之處，現既蒙貴將軍批令前往試辦，本部自應查照備案。至另稟所請大東溝、小東溝銀鐵煤三礦，該商等湊集華股開辦，自可照准，應由貴將軍核發札諭，飭令該商等遵照部章，妥爲試辦，並令出具切結。所有新舊各礦，均不得售與外人，以防轇轕。相應咨行查照辦理可也。

又外務部收盛京將軍增祺等文《梁芳雄稟請試辦半拉嶺金礦》〔光緒二十八年〕八月初六日，收盛京將軍增祺文稱：據職商梁芳雄稟稱：竊以地不愛寶，要在善於取材；道貴因時，尤貴變通盡利。奉省礦産林立，前此之議開採者，非術有未善，即本之不充，是以比年以來，言取利於礦者多，而收利於礦實少。現當大難初平，凡一切善後之需、賠款之用，數鉅期迫，盡人皆知。我帥憲仁慈爲懷，痌瘝在抱，英法賠款，聞皆不欲取之於民，以視各行省之議，加抽各捐者，其遠慮深謀，固非徒言損下益上者所能窺其涯涘也。然不取之於民，何妨取之於地，商目擊心憂，竊效一得之愚，冀作壤流之助，因糾集股實華商，集成鉅款，於奉省各礦，詳加採勘，並證之輿論，擇其可以興辦者，先爲試辦，藉以廣開風氣，拓我利源。茲查得興京界半拉嶺地方，産有金礦，業經取砂試驗，實可開採，該處距永陵一百八十里，確於風脈無關。産礦之區，東西約二十五里，南北約十五里，謹繪具圖説，並擬先以股本銀二萬兩，作爲試辦之用，但新章應得咨明外務部覈准，方可開辦。惟查該處私挖礦砂者，實繁有徒，與其任人盜取，何如准令試採，儻採有端倪，仍即先爲按照新章交納課款。又該處地脈一近冬令，即地土凍凝，不能開採，是以秋間私挖者尤多。若不及時採取，恐地利有限，盡銷耗於盜竊之手，殊可惜也。爲此不揣冒昧，叩懇憲恩，先行賞發札示，並飭知地方官妥爲保護，如採有旺産，准令即行採取。並一面咨行外務部，請速即覈議，一俟部覆准辦，再行力圖擴充，儻部議不准，仍即停止。至於一切辦理章程，謹遵照外務部奏定新章辦理，決不敢稍有抗違。再，該處礦産如蒙准辦，始終均歸商辦理，決不圖利，輕聽私售外人，以致利權外溢。茲並出具甘結二紙，請分別存案咨行，是否之處，伏候示遵等情。據此。除批示並分行外，相應鈔批，並將圖結備文咨呈大部，謹請查照覈覆，以便飭遵施行。

照録鈔批。批據稟該商採得興京界半拉嶺地方金礦，請以股本銀二萬兩試辦，並賞給札示，即行採取，以杜私挖各等情。查礦務新章，凡開採各礦，須咨行外務部覈議，俟覆准後，方准開辦。惟據稱私挖礦砂，實繁有徒，若不及時採取，徒資盜竊，所稟尚係實情，准如所請，仰即前往妥爲試辦。至一應辦理納課章程，務須遵照奏定礦務新章，不得稍有玩違。仍將到廠採取日期呈報備覈，候咨行外務部查照，俟部覆到日，再行飭遵。並候發給告示，暨飭知地方官知照。繳。圖結存發。照録甘結。商人梁芳雄，今於與甘結事。現在商人承辦半拉嶺金礦，蒙軍督部堂增，咨行外務部核議飭遵辦理，並奉示諭，飭先取具甘結，所有開採礦地，不得售與外人等因。奉此。自應遵照出具切實甘結，除原有股友之外，其礦地票據，並不私相出售外人，如有此情，一經查出，甘願認咎。所出是實，須至甘結者。光緒二十八年七月　日，梁芳雄。

又外務部行盛京將軍增祺文《准梁芳雄承辦半拉嶺金礦》〔光緒二十八年〕八月十四日，行盛京將軍文稱：【略】查半拉嶺地方金礦，既經貴將軍批飭試辦，自應照准，相應咨行貴將軍查照，飭令該商等遵照部章，妥爲試辦。所有開辦情形，隨時咨報本部，查核備案可也。

又外務部收盛京將軍增祺等文《吴廷賢請辦鐵嶺縣三家子屯大橋溝金礦》附圖説圖式等四件〔光緒二十八年〕十月二十九日，盛京將軍增祺等文稱：案查前據職商吴廷賢稟稱：竊以山靈嶽氣積厚者，自然流光，地寶天財久蓄者，理當必發。奉省礦産林立，前此之議開採者，實繁有徒，迄今接踵報效之人，尤復不少，但法未善，本不充，是以比年以來，徒見争言取利於礦，實未聞有能收利於礦者。現當兵燹既平，凡一切善後，在在需款，惟籌擬之策，於礦務似亦一端。茲採得鐵嶺縣屬之三家子屯，及大石橋二處，産有金礦，距鐵嶺縣均約六十餘里，離柴河約十餘里，其金苗頗旺，當堪採取，現先以股本銀五萬兩，作爲試辦之用，爲此叩懇恩准，咨行外務部，懇速即核議，一俟部覆准，即遵開辦。至於一切辦理章程，謹遵照外務部奏定新章辦理，決不敢稍有抗違。是否之處，伏候批示飭遵等情。據此。當經批飭鐵開礦務委員白樾灝，前往確勘，繪圖貼説，稟覆核奪去後。茲據該員詳覆。蒙此。卑職於九月十九日，由鐵起身，前往大橋溝三家子二處，確切查勘，與吴慶第原領七處，均不毗連，與百姓田園廬墓，亦不干涉，出金之處，係屬隙地，附近略有山田，如能開採，可由礦商發價。大石橋即大

橋溝。徧詢土人，而産礦之區，僅有大橋溝，並無大石橋。大橋溝距三家子七八里，金苗比三家子尤旺，本年五月間，曾經俄人挖過。大橋溝三家子，均係開原交界，距鐵嶺八十餘里，在鐵嶺東南方位。卑職即時繪具圖説，於二十二日，始由金廠回鐵，除繪圖貼説呈報礦務處外，理合詳請鑒核施行等情前來。除批示外，相應抄批，並將圖説咨呈大部，謹請鑒核賜覆施行。

照録圖説。大石橋即大橋溝也。金廠地勢長里許，寬約一丈五尺。東距山坡，約有半里。附近孤墓，西距柴河五里。南距車道二里。北距大橋勾屯子，約三里許。距吴慶第呈領柴河堡礦廠一十五里，毫不毗連，與百姓田園盧墓，亦無干涉。詢據土人，於光緒二十三年夏季，牧童就泉飲水，因而拾金，是以陸續偷挖。本年五月，俄人曾挖數次，至得金否，土人不知，現無人開採。

照録圖式：

西山崗

又西距柴河五里

大橋勾金礦

北距屯子三里許

南距車道二里

東距山半里

附近孤墳一座。三家子屯金廠地勢，長約里許，寬半里餘。東距柴河三里，西靠小河勾，南距三家子屯三里，正北靠大山。四圍附近，略有山田。前二十餘年，已經土人開過，後逐停止。於本年八月，俄人帶領二十餘人，開採多日，至得金否，土人不知。距吴慶第礦廠二十餘里，毫不毗連。與百姓田園盧墓，無大關切，距鐵嶺八十五里，在鐵嶺東南方位，係開原縣所屬。照録圖式：

河西小勾

南三家子屯

三家子

北大山

東柴河

又外務部行盛京將軍增祺文《准吴廷賢開辦三家子屯大橋溝金礦》〔光緒二十八年〕十一月十八日，行盛京將軍增祺文稱：【略】查該商請辦鐵嶺縣屬之大橋溝三家子二處金礦，既據貴將軍查無窒礙，自應准其試辦。惟近來奉省官商請辦礦務之案，已有數起，果能實力興辦，固足自保利權，但不得於奉准後，輒轉遷延，致有售賣抵押之弊。應令各該商等照章領照，依限開辦，並飭屬查明開辦情形，隨時呈報，以憑稽核。如限滿未能開辦，應即咨明銷案，勿任有認辦之案，無開辦之事，致滋流弊。相應咨復貴將軍查照飭遵可也。

又外務部收增祺、玉恒文《林長植等請試辦海龍府金廠嶺等處金礦》光緒二十八年十一月二十六日，收盛京將軍增祺奉天府府尹玉恒文稱：案據分省試用同知林長植、候選府經歷張秀奎禀稱：竊以時事維艱，籌款極難，此礦務急宜廣爲勘辦，並可以握利權、杜外人。卑職等復勘得興京廳海龍府交界金廠嶺、海龍府界香爐碗子、柳河縣界大林子、稗子溝，共爲金礦四處，其礦苗皆堪開採。其山勢遠近毘連，圖内界址繪明，並無一切關礙之處，自應遵照部頒新章辦理。凡金礦與别礦需本不同，此次除購備機器，挖作線金用項外，現以華商股本銀四千兩，先爲試辦，仍立爲廣生公司。倘須添用股本，再爲集入，以求成效。謹具永不售與外人甘結二分。理合將股本銀四千兩，呈請憲驗，准予咨部核發執照，俾得早事開辦，實爲公德兩便等情。據此。除批示外，相應將圖結備文咨呈大部，謹請鑒核賜覆施行。

照録甘結。花翎分省試用同知林長植、藍翎五品頂戴候選府經歷張秀奎，今於與甘結事。依奉押結得。卑職等現禀請開辦興京海龍交界金廠嶺、海龍府界香爐碗子、柳河縣界大林子、稗子溝，共爲金礦四處。自准開辦之後，只有卑職等認領承辦，永遠不得售與外人，倘有私售情事，甘領重處。所具押結是實。

光緒二十八年九月　日甘結。

又外務部發增祺文《准林長植等試辦海龍府金廠嶺等處金礦》〔光緒二十九年〕正月二十七日，發盛京將軍增祺文稱：【略】查林長植請辦金廠嶺等四處金礦，既據指明界址，繪具圖説，湊集華商股本，呈由貴將軍驗明，並令出具切結，聲明永不售與外人，自可照准。相應咨行貴將軍查照，諭令遵照部章，嚴定限期，妥爲試辦。並將開辦情形，隨時咨報本部備案。如有逾期未辦，即將前案註銷可也。

又《奉天礦務・復州金礦》外務部收美使柔可義函《美商馬爾紹請開奉天金礦》附美商馬爾紹節略〔光緒三十二年〕八月初一日，收美國公使柔克義函稱：茲有美國大資本家數人，於奉天省之礦務，頗有關係，特派馬爾紹爲代辦人，已來北京，欲同中〔國〕政府商酌，用何法開辦。現本大臣接到馬爾紹來函，内有開辦所關之礦産節略，請代轉達貴親王，爲中〔國〕政府查考。該函内云，已同商部大臣面談此項辦法，似乎可行，故盼貴親王亦能以爲合宜，則請貴國政府

早行批准，俾其能於本年内籌備開辦一切事宜等因。本大臣理合照其所請，將該節略附送貴親王查照可也。此泐，順頌爵祺。

照録節略。

美國人馬爾紹代美國數位股東，呈請中國政府允准開辦奉天省屬一處金礦，並設立鑛務施實學堂事。中華地大，鑛産甚厚，因十二年内有極難之交涉，故中〔國〕政府以及華民未能乘機開辦。聞説奉省金類鑛産最豐，該地屢經變故，及遭戰事，尤難開辦。目今中國最講實業，漸覺興隆，並聞數位鉅紳嘗言，國家亟應大開鑛産，俾政府多裕國課，而民財因之充足。近年美國大開數種金類鑛産，故而崛起，此爲確據，足證用此法爲增長國民裕財之果效。原於敝國人多能乘機設法製造新樣獲利機器，啟人靈敏之性，意想中國正可效法，藉開本有金屬得益，因其能加增國課，又能啟發該處民人諳練開鑛善法，嗣後可令其他處效法施用。現今係請中國政府准代理人等，前往探驗鑛産肥瘠，若堪開採，本代理人建立兩處開鑛機器廠，皆係美國股東出款，將來以一廠繳歸中國。該鑛産地未分兩處之先，余等將兩廠所出之金，以一半爲開辦礦務學堂，或用辦他事，均聽中國自便。此等藏積之金類，係在奉天省復州境距近旅順租界隙地之内。一千九百三年，有一俄國人在該處曠野，查出有金類鑛産，即同該處民人訂立合同，凡不耕種之地，每畝給庫平銀十兩，耕種者加增，其意即由該處開鑛。該合同係由民間先行訂定，尚未經復州地方官稟大憲批准，而日俄即在該處與東省肇起兵端，故不能呈請批准，更不能開辦。現美國數位股東中有(牛)〔紐〕約人名阿文德里扎克孫者，爲股東領袖，買定上列俄人與該處民人訂立合同所有權利，預備立一公司，招集鉅款，足敷購辦上好最新機器，大開該處金礦，現請中政府允准在有合同之地探鑛。其地大小，不足一百方里。美國鑛師探驗該處鑛石，若足堪開辦，即擬在該處建立兩處機器，本銀約需四十萬兩，使用兩廠機器。俟驗看每日能出金若干，再行核計兩廠工價後，擬將該廠全地分爲兩處，所分之法，須每處皆有一機器廠，即將一處同該機器廠内等件，均交中國政府收管。並隨中政府之意，於兩處選擇分地之後，仍歸公司辦理，俟中國擇定願留那一半，公司即將何半交付中國政府代理人接收。由始及終，公司應聽中國所派之礦師，前往兩處考查比較，使其能定規抉擇美國政府同百姓所常行之法，並非佔據中國地土之意，實欲乘機與中國擴通商之心，此與兩國均有利益。故舉辦此事股東等，皆願中國人同其學習開辦，俾獲靈敏之法。或初設開辦兩廠時，及將來本公司推廣自己機器廠時，均准有携帶憑據。中國鑛師以至鑛務學生，隨時來廠考查。如所藏金脈合宜，敝股東等欲推廣公司機器，常需用中國工人不少，俾中國礦師得機考查美國現行最妙之法，若以爲善，可於他處效法施行。意想設立此等機器廠，不惟該處獲益，於中〔國〕政府之税課亦不爲小補。公司於未分地使中政府欲要何廠那一半之先，美公司願將兩廠統出之金分半與〔國〕中政府，惟要檢出中國所要之一半地原買及租地價，同該處已交錢糧與地項之費，由公司扣回，自分開之後，本公司願照中國公司所出之税，一律納税，惟不能過所出之金百分之十。中國若願用此税項，或由税内提出幾分，在該處設立鑛務實業學堂。本公司願盡心幫助中國聘一優等教習，無論是否開此學堂，本公司願准帶有憑據之鑛務師，與及格鑛務學生，隨便前來考查機器及各種法則。特備有靈巧敏捷之人，或在本公司雇用，或爲中政府同中國人民將設何等鑛廠雇用。分地之法，係與俄國開辦石油之法相似，又與美國造路開墾之法相同。本公司所擬之辦法，無非與貴國國家加增利益。因本公司係代中政府立一機器廠，分地之後，復聽中國任便抉擇，所盼切用此法與中國政府及人民和睦，又俾其快覩美國最上新樣機器行動，將來所有美國股東，必多乘時同中國通商，俾兩國國民多沾利益。

又外務部發美使柔克義函《美商請開奉天礦産事應向地方官呈請核奪》〔光緒三十二年〕八月初四日，復美國公使柔函稱：接准函稱：兹有美國大資本家數人，於奉天省之鑛務頗有關係，特派馬爾紹爲代辦人，函送開辦鑛産節略，請中政府早行批准，合將該節略附送等因前來。本爵大臣於所送節略，業已詳閲。鑛産關係地方，能否准其勘辦，應由該代辦人向奉省地方官呈請核奪，爲此函復貴大臣查照。順頌時祉。

又外務部發盛京將軍函《抄送美人擬在奉省開礦來往文件備查》〔光緒三十二年〕八月初七日，發盛京將軍函稱：次山將軍閣下：密啟者：本部接准美康使來函，以美國大資本家數人，特派馬爾紹爲代辦人，函請開辦奉天礦産，附送節略，請行批准等因。經本部以礦産關係地方，應向地方官呈請核奪。函復去後，查美國人民若遵守中國所定規條章程，可照准在中國地方開辦礦務，載在續議商約，似未峻拒，不與就商。惟查節略内開，係在奉天省復州境距近旅順租

界隙地之內云云，該處諸多糾葛，亦礙難准其勘辦。爲此將來往函件，暨原呈節略抄送冰案，以備該美國人到奉時有所因應。特此密佈。順頌勛綏。

又外務部收趙爾巽函《美人在奉辦礦有違日俄條約》附奉天交涉事務總局呈盛京將軍批 〔光緒三十二年〕九月初二日，收盛京將軍趙爾巽函稱：前准大部函示，美國資本家馬爾紹擬請在奉天省復州距近旅順租界隙地之內，開辦鑛產，并蒙飭鈔該商附送節略，頃准美國總領事復據該商請辦該礦處產各節，照會前來。當即將迭次與俄國暨日本所訂借地各約，逐條詳核，查中日議訂東三省條約第二款，有按照中俄兩國所訂借地及造路原約，實力遵行之文。而《中俄會訂續約》第五款，有不將隙地地段內造路開礦，及工商各利益讓給之專條。現在俄國租借地之權利，既由我國承允俄國移轉於日本，凡中俄借地之約，仍須按照遵行。是隙地內之礦產，我國雖有自行開採之權，斷不能以與我合辦之利益，讓給外商，致與條約有背，似難援照與美國續議商約，准在中國地方開辦礦務之條，與該商合辦。除據約照會美國總領事外，特先專佈，以便美康使催詢大部時，有所因應。肅復密陳。敬請鈞安。

照録粘單。

奏辦奉天交涉事務總局，爲呈送事。案據美國總領事官司戴德照會內開照：得本總領事頃奉駐華美欽使來文內開：著本領事將擬在盛京開辦金礦美股東之代表人馬爾紹交來節略，轉呈貴將軍一覽等因。奉此。查馬爾紹前曾將此事商之於貴將軍，答云：此事必須與北京外務部相酌，方可定奪。馬爾紹遂將節略交美欽使衙門轉遞外務部，且曾與商部辯論。嗣後慶邸與美使來文內開：此事須俟貴將軍允准後，方可開辦等語。今將該節略呈上，請貴道轉呈貴將軍核奪，早日見覆施行，不勝盼望之至等情。據此。並附美漢文節略各一件，合將漢文節略抄録一紙。呈請憲鑒，伏乞訓示遵行。須至呈者。

批呈悉。查《中日議訂東三省條約》第二款，有按照中俄兩國所訂借地及造路原約，實力遵行之文。而中俄會訂續約第五款，有不將隙地地段內造路開礦各利益讓給之專條。現在俄國租借地之權利，既由我國承允俄國移轉與日，凡中俄借地之約，仍須按照遵行。是隙地內之礦產，我國雖有自行開採之權，斷不能以與我合辦之利益，讓給外商。無論該商所買俄人與該處民人訂立合同之權利，未經地方官批准，不足爲據。即許另擬合同開辦，亦與日俄所訂條約顯有違背，凝難照准。仰即據情照會美國總領事傳知該商，免致觀望。切切。此繳。

節略存。八月二十八日。

又《海龍香爐盌海仁社金礦》外務部收錫良、程德全抄摺《聯合中英美商人組織公司開辦奉天海龍府屬香爐盌海仁社金礦》 〔宣統二年〕正月初八日，收軍機處交出東三省奉天巡、總督錫良、撫程德全抄摺稱：爲聯合商人，組織公司，開辦奉天海龍府屬香爐盌海仁社地方金礦，以興實業而闢利源，恭摺密陳，仰祈聖鑒事。竊維中國礦產之富，超軼環球，東省尤首屈一指。甲午庚子以後，俄人思攘大利，迭起環爭，又有東清鐵路附近三十里之協約，足以增長其勢力。未幾，而撫順、烟台諸礦，由俄而轉入於日，頻年以來，因礦產交涉之案，不一而足。近本溪一礦，甫議合辦；烟台一礦，至今仍爲日有。其餘若金、銀，若銅、鉛，日人四出查勘，甚或勾引鄉愚，訂立私約，以致防不勝防，自非我先設法開採，不足以收效果而杜覬覦。前督臣趙爾巽、徐世昌等有見於此，先後招致南洋華僑，來奉興辦，冀以提倡實業，迄無成議。推原其故，大抵限於資本者十之三，格於定章者十之五。蓋資本不厚，則貸款重而成效難期，定章太嚴，則獲利微而人情易阻，我方遲回審顧，而日人已兼營併進，百計擴充。慢藏之咎，誰實任之？臣等到任後，體察奉天情形，知非變通辦理，招集歐美商人，組織公司，攙入華股，不足以保持權利。上年十一月，據試署奉天勸業道趙鴻猷呈稱：上年十月間，據上海職商唐元湛、陳鴻年、何興模等，聯合中英美商人，組織公司，擬辦海龍府境內金礦，公舉代表柯敦、唐元湛到奉，籌商一切。經該道與柯敦等商訂合同，議明中、英、美三國公同出資一百萬兩，中國資本至少在三分之一，指定海龍府境內香爐、盌海、仁社地方，定名爲奉天海龍屬香爐盌海仁社金礦有限總公司。其合同內開合款，以二釐爲礦地年息，以百分之二分五釐爲報效。即以抵出井税一款，除年息公積外，餘利與我平分。雖於部定礦務新章不無出入，然以開放爲保全之計，較之各省與外人合辦礦務者，於公家利權實已保持不少各等語。當於上年十一月二十七日，經臣批飭該道會同該公司代表人，將合同簽押。復按照合同第八條辦法，飭令該公司取具上海滙豐銀行證書，證明公司資本確有把握，以憑請旨辦理。旋據將銀行證書呈送到奉，臣等復查華洋合股開礦，本爲部章所規定，但股本以各佔一半爲度。該公司華商資本，佔有三分之一，似尚未合部章。此外礦税、礦界等事，亦稍有變通之處。惟我既收平分之利，復有監督之權，即亦與華洋各半無異。況奉省時局已在日人範圍之中，非招徠歐美人多投資本，不足以牽制勢力。近數年間，朝廷於三省開放商埠，先後至二十餘

處，此復籌借鉅款，經營錦愛一路，亦明知保守東省非輸入歐美資本不可。而資本之最鉅者，鐵路而外，厥維鑛務。該職商等體時局之艱難，憤强鄰之逼處，聯絡英美商人，請辦海龍金鑛。該地處奉吉之間，我先開採，足以扼其要領，而日俄南北勢力之平均，或因此而稍有顧忌。故論開鑛於内地，自以循照章程爲先，而奉省似應另有規畫。此則臣等區區之微意，不敢求白於天下，實不敢不陳明於聖主之前者也。兹據試署勸業道趙鴻猷呈請奏咨前來，相應據實奏請聖裁，如蒙俞允，恭候命下之日，即由臣等轉飭照辦。除將原訂合同證書照譯華英文各二份，分咨外務部、農工商部查照外，所有聯合中外商人，組織公司，開辦奉天海龍府屬香爐盌海仁社地方金鑛緣由，謹繕摺密呈，伏乞皇上聖鑒訓示。謹奏。

宣統二年正月初八日，奉硃批：該部議奏。欽此。

又外務部收錫良程德全文《抄送開辦奉天海龍府屬香爐盌海仁社金礦摺稿證書暨合同》〔宣統二年〕正月十一日，收東督錫、奉撫程文：梅案據試署奉天勸業道趙鴻猷呈稱：爲呈請事。竊照中英美鑛務公司，擬在奉天省海龍府境内香爐、盌海、仁社地方開辦金礦二處，業經職道遵奉憲飭，與該公司代表人唐元湛、柯敦訂立合同，簽押分別呈送在案。兹據該公司遵照合同第八條，取具上海滙豐銀行證書，於本月十六日寄送到道。職道查合同第八條載明：此項證書交到後，應於三十日内具奏請旨核奪等語。理合將寄到證書，照譯華英文各一份，備文呈請憲台察核，俯賜依期入奏，並將出奏日期飭知，以便轉行該公司知照。再，奉省鑛産繁富，亟待振興，惟礦務新章限制頗嚴，招徠不易。此次中英美公司所訂合同，係按照新章略爲變通，如果奉旨允准，嗣後華商能集鉅資報領礦産，可否援照此次所訂合同條款，一律核辦之處，並請鈞裁。附片：奏明，實爲公便。須至呈者。計譯呈證書華英文各一份等情，到本大臣部院。據此。除批呈暨證書均悉，候即具奏，請旨核奪。出奏日期仰候另行飭知可也。繳。證書二份存等因。並於宣統二年正月初四日具奏。除分行外，相應抄録原奏，併將原訂合同證書，照譯華英文各二份，一併咨呈貴部，謹請查核辦理，望切施行。須至咨呈者。正月初七日。

【略】

謹將上海滙豐銀行總理人亨達譯音。證書，譯呈憲鑒。

今照奉天勸業道奉東三省總督、奉天巡撫諭飭，與中英美礦務公司代表人唐元湛、柯敦訂立合同，在奉省海龍府境内香爐、盌海、仁社地方開辦金鑛，所定第八條合同一節。本銀行即上海滙豐銀行甘願承認該公司財力，足以辦理此合同内應辦之事。上海滙豐銀行總理人亨達謹具。宣統元年十二月十一日。西曆一千九百十年正月二十一號。奉天勸業道，今奉東三省總督、奉天巡撫諭飭，與中英美礦務公司下文俱稱公司。代表人其名簽押於後。訂立合同，其公司係中英美三國之股東組織而成。此合同係經勸業道與以上股東之代表人商辦妥適，載明如左：

第一條，公司經勸業道呈請東三省總督、奉天巡撫允准，在奉天省海龍府境内香爐、盌海、仁社地方，開辦金鑛二處，公司當備開採之資本，開採該處金鑛。其鑛地界綫，應俟此合同奉旨後，由東三省總督、奉天巡撫選派查勘員，會同公司委員，在該二處切實劃定鑛地區域，每處面積以中國二十方里爲限。所劃定區域内，如有官商已開各礦，均不得劃入。如有與官商已開各礦毗連，應劃清界限，將來地中開採，須與地面之界綫相等，不得旁支側出。並須立界石爲記，附呈詳圖，所有查勘之費，由總公司發給。

第二條，按照合同第七款所載，合同期内，凡與辦開採該礦，以及該礦各事，應以勸業道爲監督。勸業道與公司各派代表人組織理事機關，定名曰奉天海龍府屬香爐盌海仁社金鑛有限總公司。下文俱稱總公司。

本鑛務開辦以前。總公司應遵照中國商律，在農工商部註册。

總公司應由勸業道及公司各派董事二人，會同經理一切事務，由董事派理事二人，其一須用中國人，並用一般稱職之中外員司，辦理鑛務各事。其開採所需之工役，均應僱用中國人。所有資本，由公司於董事中無論中西酌舉一人管理，勸業道得隨時稽查之。

各項賬目，應由合格之會計員管理，以中英文繕寫；凡往來公文賬目，均用華文；其緊要商務信札文件，應備中英文存查。所有中外員司薪水辦事經費，及總公司各項開銷，均由總公司管理之存款内提付。

設理事或各員司被人控告，應由總公司詳查，如查明實關重要，應即開除究辦，另行派人接充。若總公司被人控告，應由勸業道呈請東三省總督、奉天巡撫派員查明辦理。

第三條，總公司准於此合同第一條開載之詳圖，此啚一俟測勘完竣製就，即付於本合同之後。上所指定之地段内，開採淘挖金鑛。其打井開洞，開水道，安設機器，建築房屋，並敷設運礦輕便軌路。此軌路以運礦爲目的。敷設範圍，但

准在指定礦地界限以内，經合同期滿或停辦時，應由總公司折除。以及該處或須應用之别項工程，按照以上所載明爲應行辦理者，均准開辦。

凡關於鑛地區域所需之地畝，若非官地，經勸業道承認後，其地面價值，應由總公司查照鄰近相等之地價，與地主合議給價，不得抑勒。如合議不成時，其價格應由該礦所在之地方官酌定。如所需鑛地之地面上有建築物，或一切之動産，須移轉者，無論該地爲官地，或爲民地，總公司均應給該所有者以移轉費及損害賠償費。如總公司有違背本合同之處，勸業道得將違背之處指出，並令總公司擔任賠償在該處任意作爲所致之損失。

第四條，總公司應設於奉天省城。

第五條，辦礦資本，計上海規元銀一百萬兩，由中、英、美三國股東公出。中國股本至少居三分之一，歸總公司管理提用。倘所備之款日後有不敷之處，公司當續備若干，由勸業道及公司酌定。此項續備之款，亦應歸總公司管理提用，並照後開之條，與舊股本一律分派净利。

第六條，凡辦鑛每年所獲净利，應照以下所開分派：

甲、每年總公司須按公司照合同第五款所交總公司管理提用之開採金礦資本，以及續備資本，給以年息一分二釐，以一分歸公司，以二釐歸勸業道，作爲所備礦地利息。如按照乙項，將資本遞年清還，年息因之遞減，勸業道應得之二釐礦地年息，亦照股本年息比例遞減。倘辦礦所獲净利不敷派息，應平均攤算，先各付若干。其所欠公司之息，作爲總公司積欠公司之款，在下届及以後逐届所獲净利内撥補，惟不得以息生息。

乙、除照甲項所開列之款付年息一分二釐外，餘提一成，撥入還本公積，以備清還甲項所開資本，及續備資本。倘總公司以所存此項公積足敷清還之用，則此項公積應即止提。至以還本公積清還資本，及以上所云之續備資本，總公司可隨時辦理。

丙、除提還本公積外，應在餘利内再提一成，作爲備用公積，以備總公司意外事故之需。此項作爲總公司產業，將來勸業道及公司察度此項已足敷用，届時應即止提。

丁、除甲、乙、丙三項所定應提各款外，尚有盈餘，應撥付勸業道規元銀五千兩，作爲辦公經費。倘所餘不及五千兩之數，則不拘多少，儘數撥給。

戊、所有盈餘之利，除分别提撥以上各款外，其餘之數，概歸勸業道與公司平分。

第七條，此合同之效力，由奏准之日起，以滿三十年爲限。俟届期滿，若非由勸業道與公司擬同續訂合同，奉東三省總督、奉天巡撫奏准批行，當即停辦。

第八條，此合同自議定簽押後，公司應立由上海滙豐銀行出具證書，以證明公司財力，足以辦理本合同内應辦之事。此項證書交到勸業道後，應於三十日内由東三省總督、奉天巡撫請旨核奪，未奉殊批以前，此合同不得作爲有效。倘自入奏之日起算，於六個月内未奉批准，此合同亦即作廢。

第九條，自奏准之日起。總公司必須於十二個月内動工開採，否則此合同作廢。

第十條，凡該礦所用一切物料，進口時須照章完納海關税，並加一子口半税。其餘釐捐等税，一切免納。如將來中國國家重定税則，總公司應照新章完納關税，不得以此合同内所載各條款藉詞推諉。開礦應用之爆發物類，最爲危險，總公司若不先期禀准，不得私自採運。

第十一條，凡總公司所用礦務機器及材料等件，如由中國鐵路轉運之時，所有半價之利益，實係東三省同類礦務所已得者，勸業道可隨時陳明東三省總督、奉天巡撫後，轉飭總公司照辦。

第十二條，凡採出之金礦，按照所出之數，除去工費應先提百分之二分五釐，每年由勸業道定期核收轉繳，作爲報效中國國家。採得之金，但准在中國内地銷售，不得私運出口。

第十三條，以後中國國家若另頒發礦務新章，如實行時，總公司應遵照新章辦理。

第十四條，凡屬本合同内之正當利益，允由東三省總督、奉天巡撫加意保護，所有督、撫一切命令，於本合同不相背者，總公司必須遵行。

第十五條，合同内各條款所有之利益，公司不得擅與他人私相授受。

第十六條，總公司於合同期内，須將在原圖劃定地役内已經開採之金鑛，及該工程所在地方實在情形，一併繪校妥善平面側面圖式，以便存查。總公司每届一年期滿後，一月内須將平面側面等圖檢出兩份，送交勸業道備查。

第十七條，凡總公司辦理地上地下各事，應照各國辦礦最新辦法辦理。

第十八條，所有備存總公司之圖式賬册，及其他項册卷，每遇調查統計所需由東三省總督、奉天巡撫派查賬員前往稽核之時，無論何樣圖式及何等册卷，均

可提抄。總公司成立後，按陽曆註明中曆。每届一年期滿後，三個月內應由總公司將賬册内摘其要款，造具一册，呈報勸業道。

第十九條，總公司應按照本合同，認真辦理鑛務，無時或懈。設爲不可抗力之事故所阻，不能按照合同接續工作之時，應請勸業道於不能接續工作期内，准其停止工作。

第二十條，倘總公司於礦務工作之時，發見不論何種埋藏物件，應作爲中國國家所有，即存總公司公事房，報明中國國家，聽候取存。

第二十一條，總公司如遇不得已時，可將此合同作罷，惟須預先三個月備文知照勸業道及公司。若此舉係因工程順手而無利可獲，則總公司應將各項物産善爲出脱，除清還欠款外，所餘交還公司。倘三年期滿，所遺存於原圖限定地段上各物産，應交還勸業道管理，不給價值。

第二十二條，本合同期滿後，如不接續辦理，應由總公司於一年内將所有動産及建築物，由原圖限内地方遷移他處，盡行變價，歸勸業道與公司均分。倘一年期滿，仍存放該處地方，即將此項動産及建築物充爲中國國家之産，總公司不得索取價值。

第二十三條，本合同内關於勸業道與公司來往銀錢各條款，雖届本合同期滿，仍應照該條款所訂辦理，以便勸業道與公司清理末期賬目。

第二十四條，本合同所載之鑛地，只供該公司開採金礦之用，該公司不得以之抵押債欠賣買等事。本合同期滿後，如無續辦之舉，則總公司當將圖内劃訂之地段，交還勸業道或東三省總督、奉天巡撫所派之委員。總公司如有虧耗，或歷年所提還本公積，至合同滿期，尚未能將公司所備資本還清，均與勸業道無涉。

第二十五條，倘彼此遇有争執，或因本合同内載條款譯意不同，或因别項事端於此合同未經載明者，勸業道與公司當於知照後一個月内，各舉公判人一位，居中調處。倘仍不服公判人所發意見，應再舉一公正人判斷，經此公正人判斷之後，彼此即應行遵守，作爲了結。此項判斷公正人，於兩公判人意見不合時起，一個月内派定。

第二十六條，本合同共立六份，每份均有漢文、英文，彼此業已校定無訛，先由勸業道呈請東三省總督、奉天巡撫核定，再由勸業道蓋印，暨公司代表人簽押。其一份存公署，一份存奉天交涉司署，兩份交勸業道，兩份交公司，分别備案存查，以昭信守。

此合同訂立於奉天省城，經奉天勸業道及公司有權之代表簽字。

宣統元年十一月二十七日。西曆一千九百十年正月八日。

奉天勸業道趙鴻猷。公司代表唐元湛、柯敦。

又外務部發錫良、程德全電《海龍金礦合同應行改訂》〔宣統二年〕正月二十四日，發東三省總督、奉天巡撫電稱：海龍金礦事，欽奉硃批議奏，嗣准尊處咨送合同，查核均稱妥協。惟二條無論中西酌舉一人管理，似不若改爲酌舉中西各一人，以免流弊。六條資本年息一分二釐，似過重。七條五十年爲限，似過久。十二條報效二分五釐，似太少。以上各節，能否飭該道再與公司磋商改訂。希電復，以便會同農工商部議准復奏外務部。

又外務部收錫良、程德全電《請會同商部核定海龍金礦合同》〔宣統二年〕二月二十四日，收東督、奉撫電稱：前奉正月二十四日電，以海龍金礦事，飭將二條改爲中西各舉一人，六條之一分二釐，十二條報效二分五釐，及七條五十年，飭商改等因，當飭勸業道與該代表唐元湛等一再磋商。該代表等堅持前議，因該礦用外人貲本較多，故於二條、六條、十二條不願更改。其第七條所云五十年，允改爲三十年。竊東省情形，與他省不同，地利久蘊，不開轉足啟强鄰窺伺之漸。前議草合同，實以開放爲保持計，敝處前咨已痛切密陳，當邀洞鑒，可否請大部會同商部核定復奏，仍候蓋裁。良全敬。

又外務部《議復聯合中英美商人組織公司開辦海龍金礦》〔宣統二年〕三月十三日，本部奏稱：爲遵旨議覆，恭摺會陳，仰祈聖鑒事。宣統二年正月初八日，承准軍機大臣鈔交東三省總督錫良等奏，聯合商人，組織公司，開辦奉天海龍府屬香爐、盌海、仁社地方金鑛一摺，本日奉硃批：該部議奏。欽此。並准錫良等將原訂合同咨送前來。查原奏内稱：據試署奉天勸業道趙鴻猷呈稱：上海職商唐元湛等，聯合中、英、美商人，組織公司，擬辦海龍府境内金礦，公舉代表柯敦、唐元湛到奉籌商一切。經該與柯敦等商訂合同，議明中、英、美三國，公同出資一百萬兩，中國資本至少居三分之一，指定海龍府境内香爐、盌海、仁社地方，定名爲奉天海龍府屬香爐盌海仁社金礦有限公司等情，經飭該道會同該公司代表人，將合同簽押。其合同内開各款，雖於部定礦務新章，稍有變通之處，惟我既收平分之利，復有監督之權，該地處奉吉之間，我先開採，足以扼其要領各等語。臣等公同查該項合同二十六條所定鑛地區域，辦事權限，管理規則，

大致均屬妥協，惟以百分之二分五釐爲報效，暨公司資本年息一分二釐，略有畸輕畸重之嫌。合同以五十年爲限，時期亦屬過久，經外部務電咨該省督撫，轉飭商改。旋據復稱：飭該道與公司代表等，一再磋商，因該礦用外人資本較多，故於年息報效各條，不願更改。其合同期限五十年，允改爲三十年等語。臣等竊維東省礦産殷富，日俄兩國乘間互争，多方覬覦，誠不免有侵我利權之處。該督撫等以海龍屬香爐、盌海、仁社金礦足資開採，以佔先著，允令華商唐元湛等，聯合英美商人，組織公司，籌集資本，就地勘辦，自是開闢利源之要義。現在礦務新章，尚待更改，所訂合同，既於監督權限平分利益，無所損失。即少有出入，未便執以相繩，致多窒礙。且復縮短限期，更較原議加密，應即照此訂定，以赴事機而興礦業。謹照録原訂合同，進呈御覽，恭候命下，即由臣等咨行該督撫等，轉飭遵照辦理。所有議覆緣由，理合恭摺會陳，伏乞皇上聖鑒訓示。再，此摺係外務部主稿，會同農工商部具奏，合併聲明。

又外務部收東三省總督又《准中英美礦務公司延期開辦海龍金礦請查照備案》〔宣統三年〕四月十四日，收東督文稱：勸業道案呈：案查前據上海職商唐元湛，聯合中、英、美商人，組織礦務營業公司，籌集資本一百萬元，開採奉天海龍府屬海仁社、香爐、盌子金礦一案，業經前道趙鴻猷與該公司代表人訂立合同，呈蒙憲台奏奉硃批，飭部議奏。經外務部會同農工商部，於宣統二年三月二十一日，具奏議覆，本日奉硃批：依議。欽此。欽遵行道轉飭該公司知照在案。查該公司原訂合同第九條内開自奏准之日起，總公司必須於十二個月内動工開採，否則此合同作廢等語。計自二年三月二十一日奏准之日起，扣至本年三月二十一日，已届十二個月期限，尚未據該公司赴礦開工，迭經前道及署道先後函催，據該公司復稱：實因東省上年及本年辦理防疫，交通不便，英美礦師未能來奉，以致合同期内不克動工，應按照合同第十九條内載，設爲不可抗力之事故所阻一節，請寬展期限六個月，俟疫癘净盡，即可來奉開辦；請轉詳咨部等情到道。署道查奉省自去冬今春以來，鼠疫流行，交通阻滯，該公司礦師人等，不能來奉，係屬寔在情形。刻下疫癘已清，而該公司籌備開工一切事宜，既已因此耽延，據請展限六個月，以便前來開辦，自應照准，以示體恤而興礦利。理合具文呈請查核批示祇遵，並懇轉咨外務部暨農工商部備案，實爲公便，須至呈者等情。據此。除批據呈該公司因防疫交通阻隔，以致不克依限動工，尚屬實情，所請展限六個月，姑即照准。如展限期滿，仍未開辦，應即將合同批銷作廢，轉飭該商知照。並候分咨別部查照繳等因印發，並分咨外，相應咨行貴部，請煩查照備案。

又《吉林礦務・三姓金礦》總署收軍機處交出吉林將軍長順抄摺《擬請派員試辦三姓金礦》〔光緒十六年〕四月十三日，軍機處交出長順鈔摺稱：奏爲查明三姓地方産金，擬請派員試行開採，以濬利源，恭摺仰祈聖鑒事。竊維五金礦産，本天地自然之利，果能採取如法，經理得宜，裕國足民，胥基於此，固不必塞貪鄙之心，藏黄金於嶄巖也。吉林金礦，夙已膾炙人口，如省南木其河夾皮溝一帶，及寧古塔所屬之萬鹿溝等處，從前聚集金匪數千人，恣意偷挖。自封禁後，往往潛赴三姓山内，搭蓋窩棚，採取木耳，名爲菜營，實則乘間盜挖金砂。有時拏獲，盡法懲辦，並派隊逐散棚民。而顓愚趨利若鶩，驅去復來。羣傳吉林通省，以三姓礦苗最旺，金産亦最佳。每於獲匪案内，提驗所起金砂，質色果較他處爲勝。派員往勘，該處路僻山深，一時未能遍歷。但三姓所屬東南一隅，如樺皮、楸皮各溝，及南淺毛、楊木岡並黑背等處，均有金匪私挖舊跡。且其地脈堅凝，山嶺重叠，沙色渥丹，引苗時見洩露。近接俄國來文，欲借近邊荒山，採煤應用。力争以條約所無，始寢其事。默窺彼意，雖藉口於煤窑，實醉心於金礦。查光緒十四年十一月間，翰林院侍講崔國因，條奏東三省情形，其論金礦一條，謂與其使鄰國垂涎而啟侵佔之釁，曷若由本國開採而裕兵餉之源。洵屬切中時弊。當時曾奉諭旨，會同定安酌覈妥議。奴才以到任未久，地利興廢，絶無把握，未敢率爾覆陳。今則博採輿論，勘驗形跡，按以邊地時勢，而知開礦之舉，實難置爲緩圖。所慮者款項支絀，工本無資，一時之效可期，經久之規難必。再四籌思，惟有先行試辦一法。從來談礦務者，每於官辦民辦，迄無定論。前經部議，有商理其事，官總其成兩言，至當不易。而試辦之法，尚未足以語。此祇在化私爲官而已，攬雇金夫之人，俗謂把頭，每一把頭作一股，每股俗謂一枝，幫其下有幾盤溜，一溜不過用一二十人。今擬按溝派把頭一名，管領幾枝，每枝再派幫管領一二十人，分作一二十溜，其人即就近挑諸菜營，免致驅逐後流而爲匪，按照人數，編册稽查。所用器具食糧油柴，均由各該把頭自行備辦，無待官爲籌款。即委員司事人役薪工，亦俟出金納釐，積有成數，再行定章開支，不得支用公款。現已札派佐領恩齡，分省補用巡檢鄭國僑，前往該處，會同靖邊後路統領記名副都統文元，進山查勘情形，一面咨會三姓副都統，就近督同勘辦。該處地面遼闊，四路通達，斷非一人精神所能周顧。將來擬分幾路開採，而以大員統攝

之，俾一事權。查三姓副都統富魁，穩練樸誠，遇事求實。所請開辦三姓金礦，如蒙俞允，應請旨即派該員督理，以專責成而收實效。至一切應辦事宜，姑俟開採後，體察情形，酌擬章程，奏請裁奪。其寧古塔琿春等處，亦須先行派員查勘，倘有旺礦，一俟三姓辦有成效，再事擴充。大約此次開礦，獲利厚薄，雖難豫定，而弊尚可免。以試辦爲名，不以舖張爲事。有利則開，無利則止，本不慮難於歇手。以山居貧民，爲山内礦丁，招之即來，揮之即去，可無聚衆滋事之患。又不動支公款，聽民出資自採，利多則事招徠，利少則事遣散，可無公私賠累之患。又奴才於礦務情形，本不諳習，揆厥情理，當不外此。此後設有察出利輕害重弊竇，斷不固執私見。仍當據實直陳，以仰副聖主綏靖邊陲之至意。所有查明三姓金礦，擬請派員試採緣由，是否有當，理合恭摺具陳，伏乞皇上聖鑒訓示。謹奏。

光緒十六年四月十三日奉硃批：「該衙門議奏。欽此。」

又總署奉一諭《著李鴻章會同長順勘議三姓金礦》〔光緒十六年〕六月初九日，奉上諭：「户部等衙門奏，遵議三姓開礦，請飭遴員履勘，妥議章程一摺。開辦礦務，總以擇定地方，委用得人爲要。三姓試開金礦，事屬創始。長順建議，與辦宜如何妥慎圖維，以期有利無弊。乃該將軍並未將礦苗何處最旺，及道里遠近，詳細勘明。亦未酌定章程，揀派妥員經理，僅以把頭爲管領，任其招人開採。此等游手之徒，易聚難散，誠恐漫無約束。未收開礦之益，轉致滋生事端，於邊境大有關繫。著李鴻章會同長順，遴委幹練之員，前往三姓，切實履勘，繪圖貼説。並妥議商民開辦章程，詳晰覆奏，請旨遵行。該將軍身任地方，務當審慎從事，勿得仍前草率，貽誤干咎。欽此。」

又户部《抄送議覆派員勘訂三姓金礦章程摺暨硃批》〔光緒十六年〕六月初十日，户部文稱：山東司案呈，本部會議覆吉林將軍長順奏，三姓地方産金，擬請派員試行開採一摺。光緒十六年六月初九日，奉上諭一道，相應抄録原奏，恭録諭旨，咨呈總理各國事務衙門可也。抄録原奏。户部等衙門謹奏，爲三姓地方，試開金礦，請旨飭令遴員履勘，妥議開辦章程，恭摺覆陳，仰祈聖鑒事：軍機處交出吉林將軍長順奏，三姓地方産金，擬派員試行開採一摺。光緒十六年四月十三日，奉硃批：該衙門議奏。欽此。【略】臣等竊維五金礦産，本天地自然之美利，爲窮民衣食之大源，地處邊方，開辦果能得宜，則利源日興，人民日富，實邊之策，未必不賴乎此。近年疆吏以開礦爲請者，綜其本末，大抵以勘定礦地，委用得人二者，爲緊要關鍵。上年黑龍江議開漠河金廠，由北洋大臣黑龍江將軍，先後遵奉諭旨，委員履勘，擬議章程十六條，於勘地用人，頗爲詳慎，經臣等會議奏准辦理在案。兹據吉林將軍，以三姓地方産金，試行開採，奏請前來。伏查開礦之地，山川形勢，首貴詳明，金脉有廣袤之殊，運道有水陸之别，履勘必先核實，興作乃可有功。該將軍請先就三姓開辦，究竟三姓山内以何處礦苗爲最旺，何地金質爲最佳，原奏僅據傳聞，未能指實。又所稱樺皮各溝，其地西北距三姓若干里，西距寧古塔若干里，東南距琿春，西南距省城，又各若干里，原奏皆未之及。他若省南之木其河，寧古塔之萬鹿溝等處，其地距所屬又各若干里，原奏亦未之及。方隅莫辨，擬議無從，此地勢之尚宜詳勘者也。自來中國言礦務者，其辦法不外准民開採，官收其税。該將軍請出金納釐，不動公款，蓋亦此意。惟邇來各省礦務開辦者多，自非委任得人，鮮克收其成效。吉林地方，素多金匪，與他省情形尤有不同。近年練軍設官，多方經理，今議開礦，區畫更宜詳慎。若如該將軍所奏，挑諸菜營，以把頭爲管領，此等即係從前金匪，本異良民，今遽假以事權，與昔日軍營濫招游勇情事相同，不獨目前滋事可虞，即日後遣散，稍一失宜，亦恐重貽邊境之患，此用人之尚宜詳審者也。吉林根本重地，試辦金礦，規畫一切，不厭求詳，況該省接壤俄疆，時有交涉之事，似應查照漠河開礦成案，請旨飭下北洋大臣，會同吉林將軍，遴委廉幹勤明諳練礦務之員，前往三姓地方，切實履勘，繪圖貼説，並委議商民開辦章程，奏請聖裁，庶足以開利源而固邊圉。所有臣等遵議緣由，謹恭摺覆陳，伏乞皇上聖鑒。再，此摺係户部主稿，會同海軍衙門總理各國事務衙門辦理。合併聲明。謹奏。

又總署收軍機處交出吉林將軍長順抄摺《委員勘明三姓金礦並已試挖得金》〔光緒十六年〕七月十二日。軍機處交出長順抄摺稱：「奏爲續報委員勘明三姓金礦地方，並暫時試挖得金緣由，恭摺具陳，仰祈聖鑒事。竊照三姓地方，前經奴才訪聞該處山内，貧民搭蓋窩棚，採取木耳，名爲菜營，實則乘間盜挖金砂。驅去復來，一時難以禁絶。當於本年三月三十日，奏請化私爲官，以濬利源。並於摺内聲明，業經札派佐領恩齡，補用巡檢鄭國僑，前往會同後路防營查勘等情。奉旨：該衙門議奏。欽此。欽遵在案。當奴才出奏後，旋接該委員恩齡等稟報進山查勘情形。據稱，勘得金溝在三姓東南一隅，其地距城約三百里，溝名有南淺毛、老淺毛、樺皮、太平之分，周圍几及二百里，地勢如「上」字形。南淺毛溝長十五六里，已掘有二十餘條水道。老淺毛溝長約十里，在南淺毛之北，

與長四五里之樺皮溝相接，均有五六條水道。此三溝之東，越老爺嶺，下爲太平溝，南北長百餘里，計水道或深二三尺及七八尺不等。樺皮一溝，兼有極大方坎。各溝被挖之處，密如蜂房，幾無隙地。蓋金匪之忽聚忽散，恣行偷挖者，已數十年於此矣。金色以南淺毛、樺皮兩溝爲最。産金之處，多在山陰，凡山之陽，雖見金線，亦甚稀少。惟山深林密，頭頭是道，金匪最易藏踪，官至即散而爲樵，官去即聚而偷採。恩齡等查各溝附近菜營窩棚，及無業流民，約計不下千餘人，逐之必至流而爲匪，不逐又無以使其不挖。計惟有先用化私爲官之法，予限數月，暫行試採。數月以後，則此項流民是否可用，地利能否久興，均有把握。所定章程，亦可因地制宜，不致徒勞而鮮獲。並聲明楸皮一溝及黑背等處，應俟勘明，統行詳細繪圖貼説呈送等情。據此。奴才因查所稟係屬實在情形，不能不稍事變通。且事已奏明勘辦，當經批准，予限兩個月，暫行試採。復劄調後路防營，就近至彼彈壓，俾免滋事。先是奴才劄派恩齡查勘時，曾告以礦苗必須深探，不妨於附近居民，雇覓數十人，逐溝試挖。查看何溝出金最旺，何溝金色最佳，詳細具報。並爲出示禁止流民入山，以及販貨而圖利者。蓋吉林金匪較之他處爲多，深恐其聞風麕集，遣散爲難也。至是既准該員等試採之請，而前奏適又奉旨交議。隨便劄飭恩齡、鄭國僑，將現辦情形，詳細稟覆去後。茲據該員等稟稱，各溝産金，衰旺不一。旺者綫脈厚至三尺，寬二三尺不等，衰者厚亦尺餘。然金夫有初挖，而即得金者，有淘沙至十餘日，而一無所獲者。蓋金綫甚細，私挖之弊，由來已久。正綫多爲剷削，以致體認難其。現在試採未有定章，凡金夫之器具衣食，悉令自備，無論得金多寡，俱按十成，從寬抽取三成歸公。該金夫亦覺馴良可用，從前各溝共有千餘人，今已陸續遣散，祇剩三四百人。一俟散盡，再將所抽課金，並支銷經費數目，勾稽具報，並先附解金砂一百兩呈驗等情前來。案：奴才查吉林爲我朝根本重地，三姓又與俄疆毘連，開礦之舉，誠宜其難其慎。前奏試辦之情，意在漸事擴充，初不欲先行鋪張，致貽一發難收之悔。今閲委員等前後所稟各詞，爲之細加體察，覺地利可興，而人數不可不限，此即因地制宜之辦法也。奴才知識短淺，又於礦務毫無閲歷，未敢固執己見。且該處准否開礦，尚未奏准議覆，不便遽定章程。惟迭據委員稟請變通辦理，均係前次出奏以後之事，相應請旨飭下，一併核議速覆，俾得擬定詳細章程，奏請聖裁。除將解到金沙百兩，提出五十兩呈送海軍衙門考核外，所有續據委員勘明金礦地方，並暫時試挖得金緣由，理合恭摺具奏，伏乞皇上聖鑒。謹奏。」

光緒十六年七月十二日奉硃批：「該衙門知道。欽此。」

又總署收北洋繙譯官李家鏊節略《條陳開辦松花江輪船公司暨三姓礦務以杜俄謀》〔光緒二十一年〕十月十六日，北洋繙譯官李家鏊面遞節略。照録節略。謹將擬設輪船公司，往來松花江，暗阻俄人假道，或向俄人疏通黑龍江下游行船，收回利權而益礦務，及開辦三姓金礦，以杜俄謀各情形，臚呈鈞核。查松花江係黑龍江右支，發源於長白山，流出吉林伯都訥呼蘭巴彦蘇蘇三姓等處。江長二千三百餘里，或云四十里者。未確也。直達吉林。其上游最淺處，水深四五尺，足敷淺水輪船行駛，故俄國每有假道行船之請。三姓呼蘭産糧食，及吉林産皮張，牛羊上等之貨，皆銷於俄國。俄人所以每以採購糧食爲名，請予行船之權，實則覬覦我三姓金礦也。幸我當道鑒此隱衷，十餘年力拒五六次，辯駁數千言，至今日則詞窮力盡，准予暫行，時勢使然，莫可如何。而俄心叵測。若不設計以伐其謀，絶其念，從此邊界無相安之日。金礦厚利，亦必落他人之手矣。卑職管見所及，謹將辦法三策，臚陳於左：

一、此次暫予俄人假道松花江行船之請，彼必以軍務需糧，藉至三姓呼蘭購買糧食爲詞。查此次俄人所入我松花江之小輪船名貼略格拉甫者，直達吉林，窺其意似因探水淺深而來，否則又何必駛至吉林。若果爲探水而來，足知其有久假之意。彼既有久假之心，我必預爲地步，免致臨時竭蹶。卑職愚以爲現既許以暫假，後無拒絶之理，莫如趕緊招商自立輪船公司，或即由輪船招商局派員前往察看形勢，妥籌辦法，設立碼頭，作爲招商分局。我若設局自辦，彼必不退而退。蓋俄人於會計一道，遠遜於我。所恐者，彼邦凡創一有益局面，國家必能助其成。我雖無此章程，若能事事核實，開銷較省，運費必輕，各商自必趨利爭先。況俄人現在彼處建築鐵道，所用工商，皆是華人，非本地旗人。即山東寄旅，向被俄人欺侮，敢怒而不敢言。我若設立公司，其往來中俄之華人，必附中國之船，而不附俄國之船矣。卑職愚又以爲松花江設立招商分局一層，實有利無害，杜俄謀之一策也。

一、我既欲設立松花江輪船公司，自必由吉林製造局建造輪船，方能行運。奈吉林製造局面甚小，恐難應此鉅工，勢必由滬購船。假道俄有之黑龍江條約作混同江口。下游進口，此事前經督辦黑龍江礦務李故道金鏞商之俄國，頗費口舌，卒未如願。今若再申前説，本屬難行。但現在俄既假我松花江行船，我假道黑龍江下游行船，彼必無詞以拒。設或彼竟拒我，我亦可拒其松花江之行船矣。

俄國覬覦我三姓金礦，匪伊朝夕。現既准予松花江暫行輪船，彼必不肯自阻其謀，而拒我黑龍江下游行船之請。苟能開通黑龍江入口之權，其有益於礦務，約有兩大端。漠河金礦居黑龍江上流，距愛琿幾及二千里，地處荒僻，人迹罕通，最近之市爲愛琿，物價昂貴，較南中已加十倍或二十倍，出此重價，貨物猶低，故李故道有自購輪船假道行運之議。現在該礦遇有貨物，必由俄輪轉運，不但運費幾倍，且不許運金，蓋以俄國例禁黄金出口故也，故漠礦所産之金，必由陸運來津，轉運至滬銷售。如此貴重之物，運經旱道數千里，類皆盜賊出没之所，實已冒險，加之節節設局，所費不貲。倘能開通黑龍江華船入口之禁，則礦局之運金運貨，皆可自由。此其有益於礦務者一也。漠河所招礦丁，類皆從前流落之金匪，揮霍習慣，今該礦丁所需糧貨，皆由局發賣，貨既不能足備，作價又復綦昂，致有所挖之金，不敷扣帳者，約束稍嚴，即行遁去。加之隔江爲俄國金礦林立之處，我散彼留，挽回非易。緣彼礦規模寬闊，一切糧貨，由商家立市，公平交易，不若漠礦之任意扣算，無怪礦丁之去此向彼也。去年開辦觀音山分礦，仿俄例，由商家立市交易，礦丁不招而集，一月之間，多至二千餘人，故得每月出金七八十兩。此足爲物價公平易集礦丁之左證。苟能疏通黑龍江，任我華船入口之權，再由漠河總局招商立市，交易公平，礦丁不招自來。蓋漠河金苗之旺，人所共知，萬無開挖數年，未見大旺，即已罄盡之理。彼處礦丁，類皆老手，無不知其底藴者。苟能通籌全局，力加整頓，功效立見。此其有益於礦務者二也。故卑職愚又以爲開通黑龍江入口之權，實有利無害，杜俄謀之二策也。

一、俄既覬覦我三姓金礦，我宜先行招商開辦，以杜其謀。查三姓城居松花江與牡丹江會流之處，上距黑龍江七百餘里，下離吉林九百餘里。其東南流入牡丹江諸水，皆發源於萬山之中，實産金素饒之區。周圍三四百里，直達寧古塔，如萬鹿溝、太平溝、夾皮溝、黑背溝、楸皮溝、楊木岡窪、尖嘴溝、南淺毛、老淺毛、樺皮溝各處，皆著。

又户部《請咨長順仍遵前諭辦理三姓金礦》〔光緒十六年〕七月十六日，户部文稱：山東司案呈，軍機處交出吉林將軍長順奏，續報委員勘明三姓金礦地方，並暫時試挖得金一摺。光緒十六年七月十二日，奉硃批：該衙門知道。欽此。查本年六月初九日，本部會同總理海軍事務衙門總理各國事務衙門，遵議三姓地方試開金礦，請查照漠河開礦成案，飭下北洋大臣，會同吉林將軍，遴員履勘，妥議章程，奏奉上諭一道。當經抄録原奏，恭録上諭，飛咨北洋大臣、吉林將軍遵辦在案。兹據吉林將軍續報勘礦挖金，並陸續遣散金夫各情，自係尚未奉到前旨，相應飛咨吉林將軍，仍應恪遵六月初九日上諭辦理。並知照北洋大臣，查照漠河成案，妥爲勘議，以符原奏。相應咨呈總理各國事務衙門可也。

又總署收軍機處交出吉林將軍長順等抄片《奏陳試採三姓金礦期滿情形》〔光緒十六年〕八月十七日，軍機處交出長順等抄片稱：再，三姓礦務，前經奴才長順將委員勘明礦苗，及予限暫時試採情形，於本年六月二十一日，詳細奏明。次日接奉廷寄，著李鴻章會同長順，遴委幹練之員，前往三姓，切實履勘，議章覆奏等因。欽此。當經電准李鴻章飭令督辦漠河礦務候補道李金鏞，派員往勘在案。兹據試採三姓金礦委員恩齡等禀稱，試採金礦，限期屆滿，所有金夫遣散已盡。有業者使其歸業，無業者飭令回籍，不准逗遛，仍嚴行封禁，俾免進溝偷挖等情。並據將所抽金課，自行解交前來。奴才長順查此次採礦兩月有餘，共抽課金六百四十四兩八錢二分五釐，除解呈海軍衙門五十兩，北洋大臣十兩考驗，並開支經費銀一千七百六十七兩二錢六分六釐，核計用金一百二十九兩八錢二分四釐外，實存金四百五十五兩零一釐，以備將來開採經費。除咨部查核外，謹附片具陳，伏乞聖鑒。再，此項開採經費，委係實用實銷，應請免其造報。合併陳明。謹奏。

光緒十六年八月十七日奉硃批：該衙門知道。欽此。

又總署收北洋大臣王文韶文附原奏暨章程《擬請派員查勘吉林三姓金礦並已議定開辦章程》〔光緒二十一年〕十月初五日，北洋大臣王文韶文稱：竊照本大臣於光緒二十一年九月二十九日，在天津行館專弁具奏，擬請派員查勘吉林三姓金礦，並援案妥議開辦章程，以期裕餉實邊一摺，相應抄摺並章程，咨呈貴衙門，謹請查照。

照録鈔摺。

奏爲擬請派員查勘吉林三姓金礦，並援案妥議開辦章程，以期裕餉實邊，恭摺密陳，仰祈聖鑒事。竊查接管卷内，光緒十六年，吉林將軍長順奏，三姓地方産金，擬派員試行開採一摺，經户部會同海軍衙門總理各國事務衙門核議具奏，欽奉上諭：開辦礦務，總以擇定地方、委用得人爲要。著李鴻章會同長順，遴委幹練之員，前往三姓，切實履勘，繪圖貼説。並妥議商民開辦章程，詳晰覆奏，請旨遵行等因。欽此。當經李鴻章委中書科中書職銜黎玉堂，前往會同吉林委員查勘。因所擬籌辦情形，彼此意見不合，事遂中止。伏查五金礦産，本天地自然

之利，爲强兵富國之原。三姓地處邊陲，與俄接壤，其間產金各處，向爲匪徒偷挖，俄人尤所垂涎。黑龍江漠河金礦，官督商辦，年來已著成效。值此時艱絀，多開一分利源，即多濟一分餉需。前據臣衙門翻譯候選知縣李家鏊禀稱，該員游歷俄邦有年，深知吉林金礦，爲俄所豔羡，如萬鹿溝、太平溝、夾皮溝、黑背溝、楸皮溝、楊木岡、窪尖嘴溝、南淺毛、老淺毛、樺皮溝，皆係著名寶藏，載在俄人礦務之書。從前俄曾商借近邊荒山採煤，實爲採金起見，未允所請。現已假道松花江行船，固未嘗一日忘懷也。如一旦俄廠出金日稀，勢必漸生覬覦，阻之則必啓争端，聽之則坐失金穴。是該處礦務，誠爲今日之要圖。查吉林之東南東北，產金之區，横亘數百里，倘劃界而守，招集礦丁，逐漸進挖，不啻添設無數卡倫，增無數壯丁，以固邊防，而不費公家絲毫餉力，此實邊之利也。漠河定章，售金餘利，十成内以三成充公，去年繳助軍餉十萬兩。現擬勸股商餘利改作十二成分派，内以五成充公。如能漸圖推廣，於本省軍餉不無裨助。而一切開採之本，毋庸官爲代籌，此裕餉之利也。且自通商以來，各國皆用金錢，惟中日以銀爲市。近年金價日貴，約金一兩可易銀三十兩左右，爲從來所未有。以人力興地利，以土產易洋銀，此則關係通商大局者也。况俄之鐵路，將思假道東隅，而東三省練兵，既不能多，屯墾豈能再緩。三姓寧古塔、琿春一帶，沃野千里，地廣人稀，如能就開金礦，以廣招勸，逐漸挖金，即逐漸墾田，十年生聚，化莠爲良，由庶而富，此尤關係邊防大局者也。惟開辦伊始，誠如聖諭：以擇定地方、委用得人爲要。而擇地尚非難事，所當用得其人。臣詳加遴選，查有存記海關道宋春鼇，向在吉林總辦機器局，十有餘年，於該處礦產地勢、民情物力，均能熟諳。臣面與考訂，條理精密，非尋常好事者可比，堪以派往勘辦。所有集股購器，建廠招夫，一切事宜，即仿照漠河章程，並令津海關道盛宣懷，妥爲籌畫。現據該道等擬定章程十六條，逐加查核。尚屬妥善，未盡事宜，仍由宋春鼇隨時禀商吉林將軍核辦，總期於興利實邊，兩有裨益。並將擇定地方，繪圖貼説，呈送咨部。至漠河承辦員司，奏准三年請奬一次，分别異常尋常勞績，從優列保。今開辦三姓金礦，情事相同，合無仰懇天恩，俯准援案。俟三年後，著有成效，擇尤酌量請奬，以示鼓勵。出自鴻慈逾格。除將章程分咨軍機處户部總理衙門查照外，是否有當，謹恭摺具陳，伏乞皇上聖鑒訓示。謹奏。

照録章程。

謹將擬辦吉林三姓等處金礦，援照《黑龍江奏定章程》，酌擬十六條，恭呈憲鑒。

計開：

一、設局宜統籌也。開廠辦礦，須僱礦師，購機器，蓋房屋，置車輛，買牲口，設碼頭，接電綫，招流民，募勇丁，事多用繁，非籌定資本，無從入手。擬招華商股本二十萬兩，作爲礦局資本，惟當此物力維艱，恐一時難以招齊。仰蒙北洋大臣王文韶，飭令津海關道盛道，保借商人成本銀十萬兩，先行開辦，此款或候招齊股本時繳還，或給以股票，悉聽借主自願。

一、股本宜招集也。今擬開辦吉林三姓等處金沙礦廠，本輕利厚，非石礦可比，况有漠河觀音山獲利之明證，辦理自有把握。所擬集本二十萬兩，應分作二千股，每股收庫平足銀一百兩，如交上海規元，每股收一百零九兩六錢，填發股票一張，息摺一扣，認票不認人，一股至百股，均可附搭。即由津海關盛道督同上海天津分局收集股銀，填發股票。自收銀之日起，長年給官利一分，定於次年端節，憑摺支付。届期應先滙銀至各分局，就近支付。其餘利每年歸總局照章核出每股應給之數，亦由各分局登報，就近支付，以免輾轉遠寄。即將來得金，亦運往各分局銷售。

一、開辦宜定地也。勘得吉林通省，以三姓礦苗爲最旺，金色爲最佳。所屬東南一隅，距城約三百里，溝名有南淺毛、老淺毛、樺皮溝、太平溝之分，周及二百里，地勢如「上」字形。南淺毛溝長十五六里，已挖有二十餘條水道。老淺毛溝長約十里，在南淺毛之北，與長四五里之樺皮溝相接，均有五六條水道。此三溝之東，越老爺嶺，下爲太平溝，南北長百餘里，計挖有水道五六十條，各水道或深二三尺，及五六尺不等。樺皮一溝，有極大方坎。各溝已挖之處，密如蜂房，幾無隙地。蓋金匪之忽聚忽散，恣行偷挖者，數十年矣。金色以南淺毛、樺皮兩溝爲最。產金之處，多在山陰。凡山之陽雖有金綫，亦甚稀少。如楸皮溝、楊木岡、黑背溝等處，亦皆著名旺苗者。再，琿春之西南二三里内，有柳樹河、陰陽河、瓦岡寨、五道溝等處，金苗亦極暢盛，成色亦佳，綫脈甚長，引苗盡露。其省南之木其河一帶，及寧古塔所屬之萬鹿溝等處，亦有金匪在彼開挖，苗旺脈長，均係大可開採者也。

一、礦師宜妥延也。既用西法，即不能無礦師，説者以爲僱用把頭，較礦師爲廉。然把頭僅熟地段，不識金脈，非老於礦學者，未易推測。今三姓等處，金廠甚夥，擬一面開辦，一面四出探苗，相度形勢，而把頭仍須僱用。惟泰西礦師

自高，居處飲食，惟喜侈糜。本公司事事核實，必宜擇用西國礦師，專門金礦名家，必有切實公正薦保，仍須妥訂合同，聲明到廠後，如無明效，不拘年限，即行辭換，以免虚糜。

一、機器宜購置也。產金之處，地氣嚴寒，夏秋之間，積雷始化，掘地四五尺，堅冰如鐵。金生於沙，沙凝於冰，須先融冰，而後得沙，淘沙而後見金，工作非易。若全賴民夫，則費力多而見功難，佐以機器，則吸水淘金，事半功倍。且人夫少用，則良莠易辨，不使無業游民，聚而成黨，其利一。人夫少用，則稽察易周，不致有藏匿、影射、偷漏等弊，其利二。人夫少用，則工價可省，且該處少煤而有樹，或用木柴，或燒木炭，皆極便易。惟此項機器，必須購自外洋。幸本公司專挖沙金，與石礦不同，所用機器，亦不甚鉅。定購之時，宜先派熟悉礦務及機器化學之員，前赴黑龍江北岸俄國有名礦廠游歷，詳考一切辦理章程，與夫鎔鍊之法，機器之式，俾知何法爲最善，何器爲最良，庶免鹵莽滅裂之弊。

一、汞法宜兼用也。流水淘金，原係泰西舊法。現在各國淘金，精益求精，皆用水銀吸取。蓋因流水淘金，其細碎金粒，往往隨沙漂去，所失甚大。故礦書中載有以汞吸取，較之以水淘取，有多至八十倍者。雖未必盡如此相懸，然水銀能吸取細金，實一定不易之理。汞法勝於水法，不待智者可辨，宜乎外洋新法，皆用汞吸也。且三姓爲四通八達之區，走漏尤易，若用汞吸，金沙出於機器之中，而不出於礦丁之手，防弊自易。故能用汞法吸取，以期礦無遺利，涓滴歸公。

一、事權宜歸一也。開創之事難，邊疆而兼開創尤難。大約開辦金廠之地，距吉林省城必遠，應仍照漠河章程，遇有小事，即由總辦相機酌量妥辦，其重大事件，仍禀商北洋大臣、吉林將軍核奪。凡與旗務交涉者，應就近與副都統衙門會商辦理。所有總辦一員，應援案由北洋大臣、吉林將軍奏明札委，並刊發總辦吉林等處礦務關防一顆，以專責成。

一、流民宜招安也。古人喻民於水，可以載舟，可以覆舟。該處聚衆私挖，苟或駕馭不善，則聽之蔓延，驅之鋌走，宜善駕馭，化私爲官。仍令開採，得金分成，不給工價，每一把頭，至多准帶散丁二三百名，先儘現在所有之人，不准外招，以免漠河礦丁圖近而來，致礙彼局。分成之數，亦當較漠河量爲裁抑，大約五成繳局，五成歸丁。惟既歸公開採，則三姓地方，即不許復有他局，以免礦丁争釀事端，及外來金匪，愈聚愈多，莫可究詰之弊。

一、礦丁宜部落也。整齊嚴肅，御衆之要。宜點名造册，給以腰牌，散丁以把頭保，把頭以地方股户保，各分地段，違者罪之。復於扼要之處，廣設卡倫，以稽出入。該礦丁出入，必當領籤，無籤者拿究，有籤而不由應走之途者亦拿究。無腰牌者，禁其出入。如有夾帶金沙者，一經搜出，全數充賞，仍繳局照時給價，以杜影射。

一、護勇宜自募也。該處既無要隘可守，而礦丁麕聚，馬賊又不時出没，内而彈壓稽查，外而巡邏守禦，非有實數兵兩三營，不敷分駐。惟當開創之初，經費支絀，擬先募精勇數哨，以資調遣，其餘暫向就近防營撥借。如果得力，由局酌給津貼，俟大局定妥，再行調還防營。自募足數，由總辦爲統領，用西法西械，訓練爲勁旅，無事藉以護局，有事用以防邊，庶與礦務邊務，兩有裨益。

一、司帳宜公舉也。錢財出入，爲金廠之根本，況屬公司，尤宜公辦。主廠者不當兼理錢財，致涉嫌疑。今擬將收支事務，由股本最大者，公舉保薦平素誠實有望之人，然後延訂。將來如有虧空舞弊等情，一經查出，惟原薦主理直認賠。即在股本内扣還。凡經理銀錢，非任勞任怨者，不能稱職。倘有人商借移挪，自當破除情面，一概回絶。即如總辦員司等，除每月初二日給領薪水外，亦不得透支分文，以重公款。

一、股友宜助理也。凡入股之友，皆與廠中有維繫之勢。今擬除緊要事件需才經理者，由總辦酌委外，其餘事件，以有百股者用一人，及未滿百股，或三四千金股友，二三人公舉一人入局，聽候總辦量才器，使其薪水按任事之輕重，酌定多寡。既不失之於刻，亦不失之於寬，即因邊地苦寒，非重禄不足以勸士。然少用一人，則費自省矣。至局中飯食、油燭、芯紅、筆墨、紙張雜用一切等項，必須實用實銷，不得浮開浪費，致使公本虚糜。如各員司因公他往，無論遠近，車馬等費，由局動支。至因一己私事出外，由本人自備。事事皆歸實際，凡收支各帳，周年彙齊，刊刻清册，分送各股友閲核，以憑徵信，並呈報北洋大臣、吉林將軍查覈。

一、收支宜徵信也。凡開創及常年經費，均應由總辦會同鉅股商董酌議。如有意外所需，均必詢謀僉同，雖總辦亦不能率爾開支。其逐日收進金砂，尤應榜示局門。一切收支，一日一小結，一月一大結，一年一總結。不論成本大小，但有股份者，均准憑帳稽查，並於年終分送傳觀。又每月定一議事之期，凡在局者，均得各抒所見。鉅本股商，如有見解，有益廠務，亦可隨時函電告知總辦商酌。庶幾兼聽並觀，免逞私臆，以相維於不敝。

一、餘利宜分派也。查漠河章程，金廠開辦後，每日所得金沙，由監工稽查，同送至收金所，經主廠者眼同兑收，登册蓋戳，聚總鎔煉成條，運售津、滬各處。按月一小結，週年一總結，共得金沙，合銀若干兩，除將借款陸續提還。並將官利及員司礦師薪水局費、夫役、護勇工食一切開支外，若有盈餘，作二十成分派，以六成充軍餉，十成商股，四成花紅。此次擬改作二十四成分派，以十成呈交吉林將軍衙門，報充軍餉，並酌提吉林三姓等處地方公費，以十成按照商股分派，如股分有先入者應多派，後入者應少派，以昭平允，其餘四成，爲本廠員友司事花紅，察看勞勤，分別等差。所有收支款目，按年造報北洋大臣、吉林將軍查核，送部備查，請免造細册報銷，以省繁牘。

一、用人宜鼓勵也，創辦金廠，貴在襄助得人。應援照漠河定章，俟三年後。如果實效昭彰，應准擇其尤爲出力者，照異常勞績，從優酌保數員，其出力較次之員，照尋常勞績保奬，不得概從優保，以示區別。仍應查照定章，將各該員到廠日期，及經管何項事務，先行咨部立案，仍查看成效之大小，以定人數之多寡。

一、盈虧宜預計也。開辦一年後，出金果旺，獲利果多，自可照章分派餘利。如無盈餘，亦未折耗，在股者一時不准提本，只准招人接替，更易姓名，調换股票息摺。萬一股本有虧折之處，由總辦稟知北洋大臣、吉林將軍，並函商股分最大者，定奪辦理，不參私意，當取公評，以定行止。

又王文韶《開辦三姓等處金礦應由宋道辦理》〔光緒二十二年〕正月十五日，北洋大臣王文韶文稱：光緒二十二年正月初六日，准吉林將軍長順咨開，據候選同知董夢蘭呈稱，前於本年九月初五日，仰蒙檄委内開，户部覆奏本署將軍於七月遵旨覆奏，並陳吉省情形擬請開辦邊荒礦務一摺。奉硃批：户部議奏。欽此。經户部議覆，原奏内稱，吉林三姓金礦，該省初請招集菜營開採，臣部議以菜營恐貽邊患，該省遂爾中止。又經北洋兩次派員前來辦礦，未收實效，已經中止各在案。今公同商酌，吉林墾礦，在昔爲創，在今爲因，自應准由該將軍推而行之，以廣興利實邊之益。其荒務、礦務，均一律設局派員經理，應請飭下該將軍速派妥員查勘，奏明興辦等因。當經前署將軍恩札委該同知查勘，遵即查明三姓産金各地方，繪圖貼説，妥議辦法章程八條，並借款撥營，請發關防，旋於十月十二日奉批所請借款撥營，並刊發關防之處，應即自行籌辦，赴津稟明等因。蒙此。卑職遵即速派差弁等，先赴三姓安置設局訖，於十月二十日束裝就道，至二十八日行抵奉天，稟謁各衙門，均有紛論之語。以奏辦吉林三姓金礦，因何先後奏派人員，事出兩歧，從中必有真僞。奉省正在猜疑之際，宋道春鰲到奉，自以携有關防，在各處辨論爲真，以卑職無印爲假冒。卑職前呈集股章程條内，仿照漠河招集股票，非用有關防，不足以昭憑信。是以卑職不得不在奉自行刊刻「奏派督辦吉林三姓等處五金礦務事宜」關防一顆，以資信守。謹將開用關防日期，並股票股摺式樣，備文呈請鈞閲等情。據此。除批查前據該丞稟送辦礦章程，並請借款撥營各情，當經本將軍批飭自行籌辦，赴津稟明。所謂籌辦者，係指籌集款項而言，且因三姓金礦，經北洋大臣王奏派宋道來此開採，已奉明降諭旨。該員爲前署將軍恩茂奏派查勘之員，若不赴津請示，恐事屬兩歧，終無著落。仰仍遵照前批，速赴天津可也。此繳等因掛發，並飭宋道知照外，相應備文咨會查照等因，到本大臣。准此。查吉林三姓等處金礦，前經本大臣奏請派委道員宋春鰲集股開採，藉濟邊防餉需，欽奉諭旨允准，轉行欽遵在案。該道早已到吉，據報稟商將軍，將應辦一切事宜，布置就緒。應需礦丁、器具、糧食等項，亦已分別招募購置，一俟春融，即行開辦。在吉省之委該員董夢蘭，自在北洋未經具奏以前，以致事出兩歧。且所委不過查勘，並非即令開採，乃該員竟自刊刻關防，争辦礦務。長將軍批飭赴津請示，至今亦未前來，跡其所爲，殊屬狡詭，既恐從中掣肘，宋道辦理爲難；更恐欺騙商民，藉招股爲詐。

又户部《開辦三姓金礦奉旨著宋春鰲經理盛宣懷協同籌畫》〔光緒二十二年〕二月初四日，户部文稱：山東司案呈，准直隸總督咨稱，准吉林將軍長咨開：據候選同知董夢蘭呈稱：經前署將軍恩札委該同知查勘三姓産金各地方，繪圖貼説，妥議辦法章程八條，並借款撥營，請發關防。旋於十月十二日，奉批所請借款撥營，並刊發關防之處，應即自行籌辦，赴津稟明等因。蒙此。卑職遵即速派差弁等前赴三姓，安置設局訖。【略】查吉林三姓等處金礦，前經本大臣請派委道員宋春鰲集股開採，藉濟邊防餉需，欽奉諭旨允准，轉行欽遵在案。該道早已到吉，據稟商將軍，將應辦一切事宜，布置就緒，應需礦丁器具糧食等項，亦已分别招募購置，一俟春融，即行開辦。在吉省之委該員董夢蘭，自在北洋未經具奏以前，以致事出兩歧。且所委不過查勘，並非即令開採，乃該員竟自刊刻關防，争辦礦務。長將軍批飭赴津請示，至今亦未前來，跡其所爲，殊屬狡詭，既恐從中掣肘，宋道辦理爲難，更恐欺騙商民，藉招股爲漁利之端，致壞風氣。除咨總理衙門外，相應咨部查照，希即核明折衷一是，行知吉林將軍轉飭遵照，以

符奏案，而杜藉口，仍希見覆等因，咨部前來。查光緒二十 年十月初二日，奉上諭：王文韶奏擬派員查勘吉林三姓金礦，妥議開辦章程一摺。吉林三姓一帶金礦，久經籌議，迄未舉辦。現據王文韶歷陳實邊裕餉之利，且關繫通商邊防大局，該處礦務，實爲今日切要之圖，亟應及時開辦，以濬利源。即著飭派道員宋春鰲前往詳細查勘，妥爲辦理，並令津海關道盛宣懷協同籌畫。一切章程，即仿照漠河辦礦成案，俟三年後著有成效，准其擇尤請獎，總期於興利實邊，兩有裨益。欽此。又本年正月十七日，奉旨：長順片奏悉。三姓開礦事宜，著責成宋春鰲一手經理，董夢蘭著撤去開礦差使，欽此。欽遵在案。今據咨情前因，自應遵照欽奉諭旨辦理。相應咨覆直隸總督、吉林將軍遵照，並早總理衙門可也。

又外務部收商務大臣盛宣懷電《請查示吉林全省金礦與俄人合辦案》〔光緒二十八年〕六月三十日，收商務大臣盛宣懷電稱：聞吉林全省金礦及煤礦，將軍已奏派宋道春鰲總辦，並與俄官訂定章程，中俄合股，一律開辦。查該省金礦，曾經敝處已集華商股分開辦，奏明有案。此次吉林如何奏咨，乞查示。宣。豔。

又外務部收商務大臣盛宣懷函《中俄合辦吉林礦務應重華商利權》〔光緒二十八年〕十一月二十九日，收商務大臣盛宣懷函稱：吉林三姓金礦，自宋道春鰲督辦以來，頗著成效。該道自奉長軍帥奏請，將全省礦務歸併該道辦理，益思擴充規模，爲裕餉實邊之計。宣懷以前在津海關道任內，曾奉北洋大臣奏飭籌集商股十萬兩，是以該道遇事必稟商敝處。庚子拳匪之亂，礦本蕩然，而礦地仍在，該道亟圖恢復，衆商亦企踵以待。俄人垂涎東省礦産，匪伊朝夕。頃該道呈閱吉省新訂中俄合辦礦務約款，幾有一網打盡之勢。第俄約雖盡占礦權，尚幸包攬把持，皆指未開之礦而言。若中國早經奉旨招商開辦之礦，則約文第六款，與續訂第四款登載甚明，俄人不能干預，在華商當執約以争，在中朝亦有辭以謝。吉林五金佳礦，徧地皆是，此後利權盡失，祇此已開數礦。及公司已經指定之處，尚可留爲我用，掬水於覆地之餘，奪食於餓鴟之口，千鈞一髮，關繫匪輕。宋道來滬，宣懷面與商訂，一面咨呈大部備案，一面添招股分，加派商董。並擬將吉琿寧三姓等處，分爲四公司，函商長將軍，設法維持，及時抵制俄商。明知時艱商困，招股不易，然有此名目，則商權具在。盟約炳然，俄人即欲租辦合辦，亦當按照第六款，另行籌議。所謂保地主之權，收外溢之利者指此。區區之心，實爲保全吉林全省金礦起見。除另具咨牘奉達外，耑肅。敬請鈞安。

又外務部收北洋大臣袁世凱文《吉林三姓金礦爲俄久踞請索歸華商自辦》附上諭津海關道稟等八件 〔光緒三十二年〕五月十四日，收北洋大臣袁世凱文稱：據職商陳作霖等稟稱，竊職商等於光緒二十一年冬，奉前北洋大臣王奏，准開辦吉林三姓等處礦務，招集華商股本庫平銀十萬兩，發交記名海關道宋春鰲，前赴吉林分頭開辦，並設立三姓金礦公司，議訂章程十六條，稟請奏咨在案。光緒二十四年分，曾經報效吉林軍餉銀二萬兩。嗣因礦務漸著成效，於光緒二十五年十一月十八日，奉吉林將軍長奏請將吉林通省礦務，歸併辦理，以資擴充。是年十二月十八日，奉到硃批：著准其歸併宋春鰲辦理。如果辦有實在成效，再行奏明請旨。欽此。其時尚在商部未經奏定礦務章程以前，並係欽遵諭旨併辦，是以未經領照繳費。光緒二十六年夏間，拳匪啟釁，俄兵入境，所有礦本，盡行燬失，礦夫四散。光緒二十七年十二月，經吉林將軍長奏明，重整礦務，並飭令宋道春鰲來滬，重集股本，藉圖恢復。旋於二十八年三月，經宋道春鰲稟陳前商務大臣盛，批准續招商股，先儘舊有股東湊集，以固基礎而保利源等因。伏查吉林三姓等處礦務，自光緒二十二年春間開辦以來，屢遭馬賊之變，疊受披猖。幸自募練馬步勇丁，護衛該礦，未曾全失。所有迨庚子拳亂，俄兵侵境，蹂躪殆盡，費數年之經營，敗於一旦。計前後所集新舊股分十三萬兩，均係華商血本。雖新股在宋道處存儲，未經動用，然舊股已挽救無從，若再任其棄置，則商人資本一無所著，實足以灰阻華商之氣，而於裕課實邊之計，關繫尤鉅。但俄人佔踞，已經數年之久，迄未收回自辦。刻正開議俄約之際，用敢聯名籲懇咨明外務部，歸入俄約議款之內，聲明三姓金礦，實係華商集股承辦在前，責令將礦地悉數歸商，俾可遵照前案，接續開採。至該礦界址起訖，宋道春鰲原稟章程第三條，於地名里數，苗綫起伏，早經詳明備載。嗣後如何推廣，是何地名，職商等遠在東南，無從周悉。適原辦該礦提調吉林分巡道方朗，奉調在京，隨議俄約，除由職商等切實函致該道，並宋道春鰲分別繪具礦界圖說，就近呈請彙案磋議外，務求體恤商民，准予咨請争還。大局幸甚，商界幸甚。除稟商部外，肅具公稟，並抄原辦續辦案據，恭呈鑒核訓示等情，到本大臣。據此。除批示外，相應抄摺咨呈貴部，謹請查核辦理施行。

又《夾皮溝金礦》外務部收俄使璞第函《請將夾皮溝金廠日商退出並發給俄商採礦執照》〔光緒三十二年〕十一月初三日，收俄國公使璞科第函稱：本年正月間，本大臣屢次函達貴王大臣，內開吉林將軍推諉發給本國滿洲礦務公司

探勘夾皮溝金苗執照展拓限期一節，並聲明耽誤該限期，實係因戰爭所致，並非由該公司各緣因等情在案。茲據本國外務部駐紮吉林委員稟稱，查現在夾皮溝金廠，被日本佔據開辦，顯屬妨礙滿洲礦務公司利益。因是本委員於十月初四及十三日，照請吉林將軍，將日本由該廠退出，並規復滿洲礦務公司之利權，迄未接到回文等因，稟請前來。諒貴王大臣際此已洞悉本大臣於滿洲各金礦一案，統秉至公辦理。且據鄙誠，亦有貴王大臣必以同情相待之理。曾屢次函述，內開採勘執照，係當時合理發給滿洲礦務公司。其開辦較優之利益。仍應歸本國礦務公司，並無疑意。是以茲有日本金商佔據該礦廠，確屬違背公理，相應函請貴王大臣轉電吉林將軍，設法將日本由該礦廠退出，並以給發該公司代辦人新執照，再行規復本國滿洲礦務公司之利權爲要。即希見復是盼。此布。順頌日祉。

又外務部發吉林將軍達桂文《詢夾皮溝金礦有無日人佔據並請與俄員辦結礦照事》〔光緒三十二年〕十一月初七日。發吉林將軍達桂文稱：本年十一月初三日，准俄璞使函稱，吉林將軍推諉發給本國滿洲礦務公司探勘夾皮溝金苗執照展拓限期一節，本年正月間，屢次函達，並聲明耽誤該限期，實係因戰事所致。茲據本國駐紮吉林委員稟稱，現在夾皮溝金廠，被日本佔據開辦，顯屬妨礙滿洲礦務公司利益。該委員於十月初四十三，照請吉林將軍，將日本由該廠退出，並規復滿洲礦務公司之利權，迄未接到回文。應函請轉電吉林將軍，設法將日本由該礦廠退出，並給發該公司代辦人新執照，再行規復該公司之利權等因前來。查俄使迭請夾皮溝礦務展限，經本部駁復，並將來往信函，於上年十一月十二日，鈔送貴將軍在案。本年正月，該使屢次來函催辦，現復以該礦被日本佔據爲言，該處金廠是否有日本人佔據，相應咨行貴將軍查明核辦。該使所迭次請發探勘執照之處，亦希就近與俄委員照案辦駁，以期了結，並聲復本部爲要。

又吉林將軍達桂等《查覆日俄國佔夾皮溝金廠情形》〔光緒三十二年〕十二月十八日，收署吉林將軍達桂等文稱：本年十一月十七日，准大部咨開，俄璞使迭催發給夾皮溝金礦展限執照，復以該礦爲日本佔據，應行查明，與俄員辯駁了結等因。查夾皮溝等處金礦，於光緒二十七年間，經前將軍長，與俄員劉巴議訂《中俄合勘探苗草約》十四條，奏奉發交大部，議以語意簡略，尚有應行聲明之處，如第一條、第七條，應令添敘明晰，指定礦地，妥議詳細章程，奏明辦理等因，行知前將軍長，即照會劉巴另擬草約。該俄員屢以請示俄外部之詞，推延置之不認，嗣於光緒三十年，奉到通行內載，凡稟請辦礦，由部發給執照爲憑，未經發照以前，不得舉辦等語。及該俄員疊請換給執照，本署將軍副都統均以前發執照早已逾限，例應作廢，節次辯駁，迄未換給。今該俄員復以日本佔據該礦爲詞，已經派員查明，曾有日人到該處考察，隨即他往，並無佔據礦產情事。推原該俄員之意，無非藉詞聳聽，冀發執照，自應力持駁阻，以保利權。第現值中俄議約，應請將所有先後大概情形，一併提議，免致再生希冀。除照覆駐吉俄外部官外，相應備文咨呈，爲此合咨大部，謹請鑒核施行。

又外務部收署吉林將軍達桂等文《日人垂涎夾皮溝金礦請核復》〔光緒三十三年〕五月十四日，收署吉林將軍等文稱：光緒三十三年四月十五日，據夾皮溝練總花翎守備韓登舉稟稱，本年三月，有復姓水谷者，帶日本人三名，由樺樹林木其河等會進溝游歷。於四月初六日，旋回樺會。偪與立約，聲言僅准日人在溝作金，不准外人管理，勢甚狡詐，難以理喻。伏思我國疆土權利攸關，固不敢擅許日人，尤不敢造次孟浪，輕啟釁端。當經委婉答以不敢專主等詞，往返數次不決，殊費周章。彼等始於初八日早，乘坐木簰，順江進省。惟於是日見奉省日報內，指夾皮溝爲秘密國獨立國，並以爲間島探險者。係平山氏，已得效果。有柴四郎者，組織間島之遠征隊，與中井錦城氏計畫聯絡。有頭山滿氏等十數人，准備三萬餘元，以爲遠征旅費，力任經營各語。由此觀之，是日本更甚於俄，其垂涎於夾皮溝之奸謀，已彰明較著。愈偪愈緊，不得不披瀝陳明，懇請防禦。以免貽患等情前來。查夾皮溝金礦，俄人前欲採辦，已經力爲駁阻，現在日人復姓垂涎，用意更屬叵測。若不預爲之防，將恐別生釁隙。事關綦重，應先咨明，免誤事機。除飭該練總相機理阻，並照會駐吉日領事外，相應備文咨呈大部，謹請核辦，並祈見覆施行。須至咨呈者。

又外務部發東三省總督吉林巡撫咨《請查復日人圖佔夾皮溝金廠情形》〔光緒三十三年〕六月初三日，發東三省總督吉林巡撫咨稱：光緒三十三年五月十四日，准前署吉林將軍咨稱：據夾皮溝練總花翎守備韓登舉稟稱，本年三月，有復姓水谷者，帶日本人三名，由樺樹林木其河等會進溝游歷。【略】查該處礦務。俄璞使屢以日本佔據爲言，其所請發給探勘執照之處，業經本部駁復。昨該使復面稱夾皮溝有日本數十人，圖佔礦事。本部正擬咨令查復，現既據奉省報載頭山滿氏等十餘人。準備多金。力征經營。該處練總又稱。日人偪與立約，在溝作金，不準外人管理等語。現在日人在該處如何舉動，並日領事有益照

復，相應咨行貴督撫詳細調查，明晰見復，以憑核辦。須至咨者。

又外務部收俄使璞科第信《請轉飭吉林將軍查案准將夾皮溝公司採礦執照展長期限》〔光緒三十一年〕十月十八日，收俄璞使信稱：接准函稱，俄商開採夾皮溝礦務，曾否訂立合同，是否發給該公司勘苗執照，未准咨報在案。即有發給執照，亦應作廢等因前來。本大臣准此，應行聲明，吉省地方官發給俄國公司勘苗執照，且貴部若欲詢問吉林將軍，必能接有確信。本月十三日函内業已聲明，該執照之限期不日將滿，顧戰務將採苗延誤之故。按照公平及通行之理，應將該執照之限期，照戰務所延月日推展，而該戰務係不能免攔阻享用執照。前函請推限期，係非請爲容讓，實爲夾皮溝公司據理可享用之辦法相請。相應煩請貴王大臣轉致吉林將軍復閱其案，並給夾皮溝所請展限，以期公平了結。且免該公司喫虧甚多，該公司業經布置此事，所費不貲可也。

又外務部發俄使璞科第信《夾皮溝公司採礦執照應早作廢》〔光緒三十一年〕十月二十三日，發俄璞使信稱：頃准函稱，吉省夾皮溝礦務，本大臣應行聲明，吉省地方官發給俄國公司勘苗執照，限期應照戰務所延月日推展，前函非請爲容讓，實爲夾皮溝公司據理可享用之辦法，煩轉致吉林將軍復閱其案，並給夾皮溝所請展限，以期公平了結等因。查夾皮溝礦務，經華人宋春鰲辦理多年，迭准吉林將軍暨商務大臣奏咨有案。俄國公司何時請領勘苗執照，本部無案可稽。即或所領執照，委係吉林地方官發給，未經咨報本部核准，該照亦應早日作廢，不能執以爲據。相應函復貴大臣查照可也。

光緒三十一年十一月十一日，發吉林將軍咨稱：迭准俄璞使來函，以夾皮溝礦務展限期於公平了結等語，均經本部函復在案。相應抄録本部與俄使來往信函，咨行貴將軍查照可也。

又《其他》總署給俄使喀希呢照會《俄人開採高麗金礦准假道琿春來往》〔光緒二十二年〕五月二十日，給俄國公使喀希呢照會稱：光緒二十二年五月十七日，接准照稱，據烏蘇里廓米薩爾函稱，茲有俄人呢什乘斯齊，今奉高麗政府准在咸鏡道所屬地方開挖金礦，請咨行中國准伊工匠人等，並開挖物件。以及所挖之礦，均假道琿春來往，請咨行琿春副都統放行無阻，沿途妥爲照料，從速見復等因前來。本衙門前准貴館巴參贊來商，當經電達吉林將軍照辦。茲准前因，除再咨行吉林將軍轉行琿春副都統照辦外，相應照復貴爵大臣可也。

又總署行吉林將軍恩澤文《俄人開採高麗各礦准假道琿春來往》〔光緒二十二年〕五月二十二日，行吉林將軍恩澤文稱：光緒二十二年五月十七日，准俄使照稱，據烏蘇里廓米薩爾來函，茲有俄人呢什乘斯齊，今奉高麗政府准在咸境道所屬取温永深二州地方，開挖五金各礦，稟請咨行中國官准伊所招工匠人等，並開礦所需物件，以及所挖之礦，均假道琿春往來。本爵大臣請貴署咨行琿春副都統，於該工匠人等及運物件由俄往來高麗者，放行無阻，沿途妥爲照料等因前來。本衙門查近准北洋大臣電稱，漠河金廠運金中途，曾有被劫情事，中國鏢局不如外國保險之切實可靠。請轉商俄使，凡漠河、觀音山兩廠之金，准由海參崴運滬、運津，一律保護勿阻，當經本衙門照會俄使。旋准該使復稱，已准伯利總督電稱，扎行所屬放行無阻等語。茲准前因，彼此事同一律，自應准如所請辦理。除已先行電達轉飭遵照外，爲此咨行貴將軍，轉行琿春副都統查照辦理可也。

又《黑龍江礦務·俄人請辦黑龍江各礦》總署收黑龍江將軍文緒文《請照會俄使阻止俄商在呼倫貝爾租界挖金》〔光緒十二年〕四月十六日，黑龍江將軍文緒文稱：本年二月初三日，准總理衙門咨開，俄人薩比湯，欲在中國黑龍江之粗魯海圖卡内，約租地段，設立公司，開採金石各礦等因。咨行查照，轉飭所屬，及早設法禁阻，隨時咨報本衙門，以憑核辦等因前來。當經分行各處，一體預爲防範在案。茲於三月二十一日，據黑龍江副都統咨：據辦理金廠事宜委員總管固伯里等呈稱，二月十六日，有俄商瓦西里，在依克那申俄站來見，言及俄人欲在中國呼倫貝爾巴圖爾霍碩卡倫左近之特勒布里河起，順内興安山脊，達烏魯蘇牡丹，至額爾固訥黑龍江南岸一帶地方，約租挖金伐木，合先探詢。並出無字地圖一幅，其圖内繪畫黑龍江内興安等處山河，大致固伯里答以當此防守淘金之際，斷無出租之理。該商覆稱，俄人私在漠河挖金，固屬違約；惟此不干漠河之事，由額爾固訥山河起租地，想必別有辦法。照會貴武固畢爾那托爾查照施行。須至照會者。右照復大俄國欽命阿穆爾省武固畢爾那托爾格。

又總署收俄署使格爾思函《保薦俄紳承辦黑省金礦》〔光緒二十五年〕八月初七日，收俄國署公使格爾思函稱：茲有於俄國年久著名金礦公司之現在董士，於本大臣最識之俄國紳士阿思達攝福，稟請轉薦中國政府，准予承辦黑龍江省金礦之事等情。查在西伯里雅魯行自辦最大而有足式之礦務之該紳士，其於礦務情形，既深閱歷，私囊預備，又最殷實。所以於東三省承辦，必速而更見效。茲由本國外部及户部兩大臣，力薦於本大臣，而本大臣敢保其爲實心歷練之才，

故爲切請貴王大臣，勢位相助於阿紳，俾得准辦。儻阿紳於該地方各官員商議此事，而貴王大臣願爲保舉於黑龍江將軍，所有盛情，在本大臣亦感誌不盡矣。再爲申明者，該紳士素慕中國，並願辦理此金礦，以致中國政府能由此辦法，極有利益進項，而不有受虧之險。本大臣亦能切言之者也。此佈。順頌日祉。

又總署發俄使格爾思函《拒絶俄紳請辦黑省金礦》〔光緒二十五年〕八月初九日，發俄國公使格爾思函稱：逕復者：昨接函稱，兹有俄國著名金礦公司紳董阿思達攝福，禀請轉薦中國政府，准予承辦黑龍江省金礦之事，本大臣敢保其爲實心歷練之才，故爲切請貴王大臣相助阿紳，俾得准辦。倘阿紳等於該地方官商議此事，而貴王大臣願爲保舉於黑龍江將軍等因。本大臣查黑龍江著名金礦，業經華商先後開辦，頗著成效。前准該省將軍歷次來文，聲明本省金礦，與煤、鐵各礦不同。凡有産金處所，定議由現辦各金礦之華商，陸續推廣辦理，毋庸另招洋股等語。是該省金礦，業經該將軍聲明，由華商自行辦理有案。阿紳所請，未便再議。相應函復貴大臣，轉飭知照可也。

又總署發俄使格爾思函《推薦俄紳前往黑省講論礦務》〔光緒二十五年〕八月十三日，發俄國公使格爾思函稱：日前貴大臣賁臨本署，面稱金礦公司紳董阿思達攝福，擬面晤黑龍江將軍談論礦務，請代作薦書一節。本大臣已商同署中各堂公，作薦書一函，送請詧閲，即希轉交阿紳賫往可也。專佈。即頌日祉。

又總署致黑龍江將軍函《請以禮接待俄礦紳董阿思達攝福》〔光緒二十五年〕八月十三日，黑龍江將軍函稱：昨俄國格大臣來署面稱，本國有金礦公司紳董阿思達攝福，向在俄境西畢利部辦理金礦，身家殷實，爲本國著名之人。現擬前往黑龍江省，乘游歷之便，講論礦務，請作薦書，以便向台端進謁等情。用特修函交該紳親賫往謁，希尊處以禮接待爲荷。此佈。順頌勛祺。

又總署發黑龍江將軍函《俄紳請辦黑省金礦希酌核》〔光緒二十五年〕八月十六日，發黑龍江將軍函稱：昨接俄國格使來函，以俄國有著名金礦公司紳董阿思達攝福，請准予承辦黑龍江省金礦等因。該紳曾來署面稱，擬辦外興安嶺金礦，距中俄交界二百餘里等語。敝處查金礦與煤鐵各礦不同，江省金礦，如漠河等處，業經辦有成效。今該紳所請辦雖屬邊境，然將來興辦後，於中國金礦工役等事，及一切權利，恐不能無所妨礙。故以江省所有産金處所，業經尊處來文，議定由現辦金礦之各華商，陸續推廣辦理，毋庸另招洋股，權詞駁復。乃俄使昨來署談及該紳前往黑龍江省，乘游歷之便，講論礦務。如果請辦金礦，准駁之權，仍操於大吏。現止請作薦書，以便進謁台端等情。揆其詞意，尚説不到承辦一層，似未便再行拒絶。遂作函交該紳親賫前往面呈，請爲以禮接待。至其議論若何，尚希酌覈是荷。所有來往函件，及問答節略，一併抄寄。再，此次奉達函内情形，閣下晤該紳時，切勿道及，並以爲囑。此佈。順頌勛祺。

又外務部收署黑龍江將軍文《飭龔太山試辦吉拉林金礦》〔光緒三十二年〕九月初十日，收署黑龍江將軍文稱：案查光緒三十一年十一月初八日，據千總龔太山禀稱，竊千總自光緒十二年，即投效漠河金廠，在廠多年，於踩探金苗，及淘金之法，均能洞悉。現據從前在廠把頭史戴恩、李士林等來城面稱，呼倫貝爾迤北五六百里之遥，有一處地名吉拉林，四面崇山，中有闊溝一道，已經數次前往探視，金苗甚旺。有心帶領多人，前去淘金，因無護照，不敢前往等語。據此訪問多人，所語説皆同。千總擬請將軍發給中俄合璧護照一紙，並有在廠多年之差官六品頂戴周金秀，情願自備資斧，帶同該把頭等，前往查看。如果屬實，一面請派賢員，前去開辦；一面即令周弁，即在該處招集從前金廠淘金老手，先行淘灑。庶於籌餉實邊，兩有裨益。是否有當，伏乞批示祇遵等情。據此。當經發給護照，飭令前往查勘。如果金苗暢旺，再行開辦去後在案。兹據龔太山禀稱，該處金苗，尚屬稱作，然非用機器不能暢旺，除飭該千總先行試辦，俟籌有款項，再購機器外，相應備文咨呈。爲此咨呈大部，謹請鑒核，立案施行。須至咨呈者。

又外務部收俄使璞科第照會《請准俄商遵章採辦阿爾渾河等處各礦》〔光緒三十三年〕正月二十三日，收俄璞使照稱：查光緒三十二年十二月十七日，本處照開保護在吉林及黑龍江兩省俄金商利益之事，望貴國政府斟酌每各公司之利益，注意於該各金商可享其利益之確據，且不得泥守章程之拘執，仍須依照本國政府永與鄰邦所有睦誼之情辦理各語在案。兹據黑龍江上游金礦公司代表禀稱，案查前署黑龍江將軍，光緒二十七年六月初八日、八月二十日，與本國外務部委員商定章程，准與黑龍江上游金礦公司專享利益。並由該省將軍發給執照内開，准該公司探勘在嫩江之左岸及左岸各河汊，由漠爾根起，至齊齊哈爾止。又由松花江之左岸及他各河汊，由呼蘭河起，至巴蘭河止。並於阿爾渾河右岸及其右岸各河汊，由該河滙入呼倫湖之處起至貝子河止各等處金苗。光緒二十八年春間，該公司按照署黑龍江將軍所發執照，陸續派各起前往阿爾渾河

一帶探勘金苗。該公司辦理殊屬妥協，每起有工師專門工匠，帶有鑿井及汲水之機器，並汽機各器，且數處築有工匠房及置機器棧房。由光緒二十八年春季起，至三十年春間，伊等在阿爾渾河一帶之二十九處，共鑿有六百零三井座。由此可見該公司辦法實而且大，及至俄日失和時，仍復作工。惟該工人中有備兵等，是以均歸營伍，該工作因以停工，但仍派人看護所採開之苗。詎沃羅沁屯站所對滙入阿爾渾河之吉拉利河一帶，曾有採出甚旺金苗，已開三百六十五井座。忽有光緒三十二年二月間，黑龍江將軍派委員趙進修前往該處。又是年六月間，有總統龔太山率領兵一百餘名，及工人一百名，前往該處，在該公司所採各處，接行開辦。雖有該公司代辦人駁阻，乃該工人等仍行開辦，且龔太山竟向該公司代辦有驕慢之行各等情，稟報前來。查以上各情，前黑龍江上游金礦公司，並無在阿爾渾河一帶，自行任意探勘，實有中國地方官允准，且給該公司所指地段境內。中國人在先並無開辦之處，是以該公司初經開探新金苗，所有置買機器、鑿井、蓋房、招工各費，已屬不少。且按照光緒二十七年章程，該公司允許將所得之金，抽百分之十五交納中國，並允遵守中國現有及將來之各礦務章程，因是該公司係屬合理，並據公允足意於貴國保護其利益。且本國政府有至極交誼，將於從前中國開辦、經俄金商暫行佔據之觀音山、漠河等金礦之事宜決定，本大臣應行聲明，黑龍江將軍向本國公司此項辦法，對於本國政府顧以和睦公平，辦妥俄中兩國金商在北滿洲彼此利益之意，竟行反對，並悖理侵犯該公司當時按照各章程所得之理。查所發給該公司各執照一節，意在嗣後准其於探看境內，開辦各金礦，實屬無疑。而該公司相信中國大員所發之執照，用極大費用，探採各礦，刻下其所出之果效，有黑龍江將軍所派之人，違理享用。因是本大臣照請貴王大臣，轉咨查明此案，並將黑龍江上游金礦公司向有之利益扶立。查以上各節，該公司曾承准在極大地方探勘。惟該公司不過在阿爾渾河一帶，及其右岸各河汊，由該河滙入呼倫湖之處起，至貝子河止，現該公司按照前署黑龍江將軍所發執照內開他各處之利益失去。而據公理應准該公司按照本國外務部委員與署黑龍江將軍，光緒二十七年六月初八日、八月二十日，商定各章程，在阿爾渾河一帶，採辦各礦，並責成該公司確遵貴國將來所立各礦務章程辦理。本大臣甚望貴王大臣，將以上所述各節，視爲有理，即希見復可也。須至照會者。

又外務部發黑龍江將軍咨《希查復俄商所領採勘黑省金礦執照》〔光緒三十三年〕正月二十九日，發黑龍江將軍咨稱：爲咨行事。案查黑龍江等處礦務，前准俄使來照，以中國地方官發給採勘執照，意在准其在採勘境內，即可嗣行開辦，若有耽誤或不遵照某章，必應查明緣由，再行公允協訂，本國政府請保護黑、吉兩省俄金商利益，並望貴國政府注意於金商享其利益之確據等情，當經本部於上年十二月間，咨行核復在案。兹於光緒三十三年正月二十三日，復准俄使來照，以黑龍江上游金礦公司代表稟稱，前署黑龍江將軍，光緒二十七年六月初八日、八月二十日，與本國外務部委員商定章程，由該省將軍發給執照。二十八年春間，該公司按照所發執照，陸續派各起前往阿爾渾河一帶，探勘金苗。及至俄日失和，仍復工作。惟該工人中有備兵等，均歸營伍，因以停工，仍派人看護所探之苗。光緒三十二年二月間，黑龍江將軍派委員趙進修前往該處。又是年六月，有總統龔太山率兵一百餘名，工人百名，在該公司所探各處，接行開辦。本大臣照請轉咨查明此案，應准該公司按照本國外務部委員，與署黑龍江將軍商定各章程，在阿爾渾河一帶，採辦各礦，並責成該公司，確遵貴國將來所立各礦務章程辦理等因前來。查黑龍江各處金礦，雖經前將軍發給採勘執照，所訂章程，並未經本部核准，不能作爲開辦之據。兹准該使照稱前因，究係如何情形，相應抄録原照，咨行貴將軍查照。迅即核復，以憑轉復該使可也。須至咨者。抄件。

又外務部收黑龍江將軍文《與俄官辯論俄商開挖金礦案》附復俄官照會俄官來照葉米立羊掠夫稟〔光緒三十三年〕二月二十七日，收黑龍江將軍文稱：案准大部咨行，黑龍江漠河等處礦廠一事，前經本部駁復俄璞使，並咨達貴將軍在案。現准俄使照稱，本年十一月十六日，接准以俄金商前於黑、吉兩省數處新礦廠，由該將軍處領准採勘執照之利益一節。來照内稱，即不能視爲允准開辦之據，已成作廢等因。本大臣當經據前因，達知本國政府查照。兹據復示訓條，應行聲明本國政府以貴國政府所稱各節，萬不能視爲切當。查前中國地方官發給俄金商採勘執照，自以發給此照，意在准其在採勘境內，即可嗣行開辦礦廠，若有耽誤限期或不遵照某章，必應於每案詳細查明此項耽誤，或妨背章程各緣由，再行公允協訂。是以本國政府仍留商請貴國政府，保護黑、吉兩省俄金商利益之地步。並望貴國政府遇每案件注意於該各金商可以享其利益之權確據，且不得泥守章程之拘執，仍須依照本國永與鄰邦所有睦誼之情辦理爲要等因前來，相應咨行貴將軍查照核復，以憑轉復該使可也等因。准此。卷查此案，於光

緒二十七年，前署將軍薩任内，與前駐江省俄外部科落德科夫，訂立《暫准採勘金苗草約》十一條，並發給俄商採苗護照九張：一張係從松花江左岸各河岔子爲界。一張係從嫩江右岸墨爾根城至齊哈爾城爲界。一張係從嫩江源起至墨爾根爲界。一張係從嫩江左岸墨爾根城起至齊哈爾止，松花江左岸自呼蘭河口以下起，至巴蘭河止爲界。以上四處，均於護照内註明，以二年爲限滿，刻下久已逾限，原照作廢，自不待言。其餘護照五張，則係自呼倫湖滙流額爾古訥河起，至貝子河爲第一段；自貝子河起，至庫馬爾河爲第二段；自庫馬爾河起，至愛琿城爲第三段；自愛琿城起，至觀音山河之西沿爲第四段；自托羅山以下入松花江起，至都魯河爲第五段。以上五處雖未註定限期，然原照祇准並於照内特别聲明，漠河、奇乾河、觀音山、寬河、都魯河五處，不在准採界内。況草約第二條内，又亦聲明，此約一經畫押後，暫先採勘金苗，候大清國家允准，再行開挖等語。復由前署將軍薩，奏經大部核議，俟將來勘竣，請於開辦時，令其繪圖貼説，咨部酌核，再行請旨定奪等因，亦由前署將軍薩，照會駐江俄外部官珀佩知照在案。嗣後該俄金商等，於採得金苗後，並未聲明中國政府，聽候指定章程，輒即擅行開挖。而且侵入觀音山、漠河等處舊礦界内。刻下漠河等處金廠，雖已交還，而道勝銀行總管高培里，屢以各廠虧累爲詞，反向中國索償，均經本署將軍駁覆，並彙抄往來公函，呈請大部鑒核在案。近日駐江俄外部官格非特列爾又謂，前署將軍薩所發採苗執照，不能作廢，並據俄金商業米立羊掠夫所禀各節，照請核辦前來，亦經本署將軍據理照覆。兹將格外部官來文，暨本署將軍照覆原稿，一併照抄，附呈鑒核。總之，漠河舊礦，與俄商所採之新礦，截然兩事，未可牽混。舊礦原照本已載明，不在准採界内。現雖已將各廠交出，其中國歷年應得之利益，仍須責令俄商賠償。新礦雖草約准其暫行採勘金苗，然該俄商或已逾限，或不候中國政府允准，擅行開辦，即屬妨背章程。均應將各礦交還，不得因原照有採苗之文，遂執以爲開礦之據。理合具文咨呈大部，謹請鑒核施行。須至咨呈者。計粘抄。

附鈔録致外部官行照會。

爲照覆事。案准貴官員第二百三十四號照會，並附呈金礦公司代表人葉米立羊掠夫原禀一紙，均已閱悉。查該俄商原禀，處處援引前將軍薩，與科落德科夫所訂草約十一條，以爲即係中國政府允許該俄商開礦之確據，無論此項草約業經中國政府議駁，即以該約之第二條而言，不明明載有此約一經畫押後，暫先採勘金苗，候大清國家允准，再行開挖之語乎？厥後薩將軍據情入奏，復蒙外務部核議，俟將來勘竣，請予開辦時，令其繪圖貼説，咨部酌核，再行請旨定奪，亦由薩將軍照會前外部官珀佩知照在案。是葉米立羊掠夫祇有採苗之據，並無開礦之權。乃該俄商不遵原約，擅行開挖，歷四五年之久。若以公法而論，尚當議罰，不僅責令將原礦退還已也。至該俄商所稱開辦以後情形，均已報明外部官有案等語，查該俄商所挖，既係中國礦産，而事體又亟重大，亦非將軍所能主持。當時該俄商何以並未報明將軍衙門，貴前任外部官又未與歷任將軍商議妥協，則本署將軍刻下自不能承認。況採苗係僅指礦産而言，與土地不相牽混。來文及該俄商原禀，均有「租界」字樣，尤與原約不符。相應附封原禀，備文照覆貴官員，請煩查照可也。須至照覆者。計附還葉米立羊掠夫原禀一件。照録駐江省外部官格來文一件。

爲照會事。兹將中國北滿洲金礦公司租界代表人葉米立羊掠夫所具之禀，送呈貴將軍台閱。所有租界情形，均已詳列於上。自始至今，凡覓有金苗之處，無不妥爲指出。禀内之事，一俟辦畢，其原禀請擲還本處可也。爲此照會貴將軍查照。須至照會者。

中國北滿洲金礦公司租界代表人葉米立羊掠夫謹禀：駐黑龍江省俄外部官格大老爺台前，竊於俄曆一千九百零一年九月十九日，即華曆光緒二十七年八月二十日，經大清國黑龍江將軍薩，同俄外部官克掠特科夫所定約章，江省區域之内，沿阿爾公及阿穆爾兩河右岸，凡屬金礦之處，無論其舊有與新覓者，皆許俄人開作。該約計共十一條。按第一、二兩條之内所載，沿阿爾公及阿穆爾一帶，其礦廠應有五處。第三處始自庫馬爾河及其支流，直至愛琿城爲止，所定採勘之處，惟庫安河不在其内，至承辦作金人等。經議准者，爲格拉夫阿珀拉克新破破夫葉米立羊掠夫。第九條申明第二條内所舉之承辦人，均領有江省將軍執照，應速往驗看本廠。並爲設法以斷金賊，嗣於光緒二十七年九月初九日，經薩帥發給我等採勘執照，上係滿漢文字，准由庫馬爾河及其支流，至愛琿城一帶，採勘金苗，並爲驅逐金匪，應無拘其期限。將軍所給本處之執照，有據可證。其照經前外部官克掠特科夫，於一千九百零一年十月初十日，轉譯俄文交來。應採金於所准之處，該照曾記於案簿上，列在第十七號。除將軍及克外部官所給採金之執照而外，復經俄外部官玻過雅夫連斯克於一千九百零二年二月初四日，又於江省發給本處第十三號作金護照内稱，奉駐北京欽差使電，因薩帥既已

發給金礦公司代表人葉米立羊掠夫執照，現應准於所示該公司産金之處，沿庫馬爾河至愛琿城一帶，任其興工採作。經大清國代表人黑龍江將軍薩、俄國代表人外部官克掠特科夫，所發漢、滿、俄三家文字採勘執照，以及一千九百零一年九月十九日，租界約章抄稿，並外部官代表人玻過雅夫連斯克，於一千九百零二年二月初四日，爲准租界上之工作，所發第十三號執照，各收到後，我等信其字據以爲實。自一千九百零二年春，即考查採勘金苗，費本甚巨，故爾具禀上呈駐江外部官玻過雅夫連斯克及玻珀。其禀情如下：

一、一千九百零二年十月二十日，由黑河致齊齊哈爾俄外部官電稱，於格拉夫阿珀拉夫新玻玻夫葉米立羊掠夫等租界之上，續行考查幫，已於春間派出。今又於九月二十六、二十九兩日，復遣採勘人四幫，分往各處，計俄工人二十五名，司事六名，馬三十匹。其開辦應備之物，由車轉運八十俄里，並建貨棧，詳以函呈。

經理人葉米立羊掠夫。

二、一千九百零三年正月初八日，由黑河郵政寄來之禀，內附清單，凡於租界上所行之事，均已詳載。除此尚有已開金廠四處所用之工人司事及馬匹等項，並有抵制金匪之人，各爲數若干，亦備記於內。

三、一千九百零四年正月十四日，自黑河郵政遞來之禀，所呈爲住兵及租界上金匪兩事。

四、一千九百零三年三月初八日，由黑河致齊齊哈爾俄外部官波過雅夫連斯克，第一千一百十七號電：庫馬爾河附近支流五立計格池，開有金礦一處，現於其上採勘已妥，並爲佈置，擬於夏初即應護金。該處用俄工人司事，及馬兵一百四十名外，華人六名，共計一百五十四名。葉米立羊掠夫。

五、一千九百零三年三月初八日，由黑河致齊齊哈爾外部官第一千一百十八號電：照一千九百零一年所定第三款第一條，及第九條租界約章，本公司願入庫安河公司之股，該公司三分有二屬於俄人，即二千股爲俄人者，其他不深識之人，此租界中所不欲有之，恐至盜金毁樹耳。庫安河公司果如可入，懇請貴外部官，即以本公司股分補之。

六、一千九百三年五月二十二日，自森京致齊齊哈爾俄領事波過雅夫連斯克二千三十號電：所覓出金礦之處，將遣圖宣示。現屆夏令，瘟疫流行，俟夏末再開工作金可也。特此奉聞，考查幫仍接續往採。葉米立羊掠夫。

七、今於千九百四年二月十一日，具禀親呈駐江俄領事，請於華官憲之前，一爲介紹，因於租界上詳查有各處富礦，開造清單四紙，以備呈報。

八、千九百零四年四月初一日，由黑河致駐江俄領事玻珀第十八號電：貴大老爺鑒：今於租界上庫馬爾河河身附近，新開一金礦，距河口約二百俄里之遥，在滿洲境。將來此地通行採勘，所開之處頗廣，並查得庫馬爾河可通航路，以備便於運貨赴廠。

九、千九百零四年七月二十日，由森京郵寄照會一件，係葉米立羊掠夫照會外部官玻珀，閱看一千九百零一年九月十九日所呈新約，及其中詞意。

十、千九百五年十一月十五日，由黑河致江省俄領事玻珀第二千三百二十二號電：爲採勘金苗，今於租界內覓得煤礦二處，理應開辦。本處所請留本公司股分一節，乞爲俯從。所出之煤，將於阿穆輪船公司，以及各廠，均可暢銷。

十一、千九百五年五月二十三日，由森京寄來之禀，呈駐江外部官者，因值戰際，採勘幫及查考幫，應行裁減，其官河各支流所派之採勘幫及護衛兵，一律撤退，此外尚附有上遠東留守及阿穆爾將軍禀稿。再，滿洲地圖上記有租界之處，並爲租界事所致駐江外部官電稿。查租界之上，自千九百零二年至千九百零六年，凡本公司查考開辦金礦之處所，經本處禀報者，一、尺海子河。二、滿洲里爾克河。三、索日大特克河。四、發彼瑞河及其支流。五、木多尺河。六、換拉河。七、五立既格池河。八、庫馬爾河右邊一帶，其處甚廣。此數處金廠所有日用貨物，以車馱爬力轉運，其實適中。按各處一所造之住房，有能行動者，有不能行動者，費款頗巨。所開之處有數處，計用俄工人，及司事至六千名，其查考幫中所用者，尚在其外。派往本公司所領租界之上，查考及採勘兩幫，所得有金礦之處，凡應用者，皆爲預備，故費款甚廣，五年餘未嘗獲利。以上所指一千九百零一年九月十九日所立之約章，俟北京批准，迄今該約不但未見核准，且有不承認之事。此等行爲，似不可以憑定採勘，尚未及盡期，僅此空耗其款，未見爲可。是以懇祈貴大老爺，務爲轉呈黑龍江將軍，速爲核辦此事。或准本公司仍照光緒二十七年八月二十日所立之約，及是年九月初九日將軍所發之照爲主。按此二紙，載有作金明示，或命本公司照例一律辭退。而本公司出於無奈，將來所費之的款，並約六載所棄之功夫，追尋其有因矣，且此事亦速宜定奪。另有關於本公司以及中國者，其事尚多。本公司於租界上所開金廠之處，惟俄匪稱雄過甚，挖金及砍燒樹木，無所不爲。本處屢至挖於俄官憲，並時

與匪爭，其情形曾稟報領事署，乞爲查閱。前者俄官准請發給本處逐匪之兵，緣金廠在本國界外，而費用頗重，後乃將此隊辭之。以遂匪之故，本處及司事人等，數冒其險，請視下情一次由也。林斯克廠驅逐匪類，該廠距庫馬爾河甚遠，司事人通知本處也。林斯克金廠，聚夥甚衆，不願爲本公司所管。本處遂往請阿木爾府將軍，約給二十名馬兵。其費出於本處，外帶有小工及司事人等，共三十名之譜，前往驅逐，匪徒聚有三百餘人，合立横暴，自專局。我等及抵該廠，匪不但不服所逐，且虐拷司事，及小工人等，並欲擊斃於我。而我於此時得爲馬兵護送回寓，遂免於難，亦誠萬一之幸耳。此情曾有急稟上呈阿穆府將軍，兼領馬軍事宜，匪股如此欲與之争，本處願爲告之，非有全軍不足以抵制，今此力薄，惟避之而已。其爲本公司開出之金廠，一任其挖取。以此故繼復來廠工作時，乃多携工人及巡警馬兵，外立大公所，並與各要處時通消息，其力足與匪敵。而匪徒頗自量其力之不强，不但不敢來廠，即廠之附近亦不至，料來必將受懲辦。故本公司租界上作金事，應速爲核定。如將准辦，本處當於愛琿副都統處請兵五十名，以爲拒匪之備。查一千九百零四年，本處爲租界上資本經理，道台劉俊爲中國黑龍江省礦務全權總理，彼此於江省舊議尚存。其時劉道係於一千九百零三年，由北京派往阿穆爾，查看漠河山官家金廠，即易格拉善拉對面之若日士根斯克，以及爾拉得節對面之第四怕紀、第五怕紀。而劉道並屢次切實宣言，前於一千九百零一年九月十九日，經克掠特科夫與黑龍江將軍所定給沿河爾公及阿穆爾之山利，華政府及其本身，均不願違此議。但將來華政府批准，不能無限制耳。如中國官家金廠在阿斯他舍夫租界上之若日士根斯克，及俄國公司租界上之第四怕紀，此等處將軍付於俄人之手，非例也，還應留歸中國。據將軍所發給採勘之執照，以其所預料者，將能於新産金之處，准予採勘。若此而論，華官所争留歸中國者，係漠河舊廠耳。其有干於中國私家公司金廠者，即庫安河公司。該公司亦在本公司租界線内，然此公司已於一千九百零一年九月十九日之約第三款第一條十七年九月初九日將軍照，均已載有成約耳。俄曆一千九百零七年二月十二日。

葉米立羊掠夫具。

又外務部收黑龍江將軍文《俄使請准俄商開採黑省金礦斷難允行》〔光緒三十三年〕三月十三日，黑龍江將軍文稱：案准大部咨行黑龍江等處礦務，前准俄使來照，以中國地方官發給採勘執照，意在准其在採勘境内，即可嗣行開辦。【略】查黑龍江各處金礦，雖經前將軍發給採勘執照，所訂章程，並未經本部核准，不能作爲開辦之據。兹准該使照稱前因，究係如何情形，相應抄録原照，咨行貴將軍查照，迅即核復，以憑轉復該使可也等因。准此。卷查此案原委，業經本署將軍於光緒三十三年二月十三日，咨復查訊俄商開採漠河金礦文内，詳細陳明，備文咨請大部鑒核在案。兹復續奉前因，謹將俄使照内斷難允行之處，一再陳之。查前署將軍薩發給俄商執照，祇准其暫採金苗，乃俄商遂以此爲准其開礦之據，自稱開挖三百餘井座，即不得爲採苗。閲時四五年，尤不得謂之爲暫。例以公法，該俄商退還原礦之外，尚宜議罰，此其不合者一。前署將軍薩所發執照所訂章程，既未經大部核准，俄商採得苗線後，又無隻字呈報本署將軍，既背約章，則吉拉林礦産，無論是否俄人所開，均應歸華官經理。是以本署將軍於光緒三十二年夏間，札派千總龔太山，並由駐江俄廓米薩爾發給護照，前往該處採勘金苗。是時俄日戰争久停，而該礦並無作工俄人，則其始終並未開挖可想。且如係俄商已開之礦，廓米薩爾豈肯復以邊界俄官照禮接待之護照，發給華員。迺原文謂俄商所出效果，爲本署將軍所派之員，違理享用，此其不合者二。吉拉林等處金礦，曾據龔太山報稱，雖有硐眼，業已殘缺不堪，且係早年金匪偷挖，並無金商用機器採作形迹。迺原文謂房井機器極大費用，明係張大其詞，預爲將來狡賴地步，此其不合者三。前署將軍薩，與科落得科夫所訂草約第二條，明明載有應候大清國家允准，再行開挖等語，乃原文不引草約，專引護照，即護照亦祇許其採苗，並未許其開礦，乃原文又謂，意在嗣後准其於採看境内，開辦各金礦，實屬無疑。以附會之虚辭，爲允准之确據，此其不合者四。總之，阿爾渾河即額爾古訥河吉拉林等處礦産，就使俄商開辦屬實，而有違原約，中國即可索回，况彼並未開挖，尤不能聽其横來争競。理合具文咨呈大部，謹請鑒核施行。須至咨呈者。

又外務部收俄使璞科第照會《請勿攔阻俄金商接辦黑省金礦》〔光緒三十三年〕八月初七日，收俄璞使照稱：本年二月二十二日，以黑龍江上游金礦公司一事，本處照會内開，俄金商被署黑龍江將軍所派趙委員及龔太山逐出，伊等探勘之地，並由該華員接探各情，嗣本大臣與貴王大臣面商之間，曾經聲明駐哈爾濱總領事府翻譯官柏百福，奉諭前往阿爾渾河，順道查明從前俄商所探之地，及現在開礦之情形在案。兹據柏翻譯官報稱，光緒三十一年正月二十二日，中國趙委員携帶工人數名，至沃羅沁屯，向俄公司代辦人聲稱，擬於吉拉利河一帶，

開辦金苗，該代辦人當向駁阻，該委員置之不理。又是年五月間，華委員龔太山携帶工人五六百名，抵沃羅沁屯，即爲實行開礦之始。係華商公司有署黑龍江巡撫之股本及保護，先於吉拉利河開礦，並未探苗，不過就俄商所遺之井採挖，所得之金，亦不甚多，旋至他處開辦，仍未見效。現因財力匱乏，並不能養贍工人，均漸散去，現只剩四五十名，約費銀十萬之譜，所得之金，不過三十斤。是年十月間，龔太山停工，前往省城，招工集股，迄未回廠各等情前來。查以上各節，可見華公司開礦未見實效，工已停止，所有礦井，因無人看守，亦均坍塌。本年四月十一日，本大臣曾行聲明，該俄公司曾領探苗無限執照，並願遵照中國各礦務章程辦理，並准其接辦，自無妨礙各情。茲華商雖經喫虧，俄商仍視爲有益，諒於黑省有實效之事業，視爲緊要。蓋與該省民人，亦有生財之道，並他商亦可仿效在該各處扶興金礦，襄助擴充財政也。相應仍請貴王大臣准黑龍江上游俄國金礦公司，有不可駁探苗之權分，當於中國地方官擅行逐出各處已探之苗，仍行接辦。並於兩國商民均有利益之事，幸勿攔阻。即希見復。須至照會者。

又外務部發東三省總督署黑龍江巡撫咨《華商採辦吉拉林等處金礦情形如何》〔光緒三十三年〕八月十四日，發東三省總督署黑龍江巡撫咨稱：本年八月初七日，准俄璞使來照，以華委員龔太山等，在吉拉利河開礦未見實效，工已停止，華商雖經喫虧，俄商仍視爲有益，仍請准黑龍江上游俄國金礦公司，於各處已探之苗，仍行接辦等因。查俄金商前在江省領暫准探勘執照，亦已逾限，不能視爲允准開辦之據，業由本部於上年十一月，本年三月，迭次駁復俄使。本年三月接准署黑龍江將軍、尊處復文，詳陳俄商於額爾古訥河吉拉林等處礦産，有不合者四端，不能聽其爭競，是以本部於四月十一日，俄使照會雖嘵嘵爭辯，即置未照復。現該使復申前請，並謂華商開未見效，俄公司願遵照中國各礦務章程辦理，與該省民人亦有生財之道云云。究竟俄所指吉拉林等處礦産，華商是否開未收效，現在曾否停止，如已將礦井作廢，可否另商辦法，藉收已棄之利益，相應鈔録俄使兩次來照，各行貴大臣、署撫飭查明晰，酌核聲復，以便轉復可也。須至咨者。

又外務部收東三省總督文《劉焌稟請照會俄使禁止俄人私挖漠廠所轄金礦》〔光緒三十三年〕九月初三日，收東三省總督文稱：案准欽差北洋大臣袁世凱咨開，據黑龍江漠河礦務局劉道焌稟稱，竊職道接收漠廠，開辦後，見該廠水道，俱係殘溝，刻下雖堪稱作，究不能獲優厚利益，非另採新苗不可。查漠河上下游，沿黑龍江一帶，産金之處甚多，惟須考其金色優劣，苗線寬仄，是否實堪稱作，方敢試辦。如冒昧從事，不惟無益，且多虧損。因揀選久歷礦廠、熟悉礦脉之差弁把頭，分投各處，採探金苗。嗣據陸續回廠稟稱，瑚馬爾河上游，百餘里之膠克列協濟，有私金廠一處。又瑚馬爾河溝内七十里，亦有金溝一處。該二處所出金沙甚佳，苗線寬深，毛皮尚不甚厚。實堪稱作。惟該二處，均有俄人聚夥私挖，或二三百人，或一二百人不等，内中華人、韓人居其大半等語。因復派職廠翻譯縣丞吴炳昌，率同老練差弁把頭，重複查勘。繼據稟稱，兩廠距漠河均在五六百里之内，溝内私挖之人，防範極嚴，不聽生人出入。若彰明前往，非帶兵隊多人，不能進溝。萬分無奈，因分派精細幹練差弁把頭數人，裝作挖金之人，始克進溝。工作十餘日，得金數錢，成色尚佳。因托辭出溝回廠呈驗，途中被人劫奪，謹剩金砂少許。又訪得遜畢喇境内，有金溝一處，該溝在愛琿東南三百餘里麒麟山内，距索倫旗屯紅馬集二百八十里。前年有居住紅馬集曾充通事之山東人揭姓，會同索倫，帶礦丁入山開作，按試硝眼，金色甚佳。後因水大，無力開作水道，是以中止。刻下難免本地人三五成羣，私自偷挖。此外尚有數處，未經訪實地名道里，未敢冒昧稟陳等情前來。職道詳加訪察，洵屬實情，因該溝内均有俄人，未便貿然前往，致啟交涉。月前親赴黑河，與俄邊界廓米薩爾庫芝米爾面商，擬請會同派隊前往驅逐。據該俄官聲稱，二十七年，該俄商等曾蒙前署黑龍江將軍薩，發給採苗護照五張，將沿江分作五段，須查明各該溝是否在採苗界内，方能分别辦理。職道檢查抄存採苗護照底案内，第一段自呼倫湖滙流額爾古訥河起，至貝子河止。二段自貝子河起，至庫馬河止，其中至烏馬河往下，至阿穆爾河，又名阿勒巴昔哈河之西南沿一帶，無論大小河流，自發源處起，均不在採勘之列。三段自庫馬河起，至愛琿城止。其中寬河大小河流，自發源處起，不在採勘之列，其餘均准採勘礦苗。四段自愛琿城起，至觀音山河之西沿止。五段除觀音山河之東沿起，至托羅山止。内中無論大小河流，自發源處起，均不在採勘之列。其餘自托羅山以下，入松花江，至都魯河止，暫准採勘礦苗等語。合勘此五段界址，則黑龍江沿江一帶，均在採苗界内。當日因産金地方甚多，若無人經理，必爲金匪所據。故前將軍薩，爲防範金匪私據起見，發給護照五張，暫准俄人採勘金苗。刻下三省改設官制，建立行省，各處設官駐兵，庶務整飭，金匪自無從托跡，似無庸藉力外人。伏查農工商部礦章内開，凡請領採苗執照，應以一年爲期，過期即當呈報開辦。如過期不報開辦，所領採苗執照，即

作廢紙。查該俄商所領護照，雖無期限，自二十七年至今，已六年之久，如何辦理之處，自有定章。職道不敢妄參末議，在當時此舉不過爲敷衍一時之計，該俄人竟藉此爲護符，沿江一帶，隱欲據爲已有。當此庶務振興之際，職道不敢不據實禀陳，合無仰懇憲恩，專案咨請外務部，照會俄使，請飭沿邊之東海濱總督阿穆爾省固畢爾那托爾，將黑龍江西岸一帶，俄人越界私挖金砂之處，全行退出，並禁止俄人以後不得越界私採金苗，以清疆域而篤邦交。所有職廠所轄境内，俄人恃前領採苗執照，聚夥私挖，礙難禁阻，請專案咨部，照會俄使飭禁緣由，理合禀請批示祗遵等情，到本大臣。據此。除批示外，相應咨請查照等因。准此。相應咨呈大部查核辦理。

又外務部收東三省總督署黑龍江巡撫文《咨報卞調元查勘額爾古納河等處礦務邊務情形》〔光緒三十三年〕十二月初五日，收東三省總督、署黑龍江巡撫文稱：案查本年八月二十一日，准大部咨開，本年八月初七日，准俄璞使來照，以華委員龔太山等，在吉拉利河開礦，未見實效，工已停止。華商雖經喫虧，俄商仍視爲有益，仍請准黑龍江上游俄國金礦公司，於各處已採之苗，仍行接辦等因。查俄金商前在江省領暫准採勘執照，亦已逾限，不能視爲允准開辦之據，業由本部於上年十一月、本年三月迭次駁復俄使。本年三月，接准尊處復文，詳陳俄商於額爾古訥河吉拉林等處礦産，有不合者四端，不能聽其爭競。是以本部於四月十一日俄使照會，雖嘵嘵爭辯，即置未照復。現該使復申前請，並謂華商開未見效，俄公司願遵照中國各礦務章程辦理，與該省民人亦有生財之道云云。究竟俄使所指吉拉林等處礦産，華商是否開未收效，現在曾否停止，如已將礦井作廢，可否另商辦法，藉收已棄之利益，相應鈔録俄使兩次來照，咨行貴撫，飭查明晰，酌核聲復，以便轉復可也等因。准此。查此案前經飭派留江補用知縣卞調元前往查勘等因，當經咨覆，並分行在案。茲據該令禀稱，竊卑職於本年七月十三日，奉憲台札開，照得吉拉林金廠及額爾吉訥河南岸一帶，地屬極邊，接近俄壤，亟應派員詳查情形，妥籌辦法，以便設治，而固邊圉。茲查有文案處會辦花翎升用同知候補知縣卞令調元，老成穩練，處事精詳，堪以派往該處，詳細查明，妥籌一切辦法，禀覆核奪等因。奉此。卑職遵於八月二十日禀辭，由省起程，至呼倫貝爾城，乘蒙車北行至根河，水深流急，無舟可渡，不得已繞道至庫克多博，過額爾古訥河，由俄界前往，於九月初十日抵吉拉林金廠，連日至附近地方詳細查勘。九月二十九日，由吉拉林啟行，順額爾古訥河南岸至根河，時值河水已冰，因過河言旋，於十月初十日回省。謹將沿途往返及在吉拉林查勘各情形，爲我憲台詳細陳之：查額爾古訥河南岸，自庫克多博起，至黑龍江額爾古訥河口止，延長一千一百餘里，雖河道紛歧，並無大河，除根河水深流急，可客舟楫外，其餘率皆山溝小河，然均源遠流長，四時不涸。沿岸亦無大山，而山嶺連亘，平原甚少。吉拉林以南二百餘里，惟根河南北有一段平地，土脉肥沃，此外山溝之内，漫岡之上，亦多可墾之地，惟肥磽不一，不能一律開墾。各處均有山林，産樺、楊、意氣松三種。近河四五十里或五六十里，所有大小樹木，已被俄人刊盡。近河百里以内，産草頗豐，俄人擇其尤盛者，打堆成垛，到處皆是。牧放之牲畜，亦無地無之，至越墾地畝，惟附近吉拉林始有之。其餘各處越墾之地，今年均未耕種。南至庫克多博，共設有卡倫七處，每卡蒙兵十名或六七名不等。俄人越界拉運柴草魚獵者，往來不絶。至吉拉林附近一帶，土脉肥沃，山林甚富。近河二三十里之大木，已被俄人刊盡。各山小樹，仍屬不少。俄人越界種地、刈草、砍木、打柴、漁獵者，到處皆是，並有水磨二十餘盤。每届冬令，俄人刊木運往俄界，或穿排下運者，爲數甚鉅。聞吉拉林以北，至黑龍江岸，山深林密，出産尤富。俄人越界刊木、打草、漁獵者，爲最多，種者亦有之。每年俄人所得皮張等物，至俄界五其羅夫屯售賣，爲税款之大宗。此額爾古訥河南岸俄界之一切情形也。查額爾古訥河之北岸，俄國界内，自粗魯海圖屯起，至四大遼克屯額爾古訥河口止，沿河共設三十九屯，或八九十里一屯，或三四十里一屯。至吉拉林對岸一帶，則三四里或十里八里一屯，每屯四五百户、二三百户不等。至小之屯，亦有百餘户。房屋均以大木垛成，皆取材於我界。玻璃金子屯以南百餘里，山童土瘠，草亦不豐，並無出産，屯民皆以越界牧獵爲生。玻璃金子屯始有墾地，自該屯以北，山上間有小樹，土脉稍好，然黑土不過數寸，較之我界，相去遠甚，屯民半耕半牧，兼以越墾，頗爲富庶，而採樵牧獵，仍均仰給於我界。此俄界之大概情形也。至吉拉林金廠，南北大溝，長約六七十里，東西小溝十餘，長十數里或六七八里不等。形勢頗好，各溝均有金苗，俄人採苗時，所開碃眼，不下數百。毛砂深至丈餘，或五六尺，出金之砂四五尺或一二尺。當將大溝之砂，用木箕淘驗。每箕得金五六釐，産金不旺，成色尚好。該廠之西小溝内，有礦丁二十餘名，在彼作工。所出之砂，每箕得金五六釐或分餘。據該廠把頭等聲稱，以現在頭緒而論，出金多寡，均勻核算，每礦丁一名，每日所得之金，可售羌錢二吊上下，至少亦售羌錢一吊。雖不爲旺，然亦非不可作云云。卑職明查暗訪，並與把

頭等詳細研究總董龔太山賠累之原因，實因開辦之初，集資不及□金，採買食用、舖墊、護勇餉乾，及川資等項所費不貲，未及到廠，資本已空。到廠後修築應需房屋，挑修水道，惟恃帶去食用等物，聊以支持，辦理滿期。水道成後，上溜得金，以資接濟。迨水道既成，食用等物，亦將告罄，而出金不旺，該總董與把頭遂致交困，自去秋總董旋省未回，礦丁與把頭因虧大賬，無心作工，日有逃亡，得金無多。而在廠員司護勇等食用一切，惟賴拖欠俄債，以救眉急。日復一日，延至今春，虧累愈重。食用幾至不繼，礦丁亦逃亡迨盡。今夏該廠改收官金，每礦丁一名，無論得金多少，每月交金一個，合江平一錢一分八釐。未逃礦丁，因可望得利，始各安心工作。究以無力擴充，作工人少，入不敷出，仍屬虧累。卑職由該廠起程之先，該把頭等新得礄眼，每砂一箕，得金二三分。間有礦丁一名一日之內，得金二錢有餘，礦丁聞風漸有來者，似有起色。此金廠之一切情形也。卑職再三籌思，現在既以抵制俄人，而固邊圉爲要圖，非趕緊經營不可。宜即將金廠改歸官辦，添設民官，創辦地方一切事宜。除交涉事件外，均以寬宏博大、便民利民爲宗旨，實心實力，以行實事，經營數年，當可望有成。謹就愚見所及，擬定辦法大綱如左。

第一章　清理邊境

額爾古訥河南岸，凡俄人越界耕種地畝，安設水磨，修蓋窩棚，一律禁止，即令拆毀。將沿岸地方詳加履勘，繪圖命名，何處宜招墾放荒，何處宜設城鎮村屯，何處宜設卡駐兵，開通道路。何處産木植羊草，宜牧養漁獵，查明貼説，以便籌辦一切。【略】

第八章　接辦金廠

吉拉林金礦，既擬改歸官辦，即多發公款，能否得利，仍無把握。應即撥發銀三萬兩，將該廠所欠俄債，如數償還，欠發官兵薪餉，我發楚［此處原稿有錯］。先後劃清界限，另行定章辦理。所發銀兩，除還債發餉外，餘作該廠資本，仍歸小股開採，酌收官金。所有資本，用以備辦衣食，以濟礦丁廣採新苗，以尋正線，價買官金，以收利權。少用員司，以便稽查，暫將局面縮小，俟後踹得佳苗，出金較旺，再行擴充。如此辦理，較有把握，縱或不能驟得大利，亦可不至賠累。

第九章　添設分卡

查俄屯五細羅夫之對岸一帶，出産山貨爲最多，且爲河運木植經過之區，宜在該處安設分卡，揀派專員，經理一切，並於沿岸要路，多設卡倫，稽查出入，保護墾民。

第十章　砍伐木植

吉拉林一帶，既擬設官經營一切，則建署設卡，應需木植板片，爲數甚鉅，須上砍板用。

第十一章　預備農具

吉拉林一帶熟地，既須趕緊招佃，所需農具，如犁張等件，須於今預先備辦，以免明春趕辦不及。

第十二章

設治安官，經營一切，事事創辦，需款甚鉅，應於接辦金礦而外，籌撥銀六萬兩，以資墊辦。將來應征阜木等税，除地方辦公外，得有贏餘。即陸續繳還歸款。

以上十二章，謹就愚見所及，先擬大綱，至一切詳細辦法章程，俟開辦時再行擬定。是否有當，敬請憲台鈞裁。所有卑職查勘吉拉林金廠，額爾古訥河南岸一帶情形，並遵擬辦法各緣由，理合據實禀覆，肅此具禀，伏乞批示施行等情。計圖二分，日記一本。據此。查該所擬各項辦法，宜先從礦務墾務入手，亦能曲中事情。【略】

又外務部收黑龍江巡撫文《抄送爲俄商請辦金礦事與俄領事來往文件》附俄領事照會等五件　［宣統元年］閏二月二十五日，收黑龍江巡撫文稱：案查宣統元年閏二月初四日，接准駐江俄領事官爲納金第二十九號照會一件，係爲俄商（業）［耶］米立羊掠夫請辦金礦之事，並附抄送該俄商上駐江領事原禀三件等因前來。當經摘要駁覆。除分行外，相應抄粘往來文件，具文咨呈大部，謹請鑒核施行。

附抄件。

駐黑龍江省俄領事馬納金，爲照會事。照得一千九百零八年二月二十二日，經本處所交俄業金人耶米立羊掠夫上前任黑龍江巡撫程之禀，嗣於光緒三十四年四月二十三日，曾經程帥備文照覆，送請本處轉達在案。因凡關於耶米立羊掠夫於阿穆爾右岸，自愛琿城至庫瑪爾河一帶作金之正大事權，其有應申明者，均由本處設法轉知於華官憲外，並爲照録代呈駐北京俄欽使。至由前任黑龍江巡撫程所有對於此事照復之件，亦業經本處譯交耶米立羊掠夫。如上所指，此次光緒三十四年四月二十三日，程帥所復之文，當即由本處譯寄前去。後

以耶米立羊掠夫起身旋俄之故，直至一千九百零八年九月初八日，始爲彼所接。今該俄人又復另行具禀遞來，特爲覆答。光緒三十四年四月二十三日，前程帥照覆之詞。按禀内所呈各節，原屬回對於程帥辯駁之文，實乃將其分所應有之權勢。不但爲申明之，亦且爲保護之。除於一千九百零八年十月初十日，耶米立羊掠夫所備此禀外，尚有抄禀二分。一係一千九百零三年正月初八日之禀，一係一千九百零五年五月二十三日之禀。茲爲一併送呈台閲，相應懇祈。

貴部院務爲斟酌相當見復，備將阿穆爾右岸，由愛琿城至庫瑪爾河一帶礦界之事，往下便於提議爲盼。爲此照會貴巡撫部院查照，須至照會者。

俄曆一千九百零九年正月初八日，第二十九號，具禀人俄業金商民耶米立羊掠夫，爲阿穆爾右岸由愛琿城至庫瑪爾河一帶礦界事，謹請駐江省俄領事大人轉呈黑龍江巡撫大人鈞鑒。前於一千九百零八年九月初八日，商人曾在亦塔城奉到譯俄之華文公事，係光緒三十三年四月二十三日，即俄曆千九百零八年五月初九日，署黑龍江巡撫程照會駐江省俄領事之文内開：案准貴領事第二百五十四號照送耶米立羊掠夫原禀一件等因，到本部堂院。准此。細譯原禀各情，與事體諸多不合。如云遵照薩將軍定約而行，不爲無理等語。查草約祇准暫□勘苗，候大清國家允准，方可開挖。乃該俄商於一千九百零三年三月初八日，致伯外部官第一千一百十七號電云：庫瑪爾河附近支流五立計格池，開有金礦一處，現已採妥。並爲佈置，擬於夏初即應獲金。此該俄商已自道出開辦之實據，何得謂之遵約？何以謂之有理？況此案經外務部議奏，謂該將軍所給執照，據稱業與訂明祇准採勘，不爲開辦之據。應俟將來勘竣後，請予開辦時，令其繪圖貼説，咨部酌核，再行請旨定奪等因。奉硃批：依議。光緒二十九年正月初七日。薩將軍將以上事理，照會伯外部官，請其轉飭領照各俄人，一體辦在案。屆計薩將軍給照之日，照會部議之期，已閲兩年，爲時不爲不久。該領照各俄商，未有一處遵照繪圖貼説送核者。原禀有云，如歸咎商人不遵部章之故，却忘商人爲外國人等語，然該商却自忘所領係中國官之執照，所勘乃中國之礦産。若不遵中國原發執照之章程，其誰適從。又云未將情節報於將軍，因江省領事爲俄之代表，礦界上應報之事務，業經報於該領事等語。殊不思在江省地方衙門領出執照，非俄代表自領之執照，亦非俄代表轉給該商之執照，即應將採勘情節禀報於原衙門，似非僅報於俄領事署所能了事。況領事亦並未將情節隨時轉行照會。此案去歲徐欽帥來江時，貴領事曾挈業俄人謁見，當時即言明採苗執照五張係同時發出，即應同時議結。萬無舍四段不提。單提一段之理。應先將其餘四段違約擅開之處如何議罰，執照如何繳回，議有端倪。再議業俄人之事，相應照復貴領事，請煩查照，飭知施行等因。遵此。詳查貴江省巡撫照復各情，商人不得已不具呈辯白。且所論似違條約之事，尤須奈此持平以明其非。如貴巡撫以商人一千九百零三年三月初八日，致駐江俄外部官玻珀一千一百一十七號之電報，指爲背約及違採勘執照情事，不無牽强。況以前此電並非與玻珀者，原爲領事波過雅夫連斯克，曾於一千九百零二年十二月二十八日，發四百八十九號電，探問商人之事。商人因作斯電以答玻領事。至於一千一百一十七號電，商人曾禀報領事，凡開之新沙金地方，現已於上採勘，並爲預辦應用之工程，以備於夏初取金。按夏初取金一節，在商人等乃照悉比利六月間水土不得在三個月以前。查該電發自俄三月初八日，然欲能取得其金，亦斷不至早於俄六月。且俄金商現於中國領地採勘金苗，並爲之耗費巨款。其意之所在，自不僅爲永遠採勘明矣。實欲爲取金於後，擬以所獲之金，而償各出款。今請貴巡撫對此情節，即爲注意思之是否當然。按：俄三月初八日致領事之電，商人原爲礦産中所辦各事，以及所作之種種預備工程，正擬將來作金之用。若華官與華政府之心意有不認二十七年八月二十日中俄合同，及是年九月初九日薩將軍所發之採勘執照，此等意想，似覺素所未聞，亦且於歐洲各國所曾不能有之事。無論如何，斷難允從其意。因將來經理礦産之權，自然例爲分所應有。如千九百零八年二月二十二日，所上貴巡撫之禀，即已載有商人曾候北京批准草約幾至無不盼之語。既以將來有准可之情形，若先於三月前擬爲安置各事，諒不爲於理不合。故此於巡撫回照所載之詞中，有此該俄金商已自道其開辦，何得謂之有理云云。此語不惟不合於例，亦且不公之甚。緣在商人所發之電，並無背約違照之據可認。無論何以判之，亦不能認有違背之處。況違約事更非商人之素所欲爲者，惟恐不見信於貴巡撫。今將千九百零三年正月初八日，上駐江俄領事之禀，所呈礦界内各採勘工作情形，特録於茲，以備查閲。按：該禀原爲轉知於遺巡撫，以表商人非即欲求其作金之意。然所欲求者，總以沙金地方愈能多開爲是，並將各處採勘定准，以備作金之用。此原禀現尚在江省俄領事署收存，想貴巡撫見之，自能憑信矣。再回照有云不遵部章，及薩帥報部之禀辦理一節。據此節，商人今應與貴巡撫重爲一申明之。除二十七年八月二十日之

約，及是年九月初九日之執照外，並未見華俄官憲與華俄政府有可續約，或續定之執照，發給於商人。至於商人所原有之約，亦通未及提部章一層，若是既爲商人所不知之事，其何以歸咎於商人？且於一千九百零八年二月二十二日稟内之第八篇，已曾爲之詳述耳。主薩帥所稟於外務部之事，商人原屬不知，亦且與商人無涉。大凡二十七年八月二十日之約，及二十七年九月初九日之採勘執照，若有改換與另定新約，事前無論如何，必須先與商人提議將舊事約作廢。如彼此換更之時，非兩面互相應允不可。然薩帥並未與商人議准，盡將前定之約，所經兩國政府公證而轉發於商人者，遽即任意更改，未免不合於理。因此中受其虧累之人既非華官，又非華政府，惟商等業金俄民爲之耗費巨款，又竭盡辛勞於彼中土之上。此土地在中國已千有餘年，曾未聞稍有利於國。今商等俄民，獨於此勞力傷財，所計亦正爲中國開地利之源。蓋以無窮之勤苦，而所獲之金，尚須納租於中國，其價值亦頗不菲。每獲金百分，抽十五分，計　卜得所抽，約值二千九百盧布。此説僅照前約及採勘執照所載各條而論，凡屬公正裁判處，自當以商人所説確爲有理無疑。茲於貴巡撫照復之詞，尤有令人不能爲之緘默者，再爲照録於下。如云據耶米立羊掠夫稟稱，若歸咎商人不遵部章之故。

貴華官却忘金商等爲外國人等情，然該金商却自忘所領係中國之執照，所勘乃中國之礦産。如不遵中國原發執照之章程，其誰適從各語。查一千九百零八年二月二十二日之稟所呈商等業金人，皆係外國人，并非華民，不應遵照部章之説。然則斯言殊非。商人不欲認中國主權及向章，或不認中國官憲之意，而商人之所以言之者，實緣此章原於條約及採勘執照中之所無，故不知有此耳。其於條約及採勘執照内所應有之章，商人莫不遵章而行，並無違背之處。即如巡撫來文，言之最晰，且亦自認耶米立羊掠夫應照原發執照所載章程辦理。至所論未呈報江省將軍一節，但於條約或執照之中，若載有應將礦界採勘情形，或備文呈報，或另爲函知將軍之事，則商人自應妥爲商辦。奈定章並無其事，若仍以之爲商人過，未免不公。在商人不但對於中國之約，不容有絲毫之失，即與華官憲和好之誼，亦極爲用心保守。竊恐至華政府以及其官憲，稍有不滿意於商人之處，且於千九百零五年五月二十五日，商人曾遞江省俄外部官之稟，亦足與貴巡撫以表商人所言之真實。茲將其原稟抄録呈閲。按該稟所呈，乃爲地圖上所載之原寬河不甚清楚，不知商人礦界内孰爲寬河。因於千九白零五年，各遂將官河各支流採勘工停辦，特恐其錯誤，至起華官與華政府之不悦。雖如此辦之，然以前採勘之工，已徒費去數千盧布。即此論商人之所行事，亦足以表其嚴遵成約之意。於中國其原稟，今尚存之於江者俄領事署，想貴巡撫必能爲之見信耳。商人現惟盼華政府與華官憲，速將礦界之事公平定奪。並願華官幸勿再若此吹毛求疵於將來。前於千九百零七年十一月二十日，東督徐欽帥在江曾與俄領事及商人面言之日，將來礦界事，自應極爲公平結斷。此語未嘗片刻忘之。憶自千九百零七年十一月二十日至今，時已年餘，中國何竟置若罔聞耳。如上所載呈江省俄領事之二稟，茲各由原稟抄録，一并附送前來。其一係千九百零三年正月初八日，發自黑河之稟；其二係千九百零五年五月二十三日，發自俄京之稟。

耶米立羊掠夫具。

俄曆一千九百零八年十一月初十日。管理北滿金礦公司商人耶米立羊掠夫謹稟。

又外務部收黑龍江巡撫文《抄送爲俄商請辦金礦事與俄領事來往文件》附俄領事照會俄商業米立羊掠夫稟復俄領事文等五件

大俄國駐齊齊哈爾領事官大人鈞鑒：前准大人由齊齊哈爾，於一千九百零二年十二月二十八日，寄來第四百八十九號電報敬悉。茲請將在滿洲里黑龍江右岸，阿甫拉克心那公爵玻伯夫業滅利羊諾夫所佔地界，採勘金礦事宜，詳稟陳之：商人於一千九百零二年十月二十日，由黑河曾與大人寄去第三千三百七十七號電報稟明，除春間所派採勘之人外，於九月二十六七等日，又派出四夥，内有工人二十五名，使役六名，乘馬三十匹，現擬在法畢爾河畔預備開工。此次修車路八十俄里，並擬修築住房，及棧房數所，以備佔用採勘金礦之事，各處業已施行。茲將所採各處列下，第一處在齊河子，距黑龍江三十五、十九、十俄里不等，齊河子在黑河下游二十俄里流入黑龍江，河身長約一百俄里。此次採探，因地内既有石層，水復外溯，礦窑不甚得挖，所以未收實效。惟金苗已現，將來可以希望其必有金礦也。第二處在法畢爾河山谷左近，距黑龍江約八十俄里，此處有阿甫拉克心那公爵夫人所佔地段，名索非亞歷山德羅夫斯基廠。已於此築暫行堆貨之房一所，住房一所，可容二十五人。並在所勘河源各地，修各居小房數所，以備礦丁居寓。又於今夏由黑河對面，黑龍江右岸，中國村鄉名薩哈連起，順經山嶺江河而至此處，修治車路一條，以便往來。十月間在法畢爾河源，即索非亞歷山德羅夫斯基廠於採勘時，得金十七早爾尼克。每早爾尼克合華一錢一分八釐，五十六多利。

每九十六多利，爲一早爾尼克。金質頗佳，已在道勝銀行清金爐化鍊，共得兩錠清金爐。於一千九百零二年十一月十八日，曾發給第九七九八號執照一張。茲照抄一份，隨文送上。後此採勘，均未能得。蓋地内之水，淵溢甚力，川猶暖温，幸來水不多，用吸水筒向外引吸，始可探挖。惟每礦窑一處，數礦丁數人耳。及至嚴凍水到之時，始用凍挖之法開挖，然地内久有石層土，又温暖礦窑百餘處，均未能探至産金之地。所以凍挖之法，亦未克收效，俟冷度大減，用吸水筒將地内淵溢之水吸出，當可接續工作，必如此而後始能取應得之效果也。在索非亞歷山德羅夫斯基廠附近十里、二十里之間，尚有探挖查勘之空廠河畔八處，佔此地者係斯夫波克非爾莫爾公爵夫人、寶路地侯爵夫人、馬爾頹諾瓦牙將軍夫人、喀喀林那牙王爵夫人、嘎里沁那牙王爵夫人等，將來擬在以上各處開本公司第一次金廠工作。惟須採勘完竣，查明每百甫得河内得金若干，各廠之金質若何，然後始能定耳。法畢爾河在黑河上游三十六俄里流入黑龍江，由河口起至山頂止，河長約在二百、一百五十里之間。第三處在大小索爾達特克河及大索爾達特克河嶺之間。此河在黑河上游十二俄里流入黑龍江，由河口起至山頂止，長四十俄里。此處尚未見有金苗。第四處在汗那河畔。此河在里河上游一百五十、或一百七十里流入黑龍江，距布邪瓦牙站不遠，河身長約五十俄里。此處業已採得金苗矣。各處採勘金礦地内之水淵石層，爲一大阻力，既礙工作，又誤時光，故必須購運有力之退水器具也。除上開採礦之人外，寓集之内，自從前以至於今，尚有人馬若干，皆以供運採礦工人馬匹糧草爲業，並轉運木植，以爲修蓋房屋之用。因滿洲寓集之内，既無道路，又甚危險，向來春秋米糧，均用馬駝運。每馬一匹，只能駝四甫得之載，而每一甫得運費，竟用六盧布之多。運價如此昂貴，商人不得不修築車路，以達索非亞歷山德羅夫斯基廠之總棧房也。此路告竣之後，每甫得米糧運費，必不出一盧布之上，如用自己馬匹，必能更賤。冬令有自修冰車之路，經他人包運，而用自置馬匹，每載一甫得運貨，約在一盧布半之間，將來運路修齊，必仍可減少，約在五六角之數耳。因以上種種情形，所以一千九百零二年，未能預備工作，必俟將來將某處金苗發現，某處金質若何，某處開挖可以獲利各節探明後，始能開挖。一千九百零三年，本公司擬仍接續探採，如能收採勘之後效，擬即隨時探挖。爲備工人糧食起見，公司尚擬修築棧房數所，冬令運糧，以備存儲。已經採之處，如有金苗發現，則採勘之事，必須因時而擴充之。其呼瑪爾河各地，擬於來年夏預備秧草，及由水路運送別項糧食時，開辦採勘之事。現因彼處秧草尚未芟割，而公司所運之數甚鉅。若由他處運送，每甫得需三四盧布，即運送別項糧食，花費亦屬不資。蓋今夏未及將應用貨物，由呼瑪爾河火船轉運，故現在未能採勘也。今夏並擬在黑河對面，黑龍江右岸，從前中國村鄉，名薩哈連地方，即現在依力銀斯基防所修蓋大棧房一所。此事已與阿穆爾省武固畢爾那托爾，及邊界廓米薩爾商議，皆甚願允。蓋以公司既佔此地，則於保護邊疆問題，可以稍省其力也。公司地界之内，偷挖金礦俄人甚多，此事詳見隨禀附送商人遞阿穆爾省武固畢爾那托爾之禀，及阿穆爾第一百四十號日報所載告示，可以知矣。此項告示，未經勘報官允准，而固畢爾那托爾亦謂若如此辦理，則人人知有金礦，偷挖者必日見其多，然商人已設法將採礦各處附近偷竊之人驅逐。此等惡風，在如此廣大之區，藉兵力而禁止之，實所不易，故斷絶偷竊及車夫運糧之路，爲惟一之良法。此法已施行而無所損矣，商人耶米立羊掠夫謹禀。

計附送：

一、於一千九百零二年十二月十九日，遞阿穆爾省固畢爾那托爾禀稿一件。

一、於一千九百零二年十二月二十五日，阿穆爾報一張。此報背面第一頁北滿金礦公司告示一張。

一、華俄銀行於一千九百零二年十一月十八日，所發第九七九八等號執照抄稿各一紙。

俄曆一千九百零三年正月八號。

寓布拉郭威什臣斯克城。即黑河。

抄稿。

經管中國北滿洲金礦公司礦産商人耶米立羊掠夫謹禀。

大俄國駐江外務官大老爺台前，敬禀者：茲值滿洲戰争紛起之時，而商等北滿洲金礦公司礦産上之探訪幫及採勘幫，所有應需之時物材料家具等項，不但轉運維艱，亦且置辦無法。故將預備金廠之工程，通行裁減。再以一千九百零一年九月十九日之約，其中國寬河公司權限，曾已未爲議清。更於江省將軍所發之採勘執照，仍依然未載何處確爲寬河，以及於地圖之上亦並未指出。商人今以此事尚未經查明之，故凡沿官河及各支流，已由本年俄四月十五日停止採勘。因又曾風聞官河或即係寬河，亦所易有之事，遂將其處採勘幫及巡護隊，

竟一律裁撤，備免華政府及華官之不滿意耳。除此稟報貴外部官大老爺鑒核外，兹將其餘呈閱之件，一一備錄於下。一、於一千九百零五年正月二十一日，上大俄國遠東留守稟章之抄稿。二、於一千九百零五年五月二十二日，上阿穆爾省將軍呈文之抄稿。三、於一千九百零四年，曾將穆爾公及阿穆爾沿岸所有五處礦界。所作藍紅色號記之滿洲地圖。

耶米立羊掠夫具。

俄曆一千九百零四年五月二十三日，自俄京發，照復駐江俄領事文。

爲照復事。宣統元年閏二月初四日，接准貴領事俄曆一千九百零九年正月初八日，第二十九號照會一件，又附送俄商耶米立羊掠夫一千九百零八年十一月初十日，請由貴領事轉呈本部院之稟一件，又附送該商一千九百零三年正月初八日，自黑河上駐江俄領事之稟一件，又附送該商一千九百零五年五月二十三日，自俄京上駐江俄領事之稟一件。以上四件，均已閱悉。查該商稟內所云，詳查江省巡撫照復各情，商人不得不具呈辨白。如江省巡撫以商人一千九百零三年三月初八日，致駐江外部官珀佩，一千一百一十七號電報，指爲背約及違採勘執照情事，不無牽强。按此電原爲礦産中所辦各事，以及種種之預備工程，擬將來作金之用等語，在該商已善爲解脱矣。殊不知尚有二事，可爲該商開礦之左右證：格外部官於一千九百零七年二月十五日，第二百三十四號照會內，抄來該商一千九百零三年正月初八日，由黑河郵政寄來之稟云，內附清單。凡於礦界上所行之事，均已詳載。除此尚有已開金廠四處、所用之工人同事及馬匹等項，並有抵制金匪之人，各爲數若干。備記於內云云。又一千九百零三年五月二十二日，自森京致齊齊哈爾俄領事波過雅夫連斯克二千三十號之電云，所覓出金礦之處，將遺圖宣示。現屆夏令，瘟疫流行，俟夏末再開工作金云云。此二件核與一百十七號之電，同爲違約之發明。一則開廠有四處之多，一則作金有夏末之限。既云開廠，則已獲金可知；既云遺圖，則明知部議而故爲延抗可知。其於已開四廠之外，或擬夏初開辦，或擬夏末作金，是已有預備，指顧便可實行。若謂有預備而無實行，豈該商臨實行之時，急拋棄一切預備耶？原稟又云，華官與華政府之心意，有不認二十七年八月二十日之約，及是年九月初九日薩將軍所發之執照。此等意想，無論如何，斷難允從等語。是該商竟視採勘之執照，直同開挖之文憑。獨不思約內第二條有祇許採勘金苗，俟華政府批准，再行開辦之語。執照內復有准該俄人等暫行採勘金苗，期限應請旨定奪之文。該公司不遵合約執照辦事，非華官與華政府不承認合約執照也。且薩將軍於二十九年正月初七日，照會外部官珀佩，以准華政府核議。俟將來勘竣，請予開辦時，令其繪圖説帖，咨部酌核，再行請旨等因。請飭領照各俄人，一體知照在案。乃該商迄未繪圖呈説，反云除二十七年八月二十日之約，及是年九月初九日之執照外，並未見華俄官憲與華俄政府有何續約，或續定之執照，發給商人。至薩將軍所呈外務部之事，商人原屬不知，且與商人無涉等語。豈不知原約與原照有俟政府批准，有請旨定奪各字樣。可見江省官憲不能專主，非由政府核議奏明大皇帝，不能實行。其「暫准」二字，即未許該商以永久之期；「採勘」二字，更未予該商以作商之據。外務部之有核議，即根執照合約而來，該商謂與之無涉，不知尚有何事與該商有涉。似此語意，對於原約原照，均無遵守之意。本部院不願與該商逐層駁詰，但願該商仍遵本督部堂前年面談之辦法，於三十四年四月十九日，照會貴領事。文尾業已叙明，毋庸重複。該商幸勿多費筆舌也。相應備文照復貴領事，請煩轉飭知照可也。須至照會者。

又東三省總督錫良《抄送黑龍江礦務節略暨成案》附俄商採勘五段金礦案、吉拉林金礦案、漠河觀音山金礦節略 〔宣統元年〕四月二十六日。收東三省總督錫良文稱：准鈞部紙電内開，俄使面稱，中俄在黑龍江有礦務交涉數件，久懸未結，若由貴部提議，必盡力幫助等語。希將未結各案始末情形，詳晰查明咨部，以便與俄使提議等因。承准此。當經轉電黑龍江行省去後，兹准覆稱，查江省礦務交涉，准前署將軍薩發給俄商五段金礦執照一案，現在第三段內，該俄商嘵嘵不已，迭經駁斥，亟應由部一併議結。吉拉林一案，即在五段執照第一段之內。愛琿法別拉礦一案，自去年五月經省署議駁，此後姚都護未再來文，當在不了而了之列。漠河觀音山一案，收回後仍歸北洋辦理。此間案卷不全，應請部咨詢北洋，以期詳實。並抄送節略一本、成案三本等因。准此。相應將送到節略成案，備文咨呈鈞部，謹請查收，核奪施行。四月二十四日。

計附送節略一本，成案三本。

俄商採勘五段金礦節略。

查光緒二十七年，前署將軍薩任內，與前駐江俄外部官科洛得闊夫，訂立《暫准採勘金苗草約》十一條，並發給俄商採苗護照九張：一張係從松花江左岸各河岔子爲界。一張係從嫩江右岸墨爾根城，至齊齊哈爾城爲界。一張係從嫩江源起，至墨爾根爲界。一張係從嫩江左岸墨爾根城起，至齊齊哈爾止；松花

江左岸自呼蘭河口以下起，至巴蘭河止爲界。以上四處，護照内均註明以二年爲限滿，刻下久已逾限，原照作廢，自不待言。其餘護照五張，則係自呼倫湖與額爾古訥河滙流起，至貝子河止，爲第一段。自貝子河起，至庫瑪爾河止，爲第二段。自庫瑪爾河起，至愛琿城止，爲第三段。自愛琿城起，至觀音山西沿止，爲第四段。自托蘿山起，至松花、黑龍兩江滙流處止，爲第五段。以上五處，雖未明定期限，然原照祇准採勘，不准開挖。并於照内聲明，漠河、奇乾河、觀音山、寬河、都魯河五處，不准查勘，一概劃出界外。且草約第二條，又聲明此約一經畫押後，暫先採勘金苗，候大清國國家允准，再行開挖等語。後由前署將軍薩奏經大部核議，俟將來勘竣，請予開辦時，令其繪圖帖説，咨部酌核，再行請旨定奪等語。即前駐江俄外部官克，發給俄商執照，載有未經華政府批准之前，暫行准許於黑龍江右岸及庫瑪爾河至愛琿城一帶，採勘新金廠等語。是此五段礦照，在該俄商祇能採勘，並應將採勘苗綫，繪圖帖説呈報，聽候中國政府核辦。乃因日俄開戰，展轉數年，該俄商並不遵約辦理，私行開挖，並侵入漠河等處舊礦界内。直至三十三年，該俄商耶米立羊掠夫聞江省向俄官詰責該商等違約開採，合同作廢，始行來稟，請示開辦章程。在該商自謂，數年之間，僅止採勘，並未實行開挖。案查署黑龍江副都統姚福升、前漠河金廠總辦劉焌迭次報告，咸謂該處寔有華俄金匪數百名，其庫瑪爾河有俄人率領多人，私開金礦二處，確在該商所須執照界内。即該商屢次呈報俄領文電内稱，庫瑪爾河附近支流五立計格池，開有金礦一處，現已佈置，擬於夏初即應獲金。又云凡礦界所行之事，除此尚有已開金廠四處，是該商私行開採，已有道出，鑿鑿可據。迭經照會，責其種種背約，并言彼於各段擅自開挖，先須議罰。而該商以採勘數年，所費不貲，如不准其開辦，須賠歷年損失爲詞。查草約第二條，及前署將軍薩并該國外部官克執照所載，均已特別聲明，未經中國國家允准以前，祇准暫行採勘。是該商祇有勘礦之據，並無開礦之權，竟乃私挖至四五年之久，從未繪圖帖説呈報，無論並無損失，就使實有虧折，本屬咎由自取，於人何尤？嗣後駐江俄領，復飾詞以各處開挖，諉爲金匪所爲，並謂外部覆文，從前未經知照，不知當日原約及照内，均定明採勘金苗時，並須驅逐私行挖金之人等語。彼不能驅逐金匪，一一遵照定約，擅自開挖，反諉爲金匪所爲，已爲違約之據。至外部覆文，業於光緒二十九年正月間，知照前駐江俄領伯佩，轉飭在案，在此藉口謂爲未奉批駁明文，尤屬不合。且耶米立羊掠夫者，俄外部官准許採勘第三段金礦公司代表之人，其餘第一二四五各段之照，本係與第三段同時發出，乃該俄商於第二段則侵佔漠河舊礦，於第四段則侵佔觀音山舊礦，於第五段則侵佔都魯河舊礦，於第一段則開挖吉拉林新礦。現在舊礦雖經先後收回，新礦已由中國自行開辦。其侵佔舊礦，既與舊礦不在採勘之約背，擅行新礦，又與祇准採苗之約背，是以光緒三十三年冬間，前總督徐來江時，俄領馬納金引第三段耶米立羊掠夫來見，申訴該金商於第三段内，實係僅止探苗，並未開挖，且以商訂開辦章程爲請，當答以該商開挖。本已確有證據，即使實未開挖，然五照同時繕發，亦應同時議結。其一、二、四、五各段内俄人，不遵原議，擅行開辦，執照應如何繳銷，歷年攘奪漠河、觀音山等處舊礦之利益，如何賠償，均須一一結清，方能提第三段辦法，萬無舍第四段不提，而單提一段之理等語。現在該五段内其一、二、四、五各段，皆無異詞，惟第三段之耶米立羊掠夫，嘵嘵不已，嗣後該商稟訴該領事文件，既未提及賠償一層，復以僅止探苗，並未開挖，希冀准其開辦爲請，當復逐項駁斥，迄今尚有違言。惟此項交涉，既係未了之案，久懸未結。該俄商究難免頻頻據爲口實，應請大部與俄使提議時，務須責其違約，應將舊約並五段護照，一律繳銷作廢，並須堅索侵佔舊礦，及私挖新礦償款。將來即索款一節，未易作到，而我扼定宗旨，從此將前件一律聲明銷滅，庶免以後饒舌。耶米立羊掠夫最爲刁狡，倘其求該公使單提第三段，似應仍主持五段同時發給執照，必須同時議結，以該約未經批准，爲抵塞第三段爭辯開礦之據，要索各段侵佔私挖各賠款，以預杜該商索賠採勘損失之説。即結局兩無虧補，目前雖無所得，日後尚無所失，兹將原案抄呈，仍希鈞裁。

又外務部收東三省總督錫良文《抄送黑龍江礦務節略暨成案》附俄商採勘五段金礦案吉拉林金礦案法別拉煤礦案暨漠河觀音山金礦節略 〔宣統元年四月二十六日〕

吉拉林金礦節略。查吉拉林爲呼倫貝爾轄境，南界根河，北界梅勒爾喀河，即前署將軍薩所發五段採勘金苗執照第一段界内。三十一年，前署將軍程派守備龔太山爲總董，前往招商開辦，以期收回利權。甫經開採，即有俄人馬爾扯夫斯克出面阻撓，並謂此段金礦，領有薩將軍所發執照，應歸該商承辦。由俄領事照會前來，當答以原發執照，係屬暫准採勘，並未准其開礦。檢查駐京璞使照會外務部文内，有吉拉林河一帶之金，已開出三百六十五井座之語。是該俄人開挖井座，有如此之多，閱時又四五年之久，違約擅開，慮即議罰，合同早已作廢，更不能引以爲據等語駁覆去後，該領事嗣無他説。該段公司代表馬爾

拉夫斯克，亦未提及。前年冬，已於吉拉林派設治委員，開辦金礦。自去年三月以後，俄人亦無異詞。是此項交涉，在彼已算了結。惟該商等違約開挖，究應如何議罰，以應附入五段金礦一案，一併議結。兹將原案抄呈，仍希鈞裁。

查銷執照文。

光緒三十三年八月二十一日。

前總督徐署撫程照覆俄領事，俄商人馬爾扯夫斯克違約挖金不能承認文。

光緒三十四年正月十一日。

前總督徐署撫程照覆俄領事，俄商業米立羊掠夫稟件實係違約擅開文。

光緒三十四年四月十九日。

前署將軍薩與俄商訂採苗草約十一條。光緒二十七年八月二十日。駐江省俄外部官克掠特科夫同署理黑龍江將軍薩所預定之約，爲俄民於黑龍江與愛琿右岸以及寬河都魯河呼蘭河各處所有新舊産金地方作金之事。

第一條，阿爾琿河右岸以及其支流，自達拉掠爾湖右面，至阿爾琿河與石日喀河滙流爲界；黑龍江右岸以及其支流，自石日喀與阿爾琿合流，至松花江，流入黑龍江口爲界。按該約所定之金廠，分爲五處：（一）自達拉掠爾湖至北五寺河。（二）由北五寺河至庫馬爾河及支流而止。（三）自庫馬爾河與其支流而起至愛琿城止，惟界内之寬河劃歸庫安河公司自行開辦。（四）起自愛琿城止於觀音山。（五）自觀音山至松花江流入黑龍江口爲止，但松花江右岸由該江流入黑龍江口，直至都魯河，此段亦在其界内。

第二條，前所指五處金廠，第一處爲黑龍江上游礦業公司，約中所定准許採勘金苗，俟華政府批准，再行開辦。第二處爲俄國業金礦人阿士他舍夫。第三處爲公爵阿珀拉克斬與頗頗夫，以及耶米立羊掠夫公共礦業公司。第四處爲積股礦業公司。第五處俄國礦業公司。

第三條，所有各公司人等，已於第二條内載明，但於動手作金時，各廠應計共得之金，照百分之十五抽入中國官款。此外如沿黑龍江及阿爾琿右岸，在漠河、觀音山、齊倉河等處作金半載者，所得之净利，應照一千零二十二股分，出百分之十，歸中國漠河公司。

須加一俟俄兵撤退之後，凡辦理金礦鐵礦煤礦與及其他等礦之人，應歸地方華官所派之兵保護。

第四條，各廠應由華政府專派員一名，以備監視所挖金之數目，及經管廠内作工華人，其應歸中國官家之款，並漠河股利，概於年終交該員收兑。

第五條，每年年終止工之時，應將挖得之金數與花費以及净利等項，用華俄文字印出清單。

至於地價一事。須言明於開辦工程之初。必須從新酌恰當價值。【略】

第六條，漠河公司股東所應得之利，其數已於第三條内載明，至採勘金苗開挖金礦，及花費款項、辦理廠中事務，概與該股東無干，均屬約内所註定之俄國公司人等自行籌畫。

第七條，每廠應由净利分出百分之二，以爲俄人將作金於滿地，用之酬償滿人，此款交黑龍江將軍酌辦。

可商妥凡所得之金通共幾何，以其百分之十五分，繳還中國國庫。至於招募大幫華人工商人等前往礦處作業，一切應歸華人掌中。

第八條，採勘金苗時，嚴禁欺壓居民，及故意傷損産業、毁壞靈蹟墳塋等事。有犯此者，應照例究辦。如非故意損傷産業，當即照數賠償。受貴部院另文申明其説，以備佈告衆業金人。凡經營採勘金苗各工，一律停止。兼以便稟報於北京及俄京森彼得堡。至如何見覆之處，希速賜知爲荷。

總督徐署撫程照覆俄代領事倪，俄商挖礦，並未遵約文。光緒三十三年七月二十八日。爲照覆事。華曆本年七月初八日，接貴領事來函云，俄金人耶米立羊掠夫，五載以來，祇專採勘苗綫，並無作金、違背合同、擅自開挖之舉。一或批准，將原指之處給之；一或不給，即將所虧之費賠補之。此兩問題，據理極當請示。今貴部院如被拒絶，應請另文申明其説，以備佈告耶金人等語。查耶米立羊掠夫前稟格外部官十一節内，載有所開之處有數處，用俄工及司事六十名。又云五年餘，未嘗獲利等語。即此可爲該商作金之證據。不然採勘祇用礦師，何用多人？且已明明自認開工，即不得謂爲嚴守定約。相應備文照覆貴領事，請煩查照。須至照會者。

總督徐署撫程照覆俄領事，俄商人馬爾扯夫斯克違約挖金，不能承認文。光緒三十四年正月十一日。爲照覆事。案准第七十一號照會，轉到上阿爾金礦公司託告人馬爾扯夫斯克所懇一案。查一千九百零一年薩將軍與俄外部官所定草約十一條，其第二條内聲明，此約一經畫定後，暫先採勘金苗；候大清國家允准，再行開挖等語。嗣後薩將軍據情奏，經外務部核議，候將來勘竣，懇請開辦時，令其繪圖貼説，咨部酌核，再行請旨定奪等因。由薩將軍照會珀外部官知

照在案，是馬爾扯夫斯克僅有暫准採苗之據，並無開礦之權。乃檢查光緒三十二年正月十三日駐京璞公使照會外務部文內開，吉拉林河一帶之金苗，已開出三百六十五井座等語。開挖三百餘井座，既不得謂之採苗；閱時四五年，尤不得謂之暫。此即該俄商等擅行開辦之確據，已與原約不符。況原領勘苗執照，前准外務部咨開，事隔多年，業已照會璞公使聲明作廢。而來文據該俄商聲稱，凡於溝內開有苗旺之礦產，均經照樣呈報等語。檢查本署，並無此項曾經該俄商逕報，或由俄外部官轉報之卷宗。刻下自未可以一面之詞，視爲有理之申訴。至於光緒三十二年以後，金廠乃龔太山招集商股開辦，周金秀係龔太山之股夥，龔太山係以股東而兼經理，並非華官府之代奏人。龔太山前往吉拉林辦礦之時，曾由前駐江武廓米薩爾林答處領得護照一紙，照內註明所往之地爲吉拉林，所辦之事爲開礦，並未詳言。如果此舉乃奪俄商應享之利益，當日廓米薩爾豈肯默無一言，遽以邊界俄官照禮接待之護照授之耶。總之，馬爾扯夫斯克於領照後五年之久，並無文字呈報將軍衙門，又違約擅開種種舉動，內與原定合同不符。本署撫未便承認，相應備文照覆貴領事。請煩查照飭知可也。須至照覆者。

照覆俄領事。俄商(業)〔耶〕米立羊掠夫稟件，係違約擅開文。光緒三十四年四月十九日。爲照覆事。案准貴領事第二百五十四號照送耶米立羊掠夫原稟一件，體諸多不合，如云遵照薩將軍定約而行，不爲無理等語。查草約祇准暫先勘苗，候大清國家允准，方可開挖。乃該俄商於一千九百零三年三月初八日致傳外部官第一千一百十七號電云，庫馬爾河附近支流五立計格池，開有金礦一處，現已採妥，並爲佈置，擬於夏初即應獲金。此該俄商已自道出開辦之實據，何得謂之遵約？何以謂之有理？況此案經外務部議奏，謂該將軍所給執照，據稱業與訂明，祇准採勘，不爲開辦之據，應俟將來勘竣後，請予開辦時，令其繪圖貼說，咨部酌核，再行請旨定奪等因。奉硃批：依議。光緒二十九年正月初七日，薩將軍將以上事理，照會伯外部官，請其轉飭領照各俄人，一體照辦在案。屈計薩將軍給照之日，至照會部議之期，已閱兩年，爲時不爲不久，該領照各俄商，未有一處遵照繪圖貼說送核者。原稟有云，如歸咎商人不遵部章之故，却忘商人爲外國人等語。然該商却自忘所領係中國官之執照，所勘乃中國之礦產，若不遵中國原發執照之章程，其誰適從？又云未將情節報於將軍，因江省領事爲俄人之代表，礦界上應報之事務，業經報於該領事等語。殊不思在江省地方衙門領出執照，非俄代表自領之執照，亦非俄代表轉給該商之執照，即應將採勘情節稟報於原衙門，似非僅報於俄領事署所能了事。況領事亦並未將情節隨時轉行照會，以此案去歲徐欽帥來江時，貴領事曾挈葉俄人謁見，當時即言明採苗執照五張，係同時發出，即應同時議結，萬無舍四段不提，單提一段之理。應先將其餘四段違約擅開之處，如何議罰，執照如何繳回，議有端倪，再議葉俄人之事，相應照覆貴領事，請煩查照，飭知施行。須至照會者。

附法別拉煤礦案。爲照覆事。案准貴署副都統咨呈，法別拉煤礦合同，何以入路斌諾夫之手，請由省斟訊一案。查永和公鼎盛昌，均係愛琿商號，庚子之亂，早經荒閉，其執事人李文江等，已回關裏原籍，無從斟訊。惟李道席珍，係當日發起之人，當即札飭該道聲覆去後。茲據稟稱，竊奉鈞札，准黑龍江副都統姚咨，華商于思玉等，稟請試辦愛琿屬境法別拉屯以上煤灘地方煤礦，俄商路斌諾夫阻攔等情。查松樹溝煤礦，本係華商永和公鼎盛昌等稟請開辦，何以不自經理，一任俄人路斌諾夫妄爲，究竟當日如何攙入洋股，及曾否發給何項執照。該道係發起之人，仰即按照上指各節，逐層稟覆，以憑校辦，札飭稟覆等因。遵查松樹溝，本名拉林別列溝，土人呼之爲松樹溝。該處煤礦，由華商永和公、鼎盛昌稟准開辦。當前軍憲壽在愛琿充統領時，蒙前軍憲恩派令會同職道，經理該礦稅務，專爲抽收煤稅，彈壓礦丁。至於該礦如何集股，如何開採，既係商辦，自應由商經理，官不預問。旋因出煤運銷不易，該處與俄界毘連，所有俄人輪船、大磨，需煤甚多，祇以言語不通，難於銷售，該華商等遂糾邀紀鳳台俄商路斌諾夫入股，訂立合同。彼時華商稟准有案，並未由官發給俄商執照。至該俄商入股若干，如何訂立合同，職道並未經手，莫知詳細。辦理甫有就緒，即值庚子之亂，駭散紛逃，由此停辦。緣蒙前因，謹就所知，據實稟覆等情。據此。查路斌諾夫，官處並未發給開礦執照，鄂署副都統任內，亦並未據路斌諾夫將執照呈驗，何以於一千八百九十九年正月二十一日，領有將軍執照。且該廓米薩爾承認驗過，殊不可解。應仍由貴署副都統照會該廓米薩爾，將將軍印文執照送驗後，再行核辦。至松樹溝煤礦，本係華商永和公等呈請開辦，本省祇能承認該華商等爲開礦之人。其與路斌諾夫所立華俄股份合同，係該商人私事，無論虛實，官處不能承認。況庚子亂後，華商已散，合同更不爲憑。相應照復貴署副都統，請煩查照辦理施行。須至照會者。

署黑龍江副都統姚咨呈，原辦華商煤礦憑據呈驗文。光緒三十四年正月十

一日。爲咨呈事。案查愛境右岸發別拉以上煤灘，前經華商于思玉等稟請試辦，嗣被俄人路賓諾夫採佔，以事關主權，故屢與俄員照會駁詰。前於九月二十六日，抄呈前後照會，咨請由省飭查原辦華商鼎盛昌等，令其速自追理各在案。茲於十月二十四日，接廓米薩爾照覆，内稱管理黑龍江省煤礦事宜路賓諾夫並紀鳳台等，候回巴勒郭盛斯咸斯克城以後，辦理煤礦等因在案。今若將該廠礦夫驅逐出境，未免强行，不遵約章等語，即派交涉局員與之詰問，路賓諾夫並不在中國地方衙門報明有案，何能管理江省煤礦？旋於十一月十四日，復接廓米薩爾照會，抄附原訂合同内稱，中國黑龍江省煤礦原定合同章程内開，係於俄曆一千九百年間，准採煤礦，若非黑龍江等處地方將軍及各上司大臣不准採佔，則大臣等斷無奏請大清國大皇帝預定，又何能載録約定合同册案。茲將原定合同章程，另抄附送等情前來。查閲第十條所稱，阿林溝，已經將軍衙門奏明有案。此處即松樹溝，是前奏明，亦只松樹溝一處，且只永和公、鼎盛昌兩號華商承辦。其第一條所稱赫爾沁、阿林溝兩處，並未立案可知。況第五六條明稱税課不准延欠，中國地方公事，歸永和公、鼎盛昌承辦。雖有路賓諾夫入股，仍應按照路礦新章，由華商出頭承管。查愛城永和公，現已歇業，而省城鼎盛昌李文展，必有執據可證。合同内又有邊界官繼增煤釐委員李席珍列名，均不妨出與理論。現在路賓諾夫恃有官印合同，任意採佔，而廓米薩爾因屢次要求，泣右地面，敝署副都統尺寸不肯遷就，故於此段煤礦，亦竭力與彼抵拒。若立施驅逐，則勢必決裂；聽彼採佔，又失主權。非由省傳集合同列名人等，詢明原委，一面令合同内華商自行理論，一面將原情示覆，以便對待俄員。如原辦華商於此項煤礦有十分把握之憑據，尤應及早呈驗，出頭承管，以保我主權。相應抄録合同，咨呈軍督部堂撫部院鑒核，示覆施行。須至咨呈者。

鼎盛昌等煤礦合同一紙。中國光緒二十四年十二月二十二日，俄曆一千八百九十九年正月二十一日，四家商人，同立疏通煤礦合同。今有愛城張志清字號永和公，省城李文展字號鼎盛昌，伯利紀鳳台字號和成利、黑河屯雅果夫肖得力成旗盧賓諸夫，公立合同十四條列後：

一條，前次張志清、李文展二人，承辦黑龍江副都統所轄赫爾沁、阿林溝煤礦公司二處，因欲疏通銷路，時有紀鳳台、盧賓諾夫二人，願爲幫同疏銷，因之合爲四股，夥同辦理。此係商家之事，並不與該國國家相涉，將來無論盈虧，中國國家概不擔保。

二條，既因疏通銷路，作爲四股合辦，允宜同心協力，不得少有異言。當議定「中國黑龍江城煤礦公司」字樣，以取信於中外。凡售煤票章，照此爲憑。

三條，俄界各輪船以及機器各廠、華俄鐵道，凡有購用煤片，□□□盧賓諾夫經手□賣。至於廠中僱募礦師，作煤規法，有所需機器及布置銷路碼頭，修造後房各事，均責成盧賓諾夫爲總張羅人，妥實料理。然必預先同衆商妥，始可照辦。凡事公司須訂立合同。

四條，廠中花費各項之款，務須大衆公議妥後再辦，不准私自擅動。凡花用之款，四股按期均攤，或款項不敷之處，可由盧賓諾夫向銀行富商挪借，務先與四家商妥，再爲照辦。至於往來賬目、一切各廠事宜，除盧賓諾夫録賬外，仍歸公司經管結總。每年終核算大賬，在股者均齊集公司結總，各給清單一份。

五條，售煤若干，得價若干，先交公司收賬，再由永和公、鼎盛昌、盧賓諾夫三人經手。各録賬外，隨時送交銀行生息，不准私自動用。惟税課擬定每吊按五個各別抽納，隨時歸繳税局查收，以重官款，不准延欠。

六條，俄界倘有公事，交盧賓諾夫承辦；中國地方如有公事，歸永和公、鼎盛昌承辦。彼此商妥，互相辦理，以俾礦務有益。

七條，黑龍江城，即愛琿轄境内，如有另踊出煤礦，均由張志清、李文展等，商同推廣開辦。此外黑龍江省地方如有煤礦，准其指請開辦一二處，不准再多，以示限制。凡准推廣開辦之礦，倘有爲難之處，可邀路賓諾夫親往指點，以便設法辦理，或派礦師及熟習礦務之人亦可。或張、李等人請假回家，亦或往他處有事，必須揀派董事之人替管。總期同心勤儉辦理，如錢財誰號舛錯，應歸誰號包補。

八條，盧賓諾夫管理事務，如有別的私事三災八難，准以另行替手，用人幾名，自己開銷工食，與公司無干。公中錢財，如有舛錯，歸盧賓諾夫照數包補。替換新手，先領到公司，見面認識，以便辦事。

九條，煤礦公司四家收支，至年終分別勤勞，着給辛力銀，各廠執事人，大衆公議到廠之日撥給。惟路賓諾夫薪水，自開辦之日起，再公議撥給。如僱礦師及機器匠等人工食銀，由盧賓諾夫酌撥。其餘各廠工人，由大衆公撥給。如再算賬，准以厚積餘款，另存銀行，以備緊要雜費鼓勵之用，一體遵照現訂合同辦事。

十條，黑龍江副都統轄境内，阿林溝煤礦公司，係由永和公、鼎盛昌兩號商

人出名承辦，已經將軍衙門奏明有案。所有應官事務，自應由永、鼎兩號商人出頭承管，别人不得干預。

十一條，煤礦公司，續入俄商紀鳳台、盧賓諾夫兩股友，原爲疏通俄界銷路而入，自應永遠同心合夥辦理。此外再不准續入俄股，以免股友衆多，意見紛歧之弊。倘紀鳳台、盧賓諾夫以後無力操持，准轉兑别人接辦，必須商妥有可信服之人方准。

十二條，礦務之股分，如果紀、盧二人百年之後，准伊後嗣接續。惟永、鼎兩號執事人，准其該號輪流調派，均照舊章辦理。

十三條，本公司自立此疏通銷路合同後，並無反悔，永遠以華文爲證，附粘俄文，後人照此行事，恐口無憑，立此合同爲據。原銀存煤礦公司，照此字據，四家各執一分。

十四條，此合同議定後，將來須在中國地方官衙門畫押蓋印，方足爲憑。

煤商：

鼎盛昌　李文展。

永和公　張志清。

和成利　紀鳳台。

路賓諾夫。

四家煤商，眼同中國邊界官結增，煤釐委員李席珍，立此合同。

統計合同内華文增繕者一處，俄文就原文增繕者一處，粘簽者八處。每增繕暨改繕暨每粘簽處，皆鈐蓋印信爲憑。其簽尾並皆加蓋小戳。將來遺失，即難作證。應取合同五分，互相較對，以尾有小截者爲憑。合同每分連齊封用印十二顆，五分共用印六十顆。【略】

照覆姚副都統：俄商索辦法别拉礦，應據理力争文。光緒三十四年五月二十一日。

爲照覆事。案准本年五月初三日來文，爲四月二十八日接廓米薩爾照會云，路斌諾夫業將煤窑之事，呈由中俄官場辦理，並於齊齊哈爾親見程巡撫，亦經上呈。自應聽候准如挖煤之訓條，否則煤廠失利，必索償虧賠之款等語前來。准此。查此案前准貴署副都統來咨，案經前任巡撫飭令交涉局，傳到鼎盛昌執事人劉佩瑾，再三斟問，據稱路斌諾夫實無干預該礦之權。路斌諾夫旋即來江，並未晉謁前任巡撫。嗣程巡撫因公赴奉，該俄人乃寄去一函，要求辦礦之事。程巡撫亦未答覆。又安有所謂批准之訓條，該廓米薩爾所云，如此即非有心袒護，亦係妄聽該俄人一面虚詞。總之，按照原定合同。路斌諾夫不過專管銷售，其開辦之權，仍屬華商。且係專指松樹溝礦産而言，與法别拉不相干涉。相應照鈔劉佩瑾供詞，備文照覆貴署副都統，請煩查照。與廓米薩爾據理力争，幸勿鬆動可也。須至照會者。

附鼎盛昌劉佩瑾原供。

鼎盛昌執事人劉佩瑾供，係山西太原府祁縣人，年五十八歲。情因光緒二十四年，小號與愛琿商號永和公合夥採得愛琿所轄赫爾沁、阿林溝煤礦二處，彼此商允開辦。又恐煤無銷路，有俄國人路賓諾夫、紀鳳台二家，情願幫忙，專管疏通銷路。凡溝内開採事宜，歸小號與永和公承辦。特引聲明。此係商辦，不與國家干涉等情。商妥批立合同四分，各執一分，稟蒙前將軍恩批准，奏咨立案。嗣後招工開作，一年有餘，值庚子之亂，遂即停歇。事平後永和公無力復業，小號舖事亦受虧賠，未能接續開辦。查原訂合同雖有路賓諾夫、紀鳳台之名，亦曾一再聲明。伊等專管疏通銷路，所有開辦之權，皆小號等自行經理，伊等不能干預。一切詳細情形，均在原訂合同以内叙明，只求查閲，便可了然。路賓諾夫稱有執照，想即是前訂之合同，當初並未由官發給何項執照。至法别拉溝，先經小號亦曾採過。于思玉久在俄國黑河金廠，與小號素來相識，故於小號承辦煤礦事，亦所深知。小號與伊毫無轇轕。小號現在實係無力，擬緩時日，再行開辦。今蒙訊問，所供是實。

劉佩瑾。

駐江俄外部官照會龔泰山匿藏俄人採苗合同文。光緒三十二年六月十七日。

爲照會事。茲因矮公河岸之上阿洛尺地方，近於俄曆本年七月二十二日，即華三十二年六月十五日有一事，其詳如下。應請貴將軍重爲注意。據本處頃接電音，上阿穆爾金礦公司代表人色爾格馬爾扯夫斯克，以總統龔泰山之請，即於前日當俄巡捕公廳呈出該公司合同一紙，係前黑龍江省將軍薩批准於矮公河右岸採勘金苗之據，而總統龔泰山將合同驗看，衆信之以爲查閲原文，故未之防，遂被藏入於囊。合同既而龔携去，並承認無諱，現時尚存其手。繼經馬爾扯夫斯克及俄國各官懇其歸還，伊決辭之不返，何龔屢不自省其非理之爲，以至阿洛尺地方居民均惑亂於龔之横行。倘貴將軍不設法將龔立時撤差，然俄官憲慮將大有誤會，至生禍患。是其爲人也，不屬文流，故處事則無公道和平之氣。

如以上所陳，懇請貴將軍，電飭龔總統除將合同速歸還馬爾扯夫斯克外，應以官服前去請罪，爲此相應照會貴將軍查照施行可也。須至照會者。

前署將軍程照覆已電龔泰山暫將俄人合同繳還文。光緒三十二年六月三十日。

爲照覆事。案查華曆光緒三十二年六月十八日，准貴外部官第四百四十號照會內開：阿穆爾金礦公司合同，經試辦吉拉林金礦華員龔泰山查閱携去等因，准此。查此案前據駐省廓米薩爾林答照會，亦同前情。當即電諭龔泰山，如有其事，可將合同暫行交還俄人色爾格馬爾扯夫斯克。並令嗣後辦事，彼此和衷接待，毋損兩國睦誼。其餘一切，已由本將軍前日與貴外部官面叙，爲此照會貴外部官，請煩查照可也。須至照會者。

前署將軍程咨外務部，吉拉林等處金礦，俄人違約開採文。光緒三十三年二月二十八日。爲咨呈事。案准大部咨行黑龍江等處礦務，前准俄使來照，以中國地方官發給採勘執照，意在准其在採勘境內即可嗣行開辦。若有耽誤或不遵照某章，必應查明緣由，再行公允協訂。本國政府請保護黑、吉兩省俄金商利益，並望貴國政府注意於金商享其利益之確據等情，當經本部於上年十二月間咨行核復在案。兹於光緒三十三年正月二十三日，復准俄使來照，以黑龍江上游金礦公司代表稟稱，前署黑龍江將軍，於光緒二十七年六月初八日、八月二十日，與本國外務部委員商定章程，由該省將軍發給執照。二十八年春間，該公司按照所發執照，陸續派各起前往河爾渾河一帶採勘金苗。及至俄日失和，仍復工作，惟該工人中有備兵等，均歸營伍，因以停工，仍派人看護所採之苗。光緒三十二年二月間，黑龍江將軍派委員趙進修前往該處，又是年六月有總統龔泰山率兵一百餘名、工人百名，在該公司所探各處接行開辦。本大臣照請轉咨查明此案，應准該公司按照本國外務部委員與署黑龍江將軍商定各章程，在阿爾渾河一帶採辦各礦，並責成該公司確遵貴國將來所立各礦務章程辦理等因前來。查黑龍江各處金礦，雖經前將軍發給採勘執照，所訂章程，並未經本部核准，不能作爲開辦之據。兹准該使照稱前因，究係如何情形，相應抄録原照，咨行貴將軍查照，迅即核復。以憑轉復該使可也等因。准此。卷查此案原委，業經本署將軍於光緒三十三年二月十三日，咨覆查訊俄商開採漠河金礦文內，詳細陳明。備文咨請大部鑒核在案。兹復續奉前因，謹將俄使照內斷難允行之處，一再陳之。查前署將軍薩發給俄商執照，衹准其暫採金苗，乃俄商遂以此爲准其開礦之據，自稱開挖三百餘井座，即不得爲採苗，閲時四五年，尤不得謂之爲暫。例以公法。該俄商退還原礦之外，尚宜議罰。此其不合者一。前署將軍薩所發執照、所訂章程，既未經大部核准，俄商採得苗綫後，又無隻字呈報本署將軍。既背約章，則吉拉林礦産，無論是否俄人所開，均應歸華官經理。是以本署將軍於光緒三十一年夏間，札派千總龔太山，並留駐江俄廓米薩爾發給護照。前往該處採勘金苗。是時日俄戰事久停，而該礦並無作工俄人，則其始終未至開挖可憑。且如係俄商已開之礦，廓米薩爾豈肯復以邊界俄官照禮接待之護照發給華員？迺原文謂，俄商所出效果，爲本署將軍所派之員違理享用。此其不合者二。吉拉林等處金礦，曾據龔太山報稱，雖有硐眼，業已殘缺不堪。且係早年金匪偷挖，並無金商用機器採作形迹。迺原文謂房井機器，極大費用，明係張大其詞，預爲將來狡賴地步。此其不合者三。前署將軍薩與科落得科夫所訂草約第二條，明明載有應俟大清國家允准，再行開挖等語。乃原文不引草約，專引護照，即護照亦衹許其採苗。並未許其開礦。乃原文又謂意在嗣後准其於採者境內開辦各金礦。實屬無疑以附會之虚辭，爲允准之確據。此其不合者四。總之，阿爾渾河吉拉林等處礦産，就使俄商開辦屬實。而有違原約，中國即可索回。況彼並未開挖，尤不能聽其横來争競，理合具文咨呈大部，謹請鑒核施行。須至咨呈者。

前總督徐署巡撫程照覆俄商擅開金礦不能承認文。光緒三十四年正月二十五日。爲照覆事。案准第七十一號照會，轉到上阿穆爾金礦公司託靠人馬爾扯夫斯克所懇一案。查一千九百零一年，薩將軍與克外部官所定草約十一條，其第二條內聲明此約一經畫定後，暫先採勘金苗，候大清國家允准，再行開挖等語。嗣後薩將軍據情入奏，經外務部核議，候將來勘竣懇請開辦時，令其繪圖貼説，咨部酌核，再行請旨定奪等因。由薩將軍照會珀外部官知照在案。是馬爾扯夫斯克僅有暫准採苗之據，並無開礦之權。乃檢查光緒三十二年正月十三日駐京璞公使照會外務部文内開，吉拉林河一帶之金苗，已開出三百六十五井座等語。開挖三百餘井座，既不得謂之採苗；閲時四五年，尤不得謂之暫。此即該俄商等擅行開辦之確據，已與原約不符，況原領勘苗執照，前准外務部咨開。事隔多年，業已照會璞公使聲明作廢。而來文據該俄商聲稱，凡於溝內開有苗旺之礦産，均經照樣呈報等語。檢查本署，並無此項曾經該俄商逕報，或由俄外部官轉報之卷宗。刻下自未可以一面之詞，視爲有理之申訴。至於光緒三十二

年以後金廠，乃龔泰山招集商股開辦，周金秀係龔泰山之股夥。龔泰山係以股東而兼經理，並非華官府之代表人。龔泰山前往吉拉林辦礦之時，曾由前駐江武廓米薩爾林答處領得護照一紙，照內註明所往之地爲吉拉林，所辦之事爲開礦。並未諱言。如果此舉乃奪俄商應享之利益，當日廓米薩爾豈肯默無一言，遽以邊界俄官照禮接待之護照授之耶？總之，馬爾扯夫斯克於領照後五年之久，並無隻字呈報將軍衙門，又違約擅開，種種舉動，均與原定合同不符。本署撫未便承認，相應備文照覆貴領事，請煩查照飭知可也。須至照覆者。

駐江俄領事照會俄商馬爾扯夫斯克接辦吉拉林一帶金礦文。光緒三十四年三月初九日。爲照會事。照得上阿穆爾金礦公司託靠人馬爾扯夫斯克所懇轉達於貴部院各情如下，前於一千九百零一年，曾經黑龍江將軍薩與外部官克諾特科夫商定條約，當由薩帥發給上阿穆爾金礦公司託靠人馬爾扯夫斯克之護照，准由大奈諾爾湖起，沿河爾公河各溝，至貝斯特爾河左支流一帶地方，採勘金苗。自一千九百零二年三月間，該公司成立採訪班，派赴以上所指之處。至一千九百零三年春，此班凡於溝內開有苗旺之礦產，隨即於是年五月十三日及六月十二日，均經照樣呈報，且於所開得之處，其中有最注重者，並同爲指示。此後又更將採勘路費切實增定，因採勘所得之處多在，至延時甚久。嗣於日本國開戰時，至今辦事之人，實力大爲減色。忽於一千九百零六年二月初四日，有華官周金秀來吉拉林地方，指奉貴部院之命開辦金廠，竟不顧馬爾扯夫斯克之稟，及不服之節，直於馬俄人所採獲出金之處，動工作金。馬俄人不得已，於是年俄四月十六日，將各情呈報於俄領，乞爲申明所出之誤會。當此呈未經查覆時，適值華官龔太山自克日臘里河而至吉拉林，馬爾扯夫斯克因復將華政府違理之事，呈控於龔。龔當即索驗其採勘等權之護照，馬遂將此據交之於龔，龔乃邵欲强占其據，如以下馬爾扯夫斯克所道之情由。據稱龔太山所存之意見，馬始視之以爲有理之極，因龔爲華政府附派赴鄰國之華官代表人，既已謁見俄官後，當欲與之定約，即一分鐘，亦未見准。按對於馬俄民似亦任意强壓，在馬深自信其有理，欲得誤會速爲剖晰，因復携帶字據前來，期望華政府另派信實之員，馬爾扯夫斯克等事件，從嚴判别。馬且聞貴巡撫素遵條約而行，辦事無一不符約之處，尚祈設法規復所給於敝公司礦廠之權，則馬即可將採勘告成矣。至此項字據，前遇龔太山時，即爲所奪，並受其欺壓。此節曾經俄官出保證書以後，並當奪字據時，見證各俄官在座，照例將失據立案爲證。遇此不數日，原據忽被繳還，甚謝費神之至。此案今特送請貴巡撫公斷，馬惟盼公平，一求實在，懇將所行違背公理之處，速爲申明。並准其仍自一千九百零二年春爲始，往下接辦云云。至貴部院如何辦理之處，尚祈賜覆，爲此照會貴巡撫部院查照。須至照會者。

又《黑龍江礦務・漠河金礦》總署收黑龍江將軍恭鏜文《馬建忠李宗岱籌議漠河金廠章程》附李鴻章咨等五件　光緒十三年四月初七日，黑龍江將軍恭鏜文稱：竊照十三年三月初二初三等日，准北洋大臣直隸總督咨抄招商局馬道建忠籌議漠河金廠章程，又准咨抄委辦山東礦務前濟東泰武臨道李道宗岱籌議八條等因，准此，本將軍當即酌核情形，備文咨覆，相應抄録咨呈總理各國事務衙門鑒核施行。

又總署收軍機處交出北洋大臣李鴻章抄摺《擬定黑龍江漠河金廠官督商辦章程》附李金鏞籌議黑龍江金廠公司章程　〔光緒十三年〕照録清單。

謹將候補知府李金鏞籌議黑龍江金廠公司章程十六條，繕具清摺，恭呈御覽。

計開：

一、設局宜統籌也。僱礦師，購機器，蓋房屋，置車輛，買牲口，設碼頭，招流民，募勇丁，造輪船，開山路，事多用繁，非籌足資本，無從入手。惟近年南北災荒，勢難剋期集事。今擬先招商股二十萬兩，惟恐一時難齊，仰蒙北洋大臣李保借商人銀十萬兩，又蒙黑龍江將軍恭籌撥庫銀三萬兩，此兩款應俟招股齊時，先行繳還。

一、股本宜招集也。南中近年市面蕭條，其殷實之家，固尚不少，或因他處之礦，得手無多，不免裹足。不知漠河金沙，已爲俄人確著明效，然恐羣情多疑，故先借款創舉，以期共信。凡官紳富商，同抱公忠，必有樂助其成者，應仍招股，集資辦理。現議籌本二十萬兩，分作二千股，每股收天津行平化寶銀一百兩，如交上海規元，每股收一百零六兩，填發股票一張，息摺一扣，認票不認人，一股至百股，均可附搭。擬於上海、天津、吉林等處，遴派妥友，設立分局招徠，俟股滿即行截數，長年官利七釐，均於次年端節，憑摺支付，屆期先應滙銀至各分局，就近支付，以免輾轉遠寄，即將來得金，亦運往該各分局銷售。

一、開辦宜定地也。勘得漠河在愛琿之西，江道一千五百餘里，是處起旱七十里，即達金廠，地名元寶山。兩邊帶坡高山，中間有溪河一道，寬一丈至丈

三四尺不等。昔年俄人即在此溪兩邊盗挖五六年，已挖長十五里，惟溪身正脈尚未挖及。西至奇乾、阿勒罕等河，均二百餘里，東至阿木爾河下游口三百餘里。據俄人云，此道金脉，自額爾古納河西山發源，經奇乾、阿勒罕，直至阿木爾河下游，計長五百餘里。奇乾河與阿勒罕、阿木爾河，均有挖跡可指。俄人所稱脈長五百餘里，或非無因，須俟美國礦師前往試鑽扦探，方知確鑿。兹擬昔日俄人盗挖之處，先行開辦，俟辦有成效，其奇乾、阿勒罕等處，可次第辦理，卑府前此赴漠河所得金樣，即在溪邊之殘沙内淘出，經美國化學師樂百時化鍊，計一千分中得净金八百七十一分，銀七十五分，鉛硫磺鐵五十四分。據該化學師稱，此金可與美國舊金山之金並埒云。

一、礦師宜妥延也。既用機器，即不能無礦師，説者以爲僱用工頭，較礦師爲廉，然工頭僅熟機器，不識金脉，非老於礦學者，未易推測。况漠河金廠，尚有數處，擬一面開辦，一面即四出相度，而工頭仍須僱用。惟向來泰西礦師，身價自高，居處飲食，性喜侈靡。本公司事事核實，兼之僻在荒漠，須耐艱苦，宜擇用西國礦師之肯耐勞耐煩者，自總辦以下，只能與廠中司事同其隆殺，有功則賞，有過則罰。雖礦師所用通事人等，亦不能任其迴護。如熱河礦師之哲爾者、平度礦師之阿魯士威，皆有本領，延訂合同内聲明，到廠後如無明效，不拘年限，即行辭换。

一、事權宜歸一也。竊以開創之事難，邊疆之事更難，邊疆而兼開創之事，難而又難。漠河金廠去齊齊哈爾省城，陸路幾二千里，内多人跡未到之地，凡有公文要件，須派人專送，或附俄輪送至愛琿驛站轉遞，往返極速，亦須三四十日。凡遇風雪雨雹，更難定期。該處與俄界一江之隔，俄人久在漠河竊挖，今一旦收回，俄人耽耽逐逐之心，尤所莫測。此後交涉事件，勢必常有遠道禀商，誠恐緩不濟急。可否遇有小事，即由卑府相機酌量妥辦，其重大事件，仍禀商北洋大臣黑龍江將軍核奪。

一、輪船宜自備也。黑龍江本隸中國版籍，今則爲俄人獨行之江，由於我無船也，所設駐防，僅東有愛琿一處，其西至額爾古納河一千七百里，如入無人之境，雖新設卡倫二十處，兵力極單，山深路遥，消息難通。愛琿至漠河，水路一千五百里，冬時猶可踏冰行車，夏則我無一舟可濟。因之兵糧往來，不得不借坐俄輪，種種受其挾制。然此猶患之輕者。其大害則在漠河金廠久爲俄人竊挖覬覦。此次卑府奉差前赴黑龍江左分界，俄員諄諄以税租金廠爲託，今我一旦開採，彼不必違好興戎，祇須輪不我借，即糧無可運，金廠中人便有束手待斃之慮。反覆籌議，必須自備輪船，庶幾有恃無恐，且於邊防信息，亦可靈捷。惟黑龍江海口，久爲人有，如輪船由他處置造，苦無海口可入，祇得商請吉林機器局代造小輪船兩隻，一上一下，專以拖帶駁船爲主。造成後可由松花江轉入黑龍江，直達漠河。查松花江上抵黑龍江之水道，淺處不過四五尺，小輪吃水當以四尺爲度，可期往來適用。並擬製造十二槳之小長龍船四隻，以濟輪船之不及，且可往來梭巡江面。再，黑龍江二千里内，尚未探得産煤之處，俄國輪船往來，俱用木柴代煤，故江左沿江每距三五十里，即有一村，村民砍木存儲，供賣俄輪之用。江右絶無民居，我輪往來，用柴不便，擬禀請黑龍江將軍恭，將原設之卡倫，一律整頓，就飭各卡員，一體砍儲木柴待用，立定章程，給予價值。卡兵儲木，不得缺誤，輪船給價，不得短少。行船半年，核計每卡可得市錢數百千，該兵有此分外出息，當以卡倫爲優差，不但不視爲畏途，抑且争從其事矣。

一、機器宜購買也。産金之處，地氣嚴寒，夏秋之間，積雪始化，掘地四五尺，堅冰如鐵，金生於沙，沙凝於冰。須先融冰，而後得沙，淘沙而後見金，工作非易。若全賴民夫，則費力多而見功難。佐以機器，則汲水淘金，事半功倍，且人夫少用，則良莠易辨，而使無業莠民，聚而成黨。其利一，人夫少用，則稽察易周，不致有藏匿影射偷漏等弊。其利二，人夫少用，則工價可省，且該處無煤而有樹，或用木柴，或燒木炭，皆極便易。惟此項機器，必須購自外洋，幸漠河之沙金，與礦金不同，所用機器無多，僅需汲水、淘金、鑽地等件，每副價值，亦不甚鉅，但定購之時，宜加詳考，須求其至精至堅、可適久用者，以免停工待修，虚糜貽誤。

一、用人宜慎選也。開辦一事，尤在襄助得人。惟黑龍江爲邊遠苦寒之地，漠河更遠更寒，内地有用之才，孰肯謀食於負罪謫戍之鄉？而鉅細諸務，非賴羣策羣力，不克相與有成。今欲任用得人，非豐薪優奬，不足養其家而得其力，所有監工稽查辦糧押運文案收支等事宜，均關重要，俟三年有成，實效昭彰，擬請擇其尤爲出力者，照異常勞績，詳請從優保奬，以資觀感。漠河一帶，千餘里無人烟，艱險勞苦，勝於内地十倍，且開辦金廠，既藉以防邊，又可抽助軍餉，二者均關軍國大事，非破格奬勵，實不足昭激勸也。

一、流民宜招回也。查工作之役，應招土著之民，漠河金廠，地屬遐荒，民無土著。前有流入俄境之華民，即昔日俄人盗挖時招集之華民也。當時俄人從

海参崴，恰克圖等處，僱覓山東直隸之民若輩開礦，尚稱熟手，自官兵驅逐後，絶其歸途，俄人仍收作傭工。蚩蚩之衆，誰不思歸，不得已而易服從人，以圖生命，凌辱威嚇，困苦備嘗。今擬招回此項流民，仍爲我用，並優給工食，勤加約束，賞罰嚴明。在若輩久思仍回父母之邦，今一旦遂其所欲，其悦服可知。倘流民不敷遣用，所有愛琿等處八旗苦寒之人，願充斯工者，亦一體招入。

一、陸路宜開通也。查齊齊哈爾省城至愛琿，計程八百五十里，自愛琿附俄輪至漠河，有江道千五百里，水陸兼程，共二千三百五十里。若由省城徑至漠河，由墨爾根取道入山，本有陸路可通，因山深林密，向爲人跡所不到。卑府親率員弁，冒險直入，探明捷徑。墨河在墨爾根一千五百里，墨爾根距省四百五十里，共一千九百五十里。復又另探一路，由齊齊哈爾徑達漠河，旱路僅止一千四五百里，照向來水陸兼程，可近八九百里，是開通運道爲急務也。惟僱募夫役，經費較巨，擬請撥兵一二千人，除底餉外，量予犒賞，開路寬以一丈爲率，分哨定段，限日興挑。其監察一切，及設渡造橋，因地制宜，另議細目。斯役約一年可竣工，竣即可安電綫，置卡房，次第舉行，且道路既通，即以此項兵丁，分布要隘，人烟漸集，邊庭日益强固，亦足消强敵覬覦之心，即不開礦，亦是邊防要圖。

一、保護宜募勇也。查開辦後招集流民，動以千計，日夕相聚，加以强鄰逼處，在在堪虞，存廠之款，既必不少。挖出之金，尤關重要。漠河口現有五百兵，以之駐防，尚慮不足，勢難調遣入廠，必須另募一營，即在金廠内自行籌給口分，由總辦爲統領，用西法西械，勤加訓練，庶内可以資彈壓，外可以與防兵聯爲一氣，聲勢既壯，礦務邊務，兩有裨益。

一、司帳宜公舉也。錢財出入，爲金廠之根本。況屬公司，尤宜公辦，主廠者不當兼理錢財，致涉嫌疑。今擬將收支事務，由股本最大者公舉保薦平素誠實有望之人，然後延訂，將來如有虧空舞弊等情，一經查出，惟原薦主理直認賠，即在股本内扣還。凡經理銀錢，非任勞任怨者，不能稱職。倘有人商借挪移，自當破除情面，一概回絶。即如總辦員司等，除每月初二日給領薪水外，亦不得透支分文，以重公款。

一、股友宜助理也。凡入股之友，皆與廠中有維繫之勢，議定萬金之股，或自駐廠，或派人駐廠，以便監察金銀出入。如廠中有合宜職司，自當量才派事，開支薪水，如不諳公務，或無職司可派，僅能供給火食，不送薪水，祇可在廠查察帳房侵虧浮冒等弊，他處公事，不得與聞。即司帳之人，於銀錢有出入不當處，亦宜通知總辦核奪。至於未滿百股之友，亦有三四千金搭入者，准其二三人湊足百股，公派一人到廠監視，以憑共信。其餘零星股友，均不得援以爲例。

一、局用宜節省也。所用各員司人等，按其責任之輕重、才能之大小，酌定薪水之多寡。既不失之於刻，亦不失之於寬，即因邊地苦寒，非重禄不足以勸士，然少用一人，則費自省矣。至局中飯食、油燭、芯紅、筆墨、紙張雜用一切等項，必須實用實銷，不得浮開浪費，致使公本虚糜。如各員司因公他往，無論遠近，車馬等費，由局動支。至因一己私事出外，由本人自備，事事皆歸實濟。凡收支各帳，周年彙齊，刊刻清册，分送各股友閲核，以憑徵信，並報北洋大臣黑龍江將軍查核。

一、盈虧宜預計也。開辦一年後，出金果旺，獲利果多，是公司與股友幸事，如無盈餘，亦未折耗，在股者一時不准提本，祇准招人接替，更易姓名，調换股票息摺。萬一本有虧折之處，由總辦禀知北洋大臣、黑龍江將軍，並函商股分最大者，定奪辦理，不參私意，當取公評，以爲行止。

一、餘利宜分派也。金廠開辦後，每日所得金沙，由監工稽查，同送至收金所，經主廠者眼同兑收，登册蓋戳，聚總鎔練成條，運售津滬各處。按月一小結，周年一總結，共得金沙合銀若干兩，除將借款陸續提還，並將官利及員司礦師薪水局費夫役獲勇工食一切開支外，若有盈餘，作爲二十成均分，内呈交黑龍江將軍衙門六成，報充軍餉，商股十成，本廠員友司事花紅四成。在廠之人，自總辦及員司夫役等，皆得均沾酌賞，計人計功，不得使有一人向隅。

光緒十三年十二月初七日奉硃批：覽，欽此。

又總署收軍機處交出黑龍江將軍恭鏜抄摺《派員查看漠河金廠情形》〔光緒十三年〕十月初十日，軍機處交出恭鏜抄摺稱，爲派員查看漠河金廠，並擬開辦大略情形。據實密陳，仰祈聖鑒事。竊奴才前於光緒十二年十二月十五日，謹將漠河金廠亟應舉辦，並擬調派吉林道員用候補知府李金鏞會辦情形，恭摺具陳。仰蒙俞旨，並飭下北洋大臣李鴻章、吉林將軍希元，一體欽遵在案。續於本年四月間，該府李金鏞，遵由吉林來省，面商一是，當以興辦礦務，首重運道，漠河面江背嶺，水陸均須兼籌，遂先取道墨爾根城，蓦山而進，復由漠河出江，乘輪以達黑龍江城。往返數月，艱險備嘗，博訪周諮，略得梗概。九月間，始經旋省，奴才面詢顛末，並據該府李金鏞禀稱，漠河一區，界連俄人邊境，號稱金穴，狡焉思啟，防不勝防。開礦之舉，實關邊要利害，與内地礦務之專以利言者不

同。顧其難有數端，請質陳之：中國自泰西集股以來，就上海一隅而論，設公司者數十家，鮮克有終，而礦爲尤甚，承辦者往往蕩産傾家，猶有餘累。「公司」二字，久爲所厭聞，官項竭蹶，所不待言，則籌費難。漠河地處荒僻，人跡罕通，最近之市，爲黑龍江城，物價昂貴，較之南中，已加十倍，或二十倍。漠河更遠至二千里，地鄰北極，嚴冬則雪高盈丈，馬死人僵。夏秋多蟲，塞耳盈鼻，起居服食，無一不難，無一不苦。金鏞出關十年，舊時賑礦諸友，大率散處四方，集置艱苦之地，恐非所樂，而不招自至，又未信心，則用人難。黑龍江雖有俄國輪船，逆流而上，非十餘日不達，呼蘭爲裕米之處，無輪可乘。中國小舟，逆水不能上駛，必車運至黑龍江城，而俄輪居奇特甚。礦局所用機器重物，除上海運至營口不計外，而自營口運至漠河，水陸並馳，已五千里，若自備輪舟，購之津滬洋行，而內地無由馳入，謀之吉林機器局，而急切未可圖成。至於由陸道以通呼蘭糧運，在齊齊哈爾省城北行，介墨爾根呼倫貝爾之間，别開一路，較諸水陸周轉，加倍便捷。而窮崖絶壑，密箐深林，率皆終古未開之道，又非月役千人，期以周年，不能就功。而工用未免浩大，無此餘力，則轉運難。漠河金匪，雖已驅逐經年，而逃匿俄疆者衆，一旦礦夫四集，良莠雜處，易滋事端。非有重兵彈壓，以無保礦而防邊，則可慮良非一端。今奉調在防各兵，將非一人，兵非一地，兼係經制額設旗兵，難以力作苦役，更非金鏞所可調遣。客官辦事，本難自專，省治既遠，又難動輒稟候，則駕馭難。所幸金沙尚旺，其苗顯見，舊時金匪六七千人，盤踞至四五年，而俄屯糧食一石，價貴至五十兩，得金之多，可以想見。金鏞詳考陳迹，以機器未備，僅就河旁隨手開挖，甚爲淺窄，其沙石之下，皆爲堅冰。訪之土人，當時金匪徒手挖沙，開冰無術，惟以亂石燒紅融之。至金沙之下，尚有堅冰如鐵者去之，則復見金沙。而水中之金尤旺，似非將河身讓出，不易見功。而凡開沙吸水、融冰淘金，皆非機器不可。至於招集民夫，以助機器，無需多人，應用襄理之員，則以求舊爲主，參用新知，必須能耐勞苦，於礦務略有研究，不敢徇情。其防兵一層，爲費甚鉅，暫亦難籌，或就近酌調數營，併歸節制，仍支原餉，一俟金廠有效，再議自募。金鏞昔年辦礦，成敗間出，曾未累及發朋，此次既蒙奏調，欽奉特旨，中外共知，南中官商，必有聞而助理者。擬且集貲二十萬，以爲僱礦師，購機器，置輪船，買糧食，造房屋，修道路之用。遵即先赴北洋大臣衙門，稟商一切，隨至烟台、平度、上海等處，集股商辦，並俟美礦師哲爾者回自熱河，面述礦情，由渠指購各器。一切籌備既妥，再行詳細稟請具奏，定期開辦，附金砂一封呈驗等情前來。奴才伏念漠河金廠之舉，重在防邊，兼籌利國，本屬遠大之圖，而處窮荒，籌款無出，事屬創始，得人尤難。奴才素絀理財，又於礦務毫無閱歷，撫躬自省，殊失顧言顧行之義。幸賴北洋大臣李鴻章遵奉諭旨，力與扶持，遂得指調吉林道員用候補知府李金鏞，以資臂助。查據所呈金沙，爲數雖微，尚屬材良質美，稟議各節，亦屬詳慎周妥，但得貲本充足、器具周備，似不至於徒勞鮮獲。奴才現飭前赴李鴻章處。呈驗金沙，並一應擬辦事宜，逐層稟商後，擬定詳細章程，或即由李鴻章先行具奏，請旨飭下總理各國事務衙門王大臣核議，以期仰慰宸廑。惟近值封河之期，該府李金鏞，前赴北洋，仍當續往烟台、上海各處。南北陸程，計非半年以後，不能往復，開辦之期，當在明年春夏之交。而奴才前經奏將軍政展至明年，以便親詣漠河察看，亦緣美國礦師未到，延滯至今，殊深惶悚。祗俟該府李金鏞開辦礦局時，再行奏請前往。合併陳明，所有派員查看漠河金廠，並擬開辦大略情形緣由，理合恭摺密陳，伏乞皇太后、皇上聖鑒訓示，謹奏。

又總署遞正摺附遵議李金鏞所擬漠河金礦章程《遵議黑龍江漠河金廠開辦事宜》〔光緒十四年〕正月初七日，本衙門遞正摺稱：謹奏爲遵議黑龍江漠河金廠開辦事宜，恭摺覆陳，仰祈聖鑒事。竊臣衙門於光緒十三年十月初十日，准軍機處抄交黑龍江將軍恭鏜奏，派員查看漠河金廠一摺。奉硃批：該衙門知道。欽此。又十二月初七日，抄交大學士直隸總督臣李鴻章奏擬定漠河金廠官督商辦詳細章程一摺。奉硃批：該衙門議奏，單併發。欽此。臣等查漠河山，在黑龍江省，屬墨爾根城之西北，界於額爾古訥河旁烏河之間，地勢背內興安嶺，面黑龍江，南至墨爾根，經度斜距烏道約八百里，紆道計一千餘里，距齊齊哈爾省城，經度約一千五百里，東由水路達愛琿，一千五百里，北距俄國新設之博克諾付克屯及阿勒巴金城，僅一江之隔，其地即近年新設之博羅哈達卡倫也。內興安嶺，向有東金山之名，國語謂之金阿林，别乎阿爾泰山之爲西金山而言也。該處金苗頗旺，而地處邊荒，外來匪徒，在彼偷挖金砂，出没無定。經前任將軍文緒派兵驅逐，布置卡倫，邊境始得廓清。然地不愛寶，蓄久必發，利之所在，人輒爭趨。況當邊遠之區，防範亦難周密，前有俄商薩比湯，在出使大臣處呈請欲租粗魯圖地方，設廠挖金。其地即在漠河之西，彼蓋以中國未經官爲開辦，故有此請。嗣經臣等與李鴻章、恭鏜咨牘往來，籌商辦法，歷據該大臣將軍等，先後遵奉上年十二月二十八日諭旨，派員查勘，並籌議辦法。臣等查閱李鴻

章所奏章程十六條，頗爲詳明。竊思英之新金山、美之舊金山、俄之悉畢爾，莫不淘挖金礦，以爲富强之計。中國雖有産金之地，向來不事開採，所出無多，又經西人收買，以致金價日昂。況黑龍江地方，自與俄國畫江分界，情勢又與往昔不同。自來謀國遠圖，不外興利、實邊二策。漠河礦務，若果辦理得宜，則利源日開，人民漸聚，富庶之基，胥由於此。現就原訂章程，逐條詳議，應如所請開辦。惟事屬創始，經理匪易，既據李鴻章奏稱道員候補知府李金鏞，血性忠勇，不避艱險，應請旨即派該員督理黑龍江等處礦務，以專責成。至其中如造輪船、開運道，招流民一事，權添護勇各條，於邊防均有關係，且於中外交涉，尤應處置得宜。並請飭下黑龍江將軍，督同該員，審慎辦理，不可稍涉大意。此外未盡事宜，仍由該員隨同稟請北洋大臣、黑龍江將軍核奪，咨送臣署備查。謹將遵議章程十六條，開列清單，恭呈御覽，伏乞皇太后、皇上聖鑒訓示。再，此摺係總理各國事務衙門主稿，會同吏部、户部議奏，合併聲明。謹奏。光緒十四年正月初七日奉旨：依議。欽此。

謹將遵議李金鏞所擬《漠河金廠章程十六條》，繕具清單，恭呈御覽。

一、原奏統籌設局一條，查開廠之始，凡購器、蓋屋、造船、開路，及延僱礦師，添設防勇等項，需用經費，先須籌定，非招集商股，無以濟事。現已由北洋大臣借用商款銀十萬兩，黑龍江將軍動撥庫款銀三萬兩，自可先行開辦，一俟商股招齊，即將前款歸還，應如所議辦理。

一、原奏招集商股一條，查招商集股，西洋名爲公司，原屬衆擎易舉，近年如輪船招商局，及開平等處煤礦，皆賴商股以資周轉，但經理未能盡善，無以取信於人。今擬招集股本二十萬，分作二千股，於上海、天津、吉林等處，設立分局，支付息銀，及運金銷售各節，務須核實辦理，俾出資者得有利益，庶足以廣招徠。

一、原奏定地開辦一條，查金脉自額爾古訥河西山起，經奇乾、阿勒罕，直至阿木爾河下游，計長五百里，夙稱金穴。漠河之元寶山溪邊，尚有金匪盗挖之跡，現擬先從此處開起，俟礦師探得苗旺之處，次第辦理。應如所擬，先在該處擇地設廠，作爲開辦根基，俟辦有成效，然後由漠河以至奇乾、阿勒罕河等處，逐漸推廣。

一、原奏妥延礦師一條，查各處礦局，每爲西人庸劣礦師所誤，其真正高手礦師，甚爲難得。據稱熱河礦師哲爾者、山東平度州礦師阿魯士威，皆有本領。此次延定礦師，必須訪求確係可靠之人，合同内亦宜詳細聲明，免致虚縻款項。

一、原奏事權宜一一條，查漠河距齊齊哈爾省城陸路一千五百里，若繞愛琿水路，尤爲迂遠。該處上游，係俄之士帖列省，下游係海蘭泡省，時有輪船往來，開廠以後，難保無交涉之事。若無辦事之權，往返稟商，誠恐緩不濟急。現擬責成李金鏞督理礦務，所有一切交涉事件，即由該員一面相機妥辦，一面稟報，如有事關重大者，仍分別稟商北洋大臣、黑龍江將軍核奪。

一、原奏創造輪船一條，查咸豐八年，《愛琿條約》訂明黑龍江只准中俄兩國行船。光緒十二年四月間，該將軍用兵漠河，驅逐金匪，每借俄輪以濟糧運，諸多不便，嗣購買俄商輪船一艘，又復議而未成。兹擬在吉林機器局代造小輪船二隻，以便拖帶運糧船隻。並造小長龍船四隻，梭巡江面，應如所請辦理。至卡兵斫儲木柴，以備輪船購用，應由黑龍江將軍通飭遵辦。

一、原奏購買機器一條，查淘金必先吸水，人力殊不易施，若用外洋機器，則事半功倍。且漠河産金之處，距地面深不及丈，所用機器較簡，應即選擇購辦，以資應用。

一、原奏慎選用人一條，查漠河爲邊遠苦寒之地，人皆視爲畏途。金廠襄辦需人，非尋常局務可比，若非破格優奬，不足以示鼓勵。應如所請，在廠經辦各員，俟三年後，如果實效昭彰，准擇其尤爲出力者，照異常勞績，從優酌保數員；其出力較次之員，照尋常勞績保奬，不得概從優保，以示區別。仍應查照定章，將各該員到廠日期，及經管何項事務，先行咨部立案，不咨者不准入保，至將來保奬員數，擬臨時察看情形，按成效之大小，定人數之多寡，儻稍涉浮濫，即將出力稍次，及在事未久之員，酌量删減，庶於激勸之中，仍寓核實之意。

一、原奏招回流民一條，查從前盗挖金沙，大率皆山東、直隸游手傭工之人，由海參崴、恰克圖流徙至彼，自經官兵驅逐，渡江流入俄境者，頗不乏人。此次招工開挖，如有自願來歸者，自可酌量收用，惟其中如有已入俄籍之人，即不應濫行收留，以示區別。此事務宜妥慎籌辦，不可孟浪從事。

一、原奏開通陸路一條，查自齊齊哈爾至愛琿，復由愛琿至漠河，水陸計程二千三百五十里。據李金鏞探得由齊齊哈爾徑達漠河，旱路僅止一千四五百里，照向來程途，可近八九百里，惟山深林密，向爲人跡所不到。擬請撥兵一二千人，伐木開路，除底餉外，量給犒賞，係爲還糧便捷起見，應請飭下黑龍江將軍，會商東三省練兵大臣，即行酌派練軍前往，俾資調遣。其安設電綫卡房、分

布弁勇汛守各節，應俟工竣後，次第辦理。

一、原奏募勇保護一條，查新設之博羅哈達卡倫，防兵只五百名，以之彈壓礦廠，兼顧防秋，尚嫌單薄。既據稱另募一營，餉由金廠籌給，即歸該員統領，俾收指臂之效，事亦可行。至勇營編成後，應仍造册詳報該將軍，以備稽考。

一、原奏公舉司帳，股友助理，節省局用，預計盈虧各條，以上四端，皆係參酌公司辦法，應責成該員隨時酌，稟明該管上司，核實辦理。

一、原奏均派餘利一條，擬照所請，辦有成效之後，除將借款陸續提還，並將官利及員司礦師薪水、局費、勇糧一切開支外，酌定所有盈餘，作爲二十成計算，以六成提充軍餉，四成作爲該局花紅，其餘十成，歸商股匀分，俾得均沾利益。並將收支款目，按年逐部備查，免其造册報銷，將來金砂果旺，規模日益擴充，應如何開拓變通，以裕餉之處，届時察看情形，再行酌辦。

又總署收軍機處交出東三省練兵大臣定安抄摺《開辦漠廠伐木開路事礙難撥兵充任》〔光緒十四年〕三月初十日，軍機處交出定安抄摺稱：爲會商開辦漠河金廠，伐木開路，礙難撥派練兵情形，恭摺具陳，仰祈聖鑒事。竊准北洋大臣直隸總督大學士臣李鴻章，轉准總理各國事務衙門咨，議奏黑河金廠開辦事宜一摺。奉旨：依議。欽此。並鈔録原奏單内開通陸路一條，據李金鏞探得由齊齊哈爾經達漠河，旱路僅止一千四五百里，照由向來程途，可近八九百里，惟山深林密，爲人跡所不到。擬請撥兵一二千人，伐木開路，運糧便捷。請旨飭由奴才等會商酌派練軍，住資差遣等因，咨令欽遵辦理前來。伏查三省舉辦練軍，原爲朝廷遠大之圖，永奠邊陲之計，前經海軍衙門會議。除重大軍務，不准移調他往，奏奉懿旨，一體欽遵在案。今開辦漠河金礦，雖爲開邊界之利源，杜强鄰之覬覦，事體亦屬重大。奴才定安忝任重差，但期相與圖成，斷不敢存畛域之見。奴才恭鏜事關當局，更冀速於奏效，亦不敢存推諉之心。惟黑龍江兵員，向以騎射爲先，於工作之事，諸多未諳，實與勇丁有間。兹於深林密樹之中，令其鑿險縋幽深，恐未必得力，若竟强令從事，將來窒礙甚多。且練軍操習未久，技藝均尚生疏，必須日訓月練，以求精熟，舍而他役，不特前功盡棄，亦且後效難期，似於籌備重大軍務初意，不甚相符。奴才等體察情形，不敢不據實直陳，以免貽誤。前據督理礦務知府李金鏞開單稟商，業由奴才恭鏜批令另籌妥法，應俟稟覆到日，再行會商李鴻章酌核辦理。所有辦理金廠礙難派兵開路緣由，理合會同恭摺具陳，伏乞皇上聖鑒訓示。再，此摺係奴才定安主稿，合併陳明。謹奏。

光緒十四年三月初九日奉硃批：該衙門知道，欽此。

又總署收軍機處交出北洋大臣李鴻章抄片《奏飭郭長雲赴黑龍江襄辦礦務》〔光緒十四年〕三月十五日，軍機處交出李鴻章鈔片稱：再，黑龍江漠河一帶，開辦金礦，前經臣會同將軍恭鏜覆奏，並經總理各國事務衙門議覆，准派吉林道員用候補知府李金鏞督辦在案。查漠河等處，邊遠荒僻，經營伊始，諸形艱瘁，必須得人襄助。查有湖北候補副將郭長雲，久在吉林琿春帶隊出力，究心金礦，熟悉邊情。兹已交卸營務南旋，臣稔知其明練耐勞，於東邊交涉機宜，頗有閱歷，堪以飭赴黑龍江礦局，交李金鏞酌量委用，俾資得力。除檄飭遵照，並咨黑龍江將軍知照外，理合附片陳明，伏乞聖鑒。謹奏。

光緒十四年三月十四日奉硃批：該衙門知道。欽此。

又總署收軍機處交出黑龍江將軍恭鏜抄摺《請撥庫銀資辦漠廠》〔光緒十四年〕十月二十五日，軍機處交出恭鏜抄摺稱：爲督理礦務道員抵省，即日前往漠河，並撥借庫銀三萬兩，以資開辦，恭摺具陳，仰祈聖鑒事。竊照黑龍江省開辦礦務，經奴才暨北洋大臣大學士直隸總督李鴻章先後會奏，調派吉林候補道李金鏞督理，並附陳所擬章程十六條，續經總理各國事務衙門會同吏、户二部核議覆奏，奉旨允准，一體欽遵在案。兹於光緒十四年九月二十八日，該道李金鏞，歷由天津、上海等處，集資製器前來，當經奴才詳詢一切情形。據稱西洋礦師，大半有名無實，冒昧延訂，徒滋糜費。加以商力疲弊，應招入股者無多，更不能不慎節從事。擬先馳往漠河，按照前次踏看金廠，逐加開採，如果金脈大旺，是沙非石，尚易見功。輪船運糧，事關緊要，吉林工料難備，應俟開春冰泮，徐向俄商購買，募工招勇，亦即擬在黑龍江城辦理，續行具報，所承准撥庫銀三萬兩，應亟給領，以資開局等語。奴才伏查黑龍江省漠河等處，雖稱著名金穴，而脈苗之深淺盈絀，究難豫爲懸定，創辦之初，自宜加意慎節，以冀日起有功。該道面稟各情，具有斟酌，現在該道已於十月初三日起程，奴才並切囑該道，以地連俄境，募工招勇，均宜倍加小心，遇有交涉事件，就近酌量妥辦。其原駐漠河統領聶車布防軍，並飭該道會同副都統禄彭節制調遣。至奴才前奏撥借庫銀三萬兩，原念礦務重大，實關本省邊防，誼當倡導，無如官兵俸餉而外，別無餘款，再四籌策，殊少周轉之方。惟查有奉天歷年截留本省兵餉，上年經奴才奏催解還銀四萬七千兩，現存在庫，留備協餉不濟之需。兹提出銀三萬兩，交該道具領應

用，一俟礦務起色，即由該道先行解還，以重庫款而裕餉儲。所有督理礦務道員抵省，即日前往漠河，並撥借庫銀三萬兩，以資開辦各緣由，謹會同北洋大臣、大學士直隸總督李鴻章，恭摺具陳，伏乞皇太后、皇上聖鑒訓示。謹奏。

光緒十四年十月二十五日奉硃批：該衙門知道。欽此。

又總署收黑龍江將軍恭鏜文《請撥庫銀資辦漠廠》附原奏〔光緒十四年〕十一月初七日，黑龍江將軍恭鏜文稱，據礦務局案呈，本衙於光緒十四年十月十二日，會同欽差北洋大臣李，奏報督理礦務道員抵省，即日前往漠河，並撥借庫銀三萬兩，以資開辦一摺。除俟奉到硃批，另行恭録知照外，合請分咨等情。據此。除咨行札飭外，相應粘抄摺稿，爲此咨呈總理各國事務衙門備核施行。

又總署收黑龍江將軍恭鏜文《抄送請撥庫銀資辦漠廠摺批》〔光緒十四年〕十二月初六日，黑龍江將軍恭鏜文稱，據礦務局案呈，本衙門於光緒十四年十月十二日，會同欽差北洋大臣李，奏報督理礦務道員抵省，即日前往漠河，並撥借庫銀三萬兩，以資開辦一摺，當經抄奏分別咨札在案。茲於十一月初七日接到回摺，奉硃批，該衙門知道。欽此。應請分別咨札等情。據此。相應咨呈，爲此咨呈總理各國事務衙門備核施行。

又總署收户部文《請撥換漠廠駐防兵》附黑龍江將軍恭鏜等原奏〔光緒十四年〕十二月二十五日，户部文稱：山東司案呈，軍機處交出黑龍江將軍恭等奏，漠河金廠，上年派駐防兵四百名，近届一年期滿，仍請照舊揀撥兵練換防，以均勞逸一摺。光緒十四年十二月十五日奉硃批：該衙門知道。欽此。欽遵到部。相應抄録原奏，恭録硃批，咨呈總理各國事務衙門可也。

照録鈔單：爲漠河金廠防兵，近届一年期滿，仍請照舊揀撥兵練換防，以均勞逸，恭摺仰祈聖鑒事。竊照漠河金廠，上年派駐防兵四百名，近届一年期滿，自應照章豫撥，以備換防。茲由齊齊哈爾省城，出派馬隊練軍五十名，呼倫貝爾出派停操步練軍一百名，布特哈出派正兵一百名，黑龍江、墨根、新安城三處，各出派正兵五十名，共計四百名，派委營總一員，正副紮蘭各八員，筆帖式二員管帶，前派所有餉乾軍火旗纛縣號衣，以及採運米糧，一切均照歷年定章辦理，刻即分別咨飭先期派定。准於明年正月二十日，齊集黑龍江城，聽候副都統禄彭按名點驗，一律飭赴防所，至統領聶車布到防未久，應飭照舊統帶，毋庸另行改派。奴才等當嚴飭加意操防，以祈仰副聖主軫念邊維之至意。除分咨户兵部查覈外，所有漠河金廠防兵一年期滿，仍撥兵練換防緣由，理合恭摺具陳，伏乞皇太后、皇上聖鑒。謹奏。

又總署收軍機處交出黑龍江將軍恭鏜抄摺《漠河金廠開辦日期》〔光緒十五年〕二月十三日，軍機處交出恭鏜鈔摺稱：奏爲督理礦務道員馳抵漠河，開辦日期，恭摺具陳，仰祈聖鑒事。竊照督理黑龍江礦務吉林候補道李金鏞，於光緒十四年九月間，由天津、上海等處，集資製器來省，稟商開辦情形，並領借撥局本庫銀三萬兩，馳往漠河等因，業由奴才會同北洋大臣、大學士、直隸總督臣李鴻章，奏報在案。茲據該道李金鏞稟稱，十月初三日，由省起程，前至黑龍江城，招募礦丁，部署轉運各事，於十二月初四日，始抵漠河，當即調派隨員，接收一切應行之事，分途辦理，粗克就緒，遂擇十三日開工。並酌擬局章十條，以資共守，合行呈報查覈等情前來。奴才伏查黑龍江省礦務，事屬創辦，現值嚴寒沍凍，開採尤難。該道李金鏞，志存利濟，勇往有爲，所定局章，亦均謹嚴可守，春融而後，脈苗深淺，自有次第可尋，奴才當飭隨時馳報，以重礦政。除將局章咨送總理各國事務衙門備查外，所有督理礦務道員馳抵漠河，開辦日期，謹會同北洋大臣、大學士、直隸總督臣李鴻章，恭摺具陳，伏乞皇太后、皇上聖鑒訓示。謹奏。

光緒十五年二月十三日奉硃批：該衙門知道。欽此。

又總署收黑龍江將軍恭鏜文附開辦漠河金廠章程《咨送漠河金廠開辦日期摺稿》〔光緒十五年〕二月十四日，黑龍江將軍恭鏜文稱：據礦務局案呈，本衙門於光緒十五年正月二十八日，會同欽差北洋大臣李，奏報督理礦務道員馳抵漠河，開辦日期一摺。除俟奉到硃批，另行恭録知照外，合請分咨等情。據此。除咨行札飭外，相應粘抄摺稿，爲此咨呈總理各國事務衙門備核施行。

照録粘單，謹將開辦漠河金廠章程十條，繕摺恭呈鈞鑒。

計開：

一、募充把頭，宜有妥保也。本公司開辦金廠，各處流民，聞風而至，其中良莠不齊。難以盡悉。茲募平素熟手而有根蒂者，充當把頭，並取具妥實舖保，到廠後如有作弊，及虧空等情，惟向保人是問。蓋把頭須管領礦丁，所有銀錢貨物，均准把頭預行支取。有關出入，故非妥保，不能録用。至礦丁即由把頭自募，亦須年力精强，能耐勞苦，並素習淘金者，方准募入。一把頭以募二三十人爲率，立爲一班，即歸帶領挖洗。礦丁舞弊，責在把頭，令先募把頭二十名，礦丁五百名，擇日祭山開工。俟明年冰融之時，工作大舉，再行續募。惟把頭帶領礦丁，須按所派地段，認真工作，不得酗酒鬭狠，遇事紛争，如有犯者，輕則由監察

及該管把頭調處，重則送提調處懲治。

一、機器物具，宜公司備發也。吸水淘金等機器，鐵鍁、鐵鐝、水車、牛馬車輛，鐵穿、鷹嘴鐝等物具，均本公司預備，各把頭按礦丁人數領用，不取價值，但用須愛惜，毋因取之公中，任意毀敗。如有此事，查出立究。若日久損壞，實出無心，即准送儲材所更換，再由儲材所分別交製造處。修整完好，仍歸儲材所收存，以備給領。倘有遺失，即著該把頭包賠，以昭戒慎。至於斧、鋸、鐵鑿等件，本公司概不供用，須各把頭赴本公司貨櫃購買。

一、開工採金，宜分段落也。本公司原稟黑龍江將軍，曾聲明非將河身讓出不可，今時屆隆冬，嚴寒特甚，溝中積雪甚厚，去雪見冰，鑿冰四五尺見石，去石而底冰仍在，施工太難，雖費百倍之力，難見一分之功。現在先從河之兩旁，各開礌硐，由此處下手，尚覺稍易。查俄之金廠，春冬兩季，本屬停工，而我廠礦丁已集愛琿多日，正可招之試行，或能稍見小效，庶不致人多生費。一俟春融，大工開辦，濬通水道，按設機器，分定地段。計每把頭帶領礦丁若干名，應受地若干丈，插標爲記，以次挨開，庶無争競之慮。

一、上工散工，宜定時刻也。冬季上工，准七點半鐘，散工准四點鐘，各把頭不能備有鐘表。但望局前挂旗，即帶礦丁上工，落旗即帶礦丁散工。春季五點鐘上工，六點鐘散工；夏、秋兩季，四點鐘上工，七點半鐘散工；四季均歸十二點鐘放工吃飯，飯畢仍即上工。俟機器設妥，上工、散工，以放汽爲號，俾歸畫一。倘有參差不齊，咎在各該管把頭，查知定當究責。各礦丁到工，務須勤捷工作，如有怠惰，責懲不貸。設因有病，難於赴工，本公司聘有官醫，備有良藥，可立調治。

一、所得金沙，宜四六股分也。查他處金廠章程不一，官辦有按人税金，有按床納金。俄國有僱工得金，英美有按票税金，私廠有二八、三七分金。一切物具，均礦丁自備。今本公司購置機器，及一切器具，並蓋房屋、設立碼頭、修造輪船，招募兵勇，購買牛馬，備儲糧草，置辦車輛，支付官利，分立各局，調派員司，在在需款。資本既重，糧餉攸關，實非淺鮮，凡此皆爲便益該把頭與各礦丁起見，況一用淘金吸水各機器，該礦丁等省工甚鉅，得金亦易。本公司今酌中議定四六股分，局得四分，工得六分，稟明北洋大臣、黑龍江將軍，咨總理衙門立案。如果該把頭等得金欠旺，本公司隨時察看情形，另行核減，總期公私兩有裨益，以作久遠之圖。所得金沙，雖定四六股分，而該工所得六分，亦須統繳本公司，該把頭等不准有絲毫藏匿。本公司另派監工司事，在工常川稽察，得金若干，隨時過戥計數。散工時，該司事帶同各把頭至收金處，三面眼同兑平，對數無錯，當面登簿收摺，摺按半個月一結，所繳金沙，照漠河現出成色，按市每兩給愛平銀十六兩。嗣後漲落，照市再定。該把頭等應得金價，或銀或錢，聽其自便。該員司職其事者，不得從中掣肘作難。惟所出金沙，雖上溜漂净，内中含沙含石，或含别質甚多。故俄國金廠，每一錢稱一鑿羅托尼枯，合中國愛平一錢一分七釐。今本公司按愛平加一收金，以示格外公平，將來分局或按僱工法試辦，屆時再行定奪。

一、偷匿金沙，宜嚴定科罪也。查偷匿金沙之弊，無奇不有。此次本公司奉旨開辦金廠，現定四六分金，亦是酌中持平之舉，日後出金多，不議增，出金少，再議減，用心不爲不厚。該把頭與各礦丁等，亦宜各具天良，通力合作，須以勤奮爲念，不以私利爲懷，一縷一絲，皆歸公處。如有礦丁偷藏等事，查出照章治罪，把頭通同者，罪加等。知而不舉者，罪同科，出首者免究。兹定偷金一錢至五錢，枷半月責六十；六錢至一兩，枷一月責一百；一兩至三兩，枷三月責二百；三兩至五兩，稟請正法示衆。監察司事，如有通同作弊者，稟請嚴辦，知而不舉者，立即辭退。

一、要道隘口，宜搜檢嚴密也。本公司恐有來歷不明之人，及私帶軍器洋烟，並一切違禁之物，故於要道隘口，設局盤查。凡把頭礦丁來投者，須由愛琿轉運局請領護照，到口赴局，將護照呈驗，局員立即派人監同搜檢，如果禁物毫無，即倒换腰牌，准令前進溝内。至總局將腰牌呈驗，聽候點名後，指出地段，憑該把頭等，自行砍木蓋房，隨時開挖，如有違禁之物，一經搜檢得出，物即充分，人即驅逐。俟見金沙後，凡出入之人，一體嚴搜。搜有藏金，一半歸公，一半賞給搜獲之人，以示鼓勵，而匿金者，仍照章治罪。

一、礦丁日用，宜由本公司備辦也。所有礦丁應用食物器具，一切等項，本公司先備足一年之用，隨時再陸續添辦運廠，不使有缺乏之虞。另行設立貨櫃，公平取值，不存牟利之私，祇欲便人之用。每把頭帶礦丁一班。本公司即立與經摺一個，一面付貨，一面收金，所需食物器具，及每日交金，均持摺分别向貨櫃並收金處，領取呈繳，立即登摺，半月結帳一次。本公司既百物備足，不准外人進溝貿易，以杜暗收金沙，盗賣禁物之弊，將來金沙日旺，礦丁日多，本公司在溝口設立市廛，准各商販在市廛貿易。

一、洋烟賭博，宜禁止也。洋烟賭博，爲害甚大，最易誤公，非嚴禁不可。本廠淘挖工作人等，早作遲歇，胼手塗足，事本極勞，情亦甚苦，一吸洋烟，懶惰無力；一經賭博，放蕩無歸。有此二端，難期振作，除出示嚴禁外，在廠無論何項人等，如犯以上情事，員司撤差，工人驅逐，決不容留。

一、每月放工，宜定限制也。各礦丁每日工作，既已限定時刻，不得稍有參差，若不予以休息之日，未免勞瘁難堪，是宜体恤下情，稍與寬假。現本公司酌定按月以朔望放工兩日，每届是日早起九點鐘，各礦丁齊集本局大門外，聽宣聖諭廣訓，至十二點鐘，各散歸班，任令閑散自在，如有乘此閑散之時，私往偷淘金沙，查出重辦不貸。至日後礦丁中，有因事告假他往，並欲歸家者，准由該管把頭代領出口護照，不得私自離廠，用先諭知，俾共遵照。

又總署收北洋大臣李鴻章文《李金鏞稟報漠廠開工日期暨開辦章程》附開辦漠河金廠章程 〔光緒十五年〕二月十五日，北洋大臣李鴻章文稱，二月初九日，據督理黑龍江、漠河等處礦務李道金鏞，上年十二月十九日稟稱，竊職道前蒙憲台會同黑龍江軍憲恭，奏派辦理黑龍江、漠河全廠事宜，旋蒙總理各國事務衙門會同吏户兩部，將章程議明復奏，請旨即派督理黑龍江等處礦務，以專責成，奉旨依議。欽此。職道伏思礦務一事，籌辦不易，不慎於始，鮮克有終，自當殫精竭誠，妥爲策畫，已將運糧、購器、建屋、設局、招兵勇、募礦丁，一切應行之事，逐加辦理，並調派員司，分司各職，諸務粗有就緒，遂擇於月之十三日，祭山開工，並先擬開辦章程十條，稟呈鑒閲，核定示遵，所有職局開工日期，並所擬開辦章程各緣由，理合具稟呈報，伏乞轉咨總理各國事務衙門。實爲公便等情，到本閣爵大臣。據此，查據稟開辦章程十條，可即試辦，其嚴定匿金三兩至五兩罪名，係爲礦丁等觸目驚心，免致違犯起見，亦准照擬榜示，倘有違犯，隨時稟請核飭，除批示外，相應咨明貴衙門。請煩查照。

又總署收北洋大臣李鴻章文《漠河金廠俄礦丁偷竊沙金》〔光緒十五年〕九月二十五日，北洋大臣李鴻章文稱：據督理黑龍江、漠河等處礦務道員李金鏞稟稱，竊於光緒十五年七月二十日，接海蘭泡、固畢爾那托爾、畢聶威斯克電稱，在於貴金廠作工之俄人把頭之夥伴度菴士克來呈告，爲虐逼殘拷，請即回報，秉公責實數若干。原告云打六百等語，職道當即回電云，度菴士克在本廠屢偷金沙，此次當面拏獲五爪力，照中國例，須辦重罪，因貴國之人，格外從輕，責四十下，發落送還，若責六百，必有傷痕可證。旋又據該俄官電稱，爲責打我俄國之人，是閣下違約，如斯則必然要討俄民，限以四十八點鐘時刻，將我俄國人夫，立即退離貴境，盡放歸我國界内；所該辛金，一概算還清楚。因貴國管理，俄民遭受刑苦，此真令我等羞慚。伏祈大人一遇有便輪，即移駕我處，面陳原委，或另差副員，則必由閣下親自繕函賜示，肅佇候命，求立加三倍價，賜電示復等情。職道又復電稱，貴國工人，於六月底，早已退還貴境，辛金亦算清楚。惟礦師一名，尚在本廠，欠本廠錢捌拾吊。更存口岸作礦匠師一名，帶工人五名，大約半月可以完工，即送還貴境。若論違約之説，我國百姓，流寓貴境，横被摧殘，常誣良爲盜，下獄動以累月，經年不釋，層見叠出，有案可查。閣下愛己百姓如子，既犯法而薄責曰羞慚，視吾百姓若讐，無辜受辱，豈無惻隱？況在本金廠作工之俄人，前經有犯法者，曾送交阿特蠻辦，而阿特蠻推不管，若送到黑河，路途遥遠，不如薄責示警，立即釋放，此爲至美。且度菴士克偷竊金沙，亦非體面之事，故薄責放之，以免貴大人操心，亦本道辦事和平之意，並非苛虐貴百姓也。惟願自此以後，各照條約辦事，最爲平允。如貴百姓，則歸貴國辦理；中國百姓，歸中國辦理，以敦和誼。本道極願前來面談一是。因金廠事多，不能分身，請貴大人原諒。此復。七月二十九日，又接固畢爾那托爾電稱，奉總督鈞電，允准閣下，如果貴務紛紜，可以無庸來黑河，蓋事有不平則鳴，亦祈貴大人原諒。來電云俄國工人，早經散回清算，所存下造礳房匠師及工人五名，弟已徑行電著該匠師西密廓富照領五人，限以八天完工，工畢回籍等情，伏查近年俄員凌辱我民，日甚一日，與講條約，則置之不答，遂致積案重重，無時得了。職道忝膺礦務，而邊務繫之，交涉事多，若一任其欺虐我民，於心實有所不忍。然欲理喻之不可，勢禁之不能，反覆躊躇，未得良策。忽於六月二十三日，有俄礦丁度菴士克，偷竊金沙至五爪力之多，合中國愛平五錢八分半。照條約各辦各國之人，本應送與彼國究治，無如從前在我界犯事之俄人，送往近處邊界屯官法辦，而素不責懲，一似彼民犯法，例可不辦者。職道於是薄責放之，並將尚有俄礦丁八名，六月底盡善遣之，正欲使之控告，誘俄員前來責問，俾可盡我反相責問之言，庶以後渠可知條約之不可不遵。職道明知此舉之出於權宜，迫而行之，亦屬無可如何之計。幸該俄員能知理屈於前，不敢頻來饒舌，將來之事，或能鑒此而稍恭順焉，則邊務幸甚。所有與俄員往復電報各緣由，理合具稟上陳，伏乞俯賜察核，並懇咨明總理各國事務衙門備案施行，實爲公便等情，到本閣爵大臣。據此，除批據稟俄國礦丁度菴士克，偷竊金沙至五爪力之多，合中國愛平五錢八分

半。照約各辦各國之人，本應送與彼國究治，該道因前有俄工犯法，送交俄官阿特鑾懲辦，而該俄官並不責懲，是以此次將度菴士克，量予責懲，係屬權宜之舉。旋據俄官固畢爾那托爾來電詰問，經該道據理駁辦，雖已息事，惟西例向無鞭責，照約只可拘禁，嗣後遇有此等案件，應仍送交該國邊界官懲辦，勿輕責打，致滋饒舌。仰即遵照等因印發外，相應咨會貴衙門，請煩查照備案。

又總署收北洋大臣李鴻章文《咨呈李金鏞所訂俄輪裝運漠廠糧貨約單暨續議漠廠章程》〔光緒十六年五月初六日〕附俄公司輪船裝運漠廠糧貨約單續議章程

計開：

一、礦丁宜按時聚散也。查此間一交冬令，天寒日短，甚於他處，俄金廠於每年四月開工，九月停止，蓋因地制宜。我廠去年事屬創辦，始因夏秋出金甚旺，不知冬令大相懸殊，礦丁之陸續來者，未經截止，及至冬，無可爲，遣散已屬不及。現擬於春令廣招礦丁，至八九月間，令散其半，有不願去者，聽憑留廠。雖明知冬日淘金，勢必減少，然地鄰俄境，邊務爲重，斷難停工數月，致啟外人覬覦之心，祇有減少人數，照常開辦。惟選擇身强力壯、能耐寒苦者，方准留用工作，既可敷其衣食，公司亦不致賠累，其非年力精壯者，概不准留。

一、水道明礌，宜推廣開濬也。查水道濬通，可無水患，明礌即可通力合作，拋毛設溜，事半功倍，效可立期。即如去年劉吉春水道，自五月二十一日開工，先有礦丁二百十五人，至六月十四日上溜，旋添至五百三十人，除馱糧歇工外，每日約到工四百四五十人，每日得金多者五十餘兩，至六十餘兩左右。此固彰明昭著，人所共知，較之礌眼出金，其獲利確有把握。今年各幫礦丁，均宜聯絡大幫，統開明礌，仍挑選熟悉明礌做法之老手數名，充當總把頭，爲衆礦丁督率教導，俾力無妄費，而功可有成。如有礦丁不聽教導，以及偷工懶惰，准該把頭就近面禀監工委員，隨時懲責。今酌定每年由四月半起，九月半止，在五個月内開做明礌，以四百人爲一大幫，或少至二百人爲一幫，按人分幫，按幫分段，按段編號，按號拈□。長以四十文爲一段，大幫二段，小幫一段，寬深以金脉爲限，不准任意擇地貪多，致起争競。凡上段泥水流入下段，下段每易淤塞，玆定章何處淤阻，即歸該段合上段併力開通，使水不致稍有淤滯。監工委員司事等，往接段處時時稽察疏通，遇有違者，立予重辦不貸。

一、開挖礌眼，宜定時候也。查漠河出金之溝，長約三十餘里，統東北雖有百數十里，其稱做與否，尚未全探。自經俄人由元寶山前起，偷挖五六年，西開東掘，幾無完土。去年雖從隙處挖礌，認明舊礌之旁，打洞下做，不數日即與舊礌打通。在夏秋時，舊礌積水，從旁溢入，兩礌皆棄，徒勞工作，且多架木倒壓沙石傾崩之禍。現定每年四月半至九月半開明礌，自九月半後，天時日冷，地氣日凝，仍准開挖礌眼。至次年四月半，仍開明礌，因地因時，諸多裨益。

一、小股宜一律禁止也。查去年夏秋間，礦丁每有希圖小利，既不安心開礌，又不願入水道，自成散幫，或一人一處，或二人一夥，名曰小股，藏匿樹林沙堆中，淘洗殘沙，今日在此，明日移彼，閃爍莫定。雖亦請立旗號，而故意將旗號低扯，使查礌容易混淆。其中弊竇，頗難防閑。今年概行禁止，如有不遵者，查出嚴懲不貸。

一、分金宜按月給付也。查去年在廠礦丁，應用一切衣服食物及器具等項，均由把頭赴貨房憑摺支取，每至半月一結，未免繁瑣。今定各幫取貨，及礦丁應得分金，歸一月一結，除歸還貨款外，應得餘款，聽其自便。惟查各幫把頭礦丁，均係遠道而來，每至回家時，攜帶現銀，長途堪虞。本局不得不爲爾等籌一穩妥之法，自愛琿、卜奎、吉林、奉天、烟台、天津等處，本公司皆設有分局，均可滙兑。嗣後准各把頭礦丁回家時，無論貲之多寡，交與本局，當給滙票，持票至地頭支付，以免攜帶重貲，致有長途疏失之患。

一、逃丁宜分賠虧累也。查礦丁既欲脱逃，必定虧欠公項，向章歸把頭一人獨賠，未免偏枯。礦丁在未逃之先，萌欲逃之念，必非一日，同幫礦丁，豈無一二與之交好知其情者，即不知情，亦宜互相防範。查去冬逃去礦丁不少，而同幫各礦丁，無一舉報。其意謂逃與不逃，不干我事，彼之虧欠，自有把頭任之，無怪逃丁日甚。把頭雖有乾股，而所分有限，豈能包賠得起。今定逃去礦丁一人，無論虧欠公項若干，均作兩股分賠，把頭賠一股，同幫各礦丁分賠一股，以昭公允，則各礦丁自必合同留心也。至於病故礦丁虧欠公項，若責之把頭礦丁攤賠，本公司有所不忍。今後病故礦丁如有虧欠公項，亦作兩股認賠，該把頭賠一股，本公司亦認一股，以示體卹。設病故礦丁尚有存項，有親族者，准取保具領，送歸其家；無親族者，捐入養病院，以充公費。

一、疾病宜收養醫治也。本局原設官醫，送診施藥。查礦丁終日作工，胼手胝足，夏秋則雨淋日曬，脚踹水中，春冬則冒雪衝風，身立冰上，寒溼積受成病。本廠去年礦丁得腿腫齦爛之症不少，一交冬令，病者累累，雖本局敦請名

醫，不惜重資，精備飲片丸散，而該礦丁孤身客寄，舉目無親，煮藥侍疾者其誰。即有至親好友，亦各有事，勢難分身照料。每有病非死症，因無人調養而死者，極爲憫惻。今擬設立養病院，先蓋房屋二十間，收養疾病礦丁，官醫即住其中，日爲醫治。並派老成工人數名，專司煮藥熬粥之役，輪流侍候，庶病者易痊，痊後仍可歸幫作工。至入院養病，一切飲食醫藥各費，均歸公司開支，不取分文，以示體卹。

一、礦丁死亡，宜分別撫卹也。查礦丁數千里遠來，離鄉背井，艱苦備嘗，到廠後或砍樹被壓身死，或在工受傷遽殞，死於非命，較病亡者更可憐憫，此等應加優卹。今定因公而死非命者，給棺木一具，錫箔兩塊，錢紙兩疋，並准其親族到局領卹銀三十兩。如死輕本賤售，於俄國商貨，則不能無礙矣。惟是現在並從前所辦之事，爾孚甚願襄贊中國辦理一切，亦即爾孚分内事也。專此奉復，并頌爵綏。

俄國東海總督廓爾孚謹啓。

西曆一千八百九十年五月二十四日，由海葠葳發，光緒十六年六月十二日到。

又總署收北洋大臣王文韶電《請商俄使准漠廠礦丁免費趁搭俄輪》〔光緒二十二年〕五月初四日，收北洋大臣王文韶電稱：據委辦漠河金廠知府周冕電稱，該廠出金以五、六、七、八月爲最旺，此時用礦丁亦最多，往往二三千人，趁俄輪到廠工作，今年亦已到數百人。現俄員固畢爾那託爾忽稱，輪船裝載，須先領票，每票索羅布五張，合銀三兩餘。現有千餘人在愛琿候船，無力出此，進退維谷。淘金無人，尤慮曠廢時日，關繫均非淺鮮，該守現致函争論，恐不濟事。並稱該洋官月内，即須交卸，請電尊處核辦等語。查兩國邊界民人往來，向無領票之説，況礦丁下船上岸，均在中國地界，不過趁俄輪在公共江内行走，尤非往來兩國可比。該礦丁均有頭約束，中途不准上岸，俄員平空勒措，應請貴署速賜電商駐俄大臣，向彼外部設法轉圜，礦務幸甚。韶。江。

又總署收軍機處交出黑龍江《將軍》依克唐阿《請准緩開漠河金廠山路》〔光緒十七年〕四月初五日，軍機處交出依克唐阿抄片稱：再查去年臚陳摺内，曾有開通山路一條，彼時當經總理漠河金廠事務吉林候補道李金鏞稟稱，所有開路應用帳棚、鍋具、鍬鎬、斧斤一切款項，已經估計一萬餘兩，均由該廠籌助，以便濟公。嗣因礦務拮据，又兼該道病故，叠經總督李鴻章咨商函商，金廠用項，同事紛繁，擬將開路一款，權作緩圖，統俟將來該廠報有成效，再行借款籌濟等語前來。奴才查其商論各節，自是實在情形，再四思維，縱慾另行籌辦。無如邊餉原定既屬支絀，省庫又無閑款可籌，合無仰懇天恩，准將開路一條，可否暫作緩圖之處，出自鴻施，理合附片密陳，伏乞聖鑒，訓示祇遵。謹奏。

光緒十七年四月初五日奉硃批：著照所請。該衙門知道。

又總署收黑龍江將軍依克唐阿文《咨報漠河金廠自光緒十五年後添撤改委各員司銜名清册》附漠河金廠添撤改委各具司銜名清册〔光緒十八年〕九月初四日，黑龍江將軍依文稱：礦務省局案呈，據辦理黑龍江等處礦務候選知府袁大化稟稱，竊查《漠河金廠開辦章程》内有慎選用人一條，前蒙北洋大臣李、原任黑龍江將軍恭，奏經部議，准將在事各員到廠日期，及經管何項事務，先行咨部立案等因。詳查漠河金廠，自光緒十四年十二月十三日，祭山開工之日起，至十五年三月初三日止，所有派差任事各員司銜名職司及到差日期，前已分別造具細册，稟請咨部備核在案。茲查自十五年三月初三日以後，陸續添撤改委各員司銜名及到差日期，尚未造報立案，自應遵章造册，稟請補咨備案等情前來。合請照章分咨，以憑備案等情。據此。相應咨呈，爲此咨呈總理各國事務衙門，鑒核備案施行。

照録清册。

鎮守黑龍江等處地方將軍法什尚阿巴圖魯依，爲造册咨送事。茲將督理黑龍江等處礦務候選知府袁大化，呈送漠河總局及各處分局，除前派員司業經分別咨送外，所有光緒十五年以後添撤改委文武各員弁司事書識銜名清册，照録咨送貴衙門立案施行。須至册者。

計開：

漠河總局。

提調河南候補知縣劉國宗，光緒十五年六月，派俄界聶格來斯轉運。十七年十一月，調委總局提調。查提調一差，原委郭副將長雲辦理，嗣因改委洛古河分廠，卑府奉委接辦，旋以李道病故，卑府又奉奏派接辦礦務，遂稟派該員接充此差。理合聲明。

委員五品頂戴增生陳殿舉，光緒十五年十月，派隨同採辦呼蘭糧貨。十六年正月，調隨辦總局文案，兼交涉事件，嗣又改委會辦總局文案，兼交涉事件。

司事候選縣丞鍾大元，光緒十五年三月，派乾墨口局收發糧貨。十六年八

月，調派總局文案，兼交涉事件。

司事文童屠維，光緒十五年八月，派隨辦總局文案，兼交涉事件。

司事文童袁大俶，光緒十六年五月，派隨辦總局文案，兼交涉事件。

司事文童李華國，光緒十七年正月，派隨辦總局文案，兼交涉事件。

司事候選從九品邵金鐸，光緒十七年五月，派隨辦總局文案，兼交涉事件。

委員五品頂戴縣丞職銜張敬勇，光緒十五年十二月，派乾局經理糧貨。十六年五月，調辦洛廠帳房，八月調辦漢廠帳房。十七年七月，改委總局支應所差。

司事文童王希賢，光緒十六年七月，派管漢廠糧房，八月改派隨辦總局支應所。

司事五品頂戴文童沈士麟，光緒十五年八月，派隨辦漢廠帳房。十七年正月去差。

司事五品頂戴文童陸承緒，光緒十六年閏二月，派充漢廠官醫，七月改派隨辦漢廠帳房，並派收金所。

委員候選從九品宋維祺，光緒十五年八月，派巡查漢廠礦丁窩棚。十六年八月去差。

司事花翎遊擊銜儘先補用部司歐陽錦爵，光緒十五年三月，派管漢廠礦丁册籍，及查驗所事件。

官醫生五品頂戴文童孫滋德，光緒十六年七月到差。

司事文童杜鎬，光緒十六年七月，派管漢廠糧貨總帳，十七年七月去差。

司事監生王文元，光緒十七年正月，派隨辦漢廠貨帳，五月派管糧貨總帳。

司事文童宋德廣，光緒十五年五月，派管漢廠糧房。

司事文童陳殿右，光緒十七年五月，派管漢廠糧房。

司事文童盛元慶，光緒十五年八月，派管漢廠貨棧。

司事文童崔毓林，光緒十七年四月，派管漢廠貨櫃。

司事文童張心平，光緒十七年七月，派管漢廠貨櫃。

司事文童李文明，光緒十七年七月，派管漢廠貨櫃。

司事六品頂戴劉玉春，光緒十六年二月，派管漢廠鐵器。

委員五品頂戴文童夏朝治，光緒十六年十一月，派乾廠巡查。十七年五月，改委墨河口局，十二月調回漢廠礶硐監工，旋改派北溝監工。

司事文童袁如蘭，光緒十七年正月，派漢廠礶硐監工。

司事文童李涵恩，光緒十五年三月，派轉運，現派幫同採勘金苗。

司事武生曹國琛，光緒十七年八月，派管漢廠貨樓，現調辦愛琿西山分廠收發糧貨。

司事附生祝壽考，光緒十六年五月，派隨辦總局文案，嗣改派駐額爾古訥河口，轉運由漢至乾糧貨。

司事六品頂戴文童王庭植，光緒十六年七月，派一間房盤查局書識。

司事附生李嗣曾，光緒十五年八月，派辦洛局公牘。十七年八月去差。

漠河護礦營：

管帶護礦營五品頂戴候選縣丞袁大傑，光緒十五年四月，派後路押運差。十七年九月，稟委管帶護礦營差，清理江面，兼查偷漏，倡導屯墾事。

前哨哨官記名簡放提督向文燕，查該提督，光緒十四年十二月，派帶馬步兩隊，曾經稟咨在案。兹於十七年九月，册派前哨，仍兼漠口盤查局差。理合聲明。

左哨哨官五品頂戴千總職銜張鶴鳴，光緒十五年十二月，派呼蘭招勇，嗣委水道監工，

右哨哨官花翎都司銜候補守備黄步偉，光緒十七年三月，派乾廠哨官，九月册派右哨哨官。

後哨哨官已革前陜西陜安鎮標中軍游擊周文先，查該哨官。光緒十四年十二月，派帶乾廠步隊，曾經稟咨在案。兹於十七年九月，册派是差。理合聲明。

中哨哨長六品軍功袁正樂，光緒十六年正月到差，兼津滬解金事。

前哨哨長五品軍功張文在，光緒十七年五月到漠，當派是差。

左哨哨長五品軍功王槐林，光緒十六年四月到差，派乾西口稽查，嗣派漢廠水道監工。

右哨哨長五品軍功吴振興，查該哨長，光緒十四年十二月，派管乾廠糧房，曾經稟咨在案。兹於十七年九月，册派是差。理合聲明。

後哨哨長六品軍功周天福，光緒十六年五月，派硐眼監工。十七年十一月，改派是差，兼查探金苗。查九月册派趙明玉，嗣經改派周天福。理合聲明。

幫帶護礦營候選府經歷魏漢江，光緒十六年十二月，派隨辦總局文案。十七年四月，改委漢廠機器監工，九月委派兼充幫帶護礦營差，旋委解金赴津。十

八年二月回局，仍供原差。

字識六品軍功馮忠賢，光緒十七年八月，派隨辦漠廠帳房，九月册派兼充護礦營字識。

漠河口局：

委員五品頂戴候選府經歷袁杲，光緒十六年十二月，委辦漠河口局，兼交涉事件。

司事文童李光熙，光緒十五年八月，派辦漠河局公牘。

司事文童顧榮綬，光緒十六年五月，派管漠口局銀錢事件。

司事五品頂戴文童程寶書，光緒十五年九月，派辦漠河口局收發糧貨總帳事件。

司事六品頂戴文童張敬業，光緒十七年七月，派隨辦漠廠貨帳房，嗣改派漠口局，幫理糧貨帳目。

司事六品頂戴文童孫步奎，光緒十五年九月，派洛口局，收發糧貨，嗣調派漠口局，收發糧貨。

司事六品頂戴文童張錦昌，光緒十六年七月，派漠口局，收發糧貨。

司事監生吉祥，光緒十七年六月，派漠口局糧房謄寫。

司事文童李廷鏞，光緒十六年七月派管漠口局藥房。十七年去差。

司事文童李芝芳，光緒十七年十二月到漠，派管漠口局礦丁養病太平房。

司事文童傅錫琛，光緒十六年九月，派漠口盤查局字識。

翻譯生六品頂戴縣丞職銜韋際泰，光緒十五年五月到差，派翻譯俄電，並中俄來往公牘交涉事件。

司事六品頂戴縣丞職銜張仰賢，光緒十六年正月，派採辦羌貨，及俄語通事。

司事五品頂戴文童袁大備，光緒十七年八月，派巡查江面，嗣派探查愛琿西山金苗。

奇乾河分局：

委員五品頂戴貢生鄭成玉，光緒十七年四月，派漠廠監工，五月派乾廠水道監工，九月改委乾廠，幫辦局務。

司事文童楊再荃，光緒十五年七月，派一間房盤查局書識，嗣調辦洛廠公牘，十七年八月，改派辦乾廠公牘。

司事五品頂戴文童顧時泰，光緒十五年九月，派隨辦總局文案，嗣調辦漠口局公牘，現改派乾廠，辦理公牘。

司事文童王家焜，光緒十六年八月，派隨辦乾廠貨帳，嗣派辦帳房。

司事五品頂戴文童劉廷鈺，光緒十五年八月，派管乾廠藥房，嗣派幫辦帳房。

司事文童張賡堯，光緒十七年七月，派辦漠廠貨帳，嗣改派幫辦乾廠帳房。

司事七品頂戴文童劉天祿，光緒十五年三月，派管貨櫃，現派辦乾新廠收金所。

司事六品頂戴文童薛士鼎，光緒十六年七月，派辦乾北溝收金所。

官醫生五品頂戴文童薛士達，光緒十五年八月到差。十六年九月去差。

司事六品頂戴文童秦景清，光緒十六年七月，派管乾廠藥房。

司事藍翎五品頂戴候選從九品姚蘭，光緒十六年閏二月，派漠廠支應，七月改派洛廠到應。十七年三月，調辦乾廠糧貨總帳。

司事文童邵依仁，光緒十五年八月，派隨辦乾廠貨帳。十七年六月去差。

司事五品頂戴文童劉廷錫，光緒十六年七月，派管乾廠糧房。十七年七月去差。

司事文童邵梅峰，光緒十六年六月，派漠廠監工，十二月派管乾廠糧貨房。

司事文童楊訓章，光緒十七年二月，派管乾廠貨棧。

司事文童白玉麟，光緒十七年二月，派管乾西口糧貨。

司事文童武君選，光緒十七年二月，派管乾廠貨櫃。

司事文童馬順明，光緒十七年五月，派管乾廠貨櫃。

司事文童管啟鳳，光緒十七年六月，派乾西溝收發糧貨。

司事文童丁蓮，光緒十七年六月，派乾北溝收發糧貨。

委員藍翎五品頂戴縣丞職銜于德聘，光緒十六年六月，派漠廠收金所，嗣派解金津滬差。十七年十一月，派乾廠巡查礦丁窩棚。

司事世襲騎都尉沈松年，光緒十六年，派漠廠監工，十七年五月，派乾廠硐硐監工。

墨河口局：

委員附生張鳴鶴，光緒十七年九月，派辦墨口局盤查收發等事。

司事五品頂戴文童張世望，光緒十六年七月，派辦乾廠公牘。十七年七月

去差。

司事七品頂戴文童馬學易，光緒十七年九月，派辦墨口局銀錢事件。

司事文童朱耀丙，光緒十五年九月，派管墨口局收發糧貨總帳。十七年七月去差。

司事六品頂戴文童秦宗程，光緒十六年七月，派墨口局收發糧貨。十七年八月去差。

司事六品頂戴文童劉甡誠，光緒十七年六月，派墨口局收發糧貨，兼充墨口盤查局書識。

漠河口防營：

黑龍江城正黄旗佐領協領銜補用協領德全。

前鋒儘先補用驍騎校富勒布。

披甲補用驍騎校額爾格春。

披甲六品頂戴桂英。

前鋒儘先補用驍騎校依三布。

前鋒六品頂戴成春。

領催補用驍騎校來忠。

披甲雙明。

以上八員，均在漠口兼充礦務雜差。理合聲明。

愛琿轉運總局：

委員五品頂戴候選州同舒銘古，光緒十六年二月，派漠廠巡查。十七年三月，調辦愛琿轉運局。

司事五品頂戴文童郭之珍，光緒十六年七月，派隨辦總局文案，嗣辦愛局公牘。

司事五品頂戴文童林國荃，光緒十五年八月，派採辦呼蘭糧貨，後調辦愛局帳房，十七年四月去差。

司事五品頂戴文童張文蔚，光緒十五年十月到局，派轉運收發銀錢事件。

司事文童李德新，光緒十七年二月，派管愛局收發銀錢事件。十七年六月去差。

司事監生朱文煥，光緒十七年六月，派管愛局轉運糧貨事件。

司事監生孫毅德，光緒十七年五月到局。

司事文童劉希棠，光緒十七年四月，派駐黑河，轉發公文事件。

筆帖式恒玉，光緒十五年六月，派由愛至漠押運差。

選授盛京刑部郎中松毓，光緒十六年正月，派愛局幫同照料差。

錫爾沽轉運分局：

筆帖式勝禄，光緒十六年八月，派轉運事件。

披甲明玉，光緒十六年八月，派轉運事件。

領催七品頂戴多斯宏武，光緒十六年八月，派轉運事件。

齊齊哈爾省局：

花翎協領蘇隆阿，光緒十五年三月，派辦稽核文案。

五品頂戴遇缺即補主事魁陞，光緒十五年三月，派經管月報清摺事件。

花翎佐領銜即補防禦雲騎尉富隆額，光緒十四年十二月，派往各處招股差使，前次册報時，未及造送。理合聲明。

呼蘭廂黄旗公中佐領英智，光緒十五年三月，派辦清算各事，並經管文報。

五品頂戴候選府經歷蔡國山，光緒十五年三月，派辦轉運各事，並經管文報。

書識五品頂戴領催盛壽，光緒十五年三月，派辦轉運各事，繕寫文件。

書識六品頂戴前鋒盛玉，光緒十五年三月，派辦繕寫文件。

書識披甲文棉，光緒十五年三月，派辦繕寫文件。

歸部選用筆帖式鍾祥，光緒十七年五月，派兼礦務局照料差。

候選巡檢張青雲，光緒十七年五月，派兼礦務局照料差。

伯都訥採辦局：

委員遇缺即選縣丞佘華柏，光緒十五年十二月，派採辦差。

委員分省試用縣丞劉國琦，光緒十七年二月，派採辦差。

吉林分局：

委員藍翎直隸州用湖北候補知縣程雲鵠，光緒十七年二月，派幫辦分局差。

委員候選巡檢汪士榮，光緒十七年五月，派吉局幫同照料差。

營口轉運分局：

委員候選縣丞張玉庭，光緒十六年二月，派轉運事件。十七年十二月去差。

委員同知銜升缺升用候選州判王秉謙，光緒十七年二月，派轉運事件。

天津分局：

委員同知銜候補知縣周世銘,光緒十七年八月,派幫同辦理分局招股,及售金事件。

委員五品銜北河候補州判徐鍾俊,光緒十七年八月,派幫同辦理分局招股,及售金事件。

委員直隸候補知縣祝芾,光緒十七年五月,派幫同照料差。

委員縣丞用直隸候補巡檢戴潤遠,光緒十七年五月,派幫同照料差。

委員四品銜補用直隸州候補知縣廖炳樞,光緒十五年十二月,派總辦煉金監爐差。

委員分省補用知縣董遇春,光緒十五年十二月,派會辦煉金監爐差。

司事五品銜儘先選用縣丞邵鋆棠,光緒十七年五月到局,派津局帳房。

煙台分局:

委員補用知縣山東候補縣丞盛鼎彝,光緒十五年十二月,派礦丁滙兑事件。

委員四品銜知州用直隸試用通判趙懌芳,光緒十七年五月,派礦丁滙兑事件。

上海分局:

委員附貢生程錫桐,光緒十五年四月,派總辦招股採辦,裝僱輪船轉運,及售金事件。查是差原派程署正彬辦理,錫桐爲彬子,旋改委其子接辦。理合聲明。

委員候選縣丞黄翰森,光緒十六年五月,派幫辦招股採辦,裝僱輪船轉運,及售金事件。

司事州同職銜張學誠,光緒十六年四月,委辦滬局公牘。

司事文童陸清卿,光緒十五年四月,派司滬局帳目事件。

司事文童潘毓甫,光緒十六年閏二月,派司滬局帳目事件。

委員縣丞職銜王慶徵,光緒十六年三月,委辦文報事宜。

漠、乾廠及各路分局差弁花名:

差弁七品軍功任德茂,光緒十五年正月,派管漠廠提煉金沙。

差弁七品軍功顧多文,光緒十五年三月,派乾廠礳硐監工。

差弁陳秋輝,光緒十五年六月,派乾廠礳硐監工。

差弁五品軍功康德,光緒十五年七月,派管漠廠車馬。

差弁六品軍功于振恒,光緒十五年八月,派由漠至津滬批解金沙。

差弁六品軍功孟與福,光緒十五年八月,派漠廠礳硐監工。

差弁六品軍功馬文德,光緒十五年十月,派漠口雜差。

差弁六品軍功王墨林,光緒十五年十二月,派乾廠礳硐監工。

差弁六品軍功張敬先,光緒十五年十二月,派漠廠監工,及查探金苗。十七年派乾廠盤查礦丁。

差弁七品軍功袁廣增,光緒十六年正月,派馬紮蘭住撥,巡查往來礦丁。

差弁七品軍功桑金桂,光緒十六年七月,派漠口局管木匠。

差弁六品軍功萬思仙,光緒十六年八月,派漠廠礳硐監工。

差弁孫夢升,光緒十六年九月,派漠廠查夜。

差弁七品軍功袁祥徵,光緒十六年九月,派管漠廠炭窑,兼查夜差。

差弁七品軍功紀培元,光緒十六年七月,派管漠廠藥房。

差弁六品軍功袁正乾,光緒十六年十月,派乾廠礳硐監工,嗣派漠河下站,巡查水陸偷漏。

差弁六品軍功儘先外委魏漢海,光緒十六年十一月,派由漠至津、滬批解金沙。

差弁七品軍功張得衆,光緒十六年十二月,派管漠廠小工,嗣管機器小工。

差弁七品軍功劉繼恩,光緒十七年正月,派漠廠礳硐監工。

差弁張得勝,光緒十七年六月,派管漠廠機器放水閘口。

差弁七品軍功周錦秀,光緒十七年二月,派江面巡查。

差弁六品軍功袁廣濟,光緒十七年二月到差,嗣派愛琿西山,查探金苗。

差弁五品軍功儘先外委陳永貴,光緒十七年二月,派津局雜差。

差弁七品軍功袁廣倫,光緒十七年二月,派押運漠乾糧貨,兼漠口局查夜。

差弁六品軍功蘇正邦,光緒十七年二月,派修理軍械。

差弁鄭從福,光緒十七年四月,派乾廠礳硐監工。

差弁七品軍功王春田,光緒十七年五月,派漠廠管木匠。

差弁七品軍功袁廣臨,光緒十七年五月,派由漠至愛批解金沙。

差弁袁廣田,光緒十七年五月,派乾北廠礳硐監工。

差弁六品軍功袁興邦,光緒十七年七月,派洛古河口。巡查礦丁。

差弁薛興崑,光緒十七年七月,押運由愛至漠糧貨,嗣派乾廠查夜及批解金沙。

弁，擇尤請獎。嗣准吏部、兵部先後咨覆，以光緒十五年十月以後，所出金砂數目，並未報部，成效無憑核計，保獎人數，亦令刪減。再行核辦各等因，知照前來。臣查漢河金廠，自光緒十四年十二月開辦起，截至十五年十月止，所出金砂數目，曾經報部。其自十五年十一月起，截至十七年十二月止，收金總數，及每次售金價值，現據總辦礦務道員袁大化開單補報，業經分咨查照在案。呈所保各員，臣覆加查核，均悉在事出力，久著勤勞，毫無冒濫，所擬獎敘。免補免選者，僅三十餘員，餘皆請保虛銜升階，並不優於常格。前議保獎章程，以成效之大小，酌人數之多寡，本未限定獎額。漢河地居極邊，瘴癘寒毒，易致疾疫，艱苦勝內地十倍，人皆視爲畏途，若非優加獎敘，詎肯不惜身命，遠役遐荒。該廠三年以來，所出金砂至六萬三千餘兩，外杜强鄰之窺伺，內開邊境之利源，其有益於國計民生，良非淺鮮，實屬辦理得法，成效昭彰。且總分各局十餘處，在事員司數百人，未能一概列保，若令再加刪減，辦事得力者，恐多向隅，必致聞風解體，有礙全局。合無仰懇天恩，俯念漢河金廠，事屬創辦，關係緊要邊防，非尋常局務可比，准敕部仍照原保給獎，毋庸刪減人數，出自逾格慈施。謹附片具陳，伏乞聖鑒訓示。謹奏。

又總署收户部文《（一）請查復漢乾洛三廠礦丁分金七成原案暨收支各款（二）獎案應歸吏部兵部核辦》〔光緒十九年〕五月二十三日，户部文稱：山東司案呈，准北洋大臣咨稱，准部咨查十五年十月以後，漢、乾兩廠所出金數，並易銀市價等因，當經轉飭開單補報。茲據總理漢河礦局候選道袁大化稟稱，奉札以部咨前據黑龍江將軍，將漢廠自光緒十四年十二月十三日，乾廠自光緒十五年正月十二日，次第開工，所有逐日收金，並運出變價，及前後積存數目，兩次開具四柱清摺，報至十五年十月底止，共計金砂一萬五千零五十二兩四錢一分。並據聲明，此後當將每月收支銀數，按月摺報。乃自十五年十月以後，閱時兩年有餘，迄今並未呈報。本年五月，僅據北洋大臣咨報，由收獲金砂內易銀九千兩，解交黑龍江充餉。今原奏內稱，先後得金六萬二千餘兩，究竟按照奏定成數，應提出充餉若干，每金沙一兩出金若干，每金一兩易銀若干，原奏均未聲敘。其自十五年十月以後，所獲金沙數目，並未報部，無憑查核，相應飛咨查照本部指查各節，專案聲覆。並將十五年十月以後，漢、乾兩廠所出金砂數目，按年開單補報，以憑核辦等因。茲謹將自光緒十五年十一月初一日起，至十七年十二月底止，漢乾洛三廠逐日收金，並舊管實存各數，開具四柱清摺，暨將收金總數，

差弁五品軍功薛鴻臯，光緒十七年七月，派由漢至津滬批解金沙。

差弁六品軍功曹樹榆，光緒十七年八月，派乾廠礌硐監工。

差弁袁大賓，光緒十七年八月，派漢乾押運糧貨。

差弁六品軍功朱發蘭，光緒十七年八月，派看守漢廠機器。

差弁袁心忠，光緒十七年八月，派乾廠礌硐監工。

差弁七品軍功王毓珠，光緒十七年八月，派額爾古訥河口，巡查礦丁。

差弁張德魁，光緒十七年八月，派乾廠礌硐監工。

差弁王文忠，光緒十七年九月，派乾廠礌硐監工。

差弁王鳳來，光緒十七年十月到差，派愛琿西山，查探金苗。

差弁六品軍功王兆祥，光緒十七年十一月，派漢乾各局，投送公文雜差。

差弁六品軍功劉維善，光緒十七年十一月，派由漢至津滬批解金沙。

差弁五品軍功藍翎儘先拔補把總許鉉，光緒十七年十一月，派管漢廠軍械。

又總署行兵部片《抄送漢河金廠章程用人一條》〔光緒十八年〕十月二十六日，行兵部片稱：光緒十八年十月二十一日，接准片稱，直隸總督李奏漢河金廠出力各員，分別保獎一摺內稱，十二年十二月間，黑龍江將軍等密陳，漢河金礦亟應開採，當議章程十六條，經總理衙門，會同吏部議准。內用人一條，分別異常、尋常、勞績、保獎等語，希將前議章程，抄録過部等因前來，相應將前項章程內用人一條，抄送貴部查照辦理可也。

又總署收户部文《漢河金廠自光緒十五年十月後收金數目暨折合銀兩應飭北洋大臣等開單補報》〔光緒十八年〕十一月十九日，户部文稱：山東司案呈，准吏部片稱，前准户部將軍機處交出直隸總督李鴻章等奏，黑龍江漢河金廠，出力文武員弁，分別請獎一摺，光緒十八年十月初三日奉硃批：袁大化著照所請獎勵，餘著該部議奏。欽此。欽遵交出到部。查此件應由吏部主稿，會同户部及兵部辦理。

又李鴻章《漢河金廠保獎員額未便刪減》〔光緒十九年〕二月二十五日，北洋大臣李鴻章文稱：於光緒十九年二月十九日，在天津行館差弁附奏，查明漢河金廠，在事出力員弁，未便再加刪減，懇恩勅部，仍照原保給獎一片。相應抄片，咨送貴衙門，請煩查照。

照録鈔片：

再，黑龍江漢河金廠，創辦已滿三年，著有成效，前經臣將在事出力文武員

及每次售金價值，另開清單，稟送鑒核轉咨。再，查十五年報效黑龍江省軍餉銀九千兩，上年冬間，續又籌提銀九千兩，滙解卜奎軍庫，作爲十六年報效軍餉，亦經稟請轉咨在案。至十七年應提軍餉銀兩，俟届時將餘利劃算明晰，即應籌提滙解，以伸報效。再，金沙煉條，均有傷耗，其金條又均含有紋銀在内，是以售價較賤，合併聲明等情。查漠河金礦，光緒十五、六、七三年，得金二萬六千餘兩，計已兩次提充軍餉銀共一萬八千兩。並據聲稱，十七年應提軍餉銀兩，俟届時籌提滙解，洵屬成效昭著。據稟前情，除咨總理衙門外，相應將送到清單、清摺各一分，咨部請煩查核，照章迅速核辦奬案，以期鼓勵等因前來。查上年十月間，據北洋大臣等奏，黑龍江漠河金廠出力文武員弁請奬一摺，奉硃批：袁大化著照所請奬勵，餘著該部議奏。欽此。欽遵到部。當經本部行令，即將光緒十五年以後，乾、漠兩廠每月收支金數查明，按月開報。並將以金易銀，按奏定成數，究應提充軍餉若干，飭查聲覆在案。茲據北洋大臣將光緒十五年十一月至十七年十二月止，各廠每月收金數目，開單報部前來，本部查該大臣清單内開，光緒十五、十六、十七三年内，共收漠、乾、洛三廠愛平原沙六萬三千一百二十九兩五錢四分五釐六毫，除火耗傷金九百零三兩六分五釐外，净剩愛平金六萬二千二百二十六兩四錢八分六毫，隨時共易愛平銀九十三萬三千七百四十五兩八錢五分零，並礦丁六成分金在内等語。查原定章程内開，均派餘利一條，除將勇糧局用薪水一切開支外，下餘按二十分計算，以六成提充軍餉，四成作爲局用，其餘十成，商股均分。此次單開光緒十六年以前，分給礦丁金沙六成，十七年以後，分給礦丁七成，此項礦丁分金，本部檢查，並無案據。何時議准有案，應由該大臣轉飭查明聲覆。至漠河金廠，試辦三年期滿，所得金沙，共易銀九十三萬三千餘兩，原單係屬籠統聲敘。究竟歸公金沙共易銀若干，開支勇糧局費各若干，實應歸結銀若干，亦應一併聲覆報部，以憑查核。至核辦奬案之處，事隸吏部、兵部，應由吏部、兵部核辦，相應咨覆北洋大臣，並咨呈總理衙門可也。

又總署收户部文北洋大臣李鴻章奏片《李鴻章奏請開復奇乾河金廠委員強惠源原官》〔光緒十九年〕八月十六日，户部文稱：山東司案呈，内閣抄出北洋大臣李片奏，黑龍江乾河金廠委員縣丞強惠源，措繳虧款，懇請開復原官等因一片，光緒十九年八月初一日奉硃批：著照所請，該部知道。欽此。欽遵到部。相應抄録附片，恭録硃批，咨呈總理衙門可也。

照録粘單。

李鴻章片。

再，黑龍江漠河金礦奇乾河廠委員知縣分省補用縣丞強惠源，因該廠失火，燒燬糧貨，經臣於上年二月間，奏參革職，押追虧款。茲據總辦漠河等處礦務候補道袁大化稟稱，該革員自被參後，深知愧悔，將虧款設法陸續呈交。該革員係隨同創辦漠礦之員，在廠數年，耐苦效力，不無微勞。即將虧款措繳，請爲奏懇開復等情前來。臣查漠礦開創之時，該革員隨同道員李金鏞，辦理數載，頗著勞勩，所虧款項，因糧貨被焚所致。細查當日失火情形，實係一時失慎，尚無別項情弊。既據陸續措繳，合無仰懇天恩，俯准將該革員強惠源，開復原官，以昭平允。伏乞聖鑒訓示。謹附片具奏。

又總署收北洋大臣李鴻章文《漠河金廠開路不便已請作爲緩圖》〔光緒十九年〕八月三十日，北洋大臣李鴻章文稱：據督理黑龍江、漠河等處礦務道員袁大化稟稱，竊於本年七月十四日，接奉黑龍江將軍依劄開，户兵司會案呈，案據五司掌關防八旗水師營副都統銜協領淩善等十三員稟稱，竊奉憲諭，現准北洋大臣咨，准金廠督理袁道，稟請開路，由廠等撥銀一萬兩，速爲撥兵開辦，以維礦務等因前來。查此舉係地方創辦之件，自應由地方設法維持，應如何辦理之處，著五司八旗，公同妥議稟復勿延等諭。奉此。職等捧讀之下，仰見憲台以地方爲心，並不迴護，原奏其深思遠慮，雖芻蕘不遺。職等公同討論，敢事推延。伏查漠河礦務，地隔俄境，解運往來，均須假道，所稟各節，洵屬實情。開辦自不容緩。惟原奏各軍，初擬兵勇兼設，即爲將來工作之需，嗣經議駁，統改爲兵，以故先其所急，緩議山路，業經奏明在案。現江省籌備邊防屯田，爲第一急務，屢經大部咨催，擬由坐抵兵餉，第奏定章程，馬隊爲通省游擊之兵，其步隊僅設十營，除撥守三十六卡倫外，凡在營者，以之辦理屯田，尚屬不敷分佈，若再籌撥開路，勢分未免力弱。祇此有數之兵，山路屯田，誠難兼顧。圖終慎始，自宜權其重輕。屯田繫一省全局，山路爲極邊一隅，驅全局之力，以急一隅之工，倘二三年中，山路未得開通，屯田延猶未辦，一旦有事，邊防其兩分者，必將兩誤。且遠撥屯兵，尤關奏報，諸多窒礙，勢在難行。況漠河孤懸遠塞，繞澗環山，其中並無坦境，倘爲利之所在，俄人早據而有之。今礦務收已開之廠，辦理已復有年，若果金苗暢旺，行之可久，則開此路以濟目前，一勞亦可永逸。豈知物産之出，本自無常，將來山路一通，廠或覓綫他遷，工或因減停辦，礦無定，路有定，在我將爲無用，在敵乃大有用也。此後之防範，更不知若何布置，耗國家帑項者尚小，貽

地方隱憂者實大。江省西北屏障，向以未通山路爲險要，即如該道所云，現奇勒爾部落有爲俄人籠絡，將來爲其嚮導。果如所云，此已防不勝防，若再闢一孔道，便可長驅直入，爲患更何可言。非然者漠河地界，闢自國初，而斯路之未聞議開者，非爲金廠未添，艱於轉運，以至於今，諒必別有深意。再，此路計程十數百里，其間鑿山伐木，造梁築險，工程浩大，需費殷繁。金廠僅撥銀萬兩，其餘巨款，籌辦無從。江省瘠苦，久在洞鑒，即或設法開通，而一路設卡安台，撥兵扼要，尤須先事圖維。倘行半途中止，徒致勞師傷財，無補於礦務，轉遺累於地方。職等世居斯土，切膚憂深，剴切直陳，遂忘忌諱。惟是此路爲四城連界，事乃通省要工，創始之議，行之一日，垂之百年。其中有無利害，是否可行，如何籌款，尤非職等意見所及。應請咨札墨爾根等處副都統、布特哈總管，各就各城，揀派熟習山路幹員，馳往會勘。其中山嶺河川，原隰巖險，能否開通直達漠河，便以挽運，行程無滯。先由某處動工，約定程限，用兵若干，幾時可能開通，並擇險要地方，設卡幾處，駐兵若干。至將來開辦，不致臨時失據，自應逐層確切查明，繪具圖說，並請札詢該道。漠廠能否經久，不致徒勞兵力，虛耗帑項，統俟據報到日，再行核辦，以昭慎重等情。據此。查開通山路一議，本將軍原爲維持礦務、顧全邊徼起見，當此時未慮及百年永無後患。茲據該員等，度目前之輕重，防日後之憂虞，係屬吏公議稟請，未便固執前奏，而遽加斥駁。除分行外，合行札飭。爲此札仰督理黑龍江等處礦務儘先選用道，遵照呈覆等因。奉此。伏查開通漠河陸路一條，光緒十三年間，經憲台、前黑龍江將軍恭會同列款奏明，並經總署王大臣暨吏、户各部，會議詳籌覆奏，奉旨載在漠礦十六條中，均以爲關係東北邊防要圖。十五年冬，復經黑龍江將軍依於陳奏六條，請旨開辦。旋因李道病故，經費無出，暫從緩議，悉經奏明有案。此其深謀遠慮，碩畫僉同，有利無患，已可概見。職道愚昧性生，敢復妄參末議。現在職局出金減少，礦丁虧款仍多，於萬難中籌此經費銀一萬兩，希冀藉此開通後路，徐圖實邊防患，爲百年根本之謀。深以此舉關係重大，本非專爲礦廠，義不容緩，故不得已而出此。並非款有盈餘，無所用之，冒請興此不急之役也。茲既爲江省衆情所不願，並以爲貽害於後日，應請黑龍江將軍依〔克唐阿〕即作緩圖。職局前籌經費萬兩，刻因墊辦糧貨，需款孔急，已經如數支用。所用依軍憲札行衆議開路有礙，已請作爲緩圖各緣由，理合具稟鑒奪，咨明總署備案施行。實爲公便等情，到本閣爵大臣。據此。相應咨明總理各國事務衙門，請煩查照備案。

又總署收北洋大臣李鴻章文《俄願秉公辦理漠廠交涉事宜》附致俄督函俄督覆函 〔光緒十九年〕十月初四日。北洋大臣李鴻章文稱：據俄國東海總督都賀孚斯凱來函，遵諭通飭各屬，凡遇漠河礦廠彼此交涉事宜，務須秉公速行辦結等因，到本閣爵大臣。據此。查前於六月初八日，致該俄督函稿，業經照鈔咨行在案。茲准函覆，相應鈔録咨明貴衙門，請煩查照。照録鈔致俄督函。

大清國欽差北洋大臣、督辦海防通商事務文華殿大學士、直隸總督部堂一等肅毅伯李，致書於大俄國副將軍駐紮哈巴羅孚喀東悉畢爾總督錫爾茲都爵孚斯凱。大臣閣下：敬啟者：頃據駐紮天津貴國領事官函稱，貴總督現已榮任東方，本閣爵大臣聞之，實深欣悅，用特泐函致賀。想貴總督必能體本閣爵大臣，與貴前任總督男爵廓爾孚，深敦睦誼之心，蕭規曹隨，繩續靡已。漠河前由本閣爵大臣創立礦廠，奏派督辦大員，與貴國一切交涉事宜，尤當和衷商辦，俾臻妥叶。想貴總督具有同心，必能飭屬深體此意。查現在督辦漠河礦廠大員，爲二品銜道員袁大化，該大員精明和煦，歷練老成，素爲本閣爵大臣所深信。其品級與海疆各省專辦洋務之道員相埒，本閣爵大臣特此薦引，惟祈貴總督推誠優接，交際相孚。本閣爵大臣自必深用喜悅，不忘公誼也。草此奉布。並頌台祺。

光緒十九年六月初八日發。

照録鈔俄督覆函。

大俄國副提督駐紮哈巴羅孚喀東海總督都賀孚斯凱，謹致書大清國欽差北洋大臣、督辦海防通商事務文華殿大學士、直隸總督、部堂一等肅毅伯爵李。

中堂閣下：敬復者：奉到六月初八日賜書，諸承雅愛，感謝實深。本擬到任後，即擬函報一切，適因巡閱諸境，延閣一月，數日前抵哈，遽荷先施，尤深榮幸。敬稔中堂與敝前任總督廓爾孚總督，素敦睦誼，本總督惟有極力圖維，不但前好勿忘，並期新交更密。區區之誠，寅維亮察。至漠河礦廠一節，已遵爵諭，通行飭知各屬，凡遇彼此交涉事宜，務須秉公速行辦結。後此如有應求中堂幫助之事，本總督亦當函請，惟祈中堂勿卻。至禱。此頌爵祺。

都賀李斯凱謹啟。

又總署收北洋大臣王文韶文附原奏《揀派湖南候補知府周冕接辦漠河礦務》 〔光緒二十一年〕十月二十日，北洋大臣王文韶文稱：爲照本大臣於光緒二十一年十月十四日，在天津行館由驛附奏，揀派湖南候補知府周冕接辦漠河礦務一片。相應抄稿，咨呈貴衙門，謹請查照。

照録鈔摺。

再，黑龍江漠河金礦，年來出金漸多，有裨邊防餉需，督辦委員候選道袁大化，因病禀請交卸，必須遴委明幹耐勞，兼爲衆股商信服之員，方足以昭慎重而免叢脞。查湖南候補知府周冕熟悉礦務情形，結實可靠，堪以派委接辦。該處觀音山分廠，係上年續行設立，據袁大化禀報，山在黑龍江邊，對岸即阿拉地俄屯，與鐵山堡左近之青黑山，相距極遠，地近俄界。祇有金匪竊挖碃眼，並無禽獸牧場所在，亦非葠山珠河奉旨封禁之區，與布特哈興安成官弁兵衆游牧生計毫無窒礙。當經前督臣李咨准總理衙門核覆，准其選派委員，酌招礦丁，於該處老溝，先行試辦，以保漠廠之利源，並免各處游匪偷挖之生事，並令妥議章程具奏等因，轉飭遵照在案。年餘以來，該處出金甚旺，成效昭然，一切應辦事宜，因係分廠，悉照漠河定章辦理，似無須另議章程。惟查漠廠餘利，按十成分派，以三成提充軍餉，當此庫款奇絀，應令設法多提，藉濟餉需。臣飭周冕勸諭衆股商，照現請開辦三姓金礦章程，將餘利分作十二成，内以五成充餉，該商等具有天良，當無不竭誠以伸報效。除分咨查照外，謹附片具陳，伏乞聖鑒。謹奏。

又總署收北洋大臣李鴻章文《漠河金廠光緒十八年提解江省軍餉銀》〔光緒二十年〕三月二十四日，北洋大臣李鴻章文稱：據督理黑龍江漠河等處礦務道員袁大化禀稱，竊職廠前繳十五、六、七三年，應提充黑龍江六成軍餉銀兩，曾禀由黑龍江將軍附片奏明，並禀蒙憲台分咨户部總署各在案。兹查十八年分第四届餘利銀六萬三千三百三十兩零，除提一萬三千三百三十兩零，作爲保險公積之款，其餘銀四萬兩，照章按二十成派分，業經禀奉憲台批准照辦。黑龍江軍餉一項，應得六成銀一萬二千兩，前經函飭駐愛分局，仍就近交由黑龍江副都統衙門滙省兑收。昨據愛局委員袁令杲禀稱，已將軍餉愛平銀一萬二千兩，如數由黑龍江副都統衙門交兑清楚。除另具解批禀請黑龍江將軍依飭可兑收，並分別奏咨備案外，理合禀祈鑒核，分咨户部總理各國事務衙門存查。實爲公便等情，到本閣爵大臣。據此。除分咨外，相應咨明貴總理衙門，請煩查照可也。

又總署收俄使喀希呢照會《准漠廠假道俄境運金》〔光緒二十二年〕五月十七日，俄國公使喀希呢照會稱：前准貴署將漠河金廠總辦擬請將所挖之金，由俄境搭幫運往海參崴各節轉達。當於五月初二日，將此事已行伯利總督，請設法依次平安護送該幫之處，照復在案。兹准伯利總督電稱，念由東三省道路發送金條，難而無可靠，又欲相助貴國所有漠河金廠運往海參崴之金幫，已經札行所屬，放行無阻。并設所宜各法，以保遄行無虞等因。本爵大臣將此欣然達知貴署，深信此事能助兩國邊界官往來友睦更加親密。即請貴王大臣將此達知北洋大臣，以便轉飭漠河金廠總辦，與阿穆爾巡撫會商發幫日期次第可也。

又總署行北洋大臣王文韶文《俄允漠河金廠假道運金》〔光緒二十二年〕五月二十二日，行北洋大臣王文韶文稱：所有漠河金廠假道俄境運金一事，經本衙門照會俄使後，俄使允電伯利總督贊成其事，業於本年五月初三日電達在案。兹於五月初七日，復准俄使照稱，准伯力總督電稱，念由東三省道路發送金條，難而無可靠，又欲相助貴國，所有漠河金廠運往海參崴之全幫，已經劄行所屬放行無阻，并設所宜各法，以保遄行無虞。即請達知北洋大臣，轉飭漠河金廠總辦，與河穆爾巡撫會商發幫日期等因前來。除由本衙門照復俄使轉電伯利俄督致謝外，相應抄録俄使兩次來文，并本衙門復文，咨行貴大臣轉飭漠河金廠照辦，仍將商辦情形，咨復本衙門備案可也。

又總署收北洋大臣王文韶文《請核辦漠廠擬在俄界設立輪船碼頭事》〔光緒二十二年〕十月初七日，北洋大臣王文韶文稱：十月初三日，據督理黑龍江漠河等處礦務周守冕電稱，廠中自置輪船，必須能在俄界行走，伏求咨商總署，設法准我在彼界建立碼頭，停泊輪船，出入准扯中國龍旗。想值此邦交敦篤之際，或可照允，伏乞核奪等情，到本大臣。據此。查該守因漠礦地居絶塞，採辦糧貨，運送金沙，向係僱用俄輪，諸多不便，今擬自置輪船，必須行走俄界。據禀前情，相應咨商貴衙門，謹請查照核辦，見復施行。

又總署發北洋大臣王文韶文《請飭周冕妥擬俄界設立輪船碼頭程》〔光緒二十二年〕十月十一日，行北洋大臣王文韶文稱：光緒二十二年十月初七日，接准文稱，據督理黑龍江漠河等處礦務周冕電稱，廠中自置輪船，必須能在俄界行走，求咨商總署，設法准我在彼界建立碼頭，停泊輪船，出入准扯中國龍旗等因，據情咨商前來。本衙門查該守因漠礦地居絶塞，運送貨物，向係僱用俄輪，諸多不便，今擬自置輪船，實爲善策。惟行走俄界，由某處至某處，碼頭擬設立何處，必須先行酌定，始能照會俄使商辦。相應咨行貴大臣，轉飭該守，妥擬章程，詳細禀復，咨達本衙門，以憑核辦可也。

又總署收北洋大臣王文韶文《請准漠廠自備輪船並在俄界設立碼頭運貨》〔光緒二十二年〕十月二十八日，北洋大臣王文韶文稱：十月十二日，准貴衙門咨，黑龍江漠河金廠，擬自置輪船，在俄境行走，實爲善策，惟由某處至某處，

碼頭擬設立何處，飭令妥擬章程，詳細禀復，再行照會俄使商辦等因，業經札飭該廠委員周守，遵照辦理在案。茲接周守十月初十日蒸電稱，前電請自置輪船，嗣奉李傅相諭，俄輪借用，無甚掣肘，即自置輪船，封凍亦不能行等因，自應遵照。惟查俄官於雇輪原不掣肘，而公司未免居奇，每至緩不濟急。如夏間勦匪，因雇輪稽滯旬餘，致其逃竄。馳逐兩月，始克敉平。若自有輪船，何難登時撲滅，此其便一。現值加提軍餉，尤當力省經費，計自己丑訖乙未，共花運費十七萬金，歲合二萬數千金。而礦丁往來船脚，每名盧布五元，以四千名計之，歲需二萬元，合萬三千金，每年兩項流出四萬金。此間上等俄輪，僅值五六萬金，若金廠置用，只要三萬上下，每年經費連守凍在內，不及二萬金，可省一半。此其便二。俄界市廛日興，又因半年封凍，商貨必先運齊，倍形貨多船少，水脚日昂。明年加運鐵路工料，雇輪益難。此間糧食日貴，自滬運來，併入運費，尚省三分之一。去歲中熟，尚且如此；今年各處水灾，而向來俄屯因糧於找，加以鐵道數萬人，明年糧必奇貴。礦丁虧累，終及公中，欲從他處糴賤，以期兩益，則非輪船不可。此其便三。俄界鐵道招工，不收船脚，其工價厚金廠數倍，故今年礦丁難招，行至半途，輒被誘去。若自有輪船，即可直達，此其便四。俄鐵道役夫二萬，内多匪徒，彼之工程日近，我之防範宜日嚴。惟輪船可備緩急，此其便五。查金廠初章，原有置輪一節，蓋以進口不便而止。現在邦交更篤，擬乘此機會，由憲台照會俄使，或可允行。事關大計，不憚一再瀆陳，區區愚誠，伏乞鑒核。倘憲慮言易行難，或生他慮，現有華商，願集資置備，先儘金廠運貨，其運費隨時照俄輪九折，以盡報效，如此每歲亦省數千金。但求憲恩准作金廠輪船，照會俄國，准在彼界及聶格來司運貨，設立碼頭，而弗説定船數，俟其試行三年，再行酌辦，統乞核示遵行等情，相應先行咨請查核。仍俟該守妥議章程，詳細禀復到日，再行核咨。爲此咨呈貴衙門，謹請查照。

又總署收軍機處交出北洋大臣王文韶摺《請劃清黑龍江新舊各礦界限》

〔光緒二十二年〕十一月二十三日，軍機處交出王文韶抄摺稱：爲黑龍江漠河、觀音山各金廠，業經北洋創辦有效，應請與本省現辦各金礦畫清界限，以專責成而免影射，恭摺仰祈聖鑒事。竊漠河金廠，本年夏間，突有盜匪，數百成羣；傷人拒捕，肆行劫掠，當經北洋委員知府周冕，禀請黑龍江將軍，派兵勦辦。附近俄國官員，亦帶同擭捕，得以迅就撲滅，未致十分受害。現據周冕禀稱，江省遵旨推廣利源，委員辦理呼蘭一帶金礦，業與該廠約定以青山爲界，惟無業遊民，常有冒稱省委，越界私挖，不服盤查。誠恐匪徒混迹，復生事端，請奏明再與呼蘭委員詳細畫清界限，以期彼此兩有裨益等情。臣查該廠孤懸絶塞，向爲匪徒所垂涎，當開辦之初，委員冒險深入，經營締造，煞費苦心，需用人夫，皆招商直隸山東。迄今不及十年，窮荒絶域之地，遂變而爲商民輻輳之鄉。歷年所挖金沙，綜計已報效軍餉銀六十餘萬兩，爲各省辦礦所無，洵於籌餉實邊，不無裨益。前經欽差查辦事件大臣延茂奏請變通定章，除礦丁應分金價外，議令漠廠報效六成，觀廠報效八成。股商仰體時艱，無不遵照辦理，惟既歎責其急公，商應力爲保護。當此籌餉惟艱之際，叠奉上諭，通飭各直省，一體講求礦務。漠河係已著成效之區，若北洋辦礦委員，與本省委員界限稍有未清，難保無匪徒從而生心，始而影射，繼而强占。既於本省創辦規模有礙，倘漠河失此現成局面，不獨公家餉需可惜，該處密邇俄疆，于邊防虚實，關繫尤非淺鮮。計惟有畫清界限，彼此不相逾越，庶幾匪徒無從託足，兩利而不致兩妨。查光緒十三年，前督臣李鴻章原奏，漠河廠金脈長及五百里，飭令委員就地開採。而觀音山係後添辦，不在此五百里以内。今畫分地段，自應按照現有各廠，周圍以五百里爲界，該廠兼辦屯墾，庶可藉資安插，合無仰懇天恩。敕下黑龍江將軍、齊齊哈爾副都統，派員前往各處，會同知府周冕，三面勘明立界。周冕與呼蘭辦礦委員，彼此均不得稍有侵越，並令地方文武，隨時保護漠河各廠，以維大局。出自鴻施，臣爲保全礦務興利實邊起見，理合恭摺具陳，伏乞皇上聖鑒訓示，謹奏。

光緒二十二年十一月二十三日奉硃批：另有旨。欽此。

又總署收北洋大臣王文韶文《整頓漠河礦務》附鈔片　〔光緒二十二年〕十二月三十日，北洋大臣王文韶文稱：照得本大臣於光緒二十二年十二月二十二日，在天津行館專弁附奏，漠河金廠，本年因被匪被水，出金較減一片。相應鈔片，咨呈貴衙門，謹請查照。

照録鈔片。

再，據漠河金廠委員周冕禀稱，自本年正月接辦廠務，督率各員司認真經理，不敢稍有懈忽，惟查勘金苗，凡向來較旺之區，多已衰歇。正擬派員分投踹探，不圖事變紛乘，始則鬍匪滋擾，繼而霪雨成灾，兼之俄界鐵道招工，價厚過倍，礦丁多被誘去，該廠人數向有四五千，今則不及千人。又因各處被水，糧道艱阻，價值奇昂，礦丁鼓腹維艱，時有逃亡餓斃。爲難情形，不堪言狀。約計本年所出之金，不過三萬兩左右，雖較前數年尚有過之，而與去年相衡，幾減三分

之一。現擬另踊新苗，並派員赴内地招丁，兼聘外國礦師，爲力籌補救之計。稟請具奏前來。臣覆加查核，尚屬實在情形。除飭實力整頓，務期日有起色外，理合附片陳明，伏乞聖鑒。謹奏。

又總署收北洋大臣王文韶文《請將已革道員袁大化送部引見》附抄片 〔光緒二十三年〕五月二十二日，北洋大臣王文韶文稱：竊照本大臣於光緒二十三年五月十六日，在天津行館專弁附奏，請附已革道員袁大化，送部引見一片，相應鈔稿，咨呈貴衙門，謹請查照。

照録鈔片。

再，已革道員袁大化，督辦漠河金礦，業經著有成效，嗣於因病交卸後，被參查辦革職，但其創始之艱難，微勞之足録，有不得不代陳於聖主之前者：查漠河孤懸絶塞，向爲中外遊匪盤踞，竊挖礦金。黑龍江時常派兵驅逐，然匪黨甚衆，驅之不盡，邊疆爲患日深。前將軍恭鏜始議開礦，興利實邊，經前北洋大臣李鴻章會同奏派知府李金鏞，招商集股，前往籌辦。李金鏞經理年餘，規模未備，即行病故。袁大化時爲提調，遂令接手，開創伊始，金苗不旺，曠丁賠累潛逃，虧款日甚。又該處三面鄰俄，並無居民，粒米寸縷，皆須遠購數千里以外，往來糧貨人夫，夏趁俄輪，冬出羌道，處處仰人鼻息，掣肘萬分。地方苦寒，開採金砂，縋幽鑿險，動至墜指折股。袁大化不惜身命，親督礦丁，入山窮搜博採，刻苦經營。又復外聯邦交，多方籠絡，然連年出金不旺，尚須彌補前虧，捃拄亦非易易。迨二十、二十一兩年，採得佳苗，較前稍有起色。又值中東事起，俄人屢次派員窺探，意在越界開挖，匪徒亦乘間思逞，人心各處震摇。礦丁數逾萬人，兼有他族煽誘，邊患幾因之而起。袁大化設法開導嚴防，卒使雞犬無驚，保全大局，出金亦日益暢旺。統計該革員承辦七年，所出金砂，除礦丁分成，及局用股利花紅等項外，報效軍餉賑需，共銀八十餘萬兩，爲各省礦務所未有。該革員任事不可爲不勤，乃以部駁報銷，奏請查辦。

欽差大臣延茂，責以未將餘利多濟餉需，其實何項應分若干，均有奏定章程，非該革員所得擅主。以此歸咎該革員，可以間執其口，未足以折服其心。至剁去護礦營勇丁雙手，係因該勇丁砍傷本管哨官，有干軍律，事與平民不同。袁大傑携金逃走一層，查係出自傳聞，並無確實證據，上年經黑龍江將軍恩澤詳細奏明，並經臣遵旨覆奏在案。該革員此外並無貪婪劣跡，即追繳二十年花紅銀三萬六千兩，亦係該革員照章應得之款，並非無故擅取，且經各員司代爲繳出，是其情不無可原，而其功實有足録。現當多事之秋，如該革員之能耐勞苦，勤奮有爲，亦屬不可多得。倘蒙聖恩棄瑕録用，以後遇有礦務，派令前往辦理，必可收得人之效。臣爲愛惜人材起見，合無仰懇天恩，勅部將該革員袁大化帶領引見，可否量予開復之處，出自高厚鴻慈。微臣未敢擅請，謹附片具陳，伏乞聖鑒訓示，謹奏。

又總署收北洋大臣王文韶文《漠河金廠出力員弁請照章獎敘》附清摺清單 〔光緒二十三年〕五月二十四日，北洋大臣王文韶文稱：竊照本大臣於光緒二十三年五月十六日，會同黑龍江將軍恩，在天津行館專弁具奏：黑龍江漠河金廠出力員弁，請照章分别獎敘，繕單具陳一摺，相應鈔録摺單，咨呈貴衙門，謹請查照。

照録清摺。

奏爲漠河金廠，自十八年至二十一年，報效軍餉甚鉅，出力員弁，擬請照章給獎，繕單具陳，仰祈聖鑒事。竊照黑龍江漠河金廠，前經總理衙門會同吏部、户部議奏用人一端，以該廠爲邊遠苦寒之地，人皆視爲畏途，非尋常局務可比，若非破格優奬，不足以示鼓勵。在廠經辦各員，三年後如果實效昭彰，准擇其尤爲出力者，照異常勞績，從優酌保。其出力較次之員，然尋常勞績保奬，以示區别。奉旨依議。欽此。欽遵在案。計自光緒十四年十二月開辦起，至十七年十二月三年期滿，所有出力員弁，經前北洋大臣李會同黑龍江將軍，擇尤奏保，仰蒙聖慈，均准照請奬勵。旋於二十二年，欽差查辦事件大臣延茂等奏請，嗣後金廠保奬，但論報充軍餉之數，不必計以年分，如能報充軍餉在二十五萬兩，核計金砂足抵一萬兩以上者，准保一次。其所保人數，無論異常、尋常，均不得逾六十員之數等因。查自十八年以後，該廠出金日旺，截至二十一年，計四年中，報效黑龍江軍餉銀五十三萬餘兩，北洋軍餉銀十萬兩，又奏明提充江省賑需銀八萬九千餘兩，北洋賑需銀六萬七千餘兩，又追繳袁大化二十一年花紅，歸入江省充公銀三萬六千兩。統共銀八十二萬餘兩。較十四年至十七年，報效銀三萬三千兩，相去不啻天淵，實屬成效昭彰。在事出力員弁，照總理衙門原奏，已逾三年，固應保奬。即照延茂等所定新章，亦應給予奬勵。據前辦廠務已革道員袁大化具稟前來，臣查漠河孤懸絶塞，取金之硐，夏則積水，冬則層冰，鑿險縋幽，艱難萬狀。且與俄境僅一江之隔，礦務爲彼垂涎；日人搆釁之際，叠次來員窺探，希冀乘隙抵瑕。匪類亦暗中思逞，人心震摇。各員弁力持危局，艱苦經營，

數年以來，又添辦奇乾河、觀音山等處，以故出金暢旺，報充軍餉賑需，共銀八十餘萬兩之多。值此時艱帑絀，於公家不無裨補。承辦各員，按照延茂等所奏，報效銀二十五萬兩，准保一次，以六十員爲率，計應保奬一百八十餘員。今臣詳加確核，僅保八十九員，不及定章之半，實屬毫無冒濫，謹分別異常、尋常、勞績，繕具清單，恭呈御覽，仰懇天恩。俯念漠河金廠，較前倍著成效，有裨邊防，迥非尋常局務可比，准照所請給奬，出自逾格慈施。除飭取各員履歷送部，並將千把以下武弁咨部給奬外，理合會同黑龍江將軍，臣恩澤恭摺具陳，伏乞皇上聖鑒訓示，謹奏。

謹將漠河金廠出力文武員弁，酌擬奬叙，繕具清單，恭呈御覽。

計開：

補用郎中遇缺即選主事賡善，請俟補主事後，仍以郎中，無論題選咨留，遇缺即補。河南補用知府楊廷杲，請俟補缺後，以道員仍留原省，前先即補分發。直隸候補知州詹思聖，請免補本班，以同知直隸州，前先即補。候選知縣鍾大元、袁杲、黄翰森，均請免選本班，以同知直隸州。不論雙單月，遇缺儘先前即選。四川候補知州屠瑞椿，請俟補缺後，以同知直隸州，在任候補。直隸補用知縣查富璣，請俟補缺後，以同知直隸州，在任儘先前即補。候補知縣鄭在中，請俟補缺後，以直隸州，在任補用。分省補用知縣董遇春，請俟補缺後，以直隸州，在任遇缺儘先即補。候選州同袁大備、宋小濂，均請免選本班，以知州不論雙單月，遇缺儘先前即選。北河候補州判徐鍾俊，請俟補缺後，以州同遇缺儘先即補。直隸州用直隸候補知縣廖炳樞、祝芾，均請加隨帶一級。五品頂戴候選通判陳其祥，請加四品銜。分省試用縣丞張敬勇、唐允中、袁大倣，均請免補本班，以知縣仍分省歸候補班前，遇缺儘先即補。候選府經歷劉奎璧、候選縣丞陳殿舉、孟文彬、鄭成玉、譚承先、劉虞卿、張壽華、姚蘭、張仰賢、程錫桐，均請免選本班，以知縣不論雙單月，遇缺儘先前即選。候選府經歷屠汝昌、候選縣丞于德聘，均請俟選缺後，以知縣在任候補。六品頂戴無品級筆帖式巴彦克喜，請以屯站官補用。分省試用從九品馮中賢，請免補本班，以縣丞仍分省歸候補班前，遇缺儘先即補。候選巡檢程寶書，候選從九品袁如蘭、劉甡誠，均請免選本班，以縣丞不論雙單月，遇缺儘先前即選。候選巡檢顧榮綬，請俟選缺後，以縣丞在任歸候補班前，儘先即補。候選從九品孫毅德，請俟選缺後，以府經歷在任歸候補班前，遇缺儘先即補。候選從九品戈建勳、崔毓林，均請俟選缺後，以縣丞在任歸候補班前，遇缺儘先即補。候選從九品馬順明、陳殿右，均請俟選缺後，以縣丞在任候補。候選州吏目曹星福，請加州同銜。鹽大使職銜鍾治元，請以鹽大使歸部，遇缺儘先前即選。縣丞職銜袁彬、周化鯉、馮中倫、黄興讓、費相保，均請以縣丞，不論雙單月。遇缺儘先前即選。附生祝壽考、王允執，均請以縣丞，不論雙單月，儘先前即選。監生王壽祺，請給五品銜。文童林國荃、袁大信、張成立、曹樹棻、曹繩孫、王毓佩、袁廣新、曹星翰、許繼周、傅虞祥、高景雲、范培增、吴家琳、邵瑞華、陸鴻飛，均請以巡檢，不論雙單月，遇缺儘先前即選。

記名副都統花翎協領蘇隆阿，請交部從優議叙。副都統銜協領穆精阿，請交部議叙。副將銜補用游擊歐陽錦爵，請賞給二品封典。留粤補用都司黄步偉，請免補都司，以游擊仍留原省，儘先補用。佐領莫智，請以協領補用。補用漢軍佐領黑龍江水師營六品官西拉布，請俟補佐領後，以總管儘先即補。補用佐領六品屯官全順，請俟補佐領後，以協領補用。守備王起元，請免補守備，以都司儘先補用。候補驍騎校鳥爾棍泰，請俟補驍騎校後，以防禦遇缺儘先即補。補用驍騎校領催忠志、補用驍騎校前鋒沙存有，均請俟補驍騎校後，以防禦儘先補用。武舉汝殿舉，請以守備儘先即補。補用千總王兆祥，請免補千總，以守備儘先補用。無品級筆帖式桂芳、監生披甲桂年，均請以驍騎校儘先補用。補用領催文棉，請俟補缺後，以驍騎校儘先補用。補用把總張鶴鳴、王槐林、曹國琛、張敬先、袁興邦，均請免補把總，以千總儘先補用。黑龍江水師營水手俞錦茂，請以水師營六品官儘先補用。

又外務部收軍機處交山署黑龍江將軍薩保抄摺《俄員覬覦漠河等處金礦並與議訂礦務章程》附與俄員往來照會等十三件 〔光緒二十七年〕十二月初四日，軍機處交出黑龍江將軍薩保鈔摺稱：奏爲俄員覬覦漠河及雅魯河等處礦産，奴才勉力圖應，請旨飭議遵行，恭摺密陳，伏祈聖鑒事。竊奴才前與駐江俄員科洛特科福，議訂嫩江一帶採礦草約，以漠河等處金廠，係屬已成之局，及雅魯河、綽爾河兩處，亦有人領照試採，均未便遽讓外人各情形，於八月初二日，專摺具奏在案。在當時無非爲拓利源，保成局起見，故於草約内聲明，漠河等處，另擬條陳，咨送礦路總局核奪。詎該俄員忘其原議，欲呼倫貝爾、黑龍江及呼蘭三城礦産，而盡予之。奴才派員與議，該俄員科洛特科福，既始終要索，其各武員，又時以金匪爲害沿江交界及鐵路各處相詰責，科洛特科福復有認還從前漠河股本之議。爭論至兩月之久，幾至舌敝唇焦，該俄員始以日後開辦，除照前訂

草約，每出金一百兩，報效國家金十五兩外，再按所有餘利，每百兩提給漠河等處舊股百分之十，再提地租百分之二。准其分設公司五處，採辦額爾古訥河與黑龍江右岸所轄礦産，連漠河等處一併在内，請將所送草約，畫押給照，可逐金匪，以安地方等因，照會前來。奴才詳查現當兵械兩窮，金匪滋事，容或有之，而彼又文武同心，藉口謀佔，不得不權事羈縻，以保已成各廠。因以本省各金廠，均係招股開辦，前訂草約，聲明漠河等處，另擬條陳，咨送礦路總局核奪者，原因呼倫貝爾、黑龍江兩城礦産，悉歸北洋大臣主政，不便擅擬。今既爲驅金匪起見，惟有將先前未經開採者，暫行發照採苗；其爲北洋大臣派員已經開採之處，毋庸採勘。并令科洛特科福擔承，將各該廠金匪，並爲一概禁逐等因復之，并予執照内聲明，採苗期限，俟礦務總局北洋大臣請奏歸北洋併辦在案辭之。伏冀朝廷飭立外人開辦各礦年限通行章程，俾得共相遵守，廣濬利源。奴才於礦務素無閱歷，何敢侈論，特以目擊時艱，應畢其愚，以備聖明採擇。謹將與俄員議訂代驅漠河等處金匪，暫在各該廠界外採苗，及採辦雅魯河綽爾河金礦，往來照會條呈執照等，敬繕清單兩分，恭呈御覽，請旨飭議，以資遵循。除咨外務部、礦路總局、北洋大臣外，所有俄員覬覦漠河及雅魯河等處礦産，並奴才勉力因應緣由，謹恭摺密陳，是否有當，伏乞皇太后、皇上聖鑒訓示。謹奏。

光緒二十七年十二月初四日奉硃批：外務部議奏。單二件併發。欽此。

照録抄奏。

謹將與俄員科洛特科福，爲漠河等處金廠來往照會條呈執照，敬繕清單，恭呈御覽。

計開：

俄員科洛特科福來一百七十四號滿、漢、俄三體文字照會並條呈，爲照會知照事。查本年六月初八日，我與貴將軍一同畫押草約十條内所寫，以俟將軍、外部官將此約一經畫押後，漠河、觀音山二廠，都魯河、寬河金礦，另訂條章，咨呈北京礦務總局查核定妥等因。此約畫押後兩月有餘，此時阿爾公黑龍江右岸，金匪麕集，每日竟敢偷挖金礦。

【略】現今呈報來文内，阿爾公黑龍江右岸一帶，金匪積聚八千餘名，如金匪一名一年偷挖十五兩金沙，合算此賊一年由此省内，能挖十二萬兩金，合銀三百六十萬兩。風聞此賊等偷越疆界，偷運機器等語，現時由黑龍江省出金，於國庫本地方居民無益。思維至再，將該俄國採勘金苗人名，及阿公黑龍江右岸採挖金苗草約，一併咨送貴將軍，請煩查核後，請貴將軍畫押，咨請北京礦務總局定妥。請由此與約内所寫會股人等，發給採苗執照。該會股人等，將賊匪逐出阿爾公黑龍江右岸，可保平安。倘貴國國家將此約定妥，不但與國體有益，本省居民大有裨益。如五段每段每年挖金一百甫角，金沙一甫角，俄價羌帖一萬六千張，應交國庫金七十五甫角，即羌帖一百二十萬張。每段除費用外，餘利三十萬張合算，漠河會股之主，得十五萬張，貴將軍衙門，得三十千張。但可歎省内金沙被偷，與國庫地方居民毫無有益，再四思維，如將省内定静平安，懇將此約畫押可也。須至照會者。

隨文附來照會十一條：

會訂俄國人在黑龍江省境内，阿爾滚河、阿木爾河，凡兩河右岸及寬河、都魯河、呼蘭河等三河溝内，新舊採挖金苗草約。

一條、此約一經畫押，自呼倫湖起，阿爾滚、什勒喀兩河滙流處止，並阿爾滚右岸所有河汊，又自阿爾滚、什勒喀兩河滙流處所，至松花江滙入黑龍江處止，並黑龍江右岸所有河汊均在内，分爲五段：此五段自呼倫湖起，貝子河止，爲頭段；自貝子河起，庫瑪河拉河止，貝子河在内，爲二段；自庫瑪拉河起，愛琿城止，庫瑪拉河内小河溝均在内，爲三段；寬河不入此段，此河舊有金廠，仍聽原有股夥挖。自愛琿城起，觀音山止，爲四段；自觀音山起，松花江滙入黑龍江處止，觀音山在内，爲五段。此段内自松花江入黑龍江處起，都魯河止，均在内。

二條、第一條所分五段内，頭段准在黑龍江源採挖金礦股夥，二段内准其俄國採挖金礦人阿斯達碩夫，三段内准其俄國採挖金礦人公爵阿布拉克博博夫阿密里雅諾夫等三人之夥，四段准其俄國索也的納雅阿克棲臥捏爾納雅闊孟巴泥雅股夥，五段内准其俄國採挖金礦股夥。此約一經畫押後，暫先採勘金苗，係大清國國家允准，再行開挖。

三條、第二條所指五段人夥，將來如果開挖，每段挖其金子，應按一百分内，提金一十五分，報效中國國家。又每段除一切費銀外，照實挣餘利銀，按每一百分内，提銀十分，給還漠河股夥，按原股一千零二十二分均分。

四條、第一條所指五段地方，應由大清國國家每段添一委員，駐廠監察挖得金數，並管束在廠滿漢人等，及第三條所指報效大清國國家之金，與給還漠河股分利銀，亦於年終由各該段交給駐廠委員收解。

五條、各段每至年終，將挖得金沙若干兩，與何項費用，及何項餘利各數目，

印寫俄漢合璧清單，交由駐廠委員，轉送北洋大臣、黑龍江將軍存案。

六條、第三條所指給還漠河股分利銀，係在每段餘利之內提給，並不須各該股另出化費。

七條、每段應在實挣餘利銀內，按每百分提出二分，交黑龍江將軍。償給各該廠出金地方地租。

八條、禁止採勘金苗人騷擾百姓，傷害地産，並毁廟壞墳等情，犯者照律重辦，如旗民因採勘礦苗吃虧者，酌量賠償。

九條、此約一經畫押後，在二條內所指人夥，由黑龍江將軍衙門請領執照，趕緊各赴各段，採勘金苗，將偷挖金匪，一併逐出。

十條、如該俄國人前在寬河溝內挖過金沙，或寬河股夥，前在都魯呼蘭西河溝內採挖金沙，都魯河夥等二夥內願入者，該兩夥每夥股分添至三千分，給俄國之人二千分，給中國之人一千分。該入夥之中俄兩國之人，共力挖金，中國收庫之金，每百兩內交十五兩，費用餘利，按股均分。倘該俄國之人不入者，該兩夥照舊挖金，寬河都魯河兩夥，准其俄國駐齊齊哈爾城外部官所舉之人能入。

十一條、此約應寫兩分，華俄合璧，署理黑龍江將軍薩保，特派黑龍江外部官科洛特科福畫押後，咨送北京礦務總局查核定奪。

覆俄員科洛特科福滿漢合璧文並執照。爲照復事。接貴大人第一百七十四號照會內開：所謂阿木爾及阿爾肱沿江一帶，金匪太多，擬先採勘金苗，藉逐金匪，並續擬草約十一條等因。查本省各金廠，均係招股開辦，本署將軍前與貴大人所定草約第十條，聲明漠河等處，另擬條呈，咨請北京礦務總局核定，蓋因海拉爾即呼倫貝爾，愛琿即黑龍江城，該兩城副都統轄境礦産，前曾奉我大皇帝諭旨，悉歸北洋大臣主政，所以本署將軍不敢越權擬擅。今接前因，貴大人既爲沿江金匪太多，願爲驅逐金匪起見，惟有將阿木爾即黑龍江，及阿拉肱即額爾古訥河，所有先前未經開採金廠之各河溝，暫由本署將軍發給採勘金苗執照。其烏瑪河起，以至阿勒巴昔哈河西沿，及觀音山至托羅山一帶，均爲北洋大臣派員已經開採之處，毋庸採勘。並請貴大人擔承，將各該處所有金匪，并爲一概禁逐，以安地方。除將此次來文，及續擬草約十一條，咨送礦務北洋總局、大臣核定，請旨遵行外，相應照會，並隨文附去滿漢合璧執照五紙。爲此請煩貴大人查照見復施行。須至照會者。

計附滿漢合璧執照五紙。爲發給採苗執照事。現接大俄國欽命特派黑龍江省交涉大臣科，第一百七十四號照會內開：所需採苗執照，第一段應自呼倫湖滙流額爾古訥河起，至貝子河止，暫准其採挖金礦股夥採勘礦苗；二段自貝子河起，至庫瑪河止，其中自烏瑪河往下，至額爾河，又名阿勒巴昔哈河之西南沿一帶，無論大小河源，自發源處起，均不在採勘之列。其餘暫准俄人阿斯達碩夫採勘礦苗；三段自庫瑪爾河起，至愛琿城止，其中寬河大小河流，自發源處起，不在採勘之列，其餘暫准俄人阿希拉克新波夫阿莫里雅諾夫採勘礦苗；四段自愛琿城起，至觀音山河之西沿止，暫准俄人索也的鈕那雅阿克才鄂訥爾那雅闊木帕那雅採勘礦苗；五段除觀音山河東沿起，至托羅山止，內中一帶無論大小河流，自發源處起，均不在採勘之列。其餘自托羅山以下，入松花江，至都魯河止，暫准採挖金礦股夥採勘礦苗。應即繕發滿漢合璧執照，以憑暫行採勘金苗，藉逐金匪。所有採苗期限，俟咨請礦務總局、北洋大臣請旨奉文後，再行定准。爲此合行發給護照，仰沿途經過地方，一併驗照放行。須至執照者。

俄員科洛特科福第二百六十七號俄文照會。今年九月初九日，由貴將軍處發來護照五張，准在阿爾公阿木爾一帶，採辦金礦之護照，我已經將此護照，分發各開辦礦務俄人去訖。

光緒二十七年十二月初四日奉硃批：覽。欽此。

照録清單。

謹將與俄員科洛特科福，爲雅魯河等處金廠來往照會執照，敬繕清單，恭呈御覽。

計開：

俄員科洛特科福來俄文第二百二十九號照會。在札蘭屯住俄國商人博博夫，同中國人金利源盛大昌，在綽勒河雅魯河開辦礦務，我不准博博夫在江省挖金，因爲此人不甚好，又兼不甚富足。因此我現時同貴將軍舉薦一俄人，名字且納那也夫，伊較比博博夫尚稱靠妥，又兼富足。如閣下願意准且納那也夫，會同中國人金利源盛大昌一同合夥，請速見復。

覆科洛特科福滿漢合璧文。爲照復事。接貴大人第二百二十九號照會內開等因，接此查金利源盛大昌，在綽勒河雅魯河採辦金礦，係前將軍恩澤發給執照，其與貴國商人博博夫合夥情形，本衙門并未立案。今貴大人既稱此人不甚好，又不甚富足，另薦比博博夫妥靠富足之納那也夫，與金利源等一同合夥，本署將軍亦所樂聞。惟查金利源等，向不在省，俟其到此，再爲飭令遵照，以副盛

意。合先照復，爲此請煩貴大人查照施行。須至照會者。

俄員科洛特科福來華俄合璧第二百五十六號照會。爲照會事。接到貴將軍照復，准且納那也夫與金利源夥辦金廠，感謝。惟金利源現不在此，恐日後兩造商量不妥，請貴將軍給且納那也夫執照一紙，照内求聲明開辦時，廠内諸事，歸且納那也夫主持。每出金一百兩，報效貴國家金十五兩，另出花費外，每實挣銀一百兩，提給金利源盛大昌銀十兩，又地租銀二兩，其餘仍聽金利源與且納那也夫商辦。務求迅將此執照發給，爲此請煩貴將軍允准見復。須至照會者。覆科洛特科福滿漢合璧文。爲照覆事：接貴大人第二百五十六號照會，以金利源向不在此，事本難辦。惟既承貴大人一再相商，本署將軍姑先想一通融辦法，以敦睦誼。然尚有兩事，不得不先爲訂明者：一、爲果日後我中國朝廷，無允准俄人在黑龍江地面開辦金礦明文，則且納那也夫所領本署將軍准與金利源等在雅魯河、綽爾河夥辦金廠執照，亦應一律罷論，不得别有藉口，使本署將軍從中爲難。二、前承貴大人第二百二十九號照會，以俄人博博夫不甚好，又不甚富足，不准其在江省挖金，特舉薦富而且穩之且那納也夫，會同金利源等，夥辦綽勒河、雅魯河金礦，在本署將軍，自當以貴大人所舉薦者爲准。但貴大人榮調在即，諒必將此事移交後任存案，使博博夫不致與金利源等滋生口舌。以上兩事，想貴大人必能原諒，均爲允行。爲此照復，請煩貴大人查照，迅速見復爲盼。須至照復者。

俄員科洛特科福來滿漢俄三種文第二百七十七號照會。

爲照復事。接貴署將軍照覆均悉。如日後貴國家無允俄人在江省開辦金礦明文，則此次且那納也夫所領金利源等，在綽勒河、雅魯河夥辦金礦執照，亦作罷論，弗使貴署將軍受累。至本大臣因博博夫不甚好，又不富，不准其在江省挖金，自當移交後任在案，不准博博夫與金利源别生口舌，請釋廑念，求將執照速爲發給。再，本大臣現又令且納那也夫於開辦後，在實挣餘利銀每百兩内，再提三兩，作爲江省俄文學堂經費。爲此照復，請煩貴署將軍查照施行。須至照復者。

覆科洛特科福滿漢合璧文。爲照復事。接貴大人第二百七十七號照會均悉。今將發給且納那也夫執照，隨文附送，請煩查照見復。須至照復者。

爲發給執照事。照得本署將軍後接大俄國特派駐黑龍江省外部官員科，第二百二十九號、二百五十六號、二百七十七號照會内，舉薦且納那也夫，會同金利源等，夥辦綽勒河、雅魯河金礦，現因金利源等并不在省，請先給執照等因。兹姑先通融辦理，略訂大概章程，附列照尾。凡綽勒河内大小河流，自發源處起，順河往下，無論水陸，均至蒙古交界止，雅魯河内大小河流，自發源處，順流自下游入嫩江口止，均准且納那夫，會同金利源盛大昌，勘辦金礦。爲此照仰該兩河官兵旗民人等，遵照辦理，毋庸攔阻可也。須至執照者。

計開章程十條：

一、准且納那也夫與金利源盛大昌，夥辦綽勒河雅魯河金礦。

二、廠内諸事，且歸納那也夫主持。金利源盛大昌，仍省派人駐廠查帳之權。

三、日後如有虧耗，專歸且納那也夫承認，與金利源盛大昌無涉，與官中更無干涉。

四、嚴禁辦礦人等，毁廟穿墳，違者照律重辦。如旗民因辦金礦吃虧者，酌量賠償。

五、每出金一百兩，提一十五兩。報效中國國家。此外除費用外，實挣銀一百兩，提給金利源盛大昌等銀，再提地租銀二兩，江省俄文學堂經費銀三兩。除金利源盛大昌應得之款，由該等自向且納那也夫結算外，其餘無論報效金數，與地租俄文學堂經費各銀兩，一概交官。

六、刈伐草木，悉照向章納税。

七、官中派員駐廠，監察出金數目，並管束在廠各項華人，並至年終，照第五條所指，應行交官各項金銀税款，統交該員收解。

八、每至年終，按照第五條章程，將統年獲金若干，並花費及實挣餘利，均即寫華俄合璧清單，知會大衆，并送將軍存案。

九、且納那也夫應在廠内多用華工，并從優看顧，其商農生業，專歸華人管幹，仍聽俄商販運俄國貨物。

十、其餘未盡事宜，由金利源盛大昌、且納那也夫和平商定。

俄員科洛特科福來二百七十八號俄文照會。十月初五日，由貴將軍發來執照，准且納那也夫在綽勒河、雅魯河開辦金廠，此執照業已發給且納那也夫去訖。

光緒二十七年十二月初四日奉硃批：覽。欽此。

又外務部收署黑龍江將軍薩保文《抄送俄員覬覦漠河等處金礦摺》〔光緒

二十八年）四月初二日，黑龍江將軍薩保文稱：竊照本署將軍於光緒二十七年十一月初十日，恭摺密陳具奏，爲俄員覬覦漠河及雅魯河等處礦産，奴才勉力因應，請旨飭議遵行等因一摺，除俟奉到硃批，再行恭録咨報外，合先抄摺咨呈。爲此咨呈貴外務部，謹請鑒照施行。

照録抄稿。

奏爲俄員覬覦漠河及雅魯河等處礦産，奴才勉力因應，請旨飭議遵行，恭摺密陳，伏祈聖鑒事。竊奴才前與駐江俄員科洛特科福，議定嫩江一帶採礦草約，以漠河等處金廠，係屬已成之局，及雅河、綽爾河兩處，亦有人領照試採，均未便遽讓外人各情形，於八月初二日，專摺具奏在案。在當時無非爲拓利源，保成局起見，故於草約内聲明，漠河等處，另擬條呈，咨送礦路總局核奪。嗣該俄員忘其原議，欲呼倫貝爾、黑龍江，及呼蘭三城礦産，而盡予之。奴才派員與議，該俄員科洛特科福，既始終要索其各武員，又時以金匪爲害沿江交界及鐵道各處相詰責，科洛特科福復有認還從前漠河股本之議。争論至兩月之久，歲至舌敝唇焦，該俄員始以日後開辦，除照前訂草約每出金一百兩，報效國家金十五兩外，再按所有餘利，每百兩提給漠河等處舊股百分之十，再提地租百分之二，准其分設公司五處，採辦額爾古訥河與黑龍江右岸所轄礦産，連漠河等處一并在内，請將所送草約，畫押給照，可逐金匪，以安地方等因照會前來。奴才詳查現當兵械兩窮，金匪滋事，容或有之，而彼又文武同心，藉口謀佔，不得不權事羈縻，以保已成各廠。因以本省各金廠，均係招股開辦，前訂草約，聲明漠河等處，另擬條呈，咨送礦路總局核奪者，原因呼倫貝爾、黑龍江兩城礦産，悉歸北洋大臣主政，不便擅擬。今既爲願驅金匪起見，推有先前未經開採者，暫行發照採苗。其爲北洋大臣派員已經開採之處，毋庸採勘，並令科洛特科福擔承，將各該廠金匪，並爲一概禁逐等因覆之。并於執照内聲明，採苗期限，俟礦務總局北洋大臣請旨奉文後再定。業據科洛特科福照復，已將執照發訖等因在案。至雅魯河、綽爾河兩處，自去臘俄員劉巴擬開江省金廠，即有華商金利源、盛人昌，呈驗前將軍恩發給准在該兩處採辦金廠執照前來。據此，屢向外人阻止。旋因謡傳另有俄人冀與金利源合辦，科洛特克福聞風力争，遂派俄人進山，意圖捷足先登。嗣因苗綫難覓，奴才復派員往復辨論，始作爲由該俄員舉薦俄商且納那也夫，與金利源合辦。由奴才核定章程，附列執照之後，按照此次該俄員所擬額爾古訥河等處採苗條呈，按出金每百分，報效國家一十五分。并於實挣餘利銀之内，提給金利源等百分之十，地租百分之二外，另再提百分之三，充本省俄文學堂經費。共合所提餘利，亦在百分之十五。廠内伐木刈草，一概納税。工役多用華人，商農生業，概歸華人營幹。金利源仍有駐廠查賬之權。奴才反復籌思，該兩處既與鐵路逼近，彼中文武又時以金匪滋事爲口實，科洛特科福又屢援吉林夾皮溝爲比。而金利源等原領執照，應已滿期，況其本難大舉開辦，人又不知去向。且金苗究竟情形，亦難有道其實在者。因權宜發給俄商且納那也夫與金利源等，合辦雅魯河、綽爾河金廠執照。並先另文聲明，如朝廷無允准俄人在江省開礦明文，此照即作罷論。已據該俄員科洛特科福照覆前來，竊維處今之勢，固以廣開礦産爲興利之計，所慮者無華人入股，難免喧賓奪主耳。然入股不多，仍不能權操自我。況當此民窮財匱，此舉尤非易易。就江省論，惟有明定各礦採苗期限，與開辦若干年分，仍行諲官章程，中外一律。其先所開各礦，亦均遵照辦理，以杜外人暗收股票之弊。并此後無論中外，亦無論何國之人，悉准指地認辦，另再申明標佔舊禁，使艷羡者爭自爲謀。苟能操縱合宜，似于時局未嘗無益。至呼蘭通肯各城礦産，俄人亦頗覬覦，以都魯河承辦在先，並今已奏歸北洋併辦在案辭之。伏冀朝廷飭立外人開辦各礦年限通行章程，俾得共相遵守，廣濬利源。奴才於礦務素無閱歷，何敢侈論，特以目擊時艱，應畢其愚，以備聖明採擇。謹將與俄員議定代驅漠河等處金匪，暫在各該廠界外採苗，及採辦雅魯河、綽勒河金礦往來照會條呈執照等，敬繕清單兩分，恭呈御覽。請旨飭議，以資遵循。除咨外務部礦路總局北洋大臣外，所有俄員覬覦漠河及雅魯河等處礦産，並奴才勉力因應緣由，謹恭摺密陳。是否有當，伏乞皇太后、皇上聖鑒訓示。謹奏。

又薩保《請飭北洋大臣派員重開漠河觀音山等處金礦》〔光緒二十八年〕

五月十八日，軍機處交出薩保抄片稱：再查黑龍江省漠河、觀音山、奇乾河等處金廠，向歸北洋大臣派員督理，而爲江省餉項命脉所繫，聞各該處頗有金匪私挖，現在和局大定，應請旨飭催北洋大臣，趕緊派員前往重行開辦，以維利權。謹附片具陳，伏乞聖鑒訓示。謹奏。

光緒二十八年五月十八日奉硃批：外務部知道。欽此。

又外務部奏摺《議覆俄員覬覦漠河等處金礦》〔光緒二十八年〕七月初八日，本部遞奏摺稱，爲遵旨議覆，恭摺仰祈聖鑒事。光緒二十七年十二月初四日，署黑龍江將軍薩保奏，俄員覬覦漠河及雅魯河等處礦産，密陳因應情形一摺。奉硃批：外務部議奏，單二件併發。欽此。由軍機處欽遵鈔交到部。【略】

臣等查漠河等處，爲江省産金最旺之區。前經北洋大臣派員開辦，歷有年所，餘利報效，藉充軍餉，爲款頗鉅，自不能讓給外人。業經該將軍與俄員商允剔除，尚於已成之局無礙。惟禁逐金匪，概由俄員擔承，當因江省兵械兩窮，不得不爲一時權宜之計。將來時局大定，仍應自行整頓，勿使彼族有所藉口，致礙主權。至原奏所稱雅魯河、綽爾河兩處，俄商且納那也夫與華商金利源、盛大昌等，合辦金廠一節，金利源等開辦之人，現既不知去向，則前將軍恩澤給照以後，該華商集股若干，動用成本若干，勘得金苗幾處，無從查悉。此次華俄合辦，俄商究與何人訂議，是否兩相允願，應由該將軍飭查明白，以昭核實。臣等復查該俄員等，先後占地過寬，不無窒礙。惟該將軍所給執照，據稱業與訂明只准採勘，不爲開辦之據，應俟將來勘竣，請予開辦時，令其繪圖貼説，咨部酌核，再由臣部奏明，請旨定奪。所有臣等遵議緣由，謹繕摺具陳，伏乞皇太后、皇上聖鑒。謹奏。

光緒二十八年七月初八日具奏，本日奉硃批：依議。

又外務部收署黑龍江將軍薩保文《扎送請飭北洋大臣派員重開漠河觀音山等處金礦片稿》附奏片 〔光緒二十八年〕六月二十日，黑龍江將軍薩保文稱：户司案呈，本衙門於光緒二十八年四月二十五日，附片具奏，爲黑龍江省漠河等處金廠，向歸北洋大臣派員督理，現聞各該處頗有金匪私挖，應請旨飭催趕緊派員重行開辦等因一片，除俟奉到硃批，再行恭録咨呈外，合請先行抄録原奏，咨呈外務部查照等情。據此。相應咨呈。爲此咨呈外務部，請煩查照施行。

照録抄片。

再，查黑龍江省漠河、觀音山、奇乾河等處金廠，向歸北洋大臣派員督理，而爲江省餉項命脉所繫。聞各該處頗有金匪私挖，現在和局大定，應請旨飭催北洋大臣，趕緊派員前往重行開辦，以維利權。謹附片具陳，伏乞聖鑒訓示。謹奏。

又外務部收北洋大臣袁世凱文《派劉焌前往漠河觀音山等處查辦金礦》 〔光緒二十八年〕十二月初四日，收北洋大臣袁世凱文稱，爲照黑龍江省漠河觀音山奇乾河等處金廠，向歸北洋派員督理，各該廠前因變亂停辦。現在時局大定，亟應力圖規復，經黑龍江將軍奏請飭催派員前往重辦，由貴部咨行前來。查有候補劉道焌，堪以派委前往，查看情形，應如何招股集款，妥議章程，稟明試辦。除奏明並檄飭遵辦外，相應先行咨呈貴部，謹請查照施行。

又外務部收北洋大臣袁世凱文《奏派道員劉焌重辦漠河觀音山等處金礦》附原奏 〔光緒二十八年〕十二月十六日，收北洋大臣袁世凱文稱，爲照本大臣於光緒二十八年十二月十三日，在天津行館專弁附奏，派道員劉焌，重辦漠河金礦一片，除俟奉硃批另録咨行外，相應抄片咨呈貴部，謹請查照。照録抄片。

再，查黑龍江省漠河、觀音山、奇乾河等處金廠，向歸北洋派員督理，各該廠前因變亂停辦，現在時局大定，亟應力圖規復，署黑龍江將軍薩保附奏，請旨飭催派員前往重行開辦，由外務部咨行前來。臣查有候補道劉焌，才明心細，謹飭耐勞，堪以派委前往，查看各廠情形，應如何招股集款，妥議章程，稟明試辦。除檄飭遵照，並咨呈外務部查照外，理合附片陳明，伏乞聖鑒。謹奏。

又外務部收直隸總督袁世凱文《劉焌前往漠河觀音山等處重辦金礦請照會俄官保護》 〔光緒二十八年〕十二月二十三日，收直隸總督袁世凱文稱：爲照黑龍江省漠河、觀音山、奇乾河等處金廠，向歸北洋派員督理，各該廠前因變亂停辦。現在時局大定，亟應力圖規復，經黑龍江將軍奏請飭催派員前往重辦，由貴部咨行前來。本大臣查有候補劉道焌，堪以派委前往，業經附奏，並咨呈貴部查照在案。兹據該道稟稱，漠河礦廠，地處極邊，未開道路，所有轉運糧貨、解送金沙、傳遞文報、前往行人，向賴俄人保護。現在俄兵尚未撤退，若前往開辦，均須招募兵勇，携帶軍裝，非照明俄官，恐多阻礙等情前來。除批示外，相應咨呈貴部，謹請查核，照會俄使，知會東海濱總督，轉飭俄境各官，仍照前一體保護施行。

又外務部發俄署使柏照會《劉焌重辦觀音山等處金礦請轉飭俄官保護》 〔光緒二十八年〕十二月二十九日，給俄國署公使柏照會稱：光緒二十八年十二月二十三日，准北洋大臣咨稱，黑龍江省漠河、觀音山、奇乾河等處金廠，向歸北洋派員督理，各該廠前因變亂停辦。現在時局已定，亟應力圖規復，經黑龍江將軍奏請飭催派員前往重辦。本大臣查有候補道劉焌，堪以派委前往，業經奏咨在案。兹據該道稟稱，漠河礦廠，地處極邊，未開道路，所有轉運糧貨、解送金沙、傳遞文報、來往護廠、兵勇軍裝，及一切行人，均賴俄國保護，現在俄兵尚未撤退，前往開辦，所帶兵勇軍裝，應照明俄官，俾免阻礙等語。應請照會俄國駐京大臣，知會東海濱總督，轉飭俄屬各官，仍照前一體保護等因前來。本部查黑龍江省漠河、觀音山、奇乾河等處金廠，因亂停辦，瞬届三年，現因派員前往重辦，自應照章招募兵勇，携帶軍裝，以資彈壓。相應照會貴大臣，轉行知照東海濱總督，暨暫駐東三省各兵官，飭其一律保護，以昭睦誼。

又外務部發北洋大臣袁世凱文《俄官允許保護漠河觀音山等處金廠》 光緒二十九年正月十八日，發北洋大臣袁世凱文稱：前准咨稱，黑龍江省漠河、觀音山、奇乾河等處金廠，向歸北洋派員督理，各該廠前因變亂停辦。現在時局大定，亟應力圖規復，經黑龍江將軍奏請飭催派員前往重辦。由貴部咨行前來，本大臣查有候補劉道焌，堪以派委前往，業經附奏在案。【略】除批示外，咨請照會俄使，知會東海濱總督，轉飭俄境各官，仍照前一體保護等因，當經本部照會俄使去後。茲准俄使照稱，本署大臣轉行知照東海濱總督，及駐齊齊哈爾辦事大臣，自應請即相助劉道於中國政府所屬各金廠之權，並請設法保護劉道暨金廠，及往來一路。本署大臣定無疑意，並可及早允許貴王大臣，定能相助劉道，無須劉道招募兵勇，携帶軍裝，自行彈壓等因前來，相應咨復貴大臣查照可也。

又外務部收兵部片《希抄送原議漠廠報充軍餉出力各員請獎辦法》 光緒二十九年三月十四日，兵部片稱，內閣抄出直隸總督袁〔世凱〕奏，黑龍江漠河金廠報充軍餉，出力各員請獎一摺內稱，經總理衙門吏户部會議，報充軍餉在二十五萬兩以上，准保一次，異常勞績，不得過十員。尋常勞績，不得過六十員，共計不得逾七十員之數，於光緒二十三年四月初四日，奉旨依議。欽此。相應片查貴部，希將此件會議原奏，抄録過部，以憑辦理可也。

又外務部發兵部文《咨送黑龍江礦務保獎章程一條》 光緒二十九年三月十九日，行兵部文稱：光緒二十九年三月十四日，准文稱，直隸總督袁奏，黑龍江漠河金廠報充軍餉，出力各員請獎一摺內稱，總理衙門吏户部會議，充軍餉在二十五萬兩以上，准保一次，異常勞績，不得過十員，尋常勞績，不得過六十員，共計不得逾七十員之數。於光緒二十三年四月初四日，奉旨依議。欽此。希將此件會議原奏，抄録過部，以憑辦理等因前來，相應摘録光緒二十二年四月初四日，總理衙門會議黑龍江礦務保獎章程一條，咨行貴部查照可也。

又外務部收北洋大臣袁世凱文《俄人佔採漠河觀音山等處金礦請照會俄使轉飭交還》 光緒二十九年八月二十三日，收北洋大臣袁〔世凱〕文稱：案照黑龍江省漠河、奇乾河、觀音山等處金廠，向歸北洋派員督理，各該廠前因變亂停辦，上年時局大定，經黑龍江將軍奏請飭催派員前往重行開辦。准貴部咨行前來，當經本大臣奏派道員劉焌，前往查看各廠情形，集款議辦，並咨明貴部在案。頃據劉道稟稱，歷查該處各廠，均有俄人招集礦丁，在內掏挖金苗，經與俄官就近商辦急切，未能收回等情。據此，查漠河等處金廠，停辦已久，商本受虧甚鉅，若再遷延不辦，舊股益難規復。茲據前情，核與黑龍江將軍原議不符，相應咨呈貴部，謹請查照，照會俄國駐京大臣，轉行東海濱總督暨駐齊齊哈爾辦事大臣，飭令該處俄人，迅速交還北洋接辦，以篤邦交而維商務。

又外務部行俄使雷薩爾照會《請飭俄商交還漠河觀音山等處金廠》 光緒二十九年八月二十七日，行俄國公使雷〔薩爾〕照會稱：光緒二十九年八月二十三日，准北洋大臣咨稱，黑龍江省漠河、奇乾河、觀音山等處官督商辦金廠，向歸北洋派員督理，各該廠前年因亂停辦，上年時局大定，復經奏派道員劉焌，前往集款接辦。頃據劉道稟稱，歷查該處各廠，均有俄人招集礦丁，在內掏挖金苗，經與俄官就近商辦急切，未能收回。查漠河等處金廠，停辦以來，商本受虧甚鉅，若再遷延不辦，舊股益難規復。應請照會俄國駐京大臣，轉行東海濱總督暨駐齊齊哈爾辦事大臣，飭令該處俄員，迅速交還北洋接辦，以篤邦交等因前來。查漠河等處金廠，上年北洋大臣奏派劉道前往接辦，當經本部照會柏署大臣，請爲相助，設法保護。本年正月十二日，准柏署大臣復稱，業已轉行知照東海濱總督及駐齊齊哈爾辦事大臣，自應相助劉道於中國政府所屬各金廠之權，並設法保護劉道暨金廠，及往來之路。本大臣並可及早允許貴王大臣，定能相助劉道等因各在案。茲准前因，相應照會貴大臣，即爲轉行海濱總督及駐齊齊哈爾辦事大臣，飭令該處俄商，迅速交還劉道接辦，以敦睦誼，並希見覆可也。

又外務部收北洋大臣袁世凱文《錢鑅稟報漠河礦務因戰事停辦緣由暨收支金數清册》 光緒三十一年四月二十二日，收北洋大臣袁世凱文稱：據前督理黑龍江漠河等處礦務直隸候補道錢鑅稟稱，光緒三十年十二月初一日，接奉憲台札，以據職道稟稱，漠河礦務局報銷清册，發交支應局核明議復，蒙批准其照數支銷，奉發原册三本，飭即改四柱簡明總册，咨部立案等因。伏查漠河礦務公司，原集商股本銀十萬二千二百兩，前督理周道冕、徐道傑，先後購備糧貨，分存漠河、奇乾河、觀音山各廠，計值銀十萬七千二百五十兩，又有預付愛琿總局房租銀四千八百三十八兩四錢六分，已將股本悉數動用，不敷之銀，在於股票餘利項下借支。光緒二十六年，徐道告病，職道奉委赴漠接辦礦務，於是年五月初七日，行抵愛琿，當與徐道商明，即以五月初一，作爲接事日期，以便截數結賬。詎意時未經旬，即聞天津拳匪之亂，俄人日於黑龍江運送軍械，船中兵民擁擠。時觀廠派弁余錦茂等，解赴總局金沙六百八十五兩二錢四分五釐，附坐亞略爾輪船，於六月初四日夜，在卡賽特克地方，停船被竊。職道聞信馳赴俄境，當經面

告固畢乃託爾，扣船搜查，一面電稟前署黑龍江將軍壽，電達俄官，嚴緝贓賊未獲。六月十八日，愛琿鎮邊軍與俄人開仗，從此愛琿與漢、乾、觀各廠，音問梗阻。六月二十七日，愛琿總局愛敵砲起火，適逢壽將軍電示，策騎赴省，僅携緊要文卷數十宗。觀廠於七月初一日，被俄兵攻擊，漢廠、乾廠，於七月初二十五等日，被俄兵大舉入溝。各該廠之舍宇芻糧，悉付兵火，員司差弁，或臨時殉難，或失路傷亡。其餘竄入深山，所經人跡不到之處，刊木開路，徒行四五十日，始達大道。途中員司，又斃數十人，業已稟蒙奏卹代辦。漢廠總理知縣劉虞卿，於八月初十日，在布特哈地方，渡訥敏河，被賊劫去金條二百八十兩，呼同居民追捕無蹤。維時江省失守，未能報官。詢之同行人等，僉稱被劫屬實，曾調劉令到津，取結附卷。漢廠初交俄境郵政局金條四百九十八兩八錢八分，保險寄愛琿總局，因遇戰事，未即交到。又被俄兵截留乾廠金沙一百五十九兩六分，盧布八百。此二款均於二十九年派員查明，經道勝銀行作價寄津，爲歸還墊款，及撥付股利之用。徐道於回滬後，核算交代，會銜稟報，職道經手各款，亦隨時稟明在案。統計收銀二十萬五千三百八十一兩四錢七分八釐三毫四絲，如數支訖，委係實用實銷，並無浮冒，亦無存留銀兩。至原集股本，已經燬失，如何辦法，應俟辦礦有期，由接辦之員，統籌稟請酌奪。所有漢河礦務，因遇戰事停辦緣由，及收支金銀數目，理合造具四柱清册，一樣四分，稟呈查核，俯賜備案，並分咨外務部户部商部查核，實爲公便。又據另單稟稱，竊職道前呈漢河礦務局報銷清册，已蒙憲台發交支應局核明議復。茲查支應局原詳内開，觀音山廠，收買四六分金一款，多支銀九兩餘，當經檢同金沙底册，與收支銀錢數目，詳細勾稽。光緒二十年六月分，觀廠原收局平金沙一千四十兩七錢九分三釐，繕册時誤將收金小數，作爲七分九釐三毫，以致所給價銀與金數不符。又漢河廠公用一款，多支銀一釐，奇乾河廠公用一款，少支銀一毫六絲，實係各廠原册之誤。查有奇乾河廠雜支項下，少支銀八毫四絲，足以相抵，於總數仍無出入，自應逐一於原册粘簽更正，以昭核實，理合附稟查核各等情，到本大臣。據此。查該道開支各款，以前任移交糧貨，估價十萬餘兩爲大宗，當時變起倉卒，無從搬運，因之燬失，情有可原。此外薪金川資，或係額支之款，或爲遣散之資，其時俄兵到廠，員弁兵丁，倉皇出走，流離失所情形，與平時不同。至被竊被劫，並遺失金沙，有已於亂後追回者，有報明有案者，辦理尚屬核實，應請准其照數支銷，以清案款。除分咨外，相應將清册咨呈貴部，謹請查照施行。

又外務部收户部片《請抄送黑龍江漢河金廠開辦章程》 光緒三十一年五月二十六日，收户部片稱：准北洋大臣將黑龍江省漢、乾、觀三廠，光緒二十六年五、六、七三個月所收金沙動支數目，造册送部前來，查黑龍江漢河金廠開辦章程，本部因兵燹後案卷燬失無存，現有查核之處，相應片呈貴部，希即查明，將黑龍江漢河金廠開辦章程，迅速抄録送部，以憑辦理可也。

又外務部發户部文《抄送奏辦漢廠原摺暨變通新章》 光緒三十一年六月初一日，發户部文稱：光緒三十一年五月二十六日准片稱，查黑龍江漢河金廠開辦章程，本部因兵燹後案卷燬失無存，現有查核之處，希將黑龍江漢河金廠開辦章程，迅速抄送，以憑辦理等因前來。相應抄録前總理衙門會奏漢河金廠開辦事宜原摺並清單，暨路礦局會奏議復漢河金廠變通新章各一件，片送貴部查照備案可也。

又外務部收署黑龍江將軍程德全文《革員周冕欠交鉅款請旨飭部查詢》附原奏 光緒三十一年十一月十三日，收黑龍江將軍(程德全)文稱：案照本署將軍於光緒三十一年十月二十一日，恭摺具奏，爲已革道員，欠交鉅款，有關地方利害，現因報效銀兩，赴部引見。請飭外務部就近查訊明確，以免後患等因一摺，除俟奉到硃批，再行恭録咨呈外，理合鈔録原摺其文咨呈大部，謹請鑒核備案施行。

照録原摺。

奏爲已革道員欠交鉅款，有關地方利害，現因報效銀兩，赴部引見，請飭外務部就近查訊明確，以免後患，恭摺仰祈聖鑒事。竊本年十月初七日，接奉外務部歌電内開：前練兵處因周冕報效銀兩，奏請獎叙。奉旨交部帶領引見。欽此。業經電行該革員，尚未見到傳知，迅速來京等因。承准此。查已革湖南候補道周冕，總辦黑龍江鐵路交涉，設局於哈爾濱，終年并未來省，上年俄日開戰，該革員事事有違中立，經手釐務荒價，并未稟報。經前署將軍達會同於光緒三十年八月二十五日，附片密陳，奉硃批：著即嚴行查辦。欽此。欽遵。嗣因兩鄰戰事方殷，不便操之過切，該革員亦屢屢藉此推宕，本年九月底，風聞該革員由哈攜資赴京，因其不候查辦，輒自走避。當於十月初六日，電請外務部代奏請旨查拿在案。茲准外務部電知前因，始知該革員并非有託而逃，實有急公之義，在朝廷用人不拘一格，使功使過，自有權衡，非臣下所敢參預，即亦當仰體聖恩寬大，可以成事不説，既往不咎。然其經手各款，爲數甚鉅，并無一款交清，所欠

款項，動關蒙俄交涉，將來不特接辦之員無從下手，即蒙公俄人，亦難免因款項轇轕，滋生事端。今將查明該革員經手各款數目，爲我皇太后、皇上分析陳之：溯查該革員周冕，當光緒二十三年時，承辦漠河礦務，被人參奏，經前任北洋大臣裕〔禄〕查明，虧交公款銀十七萬餘兩。二十四年十月初一日，奏奉諭旨，暫行革職，勒限三個月，如數報解。倘限滿仍前延玩，即著解交刑部監追等因。欽此。欽遵咨照在案。二十六年，前署黑龍江將軍壽〔祺〕到任，復准户部暨北洋大臣咨催，該革員仍未交款。嗣因地方變亂，以後文件，大半遺失。該革員遽稱，應交銀十七萬餘兩，業於亂前兑交壽〔祺〕收訖。奴才因查總理糧餉之記名總管姚福升，現經奏調來江，掌户司關防之協領都爾蘇，仍充原差，均稱實無其事。此該革員往年欠交公款之數目也。迨二十四年，該革員經前將軍恩〔澤〕派充木植公司總董。二十六年，又經署將軍薩〔保〕派充鐵路交涉差使。所有經手各款，如木植荒價，頭緒愈亂，弊竇益深。查木植公司，原奏内稱，江省地方，除愛琿一城外，所有各處木植，均歸該公司承辦，并聲明如有本地商民把頭砍運木植者，均由該公司價買，代繳捐費，不准再在各該處攬擾争利。又云凡鐵路需用各項材木，以及輪船柴薪，暨民間房木等件，既歸承辦，均按值百抽十，包繳捐費各等語。查二十五年七月以前，該公司所號各把頭新陳木植，已扣捐費見諸公文者，呼蘭一處，已有銀五千二百四十五兩。每按三省鐵路圖核計，俄人在江省經營鐵路，北起滿洲里，南抵哈爾濱，計長一千八百餘里，應用木料。皆該革員所供給，數已鉅矣。加以大小車站房料，以及火車輪船燒柴，民間房木，積年累月，無不就地取材，其爲數更不知凡幾。該革員於此項鉅款收數若干，并無隻字禀報，約計該公司所得之數，視公牘内扣自木把之數，不啻千百中之一二，此該革員應交木税無從計算者也。木税既難稽查，荒價亦多紊亂。查該革員所放鐵路迤西迤東各荒，皆在郭爾羅斯界内，據報共有二百四十井，每井毛荒一千六百二十晌，按照定章，每晌收銀一兩四錢，三七折扣，每井應收銀一千五百八十七兩六錢，共應收荒價銀三十八萬一千零二十四兩。聞該革員加價收取，尚不止此數。前據該蒙公咨稱，周冕僅交荒價銀四萬五千兩，羌帖一千五百張，下欠之款，請由將軍代追等情。飭據該革員查覆謂，此項荒價，應收銀三十七萬六千餘兩，各户已交者，僅十五萬兩，該公陸續提用銀十萬兩，已與蒙文兩歧。又稱所剩銀五萬兩，借給杜爾伯特貝子銀二萬兩，又局用及墊辦各項，約銀三萬兩，辦理俄廓米薩爾被戕，緝匪賞耗等銀二萬二千餘兩，除去領過省中銀五千餘兩，尚不敷銀一萬七千餘兩，詞甚含混。且荒價既僅收銀十五萬，其未交之二十三萬餘兩，究係何人所欠，未據册報，從何稽查，此該革員欠交荒價之轇轕也。其餘如鐵路軌道車站，公司原佔廓爾羅斯杜爾伯特，及民開荒熟各地，公司發價若干，該蒙等收價若干，悉由該革員經手。又如江省産木地方，該革員逕立合同，竟歸鐵路護養，其有無收價，無從查詢。又如車站展佔之地，皆由該革員私相授受，甚至將馬家船口地方，民間禀懇擬設水碼頭者，一併逼勒售賣，所有各處地價，悉由該革員經手，并未報明。又查對青山起，至滿洲站止，千數百里，鐵路兩邊，每邊華里各八十里，所出羊草，悉歸該革員包去，以備俄營喂馬之需，得價若干，亦未具報。又鐵路擬開煤礦章程，雖經外務部路礦總局議駁，而達賚諾爾湖煤税一項，上年屢次磋商，鐵路公司總以該革員已立合同，歸伊經理爲詞，是否收税，無由得知。此又該革員經手各款，無案可稽者也。以上各款，除該革員所欠漠河公款銀十七萬餘兩，雖係應撥江省軍餉，事由北洋主政，應歸北洋清結外，其木税一項，凡係商民已交之款，尚可從權緩查。惟鐵路所用木植所納票費，不早爲之截清，非特前款已虚，即後來無從接手。荒價一項，如係本省腹地，尚可從權緩議，惟蒙荒半價歸蒙，不早令其歸楚，非特庫帑有損，即藩屬亦豈甘心。況山林歸彼護養，利權盡失，即上年本省整頓木税，甫及一年，收款至二十餘萬吊，此後亦恐無著。至於船口爲開濬利源之區，羊草乃窮黎生計是賴，所關匪細，豈容恝然置之。總之，該革員經手未完各件，既侵政權，復損國計。并害民生，稍事包容，便於内政外交，動多窒礙。即使略其跋扈之迹，而原其慕義之心，亦須將所欠鉅款，交代清楚，方可脱然無累。但該革員現既遵旨入都赴引，非奴才所能挽留，即留之而有挾以求，難免重循故轍。再四思維，别無良策，惟有據實奏聞，請旨飭下外務部，就近傳詢該革員，速將經手各款，實數造册報銷，不得稍事含混，以便派員清理，免致後來轇轕也。地方幸甚！奴才幸甚！所有革員欠交鉅款，請旨飭部查詢緣由，是否有當，理合恭摺具陳，伏乞皇太后、皇上聖鑒訓示。謹奏。

光緒三十二年正月二十二日，發直隸總督文稱：准軍機處抄交署黑龍江將軍程奏，已革道員，欠交鉅款，請飭外務部就近查訊明確，以免後患一摺。光緒三十一年十一月十六日，奉硃批，外務部知道。欽此。查該革員現已奉旨開復原官，發往直隸差遣委用。相應抄録原奏，咨行貴督查照，即希轉飭周冕，按照原奏所稱各節，呈具詳晰親供，禀由貴督咨復本部，以憑核辦可也。

光緒三十二年六月二十二日，發北洋大臣函稱：慰亭宫保閣下，逕啟者：開平漠河兩處礦務，本部案卷不全，所有原案奏定章程，希即飭鈔送部。至兩礦産業，共計若干處所，機器材料，有無奏明免税，統希查明，開單示悉，以便備案可也。

又外務部發俄使璞科第照會《請飭俄商交還黑省新舊各礦》 光緒三十三年三月初六日，發俄璞使照稱：案查黑龍江漠河等處礦廠一事，迭准來照，均經本部咨行黑龍江將軍查照核復。【略】本部查漠河、觀音山等處舊礦，與俄商所採之新礦，本係截然兩事，舊礦原照已載明不在准採界内，自不得擅行侵入。新礦草約雖准暫行採苗，亦應候中國政府允准，方能開挖。乃該俄商擅逾權限，逕自開辦，實屬有背定章，相應照復貴大臣查照，并飭將各礦交還，勿再争執。須至照會者。

又璞科第《黑龍江上游金礦公司並未逾權開礦》 光緒三十三年四月十一日，收俄璞使照稱：光緒三十三年三月初六日准照稱，黑龍江新礦，雖草約准俄商暫行探勘金苗，應候中國政府允准，方能開挖。乃該俄商擅逾權限，自行開辦，實屬有背定章各情前來。本大臣查來照各情，可見貴王大臣將署理黑龍江將軍薩曾經迭行發給黑龍江省數處探勘金苗執照一節，已認發給此項執照實給俄商至今寔行之利益，本大臣自留將來商議挽回他項俄商在滿洲不得争論之利益，應聲明本年正月二十三日照内所開黑龍江上游金礦公司之各利益各情，並再聲明署黑龍江將軍所報該公司，及貴部本年三月初六日照開各情，實於目下情形不符。查前署黑龍江將軍薩發給黑龍江上游金商公司執照，准其在額爾古納河右岸，及該河自達賚諾爾湖滙流之處起，至貝子河止，各汊河一帶探勘金苗。該執照内並未註明期限，該公司應將繪圖帖説，呈外務部查核，准其開辦。因是該公司相信中國大員所發執照之權分，由光緒二十八年至三十年，安静在該地段探勘金苗。嗣俄日失和，該公司之工人，係爲備兵等，是以均歸營伍，探勘之工，因以停止，但仍派人看護所探勘之處。此二年内，該公司不過探勘金苗，並未開辦，且二年爲時較短，而額爾古訥河一帶，只探勘二十九處，計時不過僅能探勘並無暇開辦，足有可憑。且該地係曠野之鄉，亦無路途，於開礦更多一分難處。查額爾古訥河一帶，係一極遼闊地段，曾未勘過金苗，因是該公司創勘，必應加意探覓。爲得有甚旺金苗地段起見，在數處開井之時，如覓得金質，亦爲執照内所准之事。並因此事該公司出款甚鉅，而所得之金質甚微，實亦不能如黑龍江將軍稱爲開辦。不過僅得金樣，作某地段優劣之考證。是以署黑龍江將軍所稱俄商探勘金苗之後，不候中國允准擅行開辦等語，殊欠合理。緣該公司所領執照内，並未註明限期，是以即可無論多少時日，以冀採覓興旺礦苗，此其不合一也。該公司迄今不過探勘，並未開辦，此其不合二也。相應照請貴王大臣，再行查核黑龍江上游金商公司之案，准其按照本國外務部委員與署黑龍江將軍，光緒二十七年六月初八日八月二十日商定各章程，在額爾古訥河一帶開辦金礦。該公司允許確遵貴國將來所定礦務章程辦理，即希見復。須至照會者。

又外務部收北洋大臣袁世凱文《俄輪載運漠廠護勇槍械請照會俄官給照放行》 光緒三十三年八月初一日，收北洋大臣文稱：據督理漠河礦務道員劉焌稟稱，竊職道去冬奉飭接收漠河各廠，正值天寒冱凍，陸路難行，須假道俄境，乘坐扒犁，護勇軍裝，未便多帶，是以僅帶護勇二十名、快槍二十桿。開辦後甚覺不敷分佈，雖經招募，因該廠遠懸荒徼，甚乏合格之人。抵觀後見該廠距華境較近，尚易招募，因擬由觀廠撥護勇數十名、快槍數十桿、子彈數千粒，運送漠廠，以資防護。查由觀赴漠，陸路不通，應由俄輪裝載。該輪船須見俄官護照，始敢裝運，因親赴黑河，與邊界廓米薩爾庫芝米爾面商辦理。十五日，搭輪而上。十八日，行抵黑河。次日往會廓米薩爾，商辦一切。據稱貴廠運送護勇槍械，爲數無多，原可發給護照，以利遄行，惟近日接俄京函稱，中俄條約已經開議，所有貴國運送兵勇軍械，及烟酒茶糖違禁貨物，應俟條約議定，俾可遵行。貴廠護勇槍械，雖屬無多，亦應定約後，再行運送各等語。職道聞之，甚爲焦灼，刻下不惟漠廠需護勇槍械甚殷，即觀廠護勇，不敷尤甚。去冬蒙憲恩賞借小口徑毛瑟槍二百桿，子彈十萬粒，又由江省借用馬利夏槍三十桿，僅敷目前之用。觀廠地方遼闊，溝汊紛歧，四通八達，實非二百護勇所能分佈。一旦封江，人馬均可暢行冰上，深恐匪徒滋擾，必須早爲籌備，庶免疏虞。前月稟請續借小口徑毛瑟槍三百桿、五十七密的克魯森馬駄鋼砲四尊，隨帶子彈等件，荷蒙憲恩批准，飭保定軍械所照發。奉批之下，感荷實深，正擬派弁賫稟赴津請領，忽聞此信，焦灼萬分。深知《中俄條約》指日可定，而職廠遠在數千里外，見聞較遲，轉瞬封江，運送諸多棘手。伏思職廠所運護勇，不過一二百名、槍械不過二三百桿，專爲護廠之用，非大宗軍火可比。合無仰懇憲恩，專案咨請外務部照會俄使，請其援照一千八百九十七年以前辦過成案，即行知照阿穆爾省固畢爾那托爾，及哈爾濱總領

事，嗣後職廠護勇槍械子彈到日，照例發給護照，保護放行，無得留難阻滯，以篤邦交。實爲公便等情，到本大臣。據此，除批據禀已悉。《中俄條約》目前尚無成議。該廠運送護勇槍械，須由俄輪裝載，候咨請外務部照會俄使，援照從前歷辦成案，即行知照阿穆爾省城官，暨哈爾濱俄領事，照常給照放行，以篤邦交而裨廠務等因印發外，相應咨呈貴部，謹請查核辦理。須至咨呈者。

又外務部收東三省總督文《請照會俄使禁止俄人越界私採金苗》 光緒三十三年八月二十三日，收東三省總督文稱：案准欽差北洋大臣直隸總督部堂袁咨開，據黑龍江漠河礦務局劉道炆禀稱，竊職道接收漠廠開辦後，見該廠水道，俱係殘溝，刻下雖堪稱作，究不能獲優厚利益，非另採新苗不可。查漠河上下游，沿黑龍江一帶，産金之處甚多。惟須考其金色優劣，苗線寬仄，是否實堪稱作，方敢試辦。如冒昧從事，不惟無益，且多虧損。因揀選久歷礦廠，熟悉礦脉之差弁把頭，分投各處，探採金苗，嗣據陸續回廠禀稱，瑚馬爾河上游百餘里之膠克列協溝，有私金廠一處，又瑚馬爾河溝內七十里，亦有金溝一處。該二處所出金砂，金色甚佳，苗線寬深，毛皮尚不甚厚，實堪稱作。惟該二處，均有俄人聚夥私挖，或二三百人，或一二百人不等，內中華人、韓人，居其大半等語。因復派職廠繙譯縣丞吴炳昌，率同老練差弁把頭，重複查勘。繼據禀稱，兩廠距漠河均在五六百里之內，溝內私挖之人，防範極嚴，不聽生人出入，若彰明前往，非帶兵隊多人，不能進溝。萬分無奈，因分派精細幹練差弁把頭數人，裝作挖金之人，始克進溝。工作十餘日，得金數錢，成色尚佳，因托辭出溝，回廠呈驗，途中被人劫奪，僅剩金砂少許。又訪得遜畢喇境內，有金溝一處，該溝在瑷琿東南三百餘里麒麟山內，距索倫旗屯紅馬集二百八十里，前年有居住紅馬集曾充通事之山東人揭姓，會同索倫，帶礦丁入山開作，按試碃眼，金色甚佳，後因水大，無力開作水道，是以中止。刻下難免本地人三五成群，私自偷挖。此外尚有數處，未經訪實地名道里，未敢冒昧禀陳等情前來。職道詳加訪察，洵屬實情，因該溝內均有俄人，未便貿然前往，致啟交涉，月前親赴黑河，與俄邊界廓米薩爾庫芝米爾面商，擬請會同派隊前往驅逐。據該俄官聲稱，二十七年，該俄商等，曾蒙前署黑龍江將軍薩，發給採苗護照五張，將沿江分作五段，須查明各該溝是否在採苗界內，方能分別辦理。【略】合無仰懇憲恩，專案咨請外務部照會俄使，請飭沿邊之東海濱總督阿穆爾省固畢那托爾，將黑龍江西岸一帶，俄人越界私挖金砂之處，全行退出，並禁止俄人以後不得越界私採金苗，以清疆域而篤邦交。所有職廠所轄境內，俄人恃前領採苗執照，聚夥私挖，礙難禁阻，請專案咨部，照會俄使飭禁緣由，理合禀請批示祇遵等情，到本大臣。據此。除批示外，相應咨會貴部掌院。請煩查照等因。准此。除分行外，相應咨呈貴部，謹請鑒核施行。須至咨呈者。

又外務部發北洋大臣文《俄輪載運漠廠軍械事俄使藉端要求採礦暨賠款》 光緒三十三年九月初五日，發北洋大臣咨稱：案查漠河礦廠運送軍械一事，本年八月初一日，接准升任北洋大臣袁來咨，當經本部照會俄璞使，轉飭給照放行。以符成案去後，現准該使復稱，應將俄金商所索開辦支款之收回未足之費，照數賠補，俄員自必妥爲接待江省礦廠之華員。並請允認於黑龍江上游金礦公司，在阿爾渾河一帶，沿吉拉利河，合理所索，接辦金礦等因前來。查俄商佔據漠河等處礦廠，所用之費，前已照會該使，轉飭開明細帳，再爲查核。至吉拉利等處礦産，亦經咨令東三省總督、黑龍江巡撫另商辦法，迄今尚未接復。茲該使復因運送軍械一事，藉端要求，除咨東三省總督、黑龍江巡撫外，相應抄録往來照會，咨復貴大臣查核可也。須至咨者。附抄件。

又外務部收東三省總督黑龍江巡撫文《咨報緩運漠廠防兵暨吉拉林河開礦事》 光緒三十三年十一月初四日，收黑龍江督撫文稱：光緒三十三年十月十六日，准大部咨開，案查漠河礦廠運送軍械護勇一事，接准咨稱，派兵駐防漠口，本爲彈壓地面，保護中外人民起見，並非專爲漠河金廠設法，自應照常裝運。若以該廠款項交涉未清，應由劉道炆禀請北洋，另案核辦，似與本省運兵運貨無干，請速與俄公使磋商等因。查此事迭經本部照會俄璞使，轉飭給照放行，並咨覆貴撫在案。現又准該使照稱，按兩國睦誼，俄邊界官甚願相助，而中國官員必須注意俄金商之利權。該俄金商已將其佔漠河、觀音山各廠之時，所虧款項賬目，交付劉道炆，該道迄未開辦核算。茲請劉道會同駐哈爾濱俄總領事官，於兩月內核辦俄金商之賬目，並按照該華俄兩員核定俄金商所索如何辦理始爲公平之款，中國政府即應允認賠補。且請將黑龍江上游金礦公司所索允給沿吉拉利河開採金礦之權利一節，按照辦理。俟貴部轉飭照辦以上所述各事，並合本大臣之意，照復本處，則即當轉咨邊界俄官，竭力相助金廠華員，運送漠河護勇及軍器等語。相應鈔録往來照會，咨行貴撫查核聲復可也等因。准此。查時近嚴寒，大江業經封固，各船卧高，此項駐防漠廠兵隊，暫已不能起運，祇得從緩開往吉拉林礦産。已飭候補知縣卞令調元詳細調查，俟聲覆到日，即行核咨。除札

飭外，理合備文咨覆。爲此咨呈大部，謹請鑒核施行。

又外務部收署北洋大臣楊士驤文《請商俄使將俄商採礦執照作廢》 光緒三十三年十二月二十五日，收北洋大臣文稱：十二月十九日，准東三省總督部堂徐、奉天巡撫部院唐咨開，案查前准欽命北洋大臣直隸總督部堂袁咨開，據黑龍江漠河礦務局劉道焌稟稱，【略】合無仰懇憲恩，專案咨請外務部照會俄使，請飭沿邊之東海濱總督阿穆爾省固畢那托爾，將黑龍江西岸一帶，俄人越界私挖金砂之處，全行退出，並禁止俄人以後不得越界私採金苗，以清疆域而篤邦交。抑或咨明三省總督部堂，於會議時將採苗護照議結，以免外人藉口，而絶窺伺之漸。所有職廠所轄境内，俄人恃前領採苗執照，聚夥私挖，礙難禁阻，請專案咨部照會俄使飭禁緣由，理合稟請批示祇遵等情。到本大臣。據此，除批示外，相應咨會貴部堂院。請煩查照，於會議時將採苗護照議結，以免外人藉口等因。准此。當經札飭哈爾濱交涉總局杜道學瀛，遵即照會俄領事，切實磋商去後，兹據該道呈稱，當經備文照會駐哈俄總領事劉巴磋商在案。兹於光緒三十三年十一月二十九日，准駐齊齊哈爾俄領事馬，第六百七十九號照復内稱，准駐哈俄領事送到貴大人。光緒三十三年九月初五日六十四號照會内開，在漠河地方，發給俄人開採金礦執照一節，兹緣俄人金礦工師於北滿洲要請之舉，應歸駐北京俄公使與中國外部會議，是以敝領事現與貴大人，於此項問題礙難行文交涉等因。准此，理合呈覆鑒核等情。據此，除批示據呈已悉，仰候咨覆北洋大臣，咨請外務部就近與駐京俄使磋商辦理繳等因印發外，相應備文咨請查照核咨，望速施行等因，到本署大臣。准此，相應咨呈貴部，謹請查照施行。須至咨呈者。

又外務部收北洋大臣陳夔龍文《酌議漠河觀音山等處礦務辦法三條請核示遵》 宣統二年　月　日，收北洋大臣陳夔龍函稱：前飭王道克敏面稟漠河礦事，承示查卷送閲，再酌辦法，該廠舊案雖經庚子燬失，但仍有三四十宗，勢難遍録，兹爲摘要抄摺呈核。查該廠開辦之初，頗著成效，計自光緒十五年至二十四年止，所獲餘利，提充江省軍餉者多至一百一十餘萬兩，嗣後爲俄人佔踞數年。直至三十三年，始行收回。計贖廠之費及歷年布置之用，已至二十餘萬兩。此款係在官銀號借撥，至今尚虚懸無著，而該廠溝老沙殘，久不稱作，惟冀甄得新苗，以圖補救。是年冬，菊帥來議畫界，屢復咨函聲明。二十三年，恩將軍奏案，以呼倫貝爾黑龍江兩副都統所轄全境爲界，正商派員往勘。三十四年夏秋間，乃有瑚馬爾河金廠之争，瑚馬爾河在黑龍江城北，實係漠廠開採界内，而江省謂爲前辦寬河金廠時甄得。然查寬河章程第十四條載明，凡水從寬河入黑龍江者，歸寬廠辦理，此外仍歸漠河等語。且二十七年冬間，以俄人售有寬河股票，疊起交涉，經薩將軍奏明漠河等處及呼倫貝爾、黑龍江兩城礦産，向歸北洋大臣主政，惟有寬河剔歸李席珍等開辦，此外如呼蘭都魯河等處，亦經奏歸北洋有案。前案具在，可以覆按。最後江省委員王銘新等，以兵力驅逐漠廠委員出廠，是亦可爲漠廠先經甄得該礦之證。其時適委袁道祚廙赴漠查案，到東謁見菊帥，遂議直東合辦。先是本議將漠、觀各廠歸江獨辦，而以北洋用款作爲股本，至是始改議合辦，經東省派譚道兆樑帶同礦師往勘，直省亦派戴道鴻鈞赴東會商，久之無成。此事在東省視爲緩圖，而直省年年賠累，實有急不可待之勢。本年二月，夔龍復就前議，酌擬辦法三條：一、江省獨辦，而北洋用款，由江認還。一、直省獨辦，而將瑚馬爾河歸併。一、直東合辦，而東省先照北洋已用之款，籌足開辦。函商錫、周兩帥，而璞帥悉拒其請，至謂前議合辦，皆言直東，非言直江。若與江省無涉者，江省乃出於東三省之外，殊不可解。青帥至今未復，或以事歸江省主政，無從置議。夔龍再四思維，實無良策，欲添官本，則長此虧累，伊於胡底，欲招商股，則商人皆觀望於瑚馬爾河之歸併與否，欲竟停辦。則該廠與俄界毗連，處處可慮，又關大局，用敢抄案請中堂就前議辦法三條，決用其一。再由敝處將實在爲難情形，奏明請旨辦理。如何之處，敬候鈞裁示遵。附抄件一扣，計二十宗。照録黑龍江薩將軍來咨，光緒二十七年十一月初十日，附鈔奏。爲咨呈事：竊照本署將軍於光緒二十七年十一月初十日，專摺具奏，爲俄國參將盧邊諾夫，恃寬河金廠委員李席珍護照，圖佔通省各色礦産，並窮民資生淘土，亦圖謀佔等因一摺，除俟奉到硃批，再行恭録咨報外，合先抄摺咨呈。爲此咨呈貴大臣，謹請鑒照施行。須至咨呈者。

計抄原奏一紙。

奏爲俄國參將盧邊諾夫，恃寬河金廠委員李席珍護照，圖佔通省各色礦産，並窮民貲生陶土等等，亦圖謀佔，竭力抵拒情形，謹恭摺密陳，仰祈聖鑒事。竊查前據委員李席珍稟呈，潘立、張之青等，擬議條呈，請開寬河金廠，經前將軍恩澤會同奏奉諭旨，飭由礦路總局核議，分别准駁，於光緒二十五年六月二十三日覆奏，奉硃批：依議。欽此。欽遵在案。乃本年六月間，□有俄國參將盧邊諾夫來信，以江省總辦金、煤等礦官員李，會同華商，開辦寬河金廠，賣出股票一千張。伊與該金廠訂合同在江開辦，又賣出股票四百張。收到官員李□交總理衙

門批准寬河金廠副章程一本，尚未蓋印，求請蓋印，以昭慎重，並求照寬河章程，准開別處金礦等因前來。當查所呈副章程，與奏案不符，因即駁覆去後，嗣該俄參將面見聲稱，伊曾與李委員等訂有合同，離漠河一百里外，所有礦産，一律歸其勘辦，已經總理衙門奏准，伊等並在彼國報官立案等語，置之不理。既而俄員科落特科福，以盧邊諸夫呈驗伊等會向俄署存案俄文字據，經該管官加押爲證，核與先前盧邊諸夫面告情形相符，並以彼已費用不少爲辭。當以從無官商將本國礦産，在外國官署立案辦法，據理直駁去後，科落特科福復來照會，以盧邊諸夫與愛琿商人張之青等，訂有在江省採辦煤礦金礦章程，並説是光緒二十五年八月，總理衙門奏准在各處採辦，並開辦金礦。此章真否奏准，並官員李發給盧邊諸夫護照，在江省採辦各樣礦務，該官員能否發此護照，請覆並録送章程護照等照會前來。該俄員旋即交部。近據接任駐江之俄員博果雅楞又來文催覆，隨以漠河等處及呼倫貝爾、黑龍江兩城礦産，向歸北洋大臣主政，内中衹有寬河劃歸李席珍等開辦。此外如呼蘭與都魯河等處，近亦奏歸北洋在案。全盧邊諸夫所呈寬河金廠章程，查委員李席珍等原擬條呈，係水從寬河入黑龍江者，歸寬廠辦理，此外仍歸漠河。以免糾葛。水入嫩江松花江者，如有可採之處，應准推廣。將來大衆集股，另設新廠，報總局存案等語。旋奉礦路總局奏駁，凡水從寬河入黑龍江者，照案核准。水入嫩江松花江者，既與寬河無涉，即不應攬入，預佔地方等因，奉旨依議。欽此。當於光緒二十五年八月初一日，轉行委員李席珍遵照辦理。此外尚有礦路總局奏定通行章程，請辦礦地，不准混指全府全縣等因，亦於同日行知李席珍一體遵照各在案。該員何致復於二十六年五月，擅發盧邊諸夫護照，准其各處採勘諸色礦苗。況寬河金廠，當時並無俄股明文，而盧邊諸夫所執副章程，又與該廠原先奏案不符。如前項章程護照，果係李席珍親自交給，則該員自有越權之咎。若係轉輾遞給，則應由盧邊諸夫自行理處等因照覆去後，覆查俄員抄送李席珍所給護照内，有採勘各處諸色礦苗，及名膏、鹽鹹、淘土之語，既與礦路總局原奏不符，(旦)〔但〕凡並通省窮民生計，而盡予之。現聞李席珍充當奉天交涉總辦，盧邊諸夫又有進京理論之説，應請旨飭下外務部立案，並由盛京將軍增祺、奉天府尹玉恒，轉飭李席珍，據實聲覆，毋稍含混。除仍由熟商駐江俄員，不准盧邊諸夫以李席珍越權擅給護照，藉口干預礦務。並録案咨呈外務部、礦路總局、北洋大臣，並另咨增祺、玉恒等查照外，所有俄參將盧邊諸夫，恃委員李席珍執照，圖佔通省礦産，並窮民貲生淘土等等，亦圖謀佔，竭力抵拒緣由，理合恭摺密陳。是否有當，伏乞皇太后、皇上聖鑒訓示。謹奏。

附録寬河金礦章程第十四條。二十七年十一月初十日。

一、此廠既係專辦寬河，應查照前案，凡水從寬河入黑龍江者，均歸寬廠辦理，此外仍歸漠河，以免轇轕。在内興安嶺以南地方，凡水入嫩江、松花江者，皆與漠河無涉。如有可採之地，應准推廣，將來大衆集股，另設新廠。報由總局存案，一面報省，一面派人抽查，仍將所收數目，按月另册造報。

照録札。劉焌文。三十一年十月二十六日。

爲札飭事。十月二十六日，准黑龍江將軍電開，劉道股招齊，請飭速來，如難招，江省願撥款墊辦，以免延待，乞酌等因，到本大臣。准此當經電覆云，股款十萬，業已湊齊，當飭劉道速行，盛意感謝等語。合計札飭。札到該道，即便查照，並將起程日期具報。此札。

札督理黑龍江漠河礦務劉道。

照録《東三省總督黑龍江巡撫來函》，三十三年十二月。

蓮帥仁兄大人閣下：敬啟者：漠河金廠開辦已閱多年，原案本係奏明辦理黑龍江等處礦務，嗣因江省另開都魯河、寬河等礦，遂議劃分界限，專以歸入黑龍江及額爾古訥河流域境内之礦，屬之漠河，餘歸江省自行籌辦。彼時江省人稀事簡，於籌邊一事，尚少講求，沿額爾古訥河右岸一帶地方，棄置幾同甌脱，故不惟數千里内之礦産，統歸漠河主持，即漠河附近華俄人民之詞訟，羊草木石之税，亦統歸金廠管理。蓋邊界既未嘗設官，勢不能不由該廠就近經營，非越俎也。刻下江省方爲實邊之計，凡黑龍江呼倫貝爾所屬，行將陸續設署安官，今昔情形不同，自當急思變計，似宜將該廠開採地段，辦事權限，劃分清楚，方免遇事抵捂之嫌。查該廠已開之礦四，曰漠河、曰觀音山、曰奇乾河、曰五馬河。擬自馬札蘭溝起，下至漠河入阿穆爾河止，所有山内一切溝汊，歸漠河廠勘挖。自觀音山河起，至太平溝口止，中間佳運等河，各至水源止，一切溝汊，歸觀音山廠勘挖。自奇乾河東口，至西口進廠各溝汊，歸奇乾河廠勘挖。五馬河溝内所有各港汊，歸五馬河廠勘挖。定地之外，該廠如欲採苗，亦可照准，惟須由江省請領執照，統照新章辦理。此劃分地段之説也。昨據劉道焌稟請，將漠河近廠百里内所産羊草，歸廠内飼馬之用，如附近俄人願在百里内打草者，仍照舊日辦法，取其所割之草十分之三等語。該道請留草甸，係爲該廠飼馬，事屬可行，即抽收

俄人草稅，係在百里之內，並未侵及地方官之權，亦可照准。擬即劃留百里見方之地，爲該廠草甸。惟所擬十分取三之數，雖較黑龍江副都統所訂每草二甫子納俄錢一戈比之數爲優。然以草易錢，在該處大非容易。現已飭護理呼倫貝爾副都統宋道小濂詳訂羊草收稅辦法，俟訂妥後，該廠即可仿照辦理，以免紛歧。此外關係捐稅詞訟及地方一切事宜，凡與礦務無涉者，統歸江省所派之設治委員主持，該廠即無庸過問。此劃分權限之説也。弟等連日熟商，欲籌今日之邊，非先設地方官不可，欲設沿邊之地方官，非先將漠河金廠開採之地段及辦事之權限劃清不可。管見如是，敢質高明。以上所定界址，不過大概情形，如尊意以爲可行，再行派員會勘，詳繪界圖，以爲紘久之計。肅布。祇請勛安。鵠候回玉。

愚弟徐世昌、程德全頓首。

照録《復東三省總督黑龍江巡撫函》十二月初一日。

菊人、雪樓仁兄同年大人閣下：敬復者：接奉思書，承示黑龍江呼倫貝爾所屬各處，現擬陸續設署安官，宜將漠河等廠採礦地段，辦事權限，劃分清楚一節，擘畫閎遠，深仰藎籌。溯查漠廠之設，始於李文忠公，其時沿邊一帶，土曠人稀，偪近鄰土，隔遠省會，既未設有群縣，一切事宜，議由督理該廠之員，就近酌辦。本係一時權宜，迨去歲劉道接辦，亦曾稟請核示。蔚廷宮保因江省現將改立行省，批飭暫照向章辦理。原俟官制釐定，即當分清權限，現在執事籌議建官，洵爲實邊先務。所有該處詞訟租稅，及一切地方應辦之事，與礦務無涉者改歸地方官管理，自是正辦。其酌留附近草甸，以爲該廠飼馬之用。應如何辦理，亦當循照省章，以期一律。至劃分地段一層，從前原案本係奏明辦理黑龍江等處礦務，嗣因江省自辦都魯河、寬河等礦，始議各分界限，近年復有俄商採勘金苗之事，是敝處可以開採之地，已非曩昔可比。且自收回各廠以後，所費已及二十萬金，運備糧貨器械，既多耗費阻滯，而五馬河廠、奇乾河廠，凋敝殊甚，振興頗難。即漠河、觀音山兩廠，亦復溝老沙殘，勢必弩末，必須另覓佳綫，始足以維商本，而濟軍需。是以漠廠議開神仙山洞，觀廠所辦太平溝、木頭垛、班別富三處之外，近又覓得馬連□等六溝，正在按磧晒苗，力圖展拓之計。承示現擬界址，係屬大概情形，似可先行派員會勘，再行商定一切，庶於邊務、廠務兩有所益。謹陳管見，仍候卓裁。祇請勛安。請惟胡鑒。

愚弟楊頓首。

照録咨《東督黑撫文》三十四年二月二十六日。

爲咨明事。據督理漠河等處礦務劉道焌稟稱：竊查職礦界址，於光緒二十二年，經前黑龍江將軍恩奏明，以呼倫貝爾、黑龍江兩副都統所轄全境爲界，歷經遵辦在案。自二十七年，俄人特兵要求前署黑龍江將軍薩，於職礦界内劃分五段，給照採苗，礦界遂定而不定。現時此項執照，業經稟請東三省督憲、黑龍江撫憲行文作廢。職礦界址，自應仍照原奏辦理，應請憲台俯賜咨明東三省督憲、黑龍江撫憲查照成案，以清界畫，實爲公便等情，到本大臣。據此。除批示外，相應咨明貴部堂院，請煩查照辦理。咨東三省督部堂、黑龍江撫部院。

照録《東督黑撫咨文》六月二十九日。

爲咨行事。提學使司兼辦勸業事務案呈：六月二十一日，據代辦黑龍江漠河等處礦務應選通判劉倅文鳳稟稱，竊卑職於光緒三十二年十一月間，奉升任北洋大臣袁札委黑龍江漠河等處礦務局提調差使，旋奉前督理劉道焌飭駐漠河，兼辦漠河、奇乾河兩分廠事宜。三十三年夏間，聞瑚馬爾河一帶，内有華俄金匪，劉道及卑職先後派員弁往查屬實。嗣聞該處金苗頗旺，卑職曾於六月間稟請總局，轉稟各大憲立案，並咨會黑龍江副都統，以便試辦。當奉批飭，以該處在俄商採苗界内，候馳稟北洋大臣、東三省督、黑龍江撫憲，咨請外務部，照會俄使，將前發執照查銷，再行覆勘，稟請試辦，免生枝節等因。奉此。業經遵照緩辦。至七月杪，有該處俄把頭赴漠呈報，各溝人數漸多，途次不靖，請礦局設法保護等語。伏查前軍憲恩奏定採苗界段，以黑龍江、呼倫貝爾兩城轄境歸漠河金廠採勘。瑚馬爾河與漠河觀音山同在黑龍江城界内，既知有華俄金匪多名，若不前往查勘，恐不免滋生事端。固於八月間，飭委員喻曾啟、俞錫麟前往查勘。當經函稟劉道，迭奉函覆，札飭瑚馬爾河祇可稍事羈縻，未便率爾開辦。卑職遵照辦理，未敢稟請頒發鈐記，亦未敢遽行驅逐俄丁，但令化私爲官。每礦丁一名，按月收官金一個早尼克，合江平一錢一分七釐八毫。其不稱作者，概不苛求，迭經稟報總局有案。至十二月十七日，接奉總局札飭，以轉奉軍巡督部堂徐、撫部院程札詢，張仲山是否漠廠差弁，何時派往瑚馬爾河等因。奉此。卑職當將查勘瑚馬爾河金廠並未開辦，及張仲山早經革换情形，據實聲復。奉批。昨已具稟北洋大臣楊，咨請東三省總督部堂、黑龍江巡撫部院查照原定界址辦理，一俟奉到回文，即可開辦等因。本年二月二十一日，卑職在天津寓次，奉署北洋大臣楊札飭劉道留津，另候差委，所有漠、觀各局廠事宜，暫令該廠提調劉

文鳳代辦。旋於三月初十日，在津接收督理關防及劉道隨帶文卷，除將開用關防日期另文申報外，卷查上年查勘瑚馬爾河各節，總局概未轉禀。而接管卷内，黑龍江副都統姚，咨請將張仲山撤回查究一案。差弁張仲山，業於上年十一月遵飭撤换，驅逐出溝，總局亦未照覆。此卑廠查勘瑚馬爾河，總局始終延擱，未經禀報各大憲之現在情形也。直至本年正月，卑職赴津北洋大臣衙門，始知有漠廠派員查勘瑚馬爾河，酌收官金之事，卑職奉札代辦廠務後，曾於三月十九日，將卑廠派員赴瑚馬爾河查勘私廠詳細情形，備文咨呈黑龍江副都統姚在案。卑職隨同查勘金廠袁道祚廙等，三月二十五日，由津起程，四月二十四日抵觀音山。袁道等五月十一日，乘輪赴漠。卑職以交代未清，日内始由觀前來黑河，接閱瑚馬爾河溝内抄寄姚都護示諭，以俞委員等私自入溝收金，並不聲明地方衙門等因。伏查俞錫麟所收官金，均有簿記，經北洋查辦委員携去，其未聲明地方衙門，咎在總局。除遵將俞錫麟先行撤差，餘俟到廠查明禀覆外，所有卑廠派員查勘瑚馬爾河私廠，未經申明地方衙門緣由，理合據實禀陳，仰懇曲賜矜全等情。據此。查瑚馬爾河金礦，係黑龍江城屬境，上年八月，該倅飭委員喻曾啟、俞錫麟前往查勘私廠，何以不先行禀明地方官衙門查照，該委員俞錫麟等入溝私收官金，既未將簿記呈驗，究竟所收多少，亦未據該倅呈報。俞錫麟雖經撤差，仍應咨請北洋大臣查追私收官金，以重公款。除批示並照會黑龍江副都統查覆外，相應咨行貴大臣查照施行。須至咨者。

照録《東三省總督來函》，八月十一日。

蓮帥四哥同年大人閣下：秉啟者：漠河、觀音兩廠礦務，地處極邊，管理不易，前經貴省及江省先後派員前往接辦，各懷私意，糾葛叢生，不但劉倅文鳳辦理未盡得宜，即俞錫麟、王銘、薪全德、榮廉等，彼此懷利，貪賄營私，已由江省查明，一律撤换。竊思該處礦務，外係交涉，又須重投資本，以待擴充，似非尋常派員所能經理。公意擬歸東省辦理，以便就近稽查，切實整理，極爲欽佩。楳帥擬將兩處所派各員，一概撤回，另將該廠所存房屋器具，及一切餘存之件，點驗估計，作爲股本，然後再由東省擇請礦帥，遴選勝任人員前往開辦，擴充資本，切實改良，而北洋原出之三十萬兩，仍可作爲股本，以免虧耗。似此辦法，於廠務將來當有裨益，北洋所用鉅資，亦不至於無着。唐帥前在津時，曾與公論及此事，統希卓裁示覆。至瑚瑪爾河礦務，本非漠河區域，該員等自由開採，無益北洋，而於江省轉多侵越，亦祈飭合該員，毋再開採，以免轇轕。專肅。祗請勛安。年愚弟徐世昌頓首。八月十一日。

照録《復東三省總督函》，九月三十日。

菊帥仁兄同年大人閣下：秉啟者：昨奉銑電，祗覆數行，亮□清詧。日前兩接惠書，承示更定江省諸礦界綫全圖，并與璞帥擬辦漠觀等廠金礦各節，均已誦悉，深佩荩籌。查漠觀諸礦，從前李文忠公集款開辦，原爲實邊之計，歷年報效一項，撥充江省餉需，爲數實不爲少。當時奏案本統江省而言，所以呼倫貝爾城、黑龍江城兩副都統轄地，均歸該廠勘辦。厥後江省自辦寬河、都魯河各礦，又有俄商分段勘礦之事，北洋可以開採之地，已非曩昔可比。此次收回接辦，項城樞府叠據督理劉道炆，暨派往察看委員謝道嘉祐先後禀報，五馬河、奇乾河等礦，凋敝特甚，興復殊難。即漠河、觀音山河兩處，夙稱旺産者，亦以開挖多年，溝老沙殘，獲金無幾，勢非另覓佳線，不足以維商本而濟軍需。以是籌添巨款，飭踏新苗，亟圖擴充，兼籌整理，以期廠務邊務兩有益處。上年十二月初，接展執事暨程雪帥公函，當以該兩城所屬，現議設署安官，洵是籌邊之計，所有前由廠員暫辦地方事宜，自應改歸地方官管理，業已轉行遵辦。至四礦界址，來示本謂此係酌擬大概，并有定地之外，北洋如欲開採，亦可照准之語，弟將該礦費鉅産絀，必須力求展拓。現正按磧踏苗，議開神仙山洞等處各情形，詳晰肅復，請俟勘商。原因該廠距直窵遠，文報不時，或尚另有稱作之處，一時未及周知，是以遽難定見。至瑚瑪爾河本去漠廠不遠，是年秋間，劉道來禀，即有派人查探之説。本年春間，復據代辦廠事劉倅文鳳禀稱，該處業已派員酌收官金，弟即電陳水案，并以江省現亦有人來辦，商請飭行暫緩，並申勘後再商之説。旋以迭准文電，當將派往瑚瑪爾河員弁飭撤。夏間袁道祚廙勘畢回津，又將該員調省查辦。其江省委員種種情形，亦屢經各員詳晰禀陳，兹讀來示，實已早在洞鑒之中。至漠河等廠辦法，唐少帥在津時，弟曾與一再籌商，現在業經台端暨周璞帥議歸東省辦理，則界址一層，自無庸議。即瑚瑪爾河不在俄勘五段之内，漠廠委員踏辦在先各節，亦可不論。惟爲廠務計，爲邊務計，似瑚瑪爾河與漠河等處有宜併辦，不宜分辦者，緣漠河歷辦各礦，現均勢同弩末，必須另覓新苗，方能兼維舊礦。年餘以來，漠觀附近一帶，業已搜羅幾徧，始克查得瑚瑪爾河一處，出産尚饒。在彼建廠開溝，一切費用，均係北洋資本，若即歸漠廠採辦，不獨鄙處新舊股款本息藉以維持，即江省現在接辦漠廠、瑚廠暨其餘各處，籌款較易，獲利較穩。且將來就護礦之兵以置成，因開礦之工以設治，以及築路墾田諸要政，皆可

藉爲基礎，次第施行。廠務既興，邊務亦舉，如不聯爲一局，各歸各辦，果能並佳皆妙，自是多多益善。第金沙衰旺無常，盈絀難必，萬一漠河等處仍無起色，則兩省鉅資，均恐虚擲，尚在其次。該處逼近俄疆，收回本不容易，設因耗損竟致廢棄，外人抵隙乘虚，難保不復萌故態，勢將滋生種種交涉，於内治外交，影響頗大。我公前者奉命巡視，建議改建行省，原爲睦鄰綏邊之計，弟於此事並無成見，但求彼此有益，既爲思慮所及，不敢不陳備裁酌，務乞高明鑒納。至承示北洋前籌各款，可以附作股本，具微盛意維持。弟綜核存檔，約計共有三十餘萬，其間有官有商，每年股息多寡不一，擬由該廠按數統作周年一分官利，除開銷廠局各項雜支以外，餘利亦照股分攤，按年結算。此外一切事宜，函商需時，且難詳盡，特屬袁道祚廙趨叩崇階，面取進止。如卓裁及璞帥以爲可行，請飭該道就近妥議章程，然後會奏立案。其應如何遴派妥員，以及點收估計各廠屋舍器具糧貨等事，再當照議辦理，以興礦政。專肅奉復。敬請勛安。

年愚弟楊頓首。

照録劉文鳳來稟。八月十四日。

敬稟者：竊本年六月初十日，接據瑚瑪爾河查勘委員，抄寄暫署黑龍江副都統姚示諭内開：瑚瑪爾河係愛琿轄地，被漠河差官私自入溝收金，並招集外人，并不聲明地方衙門，迭經派員查明，咨督撫部院飭派員弁驅逐。兹准撫轅電開，溝内俄人既經勒限驅逐，應由全協領等暫行經理云云。除將江省委員進溝情形，先後稟報憲轅外，當以卑廠派員查勘瑚瑪爾河，未經稟明地方衙門，委因總局延擱緣由，稟報黑龍江巡撫部院衙門備案。本月初九日，奉到黑龍江總督部堂徐、巡撫部院周批示：稟悉。瑚瑪爾河金礦，係黑龍江城屬境，上年八月，該倅飭委員喻曾啟、俞錫麟前往查勘私廠，何以不先行稟明地方官衙門查照，該委員俞錫麟等入溝私收官金，既未將簿記呈驗究竟所收多少，亦未據該倅呈報。俞錫麟雖經撤差，仍候咨請北洋大臣查追私收官金，以重公款。並照會黑龍江副都統查明現在情形，咨覆再行核奪此繳等因。奉此。伏思卑職派員查勘瑚瑪爾河，迭經稟請總局轉報憲轅暨東三省督、黑龍江撫憲，并請咨會黑龍江副都統衙門，照會俄邊界廓米薩爾在案。迭奉前督理劉道批飭函札，諭以瑚瑪爾河祇可稍事羈縻，不可遽行開辦，卑職遵照。但令化私爲官，每礦丁按月收官金一個旱尼克，以示羈縻之意，並未實行開辦，意謂總局必將派員查勘情形，聲明地方衙門，無庸卑職越分瀆陳。至俞錫麟酌收官金，係遵照卑職札飭辦理。卑職飭俞錫麟酌收官金，係遵照劉道稍事羈縻之諭。卑職本年正月，由瑚赴津，曾將上年八月二十五日至十二月底止，瑚廠收金總數開具清摺，恭呈憲台鑒核。此卑職派員查勘瑚廠，酌收官金，并非俞錫麟私自進溝之實在情形也。卑職稟報江省後，旋赴該廠，與全協領等面商，六月分各小股礦丁官金，歸江省接收。另有水道礦丁三百八十八名，係由卑廠墊款，暫由卑廠管理，以便收回成本，亦經稟報憲轅在案。至上月姚都護續派思緒、積慶兩員，到瑚督飭小股礦丁百數十名，就水道旁按碃，有意破壞水道，致令卑廠礦丁逃散大半。其未逃者，復經該員等飭换江省腰牌，催繳官金。卑廠委員再四婉商，請暫照原議辦理，候奉憲台示諭，再行遵照。該員置諸不理，伏查各水道礦丁，由卑廠墊款開挖水道，計費萬數千金，今被江省擠散，事關公款，理應抄録原稟，懇請大帥俯念瑚瑪爾河礦廠關繫大局，應如何辦理之處，速賜奏咨，委派專員辦理，以維礦政，而裨軍需。所有卑職稟奉黑龍江督撫憲批示，及江省續派委員進溝破壞水道情形，理合據實稟陳，伏乞憲台俯賜鑒核，批示祇遵。實爲公便。恭叩鈞安，伏惟垂鑒。

卑職文鳳謹稟。

照録劉文鳳來稟並批，十月十四日。

敬稟者：竊卑職九月二十四日，在海蘭泡電局接奉憲台電開：頃准徐菊帥電開，庫馬爾河金廠，本不在該漠觀區域之内，現該倅又派紀鉅理前往開挖，殊多窒礙等因，應速將該委撤回，毋得再派。現漠觀礦務已議定與東省合辦，日内當派委赴奉會商一切等因。奉此。遵即札飭該廠委員紀鉅理，將該廠房屋水道種種點交江省委員仇超千接管，業經電稟在案。卑職上年因漠觀兩廠溝老沙殘，非另覓新苗，不足以維持礦務。卷查光緒二十三年，原仕黑龍江將軍恩奏定黑龍江及呼倫貝爾兩城礦苗，歸漠廠採勘，庫馬爾河在黑龍江城界内，卑廠有採勘之權，訪聞該處礦苗甚佳，多有華俄金匪在内淘挖，節經稟請前督理劉道焌派員試辦，化私爲官。卑職前在天津開具手摺，迭經面稟，仰邀憲鑒。惟江省現正推行新政，亟欲收回自辦，先後奉電諭。飭將卑廠委員撤回，自應遵照辦理。此時江省建治設官，財政不免困難，將欲實邊興利，必當以礦務爲始基，大局所關，何分畛域。所憲者辦法不同，則彼此多有妨礙，請爲我憲台瀝陳之。伏查庫馬爾河，卑職上年八月查勘時，每礦丁一名。按月定繳官金一個旱尼克，合江平一錢一分七釐八毫。不過遵劉道批示，暫事羈縻，本非經久辦法，日盼大局早定，收回利權，不意遷延至今，方有成議。以致該處礦丁久獲厚利，而漠、觀各廠益

難維持，良以該處地居漠河觀音山之中，距黑河愛琿僅四五百里，水陸交通，往來便捷，華界游民，以及漠、觀各廠礦丁，趨之若鶩。夏秋以來，該處礦丁漲至三千餘名，雖經漠、觀兩廠委員多方查禁，仍不免乘間竄逃，旁及俄廠，礦丁亦皆望風生羡，紛至沓來。若不及時妥定通行章程，以限制礦丁權利，將來俄廠逃丁日多，礦務因之虧損，必滋口實，不徒卑廠大受其影響已也。卑職竊思庫馬爾河路近苗佳，礦丁惟利是圖，競赴該廠工作，以致卑廠大局日益不支。昕夕徬徨，莫知所措。惟有仰懇憲恩，速商合辦，會派專員，議定畫一章程，庶彼此均受其益。否則官金一節，彼輕此重，在江省則收數甚微，而卑廠則虧逃日甚，人非公家之利。所有擬請恩准速商合辦，會派專員，議定畫一章程，以維礦政緣由，是否有當，理合稟請憲台俯賜鑒核，批示施行。實爲公便。

批：據稟已悉。漠觀等廠礦務，前准東三省督部堂函咨，已派譚道兆樑帶同礦師，前往查勘，業經飭行在案。究應如何辦理，俟該道等勘明覆到，再行核商定奪可也。繳。

照録東三省總督來函，宣統元年二月。

蓮帥四哥同年大人閣下：敬啟者：爲漠觀河各廠金礦，從前土法開挖，工絀費鉅，收效較少，晚近機械發達，自應改用西法，購機開採，以興實效，然尚應調查明確，方可核辦。當派譚道兆樑帶同礦師，前往各礦，詳細查勘，俟勘畢報告，再行籌議辦法。業於上年十月間，咨會執事，亮邀鑒督。茲譚道於正月十八日，查畢回省，據稟携帶礦師，由奉起程，乘火車至哈爾濱，轉至俄界伯力地方，僱用俄驛扒犁，由江道前赴黑龍江沿邊各金廠。所有北洋現辦之觀音山、漠河等礦，共計分廠七處，江省自辦之都魯河及瑚瑪爾河等礦，共計分廠六處，均已率同礦師，親歷各溝，將各溝地段礦林、沙質、金苗、碃綫，以及現在辦理情形，詳加考核，並將觀、漠兩廠現存房屋、器具、糧貨、馬匹，核實約估價值，具各局廠每月費用數目，暨虧久款項，亦併調查明確，合分繕清摺兩扣，並地圖五張呈閱。查黑龍江沿邊一帶，各山溝産金之處甚多，惟跴苗之舉，耗費不貲，均以動需鉅款，無力跴探，然不跴新苗，礦務勢難興旺。上年觀、漠兩廠，雖亦跴苗，均因資本不繼，半途中止。現在各礦廠所辦各溝，雖沙綫不全均匀，而金苗仍屬其優，但其取沙淘金之法，耗時費力，得不償失。觀廠之辦法，尤多弊漏，所以觀、漠兩廠，日形虧折，漸至不支。至於漠廠之新北溝，瑚廠之窪希利溝，並東都魯河，苗質極佳，産金甚旺，惟僅月收官金，獲利較少。總之，體察情形，非寬籌資本，改換良法，妥定章程，斷難獲收實效等情。復據隨同譚道往查之礦師面稱，觀、瑚兩廠，均爲佳礦，祇以從來辦未得法，致難收效。其漠廠雖開採已久，然所得之金，均在溪底平坦處英石内上層六尺之中，從未有敢向深處跴者，以其水大，無能爲力。其深處或有佳苗，亦未可知，不過斯時冰雪封壓，實難探查。然以各礦大致而論，如其資本充足，用新式機器推廣開採，未有不能獲益者。譬就觀音山一處言之，似非百萬餘金，不能濟事，並將查勘金礦洋文報告，呈閲前來。弟查此次查勘觀、漠、瑚各礦情形，既據報告，委係佳産，且苗綫豐富，其所以未能獲利者，皆由於辦未得法，或用人不當。此時自宜實力振興，用新機擴充開採，無論以前資本，不能聽其虧折，須設法恢復，且將來之利源所關甚大。但應如何籌畫資本，或招徠集股，茲事重大，亦非倉猝所能成議，擬請先由尊處酌派委員，來奉與譚道接洽，俾知所查詳細底藴，然後查奪情形，彼此籌擬一定辦法，何如尚祈高明，有以教我。至所查洋文報告，以及圖説等件，現正趕飭分别繪譯，稍遲另行寄送台閲，仍希卓裁見復爲荷。專此。敬請勛安。

年愚弟徐世昌頓首。

照録奉天來電，閏二月初六日。

津楊蓮帥鑒：微電敬悉。譚道帶同礦師，赴觀、漠、瑚各廠查勘，已於今正勘畢回省，昨曾將報告情形專函奉聞。惟圖説等件，繪譯需時，稍遲另寄尊處，擬派戴道來奉面商，適合鄙意。擬俟戴道到奉與譚道接洽，俾知所查底藴，然後會商定奪。如何辦法，再當奉布，祈卓核。昌。魚。印。

照録黑龍江來電，閏二月初六日。

天津總督楊蓮帥鑒：微電祇悉。漠廠直東合辦，商之未定，此廠地居僻遠，從前辦理不見成效，現議合辦，總期彼此有利，均平無損。俟戴道晤商妥辦，再行詳達，特先電覆。模。魚。印。

照録復東三省總督函，閏二月二十日。

菊帥老哥同年大人閣下：籌劃合辦漠河等廠金礦一事，前奉惠復，藉諗所布，詳函已達記室。頃展續問，并承譯寄查看江省各礦報告，及圖摺等件，祇悉一是。漠、觀兩廠及瑚瑪爾河新礦現在情形，既已上邀譽照，直東合辦之議，尊意亦深盼早定。弟已如指催飭戴道即日起程，特再附致數行，俾其賫謁台端，面陳一切。應如何辦理，尚祈執事商之樸帥。酌核見示。以便會籌定議。不勝盼荷。耑布。敬請勛安。

照録致黑龍江巡撫函，閏二月二十日。

少樸仁兄同年大人閣下：籌議合辦漠河等廠金礦一事，前奉覆電，當將現與菊帥往復商酌，及已派戴道前往奉江。一切詳情，函達清聽，諒登記室。兹由菊帥擇寄此次譚道查勘各礦報告圖摺等件，亦深盼早定合辦之局，已催飭戴道即日起程，往見菊帥，并到江趨謁台端。應如何辦理，尚祈商之菊帥，酌核見示，以便會籌定議。不勝盼荷。耑布。敬請勛安。

照録東三省總督來函，三月二十二日。

蓮帥四哥同年大人執事：觀、漠、瑚各廠礦務，前已派譚道帶同礦司逐細履勘，據復實勘開採，當即商由尊處派戴道鴻鈞來奉，籌議一切。嗣戴道抵奉，經即迭次籌商，並飭戴、譚兩道同往江省，晉謁樸帥，稟商一切。現該兩道已由江回奉。總之，所商大要宗旨，以瑚瑪爾廠應由江省自辦，其漠、觀兩處，據該道等面稱，非先籌集鉅資，大力包舉，未易漸臻成效。此刻若猝然興辦，誠恐徒增縻費，無濟實事，非惟北洋已失數十萬金，無計收回，即勉强籌湊開工，仍致依舊虧損。自應先事併力籌款，果得確實資本，再行會詞具奏，以定直東合辦之局。未識高明以爲何如？兹屬戴道日内回津，其餘詳情，即請其代達聽聞，尚祈碩畫，酌定籌款辦法，有以教我爲荷。專此。敬請勛安。

年愚弟徐世昌頓首。

照録咨東三省總督黑龍江巡撫咨，□月二十四日。

爲照會事。竊照黑龍江省漠河、觀音山等處金礦，經前大臣李委員招商集股創辦，原爲江省實邊之計，是以凡屬呼倫貝爾、黑龍江兩城副都統所屬，均歸北洋開採，曾經奏明有案。光緒三十二年，俄商交還之時，復經前大臣袁查照前案，續籌款項，派員接收。三十三年冬間，准貴部堂、東三省督部堂徐函商劃清各該礦界限，當以漠、觀等礦，溝老沙殘，得金無幾，勢非另覓新苗，不足以維舊廠，正值力圖展拓之際，請俟會勘後，再行商定具復。三十四年春間，督理劉道焌留津，暫委提調劉倅文鳳代辦礦事。即據稟稱，已於上年採得瑚瑪爾河，金苗尚旺，惟黑龍江城副都統委員亦欲開採等語。當又據稟電達貴部堂、東三省督部堂。重申前議，請飭從緩辦理，並派袁道祚廙等前往察看。嗣因有直東合辦之議，即先飭交瑚廠，並將該廠與漠觀等礦宜併辦不宜分辦各節，函達貴部堂、東三省督部堂徐，旋准復稱，已派譚道兆襟帶同礦師，重往查勘。本年正月，勘畢回省，本大臣復遴派戴道鴻鈞，親赴瀋陽、齊齊哈爾，陳商合辦事宜。統計漠、觀兩廠及瑚瑪爾礦，先後資費共用官商各款三十餘萬兩，均係北洋所籌，現既改爲合辦，似應東省借撥若干，共維大局，以符原議。惟查此次復勘圖説，外國礦師，意在用機開採，需款甚多，即使趕緊籌商，亦非一時所能就緒。而漠、觀兩廠前派劉倅代辦，本是暫局，現計已逾一年，勢不可無專員整理。查該廠開辦之初，不過十餘萬金，若不設法先與維持，將有廢棄之慮，不特於廠務無裨，且將於邊務有礙。兹查有四川補用道鍾道寅壽，向在江省當差，於一切情形，均尚熟悉，堪以委令，暫行接辦該廠事宜，即由該道就近稟商貴部堂、黑龍江撫部院、貴部院、東三省督部堂。應如何酌籌款項，暨更定一切辦法，先就現辦各廠，試行切實整頓，至改用新法，措集鉅資各節，應俟籌有端緒，再當會商辦理。除札委並分咨外，相應咨會貴部堂、院。請煩查照施行。

咨：東三省督部堂、黑龍江撫部院。

照録致東三省督、黑龍江撫函，二月初六日。

清帥尊兄年、樸帥仁兄年大人閣下：敬啟者：漠、觀等廠金礦，創辦於李文忠公，初意蓋爲實邊計，而非盡爲謀利計，幸其時經理得人，屢獲厚利。然以充江省軍餉者，爲數居多，自經庚子之役，俄人佔踞屢年，儲積蕩然。光緒三十二年，慰廷宫保設法收回，意在力維大局，第該處沙老金殘，非另覓新苗不可，其情形亦盡人所知。嗣甫覓得瑚瑪爾河一處，正擬措手，而江省即起而相争，於是有直東合辦之議。迄今年餘，尚未定局。目下該廠虧累日甚，一見竟有不能支持之勢，不容不妥籌長策，熟商辦理。兹就管見，酌擬辦法三條：一、漠、觀等廠，援案仍歸直省自辦。其瑚瑪爾河，亦請東省讓歸該廠，藉資補救，或再由該廠招集商股，期易集事。一、江省如以瑚瑪爾河必不能讓，則漠、觀等廠，亦宜併歸江省獨辦，惟直省從前所用之款，應由江省認還，以資彌補。一、則仍如前議，直東合辦，惟合辦必先籌款。直省因辦此礦，前後虧至三十餘萬，實已力盡筋疲，應由尊處先籌的款若干，俾直省暫舒喘息，方昭公允。凡此三者，惟公擇用其一，迅賜函覆，感荷無極。總之，漠、觀等廠，非與瑚瑪爾河同辦，難望起色，當該廠興盛之時，江省實同享其利，今虧累如是其甚，幾至不可收拾。想執事素持公道，必不能不分畛域，休戚相關，爲並顧兼權之策。倘該廠不至廢棄，直省因受惠良多，於邊務亦未嘗無益也。專此。敬請勛安。諸惟惠照。

年愚弟陳頓首。

照録黑龍江巡撫來函，二月二十五日。

筱帥督部大公祖閣下：頃奉惠書，具悉種切。查漠、觀兩廠，開辦之始，原因當年邊荒未闢，故由北洋代爲之謀，初意固在實邊，而後來獲利亦爲最厚。嗣經庚子變亂，又辦理不得其人，積成巨虧，良爲可惜。至瑚瑪爾河金廠，係光緒二十四年李道席珍辦理寬河金廠時踹得，與寬河通溝之瑚廠，稟請開辦。其時寬河等處，曾據該廠督辦徐傑稟稱，無力兼顧。前恩將軍據情入奏，責成李道招股辦理。現時瑚廠房屋一切，尚係李道佈置，并非漠廠覓得此廠。江辦江礦，無所謂爭。漠廠委員，經理本廠無效，遂覬覦江省已辦之廠，時時越界擅採。經愛琿道稟揭，轉咨北洋，立即撤回，至文其詞，以瑚廠爲漠河所覓，非實事也。上年楊文敬與菊人協撥籌議直東合辦，曾聲明先將庫廠劃開，再商漠觀合辦之事，併以如擬合辦，總期彼此有利，平均無損。若不先籌巨資，即謀再舉，無補前虧，轉增復累爲言。往返函商，迄未定議。兹承來示，酌擬辦法各節，其一、漠、觀兩廠，本係北洋創辦，瑚廠相距千有餘里，既經江省自辦有年，自難與漠、觀渾合。此刻江省改設行省，非光緒初年可比，似未便以本省已開之礦，轉由他省代辦。守土之吏，即欲不分疆界，而諮議局有建議之權，恐亦未能承認。且金沙變價，已奏請作爲辦理札賚特屯墾專款，無可改移。其二、漠、觀兩廠，江省實無力獨辦，現在本省甘河之煤、庫瑪爾都魯河之金，辦理漸有成效，若能籌集資本，必須盡力開辦。本省新出之礦，漠、觀兩廠菁華既竭，江省瘠區，勢不能兼辦已殘之廠，其無力以彌補直省從前虧折，更可知矣。其三、直東合辦，原議倡自楊文敬，迭次與菊老暨敝處互商，皆言直東，非言直江，此間財計支絀萬分，尚賴各省協濟。如仍申前議，擬即函致錫帥，酌量辦理。併請尊處就近函商，以期接洽。礦產爲實業要圖，漠廠尤邊防所繫，無論從前享利若何，今既負虧日甚，江省豈忍袖手。無奈點金乏術，挹注無從，猥荷藎籌，無能仰副來怡。慚悚實深。肅覆，敬請勛安。諸惟霽照。

周樹模頓首。

又外務部收直隸總督陳夔龍文《咨呈請將漠觀兩礦改由黑省接辦摺稿》附原奏　宣統二年六月初六日，收直督陳文稱：爲照本大臣於宣統二年五月二十五日，在天津行館具奏，請將直隸前辦漠、觀兩礦，改由黑龍江省接辦一摺，除俟奉到硃批，另行恭録咨行外，相應抄摺咨呈貴部，謹請查照。須至咨呈者。

計抄摺：

奏爲黑龍江已設行省，謹將直隸前辦漠、觀兩礦，改由江省接辦，以資整頓，恭摺仰祈聖鑒事。竊查漠河、觀音山等處，均屬黑龍江境地，與俄界毗連。前因邊務緊要，經前督臣李先後籌集鉅資，開辦兩處金礦，當時原爲籌邊起見，然自開辦以來，歷年所得盈餘，提撥黑龍江充餉者，亦已一百十餘萬兩，是於邊境餉源，誠屬大有裨補。嗣經庚子之役，爲俄佔踞數年，歷經設法磋磨，至光緒三十三年，始得收回自辦。其時因黑龍江初經建省，規模草創，不得不由直隸代爲籌計，總共贖廠及歷年布置經費，由直隸陸續籌撥銀二十餘萬兩，合之舊商股款十萬餘兩，成本甚鉅。而該廠開採日久，溝老沙殘，不能稱作。叠據承辦委員稟報，非另覓新苗，難資補救。前經踹得距漠不遠之瑚瑪爾河，鑛苗頗旺，且在漠廠開採界內，甫擬採辦，嗣由江省議將瑚瑪爾河自行開採。旋經前督臣楊叠次函咨商論，並兩次委員赴漠查勘，暨往東三省會商辦法，展轉往還，迄無成説，而漠觀兩廠，遂致幾將停廢。該廠爲邊事所關，斷難聽其廢棄。臣到任後，詳查案卷，參酌現時情形，復經函商，亦無定議。竊以黑龍江既建行省，該漠、觀等廠，均在江省境内，以本省鑛業本應主持之事，即原由直隸派員承辦，江省亦有調護維持之義，現在廠事亟持振興，何敢稍存畛域之見。無如隔省境地遠在數千百里，呼應既不靈通，耳目尤難偏及，即尋常文牘，亦復往返需時，此在廠務極盛之時，猶覺事多隔閡。矧值鑛沙不旺，尚須查探新線，按硐採苗，斷非遠地所能遥制。且附近踹得之瑚瑪爾河，已由江省自行議辦，而漠、觀兩廠又非與瑚瑪爾河合併辦理，難望起色。臣體察情形，徵諸事實，惟有將漠、觀兩廠一併改歸江省管理，俾與瑚瑪爾廠得以銜結一氣，聲息亦可靈通，而經營二十餘年之始基，亦得以從容整理，於邊務大局，關繫實非淺鮮。至直隸從前所有股款，若令江省照數籌還，誠恐財力有所不給，或即作爲鑛廠股本，或俟江省接辦後，陸續分還，再由臣隨時咨商辦理。如蒙俞允，應請飭下東三省督臣、黑龍江撫臣，查照接收。所有直隸原派之員，即行撤回，以清界限。臣爲邊廠重要起見，謹恭摺具陳，伏乞皇上聖鑒訓示。謹奏。

又《觀音山金礦》總署行北洋大臣李鴻章文《觀音山金礦應妥議章程請旨開辦》〔光緒二十年〕正月十一日，行北洋大臣李鴻章文稱：光緒二十年正月初二日，接准咨開，迭據督理黑龍江漠河礦務道員袁大化稟報，黑龍江之觀音山金苗暢旺，時有金匪偷挖，經江省奏明撥兵驅逐净盡，擬即酌撥礦營前往開挖，化私爲官，以興地利。當經咨商黑龍江將軍查明，撥兵前往開採。旋准咨覆，據協領淩善等稟稱，觀音山每年捕打貢貂，在封禁界内開挖金礦，與該丁生計有關，

且凝葠珠牧場等語，即經行知袁道遵照。兹據稟覆，觀音山在黑龍江邊，對岸即阿拉地俄屯，與鐵山堡左近之青黑山相距極遠。該處山多荒草，地近俄界，祇有金匪竊挖碃眼，並無禽獸牧場所在，亦非葠山珠河，試辦金廠，均於游牧生計無礙。查袁道係奏准專辦金礦之員，將來議定開挖，自應作爲漠河分廠，由該道妥籌試辦，以一事權咨請核覆飭遵等因前來。本衙門查漠河金廠，開辦數年，規模粗定，但使有利可收，自應漸次擴充，以觀成效。觀音山地方，既據該道確切查明在黑龍江邊，對岸即阿拉地俄屯，爲愛琿轄境，與卜奎東面鐵山堡左近之青黑山相距極遠，地勢隔絶，既非葠山珠河，亦非奉封禁之區，與布特哈興安城官弁兵衆游牧生計，均無窒礙，自應選派妥員，酌招礦丁，于該處老溝先行試辦。既以保漠廠利源，亦可免各處游匪偷挖生事。至應撥護礦營勇，及借資俄人電報，設立接運糧貨口局，添設腰站，建造局廠，一切理財用人，頭緒紛煩，必須妥籌經久之策，方可行之無弊。應由貴大臣查照漠廠原案，飭令袁道詳晰妥議章程，稟由貴大臣暨黑龍江將軍核定後，會同具奏，請旨辦理，以昭慎重。

又外務部收商部文《寶至德稟請代繳觀音山俄礦公司課銀》附華俄道勝銀行副代辦寶至德稟寶至德札 光緒二十九年九月二十三日，收商部文稱：光緒二十九年九月十四，據華俄道勝銀行副代辦寶至德稟稱，竊俄國金礦公司，當年立有合同，開採黑龍江省觀音山金礦，按合同内每百分交納中國政府礦課十五分。此十五分礦課，從開礦日，均存於伯力道勝分行，現已集有八千兩。此等課款，舊章係交路礦總局，但該局刻已裁撤，改歸商部辦理，則此項存款，似宜交納貴部爲是。現經如數滙到，可否即由敝行登入總賬，作爲貴部存款，聽候隨時提用之處，望示遵行等因。查道勝銀行副代辦寶至德，呈繳此項課銀，稱係當年立有合同等語，事涉外交，本部無案可檢。除札行該副代辦外，相應鈔録並覆札，請由貴部酌核辦理，仍咨復本部備案可也。

又外務部收署黑龍江將軍達桂等文《觀音山金礦應請北洋大臣派員速辦》 光緒三十年八月十一日，收署理黑龍江將軍達桂等文稱：户司案呈，五月初四日，奉前署將軍薩交出二十九年十月十一日承准大部咨稱，二十九年九月二十三日，准商部咨稱，據華俄道勝銀行副代辦寶至德稟稱，俄國金礦公司，當年立有合同，開採黑龍江省觀音山金礦，按合同内每百分交納中國政府礦課十五分。此十五分礦課，從開礦日，均存於伯力道勝分行，現已集有八千兩，如數滙到，可否即由敝行登入總帳，作爲貴部存款，聽候隨時提用之處，望示遵行等因，咨請核辦前來。查觀音山金礦，前經俄員議立勘苗草約，本部以所佔地段過寬，不無窒礙，曾於二十八年七月間，奏請由貴將軍繪圖貼説，送部酌核，再行奏明，請旨定奪，並咨達在案，迄今未據聲復。是此項草約合同，未經核准，不能作爲開辦之據。何以俄國公司遽往開採，所納礦課八千兩，未便准收。除札行寶至德遵照外，相應咨行貴將軍查照前咨，迅即派員前往勘明界限，繕具圖説，咨部核辦爲要等因。前署將軍未經核辦，發交到司，理合呈請咨復等情，到本署將軍、副都統。據此。卷查此案，前於光緒十九年三月間，接准俄署外部官員古照會内開，俄金礦公司，曾與華廷定有條約，言明該公司按照得金數目，從中抽取十五分報效，頃於觀音山廠公司，挖得金若干，抽得報效一項。現存黑河華俄銀行，核計羌帖三千六百一十七盧布四角八分。前項羌帖繳於何處，請迅照復等因前來，當經前署將軍薩，以漠河、觀音山、奇乾河等處礦務，均係北洋大臣主政，前與俄外部官員科所定採苗草約各條内，並無觀音山金廠許給公司開挖字樣，所抽報效款項，礙難照收等情，札飭交涉局處轉復在案。該公司經此駁斥，計無所施，乃復意存嘗試，又於秋間赴商部稟繳礦課，無非希圖蒙准照收，以爲藉口侵佔開挖地步。其所稱合同，在江省則云與華廷立有條約，在商部則云俄國金礦公司，當年立有合同，是其實在並無其事，已可概見。且遍查所定草約合同内，均經聲明，惟將先前未開採之各河溝，暫給採苗執照。其已由北洋派員開採者，毋庸採勘。而執照内亦各註明界址，委無將觀音山、漠河等廠許給該公司開挖之事。大部當時復以此項合同草約，未經核准，不能作爲開辦之據，實已得其要領，足絶其覬覦之心。惟僅予不收礦課，終難禁其私挖。該廠回歸北洋主政，應請咨行北洋大臣，仍派劉道焌迅速前來，會同辦理，以便相機因應，規復應有利權。至江省所發採苗執照，前已註明以二年爲限，届限無獲，作爲廢紙。現已逾期，若再派員勘界，不惟於事無濟，反恐因此又生波折，似應無庸另派，以免擾擾。除咨請北洋大臣查照，仍派道員劉焌迅往開辦外，爲此咨呈大部，請煩查照核辦，望切施行。

又達桂等《觀音山金廠俄人被害索請卹償》附駐黑省俄外部官珀珮照會及來照 光緒三十年九月十七日，收署黑龍江將軍達桂等文稱：交涉總局案呈，光緒三十年七月初五日，准駐省俄外部官珀珮，第八百三十八號照會内稱，觀音山金廠於去年俄七月十八日，礦務公司當差人穆繞月夫被華工人謀害，並傷及雷巴科夫一案。檢查接管卷内，此案曾由該俄員兩次照會前署將軍薩，未及核

辦。茲復以前情照商前來，並索要卹償，及金廠被匪虧損利益，未免意存嘗試。除據理條駁外，理合粘來往公牘，備文咨呈大部，謹請鑒核備案施行。

照録鈔件。

爲照復事。於華曆光緒三十年七月初五日，接准貴官員第八百三十八號照會內稱，觀音山金廠於去年俄七月十八日，礦務公司當差人穆繞月犬被華工人謀害，並傷及雷巴科夫一案。檢查接管卷內，曾經貴官員兩次照會前署將軍薩，未及核辦，移交到本將軍副都統。自宜重視睦誼，相助爲理，惟詳譯照開，於懲辦匪徒外，尚須卹償傷人及苦主，並賠償礦務公司爲匪所虧之款各節。本將軍副都統揆情度理，有礙難照辦者三端：查觀音山金廠本係我華礦務公司產業，江省並無許俄人開採之約。俄人設立公司，在內淘金，即屬越界私挖，理應議罰。今置私挖於不問，反以自遭匪害，索人卹償，中外律例，恐無此等辦法。此礙難照辦者一也。觀音山係著名礦廠，産金之旺，中外共知。自該公司私挖以來，時逾數載，得金不知凡幾。若以華利科之，該公司私挖之金，應全數充公，江省尚未及過問。茲乃以因匪所致之虧，言及賠償，有是理乎？此礙難照辦者二也。金廠地屬邊荒，盜匪本多。自經更子變亂，我國又無兵駐守，故前署將軍薩，曾因貴前任外部官員科，力任願代驅逐金匪。權准俄國商人於中國自開金礦各廠界外，迺勘金苗，聲明中國不任保護。今穆繞月夫以私挖之故，爲其金匪所害，委係自疏防範，無所歸咎，誰其卹之。此礙難照辦者三也。以上各節，尚祈貴官員易地審誓，自然情理明晰，共保和平，而省煩牘。惟觀音山、漠河、奇乾河、烏馬河各金礦。係中國已開之廠，向歸我北洋大臣主政。前署將軍薩准給俄商採苗護照內，均指定界址，註明年限，並聲明從前我開各廠，不在俄人開採之列。上年北洋大臣袁，奏派劉道焌執持貴國駐京公使護照，前往各廠查看接收。而該俄商踞據不交，殊失兩國睦誼之旨。然彼商人重利，固無足責；想貴官員明達事理，素講和誼，所見必不如是。本將軍副都統日前已咨明外務部，轉催劉道前來接辦各金廠，仍請貴官員轉飭該俄商等，速將各廠退出，以顧邦交，是爲至禱。至稱該公司前所拏獲鬍匪，已解交哈爾濱交涉局管押，照請本將軍副都統飭提解省訊辦之處，即行札飭鐵路交涉局總辦遵照可也。須至照會者。

右照覆大俄國駐省外部官員珀。

光緒三十年八月　日。

大俄國駐省外部官員珀，爲照會事。照得前在觀音山金廠，阿穆爾河右岸地方，於去年俄七月十八日，被一夥煽惑之華工人，將滿洲礦務公司當差人穆繞月夫謀害，且傷及俄人雷巴科大一案。曾經前署外部官員於是年八月十七日，過第五百二十四號照會，爲請前署將軍薩，飭究此等匪徒歸案懲辦在案。當時署將軍薩未及見覆，嗣至本處抵省。因思此案係由金廠生出，應向督理金廠之員辦理。本處即本求督辦黑龍江金礦劉道焌裁決是案，旋准該道台照覆稱，此案應向黑龍江將軍辦理。緣將軍有保護居住黑龍江地面人民財產之責，至該道台僅有管理礦務之權等因。查此案該道既不干預，故本處將接得因煽惑而致戕斃俄人一切詳細情形。又於去年俄十二月二十九日，過第八百二十八號照。請前署將軍薩。將如何設法追究匪徒，及將此案查出一切詳細情形，一並見覆，以期分別懲辦匪徒，幫補傷人及苦主等，並行賠償礦務公司爲匪人所致之虧，延至今日。於上開之第五百二十四八百二十八號兩號照會，亦未見覆。茲因近又接管理滿洲礦務公司人李特禿丈二申稱，於上月初在妲沙河，由華工人中查出一把頭名常禄者。據黑河華士民報稱，該把頭誘同工人數名，擬謀攻劫司礦處等情。仰賴司礦人那克瓦新設法於六月十四日，在金廠內拏住兩名形跡可疑之人。當經金廠當差人維施列月此克帶同衛隊，將伊等解送至解沙河工作處。適該處有工人十五名，亦係鬍匪，因見金廠所拏二名即其同黨之人，故此夥中有願降者，而逃逸者亦有數名。其時又在附近之樹林內，查獲槍十七柄，中國舊砲五尊，並尚有手槍數柄，帶有槍彈、火藥等等。據與鬍匪一同拏獲之常古林者供稱，此項查獲之軍械，大半藏已四日矣等語。查常古林從前作工頗爲勤勞，不知爲何忽入匪黨。至所拿獲之鬍匪，於本年俄七月十七日，解抵哈爾濱，交該處交涉總局管押矣。所取來之槍械，內有五柄，係去年俄七月間，被害之俄人穆繞月夫之物。此等槍械，有衛隊認得，存利科賚窪錫列夫金廠。查此情形，如所拏獲之鬍匪工人，定係謀害穆繞月夫兇手無疑，抑或同謀之人。相應將上開各情，照請貴將軍副都統查照。飭將此等犯人迅速解送來省，以憑查訊。至起首查訊之處，務乞詳覆，實爲感盼。須至照會者。

照録粘鈔。

照録華俄道勝銀行副代辦寶至德禀。

爲交納礦課銀兩，藉興商務，而開永久利益，仰祈賞收事。竊俄國金礦公司，當年曾立有合同，開採黑龍江省觀音山金礦，按合同內每百分交納中國政府礦課十五分。此十五分礦課，從開礦日起，均存於伯力道勝分行，現已集有八十

兩成數，惟未悉應交何處，是以金礦公司函詢副代辦，向某署投納。副代辦素諗此等課款，舊交係交路礦總局，但該局刻已裁撤，改歸商部辦理。既爲貴部專司，則將來此礦分課，暨現在此項存款，似宜均交貴部爲是。查該礦課，前因擬交路礦總局，業已如數滙到，可否即由敝行登入總賬，作爲貴部存款，聽候隨時提用之處，專望示下遵行。蓋副代辦深悉貴國振興商務，是以樂效棉薄，尚希俯鑒急公微忱，酌奪示復。實爲公便。專此。祇頌勛棋。

照録覆華俄銀行副代辦寳至德劄。爲劄行事。光緒二十九年九月十四日，據稟稱，交納黑龍江觀音山金礦公司課銀等因。查此項課銀，本部既無成案可檢，且係外交之件，自應録稟，咨由外務部覈辦，相應劄行華俄銀行副代辦，聽候外務部批示遵照可也。須至劄者。

又《都魯河金礦》總署奏摺《遵議黑龍江將軍恩澤等奏擬章籌款開辦都魯河金礦》附遵議黑龍江都魯河金廠章程　光緒二十三年四月初四日，本衙門遞奏摺稱：爲遵旨議奏事：光緒二十二年十二月二十八日，軍機處鈔交黑龍江將軍恩澤等奏，呼蘭所屬都魯河地方，覓有礦苗，詳議章程，擬即籌款開辦一摺。奉硃批：該衙門議奏。欽此。臣等伏查江省礦苗深旺，漠、觀兩廠，有裨餉項，具有明徵，既經成效可觀，自應逐漸推廣，以濬利源而儲軍實。按度山川情勢，内興安嶺，脉起呼倫貝爾南境，蜿蜒東引，經布魁墨爾根，以達呼蘭。黑龍江所屬六城，三在嶺北，三在嶺南，呼蘭東接吉林，尤爲嶺南腹地。自光緒十四年，漠河開辦金廠以來，西起奇乾河，東盡觀音山，分局支廠，綿亘千里，然皆嶺北之礦，未嘗議及嶺南。論者謂，泰西礦政，本厚廠多，歲月漸摩，積臻鉅利。漠河以十餘萬之本，臨三千里之地，力量不充，地有餘利，非虚語也。都魯河在呼蘭東界，以章程所稱方向定之，源出興安嶺，流入松花江，蓋即《乾隆輿圖》之都爾河。新圖之都勒，俄圖名之曰堆河，南與三姓礦脉相接，其東百許里，即湯旺河，地近兩江合口，輪船航路，火車軌道，均近在肘腋之間。呼蘭所屬之巴彦蘇蘇北團林子二城，人口殷蕃，將來招募礦丁、購辦糧畜、添置機器，一切均當較漠河爲便，但使經理得宜，不患辦無起色。該將軍此次欽奉諭旨，派員躧勘，既據奏稱有裨國計，無礙民生。其所擬章程，亦並照《漠河奏定新章》，核實詳明，成本較少於漠河，認餉較多於漠河，自應准如所請，撥款招商，試行開辦。伏查俄以悉畢爾爲東方重鎮，其緯度更在吉江以北，其氣候尤較吉江爲寒，人户不蕃，山林曠邈，徒以開礦興屯之效，尼布楚之金銀，伊聶謝之糧穀，資其儲蓄，遂以開海口而瞰東瀛。華境土壤極腴，經理較易，歷年規畫，具有端倪，目下鐵路將開，尤宜豫爲養路殖民之地。原奏所陳請與漠河分辦各節，斷以圖册，不患界限之不明，若斤斤以攙越爲嫌，漠河既力有未周，他處復委而不顧，貨棄於地。萬一外人覬覦，請立公司，彼時許拒皆難，豈不更增轇轕。該將軍等於去年十二月間，曾電達臣衙門，有江省礦産統歸華商承辦之請。是則先著所争，亦已知之有素，所宜力除畛域，加意經營者已。原奏稱委員候補知府曹廷杰，辦事結實，頗具血性，查照漠河成案，應如所奏，請旨即派曹廷杰，督辦呼蘭都魯河等處礦務，由該將軍刊發關防，以專責成，務收實效，毋託空言。其將來次第推廣，及一切事宜，仍由黑龍江將軍督飭該委員，遵照《漠河新章》，隨時稟商辦理。謹將遵議章程，開列清單，恭呈御覽，伏乞皇上聖鑒，訓示遵行。再，此摺係總理各國事務衙門主稿，會同户部吏部議奏，合併聲明謹奏。本日奉硃批：依議。欽此。

謹將遵議《黑龍江省都魯河金廠章程》，繕具清單，恭呈御覽：

一、原奏報效成數一節。查漠河舊章，係將抽取礦丁之四成金價，併入貨利雜餘款中，先提局用公積，乃於餘利中，報效二十分之六。新章剔除貨利雜餘，亦不提局用公積，徑就四成金價，以十分之六報效軍餉，兩相比較，新章報效之數爲多。都魯廠又擬於新章廠局應得一兩金價之一錢六分中，再提二成，歸入軍餉，則其報效之數，爲十分之六零五，即二十分之十三。原奏稱其竭誠報效，誠於軍餉不無裨益，所稱現在尚無機器，止就四分金價核辦，俟購有機器，所得金價，另款照章分作十成，以六成充餉，以四成爲股利局用，核與新章併算之數相符，兼係實在情形，自應照准。惟該局既願將四分金價，十成中報效六分零五，則將來機器所得金價，亦應令報效六分零五之數，以歸一律。呼蘭爲江省腹地，又係屯販輻輳之區，與漠河極邊寒苦者不同。前户部曾咨令漠、觀兩廠，將礦丁六成議減，應仍令該委員體察丁情，有奇覈減者，設法妥籌覈減。其礦丁所得金砂，自應全繳公家，不得略有透漏。

一、原奏定地界一條。查江省所屬六城，原有劃定轄界，所稱呼蘭與黑龍江城，以青山即内興安嶺東山脊爲界，凡水之入黑龍江者，隸黑龍江城，凡水之入松花江者，隸呼蘭城。查與江省所繪各城分圖轄界相符，應如所請，南北各溝踊得金苗，認界分辦。

一、原奏請頒關防一條。應如所請，即由江省刊刻發給。

一、原奏請定股利一條。查所擬光緒二十三年四月以前入股者爲上等，八

月以前入股者爲中等，十二月以前入股者爲次等，係遵照《漠河新章》，按等分利，以昭公允。其户司籌撥之官本二萬兩，定作上等股分，應分股利一年，即將官本歸還，以後永分官利，不分股利，仍將此官本推廣於湯旺河、梧桐河、古磖子有苗等處，逐漸試辦，其推廣之廠，專用官本者，照觀廠新章，以四成金價内十分之八，報充軍餉。兼資商本者，仍照第一條章程，以四成金價内十分之六零五，報充軍餉，核與新章辦法相符，應如所擬辦理。惟每廠擬集股本若干，應咨户部立案。

一、原奏定貨利一條。查貨利雜餘一項，本由貨櫃營運而得，漠河設立貨櫃，不用商本，該廠設立貨櫃，則從官商合本之五萬金中提款，情形既已不同，自不能强令一律。所擬將貨利雜餘，另款核算，每年所得之利，以十成之七，併入本廠應得金價，歸股利局用，以其三成作爲員司花紅保險公積，花紅仍不得過商股餘利十成之二，查與新章將此項專充花紅公積辦法，稍有變通。第花紅既有限制，公積多得贏餘，與防弊本意相符，有益公家，應如所擬辦理。

一、原奏招砲勇一條。查邊地向多游匪，護廠之勇，自不可無，所擬就呼蘭界内挑選旗丁，編作馬隊，並餉乾津貼辦法，均可照行。惟須實募實練，不得虚額浮支，徒糜經費。

一、原奏慎員司，定平砝二條。查均係沿用漠河事例，所擬員司，均由股商保薦，總辦結保，暨廠中有弊，稽察處不行稟明者，惟稽察處是問；總辦不行稟明者，惟總辦是問；及總辦有弊，各員司均得舉發，係爲慎重公事起見，理合准行。其所稱金砂成色，核與漠河大致相同，加一串平，事同火耗，用防傷折，亦勢所不得不然。其愛平省平砝碼輕重，較庫平盈絀若干，仍應聲明，報部備案。

一、原奏用串票，報運售，請保獎三條。查均係遵照漠河奏定新章，酌擬辦理。其請將連三串票，由本廠刷印，編列字號，由將軍衙門用印發還備用，按日登記，按月總結，及擬請在三姓、吉林、瀋陽、天津、上海，漸次設立分局，就近零售，隨時呈報等語，查於新章防弊之恉不背，開局伊始，自可稍與變通，以期旺暢。惟就近零售，是否有華洋大賈，來廠收金，礦山荒僻之地，有無本地商民，畸零售兑，公司辦事，應將月結年結列册，分明咨部查考。其保獎一節，係請遵照新章，嚴立限制，亦應照准。吏部查原奏内稱，保獎以勵人才，但論報充軍餉之數，不必計其年分，如能報充軍餉銀數在二十五萬兩以上者，准保一次，無論異常尋常，均不得逾六十員

又外務部收路礦總局文《曹廷杰試辦都廠被兵焚劫請准歸併漠廠辦理》附曹廷杰稟等五件　光緒二十九年三月初五日，路礦總局文稱：案據吉林補用知府曹廷杰稟稱，竊卑府於光緒二十二年，蒙黑龍江將軍恩、齊齊哈爾副都統增奏派試辦江省呼蘭屬境之都魯河金礦，自二十三年八月，到廠開辦起，至二十六年七月，因亂停辦止，共在江省領過官款銀三萬兩正，招集股本，並得金售價等項，共銀三十五萬五千一百四十三兩零，統共收過銀三十八萬五千一百四十三兩零，開支過銀四十八萬七千九百兩零，實透支銀十萬二千七百六十四兩零。而其積存備抵之款，實有十一萬七千七十兩零，除抵還透支銀十萬二千七百六十零外，尚餘銀一萬四千三百五兩零。因二十六年七月初四日，陡遭兵燹，竟致備抵各款，均被焚燬搶劫，毫無遺存。當率員弁夫役，空手逃生，沿途變兵潰勇，土匪俄兵，處處搜索，幸保性命，得至吉林。是年十二月，大局漸定，由吉林回至黑龍江省，縷陳試辦都魯河金廠始末情形，並附陳備抵各款，被兵焚劫，及益和公司源流，造具簡明摺册，懇請署黑龍江將軍薩核奪奏咨，蒙批據稟已悉。除據情奏陳外，仰候分咨軍機處、路礦總局、户部立案。此繳。二十七年三月十一日，奉飭知抄粘據情代奏一摺内開，所有該廠領收庫款股本借款，無從晤還；欠交股利薪水，無從補付；把頭虧欠該廠之款，及該廠備抵被兵燹劫之款，無從追索。合無仰懇天恩，俯念該廠款項，原係奏明辦理，今因兵燹焚劫，實在無可著追，可否准將該廠領收庫款股本借款，欠交股利薪水，及把頭虧欠該廠之款，該廠備抵被兵焚劫之款，一概免追之處，出自鴻施逾格，奴才未敢擅便，請旨等因。是年十月初二日，奉飭知内開，據情代奏該廠款項一概免追一摺。奉硃批：著照所請。欽此。欽遵各等因。是卑府試辦都魯河金廠，未滿三年，被兵焚劫，已奉硃批，准將所有款項，一概免追，實屬天恩高厚，欽感莫名。惟卑府試辦之時，凡呼蘭屬境深山窮谷，但凡有礦之處，莫不派委員弁，帶領兵勇夫役，逐處採勘，所費實多。其因亂懇請奏銷者，實屬勢不得已。然預計亂平之後，有人續辦呼蘭屬境礦務，除未經都廠派人採辦之處，聽其自辦外，若係都廠派人採辦之處，應令將都廠庫款股本欠款，妥議章程，或如數歸還，或分年攤還，或收作股本，以昭公允，卑府曾將此情呈明黑龍江將軍衙門立案。緣礦務以採苗爲先，得有旺苗，自獲利益。都魯河之金苗最旺，人所共知，衹以資本太少，周轉不開，杜弊過嚴，礦丁不願，是以收數未暢。及改章二十餘日，礦丁大聚，新苗甫出，而亂事作矣。今亂事已平，聞各處私挖之人不少，官中無從查禁，俄人甚爲垂涎。而呼

蘭屬境之原歸江省辦理者，不能籌款續辦，爲此稟請查核，可否咨行北洋大臣，飭令查勘漠河、觀音山之員，將都廠及蘭屬礦務，一併查明，如何續辦，擬請妥議章程，如何承認都廠款項，歸併北洋辦理。不但都廠款項無著者有著，即漠河金廠，亦可藉此獲利，既增利權，又免外侵，似屬有益無損。謹抄録原稟原奏肅稟，伏候批示遵行。再，都廠與觀音山之樺皮溝，河繞營、老東溝三廠，僅隔一廠，併入觀音山廠，辦理甚易。至綏化東山採出之舍懷煤礦，苗線極旺。另由都廠派委都司銜監生德林泰，招股承辦，實用股本銀八九千兩，實虧鋪商、把頭、礦丁、員弁銀四萬餘兩，不與都廠相涉。現已力竭，不能舉辦。如何歸併漠河，應請將該煤礦股本虧累銀兩，議明如何辦理，定獲大利。緣煤質極佳，銷售最廣。祇以道途未通，故未暢行耳，合併聲明等情。據此。除批據票已悉，仰候咨呈外務部核辦也。相應咨呈貴部，請煩查核施行。

照録粘單。

爲縷陳試辦都魯河金廠始末情形，並附陳備抵各款被兵焚劫，及益和公司源流，造具簡明摺册，懇請核奪奏咨事。竊卑職於光緒二十二年十二月，蒙前軍副憲恩，增奏請試辦呼蘭屬境之都魯河金廠，二十三年四月十五日，奉札飭知，奉旨允准，並將總理各國事務衙門會同吏、户部議覆章程，飭遵試辦在案。卑職當由憲台衙門，承領庫存荒價銀二萬兩，先行派委辦事員司，招募護礦營馬步兵勇各一哨，製備金廠應用食糧貨物，與一切家具，一面派員陸續押運至廠；一面招集股本，於是年五月十九日，由呼蘭起程，六月初八日，運船行至三姓上月牙灘地方，被馬賊搶劫糧船一隻，船内貨物銀錢，搜掠一空。綁去員司夫役三名，勒贖銀三千七百餘兩，由卑職自行借給，在薪水内陸續扣還。七月初，員司兵勇，同抵三姓，距都魯河尚七百餘里，寂無人烟，亦無道路，且值江水泛溢，所有松花江北岸、黑龍江地方，皆被水淹，轉運更難。擬附俄輪順松花江，運至黑河口，溯黑龍江至太平溝口赴廠，以圖速到開工，並省運脚。甫與船主議定，乃因攬載鐵路貨物，不載商貨。卑職復由三姓覓雇民船，將貨物載至樓上地方，擇高處堆積，守候水落。卑職先帶兵勇員司數十人，自行探路進溝，見平甸皆哈湯泥淖，山林皆枯木朽株，舉足維艱，日行數十里，人馬俱困。加以宿露飧風，冪天席地，倍極艱辛。八月十三日抵廠，有把頭三家，依樹結草而居，共領礦丁三十餘人，在卑職上年派人探苗之處，私挖金沙，每日每家得金數錢，洵屬稱做。卑職遂暫住探苗窩棚，出示招丁，另擇修局處所，仰望則樹林蔽天，俯視則泥水徧地，洪荒甫闢，實與漠河、觀音山、三姓等處金廠之化私爲官者，大相徑庭。九月初旬，招到把頭六十餘家，礦丁一千五百餘人，飭令分班搭蓋窩棚，開挖水道，卑職督修局房。九月十一日，變兵託言緝賊，闖入廠内。時卑職於八月中旬，墮馬折斷右腕猶未愈，温言款待。該兵等陡放快槍，傷斃員司夫役各九名。其一兵對卑職開放四子，均未過火。又衆兵圍擊文案委員左壽椿、劉葆森所住帳棚，聲搶金砂。鎗子密如雨透，左壽椿身被四槍，綿夾衣四件均穿，而皮膚竟未受傷，劉葆森伏地，呼左壽椿同已出棚逃避。該變兵等隨赴窩棚，將存放銀元及員司衣物，盡數搶去，把頭礦丁因而逃散大半。卑職飛稟軍憲，並函告觀廠三姓，電達愛琿，請撥救兵，該變兵等，聞風遠逃。卑職復招丁督飭工作，至十一月二十六日，查點已成窩棚八十三家，礦丁一千八百餘人。惟樓上所存糧貨，因車夫馱户尚未探開道路，沿途草甸被俄人打圍燒盡，不能馱載，加以雨雪甚少，爬犁不能通行，所有在太平溝密果羅斯，購買食糧十萬餘觔，距廠一二百里不等，嶺峻林密。每礦夫一名，負糧六十觔，往返須五六日，食糧十餘觔，半路逃者，十之二三。曠工糜餉，實不合算，爰飭各礦丁出溝就食，俟春暖進溝。次年四月，樓上糧食貨運到，各礦丁或赴觀廠，或赴俄界，招之不來。幸五月在南川探一新頭，比原開之東溝差强，新集礦丁四十餘家，又各需索墊辦。而前此之賒欠食糧貨物銀價之把頭鑛丁，仍無一人到廠，收數不旺。九月張倅毓芳奉前軍憲恩札飭查看情形，稟請奏明，由賬餘項内，撥給接濟銀一萬兩，作爲成本。時已天寒地凍，礦丁過少，水道太長，遂至水溢出槽，無從施工。二十五年正月，又都魯河西溝，採一新苗，反覆籌畫，無法辦理。蓋二十三年冬，丁多糧缺，二十四年，有糧無丁。然尚有股本借款，可以周轉。是年則無丁無糧，股本借款，斷難再籌。卑職萬不得已，始在三姓同和成利傳宗謂，益增源悦明阿商議，共湊本銀一萬二千兩，買辦食糧貨物，運入溝中，開立益和公司字號，以冀廠藉有起色。四月以後，把頭五十餘家，先向西邊開鑿水道，未得正綫，改向東作，遇老凍不易措手，幸間有一二家，偶到正綫。每家十餘人，每日收金四五六兩不等。因此各把頭求財心盛，或借資本入溝，或求墊辦成事，似有轉机。乃自六月以至九月，陰雨連綿，每月之内，晴明不過數日，以致水道金碃，旋開旋塌，燒化老凍，未作即淹，各把頭虧欠日多，各礦丁私逃難禁。時有張令壽華，奉札查看，在廠數月，目擊其事，徒唤奈何。兼之卑職開廠以來，杜弊極嚴，向無二八、三七分金之私弊。附近俄界，金廠林立，近來定章每交金一早立克，給羌錢二吊二百文。約十早立克，合

中國金砂一兩，得金價銀二十兩內外。是以把頭礦丁，不入別廠，即入俄界，不願在卑廠成幫。去歲十月，卑職思窮徑絶，擬請倣照俄章，不取四六官金，但收金砂一兩，即給價銀二十兩，冀廣招徠。今歲三月，東西兩溝，共來把頭七十餘家，各蓋房按硐。三月初，因奉前軍憲壽函諭，不令改章，把頭礦丁，遂一哄而散。卑職先於二月晉省，六月初七日，回到溝中，查知兩溝僅餘礦丁七八十名。因詳稟實在情形，出示仍照俄章辦理。半月之後，條聚礦丁千餘人。每日兩三家上溜，得金四五兩不等。咸謂都魯河東西兩溝，共長八十餘里，處處有金，雖開採已逾兩年，祇以無多墊辦，無有私金，不能聚人。然水道三十餘里內，做金之處，不過四五里，已得金六千餘兩。若從此一定改章，必能暢旺，將來獲利不在漠河、觀音山之下，因此入溝之人，日來日衆。是時積存金砂，足抵庫款官利，木脱之教，正擬起解。不意六月二十八日，俄人攻觀音山卡倫；二十九日，攻拖羅山卡倫；七月初二日，攻太平溝金廠。卑職僻處深山，以爲礦丁常在俄界滋事，俄人或與礦丁有隙，偶爾復。爰函商觀廠惲令積勛、陳令逢熙，合兵守險。一面照會俄界廓米薩爾，查詢釁端，一面飛稟前軍憲壽，派兵救援，並咨呈三姓副都統衙門，飛咨吉林軍憲查照。七月初四日，惲、陳二令，先後帶兵過山，該兵無故開槍，攻我都東廠局房，幸卑廠弁兵奮力擊退出溝。忽據探報，俄兵欲攻都魯河。又報觀廠十溝礦丁，大半勾同鬍匪，已將各溝搶盡，即擬南來。卑職遂密派哨官胡玉成，帶什長二名，兵勇十八名將積存卜平金砂一千五百兩正，星夜運出。隨給公文，飭令解赴憲台衙門告投，作解庫款官利木脱等銀，贏絀由司核算飭遵。於初四日申刻起程去後，卑職督同員司兵勇，撤夜防守。初五日黎明時，果有無數鬍匪，將益和公司兩溝所存貨物，並各商人把頭窩棚，搶劫罄盡。其時東溝總理姜樹魁，率同弁兵，登撥瞭望。卑職在西溝同總理左壽椿，文案委員李逢年，各督弁兵，分股拒守。均知寡不敵衆，令弁兵同局內員司夫役，撤去木圍，攻開路徑，空手逃生，午後在梧桐河西岸會齊。遥見兩溝火煙沖起，知局房窩棚，必有被焚者。查知廠內僅監工委員李國斌，被鬍匪槍斃；查硐差弁周福山，被鬍匪槍透左邊腿肚，餘幸無恙。共計員司兵勇二百餘人，未帶食糧，賴木溝把頭礦丁，及貿易一千五百人，先後趕到，有糧可以分食。十三日，行至三姓北山，始知樓上盤查局，已六月二十七日，被俄人焚燒。並知三姓、愛琿，早已開仗。三姓分局，亦於七月初三日，被俄兵逃勇搶掠無遺。各處土匪蜂起，沿江俄輪梭巡。木廠兵勇，忽索欠餉，勢甚兇岌。卑職婉言勸諭，許設法如數發放，始穿山越嶺，採食野菜。行七百餘里，於七月二十八日，得抵呼蘭。當以閤局活命到蘭，軍餉無措，衣食維艱等情，電稟前軍憲壽。八月初一日，接回電，願留營者，交慶翼屯收用，下餘請倭都護酌給川資回籍可也。奉此。因在呼蘭副都統衙門，借銀三百兩，又外借銀一千一百餘兩，發清兵餉，收回軍裝，交慶翼長崇幫辦富營分收。適俄兵在江沿與呼蘭官兵時常打仗，卑職仍擬帶同員司，赴江省銷差。八月十七，行至雙廟子地方，風聞江省於八月初四日，已被俄兵佔踞，逃勇土匪，處處搶劫。文報不通，道途阻滯，擬改道西至茂新站、伯都訥兩處，再赴江省。八月二十二日，在蒙古三台地方，被鬍匪截阻，急過松花江，又值俄兵由哈爾濱赴伯都訥，不能前進，由間道於八月三十日，繞赴吉林。隨行員司夫役，籍隸南省者，四十餘人，均無衣食，日迫飢寒。緣倉皇出溝，不但局存貨物傢具，不能運出，即各行篋，亦不及携帶。隨身衣物，沿途屢遇匪人，搜劫一空也。是時俄兵到吉，巡查極嚴，城外四鄉，城兵往來，斷絶行人。卑職因傳聞憲台署理黑龍江將軍印務，於九月初八日，派差弁向春山、梅祖貴，改裝攜稟至憲轅，請給護照，知會俄官，以便回省銷差。並飭令向差弁等，打聽胡哨官解送金砂已到省垣否。九月初十日，哨官胡至玉成，到吉報稱，七月初四日，哨官帶兵勇二十名，解送金砂，一日兩夜，行二百餘里。於初六日辰刻，到松花江北沿，有小艣舨一支，哨官等分五次過江。全南岸瓦里和屯，尋柴煮飯，見東北有俄輪駛上，即向西南山林躲避。行二十餘里，將至山脚，瞥見俄兵數十名，騎馬飛追，相距不過二里。哨官與兵勇等，兩夜未眠，足趾多腫，止得分作兩排，放退步連環槍，奔入林內。當時打倒俄兵四名，俄兵二名哨下四棚十長張得勝王才李喜陳得功，五棚兵趙凱、孫得功、李全勝、王得勝八名，均即時受傷斃命。駝載金砂食糧馬匹，被俄兵打死，哨官等入林之後，俄兵即退。遥望將金砂食糧包裹折開，知金砂必被取去，遂拉山向西行走。七月二十八日，到三姓南蓮花泡地方，聞俄兵在三姓城，松花江兩岸阻絶。遂過牡丹江，向南拉山一千餘里，採食山菜。於九月初三日，到張廣才嶺西，遇俄兵，將軍裝子母卸去。今將公文呈繳，所有金砂三十包、槍械二十一桿，均被俄兵取去等情，卑職當派西溝總理左壽椿，同文案委員張鼎壽，前往各處，細加訪查，於十月十二日回報。該哨官所稟，均係實情。並據報益和公司李大木，執事人高姓，李姓等八名，暨護送兵勇錢得凱、王成、王升、李福、李有功、張勝、王連陞、朱得才八名，於七月十六日，在三姓北岸八里河地方，被俄兵盡數槍斃。又報七月二十六、七兩日，俄兵將都廠各溝局房窩棚，

焚燬無餘，各等情前來，卑職查哨官胡玉成等，解送積存金砂一千五百兩，被俄兵槍斃兵勇八名，馱馬一匹，取去金砂，復卸事軍裝子母。又李大木及錢得凱等十六人，被俄兵盡數槍斃，都廠局房窩棚，被俄兵盡數焚燒。的處逃無可逃，防無可防之際，理合據實禀明，其以前卑廠艱難各節，歷經禀陳在案。此卑廠始末情形也。再，卑廠試辦未滿三年，從開辦之日起，截至去年年底止，遵照路礦總局發到册式，填明表譜，呈請前軍憲壽，分別存送在案。茲截至七月底止，復有賠累。忽因變亂，遂至都魯河東西兩溝分局，新修三岔口總局，按上盤查局，及各處營房砲樓圍牆卡房，並三姓分局鋪墊器具，購存貨物糧食，暨兩溝把頭礦丁窩棚器具，益和公司所存貨物，共估銀十二萬二千餘兩。又劫去解送金砂一千五百兩，合銀四萬零五百兩，俱已化爲烏有。惟事關公款，例應造報，奈原案卷宗，帳簿票根，分存局内者，未及取出，雖有鈔録隨身備查之底案，又以沿途水濕霞爛，多有缺毀，幸經手收支員司，尚能記述。正擬分別管收，除在造具簡明四柱摺册，並附陳備抵各款被兵焚劫，及益和公司源流，呈請憲台核奪。於十月十三日，據差弁向春山、梅祖貴回稱，差弁等於九月二十八日到江省，將公文送呈將軍衙門，又送將軍府，均有俄官俄兵，不能呈遞，改送副都統衙門。回事官傳諭，大人吩示，道路不通，無有匪批等語。差弁等以去時多匪徒，必須晝伏夜行，耽誤途程。特求程總理德全，代取俄照，速行回吉等因。據此。竊思卑職係江省奏調之員，礦務係軍憲奏派之事，今遇變端，不能至江省銷差，又不敢私行回籍，因仍住吉林。于十二月初三日，在吉林交涉處，領取俄照，由火車道奔赴憲轅，呈懇核奪。所有卑廠領收庫款股本借款，無從賠還，欠交股利薪水，無從補付，把頭虧欠卑廠之款，及卑廠備抵被兵焚劫之款，無從追索。均於簡明摺内，一一註明，擬請憲台據情奏陳，一概免交。並造簡明清册四分，一請憲存案，其三分擬請憲台分咨路礦局、户部、軍機處立案。實爲公便。是否有當，伏候批示遵行。須至呈者。

計呈送簡明清摺一扣，清册四本。光緒二十六年十二月十六日。批據禀已悉。除據情奏陳外，仰候分咨軍機處、户部、路礦總局立案。此繳。新正初十日。

爲呈請將都魯河金廠應支未付，及原收各股本銀兩，存案備查，以便續辦籌還事。竊卑職蒙前軍憲恩奏派督理呼蘭都魯河金廠，自光緒二十三年八月十七日開局試辦起，至二十六年七月分止，試辦未滿三年，陡遭兵燹，將廠中備抵各款，焚燬槍劫，毫無餘存。現經具禀造册，懇請憲台分別奏咨，并懇給咨赴引，均蒙准行在案。是卑職奉調赴江，經手事件，業已呈報清楚，即可於引見後，仍歸山西原省補用，何庸再瀆。惟呼蘭之都魯河金廠，金苗旺，祇以杜弊極嚴，絶無二八、三七分金之私敝，故把頭礦丁，均赴有弊之廠，不在卑廠工作。去歲六月，卑職據實禀請仿照俄國金廠章程，不取四六分金，但收金砂一兩，即給金價銀二十兩，旬日之内，到廠成幫者，蒸蒸日上，忽因兵灾停閉，不能即行籌款，續往開辦，實爲可惜。近見俄人屢有照會電信，欲到江省探礦，逐逐之欲，已有明征。幸聞憲台顧全大局，擬請旨飭下北洋大臣，速派妥員，措資續辦漠河金廠，并擬將都魯河廠務，歸併漠河辦理，洵屬維持利權，杜絶覬覦之至計。查呼蘭屬境，經卑職派人採出舍懷煤礦，已經開辦外，另有採出大硼子之銀線二處，巴彦蘇蘇蒙古山廟嶺之金綫二處，石灰窑之煤礦一處，湯旺河雲頭硼子之銀綫一處，鏵子山後之金綫一處，皆因力難兼顧，未及開辦。惟試辦都魯河之金廠，數年以來，費用至四十八萬七千餘兩，實有透支銀十萬二千七百六十餘兩，皆係應繳應還之庫款股利，及借款薪水等項。加以各股友之股本銀三萬六千二百兩，共合銀十三萬八千九百六十餘兩。以後都魯河金廠，及採出呼蘭屬境之金銀各廠，無論何人續行開辦，應請憲台衙門、户司礦務局，將都廠被難以前應繳應還之庫款股利借款薪水等項，如何分期繳還，并將各股友之股本，從續辦之日起，照章認利。緣礦務以採苗爲先，都廠所欠之款，皆因創辦支用，此後度已成之局，自無難事。所有前款，與續辦之員，妥議章程，奏明承認，庶昭公允而免物議。爲此呈請憲鑒，俯准立案施行。須至呈者。光緒二十七年二月二十七日。批准照所請存案。繳。二月二十九日。爲札飭事。户部案呈：本衙門於光緒二十七年三月十二日，恭摺具奏，爲據情代奏，督理呼蘭都魯河等處礦務山西補用知府候補直隸州知州曹廷杰，試辦都魯河始末情形等因一摺，除俟奉到硃批，再行恭録札飭外，合請先行抄録原摺，札飭等情。據此。相應札飭，爲此仰該牧遵照。特札。右札仰前督理呼蘭都魯河礦務候補直隸州知州曹廷杰准此。光緒二十七年三月十二日。計抄原奏一件。

奏爲據情代奏，恭摺馳陳，仰祈聖鑒事。竊於光緒二十七年正月初三日，據奏派督理呼蘭都魯河等處礦務公司山西補用知府候補直隸州知州曹廷杰，以縷陳試辦都魯河金廠始末情形，並附陳備抵各款被兵焚劫，及益和公司源流，造具簡明册籍，呈請核奪奏咨等情到奴才。詳查該員自光緒二十三年八月十七日開

局起，至二十六年七月底止，試辦未滿三年，計收奏明由將軍衙門庫存通肯荒價項下，撥銀二萬兩，散放呼蘭賑餘項内，接濟銀一萬兩，該員招收股本，并得金售價等項，共銀三十五萬五千一百四十三兩三錢六分六力三毛九絲，統共收過銀三十八萬五千一百四十三兩三錢六分六力三毛九絲。開支過銀四十八萬七千九百八兩二分六力五毛六絲，實透支銀十萬二千七百六十四兩六錢六分一毛七絲，而其積存備抵之款，有十一萬七千七十兩二錢四分一釐五毛八絲。除抵還透支銀十萬二千七百六十四兩六錢六分一毛七絲外，下餘銀一萬四千三百五兩五錢八分一釐四毛一絲。如廠事平安，即可解繳二六報效，漸獲利益，乃陡遭兵燹，竟致備抵各款，均被焚燬搶劫，毫無遺存，洵屬可惜。所有該廠領收庫款股本借款，無從賠還，欠交股利薪水，無從補付；把頭虧欠該廠之款，及該廠備抵被兵燹劫之款，無從追索。合無仰懇天恩，俯念該廠款項，原係奏明辦理，今因兵燹焚劫，實在無可著追，可否准將該廠領收庫款股本借款欠交股利薪水，及把頭虧欠該廠之款，該廠備抵被兵焚劫之款，一概免追之處，出自鴻施逾格。奴才未敢擅便，除將該員送到清册三本，抄録原呈三分，分咨軍機處户部路礦總局查核外，理合將呈報都魯河金廠備抵各款，被兵焚劫，無從賠還情形，恭摺馳陳，伏乞皇太后、皇上聖鑒。謹奏請旨。

爲札飭事。户司案呈，本衙門於光緒二十七年三月十二日，恭摺具奏，爲據情代奏，督理呼蘭都魯河等處礦務山西補用知府候補直隸州知州曹廷杰，試辦都魯河始末情形等因一摺，當經抄摺札飭在案。兹於光緒二十七年八月二十五日，接到回摺，奉硃批：著照所請。欽此。欽遵。相應恭録諭旨，呈請飭札等因。據此。相應札飭，仰該牧遵照。特札。

右札仰前督理呼蘭都魯河礦務山西補用知府候補直隸州知州曹廷杰准此。

光緒二十七年九月初十日。十月初二日奉到。

又外務部行路礦總局文《都廠歸併漠廠辦理事候咨北洋大臣等查辦》 光緒二十九年三月初十日，行路礦總局文稱：光緒二十九年三月初五日，准咨稱，據吉林補用知府曹廷杰稟稱，前辦江省都魯河金礦，因亂被兵焚劫，所有領收庫款、股本及借欠各款，稟請黑龍江將軍，奏請一概免追。惟試辦之時，所費實多，有人續辦，應令將都廠款項，妥議章程，如何承認。各礦金苗最旺，可否咨行北洋大臣，飭令查勘漠河、觀音山之員，將都廠及蘭屬礦務，一併查明，如可續辦，請將都廠款項，議明如何承認等情，咨請查核等因。復據該員稟同前因，當經本部以該員前辦都魯河金礦，因亂停工，業於二十七年間，稟請黑龍江將軍奏將該廠領收庫款股本，及借欠各款，一概免追。且全廠被燬，接辦之人，事同創始，未便再令承認前虧，所請自難照辦准。至各礦苗綫，是否暢旺，並能否歸併漠河金廠辦理，仰候咨行北洋大臣，暨黑龍江將軍，查明核辦等情批示在案。相應咨行貴局查照可也。

又《寬河金礦》總署收軍機處交出黑龍江將軍恩澤抄摺《寬河金礦請交商辦》 光緒二十五年五月十八日，收軍机處交出恩澤抄摺稱：爲愛琿所屬寬河金礦，擬請交商問辦，什一抽税，恭摺具奏，仰祈聖鑒事。竊據煤礦委員李席珍，前於愛琿城兩三百餘里，奇拉卡左邊寬河地方，躧獲金礦一處，因其在漠河金礦公司界内，飭交該礦督理道員周冕接收開辦。當時周冕慮其不甚稱倣，未能遽接。旋亦因事奉撤，而道員徐傑到差。奴才等又經電詢，據徐傑電覆，以無力兼顧爲言，遂飭該委員李席珍，設法籌辦。旋據李席珍稟到，轉據鼎盛昌高人潘立，永和公高人張志清等呈稱，若能准御史王鵬運之奏，十分取一，抽收税課，商人等情願集股開採云云。委員因查光緒二十一年二月二十五日，御史王鵬運，奏請禁運銅錢出口，並開辦礦務，鼓鑄銀元一摺内稱，凡有礦之地，一律准民招商集股，呈請開採，地方官吏認真保護，不得阻擾。俟礦利既豐，然後按十分取一，酌抽税課，一切贏絀，官不與聞。期以十年，礦産全開，民生自富等語。經户部議准，會同總理各國事務衙門，於二十二年正月二十九日覆奏，奉旨依議。欽此。通行欽遵在案。今該商等既爲此請，可否即以委員前躧寬河金礦，准照辦理，並敬呈酌擬官中抽税，暨保護章程十六條，稟請核辦前來。奴才等此以什一之征，因與江省漠河、都魯河金廠報效懸殊，然商股商辦，不動官款，較之漠、都兩礦，似尚有間。當於本年正月三十日，咨請礦務鐵路總局詳核酌定，嗣於三月初十日，接准電示：寬河金廠章程，大致尚妥，惟派員抽税，應由將軍酌量核定，不得由李席珍率請多人等因。竊查李席珍所擬派員抽税一條，係經奴才等迭次核奪，該委員迭次稟商，始定此十三員名之數。蓋金沙爲最易走私之物，立法不得不密，用人不得不多，而又慮礦務未旺之先，徒費餉需，無所爲用。飭據李席珍一再核減，故該委員於此條之次，另云現訂辦事各員，因撙節餉□，從省删減，將來礦務暢旺，不敷分布，再爲核實稟請酌派等語。正因奴才等駁之過甚，持之過堅，所以特具專條，以聲明之。從可知現定之數，實係不得不然，非任聽李席珍率請也。除咨覆礦務鐵路總局查照外，謹將所擬章程，敬繕清單兩分，恭呈御

一、無論候補候選人員，入股入廠辦事，概不用委員名目，以免官場習氣。

一、寬河距愛琿三百里，與漠河一千八百里者有間，漠廠所有貨物，皆由廠中發賣，因無旁處可買也。寬河去愛較近，愛城百貨雲集，皆能購買，且愛商赴廠，礦丁赴愛，日夜不絶於路，自無向廠買者，故貨利一節，應請作爲罷論。

一、廠中帳房支應所稽查處，以及上下大小應用一切人等，均由該廠商董自行酌訂。所有口分，亦由該廠折中籌給，其在廠辦事諸人，除月支工食以外，不准格外支用分文。

一、廠務紛繁，雖經開列多條，恐未周備，於開廠之先，凡在股諸友，約集一處，陳明漠都各廠章程，參以新訂條款，若者有益，若者有害，若者可增，若者可祇，總期與利除弊，循公滅私，以歸盡善盡美。

一、廠中既已租定規模，仍恐有未盡事宜，須專派一留心時事者，以後隨時隨事，如查有利者興，有害者除，有宜加者加，有宜去者去，庶平日新月異，精益求精。

一、股票利摺，如有遺失火燒落水等事，許立刻呈報總税課局，聲明因何遺失，並若干號頭，由局查對號頭相符，對有的實舖保，另換票摺，嗣後再有持原票抧赴廠取利者，概不准行，即作廢紙。

一、每年出金若干，抽税若干，花費若干，下餘股利各應得若干，均於年終詳細開單，每股商名下各送一分，此初設二年中，從權辦理也。俟將來出金暢旺，局面擴充，於年終清單，再爲刊印成本，按股分送，以昭慎重。

光緒二十五年五月十八日奉硃批：覽。欽此。

謹將擬辦寬河金礦所議官中抽税，暨保護章程十六條，敬繕清單，恭呈
御覽。

計開：

一、官辦無款可籌，官商會辦，官視商爲鶩路，商視官爲畏途，往往兩不相能。官督商辦，稍有不和，不免挾制刁難等弊，三項終不易成，既成亦難持久。不若任民招商集股，官僅抽税保護，一切盈絀，概不與聞，既免鈐束，商民自欣然向往，不致觀望不前。

一、此礦悉聽商便，以期勇於從事，特恐商民未能周知此意，應請發給告示，將所有條款開列於後，俾使家喻户曉，示信於民，庶可望風踵至，欣然樂從。

一、請照十分取一抽課，每金一兩，作爲十成。以六成歸把頭礦丁，下餘四

覽。可否准行之處，伏候聖裁。所有寬河金礦，擬請交商開辦，什一抽税緣由，理合恭摺具奏，伏乞皇太后、皇上聖鑒訓示。謹奏。

光緒二十五年五月十八日奉硃批：著礦務鐵路總局會同總理各國事務衙門，妥議具奏。單二件併發。欽此。

照録清單。

謹將寬河金礦商人集股章程十六條，敬繕清單，恭呈御覽。

計開：

一、股友中擇其有廉明公正、勞怨不辭者爲總董，明白敏捷者二人爲幫董，總董主持，幫董輔佐。其總幫各董，如有辦理不公，許衆股友於會議時，公同退換。

一、股票每銀百兩，作爲一股，願多人者，聽從其便。無論入股多寡，每一人名下，除給付股票外，再給股利摺一分，以憑收利。

一、廠中設立總帳房一處，經管收金等事；再設總支應所一處，專應廠中一切開銷使用。

一、官處不准商人干預攙越，廠中不准官處勒薦私人。如官處果有熟習礦務者，廠中需用此人，亦須出於該商本意，由該商人呈請税局，轉禀存案，方准派人。倘官處有勒薦等事，及挾仇遇事刁難，並抽税不公，許該商禀請軍轅查辦。該商亦不得假公濟私，虚揑誣陷。

一、總幫董及股友諸人，凡薦廠中辦事者，必須能勝斯任，不准位置私人，素餐尸位。

一、股友無論股分大小，概准入廠稽查，如查有弊端，於會議時，同衆言明，立刻剔除。

一、開廠後凡入股暨在廠諸人，於每月初一日十二點鐘，大家聚集公所，會議一次，溯其既往，計其未來，各抒各見，合理者從，背理者違，從不准喜，違不准怨，互相切磋，自收集思廣益，相得益彰之效。

一、每段派稽查碃眼商董一人，再派總查碃眼商董一人，以防礦丁私偷等弊。

一、把頭礦丁，如有私偷金沙者，一經查出，除將偷沙入公外，再議罰款一倍。偷沙一錢，仍罰一錢，按十日分扣，一日扣一分，若偷一兩者，一日扣一錢，餘可類推。

成，一成歸税課，三成歸股商董廠費。如此限制稍寬，則人人趨赴，處處爭開，可期推廣，税課自然加多矣。

一、請派抽税總辦一員，維持全局，兼帶護礦營，月給薪水銀一百兩。其心紅紙張，所費不貲，月給薪水三十兩。夫馬費銀三兩。提調一員，月給薪水銀五十兩文。案總理一員，月給薪水銀五十兩。稽查碃眼委員四員，每員每月給薪水銀二十兩。司事一員，月給薪水銀十二兩。盤查溝口委員一員，月給薪水銀十六兩。字識四名，每名每月給工食銀八兩。以上共十三員名，月共需銀四百兩整。惟開廠伊始，款項無著，且庫藏支絀，未便另請，祇好權宜辦理。擬請每月先由商股項下借墊，俟有端倪，再爲參核情形，由何項開支，禀請咨商礦務鐵路總局酌奪。

一、所訂辦事各員，因樽節餉糈，從嚴删減，俟將來礦務暢旺，如果兼顧難周，不敷分布，再爲核實禀請酌派，總期餉不虛糜，事無遺誤，於節餉用費，兩無偏倚。

一、金廠雖歸商辦，官處概不與聞。惟金沙其體極微，其價極重，易於攜帶，易生覬覦。若在旁處另設抽局，特恐商董防範不周，上下人等，舞弊乘間，偷竊隱匿。且廠大丁多，僅商董不足以資鎮懾彈壓，必須在廠另立局所，各守門户，各理各事，似合而分，似分而合，咫尺之間，兩不混淆。既能稽查，且無騷擾。

一、開廠以後，難保無匪徒溷迹乘隙偷竊，今擬在於溝口設盤查局一所，凡入溝者，到局挂號，問明來歷，或係在廠諸人，或外來販賣貨物，查非形迹可疑之人，發給腰牌，方准入溝。至廠繳牌，若無腰牌，照匪類論。即有人認識作保，亦須問明因何不領腰牌，如何進溝，果係初到無知，並非有心干犯，薄懲釋放歸業。俟後如再有犯，加等治罪，並該保人是問。出溝者由廠領牌，外局收查亦如之。

一、廠中既已派人稽查，以防偷漏，而廠外重山疊嶺，溝路分歧，産金之處頗多，私挖之人，亦復不少。益開廠有抽課，私挖無抽課，人皆欲私挖，而不願入廠明矣。若不認真巡查，則入廠之人日少，私挖之人日多，於廠中大爲不便。故巡查一節，爲廠中切要之圖，必須派員分段巡邏，過有私挖處所，查其礦産若何，堪作者諭以招商集股。大則大辦，小則小辦，總期錙銖必取，纖芥不遺，以收得尺得寸之效。其實不在稱做者，或將其人收廠傭工，或將其人驅逐出溝，俾免重蹈故轍。或謂多派員弁，不免耗費餉糈，不知巡查徧，則私挖自少，私挖少，則征税自多，所獲過於所費者無量也。

一、每日收金之前，查碃委員與廠中收金商董把頭、礦丁，各持手摺一分，聚集一處，然後將沙取出，由收金商董過平安，共沙若干，用紙包封，面上畫碼蓋截，各寫各自手摺，某碃某把頭帶某礦丁，某日出金沙某數，仍將沙包交原把頭收執。再挨次赴劉碃，照舊辦理。各碃平畢，齊赴總帳房，各將手摺較對無誤，帳房登簿，把頭各交沙包，驗戳過平，如無舛錯，次第收庫。一日一報，抽税總局查碃委員，回局交摺，兩相核對，相符登簿，一月報省一次。

一、官處派員抽税，其連三册簿，及按月報省申文，並應行文件告示等類。事務繁雜，應請刊發關防一顆，文曰總辦寬河等處礦務税課局之關防，以昭信守，庶免訛誤假冒等弊。

一、山深路僻，向無人烟，出金日多，人民日衆，特恐金匪聚夥搶劫，應招護礦營保護。惟創辦伊始，款無可籌，自應從權辦理。請先由鎮邊軍不拘何營，撥兵百名駐廠，藉資保護餉項，仍由糧餉處按月請領，此初年爲然也。俟有成效，再將兵丁遣撤歸營，由廠另行招募，將來營官亦不必另派，即責令抽税總辦兼帶，以節餉糈。

一、廠務殷繁，人類混雜，難保無紛争涉訟等語，既歸商辦，總以保護爲要義，嗣後廠中凡遇事故，應請官爲照料保護，不准累及商人。

一、礦丁日衆，良莠不齊，安分守己者固不乏人，而愍不畏法者亦在難免。嗣後廠中如遇兇頑滋事，尋隙鬭毆等事，商人無權懲治，應准該商送交總辦處，照章懲辦，分別重輕，棍責枷號，以期懲一儆百。

一、此廠既係專辦寬河，應查照前案，凡水從寬河入黑龍江者，均歸寬廠辦理，此外仍歸漠河，以免轇轕。再，内興安嶺以南地方，凡水入嫩江、松花江者，皆與漠河無涉。如有可採之地，應准推廣。將來大衆集股，另設新廠，報由總局存案。一面報省，一面派人抽查，仍將所收數目，按月另册造報。

一、新授黑龍江副都統壽山先充左路統領時，曾爲礦務督查，一切廠事，多蒙調護。今更托庇宇下，應仍請其兼顧，俟將來遇有升轉，專歸將軍衙門管轄。

一、寬河辦法，係屬創始，意在不動公帑官款，疏濬餉源，如果辦理合宜，有利無弊，小民聞風踵至，繼起争開，裕國便民，皆基於此，全在辦事各員激發天良，殫精竭慮耳。雖然欲策其功，須寬其賞，欲鼓其力，宜録其勞。將來成效克臻，應請分別異常尋常，從優奏請獎勵，庶足以資奮勉，而廣皇仁。

光緒二十五年五月十八日奉硃批：覽。欽此。

又總署奏摺《遵議寬河金礦章程》光緒二十五年六月廿三日，本衙門遞奏摺稱：謹奏爲遵旨覆陳，仰祈聖鑒事。光緒二十五年五月十八日，軍機處抄交黑龍江將軍恩澤等奏，愛琿所屬寬河金礦，擬請交商開辦，什一抽稅一摺。本日奉硃批：著礦務鐵路總局，會同總理各國事務衙門妥議具奏。單二件併發。欽此。欽遵到局。臣等查原奏稱，煤礦委員李席珍，於愛琿城西三百餘里奇拉卡左近寬河地方，踹獲金礦一處，因在漠河金礦公司界内，先後飭該礦督理道員開辦，據覆以無力兼顧爲言，遂飭該委員設法籌辦。旋據禀到有鼎盛昌商人潘立、永和公商人張志清等，援照御史王鵬運之奏，十分取一，抽收稅課，情願集股開採，並酌擬官中抽稅。暨保護章程十六條，商人集股章程十六條，呈請核辦。當經咨請礦路總局核定，准電復以派員抽稅，不得由李席珍率請多人。查派員抽稅一條，係經迭次核減，始定此十三員之數。緣金沙最易走私，立法不得不密，用人不得不多等語。臣等查該廠官中抽稅章程内，派員經理一條，既據該將軍覆陳，十三員之數，曾經核減，實不得不然。自係爲稽查嚴密起見，應如所擬辦理。惟請照十分取一抽課一條，前臣衙門議覆御史王鵬運奏請興辦礦務摺内，有准民開採，十分取一，酌抽稅課等語，原係統指礦產而言。上年六月，專設礦路總局，當於開局伊始，並經核定煤、鐵出井稅，值百抽五，出口稅值百抽五，若五金之礦。則不足以盡之，奏明亦在案。該廠既係採金，自難與煤、鐵並論，且查漠河、觀金山兩金廠，去歲售金總數，計入銀四十三萬兩，提充軍餉至十萬兩有零，約計餉課已抽十成之二五，雖有無官款，不能無所區別，而同在江省，彼此稅數，未免過於懸殊。今議酌抽十成之一五，即由該將軍轉飭，在於九成内，酌量分別，匀出半成，以裕稅課。仍聲明作爲暫行試辦章程，應俟户部議定金礦稅章時，再行一律照辦。又推廣礦務一條，該廠固係專辦寬河，凡水從寬河入黑龍江者，均歸寬廠，自可照案核准。惟内與安嶺以南地方，水入嫩江、松花江者，既與寬河無涉，該章程即不應攬入預佔北方，應俟該廠力能推廣之時，另行核明請辦。又該廠委員從優奬敘一條，原爲疏濬餉源，藉資鼓勵，惟委員酌予奬敘，應視抽課之多寡爲衡，並須核定員數，庶於鼓勵之中，仍寓核實之道。擬請俟屆三年，由該將軍察看情形，該員等果能始終奮勉，辦有成效，届時奏明，請旨辦理。其餘各條，逐加詳核，尚可准行。再，該廠本係商辦，集股章程，應聽商便，自可毋庸核議。如蒙俞允，即由臣局咨行該將軍，轉飭遵照辦理。所有遵議《寬河金礦章程》緣由，理合恭摺覆陳，伏乞皇太后、皇上聖鑒訓示。再，此摺係礦務鐵路總局主稿，會同總理各國事務衙門辦理。合併聲明。謹奏。

光緒二十五年六月二十三日奉硃批：依議。欽此。

又《新疆礦務・籌辦新疆礦務》總署《上諭妥議開辦新疆礦務》〔光緒十九年〕十一月二十五日，行陝甘總督楊昌濬文稱：光緒十九年十一月十九日，本衙門議覆出使大臣許奏新疆南路開辦金礦請旨飭查一摺。奉硃批：另有旨。欽此。是日奉上諭：前據許景澄奏，新疆和闐一帶，金礦旺聚，並詳述游歷洋人測探情形，當令總理各國事務衙門議奏，茲據該衙門奏稱，和闐産金之盛。據許景澄原奏圖說，□以近日新疆測繪輿圖，大致相同。克里雅城毘連帕來爾諸處邊疆重地，綢繆未雨，宜在機先。若照《漠河金廠章程》辦理得宜，自可濬利源於不竭，請飭妥議辦理等語。著楊昌濬、陶模按照所奏各節，會商辦法，妥議具奏。欽此。相應恭録諭旨，鈔録原奏，並照録許大臣原奏圖說游記，及《漠河金廠開辦章程》，密咨貴督欽遵辦理。又許大臣致本衙門密啟一件，一併録寄，以備參酌可也。

同日，行新疆巡撫陶模文。同。

又饒應祺文《籌議勘辦新疆金礦》〔光緒二十二年〕十月二十五日，署甘肅新疆巡撫饒應祺文稱：據新疆布政司丁振鐸、署鎮迪道兼按察使銜英林詳稱，准喀什噶爾道光達咨，轉據署和闐州知州劉牧嘉德詳稱，案奉撫部院檄飭承准軍機大臣字寄，光緒二十二年二月初九日，奉上諭：新疆和闐金礦，前據陶模覆奏，業已派員前往履勘。茲據御史陳其璋奏，近日出使大臣許景澄所譯俄圖稱，和闐至羅布淖爾一帶，共有金礦十七處，皆經俄人測繪可憑。又光緒六年西報稱，西伯利亞與中國接壤，每座界石相距三百里，界間有二水，直注俄境，而發源則在中國境内。近得金礦之總脈，亦在江水發源之處，如界綫作弓背形，則江水之源，應歸俄國。又英人卡卜登議之中俄之隔，僅界一綫提封，迤邐而南，五金之礦，徧於地中各等語。際此庫儲匱乏，全在廣開礦産，以濟急需。俄國現與中國倍敦睦誼，亦可因開礦一事，致礙邦交，和闐金礦係屬内地，俄人自無可藉口。俟查勘之員回省，如果礦苗實係暢旺，即著饒應祺酌度情形，官辦商辦，究以何者爲宜，迅速定義具奏。至所稱中俄界間二水發源之處，及提封以南之五金各礦，著長庚饒應祺密派妥實可靠之員，前往確切查明究竟如何情形，再行奏明請旨辦理。將此由四百里各諭令知之。欽此。遵。

又《于闐金礦》路礦總局收新疆巡撫饒應祺文《咨送解呈于闐金礦課收以供御用一摺》附奏稿〔光緒二十七年〕十二月二十六日，新疆巡撫饒文稱：爲照本部院於光緒二十六年九月初二日，在新疆省城專弁具奏，于闐金礦民採官買，減價抵課，試辦收有成數，謹先解呈，以供御用一摺，除俟奉到硃批，恭録另咨外，相應鈔録摺稿咨明，爲此合咨貴總局，請煩查照施行。

照録粘單。

奏爲于闐金廠民採官買，減價抵課，試辦收有成數，謹先解呈，以供御用，恭摺仰祈聖鑒事。竊查于闐金廠，礦苗本旺，爲各國游歷所艷稱，歷經前任委員查勘設法開採，因地皆荒僻，民盡奇窮，糧少運艱，費多利少，得不償失，是以旋辦旋停。升任撫臣陶與臣先後奏明有案，官辦難期成效，因擬仍聽民辦。仿每牀三分之法，月收其課，奈民窮且愚，盡終日掘洗之力，僅得一二分，多者百不獲一。因物少而微，隨處隨身皆可藏匿，以避官課。又散處窮山深峪，搜查實難，而外來奸商，設計放帳，低價高秤，私相賤買，利歸於商，而實累及於民。臣前與升任藩司丁振鐸悉心細商，由官籌撥成本，採糧製器，借給窮民自行淘挖，得金繳還官本，從寬給價，較商買略增，官買略減，折中公收，以抵納課。初訂每金一兩作價銀二十五六兩，民不樂交；乃改作價銀二十八兩，遂漸踴躍，官民稱便。已收獲一千餘兩。擬俟年終再行奏報。適承准督辦軍務軍機大臣飛咨，鑾輿西幸，事起倉猝，諸未預備。舉凡置備一切，需款浩繁，專賴各省設法籌濟。應行解京各款，速行提撥，寬爲籌措，解往山西、陝西一帶，探赴行在，交軍機處驗收。事關御用急需，務即迅速籌撥，毋稍刻延等因。承准此。查新疆地處邊荒，軍餉皆各省協濟，向少解京之款，現聞需款浩繁，毫無報效，愧恧實屬難安。因與藩司文光商籌，于闐課金，本係由外籌款試辦，現收湘平浄金一千兩，可應急需。趕即解赴行在呈交，以供御用，少伸輕塵墜露之微忱，敬祈恩准飭收。嗣後收有成數，再行咨解户部、礦路總局列款開報。所有試辦于闐金礦，民採官買，減價抵課，先將所收課金，藉作報效緣由，除咨軍機處外，恭摺具奏，伏乞皇上聖鑒訓示。謹奏。

又《塔城金礦油礦》總署收新疆巡撫饒應祺文《咨呈奏陳新疆試辦礦務難收成效現與俄商議定合同夥辦金礦摺》附奏稿暨中俄夥辦金礦合同〔光緒二十五年〕六月二十九日，新疆巡撫饒文稱：本部院於光緒二十五年四月十九日，在新疆省城由驛具奏，新疆試辦礦務，雖收成效，現與俄商夥辦金礦，謹將會議合同開單具陳一摺。除俟奉到硃批，恭録另行咨呈外，相應抄録摺稿清單咨呈。爲此咨呈貴衙門，謹請鑒照施行。

照録奏底。

奏爲新疆試辦礦務，難收成效，現與俄商夥辦金礦，謹將會議合同開具清單，恭摺仰祈聖鑒事。竊查新疆五金並産，而金礦最多，久爲各國所艷稱。升任撫臣陶模與臣先後派員查勘金礦，曉諭官商辦悉聽其便。議照各省辦法，提成充餉，就廠征課，以期漸開利源。無如新省素乏熟習礦學之人，僅恃人力開採，官辦則設局招夫置器運糧，核計入不敷出，商辦則無人應募。若於春冬農暇之時，清查挖金貧民，按名收課，而此查彼匿，交納極微，開除員役薪工，仍與度支全無裨益。一切難期成效情形，業經詳細奏明在案。其銀、銅、鐵、鉛等礦，臣頻年百計圖維，不遺餘力。銅礦省城附近南山，及南路拜城、庫車、喀什噶爾等處，皆設廠採煉。每歲共能採銅一十餘萬斤，僅敷各城鼓鑄紅錢之用。按：鑄紅錢四百文易銀一兩，尚須稍賠局費。鐵礦惟阜康縣屬之水西溝所産最良。鉛礦則到處皆有。然採煉徒守舊法，□繁運重，估價仍昂。兼以俄鐵價廉争售，以故採獲鐵、鉛，但能製造工廠，傾鎔舊式槍礮彈丸，及民間日需之用。寶爾吉開採銀礦，創辦已近兩年，公家虧款頗鉅，委員賠累不堪。而挖獲礦坯，日出日絀。即在廠員弁夫勇，亦多受瘴亡故。臣於去冬商派俄礦師同往勘查，亦稱此廠礦好而衰旺難定。現祇酌留匠工夫勇數十名，駐廠接挖。如果再難暢旺，擬即奏請停止。金礦爲利源所在，送奉諭旨興辦。臣與升任藩司丁振鐸、鎮迪道兼臬司潘效蘇，再三商酌，擬派員與俄商夥辦，以興地利，藉資學習。上年據情電商總理衙門，飭令先與俄商妥議，鈔録合同，俟奏咨核准，再行開辦等因。臣隨飭與駐烏魯木齊俄總領事吴司本，迭次籌商，有俄商墨斯克温願與夥辦，派員同赴各處查勘礦苗。據稱勘得塔爾巴哈台屬之札工新興工蘭州灣，及庫爾喀喇烏蘇屬之濟爾噶朗四處，金苗較旺。議定首年各出處成本銀三萬兩，會同購機修廠，次第試辦。請以二十五年爲期，無利不拘年限停止。每地一段歲納地租銀三百兩，獲利均分，不再征收金税。先訂合同二十一條。本年正月二十六日，臣將緊要各節電請總署代奏，欽奉電旨，交總署會同礦路總局迅速妥議，俟覆奏再行電飭遵照。欽此。旋承准電復，合同尚須酌改。一、塔城等處均係蒙地，應先商明該部落劃清界址，此外可開金礦。隨時奏開，不得籠統載入，致被俄商把持争執。一、地租一項，應分別地段廣狹定價，以免偏枯。一、礦産出口出井，均應納税。一、銀、銅、煤炭礦各歸各案奏辦，不得一所得餘利，亦應提成充餉，以符定章。

併叙入。以上各條，應先與俄領事等商改後，暫准試辦。仍俟合同全文到時，覆核奏准，方能定案。二月初六日奉旨：依議。欽此。欽遵咨新照辦。臣遵即轉行妥爲商改，經前署藩司潘效蘇、護理鎮迪道朱冕榮，復與俄總領事和衷籌商，另議簡明合同十九條。其中緊要各端，如塔城等處礦地，劃清界址，每段不過俄尺十里，每段每年公納地租銀三百兩，津貼蒙民。此外可開金礦及銀、銅、煤、鐵各礦，一併刪除，均未載入約内。金税一層，徐與磋磨商加。俄商應允每年截算一次：得金二千五百兩以内，百分抽一；一千五百兩至二千五百兩，百分抽三；二千五百兩以外，每百抽五。無論出井出口，均只認税一道。提成一層，該俄商等謂遠來中國夥辦金礦，先費資本已多，將來利益若何，尚不可必。現議地租金税，已屬竭力勉從，若再提成，力恐不逮等情。臣維《礦務章程》所載官商華洋股分，皆不與交涉相關，然提成充餉火利不盡歸公。新疆此次會辦金礦，司庫籌提成本，得金若干，除清還成本開支廠費外，餘皆涓滴歸公，概充餉項。較之定章提繳二五，公家得利尤多。俄領事既堅執祇認金税一道，不允提成，自應准予通融。俟辦有成效，每歲公廠年終結報，公家實應分利若干，即行全數報明户部聽候指撥，總求逐漸推廣。如果中屬匠工隨同學習有成，彼時另設專廠，即可開利無窮。該俄領事等因合同改定，機器匠工已先後到齊，商請派員會同設廠置機，立候興工。現已派委熟習俄文言語之候補知府桂榮，馳赴塔城工所，充當總辦。另委候補巡檢王鴻業、施再萌、候選從九段子麟，一同前往幫辦採運監工稽查等事，各專責成。仍一面與俄領事等議定暫作試辦，俟合同覆奏，奉旨允准，彼此畫押蓋印，方准定案。廠内需用成本，新疆應認銀三萬兩。司庫暫無閑款可提，已由軍需項下騰挪支撥，交桂榮帶廠備用。將來公廠獲利，仍照數歸還，以符原議。兹據布政使趙爾巽、鎮迪道兼按察使銜潘效蘇會詳前來。所有新疆現與俄商夥辦金礦，議定合同，是否妥協，謹會同伊犂將軍臣長庚、塔爾巴哈台參贊大臣臣春滿、陝甘總督臣陶模，恭摺具奏，敬繕清單，恭呈御覽，伏乞皇太后、皇上聖鑒訓示祇遵。謹奏。

謹將新疆省與俄領事等議定夥辦金礦事宜合約，開單恭呈御覽。

第一條

現在彼此商定在新疆省合夥開辦金礦，中國允准以二十五年爲期，以後續辦，再會定年限。此次立約後，中國奏明國家立案，如無利息，不必拘定年限，即行會商停止。倘有虧折，兩股均賠。

第二條

首年先在塔城廳喀圖山所屬之札工，開辦金礦。札工無水，須在新興工設廠，始能就河水淘洗。現止機器一副，如札工利少，或有餘力，再往蘭州灣並庫爾喀喇烏蘇廳所屬之濟爾噶朗金礦，接續開辦。

第三條

以上四處，皆蒙古荒地，或戈壁，或游牧，均未耕種。所開地段廣狹，需到廠查看丈量，再與該蒙部劃清界址，均不得過俄尺十里。每處每年公納地租銀三百兩，津貼蒙民。

第四條

開辦金礦地方，公會所需之木料、柴炭、水草、牲畜、牧廠，及一切應用之物，並僱覓本地工人，均照市價公平覓買，中國官不得阻止，亦不納税。

第五條

公會一切應辦之事，即如邀請礦師機器匠，委派領辦之人，僱覓工人，酌定薪水，購買應用機器什物、起蓋房屋等事，均由墨斯克温與中國總辦會同商辦。

第六條

准中國派人在廠學習礦務，學有成效，准其在廠辦事，酌給薪水。

第七條

初辦時每年所有花費，兩面會同預先估定，彼此匀攤之銀，應於開工兩個月前備齊，以資應用。俟事見興旺，由所獲之利内，商提銀若干兩，存於公會，作爲資本，購買機器並一切什物牲畜起蓋房屋。及所有花費，兩面各出一半。

第八條

開辦金礦於二十五年限内，每五年察看一次，如有不便之事。兩面酌改。

第九條

首年開辦應需成本銀六萬兩，立約後兩面各出一半，以備墨斯克温商同中國總辦，購辦應用機器一切什物，建造房屋，並廠内一切開銷之用。

第十條

廠内應用工匠人等，彼此會商，或墨斯克温由俄國僱覓，或僱覓中國土人，均須勤謹可用者，中國地方官不得阻滯。

第十一條

廠内工匠人等度日之需，均歸公會經理，工價按期給領。

第十二條

廠内一切事宜，均歸墨斯克温與中國所委總辦經理，至監工與稽查每日得金若干等事，中國應派通曉俄文俄語之員襄辦，以免隔閡。

第十三條

每日得金若干，及廠内一切工作用項，應逐日彼此登寫較對，年終清核造具總簿，呈送中國鎮迪道兼按察司，俄國駐烏魯木齊總領事官查閲，互蓋印信。

第十四條

所得之金，按月按季清算，每滿一年截算一次。得金若干，照《俄國金税章程》，如在一千五百兩以内，百分抽一；一千五百至二千五百兩，百分抽三；二千五百兩以外，每百抽五。無論出井出口，均祇認此税一道，其餘平分，半歸中國繳庫，半歸墨斯克温自得。所得之金，不再納税，或在中國銷售，或運赴俄國，聽其自便。

第十五條

開辦一年，若事見興旺，應再加成本，以備購買新機，加蓋房屋，添置一切什物之需，以期推廣。

第十六條

廠内中俄工匠人等，皆應遵守規矩，彼此和睦，遇有争端，中國總辦會同俄國首事人從中調處，如有人命搶劫重案，按兩國所定條約辦理。

第十七條

開礦地方，由鎮迪道兼按察使司飭該處地方官，曉諭該處居民並遊牧人等，不得攪擾。如有搶竊等事，照中國律例從嚴懲辦，中國官須設法彈壓，以期安靖。

第十八條

將來停辦之日，所有機器、房屋一切器具車輛牲畜，均公同估價變賣，概不存留，價銀兩面均分，惟公修之橋梁道路，事後無用，不再作價。

第十九條

此次合同，經中國總辦與俄商墨斯克温，用中俄文字寫立八分，較對無訛，互相畫押，中國鎮迪道兼按察使司，俄國駐烏魯木齊總領事各畫押蓋印，再加蓋新疆巡撫關防，用以爲憑，各收執一分，並分送中國總理各國事務衙門、路礦總局，俄國駐京公使各一分，以備查核。

又路礦總局收新疆巡撫饒應祺文《咨明附奏塔城金礦現辦已有成效片硃批》〔光緒二十六年〕十月二十七日，新疆巡撫饒文稱：爲照本部院於光緒二十六年九月初二日，在新疆省城專弁附奏現辦塔城金礦已有成效情形一片，前已鈔稿咨明在案。兹於本年八月初九日，差弁賫回原片。奉硃批：知道了。欽此。除欽遵咨行外，相應恭録咨明。爲此合咨貴總局，請煩欽遵查照。

又外務部收新疆巡撫文《咨送新省與俄商夥辦塔屬金礦現已拆夥停辦摺》附奏稿　光緒二十九年七月二十九日，收新疆巡撫文稱：竊照本部院於光緒二十九年閏五月二十日，在新疆省城由驛具奏，新疆與俄商夥辦金礦，虧折成本過多，俄商堅欲拆夥，已於上年九月底停止，現在帳項均經會算清楚，定立分夥字約一摺。除俟奉到硃批、恭録另咨外，相應鈔稿咨呈，爲此咨呈貴部，謹請鑒照施行。

照録摺稿。

全銜潘

奏爲新疆與俄商夥辦金礦，虧折成本過多，俄商堅欲拆夥，已於上年九月底停工，現在帳項均經會算清楚，定立分夥字約，恭摺具陳，仰祈聖鑒事。竊新疆地方金礦本多，實爲利源所在，升任撫臣陶模遵奉諭旨，飭官辦商辦悉聽其便，無如本地素少熱習礦學之人，且無機器使用，百計圖維，難期成效。二十五年臣在鎮迪道兼按察使銜任内，奉飭會同升任藩司丁振鐸，與駐烏魯木齊俄總領事吴兵司本，疊次籌商，有俄商墨斯克温願與移辦，派員同赴各處勘看礦苗，於塔爾巴哈台屬之喀圖山札工新興工開辦。議定首年各出成本銀三萬兩，會同購買機器，修造廠屋，次第興工。議定暫作試辦，繕寫合約，會同升任藩司趙爾巽請調任撫臣饒應祺開單，奏奉硃批：該衙門核議具奏，單併發。欽此。旋經總理各國事務衙門會同礦路總局議准試辦，奏奉硃批：依議。欽此。欽遵咨行到新，遵於光緒二十五年四月，派熟悉俄文俄語候補知府桂榮，與俄商墨斯克温在喀圖山之札工新興工開廠，修屋勘洞，挖煤設槽。二十六年正月，開機先碾舊坯，俄商更請礦師狄多福及倭羅寧桃勒滿却甫等，採尋各礦，共開二十餘洞，深至二百餘丈、數十丈、十餘丈不等。有礦汎全無者；有礦汎浮露於外，無可深求者；有礦汎窄狹淺薄者，出金無多不合算者。耗費不貲，毫無利益。而運輾各處舊棄礦坯，出金不敷廠用。俄商見礦務毫無起色，摺本過多，堅欲分夥，商議於二十八年九月底停辦。當經司事人等將廠中公産，照歷年減成價值核算列册，俄商派桃勒滿却甫帶公會帳房司事等，到省城會算，定立分夥字約，並願將

廠中各項公産，照冊載價值如數賣交中國，現已接收。應找銀兩，亦如數交由塔城俄領事布拉和處共同付清，取具領事印押俄文一紙存案。所有歷年領用礦費局費，將繳庫金砂及存廠各項器物價值品抵。計自二十五年起，至二十九年四月底止，共領用湘平銀一十七萬二千三百五十一兩三錢八分八釐，繳存礦金並税金共一千四百二十七兩三錢八分八釐七毫五絲，每兩作三十兩換扣，合湘平銀四萬二千八百二十一兩六錢六分二釐五毫。又存廠機器、家具、車馬各項，抵價銀共湘平四萬八千一百三十六兩九錢二分，合共湘平銀九萬九百五十八兩五錢八分二釐五毫，品抵共虧湘平銀八萬一千三百九十二兩八錢五釐五毫。據署布政使李滋森、署鎮迪道兼按察使銜慶秀會詳前來。臣查前項夥辦礦金，原期逐漸推廣，並令中國工匠學習有成，再行另設專廠，可期開利無窮。不料礦汎難求，多虧成本，致俄商堅欲拆夥，而前項機器、家具、車馬等項，勢不能勒令遠道運回俄國，祇得議價收受，仍留廠中。查此次虧折成本，實係俄商墨斯克温所延礦師不甚得力所致，將來或另籌官本，訪延上等礦師，復往勘辦。抑或設立公司，招集股本，從新開挖。容俟察看情形，奏明辦理。惟前項虧本銀兩，新疆司庫並無閑款可提，歷年需用，概由軍需項下騰挪支撥。原議公廠獲利，照數歸還。茲既停廠，已飭藩司將虧折銀兩，設法移提彌補。所有新疆與俄商夥辦金礦虧折成本，現已拆夥停辦各緣由，謹會同伊犂將軍臣馬亮、陝甘總督臣崧蕃、塔爾巴哈台參贊大臣春滿，恭摺具陳，伏乞皇太后、皇上聖鑒。再，俄商墨斯克温回俄，迭次催其來新，始據派桃勒滿却甫帶同司事到省會算，用是遲延時日，合併聲明。謹奏。

又外務部《奬詡俄駐烏總領事應由新省酌辦》 光緒二十九年八月初五日，行新疆巡撫文稱：光緒二十九年七月二十九日，准咨稱，據署鎮迪道兼按察使銜管理通商事務慶秀詳，新疆與俄商夥辦塔城金礦，虧折成本過多，俄商堅欲拆夥，於上年九月底停工。本年四月，俄商墨斯克温派桃勒滿却甫帶公會賬房司事等，到省會算，憑駐烏魯木齊俄總領事科洛特科福定立分夥合約三紙，並將廠中機器、家具、材料、車馬等項公産，照冊載價值變賣，交新疆派員赴廠接收清楚，造賫數目摺冊轉報在案。此項交涉事件，科總領事處置得宜，彼此毫無牴牾，應如何奬詡之處，詳請查核等情。查駐烏俄總領事科洛特科福於金廠分夥各節，調停中立，定寫約據，致能迅速了結而無牴牾，誠屬秉公處斷，深堪嘉尚。其應如何奬詡，應請照會駐京俄國公使，可否酌量奬勵，仍祈速復，俾得轉行查照等因前來。查駐烏俄國總領事科洛特科福於塔城金礦分夥一案，秉公處斷，自堪嘉尚。應如何奬勵之處，應由貴撫酌量辦理，無須先由本部轉商俄使，相應咨行查照可也。

又《庫倫礦務》總署發定邊將軍連順文《議准俄商附股開辦鄂爾河等處金礦事請詳細聲復》附連順函 光緒二十五年正月二十六日，發定邊將軍文稱：光緒二十四年十一月二十一日，准軍機處鈔交貴將軍奏請開辦蒙古鄂爾河等五處金礦一摺。本日奉硃批：著總理衙門會同礦務大臣妥議具奏。欽此。查原奏稱，庫倫西北至恰克圖一帶，毘連俄境，土脈豐腴，頻年内地民人，出塞謀食者，率以租地墾荒爲名，偷挖金沙。附近之俄人，亦多潛採，近已實繁有徒，每滋事端。官難查禁，前經分派妥員，並遴調精曉礦務之員，來庫會同履勘。迭據稟稱：蒙古圖什業圖汗、車臣汗各旗界内，距庫倫東北六台地，約三百四十餘里，共有金礦三處。又西北九台地，約五百三十餘里，共有金礦二處。周圍約二百餘里，金苗甚旺。惟均産自河内，水勢頗深，人力淘取，所得有限，必用西法，以機器汲水，雇工開挖，其利方厚。似宜招集鉅款，延聘礦師，購運機器，相地同時舉辦。總計成本約須銀二百萬兩。各該處均隸遐荒，匪特無礙於蒙旗，且係有利無弊，確有把握之事。又據前天津税務司柯樂德到庫面稱，蒙古金礦如由中國集款興辦，俄人情願附股，可代爲招集，悉遵中國所定章程辦理。如用俄人，應聽中國官員約束各等情。查蒙旗産金之處，偪近俄疆，久爲俄人所豔羨。若拒閉太深，轉恐啟戰爭之漸。何若預爲之地，猶得操縱自如。平時接見蒙古王公，詳詢開礦有無窒礙，僉稱蒙人生齒日繁，生計日蹙，果能開拓利源，與蒙旗有益。擬請招商集股，合力開採。由中國自行舉辦，並准附招俄股，仍按中國所定章程辦理，以免事權旁落。倘股本不足，或協撥官款。除礦師及管理機器聘用洋人，其餘工人，須募蒙衆及内地民人，不得雇募俄人，免妨窮民生計等因。本衙門在核議間，又於十二月初六日，准軍机處鈔交面奉諭旨：侍講學士貽穀奏，連順請招商開採蒙古金礦，有害無利等語。著總理衙門暨礦務大臣，歸入連順前摺，一併覈議具奏。欽此。查原奏稱，以形勢論，西自伊犂，東迄琿春，延袤兩萬餘里，盡與俄界毘連，無處不爲其所包括。俄之都城在極西，而其重鎮在極東，欲由西而達東，莫捷於舍外而走内，故其經營於東三省，而於西北一帶，未嘗一日忘情。庫倫與黑龍江東西遥對，中僅隔一呼倫貝爾。西北一帶，俄人每欲假道以通之，若招俄開採蒙古金礦，是惟恐虎不能奮附之翼，而速其噬。俄國地

大人稀，用兵精於步，而不嫌於馬。東域馬隊皆以重貲招俄沿江一帶蒙古充之，若西路再入其彀中，恐我之籓籬，爲人之羽翼，此時拒閉之不遑，奈何開門而揖之。俄人志不在礦，不過於內地一插足，所患引狼入室，來易去難，以後往來無忌，道路潛通，天限一開，在我失禦敵之資，處處將爲敵人所制。一旦有事，必先以東三省牽我兵勢，而大軍潛從西北而來，腹背受敵，首尾萬難兼顧，所謂操縱自如者，恐在人而不在我等語。本衙門查鄂爾河等五處金礦，礦苗甚旺，逼近俄疆，若能設法開採，藉以興利實邊，原爲要著。惟貴將軍奏稱開礦辦法，附招俄股，用中國章程，藉杜俄人潛採攘争之患，可以操縱自如。今該學士奏稱就地勢詳情論，操縱在人，而不在我各節，與貴將軍奏稱情形，顯係兩歧。究竟俄人自西達東，是否必經蒙古地方。俄國馬隊嚮用哈薩克人爲之，近年有無改招沿邊蒙古充當之事。至所稱俄人附近採金，實繁有徒，官難查禁。若准招俄股，用中國章程設廠開礦，能否將越界俄人從此禁阻，所有淘沙工人，不得雇用俄人辦理，有無把握。人貴將軍奏稱續擬章程，究竟所擬章程若何，能否防維周密，持久無弊。又稱蒙古王公均願開辦金礦，此事是否詢明該旗汗王。及各台吉有無咨行案據，相應咨行貴將軍查照，切實詳細聲復，以憑酌核覆奏，幸勿稽延。

照録連將軍來函。

二月十二日，定邊左副將軍前庫倫辦事大臣連順函稱：竊照庫倫議開金礦一案，前經順奏請招商開採，准附俄股，奉旨妥議具奏。嗣據侍講學士貽穀條陳蒙古金礦，有害無利，奏奉諭旨，一併核議。現准貴衙門咨詢各節，行今詳切聲復各等因。遵查中國邊界與俄界毘連之處，東爲黑龍江，西爲伊犂，北則以恰克圖爲界，相去各數千里，難於經越。故俄人接修東三省鐵路，由彼國接至額爾固斯克城偏東南，越呼倫貝爾界，經過札來圖果羅斯公等旗，以至伯都納，均在中國邊界之東，與北邊毫不相涉。若俄人由西達東，祇沿彼國邊地行走，毋庸經行蒙古地面。且蒙古一帶沙漠，素無高山大川爲之險隘，原無所謂天限。庫倫恰克圖僻在北邊，與內地相隔遥遠，水草缺乏，渺無人烟，專恃蒙兵設台，以供差使往來。一旦有事，台站一撤，即將阻隔不通。就俄國形勢而論，防陸之要，似在東而不在北。緣東方有險可扼，爲敵所必争，是以鐵路爲其急務。北面則濱臨戈壁，荒遠難行，何必舍易就難，趨此迂遠之塗。況開礦與修路不同，大車尚與兵事相關，開礦本係商務之事，與邊防判然兩途。因股本太鉅，中國商情籌款不易，各礦附近俄疆，俄人人願附股，不若因勢利導，以期衆擎易舉。如山西、河南各礦務，蘆漢津鎮各鐵路，均准外洋借款興辦。僱用洋人經理，何獨於庫倫爲有礙。是該學士所奏各節，自可毋庸過慮。又恰克圖以北，有一部落，名曰布哩雅斯，久爲俄國屬境。其人本係蒙種，該處民多耐勞，習於乘騎，俄國馬隊多募該處人充兵。【略】原奏所稱以重資招我沿疆一帶蒙古充之，或係因此訛誤。產金之處，在恰克圖以南百餘里，俄境相連。礦之所在，人必争趨。中國因僻在北邊，無議開採之人，是以該國無業游民越境偷挖，年多一年。若認真驅逐，即恐激成事端；倘置之不問，則俄人愈聚愈多，必致如唐努烏梁海界內俄人造屋採金，日久盤踞，將來圖、車兩旗北邊，將有意外之虞。前俄國王爵烏克托穆過庫，與之談及俄人採金之事，據云中國應自行開礦，以收回利權。如准俄國富商附股，可使俄國邊界官禁止本國流民越境偷挖，以清弭邊患等語。嗣經順派員會同蒙旗履勘，適前税務司柯樂德自俄到庫，聞知開礦之事，即來謁見，願代招集俄股，當告以轉諭偷採之人。現擬由中俄商民集股開採，游民不應違約侵佔，俄人頗有聽從散歸。若能設廠開辦，此等俄人知有彼國商股在內，自不致再生覬覦之心。鈞署所詢杜絶俄人攘争，可期確有把握。又俄商附股，日後慮或喧賓奪主，故與該税務司説明設廠一切，須全遵中國章程。除管理機器聘用洋人外，其餘淘沙工役，悉募蒙衆及內地民人，不得僱募俄人。該税務司均願遵照。是金礦開辦以後，蒙旗境內，不過增多管廠之俄商及洋工程司十餘人，而能遣去千百成羣偷挖無業之俄民，其爲有利無害，情事顯然。該學士雖爲防維蒙古邊患起見，究於越界偷挖之弊，尚未計及。至柯樂德向在總税務司赫德處當差，人甚明白，所商籌辦礦務，自言不願如英法等國商人，遇事輒託本國公使插助等語。況金礦利之所在，難保不另有俄人稟請俄廷由俄使向我請辦。拒之則彼益縱令無業俄人越界滋事，與我爲難；允之則礦權全落俄手，甚至名爲商辦，實則俄國家主持，再商如現議辦法，恐不可得。此真如該學士所奏速虎之噬，有害無利者矣。其開礦章程緊要關鍵，均敘奏內，應擬續章。即係招股及設廠應辦各事，一俟奉有開採明文，再當仿照各省礦章，參酌蒙古情形，酌中議定。總期中外均可奉行，積久無弊。順前次接見蒙古王公，詢以開礦之議，僉稱均願附股，並無異説。及派員前往履勘，又經行知該汗王旗派委台吉札蘭會同勘查，業已取有該台吉札蘭等遵依甘結，存奏有案。如果開採，不致有礙游牧及蒙人阻撓之事。所有前繪圖説，謹照繪具一分，恭呈鈞鑒，聽候貴衙門核議具奏。再，順現未接印任事，並無印信，是以具函奉覆，合併陳明。謹肅寸啓。恭請鈞安，伏惟垂鑒。

又總署奏摺《請試辦鄂爾河等處金礦》 光緒二十五年三月二十四日，本衙門奏摺稱：爲遵旨議奏事。准軍機處鈔交烏里雅蘇台將軍連順前在庫倫辦事大臣任内，奏請開辦蒙古鄂爾河等五處金礦一摺。光緒二十四年十一月二十一日奉硃批：著總理各國事務衙門會同礦務大臣妥議具奏。欽此。查原奏内稱，庫倫西北至恰克圖一帶，毘連俄境，頻年内地民人出塞謀食，偷挖金砂，俄人亦多潛採，官難查禁。前經遴調精曉礦務之員來庫，會同蒙旗履勘，疊據稟稱，蒙古圖什業圖汗、車臣汗各旗界内，距庫倫東北六台地，共有金礦三處，又西北九台地，共金礦二處，周圍二百餘里，金苗甚旺。惟必用西法以機器汲水，其利方厚。宜於居中扼要之處，設一總廠，同時並舉，綜計成本約須銀二百萬兩。各該處均隸荒遠，無礙蒙旗游牧，繪具圖説，呈送金砂前來。又據三品銜前税務司俄人柯樂德到庫面稱，蒙古金礦，如由中國集款興辦，俄人情願附股，仍可代爲招集，悉遵中國所定章程辦理，如用俄人，應聽中國官員納束各等情。奴才覆查蒙旗産金之處，偪近俄疆，久爲俄人所豔羨，若拒閉太深，轉恐啟攘争之漸，何若豫爲之地，猶得操縱自如。平時接見蒙古王公，詳詢開礦有無窒礙，僉稱蒙人生齒日繁，生計日蹙，果能開拓利源，實與蒙旗有益。惟資本過重，擬請招商集股開採。並附拓俄股，仍按中國所定章程辦理，以免事權旁落。倘股款不足，或協撥官款照章按年付息。廠中所用工匠，除礦師及管理機器聘用洋人外，其餘淘沙工人，悉募蒙古及内地民人，不得雇募俄人，免妨中國窮民衣食。但一經開辦，恐他商見利争趨，未免侵礙礦本，宜先議定年限，將來開成之後，除去付還股分本息暨各廠一切經費，所得礦利，應分十成，以四成報效國家，以一成津貼蒙古王公，以五成歸股東。惟地隸蒙古邊要，必須官督商辦，應請旨簡派大員專司督率，擇廉幹委員駐廠監察。如蒙俞允，再行妥擬詳細章程，分繪界圖，奏咨立案。一面集股購買機器設廠興辦等語。臣等正在核議間，又於十二月初六日，准軍機處鈔交軍機大臣面奉諭旨：侍講學士貽穀奏連順請招商開採蒙古金礦，有害無利等語。著總理衙門暨礦務大臣歸入連順前摺，一併覈議具奏。欽此。查貽穀原奏稱，以形勢論，西自伊犂，東迄琿春，盡與俄界毘連。俄之都城在極西，而其重鎮在極東，欲由西而達東，莫捷於舍外而走内，故其經營東三省，於西北一帶，未嘗一日忘情，每欲假道以通之。若招俄開採蒙古金礦，是惟恐虎不能奮附之翼而速其噬。俄人志不在礦，不過於内地一插足以後，往來無忌，道路潛通，天限一開，處處爲敵人所制。所謂操縱自如者，恐在人而不在我等語。臣等以貽穀所奏，與連順原奏，情形顯係兩歧。適該將軍陛見來京，諮令按照貽穀所奏各節，切實詳細聲覆去後。玆據連順覆稱，中國邊界與俄國毘連之處，東爲黑龍江，西爲伊犂，北則恰克圖，相去各數千里，難於徑越。故俄人接修東三省鐵路，由彼國接至額爾固斯克城，東南越呼倫貝爾界，以至伯都訥，均在中國邊境之東，與北邊毫不相涉。若俄人由西達東，祇沿彼國邊地行走，毋庸經行蒙古地面。防陸之要，似在東而不在北。況開礦本係商務，與邊防判然兩途。該學士所奏各節，自可毋庸過慮。産金之處，與俄境相連，該國無業游民，越境偷挖，年多一年，若認真驅逐，即恐激成事端。儻置之不問，則俄人愈聚愈多，必致如唐努烏梁海界内俄人造屋採金，日久盤踞，將來圖、車兩旗北邊，將有意外之虞。嗣經派員會勘，適前税司柯樂德自俄到庫，願代招集俄股，當飭轉諭偷採之人，不應違約侵佔。俄人知彼國商富亦在附股，當肯聽從散歸。若從此設廠開辦，則杜絶俄人攘争，可期確有把握。若此議停罷，利之所在，難保不另由該國公使領事向我請辦。拒之則彼益縱令無業俄人越界滋事，與我爲難；允之則礦權全落俄手，甚至名爲商辦，實則彼國國家主持，欲再如現議辦法，恐不可得。此真如該學士所奏速虎之噬，有害無利。又據稱連順前次接見蒙古王公，詢以此事，僉稱均願附股。及派員履勘，又經行知該汗王旗派委台吉札蘭會勘，已取有該台吉等遵依甘結，存卷有案。如果開辦，斷不致有礙游牧及蒙人阻撓之事等語。臣等竊維貽穀所奏，原爲慎國邊防起見。惟連順請開各礦地段，均在庫倫北邊，山川僻阻，向無台站，而附近俄境之内，已有鐵路自其國都通連，果使俄人注意東陲，亦決不易就難，跋涉於荒寒之境。至俄人越境偷挖，溯查光緒十六年，曾准出使大臣洪鈞奏稱，土謝圖漢部與俄接壤，東西數百里，到處産金，俄人挖金，往往侵入華界。荒山曠野，勢不能多駐兵役，晝夜梭巡，防維杜絶，智力爲窮，惟有我先設廠挖金，則彼自無從越取等語。覈與連順所奏，情事相同。現距洪鈞前奏，爲時既久，情形自必更甚。若不設法興辦，連順所慮俄人愈聚愈多，圖、車兩盟北邊，勢成盤踞。又謂難保不另由公使領事向我請辦，礦權全落俄手等節，後患均不可不防。現在直省内地，業經奏定開礦章程，准附洋股，招商開辦。新疆塔城廳、烏蘇廳等處，亦准令與俄商合股試辦。庫倫事同一律。既據連順奏稱詢蒙古王公開採有益，自應准如所請，設廠自行開採，以保蒙旗利權，並准附招洋股，以杜俄人攘争。前税司俄人柯樂德，久在中國當差，據總税務司赫德來函，稱其謹慎練達，委令辦理礦務，可稱得人等語。連順業與言定，悉遵中國章

程，除礦師及管理機器等事，聘用洋人外，其餘淘沙工人不得僱募俄人，所籌均尚妥洽。該總廠所領各礦，恐爲他商攙奪，所請定議年限，應照新疆奏案定限二十五年，將來辦有成效後，再議奏明展續。又所得礦利，請以四成解交户部，一成津貼蒙古王公，以五成歸股東。查礦務局奏定章程内開，盈餘歸公之款，應按十成之二五提出繳部，該旗礦地皆係蒙古王公世産，與直省情形有異，應請提餘利二成津貼該王公，以示體恤。以三成繳部歸公，覈與章程仍有盈無絀。又所請協撥官款，按年付息之處，現在庫款支絀，能否撥款生息，應由臣等隨時咨商户部酌覈辦理。又原奏稱，地隷邊要，事關中外交涉，請簡大臣督率，揀擇廣幹委員駐廠監察。查該蒙旗與内地隔遠，所有調度一切彈壓保護等事，均須統籌兼顧，應如所請特派熟悉邊務之大臣督辦。抑或即派烏里雅蘇台將軍連順會同庫倫辦事大臣督率辦理之處，伏候聖裁。其駐廠監察委員，應由派出大臣認真遴選，常川駐廠，會同前税務司柯樂德妥慎辦理，以重責成。每年將各廠採金實數，支收數目，分晰册報臣衙門，並户部，以備稽覈。如蒙俞允，即由臣等行知欽派大臣妥擬章程奏咨。一面集股購器，先行試辦。至原奏稱烏里雅蘇台屬境唐努烏梁海各界内，亦多金礦，應俟庫倫辦有成效，再由該將軍察看情形，另行奏明覈辦。所有遵議緣由，理合恭摺具陳，伏乞皇太后、皇上聖鑒訓示遵行。再，此摺係總理衙門主稿，會同礦務鐵路總局辦理，因展轉咨商，詳求利病，是以覆奏稍遲，合併聲明。謹飭下派出之大臣，先就圖旗内金礦地段，設廠興辦。其車旗産金處所，仍俟取有該札蘭等遵依甘結，再行次第分採。庶幾礦務蒙情，兩無窒礙。除由臣衙門將奏咨各案，咨覆庫倫辦事大臣外，理合附片陳明，伏乞聖鑒。謹奏。

光緒二十五年三月二十四日奏，本日奉硃批：知道了。欽此。

又總署發烏里雅蘇台將軍庫倫辦事大臣文《咨送奏請開辦鄂爾河等處金礦等摺片硃批》 光緒二十五年三月二十五日，烏里雅蘇台庫倫辦事大將軍臣文稱：光緒二十五年三月二十四日，本衙門會同鐵路礦務總局具奏遵議開辦蒙古鄂爾河等五處金礦一摺。本日奉旨：著即派連順會同興廉督率辦理。餘依議。欽此。又同日附奏庫倫礦務，先就圖旗界内興辦一片，奉硃批：知道了。欽此。相應恭録諭旨，并鈔録原奏摺片，暨連將軍原奏，咨行貴將軍大臣欽遵辦理可也。

又總署《崑岡奏陳開辦蒙古金礦窒礙情形上諭停辦並懲處倡議各員》 光緒二十六年五月初五日，發烏里雅蘇台將軍庫倫辦事大臣文稱：光緒二十六年五月初二日，准軍機處抄交本日奉上諭：崑岡奏查明庫倫礦務，據實覆陳一摺。開礦本爲興利，仍須利害兼權。地屬蒙疆，尤應慎之又慎。既據崑岡詳細查明，所有鄂爾河五處金礦，即著停止開辦。協理台吉蘇隆果爾固齊於重要事務，未報盟長，輒具甘結，實屬輕率，罔識大體，著交理藩院議處。已革盟長密什克多爾濟，前副盟長現任正盟長棟多布札拉布帕拉木多爾濟，平日未能查察，亦屬疏忽，均著交理藩院分别察議。烏里雅蘇台將軍連順先事未能詳細推求，驟商集股，實屬粗疎冒昧。連順著交部議處，並著將俄人柯樂德妥爲遣散。庫倫大臣統轄全境，即著豐陞阿會同圖、車兩盟長，永遠將礦地封禁，不准民人私挖。倘洋人亦有偷挖之處，並著連順設法驅遣。若仍有越境覬覦情事，惟該大臣是問。又片奏卡倫廢弛太甚，請飭申明舊章等語。著豐陞阿查照向章，評明曉示，務清邊界，而昭嚴肅。欽此。相應抄録原奏，咨行貴將軍大臣欽遵辦理可也。

照録鈔件。

奏爲遵旨查辦事件，據實覆陳，恭摺仰祈聖鑒事。竊奴才奉命馳赴庫倫查辦礦務，於正月二十七日，跪請聖訓。皇太后諭令須斟酌利害，不可勉强，亦不可失蒙衆之心。奴才當即面奏，必善爲開導。倘蒙衆仍或執意不願，作何辦法，皇太后遂有即行停辦之諭。遵即起程行抵庫倫，當時到庫日期由驛馳陳後，又將辦理大概情形馳奏。四月初九日、十八日兩次，准兵部大牌□回原摺，均奉硃批：知道了。欽此。奴才於抵庫封門後，即嚴密關防，遴派司員，往查礦地。飭傳蒙古詢問情形，咨取各處公文要件，一切料理就緒後，司員旋即查回，蒙古亦皆具稟，各處文件亦陸續送齊。奴才調閲前後案卷，參以履勘稟覆，及蒙古王公等呈祈各詞。是開礦一事，連順所辦有未盡實者三，蒙古各盟長等所呈有可慮者五，利害相權有不可者四，敬爲我皇太后、皇上縷晰陳之。查連順稱平日接見蒙古王公，詳詢開礦有無窒礙，僉稱開拓利源，實與蒙旗有益。及奴才傳集四部落盟長王公哲布尊丹巴呼圖克圖之商卓特巴喇嘛等，詢以蒙地開辦金礦，係屬大事，將軍必向爾等諮詢明確，方能興辦。爾等既有不願之心，何不早説。皆云此事將軍從未問過，並未會商，傳示上諭，始知情由。後亦稟訴下情，將軍置之不理等語。復經奴才督飭司員詢問，又面爲婉轉開導，並宣布聖慈酌加成數，僉云世受厚恩，毫無報稱，原議二成，已屬破格，再蒙加給，感激涕零。惟籲懇停辦，實因畏懼俄人，後患難防，深恐毀及黄教。且游牧失所，生計全無，並非計較

公等稱喀爾喀人等於康熙年間，隨哲布尊丹巴呼圖克圖歸附以來，二百餘年，共沐深仁，振興黄教，恪遵教法，諷誦經卷，供應念經道場，及一切貢獻要差，全仗孳養牲畜等語。今開礦深入其地，於孳養必有損傷，致蒙衆有所藉口。可慮二。圖、車盟長等稱，向來庫倫大臣一切用度，例由圖、車兩盟沙畢等供給等語。是蒙人平日已多有支應，今創開礦廠，督辦有大臣，常川住局者，何止十數委員。供億之難保不取於台站，再遇督辦到局，驗工驗礦，輿徒騶從，駱驛道途。蒙人未見銖黍之金，先負如山之累。可慮三。盟長等人稱，向恃牧養，安安静静，得遂生活等語。今礦局一開，凡淘沙煎煉等事，蒙人不習，勢必召募内地之人。其未赴工作者，向時金匪即無業游民也。此等人約束極難，騷擾最易，掠人芻牧而乏償，侮人婦孺而肇訟，皆意中事。可慮四。俄本强鄰，蒙所疑忌。今使俄闖入蒙地，置他人於卧榻，引敵國爲同舟，未來已伏争心，既見豈能相下。輕則鬭毆，重則殺傷。紛争日見於邊庭，口舌交騰於譯署。可慮五。夫以未盡實之言，行可慮之事，無論智愚，皆知不可。而連順意在必行者，欲爲國家興利耳。當此時艱餉絀，奴才亦願克成此事，有益度支。然熟權利害比較，如果利害三猶可使之試辦，無如撥時度勢，未見其可。查連順原奏金廠開辦有效，所有餘利，以四成歸公，自是酌盈劑虚之策。惟恐此礦一開，拂蒙情，速外患，伏内潰，墮邊防，是利少而害多。凡礦師相度之始，必曰礦苗甚旺，確有可愚。及經開辦，有採鍊多年，虧折鉅萬，而毫無效者。即使此礦有利，收效總在數年之後。而目前之種種可慮，蒙人已實受之，而況現患不勝防，後效未可必乎，是爲利遠而害近。官辦礦務，所恃惟商，集股無多。商爲借款，即礦質之及本息無償，則竟以礦與之。今圖、車開礦，設附股不足，必謀借款，而質礦亦必欲行異日各商向官索礦，與則礦不能保，不與則款不能清，一經調處，必歸爲商礦而後已，豈非商得金而我失地乎？是爲利在商而害在官。大凡引外人辦礦者，雖未必賣盧龍以自利，而其中必皆有所圖。訂購機器。經手人有利矣，修造房屋，監工者有利矣。及至開辦，無論金苗衰旺，而委員司事薪水必豐，加以局用浮銷，工資尅扣，在事者無不保其慾壑。萬一俄蒙搆怨，邊釁開於北徼，責言起於西陲，總署憂危，朝廷廑系。彼廠員者已獲利而去矣，是爲利在臣下而害在國家。奴才伏查雍正初年，喀爾喀失地來奔，我世宗憲皇帝曲予保全，議擇地以處之，後卒還其故居。夫失地之蒙古，尚思撥地安插，今乃入蒙地以取利，甚非綏輯外藩之意也。奴才詳查此事，連順當創辦之初，未經取有盟長、喇嘛等情願甘多寡，仍懇據情轉奏停止。並各具不願開辦，決無反悔，亦無私挖切實印甘各結。咨查連順，據稱前詢蒙古王公喇嘛等，無不樂從，並有指天爲誓之語。奈口語風過即息，現既不認，已無證柄。詳譯其詞，該將軍於此事並無把握。此未盡實者一。連順又稱，金礦共有五處，東北六台三處，西北九台二處，均屬荒遠，無礙游牧。兹據遴派分往東西兩路查看之司員聯綬謝汝賡，並庫倫大臣豐陞阿所派之總兵周文光，參將王得貴回庫稟稱，會同各該蒙長前赴各産礦地方臨近踏勘，今已查明六台九台均隸圖盟，原爲庫倫恰克圖兩處通遞公事，於乾隆二十三年奏明請旨設立駐劄有餉之台，其游牧即在哈拉伊魯兩河之間。若開挖兩河，修建礦廠，聚集人烟，轉運物料，駝馬馱載，恐侵要台地界，必致漸失舊基，游牧亦因之有礙。其車盟察汗畢勒、齊爾特爾吉河二處附近，有蒙古居住，因畏洋人移住遠方，至水草豐茂，頗有馬牛羊隻成羣。其鄂能河一區，准庫倫大臣咨稱，積雪甚厚，非夏秋不能前往。詢之該盟長，則云道路固屬崎嶇，若以其地水草而言，該旗蒙衆赴彼處牧放牲畜者，亦復不少各等語。足見原呈謂礦地有礙游牧，尚屬實情。今圖、車兩盟各旗扎薩克具有切結存案，圖、車兩盟長具有印結，當另鈔録呈覽。各司員等亦按地段具稟繪圖貼説，是窒礙游牧，已有確據。該將軍謂爲荒遠，此未盡實者二。總理衙門議覆摺内稱連順派員查礦，行知該汗王旗派委扎蘭台吉會勘，已取有該扎蘭遵依甘結存卷有案。奴才行查圖、車兩盟長，據報結係圖盟署印協理蘇隆果爾固齊所具，並非扎蘭台吉，當即傳該協理到案嚴訊。供稱光緒二十四年，庫倫大臣查辦金礦，飭取本旗甘結。我以爲開辦無疑，一時糊塗，遂具甘結，未經呈報盟長，後知各旗均説有礙，是我甘結誤具。質之該盟長，據稱蘇隆果爾固齊並未報過我們。而且我們先本不知開礦之事，後亦均不願開，所以聯名具呈報部等語。查該將軍開辦礦務，當取盟長情願甘結，方爲確實。今僅憑協理甘結，即思興辦，已少酌核。然既有此結，奴才亦可從此追究。隨令庫倫大臣將該協理甘結原結咨送前來，以憑問斷。該大臣覆稱，並未存有此結。旋據連順文稱，原有圖盟扎蘭甘結，奈在庫倫印房遺失，鐵案全無等語。該將軍何以不於遺失之時，即行檢舉，直至咨查，始行聲敘，且又語多牽混。此未盡實者三。至於金礦未必即在水革之處，似與牧廠無關。然蒙古王公等稟稱，産礦之地，在山在水，皆礙游牧。四項牲畜夏秋依水，冬春依山，無處不可藉資養育等語。今開局設廠，必平地用人既夥，佔地必寬，向來牧放之區，定爲室廬所礙。可慮一。佛教之設，洋人不信，而蒙人則信之甚篤。蒙古王

結，以覆文內有現既不認，已無證柄等詞。圖盟雖有署印協理台吉之結，今文報稱遺失。派員查明各旗有礙，又與所稱荒遠相殊，彼之依據皆無，奴才不能別求確切根完之法。現經奴才屢次開導，蒙古盟長王公喇嘛等亦均有感激之語，然仍執前説，終無回轉，稍涉强求，又恐違慈訓殷拳不可勉强、不可失蒙衆之心之諭。數日以來，奴才反覆籌思，此係喀爾喀八十六旗大局所關，何敢瞻徇日前，貽憂日後。已將利害輕重，詳晰陳明。其四部落盟長喇嘛等合詞籲請停止，情辭又復迫切，並取有不願開辦決無反悔，並無私挖切實印甘各結。且圖蒙六台九台，係乾隆年間奏明設立，要台不可侵佔，並於牧養有傷。車盟之處，查明實係有礙游牧。所有鄂爾河五處金礦，奴才謹擬遵旨停辦，則四部落盟長王公哲布萛丹巴呼圖克圖之商卓特巴等，當益感聖慈於無既極矣。惟圖什業圖汗部落署印協理台吉蘇隆果爾固齊，於重要事務未報盟長，輒具甘結，實屬輕率，罔識大體。已革盟長密什克多爾濟、前副盟長現任正盟長棟多布扎拉布帕拉木多爾濟，未能巡察，亦屬疏忽。請旨將協理台吉蘇隆果爾固齊，交理藩院議處；將扎薩克輔國公察什克多爾濟公銜扎薩克頭等台吉棟多布扎拉布帕拉木多爾濟，均交理藩院分別察議。至連順舉辦情殷，係爲開闢利源起見，總理衙門允連順之請，亦以蒙情既順，何妨按照施行，用意均非不美。惟連順先事未能詳細推求，遽聘礦師，驟商集股。既辦則僅憑口語，後失印結，粗疏之咎，誠所難辭。相應請旨將烏里雅蘇台將軍連順交部議處。俄人柯樂德係連順招集之人，今既謹遵慈訓停辦，應請旨令連順將柯樂德妥爲遣散。在俄人現金交誼，本恒無虞無詐之誠，在連順既握重權，自有能發能收之術。以保藩封，以固吾圉，全在於此。奴才□傳圖、車兩盟長，示以爾等既不願官辦，即亦不准或有私挖，則僉稱願具永遠封禁甘結，遂即取具存案。因思庫倫大臣統轄全境，擬咨令豐陞阿會同圖車兩盟長封禁礦地，該大臣尤當隨時稽察。如有蒙人私挖者，惟該盟長是問。設民人偷挖，亦准該盟長呈報到官嚴辦。俄人今亦有偷挖之處，請飭下該將軍連順設法驅遣，不得以官難查禁爲詞。驅遣後，即知照庫倫大臣，冉行會同該盟長礦地封禁。至庫倫地方以後民人洋人，若仍有越境覬覦情事，該大臣亦不能辭其責。倘有推諉，不但無以示懷柔，恐亦負朝廷命官之義矣。茲將圖、車兩盟長印結，並四部落王公喇嘛等總結，另繕三單，司員圖説二張，一併敬謹呈覽。所有查辦鄂爾河五處金礦確實情形，謹擬旨停辦緣由，恭摺覆陳，伏乞皇太后、皇上聖鑒訓示遵行。再，奴才拜摺後，即日隨帶司員回京，合併聲明。謹奏。

再，卡倫之設，所以慎固邊疆。連順原奏內，頻年以來，內地人民出塞謀食者，率以租地墾荒爲名，偷挖金砂。附近之俄羅斯人，亦多越境潛採等語。可見卡倫廢弛太甚。查雍正五年定喀爾喀邊界後，即在恰克圖東西兩邊，設立卡倫。其恰克圖迤東二十八卡倫，圖、車兩部各設十四，每部派有專管卡倫之札薩克各一員，又派有總管兩部卡倫之札薩克各一員。其恰克圖迤西十九卡倫，三音諾彥部所設者十二。又西之七座，係札薩克圖汗部分設。其所派專管總管之札薩克，一如東兩部，庫倫大臣統理其事。當時之法，極爲周密，不必另議更張。相應請旨飭下庫倫大臣申明舊章，嚴飭東西四部落各管卡倫之札薩克等認真防守，勿稍疏懈。倘有誤拏私放及阻遏需索各情弊，一經查出，按律懲治。又查嘉慶八年定例，每十年令庫倫大臣輪流稽察一次。往察之時，豫將清邊界驗鄂博緣由，詳明曉示俄羅斯人等知悉。今應一律遵辦，以昭嚴肅。至俄領事官等往反京國，有台站照例供應，不必慮及。若往他處公幹，須走卡倫者，照會庫倫大臣，即便放行，不准阻止。如此辦理，庶邊防可期鞏固，而邦交益見綏和矣。奴才爲整頓卡倫、保衛邊疆起見，理合附片具陳，伏乞聖鑒訓示。謹奏。

又外務部收總税務司赫德函《俄人柯樂德呈請續辦圖車兩盟金礦》附柯樂德呈

光緒二十九年二月十二日，收總務務司赫德函稱：竊查前數年，曾據卸任税務司柯樂德（俄國人）到京呈請開挖庫倫圖、車兩盟金礦，當經據情代呈總理衙門，准照所請開辦。嗣於辦理年餘後，忽又奉飭停辦，該員所置機器暨礦師工匠等人，仍在彼守候，甚望轉圜，俾得兩益。另俟之既久，終鮮端倪，現已親自回京，面見總税務司詳陳。此事關係地方安危，蒙民利病，請代向貴部陳説一切。當令該員將始末情形，暨關係各節，其一節略，允爲代達。現已具呈到署，伏思該圖、車兩盟既屬産金之地，則該員縱不得接辦，亦必有人出而著手，能否如舊安静，均得利益之處，實不可知。總税務司雖爲局外之人，然以鄙意度之，圖、車兩盟礦地，有該員在彼統率興工，實較棄置停辦之爲愈也。現據前因，合將原呈備函附請鈞鑒可也。專此。順頌日祉。

照録原呈。

宫保大人座前：敬禀者：竊查蒙古金礦一事，前因俄人私挖，經庫倫掌印辦事大臣連奏請開辦，以弭邊釁，而保利權，當蒙憲台保薦，向總理衙門陳説，如開此礦，派職經理，庶幾任用得人。隨奉總理衙門札，以蒙古金礦，奉旨開辦，令職將開礦章程，與陞任烏里雅蘇台將軍連妥爲商定等因。光緒二十五年四月初

五日，奉連將軍札飭招集商股，購置機器，延聘礦師，訂明以二十五年爲期，所有圖、車兩盟礦務，均歸職一手經理，並頒給關防，以昭信守。忽於光緒二十六年七月間，又奉連將軍札，以蒙古呈報開礦於風水遊牧有礙，經崑中堂查辦覆奏，奉旨停辦，飭將所給關防銷燬，並將礦師人等驅逐淨盡等因，當即申覆既經奉旨停辦，自應遵照。准奉旨開辦以後，已閱年餘，所有遵札購器聘師等事，已經花費鉅款，現既停辦，此款應如何籌還之處，請即詳度示遵各在案。伏思職仰蒙憲台培植，受國厚恩，理宜圖報於萬一，無奈辦此礦務，職原無資本，全賴衆友集成，現聞停辦，俱向職索償，無從籌措，進退維谷，惶愧殊深。至開礦有礙風水遊牧一節，查蒙人隨地而居，死無墳墓，産金之處，皆係山凹河內，豈有關乎風水、礙於遊牧之理。揆其不欲開辦之故，其性本屬愚蒙，事經創辦，多所疑慮。又恐支應官差，難以供給，故藉詞以防攪累，今已明晰。亦知開礦不但無害，反爲有益。如國家准其將礦地報效開辦，無不樂從也。現在機器礦師，均屬現成，開辦甚易，即以今年而論，足可報效國家實銀三萬兩，分給蒙古王公實銀二萬兩之數。如再推廣，或可增至十倍之多。此際國庫奇絀，蒙人生計維艱，得此意外之款，不無小補，於國計民生兩有裨益。所有職爲難情形，懇求憲台關垂轉達外務部，仍將圖、車兩盟礦務，派職遵照前章經理，以期事出兩全。實深企禱，專肅寸禀。敬請鈞安，伏乞垂鑒。卑職柯樂德謹禀。二月初八日申。

又外務部收路礦總局文《請示柯樂德請籌還庫倫金礦股本事》 光緒二十九年三月初七日，收路礦總局文稱：案據二品頂戴原辦蒙古礦務總辦柯樂德禀稱，竊查蒙古礦務一事，自同治年間以後，常有俄國游民入境私挖，互相械鬬，禁絶實難。光緒二十二年柯樂德游歷該處，回京時，當將私挖情形，禀報李中堂察核。並陳説如國家派柯樂德開辦蒙古礦務，即可將私挖人等設法驅逐，並可報效國家厚利。旋奉李翁中堂面諭，飭令柯樂德先行携帶礦師前往查勘，並將辦理情形，呈報庫倫掌印辦事大臣連察核具奏。當即遵照前往，並將該處私挖人等驅逐，派人看守。蒙連大人給以信函，飭令回京將查勘情形，禀明路礦大臣。於光緒二十三年到京，謁見王中堂，當蒙諭以此礦是否開辦，尚未核定。令柯樂德等候信息。嗣因坐守日久，遂函禀總理衙門路礦大臣，如不開此礦，請速明示，以便將看守該處金廠之人裁撤，免致賠累。光緒二十四年，奉總理衙門札，圖車兩盟金礦，經陞任烏里雅蘇台將軍連奏請開辦，奉旨允准，令柯樂德將開礦章程與連將軍妥爲商定等因。隨奉連將軍札，飭令招集商股，購買機器，延聘礦師，作速開辦。並言明自奉旨之日起，以二十五年爲期，所有圖、車兩盟礦務，均歸柯樂德一手經理，並發給監察關防，以昭信守等因。當即湊集股本三百萬兩之數，購買機器，延聘礦師，謹遵開辦。忽於光緒二十六年七月間，奉連將軍札，圖、車兩盟礦務，奉旨停辦。飭即遵行將所給關防銷燬，礦師人等盡行驅逐等因。伏思此礦即經奉旨停辦，自應遵行。惟念購置機器，延聘礦師，往返盤川，花費鉅款，衆股友一聞停辦，俱向柯樂德索償，事未成局，無法摒擋。如仍開此礦，則股本既有著落，不致釀出事端。如不准開此礦，即請籌還股本，以符信義。當經據情申覆連將軍，請示此案應如何了結之處，核示祇遵等因各在案。迄今又閱年餘，未見明諭，懸繫殊深，實不得已，逕達台階，務望宏才碩畫示覆爲禱等情，到本總局。據此。相應咨呈貴部，請煩查照核辦可也。

又外務部發烏里雅蘇台將軍文《柯樂德要求續辦金礦請查明實情》 光緒二十九年三月十二日，發烏里雅蘇台將軍文稱：光緒二十九年二月十二日，准總税務司函稱，前據卸任税務司柯樂德呈請開挖庫倫圖、車兩盟金礦，當經代呈總理衙門，准照所請開辦。嗣辦理年餘，忽奉飭停辦，該員所置機器暨礦師工匠等人，仍在彼守候，甚望轉圜。當令該員將始末情形暨關繫各節，具一摺略，允爲代達。以鄙意度之，該兩盟礦地，有該員在彼統率興工，實較棄置停辦爲愈等因。並將該員所具摺略函送前來。相應抄録原摺略，咨行貴將軍大臣查明實在情形，詳細聲覆過部，以憑核辦可也。同日行庫倫辦事大臣文。同上。

又連順《鄂爾河礦務宜早自開辦》 光緒二十九年三月十六日，收定邊左副將軍連文稱：案查本將軍前在庫倫大臣任內，目覩蒙人勾串俄人偷挖金砂，愈來愈衆。誠恐日久喧賓奪主，竟成烏梁海車勒里之故事，强佔開挖，莫敢誰何？又經兩奏諭旨，飭令開辦蒙古鄂爾河等處金礦。遵即責成三品銜前税務總司柯樂德招商集股，購運機器，刻日興辦。正欲以我之來，絶彼之往，禁其私挖，歸於公辦。既可收我利權，復可嚴守邊界。不意有二三無知蒙員，因不利於其私，從中播弄，復行奉旨停止。本將軍亦因此被議，當於銷燬關防摺內，即行聲明具結嚴封，不過仍因其舊等情。厥後總理各國事務衙門咨查礦務案卷，已將此案全卷呈送在案。及改設外務部，復行擬定礦務章程，咨行各處。又復另設鐵路礦務總局專員督辦。隨即咨行各處查取礦務案卷，無論已未開辦，或已辦復停，或現在試辦，全行檢查咨送。當經本將軍將蒙古鄂爾河已辦復停之礦務全案合同，並繪圖貼説，再行咨送亦在案。當此百計艱難之際，朝廷一意振興，既設外

務部，以固邦交，復設總局，廣開利源，在當軸者又皆同心協力，共濟時艱，發天地自有之精華，備國家在急之需用。凡有裨於國計民生者，無不講求精到，設法維持，總期利權不令外溢。本將軍受恩深重，忝任邊疆，又何忍顧一己之私嫌，坐失中國之厚利。查蒙古鄂爾河礦務，金苗之旺，金色之高，前已呈驗陳明在案。兼以兩次奉旨飭令開辦，該承辦俄商柯樂德已將票股集成，應用一切機器，全行購運齊備，所費實屬不貲。一旦奉旨停止，遣散撤銷，實非易易。幸柯樂德頗知中國禮義，又值前年軍務猝興，不暇顧此，遂得將就暫且了事。今則大局已定，百事如常，而在柯樂德賠累甚重，詎肯甘心。縱使柯樂德拘於禮義，不使强横，然明爲認賠，而暗爲嗾使，尤屬可慮。況此産礦之處，與俄連界，久爲彼國垂涎之地，若不及早自行開辦，争此先著，免資外人口實。設俄人一爲啟口，則我勢必處於兩難，却之則頓失鄰睦，許之則坐失利權。輾轉遷延，轇轕横生，恐不待煩言，而利權外去。以天地自然之利，我不自取，而拱手讓人，甚屬可惜。此本將軍夙夜憂慮，有不忍不言者也。若慮有礙蒙人游牧，則産金之地，必須砂石有水之處，纔有金苗，原屬不毛之山。且礦務章程條載詳明，不准以有礙風水，藉詞阻撓。若慮蒙人抗拒，則當日播弄者，不過二三人，現今皆已不在事中，其餘固無不如意者，緣以礦産若旺，各有津貼，其窮苦蒙人，並可在此傭工，藉資養贍，有何不願之處。設俄人攔入强挖，蒙人豈能阻止，又何從得有津貼？況蒙古受國家豢養之恩，計今已二百餘年，若朝廷一意主開，堅持不移，並且詳爲開導，蒙人雖愚，何至於得失利害，漫無所知。總之，權自我操，利不外溢，揆時度勢，終屬可行。不然則可惜可慮者，實多多矣。惟本將軍因事被議，若遽行入奏，實爲背旨，但憂慮及此，又何忍緘默不言。相應將開辦蒙古鄂爾河礦務始末情形，再行咨請貴部，請煩核奪辦理施行。

又礦路總局《柯樂德禀請交卸庫倫金礦經手事件暨連將軍請早日開辦該礦事請早酌核覆》 光緒二十九年四月初一日，收礦路總局文稱：案查前據洋員柯樂德禀陳原辦圖、車兩盟金礦爲難情形，業經本總局於光緒二十九年三月初七日，咨呈貴部核辦在案。本月十六日，復據洋員柯樂德禀稱，竊因原辦圖、車兩盟金礦一事，所有爲難情形，曾於光緒二十九年二月二十五日據實禀請察核在案。今守候日久，未蒙鈞示，懸繫殊深。查圖、車兩盟金礦，自光緒二十五年四月，奉旨開辦，至光緒二十六年七月，奉旨停辦。事方經始，忽爾中止，意必有相歧致疑之故。雖然停辦，總思轉圜有日處於和平，故仍派妥人看守。一面安置股友静候信息，以免激起事端。計自停辦至今，惟時已久，其間攔擋股友，費盡心力。竊思該處金礦，惟春夏二季可以工作，如今春三月不能定局，又費一年，則股友難以信守。柯樂德再無詞可説，惟有將看守金礦之人撤回，並將經手事件，交代股友，聽其所爲。他時股友如向國家索償，或另生枝節，國家不得向柯樂德過問。今心已盡過，慮於無法，據實聲叙明晰，仰祈裁奪等情。同日並准定邊左副將軍連咨稱，【略】惟本將軍因事被議，若遽行入奏，實爲背旨。但憂慮及此，又何忍緘默不言。相應將開辦蒙古鄂爾河礦務始末情形，再行咨請貴總局，請煩核奪辦理施行等因。准此。應如何辦理之處，相應咨呈貴部，請煩查照核奪辦理，並希見覆可也。

又外務部收定邊左副將軍連順等文《咨送續議開辦庫倫金礦並擬定章程摺》附奏摺暨章程 光緒二十九年九月初八日，收定邊左副將軍連等文稱：本將軍大臣會銜其奏爲庫倫金礦續議開辦，商擬一切章程等因一摺，於光緒二十九年八月二十四日具奏在案。除分行各處，並俟奉到諭旨，再行恭録咨呈外，合先粘鈔原奏，並章程十條，咨呈貴部，請煩查照可也。

照録原奏。

奴才連豐跪奏爲庫倫金礦續議開辦，參酌外藩情形，並現在事宜，商擬一切章程，恭摺仰祈聖鑒事。竊奴才等於本年閏五月十九二十二等日，前後承准外務部咨開，本部具奏蒙古鄂爾河等五處金礦，續議開辦一摺。本日奉硃批：依議。欽此。欽遵恭録諭旨，並抄原奏分行前來。奴才等祇奉之下，仰見聖朝廑念時艱，綏邊興利之至意，欽悚莫名。遵即往返函商，妥籌議辦。【略】茲于本年三月間，奴才等均准外務部抄録税務司赫德請將前辦圖、車兩盟金礦，仍委該員柯樂德承辦原函，並該員柯樂德所具原摺畧，咨令查明實在情形，詳細聲覆過部，以憑核辦等因前來。奴才等當即各查原案，並現在情形，具咨聲覆在案。經外務部據情奏請，仍照原案辦理。蒙恩允准，飭奴才豐會同奴才連妥訂詳細章程，奏明辦理。並照總理衙門原案，先就圖什業圖汗界内開採，徐圖推廣，以裕利源等因。查蒙古圖、車兩盟金礦，既經續議開辦，奴才等自應遵查原案，參酌現在，彼此悉心推求，詳定章程十條，妥籌布置，以期經久無弊，永保利權。惟查二十四年間，奴才連原奏圖、車兩盟界内，距庫倫東北六台地，約合三百四十餘里，西自鄂爾河哈拉河至額能河，共有金礦三處。又西北九台地，約合五百三十餘里，北自色埒河至伊魯河，共有金礦二處。擬請將此五處集款開採。嗣因總

理衙門會同路礦總局議覆，附片具奏庫倫礦務，宜先就圖旗界内興辦。當經奴才連於二十五年四月間奏查蒙古金礦，與俄境毘連之處，尤以車盟爲最近，産金之地，亦比圖盟爲最旺。俄人越界潛採，多在車盟界内。若先從圖盟起辦，礦利無多，集股不易。而俄人之在車盟偷挖者，仍不能一律禁阻，似與開礦實邊，均未能籌畫盡善。自必同時舉辦，方能兩有裨益各等情，業已奉旨允准在案。兹既續行開辦，並令仍照原案辦理，則此鄂爾河等五處金礦，自應仍遵前奏奉旨之案，同時舉辦，其利方厚。委因設廠辦礦，資本過重，若僅就圖盟辦理，誠恐利寡本虧，無裨實際。且車盟界内礦産既旺，金質最佳，俄人之潛採者，亦多在此。雖前次奏請開辦，柯樂德奉飭阻禁，然明爲斂迹，而暗猶採取。間有穿地掏砂，漸入中國界内。倘不速爲舉辦，日久致侵界路，經緯難明，轇轕在所不免。何若早爲之謀，免致利權外溢。並應請旨飭將辦理鄂爾河等五處名目，改爲辦理圖、車兩盟金礦，以防該兩盟界内，倘再勘有礦地，皆在我辦礦權限之内，於二十五年内，可以次第興辦，外人不得插入其中，似亦杜漸防微之一意。惟中國官員礦學未講，取材不易，該員柯樂德肩任集股，成算在胸，在中國税關當差有年，平昔練達謹慎。數年以來，力顧大體，未嘗以擬辦中止。稍有違言，税務司赫德前曾函稱委令辦礦，可稱得人。今又函請外務部力爲推薦，但使心存報效，中外人材皆屬可用。合無仰懇天恩俯准，飭派二品頂戴前税務司柯樂德爲圖、車兩盟金礦總辦委員，定限二十五年，廠内一切悉歸該員一手經理。如蒙恩准，俟命下之日，即飭該員出具遵照甘結，各部立案。所有駐廠監察，以及稽查彈壓辦理公務各員，仍應就近取材，遴選委用。或有不足，再行酌調。其應需津貼薪水等項，應俟奉旨允准，布置妥協，再行酌核辦理。至産金旗下札薩克王公，懔遵諭旨，將所屬地面奉與設廠採金，恭順可嘉。一俟辦有成效，酌核報效解部款數，並在事出力人員，隨時奏請奬敘，以示激勸。地隸蒙古邊要，事關中外交涉，與别省情形不同，仍請旨簡派大員，專司督率，一切事宜，悉歸統轄。除將章程十條抄粘分送政務處、軍機處、外務部、户部、路礦總局、理藩院備案查核外，所有遵旨續行籌辦蒙古庫倫等處金礦各緣由，是否有當，理合恭摺具陳，伏乞皇太后、皇上聖鑒，訓示遵行。再，此摺係照外務部原奏，飭由奴才豐會同奴才連妥訂詳細章程，奏明辦理，由奴才豐主稿，合併聲明。謹奏。

照録章程。

謹將續議開辦庫倫金礦章程，繕擬清單，恭呈御覽。

計開：

開辦蒙古圖、車兩盟金礦，係由中國派員官督商辦。該承辦招集商股設廠採金，始終係爲中國辦事，即與中國官員無異。況既奏請派爲總辦，尤應欽遵諭旨，竭誠報效。所有金廠事宜，皆禀由外務部路礦總局，及督率大員奏請辦理。俄國國家及各官員，不得干預。其僱覓工匠人等，應聽中國官員約束。該工匠人等滋有事端，送歸庫倫衙門及各地方官照例懲辦。該承辦遇有事故，仍照前章，由中國另派妥員，作爲總辦，礦權勿得旁落。

一、蒙古地方均以游牧爲生計，此次續行籌辦，仍照原辦章程，不得有礙游牧。如開新礦，須查勘明晰，實係於游牧無礙，方准開採，違則封禁參辦。

一、開辦礦務原爲中國興利，蒙古貧民亦可藉以謀生，所有工匠人等，應皆僱覓蒙古及内地民人，必因蒙古民人實不得力，方准添用洋人。入廠均持有入廠憑據，每年地凍停工，將憑據撤銷，遣令回國，第二年再持憑據入廠。即内地民人亦須編立花名籍貫清册，以便稽查。每年至停工之期，必須遣離礦廠，勿得逗遛滋事，致擾地方。

一、蒙古向來習氣，遇事攤派，旗下衆户支應。兹仍照原辦章程，所有礦廠一切用項，皆係自己備辦，其往來差使入廠者，由廠自安台站。赴京以及他處，由官發給資斧，絲毫不准勒索供應，擾累地面，違者重懲。

一、礦廠彈壓駐員，並設局辦公以及兵役工匠居處，護蓋機器糧食傢具，皆須修蓋窩棚，以資存立。倘此處出金細微，不敷費用，禀明該管官員查蓋填封。仍照原辦章程，即將窩棚拆毁，並將工匠人等遣散浄盡，不准中外閑雜人等就地佔居，致滋轇轕。

一、查從前俄人往往越界偷挖，蒙民人等，不乏私採。自二十四年間，奏擬開辦，俄人知該國商富附股辦礦，偷挖斂迹。蒙民人等亦因查禁，不敢私採。兹仍責成該承辦，如有俄人越境偷挖，即行驅逐；蒙民私採，查交地方官懲辦。

一、該承辦招集鉅款，承領各礦，若爲他商攙奪，未免侵礙礦本，仍應如總理衙門原奏，照新疆奏案。自此次開辦之日起，定限二十五年，限内他商不得攙入開採。

一、查二十五年間，總理衙門議覆奏定章程，所得餘利，以三成繳部，以二成津貼蒙古王公，以五成歸付股東。兹值庫款奇絀，蒙人生計艱難，所有辦礦購備機器，建造局所，以及延聘礦師，招募工匠，一切布置辦公經費錢所用不貲，俟

有成效得利提繳，未免遲延歲月，無濟急需，擬自奉旨開辦之日起，參酌熱河新奏章程，第一年報效國家銀三萬兩，撥給蒙古銀二萬兩；第二年報效國家銀六萬兩，撥給蒙古銀四萬兩。以後無論出金多寡，是否賠累，至少不得減於此數。俟獲利既厚，解繳過其報效之數，仍照原章。除付股東按月一分行息，以及一切經費外，以三成繳部，以二成津貼蒙古王公，以五成歸付股東。既有解部款目，一切概不重征。倘遇賠累，該承辦自行安置，於中國國家無干。

一、股本仍照原奏之數爲定，如蒙古王公及内地商富願入股份，須由衆股友照依原價，換買股票，不准于定數之外，多入礦本，恐致多耗本息，以示限制。

【略】

一、解部與分給蒙古王公，以及應用脚費等項，均由總辦變作銀項，分晰交納。每季將收支數目造具清册，呈報督率大臣。年終彙報外務部户部及路礦總局，以備查核。

以上十條，如有未盡事宜，俟開辦後，酌奪情形，隨時奏明請旨辦理。合併聲明。

又連順《咨送續議開辦庫倫金礦並擬定章程摺硃批》 光緒二十九年十一月初二日，收定邊左副將軍等文稱：本將軍大臣會銜於光緒二十九年八月二十四日具奏爲庫倫金礦續議開辦，商擬一切章程等因一摺，當即鈔録原摺原單分行在案。於本年九月二十四日驛遞回原摺，奉到硃批：外務部、商部議奏。單併發。欽此。欽遵相應恭録諭旨，咨呈貴部，請煩查照可也。

又柯樂德《柯樂德甘結》 〔光緒三十年正月二十二日〕三品銜總辦鄂爾河等處金廠委員柯樂德爲出具甘結事：今奉欽命烏里雅蘇臺將軍督辦蒙古鄂爾河等處礦務大臣連諭，奉旨開辦庫倫鄂爾河等處金礦，飭令卑職分頭招集商股，設立總廠，延聘礦師，購運機器，相地開採，不得有礙游牧。卑職自應遵旨自開辦之日起，以二十五年爲限，期歸卑職一手經理，别人不得攙入開採争利。倘限期内卑職遇有事故，由中國另派妥員，遵照定章辦理，免生異議。所用礦師及管理機器洋人，每廠不得過二十名。其淘挖沙土等事，悉僱募蒙古人及内地民人工作，以廣蒙民生計。廠中須搭蓋窩鋪，以俾有所棲止。每年所得利益，除付股本按月一分定息，及局廠一切費用外，所有盈餘，劃作十成，以三成解歸户部，以二成歸蒙古王公及産金旗下，以五成分付股東。倘有賠累，由卑職設法籌補，不與中國國家相干。至廠中搭蓋窩鋪，止期敷用，若礦已挖竣，或出金細微，不敷費用，自應停止。即將窩鋪拆毁，報明地方官驗封，不准中外閑雜人等逗遛盤踞。自開辦以至限滿，倘有俄國無業游民越界偷挖，悉由卑職阻止。卑職係一備員，兼理開礦商務，與俄國國家無有干涉，俄國自不能因有俄商股分，干預其事。畧舉大端，填明結内，其餘詳細章程，續行妥議。卑職今奉諭情願遵奉承辦，爲此出具畫押甘結是實。

光緒二十五年四月二十二日。三品銜承辦鄂爾河等處金廠委員柯樂德押具。

又德麟《庫礦章程暨柯樂德甘結俄不允認》 光緒三十年二月十八日，收庫倫辦事大臣電稱：外務部鑒。奉銑電，即按柯結力與駁論。據三蓋禄云，伊係俄公衆股東請伊代柯，不能不呈知俄皇，並非該國國家干預。至柯樂德並未告有此結，衆股東亦向未聞知，不能承認此結等語。當詰以前辦既具甘結，此時何得不認？奈再三力辯，三堅不認。並准多領事咨稱，柯樂德前因有病，未能返庫，是以原股人派出三蓋禄管礦。今貴大臣因與柯前定章不符，不准接辦。該公使領事衙門報請轉咨：一、柯前與中國全權議定章程，並未告知原入股人，且柯並未得有衆股東與以在中國定章之權，因此所定章程，股東等不能認真。二、三蓋禄必要將原礦開辦，如阻止開辦，衆股東必大吃虧。現難清算，約估在兩千五百萬張鈔紙上下。三、因清結此案，三蓋禄擬赴北京。四、圖、車兩盟金礦，原入股人得有本國股東定章等因轉咨。查結即存庫，三〔蓋禄〕亦不認，况在連將軍手？真僞無憑可查，雖不認，但能挽回利權，必與竭力争執。惟僅憑文辭驅逐，於事無濟。若不令接辦，三即赴京，意在遷延把持，效柯故智，以便私挖。應如何令其甘允退交，免滋事端，請電示。麟。巧。

又外務部《俄員請接辦庫倫金礦事當由柯樂德親洽》 光緒三十年二月二十三日，發總税務司函稱：前准來函，以柯樂德所辦圖、車兩盟礦地，有該員在彼統率興工，實較棄置爲愈。經本部咨庫倫辦事大臣暨定邊左副將軍查復，奏請仍照原案。飭下庫倫辦事大臣會商定邊左副將軍妥定章程，奏明續辦，並函達轉飭柯樂德遵照。嗣准閣下函復，已欽遵轉致柯樂德查照各在案。兹准庫倫辦事大臣電稱，俄商三蓋禄來庫議定礦章，多領事來稱柯樂德因病回國，今年不來，衆股東始請俄皇派三蓋禄接辦。如不准接辦，須將柯樂德經手數年所賠之款，如數償還，再議退礦等語。經本部以俄皇派員接辦，核與柯樂德所出切結，聲明此係商務，與俄國國家無干。俄自不能因有俄股分，干預其事之語，絶不相符。當即電達庫倫辦事大臣與三蓋禄駁辦去後，頃准電復。據三蓋禄云，伊係

俄公衆股東請伊代柯，不能不呈知俄皇，並非該國國家干預。至柯樂德并未告知有此甘結，衆股東亦不能承認此結。並准多領事咨稱，柯樂德前因有病，未能返庫，是以原股東派出三蓋禄管礦等因。查庫倫前派柯樂德承辦金礦，原係責成該員一手經理。如有事故，應由中國派員接辦。現柯樂德因病回國，並無辭退實據。該俄員三蓋禄輒稱股東請伊代柯，又不遵照柯具切結辦理，自未便允准該員爲代辦。此事非柯到庫，斷難了結。相應函請閣下轉達柯樂德迅回庫倫，以便接洽。如實因患病未痊，一時不能回庫，自應呈請庫倫辦事大臣保薦妥員，作爲代理。或另由中國派員接辦，以符原議。此佈。順頌日祉。

又雷薩爾《俄員三賅羅啓程來京磋商接辦庫倫金庫》 光緒三十年三月初五日，收俄國公使雷照會稱：礦務股分公司現派礦務營造俄國公爵三賅羅〔郡三蓋禄〕，接充前任俄員柯羅斯〔即柯樂德〕總辦之任。惟駐紮庫倫俄領事官得有信息，似乎中國擬由北京派一中國官以代柯羅斯，而公爵三賅羅欲講明此事，刻已啟程來京。因此備文照知貴王大臣，在北京未經講明之時，請雷飭庫倫辦事大臣德麟於三賅羅之工人，不得辦事。相應照會貴王大臣查照可也。

又外務部《俄員接辦庫礦未便允認》 光緒三十年三月初八日，發俄國公使雷照會稱：光緒三十年三月初五日接准照稱，礦務股分公司現派三賅羅接充柯羅斯總辦之任。惟紮駐庫倫領事官得有信息，似乎中國擬由北京派一中國官以代柯羅斯。而三賅羅欲講明此事，請電飭庫倫辦事大臣於三賅羅工人，不得辦事等因。查庫倫鄂爾河等五處礦務，前經庫倫大臣派柯羅斯爲辦礦委員，現柯羅斯因病回國，並未呈明庫倫大臣保薦三賅羅爲代辦，是以中國未便允認，中國亦並無由京派員往代柯羅斯之事。相應照覆貴大臣查照可也。

又赫德《柯樂德函述庫倫礦務事》 光緒三十年七月初三日，總税務司赫德函稱：竊柯樂德所辦圖、車兩盟鑛地一事，前於二月二十三日奉到鈞函，飭即轉達柯樂德迅回庫倫，以便接洽等因。當即遵飭專函交由俄京華俄銀行，轉送柯樂德遵照去訖，並於三月初五日函復鑒查在案。茲於六月二十九日，接據柯樂德由幹阿達游根省之多森城寄到復函，内稱昨奉函示各節，均已領悉。查此事其中有未能吻合之處。伏思連將軍於光緒二十四年原訂合同内載，應由鄙在圖、車兩盟設立公司，獨掌此處礦務之權，以二十五年爲限。並言明監督此事之人，應由中國政府委派，以保商權。而免俄國政府預聞其事，旋由烏里雅蘇台並庫倫兩大臣薦舉鄙人充當此任，直至上年十二月間，尚未奉中國政府允准之明文。此時各股東已派三蓋禄接替，是以鄙人自應辭退，當於庫倫辦事大臣處聲明有案。在鄙人已屬畢乃事矣，實因中國政事如此遲延，致令鄙人諸多折閱。惟目下仍欲派鄙，充當此任，自應遵照返庫督辦一切等語前來。合由總税務司據情函請台鑒可也。

又外務部《柯樂德承辦鄂爾河等處金礦案前後情形》 光緒三十年七月十九日，發總税務司赫德函稱：接准來函，以柯樂德所辦圖、車兩盟礦地一事，當經專函轉送柯樂德遵照去後。茲據柯樂德復函内稱，昨奉函示各節，均已領悉。查此事其中有未能吻合之處。伏思連將軍於光緒二十四年原訂合同，内載應由鄙人在圖、車兩盟設立公司，獨掌此處礦務之權，以二十五年爲限。並言明監督此事之人，應由中國政府委派，以保商權，而免俄國政府預聞其事。旋由烏里雅蘇台並庫倫兩大臣薦舉鄙人充當此任。直至上年十二月間，尚未奉中國政府允准之明文，此時各股東已派三蓋禄接替，是以鄙人自應辭退，當於庫倫辦事大臣處聲明有案。在鄙人已屬畢乃事矣，實因中國政府如此遲延，致令鄙人諸多折閱，惟目下仍欲派鄙人充當此任，自應遵照返庫督辦一切等語，據情函達前來。查連將軍前派柯樂德爲承辦鄂爾河等五處金廠委員，業經奏明，並飭令柯樂德出具承辦切結在案。迨上年連將軍續擬礦章，奏交本部核議，因續擬各條，半多援引原章，當經本部咨行庫倫辦事大臣將原章咨送到部，以憑議復。嗣經庫倫大臣將原奏咨送前來，本部正在核辦間，適值柯樂德回國，三蓋禄到庫聲言代柯料理，强欲接辦，是以本部函達台端轉飭柯樂德回庫清理一切。至柯所稱辭退時於庫倫辦事大臣處聲明有案一節，現據查復，柯去歲與前任豐大臣議礦章後，並無請假辭退案據。茲准前因，相應將前後情形，詳達閣下查照可也。

又德麟等《俄人混賴圖車兩盟金礦礦權暨咨送上年未經抄送各案》 光緒三十年八月初六日，收庫倫辦事大臣德麟等文稱：光緒三十年六月二十三日，承准貴部咨開，案查俄員三蓋禄强欲接辦庫倫金礦一案，前已由本部函催總税務司電飭柯樂德速回庫倫。並電復貴大臣柯未回庫以前，即希設法禁阻在案。此事俄使亦屢次照請改由三蓋禄接辦，均經本部援案駁斥。現據總税務司面稱，已電飭柯樂德迅回庫倫。惟庫倫從前議辦此事各項案據，以暨庫倫各該礦處所，應請轉飭鈔録繪具圖説，以憑查核等語。相應將本部與俄使來往照會，鈔録咨行貴大臣查照。即希將議辦各該礦地處所，繪具詳細圖説，並未經鈔送各案，一併咨送本部可也等因。承准此。查本大臣前准貴部電示，已將三蓋禄不

聽勸阻，並與俄領事往來照會各情，咨請核議示復在案。茲查前任連大臣原奏請開鄂爾河等五處金礦，嗣經俄人誤賴圖、車兩盟均在權限之内，上年豐大臣等遵旨續議開辦，核擬章程。奏請奉旨交貴部與商部會議，尚未奉有明文。現該俄員等仍執前見，於圖、車兩盟産金之地，目爲已權所至，到處經營，實爲含混不清。茲承來因，相應繪具各該礦處所圖説，並鈔録自上年未經鈔送各案，一併備文咨呈貴部，請煩查照。並希將礦廠處所嚴分限制定議施行。

照録清册。

照鈔外務部來文，光緒二十九年四月初一日到。

外務部爲咨行事。光緒二十九年二月十二日，准總税務司函稱，前據卸任税務司柯樂德呈請開挖庫倫圖、車兩盟金礦，當經代呈總理衙門准照所請開辦。嗣辦理年餘，忽奉飭停辦。該員所置機器，暨礦師工匠等人，仍在彼守候，甚望轉圜。當令該員將始末情形暨關繫各節，具一摺略，允爲代達，以鄙意度之，該兩盟礦地，有該員在彼統率興工，實較棄置停辦爲愈等因，並將該員所具摺略函送前來。相應抄録原摺略，咨行貴大臣查明實在情形，詳細聲覆過部，以憑核辦可也。須至咨者。

附抄件。

右咨庫倫辦事大臣。

光緒二十九年三月十二日。

【略】

光緒二十九年六月十三日，照抄礦務柯樂德來文，光緒二十九年六月十九日到。二品頂戴原辦圖車兩盟礦務柯樂德，爲申覆事。光緒二十九年六月十五日，接奉照會内開，本將軍大臣於光緒二十九年閏五月，先後均承准外務部咨開，光緒二十九年五月二十三日，本部具奏蒙古鄂爾河等五處金礦續議開辦一摺。本日奉硃批：依議。欽此。相應恭録諭旨，並鈔原奏，咨行欽遵辦理等因。承准此。相應會同粘鈔照會貴承辦遵照外務部原奏事理，將所辦金廠，繪具地段細圖，並一切應訂章程，出具情形甘結，詳細聲明，以憑核奏等因。奉此。竊查圖、車兩盟礦務一事，曾於光緒二十五年四月二十三日，奉將軍札開奉旨開辦鄂爾河等處礦務。飭令柯樂德招集商股，設立總廠。所有圖車兩盟礦務，以二十五年爲限，均歸柯樂德一手經理。所得利益，除付一切經費，及股本按月一分行息外，所有餘利，作爲十成，以三成解歸户部，以二成津貼蒙古王公，以五成分付股友。並自開辦之日起，每月撥銀一千五百兩，作爲監察各員辦公之費等因在案。茲奉前因，應請仍照原章辦理，以符定議。其圖、車兩盟金礦圖説，於奏請開辦之初，曾經呈送。茲謹再呈一份，以備察核。即請照辦施行，實爲公便。

右申欽命定邊左副將軍連、欽命庫倫辦事大臣豐。

又延祉《柯樂德遽自雇工開礦》 光緒三十二年五月初九日，收庫倫辦事大臣電稱：外務部商部鈞鑒：祉密。前月柯樂德來見，云前次奏定礦務章未奉議覆，現在三蓋禄已去，渠擬前赴金廠閲看，回庫後赴京等語。計其閲廠已經月餘，未見回信，當即派弁往查，據報柯樂德現已僱工開採。查礦章既未經議定，何以遽行開採？除行查柯樂德外，謹電陳，乞示遵。祉。佳。

又延祉《籌議限制柯樂德採礦》 光緒三十二年五月十三日，收庫倫辦事大臣電稱：外務部商部鈞鑒：初九連上兩電，諒已均邀鑒及。查前大臣會議原奏内開，請旨飭將辦理鄂爾河等五處金礦名目，改爲辦理圖、車兩盟金礦等語。查前議五河已賅庫倫全境，今冉指明圖、車兩盟金礦，是將來柯樂德可以隨處刨挖。果能利益公平，原無不可。若論其現在行爲，將來徒有饒舌。況聞伊在伊流河、特勒爾基河二處，建所甚多，將來若准其承辦，必至到處建房，洋商洋股日久恐多窒礙。不如就柯樂德現在金廠地方擬議，以示限制，亦與總理各國事務衙門原奏徐圖推廣之義相符。即或再有人願辦境内他礦，隨時可由大部權衡，亦不至利權旁落。祉身任地方，管見所及，不敢不陳，乞鈞裁。祉稟。十二。

又外務部《庫倫礦務俟礦章奏定再行開辦》 光緒三十二年五月二十日，發商部文稱：昨准咨稱，本月初九、初十、十三迭准庫倫辦事大臣三電，稱柯樂德遽行開採金礦一事，請就柯現在金廠地方擬議，以示限制等因。貴部如何核復，即希知照本部備案等因前來。查此事迭准庫倫辦事大臣三次來電，當經本部復以前以三蓋禄奉其國命，強來干預，故由本部密飭總税務司催柯樂德迅速赴庫，照案經理。現柯雖已到庫，惟前年續議章程，尚未奏定，應由貴處商柯暫候礦章奏定後，再行開辦等語。相應咨復貴部查照備案可也。

又延祉等《柯樂德請遵庫倫礦務原定章程暫行試辦一二金廠》 光緒三十二年六月十四日，收庫倫辦事大臣延等文稱：光緒三十二年閏四月間，俄員柯樂德到庫倫來見時，據云擬前赴金廠閲視，回庫後赴京等語。嗣經月餘，未見回信，當即派弁往查，據報現已僱工開採。嗣經柯樂德回庫來見，詢以礦章未奉部覆，亦未據報，何以遽行開採。據稱原屬不應，因欠債太多，勢難中止等因，前於

五月初九日電達在案。又於五月十二日電呈，初九連上兩電，諒已均悉鑒及。查前大臣會議原奏請將辦理鄂爾河等五處金礦名目，改爲圖、車兩盟金礦等語。查前議五河，已賅庫倫全境，今再指明兩盟，是將來柯樂德可以隨處刨挖等因，電請鈞裁亦在案。嗣於五月十九日承准巧電内開，初九、十二三電均悉。兹事前以三蓋禄奉其國命，强來干預，故由本部密飭總税司催柯樂德迅速赴庫，照案經理。現柯雖已到庫。惟前年續議章程，尚未奏定。應由貴處商柯暫候礦章奏定後，再行開辦，迅速電覆，外部印等因。准此。當即電復貴部，巧電皓悉。柯樂德現赴廠，已遵示行令遵照具覆，覆到再呈等因電覆，並札飭柯樂德遵照各在案。兹於五月二十六日，據二品頂戴原辦圖、車兩盟礦務總辦柯樂德申稱，五月十九日奉到鈞札内開，准北京外務部電開，前電已悉。現柯雖已到庫，惟前年續議章程，尚未奏定，應由貴處商柯暫候礦章奏定後，再行開辦，速電覆等因。准此。應即札知札到該總辦查照來電，遵照辦理，迅速申覆，以便轉報等因。奉此，查續議章程既未奏定，自當暫候奏定後，再行開辦。竊思此地金礦，惟春夏二季，可以工作。仍請遵照原定章程，在一二處暫行試辦，以免賠累。嗣後續議章程奏定，再行遵照開辦等因，申覆前來。查前奉貴部來文，並前大臣續議章程，雖有開辦字樣，並無先行試辦之語，且並無先就一二處暫行試辦之説，但本處案卷不全，僅有崑中堂查辦以後及前任大臣連豐續議開辦稿件。據稱原辦章程，實係無案可稽。據申前情，自應轉咨。應如何辦理之處，即請示覆遵辦。除已據情電覆外，相應咨呈貴部，請煩查照核擬施行。

又《議商庫礦試辦辦法》 光緒三十二年六月十八日，收庫倫辦事大臣電稱：祉密。初四奉電示體查實情，與柯商辦等因。當即約柯來商，伊云現在爲難，止好請示辦法。祉以續議章程，原無試辦一二處之語。伊云現在未奉部覆，股本太重，故爾試辦。祉云雖然未奉部覆，而彼現已開採，公家之利，豈應久懸？既不能止，不妨先就本年起限，應分若干，照續議章程辦理。且止宜先就已開二處試辦，俟續議章程到日，再照續章辦理。然猶須電請部示，始能爲准。伊即辭與股友商量。十七復來見，云仍願照二十四五年與連大臣所訂原章辦理。答以原章無案可稽，且係停辦之件。二十九年既有續議，無論已否部覆，奉部飭商，自應仿照續議商酌。伊云如自本年起限，惟得利無多，難照續議之數呈繳。擬通盤可計出金若干，報效國家一成五。如允，即請札示，以便申覆等語。查特勒基河金廠現用五六十人，每日得金約四五兩。代流河之珠勒庫珠地方金廠，聘用洋人三百餘，華人七百餘，每日約得金五六十兩。二處現共得兩千六百餘兩。至春夏工作，查係入秋水涸，不能淘沙。詢之柯樂德，據云均屬相符。所有該廠現在情形，並現商辦法，謹電呈。可否之處，乞鈞裁示遵。祉。林。六月十八日。

又延祉電《議就庫礦試辦辦法暨派專員辦礦》 光緒三十二年七月初二日，收庫倫辦事大臣電稱：外部商部鈞鑒：廿電敬悉。奉示續議章程既未議定，可否准其試辦，希即酌奪電復等因。查試辦之説，出自柯請，若爲收回利權，俟續章議定，再遵續章，亦無不可。惟前大臣續章内開第一年報效三萬，撥蒙二萬，第二年報效六萬，撥蒙四萬；以後不得減于此數。俟獲利厚解繳過其報效之數，仍照原章，以三成繳部等語。前據柯稱，統計所收報效一成五之數，較之餘利則有盈，較之續章報效之數則不足。兹復與柯商酌，前次面稱於現年共出金若干内，報效一成五之數，能否再增。旋據申覆，既蒙允開二處報效一成五，自應暫行遵照。按淘金多少，報效一成五，加增之數，實難奉行，并請派員到廠監視金櫃。又稱續議章程從前未奉公事，懇將續議奏章鈔録一分，察其有無窒礙，再請核奪等因前來。除將前大臣未發之續章，檢出補發外，所有柯請試辦暨現商辦法，可否于續章未定以前，暫行照准之處，仍請鈞裁示遵。惟祉舊病未痊，精神恍惚，動輒健忘，辦公已極竭蹶。前奉鈞示，令與柯商，止能就情理而言，其中利弊，實所未悉。若再兼籌礦務，不但自問未諳，亦實力有不逮。勉强從事，挂漏恐多。應請大部奏派諳悉礦務之員，來庫專辦，庶易集事而免疏虞。是否之處，並乞鈞裁爲叩。祉。先。

又延祉等《試辦庫倫金礦事鈔送與外務部柯樂德往來文電》附與外務部來往電暨札柯樂德文柯樂德來文等 光緒三十二年八月二十八日，收庫倫辦事大臣延等文稱：本年五月二十九日，因前承辦理庫倫金礦總辦柯樂德來見酌商庫倫礦務章程一節，迭經電呈貴部，並先後奉到電覆，轉達該總辦遵照辦理在案。嗣於六月初四日，奉貴部電示，令與柯商辦。二十一日又奉貴部廿電示，以續議章程既未議定，可否准其試辦，希即酌奪電覆等因。復經於七月初一日電覆亦在案。尚未奉到示覆。現據該總辦詢問數次，自應仍候核覆到日，再行飭遵。相應再將往來各電，並與柯總辦往來文件，先行鈔録咨呈貴部，請煩查照立案施行。

照録抄電公文。

照鈔往來各電。

六月初四日來電。

庫倫辦事大臣：廿電悉。該礦原係奏明開採，並無先就一二廠試辦之語。柯樂德既照前議復來開工，其廠屋機器，早經佈置，勢難中止。應由貴處體察寔情，與柯妥商辦法，即電覆。外。

六月初五日去電。

外務部商部鈞鑒，支電敬悉。柯已赴廠，現往調商妥再覆。祉。林。

六月十八日去電。【略】

六月二十一日來電。

庫倫大臣：十八日電悉。金礦報效，查原章續章均係以三成繳部，無一成五之説，惟章程係於餘利項下提繳。今柯所請，但就出金之數計算，比較章程尚屬有盈無絀。續章既未議定，可否准其試辦，希即酌奪電覆。外。

七月初一日去電。【略】

札柯總辦公文。

六月二十二日，爲札飭遵照事。本年五月十八日，准北京外務部來電内開，前電已悉。現柯雖已到庫，惟前年續議章程尚未奏定，應由貴處商柯暫候礦章奏定後，再行開辦。速電覆等因。電覆前來，當即札飭該總辦遵照辦理，迅速申覆在案。嗣於五月二十六日，據該總辦申稱，續議章程既未奏定，自當暫候奏定後，再行開辦。竊思此地金礦，惟春夏二季可以工作，仍請遵照原定章程，在一二處暫行試辦，以免賠累。嗣後續議章程奏定，再行遵照開辦，請轉電外務部前來，復經本大臣於五月二十七日電呈外務部商部在案。旋於六月初四日，准外務部電咨，應由本處體查實情，與柯商辦。隨經本大臣與該總辦會商，復據該總辦面呈現在爲難，止好請示辦法等語。當經本大臣等語以既經開採，公家之利，豈應久懸？既不能止，不妨先就本年起限，應分若干，照續議章程辦理。且止宜先就已開二處試辦，俟續議章程議覆到日，再行遵照續章辦理。仍須電請部示示復後，如何之處，始能爲准。該總辦答以與股友先去商量。十七日該總辦來見，請仍原照二十四五年與連大臣所定原章辦理。如自年起限，本年得金無多，難照續議之數呈繳，擬就現年共出金若干，情願報效國家一成五。當經電達外務部商部去後，茲准電復，續章既未議定，可否准其試辦，希即酌奪電覆等因。承准此。查此礦既未奉准部覆，理應靜候。惟屢經該總辦以股本太重，請試辦前來，並據該總辦前次面稱，如自本年起限，請就現年共出金若干，情願報效國家一成五等語。現既奉部電示，仍令本處酌奪，合亟札知札到總辦，即將前次面稱於現年共出金若干內，報效一成五之數，能否再增，赴緊聲覆，以憑核辦。萬勿遲延，切切特札。

六月二十三柯總辦來文。

二品頂戴、原圖車兩盟礦務總辦柯樂德爲申覆事。本年六月二十五日，奉到鈞札內開，先就已開二處試辦，俟續議章程議覆到日，再行遵照續章辦理。擬現年出金若干，情願報效國家一成五，當經電達外務部。茲准電覆，續章既未議定，可否准其試辦。該總辦報效一成五之數，能否加增，趕緊聲覆，以憑辦等因。蒙此。總辦伏思原議開辦圖車兩盟金礦，嗣因停止，復蒙准開，自應仍照原議辦理奉有公事。查試辦原非久局，既蒙允開二處，報效一成五，加增之數，實難奉行。並請派員到廠監視金櫃，以昭信寔。文內云續議章程一節，總辦從前並未奉有公事，仍懇將續議原奏，並續章鈔録一分。總辦察其所議情節，與礦務有無窒礙，再行呈請核奪。謹此備文申覆，須至申覆者。

七月初一日札柯總辦文。

爲札礦務柯總辦知悉。本年三十日，據該總辦申稱，本年六月二十五日，奉到鈞札內開，先就已開二處試辦，俟續議章程議覆到日，再行遵照續章辦理。擬就現年出金若干，情願報效國家一成五，當經電達外務部。茲准電覆，續章既未議定，可否准其試辦？該總辦報效一成五之數，能否加增，趕緊申覆，以憑核辦等因。蒙此。總辦伏思原議開辦圖、車兩盟金礦，嗣因停止，復蒙准開，自應仍照原議辦理奉有公事。查試辦原非久局，既蒙允開二處，報效一成五，自應暫行遵照。按：淘金多少報效　成五，加增之數，實難奉行。並請派員到廠監視金櫃，以昭信實。文內云續議章程一節，總辦從前並未奉有公事，仍懇將續議原奏，並續章鈔録一分，總辦察其所議情節，與礦務有無窒礙，再行呈請核奪，謹此備文申覆等因。擬此，查此案原卷，僅有辦理鄂爾河等五處金礦，並無圖、車兩盟字樣，嗣於光緒二十九年間續議開辦，始有圖、車兩盟之情，然亦未准部覆。至所稱擬暫行試辦先開二處金廠，按淘金多少，報效一成五，並派員到廠監視金櫃一節，現已照依來文，電請部示。又稱續議章程，該總辦從前並未奉有公事，仍懇將續議原奏，並續擬章程鈔録一分，察其有無窒礙，再行呈請核奪等語。查光緒二十九年原議章程，經前任大臣連具奏後，原有行知該總辦公文二角，即係

此次原奏原章，並奉到硃批恭録行知有案。彼時因該總辦業經離庫數年之久，不知前往何國，致未發行，將此原文當經收存印務處。據前情，應將原存公文二角，發交該總辦照收，以免貽漏。再，前次面談該工廠洋人不得逾二十名一節，檢查原卷，係已鈎去，應毋庸議。除將各節電達

又外務部《庫礦准暫試辦二處柯樂德假滿即令回庫料理》 光緒三十二年九月初七日，發商部文稱：光緒三十二年七月初五日，接准文稱，七月初一日，准庫倫辦事大臣電開，庫屬礦務，柯請試辦暨現商辦法，可否於續章未定以前，暫行照准。並懇派專員辦理。請示遵。貴部如何電復，希將原稿抄送過部等語。又於八月二十九日復准文稱，八月十九、二十二日，迭准庫倫辦事大臣先後電稱，柯樂德請假回國，並七月間電陳礦務試辦情形。因未奉示復，尚未定局。又據柯稱於二十二日啟程，如奉部示，即電知等因。此兩電均經該大臣電呈貴部，如何電復之處，即希見復本部備案等因前來。查此事前准庫倫辦事大臣來電，當經本部以柯試辦二處，既據稱按出金若干報效一成五外，不能加增，祇可准其暫行試辦。並轉飭柯假滿即行回庫，妥爲料理等情電復在案。相應咨行貴部查照備案可也。

又 延祉《庫倫兩處金礦辦理情形》 光緒三十二年十月十九日，收庫倫辦事大臣文稱：本年八月二十三日，承准貴部電咨内開，柯試辦二處，既據稱按出金若干報效一成五外，不能加增，祇可准其試辦，並轉飭柯假滿後，即可回庫，妥爲料理各等因。承准此。當即札飭柯樂德遵辦在案。惟兩處金礦距庫數百里，該礦地形勢如何，必須繪圖方資考核，隨經飭派委員花翎升用同知即選知縣閻學沂，四品銜蒙古六品官車林多爾濟等，前赴東西兩礦廠詳查情形。旋據稟稱，西金礦係圖盟公那木薩賴旗所屬之珠爾琥珠地方西北十餘里，寬不足二里，環礦皆山，分段均有淘金處所。東金廠係車盟原任札薩克頭等台吉諾旺昔庫爾旗下所屬之特勒爾濟地方兩山之間，淘金處所現有三區，約長十餘里，寬二里許，一併繪圖貼説稟覆前來。除將所繪東西兩金礦地圖二分，除咨送商部查核外，再查柯樂德集股辦礦，究集何項人股本，未據柯樂德具報，庫倫亦無案可稽，應請查明示下，以便轉飭柯樂德遵照。爲此咨呈貴部，請煩查照施行。

又農工商部《柯樂德辦礦究集何人股本》 光緒三十二年十月二十五日，收農工商部文稱：光緒三十二年十月二十一日，接准庫倫辦事大臣咨稱，柯樂德稟辦兩處金礦，所繪東西兩金礦地圖二分，除咨呈外務部查核外，再查柯樂德集股辦礦，究集何項人股本，未據柯樂德具報。庫倫亦無案可稽，應請查明示下，以便轉飭柯樂德遵照。咨請查照等情，查柯樂德辦礦，究集何項人股本，本部亦無案可稽。既准該大臣分咨貴部在案，相應咨行貴部查照，如何答復庫倫辦事大臣之處，希即抄録覆文，送部備案可也。

又外務部《請查報庫倫金礦股本》 光緒三十二年十月二十八日，發庫倫辦事大臣文稱：【略】查柯樂德所請試辦金礦二處，既經貴大臣派員將該兩處地方形勢，詳晰查勘，繪具圖説咨送前來，本部自應將原圖二分存案備查。至招股一節，前經升任庫倫辦事大臣連奏明據柯樂德面稱，蒙古金礦如由中國集款興辦，俄人情願附股，仍可代爲招集。嗣准連大臣飭令柯樂德分頭招股，取具甘結在案。又查連大臣奏定告示章程六條，内載凡在庫倫蒙古王公並有錢之家，以及口内商民願入股者，來轅投交等語。現在柯樂德招股若干，蒙古王公暨商民等共入股若干，未據咨報有案。應仍由貴大臣分別查明，飭令具報，以備稽核，相應咨行貴大臣查照可也。

又延祉《庫倫金廠擬暫試辦並擬定試辦章程》附庫倫金廠暫准試辦章程 光緒三十二年十二月初三日，軍機處交出延祉鈔摺稱：爲庫倫金廠擬暫試辦，藉收利權，恭摺仰祈聖鑒事。竊查庫倫金廠，經前大臣連順等奏辦後，旋經停止。一切文卷，庫倫無存。嗣於光緒二十九年，准外務部行知奏明開辦，復經前大臣豐陞阿等條議章程。檢查原卷，亦未定局。良以二十九年前派之總辦柯樂德回國，是以屢經非輟。本年三月間，柯樂德來見，詢以礦務。據稱擬到出金處所閲視，後赴京部商辦。嗣於閏四月間，訪聞柯樂德在車盟原任札薩克那旺昔庫爾旗之特勒基河，暨公銜那木薩賴旗之依流河二處，就當日原挖處所，續行開採。奴才等即時傳問柯樂德，據稱因欠債太多，勢難中止。當經電咨外務部、商部酌量，旋准外務部電覆，仍令暫候礦章奏定，再行開採，隨即札飭柯樂德遵照。旋據申稱，以股本太重，仍請試辦，免致賠累等語。又經奴才等電商外務部、商部酌核，復准外務部電覆，令奴才等體查實情，與柯樂德商辦。當與柯樂德再三籌議，伊願每年就現出之金，通盤核計，報效國家一成五等語。奴才等以案卷不全，復經電咨外務部、商部核示，准外務部電覆。查原章續章均係以三成繳部，並無一成五之説，惟章程係於餘利項下提繳。今柯樂德所請，但就出金之數計算，比較章程尚屬有盈無絀。續章既未議定，可否准其試辦，行令奴才等酌奪電覆。嗣於柯樂德商酌，伊執前議，不肯加增，並請假兩個月回國，亦經電咨外務

部商部在案。現在柯樂德旋回庫倫，與之商議所議如前。伏思方今時局雖重理財，而利權尤難旁落，計自前大臣連順議辦庫倫金礦以後，迄今多日，尚無定程，而盜挖金沙者仍復不止。今柯樂德所請以出金統算報效一成五，既較原章有盈無絀，似可暫准試辦，藉收利權。仍俟另有部章，再行隨時更改，庶免曠日持久，徒增盜竊之虞。惟試辦辦法，與前大臣豐陞阿等續議章程名目，均屬不符。奴才等未敢擅便，謹將現擬《暫准試辦章程》另繕清單，恭呈御覽。是否有當，理合恭摺具陳，伏乞皇太后、皇上聖鑒，飭部覈覆施行。謹奏。

光緒三十二年十一月二十四日，奉硃批：覽。欽此。

照録清單。

計開：

一、開採擬先就車盟原任札薩克那旺昔庫爾旗之特勒基河，暨圖盟公銜札薩克那木薩賴旗之依流河珠爾琥珠地方，原有二廠試辦，如有成效，報明逐漸推廣。仍將停工舊廠房間，即行拆毁，並不准在兩盟各處隨便開採，致涉紛紜。如知有産金處所，准其隨時報明查看。果屬金苗暢旺，准其報明立案，以備辦有成效，揀擇續開，他商不得爭奪。如無成效，即行停辦，亦不必拘定二十五年。

一、報效擬自光緒三十二年開採之日起，扣足一年，核計兩廠出金若干，按每廠出金總數，無論有無賠累，各提金一成五繳部。

一、蒙古津貼，擬仿照庫倫釐捐辦法，仍津貼二成。每年將一成五報效算定後，分作十成。由内提出一成，再由該廠項下照數提出一成，合爲二成。分給該盟長轉發産金各旗承領。如該旗廠金完畢，即行停止。

又外務部《議奏試辦庫倫金廠暨飭派柯樂德爲試辦委員事》 光緒三十三年二月十一日，本部遞奏摺稱：奏爲遵旨議覆，恭摺仰祈聖鑒事。竊臣部准軍機處抄送庫倫辦事大臣延祉等奏庫倫金廠擬暫試辦藉收利權一摺。光緒三十二年十一月二十四日奉硃批：該部議奏。單片併發。欽此。【略】至該大臣另片奏請俯准飭派柯樂德爲礦務委員一節，核與原案，亦屬相符，應請一併准行。惟仍須查照原案，取具柯樂德甘結，聲明該員委係庫倫辦事大臣奏派試辦庫倫金礦委員，與俄國國家無干。及明定辦事權限，並責成該員阻止俄人越界偷挖等事，以免轇轕。再查該處金礦初請開時，奉旨派連順會同興廉督率辦理。前臣部續請開辦摺内聲明，請飭下庫倫辦事大臣豐陞阿會商定邊左副將軍連順，妥訂詳細章程，奏明辦理，亦蒙允准在案。現在既經訂立章程，實行開辦，擬請照案飭下庫倫辦事大臣延祉，督率柯樂德悉心經理，以符原議。所有該大臣另片奏請飭部就近奏派諳習礦務大臣，前赴庫倫專辦礦務一節，應請毋庸置議。如蒙俞允，即由臣部咨行該大臣欽遵辦理，並轉飭柯樂德遵照此次奏准試辦章程，迅速籌辦，藉收利權。所有遵議緣由，理合恭摺具陳，伏乞皇太后、皇上聖鑒訓示。再，此摺係外務部主稿。會同度支部、農工商部、理藩部辦理。合併聲明。謹奏。

又《咨呈取具督辦金礦委員甘結並擬定權限章程開辦日期等摺片》 光緒三十三年四月初二日，收庫倫辦事大臣延等文稱：光緒三十三年三月十五日，本大臣具奏爲遵旨督辦金礦，取具委員甘結，並擬定權限章程，暨開辦日期等因一摺，並單。又附奏請飭部核覆發給委員鈐記一片，並奏派員分赴金廠監視一片，又奏請飭下庫倫蒙古辦事大臣綳會同督辦礦務等因各摺片，相應抄録並取具該委員柯樂德甘結，咨呈貴部，請煩查照。須至咨呈者。

照録奏底。

奏爲遵旨督辦金礦，取具委員甘結，並擬定權限章程，暨開辦日期，恭摺仰祈聖鑒事。竊奴才於光緒三十三年二月三十日，准外務部咨開，所有議覆庫倫辦事大臣所擬《試辦金礦章程》一摺，業經本部會同具奏，於光緒三十三年二月十一日奉硃批：依議。欽此。欽遵咨行前來，當經轉行柯樂德遵照辦理。現據該委員柯樂德申覆，出具甘結，查與部議辦法相符。復經奴才督飭印務處會同柯樂德，商定權限章程十四條，繕具清單，恭呈御覽。並據該委員柯樂德面稱，時值春融，水已成溜，擬于四月初一日開辦。除飭其屆時興辦，並將所具甘結暨權限章程，分咨外務部、度支部、農工商部、理藩部外，所有現在試辦情形，是否有當。理合恭摺具陳，伏乞皇太后、皇上聖鑒，飭部核覆施行。謹奏。

再，查試辦金廠各委員，隨時皆有申報奴才衙門公文，若僅隨便包封，殊不足昭慎重，可否發給柯樂德「試辦庫倫金礦總辦官」之鈐記，發給監視委員「試辦某處金廠監辦官」之鈐記之處，奴才未敢擅便，謹附片具陳，伏乞聖鑒，飭部覈覆施行。謹奏。

再，查現就奏准之車盟原任札薩克那旺昔庫爾旗之特勒基河，暨圖盟公銜札薩克那木薩賴旗之依流河珠爾琥珠地方。原有二廠試辦，應即派員前往監視，茲揀選得蒙古六品軍官車林多爾濟，花翎同知銜升用同知即選知縣闊學沂，人尚安詳，留心時務，合先派往分廠監視。如有應行面商之件，再查隨時派員往

替，庶免貽誤，而專責成。除分咨外，理合附片具陳，伏乞聖鑒。謹奏。

再，外務部原奏内開，查該處金礦初請開時，奉旨派連順會同興廉督率辦理。前臣部續請開辦摺内聲明，請飭下庫倫辦事大臣豐陞阿會同定邊左副將軍連順，妥定詳細章程，奏明辦理，亦蒙允准在案。現在既經訂立章程，實行開辦，擬請照案飭下庫倫辦事大臣延祉督率柯樂德悉心經理，以符原議。所有該大臣另片奏請飭部就近奏派諳習礦務大臣，前赴庫倫礦務一節，應請毋庸置議等因，奏奉硃批：依議。欽此。欽遵行知前來。奴才聞命之下，莫名悚惶，謹當竭盡愚忱，認真辦理。惟於蒙古山川形勢，既未深諳，而文字語言，又多不悉，若不廣爲商榷，其中難免參差。合無仰懇天恩，飭下庫倫蒙古辦事大臣緜會同奴才延督辦礦務，庶易諧度而免疏虞。是否有當，謹附片具陳，伏乞聖鑒。謹奏。

庫倫東西兩金廠商定一切權限單，共計十四條。

一、試辦章程六條，係與總辦官商擬奏定，應皆遵守，不得違越，並張貼告示，俾使周知。

一、凡金廠以内，無論如何開採，准由該總辦自行作主。惟每日所掏之金砂，應由監辦官會同廠櫃執事人過秤記簿，以備稽核。如廠内之人偷挖金砂，一經巡兵拏獲，驗明贓證，不論中外人等，准該總辦或監辦官報由本督辦大臣聽候核辦。其有酗酒滋事，不服彈壓之人，亦同此辦理。如庫倫屬境内有外人私挖，應由柯總辦一手隨時查禁，以符部議。

一、柯樂德承辦庫倫金礦，應領試辦執照，以專責成。

一、總辦委員柯樂德如探採別廠，應預先報明探採何處，請領執照，方准踏勘，並定明期限。如限滿勘明，實無礦質，即將探採執照繳銷。若探採他處，仍應請換執照，不得越限私採。倘限内查有礦苗最旺處所，應隨時呈明督辦大臣，查與地方實無窒礙，批准後方准開採。

一、無論何廠，如將礦産挖盡，該廠即行作廢，所有廠内房屋，准由該總辦自行拆毁，以免閑雜人等逗遛，貽害地方。

一、監辦官每月底會同廠櫃執事，核兑一月所收金砂實數，開報一次。並由廠開具俄文數目，交由監辦官一併具報。至每年八月底，應由總辦官將本年二年各廠所出金砂，彙報一次，以憑奏咨。

一、監辦官暨差役等在廠，除火食自備外，其所住房屋暨厨房、器具、舖墊、爐竈、柴水、馬匹，以及赴廠往來驛站資斧，均由廠預備，以符原議。

一、彈壓金廠兵丁數目，准視該工廠人多寡，隨時酌核，就地招僱，發給腰牌。應需餉項若干，准由該總辦自行籌撥的款，每月移交監辦官會同發放。其兵丁均歸監辦官管帶，倘有革退者，追銷腰牌，由監辦官另行募補。其餘廠内之人，如不做工，無論中外，應令即時出廠，以免滋事端。

一、逐日每機起溜掏金一次或二次，每次均准監辦官會同專司金櫃者到溜，以便監視。如溜所太多，監辦官不能分身週歷，准由監辦官派人分往監視，權力與總辦所派之人同。惟起溜到溜，均有一定時刻，不得任意遲早，致滋不便。

一、總辦柯樂德既稱係入本股東，應照各股東章程一律辦理，薪水公費，概不另支，自應照准，毋庸置議。

一、監辦官在廠，如辦有成效，每年截算時，除開銷報效一切花費，並股東本息外，倘有餘利，亦應議給花紅，藉占彩喜。

一、該廠如用外國人，應由監辦官驗明進口執照，發給入廠照票，仍限一年繳銷。如無票者即令回國，不准在廠逗遛。若逾限不換票者，一經查出，照無票者辦理。至開廠時如有外國人先已到廠，應由監辦官查驗照給照票，仍令按月造報，以便稽查。

一、試辦權限章程既定，應由該總辦出具籌辦甘結五份，呈由督辦大臣分別咨存備查。

一、此項權限章程，亦係試辦，將來如有應行添改之處，隨時酌定，仍隨時奏咨辦理。

又延祉《請派緜楚克車林會辦礦務》 光緒三十三年四月初三日，收軍機處交出延祉鈔片稱：再，外務部原奏内開，查該處金礦初請開時，奉旨派連順會同興廉督率辦理，前臣部續請開辦摺内聲明，請飭下庫倫辦事大臣豐陞阿會同定邊左副將軍連順，妥定詳細章程，奏明辦理，亦蒙允准在案。現在既經訂立章程，實行開辦，擬請照案飭下庫倫辦事大臣延祉督率柯樂德悉心經理，以符原議。所有該大臣另片奏請飭部就近奏派諳習礦務大臣，前赴庫倫專辦礦務一節，應請毋庸置議等因，奏奉硃批：依議。欽此。欽遵行知前來。奴才聞命之下，莫名悚惶，謹當竭盡愚忱，認真辦理。惟於蒙古山川形勢，既未深諳，而文字語言，又多不悉，若不廣爲商榷，其中難免參差。合無仰懇天恩，飭下蒙古庫倫辦事大臣緜楚克車林，會同奴才延督辦礦務，庶易諧度，而免疏虞。是否有當，

謹附片具陳，伏乞聖鑒。謹奏。

光緒三十三年四月初三日奉硃批：著照所請，該衙門知道。欽此。

又延祉《庫倫金礦請依試辦章程定限二十五年》 光緒三十四年正月初七日，收軍機處交出延祉抄摺稱：爲庫倫礦務本係試辦，與他處情形不同，明定年限，以顧商本，恭摺仰祈聖鑒事。光緒三十三年九月，准農工商部咨開，光緒三十三年八月十三日，本部會同外務部具奏覆議礦務章程一摺，本日奉旨：依議。欽此。相應恭録諭旨，刷印原奏，併正附章程二本咨行前來。查止章第八款內開，凡現在開礦之礦商，與已經准領礦地之人，若以新章之某一款，或若干款，與其已得之權利有所損礙者，准自新章頒行之日起，儘六個月內，將其損礙之情形，具稟本省總局，詳請督撫轉咨農工商部察核定奪。其關係洋商者，並咨外務部會覈等語。當經奴才札行庫倫金廠總辦官柯樂德遵照查覈有無窒礙情形去後，旋據覆稱，能遵照者二十七條。其餘繳款量界請票等事，均與庫倫金礦情形不同，礙難遵照。且試辦報效數目，覈之新章各項應繳數目，不甚懸殊。請仍照前次奏定試辦章程辦理。並請立限二十五年等因呈覆前來，當經奴才駁斥，以部章既經頒發，亟應遵照。隨將新章內繳款量界等事，摘要數件，札令遵行。旋據柯樂德申稱，能否遵照，實不敢擅專，請假兩個月回國與股友商定，再行呈覆等語。隨經奴才將柯樂德請假緣由，電商外務部、農工商部覈定。嗣後外務部電覆：庫倫金礦本係試辦，自應仍照前章辦理。該處礦務甫經開辦，正賴柯樂德經理，未便給假。又准農工商部電覆：庫倫金礦，已由外務部復准暫照前章辦理，惟該礦將來銷去「試辦」字樣之時，仍應遵照新章，以歸一律。復經轉飭柯樂德遵照在案。現據柯樂德呈稱，奉札仍准遵照前章辦理。惟照辦若干年，及何時銷去試辦字樣，並未定有年限。而辦礦墊款甚鉅，如不明定辦事年限，其中之盈虧，實難預料，惟有懇請奏定。由光緒三十二年四月起，以二十五年爲限，仍遵照光緒三十三年奏定章程辦理，限內不再更改。如此二十五年內，或有虧累，於兩國國家無干，仍由總辦與股商自相清理。倘委員於限內，或有不虞，接辦之人，憑股友公同保舉，請由督辦大臣核定奏派，仍敢取具與俄國國家無干，並遵守試辦章程之甘結。如接辦後，有違試辦章程，應准隨時停辦，亦不必限定二十五年，以符試辦章程第一條原議呈請前來。查部議新章爲晝一起見，原不敢故爲異同，但庫倫與俄比鄰，時有越界私採，緩則侵我疆土，激則易啟争端。前大臣連順奏請官辦，或亦有見於此。迨至一再作輟，三蓋祿遂有奉其國命强來干預等情。所以柯樂德去歲重來，經奴才與部臣往復電商，始成試辦之議。當經前後奏蒙允准，欽遵辦理在案。是庫倫開辦金礦，原爲自顧邊疆，劃開交涉，與他處專取礦利者不同。況此項礦務，係屬試辦，天時地利與內地迴殊。將來何廠得力，尚難預料。今該總辦柯樂德所請試辦二十五年，自係爲情形不同，慎重股本起見。且查本年四月開辦以來，地方安謐，八月底截算，應繳報效，按成交齊。並經委員閻學沂與柯樂德定將伊去歲到廠以來，應繳報效，一併加繳清楚。在柯樂德於此事頗徵奮勉，而地方亦甚相安。雖非專言礦利，而礦利之源已開，亦屬一舉兩得。惟查《奏定試辦章程》內有奉有部章，試辦章程即行作廢之語，原不容擅請更易。奴才忝膺疆寄，更不應牽就外人。如事關地方，有不得不兼籌並顧者，又何敢拘泥前章作廢一語，致貽誤於將來。合無仰懇天恩俯准。庫倫金礦即照試辦章程，限定二十五年辦理，既與庫倫地方無礙，亦與部章年限相符。如蒙俞允，即自光緒三十二年四月起限，扣足二十五年爲止。無論有無虧累，仍歸該總辦自行清理，與兩國國家無干。倘柯樂德不能始終其事，無論何人接替，均照此章此限辦理，亦不得另有異詞。如有辦理不合試辦章程處所，即應隨時停辦，仍不必拘定二十五年，以符試辦章程原議。是否有當，謹恭摺具陳，伏乞皇太后、皇上聖鑒，訓示遵行。再，會辦庫倫金礦大臣綳楚克車林現在進京，未經列銜。合併聲明。謹奏。

光緒三十三年十二月二十四日，奉硃批：該部議奏。片併發。欽此。

又外務部文《議覆庫倫人臣請訂金廠試辦年限等摺片應由本部主稿》 光緒三十四年正月十四日，發度支部文稱：按准理藩部片稱，准軍機處鈔交庫倫辦事大臣延祉奏庫倫礦務本係試辦，與他處情形不同，請定年限，以顧商本等因一摺。於光緒三十三年十二月二十四日，奉硃批：該部議奏，片併發。欽此。又該大臣奏稱，烏依拉格卡倫南界內克勒司地方，產有金苗，照章開辦等因一片，同日奉硃批：覽。欽此。欽遵。該大臣具奏庫倫金礦，本係試辦，與他處情形不同，請照試辦章程，限定二十五年辦理。並片奏烏依拉格卡倫南界內克勒司地方，產有金苗，照章開辦等因，欽奉硃批：該部議奏，應否由外務部主稿，會同度支部、農工商部、理藩部議覆之處，希即見覆，以憑遵照辦理等因前來。查此案應由本部主稿，會同貴部及農工商部、度支部、理藩部辦理，相應咨行貴部查照可也。

同日發農工商部。

又《克勒司地方金苗請准試辦》光緒三十四年正月初七日，收軍機處交出延祉片稱：再，前據柯樂德呈稱：烏依拉格卡偏南界内克勒司地方，産有金苗，雖經請領踏勘執照在案。現據復稱，業經驗明，堪以開採，並挖取樣金呈報前來。奴才查驗所産金砂，與原開兩廠，成色無異，並與原奏逐漸推廣章程相符，應即照章批准開辦，藉杜越界私挖、利權外溢之弊。除分行該監卡偏及委員柯樂德等遵照試辦外，理合附片陳明，伏乞聖鑒。謹奏。

光緒三十三年十二月二十四日，奉硃批：覽。欽此。

又《咨送奏派署理庫倫金廠監辦官片》 光緒三十四年正月初十日，收庫倫辦事大臣延祉文稱：本處於光緒三十三年十二月十九日，附片具奏前經奏委庫倫金礦監辦官，均派出差，派員署理等因一片，相應鈔録原片，咨呈貴部，請煩查照。照録原片。

再，奴才前經奏委庫倫金礦監辦官花翎升用同知即選知縣閻學沂、蒙古六品官車林多爾濟等，分往各廠監視。現派員閻學沂進京解款，車林多爾濟亦派出差。查有庫倫印務處章京理藩部員外郎瑞森、候選府經歷明星鑑，堪以派委署理兩廠監辦官事務。除分咨外，理合附片陳明，伏乞聖鑒。謹奏。

又《奏陳庫倫金礦試辦情形》 光緒三十四年正月十一日，收軍機處交出延祉抄摺稱：奏爲庫倫金礦試辦一年情形，恭摺奏聞，仰祈聖鑒事。竊查光緒三十二年四月間，前辦庫倫金礦委員柯樂德旋回庫倫，具稱二十九年續議章程，未奉行知。現在賠累甚重，難以停工，請暫試辦等因。當經奴才等與部臣往復電商，意見相同，旋即核擬試辦章程，奏奉諭旨：飭部議奏。經部議覆，奉旨依議。欽此。欽遵行知柯樂德照章開辦在案。計自光緒三十三年四月初一日試辦起，截至本年八月底，兩廠共得金砂七千五百餘兩。除應提官款，另摺開報外，查自開辦以來，地方照常安謐，該委員等亦能潔己奉公。惟現用土法淘洗，且僅兩廠開辦，故得金無幾。將來換用機器，再加擴充，所出金砂，當不止此數。現在大溜已凍，不能淘洗，每廠僅留百餘工掏挖邃洞，以待春融。除仍飭在廠官兵隨時彈壓外，所有庫倫金礦試辦一年情形，理合恭摺具奏，伏乞皇太后、皇上聖鑒。再，蒙古辦事大臣緥楚克車林現在進京，未經列銜。合併聲明。謹奏。

光緒三十四年正月十一日，奉硃批：該部知道。欽此。

又延祉等《咨送庫倫礦務請訂試辦年限等摺片》 光緒三十四年二月初九日，收庫倫辦事大臣延祉等文稱：本處於光緒三十三年十二月初八日，具奏爲庫倫礦務，本係試辦，與他處情形不同，請明定年限，以顧商本等因一摺，兹於光緒三十四年正月初九日，奉到硃批：該部議奏，片併發。欽此。是日附奏烏依拉格克勒司地方，産有金苗，照章批准開辦等因一片，奉硃批：覽。欽此。欽遵相應鈔録原奏，恭録硃批，咨呈貴部，請煩查照。

又延祉等《咨送派員署理庫倫金礦監辦官片硃批》 光緒三十四年二月二十三日，收庫倫辦事大臣延等文稱：本處於光緒三十三年十二月十九日，附片具奏前經奏委庫倫金礦監辦官，均派出差，派員署理等因一片，鈔録原奏咨呈在案。兹於光緒三十四年正月二十六日，奉到硃批：該部知道。欽此。相應恭録硃批，咨呈貴部，請煩查照。

又外務部《庫倫金礦試辦定明年限暨開辦克勒司地方金礦事應准如所請》

光緒三十四年三月十一日，本部遞奏摺稱：爲遵旨議覆，恭摺仰祈聖鑒事：**【略】**臣等查奏定庫倫金礦試辦章程第一條内，曾載有如有成效，報明逐漸推廣之語，現克勒司地方金礦，既經驗明堪以開採，應准其按照定章，一律開辦，以濬利源。如蒙俞允，俟命下之日，即由臣部咨行督辦礦務庫倫辦事大臣延祉欽遵，轉飭柯樂德遵照辦理。所有遵議緣由，理合恭摺具陳，伏乞皇太后、皇上聖鑒訓示。再此摺係外務部主稿，會同度支部農工商部理藩部辦理。合併聲明。謹奏。

光緒三十四年三月十一日具奏，本日奉硃批：依議。欽此。

又理藩部《議覆延祉奏辦哈拉格囊圖金礦會摺應由外務部主稿》 宣統元年十月二十日，收理藩部文，理藩部爲咨呈事。内閣鈔出庫倫辦事大臣延等片奏，據金廠總辦柯樂德報稱，珠爾琥珠附近之哈拉格囊圖地方，前於宣統元年二月間，呈報該處金苗暢旺，尚未查實，懇請發給踏勘執照。所有該處踏勘事宜，暫由珠爾琥珠金場監辦官兼辦。嗣於本年夏間出口人多，無可安置，遂就其地加工踏勘。所出金沙，尚堪敷作。並報有依流河鄂奴雷台、沙雷畢利台等處，堪以踏勘各等因呈報前來。除現報各處照章給票勘驗外，查哈拉格囊圖一處，截至本年八月底，所淘金沙，尚屬暢旺，擬於明年四月間設廠開辦。可否之處，理合具奏等因一片，於宣統元年十月十四日奉硃批：該部議奏。欽此。欽遵鈔出到部。查庫倫金廠自經該大臣奏請試辦以來，屢經奉旨交議，均係外務部主稿，會同度支部、農工商部暨本部議覆。此次該大臣奏請在哈拉格囊圖地方於明年四月設廠開辦等因，奉硃批：該部議奏。欽此。自應仍由外務部主稿，會同各

部暨本部議覆，相應咨呈貴部查照辦理可也。須至咨呈者。

又外務部《片送奏覆延祉開辦哈拉格囊圖金礦片會稿請會畫並開列堂銜》 宣統元年十一月初六日，發度支部、理藩部片，爲片行事。准咨稱：庫倫辦事大臣奏請哈拉格囊圖金礦擬於明年四月間設廠開辦一片，奉硃批：該部議奏。欽此。此案應由貴部主稿，會同本部議覆等因。相應將擬就會稿，片送貴部會畫。畫齊後，開列堂銜，片送本部。俟具奏有期，再行知照可也。須至片者。附會稿。

又外務部《遵議延祉奏辦哈拉格囊圖金礦事核與成案相符》 宣統元年十一月二十五日，本部奏，謹奏爲遵旨議覆恭摺仰祈聖鑒事。【略】茲該大臣復據柯樂德呈報，勘明哈拉格囊圖地方金苗尚屬暢旺，擬於明年設廠開辦，核與成案相符，自應准其按照定章一律開辦，以擴利源。如蒙俞允，俟命下之日，即由臣部咨行督辦礦務庫倫辦事大臣欽遵轉飭柯樂德遵照辦理。所有遵議緣由，理合恭摺具陳，伏乞皇上聖鑒訓示。再，此摺係外務部主稿，會同度支部農工商部理藩部辦理，合併聲明。謹奏。宣統元年十一月二十五日奉硃批：依議。欽此。

又附録《大事年表》 同治元年，壬戌，是年（一八六二），海陽人薛普私挖平度金礦（地方官禁之）。

同治四年，乙丑，十二月二十八日（一八六五、二、一三），總督接吉林將軍德英文稱，俄兵携械聚集俄界額蘆畢拉地方，擬將彼國罪犯，發往阿穆爾達賚地方，挖金種地。

同治六年，丁卯，九月二十九日（一八六七、一〇、二六），美人德愛禮、花馬太請開平度金礦（平度州拒之）。

十月德愛禮、花馬太雇工私挖平度金礦（德愛理經查係美駐烟台領事山福爾化名）。

十一月初八日（一二、三），總署照請美使懲處德愛理等私挖金礦。

同治七年，戊辰，三月（一八六八），美法人等在山東寧海州私挖金礦（禁之）。

〔同治七年戊辰〕五月二十六日（七、一五），（一）總署咨請三口通商大臣崇厚查明産金地方，嚴禁私挖並咨上海通商大臣稽查挖礦洋人進口。

（二）總署照會英、法、布、俄、美等使，禁止洋人私挖金礦。

五月，（一）卸任英駐烟台領事嗬喳哩建議東海關道潘霨自開金礦（拒之）。

〔同治七年戊辰〕六月十一日（七、三〇）美使衛廉士照會總署，建議中國自開山東金礦。

〔同治七年戊辰〕七月初二日（八、一九），山東巡撫丁寶楨札委候補知府李德增會查洋人挖金案。

〔光緒十二年丙戌〕十二月十五日（一八八七、一、八），黑龍江將軍恭鏜，奏請開辦黑龍江漠河金礦，並擬調派吉林候補道李金鏞前往會辦。

〔光緒十四年戊子〕十月初三日（一一、六），督理黑龍江漠河等處礦務吉林候補道李金鏞，由黑龍江城起程，前往漠河，並撥借庫銀三萬兩，以資開辦。

十一月，翰林院侍講崔國因，奏請開採東三省金礦。

十二月十三日（一八八九、一、一四）黑龍江省漠河金廠祭山開工。

十二月十九日（一、二〇），李金鏞禀呈北洋大臣李鴻章開辦漠河金廠章程。

光緒十五年，己丑，正月十二日（一八八九、二、一一），黑龍江漠河金礦奇乾河分廠開工。

光緒十六年，庚寅，是年（一八九〇），（一）出使俄國大臣洪鈞請在蒙古土謝圖汗開辦金礦。（二）李金鏞卒，袁大化接辦漠河礦務。

光緒十七年，辛卯，十一月初四日（一八九一、一二、四），美國金山僑商李贊勳、譚錦泉等與道員李宗岱等合組招遠礦務公司，禀請開辦招遠玲瓏山紅石崖金礦，並兼辦平度金礦（北洋大臣李鴻章准之）。

光緒十八年，壬辰，春（一八九二），美國金山僑商譚錦泉、李贊芬等開辦招遠玲瓏山金礦（光緒二十年，魯撫李秉衡奏明停辦）。

光緒二十年，甲午，正月初二日（一八九四、二、七），總署接北洋大臣李鴻章文稱，督理黑龍江漠河等處礦務道員袁大化，禀請試辦觀音山金廠，以杜私挖。

光緒二十年九月，津海關道盛宣懷等擬定吉林三姓等處金礦章程。

十月初二日（一一、一八），命北洋大臣王文韶委派記存海關道宋春鰲，辦理吉林三姓等處礦務。

十月十四日（一一、三〇），王文韶奏請揀派湖南候補知府周冕，接辦漠河礦務（袁大化因病禀請交卸）。

〔光緒二十二年丙申〕春，宋春鰲開辦三姓金礦。

〔光緒二十二年丙申〕六月初七日（七、一七），四川總督鹿傳霖奏請官商合資新法開辦冕寧縣麻哈金礦。

〔光緒二十二年丙申〕〔十二月十五日(一八九七、一、一七)〕恩澤奏派吉林補用知府曹廷杰擬章籌辦都魯河等處金礦。

〔光緒二十二年丙申〕〔是年〕，俄人柯樂德請辦蒙古金礦。

光緒二十三年，丁酉，二月初六日(一八九七、三、八)，署新加坡等埠總領事張振勳稟呈鐵路大臣盛宣懷，請辦瓊山金礦。

光緒二十四年，戊戌，二月十三日(一八九八、三、五)，署四川總督恭壽派試用道賴鶴年、候選知府徐麟光，總辦冕寧縣麻哈金礦。

〔光緒二十四年戊戌〕秋，俄人持庫倫大臣連順驛票，試開蒙古金礦。

〔光緒二十四年戊戌〕十一月二十一日(一八九九、一、一二)，以定邊將軍(烏里雅蘇台將軍)連順奏請開辦庫倫鄂爾河等五處金礦，皆命總署與路礦總局議覆。

十二月初六日(一、一七)，以侍讀學士貽穀奏陳開辦蒙古金礦附招俄股有害無利，旨命總署與路礦總局議覆。

〔光緒二十五年己亥〕三月二十四日(五、三)，命烏里雅蘇台將軍連順、庫倫大臣興廉督辦蒙古鄂爾河五處金礦(從總署奏)。

〔光緒二十五年己亥〕四月二十三日(六、一)，俄人柯樂德具結承辦鄂爾河等處金礦。

〔光緒二十五年己亥〕四月，烏里雅蘇台將軍連順請在車臣、圖什業圖二盟境內，開辦金礦。

〔光緒二十五年己亥〕八月十五日(九、一九)，定邊左副將軍連順等擬定開辦庫倫鄂爾河等處金礦告示章程。

〔光緒二十五年己亥〕〔九月十八日(一〇、二二)〕，路礦總局請旨飭各省金礦局員，按月呈報收金數目。

光緒二十六年，庚子，光緒正月二十七日(一九〇〇、二、二六)，大學士崑岡奉旨前赴庫倫查辦應否開辦金礦，面覲請訓(以蒙古王公盟長反對開礦)。

〔光緒二十六年庚子〕五月初二日(五、二九)，詔命停辦蒙古鄂爾河等處金礦(從大學士崑岡奏)。

〔光緒二十六年庚子〕十二月二十二日(一九〇一、二、一〇)，俄員劉巴照會吉林將軍長順，請准俄商開採滿洲五金各礦。

〔光緒二十七年辛丑〕四月初六日(五、二三)，法駐廣州領事請批准中法合辦增城金礦合同(粵督陶模拒之)。

四月初七日(五、二四)，吉林將軍長順與俄交涉大臣科洛特科夫訂立開辦夾皮溝寧古塔琿春金礦條約。

〔光緒二十八年壬寅〕五月二十二日(六、二七)，外務部咨北洋大臣袁世凱，請派員重辦黑龍江漠河、觀音山、奇乾河等處金礦。

〔光緒二十九年癸卯〕正月十四日(二、一一)，四川礦務局韓銑、林怡游、嚴翽昌與英商會蜀公司立德樂等簽訂合辦寧遠府五廳州縣金類礦産草約。

〔光緒二十九年癸卯〕二月十二日(三、一〇)，總税務局赫德致函外務部，請准柯樂德續辦蒙古車、圖二盟金礦(是年三月初五日再次函薦)。

〔光緒二十九年癸卯〕光緒二月二十三日(三、二一)，英駐威海衛大臣駱任廷電山東巡撫，請准英商辦理威海衛狼虎山金礦(是月二十七日再以照會請辦)。

〔光緒二十九年癸卯〕三月十六日(四、一三)，外務部收烏里雅蘇台將軍咨，蒙古鄂爾河等處金礦應早自開辦。

〔光緒二十九年癸卯〕五月二十三日(六、一八)，外務部奏請續辦蒙古鄂爾河等五處金礦。

〔光緒二十九年癸卯〕八月二十四日(一〇、一四)，庫倫大臣豐陞阿、烏里雅蘇台將軍連順奏請仍在車臣、圖什業圖二盟開辦金礦，並擬派俄人柯樂德爲總辦。

十二月二十七日(二、一二)，商部收浙撫聶緝槼咨，商民詹紹周請辦諸暨洞巖山金礦。

〔光緒三十年甲辰〕二月二十二日(四、七)，俄領事照會庫倫大臣，俄員三蓋禄有權接辦蒙古金礦(庫倫大臣拒之)。

二月二十三日(四、八)，外務部函總税務司赫德，蒙古金礦應由柯樂德薦員接辦，並歸中國派委。

三月初五日(四、二〇)，(一)俄使雷薩爾照會外務部，蒙古金礦俄股東改派三蓋禄接辦(拒之)。(二)赫德致函柯樂德，促其迅回庫倫料理金礦事宜(尋於三十二年三月柯歸庫倫)。

四月十四日(五、二八)，商部收閩浙總督咨，法商大東公司請領邵武金礦礦照，應納照費。

五月二十二日(七、五),外務部收庫倫大臣德麟電,三蓋禄擅自添募金礦俄工。

〔光緒三十一年乙巳〕五月初六日(六、八),法使吕班請准法商展限二十四個月開辦邵武金礦。

七月初八日(八、八),軍機處交出湖南巡撫端方奏,岳州府平江金礦,已改用西法開採。

〔光緒三十一年乙巳〕十月十九日(一一、一五),外務部收商部咨,旅美僑商譚錦泉等請續辦山東招遠玲瓏山金礦。

〔光緒三十二年丙午〕二月十七日(三、一一),俄使璞科第照會外務部,請保護吉、江兩省俄各金礦公司之利益。

五月二十七日(七、一八),庫倫大臣延祉請准柯樂德遵原訂章程,試辦一二金礦。

六月十七日(八、六),柯樂德請以金産總額一成五,報效中國(庫倫大臣允之)。

十月二十七日(一二、一二),柯樂德呈明庫倫大臣,本年共得沙金庫市平五千四百兩餘,成色七八五。

〔光緒三十二年丙午〕十一月初九日庫倫大臣延祉奏派柯樂德試辦特勒基河、珠爾琥珠二處金礦。

〔光緒三十三年,丁未〕三月十五日(四、二七),庫倫大臣延祉奏頒柯樂德試辦金礦鈐記,並請以蒙古辦事大臣綳楚克車林會辦礦務,閻學沂、車林多爾濟爲金廠監辦官。

七月初六日(八、一四),外務部、度支部、農工商部、理藩部會同奏准庫倫金礦試辦章程。

〔光緒三十三年,丁未〕十二月初八日(一九〇八、一、一一),庫倫大臣延祉奏派柯樂德續辦克勒司金礦,並將各礦試辦定限廿五年。

〔光緒三十三年,丁未〕十二月十九日(一、二二),庫倫大臣延祉奏派章京瑞森、候選府經歷明星鑑署理金廠監辦官,並奏報金産數量,(光緒三十二年四月至三十三年三月産金五千九百六十七兩一錢四分七釐,三十三年四月至八月産金七千五百九十一兩六錢二分,除撥給蒙古津貼外,解京正項京市平銀五萬二千二百六十九兩三錢七分一釐五毫,折合庫平銀五萬〇九十四兩九錢六分五釐六毫)。

是年,灤州煤礦有限公司改名北洋灤州官礦有限公司。

〔光緒三十四年,戊申〕五月初一日(五、三〇),柯樂德開辦庫倫克勒司金礦。

〔宣統元年,己酉〕三月初一日(四、二〇),華德採礦公司總辦石謚德請發山東寧海州開辦金礦執照。

〔宣統元年,己酉〕三月二十八日(五、一七),山東巡撫孫寶琦電外務部,華德採礦公司擬售讓寧海州茅山金礦(索價二百二十五萬馬克)。

〔宣統元年,己酉〕九月三十日(一一、一二),庫倫大臣延祉奏請明年四月開辦珠爾琥珠附近哈拉格囊圖金礦。

〔宣統元年,己酉〕十一月二十七日(一九一〇、一、八),奉天勸業道趙鴻猷與中英美礦務公司代表人唐元湛、柯敦簽訂開採奉省海龍府香爐盌海仁社金礦合同。

《管子校注》卷二三《國准第七九》 桓公曰:「今當時之王者,立何而可?」管子對曰:「請兼用五家而勿盡。」桓公曰:「何謂?」管子對曰:「立祈祥以固山澤,立械器以使萬物,天下皆利而謹操重筴,童山竭澤,益利摶流。出金山立幣,成菹丘,立騈牢,以爲民饒。彼菹菜之壤,非五穀之所生也,麋鹿牛馬之地,春秋賦生殺老,立施以守五穀。此以無用之壤臧民之羸,五家之數皆用而勿盡。」

張佩綸云:「『出金山』,當依明十行無注本、趙本、梅本作『出山金』。」

楊侃輯《兩漢博聞》卷三《采金鄱水地理志八上》 孟康曰:鄱陽,鄱,音婆。師古曰:采者取金之處。

《北史》卷六二《王思政傳》 〔大統〕十二年,加特進,兼尚書左僕射、行臺、都督、荆州刺史。境内卑濕,城塹多壞。思政乃命都督藺小歡督工匠繕修之。掘得黄金三十斤,夜中密送。至旦,思政召佐史,以金示之曰:「人臣不宜有私。」悉封金送上。周文嘉之,賜錢二十萬。思政之去玉壁也,周文命舉代人,思政乃進所部都督韋孝寬。其後東魏來寇,孝寬卒能全城,時論稱其知人。

酈道元《水經注》卷三六《若水》 又東北至犍爲朱提縣西,爲瀘江水。漢武帝時,通博南山道,渡蘭倉津,土地絶遠,行者苦之。歌曰:「漢德廣,開不賓。渡博南,越倉津。渡蘭倉,爲作人。」山高四十里。蘭倉水出金沙,越人收以爲黄

金。又有珠光穴，案近刻訛作光珠穴，穴出光珠。又有琥珀珊瑚，黄白青珠也。

李昉等《太平御覽》卷八一〇《珍寶郛九・金中》 〔《後魏書》〕又曰：李安世爲主客令，每有江南使至，多出藏内珍寶，令都下富室好容服者貨之，令使任情交易。時齊劉纘至金玉肆問價，纘曰：北方金玉太賤，當是山川所出。安世曰：聖朝不貴金玉，所以同於瓦礫。又皇上德通神明，地不愛寶，故川無金，山無玉。」纘初將大市，得安世言，慚而罷。

唐慎微《證類本草》卷四 金屑，【略】生益州，採無時。陶隱居云：金之所生，處處皆有。梁、益、寧三州多有，出水沙中作屑，謂之生金，辟惡而有毒。不鍊，服之殺人。建平晉安亦有金砂出石中，燒鎔鼓鑄爲碢，雖被火亦未熟，猶須更鍊。高麗、扶南及西域外國，成器皆鍊，熟可服。【略】按：陳藏器《拾遺》云：嶺南人云生金是毒蛇屎，此有毒。常見人取金，掘地深丈餘，至紛子石，石皆一頭黑焦，石下有金，大者如指，小猶麻豆，色如桑黄，咬時極軟，即是真金。夫匠竊而吞者，不見有毒。其麩金出水沙中，氈上掏取，或鵝鴨腹中得之。即便打成器物，亦不重鍊。煎取金汁，便堪鎮心。此乃藏器傳聞之言，全非按據。皇朝收復嶺表，詢其事於彼人，殊無蛇屎之事。入藥當必用熟金，恐後人覽藏器之言惑之，故此明辨。【略】

海藥云：按：《廣州記》云：「出大食國，彼方出金最多。凡是貨易，並使金錢。」【略】《服異志》云：「金生麗水。」《山海經》諸山出金極多，不能備録。蔡州出瓜子金。雲南山出顆塊金，在山石間採之。黔南遂府吉州水中並産麩金。又《嶺表録》此云，廣州洽涯縣有金池，彼中居人忽有養鵝鴨，常於屎中見麩金片，遂多養，收屎淘之，日得一兩或半兩，因而至富矣。

《淮南子》：陽燧見日，然而爲火。許慎記云：「陽遂，金也。取金杯無緣者，熟摩令熱日中時，日下，以艾承之則然，得火也。」

陳耀文《天中記》卷八《生金》 李適之嘗與李林甫争權，不協。林甫陰賊好訣，謂適之曰：「華山生金，采之可以富國，顧上未之知。」適之性疎，信其言。他日從容爲帝道之，喜，以問林甫，對曰：「臣知之舊矣。顧華山陛下本命王氣之舍，不可以穿治，故不敢以聞。」帝以林甫爲愛己，而薄適之不親。《唐書》。

《六典通考》卷九五《市政考・山征》 天寶五年，李林甫爲相，謂李適之曰：華山有金鑛，采之可以富國，主上未知也。他日，適之因奏事言之。上以問林甫，對曰：「臣久知之。但華山，陛下本命王氣所在，鑿之非宜，故不敢言。」上以林甫爲愛己，薄適之慮事不熟，適之自是失恩。

天聖中，登、萊采金，歲益數千兩，仁宗命奬勸官吏。宰相王曾曰：「采金多，則背本趨末者衆，不宜誘之。」景祐中，登、萊飢，詔弛金禁，聽民采取，俟歲豐復故。後治之不發者，或廢之，或蠲主者所負歲課。

朱翌《猗覺寮雜記》卷下 李適之爲相，與李林甫不協。林甫謂適之曰：「華山生金，采之可富國。」適之爲帝道之，帝喜，以問林甫。林甫曰：「臣知之舊矣。華山，陛下本命王氣之舍，不可穿治，故不敢聞。」帝以林甫爲愛己，而薄適之。杜甫《封西嶽賦》云：「主上本命，與金天合。」則是華山爲玄宗本命所直之方，人間皆知之。適之爲相，獨不知耶？信巫卜小數，玄宗已失人君之大度；采金於山，亦非宰相富國之方。

《續文獻通考》卷二三《征榷考・坑冶》 〔元至元〕八年十二月，宣徽院請以闌遺漏籍等曰淘金，以勞民，止之。

楊士聰《玉堂薈記》卷二 翠屏又言處江軍民府産金，每雨後，山中尋得生金，有大於豆者，所謂金生麗水者也。土官木姓曾欲認黔國爲一族，而黔國大許也。有店房在張家灣，其他處亦多有之，見人執禮甚恭，其地諸生皆利其所有，每赴試，必以金爲贈也。

朱一新《無邪堂答問》卷五 雍正六年三月，塔爾巴哈台請開金礦，諭禁之，蓋地近金山，而是時淮夷未平，慮開邊釁也。乾隆後，曾開采其地，在達爾達木圖河旁，一名布克圖河。又新疆金、鐵、銅、鉛出産頗多，若慶綏城東之奎屯河、城西之濟爾噶朗河，皆産金之地。

洪亮吉《乾隆府廳州縣圖志》卷一六《濟寧府》 金鄉山在〔金鄉〕縣西北三十七里，接曹州府鉅野縣界。戴延之云：焦氏山北數山，有漢司隸校尉魯恭穿山得白蛇、白兔，不以葬，更葬山南，鑿而得金，故曰金鄉山。

崔國因《出使美日秘國日記》卷四 〔光緒十六年七月〕初四日，晴，亦有雨。黑龍江漠河金礦業經開採，金苗甚旺，茲聞距三姓東三百里，距吉林省一千三百六十里，地名巴虎。其地山川雄鬱，産金之地二百餘處，俄人覬覦之，聞當道已奏請開採，派員往查。風氣日開，富强有漸，殊可喜也。

〔光緒十六年八月〕二十七日，晴。京北漠河金礦出金頗旺，工人至萬餘名，風氣漸開，亦我國家富强之兆。因嘗聞諸父老，有明之季開礦之舉，閹人專之，利則入己，害則歸公，故後人遂以開鑛爲弊政，而不知歐、墨兩洲其富强，皆以此

也。比利時小國耳，其民僅五兆，而開鑛者至十萬人，其國雖小而富焉，亦可以覘風氣矣。

李鴻章等《〔光緒〕畿輔通志》卷六一《略一六·輿地一六·山川五·永平府》 洵金河在〔永平府盧龍〕縣南十里，《府志》：源出筆架，山合東北諸山，谷水西流入灤，其水產金，地名沙金廠。《雍正志》。

袁大化等《〔宣統〕新疆圖志》卷六二《山脉四》 曰蘇拉瓦克山。《于闐鄉土志》：在縣城東南三百二十餘里俠馬山迤北。謹案：或作梭羅瓦克洪圖，作索爾戛克，即大金廠，在于闐縣境東，譯言當風揚沙也。蓋以土人挖金，當風揚沙得名。

崔國英《出使美日秘國日記》卷二 〔光緒十六年正月〕十五日，晴。赴禮拜堂，送外部大臣之女葬。暹羅近准西人開礦，義人所開金礦已成一公司，名暹羅金礦有限公司。金礦之外，又多寶石礦，紅碧均備。其地在暹羅之西南、曼谷之東南二百四十英里，約一百見方英里。歡林礦爲義人所開，邏楞礦與邏辣脱礦一爲入英籍之華人所開，一爲英人所開。寶石產在地下黄沙層之中，其沙層深自數尺至二丈不等。更有金礦，一爲英人所開，二爲新加坡、暹羅領事入英籍之華人所開。來平省之金礦亦英人所開，更有准法人所開者，皆納租於暹羅焉。因謹按：暹羅，舊國也。明時其世子航海而來，愛安徽九華山之勝，遂結廬，終老不歸。蓋佛教也，世修職貢，今闕然矣。其地多礦，不自開而假手他國，其無遠圖可知。聞英、法二國均欲其地將來終爲分裂而已。

〔光緒十六年〕二月初一日，晴，夜大雨。聞新加坡埃白金礦出金甚旺，曾以礦石三百五十頓鍊之，得金八百七十兩云。因以每頓一千六百斤乘之，爲五十六萬斤，再以八百七十兩析之，爲礦石六百四十斤零得金一兩，尚不如奉天之金礦、臺灣之金沙也。

〔光緒十六年二月〕二十一日，小雨，天氣尤暖，不能著棉。阿非利加之南有一山曰薩枯羅，其中多金，英人現正採取。因謹按：中國東三省、朝鮮產金由來久矣，自礦學興而山東、臺灣、越南均產金，日本亦產金，印度、西比利亞亦產金。亞洲產金之地誠多矣。阿洲古以爲沙漠之地、煙瘴之區，而亦產金焉。惜乎土人闕之，而他人有之也。

又卷三 〔光緒十六年四月〕初七日，晴。暹羅素多金礦，巫來油之東約在北緯度十度，有地名朋得發者，尤爲數百年來著名出金之處。該處產金甚多，英國公司開採，祇以周圍叢林瘴氣傷人。又距曼谷（暹羅京城名。）之東七十五英里，名凱平者，亦爲著名出金之處，今英國新加坡某公司，於彼得一地，有二百五十見方英里云。

又卷一三 〔光緒十八年十二月〕十五日，晴。十三日，俄都來電，俄國西比里亞地方各金礦所採之黄金，近日分載十三馬車，運至俄都，有重兵護解云。因按：京北奉天、黑龍江興安嶺一帶產金最旺，西比里亞即毗連之省，故採金如此其多也。近聞越南、臺灣均產金沙。越南金沙由山澗中流出，土番依山畜鴨，中國戍兵購其鴨宰之，腸中每有金沙，土番不知採也，故法人窺伺之。臺灣金沙向歸官辦，招民自採，官給其值而收購之。現承辦之員請於上司，願每年繳銀六萬兩，歸其承辦，則漸有把握矣。

又卷一五 〔光緒十九年六月〕十一日，晴。阿非利加洲之南各國多歸英國管轄保護，有脱蘭威士國者，產金最饒。和蘭人先到，英人以保護爲名，踞其全土。每月所產之金值銀二百萬圓。其約翰尼士堡地方，六年以前，不過屋舍數間，自開金鑛後，人民麕集，現有八萬餘人，鐵路日興，地方日盛。又相近之金布地，地方每年所出鑽石值銀二千萬圓云。因查現時金價，較二十年前增至十分之五，或以爲銷耗多而出產少使然。非也，金之出產非少，乃外國以金爲錢，用之者太多耳。鑽石之價又數百倍於黄金，外洋婦人首飾不尚珠玉而尚鑽石，其質之剛，無堅不破，礦之堅而難開者，恒用之。其洞石也，如錐入木而鋒不磷。蓋天下之物，無有比其堅剛者矣。

又卷一六 〔光緒十九年七月〕初三日，晴。巴拿馬來電言，南墨洲之基阿拿國，英屬也。近日查得其地產金最多，較美國之金山、英國之新金山，及所屬之阿非利加洲之金布利國尤多。各國人民現赴基阿拿開礦者，絡繹相繼云。因嘗聞人言，美國產金，英之屬地多產金，宜其富也。顧南墨洲亦產金，阿非利加洲亦產金，何以不富而貧？澳大利亞即名新金山，產金至多，而自古至今，土人不聞開礦，乃留以貽英人。然則天地本有自然之利，必得其人而後興耳。今歐洲之國多巨富，而德國以外不聞產金，其故何也？嘗讀《蠶婦詩》曰：「君看羅綺者，不是養蠶人。」言商之奪其利也。然利權之操於商，豈僅中國爲然哉？地球蓋莫不然矣。

〔七月〕二十五日，晴。午正至希卡果換車，於亥初開車。十四日，俄國彼得堡來電言，俄國近日於開採金礦一事，詳加考究，故所採金數年有加增。一千八

百八十五年所採之金，值銀一萬四千羅卜。至今未及十年，現在所採之金，每年值銀三千六百六十餘萬圓云。因按：中國鑒於有明之季，世視開鑛爲畏途，遂至棄地寶而不取。而爲高論者，或以爲罄天地之藏，其立言誠大矣。然當今之世，羣雄角力，我如能閉關自守，拒使不來，若桃源之自爲世界，豈非盡善，而無如不能也。陸防之外，又有海防，製船制械製礮，軍需所費不止百倍，將何以籌畫哉？外洋開礦之舉，未可盡非也。

薛福成《出使英法義比四國日記》卷二《光緒十六年三月二十九日記》 近聞恰克圖邊外俄人穴地取金，邊境一帶小山，有登陟者聞地下有斧鑿聲，恐是俄人越界取金。據俄國礦師云，俄金漏入中國在九萬兩上下，緣各廠金砂悉應交官，由官爐鎔鍊，再運俄都鑄錢。鎔運之費、什一之税計耗十分之二，就近售與華商，即少耗折，故由本廠私賣者十之七八，由礦夫竊賣者十之二三。本廠私賣大率遣送華界，與巨商大賈相交，破案者少，礦夫零星盜竊未能徑送華界，華人於金廠附近開設店鋪，陽售雜貨，陰購金砂，積有成數，乃運華境，中途被劫被獲者十之三四，得脱者十之六七。金砂既至恰克圖，就地傾鎔，以入張家口，運京者十之三四，運津者十之六七，復有流轉入外洋者。又聞東三省内外蒙古地方産金最盛，兩國邊界山脈連屬，河流貫通，即如土謝圖汗部與俄國接壤，東西數百里到處産金。恰克圖迤東之切貴河分流諸水金砂尤多，俄人在切貴河挖金，往往侵入華疆，或鑿山，或淘河，晝還夜往，習以爲常。

又《光緒十六年三月三十日記》 俄地向不産金，有明中葉，吞併烏拉嶺諸部，尋獲金礦，建議開採。萬曆九年，爲俄人設廠取金之始。三百年來，拓地日廣，據有東西悉卑爾全境。阿爾泰山譯義爲金山，東幹北幹縱横數千里，山重水複，處處有金，故俄呼悉卑爾爲金穴。於是招礦師，設礦學，置礦官，頒礦律，凡産金之區由官丈量，聽民開廠，自行熬鍊，金砂送交官鑪鎔化，再運俄都錢局提淨，範爲金甎，以十分之九鑄錢幣，以十分之一作器皿。業主願得金甎金錢者，如數領取，否則請領金票，聽民交易。税收什一，轉運傾鎔之費亦什一，皆於業主取償。開礦之地分爲八部：一曰撇爾穆部，烏拉嶺東西金廠隸焉；一曰鄂蘭布爾部，烏拉嶺東南附近里海金廠隸焉；一曰西悉卑爾部，葉尼賽河以西、鄂蘭布爾以東金廠隸焉；一曰東悉卑爾部，葉尼賽河上下游東西境金廠隸焉；一曰拜喀勒斯克部，黑龍江以西、喀勒湖以南金廠隸焉；一曰牙庫特斯克部，外興安嶺東北金廠隸焉；一曰黑龍江部，尼布楚以東及黑龍江上下游金廠隸焉；一曰東海部，黑龍江東南海金廠隸焉。通計八部金礦，共設廠一千一百四十六所，常用礦夫七八萬人，俄都錢局得淨金九十七萬九千二百餘兩，約值銀二千餘萬兩。此係據官册而言，産之金實不止此，官商朋比，偷漏私銷，恐皆不免，現在採河金者十之七八，採山金者十之二三，河金多而施工易，故廠本較輕。

又薛福成《出使英法義比四國日記》卷三《〔光緒十六年六月〕二十五日記》

澳士地利全洲五省，即《瀛環志略》之澳大利亞，西人又謂之新金山，縱二千英里，横三千英里，雪梨、美利濱，英商最大，美商次之。近年金礦漸稀，惟馬牛羊生意甚盛，出口以羊毛爲大宗，每埠歲得金錢五百磅。入口以鐵爲大宗，紐約運來木板亦不少，粤人在此兩埠，共二萬餘口。亞都律袞司倫及近島紐詩倫、美市打聶等處尚有二萬餘人，商業少而傭工多，來貨旺而出口少。雪梨華商運售茶葉荳油居多，視美利濱較大，埠内華人種植煙葉者近年稍有起色。又叭拉辣埠爲美利濱英督所轄地，多金礦，礦深者六百尺至千尺不等，華商工人約七百餘名散處挖金，種植者亦數百人。亞都律埠中不過二百餘華人，新到者須各納身税十磅。大金山亦多金礦，華商十餘家挖金，種植者千餘人。吣治活埠屬域多利亞省華商僅數家，種植及挖金者七八百人。此處與大金山及叭拉辣三埠向時金礦最盛，華人約逾三萬，今金礦已稀，又加身税，華人艱苦甚矣，惟犯案者，英官以其不知英例，多從輕辦理。

又《出使日記續刻》卷一《〔光緒十七年五月〕二十二日記》通商 以來，論者慮銀錢流出外洋，固矣。然外洋之耗中國，乃黄金，非白銀也。西洋制幣皆以金錢計數，零星交易始用銀錢。英美諸國皆然。法國銀幣較重，仍不敵金。德國二十年前尚重銀幣，近始改鑄金幣。美國近來金礦漸虚，銀礦尚盛。聞昔内地金僅銀數兩，二十年尚在十兩内外，今至二十兩以外，與西國金價相若，非西人運往而何往哉？曩者雲南出金，經兵亂而止，吉林出金，驅逐金匪而亦止。今惟恰克圖邊外俄人所採金砂，經華人竊購，流入中國，轉藉鄰邦漏出之銀以供挹注，設彼禁絶私銷，内地金源將竭，經營北邊金礦似爲時務所宜。據俄礦師云，自恰克圖至庫倫，中途烏羅河、烏峒山一帶，皆有金苗金砂，至於唐努山北，葉尼賽河上游之水，富有金砂，俄人越界淘金，前年驅逐有案。

卷三《〔光緒十七年十一月〕二十九日記》 俄屬西伯里亞即鮮卑之轉音。鮮卑在東漢時已强盛，其國勢不過稍亞於匈奴，其種族亦甚繁熾。流入中國者，迄於南北朝時，數百年不絶，自唐以後日就衰微，漸徙而北，去塞絶遠，中國遂不

復知有鮮卑矣。後爲蒙古所逼，益徙而北，立國於今之西伯里亞境内，以其地荒寒，得以久存。迨俄羅斯既滅其境内之蒙古，遂逾烏拉嶺，闢地而東，至明中葉始滅鮮卑，今尚有鮮卑故城，俄音謂之西伯里亞，遂建西伯里亞省於此。西伯里亞省所採之金自西曆一千八百三十四年，至八十七年，凡五十四年中，計得二千九百八十二萬五千兩，其黑龍江及太平洋沿岸産金尚不在内。又一千八百八十八年，採得二十萬三千兩。八十九年，採得二十四萬二千兩。合之前五十四年中所得之金，已值英金一萬二千萬鎊。

杞廬主人《時務通考》卷一三《礦務三·開採·金》 地球産金數。金礦，遍地球各國都有之，惟所得皆不多，約計一年中，遍地球共得金一百九十五噸。俄羅斯、美里哥南、新金山、花旗金山，每年約出一百七十五噸。金之最多者，俄羅斯産金之處，計四千磅沙泥中，可得六十五粒金，至多得一百二十一粒金。其沙泥中，鐵多者金亦多。俄羅斯金礦，其山石是半變壞之合拉尼脱，其石名比里雖脱，其中有科子脈，金在科子中。其比里雖脱，與台而客、客羅愛脱相近，其洞直深二十五丈，再開横路至遇科子脈，每年約得金五十至七十五磅。普魯斯於一萬萬粒砂中，得金五十六粒，即金再少一半，尚有人取之。新金山每年得礦二十五萬磅，花旗金山每年得礦二百萬磅。

《許文肅公遺稿》卷一二附録《譯俄人康穆才甫斯基游記》 八十九年，光緒十五年。奉地理會之命，由鄂什取道帕米爾，訪察喀費爾依斯坦，阿富汗屬地。如不果，則訪察喇斯庫穆葉爾羌南境地及西藏一帶。【略】

［九十年］三月七日，又至泥雅，駐一禮拜。十五日，辭畢甫察甫，而南至索爾戛克，此爲崑崙北麓，有金沙，沙在河内，人即在河淘取，有掘至四十尺深者。

銀礦開採部

論説

陸容《菽園雜記》卷一四　五金之礦，生於山川重複、高峰峻嶺之間。其發之初，唯於頑石中隱現礦脈，微如毫髮。有識礦者得之，鑿取烹試。其礦色樣不同，精粗亦異。礦中得銀，多少不定，或一籮重二十五斤，得銀多至二三兩，少或三四錢。礦脈深淺不可測，有地面方發而遽絶者，有深入數丈而絶者，有甚微，久而方闊者，有礦脈中絶，而鑿取不已，複見興盛者。此名爲過壁。有方採於此，忽然不現，而復發於尋丈之間者，謂之蝦蟆跳。大率坑匠採礦，如蟲蠹木，或深數丈，或數十丈，或數百丈，隨其淺深，斷絶方止。舊取礦攜尖鐵及鐵錐，竭力擊之，凡數十下，僅得一片。今不用錐尖，惟燒爆得礦。

張萱《西園聞見録》卷九二《坑冶・前言》　陳公察曰：臣初留神思永，虛心博訪銀場利害，未嘗不痛念邊方因此困苦，委的合行封閉。以前撫按官節次建言，已爲懇切；該部節次執奏，已爲詳明。惟皇上宸斷一言，准令封閉，則明見萬里，庶惠遐方。大抵爲國爲民，但當權其利害分數，苟有利于國，有利于民，別無損害，是則宜力行之。設使利多害少，君子亦不必行。至于利國少而貽害多，固斷斷乎其不可行也。雲南銀場利國未十之一，貽害恒百且千，況十一之利，未必全歸乎國庫，而百千之害未免滋蔓於他方。且如判山等場，弘治十二年奏除之後，似乎稍息其害矣，續乃又有私竊採挖。正德九年奏開以來，似乎止在新興等五場矣，訪得另外卻又濫挖。摩柯、他白、個舊、等峒其間獲利多少，與夫曾否上供，固自擅於管理。太監史泰，臣素不與其事，無從稽考的數，其中隱弊雖在地方，若非博訪，亦未備知。況天階遠於九重，豈得而盡聞乎？惟其弊源不塞，則乘時射利，徒中僉小之欲，而貽害無窮，殊非國家之福也。況今年三月初八日以來，雲南府安寧州、大理府衛賓川州、鶴慶府白鹽井提舉司等處，地震數多，其切近銀場處所，震動尤甚。臣伏念近年海內地震之變，雲南獨甚。夫地道屬陰，理宜安靜，今乃若此，蓋緣前項銀場採挖已甚，地土氣脈傷損太多，陰道不寧，災異豈免。臣先是疏云地方竭於誅求，政謂此也。且地震之象，多主兵興之端，多起於盜賊，而鑽利之地，又誨盜之源也。抑採挖之夫，中間亦有逸賊逋囚、亡命無賴，日則投採，夜則劫盜。其他又與螳螂、母喜、龜山等處賊巢相近，若不蚤圖，誠一旦利動，勢激民窮盜聚，貽害他方，釀成大患。彼時雖欲救治，則爲計已晚，勞費不勝，民物愈不堪命。臣等悔今不言固已無及，與其臨難噬臍，孰若思患預防乎？伏望皇上軫念雲南僻處遠夷，民物久困，若日削月羸，邊方事變，易動難止。伏祈俯監節次撫按官建言，及該部執奏，俱已明白，斷不再疑，早賜封閉。仍必着之甲令，不許聚斂之徒再起釁端，庶使地方城池頗得軍夫之守，倉庫銀米亦省虛耗之虞，宿弊可以祛除，民患可以少息，此實雲南萬姓再生之感幸，不特臣等憂國之至願也。

呂坤曰：山澤之藏，本非山澤棄物，但天下大害，伏於大利之中也。故軍國告匱一開，而飢饉告急則一開。如嘉靖年間，開河南礦洞，勑該省撫按，誰敢侵剥殃民。南陽等府數歲飢荒，今日之民即前歲於食父肉、人食鷹糞，陛下發銀賑濟之民也。菜色未變，生氣稍回，自報殷實户而民半驚逃。自一切在官供應礦夫工食、官兵口糧皆倚辦於殷實户，而民多累死。自都御史李盛春嚴旨切責，而撫按避嫌，鄖陽巡撫馬鳴鑾前與臣書謂，六十餘里之地，常聚十萬之衆。文家洞二千人開之三月，止見砂十六眼，銀之有無，費之多寡，可概知矣。今礦稅無利，散民間而坐數納銀，民亦不能支括庫銀，而無礦代解。欽差二使亦有從實開報之心，而仲春貪殘肆虐，爲攘奪侵欺之計。朝廷得一金，郡縣費千金，有司不敢聲説，撫按不敢上聞，此豈陛下開礦之初意哉？伏乞勑下各省使臣嚴禁散砂不許借解，但有侵奪小民，捏害小民，如仲春者，必誅無赦，而各省之人心收矣。

陳忠倚《清經世文三編》卷六八《工政八・礦務・開礦下》　朱翼甫觀察所開之三山銀礦，陳崑山司馬所開之潭州銀礦，均爲礦師所愚，虧折頗多。【略】夫中國之礦，既如此之多且佳，則致富之道莫善於此，惟是礦産地中，採之非易，而識之更難，礦有層次淺深之別，必先明夫地學，而後可以辨其苗礦；有體質純雜之殊，必先諳夫化學而後可以區其類。近來泰西地學，較前益精，謂地球土石皆由層累而成，一爲新時石層，二爲白石粉層，三爲魚子石層，四爲得來斯層，五爲比爾米安層，六爲煤炭層，七爲舊紅砂層，八爲昔盧里安層，九爲甘比里安層，十

爲老林低安層，十一爲化形石層，十二爲花剛石層。土脈高下，各有其位，考訂既確，能知其礦在某層，不至貿貿然開採，枉費經營。

綜述

李世熊《錢神志》卷一《靈産一》　《漢書》曰：朱提一流，直錢一千五百八十。顏師古注曰：朱提縣名，屬犍爲，出善銀，即今四川嘉定州犍爲縣。

《諸葛亮書》云：漢嘉金朱提銀，採之不足以自食。韓退之詩：我有雙飲醆，其銀出朱提。《山堂考》曰：敘州城西有朱提山出銀，即此山也。

張玉書《佩文韻府》卷九五之四《入聲六・月韻四》　銀窟。《後漢書・郡國志》：朱提山出銀、銅。注：《南中志》曰：舊有銀窟數處。

《舊唐書》卷一四《本紀第一四・憲宗上》　元和三年六月戊辰，詔以錢少，欲設畜錢之令，先告諭天下商賈畜錢者，並令遂便市易，不得畜錢。天下銀坑，不得私採。【略】辛丑，五嶺已北銀坑任人開採，禁錢不過嶺南。

羅貫中《三國演義》卷一八《諸葛亮六擒孟獲》　洞外有三江：乃是瀘水、甘南水、西城水，三路水會合故爲三江。其洞北近平坦三百餘里，多産萬物。洞西二百里有鹽井，西南二百里，直抵瀘甘。正南三百里乃是梁都洞，一名僞州洞，中有山環抱其洞，山上出銀礦，故名爲銀坑山。

曹學佺《蜀中廣記》卷三四《邊防記第四》　《華陽國志》云：「治内寶藏寺落成未榜，而密勒山銀場始出，因以寶藏爲名。」

又《四川》　《華陽國志》：會無縣山色青碧，故其東南葛砧蜜勒諸山，【略】有四色；或産礦銀。《志》云：治内寶藏寺落成，未榜而密勒山銀場始出，因以寶藏爲名。

顧炎武《廣東中》　〔韶州府　翁源〕曰銀場，逕去縣一百五十里長安鄉。

銅岡銀場在乳源縣溪都，宋末廢，元再啓釁，民不勝苦，復禁。

曰銀坑，曰古樓坪在泉沙埔，其逕通揭陽、興寧二縣及芙蓉、梅林等隘。

又《福建》　〔詔安縣志〕六洞在縣西北六十里，聯接金溪諸山，舊有銀礦，奸民藉官射利，往往生事呈採。正德初，浦令胥文相奏罷之，堙塞已久。萬曆年間，奉勘合開採，陵谷爲墟，商賈雜遝，豪民假虎，鴟張更甚，二都之民，岌岌驚變。幸内旨停革，民乃安堵。今洞已封閉，仍以南詔所千户一員更番守之，然盜礦如故。異時開採藪聚，能免緑林之嘯哉。

又《天下郡國利病書・山東上》　〔臨朐縣〕嵩山在縣西南七十里，與黑山相連，出銀礦。其山下河水中亦時出礦，及沙金、鉛、錫、銅、鐵、石碌、白丹砂之類。署水埠銀礦洞一處。嘉靖間，奉欽差官採三次；黑山河銀礦洞一處，嘉靖三十年奉明文官採一次；樓青山石滓銀礦洞一處，兩嶺坡土滓銀礦洞一處，老猫窩頂銀礦洞一處。以上礦洞六處，俱封塞完固，總設義勇官一員，督率打手十名，并附近總甲二十名，鎗手一千名，巡邏看守。

〔兗州府〕沂州龍扒山銀礦洞一處，在州西一百二十里；寶山銀礦洞一處，在州西九十里；土洞山銀礦洞一處，在州西南上峪村；曬錢埠山銀礦洞一處，在州西南賈莊店。費縣簸箕掌山銀礦洞一處，在縣西南九十里；米家埠山銀礦洞一處，在縣西南香城村。

〔嶧縣〕楊家泉山銀礦洞一處，在縣東北楊家村。滕縣胡嶺山銀礦洞一處，在縣東北時杭村。以上礦洞，俱封塞完固。沂州兵備道駐劄統轄，設總巡沂州衛千户一員，帶領團操快手，協同老人并鄰近地方保甲人等巡邏看守。

〔莒州〕落山銀礦洞一處，七寶山銀礦洞一處，雪山銀礦洞一處，桑園銀礦洞一處，以上礦洞四處，俱封塞完固。各有義勇官一員帶領下班團操，快壯巡邏看守。蒙陰縣胡家寨山銀礦洞一處，在縣北一百八十里，今封塞完固。縣設義勇官一員，率領保甲人役巡邏看守。

〔登州府〕寧海州老鼠夼銀礦洞一處，在州西三十里；仇家埠銀礦洞一處，在州西南九十里；胡家溝銀礦洞一處，在州正南九十里；譚家口銀礦洞一處，在州東南一百里。以上礦洞五處，俱封塞完固。除編定地方夫役民壯巡守外，仍本州巡補官帶領巡補人役巡邏看守。

萊陽縣東關頂銀礦洞一處，在縣西北九十里，本縣官快等役外僉鄰近地方鄉夫五名在彼巡邏看守。福山縣化石銀礦洞一處，在縣西北四十里。

〔文登縣〕桑樹夼銀礦洞一處，在縣東二十五里；佛兒頂銀礦洞一處，在縣東南三十里；南滕圈銀礦洞一處，在縣正南四十里；南高村集北滕家銀礦洞一處，在縣正南三十里；墳臺頂後水銀礦洞一處，在縣正南四十里；馬鞍山南豹山汪銀礦洞一處，在縣正南二十里；狗見坑銀礦洞一處，在縣東三十里；横山銀礦洞一處，在縣東四十五里；李家山銀礦洞一處，在縣四十里；古積頂朋子

溝銀礦洞一處，在縣東北六十里；朋子溝龍王廟銀礦洞一處，在縣東六十里；仝家坑銀礦洞一處，在縣東北八十里；仝家坑銀礦洞一處，在龍池地名離縣東北九十里；惡石山喇嗒埠銀礦洞一處，在縣東北一百里；林村集後銀礦洞一處，在縣東北一百二十里；温泉寨後銀礦洞一處，在縣東北一百里；着棋山銀礦洞一處，在縣東北五十里；着棋山光頂小銀礦洞一處，在縣東北五十里；高落頂銀礦洞一處，在縣正北九十里；牛仙上里口銀礦洞一處，在縣西北七十里；千仙頂銀礦洞一處，在縣東五十里。以上礦洞二十三處，俱封塞完固。各有地方保甲人等巡邏看守。

〔棲霞縣〕古蹟頂銀礦洞一處，在縣東北八十里；西下夼銀礦洞一處，在縣東北八十五里；羊屎河銀礦洞一處，在縣東八十里；白馬夼銀礦洞一處，在縣東一百里；庵兒銀礦洞一處，在縣東南七十里；方山頂銀礦洞一處，在縣西南三十五里；望海嶺銀礦洞一處，在縣西五十里；麗家溝銀礦洞一處，在縣西七十里；黄夼銀礦洞一處，在縣西北十五里；粉子葫蘆銀礦洞一處，在縣東北三十里；西林磚銀礦洞一處，在縣北六十里。以上礦洞共一十二處，俱封塞完固。除古積頂洞係登州營官軍二十名每季輪流防守外，其餘俱係地方夫役巡邏看守。

〔招遠縣〕雲青頂銀礦洞一處，在縣東北五十里；猪窩銀礦洞一處，在縣東北五十里；歡窩銀礦洞一處，在縣正東五十里；柴窩銀礦洞一處，在縣東北五十里。以上礦洞五處，俱封塞完固。本縣差義勇官帶領下班團操快手巡邏看守。

畲蠻招集惡少，投托里胥，假爲文移，開礦取銀，因行刦掠。如香山縣恭常、都雞、拍村、銀涌、角守初産銀，取上供，屬廣州宜禄場。大觀中，廣東廉訪使黄烈奏言礦内苗脉微甚，而淳冗之人以納官爲名，發毁民田，騷動邀販。詔罷宜禄場，令官封之，違禁者誅。逾三百年，人無敢發者。正德中，順德豪民勾引勢家，糾集逃叛及白水賊徒，僞捏朝旨執照，乃開礦採煎。衆民初猶拒之，其後力不能勝，盡被屠戮而淫其妻女，使供炊爨，每歲得銀漸至千餘兩。嘉靖甲辰，苗脉已盡，賊徒乃散，然其地鷄犬桑柘亦俱盡矣。

大率坑匹採礦如蟲蠹木，或深數丈，或數十丈，數百丈，隨其淺深斷絶方止。舊取礦，携尖鐵及鐵鎚竭力擊之，凡數十下僅得一片；今不用鎚尖，惟燒爆得礦石，不拘多少，採入碓坊，舂碓極細，是謂礦末；次以大桶盛水，投礦末於中，攪數百次，謂之攪粘。

又《山東下》 署水銀洞，在臨朐縣去縣六十里，黑山銀洞，在臨朐縣，去縣七十里。【略】兩縣山銀洞，在蒙陰縣，去縣八十里。【略】

孝廉劉璞記曰：萬曆二十五年，礦事起，上遣内官監太監陳增督山東礦務，於是棲霞金洞，臨朐破丘、莒州胡石港銀洞，官給夫置棚廠開採。增所至，頤指長吏。至莒州，谷文魁恐其遷怒，騷擾地方，供張頗盛。增約束參隨，得不甚横，但索阿堵而已。後增舟至莒，查礦利無獲，銀之解監者不如數。谷知州請以正額加銀包採，省開採之費，申之當道，可之。於是以鄉民爲洞官，封口罷採。會益都縣知縣吴宗堯與增抗，露章彈增，命不下。增章上，上怒，逮宗堯至法司，令各監考察各地方官賢否，兼知查盤束，專舉劾。增遂遣原奏官顧其禮查莒州。其禮肩輿唱騶，旌旄夾衢，行牌禁肅。坐司院，閱城視倉，聲赫藉甚。既增以開採久，乾没貨山積，遂不復巡游，駐劄徐州，據河漕之衝。其禮亦專制儀真榷稅，以鹽賈爲奇貨，一傾奪不下千萬，視北方蟣蠓也。增初所携厮役數十人，並充原奏官，散置諸城、日照、莒北鄉等處，以本地無賴人爲嚮導，先疏知富室者名，所鄰魁然之丘，指爲金藪，分牌强督，不如指，即捉至寓，綑笞幾斃。聞之有司，俱短氣，無敢誰何，罄所有贖之，始免其人。又波及無算。蓋莒之大亂者三年餘，而增、其禮利在南方，不復顧及北方，於是所遺嚮導，爲被害者鳴之官，論如法，徙遣。其禮以捕鹽賈，急疾暴死舟中。數年，增亦以贓罪昭露，崽甚，仰藥死，厮役俱擬重辟。

鄭若庸《類雋》卷二三《珍寶類・銀》 銀穴。《廣州記》云：廣州市司用銀米遂成縣，任山銀穴有銀砂。

鑄礫。王韶之《始興記》云：小首山，宋元嘉元年，夏霖雨，山崩處，光耀若辰，居人往觀，皆是銀礫，鑄得銀也。燭光。《爾雅》云：鍾之寶山銀，有精光如燭。

謝旻《江西通志》卷三《沿革・德興縣》 本饒州樂平之地，有銀山出銀及銅。唐總章二年，邑人鄧遠上列取銀之利。上元二年，因置銀場，令百姓任便採取，官司十二稅之，其場即名鄧公，隸江西鹽鐵都院。《太平寰宇記》。

南唐割據，始置德興縣，四面皆水，取其地産銀，惟德乃興之義。《名勝志》。

又卷二七《土産》 銀，金谿縣出。唐時嘗置場，尋廢。

銀，南城縣出，宋時有太平等坑，今無。

銀，弋陽、玉山二縣出，今無。

銀，德興縣銀山，一名鄧公山。唐總章初置場，至宋天聖間，山穴傾摧，而銀課未除。范仲淹守郡，請罷。于朝因有詩云：「三出專城鬢已霜，一封奏罷鄧公場。」

又卷一一《山川》 白鹿岡在府城東五十里。相傳唐永徽中，張蒙逐白鹿於此。《舊志》：又以德興鄧公山爲隋駙馬張蒙逐白鹿之所。後人指爲銀精變，現奏立銀場，則去府城遠矣。

章如愚《山堂考索後集》卷六〇《財用門・銅錢類》 宋太祖。【略】産銀有桂陽、開寶、龍焙三監，又五十一場，在饒、虔、信、建昌、越、衢、處、建、福、漳、汀、南建、邵武、南安、廣、韶、連、英、恩、春、秦、興、元等州軍。

李燾《續資治通鑑長編》卷九七《真宗》 産銀有桂陽、開寶、龍焙三監，五十一場，在饒、虔、信、建、昌、越、衢、處、道、福、漳、汀、南劍、邵武、南安、廣、韶、連、英、南恩、春、秦、興元等州軍府。《兩朝志》：無處、道、廣、南恩、興元五州府，却增陝、虢、商、隴、并、衡、泉七州。

《宋史》卷八五《地理志一》 唐州，上。淮安郡。建隆元年升爲團練，開寶五年廢。平氏縣。崇寧户八萬九千九百五十五，口二十萬二千一百七十二。貢絹。縣五：【略】泌陽，中下。湖陽。中下。有銀場。

又卷八七《地理志三》 隴州，上。汧陽郡，防禦。崇寧户二萬八千三百七十，口八萬九千七百五十。貢席。縣四：【略】汧源，望。有古道銀場。

又卷八八《地理志四》 紹興府，本越州，大都督府，會稽郡，鎮東軍節度。大觀元年，升爲帥府，舊領兩浙東路兵馬鈐轄。紹興元年，升爲府。崇寧户二十七萬九千三百六，口三十六萬七千三百九十，貢越綾、輕庸紗、紙。縣八：會稽，望。山陰，望。嵊，望。舊剡縣，宣和三年改。諸暨。望。有龍泉一銀坑。

郴州，中，桂陽郡軍事。紹興初，改隸荆湖東路，二年仍來屬。崇寧户三萬九千三百九十三，口一十三萬八千五百九十九，貢紵。縣四：郴，緊。有新塘浦溪二銀坑。桂陽。中。唐義昌縣，後唐改郴義，太平興國初又改，有延壽銀坑。

又卷八九《地理志五》 〔福建路〕永福，望。有黄洋、保德二銀場。長溪。

建寧府，上，本建州，建安郡。舊軍事，端拱元年，升爲建寧軍節度；紹興三十二年，以孝宗舊邸，升府。崇寧户一十九萬六千五百六十六。貢火箭、石乳、龍茶。元豐貢龍鳳等茶、練。縣七：建安，望。漢縣。有北苑茶焙、龍焙監庫及石舍、永興、丁地三銀場。浦城，望。有余生、蕉溪、觔竹三銀場。嘉禾，望。本建陽縣。有瞿嶺四銀場。景定元年改今名。松溪，緊。崇安，望。淳化五年，升崇安場爲縣。政和，緊。咸平三年，升關隸鎮爲縣。政和五年，改關隸爲政和縣。有天受銀場。甌寧。望。熙寧三年廢，元祐四年復。

南劍州，上，劍浦郡，軍事。太平興國四年，加「南」字。崇寧户一十一萬九千五百六十一。貢士茴香。元豐貢茶。縣五：劍浦，緊。舊龍津縣，南唐改。有大演、石城二銀場，雷、大熟等五茶焙。將樂，上。太平興國四年，自建州來隸。有石牌、安福二銀場。順昌，上。南唐升永順場爲縣。沙，中。有龍泉銀場。尤溪。上。有尤溪、寶應等九銀場。

漳州，下，漳浦郡，軍事。崇寧户一十萬四百六十九。貢甲香、鮫魚皮。縣四：龍溪，望。有吴慣、沐犢、中栅三鹽場。漳浦，望。有黄敦鹽場。龍巖，望。有大濟、寶興二銀場。長泰。望。太平興國五年，自泉州來隸。

桂陽軍，本桂陽監，同下州。紹興元年隸荆湖東路，二年復故，三年升軍。崇寧户四萬四百七十六，口一十一萬五千九百，貢銀。縣二：平陽上。隋縣，晉廢。天禧三年置。有大富等九銀坑，熙寧七年復。藍山中。景德三年，自郴州來隸。

又卷九〇《地理志六》 慶遠府，下。本宜州，龍水郡，慶遠軍節度。舊軍事州。景祐三年，廢崖山縣。宣和元年，賜軍額。河池縣，不詳何年併省。咸淳元年，以度宗潛邸，升慶遠府。元豐户一萬五千八百二十三。貢生豆蔻、草豆蔻，元豐貢銀。縣四：【略】南渡後，增縣一：【略】河池。下。有銀場。

高州，下。高涼郡，軍事。開寶五年，廢良德縣。景德元年，併入竇州，移治茂名。三年復置，以二縣還隸。元豐户一萬一千七百六十六。貢銀。縣三：【略】電白，下。信宜，中下。唐信儀縣，太平興國初改信宜，熙寧四年廢竇州，以信宜縣來隸。有銀場。茂名。下。開寶五年，自潘州來隸。

洪亮吉《乾隆府廳州縣圖志》卷二八 〔天台縣〕赤巖場在縣西十里。宋元祐四年，以礦發置銀場，尋廢。

俞高山，在〔宣平〕縣南六十里舊産銀礦。又礱坑山在縣西北三十里，亦同。又雲和縣武岱山下有銀坑四處，【略】景寧縣亦有銀坑，明初開採，後皆封閉。

又卷三〇 三國吴太平二年，析南城縣置南豐縣，於今廣昌縣界。隋開皇九年，併入南城。唐景雲二年，復置南豐縣，先天二年省，開元八年復置，屬撫

州，後徙縣治此。宋淳化二年，改屬建昌軍。縣故城有二：一在廣昌縣東吳縣也；一在今縣東。唐時徙置銀場在縣南七十里。宋時看都銀場也。王存云：南豐有看都、茨湖、蒙池、太平四銀場。

〔金谿縣〕銀山在縣東二里，唐時嘗出銀礦，故名。上有南唐時銀坑碑記，又銀監在縣治内，即南唐所立金谿場。

〔贛縣〕銀場。王存云：縣及瑞金、雩都、會昌、虔化皆有銀場。樂史云：瑞金場，本淘金之地。宋史天聖四年，以虔州石城産銀，置義豐場。

又卷三三 〔瀏陽縣〕銀場在縣北焦溪嶺。王存云：縣有永興、焦溪二銀場。

〔衡山縣〕銀場在縣西。《宋史》：衡山有黄簳銀場。【略】〔寧遠縣〕銀場在縣南。王存云：寧遠有上下槽一銀場。

〔將樂縣〕銀場在縣境及沙、尤溪三縣。王存云：南平有大演、石城二銀場；將樂有安福、石隅二銀場；沙縣有龍泉銀場；尤溪有寶應、安仁、濠坑、龍門、新豐、小安仁、杜唐、梅營、龍蓬九銀場。

〔建陽縣〕銀場。王存云：建陽有黄柏洋、武仙、大同山、瞿嶺四銀場；浦城縣有通德、潘家山、余桑三銀場，余生、蕉溪、芹竹三銀坑。又《圖經》：建陽有虎鼻窠銀坑，在縣西北嘉禾里，與崇安邵武各山連界。又東山在縣東十里，舊産銀礦。

又卷三四 〔郴州〕銀坑有三，二在州境，一在桂陽縣。《南宋史》：郴有新塘、浦溪二銀坑，桂陽有延壽銀坑。

又卷三九 〔詔安縣〕又【金溪山六洞山】並在縣西北，二山連接，舊有銀坑。

〔古田縣〕銀場在縣西北二百里。又龍嶺坑、游家坑、赤巖坑，皆有銀鑛。

〔永福縣〕銀場在縣西。王存云：永泰縣有黄洋、保德二銀場，又有銀礦在縣西，地名太原。宋元豐中，嘗鑿取之。

〔同安縣〕又龍池銀場在縣西崇信里。宋熙寧三年開，元豐元年閉。

〔長泰縣〕内方山在縣東北八十里，下有銀礦。明萬曆中曾開，尋封閉。

又卷四〇 〔福安縣〕東山在縣東北七十里。下有銀坑。又縣有劉洋、上坪二銀坑，皆久廢。

官臺山在〔壽寧縣〕縣東北八十里。下有銀坑。又縣東南五十里馬鞍山及羅家佛際等山，並有銀坑。

又卷四二《連州》 銀場有二，一在〔連〕州南同官峽，一在陽山縣西北。

又卷四六 〔楚雄縣〕碧藏山在縣西南一百二十里，産銀礦。開採榷税，名永勝場。

〔南安州〕表羅山在州西南四十里。一名老場，雲南銀場此爲最。

又卷四一《惠州府》 劉宋西平廢縣在〔歸善〕縣西。按：王存云：「歸善有西平、流坑，二銀場。西平疑即故縣。」

柯維騏《宋史新編》卷二三《志九·地理》 興寧，望。有銀場。長樂。上。銀場四。

賀州，下。臨賀郡軍事，大觀屬廣西路，南渡同。縣三：【略】臨賀，緊。有銀場。富川，上。桂嶺，中。貢銀。瀧水，下。銀場二。貢銀。

慶遠軍，下。本宜州龍水郡軍事，厚陵嘗爲刺史。宣和升慶遠軍節度，咸淳以度宗潛邸升府。縣四：【略】龍水，又天河，下。有德謹砦。忻城，中下。思恩，下。砦三。南渡後，增縣一：【略】河池，下。有銀場。羈縻州十，軍一，監一。貢生豆蔻、草豆蔻，元豐貢銀。

高州，下。高涼郡軍事。舊信宜縣置竇州，熙寧六年，廢入高州。縣三：【略】電白，下。信宜，中下。有銀場。茂名。下。貢銀。

建寧府，上。本建州，建安郡。舊軍事，端拱升建寧軍節度。孝宗即位，以舊邸升府。縣七：【略】建安，望。有北苑茶焙、龍焙監庫及石舍、永興、丁地三銀場。浦城，望。有余生、蕉溪、舫竹三銀場。嘉禾，望。本名建陽，景定元年改。有豐嶺四銀場。松溪，崇安。望。政和，有天受銀場。

南劍州，上。劍浦郡，軍事。太平興國加「南」字。縣五：【略】劍浦，銀場二。茶焙五。將樂，上。銀場二。順昌，上。沙，中。有龍泉銀場。尤溪。上。銀場九。

漳州，下。漳浦郡，軍事。縣四：【略】龍巖，望。銀場二。長泰。望。貢甲香、鮫魚皮。

永福，望。有黄洋、保德二銀場。長溪。望。有王林銀場及鹽場。

涼州，下。漳浦郡軍事。縣四：【略】龍溪，望。鹽場三。漳浦，望。有黄敦鹽場。龍巖，望。銀場二。長泰。望。

吴士玉《駢字類編》卷七四《珍寶門九·銀》 銀穴。《南越志》：遂成縣任山有銀場，銀沙。

李賢等《明一統志》卷二一《大同府》 雕窩崖，在廣昌縣東六十里。舊有銀

洞，今塞。

又卷二五《登州府》 昌陽城，在萊陽縣東七十里。漢置縣晉省，城東百四十里有黄銀坑，唐貞觀初得之。

又卷五〇《饒州府》 銀山，在德興縣東三里。一名鄧公山，山出銀。唐總章初置場，至宋天聖間，山穴傾摧，而銀課未除。范仲淹守郡，請罷。于朝因有詩云：「三出專城鬢已霜，一封奏罷鄧公場。」

又卷六四《衡州府》 土産：銀，桂陽州出，舊有九坑，曰大湊岡、大板源、龍圖、毛壽、九鼎、小白竹、水頭、石笋、大當。鐵，桂陽州、并衡陽、耒陽、常寧三縣出。

又卷六六《郴州》 土富山，在永興縣東南三十里。山有銀井，鑿之轉深。昔有人於半道見三老翁，以杖授之，忽不見，視其杖，皆銀，因名土富山，井曰三翁井。

又卷六七《成都府》 潺水，在綿州東五里。源出潺山下，流入涪水，合羅江。水源有金銀礦，民得採以爲業。

又卷七八《福寧州》 土産：銀。州境及二縣(福安縣、寧德縣)俱有場。

張英《淵鑒類函》卷三六二《珍寶部二・銀三》 斫柱、賜盆。《稽神録》云：饒州鄧公場采銀之所，山底天祐募銀夫十餘人，鑿地道入數步，空闕明朗。有穴如天窗，柱石皆白銀也。采者持斧入，將斫之，俄而山摧，盡壓死，自是無敢下者。

曾慥《類説》卷一二《稽神録》 鄧公場採銀。饒州鄧公場，採銀之所，山有澗水出山底。天祐末，銀夫十餘人傍澗鑿穴，纔入數步，空闊明朗。山頂有穴，如天窗，日光下照，樓閣回繞，生石皆白銀也。採銀者復出，持斧而入，將取之，俄而山摧，入者盡壓死。頃之，流血自澗出，數日不絶。自是無敢入者。

王存《元豐九域志》卷一《京西路・唐州》 中下，湖陽。州南六十里。二鄉，省橋一鎮，花山一銀場。有唐子山、蓼山、泌水。

又卷三《陝西路・商州》 中，上洛。二鄉。西市、黄川二鎮。龍渦、鎮北二銀場。阜民一鐵錢監。有楚山、熊耳山、丹水。

又《隴州》 望，汧源。六鄉。定戎、新、關隴西三鎮。古道一銀場。有隴山、汧水、蒲藪。

又卷五《兩浙路・處州》 望，龍泉。州西南三十五里。五鄉。高亭一銀場。

又《衢州》 縣五。乾德四年，分嘗山縣置開化場，太平興國六年升爲縣。

望，西安。一十七鄉。南、北二銀場。有石室山、信安溪。

又卷九《廣南路・端州》 中，高要。五鄉。三水一鎮。沙利一銀場。

又《南恩州》 中，陽江。南津銀坑山，礦脉甚微。

又《潮州》 望，興寧。州東北一百三十五里。二鄉。夜明一銀場。

又《福建路・漳州》 望，龍巖。州西二百七十里。二鄉。天濟、寶興二銀場。

又《建州》 望，建安。七鄉。【略】石舍、永興、丁地三銀場。

望，浦城。州東北三百三十里。一十鄉。遷陽、臨江二鎮。通德、潘家山、余桑三銀場。余生、蕉溪、勳竹三銀坑。【略】

緊，關隸。州東南二百二十里。四鄉。舊一鎮。天受一銀場。

又《南劍州》 緊，建浦。七鄉。東津、西津、羅源、静江四鎮。大演、石城二銀場。雷、大熟、濛洲、遊坑、紛常五茶焙。【略】

上，將樂。州西二百四十里。三鄉。石牌、安福二銀場。【略】

上，尤溪。州南一百五十五里。四鄉。寶應、安仁、漆坑、龍門、新豐、小安仁、杜唐、梅營、龍逢九銀場。

又《汀州》 望，長汀。三鄉。留村一鎮。上寶一銀場。歸木、挨口二銀務。莒溪一鐵務。

望，寧化。州東北一百八十里。三鄉。龍門、新舊二銀場。【略】長永、大庇二銀坑。

談鑰《〔嘉泰〕吴興志》卷四《事物雜志・安吉縣》 銀坊，在移風鄉，古采銀之處。以上見《舊編》。

陳耆卿《〔嘉定〕赤城志》卷七《公廨門四》 高梁銀場，在縣西北六十里。今廢。

又卷一六《財賦門・上貢》 代發平海軍銀子一千兩。每年合認發絹二百五十四，綿子一千五百兩。嘉定十三年，準戶部符行下，據知泉州真舍人德秀申：「本州銀坑生發之時，朝廷撥台、信州、建昌、邵武軍，合解上供銀數，令本州代納，却以四州所産紬絹比折塘還。」

阮元《〔道光〕廣東通志》卷九四《輿地畧一二・金類》 銀。廣州、康州、瀧州、端州、新州、封州、潘州、春州、勤州、羅州、辯州、高州、恩州、崖州、瓊州、儋州、萬安州、欽州、賓州、廉州、陸州。土貢：銀。《書・地理志》廣州、番禺有銀鑪，清遠、大富一銀場，東莞、香山二銀場，韶州曲江、靈源、石膏、岑水三銀場，翁源、

大湖一銀場，樂昌、伍汪、黄坑二銀場，循州、興寧、夜明二銀場，潮州、海陽、豐濟一銀場，連州、桂陽、同官二銀場，端州、高要、沙利一銀場，梅州、程鄉、樂口一銀場，英州、真陽、鍾峒一銀場，浛光、堯山、竹溪、師子三銀場，惠州、歸善、西平、流坑二銀場，高州、電白、高北一銀場。《元豐九域志》。陽江縣南津銀坑山，礦脈甚微。《明統志》【略】

密陀僧，蘇恭曰：出波斯國，蘇頌曰：今嶺南、閩中銀銅冶處，亦有之，是銀鉛脚。《政和證類本草》

又卷一〇九《山川畧一〇・高州府》 鑑山在城東北四十里，下有清溪如鏡，故名俱同上，在寶山之北，舊有銀坑。《輿地紀勝》。

又卷二一六《古蹟畧一・惠州府》 西平廢縣，劉宋置。在縣西。《九域志》。歸善縣有西平銀場，疑即故縣。《清一統志》。

謹案：《宋齊志》俱作西平。《宋史・地理志》亦云西平銀場，惟《寰宇記》、《九域志》作西平。

施國祁《金史詳校》卷四《金史》卷四九《食貨志四》 大定二十七年，尚書省奏聽民於農隙採銀，承納官課。【略】明昌三年，以提刑司言封諸處銀冶，禁民採煉。【略】墳山西銀山之銀窟凡百一十有三。案：文三百七十二字自下卷「榷場」文後改入，其卷目可據，係胥手前脱後補者，因從後入前，故詳載於此。集禮墳山在銀山西北嶺，南屬奉先縣，有銀洞五十四處，嶺北屬宛平縣，有銀洞六十二處，據此，則百一十有三，當作百一十有六。

黄震《黄氏日鈔》卷六七《讀文集九・范石湖文》 奏四：蜀酒課重上爲出，上供錢四十七萬，對減折估，成州東柯鎮、太平監之間，去虜境三十里有銀坑，恐啓戎心，棧塞之。論：安撫司不當闢城寨，官事屬制司，凡皆帥蜀時奏也。

祝穆《方輿勝覽》卷三四《廣東路・廣州》 寶山。在東莞。有銀場，今廢。

卞寶第劉坤一《〔光緒〕湖南通志》卷六一《食貨七・物産二》 郴州有新塘、浦溪二銀場，桂陽縣有延壽銀場。《九域志》。銀冶八十四有郴州，《文獻通考》。郴州有銀場。《明統志》。宋景定中，開銀場於郴州之葛藤，坪知州王橚奏罷。《一統志》。

《宋會要輯稿・食貨三三・坑冶上》 銀坑。湖南路，興發四十一處，停閉五十處。廣東路，興發四處，停閉六處。福建路，興發三十二處。浙東路，興發一十處。廣西路，興發一處，停閉一十四處。江東路，停閉一處。江西路，興發二處，停閉一十三處。

《元史》卷一六《本紀第一六・世祖一三》 發雲州民夫鑿銀洞。永昌站户饑，賣子及奴産者甚衆。

又卷九四《志第四三・食貨二歲課》 銀在大都者，至元十一年聽王庭璧於檀州奉先等洞採之。十五年，令闞世顯等於蓟州豐山採之。

又卷二〇五《列傳九二・姦臣》 至元元年十一月，制國用使司奏：「桓州峪所採銀鑛，已十六萬斤，百斤可得銀三兩、錫二十五斤。採鑛所需，鬻錫以給之。」悉從其請。

李衛《〔雍正〕畿輔通志》卷五七《土産》 《元史》：銀在大都者，至元十一年於檀州奉先等洞採之，十五年於蓟州豐山採之。

唐順之《荆川稗編》卷一一《户九・元歲課・元志》 銀在大都者，至元十一年聽王庭璧於檀州奉先洞採之。十五年，令闞世顯等於蓟州豐山採之。〔至元〕二十八年，又開聚陽山銀場。

陸楫《古今説海》卷一三《説選一三・橄欖子》 八九月熟，其大如棗。《廣志》云：「有大如雞子者，有野生者，高不可梯，但刻其根，方數寸許，入鹽於中，子皆落矣。」今高涼有銀坑。橄欖子細長味美，於諸郡産者，其價亦貴。

梁章鉅《浪跡叢談》卷五《開礦議》 明洪武間，陝西商縣有鳳凰山銀坑八所，福建尤溪縣有銀屏山坑冶八所，浙江温、處等屬有銀場。永樂間，福建浦城縣有馬鞍等銀坑三所，貴州有葛溪銀場，雲南大理銀冶。

徐弘祖《徐霞客遊記》第四册上《粤西遊日記四》 有孟英山，在南丹西五十里，芒場相近，止産銀。永樂中，遣中使雷春開礦於此，今所出甚微，不及新州矣。雷春至孟英時，河池所城是其所築。

王偶《思軒文集》卷一五《右軍都督府都事倪君墓碣銘》 事竣，巡按八閩，閩地舊多銀坑，啓閉不常，時言者謂寶之足以潤國，下地官議，君按節，未行。

黄廷桂《〔雍正〕四川通志》卷二四《山川》 〔會理州〕密勒山在州東二百里，産銀礦。明宣德年置銀場，遣官開採，以雲南官兵充礦夫，尋罷。

又卷三八之六《物産》 銀。《唐志》：巴西縣出，今無。

銀。會川衛出，明常置銀場。

《明會要》卷五七《食貨五・坑冶》 正統十年，令開雲南、福建、浙江銀礦。天順七年，詔封閉各處坑場。

〔成化〕九年，奏准：各處山場有新生礦脈者，從各鎮巡三司等官勘實開採。已上王圻《考》。

弘治二年，令封閉四川密勒山銀場。王圻《考》。

〔弘治〕十三年，雲南巡撫李士實言：「雲南九銀場，四場礦脈久絶，乞免其課。」報可。四川、山東礦穴，亦先後封閉。《食貨志》。

陳道黄仲昭《〔弘治〕八閩通志》卷五《地理·山川》〔古田縣〕銀場坑，在横溪里。

又卷六《地理·山川》〔松溪縣〕東山，在遂應場五里許，亦名吴家山。自趾至項皆石少樹木，舊産銀礦，有穿穴十餘，深邃盤曲，莫究深淺，取礦者必舉火以入。

又卷一二《地理·山川》〔福寧州〕峬嶺，在七都下，有東墻渡通寶豐銀場。新嶺在十五都，路通寶豐銀場。最高者曰「大新嶺」，其次曰「小新嶺」。上有瀑布，如銀河倒瀉。人過其下，雖盛暑，亦蕭爽如秋。

福安縣東山，在九都。上有天池，積雪不消。相傳昔有繆仙者，修行於此，邑人乎爲繆仙峰，下有銀坑。

又卷一三《地理·城池》〔浦城縣城〕成化六年，巡撫副都御史滕昭以浦城爲閩首邑，又其地左鄰處州，右接永豐，時有私自攘敚官坑銀利者，請復築城以守。

又卷二四《食貨·阬冶》〔福州府〕永福縣保德場，初銀後銅。黄洋場銀、銅並輸。五龍場、銀斜場、龍場俱輸銀。已上坑場，俱宋慶曆、嘉祐、紹聖、政和間發，後並廢。

〔建寧府〕建陽縣銀場，在縣西北嘉禾裡。

〔建寧府〕政和縣天壽銀場、吴山銀場，俱在政和南里。温洋銀場，在政和西里青田縣界。已上三塲俱廢。横林銀錫塲，在感化下里四都，宋慶元間發，舊有横林局，後礦絶，以官田塲補額。赤石谿銀塲，在政和南里十六都，即今石豹坑。官田銀塲，在政和里十三都，有山前、炭山、三七、吴泮、烏巖、鳳頭，凡六所。谷洋銀塲，在政和西里十六都，有大磨、七寶、鳳尾，凡三所。

〔延平府〕沙縣大濟銀場，宋元祐間置。

〔福寧州〕福安縣劉洋坑銀場，在縣西十六都。上坪坑銀場，在縣北七都。

漳州府【略】漳浦縣銀坑，在縣二都金溪山。龍巖縣銀坑，在縣鐵石洋東寶山。

〔福寧府〕黄海銀坑，在州東北十八都，正統十年發，十四年廢。

〔福寧州〕本州玉林場，初輸銀并鉛，後輸銀。錢馬坑小葉坑，俱輸銀并銅。

又卷二五《食貨·土産》〔福州府〕貨之屬：銀。古田羅源有銀場。

〔建寧府〕松溪縣上、下官坑，東山上、下坑，半巖坑，横縫坑，空縫坑，滐頭坑，水壠坑，横闌坑，十八塔坑，後井坑，續增。已上俱遂應場銀坑，舊十一所，新一所，今俱廢。崇安縣銀坑，在縣西北周村里，舞仙三堡山之後。漳浦縣銀坑，在縣二都金溪山。龍巖縣銀坑，在縣鐵石洋東寶山。沙縣大濟銀場，宋元祐間置。

嵇曾筠《〔雍正〕浙江通志》卷一八《山川》 梧桐峰。弘治《衢州府志》：在縣北七十里，與紫微峰相望，號南北高峰，或謂南北銀峰。蓋南北銀場，實二峰支麓故也。

魯曾煜《〔乾隆〕福州府志》卷二六《物産二》 銀。《正德府志》：古田羅源舊有銀場，久塞。《古田志》：舊志載，寶興銀場，在新俗里二十九都。宋天禧間發，明弘治間封禁。又游家銀坑在三十一都，隆慶五年禁閉；赤巖坑在二十八都，萬曆二十七年，高内監招商開採，利微告罷。三十三年，奉文永禁。按：古田銀場坑，今俱屬屏南。

《續文獻通考》卷二三《征榷考·坑冶》 武宗正德三年，令封閉河南宜陽等縣洞穴。

宜陽之趙保山、唤鄉窪，永寧之秋樹坡，盧氏之高觜兒、嵩之馬槽山等洞，俱照舊封閉。時又從中官秦文等奏，復開浙閩銀礦。既而，浙江守臣言礦脈久絶，乃令歲進銀二萬兩。劉瑾誅，乃止。

六年，封閉雲南銀場九處，免其課。

至九年，軍士周達又請開雲南諸銀礦，并銅場、青緑。詔可，遂次第開採。十五年，又令雲南銀礦新興場，及新開處所一併封閉，以後不許妄開。嘉靖初，又命閉雲南大理礦場。

〔明世宗嘉靖〕十六年，命廣開山東等處銀礦。

山東巡按李松言：「沂州寶山開礦七十八所，得白金一萬一千三百兩，宜將龍爬山、石井山以次開採。」帝責户部推諉，命撫按力任之。至十九年，又令四川建昌衛并會川、密勒山礦場，及陝西甘州大黄山等礦洞，俱照舊封閉。自後，蘇、豫、齊、晉、川、滇所在，復進礦砂金銀，俱議開採，以助大工。既獲玉旺峪礦銀，

又諭閣臣廣爲開採。户部尚書方鈍等請，令四川、山東、河南撫按嚴督所屬，一一搜訪，以稱天地降祥之意。於是公私交騖礦利，天下漸多事矣。

董天錫《(嘉靖)贛州府志》卷二　沙寶，縣東北百十里，兩峯並峙。宋初有樵者，逐白鹿入地，掘深尺餘，銀礦溢出，遂置銀場，宋寶慶中廢。

又卷五《創設》　銀坑，安仁下里，弘治丙辰，張副使璁設。丁巳，知縣高顒每隘建堂宇制，如巡檢司，各縣同。龍溪銀坑，縣東五十里，俱黄金鄉。

馮惟訥《(嘉靖)青州府志》卷一一《兵防》　睪水銀洞，在臨朐縣，去縣六十里。黑山銀洞，在臨朐縣，去縣七十里。【略】兩縣山銀洞，在蒙陰縣，去縣八十里。

謝純《建寧府志》卷一《建置沿革》　壽寧本正文和之東北里，及福安縣之十一等都地，國朝景泰六年析置，編二十二圖。

先是境有大寶坑銀場，每爲温、處流民盜採，并肆剽掠。景泰初，洞蠻鄭懷冒擁衆嘯聚，於官臺山作亂。

又卷三《山川》　東山，在遂應場，一名吴家山。其山皆石，少樹有銀礦，穿穴十餘處，深邃盤曲，取礦舉火以達。

陸釴《(嘉靖)山東通志》卷五《山川上》　喬家洞，在沂州西南九十里。又有黄泥洞、黑滲洞、白扭洞、雙脚洞，俱與寶山相近。元時取銀礦於此。

《明史》卷一八《世宗紀二》　(嘉靖三十四年)十二月甲午，開山東、四川銀礦。

(三十五年五月)丁亥，左通政王槐採礦銀於玉旺峪。

又卷四六《地理志七》　鄧川州北有鍾山，又有普陀江，一名蒲萄江，又名彌苴佉江，南入西洱河。又東有豪豬洞，一名銀坑。又有青索鼻，上巡檢司。

張廷玉《通鑒綱目三編》卷二四　(嘉靖三十五年五月)採薊州礦銀。

薊州玉旺峪進紫礦砂一百五十斤。先是，有詔採薊州礦銀，禮部議遣司官一員往，既行。及是，帝以天地之寶不可不重，命追還原遣官，更遣制勅房辦事左通政王槐、錦衣衛千户仝天爵，同内使一人採礦銀于玉旺峪。尋，户部主事張芹進山東寶山諸礦砂二百十七兩，礦銀二百兩有奇。帝以爲少，命從實開取，及嚴禁官民隱匿侵盜者。其未取之所，仍令奏聞取之。

張萱《西園聞見録》卷二九《工部六・坑冶前言》　附《温處地方議》：温、處二府，嚴水、青田、瑞安、平陽等縣，鯤村、浮雲、沐溪、羅洋等處，僻在萬山，産有銀礦，頑民自置兵器，偷礦争坑，慣習私鬥，動輒殺傷，因福建鄧茂七及此等偷礦之徒乘時蜂起，當事奉勑提兵，且撫捕渠魁殆盡，脅從多擒，餘黨投誠，願皆復業。此幾處賊起雖十分不能盡絶，亦已見其漸次平安。但温、處二府，瑞安、慶元等縣與福建松溪、政和、福寧、福安等處地方連界，有寄住流民兩處，糧里互相隱蔽，彼此交通，向不報籍，未能約束，合仰各府縣委官嚴督里老，各照疆界，應有寄住人民，從實取勘原籍鄉貫。見在丁口明白，有産業者隨處安插生理，移關行勘，别無違礙，一體撫恤。候造黄册，附籍當差，其銀場處州府麗水等縣，温州府平陽等縣各報坑，洪武年間歲辦銀二千八百七十餘兩，取課太輕。永樂年間歲增至七萬七千五十餘兩，宣德年間增至八萬七千五百餘兩。各坑開辦實有二萬五千七百九十餘兩，倍納六萬一千七百八十餘兩，取課大重。正統年間減數三萬八千九百三十餘兩。緣坑内昨歲礦少，今歲礦多。或昨日採有，今日採無。是歲課額難定，若增太重，賠貱民難，宜勑該部計議，候添設縣治停當，照依宣德年間採辦實有銀數二萬五千七百九十餘兩，約量各縣坑場出銀多寡，定派委官，嚴加提督。各該坑首、油銀、甲匠、匠丁、夫役人等按季採辦銀課進納，庶得坑場各有管理，其偷採之徒，應募在官庶免後患。又往時偷礦之徒，置有皮甲、筤筅、鉤刀叉撑。及反寇烏合，置造者衆，節次進兵殺敗奪得，并差人撫化，追出皮甲等項兵器一萬八百三十一件，擬於班師時已給榜，着編排門夫甲，互相挨究，但有器械，着令送官，誠恐奸詐。仍有私藏，合行府縣，委官逐處挨查，不致私藏兵器。結報之後，若有敗露，全家問發充軍。其私造前項兵器者，本身匠作并俱論死罪；家下人丁并兩鄰知情不首者，俱發充軍。

湯日昭《(萬曆)温州府志》卷五《食貨志・坑冶》　泰順縣長埄尾坑，石門下坑，俱七都，龜伏外銀場坑，在七都高陽水尾。洋望爐、茅坑爐、圳頭爐、溪底爐、武嶺爐。俱七都。

按：甌五邑惟泰順有三硐，然礦脈甚微，往盜采之徒嘯聚，賴前後諸令君封錮之，庶以銷患於未形也。頃鑿山之使徧於宇内，泰之硐已經開採矣，乃費逾什伯，而利蔑絲毫，且在役之官民，不勝告瘁。近知府林公繼衡議，以所費當其所運，遂罷採。彈丸泰邑，其稍獲息肩乎。

又卷一八《雜志・古蹟》　(泰順縣)官衙，在七都高陽。永樂間，焦溪銀坑開時，藩臬重臣按駐，故立，今廢址存。同知廳在七都長峯尾山之上，銀坑開時立，今廢址存。

佚名《諸司職掌・吏部》　四川阜民司，福建銀屏山銀場。

陸應陽《廣輿記》卷一四《湖廣》　銀。興國州西黄姑山出，舊有銀場，今廢。

又卷二一《雲南》　表羅山南安産銀礦。

宋應星《天工開物》卷中《五金第八・銀》　凡銀，中國所出，浙江、福建舊有坑場，國初或採或閉。江西饒、信、瑞三郡有坑，從未開。湖廣則出辰州，貴州則出銅仁，河南則宜陽趙保山、永寧秋樹坡、盧氏高嘴兒、嵩縣馬槽山，與四川會川、密勒山，甘肅大黄山等，皆稱美礦，其他難以枚舉。然生氣有限，每逢開採，數不足則括派以賠償，法不嚴則竊争而釀亂，故禁戒不得不苛。燕、齊諸道，則地氣寒而石骨薄，不産金銀。然合八省所生，不敵雲南之半，故開礦煎銀，唯滇中可永行也。凡雲南銀礦，楚雄、永昌、大理爲最盛，曲靖、姚安次之，鎮沅又次之。

凡石山硐中有礦砂，其上現磊。然小石微帶褐色者，分丫成徑路，採者穴土十丈，或二十丈，工程不可日月計。尋見土内銀苗，然後得礁砂所在，凡礁砂藏深土，如枝分派别，各人隨苗分徑横挖而尋之。上楮横板架頂，以防崩壓，採工篝燈，逐徑施钁，得礦方止。凡土内銀苗或有黄色碎石，或土隙石縫有亂絲形狀，此即去礦不遠矣。

凡成銀者曰礁，至碎者曰砂，其面分丫若枝形者曰礦，其外包環石塊曰礦。礦石大者如斗，小者如拳，爲棄置無用物。其礁砂形如煤炭，底襯石，而不甚黑，其高下有數等。追民鑿穴得砂，先呈官府驗辨，然後定稅。

〔開採銀礦圖〕

劉嶽雲《格物中法》卷五上《金部・銀》　雲南舊有銀窟數千，劉禪時歲常納貢，亡破以來，時往採取，銀化爲銅，不復中用。《南州八郡志》。

嶽雲謹案：銀化爲銅，蓋當時苦於礦政，以愚官吏。

顧炎武《肇域志》卷一二《浙江一》　處州府，古名括蒼。元爲處州路，本朝己亥年改爲府。其地多山少田，民有銀鑛之利。

麗水縣治編户一百二十六里，衝煩民刁，銀坑一處，今廢。

又卷一三《浙江二》　龍泉鉛坑曰大梅榴，曰寶峰，今坑廢課存。白銀坑曰地畬，曰馬鞍山，曰乾土垟，曰烏冕尖，曰石柱下，曰大梨留地，曰大塢，曰萬歲坳，曰嶮坑榅岱，曰老婆林，曰石柱九際，曰昴山，曰大梅岫，以上係國朝永樂間，坑久廢。曰梅兒灣，曰黄源岡，曰杉山欄，曰櫃籠灣，曰蒲灰灣，曰白礓腰，曰猪獐頭，曰周務尖，曰古礱，曰欄柘，曰千東垟，曰榧樹灣，曰高巖頭，黄銀坑在二十二都，上管黄茅尖。以上係宣德以後坑。弘治五年，奏請封閉。

又卷一八《山東五》　〔莒州〕南十五里，有胡石港銀洞在焉，居民往年曾開之，遂致争鬭。後奉詔開採，費浮於獲，乃罷。

又卷二三《山西二》　〔廣昌縣〕雕窩崖在縣東六十里，舊有銀洞，今塞。又東爲車輞谷，谷有銀沙洞，有禁。

又《雲南一》　南安州，因元舊。府東南五十里。在路東南。山嶺稠疊，林麓四周。《元史》。會基關巡檢司，在州南一百二十里。表羅山，在州西南九十里。産銀礦，一名老場。滇諸銀場，此稱最。

又《福建一》　長泰縣，府東四十里。編户一十九，里裁減，僻簡，多盜。城周九百九十一丈。天柱山在縣東五十里，最高，多巖洞之勝。朝天嶺在縣東南三十里，舊漳郡，入京道也。内方山在縣東北八十里，下有洞，出銀礦。萬曆二十七年，中使奉旨開，林商徒蝟集姦人，攘奪其間，知縣管橘編寮甲，設官兵以防禦之，邑得無事，今洞封閉。

崇安縣，府北二百四十里。編户八十八，里城周一千丈有奇，衝繁，民饒。有山寇。楚閩限界，盤山疊阜，懸崖深谷，鳥道紆迴。其蔽大者，曰分水關，有一夫當關，萬夫莫敵之雄。次者曰觀音、曰温林、曰寮竹、曰樵嶺、曰岑陽、曰桐木，凡六。馬森《城記》舊有崇安、大安二遞運所，革。有舞仙三堡，山後銀坑一所。

浦城縣，府北三百三十里。編户一百五十八里，地饒民刁。地勢高亢，其山險峻，其水湍急。《府志》：城周一千八百丈，有棠岱山横縫等銀坑一十二所，及鐵冶。

政和縣，府東二百四十里。編户五十五里，無簿，山僻簡，民刁。舊城周二千二百二十三丈。嘉靖四十一年被倭燬陷。萬曆四年，知縣張應圖改築半山周八百四十三丈，新城地狹雖易爲守，然敵據山巔，則城中虚實可望。而見春水方漲，敵決水而直下之，則城可灌。山上沙土易壅，環而填之，則城可躍而登，計利害度長，便在後之君子。有谷洋等銀坑二所，及鐵冶七。星溪在縣治前，發源銅盤山下，經感化。【略】

松溪縣，府東一百六十里。編户六十三里，僻簡，民刁。城周九百五十五丈。舊治在縣東一十五里松源鎮，宋開寶八年，徙今治。有遂應場後井銀坑一

所，及鐵冶。湛盧山在縣南，連亘東關、杉溪二里。

壽寧縣，府東二百五十里。編户二十五里。裁減，僻頑。地處萬山之中，山多村少，地僻人稀。《府志》：城周七百七十丈。景泰六年，分政和、福安二縣地置，有官田銀坑一所。

〔漳浦縣雲霄〕鎮，故懷恩古縣。南距擡林，延袤數百里。深林叢莽，群不逞多嘯聚其間。迤東通嵠埔山竇菁，畬傜僮時出爲寇，鄉導而直北。第一關以外蜿蜒盤鬱，人徑寥絶，目爲三險，實當浦、詔、平之衝，有二都金溪山銀坑。

又卷五〇《福建二》〔詔安縣〕金溪山，作金雞山，在縣西北四十里。連接六洞諸山，舊有銀坑，堙塞已久。萬曆中，奉旨開採，商估雜遝，豪猾假虎，二都山民岌岌驚變，幸内旨停革，洞已封閉。又以南詔所千户一員，更番守之，然盜礦者猶故，詔人有隱憂焉。

顧祖禹《讀史方輿紀要》卷三三《山東四》〔沂州〕艾山，州西二十五里。《左傳》隱六年，公會齊侯於艾，即此。或以爲艾陵誤也。又五坪山在州西四十里，五峰相連，其上平坦，因名。層山在州南九十里，有數山相連屬。又有寶山在州西南九十里。上有銀坑。《志》云：寶山旁有喬家、黄泥、黑滲、白扭、雙眸等洞，元時取銀礦於此。

又卷四〇《山西二》〔祁縣〕團柏谷，《九國志》：北漢主以僧劉繼邕知國政，繼邕遊華巖，見地有寶氣，乃於團柏谷置銀場，募民鑿山採取，北漢主因置寶興軍是也。

又卷四一《河南六》〔伊揚縣〕銀葫蘆山，在縣西南。宋紹定六年，孟珙追金將武仙至此，大破之。仙逸去，降其衆七萬。又縣境有五重山，唐開元十五年，税伊陽五重山銀場，即此。

又卷七四《四川九》〔會川衛軍民指揮使司〕又密勒山在衛東二百里，産銀礦。宣德五年，置銀場，遣官開採，以雲南官兵充礦夫，尋罷。

又卷七六《湖廣二》〔興國州〕銀山，州北十五里。四面皆山，多産銀礦，亦名大銀山，元時曾採銀於此。《志》云：州西二里，有黄姑山，亦産銀，舊有銀場。

又卷八〇《湖廣六》〔桂陽州〕九鼎山，州西北七十里。高三里，周十里。**【略】**又大湊山在州西八十里。舊出銀坑，淘者紛錯，商賈輻輳，因名。**【略】**《志》云：桂陽州産銀，宋天禧三年置有九坑，曰大湊岡、曰大板源、龍圖、毛壽、九鼎、小白竹、水頭、石笋、大富，今皆廢。

〔瀏陽縣〕翟家砦，縣東百五十里。與江西宜春縣分界，有巡司戍守。《宋志》：縣境有永興及舊溪銀場，今廢。**【略】**

〔衡山縣〕嶽津鎮，在縣城南。臨湘江，有巡司戍守。《志》云：縣境有雷家埠、草市諸處，皆險要，舊俱設巡司。黄華驛，在縣東五十五里。又縣西南四十五里有霞流驛。《湘州記》：又縣西有黄簳銀場，宋置，元廢。

又卷八二《湖廣八》〔郴州〕北湖，州北一里。**【略】**《宋志》：郴縣有新塘、浦溪二銀坑，今皆廢。

〔永興縣〕白豹山，縣西九十里。山險峻，高數百丈，周百餘里。接衡州府耒陽縣界。又高亭山，在縣西三十里，周迴百十里，亦接耒陽縣界，頂有仙亭，高數丈，唐以此山名縣。又天竺山，在縣西二十里，山亦高聳。龍耳山，在縣西十五里，周亘五十餘里，南接郴州界。又土富山，在縣西南二十里。《志》云：山舊有銀鉡，鑿之益深，因名。《一統志》云：山在縣東南三十里。**【略】**

〔桂陽縣〕耒水，縣西十里。發源耒山，西北流經興寧縣界，合資興水，又西北會郴水，經衡州府耒陽縣界，下流注於湘水。淇江水，在縣北二十里，自桂東縣南流經此，合河橋水，北入興寧縣界，或曰即瀘渡江之上源也。《志》云：縣南十里有壽江水，北流入城，其下流西入耒水。宋時縣有延壽銀坑，蓋以此水名。

又卷八五《江西三》〔永豐縣〕平洋山，在縣東南六十里。舊有坑曰平洋坑，出銀礦。其地去仙霞十五里，而近浙閩，諸盜常窺伺焉。

又卷八八《江西六》〔石城縣〕鎮淮堡，在縣東南，地名淮上。蹊徑曠僻，通長汀、寧化，向爲盜藪，因置堡設兵，防禦攸賴。又縣東南百里有古樓崠之三途朗村，係汀州府界，舊亦爲盜藪。嘉靖末，屢犯縣境及瑞金諸處，官兵討平之。又南嶺阨，在縣北。又有壩口、羊畬二隘，皆通廣昌之道，而南嶺尤爲要阨。又站嶺阨，在縣東十五里，接寧化縣界。西有鐵樹，阨路通寧都縣。縣南九十里有藍田隘及秋溪隘，路出瑞金縣。《志》云：縣有義豐場。《宋國史》：天聖四年，虔州石城産銀，置義豐場，是也。

又卷九二《浙江四》〔寧波府〕天井山，府西南七十里。**【略】**又有銀山，舊産銀，皆森秀。

〔天臺縣〕赤城驛，縣治西南。宋置。又飛泉驛，在縣西二十五里。靈溪驛，在縣東二十里。《宋志》：舊路由靈溪驛入京，謂之亭頭。後改自東門，驛廢，尋又廢飛泉驛，元并廢赤城驛。赤巖銀場，在縣西十里。

又卷九三《浙江五》〔衢州府〕爛柯山，府南二十里。一名省空。《通典》謂之石橋山，以中有石橋也。道書謂之青霞第八洞天，即晉樵者王質遇仙處。又南里許曰響谷山，巖壁峭立，水環其趾，巖半有穴，風嘘則鳴，因名。疊石山，在府南四十里，以層巖累疊而名。《志》云：府南七十五里有爵豆山，舊出銀礦，唐元和四年閉塞。五代時，錢氏復開，後仍閉。

又卷九四《浙江六》〔龍泉縣〕匡山，縣西南百二十里。匡水出焉，流入雙澗，與大溪滙。宋濂云：其山四旁奮起而中窊下，狀如箕筐，因號匡山。高處南望閩中數百里間，秋毫畢現。劉基曰：匡山四面皆峭壁拔起，建溪之水出焉。又東有西山，西山之東曰昇山，高勝亞於匡山。又仙山在縣西百五十里，與遂昌、浦城接界。良葛山，在縣界山，有銀坑。

又卷九六《福建二》〔古田縣〕杉洋鎮，縣東四十里。有巡司。南至羅源縣百八十里，洪武十二年建。《志》云：杉洋地出銀坑，多礦盜。舊設捕盜館，并郡司馬分駐於此，後廢，尋復置。

又卷九七《福建三》〔浦城縣〕盆亭鎮，【略】溪源巡司，在縣東北六十里。地連江浙，寇盜出没。宣德八年，御史楊禧巡察銀場，請置司於此。【略】

〔松溪縣〕東山，在縣東南五十里。一名吴家山。自趾至頂皆石，少樹木。舊産銀礦，有穿穴十餘，深邃盤曲，莫究深淺，取礦者必舉火以入。宋隆興間，嘗立瑞應場，設官採銀，後廢。【略】

〔政和縣〕黄熊山，在縣治北。縣主山也。形如展旗，亦曰文旆山。城南又有文筆山，峯巒峭拔，與此相望。又有蓮花峯，在縣東，峯巒高峻，紫翠重疊，爲縣之勝。洞宫山，在縣東南。重疊九峯，狀如蓮花瓣，名九蓮峯。道書謂爲第三十七福地。中有谷陽，地平衍，産銀砂，廣四五里，旁有夾岫如壁。宋坑冶司舊址猶存。【略】

〔壽寧縣〕大寶坑，在縣南，亦曰寶峯場。又有少陽坑、雲山坑，與政和縣界之少亭坑，俱産銀礦處。流民從而盜採，馴至嘯聚剽掠閩浙之間。景泰初，殲其渠魁，嚴爲之禁，然覬覦卒未能絶。

又卷九八《福建四》〔建寧縣〕洛陽驛，縣東南二十五里。又有都溪驛，在縣西三十里。今俱廢。《舊志》：縣西熊家嶺有綏城驛，縣東有鳳山驛，縣治北有灘江驛。皆宋元時置，明初廢。《宋志》：縣有龍門等二銀場。

〔泰寧縣〕大杉嶺，宋爲銀場，後廢。奸民多盜鑿之，山遂崩陁。

又卷九九《福建五》〔詔安縣〕金溪山，在縣西北四十里，俗曰金鷄山。與六峒諸山相接，舊有銀坑。正德初議開採，不果。萬曆中復議開，商賈雜遝，姦宄欲乘機爲變，尋奉旨封閉，又以南詔所官兵更番戍守。然盜礦者，隱匿猶故也。

〔安溪縣〕磨鎗嶺，縣西百里。山嶺險巇，路通漳州府長泰縣。《志》云：自嶺而西南爲銀場，即龍溪縣界也。【略】

〔龍巖縣〕東寶山，縣東五里。《志》云：山麓舊産銀砂，因名。上有龍井洞，中爲翠屏山，亦曰翠屏峯，峯下即龍巖也。

又卷一〇一《廣東二》〔陽江縣〕北津山，在縣南三十里。其對峙者爲南津山，夾峙海口，自東隄海而西，延袤數里。二山之間有獨石，高十餘丈，周四十餘里。山出海口二里，其下淵深不測。《志》云：北津山外掉奔潮，内衛村陌，邑之外藩也。又有銀坑山，在南津山側，高三十餘丈，周二十里，有十八井，相傳宋南恩州知州余久大鼓冶於此。稍西有馬母山，在大海中，去縣五十里。

又卷一〇二《廣東三》〔韶州府〕臨瀧廢縣，在府西。【略】《宋志》：曲江縣有永通錢監、靈源等三銀場、巾子銀場，是也。

〔翁源縣〕南北嶺隘，縣東百八十里。又縣東百二十里有冬桃嶺隘，百五十里有銀場，逕隘。又有桂丫山、冬瓜嶺、佛子凹等隘，皆在縣東百三十里。相近又有甲子磜、道始巖等隘，俱與惠州府河源縣、南雄府始興縣、江西龍南縣接界。

又卷一〇四《廣東五》〔電白縣〕寶山，舊縣治北一里。秀麗特立，形如圓珠。宋紹興間，創登高亭，植松於上，爲郡登臨之勝。山之麓有送龍岡，其南爲獅子坡，縣治憑焉。又有鑑山，在縣北三里。舊有銀坑。

藍鼎元《鹿洲初集》卷九《盧烈姬傳》　時，仲坑山開銀礦，鎮轅月有陋規，每至盈千百。

金鉷《〔雍正〕廣西通志》卷一四《山川》〔賀縣〕橘山在縣北二十里。上有七十二峯，攢奇競秀，中多橘，故名。又常産銀，宋置銀場於此。

又卷一一六《山川》〔南丹土州〕孟英山，在州西三十里。産銀砂。明時曾開礦，旋罷役。

又卷一二八《榷税》　元和四年，勅五嶺以北所有銀坑，依前任百姓開採，禁現錢出嶺。

宋開寶四年，禁嶺南商税鹽麴，如荆湖法，五月罷賀州銀場。

廣西有銀坑，令供銀置場發賣。

又有玉田場，在城西南一百五十里。爲河池州東北境，設官管坑丁，採礦以貢，皆如寶積監，旋亦廢。又有富安監，在城南一百六十五里。設監官管坑户，採砂以貢。其砂脈延綿白石中，坑户以火煅石，鑿而取之，得砂凡四等：大則顆塊，次則箭頭，又次則顆粒，餘皆末砂，價以是爲等差，自後猺賊叛亂，坑丁逃散，砂脈亦盡，監遂罷不採。

鄂爾泰《(雍正)雲南通志》卷二六《古蹟附塚墓》 諸葛寨，在城東三十里。地名豪猪洞，南山頂有石牆遺址，下有龍潭，石壁上有龍形並星雲人、馬狀，層見疊出，如雕刻然。武侯擒孟獲於銀坑洞，即此。

穆彰阿《(嘉慶)清一統志》卷一五四《解州》 温泉山。在夏縣東，南接平陸縣界，中有礦洞，出銀。明萬曆二十五年，開採，無驗。三十三年封禁，又有三岔山礦洞，在縣東二十五里。

又卷二〇五《綏德直隸州》 換香洞。在宜陽縣西南五十里。中有銀礦。明成化間，土民嘗竊採之，有司奏請閉塞，設巡司防守。

又卷二三六《鳳翔府》 銀場。在隴州東。《九域志》：汧源縣有古道一銀場。

又卷二四六《商州直隸州》 阜民監。在雒南縣東南。【略】《九域志》：上洛縣有阜民錢監，又有龍渦鎮北二銀場，《縣志》：監在縣東南四十里紅崖山下。按朱陽監在河南陝州。

又卷三〇一《衢州府》 銀場。《九域志》：西安縣有南北二銀場，南場蓋在爵豆山下。【略】

土産：黄連。《郡縣志》：衢州貢。按：《唐書・地理志》：衢州、西安有銀。《九域志》：西安有南、北二銀場，今廢。

又《衢州府》 爵豆山。在西安縣南七十五里。舊有銀礦。唐元和中閉墓。五代錢氏時，復開，後仍閉。

又卷三〇五《處州府》 東馬鞍山。在松陽縣東四十八里。狀如馬鞍，横絶水口。《唐書・地理志》：松陽有銀出，馬鞍山即此。

玉巖山。在宣平縣南六十里。其東爲東巖，四面陡絶，惟一徑捫蘿可入，一名赤石樓，相傳昔時每兵起，鄉人輒避於此。少西爲西巖。兩巖對峙，中有清風峽桃花洞。又有俞高山與玉巖對峙，舊産銀礦，今塞。

又卷三一一《饒州府》 鄧公山。在德興縣東三里。舊名銀山。《元和志》：銀山在樂平縣東一百四十里。每歲出銀十萬餘兩。《寰宇記》：鄧公山在德興縣北六里，本名銀山，因鄧遠爲名。《明統志》：山在縣東三里。唐總章初，因邑人鄧遠之請置場。至宋天聖間，山穴傾摧，而銀課未除，范仲淹守郡，請罷於朝。有詩云：「三出專城鬢已霜，一封奏罷鄧公場。」

又卷三一三《饒州府》 《唐書・地理志》：饒州有銀坑三，今俱廢。謹附記。

又卷三一四《廣信府》 平洋山。在廣豐縣東稍南六十里，舊有坑曰平洋坑，出銀礦，其地去仙霞僅十五里，明時以盜賊窺伺，設兵戍守。

又卷三一五《廣信府》 寶豐故縣。在弋陽縣南五十里。宋淳化五年，升寶豐場爲縣。景德元年廢爲鎮。康定中，復置。慶曆三年，又廢。《九域志》：弋陽縣有寶豐館及寶豐銀場。

又卷三二〇《建昌府》 百丈嶺。在南豐縣南。《寰宇記》：在縣西南八十里，高百丈，與福建將樂縣分界。《舊志》：在縣南七十里，亦名百丈隘，即古刊都銀場。【略】

看都銀場。在南豐縣南七十里，即百丈嶺。《九域志》：南豐縣有看都、茨湖、蒙池、太平四銀場。按看都後訛爲刊都，太平即今白舍鎮茨湖，在今廣昌縣蒙池。無考。

又卷三二一《建昌府》 白舍鎮。在南豐縣西南六十里，即宋太平銀場也。崇寧中兼置太平巡司，明洪武二十九年廢。【略】吴茱萸。《寰宇記》：建昌土産吴茱萸。又有承露仙，俗謂之白藥。按《舊志》載《省志》、《宋史・地理志》，南城有太平等四銀場，今無。謹附記。

又卷三三二《撫州府》 銀山。在金谿縣東二里。唐時嘗出銀礦，故名，一名寶山，其西里許有白面塢，蓋南唐時鑿山採銀之所，上有《銀坑碑記》。

又卷三三一《贛州府》 銀場。《九域志》：贛縣有蛤湖銀場。又雩都有天井錫場，會昌有援溪錫場。【略】《舊志》：雩都縣舊有銀場，在縣東北智義鄉佛婆里，今縣東北七十里有銀坑舖，蓋亦以銀場得名。【略】《宋史・地理志》：會昌有銀場。《九域志》：贛雩都俱有銀場。

又卷三三五《武昌府》 黄姑山。在興國州西二里，舊有銀場。【略】

大銀山。在興國州北十五里。元時於此採銀，相近有小銀山。

又卷三五五《長沙府》 銀場。在瀏陽縣北焦溪嶺。《九域志》：縣有永興、焦溪二銀場。

又卷三六二《衡州府》 黄簳銀場。在衡山縣西。《宋史・地理志》：衡山有黄簳銀場。

又卷三七一《永州府》 銀場。《九域志》：寧遠有上下槽一銀場□。《田縣志》：下槽洞在縣南五都。

又卷三七八《郴州直隸州》 銀坑。有三二在州境。《宋史・地理志》：郴州有新

塘、浦溪二銀坑。一在桂陽縣南。《宋史·地理志》：桂陽有延壽銀坑。

又卷三九九《寧遠府》 密勒山。在會理州東二百里，産銀礦。明宣德五年，置銀場，遣官開採，尋罷。

又卷四二八《泉州府》 〔安溪縣〕又龍池銀場。在縣西崇信里。宋熙寧三年開，元豐元年閉。

又卷四二九《漳州府》 內方山。在長泰縣東北八十里。下有銀礦。明萬曆二十七年，中使奉命開採，商徒蝟集，奸宄乘機攘奪，尋封閉。

金溪山。在詔安縣西北四十里。一名金雞山，又二十里有六洞山，二山聯接，舊有銀坑。萬曆中，議開採，居民岌岌驚變，尋封閉。

又卷四三〇《延平府》 銀場。在將樂、沙、尤溪三縣。《九域志》：南平縣有大演、石城二銀場，將樂縣有石牌、安福二銀場。沙縣有龍泉銀場，元溪縣有寶應、安仁、漆坑、龍門、新豐、小安仁、杜唐、梅營、龍蓬九銀場。【略】

羅珊。南海人，正德中，知永安縣。時年利者訛言縣西南忠洛鄉有銀鑛，其地去縣六十里，密通大帽山。舊爲盜藪。珊抗言禁阻，事乃得止。

又卷四三一《建寧府》 東山。在建陽縣東十里。雄壯秀麗，中有一峰高出群山，曰妙高峰。又松溪縣東北五十里，亦有東山，自趾至頂，皆石少樹木，舊産銀礦。【略】

洞宮山。在政和縣東南一百五十里。九峰重疊，狀如蓮花，亦名九蓮峰，道書以爲第三十福地，相傳古有魏、虞二真人煉外丹成，飛昇於此，因名魏虞洞天，一名無爲洞天，中曰谷洋地，平衍若水之洋，廣四五里，産銀砂，旁則巖岫夾立，若牆壁，然宋置坑冶司，舊址猶存。【略】

龍焙監。在建安縣南一百五十里秦溪里。東去古田縣八十里。《寰宇記》：宋開寶八年，以州地出銀礦，置場，收銅銀。太平興國三年，升爲龍焙監，凡管七場，俱在秦溪里。【略】

銀場。建陽、浦城二縣皆有，今廢。《九域志》：建陽縣有黄柏洋、武仙、大同山、瞿嶺四銀場。浦城縣有通德、潘家山、余桑三銀場，余生、蕉溪、筋竹三銀坑。【略】又浦城縣西北有大濟、馬鞍等場，黄槧、楊樹等坑。永樂、宣德間，開採無效，廢。

瑞應場。在松溪縣東南東山下，宋隆興間置設官採銀。明洪武初亦嘗開採，永樂後以礦脉微絶，封閉。

杉溪場。在松溪縣西杉溪里。《寰宇記》：在龍焙監東北三百里，出銀礦。

東平場。在政和縣西北東平里。《寰宇記》：在龍焙監東北二百五十里。又《九域志》：縣有天授一銀場。《縣志》：又有谷洋場，在縣東南洞宮山。宋置坑冶司，後徙黄嶺坑，今廢爲公館。【略】

烟草。出浦城縣者爲佳。按：《新唐志》：建安縣有銀。【略】《九域志》：建安、建陽、浦城、政和四縣，皆有銀場，今俱廢。

又卷四三二《邵武府》 黄土隘。在邵武縣西南一百二十里。黄土嶺，亦曰黄土關，即古黄土銀場也。元置黄土寨巡司，至正十九年，陳友諒遣其將鄧克明侵邵武，陳友定大破之於黄土寨，即此。

又《汀州府》 銀場。在長汀、寧化二縣。《寰宇記》：長汀有黄焙、安豐二場，俱出銀、銅。《九域志》：長汀縣有上寶一銀場，歸木、拔口二銀務。寧化縣有龍門、新舊二銀場，長永、七庇二銀坑。又有龍門坑在縣郭東。

又卷四三六《福寧府》 東山。在福安縣東北七十里。上有天池，亦名天池山，下有銀坑。

羅家山。在壽寧縣南七十里。山峰高聳，半陰雲霧，下有谷林銀坑。

佛際山。在壽寧縣西北三十里。犀溪出焉。稍西有榧子尖山，山巖有石乳流出，即雨，下有龍井銀坑。

官臺山。在壽寧縣東北八十里。古號黑風洞，下有銀坑。明正統中，礦賊鄭懷茂等嘯聚於此。

玉林銀場。在霞浦縣。《九域志》：長溪縣有玉林一銀場。《州志》：州東北分水嶺旁有黄海、黄社二坑民。又福安縣有劉洋、上坪二銀坑，皆久廢。寶豐銀場在寧德縣西北二百二十里李家園後山。宋元祐間發，紹熙後廢。明洪武十九年重開。正德五年廢。又黄柏銀場，在縣西北一百二十里。【略】

楊梅村。今壽寧縣治，本政和縣東境，有銀坑數處，流民竊採，往往嘯聚爲盜。明正統末，鄧懷茂據官臺山，剽掠旁縣。景泰六年，副使沈訥討平之，以地勢險遠，因請析政和之善政鄉東北二里，及福安之平溪等里置縣治楊梅村。【略】

又卷四三八《永春直隸州》 銀場。在大田縣。《九域志》：尤溪有安仁、龍蓬等銀場，《大田縣志》：龍蓬場在縣東北一百三十里，安仁場即舊安仁司也。

又卷四三九《龍巖直隸州》 東寶山。在州東五里許。三峰並列，東寶居其右，山麓舊産銀砂，每風雨晦冥，常有寶氣浮動，下有龍井，洞中爲翠屏峰，下有龍巖洞，左爲涼傘峰，三山連絡，亦曰三臺山，腰有嶺通漳平縣。【略】

銀場。在州南。《九域志》：龍巖縣有天濟、寶興二銀場。

又卷四四二《廣州府》 香山鎮。在香山縣境，本東莞縣地。《九域志》：東莞縣有香山崖銀場，是也。【略】

銀場。在東清遠二縣界，《九域志》：東莞縣有桂角、香山崖二銀場，清遠縣有大富銀場。

又卷四四四《韶州府》 銀。《唐書·地理志》：廣州南海郡土貢銀。《明一統志》：番禺、清遠、東莞出。【略】

銀山。《隋書・地理志》：曲江縣有銀山。《元和志》：在縣西二十二里。【略】

銀。《元和志》：曲江縣有銀山，出銀。《九域志》：曲江、翁源、樂昌、真陽、含洭，皆有銀場。

又卷四四五《惠州府・關隘》 銀場。在歸善縣。《宋史・地理志》：歸善縣有酉平、流坑二銀場。

又卷四四八《肇慶府・土産》 銀。《元和志》：端州、康州、封州貢銀。《唐書・地理志》：新州、春州、勤州、恩州皆貢銀。《明一統志》：四會、高要二縣出銀。《府志》：出陽江縣南津銀坑山，礦脈甚微。

又卷四五五《連州直隸州》 銀場。有二：一在州南同官峽；一在陽山縣西北。《九域志》：桂陽縣有同官一銀場，陽山縣有銅坑一銀場。《陽山縣志》：有銀坑二：一在縣西北同官場大寶嶺；一在元魚場赤巖。宋元符、崇寧間，歲上貢銀六千八百餘兩，明永樂四年罷。【略】

銀。《唐書・地理志》：桂陽有銀，《明一統志》：連州出。

又卷四五六《嘉應直隸州》 銀場。在州境。《九域志》：程鄉縣有一銀場。【略】

《舊志》：故銀場，在縣東北石坑，都在縣西北六十里。又興寧縣有夜明銀場。【略】

銀。《唐書・地理志》：程卿縣有銀場。《九域志》：興寧縣有銀場。

又卷四六四《慶遠府》 孟英山。在南丹州西北三十五里，産銀砂。明永樂中，曾開礦，旋罷。【略】

富安監。在河池州。《寰宇記》：富安砂監在宜州西一百三十里。《九域志》：富安監，淳化二年置，在州西南一百五十七里。又有寶富一銀場，不知何時廢。按《寰宇記》與《九域志》二書，道里遠近不同，未詳孰是。【略】

銀。《宋史・地理志》：宜州貢銀。又河池有銀場。《明一統志》：南丹土州孟英山出。

又卷四六七《平樂府》 橘山。【略】《舊志》：在賀縣東北二十五里，上有七十二峰，攢奇競秀，其中多橘，故名。舊嘗産銀，宋置銀場。於此。【略】

銀場。在賀縣。《九域志》：臨賀縣有太平銀場。又有寶場，開寶四年省。《寰宇記》：寶城場即古劣下場，廢入縣，爲温泉鄉。《舊志》：太平銀場在賀縣之東北橘山，久廢。

又卷四六八《平樂府》 銀。《元和志》：昭州、賀州、富州，俱貢銀。《九域志》：臨賀縣有太平銀場。

又卷四八〇《楚雄府》 碧藏山。在楚雄縣西南一百二十里。産銀礦，開採榷稅，名水勝場。【略】

表羅山。在南安州西南四十里。《滇志》：一名老場，滇省銀場，此稱最。【略】

伏獅山。在廣通縣東南。相近有卧象山與伏獅山，相對拱峙，山麓俱産銀礦。【略】

銀。楚雄南安出。

史澄《〔光緒〕廣州府志》卷七《沿革表二・香山縣沿革考》 其名曰香山者，按《元豐九域志》云：東莞有香山産銀場。

歐樾華《〔同治〕韶州府志》卷一一《輿地略・物産》 曲江有銀山。樂昌墟頭江有銀鑛。英德之鐘峒、堯山、竹溪、師子，向設銀場。長岡山、紅礤山等處，皆出銀鑛，恒以私採致鬬，歷經封禁。

陳澧《〔光緒〕香山縣志》卷二《祝志圖説・恭常都圖説》 爲鳳凰山。東一支爲神前，逕至河水坑，雞拍銀坑諸山。一十餘里西一支爲東坑，石船諸山。

又卷四《輿地上・山川》 風門凹嶺在鳳凰山南，舊有銀礦。今無。《暴志》。《祝志》云：銀礦在雞拍山南六里，距風門凹八里許，舊有烽堠，今亦廢。東莞有香山崖銀場。核其地，蓋今雞拍村，在鳳凰山東北。鳳凰山本五桂山之支。《舊志》稱五桂山周二百餘里，則并鳳凰山舉之，可知場鎮皆在其山麓，則其山即《寰宇記》所稱之。

《宋史・地理志》：紹興二十二年，以東莞香山鎮爲縣。考王存《元豐九域志》，東莞有香山崖銀場，新會有金斗鹽場。

陳澧《〔光緒〕香山縣志》卷五《輿地下・物産・銀》 銀。香山東莞二銀場。《明一統志》：按：今無銀場。

又卷八《海防》 掛椗角在澳門西北二十里。自澳門媽祖閣對岸銀坑，羣山連亘直上，至掛椗角，屹立海中，北爲登龍洲，爲南埜角，西爲芒洲，一望瀰漫，則横琴三竈間也。磨刀海自北來，至掛椗角左右分二道，東北一道由秋風角，經青洲抵澳門，北山、南屏諸村藉羣山爲南障，其海面寬而淺，商舶入澳，常候潮於此。其東南一道，直達馬騮洲，南岸爲大鈎，環海面不甚廣，媽祖閣與銀坑對岸，則入澳之門户也，銀坑右折而北，與馬騮洲對岸，則入縣之門户也。掛椗角大鈎環之間，固一扼吭地矣。

李桂林《〔光緒〕吉林通志》卷四一《經制志六》 從前流民所開舊硐，係在北山，穿至七尺即因石堅停鑿，至另採銀苗。二枝係在南山，其一枝入山綫鑿，至丈餘，未見槽砂；其一枝立山綫計鑿八硐，惟第三硐始得正脈，其餘各硐雖見苗砂，尚無正綫，未敢深求，致滋虚費。現在第三硐鑿至十五丈砂綫，時寬時窄，寬則三尺餘，窄則尺餘，足供四十餘人採取，月可出砂十五六萬斤。

曾國荃《〔光緒〕湖南通志》卷五八《食貨志・四・礦廠・銀礦》 郴有新塘、

浦溪二銀坑，桂陽縣有延壽銀坑，平陽縣有大湊山、大板源、龍岡、毛壽、九鼎、小白竹、水頭、石筍、大富等九銀坑。

瀏陽有永興、焦溪二銀場，衡山有黄簳銀場，常寧有茭源銀場，寧遠有上下槽銀場。

曾國荃《〔光緒〕湖南通志》卷六〇《食貨志六・物産一》 瀏陽縣有永興、焦溪二銀場。《九域志》。

衡州有黄簳銀場。常寧縣有茭源銀場。《九域志》。

常寧銅盆嶺即宋之茭源銀場，今作銅砂。《省志》。

永明縣有銀。《唐書・地理志》。寧遠縣有上下槽銀場。《九域志》。銀場五十一，有道州之黄富。《文獻通考》。

江華縣有黄富鐵場。寧遠縣有上下槽銀場。《九域志》。

寶慶府境出銀。《明一統志》。

又卷六一《食貨志七・物産二》 郴州有新塘、浦溪二銀場。桂陽縣有延壽銀場。《九域志》。郴州有銀治八十四。《文獻通考》郴州有銀場。《明一統志》。

宋景定中，開銀場於郴州之葛藤坪，知州王橚奏罷。《一統志》。

徐潤《徐愚齋自叙年譜》 〔光緒十七年，辛卯，五十四歲〕屠壽山兄〔咸豐十七年十二月〕到山，寄來東山茶棚、東樑、西坡、東坡二十六户見砂，十一户羅圈溝、遍山綫砂様。及各把頭來見。又報西山之掌以東樑最深，約百一二丈，如説對直，少在五百尺。東、西山砂子性質大有不同，來砂均交述三兄復化。

遍山綫：歷年各商承辦大譜，照銀數，咸豐十一年、同治十二年、光緒□□年。咸豐三年起至七年十二月止，計辦五年，戚大祥、宋友、梅戴起運三人合辦。閏退手時，銀亦不多，戚七八萬，宋、戴各二三萬。五年之中，以咸豐五、六年放大槽，砂子多，銀水高。

〔光緒十八年，壬辰，五十五歲〕初四日清晨，由小道二十四里上駱駝脖，長七八里，至大烟筒山之溝底查山房。王太、張文姜、余德金來見，身上較去年甚光鮮，均稱去年至今蒙局中提拔，頗有生機，所用炸藥亦十分得手。同到李滄橋所做之嶂。又蒙古嶂有上條陳，擬由山脚溝邊打扒硐，約一千丈，可碰大、小線五道，能設錘鍋一二百，可望多出銀子。上山腰查山房，到張禄茂之嶂，本年出過銀子六七千兩。

陳澹然《權制》卷五《軍餉述・礦幣礦務礦學錢法銀錢玉幣銀行》 〔福建〕埔城縣馬鞍坑産銀。廣東瓊州銀鑛挖沙百斤，煎銀六十兩，費僅八兩。陽江縣銀坑山有十井産銀，嘉州香爐山、平頂山皆産銀，興寧縣寶山産銀。

《清朝續文獻通考》卷三九〇《實業一三》 銀。世界用銀最多之國家爲印度及中國，然境内幾不産銀。我國銀礦幾全出於方鉛礦，所含銀量高下不一，近年産額不及三萬兩。熱河、廣東、雲南三處號稱産銀較多，見已漸減。熱河銀礦在平泉、隆化、灤平等縣。平泉礦三處：一、潘家溝，用土法選採，佳者每噸可含銀一百二十五兩，平均八十餘兩礦爲承平公司所採。一、煙筒山，每噸可得銀三百三十餘兩，礦屬裕成公司。一、孤山子礦，每噸可得銀一百六十餘兩，亦承平所採。隆化産銀在啞叭店，招不動山、大黑山、小地西溝四處，皆裕成公司經營，灤平以成分過低停工。察哈爾興和縣之麻地溝銀礦，每噸可得十三兩至十六兩。湖南水口山鋅鉛礦之含銀量，每噸礦石含二十至二十九盎士。雲南東川礦山廠之銀礦中，每噸方鉛礦含銀二十五兩至三十兩。福建閩侯石竹山銀礦，相傳方鉛礦每噸含銀百三十兩以上，其米羅灣之鉛銀礦尚未開採。

傳記

商輅《通鑑綱目續編》卷一 北漢以僧繼顒爲太師，兼中書令。

繼顒，本劉氏孽子，以宗姓授鴻臚卿。嘗遊華嚴，見地有寶氣，乃於團柏谷置銀場，募民鑿山，官收十之四，繼顒自督所獲，即倍於民。時北漢主多内寵，繼顒獻首飾數百副。北漢主大喜，遂有是命。

朱熹《三朝名臣言行録》後録卷六《太傅魯國曾宣靖公》 【略】密州銀發民田中，盜往彊取之，大理當以彊盜應死，執政皆欲從之，公獨以謂，此禁物也，取之雖彊，與盜民家物有間，固争不決，遂下有司議。如公言，比劫禁物法盜，得不死。先是東州地産金銀，坐彊取者多抵死，繇公一言，自是無死者。蓋公推析律意不差毫。【略】《行狀》。

朱熹《通鑑綱目》卷三九下《黜治書侍御史權萬紀》 萬紀上言：「宣、饒銀大發，採之，歲可得數百萬緡。」上曰：「朕貴爲天子，所乏者非財也。但恨無嘉言，可以利民耳與。其得數百萬緡，何如得一賢才。卿未嘗進一賢才，而專言銀利。昔堯、舜抵璧於山，投珠於谷，漢之桓、靈，乃聚錢爲私藏，卿欲以桓、靈俟我

耶！」是日，黜萬紀，使還家。

歐樾華《〔同治〕韶州府志》卷二七《宦績録・宋》 徐豁，字萬同，東莞姑幕人也。精練明理，爲一世所推。元嘉初，爲始興太守，三年，遣大使巡行四方，并使郡縣各言損益，豁因此表陳三事：【略】其二曰：郡領銀民三百餘户，鑿坑採砂皆二三丈，功役既苦，不顧崩壓。一歲之中，每有死者。官司檢切，猶致逋違，老少相隨，永絶農業，千有餘口，皆資他食。豈惟一夫不耕，或受其飢而已，所以歲有不稔，便致甚困。尋臺邸用米不異於銀，謂宜准銀課米，即事爲便。其三曰：中宿縣俚民課銀一子丁輸，南稱半兩，尋此縣自不出銀，又俚民皆巢居鳥語，不閑貿易之宜，每至買銀爲損已甚。又稱兩受入易生姦巧，山俚愚怯不辨，自申官所課甚輕，民以所輸爲劇，今若聽計丁課米，公私兼利，在郡著績。太祖嘉之。

邵經邦《弘簡録》卷一一七《功臣・宋三之四》 〔馬知節，字子元，幽州蘇人〕咸平初，領登州刺史，知秦州，悉還諸羌質子，羌人感服，訖終任不敢犯塞。州有銀坑，歲久礦竭，課額弗除，三上章，請蠲，乃允。遷西上閤門使，知益州兼本路轉運使。

又卷一六一《庶官・宋六之六》 〔張雍，德州人〕景德初，擢福建轉運使，規畫南劍、安仁等銀場，歲增課羡，累遷荆湖北路轉運使。

又卷一七〇《庶官・宋六之一五》 〔汪綱，字仲舉，黟縣人〕桂陽歲貢銀，平陽當三分之二，綱謂故時銀礦坌發，可以應命，今地寶已竭，力請蠲免，從之。

李賢等《明一統志》卷二三《兖州府》 榮諲，濟州任城人。父宗範知沿山縣。諲舉進士，累官廣東轉運使。因板步古河路險絶，爲作棧道通之。改京東，民有私採銀砂者，安撫使欲以劫論，諲持不可，貸免甚衆，後以集賢修撰知洪州。

又卷三〇《人物三》 榮諲，字仲思，濟州任城人，舉進士，累官廣東轉運使。廣有板步古河，路絶險，林箐瘴毒。諲開真陽峽，至洸口古徑，作棧道七十間抵清遠，趨廣州，遂爲夷涂。復入爲開封府判官。加直史館，知澶州。改京東轉運使。萊陽産銀砂，民有私採者，安撫使欲以劫論。諲曰：「山澤之利，人得有之，所盜者豈民財邪？」貸免甚衆。後以集賢修撰知洪州。

黄佐《廣州人物傳》卷六《宋知州丁公璉》 〔丁璉，字玉甫，番禺人也〕，知連州，郡多水害，璉相地勢築隄防，民甚便之。陽山境有銀穴，流民多匿其中，夜每劫掠爲盜，設計捕獲，闔郡以寧。元符三年，轉朝散大夫，賜緋魚致仕，卒年七十三。

鄭慶雲《〔嘉靖〕延平府志・官師志》卷四《名官》 林栗，福清人。淳熙間知州事，強毅廉介，而論事雄辯。可覩州罷於供銀坑，疏以爲不便，詔允之。

穆彰阿《〔嘉慶〕清一統志》卷三一二《饒州府》 李舜臣，井研人。乾道中知德興縣，專尚風化。民有母子昆弟相訟，連年不決，爲陳慈友孝恭之道，遂爲母子，兄弟如初。間詣學講説，邑士皆稱蜀先生，罷百姓豫貸，償前官積逋踰三萬緡。民病差役，舜臣勸糾諸鄉，以税數低昂定役期久，近爲義役，期年役成，民大便利。銀坑罷雖久，小民猶負銀本錢，官爲償之。天申大禮助賞，及軍器所需，皆不以煩民。

葉適《水心先生文集》卷二三《前集・故大理正知袁州羅公墓誌銘》 郴山阻，水涸，斗米尺絹，皆自齎詣郡，公憐之，爲代輸，直數萬。廢永豐銀坑，還社倉於民。

又卷三七八《郴州直隷州》 王橚，景定中，知郴州，時朝廷議開銀場於州之葛藤坪，姦民射利者，群聚煽亂。橚上疏力陳利害，議遂寢。

歐樾華《〔同治〕韶州府志》卷三三《列傳・人物》 李大超，字景榮，乳源人。以恩貢任郴州通判攝州事。郴有銀礦，上官聽商開取，超以利害力争，商賂以金，不受。郴民有「李青天」之頌。

張養浩《歸田類稿》卷一二《碑二・真定栢鄉董氏先塋碑銘》 至元二十一年，雲州置銀場官，發民數百爲工，命公衛送。比無一工軼者，會銀場罷，朝廷以見民歸。皇后俾歲輸綿，宮中仍以公領之。歲餘即辭歸，課諸子致力問學，暇則教以穡事，且耕且誦，敦本實而栟厥華靡。里或有訟，率不白縣，決平其言，以恚至者，以懌歸，以負至者，以償歸，甚則有望其門而返中途者。嘗語人：「吾蚤屬時多虞，爲勣百至，既長，始克休息，然平生未嘗食言於人，失行於己，慚德於天，吾子孫或有奮他日者。」享年七十有五。

《明政統宗》卷八 〔永樂十五年〕十月，工部侍郎藺芳卒。芳，山西夏邑人。倜儻闊達，讀書通古今，持大節，洪武舉孝廉，歷刑部郎，陞吉安知府。先是，吉安有知府朱仲智，甚得民心，被召，改重慶，民思慕之。芳至，處事曲當，民更大喜。時有吉水無賴民詣闕，言縣有銀冶，烹鍊可獲厚利。上遣官覆視，父老泣訴于芳曰：「即用無賴者言，吾屬不能保，而邑有無窮憂矣。」芳鞫詣闕告者，其人叩頭伏辜。芳遂草奏大略，謂告者愚昧，妄意上陳，今詢邑人長者，皆云素無銀

治，即不實，甘受斧鎖之誅。得旨罷其事。自奉儉約，嘗嘗疏食，服無紈綺。事其母極孝，母亦善教。凡芳日所行事，夕則命陳於前，有未善必責之，芳謹受教不違。尋坐事謫爲辦事官，從治河，累有建明，遂超陞工部侍郎。吉安自芳去，其民思慕賢守，必曰朱、藺云。

謝旻《〔康熙〕江西通志》卷六一《名宦》 藺芳，夏縣人。洪武中舉孝廉，爲刑部郎中。永樂中，出爲吉安知府，寬厚□潔，民甚德之。吉水民詣闕，言縣有銀礦。帝遣官覆視，父老遮芳訴曰：「聞宋季嘗有言此者，卒以妄得罪，今皆樹藝地，安所得銀礦？」芳詰告者得實，乃云貧不爲鄉里所齒，冀以此報耳。芳具奏，同官不肯署名，芳請獨任之。奏上，事得寢。芳自奉甚約，日疏食，母甚賢。芳日所治事，暮必告母，有不當，母輒教戒之。芳受命惟謹，由是爲良吏，累官工部右侍郎。《白志》。

毛憲吴亮增《毗陵人品記》卷六《國朝》 倪峻，字克明，無錫人。洪武庚午舉於鄉，官給事中。文皇帝好佛，上疏力争，忤旨遣使占城。剛正不撓，夷人服之。孫敬，官御史，按福建。時議欲開銀礦，敬抗言無避，事遂寢。

嵇曾筠《〔雍正〕浙江通志》卷一四七《名宦》 焦宏。湯斌《焦宏傳》：字克明，葉縣人。永樂進士，正統六年爲户部右侍郎。時倭寇數犯内地，命往浙、閩、蘇松飭兵備禦。宏奏：緣海衛所宜畫疆分守，不得互諉，增設城堡，戍卒周歲交代，勿踰時日，以均勞逸。嘗親歷衛所廉察軍吏，得其營私廢公狀，請分勑。御史巡視閩浙，使懲戢奸頑，益嚴武備，皆見施行。時有言開浙江銀場者，命往勘之。宏知其害民，乃言礦脈消長無時，開場之後恐滋奸僞。卒年五十八。

雷禮《國朝列卿紀》卷五六《刑部尚書行實》 〔劉廣衡，字克平，江西吉安府萬安人〕時浙江、福建民鄭懷肯、王孝心等作亂，特勑馳往，督兵捕之，至則賊已就擒。乃察其嘯聚之故，以山有銀場，連亘深僻，賊得以潛伏其中。即命伐山通道，具奏設縣治以便巡視，其患遂息。已而守臣以所獲賊屬俱論謀逆，報功希賞。乃覈其實，得首惡者十人，餘悉縱之。事竣而還，賜白金，綵幣甚厚。

又卷一〇五《勑使并巡撫浙江行實》 劉廣衡，字克平，江西萬安縣人。永樂甲申進士。景泰四年，以右副都御史討浙閩寇鄭懷肯、王孝心等，則賊已就擒。以山有銀場，賊得以潛伏其中，奏立縣治，其患遂息。詳《刑部尚書》。

〔曾翬，字時升，江西泰和縣人〕五年命巡視浙江，許便宜從事。至則徧歷郡縣，問民疾苦，考吏治得失，奏罷布政張清等數百人，薦何宜、李嗣、阮勤、劉喬等十餘人，後皆爲名臣。省重役，減官租，謫奸吏，禁刁訟。局匠死絶者減其額，銀礦絶者停其課。革冗濫、增徵役，民皆稱便。踰年回部。詳《刑部侍郎》。

余之禎《〔萬曆〕吉安府志》卷一七《賢侯傳・劉廣衡》 劉廣衡，字克平，萬安人。永樂甲辰進士，歷官至陝西右布政使。景泰改元，進都察院左副都御史。同西安侯鎮關中，條奏時政數十事。鄰境偏頭乏糧，山西不能給。廣衡督運綏德倉米數萬石，由口外往餉之，軍士感悦，召還。理院事，閩淛間鉅盜鄭懷肯王孝忠，嘯聚官臺山爲亂。廣衡奉命討平之。以官臺山險絶而曠遠出銀礦，易致盜，非伐山通道，立縣以制之不可。於是，請以山之楊梅村置壽寧縣，定兵壯戍守之法，示銀穴啓閉之令。民稱便，立報功祠祀之。

謝旻《〔康熙〕江西通志》卷八一《人物》 鄒良，樂安人。永樂進士，任松溪知縣。松有銀礦，爲民患，奏罷之。陞衡州知府，致仕。所著有《四書編言存養録》。

過庭訓《本朝分省人物考》卷六一《鄒良》 鄒良，樂安人。永樂乙未進士。任松溪、邵武知縣，境内大治。松有銀礦，中貴主持，爲民患，奏罷之，陞衡州知府，政善民安，致仕居鄉，正身率物，時稱古人君子。

《明史》卷三九〇《循吏傳・循吏中》 良江西，樂安人。永樂十三年進士，授松溪知縣，縣有銀礦爲民害，良奏罷之。

張萱《西園聞見録》卷九二《工部六・坑冶》 沈固，字仲威，丹陽人。□□□□舉人，初授沂州同知，歷官户部尚書。在沂州，日有建言。州西寶山社産銀鑛者，詔下有司核實，固執奏，謂費多而得少，恐勞民且致變，事得中止，民甚感之。

雷禮《國朝列卿紀》卷三一《户部尚書行實》 〔沈固，字仲威，直隸鎮江府丹陽縣人〕擢同知山東沂州事。始臨民爲政，即卓有能聲，理繁剔蠹，吏莫敢以年少易之。嶧人齊泰以沂西寶山社産銀鑛，舊有課而今無，言於朝，請官置局役民採辦，以富國。詔下有司踏勘其實，固曰：「此奸人熒惑望聽，將以爲民害者也，不力争則害成。」乃執奏：故坑及泉通海不可得鑿，鑿新坑爲力既艱，且礦有無不可度知，使其有，則土費重而利輕，又恐民勞致變，不如勿開便。成祖是其言，而罷其事。

湯斌《擬明史稿》卷一三《沈固列傳》 沈固，字仲威，丹陽人，幼受書鄉塾，日記萬言。太祖御製大誥三篇成，令有司舉秀民能讀者。固方九歲，與選召至

京試，誦終篇無遺謬，賜鈔還。既弱冠，舉京闈鄉試，授沂州同知，諸老吏皆畏憚之。州西寶山社，故産銀礦，或言於朝，請置局採辦，下有司勘實。固執奏謂利少而費多，恐擾民生變。成祖是其言，事遂寢。

李濂《汴京遺蹟志》卷一一《祠廟庵院》 石按公，浙之錢塘人。繇進士拜監察御史，擢兵部侍郎。宣德壬戌，以簡命膺，兹巡撫重寄。始下車，會官取銀礦，將議立課。公較得不償費，禁採給民。

陳道黄仲昭《〔弘治〕八閩通志》卷六三《人物》 鄭建，字弘中，懷安人。宣德中舉進士，選入翰林，爲庶吉士。一日，上御文華殿，召試《諸葛孔明可與興禮樂論》，親第其高下，以建爲第一，賜鈔百錠。未幾，授南雄府通判。郡民憚徭役，逃竄者多，建悉詔使復業，仍奏蠲其逋負。丁内艱去，服闋。值閩浙之交，民盜銀礦爭鬥，廷議處州府增設通判一員專蒞之，遂除建以往。既至，首爲平其力役，民以寧謐，銀課亦不勞而辦。閩寇鄧茂七侵掠浙境，建分守龍泉，偕其子翀躬擐甲冑，率民兵與賊抗者數月，斬首五百餘級。尚書石璞復檄建除其餘孽，建直搗其巢穴，獲其男婦之被虜者二千餘人以歸，其他脅從者悉散遣之。景泰中，以功陞本府同知，食三品禄。越二年，遷浙江按察司僉事，專提督銀課，尋致仕，卒。

過庭訓《本朝分省人物考》卷七〇《鄭建》 鄭建，字弘中，别號淡泊，福清人。自幼敦重樸雅，讀書日記二千餘言。及長，從副都御史洪英學，英大器之，登宣德丁未進士第，爲庶吉士。一日，上御文華殿召試《諸葛孔明可與興禮樂論》，考居第一，賞鈔一百錠，仍命讀書，期以大成。未幾，以直言見忤當道，黜爲南雄通判。既抵任，知郡民避徭役逃竄者多，於是不避險艱，徧歷屬邑，以招徠之，仍具奏乞免逋負。不數月，民悉還定。内艱去職，民遮道攀留，覓間道乃始得行。服闋，謁選天官，時值閩浙之交，民盜銀礦相争，至有與官軍拒者。上命處州專設通判一員，以蒞其事。建既至，諭民以禍福，且爲平其力役，民遂以寧，銀課亦不勞而辦。倏閩寇鄧茂七嘯聚流民，越界攻掠，上命大臣督兵剿擒。建時分守龍泉，偕其子躬擐甲冑，率民兵與賊抗者數日，斬首五百餘級，龍泉以平。尚書石璞委以掃除餘孽，建直抵其巢，察其情皆良民，不過被寇勢挾而烏合之者，悉諭以歸農。得其被虜男女二千餘口，以還其家。秩滿述職，奏留，陞同知，復以平寇功陞食三品俸。廷議銀場非得人以綱紀其事，則不可改，陞浙江按察司僉事，卒於官。

穆彰阿《〔嘉慶〕清一統志》卷五〇七《銅仁府》 王恕，長清人。宣德中，知府。時軍興財匱，恕請罷採礦内使，及同知等官。後因礦盡課無所出，復請罷金銀場，遂無採辦之患。

謝純《〔嘉靖〕建寧府志》卷六《名宦》 江顯，字顯中，江西建昌人。正統間任政和縣知縣。下車首革里胥濫征之弊，流民有以白金賂顯，求私採銀礦者，却之。

過庭訓《本朝分省人物考》卷二五《侯蓋》 待三年，俄丁父憂。服除，改處州。州號難治，屬邑龍泉慶元居民盜鑿銀礦，恃險爲亂，鎮守中貴人欲請於朝，盡剿絶之。蓋言：「此州民常態，顧往諭之。」用其言，民皆散去，竟無事。

又卷七〇《孟玘》 孟玘，字廷振，號静齋，閩縣人。正統己未進士，歷户禮主事，有風力名。戊辰，鄧茂七寇沙尤，蹂閩之下上，屠戮如刈草菅。我師失利，勢益張。玘陳攻守至計，集三省之兵屯潮陽，屯江山。大兵出鉛山，蹴延平諸路，並應笱魚罝兔，誰則逃之。朝用其議，命將出師。己巳六月，神機之兵扼順昌，俘茂七以獻，沙寇平。上杭銀冶疲人釁盜，所輸復不當歲費。玘言當塞，竟塞易儲之議章。郎中綸鍾御史同争之，同杖死，綸死復蘇，幽之獄。玘、繼二人後争之愈力。因旱極，上言群臣當朝謁南内，忤旨，知萊州，又知廬州，治本古意，宣化流而郡幾無事。平生述作爲《盛山房類稿》，其什一存者也。

張萱《西園聞見録》卷九一《工部六・坑冶》 謝大中丞士元爲建昌知府，屬縣永豐舊冶銀穴閟久弗發，而括人寇踪前去後至，絡繹恒數千人，曳行旅以任負，掠民畜以食飲，官兵素無律，而括人驍獷莫不聞，皆洶洶自慴。時厚公者，幸公將代可去，以避其鋒。公曰：見難而避，無勇貽患，於人不仁。無勇不仁，去將焉用之？乃勒兵從靈山東，並永平溪踰靈山下趨之。賊聞公至，佯遁而留二三爲誘諜，不覺我官皆解嚴，至則不壘，而休於僧寺且炊。俄而我邏卒不及反，自甲先出，而賊伏四起，呼聲動林木，以筅遮公，環而刺之。左股爲筅所中，血流洞韡枯陽。巡檢者遥呼賊曰：「我公也！賊何敢傷天子命吏？」賊亦愕相視，公猶裹瘡督戰如常。所俘殺甚衆，得其戎首，乘勝破之。公遂臨穴，怒曰：此禍穴也，築之以絶窺覘。公還，未嘗言戰時事。【略】

紫荆關外廣昌、靈丘二邑山谷幽邃，林木茂密，四方亡命及奸民避罪者皆竄居之，時時竊挖礦砂，私作銀冶。而張守清者，尤桀黠，能役屬諸奸民，而擅其利。道路洶洶，謂旦夕且有變，有司不敢孰何。會上遣中涓濤五臺，還奏其事。

時申文定公當國。一日，上視朝畢，召閣臣於皇極門議事，語次及之。文定公請勅該部，行撫按官查明禁戢，遂逮守清伏法，閉塞諸礦洞。無何，縣民有以開礦興利爲言者。上令文書官語閣中，欲允其奏。文定公極言其不可，仍請下撫按臣勘覆。而玉田、豐潤民復以爲言，部中並下撫按未報也。文定公適在告，而上遣文書官問閣中云：開礦事節，經諸人題請，該部如何不覆？文定公乃屬王文肅公具草回奏。大略言：天地生財，本以資國家之用。今帑藏無餘財，山澤無遺利，則權宜開礦，亦是理財一策。但開礦必當聚衆，衆聚必當妨亂。見今山西、河南礦徒嘯聚，正議驅逐，若官自開煎，恐奸民乘機争利，隱憂不可測。且朝廷一切事務，苟關大體，皆可不惜小費而爲之。若開礦求利，必須計算工本，募徒防兵之費幾何，與開煎之利幾何，果出少入，多不爲虚費，而後可勘酌舉行，非可以民間私請，隔境遥度，而朝廷遽爲之出旨，差官造次議開者也。户部所以遲迴未覆，一者防患，二者惜財，三者恐騷動地方，四者亦不欲宣露國家空虚窘急之狀，使傳聞四夷，愈輕中國。今蒙聖問惓惓，臣等即當傳諭該部，督趣撫按官遠行查核，有砂處所應否開煎？是否有利兼害，委用何人，方不至騷擾。設處何法，方不至侵盜。毋得先事張皇，使民間承望風聲，争相煽動，利未得而先釀患，乃爲萬全。奏入，上重違閣臣，議事遂寢。文定、文肅相繼去國，而中璫巧黠者與驛儈相要結，因招致衛所，武官扶同入奏。旨從中出，自畿輔及諸省皆以中璫領事，靡費騷擾，使海内囂然，喪其樂生之心。語云「涓涓不竭，流爲江河」，言不可不妨其漸也。

傅維鱗《明書》卷一六一《列傳二〇・亂賊傳一》 宗留，浙之慶元人。處州多銀坑，亡賴者緣爲奸利。正統十二年丁卯春二月，宗留聚衆盗掘少陽坑數月，獲甚微，去之。九月，又徧起雲和諸坑，亦不稱，遂轉慶元、政和，掘少亭坑，亦如之，且衆聚不能遣，宗留因與謀曰：爾等與其取於山勞而無獲，孰若取於人一舉而有餘。衆皆諾，時已數百人。是年九月，遂掠政和縣村落，還向慶元，一呼立得千餘人。龍泉良、葛山人、葉七善武藝，宗留遣人致之軍中，爲教師練兵。由浦城劫建陽，所過焚掠，從之者衆，進掠建寧府，掌府事福建左參政張瑛死之。官軍盡逃，賊又分衆截車盤嶺，鉛山震焉，行旅不通。

明年戊辰，會閩賊鄧茂七反。九月，朝廷命都御史張楷帥兵討之，兵至廣信，緣葉寇道梗不得進，浙江諸藩臬請楷便宜移兵擊之。江西御史韓雍亦言，葉寇爲地方危，皆國家事，不可坐視，民罹荼毒。楷不知計所出，乃以兵五百人，遣指揮戴禮往驅賊。時都督陳榮謂楷曰：「受朝廷命討賊，今延平事急，鉛山不通，以大軍臨之，二賊敢並熾，而我輩逗遛不前，獨遣一部將往，朝廷知之，何所逃罪。」榮請以二千兵偕禮往，楷不諳節制，授之，致兵行無紀律。是年冬十一月，遇宗留賊衆於黄柏鋪，戴禮出擊，死傷相當。時宗留衣緋中流矢死，人莫識其爲宗留也。餘賊追奔入山，復擁葉希七等爲渠魁，劫車盤南駐十三都，欲回浦城，榮等追至十二都，賊悉衆出戰，官兵大敗。榮、禮二人皆死。會福建趣楷，遂取道進兵。

十四年己巳，命工部尚書石璞都督徐恭督兵討宗留，遂詔張楷移兵同討之。先是，葉賊既敗官軍，遂盡掠其器仗回劫浦城，燒縣治民居，過龍泉，衆已至數萬，盤據雲和山中。時麗水賊楊希鮑、村賊陶得二各率衆數千歸之。居數月，賊謂其黨曰：「山中出掠不便，不若由米湖盡掠處州府城，乃結寨駐鮑村，取貨於義烏，掠人於松楊。官軍雖衆，不能越馮公嶺而相薄矣。」衆從之，遂掠府城，守臣遣使，取温臺道抵省城。時御史盛琦、黄英等即遣指揮沈麟、參議耿定、僉事王晟等帥兵四千人，以是年三月抵處州嬰城自守月餘。賊縱掠滋甚，二御史先後以聞，上命璞等統二千兵馳至處州，坐城中，不敢迎擊賊。時制書亦及，楷令閩賊稍平，以餘黨付金濂，楷還兵同討處寇。楷未至處州，城中乏食，諸將相泣。五月初，賊攻城急，徐恭等出禦之，沈麟、耿定、王晟皆戰死，恭以身脱，急走入城固守。是時，楷兵至衢州，僉事陶成出迎之，泣陳其事。楷又分兵水陸並進至蘭溪。御史黄英、林廷舉來會，亦請速進兵。二十日，至金華，楷乃令軍前製竹笆三百五十面，笆如牌製，糊以紙畫獸形可禦槍刀。遂兼程抵處州界，知府陸鍾等來迎，至銅山寺駐師，賊遣人乞撫，實覘之也。楷亦給榜付之去。二十五日，官兵陳於平地，賊衆出萬人索戰，楷分其軍馬三陣，賊來攻中軍，楷令射之，死者三百餘人，又左右合擊之，死者二百人，且持槍者，槍入竹隙，急不得出，多被我擒。又俘百餘人，其器仗亦稱是。賊殘衆退，保險。千户沈俊謂其部下多麗水鮑村人，父子兄弟陷賊中者衆，有何受等三人自言於陣前，見其親屬，令欲招撫。俊以此三人可得要領，楷從之，令持榜入山，曉諭之詞多過徇。楷至以老母百口與誓，賊人陶得二先往，楷優恤而遣之，得二又同賊首葉希八等併其黨十餘人來見，楷皆納之，令復業，始知前黄柏鋪緋衣死流矢者葉宗留也。明日，何志三等又招得賊首余海四等三百餘家，皆令復業。六月初二日二十日，兩奉璽書，皆獎楷相機撫勦之宜。楷奏報，其前後撫順者九千餘家，男婦二萬餘人。疏既入，陶

得二等復疑懼，擁衆如故，會是月二十三日，得制諭：楷等俱已降賊，令所司撫之，廣布恩信，戒官吏勿相擾激，不聽者仍從剿處。楷乃乘制，復遣人持榜入山，再招之。陶得二懼悟，遂盡焚其寨出降，餘黨悉解。楷令所司皆撫處，遂班師。未幾，英宗北狩，舊經事大臣多陷没。議者謂楷無功，且追論其都督陳榮等死，下楷獄，景帝以平寇功贖罪，得放歸。

趙宏恩《（乾隆）江南通志》卷一四二《人物志・宦績》 倪敬，字汝敬，無錫人。祖父峻，洪武時鄉舉，官給事中，諫文皇佞佛，忤旨，出使占城，剛正不撓。敬正統戊辰進士，授御史，出按山西，戍將侵餉者悉治之。再按福建時，議開銀礦，抗疏得寢。

魯曾煜《（乾隆）福州府志》卷四六《名宦一》 倪敬，字汝敬，無錫人。正統十三年進士，景泰中，按閩。有言閩地銀坑，足潤國用，下户部議。敬拜命，未行即疏，引唐德宗故事，且言閩地殘於寇盜，其僅完者，疲敝供億，不宜重困之。事遂寢。鎮守中官戴細保畜蒼頭俠勢剥民。敬再上章，卒召戴還。閩民相慶，形諸謡歌。景泰末，言事忤旨，謫爲宜山典史。《閩書》。

余之禎《（萬曆）吉安府志》卷一九《列傳二》 馬聰，字體哲，永新人。景泰甲戌進士，授監察御史。英廟回鑾，疏請避位，迎復辟，謫處州，推官決獄，不泥成案。盜聚銀場，謀劫官庫。聞其按部至，遂迎於道，聰從容省諭之，反側以安。撫按交薦其能。後卒於官。屬纊，手書遺其子曰：「貲不必計饒乏，惟其人之賢；命不必論修短，惟其心之無愧於天。」其志行可概見矣。

何喬新《椒邱文集》外集《椒邱先生傳》 吏部尚書古曹李公知先生才且賢，屢薦於朝，陞福建按察司副使。既抵任，浙寇千餘人壽寧等縣盜採銀礦，所過剽掠，先生募鄉兵擊之，斬首數百級，擒其魁，浙寇敗走。福寧士豪尤氏，暴横殺人，出入以甲兵自隨，縣官捕之，輒旅拒不服幾二十年。先生設方畧，生致其父子，置於法。福清薛氏以所居瀕海，歲出諸蕃互市，事覺，遂聚衆欲爲亂。先生掩其不備，盡獲其渠黨，海道以寧。福安、寧德銀礦久絶，有司責民供歲課，民多破産，先生具奏減二縣銀課三之二。

何景明《雍大記》卷二九《志獻》 范鏞，字鳴遠，鞏昌衛人。登進士，歷官都御史，巡撫雲南，禁銀場，均吏俸，冰蘗之操。著《聞遠近》。

何喬遠《名山藏》卷六九《臣林記・弘治臣二・彭韶》 〔弘治〕元年，嘉興百户陳輔以私鹽坐罪，因而作亂。兵部議浙江有銀礦、鹽場，易以生盜，宜勅京堂官一員至彼緝捕，并巡視各府，時以韶風力，遂以命之。韶追捕輔，敗輔衆，輔自刎死。因劾罷守臣一人，遂定。既户部言：兩浙鹽法久壞，因命韶兼都御史留治，其年轉左。韶奏蠲宿逋鹽課，減處州及泰順縣礦銀歲萬八百有奇。

雷禮《明朝列卿紀》卷六五《工部左右侍郎行實》 〔羅明，字時昭，福建延平府南平縣人〕起復仍副陝憲，會屬州民有在嵩洛竊發銀礦，因誣逮平民論死者四十餘人，明爲辯雪坐者三人而已。俄遷本按察司使，值歲旱，饑人相食。明爲求所以拯濟之法，無所不至，仍條《救荒二十事》上之，多所施行。

又卷六六《南京工部侍郎行實》 〔沈暉字時暘，直隸常州府宜興縣人〕暉在陝，分守商洛流逋新歸者，詔復三年，而有司征役如故，暉劾其罪。又募工闢其城，免屢築之患。福建銀礦所司有額外之賦，暉按之，落職，御史欲翻案出之，執不可，御史怏怏，無奈，卒從之。

謝旻《（康熙）江西通志》卷六二《名宦》 謝士元，字仲仁，長樂人。景泰進士，天順七年擢建昌知府。地多盜，爲軍將所庇。士元以他事持軍將，姦發輒得。民懷券訟田宅，士元叱曰：「僞也。券今式，而所訟乃二十年事。」民驚服，訟爲衰止。治最，改知廣信。永豐有銀礦，處州民盜發至數千人，將士憚其驍，彍不敢勦。士元勒兵趨之，賊遮刺士元，傷左股。裹創力戰，獲其魁，塞礦穴而還。入覲，改永平，仕至右副都御史。《白志》。

又《明史》卷一八五《列傳七三・葉淇》 〔葉淇，字本清，山陽人〕内官龍綏請開銀礦，淇不可。帝從之。

又卷二四一《列傳九二・葉淇》 〔葉淇，字本清，山陽人〕山東災，請停征夏税。承運庫内官龍綬奏，供用不足，請開銀礦。淇以開礦害多，議移他銀應用。帝多從之。

又卷一八五《列傳七三・黄紱》 〔黄紱，字用章，其先封丘人〕歷四川、湖廣左右布政使，奏閉建昌銀礦。兩京工興，湖廣當輸銀二萬，例征之民，紱以庫羡充之。

又卷二四九《列傳一〇〇・屠勳》 〔屠勳，字元勳，平湖人〕麻峪山有銀礦，鎮守内臣以中旨按索，吏民駭懼。勳皆論之，詔戒約中使，罷礦事不行。

穆彰阿《（嘉慶）清一統志》卷三八三《四川統部》 黄紱，平越人。成化中，四川左參政。崇慶州西寺，倚山爲巢，後臨巨塘。僧夜殺人，沈塘分其貲，且多藏婦女於窟中。紱按部得其狀，誅僧毁寺。倉吏倚皇親，乾没官糧巨萬，紱追

論如法。威行部中，歷左右布政使。奏閉建昌銀礦。

又卷七二《都察院左右都御史行實》 〔屠勳，字元勳，浙江嘉興府平湖縣人〕順天等處以近畿，役重民貧，京邑尤甚。疏請裁省夫役，停昌平牧馬，以示優恤。疏戒約取寶坻銀魚者。疏止麻峪山有銀礦，守臣以中旨索之。又上疏極言其不可，事止不行。其經略邊備，奏分薊州三路屯兵，緩急相援，於潮河川築十城，設險居守，及增置黄花鎮營堡戍兵，聲勢聯絡，虜不敢輕犯。

《明武宗毅皇帝實録》卷一四二 刑部尚書屠勳卒。勳字元勳，浙江平湖縣人。成化己丑進士，授工部主事。【略】又增置黄花鎮營堡。寶坻白龍港産銀魚，歲取供薦，中使因之横索，民不能堪。勳疏其狀詔戒約取魚使者。麻峪山有銀礦，守臣以中旨索之，勳疏其不可，遂止。遷刑部右侍郎，進左侍郎。

過庭訓《本朝分省人物考》卷二七《白圻》 白圻，字輔之，武進人。年十八，占應天鄉試，明年登進士，授南京户部主事，進刑部員外郎中，改户部督漕運，以憂去。改都水郎中，陞浙江參議。時逆瑾柄政，有承風旨開處州銀穴者，圻曰：「不可。目前之利小，意外之變大。」乃以贖金充内帑，事得已。

又卷二八《陳策》 調知嚴州府爲政，務持大體，不屑細瑣，屬邑有銀礦，每易聚衆作寇，嚴錮之。

焦竑《國朝獻徵録》卷八六《江西一》邵寶《江西左布政使陳公策神道碑》 嚴屬地有銀礦，發則相攻。公謂争利殺人，非生財道也，令嚴封之。

又卷四四《屠勳》 麻峪山有銀礦，守臣以中旨索之，皆疏言其不可。詔戒約中使，而礦事卒不行。丁巳，遷刑部右侍郎，□進左。會戚畹壽寧侯與河間民搆田訟，奉旨覈勘，上言：「食禄之家不言利，況母后誕毓之鄉，而與小民争寸地，臣以爲不可。」孝廟嘉納，卒歸其田與民。

又卷七四《黄璉》 黄璉，字汝器，福建莆田縣人，成化二年進士，授南京户科給事中，陞浙江右參議，改雲南轉貴州參政，進布政，卒於官。嘗奏塞温處新開銀礦，罷其課，民以爲便。屯田多爲武臣侵盜，璉疏理之。普安賊婦米魯之變，官多被誣，獨不及璉。其參議浙江時，嘗緣吏失公，移爲巡按御史，所參究致，久次不遷。

又卷八五《傅允》 傅允，字克誠，儀封人。天順甲申進士，授州部主事。常求情於法之外，及罪定，雖權貴莫之能奪。居官無畜馬，時從民間僱騾乘之，於是訟者輒祝曰：「得乘騾公決之，則幸矣。」會浙中盜張信竊發銀礦，以允爲浙江參政，督察其事。信與守門者通，以五十金默置允臥内，乞勿問。允發其事，且偵得與信通者抵法，乃捕信並其黨四十餘人誅之，積患以平。改四川右參政。

穆彰阿《〔嘉慶〕清一統志》卷二八二《浙江統部》 張敷華，安福人。成化時爲浙江參議，監温、處二府銀礦，盜起至數千人，守臣欲剿之。敷華曰：「此可撫而弭也。」從數騎馳諭，賊皆聽命，執其魁十二人，餘悉解散。居浙十餘年，歷右參政、右布政使。廉惠之聲，聞於達過。【略】

毛奇齡《西河集》卷八〇《傳・白昂》 白圻，字輔之。年十八，中應天鄉試。明年，登進士，由主事數遷至浙江參議。時有承瑾旨，議開處州銀坑者，圻執不可，不得已，請以贖金充内帑，匄免。事得寢。

毛憲吴亮增《毗陵人品記》卷八《國朝》 白圻，字輔之，武進人。康敏公仲子。年十八，舉成化甲辰進士，賜歸娶，授南京户部主事，累陞副都御史，總督南京倉儲。先是，參浙藩有希權貴意，請開銀礦者，圻列其利害，議歲輸代課，公私稱便。爲山東布政，中涓有進香泰山者，挾邀重賄，圻婉謝不應。尹應天時申康敏所定役法。仍條上便宜七事，皆切時。查核倉儲宿蠹，一請以内艱。歸，卒於家。

又卷六一《都察院八》實録《副都御史張廉傳》 右副都御史張廉，字孟介，浙之歸安人，成化丙戌進士，歷刑部主事員外郎中，擢江西按察司副使。時賊寇廣信、永豐銀礦，廉命塞之，以絶其望，遂潰散。

又卷八五《浙江二》李濂《温州府知府劉公謙傳》 時浙東平陽銀冶，往往爲人竊發，互相讐殺，封域弗靖。朝議推風力御史按之，公被薦往，至則撫窮民，禁奸宄，其患遂息。且其地與金鄉磐石等三衛鄰，居民素被陵轢，莫敢誰何。公以法繩之，不少貸，境内肅然。

又卷九〇《福建一》何喬新《中順大夫福建按察司副使辛公訪墓表》 處州頑民聚徒千餘盜採銀礦，衆議發兵討之。公曰：「兵刃既接，必有死於無辜者。」乃揭榜諭以禍福，衆皆歡呼而散。

又卷一〇四《行太僕寺苑馬寺鹽運司》王家屏《陝西花馬寺卿兼按察司僉事覃公應元墓志銘》 嵩山有銀礦，民緣爲奸利，椎埋擊殺，有司莫敢問。公密遣捕盜，八人易服入賊所，別伏健卒於要地以待。八人潛伺賊首居懸崖間，掩其不備禽之。從間道出既遠，賊衆始覺，駭而四散，嵩洛之間以寧。

雷禮《明朝列卿紀》卷一一五《巡撫雲南行實》 洪遠，字克毅，直隸徽州府

歙縣人。成化戊戌進士，正德六年任陝西左布政使，所至有聲。七年，以都察院右副都御史任，黜貪獎廉。十八寨夷人舊不時入寇，至皆服降。境有銀礦，開則攘奪並起，禁秘之。鎮守中貴誅求太甚，數抑之。九年，陞南京大理寺卿，歷南京工部尚書。

汪舜民《〔弘治〕徽州府志》卷七《人物一・壯觀》 甲戌，丁外艱，起復改山東道。三年秋滿，進階文林郎。丁丑，巡按福建，禁竊銀礦，奏省冗員，委守令修南臺橋，閩人德之。

臣切見陝西漢中地方，皆倚終南面看巴荆。其山之厚類七八百里，皆草木茂密，人跡罕至，蓋寇賊之淵藪也。東南按湖廣之襄鄖、河南之南陽，西南連四川之夔州保寧，山多地僻，川險林深，中間仍多平曠田地，可屋可佃；及産銀礦沙金，可淘可採。

黄仲昭《未軒文集補遺》卷上《貴州左布政使黄璉列傳》 丁外，南京禮科，滿九載，陞浙江布政司右參議，奉勑巡視温處銀場。處州嘗有山寇聚衆劫掠銀礦，璉躬率兵擊之，一鼓擒其渠魁，餘黨盡散。弘治五年，上慮浙江等處銀場礦脉或微或絶，歲課未免，取盈於民，乃因肆赦詔條特命所司體究，欲爲減豁。璉與同事僉憲陳嘉謨備陳各場銀課，採辦者甚少，陪納者甚多，實爲民害，會同鎮巡藩臬奏聞，得旨：各場歲辦計銀一萬二百三十七兩有奇，盡數除免，銀坑悉無填塞，凡官員爲銀場而設者，俱調別用。璉於是有雲南之命。雲南屬衛糧儲，多衛僚攬之，以輸不以時入，軍民苦之。督糧者沿襲因循莫克舉正，巡撫大臣乃以屬，璉因嚴設禁令，定立限期，桀驁不順令者，寘之於法。自是七八年，逋負悉輸納，無敢後期者。巡撫、巡按交章論薦，乞陞補本司參政之缺，而吏部先已擢璉參政貴州矣。璉至，以其地夷獠雜居，不可以中州文法繩之，爲政務簡静，不事苛擾，論者以爲得體。

陳鼎《東林列傳》卷二《邵寶傳》 後宸濠敗，有司校勘獨無寶跡，遷浙江按察使，再遷右布政司，與鎮守太監勘處州銀礦。寶曰費多獲少，勞民傷財，慮生他變，卒奏寢其事。進湖廣左布政司。

《明史》卷二八二《列傳》第一七〇《邵寶》 〔邵寶，字國賢，無錫人〕後宸濠敗，有司校勘獨無寶跡，遷浙江按察使，再遷右布政使。與鎮守太監勘處州銀礦，寶曰費多獲少，勞民傷財，慮生他變，卒奏，寢其事。進湖廣布政使。

穆彰阿《〔嘉慶〕清一統志》卷二八二《浙江統部》 邵寶，無錫人。弘治時，爲浙江按察使，再遷右布政使。鎮守中官議開處州銀礦，寶力言其擾民，得不償失，卒寢其事。

陸應陽《廣輿記》卷一八《福建》 胥文相知漳浦縣時，苦蝗患，文相引愆修備，蝗悉赴海死。歲迺熟，旁邑莫能救也。邑故有銀礦，取不充額，重爲民病，爲奏罷之。

李賢等《明一統志》卷七八《漳州府》 胥文相，正德初，知漳浦縣。時苦蝗患，文相引愆修備蝗悉赴海死，歲乃熟，旁邑莫能救也，士民咸歌頌之。邑故有銀礦，取不充額，重爲民病，爲奏罷之，擢去，士民立石道左，思之不置。《郡志》。

《明史》卷二八四《列傳一三五・張羽》 〔張羽，字伯翔，南鄭人〕正德初，由寧海知縣入爲御史，巡按雲南。所部故有銀場，中官採取，久爲民害。羽奏罷之，而中官張倫復力争，户部尚書孫交持之，竟如羽議。出爲保定知府，歷河南左布政使，亦有稱於時。

〔曾鈞，字廷和，進賢人〕又以四方銀場得不償費，徒爲盜窟，奏乞罷之。報可。

焦竑《國朝獻徵録》卷三六《南京禮部一》黄佐《南京禮部尚書章懋》 二年考績，省親，予告，尋擢福建按察僉事。閩有番舶銀礦，屢爲患。懋建議許民與番互市，商夷兩便，弛銀礦禁，聽民採取。自是不復盜，患遂息。

陳鶴《明紀》卷三五《世宗紀八》 〔三十五年五月〕丁亥，左通政王槐採礦銀於玉旺峪。

謝旻《〔康熙〕江西通志》卷六九 曾鈞，字廷和，進賢人，嘉靖進士，授行人，擢南京禮科給事中。時四方銀場，得不償費，且爲盜窟，鈞奏罷之。

顧炎武《天下郡國利病書・廣東上》 嘉靖間，嘗開採，異省殊方，奸利之徒不招而至，衆輒數千。既而或徒勞罔得，或得不償失，又或礦盡費窮，各失始望，散罷而去。資身無策，遂乃群起盜心。始則乘人不備，所掠輒得，久之公然肆劫，勢日益張。於是通河源長吉諸賊李亞元等聚衆數萬，出没諸邑，流劫千里，禍延十餘載，殺掠人口無算；而從則白骨蔽野，十室九空，被禍尤甚。後合諸道兵始克討平，費公家之需以千萬計，礦之無一利而害大若此。

過庭訓《本朝分省人物考》卷四三《陳善》 陳善。【略】未幾，轉參議駐惠潮。海寇初平，瘡痍未復，一務休養安集，境内宴如。旋轉副憲，督滇南學，其型範規條，無改西粵之舊載，刻小學句讀自警，編《忠孝歌》頒教諸生。遷滇右參

政，督理銀場，諸言開礦利者，俱報罷，始善當督學時，以執法忤鎮臣，且忤御史，至是被誣論，褫秩去已。

《明史》卷四〇六《宦官傳・宦官下》 陳增，神宗朝礦稅太監也。神宗十六年，嘗遣中使禱祠五臺山，既還，奏言紫荆關外廣昌、靈邑可定礦砂作銀冶，爲奸民張守清擅其利。帝以語大學士申時行，時行請勅撫按禁戢，帝不得已，命塞礦洞，逮守清伏法。然是時，朝廷殿工未就，又内府織造召買珠寶之令日下，帑金珠不給也。二十四年，有府軍千户仲春者，請開礦助大工，帝從之。

又卷二三四《列傳第一二二・戴士衡》 〔戴士衡，字章尹，莆田人。〕錦衣千户鄭一麟，奏開昌平銀礦，士衡以地逼天壽山，抗疏争。皆不報。

穆彰阿《〔嘉慶〕清一統志》卷一五六《絳州・直隸州二》 王豫立，涇陽人。萬曆二十四年知稷山縣。時礦使四出，大璫將臨稷妄云，鳳凰山銀可採，民洶洶不安。豫立走使，説止之。會大吏檄用條鞭法起征，士民皆不便，又力爲申請，得不行。去任之日，囊無一錢。

謝旻《〔康熙〕江西通志》卷六九《人物》 章邦翰，字公佐，南昌人，萬曆進士。知潮陽縣，拜監察御史，巡鹽兩浙。疏陳鹺政利弊，伸枉獄，絶請謁用，例轉衡永僉事。時議開銀礦，政府致書屬察所屬有礦處。歎曰：言利豈人臣事君之義，且擾民，不復。

王鳴鶴《登壇必究》卷六《輯北直隸南直隸浙江江西輿地説》 時福建邵武賊鄧茂七方猖獗，朝廷命都御史張楷帥兵往討鄧賊。至廣信，以葉寇道梗，留不敢進。福建遣使促楷師，浙江藩、臬諸司請楷便宜移兵擊葉寇，江西御史韓雍等亦言：「葉寇近咫尺，地方危在旦夕，又爲道梗，皆國家事，豈可坐視民罹荼毒？」楷不知所從。有指揮戴禮願往勦之，楷乃命率兵五百往。〔正統〕十三年十一月，賊至黄柏鋪，戴禮兵擊之，死傷相半。宗留衣緋率衆前，中流矢死，官兵不知爲宗留也。賊退，奔入山，復擁葉希八等爲渠魁，劫車盤嶺，悉衆駐十三都，欲回浦城。都督陳榮率兵一千往，併戴禮軍至十三都，賊悉衆出戰，官兵大敗，榮、禮皆死之。楷等以福建寇勢迫，取道徑往福建討鄧寇。賊盡掠取器杖，同劫浦城，焚其縣治、民居。過龍泉，從者至數萬，入據雲和山中。麗水楊希、鮑村、陶得二各率衆數千人歸之。居數月，賊謂其黨曰：「山中出掠不便，不若由米湖盡掠府城，乃結寨駐鮑村，取貨於義烏，掠人於松陽，官軍雖衆，不能越馮公嶺而相迫矣。」衆從之，遂掠府城。守臣遣使從温、台告急於省，御史命都指揮沈鱗、參議耿定、僉事王晟帥兵四千，以十四年三月至處州。攖城自守月餘，賊縱掠益甚，諸守臣復遣使詣省告急。御史盛琦、黄英先後以聞，朝廷命總兵官徐恭帥兵二千馳至處州，亦城守不敢出。復遣使往福建，告急於張楷。時有制下，張楷令福建賊稍平，以餘黨付金濂，楷還師討處寇。楷未至，處城中乏糧餉，諸將日對泣。五月，賊攻城急，徐恭等出禦之。沈鱗、耿定、王晟等皆敗死，徐恭僅以身免，入城固守不敢出。亡何，張楷入浙至衢州，僉事陶成往迎之，泣陳其事。楷分兵水陸兼進，至蘭溪，御史黄英、林廷舉來會，請速進兵。至金華府，令軍中製竹笆三百五十麵，笆如牌製，糊以紙畫獸形，可禦賊鎗，乃兼程進。至處州界，知府陸鍾等來迎，至銅山寺駐師。賊遣人求撫，實覘之也，遂給榜示，付之去。時官兵陣於平地，賊衆萬人出山索戰，官兵分三陣，賊攻中軍。楷等令回達馬軍射之，死者三百餘人，左右合擊，死者又二百人。持鎗者多爲竹笆所制，蓋鎗入竹隙，急不得出，多被擒獲，賊敗潰。是日，斬首六百餘級，生擒百餘人，器仗稱之，乃以捷聞。千户沈俊謂其部下多麗水、鮑村人，父子兄弟陷賊中者衆。有何受等二人自言於陣前，見其親屬：「今欲招撫，俊以此三人往，可得要領。」楷從之。令齎榜入山，反覆譬曉，詞亦過狥。楷至以老母百口與誓，賊乃先令陶得二出見，楷優加賞賚，令歸山中，同賊首葉仁八、楊希陶、秉倫并其黨十餘人來見。楷納其降，給帖令復業，始知前黄柏鋪緋衣中流矢死者，即葉宗留也。明日，何志三等又招得賊首餘海四、陳川十、余卞等三百餘家出降，亦許令復業。六月，兩得璽書，諭楷相機撫勦之宜。楷等奏報，賊前後聽招復業者九千餘家，男婦二萬餘人。疏既上，賊首陶得二等回山復疑懼，擁衆如故。顧以書招楷入，楷亦復書諭之，賊在慶元大社者，又出掠麗水、青田等處。未幾，復得璽書，諭楷等將已降賊令所司撫處，廣布恩信，戒官吏勿相擾激，不聽撫者調兵勦滅。楷復遣郡邑丞、倅等官賚入山，再招之，陶得二等始聽招，盡焚其砦寨出降。餘黨聞陶得二降，悉解散復業，所司隨在撫諭之。楷等乃班師，具露布以聞。楷還京，會英宗北狩，舊經事大臣多陷没，主者議楷無功，追論都督陳榮等死，下楷獄論罪。議上，以寇平功贖罪，得放歸。

秦鏞《〔崇禎〕清江縣志》卷八《人物志上・宦業》 〔楊有涵〕及知順寧，地控緬甸，卻土司餽遺，禁開採銀苗。鎮静撫綏，邊境以寧。護迤西道篆督催銅鉛，無停滯、短少之患。壬寅，遷雲南通省鹽法道，凡提煎轉運，請薪納課，經畫靡不周。

全祖望《鮚埼亭集》卷二八《董永昌傳》　董永昌雱，字山雲，一字復齋，諸生應遵孫也。由太學生知房縣，累官知永昌府，致仕。其知永昌也，僅七月而解組。是時，制府議開孟迺銀山，下其檄於府。永昌謂：孟迺乃土司，若開山則勢必遣大衆，既遣大衆，勢必凌蠻户。而金刀所在，漢人與蠻户必有互相攘竊之事，且成亂階。以書力争，制府頗不喜。會六月，市中米價驟涌，民多死者。金齒文移至行省，往返需六旬。嘆曰：吾不能待請而行矣。乃以便宜發倉平糶并借施甸之穀以給之，而飛騎請擅行之罪於制府，果遭嚴譴，然無過可指。乃以年近七十，年老不及，去官。蓋猶以前議也。既而制府亦頗知孟迺之不可輕入，稍悔之，得中止且深嘆歉仄。而天子亦有原官致仕之命。論者謂：其時制府固賢者，非竟屬時風衆勢齷齪之徒也。開礦爲明神廟時厲政，不可行於中土者，何況番部？

彭紹升《二林居集》卷一七《故通議大夫總督河道兵部右侍郎兼都察院右副都御史陳恪勤公事狀》　公諱鵬年，字北溟，湖南湘潭人。【略】署霸昌道事。霸昌旗民錯處，號難治。公一裁以法。有詭倆貴戚私開銀礦，公收治之。豪彊屏息。

邵寶《容春堂續集》卷一四《江西左布政使致仕陳公神道碑銘》　公諱策，字嘉言，别號蓉湖。【略】嚴屬地有銀鑛，發則相攻。公謂争利殺人，非生財道也，令封之。其所爲務政，持大體不屑細瑣，感今弔古，有餘懷焉。

又《白中丞傳》　公諱圻，字輔之，號敬齋，常之武進人。【略】起補工部都水郎中，尋遷浙江布政司參議，分守浙東諸郡，有希權貴意，請開處州諸銀穴者，公從鎮巡往視，具列利害，議歲輸代課，以息寇竅，公私稱便。

又邵寶《容春堂後集》卷七《山西布政司右參議致仕進階中順大夫胡公墓表》　尋有詔勿徵，既而以憂去，起復得處州。或鑿山得銀，中監請取之如官穴。公上疏論之，謂先王不盡利以遺民，今所謂銀穴則既有官守，彼偶而得者利於幾何，而復取之，且後之日，安必其如今邪。

羅欽順《整菴存稿》卷一一《大卿徐公傳》　漳浦之南韶，地鄰廣東，流賊嘗入犯。公嘗建議展築其城，置一守禦千户所，實以漳州衛，官軍四百於策爲長議，未行。而賊復入，至以巡捕官去。公即時督厲兵士，擒獲其首惡及黨與二百餘人。遂舉行其初議，城既展，公廨營房以次就緒，居人始有寧宇。其地嘗封閉銀坑一所，即令守禦官軍以時巡邏而罷遣其客兵，歲省口糧幾二百石。福清縣庫被劫盜不時獲，邏者計誘二人，許以自首免罪，乃妄引平民八十餘人。公廉知非真，緩其獄，而竟得真盜八十人者，皆賴以免。

張萱《西園聞見録》卷九七《循良》　厲昇，字文振，號雷庵，無錫人。由歲貢知青田事，邑人都地報銀礦發，監司臨焉，議歲以貢。有術者謂山木潤秀，所産必廣。公直前曰：「吾聞金能尅木，信若人言，金氣盛矣，木何能秀潤如此？」監司猶未信，同官勸君從之。君曰：如吾民，何申辯數四，必寢乃已。

過庭訓《本朝分省人物考》卷二八《厲昇》　厲昇。【略】邑八都地報銀礦發，監司臨焉，議歲以貢有術者，謂山水潤秀，所産必廣，昇直前曰：「吾聞金能尅木，信若人言，金氣盛矣，水何得秀潤如此？」監司猶未信，同官勸昇從之。昇曰：「如吾民何申辯數四，必寢乃已。」鎮守中貴歲以礦一至其邑，所費不貲，昇於饋不缺禮而已，至其他費，歲率省昔之半，由是民安其業。乃勸學興賢，旌舉節孝，禮文亦彬彬焉。先是，屢欲請老，輒留於民，適朝京師，故得遂請。民聞之，欲追留之，而已至家矣。於是既爲立碑，復建祠祠之，及没，衆設祭哭於祠。所著有《雪菴集》。

又卷五八《胡訓》　胡訓。【略】山脉採竭，民甚苦之，禱於神。不數日，夜半雷風大作，晨視則雷霹處皆青緑也，以故得如期取盈。至於欲取大理石，辦納歲例賦金，奏封禁寶井、銀礦，而民困始蘇。

錢穀《吴都文粹續集》卷四三文徵明《墳墓・明故資善大夫都察院右都御史致仕盛公墓志銘》　時鎮守太監梁裕驕蹇侈汰，漁取無厭。公隨事裁抑，不令得肆，省内諸銀礦，歲有常課，裕擅爲己有，朘剥苛急，民不堪命，或緣是賊，殺啓釁。公議建封禁，以絶禍源，實抑裕而奪之利也。

文徵明《甫田集》卷三一《明故資善大夫都察院右副都御史致仕盛公墓志銘》　又請封禁省内諸銀礦。先是，礦有歲課，裕擅爲己有，皴剥苛急，民不堪命。或緣是賊殺啓釁，故公建議禁閉，以絶禍源，實抑裕而奪之利也。

焦竑《明朝獻徵録》卷五八《都察院五》李東陽《資政大夫都察院右都御史贈太子太保都察院左都御史史公琳神道碑》　初公爲給事中時，言事有體，爲參議。時平鞏昌番賊，修安定會寧諸路邊備，督片涼軍餉事，皆集以家艱歸。闋服，改福建。有求開銀礦者，公力阻之。爲參政時，豪家多怙勢庇盜，每爲禁治。袁、吉二府饑，發廪賑貸，全活甚衆。贛盜攻城邑，殺官吏，督兵剿之，獲七百餘人，梟其首。

瞿景淳《瞿文懿公集》卷一三《明故都察院左僉都御史前光禄寺卿陳公行狀》 期年，既至滇南，裁省騶從，躬歷山谷，雖至乏絶，不少沮，遂盡得民疾苦狀。時有建議開銀場者，既下撫臣詳議，復切責撫臣，公慮開兵端，堅請封閉。

陳道黄仲昭《〔弘治〕八閩通志》卷三八《秩官·名宦》 江滿，淳熙中知州事。先是銀坑發，泄歲代建昌、臨川輸銀六千兩，二郡歲償綿、絹。後經兵火，二郡綿絹不至，坑塌停開，仍取於民。滿疏陳其害，獲旨蠲。

王世貞《弇州史料·後集》卷二《陳〔察〕公傳》 滇中别産銀，幸臣請縣官塲而榷之，歲可佐度支費什一，下使者議。公持不可，曰：「此兵端也，且上以采用事者覩其利，余覩其害而從。臾之不可。」竟罷。議。

王直《抑菴文後集》卷一五《送樊給事中詩序》 國家采山澤之利以資用，既以内臣領之，尤必擇近臣之賢者往莅焉，所以撫綏其人而加之德也，其意厚矣。户科給事中樊君伯炯之莅雲南銀場也，凡受役於其所者，勞佚必以節，飲食必以時，居處必有所，庇疾痛病苦必有醫藥而無失所者，蓋能推上之德以及人，是以人親愛之樂，於趍事而克有成功，斯其所謂賢也。

阮元《〔道光〕廣東通志》卷二八四《列傳一七·明》 蕭奕輔，字翼猷，東莞人。父道爲沅陵簿，苦邊運，道力請得改折，民甚德之。奕輔登天啓元年辛酉鄉薦，二年壬戌進士，授福建長汀令。丁内艱，貧不克舉喪，邑紳林向陽賻之，乃成殮。起補河南葉縣，邑有銀礦，民輸萬金請開採。却之。

潘衍桐《兩浙輶軒續録》卷二《陸祚蕃》 陸祚蕃，字武園，平湖人。康熙癸丑進士。官貴州糧驛參政。著《淳意齋詩草》。

武園先生在臺中時，蘇州新設，滿州駐防。上疏言，北京口、南杭州已設重鎮，蘇地無虞，不必添設，遂撤去。蘇人德之。分守登萊時，或言山有銀礦可開，遣内臣出驗。先生慮爲地方之累，言於巡撫，寢其事。而取具呈者，重懲之，後無敢再言者。

李夢陽《空同集》卷五八《尚書黄公傳》 〔尚書黄公者，封丘人也，名紱，字用章〕奏閉建昌銀礦，許之。

阮元《〔道光〕廣東通志》卷二六〇《宦績録三〇·清國朝》 鄭天錦，字有章，號芥舟，福建甌寧人。以博學鴻儒，薦辭不就。壬申成進士，令連山。二十九年，兼署理傜同知，民夷愛之。連有銀穴曰海崗，與廣西賀縣蕉木廠一山也。廣西布政使惑廠人言，欲踰界採銀於穴，或勸天錦招商自利，曰聚衆起争，此異日大患也。上言制府以穴不可開，指畫其害正切，制府悟，檄兩省巡道，會定地界，禁採穴者。

曾國荃《〔光緒〕湖南通志》卷一〇八《名宦志一七·國朝六》 邵棻，天津人。道光中，知常寧縣，革積弊，禁銀礦。去官不名一錢，惟圖書數篋而已。《縣志》。

徐潤《徐愚齋自叙年譜》 〔光緒十五年，己丑，五十二歲〕

接辦香山縣天華銀礦。此礦原係何崑山經理，幾年之間，用銀數十萬，未許傍人言，忍不可忍後，由李亦文轉託唐景翁接辦，謂如能借到哲爾者礦師，雖再用二三十萬不成，亦所甘心。此刻先籌發本，救本之法，公等如能招股，更爲樂得，否，亦但求成事便妥。現在銀兩由李一概墊辦，全歸益隆進出。查李、何久成水火，故李如是擔任也。

〔光緒十六年，庚寅，五十三歲〕奉兩廣督憲李劄委，會辦香山縣天華銀礦。此礦由唐景翁接手，會同何崑山諸公開辦，後崑山未將各山契交出，爲第一阻力；又因招股接續不上，只得八萬餘元，爲第二阻力；一切銀兩，李玉衡初議擔任，後聞哲爾者之言，即轉退志，爲第三阻力。勢不能不停，唐景翁將何崑山發回股票八萬元，交回李手，其餘公文帳箱，盡交予唐茂枝翁。後查二十二年二月二十六日夜，唐茂翁家在上海敦睦里失慎，由樓梯脚火水罐起火，幾乎命盡，衣箱等件均付一炬，連天華兩帳箱亦遭於火。【略】

稟北洋李中堂：借煙筒、山礦，師哲爾者。又派必達臣，會理天華礦事。至港晤李，如獲異寶，格外招呼。經理四個月，全盤籌計，謂非有大資本百萬，斷難望成，遂決議停辦。哲爾者回港，大病數月，與景翁羅嗹助費，景翁概不計較。當時香港諸人，咸謂唐景翁志量極大，不揚人過，識人之難，憐人之苦，大不易得云云。

〔光緒二十四年，戊戌，六十一歲〕鄉里故人不聽先生，以才自逸，舉辦天華銀礦，未竟厥事。會服闋，合肥爵相以先生前在商局，曾委辦開平煤礦，至是奏復。先生官撥飭親蔽礦，所兼理承平三山等銀礦事，迭著成效。

紀事

歐陽詢《藝文類聚》卷八三《寶玉部上·銀》 《南越志》曰：「遂成縣任山銀

穴有銀沙。」庚申詔：「大理寺丞沈逵，改一官，與堂除。論前任信州推官興置銀坑之勢也。」

樂史《太平寰宇記》卷一六四《嶺南道八・梧州》 又遂城縣有夫任山，有巨人跡，文理明朗，在山頂長三尺六寸，山之東有銀穴，俚人常採，鍊沙成銀。

趙彦衛《雲麓漫鈔》卷二 建寧府松溪縣瑞應場，去郡二百四十餘里，在深山中。紹興間，鄉民識其有銀脈，取之得其利。隆興初，巡轄馬遞鋪朱姓者言於府，府俾措置，大有所得，事不可掩，聞於朝，賜名瑞應場，置監官。朱死於場中，一子與人鬭亦死，場中祀爲神，號七寶大王。初，場之左右皆大林木，不二十年，去場四十里皆童山。場之四畔圍以大山，雖盛夏亦袷衣，日正中方見日光。乾道中，人入穴鑿山，忽山合，夾死五十餘人，血自石縫中流出。

曾國荃《〔光緒〕湖南通志》卷五八《食貨四・礦廠・銀礦》 景定中，朝廷議開銀場於郴州之葛藤坪，奸民射利者，羣聚煽亂。時王橚知郴州，上疏力陳利害，議遂寢。《一統志》宋王橚《申禁坑冶碑記》：郴在百重山中，民維艱食是虞，一日、二日雨則粒不通於市，官用賑之，猶懼不給，矧可崇聚游手，以蠶食之乎。若夫挺擊嘯呼之患，猶未論也。境内故有坑，大率多産鐵，歲解經課者是矣。昌黎所謂白金之産者，今烏有之。貪夫嗜利刮摩，挾剔指錫之錙銖，以眩於有司，自作不靖而不知禍之流於無窮也，累朝嚴禁。其有以夫鐵坑經課之外，無問遠近，其不可於郴境而復開坑焉，明矣。一或弛禁，則其害有不可勝言者。匪但葛藤坪也。葛藤坪磅礴百里，如前刻所紀，小地名至夥。景定三年，有鄧雷玉者，請佃道塘、三角山等坑，當時受委試驗，則郴簿符夢璧也。廉毅專篤，故雷玉狡謀不得逞。明年，其族夢魚包藏禍心，輒詣衡州分司言狀，永興簿尉陳才舉驗，其實陳亦惟理是視，疏其害以復於分司。夢魚乃敢賄胥吏，脱文檄陷熏要寨巡檢李俊，以利鳩集亡命，不復告州縣，擅開浦溪東落坑。不數月，奪人資糧，犂人田土，剽人牛馬，甚至有互招坑丁，兩相殺害。居民流徙，行旅退避。其族有庚金者，繼以冶司試驗之牒至所請之地。雖曰黄岑白石面，實則葛藤坪焉。橚愀然而作曰：守職何在，不可當吾世而生厲階，亟用告諸臺閫，抗章天朝，爲郴民請命。居無何，大帥林公存應使胡公大初，并下令禁戢追捕，而泉治府亦正辭以申其禁焉。於是，夢魚之暴少息。時胡公受命慷慨，拔本塞源，昭白利害，懇款聞於朝，天子俞其請劄臺郡常行禁戢，劄治司復行停閉。而千里四民始有息肩之望，欣欣相告曰：患可弭矣。嗚呼！斯坑之禁，有道之朝，所注意而不靳者也休哉。吾君相之惠於郴也哉，部使者之勤於民也哉。胥保胥訓，自今以後，尚可惟利是圖，以病民而咈於朝命乎！遂伐山石摹省符於治所，著顛末於碑陰。若其覼縷已具，諸郡奏并申省，兹不復列來者，尚有考於斯文也。景定五年三月丙子，朝請郎、知郴州軍兼管内勸農營田事、節制屯戍軍馬王橚謹書。

汪森《粤西叢載》卷一六《慶遠諸坑》 宜山縣在宋時有寶積監，在坡西二百五十里，乃河池州西境。設監官一員，管坑户。穴地深五七丈，或至十餘丈取礦砂，入爐煉一晝夜，始成鉛汁。又入小爐再煉之，始成銀，以充貢。時已末歲，其坑崩陷，坑丁皆壓死，遂罷不敢採，而廢其監。今地皆屬土官。又有玉田塲，在城西南一百五十里，爲河池州東北境，其設官管坑丁，採礦以貢，皆如寶積監。其廢亦同。又有富安監，在城南一百六十五里。宋設監官，管坑户，採砂以貢。其砂脈延綿白石中，坑户以火煅石，鑿而取之。得砂凡四等：大則顆塊，次則箭頭，又次則顆粒，餘皆末砂，價以是爲等差。自後傜賊叛亂，坑丁逃散，砂脈亦盡絶，遂罷不採，而廢其監。又有樂耕塲，在府西北二百三十里，去普義寨五里。宋時設坑丁開鉛坑，以應經略司取需，後以傜僮叛亂，坑户逃竄，遂罷不採，而廢其塲。《慶遠府志》。

又《宋時坑冶》 宋時，廣西有銀坑，令供銀置塲發賣。

洪亮吉《〔乾隆〕府廳州縣圖志》卷四〇 〔松溪縣〕瑞應場在縣東南東山下。宋隆興間置，設官採銀。明洪武初，亦嘗開採。永樂後封閉。又杉溪場在縣西杉溪里，亦出銀鑛。

王謨《江西考古録》卷七《物産・銀》 《文獻通考》曰：德興縣有銀山。唐總章二年，邑人鄧遠上言銀利，因置場。讖云：「白鳩出，銀冶畢。」至宋，白鳩雙出，山穴頹摧。《稽神録》：饒州，鄧公場採銀之所。天祐中，募銀夫十餘人，鑿地道，入數步，空闊明朗，有穴如天窗，柱石皆白銀也。採者持斧入，將所之，俄而山頹，盡壓死，自是無敢下者。

顧祖禹《讀史方輿紀要》卷一〇九《廣西四》 〔南丹州〕孟英山，州西五十里。産銀。永樂十五年，遣内臣開礦，歲不過九十餘金，旋變錫，遂罷去。云：州西有長春、三寶諸山，州南有金鷄等山，皆高峻。

法式善《陶廬雜録》卷五《静志居詩話》 肅皇帝信薊州人李昇、嵩縣人刁騰之言，分遣中貴崔閔、主事沈應乾、千户仝爵李鋐至其地相視銀礦。是時遼東衛軍姜賢才奏開蓋州、歸州之礦，遂以賢爲礦長。至萬曆間，陳開礦之利者

紛紛，於是中貴四出，海内騷然。姚公思仁爲巡按，仿鄭俠《流民圖》撰《開採圖説》進呈，力請罷役，不聽。既而開礦者争相仇殺，羣盗蜂起，畿甸則齊本數、李庯、史籍、周言、張世才、石賓河，南則張住、朱世安、趙仲保、藺一枝、王西安，山西則張守清、郭貴三、張盡忠、許廷珍，寧夏則楊戬。本欲利國，而國幾危矣。

《明史》卷一四〇《志七八・食貨一〇・課税》 福建浦城縣言：馬鞍等銀坑三所，歲可得銀千餘兩、鉛四萬一千餘斤，發民開煎。

李衛《〔雍正〕畿輔通志》卷一八《山川》 玉旺峪，撫寧縣東北九十里，五泉山東北。明嘉靖三十六年，嘗産銀礦，命官採取，尋罷。

穆彰阿《〔嘉慶〕清一統志》卷三四〇《武昌府》 貪山在蘄州東南八里，一名迎山，一名銀山。山半有小庵，明高啟避跡於此。《廣濟縣志》：貪山在蘄州東而治屬廣濟。宋乾道四年，有以銀礦獻者，貪山與焉。明成化初封築，尋議開取，以土色無銀而止。萬曆二十九年，分遣内臣開採，亦以驗土無銀而止。

嵇曾筠《〔雍正〕浙江通志》卷一七〇《物産》 《龍泉縣志》：【略】礦脈深淺不可測，有地面方發而遽絶者，有深入數丈而絶者，有甚微久而方闊者。有礦脈中絶，而鑿取不已，復見興盛者，此名爲過壁。有方採於此忽然不見，而復發於尋丈之間者，謂之蝦蟆跳。大率坑匠採礦如蟲蠹木，或深數丈，或數十丈，或數百丈，隨其淺深，斷絶方止。取礦則携尖鐵及鐵鎚，竭力擊之，凡數十下僅得一片。又有不用鎚尖，唯燒爆而得礦石。

史澄《〔光緒〕廣州府志》卷七四《經政略五・船政》 龍門縣禁開銀鑛。石獅嶺在縣之東十里，東六堡諸村祖山也。山南爲銀福塘。昔年有取礦者，以不成銀，輒棄之。道光二十六年，黄亞三煽惑近村人復挖取之，知縣毓雯以有礙田廬，封禁永遠不許偷挖。

著録

王仁俊《格致古微》卷一《書》 《禹貢》：「厥貢惟金三品。」案：此《禹貢》之言礦學者。胡渭《禹貢錐指》曰：揚州之銀礦最著者有二所，今皆爲江西地，一在今饒州府德興縣。縣本漢餘汗縣地，唐爲樂平縣地。《元和志》云：樂平縣東百四十里有銀山，每歲出銀十萬兩，收税七千兩，亦名銀峯山。宋馬志《開寶本草》曰：生銀出饒州、樂平諸坑銀礦中，狀如硬錫，文理粗錯，自然者真。【略】一在臨江府金谿縣，縣本唐臨川縣之上幕嶺，其東二里有銀山，唐嘗置監於此。周顯德二年，南唐立金谿場，復置爐以烹銀礦。宋初廢，升場爲縣。今銀山西里許，爲白馬塢，蓋南唐李煜時採銀場也。

吴卓信《漢書地理志補注》卷四八 山出銀。本書《食貨志》：王莽時，朱提銀重八兩爲一流，直一千五百八十，他銀一流直千，是爲銀貨。《諸葛亮書》：漢加之朱提銀，采之不足以自食。《南中志》：朱提舊有銀窟數處。《方輿紀要》：朱提山在叙州府西五十里，連綿高聳，上侵霄漢。舊常産銀，所謂朱提銀也。

曹學佺《蜀中廣記》卷六七《方物記第九》 《南中八部志》：「朱提山，在犍爲屬國，舊有銀窟數處。」諸葛亮書：「朱提銀，采之不足以自食。」

趙時春《浚谷集・文集》卷六《處州銀冶志序》 唐治書侍御史權萬紀請採宣饒銀以富國。太宗文皇帝數之曰：「汝御史職，朕耳目，無嘉言賢才以助朕利民，顧請採銀，視朕爲何如主也。」遂黜萬紀。按：太宗本開業致治之君，蒞阼之初，良臣張藴古獻《大寶箴》，皆修德養人之精要，無不當帝心者。後爲萬紀所讒死，此帝所以有嘉言賢才之思也歟。銀不可以衣食生民，獨其質有常，難耗渝可以權百物而通之，凡天下之物堅久而少得者，皆可以爲權。周有「九府圜法」，不專以銀爲權也，權少則貴重，而物裕不以多爲尚，政亂物匱，民趨末作，銀雖多而權益輕，採雖廣而費亦侈，隳農業而糜衣食，銀日以多，衣食日以竭，故太宗不爲，而思嘉言賢才。夫嘉言者，可以致諸用者也；賢者才，足以致用者也。非其君堯舜不敢舉，非其民唐虞不敢布，非禹、稷、卨、咎之業莫敢行。禹憂民不得耕，故奠其居。稷憂民不盡禹之利，故相之食。卨憂民不安稷之養，故教之順。咎繇慮民不皆若卨之教，故示之刑，無事於銀也。太宗德雖慚堯舜，然君臣各有志，修明政刑，言利如萬紀者必黜，而嘉言賢才必用。使不忠如裴矩、裴藴者，亦能以嘉言賢才自勵。清明之氣上接天和，而後土重厚之體，淳固不虧，蓄爲豐年，民知農桑之利萬倍於銀，則争趨南畝，卒之斗米三錢，絹匹數十，外户不閉，行旅不齎糧，威加四荒而無轉餉之憂，遂無以銀爲言者。治雖不及於唐虞三代，之後有能及之者乎。

我太祖高皇帝除胡復華，功並唐虞，致治之美，有光太宗。然建元之初，兵革未息，費用尚廣，已能屢蠲租税。至十三年，遂盡予天下租。凡所收租，皆其地所有，不强民以銀，而民遂不以銀爲急。雖有奸貪無所取銀，欲竊物以行則形跡易露，而法顧重，是以官吏清而民安樂，幾致刑措，豈非所謂栽者培之者哉夫。唯貪殘奸佞之臣，專事乎銀，任土之貢盡易，以銀百貨出入，以銀爲估，可以低昂輕重，以施詭秘。竊上剥下，以濟其私，交通關節，以崇其寵。賫輕而跡，難露俗敝，而上不知百吏、四民棄其本業，而唯銀之是務。

銀日以登，物日以耗，奸宄得志，賢智退藏，用乃益匱於是乎。始鑿山穴地，竭澤礦火以求之，昏瘃之氣，上干天變，坤靈疏洩，生物枯槁，民不務農，農用不登，災害並至，干戈迺作。此所謂傾者覆之也。夫君人者，孰不惡傾覆而樂栽培。然常陷於傾覆而不知者，惡聞賢者之嘉言，而樂小人之便私。便私之味甘，而嘉言常苦口。余同年遂昌應子子才於是乎有大憂，即其鄉郡銀冶興廢利害之故，起争致亂之詳，輯約爲志，藏諸永久。嗚乎！唐虞、太宗、高皇之事，余不得而見矣。望斯世於唐虞、太宗之盛，以纘高皇帝之休烈。則是志也。將以喻貪夫，而回諸道使不挾銀冶以亂吾治，此余所以序志之意也。此作志者，欲保治之意也，嗚乎！

楊爾曾《海内奇觀》卷七《九鯉湖圖説》 滴水巖在麥斜巖東，水自巔下涓涓不休。前爲銀坑，口狹而傾如建瓴，好事者秉燭蛇行以入，屈曲不啻十餘丈。

嚴長明《〔乾隆〕西安府志》卷一六《食貨志中・鹽錢》 《會典》：康熙十九年，差官往陝西臨潼等處開採銀礦。已上錢法。

藝文

嚴怡《嚴石溪詩稿》卷六《鰲峯黄生邦贊台州庠生也，奉軍門羽書，與其子師堯至景寧，召募阬兵，過訪山堂，因題贈各一首》 三年未報海波平，聖主宵衣念戰征。燕頷有人投筆研，兔宜於野見干城。前籌好借詩書帥，入幕宜談節制兵。此地自無貔虎士，耰鋤徒取護銀坑。

英妙黄生志不羣，請纓何獨漢終軍。乃翁報效心如日，之子拚飛翼若雲。不屑名場争一第，欲將孤劍策奇勳。阿符可笑師郎伯，苦對韓檠誦古文。

雜録

曾國荃《〔光緒〕湖南通志》卷五八《食貨四・礦廠・銀礦》 唐貞元九年六月，敕五嶺以北銀坑，依前令百姓開採。元和三年詔：天下有銀之山，必有銅礦，銅者可以資鼓鑄，其天下自五嶺以北，見採銀坑，並宜禁斷。《唐書・食貨志》。

郴州水土之所令白金。《韓愈送廖道士序》。

《舊唐書》卷一四《本紀一四・憲宗上》 〔貞元九年〕六月戊辰詔，以錢少欲設畜錢之令。先告諭天下商賈，畜錢者並令遂便，市易不得畜錢，天下銀坑不得私採。【略】以右衛上將軍王佖爲靈州大都督府長史、靈鹽節度使。辛丑，五嶺已北，銀坑任人開採，禁錢不過嶺南。

又卷四八《志二八・食貨上》 〔元和三年〕朕當别立新規，設蓄錢之禁，所以先有告示，許有方圓，意在他時行法不貸。又天下有銀之山，必有銅礦。銅者，可資於鼓鑄；銀者，無益於生人。權其重輕，使務專一，其天下自五嶺以北，見採銀坑，并宜禁斷。【略】其〔元和四年〕六月，敕五嶺已北，所有銀坑，依前任百姓開採，禁見錢出嶺。

魏源《古微堂集・外集》卷八・《軍儲篇一》 唐憲宗〔元和〕三年且詔言：有銀之山必有銅，銅有資於鼓鑄，銀無益於生人。其自五嶺以來，見采銀坑並宜禁斷，欲以閉銀而廣銅。洪武、永樂中行鈔，禁民間不得以金銀爲貨交易，違者治罪，有告發者，就以其物給之，欲以輕銀而重鈔。

趙翼《陔餘叢考》卷三〇《銀》 憲宗元和三年詔，天下有銀之山即有銅，銅可資於鼓鑄，銀無益於生人，其令現採銀坑並宜禁敕。李巽又奏請五嶺以北採銀一兩者，流他州。官吏論罪，則并禁用銀矣。

張維屏《清朝詩人徵略二編》卷三三《趙翼》 唐憲宗詔曰：銀無益於人，採銀一兩者，流他州。案：唐時重銅而輕銀，故禁採銀。

裴延齡奏：於糞土之中得銀十三萬兩。《通鑒》。案：銀至十萬始見於此。

胡我琨《錢通》卷四《代更》 〔憲宗〕元和四年，京師用錢，緡少二十及鉛錫錢者，捕之，非交易而錢行衢路者，不問。復詔采五嶺銀坑，禁錢出嶺。

阮元《〔道光〕廣東通志》卷一六七《經政畧一〇・肇慶府》 元和四年六月

辛丑，五嶺已北銀坑任人開採，禁錢不過嶺南。《舊唐書·憲宗紀》。

又卷一八五《前事畧五·宋》〔寶祐〕八年六月，臺臣言：廣東運司銀場病民。詔罷之。《度宗紀》。

《唐大詔令集》卷一一二《政事·財利·條貫錢貨及禁採銀敕》 又有銀之山，必有銅礦。銅者，可資於鼓鑄；銀者，無益於貧人。適開釁好之端，豈救飢寒之患，況欲加鑄，理須併功，得不權其重輕，使務專一。其天下自五嶺以北，見採銀阬，並宜禁斷，恐所在阬户，不免失業。委本州府長吏勸課，令其採銅助官中，鑄作仍委鹽鐵使，即作法優賞條流聞奏，於戲人之求利，厥路固殊，斯道炳然。言之不惑，凡百有位，明悉朕懷。

《宋會要輯稿·職官四三·提點坑冶鑄錢司》〔宣和七年三月〕二十四日，詔：「陝西、河東、京西坑冶見三路共差一員官提舉，路遠山僻，巡按不能周遍。今伊陽銀坑興發，可分兩路，京西差陳修，免謝辭，令疾速前去。」

《明英宗睿皇帝實録廢帝附》卷四九 〔正統三年十二月〕乙丑，上諭行在都察院臣曰：「比因開辦銀課擾民，已皆停罷，封閉各處坑穴，禁人煎採。近聞浙江、福建等處有等頑猾軍民，不遵法度，往往聚衆開坑穴，私煎銀礦，以致互相争奪，殺傷人命。爾都察院即揭榜禁約，今後犯者，即令該管官司拏問具奏，將犯人處以極刑，家遷化外。有如不服追究者，即調軍剿捕。」

《明政統宗》卷一四 〔成化十一年〕二月，詔閉河南宜陽等衛銀洞。先是，兵科給事郭鏜及今户部尚書楊鼎俱言，銀礦可開煎，以備邊用。有司勘，報言，洞路險阻，礦脉細微，所得不多，徒費民力，故詔閉之。

《明憲宗純皇帝實録》卷二六八 〔成化二十一年秋七月〕乙亥，聖旨：沂州知州朱義陞工部郎中。時太監梁方被旨往山東開銀礦，取丹砂，義事之惟謹，方還，譽之於上，乃有是命。

《續文獻通考》卷二三《征榷考·坑冶》 孝宗弘治五年，詔：豁減浙江、福建諸處歲辦銀課，仍填塞礦穴，取回諸添設巡礦官。

時雲南減二萬兩，温、處萬兩，餘罷浦城廢坑銀冶，四川、山東礦穴亦先後封閉。十八年二月，又禁密雲私開銀場。

又卷三〇《征榷考·雜征下》〔明萬曆〕三十三年十二月初七日，文書房劉用捧出聖諭內閣：「朕以瀕年天象示警，朕心兢惕，殊切省躬。昨覽工部再疏，題請晢建殿門以完鉅典，但物力難支，何時就緒，連日熟思。見今河工城工，一時並舉，工程浩大，錢糧數多，內外帑藏俱匱，民窮財盡之時，朕甚惻然。已遣內官監經管內官。查理通灣見貯木植回奏，且大工浩費不貲。其開礦抽稅原爲濟助大工，不忍加派小民，採征天地自然之利。今開礦年久，各差內外官，俱奏出砂微細，朕念得不償費，都着停免。若有見在礦銀，就着礦差內外官一員一併解進馳驛回京。原銜門應役，凡有礦洞，悉令各該地方官封閉培築，不許私自擅開，務完地脉靈氣。其各省直稅課，俱着本處有司照舊徵解，稅監一半解進內庫，以濟進賜供應之用；一半解送該部，以助各項工費之資。明顯朕仰體上天，仁愛祖宗，監臨敬畏，修省實政，昭示朝廷，權宜濟助大工，愛民固本德意。待大工稍有次第，奏請通行停免，卿等擬諭來行。

傅維鱗《明書》卷八二《志二〇·食貨志》〔嘉靖〕三十四年，復開四川、山東諸礦，乃遣制敕房辦事左通政王槐，及户部主事任之賢、沈應乾分理煎採事務。時錦衣千户同天爵進礦銀獨多，上謂侍臣曰：「昨玉旺谷之寶，大勝於昔，今可承天地之賜，如法取用，不可自誤。各處有未開之場，須查訪取用，以顯金玉露形，經旨火上玄風焉。」户部疏稱頌，因言帝錫嘉祉不當，壅閉於無用之地，請宣示天爵及各委官，務實採取，其未開之所，仍嚴督撫按等官搜訪，以稱天地降祥，及聖王足國裕民之意。上大悦。

穆宗即位，詔撤礦使，封閉諸洞，嚴私採之禁。

《敬事草》卷一六《回聖諭揭帖》 又奉聖諭：【略】「其開礦抽稅，原爲濟助大工，不忍加派小民，採徵天地自然之利。今開礦年久，各差內外官俱奏出砂微細，朕念得不償費，都着停免。若有見在礦銀，就着礦差內外官員一併解進，馳驛回京。原銜門應役，凡有礦洞，悉令該地方官封閉培築，不許私自擅開，務完地脉靈氣。」

《司農奏議》卷九《繳停礦聖諭疏》〔明神宗諭〕京邊之費，一時多乏，朕甚惻然，已遣內官監經管。內官查理通灣見貯木植回奏，且大工浩費不貲，其開礦抽稅原爲濟助大工，不忍加派小民。採徵天地，自然之利，今開礦年久，各差內外官俱奏出砂微細，朕念得不償費，都着停免。若有見在礦銀，就着礦差內外官員一併解進，馳驛回京。原銜門應役，凡有礦洞，悉令各該地方官封閉培築，不許私自擅開，務完地脉靈氣。

《清高宗純皇帝實録》卷二六一 論户部右侍郎傅恒：據汝兄傅清奏，請踏看藏內附近山中產煤處所等語，此並非伊任內應辦之事，蓋因該處駐劄緑營人

等，欲藉此希圖獲利，開挖銀礦，亦未可定，即該處柴薪價值昂貴，實有産煤山廠，亦當作伊自己主見，告知彼處人等。京師之人皆係挖煤燒用，汝等何不尋産煤處所挖取，實伊等有益之事。其挖與否，聽其自便可也，奚用具奏請旨耶。況西藏乃極邊之地，非内地可比，其生計風俗，自當聽其相沿舊習，毋庸代爲經理，所奏非是，汝可寄信曉諭之。和碩裕親王、廣禄等議覆，雲南總督張允隨奏稱，永順東南徼外卡瓦葫蘆酋長蚌築禀稱，其地有茂隆山廠，礦砂大旺，内地民人吴尚賢赴廠開採，議給山水租銀，不敢收受，情願納課作貢等語。查卡瓦遠居徼外，獻礦投誠自宜，准其歸附，但祇取慕化之忱，誠何計貢獻之有無。應令該督將在滇夷目人等，善爲撫綏，曉諭大義，令其回巢。至吴尚賢以内地民人潛越界外開礦，並該管官失察之處，均干例議，應查明具奏。從之。

《清仁宗睿皇帝實録》卷四三〔嘉慶四年，己未，四月〕丁未，又諭：朕恭閲世宗憲皇帝硃批諭旨，於開礦一事，深以言利擾民爲戒，聖訓煌煌，可爲萬世法守。朕每繹思莊誦誌之於心。因無人以此陳請，未經明諭。今有宛平民潘世恩、汲縣民蘇廷禄，呈請在直隸邢臺等縣境内開採銀礦，給事中明繩輒據以入告，故特降旨宣示，使知朕意。夫礦藏於山，非數人所能採取，亦非數月所能畢事，必且千百爲羣，經年累月，設立棚廠，鑿砂煎鍊。以謀利之事，聚游手之民，生釁滋事，勢所必然。縱使官爲經理，尚難約束多人，若聽一二商民集衆自行開採，其弊將無所不至。此在邊省猶不可行，而況近依畿輔。他府猶不可行，而況地近大名。各該處向有私習邪教之人，此時方禁約之不暇顧，可聽其糾聚耶？且國家經費，自有正供常賦，川陝餘匪，指日即可殄平，國用本無虞不足，安可窮搜山澤，計及錙銖！潘世恩、蘇廷禄自因現在開捐，揣摩迎合，覬覦礦苗，思擅其利，乃敢藉納課爲詞，以小民而議及帑項，實屬不安本分。俱著押遞本籍，交地方官嚴行管束，毋許出境滋事。至給事中明繩，若係巡城，祇當聽斷詞訟，遇有此等呈詞，亦應飭駁。況伊並非巡城，且係宗室，今以開礦事冒昧轉奏，明係商人囑託，冀幸事成分肥而已，殊屬卑鄙。朕廣開言路，非開言利之路也。聚斂之臣，朕斷不用。明繩摺著擲還，並著交部議處。

《清宣宗成皇帝實録》卷一一一〔道光六年，丙戌，十二月〕戊午，諭内閣：昨據户部奏，大興縣民陸有章、宛平縣民伍雲亭等，呈請於宛平等五州縣開採銀礦。朕以地近京師及易州一帶，非他省可比，其於地脈風水有無妨礙，飭令那彦成、陸以莊等派委公正大員，詳加查勘，再降諭旨。朕復思各省銀礦，向俱封禁，況畿輔重地，且附近易州一帶，詎可輕議開挖，著直隸總督順天府停止委員履勘，至該民人具呈時，該部即應飭司批駁。英和身爲協辦大學士，非不諳政體者可比，乃率行據呈具奏，事雖因公，但視朕爲何如主，冒昧之至，不可不示以懲儆。英和著調補理藩院尚書，退出南書房總管内務府大臣，仍交部嚴加議處，其餘户部堂官，並不詳加體察。隨同畫諾王鼎、敬徵湯、金釗、耆英、顧皋，俱著交部議處。尋議上得旨，英和著加恩，改爲降三級留任，王鼎、敬徵、湯金釗、耆英、顧皋著加恩，改爲降二級留任，俱不準抵銷。

又卷一五八〔道光九年，己丑，秋七月〕戊午，諭軍機大臣等：御史王贈芳奏請飭禁奸徒牟利開礦一摺。據稱江西袁州府宜春縣石圍山，間有銅鉛砂苗，奸民詭傳銀礦，妄思開採。前於嘉慶二十五年、道光元年，有生員林森等價買此山，赴地方官具呈，後詐稱官準試採，蠱惑鄉愚。經前任巡撫嚴飭府縣查拏封禁，今聞有瑞州府上高縣生員陳泰來，於上年八月赴提督衙門，具呈開礦。經提督衙門批咨，江西巡撫查覆，陳泰來回至江省，輒敢以京控批準爲名，議定股分，開採銀礦。各府屬有受其愚弄，捐貲入股者，自數百兩至數千兩不等。儻不迅速嚴禁，誠恐招集無賴，貽害將來等語。奸民牟利惑衆，最爲地方之害，該縣石圍山，本經封禁，豈可任其復行開採。著蔣攸銛、韓文綺迅飭該府縣，嚴查禁止，生員陳泰來赴京具呈，指稱批準，是否實有其事，並現在曾否聚衆開挖，著查明據實具奏，不可稍有枉縱。至該御史奏稱，袁州府萍鄉縣湖塘地方有葉絲冲山亦有礦苗，著該督撫一併飭屬嚴切查禁，永除後患，勿許偷採。將此各諭令知之。

又卷三八八〔道光二十三年，癸卯，春正月〕戊申，諭軍機大臣等：有人奏，風聞直隸所屬喜峰口外小東溝地方，有民人私開銀礦。自二十二年七月以來，招致外來流民，聚集多人，刨挖銀砂，每砂土一百斤，煎煉銀七八兩，若不嚴加封禁，恐利之所在，流民愈集愈多，難保不滋生事端等語。喜峰口密邇京畿，游民膽敢聚衆私開銀礦，日久恐滋弊端，不可不嚴行查禁。著訥爾經額派委公正大員，不動聲色，密赴該處，留心查探。如果實有其事，即設法將此項流民，全行驅逐，净絕根株。儻封禁後，再有盜挖情事，即飭地方官，嚴拏懲辦，毋稍姑容。其喜峰口既有聚集多人私開銀礦之事，自應武職大員專司稽察。據稱該處改設遊擊，是否足資彈壓，並著該督酌量情形，妥議具奏。將此諭令知之。

又卷四〇四〔道光二十四年，甲辰，夏四月〕乙巳，諭軍機大臣等：自古足

國之道，首在足民，未有民足而國不足者。天地自然之利，原以供萬民之用，惟經理得宜，方可推行無弊。即如開礦一事，前朝屢行而官吏因緣爲奸，久之，而國與民俱受其累。我朝雲南、貴州、四川、廣西等處，向有銀廠，每歲抽收課銀，歷年以來，照常輸納，並無絲毫擾累於民，可見官爲經理，不如任民自爲開採，是亦藏富於民之一道。因思雲南等省，除現在開採外，尚多可採之處。著寶興、桂良、吴其濬，賀長齡、周之琦，體察地方情形，相度山場，民間情願開採者，準照現開，各廠一律辦理。斷不可假手吏胥，致有侵蝕滋擾阻撓諸弊。該督撫等必能仰體朕意，妥爲籌辦，固不可畏難苟安，亦不得抑勒從事，總期於民生國計兩有裨益，方爲妥善，各省情形不同，不準彼此觀望。將此各密諭知之。

又卷四〇六 〔道光二十四年，甲辰，六月〕戊午，諭軍機大臣等：前因雲南等省向有銀廠，抽收課銀，降旨令該督撫體察情形，如此外有可開採之處，準照現開，各廠一律辦理。兹據周之琦奏稱，廣西銀廠，現在僅存三處，每年共抽正課銀四五百兩不等，爲數寥寥。其臨桂等縣，舊有各廠，久經封閉，並未續開。惟礦砂有衰旺之時，地氣有轉旋之候，現已密飭府縣，添派委員，詳細蹤勘，如有礦砂復露之處，即照現辦章程，招民開採等語。天地生財以供民用，若不能變通盡利，則民用易匱，而財貨亦有棄地之虞。廣西舊有各廠，前因採取過多，山空砂薄，是以暫行封閉，積之既久，地氣亦鬱而必宣，但能因地之利，順民之情，自可著有成效。現在查勘各該處，如果有礦苗重出，砂路復新，即著諄飭該委員等，會同地方官，勸諭商民，試行採辦，務在禁其擾累，去其煩苛，使民樂於從事。現存蕉木、南丹、掛紅三廠，抽課無多，亦著察看該處附近之區，是否可以量爲推廣。此外各山場，如本非舊廠，而有可開採之處，并酌量情形，一律招辦。儻該員等不能妥爲經理，或飾辭阻撓，或張揚抑勒，或以課銀爲數無幾爲詞，甚至假手吏胥，侵漁圖利，該撫一有聞見，務即隨時撤回，指名參奏，仍另派妥員，實心籌辦，以期於國計民生兩有裨益。將此密諭知之。

又卷四〇七 〔道光二十四年，甲辰秋七月〕丙子，大學士、四川總督寶興覆奏，川省並無銀礦，無從招民開採。報聞。

甲午，又諭：桂良等奏遵旨，確查滇省現辦銀廠情形一摺。據稱該省銀硐情形不一，現有詳請開採者數處，委員往查，尚未開成銀硐。惟查有楚雄府屬之龍潭地方，山勢甚豐，已開銀硐十數處。現已委員往勘，並出示招集課長等，定立章程，約俟秋後，方能將各硐礁砂煎驗，是否可以設廠試採，按成收課，再行辦理等語。著即照所議，妥爲籌辦，要在委用得人，方能奏效，務期於國計民生兩有裨益，固不可存畏難之見，亦不準稍有擾累，又滋梗阻。此外，各屬如續有呈請，可以試採之處，即著一併詳查，隨時奏明辦理。將此諭令知之。

又卷四〇九 〔道光二十四年，甲辰，九月〕辛卯，貴州巡撫賀長齡奏，查黔省各屬，並無銀砂，亦無銀礦可採。得旨，細心查辦，不可一奏了事。

又卷四六五 〔道光二十九年，己酉，三月〕戊寅，步軍統領、吏部尚書文慶奏：拏獲私挖直隸鼇魚山銀礦人犯。得旨：楊玉貴即楊三，劉懷相、劉懷太孫、大孫，三喀勒沖阿即哈姓孫二，蔚文即玉姓陸明，均著交刑部審明辦理。至礦場嗣後應禁應開，及如何呈報，方準施行之處。著順天府查議具奏。尋奏，遵飭委員，前往鼇魚山履勘，查驗石塊，實與頑石無異。惟距京二百七十里之泥皮山及距京二百里之猪窩山等處，石塊頗近銀色，似屬礦苗。當交宛平縣，飭匠煎煉。衹泥皮山礦砂十斤，化銀三錢，餘皆頑石及礬石不等。覆查泥皮山礦砂稀少，成色低微，如使官爲經理，則所入不敷，所出斷不能以現成之本，求影響之利。若聽民間開採，則獲利既微，殷商富賈，未必前往。徒令無業遊民，借爲逋逃淵藪，開之無益，不若封之無弊。得旨：既據委員查勘明確，著即嚴行封禁，仍飭屬隨時稽查，按月結報，無得虛應故事。

《清文宗顯皇帝實録》卷八 〔道光三十年，庚戌，四月〕戊子，又諭：前據程矞采等奏，滇省試辦銀廠，未臻成效情形，飭部議奏。兹據王大臣等會同户部奏稱，該省試辦無效，自未便必令開採。著程矞采等悉心查勘，如果弊多利少，即遵照前奉諭旨，奏明停止。

又卷八四 〔咸豐三年，癸丑，二月〕己卯，諭軍機大臣等：前據步軍統領衙門奏，宛平縣民人郝倫等，呈稱縣屬珠窩山等處出有銀礦，情願捐貲開採，當降旨交順天府委員確查，現尚未據該府尹覆奏。其珠窩山等處有無礦苗，是否可以開採，仍著順天府派委妥員，迅速確查具奏，不得任聽吏胥需索欺隱，但以無可開採一奏塞責。將此諭令知之。己酉，又諭：順天府奏，遵旨委勘珠窩山銀礦情形等語，著即飭令委員督率該商等試行開採。如果礦苗旺盛，即行妥議章程，奏明辦理，尋奏委員督飭該商開採。礦苗未旺，無可煎練。報聞。

又卷一三一 〔咸豐四年，甲寅，五月〕丁卯，諭内閣：易棠奏阿拉善蒙古地界，産有銀礦，請旨開採一摺。甘肅、寧夏迆西之哈勒津庫察山，産有銀礦。既據查，係阿拉善蒙古地界，著理藩院行文阿拉善王貢桑珠爾默特查照，仍著易棠

遴委道府大員，會同甘肅提督索文前往該處，帶同蒙古官員確切查勘。如果礦苗豐旺，堪資採煉，即著酌定章程，派委廉幹大員，會同該提督妥爲辦理。

又卷一三八 〔咸豐四年，甲寅，閏七月〕甲戌，諭内閣：前據易棠奏，阿拉善蒙古地界，産有銀礦，當降旨，著易棠委員，會同索文前往查勘。兹據理藩院奏，阿拉善扎薩克親王貢桑珠爾默特呈請自備資斧，開採銀礦等語。所有哈勒津庫察地方銀礦，著即由該親王開挖煎鍊，並著易棠遴委大員前往，會同確查，酌定章程，據實具奏。

又卷一四〇 〔咸豐四年，甲寅閏，七月〕乙未，諭軍機大臣等：前因扎拉芬泰等奏稱，採獲似銀等礦苗，請飭部試鍊辨認，當交户部驗明具奏。兹據該部詳細驗明，遵旨覆奏，現在銅鐵兼資鼓鑄，需用浩繁，必須廣爲採辦，以裕度支。著扎拉芬泰等悉心體察情形，一俟安肅道和祥到日，即飭該員帶同熟悉礦苗煎鍊之人，詳細查勘，設法開採。如辦有成效，即酌量分鑄銅鐵各錢，以資兵餉。並著派員偏歷所屬地方，將産銅綫道，多開硐硐，以冀採獲正礦。如查有金銀各礦，即速行籌議開採，酌定章程，據實具奏。原片著鈔給閱看，將此諭令知之。

又卷一六二 〔咸豐五年，乙卯，三月丁丑〕山東巡撫崇恩奏：委員李湘棻赴日照縣，試開銀礦，鄉民聚衆阻撓等語。得旨：實屬不成事體。李湘棻有無借事滋擾，及抑勒情事，著一併確查速奏。尋奏：勘明日照縣内並無礦苗，李湘棻查無滋擾抑勒情事，擬請飭令回籍。從之。

又卷一八四 〔咸豐五年，乙卯，十一月〕辛巳，軍機大臣等會同户部議準，熱河都統柏葰奏報，蒙古開採紅花溝等五處金礦，【略】其長杭溝銀礦，仍照前蒙古銀礦升課章程。至錫蠟片銀礦與遍山線，本係一山，未便分兩處採辦，應仍照舊辦理。從之。

《清朝續文獻通考》卷四三《征榷考一五》 〔咸豐〕三年，諭：「順天府奏遵旨委勘珠窩山銀礦情形等語，著即飭令委員督率該商等試行開採，如果礦苗旺盛，即行妥議章程，奏明辦理。」

《通志》卷六二《食貨略第二·錢幣》 又以有銀之山，必有銅礦，銅可資鼓鑄，銀無益於生民。自五嶺以北，銀宜禁採，惟課採銅，資官鑄作。四年，京師用錢每緡除二十陌，於是禁之，又禁錢出嶺，除採銀禁。

王欽若《册府元龜》卷四九三《山澤·邦計部·蠲復第四》 延昌三年，有司奏：長安驪山有銀礦，二石得銀七兩。鎮州上言曰：劉山有銀礦，八石得銀七兩。錫二百餘斤，其色潔白，有踰上品。詔並置銀官，常令採鑄。

孝明神龜元年閏七月，開常州銀山之禁，與民共之。

李昉《太平御覽》卷一〇三《皇王部二八·肅宗孝明皇帝》 神龜元年二月，詔以神龜表瑞，大赦改年。七月，開恒州銀山之禁，與人共之。

陳耀文《天中記》卷五〇《銀》 開銀山禁。孝明皇帝開恒州銀山之禁，與人共之後。《魏書》。

彭大翼《山堂肆考》卷一八四《珍寶·銀·開禁》 《後魏書》：孝明帝開恒州銀山之禁，與人共之。

李清《南北史合注》卷九〇《魏本紀第四·北史四》 〔神龜元年〕閏月甲辰，開恒州銀山禁。

章如愚《山堂考索·後集》卷五九《財用門·銅錢》 四年，京師用錢，緡少二十及有鉛錫錢者捕之，非交易而錢行衢路者不問。復詔採五嶺銀坑，禁錢出嶺。《唐志》。

吴士玉《駢字類編》卷七四《珍寶門九·銀》 銀場。《宋史·太祖紀》：開寶四年，廣南平罷賀州銀場。

銀沙。《宋史·榮諲傳》：萊陽産銀沙，民有私採者，事露，安撫使欲論以劫盜。諲曰：山澤之利，人得有之，所盜者，豈民財耶。

《文獻通考》卷一八《征榷考五·坑冶》 産銀有三監，曰桂陽、鳳州之開寶，本七房冶開寶五年賜名。建州之龍焙。又有五十一場。曰饒州之德興，虔州之寶積，信州之寶豐，建昌之馬茨湖、看都，越州之諸暨，衢州之南山、北山、金水。舊又有靈山場，大中祥符二年廢。處州之慶成、望際，道州之黄富，福州之寶興，漳州之興善、毗婆、大深、巖洞，汀州之黄焙，龍門，寶安，南劍州之龍逢、寶應、王豐、杜唐、高才、贍國、新豐巖、梅營、龍泉、順昌，邵武軍之焦阬、龍門、小杉、青女、三溪、黄上、同福、磦磜，南安軍之穩下，廣州之上雲，韶州之樂昌、螺阬、靈源，連州之同官，英州之賢德、堯山、竹溪，恩州之梅口，春州之陽江。三務曰秦州隴城、隴州、興元府。太平興國四年，於五臺置冶，後廢。秦州舊有太平監，後去其名。又賀州有寶盈場及杭州務，後並省。

王應麟《玉海》卷一八〇《食貨·錢幣》 景德元年正月，建州寶通山出銀，以圖來獻。天聖四年十二月乙未，虔州石城産銀，置義豐場。

洪亮吉《乾隆府廳州縣圖志》卷三〇《贛州府》 銀場：王存云：〔贛〕縣及

瑞金雩都、會昌、虔化皆有銀場。《樂史》云：瑞金場本淘金之地。《宋史》：天聖四年，以虔州石城産銀，置義豐場。

《宋史》卷四六《本紀四六·度宗》 咸淳八年六月辛亥又言廣東運司銀場病民。詔俱罷之。

《金史》卷五〇《志第三一·食貨五·榷場》 〔世宗大定〕十二年，詔金銀坑冶，恣民採，毋收税。二十七年，尚書省奏，聽民於農隙採銀，承納官課。明昌二年，天下見在金千二百餘鋌、銀五十五萬二千餘鋌。三年，以提刑司言，封諸處銀冶，禁民採煉。

又《元史》卷一六《本紀一六·世祖一三》 〔至元二十七年三月〕己未發雲州民夫鑿銀洞。永昌站户饑，賣子及奴産者甚衆。

《昭代典則》卷九《太祖高皇帝》 丙子，禁採銀礦。府軍前衛老校丁成言：「河南、陝州地有銀礦，前代皆嘗採取，歲收其課，今錮閉已久，若復採之，可資國用。」上謂侍臣曰：「君子好義，小人好利。好義者以利民爲心，好利者以戕民爲務，故凡言利之人，皆戕民之賊也。朕嘗聞故元時江西豐城之民告官採金，其初歲額猶足取辦，經久民力消耗，一州之人，率受其害。蓋土地所産有時，而窮民歲課成額徵取無已。有司貪爲己功而不肯言，朝廷縱有恤民之心而不能知，此可以爲戒，豈宜效之。」

又卷一九《憲宗純皇帝》 〔乙未十一年〕二月，詔閉河南宜陽等衛銀洞。先是，兵科給事中郭鏜言：河南各縣多有銀礦，乞開煎以備邊用，有司勘報。言，銀洞在山谷中，道路險阻，礦脉微細，所得不多，徒費民力，遂命封閉。至是户部尚書楊鼎又言内府及邊儲缺用，乞復開煎，勘報如前。上命仍封閉之。

傅恒《通鑒輯覽》卷一〇七《明》 〔甲子洪武十七年冬，十一月〕罷雲南銀場。

徐昌治《昭代芳摹》卷九《太祖高皇帝》 〔丁卯洪武二十年春正月〕大祀南郊，禮成，諭侍臣事天之實。躬耕籍田，遣官享先農。禮成。宴群臣於壇所，禁採銀礦。

談遷《國榷》卷八 〔丁卯洪武二十年正月〕丙子，府軍前衛老校丁誠請開河南、陝州銀礦。上曰：好利必戕民，元時採金豐城，歲久金竭，民甚苦之，豈可效也。

又卷一二 〔壬午建文四年，《實録》稱洪武三十五年十一月〕庚寅，開商縣鳳凰山銀坑。

又卷一三 〔癸未永樂元年正月〕辛巳，罷松陽縣銀坑，以礦竭也。

又卷二六 〔乙丑正統十年四月〕乙巳，命監察御史曹祥、馮傑往勘浙江、福建銀場。初，户部右侍郎焦宏言，銀場可開，須御史巡閘。〔丁卯正統十二年六月〕丙子，監察御史柳華請閉麗水平陽等縣銀礦，以礦少累民。從之。

又卷二九 〔庚午景泰元年二月丙戌〕召、處州銀場開辦，内外官專有司守護。

又卷三〇 〔壬申景泰三年九月癸未〕復開處州銀場，從鎮守尚書孫原貞之請。

又卷三一 〔甲戌景泰五年正月〕壬申，閉福州、建寧二衛銀場。

又卷三二 〔己卯天順三年四月〕癸亥，閉青田縣銀坑。其景寧縣採辦如舊。

又卷三四 〔乙酉成化元年九月〕辛未，巡撫陝西右副都御史項忠，以陝西終南山、河南盧氏、永寧等俱有銀鑛，媒盜宜禁採。從之。

又卷三五 〔丁亥成化三年十月〕己未，暫閉四川密勒山銀場。

又卷三七 〔乙未成化十一年八月〕戊戌，閉秦州銀礦。

又卷四〇 〔甲辰成化二十年十月〕罷雲南銀坑。

又卷四一 〔己酉弘治二年三月〕閉四川會川衛密勒山銀場。

又卷四二 〔壬子弘治五年十一月辛卯〕閉温處銀礦。

又卷四六 〔丁卯正德二年十二月〕壬辰，從承運庫太監秦文之奏，開浙江、福建、四川銀礦。

又卷四七 〔戊辰正德三年二月甲申〕閉浙江温處銀礦，令布政司，別項歲輸二萬金。

〔戊辰正德三年二月丙申〕伊府儀賓龐進輔請採盧氏、永寧、宜陽、嵩縣銀礦，户部持不可，上命監司同進輔覈之。

又卷五六 〔戊戌嘉靖十七年正月壬辰〕房山人請採銀礦。許之。〔戊戌嘉靖十七年七月〕辛卯，採大理、宜陽等銀礦。

又卷五七 〔辛丑嘉靖二十年十一月〕戊子，閉薊州銀礦。

又卷七五 〔庚寅萬曆十八年十月甲申〕兵部覆：保定撫按言，湯家莊等處深曠，銀礦難尋，即有一二，亦鉛多銀少。命仍閉之。

《明太宗文皇帝實録》卷一六 〔永樂元年春正月〕辛巳，罷浙江處州府松陽縣小蘇、獅子巖、鶴演觀、山錢寮銀坑四所，以不産故也。

又卷一〇六 〔永樂十五年五月〕甲辰，福建泰寧縣言，境内馬鞍銀坑，采鑿歲久，礦脉漸微，穴深泉涌，艱於採辦。乞於傍近石崖古坑開煎，庶幾人力稍易，課額不減。從之。

傅維鱗《明書》卷五《本紀三・太宗文皇帝》 〔永樂元年癸未〕春正月，以陳瑛爲左都御史，安輯北平流民十三萬餘户。罷浙江銀坑。徙周府汝南王有勳於雲南，以建文時告變。

又卷七《本紀五・宣宗章皇帝》 〔宣德五年庚戌〕十一月，柳州蠻亂，平之。楚王孟烷以人言上三護衛，上命留其一。招撫河南流民十萬五千户餘户，免傜役一年。罷温處銀礦。【略】

〔六年辛亥〕冬十月，罷嵩縣銀礦。設寧夏、甘州二河渠提舉司。

又卷八《本紀六・英宗睿皇帝》 〔正統九年甲子〕七月，王振搆陷駙馬都尉石璟，下詔獄。福建開銀礦。

傅維鱗《明書》卷九《本紀七・景皇帝》 〔景泰三年壬申〕閏九月，復開處州銀場。

又卷一〇《本紀八・憲宗純皇帝》 〔成化三年丁亥〕三月，敵入大同，王越等禦走之。仍開浙江銀礦。【略】

〔成化十一年乙未〕二月，閉宜陽銀洞。【略】夏四月，命御史十一人分道清軍，禁遷安銀礦。【略】八月，浚通惠河，北使入貢。閉秦州銀礦。【略】

〔十八年壬寅〕六月，閉建昌銀礦。

《明會要》卷五七《食貨五・坑冶》

正統十年，令開雲南、福建、浙江銀礦。已上王圻《考》。浙、福之交，故多銀場。英宗初，詔封坑冶。福建參政宋彰、浙江參政俞士悦，以盗礦日熾，言開銀場則利歸於上，而盗無所容。下三司議。浙江按察使軒輗奏曰：復開銀場，雖一時利，然凡百器用，皆出民間，恐有司横加科，人心摇動，其患尤深。爲今之計，莫若擇官典守，嚴加禁捕，盗自衰息。朝廷是輗言，乃止。景泰四年，浙江銀場既開，户部奏福建建寧與之相連，亦請併開。從之。後孫原貞奏：臣覆視各銀場，親臨各坑，見坑路深遠，礦脈細微，亦有堅石深泉之處，實難開煎，伏望仍前封閉，乃罷同上。〔成化〕九年，奏準各處山場，有新生礦脈者，從各鎮巡三司等官勘實開採。已上王圻《考》。

弘治二年，令封閉四川密勒山銀場。王圻《考》。

十三年，【略】四川、山東礦穴，亦先後封閉。《食貨志》。

正德十五年，令雲南銀礦新興場并新開處所，一律封閉。

嘉靖十九年，令四川建昌衛、會昌衛及陝西甘州等處大黄山礦洞，俱照舊封閉。已上王圻《考》。

三十四年十二月，開四川、山東銀礦。《明實録》。四十五年，令浙江雲霧山場等處，嚴加封閉。王圻《考》。隆慶初，罷薊鎮開採。南中諸礦山亦勒石禁止。《食貨志》。

何喬遠《名山藏》卷一一《典謨記・英宗睿皇帝》 〔正統九年〕七月，重開福建、浙江銀場。令天下岳鎮、海瀆、府州縣、社稷、山川、文廟、城隍及祀典、神祇、壇廟有損壞者，有司以時修葺。

〔正統十年〕四月，甲辰，朔，日食。復閉浙江、福建銀場。

《明史》卷一〇《本紀一〇英宗前紀》 〔正統九年〕閏七月戊寅朔，復開浙江、福建銀場。

又卷一一《本紀一一景帝》 〔景泰元年閏正月〕乙丑，罷福建採銀。

〔景泰元年二月〕丙戌，石亨佩鎮朔大將軍印，充總兵官，巡大同。都指揮同知楊能充遊擊將軍，巡宣府。罷處州採銀。

〔景泰三年閏九月〕癸未，復開處州銀場。

〔景泰四年〕三月戊寅，命鎮守福建太監戴細保督開建寧銀場。〔五年春正月〕壬申，罷福州建寧銀場。

又卷一二《本紀一二・英宗后紀》 〔天順二年二月〕戊申，開雲南、福建、浙江諸銀場。【略】

〔天順七年〕三月壬寅，下詔寬恤，罷諸銀場。

又卷一三《本紀一三・憲宗》 〔成化三年三月〕辛巳，復開浙江、福建、四川、雲南銀礦，以中官領之。【略】

成化五年十一月丙申，塞温、處二府銀坑。【略】

成化二十年冬十月癸酉，罷元江諸府銀坑。

又卷一五《本紀一五・武宗》 〔正德二年十二月〕壬辰，復開浙江、福建、四川諸銀礦。【略】

銀場，親臨各坑，見坑路深遠，礦脈細微，亦有堅石深泉之處，實難開煎。伏望仍前封閉，俟歲豐民富時，徐議其事，乃罷。

又卷一二 〔明英宗天順二年〕二月，開雲南、福建、浙江銀場。中官市雲南珍寶。司禮監太監福安奏雲南、福建、浙江舊有銀礦，悉令採辦煎銷，上納京庫，近年或採或止，國用不足，請如舊制，遣官開場煎辦。

《明史》卷一〇《本紀第一〇・景帝》 〔景泰三年九月〕閏月癸未，開處州銀場，是月福建盜起。【略】

〔四年〕三月戊寅，開建寧銀場。【略】

〔五年春正月〕壬申，罷福州建寧銀場。

又卷一二《本紀第一二・英宗後紀》 〔天順二年〕二月戊申，開雲南、福建、浙江銀場。【略】

〔四年夏四月〕夏四月己酉，分遣内臣督浙江、雲南、福建、四川銀課。【略】

〔七年〕三月壬寅，旱，詔行寬卹之政，停各處銀場。

又卷一三《本紀第一三・憲宗一》 〔成化三年三月〕辛巳，復開浙江、福建、四川、雲南銀場，以内臣領之。

又卷一四《本紀第一四・憲宗二》 〔成化十四年三月〕辛巳，罷烏撒衛銀場。【略】

〔二十年春正月〕庚寅，京師地震，壬辰，敕羣臣修省。詔減貢獻，飭備邊，罷營造，理冤獄，寬銀課，工役、馬價，卹大同陣亡士卒……〔冬十月〕癸酉，罷雲南元江諸府銀坑。

又卷一五《本紀第一五・孝宗》 〔弘治元年〕秋七月戊辰，減浙江銀礦，汰管理銀場官。【略】

〔二年三月〕戊寅，閉會川衛銀礦。【略】

〔五年〕十一月丙申，閉温處銀坑。【略】

〔十七年〕冬十一月戊子，罷雲南銀場。

又卷一六《本紀第一六・武宗》 〔正德二年〕十二月壬辰，開浙江、福建、四川銀礦。【略】

〔九年〕六月乙卯，開雲南銀礦。

〔正德十六年〕五月乙卯，罷大理銀礦。【略】

張廷玉《明史》卷一七《本紀第一七・世宗一》 〔嘉靖十七年〕秋七月辛卯，

〔九年〕六月乙卯，開雲南大理、楚雄、臨安銀礦，以鎮守太監梁裕董其事。

又卷一六《本紀一六・世宗上》 〔正德十六年〕五月乙卯，詔閉大理銀礦。

【略】

嘉靖〔十七年秋七月〕辛卯，命河南、雲南開礦採銀。

又卷一七《本紀一七・世宗下》 〔三十四年〕十二月甲午，遣官採山東、四川礦銀。【略】

〔三十五年五月〕丁亥，遣左通政王槐採礦銀於玉旺峪。〔三十五年六月〕甲辰，遣户部主事沈應乾採礦銀於河南。

又卷一九《本紀一九・神宗上》 〔十二年十二月〕癸亥，罷開銀礦。

又卷二二《本紀二二・熹宗》 〔七年五月〕壬午，封銀礦洞口。

傅恒《通鑑輯覽》卷一〇三《明》 〔甲子正統九年〕秋閏七月，復開福建、浙江銀場。

帝初即位，詔封坑冶。福建參政宋新、交阯人《紀事本末》作宋彰，今從《明史》。浙江參政俞士悦，以礦盜日熾，言開銀場則利歸於上，而盜無所容。浙江按察使軒輗字惟行，鹿邑人。力持不可。乃止。至是，礦盜青田葉宗留、麗水陳鑑湖等，聚衆至數千，福建參議竺淵，奉化人。捕之，爲盜所殺。於是，中官及言利諸臣，争請開礦，乃命户部侍郎王質經理之，定歲課。福建銀二萬餘，浙江四萬餘，而官屬供億費較課銀尚過之，自是民困而盜益衆。

〔丙寅正統十一年〕三月，遣御史柳華討礦盜。

福建銀場既開，盜礦者益衆。葉宗留爲賊首，自稱大王。帝遣户部郎中楊諶招撫。浙江參議吳昇言：福建礦盜出没浙江、江西、廣東諸境，東捕則西逃，南搜則北竄，若合而爲一，其患不小，宜特遣朝臣，專董剿捕。乃命華督福建、浙江、江西軍討之。華至福建，遣兵分捕羣盜，令村聚皆置望樓，編民爲甲，擇其豪爲長，使自置兵器督轄巡夫，盜稍戢，而葉宗留劫掠如故。已而，鄧茂七反，指揮使不能討，歸咎於華。謂茂七等俱以甲夫爲亂。時華已爲山東副使，聞之，遂自殺。鄧茂七事詳後。

張廷玉《通鑑綱目三編》卷一一 〔明景帝景泰三年〕閏九月，開處州銀場。

時，浙民乞復開銀場，鎮守浙江。【略】

〔景帝景泰四年三月〕開建寧銀場。時，浙江銀場既開，户部奏福建建寧銀場，與之相連，亦請併開，故從之。命少監戴細保提督，後孫原貞又奏，臣覆視各

開河南、雲南銀礦。

又卷二〇《本紀第二〇·神宗一》〔萬曆十二年十二月〕癸亥，罷開銀礦。

又卷八一《志第五七·食貨五》弘治元年始減雲南二萬兩，温、處萬兩餘，罷浦城廢坑銀冶。至十三年，雲南巡撫李士實言：「雲南九銀場，四場礦脈久絶，乞免其課。」報可。四川、山東礦穴亦先後封閉。武宗初，從中官秦文等奏，復開浙、閩銀礦。既而浙江守臣言礦脈已絶，乃令歲進銀二萬兩。劉瑾誅乃止。世宗初，閉大理礦場。其後薊、豫、齊、晉、川、滇所在進礦砂金銀，復議開採，以助大工。既獲玉旺峪礦銀，帝諭閣臣廣開採。户部尚書方鈍等請令四川、山東、河南撫按嚴督所屬，一一搜訪，以稱天地降祥之意。於是公私交騖礦利，而浙江、江西盗礦者且劫徽、寧，天下漸多事矣。

夏燮《明通鑑》卷二六《紀二六》〔景泰三年九月〕閏月癸未，復開處州銀場，從浙民請也。考異：《明史·食貨志》言：景帝嘗封閉，以盗礦者多。兵部尚書孫原貞請開浙江銀場，並開福建。按：是年，開浙江處州銀場，明年三月復開福建建寧銀場，《志》所云者是也。惟據《孫原貞傳》言，福建福州、建寧二府，舊有銀冶，因寇亂罷。朝議復開，原貞執不可，乃寢。據此，則原貞乃請罷福建開礦之人，豈有先請開浙江銀場，遂及福建者。原貞本鎮守浙江，是年，因暫罷巡撫，命分行福建考察官吏，因留鎮焉。據《本紀》言：閏月，福建盗起，是原貞留鎮討賊也。明年，開福建銀場，原貞執不可，正以盗賊甫平，恐復因開場起衅耳。然則《志》之所載，似失其實，且亦與《原貞傳》矛盾也。《三編》以爲浙民所請，蓋據《實録》，今從之。【略】

〔四年〕閏三月戊寅，開建寧銀場。時浙江銀場既開，户部以閩地相連，請併開。從之。命少監戴細保提督場事。【略】

〔五年春正月〕【略】壬申，罷福州建寧銀場。從鎮守尚書孫原貞之請也。原貞言寇盗方平，且臣覆視各銀場，親臨各坑，見坑路深遠，礦脈微細，亦有堅石深泉之處，實難開煎。伏望仍前封閉，俟歲豐民富時，徐議其事。乃罷之。

陳鶴《明紀》卷一五《景帝紀一》〔景泰三年九月〕閏月癸未，開處州銀場。

〔景泰三年九月閏月〕是月，福建盗起，禮部侍郎鄒幹考察山西官吏，多所論劾，黜布政使侯復以下五十餘人。朱鑑請召幹還，幹因極論鑑徇護，帝是幹言。

又卷一六《景帝紀二》〔景泰四年三月〕戊寅，開建寧銀場。【略】

〔五年春正月〕壬申，罷福州建寧銀場。

又卷一七《英宗後紀》〔天順二年二月〕戊申，開雲南、福建、浙江銀場。

〔天順七年〕三月壬寅旱，詔行寬卹之政，停各處銀場。復令王竑督漕撫淮陽，淮人聞竑再至歡呼迎拜，數百里不絶。

又卷一八《憲宗紀一》〔成化三年三月〕辛巳，復開浙江、福建、四川、雲南銀場，以中官領之。

又卷二〇《憲宗紀三》〔成化二十年冬十月〕癸酉，罷雲南諸府銀阬。

又卷二一《孝宗紀一》〔弘治二年三月〕戊寅，閉會川衛銀礦。

〔弘治五年〕十一月丙申，閉温處銀阬。

又卷二三《孝宗紀三》〔弘治十七年〕冬十一月戊子，罷雲南銀場。

又卷二四《武宗紀一》〔正德二年十二月〕壬辰，開浙江、福建、四川銀礦，從中官秦文等奏也。既浙江守臣言礦脈已絶，乃令歲進銀二萬兩。劉瑾誅乃止。

又卷二六《武宗紀三》〔正德九年六月〕乙卯，開雲南銀礦。

又卷二七《武宗紀四》〔正德十六年五月〕乙卯，罷大理府銀礦。

又卷三一《世宗紀四》〔嘉靖十七年〕秋七月辛卯，開河南、雲南銀礦。

又卷三四《世宗紀七》〔嘉靖四十年〕十二月甲午，開山東、四川銀礦。

又卷四四《神宗紀六》〔萬曆二十四年七月〕戊寅，仁聖皇太后崩。先是，寧夏用兵，費帑金二百餘萬。及朝鮮之役繼起，所費益鉅。乾清、坤寧兩宫災，營建乏資，計臣束手，府軍前衛副千户仲春請開礦助大工。帝即命户部錦衣官各一人，同春開採。給事中程紹言：嘉靖中採礦費帑銀三萬餘，得礦銀二萬八千五百，得不償失，因罷其役。給事中楊應文繼言之，皆不納。

馮桂芬《〔同治〕蘇州府志》卷九八《人物二五》〔桑瑾，字廷璋〕景泰丙子【略】屬邑泰順有銀礦，歲久礦微，官取盈額，民多破産，瑜白於上官，遂得奏減。

《續文獻通考》卷二三《征榷考·坑冶》英宗天順二年，仍開浙江、福建等處銀礦。

自景泰元年，封閉銀場後，尋以盗礦者多，從兵部尚書孫原貞請，開浙江銀場，因并開福建。至是，各遣内使一員，辦事官一員，照舊煎辦。令各鎮守太監提督。至四年，命中官羅永之浙江，羅珪之雲南，馮讓之福建，何能之四川，課額浙閩，大略如舊，雲南十萬兩有奇，四川萬三千有奇，總十八萬三千有奇。

夏燮《明通鑑》卷二八《紀二八》〔天順二年〕二月戊申，開雲南、福建、浙江

銀場。司禮太監福安請之也。安奏雲南、福建、浙江等處，舊有銀礦，采辦煎銷，上納京庫。近年或採或止，今國用不足，宜如舊制，遣官開場煎辦。

又卷二九《紀二九》〔天順七年〕三月壬寅，【略】尋詔停各處銀場。

又卷三〇《紀三〇》〔成化三年三月〕辛巳，復開浙江、福建、四川、雲南銀場，以内臣領之。

又卷三三《紀三三》〔成化十一年春正月〕是月，閉河南宜陽等縣銀洞。先是，兵科給事中郭鏜請開河南銀礦，以備邊用。有司勘報礦脉細微，所得不多，徒費民力。事遂寢。至是，户部尚書楊鼎以邊儲缺用，復請開煎，下所司，勘報如前，詔仍封閉。【略】

〔十四年三月〕辛巳罷，四川烏撒衛銀場。

又卷三五《紀三五》〔成化二十年春正月〕詔以灾異減貢獻，飭備邊，罷營造，理寃獄，寬銀課，工役，馬價，恤大同陣亡士卒。【略】

〔成化二十年冬十月〕癸酉，罷雲南元江諸府銀坑。

又卷三六《紀三六》〔弘治二年三月〕戊寅，閉會川衛銀礦。

又卷三七《紀三七》〔弘治五年〕十一月丙申，閉浙江温處銀坑。

張廷玉《通鑑綱目三編》卷一三〔憲宗純皇帝成化三年三月〕開浙江、福建、四川、雲南銀場。以内臣領之。

又卷二二〔嘉靖十七年〕秋七月，開河南、雲南銀礦。命開採雲南大理等府，河南宜陽等縣礦銀。

又卷三六〔崇禎九年秋七月〕諭廷臣助餉。未幾，又括勛戚乂武諸臣馬，開銀、鐵、銅、鉛諸礦。

張岱《石匱書》卷八《憲宗本紀》〔成化〕十一年二月，詔閉河南宜陽等處銀洞。申明酷刑之禁。

查繼佐《罪惟録·帝紀》卷九《憲宗純皇帝》〔成化十一年〕八月，鹵滿都魯乩加思蘭入貢，閉秦州銀礦。【略】

〔成化二十年〕冬十月，罷雲南銀坑。

薛應旗《憲章録》卷三四《成化九年癸巳至十二年丙申》 又信陽州地方軍民雜處，奸盜尤衆，宜調守備南陽河南都指揮等官，俾得專禦盜賊，禁治銀洞。

張懋《明憲宗純皇帝實録》卷一五七〔成化十二年九月〕乙巳，命陝西都指揮同知顧緣子璘代父原職，爲西安後衛指揮使。丙午，撫治荆襄右副都御史原杰奏地方事宜。【略】

又信陽州地方軍民雜處，奸盜尤衆，宜調守備南陽、河南署都指揮僉事李瑾更守其地，而以署都指揮僉事許震代守河南南陽，俾得專御盜賊，禁治銀洞，仍還指揮臧廉於本衛。

又卷一七六〔成化十四年三月〕辛巳，賜狀元曾彦朝服冠帶，諸進士鈔各五錠。封閉烏撒衛天生橋、稻田壩、奈童場等處銀洞，以礦脉微細，且密邇夷境，恐生邊患，從巡撫都御史張瓚請也。

又卷二六八〔成化二十一年秋七月〕乙亥，太監韋泰傳奉聖旨，沂州知州朱義升工部郎中。時太監梁方被旨往山東開銀，廣取丹砂，義事之惟謹，方還，譽之於上，乃有是命。

《明大政紀》卷一六〔壬寅成化十八年〕六月，四川右布政使黄紱奏，乞閉建昌銀礦。許之。

又卷二〇〔癸酉正德八年〕三月，以右副都御史陳天祥巡撫貴州，巡撫雲南都御史洪遠因境有銀礦，攘奪並起，奏閉塞之。命兵部侍郎石玠諭撫諸夷。

傅維鱗《明書》卷一〇《本紀八·憲宗純皇帝》〔成化二十年甲辰〕冬十月，刑部員外郎林俊劾梁芳、繼曉，上怒，廷杖之。免太原糧四十八萬有奇。罷雲南銀坑。

又卷一一《本紀九·孝宗敬皇帝》〔弘治十六年癸亥〕冬十月，停刻佛經道書。貴州阿方車等叛，平之。閉沂州銀礦。

又卷一三《本紀一一·世宗肅皇帝本紀》〔嘉靖十七年戊戌〕二月，開房山銀洞。

又卷一四《本紀一一·世宗肅皇帝本紀》 嘉靖三十六年丁巳春正月，閉近畿銀礦。

又卷八二《志二〇·食貨志》〔成化〕十一年，詔閉宜陽等衛礦洞。十八年，詔閉建昌礦洞。弘治中，凡礦脈微細者，詔閉之，民困稍蘇。

〔嘉靖〕十七年，開房山洞及雲南大理府、河南宜陽諸洞，遂命錦衣千户范鏞等分勘天下有銀礦者，報採之。十八年，遣中官崔成等開浙江觀海衛礦。成劾參政曾存仁等奉行怠緩，皆逮赴京訊治。十九年，以給事中曾鈞言，採礦得不償失。

《明會典》卷三七《户部二四·金銀諸課》〔弘治〕二年，復令封閉四川密勒

山銀場。五年，詔浙江、福建等處歲辦銀課，累民陪納，所司踏勘明白，量爲除豁減免，仍將礦穴填塞，以杜弊端。令取回浙江、福建添設巡礦官員。【略】〔正德〕十五年，令雲南銀礦新興場并新開處所一體封閉，以後不許妄開。【略】〔嘉靖〕十九年，令四川建昌衛麻合村落娶迭迭二廠，并會川衛密勒山礦場，俱照舊封閉。又令陝西甘州等處大黄山等礦洞，俱照舊封閉。四十五年，令浙江雲霧山場等處，嚴加封閉，不許勢豪規利啓釁。隆慶二年，令浙直、江西各處礦山，通行查出，立石刻諭嚴禁。仍將各關隘各經過處所，設兵防守，及《三省礦防圖説》刊刻成書，分發各處遵守。

鄂爾泰《〔雍正〕雲南通志》卷一一《課程》 〔正德〕六年，封閉雲南銀場九處。十年，奏準雲南銀場，積年礦頭作弊攪亂礦場者，照打攪倉場事例治罪。十五年，令雲南銀礦新興場并新開處所，一體封閉，以後不許妄開。

《何文簡疏議》卷四《議國課疏》 今日雲南地方之有銀場，或謂當開，或謂當閉。謂開者曰利，謂閉者曰害。謂開者曰此國課所係，近來礦脉出雖不多，而有礦夫包賠糧銀，又有夫丁乾認銀兩。課額已定，若何閉之，此則所謂利也。謂閉者曰朝廷富有四海，豈賴遐荒錐刀遺利？礦夫、夫丁，一皆朝廷赤子，春咻夏煦，百五十年，理在漸摩，法難剜削。今礦脉微弱，課額不行，減除場坑又不封閉，乃使貧軍瘠士賠貱抵鑄十倍所出，寧無有負皇上愛養元元初意，此則所謂害也。臣切惟利害兩端，一寡一多，聽聞人言，已畧可辨。但事干國課，當閉當開，撫臨之初，不敢自決。會同鎮守雲南總兵官、征南將軍太子太傅黔國公沐崑，巡按雲南監察御史萬鏜公，同都布按三司官查議，得雲南大理等府地方，原設新興等銀場九處，原撥各衛軍充礦夫採挖，歲辦銀兩。除前巡撫都御史李士實奏減外，該軍一萬七千四百四名，辦銀三萬一千九百二十兩。節因鎮守内臣差去人員分管各場，招集礦夫採挖，未免囊槖其間，以致歲辦不敷，將礦夫口糧折辦，又將各夫餘丁乾認銀兩，共補課額大段。一歲銀場所出不過三千有餘，礦夫、夫丁折辦，乾認乃至二萬八千餘兩，加耗糜費倍之。正德六年，鎮守總兵官黔國公沐崑、巡按御史張羽，以此會奏，要將各場照依福建等處封閉免辦，以紓民困。仰荷皇上特賜允諭，三四年間，地方獲安，生靈稱慶。正德九年，被瀾滄衛軍周達妄行奏開，旋復科擾害生，侵欺弊出。正德十三年，前巡撫都御史范鏞、巡按御史唐龍以此又將灾異感召情節，建議封閉。該部議擬覆題，未蒙諭旨。本年該鎮守太監史泰奏，乞專任提督以來，查得礦夫口糧折辦銀解布政司者，先年因有麗江、蒙化、寧州、浪穹等府州縣，遞年拖欠數多。抵鑄之時，恐誤解京，挪借在庫備邊等項銀共二萬五千餘兩輳解，至今未補。夫丁乾認銀解都司者，遞年夫丁辦納不前，官司追併緊急，至於賣男鬻女，破産蕩家，接輳補納。又被經收人員耗取侵用，軍受横征之苦，國無完課之期。緣雲南地方，土號不毛，物産最少，家無宿藏，米穀極貴。總計一歲之賦稅，僅周一歲之供給。況邊徼易動，夷情靡常，事變無形，兵糧當預。若使此地無此銀場，朝廷決不以千數緡爲贏縮，而礦夫得各回原衛操備，則得軍一萬七千四百四名；口糧得令有司收積，則得糧一萬八千七百五十六石。夫丁得免乾認銀一萬三千一百餘兩，以備仰事俯育，則得各遂生理，恩感昊天，歡騰異域。然則銀場一事，閉者爲地方弭害，其指甚夥；開者爲公家營利，能得幾何？以事之利害言之，閉者反足爲利，開者適足成害；以利害之多寡言之，閉者所弭之害多，而所喪之利寡；開者所得之利寡，而所貽之害多。此前此鎮守撫按所以踵陳封閉之奏，而該部具覆力主其説，蓋酌寡量多惜大略小，體國者當如是也。臣愚，於是既知利害多寡之實，今日耳聞目擊，益驗不誣，敢不復爲皇上言之。皇上下之該部，備查詳議，必有以驗臣之言爲不誣矣。或曰奉公行法，惟貴得人，利無小而可棄，害無大而不可去，天下無不可處之事，財源無終可塞之理。臣願乞將原撥軍充礦夫，一切查革，各照原伍操備差使，將原擬口糧亦各免派行，令各府州縣量徵折色通解布政使司，聽作備邊，并營建宫室支用。將九處銀場，判山、窩村、廣運、寶泉四場，先年因而礦脉除豁訖。新興、南安、白塔、白崖、黄礦五場，查照近規，鎮守衙門行令三司掌印等官，於各府州選委廉慎勤能佐貳，官、場各一員，管領人工採挖砂礦，辦納國課。若原開峒口礦脉衰微，不勾辦納，聽令查勘。附近新開處所，一體採挖，衰微處或少不足，發旺處或當有餘。雖難拘定額數，務要盡數納解，庶上收天然自有之利，下免主者取盈之害。如各委官敢有侵欺科擾，隱匿借貸，夤緣交通情弊，該道守巡官，訪察拘提參呈究治罪犯，甚者奏聞區處，實此地興利除害之一大事也。臣不勝拳拳，伏冀聖明垂憫遐荒，幸甚。緣係議處國課，以安邊民事理，未敢擅便。爲此具本，差承差陳起鵬親齎。謹題請旨。

正德十四年五月十五日。

又卷六《議國課疏》 正德六年爲地震事。該鎮守總兵官黔國公沐崑等會題，要將雲南大理等府新興等場，比照福建等處事例封閉。該本部議擬，題奉聖

旨：「準議。欽此。」通行欽遵，訖又爲遵舊制，復銀場以便軍民生理，辦納課程，禁除私竊，安靖地方等事。該雲南都司瀾滄衛軍丁周達節次奏稱，各場封閉，要行復開，該户科參出周達送問遞回訖。又爲照舊採辦銀課，以備國用，以安地方等事。該鎮守雲南太監張倫奏，要備工具，雇夫開礦採挖，煎辦納課，以安地方。該本部議，擬合無照舊封閉。題奉聖旨：「是。欽此。」又該軍丁周達令弟周進奏要復開，亦該户科雜出本部議，擬照舊封閉。題奉聖旨：「恁每還議處了來説。欽此。」該本部議擬仍令鎮巡等官，從長會議定奪。題奉聖旨：「礦場不必踏勘，只照先年崔安等事例採辦，仍着鎮巡等官梁裕等管理。欽此。」又爲災異事。該巡撫雲南都御史范鏞、巡按御史唐龍，各題稱雲南大理等府新興等場，與螳螂赤石崖賊巢相近，其間夷僚因附爲姦，乞要仍前封閉。該本部議，擬行移彼處撫按衙門，將正德十二年所採見在銀課，照數煎辦解京。正德十三年正月以後銀礦即行封閉，礦夫停革，銀課免辦。題奉聖旨：「銀課照舊開辦。欽此。」通行欽遵去後，案呈到部。看得鎮守雲南總兵官黔國公沐崑、巡撫都御史何孟春、巡按監察御史萬鏜，各題稱：雲南大理等府、新興等場，一歲銀場所出，不過三千餘兩，折辦乾認，乃至二萬八千餘兩。要將原撥軍充礦夫，一切查革，將原擬口糧亦各免派，將新興等五場，於各府州選委廉能佐貳官，管領人工採挖沙礦，辦納國課。若原開洞口礦脉衰微，不勾辦納，聽令查勘附近新開處所，一體採挖一節。爲照雲南礦場事，該本部議，擬具題俱，奉有前項欽依，所據新興等五場，既是礦脉衰微，利少害多，相與具奏封閉。其附近新開處所，原無採挖，豈可創舉，以開釁端。既該户科參出前情，合無侯命下本部通行。雲南鎮巡等官都御史何孟春等，將原撥礦夫一切查革回伍操備，原擬口糧亦各免派。其新興等五場，并新開處所，一體封閉，歲辦課額，暫且停免，待侯礦脉長盛之時，另行具奏定奪等因。題奉聖旨：「是這礦場應否開閉，還着鎮巡等官，查議明白來説。欽此。」欽遵備咨前來，已行雲南都布按三司，將原撥礦夫查革，原擬口糧免派，及將礦場應否開閉事宜，備呈鎮守、巡按衙門會呈查議，去後月久未報。除行催外，卷查正德十三年四月二十五日，該前巡撫都御史范鏞準户部咨，爲遵舊制，專督銀場事。該鎮守雲南并金齒、騰衝等處地方内官監太監史泰題稱，前任太監劉昶、崔安等奉勅不妨鎮守職專提督本處銀場，聽其選擇武職官員，管理開辦銀課，責限完解。近年以來，降勅太監梁裕與同總兵巡撫官公同管理，議委文職開辦，掣肘不堪行事，乞要職專提督等因。該本部議擬，題奉聖旨：「是這開辦銀課，準照劉昶、崔安事例，提督管理。寫勅與他。欽此。」欽遵通行外，正德十四年四月二十日，臣接管巡撫，切惟前項銀場，課額利少害多，休戚事干地方，興除乃臣職分。撫臨之初，即行查議，事求其大，此實宜先案會，先存鎮守總兵官沐崑、前巡按御史萬鏜議照所言與臣俱同，以此相與酌量，亟申奏請。

又卷七《閉銀場第二疏》　題爲乞查原奏，早閉銀場，蠲國課以安民生事。正德十四年五月，内該臣會同鎮守雲南總兵官黔國公沐崐，巡按雲南監察御史萬鏜公同都布按三司官查議，得雲南大理等府、新興等處銀場，節因鎮守内臣差去人員採挖，未免囊橐其間，以致歲辦不敷，將礦夫口糧折辦，又將夫丁乾認共補課額。大約一歲銀場所出不及五分之一，礦夫口糧、夫丁折辦乾認乃至十分七八。正德六年，總兵等官奏將各場封閉免辦，地方始獲少安。正德九年，被瀾滄衛軍妄行奏開，旋復科擾害生，侵欺弊出。正德十三年，鎮守太監具奏領勅職專提督以來，歲必取盈礦夫口糧折辦銀，布政司因麗江、蒙化等府遞年拖欠，恐誤解京，挪借在庫備邊銀共二萬五千餘兩湊解，至今未補。夫丁乾認銀，都司遞年追併緊急，將各上軍賣男鬻女，接湊補納，又被經收人員耗取侵用，軍受横征之苦，國無完課之期。要將軍充礦夫一切查革，各照原伍操備，差使口糧亦各免派。行令各府州縣量徵折色，解布政司備邊，其銀場照舊封閉等因。該户部題：奉先皇帝聖旨：「是這礦場應否開閉，還著鎮巡等官查議明白來説。欽此。欽遵。」移咨前來，已行雲南都布按三司將礦夫查革，口糧免派，及將銀場各呈鎮守巡按衙門會呈查議去後。未報，節行催外。

夏燮《明通鑒》卷四九《紀四九》　〔正德十六年〕五月乙卯，罷雲南大理銀礦。

又卷五七《紀五七》　〔正德十七年〕秋七月辛卯，開雲南大理等府、河南宜陽等縣銀礦。上初即位，閉大理銀場，其後，薊、豫、齊、晉、川、滇所在進礦砂金銀，會大工頻興，復議開採，遂有是命。

鄭澐《〔乾隆〕杭州府志》卷五三《物産》　銀。有銀礦在嘉德前鄉。明嘉靖間曾一採取，得不償費，而無賴四集，故至今嚴禁。《於潛縣志》。

萬表《皇明經濟文録》卷六　丘濬《銅楮之幣二》　蓋自國初以來，有銀禁，恐其或闕錢鈔也，而錢之用，不出於閩、廣。

《兩朝憲章録》卷一五　〔嘉靖三十四年甲寅〕十二月甲午，命户部遣官往四川、山東，開取礦銀。

《明神宗顯皇帝實録》卷三一八 〔萬曆二十六年正月〕採礦之使，恣睢無已，所在騷然，誠將首倡如仲春等實之法，而悉罷中使之開採者，所入礦銀給發東征將士，以示無用，此是收拾人心第二著也。

又卷四三五 〔嘉靖三十五年五月〕丁亥，違制勅房辦事左通政王槐、錦衣衛千户仝天爵，同内使一人，採礦銀於王旺峪。先是，有詔採礦。禮部議遣司官一員往，既行。上以天地之寶不可不重，命追還原官，而以槐等代之。

嵇曾筠《〔雍正〕浙江通志》卷一〇七《物産》 銀。《〔隆慶〕平陽縣志》：邑有銀鑛三：一焦溪山，一天井洋，一赤巖山。永樂中採，今皆封禁。《泰順縣志》：焦溪銀坑在七都高陽明水尾。

《明詔制》卷六 一、浙江、福建等處辦銀課，近年以來，礦脉微細，亦有盡絶者，累及百姓，辦納十分艱苦。詔書到日，所司踏勘明白，應除豁者即與除豁，應減免者量數減免。仍將新舊礦穴填塞，禁約私採，以弭弊端。一、福建等處歲辦銀課，近年以來，礦脉微細，累民賠納，所在官司曾經查勘具奏者，免其開辦。仍將礦穴封閉，以絶弊端。

顧炎武《天下郡國利病書・四川》 至其佗徵調客兵，如坑兵、邳兵、漳兵、廣東、山東兵、狼土兵及横江烏尾船兵往來游擊者，又不在前所設營哨數。坑兵，處州守銀坑之兵，劉大仲嘗統五百人守鹽，屢有戰功，後敗歿。

又《天下郡國利病書・廣東上》 迨萬曆中年，内監李敬奉旨復開，聚衆如前。幸以礦多無銀，未幾告罷，不至於亂。今已久經封禁，但恐時移事遷，或有貪小利而忘後禍者，不可不痛絶而嚴杜之也。

又《天下郡國利病書・山西》 其上有天井，山谷口舊有風神祠，又其東爲車輞谷，谷有銀砂洞，禁不採。

又《天下郡國利病書》卷八《食貨・賦税下》 〔乾隆〕五年，貴州威寧府白蠟銀礦，開採年久，洞老山空。【略】均行封閉。

又《天下郡國利病書》卷八《食貨・賦税下》 〔乾隆〕十四年，封閉【略】雲南阿發銀廠。

〔順治〕元年，開採山東臨朐、招遠等處銀礦。後於八年停止。

〔順治〕十九年，【略】又試採陝西臨潼、山東萊陽等銀礦。

〔順治〕二十二年，停止山東、山西開採。二十四年，招民開採。【略】

〔康熙〕五十一年，奏準開採雲南大姚縣惠隆銀廠。

《清通志》卷九〇《食貨畧・雜税附》 〔雍正〕十三年，諭：廣東近年以來，年穀順成，地方寧謐，與從前風景迥異，今若舉行開採之事，不免聚集多人，其中良頑不一，恐爲閭閻之擾累。況現在勸民開墾，彼謀生務本之良民，正可用力於南畝，何必爲此僥倖貪得之計，以長喧囂争訟之風，著行停止。又停採湖南郴州九架夾黑白銀。

〔乾隆〕三年，廣西賀縣之螞蚜銀礦，礲深砂薄，準其封閉。【略】

〔乾隆〕五年，貴州威寧府白蠟銀礦開採年久，洞老山空。【略】荔枝山銀礦，礲淺沙竭，均行封閉。

曾國荃《〔光緒〕湖南通志》卷五八《食貨》四《礦廠・銀礦》 興寧縣山谷壠、大脚嶺皆有銀礦。嘉慶二十四年，邑監生何添明等具控黄任祥等招來郴、桂匪民，在彼處私行開挖。奉批嚴行封禁。道光四年八月，有陳斯圖等赴州稟請開挖，經縣通稟各上憲札飭封禁。咸豐三年二月，有張二古勾引郴、桂民李大光、何華倫、鄧大安等聚黨私挖，搆成巨案，經縣通稟，奉札嚴行封禁。四年，鄧大安復勾集許光化、李六香等，仍前竊挖，復奉大憲札飭封禁。八年，又有郴民王永信、何文清、李隆錦等，復行聚衆竊挖，經縣稟本州札飭，嚴捕匪徒，曾同封禁。同治元年八月，有何道平等稟州請試開採，經縣查報封禁。二年二月，何道平、羅國統等復又朦稟藩司，請試開採，經縣通稟，巡撫札藩司，頒發告示，永遠封禁。八月，藩司惲世臨升任巡撫，復函致前江蘇臬司，桂陽州人陳士杰派委該州舉人夏嵩往縣密勘，查得實在情形，大有礙於田園廬墓，萬不可開。除士杰函復外，并由縣剴切縷陳，通稟在案。十二月，羅春湖及國統等再敢密赴撫轅，竊名捏稟請試開採。三年正月，闔邑紳耆赴本州具稟，駁陳一十六害，懇請禁止，當由本州稟請本道轉稟巡撫在案。二月，復有邑紳何邦新等聯名三百餘人，迫赴撫轅，籲請封禁，情詞慘切，奉巡撫惲世臨批：山谷大脚嶺地方，實礙田園廬墓，萬不可開。昨據興寧縣查明稟復，已批飭嚴行封禁，永不準開。并查拏竊名捏稟之人，嚴行懲辦，仰即查照辦理，毋容隱縱，即當遵飭刊碑示禁。

李誠《萬山綱目》卷二〇《南龍大幹自椒山起分一幹走曲江以南元江以東諸山》 太和山，在新平縣西北一百六十里太和鄉，出有銀礦。今硐老山空，礦課無出，應詳請封閉。

〔嘉慶六年〕又奏準：雲南見在各銀廠不論新舊子廠，準其據實報解，通融撥補，以此廠之有餘，補彼廠之不足，務敷年額總數。【略】

道光十三年，開採雲南太和銀礦。【略】

道光（十六年）又封閉雲南馬腊底銀礦。【略】

道光十八年，封閉雲南白沙地銀礦。

《清朝續文獻通考》卷四三《征榷考一五・坑冶》〔道光三十年〕又諭：「前據程矞采等奏，滇省試辦銀廠未臻成效，情形飭部議奏。茲據王大臣等會同戶部奏稱，該省試辦無效，自未便必令開採。著程矞采等悉心查勘，如果弊多利少，即奏明停止。」

〔咸豐四年〕又諭：「前據易棠奏，阿拉善產有銀礦，當降旨著易棠委員會同索文前往查勘。茲據理藩院奏，阿拉善扎薩克親王貢桑珠爾默特呈請自備資斧開採等語，所有哈勒津庫察地方銀礦，著即由該親王開挖煎鍊。並著易棠遴委大員前往會同確查，酌定章程，據實具奏。」

又卷四四《征榷考一六》〔光緒〕二年，開採熱河窑溝銀礦，五年封閉。

【略】

又封閉喀拉沁王旗地方羅圈銀礦。

又卷三八八《實業考一一・工務》銀礦則首天寶山，其地西距延吉約一百四十餘里，開於光緒初年，產額旺時，日獲銀八百餘兩，後以積水難除，產額中落，然所採尚不及十分之一二，日人垂涎此礦，屢起交涉。興隆溝銀礦，光緒二十六年曾經委員試採。

又封禁天寶山破產之交涉。天寶山爲吉林南部著名銀礦，光緒十七年，吉林將軍及琿春副都統奏請設立礦務局，從事開採，派程光第經理，爲官商合辦。礦產產額盛時，礦砂百斤能取凈銀三百六十兩，後以開採多係土法，產額中落。三十三年，程光第以資本缺乏，至上海招集外資合辦。先與英人訂約未成，日人中野氏遂乘此機會籌集資本，私與訂約開採，名爲中和公司，蓋即日人越境前之數月也。八月幫辦吳祿貞回奉面陳，程光第私與日人訂約開採情形，當因該山爲我國官有礦產，程光第私訂之約，非我國所能承認，遂飭將該山封禁。旋駐吉日本領事島川氏屢與吉撫朱家寶交涉，大致謂日本外部大臣來電云：中國於界務未定之地，對日本人與中國權利者訂立合同後，著手之事業，欲用暴力令其中止，未免甚不穩當等語。當經復以程光第並無辦礦之權，中野擅與訂立合同，按之法律上契約之性質，應行取銷，請轉電貴外務部，諭令中野停止開採，離去天寶山，方爲妥協。及邊務督幫辦，至延程光第畏罪遠颺，日人不服封禁，仍有工人數十名在彼開採，邊務督幫辦函致齋藤詰問，復實行封禁之。今齋藤至邊務公署交涉，謂宜仍令中野開採，經陳昭常等力拒，十月，駐吉日領事以天寶山爲界務未定之地，宜令中野繼續開採。且云中國以兵力驅逐日人，當報告政府，採擁護權利之臨機手段等語相恫嚇，其無理脅迫之照會，共十餘次。我均據理嚴詞以覆，並將屢次照會轉達外部，以備與日使交涉。再，此山日人自謀開採，實爲程光第勾引所致。前已與英人威格利立有合同，事未成，復勾結日本中和公司合股開辦，見復搜得有英文原函，及程光第與英人之函可據。其他與日本人往來信札，尚有數函可作實證，是我所封禁者，實係程光第私採之礦，不在日本外部範圍之內，請嚴訊解到程光第司事數人，當可得其梗概。且閱當日英人、日人與程光第之函，皆已認爲中國管轄之地，此時因有界務問題，日人藉生狡辯，殊爲無賴，遂將邊務督幫辦，並未濫用兵力情形，及天寶山爲我國固有礦產，詳電外部，請其拒絕。旋世昌巡視吉林，其駐省副領事來謁，道員往答，談及天寶山礦事，我復據理力争，此案遂懸置未結。嗣日，使照會外部，謂華兵入天寶山，令日人退去，閑島問題未決，屢出此不當之行動，日政府必應以對抗之手段，並要求繼續開採，亦經外部駁覆未允。今歲解決界務，日使又以開採此礦向外部提議，曾電致外部力拒，外部亦未允云。

《續文獻通考》卷二三《征榷考・坑冶》〔金世宗大定〕二十七年，尚書省奏，聽民於農隙採銀，承納官課。【略】

景帝景泰元年二月，復罷採浙江、福建諸處銀課。

先是，福建賊鄧茂七以閉礦作亂，正統十四年正月，免浙江，福建銀課。二月，御史丁瑄等斬茂七於延平，民始安戢。至是，從御史畢鸞等奏，取回閘辦官，令都、布、按三司巡礦官，提調各府縣護守坑場。又從僉都御史陳詔言，以浙江處州銀課二萬五千二百兩，即留本處，賞給有功民快人等。

憲宗成化三年，仍遣内使提督浙江、福建銀課，四川、雲南令鎮守中官提督採辦。

時又開湖廣金場，武陵等十二縣凡二十一場，歲役民夫五十五萬，死者無算，得金僅五十三兩，於是復閉。而浙江銀礦，以缺額量減，雲南屢開屢停。

【略】

〔明憲宗成化〕九年三月，減雲南銀課十之五。

巡按御史胡涇等奏：「雲南所屬楚雄、大理、洱海、臨安等衛軍，全充礦夫，

歲給糧布。採辦之初，洞淺礦多，課額易完，軍獲衣糧之利，未見其病。近日洞深利少，軍士多以瘴毒死，煎辦不足，或典妻鬻子，賠補其數。甚至流徙逃生，哨聚爲盗，以致軍丁消耗。乞行停免。」詔減銀課之半。礦夫稱之。【略】

〔明孝宗弘治十三年〕十一月，免雲南判山等場銀課。巡撫都御史李士實奏：「雲南銀場凡九，近年礦脈甚微，各衛俱以礦夫口糧賠納，歲折銀三萬四百三十四兩，名曰礦夫口糧。餘丁或三五人，朋當一名，歲辦銀二萬一千九百四十五兩，名曰夫丁乾認。今判山窩村、廣運、寶泉四場，礦脈久絶，賠納無已，乞自十二年爲始，將四場銀課暫免，軍丁退還各衛，備操口糧，移文有司收貯，以備軍餉，則減者少而增者多矣。」部覆「從之」。

《明史》卷八一《志第五七・食貨五》 徐達下山東，近臣請開銀場。太祖謂銀場之弊，利於官者少，損於民者多，不可開。其後有請開陜州銀礦者，帝曰：「土地所産，有時而窮。歲課成額，徵銀無已。言利之臣，皆戕民之賊也。」臨淄丞乞發山海之藏，以通寶路，帝黜之。成祖斥河池民言採礦者。仁、宣仍世禁止，填番禺坑洞，罷嵩縣白泥溝發礦。然福建尤溪縣銀屏山銀場局爐冶四十二座，始於洪武十九年。浙江温、處、麗水、平陽等七縣，亦有場局，歲課皆二千餘兩。

《明會要》卷五七《食貨五・坑冶》 金銀課：〔永樂〕十九年，差御史、監生人等，開辦福建、浙江銀課。

英宗即位，令罷浙江、福建等處銀課。

成化七年，令浙江、福建、四川、雲南採辦銀課。以上王圻《考》。

〔嘉靖〕三十五年五月丁亥，遣左通政王槐採礦銀於玉旺峪。六月己丑，户部主事張芹進山東寶山諸礦金二百十七兩，銀二百兩有奇。上以爲少，命從實開取，嚴禁官民隱匿侵盗者。《實録》。

賀長齡《清經世文編》卷二六《户政一》 蔡毓榮《籌滇理財疏》 至正統三年，以採辦擾民，始罷銀課，封閉坑穴，而歲入之數，不過五千有餘。九年，復開福建、浙江銀場。是年採納已六萬七千一百八十兩，乃倉糧折輸變賣，無不以銀。後遂以爲常貨，蓋市舶之來多矣。

《明英宗睿皇帝實録廢帝附》卷一一九 正統九年閏七月戌寅朔，命户部右侍郎王質往福建、浙江，重開銀場。初，洪武間，福建各場，歲課銀二千六百七十餘兩，浙江歲課二千八百七十餘兩。永樂間，福建增至三萬二千八百餘兩，浙江增至八萬二千七十餘兩。宣德間，福建又增至四萬二百七十餘兩，浙江又增至九萬四千四十餘兩。自是地竭而民不堪矣。上初即位，下詔封坑，冶民大蘇息。至是有盗礦脉相鬭殺者，御史孫毓，福建參政宋彰，浙江參政喻士悦各言復開銀場，則利歸於上，而盗無所容。事下二處三司議，福建三司附言者，浙江按察使軒輗等奏曰：復開銀場，雖一時之利，然凡百器具皆出民間，恐有司横加科斂，人心摇動，其患尤深。爲今之計，莫若擇官典守，嚴加禁捕，則賊息矣。朝廷是輗言。已而，刑科給事中陳傅，復請開場，中貴與言利之臣，相與附和，乃命質往經理，令福建歲課銀二萬一千一百二十餘兩，浙江歲課四萬一千七百餘兩，蓋雖比宣德時減半，而比洪武時已十倍矣。至於内外官屬供億之費，殆過公税，厥後民困，而盗亦衆。至正統十四年，王師勘定，民始安戢云。

又卷二四八《廢帝六六》 〔景泰五年十二月〕壬辰，鎮守處州浙江都指揮同如王瑛奏：「處州銀場利害有二：曰歲辦，曰閘辦。歲辦者，洪武中，原額本府每歲一次送納不及三千兩，於民有利而無害；閘辦者，永樂、宣德中，漸增差官，四季征納。如本府青田縣，今新分設景寧縣，洪武中歲辦不及一十兩。今閘辦至一萬四千三百餘兩，民深被其害矣。

《皇明大政紀》卷一一 〔正統九年六月〕閩中開銀礦，命户部侍郎焦宏往視課程。

又卷一二 〔景泰四年〕六月，浙江、福建民鄭懷胄、王孝心等作亂，命副都御史劉廣衡督兵捕之。

至，則賊已就擒。乃察其嘯聚之故，以山有銀場，連亘深僻，賊得以潛伏其中。即命伐山通道，具奏設縣治，以便巡視，其患遂息。已而，守臣以所獲賊屬俱論謀逆，報功希賞，乃覈其實，得首者十人，餘悉縱之，事竣而還，賜白金綵幣甚厚。

余繼登《典故紀聞》卷一一 舊制，税課司局官攢不給俸，日令巡撫供給。正統九年，山西太原府税課司巡撫言，其所收鈔少，供給太重。英宗命各處官攢，悉照資品給俸，革其供給，後河泊所官亦照此例。【略】朝廷是輗言，已而，刑科給事中陳傅復請開場，中貴與言利之臣，相與附和。乃命户部侍郎王質往經理，令福建歲課銀二萬一千一百二十餘兩，浙江歲課四萬一千七十餘兩，蓋比宣德時減半，而比洪武時已十倍矣。至於内外官屬供億之費，殆過公税，厥後民困，而盗益衆。至正統十四年，王師戡定，民始安戢云。

銀場。

張廷玉《通鑑綱目三編》卷一〇〔英宗正統九年〕閏七月，復開福建、浙江銀場。

浙、福之交，山谿深奐，故多銀場。洪武末年，定歲課。永樂及宣德間，增之。地力竭民不堪。帝初即位，詔封坑冶。福建參政宋彰、浙江參政俞士悅，以盜礦日熾，言開銀場則利歸於上，而盜無所容。下三司議。浙江按察使軒輗奏曰：復開銀場，雖一時利，然凡百器用皆出民間，恐有司横加科，人心揺動，其患尤深。爲今之計，莫若揮官典守，嚴加禁捕盜白衰息，朝廷是輗言。得止。至是，礦盜葉宗留及陳鑑胡等聚衆至數千盜福安礦，肆行劫掠。參議竺淵往捕之，被殺死。於是，刑科給事中陳傅復請開礦，中官及言利諸臣爭和之，乃命户部侍郎王質往經理，定歲課，福建銀二萬一千餘兩，浙江銀四萬一千餘兩，雖比宣德時減半，已十倍洪武時。官屬供億資較課銀尚過之，日是民困而盜益衆。

又卷一七 天順中，命中官監銀場，於時羅珪往雲南，驟增歲課，重爲民害。帝即位後，始減二萬兩。十三年巡撫李士實言，雲南九銀場，四場礦脈久絶，乞免其課。報可。及是從巡撫陳金言，竟罷之。

又卷二九〔神宗萬曆三十三年〕十二月，詔罷天下開礦，以税務歸有司，中使仍留不撤。

自礦税使設，廷臣諫者不下百餘，悉寢不報。自二十五年至是年，諸璫所進礦銀幾三百萬兩，金珠、寶玩、貂皮、名馬雜然進奉。帝以爲能。會長至日，沈一貫在告，沈鯉、朱賡謁賀仁德門，帝賜食。司禮監陳矩侍鯉，因極陳礦税害民狀，且言礦使破壞天下名山大川，靈氣盡矣，恐於聖躬不利。矩乃具爲帝道之，帝悚然，遣矩咨鯉所以補救者。鯉言急停開鑿，則靈氣自復。帝爲首肯。一貫慮鯉獨收其功，急草疏上帝，不懌復止，踰月，始下停礦之命。以税務歸有司，歲輸所入之半於内府，半户、工二部，然中使不撤，吏民尤苦之，其害遂終帝世。

《明會典》卷三七《户部二四·金銀諸課》〔天順〕四年，奏準雲南都布按三司，及衛所府州縣，凡雜犯死罪并徒流罪囚審無力者，俱發新興等場充礦夫，採辦銀課。

〔成化〕九年，奏準各處山場有新生礦脈者，從各鎮巡三司等官勘實開採，以補附近坑場陪納之數。

《明詔令》卷一四《英宗睿皇帝下·寬恤詔》〔天順七年三月十二日〕一、各處銀場煎辦銀課者，俱暫集止。已煎成者，照例解京。其差去内外官員，詔書到日，即便回京。原開坑場，即便封閉。該管有司官員，時常巡視，不許諸人偷採，違者治罪不饒。廠房器具等項，令人看守收貯。

又卷一七《孝宗敬皇帝·皇子生詔》〔弘治四年九月二十四日〕浙江、福建等處歲辦銀課，近年以來礦脈微細，亦有盡絶者，累及百姓，辦納十分艱苦。詔書到日，所司踏勘明白，應除豁者，即與除豁，應減免者，量數減免。仍將新舊礦穴填塞，不許私採，以弭弊端。

又卷一八《武宗毅皇帝·誅逆藩逆瑾詔》〔正德五年九月十八日〕一、福建等處歲辦銀課，近年以來，礦脈微細，累民賠納。所在官司，曾經查勘具奏者，免其開辦。仍將礦穴封閉，以絶弊端。

黄訓《名臣經濟録》卷二一《張瓚·題添鎮守推將官疏》 一、開取礦課，以濟國用。臣先因大工缺少，丁價銀兩具題，已該户部覆題通行各該有礦地方行查。開取去後，止據薊州并山東沂州等處解到礦銀不下二萬餘兩。已後，各該地方官吏不知有何觀望，不肯承當開收，不見解報。及今節該有礦地方山場所産銀課，情願自備工食人匠開取，有四六分者，有平分者，具奏在部，不見會議。

張岱《石匱書》卷八《憲宗本紀》〔成化十九年〕五月，減浙江銀課三之一。

夏燮《明通鑑》卷四〇《紀四〇》〔弘治十七年〕十一月戊子，罷雲南銀場。上初即位，減雲南銀課二萬兩。十三年，巡撫李士實言雲南九銀場，四場礦脈久絶，乞免其課。報可。及是，從巡撫陳金言竟罷之。

又卷四二《紀四二》〔正德二年〕十二月壬辰，開浙江、福建、四川銀礦。時上以庫帑所入，國用不敷，令各填巡官查照先年事例，開礦採辦。户部奏請行查，不許。時中官秦文等賂劉瑾，復興是役，既而浙江守臣言，礦脈已絶。乃令歲進銀二萬兩，瑾誅乃止。

又卷四五《紀四五》〔正德八年六月〕雲南填守中官張倫請採銀礦。〔九年六月〕乙卯，開雲南銀礦。時有雲南瀾滄衛軍丁周達奏，雲南如大理、楚雄、洱海、臨安等處，皆有銀場可採辦，以益國課。下户部議。銀礦之弊，多派貧民賠納，而利歸奸徒。況近年久已封閉，豈可復開，並請治達罪。詔不許。乃以太監梁裕等理其事。

萬表《明經濟文録》卷一九浙江《温處地方議》 一、覈實流民。照得温、處二府，瑞安、慶元等縣，與福建松溪、政和、福寧、福安等處地方連界，有寄住流民，兩處糧里互相隱蔽，彼此交通向不報籍，未能約束。合仰各府縣委官，嚴督

里老，各照疆界，應有寄住人民，從實取勘。原籍鄉貫見在丁口明白，有産業者，隨處安插生理，移關行勘，别無違礙。

一、更理銀場。處州府、麗水等縣，温州府平陽等縣各銀坑，若聞辦偷採者多交相爭利，以至殺害。及照洪武年間，歲辦銀二千八百七十餘兩，取課太輕。永樂年間，歲辦增至七萬七千五十餘兩。宣德年間，增至八萬七千五百餘兩。各坑閘辦實有二萬五千七百九十餘兩，陪納六萬一千七百八十餘兩，取課太重。正統年間，減數止辦三萬八千九百三十餘兩，緣坑内礦少。今歲礦多，或昨日採有，今日採無，是歲課額難定，若增添太重，賠敗民難。乞勑該部計議，候添設縣治停當，照依宣德年間採辦，實有銀數二萬五千七百九十餘兩，約量各縣坑場出銀多寡，定派委官嚴加提督，各該坑首、油銀甲匠、匠丁、夫役人等，按季採辦銀課進納，庶得坑場各有管理，其偷採之徒應募在官，庶免後患。

《明神宗顯皇帝實録》卷三〇四　〔萬曆二十四年十一月〕癸卯，河南開礦太監魯坤，恭進樣砂銀一百二十兩、砂三百斤進收。

横嶺開礦太監王忠進樣銀三百兩、樣砂六十斤進取。

昌黎等處開礦太監恭進樣銀一百七十兩樣、砂三十斤進收。

又卷三八六　〔萬曆〕三十一年七月癸亥保定巡撫孫瑋將易州、阜平等十一州縣，計派包賠礦銀一千七百兩，分上下半年解進，并請撤回在礦人役。上曰：「礦税權宜開採，朕心仁愛，自有停止之日。奏内酌議派包銀兩，準令有司解送該監類進應用，以示朝廷寬恤畿輔地方德意。」

又卷三九〇　〔萬曆〕三十一年十一月癸酉，湖廣守備太監杜茂進礦税船糧銀二萬八千九百餘兩；又進買辦方物銀一萬二千兩以助大工。上命收進。

又卷四二二　〔萬曆三十四年六月〕河南太監胡賓進税銀三萬五千八百餘兩、礦銀四千八十一兩、金十五兩。廣西税監沈永壽進税銀八千九百六十兩、礦銀三百八十兩。

顧炎武《天下郡國利病書・浙江下》《開化縣志》：開採。萬曆二十六年，礦税事起。有謂開化六都、大尖塢八都、烏哨塢及四都三處礦洞可開者。時採礦曹内監委官馬忠挾諸商至縣起工，先挖大尖塢，開兩月，採礦砂四千斤，約百斤烹得銀一兩，不償所費。於時邑侯劉防範周詳，奸徒斂戢。及内監親臨，侯不激得不隨，調停上下。然礦利既目擊烏有，又不肯空返，侯不已議將雲霧山官木召拚得四百金抵兑礦價。内監既去，礦洞仍封，苛斂不行，民不知役，地方晏然，仁侯之力也。

謝肇淛《滇略》卷三《産略》　滇銀礦共二十有三所，置場委官以征其課，歲約二萬緡，然脈有盛衰，課隨盈縮。

《撫畿奏疏》卷一〇《仰遵明旨敬陳加派之礦疊征之税疏》　爲仰遵明旨，敬陳加派之礦疊徵之税，懇乞天恩亟賜裁斷，以免畿民重困事。臣會同巡按直隸監察御史安，竊惟皇上以仁愛育萬民，以節制理財用不得已，而俯從榷採暫濟大工，一則曰不忍加派小民，二則曰不許重征疊收，三則曰惟取天地自然之利與經紀應納羨餘。明旨炳如星日，海内臣民所共睹也，奈中使奉行過當，而中使委用之人，又百計侵漁，礦漸微而法愈苛，税已盈而斂愈急，若畿内諸郡，窮搜横索，視海内尤甚；民生困蹙，視海内尤苦。其於煌煌綸綍，不啻弁髦之者。臣等敢不據會實上陳，以干天聽。

夫開礦始自真保薊永，今中使王虎駐浮圖峪，王忠駐湯家莊，又錦衣衛指揮張懋忠駐秋波堡，皆臣撫轄地也。自湯家莊至秋波，僅五百餘里，礦脈寧有幾何，幸而張懋忠招夫自採，王忠募夫分砂，皆隨地所出，多寡以進，於地方未甚擾也。惟王虎心無主宰，撥置由人，今日拏富民管爐，明日取驢贏運砂，又明日索鋼油食米參隨等役，乘機詐騙，沿村蹂躪。阜平等處，民人向臣告訴者，盈庭累牘，而民不勝擾矣。今日以抗阻參官，明日以違玩提吏，又明日以怠緩鎖拏典史。去歲强民散砂，易州民人皆負土石向臣泣訴，知州亦垂涕向臣求罷，不得已動借庫銀五百兩解送方免，而官亦不勝擾矣。計數年來，礦洞所出，與公私所費，奚啻十餘萬金，其解進御前者有幾，臣等不能悉知。今礦脈漸竭，煎採日微，民力既窮，需索雖施，乃復創爲包派之議。夫皇上命虎取礦於地，豈欲其取之於民也。原議官四民六分砂，俾官民兩利，豈欲其無砂而剥民奉官也。伏蒙聖慈，着會同撫按等官，有礦之處酌量包派，臣等舉手加額，仰見聖主明見萬里，必有礦可採，方令酌包，即陽春布澤，不煦於此矣。隨行據各州縣申報已經出示，近山居民再三曉諭，但係有礦處，聽其開採，量行派税，而卒無一人應者。蓋有礦之居，虎已招夫自開，其行州縣包派者，皆無砂空洞，或開採數年，徒費工力，竟未見砂者也。有司倉皇無措，議處無策。將派之原編礦夫乎，其人皆力作餬口，家無宿舂，往應役二三年，曾不得分升合之砂。去歲春夏，告饑，臣等另發米粟千餘石、錢二十萬以救之，猶不免於死徙，若逼令出税，必致逃竄，所不忍也。將派之地畝人丁乎？洊饑之後閭閻虛耗，額賦尚不能完，矧加派明旨所禁，狥中使

而明悖聖主德意，所不敢也。惟易州唐縣數處，向苦於礦夫之累，各議將官吏師生俸糧、衙役工食，捐扣百餘金，以解該監量助夫役。其餘州縣，各稱本地曾經該監開採停閉，亦無原編礦夫，無從包派。臣方批各道覆議，而王虎已歸咎於臣矣。臣前巡歷邊關，曾與虎(麵)[面]議，虎向臣言，惻隱之心我所同有，民窮不堪，加派我所深知，第礦竭銀少，恐獲罪譴，不得不委曲議處耳。夫虎所轄，有真、保、薊、永四郡，今薊、永以無砂停採，地方已去大半焉，能採解得如舊數乎？且皇上寬仁大度，於名使解進未嘗問多寡有無，何虎敢爲此言，以虧損聖德乎？伏乞皇上俯察礦脈有時而盡，明示王虎，以不許加派之旨，責令有礦則開，無礦則閉，毋得妄取諸民，如或以奉有成命，則姑照易州唐縣等處量議供助，此外嚴禁，各役不得別有搜索，實沿邊州縣小民之大幸也。夫榷稅亦始於通灣、天津兩處，稅額不過四萬，商民業已彌病。其後柳勝秋等三日内兩奏，一稱七萬，一稱六萬。伏蒙皇上俯察，臣疏謂兩奏總一地方，除河間先屬馬堂外，其順、永、真、保等七府，共定稅額七萬，蓋併灣、津兩處，共計十一萬矣。又其後馬堂奏增鹽稅二萬六千，總之則十三萬六千矣。乃夏榮復奏以銀魚廠爲名，併稱該廠魚葦額稅，歲可得四萬。夫魚廠一彈丸地，稅能幾何？原奏地方止寶坻、霸州、靜海等處即盡，其魚葦而没入之，所得幾何？彼不過多稱虛數，以徼其説之必行耳。時王虎奉命查，理亦明知其勢不能取盈也，而過聽參隨等役肆爲漁臘之計，借寶坻而搜及順、永二府，借靜海而搜及保、河二府，又借魚葦而搜及鹽包、渡船、窑井、蔬果等項，四郡之民如在湯火。即同事張燁、馬堂二監，不能爲之諱矣。皇上俯從張燁疏，撤虎西還，而以四萬稅分屬之，張燁、馬堂臣等亦嘗舉手加額，謂：「聖主洞悉民瘼，不忍烹鮮而攪之也。」顧一時之騷擾暫息，而四萬之數終難取盈。即查王虎與二監交代册船網、窑、井、鹽包、房號等項，何所不有，總之止計數一萬八千耳。夫王虎横徵，所及者已不能支，況横徵所未及者必不能復益，可知也。故張燁既抗疏以暴王虎之失，而鹽場、包草之稅旋自蹈之矣。馬堂既出示盡蠲王虎之稅，而分屬二萬之額，旋推之撫按矣。夫張燁豈樂於自食其言，而馬堂豈不欲自效忠於上哉？彼誠見民窮財盡，無可復加，不得已忍心剥取，而欲令撫按代彼受怨也。查得各州縣地方，自有額稅七萬以來，市無不榷之貨，家無不稅之人，然物價日益騰踴，市井日益蕭條。有司追征不前，多借官庫銀補解。在保定府庫已借過六七千兩，真定府庫已借過八九千兩，長此不已，未知底極，安能復加以魚葦之稅乎？又查得各省稅額或四五萬，或七八萬，而止今畿内數郡共稅十三萬有奇，此各省所未有，而腹心之地獨受其敝也，即鹽稅二萬六千，已出於額稅七萬外。臣等猶皇皇欲爲百姓請命，矧復能加以四萬乎？伏乞皇上俯察，榷稅取數已多，明示張燁、馬堂以不許疊征之旨，止令查復魚廠歲取銀魚以進。如或以奉有成命，則容臣等會同順天撫臣及張、馬二監，查將王虎原册去其煩苛，量於有魚葦地方酌派稅銀一萬兩，聽兩監解進。此又沿海州縣小民之大幸也。臣等竊見皇上神明英武，高出前代，即近者册婚大典一旦舉行，天下無不頌聖人之斷。竊計榷採二役處分有期，故不敢爲繁詞激論以瀆聖聰，第以目前加派疊徵，民不堪命者，據實陳請。如蒙皇上惻然憫念，亟□臺斷，容臣等與各監遵奉施行，解萬姓之倒懸，少解三輔之杌隉，可安臣等無任戰慄，祈懇待命之至等因。奉聖旨，未下。

茅元儀《武備志》卷一四二《軍資乘餉·礦砂》 開法以地方大户主收煎，以油糧户主採取，假如礦一百斤值銀十兩，油糧户只作五兩，賣與大户，使二人均利入己，均稅納官，官以廉能者董其役，監取三日三夜通融計之，什分取一，取大户并油糧户，甘結造清册入官，數日一納國稅，如有利，則開者必不自止，如無利，則開者自息矣。

又《明史》卷一〇四《志七八·食貨一〇》 於是復封閉，令有司易金千兩進用，而浙江銀礦亦多以缺額量減。雲南自永樂十年始開，停止於英宗初政，天順三年復開，辦銀五萬二千三百餘兩，次年增至十一萬二千三百八十兩，延六年纔足，乃以停止。成化三年又復天順三年之數，官司摘軍餘爲礦夫，計月追銀不足，則扣賣軍糧，以益其數。八年，鎮守太監錢能、巡按胡涇先後以爲言，得減半。踰數年，復依天順六年數徵收。巡撫吳誠、黔國公沐琮疏爭，不聽。弘治元年，始減二萬兩，減定處州府歲課一萬二百三十七兩有奇，温州府泰順縣六百四兩有奇，以鎮守太監陳道請免建安縣銀課一年，罷浦城陳伯廢坑銀冶，以歲課派之丁糧補納。十三年，雲南巡撫李士實言，雲南九銀場各衛，以礦夫口糧賠納，歲三萬四百三十兩，曰礦夫口糧，餘丁三五人充一名，歲賠二萬一千九百四十五兩，曰夫丁，乾認今判山村廣運寶泉四場，礦脈久絶，乞免其課。報可。復革原設僉事，於是令雲南歲徵差銀八千八百九兩五分，析買金一千兩，與原額辦金六十六兩六錢七分，併餘剩銀解部，送承運庫。先後封閉四川密勒山銀場、山東胡陵山礦穴，中使請取麻峪山銀礦，巡撫執奏詔止之。武宗初，從内官秦文等奏，復開浙江、福建諸郡銀礦，既而浙江守臣奏，礦脈已絶，詔令布政司，歲進銀二萬

兩，以代銀課。劉瑾誅，乃止。副千户王玉以報獻銀礦不實，坐斬。世宗詔封閉大理府新興等礦場，又以山西流民盜木集山神堂菴諸礦洞，令巡撫嚴禁錮守之。武定侯郭勛請開薊州瀑水洞，房山縣民奏開冰洞山浮圖峪諸處銀礦，皆從之。又命採雲南、河南礦銀。十九年，罷各處礦場，三十四年，復遣官四川、山東、河南開礦。帝令訪未開之場，以顯金玉露形徑，而時山東、保定、山西、河南、四川、雲南諸處所在，進礦金銀盜礦，浙江、江西礦賊劫掠，徽寧設兵備之。隆慶初，罷薊鎮開採。直隸、浙江、江西諸處礦山，勒石禁止。萬曆十二年後，奸民屢以礦利進，諸臣力陳其弊，帝勉從之。二十四年，張位秉政，府庫前衛副千户仲春請開礦助大工，從之。命户部錦衣衛官各一同春開採，給事中程紹止楊應文言，嘉靖二十五年採礦至三十六年，委官四十餘，防兵一千一百八十人，費約三萬餘兩，礦銀止二萬八千五百兩，得不償失。

《清朝文獻通考》卷四〇《國用二》 銀礦：廣東永安縣豐順縣、嘉應州均銀一兩，收課四錢五分。雲南開化府額課銀七百六兩八錢六分。中甸額課銀五百六十八兩五錢三分有奇。建水州額課銀六百六十一兩一錢一分。雲南府額課銀三千一百三十二兩六錢有奇。永昌額府課銀三百兩。南安府額課銀二萬二千三百九十兩二錢二分，遇閏，加銀二十九兩。馬龍額課銀六百九十八兩五錢二分有奇。土革喇額課銀六十兩八錢四分有奇。楚雄府額課銀三千三百七十五兩九錢六分。鶴慶府額課銀四百二十一兩八錢一分有奇，遇閏，加銀二十四兩二錢。鄧州額課銀一千三百二兩六錢七分，遇閏，加銀一百六兩二錢三分有奇。臨安府額課銀三萬三千六百十三兩七錢八分，遇閏，加銀三十八兩。新平縣額課銀六十八兩八分，遇閏，加銀四兩七分有奇。永昌府收課無定額。

洪亮吉《乾隆府廳州縣圖志》卷四六《楚雄府》 碧藏山在〔楚雄〕縣西南一百二十里。產銀礦，開採榷稅，名永勝場。

姚瑩《康輶紀行》卷一一 今時自京師至直省，皆患銀貴錢賤。乾隆、嘉慶之間銀一兩易錢一千文，嘉慶末年易錢一千一二百文，道光以來益增。十五年後，每銀一兩直銅錢一千五六百文，至今未能減也。説者皆以紋銀西北出邊，東南出洋爲病，是則然矣。然嘗考南宋時諸道士供銀，皆置場買發。蜀中銀每□稱一兩，用本錢六引而行，在左藏庫折銀才直三千三百文。民間之直不滿三千，是今時極貴之銀價，尚不過南宋時銀價之半，直也。李心傳《朝野雜記》言：宋初諸道歲貢銀額一千八百六十餘萬兩，考其時惟廣南、江東、江西、浙東、浙西、福建有銀坑。渡江後，復停開銀坑八十四處，所出產者本少，故貢額不及二千萬。本朝各直省歲征各項額銀五千四百餘萬兩，歲入銀數倍半於宋，而銀礦停閉已久，民間所貢賴者，皆叨季國中之餘積也，用而無繼，何能不匱。即無出邊出洋之患，猶不能使其不貴，況出外者，滔滔無已耶。古人有言「天不愛道，地不愛寶」，夫道無古今，其爲物也虛。故用之無盡，寶之在地，非千數百年蘊氣含精不能產之。其爲物也有數，當其竭也，地即欲不愛之而不能，人值其際，惟撙節之以待其繼，而思強欲其盈，豈可得哉！右銀貴錢賤。

周家楣等《〔光緒〕順天府志》卷五七《經政志四・礦廠》 國朝咸豐三年，宛平人郝倫呈稱縣屬珠窩山有銀礦，願捐貲開採，特諭順天府察看。旋據趙光奏，珠窩山業經開採，房山縣屬礦硐、坡匣兒嶺、毘盧平溝風水攸關，即行封禁。《邸鈔》：《密雲志》稱大鐵錐山、銀冶山均有銀礦。《密雲丁志》：今俱無矣，煤窑亦惟宛平、房山有之，每窑歲納課銀六十兩，由二縣解部庫交收。《户部則例》：今據册報開列，然地氣有轉移，窑户有興廢，後之司此土者，當聽民所便，慎毋按圖而索也。

《清朝續文獻通考》卷四三《征榷考一五・坑冶》 又諭：「前因雲南等省向有銀廠抽收課銀，降旨令該督撫體察情形，如此外有可開採之處，準照見開各廠一律辦理。茲據周之琦奏稱，廣西銀廠見在僅存三處，每年共抽正課銀四五百兩不等，爲數寥寥。其臨桂等縣舊有各廠久經封閉，並未復開。惟礦砂有衰旺之時，地氣有轉旋之候，見已密飭府縣添派委員詳細蹤勘，如有礦砂復露之處，即照見辦章程招民開採等語。天地生財以供民用，若不能變通盡利，則民用易匱，而財貨亦有棄地之虞。廣西舊有各廠，前因採取過多，山空砂薄，是以暫行封閉。積之既久，地氣亦鬱而必宣，但能因地之利，順民之情，自可著有成效。見在查勘各該處，如果有礦苗重出，砂路復新，即著諄飭該委員等，會同地方官勸諭商民，試行採辦。務在禁其擾累，去其煩苛，使民樂於從事。見在焦木、楠丹、桂紅三廠抽課無多，亦著察看該處附近之區，是否可以量爲推廣。此外各山場如本非舊廠，而有可開採之處，並酌量情形，一律招辦。倘該員等不能妥爲經理，或飾辭阻撓，或張揚抑勒，或以課銀爲數無幾爲辭，甚至假手吏胥侵漁圖利，該撫一有聞見，務即隨時撤回，指名參奏，另派妥員實心籌辦。」

〔咸豐元年〕又開採熱河遍山綫銀礦，每兩收正課銀三錢，耗銀三分。

四年，議準遍山綫銀礦稅課，每百兩加收正課銀三十五兩，耗銀三兩五錢。

六年，正課加五兩，耗銀加五錢。【略】

同治二年，覆準熱河土漕子銀礦，每兩加收正課銀三錢，耗解各費照舊。

〔同治〕十一年，議準熱河土漕子銀礦每兩收正課銀二錢五分，耗銀三分五釐，解費銀一分五釐。

【略】

《清文宗顯皇帝實録》卷一六九 〔咸豐五年，乙卯，六月，甲午〕先是，陝甘總督易棠奏：「《哈勒津庫察開採銀礦章程》，酌議招商試採，所需經費由阿拉善親王籌墊，隨時酌定，升課按十成覆算，以六成歸商，二成五分爲正課，三分五釐爲耗銀，一分五釐爲運費，其餘一成，賞給阿拉巴圖當差。其鍊盡白鉛，亦擬照銀十成，分別正耗，解交寧夏道庫備撥。下軍機大臣，會同户部議。至是議，應如所奏辦理。至所征課耗應，於年終奏銷一次，課銀解存寧夏道庫候撥，不得作爲別項之用。其鉛斤除抽課外，官爲收買，不準商販。仍嚴飭員弁兵役人等覆實妥辦，總期礦務日旺，於經費方有裨益。」從之。

徐潤《徐愚齋自叙年譜》 〔光緒十七年，辛卯，五十四歲〕國課。砂子每斤例抽銀五分五釐，以四分之一入官，三分歸商廠。公事極頂真，砂子逐日報熱河，後因另立新名目「水道進」砂擬提工本三字於公事差遠。遍山綫照五年分所出之砂，綀銀過千餘萬兩，至七年十二月，三商更换國課，每年約五六萬之譜，咸豐五年分三商意見不合，擬挨班分辦，每辦三個月一轉，以後未妥。

李昉《太平御覽》卷八一二《珍寶部一一·銀》 又曰：「貞觀中，治書侍御史權萬紀上言：『宣、饒二州諸山，大有銀坑，採之，極是利益，每歲可得錢百萬貫。』上謂曰：『朕貴爲天子，是事無所少乏，唯須嘉言善事，有益於百姓者。且國家勝得數百萬貫錢，何如得一有才行人？不見卿推賢進善之事，又不能按舉不法，震肅權豪；唯只言税鬻銀坑，以利多爲美。昔堯抵璧於山，投珠於谷，由是崇名美號，見稱千載。後漢桓、靈二帝，好利賤士，爲近代庸暗之主，卿遂欲將我比桓、靈耶！』是日放令還第。」

孫甫《唐史論斷》卷中《用聚斂臣王鉷》 論曰：貞觀十年，治書侍御史權萬紀奏銀坑事，太宗惡其言利，遂斥之不令立朝。詳味當時致治之風，堯舜何以加焉。天子富有天下，惟患德義之不充，不患財用之不足。貞觀中，天子勤勞政治，敦尚儉德，非賢者不厚禮，非功臣不寵賜。內無嬖人專其恩，外無姦臣竊其澤，所用固有節，所斂固不厚，但慮人才未盡用，生民未盡蘇，意常不足爾。天子務德義如此，所以言利之臣不能治也。

周必大《文忠集》卷一六〇《七月二十四日》 唐太宗貞觀十年十二月，治書侍御史權萬紀上言：「宣、饒二州諸山有銀坑，採之，歲可得錢百萬貫。」帝謂曰：「朕貴爲天子，是事無所少乏，唯言善事，有益於百姓者，常患少也。且國家勝得百萬貫錢，何如得一有才行人？」【略】乃不令立朝。

吳兢《貞觀政要》卷六《論貪鄙第二六》 貞觀十年，治書侍御史權萬紀上言：「宣、饒二州宣州今爲寧國路，饒州今仍舊並江東諸山。大有銀坑，採之極是利益，每歲可得錢數百萬貫。」太宗曰：「朕貴爲天子，是事無所少之，惟須納嘉言、進善事，有益於百姓者。且國家勝得數百萬貫錢，何如得一有才行人？行，去聲。不見卿推賢進善之事，又不能按舉不法，震肅權豪，惟道税鬻銀坑，以爲利益。昔堯舜抵璧於山林，投珠於淵谷，由是崇名美，見稱千載。後漢桓、靈二帝後漢桓帝名志。靈帝名宏，好利賤義。好，去聲。漢靈帝時，開西邸賣官，自關内侯、虎賁羽林，入錢各有差。私令左右賣公卿，公千萬，卿五百萬。又賣關内侯，假金印，紫綬。傳世入五百萬。爲近代庸暗之主，卿遂欲將我比桓、靈耶！」是日，敕放令萬紀還第。

湛若水《格物通》卷五七《平天下格·公好惡》 貞觀十年十二月，治書侍御史權萬紀上言，宣、饒二州銀大發，採之，歲可得數百萬緡。上曰：朕貴爲天子，所乏者非財也，但恨無嘉言可以利民爾。與其多得數百萬緡，何如得一賢才！卿未嘗進一賢、退一不肖，而專言税銀之利。昔堯舜抵璧於山，投珠於谷。漢之桓、靈乃聚錢爲私藏，卿欲以桓、靈事我邪！是日，黜萬紀，使還家。

董斯張《吳興藝文補》卷三九朱長春《代浙西守道張朝瑞上諫止開採疏》 唐太宗時，權萬紀請採宣、饒二州銀礦。詔曰：「今所乏者，非財也，恨無嘉言可以利民耳。」立黜之。宋太宗時，有司言定州諸山出銀礦，請置官署掌。上曰：「地不愛寶，當與百姓共之。」不許。二君中主也，猶然去讒，賤貨惠民，顯德史册，書爲美譚，永誡後世。至於我明，二祖相承，愈崇儉德。巡簡王德亨、老校丁成嘗言礦利，以細人規利窺探，斥之。浙、温、處、閩、建、福嘗開礦場，以得不償費，罷之。憲宗停淘金於寶慶，孝宗罷採珠於廉川，世宗開河南盧氏裕葉之礦，未幾，停止。我皇上初覽易州民人劉儒之奏，抑置不問，豈不以地寶有限，或暴發隨竭，或採後不生。況一施爭奪蔓延蜂起，卒不可救，事勢固然，而不欲自開厲階乎？國家二百餘年，天保孔固，雖其膏澤紀綱維治者久長，亦其深慮防危開亂者無自也。頃因兩官大功，採金佐費，以天地自然之利，給公家緩急之用，似

亦理財一策，屢奉聖諭，丁寧不許支費錢糧，動衆騷擾。大哉王言，恤民虞患，既白於天下矣。但礦利甚微，諸費甚廣，官帑既虚，不免責成諸大户。領官大户賠累艱苦，千岐萬狀。道路傳言，公私所費者，十礦之所得僅一。公私所費者，百礦之所得僅十。且産礦諸山，其中礦賊向多潛伏潛挖，官不能盡禁盜，視爲食土，扼而奪之，勢不生活。竊發閧越，初報房山横嶺二三百人，近河南葉縣圪當店六七百人，燒煅棚廠，札傷官兵，亂萌已見矣。幸其禍速，徒黨未繁，四方未響應，官兵得壓耶。制之積久，利多勾扇，四集遠近並起，或至數千萬兵力，豈能在在勝之耶！此其危機立至，不待數年矣。然開採猶在直隸、中州、山、陝地方，未及江南也。近於十一月，復奉聖旨，允聽用把總韓大拯請開採浙江觀海、孝豐、諸暨、八寶、全浙等處礦山。夫天下財賦，江南居十九，朝廷國計所資重，自古四方有變，江南常保全以待。而我祖奠基金陵，澤同豐鎬，勢比相洛，浙江固其三輔要地也。

嚴衍《資治通鑑補》卷一九四《唐紀一〇・太宗上之下》　治書侍御史權萬紀上言，宣、饒二州銀大發，採之，歲可得數百萬緡。宋白曰：饒州，漢爲鄱陽縣，吴置鄱陽郡，梁置吴州，陳廢州復爲郡，隋平，陳罷郡爲饒州。徐湛《鄱陽記》云：北有堯山，又以地饒，衍遂加食爲饒。今《郡圖》又云：以山川蘊物珍奇，故名饒。上曰：朕貴爲天子，所乏者，非財也，但恨無嘉言可以利民耳。與其多得數百萬緡，何如得一賢才。卿未嘗進一賢，退一不肖，而專言稅銀之利。昔堯、舜抵璧於山，投珠於谷。陸賈《新語》曰：聖人不用珠玉而寶其身，故舜棄黄金於□巖之山，捐珠玉於五湖之川，以杜淫邪之欲也。漢之桓、靈乃聚錢爲私藏，見五十七卷「漢靈帝光和元年」。卿欲以桓、靈待我邪？是日，黜萬紀，使還家。是歲，更命統軍爲折衝都尉，别將爲果毅都尉。

簡朝亮《尚書集注述疏》卷三《禹貢》　《元和志》：饒州樂平縣東百四十里有銀山，今樂平縣屬江西饒州府焉。唐太宗時，治書侍御史權萬紀上書，言宣、饒二州銀大發，采之，歲可得數百萬緡。太宗曰：卿未嘗進一賢，退一不肖，而專言稅銀之利，遂黜之。

《歷代名臣奏議》卷一九三《戒佚欲》　時虢州統軍裴師利奏：「諸山大有銀礦，採之極有利益。」勅殿中少監趙元楷，令諸國府衛士及百姓採之，頗爲勞擾。徵進諫曰：「昔堯、舜置璧於山，投珠於谷，所以崇名顯號，見稱千祀。陛下巍巍盛德，思與堯、舜比隆，戡定大功，遠踰湯、武之烈，所急在於仁義，且勞役衛士，與下争利，人不見德，將何取焉？」太宗深納之，即令停廢。

顧炎武《日知録》卷一一《銀》　《舊唐書》：憲宗元和三年六月，詔曰天下有銀之山，必有銅礦。銅者，可資於鼓鑄；銀者，無益於生人。其天下自五嶺以北見採銀坑，並宜禁斷。李德裕爲浙西觀察使，奏云去二月中奉宣令進□子，計用銀九千四百餘兩，其時貯備都無二三百兩。

王闢之《澠水燕談録》卷一《帝德凡十八事》　〔北宋〕仁宗朝，南劍州上言：「石碑等銀礦可發。」上謂三司使曰：「但不害民，則爲利國，或於民有害，豈可行也。」上之恤愛元元，至矣。

鄭若庸《類雋》卷二三《珍寶類・銀》　銀鉟。《長編》云：至道二年，有司言定州出銀鉟，請置官掌其事。上曰：地不愛寶，當與衆庶共之。不許。

畢沅《續資治通鑑》卷一四〇《宋紀》一四〇　〔孝宗乾道四年，金大定八年年十二月〕有以四明銀礦獻者，帝命守臣詢究，且將召冶工即禁中鍛之。陳俊卿曰：「陛下留神庶務，克勤小物，然不務帝王之大，而屑屑乎有司之細。臣恐有識之士，有以窺陛下也。況彼懼其言之不副，則其鑿山愈深，役民愈衆，而百姓將有受其害者。夫天地之産，其出無窮。若愛惜撙節，常如今日，則數年之後，自當沛然。但願民安歲稔，國家所少者，豈財之謂哉？請直以其事付之明州，使收其贏餘，以佐國用，則亦不至於擾民矣。」

王應麟《玉海》卷一八三《食貨・府庫・乾道備邊庫》　孝宗乾道六年二月五日，臣寮言：「銀坑興發，價平，宜令諸路監司隨宜收買，别立庫以備邊爲名，緩急支用，以代楮幣。」從之。

《明太祖高皇帝實録》卷三〇　〔洪武元年三月甲申〕時近臣因進言，山東舊有銀場，可興舉者。太祖曰：「銀場之弊，我深知之，利於官者少而損於民者多。況今凋瘵之餘，豈可以此重勞民力？昔人有拔茶種桑，民獲其利者，汝豈不知？」言者慚而退。

又卷一八〇　〔洪武二十年正月〕丙子，府軍前衛老校丁成言：「河南陝州地有上絞、下絞、上黄塘、下黄塘者，舊産銀礦，前代皆嘗採取，歲收其課。今錮閉已久，若複採之，可資國用。」上謂侍臣曰：「君子好義，小人好利。好義者以利民爲心，好利者以戕民爲務。故凡言利之人，皆戕民之賊也。朕嘗聞故元時，江西豐城之民告官採金，其初歲額猶足。取辦經久，民力消耗，一州之人，卒受其害。蓋土地所産有時，而窮民歲課，成額徵取無已。有司貪爲己功而不以言，朝廷縱有恤民之心而不能知。此可以爲戒，豈宜效之？」

《昭代典則》卷五《太祖高皇帝》〔洪武元年三月〕甲申，徐達奏上所下山東州縣卒、馬、糧、鹽、布、絹總數。

凡獲卒三萬二千餘人，馬一萬六千餘匹，糧五十九萬七千餘石，鹽五萬三千餘引，布絹八萬七百餘疋。時近臣因進言：山東舊有銀場，可興舉者。上曰：「銀場之弊，我深知之，利於官者少而損於民者多。況今雕瘵之餘，豈可以此重勞民力？昔人有拔茶種桑，民復其利者，汝豈不知？」言者慚而退。

《聖典》卷二三《賤貨》 洪武元年三月甲申，征虜大將軍徐達等奏所下山東州縣時，近臣因進言山東舊有銀場，可興舉者。上曰：「銀場之弊，我深知之，利於官者少，而損於民者多。況今凋瘵之時，豈可以此重勞民力？昔人有拔茶種桑，民獲其利者，汝豈不知？」言者慚而退。二十年正月丙子，府軍前衛老校丁成言，河南、陝州地有上絞、下絞、上黄塘、下黄塘者，舊產銀礦，前代皆嘗採取，歲收其課。今錮閉已久，若復採之，可資國用。上謂侍臣曰：「君子好義，小人好利。好義者以利民爲心，好利者以戕民爲務。故凡言利之人，皆戕民之賊也。朕嘗聞故元時，江西豐城之民，告官採金，其初歲額猶足。取辦經久，民力消耗，一州之民，卒受其害。蓋土地所產有時，而窮民歲課，成額徵取無已。有司貪爲己功而不以言，朝廷縱有恤民之心，不能知。此可以爲戒，豈宜效之？」

《續文獻通考》卷二三《征榷考·坑冶》 明太祖洪武元年三月，近臣請開山東銀場。不許。

時右丞相徐達下山東，近臣因進言，舊有銀場，可興舉者。帝謂：「銀場之弊利於官者少，損於民者多。況今凋瘵之餘，豈可以此重勞民力？」言者慚而退。

余繼登《典故紀聞》卷二 洪武初，近臣有進言，山東舊有銀場，可興舉者。太祖曰：「銀場之弊，我深知之，利於官者少，而損於民者多。況今凋瘵之餘，豈可以此重勞民力。昔人有拔茶種桑，民獲其利者，汝豈不知？」言者慚而退。

又卷四 洪武中，有老校丁成者言，河南舊有銀礦，採之可資國用。太祖謂侍臣曰：「君子好義，小人好利。好義者以利民爲心，好利者以戕民爲務。故凡言利之人，皆戕民之賊也。朕嘗聞故元時，江西豐城之民告官採金，其初歲額猶足。取辦經久，民力消耗，一州之人，卒受其害。蓋土地所產，有時而窮，民歲課成額，徵取無已。有司貪爲己功，而不以言，朝廷縱有恤民之心而不能知。此可以爲戒，豈宜效之？」

又卷一一 至是，有盜礦脈相鬬殺者，御史孫毓、福建參政宋彰、浙江參政俞士悦，各言復開銀場，則利歸於上，而盜無所容。事下二處三司議，福建三司附言。浙江按察使軒輗等奏曰：「復開銀場，雖一時之利，然凡百器具皆出民間，恐有司横加科斂，人心搖動，其患尤深。爲今之計，莫若擇官典守，嚴加禁捕，則盜息矣。」

正統九年閏七月，敕諭雲南總兵官左都督沐英等曰：得奏言銀坑年遠坍塌，即今軍民缺食，用人採辦，有妨屯守。然朝廷重在恤人，利非所計。頃因言者以雲南罷敝，慮軍資民食不給，欲因山川之利，以資官民之用。今爾等具言地利人情如此，所得不償所費，朕聞之惻然。敕至，即如舊停止，與民休息。

談遷《國榷》卷三 〔戊申，洪武元年三月甲申〕近臣請開山東銀場，上以勞民，不許。

又卷二一 〔己酉，宣德四年十二月〕丙子，南海人華發請開番禺銀礦。不許。

〔辛亥，宣德六年九月〕丙戌，河南人言嵩縣銀鑛，命主事郭誠開採月餘，止黑鉛五十斤，銀二，金不足抵費，遂罷之。

又卷七七 〔丙申，萬曆二十四年六月庚申〕府軍前衛副千户仲春請開銀礦助大工。從之。下户部，命户部錦衣衛各一人，同仲春開採。户科給事中程紹、工科給事中楊應文各疏諫，不聽。詔曰：嘉靖二十五年七月命採礦，自十月至三十六年，委官四十餘人，防兵千一百八十人，虜器鉛炭共三萬餘金，纔得二萬八千五百餘金，得不償費。

傅維鱗《明書》卷二《本紀一·太祖高皇帝本紀二》〔洪武元年戊申，元至正二十八年〕三月，元左丞何真以廣東郡縣迎降。蘄州進竹簟，卻之，克全州，下武岡。命户部及行省鑄洪武通寶錢。近臣請開山東銀場。上曰：銀場之弊，利於官者少，害於民者多。今凋瘵之餘，豈可以此重勞民力。言者慚退。

又卷三《本紀一·太祖高皇帝本紀三》〔洪武〕二十年丁卯正月，命宋公勝、穎公友德等率師二十萬討納哈出。焚錦衣衛刑具。己未，詔大修闕里孔廟，築高郵隄，置兩浙防倭衛所。有奏言陝州開銀礦者，不聽。

又卷五《本紀三·太宗文皇帝》〔永樂十年壬辰〕五月，請發廣西銀礦。不許。

又卷七《本紀五·宣宗章皇帝》〔宣宗四年己酉者〕十二月，罷採。泰安

州，天麻、南海，民請開銀礦，不許。

又卷八二《志二〇・食貨志》 至〔正統〕十四年，大發兵勘定，民始安枕云。既而直隸、江西、河南、雲南皆開礦，後雲南總兵官、左都督沐昂奏言：「銀坑年遠坍塌，即令軍民缺食，用人採辦，有妨屯守，況所得不償所失。」上聞之惻然，敕止之。【略】

景泰三年，御史左鼎上言：閩、浙採銀而豪猾貪利，互相殺奪，而鄧茂七、葉宗留之屬，乘勢作亂，致煩大軍芟除，而銀課之令遂止不行。未幾，採如故。臣以爲瘡痍之民，甫能安業，恐求利未得而害已，隨之乞停採礦，以免意外之虞。(上)不聽。

湯斌《擬明史稿》卷一《太祖本紀》 〔洪武元年三月〕癸未，楊璟下常寧。近臣請開山東銀場。不聽。

朱奇齡《續文獻通考補》卷二四《食貨補》 三、鹽、茶，山澤之利也，而山之所産，地之所生，貸賄不一，唐、宋以來，既已搜括無遺矣。明代因之，若金、若銀、若銅、若鐵、若水銀、礬錫之類，皆有常課。至於銀礦珠池，間或差官暫取，隨即封閉守視，其禁甚嚴，然亦非國初之舊典也。洪武元年，近臣有言，山東舊有銀場可興舉者。太祖曰：銀場之弊，我深知之，利於官者少，而損於民者多。況今凋瘵之餘，豈宜以此重勞民力，昔人有拔茶種桑，民復其利者，汝豈不知之？言者慚而退。

又卷一〇四《志七八・食貨一〇》 大將軍徐達下山東，近臣奏興舉銀場。太祖曰：銀場之弊，利於官者少，損於民者多。況今凋瘵之餘，豈可以此重勞民力。其後府軍前衛校丁成言：河南、陝西地有上下絞、上下黄塘，舊産銀礦，前代皆嘗採取，歲收其課。帝曰：土地所産有時，而窮歲課成額徵取無已，言利之臣，皆戕民之賊也。臨淄縣王基乞發山海之藏以通寶路，帝黜之。太宗斥河池縣民言採礦者。仁宣仍世禁止，填番禺坑洞，罷嵩縣白泥溝發礦。然福建銀屏山銀場局置爐冶四十二座，始於洪武三十九年，遞年增辦課銀二千六百七十餘兩，浙江亦有場局，歲課二千八百七十餘兩。

《六典通考》卷九五《市政考・山征》 明初，徐達下山東，近臣請開銀場，太祖謂銀場之弊，利於官者少，損於民者多，不可開。洪武二十年，府軍前衛老校丁成言：「河南、陝州地有上絞、下絞、上黄塘，下黄塘者，舊産銀礦，前代皆嘗採取，歲收其課。今錮閉已久，採之可資國用。」上謂侍臣曰：凡言利之人，皆戕民之賊也。朕聞元時，江西豐城民告官採金，其初歲額猶足。取辦經久，民力消耗，一州之人，卒受其害。蓋物産有時，而窮歲額則終不可減，有司貪爲己功而不以言，朝廷縱有恤民之心而不能知。此可以爲戒，豈宜效之。」臨淄丞乞發山海之藏，以通寶路，帝黜之。成祖斥河池民言採礦者，仁宗仍世禁止，填番禺坑洞，罷嵩縣白泥溝發礦。

《憲章録》卷九《洪武二十年丁卯至二十三年庚午》 〔洪武二十年春正月〕府軍前衛老校丁成言：「河南陝州地有上絞、下絞、上黄塘、下黄塘者，舊産銀礦，前代皆嘗採取。今錮閉已久，若復採之，可資國用。」上謂侍臣曰：「君子好義，小人好利。好義者以利民爲心，好利者以戕民爲務。故凡言利之人，皆戕民之賊也。朕嘗聞故元時，江西豐城之民告官採金，其初有司貪爲己功，歲額猶足。取辦經久，地産既竭，民力消耗，一州之人，卒受無窮之害。此可以爲戒，豈宜效之。」

沈國元《皇明從信録》卷八《丁卯洪武二〇年》 軍校丁成言：「河南、陝州地，有上絞、下絞、上黄塘、下黄塘者，舊産銀礦，前代嘗採取，今錮閉已久，請復採之。」上謂侍臣曰：「凡此言利之臣，皆戕民之賊。朕聞元時江西豐城之民，告官採金，其初歲額猶足，取辦經久，地産既竭，民力消耗，一州之人，卒受其害。豈宜效之！」

又卷二三《乙未成化一一年》 春，詔閉河南宜陽等處銀洞。兵科言：「河南各縣多有銀礦，可開煎，以備邊用。」有司勘報言：「銀洞在山谷中，道路險阻，礦脈細微，所得不多，徒費民力。」詔命封閉。

又卷二四《丙辰弘治九年》 麻峪山有銀礦，守臣以中旨横索，民心震恐，巡撫都御史屠勳上疏極諫，乃寢。

查繼佐《罪惟録・志》卷一〇《貢賦志・銀礦》 又衛軍丁成請開陝州銀礦。上曰：言利之人，皆戕民之賊。朕聞故元誤聽開豐城之礦，取辦經久，地産既竭，虚額猶存，逃亡劫奪，所害不淺，其嚴絕之。成化中，科臣郭鏜請開河南諸礦，旋閉之。又户書楊鼎請開，復閉之。

《明英宗睿皇帝實録》卷八 〔宣德十年八月〕乙卯，管銀坑太監山壽奏：「近奉詔書，停止銀場，封閉坑冶，緣雲南新興等七場，及四川行都司密勒山場，俱有未煎鉛礦在庫，令人典守。而傍近盜起，焚燬庫藏，戕害守者，劫掠鉛礦，乞嚴加禁捕。」上以封閉銀坑，本圖休息天下，而小人貪利，患一至此，其令總兵三

司捕誅之。

又卷四二　〔正統三年五月〕壬子，巡按福建監察御史周銓奏：「比者浙江温、處二府，青田等縣無賴之民，潛至福建福安縣地方，聚衆數千，採取銀礦，私置兵器，出入山林，劫掠民財。臣與福建三司雖屢揭榜禁約，委官緝捕，然散而復聚，爲患不已。乞勅浙江三司委官詣福安等縣，會同本處官員，招撫各人復業。或有恃頑不服者，即於附近衛所量調官軍擒捕，庶息民患。」從之。

又卷一二八　〔正統十年夏四月，乙巳〕浙江、福建各銀場，先有詔罷之，後遣户部右侍郎焦宏往勘。宏言：「銀場宜復開，但奸弊百出，須遣廉幹御史一員巡閘。」又言「諸場壙脈多寡不同，消長無時，其少者宜量減，多者宜量增，俱令巡閘及該管官以實具聞。」上命監察御史曹祥往浙江，京衛帶俸都指揮僉事沈鱗任浙江都司，同布、按司堂，上委官巡閘提督浙江各銀場，監察御史馮傑往福建，調四川都指揮僉事吴剛任福建行都司，同布、按司堂，上官委官巡閘提督福建各銀場。都御史王文言：「往者銀場不開，諸坑首匠作糾合亡賴，千百成群盜採，甚至相讎殺，劫掠鄉村。有司捕之，輒肆拒，誅之不勝誅。及聞開銀場，冀復舊役，始忻然退散。若此，徒者使與諸提督官吏通弊，將無不至矣。宜嚴禁之，不許其復舊役，除公用器具給於民，凡提督官吏諸坑首匠作，有仍稱課不及額、掊斂民財，及侵盜官銀者，一切治之如律徒流，以福建、浙江，易地充驛遞大，徒如本限流四年期滿，民寧家。官吏黜爲民，死罪亦易地充沿海邊衛軍，庶奸頑知警，良善獲安。」從之。

又卷一五五　〔正統十二年六月，丙子〕監察御史柳華奏：「浙江處、温二府，麗水、平陽等縣，原閉銀坑四十八處，近蒙户部右侍郎焦宏往勘，仍要開壙閘辦。緣各坑礦脈微細，用工艱難，得銀數少，累民陪納，慮恐財竭民貧，難以存活。」上命户部議行。

又卷二二一　〔景泰三年閏九月，癸未〕復開浙江處州府松陽等縣銀場。先是，各銀場悉令封閉，然禁網既寬，盜礦之徒復起。至是，民乞開煎，以杜其患，鎮守浙江兵部尚書孫原貞以聞，故有是命。

又卷二二七　〔景泰四年三月，戊寅〕命少監戴細保提督福建銀場。時浙江銀場，因鎮守兵部尚書孫原貞奏復開，户部奏福建建寧府銀場與之相連，亦請併開之，故有是命。

又卷二二八　〔景泰四年夏四月，庚寅〕吏科都給事中林聰奏：「銀場歲有額辦，然其間礦脈細微，場分不得減免。如此，則設銀場，雖曰將以防盜賊，其病民亦已甚矣。臣本福建人，福建銀場之不便。臣正統中實目擊其事，況今盜賊荼毒之餘，加以旱荒連歲，五穀不收，若不遣官覆視除豁，斯民恐難聊生。」事下户部，議請移文鎮守福建兵部尚書孫原貞并巡按御史都布按三司，從長計議，如果銀場不便於民，應與停止，明白會奏區處，若可以弭盜安民，亦從實具奏，從簡徵辦，務在官民兩便。從之。

又卷二四八　壬辰，鎮守處州浙江都督王英奏：處州銀場利害有二：曰歲辦，曰閘辦。歲辦者洪武中原額本府每歲一次，送納不及三千兩，于民有利。【略】〔景泰五年十二月〕臣嘗思之，開採銀場，固非善政，但防禦有方，則貧民得所，而不爲盜賊。若不開採，則貧民不免聚集爲盜賊。乞照洪武中歲辦例開採。」事下户部，言：「洪武歲辦額太輕，若如所擬，誠恐趨利之徒，得以肆爲强暴，争奪之風復起，官府難於控制。請移文浙江鎮守并布按二司等官，仍如閘辦額數煎辦，果有多餘不及之數，明白具奏定奪。」從之。

又卷二八七　〔天順二年二月，戊申〕司禮監太監福安奏：「永樂、宣德間，雲南、福建、浙江産有銀礦之所，悉令採辦煎銷，上納京庫，此誠國家大利。近年或採或止，國用不足，請如舊制，各遣内外官員，開場煎辦。」

又卷三五　〔正德三年二月〕甲申，遣太僕寺官祭司馬之神，陞户部左侍郎王佐爲南京户部尚書。浙江守臣奏温、處二府銀坑，弘治間以課額不足，累民陪納，奏準閉塞。近緣承運庫建請復開，移文查勘。惟陳家嶺等四坑，可辦銀課。小茗等十有六坑，礦脈甚微。古桶等七坑，脈已盡絶。事下户部覆奏：上以銀礦可採者，既不多命，仍舊封閉，但令浙江布政司每年措置贓罰等銀二萬兩，解京應用。

〔正德三年二月〕丙申，陞南京都察院右僉都御史張恕爲南京工部右侍郎，伊府儀賓龐進輔奏，河南盧氏、永寧、宜陽、嵩縣四處山場内産銀砂，乞選差内臣同至彼烹煉，以濟國用。户部議覆，河南中州要地，國家自昔至今，未嘗採辦，必有深意存焉。今進輔輕言採取，似有所圖。詔令鎮巡并三司掌印官，率進輔親往蹈勘礦洞，應開與否，務見明白，不許隱情。

張廷玉《通鑑綱目三編》卷一一　〔景帝景泰三年〕閏九月，開處州銀場。時，浙民乞復開銀場，鎮守浙江。

〔景帝景泰四年三月〕開建寧銀場。

時浙江銀場既開，户部奏福建建寧銀場，與之相連，亦請併開，故從之。命少監戴細保提督，後孫原貞又奏，臣覆視各銀場，親臨各坑，見坑路深遠，礦脈細微，亦有堅石深泉之處，實難開煎。伏望仍前封閉，俟歲豐民富時，徐議其事，乃罷。

《明會要》卷五七《食貨志五・坑冶》 浙、福之交，故多銀場。英宗初，詔封坑冶。福建參政宋彰、浙江參政俞士悦以盜礦日熾，言：「開銀場，則利歸於上，而盜無所容。」下三司議。浙江按察使軒輗奏曰：「復開銀場，雖一時利。然凡百器用皆出民間，恐有司横加科，人心摇動，其患尤深。爲今之計，莫若擇官典守，嚴加禁捕，盜自衰息。」朝廷是輗言，乃止。及礦盜葉宗留、陳鑑等肆行劫掠，給事中陳傅復請開礦。乃命侍郎王質往經理，定歲課福建銀二萬一千餘兩，浙江銀四萬一千餘兩。雖比宣德時減半，已十倍洪武時。自是供億紛繁，民困而盜益衆。《三編》。

景泰四年，浙江銀場既開，户部奏：「福建、建寧與之相連，亦請併開。」從之。後孫原貞奏：「臣覆視各銀場，親臨各坑，見坑路深遠，礦脈細微，亦有堅石深泉之處，實難開煎，伏望仍前封閉。」乃罷。同上。

《明憲宗純皇帝實録》卷四〇 〔成化三年三月〕辛巳，内承運庫會計歲用賞賜之費不給，請於浙江等處舊罷銀坑内，如例採之。事下户部覆奏。上以軍民貧苦，閘辦之數，但準天順二年例，從省從之。其浙江、福建二處，各遣内臣一員往督其事；四川、雲南二處，即令鎮守内臣兼督之，仍諭以勑書，令無得擾害軍民。蓋天順二年前，四處銀坑，歲辦十萬二千兩有奇，比之常賦爲省。既而六科十三道交章言：「方今國家賦急民窮，銀坑封閉有年，乃復採取，未免勞人，且貽患地方，乞暫停止。」詔以採辦銀課，乃祖宗舊制，已從減省，不必停止。

又卷四七 〔成化三年冬十月〕己未，詔暫閉四川密勒山銀場。時有旨閘辦銀課，巡撫都御史汪浩奏：「官軍征剿都掌未息，茲復役占礦夫六百七十餘名，兼以供億之煩，民不堪命，乞暫封閉，以俟地方寧靖，照舊採辦。」從之。

《明大政紀》卷一五 〔成化十一年〕二月，詔閉河南宜陽衛銀洞。

先是，兵科給事中郭鏜言：「河南各縣多有銀礦，乞開煎，以備邊用。」有司勘報言：「銀洞在山谷之中，道路險阻，礦脈微細，所得不多。」遂命封閉。至是，户部尚書楊鼎又言，内府及邊儲缺用，乞復開煎，勘報如前。上命仍封閉之。

〔成化十二年〕九月，撫治荆襄右副都御史原傑奏地方事宜。詔如議行之。初，河南巡撫張瑄請於荆襄、南陽添官總理，於信陽添設守備都指揮，於光州添設守禦千户所，兵部以爲不可行。詔令傑會官審處，至是傑言：信陽、固始等州縣，南抵蘄黄，西接荆襄，東連鳳陽、霍丘等處，山勢綿亘，河流四達，盜易出没。且鳳陽、陳州等處，近皆被災，流民載道。盜入霍丘，劫掠帑藏，執縛縣官，民庶騷擾，誠宜思患預防。今兵部既云光州不可置所，則汝寧所屬信陽等一十三州縣，宜令二司巡守官各選識察兵牌人等，令備器械馬匹，選委所屬州縣，佐貳守領官一人督之，不得累以他役，致妨緝捕。又信陽州地方，軍民雜處，奸盜尤衆，宜調守備南陽、河南都指揮等官，俾得專御盜賊，禁治銀洞。又商城縣南接六安州二百餘里，四野曠漫，而金剛臺巡檢司乃在縣北，今宜遷置縣馬頭山，使便於巡邏。

徐昌治《昭代芳摹》卷二〇《憲宗純皇帝》 〔丙申，成化十二年〕九月，撫治荆襄右副都御史原傑上議處地方事宜。從之。

傑言：信陽、固始等州縣，南抵蘄黄，西接荆襄，東連鳳陽、霍丘等處，山勢綿亘，河流四達，盜易出没。汝寧所屬信陽等一十三州縣，宜修器械馬匹，選委所屬州縣佐貳首領官一員督之。又信陽州地方，軍民雜處，奸盜尤衆，宜調守備專禦盜賊，禁治銀洞。

谷應泰《明史紀事本末》卷三八《平鄖陽盜》 〔憲宗成化十二年九月〕又信陽軍民雜處，奸盜尤衆，請調守備南陽河南都指揮官，俾得專禦盜賊，禁治銀洞。

又卷四二《弘治君臣》 〔孝宗弘治九年〕冬十月，中使取寶坻港銀魚，并取麻峪山銀礦，横索害民。順天巡撫都御史屠勳疏言不可，詔戒中使，俱止之。

又卷六五《礦税之弊》 〔神宗萬曆〕十六年十一月，遣内臣禱祠五臺山，還，奏言：「紫荆關外廣昌、靈邑，可定礦砂作銀冶，奸民張守清擅其利。」

一日，上視朝畢，召大學士申時行等於皇極殿，語次及之。時行等請勅部行撫按，查問禁戢。上是之，命逮守清伏法，閉塞礦洞。

禮部侍郎郭正域疏言：「世宗朝，罷内臣鎮守及珠池貢物，擾驛遞、濫奏帶開銀場者，按問、譴戍不貸，備有《寶録》、《寶訓》。幸罷諸中使，以杜亂萌。」不報。

徐昌治《昭代芳摹》卷二一《憲宗純皇帝》 〔成化丁未二十三年十二月〕麻峪山有銀礦，守臣以中旨横索，民心震恐，巡撫都御史屠勳上疏極諫，乃寢。

《明孝宗敬皇帝實録》卷六一 〔弘治五年三月〕乙未，巡撫永平等府都御史

唐珣，以永平府麻谷山所掘礦砂，得銀以進。因言礦脈所産，山谷深遠難尋。況密邇虜境，恐致生外患，請下所司，嚴私掘之禁。從之。

又卷九八 〔成化七年十一月〕辛酉，總督軍務右都御史項忠、鎮守湖廣右都督李震等，陳荆襄便宜十事：

一、荆襄、河南南陽、西安、漢中、夔州所屬南漳等州縣三十三，俱在山谷中；荆門等州縣一十四，半山半地。洪武、永樂中，禁其山場，不許輒入。其後流民乃嘯聚其中，今既令留其已附籍者，而未附籍者，盡逐之矣。然恐班師之後，嘯聚如故，貽患非細。英宗睿皇帝嘗有旨，處置流民。今宜申明榜諭，凡流民已復業者，有司復其家，三年悉蠲公私逋負。若復有流入前禁山場者，執付巡按三司枷號一月，於山口示衆，全家謫戍邊衛。有爲逋逃主者，民編軍伍，軍調邊衛，有司軍堡巡司容隱，考其數之多寡，而輕重罪之。里老憐佑，并巡捕弓兵究治如律。余平地州縣潜住不報籍者，依律問，遞原籍當差。其逃亡軍匠囚徒，一例發充邊軍。官吏不嚴禁約者，宜聽巡按御史奏治。

一、河南之盧氏、永寧、嵩縣、内鄉、淅川、鎮平，陝西之商縣、洛南、金州、洵陽，湖廣之鄖縣、均州、上津諸州縣，山産銀礦，多有奸民聚衆，以竊礦爲業，巡礦官吏莫敢誰何。至有交通以分利者，亦宜榜諭，如有竊礦者，枷之二月，謫戍邊衛。官吏貪賄，故縱者問擬如律；三司撫民巡守官，不新歷山場者，聽巡撫、巡按奏治。【略】

一、荆、襄、南陽、河南四府，流賊雖已殄除，不得入山。然漢中、西安二府所屬商、洵、鎮、藍、金州與四府鄰，而陝西近以輸邊之勞，流民倍於他所，不嚴以遏之，必致越界啓患。今漢中府有付使梁觀職專托民，都指揮同知吴榮領兵緝盜巡礦，乞令觀兼理西安府屬縣及江漢要津，令榮亦量領官軍往來其地，提調軍衛有司，密切防禦。凡流民不得越界過渡，竊發銀礦，犯者如前例懲之。其夔州府大昌等縣，間有流逋，亦鄰荆襄宜行。四川鎮守巡按，令分巡分守等官，一體防範，有犯者，如例問擬。

一、湖廣右議段慎，副使余泅、河南右政孫洪、僉事顧浩，俱奉勅專職撫民緝盜。然荆、襄、南陽、河南四府所屬州縣流民，俱盤據山谷，視漳陽汝寧流民，制之尤難。乞勅都察院行令撫民官，禁止流民，不許入山。竊礦犯者，治之以法。仍須時常巡歷房、竹、嵩、淅，及新建司堡以防遏之。有便宜則區處奏聞，誤事聽巡撫巡按糾舉。

又卷一三八 〔弘治十一年二月〕癸未，詔閉河南宜陽等衛銀洞。先是，兵科給事中郭鏜言：「河南各縣出有銀礦，乞開煎，以備邊用。有司勘報，言銀洞在山谷中，道路險阻，礦脈細微，所得不多，徒費民力，遂命封閉。」至是，户部又言，内府及邊儲缺用，乞復開煎，勘報如前。上命仍封閉之。

查繼佐《罪惟録・帝紀》卷一〇《孝宗敬皇帝》 〔弘治八年十二月〕大學士徐溥疏曰：人君之心，必有所繫，不於此，即於彼。今每歲經筵不過數日，於是異端惑世之説進，以致熒惑失度，太陽無光，天鳴地震，草妖木異，奏報無虚日。伏乞嚴蚤朝之節，復奏事之規，勤講學之功，優接下之禮，遠邪佞之人，斥誣罔之説。上嘉納之。以都御史屠滽奏，寢麻峪山銀礦。

《何文簡疏議》卷六《議園課疏》 臣並不敢輕信人言，但臣彼時初到，方及一月，聞見惟恐欠真，言語未能專決，有負任使，罪實難辭。今會同巡按雲南監察御史陳察再查，議得雲南地方原設銀場，法當封閉，從前撫按官員累次言之，已爲懇切。該部累次執奉，已爲明備。惟乞皇上睿聰剛斷，一言而已。彼欲開者，未嘗不飾以利而啖聖心；此欲閉者，敢不歷陳其害而悟天意。大抵銀場爲利實少，爲害實多，利纔十一，害率千百。而十一之利，又不全歸公家；千百之害，常至概及官私。判山等場，弘治十二年奏除之後，續有採挖，九重不得知也；新興等場，正德九年奏開以來，開出附近處所，峒口名色，九重亦不得盡聞也。然則附近峒口數年之利，臣不預其事，不審以供上者幾何？臣去歲會奏，新開處所，追論之言，既往無益，不復究竟根源，煩瀆聰聽。本年三月初八日，雲南府安寧州禄豐縣，大理府衛賓川州，鶴慶府白鹽井提舉司，俱各申報地震，而近銀場地方，震動尤甚。臣等已奏聞外，天下近年地震之變，雲南獨多。雲南地方地震之變，銀場尤甚，實山銀礦採挖深酷，有傷地脈，以致陰道不寧故也。變必有應，患當預防。今螳螂、母喜、龜山一帶，盜賊出没，人民饑窘，萬一勢激利動，結構召集，重貽境内大患。臣等各有地方責任，雖死何贖。伏望皇上俯從前此撫按官所言，及該部所執奏者，斷在不疑，早加封閉，仍著於甲令，不許聚斂姦徒，再啟釁端，使夫丁永壯城池之守，銀米充倉庫之儲，地方生靈不勝幸甚，臣等不勝幸甚。緣奉欽依「是，這礦場應否開閉，還著鎮巡等官，查議明白來説」事理，未敢擅專，爲此具本，差承差張時霖齎捧謹題請旨。正德十五年七月初四日。

又卷七《閉銀場第二疏》 正德十五年七月，内臣又會同巡按雲南監察御史

陳察再查議得，雲南地方銀場，法當封閉。從前撫按官員累次言之，已爲懇切，該部執奏已爲明備。大抵銀場，爲利實少，爲害實多，利纔十一，害率千百。而十一之利，又不全歸公家，千百之害，常至概及官私。判山等場，弘治十二年奏除之後續有採挖，九重不得知也。新興等場，正德九年奏開附近處所峒口名色，九重亦不得盡聞也；附近峒口，數年之利，巡撫等官不預其事，不審以供上者幾何？臣等去歲會奏，新開處所，乃是追論之言，既往無益，不煩更悉。本年三月初八等日，雲南大理等府州縣各申報地震，而近銀場地方震動尤甚，實由場礦採挖深酷，有傷地脈，陰道不寧所致。相應早加封閉，不許姦徒再啓釁端，使夫丁永壯城池之守，銀米永充倉庫之儲等因。具題至今，未奉明旨。臣謹再會同接管巡按、雲南監察御史羅玉議得：前項銀場，在先鎮巡等官議開議閉，甲可乙否，素不相合，蓋鎮守太監係原奏開之人，今日難於會議臣等原奏封閉之事。始終決不苟同，議開者方託以利，欲炎上心；議閉者歷陳其害，冀悟天意。言之矛盾，固有由然。今既伏遇皇帝陛下鼎命初凝，離明普照，先朝庶政，絃轍維新，積歲奏章，匭囊無滯。銀場之當早封閉，特在陛下查出原奏，一言決矣。陛下踐阼之餘，儉德形於詔旨，仁聲溢於羣聽，富有四海，豈以千萬緡爲贏縮，況没籍罪人財產萬萬於茲。望乞早降綸音，著于令甲，將前銀場永遠封閉，地方生靈不勝大幸。緣係乞查原奏，以安民生事理，未敢擅便。爲此具本，差承差張雲親齎謹題請旨。正德十六年七月初三日。

又卷八《便利官民疏》 題爲便利官民，以安地方事。正德十六年十二月初一日，有新任鎮守雲南太監王嵩在鎮病故。除另奏外，巷查先爲議處國課，以安邊民事。該臣節次會同鎮守雲南總兵官、巡按雲南監察御史題稱：雲南大理等府新興等處銀礦場分節，因鎮守內臣差人採取，囊橐其間，以致歲辦不敷，將礦夫口糧折辦，又將夫丁乾認共補課額，利少害多，法當封閉等因。該户部覆題。正德十六年五月初四日，奉聖旨：「是這礦場既查議明白，都著照舊封閉，以後不許妄開，致生擾害。欽此。」

《明詔令》卷一八《誅逆藩□謹詔》 〔正德五年九月十八日〕福建等處歲辦銀課近年以來礦脈微細，累民賠納，所在官司曾經查勘具奏者，免其開辦，仍將礦穴封閉，以絶弊端。

徐開任《明名臣言行録》卷三六《尚書屠康僖公勳》 〔甲寅〕麻峪山有銀礦，守臣以中旨索之。皆疏言其不可。詔戒約中使，而礦事卒不行。

史澄《〔光緒〕廣州府志》卷七八《前事略四·明》 正德中，奸民與畲蠻按：閩、潮人逃叛流亡，就地墾荒者，謂之畲蠻，畲兵之名見《元史》，即此類。盜採雞柏村銀礦，畲蠻嶺海隨處皆有之，以刀耕火種爲名者也。衣服言語漸同齊民，然性甚狡黠，每田熟報税，與里胥爲奸，里胥亦憑之。近海則通蕃，入峒則通傜。凡田潭礦場有利者，皆糾合爲慝，以欺官府，其害憯於甲兵。廣、惠、雷、廉罹其毒螫而事不發者，里胥庇之也。惠之歸善、海豐，廣之從化、香山，皆有銀礦，畲蠻招集惡少，投託里胥，假爲文移，開礦取銀，同行劫掠。香山恭常、都雞、柏村、銀涌角，宋初產銀取上供，屬廣州宜禄場。案：《文獻通考》：嶺南諸軍產銀者三，場五十一。《宋史·食貨志》：廣州有大利、宜禄等場。大觀中，廣東廉訪使黃烈奏言，礦內脈苗微甚，而浮冗之人，以納官爲名，發毁民田，騷動邀販。詔罷宜禄場，令官封之，違禁者誅。逾三百年，人無敢發者。至是，順德豪民勾引勢家，糾集逃叛及白水賊徒，揑朝旨執詔開礦採煎，村民初猶拒之，其後力不能勝，盡被屠戮，而淫其妻女，使供炊爨，每歲得銀漸至千餘兩。嘉靖甲辰，苗脈已盡，賊徒乃散，然其地雞犬桑柘亦俱盡矣，邇來海氛滋多，皆此類。《郡國利病書》

萬表《明經濟文録》卷一九《浙江温處地方議》 議得温、處二府，麗水、青田、瑞安、平陽等縣，鯤村、浮雲、沐溪、羅洋等處，僻在萬山，產有銀礦，頑民自置兵器，偷礦爭坑，慣習私鬥，動輒殺傷。頃因福建鄧茂七及此等偷礦之徒乘時蜂起，臣等奉勅提兵且撫捕渠魁殆盡，脅從多擒，餘黨投誠，願皆復業。此幾處賊犯雖十分不能盡絶，亦已見其漸次平妥，先議班師，沿海軍士俱已散回。腹里官軍量存暫守，伊欲思患預防，必鑒前時之失，以絶後日之患。參權時之宜，以圖經久之計，尤在任用得人，化行禁止。舊習以革，而遺孽不敢復萌矣。今將議到各項方畧開坐，謹題請旨。

《明世宗肅皇帝實録》卷二〇六 〔嘉靖十六年十一月〕順天府房山縣民傅得本等奏開水洞銀、山口等處銀礦，以濟大工，詔遣錦衣衛千户一員，往核實以聞。

又卷二〇八 〔嘉靖十七年正月〕辰，順天府房山縣民傅得本奏：「水洞山並浮圖峪等處銀礦可採。」上命錦衣衛千户張瑋驗實。工部複奏，行巡按委官採取。從之。

又卷二五五 〔嘉靖二十年十一月〕總督薊州兵部右侍郎胡守中奏：「薊州礦銀，原爲接濟大工。即今工程停止，尚仍舊採取，乞將銀兩貯庫，作撫夷年

例。」上曰：「邇年各處礦場，俱已封閉，薊州毋再採取，其貯庫礦銀仍解京，以備查考。」

又卷四六七 〔嘉靖三十七年十二月〕己酉，【略】因覆右給事中魏元吉等條陳救荒四策：【略】一、開礦禁。請召集各處礦夫，聽其從便採銀，四以分輸官，備賑濟之用。

又卷二二八 〔萬曆十八年十月己巳〕甲申，【略】兵部覆，保定撫按奏言：湯家莊等處銀礦，山深路遐，礦洞難尋，即一二亦鉛多銀少。而各山實與天壽山脈相連，挖輒恐傷靈氣，且計差官諸費，得不償失。又慮礦盜生發，撲滅未易。開礦一事，臣等實未見其便，乞仍舊封閉，更令官兵嚴加防守。

又卷三〇九 〔萬曆二十五年四月〕河南巡按姚思仁言：中州困疲，乞停開採，一曰礦盜嘯聚召亂之可慮；二曰礦頭累極土崩之可慮；三曰礦夫殘害逃亡之可慮；四曰礦兵糧缺譟呼之可慮；五曰礦洞遍開浪費之可慮；六曰礦砂銀少逼買之可慮；七曰民間開礦失業之可慮；八曰奏官肆横激變之可慮。不報。

郭正域《合併黄離草》卷一《法祖停税疏》 嘉靖二十年六月，致仕通判趙璧、儒士王政、校尉王文登等，各言浙江觀海衛：於潛、開元、松陽、遂昌等縣銀場可採，上命錦衣衛千户蕭鏜往勘。巡按御史王紳以所屬銀場僻在山峪，溪谷小徑，恐流徒四集，劫掠村落，乞行封閉。巡撫雲南都御史汪文盛亦言唐弼等所奏大理開採俱妄，宜重懲之。工部覆如其言。上曰：「各處銀場既有損無補，即如故封閉，其領勅官回京。趙璧、唐弼等俱下御史按問。」夫蕭鏜採取之命已下矣，一聞人言而盡止。趙璧、唐弼之疏已允矣，一聞人言而盡治罪，此等舉動如雷如霆，上順天心，下順民心。凡此數條，載在國史，昭如日星。臣再四捧誦，反復思惟，世宗舉天下鎮臣一朝撤盡，皇上奈何數年以此輩布滿天下。

《兩朝憲章録》卷八 〔嘉靖二十五年〕十二月郭勛疏言：採礦無損於民，有益於國。薊州西有瀑水礦洞，居人嘗竊發之，獲利無筭。乞遣内官及錦衣官一員，奉勅往督。僉家業殷實者爲礦甲，熟知礦脉者爲礦夫，所獲礦銀三分爲官課，五分充顧辦費，二分歸之甲夫人等，用酬其勞，則彼此皆畢力於礦，而所獲自倍矣。户部言前已按責成撫按，不必别有推委，議下撫行。

臣按：漢魏以來，始有銀礦之説，始設採銀之官。大率山澤之利有限，或暴發輒竭，或採取歲久，所得不償所失，宋人蓋已慮之矣。至於我明，坑冶之利不及前之一二，匪徒不得其利，而往往又罹其害。取之而歲課不足，則地方之賠補者難繼；取之而錙銖有遺，則貪婪之兢起者無筭。昔宋太祖曰：「未能損金於山，豈忍奪民之利。」太宗曰：「地不愛寶，當與衆共之。」彼郭勛者，先以助工爲言，已下撫按委輸矣，而此復欲□内官錦衣，胡不爲朝廷愛生靈乎！我祖嚴於封守，不使擅開，其於利害見之審矣。

范欽《〔嘉靖〕事例・駁議差官採礦》 該本部會同武定侯等官郭勛等，吏部右侍郎等官張邦奇等，看得各奏稱開復礦場一節，無非欲取天地自然之利，以爲國家經費之資。況有累朝前項行過事宜，文案俱存，昭然可考。即今大工繼興，財用爲急，所據各該礦場，相應以次採取。户部先行移咨山東、河南、順天等府，各該巡撫都御史，及咨都察院轉行各該巡按、監察御史督同都布按三司府衛州縣等官，各親詣薊州、沂州、嵩縣等處，將一應有礦山場，眼同踏勘。如果礦脉發見，堪以採取，即便從長計議。每處合用委官幾員，人夫若干，廠房若干，器具若干。委官選其廉能，人夫不拘遠近，或編立行伍，或更迭分番。籍其年貌、貫址，議其工食、課銀，務在寬平，毋事苛刻。廠房先儘附近寺觀，否則就山採木，隨宜搭蓋，以便棲止。器具，借支在庫官錢，逐一如法整造，務期堅牢，可耐掘挖。每日所得礦砂，煎銷完日，每銀一千兩，就於附近州縣差委的當人員給文，徑赴工部交納，守取庫收回照，仍申查考其合用廪給口糧等項。并借過在庫官錢俱於礦内作數支用扣還，不得科派里甲，騷擾地方。此外若有一應未盡事宜，悉聽各官斟酌舉行，務從民便。中間事體重大及應該封閉者，勘驗是實明白，奏請定奪。事完，通將採取過礦銀、委用過官員、編造過人夫動支并起解過銀兩各數目，造册奏繳，青册送部查考，再照採礦本以利用。委任全在得人，得其人則幹理詳慎，而事妥民安。不得其人，則處置乖方而利不償害。伏望皇上天語丁寧，仍各請勅一道，賫赴各該撫按官，欽遵行事。行之以漸，持之以久，御之以寬，使人不知勞，而事克就緒。上以助經費之資，下以消地方之患，候協濟夫工完日，另議封閉停止等因。

涂山《明政統宗》卷二十七 〔戊午，嘉靖三十七年十一月〕給事中魏元吉等疏救荒四策：一補積欠。請令通倉收粟以給蘇鎮，蘇鎮發銀以給遼東，彼此挖補，各從水陸之便。一革濫税。請疏通山海關往來商貨，罷勿復征。一開礦禁。請招集各處礦夫，聽其從便採銀，以四分輸官，備賑濟之用。一議引銀。每引請量減舊額，止税銀二兩，發管糧郎中補給軍士草價。部議行之。

《續文獻通考》卷二七《征榷考・坑冶》 〔穆宗隆慶〕二年，令浙江、直隸、江

西各處礦山，通行查出，立石刻諭嚴禁。仍將各關隘，各經過處所，設兵防守，及三省礦防圖説刊刻成書，分發各處遵守。是年十二月，尚衣監太監崔敏以急缺年例黄金，奉旨嚴徵以進。科臣李已劾敏假公用以充私橐，積財貨以奉私求，誤國欺君，速宜罷斥。不聽。

今上萬曆二十二年九月，户部奏開礦一事，係關重大，屢經諸臣建白未報者，無非慎之至也。臣等切惟方今宇内，偏罹災沴，倭虜交訌，軍餉倍增，帑藏單詘，民力窘困。本部屢求理財長策，雖經各衙門開款前來，中多窒礙難行。且臣等得之耳聞，不過遥度；該省撫按諸臣得之目覩，必有真見。容臣等移咨該省撫按，躬親踏勘，要見産礦處所，礦面若干寬大，礦砂幾等高低，官司如何鈐制，角腦如何分轄，棍徒如何約束，奸細如何防範，四方奸頑如聞風沓至，如何防禦。變或叵測，群衆生亂者，如何解散。鎔煎之法，遠近如何布置，獲礦之利官民如何處分。若果有利無害，獲利而又能弭害，則事在可行；如其有利亦有害，有害而利尤寡薄，則事在可已。逐一開款，星夜回奏，以便酌議。詔可其奏。尋以撫按諸臣玩視奪俸二月。二十四年，府軍後衛指揮王允中奏：山東青州府沂水等州縣開礦，錦衣衛百户吴應麒奏山西平陽府夏縣等處開礦，龍虎衛指揮陳永壽等奏河南等處開礦，錦衣衛千户鄭一麟等奏開横嶺路礦洞。内承運庫太監王虎奏礦務利害并採取便宜，其略謂：「臣據所奏準其民採，則官不知其淺深，盡墮奸民之貪局。若云官採則民失其所倚，難保争奪之必無。爲今之計，宜招集平日盜礦慣熟煎銷居民，赦其已盜未發之罪，選其精壯能事之人，以富户若干編爲礦頭，自備煤炭物料器具等項，以礦民十名編爲一隊，即令採取礦砂煎銷，定其成色以爲規則。庶三年之内，庫藏少充，國用少裨。不然，徒延歲月，進解能幾何哉。」金吾後衛千户余潤奏開淶水房山銀礦。奉旨：「這圖本所開地面，着先差去的太監王虎會同部衛官照圖一併開採。」彭城衛百户李方春奏開永平銀礦。奉旨：「這圖本所開地面，着先差去太監王忠會同該道照圖開採。」

户科署科事給事中程紹疏略曰：「按魯坤之疏曰，府縣官於臣宜有所轄。陳增之疏曰，一應事機，聽臣便宜行事，且得舉刺以示勸懲。夫自設官以來，司道轄府，府轄州縣，又特遣撫按督察其上下，而辨別其治行，典制昭然，載之令甲，未聞内官而轄有司，以有司而舉刺於内官者也。且有司，皇上臣工也，内官，皇上之閹侍也。以皇上之臣工而反屬於漫不相干之閹侍，則貂璫揚眉，冠裳俯首，體統謂何！即曰礦務煩重，分理需人，自應移文撫按官轉行委用，誰不唯唯？而必欲便宜行事，侵奪撫按官之職掌，此其意欲何爲哉？至欲專舉刺示勸懲，尤屬誕妄。蓋有司奉命而知府、知縣皆陛下授以民牧之寄者也，舉刺者問其操履之廉貪，治才之殿最與百姓有無相安而已矣。使其人而誠賢也，即治礦不效，不失爲良吏；使其人而誠不肖也，即胼手胝足於礦洞之側，奴顔婢膝於内監之前，寧可蓋其穢跡而儼然于賢守令上哉。臣察其意不過欲操舉刺之權以恐嚇外吏，然後惟其所欲，無可誰何耳。伏望陛下大普離照之明，阻其狐假之路，庶國體不致凌替，士風不致摧殘矣。

九月，羽林前衛千户陶壽等奏開房縣等礦，鎮撫司指揮袁友松等奏開山東文登縣礦洞。奉旨：「着差去内官陳增一併開採。」錦衣衛千户李綸奏開房山縣礦洞。

山西巡撫魏允貞奏乞停開礦之役，其略曰：「夫開礦利害，諸臣之言詳矣。大約武臣謂其有利，部臣、科臣謂其無利而有害，利少而害多。陛下從其開者而不從其罷者，豈以大臣言官皆不達國計，獨此武弁數員言可信耶？臣愚不知開礦利害，竊謂礦非自今日有，從天地開闢以來即有。不聞古聖帝明王曾開，亦不聞碩輔良臣曾請開。《大學》言：生財有大旨，在務本節用。而以小人之使爲國家災害。蓋謂言利之臣不可用也。故堯舜投珠抵璧，成湯不殖貨利。夫古所寶者，常在善人不在珠玉。陛下神聖，群臣即無佐下風，然頻年以來，所貶而在遠者不計矣，所棄而在野者不計矣。臣不敢謂其人皆忠臣善士也，而亦豈無抱龍、比之丹心，建王、魏之讜言，裕董、賈之良術，秉鄭、崇之清德，堅釋之之守法者在其内乎？百而有十，則所遺者十矣；十而有一，則所遺者一矣。且陛下亦安用開礦爲也。天下帑藏，陛下之帑藏；天下財賦，陛下之財賦。白米織疋則取諸吴越，羊絨則取諸秦、潞，紬則取諸晉，金則取諸滇，扇則取諸蜀，磁器則取諸江西。太倉爲庫，太僕爲厩，光禄爲廚，何求不得，何欲不遂，而以開礦爲利乎？即大工肇興，而户、兵、工三部自足給之，其有不敷四方且開例矣，百官且開俸矣，必無借於礦也。又況今和氣未臻，歲徵多咎，中州之水未已，而蝗繼之。關中之虜未已，而旱繼之。山西連年三關雨則腹裡旱，秋禾成則夏苗枯。天鼓時鳴，地震不已，流星無度，虜儆日至。其小民嗜利而不憚爲盜，若天性然。今所言開礦者，皆利臣也，無廉節遠識。所用開礦者，皆礦徒也，習於作奸亡命。以如是之臣，率如是之民，安保無事於異日。萬一套虜報忿於關中，山西之永寧、汾州府、河津縣、隰州、蒲州，近河去處皆可慮也。況内地素少兵馬，當此時，臣將西禦虜

乎，東防礦乎？且地方之産有限，民之欲無窮。計開礦近不過終年止耳，遠不過二三年止耳。彼時差官已去，礦徒尤在，散之何所，給之何食，此輩豈能歸故里，事農業者？臣愚不知所終矣。伏望陛下慨然下明詔，將倡議之人置諸法，即時停其役。如必以開礦爲足國裕民大計，請今年先開一方，以驗其利之有無多寡。如果有利，然後盡開，由河南而北，直隸、山東、山西未晚也。倘陛下以諸武臣之言必可信，以臣愚闇書生，不知大利，則乞罷臣歸，另差有心計善變通者，使撫山西，與閹人、武弁、言利之臣共事。臣愚幸甚，地方幸甚。」【略】

是年開採山東礦務府軍前衛指揮曾守約奏開山東青州府臨朐縣七寶山等礦洞。錦衣衛百户王果等奏，據山西土民張儀、陳善、高節等各報稱，太原府、平陽府、潞安府、盂縣、曲沃、翼城、平陸、夏縣等縣境内礦洞開採。奉旨：「這所奏礦洞，着差去人照張忠與同原奏官前去開採。」十二月，錦衣衛百户段大奎等奏開陝西西安等處礦洞。奉旨：「這所奏礦洞，着太監趙欽與同原奏官民照圖開採。」錦衣衛百户丘繼勳等奏開藍田等礦洞。奉旨：「這所奏礦洞，着去陝西官一併查驗開採。」錦衣衛百户曲守正奏開信陽州等處礦洞。奉旨：「這所奏礦洞，着去河南官一併查驗開採。」昌黎開礦太監田進奏分理礦洞敬陳開採便宜等事。奉旨：「這薊永礦洞着田進遵新旨開採。」【略】

二十五年二月，真保定開礦錦衣衛指揮張懋忠奏敷陳薊、永開採事宜，以專任使等事。奉旨：「昌黎等皆薊、永、真、保地方，前者因王虎等開採事繁，故令差官。今王虎已到彼處，田進在彼，反滋騷擾地方，更張事務無益。着田進即便取回京。其昌黎各縣原奏報礦洞，都着王虎等督率各官民，遵屢旨分投，上緊開採。」

浙江巡撫劉元霖奏：「全浙地方大半瀕臨江海，即有山場石多土少，嘉靖年間奉例開採，後以得不償失遂止。正統十四年，礦盜葉宗劉、陳見湖、陶德二等交結福建劇賊鄧茂七聚衆作亂，進攻處州，殺傷官兵無數，特差部臣督兵討平。此皆往事有可徵者。況今當倭謀叵測，大汛戒嚴之時，臣將以兵防倭乎，防礦乎，備内則外憂，島夷之乘虚而入者可虞；備外則内憂，奸徒之伺釁而逞者難忽。伏乞皇上垂念兩浙爲財賦重地，防汛届期，亟停開礦之使，或待倭款既堅，採木已竣，地方豐稔之歲，另議奉行。」疏寢不報。

户科給事中程紹疏乞停沿海開採之役，以備外侮，以杜隱憂。命部臣覆議。

山西開礦太監張忠奏進夏縣開有三岔等洞樣沙、樣銀，并開各洞事理，及官民續報礦洞，上命開採。

五月，河南巡按姚思仁疏：「竊惟中原八郡，實天下樞機。臣自十二月十三日入境以來，即巡行郡邑，問民疾苦，其間礦夫剥膚竭髓，裂服披肩，溺河縊樹之狀，皇上目不忍見者，臣已親聞見之。變動生於眉睫，叛亂起於呼吸，大可慮者有八，臣請歷數於前：一曰礦盜哨聚召亂之可慮；二曰礦頭累極土崩之可慮；三曰礦夫殘害逃亡之可慮；四曰傭民糧缺譟呼之可慮；五曰礦洞徧開浪費之可慮；六曰礦砂銀少逼買之可慮；七曰民皆開礦失業之可慮；八曰奏官强横激變之可慮。夫礦兵之所取給，礦頭之所包賠，有司之所借補，驛遞之所應付，孰非皇上之財乎！礦頭以賠累死，礦夫以傾壓死，礦徒以争鬭死，平民以逼買死，孰非皇上之民乎！自開採以至今日，已踰八月，自初解以至今解不過四千。向以根本重地，皇上捨三十萬之金以全活之，而尤以爲不足，今以重役大工，皇上爲四千兩之礦以困苦之，而尚以爲有餘。及今不止，恐禍起蕭墻，變生肘腋，他日雖傾府庫之藏，竭天下之力，亦無濟於存亡矣。此臣所以拊心泣血而哀鳴於皇上之前也。」疏寢不下。

浙江採礦把總韓太極奏土民王正孝隱匿官銀。得旨錦衣衛逮治。山西開礦太監張忠奏徐溝知縣江一龍及典史楊詡重誤礦務，下撫按官逮治。陳增奏益都知縣吴宗堯縱賊盜賣官礦，詔奪俸一年。山東巡撫尹應元上疏辯其誣，詔削宗堯職籍爲民，已復用，陳增奏下錦衣衛逮治。

浙江巡按方元彦奏兩浙開採得不償失，杭嚴縣屬之礦利不足償所費十分之二，湖州縣屬之礦利不足償所費十分之三，金華縣屬之礦利不足償司礦一日之費，衢州縣屬之礦利如湖州，乞權其得失，留中不下。

大興左衛百户王遇桂奏獻寧國、池州等處銀礦，命南京守備邢隆等督官開採。又鋪面、店房月征銀二分，仍命南京内外守備及撫按等官集議奏請。【略】武功衛百户韓應桂奏湖廣德安等處産真礦銀砂及大青銅錫等物，乞遣官開採，命陳奉總其事。

十一月，鳳陽巡撫李三才奏，廬州逼近皇陵，不宜開礦，因繪圖以進。命勿得復採。正月，錦衣衛百户劉心澤奏，浙江衢州等處産金銀礦洞，命劉忠一併開採。武驤右衛百户張欽奏獻河南彰德等處所遺礦洞三十二所，命魯坤一併開採。陳奉奏廬州逼近皇陵。上曰：「湖廣附近皇陵，地方山場連絡龍脉，不許擅行開採，以洩靈氣，着遵前旨行。棗陽等縣既查隔遠，準你會議開採，銀兩解

進。」太監楊榮題阻礦郡官蔡如川、知州甘學書，命錦衣衛逮治。

又卷三〇《征榷考·雜征下》 〔明萬曆〕時大寧前衛千户劉三槐奏恭獻已山瑞礦等事，奉旨：「這所奏獻礦山，忠義可嘉。準差内承運庫僉書右少監王相，督率原奏官民前去彼處，會同撫按，照例開採，銀兩解進，不許擾害地方。」張國臣奏因時效忠，恭獻奇寶，照例採取，以裕國用。奉旨：「這所奏雲南地方所産金銀礦洞極廣，且有寶井奇品等物，有裨國用。準差尚膳監太監楊榮督率原奏官民前去彼處，會同撫按等官，照例開採解進，不許擾害地方，寫勑與他。」燕山村衛指揮馮剛奏，謹獻奇異銀礦以助大工，以補國用。奉旨：「這所奏福建地方見有先年礦洞，設兵防守開採便益，就着市舶徵税内官高宷帶管礦洞，督率原奏官民前去彼處，會同撫按等官，照例開採。」

《皇明疏鈔》卷五〇《武備一》于謙《防患疏》 福建、浙江，山深林密，産有銀礦，頑民往往尋跡竊取，稍失防閑，輒便讐殺。近雖温州等處地方各起盜賊，已曾擒獲，(千)〔牽〕連抄提人口，該鎮守官侍郎孫原貞具奏，要行寬宥，本部依擬覆奏，欽準免其抄提，令其復業。誠恐舊役未除，驚疑未定，因争小利復起釁端，又兼原調殺賊軍屬多已散回各衛各班，捕盜領軍官員亦有取回原任者，萬一不逞之徒踵爲嘯聚，重議征討轉餉撫捕，不免事出倉卒。

《朱太復乙集》卷一九《代浙西守道張朝瑞上諫止開採疏》 爲地險憂深，關係職守，陳乞聖明洞察亂萌，以安宗社生靈事。臣聞山澤之利，大地所生，本以資民，匪止資國，故王人者將導利，而布之上下者也。古先王名山大澤，不封無禁，恣民取之，遺天下不盡之利，以結天下不傾之心，故能保世以滋大。及唐太宗時，權萬紀請採宣、饒二州銀礦。詔曰：「今所乏者非財也，恨無嘉言，可以利民耳。」立黜之。宋太宗時，有司言定州諸山出銀礦，諸買官署掌。上曰：「地不愛寶，當與百姓共之。」不許。二君，中主也，猶然去讒賤貨，惠民顯德，史册書爲美譚，永誡後世。至於我明二祖相承，益崇儉德，巡檢王德亨、老校丁成嘗言礦利，以細人規利窺探，斥之。浙、温處閩建福嘗開礦場，以得不償費，罷之。【略】嘉靖三十八年，撫臣胡宗憲以兵興，嘗開採數月，每砂五十斤，煎銀不過錢餘，得不償費。富人謝大本等賠累罄如，民情騷然鼎沸。而風聞處州、婺源等處，豪健、惡少、頑民趨赴争採，初僅數十人，踰日而百，又踰日而千，蜂湧挖掘，不得利，缺費難歸。邑民貧悍，無賴者群蟻傳之，恣行擄掠，殺死吴毛四等二百餘人。因而封禁，是利既不足開，害又不可開也。該縣係成化年間新建，民户不多，臣奉命日即督行府州縣，講求開採之法、防禦之計。近據該縣申稱，百姓一聞開礦，僉選大户，多棄業逃散，商旅盡閉，山谷一望空然，幾無民矣。所留唯椎剽、禽行、刦殺不逞之人，與平居盜挖礦徒耳。四顧垂涎，願一日起事，攘臂連袂而至，而他處流賊游手姦人，群赴乘之。以好亂之俗乘啗利之争，群亡命之徒，奔走於騖死不反顧之計。高山阻絶，易守難攻，烏合麇至日多，曰□變恐不獨如河南亂，恐不獨如毛九天祥等也。昔年蘇州撫臣奏諸豪貴人亡行，惡少子弟煽結不軌，事雖未行，蹤跡有端。今其黨侣伏藏散布三江五湖之間，猶繁有徒。孝豐政其肘腋鄰境也，一朝亂起，望利而趨，乘瑕而動，内有盤結窟穴之礦徒，外應四聚伏莽之亂民，主以富豪連引，募召指揮之大猾，不逞卒發，表里響應，北固以南，括蒼以北，旦夕恐爲戰塵流血之地矣。天之方蹶，民之多辟，安静鎮之猶虞意外，而況自我生亂，以挑誘之乎？

《明留臺奏議》卷一四陳煃《礦税類·乞禁開鑿疏》 萬曆二十七年十一月，上近接邸報，見大興左衛中所百户王遇桂奏爲敬獻奇異銀礦兼征遺漏錢糧以助大工事。奉聖旨：「這奏内南直隸、寧國、池州府等處，舊産銀礦封禁，開採有裨國用，准差南京守備司禮監太監邢隆、劉朝用，不妨原管事務帶管，督率原奏官民前去，會同撫按等官，照例開採銀兩解進，不許擾害地方，寫勅與他。其舖面門房比照順天府例，每月征銀三分。便着南京内外守備，會同部科及撫按等官，查議明白，奏請定奪，立限與他。該衙門知道。欽此。」隨該應天撫臣陳惟芝、按臣牛應元交章請罷。臣等顒望，聖明燭察，當必有惕然省悟也者。而且近奉旨刻印矣，降勅矣，臣等有不容默默者，請備陳其不可，陛下試垂聽焉。我國家之根本在皇陵，而皇陵之發祥自南服，相延二百年來，聖子神孫，綿綿嗣續，所垂爲千萬禩不拔之基者，端在於是，則以王氣所鍾者厚也。王氣如人元氣，元氣宜固不宜虚，宜培不宜泄，泄之則百病乘虚而入矣。今日之舉，傷泄必多，所干國脉，匪渺小也。近據徽州等府揭稱，孝陵來龍自徽州府大彰山發脉，由寧國等處迤邐而來，不過數百里，載在地理諸書，及今堪輿家歷歷可稽。其間有起爲少祖者，如人之有頭額；有束爲過脉者，如人之有頸項；有布爲撓掉者，如人之有手足。精連氣貫，一傷百傷，此其關孝陵不甚重乎，而忍於加鎚鑿耶？況太平爲高皇帝開天第一郡，而徽、寧、池三府，則又皆争先款附，竭輸輓佐軍興，高皇帝所用以平一寰宇者也。故鴻業既成之後，屢勤詔旨，特爲蠲租，且曰「朕世世子孫，毋忘此郡民也」。天語皇皇，播在簡册等因。又據廬州府揭稱，本府與鳳陽連

界，去皇陵僅二百里，而遥按皇陵龍穴，自岷發脉蜿蜒而來，江界乎南，淮界乎北，由英、霍至於野城，復起少祖之山，高矗連雲，名曰豬頭尖，折而左則爲武涉諸山，而盡於六安，折而右則爲鹿起諸山，由廬江無爲而盡於裕溪江口。其中抽一枝則爲紫蓬溪、鷄鳴諸山，横亘合肥而爲遠障。復行百里，起平頂、大紅諸山，雄視定遠而爲近障，乃出洋三十里方結禁穴，以鍾王氣，而肇子孫萬世。帝王之業，譬人一身丹田，其結穴之處而咽喉，其過脉之衝，咽喉受傷，則呼吸不續，而命蒂其能固乎？萬曆二十五年間，詹事府録事曾長慶妄以己意，疏請霍丘、六安之間可以開礦，奉旨下部。該户部覆議，謂廬州去皇陵不遠，恐傷來脉，題奉欽依停止在卷等因，具揭前來。臣等三復讀之，伏念南畿勝地相傳爲南龍所結，真帝王都，三國吴都之，東晉都之，宋、齊、梁、陳、南唐皆都之，而真龍正穴，獨歸皇祖，此天之所留以貽神聖，而弘丕基昌後嗣者也。陛下仰承聖祚，豈不思本源所自，豈不願國脉靈長，區區以大工，故一旦下開採之令，而不顧皇陵之所盤礴，不察氣脉之所自來，不審利害之關繫最大，此皆王遇桂奸膽彌天，敢於嘗試陛下，而陛下悮聽之耳。夫使南畿果可開採，方今言利煩興，礦使四出，頻年以來，且及極邊與荒亂之境矣。獨遺此不言而待王遇桂始言乎？蓋諸人之不言者，誠畏有祖陵在，而王遇桂輒言之，臣等故知其嘗試陛下，不意陛下遂聽之也。屬聞南畿士民見説開採，日夕號奔，相揣揣焉，以毁其墳墓、傾其室廬爲懼。嗟嗟！彼自爲一家計者猶如此其急，而況自爲宗社計者，獨不念傷陵脉乎？意者見小利不虞大害耳。不然。陛下聰明仁聖，海内著聞。如往年淮水汎漲，可憂在泗陵也，陛下赫然震怒，罪河臣而輒褫其職。去年孝陵守臣失事，被劾在私署也，陛下亦赫然震怒，至降級而尋奪其官。凡若此者，皆明知祖陵爲根本至重也。乃今於皇陵過脉之所，聽其穿鑿，任其震憾，虧根本，損元氣，截地維，傷國脉，震摇皇祖在天之靈，莫此爲甚。就令開採，其間山陵盡，礦沙土皆金可輸，而實諸内帑，誠恐陵脉損傷，事變叵測，即瓊林大盈，土苴棄之矣，陛下又何利焉而爲此耶？且陛下既聽王遇桂之請，擬有中官矣，而必督以守備太監邢隆、劉朝用，豈非以老成任事，不致輕舉妄動，滋擾害乎？夫二臣老成公慎，臣等稔知，獨計奉命以開採爲事，將惟礦是求，一切龍脉攸關，如各府諸山所稱爲少祖者、過脉者、遠近障者，頭額頸項手足者，恐不暇顧，聽同原奏官民徧行開挖，則根本必至動摇，王氣必至散洩，異日者變故叢生，臣等不知其所終也。陛下安可不早辨乎？如以爲皇陵禁地，離各府稍遠，臣等考之經云，尋龍千里，非迢遞。又云大龍千里費推尋，蓋帝王之穴，其來龍延蔓，廣袤極其遼遠，今所開採，近止一二百里，遠不過數百里，安能保其無傷龍泄氣之患也。伏願陛下反覆思維，權度利害，猛念祖陵爲重於此，竭其仁孝敬慎之心，以爲安固久遠之計，亟收開採成命，而重懲原奏官民。夫刻印銷印，非豁達大度之主，至今傳爲盛事者乎。陛下以此同符漢帝，上可以安皇祖之神靈，下可以延子孫之福祚，王氣攸長，國脉綿遠，而皇圖其鞏固矣。此臣等所大願也。臣等身司言責，目擊事端，不得不披瀝血誠，冒干天聽。儻不以所言爲謬，將寧、池等處持旨免行開採，萬一惑於先入，牽於垂成，而不能自決，伏乞勅下户部、都察院覆議，上請可否施行，地方幸甚！宗社幸甚！

《欲焚草》卷一《民力已竭包礦難堪疏》 題爲民力已竭，包礦難堪，懇恩軫念少寬逋負之誅，以蘇一方生靈事。頃閲邸報，見陝西開礦御馬監太監趙欽，題參西安府山陽縣拖欠礦金叁拾捌兩有奇、礦銀壹萬肆千貳百餘兩。鞏昌府秦州拖欠礦金叁百陸拾伍兩，礦銀壹萬貳千貳百餘兩，業已奉有嚴旨勒限追完類進矣。夫山陽，西安下邑，物力凋劫，臣姑勿論。臣秦人也，請言秦包礦之苦。秦州僻在山陬，地瘠民貧，銀礦雖有數處，砂脉微細，迺金礦則絶無也。往年該監奉命開採，至於秦，彼時撫臣駐節隔遠，道臣抱疴静攝，州官代庖，有傳舍心，地方無主議之人，惟憑開報，縣坐銀歲幾萬兩、金幾百兩。秦地不産金，顧安所得金而解之，以故額數全逋。礦銀雖有，而出不及額，輒令百姓包納，始於村落，漸及城市，後又派之丁糧，迄於今無人不包，無地不包，猶拖欠若斯之多也。每當比遭，閭閻騷動，鷄犬不寧，箠楚并兼，肢體殘破，父母妻子不相保，狼狽慘切之狀，不忍見聞，恨無爲我皇上言之者。夫有司之比追急於星火，今將更急之；百姓之愁苦甚於焚溺，今將又甚之。民不堪命，不逃則死耳，孰爲我皇上辦納完進礦課哉？蓋法能行於力之所可勉，而勢難强於地之所本無，秦地糧壹萬七千零耳，逃絶抛荒，每完不及分數，管糧官罰俸住俸，無歲無之。今又使之包礦包税，是責羸夫以賁育之任也。銀猶家户所時有者，鬻妻子賣田宅可以湊辦。地不産金而責之包金，是索石田以膏腴之穫也。且有髓則骨可敲，髓枯敲之何益；有肉則心可剜，肉盡剜之何益。臣願我皇上念此一方民，勅行撫按查核山陽縣、秦州諸礦銀之多寡，金之有無，量加豁免，庶礦額可完，民困可蘇，地方幸甚。夫天下苦礦久矣，臣不敢請而獨請此兩州縣，即兩州縣之礦，臣不敢槩望蠲而惟望少蠲不能包之金銀，誠知聖心仁愛，自有停止之日，不敢漫爲激聒也。惟聖慈垂察

焉，臣不任屏息待命之至。

《綸扉奏草》卷一南禮部上《南直隸採礦公疏》 奏爲陵寢重地，開採非宜，懇乞聖明亟賜停止，以光聖孝事。臣等近接邸報，見大興左衛中所百户王遇桂奏獻奇異銀礦，兼徵遺漏錢糧，以助大工，皇上過聽其説，隨差南京守備司禮監太監邢隆、劉朝用開採進解。其舖面門房，會同部科及撫按等官查議明白，奏請定奪。臣等欽遵。除舖面門房另行會議外，惟是開採一事，關係匪輕，其在各省猶可少延時日以待天意之回，臣等不敢槩有陳瀆。若南都事體，委與他處不同，他處利害尚在小民，而南都直上關陵寢。他處小民雖苦礦害，然朝報罷而夕見休，而此陵脉一傷，雖欲補救，無所復及。臣等待罪此中，若隱忍不言，他日誰任其咎？故不得不披瀝愚衷，仰干天聽。臣聞天下之大界三：北界自秦隴以盡於幽燕，則今之京師；南界自岷、峨以盡於大江東南，則今之留都、紫金山孝陵在焉；中界亦自岷、峨以盡於淮揚，其中風氣凝結，則爲今祖陵皇陵。故天下之奥壤神臯與山川之淑氣，前代或得其偏，而我國家獨收其全，運祚之昌，雖祖宗功德，亦地靈使之然也。祖陵皇陵之去盧州，孝陵之去徽、寧諸郡，皆不過二三百里，山川連絡龍脉，所鍾譬如人身，雖肢體各别，而此撼彼動，處處相關。若盧州諸山，鑿則祖陵皇陵之脉傷，徽、寧諸山鑿則孝陵之脉傷，此皆理勢必然，非渺茫無據。陛下孝事祖宗，每念未嘗不在陵寢，必不忍以經費匱乏，而動摇先世之神靈。想當奏請允行之時，或未及慮，即慮及亦尚未知其利害如是甚耳。在昔帝王湯沐之鄉，輒加優渥，豐、沛、南陽，他方不敢望焉。今此數郡，毋論枌榆舊社，即開創之初，供億艱難，過豐、沛、南陽遠甚。其山川草木猶宜愛護，以毋忘皇祖眷顧遺意。況關係陵寢國脉如是重大，可以他處而漫例之耶？今成命雖頒，猶可及止，陛下若俯採群言，亟賜停罷，非但大江南北雷動歡聲，將皇祖在天之靈亦爲悦豫，默佑聖躬，陰培運祚，其爲利益豈僅僅數萬金錢已哉。臣等咫尺陵京，歲時瞻拜，憂深慮切，決不敢飾迂濶之譚，以欺陛下，伏乞聖明曲垂聽納。宗社幸甚！

祝以豳《詒美堂集》卷二四《開採移牒》 今兩縣所報，皆茫無指實，揣摩以應。如大羅山以鐵屎名，堯山以錫坑名，其不産銀明甚，果否原報人所報之處。今既明知二山之不産銀，舍此又别無指實，而嘗試開挖，虚縻公帑，亦何樂而爲此。貴監與本道同在地方，有同舟之誼，地方安危，彼此共之。如必欲以無著落之礦山，冀莫須有之礦銀，竭百姓之脂膏，挑猺民之爪吻，則惟有解綬納節，以一道生靈命於貴監而已。

粵東税監李威焰張甚。初公移達，制撫批云：該道竟移文税監繳，乃不意李監見之，欣然相信，特罷英、德諸處開採。而洊洸、太平二税，最稱要區，亦聽有司征解，不差税役一人，孰謂李非賢者？後之決裂，實以地方一二激成之也。

賀復徵《文章辨體匯選》卷一一七吕坤《直陳天下安危聖躬禍福疏》 自一切在官供應，礦夫工食，官兵口糧，皆倚辦於殷實户，而民多累死。自都御史李盛春嚴旨切責，而撫按避嫌。鄖陽巡撫馬鳴鑾，前與臣書，謂六十餘頃之地，常聚十萬之衆。文家洞近二千人，開之三月，止見砂十六眼。銀之有無，費之多寡，可槩知矣。今礦税無利，散民間而坐數納銀，民亦不能支，括庫銀而無礦代解。欽差二使亦有從實開報之心，而盛春貪殘肆虐，爲攘奪侵欺之計。朝廷得一金，郡縣費千金，有司不敢聲説，撫按不敢上聞，此豈陛下開礦之初意哉？

張萱《西園聞見録》卷九二《工部六·坑冶》 陳公察曰：臣初留神思，永，虚心博訪銀場利害，未嘗不痛念邊方因此困苦，委的合行封閉。以前撫按官節次建言，已爲懇切，該部節次執奏，已爲詳明。惟皇上宸斷一言，準令封閉，則明見萬里，庶惠遐方。大抵爲國爲民，但當權其利害分數。苟有利於國，有利於民，别無損害，是則宜力行之。設使利多害少，君子亦不必行。至於利國少而貽害多，固斷斷乎其不可行也。雲南銀場利國未十之一，貽害恒百且千，況十一之利未必全歸乎國庫，而百千之害未免滋蔓於他方。且如判山等場，弘治十二年奏除之後，似乎稍息其害矣。續乃又有私竊採挖。正德九年奏開以來，似乎止在新興等五場矣。訪得另外却又濫挖摩柯、他白、個舊等峒，其間獲利多少，與夫曾否上供，固自擅於管理。太監史泰，臣素不與其事，無從稽考的數，其中隱弊，雖在地方，若非博訪，亦未備知。況天陛遠於九重，豈得而盡聞乎？惟其弊源不塞，則乘時射利，徒中僉小之欲，而貽害無窮，殊非國家之福也。況今年三月初八日以來，雲南府安寧州、大理府衛賓川州、鶴慶府白鹽井提舉司等處，地震數多，其切近銀場處所，震動尤甚。臣伏念近年海内地震之變，雲南獨甚。夫地道屬陰理，宜安静，今乃若此，蓋緣前項銀場採挖已甚，地土氣脉傷損太多，陰道不寧，災異豈免。臣先是疏云地方竭於誅求，政謂此也。且地震之象，多主兵興之端，多起於盗賊，而鑽利之地，又誨盗之源也。抑採挖之夫，中間亦有逸賊逋囚、亡命無賴，日則投採，夜則劫盗。其地又與螳螂、母喜龜山等處賊巢相近，若不蚤圖，誠一旦利動，勢激民窮盗聚，貽害他方，釀成大患，彼時雖欲救治，則

爲計已晚，勞費不勝，民物愈不堪命。臣等悔今不言，固已無及。與其臨難噬臍，孰若思患預防乎。伏望皇上軫念雲南僻處遠夷，民物久困，若日削月羸，邊方事變，易動難止。伏祈俯監節次撫按官建言及該部執奏俱已明白，斷不再疑，早賜封閉。仍必著之甲令，不許聚斂之徒再起釁端，庶使地方城池頗得軍夫之守，倉庫銀米亦省虛耗之虞，宿弊可以陸除，民患可以少息。此實雲南萬姓再生之感幸，不特臣等憂國之至願也。

又卷一〇二《内臣下》 王璜曰：邇者浙江鎮守太監鄧文奏乞換給敕書。始而該科執奏於前，繼而科道交論於後，人言雖衆，聖意未回。文之請也，固欲兼管銀場矣。銀場利之聚也，大要兼管將爲國而利之乎，抑爲己而利之乎？爲國而交征利者必危，爲己而放於利者多怨。曰怨曰危，俱是厲階，於己於國，兩無所據，欲兼理詞訟矣。在外之詞訟，有司理之，按察司總之，而詳允於撫按。文欲兼理，其亦會同撫按乎，抑亦任情而爲之乎？會同則非文之心，任情即成民之亂，以理爲請，而乃以亂終之，可乎？欲參提職官及罷閑官吏矣，鎮守各官而乃參提行事，是鎮守而撫按也，不知撫按其將何事。況罷閑之官，已無官守，罷閑之吏，即係編民，彼有何事亦欲參提之耶？此理之不可者也。

《柴菴疏集》卷一五《撫晉・備查開採情形俯瀝愚忠疏》 方今虜寇交訌，公私告匱，固圉計必增兵，設兵計必添餉。而加派已窮，搜那無術，所在軍需，未可停緩，因有量行開採之議。然而聖明軫念元元，恐妨民業，復令諸臣詳勘慎酌，其萬不得已之淵衷，亦既昭示海寓，感沁人心矣。使萬有一焉，可佐仰屋之籌，少裨軍國之計，臣亦何惜捐糜，愛此髮膚。然撫時慮事，有不得不俯竭愚忠者。今持議者必曰，神祖時嘗遣中貴開採矣，何憚不爲？而不知今日時勢，實有不同。萬曆年間，海内承平無事，外彝款貢，邊境安寧，盜賊屏息，閭閻殷富。然礦役四出，所至騷擾，臺省撫按，抗疏力諍，章滿公車。神祖晚年亦深悔之，因而報罷。今天下脊脊多事，豺狼出爪，侵辱王命。外則虜插屢躪燕雲，内則寇盜流毒五省，兵荒疊告，民之死鋒鏑、膏原野者，不可勝紀。邑里蕭條，田業蕪廢，是故今日之憂，受傷全在元氣，不獨兵寡餉詘也。生聚教訓，根本急務。若議開採於山右，則臣知地方情形甚悉，近據各州縣申文稟牘，借箸籌之，大約有不便者五。昔我太祖高皇帝諭群臣曰：「銀場之弊，我深知之，利於官者少，而損於民者多。」況今凋瘵之餘，豈可以此重勞民力。夫開創之初，已深慮及此。今山右荒盜頻仍，呻吟未復，風鶴猶驚，如久病之人，不堪勞作。一旦興事動衆，多一番辦集，必多一番追呼。先臣軒輗有言，開礦雖一時之利，然凡百器具皆出民間，恐有司橫加科斂，及市井無賴之徒因緣爲奸，人心動摇。山西自奉旨之後，里巷山谷之民私議竊嘆，謂從此不復安枕。臣雖曲加慰諭，愚民無知，難以户曉。大監臣方慎重其事，未及舉行而人情如此，甚爲可憂。臣竊謂不便者一也。非獨勞民難動也，然且無利。宣宗時，番禺民有私取礦砂煮之，可得白金者。命巡按官開驗，每砂百觔，煉銀四錢。因謂夏原吉曰：朕料鉛砂所得無幾，遂報罷。今者監臣閻思印差官入夏縣山中，採礦砂五十觔，僅煉得銀五分二釐。前督臣張宗衡差官採取銅鉛，皆以費多獲少而止。今行開採，計内外官屬、夫丁、爐頭、煤米、坑冶、鑿燒，種種工費，取給縣官者，爲數不貲，得不償失，亦大略較著矣。夫利不十不興，若有虧折，責何抵補？臣竊謂不便者二也。非獨得不償費也，又恐因而召亂。晉中大寇雖平，而深山窮谷之嘯聚者，十百爲群，一旦趨利如鶩，鬨然蟻聚，更費驅除。蓋平時奸猾軍民，聚衆偷開，猶互相爭奪，致有殺傷，懲以嚴刑，不能禁止。況綠林之豪、潢池弄兵者乎？皇上方遣官頒詔，招撫難民，解散未能，詎可令聚？臣竊謂不便者三也。非獨内寇竊發也，又恐外寇乘之。秦豫之賊，無慮數萬，眈眈河上，儻風聞礦利，以啖其衆，勢必攘臂爭先，千里長河，刻刻防禦，爲力恐竭。先朝侍郎王質力主銀場之事，厥後民困盜起，賊首葉宗留率衆稱亂，至議調福兵擒勦，又調浙兵策應，紛紛至十四年，王師勘定，民始安戢。夫無盜尚可誨盜者，銀場也。況隣盜擾攘，皆爲利來，思以弭之，何可復得。臣竊謂不便者四也。非獨患盜也，目前規利有限，而後來貽害無窮。尤溪之礦，自永樂納銀，宣德設官後，雖奉詔罷局，而坑首額户，猶照舊納税，數年而未革也。礦脉衰歇，至令礦夫包賠，謂之夫丁乾認，或且派入正糧，頂補税額，興言流弊，必至於此。若夫奸猾横行，指稱有礦，封人房屋，搜人財産，甚爲禍患。萬曆已事，尤可深鑒。三晉之民，不堪命矣。本身差徭，敲骨難完，業已挺而走險，可更以此患苦之乎。臣竊謂不便者五也。凡臣所臚列，皆灼見情弊，推測利害。又晉方患虜盜，人心洶洶未定，勞民動衆，更非其時。故約略陳此五不便之説，非敢襲往昔陳言，爲憂危激論也。且聖諭曰：「果不妨民業，酌量採取。」睿慮最爲周詳。今所係地方安危若此，不止有妨民業而已。臣既明知其弊，不及今披瀝肝血，懇請停止，直待異日工役煩興，得不償失。抑或聚衆釀盜，禍患叢生，而後悔言之不早，是皇上原不負地方，而臣深負皇上也。

顧炎武《天下郡國利病書・福建備録・詔安縣志》 六洞。在〔詔安〕縣西

北六十里，聯接金溪諸山，舊有銀礦，奸民藉官射利，往往生事呈採。正德初，浦令胥文相奏罷之，堙塞已久。萬曆年間，奉勘合開採，陵谷爲墟，商賈雜遝，豪民假虎，鴟張更甚，二都之民，岌岌驚變。幸内旨停革，民乃安堵。今洞已封閉，仍以南詔所千户一員更番守之，然盜礦如故。異時開採藪聚，能免緑林之嘯哉。

又《廣東・詔安縣志上》 嘉靖間，嘗開採，異省殊方，奸利之徒不招而至，衆輒數千。既而或徒勞罔得，或得不償失，又或礦盡費窮，各失始望，散罷而去。資身無策，遂乃群起盜心。始則乘人不備，所掠輒得，久之公然肆刼，勢日益張。於是通河源長吉諸賊李亞元等聚衆數萬，出没諸邑，流刼千里，禍延十餘載，殺掠人口無筭；而從則白骨蔽野，十室九空，被禍尤甚。後合諸道兵始克討平，費公家之需以千萬計，礦之無一利而害大若此。

陸隴其《三魚堂日記》卷三《乙卯》 王惠臣請開山西、河南温峪山等處疏云：本年〔康熙七年〕二月内，應州民武應元等呈稱，邊遥山内出銀砂，若將一兩煉熟，可得數錢。銀洞甚深，此利可得數千百萬兩。臣等部具題，差往開採，所得銀數不多，恐有匪類之人聚集濫行，亦不可定。議政王貝勒大臣議停其採取，奉旨依議在案。今王惠臣等雖稱在明末親歷其事，俱皆熟練。我等捐資雇工採取，如採得銀一兩，亦納六錢，恐以邊遥山得銀不多，又恐有無藉棍徒聚集生事。王惠臣等不赴部投告，越行叩閽，應各責四十板。奉旨依議。王惠臣等俱從寬免議。

嵇璜等《清文獻通考》卷三〇《征榷考五・坑冶》 〔康熙〕五十一年，以四川撫臣能太摺奏，諭示廷臣，奉諭旨：「原任四川巡撫能太曾具摺奏聞開礦，後又奏稱江中有銀，派官監視撈取，以爲兵餉。朕以此二事俱不可行，隨硃筆批發。朕乃人君，豈有令江中撈取銀兩之理？觀此二事，即知能太必貪。督、撫、提鎮奏摺一二次，可知其行事也。」

梁章鉅《浪跡叢談》卷五《開礦議》 今人無不言開礦有害者，大都鑒於前明之用宦官監收礦税耳。不知委用宦官則凡事皆有害，何獨開礦。我朝康熙五十二年，大學士九卿議禁開礦，上諭曰：「天地自然之利，當與民共之，不當以無用棄之，要在地方處置得宜，毋致生事。」又乾隆四年，兩廣總督奏，英德縣銅坑鍊出銀，該縣洪磜礦出銀過多，請封閉。上諭曰：「銀亦天地間自然之利，可以便民，何必封禁。」煌煌聖諭，仁義並行，固不欲興利以擾民，亦未嘗閉地而塞利。

陳忠倚《清經世文三編》卷六三《工政三・工程》張百熙《上條呈時事疏摘録》 比恭讀康熙五十二年諭旨：「天地有自然之利，與民共之，不當以無用棄之。」乾隆四年上諭兩廣總督馬爾泰奏：「銀礦所以便民，無庸封禁。」聖人開物成務之至意，萬世惟昭。願皇上仰憲前謨，俯壓時局，非開礦無以爲籌費之地，非籌費無以爲償款之資，俾廣利源，天下幸甚。

陳澹然《權制》卷五《軍餉述・鑛幣鑛務礦學錢法銀錢玉幣銀行》 粤督馬爾泰奏，英德縣銀鑛逼近銅山，請閉。上諭：「銀亦天地自然之利，可便於民，何必禁？」故劉秉恬奏開金川鑛務。

《清高宗實録》卷一一三 〔乾隆五年庚申三月〕戊辰，户部議準：貴州總督兼管巡撫事務張廣泗疏稱，威寧府屬之白蠟廠銀礦，硐老山空，題請封閉，從之。

賀長齡《清經世文編》卷五二《户政二七・倪蛻復當事論廠務書》 天下見採銀坑，並宜禁斷，蓋亦見及乎此已。且近廠之地，食物必貴，盜賊必多，雞犬不寧，齎鹽告匱，此則民之害也。煎鍊之鑪煙萎黄菽豆，洗礦之溪水削損田苗，此又民之害也。有礦之山概無草木，開廠之處例伐鄰山，此又民之害也。藏亡納叛，不問來蹤，大憝巨凶，因之匿跡，此又民之害也。舍其本業，走廠爲非，翦綹賭錢，詐騙無忌，此又民之害也。流亡日集，奸匪日滋，刦殺句連，附彝索保，此又民之害也。至若郵遞廠文，供億廠役，種種雜罄，亦無一而非爲民害者。是資於課者無多，而害於民者實甚，而謂百姓樂於地方有廠者，豈其然乎。今承下問，謹將悉知之利害具陳，惟鑒照而加之意焉。

又卷八七《兵政一八》彭肇洙《請靖邊荒疏乾隆十年》 雲南永順東南徼外，有蠻名卡瓦，其長名蚌築，自號葫蘆國王，不知其所自始，從古不通中國，久慕天朝德化，因無方物可貢，將境内茂隆山銀廠作爲貢獻，及現開廠民吴尚賢等所抽課三千七百兩零，同耿馬宣撫司之叔罕世屏，廠民吴尚賢等解送輸誠，呈到面稟前來。且稱茂隆山銀廠，自前明開採至今，興旺不一等情。臣愚以爲聖德覃敷，荒裔内附，只取歸化之誠，不在貢物之有無。卡瓦之國自古無聞，方輿不載，忽然向風慕義，款塞輸將，此意誠不可卻。惟是銀廠作貢，臣愚不能無疑，竊以爲未便【略】又稱銀廠自前明開採，興旺不一，既云從古未通中國，前明開採之説，畢竟何據。且内地商民吴尚賢何以得知彼國，徑入開礦，卡瓦即無方物可貢，何以竟將不能隨齎之銀廠越界輸誠，此中恐有奸商愚弄外夷，陽借納獻爲名，陰欲居奇射利，所不可知。天下事多一利即增一害，若許其獻納，銀廠照例抽税，利境一開，毋論商賈游民，奔趨若鶩，凡内地作奸犯科扞法觸網之徒，先得潛竄其

中，積聚日多，争奪必起，即成將來邊釁，不可不深長慮也。且計每年所抽税課不及中土一縣錢糧，廠地時旺時衰，未定年年可恃，我皇上議賑議蠲，動以百萬，本年現免天下正供，何至抽此戔戔之税於窮徼絶域中乎。臣愚以爲卡瓦既願歸誠，惟有加意賞賜，不拂其心，所獻銀廠，宜卻而勿受。現呈税課，亦令自爲攜回，明示聖朝包荒柔遠之度，不在貢獻之有無。

梁章鉅《浪跡叢談》卷五《開礦議》　嘉慶年間，英煦齋師亦嘗抗疏云：「中國銀有日減無日增，安得不短絀，則莫如取諸礦廠，或官爲經理，或任富商經理，即使官吏難保侵漁，富商或飽囊橐，總係取棄置之物，以濟生民之用，且可養贍窮民，雖聚集多人，而多人即藉以謀生，未始無益。」皆通達政體之言，非迂儒所能識，斯固籌國用者，所宜體察而施行也。

《林文忠公政書·雲貴奏稿》卷九《查勘礦廠情形試行開採摺》　又離該山數里，有名爲三股及小凹子二處，勘有草皮銀礦，微夾金砂，現亦有人偷挖，但未進山成硐等情。臣等當即批准，將此三處試行開採，但先前既因私挖致釀鬬争，此次官爲督辦，亟應選擇殷實良善者，作爲頭人，責令招募砂丁，逐層約束。前此偷挖滋事驅逐復來者，亦當訪拏究辦，以示懲儆。且必須先派員弁，多帶兵丁，始足以資彈壓。容臣等斟酌調遣，一俟佈置定局，再行縷析奏聞。又據鎮沅直隸同知暨文山、廣通二縣先後稟稱，前因奉文廣覓銅廠，疊經示諭民人，訪尋子廠呈報，嗣有鎮沅廳民羅梓鵬等報，有距城百餘里之興隆山麓，獲銀礦引苗，當令招丁試採。該廳時往履勘，其礦砂忽接忽跳，未能定準，如數月内堪以接採，擬即酌定課程。

《清朝續文獻通考》卷四三《征榷考一五·坑冶》　〔光緒〕三年，奏准雲南省樂馬銀廠額課短縮，附近金牛箐緜華地出有銀礦，堪以試採，作爲樂馬子廠，以補缺額。

又奏准直隸黄土梁地方銀礦准其停採。

又奏准開採雲南三嘉銀廠。

朱壽朋《光緒朝東華續録》　光緒十一年瑞聯奏，據喀拉沁土旗報稱，該旗商家譽毗連之窑溝地方，於本年六月間銀苗透露，突有匪徒聚集偷挖。誠恐日久積匪愈多，與六局大有關繫，當派總辦礦務理刑司員高士龍前往查勘。旋據該司員勘得承德府屬窑溝在郡東北百餘里，並不關礙風水。山上産露銀苗，聞私挖匪徒，忽聚忽散，恐致日久滋事等情，稟請核辦前來。奴才查熱河旗民地方産銀之處，果係銀苗暢旺，自應招商採辦，以裕課款，而免争端。若有匪徒乘隙聚挖，亦即派兵剿捕，歷經辦理在案。茲窑溝地方銀苗既已顯露，匪徒貪利私挖，勢所難禁，亟宜派兵驅逐彈壓，始無養奸致變之虞。當即揀派防禦全齡善利帶領洋鎗隊旗兵六十名，於七月十五日馳赴該處駐紮捕拿，有犯必懲，並出示曉諭，嚴禁滋擾。所需經費，統由奴才籌款給發。仍隨時體察情形，地方安静，即將官兵遣撤，並飭羅圈溝官廠商人錢澄嘉多備資本，先行試採，一俟辦有成效，再行妥議章程，奏請升課。報聞。

《清德宗實録》卷二九八　〔光緒十七年辛卯六月〕丙午，户部奏，會議吉林將軍奏，琿春天寶山銀礦，請準其試辦。依議行。【略】

〔光緒二十二年　丙申〕十一月十八日，稟生李茂棠請辦豫省魯山銀礦。

【略】

〔光緒二十八年，壬寅，正月初六日〕外務部收試用通判周國琛呈，請准中法合辦廣西貴縣銀礦。【略】

三月十五日，兩廣總督陶模收義國駐港博領事照會，廣西貴縣天平山銀礦，業於一八九八年九月十七日售歸義商。（陶模拒絶允認）。【略】

八月初七日，副參領榮泰等稟請承辦直隸宣化府保安州銀礦，公舉前江西巡撫德馨爲總辦。

《礦務檔·新疆礦務》總署收軍機處交出新疆巡撫饒應祺等抄摺《科布多寶爾吉銀礦請弛禁試辦》　〔光緒二十三年〕八月二十六日，軍機處交出新疆巡撫饒應祺等抄摺稱：奏爲會勘科布多屬寶爾吉銀礦暢旺，請旨弛禁試辦，以興地利，而裕餉源，恭摺仰祈聖鑒事。竊臣等欽奉光緒二十二年正月三十日上諭：「開辦礦務，以金銀礦務爲最先。除黑龍江、漠河早經開辦，新疆和闐業已往勘外，各省如能實力訪查，確有金銀礦地，設法興辦，自較煤礦等項得款爲鉅。各將軍、都統、督撫，其各振刷精神，實力奉行，毋得爲難苟安，仍蹈從前陋習等因。欽此。」【略】惟查有巴里坤界連科布多屬札哈沁之都蘭哈喇，銀礦最佳，自嘉慶年奉諭旨封禁，不准開採，咸豐時奏開。旋上每年巴里坤鎮與科布多派員會哨稽查，奏明有案。現既迭奉諄諭，凡屬礦之處，一律開採。臣應祺正擬派員往查。前任魁福與臣達新適遵旨開辦，出示招商辦理。因科屬無熟悉礦務之人，咨商臣應祺會同籌辦。臣應祺復訪聞都蘭哈喇封禁日久，礦洞閉塞，重開甚難。有距科城五台沙紫蓋迤東二站寶爾吉，亦札哈沁所屬，礦苗最旺，且易採挖。當

委候補知府奎光，補用同知柳葆元，於上年冬前赴科城禀商辦理，並飭礦務委員候補知縣齊從賢，帶領工匠赴山試挖。時雪深地凍，掘地未深，所獲礦苗，帶省查煉，不惟無銀，並不出鉛。今年三月，齊從賢復選經煉老匠前赴寶爾吉，掘地二丈餘。另獲新礦數百斤，馱運回省。臣應祺親督匠役在署設鑪，試煉數次，計礦坯百斤，可鎔鉛二十斤有奇。每鉛百斤，可提足色銀十六七兩，或十四五兩。洵屬異常佳礦，其地約三十餘里。如果深掘廣挖，隨處皆是，有增無減，則可大開利源。但深山戈壁，一望瀰漫，附近無柴炭，必馱至十一站之大樹窩，始能採炭鎔煉。米糧器具什物，又須由距該處十九站之奇台縣，馱運應用。糜費多則餘利少，取課仍屬無幾。臣應祺飭齊從賢酌帶匠工，再於該廠較近有可鎔礦之處，設法開辦。運脚省一分，則銀課多一分。先行試辦一月，核計每礦一馱，除工食費用外，尚有餘利若干。約能抽十之一二，或三分之一，會同酌定收税章程，將來或歸商辦，或官督商辦，按馱就廠收税，準蒙民一律採挖。由新省委員駐廠設局，經理開礦征税修路運糧諸事，由科城派員稽查彈壓，以防私挖包庇隱匿漏税諸弊。總期商沾餘潤，大利歸公，以副朝廷開礦阜財之意。第封禁日久，相應請旨弛禁，準其開採。一俟議定税課章程，再行奏咨在案，以興地利，而裕餉源。所有會勘試辦銀礦緣由，是否有當，謹合詞恭摺具奏，伏乞皇上聖鑒訓示。再，此摺係臣應祺主稿，合併聲明。謹奏。

光緒二十三年八月二十六日，奉硃批：「另有旨。欽此。」

又總署奉上諭《寶爾吉銀礦弛禁著饒應祺揀派妥員經理試辦》 光緒二十三年八月二十六日，奉上諭：「饒祺等奏會勘科布多屬寶爾吉銀礦暢旺，請弛禁試辦一摺。科城札哈沁所屬寶爾吉地方，另獲新礦，苗甚暢旺，試煉礦坯，每鉛百斤可提銀十六七兩十四五兩不等，惟路遠運艱，糜費較多，經該撫復飭委員齊從賢酌帶匠工，於該廠較近處所，設法鎔煉，果能著有成效，洵足以裕餉源。即著照所請弛禁，無論蒙民、漢民，准其一體開採。並著饒應祺揀派妥實可靠之員，駐廠設局，經理其事，酌定税課章程，奏咨立案。並知照寶昌派員稽查彈壓，以杜弊端。欽此。」

又總署收軍機處交出饒應祺鈔摺《寶爾吉銀礦不旺委員頗有賠墊》 光緒二十四年正月二十一日，軍機處交出饒應祺鈔摺稱：臣迭奉諭旨，飭令開礦。訪聞科布多屬寶爾吉銀礦甚旺，先後派員查探，尋覓礦坯，親爲試鍊。每礦百斤，提鉛二十斤，每鉛百斤，提銀十六七兩，似尚可以興利。於本年八月，會同科布多大臣寶昌奏奉諭旨弛禁開辦。臣方以礦苗雖佳，柴水太遠爲慮，乃委員招募匠夫二百人，前往試辦。寶爾吉水泉可食，就近三兩站，亦尋獲煤礦，可以燒煉。而前挖鉛洞，甫及萬斤，遂爲大石所阻，轟鑿俱窮。旁開十餘洞，惟三洞見礦，當不甚旺。委員賠墊數千金，頗懷畏避。臣以佳礦不可棄，仍設法開挖，不知有無成效。

光緒二十四年正月二十一日，奉硃批：「礦務爲新疆要政，何得據委員一禀，遂至中止。仍著該撫實力講求興辦。欽此。」

又附録《大事年表》 〔光緒二十二年八月二十四日〕廣西巡撫史念祖電總署，華商陳慶昌、劉瑩樓集股四十萬元，開辦貴縣銀礦。

又《河南礦務・南陽汝州各礦》總署收河南汝州府魯山縣廪生李茂棠呈《請辦魯山縣銀礦》附批示 〔光緒二十二年〕十一月十八日，河南汝州魯山縣廪生李茂棠呈稱：爲紳富合集銀股，擬請於河南汝州魯山縣地方試開銀礦，以利國用而厚民生事。伏讀本年正月三十日上諭：「開採礦務以金銀礦爲最先。」現在各省叠次奉旨通行。凡有金、銀礦地，准聽民間開採各等因。查河南汝州魯山縣山澤廣大，距縣城二十五里。舊有著名銀洞溝，長約二三十里，銀、鉛暴露於外，實光騰耀。不待探穴鑿井，久經礦師勘驗。礦質百斤除去渣滓，約可得淨銀一成六七分不等，鉛有六成，實爲上等銀礦。而從前風氣未開，往往照例封禁，今既明奉諭旨，事在必行。各殷户仰體朝廷利用厚生之意，無不踴躍争先。生等籍隸魯山，稔知利源所在，不忍棄貨於地。現已集有鉅款，公議舉行，慎選礦師，務期實事求是，大都款由己出，任事無不實心。理合據情禀陳，如蒙俯允，應請咨會河南撫憲衙門，轉飭所屬遵照出示曉諭，並求賜給公文，俾生等祗領賫投，再由生等妥議章程，禀明地方官，詳請大憲飭知開辦，先行試辦一年，有無成效，據實具報。辦有成效，所出銀、鉛，願以二成充公，聽候上憲報部指撥，如無成效，各紳富按股攤賠，與公家無涉。謹合詞具呈，伏乞鈞鑒批示遵行。

照録批示。

據廪生李茂業等呈請試辦河南汝州魯山縣銀礦一事，仰該生等自行呈明河南巡撫部院，聽候批示可也。此批。

十二月十一日。

《廣西礦務》外務部收周國琛呈《邀同法商合資請辦貴縣銀礦》 〔光緒二十八年〕正月初六日，江西試用通判周國琛呈稱：照録原呈。

江西試用通判周國琛，謹稟爲請辦銀礦，以開利源而裕帑項，懇恩代奏事。竊卑職因公來京，恭讀光緒二十七年十二月初一日上諭：「現值時局大定，亟應整頓路鑛，以開利源。著派王充督辦路鑛大臣，加派瞿充會辦大臣，張翯同辦理，務各認真籌畫，實事求是，以保利權。欽此。」仰見朝廷力行新政，以圖富强之至意。卑職服官江右，籍隸粤西，於本籍鑛産，素常留心，查潯州府屬貴縣地方，銀苗極旺，昔因風氣未開，人情疑畏，以致忽開忽禁。現在明奉諭旨，整頓利權，其既有可開鑛地，自應遵旨請辦。卑職現與妥實華商，邀同法商通達公司，籌就貲本銀五十萬兩，仿照西法，謹遵鑛務現章辦理。至一切詳細情形，擬俟奉准行，再行繕呈憲覽。伏祈據情代奏，實爲公便。

又外務部行廣西巡撫文《請查明貴縣銀礦辦理情形》〔光緒二十八年〕正月十二日，行廣西巡撫文稱：光緒二十八年正月初六日，據江西試用通判周國琛稟稱，潯州府屬貴縣地方，銀苗極旺，昔因風氣未開，人情疑畏，以致忽開忽禁，卑職現與妥實華商，邀同法商通達公司，籌就資本銀五十萬兩，仿照西法，謹遵礦務現章辦理等因。查廣西礦務向無招集洋股採辦章程，貴縣銀礦以天平山爲最。光緒二十二年八月，經前撫黄以華商陳慶昌、劉瑩樓等，自集股本，稟請開辦，電達本署有案。兹據該員稟稱，該縣銀礦，忽開忽禁，究竟如何情形，除批令候咨廣西巡撫查覆，再行核奪外，相應咨行貴撫迅即查明，貴縣銀礦共有幾處，陳慶昌等是否開採有效，現在如何辦理，即將詳細情形聲覆本部可也。

又外務部收兩廣總督文《陳慶昌等私與義商訂立開辦貴縣銀礦合同不能作據》〔光緒二十八年〕四月十二日，兩廣總督文稱：光緒二十八年三月十五日，接駐港兼理義國博領事照稱，前據義國商務公司永貞祥之代理人巴度路稟稱，廣西潯州府貴縣天平山銀礦一節，曾經前督部堂准給華民陳慶昌、劉榮樓執照，限期十五日内開採。否則，交與法國商務公司承辦等因。本兼理領事官細加查訪，知天平山礦地，由陳慶昌、劉榮樓早已售與義國永貞祥公司，於西曆一千八百九十八年九月十七號訂立合同一紙，是時亦未有開採。因一千八百九十九年内，所有論及該礦情事，以及合同等件，盡行寄上駐京義欽差處料理。當其時，永貞祥公司又與英國商務公司商量轉售，計合同等件寄到北京不久，適值拳匪作亂，圍攻義欽使衙署，並且縱火焚燒，所以合同等件皆遭燬化。故永貞祥公司終不能取回合同等件，亦不能與英國商務公司交易，則該公司失去銀兩已不計其數。此誠不幸之事也。至貴國理宜保護義欽差衙署，不應容縱拳匪圍攻，以致遺失文件不少。去年該公司經已稟呈駐京義欽差處，懇求向貴國總理衙門代取保單憑據。現在義國政府與貴國外務部正相商酌，議取保單憑據，停止開採該礦之事，若貴督部堂准給別人承辦，則辦理甚覺不公，務請貴督部堂立即宣示，别人不得開採，因本兼理領事官即將一切緣由，電達義欽差處，轉致貴國外務部，統俟北京立回保單憑據之後，再行通知。倘貴督部堂仍交别人承辦，則義國永貞祥公司如有意外不測之事，定惟貴督部堂是問，爲此照會查照等由前來。卷查陳慶昌、劉榮樓等開辦廣西貴縣屬之小天平山銀礦一事，前於光緒二十五年十一月十七日，准廣西撫院黄咨開，據廣西善後局司遺詳稱，前據廣東廣州府新興縣人陳慶昌等具稟，自備資本銀二十萬元，遵章繳照銀一千元，領照開採，當經批准繕給執照，並給示諭。該商陳慶昌等領照後，未能遵照章程，依限開爐輸課。兹聞私與義國洋商書立合同，故違定章，飭據貴縣查稟該商開辦礦務未能得法，所辦機器均不合用，久已停辦，僅存廠屋數間，工人退散，一切器用賣盡。該商及司事人等均已返東，並無一人在廠。該商與義商私立合同，係在東省外洋所行之事，該縣無從覺察。惟其資本已罄，無力再開等情。查商人陳慶昌開辦銀礦，已逾兩年，迄無成效，並未交課，既經停止不辦，潛回廣東，亟應追繳執照，另行招商承辦，以杜弊端，而顧税課。請飭新興縣勒傳該商陳慶昌到案，追取原領開礦執照，送西註銷等因。咨經前部堂飭，據廣東藩司詳，據新興縣稟復，縣屬並無陳慶昌其人，札内亦將陳慶昌住址開明，無憑追繳等情，咨復飭遵各在案。是陳慶昌等前此承辦之貴縣天平山銀礦，因未能依限開辦，原領開礦執照早經作廢追繳。該處銀礦，自應由官另行招商承辦，以顧税課。陳慶昌等何得混執廢照，擅將礦地售與外人？義商永貞祥前此與陳慶昌等訂立合同，即使確有其事，亦係私自訂立，不能作據。至現文所稱該處銀礦，曾經前督部堂准給陳慶昌、劉榮樓等執照，限十五日内開採，否則，歸法國商務公司承辦等語。遍查並無此案。接文前由，除照復，並咨請廣西巡院迅將本案全案，抄咨貴部查核備案外，相應咨呈。爲此咨呈貴部，謹請查照施行。

又外務部收陶模文《陳慶昌等私與義商訂立開辦貴縣銀礦合同案義領事再來照會》〔光緒二十八年〕六月十九日。廣西巡撫丁文稱。光緒二十八年四月二十日，准兩廣督部堂陶咨開，駐港兼理義國博領事照稱，【略】卷查陳慶昌劉榮樓等開辦廣西貴縣屬之小天平山銀礦一事，前於光緒二十五年十一月十七日，准前廣西撫院黄咨開，據廣西善後局司道詳稱，前據廣東廣州府新興縣商人陳

慶昌等具禀，自備資本銀二十萬元，遵章繳照銀一千元，領照開採，當經批准，繕給執照，並給示諭。該商陳慶昌等領照後，未能遵照章程，依限開爐輸課。兹聞私與義國洋商書立合同，故違定章，飭據貴縣查禀。該商開辦礦務，未能得法，所辦機器均不合用，久已停辦，僅存廠屋數間，工人退散，一切器用賣盡，該商及司事人等，均已返東，並無一人在廠。該商與義商私立合同，係在東省外洋所行之事，該縣無從覺察，惟其資本已罄，無力再開等情。查商人陳慶昌開辦銀礦，已逾兩年，迄無成效，並未交課，既經停止不辦，潛回廣東，亟應追繳執照，另行招商承辦，以杜弊端而顧税課，請飭新興縣勒傳該商陳慶昌到案，追取原領開礦執照，送西註銷等因。咨經前部堂飭據廣東藩司詳，據新興縣禀復，縣屬並無陳慶昌其人，札内亦未將陳慶昌住址開明，無憑追繳等情，咨復飭遵各在案。是陳慶昌等前此承辦之貴縣天平山銀礦，因未能依限開辦，原領開礦執照，早經作廢追繳，該處銀礦，自應由官另行招商承辦，以顧税課。陳慶昌等何得混執廢照，擅將礦地售與外人？義商永貞祥前此與陳慶昌等訂立合同，即使確有其事，亦係私自訂立，不能作據。至現文所稱該處銀礦，曾經前督部堂准給陳慶昌、劉榮樓等執照，限十五日内開採，否則，歸法國商務公司承辦等語。遍查並無此案，接文前由，除照及咨呈外務部查照外，相應咨會查照，希即迅將本案全卷，抄録咨送外務部察核備案等因，到本部院。准此。查此案礦務卷宗，前於上年七月内，京都平定之後，奉准總理礦務總局和碩慶親王咨行抄録，當即飭據廣西善後局，將全案抄録咨送在案。兹准前因，除再飭照録，呈送貴部備案外，相應先行呈明。爲此咨呈貴部，謹請查照施行。須至咨呈者。

又《奉天礦務》外務部收盛京將軍增祺文《林長植禀辦鮑家屯銀礦》〔光緒二十八年〕十月十二日，盛京將軍文稱：案據分省試用同知林長植禀稱：竊以奉省礦務現蒙憲台大爲振興，以開利源，凡我士商，自應各盡其力，求有寔效，以圖充裕税課，報効餉銀。卑職延有精明礦師，踹得熊岳城東北四道溝北山鮑家屯地方銀礦一處，礦苗極爲暢旺，礦質極爲成實，若辦理得法，成効必見。且查該處礦山，並無關礙之處，卑職擬以除去購買機器用款之外，集足股本銀四千兩，立爲美利公司，先以試辦。所有開採事理，悉遵部頒礦務章程，謹將股本銀四千兩，即呈憲驗，准其咨部核給執照，俾得及早開採，免啟洋人覬覦，致有利益外溢，實爲公德兩便。肅此禀陳，敬懇批示遵行等情。據此。除批示外，相應抄批咨呈大部，謹請鑒核，賜復施行。照録粘抄批據。禀請開辦熊岳界鮑家屯地方銀礦，既稱並無關礙之處，准如所請，仰候咨呈外務部核復到日，再行飭遵繳。

又《雲南礦務》外務部收錫良電《密陳隆興公司議租白牛坑銀礦情形》 光緒三十四年十二月十一日，收雲貴總督電稱：申密。隆興公司垂涎箇舊礦産，曾將堅拒情形電陳，現在開化地方，出礦甚旺，已由官商合力興辦。風聞該公司亦頗蓄意攘奪，其尤措意者，爲該府白牛坑銀礦。查該礦曾經開採虧折封閉，去年廖、魏二姓禀集資試辦，業經批准有案，現在頗著成效。日前蒙領照會關道，代該公司向礦主議租，並已開之二硐，亦願議租等語。礦主以已得之利益，不惟現開之硐不願出租，即在該廠範圍之内，亦恐被攘奪，將來難與争競，亦不願出租，禀請維持，已由該道照卻矣。現聞該公司代表父子二人進京交涉，理合將此中情形報告，以備因應。滇省自應援定合同宗旨，凡屬有主之礦，力拒驚擾，其餘無主及荒廢等礦，如該公司果能按照合同妥租開辦，地方官自無不贊助。合並附陳。錫良叩。十一日。

張溥《漢魏六朝一百三家集》卷二二《漢諸葛亮集》 漢嘉金朱提銀，採之，不足以自食。

佚名《歷代名賢確論》卷六八《太宗一・貶權萬紀言銀坑之利》 孫之翰曰：觀太宗罪萬紀言利，真得天子之體。天子爲天下所尊，非止威勢之重，由仁德之高也。仁德之本，莫大於愛民；愛民之要，莫先於節用。用之有節，天下貢賦之入，歲有餘矣。何至殫山澤之利，以困人力乎！

又卷七七《玄宗三・孫之翰論帝用聚斂》 臣王鈇曰：「貞觀十年，治書侍御史權萬紀奏銀坑事。太宗惡其言利，遂斥之，不令立朝。詳味當時致治之風，堯舜何以加焉。天子富有天下，惟患德義之不充，不患財用之不足。」

嚴衍《資治通鑑補》卷二八二《後列國紀一七》 金海，本突厥思讓幽州人也。丁丑，以西京留守高行周爲南面軍前都部署，前同州節度使宋彦筠副之，張從恩監焉。又以郭金海爲先鋒，使陳思讓監焉。彦筠，滑州人也。庚辰，以鄴都留守李德珫權東京留守，召鄴王重貴如鄴都。安從進攻鄧州，威勝節度使安審暉據牙城拒之，從進不能克而退。癸未，從進至花山。《九域志》：唐州湖陽縣有花山銀場。今案，花山在湖陽北。

《胡文穆公文集》卷一三《陳雅言先生墓誌銘》 先生姓陳氏，字雅言，以字行。其先有曰大朗者，宋初繇瑞州銀坑來仕廬。

《宋史》卷八五《地理志一》 〔京西南路〕唐州，上，淮安郡，建隆元年，升爲

團練。開寶五年，廢平氏縣。崇寧户八萬九千九百五十五，口二十萬二千一百七十二。貢絹。縣五：泌陽，中下。湖陽。中下。有銀場。

又卷八七《地理志三》〔秦鳳路〕鳳翔府，次府，扶風郡，鳳翔軍節度。隴州，上，汧陽郡，防禦。崇寧户二萬八千三百七十，口八萬九千七百五十。貢席。縣四：汧源。望。有古道銀場。熙寧八年，改秦州定邊砦爲隴西鎮，隸縣。

《明孝宗實録》卷一四〔弘治元年五月〕命刑部右侍郎彭韶巡視浙江。先是，嘉興百户陳輔作亂，劫庫放囚，殺吏民，將出海爲盜。鎮守太監張慶等以聞，兵部議以浙江租税甲於天下，有銀礦鹽場，易以生盜，而所司匿不以聞，致有此變。請差巡撫官一員，或勑京堂官一員，往彼緝捕，并巡視浙江各府，遂以命詔賜之。勑曰：浙江阻山瀕海，賦税繁重，又有銀坑鹽場之利，人所必趨，近年累有賊發，百十成群，劫掠居民，良善受害。兹又嘉興府城内爲事，百户陳輔同男陳文糾集强徒，白晝入府，劫庫放囚，殺死民夫，搶虜守御千户所掌印千户。

顧炎武《肇域志》卷一二《浙江一》 然崇岡四塞，疊嶂周圍，車不方軌，人鮮隊侶，天下有變則據險拒敵，扼亢設奇，烏得而二焉。稍轉而北道通浦江，則龍潭綰其口，山谷高峻，翳以叢箐，延亘數十里，鳥不能飛渡，阻守潭口，亦一方之屏阨也。至於南與永康連界，掛紙、查嶺諸山，嵚崟截業，如出天入井。嘉靖間，處州不逞之徒入我南鄙，盜發八實銀鑛，我兵摧之若拉朽，非獨人力，蓋形勢險固便利也。

《兩朝憲章録》卷一五〔嘉靖三十五年丙午七月〕壬子，時採之、採銀、採香之命並下，使者四出，官司督趣急於星火，論者咸歸罪陶仲文、顧可學云。

徐階《世經堂集》卷一七《明故廣西參議左山顧公墓誌銘》 有詔發銀礦以佐國，群盜競窺焉。撫按曰：「非顧僉事莫能辨，此人或爲吾兄危。」吾兄曰：「誠率之以無私，而行之以法，孰敢干吾紀者？」已而，果帖然。屬吏有以賄聞，而見徵者請於撫按，即以其事白之。

胡漢《〔萬曆〕郴州志》卷一一《食貨志下》 驟聞開礦，遂爾生心，所在居民，相率逃避，其持梃環視者已不可勝計矣。若果爾弛禁，則群然四起，人孰能禦。昔人謂投骨於地，猘然而争，今之礦場，非特一骨也。其衆聚必至於争鬭，争鬭必至於戕殺，況又有巨奸豪猾借比採礦之名，而大肆劫掠之計，深禍隱憂，所可逆料。此百姓之所以嗷嗷控訴，而職等之所以目擊而寒心者也。況查各坑礦砂若宜章、桂陽之官坑，沖狗頭嶺等處之黑土錫砂不必言矣，如葛藤坪、金船塘二所砂土，亦省令採取一百五十餘斤，覿面烹煎止得銀一錢六分，其工食、炭、鉛等項約銀一兩八錢，真謂所費十倍，所得錙銖也。以此錙銖之利，而有莫大之慮，則今日聖明之世，亦何必追尋此百年廢棄之場，而騷動兹一方安静之民也耶！職等遍察地勢，細驗人情，彼刊載之碑誌相傳於父老。其前代禁閉坑源，減除礦税，委係實事的見，所當顧慮者。此郴桂之礦場不可輕動，前道之所以諄諄詳告，而職等反覆思惟，再四體勘，寧敢推艱避難，自取於欺罔附和之罪也哉。

《續文獻通考》卷二三《征榷考·坑冶》 吴肅公讀書論世曰：天啓朝，姦民陳有繼請開採，帝怒而誅之。吾宣崑山，故有銀礦，明末有芮四者，獻策中官，中官以己貲率百人開採，恣擾鄉民，得不償失，芮四亦爲鄉民毆斃。噫，即使開採有微利，而繹騷煩擾，召盜府奸，頓使鄉里受無窮之害，況得不償失，官民交受其累耶？

宋應昌《經略復國要編》卷七《報三相公并石司馬書初五日》 又思我兵久駐外國，其餉銀必須加倍他兵。朝鮮殘破之餘，力難支給，我國爲人守國，費出不貲，亦非得策。訪得本邦銀礦甚多，似可開做。且其國銀錢絶不使用，雖産此利，民不知行，亦不知争，礦徒盜劫之患，不足爲慮。某今議行求一善策，令朝鮮輔臣主其事，所得之利散給新軍作爲糧餉，則上不煩國課，中不累小邦，下可鼓士卒。況藉此厚其價值，招致遼陽諸處客商往彼生理，乘便進剿，亦一策也。

洪亮吉《乾隆府廳州縣圖志》卷二九《廣信府》 平洋山在〔廣豐〕縣東南六十里。舊有坑曰平洋坑，出銀礦。

銀場：王存云：〔貴溪〕縣有黄金、銀場。

又卷四一《廣州府》 浮虚山在〔香山〕縣北七十里海中。《山海經》：「南海有浮石之山，疑即此。山下有浮虚海。鳳凰山在〔香山〕縣東南百里，山下雞拍村舊有銀礦。香山鹽場在縣東南一百里香山寨北。

黄彭年《陶樓文鈔》卷六《浙江分巡寧紹台道史公神道碑銘代》 在廣信時，部牒開廣豐、宜春諸礦，君議以爲乾隆九年廣豐開採，得銀三萬，礦徒滋事，捕剿之費乃二十餘萬，得不償失，礦事遂罷。

魏源《海國圖志》卷一《籌海篇一·議守上》 若浙江之南田山，福建之封禁山，許民屯墾。沿海之銀礦山，許民開採。境内自然之利，用之不窮，此可無惑者四。至於兵分見寡之由，由無戰艦，别詳下篇。

《清朝續文獻通考》卷四三《征榷考一五·坑冶》 道光二十四年，開採雲南永北礦山廠銀礦。

又卷三八八《實業考一一》 又封禁天寶山礦産之交涉：天寶山爲吉林南部著名銀礦，光緒十七年，吉林將軍及琿春副都統奏請設立礦務局從事開採，派程光第經理，爲官商合辦。礦産産額盛時，礦砂百斤能取净銀三百六十兩。後以開採多係土法，産額中落。三十三年，程光第以資本缺乏，至上海招集外資合辦，先與英人訂約未成，日人中野氏遂乘此機會籌集資本，私與訂約開採，名爲中和公司。蓋即日人越境前之數月也。八月，幫辦吴禄貞回奉面陳程光第私與日人訂約開採情形，當因該山爲我國官有礦産，程光第私訂之約非我國所能承認，遂飭將該山封禁。旋駐吉日本領事島川氏，屢與吉撫朱家寶交涉，大致謂日本外部大臣來電云，中國於界務未定之地，對日本人與中國權利者訂立合同後著手之事，業欲用暴力令其中止，未免甚不穩當等語。當經復以程光第並無辦礦之權，中野擅與訂立合同，按之法律上契約之性質，應行取銷，請轉電貴外務部，諭令中野停止開採，離去天寶山，方爲妥協。及邊務督幫辦至延程光第畏罪遠颺，日人不服封禁，仍有工人數十名在彼開採。邊務督幫辦函致齋籐詰問復實行封禁之。今齋籐至邊務公署交涉，謂宜仍令中野開採，經陳昭常等力拒。十月，駐吉日領事以天寶山爲界務未定之地，宜令中野繼續開採。且云中國以兵力驅逐日人，當報告政府採擁護權利之臨機手段等語相恫嚇，其無理脅迫之照會共十餘次，我均據理嚴詞以覆，並將屢次照會轉達外部，以備與日使交涉。再此山日人自謀開採，實爲程光第句引所致，前已與英人威格利立有合同事未成，復句結日本中和公司合股開辦。見復搜得有英文原函，及程光第與英人之函可據。其他與日本人往來信札，尚有數函可作實證，是我所封禁者實係程光第私採之礦，不在日本外部範圍之内，請嚴訊解到程光第司事數人，當可得其梗概。且閱當日英人、日人與程光第之函，皆已認爲中國管轄之地，此時因有界務問題，日人藉生狡辨，殊爲無賴，遂將邊務督幫辦並未濫用兵力情形及天寶山爲我國固有礦産，詳電外部，請其拒絶。旋世昌巡視吉林，其駐省副領事來謁，遣員往答。談及天寶山礦事，我復據理力争，此案遂懸置未結。嗣日使照會外部，謂華兵入天寶山，令日人退去間島，問題未決，屢出此不當之行動，日政府必應以對抗之手段。並要求繼續開採，亦經外部駁覆未允。今歲解决界務，日使又以開採此礦，向外部提議，曾電致外部力拒，外部亦未允云。

卞寶第等《〔光緒〕湖南通志》卷六一《食貨七·物産二》 桂陽郡有銀井，鑿之轉深。漢有郛人焦先於半道見三老人，徧身皓白，云：「逐我太苦，今往他所。」先知是怪，以刀斫之。三翁各以杖受刀，忽不見，視其斷杖是銀。其後井遂不生銀也。

《清朝續文獻通考》卷四三《征榷考一五·坑冶》 趙翼《粤滇雜記》：銀本出内地，如五代時五臺山僧以採銀佐北漢之類，宋以前不取於邊地也。今内地諸山有銀鑛處俱取盡，故採至滇徼。然滇中惟樂馬廠歲出銀數萬，他皆恃外番來閩、粤二省，所用銀錢悉海南諸番載來貿易者。滇邊外則有緬屬之大山廠，粤西邊外則有安南之宋星廠，銀礦皆極旺，而彼地人不習烹鍊法，故聽中國人往採，彼特設官收税而已。大山廠多江西、湖廣人，宋星廠多廣東人。大山自與緬甸交兵後，廠丁已散，無復往採者。明將軍曾過其地老廠新廠，兩處民居遺址各長數里，皆舊時江楚人所居。採銀者歲常有四萬人，人歲獲利三四十金，則歲常有一百餘萬齎回内地。當緬酋攻廠時，各廠丁曾馳稟滇督，謂只須遣官兵三千來助聲勢，則廠丁四萬自能禦敵。時滇督恐啟封疆衅，遂不果。宋星廠距余所守鎮安郡僅六日程，鎮安土民最懦鈍，然一肩挑鹹鞋布諸物，往輒倍獲而歸。其所得皆製鐲貫於手，以便攜帶，故鎮郡多蜀銀，而其大夥多由太平府之龍州出口。時有相殺事，恃人衆則擇最旺之山踞之，別有糾夥更衆者，則又來奪占，以是攻剿無寧歲。安南地主收税，不問相殺事也。有一黄姓者，廣東嘉應州人，在廠滋事，由安南國王牒解廣府。余訊以得幾何而在外國滋事如此？渠對云：利實不貲，礦旺處，畫山僅六尺，只許直進，不許旁及，先索餽直六金，始聽採。即有人立以六百金餽之，則其利可知也。

魏源《古微堂集·外集》卷八《軍儲篇一》 《職方外紀》言，南墨利加州各國，多産金銀，而孛露國金，加西臘國所産尤甲天下，其場有四，坑深皆二百丈，役夫常三萬人，國王什税其一，每七日約得課銀三萬兩。百物俱貴，惟銀至賤，貿易銀錢五等，金錢四等。歐羅巴歲歲交易，所獲金銀甚多，而中國銀礦開採，則唐以前，史書從無其事。

代那撰瑪高温譯華蘅芳筆述《金石識別》卷八《銀》 銀，每與鉛及白鉛、銅、苦抱爾、安的摩尼合。

銀之呆吒，常爲丐而刻斯罷及科子，亦有夫羅而斯罷、珠斯罷或重斯罷爲銀之呆吒者。

美里哥南所出之銀，大約從角銀礦、脆銀礦、光銀礦、生銀礦得之。除此之外，又有石泐爲砂，砂土中有銀者。

又硫磺鉛、硫磺鐵、硫磺銅，鍊之中每有銀。

墨息哥産銀之處，北極出地十八度至二十四度，其山名可地里來山，其銀脈在泥石、緑石、巴弗里石中，或在合里滑克，或在灰石。每年得銀二百萬元。有處有安的摩尼硫磺銀礦，半年得銀四十萬磅。

歐羅巴各國皆有出銀之處，惟不甚多。

統地球各國，每年約出銀五千萬元。英吉利出七萬磅，法蘭西出五千磅，奥地里出九萬〇五百磅，瑞典、拿威出二萬磅，西班牙出十三萬磅，普魯斯出十二萬磅，以大里、瑞西、俄羅斯出五萬八千磅，比里些出四百四十磅，共約出五十萬磅。

亞倫撰傳蘭雅應祖錫譯《銀礦指南原序》 前書每本售洋二角五分，近有脱而拏其人者，在奔丹拏地方將余書少加竄改，翻印出售，其命名之意爲試驗銀礦並各種製造工程，每本售洋十圓。書中所言儼然據爲己出，而竄改處又不免多所舛誤，觀其所定價目，想脱君亦重視此書也。

脱君書中所增議論數則亦爲余曩時所撰，曾登入礦務新聞紙内者，今又代余刊入，亦足見脱君之佩服余法與余之書者甚深，至每本售洋十圓，其獲利比余更厚。脱君智計之巧，余又竊愧弗如矣。

余自刊前書後，重將此法精詳研究，五易寒暑，蓋余之孜孜於此者，並非專爲圖利起見，亦謂從此講求，庶可擴充見識耳。兹將數年内所身體力行者，另撰爲一書，較脱君翻印者更加詳盡。書中另增別法數則，俱與礦務大有關係。

是書並非因格致家而設，亦並非自炫學問，寔恐羅列衆説，必使閲者目眩，幾不辨其爲作書人之本意，與從他書中得來。故他書所有之法，是編俱置弗論，第增入簡便有益者數則，以備開礦家參考。至此數則中，果於礦務有益與否，則閲是編者，當有卓見，而非余之所敢知矣。

是編内所用字樣俱極淺易，即尋常礦師及查礦人亦能通曉。至所載各法俱從己意想出，或由平日體驗得來，與各書院論鍊金類礦書所載者有別。

凡銀礦在山中時，其情形各處不同，或有成小脈形者，墨西哥人謂之線形，間有成捆形囊形及結成之小層形者。其在資本充裕之人，必以爲此種銀礦鍊之不甚合算。然無本錢及小本錢之礦家，如能得簡便之法分出其銀，亦可獲利。常有建立礦廠專代開礦人分銀者，而開礦人每疑廠中分出之銀必有侵蝕，不能盡數繳交，且所有良礦之地，其礦既不甚多，距廠又遠，因此不能合算，故廠中生意亦不甚起色。

凡墨西哥國中産銀礦處，其開礦工人皆能通曉礦務，故於山中遇有銀礦一小處，其中可得上等銀礦若干者，必能設法開出，以期獲利。此小做之易於集事也。若夫大做必須多備資本，多集工人，則墨西哥人又不及美國之人遠矣。然美國人之開礦，查礦者往往飢餓而死。墨西哥人則不但能資温飽，而且可得盈餘，此其故不大可思耶？

是編雖爲開礦處之貧户及無讀書人地方而作，然亦不得謂此法只能小做得利，大做即恐虧折，蓋資本愈大，其得利亦愈厚也。如將舊番墩法用是編所載者變通而增益之，招股集資往剛司托克地方開鍊銀礦，則有股分之人必能使囊中漸漸多錢，即股分之價亦可長保昂貴。而卡而孫河内自不致有廢礦，含銀色至數百萬之多，日在浪沙中衝湧矣。然究不能謂有余一人，用余一法即能除去積弊，興此大利，而別人別法皆無成功。余故止就一人所知者筆之於書，至他人短長不敢深論，亦不必深論，以他人之事，他人自能言之也。

常有人駁余曰：「君之法固已善矣，然君往年曾在勿爾吉尼阿邦辦理銀礦務，何不就將新法試用，即以傳授於人乎？」余答之曰：「余法本欲傳人，並無閟而不宣之意，奈各廠主人每皆執定己見，拘泥舊法，雖有良法，亦如瞽者之熟視無覩焉。子因此而疑余法之不善，誤矣。」

余以爲閲是編者，必稍諳礦務内所需機器，並各器試用工夫。故凡杵臼、木桶或盆，進出料之法與夫修理各器具，並壓水銀膏、蒸水銀膏諸法，編中概不論及，以集隘不能備載也。且以上各事，開礦工人多有知之者，即或不知，亦可往各廠中查驗一見，自能明曉。總之，余之刊是編者不過欲素有識見而又畧諳礦務之人從此講求，以期大獲利益而已。至於資本充裕，格致精深者，亦能取是編參觀而討論焉，是又私心所竊幸者矣。

應祖錫《銀礦指南序》 《銀礦指南》一卷，美國礦師亞倫所著也。自泰西礦學盛行，凡採山鑿石之儔，無不領異，標新著爲論説，顧其書類皆議論紛歧，鮮得簡要宗旨。所言工程器具亦復爲費不貲，非巨賈富商每難興辦求。其理精，法簡從，事易而成效可覩者，戛戛乎難之焉。亞氏蚤歲究心地學，於銀礦之理尤能窺其閫奥。曩在勿爾吉尼阿邦承辦鍊銀廠礦務，深悉成法繁瑣，利少弊多，思得一簡便易行者以垂於世。爰取伯提阿番墩霸鎮諸家之法，潛心參究，推陳出新，

體驗有年，遂本平時所心得者，撰爲一書，自試驗銀礦以及採礦、煅礦、磨礦、分礦，無法不備。所用器具又極輕巧靈便，即小本經營之人亦能置辦，誠開礦之南針，鍊銀之秘鑰也。兹取原書，與英國傅蘭雅先生譯出付梓。凡書九章，分八十四節，附圖二十有一，都爲一卷，條分縷晰，朗若列眉。留心礦學者能取是書而揣摩之，將測驗精則無虚擲之功，採鍊精則無多糜之費，由此擴充推闡，精益求精，自無難發地脈之藴藏，爲國家收無窮之利也。則是書之出，豈曰小補之哉？

光緒辛卯仲秋，永康應祖錫書於江南機器製造局。

銅礦開採部

綜述

胡我琨《錢通》卷三《資採》 河北諸州舊少錢貨，猶以他物交易，錢署不入於市。二年冬，尚書崔亮奏：「弘農郡銅青谷有銅鑛，計一斗得銅五兩四銖；葦池谷鑛，一斗得銅五兩；鸞帳山鑛，一斗得銅四兩；河内郡王屋山鑛，一斗得銅八兩。南有青州苑燭山、齊州商山，並是往昔銅官，舊迹見在。《六朝史》。

崔鴻《十六國春秋》卷九四《北涼録一》 永安九年，酒泉南有銅駝山，言犯之者輒大雨雪。遜遣工取之，得銅萬斤。

卞寶第等《〔光緒〕湖南通志》卷六一《食貨志七・物産二・郴州》 義章縣有銅。《唐書・地理志》。郴州宣章皆出銅。《明統志》。銅坑泉在郴州北三十里，相傳巖旁産銅，因名。《一統志》。郴州桃花壠、甑下壠、銅坑衝、桂東之東芒江皆産銅砂。《省志》。

桂陽州。唐元和三年李巽上言：平陽、高亭今郴州永興縣。兩縣界有平陽冶，及馬迹、曲木等古銅坑，約二百八十餘井。《唐會要》。

謝維新《古今合璧事類備要》外集卷六一《財貨門・銅》 天下歲采凡銀、銅、鹽、鐵之冶一百六十八所。元和，天下歲採銅二十六萬六千斤。及宣宗歲，率銅六十五萬六千斤。《食貨志》。江南多出。張齊賢初除轉運使，辭日，太宗皇帝曰：「江南多出銅，爲朕密經營之。」齊賢乃訪得江南承旨丁釗，歷指饒、信、處州山谷産銅、鉛、錫之所，又求前代鑄法。惟饒州永平監用唐元錢料堅實可久，由是定取其法，歲鑄三十萬貫，凡用銅八十五萬斤，【略】。齊賢即詣闕面陳其事，可之。然唐永平錢法肉好，周郭精妙，齊賢所鑄雖歲增數倍，而稍爲磊惡矣。《長編》太平興國八年。天下歲産。本朝銅坑冶者閩、蜀、湖廣、江淮、浙路皆有之，祖宗時天下歲産七百五萬斤有奇。渡江後其數日減，至紹興末，江東西、福建、廣西、湖南、潼川府、利、路十四州歲産銅二十六萬三千一百六十九斤九兩，信州膽銅九萬六千五百斤，饒州膽銅二萬三千四百斤，韶州膽銅八萬八千九百斤，黄銅二百斤，潭州膽銅三千四百斤，建寧府黄銅八千三百斤，連州黄銅二千八百斤，池州膽銅四百斤，汀州黄銅六十斤，邵武軍黄銅二百斤，潼州府黄銅六千斤，利州黄銅七千斤，興州黄銅一千六百斤，南劍州黄銅三千六百斤，視祖額纔及四釐皆弱。東南鐵悉輸岑水、鉛山、永興、興利四場浸銅，爲泉司之用。舊婺州銅坑廢，凡銅場十四云。《朝野雜記》。

《宋會要輯稿》食貨三四 李煜嘗因唐舊制，於饒州永平監歲鑄錢六萬貫，江南平，增爲七萬貫。常患銅少不克用，張齊賢任轉運使，求得江南舊承旨丁釗盡知饒、信、處等州山谷出銅，即調發諸縣丁夫采之。

《續文獻通考》卷二三《征榷考・坑冶》 銅在益都者，至元十六年，撥户一千，於臨朐縣七寶山等處採之。在遼陽者，至元十五年，撥採木夫一千户，於錦瑞州雞鳴山、巴山等處採之。在澂江者，至元二十三年，撥漏籍户於薩矣山煽鍊，凡一十有一所。

顧炎武《肇域志》卷四七 韶州府【略】在縣東二十里，下流爲五渡水，折而西，與湞水合。膽礬水在縣南七十里，宋初置場採銅，岑水銅場。謂場水能浸生鐵成銅也。

佚名《群書會元截江網》卷一一《錦帛》 太祖開寶九年，升州言所鑄銅錢一年共鑄三十萬貫，乃命江南運司應採銅處，經度采取，以給其用。《會要》。咸平二年初鑄錢，但用饒州永平、池州永豐二監。至是宰臣張齊賢言：「今錢貨未多，望擇使臣按行出銅易得薪炭之處，增監鑄錢。」乃命虞部員外郎馮亮等至建州置豐國監，江州置廣寧監。【略】。《會要》。徽宗崇寧元年，游經奏：「自興鉛山場膽銅，已收九十萬斤，緣左坑有膽水、膽土。膽水浸銅，工少利多，其水有限；膽土煎銅，工多利少，其土無窮。《通略》

李燾《續資治通鑑長編》卷九七 〔真宗天禧五年〕産銅有三十五場，在饒、處、建、英、信、南安、汀、漳、邵武、南劍等州軍，又一務曰梓州之銅來。《兩朝志》增虔、泉、韶三州，却無處州、南安軍。

《宋史》卷一八五《食貨志下七》 崇寧元年，提舉江、淮等路銅事游經言：「信州膽銅古阬二：一爲膽水浸銅，工少利多，其水有限；一爲膽土煎銅，土無窮而爲利寡。計置之初，宜增本損息，浸銅斤以錢五十爲本，煎銅以八十。」詔用其言。諸路阬冶，自川、陝、京西之外，並令常平司同管幹。所收息薄而煩官監者，如元符、紹聖敕立額，許民封狀承買。四年，湖北旺溪金場，以歲收金千兩，乃置監官。廣東漕臣王覺自言嘗領常平，講求山澤之利，岑水一場去年收銅，比

祖額增三萬九千一百斤，較之常年亦增六十六萬一千斤。遂增其秋。是歲，山澤阬冶名數，令監司置籍，非所當收者别籍之，若弛興、廢置、移併，亦令具注，上於虞部。

廣東漕司復奏：「端州高明、惠州信上立溪場皆宜停閉；韶州曹峒場。英州銀岡場皆並入英之清溪場。惟黄坑場欲權存俟歲終會所入别奏；惠州楊梅坑，康州雲烈、潮州豐政、連州元魚銅坑、黄田白寶、廣州大利、宜禄、韶州任注、岑水銅岡、循州大佐羅翊、英州鍾峒凡十六場，請並如舊；循之夜明、英之竹溪、韶之思溪、連之同安請更遣攝官。」從之。

王之望《漢濱集》卷八《朝劄・論銅坑朝劄紹興二十八年》 某去年八月二十日，準尚書省劄子，委措置銅山縣銅事，尋差知涪城縣姜宿前去檢踏。緣本官差充類試官，别選懷安軍金水縣丞趙純權、遂寧府蓬溪縣酒税胡宰，分詣逐處相度措置。某亦蒙制置司差充類試所考試官，至成都府界，以朝廷專委辭行。九月初十日，徑到銅山縣，躬親相視，廣行詢訪。其新舊銅窟凡二百餘所，匠户近二百家，與郪縣出銅器地名于打銅村相去數十里。其于打銅村鑄造之家亦百餘户。初謂所産銅礦大段浩瀚，每歲欲且立萬斤爲額，而民户哀訴不已。某委曲説諭，詰以銅窟、銅匠、鑄銅之家如此之多，豈得謂之無銅？且縣號銅山，此名不應虚得。今朝廷以鑄錢闕銅，偏行搜括，知爾縣所出不貲，專委漕臣措置，豈容爾輩尚專其利，可依實認額，毋取罪戾。其老宿等對曰：「此縣銅礦有無不常，每遇一窟，苗脈盡滅，即於旁近尋訪窟之深者，至數十百丈。若是坑苗豐盛，豈有棄舊圖新？今新舊二百餘窟，見可采者只一十七處，後又添兩窟。窟之多，蓋以銅之少也。諸村匠户多以耕種爲業，間遇農隙，一二十户相糾入窟，或有所贏，或至折閲，係其幸不幸。其間大半往别路州軍銅鈆盛處，趂作工役，非專以銅爲主，而取足於此土也。其郪縣于打銅村所鑄器物，多是漢州及利州大安軍等處客販之銅。又四川販銅悉集於此，故銅器爲多，不皆出於本縣。縣雖以銅得名，然非嚴道鄧通所賜之銅山。《圖經》載《唐・地理志》：貞觀一十三年置鑄錢官，至調露元年即罷，可見此縣産銅自來不多。數十年前有窟二十二處，每年人户認銅三百六十五斤。政和年中，憲、漕兩司各遣官重行檢踏，只七窟有苗，餘一十五處無可採取，止於七窟上量添銅二十一斤而已。非不欲多增，勢不能也。某等伏覩榜示，亦知朝廷搜括銅寶甚急，於使司賞罰非輕。本縣山僻，無監司巡按數十年矣，今使者親來，宿留累日，豈敢以多爲少欺罔官司乎？乞從使司嚴行禁絶，如有藏匿銖兩，衷私貨賣，甘伏重罪。」某亦未以爲然，遂籍匠户，分窟取礦，置場拘收烹鍊，以十月爲頭，仍差趙純權銅山令專主其事。至十一月末，兼中間有閏，凡三個月，每月趂辦不及五百斤，甚費督責。又民户陳訴不一，蓋緣諸窟散在山鄉山谷五七十里之間，難於拘籍，遂再委姜宿前去(子)細審量措置，凡閲兩月，方得就緒，每月及五百斤。今每歲以六千斤爲額，遇閏更加五百斤，已别具狀畫一申尚書省。自十月至正月，五個月收到銅二千五百斤，見行起發。通先所起拘到器物銅共計一萬一百三十三斤。竊緣刱行之初，事涉經久，非審見的確利害，未敢條上，以此稍稽月日。某不才，蒙廊廟曲加記録，特使任使，實不敢不盡疲駑。伏惟鈞慈，特賜照察。

《文獻通考》卷一八《征榷考五》 寧宗嘉定十四年，臣僚言，産銅之地莫盛於東南，如括蒼之銅廓、南箕、孟春、黄涣峯、長拔殿山、爐頭山莊等處，諸暨之天富，永嘉之潮溪，信上之羅桐，浦城之因奨，尤溪之安仁，杜唐洪面子坑五十餘所，多係銅銀共産，大場月解浄銅萬計，小場不下數千，銀各不下千兩，爲利甚博。至今雙瑞、西瑞、十二巖之坑，出銀繁澣。大定、永興等場，銀、鉛並産，興盛日久。又信之鉛山與處之銅廓，皆是膽水，春夏如湯，以鐵投之，銅色立變。浸銅以生鐵煉成薄片，置膽水槽中，浸漬數日，上生赤煤，取刮入爐，三煉成銅。大率用鐵二斤四兩，得銅一斤。淳熙元年七月，指揮信州鉛山場浸銅，每發二千斤爲一綱，應副饒州永平監鼓鑄。夫以天地之間，顯畀坑冶，而屬吏貪殘，積成蠹弊。諸處檢踏官吏，大爲民殃。有力之家，悉務辭遜，遂至坑源廢絶，礦條湮閉，間有出備工本爲官開浚。元佃之家，方施工用財，未享其利，而譁徒誣脅，甚至黥配估籍，冤無所訴。此坑冶所以失陷也。

王象之《輿地紀勝》卷四《安吉州》 銅峴山。在武康吴王採銅之所。 銅官山。《寰宇記》云武康山在縣西一十五里，天寶十五年改武康山。《輿地志》云古採銅之所。

《元史》卷九四《食貨志二》 銅在益都者，至元十六年，撥户一千，於臨朐縣七寶山等處採之。在遼陽者，至元十五年，撥採木夫一千户，於錦、瑞州鷄山、巴山等處採之。在澂江者，至元二十二年，撥漏籍户於薩矣山煽煉，凡一十有一所。此銅課之興革可考者然也。

《明會要》卷五七《食貨五・坑冶》 嘉靖、隆、萬間，因鼓鑄屢開雲南諸處銅場，久之，所獲漸少。《食貨志》。

陳道等《〔弘治〕八閩通志》卷二四《食貨・阬冶》 〔延平府〕沙縣龍泉銅場

【略】在縣西二十九都龍巖縣界。古銅場。在縣東南九都古縣對岸，唐時置。

〔福寧州〕寧德縣車盂銅場。在二十都，宋元豐間發。

劉松《〔隆慶〕臨江府志》卷三《疆域》　銅山，〔新喻〕縣西北五十里。山產銅礦，唐大曆後置官場，宋平南唐，罷。

洪亮吉《乾隆府廳州縣圖志》卷二二《漢中府》　銅場在〔畧陽〕縣東。王存云：順政縣有青陽銅場。

又卷二七《湖州府》　武康山在〔武康〕縣西十五里，舊名銅官山。野王云：山下有兩坎，深數丈，方圓百尺，古採銅所。

又卷二八《嚴州府》　銅官山在〔建德〕縣西八十里。秦時嘗於此置官採銅。

又《金華府》　銅山在〔永康〕縣東五十五里。宋元祐中嘗置場採銅，宣和後廢。

又《嚴州府》　洪洞山在〔遂安〕縣西南七十里。唐天寶中嘗置場採銅於此。

又卷三九《延平府》　〔沙〕縣故城在縣東十里對古銅場。

《清高宗實録》卷五八一　〔乾隆二十四年二月〕雲貴總督愛必達等奏：「據大碌廠民於附近大銅廠之路南州大興山踹得旺礦，成分甚高，自二十三年三月開採至本年二月，即獲銅觔百一十餘萬，嘈礦情形尚在大銅廠上。近年辦銅不敷濟運，從前積銅，添補將盡，得此接濟，於京外鼓鑄有裨。」得旨：「嘉獎。」

又卷七六四　〔乾隆三十一年秋七月〕大學士管雲貴總督楊應琚奏：「滇省礦廠甚多，各處聚集砂丁人等不下數十萬，每省流寓之人聞風來至，以至米價日昂。請嗣後示以限制，將舊有之老廠子廠存留開採，祇許在廠之週圍四十里以內開挖礌硐，其四十里以外不準再開，庶客户、課長、砂丁人等不致日漸加增。再，現在滇省各廠每年約可辦獲銅一千二三百萬觔，內解赴京局及本省鼓鑄，并外省採買滇銅共約需一千二百餘萬觔，所餘不過數十萬觔，若外省儘數加買，勢必入不敷出，請將各省採買滇銅，除乾隆十九年奏定之額，仍聽按年買運外，如有請豫買一運，以及加買，并借買數十萬觔之處，概不准行。又舊廠既有界限，將來開採年久，難保無衰歇之處，更應留有餘以補不足。查省城、臨安、東川新舊各局，除正鑄之外，又經奏准加鑄，將餘息銀兩爲湯丹、大碌等廠加添銅價，及永順、普洱防邊之用，共歲需銅一百七十餘萬觔，今滇省正鑄之卯，儘足敷搭放兵餉，接濟民用，其加價一項，應即在外省採買滇銅盈餘銀兩內撥用，本省加鑄各項亦可酌量停止。請將永順等處防邊經費，所有加鑄之卯，及東川新局加鑄一項，仍行酌留，其餘各局加鑄概行停止，即以所餘之銅留備將來不足之用。」得旨：「如所議行。」

褚廷璋《〔乾隆〕西域圖志》卷三一《兵防一》　烏什：採銅兵二百五十名，乾隆三十一年設五十名，三十二年增一百名，三十五年增一百名如今額。

王培荀《聽雨樓隨筆》卷六　蜀之嚴道，舊銅山也。其他採銅之處，亦多商賈，及土人有能識礦苗者。礦苗既現攻之入山，仍需二三十丈或一二百丈，然後得礦，是爲礌硐。礌硐既得，然後招募炭窑等户，建設爐房箱甑，以爲煎煉之具。當時油米食物無一不賤，山林樹木隨處燒炭，故資本少而獲利多。攻採煎煉又各視其人，如甲與乙同赴一山，礌硐相望，甲所獲或數倍，乙所獲無幾。或同一硐，共一爐，遇甲煎銅，每爐或多至四五十觔，遇乙則又少至四五十觔。自廠衰之後，油米食物無不騰貴，山林樹木各有地主，炭窑日遠，供送不易，煎煉愈難，銅廠衰憊，攻採愈艱。百姓開墾既衆，深山老林卒歸糧業居民，往往霸距山林，與廠民互相搆釁，故採銅甚不易言也。

《〔光緒〕東華續録》光緒一五七　〔光緒二十五年，十二月〕戊寅，唐炯奏：「雲南辦廠全恃春秋冬三季，冬季每月可得銅十一二萬，春秋兩季每月可得銅七八萬不等，夏季地氣上升，礌硐積水，難於攻採，民間至時停歇，公司則不惜工本另開，通風洩水，以便攻採，每月尚可得銅四萬，常年廠情大率如此。本年自四月至五月杪，連月大雨，中間晴霽不過數日，公司所辦巧家、永北、宣威、威寧各廠礌硐悉被水淹，甚或坍塌不能採礦。辦廠以柴炭爲第一要需，各廠在萬山中，柴炭皆購之三四百里外。雨多路險，轉運迺難，遂爾缺乏，不能煎鍊。又爐座爲濕氣浸潰，火力不順，礦砂往往不能團結，煎鍊十爐只成四五，總計夏秋兩季每月得銅二萬餘斤，多止三萬，較之往年短缺過甚，而公司賠累因之亦鉅。臣每接公司稟報，午夜焦灼，現在天氣晴霽，已飭公司設法趕辦。惟修理礌硐爐座，開通水洩，轉運柴炭，展轉躭延，煎鍊尚需時日。本年銅斤實不能辦足二批，此則天時所致，非公司人力有未盡，亦臣意料所不及。理合據實縷陳，仰求聖慈垂鑒。」得旨：「知道了，即著督飭公司設法趕辦，儘數起運。」

《〔光緒〕東華續録》光緒二〇八　〔光緒三十三年，秋七月〕甲寅，度支部奏：「考查銅幣大臣郵傳部尚書陳璧奏籌議開採銅礦一片。光緒三十三年五月初八日奉旨：『該部議奏。欽此。』欽遵，由軍機處鈔交前來。據原奏內稱，各省鑄造銅幣購用洋銅實爲絶大漏卮，近年銅價奇昂，大利尤多外溢。查中國各省

礦產甚饒，即如江西、雲南所產之銅，前經度支部總廠鎔化試驗，頗合造幣之用，銅質提鍊未凈，鎔鑄工耗稍多，若能廣行開採，精加提鍊，嗣後造幣需用即無須取給外洋。臣此次奉命考查銅幣，贛、滇兩省均經奏明派員前往，即飭順道採訪銅礦。茲據赴贛考查司員呈稱，贛礦苗旺質佳。又據赴滇考查司員電稱，東川等處銅礦尚旺各等語。贛、滇礦產豐富，銅質亦佳，足供鑄造，擬請飭部切實調查，籌議開採。此外，如有佳礦，亦宜推廣籌辦，實於幣制、礦務均有裨益等語。臣等伏查中國銅礦，滇省最富，歷經分批辦運，以供京師鼓鑄之需。臣部近設總廠，亦經提取滇銅鎔化試驗，但能提鍊加精，即可用以鑄幣，徒以銅本艱窘，該省歲辦京運，時虞竭蹶，而各廠造幣轉須購買洋銅，以致利權外溢。臣部爲收回利權起見，亟思振興礦務，以塞漏卮。近聞贛省發見銅礦苗旺質佳，又經電提二千斤交總廠試驗，頗合造幣之用。贛省既有此佳礦，尤宜亟籌開採，冀於滇礦而外，增一利源，業於上年十二月間議覆。御史徐定超奏請興復滇礦摺內，奏請飭下雲貴總督體察籌辦，俟得切實辦法，由臣部寬籌資本，力與維持。並聲明江西礦產甚佳，乞飭切實調查，迅圖興舉，以挽利權，而恢銅政等因，奏準行知在案。嗣於本年五月，據兩江督臣端方、江西撫臣瑞良奏報，江西贛縣隴下及長排嶺銅礦苗脈豐厚，銅質甚良，實爲上等佳礦，採法宜用機器，兼築小枝鐵路輸運，經營試辦，約需經費四十萬兩，寧、贛各認銀二十萬兩，核撥開辦等語。該督撫等合兩省之力，開濬利源，一俟辦有成效，則各廠鑄造銅幣均可赴贛訂購，毋庸仰給外洋，漏卮杜塞，利莫大焉。至雲南銅礦，本年四月間，因臣部所派丁憂主事余晉芳至滇考查造幣分廠事宜，該廠尚未開辦，電飭就近調查礦務，並電知雲貴總督派員會同往勘。嗣準雲貴督臣錫良電稱，派道員劉孝祚偕往東川，據報礦旺民貧，恃官接濟。查滇銅每百斤給價銀二十兩，用以造幣，雖須改鍊，小有折耗，現在洋銅日貴，以四十餘兩之重價購之外人，不若加價興辦滇礦，免致利權外溢，擬照官價每百斤酌加價銀較用洋銅仍屬合算，且能保我廠利，冀圖擴充。該員等現赴昭通等處查勘，容再籌酌電聞等語。臣部當以滇銅困於例價，出產日衰，至爲可惜，現各省鑄幣用銅甚多，如提鍊純凈，足合造幣之用，自當酌加價值。惟礦產是否豐旺，仍令轉飭詳細調查，如果確有把握，集資之事自當內外合力通籌，闢此利源，飭籌議覆等因。電覆去後，現尚未□聲覆，應俟該督續報到日察核情形，應如何內外協力籌集資本，從事開採之處，再由臣部奏明辦理。」農工商部：「查銅礦事關幣政，自應及時開採，以塞漏卮，至一切辦事章程應仍按照臣部奏定礦章辦理，以歸劃一。」得旨：「如所議行。」

劉錦藻《清朝續文獻通考》卷三八七《實業考二〇》 又督辦雲南礦務唐炯奏：「雲南辦廠全恃春秋冬三季。冬季每月可得銅十一二萬，春秋二季月得七八萬不等，夏季地氣上升，碏硐積水，洩水攻採，每月尚可得四萬，常年大率如此。本年四五月大雨，所辦巧家、永北、宣威、威寧各廠碏硐，悉被水淹，甚或坍塌，不能採礦。辦廠以柴炭爲要需，各廠在萬山中柴炭皆購之三四百里外，雨多路滑，轉運甚難，遂爾缺乏，不能煎鍊。又鑪座溼浸，火力不順，礦砂不結，煎鍊十成，祇成四五。總計夏秋兩季，每月得銅二萬斤，多止三萬，較之往年短缺過甚。而公司賠累因之亦鉅，本年銅斤實不能辦足二批。此則天時所致，非人力有未盡。」得旨：「著督飭公司設法趕辦，儘數起運。」

康敷榮《青海誌》卷二《礦產》 銅。距切吉。迤西三十里之蒙岡山上有銅礦。又海北之完力麻地方乙開連腦有紅銅礦，現已開採，附近大通河距丹五六站。

劉錦藻《清朝續文獻通考》卷三九〇《實業考一三》 銅之產量　我國自來以銅幣爲主，需銅甚殷，稍發見必盡力採掘，不能及礦脈深處，故不久即竭。茲將近年各省銅之產量列表如左：

吉林　四五噸　新疆　一一噸　湖北　一噸　四川　三一四噸　雲南　九五九噸　合計一千三百四一噸

產銅之少，於此可見，若與世界出產總量比，尚不及百分之一。

吉林磐石銅礦。　礦有二：一、石咀山在縣城東北三十五里，一、椅子山在縣城東南十里。石咀銅礦，光緒三十四年，吉撫委唐家楨設局試辦，擬參用西法，艱於籌款，決議招商合辦。滬商唐鑑章稟請招集商股五十萬元，將前撥官款作爲官股，於宣統二年接辦，定名商辦磐石銅礦公司，迄未招足股本，最後以虧賠退辦，見礦復歸官。礦洞十三，礦石含銅百分之四五。據英日各礦師報告，如改用西法採鍊，每日出銅萬斤，足供七十年之開採。椅子山礦爲唐鑑章兼辦，開採無效仍停工。

吉林天寶山銅礦。在延吉縣西境，自光緒十五年以產銀著名，每日得銀約七八百兩，僅知取銀，銅質委棄。數年後產量漸減，更因與日商中和公司之糾葛，暫被封禁。近年作爲銅礦，歸中日合辦之天寶公司，用新法採鍊，盛時產量爲一〇一五七噸。

湖北竹山銅礦。縣境銅礦甚多，以距城西一百五十里之鄧家台爲最要。光緒三十三年，鄂督經營此礦，供鑄銅圓，後改歸五豐公司開採，仍爲官產。面積廣約二百畝，礦質爲自然銅，間產黄銅、赤銅、孔雀石等質。

湖北大新銅礦。指大冶、陽新銅礦而言，在大冶爲龍角山、天台山，在陽新爲歐陽山、劉許山、韓家山、牛首山，皆在縣西北。近年官礦局經營，二縣並在富池建冶銅廠，耗費鉅款，終乃停辦。今惟牛首山銅礦有開陽公司開採，月產礦石數百噸，借富池廠製鍊，成績頗佳。

湖北咸豐銅礦。西自與四川邊境毗連之羊蹄蓋起，東經縣治東部，至宣恩縣之大山坪止，計延長二百里左右。土人向以爲鐵礦而採用之，後漸發見銅質，作銅礦開採，因出水過多，至不能再挖而止。就中以袁家溝開挖最深，此處礦權係一袁姓者。

四川彭縣銅礦。在縣城西北百餘里之大寶山。光緒二十八年有魏子書者，禀請自願報效，出資開採，川督錫良允之。旋以魏辦理不善，收歸官。宣統元年，趙爾巽以土法冶鍊，質欠純，乃參用西法冶銅，規模粗具。見改歸彭縣銅礦公司經營。

福建南平銅礦。在縣東南六十三里之金沙里棗兜。近年經礦學家調查，礦量豐富，遂招集閩、廣兩省商股，設寶華公司開採。礦區爲一千三百九畝。

雲南東川銅礦。滇爲銅礦最廣之區，而東川則其中心，開採已久。國初由本省經營，乾隆二年收歸政府。年運粗銅四萬四千四百擔，赴京鑄錢。六年起，增至六萬三千三百十四擔。咸豐八年，大理回教徒起事，各礦停頓。至同治十三年，礦雖恢復，產量不過五千擔。光緒十三年，唐炯任礦務，每年產銅萬擔，乃大有起色。三十二年，礦務復改歸省辦，嗣後與商人集資三十萬兩，組織東川礦務公司，股本官商各半，不久復收歸省有。產銅地在東川縣西北金沙江與其支流小江之間，所謂湯丹、因民、落雪、大水鐵廠、茂麓等大銅廠均在焉。【略】

傳記

劉克莊《後村先生大全集》卷一六五《趙通判墓誌銘》 君名汝稟，字秀叔，太宗皇帝九世孫。【略】三調冶司檢踏官，分司曲江，銅課舊額歲二十一萬，仕者率減削場丁月給，多逃去者。君始按月支給，銅額增美。歲餘，泉枯礦闕，若地愛寶者，君禱於神，忽呈現。未再歲，課參增五十六萬。泉使吳公應龍薦於朝，詔循文林郎因泉某兩司互申官屬，朝旨下其事於經略司采訪以聞。帥方公大琮謂：「兩司互劾官屬，皆失之偏，乞將各人別與差遣。」通理前任，改注潮州推官。

汪价《中州雜俎》卷九《石膽》 王繼，祥符人，成化丙戌進士。爲山西按察使。時中貴奉命採石膽於紫碧山，求之弗得，甚爲民患。繼令取小石子紿之，中貴怒曰：「石膽古書所載，何以云無？」繼曰：「麟鳳亦載古書，今有之乎？」事遂寢。

邵經邦《弘簡録》卷三八《臺諫·唐五之三》 韓思復，字紹出，長安人。【略】遷滁州刺史。州產銅鑛，人苦採取充貢，爲買之他郡，費省獲多。

又卷二三六《載記·金侍從一》 李木魯阿魯罕，隆州琵離葛山人。【略】禁軍有以甲葉易諸物，或挾兵鐵與天德榷場互市，及界外歲採銅礦，皆一切禁絶之。

汪道昆《太函集》卷三〇《江漸江先生傳》 尋轉副使，治兵饒州。已復退浙江右參政。先是，游民聚族採鑛，據西安銅山，數寇新都，官司莫詰。參政筴便宜四事，未及行，寇業已破婺源，掠休寧，且薄歙境。參政亟請督撫發兵截寇歸路，悉殲之，遂乘勝錮銅山，散其黨。復請以浙東兵備兼攝徽饒，迄今十年，亡復嘯聚者，參政力也。

史善長《弇山畢公年譜》 〔雍正〕三十九年甲午，四十五歲。冬十月，典試武闈。時川省軍營連次克捷，公籌運礮子、箭枝，協撥銀餉章程如前。又請開採寧羌州銅礦。改留壩廳通判，爲同知，改三原縣。爲要缺，奏入，並報可。

李祖陶《國朝文録續編·松泉文録·贈中憲大夫芝巖范府君墓表》 乾隆三年，奉命採辦洋銅運京局，以抵分限應輸之數。又奉命採參烏蘇里、綏分，歷三年，所入視前爲多，迄不敷成額。八年，部議以應折參價及所通運值，凡百十四萬兩有奇，悉辦洋銅輸西安、保定、湖北、江西、江蘇五布政司，備鼓鑄。銅產東南外洋長崎諸島，賈舶風帆出没洪濤嶕嶼中，倭夷居奇留難，承辦官羈十餘年不得如額，指爲畏途。府君曰：「吾受恩重，此吾分也。」立遣人駕巨舟赴洋採辦。

張維屏《國朝詩人徵略》卷三一 王太嶽，字基平，號芥子，直隸定興人。乾

隆七年進士，官雲南布政使，有《青虛山房集》。

公以弱冠入詞林，海内交推其文學，而公獨志於經世之務。在西安元留心水利，著《涇渠志》。在雲南，憫銅政之弊，於是旁搜博訊，指利害所由來，以求補救之術。大略謂舊時滇銅聽人取攜，自康熙四十四年始，請官爲經理，歲有常課。至雍正初，始開鼓鑄，運京局以疏銷積銅。兹硐路已深，近山林木已盡，夫工炭價皆數倍於前，而又益以課長之掊尅，地保之科派，官役之往來，供億廠民受價六兩四錢之外，尚須貼費一兩八九錢而後足。採辦之難，此其一也。滇銅自乾隆四五年以來，歲産六七百萬觔，乾隆三十八年、三十九年，以一千二百數十萬告，此滇銅極盛之時。至今日而京師之運額既不可缺，而江南、江西以外尚有浙、閩、黔、粤、秦、楚諸路開鑄，求之益衆，責之益急，雲南之銅何時足乎？採辦之難，此其二也。硐民皆無業之人，領本到手，往往私費，亦有開硐無成，虛費工本，懸項累累，名曰「廠欠」。自頃定議，每歲終責取無欠結狀，然工本不足，廠民不能徒手枵腹而致採，則爲之量借油米爐炭，以資工作，而其欠借不歸之油米爐炭亦不下巨萬之值，大廠之逋累積重莫蘇。採辦之難，此其三也。小廠收買涣散莫紀，合計數十小廠之銅比二三大廠不能半，則大廠安得不困？採辦之難，此其四也。夫轉運之難，牛可載八十觔，馬力倍之，一千餘萬之銅，非十萬匹頭不辦，今司運之官既皆增價僱募，然不免以人易畜，里民每贏數日之糧，以應一日之役，喜事之吏驅率老幼，横施鞭打，瘁民生而虧政體，非小故也。嘗竊求前人之論議，其有已效於昔，而可試行於今者，曰多籌息錢以益銅價也，通計有無以限買銅也，稍寬考成以舒廠困也，實給工本以廣開採也，預借僱值以集牛馬也。銅政之要必寬給價，給價足而後廠衆集，廠衆集而後開採廣，廣採則銅多，銅多則用裕。有銅本斯有銅息，有鑄錢斯有鑄息，以廠民之銅鑄錢，即以鑄錢之息與廠，費不他籌，澤不泛及，而此數十廠百千萬衆皆有以蘇困窮，而謀飽暖，積其懽呼翔踴之氣，銅即不增，亦斷無減。雲南山高脈厚，到處出産礦砂，但能經理得宜，非惟裨益銅務，而數千萬謀食窮民亦得藉以資生。由此觀之，小廠非無利也。誠使加以人力，穿峽成堂，則初闢之礦入不必深，而工不必費。又地僻人少，林木蔚萃，炭亦易得，較大廠攻採之費有事半而功倍者。誠於廠之近邑招徠土著之民，聯以什伍之籍，又擇其厚樸持重者爲之長，於是假之以底本，益之以油米薪炭，則涣散之衆皆有所繫屬，然後示以約束，董以課程，作其方振之氣，厚其已集之力，使皆穿石破峽，以求進山之礦，雖有不成者寡矣。銅運之在滇境者，後先踵接，依次抵瀘，而瀘州旋收旋兑，略不停息，則終無儲備之日，惟寬以半歲之期會，然後瀘州有三四百萬之儲，儲之既多，則兑者方去，而運者既來，是常有餘貯也。如是，而凡運官之至者，皆可以時兑發，次第啓行，在瀘既無坐守之勢，在途亦有催督之令，運何爲而遲哉？《春融堂集》。

王昶《湖海文傳》卷五四彭啟豐《光禄大夫經筵用講官太子太傅東閣大學士兼工部尚書陳文恭公墓誌銘》　在雲南，時方用師，倮夷運糧者苦道遠，公改爲短運遞運法，民便之。山有銅廠，向召民開礦，以資鼓鑄。後民苦廠官煩苛，工費薄，遂相戒不前。公請量加工費，除抽課外，聽得自賣礦銅，民争趨之。已而更鑿新礦，銅日盛，遂罷買洋銅之令。

又卷五五吕星垣《迤西兵備道唐公墓誌銘》　乾隆五十五年，歲庚戌，觀察唐公年七十有九，考終於家。公子仁埴狀公行事萬六千餘言，寄其友吕星垣，請銘墓。【略】三守普洱，民尤懷之。公初理湯丹銅廠，爲滇銅廠第一。墮欠久懸，公特慎，客本支放，嚴辨礦色，一時客長、爐户、竈丁皆勤儉，墮額不缺。

王昶《〔嘉慶〕直隸太倉州志》卷三一《人物》　祝忻，字松緣，大中孫，景南子。入貲選部郎中，出爲安徽廬州知府。值歲旱，力請賑。次年，合肥、無爲、巢三邑水荒，亦如之。民有帶刀肆凶者，忻誅其渠首，一郡畏懷。遷貴州貴西兵備道，屬員空，議革職，奉恩旨，仍發雲南以道員用，署迤東道。搜採銅苗，設法輓運，銅額遂足。調糧儲道，旋辦安南案。又隨總督永昌駐防，巡守關隘，總理軍需。以永平保山私借常平事連坐，旋奉旨開復，以終養歸卒。

阮元《揅經室集》二集卷三《誥授光禄大夫刑部右侍郎述庵王公神道碑》　公姓王，諱昶，字德甫，號述庵，以居蘭泉書屋，學者稱蘭泉先生。【略】五十一年，授雲南布政使。雲南銅政繁，公盡發故籍，著《銅政全書》，示補救調劑之術。

姚瑩《東溟文集》卷一二《文後集・太子少保兵部尚書都察院右都御史雲貴總督謚文恪武趙公行狀》　〔道光〕五年九月，調雲貴總督。六年正月，至滇。貴州土瘠民貧，惟黎平府産杉木，松桃廳産茶、桐，獲利資生，餘則彌望皆童山也。近歲大吏勸民種植樹，放蠶收繭織綢，甚有效，而守令或以爲迂。公過諸府州縣，多未行者，復手教勸之，且捐給工本。滇省荒遠，以靖撫邊夷、督運銅、鹽爲大政。公奏陳銅礦情形，其略曰：滇省應運京銅六百五十餘萬，帶補歷年沈失三十餘萬，本省局鑄六十餘萬，各省採買二百七十餘萬，凡用銅一千數十萬斤。昔時銅旺有盈，存貯瀘店，謂之底銅，諸廠或一時未措，輒借兑運京。嗣礦生漸

微，歷請封閉，減額銅二百餘萬，近愈縮，年常不敷一二百萬。嘉慶二十二年，底銅已盡，適四川烏坡銅廠驟旺，由滇委員買補。至道光五年，瀘店收銅八百一萬。道光三年，寧臺廠應運京銅改撥各省採買，以瀘店撥補京運，今存底銅二百七十餘萬而已。本年諸廠報獲及已發在途、已買未運之烏坡銅四百數十萬尚可濟乙酉年京運。至本省局鑄與各省採買皆未能裕，由諸廠攻採，年久硐深礦薄，產銅日絀，而炭山漸遠，運腳加增，窑户砂丁工本價外，餘潤無幾，故採銅日少。欲覓子廠，須預費工本，民皆乏資，廠官借發恐無成效，遂至虧賠。此滇銅疲滯之情形也。惟有慎選幹員經理調劑攻採，飭令各屬廣覓子廠，嚴緝私鑄，設法整頓，期有起色。

齊學裘《見聞續筆》卷一《廠頭孫某爲城隍》 家秋垣司馬言，東川府廠頭銅廠承辦採礦謂之廠頭。孫某爲會澤縣城隍，與趙味堂相友善。先是，孫某歿後數日，忽咐其弟言：「某爲會澤城隍，今以廠務款項未明，速請味堂趙公來一證之。」趙即至其舍，因言某月日所領工本已交廠户某某，匆遽未有案牘，恐滋疑，故歸了此事。」味堂叩其以何善行得爲神，曰：「某五六歲父母相繼逝，撫於祖母，家貧業賣餅，日售於市，日所得錢，暮歸奉祖母，不敢私用一文。及長能力作，傭工銅廠，日得值皆爲祖母備甘旨，已飢寒，弗以爲苦。後祖母以壽終，某以誠實共舉爲廠頭，遂成室家。昨初死，見冥王，謂事祖母二十年如一日，以此孝行當本處城隍焉。」趙謂：「可常往來否？」曰：「公可，它人不可。公將爲昆明土地，如以禮相召，則仍當附弟身以酬答。」時會澤令黄君夢菊，江西人，庚子進士。以太翁染微恙，聞味堂能與城隍語，屬其代查太翁壽數，遂書啓焚之。忽其弟來作神語曰：「黄公，江西人，江西始有册可稽，今已移文往詢，一日可返也。」翌日，其弟復來作神語曰：「據江西城隍覆札云，册籍無黄公名，惟有姓黄名某者，子爲會澤宰，某年當就養至署，某年月當患小疾，未知是否？」所謂名某者，即太翁之乳名也。因知冥中册籍皆注乳名，不注官諱。東川太守、山左李君德生異其事，託叩官階，曰：「此又需至山東代查矣。」翌日至，曰：「已查得公家四代業醫，自高曾祖父皆以術濟世，不問富貧貴賤，必盡心力療治之，以此功德，得蔭後人，公好爲之，正未艾也。」味堂，昆明人。方伯趙述園先生以清釐銅務，延入藩幕，詢以此事，信然。夫生爲醇孝，歿爲明神，此鑿然至理，即所言兩事，亦皆不謬，惟云註册皆用小字，不用名號，則不可解也。

紀事

洪齮孫《補梁疆域志》卷一 《梁書·杜龕傳》：「除溧陽縣侯。」有東破山，《建康志》：在溧水縣東南五十五里。梁大同二年採銅於此。馬占山，同上。在溧水縣東南三十五里。梁大同二年採銅於此。盧塘山。同上。在溧水縣東南二十三里。梁大同二年嘗採銅、錫於此。

《北史》卷八六《循吏傳·辛公義》 時山東霖雨，自陳汝至於滄海，皆苦水災，境内犬牙，獨無所損，山出黄銀，獲之以獻。詔水部郎婁崱就公義禱焉。

李吉甫《元和郡縣志》卷一三 《河南道·萊州》貢賦：開元貢黄銀、文蛤、牛黄、滑石器。賦：絹，綿，貲布。

黄銀坑在〔昌陽〕縣東百四十里。隋開皇十八年，牟州刺史辛公義於此坑冶鑄得黄銀，獻之。大業末，貞觀初更沙汰得之。

又卷二九《江南道一·宣州》 禹貢揚州之域，春秋時屬楚，秦爲鄣郡，漢武帝改爲丹陽郡，領縣十七。理宛陵，即今理是也。漢有銅官，《輿地志》云：「宛陵縣銅山者，漢採銅所冶也。」

談鑰《〔嘉泰〕吴興志》卷四《武康縣》 武康山在縣西十五里。本名銅官山，唐天寶六年敕改今名。《餘英志》云：「六年，本名武康山，天寶六年改名銅官山。」山下兩坎，深數丈，方圓百丈，古採銅之所。見《輿地志舊編》云：「山下有銅官湖，漢吴王濞鑄錢處。」《餘英志》云：「山下有兩坎，號銅井。」

羅濬《〔寶慶〕四明志》卷一四《奉化縣志卷一·叙山》 銅山在縣西北十五里。按：《唐志》云：「奉化析鄮置有銅此山蓋以所産名也。」俗傳昔有樵夫入山，滿目皆金寶，意欲拾取之，儵有神人杖劍而出，皇駭奔走，頃之旋顧，悉不見矣。

周應合《〔景定〕建康志》卷一七《山川志一》 銅山在江寧縣東南七十里。周迴一十九里，高一百丈。《舊志事跡》：「昔人採銅於此山，故名。」陳軒《金陵集》載鮑昭《過銅山掘黄精》詩云：「銅山晝深沉，乳竇夜涓滴。」即此也。屬江寧縣。句容縣北、溧水縣西亦各有銅山，皆舊日採銅處。

五基山在句客縣北五十里。周迴二十里，高二十五丈。銅山在句客縣北六

十里，周迴二十里。高八十七丈，以舊出銅，故名。

花碌山在句容縣北五十里。周迴一十七里，梁二十六丈，舊有礬坑。

東破山在溧水縣東南五十五里。高二十三丈，周迴一十七里，梁大同二年採銅於此。

馬占山在溧水縣東南三十五里。高一十八丈，周迴一十三里，梁大同二年採銅於此。

銅山在溧水縣西四十里。高二十四丈，周迴一十三里。舊經云昔當採銅於此，今爐冶舊址猶存。

銅官山在溧陽縣東南五十八里。高十八丈，周迴十六里，昔嘗山銅，故名。《唐書・地理志》「溧陽有銅」，此其地也。今土中熒然有銅如麩狀，然堇堇取之，不足以償費。

潛説友《〔咸淳〕臨安志》卷二四《山川三・戎山》 在〔餘杭〕縣西南二十四里。高一百丈，周回四十里。舊傳有休村，李波提莊在山側。波提嘗養一戎犬守莊，犬死瘞於山旁，故名戎山。相傳唐乾封二年，波提畊於戎山頂，得碎石，青黃色，以示銅工，工曰：「鑛也，烹之可得銅。」於是百姓競取之，然得銅者尠，因不復採。

舟杭山，在〔餘杭〕縣西北二十五里。高一百七十六丈，周回一十里。山頂有石穴，古老云禹治水，維舟之所。東坡詩雲「看山識禹功」，蓋謂是也。相傳其山或有銅鑛，唐文明元年有得鑛者，告於官，將置監，先令百姓同採。年餘，竟無所得，遂寢。《唐・地理志》「餘杭有銅」，恐此。

王心《〔嘉靖〕天長縣志》卷五《人事志》 物産：《唐書》載縣出銅，有銅坑。疑銅舊出冶山，今無，但冶山銅城皆有銅坑遺跡。

《明太宗實録》卷一一三 〔永樂十七年，春正月〕庚寅，山西川都司軍士採石青於沙浄州舊塘，用工多而所得甚少，忽見青蛇，隨所往二百餘步，失之。發其下，得石青加倍，其色視舊塘産者鮮明。至是，都指揮李謙繪圖來進。

沈國元《皇明從信録》卷一四《乙亥，永樂十七年》 初，山西行都司軍士採石青於沙浄州舊塘，用工多而所得甚少，忽見青蛇，隨所往二百餘步，夫役發其下，得石屓加倍，其色視舊塘産者益鮮明。至是都指揮李謙繪圖以進。

《皇明大政紀》卷二四 〔嘉靖四十有五年〕七月，浙江礦寇掠西安婺源諸縣。西安縣有銅坑者，每有礦徒竊取市利，而豪右又爲淵藪以勾致之，爲患不絶，郡縣嘗爲封禁驅逐之。至姦民不逞者，假以礦利，鼓衆嘯聚數千人，大掠常山、西安等五縣，環攻衢州，幾破之，官兵追逐乃散。其遊騎突入婺源縣，掠其帑藏而去。知縣李志學避匿得免，後以失陷城池，論死。久之，以婺源無城乃末減之。

董斯張《廣博物志》卷七 漢水西山有九井，井中常出五色烟，高數丈，傳云昔人有縋入得數斛空青。《述異記》。

胡我琨《錢通》卷三《資採》 銅井山在縣西七十里。上有銅井，一名銅官山。《一統志》謂銅井去縣西北五十里，廣十餘丈，深不可測，舊於此採銅，有魚出其中，其色如金。《滁州府勝志》。

銅坑山，鄧尉山西南。一名銅井，晉宋間鑿坑，取沙土煎之皆成銅，故名。上有巖洞，其懸溜滙而爲池，清冽可飲，名曰銅泉。《蘇州府志勝》。

岑水一名銅水，可浸鐵爲銅。其水極腥惡，石色皆赭，然不生魚鼈禾稼之屬，即曲江膽礬水同源異流也。《廣東名勝志》。

來集之《倘湖樵書》卷八《地中害氣》 《談苑》云：韶州岑水場往歲銅發，掘地數十餘丈即見銅，今銅益少，掘地益深，至七八十丈。役人云，地中變怪，甚多烟氣，中人即死，掘地而入，必以長竹筒端置火先試之。

顧炎武《肇域志》卷六《江南六・天長縣》 冶山在縣南四十五里。綿亘天長、六合間，産江石，亦間出石青。山高峻，登之可見江南諸峰，《舊志》云：「吴王即山鑄兵。」故名。

又卷三〇《河南四・寶豐縣》 青條山在縣西四十里。州《舊志》：青條嶺在縣東，浄陽河發源於此，其北出爲馬渡河，西出爲綿封河，又東北出爲達老河，俱經縣東南境上，會流入於汝山。在宋時産石青等寶貨，因又名爲青條嶺。立興寶鎮，而縣改名寶豐者，以是耳。

又卷三四《陝西一・洛南縣》 青緑洞在縣東六十里。洞産石青，因採辦爲民害，景泰間，知縣陳瑛奏止。

又卷三八《陝西五・興安州》 青碌局在州治西北。歲辦採石青、石碌之所，今廢。

顧祖禹《讀史方輿紀要》卷二三《江南五》 小銅山。縣西北二十五里。《寰宇記》謂之大銅山。又有小銅山在其東麓，宋時淮南鼓鑄莫盛於真州。城内舊有廣陵、丹陽二監，蓋以大小銅山産銅也。又舊有冶官，置於小銅山西北五里。

又卷二六《江南八》 雙河。縣東南五里。源出四面山，縈迴曲折，流合羅溪諸河，而達於黃泥港。又銅沖河在縣東十五里。中有銅礦。其下流合於雙河。

又卷二七《江南九》 白紵山。府東五里，本名楚山。晉桓温遊此，奏《白紵之歌》，因改名焉。登其上，則羣山環列，江湖縈帶，稱爲佳勝。或謂之蒲山。《宋書》「大明七年巡於湖，至蒲山」，即此山矣。【略】又金山在府北十里。昔時出銅與金類，古所謂丹陽銅也。

銅官山。縣南十里。有泉源，冬夏不竭，可以浸鐵烹銅。唐於此置銅官場，宋置利國監，山亦置利國山。歲久銅乏，場與監俱廢。《寰宇記》：「山舊產銅，供梅根監。」

又卷二八《江南一〇》 承流山。縣南四十里。有羣峯迴環聳秀，甲於一邑，自承流而南，峯岫盤旋，百有餘里，如城壘然。東連旌德，西接太平，谿谷幽深，最爲嘉勝。【略】又黃象山在縣南九十餘里，山高聳。其西北曰銅山，舊嘗冶銅於此。

胡渭《禹貢錐指》卷九 《漢書》：「文帝賜鄧通蜀嚴道銅山，得自鑄錢，故鄧氏錢布天下。」《南齊書》：「益州行事劉悛言：蒙山南有古掘銅坑，即漢文帝所賜鄧通銅山也。」《元和志》：「銅山在雅州榮經縣北三里，即文帝賜鄧通鑄錢之所，後以山假卓王孫，取千疋，今出銅鑛。」按：此地禹跡之所及，而制貢以鐵不以銅，蓋當時銅利未開耳。觀此可以識不貢錫之故矣。

趙宏恩《（乾隆）江南通志》卷一一《輿地志・山川一・江寧府》 銅山，府南七十里。《府志》云：「昔人採銅於此，因名。」《慶元志》云：「山南名金牛坑。」

又卷一二《輿地志・山川二・蘇州府》 穹窿山，《續圖經》云：「在縣西南六十里。兩嶺相趨，名曰同嶺，產自然銅，又曰銅嶺。」《越絶書》云：「赤松子採赤石脂於此。」

又卷一三《山川三・常州府》 錫山在無錫縣西五里，惠山之支隴也。陸羽志云：「山東峰當周秦間大產鉛、錫，漢興始殫，遂以名縣。」【略】

荆南山在宜興縣西南、荆溪之南。《縣志》云：「東漢陽羨長袁玘有善政，其殁也，天降銅棺，或云山昔產銅，有司采之，故名銅官，後人乃譌『官』爲『棺』也。」【略】銅官之説，《縣志》謂漢令袁玘有善政，其殁也，天降銅棺，遂葬於是，今山南巨石高壘若塚狀，咸以爲玘墓，所在殊不經意。昔者兹山產銅，有司採銅於山，如鐵官、鹽官之類，後之人訛官爲棺云。姑識之，俟博識者。

又卷一六《山川六・池州府》 銅官山在銅陵縣。《寰宇記》云：「昔產銅，有泉源不竭，可浸鐵烹銅，唐置銅官場，宋置利國監，歲久銅乏，場監俱廢。」麓有惠泉，流爲惠溪，從樊港入江，稍西有銅官渚，《唐書》「僖宗文德元年，楊行密襲宣州，進兵銅官渚」，即此。

又卷一七《山川七・太平府》 赤金山在府東北十五里。舊出銅、類金。《淮南子》、《食貨志》所謂丹陽銅也，今不產。

又卷一八《山川八・潁州府》 銅井山在全椒縣西七十里。《隋・地理志》、梁載言《十道志》皆云縣有銅官山，上有銅井，廣袤數十丈，唐以前曾採銅於此，久廢。有魚出泉中，色如金。

鄭澐《（乾隆）杭州府志》卷五三《物產》 銅。餘杭有銅。《新唐書・地理志》。相傳餘杭舟杭山，唐文明元年有得銅礦者，告於官，將置監，先令百姓同採。年餘，竟無所得，遂寢。《唐・地理志》云餘杭有銅，恐此類。《咸淳志》。

沈梅《（乾隆）銅陵縣志》卷一《地理篇・歷代沿革》 銅官山。在五松南，昔取銅賦。南唐封利國山置監於下，後改爲銅官場，久乏銅，場廢。唐僖宗文德元年，楊行密襲宣州，進兵此山，麓有靈佑王廟，有水名惠溪，東又有銅精山，有採銅遺坑見存。

著録

賀長齡《清經世文編》卷五二《户政二七・錢幣上》洪亮吉《滇繫序》 滇銅、滇鹽，實爲一方利害所在。然鹽之害，今已奏定歸民，可以不煩更制。惟銅之害，其在官者，州縣必實缺。方運京銅，往返率五六年，攝缺者少亦四五輩，夔門則有守候之虞，江行則有沈溺之責，津門則有剥運之苦；交户工二部，則胥吏勒索百端，不至罄其家不止，甚至有戕其身者，已屢見奏牘。害之在民者，廠民皆游手，廠本出庫，已十去二三，餘復供結納之資，酬飲博之費，迨至流亡死故，責雖歸官，而累仍在民。欲除官之弊，莫如接省遞運，則費省而責分，欲除民之弊，莫如聽人開採，而官僅設店按價購買，則游民不至擅費帑項，胥吏不至任意侵漁，庶一方有限之資，不至漸久漸歸無着。如是而官民之元氣始復，邊境之蓄積始儲，即有水旱甲兵，而可以無意外之變。要亦經理此方者，所當豫爲之計也。敢因君言而推廣及之，他日儻稽六詔之圖，撰一方之志，有非此書不可者，則君與此書又當並垂不朽矣。

藝文

宇文邕《無上秘要》卷三《月品》 夏至之日，月伏洞陽宮。洞陽宮是日之上館，以其時月於流火之庭，冶鍊於八芒，鮮明於月魂。當此之日，灌黄氣於洞陽，納陽精於火宮，諸天人皆以其日採空青之林，以拂日月之光，以陽精灌天人之容，故更至之，日景氣激，陽精降陰，納靈二景，接暉之時。

又卷四《林樹品》 日上館。洞陽宮之内有空青之林，得食其華，身生金光之色。

《鮑明遠集》卷五《遇銅山掘黄精》 土肪閟中經，水芝韜内策。寶餌緩童年，命藥駐衰曆。矧蓄終古情，重拾煙霧迹。羊角棲斷雲，榼口流隘石。銅溪晝深沈，乳竇夜涓滴。既類風門磴，復象天井壁。蹀蹀寒葉離，灇灇秋水積。松色隨野深，月露依草白。空守江海思，豈愧梁鄭客。得仁古無怨，順道今何惜？

梅堯臣《宛陵集》卷五《銅坑》 碧鑛不出土，青山鑿不休。青山鑿不休，坐令鬼神愁。

又卷一八《送施屯田提點銅場兼相度嶺外鹽入虔吉》 江西採銅山未竭，南越熬波海將結。主人貪利不畏刑，白日持兵逾盜竊。銅私鑄器鹽奪商，死共吏争蛇鬬穴。姦豪乘勢倚蠻陬，刼掠聚徒成蟻垤。今雖驅蒭嶺下平，尚恐根存更生孽。因擇健才通便民，付職與權將有設。秋香亭上共爲賓，却作主人殊少悦。徂東走北十五年，只有山川看不别。

《東坡全集》卷二三《月華寺寺鄰岑水場，施者皆坑户也，百年間蓋三焚矣》 天公胡爲不自憐，結土融石爲銅山。萬人採斲富媪泣，祇有金帛資豪姦。脱身獻佛意可料，一瓦坐待千金還。月華三火豈天意，至今茇舍依榛菅。僧言此地本龍象，興廢反掌曾何艱。高巖夜吐金碧氣，曉得異石青斕斑。坑流窟發錢湧地，莫施百鎰朝千鍰。此山出寶以自賊，地脈已斷天應慳。我願銅山化南畝，爛熳黍麥蘇惸鰥。道人修道要底物，破鐺煮飯茆三間。

樊增祥《樊山集》卷二三《代榮將軍贈鹿中丞叙》 九公深疾島夷，遇事裁抑。守廉州日，西人私買民舍，據約奪還。在閩，則移檄西官，禁約彼教勿得輒收盜賊。至諭其船械之堅利，國勢之富强，自非效彼之長，不能藥我之短。每嘆關中地小，不足回旋，而亦小置機牙，試開銅礦，欲移東南之風氣，擴西北之見聞。

華岳《翠微南征録》卷一一《上運管張平國平國初任池陽西樓酒官》 妙年司釀水邊州，浪迹曾陪汗漫游。紅粉夜嫌銀燭短，醉和明月下西樓。

次任池陽銅官宰。大江南畔五松西。潘岳風流夢有詩。歸路經從定留挽，莫教父老見旌旗。

九子芙蓉上下雪，潭皆池陽山水名。雨洗芙蓉沃眼青，雪潭澄月照人明。銅民指點向民説，未比當年令尹清。

楊榮《文敏集》卷四《崆山遠思圖贈章貢太守張鳴玉》 庾嶺西來知幾里，其下蜿蜒走章水。章水盤迴到郡城，南有崆山相對峙。層巒疊嶂通杳冥，儲珍毓秀多空青。造化生成挺奇異，氣勢磅礴鍾神靈。

王培荀《聽雨樓隨筆》卷六 嘗見陸元鋐《銅山行》云：惟金三品一曰銅，四百六十山崇嶐。南番色青滇色白，出蜀者亦光熊熊。辦銅官廢許民采，争思驅石煩神工。靈苗既得寶氣出，産銅處每先有銅苗。怯膽變勇生歡悰。廣招砂丁逾萬指，入山採銅者謂之砂丁。但有少壯無耆童。踐蛇衝虎莽呼喝，山鬼彳亍逃無蹤。初猶登登事鍬鏟，片片削落青芙蓉。披荒鑿險漸幽峭，沈沈漂黑成谽谾。取精在骨不在肉，不入其穴難爲功。瓦燈熒熒承以頂，轆轤縋達泉三重。螺旋蟻折窮而曲，踏著即是稜稜峯。千搜萬索日剷削，菁華漸竭根虚空。砉然崩奔石怒落，疾雷破壁驚魂從。有時潛蛟忽起舞，失腳遽逐奔流衝。亦有毒淫積肝膈，出竇便已無人容。罡風一吹頓僵仆，窮山乾死隨飛蓬。以身試險險難測，性命往往輕沙蟲。我聞卬筰古荒土，作息今已多耕農。爾食爾力樂終歲，何爲入坎忘終凶？利市三倍已太苦，况有大賈專其雄。山靈呵護物力足，滿坑滿谷高垣墉。厚輸大郭裕鼓鑄，贏餘例給商流通。公然捆載出關市，作姦那免無欺蒙。長江鼓櫂達吴楚，利與鹽鐵同豐隆。牙籌算密日益富，拍張欲傲多牛翁。可憐砂丁出死力，赤手依舊爲人傭。人生豐嗇要有數，神不福汝徒忡忡。紫標紅榜亦易散，猗頓或與黔婁同。不見黄頭郎，嘗爲漢大中，銅山不救飢時窮。

李賡芸《稻香吟館詩稾》卷三《銅船》 採銅採自滇，運銅運自川。洞庭及江漢，深廣便泝沿。一從抵袁浦，四閘相毘連。有時伏秋汛，水駛箭脱弦。百夫挽不上，水減方得前。守水住數月，白晝惟攤錢。渡河閘愈多，河涸流涓涓。下版爲蓄水，來往胥遷延。計其達通州，行程必逾年。後幫繼前幫，終歲船緜緜。運

河本轉漕,强横惟糧船。銅船偏與争,奚止揮老拳。商船更莫論,如鳥爵見鸇。凌弱而暴寡,習慣成自然。何以馴桀驁,令人心憂煎。

雜録

佚名《錦繡萬花谷》卷二〇二《政事五五・刑法下・令犯銅鍮石、私酒麴免極刑詔天禧三年十二月乙卯》 山澤所産,飲食是資,趣利者多冒禁,斯衆寘於大辟,良可憫嗟。比或犯於有司,亦嘗從於末減,然念區域至廣,道塗且遥,往復之間,稽緩茲甚,特申寬典,式表好生。自今犯銅、鍮石、私酒麴等,並免極刑。

《金史》卷九《章宗紀一》 (明昌三年四月)丙午,罷天山北界外採銅。

又卷九一《孛術魯阿魯罕傳》 軍人有以甲葉貿易諸物,天德榷場及界外歲採銅礦,或因私挾兵鐵與之市易,皆一切禁絶之。

《宋會要輯稿》職官四三 (孝宗乾道二年)六月三日,尚書工部侍郎薛良朋奏:「(秦)(奉)旨:諸坑冶出銅去處,令臣措置,要見所收數目。今條畫下項:一、契勘鑄錢司祖額二百六十一萬七千九百三十五貫八百文,内除六十七萬七千五百五十五貫三百九十九文充銅本錢,實合發錢九十四萬三百八十貫四百一文。後來鼓鑄不(數)(敷),承降旨權以五十萬貫爲額,每年盡行分撥起赴内左藏庫。臣(拖)(檢)照舊案并關會户部,見得紹興十一年提點鑄錢官韓球曾陳乞支降茶引一十五萬貫作銅本錢。又紹興十六年,支降江西茶引三萬貫。又紹興二十七年,支降八萬貫。系於近便州軍經總制錢通融取撥,委是支降本錢分明。欲從朝廷支降八萬貫,仍以江西、江東茶引并一并見錢,於近便州軍上供錢内撥下鑄錢司,以銅額多寡均撥諸州,將茶引轉變,同見錢逐時責付諸州,給還坑户銅本,庶可督責銅額。一、契勘州縣拘納坑户銅寶,就使依官估支給價錢,尚自不酬實直。今既不支錢,又令將所採銅寶盡行送納官司,其坑户一無所得,參之人情,實不可行。臣今措置,且以坑户採銅十斤爲率,内只許本縣收買七分,所有三分許令坑户經本縣出給文引,備坐斤數,從便賣與他處官司,即不得私下交易。如數外擅賣,許人陳告,依本司約束賞罰施行。一、契勘坑冶興發,人户欲行告發,多畏立額,恐將來取采年深,礦苗細微,官司不爲減額,不敢告發。今相度,應人户告發銅、鉛、錫、鐵坑冶,更不立額,但據采煉到數赴官中賣,實時支還價錢,(度)(庶)使坑户放心告發。一、諸路坑場現今所産銅、鉛、錫、鐵,系鑄錢司二分抽收,八分榷買。今來措置興復坑冶場,務要課利增重,理宜優恤。今相度,應見催趁并人户踏發新舊坑冶,所趁銅免抽收,支還十分價錢,優潤坑户。一、參照昨指揮,坑爐户每一名一年内中賣到銅五千斤,免差役一次;一萬五千斤,免差役兩次;賣及三萬斤以上,免差役三次。庶使加意趁辦。一、勘會已降紹興二十七年正月二十一日指揮,坑户自備錢本采煉寶貨,賣納入官,從紹興格特與減一半數目,依全格推賞補官。契勘折減一半數目推賞,尚慮太多,難得預賞之人。今相度,欲於所減一半數目上以三分爲率,再減一分,依全格推賞補官。庶使人户用心,趁辦課利。」從之。

《清朝續文獻通考》卷二七《征榷考・坑冶》 章宗明昌三年,禁採銅於天山界外。舊嘗以夫匠逾天山北界外採銅,至是監察御史李炳言,頃聞有司奏,在官銅數可支十年,若復每歲令夫匠過界遠採,不惟多費,復恐或生邊釁。若支用將盡之日,止可於界内採鍊。帝是其言,遂不許出界。【略】

(憲宗成化)十七年,定雲南私販銅貨罪。自成化五年,定四川軍民偷採白銅者,爲首枷示,依律治罪。至是,因封閉雲南路南川銅場,免征銅課,乃定:路南凡私販銅貨出境,本身處死,全家發烟瘴充軍。二十年,又定:雲南寧州等處軍民客商,有偷採銅礦,私煎及潛販出境者,照路南州例究治。

鄂爾泰《(雍正)雲南通志》卷一一《廠課》 成化十七年,封閉路南州銅場,免征銅課。其貨販銅貨出境者,本身處死,全家發烟瘴地方充軍。十九年,添設雲南布政司參議一員,同按察司令事管理銀課。二十年參定,寧州等處軍民客商有偷採銅礦,私煎及販賣出境者,照路南州例究治。

傅維鱗《明書》卷八二《志二〇・食貨》 崇禎中,國用大匱,命各處有銅洞銅砂皆採鍊,以資鼓鑄,而不産銅地召買之。百姓絡繹於道,皆爲銅瘁矣。

《明會要》卷五五《食貨三・錢法》 崇禎三年,御史饒京言:「鑄錢開局,本通行天下。今苦於無息,旋開旋罷。各局所鑄之錢,不盡歸朝廷,復苦無鑄本,蓋以買銅而非採銅也。乞遵洪武初及永樂九年、嘉靖六年例,遣官各省鑄錢,採銅於所産之地,倣銀礦法,十取其三。銅山之利,朝廷擅之。小民所採,仍予直以市。」從之。已上《食貨志》。

《清朝文獻通考》卷三〇《征榷考五・坑冶》 (雍正)三年,以江西撫臣奏封禁山事宜,特旨訓示江西巡撫裴俸度遵旨摺奏:「廣信府之封禁山相傳産銅,舊

名銅塘山，明代即經封禁，其中樹石充塞，荒榛極目，並無沃土可以資生，亦無頑民盤踞在内。此山開則擾累，封則安寧，歷有成案。康熙五十九年，沿山匪類擒獲之後，此山搜查二十餘日，並無藏匿。據實奏聞。」得旨：「當開則不得因循，當禁則不宜依違。但不存貪功圖利之心，實心爲地方興利除弊，何事不可爲也。在秉公相度時宜而酌定之。」

〔乾隆〕三十七年，諭：「滇省各銅廠，前因馬騾短少，柴米價昂，每銅百觔准暫加價銀六錢，俟軍務竣後停止，嗣後展限一二年。今念該省頻歲曾獲有秋，而米糧柴炭等價值仍未即能平減，著再加恩展限二年，俾各資本寬餘，踴躍開採，庶於銅務有裨，而廠民亦得以資寬裕。該撫仍留心體察，俟廠地物價一平，即行奏明停止。」【略】

〔雍正〕二年，兩廣總督孔毓珣奏請，於廣東開採，以濟窮民。上諭：「廷臣會議。」嗣奉諭旨：「昔年粵省開礦聚集多人，以致盜賊漸起，隣郡戒嚴，是以永行封閉。夫養民之道，惟在勸農務本，若皆舍本逐末，各省遊手無賴之徒望風而至，豈能辨其姦良？況礦砂乃天地自然之利，非人力種植可得，焉保其生生不息？今日有利聚之甚易，他日利絶則散之甚難。爾等揆情度勢，必不致聚衆生事，庶幾可行。若招商開廠設官收税，傳聞遠近，以致聚衆藏姦，則斷不可行也。」【略】

〔雍正五年〕又以湖南撫臣奏請開礦，降旨訓示湖南巡撫布蘭泰疏奏開礦事宜，奉諭旨：「開採一事，目前不無小利，人聚衆多，爲害甚巨，從來礦徒率皆五方匪類烏合，於深山窮谷之中逐此末利。今聚之甚易，將來散之甚難也。至於利之在公在私，尚屬細事，爾果欲盡忠藎，何必諄諄以利爲言，豈不聞有一利必有一害，爾當權其利與害之輕重大小而行之耳。」【略】

〔雍正六年〕又准廣西地方開採礦砂。户部議覆：「廣西巡撫金鉷疏言：桂林府屬滂江等處各礦，請招募本地殷實商人，自備資本開採，所得礦砂，以三歸公，以七給商。【略】再，粵西貧瘠，銅器稀少，如開採得銅，並請價買，以供鼓鑄。均應如所請」。從之。【略】

〔乾隆〕八年，定湖北、湖南兩省礦廠開閉事宜。户部議覆：「前任湖廣總督孫嘉淦疏稱：原任左副都御史仲永檀條奏，楚省出産銅、鉛等礦一案，查楚省産礦之地頗多，而開有成效之處甚少，若不悉心籌畫，因地制宜，濫請開採，適滋擾累。今除湖南常寧縣屬之龍旺山礦廠先曾刨試，係黑鉛粗砂，且不敷工本，隨經封停在案。又沅陵、辰谿、永順、桑植等縣礦廠，並綏寧縣銅礦，會同縣金礦，宜章縣金礦，及湖北施南、興國、竹山等府州縣礦廠，或屬苗疆，或有妨田園廬墓，或産砂微細，並無成效，無人承採，均應飭令地方官嚴加封禁。他如湖南之邵陽、武岡、慈利、安化、永定等州縣鐵礦，俱係各該居民農隙自刨，以供農器，間有産鐵旺盛之芷江縣，挑往隣邑售賣，應聽商民自便。至於郴、桂二州礦廠，雖係銅、鉛夾雜，然地方既非苗猺，又無妨礙，自應聽其開採，抽得税銅砂價鉛觔，並收買砂銅，於鼓鑄庫帑，洵有裨益。應如所奏。」疏上，從之。【略】

二十三年，准湖南郴、桂二州廠税，俱歸官辦。湖南巡撫富勒渾奏言：「湖南省郴、桂二州銅、鉛礦廠，從前開採伊始，一切估色設卡等事，官役俱未諳悉，是以必須商辦。邇年以來，官役已經熟練，而税課銅、鉛，較之從前有增無減，是商人力所難辦之事，歸之廠員承辦，實力稽查，既有成效，於廠務自有裨益。應如所請。」從之。

傅恒《平定準噶爾方略》續編卷一六 〔乾隆二十七年〕辛未，諭喀什噶爾辦事尚書永貴等暫緩採辦銅觔。上諭軍機大臣曰：「永貴等奏稱回部鼓鑄錢文，仍須採礦，方足應用，現派員役率領回人三十名，在碩爾布拉克等處試採，得銅頗旺，復添派回人，裹帶口糧前往採辦等語。昨據達桑阿請，多採銅觔，曾諭以恐累回人，不必添派。今永貴之意與達桑阿相同。回部新鑄錢文尚多，採銅原非急需，著暫緩辦理。」

戊寅，申諭：喀什噶爾辦事尚書永貴等採辦銅觔，不必添派勒限。上諭軍機大臣曰：「永貴、海明、和其衷奏稱，阿克蘇所添採銅回人，因豁免伊等應交糧石，呈乞代奏謝恩。又稱各城回人等添採銅觔，以四年爲限等語。採辦銅觔原以裕官兵回人之用，自當從容辦理。惟就現在所得之銅，源源鼓鑄，即稍有遲滯，亦無甚關係，何必添派回人，勒定年限？昨諭達桑阿等不必添採銅觔，永貴似尚未奉到，故如此陳奏。至永貴等所奏，回衆僉稱情願連年添採銅觔之處，大臣等面詢回人，伊等焉敢以不願爲詞，即謂回人愛重新錢，亦事之所有。但既非鑄錢賞給伊等，且仍收其普爾，又令其採銅爲鼓鑄之資，謂皆出於本頤，恐未必盡然。凡事當權其輕重，緩急不可張皇欲速。著傳諭永貴等知之。」

《清高宗實録》卷二四 〔乾隆十年秋七月〕又議準：「四川巡撫紀山會同川陝總督公慶復疏稱開採銅礦事宜：一、樂山縣屬之老洞溝、宜賓縣屬之梅子凹出産銅礦，均應開採，請各委佐雜幹員管理廠務，其一切發價運銅等事，即交各

縣就近經管。一、報採各商土著流寓不一，應令地方官查驗殷實良商，取結保送，所有抽收課耗銅觔，照建昌廠之例辦理。一、礦廠夫匠衆多，應設頭目分隸，更擇幹練者一二人爲商總，稽查私銅漏稅諸弊。一、廠員公廨請於鹽羨銀內動支修建，至月費向分三等議給。今銅礦新開，上中下一時難定，請暫照十廠之例，酌給月費銀二十兩。一、廠商奸良不一，爐竈私賣弊所不免，應令廠官責成巡役稽查。」從之。

又卷二九七〔乾隆十二年八月〕諭軍機大臣等：「據署廣西巡撫鄂昌奏稱，桂林府屬義寧縣龍勝以内之獨車地方，與湖南綏寧縣連界，該處有耙沖嶺坐落楚地，銅礦甚旺，應行開採等語。朕思開採一事，雖有益於鼓鑄，每易於滋事，而界接苗疆，辦理尤宜慎重。今所奏綏寧一帶即係苗猺地方，必悉心詳查，徹始徹終，細加籌酌，將來開採之後，萬無一失，方可舉行。若於苗疆稍有未便，斷不可因目前之微利，啟將來之患端。不如慎之於始，照常封閉，以杜聚集奸匪之漸。可將此摺抄寄湖南巡撫楊錫紱，令其加意查察，將應否開採之處，據實奏聞。」

又卷三二九〔乾隆十三年十一月〕户部議準：「原任四川巡撫紀山奏稱，樂山縣之老洞溝，宜賓縣之梅子坳二處，銅廠深僻難挖，商販不通，食物昂貴，採煉費本過多，請每銅百觔給價十兩。」從之。

又卷三八九〔乾隆十六年五月〕癸丑，諭軍機大臣等：「據尹繼善奏稱，川省樂山縣老洞溝銅廠自清釐之後，每年可獲銅六七十萬觔等語。所辦甚爲妥協，向來京外鼓鑄、洋銅而外，惟仰給滇銅艱於採運，誠令多得數處旺廠，廣資接濟地方窮民，亦得藉以傭工覓食，於民生大有裨益。若謂川省向有嘓嚕子爲地方之患，恐開採銅廠或致滋事。不知此等匪徒即不開廠，任其流蕩失業，尤易爲匪，惟在經理有方，善爲彈壓，不致生事滋擾，俾銅觔充裕，鼓鑄有資，將來錢價亦可漸平。此摺已交該部速議，可傳諭尹繼善，令其加意經理，將來策楞回任，亦告知之。」

又卷四六一〔乾隆十九年四月〕諭：「户部議駁愛必達等題請增給湯丹等廠銅價一摺，自屬按例，但該處銅廠開採日久，硐深礦薄，食物昂貴，該督撫等題請增價亦係目擊情形，隨宜籌辦，著加恩照請增之數給與一半，餘廠不得援以爲例。」

又卷五五一〔乾隆二十二年十一月〕又諭：「湖南靖州屬耙沖地方產有銅礦，陳宏謀任巡撫時，曾與辰沅靖道黄凝道議令招商試採，旋即封禁。昨已據該撫將商人採出交官銅觔交錢局鼓鑄，奏到允行矣。耙沖地方本係苗疆，自以安静爲是，陳宏謀等既令試採，旋復封禁，是否從前試採之舉，不無冒昧草率。富勒渾於此事，想當留心。可即查明，據實奏聞。」

又卷九五九〔乾隆三十九年五月〕辛巳，諭軍機大臣等：「畢沅奏寧羌州地方試採銅礦一摺，已經該部議覆準行。陝省即產有銅礦，如果踩採得實，開採有方，足資本省配鑄，可省赴滇腳價，自屬甚便。但礦廠初開，經理殊爲不易，其砂線之是否旺盛，能否源源濟用，必須確切踩訪，真知灼見，方可舉行。周居安等呈請一面之詞，恐難全信，即覆勘有因，亦不宜輕率從事，必須先爲試辦，且勿遽涉聲張。俟試採數月後，果係礦砂旺産，供用有餘於以裨公務而利民生，自爲一舉兩得，即應經久議開。雖前人未曾辦及，而地不愛寶，因時而出，亦富釐所常有。如甘肅之採鍊金沙，行之有效，未嘗不善。若其原呈之處，不過偶露銅苗，一經試採，即不能應手而得，仍歸有名無實，則工作繁費，恐致徒勞，而礦徒群集，易聚難散，皆不得不慎之於始。倘試採無效，亦不妨奏明停止，斷不可稍有回護。再，其地爲入川孔道，且境屬漢中，毗連楚省，山硐容易藏奸，即使銅廠果開，其查察亦宜盡力。况現在軍務尚未全竣，一切釐覈之法更宜加倍周詳，即將來凱旋以後，其於川省嘓匪之混入者，尤當加意稽防，如能化莠爲良，固屬好事，否則不可容留滋蔓。此皆開礦時之必當先事熟籌者，所謂有治人無治法，惟在該撫董率該道府切實措施，功過皆令有所專責，則承辦者自不敢玩忽因循。畢沅自簡用封疆以來，辦事頗爲認真，尚堪倚任，此等地方公事固不可過於顧慮，坐失自然之利，亦不得急於求效，致昧未然之防。畢沅當善體朕意，實心妥辦，仍將試採後是否可以長行之處，據實覆奏。將此傳諭知之。」

又卷一三五三〔乾隆五十五年四月〕軍機大臣等議覆：「伊犁將軍保寧奏稱，伊犁、烏嚕木齊二處爲奴、罪犯將及二千名，人數衆多，不無滋事，請照舊例，擇情罪稍輕者，令其採挖銅、鐵。在廠傭工，踰五年，爲民；十年，準回原籍，予以自新。庶人數不至壅積，邊地亦得寧謐。應如所請，較別項發遣人犯加重，踰十二年，如果奮勉無過，該將軍等報部查明，令回原籍。」從之。

伯麟《兵部處分則例》卷一五《緑營・稽查銅鉛船隻》 一、官運銅鉛船隻入境，派委備弁務須親身押護，倘有沿途丁舵人等偷盜謊報沉溺者，別經發覺，將派委員弁失察一起者，罰俸六個月；公罪二起者，罰俸一年；公罪三起者，降

一級留任；公罪四五起以上者，降一級調用，公罪知情故縱者，革職審究私罪。如不親往稽察，濫差兵役，揑結搪塞者，降三級調用私罪。

一、一年内有能拏獲偷盗銅鉛二起者，紀録一次，再有多獲，照此遞加。

又《管理刨挖銅斤及經管鐵廠官員議敘》 一、管理新疆等處刨挖銅斤及經管鐵局官員，除定數外，多交銅至三千斤、鐵三萬六千斤者，俱照屯田官員例，加一級；多交鐵至五萬斤者，將挖鐵人等酌量賞賚，官員照屯田官員加倍例議敘。

《清仁宗實録》卷八七 〔嘉慶六年九月〕諭：「内閣慶傑等奏查勘銅苗情形一摺。前據明安等奏，大興縣民人張士恒等呈稱，平泉州屬四道溝、雲梯溝等處有銅苗透出，請自備工本開採等語。朕即知其事不可行，又涉言利，是以未即允准，特降旨令慶傑等查奏。兹據慶傑等奏稱，查得雲梯溝地方係喀喇沁王滿珠巴咱爾名下山場，舊有洞口四座，係民人竊挖，該處銅苗甚覺微細。又四道溝地方舊有洞口一座，亦係民人竊挖，該處銅苗較旺，但不知能否經久，請令試採等語。該二處山場久經封禁，現在詳悉查勘，亦未見實有可以開採之處，其事斷不可行。蓋開採俱係無業游民攢湊資本，互相邀集，趨利若鶩，儻已聚集多人，而銅苗漸竭，彼時何以遣散，豈不慮其滋生事端？即或開採獲利，而該處地方與蒙古山場相連，使蒙古等以内地官民專爲牟利起見，於國體殊有關繫。況現在户工二部鼓鑄事宜需用銅斤，照例由滇省起解運京，儘屬充裕，本無須另籌開採，何必輕爲此舉耶？所有平泉州屬四道溝、雲梯溝等處産銅山場新舊洞口俱著永遠封禁，不准開採，並責成地方官嚴加查察，毋許再有私行偷挖之事。朕自親政以來，屢經諭止臣工不准言利，而内外臣工實心確信朕言者固多，然心存觀望猶豫者不少，彼意總以爲決不因言利獲咎，即蒙議處申飭，聖意總覺能事，後必見好，是直不以朕爲賢君，視爲好貨之主矣。諸臣何苦必欲以此嘗試耶？上年，胡季堂有奏，請在直隸大名地方開設鉛廠一摺，朕未經批發查勘，即不准行。本年，明安先有奏請開採木植之事，此次又率據該商人所請，奏開銅礦，謂非言利而何在？商民等無知見小，計及錙銖，而明安即據以入奏，此必輕聽屬員慫慂而成。明安受恩深重，自不應有冀圖沾潤情事，然亦不可不防其漸。而該商等具呈懇請時，若非於所屬員弁及書吏人等輾轉賄求，何能遽將所請之事達於明安，代爲奏請，此種情弊豈能逃朕洞鑒乎？嗣後臣工等惟當洗心滌慮，毋得輕啟利端，假公濟私，妄行瀆奏。將此旨通諭中外知之。」

又卷二一七 〔嘉慶十四年八月〕諭内閣：「薛大烈奏查拏平泉州地方私採銅斤各犯一摺。薛大烈昨經派赴八溝查辦時，伊因嘉慶六年平泉州四道溝曾出有銅礦，奏請開採未准恐係該處防禁不嚴所致，當密委李學周等馳往訪查，現將偷挖銅沙之徐振等盤獲，且親往將礦銅查出。薛大烈能於多年舊案記憶明確，辦理不致費手，尚屬能事。薛大烈著交部議敘。查拏銅犯之雲騎尉李學周，外委陳大榮、史文國均屬出力，著以應升之缺，先儘升補。其現獲各犯著解赴熱河，交軍機大臣會同行在刑部審擬具奏。逸犯沈平、李禄等，著熱河道平泉州嚴緝務獲，歸案審辦。所有四道溝銅礦，著該地方官出示嚴禁，並隨時巡察，毋任奸民偷挖，致干咎戾。至平泉州麟昌隨同弋獲案内人犯，雖查辦認真，但究係伊所屬地方有挖偷挖銅斤之事，未便即予甄敘，俟審明定案後再行降旨。」

又卷二五一 〔嘉慶十六年十二月〕丙午，諭内閣：「桂芳等奏，滇銅成色低潮，請旨飭查一摺。滇省辦運京銅，前經該部奏定，自甲子運爲始，在滇鎔煉純净，不得攙雜潮砂充數，並鏨鑿廠名，以憑稽考。今據户部查明，滇省運員荆烜、樓錫裘、李成禮解到銅斤内，各有鐵砂、潮銅二三萬斤不等，此項低銅係由何廠發運，何員承辦，此次該運員等呈出印册内，多有舊銅搭配，曾否報部有案？因何不照議鎔煎，並鏨鑿廠名，著伯麟、孫玉庭據實確查，明白回奏。如係廠店及領運之員有通同朦混情弊，該管道府稽查不實，著查明，將應行議處、罰賠之處，一併參奏。」

又卷二九〇 〔嘉慶十九年五月〕乙未，諭軍機大臣等：「松筠等奏鎮西府奇臺縣之大石頭，産有銅礦，【略】請令烏嚕木齊糧餉處額外主事鳳鳴、提標左營遊擊祥順，及升任阜康縣知縣楊畯、呼圖壁巡檢馬曾裕，督率商民，實心試採。如礦砂旺盛，即行具報抽課等語，著照松筠等所請，即令鳳鳴等督率商民，試行開採。如果礦砂旺盛，能於國課民生兩有裨益，即奏立規條，永遠遵辦。若開採無效，亦即奏明停止，不可回護。將此諭令知之。」

又卷三五一 〔嘉慶二十三年十二月〕諭軍機大臣等：「户部議覆，伯麟等奏滇省廠銅不敷定額，請收買四川商銅接濟，由川買銅回滇須另開山路，添買貯銅房屋，多糜帑項，莫若即令四川本省採辦，徑行起運較爲便捷。該省子廠每年出銅若干，如何開採轉運，請飭四川總督、雲南巡撫會議章程具奏等語。滇省每年依制應運京銅，並本省局鑄以及各省採買官銅，近年均辦不足額，今川省西昌縣新開子廠既産銅豐旺，本年已由滇省採買四百萬斤，以有餘補不足，實於銅務

有益。惟一切開採發運，必須妥議章程，方足以資經久。蔣攸銛曾任雲南藩司，銅廠情形素所深悉，著會同伯麟、李堯棟悉心籌畫，務當不分畛域，期於國用有裨。如每年能辦足四百萬斤，固屬甚善，即爲數稍減，可以行之久遠，亦不爲無補。其應如何派委官員經理開採，及酌定價值由何路發運較爲省便之處，兩省公同覈計，詳細開單定議具奏。伯麟等亦不得因川省現有子廠可採，不竭力督辦滇銅，意存諉卸鄰省之見也。將此各諭令知之。」

龔自珍《定盦全集·文集卷中·西域置行省議》　督撫必皆駐北路者，北可制南，南不可制北。昔者回部未隸天朝，無不甘心爲準夷役者，亦國勢然也。設采辦紅銅事務監督一員，用内務府人員，三年更調，駐劄吐蕃州。其甘肅省嘉峪關設監督一員，專司内地往準回販易之税，除稻米、鹽、茶、大黄、布綢外，一切中國奇淫之物不許出關，以厚其俗。除皮貨、西瓜外，不許入關，以豐其聚，銅務、關務皆所以劑官俸，給兵糈。

《清宣宗實録》卷一五八　〔道光九年秋七月〕諭軍機大臣等：「御史王贈芳奏請飭禁奸徒牟利開礦一摺。據稱江西袁州府宜春縣石圍山間有銅鉛砂苗，奸民詭傳銀礦，妄思開採，前於嘉慶二十五年、道光元年，有生員林森等價買此山，赴地方官具呈，後詐稱官準試採，蠱惑鄉愚，經前任巡撫嚴飭府縣查拏封禁。今聞有瑞州府上高縣生員陳泰來，於上年八月赴提督衙門具呈開礦。經提督衙門批咨，江西巡撫查覆，陳泰來回至江省，輒敢以京控批準爲名，議定股分，開採銀礦，各府屬有受其愚弄，捐貲入股者，自數百兩至數千兩不等。儻不迅速嚴禁，誠恐招集無賴，貽害將來等語。奸民牟利惑衆，最爲地方之害。該縣石圍山本經封禁，豈可任其復行開採？著蔣攸銛、韓文綺迅飭該府縣嚴查，禁止生員陳泰來赴京具呈，指稱批準，是否實有其事，並現在曾否聚衆開挖，著查明據實具奏，不可稍有枉縱。至該御史奏稱袁州府萍鄉縣湖塘地方有葉絲沖山，亦有礦苗，著該督撫一併飭屬嚴切查禁，永除後患，勿許偷採。將此各諭令知之。」

又卷二五一　〔道光十四年夏四月〕丙辰，諭内閣：「長齡等奏四川烏坡銅廠自奏定開採後，不過七年，産銅驟減，幾及百萬，自此每年遞減，現在月報不過一萬餘斤。又該廠八分官買銅斤，係奏定供滇省採買協濟京運之項，八年以前餘存官銅三百三十餘萬斤，近年滇省並未據報委員採辦，節次行查，該督始以買供本省鼓鑄咨覆。歷查該省銷册，並無聲明買過烏坡廠銅之語。著四川總督嚴飭該管各官，迅將烏坡廠道光五年以後採獲銅斤據實查辦，不得仍聽該廠員以多報少，致有透漏營私。並將八年以前未歸滇省採買銅三百三十二萬六千餘斤，查明著落何所。併九年至十二年，該廠應存八分官買銅九十七萬餘斤，一體分晰確查，迅速報部覈辦，毋任徇隱遲延，以裕課額，而昭覈實。」

又卷二六一　〔道光十四年十二月〕又諭：「户部奏，辦供京銅低潮，請酌覈改煎章程。此次滇省癸巳年正運一起，委員汪之旭所解京銅，户工二局共挑出低銅六萬一千餘斤。值此銅務喫緊之際，若不嚴予參處，則此後辦供京運，勢必至每運攙有低潮。著吏部將該委員，及滇省承辦銅務各員，查取職名，分別加等議處，以儆將來。嗣後到京各運，如挑有低銅，再行覈參。所有此次挑出低銅，俟户、工二局彙同從前節次低銅，煎煉後覈計逾折火耗等項銀兩，著落滇省各員分賠歸款。至每年挑出低銅，在京煎煉，不若即由滇省改煎，可免賠累。如謂改煎需時，恐誤起運。著即將該廠貯備他省應領高銅，先儘協供京運，而以續行改煎之銅，通融補撥，自可兩無貽誤。其應如何相機辦理之處，著雲貴總督、雲南巡撫會同妥爲籌畫，勿任銅色仍前攙雜，亦勿令款項少涉虚糜，總期歷久可行，永杜低潮，而資鼓鑄。」

又卷二九〇　〔道光十六年冬十月〕又諭：「給事中寅德奏，江西上高縣已革廪生陳泰來，於道光八年間呈報開採袁州府宜春縣登坵里等處銅鉛，經委員勘明，無礙田廬，前任巡撫韓文綺不願辦理，坐以呈詞不實，革去廪生，以致宜春等縣諸山所産銅、鉛、鐵、錫匿不具報等語。著陳鑾詳查原案所稱開井取砂，煎出銅、鉛，解存藩庫是否有案，前任巡撫何以不願辦理，或有窒礙難行之處，確切查明，據實具奏。將此諭令知之。」

又卷三二五　〔道光十九年八月〕丁亥，諭内閣：「户部奏四川銅廠辦銅向無定額，該省烏坡廠産銅素旺，從前每年報獲一百八九十萬斤，現在每年僅獲數萬斤，恐係廠員恃無定額，偷漏匿報，捏稱商販以爲免抽課耗，多銷價值地步等語。川省開採銅斤關繫鼓鑄，雖地力衰旺不常，多少不應懸絶，若任聽承辦之員朦混滋弊，則本省不敷鼓鑄，勢必向他省採辦，不惟帑項攸關，兼恐事多窒礙。著寶興督飭藩司劉韻珂嚴查該廠情形，有無弊竇，並著酌中定額，責成寧遠府知府認真督辦。儻辦理日有起色，即據實奏請獎勵，若仍前怠玩，經理失宜，並查有匿報偷漏情弊，亦著分别嚴參，以示懲儆。」

梁章鉅《歸田瑣記》卷二《請鑄大錢》　余在廣西巡撫任内，曾有請鑄大錢之奏，爲户部議格不行。【略】余前稿所未及者，急備録之，以待施行者擇焉。

【略】二曰嚴採銅。採銅之法：令天下凡採紅銅之山，由督撫轉委道府大員監採，如有透漏銅觔者，本犯按數科罪，一觔以下者杖一百，一觔以上者滿流，五觔以上者發近邊充軍，十觔以上者絞監候。監採道府訊不知情，依失察從重議處，如或知情故縱，革職；或通同舞弊分贓計贓，准枉法論罪。停採之時，嚴行封閉，請專設守鑛官一員，以正八品佐貳等官主之，就近建置衙署，以便巡查。倘有奸徒私行盜採者，准透漏銅觔律論罪。守鑛官論罪，亦與監採之道府同。緣民間紅銅現存較少，誠恐不足以供鼓鑄之用，故須隨時開採，以廣財源也。

《清文宗實録》卷一四六 〔咸豐四年九月〕諭軍機大臣等：「慶錫奏籌備銅斤等詔。現在該處開鑪鼓鑄，自以多備銅斤爲要，著照所請，即飭永平府知府錫麟督率各該州縣妥爲收買。其承德府屬銅礦，並著委員查勘，如有可以開採之處，即行奏明招商承辦。將此諭令知之。」

又卷三〇九 〔咸豐十年三月〕諭軍機大臣等：「前據都察院奏，山西民人馬敦五等呈稱，絳縣銅山銅礦産苗甚旺，請自備資斧，試行開採。當經降旨，著英桂派委妥員查看情形具奏。茲據御史富稼奏稱，查閲馬敦五呈内，礦經私挖，復請試行三個月升課，詞有閃爍。素聞該民人等均非安分良民，且非殷實富户，顯有影射之徒，假公濟私等語。著英桂按照該御史所奏各情，嚴密查察，該處礦苗如可採辦，可否官爲經理，據實具奏，毋任該民人等蒙混營私，以裕鼓鑄而杜侵漁。原摺著鈔給閲看，將此諭令知之。」

又卷三一〇 〔咸豐十年五月〕又諭：「英桂奏查明銅鑛不堪開採，請旨封禁一摺。前因都察院奏，山西民人馬敦五呈稱，該省絳縣南山銅苗甚旺，請試行開採，復據御史富稼奏，該民人情詞閃爍，顯係假公濟私，請官爲經理等語。均經諭令英桂嚴密查奏。茲據奏稱，派員履勘開挖，並無礦砂，實屬不堪開採者。英桂仍飭該地方官嚴行封禁，以杜紛擾。該御史所請官爲經埋之處，著毋庸議。」

《清朝續文獻通考》卷四三《征榷考一五・坑冶》 〔同治〕十年，諭：「前據都察院奏，山西民人馬敦五等呈稱，絳縣南山銅鑛産苗甚旺，請自備資斧，試行開採，當經降旨，著英桂派委查看具奏。茲據御史富稼奏稱，查閲馬敦五呈内，礦經私挖，復請試行三個月升課，詞有閃爍。素聞該民等均非安分良民，且非殷實富户，顯有影射之徒，假公濟私等語。著桂英按照該御史所奏各情，嚴密查察該處礦苗，如可採辦，可否官爲經理，據實具奏。」【略】

又諭：「慶傑等奏查勘銅苗情形一摺。前據明安等奏，大興縣人張士恒等呈稱，平泉州屬四道溝、雲梯溝等處有銅苗透出，請自備工本開採等語。朕即知其事不可行，又涉言利，是以未即允准，特降旨令慶傑等查奏。茲據慶傑等奏稱，查得雲梯溝地方係喀喇沁王滿珠巴咱爾名下山場，舊有洞口四座，係民人竊挖，該處銅苗甚覺微細。又四道溝地方舊有洞口一座，亦係民人竊挖，該處銅苗較旺，但不知能否經久，請令試採等語。該二處山場久經封禁，見在詳悉查勘，亦未見實有可以開採之處，其事斷不可行。蓋開採俱係無業游民，攢湊資本，互相邀集，趨利若鶩，倘已聚集多人，而銅苗已竭，彼時何以遣散，豈不慮其滋生事端。即或開採獲利，而該處地方，與蒙古山場相連，使蒙古等以内地官民專爲牟利起見，於國體殊有關繫。況現在户、工二部，鼓鑄事宜需用銅斤，照例由滇省起解運京，儘屬充裕，本無需另籌開採，何必輕爲此舉耶？所有平泉州屬四道溝、雲梯溝等處産銅山場、新舊洞口，俱著永遠封禁，不准開採。並責成地方官嚴加查察，毋許再有私行偷挖之事。朕自親政以來，屢經諭止臣工不准言利，而内外臣工實心確信朕言者固多，然心存觀望猶豫者不少。彼意總以爲決不因言利獲咎，即蒙議處申飭，事後必見好，是直不以朕爲賢君，視爲好貨之主矣。諸臣何苦必欲以此嘗試耶？上年胡季堂奏請在直隸大名地方開設鉛廠，朕未經批發查勘，即不准行。本年明安先有奏請開採木植之事，此次又率據該商人所請，奏開銅鑛，謂非言利而何在？商民等無知見小，計及錙銖，而明安即據以入奏，此必輕聽屬員慫慂而成。明安受恩深重，自不應有冀圖沾潤情事，然亦不可不防其漸。而該商等具呈懇請時，若非於所屬員弁及書吏人等輾轉賄求，何能遽將所請之事，達於明安，代爲奏請。此種情弊，豈能逃朕洞鑒乎？嗣後臣工等惟當洗心滌慮，毋得輕啟利端，假公濟私，妄行瀆奏。」

《清朝續文獻通考》卷二八九《實業考一二・工務・礦》 〔宣統元年〕又諭：「御史石長信奏皖省銅官山礦約逾限作廢，請飭部始終堅持，以杜後患一摺。著外務部知道。」

《清德宗實録》卷二〇九 〔光緒十一年六月〕諭軍機大臣等：「欽奉慈禧端佑康頤昭豫莊誠皇太后懿旨，醇親王奕譞等奏遵議雲南礦務，請飭查明礦廠現在産銅情形，及需用銅本若干，據實具奏一摺。雲南應解京銅自軍務肅清以後，試行辦運，經户部兩次奏撥銅本銀二百萬兩，該省僅解到銅五百餘萬斤，疊經諭令，該督撫廣爲開採，認真籌辦，刻下寶泉、寶源兩局鼓鑄需銅甚殷，亟宜整頓銅

務，以期漸復舊額。著岑毓英、張凱嵩按照此次所奏各節，逐一查明，據實迅速覆奏。總當竭力規畫，庶幾銅運日有起色，不得徒託空言。其經手承辦官商人等，並著隨時嚴查，儻有營私舞弊情事，即行從嚴懲辦。東南各省不乏産銅之區，並著曾國荃、丁寶楨、裕禄、衛榮光、吴元炳、德馨、彭祖賢、卞寶第、盧士杰查明各該省如有可開之礦，即行奏明，一面籌撥資本，招商試辦，總期廣爲開採，源源運京，以重銅政。原摺著鈔給岑毓英、張凱嵩閲看。將此由五百里諭知曾國荃、丁寶楨、岑毓英、裕禄、衛榮光、吴元炳、德馨、彭祖賢、卞寶第、張凱嵩，並傳諭盧士杰知之。」

又卷四四〇 〔光緒二十五年三月〕庚戌，諭軍機大臣等：「鹿傳霖奏請嚴禁制錢出口並請開採四川銅礦一摺。據稱，近日制錢短絀，價值日昂，實由奸商私鑄私毁，上海洋商專購中國制錢，鎔毁提出金、銀，所餘净銅，仍售重價，以致營私牟利之徒，私運出口售與洋商等語。各省制錢短絀，前曾諭令沿江沿海，嚴禁私運出口，現在仍形缺乏，難保無奸商運售外洋，及私鑄私毁情弊。著各督撫嚴飭地方官，及各官卡認真稽查，如有藉詞運載出境，即行查拏究辦，至私鑄私毁，本干例禁，即著一體嚴查，照章懲辦，所稱滇省銅斤缺少，歲辦之銅，尚須價購蜀銅湊解，各省鼓鑄，多購洋銅，洋商居奇，銅價日昂。請飭四川開辦銅礦等語。四川省寧遠等屬銅産甚饒，現在礦務業經開採，即著奎俊酌派熟悉礦務幹員，查勘情形，妥籌開辦原摺，均著鈔給閲看。將此各諭令知之。」

《清朝删除新律例》卷上《户律倉庫·錢法》 一、各省開採銅、鉛，令道員總理，府佐官分理，州縣官專管其事。凡産銅、鉛之處，聽民採取，税其二分，造册季報，所剩八分任民照時價發賣。有墳墓處所不許採取，如有不得銅、鉛，及不便採取之處，該督撫題明停其採取。其各州縣産銅鉛之山，令地主報明採取，地主無力開採，聽本州縣報名採取，州縣無匠役，許於鄰近州縣雇募，該州縣自行稽察。如有别州縣民人夥衆越境採取，聚至三十人以上，爲首者發近邊充軍，爲從枷號三個月，杖一百；不及三十人者，爲首枷號三個月，杖一百，爲從滿杖。衙役恣意攪擾，致人裹足者，爲首枷號兩個月，發附近充軍，爲從減一等。

一、承辦銅商逾限，並無貨物出口，或非採易銅斤之貨，嚴拿究處，著落追賠。其進口之時，或非原出口地方，該汛地方官立速查報，並知照原出口之該汛官弁勒催起解。倘有侵那隱匿之弊，將該商從重治罪，倘辦員侵欺剋扣，串通朦混，以致姦商那新掩舊，督撫據實題參治罪。上司徇隱，一併交部議處。

王珪《華陽集》卷三九《制詞·監韶州大興銀銅場陳謨可著作佐郎制》 勑某：天下山澤之利，贍國計者，於南方爲饒，然非幹廉者涖之，則利散而用日橐矣。爾莞臨大興，歲溢銅數百萬計，有司薦勤，疇以遷格。蘭臺佐譔，應寵甚楙。可。

王讜《唐語林》卷二《政事下》 柳僕射仲郢任鹽鐵使，奉敕：「醫人劉集宜與一場官。」集醫行閭閻間，頗通中禁，遂有此命。仲郢手疏執奏曰：「劉集之藝若精，可用爲翰林醫官，其次授州府醫博士，委務銅鹽，恐不可責其課最。又場官賤品，非特敕所宜，臣未敢奉詔。」宣宗御筆批：「劉集與絹百匹，放東回。」

王遽《清江三孔集》卷二九《表·江淮提點謝到任表》 奉饒二年，訖無善狀。督鑄諸道，即拜命書。已及官期，祗承局事。中謝。伏念臣奮身卑薄，涉世曲麓，無有尺寸之長，可應朝廷之用。矧屬擇人之際，尤當出使之行。此蓋伏遇皇帝陛下盛德溥臨，至仁兼覆，不遺菅蒯之賤，雜用薪槱之材。如臣之愚，猶在所取。臣敢不効勤奔走，悉意經營？謹課入於銅山，視工程於金冶，庶收微効，仰報大恩。

《元史》卷二三《武宗紀二》 〔至大二年九月〕己亥，尚書省臣言：「今國用需中統鈔五百萬錠，前者嘗借支鈔本至千六十萬三千一百餘錠，今乞罷中統鈔。以至大銀鈔爲母，至元鈔爲子，仍撥至元鈔本百萬錠，以給國用。大都立資國院，秩正二品；山東、河東、遼陽、江淮、湖廣、川漢立泉貨監六，秩正三品；産銅之地立提舉司十九，秩從五品。

《宋會要輯稿》職官四三 〔政和五年四月十六日〕同日，詔：「近差倉部員外郎徐禋措置東南銅，令徐禋將東南路舊坑所出寶貨一就措置。」

食貨三四 〔淳熙〕十三年正月二十八日，江淮等路提點坑冶鑄錢耿延年言：「遵稟指揮，行下信州及鉛山縣官鉛山場官并本司屬官，先次措置招召民户從便采鑿，賣銅入官。據逐官報到，各於地頭榜諭，經今兩月，并無情願應募之人。除已節次具因依申尚書省并户、工部照會外，躬親至信州鉛山場，同官屬吏卒登諸山相視，推尋故跡，徧歷高下，講求昔時十萬坑丁采鑿之由與夫目今已行之事，利害源流，悉已洞見。臣交領職事三年有五月，晨夕疾心，惟務與民共利，經久可行，不欲專利於官而有害於民，不欲取辦一時而貽患於後，故累年銅、鉛、鐵、錫課利視舊來稍稍辦集，至如貌平山取采垢土淋銅之利，亦已逐時旋增置訖。其山特鉛山場一小山爾，況其地穿鑿極甚，積土成山，循環復用，歲月寖久，

兼地勢峻倒，不可容衆。今奉旨，令臣相度。其地有不可增置之處，不敢自嘿，謹盡録奏聞。如朝廷別遣使命見此遺利，在臣則有欺隱之罪。臣今來又檢踏出葉塢山巔(秤)〔稍〕平數處，更可增四十槽，其合用添招兵匠、起造屋宇所費本錢因依，并鑄錢司見行事務與臣任内先已創復坑冶去處，悉皆條去，隨狀繳進。」户、工部契勘：「當來余球所言信州鉛山之銅，乞專委提點官就鉛山置局，采訪舊例，興復坑户，穿玩取垢，增價買銅。今來提點官耿延年相度條具畫一事因，除第四項内欲於竹葉塢山巔見有地稍平數處可以更增置淋銅盆槽四十所，得銅二萬斤，會計合用本錢一萬八千一百餘貫，可添鑄折二錢八千貫文外，別無相度條具到可以鉛山縣置局，招集坑户采鑿取垢，增價買銅合行利便事件。況今來提點官却於竹葉塢山巔躬親踏逐數處，可以更增置盆槽淋銅添鑄錢一節。本部今勘會，欲下江淮等路鑄錢司更切契勘，如所奏是理委是詣實，及目今鼓鑄所費不過，兼系經久可行利便，即從本司一面措置施行。」從之。以上《孝宗會要》。

《明會要》卷五七《食貨五·坑冶》 成化十七年，令封閉雲南路南州銅坑。王圻《考》。

《明史》卷八一《食貨志五》 崇禎元年，南京鑄本七萬九千餘兩，獲息銀三萬九千有奇；户部鑄錢獲息銀二萬六千有奇。其所鑄錢，皆以五十五文當銀一錢，計息取盈，工匠之賠補，行使之折閲，不堪命矣。寶泉局銅本四十萬兩，舊例錢成還本太倉，次年再借，至是令永作鑄本。三年，御史饒京言：「鑄錢開局，本通行天下，今乃苦於無息，旋開旋罷，自南北兩局外，僅存湖廣、陝西、四川、雲南及宣、密二鎮。而所鑄之息，不盡歸朝廷，復苦無鑄本，蓋以買銅而非採銅也。乞遵洪武初及永樂九年、嘉靖六年例，遣官各省鑄錢，採銅於産銅之地，置官吏駐兵，倣銀礦法，十取其三。銅山之利，朝廷擅之，小民所採，仍予直以市。」帝從之。是時鑄廠並開，用銅益多，銅至益少。南京户部尚書鄭三俊請專官買銅。户部議原籍産銅之人駐鎮遠，荆常銅鉛會集處，所謂採銅於産銅之地也。帝俱從之。既，又採絳、孟、垣曲、聞喜諸州縣銅鉛。荆州抽分主事朱大受言：「荆州上接黔、蜀，下聯江、廣，商販銅鉛畢集，一年可以四鑄。四鑄之息，兩倍於南，三倍於北。」因陳便宜四事，即命大受專督之。

卞寶第等《〔光緒〕湖南通志》卷五七《食貨志三·錢法》 崇禎三年，御史饒京言：鑄錢開局本通行天下，今乃苦於無息，旋開旋罷，自南北兩局外，僅存湖廣、陝西、四川、雲南，及宣密二銀，而所鑄之息不盡歸朝廷復苦無鑄本，蓋以買銅而非採銅也。乞遵洪武初及永樂九年嘉靖六年例，遣官各省鑄錢，採銅於産銅之地，置官吏駐兵，倣銀礦法，十取其三。銅山之利朝廷擅之，小民所采仍予直以市。帝從之。《明史·食貨志》。

顧炎武《肇域志》卷二二 〔垣曲〕折腰山在縣西北七十里。【略】相傳古有銅鑛，鑿久摧脊，故名。黄河在縣東南里許。五虎關有礦，防盜。五虎澗在縣西南五十里，嘉靖四十三年置官軍防礦徒。有古皋落城，西魏於此置邵郡，以備東魏。

《清朝文獻通考》卷三〇《征榷五·坑冶》 〔雍正〕五年，封禁雲南中甸銅礦，從總督鄂爾泰請也。

卞寶第等《〔光緒〕湖南通志》卷五八《食貨志四·礦廠·銅礦》 乾隆三年，議奏衡州府常寧縣之銅盆礦，銅盆徽，即宋茭源銀場。桂陽州之石壁下、靖州綏寧縣之抱衡，現出銅砂，把衡砂礦尤旺。此外尚有永順府桑植縣之水獺錸、郴州桂東縣之東芒江等處亦屬産銅之所，俟開有成效另議辦理。四年，覆準綏寧縣把衡銅礦試行開採。嗣因苗衆紛争，咨部封禁。

穆彰阿《〔嘉慶〕清一統志》卷一七三《登州府》 岠嵎山。在棲霞縣東二十里。岠嵎水出焉。《元和志》：萊陽縣有黄銀坑。舊志金山亦名岠嵎山，即黄銀坑也。隋唐以來，守土官採金充貢，後編户置官，歲定金額，有增無減，户漸逃亡。明洪武間，始禁開採。

《清高宗實録》卷四七五 〔乾隆十九年十月〕辛未，諭軍機大臣等：「定長奏黔省銅廠一案，已將管理咸寧州屬銅川、勺録兩廠前署知州解韜抽多報少、售商舞弊，及接任知州海米納圖知鳌剔，踵弊因循參劾究審。而另摺中，乃隱躍其詞，稱當年張廣泗原題以收買餘銅不敷廠民工本，現飭設法。其所謂設法者，無非令其售商獲利，侵隱透漏情弊，其來已久等語。如此則從前歷任各員俱所不免，解韜等不過因循陋習，而遽歸重於該二員，參劾治罪，未免偏枯，轉致冤抑。若該二廠自開採以來，即係解韜一人經理，或通同爐頭私相售賣，從前並無此弊，實係始於解韜，而接任踵而行之，則藐法玩公，又必當重治二員之罪矣。著傳諭定長，令其查明實在情節，秉公詳悉奏聞。至此事如何定案時，仍行明白回奏。」尋奏：「咸寧銅觔通商，起於乾隆十二年，知州謝國史、李肖先任内。十五年，署州姚文光公然出示給票，但從前出銅有限，私賣尚少，自解韜到任，又開

有新哈喇河子廠，礦砂頗旺，乃官銅日減，偷漏數倍於前。又私收銅税，并每秤多收秤頭銅二觔。海米納接任爲日雖淺，亦踵積弊。俟提齊案犯研審，并根究累任知州如何任其偷漏之處，奏明辦理。」得旨：「覽奏俱悉。」

又卷五二五〔乾隆二十一年十月〕己丑，諭軍機大臣等：「據吉慶奏，船户偷盜銅觔，每遷延停泊於無人之處，偷拋水中，揚帆而去，别遣小舟潛撈起賣，盜賣過多，恐致敗露，故將船板鑿破作爲沉溺以掩其迹等語。看來此等情弊在所不免，從前屢降諭旨，遇銅鉛過境，令各督撫實力查察，毋任偷漏。而該督撫等惟以入境出境遭風停泊日期奏聞，未有能將偷賣弊竇察拏者。船户沿途盜賣，必有該處牙行舖户串通購買，始得速售，地方官果能留心訪查，何難力除積弊。著再傳諭銅鉛經過之直省督撫，責成護送員弁加意防範，嚴密稽查，仍於奏報時，將吉慶摺内所指情弊據實聲明，不得以具文了事。可通行傳諭知之。」

又卷五九九〔乾隆二十四年十月〕四川布政使吴士端奏：「樂山縣舊銅廠日久產薄，附近新開採，商人多因資本不繼，數月後即停採。他商頂開，原商輒阻撓，至股商不前，坐棄地利。請嗣後無力停歇者，以三月爲期，原商不準復開，聽廠員募股商頂挖，撓阻滋釁者，杖八十，枷號一月，遞籍收管。」報聞。

又卷六三五〔乾隆二十六年四月〕諭軍機大臣等：「據高晉奏，雲南委員唐思等解運京銅，於清河縣地方沉溺八萬七千觔，經協運委員馬昌業雇募水夫，共撈獲正耗銅八萬八百六十餘觔，其未獲銅觔，照例回滇賠補等語。銅船偶遭沉溺，地方官自應協同委員，督率夫役打撈净盡，方爲實心辦事之道。此項沉溺之銅，既已撈獲八萬有餘，則此七千餘觔何以化爲烏有，難保無夫役乘機偷竊之弊。況委員雇募之夫，呼應既已不靈，當其打撈時，安知不留銅水底，謊報撈完，俟銅船開行之後，逐漸撈出售賣。不然，或係解員、船户等，已經沿途盜賣，借詞撈失，以少報多，亦未可定。種種弊端，皆情理所有，惟在地方官悉心查辦。如果夫役偷竊，固當設法嚴懲，即解員盜賣，亦應根究著實。若以賠補有例，即據申報了事，設或夫役有弊，何以服解員之心乎？從前吉慶陳奏稽察解員銅船船户一條，朕所降諭旨最爲明晰，若督撫等僅如此辦理，是又屬虚應故事之具文矣。此項未獲銅觔，是否夫役偷匿，抑或解員盜賣，著該督詳細查明具奏。將此傳諭高晉知之。」

《清宣宗實録》卷九七〔道光六年夏四月〕癸丑，諭内閣：「趙慎畛等奏銅鹽疲滯情形一摺。滇省銅斤攸關京外鼓鑄，近因各廠攻採年久，出銅短絀，瀘店底銅借兑將盡，其四川烏坡廠亦不豐旺，以致辦銅疲滯。現在丙戌年暫行減運兩起，惟自丁亥年起，仍照舊額，自應豫爲籌辦，庶免臨時貽誤。著照所請，將滇省舊有各廠，選派幹練熟習之員，經管上緊採辦，並飭各屬廣覓子廠具報。開採如有成效，準其領銀接濟辦銅扣銷，仍嚴禁私販私鑄，有犯必懲。儻該員辦理懈弛，隨時分别撤參。果能額外加辦，除於考成案内議敘外，其加辦最多之員，照例奏請鼓勵，務期各廠漸有起色，銅無缺乏，俟有贏餘，即將瀘店底銅陸續歸補。」

又卷一〇八〔道光六年十月〕又諭：「伊里布奏，參承運粤銅遲延之知縣，請摘去頂帶，勒限運交，並將後任運到次年銅斤先行撥發一摺。滇省應運道光四年分粤銅，除蒙自縣金釵廠已照數辦運交收，其易門縣萬寶廠應解正耗餘銅一十萬七千三百斤零，委員李耀瑚承辦，遲至年餘尚未運交清款，殊屬延玩。易門縣解任知縣李耀瑚著先行摘去頂帶，勒限本年十一月將銅斤全數運粤交兑，儻仍逾限未交，即著嚴參懲辦。至粤省派員接運四年銅斤已抵該省，未便令其久候。著將萬寶廠續運到五年分粤銅，先行撥作四年之項，併同金釵廠運存四年銅斤，交該委員領運回粤，俟李耀瑚將誤運之銅運到，即撥還五年之款，免致有誤鼓鑄。該部知道。」

又卷一五六〔道光九年五月〕又諭：「托津等議覆，長清奏酌撤阿克蘇銅廠官兵，並免徵賽哩木、拜城回户糧石，折交銅斤一摺。阿克蘇歲收銅斤，從前係派回子協同兵丁刨挖，嗣將回子撤去，專派兵丁承辦。現據長清查明，近來銅苗不甚豐旺，兵丁採辦維艱，訪察賽哩木、拜城回子久住山内，皆能辨識銅苗，情願採銅交納，以抵應交糧石。且阿克蘇糧儲充裕，歲需兵食足敷，若令該二城回户採辦銅斤，免徵糧石，其生計不至苦累，事屬可行。著照所議，自道光十年爲始，所有賽哩木拜城回户準免徵糧二千六百八十九石零，折交銅一萬六千二百斤。其銅廠兵丁三百名概行裁撤，選派五六品伯克二員，專司銅廠事務，並著隨時差委員弁認真稽察，以杜弊端。如該伯克員弁等有藉端勒索刁難情事，即行嚴參懲辦。」

《清朝續文獻通考》卷四三《征榷考一五・坑冶》〔同治〕七年諭：「湖北施宜等處銅礦能否開採，著郭柏蔭、何璟迅飭妥議，奏明辦理。」

李佐賢《石泉書屋類稿》卷三《行述行略・誥授奉直大夫廣東德慶州知州晉贈文林郎翰林院庶吉士先考鏡秋府君行述》 未幾，補缺史館，議敘授職州同，

援例晉知州。銓選路南時，先大父知京山縣事，府君請假奉檄過署，先大父訓曰：「吾家世爲清白吏，汝往矣，其務飭廉隅，令滇民稱汝爲好官，即所以紹先德，慰吾望也。」府君謹受命，至滇。時方伯以署任者經理銅廠未竣，委府君暫權嵩明篆。聽政三月，尋莅路南州。本任州，瘠土也，官民皆依銅廠給用。接任時，前任奏銷甫過，銅礦俱竭，而每歲額銅萬觔有奇，仍需賠解，竭蹶辦公，時形乏匱，府君衣澣濯，飯粗糲，一如未通籍時泊如也。

《清德宗實録》卷三一四 〔光緒十八年秋七月〕癸丑，諭軍機大臣等：「本日户部奏覈覆，雲南銅本運費請照唐炯所奏，每百斤暫加銀一兩，已依議行矣。另片奏請飭整頓銅運等語。唐炯係棄瑕録用之員，宜如何力圖報稱，乃自到雲南以來，前後奏報銅廠漸有成效，迄今已閲三四年，辦運之數每年不過兩批，毫無起色，實屬有負委任。現值寬爲加價之時，務當激發天良，力籌辦法，逐歲加增，儻再空言搪塞，任意鋪張，著户部據實嚴參，從重治罪。其前請加借工本銀兩，分年繳還，暨迤西礦務暫免課耗，現已奏限届滿，均著唐炯迅速清結，毋任遲延。至該省近年所解銅斤夾雜鐵砂低銅，多至八九萬或十餘萬斤，實屬不成事體，著唐炯嚴飭該公司等，嗣後不得再有低潮攙和情事，並隨時稽查，如有此等弊混，即著將該廠員嚴參示懲。原片著鈔給唐炯閲看。將此諭知户部，並諭令唐炯知之。」

《清文宗實録》卷三三 〔咸豐元年五月〕諭車機大臣等：「張亮基奏滇省銅務現辦情形一摺。據稱近年礦少質劣，嘈硐愈深，窩路愈遠，且附近炭山砍伐殆盡，工費益繁，以致額銅不能依期到店，往往停脚待運。廠員店員均極疲累，廠店交疲，則運員之遲逾、銅質之低潮，皆所難免。所奏自係目前實在情形。惟地不愛寶，亦賴人力相機籌辦。該撫現已遴選妥員，設法攻採。麗江、東川所管各廠或據報獲礦，或覓得子廠，較上年漸有起色。現在京局鼓鑄需銅孔亟，著吴文鎔到任後，會同張亮基，督率藩臬兩司，嚴飭廠店各員認真經理，務於循守舊章之中，寓力求整頓之意。即使量爲變通，亦應斟酌盡善，慎勿輕議紛更。總之廠員須善躧引苗，嚴督砂丁，不得聽其以硐老山空一報塞責，而店員之承運遲滯，運員之沿途逗遛，甚至恣意偷竊捏報，遭風，均應節節嚴防，以杜積弊，庶期於銅務漸有裨益。諒吴文鎔等必能勉力籌辦，不待諄諄告誡爲也。將此諭令知之。」

又卷一六二 〔咸豐五年三月〕以辦理伊犁雅瑪圖銅礦出力，賞回子商伯克阿布都蘇爾花翎，餘升敘有差。

《張文襄公全集》卷二一五《書札二》 一、洋銅購幾何，蘇錢購幾何，速定覆直督。一、部咨辦銅應詳覆。一、礦師必宜聘到。一、着將開法機器審定。目前鐵路雖不能遽開，宜趁此託津覓人，令其勘估，以備將來。

《清高宗實録》卷六一一 〔乾隆二十五年四月〕雲貴總督愛必達等奏：「滇省湯丹、大碌等銅廠採辦工本不敷，前經奏準，將東川錢局每鑪每旬加鑄半卯，以所獲息銀爲該廠加價之用。今計老廠及各子廠年辦銅觔不下一千一百餘萬，東局加鑄之息尚不敷添價之有，可否將省城、臨安二局亦照東局每鑪每旬加鑄半卯，其鑄本即於銅本項下借支。再查，大銅、大興新廠出銅豐旺，發價採辦時，即可以省、臨二局所鑄之錢搭放，將該新廠銅本按數扣銀，歸還鑄款。」得旨：「如所議行。」

《清德宗實録》卷二六七 〔光緒十五年二月〕巡撫銜督辦雲南礦務唐炯奏：「東川、昭通兩府銅廠漸次見功，本年可得銅一百數十萬斤起解。以後必能逐年加增，請飭部籌撥銅本 百萬兩，以資採買發價。」得旨：「據奏，雲南礦務漸有起色，著照所請，由户部指撥的款一百萬兩，限期分解，以應急需。」

《清朝續文獻通考》卷二二三《錢幣考五》 光緒三十三年又奏覆：郵傳部尚書陳璧請開江西、雲南銅礦，鑄造銅元免致利權外溢。略稱：中國銅礦滇省最富，徒以該省銅本艱窘，歲辦京運時虞竭蹶，而各廠造幣轉須購買洋銅，以致利權外溢。近聞贛省發見銅礦苗旺質佳，曾交總廠試驗頗合造幣之用，尤宜亟籌開採。本年據兩江督臣端方、江西撫臣瑞良奏報，江西贛縣隴下及長排嶺銅礦苗脈豐厚，銅質甚良，採法宜用機器，兼築小枝鐵路輸運，經營試辦約需經費四十萬，寧贛各認銀二十萬兩，核撥開辦，俟有成效，各處造幣廠均可赴贛訂購，毋庸仰給外洋。至雲南銅礦亦經臣部派員調查，並電雲貴總督委員同勘。嗣准雲貴督臣錫良電稱，據稱東川礦旺，民貧恃官接濟。查滇銅每百斤給價銀二十兩，用以造幣，尚須改鍊，小有折耗。見在洋銅之價須四十餘兩，自宜興辦滇礦，以免利權外溢等語。臣部常以滇銅困於例價，出産日衰，至爲可惜。各省鑄幣用銅正多，自當酌加提鍊，價值擬俟該督續報到日，應如何協籌資本開採，再由臣部奏明辦理。

鄭顒《〔景泰〕雲南圖經志書》卷二《路南州・土産》 銅礦。在州東南一百里劄龍村。有山産銅礦，歲納銅課

雷禮《明大政紀》卷九 〔宣德三年〕詔蠲免江西德興鉛山銅場。

《清會典則例》卷四九《户部・雜賦上》〔雍正七年〕威寧府屬猓木果地方出産銅礦，煎試有效，準令開採，照例二八收課。

〔雍正〕八年，題準四川建昌所屬會川之迤北、興隆二廠，寧番之紫古哵、沙基二廠並九龍廠，出産紅白銅礦，本省商人不善開礦，應招募四方殷實商人，自備資本赴廠開採，所出紅銅三分收課。

〔雍正八年〕公母廠出産紅銅、黎溪廠出産白銅，均準開採收課。

《清高宗實録》卷一五〇 〔乾隆六年九月〕又議準：「署貴州總督、雲南巡撫張允隨奏稱，黔省成寧州屬致化里産有銅礦，砂引頗旺，現開硐七十二口，内有十四口已獲百餘萬觔。招廠民二千餘名，設爐二十座，採試有效，應準其開採。課税照例二八抽收，餘銅歸官收買，每百觔給價銀七兩。」從之。

又卷一六四 〔乾隆七年夏四月〕户部議覆：「雲南巡撫張允隨奏稱，滇省向有青龍等銅廠，緣開久硐深，另於廠地前後左右開硐煎辦，或收買冰燥煎銅，或地界極邊，烟瘴甚盛，或廠地同屬東川，抽課給價不能與湯丹兩例，自須量爲調劑，以裕廠民工本，使多得銅觔，方於鼓鑄有益。應如所請，將舊有之青龍、惠隆、太和、馬龍等廠照初開例，每銅百觔抽課二十觔，餘銅以五兩一百觔收買。金釵坡廠每銅百觔例給銀四兩外，增價六錢。初開之者，者囊、大水、碌碌、虐姑等廠，照湯丹、普毛兩廠例，每銅百觔抽課十觔，餘銅以六兩一百觔給價。」從之。

又卷一六七 〔乾隆七年五月〕又議準：「貴州總督兼管巡撫張廣泗疏稱，銅廠之旺衰，視民力之多寡，現據銅川河銅礦各户因工本不敷，停爐甚衆，請暫照格得、八地二廠例，一九抽課，俟將來礦砂大旺，再照二八抽收。」從之。

又卷一七六 〔乾隆七年冬十月〕户部議覆：「廣西巡撫楊錫紱條奏鼓鑄事宜：一、每年鑄錢約用銅二十三萬餘觔，現在開採之回頭山、將軍山、響水廠三處約可抽買十二萬觔。其不敷，應收買客銅，每百觔給銀十三兩八錢，但客銅多寡難以懸定。今臨桂、永福、恭城等處報有銅礦，俟試採有效，即題報抽課，停買客銅。其黑鉛惟渌泓等廠頗高，計每年抽課四萬餘千觔，應請自乾隆七年起，每年撥一萬五千觔運省供鑄，餘仍運至南寧作各標鎮協營彈鉛，如有餘仍變解充餉。至現開各廠並無白鉛，應於百色等處收買運省。又賀縣、南丹二處雖有錫礦，但錫質低潮，課亦無多。應請採買點錫。查該省收買廠銅，每百觔原給價銀六兩八錢及八兩三錢不等。今收買客銅給價銀十三兩八錢，殊屬浮多。其係由何處販買，實需工本脚價若干，並令查明，酌減報部。餘應如所請行。一、回頭山所出銅礦，除揭煉課餘銅外，有地脚爐渣猶可鎔煉出銅。向來每百觔官給銀八兩三錢，商人因不敷工費，棄置不煉。今確估工本銀十三兩，再加運省脚價銀四錢，應仍令其鎔煉。其將軍山響水廠如有爐渣，一并查辦。查八兩三錢之價先經題定，已敷各廠工本，今爐渣煉出銅觔，自應照例抽課，並照定價畫一辦理。一、銅、鉛、錫一百觔共鑄錢十三千三百文，除爐頭匠工錢及炭價外，净得錢十一千二百九十文。計每錢一千，工本不出九錢以外，應請酌撥七年地丁銀四萬五千兩以爲工本，於將來盈餘錢内歸還。查炭價即在工料之内，未便重開，應令將所鑄錢文暨給發工料錢文，查明據實造報。一、錢局房屋須近水次及寬敞地方。今擇於省城文昌門外臨河地面，酌蓋錢局一座，取名廣源局。計頭門三間，二門三間，大堂三間，銅庫四間，鉛錫庫三間，錢庫四間，炭庫十間，東西爐房各五十間，砌爐二十二座，鐵匠房三間，官房三間，書辦房二間，巡攔房二間，爐神廟三間，土地廟一間。應如所請建造。一、需用器具什物，爐頭匠作，力難自備，請先於工本銀内墊給，於伊等火工錢内扣還。至鼓鑄事關重大，須委令按察使總理，亦應如所請。」從之。

又卷二〇六 〔乾隆八年十二月〕户部議覆：「廣西布政使唐綏祖疏稱，粤西恭城縣回頭山銅礦向例於二八抽課外，餘銅官爲收買，每百觔給價八兩三錢。現在礦口日深，取砂工費已加數倍，商人以不敷工本，觀望不前，砂課日絀，請照收買客銅渣銅之數，每百觔給價十三兩四錢。又懷集縣將軍山、河池州響水廠向止給價六兩八錢，亦屬不敷，該處開採較回頭山稍易，請照回頭山舊例，以八兩三錢收買。查回頭山採礦商本不敷，自應量加，惟十三兩四錢未免浮多，應照滇省廠價每百觔九兩二錢。其將軍山廠、響水廠準照回頭山舊例支給。」從之。

又卷二七一 〔乾隆十一年七月〕又議覆：「兩廣總督策楞、署廣西巡撫鄂昌奏稱，粤西銅廠開採年久，隴路深遠，挖取維艱，工費實繁，若照原定二八抽課外，每餘銅百觔，給價八兩三錢及九兩二錢之數收買，實在不敷。應請即遵諭旨所定十三兩之價作爲定價收買，俟將來礦旺銅裕，即行據實覈減。又商人出銅百觔，除抽課外，餘銅八十觔，每百觔給價十三兩，核計祇該價銀十兩零四錢，商民實無餘利。請將餘銅官買一半，其一半給商自賣，獲有餘利，庶踴躍開採。」應如所請。」從之。

又卷三九五 〔乾隆十六年七月〕又議覆：「貴州巡撫開泰奏稱，黔省威寧州屬勺録地方産有銅礦，業經查明，並無妨礙田園，請募民開採。應如所請，照

例九一抽課，餘銅每百觔給價八兩收買。其辦事人役工食即於銅課項下支給。」從之。

又卷六三六　〔乾隆二十六年五月〕壬子，諭軍機大臣等：「愛必達等奏滇省銅廠自加價採辦後，多獲餘息一摺。據稱二十五年，青龍等廠共辦過銅一百餘萬觔，計多獲息銀二萬九千餘兩，但此項銅觔是否全數發賣，抑係將現存之銅統計覈算息銀，共有此數。其湯丹、大碌等各廠二十四、五兩年辦銅二千六百餘萬，共得額課息銀五千餘萬兩，此内除去額課及起運協撥各項銅觔外，實在多餘銅若干？并該督所稱清完廠欠，究係作何歸補？是否於二十四、五兩年内全數清完，摺内尚未明晰。著傳諭劉藻令其一併詳查具奏。」尋奏：「查原定銅價每百觔給銀四兩，自乾隆二十五年後兩次增至六兩，廠民工本漸裕，足資採辦，獲銅加倍，計銅一百萬觔有零，該價銀九萬二千餘兩。計除給過廠民原價及廠費、腳價銀共六萬二千五百餘兩外，該餘息銀二萬九千餘兩並非發賣獲息也。至湯丹、大碌等廠二十四、五兩年來，實餘銅二百四十萬有零，得額課銀二萬一千六百五十餘兩。至各廠舊欠，自增價後廠力漸舒，已於乾隆二十二、三、四、五等年，將積欠銀十一萬餘兩陸續追完。」報聞。

又卷六五三　〔乾隆二十七年正月〕諭軍機大臣等：「海明等據阿克蘇、阿奇木色提、巴勒氏等呈稱，現在採銅回人一百户，伯克二員，不敷差遣，請添設伯克一員，回人二百户，每年交銅二千八百三十餘觔等語。著照所奏辦理。至採銅回人所有應交官糧，準其豁免，俟鼓鑄既足，停止採銅時，再行按户徵收，不必分派回人等代爲完納。」

《清高宗實録》卷六八七　〔乾隆二十八年五月〕户部議準：「兩廣總督李侍堯、廣西巡撫馮鈐等疏稱，蒼梧縣金雞頭山廠產銅旺盛，請募商採辦，銅百觔抽課二十觔，餘銅一半商售歸本，一半官爲收買。」從之。

黄掌綸《長蘆鹽法志》卷一二《賦課下・商雜課目》　再查，商人王世榮因獨肩銅務，資本不敷，據呈，準令自〔乾隆〕五十一年爲始，免交二錢銀兩，原以爲貼補銅費之用，今銅務業於上年奏交錢鳴萃辦理。

又《清朝續文獻通考》卷一九《錢幣一》　〔嘉慶〕十一年，奏准：「四川鼓鑄銅斤，向資本省廠銅，間有不敷，按例價十二兩採買商銅濟鑄。近來工本昂貴，採買商銅不敷額用。今覓得西昌縣屬之拖角山、白果山二處銅礦，應准暫行按照例價，官爲開採，不抽課耗，俟鼓鑄充裕，仍照例抽課。」

《張文襄公奏議》卷二四《奏議二四・瓊州開鑛暫免税釐片光緒十三年十一月二十四日》　再，瓊州府昌化縣境内大豔山，《府志》名峻靈山，多產銅及石碌，故亦名爲石碌山，前經香山職員張廷鈞招集股分，購備機器，前往開採，業經奏明在案。查石碌爲銅苗所結，下有銅擴，精華上溢，融爲石碌。每石碌百斤，佳者可鍊銅十餘斤至二十斤不等，其不能鍊銅者賣作顔料。兹查大豔山地近黎境，道路既遠，瘴癘尤重，出產雖佳，工費甚昂，現在黎境甫通鑛務，創始儻無確利可圖，必致觀望自沮。惟有減輕成本，始足以徠商販，而惠民黎。兹擬將昌化石碌及銅斤，凡販運出瓊州海口者，自光緒十四年起，三年之内所有山税及關税釐金概行暫免，俟開採行銷大旺，再將税釐酌量抽收。其餘瓊屬五金等鑛，如有集資開辦，亦即一律辦理，暫免税釐，庶幾通商惠工，地利興而島民裕矣。硃批：「户部知道。欽此。」

《清德宗實録》卷二五一　〔光緒十四年春正月〕兩廣總督張之洞奏：「瓊州昌化縣境内大豔山開採石碌、銅鑛，凡販運出瓊州海口者，請自光緒十四年起，三年之内山税及關税釐金概行暫免。」下户部知之。

《清文宗實録》卷之二九二　〔咸豐九年九月〕諭軍機大臣等：「裕瑞奏回子應交額銅，請折交錢文一摺。據稱葉爾羌庫庫雅爾、桑珠二莊地方向係開設銅廠，令衆回子刨挖交銅，將一切糧賦差徭豁免，庫庫雅爾莊每月交銅一千二百斤，桑珠莊每月交銅五百零七斤。兹據該二莊伯克等呈稱，庫庫雅爾莊離挖銅地方路途遥遠，耽延時日；其桑珠莊柴水缺乏，輓運維艱，請將應交之銅每斤交當五錢二百五十文，按月清款覈計，收銅鼓鑄，搭放兵餉，有贏無絀，懇請俞允等語。該回子等採挖銅廠交納銅斤，歷有年所，今請折交錢文，以省挖運，似係體恤回民。但輕改舊章，其中恐有别情，日後有無流弊，著扎拉芬泰遴委妥員前往該城確切查明具奏。將此諭令知之。」

《清文宗實録》卷三〇八　〔咸豐十年二月〕又諭：「前據裕瑞奏，葉爾羌庫庫雅爾、桑珠二莊向設銅廠，請將銅斤折交錢文，當經降旨，令扎拉芬泰委員查明有無流弊。兹據奏稱，揀派伊犂領隊大臣錫拉那前往查明，咸豐五、六年間，因籌辦開礦，是以將庫庫雅爾、桑珠二莊每年應交糧布、棉花及一切雜差概予豁免，近年銅斤短絀，情願折交錢文。雖經該伯克等僉稱，毫無抑勒，惟令該回衆因此賠累，非所以示體恤，可否免其折交銅斤，仍復糧賦舊制，請旨遵行等語。該處開設銅廠，原以供鼓鑄之用，今既產銅短絀，未便令折交錢文，情同科斂，所

有庫庫雅爾、桑珠二莊折交銅斤錢文，即著停止，仍收原額糧賦，以復舊章，而杜流弊。」

劉弇《龍雲集》卷二八《策問中・第九》 問：錢弊之在天下，什伍穀帛而子母之，則有國者資之以擅開闔與？夫閭閻細民取以利用厚生，而阜其財，求必是物也。然則冶鑄之繫縣官，利害輕重，斷可識矣。皇祐中，舉天下歲入銅以斤計，得五百一十萬八百三十四，而爲冶鑄之州有五：曰饒、曰池、曰江、曰建、曰韶；歲入錢以緡計者，得一百四十六萬五千六百六十二。方是時，雖富民之錢，其饒殆可編埒，曾不以匱乏聞也。自嘉祐治平已還，銅額則夥矣，冶監則增矣。侵尋數十年間，蠹弊四出，未有如渴錢之今日也。爾來歲額至號十二萬以上，而地産銅者日益加少，且天地之寶藏，豈誠有限耶？冶未即其處耶？殺額以趨者，豈工不比耶？殆有司過耶？若乃銅日弊於鍥鏤之末飾，一旦悟而摧之，則將已晚矣，其尚可及耶？方開元盛時，歲之入緡纔三十三萬七千，不能當吾皇祐二十分之六，而唐錢至布滿天下。何今日額倍而反匱耶？

黄震《黄氏日鈔》卷六七《讀文集》 廣西無酒税、商舶所入，祖宗撥諸路錢物助之。湖北軍衣絹四萬二千匹，湖南絁一萬五千疋，綿一萬兩，廣東米一萬二千石，提鹽司鹽一千五百萬斤，韶州岑水場銅伍十二萬斤，付本路鑄錢一十五萬貫，總計一百一十餘萬貫，並充廣西支遣。

魏源《元史新編》卷八八《志八之中・食貨中・歲課》 銅在益都者，至元中撥千户於臨朐縣七寶山等處采之。在遼陽者，至元中撥采木夫千户於錦瑞州鷄山、巴山等處采之。在澂江者至元中撥漏籍户於薩己山采之。凡十有一所。此銅課之興革可攷者。歲課之數：天曆元年銅課，雲南省二千三百八十斤。

胡我琨《錢通》卷二《正朔一統二》 然鑄之大患在於無銅，年前有商七人，今或亡或逃，存者二人而已。究銅之所難得，則凶年物貴，般運爲艱，關津重疊，抽税不一。及至都城，則户部索其税，工部索其銅，衙門之使費滋擾，借貸之賠累難堪，鞭策囚繫，勉强支應。今欲蘇其困以示招徠，莫若户部銅商改隷工部，或收其本色作税，而於税外别買低昂，悉照當時給直，或將其税銀特免，而較數歲爲常，豊凶無二價，但責完銅。商不苦於煩費，官不苦於權分，此不可不議也。蕪湖關控扼大江，爲陪京門户，私鑄姦豪盤聚其處，每銅商船至，則羣擁邀截，高價强買，佯作倭鉛，點造黄銅器玩，而寔則轉輸深僻之處，競鑄私錢。今宜盡驅其人，偏毀其爐，令就内城錢局軍廠近處，或點綴黄銅，或發賣紅銅，使川貴之銅悉萃聚於鍾阜石城之内，毋令散逸爲豪右資，此不可不議也。又《大明律・錢法》一款，私錢坐絞，古錢兼用，其旨總歸之便民。若乃器用，則民間除軍器、鏡子、寺院鐃鈸外，餘應廢棄者皆輸之官，私相賣買者有罪。蓋收下之銅而歸之上，即賈生所云，銅不布下則上權不分之意也。今百姓鎔冶鏤刻，作無用之器，極神工之巧，華靡僭擬，秦鍾漢鼎，商彝堯罇，皆可僞鑄，一爐千金，破産無悔，拐騙傷俗。不若申飭律禁，一切收之官府，量給銅價，湊鑄銅錢，即縉紳世家土瓷木石器具，儉樸日用甚適，豈必用銅？唐劉秩謂銅之爲物，以爲兵則不如鐵，爲器則不如漆，即禁之無害，禁則銅之費不廣而價日賤，并可挽俗，此不可不議也。銅既易足，工冶具火，齊得贏利，可以坐取不此之務，而務礦税何爲哉？

《清朝文獻通考》卷四〇《國用二》 銅礦：四川樂山縣二八收課，建昌三分收課。廣東二八收課。廣西恭城縣山斗岡每百斤收課十五斤；蓮花石二八收課。雲南額課銀一萬八百二十五兩七錢有奇，其白銅廠課無定額。貴州大定府每百斤收課十斤；威寧州思南府均二八收課。

湯斌《湯子遺書》卷二《奏疏・詳陳蘆課辦銅之艱疏》 江省非産銅之地，必採買於外省，定價不敷，請照各屬額徵蘆課多寡，分行州縣多方購覓，以速起解，當經咨明部臣在案。除康熙二十四年所派銅觔，已飭各屬勉力採辦，赴部交收外，兹據江蘇布政使章欽文詳稱，康熙二十五年蘆課銅觔飭行各屬遵照採買，各州縣咸以賠補艱難，籲請停辦前來。臣查錢局需用銅觔，向於各關税銀内動支辦解，因蘆課錢糧當年亦差蘆政部司經收，故照關差一例辦銅，迨後蘆政衙門奉裁課銀歸併有司徵解，時因銅價騰貴，外省停鑄，惟京局所需之銅止令關差動支税銀辦買，而不及於蘆課。誠以此項銀兩，在小民係計畝輸將，在州縣按則徵解，歲有定數，非若關税按貨征收歲額之外，稍有盈餘可以通融補劑者。比今部定銅價，每觔止銀六分五釐，而各處時值則有一錢五六分，以至一錢七八分不等，是時價之與定價不啻三倍。況江寧所屬每年派辦十七萬觔，爲數既多，一時採買，價值更加騰湧，重以領解員役舟車盤剥，需費浩繁，雖康熙二十四年各州縣勉力捐賠，辦完起解，然後難爲繼。今康熙二十五年，各屬紛紛具詳。臣查銅觔定價既有不敷，採買交解更多賠累，若不變通，將來各官賠補無力，必至科派那移，官民交困。仰請皇上俯鑒蘆課與關税不同，停其辦買銅觔，其應徵之銀照舊充餉，如或錢局必需，萬不可缺，亦懇皇上勅部於每觔定價六分五釐之外，照依時值酌量加增，庶承辦之官不至有賠累之苦，則那移錢糧科派洲民之弊可免，

而京局鼓鑄急需亦得無悞矣。

陳廷敬《午亭文編》卷三〇《奏疏·制錢銷毀滋弊疏》 再察，前經户部等衙門議覆，錢法侍郎田六善條奏，令天下産銅、鉛地方，聽民開採，行令直省督撫，於産銅、鉛處令道官總理，府佐官分管，州縣官專責，税其二分，分别紀録加級。至今開採寥寥，皆因地方官征收其税，滋爲弊端，以致徒爲收税之名，而無開採之實。此後應一切停罷，聽民自便，或有開採，則銅日多，而錢價亦因可以得平也。

《清朝文獻通考》卷一七《錢幣考五》 又議定雲南開採礦廠地界，併停各省預買加買借買銅觔，及本省各局加鑄之例。大學士雲貴總督楊應琚奏言：「滇省近年礦廠日開，砂丁人等聚集，每處不下數十萬人，耗米過多，搬運日衆，以致各廠糧價日昂一日。且有無業之徒藉言某山見有礦引，可以採銅，具呈試採，呼朋引類，羣向有米之家借食糧米，名曰米分，以米分之多寡定將來分礦之盈縮。往往開採數年無益，又復引而之他有米之家，希圖加借，前後併還，終致礦歸烏有，米復徒耗。更或預向廠員借用銀米，前後挪掩，重利借還，員累殊深。查滇銅關係鼓鑄，不容闕乏。已開各廠不便議停，未開各廠正宜示以限制，請將舊有之老廠、子廠存留，限於各廠四十里内開採，四十里以外不得任意私開。廠有定數，則廠内砂丁可無虞日漸加增耗費米石。至各廠所獲銅觔比年解運京局，及本省鼓鑄、外省採買所餘不過數十萬觔，如儘各省加買，勢至入不敷出，似應及時籌劑。請將各省乾隆二十九年以前奏定之額聽其按年買運，如有請預買一運及加買至借買數十萬觔之處，概不准行。舊廠既有界限開採，年久衰歇堪虞，應留有餘以補不足。滇省省城臨安東川各局正鑄之外已足敷搭放兵餉，接濟民用，其加鑄各項亦應酌量停止。」得旨允行。

又增雲南收買廠銅價直。雲南巡撫愛必達奏言：「東川府屬湯丹、大碌等廠所産銅觔，歲以解運京局，定例每百觔以價銀九兩二錢報銷，原係合算，耗銅、餘銅及銅廠雜費在内，其廠民實得之價向係每觔給銀六分。查雍正四年開採以來，奏定於百觔内抽課十觔，例不給價，餘銅官爲儘數收買。尋復議：課銅之外，再抽耗銅五觔。至乾隆四年，復題定：東川所屬各銅廠，地遠費多，每百觔除抽課及加耗外，餘銅准照每觔銀六分收買。其在各屬地方者，新開之廠，照新例每百觔抽課二十觔，餘銅每觔給價五分收買。舊有之廠照舊例每百觔抽課九觔，餘銅每觔給價自三分八釐至四分二釐收買。嗣後俱遵照辦理。但湯丹、大碌二廠銅質最高，廠民採銅百觔，除去抽收十五觔，實止得工本銀五兩一錢。開採年久，硐硐日深，費用加重，所給工本實屬不敷，請每百觔增銀九錢，以足六兩之數。」經户部議：「該處舊定銅價已較多於他廠，未便再行議增。」得旨：「著加恩照請增之數給予一半，餘廠不得援以爲例。」

傅恒《平定準噶爾方略》續編卷一五 〔乾隆二十六年〕庚戌，恩免採銅回人應交官糧。上諭軍機大臣曰：「海明等據阿克蘇、阿奇木色梯、巴勒氏等呈，現在採銅回人一百户，伯克二員不敷差遣，請添設伯克一員；回人二百户，每年交銅二千八百三十餘觔等語。著照所奏辦理。至採銅回人所有應交官糧，准其豁免，俟鼓鑄既足，停其採銅，時再行按户徵收，不必分派回人等代爲完納。」

李元度《國朝先正事略》卷二《石忠勇公事畧子華善、石琳，孫石文炳、石文晟》 建水州自明時設參將，歲派村寨陋規銀三百餘兩，糧八十餘石，三桂遂編入正額，宜裁革一新。平縣之銀場、易門縣之銅廠，礦斷山空，宜盡豁課税。疏下所司知之。

又卷一六《名臣·陳文恭公事略曾孫繼昌》 先是，鹽使者令淮南於税額外，歲輸銀助國用。自雍正元年始，積數十萬，率以空數報部，及部檄移取，始行追徵，然實陰虧正課，公奏停之。在雲南時，【略】增銅廠工本，除抽課外，聽民得自賣礦銅，民爭趨之，更鑿新礦，銅日盛，遂罷購洋銅之令。

《陳伯玉集》《上益國事一條》 臣聞古者富兵未嘗不用山澤之利，臣伏見西戎未滅，兵鎮用廣，内少資儲，外勒轉餉，山澤之利伏而未通。臣愚不識大體，伏見劍南諸山多有銅鑛，採之鑄錢可以富國。今諸山皆閉，官無採銅，軍國資用，惟斂下人，乃使公府虚竭，私室貧弊，而天地珍藏委廢不能。以臣所見，請依舊式，盡令劍南諸州准前採銅，於益府鑄錢。其松潘諸軍所須用度皆取以資給用，有餘者然後使緣江諸州遞運，散納荆、衡、鄂諸州，每便以和糴，令漕運委神都大倉。此皆順流乘便，無所勞擾，外得以事西山諸軍，内得以實中部倉廩，蜀之百姓免於賦斂，軍國大利，公私所切要者，非神皇大聖，誰能用之？管仲云，聖人用無窮之府，蓋言此也。

宋祁《景文集》卷二九《奏疏·直言對》 翰林侍讀學士兼龍圖閣學士宋某昧言：「【略】臣又聞南方鑛冶地寶不乏，但轉運司與州縣莫適爲謀。昔之本錢數十萬，慶曆以來爲官司侵耗略盡矣。今既無糧貨，不能聚人，上下掩閉，止以坑穴不發爲解，采鑿烹煉反爲奸人所盗，利奪於下，貨失於官，禁帑之錢日朘月

削。今若留數十萬緡置於饒、信，權爲本錢，精擇材臣，委之經度，自令舉吏，專建官司，庶幾銅溢於山，錢流於府，此可以責數年之效，未可以驗於目前也。銅足錢多，此亦富國之一助耳。臣智識庸暗，不足上當清問，輕率狂狷，惟陛下裁貸其誅。」

祝穆《事文類聚》外集卷九《諸提舉部》洪邁《論岑水場事宜劄子》 臣前日進對，伏蒙聖慈垂問坑冶利害，及韶州岑水場興廢曲折。頃歲，先臣謫處嶺外，臣隨侍往來，數至其處，問父老所談，見石刻題識。方其盛時，場所居民至八九千家，歲採銅、鉛以斤計者至數百萬。自建炎以來，湖湘多盗，浸淫及於英、韶，焚掠死徙無有寧歲。今所存坑户不能滿百，利入既鮮，饑寒切身，無由盡力，爲國興利。地不愛寶，銅山固自若也。今陛下留意泉貨，方大興鼓鑄，非多得銅不可。雖使提點一司朝暮趣辦，然必州縣有之，乃能副急，故其要莫若博議復興此場，興之之要在於多得坑户。而瘴癘之地黄茅極目，人不樂居，其勢不可徙民，又不可徙兵，是豈終無策乎？臣竊見諸路所治兇惡强盗，及枉法受贓、殺人可愍而特旨貸命者，大抵皆配廣南，終身不得歸，一歲之間亡慮數百輩，日月益久，多復沈命。若使自今以往，一切配此場爲兵，俾之鑿山採銅，隨所得中分之，以其半入官，其半與之，而官以平直就買。仍與之約，若至場以後不逃佚，不犯罪者，量其元犯輕重，所入多寡，分爲三等，各立配役年限，限滿則爲給公據，還鄉爲民。此等雖惡黠不逞，知有自新之路，又有半直可以贍生，必將欣然樂於赴役，萬萬不疑。所患獨盗賊，而此曹之力自足扞禦，不與異時平日比也。至於養兵、築室、器用之費，非韶州所能給，當仰轉運司。轉運司亦或不繼，獨廣東鹽事司有所當賣鹽寬剩錢貯於都倉，其數不鮮，取而用之，未足爲損。但亡命羣聚，意外不可無防，事須官軍彈壓。韶州舊屯殿前左翼軍數百人，有統領官一員，可以就付節制，而令上隸提點刑獄司，使之察軍中刻剥侵牟，及非理役使之過，蓋提刑司實同共評議，上其所當行者，及别下坑冶司治其條目，俟其奏至，却令刑部立所謂配役及放還之法。苟如此策行之三年，當有日新之利。臣區區管見，未詢於衆，所懷如此，不敢不盡，乞賜聖察進止。

《續文獻通考》卷二三《征榷考·坑冶》 〔金世宗大定〕二十九年十二月，甄官署丞丁。用楫言開採銅礦之弊。

時立代州、曲陽二錢監，鴈門五臺民訴，自立監鑄錢以來，有銅礦之地，雖曰官運，其雇直不足，則令民共償，乞與本州司縣均爲差配。遂命用楫往審其利病。還言，所運銅礦，民以物力科差濟之，實非所願，雇直既低，更有刻剥之弊，而相視苗脈，工匠妄指人之垣屋及寺觀，謂當開採，因以取賄。又隨冶工匠，日辦浄銅四兩，多不及數，復銷銅器及舊錢，送官以足之。病民多費，未見利便。遂罷二監。

東村八十一老人《明季甲乙彙編》卷二 監軍宋劼請採礦銅陵。

胡我琨《錢通》卷二《正朔一統二》 今山西無礦可開，無錢可鑄，以鹽法則盡通矣，以屯田則盡闢矣，以耕作則盡力矣。而財用之詘乏日甚，臣謂除節省外無策焉。

【略】計者又欲開礦，夫礦不可開，開蓋無益也。一禁而不可弛，弛則亂矣。【略】何則？鑄錢之須：一曰銅料，一曰炭，一曰轉致，一曰人工。夫此四者，在民間計之，銀一分而得錢四分，誠十不酬五矣。自臣愚計之，皆可不用銀而取辦者，誠將天下出産銅料之處，贖軍徒以下之罪，而定其則，以收銅於西山。産煤之窯，以法司有罪之人，而准其罪以納炭。其運銅則通水路者，附以官民之舟，如臨清帶甎之例；通陸路者資以驛遞之力，而給之官庫之錢；其運炭則請出府庫見貯之錢，或於京城，或於近縣，或於營軍，如係官身，則量給以工食；如係民户，則平給以腳價。如是，而患無材與夫轉致之難，臣不信也。至於人工取之見役而皆足，則又不煩銀兩而可辦也。臣不知工部及寶源局原額匠役，若於見今坐食與否耶？即以營軍九萬人論之，抽用其一二千人足矣，而謂妨訓練耶？今京城之内鍛金刺綉、聲技力作之徒，與夫靠衙門而衣食者，孰非營軍，奚啻一二千也，而未嘗患其妨。凡此皆不用銀而可以成務，固無本利之足較矣。

傅維鱗《明書》卷一八《本紀一五·熹宗悊皇帝本紀》 〔七年丁卯〕三月辛未，清兵圍鐵山，遼撫袁崇焕發兵援之。壬申，豐城侯李承祚奏開採珠池銅礦。不許。

《明熹宗實録》卷七七 〔天啟七年三月〕豐城侯李承祚疏陳三議：一、江西南、贛、吉三府仍食淮鹽。一、開採珠池。【略】一、開銅礦，以資鼓鑄。得旨：「珠池、銅礦封禁已久，如何輒議開採，以驚擾地方。江西南安等三府食塩應否全歸淮額，該部議妥具奏。」後部覆，請以吉安一府食淮鹽。從之。

藍鼎元《鹿洲初集》卷一四《考·錢幣考》 欲將滇銅購運，則慮道遠費繁，似當於湖南特設錢官，開鑪鼓鑄，以銷滇南之銅，裕江浙等省之用。廣東銅礦亦可開採，即於閩廣之交，命官開鑪，併買洋銅鼓鑄，以裕沿海各省之用。部頒錢

文體式無使參差，選方正清望之臣領之，如第五倫爲督錢掾，長安無奸巧；劉晏、第五琦領鑄錢使，而江淮政平。任得其人，何奸弊之足患？民殷國富，海宇蒙樂利之休，其爲利也溥矣。

《東華録·康熙三四》〔康熙三十三年九月丙寅〕九卿等議覆：「管理錢法侍郎陳廷敬等奏，民間所不便者，莫甚於錢價昂貴。定例每錢一串，值銀一兩，今每銀一兩僅得錢八九百文不等，錢日少而貴者，皆由奸宄不法之徒毁錢作銅牟利所致。銅價每斤值銀一錢四五分不等，計銀一兩僅買銅七斤有餘，而毁錢一串得銅八斤十二兩，即以今日極貴之錢，用銀一兩换錢八九百文，銷毁可得銅七斤七八兩，尚浮於買銅之所得，何況錢價賤時乎？欲除毁錢之弊，求制錢之多，莫若鼓鑄稍輕之錢，每錢約重一錢，毁錢爲銅既無厚利，則毁錢之弊自絶，錢價平而有利於民。再查産鉛銅地方，因地方官收税種種作弊，小民無利，不行開採，此後停其收税，任民採取，則銅日多而價自平。相應俱照所請，通行各省遵行。」得旨：「依議。開採銅斤聽民自便，地方官仍不時稽察，毋致争鬭搶奪，藉端生事，致滋擾害。」

《清朝文獻通考》卷三〇《征榷五·坑冶》雍正元年，停止黔省開採銅礦。貴州巡撫金世揚疏稱：黔省地處荒陬，銅觔原無出聚，間有一二礦廠，久經封閉，若令開採鼓鑄，無論工費浩大，一時難以獲效。且貴州漢苗雜處，每逢場事貿易，少則易鹽，多則賣銀，今使錢文，漢苗商賈俱非情願。若以配充兵餉領運，既難流通無時，黔省用銀，沿習已久，請照舊例停開。下部知之。

《清世宗實録》卷二九〔雍正三年二月〕江西巡撫裴率度遵旨摺奏：「查廣信府之封禁山相傳産銅，舊名銅塘山，明代即經封禁，其中樹石充塞，荒榛極目，並無沃土可以資生，亦無頑民盤踞在内。此山開則擾累，封則安寧，歷有成案。康熙五十九年，鉛山匪類擒獲之後，此山搜查二十餘日，並無藏匿，據實奏聞。」得旨：「當開不得因循，當禁則不宜依違，但不存貪功圖利之念，實心爲地方興利除弊，何事不可爲也？在秉公相度時宜而酌定之。」

《清朝文獻通考》卷一六《錢幣考四》又議令商民得自行出洋採銅。先是，以洋商虧空甚多，已議將江蘇、浙江兩海關應辦乾隆三年額銅暫停一年，清釐積欠，以杜移新掩舊之弊，並將虧空各商所有辦銅之倭照分别查收存貯，按其每張定給租價。至是工部尚書來保奏言：見在户工二局之銅經數十年積累，方得餘一歲鼓鑄之用，今雖停止採辦一年，特權宜之計。請乘停辦之年，令江浙督撫出示徧諭，有願販銅者，官給倭照，聽其出洋採取，不必先發價銀，俟銅船進口時，該管海關道員酌量收買。毋許扣剋抑勒，於鼓鑄實爲有益。九卿等議如所請。從之。

賀長齡《清經世文編》卷五二《民政二七·錢幣上·王士俊〈請開礦鑄錢疏雍正六年〉》竊廣東各屬山場，所在皆産銅、鐵，鐵鑪現在開煽輸税，未奉停止，惟銅礦久經封禁。但粤省田少人稠，民無常業，自銅礦奉禁以來，附近居民，仍復羣聚偷挖。在地方文武各官，視銅礦爲小民衣食之地，明知偷挖，不行攔阻；督撫、提鎮，知有礦徒聚集，雖檄飭官弁驅逐，無如伊等聲息甚通，官弁未到之先，則已另往他處，官弁既去之後，旋回壠口挖砂，其實礦徒究未嘗一日逃散也。臣查肇、高、雷等府，民間貿易行使，悉係唐宋舊錢，廣韶等府俱用低薄砂錢，相隔一二百里之間，錢有行使不行使之别，故錢法之壞，莫甚於粤東。儻蒙敕令督撫勘明各屬山場，照雲南、湖廣之例，一體開礦採銅，并歷年收買之銅器，設局鼓鑄，所有唐宋舊錢及低薄砂錢，令各州縣於收買銅器處所發價收買，新鑄制錢，分運各府换銀行使，支放兵餉，搭定銀七錢三，將見舊錢砂錢自然無適公用，而現在偷挖之礦徒轉爲開採鼓鑄之夫役。國寶流通於薄海，羣黎食力於銅砂，是誠一舉而兩得也。或以開採銅礦，疑夫役易聚難散。但銅礦與鐵廠無異，今鐵廠所需夫役頗多，取結互保，並無難散之慮，銅礦夫役，照鐵廠一例編查，止用附近居民不許外人溷入。聚固甚易，散亦不難，又何有意外之慮耶！臣從錢法起見，因取敬陳芻蕘之言，伏乞皇上睿鑒。

《〔乾隆〕東華續録·乾隆一九》〔乾隆九年五月〕丙戌，諭軍機大臣等：「前據部選藁城縣知縣高封呈請自備工本開採礦廠一事，户部議令發與喀爾吉善查議。朕思此事於地方甚有關繫，必不可行，可寄信前去，即停止，並不必聲張。」直隸總督高斌尋奏：「前準户部密行藁城縣知縣高封請自備工本於嶧、滕、費及淄沂、平陰、泰安等山開採銀、銅、鉛礦，臣查山左開礦之説，聞明嘉、萬間到處開採，積歲無獲，官民重困，至我朝康熙五十八年，巡撫李樹德奏請開濟、兖、青、登四府礦場，以佐軍需，聖祖仁皇帝恐其擾民，差部員六人前往試看無益，即停止。蓋開採礦砂，向惟於滇粤邊省，若山左、中原内地從未舉行，而沂州泰安山屬岱嶽，費、滕、嶧縣地近孔林，更屬不宜。且開鑿之處官役兵弁必有不能不擾民之勢。若致開掘民間廬墓，更易滋怨。況利之所在，易集奸匪，争鬭之釁必生。更可懼者，去冬彗星所指，僉稱在齊魯之方，今開礦適當其地，是於事則無

利，而有害於地方則甚不宜，於輿情則甚不願。若必俟試行無益而後中止，萬一有奉行不妥之處，將爲盛德之累。」得旨：「所奏甚是，朕竟爲舒赫德所欺。」有旨諭喀爾吉善停止矣。

楊錫紱《四知堂文集》卷九《遵旨陳明苗疆銅礦毋庸開採疏》 爲欽奉上諭事。乾隆十二年九月初八日，准尚書傅恒字寄内開，八月十八日奉上諭：「據署廣西巡撫鄂昌奏稱，桂林府屬義寧縣龍勝以内之獨車地方與湖南綏寧縣連界，該處有耙沖嶺坐落楚地，銅礦甚旺，應行開採等語。朕思開採一事雖有益於鼓鑄，每易於滋事，而界接苗疆，辦理尤宜慎重。今所奏綏寧一帶既係苗猺地方，必須悉心詳查，徹始徹終，細加籌酌，將來開採之後，萬無一失，方可舉行。若於苗疆稍有未便，斷不可因目前之微利，啟將來之患端，不如慎之於始，照常封禁，以杜聚集奸匪之漸。可將此摺抄寄湖南巡撫楊錫紱，令其加意查察，將應否開採之處據實奏聞。欽此。」寄信到臣，臣當將綏寧縣耙沖嶺銅礦情形，臣尚未深悉。現在密札布按二司委員前赴□加勘驗查察，俟覆到，將應否開採之處據實奏聞緣由恭摺覆奏。十月二十七日奉到硃批：「知道了。欽此。」今於十一月十五日據布政使温福、按察使周人驥會稟内稱，據委員辰州府同知朱燕會同署綏寧縣知縣明英稟稱，卑職等同至耙沖地方查看得該地四面俱係苗寨，與廣西義寧、懷遠兩縣苗寨連界，其出礦之處，周圍丈量共止九十五丈，因從前開挖下截，已塌爲平坡，上段亦已破裂，中有仙旺等五洞，係乾隆四年招商開採，後因衆苗紛爭，焚卡搶物，審詳咨部封禁有案。乾隆八年，兩廣慶督院咨商開採，經前任知縣董琰查明議詳，仍請封禁。乾隆九年，前任鄂督院飭委湖北安陸府同知岳都查勘刨試，於舊礦左右復開六洞，深至二三丈，因出砂有限，又行封禁，各在案。今卑職等於舊開最旺之新興洞旁挖深二丈有餘，并無礦砂，又於洞左再挖一洞，有黑色礦砂，用水淘洗兩次，煎煉費過五十二工，實得净銅八觔九兩。詢之爐户砂夫，俱稱從前初開原有緑色好砂，自乾隆四年以後，刨挖便只有黑砂，實銅砂之最下者。又勘得山下即係苗田。詢據苗頭楊仁萬等，僉稱從前開採壓壞苗田，現有痕跡可驗，此地糧田數千畝，全仗溪水灌溉，若開採，必在溪内淘洗礦砂，有礙灌田。再，每逢天雨，水從廠上流下，俱有銅綉氣汁，禾苗被傷。更兼聚集外來多人，柴米俱貴，實多不願等語。本司等查，耙沖礦山既不寬廣，砂又不旺，深在楚粵苗寨之中，聚衆開採，淘砂之水既礙苗田，柴米價昂又礙民食，雖有文武官彈壓，難保不生釁端，似應仍前封禁，等情到臣。臣查開採銅礦雖以資鼓鑄，然地在苗疆，即使銅砂果旺，亦應籌畫萬全。今綏寧縣之耙沖地方，經臣委員踹勘，出礦之山既不寬廣，刨挖銅砂又屬低下，是目前本無利益，且深處苗穴，於田畝民食俱有所礙。乾隆四年開採，已有苗民焚搶之案，則其地之易於滋事已可槩見，誠如聖諭，斷不可因目前之微利，啟將來之患端也。所有耙沖礦廠，臣悉心詳查，應請仍舊封禁爲便。臣謹據實恭摺覆奏，伏乞皇上睿鑒。該部知道。」

《清高宗實録》卷七四 〔乾隆三年八月〕兩廣總督鄂彌達遵旨議覆：「開採銅礦爲鼓鑄之所必需，且試採之時，原係召募附近民人分別勘驗，無慮有聚衆滋事及朦蔽冒開等弊。今提督張天駿因横山礦徒一案奉旨申飭，遂欲藉海疆安靖之名，禁止開採粵東礦山，以爲將來卸責自全之計。應請飭令協力辦理。」得旨：「這所奏甚是。地方大吏原以地方整理、人民樂業爲安靖，豈可以圖便偷安，置朝廷重務於膜外，而謂之安靖耶？横山礦徒一案，張天駿即應處分。而此復藉安靖之名爲卸責自全之計，甚屬推諉因循，罔顧公事，張天駿著議處具奏。

又卷八七 〔乾隆四年二月〕調任湖南巡撫張渠奏：「楚省錢昂，辦銅甚艱，因委員察勘前撫臣趙宏恩所開銅礦，如常寧縣之銅盆嶺，桂陽州之石壁下，綏寧縣之耙沖，俱已刨試有效。他若桑植縣之水獺舖，桂東縣之東芒江亦産銅砂，但桑植係新闢苗疆，桂東又不通水路，俟相度機宜，妥議具題。」得旨：「既然試驗有效，當悉心詳酌之。汝今赴蘇，將此事悉告之後任，令其極力料理，以期有裨鼓鑄可也。」

又卷八九 〔乾隆四年四月〕署廣東巡撫王謩奏開採銅礦事宜，得旨：「所奏俱悉。『實力查察，悉心調度』八字甚爲中要，時刻勉之可也。」

又卷九五 〔乾隆四年六月〕兩廣總督馬爾泰奏：「英德縣長崗嶺開礦煉銅内有煉出銀兩，請歸該商工費之用。又河源縣銅礦貼近銀山，及英德縣之洪磜礦出銀過多，恐謀利滋事，應請封禁。」得旨：「所奏俱悉，惟在實力行之。但所謂銀礦應閉之說，朕尚不能深悉，或者爲開銀獲利多，則開銅者少乎？不然，銀亦係天地間自然之利，可以便民，何必封禁乎？卿其詳議以聞。」

又卷九九 〔乾隆四年八月，湖南巡撫馮光裕〕又奏：「湖南商人何興旺等九起，情願自備工本赴桂陽等州縣之馬家嶺等處試採礦砂，現已準其開採。但此次開採原爲鼓鑄便民，首重在銅。湖南鉛多銅少，若一準並開，必致盡赴採鉛，而開銅無人。現飭開得鉛礦，即行封閉，如果已費工本，許其另覓有銅引苗，

報採成廠，以補所費。」得旨：「所奏俱悉。若能多得銅，實屬美事，不可畏難而止。若滋事而紛擾，則好事不如無也。再與督臣詳商。」

又卷一〇九　〔乾隆五年正月〕湖南巡撫馮光裕奏：「綏寧縣之杷沖採試銅礦，係前任撫臣趙宏恩、張渠歷委踹勘，並無妨礙田園廬墓。詎商人甫經開採，即有高寨、雷團二寨苗頭楊月卿等忽捏關礙風水，不容採試，更合㘭連大寨，姚和卿等聚衆肆行，較鳳凰永綏之苗勢尤猛烈。臣札商督臣，請旨撥兵臨壓三寨，指名勒獻凶苗，以懲苗風。再，聞綏寧之芙蓉里苗人聽信廣西義寧縣奸匪李天寶傳播妖邪，最恐滋蔓，倘綏寧軍興，可以一舉兩得。」得旨：「知道了。相機而行，毋致僨事可也。」

又卷一五九　〔乾隆七年正月〕又奏：「查桂陽郴州屬舊開銅礦不礙田廬，又無苗猺雜處，可以復開。其餘試采之處，有名無實，俱願封禁。」得旨：「所奏俱悉。」

又卷一六五　〔乾隆七年四月〕貴州總督兼管巡撫張廣泗覆奏：「署督臣張允隨原奏威寧州屬銅川河銅廠可期旺發，今開採一載，總因礦砂澹薄，報獲無多。【略】得旨：「無益之事不可爲，有益之事不可止。酌中爲之，若分彼此之見，則非矣。」

又卷一六六　〔乾隆七年五月〕又議準：「貴州總督兼管巡撫張廣泗奏稱，黔省之格得八地及銅川河等廠均產銅觔，較購運滇銅實多節省，亟應上緊開挖。況銅川河廠，經原署督張允隨奏明，山形厚大可期發旺，不但足敷黔局之用，應令該督轉飭廠員，加意調劑，務使旺盛，以供鼓鑄。」從之。

又卷之二〇七　〔乾隆八年十二月〕又議覆：「雲南總督張允隨疏稱，滇省大理府自雍正五年停止鼓鑄，十餘年來，迤西一帶錢少，兵民零星交易不便。該地產有銅礦，應請設法開採，設爐十五座，每年需銅二十八萬餘觔，即以所出之銅供鑄不敷，再將迤東各廠銅觔添撥鉛、錫等項於各廠運往。統計每清錢一千文約需工本六錢有零，每年可鑄出錢六萬餘串，照例搭放兵餉，所需局房舊地已改考棚，並擇地建蓋。應如所請。」從之。

又卷二一一　〔乾隆九年二月〕山西巡撫阿里衮奏：「晉省自雍正四年至乾隆元年，收買銅器、小錢六十八萬九千五百餘觔，儘數鼓鑄。後有商人王廷煜開採銅礦，僅獲銅九百四十餘觔。現在開局鼓鑄並無存貯銅觔。」得旨：「晉省殷實商人尚多，惟有令其承辦洋銅，以供鼓鑄，爲可行之事耳。此意已於汝兄處有旨，汝再行酌量。」

又卷二二五　〔乾隆九年九月，川陝總督公慶〕又會同陝西巡撫陳宏謀奏：「查陝省河山四塞，舟楫鮮通，錢文流通甚少，價日昂貴，惟當開採銅觔，鼓鑄接濟。茲有寶玉堂、王家梁、竹林洞、銅洞坡、青子溝五處驗有銅信，現有商民等情願自出工本，先行採試。并聞華陰縣屬之華陽川產有鉛礦，應請一并開採，以供搭配鼓鑄。」得旨：「若不滋擾而可多得銅觔，自是好事，絶須妥協爲之。」

又卷二三五　〔乾隆十年二月，湖南巡撫蔣溥〕又奏：「郴、桂二州銅礦出產未能充裕，現於隔遠苗疆內地委員刨採銅錫。」得旨：「此等事須詳酌妥爲之，斷不可圖近利，而忘遠憂也。」

又卷二八七　〔乾隆十二年三月〕户部議准：「湖廣總督塞楞額奏稱，上年湖北因銅觔不敷鼓鑄，經前督臣鄂彌達奏准，暫改鑄八分重之小錢，搭放兵餉。今查小錢與大錢同價，私銷私鑄二弊相因而起，應仍遵定制改鑄大錢，并採買漢鎮客銅添鑪鼓鑄，將搭放餘剩錢文，設局照市價酌減出售，銀歸原項所需，銅價照定價支給報銷。其市用京塹小錢定爲每千文易銀一兩，放餉所用八分重之小錢照成本計算，每銀一兩給錢一千二百四十六文。又遠安縣三寶山地方產銅試採有效，應親查確實，酌定章程，請旨辦理。」得旨：「依議。速行。」

又卷二八七　〔乾隆十二年三月〕雲南總督兼管巡撫事張允隨奏：「滇省湯丹、大水、碌碌三廠產銅漸少，臣再三籌慮，惟有乘三廠尚足供用之時，於附近東、昭兩府躧覓礦苗，招徠開採。現已試採數處，每年約得百餘萬觔，將來日漸豐旺，即可以盈補絀。」得旨：「覽奏俱悉。」又批：「此所爲先事之良圖，經邦之遠猷。封疆大臣可謂無忝，欣悦嘉許之外，無可批諭也。」

又卷三〇五　〔乾隆十二年十二月〕又議覆：「湖南巡撫楊錫紱覆奏，廣西巡撫鄂昌請開採綏寧縣耙沖嶺銅鑛一摺。據稱出礦山既不寬，刨驗銅砂又屬低下，且深處苗穴，於田畝民食俱有所礙，應如所請，毋庸開採。」從之。

又卷三一三　〔乾隆十三年四月〕户部議準：「署廣西巡撫鄂昌疏稱，陽朔縣屬石灰窑廠出產銅砂，先經開採，去年入秋以來，無砂可採，應行封閉。」從之。

又卷三五六　〔乾隆十五年春正月〕己酉，軍機大臣等奏：「大學士張允隨前奏滇省廠銅較前多獲二百餘萬觔，請撥銀辦貯，經傳旨詢問，今覆稱請仍照原議撥銀一百萬兩，可多辦銅一百餘萬觔等語。查每年增銅至一百餘萬之多，恐採取太過，有傷銅苗，應毋庸議。」得旨：「是。」

又卷三七五〔乾隆十五年十月〕封閉貴州威遠州格得八地銅礦。從前任巡撫愛必達請也。

又卷四八五〔乾隆二十年三月〕雲貴總督碩色、雲南巡撫愛必達奏：「滇省産銅向惟東川府屬之湯丹、大水、碌碌三廠最旺，武定府屬之多那廠次之，近來湯丹等大廠硐深礦薄，多那亦産礦日少。查有多那廠附近之老保山産礦頗旺，月辦銅四萬餘觔至五萬餘觔不等。又湯丹之聚寶山新開長興硐日可煎銅六百餘觔，九龍箐之開庫硐日可煎銅千餘觔。又碌碌廠之竹箐老硐側另開新硐，礦沙成分頗佳，均應作爲子廠。」得旨：「好。」

又卷四九五〔乾隆二十年八月〕户部議準：「大學士、管四川總督黄廷桂疏稱，天全州屬大川銅廠嘈深礦薄，應封閉。」從之。

又卷四九六〔乾隆二十年九月〕户部議覆：「大學士、管四川總督黄廷桂疏稱，鹽源縣箆絲羅銅廠礦砂旺盛，應準開採。」從之。

又卷四九七〔乾隆二十年九月〕户部議覆：「大學士、管四川總督黄廷桂疏稱，會理州黎溪白銅廠出礦旺盛，應準開採。」從之。

又卷五四九〔乾隆二十二年十月〕又諭：「前據碩色奏，辰沅靖道黄凝道到任三年，諸事毫無整頓，難勝監司之任。今該員來京引見，看來年力未衰，或爲人未必可信則有之，尚非不堪驅策之員。且引見時面詢，據稱到省見該督時，該督好言勸慰，並無申飭之語。黄凝道是否在任廢弛，抑或別有劣蹟，著傳諭該督據實奏聞，不可有意瞻徇，亦不得稍存迴護之見。」尋奏：「辰沅靖道所轄地方多系苗疆要地，黄凝道於興除利弊，從無稟陳一件，詢其屬員賢否，苗地情形，俱茫然無知。臣曾面加申飭，並無好言勸慰。又該道所轄之綏寧縣耙沖地方出産銅沙，居民呈請開採，前撫臣陳宏謀飭該道查勘，竟不留心，慎重議準開採，嗣因有傷田禾，經臣查明，嚴加封禁，似此平庸粗率，實難勝任。」報聞。

又卷五五三〔乾隆二十二年十二月，雲南巡撫劉藻〕又奏：「滇省銅廠之大者莫過於湯丹、大碌，近因硐深炭遠，油米昂貴，採辦漸艱，蒙恩兩次加增價值，廠民之積困稍蘇。而細察情形，尚有應行調劑之處，緣每歲京外需銅約一千一二百萬，而各廠所出不過千萬，京銅雖無缺誤，此外恒苦不敷，此銅觔之應行籌畫也。又湯丹、大碌兩廠歷係先銀後銅，上季放出之銀，下季收銅還項。人衆則奸良不一，歲久則尾欠難免，積少成多，遂成廠累。此帑項之應行清理也。今銅觔既須儘力多辦，而豫放之工本奏銷之未完，又須陸續歸清，償舊圖新，究難寬裕。查大碌一廠積疲較湯丹爲甚，現選幹員前往徹底清理，於廠民之急公者鼓勵之，疲玩者革除之，放銀收銅，絲絲入扣，勿使再增新欠。更宜廣覓新嘈，多開子廠，以爲儲盈補缺之計。至油米等項，廠民不能於賤時購買，每有擡價賒欠之累，今宜責成廠員多爲儲備，照賤價發領，以紓其力，則廠民踴躍攻採，辦銅自必加多，銅多則餘息日增，舊欠日減。總期調劑有法，國帑無虧。」得旨：「好。知道了。汝竟解事，孰謂徒埋頭讀書者耶？」

又卷六五四〔乾隆二十七年二月〕又諭曰：「達桑阿奏，玉古爾、庫爾勒之伯克等，因阿克蘇採銅伯克等加倍交納銅觔，情願增派採銅回人四十名等語。阿克蘇地廣，需用錢文處多，因允該伯克等所請，添派採銅人户，玉古爾較阿克蘇甚小，若多採銅觔，恐滋紛擾，可不必添派。」

又卷六九六〔乾隆二十八年冬十月〕封閉四川平武縣天臺山銅礦。從前任總督開泰請也。

又卷七一五〔乾隆二十九年七月〕己卯，工部議準：「河南巡撫阿思哈奏覆，河内縣李封等村六窑出産銅核甚旺，可煉硫磺，供營汛地方之用，應準開。」從之。

又卷七三一〔乾隆三十年閏二月〕又議準：「廣西巡撫馮鈐疏稱，粤西慶遠府屬河池州響水廠銅礦開挖有年，地力漸薄，委員查勘近年産銅衰，應封閉。」從之。

又卷八〇七〔乾隆三十三年三月〕陞任雲南巡撫鄂寧奏：「滇省開採銅廠，經前督臣楊應琚奏準，祇許在舊廠週圍四十里内開挖嘈硐，其四十里外不準再開，以節耗米浮費。查舊有老廠子廠近年因硐老礦微，銅觔較前大減，若非多開新廠趲辦添補，實不足敷撥用。且新開子廠仍係素識苗引之民移舊廠丁夫往彼開挖，即或另有招募，亦不過衰廠之砂丁，聞有新開旺廠，舍彼趨此，是雖多開一廠，而廠民並未加增。前督臣楊應琚以爲因此耗米，原未籌畫確實，請仍循舊例，無論離廠遠近，均聽開採，不必拘定四十里以内之限制。」得旨：「如所議行。」

又卷九七五〔乾隆四十年正月〕雲南巡撫李湖奏：「滇省湯丹、碌碌、大水、茂麓四廠自乾隆三十七年清釐之後，各廠領本辦銅並無墮欠，惟前督臣彰寶奏開九渡等新廠，係初闢山箐，尋砂挖硐，工費較大，現在逐款清查，使無懸宕，並將衰竭之廠停採封閉，以免虧墮。」報聞。

又卷一一三一 〔乾隆四十六年五月〕庚子，封閉陝西定羌州略陽縣新舊兩銅廠。從署陝西巡撫畢沅請也。

又卷一二八九 〔乾隆五十二年九月〕封閉甘肅西和縣中山嘴銅礦。從署陝甘總督勒保請也。

又卷一三五七 〔乾隆五十五年六月〕開採四川馬邊廳屬銅，大雷波廳屬分水嶺二處銅廠。從調任總督孫士毅請也。

又卷一三九八 〔乾隆五十七年三月〕諭軍機大臣等：「據秦承恩奏，漢中府屬略陽縣興隆灣地方露有銅苗，商民王兆熊等呈請自備貲本試採，現已委員親往該處勘明，將挖出礦砂如法煎鍊成色，與滇省高銅無異，請予限二年試採。如果旺盛，另行題請開採等語。開採銅礦係天地自然之利，陝省略陽地方露有銅苗，既據該撫委員勘明該處銅砂旺盛，山深境僻無礙田廬，自應立限開採，以資鼓鑄。但銅廠爲利之所在，且該處界連楚蜀，五方雜處，設或派委非人，不但開採無效，轉恐無藉游民從中漁利，於事無益。著傳諭該撫務須派委妥員，悉心籌辦，並慎選人夫，如法開採，務使銅砂日加旺盛，源源不竭，足供採取，仍督率地方官不時留心稽查，毋使牟利之徒藉端滋事，方爲妥善。」

又卷一四一五 〔乾隆五十七年十月〕陝西巡撫秦承恩奏：「陝省漢中府略陽縣興隆灣地方露有銅苗，前經奏準試採，當即揀員督率，如法採取，自本年三月起至九月底止，煉出净銅四萬九千餘觔，成色與滇銅無異，自應實力開採，以資鼓鑄。」批：「好事。」又稱：「將來砂旺夫增，必須嚴禁游民滋事。」又批：「是。」

又卷一四七四 〔乾隆六十年三月〕封閉陝西略陽縣興隆灣銅礦。從陝西巡撫秦承恩請也。

馮桂芬《〔同治〕蘇州府志》卷一九《採辦》 乾隆三十六年，户部覆：「蘇撫李湖奏江蘇省年額辦解物料甚多，内惟高錫黄蠟，係委員自行辦解，致啟浮開冒銷之端。其餘節年辦解紅黄熟銅、銀硃、桐油、明礬、燈草、胭脂、紅土、白蠟、烏梅，等項。【略】

一、黄熟銅

年額採辦二千九百九十三斤九兩八錢八分四釐，定例每斤動地丁銀一錢一分，耗羨銀一錢三分七釐九毫。

《福康安奏疏》 奏爲特參濫准給示，開挖礦苗之知縣，請旨革職，審擬以肅功令事。竊照地方産有礦苗，例應詳明聽候批示，委員勘查。如果引苗旺盛，並無妨礙田廬墳墓，方准試採。詎有鞏昌府西和縣知縣黄世模，人本平庸，性復躁妄。乾隆五十一年八月間，有民人王楚珩等覊知縣屬中山嘴産有銅苗，赴縣具報，該縣率即給示試採，經鞏秦階道李殿圖、鞏昌府知府那蘇圖查知，前往勘明，該處現有新開硐口，并堆積礦砂，隨即查拏人犯解省審訊。一面詳揭請參。並據藩臬兩司揭報前來，除飭司提犯嚴密外，伏查黄世模身任知縣，乃於試採礦苗事件，並不先行詳明候勘，輒即濫給告示，准令開挖。其中恐有通同侵蝕情弊，相應據實奏參，請旨將西和縣知縣黄世模革職，以便提同案内人等嚴審開挖月日，得礦實數，及黄世模有無分肥入己各確情，定擬具奏先行委員摘印署事。查明經手倉庫錢糧事件有無未清，另行辦理。其該處銅苗是否堪以開採。現在另委幹員，會同該道府等再行確切勘覆，核明恭奏。伏祈皇上睿鑒勅部施行謹奏。乾隆五十一年十月十七日具奏，奉硃批：「有旨諭部。欽此。」

《清仁宗實録》卷四一 〔嘉慶四年三月〕兩廣總督吉慶奏：「廣東採挖黎地石碌銅斤，試辦一年，額已短缺，且該處濱臨洋海，多人煎採，恐致滋生事端，似應亟行停止。其省局鼓鑄，仍請運用滇銅。」得旨：「所辦甚妥，所見極是，仍用滇銅，不必開採。」

《東華續録》咸豐四二 〔咸豐四年十一月〕先是，閩浙總督王懿德等奏：「銅禁綦嚴，諸多未便，請收五斤以上銅器，其五斤以下者速弛其禁。至産銅之地不止雲南一省，陝西商州有人呈請開辦銅礦，請飭該督撫認真採辦，下軍機大臣會同户部議。至是，奏收繳銅器應如所奏辦理，五斤以下銅器仍准民間照常使用。其産銅之區，請飭陝西巡撫迅即委員確查，以憑覈辦。」從之。

《清朝續文獻通考》卷四四《征榷考一六・坑冶》 〔同治〕七年，諭：湖北施宜等處銅礦，能否開採，著郭柏蔭、何璟迅飭妥議，奏明辦理。

朱壽朋《〔光緒〕東華續録》光緒七七 〔光緒十二年六月〕岑毓英等奏：「滇省辦理礦務招商，經前撫臣唐炯會摺奏請，每年於運京足數外，餘銅悉準由商運銷，旋準咨。是否照定額六百三十餘萬斤辦運足數，未據聲明，令臣等查看情形辦理等因，轉行去後。嗣據署藩司史念祖詳據招商局知府全楙續詳稱，遵查滇省銅務兵燹後停辦已久，同治十三年奏明試辦，迄今十年，每批僅能運解五十萬，中間委紳委官迭易其人，開辦不爲不力，迨歸商局認真辦理。至上年始運解兩批，勉足百萬，較之從前定額，仍不啻天淵，艱滯情形已可概見。查礦務惟以

銅務爲先，而招商特因京運起見，第礦稀炭遠，食貴工艱，所領價值實不足償資本，商人重利，若不稍示變通，未入股者早已不前，既入股者亦思抽出，似此商情渙散，欲求起色，不得不策勉兼資，寬與調劑。擬自本年爲始，如辦銅一百萬斤，准以一成歸商，一百萬以上，準加一成，二百萬以上再加一成，四百萬以上准遞加，並請仿照《滇運章程》按等量予獎勵，庶輿情歆動，可望本利日增，鼓勵有資，承辦亦可期黽勉等情，由司詳請其奏前來。臣等查滇銅自同治十二年試辦，原定每年京運一百萬斤，特因銅滂山空，至上年始辦足數，非商力不能逮此，然工疲費鉅，已屬不支。各省銅本報解無聞，商股又因餘利未沾，久無起色，非但舊額難期驟復，恐後此每年百萬券亦難操，該司等所請變通商銅成數，量與獎勵，係爲維持京運、保固商本起見，合無仰懇天恩，俯念調辦艱難，暫準變通商銅成數，並照《漕運章程》量與獎勵，以顧商本而資策勵，實於礦務有裨。」下部議奏。

又光緒八九 〔光緒十四年五月〕丙寅，唐炯奏：「臣於上年十一月曾經赴昭通、東川相度開辦廠務，附片陳明在案，隨於十一月初九日出省，二十五日馳抵昭通，通東洋礦師亦到，遂率同周歷萬山。時逾三月，勘得永善屬之卿父山、青山，魯甸屬之香杉箐，巧家屬之白錫臘銅脉豐厚，咸寧屬之榨子鉛脈盛大，均經酌定廠規，飭礦務公司商人遵照設廠，次第攻採。其本山及附近數十里、百餘里產礦之區，公司不及開辦者，咸聽鄉民自行攻採，公司量濟油米，但不準設鑪，以杜走私。所獲礦砂，公司按照成分給價收買，俾鄉民得此現錢周轉，盡力攻採，數年之後，便可都成子廠。舉凡攻採煎鍊，皆先用土法，不合始參以西法，大要以養活窮民爲主。至於廠中砂丁數雖衆多，均飭厚加撫恤，勒以部伍，嚴禁燒會結盟，不致別滋事端，並遴員駐廠彈壓保護，以臻周密，俟迤東銅廠著有成效，再以次接辦。迤南威寧鉛廠著有成效，再以次接辦。水城庶人皆練習於部分，事有後先，無虞捁据。惟是所開銅、鉛各廠皆係新山，據東洋礦師面稱，必須深入山腹四五百丈，始得連堂大礦，而石硤堅硬，既不用機器，非八九個月不能見功。臣詢之老於在廠者，亦謂數丈、十數丈即獲礦者係屬草皮，不能結堂以供久遠採取，其言近理。臣惟有隨時督飭公司晝夜攻採，以期及早觀成，不敢懈弛。」下戶部知之。

唐炯奏：「雲南銅務自康熙四十四年歸官經理，向各府廳州縣領借帑本，慎選殷實民人充當鑪戶，招募砂丁開採煎鍊。定章上月發本，下月收銅，逾年無著，即令經放之員賠繳。立法本極至善，乃相沿日久，逋負漸多。雍正二年至乾隆六十年廠欠之案，有以錢息彌補者，有以庫平扣市平銀撥補者，有經放之員賠補者，有以經管道府養廉扣補者。嘉慶六年乃定督撫司道按股分賠之例。其時廠旺礦豐，而虧欠猶不能免，推原其故，地方官民事紛繁，斷不能坐守山場，酌劑盈虛，妥爲籌畫，鑪戶又係赤貧，勢必挪後補前，暫敷目下，既而逃亡故絶，懸項纍纍，無可追償，惟有據實陳請，乞恩代免。此嘉慶以後屢請豁免廠欠之情形也。同治十三年，試辦京銅或委員或委紳仍須預發底本，乃能陸續繳銅，時值兵燹之餘，薪炭日昂，人工益少，承辦員紳皆不諳習礦務，不能不聽命於鑪戶，以故辦理十餘年仍難獲效，而逋負又多。光緒九年，設立招商局接辦，以商本不充，仍先發底本，雖令按銅扣收，然舊欠未清，新負已積。此又同治以來辦理廠務虧欠之情形也。伏念銅本關繫庫儲，絲毫爲重，若不變通舊章，無以革除積弊。臣現酌留招商局責成扣收廠欠，另設礦務局招募鉅股商本，商辦先銅後銀，委員駐廠，但只彈壓保護，收運銅斤，俾界限劃清，公私兩益，庶堪持久。至於京運而外，例有通商之銅，光緒十二年，督臣岑毓英奏明，每年辦運京銅百萬斤，準一成通商，以次遞加，原冀歆動群情，不致畏難裹足，無如承辦員紳不一，資本厚薄不齊，所辦銅斤悉歸官買，每年湊集五十萬尚屬爲難，安有餘銅通商。且民間數十年不見商銅，而所用器具與日俱增，無賴奸民遂銷燬制錢以牟厚利。即以雲南而論，已有錢荒之患，關繫誠屬匪細。臣愚以爲欲杜私燬，莫若寬準通商，擬嗣後每辦銅百斤抽課耗銅十四斤，官買七十六斤外，準以十斤通商。庶商有餘銅，藉以維持資本，而民有餘利，自然踴躍攻煎，數年之後，開廠日多，銅斤日廣，銷燬之弊不禁自除，於錢法銅務不無小補。」得旨：「如所請行。」

《李文忠公奏稿》卷四〇《請開平泉銅礦片光緒七年四月二十三日》 再，天津機器各局製造子彈、藥帽等項所需銅料購自外洋，轉運艱而價值貴，且恐不可常恃。自應就中國自有礦產設法開採，以期費省用便。前據儘先題奏，道朱其詔，查得承德府平泉州貴鉛銅子溝地面本有銅礦，於咸豐三年招商採辦，旋以硐老，奏明封閉。實則當時僅用土法，不能抽去硐水，遂遽停歇，並非硐老砂空。今檢取砂石交機器局分化，其中確有銅質，成色尚佳，可合製造之用。當飭該道帶同熟習礦務之職員曾溥前往詳細察勘籌辦，並與臣崇綺分飭地方官彈壓照料。茲據該道覆稱：該處銅苗頗旺，雖硐水較深，只須機器抽去，仍可開採。應在二十里外之丫頭溝起造廠房，安設鍋鑪融鍊，無礙民居廬墓。已將礦山廠地向業戶租定，酌雇工匠及附近民夫開挖，一面訂購西洋抽水、起重、吹風等項機器，陸續

運往應用，由該道招股集資試辦等情到稟前來。臣查鉛銅子溝既有銅礦可資採鍊，其成色甚合製造之用，自應照議試辦，即歸機器局收買，以興地利而濟軍需。俟確有成效，再行妥定章程。所有委員試辦平泉州銅礦緣由，理合會同熱河都統臣崇綺附片具陳，伏乞聖鑒。謹奏。

《清朝續文獻通考》卷四三《征榷考一五·坑冶》〔乾隆〕五十七年，奏准陝西略陽縣屬興隆灣銅廠，准其試採。

又議准：雲南得寶坪廠產銅豐厚，准其開採。

又兩廣總督吉慶奏：廣東採挖黎地石碌銅斤，試辦一年，額已短缺，且該處濱臨洋海，多人煎採，恐致滋生事端，似應亟行停止。其省局鼓鑄仍請運用滇銅。

又題准：四川馬邊廳屬銅大廠，雷波廳屬分水嶺廠出產銅斤，准其開採。

又卷四四《征榷考一六·坑冶》 又兩廣總督張之洞等奏，略稱：「瓊州府昌化縣境內大豔山多產銅及石碌，前經香山職員張廷鈞集股前往開採，奏明在案。查石綠爲銅苗所結，下有銅礦，精華上溢，融爲碌。每百斤佳者可鍊銅十餘斤至二十斤不等，不能鍊者賣作顔料。兹查大豔山地近黎境，道路既阻，瘴癘尤甚，見在黎境甫通，礦務創始倘無確利可圖，必致觀望自阻。兹擬將昌化碌及銅斤凡販運出瓊州海口者，自光緒十四年起，三年之內，所有山税及關税釐金概行暫免，俟開採所銷大旺，税釐酌量抽收。其餘瓊屬五金等礦，如有集資開辦，亦即一律暫免税釐，庶幾通商惠工，利興而島民裕矣。」

又卷三八八《實業考一一·工務·礦》 又度支部奏：「考查銅幣大臣、郵傳部尚書陳璧奏籌議開採銅礦。據原奏稱，各省鑄造銅幣，購用洋銅實爲絶大漏卮，近年銅價奇昂，大洋尤多外溢。查中國各省礦產甚饒，即如江西、雲南所產之銅，前經度支部融化試驗，頗合造幣之用，若能廣行開採，精加提鍊，嗣後造幣需用即無須取給外洋。臣此次考查銅幣，贛、滇兩省均經奏派委員前往，即飭順道採訪銅礦。兹據赴贛司員呈稱，贛礦苗旺質佳；又據赴滇司員電稱，東川等處銅礦尚旺各等語，擬請飭部切實調查，籌議開採。臣等查銅礦，滇產最富，歷經分批辦運，以供京師鼓鑄。臣部近設總廠，亦經提取滇銅鎔化，但能提鍊加精，即可用以製幣。近聞贛省發見銅苗，又經電提試驗，頗合造幣之用。有此佳礦，尤宜亟籌開採，冀於滇礦外增一利源，業於上年議覆。御史徐定超奏請興復滇礦摺内，請飭雲貴總督籌辦，俟得辦法，由臣部寬籌資本，力與維持。並聲明江西礦產甚佳，乞飭切實興舉，以挽利權，奏准在案。嗣據兩江督臣端方、江西撫臣瑞良奏報，江西贛縣、隴下及長排嶺銅礦苗脈豐厚，採法宜用機器，兼築小枝鐵路輪運。試辦經費約需四十萬兩，寧、贛各認二十萬兩撥辦。該督撫等合兩省之力開濬利源，辦有成效，則各廠鼓鑄均可赴贛訂購，毋庸仰給外洋。漏卮杜塞，利莫大焉。至雲南銅鑛，准雲貴督臣錫良電稱，據稱礦旺民貧，恃官接濟。查滇銅每百斤給價二十兩，用以造幣，雖小有折耗。見在洋銅日貴，以四十餘兩之重價購之，不若加價興辦滇礦，免致利權外溢等語。當以滇銅困於例價，出產日衰，至爲可惜。如提鍊純净，足合造幣，自當酌加價值。惟礦產是否豐旺，仍令轉飭詳細調查。如果確有把握，集貲之事，自當内外通籌，闢此利源等因。」電覆：「應俟該督續報到日查明奏辦。至一切章程，應仍照奏定礦章辦理，以歸畫一。」

馮桂芬《〔同治〕蘇州府志》卷一九《田賦八·錢法》〔乾隆〕五十四年，議準江蘇、安慶、湖南、湖北、江西、浙江、福建、廣東八省額辦銅斤，遴選能員出洋採辦，定限於四月完半，十月全完，倘逾限不完，照例議處。【略】是年，覆準江蘇、安徽、浙江、江西、福建等省各遴委道府大員承辦，每年上下兩運銅斤，上運銅斤寬至次年八月起解，下運銅斤寬至次年十二月起解。準令滇洋並採。滇銅定價每擔不得過十四兩五錢，洋銅每擔十三兩。赴滇者委員至雲南所屬產銅地方價買，出洋者招商給批，至日本國採取。

《陶文毅公全集》卷三九《文集·序·送同年彭兩峰之官滇中序》 庚申之秋，與澍同舉於鄉者四十五人。明年春，禮部會試，聯捷一人，方同煦。又明年，捷二人，澍與喻宣孝。又三年，捷二人，符鴻、王泉之。又三年，捷三人，蔣舒惠、瞿家鏊、譚鵬霄。凡四試，捷八人，惟澍以壬戌入史館，餘皆得縣令以去。而議敘暨大挑爲縣、爲學官者又廿餘人。至今歲而入闈僅得八人，揭曉捷三人焉，三人者名皆在二甲前，皆蒙恩録用，計館選一，劉教五。學正一，蔡信芳。而彭君兩峰復得縣令。蓋本年榜中之，以知縣即用者名次自兩峰始。故事：即用皆部選，自乙丑多至八十餘人，部選無期，當事建議分發，因併及壬戌一科，遂爲例。引見後由部簽分各直省，而兩峰獨得雲南。雲南去京師萬里，仕宦所不樂。兩峰，長沙人。由長沙西南之滇，與北至京師等，且得便存省其父母，而艷鄉里以衣錦之榮。然則人所不樂者，兩峰得之則樂也。抑今之憚爲令滇中者，不特道里之遥，而尤以銅運爲苦。銅運由滇達川，經長江之險，凡七八千里迺入瓜口，

渡黃道運河以至京師，其間自陸而舟而車，歷三四年始竣事，令於滇者罕得免焉。竊惟銅運，國家大計，而以邊遠一縣令獨肩重任，犖确風濤之跋涉，長年胥走之覬覦，當之者鮮不竭蹶，因而敗事者亦多矣。計惟有遞運之法，滇輸之楚，楚輸之吳，以次而魯，而燕，源源相接，事不費而役不勞，似亦經國惠下之一道。然而令之賢否，不專繫此，且亦不足爲精明强幹之吏難也。昔人稱滇南風土清淑，四時景物如春，百姓安樂，葉榆西洱之間無犬吠聲，易治之邦誠莫如滇。兩峰在同年中最觥觥，雅欲以功名見，其不以爲苦而以爲樂也。於其行，爲序其樂以送之。

《清高宗實録》卷五　〔乾隆元年三月〕户部議覆：「署江蘇巡撫顧琮條奏採辦銅觔事宜：『一、八省採辦洋銅、滇銅共四百四十三萬餘觔，今户工兩局鑄錢，每文改重一錢四分爲一錢二分，兩局現有存銅六百餘萬觔，已足供丁巳年鼓鑄之用。應如所請，減少數十萬觔，每年以四百萬觔爲率，於滇洋分辦。一、海關爲辦銅扼要之地，應如所請，將管關道員加以兼管銅務職銜。至解銅官員，須揀委府佐腳價本省支領。【略】一、洋商正銅之外，尚有餘銅，應如所請，正銅解交足額，餘銅聽其售賣，可杜奸民銷毀之弊。』」從之。

又卷二三　〔乾隆元年七月〕户部議覆：「江蘇布政使張渠奏，江浙二省海關額辦銅一百萬觔，定限每年六月起解，十二月到部，如逾限不解，承辦之員照例革職留任，該管上司降二級留任，展限四個月，戴罪承辦。如限內完至三分之二者，免其革任治罪，再寬限四個月，照數辦足解部；如限滿未完，即將承辦之員革任，交刑部從重治罪，另委賢員接辦，查有虧空，著落家産追賠，該管上司降二級調用，再令分賠完結；如參後六個月內，將銅觔交完者，準予開復。如此畧爲酌更，則於定例之外，再得展限四個月，自可從容辦理。若二參限滿，完不及三分之二者，仍照舊例議處。至江浙二省海關所辦銅觔，既數倍於前，承辦之員能依限全完者，該撫核明報部，臣部咨吏部量加議敘。又各省解部銅觔，每百觔例給水腳銀三兩，前因各省銅觔歸併江浙二省分辦時，據原任蘇撫吳存禮節省銀八錢，嗣於雍正三年仍歸各省分辦，各省已照舊全支。惟江蘇、浙江尚扣節省承辦之員實多賠累，今歸併海關銅且數倍，運費益多，一員之力豈能賠墊？應令海關所辦銅觔，起解之日，即將所需水腳銀兩除解部飯銀外，其餘俱照數全支，完解之後，據實報銷，倘有侵隱情弊，指名查參。」從之。

又卷七二　〔乾隆三年秋七月〕大學士等議覆：「雲南巡撫張允隨奏稱滇省辦運京銅各事宜：一、湯丹廠銅觔輓運京局，必先運至東川府，然後再運威寧，沿途行走甚難。今查由廠至威寧，另有車路可通，請分作兩路並運。一、張家灣爲銅觔交兑之所，請設立監督一員駐劄，以司稽查。一、自滇至京程途萬里，辦運官員養廉盤費宜分別酌給，其沿途一切費用俱請於運銅案內照數造銷。一、滇省辦運銅數既多，所有額外加解銅觔，請暫行停運，俟一年之後，酌量增解，均應如所請。至所稱運京錢文，分作三年帶運，雖爲趲運銅觔起見，但京師現在錢價昂貴，應令按期解部，以爲添搭兵餉之用。」得旨：「依議速行。」

又卷八二　〔乾隆三年十二月〕又議：「貴州總督兼管巡撫事張廣泗疏報，黔省辦運鉛觔，部議停運一年，未奉部文之先，已將己未年正耗鉛觔改由貴陽直運楚省，請仍照舊解京。查威寧一路有江、安、浙、閩四省承辦，銅觔人員并商馱貨物均於此處，雇運馬匹無多，腳價必貴，是以議令停運一年。該撫既稱改由貴陽並無擁擠，應準照舊解部。又疏稱，京局銅、鉛乃每年必需之物，己未鉛觔雖改由省城一路辦解，運存之鉛業已無多，此後仍由威寧辦運，究虞擁擠，請於黔省較近水次兼産鉛礦之地招商開採，收買接濟。應如所請。」從之。

又卷一一九　〔乾隆五年六月〕雲南總督慶復、巡撫張允隨奏：「前閩省請買滇銅二十萬觔，江蘇請買滇銅五十萬觔。查滇省每年辦運京銅共七百三十餘萬觔，黔省每年辦運京鉛一百八十三萬觔，同路運送，馱腳每苦不敷。今江閩兩省又共請買銅七十萬觔，實難運濟。查廣南府與粵西接界，由粵西水路至粵東，可以直達福建，閩省所需銅應，於附近廣西之開化府者囊廠銅內撥給，交廣西收貯稅所。俟辦員到日，領運回閩。仍分作兩年，每年十萬觔，方得從容。至江蘇上通楚、蜀，應由威寧、鎮雄兩路運赴永寧，交辦員領運回蘇。但銅觔現在不敷，實不能如江蘇所請，原數請酌減二十萬，給與三十萬，亦分作兩年運送。」得旨：「辦理俱屬妥協。知道了。」

又卷一二一　〔乾隆五年閏六月〕雲南總督慶復、巡撫張允隨奏報：「遵照部議，改鑄青錢，以杜私銷之弊，但青錢須搭配點銅。滇省點銅甚貴，赴粵採買，工費頗多，勢不能行。查雲南個舊廠板錫雖少遜點銅，而色兼青白，堪以配鑄。臣等親至省局，面令爐役試鑄，鑄出錢與青錢無異，并較現鑄黃錢稍有節省。」得旨：「所辦甚妥。知道了。」

又卷一二七　〔乾隆五年九月〕雲南總督公慶復奏：「蒙自縣金釵廠銅礦最爲盛旺。今湖北採買滇銅二十餘萬，應將此項銅觔令其委員運楚，以充鼓鑄。

再，滇省各廠惟湯丹最旺，歲産高銅八九百萬及千萬觔不等，接近湯丹之多那廠産銅亦旺，但兩廠相連，工匠雲集，油米騰貴，現酌將多那一廠暫爲封閉，俟湯丹硐老再行議開。」得旨：「所奏俱悉。卿自能辦理合宜，可免朕南顧之憂也。」

又卷一三一 〔乾隆五年十一月〕又議覆：「雲南總督公慶復疏稱，滇省額辦京銅，先經巡撫張允隨議，并八運爲四運。查向來運官在東川、尋甸領銅，脚户每不能按限輓運，本年由尋甸、東川兩路分運，至永寧交收，令長運官赴永寧領運，現在辦理無誤，可以經久等語。應如所請，照該撫原議，將八運并爲四運，令長運官俱赴永寧領銅，按限儹運。其承運收發等官，亦準設立。所有應給養廉，除承運雇脚之東川、昭通、尋甸、鎮雄等府州，俱照原題支給外，至所請收發官月給百兩之處，查承運官月給養廉自四十兩至六十兩不等，收發官亦應依照支給。再，每運委正協運官三員，領銅一百萬斤，爲數倍多，亦應如所請，將所減正運官一員月費銀十五兩，加給每員各五兩。」從之。

又卷一三一 〔乾隆五年十一月〕丙戌，户部議覆：「直隸總督孫嘉淦等疏稱，滇省運銅至京部，議將銅房設於大通橋，由通州五閘轉運，行令妥議具奏。查銅觔向在張家灣起岸，運赴京局，車脚每多未便。今若從通州水運，較張家灣陸運實多節省等語。應如所題，嗣後銅船一過津關，即令坐糧廳約束指引，俟到壩後，會同銅務監督，率委員齊赴壩口，眼同點驗掣秤，令經紀用閘河剥船運抵大通橋，轉運至京。至所請外河派把總巡查五閘，派閘官協查，併該監督等移通居住之處，亦應如所題辦理。」得旨：「依議。」

又卷一四一 〔乾隆六年四月〕署理湖南巡撫許容奏：「湖南各屬制錢缺乏，計惟籌備銅觔，設局鼓鑄。聞滇省各廠産銅甚旺，除解京外，尚多餘剩。本擬一面具奏，一面委員赴買。但究未識滇銅是否足供鼓鑄之需，因咨詢雲南總督慶復，并購取樣銅樣錢，尋據咨復，滇省金釵廠銅堪以接濟鄰省，其樣銅業已委員賫解湖北等語。旋準督臣那蘇圖札稱，滇銅業已解到，現在試鑄，俟有定局，另行札商。但聞金釵廠銅質不高，應俟湖北試驗明確，會同酌辦。」得旨：「觀此奏，汝頗有意見，而左右其説，是屬何心，此等伎倆，朕前不可也。」

又卷一八〇 〔乾隆七年十二月〕丙戌朔，吏部議覆：「雲南巡撫張允隨奏稱，滇省解運京銅，咸寧、永寧二處銅店委員收發。其長運各官，自滇至永，計程二十三站，酌定運官自滇起程，限二十三日到永，如沿途逗遛逾限，即行咨參，其處分統聽部議等語。應如所請，將各運官照在京衙門行查事件之例，違限一日至十日者，罰俸一個月；十日以上者，三個月；二十日以上者，六個月；三十日以上者，一年。如果中途患病，及阻滯等情，俱令該員呈明該地方官，出具印結，於參案内聲明，以憑免議。」從之。

又卷二四三 〔乾隆十年六月〕又諭：「據雲南總督張允隨奏稱，開修羅星渡河道工程，業已告竣，銅舟毫無阻礙，所有承辦此案之糧儲道宫爾勸，魯甸通判金文宗，鎮雄參將龍有印，雲南同知徐柄威，信州州判許肇坤，試用州判席椿，鎮雄營千總戴君錫，把總李愷皆能實心出力等語。宫爾勸等在工効力，勤勞可嘉，著交部議敘。」諭軍機大臣等：「從前滇省奏聞濬開金沙上下兩游江工，及接壤川省之羅星渡河道，原以接濟民食，分運銅觔，今各處工程先後告竣，民間米糧自可流通。至於銅觔運費，據該督等奏稱，金沙江惟自十一月至三月，五個月之内可以辦運，其羅星渡每年可以分運威寧銅觔一半等語。不知此二處每年可以辦運銅觔若干，其運脚可以較前節省若干，并當日開修費用，約計幾年，可以抵補，爾等可寄信詢問之。」

〔乾隆十五年十一月〕又諭曰：「湖北巡撫唐綏祖奏稱，滇省本年二運京銅，於湖北東湖縣地方遭風沈溺銅九萬觔，委員蔡理經將現銅起運後，地方官全數撈獲，現貯縣庫，應俟滇省後運銅船過楚搭解。但滇員來楚無期，懇將此項銅觔借給湖北接濟鼓鑄，來春採買滇銅回日，即行照數歸還等語。滇銅關係京局鼓鑄，原不容輕議截留借用，唐綏祖所奏乃沈溺銅觔，該地方官設法撈獲貯庫，滇省後運委員未到，奏稱借用尚屬可行。著照所請，後不爲例。」

又卷三九七 〔乾隆十六年八月〕甲寅，户部議覆：「雲貴總督碩色奏稱，滇省每年辦解京銅六百三十三萬一千四百餘觔。向來尋甸、東川兩路分運東川府應運三百十六萬五千七百餘觔，由東川陸運至昭通，計馬程五站，半需脚價銀二萬二千餘兩，雇募民馬二萬餘馱，實屬艱難。既慮遲延，復多賠累，不若安設牛站爲便。并改由東川、魯租、硝廠河、馬鹿溝、大布戛以抵昭通，計程二百九十里，馬行止四站半。但須於牛欄江建大橋一，硝廠河、臘溪河各建小橋一，沿途修平道路，車可遄行，並節省一站脚費。應以四十里設一站，共分七站，每站安牛八十隻，車八十輛，約計十個月半，可運銅三百十五萬觔，較前脚價每年節省五千六百餘兩。應如所請，其節省銀貯庫，爲辦銅工本。修路、建橋、買牛、制車銀一萬三百餘兩，先以舊設脚價墊發，工竣，即以每年所省歸補。」從之。又議準：「湖南巡撫楊錫紱奏稱，宜章縣東門外及上堡市白沙等處，向因銅、鉛必經

之路，足以添設卡役巡查，今查柳桂二廠山口及大路僻徑，俱令商人設卡分巡，又撥官役協同稽察，立法已密，請將該處三卡無庸設立。」從之。

又卷四〇七 〔乾隆十七年正月〕又諭軍機大臣等：「漕運總督瑚寶奏報銅船入汛出汛日期一摺内稱，雲南委員黄有德、沈良遇領解乾隆十六年正耗銅九十四萬餘觔，行至歸州叱灘雷門洞、宜昌府黄顙洞等處，損船二隻，共沈溺銅十五萬一千餘觔等語。向來各省委解銅船中途沈溺有實，係遇險遭風者，亦有不肖劣員，沿途盜賣捏報者。此次黄有德等沈溺銅觔至十五萬餘之多，其中似不無情弊。著傳諭碩色，令其嚴行確查，毋任該委員等任意侵盜，以飽私槖，至沿途各督撫，雖係隔省，但船隻既在境内，即與有查察之責。前經該部定議，通飭在案。後務宜實力稽查，以杜積弊，不得但據委員稟報之詞入奏，視爲奉行故事而已。著各督撫奏事之便，一併傳諭知之。」

又卷四七二 〔乾隆十九年九月〕户部等部議：「吏部尚書、管四川總督黄廷桂題覆，樂山縣老洞溝廠開採撥運京局事宜：一、解運京銅一百四十萬觔於滇銅，過川時分七次帶運，其存局銅即供川局鼓鑄。一、解運京銅即在收買餘銅項下撥運，所加耗餘銅在抽課耗銅繳給。一、辦運京銅自老洞溝廠至重慶，所需竹筐水脚及差役飯食等項照例支給。一、自重慶運交京局水脚夫價等項銀，照滇省運銅例支給。一、運銅應解坐糧廳車脚剥載銀，照滇省動給各等語。應如所請，至運銅雜費，該督請照滇省運京之例支給，未免浮多，應照滇省帶運江西截留銅之例開銷。」從之。

又《清朝文獻通考》卷一七《錢幣五》 〔乾隆〕十九年，議以湖南餘銅運往湖北供鑄。湖南巡撫范時綬奏言：桂陽、郴州二銅廠開採之始，歲止獲銅三萬餘觔，尋增至十萬觔。自十七年以後，加意調劑，現在歲可辦獲銅三十餘萬觔。除寶南局鼓鑄用銅十九萬六千二百觔之外，尚有盈餘。查湖北鑄局每年需銅不下四十萬觔，近聞漢口銅採買甚艱，請將湖南所餘銅歲運十萬觔協濟湖北之用，一水可達，實爲便益。至於銅價，於上年議定，除二八抽課外，餘銅官買，每百觔給銀十三兩，應令湖北亦照定價撥銀還項。户部議如所請，從之。

《清高宗實録》卷五〇〇 〔乾隆二十年十一月〕雲貴總督愛必達、署雲南巡撫郭一裕奏：「滇省東川府承運昭通一路京銅，設七站，查大水塘站泉涸，傍嶺路衝刷，現於附近硝廠河修道移站。」報聞。

又卷五一一 〔乾隆二十一年四月〕四川總督開泰奏：「會理州屬黎溪廠每年可得白銅二十餘萬觔，重慶地方每年只銷二三萬觔，前督臣黄廷桂議令官爲收買，原爲接濟商本起見，應請先於司庫借支銀一萬兩，交該知州收買，每次以一萬觔爲率。委員運赴重慶交該知府承領，隨宜變價，俟商力從容，即停。」得旨：「如所議行。」

又卷五三五 〔乾隆二十二年三月〕又諭：「據鍾音奏稱，蘇商夏履端往洋辦銅，遭風飄至閩省，其所帶銅觔，請照商人高山輝前案照例給價等語。上年浙商高山輝銅船抵閩，情願運局收買，曾準該撫所奏，此不過偶然遭風飄至，是以降旨允行。今蘇商夏履端復蹈此轍，其中必有情弊。洋船收口於閩近而於蘇遠，水脚之費相去懸殊，若一概給以江蘇官價，商人趨利若鶩，將來閩銅雲集，洋船赴蘇者少，勢必銅價漸昂，適以滋弊。著傳諭喀爾吉善，將此項收買銅觔另爲查辦，嗣後蘇商運銅到閩，應作何定價，方免流弊之處，著詳悉妥酌辦理。可一併傳諭知之。」

又卷六〇六 〔乾隆二十五年二月〕己丑，户部議準：「雲南巡撫劉藻疏稱，寧台山銅廠硐路深遠，需費較多，加增價值辦銅，始能充裕，請照日見汛廠例，每毛銅每百觔實給價銀五兩一錢五分。」從之。

又卷六三八 〔乾隆二十六年六月〕户部條奏銅運事宜：「一、滇銅每年正加四運，每運委派同知、通判、知州、知縣等二員，均分起運，不必委用佐雜爲協運。仍遵奏準起程日期，先後開船，依限抵通。一、裝銅上船時，請飭該省督撫，即設木牌，填注銅觔數目、船身入水尺寸，並令沿途督撫嚴飭地方官查照木牌填注數目，實力稽察，以杜減載多裝、夾帶貨物等弊。並照催漕之例，不許停泊其有守風守水之處，總以三五日爲準，不得過期。一、各廠積存銅渣，令爐頭隨時淘洗，所得銅觔於每年年底奏明，即於次年附卯添鑄，錢文解部，搭放兵餉，無庸積存各廠。一、運員自滇黔運京，途遠費多，起程時該撫衹將水脚雜費及一半養廉銀覈給，不敷所用，雖有餘剩銅、鉛，除交崇文門税課外，所剩無多。向例銅鉛船沿途所過各關，該監督查明船身丈尺、銅、鉛觔數，填注蓋印，給運員收執，到京後，所有沿途經過各關應徵税項，一併赴崇文門交納，以致歸途無資。請嗣後各員餘剩銅、鉛，除交崇文門本關税課外，其應納沿途各關税銀，俟運員差旋，在於藩庫應領一半養廉銀項下照數扣存，彙搭解部，免致運員拮据。【略】」從之。

又卷七五七 〔乾隆三十一年三月〕諭軍機大臣等：「户部議覆，宋邦綏酌

定辦運銅觔一摺內，將該撫所請廣西省每年委辦滇銅，往回統限十八個月之處，議駁已照部議行矣。廣西與雲南地壤相接，即因銅觔裝載沉重，行走需時，亦不過兩三月程途，且每年解員往返，至十五六月，已屬過遲。該撫何得轉請定限至十八個月之久？可見宋邦綏於此等事，全未留心覈計，惟欲意存寬緩，殊屬非是。著傳旨申飭。並令該撫確按實在情形，另行悉心定議具奏。將此傳諭知之。」尋奏：「廣西每年額辦滇銅，連補色共四十六萬餘觔，數多，分八起運發。計雲南剥隘地方起運，自百色至梧州府，係下水，自梧州至桂林府省城，係上水，共計程限七個月二十一日，倘遇船隻不敷雇用，及水涸難行、水漲不能趕運，準報明地方官勘明結報咨部，如無故逗遛者查參，庶運員不敢稽延，銅觔得以接濟。」下部議行。

又卷一四九〇 〔乾隆六十年十一月〕户部議覆：「貴州巡撫馮光熊疏稱，威寧州屬陳家溝銅廠向供大定局鼓鑄，今已停鑄，該廠仍令威寧州採辦，俟積有成數，就近撥湊滇銅運京。查滇銅運京，每運九十四萬餘觔。今陳家溝廠每年出銅七萬觔，積五六年亦不足一運之數，應令該撫照例抽收，按年運貯州庫，俟數敷一運，徑行題明解京。」從之。

祁韻士《己庚編》卷上《議覆銅額運務摺》 大學士王等謹奏爲遵旨會議具奏事。據雲南布政使陳孝昇奏，請將湯丹等廠酌減銅額，并八運京銅改分六運，及管廠各員按照多獲銅數分別議敘一摺。嘉慶四年九月十一日奉硃批：「大學士會同户部妥議具奏。欽此。」欽遵到部，臣等謹按款酌議，敬呈御覽：

一、各廠年額銅斤請照現在辦獲數目酌定報銷一款。據稱湯丹、碌碌、大水溝三廠，開採年久，礦少質薄，應請將湯丹廠額辦銅三百一十六萬五千餘斤，酌減八十六萬五千餘斤，以二百三十萬斤爲定額。碌碌廠額辦銅八十二萬三千餘斤，酌減二十萬三千餘斤，以六十二萬斤爲定額。大水溝廠額辦銅五十一萬斤，酌減一十一萬斤，以四十萬斤爲定額。統俟嘉慶四年爲始，按照減定各數，飭令經管之東川府如數辦運。至該三廠酌減額銅，查有新開之得寶坪廠，上年奏明額辦銅一百二十萬斤，茲據該廠具報，嘉慶三年分，實辦獲銅二百萬九千餘斤，較額辦之數多辦銅八十萬餘斤。通計寧臺、大功、香樹坡、得寶坪、茂麓及各小廠現辦銅斤，並湯丹、碌碌、大水溝三廠酌定銅數，通盤核算，較每年應運京銅六百二十九萬餘斤，及帶解買補銅三十七萬餘斤之數，尚屬有盈無絀等語。查滇省各廠額辦銅斤向來遇有礦砂衰薄、獲銅短缺，例准題請減額。其獲銅豐旺，多於舊額者，亦准據實報增，節年遵照在案。今該藩司以湯丹等三廠礦少質薄，奏請減額，并稱新開之得寶坪廠産銅豐旺，可以多辦銅斤，固爲調劑盈縮起見。但查每年該省額運京銅六百二十九萬餘斤，年額攸關，不容稍有短少。湯丹、碌碌、大水溝三處在各銅廠中爲最大之廠，向因出銅較旺，是以定額較多，已歷年久，今遽請減去一百一十七萬斤，爲數未免過多，恐啟偷漏之弊。即云所減銅數可將得寶坪廠多辦八十萬斤之銅抵補，但較原運之額究屬虧短。且查得寶坪係甫開新廠，若令每年連正額加辦廠銅至二百萬斤，是否出銅可期源源接濟，設有短絀，又將何廠銅斤抵補。得寶坪廠坐落迤西地方，較迤東之湯丹等廠運送瀘州路途遠近是否相等，運腳銀兩果否不致多糜，原奏均未籌及，臣等難以懸擬，相應請旨，飭交該督撫，將各該廠果否應減應增情形，確勘結報，另行核實，奏明辦理，以昭詳慎。

一、每年正加八起京銅應請仍改六起，俾運員較少，不致有虛員缺一款。據稱，滇省自乾隆四年起，每年辦運正銅四百四十一萬七千八百斤，分爲八起，乾隆五年改爲四起，乾隆六年，因廣西局停鑄，將原用銅一百八十八萬一千九百餘斤，分爲正運四起、協運四起、加運四起一併運京。自乾隆九年起，至二十三年止，又改爲正運四起、加運兩起。乾隆二十四年，復改爲正運三起、加運一起。乾隆二十六年，定爲正運六起、加運兩起，每起派委丞倅州縣各一員承運。惟是運銅委員往返必須三年之久，甫能回滇，員缺每多虛懸，辦理亦形竭蹶。查乾隆五十八年以前，正運六起，每起運銅七十三萬六千餘斤，連帶解買補銅斤，共計運銅七十五萬餘斤。其加運二起，每起運銅九十四萬餘斤，連帶解買補銅斤，共計九十六萬餘斤。自乾隆五十九年至今，正運六起，每起加運各廠多辦銅二十萬餘斤，共計九十五萬餘斤，與加運銅數約略相同。今各廠多辦銅斤帶解，至本年止，祇有未運銅九萬三千餘斤，應於庚申年分起帶解外，應請將正運六起京銅四百四十一萬餘斤分爲四起，每起委丞倅州縣一員，各承運銅一百一十萬餘斤，凡支銷水腳、養廉各項銀兩，並照六運原給之數均匀分給承領。其加運二起，每起應運京銅，及帶解買補銅斤，並正運六起帶解買補銅斤，分給加運二起帶解，計每起共應運銅一百一十二萬餘斤，核與正運四起委員，應運銅數所增無多，較之黔省每起運鉛一百二三十萬斤之數，尚屬減少，滇省即可少派運官二員，於地方公事不無有裨等語。查滇省辦運京銅正、加四運分爲八起，今該藩司陳孝昇以委運銅差缺多虛懸，並多辦銅斤將及運竣，請將正、運六起減爲四起。查京銅

重務，頭緒繁多，屢經酌議，未能允協。自乾隆四年起，每年額辦銅四百四十一萬七千餘斤，原定正運八起，計運官八員，嗣因廣西停鑄，於原額之外加運京銅一百八十八萬一千餘斤，爲數較多，另增四起合前爲十二起，計運官十二員。至乾隆二十六年，經户部錢法堂奏定，分爲正運六起，運官六員，運銅四百四十餘萬斤；加運二起，運官二員，運銅一百八十餘萬斤，仍與乾隆四年原定章程前後相符，久經遵辦在案。自乾隆五十九年後，各廠有多辦銅斤，飭令正運六起帶解，銅多船衆，運官業已極力照應，時懼疏失。今若因多辦已竣，減去正運二起合加運爲六起，計每員責令承運京銅一百一十餘萬斤，誠恐致滋偷漏情弊，難期妥善。又所稱較之黔省運鉛每起一百二三十萬之數，尚爲減少。查銅、鉛情形各異，鉛係整塊，每塊五十斤，易於稽查。銅大小零星散碎不等，沿途交替，换船過壩必須較兑過秤，倘數目太多，勢必久延時日，有悮限期，非比鉛斤，容易經理。該藩司所奏於銅務殊無裨益，不過爲節省運官二員起見，以滇省七十餘廳州縣委運八員，本不爲多，且向來官員不敷委用，例准奏請揀發，亦無員缺多虚之虞。所有奏請每年正加入起京銅請改六起之處，應毋庸議。

一、各廠較額多辦銅斤議敘之例過優請酌量變通一款。據稱，從前管廠之員止按年核計功過，至乾隆四十四年，經户部議准，照鹽課之例以十分核計，按其缺額并多辦分數分別議處議敘。今查各廠年辦額銅自數千斤以至數百萬斤不等，多寡懸殊，而一概以十分爲定，在額銅數千斤之小廠，經管廠員祇須多辦銅數千斤，即可援照多辦銅十分以上之例，准加四級。其額銅二三百萬斤之大廠，經管之員必須多辦銅二三十萬斤，始足一分之數，照例紀録一次，未足以昭平允。除各廠短辦銅斤處分，仍照舊例查參外，所有額外多辦銅斤議敘之例，應請毋庸核計分數，統以多獲銅數爲定。凡額銅自數千斤至十萬餘斤之各小廠，多辦銅五萬斤以上者，准其紀録二次；十萬斤以上，紀録三次；十五萬斤以上，加一級；三十萬斤以上，加二級；五十萬斤以上，加三級；七十萬斤以上，加四級。其額銅自二三十萬至二三百萬斤之各大廠，按照額數辦足，即准紀録一次。如多辦銅十萬斤以上，紀録二次；二十萬斤以上，紀録三次；三十萬斤以上，加一級；四十萬斤以上，加二級；五十萬斤以上，加三級；六十萬斤以上，加四級，該管直隸州及府道總理藩司亦照多辦數目分别議敘等語。查滇省銅政考成向止核其一歲獲銅之多寡，並未稽其每月交銅之盈絀，管廠各員因此虧數漸多，不敷供運。是以乾隆十六年，經原任撫臣愛必達並四十三年督臣李侍堯等先後奏請，照鹽課之例，統以十分核計考成。經户部議，令大小各廠俱按出銅數劃分十二股，按月計數勒交。如有缺額，令於一兩月内補足，倘於月額之外多獲銅斤，以及缺額不能補交，即於考成案内分别議處議敘，奏准遵行在案。是管廠各員按月核計獲銅數，並在任月日久暫，統以十分計考，畫一辦理，勸懲並用，不使畸重畸輕，立法最爲公允。如該藩司所請，缺額處分仍照舊按分數計算，而溢額議敘則又按銅數計算，辦理殊屬兩岐。且所稱原額數千斤及十萬餘斤之各小廠，必須多辦銅五萬斤以上，始准紀録二次，恐小廠人員無所鼓勵，必催辦不力，漸致廢弛。其額辦二三十萬斤至二三百萬斤之各大廠，照額辦足，即准紀録一次，甄敘過寬，亦不足以昭平允。況考成止論銅數，並不按月核計分數，仍恐漫無稽查，致有採辦虧短之虞，於銅政有礙。該藩司所奏按照銅數核計議敘之處，應毋庸議。以上三款，臣等公同籌酌，是否有當，伏候皇上訓示遵行。再，此摺係户部主稿，合併聲明，爲此謹奏請旨。嘉慶四年十月初二日奏。本日奉旨：「依議。欽此。」

又卷下《議覆銅廠減額摺》 户部謹奏爲遵旨議奏事。據雲貴總督書麟等覆奏，湯丹等三廠酌減額辦銅數，請令得寶坪廠加辦額銅抵補一摺。嘉慶五年三月二十八日，奉硃批：「户部議奏。欽此。」欽遵於本月二十九日由奏事處鈔出到部。據原奏内稱，接准部咨議覆，雲南布政使陳孝昇條奏，請減湯丹、碌碌、大水溝三廠額辦銅數，加於得寶坪廠一摺，議以湯丹等三廠減去額銅一百一十七萬斤，爲數未免過多，恐啟偷漏之弊，即云所減銅數，可將得寶坪廠多辦銅八十萬斤抵補，但較原運之額究屬虧短。且查得寶坪廠係甫開新廠，令每年連正額加辦銅至二百萬斤，是否出銅可期源源接濟，設有短絀，又將何廠銅斤抵補。得寶坪廠坐落迤西地方，較迤東之湯丹等廠運送瀘州路途遠近，是否相等，運脚銀兩果否不致多糜，原奏均未籌及，請旨飭交該督撫，將各該廠果否應減應增情形勘結報，另行核實，奏明辦理，以昭詳慎等因。奉旨：「依議。欽此。」欽遵移咨到臣，臣等當即委員密赴各廠查察出銅情形，並調查近年造報案卷，會同悉心稽核。查滇省每年承辦京銅六百三十三萬一千四百四十斤，而大小各廠原定年額銅八百七萬四千五百一十二斤，較之應運數目，本屬有盈無絀。向來各廠或額外多辦，或辦不足額，每年考成册内據實開列奏銷，將多辦之員照例議敘，辦不足數之員，照例議處。而通計各廠一年實辦獲銅總敷應運額數，緣各廠土中取礦，此盈彼絀，衰旺原無一定。今該藩司奏請湯丹廠酌減銅八十六萬五千餘

斤，以二百三十萬斤爲定額。碌碌廠酌減銅二十萬三千餘斤，以六十二萬斤爲定額。大水溝廠酌減銅十一萬斤，以四十萬斤爲定額。三廠共請減額銅一百一十七萬斤。臣等覆查滇省大小各廠額辦銅斤，向來遇有礦砂衰薄、獲銅短缺，例准題請減額，其獲銅豐旺多於舊額者，亦准據實報增。今查湯丹、碌碌、大水溝三廠，委因開採年久，硐深礦薄，是以歷年均不足額，廠員照短缺分數開參，均有案據，並無偷漏走私情弊。且歷年係將别廠辦出銅斤撥運，是以於京額並無貽誤，與其虚列名目，莫若將額減除，以昭核實。至得寶坪廠係甫經新開，今請加增額銅八十萬斤，每年連原額共計應辦銅二百萬斤，是否可期源源接濟，雖不可必。但該廠現在出銅委屬豐旺，自當計入額數，給價收買，庶廠民工本有資，從此益可踴躍攻採，出銅自必日漸增多。即或將來年久，礦砂漸不如前，而滇省不乏可開之地，自當隨時廣開子廠，以資腋湊，似不致有誤京運。至該廠加增額銅八十萬斤，較之湯丹等三廠減去銅一百一十七萬斤，計不敷抵補銅三十七萬斤。但通計大小各廠，原定額銅八百零七萬四千五百一十二斤，除去三十七萬斤，尚有七百七十萬斤零，足敷運京額數。至運腳一層，查尋甸州爲各廠京銅匯集之所，湯丹廠坐落迤東，自廠至尋每百斤支銷工本運腳銀七兩九錢二釐。乾隆三十七年，因湯丹廠辦銅短縮，京運積壓，於迤西之大功廠，年辦京銅四十萬斤，每百斤自廠至尋支銷工本運腳銀十兩七錢三分四釐。四十三年，又於迤西之寧臺廠，年辦京銅二百萬斤，自廠至尋每百斤支銷工本運腳銀十一兩九錢六分三釐。今得寶坪廠亦係坐落迤西，自廠至尋，每百斤支銷工本運腳銀十兩四錢七分五釐。嘉慶三年，定額辦銅一百二十萬斤，已將寧臺廠額銅減去一百萬斤。今又請加辦八十萬斤，將湯丹等廠額銅減去一百一十七萬斤，該廠運腳較之湯丹等廠雖屬有增，而較之寧臺廠、大功廠尚有節省。該廠現在出銅既旺，且銅色頗高，自應准其抵補等因前來。臣等伏查，滇省各廠額辦銅斤向來遇有礦砂衰薄，獲銅短缺，例准題請減額，其獲銅豐旺多於舊額者，亦准據實報增，節年遵辦在案。上年九月内，據雲南布政使陳孝昇條奏，請將湯丹、碌碌、大水溝三廠額銅減去一百一十七萬斤，新開得寶坪廠加辦銅八十萬斤，經臣部議覆，以各該廠所辦銅數果否應減應增，運腳銀兩果否不致多糜，請旨飭交該督撫確查實在情形，奏明辦理。玆據該督等詳查覆奏，仍請照該藩司原奏分别增減。查滇省大小各廠採辦銅斤多寡不等，各有一定額數，所有湯丹、碌碌、大水溝三廠辦銅原額共四百四十九萬九千七百一十二斤，今於此内請減一百一十七萬斤，經臣部以爲數過多，是否不致偷漏，議令核實查辦。今據該督等聲稱，各廠原定年辦京銅八百七萬四千五百一十二斤，實在每年出運祇需六百三十三萬一千四百四十斤，今湯丹等廠減去一百一十七萬斤，若另於得寶坪廠加辦八十萬斤，共計尚有七百七十萬斤，足敷京運，不致有誤。湯丹等三廠委因開採年久，硐深礦薄，歷年均不足額，並無偷漏走私等弊，應請分别酌減，臣部核與各廠礦砂衰薄准其減額之例相符。惟運腳一項，湯丹等廠每銅百斤腳費銀二兩九錢零，得寶坪廠每銅百斤腳費銀六兩零，臣等將歷年報銷通盤核算，若以湯丹等廠酌減銅斤，於得寶坪廠加辦抵補合計，每年多糜腳費二萬四千餘兩，該督等自應將減銅之廠比較增銅之廠運腳相等，方爲允協，何得援迤西至遠之大功、寧臺等廠較量？又稱尚有節省。查得寶坪廠坐落迤西，該督等自宜查明迤西附近應需銅斤省分，將該廠銅斤就近酌撥各省採買並本省鼓鑄之用，庶腳費不致多糜。其湯丹等廠缺額銅斤，應令該督等再行察看附近各廠情形，妥協籌補，務足年額，俾京運既無貽誤，而運腳亦免浮費，統俟該督等覆奏到日，臣部再行核議。謹繕摺具奏，伏候皇上訓示遵行。謹奏請旨。嘉慶五年四月二十六日具奏，本日奉旨：「依議。欽此。」

陳康祺《郎潛紀聞二筆》卷一　乾末嘉初，滇省運銅爲最苦之差，一經派出，即身家不保。推原其故，凡全滇屬員中有虧短者，有才具短絀者，有年邁者，本管道府即具報委令運銅。於承領運腳時，即稟明藩司將所短各數扣留藩庫，以至委員赤手動身，止有賣銅一法，所短過多，或報沈失，或交不足數，至參革而止。此數十年弊政也。自蔣礪堂相國攸銛任滇藩，查得銅廠内有提拉水洩一項，每年應發銀二十萬兩，八成給發，扣存二成，得四萬兩，於四正運每船津貼銀八千兩，副運減半，於起運時給發一半，船至湖北全給之。保舉運員須本管府道加考，以並無虧空、年力正强爲合格，此法行至道光年，尚無更變，人不以爲畏途矣。見崇慶楊襲侯國楨自定年譜。楊亦道光初藩雲南者，今滇銅久不採運，舊章未必遵行，録此以爲講銅政者之一助。

楊襲侯在滇兩署藩篆，其時各省採銅委員率羈留至四五年，侯訪知四川烏坡廠銅可以般運，遂陳請大憲在烏坡採買銅二百萬斤，五省委員咸獲齎運，雖銅價略貴而運腳節省，合計有盈無絀，此亦留心度支所當知者。

吴熊光《伊江筆録》上編　鼓鑄銅斤短少，固由滇省峒老山空，而派運亦辦理不善，蓋運銅本係苦差，其交代時或短缺，倉庫藩司拘泥彌補，又將應領水腳

坐扣，遂不免沿途盜賣。甚至未抵百色，無錢雇夫，拋棄不運。予在粵訪聞，百色附近一帶存置未運之銅爲數不少，竟無法調劑。書之以備採訪。

《清仁宗實録》卷二一七 〔嘉慶十四年，己巳，八月，乙未〕又諭：「薛大烈菩薩保奏，查獲私運銅斤進口之犯中途脱逃，並訊出兵丁等有在途夥竊情事，分别參奏辦理，自請處分一摺。此項民人路成章所運生銅多至一千數百餘斤，據供係由八溝地方置買，赴京售賣，先須訊明來歷，是否八溝地方本有銅礦，該民人等違禁私挖，抑另有别處販買之路，該處現在有無窩藏店家，著派薛大烈即日前往八溝，確查具奏。」

又卷三五一 〔嘉慶二十三年十二月〕諭軍機大臣等：「户部議覆，伯麟等奏滇省廠銅不敷定額，請收買四川商銅接濟。由川買銅回滇，須另開山路，添買貯銅房屋，多糜帑項，莫若即令四川本省採辦，徑行起運，較爲便捷。該省子廠每年出銅若干，如何開採轉運，請飭四川總督、雲南巡撫妥議章程具奏等語。滇省每年般運京銅並本省局鑄，以及各省採買官銅，近年均辦不足額。今川省西昌縣新開子廠，既産銅豐旺，本年已由滇省採買四百萬斤，以有餘補不足，實於銅務有益。惟一切開採發運，必須妥議章程，方足以資經久。蔣攸銛曾任雲南藩司，銅廠情形素所深悉，著會同伯麟、李堯棟悉心籌畫，務當不分畛域，期於國用有裨。如每年能辦足四百萬斤，固屬甚善，即爲數稍減，可以行之久遠，亦不爲無補。其如何派委官員經理開採，及酌定價值，由何路發運較爲省便之處，兩省公同覈計，詳細開單，定議具奏。伯麟等亦不得因川省現有子廠可採，不竭力督辦滇銅，意存諉卸鄰省之見也。將此各諭令知之。」

《林文忠公政書》卷四《江蘇奏稿・會奏官銅商辦運洋銅請復舊章摺》 奏爲蘇省辦銅，官商賠累難支，懇請酌復舊章，以全銅運而垂經久，仰祈聖鑒事。竊照蘇省官商承辦直隸、陝西、湖北、江西、浙江、江蘇六省鼓鑄洋銅，前於嘉慶二年，僉商王履階承辦，奏定每百斤例給價銀十三兩五錢九分三釐，每年額辦六省洋銅共五十萬五千九百六斤，歷給價銀六萬八千七百七十八兩七錢八分，豫給一年帑本。嗣王履階之弟王日桂接辦十有餘年，銅帑兩清，從無貽誤。迨嘉慶十三年，程洪然投充官商，自願減價，每百斤衹請價銀十二兩，並願先繳銅斤，後領帑項。其意衹圖邀准，未計虧賠。自此更改舊章不久，即因力乏告退。後商汪永增接辦，僅止四年，亦即乏退。復舉舊商王日桂之子王宇安，奏充以資熟手。當據該商稟請，復還舊制，未經准行，仍照減價後帑之例辦理。王宇安連年賠累，屢次求退，因無人願充，著令勉力承辦。嗣據蘇州府詳據，現商王宇安以前商程洪然率請改易章程，減價後帑，以致連年虧累，資本全空，稟求循復舊章，仍領十三兩五錢九分三釐之價，豫請一年帑本，俾得源源辦運等情，當經藩司批飭，確查疲乏情形果否屬實，覈議詳辦去後。旋據蘇州府知府沈兆澐、寶蘇局監督榮匯覆稱，官商承辦洋銅，從前原定章程本屬妥善，是以銅帑均得清完。嗣因前商程洪然呈請投充，自願減價，先銅後帑，承辦未久即行乏退，以後各商遺累虧賠，旋充旋退。該商王宇安接手之始，即據稟復舊章，未經批准，歷年疲乏求退。曾僉殷户分辦，又皆畏縮不前，惟有懇復前奏舊章，俾銅運得以經久等情，由藩司陳鑾覆查屬實，詳請具奏前來。臣等伏查，蘇省官商辦銅，從前奏定章程照發帑採辦價值之例，每百斤給價銀十三兩五錢九分三釐，並豫給一年帑本。王履階等弟兄相繼歷辦十有餘年，尚能支持無誤。後商程洪然於嘉慶十三年自願減價接充，頓改舊章，並未計及辦公掣肘，以致虧乏退商。迨嘉慶二十一年，以現商王宇安奏充，該商接辦之初，即據稟請復舊，未經批准，嗣以無力賠累，節次稟退。經升任撫臣程矞采查，僉殷户承充，均各視爲畏途，僉名莫應，只得責令王宇安勉力辦理，不准退歇。近年以來，銅船屢次遭風，倍形苦累，經該司府飭查至再，臣等復加察訪，委係實在情形。查蘇局洋銅爲六省鼓鑄要需，若不酌復舊章，必致缺誤；並查程洪然減價後帑之案，雖經奏明，實出自該商一時遷就之見。今據請仍復嘉慶十三年以前舊制，覈與原案相符，非另改新章之比。但豫給一年帑本，設有轉運遲誤，帑項未免虛懸，應不准行，惟每百斤給價銀十三兩五錢九分三釐，本係從前奏定章程，並非格外加增。合無仰懇皇上天恩，俯念商力疲乏，准予循復舊章，以敷辦運其價。六省分銷贏縮亦尚有限，如蒙俞允，應請即從道光十五年爲始，飭令遵照妥辦，俾免藉口求退，無人接充，致誤六省鼓鑄重務。除飭司另覈章程細册詳請咨部，外臣等謹合詞恭摺具奏，伏乞皇上聖鑒訓示。謹奏。

《清文宗實録》卷五七 〔咸豐二年三月〕諭内閣：「户部奏滇省辦銅，低潮過多，領運各員行走遲滯，請飭催查辦一摺。雲南省辦運京銅自應遵照定例，依限開船，乃近年在瀘各運，無不以患病守水爲詞，任意耽延。且解局銅斤低潮過多，鐵砂尤甚，現在京局鼓鑄急需，豈容解運遲滯，低潮攙雜，致有貽誤。著雲貴總督、雲南巡撫查照户部前奏章程，嚴飭廠店各員，以及領運委員，務將所辦銅斤煎鍊純净，鑿鑿清楚，毋稍含混，並飭領運各員，依限到瀘，瀘店委員隨到隨

兑。儻仍前玩誤，即著從嚴參辦。該督等惟當實力整頓，剔除積弊，如銅斤成色不能純净，起運不能迅速，即著該部查明，將該督撫奏請一併議處。另片奏，庚戌年正運一二起，委員王日省、陳步萊已於上年十月運抵淮安，現在時逾立夏，尚未據將渡黄日期咨報到部，實屬玩延。著漕運總督、兩江總督即將該二運銅船押令隨漕插檔前進，並著山東、直隸各督撫一體嚴催，如該運員等有脱空落後，任意逗遛情事，即行指名嚴參。至在後之庚戌年正運委員顧恩綬、加運委員鄒衍泰、彭藎忠，及辛亥年正運一起委員施鍾等，渡黄後均著照此插檔行走，毋得稍有遲延，以肅運務，而資鼓鑄。」

《清文宗實録》卷一五〇 〔咸豐四年十一月〕先是，閩浙總督王懿德等奏，銅禁綦嚴，諸多未便，請收五斤以上銅器，其五斤以下者速弛其禁。至産銅之地不止雲南一省，陝西商州有人呈請開辦銅礦，請飭該督撫認真採辦，下軍機大臣會同户部議。至是，奏收繳銅器應如所奏辦理，五斤以下銅器仍準民間照常使用，其産銅之區請飭陝西巡撫，迅即委員確查，以憑覈辦。從之。

《清穆宗實録》卷四 〔咸豐十一年九月〕諭軍機大臣等：「本日吏科給事中哲臣奏請採辦銅斤一摺。據稱山西民人韓浚泉在户部呈報，聞喜等縣中條山銅礦苗綫甚旺，願往開採，業經户部準給咨文，令山西巡撫派員監辦，恐該地方官等任意阻滞，請飭遴派妥員辦理等語。京師銅斤短絀，亟應廣爲採辦，以裕鼓鑄，著英桂悉心查覈，如果中條山銅礦暢旺，即行遴派妥員，並嚴諭該地方官認真監辦，不準抑勒阻撓，任意需索。如果利少弊多，應行停止，亦即詳查具奏。原摺著鈔給閲看，將此諭令知之。」尋奏：「遵查，中條山現無銅礦，應請停止採辦。」報聞。

又卷二三五 〔同治七年六月〕諭軍機大臣等：「户部奏籌辦銅斤請催各督撫認真辦運一摺。京師自滇銅停運，鼓鑄不能如額，曾經户部奏令，四川省派員在瀘州一帶設局採買滇銅，由湖北轉運天津。並議準林鴻年所奏，雲南東川所屬各廠每年額辦京銅三百六十萬斤，運赴川楚變價，迄今日久，並未據該省督撫覆奏，實屬遲誤。著崇實、吴棠、劉岳昭、岑毓英、宋延春各將該省招商開廠設局收買等事宜，迅於三月内妥議章程具奏，由部指撥有著之款解往，分起辦運，不得如前因循，以重圜法。瀘州存積滇銅，湖北省應如何分局收買，及施宜等處銅礦能否開採，著郭柏蔭、何璟、迅飭妥議，奏明辦理。至紅銅、條銅足資鼓鑄，應如何體察華洋商販情形，隨時變通設法採買之處，著曾國藩、英桂、馬新貽、瑞麟、丁日昌、李瀚章、李福泰趕緊籌辦，不準空言塞責，原摺著鈔給閲看。將此由五百里諭知曾國藩、崇實、英桂、吴棠、馬新貽、瑞麟、劉岳昭、郭柏蔭、李福泰、丁日昌、李瀚章、岑毓英，並傳諭宋延春、何璟知之。」

又《清朝續文獻通考》卷四四《征榷考一六·坑冶》 〔光緒〕十年，户部奏略稱，滇省産銅，自乾隆以來，每年部撥銅本銀一百萬兩，歲運京銅六百三十餘萬斤，而本省之鼓鑄，各省之採買資焉。此外蒙自、建水各屬兼採五金，民利賴之。肅清後，巡撫岑毓英請撥本資採，由臣部先後撥銀二百萬兩，自光緒元年起，已歷十載，運辦京銅只五百萬斤，尚不及常年一年之額。上年署督臣岑毓英、撫臣杜瑞聯等奏整頓銅政事宜，據稱裁革使費，預借底本，寬予年限，别開新廠，官商並辦各條，均經議覆，請旨飭行。復據岑毓英等奏，滇省礦務仍擬招商集股，並購機器以補官本利開採。本年，内閣學士周德潤奏請以開井之法興辦滇礦，亦經臣部議覆。惟是方今各省，均有防務，令如常年歲籌工本一百萬兩，則餉力刻尚不繼。若如該督撫所奏，既不輕動庫儲，復能有裨廠務。且稱一年起色，三年成效，是必確有把握，言大非誇。當此時勢多艱，餉需支絀，果能開採暢旺，辦運足額，即不妨於商銅多與成數，至金、銀、鉛、錫各廠，亦可仿照舉辦，毋令貨棄於地。應請旨飭下雲貴督撫，督飭承辦，各員實力講求，毋致始勤終怠。奉諭：「雲南素産五金，乃天地自然之利。銅政關係錢法，運京鼓鑄具有成規。此外金、銀、鉛、錫各礦均應廣爲開採，以裕利源。上年疊據岑毓英等奏定章程，並擬招集商本，次第興辦，節經飭令實心經理。見在岑毓英駐紮邊關，一切應辦事宜，張凱嵩責無旁貸。着即遴選廉幹之員，廣集商力，及時開採。」該撫當大加開拓，實力奉行，並將近來開採情形先行具奏。又奏准雲南省城設開採五金總局，遇有呈請開採者，由藩司發給開山牌票。又諭：「唐炯奏辦銅委員虧短銅斤，請旨革職訊究等語。補用知州林禧經理銅務，虧短銅斤一萬四千餘斤，輒敢藉詞延宕，私行回籍。並據知州蔡元燮稟訐，該員有私賣餘銅情事，亟應確切訊究。運同銜補用知州林禧著暫行革職，並著廣東巡撫勒提該員，押解雲南歸案究辦，以儆官邪。」

《礦務檔》附録《大事件表》 光緒十三年丁亥閏四月十三日，督辦雲南礦務大臣唐炯奏請廣招商股聘東洋礦師，新法開辦滇省銅礦(旨准)。

〔光緒十三年丁亥〕十一月初一日，華商張合盛開辦瓊州昌化縣大艷山石緑銅礦。【略】

〔光緒十四年戊子〕正月初八日，兩廣總督張之洞奏准大艷山石緑銅礦暫免出口税釐。【略】

〔光緒二十五年己亥〕六月十三日，命三品卿銜李徵庸辦理四川銅務。【略】

〔光緒二十九年閏五月十一日〕（二）法駐漢口領事照會湖廣總督，請准法商嘉三黎於十個月内，優先承辦鄱陽銅礦。

又《一般礦政》外務部收唐炯文《咨送雲南礦務案件》附原咨 〔光緒二十七年〕八月十七日，督辦雲南礦務唐文稱，光緒二十七年五月二十三日，准雲貴總督部堂魏咨，光緒二十七年五月二十日，承准欽命全權大臣管理總理各國事務衙門事務慶親王咨。京城自上年猝遭兵燹，所有鐵路礦務局檔案全行遺失，遇有應辦事件，無從稽核。相應咨行貴督，將有鐵路礦務來往奏咨文件，以及表譜合同，一律補送，以憑核辦。務於文到兩個月内，迅速咨送本衙門可也。等因，到本部堂。承准此。除分行雲南布政司鐵路局，將礦務鐵路來往奏咨文件，刻速查檔，一律鈔齊，先限詳請核咨外，咨明查照辦理，到本督辦。准此。查此項銅廠礦表，前據各廳州縣及礦務公司申送前來，當經彙造咨送在案。准咨前因，當即飭承將前送礦表原咨，查照鈔録咨送。爲此咨呈貴衙門，謹請查核施行。計咨送礦務表一分，原咨一件。

照録鈔咨。

銜。咨送事。案查前准雲貴總督部堂崧咨開：准欽命統轄礦務鐵路總局咨，案查光緒二十四年十月初六日，本總局奏定礦路章程二十二條，業經通行知照在案。查該章内載，局中另繕表譜格式，分行各省。所有公司，辦理礦路情形，應於每年年終，如式填寫，送總局查核等因。玆本總局業將礦路表譜格式，刊印成册，相應咨送貴督查收，照繕分交各該司局，一體遵照辦理。其從前未經查報之案，希飭迅速查明，照式填送。無庸俟至年終彙送，以免遲延。仍將此次收到日期，咨覆本總局備案可也。附礦務表四分，鐵路表二分等因，到本部堂。准此，除將各表行司移局遵辦外，所有礦務表一分，咨送到本督辦。准此，當經札飭礦務公司，並由司轉飭各府廳州縣。照式填送去後，嗣據各廳州縣及礦務公司造送前來。本督辦逐一查核，均未能如式填造。往返駁查，或因廠停年久無考，或兵燹後案卷遺失所致。玆將現據報到各礦表，代爲照繕，彙集一册。蓋用關防，先行咨送，以免參差而歸畫一。其餘礦表，俟各廳州縣續報到日，再行彙咨，合併聲明，相應咨送。爲此合咨貴大臣，請煩查核施行。

又《池州煤鐵銅鉛礦》總署收南洋大臣曾國荃文《池州礦山探勘化驗開採精煉成本估計等情形》附池州老局礦山圖礦山查勘報章 〔光緒十一年六月初五日〕蘭多礦師結筆：

余不日將返美國，惟恐有不明之事，往返書信問答，慮有躭延時日，有誤工程，故於報章工所有各礦實在情形，與及余之意見，并如何應辦之法，逐一分別條陳，還祈斟酌辦理。至於開辦銅事，須要照我報章，方有把握。該礦萬一分提不到一成，不可辦，雖到一成，仍要礦多，乃可辦，倘或礦低而礦少別，更不可辦。因見常有礦務公司不能成事之故，皆因起首不小心辦理，凡開辦礦務，始創必要格外慎重，按法而行，一俟步步見效，方可大興工作，礦務如此辦法，一定功成有利。報章工所陳各事，無抑無揚，但此係一件好作之事業，應請小心研究，以徵其確。如果將來再有用我之處，無不樂從，伏望貴局照章辦理，定有可觀，可爲預賀。

余住在美國紐約省城布老匯街，門牌第三十五號。

一千八百八十四年十一月二十七日，美國蘭多謹啟。

附録。

挖礦十頓，計得銅一頓，每頓工洋二元。洋二十元。

鎔銅煤炭人工等費，每頓銅計洋五十元。

監工每頓銅計洋十元。

雜用等費，每頓銅計洋二十元。運申船脚等費。每頓銅計洋五元。

共計英洋一百零五元。

賣銅一頓，計二千磅，每磅價一角四分。洋二百八十元。

開辦銅斤一事，中國礦務伊始，或恐多費，或恐銅價每頓跌至一百五十元，或一百七十五元。就以一年化銅一千頓，尚獲美利。如果探真礦脉，出産係旺，即可舉辦。此係一種大好事業。以目下見此礦甚大，但其深其厚，礦有多少，與及其礦脉如何生成，皆未得而知，所以不能決斷。以見挖出之礦，係鐵磺礦參雜，或開深下去，銅與鐵各分一脉，而銅居多者有之，或銅與鐵皆盡亦有之，又見有鉛礦參在其中，將來或分添鉛礦一脉，成貴重物者亦有之。以上所論礦脉變異各等情或有之事。故舉辦獅形洞，須先探真礦脉，果實礦旺，然後如何舉辦，誠爲穩妥。故繪圖指明在礦底處開一個七尺井口，探深一百尺，在此開井，以便將礦吊出井外。總要跟礦脉探下撐柱不多，如有水，用鐵桶兩個，上下輪流吊

上。如礦脉闊於井口，每下二十五尺，横探南北兩面，以察礦脉之寬。起先在二十一尺礦底處，挖採横闊實有幾寬，將來探到一百尺之下，自頂至下一百四十二尺之底，就要由東西兩面，挖探各一百尺。其東西兩面分口而入，其口七尺高六尺闊便合。此項工程，要用一洋人，係開礦監工之人，不嗜酒，有耐性，與華人和合，指示工人應辦各事。開此井口，須用土工四班，每班三人，其鑽用兩柄鑽，一人執鑽，兩人用錘，日夜做工，以八點鐘或十點鐘輪流换班。除换班炸礦起礦外，時刻不能停鑽，一班在下，一班在井口起水起礦各事。以一禮拜將日夜班調换，惟其所炸之礦，仍須原班出清。如此做法，此井三十天至四十大可以開成。一俟開下一百尺深，再加工人一班，東西分口而做，專用炸藥，約在九十天可以完工。美國工人每日工洋二元五角，通扯每尺需洋十五元。如獅形洞用一好監工，其費較省。除用工人外，需用一鐵匠，以便修理鐵器。照此探法，若探得有礦一萬方尺，連已見舊洞之礦，共有二萬方尺，既有此礦，可云定得獲利，不虞賠累矣。

論硫磺一則。獅形洞可否開辦鎔銅一節，須俟探明，方能定實。以現在情形，硫磺一事，准可先行開手。此礦係銅、鐵、磺礦參雜，其鐵磺礦每百斤有磺五十四年斤，銅磺礦每百斤有磺三十二斤，提磺即用密口鐵筒。其鐵磺礦祇好提出十四斤至十六斤不净之磺，其銅磺礦祇好提出磺八斤。燒磺與提净磺之工程易而費用輕，所用之器具，無非用鐵筒或土罐，鐵筒長六尺，口闊十寸至十八寸。其鐵筒安放在磚牆之上，結而成行，前高後低，爐底用鐵條燒柴之用，鐵筒口闊十寸，可載礦五十斤。鐵筒口用生鐵蓋，以泥糊密，令其不走氣。鐵帽下開一眼，一寸半大，以三寸長鐵管扦實在於鐵蓋之下，另加一鉛管，套在三寸鐵管之上，下至接磺鉛箱。做磺之法，有要件三端：其一要鐵筒不走氣，如走氣，其磺亦走。其二大力要緩，不宜過大，如過大火力，有傷於銅，並且磺不能多收。其三斷不可勉强出盡之磺，鐵磺礦雖有磺五十四斤，不可提出過於十六斤。

燒磺之法。祇好用熳火，緩緩漸大，燒三點半鐘之久。現在中國所用之磺，多係購於東洋，此礦本可得磺十二斤，以十斤作算，每頓可出不净磺二百斤。提净礦一百六十斤，其十寸口六尺長之鐵筒，即照自來水或自來火之鐵管，甚相宜價廉而適用。以一節鐵管能載礦五十斤，一次燒三點半鐘，晝夜二十四點鐘可燒六次，即如十斤磺之礦，三百斤之中，出磺四十斤。此項鐵管十節，每日燒礦一頓，計五十節鐵管，可燒礦十頓，即出磺一頓。其爐用土磚結成，長二十三尺，高七尺，鐵管分三層安置爐上，底層十八管，中層十七管，上層十六管，用土工三班。每班三人。每二十四點鐘换班三次，即燒得生磺二千四百七十八斤。用二十個小工打礦如拳大，分别堆開，又用二人燒提净磺二千一百斤。所用之柴，要用小樹枝及茅草爲合宜，該處遍山都是柴草，所費不過小工斫運而已。其爐二十三尺長，計安置鐵管五十一節，兩頭燒火。每日燒柴三十擔至四十擔，燒磺無須大火，用柴尚可少些，即燒出二千四百七十八斤生磺，計提出净磺二千一百斤。獅形洞現在堆積約有五百頓磺礦，俱有礦質而且多，雖然此礦不是銅質，其中分提有九成鐵磺礦，微有銅質，每百斤礦有五十四斤磺，祇好提磺十六斤。以現在堆存之磺礦，可以化出七十三頓磺，其五十一節燒磺鐵管，是够四十五日之礦料。其銅礦挑出，另外堆開，不宜提礦。將來試探獅形洞之一百尺深井，並東西兩面，可以出礦一千餘頓，若非全是礦質，則亦多有。將來出洞時，必須認真剔開銅礦，不可取磺，以備將來鎔銅之用。此銅礦不過取磺八斤，若取盡磺，將來於鎔銅有些礙手。因爲鎔銅自起至止，最要磺質止住鐵質不出，以免傷爐傷銅。

如果此礦要出十六斤磺，其十一頓礦，可出得净磺二千七百二十斤。以上所擬之數，皆係從穩而算。泰西做磺生意，每頓繳費需洋三十五元，尚且得利而盛行，何況獅形洞情形，比其更勝。以上所論化磺之事，如官不收買，無庸議，倘官能收買，則承辦交磺，俟採礦時，可以從小做起，踏穩開辦。起首祇好承交九十頓，每月解交三十頓，期限遲兩禮拜交磺爲穩妥。五十一管爐，每日出磺一頓，現下洞外之礦，可足四十五日之用，刻擬開擇新井口之礦，又可以接續應用，每日出十頓礦。以磺款餘利，可以够探井之工費，或有多餘。如此從小做磺擇礦，斷不至有誤於將來大興工作。如即要速興大工，或有不實，不如脚踏實地爲穩妥。鎔磺器具置本最大者，鐵管、鐵帽兩宗而已，最好自來水、鐵水管，口闊十寸，鐵厚半寸，能分截六尺長鐵管不耗廢爲最好。如口闊或八寸至十二寸，均可合用。其口闊十寸鐵厚半寸，每尺長重五十一磅，計六尺，長重三百零九磅，以六十條鐵管而計，截管無耗廢，每磅六分，值洋一千一百元。又一百二十件鐵帽，一半無眼，一半有五分眼，并三寸長鉛管透出管外，每件重二十磅，每磅六分，值洋一百五十元，帽形如此。至於所用結爐土磚、鉛管接磺鉛箱，與鐵盤兩個等，所費無幾，監工做磺，必須洋人，美國人亦可，其人要通融，與華人和合爲是。爐之牆壁，不宜過厚，擱穩鐵管可也。安置鐵管，管與管相離三四寸之闊，

其鐵管係斜置爐上，前高後低三寸。

又《湖北礦務》吕班照會《法商開辦鄖陽府銅礦權利請予保留》 光緒三十年十月二十八日，收法國公使吕照會稱：前因法商嘎薩雷擬願在於湖北省鄖陽府屬四處開辦銅礦，經前署湖廣總督端方准予該商儘先購買利權，期限十個月，自西曆一千九百零三年八月初十日起算。該商遂即延聘礦師，偕同前往勘採，後因國措湊需用貲本，現已設立公司，資本共湊七百五十萬法朗。擬願來京照常商訂合同，奏請批准。適此之間，所定限内，該省大吏允明不可另准他人開辦，此礦十個月之期，限期已滿。查該商早經用款匪鮮，況籌貲之事，已有端倪。又查目下東方時局爲艱，在本大臣想貴爵當可視以度量有如何相當保存該商所得先買利權不致廢棄之處，即予施行，實爲公允。爲此照會貴爵推情體察，並望施行爲荷。

又外務部發法使吕班照會《法商開辦鄖陽府銅礦事已咨鄂督查報》 光緒三十年十一月初六日，發法國公使吕照會稱：光緒三十年十月二十八日准照稱，法商嘎薩雷擬在湖北鄖陽府屬四處開辦銅礦，經前署湖廣總督端准予該商儘先購買利權，期限十個月。該商現已設立公司，措湊資本，擬來京商訂合同，等因前來。本部查此事未據湖廣總督咨報有案，該商自未便來京商訂合同。除由本部咨行鄂督查明咨報外，相應先行照復貴大臣查照可也。

又外務部《開辦鄖陽府銅礦有無准予法商優先權利》 光緒三十年廿一月初六日，發湖廣總督文稱：【略】本部查該使稱法商嘎薩雷擬開鄖陽府屬四處銅礦，經前署督准予該商儘先購買利權，約限十個月等語。此事未據咨報有案。究竟端前署督有無准予該商儘先購買利權，及約限十個月之事，相應咨行貴督查明聲復，以便轉復該使可也。

又張之洞《查明法商請辦鄖陽府銅礦事原委該案應予駁復》 光緒三十年十二月二十六日，收湖廣總督張文稱：據總辦湖北洋務局按察使岑春蓂、署漢黄德道江漢關監督桑寶詳稱，案奉憲台札開，本部查該使稱法商嘎薩雷擬開鄖陽府屬四處銅礦，經端前署督准予該商儘先購買利權，約限十個月等語，此事未據咨報有案。究竟端前署督有無准予該商儘先購買利權，及約限十個月之事，相應咨行貴督查明聲復，以便轉復該使可也等因，到本部堂。承准此。查法使所言各節，種種支離，不甚可解。如端前署部堂准予法商開礦利權，便應札飭關道照會，立有約據，且必應咨報外務部、商部核准，方爲定案寔據。今查本衙門檔案，及外務部來文，均無咨報外務部復准之案。查去年法領事初次照會關道轉稟，僅云商人嘉三黎、戴德美前往鄖陽一帶游歷，未云勘礦。迨閏五月忽來照會，遽云係嘉三黎與礦師往鄖陽一帶踩勘礦山，現今開妥回漢，將來此礦山應歸伊辦，殊屬鶻突已極。其六月初照會關道，則云察勘之後，准開不准開，其權仍在中國官憲等語。且法使照會既云期限十個月，自西曆一千九百零三年八月初十日起算。檢查法領事去年閏五月十一日照會，則云自今起後十個月，是起限即應由去年中曆閏五月十一日算起。其照會關道文内，先云十個月聽便，又云十個月之外，任憑與他人合辦，嘉三黎不得異言等語。今法使照會亦自云十個月之期已滿，既已逾限六個月，即有約亦應作廢，況當初並未許允耶。其中究竟是何情節，合行札飭迅速查復。爲此札仰該關道即便會同遵照，將詳細情節查明，迅速稟復，以憑核辦，毋稍刻延等因。奉此。遵查上年閏五月十八日，奉前兼署憲端方札，據駐漢法國瑪領事照稱，敝國礦務公司前派商人嘉三黎與礦師往鄖陽一帶踩勘礦山，現今勘妥回漢，將返本國。該公司將來欲與中國礦務局合辦，均沾利益。照請此礦如未接到本國公司定妥開礦章程信息，不必與他人立合同。此信息自今起後十個月内，方能到得等情。據此，查前據該關道呈報，准法領事照送商人嘉三黎前赴鄖陽地方遊歷，並無聲明勘礦之語。茲據照會前情，核與該關道呈報不符。究竟該商所勘礦山，在鄖陽何縣地方，係何山名，出産何種礦苗，除札飭鄖陽府查明繪圖稟復，一面轉飭示諭鄉民，該處礦山須聽官辦，不得私行立契，賣與洋商，行關照復查照等因，奉經本司在關道任内照會法領事查照。旋准瑪領事先後照復函稱，嘉三黎踩勘竹山縣屬銅礦三處，一名四柯樹，一名鄧家台，一名高家口，此係在該山詢記，並未與山主訂合同字據，仍請轉稟十個月之外，任憑與他人合辦，嘉三黎不得異言。並請俟該公司所呈開採章程不合上憲之意，再行批發他商，如此辦理，於中國地主之權，毫無虧損。察勘之後，准開不准開，其權仍歸中國官憲等情。又經報明前兼署督憲檄飭鄖陽府查復，奉批照復查照。嗣本司以礦務爲中國自有之利，會同前署道陳道飭據試用知縣鄧壽椿會同竹山縣勘明稟復，查得鄧家台礦山，共有四股，嘉三黎所指之山，係鄧光裔一股，曾因租與袁樹等開挖，有礙祖塋，涉訟封禁有案。高家口徧查並無是山。四柯樹雖經山主賣與胡禮堂、朱修五等，惟胡禮堂等均無恒業，慣至上海、漢口等處，藉礦招摇等情，稟奉前兼署督憲，以各處礦山刁徒，指此爲名，朦騙華洋各商，別滋轇轕，應由官全行圈購，以斷葛藤，批司移行遵照。又奉

前兼署督憲札准督辦鐵路總公司事務大臣前工部左堂盛函，奏明設立勘礦總公司，委員在鄖陽府竹山縣勘得銅礦一區，山主鄧姓具稟願將地呈出，歸入公司，經竹山縣批獎出示封禁，不許他人私開。惟近日上海有人將該處礦苗作樣，開列附近地名，向洋人私訂合同，將往勘辦，意在射影圖利，已函致各領事轉飭阻止。祈電飭府縣出示曉諭，竹山銅礦已定由奏設公司開辦，附近百里以內，無論是何地名，不得由民間與華洋商人私訂合同承辦，以後查出私訂合同，無論華洋商人，概不作據等因，奉經陳道照會法領事查照飭知有案。本年四月間，法國費領事以嘉三黎開礦章程，尚未定妥，請再展限一年，照奉憲台。查該領事前請自西曆八月一號起，十個月內此礦毋許他人開辦一節，端前院寔無批准明文。況法領事前致關道文內，本有十個月之外，任憑與他人合辦，嘉三黎不得異言之語。現既逾期，前案應即註銷作廢，所請展限一年之處，礙難照准。現在中國礦務，業經商部議有新章，奏准通行以後，探礦踩礦，均應遵照新章辦理等因行關，即經梁道照會法領事查照在案。茲奉前因，嘎薩雷諒即嘉三黎，前兼署督憲不特並無准予儘先購買利權十個月期限，且曾飭照會聲明不准山主與華洋人等私訂合同契約。該商前次踩看該處礦山，本係藉遊歷護照私行往勘，用款與此案無涉。況法領事曾於洋文信內，說明察勘之後，准開不准開，其權仍歸中國官憲，即此可見無准予儘先購買利權。乃嘉三黎於此案照會註銷之後，輒即捏造前項字樣，朦蔽駐京公使，殊屬狡譎。理合將前情照復詳細情節，會同詳復查核，咨請外務部照案駁復法國駐京公使，將案註銷等情，到本部堂。據此。查核該司道所詳，均係實情，應請貴部照案駁復，將案註銷，以免別生枝節。相應咨呈。爲此呈貴部，謹請查照辦理施行。

又外務部《駁拒法商開辦鄖陽府銅礦》 光緒三十一年正月初六日，發法國公使呂班照會稱：法商嘎薩雷擬在湖北鄖陽府屬四處開辦銅礦一案，前准來照，當經本部咨行湖廣總督查明聲復，並照復貴大臣在案。茲准湖廣總督復稱，前據關道呈報，准法領事照送商人嘉三黎前赴鄖陽地方游歷，並無聲明勘礦之語。上年閏五月十八日，據駐漢法領事照稱，敝國礦務公司前派商人嘉三黎與礦師往鄖陽一帶，採勘礦山，現今勘妥回漢，將返本國。該公司欲與中國礦務局合辦，均沾利益，照請此礦如未接到本國公司定妥開礦章程信息，不必與他人立合同。此信息自今迄後十個月內，方能到得等情，核與關道呈報不符。札行鄖陽府查復，旋准瑪領事先後函稱，嘉三黎採勘竹山縣銅礦三處，並未與山主訂合同字據，仍請轉稟十個月之外，任憑與他人合辦，嘉三黎不得異言。並請俟該公司所呈開採章程不合上憲之意，再行批發他商辦理。察勘之後，准開不准開，其權仍歸中國官憲等情。本年四月間，復據法國費領事以嘉三黎開礦章程，尚未定妥，請再展限一年。查該領事前請自西曆八月一號起，十個月內此礦毋許他人開礦一節，端前院寔無批准明文。況法領事前致關道文內，本有十個月之外，任憑他人合辦，嘉三黎不得異言之語。現既逾期，前案應即註銷作廢，所請展限一年之處，礙難照准，即經行關照會法領事在案。該商前次採看該處礦山，本係藉游歷護照，私行往看，用款與此案無涉。況法領事曾於洋文信內，說明察勘之後，准開不准開，其權仍歸中國官憲。即此可見無准予儘先購買利權，應請照案駁復，即行註銷，等因前來。本部查此案該省大吏既無准予法商購礦明文，該法商所用款，自與此案無涉。至法領事前致關道之文，亦有十個月之外，任憑與他人合辦，嘉三黎不得異言等語。無論現既逾限，自應作罷，且當時亦未准予限期，該商所請展限之處，更無庸置議。相應照復貴大臣查照飭知可也。

又呂班《法商勘辦鄖陽府銅礦曾奉江漢關道允准請續予展限》 光緒三十一年正月十四日，收法呂使照會稱：本國商人嘎薩雷一案。本月初六日，接准貴爵照轉湖廣督覆稱，該大吏並無准予該商儘先購買礦山利權，所請展限一節無庸置議等因前來。本大臣查此事經本國領事於光緒二十九年七月十一日接准江漢關道岑文稱，所有法商嘉三禮採勘格菽鄧家垈高家溝各銅礦，議明自西曆八月初一日起，十個月限內，中國不須讓與他人開辦等語。既有該大臣道此項明文，似奉飭查卷之員未及覺查此文。似此情形，想在貴爵必願向該大吏回憶，且該大吏素稱處事公允，諒無不體會此情，准予展限，視爲公允。爲此相應照會貴爵，請煩查照可也。

又外務部《法商奉准限期勘辦鄖陽府銅礦》 光緒三十一年正月十七日，發鄂督電稱：法商嘎薩雷請辦鄖屬礦務，前據來咨，照復該使。頃准照稱：此事本國領事於光緒二十九年七月十一准江漢關岑道文稱，所有法商嘉三禮採勘格菽、鄧家垈、高家溝各銅礦，議明自西曆八月初一起，十個月限內，中國不須讓與他人開辦等語。既有該道此項明文，似奉飭查卷之員，未及覺查。該大吏素稱處事公允，諒無不體會此情，准予展限等因。查前此來咨，並未將關道照復法領之文，詳晰聲敘。該商私自勘礦，本應駁斥，該道何以逕行復准。希迅即查明電復。洽。

又張之洞《鄖陽府銅礦定由鄂省自辦》附江漢關道之復法領事文　光緒三十一年二月二十七日，收湖廣總督張文稱：竊照本部堂於光緒三十一年正月十八日，接到貴部洽電，當於二十日查案電復貴部。文曰：洽電悉。飭據江漢關檢查原卷，係岑升道任内，據法領事照會原文詳院，經端前撫札關委員赴鄖查勘稟復核辦，並無批准明文。嗣因竹山縣轉據舉人汪炳宸等稟請集股開採是處礦山，經端前撫駁斥，於札關文内，查敘關道前詳，有云現據該關道呈准法領事照稱，法國商人嘉三黎同礦師在竹山縣屬踩勘銅礦三處，一名四柯樹，一名鄧家台，一名高家口，請自西曆八月一號起，十個月内，此礦勿與他人開辦等情。當經札飭鄖陽府督同竹山縣查明該處礦山，何者係民業，何者係官地，繪圖稟復。並飭由該關道札委鄧令壽椿前往查復，以憑核辦在案等語。由署關道陳兆葵叙録此札，照會法領事查照。此法領事藉口之所由來也。詳察此案，端前撫於接據關道詳呈法領照會後，雖未批准，亦未明加駁阻，致滋口實。惟法領事照會請自西曆一千九百零三年八月一號起，以十個月爲限，扣至一千九百零四年西五月分，既已期滿，計期滿在光緒三十年之四月間。法領事前致岑升關道華文函内，本有十個月之外，聽憑與他人合辦，嘉三黎不得異言之語。是前案無論允准與否，既已期滿，應即註銷。何得於期滿後，又請展限，自食前言。況現在竹山銅礦，已由官自行籌辦，並未許與他商，該法商更無所藉口。除録署關道陳兆葵照復法領文咨復冰案外，合先電復等語電達在案。至端前撫札關道文内，所稱盛大臣函開請由公司開辦竹山銅礦一節，亦未置可否。本部堂查湖北之礦，係本省自有之權利，現已由本省籌有專款，派員自行開辦，事與鐵路公司無涉。嗣於上年十月，又准盛大臣來咨，有江蘇候補道文煒稟請來鄂開辦竹山銅鑛，似隔省官員輒思來此干預，亦多不合，已經本部堂切實駁復在案。總之，竹山銅鑛必由湖北自辦，雖中國外省之人，一再攬辦此鑛，尚且力駁，未許通融，何況他國之商，自更不待再煩辯論。此節貴部似亦可告知法使，俾知竹山銅鑛湖北決定自辦，以免逾限之法商，再來多生葛藤。所有前署江漢關道陳兆葵照復法領事原文，相應抄録咨復。爲此咨呈貴部，謹請查照施行。

照録光緒二十九年七月十一日前署江漢關道陳兆葵照會駐漢法國瑪領事稿。

爲照會事。案奉兼署督部堂端札開：據湖北竹山縣知縣羅令觀端稟，據舉人汪炳宸、監生袁士楨稟，竊維中國礦產，甲於五洲，先年各省雖不乏人開採，而有成效者卒鮮，推求其故，約有二端：一由地質素昧，一由資本不充。並有藉礦招摇朦騙股本者，糾葛叢生，屢滋訟獄，於是懸爲厲禁，不准民間私採，垂三十年。嗣後風氣逐漸寖息，無人敢再談論礦務，即有創議開辦，亦不能徵信於人，以故上下交困，生計日蹙。不知卝人掌金玉錫石之地，《周禮》早已明著爲經。歷代請求，具有成法，非偶然也。舉人等生長山中，於礦務一道，雖未專門力學，不能審識苗引之深淺，結堂之大小，而行山望氣，日以爲常，地力之旺衰，礦質之佳劣，大都得之梗概。前光緒二十六年，舉人等自出資本，在於竹山縣西鄉紅巖寨、麼莊兩處，採買得杜得全等產銅礦山各一分，當經稟蒙李前縣分請勘稟，適因拳匪滋事，旋即中止。方今海宇廓清，各處礦務均已弛禁開辦，舉人等爰又在於附近各處親友内，輾轉招集股本銀二萬兩，續在竹山縣西部鄧家台，價買得鄧承前、鄧承魁毘連產銅礦山一分，又在三尖山、右城觀兩處，租買得吴正均等產銅山地各一分。隨在各山採去礦苗，分爐化驗，鄧家台每礦質一斤，可鎔淨銅十兩，三尖山右城觀次之，紅巖寨麼莊又次之。擬請即在鄧家台先行鳩工試辦，應用砂丁悉用本地土著之人，并不招募外省遊民，又不招借洋股洋款，俾免轇葛滋事。一俟鄧家台辦有成效，再行遵照新章，稟請詳咨外務部，咨照路礦總局核發執照，分別繳解照費，計值完税。並另稟請在紅巖寨等處次第接續勘辦，以盡地利，而厚民生。理合擬具章程，繪呈圖説，稟懇先擬鄧家台查勘通稟試辦等情。據此。卑職卷查光緒二十六年卑前署縣李令穎名任内，據該舉人等具稟，在於縣屬西鄉紅巖寨、麼莊兩處，採買得民人杜得全等產銅礦山各一分，開採銅礦等情，當經李令分請各該處勘得皆係不毛荒山，礦苗顯露，既無田園，亦無廬墓，取其各山主地鄰甘結在案。兹據前情，卑職隨即親詣距城一百四十里之鄧家台，查勘得該處四面皆山，並無居民，該舉人等所買鄧承前、鄧承魁山地。上下界址毘連，鄧承前山地在上，周圍約三里許；鄧承魁山地在下，周圍約四里許。鄧承魁地内有莊屋一所，西北與鄧立修、鄧承秀管業荒地連界。鄧承秀地内迤西，有墳七座，均相距該舉人等將來擬開硐口之處，約有里許，并無妨礙。勘畢查訊附近山鄰紳耆，不惟慎無閒言，且皆欣欣然有喜色，惟恐其不能速開，開而不能速成，並有爲之遞稟力陳其有利無害者。體察民情，蓋因卑縣跬步皆山，財匱民竭，除耕種外，別無可圖之利。並因該舉人等信義素孚，以故衆情歡洽，均願樂觀厥成。卑職伏查五金礦產，乃天地自然之利，久蓄必發，亦一定不易之理，果能開採如法，經理得人，因民所利而利之，未始於國計民生，不無裨助。況今礦

禁大開，該舉人等既道曉礦學，先後採得卑縣紅巖寨各處礦苗甚旺，化驗成色亦足，招集內地親友，湊集股本巨萬，又不招借洋股洋款，擬在鄧家台一處先行鳩工試辦，但使確有把握，自有成效可觀。卑職詳度利害，似可准令試辦，辦之有效，固於地方有益，辦之無效，亦與地方無損。惟查所擬章程，未盡周妥，除由卑職酌定呈賫，並取山主地鄰甘結附卷外，理合繪圖加結，稟請批准試辦等情，到本兼署部堂。據此。查現據該關道呈，准法領事照稱，法國商人嘉三黎同礦師在竹山縣屬踩勘銅礦三處，一名四柯樹，一名鄧家台，一名高家口，請自西曆八月一號起十個月內，此礦勿與他人開辦等情。當經札飭鄖陽府督同竹山縣查明該三處礦山，何者係民業，何者係官地，繪圖稟復，并飭由該關道札委鄧令壽椿前往查復，以憑核辦在案。茲據該舉人汪炳震等所請，未便遽准開辦。且汪炳震等於何年月日價買鄧承前等山地，曾否呈驗約契，該縣所勘四至界址，是否與約載相符，未據聲叙明晰。近來多有不安本分之徒，往往以開礦招股爲名，誆騙人財，動則争訟。汪炳震等是否殷實可靠，所招股本銀二萬兩，果否並無洋股在內，有無上項籍礦漁利情事，應即飭令鄧令一併查明，俾昭核實。一面嚴諭汪炳震等静候本兼署部堂批示，再行遵照辦理，不得先行擅自開採，别滋事端。除札委鄧令壽椿遵照札飭事宜，確切查明，據實稟復核辦，勿稍含糊。切切。並分行鄖陽府竹山縣外，令併札行該關道，即便查照。又奉札開，案准督辦鐵路總公司事務大臣前工部左堂盛函開，上年設立勘礦總公司，奏奉俞旨，旋據委員在鄖陽府竹山縣地界勘得銅礦一區，礦苗甚旺。又據紳民高瀅、袁樹等開列地名，稟請願歸公司開採，山主鄧姓亦具稟將地呈出歸入公司，經竹山縣批奬，並由委員給與賞銀收領，復由縣出示封禁，不許他人私開各在案。惟該處礦苗通連數山，綿亘五六十里，現值整頓國法，銅礦尤爲當務之急，將(採)〔來〕開採時，勢須由近及遠，斷非鄧家台十數畝地址可以敷用。近日上海有人將該處礦苗作樣，開列附近地名，向洋人私訂合同，將往勘辦，意在影射圖利，已函致各領事轉飭洋商阻止。祈電飭鄖陽府轉飭竹山縣會銜出示曉諭，竹山礦已定由奏設公司開辦，附近百里以內，無論是何地名，不得由民間與華洋商人私訂合同承辦，誥誡在先。以後查出私訂合同，無論華洋商人，概不作據。此非公司壟斷，實爲藉保利權起見等因，到本兼署部堂。准此。查竹山縣鄧家台等處銅礦，前因法商嘉三黎曾往踩勘，舉人汪炳震等又請開採，其中恐有轇葛，業經飭委補用知縣鄧壽椿前往查明，俾昭核實，分別行知在案。茲准前因，除分行外，合亟札飭札到該關道，即使酌核照會法國領事，轉飭知照各等因。奉此相應照會。爲此照會貴領事，請煩查照飭知可也。光緒二十九年七月十一日發。

又《四川礦務》總署收李徵庸文《咨送四川礦務奏咨各件》附奏咨三件　欽命總理各國事務衙門，爲傳知事。光緒二十五年六月十三日，准軍機處交本日軍機大臣面奉諭旨：「頭品頂戴三品卿銜李徵庸，著開去候選道，前往四川辦理銅務。遇有銅礦事宜，准其與四川總督奎俊會商，聯銜具奏。欽此。」應轉知貴衙門該員欽遵，並知照吏部、户部等因前來。除知照吏部、户部外，相應傳知該員欽遵可也。須至傳者。右傳知頭品頂戴三品卿銜李。

光緒二十五年六月十四日、六月十五日，謝恩留摺批牌，著於十九日預備召見。頭品頂戴三品卿銜辦理四川礦務銅務李，爲咨行事。竊照《四川招商華益公司與會同公司華洋合辦礦務章程》，呈由鈞局核定，於光緒二十五年三月初五日具奏，奉旨：「依議。欽此。」隨於六月十三日，承准軍機處片交，軍機大臣面奉諭旨：「頭品頂戴三品卿銜李徵庸，著開去候選道，前往四川辦理銅務。遇有銅礦事宜，准其與四川總督奎俊會商，聯銜具奏。欽此。」欽遵片交前來，經先後將開用關防事理報明在案。查礦與銅原無二致，商家興利則在礦，國家需用則在銅。銅(時)〔是〕礦之一端，即值百抽五落地税，遵繳官銅，就礦税以作銅本，是礦與銅相輔而成，無相離之理。現據會同公司承辦工程英商摩賡，從外洋帶同礦師來華，定九月十二日到滬，届時各按名呈請護照。誠恐稽延時日，且隨同入川分投勘礦，不比游歷洋人，漫無限制，凡例由華官保護之事，自應由華官給照保護，以免洋官請照干預相應咨呈鈞局。預發會同公司承辦工程礦師護照二十張，以憑臨時按名填給，寔爲公便。須至咨呈者。右咨呈欽命統轄鐵路礦務總局大臣。

光緒二十五年八月初九日填發。奏爲籌捐銅本，變通銅政，以維錢法而開利源，恭摺具陳，仰祈聖鑒事。本月十四日，承總理各國事務衙門傳知，六月十三日，准軍機處片交，本日軍機大臣面奉諭旨：「頭品頂戴三品卿銜李徵庸，著開去候選道，前往四川辦理銅務。遇有礦銅事宜，准其與四川總督奎俊會商，聯銜具奏。欽此。」欽遵。竊臣以疎逖微員，仰荷殊恩疊沛，屢蒙召對，自維力小任重，深懼負荷維艱。俟到川後，謹遵與四川督臣奎俊查看銅礦事宜，會商具奏。惟四川僻處邊遠，籌款不易，擬向南洋各埠籌捐銅本，有不能不先事奏明立案者。伏查雲南銅政既領部款，必照部章。歲額餘銅一百五十萬斤，每百斤定價

十三兩零。凡開銅者，必先繳官銅，乃有二成歸民，官發價購之，仍不敷本。苗淺者多已開盡，苗深者必費重本，誰肯費重本以繳官銅？惟窮民藉混朝夕，承領官本開採，旋即逃亡，官益慎重，不敢輕發銅本，民間無力開銅，而銅以日少而更貴。今市價每銅百斤值銀自二十餘兩至三十餘兩不等。擬到川辦法，不請部款，不泥部章，官助商本，仍照市價收銅，導民多開，官或先開數廠，以爲之倡，苗淺者仍用土法，苗深者參用機器。既以民廠濟官局之用，復以機器濟人力之窮，俾風氣漸開，人皆有所貪而無所苦，與民同利而不奪其利，使人争趨而國家自得其利。凡物少自貴，多則自賤，盈虚消息，自然之理也。其籌款之法，借債徒貽後累，集股多成騙局，不如收捐項以作經費，直截了當。查有南洋各埠經商華民，遇水旱偏災，無不仰體皇上，捐賑恐後。現擬開銅捐局，凡有情殷報効銅本者，准按賑捐章程，給與貢監虚銜，封典翎支各項，以榮其身，而收其心。俟奉俞允，即由臣利發寔收，蓋用關防，分寄南洋各埠收捐，繳由臣按卯造册，報部請獎換照。此歸常捐者也。其每名報効銅本銀一萬兩以上者，准援案奏請優獎；其勸集報効銅本銀至二十萬以上者，並懇准其奏請特恩，按照銀數給獎寔官，以示優異。此歸專案者也。查商民等祇蒙國家深仁厚澤，感不能忘，情殷報効，戀我民器，並無抑勒。就此報効銀兩，以作開銅經費，未領部款，自可不泥部章，應市價核實報銷，始而成本未能遽輕，逐漸推移，久而自賤。臣天良尚在，決不忍自外生成，稍涉欺飾。至銅片或就地鑄錢，或解京備用，届時再與四川總督臣奎俊會商具奏。謹先將籌捐銅本，變通銅政，請旨飭部立案各緣由，恭摺具陳，伏祈皇太后、皇上聖鑒訓示。謹奏。

再，臣奉命辦理四川銅務，所有應行公事，及籌捐銅本，隨時報部請獎各事宜，不能無關防，以昭信守。現議刊木質關防，文曰「欽命辦理四川銅務關防」。是否有當，理合附片陳明，伏候聖裁。謹奏。

六月十九日，承軍機處片交，三品卿銜辦理四川銅務李徵庸，本日具奏請籌捐銅本一摺。軍機大臣面奉諭旨：「户部知道。欽此。」又奏請刊用關防片，奉旨：「知道了。欽此。」相應傳知貴京卿欽遵可也。此交。

辦理四川銅務礦務頭品頂戴三品卿銜，爲咨呈事。光緒二十五年八月初一日，承准大户部咨行捐納房案呈：查前由軍機處交出三品卿銜辦理四川銅務李徵庸奏請籌捐銅本一摺，光緒二十五年六月十九日，軍機大臣面奉諭旨：「户部知道。欽此。」等因。當經本部於本年七月行知在案。查現辦新海防捐輸，關係部庫餉項，及直隸淮軍要需，較之籌集銅本，尤爲喫緊。若此項銅本捐輸勸集至二十萬兩以上，即准按照銀數，給奬實官，恐與新海防捐輸，大有妨礙。應令辦理四川銅務李京卿，查照賑捐章程，凡捐輸銅本，只准請奬虚銜封典貢監翎枝等項。其每名報效銀一萬兩以上者，准其專摺奏明，請旨優奬。此外報効不足一萬兩，及僅係勸捐出力，並非以實銀報効者，均不得從優給奬，亦無論勸集若干，概不准分次請奬實官，以示限制。再，捐輸銅本，係自收自用之款，應在川省設局開辦，無庸在於北洋設局，致涉紛歧。相應咨三品卿銜辦理四川銅務查照辦理可也等因。承准此。於八月初四日，咨呈遵辦在案。查銅捐以實官爲大宗，既恐於海防捐輸有礙，自不便於收捐。而查照賑捐章程，只准請奬虚銜封典貢監翎枝各項。又在川省設局，僻處一隅，各外省減折收捐，以應急賑，本係實用實銷之款，尤未便與人争收，致礙報銷。惟有每名報銷銀一萬兩以上者，准其專摺奏明，請旨優奬一案，事屬可行。而又爲數有限，不足以敷銅本。當此庫儲支絀，又未便請領部款，是宜於無可設法之中，曲爲設法，救銅政之缺，而補錢法之窮。查銅政與礦務相表里，銅時礦之一端。四川礦務局訂立華益會同公司章程，既有值百抽五井口税，復有值百抽五官山地租，均係報効國家，照章由礦務局抽繳，只提五分中之一分，以作公費。其由華益公司購地交辦者，該地租乃歸華益公司。擬請就前項繳官租税，凡開銅者，收銅繳官。其非開銅，而估值完納税者，亦可收以購銅，即各項則不同，不過藉資挹注，而按年照章分類造册報銷。届時需銅若干，或解京，或留川，再與四川總督會商辦理。除購銅外，尚餘租税若干，照章遵繳，是於融洽之中，仍寓分明之意，決不致含糊籠統，款目不清。其税關所收各礦出口税，與此無涉。此項礦務尚未開辦，成效難期有無租税可收，不敢預必。惟該礦務亦係兼差，俟有遵循，以便督飭公司分别辦理。若於礦産收税後，再行報案驗候劃撥，則税未定，無所適從，報案需時，遲恐貽誤。除咨於統轄礦務鐵路總局、部外，相應咨呈大部核定示遵。須至咨呈者。右咨呈户部、鈞局，核定示遵。再，此文係行次天津繕發。正發間，承准文開：銅本如有劃撥，另行咨明户部辦理。查礦護照，已札江海關遵照辦理等因，理合聲明。須至咨呈者。

右咨呈欽命統轄礦務鐵路總局。

光緒二十五年八月二十五日填發。

又《廣東礦務》總署收户部文《瓊州石緑銅礦暫免税釐》〔光緒十四年〕三

月十七日，户部文稱：貴州司案呈，光緒十四年二月初七日，准廣西司付稱，内閣抄出兩廣總督張片奏，瓊州府昌化縣屬開採石緑煉出銅斤出口，請免税釐，及五金等礦，如有集資開辦，一律暫免税釐等因。光緒十四年正月初八日，奉硃批：「户部知道。欽此。」欽遵抄録附片移付前來，相應抄附户札行粵海關監督遵照，即將免過銅斤數目，造册送部查核，仍咨兩廣總督，廣東巡撫，轉飭遵照。暨移咨總理衙門查照可也。

又總署收赫德申呈《請查復瓊州石緑銅礦免税事》〔光緒十五年〕二月初九日，總税務司赫德申稱：【略】兹復據該税務司詳稱：准粵海關部照會，以瓊州府昌化縣大豔山石緑銅礦，自光緒十四年起，山税關釐，三年内全免，照請查照等因。此項石緑銅礦，應否准其免納關税出口之處，相應抄録粵海關部照會，詳請核示前來。總税務司查閲粵海關部照會内，有經蒙奏准税釐全免之語。此石緑銅礦曾否奉旨准行，未蒙貴衙門札知。理合備文將該税務司抄送之粵海關部照會，録呈鑒核，希爲查覆，以便轉飭遵行。至嗣後若遇各省大憲具奏奉旨准免關税之件，可否由貴衙門隨時飭知。以便由總税務司即行轉飭各該關税務司遵行，以免在口辦理牴牾之處，應請裁奪施行可也。

照録粘單。

粵海關監督照會代理瓊海關税務司。

爲照會事。光緒十四年十二月初九日，准廣東礦政總局移開：光緒十四年十一月初七日，據委員補用知縣劉鎮寰具稟，現據礦商張合盛稟稱，竊商承辦大豔山礦務以來，自光緒十三年十一月初一日，開炸轟挖起，至本年八月底止，所獲石緑礦，共計一萬四千六百一十六斤。業經按月造册稟報，兹因經費倍繁。擬將前項石緑礦，擇其可作顔料者，共重五千斤，欲由瓊海運回香港省佛行銷，俾得少助工本，而知價值，冀有把握。伏思前荷大憲體卹商艱，經蒙奏准，昌化大豔山石緑銅礦，自光緒十四年起，山税關釐三年内全免，並通行遵照各在案。今商現擬起運行銷，理合稟請據情轉稟礦政總局憲俯准，填給石緑礦五千斤護照一張，俾得祇領回瓊，運赴香港省佛等處行銷。並乞轉請移會粵海關憲查照，轉行廣瓊屬常洋各關廠，驗照放行。暨移釐務總局憲，轉行廣瓊各廠，一體放行等情前來。卑職覆查該商所稟，尚屬實情。理合據情轉稟察核，俯賜填給大豔山商人張合盛起運石緑礦五千斤，前赴香港省佛行銷驗放護照一張，並懇移會粵海關憲，暨釐務總局憲，札行廣瓊關釐各卡，一體查驗放行，實爲公便等因到局。據此。查該商起運石緑礦五千斤，前赴香港省佛行銷，應即知會督銷局發給護照一張，以便運解，除札發劉令查收外，合就移知貴關部轉行知照施行等因，到本關部。准此。相應照會貴税務司查照。爲此照會，須至照會者。十四年十二月十六日到。

又總署給赫德札《瓊州石緑銅礦奉准暫免税釐》〔光緒十五年〕二月十五日，給總税務司赫德札稱：光緒十五年二月初九日，據總税務司申稱，據瓊海關税務司詳稱，准粵海關部照會，瓊州府昌化縣大豔山石緑銅礦，自光緒十四年起，山税關釐，三年内全免，照請查照等因。查粵海關照會内有奏准税釐全免之語，此項石緑銅礦，曾否奉旨准行，未蒙札知，希查覆，以便飭遵等因。查此案上年二月間，準户部咨稱，兩廣總督張片奏瓊州府昌化縣爲開採石緑，煉出銅斤出口，請免税釐；及五金等礦，如有集資開辦，一律暫免税釐等因。光緒十四年正月初八日，奉硃批：「户部知道。欽此。」相應札行總税務司轉飭遵照辦理可也。

又《奉天礦務》外務部收盛京將軍增祺文《郭寶濟等稟辦小河口等處銅礦》〔光緒二十八年〕八月二十五日，盛京將軍文稱：案據商人郭寶濟、張志華稟稱：商等踏勘遼陽界小河口、牛心台、蜂蜜砬子、紅臉溝、鳳凰廳界、草河嶺、寬甸縣界佛爺溝等處，銅苗暢旺，均與居民廬墓田園無礙，商等現集股本銀四萬兩，立名曰寶華公司，如法開採，所有開辦以及納税一切章程，悉遵奏定新章辦理，不敢稍有違礙，爲此稟請督憲將軍案下，俯准轉咨外務部核復給照，並懇先行分飭地方官，曉諭無得私挖，實爲恩便等情。據此。除批示並分飭各該地方官，先行出示曉諭，勿任私挖外，相應備文咨呈貴部，謹請鑒核飭復，以便飭遵施行。

又外務部收盛京將軍增祺文《請詳查小河口等處銅礦有無關礙》〔光緒二十八年〕九月初三日，行盛京將軍文稱：【略】查該商等請辦遼陽鳳凰廳寬甸界内各銅礦，雖據稟稱於田園廬墓均無妨礙，惟該處地方情形，曾否派員確查，文内並未詳晰聲敘，應由貴將軍切實查明，果無窒礙，再行發給准照，責成該商等遵照部章，妥爲試辦，並令出具切結，永不售與外人，以免轇轕。相應咨行貴將軍查照辦理，仍詳細聲復可也。

《漢書》卷二四下《食貨志第四下》　昭帝即位六年，詔郡國舉賢良文學之士，問以民所疾苦，教化之要。皆對願罷鹽鐵酒榷均輸官，毋與天下争利，視以儉節，然後教化可興。弘羊難，以爲此國家大業，所以制四夷，安邊足用之本，不

可廢也。乃與丞相千秋共奏罷酒酤。弘羊自以爲國興大利，伐其功，欲爲子弟得官，怨望大將軍霍光，遂與上官桀等謀反，誅滅。

宣、元、成、哀、平五世，亡所變改。元帝時嘗罷鹽鐵官，三年而復之。貢禹言：「鑄錢採銅，一歲十萬人不耕，民坐盜鑄陷刑者多。富人臧錢滿室，猶無厭足。民心動摇，棄本逐末，耕者不能半，姦邪不可禁，原起於錢。疾其末者絶其本，宜罷採珠玉金銀鑄錢之官，毋復以爲幣，除其販賣租銖之律，租税禄賜皆以布帛及穀，使百姓壹意農桑。」議者以爲交易待錢，布帛不可尺寸分裂。禹議亦寢。

又卷四五《伍被傳》 王復問被曰：「公以爲吴舉兵非邪？」被曰：「非也。夫吴王賜號爲劉氏祭酒，受几杖而不朝，王四郡之衆，地方數千里，採山銅以爲錢，煮海水以爲鹽，伐江陵之木以爲船，國富民衆，行珍寶，賂諸侯，與七國合從，舉兵而西，破大梁，敗狐父，奔走而還，爲越所敗。

《宋史》卷一八五《食貨志下七》 礬，唐於晉州置平陽院以收其利，開成三年，度支奏罷之，乃以礬山歸之州縣。五代以來，復創務置官吏，宋因之。

白礬出晉慈坊州、無爲軍及汾州之靈石縣，緑礬出慈、隰州及池州之銅陵縣，皆設官典領，有鑊户鬻造入官市。晉、汾、慈州礬，以一百四十斤爲一䭾，給錢六千。隰州礬䭾減三十斤，給錢八百。博賣白礬價：晉州每䭾二十一貫五百，慈州又增一貫五百；緑礬：汾州每䭾二十四貫五百，慈州又增五百，隰州每䭾四貫六百。散賣白礬：坊州斤八十錢，汾州百九十二錢，無爲軍六十錢；緑礬，斤七十錢。

熊克《宋中興紀事本末》卷三七《起紹興六年四月盡六月》 〔紹興六年，辛亥〕夏四月，【略】右司諫分水王縉上疏論取青碌事，上問宰執曰：「朝廷曾令取青碌否？」趙鼎言：「此乃提舉（抗）〔坑〕冶趙伯瑜請令民間從便採取，所得價錢以供銅本。」上曰：「不若别處置，言路既聞，必是外間别有所議也。」鼎曰：「聽民間自取，此亦何害？」然縉深得諫官之體，大抵當防微杜漸，救之於未然也。

《宋中興兩朝聖政》卷四八《孝宗皇帝八》 〔乾道六年夏四月〕乙未，校書郎劉焞奏：「蜀中毁錢以爲銅，而乃欲榷其銅以鑄錢。」上問：「蜀中有出銅處否？」焞對：「蜀中銅山但有名耳，祖宗時嘗榷其銅，額不過三百六七十斤。」上曰：「元來所出止如此。」焞奏：「不但止如此，亦自元無之。沈該嘗作相，建議令榷銅山之銅，時王之望爲轉運使，風采震動一路，然竟不能榷，後但科敷民間，以應朝廷之令而已。」上曰：「如此豈可？」

《宋朝大詔令集·政事五五》 令犯銅鍮石私酒麴免極刑詔天禧三年十二月乙卯。 山澤所産，飲食是資，趣利者多冒禁，斯衆寘於大辟，良可憫嗟。比或犯於有司，亦嘗從於末減。然念區域至廣，道塗且遥，往復之間，稽緩兹甚。特申寛典，式表好生。自今犯銅鍮石、私酒麴等並免極刑。

何喬新《椒邱文集》卷三二《奏議集略》 楊愛見仁懷、儒溪二里出産石青、石緑，擅取作親管里分，遞年仰傳禧追收銀兩、黄蠟、棉布入己。

王士性《廣志繹》卷五 採礦事惟滇爲善。滇中礦硐自國初開採，至今以代賦税之缺，未嘗輟也。滇中凡土皆生礦苗，其未成硐者，細民自挖掘之一日，僅足衣食一日之用，於法無禁。其成硐者，某處出礦苗，其硐頭領之，陳之官而準焉，則視硐大小，召義夫若干人。義夫者，即採礦之人，惟硐頭約束者也。擇某日入採。其先未成硐，則一切工作公私用度之費，皆硐頭任之，硐大或用至千百金者。及硐已成礦，可煎驗矣，有司驗之。每日義夫若干人入硐，至暮盡出，硐中礦爲堆，畫其中爲四聚瓜分之：一聚爲官課，則監官領煎之以解藩司者也；一聚爲公費，則一切公私經費，硐頭領之以入簿支銷者也；一聚爲硐頭自得之；一聚爲義夫平分之。其煎也，皆任其積聚而自爲焉。硐口列爐若干具，爐户則每爐輸五六金於官，以給劄而領煅之。商賈則酤者、屠者、漁者、採者任其環居於礦外。不知礦之可盜，不知硐之當防，亦不知何者名爲礦徒。是他省之礦，所謂走兔在野，人競逐之；滇中之礦，所謂積兔在市，過者不顧也。採礦若此，以補民間無名之需，荒政之備，未嘗不善。

朱國禎《湧幢小品》卷一五《石青》 永樂十七年，山西行都司軍士採石青於净沙州舊塘，用工多而所得甚少。忽見青蛇，隨所往，二百餘步失之，發其下，得石青加倍。其色視舊塘産者益鮮明，至是，都指揮李謙繪圖來進。

洪亮吉《乾隆府廳州縣圖志》卷四《江寧府》 銅山在〔江寧〕縣東南七十里，周十九里，昔人採銅於此，故名。

又卷九《滁州》 銅井山在〔全椒〕縣西七十里。上有銅井，廣十餘丈，深不可測，舊傳於此採銅。按：《新唐書》滁州有銅坑，當即此。

又卷一三《絳州》 三錐山在〔垣曲〕縣北八十里。舊嘗産銅。

又卷二九《江西布政使司饒州府德興縣》 又銅山在縣北三十里。亦唐時置銅場處。

穆彰阿《〔嘉慶〕清一統志》卷四三五《汀州府》 《唐書·地理志》：長汀有

銅。《寰宇記》：汀州出銅，今俱廢，附識於此。

又卷四三六《福寧府》〔寧德縣〕新興銅坑在縣北八十里。按：嶺銅坑在縣北九十里，坑龍銅坑在縣西七十里，皆宋淳熙中發，後廢。

李誠《萬山綱目》卷二〇 南龍大幹，自椒山起分，一幹走曲江以南，元江以東諸山。

秀水山，在新平縣西北百二十里，舊有密得孔銅廠，硐老山空，久已封閉。近有刁徒引集匪人，妄報開採，所宜嚴禁。

王培荀《鄉園憶舊録》卷二 某販馬，遇客形狀憔悴，問之，云在雲南攻銅礦折本，慨然贈廿金。客歸理舊業，山開礦露，擁金鉅萬。與販馬者復遇，感激良深，問所欲，某云欲爲官，贈數千金，使入京營課。某在都，酒樓妓館揮灑罄盡。客以事至京，見之，訝其落漠，復爲捐縣丞，分發山東補缺。後一日，不知所往，乃身推獨輪車至登萊間，獲巨盜，升知縣，後擢知府。惜傳者忘其姓名，恢闊豪宕，洵奇人哉！

又卷七 西昌寧遠府首縣山出銅礦，昔官紳士民爲金穴，今洞老山空，銅價日昂。地近邊塞，氣候不齊，冷則夏可披綿，暖則冬可衣絺。

何秋濤《朔方備乘》卷四五《考訂諸書五》 空青，漁人間得之，不敢私匿，將軍酬以直，遣官奏進。或弁卒自得之，即遣送京師，奏其名，例得賜絹帛。臣秋濤謹案：空青本難得之物。方式濟此書著於康熙年間，云漁人間得之，蓋非可常致也。至嘉慶年間，西清撰《黑龍江外紀》，云「土人茫不知空青爲何物」，其不易覯明矣。

王柏心《百柱堂全集》卷四六《博採廣鑄議乙丑秋仲作》 古之所謂利者，導之上而布於下者也，亦有取諸下者，則租賦也，貢獻也，山海之税也。雖於民乎取之，實於士乎取之，故利阜而民樂，其自朝會、祭祀、百官之禄，胥吏廩食，戰士餫餽，以及賜予、犒贈、度支所費，凡以爲民也。秦漢以降，盜賊起而征討繁，軍興告乏，乃始征關市，算舟車，搉緡錢鹽鐵、茶酒竹木，百税叢興。至今日而連兵數十萬，營壘半天下，糜財至千億萬，不可勝計，於是抽釐行而纖悉之財無得漏網者，所取非粟米絲縷，而悉併出於錢之一途。錢非民所自爲也，取之極於錙銖，民乃大困。韔弓脱劍，尚未有期，萬一乘之以水旱，竊恐禍患起於意外。而持籌之徒猶用前法，推析至秋毫。嗟乎！流血刻骨，傾膏瀝髓，民所不盡者命耳。猶曰吾以濟軍也。不知軍日以驕，募而復潰，潰而復募，民既疲矣，師益不武。握算者曾不知變計，其危可懼，其愚尤可哂也。今且有策於此，不損民不傷財，取山澤自然之産，濟軍國無窮之用，倘可聞於上而決策行之乎？策安出？曰：採銅以資鼓鑄而已。往時國家歲採滇銅數百萬，運之京師，近者滇南屢訌，道閉不通，各行省停鑄將二三十年。民間錢既不饒，各税所括悉輸行營，皆往而不返，又爲之嚴禁夾沙小錢，錢乃大荒。小民日用非錢不生活，搜索不已，不一半歲，錢大小悉絶矣。民窮財盡不待論，軍潰賊熾，勢又必然，自非博採銅坑，益廣鑄錢不足救之。議者言：施郡利川有山産銅，廣袤五百里，鑛苗甚旺，今若募民自出財力鑿山取銅，即因山鼓鑄，但遣官監視如式，足任行使可矣。三年之前，利盡歸民，三年之後，定額報税，運錢至京師以代銅運，其利殆不可勝言。最大者有七焉：山多薪炭，購鉛亦近，地豐秔稻，工匠易集，一也。運錢捷於運銅，山鑄省於京鑄，聞其地距清江及公灘河水次不過數程可達，大江轉輸非難，鑄錢益多，或按數折銀，輕齎至京，左藏可以充積，二也。養兵募士以戰則克，以守則固，救荒卹災，調發既速，賑貸尤便，三也。冗官貧士，資其餼廩，或助巡邏，或司鉤稽，四也。錢幣流衍，百貨通利，物價皆平，民用饒給，五也。遐壤邊陬，漸成都會，奸宄屏跡，桴鼓不鳴，六也。一切征榷悉可罷去，歡忭之聲，感召祥和，七也。民力寬矣，兵氣揚矣，司農無仰屋之嘆矣，司計者何憚而不行？此之不行而顧彼之是務，譬拔其根以求萌糵，塞其源以冀涓滴，所營毫末之利，所獲邱山之禍，則非蒙之所忍聞矣。

馮桂芬《〔同治〕蘇州府志》卷二〇《物産・花之屬梅》 楊梅。爲吴中名品，不減閩之荔枝，出光福山銅坑第一聚塢，次之有一種脱核者，山東山西塢。

趙之謙等《〔光緒〕江西通志》卷四九《輿地略五・物産・南昌府》 銅，西山出。唐時有坑，今無。

曾國荃《〔光緒〕山西通志》卷三一《山川》 王屋之北爲教山，俗曰歷山，教水出焉。其南爲鼓鐙川，有鼓鐘出。川之西爲乾棗澗，有石人嶺，倚亳川水出焉。又西爲折腰山，有礦，谷白水出焉。

《方輿紀要》：三錐山在垣曲縣北六十里。縣志八十里。三峰如錐，舊産銅。其相近者有鼓通山，或曰晉家山也，相傳瞽瞍葬處。又折腰山在縣西北七十里。中低旁高，舊有銅鑛，鑿久摧折，故名。

《舊通志》：魏熙平二年，尚書崔亮奏：弘農郡銅青谷有銅鑛，計一斗得銅五兩四銖。華池谷鑛，計一斗得銅五兩。鸞帳山通計一斗得銅四兩。河内郡王屋山壇，計一斗得銅八兩。則青谷、華池谷、鸞帳山當聯王屋山，在垣曲、平陸之

間。垣曲折腰山銅鑛建久脊權。恐巖古今殊名耳。

齊學裘《見聞續筆》卷一《礦神》 銅廠祀礦神最虔，神嗜觀劇而畏官長，酬神必演劇。管廠之官皆相戒不得鳴騶至廠，云聞唱道聲，則神驚匿而礦失矣。蓋神本猓猓爲之，故畏見官長也。不知真有所受，抑造作斯語也。路南州歲辦銅數萬斤，以不能足額，多賠累，州牧耿君雲亭不勝其苦，力求卸任。省中諸員無敢往者。大吏不得已，檄澂江府兼辦其篆。時澂江許菊泉太守亦不得已而任其事，甫接印，即有廠報礦旺，使人驗之信。遂詳請給工本，一月得銅六十餘萬斤，省中譁然。耿以前累，復求回任，星夜馳往。接印日，召諸廠户至，則默默相視，問之，云一夕礦皆走矣。取前所取礦煎之，亦不成銅。及一月所辦，仍不足額，乃復至省，仍以許攝之。接印日，礦户又報云得堂礦，洞中得礦最大者，謂之堂礦。驗之信，遂詳請大給工本，得銅千萬餘斤，以議叙加道銜。余初至滇，聞是事，以爲故神其說。及晤菊泉太守，詢之云信然。後雲亭以邊俸遷普洱太守，會於會城，詢之亦云信然。因遍詢辦廠諸公，皆云礦之衰旺，實非人力所能爲，則神主之矣。廠皆祀神而不皆旺，則又非神力所能爲矣。豈地不愛寶，而出必以時，固不可測耶！

薛福成《出使日記續刻》卷三〔光緒十七年辛卯十一月〕二十四日記 美國各礦所出之銅年多一年，去年共有二萬七千八百六十一萬磅，較前年多三千三百零三萬四千磅，此皆由公司開採者也。至出口之銅，去年值洋銀八百五十四萬八千餘員，前年值洋銀九百八十六萬七千餘員。

杞廬主人《時務通考》卷一三《礦務三・開採・銅》 英國採銅原始：英國暗古西採取銅礦之事，年代甚遠，羅馬人在英國之時，已知此島内阿姆回黑地方，採銅礦之處，然不多開採，至七十年前，則開採始盛。此礦在緑色之泥瑞石，漸變爲托克端石，並色本弟尼石，並由甫台弟石，其礦脈之厚，有三尺至六尺。一千二百五十年，有人在開司回格，採取銅礦，大約國王給憑與擺闌大並蒲蒲塔二人，准其開採。國内所有之金銀銅各礦，採得之數尚少。一千六百年，國王設例，不許將黄銅與銅運出境外，恐國内造礮並家用等器不敷用。又一千六百六十五年，有取銅廠爲國家所給憑者，此廠多用卡拉米尼取鋅，既有鋅則從别國運銅進境，配合黄銅，本國得益。一千七百年，英國西邊布里司妥城，有人往哥奴滑勒，查驗各洞而買其礦，每頓以銀錢五十枚爲中數，上等者不過金錢四員。有人名夸司得，在哥奴滑勒設一機器起水，今開採之事甚便。又教土人軋碎鎔化，並試驗礦中銅數之法。此後該洞所出銅礦，至今極盛。

載振《英軺日記》卷一二〔光緒二十八年八月〕十九日，舟行平。考日本礦政，全國鑛山所在多有，近仿西法開採，出産日增，鑛業遂驟旺。現今已開之地有五千三百處，鑛區面積共五億坪，鑛産之數可得四千萬元，故政府於札幌、盛岡、東京、大阪、福岡五鑛山特設監督署綜其事。稱其所産一曰銅，日本本爲世界産銅之國，最近出産數目得三千五百萬斤。占全球銅産十二分之一。考明治八年，僅出四百萬斤，今已增至三千五百萬斤。國中産銅之區：一、足尾得九百二十萬斤，次、阿仁得六百五十萬斤，三、别子六百萬斤，以上三處占全額之七，共日、向五木等處則遠不逮矣。二曰鐵，世人皆以日本無鐵，此說考之未審。蓋日本地質原極精密，故鐵鑛實甚富，有巖崎縣釜石鐵鑛可出四百二十一萬噸之銑鐵，加以近旁仙人岡有一大磁鐵鑛床，以是製銑可得二百二十三萬噸，故釜石近傍有六百五十萬噸。此外，别處考查約可産九百四十萬噸之銑鐵。三曰煤，煤爲日本鑛産之第一，最近産額得六百七十萬噸，其價二千五百餘萬元，嗣後産額尚可增多。考明治八年僅得五十七萬噸，不過現今十二分之一，十六年始有一百萬噸，二十一年有二百萬噸，近則又加二倍有餘。其消數，國中每日需用一萬二千噸，每年需用四百三十六萬噸，於此足徵工業之盛，然較諸英國則已瞠乎居後。查英國每年産煤共二億二百萬噸，用煤共一億六千五百萬噸，每一日計消四十五萬噸，是日本一年消數，尚不及英國十日之額。然而日人於礦政一事物圖而授，慘澹經營，其進步殆未可限量也。

鐵礦開採部

綜述

《宋史》卷八九《地理志五》 泉州，望，清源郡。太平興國初，改平海軍節度。本上郡，大觀元年，升爲望郡。崇寧户二十萬一千四百六。貢松子。元豐貢綿、蕉、葛。縣七：晉江，望。有鹽亭一百六十一。南安，中。同安，中。有安仁、上下馬欄、莊坂四鹽場。惠安，望。太平興國六年，析晉江置縣。有鹽亭一百二十九。永春，中。閩桃源縣。有倚洋一鐵場。安溪，下。有青陽鐵場。德化，下。有赤水鐵場。

李燾《續資治通鑑長編》卷一〇六《仁宗》 〔天聖六年三月〕己酉，京西轉運使楊嶠言：「澶州浮橋用船四十九隻，自温州歷梁、堰二十餘重，凡三二歲方達澶州。請今於秦、隴、同州伐木，磁、相州取鐵及石炭，就本州造船。」從之。

卞寶第、李鴻章《〔光緒〕湖南通志》卷五八《食貨四・礦廠・鐵礦》 江華有黄富鐵場，寧遠有上下槽鐵場。《元豐九域志》。

馬炳乾《〔宣統〕高要縣志》卷二《食貨篇二物産》 鐵。高要浮蘆一鐵場。《元豐九域志》。

阮元《〔道光〕廣東通志》卷一六七《經政畧一〇・宋》 紹興末歲，【略】産鐵，惠州一萬二千七百觔，韶州一萬二千觔，廣州六千九百觔，南雄州四百觔，皆有奇。

陳耆卿《〔嘉定〕赤城志》卷七《公廨門四》 栖溪鐵坑，在縣東三十里。

羅濬《〔寶慶〕四明志》卷一二《敘山》 灌頂山。縣西南七十里通遠鄉。其山直上二十里，方至絶頂，有普澤禪院，歲納學租。近年有欲採鐵於此者，朝旨禁之，劄子附於下方。

寶慶二年二月十八日省劄。從政郎充慶元府府學教授方萬里劄子：竊惟鄞鄮諸山，天造地設，峻秀拱揖，如伏萬犀。而四明一山峯巒峭拔，延袤最廣，僊池石窗尤爲勝絶，故孫綽、陸龜蒙諸公釁見賦詠，至今郡以爲稱。則是一郡之望山，又非其他諸山比也。國朝自天禧二年撥隸府學養士，其來久矣。係灌頂山普浄寺租佃歲入錢三百貫。灌頂即四明之子山也。嘉定十七年冬，忽有豪民唐執中者，以四明山有少鐵鑛發見，密於主管司冒佃鼓鑄，焚毁林木，掘鑿坑塹，不惟一方騷動，而破壞風水關繫非輕。亟具公文申主管司，以爲此山自隸本學已二百餘年，其間豈無鐵鑛發見之時，然前此未嘗掘鑿以求鼓鑄之利者，必有謂也。昔胡文恭公宿在慶曆間，以登萊諸山居京師東隅，民多取金其中，以致地震，請禁民鑿山，以寧地道。況今行都去四明無五百里，而會稽山陵無三百里，千巖萬壑，氣脉相接，豈容以鄰郡望山，縱令豪民焚毁林木，掘鑿鼓鑄？臣子之義竊有未安。至於孕靈育秀，鍾爲一鄉，人物門當，今名公鉅卿，大儒碩望，布滿中外，不應規此小利，毁壞風水。況在常平法，諸坑冶興發，而在寺觀祠廟公宇、民居、墳地，及近墳園林者不許人告，官司亦不得受理。今山既隸府學普浄寺，又已管佃，而一郡士大夫墳墓之在其上者，不知其幾，豈不違背法意？繼蒙主管司即時禁止，方幸平息，書判見在。今歲正月間，復有丁思忠者，隱下唐執中元斷事節，徑就坑冶司陳狀，行下告示。本學劃佃普浄寺，所管四明山，即欲掘鑿鼓鑄。蓋此山在本學初無利害，不過歲得錢三百緡，縱爲鼓鑄，亦不失此。萬里蕞爾冷官，竊廪鄉校亦不過三載，何敢固執，不可以拒泉司之命。實以丁思忠冒佃此山，歲認鐵鑛五千，其直不滿二百千，在泉司十路坑冶之撫，初不欠此，而一郡望山輕於毁鑿，委有關係。却恐今日黽勉狥從，異時闔郡歸咎，必曰使豪民鑿四明山自萬里始。職守所係，不敢自默，除已力陳利害具申泉司外，竊恐豪民規圖未已，儻蒙軫念衮鄉望山所在，乞賜劄下慶元府主管司以憑遵守，不許人冒佃鼓鑄，仍將唐執中、丁思忠略加懲治，以爲從來豪民違法規利者之戒。伏候指揮。右已劄下坑冶鑄錢司慶元府主管司，各從所申事理施行外，今劄付慶元府證應。準此。

柯維騏《宋史新編》卷二三《志九》 甌寧，望。【略】縣七：【略】永春，中。有倚洋一鐵場。安溪，下。有青陽鐵場。德化，下。有赤水鐵場。

畢恭《〔嘉靖〕遼東志》卷一《地理志》 安平鑛山，城東南一百里。一名天城山，有鐵場。

陳道《〔弘治〕八閩通志》卷二四《食貨》 福州府。連江縣蔣洋南北山鐵坑，在縣東嘉賢上里。鐵場四所，五都九都各一所，二十一都二所。福寧州師姑洋坑、新豐可段坑、南平北山坑、銅盤等處坑俱鐵坑。東山小乾鐵砂坑、栖羊埕鐵坑、新南安民二里大溪嶺下等鐵坑、北峰院後坑、牛皮灘瀾灘茶洋溪邊坑以上俱宋熙寧、淳熙間發，後並廢。黄海梅坑在州東北十八都，正統十年發，十四年廢。

寧德縣寶豐場，在縣東十七都。寶瑞場，按：《三山志》在郭洋。上二場俱宋元祐間發，歷宣和、靖康、紹興以至淳熙，其間或發或罷，或併而爲一，後並罷。國朝洪武十九年，邑民向安請復之。永樂元年始復發輸課，而寶瑞場以鑛脉斷絶，遂不復發。陽護山鐵坑。一作陽陵山，在縣東十四都。宋政和間發，國朝因之。

延平府尤溪縣大蔣坑，在縣治七都。魚灘頭坑，在縣東北七、八都。三連坑，在縣東南十四都。田溪口坑，在二十四都。王大涪頭坑、苦竹口坑、七里潭坑，俱在二十五都。雙溪口坑，在二十九都。匡口坑、溪仔阪坑、火石坑，俱在三十一都。上一十一坑俱縣南。蘇坑，在三十六都。楊坪隔坑，在三十七都。汶口坑、官莊潭坑，俱在三十八都。盤古石坑，在四十四都。麻溪坑，在四十七都。上六坑俱在縣西南。長婆坑，在四十八都。藍嶺田坑、穀口坑。上二坑在四十九都。已上三坑在縣西。通上二十坑俱鐵場。

陳道《〔弘治〕八閩通志》卷二四《食貨》 東窯場、玉據場，俱在江陰里。南匿場，在江陰里高海魚台。高遠場，在南匿裡。上四場俱縣南。練木嶼場。在縣東南安夷南里。已上五場並鐵沙場，宋紹興、乾道、紹熙間發，後俱廢。

〔汀州府〕武平縣鐵場，在縣南留村里，今廢。

【略】鐵場在龍門、興善、節惠、永福、感化、萬安、六里。

陳舜仁《〔萬曆〕應天府志》卷一五 溧陽，金雞山東十里。雲泉山東南三十五里上有泉出雲氣，鐵山東南五十里，嘗産鐵，今坑冶遺跡尚存。《唐書・地理志》云溧陽縣有鐵，即其地。

顧炎武《肇域志》卷一四《山東・濟南府》 新城縣。府東北一百二十里。編户四十五里。本長山縣之驛臺鎮。元置城五里。元屬般陽路，本朝改屬。烏河，在縣東三十里，源出益都矮槐樹北，即時水也，亦名彨水，流入小清河。鐵山，在縣東南五十里。前代設官採鐵，以充國用，後以利少罷之。其邨名冶里。《新志》：南燕建平三年立鐵冶局。

顧祖禹《讀史方輿紀要》卷九二《浙江四》 〔寧波府〕天井山，府西南七十里。下瞰深淵，上有五井，峻險難陟。其相近者，又有灌頂山，直上二十里，宋時曾採鐵於此，後罷。

杭世駿《道古堂文集》卷二三《志西漢鹽鐵》 《食貨志》不專言鹽鐵事，以詳于地理也。【略】産鐵者凡四十七處：京兆尹之鄭，左馮翊之夏陽，右扶風之雍、漆，弘農郡之宜陽，河東郡之安邑、皮氏、平陽、絳，太原郡之大陵，河内郡之隆慮，河南郡之滎陽，潁川郡之陽城，汝南郡之西平，南陽郡之宛，廬江郡之皖，山陽郡，沛郡之沛，魏郡之武安，常山郡之都鄉，涿郡，千乘郡之千乘，濟南郡之東平陵、歷城，泰山郡之嬴，齊郡之臨淄，東萊郡之東牟，瑯邪郡，東海郡之下邳、朐，臨淮郡之鹽瀆、堂邑，漢中郡之沔陽，蜀郡之臨邛，犍爲郡之武陽、南安，隴西郡，漁陽郡之漁陽，右北平郡之夕陽，遼東郡之平郭，中山國之北平，膠東國之郁秩，城陽國之莒，東平國，魯國之魯，楚國之彭城，廣陵國，皆設鐵官。

洪亮吉《乾隆府聽州縣圖志》卷四一 歸善有三豐鐵場。【略】又王存云：【略】高要有浮蘆一鐵場，陽春有攬徑一鐵場。

又卷四二 〔嘉應州〕王存云：程鄉縣有【略】龍坑一鐵場。

《〔嘉慶〕清一統志》卷六〇《奉天府》 鹽鐵場。《舊志》：瀋陽衛東九十里安平山有鐵場百户所，海州梁房口有鹽場百户所。又蓋州衛西四十里有鹽場百户所，北九十九里有鐵場百户所。又金州衛西北百七十里有鹽場百户所，東百三十里有鐵場百户所，皆明置。

又卷四二八《泉州府》 青陽鐵場。在安溪縣西北。《九域志》：清溪縣有青陽鐵場。《舊志》：在龍興里，俗訛爲清陽，宋開今閉。又潘田鐵場在縣西北鐵礦山。又龍池銀場在縣西崇信里。宋熙寧三年開，元豐元年閉。

又卷四三〇《延平府》 湛嶺。在將樂縣西南十八里。下有蛟湖，又名蛟湖嶺，道僅里許，極險峻，古木數株，俯視大溪。又縣西南四十里有鐵場，嶺亦險峻。

又卷四三八《永春直隸州》 鐵場。在州西北。《九域志》：永春縣有倚洋鐵場。《舊志》：在縣西北鐵礦山下，久廢。

赤水市。在德化縣。《九域志》：德化縣有赤水鐵場。

又卷四四四《韶州府》 鐵。《九域志》：仁化縣有鐵場。

又卷四四五《惠州府・關隘》 歸善縣有三豐鐵場。

松筠《新疆識略》卷四《山川》 索里爾達巴罕，在惠遠城東南二百十五里。索果爾軍臺南二十里。山産鐵，回子於此採挖。

王韜《弢園文録外編》卷一〇《代上廣州府馮太守書》 二曰開煤鐵以足稅賦。今中國設機器立船局，創行招商輪船公司，在在均需煤鐵二宗，以資利用。顧中國各處山礦所産，本自富饒，原不借資於外地。惟中國自塞其利源，非惑於風水之謬談，即惕於輿情之巾阻。朝廷亦鑒於前弊，言利之臣多不敢議及乎此。不知有明礦務之壞，在乎專任内官，致滋騷擾。而當時所有承充礦務者，類多紈

袴齹茵，不識礦苗之衰旺，所估漫無把握，以至預其事者，動輒傾家，局外之人遽引以爲戒。今欲因是而停止開採，俾天地自然之利閟而不宣，此無異於因噎而廢食也。夫英國不過海外彈丸三島耳，而富强甲於歐洲，其島素無所產，一切皆取諸他國，惟煤鐵二礦獨饒，不僅足用於國中，且販運於境外。諸所製造機器、鎗礮、舟車，獨精於天下。邇來其國墾掘漸艱，價值日昂。精於算學之士，曾遍歷其境而籌核之，在礦未出而易採者，僅足以支一百數十年，然則英國之富强自此已臻止境。自餘泰西諸國類皆斲削其精華，罄竭其膏髓，以爲能事。惟我中國所蘊獨全，曾有西人足跡遍歷各省，就其所測知產煤之所，略見一端：湖南六萬三千方里，山西九萬方里，直隸、山東、滿洲之南境二十五萬二千方里，四川二十一萬方里，陝西七萬五千方里，甘肅六萬方里，河南三萬方里，貴州四萬二千方里，廣西三萬九千方里，廣東六萬九千方里，湖北一萬五千方里，福建七萬五千方里，江蘇四萬二千方里，浙江一萬八千方里，江西十萬五千方里，安徽一萬二千方里，雲南六萬方里，總計之約得一百二十五萬七千方里，其所產多於歐洲，不啻二十倍有餘。況產煤之地，亦必產鐵，蓋鐵礦、煤礦自必同蘊於一山，共出於一處，珍石瑋寶，亦錯雜於其中，此在乎人之善採耳。開採之始，當先善其章程。愚見以爲官辦不如商辦。官辦費用浩繁，工役衆夥，顧避忌諱之慮甚多，勢不能盡展其所長。商辦則以殷實幹練之人估價承充，初開之時由商稟請委員督理礦務，設兵防衛，費由官助，試辦一二年，然後按其多寡，加徵礦税，以其初未必遽能獲利也。而尤必專其任，遠其期，行之以十年二十年爲率，試辦一二年間，礦苗之衰旺可測而知。其始必由國家給帑助之者，由煤在礦底，非深入不能取。西人開煤機器，非重金不能購置，故試辦之時，當用人力，既護利益則購機器。顧此數者皆淺而易知，最要者莫如官商相爲表里，其名雖歸商辦，其實則官爲之維持保護。蓋承充之商，非巨富重貲不能爲，而地方大吏往往於兩三年間升轉遷移，法令每多更張，商人慮其掣肘，不樂於一試。今欲礦務之暢行，莫如酌仿輪船招商之例，而小爲變通。招商局中集衆非一，雖封疆方面皆預其間，而隱爲之規畫，於是各富商無不踴躍，咸盡其心力，所以其事易集。苟礦務亦能仿此以行，衙署差役自不敢妄行婪索，地方官吏亦無陋規名目，私饋苞苴，而委員與商人自能和衷共濟，不至少有挾制。今粵東山礦所產煤鐵之處，亦復不少，或可試行採辦，於省垣新設機器局亦大有所裨。礦務之興，亦宜責成於董事，俾得分其贏餘。爲董事者，必品行夙優，身家素裕，爲衆所仰望，然後能顧名思義，上體大憲之心，下察小民之隱，而亦不至於始勤終怠，不計久長。能如是，而不弊絶利充者，未之有也。

《清續文獻通考》卷三八九《實業考一二・坑冶》 一、鐵礦。我國礦產，鐵爲最富，各省幾無不有，見採有成效者，首推湖北，此外陝西、盛京、直隸、山東數省，皆有採掘。

又卷三九〇《實業考一三・坑冶》 鐵礦之儲量。昔利希陀芬見山西省土法治鐵鑪之多，遂謂我國爲世界鐵礦最多國家之一，而蕭克來等則與此相反，蓋均據一時觀察爲言，並未有實地之勘測也。農商部地質調查所於全國鐵礦，曾費六載調查國內鐵礦之儲量，可於此略窺梗概，兹列表如左。

礦　地	鐵礦石儲量	所含之鐵量
直隸省	九一四七九〇〇〇噸	四五四三四〇〇〇噸
龍關	四九二〇〇〇〇〇噸	二六六〇〇〇〇〇噸
懷來	四〇〇〇〇〇〇噸	二四〇〇〇〇〇噸
灤縣	一一一二九〇〇〇噸	三三三九〇〇〇噸
宣化	二〇〇〇〇〇〇〇噸	九六〇〇〇〇〇噸
井陘	五〇〇〇〇〇〇噸	二五〇〇〇〇〇噸(?)
臨榆	三五〇〇〇〇〇噸	一七〇〇〇〇〇噸
易縣等砂鐵	一五〇〇〇〇〇噸	六七五〇〇〇噸
朝陽	三〇〇〇〇〇噸	一五〇〇〇〇噸
奉天省	三八七五八〇〇〇〇噸	一〇五二〇五〇〇〇噸
復縣	五〇〇〇〇〇噸	二五〇〇〇〇噸
臨江	一二〇〇〇〇〇〇噸	六〇〇〇〇〇〇噸
通化	一二〇〇〇〇〇〇噸	六〇〇〇〇〇〇噸
本溪廟溝	八〇〇〇〇〇〇〇噸	二五六〇〇〇〇〇噸
遼陽弓長嶺等處	四四四六〇〇〇〇噸	一四二二七〇〇〇噸
遼陽安山站一帶	一五八二二〇〇〇〇噸	六三二八八〇〇〇噸

續表

礦地	鐵礦石儲量	所含之鐵量
海城	二○○○○○○噸	六四○○○○○噸
山東省	二九九二○○○○噸	一四一三八○○○噸
費縣	六○○○○○噸	三○○○○○噸
益都金嶺鎮	二九三三○○○○噸	一三八三八○○○噸
河南省	三四○○○○○噸	一六四○○○○噸
信陽一帶砂鐵	二○○○○○○噸	九○○○○○噸
武安	一○○○○○○噸	五六○○○○噸
修武	四○○○○○噸	一八○○○○噸
安徽省	五○○○○○○○噸	二五一二五○○○噸
當塗	一一○○○○○○噸	五五○○○○○噸
六安等處砂鐵	五○○○○○噸	二二五○○○噸
銅陵	八○○○○○○噸(?)	四四○○○○○噸(?)
繁昌	三○五○○○○○噸	一五○○○○○○噸
江西省	一八○六○○○○噸	八六七一○○○噸
九江	六○○○○○○噸	二四○○○○○噸
永新	九○六○○○○噸	四七一一○○○噸
萍鄉	三○○○○○○噸(?)	一五六○○○○噸(?)
湖北省	五二六六○○○○噸	二九七八○○○○噸
大冶	三五○○○○○○噸	二○○○○○○○噸
鄂城	一七六六○○○○噸	九七八○○○○噸
江蘇省	三五○○○○○○噸	一七五○○○○○噸
銅山	五○○○○○○噸	二五○○○○○噸
江寧	三○○○○○○○噸	一五○○○○○○噸
福建省	七五○○○○○噸	三六五○○○○噸

續表

礦地	鐵礦石儲量	所含之鐵量
安溪	五○○○○○○噸(?)	二五○○○○○噸(?)
建甌等縣砂鐵	二○○○○○○噸	九○○○○○噸
莆田	五○○○○○噸	二五○○○○噸
浙江省	二三○○○○○○噸	一○五○○○○○噸
長興	二一○○○○○○噸	一五○○○○○噸
瑞安等縣砂鐵	二○○○○○○噸	九○○○○○○噸
總計	六七七八九九○○○噸	二五二一九三○○○噸

此表均指國内已經勘測之鐵礦而言，於各礦此盈彼絀互有出入，然統共計算，總不至失之過遠。此外各省區尚有未經勘測或未發見之鐵礦甚多。故言全國之儲量欲作一最低之估計，殊屬不易。惟以各礦所舉此種數字爲基礎，而以最小限度，再加二分之一，則合計亦有一千兆噸之多也。此數與世界儲鐵最多之國相較，約合美國四分之一，英十分之八，法、德三分之一。

直隸宣龍鐵礦，爲宣化、龍關、懷來三縣所管轄。主要礦區：四龍關境内之三叉口，及辛窑龍關與宣化間之龐家堡；宣化境内之煙筒山，自赤城縣之龍王坑附近起，經三叉口辛窑、龐家堡至煙筒山，延長約一百四十餘里。鐵礦地平面儲量計三叉口約三百十五萬噸，辛窑一千二百四十一萬噸，龐家堡三千三百六十三萬噸，煙筒山一千二百萬噸。見歸龍煙公司經營，煙筒山距京綏路宣化站最近。

奉天廟兒溝鐵礦，或簡稱廟溝，在本溪縣城之南，距安奉路南墳站東約八公里。礦量約二百萬噸，餘皆貧礦，多至八千萬噸，貧礦中約百分之八爲磁鐵礦。歸中日合辦之本溪湖煤鐵公司經營。

奉天鞍山站鐵礦，站在遼陽、海城二縣間。礦區八處，即西鞍山、東鞍山、大孤山、櫻桃園、王家堡、甸池溝、官寶山、小岑山是也。南滿鐵路横貫東西，鞍山二區距鐵路最近。此中富礦儲量因形狀錯雜，頗難計算，易採者約二百萬噸左右。礦見歸中日合辦之振興公司開採。地爲東西鞍山、大孤山及櫻桃園等處之富礦。

奉天弓長嶺鐵礦，在遼陽縣東南，距安奉線之橋頭站六十里。礦山高距平原一千五百尺，西北自陳家堡子，南迄河家堡子之溝，延長十三里以上。儲量凈

存至少二六七七〇〇〇〇〇〇噸。礦舊時居民以土法開採。見歸中日合辦之弓長嶺鐵礦公司經營。

山東金嶺鎮鐵礦，位於益都、臨淄、長山、桓臺四縣間，距膠濟路金嶺鎮站約十一里，距青島約四百八十里。主要含鐵之山爲鳳凰山、鐵山、玉皇山、四寶山，總長約三十四里。鐵礦面積約廣一千三百方里，儲量估計各家出入甚鉅，德人爲一百兆噸，我國技師爲五十兆噸，日人則又超德人而過之。光緒二十三年，德占青島，次年與我國訂膠州協約。中載德不但在山東建築鐵路，且有在鐵路旁三十里以內採掘礦産之權。自此約成後，德遂組織山東鐵路股份公司，同時並組織德華礦務股份公司。二十五年，有德籍鐵路公司職員於金嶺鎮發見鐵礦，德人乃陸續進行打槽掘井計畫，而鐵山之大塊佳礦，遂以證實。除於四寶山用鑽探勘，及於鐵山開一長坑道外，並擬在距青島海口三十里之滄口地方，設一冶鐵廠。迨爲日人所據，遂遭停頓。金嶺鎮鐵礦，見歸中日兩國資本團組織魯大公司接辦。

江西城門山鐵礦，在九江西南三十五里，距南潯鐵路沙河車站三十里。礦質最佳者，在鐵門、檻良、天羅、油州窪、大窑坡諸地，礦量約六百餘萬噸。大部分爲贛省實業司購買，一部分屬漢冶萍公司。

江西瑞昌萍鄉永新鐵礦，瑞昌縣鐵礦，在縣北銅嶺山，距江濱約二十里，距九江西七十五里，以武穴對岸馬頭市爲出入大江要口。礦量約四十萬噸。附近赤湖西南武山坡頭山間，亦有一礦，儲量較小，礦權屬揚子機器公司。萍鄉縣鐵礦在萍鄉鐵路峽山口站南四十里之上株嶺。礦量約三百萬噸。永新縣鐵礦在縣西北五十五里。除去貧礦，易採者至少在一千萬噸以上。

安徽銅陵鐵礦，重要鐵礦有二：一銅官山，一葉山。銅官山鐵礦，在銅陵縣東南十二里，至最近口岸大通鎮約二十五里。礦量除各頭汪北部、阮山、筆山不易約計外，其餘各山約爲三百萬噸以上。葉山鐵礦在銅陵縣東與繁昌縣交界處。自礦地至揚子江水口荻港，約四十里，水漲時，可通小筏。礦分布於葉山沖與大㵇間之嶺、雞冠山等處。最重要礦區，位於葉山沖之溝内。

安徽當塗鐵礦，又稱太平鐵礦，分南北二區。北區在當塗縣東北部，距揚子江南岸不遠。言地勢，可假定分爲三區。彭峴崗、戚山、船子山等爲一區，離縣城十五里。梅子山、大東山、小東山等又爲一區，離縣城二十二里。南山、大凹山、小凹山等又爲一區，離縣城二十八里。南區在縣之西南，距揚子江南岸亦甚近。鍾山、大小孤山、釣魚山、和睟山、觀音山，均爲本區之礦山，自孤山至當塗約三十里。礦量較大者，爲小孤山，大孤山則質又較雜。鍾山南部礦石雖净，而北部則無多。北區礦量約共三百萬噸，南區約共六百萬噸。

江蘇利國驛鐵礦，在銅山縣東北七十里。與津浦路相近，運河在其北僅數里。礦以鐵山、羊山、銅山、西馬山等爲較大。自漢即已開採，見地面易採之礦，不過五十萬噸左右。惟就地下儲量計之，尚有五百萬噸之多。

江蘇秣陵關鐵礦，在秣陵關與陶吴鎮間，去關西約五里。礦在鳳凰山、小張山、牛山、扁擔山諸小山。自礦地至南京，沿溧水河下行五十里即達。距當塗鐵礦僅六十里。鳳凰山爲最重要，其他各處僅能與鳳凰山合採。礦量估計爲四千萬噸。此消息傳播，有蘇人與日本資本家議組中日合資公司，自設冶鐵廠以製鋼鐵。此項計畫，蘇省士紳竭力反對。同時呈請開採者，又接踵而起，並有人在礦稍施探勘，最後由地質調查所派人協同詳勘，始知礦量僅有四百三十萬噸。

又卷四四《征榷考一六·坑冶》 光緒元年，奏準廣西永寧州屬安寧里響水岸山場鐵礦，招商開採，設鐵鑪二座，每年共輸税銀二十兩。

三年，議準廣西永寧州屬安寧里上團土名礦山岸山場鐵鑛，招商開採，設鐵鑪二座，每年共納税銀二十兩。

傳記

謝純《嘉靖建寧府志》卷二一《雜紀》 許穆，上饒人。洪武初以明經擢政和縣丞，有惠政，遠近以廉能稱之。三載秩滿，行李蕭然。或告之曰：「公既却人之贐，佛字山有磁石，盍往取焉，以供路資？」初，是山之神甚靈，將取磁石，必致禱焉，許則往，亦不能多得。及公之往也，未嘗謁神，而觸手皆磁石也。以之攝針，則卿尾而起，聯牽五枚六枚而不斷，凡得數十斤。持至京師，會大軍將下海，求磁石爲指南用，甚急，遂售之，每斤易銀一斤。民間至今傳之。

紀事

唐順之《武編·前集》卷六《礦》 池州銅陵縣，鐵石坦礦未詳。一、私開。

出地方人主意，勾處州人出名。府縣巡捕官至吏書、門皁、兵快俱有常例打發。上司覺察，必是委巡捕領兵快起鄉夫追逐，逐者將發，而礦徒已去，逐者纔返，而礦徒復來。蓋開礦必有争，有争必聚衆，衆聚必資糧食，糧食出於地方，是私開之弊，皆地方豪户陰主之也。一、官開。原未立法，衹應私求上司不自任其事，而委之府縣，府縣之廉者以啟釁爲詞而絶開礦之路，其貪者以納賄爲計而操開閉之權，未開時先索常例若干，既開時又索月銀若干，礦徒與貪官同利，而國課虧矣。

松筠《新疆識略》卷九《鐵廠》 乾隆三十八年，將軍舒赫德奏言，伊犁種地回子應用耕作器具於各處買舊鐵器製造，數年以來，採買迨盡，因派回子在伊犁河南山索果爾地方採挖生鐵，鍛鍊應用。請於阿克蘇移調熟悉採鐵回子三十户，以資採挖。又於緑營兵丁内酌撥協同採挖，以資耕作。得旨允行。隨經緑營派外委一員，兵丁二十名，赴山挖鐵。因路遠恐悮屯工，於四十年就近在崆郭羅鄂博採挖，其回子仍在索果爾山採挖。

洪亮吉《乾隆府廳州縣圖志》卷四四《平樂府》 朝岡在〔賀〕縣東北，又有程岡在縣東南，並有鐵鉚，自隋至唐採取。

藝文

《全唐文》卷三〇一劉彤《論鹽鐵表》 夫煮海爲鹽，採山鑄金，伐木爲室者，豐餘之輩也。寒而無衣，饑而無食，庸賃自資者，窮苦之流也。若能求山海厚利，奪豐餘之人，輕調徭役，免窮苦之子，所謂損有餘而益不足，帝王之道，可不然乎？臣願陛下詔鹽、鐵、木等官各收其利，貿遷於人，則不及數年，府有餘儲矣。然後下寛大之令，蠲窮獨之徭，可以惠羣生，可以柔荒服，討百蠻，不憂千金之費，懷萬國，自有三錫之饒。雖戎狄降附，堯湯水旱，無足虞也。如此，則成康刑措而頌聲作。臣愚易之。臣聞可與守成，而難與慮始者，常情是也。陛下若允臣愚計，便付有司，則恐由習常就變無日。伏請付中書門下，令妙擇才幹，委以使車，則愚臣所獻儻裨萬一。奉天適變，惟在陛下行之。

雜録

樂史《太平寰宇記》卷一〇七《江南西道五・信州》 鐵山，在〔上饒〕縣東南七十里，又名丁溪山。先任百姓開採，官收什一之税。後屬永平監，今廢。

《清德宗實録》卷二五 〔光緒二年丙子春正月〕己亥，諭軍機大臣等：「李鴻章等奏，鄂省試辦開採煤鐵一摺。據稱湖北廣濟縣所屬陽城山産煤甚旺，興國州所屬山地兼産鐵礦，兩處均可開採。現由李鴻章、翁同爵籌撥資本制錢共三十萬串，擬即派員設局試辦等語。此事爲該省創辦，必須詳細籌畫，以期悉臻妥協。翁同爵即飭令道員盛宣懷，妥爲經理，並飭道員李明墀會同籌辦，督飭地方文武，認真稽查彈壓，毋任滋生事端。仍著李鴻章、沈葆楨隨時督籌查察，以防流弊。至煤鐵所售價銀，即著照所擬提還湖北直隸資本，俟提清後，即以此項餘利作爲江海籌防經費，該督等務當督飭各員，將支發各項覈實動用，毋稍虚糜。將此由四百里，各諭令知之。」

又卷八〇 〔光緒四年戊寅十月〕庚子，又諭：「御史曹秉哲奏，請仿用西法開採煤鐵以利器用一摺。據稱近來各省開設機器等局，需用煤鐵甚多，大半辦自外洋，每年經費甚鉅，請由内地仿照西法用機器開採，轉運鼓鑄製造，既省買價，並濬財源等語。各省所産煤鐵甚富，本可隨時開採，惟仿用西法，需費浩繁，該御史所請各節，除火車轉運勢不可行，應毋庸議外，其所稱招來股商，聽其開辦，酌量徵收釐税，是否可行，開採有無窒礙，著李鴻章、沈葆楨體察情形，斟酌妥善，奏明辦理。原摺均著鈔給閱看。將此各諭令知之。」

又卷一五八 〔光緒九年癸未春正月〕乙巳，又諭：「詹事府右庶子汪鳴鑾奏，上年江蘇銅山縣境試開鐵礦，近有奸商魏姓，援銅山之案，復欲在江寧、鎮江交界之青龍等山，開穵煤斤、鐵沙。魏姓向不安分，與洋人往來甚密，欲藉開礦爲名，潛入内地，句結愚民，以致士民驚惶，請飭查禁等語。青龍山等處密邇金陵，豈容任意開穵煤鐵各礦？著左宗棠、衛榮光訪查飭禁。其沿江、沿海未經奏准開礦之處，並著一概禁止，以靖閭閻。原片著鈔給閱看。將此各諭令知之。」

又卷一六一 〔光緒九年癸未三月〕戊子，諭軍機大臣等：「給事中樓譽普

奏，浙江大嵐山，本名大蘭，界連寧、紹、台三府，向爲盜匪出没之所。近有劣員宋葆華句結土棍周阿榮，捏造士民公信，稟請於大嵐一帶開辦礦場，自稱督辦並有總辦、幫辦等名目，聚衆設局，情勢汹汹，請飭查禁等語。現在台州土匪伏莽未靖，若以開辦礦務聚集數千無賴之徒，設或乘機句引，實爲地方之害。著劉秉璋確切查明，嚴行禁止。如已開工動衆，亦即設法妥爲遣散，毋任滋事。至所奏劣員宋葆華蒙捐官職，暨句結土棍任意妄爲各節，如果屬實，即行奏參懲辦。原摺著鈔給閱看。將此諭令知之。」尋奏大嵐山並未開挖鐵礦。報聞。

又卷二一五〔光緒十一年乙酉九月〕甲辰，諭軍機大臣等：「張之洞奏海防要策摺内開地利一條。據稱，福建穆源等處，皆産善鐵，兼饒煤埕，廣東惠州等處産鐵亦佳，訪求礦師開採，以製槍礮，實勝洋産等語。煤鐵爲製器必需之物，如果礦苗暢旺，自應及時開採，以資利用。惟礦本所需甚鉅，亦應先事豫籌。能否招商集股，設法試辦，於地勢民情，兩無妨礙，著楊昌濬、張之洞、倪文蔚各就地方情形，詳加酌度，奏明辦理。張之洞原摺，著摘鈔給與楊昌濬、倪文蔚閱看。將此由五百里各諭令知之。」

又卷三五〇〔光緒二十年甲午九月〕庚子，又諭：「御史鍾德祥奏中國煤鐵本足自給，請條陳粤礦一摺。據稱：『廣東、廣西産煤甚多。廉州之合浦、韶州之英德，暨右江、百色等處，煤質甚美，運載尤便，擬請飭招商開辦。廣東之佛山，廣西之左江，往時均有鐵鑪不少，自洋鐵入口，鑪鐵停工，亦擬請與煤礦同一辦法。並請將煤鐵免釐輕税』等語。近年煤鐵之用，所需最廣，亟應講求開採，惟度地興工，必須踏勘確實。著李瀚章、張聯桂派委妥員，考察各該處地方情形，如所産煤鐵實係可用，自應妥立章程，設法開辦，以興礦務而開利源。原摺均著鈔給閱看，將此各諭令知之。」

《清續文獻通考》卷四四《征榷考一六・坑冶》〔光緒〕七年諭：「昨據祁世長奏：遷安等處開採煤鐵，陵寢地相距匪遥，恐非所宜等語。該處開採礦廠，於陵寢附近山川脈絡有無妨礙，著詳查具奏，慎重辦理。原摺著摘抄給與閱看，將此諭令知之。」

盛宣懷《愚齋存稿》卷六七《電報四四寄武昌張宮保〔光緒三十年〕十二月二十三日》夏間屬交專門礦師布魯特編輯礦務章程，當派王道存善督同辦理。半載以來，極費辛苦，今已脱稿，已飭清繕開正，即可送呈核定奏咨，總期中外通行無弊，與商約第九款相濟，庶可告無罪於天下後世。惟聞伍侍郎所定礦律亦將入奏，此事尊處前曾奉旨議辦，似應即由尊處電告商部，俟會核商定，再行核奏，以免將來再有紛歧。

《明英宗睿皇帝實録》卷二八〇《廢帝二六》〔景泰二年九月〕丙申，辦事吏何永海請復陝西寧遠縣鐵礦。時礦久廢，而永海欲復之，工部論其違法，下獄。給事中張文質言：「上言者，善惡皆須優待，不宜輒坐罪，以塞言路。」於是釋永海罪。

顧祖禹《讀史方輿紀要》卷二九　盤馬山。〔徐〕州東北九十里。相傳漢高嘗盤馬於此。山産鐵，漢置鐵官，宋置利國監於山下。其陽有運鐵河，元人置利國橋於其上。

曾國荃《〔光緒〕湖南通志》卷五八《食貨四》　國朝雍正十三年，議奏：「長沙府安化等州縣地名小橋等六十八處産鐵，均屬内地，並無妨礙，自應聽其開採，以裕民用。其設鑪開採處所一切採砂、錘鍊人等，責令山主雇覓土著良民，不許招集外來人等，致生事端。」飭令該管文武官弁，勤加查察，如巡查員弁兵役人等有徇縱情弊，按律治罪。十三年，題准長沙府安化縣，永州府東安縣，寶慶府邵陽、武岡、新寧三州縣，辰州府沅陵、辰溪、溆浦三縣，澧州石門、慈利、安福、永定四縣，桂陽州及所屬之臨武縣，並有鐵礦，准民人自行開採。又沅州府芷江縣，永順府桑植縣，郴州興寧縣鐵礦，均准採取。

乾隆八年，題准湖南鐵礦附近居民，農隙刨挖，以供農器之用。如有餘鐵，挑往鄰邑售賣，免其科税。二十八年，郴州桂陽縣摇閫坑等處産鐵，題准試採，旋復封禁。長沙府攸縣詳報，銀坑等處産鐵，不便開採，查明封禁。

新化油溪、瓦灘、滿竹、鞾溪、富山、三江口、周家溪、石磯頭、金家溪各處採煤之地，往往鐵礦呈露，民間取之以鑄農器，爲利無多，然開廠之處，奸民混雜，恐有疏虞，故歷爲封禁。嘉慶十九年二月二十八日，知縣戴大謨奉寶慶知府柳邁祖札，案奉藩憲翁元圻札開，十九年閏二月初一日，準北藩司巳咨開，十八年十二月十五日，奉督部堂馬批本司稟，川南等省商民販運鐵斤，仍循照舊章一案緣由奉批，果能杜索擾，不爲商累，自可仍循舊章而免紛更，仰即熟籌妥辦，另詳核奪，此繳，等因。奉此，本司遵查鐵斤攸關利器，欽奉諭旨，嚴禁出洋，節經江蘇有議定章程，凡經由江海販運者，照硝礦之例，由司填給印照。查陝、晉、楚、浙等省，向有客販運鐵，咨明各省産地客商販運鐵斤，由江應如江省各商赴産採運之例，一律給予印照，填明數目，注明何處發賣，酌量程途遠近，予以限期，至

地呈照繳銷，如有逾限不到者，即移查究辦。又於嘉慶五年內奉前撫憲倭什布札，准前撫憲姜晟咨，湖南省議定章程，外省客商赴南採買鐵斤，務須查驗該商所領應買鐵斤印照核對，不許多買夾帶，其南省産鐵，客商販運出境銷售，務須一律呈明，詳給印結，予以限期，咨明赴售省分驗放，違者照例議罪，各等因在案。是以南省凡遇客商販運鐵斤赴各省以及武漢等處銷售，均經照例填給印照，並逐案取具給照販運數目，毋許照外多買甘結。如甘結詳請咨部暨各省查照，而北省歷年凡江蘇等省商民來漢購買，並北省鋪户赴江省一帶售賣，及赴南省採買回漢發售，均遵定例，填給印照，按年取結造册，咨明户、工二部有案。今者將川南客商販鐵止來漢鎮坐售，並不運往下游，毋庸給照，誠如督憲札，無照不能偷越武昌、九江、蕪湖等關，原不難檄飭武昌關，嚴加稽查，勿使偷漏。惟查湖北爲適中之地，上通川南，下達江海，長江浩渺，每日雜貨各船，千百成羣，漢鎮又係鐵斤匯集之區，一經防範不周，奸商藉照坐賣地方，已屬無可稽查。夾帶偷漏，長江直下，爲別省盤獲究辦，則其咎全在楚北，更議毋庸給照之所致。與其楚省獨開透漏之門，不若嚴禁胥役索擾之弊。且須給印照之官商，尚恐胥役索擾，而無照商販胥役，更可藉□留難勒索。即如商民採買硝磺，無論本省出境，均一律□司給照，以杜私販。是鐵斤一項，原無二致。再四思維，惟有出示統諭，申明定例，使商民周知，毋許胥役多方索詐，倘敢違犯詐，該商持照赴所在地方官稟究，即行嚴辦。一面通飭所屬遵照不得稍存徇縱，如有偏袒，一經訪聞，或被上控，定行嚴提究辦。該商民亦不得藉詞妄控，倘敢不遵定例，請給印照，即照私販硝磺之例，按律治罪等因，到司。准此。合行札飭，札到該縣遵照，即便出示，曉諭商民嗣後販鐵，務須遵例請詔，毋許私販。如胥役人等有需索情事，即嚴究辦，毋違。此札。嘉慶二十五年，又奉□憲左輔札，飭封禁李鳴揚等私開周家溪、石磯頭、金家溪等處鐵廠在案。道光元年，又奉藩憲程祖洛札，飭該縣會同邵陽縣勘訊封禁在案，蓋以煽鐵之廠，一慮奸宄之藏匿，一慮廬墓之脈傷，故自來查禁之，不可不嚴也。本府每年委員查勘取結存案。

托津《平定教匪紀略》卷三八 〔閏二月二十一日癸未〕長齡、朱勳奏言：「竊臣等前奉諭旨：南山毗連各州縣，均關緊要，著長齡、朱勳於剿賊事竣後，察看各州縣內，如有闒冗廢弛者，即嚴行甄別，另揀賢能之員調補等因。臣等遵即悉心甄別，將應行勒休及更調各員，公同酌擬具奏，伏候訓示。」同日，長齡奏言：「查南山一帶，甫經肅清，正資營員彈壓，必須揀補得人，庶於地方營伍均有裨益，所有現出陝西延綏鎮神木協副將等缺，臣謹就各該營情形，將應行陞調各員，與提臣楊遇春詳加察核，酌擬具奏候旨遵行。」同日，長齡、楊遇春、朱勳奏言：「竊照南山本厢紙廠等處傭工客民，經臣等議立章程，茲復查出棧西老林，與甘省交界處，所有鐵廠數處，向係外來客民携帶工本，在該處開採鐵礦，製成鐵鍋鐵盆等項，各處販賣。臣等查私開鐵廠，原干例禁，惟鐵鍋等項係民間必須之物，若驟請封禁，概令山內百姓出山市買，誠覺不便於民。但任聽客商開採，設有匪徒偷買私造器械，所關匪細，似宜官爲經理，以便稽查。現已分飭確勘，再將開廠章程，悉心籌議具奏。至各路營汛，有應斟酌改移之處，必須臣等親身周歷詳細履勘。臣長齡現由華陽四畝地、柴家關一帶巡查，臣楊遇春由黑河、鐵鑪川、留壩、鳳縣一帶巡查，臣朱勳赴興安抽查撫恤，統俟出峪後，再行會議奏聞。」均奏入。【略】上命軍機大臣傳諭長齡、楊遇春、朱勳曰：「長齡等奏，查明南山鐵廠，請官爲經理一摺，棧西山內鐵礦開採已久，所造鐵鍋等物亦係民間日用必需，此時若遽加封禁，小民仍必私往偷採偷造，轉恐別滋事端，自不若官爲經理，設立章程，以時稽考，各商民皆可藉資鈐束。該督等現已派員前往確勘，著於勘定後，即將開廠，章程妥議具奏，候旨遵辦。」

《清高宗實録》卷九二九 〔乾隆三十八年癸巳三月〕乙卯，開採四川興文縣斗毛巖鐵礦。從前任總督文綬請也。

又卷一三一三 〔乾隆五十三年戊申九月〕庚辰，封閉四川宜賓縣溢壩等處鐵礦。從總督李世傑請也。

又卷一三五五 〔乾隆五十五年庚戌五月〕丙申，開採雲南威遠廳屬西薩猛烈鄉鐵廠。從巡撫譚尚忠請也。

洪亮吉《乾隆府廳州縣圖志》卷一六《登州府》 龍山在〔蓬萊〕縣西南四十里。舊置鐵場於此。

《清續文獻通考》卷四三《征榷考一五・坑冶》 〔乾隆〕五十三年，題准四川宜賓縣屬溢壩、大灣等處鐵礦，准其封閉。【略】

〔嘉慶六年〕又題准四川峨眉縣屬跳金河鐵廠，准其開採。【略】

〔道光〕二十三年，開採廣西永寧州崇慶鐵廠。

又卷四四《征榷考一六・坑冶》 〔光緒十四年〕又開採江西省永新縣西鄉四十三都之烏石山鐵礦。

《清宣宗實録》卷一九 〔道光元年辛巳六月〕己卯朔，開採廣西崇善縣長旗金星山鐵礦。從巡撫趙慎畛請也。

又卷二四 〔道光元年辛巳冬十月〕癸未，以硐老山空，封閉廣西永福縣瑶茶山鐵廠。從巡撫趙慎畛請也。

《清宣宗實録》卷二四 〔道光元年辛巳冬十月〕辛卯，開採四川巫山縣龍洋溪鐵礦。從總督蔣攸銛請也。

又卷九七 〔道光六年丙戌夏四月〕丙子，開採廣西崇善縣隴鳳等山鐵礦。從護巡撫潘恭辰請也。

又卷一五八 〔道光九年己丑秋七月〕甲午，廣西巡撫蘇成額疏報，崇善縣隴礦、熙旺、岜吉等山，開採鐵礦，每年照例徵稅。下部議。

又卷二六一 〔道光十四年甲午十二月〕己亥，以硐老山空，封閉廣西永寧州鐵廠。從巡撫惠吉請也。

又卷三六七 〔道光二十二年壬寅二月〕甲午，以峝老山空，封閉廣西雒容縣鐵廠。從巡撫周之琦請也。

又卷三九九 〔道光二十三年癸卯十一月〕丁亥，以峒老山空，封閉四川奉節縣石家塘鐵廠。從總督寶興請也。

又卷四〇〇 〔道光二十三年癸卯十二月〕癸卯，户部議准：「廣西巡撫周之琦疏報，永寧州開採崇慶鐵廠，照例輸稅。」從之。

又卷四五〇 〔道光二十四年甲辰五月〕辛巳，户部議准：「廣西巡撫周之琦疏報，北流縣大牛嶺設廠開採鐵礦。」從之。

《李文忠公奏稿》卷四二《吴熾昌調辦礦務片光緒七年十月二十六日》 再，灤州開平礦局招集商股，試採煤鐵，曾經臣專摺奏明，並派津海關道暨招商局道員唐廷樞會同經理在案。茲查該局參用西法開辦數年，煤産甚旺。目前籌布海防機器製造各局及購到快碰蚊子等船，需用煤鐵甚鉅。煤礦既辦有成效，附近鐵礦擬設法一併開採，以資利用。飭由唐廷樞親赴遷安縣屬清涼山、灤州屬之黑子溝、陳家嶺、風山一帶勘驗，均有鐵苗，形質甚佳，業已取得百擔，寄往英國試錬，如果合用，來春即逐漸開採。惟該局煤鐵兼營，工程較大，必須有駐局大員督率經理。津海關道政務較繁，唐廷樞又有承辦輪船招商事件，均未能常川駐局。查有廣西候補知府吴熾昌，老成幹練，樸實精詳，通曉西國語言文字，於礦務商務，尤爲熟悉，相應請旨飭下。廣西撫臣飭令該員吴熾昌迅速來直，由臣酌委會辦開平礦局，以資得力，理合附片陳請，伏乞聖鑒訓示。謹奏。

《清朝續文獻通考》卷四三《征榷考一五・坑冶》 又題准：四川峨眉縣屬跳金河鐵廠，准其開採。

又卷四四《征榷考一六》 七年，諭：「昨據祁世長奏，遷安等處開採煤、鐵，陵寢地相距匪遥，恐非所宜等語。該處開採礦廠，陵寢附近山川脈絡有無妨礙，著詳查具奏，慎重辦理。原摺著摘抄給與閱看。將此諭令知之。」

徐潤《徐愚齋自叙年譜》 光緒八年壬午，四十五歲。奉北洋大臣札委，會辦貴池煤鐵礦。

《清宣宗實録》卷五五 〔道光三年癸未，秋七月〕癸巳，山西巡撫邱樹棠奏，採鐵例價運脚不敷，請以商捐銅本生息銀兩津貼。得旨允行。

又卷七〇 〔道光四年甲申秋七月〕丙寅，又諭：「蘇成額奏：添派好鐵例價運脚不敷，請動款津貼一摺。山西省添派好鐵二十萬斤，除例准支銷正價運脚外，計不敷銀共一萬二千六百一十四兩零。若派令各州縣攤捐分辦，恐藉詞賠累，致滋科派之弊。著照所請，准其援照成案，即在商捐銅本生息項下動用，以資津貼。張師誠到任後，即委員趕緊辦造，解部交納，餘著照所奏辦理，該部知道。」

《李文忠公朋僚函稿》卷二四 另詢鐵礦一節。晉礦甲於天下，惟土法不精，運道多阻，是以遠商裹足。前商局議用機器開鐵路，即如尊旨由平定至小範四百餘里，鑿山架橋，連開礦工本計需千萬以外。華商斷無此財力，若借洋債更駭聽聞。近因法越事久不定，謡惑甚多，滬粤市面大壞，殷商歇業，集股無資。唐景星今春往西洋探採礦務、商務，約歲杪乃回，竢與籌商。或令開平礦師就近赴晉勘視，稟請示遵。鑄鐵機器、鍋鑪均極笨重，似不得過四天門，至鎔錬成鋼，陸運出境，尚可將就，但恐先不能仿洋法烹煉耳。敢貢所知，以備決擇。

盛宣懷《愚齋存稿》卷三四《電報一一・香帥來電光緒二十五年十一月初十日》 前鐵廠歸商承辦，議定每生鐵一頓繳官銀一兩。現日本歲購大冶礦石五萬頓，商廠歲獲巨款，此利益在鐵廠製造之外，似應地方亦同受其益。衆論方愜，擬援照生鐵例减半，每運鐵礦一頓，由商廠分價銀五錢，歸官以昭公允至煉鐵。學堂乃於鐵廠有益之事，似與地方無涉。除咨達外，特先奉商再湖北礦質，自應在湖北完税出口前，接六月翰電，亦有日本商輪赴石灰窑，裝儎須由漢關報明，估價抽税之語。大冶之下有武穴，係江漢關分關，應在此完一正税，不應至

滬新關完稅，並祈知照小田切爲禱。

又《寄香帥十一月十三日》 鐵廠商辦三年，計借盧漢軌價一百萬，商股五十萬銀，行三十六萬銀，號五十餘萬。除撥還官本外，約須虧耗一百八十餘萬。萍鄉煤焦運道未成，恐虧耗無已，現准部奏咨取歸本甘結，至深焦灼，計無所出。日本議購大冶鐵石定價，每噸兩圓四角，鐵輕錳輕、磷重硫重者，尚須減價，挖工裝儎運礦輪船艙內工費一概在內，所餘無幾。現須設躉船起重機器，約需本銀十餘萬。初辦三年必無餘利。鈞意欲令每噸捐銀五錢，斷辦不到。擬令大冶局員將日本礦價兩圓四角專款列收，除開支外，實得餘利每十兩抽繳五錢，庶可官商兩顧。至出口稅，與赫德面商，現用帆船運滬交貨，帆船應可免稅。至上海過儎輪船，是應在滬關納稅。俟黃石港碼頭躉船造成日本輪船，可直抵裝礦，方能在漢關納稅。除咨呈外，先此謹達。

又卷六二《電報三九・商部來電（光緒二十九年）十二月初七日。並致太原張中丞開封**》** 上月盛宫保禡電陳中丞，敬電張中丞，有勘兩電，均悉。查河南、山西礦務，按照原訂合同，均係向福公司借款一千萬兩。凡調度、礦務、開採工程，用人、理財各事，均派總辦與公司會同辦理。自庚子後，兩省礦務停辦，福公司以合同訂定在先，遂爲自行開辦之計，主權因之盡失。查二十七年十一月間，外務部奏晉豫路礦請飭開辦一摺，欽奉上諭：「着遴選殷實公正紳商定章妥辦等因。欽此。」現在兩省籌辦情形若何，究竟公司借款曾否借到若干，嗣後能否酌派員紳。仍設豫豐、晉豐公司，一切按照原訂合同辦理，以資鈐束而收土權之處。希速妥籌電復盛宫保。與哲美森議索紅股各節，哲詞云何，亦希隨時電知。再，礦地由官收買，確係正辦。惟本部現在尚無礦師可派，俟物色得人，再行奉達。並希察照。

又《寄開封陳中丞十二月十一日》 江蒸電悉。照原合同開礦，資本由福公司代借千萬，足敷所用。豫豐公司重在照約會同辦理，須查其實到實用資本若干，礦利若干，使國家實收餘利二十五分，似不必另籌華本。張筱帥來電原稿二十五分之外，尚有二十五分歸商局公費及晉豐公司，嗣爲總署删改。惟「有餘歸公司分給」一語，意雖含混，從此索分紅股，不能謂原議所無，等語。鄙見豫豐必宜設立，只要略籌數萬金勘買礦地，如福公司需用時可索紅股，至公司總辦韓道最宜。總董宜汴人，如不願入股，以官款作商股，將來獲利必厚。弟意中無汴省股實紳商，聞有陳君向開汴省銀號，請物色之。

又卷六五《電報四二・附太原張中丞來電光緒三十年五月初七日並致外務部商部**》** 盛大臣蕭電悉。曾數前咨鈔晉豫原訂合同並鐵□借款利害各條，想邀鑒及。現擬鐵礦中英合辦，鐵廠中國獨辦，挽回製鐵權利，非苦心毅力爭持，不克臻此。惟念利害，每相倚伏。原議借款開礦，六十年後尚可收回，現擬中西合辦，則爲彼此公共產業，不知將來是否仍歸報効中國。目下財力，既認辦礦五成，再須獨辦鐵廠股本，恐不易集。若仍不免借洋債或招洋股，則此時力爭所得之權利終爲債主所得，又斷不能許而不辦。來電所謂全在後人辦好，關係甚重，想鈞意必有主持。愚見前謂借款造路不可輕許，實緣此路險艱異常，軌里非遥而工費極重，養路無出，我常負此千二百萬之債，虧累無窮。或照現議鐵礦辦法，將此路股并歸合辦，藉爲分累之計。否則議明此路借款應儘此路車費抵付，不能格外認賠，庶可稍挽鉅累。是否有當，仍乞鈞裁核示。

又《寄長沙王灼棠中丞六月初七日**》** 合興股分福開森已代買一百二十股，墊付規銀三萬五千三百七十八兩零。如得三十萬鉅款，自可陸續收購。此事望公來滬。正在電商會奏，昨接香帥來電，屬爲稍緩再議，另想名目，先請相助爲理，隨後再行請派等語。原電已交席道轉達，弟已電復香帥，請即與湘中商示。總之無論奏咨，亟盼駕臨會商，以定方鍼。

又卷六五《寄太原張中丞六月初十日**》** 礦務專條已聲明，仍以平、盂、潞、澤爲言。初念製鐵廠應歸中國獨辦，鐵礦與煉鐵之煤礦焦爐應歸中英合辦。其煤礦需本最多，不妨仍歸福公司獨辦。今已照部電改爲各礦均合辦，惟此項資本若仍借福公司，則事權仍必全歸福公司。鄙見將來礦廠工本如無力自措，亦必另行籌借方妥。福公司動輒請英使向部恫喝，弟仍堅持必欲礦廠路同定稍資補救，彼尚多要求，迄未畫押。張都司先赴澤、潞查勘，承允籌款購買，此係力爭上游。張所取到礦樣，請隨時寄滬以便化驗，高下函報尊處。此亦選礦要着。

又卷六九《電報四六・寄商部唐蔚之侍郎光緒三十二年三月二十九日**》** 勘礦公司撥備晉礦購地一款，照案應作晉礦官股。該省煤鐵非常富厚，此事必能辦到。以地作股，官家所獲餘利與直、晉三分均派，當是大宗。宣所以請歸大部，實係因公起見。目前所應執者購地股票十萬兩，將來所換執者開礦股票何止百倍，皆須有倚局歸宿。礦務爲大部所轄，似可不必推出敝處。並已咨明直、晉，以後同濟公司需用之時，仍各分期請領掣呈股票。至於收儲之處，户部銀行、通商銀行均無不可。乞再轉商貝子爺及顧堂裁奪爲禱。

李衛《〔雍正〕畿輔通志》卷五七《土産・磁石》 《唐書・地理志》：惠州土貢磁石。《宋史・地理志》：磁州貢磁石。

《清朝文獻通考》卷三〇《征榷五》 〔乾隆〕十五年，開浙省温、處兩郡採鐵之禁。户部議覆：「閩浙總督喀爾吉善疏言：五金之産爲天地自然之利，如果經理得人，設法開採，原足以便民生而資器用。第恐防閑不密，料理未周，每致紛擾滋事，是以向有查禁之例。浙省處州府屬之雲和等縣，前經撫臣常安奏請槩行封禁。今據該督等奏稱，處州府屬之雲和、松陽、遂昌、青田四縣，并温州府屬之永嘉、平陽二縣，及附於平邑、淘洗之泰順一縣，土瘠民貧，以採鐵爲恒業，封禁以後，陽奉陰違，徒起吏胥需索之弊。況雲和等七縣，俱係内地，與近海産鐵、應行封禁之寧台等屬不同，歷來並無潛藏奸匪，透漏外洋等弊，應照該督等所請，仍弛其禁，照舊開採，以濟民生。所有各項税課，亦應如所請，令地方官勘明，分則起科，俟試行三年後再爲酌中定額。」從之。

又卷四〇《國用二》 鐵礦：福建延平府額課二百六十二兩四錢有奇。湖北宜都縣二八收課。四川建昌鎮照例收税，儘收儘解，無定額。廣東額課銀千二百十六兩。廣西鐵爐五十四座，每爐額課銀十兩。雲南額課銀一百三十四兩四錢有奇。

屠述濂《乾隆騰越州志》卷五《户賦・税課》 廠課者，明礦課有明光場，額徵礦爐課商税銀一千七百八十兩七錢六分。昔明光最旺，爐有五十一座。乾碉次之，號陰陽礦，配煉斯成。自乾碉坍塌，止有明光，後礦砂漸薄，正課日虧，今已封閉。現在州屬止有鐵廠三處，阿幸鐵廠、沙喇鐵廠、水箐鐵廠，皆年納正課銀四兩，盈餘銀五十兩，共歲納正課銀十二兩，遇閏加銀一兩，共歲納盈餘銀一百五十兩。

《清通典》卷八《食貨・賦税下》 湖北宜都縣横礦、漢洋二鐵礦，【略】均二八收課。

《清朝續文獻通考》卷四四《征榷考一六》 光緒元年，奏准廣西永寧州屬安寧里響水弄山場鐵礦招商開採，設鐵爐二座，每年共輸税銀二十兩。

卞寶第李鴻章《〔光緒〕湖南通志》卷五八《食貨四・礦廠・鐵礦》 國朝雍正十三年議奏，長沙府安化等州縣地名小橋等六十八處産鐵，均屬内地，並無妨礙。自廠聽其開採，以裕民用。其設鑪開採處所，一切採砂錘鐵人等，責令山主雇覓土著良民，不許招集外來人等，致生事端。飭令該管文武官弁，勤加查察。如巡查員弁、兵役人等有徇縱情弊，按律治罪。十三年題准：長沙府安化縣，永州府東安縣，寶慶府邵陽、武岡、新寧三州縣，辰州府沅陵、辰溪、漵浦三縣，浦州石門、慈利、安祁、永定四縣，桂陽州及所屬之臨武縣，並有鐵礦，准民人自行開採。又沅州府芷江縣、永順府桑植縣、郴州興寧縣鐵礦均准采取。

乾隆八年題准：湖南鐵礦，附近居民農隙刨挖，以供農器之用。如有餘鐵，挑往鄰邑售賣，免其科税。二十八年郴州桂陽縣搖闌坑等處産鐵，題准試採，旋復封禁。長沙府攸縣詳報銀坑等處産鐵不便開採，查明封禁。

《李文忠公奏稿》卷二四《籌議海防摺同治十三年十一月初二日》 臣近於直之南境磁州山中，議開煤鐵，飭津滬機器局委員購洋器、雇洋匠，以資倡導，固爲鑄造軍器要需，亦欲漸開風氣，以利民用也。近世學者鑒於明季之失，以開礦爲弊政，不知弊在用人，非礦之不可開也。其無識紳民，惑於鑿壞風水，無用官吏恐其聚衆生事，尤屬不經之談。刻下東西洋無不開礦之國，何以獨無此病，且皆以此致富强耶？

王韜《弢園文録外編》卷二 利之最先者曰開礦，而其大者有三：一曰掘鐵之利。中國産鐵之處不可勝計，蓋礦中有煤，則必有鐵。今中國業經設立船廠、砲局，機器所無不需鐵，以資鎔鑄。必取之於英，是以利畀外人也。今我自開鐵礦，則一可省各處廠局無窮使費，二可鑄造鎗砲，建製鐵甲戰艦、火輪兵舶，三可創造各種機器，四可興築輪車鐵路，而亦可售之於西人，以奪其利。

《李文忠公奏稿》卷四〇《直境開辦礦務摺光緒七年四月二十三日》 奏爲直境招商購器，仿用洋法開辦礦務，疏通運道，漸有成效，恭摺仰祈聖鑒事。竊惟天地自然之利，乃民生日用之資。泰西各國以礦學爲本圖，遂能争雄競勝。英之立國在海中，三島物産非甚豐盈，而歲出煤鐵甚旺，富强遂甲天下。中國金、銀、煤、鐵各礦勝於西洋諸國，祇以風氣未開，菁華閟而不發，利源之涸，日甚一日。復歲出鉅款購用他國煤、鐵，實爲漏卮之一大宗。從前江西之樂平及山西、湖南等省，皆以土法開採煤、鐵等礦，工力較繁，而所得較微，無裨大局。近來如臺灣之基隆，湖北之荆門，安徽之池州，經營煤礦，漸用洋法，然或因創辦伊始，或因經費未敷，尚難驟得大效。臣於光緒元年四月間欽奉寄諭：著照所請，先在磁州試辦，派員妥爲經理等因。欽此。仰見朝廷恢拓遠圖至意。旋經屢次委員往查磁州煤鐵運道艱遠，又訂購英商鎔鐵機器不全，未能成交，因而中止。旋開灤州所屬之開平鎮煤、鐵礦産頗旺，臣飭招商局修選道唐廷樞馳往察勘，攜回煤

塊、鐵石分寄英國化學師鎔化試驗成色，雖高低不齊，可與該國上中等礦産相仿，采辦稍有把握。三年八月，臣檄派前任天津道丁壽昌、津海關道黎兆棠會同唐廷樞熟籌妥辦。旋據酌擬設局招商章程十二條，批令刊刻施行。迨丁壽昌、黎兆棠先後離津，現任津海關道鄭藻如復會辦局務。查初定章程擬招商股銀八十萬兩開採煤鐵，並建生熟鐵鑪機廠，就近鎔化。繼因招股驟難足額，鎔鐵鑪廠成本過鉅，非精於鐵工者，不能位置合宜，遂先專力煤礦。採煤既有成效，則鍊鐵必可續籌也。唐廷樞奉檄設局，後勘得灤州所屬距關平西南十八里之唐山山南，舊煤穴甚多，土人開井百餘口，只取浮面之煤，因無法取水而止。光緒四年鑽地探試深六十丈得有高煙煤六層，第一層厚十八寸，第二層二尺，第三層七尺，第四層三尺，第五層六尺，第六層八尺。其第六層之下尚有一二層，但計所得之煤已足供六十年之用，因是不復深探。旋於五年購辦機器，按西法開二井，一提煤，一貫風抽水。其提煤井開深六十丈，貫風抽水井開深三十丈。地下開橫徑三道，一在提煤井二十丈開洞門作旋風之用。一在三十丈，一在五十六丈，兩道係取煤之用。所有地下橫徑直道，均與兩井相通。其第一條横徑南開四丈，得見第一層煤質略鬆，煤層過薄，豫備不用，北開八丈得見第二、第三層煤，兩層相隔只有一尺，其質堅色亮，燃燒耐久，性烈而蒸氣易騰，燒燼之灰亦少。就目下二十丈深之煤論之，可與東洋頭號煙煤相較，將來愈深愈美，尤勝東洋。惟煤産出海銷路較廣，由唐山至天津必經蘆臺。陸路轉運維艱，若夏秋山水漲發，節節阻滯，車馬亦不能用。因於六年九月議定興修水利，由蘆臺鎮東起至胥各莊止，挑河一道，約計七十里，爲運煤之路。又由河頭接築馬路十五里，直抵礦所。共需銀十數萬兩，統歸礦局籌捐。非但他日運送煤鐵諸臻便利，抑且窪地水有所歸，無虞積潦，而本地所出鹽貨可以暢銷，是一舉而商旅、農民皆受其益。所佔地畝均照民價購買。本年二月興工挑挖，五六月可一律告蕆。從此中國兵商輪船及機器製造各局用煤不致遠購於外洋，一旦有事，庶不爲敵人所把持，亦可免利源之外洩。富强之基，此爲嚆矢。據總辦開平礦務局員唐廷樞將大略情形具稟前來，臣查唐廷樞熟精洋學，於開採機宜商情市價，詳稽博考，胸有成竹，經理數年，規模麤備。當夫籌辦之始，臣因事端宏大，難遽就緒，未經具奏。今則成效確有可觀，轉瞬運煤銷售富足，與輪船、招商、機器、織造各局相爲表里。開煤既旺，則鍊鐵可以漸闢，開平局務振興，則他省人才亦必聞見興起，似於大局關係非淺。所有直境招商購器、開辦礦務、疏通運道緣由，理合恭摺具陳，伏乞皇太后、皇上聖鑒。謹奏。

《丁文誠公奏稿》卷二六《遵旨查覆川省礦務情形摺光緒十一年十月初三日**》**

奏爲遵旨查明川省礦務開辦情形，未見確有把握，謹據實覆陳，恭摺仰祈聖鑒事。竊臣准軍機大臣字寄光緒十一年七月二十八日，奉上諭：「現在籌辦海防善後，所有鼓鑄製造事宜，銅、鐵兩項需用甚殷。臚陳九利，暨川省擴充局務，兼開鐵廠，請飭分别籌辦各摺片，尚多可採。丁寶楨平日辦事認真，即著責成該督會同岑毓英、張凱嵩，按照該將軍所陳各節，並體察各該處地方情形，先行籌款，實力舉辦，覈計確需經費若干，即行奏明，由户部籌撥的款應用。原摺片均著鈔給閲看，將此由四百里，各諭令知之。欽此。」

《清德宗實録》卷二二〇　〔光緒十一年乙酉十一月〕壬子，貴州巡撫潘霨又奏：「黔省礦産極多，煤鐵尤盛，如能開採合法，運銷各省，可免購自外洋。」得旨：「即著該署撫詳細體察，認真籌辦，毋得徒託空言。」

又卷二三七　〔光緒十二年丙戌十二月〕辛巳，雲貴總督岑毓英、貴州巡撫潘霨奏：「置備機器，蓋造鐵廠，擬調撫臣潘霨胞弟候選道潘露興辦貴州礦務。」得旨：「招商開礦，事屬創辦，毋庸拘守迴避常例。著照所請，由該督等咨明曾國荃，派令潘露兼辦貴州礦務，以資得力。」

又卷二七三　〔光緒十五年己丑八月〕辛丑，貴州巡撫潘霨奏：「青谿縣鐵廠被水，請暫緩三個月舉辦。」下部知之。

又卷三四七　〔光緒二十年甲午八月〕己巳，湖廣總督張之洞奏：「漢陽鐵廠著有成效，出力人員，請奬。」得旨，准其擇尤酌保數員，毋許冒濫。又奏：「湖北鐵廠實兼採鐵、鍊鋼、開煤三大端爲一事，用款繁鉅，經費不足，請於釐金鹽釐項下，每年撥銀十萬兩。」下户部議行。

劉錦藻《清朝續文獻通考》卷四三《征榷考一五·坑冶》　〔乾隆〕五十三年，題准：四川宜賓縣屬濫壩大灣等處鐵礦准其封閉。

又卷四五《征榷考一七·坑冶》　〔光緒二十二年正月二十八日〕又兩江總督劉坤一等奏，略稱奉諭，據御史陳其璋奏，鎮江之東南山，煤鐵五金皆有可採。當經臣等招延礦師分投履勘，嗣據勘得鎮江丹徒縣屬西面曹王山、中殷山名中德，古有石如鉛似炭質，與鐵同鎔，去炭質而見鐵渣，其質似佳。又離江十餘里，山名西德，古有千層紙石，其色黄土，民誤以爲金，並有鐵石露出。又毗連曹王山之先頭山有吸鐵石露出，約含鐵六七分，可練精鐵，試挖察看，似産鐵較厚，惟

須附近覓有礦煤方便鎔化。

又卷三八九《實業考一二・工務・礦》〔宣統元年〕又山西巡撫丁寶銓奏，略稱：晉省礦産以煤、鐵爲大宗，但自戊戌年前，商務局與英商訂立合同後，全省煤、鐵精華薈萃之處，悉歸外人掌握，益以鎔化廠合辦合同四條，則併本省鍊銅、鍊鐵之權亦難自主。三十一年，英商據合同請外部電止土人開窑。晉中山多田少，窮民全恃窑煤、窑鐵以資生計，一聞禁止，羣情洶洶，幾釀大變。該公司堅執不讓，外部屢接照會，謂耽延一日，索賠償二百鎊。官紳不得已，始議贖回。英商索價至一千一百餘萬，磋商累月，始以二百七十五萬贖還自辦，合匯兑平色利息等項，數近三百萬。臣回晉後，與官紳竭力維持，設立保晉公司，贖款還過二百二十餘萬，衹短四十餘萬，已籌的款，來春可悉數清結。該公司力顧大局，見計墊款已一百十餘萬，歷年清償贖款，集股開辦，並收回同濟公司地畝數近五萬，收回壽榮公司煤礦機器、地房，又費數萬更購機器，推廣銷路。刻下京津一帶，均銷晉煤，烟臺、香港、海參崴、美國各埠亦來訂購。衹因正大路窄灣多，不能多運，且運價較各路爲重，成本未能減輕，即銷路不易推廣。近於大同一帶推廣外銷，每日騾駄車至三百餘起。自來偉大之業在經理得人，即如萍鄉、大冶之礦，費款至二千萬，爲期至二十年，近始稍可成立。晉礦不及三年，規模略具，而思中傷者復謡諑繁興，致總理等皆懷去志，人情變幻，輒造作疑似之言，以惑衆聽。臣於晉礦始末知之有素，默計煤礦之佳，實爲全國鐵路及海陸製造之源，圖大事者，不規近利。晉礦甫以巨款贖回，晉人之力亦當稍事舒緩，以資周轉。大致自明春償清贖款後，公司始可成立。此後鍊鋼鑄軌，設廠購機，約計三年必有眉目。據實上陳。

又，直隸總督陳夔龍奏：「前擬開平煤礦發給國家債票，乃爲尊重主權起見。係收回以後體恤英商之款，並非贖礦之價。且債票數目亦未遽定，兹既奉旨，應毋庸議，當將原擬條件正式取銷。臣與英外部直接交涉，從此中止。此後有所提議，英外部必仍執與中央政府交涉爲詞，臣惟有會商外務部，按查辦大臣所擬各節，妥籌辦理。惟債票數目，應由張翼與英公司詳慎核算，以免喫虧。」得旨：「著該大臣等懔遵前旨，妥籌辦法，毋稍遷就。」

歐家廉《清宣統政紀》卷四三〔宣統二年庚戌，冬十月〕丁丑，都察院奏：「翰林院修撰劉春霖等，以開平礦案關繫重大，亟應力破奸謀，完全收回，以保疆土而復主權。呈稱：開平礦産煤鐵，縱橫地居要點，海陸交通，爲東亞著名佳礦。實國家軍備要需，自庚子拳亂，前礦務督辦張翼受外人欺騙，擅訂私約，舉數十里之礦産，並秦王島通商口岸，以及天津、煙臺、牛莊、上海、廣州、杭州、蘇州各省碼頭地畝，悉移交外人掌管。主權喪失，於今十年，疾首痛心，莫此爲甚。」

《清文宗實録》卷一五二〔咸豐四年甲寅十一月〕戊子，諭内閣：「惠親王等奏請飭山西省採辦鐵斤，解交京局以資鼓鑄一摺。現在鐵錢局四廠，開鑪鼓鑄，歲需生鐵一千二百萬斤，僅就附京地方採買，不敷應用，著山西巡撫即飭藩司迅派廉能可靠之員如式採辦，務於咸豐五年二月以前，先將一半生鐵六百萬斤解交京局。無得稍有短絀，致誤要需。所需工本運費，即在該省藩庫錢款項下作正動用，再由鐵錢局卯錢内照數劃出，按月解交户部，以抵該省應解部庫之款，其每年例解鐵斤，既經停解，仍將節省價脚銀兩解交部庫以清款目。」

又卷一六三〔咸豐五年乙卯三月〕癸未，諭軍機大臣等：「惠親王、恭親王奕訢奏請飭催鐵斤等語。前經惠親王等會同户部奏准，令山西省每歲採辦生鐵一千二百萬斤，解京交局。先將一半生鐵六百萬斤於三月内埽數解到，以濟鼓鑄。本日據王慶雲奏，僅起解片鐵一百萬斤，現在局中存鐵無多，若多延時日，必致有誤要需。著王慶雲督率藩司飭令該委員妥速籌辦，除現解一百萬斤外，再將生鐵五百萬斤星速解京，其餘一半，並著及早採買，源源續解。至鐵價每斤三十文，既經招商承辦，以後不得再議加增，以歸覈實。其鐵斤起解日期即著咨報鐵錢局查覈，毋得稍有遲誤。將此諭令知之。」惠親王、恭親王奕訢等面奉諭旨，惇郡王奕誴著降爲貝勒，革去一切差使，加恩仍著戴用紅絨結頂，服用金黄蟒袍，在内廷行走，上書房讀書。

又卷二八二〔咸豐九年己未五月〕癸酉，諭内閣：「工部寶源局奏，鑄辦鐵錢，需用平鐵等語。寶源局所需鐵斤，由山西省採辦，按季解京。因上年所解潞鐵，不堪鼓鑄，業經咨行山西巡撫，嗣後均應一律起運平鐵。兹據奏稱，山西應解該局秋運二批鐵斤，仍由潞安府辦運，恐誤鼓鑄。著山西巡撫將應解寶源局鐵斤，一律均以平鐵運解。如平鐵或有不敷，即照鐵錢局三七成搭運，俾利鎔鑄。」

崔國因《出使美日秘國日記》卷二〔光緒十六年正月〕初八日，晴。英國教師某因中國重慶通商之事已定，報知其國曰：「川地産煤鐵極多，若用機器開採，復求載運之便，其利幾非人所能料。各江中金亦饒。自西十一月至西四月水少之時，華人淘金者趨之如鶩，每日人可得金二錢。其人皆爲人所傭，而月得

其值。此外鹽井之多，亦國家大利所在，惟採取之法勞力費時，不若用抽水機器由鐵管抽出之爲便。其水道流通，自宜昌而上三千英里之長，毫無阻滯，直可右達甘肅，左通滇黔，但以淺水輪往來其間，則四川二千五百萬人民無不獲通商之利云。」因觀於此，而知中國可興之利固甚多也。土爲萬物之母，生於土者，固採之不盡也。英、美爲地球至富之國，不過礦産多耳。中國則創爲天地留不盡之藏，而任其棄於地焉。開平之煤已有成效矣，所望風氣日開，庶利源日濬焉。

杞廬主人《時務通考》卷一三《礦務三・開採》 鐵銅。英國開鐵礦，煤層相近，多是泥鐵礦，其形成團，欲鎔先必煅，或用窑或成堆。英國約克省煤層内有此礦不甚多，足爲一層煤之用，含流甚少，慎鍊之成鐵最良，謂之路暮而鐵，實令鐵與二納利鐵等。外得海分所出炙石礦，在産煤灰石層下之端石層中，外露厚層，有厚十五尺、三十尺至六十尺者。大半在地面下得之，有數處出地面外。雖有此礦，而本處燒料甚少，未嘗多用。一千八百五十七年，本處僅用五萬六千五百十一噸，由船運至他處者，有十九萬三千八百五十噸。由鐵路運至威而司與司打夫與蘇格蘭與牛加司等處，共六萬六千六百五十一噸。又司下登與林代里、與立苟得山、與曷立司加里司、與木色勒等處，亦開炙石礦。巴而克與路捺海特兩處之礦，其層甚厚。無論向何方四百尺至五百尺，有此成一大塊。威勒士有大層炙石礦，固辣根等處近來所開鐵礦極多，英國得分與奴得喊登地二鐵養三輕養礦，已開而鎔之。亦有利奴得喊登之礦，含燐養，其價不如別處者。日耳曼國鐵養炭養礦，在韋司打非利阿與司氏里阿之地多用之，能成司彼格來孫鐵，可爲鑄鋼之料。英國昔時僅得辣省内多路地有此礦，而不多。一千八百五十一年後，在色末色得省之孛倫登山開得此礦，由船運至牛巴得，在奥步物勒鐵廠内鎔之。彼蘭格省與根步蘭多等處開紅色鐵養礦。每年由韋得海又與奥法司登等處上船，運至司塔夫省南威勒士、蘇格蘭各處，與其含鐵少之礦，相合用之。一千八百五十七年，根步蘭與彼蘭格省取出五十九萬二千三百九十噸，大半運至他處。其餘在韋得海又相近處，克里阿都廠，熱風爐鎔之，每年用二萬五千至三萬噸，成鐵甚堅固。阿爾蘭數處鐵礦極多，礦内含鐵亦甚多，而開者極少。已在阿里果阿與抱加利彎開得鐵礦，含鐵極多，每百分有七十分，可與瑞顛鐵相比。

〔光緒二十二年丙申〕正月三十日（一八九九、三、一三），命山西巡撫及時開辦鐵礦。

〔光緒三十一年乙巳〕八月十三日（九、一一），福公司總工程師利德請辦懷慶府鐵礦（豫省拒之）。

〔光緒三十一年乙巳〕十一月十三日（一二、九），英使薩道義請發福公司開辦懷慶府鐵礦憑單（外務部拒之）。

〔光緒三十二年丙午〕七月十五日（九、三），英署使嘉乃績請發福公司開辦懷慶府鐵礦憑單。

〔光緒三十二年丙午〕四月二十日（五、一三），英署使嘉乃續請准立德樂開辦江北廳煤鐵礦。

〔光緒三十二年丙午〕十一月初九日（一二、二四）（一）天寶山礦務局候補通判程光第與安東中和公司日商中野二郎商訂《天寶山礦務草合同》。

十一月十六日（一二、三一）英使朱邇典以晋省阻撓福公司辦礦，聲明自西曆一九〇七年正月一日起，日索償款二百鎊。

十二月初三日（一九〇七、一、一六），德使雷克司請准禮和洋行與四川礦務局會商礦務（外務部拒之。）

十二月初五日（一、一八），英使朱邇典再次聲明代福公司索償（此後一再聲明，外務部駁拒之。）

是年，（一）山西保晋礦務公司接辦同濟礦務公司，舉補用道渠本翹爲總理。

（二）山西巡撫恩壽撥畝捐五萬兩，補助保晋礦務公司辦礦（尋再撥助十五萬兩）。

光緒三十三年，丁未，正月十六日（一九〇七、二、二八）河南修武縣民揭帖，號召抵制福公司開辦鐵礦。

〔宣統元年己酉〕十二月，福公司擅在河内縣勘查鐵礦（豫省禁之）。

〔宣統二年庚戌〕十月二十一日（一一、二二）福公司總董梁恪思與豫省代表在京議商開辦鐵礦。

《礦務檔》附録《大事年表》 〔宣統二年庚戌〕十月二十九日（一一、三〇）豫省河内修武二縣紳民請力拒福公司開辦鐵礦。

《山西礦務》外務部右參議雷補同與英繙譯梅爾思福公司總董哲美森談話《磋商合辦山西鐵礦分認創辦經費》 光緒三十一年正月初十日三點鐘，英繙譯

梅爾思，偕福公司總董哲美森到署，右參議雷補同接見。哲云：鐵路合同大致相符，惟行車合同第二款內，澤道車務局應改爲澤道鐵路局。答：以此路已經造成，專辦行車事宜，自應稱爲車務局。哲云：車務局名目太小，不如鐵路局一切可以包括在內。答：以將來總公司設立，該局究竟用何名目，可詢之盛宫保，再行改定。哲云：此項合同可作爲定准否？答：以鎔化廠條款，尚未商量，鐵路合同尚不能遽定。哲云：鎔化廠條款，我亦願意商量，惟合辦鐵礦，應分認創辦經費。答：以上年五月間，貴總董與盛大臣商定四款，並未提及創辦經費，現在忽又添出此項，本部不能承認。哲云：上年六月間，已與盛宫保説過。答：以此因合辦煤礦提及，若鐵礦則有條款可憑，如果應認此項經費，條款內亦必敘入。哲云：當時我欲速定鐵路合同，情願退讓，是以未將此項經費提及，嗣因盛宫保延擱不理，我便不願將鐵礦合辦。如中國仍要合辦，亦不能不分認經費，當初機會已經錯過了。答：以此路已經造成，即合同尚未訂定，與福公司無損。此數月間照常行車，所有用款利息，中國亦已全認，與已訂合同無異。福公司並未喫虧，不能因盛宫保延擱之故，改變前説。若論機會，則現在本部願與貴總董商議，豈非又是一箇機會。哲云：創辦經費無多，照賬約三十萬鎊，以三分勻攤，河南煤礦一分，山西鐵礦一分，煤礦一分，鐵礦應認十萬鎊，各半攤認，不過五萬鎊。如山西不還現款，可撥入福公司股本之內，此係公道辦法。答：以此賬我已看過，不能接收，因此次經費既爲條款所無，現在總不能添入。哲云，可於條款內先提一句，將來尚須訂立詳細合同，我已將條款添改數語，請閣下回明各堂。答：以當初已經聲明，在滬所訂條款，不能改變，現添出此層，據我看來，總不能答應，俟回明各堂再説。哲又訂十三日續議，遂去。

《磋商山西鎔化廠合同條款暨合辦煤礦》 光緒三十一年正月十三日三點鐘。英繙譯偕福公司總董哲美森到署。右參議雷補同接見。哲云：鎔化廠條款前日所説各節，曾否回過？答以昨回明那大人，云經費一層，哲總董與盛大臣商議時，並未提及，分明可以減讓。嗣因哲總董與盛大臣議訂鐵路合同，彼此意見不合，不肯在滬商議。現本部出來幫忙，反又添出枝節，情理上亦講不過去。不但經費不能添入，且煤礦尚要合辦。哲云：合辦煤礦，盛大臣與我商議，我始終並未答應。答：以此係本部主意，現在不能改變。哲云：煤礦貲本甚鉅，晋省有此財力否？答：以既要合辦，自能籌集貲本，現山西紳商甚願出貲興辦礦務。哲云：經費究竟能否分認？答以如煤礦一併合辦，其創辦經費如有切實單據，確爲勘礦所用，亦可分認。哲云：煤礦合辦，未便照允，我亦不能作主，須電詢倫敦公會。答：以閣下既爲公司總董，何以不能作主？哲云：此層是現在新添的，不能不問公會。答：以上年已由盛大臣提過，並非新添。哲云：我若答應，薩欽差亦必不願意。答：以此係商務，應由公司作主，薩大臣亦不能怪你。哲云：我當回明，約十七日可再議。至鐵路合同曾否抄齊？答：以已抄出一分，尚未校對。哲云：明日請即送來。答：以校對後，尚須呈堂閲看，明日未必能送去，俟十七日會議時，可面交貴總董。哲云：能先送來一閲，如無更改，省得再來商議。答：以鎔化廠條款，尚未商妥，何能不來商議。哲云：合同內字句恐有舛誤，不能不先閲看。答：以如有舛誤，即當面改正，亦無不可。哲唯唯，遂去。

又外務部收盛宣懷函附山西巡撫來電等《山西礦務與福公司未議各事悉依原章程辦理》 光緒三十一年四月二十九日，收盛大臣函稱：昨接哲美森來函，請訂期會校漢洋文合同，本日已派伍丞元衡將秩庸侍郎校改之洋文，送交哲美森先自校對，再行會晤。惟本月念五日，接張筱帥來電，尚須聲明中國商民自開各礦，無論土法機器，不得禁止字樣。弟復查山西商務局原訂合同第十六款載明，民人先經開採者，不得侵佔，係指以先而言，不涉以後。此事若欲另具公牘聲明，恐英使指爲節外生枝。好在原合同第一款載明，應先由礦師勘定何鄉何山，何種礦產，繪圖貼説，稟請山西巡撫查明，果與地方情形無礙，一面咨由總理衙門，一面發給憑單，准其開採等語。是准駁之權，尚在巡撫。中國商民果能自開各礦，憑單可不發給，但此次所議四條，係專指自設鎔化廠及合辦礦務兩大端，其餘未議各事，自必悉照原訂章程辦理。現擬將此意，另備附件，彼似不能不允，擬呈一稿，即祈尊處酌量回明各堂詧核，是否妥協，並希迅賜示復。張筱帥來電，一併鈔奉台閲。專此。敬請台安。

照録太原張中丞來電。四月二十五日。　福公司事。前准咨到合同奏稿，當以該公司專辦字樣，有一網打盡之意。原議民人先經開採，不得侵佔，今合同並無此語。必須聲明中國商民自開各礦，無論土法機器，不得禁止，免蹈膠濟禁民開礦之弊。曾電商外、商兩部，奉復俟晋商局與訂詳細合同，切實聲明，然非我公先爲之地，恐生異議。此事關係至重，現合同簽押，如不便添，可否另具公牘，聲明此意，祈酌示。合辦煤礦，雷參議問答語中稱，商議不妥，自然合不起來，是合辦尚屬空言。必能辦到各開各礦，方能保守權利。勛。有。照録抄件。

所有此次鐵路總公司與福公司商訂中國擬設山西鎔化廠，並合辦山西、盂平、潞、澤五處礦務合同四條，凡光緒二十四年，即西曆一千八百九十八年，山西商務局與福公司原訂章程所已載，而此次合同内未詳及者，仍照山西商務局原議章程，及第一條内所言，另行會訂之詳細合同辦理。各無異詞。

又外務部收英使薩道義照會《平定州設立礦產公會仇視西人》附平定礦產公會章程　光緒三十一年十一月初一日，收英國公使薩照會稱：晉省平定州近立礦產公會，查其章程，頗有阻礙福公司享受光緒二十四年四月初二日合同利益之處。此外，本大臣聞知晉豫兩省，均有藉端抵制福公司情事，與他省阻礙西人通商開辦鐵路等事，情形相同。此等運動，非由官場縱容，何能肆行？現將平定礦產公會章程十條，抄送查閲。其第二、五、七、十等條，尤關緊要，因其大旨，確有仇視西人之概。本大臣先應聲明，此公會舉動，倘將來釀成叵測，凡致損英人財產性命，貴國政府擔承其責，難逃本國政府轉向責問也。

照録章程。

《平定礦產公會章程十條》

計開：

一、宗旨。

本會之設，所以聯羣情而保利源，一遵太原公會章程辦理，凡煤、鐵兩項，爲吾州天生之寶，無論已開各自報入公會，官民合力，共籌保守。

二、團體。

前撫憲胡與英商福公司訂立合同，議開平、盂、潞、澤等處煤鐵各礦，西洋財力富厚，倘一旦盡發所藏，吾州遂無資生之路，不得不力籌抵制云。何則？惟有先自開採，預杜私售，使彼無隙可乘，無利可得，則思過半矣。然必須羣力，方能及此，譬如熾炭，一星一點，四散分布，一童子蹴之而滅矣。若聚無數烈炭於一爐，則炎炎之勢，不可嚮邇。此理甚明，宜自固結。

三、定點。

凡已開未開之窑，或以山名，或以地名，即以該山該地爲定點，查明產主人等姓名，登入册内。已開者，照常開作。未開者，速行籌款自辦，或公司設法開辦均可。

四、界線。

有點即有線，凡一點之四址，必須查明礦脈起迄，繪具東西南北四至圖説，各自呈報公會，登入册内，公認保護。此礦與彼礦相連者，務須相接，此以礦產爲四至，並非以業户之產爲四至。以免遺漏。

五、義務。

查太原公會章程内開，凡屬晉中公產，永遠不准私售外人，此爲保全礦產之義務，必須合立同心，謹守遵辦，以盡義務。如查有私賣私租，並暗引外股或華人包庇者，除查出撤銷歸官外，仍將業户人等嚴行懲辦。

六、分支。

州城既設總會，各都宜更設支會，以便分稽而聯指臂。

七、防僞。

查福公司合同，有先將勘定何鄉何山，何種礦產，繪圖貼説，禀請撫憲飭查，與地方無礙，發給憑單，方准開採等。無礙二字，允宜華洋共守。但人類不齊，或華人假冒公司，或州人圖利私售，情僞難測，必要預防。此後如有華洋工師來勘，即由各村保甲地方人等，連報公會，公會即行報官，詰問來歷，驗實核辦。

八、用人。

本會現已設立固本公司，所有公會辦事之人，即由公司兼理，以節用度，蓋公會與公司，本二而一者也。

九、分利。

本會不另集股，亦不開支，其購地購礦銀股地股一切有關度支之事，均歸公司經理，將來公司得有餘利，總理蔡蓉田、李毓蕙、張誠等，亦應按照公司章程第四條，分給花紅，臨時酌酬。

十、息争。

查福公司合同載明，遇有民人先經開採者，不得侵佔等語。本州各村多半有礦，開取者固多，封禁者亦不少。貨惡棄地，今昔殊情，極應由各村呈報開禁，首先自辦。未開禁以前，不許外村人擅開，以便稽查而杜争端，亦以防勾串外人等弊。其餘已載太原公會章程内者不贅，不盡者隨時公議。

又外務部收張人駿咨《福公司總董來晉議商開辦礦務咨送往來函稿晉紳》附會議問答函稿公禀等　〔光緒三十一年十一月初十日〕照録各學堂學生公禀。

照録山西各學堂學生張寶麟公禀。敬禀者：竊維富强之基，首在興礦，而礦權操於己，則興之，號爲正礦；權操於人，則興之，號爲負礦。觀英、美、德、日

者：竊生等按歐洲法理國家，有完全獨立之資格，必具人民、土地、主權三要素。三者缺一，不可爲國，而主權尤爲維繫人心、土地之關鑰。查商務局與福公司原訂合同第一條，山西商務局稟奉山西巡撫批准專辦云云。又查鐵路總公司與福公司合辦鐵礦合同第一條，山西商務局將批准專辦之盂縣、平定州、潞安、澤州、平陽府煤鐵，以及他處煤油各礦。光緒二十四年，商務局與福公司訂立合同，轉請福公司云云。兩次合同，既云批准專辦，是商務局受山西撫台命令，專辦盂縣、平定、及潞安、澤州、平陽之三首縣，不准攙入他處。專辦煤、鐵、煤油，不准混入別項。專字是限制商務局之意，專請福公司辦理，是商務局請其辦理各事，非請其專辦。語意極爲明確。該公司屢次不按合同，妄争專辦，並有商務局可以幫忙等語，是自居於主，而令商務局爲客也。謬妄已極，不特侵奪商務局專辦之權限，並侵犯我山西巡撫批准之權限。既違國家定例，又違文明各國公理。其背合同者一。查各國礦務章程，煤鐵爲國民公産，即本國人亦不令個人專開採之利，至外國人則在禁止開採之列。今福公司雖訂有合同，然並無禁民開礦字樣，遽與商務局來函，欲將民礦一律封禁，若自認爲平定州主人，而山西皆外國人者，其計尤爲叵測。是山西人求爲守約而不得，彼直廢約而肆行也。其背合同者二。自原合同訂後，至今八年間，國家商律改良，屢經變遷，前升撫部院岑，升撫部院張，因商務局賠累，迭欲奏廢。福公司遷延至今，應先與商務局和衷再議，再稟中丞。縱中丞恕彼遷延背約之罪，亦當静候查明於地方有礙無礙。今該公司未與商務局再議，亦未稟明中丞，路經平定，只帶遊歷護照，膽敢插英國旗勘地，大書福公司字樣，門插旗刀，驚人耳目。其無端擾我治安，按之西律，責以倡亂，亦不爲過。其背合同者三。除三者外，按各國法律尤有可以廢約之理有四，請並陳之：原合同係商務局與福公司訂定，兩造均屬私人資格，無關國際，當時總理衙門既命令兩造，與以特許之權，則撤回此權，純乎屬我内治，非他國所得干預。一也。按各國公理，凡兩造訂約，若一造不遵守，則一造可廢約，並可以不認背約一造所已負之義務。今福公司有以上三者背合同之確證，乃復於開議時，索賠款於商務局，則彼已申明不辦，我豈能再議合辦，彼意在廢約，我正可據理責彼背約之罪。二也。原合同訂明以六十年爲期，究應以何年起算，彼若延至西曆三千或四千年開辦，世界有此公理乎？是合同根本之錯誤。三也。原訂合同係意國羅沙第，今忽易英國哲美森，人約不符，又華洋文互牴牾，據彼之解釋，謂專辦者，獨辦也，即他人不得再辦也。若此，則商務局既獨辦，何

之隆盛，特蘭士、法、印度、夏威夷之凋謝，可以鏡已。山西僻處北隅，阻山帶河，無海灣商港之利，以達發商業，所恃以争存於念棋中者，惟此數千年來蘊蓄未開之礦産耳。故礦存則山西存，礦亡則山西亡。此理昭著，不可誣也。山西近數拾年，荒兵絡繹，財力消乏，貨棄於地，爲謀不臧。光緒貳拾肆年，前部院胡創立山西商務局後，轉請福公司辦理盂縣、平定州、潞安、澤州與平陽府屬之礦，訂立合同，大錯一鑄，利權盡失，是無異陷我網罟，剞我血肉。夫英人素有以商力横貫世界之念，其攘攫礦權，匪爲異聞。獨怪商務局諸紳，食晉土菽麥以生，竟忍以先民遺留之産業，拱手讓人，延敵之罪，百喙何辭。且一省之礦産，寔爲私業，無論士農工賈，皆其主人。商務局與福公司私訂合同，未經民人允許，愚侮主人極矣。措火積薪，終必上炎。近聞路礦大臣盛與福公司重立合同，將平、盂、潞、澤鐵礦主權讓與英人。【略】久安至計，首在議廢合同，合力自辦。考合同乃國際私法之交涉，非中國政府與英國政府所訂之條約，彼恫喝商務局之書，即其違背合同之明證。況晉礦素爲□□□局非民之代表，私訂合同，不經民人承認，揆諸彼國之理，斷難垂久。伏乞大中丞上尊國體，下順輿情，仿粤漢鐵路、皖省礦務辦法，將商務局與福公司所立合同作廢。生等從是廣勸捐款，多設公司，以斷他國之覬覦，仍請大中丞提倡奬勵，並通飭各屬認真籌辦。今平定礦山，業經自辦，必獲巨利，而此事播傳，則以後再集巨款，如順風揚帆，無有難事矣。或持和平主義，令各學生年終歸里，遍告鄉人，創立鄉約，外人雖出巨價，不售與寸土。福公司開採無地，合同不廢自廢，生等竊以爲無濟。蓋山西民生貧瘠，茹荼嚼蘗，日猶不給，抱數畝礦山，終歲籌畫，冀得善價，一紓積困。一畝昔值貳千錢者，外人加至拾千錢，必共棄鄉約，趨而售之。管子曰「衣食足而知禮節。」議立鄉約抵制，是猶不知經首之會，侈言割疸也。生等肄業學堂，不應妄有舉動，致干例禁。惟此事爲身家性命之關鍵，種族存滅之樞機，苟視若秦越，緘默不言，自問具有天良，烏忍出此。且此時不争，萬一商務局再以山西同蒲鐵路私售外人，是桑梓權利盡歸他人掌握，卒業以後，將爲人驅役，於國於家，無獲涓滴之益。用敢不揣冒昧，籲呼於賢父母之前，倘能重察下意，竭力轉圜，得達生等之目的，則山西伍拾萬方里之疆域不致淪胥，拾肆兆土著之人民不歸消滅，皆出自大中丞今日之賜矣。不勝迫切待命之至，肅此寸稟。共壹千零十四名。

又外務部收商部文《晉民代表申辯福公司辦礦事録送晉撫咨到各件請將辦理情形聲覆》附暨山西學生公稟

照録山西襄垣縣廪生李慶芳等公稟。敬稟

以福公司又争專辦，華洋文不合矛盾牴觸，是不得爲完全合同。四也。前粤漢鐵路我國家曾與美國合興公司訂有合同，經三省紳商查明美公司逾期限售比股兩節，確係背約，即請由湖廣總督張，經電駐美公使梁，轉請照會美政府，申明合同作廢，卒底成效。晋省礦務，危於粤漢鐵路，而福公司之劣跡，又多於合興公司。况中英邦交，素稱輯睦，福公司亦不應以商人資格，擾亂平和，既背文明行爲，又違法律公理，諒英政府聞之，亦絶不容其妄謬至此。伏懇中丞大人維國家大局，憫三晋生命，飛電駐英大臣並咨外部，申明合同作廢，則山西幸甚！大局幸甚！肅此寸稟。留學日本普通科襄垣縣廩生李慶芳等二百五十三人稟。

照録山西平定州士商曹書田等公稟。敬稟者：竊維平定礦地，多係小民私産，全州命生，胥於是賴。光緒二十四年，前撫胡批准山西商務局專辦平、盂、潞、澤、平陽煤鐵，良因礦利無窮，國家之商業關之。其時民智未開，應由商務局提倡各處商民就地開辦，遇有錮蔽不通及力難開採者，商務局可一律專辦，而商務局又因礦務未諳，將批准各事轉請福公司代辦，是福公司原代商務局辦礦也，且代商務局辦民人錮蔽不開及無力開採之礦也。查原訂合同第一條云，如係民産，向業主議明，或租或買，公平給價。第五條云，辦礦如佔民地，必會同地方官或向地主租用，或備價購買，秉公議價。第十六條云，如民人先開採，不得侵佔，鄭重民産，即鄭重民命。語意極爲周詳。乃今秋福公司路經平定，只帶入境護照，竟樹旗插標，繪圖勘地。未開者，將不日開辦，不聞其議價值在時也。已開者，復要求封禁，是顯欲侵佔民産也。驚人耳目，擾我治安，置合同於不問。惟一力肆行强迫，人心惶恐，物議紛騰。意外之變，難可逆料，士商等悚目疚心。念小民室廬恒於斯，衣食恒於是，山河寸金，自有主權者。現皆遵照礦務新章，寔力自辦，而福公司竟行囊括之主義，侵奪平定人自辦之權，侵奪商務局專辦之權，小民之生計而國家億萬年無窮之商利，後事誠不堪設想。士商等因用是不揣冒昧，籲懇大中丞大人俯念小民産業生命攸關，允轉咨外務部力争合同作廢，則平定幸甚！山西幸甚！爲此上瀆，伏惟垂鑒。

又外務部收留日學生稟《請廢福公司承辦晋礦章程》 光緒二十二年二月初七日，收留日學生稟稱：竊生等前因福公司請禁山西地方自辦礦務，侵我主權，業已電稟廢約在案。邇來聞該公司屢次要求，益形無理，故敢爲我王爺中堂披瀝以陳之。謹按原定條例，非公法之條約，亦非私法完全之契約，此必當首爲辨明者也。條文標題，稱曰「章程」，第二十條仍曰「章程」，總理衙門原奏亦云「改訂章程」。第六條載，以後中國他處有用洋款開採煤鐵礦者，應請一概仿照此章，所有礦産值百抽五納税，以歸劃一等語。據此，則兹《章程》雖特别爲福公司、商務局訂立，而又含有普通之效用也。如謂爲雙務契約，則中國他處開礦字義，確係國家對於分子性質，不應羼入其中，此又確爲「章程」之明證。章程者何？乃我主權所規定，而雙方明認之條件也。純然國内行政之關係，非兩私人合意之成立，以正當方法論，商務局與福公司借貸關係，請負關係，應遵照章程而另有詳細之契約，不得誤認此章程爲正式契約也。何則？各國有民法，本國人與外國人結約，皆不得違背，我國雖無民法，而遇此種國際私法之交涉，不能不爲特别章程，故此項章程謂爲政府之命令可也，視爲國家之法律可也。國内之法律命令，無論何人皆須服從，惟主權者，可以停止命令之施行，改變法律之事項，一經改變停止之後，則前之法律命令全無效力。假如我國修訂礦律，而欲改第六條值百抽五之例，則此章程不應作廢乎！又查各國礦律，凡接辦一年，未能開採，其條約即作廢紙。兹章程未定時限，自當採用一年期間主義。聞該公司接辦八年，迄未辦成一礦，則以時效論，此章程不尤應作廢乎！且無論該公司辦理若何，我政府或修改此章程，或取消此章程，皆我主權自由活動之事，微特外國公司不能反抗，即各國國家亦斷不能干預，是乃文明國法之原則，世界公認之通例，以其爲私法之規定，而非國際公法之條約也。如係條約，則必兩國家同意，始能作廢，否則兩相争執，各自抑其主權之行動，以待中裁裁判之斷定。若國内法則主權獨立，單獨行爲無相互之牽制，是故我政府宣布明文，撤廢此章，在商務局、福公司有利害關係，或起訴訟，然不過彼此賠償之事，而於此章程之當廢不當廢，能廢不能廢，皆無容置喙也。且聞商務局與福公司，除此章程外，並無另訂之契約，商務局既未引受貸款，公司亦未開辦工程，是章程廢後，於兩造賠償之事，亦無足慮者。伏查此案原始，由商務局與福公司訂立契約後，經總理衙門廢棄原約，改定此章。夫前之兩私人完全之契約，我國家有可以廢棄之權，况後之國内法之章程，不更可以自由處分乎？或謂此事必經英公使與英政府認可，是大不然。中、英爲對等之國，礦章爲自主之事，我欲廢止，逕聲明作廢而已，彼無干預我大權行政之權利，我亦斷無要求彼政府認可之義務也。若因邦交睦誼，曲意婉商，無論我愈要求，彼愈拒絶也。而按諸國際法之階級，我已自處於屬國之地位，而待他人以上主權國之資格矣。如此則因維持主權，而反喪失國體矣。此中界限，必宜劃明，頗聞該公司率請英公使干涉，無論於章程第

六條不合，實顯係侵犯我固有之主權，此大部所絶對不能承認之事，而應力爲謝絶者。或謂此章程非完全之契約，亦非完全之法令，以華洋文繕具兩分言，則仍契約也。以章程内容言，則許與外人之特權也，似不能純以法令判決之。是又不然。萬國通例，一國内之特權，或許本國人與外國人，可以自由撤回，當年我總理衙門雖許福公司以特權，而章程所載，實處處皆爲地方自辦預占地步，蓋以雖請福公司辦礦，而不得礙地方優先開採之權。且地方優先權既能發生，則福公司之請求權即行消滅，此其故。按之章程第一條、第十五條、第十六條而可見矣。第一條，山西商務局稟奉山西巡撫批准，專辦盂縣、平定州、潞安、澤州與平陽府屬煤鐵以及他處煤油各礦，今將批准各事，轉請福公司辦理等語。夫曰批准各事，指第三條凡調度礦務與開採工程理財用人各事也，曰轉請福公司辦理，其非請福公司專辦明矣。商務局批准云云者，與特許專利字樣，迥不相同。乃因辦理礦務，必指明何地何礦，不得語涉含混。如專辦平、盂等處，則他處不得牽涉，專辦礦務，則他種物産不得過問，是專辦乃限制商務局之詞，非謂准其獨辦，而不准地方他人之再辦也。福公司更無論矣。又第一條，應先由礦師勘定何鄉何山，何種礦産，繪圖貼説，稟請山西巡撫查明，與地方情形無礙。一面咨明總理衙門備案，一面發給憑單，准其開採礦地，勿稍躭延等語。第十六條，凡於所准礦地，遇有民人先經開採者，不得侵佔等語。依此二條文義解之，是非經巡撫所准之地，不得擅行開採，雖經巡撫所准之地，仍不得自由開採，譬如福公司勘定地段，彼時無憑單，未能即行購地也。及稟請巡撫查明，必紳民無人開採，而又甘讓外人以先鞭，有此實在於地方無礙之情形，然後始能發給准開憑單，該公司於奉到憑單後，速爲購地開工，斯已矣。若其犯第一條稍有躭延之禁，則凡在該公司開工之前，倘地方有人先行開採，該公司亦不能以此地爲已經批准之地，而侵佔之也。何也？地方本有優先權也。又第十五條，如華商富紳於六十年限内，將某礦股票收至四分之三，即將該礦先期收回，由商務局查報，飭交該華商自行經理等語。據此，則雖福公司已開之礦，紳商如願自行經理，該公司皆當交出。况未經開採之地，紳民願自行辦理，該公司不更無從過問乎。總觀以上各節，始則憑單未給之先，地方如不願該公司開採，即屬有礙而不能准其所請。繼其憑單已給之後，地方如於所准之地，先經開採，則該公司不得不爲退讓。終則開採成工之日，地方但願開採而買還股票，則可收回原礦。然則此章程之各種方面，無非爲地方自辦預佔地步也。蓋十年以前，晉省風氣不開，貨棄於地，故有此一時權宜之策。今紳民既知自辦，則此後山西巡撫亦斷無准給外人憑單之理。而該公司之特權，業已無形消滅，雖有章程，亦同廢紙，我政府自應撤回此特權。况該公司現復横生枝節，致動地方公憤，我政府不惟可撤回彼之特權，並可責問其超越權限之非理，此以特權論，而章程可廢也。若夫契約則在法理上，或本國人與外國人訂約，或本國政府與外國自然人、法人訂約，皆屬之私法。在立憲國，則國家與私人訂立契約，國家亦失其資格，而退處於私人之地位。况商務局與福公司，一爲外國之法人，一爲本國之法人，豈能與我國家對抗乎？即令此章程爲我政府與福公司所訂定，亦不能出我國最高主權之下，况此章程非政府與一方訂定之事，乃政府立雙方之上，而發生効力之規則乎？雖章程曾經總理衙門蓋印，然與民間契約、藩司過印同例耳。且契約以雙方履行爲原則，一方不遵守，則他方可以廢約；若一方故意干犯，則彼方不獨可廢約，兼可不償還其已用之款。今福公司請禁地方自辦，並有准用土法、不准用洋法之要挾，亦誠可謂故意違犯矣。証諸法理，已屬當然解除之例。不惟是也。二人結約，惟當事者間有効力，利害不能及於第三者，此羅馬之格言，各國所遵行，而與我國習慣法相同者也。今商務局與福公司訂約，竟欲禁地方自辦，是明明損害他人之利權矣。自應解除契約，回復原狀，以保護第三者之權利，此以契約論而章程可廢也。總之，無論爲契約，爲特權，而撤廢章程，皆屬我主權所獨斷獨行之事，與條約之關於外交者不同，此則了無疑義，而可毅然決然以行之，正不必論其兩造之意思若何、華洋文之解釋若何，而斷斷與之致辯也。此事爲三晉生命存亡之所關，國家主權强弱之所係，無論外人如何恐喝，如何强迫，在晉省紳民固難認可。而生等亦絶不忍甘心，爲此披瀝直陳，伏乞王爺中堂大人俯准查照，宣布明文，撤廢《山西礦務章程》，以維主權而順輿情。生等不勝激切，待命之至。留學生總會謹稟。

又外務部收英使朱邇典照會《晉紳議贖礦權應按福公司所定價值付給》附天津《日日新聞》鈔件〔光緒三十三年十月十一日〕《日日新聞報》鈔《記晉人抵制福公司之辦法》。晉礦與福公司交涉，已由丁廉訪寶銓與晉省代表人進京，與福公司代表談判數次，晉省代表按照章程，層層駁剔，該公司頗有退讓之意，惟需要求賠款一百五十萬鎊。代表人函告本省，紳民特於前月二十八日，在勸工陳列所開全體大會，學商兩界並來賓到場者，約以萬計。由何紳福堃、解紳榮輅等，先後演説，痛言礦産爲晉人自主權，該公司未開一礦，商務局未借一錢，賠款

之説，決不承諾。衆皆拍掌同聲，誓以堅持廢約，寔行自辦爲宗旨。遂即提倡集股、義務兩主義，一時全體鼓舞，簿計數萬金，甚至有執銀交納者。至下午二時始閉會，議定集股辦法，由省垣按四道公舉紳董，分路勸辦。並照會各州縣紳商之聲譽素著者，專辦集股，聞已集至二百餘萬金。現省垣内學堂街面，廣設木桶，顔曰「晉礦義務捐」，由士庶紳民，隨便交納，以爲抵制福公司之費。其平定、盂縣兩處，由省垣保晉公司提款二萬，先行自辦。該處紳民多方籌畫，已集股至數萬金，一切礦地皆歸本處公會勘驗開採。并派人多演説，如福公司執迷不悟，强行開採，則有礦地之家不准售地，附近之人不得爲之作工，附近之店不得與之貿易。有違此者，相與懲辦，驅逐出籍。將以南方抵制美約者，抵制福公司云。恐福公司執不退讓，不特無利益之可謀，且恐有折耗之慮耳。

又外務部《山西礦務與福公司議定贖回合同》 光緒三十四年正月十四日，本部具奏摺稱：謹奏爲山西礦務，經本省商務局與福公司訂定贖回合同，前案一律議結，恭摺具陳，仰祈聖鑒事。竊光緒二十四年閏三月二十七日，總理衙門會同户部具奏遵議《山西鐵路礦務辦法改訂章程》一摺。奉硃批：「依議。欽此。」欽遵。飭由山西商務局紳士曹中裕與福公司代表義商羅沙第，將議定《山西開礦製鐵以及轉運各色礦産章程二十條》，於是年四月初二日，在總理衙門互换簽字，蓋用印信，各執爲據。該章程内載：山西商務局稟奉山西進撫批准專辦盂縣、平定州、潞安、澤州與平陽府屬煤、鐵，以及他處煤油各礦，轉請福公司辦理，限六十年爲期，自借洋債不得過一千萬兩之數，如有虧折，與國家無涉各等語。迨光緒二十九年正月，准軍機處鈔交山西巡撫趙爾巽奏稱，福公司承辦之平、盂、潞、澤等處煤鐵礦産，現該公司已於河南道口興築鐵路，將次抵晉。時有礦師來晉測勘，自應查照合同，將一切調度礦務開採工程用人理財各事，由商務局與福公司總董會同辦理。奉硃批：「外務部知道。欽此。」是年十二月，准商部咨録山西巡撫張曾敭來函，略謂：晉省原訂合同，所失權利甚大，義商羅沙第改换英商哲美森，現盛宣懷在滬與議澤道枝路，如以轉售接辦之故，照章稟明，即可作另議合同緣起。嗣經盛宣懷與哲美森另訂擬設山西鎔化廠並合辦山西鐵礦合同四條，於光緒三十一年三月十九日具奏澤道鐵路與福公司擬訂條款摺内，聲明辦法，繕具合同清單呈覽，奉旨允准在案。是年十一月間，迭准山西巡撫張人駿來電稱，福公司執定合同内專辦字樣，不准本地商民自辦礦産，以致闔省士紳懇請力持廢約，收回自辦。特公舉代表主事李廷颺等來京，與該公司另行妥議。該主事等復具呈臣部，謂福公司種種背約，萬難勉從。該公司總董梁恪思亦迭次函致臣部，辯論專辦字義，謂晉撫不肯發給勘礦憑單，爲有意躭延。復於三十二年間，面呈礦圖，力請允准開辦，經臣部迭與磋磨，始允於五處内先辦一處。旋由李廷颺等與梁恪思會議數次，各執一是，鑿枘不入，遂即罷議。厥後歷經臣等與山西巡撫恩壽往返電商，該撫臚陳地方爲難情形，力請臣部設法維持。英國使臣朱邇典又先後來照六七次，謂奉本國政府訓條，代福公司索償，均經臣部隨時照駁，不認償款。該使卒嘵嘵争辯，毫不鬆勁。上年八月十三日，臣奕臣世面奉諭旨：「山西按察使丁寶銓，著來京會商福公司開礦事件。欽此。」當經臣部電達山西巡撫，飭令該臬司遵照。該臬司即偕同商務局員紳，並全省代表各員，由晉來京，與福公司總董梁恪思會議多次，公司意在合辦，晉省力主贖回。該臬司隨時禀商臣部，調停其間，彼此讓步，終克就緒。逮十二月十八日，據該省商務局總辦湖南試用道劉篤敬等，聯銜具呈臣部申稱，礦事議結，並繕具合同兩分，懇請批准前來。臣等詳加查核，該合同十二條大致謂：晉省備款二百七十五萬兩，分四期交還，將所有與福公司訂定開礦製鐵轉運正續各章程合同，贖回作廢。福公司將在平定州所有廠房機器等物，暨原合同所訂五處内已購之産，均一概退還，交與山西商務局。該公司所聘用之人，要求賠款者，均該公司自行擔任。此項贖款，以本省畝捐的款項下，每年盡數撥用各等語。思慮周密，頗稱允洽。當經臣部將此項合同批准，由該道劉篤敬與梁恪思，在臣部互换簽字，仍蓋用臣部印信，以符原案而昭遵守。復經臣部照會英國使臣，聲明前項借款章程二十條，續立合同四條，均一律註銷作廢，該使臣亦即照允備案。臣等伏維晉省礦産富饒，久爲各國所垂涎，自山西巡撫胡聘之輕信劣紳賈景仁、方孝傑、劉鶚等之舞弄，遽許與英義兩國商人、福公司借款辦礦，遂致釀成交涉，枝節横生。雖經迭次將正續章程合同逐條改正，藉圖補救，而利源外溢，轇轕滋多。兼之晉地瘠苦，無業小民多恃礦産爲生，力争自辦，環相呼籲，順民情則有違成約，符原議則坐失利權，相持無已，幾乏善策。現經升任山西布政使丁寶銓偕同該道等，相機操縱，俾得和平商結，庶足仰慰宸廑。嗣後仍應由山西巡撫隨時鼓勵該省紳商，將一切礦産實力籌辦，務期成效昭著，免至虚糜鉅款，貽笑外人。除由臣部鈔録贖回合同，分咨農工商部、郵傳部，暨北洋大臣、山西巡撫等查照存案外，所有贖回山西礦務前案一律議結緣由，理合恭摺具陳，伏乞皇太后、皇上聖鑒。謹奏。

光緒三十四年正月十四日具奏。奉硃批：「知道了。欽此。」

附鈔件。

山西商務局與福公司議定《贖回山西盂縣平定州潞安澤州與平陽府開礦製鐵轉運正續各章程合同之合同》。

山西商務局與福公司，於光緒二十四年，議定《山西開礦製鐵以及轉運各色礦產章程二十條》，嗣於光緒三十一年，經鐵路大臣盛與福公司商訂續合同四條，今既有此轇轕，以致不得遵守前後所定之合同，山西按察司現奉諭旨，來京會商調停此件，以了結所有關於章程合同之事。茲將彼此議定之款，均開列於下：

一、現在山西商務局與福公司商議，商務局願晉省備款，將所有與福公司所定開礦製鐵轉運正續各章程合同，議定贖回作廢。既經會議之後，福公司因體諒晉省甚願自辦本省礦務之至意，按其詳細情形，應允晉省將前後所議定開礦製鐵轉運正續各章程合同，由晉省贖回自辦，以敦友誼而維和平。

一、贖款計行平化寶銀二百七十五萬兩，由山西商務局擔任，按期交清。

一、此項贖款數目，係晉省所擔任，交與福公司收納，認爲賠償福公司原訂合同內應索之款，並各項所損失之利益，至福公司在他省另有經營，與晉省毫無干涉。

一、此項贖款，准於光緒三十四年正月二十日先交一半，計行平化寶銀一百三十七萬五千兩。其餘之款，分三期攤還：光緒三十五年四月初一日，爲第一批，計行平化寶銀四十五萬八千三百三十三兩。三十六年四月初一日，爲第二批，計行平化寶銀四十五萬八千三百三十三兩。三十七年四月初一日，爲第三批，計行平化寶銀四十五萬八千三百三十四兩。

一、贖款按行平化寶銀核算，不折不扣，其由晉至京匯費等項，並先行借墊款項利息，均歸晉省承認。

一、此案原由商務局稟奉山西巡撫批准，復經前總理衙門奏准，現既由晉省備款贖回作廢。此項合同，應請外務部咨照山西巡撫，督飭商務局按期交款，不准稍有拖欠。

一、晉省礦務既係收回自辦，福公司將所有開礦製鐵轉運正續各章程合同之權，一概退回，晉省決無借洋款之意。惟此次福公司既將所有利益退回，將來晉省礦務製鐵轉運等事，萬一有籌借外款之事，由晉省通告福公司，果其處處較廉，再行籌議，否則另借，各無異言。

一、從此合同簽字之日起，三月之内，福公司應將在平定州所有廠房一切交出，與所有機器等物，一並交與山西商務局，其開列於原定合同所訂之五處，福公司將其已購之産，一概退還，不得再執爲業。

一、福公司所聘用之人，無論工程師或他項員役，因此而失其事業，以致不得營生，向福公司要求賠款者，福公司自行擔任。

一、此項贖款，由商務局先行籌借，由晉省畝捐的款項下，每年盡數撥用。緣礦産係晉省公共産業，畝捐亦係晉省公共辦理公益之款，是以應使此款贖回本省之礦産。惟在未將此項贖款還清以前，不得將此畝捐稍爲更改，或減免其數。如畝捐不敷此用，則晉省大吏須隨時提用他款，以補不足。

一、原合同議定之章程二十條，既爲前總理衙門批准，今了結此事之合同，亦爲外務部所批准，並爲大英國使臣應允，以俾彼此保其本國之人，遵守一切。

一、現將此合同以華英文繕具兩分，各執一分爲憑。

山西商務局。

福公司梁。

大清光緒三十三年十二月十七日。

又山西巡撫《咨送晉紳改訂礦約勤勞備著懇恩酌予獎叙摺》 光緒三十四年七月二十五日，收山西巡撫文稱，案照本部院於光緒三十四年七月初八日具奏晉紳改訂礦約，勤勞備著，懇恩酌予獎叙一摺。除俟奉到硃批，另行恭録咨呈外，擬合抄摺咨送，爲此咨呈貴部，謹請查照施行。

計抄送原摺一紙。

奏爲晉紳改訂礦約，勤勞備著，懇恩酌予旌獎，以資激勸，而維大局，恭摺仰祈聖鑒事。竊照光緒二十四年，山西商務局紳士曹中裕與福公司義商羅沙第，議定《借款開礦章程二十條》，至三十一年，鐵路大臣盛宣懷又與該公司英商哲美森，在上海另訂《設立山西鎔化廠及合辦鐵礦合同肆條》，哲美森遂於是年十月來晉，請發開礦憑單，且執定章程内專辦字様，不准本地商民開礦。經在籍紳士商務局總辦湖南候補道劉篤敬據章拒駁，自後彼此争辯，迄無成議。而京員趙國良等具呈農工商部，創設保晉礦務公司，公舉紳士二品銜分省補用道渠本翹爲總理，招股自辦，藉以抵制外人。至上年八月間，升任臬司丁寶銓奉旨赴京會商礦事，該紳劉篤敬亦邀同本省礦務代表梁善濟、崔廷獻等赴京，與福公司總

董梁恪思會議多次，公司意在合辦，晉紳必欲收回。該司丁寶銓見彼此鑿枘，非署予變通，不能就緒，磋商累月，始定議由晉省備款，將所訂正續章程合同贖回作廢，由劉篤敬與梁恪思訂約，互換簽字，經外務部批准，其贖款分四次給付，第一次應給一半銀兩，數鉅期迫，渠本翹復向商號籌借，旬日之間，集款百萬，得以如期應付，克蕆全功。伏查晉省地居山僻，素號瘠區，惟礦產之饒，甲於各省，久爲外人垂涎。前次訂約，當事者初不覺悟，遂致墮其計中，使非設法挽回，不獨舉自有之權利拱手讓人，且鄉里窮民恃礦爲生，一旦失業，群情怫逆，忿忿不平，必致釀成巨釁。惟原約係由商務局議訂，與國家交涉不同，此時若但憑官力與之爭持，彼此各不相下，難免決裂。惟由商務諸紳一力抵拒，而該司丁寶銓以地方長官從中提挈，稟承部示，聯合衆心，發慮出謀，洞中窾要，故雖事機百變，卒能就我範圍。其在事諸紳，激於義憤，合力挽救，要皆同功一體之人。而渠本翹經營保晉公司，集股興辦，隱爲抵制之計。及改約定議，復能於倉卒之間，籌集鉅款，應時撥付。劉篤敬總司商務，於礦案始終其事，迭次與福公司會議，力持正論，堅定不移，俾十年成約，一朝挽回，弭隱患於無形，收利權於既失，其有裨於大局，寔非淺鮮。前奉諭旨，業將前訂礦約之胡聘之等，分別斥革。竊以朝廷激揚互用，必在賞罰分明，若當日貽誤諸人均予嚴譴，而事後補救力爲其難者，未得仰邀旌獎，似不足以彰公道而示勸懲。在丁寶銓自以監司大員，爲地方擔任事務，寔係分所當爲。在事代表諸紳，顧全桑梓，亦以公義爲重，均稱不敢邀獎。惟渠本翹、劉篤敬兩紳，於礦事始終維持，寔係尤爲出力。且鄉望素孚，此後路礦要政，仍須該兩紳主持籌辦，獎其成勞，正以策其後效。合無仰懇天恩，俯念該紳等爭回礦約，頗著勤勞。渠本翹、劉篤敬兩紳，應如何量予獎叙之處，伏候聖裁，非所敢擅擬。所有晉紳爭回礦約，擇尤請獎緣由，除分咨查照外，理合恭摺具陳，伏乞皇太后、皇上聖鑒訓示。謹奏。

又山西巡撫《咨送陳明晉礦現辦情形摺暨硃批》 宣統二年八月二十二日，收山西巡撫文稱：案照本部院於宣統二年七月二十四日，具奏遵旨查晉省礦產，陳明現在辦理情形一摺。茲於七月三十日差弁賫回原摺，欽奉硃批：「農工商部知道。欽此。」擬合恭録硃批，鈔同原摺，一併咨送，爲此合咨貴部，請煩欽遵查照施行。計抄送原摺一本。 奏爲遵查晉省礦產，謹將現在辦理情形，恭摺具陳，仰祈聖鑒事。竊臣七月十三日承准軍機大臣字寄，宣統二年七月初七日奉上諭：「朕維貨藏於地，富國之道，礦政爲先。我國地大物博，礦產富饒，近年各省漸有開採，而成效總未昭著者，或以財力未充，或以運售不易，甚有欺詐之徒，藉集股以圖誆騙，遂至股實紳商虧折於前，不復踴躍於後，有利不興，殊爲可惜。現在百事待舉，總以開濬利源爲第一要義，凡有産礦之區，該部統督撫等當於平日派員查勘，設法興辦，勿使利棄於地。其風氣未開者，多方以勸導之，資本富有者，竭力以鼓舞之，動歆羨，破其疑慮。果能盡集華股，固屬甚善，設力有不足，亦可附入外股，惟須妥擬條款，慎防流弊，隨時咨送外務部詳核，方准實行。凡茲興利大端，亟應設法提倡，著農工商部會同各部統督撫等調查詳悉，熟籌辦法，將來有關於集股籌款等事，並著咨商外務部、度支部會同辦理，將此諭令知之。欽此。」遵旨寄信前來，臣跪聆之下，仰見朝廷開闢利源、振興礦務之至意，欽服莫名。伏查晉省礦產，以煤鐵爲大宗，礦苗礦質之美富，實爲全球所無，但自戊戌年前商務局與英商訂立合同後，平、盂、潞、澤、平陽府全省煤鐵精華薈萃之處，悉歸外人掌握，晉省即不能自辦，益以鎔化廠合辦合同四條，則并本省鍊鋼鍊鐵之權，亦均難自主。三十一年英商據合同請外務部電止晉省土人開窑，晉中山多田少，耕種常不能自給，平日窮民全恃土窑，挖煤挖鐵，以資生計，一聞禁止開窑之信，群情洶洶，幾肇大變。該公司復堅執不讓，外務部屢接照會，謂躭延一日，索賠償金二百鎊。官紳不得已，始議收回之策。然英商經營多年，糜款頗鉅，索償至一千一百餘萬，磋商累月，始由外務部定議，以二百七十五萬贖回合同自辦。合之滙兑到津平色並息款商款利息等項，數近三百萬。臣回晉後，與官紳竭力維持，設立保晉公司，現贖款已遂過二百二十餘萬，祇短四十餘萬，已預儲的款，來春即可悉數清結。夫民力祇有此數，用一緩二，不能不並顧兼籌。該公司力顧大局，而公司底蘊，外間不能盡知，難免妄生疑議。現計該公司墊付之款，已一百十餘萬。歷年以來，清償贖款，集股開辦，並收回同濟公司地畝，數近五萬，收回壽榮公司煤礦機器地房，又費數萬，更復添購機器，推廣銷路，刻下正定、大名等府並京津一帶，均銷晉煤。煙台、香港、海參崴各埠，亦陸續來晉訂購，祇因正大路窄轍多，不能多運，且運價較各路爲重，成本未能減輕，即銷路不易推廣。而該公司悉力經營，近於大同一帶推廣外銷，每日騾馱車載至三百餘起，此晉省礦產設法贖回及歷年籌辦之實在情形也。自來偉大之業，固在經理得人，但繼長增高，必由積累，不能一蹴而幾。即如萍鄉、大冶之礦，費款至二千萬，爲期至二十年，近日始稍可自立。晉礦一面以巨資贖回，一面集股自辦，爲時不及三年，規模畧以粗具。而思中傷者，復謡謗時興，致該公司總理

等皆懷去志。臣查指摘該公司者，大致約有二端：一曰糜費股東股款。不知公司先集股銀，全以墊付贖款，股銀並未交公司，有何糜費？俟贖款償清，方能以全力辦礦。刻下股東息銀仍按時付利，不爽毫釐，公司總理每月僅支夫馬費數十金，其餘用人一切，較之各省公司格外節省，賬目斑斑可見。所謂糜費，不知何所見而云然。一曰公司意存排外。不知該公司章程載明，不論何省紳商均可入股，但不收洋股。現在外省股款，即奉直二省已收款至十九萬，蓋晋力不足，必藉外省之力，乃克集事，若並外省而排之，則礦事安望其有濟耶？中國每辦一事，局外不悉局中實情，則恒幸災樂禍，必思破壞其事而後快，至云酌借洋款，原爲各國所不禁。但借款與放棄礦地主權不同，必契約合同僅止借款，一切用人辦事，均由我專主，方爲無礙主權。倘如晋省前此與英商原訂合同，則是舉一切土地利權，拱手讓人，固不得僅謂之借款矣。伏讀諭旨，兢兢於妥擬條款，慎防流弊，蓋已深鑒及此。即如汴省福公司在汴辦礦，用人辦事及礦産利益，不獨於汴人無益，汴人並無從過問，然當訂約之初，何嘗不曰借款辦礦無損主權乎。近日人情變幻，輒造作疑似之言，以惑衆聽，若非洞明利害，難免不有毫釐千里之謬。臣於晋礦始末，知之有素。默計煤鐵之佳，實爲全國鐵路並海陸軍製造之源。但圖大事者，不規近利。晋礦甫以鉅款收回，晋人之力，亦當稍事紓緩，以資周轉。大致該公司自明春償清贖款後，始能作爲成立，可以一意辦礦，此後練鋼鑄軌，亦可騰出款力，設廠購機。約計五年必有眉目，十年當可自立。該公司總理候補三品京堂渠本翹，條理精密，信用素優，論其才用資勞，久堪大用，自不能以本省之事，阻其報國之忱，將來設蒙恩簡，服官中外，第令其遥爲主持，礦事即可就理。各處紳商股款，亦可日見增加。惟該總理因外間謡諑日集，矢於辦礦集股之人遂不免多所顧慮。臣以晋礦重要，謂當勉爲其難，該總理遂亦無可推諉，但外間不悉局内寔情，胥動浮言，致辦事者益難措手。竊維晋礦爲全國富强之基，西北各省，無不恃晋省之煤鐵爲建築之本，即海陸根據之要素，亦舍此無以圖强，全球注目，種種垂涎。晋人備極艱難，甫由英商收回，今贖款尚未償清，而物議又復蜂起。臣忝膺疆寄，既確有所知，不得不據實上陳，並據諮議局公呈，亦請維持礦務，以爲自强之本，並杜覬覦之萌，蓋深知晋礦關係至重，不可不慎重以圖功。至省北一帶各種礦産，並當遵照諭旨，派員查勘，設法開採，以資利用而厚民生。除分咨查照外，所有遵查晋礦並近年辦理情形，理合恭摺具奏，伏乞皇上聖鑒訓示。謹奏。

又外務部收英使朱邇典照會《晋礦贖款付清嗣後籌借外款當先通告福公司籌議》 宣統三年四月初六日，收英朱使照會。爲照會事。山西商務局與福公司議定贖回該公司在晋省礦務利權。前於光緒三十三年十二月十八日簽字合同，及外務部蓋印一事，兹據福公司總董稟報，該合同第二款所載總數，計行平化寶銀二百柒十五萬兩，已按第四款特載之分期，均已隨時攤還。並照每次攤還之期，發給收據。其末次所付行平化寶銀四十五萬八千三百三十四兩之收據，於本月初一日，交劉君篤敬收存等情。本大臣據此，相應告知，除將以上各情，轉達貴部查照外，更請貴親王於該合同第七款，允許將來晋省礦務製鐵轉運等事，萬一有籌借外款之事，由晋省通告福公司，果其處處較廉，再行籌議之詞，仍行憶及爲盼。須至照會者。

一千九百十一年五月初四日。

辛亥　年四月初六日。

又《安徽礦務·池州煤鐵銅鉛礦》總署收南洋大臣曾國荃文《池州礦山探勘化驗開採精煉成本估計等情形》附池州老局礦山查勘報章 〔光緒十一年六月初五日〕論鐵礦一事：牛欄冲礦産，雖係廣大，惟質不净，察此礦脈，似係獅形洞礦脈，透到於此。上篇曾有論及。即使此鐵礦成數高而礦净，煤價賤，轉運又便，中國亦未得稱爲出鐵之國，其能與英美兩國争鐵利乎。英、美兩國産礦最旺，用鐵甚廣，銷路極大，鐵路各事，悉皆妥善。鐵礦一事，即使從小而做，所置辦各機器，用去一百數十萬，甚爲容易。且中國鐵之銷路，未得著實，銷售大宗爲何項之用，尚無把握。運鐵運煤，要鐵路轉運，現尚未備，擬欲仿泰西開辦鐵鋼，則不可也。既論此鐵鋼等，一切尚未舒齊，不宜舉辦。

又《河南礦務·福公司在河南礦務案》外務部收陳夔龍函《福公司索辦懷慶府鐵礦請力持駁拒》附福公司函呈稟暨豫省交涉局覆函 光緒三十一年九月初六日，收河南巡撫陳夔龍函稱：頃據福公司礦師利德函稱：擬在懷慶府境内開辦鐵礦製鐵，請發憑單，並呈圖樣等情。查該公司合同第十七條，添造分支鐵道，接至幹路或河口，以爲轉運該省煤鐵與各種礦産一節，係因内地不能設廠製造。故合同標目雖有開礦製鐵四字，不過揭明所開煤礦以爲製鐵之用，而合同條款内並無製鐵字樣，自應遵照辦理。今該公司請發開辦鐵礦憑單，實屬意存嘗試，業經飭由交涉局司道詳加查核，按照約章，並執定合同條款，切實駁復。兹將利源來函並交涉局復函，録呈鈞鑒，倘該礦師函達哲美森致向貴部曉舌，伏

祈鈞處力爲主持，與之辯駁，俾不至施其狡計也。

照録清摺。

照抄利德來往信函。

大帥麾下：謹啟者：兹接到署懷慶府知府兼辦河北礦務袁函稱，清化礦務局已於光緒三十一年八月十五日，即西曆一千九百零五年九月十三號裁撤，此後交涉事件，不由該局經理，兹特將敝公司西曆一千九百零五年九月十一號稟請開鐵礦製鐵一稟，並圖一張，直呈麾下。肅此。虔請鈞安，統乞垂鑒。福公司礦路總工程師利德頓首謹上。中曆八月二十日，西曆一千九百零五年九月十八號，自澤煤盛廠發。附呈稟一扣，圖一張。

大帥麾下：謹啟者：今德代敝公司將業經簽字之圖樣一張，送呈鈞鑒。此敝公司按照西曆一千八百九十八年六月二十一號，即光緒二十四年五月初三日，在北京所定河南開礦章程，擬在懷慶府境内開辦鐵礦製鐵，伏祈大帥查照此圖，隨即發給憑單，准敝公司開辦。所有圖内地名均已註明，該礦界係在河南省懷慶府修武、河内兩縣境内。東至修武縣之待王鎮砟子河。西至河内縣之丹河。南界如圖中所繪，在山根大段田地邊界處。北由南界起至北山里十里。按圖中所開比例尺計算，敝公司惟望麾下查照河南開礦章程，將憑單速賜發給，是所盼禱。肅此。虔請鈞安，伏祈垂照。福公司礦路總工程師利德頓首謹上。華曆八月十三日，西曆一千九百零五年九月十一號，自澤煤盛廠發。

附呈圖樣一紙。敬覆者：昨奉撫帥發貴公司擬請開辦鐵礦製鐵憑單一函，附圖一紙，飭即由局核復等因。本司道等查前次貴公司按照合同，請發憑單，業經韓觀察與貴公司議定。自澤煤盛廠起，東南北各三華里，西六華里内，除許文正公墳南北三里八分，東西半里外，畫作黄界。稟請撫帥核明，發給第一次憑單，並聲明倘日後礦地不敷開採。仍准於原繪紅綫礦界圖内，另請憑單，准照合同第一條稟請撫帥查明，果與地方情形無礙，再行核辦在案。今貴公司請領第二次憑單，是否仍在原圖紅綫界内，與黄界同爲一礦，未據詳晰聲敘。又未稟請撫帥查明與地方情形有無妨礙，殊與前案不符。且查英約第八款第九節載明洋商用機器製造，祇能在通商口岸等語。又合同第十七條添造分支鐵道接至幹路或河口，以爲轉運該省煤鐵與各種礦産一節，蓋因内地不能設廠製造，故合同標目雖有「開礦製鐵」四字。不過揭明所開煤礦，以爲製鐵之用，而合同條款内，並無「製鐵」字樣，亦未議明如何辦法。僅有添造鐵路轉運各礦出境之條，自應遵照辦理。今河南係屬内地，貴公司開採礦産，祇能按照合同轉運出境，不能設廠製鐵，有違約章。致與合同條款，亦未吻合。現在河北礦務局雖經撫帥奏明裁撤，而一切交涉事件，仍歸本局經理。本司道等素仰貴公司辦事持平，用特申明定章，縷晰函達，尚希亮詧爲幸。專泐。順頌日祉。

又外務部收陳夔龍函《福公司再函請辦鐵礦務請鼎力駁拒》附福公司函暨交涉局覆函　光緒三十一年十月初六日，收河南巡撫陳夔龍函稱：敬肅者：前據福公司礦師利德函稱，擬在懷慶府境内開辦鐵礦製鐵，請發憑單，並呈圖樣等情，當經飭由交涉局切實駁復，並將來往函件，録呈冰案。頃該公司又來函稱，此次稟請憑單開礦製鐵，與前辦澤煤盛礦廠界限，事歸兩起，毫不相干。又稱該《河南開礦章程》中國國家既經允准，是乃與福公司特別之處等語，復經飭由交涉局駁覆，兹仍將利德來函並交涉局覆函，録呈鈞覽。查該公司妄肆要求，不顧約章合同，殊屬不近情理。函中有或須稟請英使與貴部相商辦理之語，實屬狡謀思逞。儻該礦師逕由英使致向尊處曉舌，務請鼎力維持，按照約章，執定合同，與之辯駁，實紉公誼。

照録來函。

河南交涉總局諸位大人閣下：敬啟者：本月四號即華曆九月初六，接奉鈞函，係爲敝公司稟請撫帥給發憑單，以便敝公司按照原訂河南合同。在西九月十一號所呈撫帥之圖上所指之礦界内，開辦鐵礦製鐵等事。兹特遵囑分條詳晰聲敘於左，即請鑒察。

一、西九月十一號所有稟請憑單函件，並附上之礦界地圖，圖内所指界限，實與光緒三十年九月經撫帥批准之澤煤盛礦廠界限，事歸兩起，毫不相干。現在所請憑單開礦，並非指煤礦而言，且圖上所畫界限，並非産煤之地。其西九月十一號所請之憑單，擬在所呈圖上所指之礦界内，專爲開採鐵質。並設立鐵礦製鐵也，現所有稟請之礦地，多是荒山曠場。且該處所蓄鐵質較薄，不甚均勻，是以按照合同所求之地，不得不畧爲伸大也。

一、此次稟請憑單之函件，即係稟請撫帥查核於地方情形有無妨礙。照河南合同並無不符之處，至尊函云英約載明製造祇能在通商口岸，則敝處亦自有説。該《河南開礦章程》中國國家既經允准，是乃與福公司特別之處。乃在條約以外之事，不相干涉。故約章所論開礦製造等語，可不必問也。該章程標目中，既有「開礦製鐵」字樣，是已足矣。且此語極爲顯明，兹初創開辦鐵礦製鐵，

誠不願以區區小故，曠日延遲，是以敢求明示，究竟撫帥允准與否，或敝處尚須另行稟請英公使與外務部相商辦理也。

一、先前所有交涉礦務事件，皆係就近與清化河北礦務局相商核辦，惟現在該局裁撤，是以遇事不得不照豫省章程，逕稟撫帥酌奪也。專此。敬請勛安。

福公司礦務總工程師利德頓首。華曆九月十三日，西曆一千九百零五年十月十一號，自澤煤盛廠發。

覆利德函。

逕覆者：頃準惠書，以上月繪圖稟呈撫帥請開鐵礦製鐵一案，與前辦澤煤盛礦廠界限，事歸兩起，毫不相干等因。此中窒礙，有不能不縷晰相告者。查貴公司之來懷郡開採礦產，乃華商豫豐公司與貴公司議定合同，稟請前總理衙門奏准。遂於修武下白作設廠議辦，旋因據呈紅綫礦圖佔地較廣，稟奉撫帥飭由韓觀察勘議妥協，於紅綫界內另畫黄界，作爲准繩。並繕給第一次憑單，註明如不敷用，再在紅界内另行續請，與黄界所開辦者，仍爲一礦。原冀貴公司所開煤礦辦有成效，彼此同沾利益，並非准予一礦無效，又辦一礦也。今貴公司第二次請發憑單，既請事歸兩起，則與前案無涉，自應遵照商部現行礦章，祇准指定某縣一地，不准兼指數處之條。此次所指礦地，應仍在紅界範圍之内，專指一地。兹閱來圖，殊與現章不符。又英約載明洋商製造祇能在通商口岸，是已揭明不准行於内地。况中國與貴公司合辦晋礦，曾經盛宫保與貴公司代理人議定，專由中國設廠鎔化，可見製鐵事宜，不應由貴公司辦理。夫約章成案，中外同遵，合同條款既無製鐵明文，毋所謂特别之處，惟貴公司諒之。現在該處礦務局已撤，經撫帥飭由河北道馮觀察就近照料。而交涉要政，仍歸本局稟承院示，隨時核辦。尚希查照前次憑單，善自經營，力圖實濟，是所厚望於貴工程師也。餘詳前函，不復贅敘，原圖附繳。肅覆。祇頌日祉。名正具。

又外務部收商部文《咨送福公司稟請開礦製鐵事與豫撫往來文函請查酌駁拒英使嘵舌》附豫撫函暨福公司來往函件覆豫撫函等　光緒三十一年十月二十二日，收商部文稱：前准河南巡撫函稱，據福公司礦師利德函，請在懷慶府境内開辦鐵礦製鐵，請發憑單等情。飭由交涉局駁覆，並將來往函件，鈔送本部，當經本部函復去後。兹又准河南巡撫來函，以該公司復稱，此次稟請憑單開礦製鐵，與前辦澤煤盛廠礦界限，事歸兩起等語。妄肆要求，復經詳晰駁覆，仍鈔函送部前來，相應照録往來函件，咨呈貴部查照備案。如該公司轉由英使來部嘵舌，希即查酌據以辯駁，並知照本部可也。

照録來函。

貝子爺、康民仁兄大人、蔚之仁兄大人鈞鑒：敬肅者：頃據福公司礦師利德函稱：擬在懷慶府境内開辦鐵礦製鐵，請發憑單，並呈圖樣等情。查該公司合同第十七條添造分支鐵道接至幹路或河口，以爲轉運該省煤鐵與各種礦産一節，係因内地不能設廠製造，故合同標目雖有開礦製鐵四字，不過揭明所開煤礦，以爲製鐵之用。而合同條款内並無製鐵字樣，自應遵照辦理，今該公司請發開辦鐵礦憑單，寔屬意存嘗試。業經飭由交涉局司道詳加查核，按照約章並執定合同條款，切寔駁復。兹將利德來函並交涉局復函，録呈鈞覽。明知彼族貪詐，未易以筆舌争。惟有盡一分心力，保一分權利。儻該礦師函達哲美森致向貴部嘵舌，伏祈鈞處力爲主持，與之辯駁，俾不至施其狡計也。肅此，敬請台安。伏惟垂鑒。

照抄利德來往信函。

大帥麾下：謹啓者：兹接到署懷慶府知府兼辦河北礦務袁函稱：清化礦務局已於光緒三十一年八月十五日，即西曆一千九百零五年九月十三號裁撤。此後交涉事件，不由該局經理。兹特將敝公司西曆一千九百零五年九月十一號稟請開鐵礦製鐵一稟，並圖一張，直呈麾下。肅此，虔請鈞安，統乞垂鑒。

福公司礦路總工程師利德頓首謹上。中曆八月二十日，西曆一千九百零五年九月十八號，自澤煤盛廠發。

附呈稟壹扣、圖壹張。

大帥麾下：謹啓者：今德代敝公司將業經簽字之圖樣一張，送呈鈞鑒。此敝公司按照西曆一千八百九十八年六月二十一號，即光緒二十四年五月初三日，在北京所定河南開礦章程，擬在懷慶府境内開辦鐵礦製鐵，伏祈大帥查照此圖，隨即發給憑單，准敝公司開辦。所有圖内地名均已註明，該礦界係在河南省懷慶修武、河内兩縣境内。東至修武縣之待王鎮砟子河，西至河内縣之丹河，南界如圖中所繪，在山根大段田地邊界處，北由南界起，至北山里十里，按圖中所開比例尺計算，敝公司惟望麾下查照河南開礦章程，將憑單速賜發給，是所盼禱。肅此。虔請鈞安，伏祈垂照。

福公司礦路總工程師利德頓首謹上。華曆八月十三日，西曆一千九百零五年九月十一號，自澤煤盛廠發。

附呈圖樣一紙。

敬覆者：昨奉撫帥發交貴公司擬請開辦鐵礦製鐵憑單一函，附圖一紙，飭即由局核復等因。本司道等查前次貴公司按照合同，請發憑單。業經韓觀察與貴公司議定，自澤煤盛廠起，東、南、北各三華里，西六華里內，除許文正公墳南北三里八分、東西半里外，畫作黄界。稟請撫帥核明發給第一次憑單，並聲明倘日後礦地不敷開採，仍准於原繪紅線礦界圖內，另請憑單，准照合同第一條，稟請撫帥查明，果與地方情形無礙，再行核辦在案。今貴公司請領第二次憑單，是否仍在原圖紅線界内，與黄界内爲一礦，未據詳晰聲敘，又未稟請撫帥查明與地方情形有無妨礙，殊與前案不符。且查英約第八款第九節載明，洋商用機器製造，祇能在通商口岸等語。又合同第十七條，添造分支鐵道接至幹路或河口，以爲轉運該省煤鐵與各種礦産一節，蓋因内地不能設廠製造，故合同標目雖有開礦製鐵四字，不過揭明所開煤礦以爲製鐵之用。而合同條款内，並無製鐵字樣，亦未議明如何辦法，僅有添造鐵路轉運各礦出境之條，自應遵照辦理。今河南係屬内地，貴公司開採礦産，祇能按照合同轉運出境，不能設廠製鐵，有違約章，致與合同條款亦未吻合。現在河北礦務局雖經撫帥奏明裁撤，而一切交涉事件仍歸本局經理。本司道等素仰貴公司辦事持平，用特申明定章，縷晰函達，尚希亮誓爲幸。專泐，順頌日祉。

照録來函。

筱石中丞閣下：接准函稱，據福公司礦師利德函稱：擬在懷慶府境内開辦鐵礦製鐵，請發憑單，並呈圖樣等情。查該公司合同標目雖有開礦製鐵四字，不過揭明所開煤礦以爲製鐵之用，而合同條款内並無製鐵字樣。今該公司請發開辦鐵礦憑單，實屬意存嘗試，業經飭由交涉局切實駁復。兹將利德來函並交涉局覆函，録呈鈞覽。倘該礦師函達哲美森致向貴部嘵舌，祈力爲主持辯駁，等因。具徵籌畫周詳，無任欽佩。查該公司前辦澤煤盛廠，曾與議定礦界繪圖，聲明黄界之内，爲第一次憑單開辦之地。如有不敷，再將紅界以内之地，續請開辦。現在請領第二次憑單，自應仍在原圖界内指定處所。兹閱交涉局覆函，已令該公司詳細聲覆，應俟覆到，務按原圖將界限核明，勿任稍有侵越。至開礦製鐵合同既無此條款，自應據以辯駁，且該公司與中國核辦晋礦，曾與議定專由中國設廠鎔化，可見製鐵事宜不應由該公司辦理。現在既經貴省切實駁覆，嗣後該公司如轉向本部嘵舌，自應仍按照約章，並執定合同條款，力與辯駁，期與尊處互相維持，俾不得施其狡計也。專覆，祇請勛安。

貝子爺、康民仁兄大人、蔚之仁兄大人閣下：敬肅者：前據福公司礦師利德函稱，擬在懷慶府境内開辦鐵礦製鐵，請發憑單，並呈圖樣等情。當經飭由交涉局駁復，並將來往函件，録呈鈞覽。旋奉函示各節，仰見籌畫周詳，不勝欽佩。頃該公司來函復稱：此次稟請憑單開礦製鐵，與前辦澤煤盛廠礦界限，事歸兩起，毫不相干。又稱該《河南開礦章程》，中國國家既經允准，是乃與福公司特別之處等語。該公司不顧約章合同，妄肆要求，殊屬不近情理，復經飭由交涉局詳晰駁復。兹仍將利德來函并交涉局復函，録呈冰案。如該礦師或函達哲美森，或稟請英使致向貴部嘵舌，務祈力爲維持，據理辯駁。俾狡謀莫逞，實紉公誼。專此布達，敬請鈞安。

又外務部收英使薩道義照會《福公司開礦製鐵請飭豫撫發給憑單》 光緒三十一年十一月十三日，收英國公使薩照會稱：案查福公司在豫省開礦合同首段載明開礦製鐵以及轉運各色礦産云云。今該公司請領開辦鐵礦製鐵憑單，經豫省洋務局以此事與前案不符，且洋商照約不准在内地製造等語駁復，旋經該公司總工程師復行聲明，此次請領開辦鐵礦製鐵憑單，與開辦煤礦之前案，事屬兩起。合同内既經載明製鐵，即係中國國家允准福公司在條約外特別之利益，乃洋務局固執不可。經福公司稟請核奪前來，本大臣查如承貴親王查閲豫省合同原文，便知該公司所請各節，殊爲合理。蓋合同第一款載明准專辦懷慶左右黄河以北諸山各礦云云，其首段亦有開礦製鐵之語，此合同華英兩文並無軒輊，此語意義明晰。豫撫扶同該洋務局藐視合同，殊不可解。合行照請貴親王查照轉咨豫撫，即將所請憑單，速行發給。是爲切要。

又麻穆勒《福公司開辦鐵礦請飭豫撫發給准單》 宣統二年二月十九日，收英麻署使照會稱：光緒三十一年十一月十三日，薩前大臣照會，以福公司按照光緒二十四年五月初三日原定合同條款，請豫憲發給開礦辦礦製鐵各憑單等語。本署大臣查按照該合同第一款，准福公司專辦懷慶左右及省内黄河以北諸山各礦，限六十年爲期。又載應先由礦師勘定何鄉何山、何種礦産，繪圖貼説，稟請河南巡撫查明，果與地方情形無礙，一面咨明總理衙門備案，一面發給憑單，准其開採礦地，勿稍躭延云云。此款辦法，福公司於光緒三十一年業已遵行。惟因地方官未肯照請發給准單，故薩前大臣文請轉飭照辦。又光緒三十二年七月十五日本館嘉署大臣照會，謂此案准單尚未發給，催請頒發云云，各在

案。嗣後該公司注意於展開煤礦，以爲採鐵之先着，又兼辦理晋省之事。今因出産之煤足敷所用，是以該公司甚願致力於鐵礦，合請貴親王咨行豫撫，於該公司按照該河南之合同第一款所請，發給准單，是爲切要。

又河南巡撫吴重憙函《籌議禁阻福公司開辦鐵礦》附福公司要求開採鐵礦節略 宣統二年二月二十六日，收豫撫致中堂信稱：福公司在河内縣境要求開採鐵礦一事，業經駐劄礦廠委員何守雲蔚據理駁阻，曾將此事辯論情形，先行電陳，並函達鈞部，諒邀垂鑒。查洋商不得在内地製造，約章載有明文，此次該公司要求製鐵，係屬違背約章。若此端一開，不特豫省損失權利，將使内地製造之權，落於外人之手，各國相率傚尤，損失利權，將無底止。且該公司在紅黄礦界以外勘驗鐵礦，與定章亦不符合，倘不切實禁阻，則前此屢經磋磨始得就範之界綫不能保守，恐前功盡棄，後患無窮。兹謹將此事始末情形，及所擬辦法，繕具節略，伏乞鈞裁。此事關係重要，誠慮函牘未能詳盡，特飭祝令鴻元趨敂崇階，面陳一切。豫省現擬辦法兩端，是否有當，敬祈鈞酌賜示，俾有遵循，是所感禱。

近日該公司雖未提議此事，或可從此寢息。第事關交涉，不能不先事籌維，以備相機應付，再肅外務部及撫台定奪云云，當經批飭何守切實駁阻，在案。嗣復據何守稟，接該公司礦師堪睿克函稱，未奉批准以前停止勘驗鐵礦等語。近日該公司未曾提及此事，第彼垂涎已久，難保不復生覬覦，豫省自應預籌辦法，以備相機應付。查現擬辦法有二：第一須援據洋商不在内地製造之約章，將原訂合同標目上「製鐵」二字磋商作廢，以保利權。此爲最完全辦法。次則抱定紅黄綫礦界，准令界内開採鐵砂，仿照山西成案，交由中國鎔化，利與人共，權自我操，尚不失爲中策。惟第二層由我國設廠鎔化，雖可保内地製造之權，儻日後該公司所開礦鐵日出無窮，均須我國擔任代製。其事體極爲繁賾，設廠購機經費尤鉅，不如仍以能達第一層目的，方爲萬全之策。愚見如斯，謹繕具節略上呈。伏乞鈞裁。

又外務部收河南藩司稟附福公司擬辦鐵礦節略《（一）請駁拒福公司開辦鐵礦（二）中牟法教士庇護殺人兇手》 宣統二年二月二十六日，收河南藩司致中堂稟稱：竊本司猥以菲質，謬綰藩條，夙夜黽皇，惟不克勝任是懼。近幸仰託福芘，境内尚稱敉平，伏乞中堂不棄樗庸，時頒榘誨，俾資矜式，藉寡愆尤，無任叩禱。豫省政事日繁，度支尤絀，而交涉繁賾，應付尤難。英商福公司總董白來喜意欲違約採鐵製鍊，經委員何守雲蔚駁阻，現未據文件要求，誠恐慫恿英使向鈞部饒舌，業由仲懌中丞電達鈞部，請向英使據理駁斥。此本年正月間事也。又去歲八月，法教士董文學因教民佔領中牟灘地，與原武縣民李姓尋釁，開鎗轟斃武生李瑞三之子李保吉，並傷李保南等二人。主教梅占魁於董文學到案供認保出候傳之後，復經袒護，抗不交人，反揑造情節，稟由法公使照會電豫查辦。仲懌中丞亦經詳細電覆，並請照會法使飭該主教交出董文學，以便將全案解津，交該管領事訊辦，現在屍親見證均在守候。查洋商違約製造，大損利權，教士庇匿正兇，尤妨内政。尚乞中堂主持大局，不勝跂仰。仲懌中丞於該兩案極爲注意，現派候補知縣祝令鴻元馳謁崇階，面聆訓誨，並由仲懌中丞函陳外，謹肅稟，并録呈節略二紙，仰祈詧存，用備採擇。臨稟，不勝悚惶待命之至。專肅。恭請鈞綏，伏乞垂鑒。本司壽鏞謹稟。

計呈節略二紙。

福公司擬違約採鐵製鍊一案節略。

竊於本年正月，據駐紮福公司礦廠委員候補知府何雲蔚稟稱，近與福公司總董白來喜會晤，知該公司有開採鐵礦及製鐵之意，當即援據公法約章，極力駁辯，白董詞理稍屈，答稱此事重大，我輩不能作主，應請英使與大部及撫院定奪等語，請預籌應付之策等情。查光緒二十四年華商豫豐公司與福公司訂立合同，標目雖有「採礦製鐵」字樣，而所訂合同條款二十條，均專言採煤，并無涉及製鐵一字。尋繹文義，自指開採煤礦爲製鐵之用，并非於採煤之外，兼准其採鐵製鐵也。且原訂合同，係擬辦懷慶左右黄河以北諸山之礦，續於光緒二十九年，經前辦河北礦務委員韓道國鈞與該公司磋商定議縮小礦界，分黄綫紅綫，先就黄界開礦，如開有成效，地不敷用，再准於紅界内擴充添開。黄綫界面積六十里，紅綫界百餘方里，曾經詳咨有案。今查該公司擬購界外鐵砂，由現在礦廠設爐鎔製，黄綫界内未經開竣，未便在界外續開。又查英約第八條第九節内開，洋商用機器製造，祇能在通商口岸等語。從前山西省與福公司議定，開出鐵砂，須交由中國國家鎔化廠鍊成鐵磚，裝運出境，亦經奏明在案。該公司原訂合同，既專指採煤，即無在内地製造他物之權，即使在黄綫界内開出鐵礦，尚應原案將所採之鐵，交中國國家鎔化廠代爲鎔鍊。今不特越界開採，並欲自行製造，殊與條約不符。光緒三十一年間，該公司總工師利德請發開採煤礦憑單，經前撫院陳飭令交涉局按照合同約章，向其駁復，事遂中止。現復覬覦鐵産，顯侵利權，若非據理力爭，更恐漫無限制，有損國體者實大。該公司既稱由公使定奪，難保不

從恿英使肆其要求。務請鈞部力爲主持，據理駁斥。大局幸甚！謹略。

又外務部收英署使麻穆勒函《請迅復福公司請發製鐵憑單事》　宣統二年四月十三日，收英麻署使函。逕啟者：本年二月十九日，曾以福公司按照光緒二十四年五月初三日原定合同條款，請豫憲發給開礦辦礦製鐵各憑單等語，照會貴部在案。本署大臣前數星期向貴部詢問此事，承告以福公司所請之事，已咨行豫撫待復。惟豫撫現值更調，恐有躭延云云。今該公司特派代表之員梁恪思來京，將此事催請注意前來。合請貴親王查照本年二月十九日之文，便中早日賜復，是爲切要。此布。順頌鈞祺。

麻穆勒啟。四月十三日。

又麻穆勒《福公司辦礦有利中國請照發製鐵憑單》　宣統二年五月初七日，收英麻署使照會。爲照復事。本年四月十七日接准來文，以福公司按照光緒二十四年五月初三日原定合同第一款，所請發給開礦辦礦製鐵各憑單，礙難允認等因，均已閱悉。查貴部所謂礙難允認之故，本署大臣惜未明晰。來文内謂，雖然該公司現在見煤獲利，凡合同内所載中國應得之利益，無不落空，而該公司獨坐享開礦之利，並於原訂合同各節，均未照辦等語，不知何所據而云然。茲據福公司稟報，貴部文内之語，確屬無根之談。又按照合同，中國應獲第一之利益，即係第六款所載，每年所有礦産，按照出井之價，值百抽五，作爲落地税等語。查一千九百零九年終，該公司已將一萬二千二百十八兩九錢六分紋銀，交與豫省洋務局代豫撫接收，並得到收據，此款即係自開始至彼時初次交納之出井落地税也。此税每年賡交，其數産煤如多，税亦增長，此非該公司按照原訂合同所行之事乎。其第二利益亦載在六款之内，所餘净利提二十五分歸中國國家，如有虧折，中國國家毫無干涉，此項净利，届時必交。福公司設立已十有二年，在豫所費不貲，尚未能以一文分交各股東，而該公司費時甚久，竭力經營，並耗多貲，其中付給豫省華民工價，爲數甚巨，始獲産煤之效。惟銷場尚在幼稚，且運脚過重，及有他項難端，從中梗阻，是以售煤之利，渺乎其微。該公司竭力謀猷遵照合同，以盡己責，就中國政府而論，應行待以優厚。果爾，則所獲之微利，行將易而爲上恰中國政府之心者，此即該公司毫無不循合同之處。其第三利益即第八款所謂各機器運進口完納海關税項，並開出礦産運出口時，仍照關章納税云云，此節無不確遵而行。其合同第十一十二兩款内，即爲第四利益，係關於僱用礦丁之事，此一節該公司亦已遵辦。且以公平價值，僱用華人甚多，其中豫民不少，似此每年耗去巨資，至今竟無合宜之彌補。其第五利益該公司按照第十三款，已於礦山就近開設礦務鐵路學堂，由地方官紳選取學生入堂肄業，所有購地建房置器並延請教員一切，皆由該公司自行承辦。其末節利益，不載合同之内，即該公司備極廉燃料，不但民間受福，而中國政府亦隱享其益。至豫豐公司一事，其接代者，豫省洋務局也。竊以爲貴親王於宣統元年二月初六日，該局與福公司總董白來喜所定將此事存案之合同，未經查閱，此次該公司所請發給開礦辦礦製鐵各憑單，並非别出新裁，不過僅請中國政府實踐光緒二十四年五月初三日允許原訂合同而已。矧該合同已經奉旨俞允，並由總理各國事務衙門蓋印，合請貴親王勞神再行斟酌，並行知豫憲照發所請各憑單，無事再行延宕。無任感荷。須至照會者。

又外務部收英署使麻穆勒照會《豫紳籌開鐵礦有違福公司合同請飭令停辦》　宣統二年五月初八日，收英麻署使照會。爲照會事。頃據福公司特派之代表梁恪思君稱：近五年來，福公司所請中國地方官發給按照合同應得憑單之境内，豫省大憲批准之代表，將該處産鐵之區，設法收買。茲將代表銜名列下：河南諮議局議長杜嚴，礦商靳法蕙，及雷大人，紳士韓家玉、曹鳳來。擬購地段之附近村名列下：石板崖、麥楷河、小趙莊、東張莊、薛河、趙窑、杏子城。以上各處，均在福公司所請發給憑單境内。其地每畝作價老錢十四千文，先付四千餘，俟製鐵廠成立再交。并云委員自稱爲光豫譯音。鐵質公司之代表。該公司創立之意，係爲在該境内製鐵而設。該委員於四月二十三日行抵境内，或謂已買定數百畝地段，以便安置鎔化廠及其他房屋云云。本署大臣查梁君所報，若果確實，則以上所述之舉動，足見豫省大憲欲將光緒二十四年奉旨允准並經總理衙門蓋印之原訂合同，設法廢棄。此節諒在貴親王洞鑒之中。亟應照請貴部與本署大臣互相議商。而既商未結之前，應將前項此類情事，概行停止，是爲至要。須至照會者。五月初七日。

又外務部發河南巡撫寶棻文《駁拒福公司開辦鐵礦英使異議請速籌對策》　宣統二年五月十六日，發河南巡撫文。爲咨行事。宣統二年二月十九日接准英麻署使來照，以福公司甚願致力於鐵礦，請咨行豫撫按照合同第一款，請發給准單等因。當經本部以華商豫豐公司與福公司借款承辦懷慶礦務，原係自借洋債，嗣後華商渙散，豫豐公司消滅無存，福公司之款，亦即無人承借。福公司勘定老牛河礦産，現在見煤獲利，凡合同内所載中國應得之利益，無不落空，所請

發給憑單開採鐵礦之處，礙難允認等情。照復該使去後，茲復准該使來照辯論，謂中國應得之利益，福公司均已照辦，所請發給開礦辦礦製鐵各憑單，不過僅請中國政府實踐允許原訂合同而已，請行知豫憲照發所請各憑單等因。並准照稱，據梁恪思稱，近五年來，福公司所請發給憑單之境內，豫省大憲批准之代表，將該處産鐵之區，設法收買。并云，委員自稱爲光豫鐵質公司之代表，該公司創立之意，係爲在該境内製鐵。所報如果確實，足見豫省大憲欲將原訂合同，設法廢棄。亟應互相議商，既商未結之前，應將前項情事概行停止等語。查英使以福公司在河北辦礦，立有合同，照請發給憑單，不受駁阻，勢難空言搪塞。現來照有互相議商之語，此事關係甚鉅，亟應速籌一對待辦法，以資因應。相應鈔録來往照會，咨行貴撫查照核復，以憑辦理可也。須至咨者。鈔件。

又寶棻《福公司請領開礦製鐵憑單事籌商對策》 宣統二年六月二十日。

豫撫寶棻致外務部函。琴軒仁仲中堂閣下：昨奉電文，極紉高誼。福公司事，昨據本省紳士呈意見書，業經函達外部堂邀鑒及。該紳等所據理由，雖亦圓足，然如此空言誠恐終無效果。棻反復籌思，欲保利權，必須如尊電所言，將「大河以北懷慶左右」字樣削去，始能有濟。唯查光緒二十九年韓道國鈞與該公司劃界時，訂明黄界之礦採盡，再於紅界發給第二次憑單。今該公司乃欲於紅界之外，請飭憑單另開一礦。情形滯礙，殊難辦到。現擬通融辦理，黄界雖未採盡，先發給紅界憑單，以爲調停之計。此層與豫紳曉事者，若反復磋磨，或能就範。若外人必欲於紅界外開礦採鐵，意甚堅持，唯有就紅界稍與擴充，然必須將「大河以北懷慶左右諸山」暨標目「製鐵」二字全行取銷，乃得與憑單交换。雖此層豫省紳民必難認可，然若外人應允，則棻與大部協力維持，就利害重輕範圍廣狹，向豫紳逐層解説，或無異辭。我公宏達，實冠當時。此外若别有合宜方畧，務祈密示一切，俾得遵循，無任盼禱。專此密商，肅候鼎綏。諸祈垂照。

如小兄寶棻謹肅。六月二十日。

又外務部收河南巡撫寶棻函《豫紳繕陳意見書駁拒福公司請採鐵礦暨干預華礦》附河南礦務研究會意見書 宣統二年六月二十五日，收豫撫函。敬肅者：前據大部以准英麻署使照會，福公司欲致力鐵礦，請豫省按照合同第一款，發給准單，當經駁阻，乃英使再三來照争辯，且欲於未議結前，令光豫公司停止等情，咨行到豫。當以此事重要，解決極難，除飭交涉局核議外，並飭該局與本省紳士接洽，藉收集思廣益之效，且免龐言浮議之滋。前奉函催，業將下情電達。昨據本省礦務研究會李紳時燦等到局會議，並呈意見書一通，懇轉達鈞部，以供採擇。該紳等之意，仍引紳部中照會英使原文，大意言福公司謂見煤之後中國應享之利益，皆未落空，則中國亦當援照合同，給與採勘鐵礦憑照。其辭固亦甚辯，但當時乃豫豐公司轉請福公司代辦，無論借款之虚實，要必豫豐名目尚存，福公司借款之條文未删，福公司乃得緣豫豐之名，請發憑單。若豫豐既歸烏有，借款又屬子虚，福公司斷無可指定礦地請發憑單之權。第一次憑單所以肯發者，亦因豫豐之名目存也。迨宣統元年二月之專條聲明豫豐名目裁撤，借款條文作廢，則是此後福公司但能於已得憑單礦界内，遵章營業。此外何得要求？至言利益，則福公司既得一礦憑單，中國亦僅享此一礦利益。此後豫豐與借款既同歸消滅，則斷無給他礦憑單，享他礦利益之理。逐件引釋合同，以爲左證。又陳合同第十六條明載於所准礦地内，如有民人經開採者，不得侵佔之明文，何得干預光豫進行等語。棻按該紳等陳説各端，亦尚有據，其意向亦不過佐大部以保全礦利，對付外人。特將原書抄録，附呈垂鑒，可否採擇其言照復英使之處，敬候卓裁。專肅，祗請鈞安，伏維公鑒。

寶棻謹肅。

謹將對於福公司界外要求鐵礦意見書，繕呈裁擇。

查福公司要求界外鐵礦，皆引據原合同爲詞。今欲解決福公司能否得鐵礦之開採權，當先研究原合同現在於界外各礦有無關係。原合同者，乃豫豐公司向福公司借款轉請福公司辦礦之章程也。當時前撫憲之批准，總署之蓋印，皆准豫豐公司可向福公司借款，令其承辦開礦，非准福公司可以徑自開礦也。乃准福公司可緣豫豐公司指定礦地，稟請發給憑單，以待豫撫憲之考查有無妨礙，而准駁之，非准福公司可指定礦地，徑向撫憲稟請發給憑單，更非准不待撫憲之考查有無妨礙，福公司竟可以强肆要挾發給憑單也。然則無論當時豫豐公司向福公司借款之虚實如何，要必豫豐公司之名目尚存，福公司借款之條文未删，福公司乃得緣豫豐公司之名，以向撫憲稟請發給憑單。若豫豐既歸烏有，借款又屬子虚，福公司斷無可以指定礦地請發憑單之權。其有無妨礙，直可無庸查考。在福公司必曰，前之請發黄界煤礦憑單時，已聲明爲第一次，則此後再行指定礦地，自可仍援原合同稟請。不知前次福公司之請得憑單，係根據於豫豐之名目，與借款之條文，乃能援原合同而發生效力。即其聲明爲第一次，亦實根據於此名目與條文之尚存也。迨宣統元年二月之專條，聲明豫豐公司名目裁撤，借款

條文作廢。此後之福公司，但能於已得憑單之礦界內，遵章營業，萬不能於已得憑單之礦界外，稍有要求。此事理之極明顯者也。乃英公使來照，言合同中載中國應得之利益，福公司一一照辦。揆其意，若福公司既遵原合同照辦應與中國之利益，即可援原合同以更請憑單。惟合同性質，皆兩方各爲發達其利益合意訂立之契約，故其中所規定彼此之利益，皆相交互。如原合同第一、第二兩條，乃豫豐公司對福公司享借款之利益，始與福公司以辦礦之利益，兩方面相伴而生者也。第五條乃規定關於第一條勘礦時之事件，第十四、十五兩條乃規定關於第二條借款之事件。自餘各條，除第九條爲規定期限，第十九、二十兩條爲照例之規定外，皆規定福公司既得開礦憑照及開採得利後之事項，其條件乃與福公司所得憑單及開採之事實，相伴而生者也。原合同之借款條文，聲明作廢，福公司斷不能復援原合同，要求礦地。原合同之豫豐名目，既經裁撤，福公司更不能以單獨存在，向撫憲稟請。蓋相伴而生，必應相伴消滅者也。至現辦之黄界煤礦，乃豫豐名目未經裁撤，借款條文未經作廢以前所請得者也。英公使所言福公司節節遵照原合同者，皆係原合同中規定既得憑單及開採得利後各事之條文而言，亦係事實，此相伴而生仍相伴而存者也。福公司萬不能因現在相伴而存之事實，引原合同相伴消滅之條文，要求黄界外一切礦產。猶我萬不能執原合同相伴消滅之條文，律現在相伴而存之實事，責福公司歇閉其黄界內之澤煤盛廠也。統審原合同及各案件專條，事理俱在，此案無難立決。至英公使來照所言「豫豐公司一事，其接代者，豫省洋務局也」一語，自係指宣統元年二月初六日訂立之專條第五條文中「福公司交涉事件，統歸河南交涉局管理」一語而言。其文意直以河南交涉局爲豫豐公司之接代，無論豫豐公司爲私人資格，交涉局爲行政局所，萬無可以接代之理。即以條文論，但言福公司交涉事件歸交涉局管理，非交涉局即可以爲豫豐公司也。交涉局本所以管理交涉，此復以條文規定之者。以前日福公司之交涉，皆蒙豫豐之名，必由華董以接於交涉局。今豫豐既裁，福公司得直接於交涉局，故條文規定之日，福公司交涉歸河南交涉局管理，語意本極明晰。英公使來照所云，非誤會文意，則有意爲難也。查此專條聲明，以華文爲憑，應請英公使詳審華文文義，自知其誤矣。又英公使來照稱光豫鐵礦公司一事，有令概行停止之語，尤屬無理。查合同第十六條内，有福公司於所准礦地內，如有民人先經開採者，不得侵佔之明文。福公司屢請中國禁止人民在紅界內開採煤礦，均經駁阻在案。今光豫公司已經批准立案，其勘定礦界，與福公司紅黄界最近距離，均在千餘官尺以外，呈有詳圖備案。英公使信福公司一面虛詞，竟欲停光豫公司之進行，是福公司於豫豐名目未裁、借款條文未廢之前，尚不能禁止中國人民開採煤礦於其礦界之中。今乃於豫豐名目既裁、借款條文既廢之後，强欲阻撓中國立案註册之公司開採鐵礦於其礦界之外，恐五洲萬國，無此法律，無此情理。總之，黄界以外，無論何種礦産，福公司均無稟請發給憑單之權。無論中國設立何項礦産公司，英公使斷無越俎過問之理。若此次委曲遷就，發給探礦憑單，一次失著，便成鐵案，福公司日後援案要求，有加無已，則大河以北懷慶左右，凡有礦産之地，中國皆無自主之權，後患何堪設想。敝會同人再四籌商，衆議僉同，愚昧之見，是否有當，尚祈裁擇是幸。

又外務部發英署使麻穆勒照會《福公司無權再請辦礦憑單尤不應干預豫民辦礦》 宣統二年八月十三日，發英麻署使照會，爲照復事。福公司在懷慶辦礦一事，迭次接准照稱，據福公司稟報，中國應獲之利益，無不遵照合同辦理。接代豫豐公司者，爲豫省洋務局，此次請發憑單，不過僅請實踐允許原訂合同。又稱豫省大憲批准光豫公司將該處産鐵之區，設法收買，在該境內製鐵，意將原訂合同設法廢棄，亟應互相商議，既商未結之前，應將此項情事概行停止各等因。查此案前准貴署大臣來照，當經咨行豫撫查核去後，現准復稱，福公司在豫省辦礦，乃係豫豐公司借福公司之款，因以轉請福公司代辦，無論借款之虛實，要必豫豐公司名目尚存，福公司借款之條文未删，福公司乃得緣豫豐之名，請發憑單，若豫豐既歸烏有，借款又屬子虛。福公司即無指定礦地請發憑單之權，第一次發給憑單，已屬格外通融，此後福公司但能於已得憑單之礦界內，遵章營業，此外不得再行要求。又合同第十六條明載，於所准礦地內，如有民人先經開採者不得侵佔之明文，福公司自不得干預光豫公司進行等語。查豫省礦務，本係豫豐公司轉請福公司辦理，純係商務性質，其原訂合同，即係豫豐公司與福公司借款轉請福公司辦理之章程。現在豫豐公司消滅無存，借款一事，已歸烏有。追論原合同發起之根據，綜核原合同全體之辦法，無論如何解説，均無可以再請發給憑單之理由。洋務局係官立局所，與商立豫豐公司，迥不相涉，未便混而爲一，指爲接代之證據。即照原合同立論，福公司祇能不侵佔民人開採之礦，不能轉行阻止民人之開採，則光豫公司設立與否，福公司尤不便干涉，豫撫所稱各節，實屬理由正當，並非强詞解説。惟念華洋合股辦礦，本爲條約所許，福公司如不固執成見，可以另商辦法，本部亦可通融辦理，令與該省所派之員，另行和

平妥商，以期兩有裨益。相應照復貴署大臣查照，即希轉致該公司代表，并見復可也。須至照會者。

又河南代表與福公司代表會議筆記《會議福公司請發開採鐵礦憑單事》

宣統二年十月二十一日午前十點鐘，豫省代表及豫撫所派委員，與福公司代表，在石橋別業會議河南礦務交涉筆記。

王委員言：前日外務部與英公使商明，此次交涉，彼此爭執，皆由原合同解釋有不同之處，故今日第一次開議，應先將原合同解釋明白。

豫代表向福公司代表云：請貴代表先加解釋。又云：解釋合同之先，有應先解決之問題，現在彼此所執合同，有華文英文之不同，究以何文爲憑？

福代表云：吾輩僅知英文，當以英文爲憑。

豫代表云：在中國交涉，應以華文爲憑，且去年所訂專條，曾聲明以華文爲憑，足證此合同亦應以華文爲憑。

福代表云：據吾之意，合同無甚疑義，請貴代表先抒意見。

豫代表云：請問此合同係何人與何人所訂？

福代表云：係豫豐公司與福公司所訂，曾經河南巡撫及總理衙門批准。

豫代表云：敝代表若不承認此合同，則貴代表可以曾經總理衙門批准證明，現敝代表問訂立合同之兩方爲何人，非言此合同之無効力，則批准與否可無論。

福代表云：此合同既經總理衙門批准，即是貴國政府允許福公司開礦，至豫豐公司係屬何人，敝代表一概不管。

豫代表云：此合同係豫豐公司與福公司所訂，並非總理衙門所訂，安能置豫豐公司於不顧？

福代表云：此合同已用至十二年之久，現在不必再研究此問題。

豫代表云：今日既解釋原合同，不得不研究原合同之性質，第一層此合同係豫豐公司與福公司兩方合意所訂，第二層係合同訂立後，總理衙門始行批准。請問此合同是否豫豐公司因向福公司借款所訂？

福代表云：不知。

豫代表云：合同中言之甚明。如貴代表言不知，則確因借款所訂，毫無疑義。

福代表云：請閱專條第五條。此條文云，豫豐公司現已裁撤，至原合同所載借用福公司成本一千萬兩，實爲紙上空談，議定一併作廢云云。

豫代表云：吾現在祇研究原合同是否豫豐公司因向福公司借款所訂，至專條第五條，將來解釋專條時，自有正當解答。

福代表云：訂合同時，豫豐尚未曾借款，觀原合同第十四條「借款千萬」係約估之數便知。至開礦時，豫豐公司無款，乃由敝公司爲之墊款。

豫代表云：貴代表既言豫豐無款由貴公司墊款，則此礦係豫豐公司之礦，確然無疑。請問此礦主體，究係何人？

福代表云：福公司爲主體。

豫代表云：合同第一條明言豫豐公司轉請福公司辦理，請問「轉請」二字作何解釋？所謂「轉請」者，乃豫豐公司承辦此礦，轉請福公司爲之代勞也。可見豫豐公司爲資本家，福公司爲勞働家，安得以勞働者爲此礦之主體乎？

福代表云：此礦權應歸福公司管理六十年，至六十年後，仍歸中國。

豫代表云：原合同第一條、第二條開始，均言豫豐公司稟奉河南巡撫批准云云，請問主體者非豫豐而何？

福代表出所持光緒三十年豫撫所發開採煤礦憑單，指向豫代表云：此福公司當然開礦之證據，係貴國長官已經承認者。

豫代表云：憑單係由原合同而生，非合同由憑單而生，不能以憑單減原合同之効力。即以憑單論，請求之權，亦尚在豫豐公司。

福代表云：憑單上既未有豫豐公司字樣，福公司即此礦之主體。

豫代表云：開礦主體既爲貴公司，何以請憑單時，不由貴公司獨請，而必由豫豐公司出名？

福代表云：以何爲據？

豫代表云：當時請求憑單之稟，河南交涉局有案可查。

福代表云：豫撫發憑單時，聲明給與福公司。

豫代表云：憑單雖直接交與福公司，究竟福公司乃豫豐公司作工之人，非有此礦主權之人。

福代表云：請福公司作工，即與以礦權予之無異。不然，何以原合同第九條聲明，六十年後，將此礦所有産業報効中國國家？

豫代表云：第九條中明言「届時由豫豐公司稟請河南巡撫派員驗收」，可見此礦確係豫豐公司之礦。所謂報効者，乃豫豐公司報効國家，非福公司報効中

國國家。

福代表又出宣統元年所訂之專條，指「第五條豫豐公司現已裁撤」句云：豫豐公司既現已裁撤，則六十年後，此項礦産，中國國家應向福公司索取。

豫代表云：專條第五條豫豐公司裁撤，敝代表未嘗不承認，但此係宣統元年事，今既解釋原合同，應專就原合同立論。試觀合同中第十五、十八兩條，凡事均由豫豐公司主持，足證豫豐公司爲此礦主體。

福代表云：豫豐公司裁撤，去年曾經外務部認可，何以貴代表始終援據原合同爲詞？

豫代表云：據貴代表言，則是原合同已無効力，今日復要求鐵鑛，不知何所取據？

福代表云：貴國外部承認將第二條取消。

豫代表云：原合同是否仍爲有効？

福代表云：專條所以解釋原合同，原合同仍爲有効。

豫代表云：既是原合同仍爲有効，則其中第十五條，「華商如有收買鑛務股票，應由豫豐公司收買。」第十八條，「每至年終，或盈或虧，須具造清册，刊刻報單，送至豫豐公司查核。」如豫豐公司非主權者，何以事事必由豫豐公司主持乎？

福代表云：所謂股票，乃豫豐公司代華商收買，並非由豫豐公司出賣。

豫代表云：然則第十八條所謂「清册報單，送至豫豐公司查核」云云，豫豐公司既有查核之權，非主體而何？

福代表云：豫豐公司曾經查過賬目否？

豫代表云：請問福公司曾將賬目送與豫豐公司查核否？

福代表云：若豫豐公司查賬，福公司並不拒絶，但福公司不能請求豫豐公司查賬。

豫代表云：按合同條文，福公司應將賬目送至豫豐公司查核，是福公司本有送查之義務，乃並不送查，即是福公司不履行合同。

福代表云：照宣統元年專條第五條，豫豐公司裁撤，此事不能再爲提及。

豫代表云：豫豐公司是宣統元年裁撤，請問未裁撤以前，福公司曾否將賬目送查？

福代表云：按專條第五條「現已裁撤」句，「已」字是過去之辭，是豫豐公司早已無有矣。

豫代表云：貴代表能通華文，甚可欽佩。但「現已裁撤」之「現」字，指目下而言。原文既不曰「久已裁撤」，又不曰「早已裁撤」，而曰「現已裁撤」，足證豫豐公司之裁撤，確在宣統元年訂立專條之時。

福代表云：吾現今欲開鐵鑛，貴代表有何理由阻止？

豫代表云：請問貴公司執何理由而開鐵鑛？

福代表云：依據原合同，福公司有此權利，且專條第五款明言合同第二條作廢，則福公司開鑛，並不干豫豐公司之事。

豫代表云：合同係由兩方合意而訂，豫豐公司既消滅，合同當然無効。

福代表云：據專條第五條，「豫豐公司裁撤，福公司交涉事件，應歸河南交涉局管理。」且訂合同時，李鴻章亦曾來函，承認此事，即中國政府與英國政府均經承認。

豫代表云：此合同乃私人契約，非國際條約。國家承認者，不過承認契約有効，將來争執時，可據以判斷，非承認福公司有直接開鑛之權也。

福代表云：中國政府批准，即是承認福公司可以直接開鑛，諸君又何以知其不許耶？

豫代表云：照原合同條文，均係批准豫豐公司開鑛，不過豫豐公司因不明開採之術，轉請福公司代爲辦理，是就原合同已足證明國家只承認豫豐公司請福公司代辦，他事概未承認。且按中國與各國通商條約，外人不能在内地營業，故中國政府只能允許豫豐公司開鑛，不能允許福公司開鑛，亦一證也。

福代表云：外人雖無在中國開鑛之權，但既中國政府承認，即可開鑛。

豫代表云：前曾屢言之，中國政府所承認者，豫豐公司開鑛，轉請福公司爲之做工耳。試觀原合同第一條、第二條，均聲明「豫豐公司稟奉豫撫批准」云云，第十九條復聲明「該鑛爲中國自主之産」云云，其非福公司得有鑛權，尚何待言？

福代表云：福公司開鑛已有十二年之久，今日談此等話，敝代表甚不願意。

豫代表云：豫豐公司四字，因貴公司不願談，敝代表即不談。然則鐵鑛二字，是敝代表不願談，貴公司亦即不談可也。

福代表云：今日非提議他事，乃問原合同如何而後可以履行？

豫代表云：惟其如此，故合同不可不解釋明晰。請問豫豐公司既消滅，貴

公司能獨行此條約否？

福代表云：敝公司既欲開鐵鑛，即係履行條約。

豫代表云：既是履行條約，查合同第十九條云，該鑛爲中國自主之産，可見中國對於此鑛有完全主權，貴公司係英人，安能要求此鑛？

福代表云：按合同第十九條所謂「該鑛爲中國自主之産」者，蓋指下文「當戰爭時福公司不得接濟敵國」而言，非謂福公司無開鑛之權。

豫代表云：既言「中國自主」，可見此鑛開採權乃豫豐公司所有，非福公司所有。

福代表云：在六十年内，此鑛之開採權應爲福公司所有，至六十年外，方能歸豫豐公司。

豫代表云：查原合同第十二條，「由豫豐公司會同福公司，採歐美各礦妥善章程，商請巡撫定奪」；第十六條，「由豫豐公司會同福公司秉公給價，不得稍有抑勒。」此兩條一言用人，一言置産，均係六十年内事，何得言六十年外，始歸豫豐公司？

福代表云：敝公司既得有憑單，即有開礦之權。

豫代表云：憑單之効力，以開煤礦爲限。其餘交涉，仍須根據原合同。敝代表謂此礦爲豫豐公司之礦，就原合同有種種證據。

第一、第二兩條，皆言豫豐公司稟奉河南巡撫批准，此豫豐公司爲開礦主人第一證。第一條言，「豫豐公司轉請福公司辦理」，可見福公司乃豫豐公司之經理人，此豫豐公司爲開礦主人之第二證。第十八條，「每至年終，福公司應將賬目送至豫豐公司查核」，此豫豐公司爲開礦主人第三證。第十二、第十六兩條皆言「豫豐公司會同福公司」云云，此豫豐公司爲開礦之主人第四證。第十九條又言，「該礦爲中國自主之産」，此豫豐公司爲開礦之主人第五證。

福代表云：據敝公司觀之，豫豐公司即中國政府之代表。

豫代表云：敝國自有公司二字以來，均係商業團體之名詞，並非行政機關之名詞。且原合同内，屢言豫豐公司稟奉河南巡撫批准云云，政府爲全國主權者，豫撫乃一省行政長官，若如貴公司所言豫豐公司爲政府代表，是以全國主權者之代理人，而必具稟於地方官請其批准，請問貴國有此政體乎。？

福代表云：貴代表謂豫豐公司非中國政府之代表，然則豫豐公司係何人乎？

豫代表云：據合同條文觀之，豫豐公司實經政府認可，爲礦務營業之人，故合同内有「稟准承辦，自借洋債」。若如貴代表之言，試問債權歸福公司，礦權亦歸福公司，世界有此理否？

福代表云：敝公司未曾借給豫豐公司銀兩。

豫代表云：合同中明言借款一千萬，如未借款，何以合同中聲明借款乎？

福代表云：所謂借款千萬，係約估之數，觀第十四條云云便知。

豫代表云：所謂約估之數者，不過訂合同時，豫豐公司尚未用款，故聲明係約估，究竟此合同實因借款而訂，毫無可疑。

福代表手執光緒三十年豫撫所發採煤憑單云：此即吾能開礦之證據也。

豫代表云：發給採煤憑單時，中國政府祇承認福公司爲豫豐公司之代理人，請問未訂專條聲明豫豐公司裁撤之前，此礦權應屬何人？

福代表云：屬福公司。

豫代表云：以上所言合同中種種證據，豫豐公司確爲主權者，此礦權何能屬之福公司！

福代表云：採煤憑單既未聲明豫豐公司爲主權者，則福公司當然開礦，且合同第一條載明黄河以北諸山各礦，即不祇以煤礦爲限。

豫代表云：合同謂「黄河以北諸山各礦」云云，係指未勘礦以前，准在此處勘礦而言。故下文又言，「須勘定何鄉何山何種礦産，繪圖帖説，稟請河南巡撫」云云，可見既經勘定開採以後，無論所開何礦，原合同之効力，均盡於此。今煤礦已開，即合同之効力已盡，豫豐縱未裁撤，已不得持原合同要求他礦，況豫豐已撤，福公司乃受僱傭之人，安能持原合同要求鐵礦乎？

福代表云：據憑單言，中國政府確認福公司有開礦之權，且合同第七條明言「福公司所開之礦，不止一處」，可見原合同之効力，不因煤礦而止。

豫代表云：原合同所謂「不止一處」者，並未規定係指第一條所定之地而言，當時福公司山西礦約尚未作廢，又安知非指此等處之礦産乎？

福代表云：今日直接言之，如何而後能令敝公司開採鐵鑛？

豫代表云：若依原合同言，貴公司有開鐵礦之權，則敝代表決不以貴公司爲外人而歧視。無如照條文解釋，福公司絶無此種權利，故敝代表絶對不能承認貴公司開採鐵鑛。

福代表云：貴代表爲豫豐公司之主權者乎？

豫代表云：非也。

福代表云：既非豫豐公司之主權者，何以專爲豫豐公司作辯護乎？

豫代表云：此礦關係豫省權利。假使豫豐公司今尚存在，繼續請求，則敝代表有准其開採與否之權。今豫豐裁撤，敝代表特聲明，豫豐之外，他人並請求之權而無之，非爲豫豐公司作辯護也。

福代表取出外部照會云：貴國外務部知照敝國公使和平辦理，今日會議，總要議一辦法。

豫代表云：此乃商務交涉，非國際交涉。吾輩除合同外，別無和平辦理之法。

王委員言：原合同業已解釋，刻下時間已晚，可否緩一二日再議辦法？

豫代表云：今日會議之結果，既證明按照原合同，豫豐公司消滅，福公司無直接請求開礦之權。此等界限，須先劃清。如商議辦法，另作一番話説，未爲不可。

福代表云：不能承認此語。今日敝代表來此，乃依據合同，欲商一和平辦理之法。若謂原合同無効，則此後無可再議之事矣。刻下敝代表甚欲明白，貴代表對於此事之意見，究竟如何？

豫代表云：毫無成見。不過今日解釋合同之結果，足證明豫豐公司爲此礦之主體耳。

福代表云：去年專條曾聲明豫豐公司裁撤，貴代表有改正合同之權力否？

豫代表云：今日乃解釋原合同，非改正原合同也。原合同與去歲專條，乃兩事，專條之如何解決，可俟下次再議。

福代表云：今日不能議一辦法，敝公司惟有請公使與貴國外部酌商辦法。

豫代表云：今日會議，既爲商務關係，非國際交涉，以理論之，似應吾輩和平辦理。

福代表云：今日會議，絶無頭緒，則下次更難酌商，不如豫定一宗旨，以爲下次研究之地步。

豫代表云：吾言豫豐公司爲主權者，並非空言，實由原合同種種方面證出。蓋貴公司既根據原合同以要求鐵鑛，故敝代表不得不根據原合同以爲解釋，絶無不和平酌商之意，惟聲明豫豐公司爲主權者，係照原合同條文解釋，毫無可疑耳。

福代表云：兩方須互相商酌，不可固執己見。

豫代表云：敝代表非固執己見，但條文確鑿，無可遷就。若貴公司能就原合同中前問各條，逐一證明豫豐公司非主權者，則敝代表亦未嘗不服從也。

福代表云：此問題敝代表已答覆多次，何以貴代表仍發此問乎？

豫代表云：敝代表謂豫豐公司爲此礦之主體，前曾言有五證，貴代表迄未答覆，總請將此問題解釋明白。

福代表云：下次會議，將以何事爲前提乎？

豫代表云：敝代表絶無成見，但知據正當理由，作正當之答覆。

福代表云：合同之事，今日暫置不議，請貴代表將關於福公司開礦章程，預擬數條，敝公司亦開列數條，以便下次會議時，公同商酌。

豫代表云：此次福公司並未遵照原合同之秩序辦理，蓋依敝代表之解釋，福公司併無請求開礦之權，即貴代表以爲可執原合同請求開礦，亦應遵照原文，稟請河南巡撫查核，何以凌越秩序，逕求貴國公使向外務部請求乎？

福代表云：下次開議，衹會商開礦辦法，不必再解釋合同。

豫代表云：敝代表現衹承認下次貴公司可以提出意見，以資研究，決不承認貴公司提議開礦。

福代表云：兩方各有意見，此事殊難解決。今貴代表斷斷執原合同爲詞，不知貴代表於何時初見此合同？

豫代表云：此問題敝代表不能答復，據事實言，自是貴代表於此事經手已久。但據法理言，此合同於初訂之第一日得見，與遲至數十年之後得見，毫無差異之點，蓋文字不變，即効力始終不變也。

福代表云：如貴代表所言，下次無可再議之事矣。

豫代表云：如貴公司之意，敝代表亦以爲無可再議。

又外務部收駐法大臣劉式訓信《福公司股東法人已佔多數願磋議開辦鐵礦並承借中國巨款》　宣統三年三月初九日，收駐法劉大臣信。霽生、子益、植之、徵宇仁兄大人閣下：本月十五日，肅奉黎字第一百零六號函，計邀青鑒。敬密啓者：法國前駐津領事杜士蘭來署面稱：現因福公司股東法人已佔多數，在法京設立分局，舉充局董。查福公司於光緒二十四年五月與豫豐公司訂立合同，開採煤鐵等礦，經總理衙門核准蓋印，嗣豫省紳民因二成半餘利盡歸中央政府，而地方毫無所得，故多方阻難，不許開採鐵礦，以至久懸莫結，兩無裨益。究竟中央政府能否將礦産餘利，酌量分給本地地方公用之處，切盼速定辦法，俾公司

得以及早興辦等語。弟答以福公司係英國公司，所有豫省開礦合同，法館無案可查，當將面述各節，轉達政府，聽候核奪。杜氏又稱，福公司爲豫礦合同切實施行，並聯絡中國感情起見，願爲中國政府効勞，承辦一大借款，不用抵押，亦不問款項作何用處。譬如借款總數二千五百萬鎊，本年西五月内，可先辦五百萬鎊，餘俟今冬及來春，分批陸續舉辦。此項借款年息五釐。惟不用抵押，係屬初次試辦，故出售價票時，承辦銀行須加給用錢，以資鼓勵。買票之户，須多與折扣，以廣招徠，因此福公司通盤籌算，每百祇能净交九十一左右等情，並據擬送借款合同草稿前來。弟思借款不用抵押，不問款項作何用處，誠屬向未辦到之事，目前四國借款，是否已有成議，我能否舍四國而另行訂借，豫礦合同究竟是何情形，敝處均無從懸揣。惟福公司既有願辦借款情事，不能不代爲轉達大部，謹將合同稿照録洋文，並譯漢文，就愚見所及，將應行斟酌之處，分條附註，乞代回堂憲察核。應否與福公司在法磋商，或另派員赴京，抑竟決絶覆謝，候酌奪電示遵行。再，杜氏稱，福公司攬借，必爲四國借款代表所忌嫉，如大部不願與商，或商而不成，均請秘密，以免痕跡。如果商議有成，則五百萬鎊一款，宜在西五月内出售，若錯過此時，則暑假踵至，勢須緩至西十月杪矣云云。併以附陳。專肅。敬請勛安。弟劉式訓頓首。

附漢洋合同稿各一件。二月二十日。

福公司所擬《借款合同稿》

第一條

本借款若干鎊爲中國國家借款，備中國政府通常及增加國庫存儲之用，並別項用處。此借款虛數爲英金若干鎊，按每鎊二十五佛郎二十五生丁計算，合法銀若干佛郎； 又按每鎊十二福禄林計算，合和銀若干福禄林。此借款係中國國庫直接擔認，名爲一九十一年中國外債，謹按借鎊還鎊。所有第一條及各條登列之法和銀數，專爲承辦銀行與購票者之事，應向聲明與中國無涉。

第二條

爲此借款應於某月某日立一總借據，用英法和三國文字載明若干鎊，合若干佛郎，若干福禄林，按年五釐計息，總借據繕作四份，分存英法和三國政府及福公司，另録一份附於本合同。

第三條

總借據之外，應刊發債票若干張，每張虛數二十鎊，合五百零五佛郎，二百四十福禄林。債票之虛數，亦可大於以上之數一倍，每票按虛數計算，年息五釐，分兩期發給。每期按十先令或十二佛郎六十二生半或六福禄林計算。第一期付息日期，爲某月某日，特別定爲若干英金，債票及息票用英、法、和三國文字，其底稿須與承辦借款者。公同商定，債票須由中國駐公使簽字，作爲中國政府擔認之據，亦可將押樣印於票上。謹按第三條内第一期付息日期，似可以立總借據之日起息，不必另定特別之第一期計息辦法。又債票息票底稿句，擬改爲債票息票底稿及售票招貼。須由承辦借款者，送請中國駐公使核定簽字。

第四條

此借款分三十年還清，從某年月日起，至某年月日止。票背刊印一表，詳列六十期還本付息日期，每六個月由福公司拈鬮一次。拈鬮在息期之兩個月之前，第一次拈鬮爲某年月日。謹按第四條内從何年起還本，並還本每年一次，或分二次，尚須斟酌。

第五條

抽出之票，照虛數還本，即在最近付息之期交付，第一期還本爲某年月日，末期爲某年月日。抽出之票之號數，由福公司在還本付息地方，刊登兩份日報，凡上期抽出未來領款之票之號數，亦同時刊登。

第六條

已付本息之債票息票，由福公司塗註，聽候中國政府收回。福公司承辦還本付息之事，由中國政府酬給經理費，每百給費四分釐之一。還本付息之款，應在期前十五天之前，交到福公司。謹按第六條内，應加所有抽出之本票息票，自抽出之日起，若干年後不來領取，應即作廢，並將本利繳還中國。又債票遺失，或被竊，或焚燬，應定補給新票辦法。又承辦還本付息之經理費，似可查照成案，改爲千分之二。又還本付息之款，似可照案改爲期前十天之前交付。

第七條

自立總借據之日起，二十年後，中國政府方能將餘本照虛數一起還訖。惟中國政府應在三個月前照第五條辦法登報通知，謹按第七條提早還清餘本之期，似可改爲十五年之後。又一起還訖句下，擬加或於常年應還票數之外，加號拈鬮拔還。

第八條

此借款共虛數若干鎊，計每張二十鎊之債票若干張，從某年月日起息，福公司願爲承辦此借款，除自任售票交票等費外，凈交中國若干鎊。照告白所載購票者之交款期限，福公司應於十日之内，將借款凈數在倫敦交與中國政府提用。如在法和售出之票，照所定兑價，與倫敦交款之日之兑價，或高或低，則盈絀均歸中國。從立總借據之日，借款全數按釐起息，惟從是日起，至告白所載交款日止，所有未交之款，福公司應亦按釐認還利息。謹按第八條内，似可删去除自任售票交票等費外句，又既係借鎊還鎊，則法銀和銀兑鎊之高低盈絀，應由福公司自認。

第九條

此借款之本息。永免中國税捐。

第十條

債票之拈鬮費、運費及登報費，均由中國政府擔任。此外費用，連刊印暫票、債票費以及票上應貼之英、法、和印花税，均由福公司擔任。謹按第十條擬改爲所有經理此項借款之費用，如經紀費、郵電費、運送費、登報費、刊印招貼債票費，及印花税、酬勞費等一切用項，概由承辦借款者認出。

第十一條

如中國政府將來在外借款，指用抵押，則此借款亦應立即享用此項抵押，謹按第十一條是否可用，候總籌酌奪。

第十二條

福公司自行設法請英法和政府，准此項債票列於倫敦巴黎及阿姆司德丹公市上。

第十三條

此借款何時出售，又如何出售，及售價若干，聽福公司自定。謹按第十三條内似應加入借款凈數如何分期交付辦法及期限。

第十四條

如福公司所定出售債票之期之前，有意外之事，致難出售，或一九零二年之中國五釐息債票降至五百佛郎以下，或一九零六年之債票，在倫敦降至虛數以下，或法國三釐息國債票降至九十六佛郎以下，或英國國債票降至八十以下，或和蘭二釐半息國債票在阿姆司德丹降至七十一以下，則福公司可暫緩出售，俟銀市情形可以辦理時，再行出售。謹按第十四條末段則字下，似可改爲准福公司將合同作廢，或由彼此商訂展期緩辦之條。

第十五條

本合同畫押後，中國駐法、英、和公使應將批准此借款之上諭，恭録照知法、英、和政府。

又《江蘇礦務·銅山鐵銅礦》總署收花翎儘先副將李森葆玉呈《請接辦銅官山縣銅礦利國驛煤鐵礦》〔光緒二十三年〕十一月十八日，花翎儘先副將李葆玉呈稱：爲呈請援案接辦徐州銅山縣利國驛煤、鐵各礦，以盡地利而廣利源事。竊查光緒八年七月，徐州道程國熙詳委候選知府胡恩燮，招集商股五十萬兩，試辦銅山縣煤鐵礦務，奉南洋大臣、北洋大臣批准，並經前南洋大臣、兩江爵閣督憲左奏奉諭旨允准，已於八年八月，在利國驛設局開辦在案。嗣因胡恩燮招股不齊，僅置廠地礦山，未能購定機器，中途而廢。維時創辦伊始，人情觀望者多，今則風氣漸開。

又内閣收兩江總督張人駿電《袁世傳稟請接辦利國驛鐵礦》 宣統三年八月二十五日，收江督電稱：内閣鈞鑒：申。竊照徐州府屬利國驛鐵鑛與煤礦毘連，外人曾以克虜伯廠例之，覬覦宜防。安徽銅官山鑛案可鑒，且礦産甚富，認真開辦，災區流亡可復。該鑛先經前左宗棠奏明，委候選知府胡恩燮招商承辦，大興製造。旋以法越事，市面周轉不靈停辦，股本契約，業歸胡姓。茲據二品頂戴直隸候補道袁世傳稟，業已備價將原辦鑛産接收，商勸親朋籌集資本，暫定一百二十二萬元股額。擬照左宗棠奏定成案，接辦開採，購備機爐，延聘鑛師，克期推廣。内該員自備股銀二十萬兩，驗明股本，照填股票，報效公家，充徐屬工益。由該員辦有成效之賈江煤礦，保息歲支二萬元。將來推廣鐵軌軍用製造，均准增股推辦，以宏信用等語。並據勸業道查議具詳，援案請奏給獎前來。除恭摺具陳，並分咨外，查道員袁世傳係前内閣學士袁甲三之孫，世受國恩，情願自效，所集資本至一百萬元，已在農工商部擬定章程應蒙特旨優獎之列，報効股本至二十萬元之鉅，核與三品京堂。張煜南由道員捐助廣東武備學堂經費八萬兩，道員張鴻興與伊兄煜南同以二十萬元，視勸業會場十萬元，報効會事善後費數，已有贏無絀。而遞年例支之二萬元糧銀，擬以專備徐屬積穀，糶糴有法，十年之間，積二十萬元之活款，裨益荒政匪淺。礦務日興，股票漸漲，本銀所在，利尤不貲。張煜南、張鴻南先後經粵督陶模暨八駿奏奉硃批，賞給四品京堂候補，

欽遵在案。合無仰懇天恩，准將道員袁世傳賞以四品京堂候補，以昭激勸，派令承辦利國驛鑛務，俾體制較崇，易於展布。目下江南北一帶水潦甫退，飢民流亡載道，勸賑已成弩末，深賴淮徐海一帶有大宗工賑，方能遣歸復業。利國驛鑛務能早日舉辦，關於籌賑事宜，尤爲急切。謹先摘要由電馳陳，伏候聖裁。乞代奏。人駿叩。敬。

又《湖北礦務・籌辦湖北礦務》外務部收商務大臣盛宣懷電《九江礦石禁售日本請予立案》 光緒三十二年七月初七日，收盛大臣致本商部周制軍、張宮保、吴中丞電稱：前因漢廠整理鐵政，必須沿江多購鐵礦，以供煅煉，曾於光緒二十五年三月，札派冶局總辦解茂承帶領德礦師斐禮，會同九江電局委員汪承豫等，勘得江西德化縣屬金鷄嶺城門、又城門外三山名大勝門、小勝門等處，産鐵均富，堪供採煉。行知九江關道札縣傳集業主，領價立契，歸漢開採，嗣緣議價未妥，久未辦結。本年漢廠添設新爐，需用礦石更多。九江距漢甚近，採運亦易，正派員續往圈購間，訪聞有人擬將該處礦石售給日商，並擬援照冶礦合同辦理。查二十五年漢廠與日本製鐵所訂立以煤易鐵合同，第五款載明日本不得於大冶合同外，另與中國他處及山地他人他礦，另立買鐵石之約，大冶亦不得將鐵石賣與在中國地方另設洋人有股之鐵廠。二十九年續訂購運礦石預備礦價開辦漢陽新廠合同内，第六款仍載明其餘續議條款，仍照原合同辦理。是九江鐵礦，考之原案，徵之合同，中國鐵政局斷無放棄聽其轉售外人之理。且漢廠深慮日本製鐵所魄力宏鉅，有礙中國鋼鐵銷路，故與張宮保再三核定大冶售鐵石額數，每年不得過十萬噸限制，並與訂明不得另載他處鐵石，所以保護中國鐵廠，不使磋跌，防維甚切。應請大部責督部堂撫部院俯賜立案，密電九江關道查案行縣禁止，儻日使日領因此饒舌，並祈查照前叙條款，嚴切駁止。一面仍由漢廠派員赴潯優給官價，訂界立契，藉保地産而興鐵政，至紉維護。仍祈賜覆。宣懷謹肅。魚。

又周馥《九江府德化鐵礦已飭酌量開辦並嚴禁私賣》 光緒三十二年七月十八日，收南洋大臣電稱：外務部、商部、張宮保、盛宮保、吴中丞同鑒：前接盛宮保魚電，以江西德化縣城門山鐵礦，訪聞有人擬將礦石售給日人，囑密飭查禁等因。查上年設全江查礦局，曾經會同各撫奏明，凡官山不准私賣，如係民産，彼此轉售，亦應稟官查明買主確是土著，方准過割。並曉諭地方官紳，先將近礦山場、田地設法購買若干，以爲基礎等語，通行飭遵在案。至德化城門山鐵礦，據查礦局於上年派礦師查明，實係佳礦，繪圖貼説呈送，當經批飭該局，將圖説繪呈江西撫院轉飭查明，先由官紳酌量定地開辦，一面諭飭嚴禁私賣在案。現又電九江玉道確查，茲據電復，德化縣城門山礦，並無匪人售給日人情事，另稟云。用特轉達，望釋藎憲。馥。霰。

又李鴻章等《奏辦湖北廣濟興國煤鐵礦務》 〔光緒二年〕正月初八日，軍機處交出北洋通商大臣李鴻章等抄摺稱：奏爲察勘鄂省煤鐵，擬先派員設局試辦開採，恭摺會奏，仰祈聖鑒事。竊臣等迭奉寄諭：籌辦江海防務，先後查照總理衙門原奏各條，切實復陳。欽奉光緒元年四月二十六日上諭：「開採煤鐵事宜，著照所請，先在磁州、臺灣試辦，派員妥爲經理等因。欽此。」查臺灣雞籠等處業由臣葆楨等督飭開辦，其直隸磁州煤鐵，經臣鴻章派員查勘，該處距水口較遠，陸運維艱，訂購機器亦未運到，所産煤鐵，是否足資採用，仍須詳細覆勘，始能定辦。本年七月間，據分發直隸補用道盛宣懷以湖北廣濟縣所屬陽城山向産煤觔，擬請開採，稟由本任湖廣督臣李瀚章暨臣同爵，派員會同漢黄德道李明墀督率廣濟縣前往確勘。據稟勘得該處陽城山笠兒腦，上至通江源，下至馬鞍山，約長四十餘里，俱屬官山。山麓間有墳墓，山下間有村莊，均離産煤之地尚遠，審度地勢，毫無窒礙。該山至江口，陸運不過十餘里，尚爲便捷，當與該處紳民妥商試辦，均甚樂從。即經雇募民夫試挖，煤苗暢旺，質亦堅緻，可資汽爐製造之用。并勘得附近之興國州所屬山地，兼産鐵礦，堪以開採等情稟覆前來。伏查現在津滬各局倣造外洋軍火船砲，並於上海奏設招商輪船局，攬裝漕米，兼載客貨。閩廠製造兵輪船，分布南北海口巡防，皆爲考求洋法，以立富强之基。而機局輪船所需料物，以煤、鐵爲大宗，必須購自外洋，始能合用。平時洋商已不免射利居奇，設有緩急，尤難深恃，自應就中國現有地利，設法開採，漸開利源，以利民用，且可漸分洋人之利。即臣鴻章前奏所云，我利日興，則彼利自薄，實爲不易之理，於大局裨益非淺。但若令商民自爲創辦，不但招集股分，易生觀望，尤恐別滋流弊。該處本係官山，應官爲督辦，庶可涓滴歸公，稽核亦易周密。臣等往返函商，意見相同，似爲目前必不可緩之舉。擬即派委道員盛宣懷前往該處設局，先行開採煤觔，訂購外洋吸水起重機器，妥慎經理，逐漸擴充。並飭漢黄德道李明墀會同籌辦，督飭地方文武員弁認真稽查彈壓，所需開採資本，由臣鴻章在江蘇典商繳還練餉項下，撥給制錢二十萬串。臣同爵在湖北存儲公款項下，撥給制錢十萬串，核實支用。所採煤鐵，即以售給兵商輪船，及機器製造

各局之需。所收價值，除應完稅釐，酌提局用，並捐發本地隄工書院賓興各費外，概令分繳湖北直隸，陸續提還官本。俟提清後，即以此項餘利，作爲江海籌防經費，分解濟用。仍飭將應辦事宜，妥議章程，稟候核奪，並由臣等隨時督籌查察，以期事可經久，款不虛糜。所有擬請試辦開採鄂省煤鐵緣由，謹合詞恭摺具陳，伏乞皇太后、皇上聖鑒訓示。再，此摺係臣同爵主稿，合併陳明。謹奏。

光緒二年正月初七日，軍機大臣奉旨：「欽此。」

又軍機處《准在鄂省廣濟興國試辦煤鐵礦務》〔光緒二年〕正月初八日，軍機處交出光緒二年正月初七日奉上諭：「李鴻章等奏鄂省試辦開採煤鐵一摺。據稱湖北廣濟縣所屬陽城山，産煤甚旺，興國州所屬山地，兼産鐵礦，兩處均可開採。現由李鴻章、翁同爵籌撥資本制錢共三十萬串，擬即派員設局試辦等語。此事爲該省創辦，必須詳細籌畫，以期悉臻妥協。翁同爵即飭令道員盛宣懷妥爲經理，並飭道員李明墀會同籌辦，督飭地方文武認真稽查彈壓，毋任滋生事端。仍著李鴻章、沈葆楨隨時督籌查察，以防流弊。至煤鐵所售價銀，即著照所擬，提還湖北直隸資本。俟提清後，即以此項餘利作爲江海籌防經費。該督等務當督飭各員，將支發各項核實動用，毋稍虛糜。欽此。」

又《安徽礦務·銅官山煤礦》朱邇典《倫華公司請運銅官山鐵礦》宣統元年十月二十八日，收英朱使照會稱：本年七月初五日，凱約翰在倫敦代倫華公司向駐英中國使臣謂，若非由中國政府議定合同，將銅官山礦塌贖回，本公司即擬於七月十三日，派遣工人四百名，在銅官山礦再行開工云云。該公司並向本國政府聲明，銅官山之工，由十三日開作，接續未停，亦無阻礙。一月前因有鐵礦二萬噸，備運裝船出口，已請蕪湖海關發給子口單。惟該公司尚未接准回音，本大臣現准本國外部大臣電囑，轉請外務部立行電飭地方官，照該公司所請辦理。惟望貴部早日復知，以便轉復本國外部大臣。是爲切盼。

又外務部發英使朱邇典照會《拒絶倫華公司裝運銅官山鐵礦》宣統元年十一月初二日，發英朱使照稱：宣統元年十月二十八日，接准照稱，本年七月初五日，凱約翰在倫敦代倫華公司向駐英中國使臣謂，若非由中國政府議定合同，將銅官山礦塌贖回，本公司即擬於七月十三日，派遣工人四百名，在銅官山礦再行開工。該公司並向本國政府聲明，銅官山之工，由十三日開作，接續未停，亦無阻礙。一月前有鐵礦二萬噸，備運裝船出口，已請蕪湖關發給子口單，惟該公司尚未接准回音。現准本國外部大臣電囑，請立行電飭地方官，照該公司所請辦理等因。查銅官山礦務合同逾限，久應作廢，前經凱商來部面商，並稱此事前後共用至約三萬鎊。旋准貴大臣照送清單，合計該公司用費，亦祇四萬七千三百餘鎊。當經本部深念中英交誼，允從優津貼五萬鎊，作爲完案。迭於本年五月十七二十六等日，照請貴大臣轉達。並於六月初八日，函致凱商，勸其早日了結，以照約應廢之合同，本部期於和平議結，仍行給予津貼，並較原費之數加多，不可謂非格外體諒。乃凱商不受商量，即行回國，茲復於彼此商議未定之際，招工開作，擬將鑛鐵裝運出口，於理未免不合。所請地方官給予運單之處，本部礙難照辦。相應照復貴大臣查照，轉達貴國外部大臣可也。

又張人駿《裕安公司請運銅官山鐵料業經駁阻》宣統二年正月二十一日，收南洋大臣張咨稱：據蕪湖關道李清芬稟稱，竊准英領函，據安裕公司請領三聯單，運取銅官山鐵料，經道駁拒。並據銅陵縣稟報，該公司遣散工人，停止工作，暨奉撫憲轉准外務部電。英使照稱，該公司日遣四百人，在山工作，接續未停各等情一案，前經飭縣再行確查，並將辦理情形，稟陳憲鑒。旋奉外部魚電，又經派委崔州判克順馳往密查去後。茲據該州判復稱，奉札後遵即馳赴銅陵，改裝易服，不動聲色，明查暗訪。查得銅官山在縣境東門外，離城十餘里，有窟口兩處，一名老窟口，一名新窟口，五年前係洋人赫斯拔所開。自麥奎到山後，共築礦路三條，正東一條，直通老窟口。偏南一條，環抱正路，離新窟口不遠；迤北一條，通至山後。又正北支路一條，地名葛藤灣，正在開築。支路盡處，名徐家村，有洋樓一所，即係麥奎所居。正路南有洋鐵屋二十餘間，屋後機器棚一座，屋内閒有機器藏貯未用，禁人觀看，如有前往探看者，即行施槍恫嚇。路北有草屋三處，約數十間，係工人住處。該公司所僱工人，向止數十名，今年添僱二百名，極多時，不滿三百人之數。前月麥奎因接上海電報，令其停止，當時工人遣散，仍留二十餘名，開築葛藤灣支路，現又運塞門汀泥六十餘石，聞係築路之用。數年以來，但見築路，未見開礦。惟於上年春間，在銅官山側用炸藥轟碎石峯一座，麥奎前次裝運至蕪扣留之鐵石，居民僉謂即係此項碎石，並非自鑛穴中取出。現在該縣西門外地方，尚有碎石一大堆，新舊窟口兩處，亦間有零星石質，此外未見存有鐵料。究竟有無藏匿他處，無從查悉。以上各節，均係州判兩次上山，親往查訪，詢諸城鄉紳耆，參以土人傳說，衆口如出一辭。伏思該公司所稱鐵料有萬噸之多，何以附近居民一無聞見，且該處僅止轟碎石峯一座，尚未開動鑛身，先行朦請准單。揣厥情由，難保非預爲嘗試。誠如憲諭，意在一經准

運，即可持爲准開之據，至每噸價值若干，足備何用，銷售何處，既未見存有鐵料，未敢憑空懸測等情，並附呈石質三塊。暨據該縣楊令繩藻以確查安裕公司遣散工人一事，係麥奎於前月十八日接電後，十九日即行停工。謡傳謂英公司因查知麥奎在山糜費，所招工人以少報多，故電令停工。現祇小工二十餘人，仍在山修路，並未存有鐵料，惟日前該英商麥奎運來塞門汀泥六十餘石，聞係築路之用。知縣以事涉重要，麥奎舉動又異常變幻，訪查尤貴確實，復會委親赴附近處所，細加查探。並傳該處董中詳詢，均言山上並無鐵料，此次朦禀請單，想係上年十月間假運礦石，虚張聲勢之故智。此外無甚舉動，連日訪查相符。除再派人坐探，遇事確查，隨時禀陳外，禀祈核轉，等情前來。查該礦現已停工，英使謂未停工作，鐵料並無屯積，英領輒朦請運單，其用意别有所屬，已可概見。自經駁阻之後，該領未再嘵舌。仍當常川探查，隨時禀陳，上紓鈞廑。至所採礦石三塊，質色不同，其中含有鐵質若干，足備何用，擬延訪精於化學者分别化驗。合併陳明等情，到本大臣。據此。除批示外，相應咨明，爲此咨呈貴部，謹請查照施行。須至咨呈者。

又外務部收軍機處交出安徽巡撫朱家寶抄片《安徽礦務局請辦銅官山礦務》 宣統三年三月十八日，收軍機處交抄朱家寶片稱：再，皖省銅官山礦務，前准外務部議結收回，當由奏辦安徽礦務局創設涇銅礦務公司，擬以涇縣之煤，煉銅官之銅，招集股本，繪具圖説，擬定章程，呈請咨部，業經由部頒給執照在案。兹據該局呈稱，銅官山礦務一案，交涉數年，始行議結。而涇縣煤礦，亦經奸民勾結佔據，迭經設法查封。現既設立公司，按照部章，集股開辦，應請奏明立案，以杜覬覦等情。臣覆核無異，理合附片陳明，伏乞聖鑒訓示。謹奏。

宣統三年三月十八日奉硃批：「該部知道。欽此。」

《四川礦務・法商辦礦交涉華法合辦灌縣等六處煤鐵礦務》 光緒二十五年六月初四日，四川礦務總局王之春、賴鶴年，法國駐渝領事哈士，四川礦務總局設立保富公司招商福安公司議開四川礦務華洋合辦章程。

計開：

一、四川礦務總局招商設立保富公司，承集中法商人爲福安公司，集股壹千萬兩，華洋合夥承辦煤鐵礦産。先儘華股伍成，聽入洋股伍成。福安公司設立華洋總辦兩人，華員專管地方交涉，洋員專管工程。至於銀錢礦産賬目，二人均有兼核之權。每礦亦應派華人一員，隨時稽查租税事務。各員薪水，均由福安公司按月支送。

二、所有將來指辦煤鐵之地，除重慶之唐家沱不准開挖外，約在灌縣、犍爲、威遠、綦江、合州、重慶等處臨開辦時，聽由保富公司擇地交給，不得預先標佔。所有地段，亦只准足數挖井蓋廠各用爲限，不得隨意多佔。其地段内所出之煤、鐵，除經過洋關照納出口税外，訂明開得之煤鐵，一經出硐，即應按照賣價值百抽五，以爲井口税。

三、保富公司擬集華股貳百萬兩，以爲華洋各商來川辦礦購地之用。此次福安公司所辦之礦，無論地價多少，均由保富公司購受，轉租與福安公司。按照年限開辦，限滿退還保富公司。所有煤鐵亦應照上井口税。一經出硐，按照賣價值百抽五，歸保富公司，以爲地租。

四、福安公司開辦之後，每年所得盈餘，除支銷費用外，先提股息陸釐。尚有盈餘，匀作十份，以一份派還股本，再將所餘九份又匀作十份，以三份報効國家，其餘概歸福安公司分派股友。股本提清後，每年所得盈餘，匀作兩份，一份報効國家，一份歸福安公司。

五、福安公司欲開之礦地，先有土人在界内開辦，如係未經歇業者，准由保富公司向業主商議，或願出賣，或願附股，各聽其便。如實有不能相讓之處，福安公司應另擇别地，不得勉强抑勒，以順輿情。至於定界後敢有在界内私挖者，即由地方官禁止。

六、福安公司礦廠，需用地面布置房屋，開路造橋，其地價均由福安公司自備，地方官自應開導業主，不得阻撓抬價。至福安公司開礦之地，與及修路造橋所經之處，遇有田園、墳墓、廟宇、房屋等項，該業主肯讓與福安公司，或遷或租，其價亦由福安公司自備。該處士民不得以風水之説抗阻，其有不願遷讓者，必須設法繞越，毋得毁掘，以符奏章。所有僱用工匠夫役各項人等，倘有損傷人命，由福安公司自行撫卹。

七、凡福安公司所開礦場，地方官例應保護。如有需兵力彈壓者，中國只代就地招募土兵，其餉械各費，均由福安公司自認。

八、福安公司所開各礦，每礦各有各賬，如此礦有虧耗，不得將彼礦盈餘抵賬，免致國家收數有損。凡遇年終各礦，應將盈虧清賬，繕寫成册，先經華洋總辦閲後畫押，呈由總局轉詳總督部堂，咨達北京路礦總局、户部查核。倘福安公

司或有虧折，與中國國家及保富公司無涉。

九、福安公司所辦之礦地，以五拾年爲限。限滿之後，所有礦地廠房機器一切，皆歸保富公司管理。

十、北京路礦總局通行章程，及四川礦務總局所定華洋合辦各章，福安公司皆須遵守，不得異詞，彼此議明訂爲合同，繕具華洋合璧共八份，保富公司總辦，福安公司華商總辦、洋商總辦同時畫押，蓋用四川礦務總局關防，分呈統轄鐵路礦務總局、經理衙門、户部及四川總督、布政使各衙門各一份備案。餘三份川省礦務總局存一份，保富公司與福安公司各執一份爲憑。如繙譯或有錯誤，應以華文爲準。自立此合同之後，以六箇月爲限，如逾限不辦，此合同作爲廢紙。如有意外事故，不在此例。

光緒二十五年六月初四日，保富公司總辦徐麟光，福安公司華商總辦李壽田，洋商總辦俞德樂。

又路礦總局收奎俊文《華法合辦煤鐵章程遵來咨改定並繕立正合同》 光緒二十五年七月十八日，收四川總督奎俊文，爲咨呈事。光緒二十五年五月十三日，准兵部火票遞到總理衙門復咨：前呈《四川華洋商人合辦煤鐵章程》，已極至當，可以久遠奉行。所改第一條應仿《會同公司章程》，華洋各半。第二條不必預定地段，唐家沱勿輕許，地段寬長，以敷用挖井蓋廠爲限。第三條保富應聲明專集華款，不參洋股。第五條該公司欲開之礦地，先有士人在界内開辦未歇業者，准由保富公司商議，或願出賣，或願附股，各聽其便，不能相讓，應另擇別地，不得勉强抑勒。第六條經過田園、墳墓等項不願遷讓者，必須設法繞越，毋得毁掘，以符奏章。第八條中法總辦改爲華洋總辦。第九條「六處」二字應删。「六十年」改爲「五十年」。第十條「中法合辦各章」改爲「四川礦務局所定華洋合辦各章」。以上各節，除撮要電達外，相應咨行察酌飭局妥議奏明辦理可也。等因。遵飭，礦務局司道悉心妥議，逐節推求，已極周密。自第五條至十條，均照增減，惟前三條微有移易。如該公司招股，自應華多洋少，當派幹員赴南洋諸島，招集閩粤人之在彼貿易者入股，諒必不少，籌至各半，似非難事。地段不准預定，自是防微之計，惟該公司不先勘定何處可辦，臨時未免周章。今擬所定之地，只得渾言縣名，不得先畫界址，開辦時，姑指明欲辦某處，聽由保富公司購受。地段寬長，係指地下綫路而言，挖井蓋廠，地面上所佔，原屬不多。若不先留餘地，倘別人不知地下之綫路所在，從上侵挖，必起争端，今已照來咨添入。而臨辦時地面恐不能過小，唐家沱已提出不准開挖。保富籌款初議，原係官商各半，然官雖不出名，終恐知其有股，致多牽涉。今議全歸商辦，官不附股。如此稍所得地租，改爲官四商六。以徐麟光爲總辦，訂明專集華款，不參洋股。如此稍爲變通，仍於來咨改定之意，無甚違背。當於六月初五日，由保富公司總辦徐麟光與福安公司總辦華員李壽田、洋員俞德樂繕立正合同，彼此交執爲據。除具摺奏明，並分咨總理衙門、户部查照外，相應咨明。爲此合咨貴局，請煩查照施行。須至咨者。計咨送華洋合同一件。六月二十四日。

又總署收四川督署文《咨送奏明華法合辦煤鐵礦務訂立章程摺》〔光緒二十五年〕八月初七日，收四川總督文，爲恭録咨明事。照得本督部堂於光緒二十五年六月二十二日，專差具奏《華洋合辦礦務章程》一摺。除俟奉到硃批，另行恭録咨明外，所有摺稿，合先抄録呈明。爲此咨呈貴衙門，謹請查照施行。須至咨呈者。

計抄奏稿一紙。七月十一日。

奏爲遵旨招集華洋商人，開辦川省礦務，議定章程，繕具清單，恭摺仰祈聖鑒事。竊查前準路礦總局咨寄奏定章程，准許華洋商人合夥開辦中土五金煤鐵各礦等因。伏查川省礦産豐厚，早爲外人覬覦。既有此章，其勢自難禁止，而川紳道員李微庸等招集英商摩根合股開辦，以爲之先。並奏明不准一國專利。於是川省有請而來者。皆不能拒，此礦禁之必開，實國計民生之所由繫也。兹據法商俞德樂到川省礦務總局稱，欲與華商集股合辦煤鐵等礦，名曰福安公司。擬集股本一千萬兩，華洋各半。奴才當飭礦務局司道悉心與議，爲草擬合同十條。分咨總理衙門路礦總局詳加核定，改易數條，大致有利無弊，與章相符。惟思今日礦禁初開，外人之争先請辦者，接踵而來。英商會同公司，既由華益公司購地，若別國倣照華益之例，則立一開礦公司，即多一購地公司，將來礦務交涉，誠恐紛岐莫制。是以奴才先於咨總理衙門路礦總局文内，曾經聲明仿照《華益公司章程》，設立保富公司，承集中外商人合辦礦務，以知府徐麟光等辦理其事。凡來川辦礦者，即歸該公司備本購地管理。在我足操保地之權，在彼亦可杜争端之漸，坐收其利，而永無棄財於地、授柄於人之患，於礦政不無裨益。現據布政使王之春等，督同福安公司華洋總辦知府李壽田、洋員總辦俞德樂、保富公司總辦知府徐麟光，訂立合辦礦務正合同，詳請奏咨前來，謹將章程十條繕具清單，恭呈御覽。

又路礦總局收四川總督咨《咨送奏明華法合辦天全懋功兩處五金礦産訂立草合同摺暨硃批附奏稿》〔光緒二十六年〕正月十二日，礦務鐵路總局收四川總督咨稱：竊照本督部堂於光緒二十五年九月二十四日，專差具奏《華洋合辦天全懋功金礦章程》一摺。當將摺稿抄録咨送在案。兹於光緒二十五年十一月二十七日奉硃批：「該衙門知道，單併發。欽此。」相應恭録咨明，爲此合咨貴總局，請煩欽遵查照施行，須至咨者。

光緒二十五年十二月初四日，頭品頂戴四川總督奴才奎俊跪奏，爲川省鑛務總局保富公司招集華洋商人合辦天全、懋功兩處金鑛，議訂章程，繕具清單，恭摺仰祈聖鑒事。竊查川省鑛産富饒，自經統轄鐵路鑛務總局奏准華洋合夥開辦中土各鑛，而英商摩根開創於前，設立華益公司，於是風氣日開，華洋紛至。遂有法商俞德樂擬立福安公司，請辦煤鐵等鑛，經奴才督飭司道設立保富公司，與議章程。奏奉諭旨允准在案。兹據鑛務總局司道會詳，法國領事哈士稱，本國商人願與華商集股本一千萬兩，華洋各半，合辦天全、懋功兩處五金鑛産，名曰福成公司。由保富公司備本購地，轉租承辦，當經悉心妥議爲合同草據十條。電奉總理衙門暨統轄鐵路鑛務總局酌改核定，俟法商洋員總辦裕富到川，再立華洋合璧正合同。先收草據，開列清摺，詳請奏咨前來。奴才覆加查核，所議合同草據，係仿照華益公司及上次奏定煤鐵鑛准行章程辦理，大致有利無弊，謹照繕清單，恭呈御覽。除分咨總理衙門、統轄鐵路鑛務總局，暨户部查核外，是否有當，理合恭摺具奏，伏乞皇太后、皇上聖鑒訓示。謹奏。

光緒二十五年十月二十七日奉硃批：「該衙門知道。單併發。欽此。」

又總署收奎俊信《法商福安公司開礦限期請以此次合同畫押之日扣計》光緒二十六年五月十九日，收四川總督信。敬肅者：上年川省保富公司招商福安公司，訂議《華洋合辦礦務章程》，繕具合同，由敝處奏咨立案。旋奉鈞署暨礦路總局會議核定，酌改數條，奏奉諭旨允准在案。兹福安公司法商俞德樂現請開辦，所有原訂合同，既有增改，自應申明續定合同，以符奏案。頃由李鐵船京卿督同保富公司總辦記名道陳光弼，會辦徐麟光，與福安公司華商總辦李壽田，洋商總辦俞德樂，申明增定合同，繕具華洋合璧畫押，蓋用關防，另行分呈備案。竊查該華商保富公司，與所招福安公司，既遵奉奏定章程更正各條辦理，其十月限期，若仍照前次奉旨之日扣計，似稍迫促。誠恐該洋商等急於開工，而所指煤礦六處，惟巴縣係通商口岸，其餘如灌縣、犍爲、威遠、綦江、合州等州縣，近山居民類多蠻野，且於洋人皆非所習見，若驟聞採礦，或致滋生事端。是以鐵船京卿請將限期十箇月，以此次畫押之日扣計，從容辦理，則人地相安。彼此籌商意見符合，想鈞署亦必能鑒此區區也，伏望俯准施行，不勝盼禱。專肅。虔請勛安。奎俊謹肅。

又《法商辦礦交涉》總署給法公使鮑渥照會《法礦師請勘蜀礦事應照光緒二十五年奏准合同辦理》五月二十四日，給法國公使鮑渥照會稱：光緒二十七年五月十九日，接准照稱：兹有前赴蜀本國總領事官哈士，昨已抵京，擬請由中國政府，准本國工程師古爾變，在蜀省勘尋礦山。遣派古礦師之公司，名曰勘尋礦山公司，即係法國股富最大銀行，及比國理財商行所設。古礦師爲人，頗稱學博，辦事切實。兹公司所擬開辦者，即係五金礦山，及專爲開挖鑄化礦産需用之煤礦。而古礦師目下在渝，等候允准，以便前往勘尋，應請與哈總領事面商時，垂情與商。而所訂章程，尚應載明古礦師應獲享在於哈總領事當時指明數境勘尋之權力，亦應聲明俟礦山尋獲後，准其承辦等因前來。查法商承辦川礦，如灌縣、犍爲、威遠、綦江、合州、巴縣等處之煤、鐵礦，天全、懋功之金礦，均於光緒二十五年間議訂合同，奏准有案，迄今尚未據川省咨報勘辦。現古礦師勘尋礦山，如係照前訂合同所指之地，前往勘尋，自屬可行，倘另設公司，復向别處勘礦，本部礙難照准，相應照復貴大臣轉知哈總領事查照可也。

又外務部收四川總督奎俊電《法英争辦川礦情形暨籌議應付辦法》〔光緒二十七年〕十月二十五日，四川總督電稱：外務部鈞鑒：箇電敬悉。法辦石油、富順鹽務關要，已緩在不辦之列。巴、萬兩縣，李大臣曾與法商杜瑪陀字據，刻已到省，尚未開議。哈領月杪可到，當與速商。現英辦煤油、煤炭、金砂，昨與英領訂合同。又復索寧、雅五金各礦，雖照議剔除法指各地，惟晃屬麻哈金廠，係官商合辦，款絀無成，久停非計。今英併請合辦，又有礙礦章。允之，恐法藉口；不允，英必饒舌，頗覺棘手。正在磋磨設法變通，鈞處有何良策，乞電示遵行。查川礦英請辦在前，法請辦在後。法指各礦已有十處，英且議法不應先佔佳礦，況礦章不得一國專利，須權輕重，與之立約。誠如鈞咨所云，兩國各有争先之意，俟訂定合同，隨即電咨，如法使來催，請婉言抵制。俊叩。敬。

又外務部行四川總督文《酌核法商請辦四川礦務鐵路等事》〔光緒二十八年〕二月初七日，行四川總督文稱：光緒二十八年二月初二日，准法賈署使照稱，據哈總領事電稱，法國勘辦川省礦務公司請辦礦務，雖經制軍商有頭緒，而

奉北京來訓，遽將所議中止等語。本署大臣不勝詫異。該公司所派礦務監工古爾變，於上月行抵成都，知他國公司業已獲得允許承辦緊要礦産甚夥，仍復尋獲前尤厚之益。古監工視此情形，即請哈總領事出爲襄助，與制軍商辦麻哈金廠。查他國獲利益甚厚，若將〔此利〕益抵補法商，亦屬微末。希飭該督批准辦理。古監工復行呈請川督承辦五金礦數處，又哈總領事業與川督商酌數事。如在成都四郊周建小鐵路，運入食貨等件。又由自流井建造小鐵路六十里，以利該處鹽商運銷。又准在自流井建設電氣廠，以便夜間熬鹽，晝日爲小鐵路之用。又由所准法公司開辦之煤礦，建造鐵路，運通河道，以及距礦較近之鎮市。以上所述各項事件，實襄助川省開拓利源。應請電知川督，與本國駐省總領事官，妥爲定議等因前來。查麻哈金礦，本由華人集股自辦，雖因唐徐虧耗，暫行停工。而英法爭欲覬覦，亟應籌款，招商自行接辦，以保權利，而杜爭端。業於本年正月十一日，咨行貴督趕緊設法辦理在案。礦山枝路，果係由礦造至最近水口，專運礦産，並無搭客運貨等情，自應照章准其興辦。其請辦五金各礦一節，萬難照准。因天全、懋功兩處，業經訂定合同，未便再行推廣。至四郊小鐵路，暨電氣廠等事，有無窒礙情形，本部礙難遥度。相應鈔録原照會，咨行貴督確查核復可也。

又外務部給法使呂斑照會《法商開辦川省五金煤礦姑准展限半年》〔光緒二十八年〕十二月初八日，給法國公使呂照復稱：光緒二十八年十二月初四日，接准照稱：中國允准法國在川省承辦五金煤礦，二月十四日限期届滿等情。查該公司於庚子變亂，甚屬爲難，現今措辦資本，大有把握，業向鉅銀行於輔助一事，將次説妥，惟期限迫切，目下該公司禀請將此限期再行展限一年。本大臣查該公司承辦川礦，業已用費甚鉅，而所有延擱，亦屬意外之事，是以本大臣照會貴爵，當有同情允准展限等因前來。查法公司承辦川礦，按照合同，早經限滿，自未便率請展限，惟據該公司所稱爲難情形，尚屬有因。現既措辦資本，向銀行將次説妥，姑准展限半年，趕緊開辦，以免再有延擱。相應照復貴大臣飭知該公司遵照可也。

又外務部發法使呂斑函《法商開辦川省五金各礦准再展限》　光緒二十九年十月二十四日，發法國公使呂班函稱：逕復者：昨准函稱，奉本國外務部電諭，前准承辦川省五金礦之福安、福成兩公司，現已聘請礦師，擬欲援照合同，速爲開辦。查該礦師於月之二十七日，由巴黎起程，從陸路西伯利亞赴華，所訂限期將滿，自未能於限内抵華，是以咨請向中國外務部聲明，請將期限酌展六個月等諭。奉此，本大臣查該公司設法聘請專師，以便承辦之事，速可承辦。想在貴爵自當體查，無不允從本國外務部所請，准予展限六個月爲荷等因。查法公司承辦川省五金礦，經本部兩次准予展限，已屬通融辦理。兹准貴大臣函稱，該公司所聘礦師，已由巴黎起程，將次抵華，當不致再有延擱，本部姑准再行展限六個月。即請貴大臣轉飭催令該礦師迅速來華開辦，如再逾限期，即將合同作廢，斷難再展。相應函復貴大臣飭知該公司遵照可也。此佈。順頌時祉。

光緒三十二年八月初一日，收四川總督文，爲咨呈事。竊照法國在川議立華法合辦礦務公司，除戴瑪德在京與四川解蠟委員劉鵬，私訂泰川公司合同，未經核准不計外，尚有和成、福安、福成三公司。和成公司合同，由大部繕録具奏；福安、福成兩公司合同，由前督部堂奎繕録具奏，並先後由川咨送大部暨統轄礦務鐵路總局各在案。本督部堂查和成公司扣至光緒三十年正月，原訂十七個月，限滿三月，承准大部以曾否開辦行查到川。溯查二月間，安領事以礦員斯美德來川，照請保護前往履勘，並聲明勘畢回省，面商礦務局酌定，當經飭屬保護在案，隨即備文咨覆。嗣斯美德查勘未畢，輒於六月回滬，並未返省商辦。按照商部奏定礦章，探礦以　年爲限，期滿如實未探竣，應具禀呈查明無虚詐，准予展限，至多展至一年爲度。該公司即援照此例扣算，至今亦當限滿，况斯美德既未勘礦地，亦未禀請展限，遽自回滬，延擱至今，合同效力已失，自無疑義。本年三月，大部電詢巴萬煤油合同逾限，曾否開辦，當以逾限未辦，合同應廢具覆。此和成公司詳細情形也。至福安、福成兩公司，自二十五年訂立合同後，迭請展限，延至三十年十月，最後展限期滿未辦，亦未再請展限。迨三十一年九月，准安領事面稱：代辦和成公司礦務斯美德，不日將來省城。本督部堂查二十九年十月，承准大部電開：准法使函，礦師已由巴黎起程，未能限内到華，《煤鐵金礦合同》請再展限六月，希查照等因。次年二月，果有礦員斯美德來川。此次面稱斯美德將來省城，難保不因斯美德係原查福安、福成公司礦地之人，藉口伊將前來，爲展限續辦地步，隨以代辦和成公司斯美德來省，想係開辦該公司事宜。至福安、福成兩公司久逾限期，合同早應作廢等語，備文照會，一面電達大部，聲明請即作廢。嗣後斯美德迄未來川，安領事又稱：二十年斯美德到川勘辦，已算動工，此係無限可逾。經詳細駁覆去後，安領事辯窮詞遁，照稱已電公使請咨大部會商，至今未據聲覆該公使赴部如何商辦，可見伊亦自知違背合同，

難於爭執。本年三月，大部電詢兩公司有無礦師來川勘辦，復經電覆並無礦師來勘，合同應廢等因。此福安、福成兩公司詳細情形也。本督部堂查該三公司展限期滿已久，自應將各該合同一律作廢，以符原議。所有該三公司交涉原委，除咨商部外，理合咨呈大部，謹請查照施行。須至咨呈者。六月二十八日。

又外務部發四川總督文《福安福成和成三公司辦礦久逾期限應由保富公司與其議商》 光緒三十二年八月初九日，發四川總督文。爲咨行事。光緒三十二年八月初一日接准來咨，以福安福成和成三公司，承辦川礦期滿已久，自應將各該合同一律作廢，以符原議等因前來。查川省各礦，先由紳商自設保富公司，招集福安等三公司承辦，其合同亦係保富公司與該三公司議訂，經本部核改後，分別奏准。現在該三公司既久經限滿延不開辦，仍應由保富公司按照原訂合同，與該三公司商議。相應咨行貴督查照轉飭辦理可也。須至咨者。

又《奉天礦務・華商禀辦奉天各礦》外務部收盛京將軍增祺等文《吴廷英等請開楊木林子東山鐵礦》附盛京將軍批 光緒二十九年正月十八日，收盛京將軍增祺等文稱：竊查前據礦商吴廷英、趙國恩禀稱：竊商等今踴得現辦石廟子溝金廠西至毘連楊木林子東山鐵礦一處，相距禁山窵遠，風脈毫無關礙，礦苗顯露，實堪採取，不時有人偷挖。當此籌款孔亟，商等力圖報効，以濟時艱，玆借股本銀五仟兩整，繪具圖説二幅，除踴妥禀請興京副都憲飭旗查驗，賞給告示，擬暫試採，以弭私盜外，是以具禀叩懇軍督憲恩准，可否賞給札諭，暫行試辦。一面咨行外務部查核立案，以免遷延而遏偷挖，一俟奉部覆准，再請擴充開辦，洵於官商良有裨益。如蒙允准，所有一切納課，商等恪遵外務部奏定九程，值百抽五，輸納税課，不敢稍有違背，以期仰副大憲體國興利之意，肅具寸禀等情。據此。當經札飭委員李佩沆，詳細查勘去後，玆據呈稱，委員遵即束裝起程，於十一月二十五日，馳抵該處，當即詳細查看。楊木林子在興京西南界，北距禁山一百餘里，東距白帽子溝二十餘里，南距偏臉河十七八里，西距葦子峪二十餘里，周圍並無田園廬墓之礙，亦無他商轇轕，遂取該鄉約甘結一紙，附文呈閲，理合具文呈覆鑒核等情前來。除批示外，相應抄批，并將前圖咨呈大部，謹請鑒核議覆施行。

照録抄批，批呈悉。吴廷英等請開辦楊木林子東山鐵礦，既據查明距禁山甚遠，與田園廬墓均無關礙，亦無他商轇轕，應准咨呈外務部核議，一俟覆到，再行飭遵。繳。結存。

又外務部發增祺文《准吴廷英等承辦楊木林子東山鐵礦並飭令出具甘結》 光緒二十九年正月二十七日，發盛京將軍增祺文稱：【略】查吴廷英等請辦楊木林子東山鐵礦，既據指明界址，繪具圖説，呈由貴將軍查明，並無窒礙，亦無轇轕，自應照准。仍應轉飭該商等，出具永不售與外人甘結，咨部備案，再行諭令遵照部章，嚴定期限，妥爲試辦。逾期未辦，即將前案註銷。相應咨行貴將軍查照可也。

又外務部收增祺文《林長植禀請承辦章丹煤鐵礦産》 光緒二十九年閏五月二十七日，收盛京將軍增祺文稱：案據花翎分省補用知府林長植禀稱：竊職商去年七月間，延請礦師，踴得興京民界章丹地方，出有煤鐵礦産，其界東至土口子嶺，西至關嶺，南至渾河，北至上章丹哈噠背，俱與風水田園各説無礙，情願備股本銀一萬兩，立爲利用公司，先行試辦，另禀懇請派員前往勘查界址情形。委員孫守保瑨查覆禀明：職商所報礦山界址，堪以開採，實無一切關礙。職商當因章丹一帶運路較遠，應須確實酌核，求緩咨部各等情均在案。現在均平公司開辦石門寨煤礦，比章丹路遠十餘里，道途修通，合盤計算，除去運費，足有厚利。職商又在前露煤之旁，探有極佳煤質，可以保用。當此煤價昂貴，各處需用孔急，應早開辦，以濟薪柴之不足，並可添益餉源。職商務遵部頒礦務新章，一一辦理，謹具永不售與外人甘結二分，復繪礦山地圖二紙，懇請憲恩准予咨部核發執照，俾得早爲採辦，實爲公便等情。據此，除批示外，相應將甘結地圖，備文咨呈大部，謹請鑒核議覆，以便飭遵施行。

照録甘結。花翎分省補用知府林長植，今於與甘結事。依奉押結得：職商現禀請開辦興京民界章丹地方煤鐵礦産，所有四至界址，繪圖註明，自准開辦之後，只有職商認領承辦，永遠不准售與外人。倘有私售情事，若被舉發，或爲查出，甘領重咎。所具押結是實。

又外務部行增祺、玉恒文《准林長值承辦章丹煤鐵礦》 光緒二十九年七月初十日，行盛京將軍、奉天府尹文稱：【略】經本部以林長植請辦章丹地方煤鐵礦産，既經貴將軍批示，應將原批咨部，再行核辦等語，咨覆在案。玆准貴將軍檢抄原批，咨送前來。查林長植請辦章丹地方煤鐵各礦，既據指明界址，繪呈地圖，出具永不售與外人甘結，復經貴將軍派員查明，實無一切關礙，自可照准。相應咨行貴將軍查照，諭令遵照部章，依限開辦。並將辦理情形，隨時咨報本部

備案。如逾期未辦，即將原案註銷。

又外務部收增祺文《抄送四道江礦案契據印諭等件》附趙椿芳等出賣礦廠契據及通化縣告示 光緒二十九年八月十三日，收盛京將軍增祺文稱：案查前經承准貴部咨覆，以畢映辰等請辦通化四道江舊有煤鐵礦四至界址，與前請辦通懷礦務知府阮毓昌所指地段是否不相攙越，咨令查抄該商各契據，及海軍衙門前案，送部以憑核辦等因。承准此。當經檢查海軍衙門來咨原案卷宗，均經因亂燬失，無憑查抄，隨即轉飭該商畢映辰等，遵照分别抄呈去後。兹據該商等禀稱：奉札前因，遵查通化四道江礦廠四至界址，與知府毓昌所指地段是否不相攙越一節。查該廠係職商映辰故父畢兆麟同鍾秀於光緒十七年，奉前海軍衙門札委試辦煙煤、煤油礦務時，備價置買，執有紅契，并地基畝數，有通化縣印諭爲據。其礦硐山廠，四至界址，均經禀報前海署暨督署存案。嗣因甲午年停採，至光緒二十二年，有商人連貴，向職商映辰租做，并遵章領票，開採納税。至庚子年變亂，連貴無力開做，禀請退銷。於二十七年夏間，職商鴻文等出名禀請與職商映辰合股領辦，奉准發給礦票，分行在案。當即持票到廠開做，彼時有俄統領馬達力多夫統兵佔踞，不准開做。遂即禀請交涉局，聲明係職映辰之舊業，照會俄總管，令其退還，并將契據各件交其查驗。又復面見，縷陳端末，一再辯由，延遲數月，經俄總管移交俄商務大臣訪查，確係職映辰之産業，舊日開辦礦廠契據各件，均屬相符，始准退還。照覆督轅，准職商等開做，亦在案。至知府阮毓昌請辦通懷之礦，係二十八年，職商等此次請票，係二十七年，廠係舊廠，事先一年，督轅有案可稽。此煤鐵礦廠，與知府阮毓昌請辦之礦，不相攙越，其不待辯也明矣。至契據與結中四至界址是否合符一節。查前奉海署檄辦通化礦務時，有主礦廠，備價購買，無主礦山，照章承領，是以該處地基房間，鍊鐵爐窑，係買民人之産。地段畝數，有通化縣印諭暨紅契可證。開挖礦硐，呈報山場，所有界址四至，均經禀報前海署與督署存案。此次甘結四至，仍與當年舊廠界址相符。至前海軍衙門札委各項公事，因遭甲午、庚子兩次變亂，遺失無存，細檢舊簏，僅存十八年前任軍督部堂裕繳還印批一件。彼時職映辰之父已故，前海軍衙門委胞叔畢玉麟接辦，出名具禀，合併聲明。除將印批附呈外，所有契據印諭，照抄一併呈閲，以憑核咨立案，爲此禀覆，等情前來。查核所禀無異，相應抄單，並將原批咨送。爲此咨呈貴部，謹請鑒核議覆施行。

照録粘單。今將自己圈佔開墾地一段，原文二十三畝一分，下折浄七畝七分，又丈出浮多地八畝七分，折浄二畝九分。另有地基縣諭一紙，内有自己開設鐵廠，建蓋房間五十間，門窗户壁，一概俱全。外有坍塌不堪者，以及動窑等項，亦均在内，坐落在道生保渾江南大羅全溝鐵廠礦廠處。其中鋪佃，另有花單，亦俱公估作價，全行懇煩中人説允，情願出兑與鍾秀、畢兆麟名下，自行經理管業。其價同衆言明，房間作價兩千吊整，鋪佃作價一千五百吊整，共三千五百吊整。其價筆下發足，並不短欠，亦無折准逼勒情形。自賣以後，任買主自便，不與賣主干涉。此係兩造情願，各無返悔，日後倘有别人争競等情，俱中人鄉保承管。恐口無憑，立此賣契爲證。

光緒十七年五月二十六日，立賣地基房間鋪佃人趙椿芳、李化南。

鄉保袁景恩，牌頭魯鳳有，代字人洪景春，中人郭長福、王耀廷、楊松林、趙貴。

光緒二十四年十二月初十日，此户將地十畝零六分，如數賣與鍾秀、畢兆麟名下契管業。

諭：

上蓋通化縣印。

賞戴花翎同知銜、兼理事分府儘先知州、通化縣正堂加五級紀録五次咸，爲發給印諭收執管業事。案據道生保鄉約袁景恩呈稱：伊界花户趙椿芳等二人，夥領地照被焚，懇發印諭收執管業等情。據此，當經飭差將趙椿芳等原領地照，明文共計地三十一畝八分，除歸足原照三則地二十三畝一分，折浄七畝七分，尚浮多地八畝七分。仍照三則核算，折浄地二畝九分，自應照章飭領升科。二共計地十畝零六分，合行發給印諭。爲此仰該花户趙椿芳等收管業，至每年應完錢糧，務須照章輸納，勿稍延欠。切切特諭。

計開：坐落道生保四道江，即俗呼羅全溝，一段原地三十一畝八分，下折地十畝零六分。

右諭花户趙椿芳、李化南收執。

光緒十七年六月二十六日給。

又外務部收增祺、玉恒文《杉松岡礦務轇轕案》 光緒二十九年十月二十二日，收盛京將軍增祺、奉天府府尹玉恒文稱：案據承辦海龍城杉松岡礦務分省補用知府林長植、分省試用府經歷張秀奎呈稱：竊以職商前請承辦杉松岡煤鐵各礦，當蒙批示禀悉。該丞等備股本銀二萬兩，請承辦杉松岡煤砟礦務，與定章

尚屬相符，應准核咨。惟前據海龍總管呈稱，已將從前各窑商票銀核收放餉，請換新票前來。查各商所領之票，均係二十五年所領者，何以遲至二十八年，始行請換，核與從前章程「一年換票一次，逾限不換者，查出送官嚴懲」一條不符，不能仍以爲憑。據稟前情，所有各窑舊商，准由該丞等按其股本，併此次各所繳之票銀，酌量入股；其不願合股者，仰將票銀如數繳還，不得復行開採。候咨呈外務部，並飭海龍礦務依總管遵照繳圖結存送等因。奉此。本年二月間，奉到憲台札示，部已核准，飭即遵照承辦。職商當即稟請出示曉諭，暨飭地方官保護，定期開辦等因各在案。職商秀奎前往杉松岡，商議合股辦理章程，乃該商先已知情，會合爲一，與職商相抗，決不遵章合股，更不容職商入手。查其狡野成性，未便遽與理爭，乃託人向其陳説，極力開導，冀破其頑。窑商等毫不聽從，任性執拗，殊堪痛恨。初不思礦務新章若無部咨核准，不得爲據開採。該窑商換票逾限，不予嚴懲，其所繳之票銀，尚准由職商酌量核繳，已屬格外寬典。現由去秋至今，又復一年，所繳之票銀，前事可以截清，從此合衆入股，以興礦業，允爲大公至當之議。而該窑商違章把持，一意抗拒，既無換票，又無票費，返致政令不行，以長邊地頑視之風，亦爲不成事體，應遵憲批驅逐，不得復行開採。職商伏查其遇，擬懇札飭海龍礦務依總管，嚴行按窑傳齊，妥爲開導，壓令遵章合股辦理，以肅政令。並飭海龍府派差開導約束，勿得滋生事端。依總管政教至好，爲該處人民窑商所仰服，現又監收煤税，借重一言，必足向順。此後礦有統緒，税收定必暢旺，於公甚有裨益，理合據情陳明，呈請鑒核飭遵等情。據此，當經批飭海龍城總管，詳查情形，妥爲辦理去後。茲據該總依淩阿稟稱：遵將杉松岡遠來窑執事人張紹華、同德窑執事人史璧臣、義和窑執事人秦德恩、玉盛窑執事人羅玉潤、進寶窑執事人翟壽亭、永順窑執事人關永年、永益窑執事人劉奎一、人和窑執事人李茂盛、萬利窑執事人楊濟春、順發窑執事人郭士有等，傳案訊據，同供情因。於光緒二十二年起，由礦務局遵章陸續承領杉松岡礦票十張，開做砟窑十座，共需資本銀五萬八千兩，所有捐税票費，均都照章按年完納。迨至二十六年換票之期，商等業已備足票税，不得更換，復因俄兵踞省，又兼變通礦務新章，非敢故違期限，嗣遭變亂，雖係賠累過多，亦未肯一日抛棄。現今地方漸次太平，復蒙將軍保護，未被外國奪去，使商等不致失業，從此尚可望有復本之期，無不感戴同深。今蒙傳訊，令交與林長植、張秀奎等合股。伏思商等自領票以來，六七年之久，辛力共費數萬兩血本，始得見貨成窑。若與林長植等合股，不但原本不能歸家，再湊資本匪易，商等皆是做成之窑，費本極多，伊等既有股本，杉松岡不難踹地開作。商等共計十家成窑，除賠累外，尚有資本三萬兩，甘願遵照礦務新章，自行合股開作，一體照章報効，輸納捐税。懇恩俯念商等領票多年，賠累甚鉅，准其照舊開做，備足換票銀兩，據情轉詳，賞發執照，就是恩典了。所供是實等供。據此，職詳加開導，曉以礦章，該商等堅稱領票有年，賠累甚鉅，見貨成窑，洵屬不易，所有捐税票費，無不照章完納，仍求照舊開作。殷殷切懇，衆口一詞。揆核情形，若壓令與林長植等合股，其從前所賠資本數萬兩，勢必無從彌補，不但皆不樂從，實亦苦累難堪，如果出於逼迫，又恐互起爭端，別生枝節。職籌思至再，若非持平辦理，難以允協。查杉松岡尚有未領票之窑商數家，所佔礦地，均歸領票窑商納抽，擬請將此數家與林長植等或合股，或納抽分，量無窒礙。其遠來窑等十家，委係已成之窑，既稱除賠累外，尚賸資本銀三萬兩，令該商等自行合股，照舊開作。前欠二年票費，共銀八百兩，令其照數繳足，以濟軍餉，凡有捐税報効等項，亦皆一體輸納。可否仰懇憲恩，賞發執照，抑或照依礦務新章，咨請外務部給發執照，用昭信守之處，伏候鈞裁示遵。如此辦理，該商等既無虧賠之累，而林長植等亦不致無地開作，各分界限，各安生業，洵屬兩有裨益。是否有當，理合稟請憲鑒示遵等情，稟覆前來。除批示並飭礦商林長植等遵照外，相應抄批咨呈貴外務部，謹請鑒核備案施行。

照録抄批。批據稟杉松岡遠來窑等十家，所費資本甚鉅，始克見貨成窑，擬請仍令遵照礦務新章，自行合股開辦，所欠票費，照數補繳。其尚有未領票之窑商數家，令與林長植等合股，並與遠來窑等十家，各分界限，各辦各礦，所稟尚屬可行。仰即轉飭該窑商等，妥爲擬定章程，合股開作，惟須按照外務部新章，與遠來窑等十家，均出具永不將礦産售與外人甘結，並令林長植與合股數家，互相出具情願合股切結，以免轇轕而杜爭端。仍照章一律納税，不得稍有違礙。切切。候飭礦商分省補用知府林長植遵照，並咨呈外務部查核備案。繳。

又《英商辦礦交涉》外務部收商部文《華英合辦江北廳煤鐵礦務合同希酌核咨覆》 光緒三十年五月初八日，收商部文稱：光緒三十年四月二十一日，准四川總督咨稱：據礦務總局詳稱，光緒三十年二月，據英商立德樂來局面稱，欲與華商集股合辦江北廳煤鐵公司，擬集股銀五十萬，務求允准照章開辦等語。查川省原設保富公司，專爲華洋合辦各公司購地，轉租開採。當經職局會同保富公司，再三商榷，該商人既未違章要求，自應准如所請。一切章程，均經叠次磋

磨，與部定章程不相違背，繕具草合同十分，經保富總公司總會辦暨該商立德樂等同時畫押。理合備具四分，詳請分別咨送備案等情，相應咨呈查核等因前來。查本部奏定礦務章程三十八條，業於本年二月間，行知該省遵照在案。該商立德樂請辦煤鐵公司，訂立草合同，係在奏定礦章以後，自應遵照新章辦理。茲准該督來咨所稱，與部定章程不相違背，係指貴部前定礦章而言，並未遵照本部新定章程。據合同內稱，此合同由貴部奏請批准後，作爲允辦之據。相應咨呈貴部酌核辦理，並希將如何核辦之處，咨覆本部可也。

又外務部收英使薩道義照會《合辦江北廳礦務合同無須更改請爲奏准》

光緒三十年九月初八日，收英國公使薩道義照會稱：英商立德樂與川省礦務局定立合同，曾與貴部往來函牘在案。現在該商由香港到京，據稟此項合同，本商及謝總領事官，曾與該省礦務局員，並藩憲，就地逐日相商兩月有餘，始行議妥。當時又有紳董將所擬各條詳細考查，並由本商將數條通融更改。該紳董等均係熟習江北廳地方情形之人，知該處徧地皆山，開礦甚非易易，耗財必鉅。且所築各路，將來皆歸中國國家；應造之橋，亦與人民有益。該紳董等議商甚久，查核甚精，知本商所擬各條，與該處極爲相宜。又由礦務局員爲國家加意詳查，始將所擬各條，通行允可，稟經川省亦已允准。往事如此，豈又有令本商復回川省再行開議之理。本商甚願在江北廳迅速開工，開工愈早，國家愈可早得報效之利也。各等因前來。本大臣查該商所稟各節，在在屬實。令其回川復議，不無苛待。川省大憲既已查明此項合同條款，於國於民，兩有裨益，是其意並非漫不經心而定，諒貴部竟可照准。合請貴親王將該合同即日具奏，請爲准行。爲此照會。

又外務部發薩道義照會《江北廳礦務合同俟增改後再奏明辦理》 光緒三十年九月十二日，發英國公使薩道義照會稱：光緒三十年九月初八日，接准來照，以英商立德樂與川省礦務局定立合同，現在該商由香港到京，令其回川復議，不無苛待。川省大憲既已查明，諒貴部竟可照准，合請將該合同即日具奏等因前來。查英商立德樂請辦四川江北廳煤鐵礦務，與川省所訂合同，尚有應行增改之處，前經本部電達川督，與立德樂商改，並函復貴大臣在案。現在該商既已來京，如照本部所增改各節，一律照辦，本部即可將此合同奏明辦理。相應照復貴大臣查照轉飭可也。

又外務部收薩道義函《開辦江北廳礦務請展限一年》 光緒三十一年九月初六日，收英國公使薩道義照會稱：英商立德樂議設華英公司，擬在四川江北廳開辦煤鐵礦務一事，曾於去年十一月初二日，在貴部將合同簽字蓋印在案。茲准本國外部大臣電，江北廳合同，立君深願續展一年期限，囑向中國政府請爲照允等因前來。查該合同第五款內載：「自批准之日起，以十二月爲限，限滿不辦，合同作廢，永不再請展限」云云。惟前在該省原訂合同，曾以三年爲限，嗣由貴部修改合同時，始將期限減少。此合同蓋印後，除派礦師查勘外，該商即行歸國，創設公司。乃因路途遥遠，礦師四月底寄報之信，六月底始行接到。所餘時日，過於促迫，未遑辦理就緒。今本大臣查該省原允之限，本係三年，後經貴部更改期限，該商原擬勉爲照辦，奈距礦地甚遠，即以二年爲限，亦非甚寬。合行備文照請貴親王，准照所請，加展一年。是爲切要。

又外務部收英使薩道義函《江北廳礦產經礦師勘明請准展限開辦》 光緒三十一年九月十八日，收英國公使薩道義函稱：英商立德樂訂立合同，開辦四川江北廳礦務一事。本大臣奉本國電囑，於本月初六日照會貴部，代請展緩期限。嗣於十二日甘參贊赴部面晤時，承詢該商所派礦師前往勘查礦產細情若何各在案。當經本大臣電飭本國駐四川總領事查復去後。茲據本國駐重慶領事復電，以本年二月間，上海有恒行礦師經斯密，前至四川，將龍王洞礦產詳細勘查。據云該處礦苗甚旺，益將此意於四月二十七日，由滬開具細情，寄赴倫敦，詳告立君。經礦師在川時，雖未往晤華官，而其行踪，重慶人諒已共知，如欲考究其實，可向税務司及地方官詢問等因前來。本大臣據此，合行復請貴部將原定期限，續展一年。以符向來他國開礦商人，在四川等省已有成案。此布。

又外務部發英使薩道義照會《開辦江北廳礦務准展限半年》 光緒三十一年十月初三日，發英國公使薩道義照會稱，前准來照，以英商立德樂在四川江北廳開辦礦務一事。准本國外部大臣電，江北廳合同，立君深願續展一年期限。向中國政府請爲照允，查此合同蓋印後，除派礦師查勘外，該商即行歸國，創設公司。乃因路途遥遠，礦師四月底寄報之信，六月底始行接到，所餘十日，過於促迫，未遑辦理就緒。請照所請，加展一年。等因前來。查江北廳礦務合同第五款內載，自批准之日起，以十二箇月爲限。限滿不辦，合同作廢，永不再請展限等語。惟既經貴大臣聲稱，委因路途遥遠，未能辦理就緒，本部格外通融，准予展限半年。相應照復貴大臣查照，即希轉飭該公司迅速開辦，勿再延緩可也。

又外務部收英署使嘉乃績函《開辦江北廳煤鐵礦務事》 光緒三十二年四月二十日，收英國公使嘉乃績函稱：英商立德樂設立華英公司，在四川江北廳

開辦煤鐵礦務一事。頃據上海本國總領事電詳，據立德樂禀稱，本公司股本，按照合同，業經招齊，已禀由駐成都總領事轉請准其開工。請爲轉致外務部查照前來。本署大臣據此，相應函達貴王大臣查照可也。此布。順頌鈞祺。

又外務部收嘉乃績函《江北廳煤鐵礦務已依限開辦》 光緒三十二年四月二十八日，收英國公使嘉乃績函稱：四川江北廳煤礦一事，本署大臣曾於本月二十六日照會貴部，是日並接來函，請轉飭該商將此事詳晰禀明等因各在案。當即電飭上海總領事詳細考查去後，茲據復稱：據立德樂禀，川督委員早知駐重慶之英商尼克森，譯音。有代立德樂辦事之權，並稱尼君屢向官場，認納礦稅，請飭勘定運礦産之路綫等語前來。又電詢駐成都總領事，以川督所謂該公司無論如何，不能在期限内開工之語，是爲何意？現據電復，川督之意，係期限以内，無暇派員查驗，准其開工。又以完納報効，即屬開工之實據等語前來。本署大臣查案情如此，足見川督爲委員所誤。龍王洞地方，開礦已有數年，此次與公司應行商訂各節，均可向代表人在重慶議辦，所有應完稅課，由伊交納。合行函請貴部電咨川督，立即查照辦理。至能否於閏四月初五日以前，將此事周妥辦齊，亦不宜忘係該省礦局陡然阻撓，以致躭延多日也，是爲至要。此頌鈞祺。

又外務部發四川總督電《江北廳煤鐵礦務請飭英商速定礦地開辦斷難廢約》 光緒三十二年閏四月初一日，發四川總督電稱：篠馬二十五電均悉。前准英使函，立商招齊股本，請電尊處，准其開工，當經據電函復。茲復准來照，以總領事將公司所擬開工之處，面告川督，詎以限滿，未允照辦。查立商與川局原訂合同，開辦之期，以三年爲限，經部改爲十二箇月，當時曾將該處路遠之難，迭經本館代陳，不得已方勉行照辦。立君赴香港、英國招募股本，設立公司，爲期太促，期滿即請展限，經允展半年。薩使曾以礦山遥遠，若將開辦各事，完全辦理，則前後所准年半限期，仍以促迫，函致在案。請囑川督准其開工。如公司因阻撓受虧，本國政府必以責歸川督等語。查此項合同，川督原訂以三年爲限，經本部一再磋商，始允減至十二箇月。上年限滿，該商請展一年，本部准展半年。薩使仍以期限迫促爲言，其所稱礦山遥遠，亦屬實在情形，如再請展限，仍未滿原議三年之數。現該公司既於限内呈請開工，惟有飭其速指礦地，呈候查驗批准，刻即實行開辦，不得僅以呈報開工塞責，以免再延。

又《奉天礦務・本溪湖煤礦》外務部收工商部咨《抄送中日合辦本溪湖煤礦公司合同附加條款》 宣統三年十一月二十四日，收農工商部咨稱：宣統三年十一月初十日，接准東三省總督咨開：據交涉司呈稱，本溪湖煤礦公司兼辦製鐵事業，呈請距離一百華里内，限制創立同類工場，曾經奉到部准，行知在案。惟查公司新訂附加條款内，聲明此項附加條款，得中國政府批准後，方能作爲有效。本溪湖煤礦公司，亦即改稱本溪湖煤鐵有限公司，兼辦採鐵製鐵事宜各等語。則是煤鐵公司開辦日期，當以奉到中國政府批准之日爲始。現限制製鐵工場，既經批准，所有訂立附加條款，理合送部立案等情，咨行查核前來。查本溪湖煤礦兼辦製鐵事宜，曾經本部核准在案。茲准前因，除已咨復照准備案外，合將該公司所訂附加條款一册，抄送貴部查照可也。

照録中日合辦本溪湖煤礦有限公司合同附加條款。

奉天交涉司，現奉東三省總督委派，特與日商大倉喜八郎訂立本溪湖煤礦有限公司合同附加條款如左：

第一款，此附加條款，得中國政府批准後，方能作爲有效。本溪湖煤礦有限公司，亦即改稱本溪湖煤鐵有限公司，兼辦採鐵製鐵事宜。

第二款，中國政府允准本公司增加資本北洋大龍洋二百萬元，中日商人各出其半，照左列數目，分年按期支出，交付公司。

宣統四年三月初一日，六十萬元；

宣統五年三月初一日，八十萬元；

宣統六年三月初一日，六十萬元。

中國商股未招集時，可由中國政府先付續招，日本國商股概由大倉擔任。

第三款，中國政府爲發達本公司起見，允將廟兒溝鐵礦不作爲權利股本，但須於每製鐵一噸，提銀二錢，爲中國國家辦理礦務學堂等用。此款儲存公司，俟營業發達時，再行提支（以能付官利爲發達之期）。

第四款，鐵苗出井稅，每噸繳納庫平銀一錢，海關出口稅照海關稅則交納，其他均照原合同第九款辦理。

第五款，地方附加稅，本公司按照地方自治章程，納出井稅十分之一。

第六款，公司開採廟兒溝鐵礦之區域，按照原合同第十二款辦理。

第七款，公司用人，除主事事務員技手職工頭以上人員，概照原合同辦理外，其他各項職工工人、礦夫頭、礦夫，爲工價低廉起見，概用中國人。

第八款，附加條款，應與原合同有同一之効力。凡未經附加條款聲明者，如分配餘利，使用土地，及其他事項，概照原合同辦理。

第九條，此附加條款簽印後，應由兩總辦將事務總則細則改正，呈候督辦核定，報明總督批准遵辦。

第十款，此附加條款，仍以中、日兩國文字繕寫五份，附加原合同之後，照原合同第十五款分別存案。以後遇有誤解，專以中文字意爲憑。

宣統三年八月十五日，明治四十四年十月初六日。

奉天交涉司許鼎霖。

總領事小池張造。

大倉喜八郎。

《續文獻通考》卷二三《征榷考·坑冶》 宋光宗紹熙二年八月，寬兩淮榷鐵之禁。至是，祀明堂。大赦詔曰：「諸路州縣坑冶興發，在觀寺祠廟、公宇居民墳地及近墳園林地者，法不許人告，亦不得受理。訪聞官司利於告發更不究，實多致擾害。自今許人户越訴官司，并訟者重置典憲。及有坑冶停閉，苗脉不發之所，州縣勒令坑户虚認歲額，提點鑄錢司覈實追正。」

慎懋官《華夷花木鳥獸珍玩考》卷八《磁石》 大抵航海，固必用針以爲向，尤必用磁石以養針。磁石出福建之佛字山，有神最靈。凡取磁石，必先致禱於神，神許則往，亦不多得，否則皆頑石無用者。

王韜《弢園文録外編》卷一《治中》 我國今日之急務，在治中馭外而已。治中不外乎變法自强，馭外不外乎簡公使，設領事，洞達洋務，宣揚國威而已。曩所謂變法者，在剏設局廠，鑄鎗礮，造舟艦，遣發幼童出洋肄習西國語言、文字、器藝、學術而已。不知此數者，非不可行而行之。當無徒襲其皮毛。既有鎗礮，則當求施放之巧；既有舟艦，則當求駕駛之能。而鎗礮之命中及遠舟艦之鞏堅神速，新法迭出，精益求精，此則尚未能也，所知者不過向日成規而已。且皆有西匠爲之指揮，一旦離之自造，則并所謂皮毛者，尚覺其艱。遣發幼童出洋當不專於一國，且與其多遣俊秀，不如並遣工匠，工匠時少而效速。此外要當變者，一曰水師宜立專局，訓習技能；二曰陸營宜改管制，汰軍額，簡丁壯，厚餉糈；三曰戰船宜易帆舶爲風輪火琯；四曰器械宜易弓矢、刀矛以火器，而總不外乎以西法練兵。沿海各省督撫宜簡選熟稔洋務人員，駐劄通商各處，遇有中外交涉之事，所有往來文牘歲中彙輯成書，頒示遐邇。俾辦理者熟覽深思，得以窺其涯際，而臨事亦有所把持。中外所立和約，亦當鋟版頒行，俾官衙上下人役俱持一册，於洋務自無所遁情。夫洋務即時務，當今日而興，言時事，固孰有大於洋務者，一切皆不必諱言。【略】闢地之外，則事開礦。闢地，地面之利；開礦，地内之利。二者不可偏廢。天不愛道，地不愛寶，而亦當盡人力以求之。且礦務一開，趨者雲集，亦所以養濟窮民。聞如臺郡之煤，粵如惠州之鐵，善其章程，以爲掘取，閩粵之民何至就食出洋，流離異域？

《清朝續文獻通考》卷四四《征榷考一六·坑冶》 〔光緒十四年〕又開採江西省永新縣西鄉四十三都之烏石山鐵礦。

盛宣懷《愚齋存稿》卷九九《總補遺·香帥致總署電十二月二十四日》 英人消息甚緊，不日必有大舉，憂憒萬分，此時必須早籌應付之法，以備臨時抵制。參考各洋報及日本人之言，大率一借款，一索香港對岸之深水埠及舟山，一造粵漢鐵路，一入長江至鎮江金陵屯兵，共四事。【略】一、准英借款修山西、陝西鐵路，即以此路作抵山西路由正定、井陘至太原，陝西路由黄河南岸滎澤、洛陽沿河入潼關至西安。並准英與華人合開山西煤鐵礦，餘利與我均分。洋報屢言，英若不在中國得鐵路一條，心必不甘，山陝之路，與我盧漢幹路接，不通海口，尚無大患。彼圖礦利，當易商允。英在北省得利，彼所尤喜，不須另籌抵押。而我增此西方枝路兩條，益處甚多。中國各礦若無洋人合股代開，既無精礦學之良師，又無數百萬之巨本，斷不能開出佳礦。煤鐵暢行，亦我之利，二也。一、山陝鐵礦路産英人視之素重，必能歆動，可抵粵漢，但使借款而路由我造，如盧漢，用比款例即無他慮。其次則准其在雲南邊地與我合開各礦。滇山險遠，中國機器不能運入，華人自開斷無暢旺之日，彼由緬甸鐵路運機甚便，三也。至索地一節，或舟山，或深水埠。舟山雖小，但聞法國水師訓條，英踞舟山，法即踞瓊島，牽動太多。深水埠若屬英，則香港北岸陸地與粵省接連，若能不准英造鐵路，較舟山之禍稍緩，然占地終不如許以他事耳。總之，英無妄求甚善，設真如前所傳借款抵釐金則利權失，造粵漢路則腹心潰，入長江則各省震擾，踞舟山則法傚尤，必宜峻拒，别以他項羈縻。全局安危所關，較之俄德禍機尤緊。洞非敢越俎妄論，特恐英猝然發難，彼時諸事秘密，外省無從聞知。敬抒管見，預爲上陳，以備朝廷採擇。此皆抵制下策，不過較勝無策。廟謨深遠，自有權衡。倘非萬不得已，即所擬三條，亦不如不允之爲愈，且三條亦非必全許也。值此危局，宵旰憂勞，寢食難安，不揣冒昧密陳，迫切惶悚。請代奏。

又卷九七《補遺七四·寄外務部顧侍郎肇新〔光緒二十九年〕十月初一日》 草合同已補寄，其詳已敘入咨内。彼買我礦石，如得預支礦價，此係商礦自己籌

款，爲國家興利便益，無過於此。惟恐南皮別存意見，失機可惜。彼去年電稱，鐵廠事不過問，由我做主，此次合同斷無流弊，然終屬外人交涉，自應請大部主持，迅速核復，以免日本變卦。請密達邸堂，鐵政之幸。

又《寄武昌端午帥（十一月初七日）》 冶事函牘諒邀鑒。嗣奉外務部江電，昨日詳復並電尊處及南皮宫保矣。年運七萬噸及官商界限，均已遵辦，務求關念，鐵政成敗所繫，早賜核復電示。俟外部復到，即訂期簽定，至深感盼。該廠如何辦法，容俟開春到鄂面商，總期款不虛糜，工歸實際。

又《寄北京外務部（光緒三十年四月初四日）》 滬日領小田切電稱，漢口稅司因未奉總稅務司訓條，不准礦石出口。查貴宫保前奉外務部電開，稅司呈擬辦法，生鐵並各類礦產運往日俄境內，不往戰地，即給准單等語。漢關辦法不合，可否請貴處電咨外務部轉飭漢關，照允出口爲盼等因。前奉大部鹽電，生鐵即可照辦，已飭放行。漢廠所售礦石即是總稅司呈擬之生鐵並各類礦產，自應准放。乞速飭漢關照議辦理，以免漢廠虛擱礦本。

又卷六六《電報四五・寄袁宫保張筱帥（光緒三十一年七月二十七日）》 董道寄福公司致商務局函內云，廿四年福公司蒙准專辦煤鐵礦，惟彼時所開之礦准其照舊興工。此外，無論洋人或本地人，概不准在平定州境內及蒙批准章程內所載福公司他處開礦之地再開新窑等語，擬復信稿雖妥，然我若大舉，彼必争先，鄙見總不如趕緊勸購，使佳礦悉歸紳商公司，或給股票，或給現銀，皆須提前年月立契歸公司執業。契內載明，前後左右地畝悉聽買主開採，隨時補給價值，但不得租賣與他國人及他省人開採。並在有司衙門稟定，將來自行開採，或用機器，或用土法，照章完納各項稅捐，並報効國家，但礦歸公司承買，縱橫三里之內不准他人另行開窿。批准報部立案，如此則買成一礦，便可保全三里之內無人佔奪。果使礦產不爲彼得，則權自我操，目前不致決裂，將來必獲大利，購機、廣開皆可徐圖。澤州亦須速辦，張金生已到京，是否須令赴澤，乞示。

又卷六九《電報四六・寄北京外務部商部武昌張宫保江寧周玉帥南昌吴仲帥（光緒三十二年七月初六日）》 前因漢廠整理鐵政，必須沿江多購鐵礦，以供煅煉。曾於光緒二十五年三月，札派冶局總辦解茂承帶領德礦師斐禮，會同九江電局委員汪承豫等勘得江西德化縣屬金雞嶺城門，又城門外三山名大勝門、小勝門等處産鐵均富，堪供採煉，行知九江關道，札縣傳集業主領價立契，歸漢開採。嗣緣議價未妥，久未辦結。本年漢廠添設新爐，需用礦石更多，九江距漢甚近，採運亦易，正派員續往圈購。間訪聞有人擬將該處礦石售給日商，並擬援照冶礦合同辦理。查二十五年漢廠與日本製鐵所訂立以煤易鐵合同第五款載明，「日本不得於大冶合同外，另與中國他處及島地他人他礦另立買鐵石之約，大冶亦不得將鐵石賣與在中國地方另設洋人有股之鐵廠。」二十九年續訂購運礦石，預備礦價開辦漢陽新廠合同內第六款仍載明，其餘續議條款仍照原合同辦理。且是九江鐵礦考之原案，徵之合同，中國鐵政局斷無放棄聽其轉售外人之理。漢廠深慮日本製鐵所魄力宏鉅，有礙中國鋼鐵銷路，故與張宫保再三核定，大冶售鐵石額數每年不得過十萬噸限制，並與訂明不得另買他處鐵石，所以保護中國鐵廠不使蹉跌，防維甚切。應請大部、貴督部堂、撫部院俯賜立案，密電九江關道查案，行縣禁止。倘日使、日領因此饒舌，並祈查照前敘條款嚴切駁止，一面仍由漢廠派員赴潯優給官價，釘界立契，藉保地產而興鐵政。至紉維護，仍祈賜覆。

《清朝續文獻通考》卷四三《征榷考一五・坑冶》 道光二十三年，開採廣西永寧州崇慶鐵廠。

《李文忠公朋僚函稿》卷二四《（光緒九年）十二月二十八日復張香濤中丞》

唐景星頃已回滬，聞約有西洋礦師東來，竢開河北上，當與商遣。開平係煤師，非開鐵好手。津滬贋鼎更多，不敢濫薦。醇邸亦擬於西山齋堂等處開煤鐵礦，屬景星物色礦師，但無股本，事必難成。平定距直尚近。四天門既成坦蕩，機器或能拆運。容有善相者，當資之入山，以副諄屬。海禁雖開，必得鐵好價廉，與洋産相埒，乃可暢銷。頃因製粗器，飭局員在津市購晉鐵，據稱較洋鐵並不賤，豈陸運費本耶？蓋洋鐵方圓大小板條恰如人意，不獨質地純净也。晉軍先用前門槍，俟操熟再購後膛，此不易之法。近幼樵在總署商令敝處代購克虜卜過山礮百尊，哈乞開思、毛瑟槍各五千枝，以備海防邊防。各省借撥繳價，惟皆極精緻之品，有器而不善用，與無器等。振軒電稱，粤將尚不知操用洋軍火，何論滇、桂？恐各省大率類此。遽與西兵敵，利鈍殊無把握耳。鄧光華開銅礦，如有股可集，自應試辦。越事蒙舉數條見詢，謹罄所知以對。

鉛礦開採部

綜述

《續文獻通考》卷二三《征榷考·坑冶》〔明太祖洪武十五年〕十二月，罷濟南、青、萊三府採鉛。三府奏：「歲役民二千六百六十户，採鉛三十二萬三千四百餘斤。及今年久，鑿山愈深而得鉛愈少，乞停其役。」從之。

《宋會要輯稿·食貨三四·坑冶雜録》採鉛。李煜嘗因唐舊制，於饒州永平監歲鑄錢六萬貫，江南平，增爲七萬貫。常患銅少，不充用。張齊賢任轉運使，求得江南舊承旨丁釗盡赴饒、信等處州山谷出鉛，即調發諸縣丁夫採之。

劉錦藻《清朝續文獻通考》卷三八八《實業一一》光緒三十三年，廣西巡撫張鳴岐奏：「廣西雒容、柳州各屬礦産隨地多有，永寧屬春橋山、銀硃坳兩處鉛礦尤富。近年湖南振興礦務，籍隸湖南之右江鎮總兵黄忠浩，於礦學、農務皆有體驗，飭令招集公司，設法開辦。迭據電咨請假回湘，切實考求，兼招募耐苦農民，率帶來桂，分辦開礦墾荒各事，以資提倡。」

《清朝續文獻通考》卷三八九《實業一二·工務·礦》又湖南巡撫楊文鼎奏：「湘省財殫虧鉅，惟有援直隸、湖北成案試辦公債票，但須指項的款實足，取信於人。各屬礦務辦理有年，而常寧縣水口山之鉛砂尤爲地産大宗，一年約得銀五六十萬兩，除用費外，可獲餘利三十萬兩。兹按鄂省折半計算，募積公債一百二十萬兩，即以售砂利銀作爲償還專款本息，分攤六年，足敷抵撥。每年提出利銀二十六萬五千兩另款存儲，以備按期照付所有遞年加息。及付款辦法，酌照鄂省成規，歸湖南官錢局經理。

又卷三九〇《實業一三·工務·礦》鉛之産量。産鉛最多以湘、滇二省爲要。湖南常寧水口山礦石平均含鉛百分之六六，雲南東川鉛礦，每年約産鉛七百噸。其他各省鉛之産量極微。湖南水口山鉛礦、龍王山礦距水口山西北四五里。先是，德商擬於此山附近購田開採，力拒之，後本省以公款設局自採，分新舊兩法，至今已十有餘年。

湖南官段山鉛礦。在臨湘縣南九十里之官山段。山西距桃林市僅六七里，由桃林至粤漢鐵路之五里排四十餘里。礦在明代曾設官開採，見在官商合辦。

浙江鉛礦。一、永嘉分布於孫坑、鄭山、前山、横田、呈山、黄山等處，孫坑已領照開採，礦區廣七十一畝。二、湯溪在縣南梧亭莊之銀坑村，此礦亦有公司開採。

藝文

朱諫《李詩選注》卷一《古風》吾營紫河車，千載落風塵。藥物秘海嶽，採鉛青溪濱。時登大樓山，舉手望仙真。羽駕滅去影，飇車絶迴輪。尚恐丹液遲，志願不及伸。徒霜鏡中髮，羞彼鶴上人。

「河車」，錬丹次第之名也。《抱朴子》曰：「丹砂可爲金，河車可作銀。」紫河車有五色：曰紫，曰白，曰青，曰赤。赤者曰黄芽，藥物修錬之資也。庾仲《雍荆州記》曰：「臨沮縣有青溪山，山東有泉，泉側有道士精舍。」鉛亦藥物也。大樓山，在宣州，近秋浦。羽駕，乘鸞鶴也。飇車，御風也。丹液，還丹金液也。《抱朴子》曰：「考久視之，方莫不以還丹金液爲大要。」丹，乃液之已成，液，乃丹之未堅者也。言我之周流四方，既無所遇矣，於是退而爲修錬之術，然猶未免落於風塵之中。藥物秘於海嶽，遠而不可得也，乃採鉛於青溪之濱。鉛亦藥物之一品，青溪也，近採之或可得耳。

雜録

《度支奏議》卷一六《新餉司·覆廣東高按臣議停開採鼓鑄疏》題爲邊儲告亟，錢法日壅，謹抒一得，以廣利源，以裨國計事。專理新餉山東清吏司案呈，崇禎三年十月二十八日，奉本部送户科抄出廣東巡按御史高欽舜題前事等因。本年十月二十五日奉聖旨：「這廣東開採事宜，地方官既稱不便，着該部確議具

奏。欽此。」欽遵。抄出到部，送司相應議覆，案呈到部。該臣等看得國家設泉府以生財，資開採以廣鑄，官山之説自古記之矣。乃有行之往昔無不可，而施之今日輒稱病者，非時異而勢殊，則行難而言易也。先是，錢法督臣孫居相等有兩粵開採窩鉛之請，臣部覆議，以守土之官督土著之民，開採既行，因六徵取，原以利民，非以擾民，惟工本一項稍費。商確題奉欽依，通行二省撫按司道酌量舉行，用資鼓鑄。夫亦以利害行止之權聽之撫按耳。今廣東按臣高欽舜奏疏，如廣、韶二府以及連州、陽山、英德等縣或以流寇竊發爲詞，或以沙壓民田爲詞，或以奸宄叢集爲詞，或以猺蠻作梗爲詞，必係利少而害多，决非畏難而苟安也。一時撫按、司道緦緦過慮，莫執其咎，則亦何必强爲開採，以釀地方之隱禍哉！近日陽城、濟源等處所出盧甘煎爲窩鉛，亦既有裨於鼓鑄矣，豈必兩粵而後可乎？蓋舉事本乎人情，今地方既稱不便，斷難强勉，所當聽其停寢者也。既經按臣具題前來，相應覆請，恭候命下臣部，移文該省，遵照施行。崇禎三年十二月初六日具題，本月初九日奉聖旨：「據奏廣東開採果於地方不便，即依議停止。該衙門知道。欽此。」

茅元儀《暇老齋雜記》卷九　今遵化撫臣欲開鉛礦，竟阻於鄉紳不容。天不愛寶，而徒望國富用足，何可得哉？

《明熹宗實録》卷二五　〔天啟三年春正月〕乙卯，順天巡撫岳和聲條安攘七事：一曰專冶局。陳州所轄偏山鉛鑛，堪以採鍊。【略】宜專委兵工司管一員，刻期採鑄鉛鐵，隨給局匠打造盔甲、刀、銃諸器及鉛彈等物，以濟實源阜財之用。

又卷七九　〔天啟七年夏五月〕丙寅，【略】太監楊潮奏，一片石西界，忽生鉛礦，可資火器。上命會同督撫道臣開採，務嚴杜軍民侵盜，其安罏煅法啟閉，委官俱如議行。

紀昀等《八旗通志》卷二〇七《人物八七・大臣七三・漢軍正藍旗二・李本》　〔乾隆四十年停運，截至四十六年〕除動支各項及備他省採買外，只存百五十萬觔有零，開採年久，礦遠硐深，加該處食物昂貴，又因餘鉛盡歸官買，遂至裹足不前。請照滇省銅務及黔省白鉛例，每百觔抽課二十觔，官買四十觔，通商四十觔，爐丁踴躍，黑鉛可期漸旺。得旨允行。

《清朝奏疏》卷四二陳宏謀《請開廣信封禁山並玉山鉛礦疏乾隆九年》　江西巡撫臣陳宏謀謹奏，竊惟盛世滋生，户口日繁，小民衣食之源所宜急講，我皇上宵旰勤求，孜孜罔懈，特頒諭旨，廣山澤之利，飭令因地制宜，及時經理，無非爲民籌日用飲食之事。臣仰體德音，凡有地利可以養民者，悉心體訪，設法興舉，不敢畏難苟安，坐失地利。江西一省惟廣信一府閒曠之山地最多，而窮民無業者亦多，所有地利，可開二事敬爲我皇上陳之：一、廣信府玉山縣之廣平山産有鉛礦，居民屢請開採。臣行飭廣信知府，帶同玉山知縣前往查勘，廣平山離城一百四十里，並與上饒、德興二縣交界，相離二縣均在一百數十里之外。山之前後左右凡二三十里並無村莊墳墓，亦無妨礙之處，督令工匠先後開窋五硐，俱有礦砂，面加煎試，銀、鉛夾雜，實有成效。若准其開採，所得礦砂無論銀、鉛照二八抽課，餘者聽民自相運售。慎選本地殷實良民爲峒頭，招募本地民夫開採，以本地之民開本地之廠，不慮其來歷不明。江西本産米之鄉，今以本地之人食本地之米，可無米貴之患，又不動支工本，聽民出資開採，有利而來，無利而去，亦無易聚難散之患。雲貴各省礦廠甚多，歷無廠徒生事之處。近無廣東亦復開廠，而各省礦廠大半皆江西之人，今本省開廠更無滋事之慮也。以天地自然之利爲民生衣食之資，所養窮民不少矣。

《清朝文獻通考》卷一七《錢幣五》　臣等謹按：嗣後寶陜局以商交洋銅漸次減額，於十九年以後，每年添買四川銅十萬觔，配搭鼓鑄。其所需黑鉛，自乾隆十三年奏開華陰縣之華陽川地方鉛礦，試採有效。即議定每百觔内抽課二十觔，又官買餘鉛二十五觔，每觔給價銀五分。至二十年，以鉛廠工本不敷，復增定每觔給價銀六分，收買解局供鑄。【略】又議定湖南運解京局黑鉛，仍歸貴州、湖南分辦。先是，京局所需黑鉛七十萬五百七十觔有奇，歷交貴州辦運。嗣因湖南郴州開採桃花壠等處及桂陽州等廠黑白鉛砂出産甚旺，乾隆十一年議將貴州所辦京鉛一半改歸湖南代辦。復於乾隆十四年，將貴州應解京鉛全交湖南代辦。至是湖南巡撫喬光烈奏言：「湖南所辦京鉛本由桂陽、郴州兩廠分運，今郴廠因開採日久，硐老砂竭，已請封禁。而京鉛爲鼓鑄所必需，未便缺額。聞貴州柞子等廠所産黑鉛，自停運以來，頗有積存鉛觔。今據貴州巡撫劉藻覆稱，貴州每年可辦京局黑鉛三十五萬觔，自乾隆二十九年爲始，照數委員解京供鑄。其餘三十五萬二百八十五觔有奇，仍須湖南辦運。請改於桂陽廠採辦，作爲一運，於九月全數解京，仍分交户、工二部收納供鑄。至所需顏料庫黑鉛一萬七千六百七十九觔有奇，向亦係郴、桂兩廠分辦，今統歸桂廠辦解。」户部議如所請。從之。

又卷三〇《征榷一五・坑冶》 又停止陝西華陰縣開採黑鉛。華陰縣之華陽川地方産黑鉛，自乾隆十三年題准開採，每年得鉛五六萬觔，至十萬觔不等。自二十三年以後，得鉛日以減少，至二十八年分，僅得四百觔。陝西撫臣奏請停止。户部議如所請。從之。

又准貴州清平縣開採鉛礦。貴州巡撫方世儁奏：「清平縣之永興寨産黑鉛，礦砂試採有效，請准其開採，照例抽課，每年可收課鉛一萬二三千觔，除支給各標營操演鉛觔外，尚有餘剩存貯撥用。」户部議如所請。從之。

乾隆六年，准開滇省卑浙、塊澤二鉛廠，并試開東川者海地方鉛廠。户部覆准：「雲南巡撫張允隨奏稱：滇省存廠運局鉛觔，應預爲籌畫，請將曲靖府屬之卑浙、塊澤二廠，准其照舊開採，所出鉛觔按例抽課。再，該署督奏稱，東川府所屬之者海地方亦産有鉛礦，距東局路止二站，應令該署督張允隨將前項鉛礦查明，作速採試。」得旨：「如議行。」【略】

〔乾隆十六年〕又增湖南收買鉛觔價值。户部議：「各省分出産黑鉛，除貴州之外，惟湖南最稱旺盛。是以京局歲需鉛七十萬餘觔，前於黔省黑鉛短少，不能辦解案内，臣部酌議題交湖南接辦。每百觔照依康熙、雍正年間定價，以二兩八錢三釐報銷。節據湖南巡撫奏稱，工本不敷。部議：黑鉛關係京局鼓鑄，必上不虧帑，下不病商，方可經久。黔省工本省而脚價多，湖南路近於黔，以節省之脚費，抵不敷之工本，辦理自覺從容。應請嗣後湖南辦運，除課鉛儘數湊解，無庸給價外，其收買商鉛運京，比照從前貴州辦運之數，每百觔定給脚銀四兩六錢，按年解運，照數支給。從之。

又准雲南通海縣開採黑鉛廠。雲南巡撫劉藻奏：「通海縣逢里山廠産黑鉛，試採有效，請照例每百觔抽正課十觔，變價充餉，餘課十觔，以五觔充公，五觔爲官役廉食，所餘之鉛，給價收買。」户部議如所請。從之。【略】〔乾隆三十一年〕又准貴州清平縣開採鉛礦。貴州巡撫方世儁奏：「清平縣之永興寨産黑鉛礦砂，試採有效，請准其開採，照例抽課。每年可收課鉛一萬二三千觔，除支給各標營操演鉛觔外，尚有餘剩存貯撥用。」户部議如所請。從之。【略】

〔乾隆〕四十九年，以盛京部臣請改採鉛地方，飭部議處。工部議覆。盛京工部侍郎席爾圖疏言：「錦州採鉛，請改於遼陽採取。」得旨：「採鉛事情，前因白爾克條奏，自遼陽州改往錦州大碑等處，今又因席爾圖所奏議，仍在遼陽州採取。前所奏是，則今所奏非； 今所奏是，則前所奏非。一切事務，該部當據理剖斷，分别是非定議。乃止據現在條奏，草率議准，殊爲不合。凡部院及督撫官員更换一人，皆如此頻更舊例，貽悮必多，著嚴飭行。」五十一年，以四川撫臣能太摺奏諭示廷臣，奉諭旨：「原任四川巡撫能太曾具摺奏聞開礦，後又奏稱江中有銀，派官監視撈取，以爲兵餉。朕以此二事，俱不可行。隨硃筆批發：朕乃人君，豈有令江中撈取銀兩之理？觀此二事，即知能太必貪。督撫提鎮奏摺一二次，可知其行事也。」

《韓大中丞奏議》卷一二《請將山場照舊封禁疏》 奏爲山場間有鉛苗，業經勘明，照舊封禁，先行據實覆奏事。竊臣於八月初八日，承准軍機大臣字寄，七月二十六日奉上諭：「御史王贈芳，奏江西宜春縣石圍山間有銅、鉛砂苗，奸民妄思開採，前經封禁。今聞有上高縣生員陳泰來，於上年八月赴提督衙門具呈開礦批咨。江西巡撫查覆陳泰來回至江省，輒敢以京控批准爲名，議定股分，開採銀礦，各府屬有受其愚弄捐資入股者，自數百兩至數千兩等語。奸民牟利惑衆，最爲地方之害。該縣石圍山本經封禁，豈可任其復行開採？着蔣攸銛、韓文綺迅飭該府縣嚴查禁止。陳泰來赴京具呈指稱批准，是否實有其事，並現在曾否聚衆開穵，着查明據實具奏。至該御史奏稱，萍鄉縣有葉絲冲山，亦有礦苗，着一併飭爲嚴切查禁，勿許偷採等因。欽此。」臣查袁州府屬宜春縣石圍登佈裡山，在郡城之西北，距城一百里。該山有譚肇賢原買之一嶂，賣與林森，經上高縣生員陳泰來給錢合管。前於嘉慶二十五年、道光元年，據譚肇賢、林森等先後以該山産有鉛苗，呈請開採，均經勘明封禁，並設卡派兵巡查。道光七年，陳泰來呈經督臣，咨臣復飭勘禁。陳泰來又於上年，赴提督衙門呈請試採，咨交勘明辦理。臣以該山歷經封禁，乃陳泰來屢呈不休，若非確切勘查嚴申例禁，不足以絶其覬覦之心，且恐有勾引偷採情事。行據兩司，詳委饒州府知府方傳穆、南昌府同知霍樹清，會同該府縣逐一履勘。旋據詳稱，該山遍植樹木，並無鉛礦透露，亦無私穵形跡，試驗間有鉛砂，並不暢旺，且山之附近多有居民、房屋、田畝，例本不准報採。當經遍加曉示，請將該山並毘連之松樹壁等山，概行封禁等情。臣復嚴飭一體示禁，並以前定巡防章程如何，再加周密，永垂久遠。正飭兩司妥議核辦間，欽奉諭旨查禁，遵即敬謹轉行並飭提訊陳泰來。如果指稱京控批准，議定股分牟利惑衆，必當澈底究辦，一面飭將萍鄉縣之葉絲冲山，嚴切查禁，勿許偷採。除俟查訊明確，並酌議巡防事宜，會同督臣，另行定擬具奏外，合將登佈裡山照舊封禁。現在並無聚衆開穵緣由，先行據實奏聞，伏乞皇上聖鑒。奉

硃批：「知道了。」

《李文忠公奏稿》卷五九《請開淄川鉛礦片光緒十三年四月十二日》　再，醇親王等會議整頓錢法摺内聲明，户部存鉛不敷，應趕緊采購。户部覆奏摺内謂，黑鉛一項，京局每年配鑄，暨神機營、工部琉璃窑等處需用甚鉅，貴州、湖南各有欠解。其白鉛一項，貴州可認辦若干，尚未咨覆。若專待該兩省采辦，輾轉需時，擬先購洋鉛濟急等語。誠以銅鉛，皆鼓鑄根本，二者缺一不可。前已奉旨派唐炯督辦雲南銅礦，冀可源源運濟。鉛斤爲貴州、湖南出産，今該兩省辦解無多，尚不足供京局之用。而洋鉛因各省鑄錢争購，貨缺價昂，未可常恃，必須月籌接濟。臣訪聞山東淄川縣榭木溝等處素有鉛礦，産苗甚旺，質色尤佳。從前商民間往開採，每日可出鉛砂七八萬斤。於村莊風水廬墓，並無妨礙，因無人主持，旋開旋止。函商撫臣張曜曾取礦樣寄至上海驗視，皆稱極好。該撫又派員前往，會縣察看，民情頗順。臣查制錢缺乏，京外皆然。今既推廣鼓鑄，此後京局及各省皆須鉛斤配製。東省既有此鉛礦，正可及時開採，以天地自然之利爲國家圜法之需。山東距京較近，若果采辦得宜，提鍊合法，則部需鉛斤即不必專賴湘黔遠運，更省煩費，洵於大局有裨。應請旨敕下山東撫臣張曜，迅即遴員酌帶礦師確勘，妥定章程，速籌試辦，以期興利便民。臣又聞熱河亦有鉛礦，已派人帶新募美國礦師前往察勘，如可設法開採，容再奏明辦理。臣爲鑄錢需鉛孔亟起見，理合附片具陳，伏乞聖鑒訓示。謹奏。

《清朝續文獻通考》卷四三《征榷一五・坑冶》　〔咸豐〕七年，諭：「吴振棫、張亮基奏請仍開鉛禁一摺。雲貴廠地出産鉛斤，向准商賈出售，前任四川總督黄宗漢因恐軍火有關，奏明停止。兹據吴振棫等查明，此項鉛斤並不能鑄造槍砲鉛丸。而自禁閉以來，貧民失業，反多苦累，自係實在情形。所有雲貴各屬商販鉛斤，著仍行開禁，並准其領票行銷，以濟窮黎。」

咸豐八年，諭：「前因倭什琿布奏都蘭哈喇礦鉾鉛苗旺盛，招商試採，曾諭慶如、麟翔傳諭蒙古人等不得攔阻，並諭倭什琿布嚴飭委員彈壓，毋令夫匠等滋擾。本日據麟翔奏，招商開採人數愈多，占地愈廣，蒙漢雜處，恐致滋事等語。該處鉛廠係在蒙古游牧境内，封禁有年，該都統前請試行採挖，雖爲藉充經費起見，亦須權衡利弊，不致滋生事端，方爲妥善。著倭什琿布詳加察訪，如果有利無害，即著嚴飭委員約束民夫開採，一面會同慶如、麟翔議定界限，毋得滋擾。倘獲利甚微，又與蒙古游牧地方有礙，或查出委員等有影射蒙混情弊，即著撤回，仍將該處廠地封禁。」【略】

道光二十年，諭：「據長齡等奏，試採都蘭哈拉鉛廠，約計每年可得銀四五萬兩，應交課銀一萬餘兩，於經費未能多爲節省，應即遵旨封閉等語。新疆地方總以鎮静爲本，不宜輕易更張，都蘭哈拉開採鉛廠所得課銀不過一萬餘兩，於經費實屬無裨。該處與土爾扈特等處接壤，恐聚集多人，或致越境偷挖金砂，滋生事端。著將存廠鉛砂趕緊鎔盡，即將該廠永遠封閉，嗣後不准再請開採。其廠地給還扎哈沁公托克托巴圖，設卡稽查，仍按季派員會哨，嚴密巡察。」

又卷四五《征榷考一七・坑冶》　〔光緒〕二十五年，開採廣西恭城縣鉛礦。

《礦務檔・安徽礦務・池州煤鐵銅鉛礦》總署收南洋大臣曾國荃文附池州老局礦山查勘報章《池州礦山探勘化驗開採精煉成本估計等情形》　〔光緒十一年六月初五日〕論鉛一則。桐子壠已經指明一處開挖一洞，從小試辦，則可觀此礦脉雖然甚大，惟礦質甚低。鉛不值錢，以現在之礦，雖有銀些須提出，無利可獲。時下鉛價每磅二分，若提銀不敷費用，不宜辦。如若每頓鉛能提得銀六十至七十五箇安時，則辦方有利。美國之過罅釐打出鉛最多，泰西可稱首屆一指，其礦中銀已有利，除銀之外，而鉛亦多。

又《福建礦務・侯官石竹山鉛礦》總署收楊昌濬文《試辦石竹山鉛礦酌擬章程》　〔光緒十一年〕七月初八日，閩浙總督楊昌濬文稱，閩省招商集資開辦鉛礦，分别奏咨事。竊照福建省城之南，離海岸百四十里，有西洋島。城北百四十里，有石竹山，俱産鉛。城西七十里，有十排山，亦産鐵鉛，先據閩籍候選通判丁樅以督伍用鉛歲計不少，皆向外洋購辦，如鉛礦一開，按例輸課，先儘官買，利國利民，莫善於此，已招商集股，擬次第試辦。礦師即延船局學生，開具試辦條款，繪圖赴津稟經大學士直隸督部堂李，以西洋島等處鉛礦，應否開採，或准試開一處，將圖摺咨閩核辦。經前部堂何飭發善後局，俟防務稍鬆，酌核辦理。旋據該紳丁樅稟請將石竹、十排二礦先行試辦，由本部堂行局轉飭署侯官縣知縣盧慶雲併委候補知縣朱幹隆會同勘復。兹據該印委等會稟，勘得石竹山在萬山之中，並無樹木墳塋，亦無田園廬舍，山前有坑，鉛苗散見，山左有瀑布流泉，山右約半里許，有居民兩家。該山係吉坑陳姓公業，經該紳等價買，年納租錢。凡該山鉛産之處，悉聽開採。山下有溪名後溪，寬十餘丈，北流十里，入前溪。前溪西至連江縣轄之江南橋，可達琯頭，共計水路一百八十餘里。若溪澗修浚，能通

小舟竹筏，以山左之瀑布淘洗苗砂，由溪運至琯頭設鑪，渣滓銷於海内。且與西洋島相近，將來便於兼顧。除十排山礦該紳請俟石竹試辦有效，再行勘辦外，繪圖註説稟覆等情。本部堂等查五金礦産，乃天地自然之利，開採如法，經理得人，因民所利而利之，裕國通商，兩有便益。光緒十年十一月間，户部會議都察院左都御史錫珍等奏開礦事宜，請旨飭下各省督撫，各就本省情形，參酌妥議。其有舉辦開採成效如何，一并詳細奏報，並將一切章程，咨部備案等語。是開辦礦務，業經部議奉旨允行，他省歷經奏辦有案。今閩省侯官縣轄之石竹山鉛礦，既經委員會同地方官勘明，蘊蓄已深，鉛苗甚旺，並無妨礙田園廬墓。擬送章程復加酌改，應請准由侯選通判丁樅鳩股開採，擇地設鑪，先行試辦。水陸運道，亦准其設法修治。其鑪廠需用礦師、匠工、舟筏器具，以及鉛斤、銀、錢出納各事，概由紳商自任，嚴禁書役索擾。惟匠雲集，仍責令地方官隨時照料彈壓，免滋事端。所出鉛斤，按月據實册報，提一成納課，運銷照章完釐。營伍用鉛若干，由司局照市價向該廠購買，餘聽該商自行銷售，成本藉可周轉。俟此山辦有成效，十排山西洋島礦務，再行接續興辦。據福建善後局司道具詳請奏咨前來，除恭摺具奏外，相應將所擬章程，呈送總理衙門，謹請察照施行。

照録清摺。

福建省會善後總局司道，爲造送事。遵將閩省試辦石竹山鉛礦，由局酌擬條款，飭令遵守。合就鈔録清摺，呈送察查。

謹開：

一、石竹山鉛礦，准由閩籍候選通判丁樅集股開採。原擬招集股分五百股，每股二百元。兹先試辦石竹，每股先收一百元，以爲開辦經費，俟辦有成效，再行續收。

一、在局司事，應令該紳訪用公正紳士，如任重者當稟明存案，以專責成。

一、准於連江縣屬之琯頭設立爐廠，以便運載。惟該處地處海口，應飭該紳認真查察，如有偷運出洋等情，從重懲辦。

一、延訂礦師，宜先用船政學生。礦師爲開礦第一要件，苟不精於地學、化學者，必爲所誤。當細心延訪，或參用西法，總須選擇熟手爲貴。

一、出鉛多寡，按月造册報官。先儘官用，其價值應照市面時價給付，一切申扣及書吏規例，概行禁止。如鉛斤儲積甚多，未奉官札飭取，應聽該商局銷售。

一、招選附近鄉民，充爲礦夫，俾窮民得資糊口，當令其各具連環保結。如有不遵約束不安本分者，應准送官究治。

一、設廠若在山田之處，照價備買，其糧應礦局照舊完納，並當稟明田畝分數，及錢糧米若干，以重課賦。

一、該紳承辦礦務，責任既重，應請頒給木質關防，以爲稟件及股票單股摺辦公蓋用。

一、銷售鉛斤，無論官民，概以現銀現兑，不得掛欠。其賬務每季一結，全年總結，懸單曉衆，至每月將鉛若干，及有提出金銀銅錫等項，照實册報。倘以多報少，查出從重治罪。併將全年總結賬目，造册通送各衙門備查。

一、所出鉛斤，就於南臺省城銷用者，既已完課，應免重征釐金。若由礦局自行運往各口發售，及行商到局購買，出外銷售，沿途應完釐税。擬令統由礦局照應完銀數，先行報明就省完繳，免與洋鉛報完子税者牽混。其鉛運至何處，報官核定程限，給照護運。沿途驗照蓋戳放行，概不重征。如礦鉛偷漏釐金，私運出省，照章罰辦。

一、礦山請免升科，查山産五金，俱係石壁，不堪耕作，自不得與開墾者比，既已遵例輸課，應免其再請升科。

一、礦局應完鉛課，或繳現銀，或繳鉛斤，先擬抽提一成。如應加增，俟開辦後再行定則詳辦。其售鉛本銀，先按三個月一結，除完課以外，由礦局按十成分派，提辦事花紅二成。其餘八成按股均分，以昭公平。

一、礦局開採，如外洋機器未到之先，擬用火約爆擊，所需火藥，備價繳局，由局飭理事廳撥給，仍由理事廳辦給護照，填明擔數斤數，以便查驗。

一、礦鉛盡日，請由院憲奏請銷案，准予照行。

又總署收户部文《咨送核議閩省開辦鉛礦章程摺》〔光緒十一年〕八月二十七日，户部文稱：福建司案呈：本部議覆閩浙總督等奏閩省開辦鉛礦，按照該督撫咨送章程，逐一查核，分別准駁，繕單具奏一摺。於八月二十六日具奏，本日奉旨：「依議。欽此。」欽遵。相應抄録原奏清單，恭録諭旨，咨呈總理各國事務衙門查照可也。

照録清單。

户部謹奏爲閩省開辦鉛礦，按照該督撫咨送章程，逐款查核，謹繕清單，恭摺仰祈聖鑒事。閩浙總督楊昌濬等奏：閩籍候選通判丁樅招集商股，擬試辦閩

省石竹山等處鉛礦，稟經大學士直隸總督李鴻章咨閩核辦，由閩省飭委會勘侯官縣轄之石竹山鉛礦，鉛苗甚旺，並無礙田園廬墓，酌定章程，請准丁樅鳩股開採，擇地設爐，先行試辦。水陸運道，准其設法修理。俟此山辦有成效，十排山、西洋島礦務，再行接辦。除章程咨部外，謹合詞具陳等因。奉旨：「户部知道。欽此。」欽遵，由軍機處交出到部。嗣據該督撫將試辦石竹山鉛礦酌擬條款章程，咨部前來。臣等伏查光緒十年十一月間，左都御史錫珍等奏請各省辦礦，經臣部議令各省自行體察情形，參酌妥議奏覆。今閩紳丁樅既願鳩貲開採閩省鉛礦，何以不在閩省就近呈請，乃遠赴直隸稟報。然既據直隸總督咨回閩省核辦，並據閩省督撫委勘奏明，礦爲自然之利，開採如法，經理得人，裕國通商，兩有裨益，自應准其開採。惟原奏所稱水陸運道，准該商設法修治一節，應如何勘定修治之處，並未議及。應令該督撫即委明幹之員，將修治運道，詳細履勘，議定如何修治，並修治何處，繪圖貼説，報部核議，俟議覆後，再行修治，以免將來因修治運道，擾及民田廬墓，另滋事端。至該省所送辦礦章程十四條，尚有未能盡善之處，現由臣等逐條核議，分别准駁，另繕清單，謹呈御覽，恭候命下。由臣部行文閩浙總督、福建巡撫，遵照臣部核覆各條，認真辦理。仍應由該督撫隨時體察，倘開採稍不如法，經理稍不得人，於國於商，兩無裨益，即應立行停止，以昭慎重。所有臣部核覆閩省開辦鉛礦章程，分别准駁各緣由，理合恭摺具陳，伏乞皇太后、皇上聖鑒。謹奏。

謹將閩省造送試辦石竹山鉛礦酌擬章程條款，逐一查核，繕具清單，恭呈御覽。

計開：

第一款所稱准令閩籍候選通判丁樅集股開採，原擬招集五百股，每股洋銀二百元，兹先試辦石竹山，每股先收一百元，以爲開辦經費，辦有成效，再行續收等因。應請准其照擬開辦。惟查近來集股開採，藉以漁利，並不認真辦礦，迨股銀到手，任意侵用，坐令入股者徒折資本。本年七月二十四日，臣部於議覆陝甘總督譚鍾麟覆奏礦務案内，已切實請旨通飭各省定章查禁，此條仍應由閩省查照部議，嚴飭妥辦。

第二條所稱在局司事，令該紳訪用公正紳士，稟明存案，以專責成等因。應請准如所擬辦理。

第三條所稱設立爐廠，以便運載，並飭該紳認真查察，如有偷運出洋等情，從重懲辦等因。查臣部前次會議開辦礦務時，已奏明所有出産，務先儘中國官民買用，勿貪利私售外人等語。此案閩省開採鉛觔，自應以偷運出洋爲厲禁。查該省咨送章程，雖有重懲出洋一語，然僅飭該紳查察，深恐其未必認真。此條應再由閩省督撫另議由官察禁之法，再行定議報部。

第四條所稱延訂礦師，參用西法等因。查臣部前次會議開辦礦務時，已奏明聘雇洋人，爲費甚鉅。其稱爲礦師，身價尤昂，然聞其所測，往往不驗，以致工本徒虧。必須訪求切寔之人，先立合同，聲明如測驗不符，並無成效，如何議罰，庶可懲騙冒而節虚縻等語。今閩省開採鉛觔，雖係由商招股，然近來集股之無成效，而詐騙官民銀兩者，大半推諉於礦師之久未得人，坐耗股貲。此條仍應由閩省督撫查照臣部會奏原議，轉飭妥辦。

第五、第六、第七等條，出鉛多寡，按月報官；先儘官用，照時值給價；禁止規例，招選附近鄉民充夫，取具保結；設廠若在山田，照價備買，由礦局照舊完糧各等因。查所擬均屬妥協，均應請准如所議辦理。

第八條，頒給木質關防等因。查頒發關防，事體重大。實未便因一紳一商辦礦，即創此令典。應改爲由閩省督撫發給木質戳記，惟准其於稟件股單股摺上鈐用。此外不准假借擅用公文示諭牌票等件，如查有以上各項情弊，仍應照例懲辦。如該局現已刊刻關防，即行追回銷燬。至該督撫將來給發該局戳記，亦仍應鈐樣送部備查。

第九條，銷售鉛觔，現銀現兑，全年賬務，懸單曉衆送查，及提出金銀等項，照實册報，倘以多報少，查出治罪等因。應請照所擬辦理。

第十條，所出鉛觔於南台省城銷用；既已完課，免徵釐金；還往各口出外銷售，應完釐税，統由礦局就省完繳，報官定限，給照沿途放行，概不重徵釐税；如偷漏私運出省，照章議罰等因。查所擬辦法，在閩省境内各口運銷，或可照所擬辦理。若出境運赴外省，概令在閩省完釐，沿途免税，必致於各省釐章有礙，且難免在閩完釐鉛少，出運各省鉛多，更難免藉照包庇私鉛，各省無憑考查。此條應由閩省督撫議令於出省鉛觔，在閩給與執照，只令其完納閩省照費若干，其運銷出省，仍聽各省自行照章抽收釐税，庶免弊混。其在省、出省但無護照者，即照私鉛辦理。

第十一條，礦山應免其再請升科等因。查礦山如寔係不堪耕作，向不升科者，自應准免其再行升科，惟不得藉端影射，包庇熟田。或將原有賦税山場，因

辦礦轉虧國課。此案仍應由閩省督撫妥飭地方官查寔，分別辦理。

第十二條，完課及分派股分等因，應請准如所議辦理。

第十三條，擬先用火藥爆擊開採等因。查各處山川形勢，關係地方險要，且民田廬墓未必不附近礦山，火藥開山，本非良法。此條仍應由閩省督撫再行詳酌，報部核定，未奉部覆，不得由該紳商任意擅辦。

第十四條，礦鉛盡日，奏請銷案等因，應請照所擬辦理。至各省辦礦，前已經臣部奏明，如查出稍有無益情形，即應立時封禁。此條應由閩省督撫隨時認真查辦。

又《新疆礦務·籌辦新疆礦務》路礦總局收新疆巡撫饒應祺文《咨送奏陳寶爾吉鉛礦虧累請俯准停辦片》附奏片　〔光緒二十六年〕十二月二十六日，新疆巡撫饒文稱：爲照本部院於光緒二十六年十月二十七日，在新疆省城由驛附奏，寶爾吉鉛礦辦理毫無成效，仰懇天恩俯准停辦，以免虧累一片。除俟奉到硃批，恭録另咨外，相應鈔稿咨明。爲此合咨貴總局，請煩查照施行。照録粘單。

再，臣於光緒二十三年九月二十六日，奉上諭：「饒應祺等奏會勘科布多寶爾吉銀礦暢旺，弛禁試辦一摺。科城札哈沁所屬寶爾吉地方，另獲礦苗暢旺，每鉛百觔可提銀十六七兩、十四五兩不等，設法鎔鍊，果能著有成效，洵足以裕餉源。即著照所請弛禁，無論蒙民、漢民，准其一體開採。並派妥寔可靠之員，駐廠設局，經理其事等因。欽此。」遵派候補知府奎光，同知柳葆元往辦局務，知縣齊從賢認辦礦務。募匠夫二百餘人，由古城運糧製器至廠開挖，乃甫獲礦萬餘觔，即爲大石所阻，轟鑿不開。旁開別巷，見礦亦少。臣於覆奏新疆歷辦礦務摺內附陳：二十四年二月二十六日奉硃批：「礦務爲新疆要政，何得據委員一稟，遂行中止，著該撫實力講求興辦。欽此。」臣敬聆之下，感奮益深，督飭加功開挖。惟因冬雪酷寒，至春彌甚，礦夫瘴斃三十餘人，委員病亦不支，出山暫避。柳葆元中途病故，奎光亦患風痺。齊從賢派人至烏里雅蘇台屬雅爾公採挖碎煤，火力太弱，不能鎔鉛。又由古城運炭至廠，就地盤爐，土鬆不能成鍊。齊從賢因挖礦不旺，鍊鉛亦難，賠累萬餘金，財力俱窮，愁急以死。乃改由公家接辦，裁汰匠夫僅留三十人，抽古城營勇三十人督同幫掘。定章得礦百觔，准給價銀一兩五錢。運省十九站，每百觔准給價銀一兩六錢。臣在署開爐督工，親視鎔鍊。每礦百觔得鉛二十餘觔，鉛百觔提銀十四五至十二兩。碎底再燒，復還鉛四十餘觔。計除礦價、運價、炭價、工價外，每礦百觔可抽稅銀一兩。惟止得礦五萬三千餘觔，鎔鍊無多，僅得净銀一千四百十兩，均交藩庫。而局費、器用、委員薪水、營勇津貼，公家賠墊不少。寔屬無利有虧，辦理毫無成效。臣不敢隱飾，據實直陳。仰懇天恩俯准停辦，以免虧累。隆冬廠地苦寒，挖礦不出，已飭將勇夫撤回，合併聲明。謹附片具奏，伏乞聖鑒訓示。謹奏。

《礦務檔》附録《大事年表》　光緒三年，丁丑，七月十四日（一八七七、八、二二），李鴻章奏請試辦張家口科爾沁鉛礦（旨准）。【略】

光緒十一年，乙酉，七月初八日（一八八五、八、一七），閩浙總督楊昌濬請准候選通判丁樅試辦閩侯石竹山鉛礦。【略】

〔光緒二十九年癸卯〕十二月十八日（二、三），德人勞賀子爵等稟請華洋合辦門頭溝鉛石等礦。【略】

〔光緒三十二年丙午〕九月初五日（一〇、二二），廣西巡撫電北洋大臣，《約章成案滙覽》所載《上思鉛礦華洋合辦章程》，查無此案。

汞（水銀）礦開採部

著録

宋賡平《礦學心要新編》卷上陳孝楠《西秀硃砂廠圖記》 古黔之銅仁府，界連川楚，與酉秀形錯犬牙。其地居萬山中，形勢頗勝，道路崎嶇，旅程不易。若由酉之秀山取間道而進，則三日耳。地產各礦，硃砂尤富，有萬砂廠焉。所產土砂色澤鮮明，既富且多，恒河之數，不是過也。其間土人間擇崖砂之尤大者，以巧工成頂珠，極其寶重。惟細碎之土砂、河砂，車載斗量，運往各埠（消）〔銷〕售，其行於南中者由辰、沅達湘、漢，其行於蜀者由渝城達成都。所產既富，所（消）〔銷〕亦廣。蓋常用之硃砂均出於此，特其大者不素見耳。楠家於酉秀，毘連該府。幼惟讀書，長事武備。每值元宵令節，六街燈火而外，山間亦燈影閃灼，居人或呼爲佛光，或又爲金銀氣。楠寡學問，莫衷一是。及光緒廿五年歲己亥陽節後，有富順衡樞羅君者遊歷來酉，兼查廠務事宜。楠過訪焉，接談之下，此君倜儻豁達，閱歷多而見聞廣，東西南北皆有車轍馬迹也。嗣即數數過從，楠以所見之山燈詰難。因語楠曰：「此係硃砂之燄。火有光，而砂亦有燄，一氣相感，外以火燭，內亦以火應故也。」楠恍然悟，欣然諾，且云：「子不讀《管子·（乘馬篇）〔地數篇〕》乎，上有丹砂者，其下猶有鉒金。是砂尚爲金之苗引，特淺顯者耳。」又於廿六年，宋君賡平先生主講渝城礦務學堂，楠拜門牆，先生口講指畫，獲教良多。並示以礦山各圖記，內載砂廠一節，始悉酉屬之砂脈，自黔之萬砂廠山而來，將交川界，有飯甑山，聳然特立，蜿蜒二百餘里，除產礦外，有砂脈焉。是楠家酉秀黔彭中，有自然之大利而不知之者，等諸童山窮谷，不惟荒謬之甚，抑大可惜之甚也。現值中外一家，外洋之辦理廠務，與中邦聿訂明文，分道並進。若黔之廠，則有法商華利公司之總經理戴瑪德，曾同該處地紳夥同開辦，用伶巧之機器，已掘得一倉塘砂，如法昇提水銀，暢消五洲甚鉅。闢此利源，計算三年必堂堂大觀。現在其地但華洋之辦廠者，彼此已利益沾潤。楠聞之而躍然起舞，特不識接連酉屬之廠在上者提倡焉，在下者振興焉，觀感漸摩，共取此中之利否也。若得其人，照黔廠辦理，不至棄財於地，豈獨楠家利之，酉屬利之，直謂爲全川利之可。況不僅此砂廠已乎，直謂爲由砂廠而發軔焉，亦無不可。楠蓋生於斯，族聚於斯，今幸披圖展玩於斯，不禁援筆而爲之記。光緒廿六年庚子歲秋月重陽日，酉陽門生陳孝楠紹虞謹拜識。

藝文

《六朝詩集·江文通集》卷一《丹沙可學賦并序》 咸曰：金不可鑄，僕不信也。試爲此辭，精思云爾。惟雲埸之少折，乃人逕之多憂。雖瑶笙及金瑟，雜翠帳與丹幬。吞悲欣於得失，唧哀樂於春秋。焕如星絶，黯如火滅；星絶難光，火滅可傷。故從師而問道，冀幽路之或暘。測神宗之無緌，踐雲根之不暌。信名山及石室，驗青傾與丹沙。搗五難之重滯，寧九仙之輕華。故抱魄寂處，凝神空居，泯邈深晝，竊鬱重虛。覘炫燿而可見，聽沉寥而有餘。於是乘河漢之光氣，騎烈星之彩色。輟陰陽於形有，傅變化於心識。浮恍惚而無涯，泛靈怍而未極。架日月之精照，騫蛟龍之毛翼。遂乃氣穆肅而神奔，骨窈窈而鬼怍。綴葳蕤而成冠，點雜錯而爲珮。出湎泣而退鶩，貫濛鴻而上厲。鳳之來兮蔽日，鸞之集兮爲群。左昆吾之炎景，右崦嵫之卿雲。爛七采之炤燿，漫五色之煴烟。非世俗之質見，焉鬼神之嘗聞。既而曖碧臺之錯落，燿金宫之玲瓏。幻蓮花於繡闥，化蒲桃於錦屏。艶丹光而電爥，颯翠氛而杳冥。軒儆憪於寃虹，階侂際於奔鯨。惑龍宫之殿稱，迷切利之宫名。故靈偃蹇兮姣服，女嬋娟兮可觀。秀青色之泯靡，熳美目之波瀾。嬖日月之纂組，襲星宿之羅紈。百味酒兮靈之集，河供鯉兮靈之安。却文甫之玉質，笑陳王之妙顔。所以樂精玄於太一，妙宫徵於清都。簫含聲而遠近，琴吐音而有無。奏神鼓於玉袂，舞靈衣於金裾。韻躑躅而易變，律參差而難圖。非南風之能擬，詎濮水之可摹。於是流滙不一，遨曹無邊。娥眉既散，鐘鼓都捐。乘彩霞於西海，駟行雨於丹淵。山差池而鏡壑，水清明而抱天。山含玉以永歲，水藏珪以窮年。擬若木以寫意，拾瑶草而悠然。遂乃凝虛歆一，守仙閉方。智寂術盡，魄冗心亡。白生不能闢其説，惠子無以挫其芒。源其恥市朝之失道，疾讒變之不祥。却文彩之淫冶，去利劒之鏗鎗。慷生死於半氣，惜百年於一光。故以鑄金爲器，丹沙爲漿，慙丞既盡，妖怨當忘。吾師以爲可學，而公子謂之不良歟！

陶元藻《泊鷗山房集》卷二九《丹井》　翦薙榛蕪爬塊磊，一勺乳泉甘未改。仙人駕鶴已不還，此井澄泓竟千載。句曲外史樂應酣，新城尚書想猶餒。深陵高谷幾變遷，不涸懸知爲余待。竹竿蕭摵致已佳，梅影横斜景尤倍。長開方鏡照羣峯，驀見圓靈落殘海。洗我老眼好窺書，休問燒丹術安在。

雜録

《明太祖實録》卷一四四　洪武十五年夏四月辛巳，廉州府巡檢王德亨上言：「家本階州，界於西戎，有水銀坑冶及青緑紫泥，願得兵取其地，以歸於朝。」上謂户部臣曰：「盡力求利，商賈之所爲；開邊啟釁，帝王之深戒。今珍奇之產，中原豈無？朕悉閉絶之。恐此途一開，小人規利，勞民傷財，爲害甚大。况控制邊境，貴於安靖，苟用兵争利，擾攘不休，後雖悔之，不可追矣。此人但知趨利，不知有害，豈可聽也？」

《清朝文獻通考》卷四〇《國用二》　水銀礦。貴州開州額徵水銀千二百六十九斤，遇閏加一百三十三斤有奇，婺川縣額徵水銀一百六十九斤有奇，均照時直變價貯庫。

卞寶第李鴻章《光緒湖南通志》卷六一《食貨·物産二·常德府》　五寨蕭雷發等每年包解硃砂一千五百兩。《元史·食貨志》。五寨司出丹砂、水銀。《明統志》。案：元、明之五寨長官司即今鳳凰廳地。

盧陽縣晃山出丹砂。《元和志》。案：晃山即今晃州廳。晃州所出丹砂，形如箭鏃，帶石者得自土中，非辰砂比也。《本草衍義》。晃州廳每年額解硃砂一斤六兩八錢二分七釐。《省志》。

代那撰瑪高温譯華衡芳筆述《金石識别》卷七《水銀》　凡取水銀礦，祇能作小洞，僅容人，不能作大洞，因其石必脆故也。

惜納拔中，每有石油及自然水銀。取礦時，每有水銀點滴落下，可承取之。

去呆呞之法。舊時作一圓窑，徑四十尺，高六十尺，周圍有小屋附於窑旁，有洞相通，其小屋方十二尺，有門可出入。以礦打碎，置土罐中，堆於窑中燒之，則水銀化氣而出，至小屋中遇冷而降。此舊法也。惟其窑及小屋總不能一點不走氣，所以水銀每有漏洩。新法以礦粉和石灰，置鐵筒中燒之，使其氣入水，冷則結而沈下。

有一處惜納拔水銀礦，在黑色泥石中，視之絶不見有水銀之形，而鍊之所得甚多。

杞廬主人《時務通考》卷一三《礦務三·開採·汞》　各國汞礦。多產汞礦之地，在新金山、墨西哥、祕魯，又西班牙阿勒馬騰地方，卡尼夏勒以特里阿地方，又法國與都司卡尼，與擺辣的内特，與來納河之左岸，又中國，與日本。

各國取汞數。一千八百六十一年，各國取汞之數，共得三千零五十頓。舊金山，一千七百七十五頓。西班牙之阿麻屯地方，一千頓。祕魯之花安卡弗利加，一百五十頓。日耳曼，奥地里，法蘭西，一百二十五頓。

花旗金山取汞數。花旗金山之水銀礦，在近山頂處，高一千二百尺，在緑色之台而客中，有一層黄土，厚四十二尺。其中有惜納拔，計一年可得一百萬磅。此礦除取水銀之外，研細可作顔料。

錫礦開採部

論説

祝以豳《詒美堂集》卷二四《開採移牒》 英德縣堯山錫坑，相傳産錫。錫乃五金之蠹，凡金、銀遇錫，無不糜鑠。據理，錫礦無産銀之事，而該縣漫謂錫礦之中，或有銀在，蓋亦恐涉阻撓，遷就其説。要之，産錫不産銀，實父老萬口之同辭，而銀不産于錫，乃五金生尅之定理。此英德縣礦山之實也。

綜述

李燾《續資治通鑑長編》卷九七《真宗》 〔天禧五年〕産錫有九場，在河南之長水及虔、南康、道、賀、潮、循等州軍。《兩朝志》增商、虢二州，却無長水及南康軍。

章如愚《山堂考索》後集卷六二《財用門》 鄂建、連、南劍、邵武等州軍有二十五場産錫。

柯維騏《宋史新編》卷二三《志九・地理》 新會。下，錫場一，鹽場六。

金鉷《〔雍正〕廣西通志》卷二八 賀州出錫尤盛，輸錫一萬二千六百觔，柳州輸錫二千四百觔。

洪亮吉《乾隆府廳州縣圖志》卷四二《嘉州志》 〔長樂縣〕錫場。王存云：「有羅翊、洋頭、大佐、瀨湖四錫場。」

阮元陳昌齊《〔道光〕廣東通志》卷九四《輿地略一・物産一・金類》 錫，廣州清遠錢斜一錫場，新會千歲一錫場，潮州横街、黄岡、錦田三錫場，康州、端溪、雲烈一錫場，瀧水羅磨、護峒二錫場，惠州歸善、永吉、信上、永安三錫場，河源立溪、和溪、永定三錫場，海豐靈溪、楊安、勞謝三錫場，高州信宜懷德一錫場。《九域志》。別録曰：錫出桂陽山谷。《政和本草》。錫出瀧州。今廣錫出連州，有司收稅。點銅錫出惠州者，謂之上點銅，入爐必用芋艿鍊之，方鎔成汁，無芋則不成也。《嶺南雜記》。

《嘉慶清一統志》卷三三一《贛州府二・古蹟》 又雩都有天井錫場，會昌有援溪錫場。

又卷四四五《惠州府・關隘》 錫場。《宋史・地理志》：歸善縣有永吉、信上、永安三錫場。海豐縣有雲溪、楊安、勞謝三錫場。河源縣有立溪、和溪、永安三錫場。

又卷四四二《廣州府・關隘》 錫場。《九域志》：新會縣有千歲錫場。

劉坤一等《〔光緒〕江西通志》卷四九《輿地略五・物産・南安府》 鉛、錫，崇義舊有鉛廠。宋瑞陽置錫務，見《九域志》，久廢。

又《贛州府》 錫。宋世産錫有九場：虔州、安遠、雩都、天井、會昌、拔溪，久廢。

卞寶第等修曾國荃等纂《〔光緒〕湖南通志》卷五八《食貨四・礦廠・錫礦》 郴州府衡陽、耒陽、常寧出錫，舊有二坑。永州府江華、郴州、本州、宜章皆出錫。《明統志》。

衡州府耒陽、常寧、郴州、本州、宜章皆出錫。《一統志》。

宜章縣羊牯泡并續開千廠嶺、脚坪因産錫不旺，業經詳請封閉。

盛宣懷《愚齋存稿》卷七七《電報五四・李仲帥來電宣統三年四月二十二日》 再，箇舊錫礦如大辦六七年，至少可出二萬少錫，至極可四萬張，現出四千張，得款千二百萬。鍊塲准七月開工，若有七八百萬資本，三次交出，將永利、新興鍊廠次第辦好，必爲環球第二錫廠。如以錫廠作押，外國肯借五千萬，其有把握可知。次者，鋼鑛個蒙上年正在經營，年餘望成，惟一切苦無實本，全係挪拉，豈能成事？個廠萬撇不開，土人每紳數百人，砂丁十餘萬，最易作亂，全由紳辦，官辦均不行。官辦得利，准商附股，守公律乃可。義居此絶地，又爲督任所捆，手無一錢，不能救邊。去年電度支言，個事渺若秋風，今因監理討好來文查帳，不知官商合辦非股捐即挪款。度支與我何錢，令人憤恨。實業不助，預算不管，死我窮荒，棄此寶藏，天下寧有公理？當此世界，義拚斬首充軍，決不做官，已電呈總理，不日辭缺。不准，即交印藩司，入京就獄。人不畏死，説得到，即做得到。如朝廷不誅而用之，解去總督，籌出經費，令辦礦務，尚可商量，餘不必談。

傳記

阮元陳昌齊《〔道光〕廣東通志》卷二八三《列傳一六・廣州一六・明》 劉如性，字淡然，番禺人，由南海學。萬曆己酉，舉於鄉，七赴春官不第，授英德縣教諭，擢廣西賀縣知縣。賀多山寇，下車即親履賊砦撫諭，賊感悦，皆爲良民。所屬多金、銀、鉛、錫礦，上官每藉之爲利。一日，郡守檄取錫二百觔，吏白此往例也。每錫百觔，折銀百兩，皆派於礦户。如性曰：「吾官可罷，吾民可重苦耶？」遂以白金市錫，如數以獻。果被劾，降江西建昌府經歷。崇禎間，朝廷重簡民牧，廉得其狀，因補授雲南陽宗知縣。有政聲，撫按交薦，遷趙州知州。時宇内多事，四方鼎沸，如性講武，爲捍禦計。流寇張獻忠之鴟張於蜀也，餘燄煽於滇黔，趙州以有備無患。孫可望竊據川黔，皆污僞命，如性以聾瞶自託，堅拒之。年逾八旬，間關歸里。未幾，卒，年八十有三。

紀事

《清朝續文獻通考》卷三八八《實業一一・工務・礦産》 〔光緒三十二年，廣西巡撫林紹年〕又奏廣西各屬礦産，如富川、賀縣之煤，錫，南丹土州之錫礦，皆屬著名。附近土人純用土法開採，獲利不豐，而僻在深山遠地，富商聞而生畏，以致大利久閟。南丹一處，前撫臣李經羲招職商朱朝瑛等集股試辦，臣到任後，該商來省詢商一切，辦理將近一年，出錫漸旺，此後可期日有起色。富賀錫、煤各礦，經臣派員往勘，並飭礦務議員周平珍等招集商股專辦煤礦。又聞在南洋久辦錫礦之粤紳梁廷芳，於礦務深有閲歷，約其來桂就商，見令帶同礦師及探驗器物遄赴富、賀兩縣查勘錫礦。如果礦苗豐美，可容年久開採，該紳自願糾集公司認辦，以開利源。此外，如奉議恩陽、南寧、那坡各處煤礦，亦經左江各官商集合公司開採，並設内河小輪船以便拖運。惟是辦礦可養貧民，而争奪攘竊等弊不可不防，見已通飭有礦各處，除彈壓兵勇外，在礦工作諸人，不許攜帶鎗械火藥及傷人、毒人之物，並禁賭博，違即重辦。敢有釀事，立置重典，並責成辦礦之公司商人認真遵守。

藝文

趙懷玉《亦有生齋集》文卷六《記・登錫山記》 慧山東峯曰錫山，高不過慧之半，無臺榭林木之觀，有寺兩楹，浮圖特峙。山之椒有泉曰錫，周以石甃，淤而不澄。鑱碣記其旁者，守土吏吴鉞也。當春秋佳日，邑之人多遊慧山，而未嘗至錫，故寺宇寥落，歲久益圮。考邑爲泰伯始封地，茲山當周秦間，曾産鉛錫，漢爲無錫縣。古銘云：「有錫兵，天下争；無錫寧，天下清。」新莽遂改爲有錫。光武以後乃不復産錫。然則山雖卑，固邑之鎮矣。乾隆己丑四月十四夜，泊舟山麓，晨起登山。【略】紅日初起，緑野一色，太湖襟其右，九龍嶂其前。炊煙闤闠，歷歷在目。臨高望遠，可以興懷。慨世俗之尚争，傷至德之不作，則又不勝欷歔而嘆也！彼慧之山水固佳，而車馬轟闐，傭販雜處，流丹剥碧，幾失其真。茲山則以卑陋全其面目，猶足令好奇懷古之士偶一躋陟而咨賞焉。夫名之隱顯，類由於境之喧寂，而慧之名顧反出錫下，縣且以無錫稱者，何哉？其故蓋可思矣。

雜録

《宋史》卷八八《地理志第四一・地理四》 興國，望。太平興國中，析贛縣之七鄉置。信豐，望。雩都，望。會昌。望。太平興國中，析雩都六鄉於九州鎮置，有錫場。

柯維騏《宋史新編》卷二三《志九・地理》 德慶府。望。本康州晉康郡軍事，大觀升爲望。高宗以潛邸升府，後又置永慶軍節度。縣二：溪。下。有錫場。

《明宗武實録》卷六三 〔正德五年五月〕癸酉，命湖廣衡州、蒸湘、來河口、黄河灣、柏仿山場錫坑，及河泊所諸税課賜雍府者仍輸官，以雍王既薨也。

《續通典》卷一二八《州郡・廣南東路》 梅州。下。【略】縣一：程鄉。中，有樂口錫場。

《清通志》卷九〇《食貨畧・雜税附》 〔乾隆五年〕又開廣東錫山，即令銅商分任採辦，每錫百觔，亦照例二八征收。

《清朝文獻通考》卷一六《錢幣四》 又令廣東開採礦錫解京署。廣東巡撫王暮奏言：「粵東承辦京局點錫，但本地錫山久經封閉，外洋夷商販來之錫，多少無定，多則價平，少則價昂。見在各省局多赴粵東購買，恐洋商藉以居奇，漸至騰貴。查惠州府屬之歸善、博羅、永安、河源等縣皆有錫礦，請招商開採。每獲錫百觔抽課二十觔交官起解，再加抽十觔以充折耗及在廠雜費，餘錫聽廠民自行銷售，以爲工本。如抽課不敷額運之數，仍照市價收買餘錫配解。倘課有盈餘，亦儘數解部。」户部議如所請，從之。至六年，以課錫不敷，復議將餘錫每百觔給價銀九兩收買。八年，以廠民採錫甚艱，工本不足，仍照原議，餘錫聽其自賣。並將廣州、韶州、肇慶等府屬産錫山場，各召商試採，以備移衰就旺。十年以後，定收買廠錫每百觔，照洋錫之例價銀十三兩五錢，其自廣東運京每百觔給水脚銀一兩八錢七分。歲以爲例。

《清高宗實録》卷六三〔乾隆三年戊午二月壬子〕兩廣總督鄂彌達奏報，拏獲博羅縣横山地方偷挖礦徒。得旨：「知道了。奸徒聚衆至八九百人之多，爲日有半年之久，始行發露拏獲到案，汝等地方大吏竟恬不爲怪，亦可笑之事也。」署廣東巡撫王暮奏報：博羅縣横山地方礦徒偷挖錫沙，争佔鬭毆。得旨：「知道了。粵東現今又有開礦之議，此風斷不可長，所當時時留心訪察者也。」

又卷六四 乾隆三年戊午三月癸丑朔，諭：「朕訪聞得廣東提督張天駿蒞事以來，惟事姑息，以致汛防懈弛，弁丁無所忌憚。上年十月内，有奸匪董老大等窺伺博羅縣出産錫礦，易於偷取，賄買把總林士英、典史姜明德縱容盜挖。又有奸匪黄肇等入山争占，互相格鬭，致傷多命。此處離提督衙門不過百里，而張天駿平時漫無覺察，及至事發難掩，又欲曲爲遮蓋，草率完結。似此怠玩養奸，重負朕委任封疆之意，特降此旨，嚴行申飭，令其悔過自新，倘不知悛改，仍蹈前轍，朕必從重處分。」

又卷一二五 〔乾隆五年庚甲八月丁卯〕又議覆：「署廣東巡撫王暮奏，粵東每年額解户、工二部廣錫十五萬觔，現在市價昂貴，照部定價值，不能採買。查惠州等府屬原有錫山，請令辦銅各商自備工本，酌開三四處，得錫一百觔，照例二八抽收，以二十觔交官起解，以八十觔歸商作本。每年所抽之數，除額解十五萬觔外，如有盈餘，儘數解部存貯，如不足額，照例動項採買餘錫湊解。應如所請。」從之。

又卷一六五 〔乾隆七年壬戌四月戊午，户部〕又議准：「左都御史管廣東巡撫王安國疏請，將該省錫礦於原奏開採一二處外，再開一二處，並將廣、韶、肇三府勘有産錫山場，即令採試，以備將來。惠屬各縣錫山採徧之後，另移旺處開採。」從之。

又卷一七六〔乾隆七年壬戌冬十月〕庚子，【略】户部議覆，廣西巡撫楊錫紱條奏鼓鑄事宜。一、又賀縣、南丹二處，雖有錫礦，但錫質低潮，課亦無多，應請採買點錫。

又卷三〇九〔乾隆十三年戊辰二月乙亥〕湖南巡撫楊錫紱奏：「桂東縣錫礦在縣城西三十里。旁近民田，山已開殘，出砂有限，應封禁。」報聞。

又卷八二〇〔乾隆三十三年戊子冬十月甲子〕吏部議准：「湖廣總督定長等奏稱，【略】又原定苗疆要缺之江華縣所管猺人久經向化，郴州州判缺，所辦錫礦事簡，並改歸部選。」從之。

又卷一〇三四〔乾隆四十二年丁酉六月〕乙巳，諭軍機大臣等：「據國泰奏，粵省委解點錫委員、肇慶府通判李廷諒在德州病故，現已委員同該故員親丁僕從接收轉解，一面飛咨廣東省，令其續派妥員兼程前進。其接解之員解送到日貯庫，俟續派之員到日交納等語。解員中途病故，其距京較遠之省，自應仍由原解省分另行派員接解，若距京既近，則本省雖另派員亦艱於趕赴，自當由經過之省派員代解，方無遲誤。今該員病故在山東德州，距京不過十餘日，該督撫既已遴員接護解送，自應即令赴京交納，何必復令粵省派員，致羈時日。因交户部詳查，舊例所辦本未畫一，已飭令分别途限，另定章程妥辦外，著傳諭國泰檄山東委員協同該故員之子，將所解點錫即行押運到京，赴部交納。並令該委員沿途小心管押，毋使家人船户乘隙滋弊。其粵東省毋庸續派委員，徒勞往返。將此由五百里傳諭李質穎，並諭國泰知之。」

又卷一二三四〔乾隆五十年乙巳秋七月壬戌〕諭：「據舒常奏，江西省護送錫船出境，向係送至安徽東流縣而止，今廣東委員戴夢華運錫船隻經過東流，揚帆順流而下，直至安徽懷寧縣，始行交替江西營縣，均未失於護送。所有違例越站，咎在委員，請將巡檢戴夢華咨部覈議等語。錫船過境，如果有違例夾帶情弊，恐該地方官查出，擅行越站前進，自應查明參奏。若並無情弊，則揚帆順流而下，正可多趲程途以期迅速解到，遲固當議處，速亦致議處，則爲解員者實亦難矣。茲戴夢華若因越站致干部議，將來委員人等勢必畏懼處分，遇有順風亦卸帆停泊等候，交替轉致，躭延時日，是向例本未允協。嗣後凡遇鉛錫等船過

境，該督撫仍飭屬照例護送，如有因風順不及停泊，越站前進，查無夾帶情弊者，止須將未經按站護送緣由，據實聲明報部，毋庸咨取委員職名附參。所有廣東委員戴夢華即著免其議處。」

楊炳南《海録》　舊港國，即三佛齊也，在茫咕嚕東，疆域稍大。由茫咕嚕東南行約三四日，轉北入噶喇叭峽口。順風行半日方出峽，峽東西皆舊港國疆土。峽西大山名網甲，別峙海中，山麓有文都上、盧寮下、盧寮新港等處，山南復有二小島，一名空殻檳榔，一名朱麻哩，皆産錫。閩粤人到此採錫者甚衆。文都有英咭利鎮守，而(摧)〔榷〕錫税。凡採錫者，俱向借資斧，得錫則償之，每百觔止給洋銀八枚，無敢私賣。

卞寶第等修曾國荃等纂《〔光緒〕湖南通志》卷五八《食貨志四・礦廠・錫礦》　國朝乾隆十一年，題准郴州柿竹園、葛藤坪等處出産錫砂，每百斤抽税二十斤外，再抽撒散四斤，變價以充官役薪水工食之費，不抽砂税。

杞廬主人《時務通考》卷一三《礦務三・開採・錫》　各西國産錫礦。錫礦除英國之外，別國産者甚少，設廠鍊取，不敷所費。英國哥奴活勒産礦極多，又煞九司尼與步喜米阿亦産之，西班牙與法國亦産少許，又有馬來與彭加與皮里旦，各處亦産之。又有布里非阿國、麥西哥國、智利國，俱産少許。此礦間有與錫硫相合者，謂之司塔尼尼。

河礦挖錫。今之山谷，古時爲河底，錫礦之塊甚多，數百年來，哥奴活勒之礦，俱從此挖得，現在尚多用之。孫遮司脱與色拿司脱勒二處，開此礦甚多，謂之河礦，因用河水從沙中淘汰其礦。

獨路可得挖錫礦。獨路可得地方，從古以後挖錫礦。其錫礦挖盡，始挖其銅，略已五十年，不意尚有錫礦在其下。後有人驗知錫質甚多，故又不挖銅而仍挖錫。

英國挖錫礦。古河底所挖之礦塊，又有數處，洞中所挖之原礦，俱用手工與器具，如卡苦拉司、會勒拔勒、倭頓特侖，俱在英國哥奴活勒省。

步喜米阿錫礦揀鎢。步喜米阿之西納華特地方，其鎢礦從錫礦内揀出而出售，每擔之價略值英銀錢十個半。一千八百五十九年，成此料二十五噸又四分噸之三，後一年不過成五噸。【略】各西國産錫之數。各國每年産錫，計英國七千二百噸，印度與馬來等處七千五百噸，秘魯與布里非雅一千五百噸，煞克司尼一百三十噸，步喜米阿六十噸，西班牙四十噸。

薛福成《出使日記續刻》卷四《光緒十八年壬辰四月二十七日記》　麻六甲開闢獨早，本屬暹羅，後歸葡萄牙，旋隸荷蘭。嘉慶年間乃歸於英。華人有居此二百餘年者，豪富多置田園於此。然其地只宜稻麥，絶無礦産。出入口貨物僅及新嘉坡之什一，第爲耆老退居之所，非商賈所萃也。檳榔嶼四面環海，山水清秀，雖土産無多，各埠所産錫、象牙、胡椒、蘇木、甘蜜之類多轉輸於此。十餘年來，貿易日盛，高閣連雲，頗有泰西景象。其歸英保護者曰石蘭莪之吉隆，本巫來由地，華人得之，力不能自庇，乃求庇於英，歸英保護，不過二十餘年。而其地産錫甚旺，歲出息二百餘萬員，華人麕集，日增月盛。曰芙蓉，地亦産錫，户口不過一小都邑。曰大小白蠟，均産錫，華工雲集，頗有因此暴富者。小白蠟近海，由此乘火車一二時可至大白蠟。凡此各埠，英政崇尚寬大，進出口貨皆不課税，惟出産最旺之錫課，落地税無過什一。其歸商承餉，征收較重者曰鴉片煙、曰酒、曰當、曰賭四者而已，此外則照歐洲通例課門税、車税、馬税，以修道塗、點街燈、養巡差之用。各地利權歸於華人者十之七八，歐人與巫來由人僅得十之二三而已。華人中如漳、泉、廣、惠、潮、嘉人均有豪富，每歲由華來者約有萬人，近年户口日增盛矣。

又卷八《光緒十九年癸巳六月初六日記》　新嘉坡總領事黄遵憲稟稱，大小白蠟及石蘭莪之吉隆一地産錫最旺，華人日增，氣象方興未艾，擬請大小白蠟共設副領事一員，吉隆設副領事一員。去歲吉隆出錫益多，集工益衆，商賈麕集，貨物雲屯，英官方於大小白蠟之間建火車路以資轉運，數年之後將成一大都會。

《清德宗實録》卷五五五　〔光緒三十二年丙午二月戊戌朔〕開缺廣西巡撫李經羲奏，試採南丹土州芒場錫礦，官督商辦，以養貧工而紓邊困。」下商部知之。

陳澹然《權制》卷三《軍情述》　比利時地産錫礦一所，苗旺而利宏。爰有農人百餘家結茅屋數十椽，聚族而居，務農之餘，兼事開礦，以杜荒逸而廣利源。比至西曆一千八百十五年，歐洲戎事方平，普魯士與荷蘭、比利時諸國重整疆域，以弭争端。各使勘界大臣巡行邊陲，秉公從事，初固各無争心，及勘至摩爾奈地，見土壤沃腴，錫礦苗旺，加以風俗醇厚，居民馴良，於是各思佔據，乃歷久而議莫能成。【略】每年公費税項，小民每口當捐六個佛郎克。若以別款捐項，及錫礦所出併計之，每年可得公費利銀一萬八千佛郎克。將此撥爲人員俸餼，及修橋補路、設學校、開錫礦諸公費，皆綽綽有餘，無憂匱乏，而又人民安分，富

庶兩增。前此數十茅椽，今已巨厦八百，似可快然自足。

《清朝續文獻通考》卷三七八《實業一考》〔光緒三十四年，楊士奇奏〕竊維瓊崖全島爲古儋耳、珠崖等郡，地多炎瘴，數千年未經墾闢。然其地內屏兩粵，外控南洋，與香港、小呂宋、西貢等埠勢若連雞，隱然爲海疆重鎮，而土脈膏腴，農礦饒衍，尤爲外人所豔稱。未雨綢繆，誠爲急務。【略】凡辦墾礦者，亦皆有所告貸補助，以資週轉，此宜亟辦者一。興礦業一條，瓊崖礦産饒富，擬將全島各礦俱歸該公司勘採，或由該公司轉招他商承辦。所稱礦章限制太嚴，租稅徵收過重，擬請通融辦理，自是實情。新定礦章已奏明重訂，將來邊地有難遵行者，均可准予變通。胡國廉前辦儋州、那大等處錫礦，經臣部量予變通，該公司勘採全島礦産，規畫尤屬爲難，似應予以特優利益。所有照費年租、出井稅等款，均可按給照年限一律豁免，以資鼓勵。至出口稅，關繫正款，仍飭照納。此宜亟辦者二。【略】

〔光緒三十四年〕諭：農工商部奏籌議華商，剏興瓊崖地利事宜，酌擬辦法一摺，著派三品卿銜胡國廉總理瓊崖墾礦事宜。其有關涉地方他項商民利害事務，應會同地方官妥商辦理，餘依議。

臣謹案：天地之性，鬱久必洩；山川之氣，塞久必通。顧不得人，焉而理之，恐終不免長此榛狉。漢得珠崖，旋即棄置，賈捐之之議當時韙之，豈可概諸今日哉？夫瓊崖猺黎雜處，貨棄於地，罔知開闢，不爲之招徠輔翼，而貿然虐用，此化外之所由不服。近雖漢甿麕聚，編成土著，然而孤懸島嶼，交通多梗。歷代治瓊之未扼要領者，不外水與陸兩失，其用蓋必舟車暢達而後鉅商雲合，適彼樂郊。舉凡墾礦、樹藝、畜牧、魚鹽諸大綱，厚集雄貲，次第畢舉，統全局而權其緩急，立埠開港，築路行輪，其可忽乎哉？

朱壽朋《東華續録（光緒朝）》光緒二一四〔光緒三十四年二月〕壬申，楊士琦奏：「臣奉命前往南洋考察商務，於上年九月二十日，乘海圻、海容兩兵艦，由上海放洋，歷經美屬之飛獵濱，法屬之西貢，暹羅之曼谷都城和屬爪哇之巴達維亞，三寶壟、泗水、日惹、梭羅及附近蘇門答臘之汶島、英屬之新嘉坡、檳榔嶼及附近之大小霹靂等埠。所有考察大概情形業經先後電奏在案。【略】汶島屬蘇門答臘，在爪哇之西北，地富錫礦，礦工五萬餘人，均係粵籍。華工入境後，即受和人束縛，食以粗糲，居以茅茨。臣道經該島，停輪撫慰，並派員往視附近礦塲。華工數百人環求拯拔，情殊可憫，亟宜設法保護，以衛民生。【略】由檳榔嶼東渡海峽，登大陸，逾山南行而至大小霹靂，亦海門屬部之一。四山皆礦，産錫最饒，華人來此，往往以赤手致富。所産之錫歲值九千餘萬元，由檳榔嶼出口運銷東西洋。近歲錫價低賤，年甚一年，業此者頗多折閱，若礦業一停，則華工二十萬人皆虞失所，而新檳兩埠商務亦視此爲盛衰，關繫至爲鉅要。以上所歷皆係通都大埠、華僑薈萃之區，商務以新嘉坡、檳榔嶼爲最繁。

歐家廉《清宣統政紀》卷六〔宣統元年己酉春正月乙未〕廣西巡撫張鳴岐奏：「廣西富川縣屬産錫之地頗多，前由寶亨公司集股承辦，惟資本未充，僅止收買錫砂，并未自開新井，大利閟藏，殊爲可惜。現富賀煤礦業經籌款收回官辦，産錫各處多與煤礦相連，擬一併收回，由富賀官礦局經理，以興大利。」下部知之。

《礦務檔》附録《大事年表》〔光緒二十八年壬寅二月〕兩廣總督陶模派主事王汝淮試辦儋州錫礦。【略】

〔光緒二十九年癸卯〕十月，德駐廣州領事艾思文請准德商捷成洋行承辦儋州烏槍嶺錫礦（粵督拒之）。【略】

〔光緒三十年甲辰〕三月十四日（四、二九），德使穆默請准德商捷成洋行承辦海南島錫礦（外務部拒之）。

又《廣東礦務・瓊州銅金錫礦》外務部收穆默照會《德商捷成洋行請辦海南島錫礦》 光緒三十年三月十四日，收德國公使穆默照會稱，據廣州府本國領事稟稱，德商捷成洋行擬在海南島開採錫鑛。該領事業經照會署理兩廣總督，以該洋行擬定按照中國礦務章程，一律遵辦，經署督允許核奪，如貴國政府轉知署督，儻該洋行遵章辦理，則其所擬辦各節，毫無妨礙。俾捷成洋行得以如願而成。本大臣查開採鑛産，係於民生有益之舉，即希貴部轉飭兩廣署督遵辦爲荷。

又外務部收岑春煊文《海南島錫礦經官開採未便率准德商辦理》 光緒三十年五月初八日，收署兩廣總督岑文稱：光緒三十年四月初二日，承准貴部咨開。光緒三十年三月十四日，准德國穆使函稱，據廣州府本國領事稟，德商捷成洋行擬在海南海島開採錫礦。該領事業經照會署理兩廣總督，以該洋行擬定按照中國礦章，一律遵辦，經署督允許核奪。本大臣查開採礦産，係於民生有益之舉，希轉飭遵辦等因前來。本部查德商捷成洋行請開採海南海島錫礦，未准貴督報部有案，相應咨行貴署督轉飭查明，即行咨復，以便轉復可也等因，到本部堂。承准此。查本案先於光緒二十九年十月間，准廣州口德國領事艾思文，以

儋州烏槍嶺等處産有錫礦，德國商人捷成洋行擬集股前往試辦等由，照請核准前來。當查該處錫礦，業於光緒二十八年二月間，據廣東善後局詳准，轉飭主事王汝淮試辦在先，捷成洋行擬集股試辦，自未便照准，即經照復該領事查照。嗣於本年三月間，復准該領事照稱，該處錫鑛，王主事資本短絀，不能開採，業將准單繳還，仍請允許捷成洋行試辦等由。又經飭據廣東善後局查復，儋州金錫各礦，前經籌撥公款，派委主事王汝淮前往開採，事屬官辦，並非該主事自籌資本，嗣因辦理不善，飭令停採，仍應由局另選妥員前往接辦，未便率准別商承開，以竟前功，而符原案等情，復經批准照辦，並照復該領事查照在案。承准前由，擬合咨復，爲此咨呈貴部，謹請查照轉復德使查照，望切施行。

又《雲南礦務·英法隆興公司承辦滇礦》外務部發法署使潘蓀納照會《蒙自縣令禁止居民私售礦質與外人無損法商權利》 宣統元年五月二十九日，發法潘署使照復稱：接准照稱，據蒙自法領事報稱，該處縣令張貼告示，嚴禁居民售賣礦質於外國之人。該令如此禁止，顯係阻我法國一千九百零二年章程所有之權利等因。查雲南有司所有舉動，果係違背光緒二十八年所訂礦務章程，本部自當行知查禁，惟此項章程，並無准外人購買礦質之條，蒙自縣令出示禁止居民售賣礦質於外國人，不得謂違背礦章。法商如指有礦地，儘可呈報大吏查核，於應享之權利實無所損，且免法商受人蒙蔽，私自盜賣各情弊，自無險危之慮。相應照復貴署大臣查照可也。須至照復者。

又外務部收雲貴總督電《請拒法公司採買箇舊錫礦》 宣統元年六月八日，收滇督電稱：申。江奉東電，當經電飭查復。查蒙自縣屬有箇舊錫廠，爲全滇礦産精華。法公司前年曾向民人閔立松私賣古山錫礦，錫帥以該處毘連箇廠，關係緊要，竭力阻止，並經鈞部與法使交涉，始作罷論。上年九月，復有採買箇舊錫砂之議，廠商爐户，異常驚惶，當經交涉使高而謙援引礦章，及本廠章程，電由蒙自道據理辯駁，始允中止。本年二月，該縣又聞有蒙城奸民，頂名代買礦砂情事，亦經設法查禁。伏思法人辦理滇礦，果與隆興合同并中國礦章約章相符，或採買土貨，誠如鈞示，斷無無端閉拒之理。但箇錫爲全滇生命之源，并爲我開爐有成之礦，據蒙自道摘録該縣告示底稿，係禁止私受礦地，並頂名代買礦砂，蓋滇人呼錫礦爲礦砂。係僅就箇舊錫廠立論，非泛指各項礦質也。箇錫開爐已久，我已設有公司，無論礦地礦砂，自不能售與外人，除俟告示底稿抄寄到省，再行咨達外，謹請鈞部斟酌照復法使，如其注意箇舊錫廠，務祈極力堅持駁拒，以固利源，以安滇民，大局幸甚！秉堃謹叩。虞。

又外務部收法署使潘蓀納照會《法公司購買礦質事請飭蒙令收回禁附令蒙自縣告示》 宣統元年六月二十六日，收法潘署使照會稱：蒙自縣令出示禁止礦地、礦砂售與外人一事，業經於西曆七月十二日，照會貴爵在案。旋於西曆八月初二日，接准復稱：此項告示所指，係箇舊錫廠立論，非泛指各項礦質等語。本署大臣現將所接到告示原文，抄録一份，附送查閱。貴爵閱悉之次，可知告示語意包括甚廣，並非指明箇舊錫礦而言。由此足見滇省大吏雖曾禀復，不過謂告示係指箇舊錫礦而已。然造作告示之意，欲使該處居民認係普通之禁止，本館實不能受此項手段所愚。此外本署大臣尚當聲明者，即如告示就僅指箇廠一處，而地方官亦無禁止礦質售與外人之權，如有此項舉動，實係重違條約。至於條約所載，除國家專利，或特別開明禁止貨物之外，其餘均可通商自由，是以甚盼貴爵費神轉飭將蒙自縣令告示收回，以便實行遵守通商條約，及礦務章程可也。須至照會者。

附録《告示》。

補用直隸州特受臨安府通海縣調署蒙自縣正堂謝，爲出示嚴禁事。照得大陸地産，分別地面地段，地面之産，爲人民所分有。其地腹礦産之類，屬在國家，此五洲通例。中國奏定礦章，凡勘礦開礦，均須請領部照，倘有民間私將礦産賣與外人者，查明除礦地充公外，並將該業主照盜賣律治罪。定章何等森嚴，凡我紳商士庶，均應仰體此意，共保利權。本縣檢查接管案内，有勾串外人，私售礦地者，有頂名代買礦砂者，種種奸徒，不一而足。迭經前任縣查獲禀辦，及出示嚴禁各在案。誠恐日久玩生，復蹈前轍，自應先事預防，重申禁令。除隨時派人嚴密查訪外，合行示諭。爲此示仰縣屬紳商士庶、漢夷人等，一體遵照。嗣後無論礦地礦砂，倘有私相授受，無論何人，一經查獲，定即提案嚴懲，决不姑寬。各宜凛遵毋違，切切特示。宣統元年五月初七日。

錊礦開採部

綜述

《清高宗實録》卷七四七 〔乾隆三十年乙酉十月戊辰〕諭軍機大臣等：「楊廷璋等奏，萬州知州廖佑齡，因漁户在洋網獲鉛觔，親往試探打撈，計獲白鉛一十九萬九千餘觔，照例變價歸公等語。該州知州於漁人網獲白鉛，聞信即能親往試探，撈獲多觔，尚屬能事。著傳諭楊廷璋，如廖佑齡平日居官尚好，即出具考語，送部引見。」

《清朝續文獻通考》卷三九〇《實業一三》 錊之産量。湘、滇二省爲重要産鉛區域，而産錊較鉛爲多。湖南常寧水口鎮産錊噸數最盛，爲二八一〇四。此外尚有瀏陽、湘潭、醴陵、衡陽、資興、汝城、光華等縣，惟産量無聞。浙江之諸暨、四川之會理、雲南之東川均爲産錊較多之地，其鉛銀礦之發見錊者，殆難悉數。東川錊礦每年約産純錊七百噸。湖南水口山錊礦礦務局初經營時，知有鉛不知有錊，後乃鉛、錊並採。光緒二十二年起。近年止共採鉛礦石七萬一千噸，錊礦石十八萬四千噸。冶錊廠在距水口山十里許之松柏地方，故名松柏提錬白鉛廠。

浙江諸暨錊礦。在縣屬小東鄉梅溪區高大村塢坑、徐陳二山，距城十里。近創設人和公司礦區三百六十五畝，每日多時可出純净礦石七八噸，平均約三噸。

雲南錊礦。平彝、羅平間卑浙廠礦地之閃錊礦有成大塊者，礦山廠之錊礦爲炭酸錊，成分至富，見雲南所産幾全來自此廠。礦山廠地方以産錊鉛二礦，稱錊量尤多於鉛，所産錊礦石售與東川礦業公司冶錬。

紀事

平翰等《〔道光〕遵義府志》卷一九《阬冶》 國朝以來，丹砂、銀礦採驗無效，白鉛則旋開旋停，非昕徵歛。《宋志》曰：「山澤之利有限，或暴發輒竭，或採取歲久，所得不償其費。而歲課不足，有司必責主者取盈，重爲民累。」遵義冶場即坐斯病，自嘉慶初恩旨嚴行封閉，仍罪私開，遵民仰沐深仁，永得聊生安業矣。兹具著採停始末，俾來者考其無益，勿輕言利孔也。【略】

雍正十年，開採正安州江里銀究山鉛廠，無效，旋奉文封閉。《盧洲詳牘》。

乾隆四十二年，貴州巡撫圖題准開採遵義縣新寨、綏陽縣月亮巖等白鉛廠，每出鉛一百斤，抽課二十斤，官買四十斤，通商四十斤。其抽獲課餘鉛斤運赴二郎灘，供兑京鉛，無歲課定額。是年，共出鉛一百餘萬斤。四十三年以後，每年出鉛僅二、三十萬斤之間。尋復遞減。至六十年，遵義府知府嵇承孟以硐老山空，具詳。嘉慶元年，貴州巡撫馮光熊題奏，奉旨封閉。《盧洲詳牘》。

附：嵇承孟詳查。卑府屬之新寨、月亮巖等白鉛廠係乾隆四十二年内前撫憲圖題准開採，每出鉛百觔，抽課二十觔。餘鉛八十觔，官買四十觔，通商四十觔。其抽獲課餘鉛觔運赴二郎灘，供兑京鉛等因。歷年遵照辦理，並無定額。惟查該廠開採之始，雖草皮浮礦尚堪採煉。自四十三年以後，浮礦挖盡，即行短絀，每年出鉛僅二十八九萬至三十萬觔不等，較原案所載一百餘萬之數竟短十分之七，致奉部駁，委員嚴查，委係廠衰汁薄，取結加結，詳奉覆准，並奉飭將廠費銀兩酌減在案。前任正署各府屢經設法調劑，嚴督攻採，無如該廠並無進山大礦，不能有效。旋將舊存灰沙淘洗冲煉，殊形竭蹙。卑府到任，屢經親身督辦，飭令沙丁竭力刨硐開採，無如硐老山空，所出鉛觔日少一日，在廠灰沙亦已淘洗净盡，若再因循勢，必徒費人工，虚糜帑項。所有新寨、月亮巖等白鉛廠硐老山空，開採無益緣由，不得不據實詳請封閉，以省糜累。如蒙允准，所有爐户沙丁除別有事業先已潛回者，聽其自便，其無業者，即欽遵諭旨，造册移送別廠營生，以免失所而杜滋事。相應取具廠民甘結，加粘印結，詳請查核，委勘結報會詳。《檔案》。

又抄咨户部爲請封無益之礦廠等事。廣西司案呈：户科抄出貴州巡撫馮光熊題月亮巖、新寨等廠封閉一案，嘉慶元年五月十四日題，七月初十日奉旨：「該部議奏。欽此。」欽遵於本日抄出到部。該臣等查得貴州巡撫馮光熊疏稱，開採礦廠雖資人力，全賴地利，方能採辦。今新寨、月亮巖等白鉛廠，據遵義府知府嵇承孟詳，二三年前俱係將廠中廢礦灰砂及近廠草皮浮礦淘洗冲煉，方能報獲二十八九萬觔之數，今礦引已盡，又無子廠可採，經護貴西道安順府知府檄委黔西州知州履勘，並該護道嚴加親勘，委係硐老山空，礦引净盡。該廠前後左右亦勘無一線礦引，徒費人工，調劑無益，似應如其所請，嚴行封禁，以省糜累。

除將遵義府知府嵇承孟册報乾隆五十九年八月起至六十年十二月底止出産鉛一十八萬一百六觔，現在另行造册報銷，並飭嵇承孟將存廠及二郎灘局鉛觔趕緊鎔辦發運，聽候撥兑外，所有新寨、月亮巖等廠硐老山空，礦引已盡，應行封閉，取具各結加具印結，由司詳報前來。臣覆核無異，除將各結送部外，臣謹具題等因前來。查貴州遵義縣屬之新寨、綏陽縣屬之月亮巖等白鉛廠，先於乾隆四十年據該撫圖題明開採，經臣部覆准，行令照例抽課收買運司，供鑄在案。今據該撫疏稱，新寨、月亮巖等白鉛廠近年俱係將廠中廢礦灰砂及近廠草皮浮礦淘洗冲煉，方能報獲二十八九萬觔之數。今礦引已盡，又無子廠可採，委員履勘，委因硐老山空，礦引净盡。該廠前後左右亦勘無一線礦引，徒費人工，調劑無益，應嚴行封閉。仍令該撫轉飭該地方官嚴行封禁，不時留心稽察，如有私行偷挖，即行嚴拿究治。其未封閉以前抽課收買鉛觔，領過工本並實存銀鉛以及未運鉛觔運脚銀兩即行造册報部查核等因。嘉慶元年九月十二日題，本月十四日奉旨：「依議。欽此。」爲此合咨前去遵奉施行。《蘆洲詳牘》。

嘉慶十一年，遵義縣民陳正興等仍請試採泮水鉛廠，嗣無成效，於十二年封閉。《心齋隨筆》。

十五年二月，知府福寧阿又據遵義縣民羅大興等呈請，試採泮水白鉛，隨建官房一，爐房二，於十六年三月，水敗礌硐，全無成效，查實封閉。並距官房十五里之福興硐礌硐二口，一體封閉，並禁私採。二十年八月，縣中游民呈請復開，知府趙遵律親往察勘，仍行禁止。《蘆洲詳牘》。

雜録

鄂爾泰《〔雍正〕雲南通志》卷一一《課程》 卑浙倭鉛廠，坐落羅平州地方。塊澤倭鉛廠，坐落平彝縣地方。雍正七年，總督鄂爾泰、巡撫沈廷正，爲詳請題明事合疏具題開採。

《清朝文獻通考》卷三〇《征榷考五·坑冶》 〔乾隆〕又准雲南彌勒州開採白鉛廠。雲南巡撫劉藻奏：「彌勒州野猪畊廠産白鉛，試採有效，請照例每百觔抽正課十觔，餘課十觔所餘之鉛給價收買，撥運廣西局鼓鑄，於錢法實有裨益。」户部議如所請。從之。

〔乾隆三十一年〕又准廣西融縣開採白鉛礦。廣西巡撫宋邦綏奏：「融縣四頂山産白鉛礦砂，因無煤炭，不能煎煉成鉛。而羅成縣冷峝山踋有煤路可以運往，就煤煎煉。試採已有成效，請准其開採煎煉，照例每煉鉛百觔抽正課二十觔，撒散三觔，造册報部稽核。」户部議如所請。從之。

《清高宗實録》卷一五七 〔乾隆六年，辛酉，十二月，辛亥〕户部等部議准：「署雲南總督、雲南巡撫張允隨奏稱，省城、臨安二局鼓鑄所用倭鉛，向在曲靖府屬之卑浙、塊澤二廠收買，嗣因外省鉛價日賤，變價之鉛久不銷售，存廠鉛足供二局五年之用，經臣題明封閉。今二局共添鑪十五座，又開東川局二十座，應用之鉛已屬加倍，存廠運局不敷所需，請將卑浙、塊澤二廠仍行開採，所獲鉛觔按例抽課，餘鉛收買供鑄。又東川府屬之者海地方亦産鉛礦，距東局尤近，現今開採，如能旺盛，另疏具題。」請即將卑浙、塊澤二廠仍舊開採。」從之。

又卷二九九 〔乾隆十二年丁卯九月甲寅〕諭：「據山西巡撫准泰奏稱，晋省辦銅鼓鑄尚須白鉛點錫，應委員赴楚採買，一時不得其人，請飭發參革河東道周紹儒出資前赴採買，効力贖罪等語。周紹儒闒茸無能，貽誤地方，現在照例治罪。既據准泰保奏，著照所請，將周紹儒發往晋省辦理鉛觔，以贖前愆。」

又卷三〇〇 〔乾隆十二年丁卯冬十月庚申〕户部議覆：「前署山西巡撫、宗室德沛疏稱，交城縣之張家山、王家山、木股溝，陽城縣之松脚山并邊傍子洞，盂縣之王子、均才、温家等山，平陸縣磨兒嶺之三成、洋溢二洞，線斷砂微，不敷工本，請准封閉。至交城縣之馬鞍山并邊傍新開子洞金金溝，平定州之銅題山黑白鉛鑛各一砂線近來俱旺，試採有效，請開採抽税如例，餘鉛酌量官收，責冀寧道總理稽查。嗣後如砂微質薄，仍咨部封閉。又晋省鼓鑄現需白鉛四十一萬五千觔，本省礦産尚難即時敷用，仍請委員赴楚採買。均應如所請。」從之。

又卷三七五 〔乾隆十五年庚午十月庚寅〕封閉貴州威寧州新寨白鉛礦。從前任巡撫愛必達請也。

又卷四一二 〔乾隆十七年壬申夏四月辛酉〕開採廣西思恩縣屬幹峝山白鉛廠。從巡撫定長請也。

又卷五〇七 〔乾隆二十一年丙子二月癸亥〕户部議准：「貴州巡撫定長疏稱，水城廳茨冲地方白鉛廠開採年久，硐老山空，應如所請封閉。」從之。

又卷五九九 〔乾隆二十四年己卯十月庚子〕開採廣西思恩縣盧架山黑白鉛礦。從巡撫鄂寶請也。

又卷八六九 〔乾隆三十五年庚寅九月辛酉〕封閉雲南通海縣屬獅子山白鉛廠。從巡撫明德請也。

又卷八七四 〔乾隆三十五年庚寅十二月庚辰〕諭軍機大臣等：「昨據彰寶等參奏，署威寧州知州高偉管理鉛廠，並不如期給發工本，以致新舊白鉛俱有虧短。又接收王葆元交代，有歷年未完秋糧及採買蕎折等米五千餘石一摺。此事大奇，實出情理之外。已降旨交三寶嚴行審究矣。【略】嗣據委員等禀稱，威寧鉛廠除廠員張祥發新欠白鉛三四十萬餘觔外，餘歷年舊欠白鉛及未完秋糧採買蕎折等米悉係劉標任内事，前州牧王葆元以爲民欠有著，不入劉標虧空案内，與署州高偉先後因循朦蔽，至短發工本銀，尚實貯無虧等語，臣尚恐王葆元與高偉自有侵虧，捏作舊欠，除會撫臣銜參奏外，俟將來審明，如係劉標任舊欠，則撫臣宫兆麟辦理前案未能徹底清釐，若係新近侵那，則係委署不慎，咎更難辭。」報聞。【略】〔乾隆三十五年十二月〕諭軍機大臣等：「據彰寶、宫兆麟奏，署威寧州知州高偉管理鉛廠，支放廠員工本，並不如期給發，以致廠員張祥發所辦新舊白鉛俱有虧短。又接管王葆元交代，有歷年未完秋糧及採買蕎折等米五千一百石零一摺。此事大奇，實出情理之外。上年清查劉標虧空一案各項積弊，自應一一清釐，何得尚有舊欠鉛觔米石？至支放廠員工本，又何以竟不如期給發？宫兆麟即係承辦前案之人，身在黔省，豈無聞見？何不早爲查奏？直待事隔經年，始與該督會銜參劾，必係宫兆麟查辦時，未能將積弊實力剔除，及聞後任復蹈故轍，恐干疏漏之咎，有意彌縫。兹因彰寶隔省，已有風聞，知事難掩飾，始以會參塞責。不然，何以辦理遲緩若此？已於摺内批斥，並明降諭旨，將高偉、王葆元、張祥發一併革職，交該署撫嚴審，定擬速奏。仍著傳諭三寶，即將此案密行訪查，務得各犯踵行舞弊緣由，及宫兆麟前此因何延擱不辦，至今始行會參各情節，據實速奏，毋得稍存瞻顧調停，自干咎戾。」

又卷九四三 〔乾隆三十八年癸巳九月甲戌〕户部議准：「廣西巡撫熊學鵬奏稱，融縣四頂山出産白鉛礦砂，前經奏准於縣屬鑼西地方設廠就煤煎煉，今該廠煤已挖盡，無憑煎煉，應請將鑼西煤廠封閉。」從之。

又卷九四五 〔乾隆三十八年癸巳十月壬子〕户部議准：「廣西巡撫熊學鵬疏稱，思恩縣屬盧架山白鉛廠開採日久，寶礦空乏，應請封閉。」從之。

又卷二一五 〔道光十二年壬辰秋七月乙卯〕户部議准：「協辦大學士、兩廣總督李鴻賓等奏，外夷各國均已産鉛，請暫停白鉛出洋。」得旨：「依議。粤東濱臨大海，通洋水道甚多，現在白鉛停止出洋，誠恐日久疏於防範，以致奸商販運，復有偷漏營私等弊。著該督等嚴飭關津要隘地方各官，隨時認真巡查，遇有私販鉛斤，即照違禁例分别嚴辦，仍於年終取具關廠各官並無出洋白鉛切實印結，送部查覈，并酌定稽查章程，報部覈辦，以垂永久，而杜流弊。」

又卷二六四 〔道光十五年乙未三月壬午〕又諭：「惠吉奏請將短解鉛斤逾限不完之已革知縣拏問究追一摺。廣西前署上林縣已革知縣游長齡，領過採鉛脚價銀七千六兩零，欠解黑鉛七千餘斤，白鉛三十八萬二千二百餘斤。前任永淳縣另案參革知縣劉築巖，領過脚價銀二千四百十一兩零，欠解白鉛十一萬九千五百餘斤，前經降旨，將該員等扣留省城，勒限嚴追。兹據該撫奏稱，參限已逾，仍未完解。鉛斤爲營操鼓鑄所需，豈容任意延宕。該革員等既不完解鉛斤，又不解繳脚價，顯有虧那情弊。游長齡、劉築巖著即拏問，交該撫提，同經管廠務丁書人等嚴行審訊，照例辦理。所有該革員等寓所及各原籍家産，著一併查封備抵。」

《清朝續文獻通考》卷四三《征榷考一五・坑冶》 〔嘉慶〕四年，題准貴州威寧州屬蓮花白鉛廠出鉛缺額，猓納河等處礦脈縣厚，准其開採，所出鉛斤歸入蓮花廠一併題銷。

又題准四川酉陽州屬鉛旺，蓋白鉛廠准其封閉。

銻礦開採部

綜述

《清朝續文獻通考》卷三八七《實業考一〇・工務》〔光緒二十五年〕又湖南巡撫俞廉三奏：「查銻砂一種，外洋稱爲安的摩尼，其質在金石之間。湘省各屬所在多有，苗路錯碎不成片段，小僅顆粒，鉅則萬斤，衰旺各異，採鍊可作炸藥帽、藥字模，並入鐵鑄造機器。其用甚廣，其價較鉛爲昂，爲外洋所必需，爲中國所刱獲。前於益陽等處覓獲銻砂，試籌銷路。有漢口亨達利洋行，訂銷出銻五成以上之砂三萬墩，每墩先交價銀三十兩，俟其售出，仍照行規各分紅成。因於漢口設立轉運局，過磅交易，計所定墩價，若全數交收，不第前虧可補。惜見産無幾，未可期以歲時。復於各處廣爲收求，續有所獲，而其質較低，招粵商卡成公司來湘就近提鍊成銻，分別運銷。查接境産銻之所，有貴州之銅仁、四川之秀山。銅仁近稱封閉，秀山所産，去年曾販運過境，經辰州分局查獲，照本省商産章程給價入官，未令越境。蓋以此物爲火器所用，無異硝磺，未可聽其漫無限制。且私販爭售，價值必賤，有妨利權。倘本省商産之區，從而影射，稽考尤難，更恐鄰近所産，尚不止此。請飭礦務鐵路總局定立嚴禁私販銻砂條規，分行各省，一體查禁。其黔、蜀各省嗣有運銻過湘者，即由湘照商採章程予以官收，價值不得違越，以杜弊端。」得旨：「著總理衙門會同督辦礦務大臣查核辦理。」

又卷三九〇《實業考一三・工務》　銻之産量。我國産銻最多，自光緒三十三年以後，已超過全球總量之半。嗣是繼長增高，自占全世界總量百分之五一四至百分之五七〇，而其所産之九〇皆來自湖南，故湘省實爲全球聚銻最多之地，可與南非之金、北美之銅、墨西哥之銀相提並論也。在光緒季年，湖南純銻輸出僅三噸，此後增加乃達最高點，計最多純銻之輸出爲一四九三四噸，生銻即硫化銻。之輸出爲一八二五二噸。同時各省鍊銻之數目列表如左：

省名	鍊銻廠數目	每日産純銻噸數	附註
湖南	一〇	三六	華昌公司經營
湖北	四	一八	
廣東	四	六	
廣西	二	四	
合計	二〇	六四噸	

此外，有雲南寶華公司，是年純銻産量約一七〇噸。

湖南錫礦山銻礦。山礦産銻占湖南總量百分之八〇以上，在新化縣東沫礦村，亦稱沫礦村銻礦，離新化冷水河三十里。礦爲輝銻礦，爲全世界銻礦含雜質之最少者，地面易採之礦石約四百萬噸。在明季以爲錫礦，至光緒中葉，始以銻名。近年公司逾百，礦工逾萬，實世界唯一無二之大銻區域也。

湖南其他銻礦。一、板溪礦，在益陽縣西南，於光緒二十三年，湘撫陳寶箴收歸省有，次年組織中路久通銻礦公司，後以進行不利，至二十六年改歸商辦，宣統元年又改屬華昌公司。二、武溪礦，在沅陵縣西，礦石含銻百分之三十，含金十萬分之一至二，採取銻礦後，所餘殘石尚可淘金。三、青溪窿，在漵浦縣東北，礦石分三等。此外如新寧、寶慶、安化、桃源、芷江、東安、祁陽、汝城、安仁、茶陵等縣，産銻之處甚多，惟均未詳查，故從略。

廣東、廣西銻礦。廣東如英德、乳源、清遠、防城、定安及海南島諸處均有銻礦。重要者，惟曲江。曲江銻礦甚多，以縣城西之獺老頂爲最大，距城約八十里，距粵漢路分站五十餘里。此外如葛藤坪、窩村、妙梓閣、橋源村及黄沙坪之蜜蜂嶺、羅源洞之梯子嶺等地，均曲江産銻之區。廣西之奉議、天保、蒼梧、河池等縣皆産銻。河池銻礦内含金質或銀質，銻之成分爲百分之四五九。

雲南、貴州銻礦。雲南之文山、阿迷、廣南等縣均産銻。文山縣銻礦在縣城西南之茅山，今歸寶華公司經營，在芷村設有鍊廠。阿迷銻礦在都比與菓花，皆在縣城西南約六十里，二地相去約五里，均屬寶華公司。最多時都比産砂三萬餘斤，菓花約十二萬斤。廣南銻礦亦歸寶華經營。貴州銻礦在銅仁縣西北約二十里之梵净山，含銻至百分之六十。以上各礦見歸商民開採，由銅仁礦務局收買，每年約産礦石三四百噸。

雜録

《清朝續文獻通考》卷四三《征榷考一五・坑冶》　又廣西巡撫林紹年奏：…

「設局采購銻砂應完之出井、出口兩税，除出口税遵章辦理外，其出井税請暫寬免，俟風氣大開，再飭完納。」

又卷四五《征榷考一七・坑冶》 又護理雲貴總督沈秉堃奏：「邊省籌辦銻礦，請援案免税，以紓商力。」允之。

又廣西巡撫張鳴岐奏：「收銻代賑任由商民運售，無照不准出境，至出井、出口兩税，仍照豁免五年原案免徵。」【略】又署兩廣總督袁樹勛奏：「官商合辦寶昌銻礦公司，懇援案明定專利、年限，並酌減税項，以維實業。」【略】

光緒二十五年，總理事務衙門等奏：「議覆湘撫俞廉三奏請嚴禁私販銻砂，應請准如所議。至各省出産銻砂處所，亟應設法採運，以闢利源。若如原奏所稱，黔蜀各省運銻過湘，即由湘收買，不得繞越。是同爲産銻之地，湘省既可設局以轉運黔蜀各省，獨不能越境以行銷，殊不足以昭公允。且别省運銻到湘，脚價所費尤鉅，若一律給本省官價，恐鄰省賠累過多，實於礦務有礙。至該省所定商採章程，未據咨報有案，應由臣等咨取查核。如果切實可行，應令産銻省分仿照辦理，嗣後不論何處出産，即歸該管省分徵税。既經官爲轉運，或由商照章完過礦税，領有税單，沿途經過關卡，查無私販夾帶，以多報少情弊，准予放行，以杜弊端，而暢銷路。」

又卷三八八《實業考一一・工務》 又廣西巡撫林紹年奏設局採購銻砂，略稱：廣西礦業宏富，其事簡而效速者，莫如採購銻砂。南太、泗鎮一帶銻産甚多，惜乎商賈不通，遂使利源久閟。近查湖南已鍊之銻，運滬分銷，每噸可得價銀三百餘兩。桂省淩雲、都雲、都陽、都結、向武等屬，銻礦成色向足相衡。此外各屬銻産當亦可以售用，然無富商大賈獨任採運。非由官提倡收買，不足以興地利。見在南太、恩色等處災賑方殷，寓工於賑，尤以收買銻砂爲先。廣西應解新案賠款，部議准截留一年，擬即就截留款項内，提銀十萬兩作爲辦銻專款。設總局於省垣，並先於南寧府城設立驗收銻砂轉運分局，仍於梧州、上海各設售銻分局，隨時查探報局擇員，於淩雲、都結、向武等屬籌款收買，陸續運赴南寧，由局定價，給發俾資周轉。所有南寧收買官銻，應即按批運梧，由官銷售。其餘各屬有無銻産，並所産是否合用，應由總局查採考驗。産銻處是否官山，抑係民地，稟候核辦。如果銻質合宜，再議推廣，以爲久遠之計。惟廣西銻産較富，而滬港銻價較昂，一經由官收售，奸商聞風私運，在所不免。若不嚴杜漏卮，實與官運有礙。查湘省奏請嚴禁私販銻砂出境，部准照辦。桂省事同一事，自應援照查禁。至應完之出井、出口兩税，除出口税遵章辦理外，其出井税請暫寬免，俟風氣大開，再飭完納。

又卷三八九《實業考一二・工務》 又廣西巡撫張鳴岐奏收銻代賑風氣大開，擬停止官收，任由商民運售。略稱：廣西銻礦當日倡議民採官收，原於籌備賑災之中，寓振興實業之意。既非營業性質，亦無牟利宗旨，但使民間咸事開採，生計日漸裕饒，游惰皆有執業，不至偏災偶告，賑撫時煩，則公家縱虚耗多金，長此收買，計亦良得。矧收存各銻，待價而沽，官款猶可收回，成本不盡無著。惟爲民興利，尤當規其遠大。銻砂由官收買，價有一定，究不如民間直接售賣，獲價較優。見在民間既趨嚮方殷，正宜因時制宜，開弛禁令，俾之自行運售，鼓舞振奮，則將來礦業之發達，實屬未可限量。臣於上年先飭梧廠停鍊，並自宣統元年九月起，將各屬收銻局一律停辦，所有桂省銻礦任由官紳商民自採自鍊，自運出口售賣。從前已領執照仍舊按址開採，如有稟辦新採銻礦，均照定章辦理。無論舊商、新商，均另發憑照運售，無照不准出境。至出井、出口兩税，仍照豁免五年原案，暫免徵納。廠屋器具等項，飭派委員管理。探查外洋銻價略增，即將存銻出售，收回官款。

《礦務檔》附録《大事年表》 〔光緒二十八年，壬寅〕八月，湖南萬泰公司向商部呈控該省礦務總局違背合同，扣交銻砂(宣統元年再度呈控)。

又《四川礦務・籌辦四川礦務》外務部發德使雷克司照會《德商無權過問川省礦務》 光緒三十三年一月初十日，發德雷使照稱：爲照會事。案查德商禮和洋行，有無與川省礦務局商議之事，由本部咨行川督查明電復一節，前准貴大臣來照，業於正月十一日照復在案。茲接准護理川督復電稱，查此案情形，已經前督錫清帥於三十年三月咨呈在案。茲復飭據該局詳稱，公司商總鄒革令兆麟與亨達利原訂銷砂合同，載明不得干預辦礦之事，嗣因日久無效，由局詳准，將該公司全案註銷，另由公家委員籌辦。公司既已撤銷，合同自然作廢。況原合同係鄒兆麟私自與彼議訂，與礦局無干等情。本護部堂詳加察核，不但公司已詳撤，鄒革令已咨拏，前案業無效力，即彼原合同内，亦未許其干預辦礦，縱該革令或私向外人捏約租礦，未經稟奉批准，亦斷不應承認。且查原合同内，尚有「彼此由經手人自理，不得向礦局過問」一條，該亨達利與鄒革令銷砂貿易，尚不能過問礦局，會辦礦務之權從何而來？亨達利尚無此權，禮和之權又從何而授？礦政局與該洋行始終毫不相涉，寔未便與之商議等因前來。查該護督電復

各節，與本部上年十二月初九日，復貴大臣照會之意相符，相應據情再行照復貴大臣查照飭知可也。須至照會者。

又《湖南礦務·籌辦湖南礦務》外務部收税務大臣文《請查復湘省生銻銻砂增加估價事》 光緒三十三年二月十七日，收税務大臣文稱：本月十二日，據總税務司函稱，據長沙關税務司電稱，刻奉撫憲諭令，將生銻之原估價五十兩，改爲一百五十兩；銻砂之原估價三十兩，改爲六十兩。按照估價，值百抽五等因，電請核示前來。總税務司查此事尚未奉有貴處明文，究應如何辦理之處，理合函請示復，以便飭遵等因前來。查湖南礦務局定章，生銻每百斤作價關平銀三兩，銻砂每噸作價關平銀三十兩，係光緒二十八年間，該省咨由貴部核定。現據總税務司函稱前因，此次生銻、銻砂，加重估價，是否曾准湘撫咨明有案。查照希即聲覆，以憑核辦可也。須至咨呈者。

又外務部發税務處文《湘省生銻銻砂估價增加未據湘撫咨報》 光緒三十三年二月二十四日，發税務處咨稱：接准來咨，以湖南礦務局定章，生銻每百斤作價關平銀三兩，銻砂每噸作價關平銀三十兩，係光緒二十八年間，該省咨部核定。此次生銻、銻砂加重估價，是否曾准湘撫咨明有案，查照聲覆等因。查湘省礦砂，由岳關征收出口税章程，係光緒二十八年八月，由本部據湖南巡撫來咨，查核相符，札行總税務司轉飭岳關照辦有案。其章程内載應納税項，生銻估本每石三兩，銻砂每噸估本三十兩，黑鉛砂每噸估本二十兩，白鉛砂每噸估本十兩等語，核與來咨所稱各節無異。至此次加重估價，未據該撫咨報到部，相應咨復貴處查照可也。須至咨者。

又湖南巡撫《湘省生銻銻砂估價增加請飭税司照辦》 光緒三十三年二月三十日，收湖南巡撫文稱：竊照湘省所産各種礦砂，前於光緒二十二年十月，經陳前部院會同督部堂奏准免抽税釐。嗣據礦務總局詳以生銻、銻砂、黑白鉛砂四項，仍應照值百抽五，完一出口正税，由江漢關分别估定應納税項。計生銻估本銀每石三兩，銻砂每噸估本銀三十兩，黑鉛砂每噸估本銀二十兩，白鉛砂每噸估本銀一十兩，議定在岳州關完納。經前部院將詳送完税章程，及運單執照各式，咨明外務部行知總税務司，轉飭各關税司一體遵照。嗣於三十年八月，長沙復開新關，此項礦税，先議在長沙以上者，歸長沙關完税，在長沙以下者，歸岳關完税。旋經前任岳州關監督韓慶雲以城陵埠居湘漢之中，自長沙開關，該關無税可收，經費無從支給，請將礦税仍歸岳關查驗，報完出口，移商礦務總局司道會同長沙關詳定。嗣後礦砂在長關由輪船裝運出口者，即在長關完税，由民船裝運出口者，暫在岳關報税，均經前部院核飭遵辦在案。惟礦砂估本完税一節，自當憑砂價之漲落，定税則之重輕。查生銻、銻砂兩種，歷年售價最低，上年外洋需貨甚殷，生銻價銀，每噸由一百四五十兩漲至二三百兩，銻砂則由四五十兩漲至一百餘兩。而礦政調查局，暨湘省奏設之中南西三路總公司，以及湘粤商人所設之湘裕、大成兩公司，售出各貨，概係洋商預先訂購，比至漲價之時，則貨已抛賣，未能獲此厚利，以故報關税銀，仍係照章完納，未曾議加。現在該局及公司抛賣之生銻，業於上年九、十月内交清，餘貨尚無洋商訂售，時價多寡，暫難探悉，惟總、分各公司所售銻砂價銀，大致相埒。雖將來時價是否增減，固不可知，然目前既較勝曩年，自應議加税銀，以裕國課。兹酌中定價，擬自光緒三十三年二月十九日第一百八十七結起，暫將生銻每噸估本銀一百五十兩，銻砂每噸估本銀六十兩。似此分别估計，較前已加增一兩倍之多，寔於税收不無裨益。若據外間傳聞之優價，遽將此貨從優估本，恐一旦價落，仍如三十一年以前之售價，較估本所贏無多，則貨賤税重，不足以恤商情，而興礦務。據總辦礦政調查局布政使英瑞等具詳，暨據長沙、岳州二關監督禀請將湘礦估本加增前來，相應咨呈。爲此咨呈外務部，謹請查照，希即劄行總税務司，轉飭各關税司一體遵照抽收。至此後如銻價漲落，大相懸殊，其估本銀數，當隨時咨請增減。其黑白鉛砂售價，現既未曾加漲，估本自應照舊。並請飭令各關税司，一律照舊征收，合併咨明施行。須至咨呈者。

又岑春蓂《湘省銻砂出口估本酌減出井税亦查照新章值百抽三》 光緒三十四年五月初七日，收湖南巡撫岑文稱：竊照湘省所産各種礦砂，應完出口税項，前於光緒二十六年據礦務總局詳定，生銻估本銀每石三兩，銻砂每噸估本銀三十兩，黑鉛砂每噸估本銀二十兩，白鉛砂每噸估本銀一十兩，經俞前部院咨明照擬抽收。嗣因生銻銻砂漲價，由長沙、岳州兩關議請自三十三年二月十九日第一百八十七結起，復將生銻每噸估本銀一百五十兩，銻砂每噸估本銀六十兩，詳經咨呈外務部，請税務大臣劄行總税務司，轉飭各關税司一律遵照抽收，並咨農工商部查照。聲明以後如銻價漲落懸殊，其估本銀數，隨時咨請增減在案。前據礦商朱賢英等公禀，湘省自去夏至今，砂價大跌，銷場奇滯，商情困難，相率停辦。若出井、出口兩税仍照價漲時征收，商力寔有未逮。請將銻砂出口税減輕估本，出井税照新章值百抽三，以維商業等情。即經批飭長岳二關暨礦政調

查局查核議詳去後。茲據長沙關道朱延熙、岳州關道周儒臣詳稱，湖南開採礦產，惟銻較多，現在滬漢各埠銻價跌落，生銻每噸僅值銀一百兩，銻砂四五十兩，尚無人購買。湘省各鑛商本乏殷實之家，多係小本營生，重利借貸，其開採得砂者，必須即時售賣，以資周轉。目下銻價既屬大跌，銷場又復阻滯，該鑛商等所陳困難各節，均係實情，若不減輕估本，設法維持，不足以恤商情而興鑛務。擬自光緒三十四年六月初三日第一百九十二結起，暫將出口生銻每噸估本銀八十兩，銻砂每噸估本銀四十兩，似此量予酌減。雖照三十三年議定估價所減甚多，而較二十六年冬間各關原估，則生銻尚多估三十兩，銻砂尚多估十兩，仍於裕課恤商，兩有裨益。一俟市價增漲，銻産暢銷，再行按照市值加估，以重税課。至黑白鉛砂，三十三年並未加估，現在仍應照舊徵收。並據總理鑛政調查局詳，所有銻砂出井税，自應查照新章值百抽三，以昭平允等情，詳請核咨前來，相應咨呈。爲此咨呈外務部，謹請查照，希即劄行總税務司轉飭各關税司一體遵照，並祈見覆施行。須至咨呈者。光緒三十四年四月初九日。

又税務大臣文《湘省銻砂出口酌減估本應准如所請》 光緒三十四年五月十七日，收税務大臣文稱：光緒三十四年五月初七日准湖南巡撫咨，湘省所産各種鑛砂應完出口税項，前因生銻、銻砂漲價，由長沙、岳州兩關議請自三十三年二月十九日第一百八十七結起，將生銻每噸估本銀一百五十兩，銻砂每噸估本銀六十兩，詳經咨請外務部税務處劄行總税務司，轉飭各關税司一律遵照抽收在案。前據鑛商朱賢英等公禀，湘省自去夏至今，砂價大跌，銷場奇滯，若出井、出口兩税仍照價漲時徵收，商力實有未逮，請將銻砂出口税減輕估本，出井税照新章值百抽三，以維商業等情。即經批飭長、岳二關暨鑛政調查局查核議詳去後。茲據詳稱，現在滬漢各埠銻價跌落，生銻每噸僅值銀百兩，銻砂四五十兩，湘省各鑛商多係小本營生，重利借貸，採得者必須即時出售，以資周轉。目下銻價大跌，銷場復滯，該商等所陳困難各節，均係實情，若不減輕估本，設法維持，不足以恤商情而維儥務。擬自光緒三十四年六月初三日第一百九十二結起，暫將出口生銻每噸估本銀八十兩，銻砂每噸估本銀四十兩，至黑、白鉛砂，三十三年並未加估，現在仍應照舊徵收。並據鑛政調查局詳，所有銻砂出井税，自應查照新章值百抽三，以昭平允等情，應咨會查照飭遵等因前來，並准貴部度支部片同前因。查湘省鑛銻前因銷暢價漲，故改重估值，以裨税收，於三十三年三月准湖南巡撫咨由本處核准有案。茲復准咨稱前因，所陳價落銷滯，鑛商困難，請減輕估本，以維商業各節，尚係實情，應准如所咨。除黑白鉛砂從前並未加估，現仍照舊徵收外，暫將出口生銻每噸估本銀八十兩，銻砂每噸估本銀四十兩，仍按值百抽五徵税，以恤商艱。如嗣後銻價增漲，仍當按照市值加估，隨時咨明核辦，庶於國課、商情兩無妨礙。至所咨出井税請查照新章值百抽三一節，應由農工商部酌核辦理。除劄行署總税務司轉飭各該關遵照外，相應咨呈貴部查照可也。

又梁綸卿等《湖南礦務總局扣支銻砂請飭令依約處理》 宣統元年四月十二日，收湖南礦務、萬泰公司梁綸卿等呈稱：爲屢背合約，至釀交涉，懇乞維持而免受累事。竊湖南鑛務總局於光緒二十七年夏間，因各種礦砂銷流未暢，特飭公司赴英攷查銷路，並訂約每月由局應付銻砂三百噸，歸公司自設立之萬泰公司承銷，接期應付。立有合同在案。當時各種鑛砂，外洋銷路極弱，支持數載，已虧鉅資，而仍勉爲其難者，無非冀收效於將來。詎光緒三十年間，銻砂價值稍漲，鑛局並不照約預先知照，即加售價。而公司先期與洋商訂售之砂，均照以前價值，一經訂定，不能爽約，故斯時一再籲請鑛局查照禀批，於三箇月之前知照，乃行加價，以符原議。不料礦局竟不允許，迫得將困苦情形，於光緒三十年八月，詳禀商部。不料鑛局謂公司膽敢上控，藉此挾嫌，竟以合同期滿，誣稱違約，砌詞矇覆，以致屈無可伸。而洋商先期訂售之銻砂，屆期無交，日夕受逼，不得已與洋商酌加砂數，求請緩期，藉茲暫抒責備。冀與鑛局妥商之後，便可顧全信用，且不至過受虧累。詎意鑛局有意作難，逾年之久，仍不給砂，再訂之期，又復逾限。幸蒙前駐英、法大臣汪、孫均因事關交涉，先後電致湘撫，飭鑛局照給砂數，旋又蒙考察憲政大臣端蒞英，詢悉英商逼索情形，隨即電飭鑛局酌給銻砂數十噸。始經鑛局允許，飭將前合同繳銷作廢，另立新約，訂明再給銻砂二千噸，以了拋沽轇轕。公司幾經遷就，幾經忍讓，無非但求脱累，不復有所計較。當與鑛局重訂合約，條例既苛，砂價加鉅，公司無不一一仰遵。不料立約未及一月，銻價陡漲數倍，鑛局爲利所昏，不顧信義，特即派員至出産鑛區之新化、邵陽駐紮，坐收設鑪提鍊，並張挂告示，凡有商砂，一粒不准運省，爲一網打盡之計。至以應付二千噸之砂，年餘之久，未交及半。前約既背，續約復違。當光緒三十二年，砂價漲時，圖利歸己，截留少發。迨至三十三年夏間，砂價跌落，始飭領運。然此時英商責備，早已要索賠償，况賡續交易，其間彼此轇轕，磋商經已兩載，是則鑛局並非不知此二千噸之銻砂係爲補交拋沽英商之貨，非萬分喫緊，斷

不復議續條約，如能稍顧信義，則又何至有今日之累。鑛局與商争利，已失設局剏辦鑛務之本旨，況又不知權變，一味囤積，以爲市值從此有升無降，故現存未售已化鍊成生銻，仍有二千餘噸。查其成本核算，約虧耗數十萬金。似此罔利壟斷，公司故遭其害，而公家亦受重損，徒爲局員人等中飽，則湘省鑛務，安有起色之望哉！公司懋遷海外，設莊英京，爲華商創始開風氣之先聲，並仰體朝廷講求振興商務之至意，公司倘能稍享利益，自是聞風者，接踵而至，則我中國商務前途，自可日新月異，何至裹足不前。如謂公司於商業未精，或因貲本不充，至無成效，猶有可説。今不因此而獨爲鑛局挾嫌違約扣砂，因而受累，則又何怪人盡觀望，而無繼起者。查公司與鑛訂售鉛砂、銻砂各種，其所得售價，已獲厚利，固無毫末虧損，縱或稍有遷就，保全遠商，是亦爲商業前途發達起見。今其非特不爲保全，而反要約無信，不恤商艱，至爲英商按律控追，索賠英金二萬鎊。今駐京英朱使已飭長沙英領事代追，若不從速理處，必成交涉，此時實不得歸咎於公司也。推原肇端，悉由鑛局壟斷，一誤再誤，以至於此纏訟經年，舌敝唇焦，迄無辦法。在公司既虧損於前，斷不能再賠累於後。爲此叩乞鈞部體恤維持，請即電咨湘撫，嚴飭湖南鑛務總局速行理處，俾免重受虧累而釀交涉，實爲德便。理合將始未緣由，稟呈中堂、王爺、大人台前，伏乞鑒核施行。

又朱邇典《請撤銷湘省勸業道售銻立案辦法》 宣統二年正月初五日，收英朱使信稱：湖南勸業道所出示諭，曾於上年十二月二十九日，面爲陳述，兹將示稿抄送查閲。查示内稱，洋商訂約售銻，必須將約稿呈由礦務總公司詳明撫憲批准立案，并勸導非奉到上憲批准，無論何人簽字，何處蓋印，概不足憑云云。本大臣應行指明，此項示諭言詞，直與英商照約所享利權之原意，大有妨礙。其原意即洋商得以任便與無論何人交易，官府不得阻礙限制也。本國商人在中國境内者，均以此旨爲重，應請貴部咨行湘省大吏，即將此項示諭撤銷。是爲至要。此頌鈞祺。附抄件。

照録湖南勸業道示稿。爲出示曉諭事。照得本道訪聞近有礦商多人，與洋商訂約售銻，期至數年之久等事。查通商交易，照章立約，原屬可行。惟湖南開採銻礦，衰旺無常，設或訂約之後，出砂頓少，無貨可交，其將何以應付。又或銻價驟漲，有等貪利之徒，不顧信義，暗賣他人，尤恐釀成交涉案件。查從前湘省售砂，預訂期約，厥後貨少，不能交齊，彼此受虧。故近年來，無論官礦商礦，生銻毛砂，一律照時價現買現賣，兩有便益，並無流弊。今若預先定售，約訂年限，必須將約稿呈由礦務總公司，移送本道，詳明撫憲批准立案，轉飭遵照而後可行。否則，無論何人簽字，何處蓋印，概不足憑。本道職守所在。既有訪聞，深慮日後轇轕，不得不剴切曉諭。爲此示仰通省鑛商等一體遵照毋違。切切特示。

又《四川礦務》外務部收護理四川總督文《德商無權干預川省礦務》 光緒三十三年二月二十五日，收護理四川總督文稱：正月二十四日，准大部咨開：光緒三十二年十二月初三日，准德國雷使照稱：據成都領事官電：禮和洋行照例爲亨達利洋行接繼一層，緣當時未赴成都報明，故現擬辦駁禮和有繼用權利之理，請電飭川督轉飭該省礦務局認明德商禮和洋行確有辦事之權，毫無疑義等因。當經本部以亨達利洋行既未與川省訂立合同，有會辦礦務之權，禮和洋行即無繼用亨達利權利之理，川督業已查察明晰，本部未便再行飭認照復去後。旋於本月十六日，復准該使來照，以禮和洋行照例訂立合同，有凡亨達利所收之權，均歸掌握之理，至此項權限包括等事宜，亦由禮和洋行將與川省礦務局相商，再請轉行飭與開議等因。查德商禮和洋行有無與川省礦務局商議之事，相應抄録來往照會，咨行查明，先行電復可也等因。承准此。當經本護部堂飭由該局查覆去後，旋據詳稱，公司商總鄒兆麟與洋商亨達利議立合同，訂銷銻砂，載明不得干預辦礦之事，嗣因日久無效，由局詳准，將該公司全案註銷，另由公家委員設局開辦。竊念公司既已撤銷，合同自然作廢，况原係鄒兆麟與彼議訂，並與礦局無干。無論禮和洋行有無接替亨達利之權，均只可向鄒兆麟理論，不能與礦務局交涉。去歲駐渝德領來局晤談，即以此理告之，並允將來運銻到漢之時，禮和洋行僅可照市價收買，如不能照市作價，則當另售他人，禮和不能無故干預。所有遵查已撤大川、合利兩公司，前與亨達利立約銷砂，及去歲德領來局晤談各緣由，理合具文詳請俯賜核咨批示飭遵等情。據此，本護部堂詳加察核，不但公司已詳撤，鄒革令已咨拏，前案業無效力，即彼原合同内，亦未許其干預辦礦。部定礦章，不准私相授受，早經通行各省，縱後此該革令聞拏挾怨，或不免私向外人捏約租礦，未經稟奉批准，亦斷不應承認。五洲萬國，豈有辦礦商總能私以礦權讓人之理？又豈有憑一私人交涉，未經公家允許，即可强政府承認之理？且查原合同内，尚有「彼此由經手人自理，不得向礦局過問」一條。該亨達利與鄒革令銷銻貿易，尚不能過問礦局，會辦礦務之權從何而來？亨達利尚無此權，禮和之權又從何而授？礦政局與該洋行始終毫不相涉，寔未便與之

商議。除撮要先行電聞外，所有川省礦政調查局礙難飭與禮和洋行開議各緣由，合再附抄該兩公司源委，詳晰咨呈。爲此咨呈大部，請賜鑒核，據情剖拒，以保主權，而維全局，無任企禱。須至咨呈者。

計抄粘礦局原呈兩公司派委一件。附鈔謹將夔西兩屬礦務公司原委，抄録送部查核。

查夔西兩屬之礦，於光緒二十五年冬間，經前督辦商礦大臣李，在上海途次諭飭鄒令兆麟前往開辦，並設立合利公司。此係由李大臣飭委，本局無案可稽。大致夔礦雖經勘辦，却無成效可觀。至西屬銻、鉛各礦，早經在籍翰林李庶常稷勳設立華泰公司，又有宋檢討育仁設立苹塊局，均無大效。旋經李大臣委鄒令兆麟前往設一總公司，將華泰、苹塊合併爲一，一名爲西屬銻砂總公司。復委該員爲駐漢川礦轉運局，以便運礦出口銷售。是時鄒令兆麟在漢口地方，與亨達利洋行訂銷銻砂一萬噸，亨達利自願先交定銀五萬兩，由鄒令收訖，轉繳來局，以爲預繳井口稅及報效等項之款。嗣於光緒二十六年，經李大臣原銀加息退還，係由天順祥商號經手，有滙豐洋行作證，取有亨達利收約爲據。並與另換新約，將原約換回，原約已由李大臣帶去，曾照鈔一份，蓋用關防存局備案。其所呈新約，經局中逐條簽駁，發還更正，至今未據稟呈前來，不識已否訂正。鄒令兆麟因夔屬礦砂與西屬鉛砂亦須預籌銷路，於是復與亨達利訂立銷售夔西鉛礦之約，載明不拘噸數，不拘年限，如公司因事停辦，應知會亨達利隨時截止，其餘一切，均照銻砂章程辦理，並未收彼定銀。蓋鄒令與亨達利先後所訂之約，皆係商塲交易之事，於礦務渺不相涉。且原約内業已載明，彼此若有通融，均由經手人自理，不得向礦務總局過問。又載明銻砂公司如因他故停辦，致不能交足噸數，彼此無怨等語。是立約之時，已慮必有因事停止之日。蓋公司爲華商自辦之公司，當停則停，權衡在我，洋商固不得而干涉也。至公司名目，在西屬者，初爲華泰公司，繼爲西屬銻砂總公司，又繼始稟改爲大川總公司，而夔屬則稱爲合利公司，此皆有案可查者也。前歲因外務部行查來川，已將此案始末情形，詳悉詳覆，並一面電調鄒令兆麟來川籌議。乃該令始終抗不赴局，是以詳請將其全案撤銷，合併聲明。所有查明夔西礦事情形，理合開摺呈請查核施行。

又《廣西礦務·籌辦廣西礦務》外務部收張鳴岐文《查禁商販銻砂出境請轉飭稅司停發購採聯單》 光緒三十三年九月十三日，收廣西巡撫張文稱：案據廣西官銻總局司道詳稱，竊照本局收買官銻，所有廣西全省銻礦，專由官收，不准商民私販私運，業經前撫部院林奏准開辦。並通飭全省各關卡認真查驗，無論何項礦砂過境，均應截留呈送就近收銻局驗明，如係銻砂，即行扣留給價入官，果係他項礦砂，始准放行各在案。乃近據派出收銻各員稟報，商民私販銻砂情弊，尚未盡絶，而各局卡月報，僅據潯州護商卡查起私銻一次，不過五百餘觔，此外未經發覺偷漏運出者，難保無以銻砂冒充他礦名色矇混過關情事。查本年四、五兩月間，有仁和洋行兩次運礦石經過梧關，均係一萬餘觔，經該關稅司驗明，確係鋁石放行。由梧關監督吴道稟蒙撫部院通飭各關局卡一體詳細查驗，並飭梧關監督飭知稅司，嗣後無論何項礦石過關，均即知會梧州官銻局廠會同詳細查驗是銻非銻，以杜冒混等因遵奉在案。竊查華洋各商向内地採買土貨，必先向新關請領聯單，欲禁出口，必先禁分投採買，欲禁採買，必先禁發給聯單。梧關係西江總滙之區，爲全省礦石出境之衝口，若事前漫無分別，事後從何察考，勢必至禁止徒有虛文，放行並無實驗，流弊將何所底止。擬請察核據情咨達農工商部、外務部、稅務處轉飭梧關稅司，嗣後商民請領照單，採買礦石，務須先將生礦石名色，及礦産坐落地方，何人經手採賣，一一報明，始准填給聯單，單内仍須查照商報，逐細註明，不得稍有籠統含糊，如報係銻石，即不得填給聯單，俟採運到關，仍應由稅司會同官銻局廠查驗明確，如係銻砂冒充他礦名色，一經驗出，即行扣留給價入官，並酌予議罰示儆。果係他項礦石，亦須驗明後，方可放行，以杜流弊。並懇一面札飭梧州關道轉飭梧關稅司查照辦理，以維官銻，而重礦政。合將請咨查禁商人私運銻砂出境緣由，詳請察核等情，到本部院。據此，除札梧州關監督轉飭稅司查辦外，相應咨呈。爲此咨呈貴部，謹請查照，希即轉飭總稅司嚴飭梧州關稅司遵照辦理，望切施行。須至咨呈者。光緒三十三年八月初十日。

又外務部發稅務處咨《桂省查禁私販銻砂出境請飭梧州關稅司停發購銻聯單》 光緒三十三九月十八日，發稅務處咨稱：光緒三十三年九月十三日准廣西巡撫咨稱，據官銻總局司道詳稱，本局收買官銻，所有廣西全省銻礦，專由官收，不准商民私販私運，業經前撫部院林奏准開辦，並通飭各關卡認真查驗各在案。擬請察核據情咨達農工商部、外務部、稅務處轉飭梧關稅司，嗣後商民請照單採買礦石，務須先將生礦石名色，及礦産坐落何方，何人經手採賣，一一報明，始准填給聯單。單内仍須查照商報，逐細註明，不得籠統含糊。如報係銻石，即不得填給聯單，俟採運到關，仍應由稅司會同官銻局廠查驗明確。如係銻砂冒

充他礦名色，一經驗出，即行扣留給價入官，並酌予議罰示儆，並懇札飭梧州關道轉飭梧關税司查照辦理等情。據此，希即轉飭總税司嚴飭梧州關税司遵照辦理等因前來。查此事關係税務，應由貴處核辦，相應咨行查照。俟辦理後，即希咨復本部，以便備案可也。

又外務部收税務處文《廣西銻砂專由官買籌禁私販私運》 光緒三十三年十月二十一日，收税務處文稱：前准廣西巡撫咨，據廣西官銻總局司道詳稱，竊照本局收買官銻，所有廣西全省銻礦，專由官收，不准商民私販私運，業經前撫部院林奏准開辦，並通飭各關卡認真查驗在案。乃近據派出收銻各員稟報，商民私販銻砂情弊，尚未盡絶。查華洋各商向內地採買土貨，必先向新關請領聯單，欲禁出口，必先禁分投採買；欲禁採買，必先禁發給聯單。梧關係西江總滙之區，爲全省礦石出境之衝口，擬請咨達税務處，轉飭梧關税務司，嗣後商民請領照單，採買礦石，務須先將生礦石名色，及礦産坐落地方，何人經手採買，一一報明，始准填給聯單。單內仍須查照商報，逐細註明，不得稍有籠統含糊。如報係銻石，即不得填給聯單，俟採運到關，仍應由税司會同官銻局廠查驗明確。如係銻砂冒充他礦名色，一經驗出，即行扣留，給價入官，並酌予議罰示儆。果係他項礦石，亦須驗明後，方可放行，以杜流弊等情，咨請查照飭遵等因，並准貴部農工商部咨同前因，當經本處以廣西銻砂前經該省奏准，專歸官辦。此次咨商各節，自係爲防杜私銻起見，惟究竟是否可行，及有無窒礙之處，劄行總税務司妥籌聲復去後。茲據申復，廣西巡撫原咨所稱，華洋各商向內地採買土貨，必先向新關請領聯單一語，不無誤會之處。緣請單與否，向章係聽由商便，並無必先領單之條。若只禁發單，則不請單者，仍可向內地採買。惟原文又云：「所有廣西銻礦專由官收，則無論有單無單，其禁止商民私販私運，皆爲該包攬專辦之官」權力所及，若由新關遵照禁發採銻聯單，並查驗他項過關礦石，自係關員襄助之一舉。以新關而論，事亦可行，並無窒礙。惟此層另有應行酌量之處，緣廣西邊界，不但與越南毘連，事勢相關，且法國津約第十四、二十七等款載明，將來中國不可另有別人，聯情結行，包攬貿易。又凡有鈔餉輸納，其貨物經此次畫押載在《則例》，並非禁止並無限制者，不拘從本國及別國帶進。及無論帶往何國，均聽其便，不得於例載各貨物，別增禁止限制之條。如將來改變，應與會通議允，方可酌改各等語。以上約章，與廣西官辦銻案，有無牽連，有無窒礙，仍請酌奪等因前來。除仍咨廣西巡撫，再行妥酌辦理外，相應咨呈貴部查照可也。

又附録《大事年表》 〔宣統二年，庚戌〕正月初五日（一九一〇、二、一四），英使朱邇典請外務部撤銷湖南勸業道所訂售銻立案辦法（拒之）。**【略】**

〔宣統二年庚戌〕二月二十日（三、三〇），湖南華昌公司試鍊純銻，旨准以直隸等省協撥官款補助。

其他金屬礦藏開採部

綜述

錳礦

《清朝續文獻通考》卷三九〇《實業考一三・工務》錳礦。我國錳礦僅二十年間事,從前以爲無用,棄而不顧。漢冶萍公司始於湖北之大冶、陽新二縣採錳,以供漢廠錬鋼之用。然産量有限,自湘廣桂錳礦發見後,乃大增。茲將最近錳之産量噸數列表如左:

省名	公司名	産量噸	礦區所在地
湖南	漢冶萍公司裕甡公司	三二〇〇〇	常寧、耒陽、湘潭
廣東	裕欽公司	五〇〇〇	欽州
廣西	合益公司	二〇〇〇	桂平、武宣
江西	富樂公司	一一〇〇〇	樂平

據右表而觀,全國約共産含錳百分之四〇至四五之礦石五萬噸。

湖南鶴嶺錳礦。爲我國最大錳礦區域,在湘潭縣城西北三十里,距湘江十八里。嶺之左右前後曰顔子衝、子貴衝、無極衝、豹子嶺、蕭家灣、了葉塘、仰天湖各處,均有錳礦,而以顔家衝、蕭家灣、傅仙峰及大衝灣之礦爲尤佳。見爲裕甡公司開採。此礦區外尚有岳陽、常寧、耒陽、永興、攸縣、郴縣、安仁、衡陽、汝城諸産錳區。岳陽錳礦在縣城東南之青岡驛,見有集股開採者。常寧、耒陽間之錳礦由漢冶萍公司經營,設四廠:一、耒陽北門外,二、常寧東鄉秧田,三、在秧田廠南屬常寧東南鄉羊隔洲,四、常寧北鄉柏坊最盛時,每月可産五六千噸。

其他省區錳礦。爲京兆、廣東、廣西、江西、浙江。京兆錳礦在昌平縣西湖村附近。廣東錳礦在欽廉道境内滿布地面,含錳之量有高至百分之八〇者。封川縣之錳得於赤鐵礦中,售與漢陽鐵廠。廣西錳礦在武宣縣境,礦質較湘粵爲遜,運往香港出口。江西錳礦在樂平縣境,礦雖重要,然含錳極少。浙江錳礦在新昌縣境。

杞廬主人《時務通考》卷二四《化學九・雜質中》錳與養氣化合之質。錳與養氣化合,而能獨成者三:曰錳養、曰錳二養三、曰錳養二。不能獨成而有配性者二:曰錳養、曰錳養二。錳養礦。美國、日耳曼國、西班牙國産之甚多,成塊色黑,研爲粉可作玻璃及漂白粉,取養氣等用。又取錳之各質,多用此物。錳養無爲本之力,故不能與配質化合,若加入濃硫强水掉勻,則養氣之半化散而成錳養,即有爲本之力,能與硫養化合成錳養硫養三。惟錳養礦兼含鐵養,若再煏乾煆紅,則鐵養硫養三化分,而硫養盡能散出,但存鐵養矣。錳養硫養則因錳養爲本之力大,雖紅熱而硫養不能化分,置於水中,則錳養硫養三消化,而鐵養不消化,濾取其水煮稍乾,冷而結成淺紅色顆粒,即純錳養硫養三也。粒内含水五分劑,可爲刷印櫻色黑色花布之用。消化於水而加鈣綠水繕成黑質仍錳養也,若不加鈣綠水,而加鉀養水或鈉養水,結成白質,乃錳二養也。遇空氣則漸收養氣,變爲錳養,若不加鉀養水而加鈉養炭養二水,亦結白質,乃錳養炭養二也。

直取錳養法。將錳養炭養二置管内加熱,以輕氣過之,不使遇空氣,則得淺綠色粉,亦錳養也。若加熱而遇空氣,則成錳二養三。又有取得錳養,或成淺綠色顆粒。間有地産者,成方橄欖形顆粒,又有地産含水錳養顆粒,恒見於錳養礦内。錳養爲本之力不大,消化於酸水成深紅色。加熱則養氣小半散出,而變錳養之雜質。錳養硫養三與鉀養硫養三化合,名錳礬,性同白礬。用錳少許,加入已鎔之玻璃,即得葡萄色,蓋成錳養矽養也。或言淺葡萄色之寶石,因含此質也。凡錳與養氣化合之質,在空氣内加熱,但變錳養。其色或紅或櫻,成後不易改變。又有一種礦内,亦含此質,錳養與鉀養化合之質有奇性。取法:用錳養粉四分,鉀養綠養三分半相和,再用鉀養輕養五分,與少水消化,傾入前物之内掉和,曬乾置瓦罐内煆紅,歷一小時,待冷變成深綠色之質,即鉀養錳養三也。試以消化於水内,初時爲淺綠色,須臾變深綠色,又變爲藍色,再變葡萄色,後又變大紅色。錳與各配合成之色,皆如玫瑰花,最爲悦目。與別質化合之質,大半有裨於化學,如錳養能化分輕綠,而得綠氣,又爲取養氣最廉之科,又爲玻璃之顔料。

鎢礦

《清續文獻通考》卷三九〇《實業考一三・工務》　鎢礦。見在發見者有直隸、湖南、江西、福建、廣東五省。直隸各礦全在片麻岩中，南方則大抵在花崗石中。自湖南部起而往贛東，花崗岩綿連不絶。廣東、福建二省沿海，亦花崗岩發達之區。湖南鎢礦之最多爲郴縣、宜章、資興三縣交界之瑶岡仙。江西南部鎢礦爲大庾、上猶、南康、信豐、定南等縣，鎢之産量爲全世界最多之國家。歐戰期内，礦石大部分運往美國，以英國在不列顛市場中定鎢礦價格，每噸不得逾美金七百二十元，而美國市場並未限制，每噸可漲至美金一千零四十元以上也。歐戰告終，美國鎢礦均跌至成本以下，惟我國成本僅美市三分之一，仍可繼續運往。旋因課以重稅，又轉而以歐洲爲市場，尤以運銷德國爲最多。

直隸鎢礦。在遷安、撫寧、臨榆諸縣。遷安鎢礦在縣東之鸚鵡山，成分爲純鎢鐵礦，含錳極微。撫寧鎢礦在王丈子、歹溝、老爺後溝、石胡子溝、板石溝、老虎洞溝等處，各礦生於片麻岩中，王丈子之石英脈中，金、鎢並産。

湖南瑶岡仙鎢礦。在資興、宜章、郴縣三縣交界，面積約五十方里，見爲多數小礦家公司。十餘家産量最盛，每月達五十噸，平均三十噸，以出於大嶺南之大廠門爲最多礦，爲我國鎢業起源。先是有長沙工校學生某拾得鎢礦一方，誤爲鉛，送與華昌。該公司先領採鉛礦照，後知爲鎢，即行改换。當明時，土人採取砒石，泥堆中棄置狼鎢礦甚多，公司以低價購得此狼鎢礦數百噸，轉手運洋，每噸獲二千元，其利豐矣。除瑶岡仙外，如汝城、常寧、臨武等縣，均産鎢。汝城鎢礦在縣之南鄉及西鄉，開採公司有百家，每日出礦約一千斤左右。常寧鎢礦在常寧、汝城間之碓臼冲。臨武鎢礦在離香花嶺六十里之蘿坪，初採錫砒不多，嗣見鎢礦，乃改採之。

江西贛南鎢礦。南安府屬大庾、南康、崇義、上猶四縣，在明即稱産錫，但當時鎢未發明。自湖南發見鎢礦後，湘粵礦業家多往贛南調查，遂於西華山洪水寨等發見鎢礦。消息一播，採鎢遂駕二省而上之，最盛産量二千二百噸。此外，贛屬會昌縣亦爲産鎢之區。

閩廣桂三省鎢礦。福建鎢礦在長樂、霞浦、建陽等縣，地質大抵花崗岩。廣東鎢礦在惠陽、寶安、東莞、樂昌、連縣等縣。惠陽鎢礦在坪山墟、龍岡等處，以坪山墟爲最佳，惠陽東境之礦鎢與鉍同産。寶安鎢礦在九龍、龍崗、李郎鄉、上坑等處。東莞鎢礦在塘瀝。樂昌鎢礦在北杉木洞，與湖南汝城、宜章之産鎢區毗連，每年最盛産量約一百三十五噸。廣西鎢礦在南寧之附近。

鉬礦

《清朝續文獻通考》卷三九〇《實業考一三・工務》　鉬。鉬礦爲我國新發見礦質之一。在山東、奉天、察哈爾、湖南、廣東、福建、浙江等處，惟北方礦層太薄，南方除湖北一省外，閩、浙、粵三省希望均大。

福建鉬礦。一在寧德縣西之桃坑山，其餘則在永泰縣東北三十里之犂壁坑，四十五里之蕉坑，東二十里之蘇坑，及東北三十六里之早坑。犂壁坑之鉬礦發見於光緒季年，爲我國最初鉬礦，見歸永寶公司開採。

浙江鉬礦。在青田縣東一百里之石平川，礦地爲横坑、山砂硐坑、腰岩山、上壠坑、黄垟村五處。

廣東鉬礦。在惠陽、翁源等縣。惠陽鉬礦在嶺澳村平海港口及大蕉村。翁源之鉬礦在笠頭斜，均爲輝鉬礦，共計各省産鉬出口量爲一六噸，又爲一九〇一噸，餘則未詳。

鉍礦

《清朝續文獻通考》卷三九〇《實業考一三・工務》　鉍。我國傳稱産鉍之地甚多，南部如廣東之鎢礦區域内，亦常産鉍，是鎢、鉍二者當有共生之關係。鉍亦我國新發見金屬礦質之一，近年始有輸出。礦石皆來自廣東之鎢礦内，每月出礦石約由六噸至十噸。

雜録

鎳礦

杞廬主人《時務通考》卷一三《礦務三·開採·鎳》 英國開鎳鉀礦。可伯發臬，即鎳鉀礦，英國可奴會勒地方有二三處産之甚多。有一處名孫托司退辣，西曆一千八百五十六年，採得十一頓；五十七年，採得一頓；五十八年，採得一頓半。又富會地方，於五十三年採得三頓。

鎳礦售價。勿來脱門出售之立方塊，每磅之價，英銀錢四个半。古拉屯罷合地方，出售之鎳礦並司派司等質，俱與其含鎳之數相配。如礦等每百分含鎳五分，則每磅英銀錢一个；又五分至十分，每磅銀錢一个半；又十分以上者，每磅銀錢三个。

鉑礦

杞廬主人《時務通考》卷一三《礦務三·開採·鉑》 攷驗鉑質。西曆一千七百五十八年，並一千七百三十六年，有人在者哥地方而度河之沙內取得鉑。又在一千七百五十年，歐羅巴初有人詳考之。初作爲條者，係舍罷奴。一千八百二十二年，考得俄國有此質。西國初知産貴金類，俱在河道所成之土質內，乃恒步得、與路士、與依侖白合三人遊□烏拉勒與阿勒臺山，一直行至加斯比思海，而考得此事。近有人在法國考得鉑，又有人在阿拉伯山內得之，又考得數種礦並石內有之。又在河沙內，並在別國之鋅與鋼與鐵內。又用鎔化法分銀內並金內得鉑。又如來納河沙之金，每百分含鉑分〇·四一。又如哈仔山會勒姆司化脱所産之鈀，亦含鉑若干。鉑之價與銀相較，略爲五與一。初成純鉑者爲五賴司頓，考驗此事共歷二十五年。而其取鉑所用之法，乃在一千八百二十八年，臨終時著於書。又相傳罷奴初成純鉑者。

俄國産鉑最多。俄國産鉑較多，故以鉑爲重。每一圓核銀錢十一枚，或二十二枚，即英金錢一圓，銀錢十五枚，並金錢三圓，銀錢十枚。又俄國所産之鉑，其數比布拉西國、哥侖皮阿國、與□都明哥、與布尼和各處所産多十倍。一千八百六十二年，俄國産生鉑五十擔。

産鉑各地。其一，爲南阿美里加擺攔苦阿斯相近處曲科地方。又在南太平洋之東岸即安弟斯山之西，在北緯度二度至六度之間。産鉑最多之金沙內，爲奴非荅之敢度都地方，又仔魯山谷內之散大里塔散大路西雅地方，又在奴非荅與太度之間阿布度地方，此爲産鉑最多者。其産金與鉑大半河水所成，略深二十尺。其金與鉑之粒以手揀出，或用汞引之法取之。其二，在布拉西國，亦見鉑粒，常在合金之土內，而買土古拉司地方爲最多。此處所産之形與曲科地方者，俱爲極小之粒，似乎絨質所分下者。其質點幾爲毬形，以顯微鏡察之，見其面爲極小圓形之凸點，粘連甚緊。其中間之孔，潔净而光亮。此鉑之中，常有金之小粒，而無吸鐵沙，又無素告納石之小粒。秘魯所産之礦，多含此石之小粒，而粒內又含鈀之小粒。其質有絲紋，易以分辨，又可以其變化之性而辨之。其三，黑弟海島近於西拖山産者，苟河之沙，亦得鉑之小粒。其小粒與者哥地方之質略同，乃小而光亮。如久磨而成平滑之形。産此粒之沙，兼含石英與鐵質。此鉑亦含鎘與銅，與銶，銶銼鈀成錯，惟不含金。其四，鉑多在俄國所産，如依恰得里納白合之相離二百二十五俄里，每俄一里爲英碼一千一百六十七。有一地名克司苦阿，其金沙內所産之土石，與南阿其里加相似，大半在烏拉勒山之尼司可尼太合里司克地方，並過魯步辣古大得地方，俱爲河道所成之土質，並衝下之質。

錳礦

盛宣懷《愚齋存稿》卷七六《電報五三·寄武昌瑞莘儒制軍宣統二年十月初五日》 興國州銀山錳鑛本係封禁官山，張文襄創辦鐵廠開採，光緒二十二年奏歸商辦，此山一併移交，歷開十餘年矣。頃據漢廠禀報，州人砌詞聳訴，遍發傳單，欲與錳局爲難。查錳鑛石爲煉鐵要需，不可一日斷缺。漢廠製造各省鐵路料件，均有限期，關係路政甚大，務祈速飭勸業道嚴飭州牧曉諭解散，勿使滋生事端，感盼，並候示復。